Ulrich Bogenstätter (Hrsg.)
Immobilienmanagement erfolgreicher Bestandshalter

Ulrich Bogenstätter (Hrsg.)

Immobilienmanagement erfolgreicher Bestandshalter

Mit Fachbeiträgen von
Holger Basten, Ulrich Baum, Martin Dossmann und Thomas Weiler,
Peter Forster, Gerhard Führer, Siegfried Gallitschke, Thomas Giel,
Thomas Glatte, Bernd Hanke, Wolfgang Inderwies, Stefan Korthals und
Emanuel Eckel, Johannes Krämer, Dagmar Reiß-Fechter,
Birgit Schaarschmidt, Adalbert Schmidt, Marc Schulirsch, Ingo Strugalla,
Jörn von der Lieth und Dorit Brauns sowie Gerd Warda

DE GRUYTER
OLDENBOURG

ISBN 978-3-11-047836-5
e-ISBN (PDF) 978-3-11-048086-3
e-ISBN (EPUB) 978-3-11-047842-6

Library of Congress Control Number: 2018949265

Bibliografische Information der Deutschen Nationalbibliothek
Die Deutsche Nationalbibliothek verzeichnet diese Publikation in der Deutschen Nationalbibliografie; detaillierte bibliografische Daten sind im Internet über http://dnb.dnb.de abrufbar.

Umschlaggestaltung: Tuned_In/iStock/Thinkstock
Satz: le-tex publishing services GmbH, Leipzig
Druck und Bindung: CPI books GmbH, Leck

www.degruyter.com

Inhalt

Abbildungsverzeichnis — XV

Tabellenverzeichnis — XXVII

Vorwort — XXXIII

1 Nachhaltiges Immobilienmanagement – was ist das? — 1

Ulrich Bogenstätter
1.1 Einführung — **1**

Johannes Krämer
1.2 Kirche und Wirtschaftlichkeit – passt das zusammen? — **1**
1.2.1 Kirche als Glaubensgemeinschaft und Kirche als Gebäude — **1**
1.2.2 „Steinreiche“ Kirche? Schätze und Last — **2**
1.2.3 Bauherr Kirche — **3**
1.2.4 Wie baut Kirche? — **4**
1.2.5 Wie geht es weiter? — **5**

Ulrich Bogenstätter
1.3 Alles Immobilien-(Real-Estate-)Management?! — **6**
1.3.1 Von A-REM bis X-REM — **8**
1.3.2 Managementmethoden im Laufe der Zeit — **10**
1.4 Die Balanced Scorecard als Instrument der Unternehmensführung — **14**
1.4.1 Visionen und Leitbilder — **14**
1.4.2 Das Konzept der Balanced Scorecard — **15**
1.4.3 Grundlagen der Balanced Scorecard — **16**
1.4.4 Umfeld und Geltungsbereich festlegen — **17**
1.4.5 Zielsystem aufstellen — **18**
1.4.6 Ursache-Wirkungs-Ketten analysieren und messbare Einflussgrößen ermitteln — **22**
1.4.7 Basiszahlen festlegen und erheben, Kennzahlensystem bilden und strukturieren — **25**
1.4.8 Vorgaben formulieren — **27**
1.4.9 Von der Balanced Scorecard zum Risikomanagement: Risikoindikatoren gewichten — **27**
1.4.10 Unternehmensorganisation anpassen — **29**
1.4.11 Ohne IT geht es nicht — **29**

Jörn von der Lieth und Dorit Brauns
1.5 Strategische Unternehmensführung in der Wohnungswirtschaft — **30**
1.5.1 Merkmale der Unternehmensführung — **31**
1.5.2 Die Roadmap der Unternehmensführung — **32**
1.5.3 Immobilienmanagement als Paradoxien-Management — **42**
1.5.4 Beispiel Neubau in Berlin-Zehlendorf — **43**

2 **Visionen am Markt entlang — 47**

Ulrich Bogenstätter
2.1 Einführung — **47**

Peter Forster
2.2 Immobilienfonds im internationalen Markt, was ist daran besonders? — **47**
2.2.1 Der europäische Immobilienmarkt — **47**
2.2.2 Professionalisierung bei Fonds und Investmentgesellschaften — **51**
2.2.3 Anforderungen an die Mitarbeiter von Fondsgesellschaften — **52**
2.2.4 Der Bedarf an schnell verfügbaren Informationen wächst — **53**
2.2.5 Erwartungen der Investoren an Fondsmanager — **56**

Ulrich Bogenstätter
2.3 Der Blick in die Glaskugel – Herausforderungen für deutsche Bestandshalter — **57**
2.3.1 Die Leiden der Branchen — **58**
2.3.2 Die langen Wellen — **59**
2.3.3 Trends als Herausforderung — **60**
2.4 Nachhaltigkeit als Ziel für das Immobilienmanagement — **76**
2.4.1 Nachhaltigkeit aus Sicht eines Immobilienunternehmens — **77**
2.4.2 Nachhaltigkeit aus Sicht der Branchen — **80**
2.4.3 Managementsysteme als Teil der Nachhaltigkeit — **80**
2.4.4 Nachhaltigkeit und DV-Systeme — **83**
2.4.5 Best-Practice-Beispiele — **83**
2.5 Das Umfeld eines Immobilienunternehmens berücksichtigen — **85**
2.5.1 Vielfältigkeit des Immobilienmanagements — **85**
2.5.2 Subjekte – ein Blick auf die Bestandshalter — **86**
2.5.3 Objekte – Immobilien der Wirtschaftssektoren — **88**
2.5.4 Prozesse – von der Projektidee bis zum Abriss — **92**

Stefan Korthals und Emanuel Eckel
2.6 Die Folgen des Wandels in nationalen Wohnungsmärkten — **97**
2.6.1 Die Sicht auf den deutschen Wohnungsmarkt — **97**
2.6.2 Soziodemografie, Ökonomie und Branchentrends — **107**
2.6.3 Entwicklungen am deutschen Wohnimmobilienmarkt und Folgen hieraus — **113**
2.6.4 Wandel, Anpassung und Anforderungen an institutionelle Investoren und Dienstleister — **123**
2.6.5 Wandel und Anpassung für … — **129**

3 **Passende Strategien auswählen — 133**

Ulrich Bogenstätter
3.1 Einführung — **133**

Ingo Strugalla
3.2 Vom kirchlichen Grundstücksverwalter zum professionellen Investor — **134**
3.2.1 Geschichte eines Kulturwandels — **135**
3.2.2 Baustein 1: Umstieg von der kameralen zur kaufmännischen Rechnungslegung — **136**

3.2.3 Baustein 2: Bewertung des Vermögens — **136**
3.2.4 Baustein 3: Restrukturierung der Assets — **137**
3.2.5 Baustein 4: Indirektes Immobilienportfolio — **138**
3.2.6 Baustein 5: Öffnung des Unternehmens — **141**
3.2.7 Baustein 6: IT-orientiertes Arbeiten — **142**
3.2.8 Positive Entwicklung bestätigt den Wandel — **142**

Ulrich Bogenstätter
3.3 Kaskade der Geschäftsfelder — **144**
3.3.1 Von der Portfoliostrategie zum Facility-Management — **144**
3.3.2 Kaskade der Aufgaben, Ziele und Strategien — **150**
3.4 Strategien formulieren — **153**
3.4.1 Strategie als Entwicklungsprozess im Immobilienunternehmen — **154**
3.4.2 Mit der SWOT-Analyse heute strategische Unternehmensziele für morgen formulieren — **154**
3.4.3 Mit der Portfolioanalyse Produktziele erkennen — **156**
3.4.4 Nachhaltigkeitsanalyse – magisches Spannungsdreieck der konkurrierenden Ziele — **160**
3.5 Leistungen am Nutzer und Kunden orientieren — **165**
3.5.1 Kundenzufriedenheit — **165**
3.5.2 Leistungsangebote je nach Lebensphase und Altersstruktur — **168**
3.5.3 Konsumgruppen und Milieus nach Sociovision — **170**
3.5.4 Kundenwünsche und der Markt aus Sicht des Vertriebs und der Makler — **173**
3.6 Fit für eine nachhaltige Nutzung? – Nutzungen zukünftig ermöglichen — **179**
3.6.1 Vorbeugende Maßnahmen — **180**
3.6.2 Ad-hoc-Maßnahmen — **180**
3.6.3 Mittelfristige Maßnahmen — **182**
3.6.4 Langfristige Maßnahmen — **183**
3.7 Nutzungskosten runter, Erlöse hoch! — **183**
3.7.1 Zusammenhänge zwischen Nutzungskosten und Erlösen berücksichtigen — **183**
3.7.2 Zum richtigen Zeitpunkt investieren — **186**
3.7.3 Cashflow von Immobilien planen – Lifecycle Costing — **189**
3.7.4 Nutzungsstrategien festlegen — **195**
3.7.5 Haftungsrisiken durch Risikoanalyse senken — **200**
3.7.6 Zuverlässigkeit steigern, Ausfallrisiken senken – mit SLAs ans Ziel — **203**
3.7.7 Reparieren, modernisieren oder ersetzen? Die Qual der Wahl — **213**
3.7.8 Eigen- oder Fremdleistungen erhöhen? — **215**
3.8 Zertifikate als Werttreiber, was bringt's? — **223**
3.8.1 Ab sofort „gute“ Immobilien? — **223**
3.8.2 Zertifikate überall — **224**
3.8.3 Die Bedeutung im Immobilienunternehmen — **227**
3.8.4 Anforderungen an Zertifizierungen der Nachhaltigkeit — **230**
3.8.5 Das DGNB-Zertifikat — **232**
3.8.6 Was tut Not? — **234**
3.9 Wirtschaftlichkeit berechnen — **236**
3.9.1 Definition der Wirtschaftlichkeit — **236**
3.9.2 Nutzwertanalyse als Instrument der Nachhaltigkeit — **240**
3.9.3 Nutzungskosten von Gebäuden — **248**
3.9.4 Berechnung der Wirtschaftlichkeit von Bauteilen — **254**
3.9.5 Nutzungskostenberechnung und -simulation (NUKOSI) — **260**

Holger Basten
3.10 Strategie und Entwicklung des Immobilienmanagements bei der öffentlichen Hand — **271**
3.10.1 Aufgaben und Ziele des öffentlichen Liegenschafts- und Baumanagements — **271**
3.10.2 Aufbauorganisation in Bund, Ländern und Kommunen bis zum Jahrtausendwechsel — **272**
3.10.3 Immobilien- und Baumanagement im kameralen Rahmen — **274**
3.10.4 Optimierungsbedarfe der kameralen Bau- und Liegenschaftsverwaltungen — **276**

4 Ziele formulieren — 279

Ulrich Bogenstätter
4.1 Einführung — **279**

Dagmar Reiß-Fechter
4.2 Immobilienmanagement in der Sozialwirtschaft — **279**
4.2.1 Bedeutung des Immobilienmanagements in der Sozialwirtschaft — **279**
4.2.2 Die Sozialwirtschaft – der unbekannte Riese — **280**
4.2.3 Vermögens- und finanzwirtschaftliche Bedeutung der Immobilien — **283**
4.2.4 Handlungsfelder eines professionellen Welfare-Real-Estate-Managements — **286**
4.2.5 Schaffung einer effizienten Immobilienorganisation — **289**
4.2.6 Aufgrund der Unterfinanzierung steht nun die Professionalisierung an — **291**

Ulrich Bogenstätter
4.3 Ziele als Kennzahl formulieren — **292**
4.4 Controlling im Hamsterrad – PDCA & Co — **293**
4.4.1 Zielwerte verfolgen im Regelkreis — **293**
4.4.2 Strategischer Regelkreis der Immobilienwirtschaft — **297**
4.5 Auf dem Weg zum (technischen) Immobilien-Controlling — **299**
4.5.1 Ziele planen (Plan) — **299**
4.5.2 Maßnahmen auswählen und durchführen (Do) — **313**
4.5.3 Controlling der Maßnahmen (Check) — **313**
4.5.4 Soll und Ist vergleichen und Ziele anpassen (Act) oder – der Selbsttest — **318**

Jörn von der Lieth und Dorit Brauns
4.6 Analyse eines Geschäftsberichts in der Wohnungs- und Immobilienwirtschaft — **323**
4.6.1 Die Bilanz lesen — **324**
4.6.2 Ein Gefühl für das Unternehmen entwickeln — **326**
4.6.3 Das Geschäftsfeld kennenlernen — **330**
4.6.4 Die Kapitalseite beleuchten — **333**

5 Eine verantwortliche Organisation aufbauen — 337

Ulrich Bogenstätter
5.1 Einführung — **337**

Adalbert Schmidt
5.2 Immobilienmanagement in der Praxis der evangelischen Kirchen — **337**
5.2.1 Immobilienbestand der Evangelischen Kirche in Deutschland — **338**

5.2.2 Rahmenbedingungen für das Bestandsmanagement bei kirchlichen Immobilien — **339**
5.2.3 Organisation, Inhalte und Entwicklung der Bestandsverwaltung — **342**
5.2.4 Finanzquellen und Finanzentwicklung — **344**
5.2.5 Herausforderungen und Handlungsempfehlungen — **345**
5.2.6 Erkenntnisse und Perspektiven — **346**

Ulrich Bogenstätter
5.3 Aufgaben der Organisation von Immobilienunternehmen — **348**
5.3.1 Projekt- und Objektorganisation aufstellen — **348**
5.3.2 Betreiberverantwortung delegieren — **352**
5.3.3 Fertigungstiefe – Eigen- und/oder Fremdleistungen — **356**
5.4 Organisationsformen im Projektgeschäft — **359**
5.4.1 Das Selfmade-Modell — **359**
5.4.2 Das Projektleitermodell — **362**
5.4.3 Das Generalplanermodell — **363**
5.4.4 Das Generalunter-/-übernehmermodell — **364**
5.4.5 Das Totalunternehmermodell — **364**
5.4.6 Das Regie-, Eigenbetrieb- oder GmbH-Modell — **365**
5.4.7 Mischmodelle — **367**
5.5 Organisationslösungen für das Objektgeschäft — **368**
5.5.1 Eigen- und Fremdleistung — **369**
5.5.2 Zentrale vs. dezentrale Organisation — **377**
5.5.3 Anbieter von FM-Leistungen — **380**
5.6 Besondere Organisationsmodelle im Projekt- und Objektgeschäft — **382**
5.6.1 Architekten- und Ingenieurleistungen als Eigenleistung — **382**
5.6.2 Hausmeisterdienste in Eigenleistung — **383**
5.6.3 ÖPP/PPP-Modelle — **386**

Thomas Glatte
5.7 Governance versus Operations – Organisationsentwicklung im betrieblichen Immobilienmanagement — **387**
5.7.1 Die Bedeutung von Corporate Real Estate als betriebliches Immobilienmanagement — **387**
5.7.2 Portfolio und Organisation – zwei Herausforderungen im CREM — **389**
5.7.3 Die Basis eines professionellen CREM – Daten, Daten, Daten — **393**
5.7.4 Fallbeispiel – Evolution des Immobilienmanagements im CREM am Beispiel BASF — **395**
5.7.5 Der (steinige) Weg zum CRE-Manager — **403**

6 Technisches Immobiliencontrolling umsetzen — 405

Ulrich Bogenstätter
6.1 Einführung — **405**

Holger Basten
6.2 Steuerung des Immobilienportfolios am Beispiel der öffentlichen Hand — **405**
6.2.1 Das Portfolio der öffentlichen Hand — **406**
6.2.2 Methoden zur Steuerung des Bedarfs — **410**
6.2.3 Kostenfaktor Nutzungskosten — **417**

6.2.4 Die zweite Miete – Senkung der Mietnebenkosten — **420**
6.2.5 Zukünftige Rahmenbedingungen staatlicher Bau- und Liegenschaftsbetriebe — **424**

Ulrich Bogenstätter
6.3 Flächenwirtschaftlichkeit – quantitative und qualitative Bedarfsanforderungen — **426**
6.3.1 Flächenbedarf ausgewählter Funktionsbereiche — **427**
6.3.2 Ausstattungs- und Einrichtungsstandards – Qualitätsbedarfsanforderungen (QbA) — **434**
6.4 Belegungsgrad versus Leerstand — **440**
6.4.1 Unterschied zwischen Leerstandsquote, Belegungs- und Nutzungsgrad — **441**
6.4.2 Berechnungsschemata – Fläche und Zeit — **444**
6.4.3 Berechnungsschema Sharing ratio — **446**
6.4.4 Optimierungspotenziale — **447**
6.5 Nutzungskosten en détail — **448**
6.5.1 Kosten zuordnen und berechnen — **449**
6.5.2 Gliederung der Investitionskosten — **450**
6.5.3 Gliederung der Nutzungskosten — **451**
6.6 Investitionskosten – Kapitalkosten (NGR 100) — **461**
6.6.1 Berechnungsmethoden der Investitionskosten — **461**
6.6.2 Genauigkeit von Kostenermittlungsverfahren — **464**
6.6.3 Höhe der Kapitalkosten (NGR 100) — **465**
6.7 Objektmanagementkosten (NGR 200) — **468**
6.7.1 Kennzahlen — **468**
6.7.2 Rechnungen — **472**
6.8 Betriebskosten (NGR 300) — **477**
6.8.1 Wasser (NGR 311) — **477**
6.8.2 Energie (NGR 312–316) — **484**
6.8.3 Entsorgung – Abwasser, Abfall (NGR 320) — **502**
6.8.4 Reinigung und Pflege von Gebäuden (NGR 330) — **506**
6.8.5 Reinigung und Pflege von Außenanlagen (NGR 340) — **518**
6.8.6 Prüfung, Bedienung, Inspektion und Wartung – u. a. durch den Hausmeister (NGR 350) — **521**
6.8.7 Abgaben und Beiträge – Steuern und Versicherung (NGR 370) — **534**
6.8.8 Verpflegungskosten (NGR 385) — **535**
6.9 Instandsetzungskosten (NGR 400) — **543**
6.9.1 Kalkulationsverfahren wählen — **546**
6.9.2 Zustände bewerten — **555**
6.9.3 Instandhaltung planen und budgetieren — **561**
6.9.4 Stützleistungen effizient erbringen — **562**
6.9.5 Beschädigungen und Zerstörungen vermeiden — **562**

Bernd Hanke
6.10 Controlling und Leistungskennzahlen bei einem Serviceunternehmen — **565**
6.10.1 Was ist ein erfolgreicher Bestandshalter? — **566**
6.10.2 Balanced Scorecard in der Immobilienwirtschaft und bei Dienstleistungsunternehmen — **566**
6.10.3 Balanced Scorecard im technischen Controlling — **571**

7 Projekte erfolgreich durchführen — 579

Ulrich Bogenstätter
7.1 Einführung — 579

Martin Dossmann und Thomas Weiler
7.2 Was bei Bauprojekten immer wieder schiefläuft — 580
7.2.1 Ruf nach rechtlichen Lösungsansätzen — 580
7.2.2 Gründe für Termin- und Kostenüberschreitungen — 581
7.2.3 Lösungsansätze — 582
7.2.4 Mit Risikozuschlägen und Kooperationen weniger Streit — 585

Wolfgang Inderwies
7.3 Leistungsausschreibung im Gebäudebetrieb – Fallstricke und Lösungen — 585
7.3.1 Leistungsbeziehungen im Gebäudebetrieb – vom Hausmeisterdienst zum ergebnisorientierten Gebäudemanagement — 586
7.3.2 Mustervertrag und Standardleistungsverzeichnis Facility Services als branchenweiter Lösungsansatz — 592
7.3.3 Mit Systemdienstleistung in die Zukunft? — 598

Birgit Schaarschmidt
7.4 Werkvertrag oder Dienstvertrag? — 602
7.4.1 Warum ist die Unterscheidung so wichtig? — 602
7.4.2 Dienstvertrag — 603
7.4.3 Werkvertrag — 607
7.4.4 „Werklieferungsvertrag“, § 650 BGB — 609
7.4.5 Gemischte Verträge — 610
7.4.6 Warum welche Vertragsart gewählt werden sollte — 612

Thomas Giel
7.5 Contracting – Energiesparmodell (nur) für Profis? — 614
7.5.1 Contracting in der Immobilien- und Wohnungswirtschaft im Zeitalter der Wärmelieferverordnung — 614
7.5.2 Jahresnutzungsgrade, Bilanzgrenzen und Sinnhaftigkeit von Schnittstellen beim Contracting — 615
7.5.3 20 % Energieeffizienzsteigerung im Bestand auch ohne Contracting — 619
7.5.4 Gebäude und Gebäudeausrüstungen sind keine einfachen Systeme — 622
7.5.5 Wie wird Contracting in der Immobilien- und Wohnungswirtschaft sinnvoll und effizient? — 623

Gerhard Führer
7.6 Untermieter Schimmel: Nein danke! — 624
7.6.1 Nicht nur der Schimmel wächst, auch seine Bedeutung — 624
7.6.2 Status quo im Umgang mit Schimmel in Gebäuden — 627
7.6.3 Professioneller Umgang mit Schimmel im Immobilienmanagement — 630
7.6.4 Entwicklungen bei den Untersuchungsmethoden — 633
7.6.5 Einmal richtig und nicht mehrfach sanieren — 636
7.6.6 Welche Handlungsfelder und -folgen ergeben sich für Wohnungs- und Immobilienbewirtschafter? — 639

Ulrich Baum
7.7 Eine Langzeituntersuchung der Auswirkungen einer ganzheitlichen Quartiersmodernisierung — **643**
7.7.1 Ganzheitliches Quartierskonzept der Brunckviertel-Revitalisierung — **643**
7.7.2 Das Monitoringkonzept und seine Ergebnisse — **649**
7.7.3 Ökonomische Evaluation in der Langzeitbetrachtung — **654**
7.7.4 Ökologische Evaluation der Brunckviertel-Revitalisierung — **662**
7.7.5 Soziokulturelle und funktionale Evaluation — **666**
7.7.6 Technische Beurteilung des Gebäudezustands nach rund zehn Jahren — **670**
7.7.7 Fazit: Ganzheitliche Modernisierungen lohnen sich! — **671**

Gerd Warda
7.8 Mehr Mut zur Öffentlichkeit! Sie tun viel Gutes. Reden Sie auch darüber! — **672**
7.8.1 Hat die Wohnungswirtschaft ein Imageproblem? Nein! Oder doch ein bisschen? — **672**
7.8.2 Öffentlichkeitsarbeit ist ein Muss! — **673**
7.8.3 Der Weg zur guten Öffentlichkeitsarbeit — **682**
7.8.4 Welche Medien versprechen den größten Erfolg? — **683**
7.8.5 Ein letzter Rat — **683**

8 (IT-)Prozesse – Betriebsabläufe nachhaltig innovativ gestalten — 685

Ulrich Bogenstätter
8.1 Einführung — **685**

Birgit Schaarschmidt
8.2 Rechtssicher dokumentieren – geht das? — **685**
8.2.1 Ausgangslage — **686**
8.2.2 Pflichten des Eigentümers oder Betreibers/Nutzers eines Bauwerks im Gesetz? — **689**
8.2.3 Pflicht zur Dokumentation im Gesetz? — **693**
8.2.4 Zusammenfassung — **695**

Ulrich Bogenstätter
8.3 (Kern-)Prozesse der Immobilienwirtschaft — **697**
8.3.1 (IT-gestützte) Prozesse visualisieren — **698**
8.3.2 Planen und bauen (im Bestand) — **703**
8.3.3 Vermarkten und vermieten – der Vermietungsprozess unter der Lupe — **714**
8.3.4 Betreiben – Störfälle, Reinigung, Betriebskosten abrechnen — **722**
8.3.5 Risiken einschätzen – Schaden abwenden — **730**
8.3.6 Instandhalten – Inspizieren, Warten, Instandsetzen, Verbessern — **746**
8.3.7 Sanieren und modernisieren im Betrieb — **748**
8.3.8 Schimmelprojekte – Sanierung der Sanierung meiden — **756**
8.4 Datensammler: Was fällt ab? Was wird benötigt? — **770**
8.4.1 Sind genug Daten vorhanden? — **770**
8.4.2 Termin- und Zeitplanung — **773**
8.4.3 Digitales Planmanagement — **785**
8.4.4 Ausschreibung, Vergabe und Abrechnung (AVA) — **797**
8.4.5 Dokumentation im Raum- und Gebäudebuch — **809**
8.4.6 Technische Verwaltungspläne (TVP) — **828**

8.4.7 Messen – Monitoring von Daten — 832
8.4.8 Technical Due Diligence — 835
8.5 Funktionale Anforderungen an Informationssysteme — 841
8.5.1 IT in der Unternehmensführung — 841
8.5.2 IT-gestützte Vermietung und Vermarktung — 845
8.5.3 Integrierte Heizkostenabrechnung — 855
8.5.4 IT-gestützte Verkehrssicherungspflicht — 858
8.5.5 Handwerkerkopplung — 862
8.5.6 Mobile Bestandsdatenpflege — 865
8.6 Auf dem Weg zum extern integrierten Informationsmanagement — 874
8.6.1 Horizontale IT-Integration – CAD, CAFM, GIS und ERP — 874
8.6.2 Vertikale IT-Integration – CRM und Schnittstellen für die Führung — 878
8.6.3 Interne IT-Integration: Daten gibt es genug! — 880
8.6.4 Interne Schnittstellen und Datenfluss im Unternehmen — 882
8.6.5 Schnittstellen und Datenfluss zu externen Unternehmen — 883
8.6.6 Datenimport und -export – Projekträume im World Wide Web — 885
8.6.7 Multidirektionale Schnittstellen – AVA im World Wide Web — 886
8.6.8 Lifecycle-IT-Integration — 889

Marc Schulirsch
8.7 Datenschutz und Datensicherheit – ohne IT geht nichts?! — 898
8.7.1 Die Bedeutung des Datenschutzes in der heutigen Zeit — 898
8.7.2 Datenschutz und IT-Sicherheit — 898
8.7.3 Institutionen des Datenschutzes — 899
8.7.4 Maßnahmen zur Erhöhung des Datenschutzes und der IT-Sicherheit — 900
8.7.5 Der Datenverarbeitungsprozess — 903
8.7.6 Smart Technology und Datenschutz — 907
8.7.7 Wirtschaftlichkeit des Datenschutzes — 910

Ulrich Bogenstätter
8.8 IT-Projekte – nicht nach Geschmack entscheiden! — 912
8.8.1 Projektziele bestimmen – IT-Projekt aufsetzen — 912
8.8.2 Informations- und Unterstützungsbedarf erkennen – den Markt sondieren — 920
8.8.3 IT-Prozesse identifizieren und quantifizieren — 922
8.8.4 Datenfluss klären und visualisieren — 923
8.8.5 Funktionale Anforderungen definieren — 927
8.8.6 In die Systemlandschaft integrieren und optimieren — 930
8.8.7 Wirtschaftlichkeit bewerten — 931
8.8.8 IT-Leistungen ausschreiben und Pflichtenheft beauftragen — 943

Siegfried Gallitschke
8.9 Qualitätssicherung – Monitoring des Vermietungsprozesses — 947
8.9.1 Prozesse in der Wohnungswirtschaft — 947
8.9.2 Die passende Prozessvariante in der Vermietung wählen — 947
8.9.3 Monitoring von Prozessen vorbereiten — 949
8.9.4 Prozesskennzahlen definieren — 950
8.9.5 Daten und Prozesskennzahlen erheben — 952
8.9.6 Vermietungsprozess analysieren und interpretieren — 953
8.9.7 Aus dem Monitoring Schlüsse ziehen — 964

9 **Anhang — 967**
9.1 Glossar — **967**
9.2 Indexreihen — **984**
9.3 Risiko, Schadensausmaß und Eintrittswahrscheinlichkeit — **985**
9.3.1 Risikomatrix — **985**
9.3.2 Schadensklassen und Sicherheitsanforderungen — **985**
9.3.3 Eintrittswahrscheinlichkeiten — **986**
9.4 Service-Level-Agreements (SLAs) — **988**
9.5 Nutzungskosten und -simulation — **989**
9.5.1 Ausführungsvarianten sowie Zu-/Abschläge — **989**
9.5.2 Schadstoffe in Innenräumen — **992**
9.6 Schulungsmaßnahmen für Hausmeister — **995**

Abkürzungsverzeichnis — 999

Literatur — 1009

Autor(inn)en — 1049

Stichwortverzeichnis — 1051

Abbildungsverzeichnis

Abb. 0.1 Hörnbrücke in Kiel, links: Dreifeld-Zug-Klappbrücke, rechts: Schubbrücke als Ersatzmaßnahme und Provisorium — **XXXIII**
Abb. 0.2 Integrale Planung und Wirtschaftsbereiche — **XXXV**
Abb. 0.3 Modell der strategischen Unternehmensführung — **XXXVII**
Abb. 0.4 Der Aufbau des Buches — **XXXVIII**
Abb. 1.1 Managementmethoden im Wandel der Zeit — **11**
Abb. 1.2 Perspektiven der Balanced Scorecard — **19**
Abb. 1.3 Managementebenen der Balanced Scorecard — **19**
Abb. 1.4 Arten von Zielen — **22**
Abb. 1.5 Wirkungsbeziehungen zur „Eigentumsstrategie betrieblich genutzter Immobilien" — **23**
Abb. 1.6 Beispiel einer Strategy Map eines kommunalen Wohnungsunternehmens — **25**
Abb. 1.7 Arten von quantitativen und qualitativen Kennzahlen — **26**
Abb. 1.8 Managementebenen am Beispiel Vertrieb — **28**
Abb. 1.9 Diversifizierbares Risiko — **34**
Abb. 1.10 27-Felder-Matrix — **35**
Abb. 1.11 Der Ablauf der Modernisierungsentscheidung — **36**
Abb. 1.12 Von der Portfoliostrategie zum Property-Management und Facility-Management — **39**
Abb. 1.13 Beispiel einer Wohnung in Berlin-Zehlendorf — **44**
Abb. 2.1 Investmenttransaktionen in Deutschland (Büroimmobilien, Jahreswerte) — **48**
Abb. 2.2 Eigentumsquoten in Europa — **49**
Abb. 2.3 Anteil inländischer und internationaler Investitionen in den Ländern 2015 — **50**
Abb. 2.4 Entwicklung der Netto-Spitzenrenditen — **50**
Abb. 2.5 KPI-Modell zur Steuerung von Property-Management-Dienstleistern — **54**
Abb. 2.6 Kirchenbau(innovationen) — **59**
Abb. 2.7 Anwendungsfelder aus Basisinnovationen — **60**
Abb. 2.8 Wirtschafts-, Gesundheits- und Sozialpolitik: die wichtigsten Aufgaben des Staates — **61**
Abb. 2.9 Wohnsituation der Haushalte 2015: Mängel in der Wohnung/dem Haus, in der/dem der Haushalt lebt — **61**
Abb. 2.10 Angst vor wachsender Aggressivität: Bangen um die eigene Sicherheit — **62**
Abb. 2.11 Von der Energieschleuder zum Nullenergiehaus: Energie(innovationen) — **63**
Abb. 2.12 Mietbestandteile bei GdW-Unternehmen — **63**
Abb. 2.13 Potenziale zur Begrenzung des Heizwärmebedarfs — **64**
Abb. 2.14 Wohnsituation der Haushalte 2015: Probleme im Wohnumfeld, in dem der Haushalt lebt — **65**
Abb. 2.15 Der Wohnflächenverbrauch in Deutschland steigt — **65**
Abb. 2.16 Energieverbrauch der privaten Haushalte — **66**
Abb. 2.17 Büroinnovationen — **67**
Abb. 2.18 Teilzeitbeschäftigte in Deutschland (Teilzeitquote in %) — **67**
Abb. 2.19 Lebenserwartung in Deutschland – Fakten und Prognosen — **68**
Abb. 2.20 Der Anteil der technischen Anlagen am Gebäude steigt — **69**
Abb. 2.21 Brutto-Rentenniveau und Altenquotient in Deutschland – Fakten und Prognosen — **69**
Abb. 2.22 Haushalte nach Haushaltsgrößen in Deutschland 1991–2015 — **70**
Abb. 2.23 Aktienkurs Apple — **71**
Abb. 2.24 Produktzyklen und Musikabsatzzahlen nach Medienträgern — **72**
Abb. 2.25 Wechsel des Arbeitsplatzes — **72**
Abb. 2.26 Flinke Finger an der Kasse — **73**
Abb. 2.27 Gebäudebestand 12/1991 in Deutschland in Mio. [m^2_{NUF}], nach Altersklassen — **78**
Abb. 2.28 Dimensionen der Nachhaltigkeit — **79**
Abb. 2.29 Differenzierung der Sichtweisen — **86**
Abb. 2.30 Immobilienportfolio der ev. Landeskirche Württemberg (2005) — **89**
Abb. 2.31 Eigentümerstruktur auf dem deutschen Wohnungsmarkt nach Zensus 2011 — **98**
Abb. 2.32 Kauf- und Verkaufsvolumina nach Akteuren inkl. Salden im Zeitraum 1999 bis 2007 — **100**
Abb. 2.33 Verteilung des Wohnungsbestands in Deutschland im Vergleich — **101**
Abb. 2.34 Verteilung des Wohnungsbestands in Frankreich im Vergleich — **102**

https://doi.org/10.1515/9783110480863-201

Abb. 2.35 Verteilung des Wohnungsbestands im UK im Vergleich — 102
Abb. 2.36 BIP-Wachstum im Vergleich — 103
Abb. 2.37 Börsennotierter Wohnungsbestand im Besitz der heute größten Immobilien-Aktiengesellschaften — 105
Abb. 2.38 Prognose der Bevölkerung und Haushalte bis 2035 — 107
Abb. 2.39 Bevölkerungsveränderung nach Altersgruppen bis 2040 — 108
Abb. 2.40 Entwicklung der Haushalte nach Personenzahl bis 2035 — 108
Abb. 2.41 Wohnungsbestand nach Baualter — 109
Abb. 2.42 Bevölkerungsprognose bis 2030 (in %) — 110
Abb. 2.43 Entwicklung sozialversicherungspflichtig Beschäftigter und Arbeitslosenquote — 111
Abb. 2.44 Entwicklung der Einkommen und Löhne — 112
Abb. 2.45 Entwicklung der Renditenvon 10-jährigen Staatsanleihen — 112
Abb. 2.46 Wohnungsbestand und Neubauvolumen — 113
Abb. 2.47 Entwicklung der Neubaukosten in € pro m^2 Wohnfläche — 114
Abb. 2.48 Kosten im Wohnungsneubau und Inflation — 115
Abb. 2.49 Wohnkosten und Inflation im Vergleich — 115
Abb. 2.50 Zusätzlicher Wohnungsbedarf und Fehlbedarf in Deutschlands A-Städten bis 2025 — 116
Abb. 2.51 Entwicklung Leerstandsquoten nach Regionen — 117
Abb. 2.52 Entwicklung des Sozialwohnungsbestands in Deutschland — 117
Abb. 2.53 Entwicklung der Mieten nach Stadttypen — 119
Abb. 2.54 Entwicklung der Kaufpreise nach Stadttypen — 119
Abb. 2.55 Entwicklung der durchschnittlichen Renditen für Mehrfamilienhäuser im Bestand nach Stadttypen (in %) — 120
Abb. 2.56 Wachstum Bruttoinlandsprodukt und Mieten im Vergleich — 121
Abb. 2.57 Wachstum Bruttoinlandsprodukt und Kaufpreise im Vergleich — 122
Abb. 2.58 Entwicklung des Wohnungstransaktionsvolumens pro Jahr — 122
Abb. 2.59 Überblick und Bewertung von Produkten — 125
Abb. 3.1 Organigramm der ESPS — 134
Abb. 3.2 Indirekte Immobilienanlagen der ESPS in Großbritannien, Belgien, Frankreich, Skandinavien, Polen und Norditalien — 139
Abb. 3.3 Soll- versus Zielportfolio: regional — 140
Abb. 3.4 Soll- versus Zielportfolio: sektoral — 140
Abb. 3.5 Investitionen der ESPS in indirekte Immobilienanlagen seit 2009 — 141
Abb. 3.6 Erlösentwicklung der ESPS — 143
Abb. 3.7 Vermögensentwicklung der ESPS — 143
Abb. 3.8 Typische Geschäftsmodelle und Rollen in der Immobilienwirtschaft — 145
Abb. 3.9 Besonderheiten des kirchlichen Immobilienmanagements — 147
Abb. 3.10 Prozentuale Kostenverteilung nach Kostenträgern innerhalb eines Projekts — 148
Abb. 3.11 Entscheidungspyramide – links am Beispiel ev. Kirchen, rechts in einem Unternehmen — 149
Abb. 3.12 Klassifizierung von Berichtswegen in der Kaskade — 150
Abb. 3.13 Ableitung von Zielen aus den Aufgaben — 151
Abb. 3.14 Ableitung von Strategien und Zuordnung von IT-Werkzeugen — 152
Abb. 3.15 Lebenszyklus von Betriebsformen im Einzelhandel — 156
Abb. 3.16 Lebenszyklus von Technologien — 157
Abb. 3.17 9-Felder-Portfoliomatrix — 158
Abb. 3.18 Strategien in der 9-Felder-Portfoliomatrix — 159
Abb. 3.19 Entwicklung einer Portfoliostrategie in der 4-Felder-Portfoliomatrix — 160
Abb. 3.20 9-Felder-Portfoliomatrix — 162
Abb. 3.21 Nachhaltigkeit im magischen Spannungsdreieck — 163
Abb. 3.22 Einordnung der Menschen in Konsumgruppen — 171
Abb. 3.23 Zielgruppenorientiertes Marketing: 50+, Werbekampagne der LWB (Postkarte 2007) — 173
Abb. 3.24 Wohnkonzepte nach GdW — 173
Abb. 3.25 Indikatoren für die Einschätzung von Angebot und Nachfrage in der Wohnungswirtschaft — 174
Abb. 3.26 Drückende Mietlast ab dem Alter von 55 Jahren: typische Entwicklung der Wohnkosten von Mietern und Eigentümern — 177
Abb. 3.27 Modellrechnung Flächenbedarf für verschiedene Bürokonzepte — 181

Abb. 3.28 Markthäuser in Mainz — 184
Abb. 3.29 Wirkungszusammenhänge von Objekt-, Kosten-, Leistungs- und Unternehmenskennzahlen — 185
Abb. 3.30 Indexreihen zur kurzfristigen, mittelfristigen und langfristigen Einschätzung — 187
Abb. 3.31 Strategien hinsichtlich Investitions- und Folgekosten — 189
Abb. 3.32 Kostenbeeinflussungsmöglichkeiten — 190
Abb. 3.33 Stake- und Shareholder-Analyse — 191
Abb. 3.34 Lebens- und Bauteilzyklus — 192
Abb. 3.35 Installationsgrad (KGR 400/300+400) nach Bauwerksnutzungsarten — 195
Abb. 3.36 Nutzungs- und Instandhaltungsstrategien im Vergleich — 196
Abb. 3.37 Straßenschäden als Mangelverwaltung — 197
Abb. 3.38 Straßenschäden mit (ausfallbedingter) Instandsetzung — 197
Abb. 3.39 Nutzungsstrategien A–G — 199
Abb. 3.40 Priorisierung von Instandhaltungsmaßnahmen — 201
Abb. 3.41 Centre George Pompidou, Paris — 204
Abb. 3.42 Erfüllungsgrad bei Key-Performance-Indicators — 205
Abb. 3.43 SLA A, B, C und SLA A+ in der Instandhaltung sowie am Ende der Vertragslaufzeit (ohne Ausfallrisiko) — 206
Abb. 3.44 Entwicklung der Instandhaltungsstrategien — 208
Abb. 3.45 Zusammenhang zwischen Instandhaltungsstrategien, Service-Level und Ausfallwahrscheinlichkeit — 210
Abb. 3.46 LCC-Verlauf bei 4.000 WE in der Allgemeinen Baugenossenschaft ABZ Zürich (Realdaten) — 213
Abb. 3.47 Kontext Betriebswirtschaft, technisches Budget und Bedarf — 215
Abb. 3.48 Entscheidungsweg zum In- oder Outsourcing — 218
Abb. 3.49 Anzahl der Pre-certificate- und Certificate-Projekte in Deutschland (DGNB) — 225
Abb. 3.50 Globale Verbreitung von Zertifizierungsverfahren im Hinblick auf freiwillige, vorgeschlagene, beabsichtigte und verpflichtende Standards von Bewertungssystemen der Nachhaltigkeit — 226
Abb. 3.51 Zertifizierungsverfahren der Nachhaltigkeit im Vergleich — 231
Abb. 3.52 Relevanz der Kriterien nach DGNB für die Unternehmensführung unter dem Aspekt der Lebensdauer eines Gebäudes — 233
Abb. 3.53 Zertifikate unter dem Aspekt der Lebensdauer eines Gebäudes und Zuordnung nach Dimensionen der Nachhaltigkeit — 234
Abb. 3.54 Stoßrichtung und Ebenen der Wirtschaftlichkeit — 237
Abb. 3.55 Weg-/Zeitdiagramm — 243
Abb. 3.56 Ermittlung der Punktzahl, Wohnungs-Bewertungs-Systems (WBS) — 243
Abb. 3.57 Ein Rundgang durch ein fiktives Bürogebäude für ein LEED-Zertifikat in Gold — 247
Abb. 3.58 Einflussfaktor Gesetzesfolgekosten für den Budgetierungszeitraum von 5 Jahren — 251
Abb. 3.59 Gesamtnutzungsdauer von Gebäuden als Zu- und Abschlagsverfahren — 252
Abb. 3.60 Tägliche Zinsstruktur der Bundesschatzbriefe am Rentenmarkt (Zinsstrukturkurve) — 253
Abb. 3.61 Berechnung der Nutzungskosten eines Bodenbelags (Beispielrechnung) — 256
Abb. 3.62 Lebenskosten von verschiedenen Bodenbelägen (statische Investitionsrechnung) — 257
Abb. 3.63 Lebenskosten von verschiedenen Bodenbelägen (dynamische Investitionsrechnung, Inflationsrate 2 %, Zinssatz 4,5 %) — 258
Abb. 3.64 Lebenskosten Parkett (dynamische Investitionsrechnung) unter Berücksichtigung von Eigenleistung und Mietsteigerungspotenzialen im Mietwohnungsbau — 259
Abb. 3.65 Bauteilsysteme im Lebenszyklus — 260
Abb. 3.66 Eingriffstiefe und Investitionskosten in Abhängigkeit von der Strategie — 262
Abb. 3.67 Zyklen und Instandhaltungsstrategie — 262
Abb. 3.68 Zu- und Abschläge KGR 420 – NGR 351, Beispiel Personalqualifizierungsmaßnahmen zu TVöD E4 S3 — 263
Abb. 3.69 Abhängigkeit der Instandhaltungskosten von der Baunutzungsart — 265
Abb. 3.70 Bedarf an laufenden Instandsetzungsbudgets — 266
Abb. 3.71 Abhängigkeit der laufenden Instandsetzungskosten vom Faktor Zeit — 266
Abb. 3.72 Nutzungskosten am Beispiel einer Hochschule – Ermittlung nach Bauteilen — 267
Abb. 3.73 Staatliche Bauverwaltungen der Länder, heutige Organisation — 273

Abb. 4.1 PDCA-Zyklus und DMAIC-Zyklus — **294**
Abb. 4.2 Strategischer Regelkreis und Regelkreis im Energiemanagement — **295**
Abb. 4.3 Heizenergieverbrauch eines Verwaltungsgebäudes (BZK 1300), Analyse und Planwertbestimmung — **296**
Abb. 4.4 Vergleich zwischen Plan- und Ist-Wert des Energieverbrauchs bei Bundesliegenschaften — **297**
Abb. 4.5 Detaillierter strategischer Regelkreis — **298**
Abb. 4.6 Baunutzungskosten nach [DIN 18960-1 1976-04] für Bauwerksgruppe 612 „Doppel- und Mehrfamilienhäuser" — **301**
Abb. 4.7 Gewinnberechnung aus Kennwerten in der Wohnungswirtschaft — **301**
Abb. 4.8 Kennzahlen nach Rotermund — **305**
Abb. 4.9 Gewinnberechnung nach Ist-, Kenn- und Soll-Wert in der Wohnungswirtschaft — **311**
Abb. 4.10 Mieterkosten nach Ist-, Kenn- und Soll-Wert in der Wohnungswirtschaft — **311**
Abb. 4.11 Betriebskosten nach [BetrKV 2012], Ist-, Kenn- und Soll-Wert — **312**
Abb. 5.1 Immobilienbestand der Evangelisch-lutherischen Landeskirche Hannovers — **340**
Abb. 5.2 Die Gliedkirchen der Evangelischen Kirche in Deutschland (EKD) — **341**
Abb. 5.3 Magisches Dreieck im Projektmanagement — **349**
Abb. 5.4 Verteilung der Kompetenzen in der evangelischen Kirche, idealtypische Darstellung — **353**
Abb. 5.5 Abgrenzung zwischen Auftraggeber und Auftragnehmer — **356**
Abb. 5.6 Bremer Modell — **357**
Abb. 5.7 Auftrags- und Weisungsverhältnis beim Selfmade-Modell — **360**
Abb. 5.8 Auftrags- und Weisungsverhältnis beim Projektleitermodell — **362**
Abb. 5.9 Auftrags- und Weisungsverhältnis beim Generalplanermodell — **363**
Abb. 5.10 Auftrags- und Weisungsverhältnis beim Generalunter-/-übernehmermodell — **364**
Abb. 5.11 Auftrags- und Weisungsverhältnis beim Totalunternehmermodell — **365**
Abb. 5.12 Auftrags- und Weisungsverhältnis beim Regie-, Eigenbetrieb- oder GmbH-Modell — **368**
Abb. 5.13 Auftrags- und Weisungsverhältnis bei Mischmodellen — **368**
Abb. 5.14 Ausführung der Leistungsbereiche in Eigenleistung — **369**
Abb. 5.15 Gebäudebewirtschaftung in der Kommune — **370**
Abb. 5.16 Geschäftsverteilungsplan in der Kommune (dezentrales und zentrales Gebäudemanagement — **371**
Abb. 5.17 Geschäftsverteilungsplan in der Wohnungswirtschaft — **371**
Abb. 5.18 Organigramm eines gewerblichen Wohnungsunternehmens (rd. 2.000 VE (Soll)) — **372**
Abb. 5.19 Organigramm eines Wohnungsunternehmens (rd. 25.000 Mieter (Ist)) — **373**
Abb. 5.20 Ausführung ausgewählter Leistungsbereiche in Fremdleistung — **375**
Abb. 5.21 Ausführung der Leistungsbereiche in Fremdleistung — **375**
Abb. 5.22 Ausführung von Property-Management/Facility-Management in Fremdleistung — **376**
Abb. 5.23 Ausführung der Portfoliostrategie in Fremdleistung — **376**
Abb. 5.24 Verteilung der Gebäude bei der DAIG von 230.000 Wohneinheiten an 700 Standorten in Deutschland — **377**
Abb. 5.25 Verteilung der Gebäude eines Immobilienunternehmens nach Bauwerksnutzungsart (links) und Brutto-Grundfläche (rechts) am Beispiel der Ev. Landeskirche in Württemberg — **378**
Abb. 5.26 Organisationslösung nach Funktionsbereichen — **378**
Abb. 5.27 Organisationslösung nach Geschäftsbereichen — **379**
Abb. 5.28 Organisationslösung als Stabsfunktion — **379**
Abb. 5.29 Organisationslösung als Stabsfunktion mit Satelliten in den Geschäftsbereichen — **380**
Abb. 5.30 Organisationslösung als selbstständiger Geschäftsbereich — **380**
Abb. 5.31 FM-Anbieter als eigenständiges Profit-Center: Organisation der Firma Teradyne (USA) — **381**
Abb. 5.32 Organisation bei einer kirchlichen Institution — **382**
Abb. 5.33 Organisation der Hausmeisterdienste — **384**
Abb. 5.34 Organisation des Schichtdienstes — **385**
Abb. 5.35 ÖPP/PPP-Organisationsmodell — **386**
Abb. 5.36 Übersicht der immobilienwirtschaftlichen Managementdisziplinen — **388**
Abb. 5.37 Komplexitätsgrad betrieblich genutzter Immobilien — **389**
Abb. 5.38 Würfelmodell der Organisationsentwicklung im CREM — **392**
Abb. 5.39 Leistungsmodell des betrieblichen Immobilienmanagements — **392**
Abb. 5.40 Trichtermodell für Immobilieninformationssysteme — **394**

Abb. 5.41 Organisation und organisatorische Einbindung, 1990er-Jahre (schematisch) — **396**
Abb. 5.42 Qualitative Bewertung/Erfüllungsgrad des CREM, 1990er-Jahre (schematisch) — **397**
Abb. 5.43 Organisation und organisatorische Einbindung, 2004 (schematisch) — **398**
Abb. 5.44 Qualitative Bewertung/Erfüllungsgrad des CREM, Jahr 2004 (schematisch) — **398**
Abb. 5.45 Organisation und organisatorische Einbindung, 2015 (schematisch) — **399**
Abb. 5.46 Qualitative Bewertung/Erfüllungsgrad des CREM, Jahr 2015 (schematisch) — **401**
Abb. 5.47 Künftige Immobiliendatenbank – Systemstruktur (schematisch) — **402**
Abb. 6.1 Geschäftsleitung des Landesbetriebs LBB — **407**
Abb. 6.2 Aufgabenbereiche und Führungsstruktur des Immobilienmanagements im Landesbetrieb LBB — **407**
Abb. 6.3 Immobilienportfolio des Landesbetriebs LBB nach Nutzungsarten und Mietflächen (m^2_{MF}) — **408**
Abb. 6.4 Entwicklung des Anlagevermögens jeweils zum 31.12. eines Jahres — **409**
Abb. 6.5 Entwicklung der Leerstandsquote — **409**
Abb. 6.6 Entwicklung des Bauvolumens des LBB-eigenen Immobilienportfolios — **410**
Abb. 6.7 Planungs- und Kostendaten im Hochbau, Planungs- und Orientierungswerte, RLBau — **411**
Abb. 6.8 Höchstflächen für Geschäftszimmer der Landesbehörden, RLBau — **412**
Abb. 6.9 Kostenrichtwerte für Hochschulgebäude – Indexstand August 2012, RLBau — **413**
Abb. 6.10 Nutzungskosten nach DIN 18960 2008-02, RLBau — **414**
Abb. 6.11 Planungs- und Genehmigungsprozess für große Baumaßnahmen nach RLBau, vereinfachte Darstellung — **416**
Abb. 6.12 Gliederung der Betreiberverantwortung — **418**
Abb. 6.13 Anzahl der Gebäude je Baualtersgruppe (ohne Hochschulen) — **420**
Abb. 6.14 Instandhaltungskosten (laufende Instandsetzungen, Ersatzbeschaffungen und Instandhaltungsanteile aus Mischmaßnahmen) in € pro m^2 Mietfläche (ohne Baunebenkosten) — **421**
Abb. 6.15 Flächenverbrauchskennwert in [m^2/je Vollverpflegung] pro Essplatz — **428**
Abb. 6.16 Flächenverbrauchskennwert in [m^2/je Vollverpflegung] nach Küchenart — **429**
Abb. 6.17 Funktionsbereiche einer Zubereitungsküche — **430**
Abb. 6.18 Variante A, Belegungsplan von 5 Operationssälen — **430**
Abb. 6.19 Variante B, Belegungsplan von 4 Operationssälen — **431**
Abb. 6.20 Skalierungseffekte bei den Nebennutzflächen (NUF 7), Flächenverbrauchskennwert in [m^2] pro Arbeitsplatz — **432**
Abb. 6.21 Skalierungseffekte bei den Nebennutzflächen (NUF7), Kostenrelation in [%] nach Sanitärbereichsarten — **432**
Abb. 6.22 Flächenbedarf Technikflächen (Sprinkleranlage) — **433**
Abb. 6.23 Belegungsgrad und Zimmerpreis von Hotelzimmern nach Tagen — **441**
Abb. 6.24 Nutzungszeiten verschiedener Nutzungszonen — **442**
Abb. 6.25 Belegungsgrad von Parkflächen nach Wochentagen — **443**
Abb. 6.26 Belegungsgrad von Parkflächen nach Tagesstunden (Beschäftigte) — **443**
Abb. 6.27 Belegungsgrad von Parkflächen nach Tagesstunden (Einwohner) — **444**
Abb. 6.28 Optimierung durch Überlagerung von Belegungsgraden (Beschäftigte und Einwohner) — **444**
Abb. 6.29 Strategieansätze in der kommunalen Gebäudewirtschaft kleinerer und mittlerer Städte — **449**
Abb. 6.30 Kostenermittlungsverfahren der Investitions- und Nutzungskosten — **450**
Abb. 6.31 Erhebung von Kostenkennzahlen — **451**
Abb. 6.32 Übersicht der jährlichen Baunutzungskosten bei verschiedenen Bauwerksnutzungsarten — **459**
Abb. 6.33 Leitpositionen — **464**
Abb. 6.34 Kostenermittlungsverfahren allgemein — **465**
Abb. 6.35 Einflussnahme von weichen Faktoren auf die Bonität eines Kreditnehmers — **466**
Abb. 6.36 Verhältnis Beschäftigte zu Wohneinheiten (WE) — **469**
Abb. 6.37 Leistungspalette Objektmanagementkosten nach Hauptgruppen — **470**
Abb. 6.38 Leistungspalette Objektmanagementkosten – 2. Ebene — **470**
Abb. 6.39 Leistungspalette Objektmanagementkosten – Rechtsbereich — **471**
Abb. 6.40 Anteil der Rechnungen eines Wohnungsunternehmens nach Betragsklassen und Rechnungsart — **472**
Abb. 6.41 Anzahl der Rechnungen im Verhältnis zum Rechnungswert — **472**
Abb. 6.42 Anteil der Rechnungen mit Einheitspreisabkommen eines Wohnungsunternehmens — **473**

Abb. 6.43 Anteil der Rechnungen mit Einheitspreisabkommen nach Art der Arbeiten eines Wohnungsunternehmens — **473**
Abb. 6.44 Anteil der Rechnungen der laufenden Instandsetzungsaufträge und Rechnungssummen (kumuliert) — **474**
Abb. 6.45 Spezifische (Ab-)Wasserkosten nach Bauwerksnutzungsarten — **478**
Abb. 6.46 (Vergleichs-)Kennzahlen (Orientierungswerte): Wasserkosten nach Bauwerksnutzungsarten — **479**
Abb. 6.47 (Vergleichs-)Kennzahlen (Orientierungswerte): Abwasser-/Wasserkosten nach Bauwerksnutzungsarten — **479**
Abb. 6.48 Abweichungen vom Mittelwert beim durchschnittlichen Trinkwasserentgelt je Kubikmeter und Grundgebühr pro Jahr in Deutschland nach Bundesland im Jahr 2013 — **480**
Abb. 6.49 Jährlicher Wasserverbrauch nach Bauwerksnutzungsarten — **481**
Abb. 6.50 Häufigkeitsverteilung Wasserverbrauchswert Verwaltungsgebäude und Wasserverbrauch im Wohnungsbau — **482**
Abb. 6.51 Häufigkeitsverteilung Warmwasserverbrauch (WW) je m^2 Wohnfläche und Jahr und in m^3 je Person und Jahr — **482**
Abb. 6.52 Spezifische Wärme- und Kältekosten nach Bauwerksnutzungsarten (indiziert: Rohpreisindex) — **486**
Abb. 6.53 (Vergleichs-)Kennzahlen (Orientierungswerte) der Literatur: Orientierungswerte Wärmekosten nach Bauwerksnutzungsarten (indiziert: Rohpreisindex) — **487**
Abb. 6.54 Mischpreis für Fernwärme und Erdgas in ausgewählten Städten 2013 — **487**
Abb. 6.55 Preise nach Energieträger und Erdgaskosten, Basisjahr 2010 — **489**
Abb. 6.56 Jährlicher Wärmeverbrauch nach Bauwerksnutzungsarten, witterungsbereinigt — **490**
Abb. 6.57 Häufigkeitsverteilung Heizenergieverbrauchswert Verwaltungsgebäude, Endenergieverbrauch in privaten Haushalten — **491**
Abb. 6.58 Der Einfluss des Energiecontrollings auf den Heizenergieverbrauch, Beispiel — **493**
Abb. 6.59 Spezifische Stromkosten nach Bauwerksnutzungsarten — **498**
Abb. 6.60 (Vergleichs-)Kennzahlen (Orientierungswerte) der Literatur: Orientierungswerte Stromkosten nach Bauwerksnutzungsarten — **499**
Abb. 6.61 Abweichung vom Mittelwert bei jährlichem Haushaltsstrompreis nach Bundesländern, 2013 Prognose — **499**
Abb. 6.62 Jährlicher Stromverbrauch nach Bauwerksnutzungsarten — **500**
Abb. 6.63 Häufigkeitsverteilung Stromverbrauchskennwert in Verwaltungsgebäuden und Elektrizitätsverwendung im durchschnittlichen Wohnhaushalt — **501**
Abb. 6.64 Abweichung vom Mittelwert der durchschnittlichen Abwasserkosten je Kubikmeter und Grundgebühr pro Jahr in Deutschland nach Bundesland im Jahr 2010 — **503**
Abb. 6.65 Abweichung vom Mittelwert bei einem Mischpreis für Müllentsorgung in den Städten im Jahr 2011 — **504**
Abb. 6.66 Abfallanteile im Bereich Wohnungswirtschaft — **504**
Abb. 6.67 PDCA-Zyklus für Reinigungsleistungen — **507**
Abb. 6.68 Referenzkennzahlen für Reinigungskosten nach Bauwerksnutzungsart — **509**
Abb. 6.69 Orientierungswerte für Innenreinigung nach Bauwerksnutzungsart — **509**
Abb. 6.70 Orientierungswerte für Fensterreinigung nach Bauwerksnutzungsart — **510**
Abb. 6.71 Orientierungswerte für Fassadenreinigung nach Bauwerksnutzungsart — **510**
Abb. 6.72 NC-Codes als Grundlage für ein Raum- und Gebäudebuch — **511**
Abb. 6.73 Reinigungsmehrkosten durch Planungsmängel in [%] — **513**
Abb. 6.74 Einsatzdiagramm einer Arbeitsbühne für den unteren Einsatzbereich als Anhänger — **516**
Abb. 6.75 Orientierungswerte Reinigung der Außenanlagen nach Bauwerksnutzungsart — **519**
Abb. 6.76 Orientierungswerte Unterhaltungsarbeiten bei Vegetationsflächen nach Bauwerksnutzungsart — **519**
Abb. 6.77 Orientierungswerte Wartungskosten nach Bauwerksnutzungsart — **522**
Abb. 6.78 (Vergleichs-)Kennzahlen (Orientierungswerte) der Literatur: Hausmeisterkosten nach Bauwerksnutzungsart — **529**
Abb. 6.79 Hausmeister treibt Mietrückstände ein — **530**
Abb. 6.80 Aufgabenblöcke und Zeitanteile der Tätigkeiten für das kommunale Gebäudemanagement in % — **530**

Abb. 6.81 (Vergleichs-)Kennzahlen (Orientierungswerte) der Literatur: Versicherungskosten nach Bauwerksnutzungsart — **535**
Abb. 6.82 Personalschlüssel in [Vollverpflegungen/Beschäftigte] in der Küche nach Küchenart — **536**
Abb. 6.83 Referenzkennzahlen für Verpflegungskosten nach Bauwerksnutzungsarten [m^2/je Vollverpflegung] pro Essplatz — **537**
Abb. 6.84 (Vergleichs-)Kennzahlen (Orientierungswerte) der Literatur: Instandhaltungskosten nach Bauwerksnutzungsart — **545**
Abb. 6.85 Instandsetzungs-/Verbesserungskosten nach Bauwerksnutzungsarten — **545**
Abb. 6.86 Methodenübersicht — **546**
Abb. 6.87 Die Tops der Instandhaltungskosten — **553**
Abb. 6.88 Grafische Darstellung der Ergebnisse WEG-Verwaltung in Zeitreihen — **555**
Abb. 6.89 Darstellung der Ergebnisse der verwendeten Berechnungsverfahren in der WEG-Verwaltung — **556**
Abb. 6.90 Grobdiagnose von IP-Bau — **557**
Abb. 6.91 Beispiel: IP-Grobdiagnose 40 — **558**
Abb. 6.92 Auswertung der Kosten nach Eingriffstiefe und Bauelement — **559**
Abb. 6.93 Alterungsverhalten des Wetter- und Sonnenschutzes — **560**
Abb. 6.94 Schema Instandsetzungszyklen — **562**
Abb. 6.95 Durchführungsquote und Terminüberwachung der Regelinstandhaltung (RIH) — **572**
Abb. 6.96 Grafische Wartungsterminübersicht (SAP) — **573**
Abb. 6.97 Kennzahlendarstellung zur Überwachung der Eigeninspektion und daraus resultierende Kleininstandsetzungen — **574**
Abb. 6.98 Dashboard-Einstiegsseite, Fachbereich zur Überwachung von Mängeln bei einer Eigeninspektion (fiktive Zahlen). Hinweis: Über einen Zeitfilter soll eingestellt werden können, welches Zeitfenster für die Darstellungen herangezogen wird. Das Dashboard verfügt über eine entsprechende Standardeinstellung — **575**
Abb. 6.99 Beispiel für mangelhafte Wartungsarbeiten an einem Volumenstromregeler — **576**
Abb. 6.100 Cockpit mit einer übergeordneten Sicht auf die vier Perspektiven, von denen in die Detailbetrachtungen abgesprungen werden kann (Beispiel) — **577**
Abb. 7.1 Von der Erwartungshaltung zur wahrgenommenen Leistungsqualität — **591**
Abb. 7.2 Begrifflichkeiten im Störungsmanagement — **595**
Abb. 7.3 Meilensteine und Phasen der Zusammenarbeit — **596**
Abb. 7.4 Definition der Wirkungsgrade — **616**
Abb. 7.5 Pauschalwerte nach Reziprokwert-Verfahren (Zielkorridor ±5 % und gemessene Werte Niedertemperatur, Baujahr 1987–1994, Reihe Heizungsanlagen), 29,3 % der Beobachtungen liegen im ±5 %-Intervall des Zielkorridors — **618**
Abb. 7.6 Pauschalwerte nach Reziprokwert-Verfahren (Zielkorridor ±5 % und gemessene Werte Niedertemperatur, Baujahr ab 1995, Reihe Heizungsanlagen). 32,6 % der Beobachtungen liegen im ±5 %-Intervall des Zielkorridors — **618**
Abb. 7.7 Berechneter mittlerer Tagesnutzungsgrad von Heizwertkesseln in Abhängigkeit vom Anlagenhersteller — **619**
Abb. 7.8 Schnittstelle Contracting — **619**
Abb. 7.9 Typfehlerverlauf: Anlage nicht hydraulisch abgeglichen; unterschiedliche Rücklauftemperaturen bei ähnlichen Heizkreisen — **621**
Abb. 7.10 Typfehlerverlauf: Heizkreismischer falsch dimensioniert; Vorlauftemperatur in den Heizkreisen folgt der Kesselvorlauftemperatur — **621**
Abb. 7.11 Smart TOM — **622**
Abb. 7.12 Zukunft von Smart TOM — **623**
Abb. 7.13 Links: Sichtbare Schimmelschäden gehen regelmäßig mit verdeckten, nicht sichtbaren Schimmelschäden einher. Rechts: Verdeckte und zunächst nicht sichtbare Schimmelschäden finden sich häufig in der Dämmebene von Fußbodenkonstruktionen — **625**
Abb. 7.14 Energetische Sanierungen sollten immer mit einer stofflichen Sanierung einhergehen, um vorhersehbare Überraschungen zu vermeiden — **626**
Abb. 7.15 Häufigkeit von sichtbaren Schimmel- und Feuchteschäden in deutschen Wohnungen in Prozent — **629**
Abb. 7.16 Dach- und Fußbodenkonstruktionen sind sehr häufig von Schimmelschäden betroffen, ohne dass dies augenscheinlich erkennbar ist — **630**

Abb. 7.17 Prozessorientiertes Ablaufschema bei der Schimmelmeldung durch einen Mieter — **632**
Abb. 7.18 Vertretbare Alternative in vermieteten Wohnungen zum Komplettausbau des Fußbodens: das diffusionsoffene Estrichfugensystem SCHIMMELSTOPP mit seinen zwei Filterkomponenten zur sicheren Zurückhaltung gasförmiger, von Mikroorganismen erzeugter Emissionen (schwarzes Adsorbens in der Fuge) und partikelartiger Schimmelpilz- und Bakterienbestandteile (weißes Filtervlies über der Fuge) aus einer Fußbodenkonstruktion mit schwimmend verlegten Estrichen — **637**
Abb. 7.19 Luftaufnahme des modernisierten Ludwigshafener Brunckviertels, im Vordergrund die 1-Liter-Häuser (Neubau) — **644**
Abb. 7.20 Revitalisierungskonzept des Ludwigshafener Brunckviertels — **644**
Abb. 7.21 1-Liter-Haus (Neubau) im Brunckviertel — **646**
Abb. 7.22 3-Liter-Haus (Modernisierung) im Brunckviertel — **647**
Abb. 7.23 Technisches Konzept des 3-Liter-Hauses in der Bestandsmodernisierung — **649**
Abb. 7.24 Technisches Konzept des 1-Liter-Hauses im Neubau — **649**
Abb. 7.25 Jahresverlauf der durchschnittlichen Innen- und Außentemperatur im 3-Liter-Haus — **651**
Abb. 7.26 Darstellung der gemessenen Tageswerte für die Wärmemenge in der ersten Heizperiode pro Wohnung — **652**
Abb. 7.27 Vergleich der Verbrauchswerte mit den errechneten Bedarfswerten — **653**
Abb. 7.28 Mittelwerte der Wohnzimmer- und Außentemperatur — **653**
Abb. 7.29 Differenz der mittleren Raumtemperatur zur Oberflächentemperatur der Innenwände und zur Außentemperatur — **654**
Abb. 7.30 Langfristige durchschnittliche Verbrauchswerte für Heizwärme in den 3-, 5- und 7-Liter-Häusern nach Bestandsmodernisierung bzw. Neubau (Endenergie) — **655**
Abb. 7.31 Amortisationsverlauf der einzelnen energetischen Modernisierungsmaßnahmen im 3-Liter-Haus auf der Basis der wirtschaftlichen Rahmenbedingungen im Jahr 2013 (Sanierung) — **656**
Abb. 7.32 Vergleich der Amortisationszeiten für einzelne energetische Modernisierungsmaßnahmen (Investitionskosten) im 3-Liter-Haus (Bestand) aufgrund geänderter Rahmenbedingungen — **657**
Abb. 7.33 Amortisationsverlauf der einzelnen energetischen Modernisierungsmaßnahmen im 5-Liter-Haus auf der Basis der wirtschaftlichen Rahmenbedingungen im Jahr 2013 (Sanierung) — **657**
Abb. 7.34 Vergleich der Amortisationsdauern für einzelne energetische Modernisierungsmaßnahmen im 5-Liter-Haus (Bestand) auf der Basis der wirtschaftlichen Rahmenbedingungen im Jahr 2013 — **658**
Abb. 7.35 Cashflow-Vergleich der Instandsetzungs- und der Modernisierungsvariante — **658**
Abb. 7.36 Amortisationsverlauf der einzelnen energetischen Modernisierungsmaßnahmen im 1-Liter-Haus (Neubau) auf der Basis der wirtschaftlichen Rahmenbedingungen im Jahr 2013 — **659**
Abb. 7.37 Vergleich der Amortisationszeiten für einzelne energetische Modernisierungsmaßnahmen im 1-Liter-Haus (Neubau) auf der Basis der wirtschaftlichen Rahmenbedingungen im Jahr 2013 — **659**
Abb. 7.38 Geplanter Amortisationsverlauf der einzelnen energetischen Modernisierungsmaßnahmen im 5-Liter-Haus (Neubau) auf der Basis der wirtschaftlichen Rahmenbedingungen im Jahr 2013 — **660**
Abb. 7.39 Vergleich der Amortisationszeiten für einzelne energetische Modernisierungsmaßnahmen im 5-Liter-Haus (Neubau) aufgrund geänderter Rahmenbedingungen (Neubau 2013), Berechnung auf einer Datenbasis von 2013 — **661**
Abb. 7.40 CO_2-Emissionsvergleich für das 3-Liter-Haus — **663**
Abb. 7.41 CO_2-Emissionsvergleich für das 5-Liter-Haus — **663**
Abb. 7.42 CO_2-Emissionsvergleich für das 7-Liter-Haus — **664**
Abb. 7.43 CO_2-Ökobilanzierung über zehn Jahre für das 3-Liter-Haus für unterschiedliche Energieeffizienzmaßnahmen — **664**
Abb. 7.44 CO_2-Ökobilanzierung über zehn Jahre für das 5-Liter-Haus für unterschiedliche Energieeffizienzmaßnahmen — **665**
Abb. 7.45 CO_2-Ökobilanzierung über zehn Jahre für das 7-Liter-Haus für unterschiedliche Energieeffizienzmaßnahmen — **665**
Abb. 7.46 Ökoeffizienzanalyse unterschiedlicher Dämmmaterialien — **666**
Abb. 7.47 Umfrageergebnisse zum klimatischen Wohlbefinden der Bewohner — **668**
Abb. 7.48 Umfrageergebnisse zum Luftfeuchtigkeitsempfinden der Bewohner — **669**
Abb. 7.49 Umfrageergebnisse zur Beliebtheit von Baumaterialien — **670**
Abb. 7.50 Rostocker Baugenossenschaft Neptun e. G.: Logo an der Hauswand — **674**
Abb. 7.51 Architektonisch mutig: der Kindergarten aus Bielefeld — **675**

Abb. 7.52 Wohnungsverein Herne e. G.: Figurengruppe von Christel Lechner — 675
Abb. 7.53 Screenshot der Webseite der Sozialbau AG — 676
Abb. 7.54 Screenshot der Webseite der Wogeno München eG — 677
Abb. 7.55 Das Wohnlabor bei der GWG München: Für die kreativen Pausen, aber auch für Besucher haben die Schüler eine Bank gebaut — 678
Abb. 7.56 Mieterzeitungen — 679
Abb. 7.57 Screenshot Frohe Zukunft Wohnungsgenossenschaft eG in Halle — 680
Abb. 7.58 Ein Blick in die Mitarbeiterzeitung „Hand in Hand“ der Deutschen TGS GmbH — 681
Abb. 8.1 Entwicklung Arbeitsproduktivität je geleisteter Erwerbstätigenstunde nach Branchen — 697
Abb. 8.2 Prozessmodell der Leistungserstellung und -bereitstellung mit Bezug auf die Stakeholder — 699
Abb. 8.3 Formular gemäß der EPK-Methode zur Aufnahme von Prozessen — 699
Abb. 8.4 Verwendete Symbolik — 701
Abb. 8.5 Beantragung einer Hypothek als EPK — 703
Abb. 8.6 Bedarfsplanung — 706
Abb. 8.7 Projekt vorbereiten — 707
Abb. 8.8 Genehmigungen planen — 708
Abb. 8.9 Der Ausschreibungsprozess — 709
Abb. 8.10 Leistungen beschreiben — 710
Abb. 8.11 Leistungen bestellen — 711
Abb. 8.12 Leistungen ausführen — 712
Abb. 8.13 Objektnutzung vorbereiten — 713
Abb. 8.14 Vermarktungsdauer von Miet- und Kaufimmobilien, Durchschnittswerte — 714
Abb. 8.15 Prozess der Kündigung eines Mieters — 715
Abb. 8.16 Kundenorientierung im Vermietungsprozess — 718
Abb. 8.17 Ist-Analyse „Vermietung und Vermarktung“ in Anlehnung an die Leipziger Wohnungs- und Baugesellschaft (LWB) — 720
Abb. 8.18 Anzahl der Geschäftsprozesse im Prüf-, Beschaffungs-, Vermarktungs- und Vermietungsprozess je Wohneinheit und Jahr — 722
Abb. 8.19 Betreiben nach [DIN 32541 (aufgehoben) 1977-05] — 723
Abb. 8.20 Störfälle bei der GWM (Schulen) — 724
Abb. 8.21 Dokumentation der Instandhaltung — 725
Abb. 8.22 Gesetzlich vorgeschriebene Prüfungen — 726
Abb. 8.23 Checkliste halbjährlicher und jährlicher Inspektion am Beispiel des Wohnungsbaus — 727
Abb. 8.24 Ablaufschema für Reinigungsleistungen (Teil 1) (vgl. GEFMA) — 728
Abb. 8.25 Ablaufschema für Reinigungsleistungen (Teil 2) (vgl. GEFMA) — 729
Abb. 8.26 Soll-Prozess Betriebskostenabrechnung — 730
Abb. 8.27 Schutzziele und Gefährdungsorte — 732
Abb. 8.28 Vorgehen bei der Gefährdungsbeurteilung — 732
Abb. 8.29 Gefährdungsbeurteilung als EPK — 733
Abb. 8.30 Systematische Darstellung der Gefährdungsarten — 735
Abb. 8.31 Risikogruppen und Maßnahmen — 737
Abb. 8.32 Auswahl der Maßnahmen — 738
Abb. 8.33 Verkehrssicherungsflicht als Regelkreis — 740
Abb. 8.34 Aufbau- und Ablauforganisation in der Eigentümer- und Verwalterverantwortung — 741
Abb. 8.35 Beziehungen zwischen Lieferanten, Handwerkern und Immobilienunternehmen — 746
Abb. 8.36 Soll-Prozess Handwerkerkopplung — 747
Abb. 8.37 Soll-Prozess Zahlungsfreigabe — 748
Abb. 8.38 Freigabe von Baumaßnahmen — 750
Abb. 8.39 Initialisierung der Baumaßnahmen — 751
Abb. 8.40 Datenerhebung für Baumaßnahmen — 752
Abb. 8.41 Ausführungsplanung von Baumaßnahmen — 753
Abb. 8.42 Balkenplan zur Sanierung im Bestand nach Gewerken — 754
Abb. 8.43 Arbeitsflussplan „Modernisieren im Bestand“ als Soll-Ist-Vergleich aus Sicht eines Mieters — 755
Abb. 8.44 Durchführung von Baumaßnahmen — 756
Abb. 8.45 Abschluss der Baumaßnahmen — 757
Abb. 8.46 Musterschreiben für eine Einladung zum Mieterfest — 758

Abb. 8.47 Stufe 1 bei Schimmelproblemen — **762**
Abb. 8.48 Stufe 2 bei Schimmelproblemen — **764**
Abb. 8.49 Stufe 3 (Teil 1) bei Schimmelproblemen, Probeverfahren festlegen — **766**
Abb. 8.50 Stufe 3 (Teil 2) bei Schimmelproblemen — **767**
Abb. 8.51 Erhebung von Bestandsdaten im PDCA-Zyklus — **771**
Abb. 8.52 Erhebung von Bestandsdaten im PDCA-Zyklus — **773**
Abb. 8.53 Bestimmung der Abhängigkeiten — **776**
Abb. 8.54 Beispiel für einen (Detail-)Terminplan als vernetzter Balkenplan — **777**
Abb. 8.55 Ortsveränderliche elektrische Betriebsmittel im kirchlichen Bereich — **778**
Abb. 8.56 Ablauf analog der REFA-Standardprogramm-Datenermittlung — **780**
Abb. 8.57 Ablaufgliederung für Mensch und Betriebsmittel — **782**
Abb. 8.58 Verformungsgerechtes Aufmaß in Zeichnungen — **788**
Abb. 8.59 Von der Projektentwicklung bis zu den Details — **789**
Abb. 8.60 CAFM: Verknüpfung grafischer und alphanumerischer Daten — **790**
Abb. 8.61 Zwei Beispiele für die Konvention bei Dateinamen — **791**
Abb. 8.62 Layer-Struktur als „Folien" — **796**
Abb. 8.63 Ein Beispiel für Leistungspositionen nach dem StLB — **807**
Abb. 8.64 Raum- und Gebäudebuch — **810**
Abb. 8.65 Inhaltliche Zuordnung von Raum- und Flächenmerkmalen — **813**
Abb. 8.66 Mit der DIN 277 korrespondierende Regelwerke — **814**
Abb. 8.67 Schalenmodell — **815**
Abb. 8.68 Gliederung nach Gebäudebereichen – Bestimmung der Raumnummer — **816**
Abb. 8.69 Zusammenhang zwischen technischer und kaufmännischer Kontierung — **817**
Abb. 8.70 Raumnummern im Frankfurter Flughafen — **817**
Abb. 8.71 Unterschiede bei der Mietflächenberechnung unter Berücksichtigung der Innenwände — **823**
Abb. 8.72 Unterschiede bei der Mietflächenberechnung unter Berücksichtigung der Außenwände — **823**
Abb. 8.73 Bestandteile der Arbeitsplatzfläche — **826**
Abb. 8.74 Elemente des Technischen Verwaltungsplans (TVP) — **829**
Abb. 8.75 Gliederungsstrukturen des Technischen Verwaltungsplans (TVP) — **830**
Abb. 8.76 Identifikation von Elementen des Technischen Verwaltungsplans (TVP) I — **830**
Abb. 8.77 Identifikation von Elementen des Technischen Verwaltungsplans (TVP) II — **831**
Abb. 8.78 Identifikation von Elementen des Technischen Verwaltungsplans (TVP) III — **831**
Abb. 8.79 Identifikation von Elementen des Technischen Verwaltungsplans (TVP) IV — **831**
Abb. 8.80 Betriebs- und Neben- bzw. Mietkostenabrechnung — **832**
Abb. 8.81 Prozessmodell der Leistungserstellung und -bereitstellung mit Bezug auf die IT-Unterstützung — **841**
Abb. 8.82 Digitale Sinus-Milieus — **842**
Abb. 8.83 Strategien und IT-Lösungen im Vermietungs- und Vermarktungsprozess — **846**
Abb. 8.84 Mengengerüste im Vermietungs- und Vermarktungsprozess — **854**
Abb. 8.85 Geschäftsvorfälle und IT-Lösungen — **856**
Abb. 8.86 Zeitanteile bei der Heizkostenabrechnung ohne und mit integrierter Heizkostenabrechnung — **857**
Abb. 8.87 Aufgaben und Ziele der Verkehrssicherung — **858**
Abb. 8.88 Strategie und IT-Lösung bei der Auftragsvergabe zur Mängelbeseitigung — **859**
Abb. 8.89 Ist-Prozess Handwerkerkopplung — **862**
Abb. 8.90 Beeinflussungsmöglichkeiten eines Prozesses durch eine IT-Lösung am Beispiel Handwerkerkopplung — **863**
Abb. 8.91 Anwendungsgebiete von RFID — **866**
Abb. 8.92 Landkarte der IT-Systeme — **875**
Abb. 8.93 Landkarte der IT-Lösungsanbieter — **876**
Abb. 8.94 Auszug aus der Bodenrichtwertkarte der Stadt Lüdenscheid — **878**
Abb. 8.95 Integration in die IT-Landschaft eines Unternehmens — **879**
Abb. 8.96 Aufbau eines Unternehmenssystems — **880**
Abb. 8.97 Datenintegration — **881**
Abb. 8.98 Möglicher Informationsfluss zwischen Ev. Landeskirche, Caritas und Diakonie — **883**
Abb. 8.99 Informationsfluss zwischen externen IT-Systemen — **886**
Abb. 8.100 Soll-Konzeption Werkplanung — **887**
Abb. 8.101 Am Datenaustausch Beteiligte — **889**

Abb. 8.102 Datenaustausch — **890**
Abb. 8.103 BIM – BAM – BOOM – BEM — **891**
Abb. 8.104 Datenfluss im BIM-BAM-BOOM-BEM-Modell — **892**
Abb. 8.105 BIM integriert im Projekt — **894**
Abb. 8.106 Maßnahmen zur IT-Sicherheit und zum Datenschutz — **901**
Abb. 8.107 Firewalls mit demilitarisierter Zone — **902**
Abb. 8.108 Smart Meter Gateway — **909**
Abb. 8.109 Welche Berichte sind wichtig? — **913**
Abb. 8.110 Die Stellung des Fachkonzepts bei IT-Projekten — **916**
Abb. 8.111 Soll-Prozess Evaluierung von IT-Lösungen — **917**
Abb. 8.112 Parameter der Prozesseffizienz — **923**
Abb. 8.113 Aufbau eines Unternehmenssystems in der IT-Landschaft — **924**
Abb. 8.114 Hierarchiediagramm – HIPO-Diagramm — **925**
Abb. 8.115 SADT-Aktivitäten-Modell (links), SA-Datenflussdiagramm (rechts) — **926**
Abb. 8.116 Petri-Netz: Deadlock-Situation bei (Miet-)Interessenten — **926**
Abb. 8.117 Magisches Dreieck für IT-Aufgaben — **935**
Abb. 8.118 Verwaltungskosten zur Auftragserteilung und Rechnungsbearbeitung ohne Handwerkerkopplung — **937**
Abb. 8.119 Verwaltungskosten zur Auftragserteilung und Rechnungsbearbeitung mit Handwerkerkopplung — **938**
Abb. 8.120 Manuelle Auftrags- und Rechnungsbearbeitung vs. Handwerkerkopplung (10.000 WE) — **939**
Abb. 8.121 Kostenvergleichsrechnung ohne und mit integrierter Heizkostenabrechnung in Abhängigkeit von der Anzahl der Wohneinheiten — **940**
Abb. 8.122 Arbeitsplatzkosten nach Anzahl der IT-Nutzer — **942**
Abb. 8.123 Individual- und Standardsoftware — **944**
Abb. 8.124 Abgrenzung ASP gegen ASH — **945**
Abb. 8.125 Monatlicher Durchschnitt der E-Mail-Eingänge von Nachfragern (Langfristbetrachtung) — **953**
Abb. 8.126 Saisonale Entwicklung der E-Mail-Eingänge von Nachfragern über zehn Jahre — **953**
Abb. 8.127 Telefonanrufe von Nachfragern, generiert über Immobilienscout 24 (IS24) — **954**
Abb. 8.128 Servicequalität (Erreichbarkeit) der Vermietung, gemessen anhand der Telefonanrufe von Nachfragern, generiert über IS24 — **955**
Abb. 8.129 Anzahl der App-Installationen, getrennt nach Betriebssystemen — **955**
Abb. 8.130 Monatliche Anzahl der aufgerufenen Wohnungsexposés im Vergleich zur Anzahl der benutzten Geräte — **956**
Abb. 8.131 Anzahl der Interessenten bezogen auf das gesamte Angebot des Unternehmens — **956**
Abb. 8.132 Anzahl der Interessenten für eine Wohnung in einer Großwohnsiedlung — **957**
Abb. 8.133 Anzahl der Interessenten für eine Wohnung in einer um 1900 erbauten Anlage — **957**
Abb. 8.134 Anzahl der Besichtigungen bezogen auf das gesamte Unternehmen — **958**
Abb. 8.135 Anzahl der Besichtigungen in einer Großwohnsiedlung — **958**
Abb. 8.136 Anzahl der Besichtigungen in einer um 1900 erbauten Anlage — **958**
Abb. 8.137 Kennzahl Anzahl der Besichtigungen/Interessenten bezogen auf das gesamte Angebot des Unternehmens — **959**
Abb. 8.138 Kennzahl Anzahl der Besichtigungen/Interessenten für eine Wohnung in der Großwohnsiedlung — **959**
Abb. 8.139 Kennzahl Anzahl der Besichtigungen/Interessenten für eine Wohnung in der um 1900 erbauten Anlage — **960**
Abb. 8.140 Kennzahl Anzahl der Besichtigungen/geschlossenen Mietverträge bezogen auf das gesamte Unternehmen — **960**
Abb. 8.141 Kennzahl Anzahl der Interessenten/geschlossenen Mietverträge bezogen auf das gesamte Unternehmen — **961**
Abb. 8.142 Anzahl der Verträge/Arbeitstag je Mitarbeiter — **961**
Abb. 8.143 Anzahl der Verträge/Arbeitstag (monatlich) — **962**
Abb. 8.144 Langfristbetrachtung Anzahl Besichtigungen/Arbeitstag — **963**
Abb. 8.145 Langfristbetrachtung Anzahl betreuter Interessenten/Arbeitstag — **963**
Abb. 8.146 Langfristbetrachtung Anzahl Besichtigungen/Vertrag — **963**
Abb. 8.147 Zu viel? Langfristbetrachtung Anzahl Besichtigungen/betreuter Interessent — **964**
Abb. 8.148 Langfristbetrachtung Anzahl betreuter Interessenten/Vertrag — **964**

Tabellenverzeichnis

Tab. 1.1 Vorgehen bei der Balanced Scorecard — **17**
Tab. 1.2 Wettbewerbsstrategien — **18**
Tab. 1.3 Strategisches und operatives Management — **20**
Tab. 1.4 Beispiel einer individuellen Kennzahlentabelle zur Balanced Scorecard für die Instandhaltung — **21**
Tab. 1.5 Differenzierung der Indikatoren und Gewichtung nach Geschäftsfeldern (Beispiel) — **28**
Tab. 1.6 Modell der Unternehmensführung für die Immobilienwirtschaft — **32**
Tab. 1.7 SWOT-Analyse — **40**
Tab. 1.8 Risikobewertung in der Wohnungswirtschaft — **41**
Tab. 1.9 Paradoxie und Nachhaltigkeit — **43**
Tab. 2.1 Tenant Risk Monitor – die Ergebnisse 2011 — **56**
Tab. 2.2 Zeitreise (IT-)Innovationen — **71**
Tab. 2.3 Wohlstandsverständnis (Gewichtung) und Wohlstandswirklichkeit (Erfüllungsgrad) — **74**
Tab. 2.4 Gebäudebestand, Immobilienvermögen, Transaktions- und Bauvolumen absolut in Deutschland — **76**
Tab. 2.5 Transaktionen in der Wohnungswirtschaft 2003–2013 — **77**
Tab. 2.6 Theater in Frankfurt am Main 1995 — **79**
Tab. 2.7 Managementinstrumente zur Nachhaltigkeit — **81**
Tab. 2.8 Gebäude mit Wohnraum sowie Wohngebäude nach Eigentumsform des Gebäudes — **87**
Tab. 2.9 Wirtschaftszweige der Immobilienwirtschaft 2016 — **88**
Tab. 2.10 Objektwerte des Bistums Trier — **89**
Tab. 2.11 Gebäude mit Wohnraum nach Baujahr und Eigentumsform des Gebäudes — **90**
Tab. 2.12 Gebäudeportfolio nach Branche in Deutschland — **91**
Tab. 2.13 Struktur der Wohnungsbauleistungen 2000–2010 — **92**
Tab. 2.14 Transaktionen ab 10.000 WE von 1999 bis 2006 mit Private-Equity-Unternehmen als Käufer — **99**
Tab. 2.15 Übersicht der größten Wohnungsbestandshalter aus dem privatwirtschaftlichen Sektor in Deutschland 2016 — **104**
Tab. 3.1 Stadtrendite in kommunalen Wohnungsunternehmen — **146**
Tab. 3.2 Beispiel einer SWOT-Analyse aus der Wohnungswirtschaft — **155**
Tab. 3.3 Ableitung von Normstrategien aus der Portfolioanalyse — **161**
Tab. 3.4 Low-Cost-Terminals im Vergleich — **164**
Tab. 3.5 Der Leistungs- und Qualitätsbegriff aus der Pflegewirtschaft analog für die Immobilienwirtschaft — **166**
Tab. 3.6 Messung von Kundenzufriedenheit — **167**
Tab. 3.7 Zufriedenheit von Wohnungsmietern mit den Leistungen der Vermieter — **168**
Tab. 3.8 Merkmale individueller Lebensphasen und Haushaltstypen nach Altersklassen — **169**
Tab. 3.9 Bevölkerung nach Geschlecht und Alter in 11 Altersklassen — **170**
Tab. 3.10 Bestandteile des Angebots/Produkts Immobilie in der verbalen Kommunikation — **177**
Tab. 3.11 Preissteigerungsraten bei langfristiger Betrachtung im Immobilienmanagement — **188**
Tab. 3.12 ÖPP/PPP-Betreiber — **194**
Tab. 3.13 Gegenüberstellung der Vor- und Nachteile bei Instandhaltungsstrategien (Einschätzung von sehr niedrig bis sehr hoch) — **210**
Tab. 3.14 Investitionskosten für Instandsetzungsmaßnahmen — **216**
Tab. 3.15 Leistungserbringung In- oder (Teil-)Outsourcing bei laufender Instandsetzung — **217**
Tab. 3.16 Entscheidungsmatrix für Outsourcing – ein Beispiel — **219**
Tab. 3.17 Überblick über die Berechnungsziele bei den Verfahren der Wirtschaftlichkeitsberechnung — **239**
Tab. 3.18 Beurteilungskriterien und Gewichtung des Wohnungs-Bewertungs-Systems (WBS) — **242**
Tab. 3.19 Nachhaltigkeitskriterien DGNB für Bürogebäude, Version 2008 — **244**
Tab. 3.20 [USGBC LEED-EB v2.0 Checklist] (Auszug) — **245**
Tab. 3.21 Arten der Alterung — **249**
Tab. 3.22 Diskontierungssätze bei ÖPP-Projekten — **252**
Tab. 3.23 Reinigungskosten in Abhängigkeit von der Bodenbelagsart und den Mietsteigerungspotenzialen — **255**
Tab. 3.24 Durchschnittliche Nutzungsdauer bis zum Ersatz von Bauteilen nach Baualter — **257**

https://doi.org/10.1515/9783110480863-202

Tab. 3.25 EPD von Fenstern und Türen — **259**
Tab. 3.26 Kategorien der Zu- und Abschläge — **264**
Tab. 3.27 Stufen der Zu- und Abschläge — **264**
Tab. 4.1 Bilanzstruktur dreier Sozialunternehmen — **283**
Tab. 4.2 Umsetzungsplan — **290**
Tab. 4.3 Übersicht öffentlicher Datenbanken und -quellen — **306**
Tab. 4.4 Kostenkennzahlen von Kostengruppen nach DIN 276 in Bandbreiten zur Orientierung — **309**
Tab. 4.5 Übersicht der Kosten und Optimierungspotenziale bei verschiedenen Bauwerksnutzungsarten zur Orientierung — **310**
Tab. 4.6 Anpassungsoptionen — **314**
Tab. 4.7 Nebenwirkungen der Anpassungsoptionen — **315**
Tab. 4.8 Heizenergieverbrauchskennwerte nach Gebäudegruppen in [kWh/m^2] nach [VDI 3807 Bl. 2 2014-11] — **316**
Tab. 4.9 Stromverbrauchskennwerte nach Gebäudegruppen in [kWh/m^2] nach [VDI 3807 Bl. 2 2014-11] — **316**
Tab. 4.10 Wasserverbrauchskennwerte nach Gebäudegruppen in [l/m^2] nach [VDI 3807 Bl. 2 2014-11] — **317**
Tab. 4.11 Grenzwerte Hotels — **317**
Tab. 4.12 Aktiva/Passiva einer Bilanz — **324**
Tab. 4.13 Bilanz eines ABC-Wohnungsunternehmens: Aktiva — **325**
Tab. 4.14 Bilanz eines ABC-Wohnungsunternehmens: Passiva — **325**
Tab. 4.15 Gewinn- und Verlustrechnung (GuV) eines ABC-Wohnungsunternehmens — **326**
Tab. 4.16 Kennzahl Liquiditätsreserve — **327**
Tab. 4.17 Maklerfaktor — **328**
Tab. 4.18 Kennzahl Unternehmenswert — **329**
Tab. 4.19 Kennzahl Mietenmultiplikator — **329**
Tab. 4.20 Kennzahl Unternehmensklasse — **330**
Tab. 4.21 Kennzahl Buchwertstruktur — **331**
Tab. 4.22 Kennzahl Instandhaltungsniveau — **332**
Tab. 4.23 Kennzahl Mietniveau — **332**
Tab. 4.24 Kennzahl Leerstandsquote — **332**
Tab. 4.25 Kennzahl Eigenkapitalquote — **333**
Tab. 4.26 Kennzahl Eigenmittelrentabilität — **334**
Tab. 4.27 Kennzahl Kapitaldienstdeckung — **335**
Tab. 5.1 Gebäude der Evangelischen Kirche in Deutschland — **338**
Tab. 5.2 Kirchen und Kapellen unter Denkmalschutz am 31.12.2014 — **339**
Tab. 5.3 „Kopf“- und Ingenieurleistungen — **349**
Tab. 5.4 Leistungsbereiche nach [DIN 276 1993-06], Tabelle 2 — **350**
Tab. 5.5 Durchgängige Projektbeteiligte sind selten — **351**
Tab. 5.6 Übersicht der persönlichen Betreiberpflichten — **354**
Tab. 5.7 Regelungen der Verantwortlichkeit am Beispiel einer Grundschule — **355**
Tab. 5.8 Verwaltungsgliederungsplan der Kommune Frankfurt am Main — **361**
Tab. 5.9 Die wesentlichen Unterschiede zwischen Regiebetrieb, Eigenbetrieb und GmbH — **366**
Tab. 5.10 Wertgrenzen eines gewerblichen Wohnungsunternehmens (rd. 2.000 VE (Soll)) — **372**
Tab. 5.11 Wertgrenzen eines Wohnungsunternehmens (rd. 25.000 Mieter, Ist-Stand für die lfd. Instandsetzung) — **374**
Tab. 6.1 Übersicht der Bauteile (BT) nach Kostengruppen (KGR), Zu- und Abschläge (Zu/Ab) der LBB-Lebenszykluskostenberechnung — **415**
Tab. 6.2 Ersatzbeschaffungen und Instandsetzungen von Geräten und Einrichtungen in LBB-eigenen Liegenschaften durch den Landesbetrieb LBB — **418**
Tab. 6.3 Gesamtverbräuche und -kosten LBB-Gebäude absolut — **419**
Tab. 6.4 Übersicht Medienverbräuche und Kosten LBB-Gebäude ohne Hochschulen — **419**
Tab. 6.5 Mittlere jährliche Energiepreissteigerung LBB-Gebäude ohne Hochschulen — **420**
Tab. 6.6 Übersicht der Flächenkennzahlen nach Bauwerksnutzungsart bezogen auf die Brutto-Grundfläche — **426**
Tab. 6.7 Flächenberechnung der Arbeitsplatzfläche nach der Bottom-up- und der Top-down-Methode — **427**
Tab. 6.8 Merkmal Universal Design — **434**

Tab. 6.9 Merkmale bei Hotels — 436
Tab. 6.10 Klassifizierung von Hotels nach DEHOGA — 437
Tab. 6.11 Qualitätskriterien nach Certified Hotel — 438
Tab. 6.12 Berechnung des Belegungs- oder Nutzungsgrads (Berechnungsschema) — 445
Tab. 6.13 Berechnung der Sharing ratio — 446
Tab. 6.14 Berechnung des Flächenbedarfs je Arbeitsplatz und Mitarbeiter — 447
Tab. 6.15 Berechnung der Brutto-Mietkosten je Arbeitsplatz und Mitarbeiter — 447
Tab. 6.16 Kostengruppen nach [DIN 276 2008-12] — 451
Tab. 6.17 Kostenarten nach [DIN 18960-1 1976-04] und [DIN 18960 2008-02] in der Gegenüberstellung — 452
Tab. 6.18 Betriebskostenarten nach § 2 [BetrKV 2012] — 453
Tab. 6.19 Kostenartenschlüssel als Matrix analog [GEFMA 200 E 2004-07] — 454
Tab. 6.20 Vergleich der Kostengliederung — 455
Tab. 6.21 Abgrenzung von Betriebs-, Instandhaltungs- und Modernisierungskosten — 457
Tab. 6.21 — 458
Tab. 6.22 Anzahl der Maßnahmen zur Beeinflussung der Kostenarten in Anlehnung an [DIN 18960 2008-02] — 460
Tab. 6.23 Kennzahlen bei den Kapitalkosten — 465
Tab. 6.24 Einfluss der Bonität auf den Fremdkapitalzinssatz — 466
Tab. 6.25 Maßnahmen (Handlungsoptionen) – Kapitalkosten — 467
Tab. 6.26 Kennzahlen und Maßnahmen bei den Objektmanagementkosten — 469
Tab. 6.27 Bevorzugte Kontaktaufnahme zum Vermieter sowie Anlass für einen Kontakt mit ihm — 471
Tab. 6.28 Einstellungen für einen Zufallsgenerator — 474
Tab. 6.29 Maßnahmen (Handlungsoptionen) – Objektmanagementkosten — 475
Tab. 6.30 Kennzahlen bei Wasser — 477
Tab. 6.31 Kosten für Wasser und Abwasser in [€] — 480
Tab. 6.32 Abflussbeiwert C Wasser — 483
Tab. 6.33 Maßnahmen (Handlungsoptionen) zur Beeinflussung des Wasserverbrauchs — 484
Tab. 6.34 Energiebedarfe — 485
Tab. 6.35 Kennzahlen bei Wärme und Kälte — 486
Tab. 6.36 Heiz- und Nebenkosten (ohne Warmwasser) nach Postleitregionen um Großstädte im Kalenderjahr 2015 bei einer Versorgung mit Heizöl in Liter — 488
Tab. 6.37 Maßnahmen (Handlungsoptionen) – Wärme und Kälte — 494
Tab. 6.38 Kennzahlen bei Strom — 497
Tab. 6.39 Maßnahmen (Handlungsoptionen) – Strom — 502
Tab. 6.40 Kennzahlen Wertstoffe — 503
Tab. 6.41 Maßnahmen (Handlungsoptionen) – Entsorgung (Abwasser, Abfall) — 505
Tab. 6.42 Produktanforderungen – Reinigung und Pflege von Gebäuden — 506
Tab. 6.43 Leistung (Leistungsbeschreibung) Musterhygieneplan für Schulen am Beispiel für Toiletten — 508
Tab. 6.44 Kostenkennzahl – Reinigung und Pflege von Gebäuden — 512
Tab. 6.45 Hilfsmittel zur Fenster- und Fassadenreinigung nach Fassadenhöhe — 515
Tab. 6.46 Bewertungssystem – Unterhaltsreinigung nach [GEFMA 520 v0.1 2005] — 517
Tab. 6.47 Maßnahmen (Handlungsoptionen) – Reinigung und Pflege von Gebäuden — 518
Tab. 6.48 Kennzahlen nach Objektarten — 520
Tab. 6.49 Kennzahlen nach Flächenarten ohne Reinigung und Laubentfernung — 520
Tab. 6.50 Übersicht der Maßnahmen zur Energieeinsparung — 521
Tab. 6.51 Ausführungsart der Oberflächenbehandlung bestimmt Wartungskosten bei Holzfassaden — 523
Tab. 6.52 Instandhaltungsplan am Beispiel der Bauteile Fenster und Außentüren, Fenster im Bestand — 524
Tab. 6.53 Zu- und Abschläge Bedienungskosten — 525
Tab. 6.54 Zu- und Abschläge Inspektionskosten — 526
Tab. 6.55 Zu- und Abschläge Wartungskosten — 527
Tab. 6.56 Kennzahlen für Hausmeisterkosten — 529
Tab. 6.57 Zuschlagsfaktoren in Abhängigkeit vom baulichen Zustand — 532
Tab. 6.58 Maßnahmen (Handlungsoptionen) – Hausmeisterkosten — 534
Tab. 6.59 Kennzahlen bei Verpflegungskosten — 537
Tab. 6.60 Maßnahmen (Handlungsoptionen) – Verpflegungskosten — 537

Tab. 6.61 Produktbeschreibung Instandsetzung — 543
Tab. 6.62 Kennzahlen bei Instandsetzung — 544
Tab. 6.63 Berechnung Personalbedarf nach Installationsgrad für Bedienung und Instandhaltung — 547
Tab. 6.64 Berechnung der Instandsetzungskosten nach Wiederbeschaffungswert — 548
Tab. 6.65 Berechnung der Instandsetzungskosten nach KGSt — 549
Tab. 6.66 Zu- und Abschläge Instandsetzungskosten — 550
Tab. 6.67 Zu- und Abschläge in der laufenden Instandsetzung am Beispiel GGH – Wohnungswirtschaft — 551
Tab. 6.68 Berechnung der Instandsetzungskosten nach Standardleistungsbuch — 552
Tab. 6.69 Peter'sche Formel — 554
Tab. 6.70 Berechnungsparamater zur Instandhaltungsrücklage in der WEG-Verwaltung — 554
Tab. 6.71 Zustandsbeschreibung der technischen Gebäudeausrüstung nach [VDMA 24176 2007-01] — 558
Tab. 6.72 Definition des Abnutzungsgrads in Abnutzungsklassen — 559
Tab. 6.73 Beschädigungen und Zerstörungen nach Anzahl und Kosten in der Wohnungswirtschaft — 563
Tab. 6.74 Maßnahmen (Handlungsoptionen) – Instandsetzungskosten — 563
Tab. 6.75 Beispiele möglicher KPIs — 567
Tab. 6.76 Beispiele möglicher Monatsberichtskennzahlen — 568
Tab. 6.77 Beispiel für die Inhalte eines Cockpits mit den vier Dimensionen — 569
Tab. 6.78 Benchmarking für die Wohnungs- und Immobilienwirtschaft – Entwicklung einer Balanced Scorecard — 569
Tab. 6.79 Übersicht der Kennzahlen für die Aufträge inklusive Bildungsformel und Ampellogik — 573
Tab. 7.1 Spezifika dienstvertraglicher und werkvertraglicher Vereinbarungen — 590
Tab. 7.2 Gliederung des Standardleistungsverzeichnisses Version 3.0 — 594
Tab. 7.3 Erfolgsentscheidende Weiterentwicklung im Facility-Management — 599
Tab. 7.4 Wesensmerkmale des Dienstvertrags — 605
Tab. 7.5 Wesensmerkmale des Werkvertrags — 609
Tab. 7.6 Anerkannte Pauschalwerte, überabeitet und berechnet nach BMVBS (2009) — 617
Tab. 7.7 Überblick der baulichen Maßnahmen für die unterschiedlichen Energieeffizienzkonzepte im Bestand — 648
Tab. 7.8 Überblick der baulichen Maßnahmen für die unterschiedlichen Energieeffizienzkonzepte im Neubau — 648
Tab. 7.9 Amortisationsberechnung unterschiedlicher energetischer Sanierungsmaßnahmen für das 3-, 5- und 7-Liter-Haus auf der Basis der wirtschaftlichen Rahmenbedingungen des Jahres 2013 — 661
Tab. 7.10 Amortisationsberechnung unterschiedlicher energetischer Einzelmaßnahmen für das 1- bzw. 5-Liter-Haus auf der Basis der wirtschaftlichen Rahmenbedingungen des Jahres 2013 — 662
Tab. 7.11 Vorteile einer ganzheitlichen Quartiersmodernisierung — 672
Tab. 8.1 Ebenen und Bezeichnungen der Aufbaustruktur von Prozessen — 700
Tab. 8.2 Angewandte Aufbaustruktur und Symbolik von Prozessen — 700
Tab. 8.3 Bestimmung der Anzahl der Geschäftsvorfälle am Beispiel des Beschaffungs-, Vermarktungs- und Vermietungsprozesses in der Wohnungswirtschaft bei 10.000 Mieteinheiten (ME), f = 10,3 % — 720
Tab. 8.4 Anteil der Störfälle bei der GWM nach Bauwerksnutzungsart — 724
Tab. 8.5 Anteil der Störfälle bei der GWM nach Bauwerksnutzungsart je 1000 m² BGF 2015 (KGR 300 und 400) — 724
Tab. 8.6 Gefährdungsorte bei Mehrfamilienhäusern — 734
Tab. 8.7 Schäden begrenzen und präventiv handeln — 742
Tab. 8.8 Merkmale für ein Prüfobjekt — 743
Tab. 8.9 Umlagefähige und nicht umlagefähige Inspektionskosten — 745
Tab. 8.10 Detektion von Wasser- und Feuchtigkeitsschäden — 761
Tab. 8.11 Arten von Terminplänen — 775
Tab. 8.12 Beispiel: Arbeitsschritte Baumbegehung — 779
Tab. 8.13 Planarten — 786
Tab. 8.14 Durchschnittspreise zur Bestandserfassung alphanumerischer Daten (2016) — 787
Tab. 8.15 Detaillierungsstufen der grafischen Daten — 787
Tab. 8.16 Durchschnittspreise zur Bestandsaufnahme — 787
Tab. 8.17 Orientierungswerte zur Bestandsaufnahme im Wohnungsbau — 789
Tab. 8.18 Hersteller von CAD-Modellierkernen und ihre Dateiformate — 792

Tab. 8.19 Ausgewählte CAD-Schnittstellen und ihre Dateiaustauschformate — 792
Tab. 8.20 Beliebige Auswahl von 2D-/3D-Programmen und ihrer Dateiaustauschformate — 794
Tab. 8.21 Beispiel einer Layer-Struktur — 798
Tab. 8.22 Analyse von Leistungsbeschreibungen von Hausanbietern für Ein- und Zweifamilienhäuser — 798
Tab. 8.23 Vergabeverfahren — 799
Tab. 8.24 Bestandteile der Vergabeunterlagen, Verdingungsunterlagen und Bauvertrag — 801
Tab. 8.25 Struktur eines Leistungsverzeichnisses — 804
Tab. 8.26 Positionsarten — 804
Tab. 8.27 Positionskennzeichen — 804
Tab. 8.28 Beschreibungsformen der Positionen — 805
Tab. 8.29 Ursprung einer Positionsbeschreibung — 806
Tab. 8.30 Gestaltungsfreiheiten bei der Formulierung von Positionsbeschreibungen — 808
Tab. 8.31 Merkmale der Ressourcen-/Strukturqualität — 812
Tab. 8.32 Merkmal Bauwerknutzungsart — 814
Tab. 8.33 Funktionsbereiche und -stellen im Krankenhaus — 819
Tab. 8.34 Funktionsbereiche und -stellen in einer Großküche in Außer-Haus-Wirtschaften — 820
Tab. 8.35 Merkmal Funktionsbereich — 820
Tab. 8.36 Merkmal (Nutzungs-)Flächenart — 820
Tab. 8.37 Merkmale der Mietflächen — 822
Tab. 8.38 Vergleich und Unterschiede in den Berechnungsmethoden — 825
Tab. 8.39 Merkmale nach Grad der Exklusivität — 827
Tab. 8.40 Technische und kaufmännische Merkmale einer Aufzugsanlage — 828
Tab. 8.41 Regelungen zur Betriebs- und Nebenkostenabrechnung in der Wohnungswirtschaft — 833
Tab. 8.42 Checkliste für Technical Due Diligence — 836
Tab. 8.43 Kommunikationskanäle — 847
Tab. 8.44 Kosten eines Vertragsabschlusses in Abhängigkeit vom Medium — 853
Tab. 8.45 Service-Level-Agreements für Freianlagen (Spielplatzflächen) — 861
Tab. 8.46 Datenübertragung bei Unternehmensportal, Strichcode, RFID und Gebäudeautomation — 867
Tab. 8.47 Anwendungsgebiete nach Systemart und Abfertigungszeit — 867
Tab. 8.48 Vor- und Nachteile von Papier, Unternehmensportal, Strichcode, RFID, Smartphone, (Tablet-)PC und Gebäudeautomation (am Beispiel der Wohnungswirtschaft) — 869
Tab. 8.49 IP-Schutzarten nach DIN EN 60529 — 870
Tab. 8.50 IP-Schutzarten nach DIN EN 60529 (1. Ziffer) — 870
Tab. 8.51 REG-IS von Rödl & Partner für die Immobilienwirtschaft — 872
Tab. 8.52 Smart Technology — 908
Tab. 8.53 IT-Projektphasen im Vergleich nach Quellen — 915
Tab. 8.54 Alternativen der Aufgabenverteilung bei verteilter Verarbeitung — 927
Tab. 8.55 Nutzwertanalyse bei einem IT-Projekt – reales Beispiel — 932
Tab. 8.56 Wirtschaftlichkeit von IT-Lösungen – paarweiser Vergleich) — 932
Tab. 8.57 Wirtschaftlichkeit von IT-Lösungen – Kosten-Wirksamkeits-Analyse) — 933
Tab. 8.58 Rankingliste ohne und mit integrierter Heizkostenabrechnung — 941
Tab. 9.1 Erläuterung der Kennzahlen zur Instandhaltung — 967
Tab. 9.2 Erläuterung der Kennzahlen in der Immobilienwirtschaft zu Kapitel 3.7.1. — 970
Tab. 9.3 Indexreihen — 984
Tab. 9.4 Punktematrix zur Analyse des Risikos — 985
Tab. 9.5 Schadensklassen im Facility-Management — 985
Tab. 9.6 Klassifizierung der Sicherheitsanforderungen — 986
Tab. 9.7 Eintrittswahrscheinlichkeiten für technisches Versagen — 986
Tab. 9.8 Eintrittswahrscheinlichkeiten für menschliches/organisatorisches Versagen — 987
Tab. 9.9 Eintrittswahrscheinlichkeiten für Naturkatastrophen — 987
Tab. 9.10 Pflegestufen/Service-Level-Agreements für Freianlagen (Rasen und Ansaaten) — 988
Tab. 9.11 Ausführungsvarianten und Zu-/Abschläge — 989
Tab. 9.12 Die häufigsten Schadstoffe in Innenräumen und ihre Wirkung auf den Menschen — 992
Tab. 9.13 Beispiele für Schulungsmaßnahmen von Hausmeistern — 995

Vorwort

Immobilienmanagement ist ein alter Hut – könnte man meinen. Hier sei nur an die aktuellen Projekte Berliner Flughafen (bis heute nicht eröffnet), Bischofssitz des Limburger Bischofs Franz-Peter Tebartz-van Elst (Kostenüberschreitung um 425 %), Sanierung des Alten Elbtunnels und Stuttgart 21 (15 Jahre Planungszeit) erinnert. Es bleibt zu hoffen, dass diese Projekte einen erfolgreicheren Start in die Gebäudenutzung erhalten als die Hörnbrücke in Kiel: Als Dreifeld-Zug-Klappbrücke war sie ein Leuchtturmprojekt (Abb. 0.1): Allerdings war sie ebenfalls teurer und ging später als geplant in Betrieb. Eine Schubbrücke wurde parallel, quasi nebenan, als Ersatzmaßnahme und redundante Brücke für einen ungeplanten Ausfall über Jahre vorgehalten. Nun galt es zwei Brücken im Betrieb zu unterhalten.

Burgard beklagt mangelnde Architektur- und Städtebauqualität in Frankfurt a. M.[1] Probleme sieht er in der Ausstattung und den Prämissen bei den Behörden. „[...] Die Mitarbeiter eines Amtes orientieren sich am Kopf. Wenn die gestalterischen Prämissen nicht die ersten sind, sondern die Rechtsbeständigkeit, dann verändert sich eben etwas [...]". Er plädiert für „eine neue Aufbruchstimmung, wir benötigen einen ‚Gestaltungsbeirat Frankfurt 2020'" – diese Aufbruchstimmung könne auch bei nicht offenen Architekturwettbewerben hilfreich sein, um Fehlentwicklungen gegenzusteuern. Und Dynamit könne auch keine Lösung sein.[2] Lauber geht in seinem Buch „Bauwesen – BauUnwesen" auf Ursachenforschung bei Bauprojekten und bietet Lösungsvorschläge aus der Misere unter dem Namen BauWesen Version 2.0 an.[3] Auch er sieht bei Bauprojekten die Notwendigkeit, das Zusammenspiel zwischen den Akteuren zu verbessern. Schließlich gebe es bei der Arbeitsproduktität im Baugewerbe Optimierungspotenzial.[4] Der 8. Mainzer Immobilientag an der Hochschule Mainz stellte daher „Murks" und Qualität in den Mittelpunkt der Tagung und behandelte Themen von der Vergabe der Bauprojekte bis zur Digitalisierung im Gebäudebetrieb.[5]

Abb. 0.1: Hörnbrücke in Kiel, links: Dreifeld-Zug-Klappbrücke, rechts: Schubbrücke als Ersatzmaßnahme und Provisorium.[6]

1 Vgl. [Burgard, R. (2017d)].
2 Vgl. u. a. Kapitel 3.8.1.
3 [Lauber, J. (2014)].
4 Vgl. u. a. Einführung in Kapitel 3.8.
5 Vgl. [Einecke, H. (2017d)].
6 Quelle: eigene Aufnahmen Fotos im Zeitvergleich 1999/2007, vgl. Kapitel 1.1.

https://doi.org/10.1515/9783110480863-203

Eine breit angelegte, gemeinsame Qualitätsdiskussion auf allen Ebenen tut somit Not.

Ein wesentliches Ziel des Buchs ist es, einen Beitrag zur weiteren **Professionalisierung** der Bau- und Immobilienwirtschaft zu leisten. Der Bedarf dafür ist vorhanden, ebenso einige Möglichkeiten. Die entscheidende Frage ist daher: Wie lassen sich realistische Einschätzungen auch bei komplexen Projekten vornehmen und wie lässt sich eine Ursache-Wirkungs-Beziehung auch für die anschließende Bauwerksnutzung gewinnbringend erkennen? Die Betrachtungsebenen sind unterschiedlich. Volkswirtschaftlich können Maßnahmen zur Energieeinsparung sinnvoll sein, für den Vermieter einer Einliegerwohnung kann es sich wirtschaftlich nicht lohnen.

Die Bau- und Immobilienwirtschaft ist einer der wichtigsten Wirtschaftszweige. Das Bruttoanlagevermögen für Bauwerke beläuft sich nach dem FM-Branchenreport 2014 auf rd. 12.309 Mrd. € allein in Deutschland.[7] Sie setzen sich nach [GEFMA 980 2014] zusammen aus

- 366 Mrd. € aus dem Bereich der Büro- und Verwaltungsgebäude,
- 365 Mrd. € aus dem Bildungswesen,
- 487 Mrd. € aus dem Gesundheitswesen,
- 487 Mrd. € aus dem Bereich der Gebäude für Sport, Kultur und Freizeit,
- 6.344 Mrd. € aus Wohngebäuden von Einzelpersonen oder Eheleuten,
- 705 Mrd. € aus dem Bereich der in institutioneller Trägerschaft befindlichen Wohngebäude,
- 609 Mrd. € aus dem Bereich der Fabrik- und Werkstattgebäude,
- 487 Mrd. € aus dem Bereich der Handels- und Lagergebäude,
- 366 Mrd. € aus dem Bereich der sonstigen Gebäude,
- 2.093 Mrd. € aus dem Bereich der öffentlichen und privaten Tiefbauten.

Die heutigen Zahlen dürften noch weit höher liegen. Das zeigt gleichzeitig die Bedeutung **unterschiedlicher Immobiliensegmente**. Entsprechend der Studie lag die Bruttowertschöpfung der Immobilienwirtschaft im weiteren Sinne in Deutschland 2012 bei 434 Mrd. €.[8] Diese Zahlen sollen hier lediglich die Bedeutung der Bau- und Immobilienwirtschaft belegen.

Die Bau- und Immobilienwirtschaft ist keine neue Disziplin. Die Baugeschichte weist auf Vielfältigkeit und eine lange Tradition hin. Daher liegt die Vermutung nahe: „Wir müssten wissen, wie es geht." Allerdings sind bankrotte Bauherren keine Erscheinung unseres Jahrhunderts, sondern haben ebenfalls eine lange Tradition.

In der Presse thematisiert wird als prominentes Beispiel neben den anfangs genannten aktuellen Projekten die Hamburger Elbphilharmonie. Sie steht stellvertretend für viele Projekte mit Kostensteigerung, Fehlplanung und Terminverfehlung. Mit der geglückten Eröffnung sind die Unzulänglichkeiten allerdings mehr oder weniger vergessen.

Weit weniger spektakulär sind die stets wiederkehrenden Nachrichten zum „überraschenden" Instandhaltungsstau bei öffentlichen Einrichtungen. Die Elbphilharmonie wird hinsichtlich der Nutzungskosten in einigen Jahren das Hamburger Stadtsäckel deutlich belasten. Die Komplexität war und ist aber nicht nur bei der Elbphilharmonie in Hamburg groß. Seit Jahrzehnten wird integrale Planung und **Interdisziplinarität** eingefordert. So gilt als Ursprung des Begriffs Facility-Managements (FM) eine US-amerikanische Untersuchung über das bestmögliche Management der Immobilienausstattung und -einrichtung in Unternehmen aus dem Jahr 1978, initiiert vom damaligen Möbelhersteller Herman Miller Corp. Die Definition betonte schon damals die Forderung nach Interdisziplinarität.

---

7 Angaben aus [GEFMA 980 2014], S. 9 ff: Basis Wiederbeschaffungswerte 2012.

8 Angaben aus [GEFMA 980 2014], S. 11: Sie beinhalten die Wirtschaftszweige Grundstücks- und Wohnungswesen (zuzüglich Selbstnutzer und privater Kleinvermieter), die Bauwirtschaft, die Immobilienfinanzierung, die Planung (Architektur- und Ingenieurbüros), die Immobiliendienstleister (z. B. Beratung, aber auch Reinigung), professionelle Anleger und Kapitalgesellschaften.

„FM ist die Praxis, den physikalischen Arbeitsplatz mit den Menschen und der Arbeit der Organisation zu koordinieren. Es integriert dabei die Grundlagen der wirtschaftlichen Betriebsführung, der Architektur und der Verhaltens- und Technikwissenschaften.“[9]

Die Rettung soll nun als weiteres Synonym für integrale Planung „Building Information Modeling“ (BIM) bringen. Die Komplexität in der Bau- und Immobilienwirtschaft geht allerdings über die derzeitige Diskussion von BIM weit hinaus: Zur Unterscheidung der unterschiedlichen Wissenschaftsgebiete aller am Bau Beteiligten lassen sich die biologischen Naturwissenschaften und Sozialwissenschaften, die exakten Wissenschaften, die technischen Wissenschaften und die Wirtschaftswissenschaften nennen (vgl. Abb. 0.2). Die Wissenschaftsgebiete überschneiden sich zunehmend (z. B. Kulturwissenschaften oder Baubiologie). Eine Abgrenzung der fachlich Beteiligten durch Wissenschaftsbezeichnungen erscheint daher zunehmend schwieriger. Ob Immobilienwirtschaft oder Immobilienmanagement, beides ist eine **Querschnittsdisziplin**.

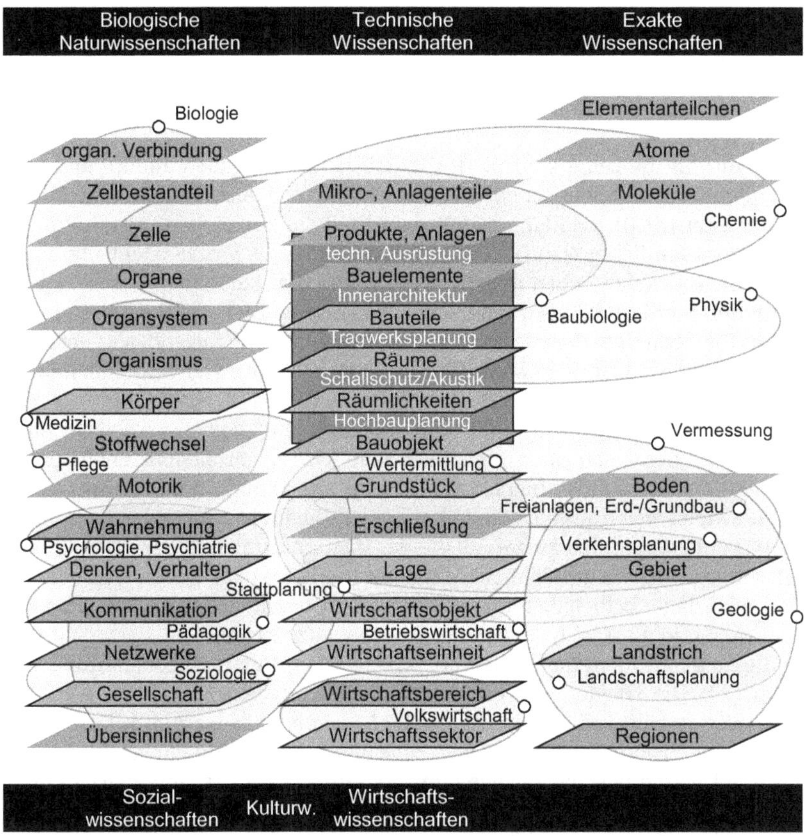

Abb. 0.2: Integrale Planung und Wirtschaftsbereiche.[10]

9 [Nävy, J. (1998)], S. 3, vgl. IFMA – International Facility Management Association: Facility Management Guide der ORGATEC – Internationale Fachmesse für Büroeinrichtungen in Köln, 1996, S. 4, in: [Staudt, E. (1999)], S. 22 f.

10 Quelle: eigene Darstellung, vgl. [Bogenstätter, U. (2001)] S. 2.

Ansätze zur integralen Planung baulicher Anlagen finden sich heute vorwiegend in den technischen Fachdisziplinen und betreffen vornehmlich die Aspekte Produkte, Bauelemente, Bauteile, einzelne oder mehrere Räume bzw. ein Bauwerk. Eine integrale oder gar interdisziplinäre Zusammenarbeit ist jedoch weiterhin Entwicklungsland. Erschwerend kommt hinzu, dass die Interdisziplinarität über den gesamten Lebenslauf einer Immobilie beachtet werden muss: Die Beteiligten wechseln, Planer scheiden aus, diverse Mieter ziehen ein.

Die Notwendigkeit der Interdisziplinarität spiegelt sich auch darin, dass die Autoren dieses Buchs aus unterschiedlichen Wissenschaftsbereichen kommen. Als Ingenieure, IT-Spezialisten, Ökonomen und Rechtsanwälte behandeln die Autoren aus der Praxis Marktaussichten und geben wichtige Einblicke hinsichtlich der weiteren Professionalisierung der Immobilienwirtschaft und des Immobilienmanagements. Anhand der Unternehmensführung erkennen sie Marktchancen und Potenziale in den eigenen oder fremden Immobilien und decken die Gestaltungsspielräume anhand konkreter Zahlen und Beispiele auf. Erfahrene Praktiker aus Bau, Wirtschaft, Recht sichern so die Praxisrelevanz des Buchs. Gleichwohl kann sich dabei nur um einen Leitfaden handeln. Das Buch bietet

- einen Leitfaden von A bis Z, von der Vision bis zu IT-gestützten Geschäftsprozessen,
- einen branchenübergreifenden Einblick in Gewerbe, CREM, EREM, FM, PREM und Wohnungswirtschaft sowie
- interdisziplinäre Erkenntnisse aus Naturwissenschaft, Technik, Wirtschaft und Recht.

Der Leitfaden ist nicht nur für die Lehre konzipiert, sondern richtet sich auch an Ein- und Umsteiger als Führungskräfte für gewerbliche Immobilien (u. a. FM) oder Immobilienfonds, an Manager von Immobilien der Industrie (u. a. CREM), an Führungskräfte in kirchlichen Organisationen (EREM) und im Bereich der öffentlichen Hand (PREM) sowie an solche der Sozial- oder Wohnungswirtschaft. Er spannt eine Brücke zwischen den Technikern und den Kaufleuten der Immobilienwirtschaft und vermittelt für diese Berufsgruppen eine gemeinsame Fachsprache sowie ein gemeinsames Verständnis für Methoden. Dem Verständnis von Benchmarking folgend, also der Idee, von den Besten zu lernen, gilt es, die besten Köpfe für die Berufsfelder der Bau- und Immobilienwirtschaft zu motivieren und diese Gebiete weiter zu professionalisieren. Bereits 2008 erhielt der Leser mit dem Buch „Property Management und Facility Management" von Ulrich Bogenstätter einen Leitfaden, der sich von der Vision eines Immobilienhalters bis zu gezielten Maßnahmen an Gebäuden spannte. Diese Themen werden hier aktualisiert. Bei der Aktualisierung musste leider festgestellt werden, dass vieles weiterhin unverändert gültig ist: Die Innovationszyklen der Informationstechnologie (IT) sind wesentlich kürzer als die der Bau- und Immobilienwirtschaft. Die Wohnungswirtschaft hingegen ist ein gemächlicher Dampfer im Haifischbecken der Immobilienwirtschaft. Bewährtes wird daher beibehalten und es werden bewusst auch ältere Quellen herangezogen, um den Ursprung und die Nachhaltigkeit der Themen aufzuzeigen.

Als Gliederung dieses Buchs dient das Modell der strategischen Unternehmensführung von Hinterhuber (vgl. Abb. 0.3). Die Themen werden top-down angesprochen, um das Wesentliche herauszuarbeiten: Der Weg verläuft von der globalen Welt eines Vorstands bis zum Mikrokosmos des Sachbearbeiters. Von der Vision über die Strategie, Ziele und Rahmenbedingungen bis zu Fragen der Organisation, der Umsetzungsmöglichkeiten und der Prozesse werden Optionen beschrieben, wie Immobilien branchenübergreifend zielgerichtet gemanagt werden können. Dadurch ist es möglich, branchenunabhängig und unabhängig von den Besonderheiten eines speziellen Unternehmens wesentliche Optionen zur Performance-Steigerung von Immobilien darzustellen. Typische Geschäftsprozesse eines Immobilienbesitzers oder Verwalters werden erläutert und interdisziplinäre Zusammenhänge verdeutlicht.

Dabei wird berücksichtigt, dass Unternehmen nicht in einem luftleeren Raum schweben, sondern umkreist werden von internen und externen Anspruchsgruppen (Stakeholder) und deren Engagement für das Unternehmen. So zählen zu den internen Anspruchsgruppen neben dem Personal auch die Aufsichtsgremien und die persönlich haftenden Eigentümer. Zu den externen

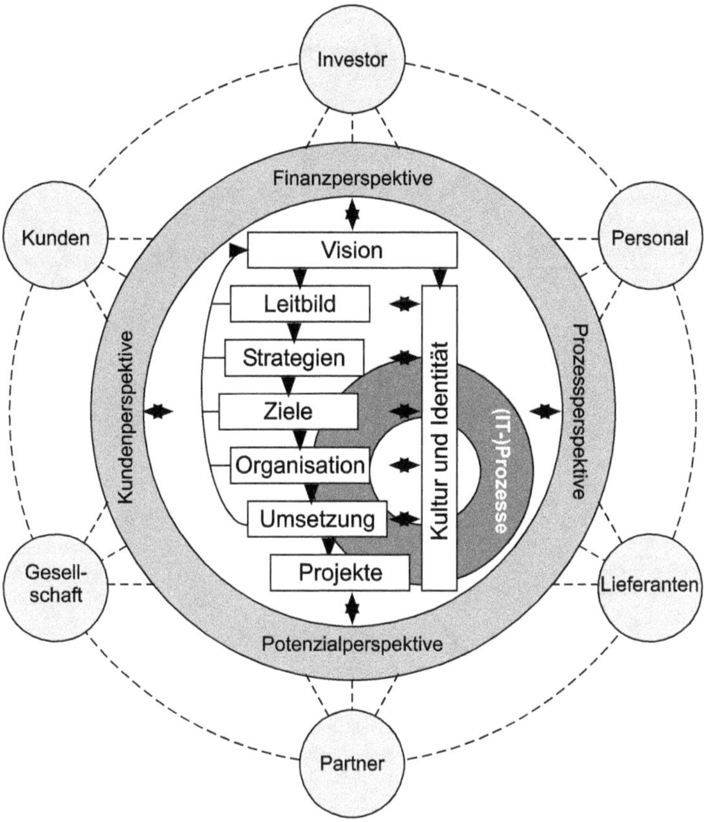

Abb. 0.3: Modell der strategischen Unternehmensführung.[11]

Anspruchsgruppen gehören die am wirtschaftlichen Erfolg interessierten Investoren (z. B. Kreditinstitute oder Aktionäre), Kunden, (Geschäfts-)Partner, Lieferanten und nicht zuletzt die Gesellschaft. Dieser Umstand lässt sich sehr gut mit der Balanced Scorecard abbilden, denn der Ansatz der Balanced Scorecard mit einer Kunden-, Finanz-, Prozess- und Potenzialperspektive beachtet diesen Umstand weitgehend und lässt sich als ein umfassendes Unternehmenssteuerungskonzept auch für dieses Buch adaptieren. Überdies lässt die Balanced Scorecard die Adaption des Begriffs Nachhaltigkeit zu. Dieses Buch richtet sich insbesondere an Bestandshalter, die

- Immobilien als Massenproblem verstehen,
- zahlreiche Immobilien besitzen,
- Immobilien mittel- und langfristig betreiben und
- den Immobilienbestand unternehmerisch führen.

Etappenziele zum erfolgreichen Immobilienmanagement waren und sind weiterhin smarte Ziele, die Wirkung von Strategien, eine aufgabengerechte Organisation sowie die effiziente Umsetzung von Maßnahmen. Das Buch zeigt dem Leser eine Fülle von Möglichkeiten, den Beitrag von Immobilien für die Stakeholder nachhaltig zu verbessern. Der Praxisbezug wird mit zahlreichen Beispielen hergestellt und viele Kennzahlen ermöglichen es, Handlungsoptionen zu quantifizieren. Kennzah-

11 Vgl. u. a. [Hinterhuber, H. (2004)], S. 41.

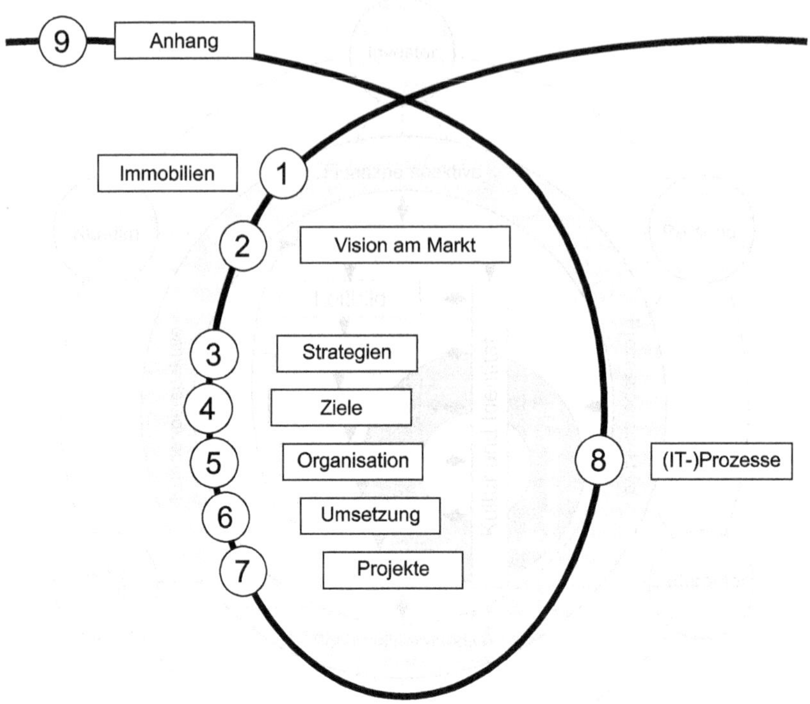

Abb. 0.4: Der Aufbau des Buches.[12]

len geben situationsbedingt Hinweise darauf, den bestehenden Ist-Zustand bei Abweichungen zu hinterfragen. Das Buch bietet eine Vielzahl dieser Kennzahlen für Unternehmen und Bauwerke, die mit Sorgfalt recherchiert, ermittelt und zusammengestellt wurden. Der Autor wurde hier vom Grundsatz geleitet, im Zweifelsfall für eine wichtige Kennzahl lieber schlechte (Kenn-)Werte anzubieten als gar keine. Bei der Verwendung sind auf jeden Fall die Rahmenbedingungen zu beachten, die bei der Erstellung einer Kennzahl galten. Der konkrete Einzelfall kann heute davon abweichen.

Dieses Buch erhebt den Anspruch, Potenziale für Immobilienhalter aufzuzeigen, um den Beitrag ihrer Immobilien an den Unternehmenszielen nachhaltig zu erhöhen. Das umfassendere Themenfeld hierzu ist die Immobilienwirtschaft, die in der gängigen Literatur zunehmend als Real-Estate-Management bezeichnet wird. Immobilienwirtschaft zerfällt in viele Themenbereiche, je nach fachlicher Herkunft und Blickrichtung des Autors oder der Autorin. Unabhängig von der Branchenzugehörigkeit – Fonds, Gewerbe, Industrie, öffentliches oder kirchliches Immobilienmanagement, Wohnungswirtschaft – werden nachfolgend alle Organisationseinheiten, die sich ausschließlich professionell mit Immobilien beschäftigen, als **Immobilienunternehmen** bezeichnet. Analog wird hier branchenübergreifend von **Immobilienwirtschaft** gesprochen, sofern professionelles Immobilienmanagement betrieben wird. Der Aufbau des Buchs (vgl. Abb. 0.4) folgt dem Modell der strategischen Unternehmensführung.

12 Quelle: eigene Darstellung.

Dieses Buch kann trotz größter Sorgfalt die Komplexität des Themas nicht widerspruchsfrei und abschließend darstellen. Hinweise jeglicher Art nimmt der Autor gerne entgegen. Ich möchte Sie zu Anmerkungen, Ergänzungswünschen und Hinweisen ermuntern und zum interdisziplinären Dialog einladen.

Literatur

[Bogenstätter, U. (2001)] Bogenstätter, Ulrich: Interdisziplinäres Modell zur Bewertung von Wohnstätten für [(schwer geistig) behinderte] Menschen in frühen Planungsphasen; Dissertation; Karlsruhe 2001.

[Bogenstätter, U. (2008)] Bogenstätter, Ulrich: Property Management und Facility Management; München 2008.

[Burgard, R. (2017d)] Burgard, Roland; Haverkampf, Hans-Eberhard: Wir können gute Architektur durchsetzen: Im Gespräch: Hans-Eberhard Haverkampf, früherer Baudezernent, und Roland Burgard, ehemaliger Leiter des Hochbauamts, in: Frankfurter Allgemeine Zeitung; Nr. 88, 13.04.2017, S. 35.

[Einecke, H. (2017d)] Einecke, Helga: Pfusch am Bau: Hauptsache billig, in: Süddeutsche Zeitung, 28.12.2017, URL: http://www.sueddeutsche.de/geld/pfusch-am-bau-hauptsache-billig-1.3805835 (letzter Aufruf: 08.01.2018).

[GEFMA 980 2014] FM-Branchenreport 2014: Die volkswirtschaftliche Bedeutung der Facility Management-Branche, GEFMA e. V. Deutscher Verband für Facility Management (Hrsg.): GEFMA 980, 2014.

[Hinterhuber, H. (2004)] Hinterhuber, Hans H.: Strategische Unternehmensführung: I. Strategisches Denken, 7., grundlegend neu bearb. Aufl.; Stuttgart 2004.

[Lauber, J. (2014)] Lauber, Jürgen; Kranz, Hans; Hanke, Bernd: Bauwesen – BauUnwesen: Warum geht Bauen in Deutschland schief?; Neustadt a. d. Weinstraße 2014.

[Nävy, J. (1998)] Nävy, Jens: Facility Management: Grundlagen, Computerunterstützung, Einführungsstrategie, Praxisbeispiel; Heidelberg u. a. 1998.

[Staudt, E. (1999)] Staudt, Erich; Kriegesmann, Bernd; Thomzik, Markus: Facility Management: Der Kampf um Marktanteile beginnt; Frankfurt am Main 1999.

1 Nachhaltiges Immobilienmanagement – was ist das?

1.1 Einführung

Ulrich Bogenstätter

Die Hörnbrücke in Kiel direkt gegenüber vom Kieler Hauptbahnhof verbindet als Fußgängerbrücke das Stadtzentrum am Westufer der Hörn mit dem Stadtteil Gaarden und dem Norwegenkai am Ostufer. Am Norwegenkai legen Kreuzfahrtschiffe mit bis zu 3.500 Passagieren und einer Besatzung von über 1.000 Personen an. Eine nicht funktionierende Verbindung wäre für die Passagiere fatal.

Bei der Hörnbrücke handelt es sich um eine sog. Dreifeld-Zug-Klappbrücke, die als Highlight deutscher Ingenieurkunst bezeichnet werden kann (s. Abb. 0.1 – links). Eine Brücke, die sich in drei klappbare Felder aufteilt und dabei die Felder auf nur eine Seite gezogen werden, gab es bisher nicht. Die Brücke wurde für 10 Millionen DM[1] und ihre Fertigstellung für April 1997 geplant. Die tatsächlichen Baukosten der Brücke verdoppelten sich in etwa im Vergleich zur ursprünglichen Planung.[2] Die Brücke wurde nach einigen Bauverzögerungen im Dezember 1997 fertiggestellt. Die Kosten für ihren Betrieb haben sich im Vergleich zur Planung insbesondere durch erhöhte Instandhaltungsarbeiten der Konstruktion in etwa verdreifacht.[3] Insbesondere die Gelenkbolzen, Rollen und Seile mussten früher als erwartet ausgewechselt werden.

Für etwa 1 Mio. DM wurde zunächst eine hydraulisch betriebene Schubbrücke gebaut, die die Überquerung für die Passagiere sicherstellte. Die Ersatzbrücke liegt direkt neben der Faltbrücke und wird heute immer noch als Ersatzbrücke für Instandhaltungsarbeiten verwendet. Provisorien halten sich meist hartnäckig. Allerdings wird ungewollt die gewünschte Gesamtwirkung dauerhaft erheblich gestört. Die Steigerung der Investitionskosten, die Überschreitung des Fertigstellungtermins, die Steigerung der Instandhaltungskosten und die Beeinträchtigung der gewünschten Wirkung sind hier sicher auch durch die Pionierleistung zu begründen. Bei Standardbaumaßnahmen können die Wechselwirkungen von Investitions- und laufenden Kosten, Zeit und Qualität weitgehend korrekt eingeschätzt werden. Trotz dieses Klassikers des Projektmanagements – die Hörnbrücke „ist überall" – wird eine nachhaltige Sicht auf die Immobilien benötigt. Hier führt der folgende Beitrag von Johannes Krämer (Kap. 1.2) ein: Kirche und Wirtschaftlichkeit/Effizienz – passt das zusammen? Darauf folgend wird aus verschiedenen Managementmethoden in der Immobilienwirtschaft die Balanced Scorecard als anerkanntes Führungsinstrument für die Immobilienwirtschaft ausgewählt und vorgestellt (Kap. 1.3 und 1.4). Jörn von der Lieth und Dorit Brauns führen in die strategische Unternehmensführung am Beispiel der Wohnungswirtschaft ein (Kap. 1.5).

1.2 Kirche und Wirtschaftlichkeit – passt das zusammen?

Johannes Krämer

1.2.1 Kirche als Glaubensgemeinschaft und Kirche als Gebäude

Mit Häusern schafft sich der Mensch Lebensräume, denn an den meisten Orten der Erde ist menschliches Leben nur durch Gebäude möglich. Diese Abhängigkeit ist die Grundlage einer besonderen

1 Vgl. [Structurae (1997i)] Structurae (Hrsg.): Kleine Hörnbrücke in Kiel, URL: https://structurae.de/bauwerke/hoernbruecke-kiel (letzter Aufruf: 05.01.2018).

2 Vgl. u. a. [Zimmermann, U. (1997f)]: Zimmermann, Uwe: The Way I See Things: A little Bridge in Kiel, 1997, URL: http://geocities.com/~uwezi/old/hoern.html (letzter Aufruf: 14.04.2009).

3 Vgl. u. a. [Zimmermann, U. (1997f)].

https://doi.org/10.1515/9783110480863-001

Beziehung der Menschen zu ihren Häusern, die weit über das hinausgeht, was der Begriff Immobilie als Ausdruck des negativen, unbeweglichen Aspekts von Gebäuden beschreibt.

Dass das lebensnotwendige Haus daher in fast allen Religionen sakrale Bedeutung erlangt, ist leicht nachzuvollziehen. So werden Kirchen wie andere Sakralgebäude gebaut, um dem Göttlichen näher zu kommen. Sie werden für die Feier von Gottesdiensten errichtet, um dem Glauben Raum zu geben und ihm auch in der äußeren Form Ausdruck zu verleihen.

Deutlicher Ausdruck dieser besonderen Beziehung ist der Begriff Kirche selbst. So wird der spätgriechische Begriff kyrikòn (Kirche), der zunächst das Gebäude bezeichnet, schon seit dem 4. Jahrhundert auch als Bezeichnung für die christliche Glaubensgemeinschaft verwendet. Mit der doppelten Bedeutung dieses Wortes, das sowohl die Glaubensgemeinschaft als auch die Gebäude benennt, wird deutlich, wie prägend, ja auch wichtig diese Gebäude sind.

Umso erstaunlicher ist, dass das Leben als christliche Gemeinschaft keine Gebäude voraussetzt, im Gegensatz zu anderen, vor allem antiken Religionen. Gebäude sind für das Christentum nicht konstitutiv. Vielmehr ist für die Existenz von kirchlicher Gemeinschaft, die Versammlung der Gläubigen, die eigentliche Grundlage. Die Begegnung von Menschen und die Begegnung mit Gott ist Voraussetzung für christliches Leben. Dies drückt sich z. B. aus, wenn es im Matthäusevangelium heißt: „Wo zwei oder drei in meinem Namen versammelt sind, da bin ich mitten unter ihnen" (Mt 18,20).

Damit stehen die christlichen Glaubensgemeinschaften durchaus in einem ambivalenten Verhältnis zu ihren Gebäuden, denn in der Geschichte des Christentums haben Menschen unter enormem Aufwand, über lange Zeiträume hinweg und mit vielen innovativen Ideen ihrem Glauben gerade durch Gebäude besonderen Ausdruck verliehen. Dies waren auch viele profane Bauten: die größten Teile der Klosteranlagen, Krankenhäuser, Schulen und Gemeindehäuser. Vor allem aber waren es Kirchen.

So wurden über Jahrhunderte Kathedralen, Klosterkirchen, bedeutende Kapellen, aber auch schlichte Dorfkirchen errichtet. Bis heute sind es Kirchen, die vor allem in Europa über die religiöse Bedeutung hinaus Kulturlandschaften prägen. Wie in anderen Ländern sind sich in Deutschland die Bistümer und Landeskirchen ihrer Verantwortung und Aufgabe bewusst, diese Schätze zu erhalten und zu pflegen, so wie sie es über Jahrhunderte getan haben.

1.2.2 „Steinreiche" Kirche? Schätze und Last

Diese historischen Schätze sind ein wichtiges und wertvolles Erbe. Aber sind die Kirchen damit auch im materiellen Sinne reich?

Wie kann man den Wert der kirchlichen Gebäude bestimmen? Schon bei den kirchlichen Profanbauten ist eine Bewertung schwierig. Wenn man aber sonst übliche Gebäudebewertungsverfahren bei Sakralbauten anwenden will, wird man in den meisten Fällen zu wenig aussagekräftigen Werten kommen, denn meist stehen Kirchen an markanten, zentralen Orten in bester Lage und auf relativ großen Grundstücken. Zusammen mit dem oft kunsthistorisch hohen Wert käme es bei dem Versuch, die Sakralbauten zu bewerten, zu sehr hohen Summen. Allerdings wäre der errechnete scheinbare wirtschaftliche Reichtum, auch wenn es gewollt wäre, nicht einmal annähernd zu diesen Kostenansätzen zu veräußern.

Kirchengebäude sind für eine ganz besondere Nutzung und eine bestimmte Funktion erbaut, die am „Markt" wenig nachgefragt wird. Eine eventuelle Umnutzungsmöglichkeit oder gar ein Abbruch ist mit relativ hohen Investitionen verbunden, die den wirtschaftlichen Wert wesentlich reduzieren. Dabei wären Auflagen, die sich aufgrund des kunsthistorischen Wertes ergeben, zusätzliche Hinderungsgründe. Vielfach würden die Standortvorteile gerade durch eine Umnutzung oder gar Beseitigung der Sakralgebäude stark reduziert, denn diese prägen und werten ihre Umgebung auf und schaffen nicht nur in Innenstädten besondere Orte.

Unter wirtschaftlichen Gesichtspunkten sind Kirchengebäude sogar eine Last, denn meist sind sie historisch bedeutsame, aufwendig gestaltete, große Gebäude, die mit besonderer Sensibilität, außergewöhnlichen Techniken und umfassenden Volumina instand gehalten werden müssen. Für eine umfassende Sanierung einer mittleren Pfarrkirche liegen die Kosten mindestens bei mehreren 100.000 €. Neben Unterhaltsverpflichtungen fallen oft auch außergewöhnlich hohe Betriebskosten an.

Den in der Anzahl ihrer Mitglieder kleiner werdenden Bistümern und Landeskirchen bereitet dies zunehmend Sorge. Wenn in den letzten Jahrzehnten über die Reduzierung des Gebäudebestands bei Sakralbauten nachgedacht wurde, dann vor allem, um die dauerhaften Belastungen für den Unterhalt der Gebäude den kleiner werdenden Gemeinden anzupassen. Einen wirklichen Verkaufserlös gab es fast nie.

Abgesehen von den Kirchengebäuden wäre die Verwertbarkeit üblicher Kirchenimmobilien besser möglich, aber auch sie sind nicht „marktgängig“. Pfarrhäuser oder auch Gemeindehäuser sind, gerade wenn sie frei stehen, noch am ehesten veräußerbar oder zumindest vermietbar. Bei allen Gebäuden, in denen soziale Aufgaben erfüllt werden, also die Kirchen Aufgaben stellvertretend für Kommunen und Staat wahrnehmen, stellt sich die Frage anders. Die Kindertagesstätten, Schulen, Kranken- und Pflegeeinrichtungen sind theoretisch an Kommunen und Staat oder Dritte übertragbar, wenn sich ein neuer Träger findet.

So sind die Kirchen zwar reich an Gebäuden, aber viele von ihnen stellen i. d. R. keinen wirklichen materiellen Wert dar. Zurzeit versuchen trotzdem viele Bistümer und Landeskirchen in der Absicht, eine bessere Vergleichbarkeit zu erreichen, eine auf handelsrechtlichen Grundsätzen basierende Einschätzung der kirchlichen Immobilien. Dies ist eine besondere Herausforderung, denn vor allem die Kirchengebäude, dieser „gebaute Schatz“, spiegelt nicht nur die Vielfalt und die Geschichte des Christentums wider, sondern ist Ausdruck der Gottessuche und der Gottesbegegnung. Damit sind Kirchen vor allem gebauter Ausdruck einer Wirklichkeit, die gerade nicht durch die Regeln des Immobilienmarkts bestimmt wird.

1.2.3 Bauherr Kirche

Wenn auch nicht mit dem Ziel einer monetären Gewinnmaximierung, so handeln die Kirchen trotzdem wirtschaftlich. Der angestrebte Gewinn besteht darin, dass unter den gegebenen Möglichkeiten, wozu natürlich auch die Gebäude gehören, christliches Leben gestützt und gefördert wird. Darüber hinaus leistet Kirche Aufgaben im pädagogischen und sozialen Bereich, engagiert sich für das Gemeinwohl und schafft, nicht zuletzt über den Baubestand, ein gutes Stück Heimat.

Für wen baut Kirche?

In vier Grundvollzügen beschreibt die katholische Kirche ihren Sinn und Zweck. Diese sind: Verkündigung des Evangeliums, Liturgie (Feier von Gottesdiensten), Diakonie (Dienst am Menschen) und Gemeinschaft (ohne die die anderen Aufträge nicht oder nur eingeschränkt wahrgenommen werden können).

Damit diese Hauptaufgaben erfüllt und wahrgenommen werden können, braucht es Gebäude, die auf vielfältige Weise, quasi wie Werkzeuge, Hilfestellungen leisten. Hier ist ein Blick auf die unterschiedlichen kirchlichen Lebensbereiche mit den jeweiligen Herausforderungen sinnvoll.

Kirche baut für die Gemeinden

Die weitaus meisten kirchlichen Gebäude sind im Eigentum der Kirchengemeinden. Neben der Kirche als Hauptgebäude gibt es i. d. R. ein Gemeindehaus für die Jugend- und Gruppenarbeit, oft eine Kindertagesstätte und meist ein Pfarrhaus. Diese Gebäude schaffen die Grundlage für ein pastorales, aber auch soziales Wirken vor Ort. Diese besondere Infrastruktur stellt einen großen Wert dar. Aber gerade in den Kirchengemeinden ist der Rückgang der Anzahl der (aktiven) Gläubigen am schmerzlichsten spürbar. Viele Gebäude sind mittlerweile zu groß, die wirtschaftlichen Belastungen sind hoch, und die Gebäude können auch immer weniger von Haupt- oder Ehrenamtlichen vor Ort betrieben werden.

Kirche baut für die Bildung von Kindern und Jugendlichen

Einzelne Schulen sind oft um ein Vielfaches größer als die Immobilien in einer Pfarrei. Das Bistum Mainz beispielsweise ist wie andere Bistümer und Landeskirchen Träger von unterschiedlichsten Schulen. An Grund- und Hauptschulen, berufsbildenden Schulen und Gymnasien werden aktuell über 10.000 Schülerinnen und Schüler unterrichtet.

Zudem gibt es an kirchlichen Schulen oft Ausbildungsgänge, die staatliche Schulen nicht anbieten (können). Damit entlasten die Bistümer und Landeskirchen nicht nur Staat und Kommunen, sondern schaffen auch ein breiteres, vielfältigeres Ausbildungsangebot.

Mit diesem wertvollen Bildungsangebot ist allerdings ein hoher wirtschaftlicher Aufwand gerade in Bau und Unterhalt verbunden. Die staatlichen Refinanzierungen beziehen sich hier häufig nur auf Erweiterungen mit einem Anteil von selten über 20 % der Gesamtmaßnahme. Die Finanzierung und Sicherstellung des Bauunterhalts an Schulen bleibt für die Kirchen eine große wirtschaftliche Herausforderung, zumal der übliche Bauunterhalt durch erhöhte Anforderungen an Sicherheit, Brandschutz, Arbeitssicherheit und Energieeffizienz sowie Änderungen bei den pädagogischen Anforderungen erheblich steigt.

Kirche baut für alle

Die kirchlichen Gebäude, ob sakral oder profan, sind keine exklusiven Angebote für Mitglieder. Gerade Kirchengebäude sind ein Angebot an alle. Sie stehen auch Gästen und Interessierten offen.

Viele der kirchlichen Gebäude, insbesondere die Kirchengebäude selbst, sind von hohem kunsthistorischem Rang. Über den Wert als Denkmal hinaus sind diese Sakralbauten stadt- und ortsbildprägend. Kirche übernimmt in Deutschland mit der Unterhaltung und Denkmalpflege dieser oft sehr aufwendig zu erhaltenden Gebäude gesamtgesellschaftliche Aufgaben. Sie trägt damit auch zu einer Beheimatung und Identitätsstiftung bei.

Kirche hat über Jahrhunderte mit der Pflege und Unterhaltung ihrer Gebäude sehr nachhaltig Denkmalpflege betrieben, lange bevor es die staatlich organisierte Denkmalpflege gab. So sind aus historischen Gründen, aber auch wegen der Besonderheiten der kirchlichen Gebäude die Sonderregelungen in der kirchlichen Denkmalpflege gut begründet. Je nach Bundesland gibt es unterschiedliche Abstimmungsmodalitäten zwischen den staatlichen und kirchlichen Denkmalämtern. Die Finanzierung erfolgt allerdings fast vollständig durch die Bistümer und Landeskirchen. Die Bezuschussung durch staatliche Denkmalpflegebehörden liegt im unteren einstelligen Prozentbereich und damit weit unter den Steuereinnahmen, die staatliche Stellen aus den kirchlichen Bauprojekten erhalten (allein die Mehrwertsteuer beträgt 19 %, dazu kommen weitere Steuern, z. B. aus den Lohnkosten).

1.2.4 Wie baut Kirche?

Trotz Unterschieden in den Bauverwaltungen der Bistümer und Landeskirchen gibt es organisatorische Grundzüge.

Organisation und Aufgaben

An erster Stelle steht eine relativ hohe Mitarbeitermotivation. Das Bewusstsein, in kirchlichen Verwaltungen für etwas zu arbeiten, das zu großen Teilen den eigenen Überzeugungen und Zielen entspricht, ist stark ausgeprägt. Mit den Bauverwaltungen leisten sich Kirchen Fachkundige aus Architektur, Bauwesen und Denkmalpflege und werden gerade dadurch ihrer Verantwortung für die wertvolle Bausubstanz gerecht. Es ist so möglich, eine effektive Unterstützung für haupt- und ehrenamtlich Verantwortliche und die Nutzer der Gebäude zu bieten. Zunächst geschieht dies in der Beratung, bei der es auch um ein Ausloten der Möglichkeiten und das Anwenden der internen und externen Regeln geht. Der Schwerpunkt der Tätigkeit liegt dann in der Betreuung der sehr unterschiedlichen Baumaßnahmen.

Waren in der Aufbauphase der 1950er- bis 1970er-Jahre Neu- und Wiederaufbauten bestimmend, stellen mittlerweile eher Umbauten und Unterhaltungsmaßnahmen den Schwerpunkt der Tätigkeit dar. Dabei kommt es gerade im Zuge der notwendigen Gebäudereduzierung zu vielfältigen und neuen Fragestellungen.

Vertrauen

Viele kirchliche Bauämter kennen in ihrer Arbeit ein gesundes Vertrauensverhältnis. So gibt es einerseits eine langjährige Zusammenarbeit mit Planungsbüros und bauausführenden Firmen, andererseits wird auch, nach entsprechender Prüfung, neuen Partnern Vertrauen entgegengebracht. Bis auf wenige Ausnahmen bestätigt sich diese auf Vertrauen begründete Zusammenarbeit. So sind Konflikte, gar juristisch ausgetragene, selten.

Vertrauen schenken die Leitungen der Bistümer und Landeskirchen auch den Mitarbeitern in kirchlichen Bauämtern. Diese Vertrauensbasis ist die Grundlage einer relativ schlanken Organisationsstruktur, die sich auf das Kerngeschäft konzentrieren kann.

Im Vergleich zu den staatlichen und kommunalen Bauämtern sind die Verfahren auf überschaubare Vorschriften und Verfahrensvorgaben beschränkt. Wenn auch die Prozesse von den Bauämtern geleitet werden, sind i. d. R. externe Architektur- und Ingenieurbüros eingebunden. Die Steuerung der Maßnahmen ist je nach Qualifikation und Selbstverständnis des jeweiligen externen Partners unterschiedlich. So ist es die Aufgabe des kirchlichen Bauamts, bautechnische und funktionale Aspekte sowie fast immer Kosten und Bauzeit besonders im Blick zu haben und oft auch die auf eine Angemessenheit bezogene gestalterische Qualität. Ähnlich verhält es sich mit der Beauftragung der bauausführenden Firmen. Hier haben sich die Kirchen Regeln gegeben, die ein transparentes und vergleichendes Preisfindungsverfahren vorsehen.

1.2.5 Wie geht es weiter?

Die wirtschaftlichen Belastungen, die mit den Kirchengebäuden verbunden sind, werden zunehmend schwerer zu tragen sein. Wesentlich sind dabei die kleiner werdende Gemeinschaft der Kirche und die logische Schlussfolgerung, dass mit weniger Personen auch weniger Gebäude gebraucht werden. Hinzu kommt, dass weitere Reglementierungen des Standards das Bauen und den Bauunterhalt erheblich verteuern.

Aufgrund der Strukturen und Möglichkeiten der Bistümer und Landeskirchen gibt es unterschiedliche Vorgehensweisen. Während einige schon gezwungen waren, Kirchen aufzugeben oder gar niederzulegen, suchen andere noch nach Lösungen für ihre Situation. Es liegt auf der Hand, dass es für dieses Problem keine Standardlösung gibt. Neben dem Abriss von Gebäuden, der als Ultima ratio erst ganz am Schluss in Betracht gezogen werden soll, sind viele Kirchen durch Umnutzungen oder Nutzungserweiterungen als Gebäude und Standorte zu erhalten. In vielen Fällen gibt es keine wirtschaftliche Lösung für einen Standort und aus der Sicht der Denkmalpflege ist auch so manches Gebäude aus gutem Grund nicht veränderbar und ein Abriss nicht zulässig.

Möglicherweise ist die Grundsicherung des Gebäudes gegeben und damit die Bewahrung des Standorts eine Chance, an gelebten Glauben und Geschichte zu erinnern. Damit wird nachfolgenden Generationen die Möglichkeit eröffnet, diesen Ort wieder zu beleben. In der Geschichte der

Kirche gibt es berühmte Beispiele, wie der Rest eines Kirchenbaus an einem einmal untergegangenen Ort Keimzelle eines neuen Aufbruchs war. San Damiano in Assisi ist solch ein Ort. Für den heiligen Franziskus verbanden sich mit San Damiano Erlebnisse um das Jahr 1205, die ihn ermutigten, zunächst den Wiederaufbau des Kirchengebäudes, aber auch die Belebung der Kirche als Glaubensgemeinschaft anzustreben.

Gebäude, auch Kirchen, sind nie Selbstzweck. Vielmehr sind sie wie Werkzeuge, Hilfen, Unterstützung. Deshalb muss gut abgewogen werden, wo ein Gebäude, auch ein Kirchengebäude, Last oder Gewinn ist, um dann unter Berücksichtigung der personellen und wirtschaftlichen Ressourcen zu Entscheidungen zu kommen.

Entscheidungskriterien, die aus der Welt der Gewinnmaximierung und der Immobilienwirtschaft kommen, sind hier nur ein Teil der Abwägung. Kirchen und andere kirchliche Gebäude sind Ausdruck von Glaubensgeschichte, aber eben auch von aktuell gelebtem Glauben und verweisen damit auf Werte weit über die wirtschaftlichen Dimensionen hinaus.

1.3 Alles Immobilien-(Real-Estate-)Management?!

Ulrich Bogenstätter

Aus Sicht des Autors hat jede Branche ihre eigene, individuell spezifizierte Definition des Begriffs Immobilienmanagements vorgenommen. Grundsätzlich zerfällt der Begriff Immobilienmanagement in zwei Begriffe: Immobilien und Management. Die Immobilie kennzeichnet, dass sie im wahrsten Sinne des Wortes „immobil" und unverrückbar mit dem Grundstück verbunden ist. Dabei wird das Wort Immobilie vielfach als alternative Bezeichnung für Grundstück mit und ohne Bauwerke verwendet. Die folgende Definition des Begriffs Immobilie fasst die wesentlichen Aspekte zusammen:

> Unter einem Grundstück versteht man im Rechtssinne einen abgegrenzten Teil der Erdoberfläche, der im Grundbuch eine (Grundbuchblatt) Stelle hat oder im Falle von buchungsfreien Grundstücken haben könnte. Es kann aus einem oder mehreren Flurstücken bestehen. [...] Die Nutzungsart ist für die rechtliche Definition des Grundstücks nicht relevant. [...] Im immobilienwirtschaftlichen Sinne handelt es sich bei Grundstücken dagegen um Standorte für Haushalte, Betriebe und Bauwerke öffentlich-rechtlicher Körperschaften. Wesentliche Bestandteile eines Grundstücks sind alle mit ihm festverbundenen Sachen, insbesondere Gebäude, sowie Erzeugnisse des Grundstücks, solange sie mit dem Boden zusammenhängen (§ 94 BGB). [...]. Eine Ausnahme bildet das [...] Erbbaurecht.[4]

Management ist die englische Bezeichnung für Führung. Dabei wird das Management unter zwei wesentlichen Aspekten gesehen, nämlich als Tätigkeit (oder Technik) und als Institution:

> Als Tätigkeit bzw. Technik gibt es verschiedene Formen des Managements [...]. In diesem Sinne umfasst das Management alle notwendigen Vorgänge der Planung, Durchsetzung, Kontrolle und Steuerung, um ein Unternehmen auf übergeordnete Ziele zu lenken. Als Institution wird mit dem Management ein Leitungsorgan gekennzeichnet, z. B. das Top Management als oberste Führungsebene, Middle Management als mittlere Führungsebene und Lower Management als untere Führungsebene. Diese Unterscheidung verdeutlicht, dass sich das Management nicht nur auf die obersten Instanzen des Unternehmens, sondern auf alle Führungsebenen bezieht.[5]

4 Vgl. [Sailer, E. (2007)], S. 296 f.

5 Vgl. [Olfert, K. (1996)], S. 585.

Die Tätigkeit eines Managers bezieht sich danach auf das konkrete Ziel, die Vorgänge im Regelkreis zu lenken. Der Regelkreis Plan-Do-Check-Act (PDCA) ist ein wesentliches Element der Tätigkeit eines Managers.[6] Die Feststellung, dass sich Management als Institution auf das Top-, Middle- oder Lower-Management beziehen kann, ist wichtig für das Verständnis der Balanced Scorecard in diesem Buch. Management vollzieht sich auf unterschiedlichen Ebenen und ist eben nicht nur der Unternehmensleitung vorbehalten. Danach sind auch Teamleiter Manager. Die spezielle Ausprägung des Begriffs Immobilienmanagement ergibt sich aus der Kombination beider Begriffe:

> Der Begriff Immobilienmanagement wird teilweise in einem engeren Sinne (Objektmanagement oder Objektbetreuung) gebraucht und umfasst die kaufmännische, technische und infrastrukturelle Verwaltung, die den optimalen Betrieb einer Immobilie sichert. Zum professionellen Immobilienmanagement in diesem engen Sinne gehört eine vorausschauende Planung mit dem Ziel einer langfristigen Wertschöpfung der verwalteten Immobilie. In einem weiteren, umfassenden Sinne bezieht sich Immobilienmanagement auf alle Abschnitte des Lebenszyklus einer Immobilie, umfasst alle Führungsmaßnahmen, die erforderlich sind, eine Immobilie zielorientiert zu entwickeln, zu bewirtschaften, zu verwerten und zu vermarkten.[7]

Zu der speziellen Ausprägung des Begriffs gehört auch die Betrachtung einer Immobilie im Lebenszyklus. Den Begriff Immobilienmanagement machen sich in diesem Sinne diverse Branchen in den branchenspeziellen Definitionen zu eigen. Der Begriff Facility-Management (FM) sieht seine Abgrenzung in der Unterstützung der Kernprozesse als Dienstleistungsunternehmen. Unabhängig von einer vertraglichen Leistungsabgrenzung schließt Immobilienmanagement auch Leistungen des Facility-Managements ein. Wesentliches Element von Facility-Management war schon immer die Professionalisierung der (Dienst-)Leistungen rund um die Immobilie. Dies hat sich in der öffentlichen Wahrnehmung leider nicht niedergeschlagen. In einem Radiospot der Versicherung Signal-Iduna wurde im März 2009 im Radio FFH gesendet: „[...] Eine Konferenz heißt jetzt Meeting, der Hausmeister Facility-Manager, draußen ist Outdoor. Und meine Tochter nennt mich jetzt Dad. – Gut, dass manche Dinge so bleiben, wie sie sind, wie die Leistungen [...]" Zeugnis von dieser Auffassung geben viele Hausmeisterdienste, die sich auf den Einsatzfahrzeugen als Facility-Manager bezeichnen. Pointiert geschildert wurde die Auseinandersetzung in einem Zeitungsartikel als Gespräch zwischen einem Facility-Manager (Weiß-Kittel) und einem Schulhausmeister (Blaukittel).[8] So schließt Weiß-Kittel die Diskussion um akademische Ausbildung, Berufsbild und Gehalt mit den Worten „[...] in diesem Studiengang ist Kreativität gefragt, weil wir immer wieder vor die Herausforderung der Kostenersparnis gestellt werden. Viele Absolventen werden als Objektleiter eingesetzt, sie führen Teams bis zu acht Leute. Da liegen die Gehälter deutlich höher." Blau-Kittel hält dagegen: „[...] Das Berufsbild ist also nur denken und nicht anfassen. Arbeiten tut der Unterbau. Was ist daran billiger, als wenn ich einen habe, der die ganze Zeit vor Ort ist und das ganze Objekt betreut? Vielleicht sollte ich doch studieren, um das zu begreifen."

Meine Frau meint, ich sei der Facility-Manager zu Hause, wenn es um hausmeisterliche Tätigkeiten im eigenen Haus geht. Angesichts des Bruttoanlagevermögens für Bauwerke von rd. 12.300 Mrd. €[9] in Deutschland ist diese Auffassung bei der Rekrutierung fachgerechten Personals fatal. Die Imagekampagne der führenden FM-Dienstleistungsunternehmen (die „Möglichmacher") ist daher zu begrüßen.

---

6 Vgl. Kapitel 4.4.

7 Vgl. [Sailer, E. (2007)], S. 331.

8 Vgl. [Balzter, S. (2010j)], S. C5.

9 Angaben aus [GEFMA 980 2014], S. 9 ff: Basis Wiederbeschaffungswerte 2012.

1.3.1 Von A-REM bis X-REM

Derzeit sind folgende Begriffe im Gebrauch, um deren Abgrenzung sich die Branchenvertreter bemühen:[10]

- Real-Estate-Investment-Management (REIM)[11]
- Corporate-Real-Estate-Management (CREM)[12]
- Public-Real-Estate-Management (PREM)[13]
- Ecclesiastic-Real-Estate-Management (EREM)[14]
- Welfare-Real-Estate-Management (WREM)[15]
- Intermediate-Real-Estate-Management (XREM)
- Real-Estate-Portfoliomanagement (REPM)[16]
- Real-Estate-Asset-Management (REAM)
- Technisches Anlagenmanagement[17]
- Property-Management (PrM)
- Facility-Management oder Facilitys-Management (FM)
- Projektmanagement/Projektentwicklung
- Gebäudemanagement (GM), Objektmanagement[18]
- Transaktionsmanagement[19]

Neben den gängigen Begriffen ist 2004 der Begriff des Intermediate-Real-Estate-Management (XREM) als Ausdruck für wohnungswirtschaftliche Non-Profit-Organisationen hinzugekommen.[20] Der Begriff des Ecclesiastic-Real-Estate-Management (EREM) wurde 2008 eingeführt, als Begriff für kirchliches Immobilienmanagement[21] von Dagmar Reiß-Fechter und Jörn von der Lieth entwickelt und als strategische Managementdisziplin ausgebaut.[22] Die Bedeutung der Sozialwirtschaft drückt sich nun im Begriff Welfare-Real-Estate-Management (WREM) aus.

Eines der gängigen Unterscheidungsmerkmale in der Immobilienwirtschaft ist, ob das Immobilienmanagement als Kernaufgabe oder als Stützleistung des Unternehmenszwecks gesehen wird. Property-Unternehmen sehen im Immobilienmanagement ihre Kernaufgaben. Hierzu gehören z. B. institutionelle Immobilieninvestoren. Wohnungsunternehmen werden selten als Property-Unternehmen bezeichnet. Zu den Non-Property-Unternehmen zählen z. B. auch betriebliche (gewerbliche) Unternehmen (Corporates), die öffentliche Hand (Public) oder Religionsgemeinschaften (Ecclesiastic). Immobilien gehören hier nicht zu den Kernaufgaben.

Diese Zuordnung darf jedoch nicht statisch gesehen werden. Die Stadt Mainz gründete einen Eigenbetrieb „Gebäudewirtschaft". Die Staatliche Vermögens- und Hochbauverwaltung (VBV) Baden-Württemberg wurde in ein Kompetenzzentrum und eine Serviceeinrichtung für alle Leistun-

10 Vgl. [Schulte, K. (2007c)], S. 51 ff.
11 Vgl. Kapitel 3.2.
12 Vgl. Kapitel 5.7.
13 Vgl. Kapitel 3.10.
14 Vgl. Kapitel 1.2 und 5.2.
15 Vgl. Kapitel 4.2.
16 Vgl. Kapitel 2.2.
17 Vgl. Kapitel 6.10.
18 Vgl. Kapitel 1.5 und 4.6.
19 Vgl. Kapitel 2.6.
20 Vgl. [Schwarz, M. (2004)], S. 139.
21 Siehe [ESWiD (2007j)], S. 36 ff.
22 Siehe [Von der Lieth, J. (2008b)], S. 44 ff.

gen rund um die Immobilien des Landes Baden-Württemberg umgewandelt.[23] Das Land besitzt rund 8.000 Gebäude. Zur Betreuung dieser Liegenschaften wurde ein unselbstständiger Landeseigenbetrieb „Vermögen und Bau Baden-Württemberg" gegründet. Der Industriepark Höchst in Frankfurt am Main ist durch die Gründung einer Tochtergesellschaft der Hoechst AG mit damals etwa 800 Gebäuden und etwa 120 Produktionsanlagen[24] entstanden. Das Wohnungsunternehmen LUWOGE verwaltete zu Beginn des Jahrtausends etwa 18.000 Mieteinheiten und gehört zur BASF-Gruppe.

Wo ist also die Grenze zu ziehen? Auch wenn die Stadt Frankfurt am Main nach gängiger Definition zu den Non-Property-Unternehmen gehören soll, besaß sie Anfang der 2000er-Jahre dennoch rd. 1.000 Liegenschaften mit städtischer Nutzung[25], das Bistum Trier unterhielt 3.788 Gebäude.[26] Die Vonovia verwaltet rd. 400.000 eigene Wohnungen und Wohnungen für Dritte und ist das größte Wohnungsunternehmen sowie der größte private Vermieter Deutschlands. Die Unterscheidung in Property- und Non-Property-Unternehmen ist daher wenig hilfreich. Entscheidend ist, ob immobilienspezifische Aufgaben professionell durchgeführt werden.

Ein weiteres Unterscheidungsmerkmal in der Immobilienwirtschaft ist der Beitrag der Immobilien zur Wertschöpfungskette. Hier lassen sich unterschiedliche Geschäftsmodelle im Lebenszyklus einer Immobilie unterscheiden. Dazu gehören Fondsgesellschaften, Projektentwickler, Generalunter- und -übernehmer, Totalunternehmer, Bauträger, Bestandsverwalter und Treuhänder. Das kurz- oder langfristige Interesse an einer Immobilie wird durch das Geschäftsmodell maßgeblich bestimmt.

Ebenso lassen sich die Unternehmen nach der Fertigungstiefe („make" or „buy") (z. B. REIM) differenzieren und danach, bei welchen Aufgaben die Eigentümer ihre Kernkompetenzen mittelfristig sehen. So sieht die FM-Branche ihre Aufgabe darin, als operative Dienstleistungsunternehmen die Eigentümer zu unterstützen.

Je nach Branche wird das strategische Element der Immobilienführung hier oder dort gesehen. Die Grenzen werden zunehmend fließender und eine Abgrenzung schwieriger. Allen Definitionen weitgehend gemeinsam ist jedoch die unternehmerische Perspektive, bei der insbesondere die „Performance" einer Immobilie im Vordergrund steht. Das Thema der Immobilientransaktionen steht heute nicht mehr so sehr im Mittelpunkt.[27] Das kann sich aber bei veränderten Marktbedingungen schnell wieder ändern.

Grundsätzlich nützen die Begriffsunterscheidungen nur wenig, wenn es darum geht, die Ressource Immobilie zu optimieren. In diesem Beitrag wird daher von einer erweiterten Begriffsdefinition ausgegangen, die sowohl die Eigentümerinteressen als auch die Leistungen für das Gebäude und den Nutzer selbst berücksichtigt. Immobilienmanagement berücksichtigt

- die Bedürfnisse der Betroffenen und Akteure (Subjekte)
- im Lebenslauf und -zyklus (Phasen)
- einer oder mehrerer Immobilien – bebaute und unbebaute Grundstücke (Objekte) – und
- bietet Transparenz hinsichtlich sämtlicher Informationen zu Zeit, Geld und Qualität durch umfassende Integration (Informationsverarbeitung)
- auch aller unternehmerischer Arbeitsabläufe zur Erreichung unternehmerischer Ziele (Prozesse).

23 Vgl. [www.finanzministerium.badenwuerttemberg.de], letzter Aufruf: 04.02.2008.

24 Siehe [Frey, F. (2007c)], S. 19.

25 Siehe [Stadt Frankfurt (2004)], S. 12.

26 Siehe [Freitag, C. (2004a)].

27 Vgl. [BBR (2007V)], S. 1 f., 23.

1.3.2 Managementmethoden im Laufe der Zeit

Dem unternehmerischen Denken soll daher ausreichend Raum gelassen werden. Die gängigen Managementmethoden sollen berücksichtigt oder zumindest konkret in ihrer Anwendung für das Immobilienmanagement angesprochen werden.

Dazu gehören z. B.

- Kontinuierlicher Verbesserungsprozess (KVP), Kaizen (1950/1980/**1990**)[28],
- Lean-Management (**1991**)[29],
- Total-Quality-Management (1940/1988), Qualitätsmanagement (**1994**)[30],
- Benchmarking (1979–2000, **1994**)[31],
- Business-Reengineering (1993/**1995**)[32],
- Facility-Management (**1996**)[33], Out-/Insourcing (**1996**)[34],
- Balanced Scorecard (**1997**)[35],
- Risikomanagement (**2000**)[36],
- Portfoliomanagement (1999–**2003**)[37].

Hier spiegeln sich die bereits formulierten Forderungen nach Professionalisierung wider: effiziente Aufgabenverrichtung, eine zunehmende Prozessorientierung, die Berücksichtigung der Mitarbeiter, die Integration von Partnern, die Steigerung der Performance (s. Abb. 1.1).

Dies geschieht aus der Überzeugung, dass Managementbegriffe und -lehren in der Immobilienwirtschaft zwar mit einem Zeitversatz, aber doch zunehmend Verwendung finden. Schließlich ist eine Professionalisierung der Immobilienwirtschaft in allen Bereichen zu beobachten. Grundlegend für den Kontinuierlichen Verbesserungsprozess und das Total-Quality-Management ist ein ausgeprägter Qualitätsbegriff. Benchmarking ist das Lernen und der Vergleich mit den Besten, das ein wiederkehrendes Überprüfen in einem Regelkreis beinhaltet.[38] Benchmarking ist damit nicht lediglich ein Kennzahlenvergleich.

! **Benchmarking** ist der methodische Vergleich von Prozessen und Produkten mittels Benchmarks von als besser identifizierten Vergleichspartnern.[39]

Unabhängig davon, was den Kernaufgaben zuzurechnen ist, wird hier als wesentlich betrachtet, was zur nachhaltigen Bewirtschaftung von Immobilien als Massenphänomen (streng genommen: Mengenproblem) notwendig ist. Dafür werden hier die Begriffspaare Property-Management und Facility-Management genutzt. Property-Management wird daher hier analog zur Definition von Facility-Management nach [DIN EN 15221-1 2007-01] wie folgt definiert:

---

28 Vgl. u.a. [Siebert, G. (2002)], S. 25 f.

29 Vgl. [Pfeiffer, W. (1991)], S. 2.

30 14 Unternehmen (darunter Nestlé, Bosch, Philips, Ciba-Geigy und Sulzer) gründeten 1988 die European Foundation for Quality Management (EFQM). Sie war die Basis für die ISO EN 9000 und die [DIN EN ISO 8402 1994-08].

31 Vgl. [Siebert, G. (2002)], S. 11; siehe auch PDCA-Zyklus, Kapitel 4.4.

32 Siehe u. a. [Hammer, M. (1995)].

33 Vgl. IFMA – International Facility Management Association: Facility Management Guide der ORGATEC – Internationale Fachmesse für Büroeinrichtungen in Köln, 1996, S. 4, in: [Staudt, E. (1999)], S. 22 f.

34 [GEFMA 500 E 1996-12].

35 Sie hat Popularität erlangt durch [Norton, D. (1997)].

36 In der Wohnungswirtschaft u. a. thematisiert in: [GdW (2000)].

37 Vgl. u. a. für die Immobilienwirtschaft [Kook, H. (2003)].

38 Vgl. Kapitel 4.4.

39 Vgl. DBZ, in: [Siebert, G. (2002)], S. 9, vgl. hierzu Kapitel 4.5.

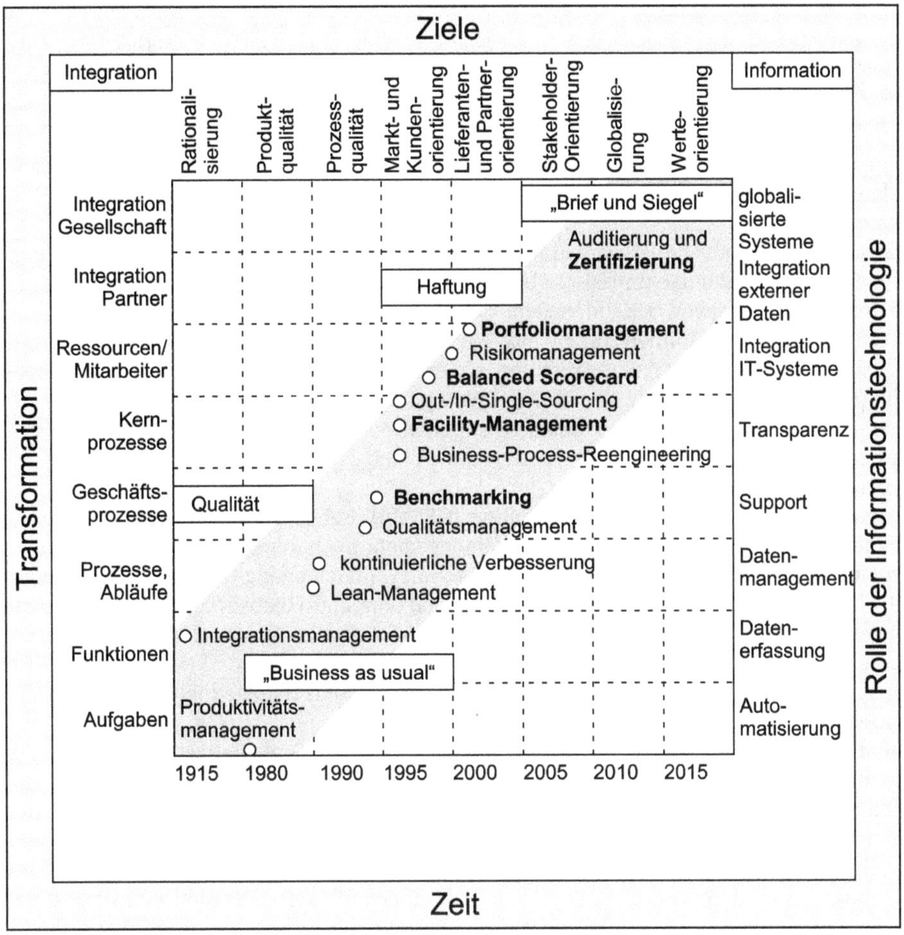

Abb. 1.1: Managementmethoden im Wandel der Zeit.[40]

Property-Management ist die Integration von Prozessen innerhalb einer Organisation zur Erbringung und Entwicklung von professionellen Managementleistungen für Immobilien, die sich nachhaltig im Bestand befinden oder befinden werden.

Facility-Management wird hier als „unterstützende Leistung" gesehen. Allerdings zeigt sich ein inhaltlicher Begriffswandel von Facility-Management, der einerseits zunehmend durch die Verbandsarbeit verbreitet, andererseits zunehmend verwässert wird. Die Diskussion wurde mit der Norm zumindest für Deutschland 2007 beendet:

---

40 In Anlehnung an Bullinger/Roos/Wiedemann, in: [Füser, K. (2001)], S. 26, fortgeschrieben und ergänzt durch den Verfasser.

Facility-Management ist die „Integration von Prozessen innerhalb einer Organisation zur Erbringung und Entwicklung der vereinbarten Leistungen, welche zur Unterstützung und Verbesserung der Effektivität der Hauptaktivitäten der Organisation dienen“[41].

Vereinbarte Leistungen im Sinne dieser Definition richten sich nicht nur an externe Geschäftspartner, sondern können auch im innerbetrieblichen Verhältnis als Service-Level-Agreements (SLA) Anwendung finden.

Der Zusammenhang aus Projektwicklung, planerischen Entscheidungen, Bauausführung und effizientem Betrieb wird damit expressis verbis aber nicht mehr hergestellt. Damit findet hier der Gedanke des Lebenszyklus von Gebäuden keine ausdrückliche Berücksichtigung mehr.

Eine der frühesten Definitionen stammt aus den USA Ende der 1980er-Jahre. Sie bezog sich auf den Arbeitsplatz und forderte ergebnisorientiert ein optimales Arbeitsumfeld: „Facility Management: The practice of coordinating the physical workplace with the people and work of the organization; integrates the principles of business administration, architecture and behavioral and engineering sciences.“[42] Dieser integrative Ansatz von Fachdisziplinen wurde zunehmend auf die Services bzw. Dienstleistungen reduziert.

Die German Facility Management Association (GEFMA), neben der IFMA einer der führenden Verbände in Deutschland, hat 1996 Facility-Management noch folgendermaßen eingegrenzt: „[...] permanente Analyse und Optimierung der kostenrelevanten Vorgänge rund um bauliche und technische Anlagen, Einrichtungen und im Unternehmen erbrachte (Dienst-)Leistungen, die nicht zum Kerngeschäft gehören.“[43] Hier ist die Betrachtung des Lebenszyklus noch der herausragende Gedanke. Betont wird ähnlich zur Balanced Scorecard die Kunden-/Marktorientierung, Produkt-(Ergebnis-)Orientierung, Partnerschaftlichkeits-/Prozess- und Ganzheitlichkeits-/Lebenszyklusorientierung.

Parallel hierzu ist der Begriff des Gebäudemanagements (GM) als Teilaspekt des Facility-Managements wahrzunehmen: Bereits im Entwurf zur [DIN 32736 2000-08], S. 1, ist GM „die Gesamtheit aller Leistungen zum Betreiben und Bewirtschaften von Gebäuden einschließlich der baulichen und technischen Anlagen auf der Grundlage ganzheitlicher Strategien. Dazu gehören auch die infrastrukturellen und kaufmännischen Leistungen.“ Damit waren die „drei Säulen“ des Facility-Managements, deren Bezeichnungen sich an einer Aufbauorganisation orientieren, zementiert: kaufmännisches, technisches und infrastrukturelles Facility-Management. Nach diesen Bezeichnungen werden bis heute die Anbieter von Facility-Management klassifiziert. Schnittstellen zum Flächenmanagement gehören ebenfalls dazu. Es wird daher vielfach von vier Säulen des Gebäudemanagements gesprochen.

Die Betrachtung reduziert sich dabei auf die Phase des Betreibens, die Berücksichtigung des Lebenszyklus einer Immobilie bleibt hier ebenso außen vor wie die Prozessorientierung.

Literatur

[Balzter, S. (2010j)] Balzter, Sebastian; Budras, Corinna: Im Gespräch Rolf Kienzler, Schulhausmeister, und Thomas Günther, Facility Manager, in: Frankfurter Allgemeine Zeitung; Nr. 241, 16.10.2010, S. C5.

[BBR (2007V)] Veser, Jürgen; Thrun, Thomas; Jaedicke, Wolfgang: Veränderung der Anbieterstruktur im deutschen Wohnungsmarkt und wohnungspolitische Implikationen, Forschungen Nr. 124; Bonn 2007, URL: http://www.bbsr.bund.de/BBSR/DE/Veroeffentlichungen/BMVBS/Forschungen/2007/Heft124_DL.pdf?__blob=publicationFile&v=2 (letzter Aufruf: 31.12.2017).

41 [DIN EN 15221-1 2007-01].

42 IFMA – International Facility Management Association: Facility Management Guide der ORGATEC – Internationale Fachmesse für Büroeinrichtungen in Köln, 1996, S. 4, zitiert nach: [Staudt, E. (1999)], S. 22 f.

43 [GEFMA 100-1 E 2004-07], S. 5.

[Camp, R. (1994)] Camp, Robert C.: Benchmarking; München 1994.

[DIN EN 15221-1 2007-01] Facility Management: Teil 1: Begriffe, Deutsches Institut für Normung (Hrsg.): Teil 1, DIN EN 15221; Berlin 2007.

[DIN EN ISO 8402 1994-08] Qualitätsmanagement: Begriffe, Deutsches Institut für Normung (Hrsg.): DIN EN ISO 8402; Berlin 1994.

[ESWiD (2007j)] Evangelisches Siedlungswerk in Deutschland (Hrsg.): Die Kirche und ihre Immobilien: Kirche im Wandel – den Wandel gestalten: Dokumentation des 1. Berliner Forums am 1. Oktober 2007; Nürnberg 2007.

[Freitag, C. (2004a)] Freitag, Christoph: Bischöfliches Generalvikariat, Trier, Vortrag am 27. Januar 2004 an der Ev. Akademie Bad Boll.

[Frey, F. (2007c)] Frey, Franz-Josef: Bauen in Industrieparks: Industriepark Höchst, Frankfurt am Main, in: IndustrieBAU (2007), Heft 3, S. 18–23.

[Füser, K. (2001)] Füser, Karsten: Modernes Management: Lean Management, Business Reengineering, Benchmarking und viele andere Methoden, 3. Aufl.; München 2001.

[GdW (2000)] Bundesverband deutscher Wohnungsunternehmen (GdW) (Hrsg.): Risiko-Managementsystem im Wohnungsunternehmen; Hamburg 2000.

[GEFMA 100-1 E 2004-07] Facility Management: Grundlagen, GEFMA e. V. Deutscher Verband für Facility Management (Hrsg.): Teil 1, GEFMA 100, 2004.

[GEFMA 500 E 1996-12] Outsourcing im Facility Management: Hinweise für Ausschreibung und Vertragsgestaltung, GEFMA e. V. Deutscher Verband für Facility Management (Hrsg.): GEFMA 500, 1996.

[GEFMA 980 2014] FM-Branchenreport 2014: Die volkswirtschaftliche Bedeutung der Facility Management-Branche, GEFMA e. V. Deutscher Verband für Facility Management (Hrsg.): GEFMA 980, 2014.

[Hammer, M. (1995)] Hammer, Michael; Champy, James: Business Reengineering: Die Radikalkur für das Unternehmen, 5. Aufl.; Frankfurt u. a. 1995.

[Norton, D. (1997)] Norton, David; Kaplan, Robert S.: Balanced Scorecard: Strategien erfolgreich umsetzen; Stuttgart 1997.

[Olfert, K. (1996)] Olfert, Klaus; Rahn, Horst-Joachim: Lexikon der Betriebswirtschaftslehre; Ludwigshafen a. Rh. 1996.

[Pfeiffer, W. (1991)] Pfeiffer, Werner; Weiß, Enno: Lean-Management: Zur Übertragbarkeit eines neuen japanischen Erfolgsrezepts auf hiesige Verhältnisse: Forschungs- und Arbeitsbericht Nr. 18 der Forschungsgruppe für Innovation und Technologische Voraussage (FIV); Nürnberg 1991.

[Sailer, E. (2007)] Sailer, Erwin; Grabener, Henning J. (Hrsg.): Immobilien-Fachwissen von A-Z: Das Lexikon mit umfassenden Antworten auf Fragen aus der Immobilienwirtschaft, 8. Aufl.; Kiel 2007.

[Schulte, K. (2007c)] Schulte, Karl-Werner; Teichmann, Sven: Was ist was?: Management-Disziplinen in der Immobilienökonomie, in: IndustrieBAU (2007), Nr. 3, S. 51–53.

[Schwarz, M. (2004)] Schwarz, Martin E.: Strategisches Management in der Wohnungswirtschaft: ehemals gemeinnützige Wohnungsunternehmen auf dem Weg zu einem neuen Führungsverständnis; Wiesbaden 2004.

[Siebert, G. (2002)] Siebert, Gunnar; Kempf, Stefan: Benchmarking: Leitfaden für die Praxis, 2. Aufl.; München 2002.

[Stadt Frankfurt (2004)] Magistrat der Stadt Frankfurt am Main, Dezernat Bau, Hochbauamt (Hrsg.): Jahresbericht 2003/2003, 2004.

[Staudt, E. (1999)] Staudt, Erich; Kriegesmann, Bernd; Thomzik, Markus: Facility Management: Der Kampf um Marktanteile beginnt; Frankfurt 1999.

[Von der Lieth, J. (2008b)] Von der Lieth, Jörn: Ecclesiastic Real Estate Management (EREM): Ein strategisches Managementkonzept für kirchliche Organisationen mitImmobilienbesitz, in: KVI im Dialog (2008), Nr. 2, S. 44 ff.

1.4 Die Balanced Scorecard als Instrument der Unternehmensführung

Ulrich Bogenstätter

Wohin will die Branche? Der Leser von Geschäftsberichten der Immobilienunternehmen findet selten (nie?) visionäre Gedanken vom Weitblick eines Bill Gates. In seiner Jugend setzte dieser sich das visionäre Ziel, jeden Haushalt mit einem erschwinglichen Personal Computer (PC) auszustatten.[44] Bereits 2007 besaßen über 75 % der deutschen Haushalte einen PC. Sein Pech: Er hat seine Vision verwirklicht, Microsoft aber keine neuen Ideen mehr. Dafür ist Bill Gates einer der reichsten Menschen der Erde.

1.4.1 Visionen und Leitbilder

Ausgangspunkt der strategischen Unternehmensführung eines Immobilienunternehmens sollte dennoch die Vision sein. Visionäre Gedanken zu formulieren gehört zu den schwersten Übungen eines Unternehmens, wenn sie nicht von der Marketingabteilung angetriebene Lippenbekenntnisse sein sollen. Schon der Begriff der Vision impliziert, dass langfristige Zeiträume betrachtet werden sollen. Was zeichnet nun ein visionäres Unternehmen aus? „Der Rektor einer Technischen Universität sieht seine Vision darin, die Bedingungen zu schaffen, die es einem Mitglied des Lehrkörpers erlauben, den Nobelpreis zu gewinnen. [...] Thomas A. Edison träumte von einer elektrischen Lampe; auch nach mehr als 10.000 fehlgeschlagenen Experimenten hielt er an dem großen Traum fest, bis dieser Wirklichkeit geworden war.“[45] „Wir wollen der umweltverträglichste Autohersteller der Welt werden.“[46] „Ein süditalienischer Unternehmer, der in der Lombardei zu großem Wohlstand gelangt ist, verwirklicht seinen Jugendtraum, indem er in seinem Heimatdorf Fertigungsbetriebe ansiedelt, die die Jugendarbeitslosigkeit beseitigen.“[47]

Die dargestellten Visionen haben eines gemeinsam: Sie sind nicht monetär ausgerichtet. Dort werden persönliche, soziale und ökologische Ziele genannt. In der Praxis hilft ein Blick auf die Leitbilder der Unternehmen. Grundlegend für die Umsetzung von Visionen ist die Kommunikation der Vision an die Beteiligten. Begeisterung bei den Mitarbeitern lässt sich im operativen Geschäft leichter erzeugen, wenn die unternehmerische Vision glaubwürdig und überzeugend dargestellt und vermittelt werden kann. Ein Transportmittel hierfür ist das gemeinsam erarbeitete, von allen Hierarchieebenen und Interessenvertretern („stakeholders“) getragene und verbindliche Leitbild. Auch Aufsichtsräte, Kunden und Mitarbeiter können in den Leitbildentwicklungsprozess erfolgreich eingebunden werden.[48] Zugegeben, einzelne Personen werden sich nicht sofort aktiv beteiligen. Dies sollte jedoch die Ausnahme sein, denn es gilt, ein Leitbild im Laufe der Zeit anzupassen. Dies ist ein andauernder Prozess, der Unternehmenskultur und Unternehmensidentität in allen Bereichen betonen und unterstützen kann. Quasi als Momentaufnahme wird das Leitbild publiziert.

44 Siehe [Bogenstätter, U. (2008)], S. 7.

45 [Hinterhuber, H. (2004)], S. 44.

46 Müller, Werner, zitiert in: [Chowanetz, K. (2009l)].

47 [Hinterhuber, H. (2004)], S. 44.

48 Beispiel Hilfswerksiedlung (HWS) in Berlin, vgl. [HWS (2006F)].

Das Leitbild der Bauwirtschaft[49] und das Leitbild Koordination nach der Baustellenverordnung[50] stehen u. a. für Partnerschaft und Fairness. Auch das Leitbild der Koordination nach der Baustellenverordnung fordert eine gute Koordination sowie präventives und nutzbringendes, partnerschaftliches und faires Handeln von den Beteiligten.[51] Was zeichnet nun ein visionäres Immobilienmanagement aus?

> Wir fühlen uns dem kommunalen Gemeinwohl verpflichtet und geben der Kommune Handlungsfreiheit für ihre Entscheidungen durch eine ökologisch nachhaltige und kostenbewusste Bewirtschaftung ihrer Immobilien. Wir legen auf gute Beziehungen zu unseren Auftraggebern großen Wert. [...] Die ZGW bewirtschaftet die Liegenschaften der Stadt Lüdenscheid umfassend nachhaltig und wirtschaftlich zum Wohl ihrer Bürger und zur Standortentwicklung. [...] Wir werden die größte Wohnungsgenossenschaft am örtlichen Wohnungsmarkt. Dabei genießt das Preis-Leistungsverhältnis für unsere Mitglieder höchste Priorität. [...] Wir werden das Wohnungsunternehmen mit dem modernsten Wohnungsbestand in der Region.[52]

Die ausgewählten Leitbilder zeigen: Es werden nicht nur persönliche und ökonomische, sondern auch ökologische und soziale Ziele formuliert. Gibt es visionäre Immobilienunternehmen, die den Aspekt der Nachhaltigkeit im Dreiklang aus ökonomischer, ökologischer sowie sozialer und kultureller Nachhaltigkeit in die Unternehmensführung eingebracht haben?

1.4.2 Das Konzept der Balanced Scorecard

Die **Balanced Scorecard** (BSC) geht auf Arbeiten von Robert S. Kaplan und David P. Norton zu Beginn der 1990er-Jahre an der Harvard-Universität in Cambridge (Massachusetts) zurück. Die BSC dient als Führungsinstrument zur Ausrichtung der Organisation an strategischen Zielen für ihren nachhaltigen Erfolg. Sie richtete sich ursprünglich insbesondere an die Unternehmensführung großer Industriekonzerne. Im Gegensatz zu Unternehmensleitbildern und anderen unscharfen Formulierungen versucht die BSC die Erreichung von strategischen Zielen mittels Kennzahlen und Vorgaben messbar und über die Ableitung von Maßnahmen umsetzbar zu machen – nicht reden, sondern handeln.

Strategische Ziele lassen sich insbesondere von der Vision eines Unternehmens ableiten und mittels Stärken-Schwächen-Analysen (SWOT-Analyse)[53] unternehmensspezifisch aufstellen. Im Gegensatz zu klassischen Kennzahlensystemen[54] lenkt die BSC den Blick über die unterstellten Ursache-Wirkungs-Zusammenhänge[55] auch auf nicht finanzielle Indikatoren. Diese Indikatoren

49 Siehe [BMVBS (2009)], Herausgeber: Bundesarchitektenkammer, Bundesingenieurkammer, Bundesverband Baustoffe – Steine und Erden, Bundesvereinigung Mittelständischer Bauunternehmen, Deutscher Verband für Facility Management (GEFMA), Hauptverband der Deutschen Bauindustrie, Industriegewerkschaft Bauen-Agrar-Umwelt, Verband Beratender Ingenieure, Verband Deutscher Maschinen- und Anlagenbau, Zentralverband Deutsches Baugewerbe, Zweckverbund Ostdeutscher Bauverbände.

50 Siehe [BAuA (2011)], zur Unterstützung: Arbeitsgemeinschaft Industriebau, Arbeitsschutzverwaltungen der Länder, Berufsgenossenschaft der Bauwirtschaft, Bundesarchitektenkammer, Bundesingenieurkammer, Bundesverband Deutscher Baukoordinatoren, Bundesverband deutscher Wohnungs- und Immobilienunternehmen (GdW), Hauptverband der Deutschen Bauindustrie, Industriegewerkschaft Bauen-Agrar-Umwelt, Verband der Sicherheits- und Gesundheitsschutzkoordinatoren, Verband Deutscher Sicherheitsingenieure, Zentralverband des Deutschen Baugewerbes.

51 Vgl. [BAuA (2011)], S. 7.

52 Siehe [GdW Arbeitshilfe 51], S. 6.

53 Siehe Kapitel 3.4.2.

54 Siehe Kapitel 4.3.

55 Siehe Kapitel 3.7.1 für die finanziellen Ursache-Wirkungs-Zusammenhänge.

umfassen daher eine Kunden-, Finanz-, Prozess- und Potenzialperspektive. In Zeiten der Dienstleistungs„wüsten" war die **Kundenorientierung** (Kundenperspektive) geradezu revolutionär. Durch die Potenzialperspektive ist die BSC ein Konzept der **Nachhaltigkeit** in der Unternehmensführung, das nicht am kurzfristigen Profit ausgerichtet ist. Sie ist daher ein ideales Führungsinstrument für das Management langlebiger Wirtschaftsgüter wie Immobilien. Die BSC ist immer unternehmensspezifisch aufgestellt und kein allgemeingültiges Kennzahlensystem.

Es gibt verschiedene erfolgreiche Ansätze, die BSC auf das Immobilienmanagement zu übertragen. Dies betrifft alle Branchen. Als Führungsinstrument des Managements sollte sie sich jedoch nicht nur auf die oberste Führungsebene beschränken, vielmehr lassen sich die Ziele bis auf die Ebene des Teamleiters herunterbrechen.

Hervorzuheben ist, dass die BSC zum Ziel hat, den nachhaltigen Unternehmenserfolg zu sichern. Die BSC richtet somit den Blick nach vorne und nimmt die Chancen in den Fokus. Sie verkörpert damit den Optimisten. Das Gegenstück zum Optimisten im Unternehmen ist der Pessimist. Er wird durch das **Risikomanagement** repräsentiert. Die Methoden und das Vorgehen gleichen sich weitgehend:
- Auswahl von Risikofeldern (= Perspektiven),
- Risikoindikatoren (= Indikatoren),
- Auswahl von Kennzahlen (= identisch),
- Festlegung von Grenzwerten (= Vorgaben),
- Auswahl und Ergreifung von Maßnahmen (= Maßnahmen).

Während der Optimist auf die grüne Ampel achtet, hat der Pessimist mit seinem Frühwarnsystem die rote Ampel im Blick.

1.4.3 Grundlagen der Balanced Scorecard

Grundlage der Balanced Scorecard ist ein Kennzahlensystem. Wesentliches Element der BSC ist die ausgewogene Berücksichtigung der unterschiedlichen Perspektiven. Dieses Element findet seine Konkretisierung in Zielen, Kennzahlen, Vorgaben und Maßnahmen, die eingeleitet werden müssen, um die Ziele zu erreichen.

Alle diese Ansätze der Balanced Scorecard sind auch im **EFQM-Modell** (European Foundation for Quality Management) enthalten. Das EFQM-Modell unterscheidet nach VDI 2893 die folgenden Handlungsfelder: Kundenorientierung, Partnerschaft mit Lieferanten, Mitarbeiterentwicklung und -einbeziehung, Prozesse sowie Führungsverhalten, gesellschaftliche Verantwortung und Controlling unter Berücksichtigung der Zielplanung. Für die Erhöhung der Aussagekraft des EFQM-Modells werden sowohl die Mittel und Wege als auch die Ergebnisse gewichtet. Das EFQM-Modell wird in Rahmen einer nachfolgenden Betrachtung der Stakeholder berücksichtigt und die BSC darin eingebettet. Damit werden auch interne und externe Anspruchsgruppen berücksichtigt. Die BSC ist also auch ein Instrument der Qualitätssicherung mittels eines Kennzahlensystems.

Analog zu [VDI 2893 2006-05] sind die nachfolgend genannten Arbeitsschritte durchzuführen, um ein Kennzahlensystem für die BSC aufzubauen.[56] In Erweiterung dazu wird der Weg zur Balanced Scorecard in folgenden Schritten beschrieben:
1. Umfeld und Geltungsbereich festlegen
2. Zielsystem aufstellen
3. Ursache und Wirkungsketten analysieren und messbare Einflussgrößen ermitteln
4. Basiszahlen festlegen und erheben, Kennzahlensystem bilden
5. Kennzahlen zu einem Kennzahlensystem strukturieren

56 Vgl. [VDI 2893 2006-05], S. 3 ff.

Tab. 1.1: Vorgehen bei der Balanced Scorecard.[57]

	Kreislauf	
Formulierung und Umsetzung von Vision und Strategie – Formulierung der Vision – Konsensfindung **→ Vision**	⟺	strategisches Feedback und Lernen – Artikulation der gemeinsamen Vision – strategisches Feedback – Strategiereviews und strategisches Lernen ermöglichen
⇕	**Balanced Scorecard**	⇕
Kommunikation und Verbindung – Kommunikation und Ausbildung – Zielsetzung – Verknüpfung von Leistungskennzahlen und Anreizen	⟺	Planung und Vorgaben – Vorgaben bestimmen – Abstimmung strategischer Maßnahmen – Ressourcenverteilung – Meilensteine festlegen

6. Vorgaben formulieren
7. Indikatoren gewichten
8. Unternehmensorganisation anpassen

Wesentlich ist es, die BSC nicht statisch, sondern als „lebendigen" Unternehmensorganismus zu begreifen. In Tabelle 1.1 ist ausgehend von einer Vision die Vorgehensweise beschrieben, die zu einem permanenten Überprüfungsprozess führt. Trotz des Ziels der BSC – die von der Vision abgeleiteten Ziele mittels Kennzahlen und Vorgaben messbar und über die Ableitung von Maßnahmen umsetzbar zu machen – wird deutlich, dass die BSC konsensorientiert und kommunikationsorientiert ist. Elemente der Konsensfindung finden sich insbesondere bei der Formulierung und Artikulation der Vision. Kommunikationselemente sind zusätzlich in der Ausrichtung, Zielsetzung und Umsetzung enthalten.

1.4.4 Umfeld und Geltungsbereich festlegen

Aus der Vision bzw. den Visionen werden die Strategien eines Unternehmens abgeleitet und Leitfragen für die Perspektiven formuliert. Wesentliche Basis hierfür sind die Unternehmens- und Umfeldanalyse und die daraus abgeleitete Wettbewerbsstrategie. Die kann z. B. im Gewerbe oder in der Wohnungswirtschaft die **Wettbewerbsstrategie** der Kosten- oder Leistungsführerschaft sein (vgl. Tab. 1.2).

Die Indikatoren der Kunden-, Finanz-, Prozess- und Potenzialperspektive richten sich an den Leitfragen aus.

- **Finanzperspektive:** Wie sollen wir gegenüber unseren Investoren auftreten, um finanziellen Erfolg zu haben?
- **Kundenperspektive:** Wie sollen wir gegenüber unseren Kunden auftreten, um unsere Visionen zu verwirklichen?
- **Prozessperspektive:** In welchen Geschäftsprozessen müssen wir die Besten sein, um unsere Investoren und Kunden zu befriedigen?
- **Potenzialperspektive:** Wie können wir unsere Veränderungs- und Wachstumspotenziale im Unternehmen fördern, um unsere Visionen zu verwirklichen?

57 Siehe [Ehrmann, H. (2003)], S. 15.

Tab. 1.2: Wettbewerbsstrategien.[58]

	Wettbewerbsstrategie	Ziel	Handlungsempfehlungen
1.	Kostenführerschaft	– umfassender Kostenvorsprung gegenüber anderen Unternehmen	– auf Märkte, in denen langfristig die Marktführerschaft erreichbar ist
2.	Leistungsführerschaft	– Generierung von Zusatznutzen bei den Produkten, um so die Gewinnspannen erhöhen zu können	– Ausbau der Marktfähigkeit, des Unternehmensimages und der Innovationskraft (bzgl. Qualität und Technologie)

Die Leitfragen der einzelnen Perspektiven sollen mit konkreten Zielen beantwortet werden (s. Abb. 1.2). Die BSC muss jedoch nicht auf diese vier Perspektiven begrenzt sein. Im öffentlichen Immobilienmanagement ist durchaus eine Gesellschaftsperspektive angebracht. Die BSC ist daher grundsätzlich sowohl für eine rendite-, ein genossenschaftlich orientiertes oder kommunales Immobilienmanagement geeignet. Aus Sicht der Gesellschaftsperspektive könnte die Frage wie folgt gestellt werden: Wie sollen wir für unsere Bürger auftreten, um das Wohl unserer Bürger nachhaltig zu sichern?

1.4.5 Zielsystem aufstellen

Zu jedem Ziel ist die Kennzahl und die Vorgabe zu definieren und mögliche Maßnahmen sind abzuleiten. Beispielhaft wird in Abbildung 1.2 jeweils ein Ziel für jede Perspektive genannt: Ein typisches Ziel aus der **Finanzperspektive** ist die Rendite. Indikator hierfür ist für ein Wohnungsunternehmen die Leerstandsquote. Die Vorgabe kann sich jedoch nach regionalen Marktverhältnissen und Unternehmenszielen unterscheiden.[59] Ein ebenso typisches Ziel ist die Nutzer- oder Mieterzufriedenheit für die **Kundenperspektive**. Methoden der Messung, die Kennzahlen oder Vorgaben können hier je nach Branche variieren.[60] Am Frankfurter Flughafen wird die Zufriedenheit mittels Touch-Terminals gemessen.

Es ist nachvollziehbar, dass schnelle Reaktionszeiten aus der **Prozessperspektive** ein wesentliches Ziel für die Qualität der Dienstleister im gewerblichen Immobilienmanagement sind. (Kern-)Prozesse im Immobilienmanagement werden ausführlich in Kapitel 8.3 beschrieben. Kennzahlen oder Vorgaben können auch hier je nach Branche variieren.

Die auf die Nachhaltigkeit eines Unternehmens ausgelegte Perspektive ist die **Potenzialperspektive**. Sie soll die Marktgängigkeit eines Immobilienmanagements und Leistungsangebots sicherstellen. Neben dem Ziel, das Leistungsangebot zu erweitern, ist hier die quantitative Entwicklung neuer Leistungsangebote angesprochen. Das können bei Wohnungsunternehmens komplementäre oder periphere Zusatzleistungen sein, z. B. Kabel- oder Carsharing-Angebote (vgl. Kap. 3.5.2). Auch die Entwicklung der eigenen Mitarbeiter kann zukünftige Geschäftsfelder nachhaltig unterstützen. Beispielhaft seien hier Schulungsangebote für Hausmeister (vgl. Kap. 9.6, Tab. 9.13) genannt. Dabei ist jedoch zu beachten, dass Schulungsmaßnahmen nicht per se auf Zustimmung stoßen, sondern in den Zielvereinbarungen verankert werden sollten.

Die BSC kann für jede Managementebene ausgerichtet werden. Abbildung 1.3 zeigt die Balanced Scorecard als Bestandteil der Unternehmensführung auf den unterschiedlichen Manage-

58 Vgl. [GdW Arbeitshilfe 51], S. 8.
59 Vgl. Kapitel 2.6 und 4.6.
60 Vgl. Kapitel 3.5.1.

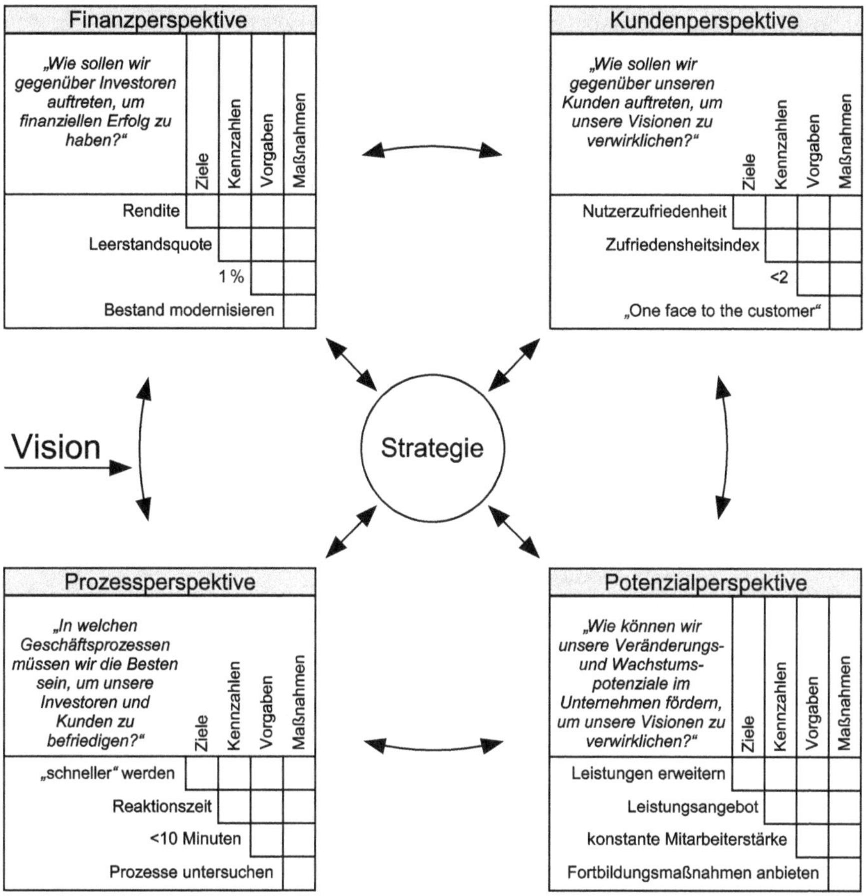

Abb. 1.2: Perspektiven der Balanced Scorecard.[61]

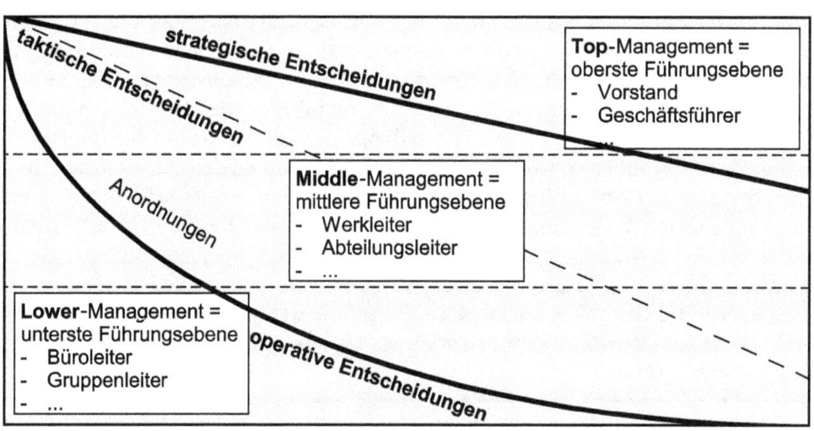

Abb. 1.3: Managementebenen der Balanced Scorecard.[62]

61 Vgl. [Ehrmann, H. (2003)], S. 17.

62 Vgl. [Ehrmann, H. (2003)], S. 12.

mentebenen. So ist das Top-Management insbesondere für strategische Entscheidungen, das Middle-Management insbesondere für taktische Entscheidungen verantwortlich. Die Bindung an Anordnungen ist bei operativen Betriebseinheiten (Lower-Management) eng, der Gestaltungsspielraum vom Middle-Management zum Top-Management entsprechend höher.

Die Ziele variieren oder decken sich je nach Managementebene. Unterschiede zwischen den strategischen und operativen Managementebenen werden in Tabelle 1.3 aufgezeigt.

Tab. 1.3: Strategisches und operatives Management.[63]

Managementebenen	Strategisches Management	Operatives Management
	≫ Vorsteuerung	≫
1. Zielgröße	– Erfolgspotenziale	– Erfolg/Auftragserfüllung
2. Zielsetzung	– nachhaltige Existenzsicherung des Unternehmens	– Sicherung des aktuellen Erfolgs
3. Inhalte	– Erkennen und Schaffen neuer sowie Pflege vorhandener Potenziale	– Nutzung der vorhandenen Potenziale
4. Steuerungsgrößen	– interne und externe Orientierung: Unternehmen und Umwelt; Markt: Chancen/Risiken, Unternehmen: Stärken/Schwächen	– interne Orientierung: Unternehmen; Aufwand/Ertrag, Kosten/Leistung, Liquidität, Wirtschaftlichkeit
5. Ausrichtung	– Effektivität: die richtigen Dinge tun	– Effizienz: die Dinge richtig tun
6. Gegenstände	– Probleme	– Leistungen
7. Zeithorizont	– längerfristig, von der Gegenwart in eine offene Zukunft	– kurz- und mittelfristig, 3–5 Jahre, untergliedert in Perioden
	≪	≪ Kontrolle

Es gibt jedoch auch gemeinsame Ziele. Das Ziel der Anlagenverfügbarkeit kann für Unternehmensführung und operative Einheiten gleichermaßen bedeutsam sein: In Tabelle 1.4 werden am Beispiel einer Kennzahlentabelle variierende oder sich deckende Kennzahlen (hervorgehoben) zur BSC für die Instandhaltung aufgezeigt. So kann die Kennzahl der Anlagenverfügbarkeit eines Gas- und Dampfturbinenkraftwerks für einen Energieversorger oder Industrieunternehmen eine strategische Zielgröße im Jahresblick sein und sich ebenso in der Zielvereinbarung des Betriebsleiters und/oder Schichtführers wiederfinden. Da es sich bei der BSC nicht um eine statische, sondern um eine dynamische Managementmethode handelt, können sich die Ziele bei Marktänderungen verändern. Die Kunst besteht also darin, möglichst konstante Ziele für mindestens ein Jahr zu definieren. Unterjährige Veränderungen können jedoch die Zielvereinbarungen, die vielfach für ein Jahr geschlossen werden, berühren. Wenig hilfreich ist es daher, das Jahresziel zur Leerstandsquote für eine Büroimmobilie zu formulieren, wenn die Büroimmobilie binnen drei Monaten verkauft wird. Die BSC ergänzt bestehende **Controlling-Systeme** und legt den Fokus auf die Chancen. Es ist daher möglich und sinnvoll, sich in der Zielformulierung und Kennzahlenauswahl zu beschränken.

! Für die Balanced Scorecard gilt der Leitsatz: Twenty is plenty – it's enough, also: weniger ist mehr. Auch hier besteht die Kunst darin, die wichtigen und richtigen Ziele richtig zu formulieren. Die Auswahl folgt damit dem Weitblick, der Priorisierung, der Effektivität und der Effizienz.

63 Vgl. [GdW Arbeitshilfe 51], S. 4, vgl. Ebert (www.ifc-ebert.de), in: [Von der Lieth, J. (2010a)].

Tab. 1.4: Beispiel einer individuellen Kennzahlentabelle zur Balanced Scorecard für die Instandhaltung.[64]

Systemmanagement	Strategie-/Leitungsebene	Planungs-/Steuerungsebene	Ausführungsebene
1. Kunden			
Wertschöpfungsanteil	Anlagenverfügbarkeit		
	Reklamationsgrad		Ausfallgrad
	Änderungsgrad	Termintreue	
		Kosteneinhaltung Aufträge	
	Erfassungsgrad Anford.	Reaktionstreue	
	Dezentralisierungsgrad	Brutto-Anlageneffizienz	
	Ersatzteil-Servicegrad	Mean-Time-To-Repair	
		mittlerer Ausfallabstand	
2. Finanzen			
Anlagengewinnquote		Budgetabweichungsgrad	
	Umsatzrendite		Brutto-Anlageneffizienz
	Instandhaltungsintensität		Netto-Anlageneffizienz
	Instandhaltungskostenquote	Änderungsgrad	
	Kostensenkungsrate	Mehrarbeitsquote	
	Ersatzteillagerquote	Materialquote	
	Fremdleistungsanteil	Wettbewerbsfähigkeit	
		Wirtschaftlichkeit der Störungsbehebung	
3. interne Prozesse			
Anlagenverfügbarkeit	Planungsgrad		Störrate
	Termintreue		
	Stundenverrechnungssatz		
	Umsetzungsgrad IH-Strat.	Reaktionszeit	
	Arbeitsintensität	Reklamationsgrad	
	Erfassungsgrad Anlagen	Erfassungsgrad	
	kalkulatorische Beschaffungskosten	Wirtschaftlichkeit der Störungsbehebung (Anlagen)	
		Standardisierungsgrad	
		Zuwachsrate ohne Anlagen	
		Auslastungsgrad	
4. Potenziale			
Qualitätsrate		Arbeitssicherheitsquote	
Fluktuationsrate		KVP-Quote	
	Prämienanteil Entlohnung	Krankenquote	
	Personalentwicklungsgrad	Qualifizierungsgrad	
	Mitarbeiterzufriedenheit	Aufgabenerweiterung	
		Anzahl der Störungen	

64 Vgl. [VDI 2893 2006-05], zur Definition der Kennzahlen s. Kapitel 9.1, Tabelle 9.1; Abkürzungen: Brutto-Anlageneffizienz (OEE), Mean-Time-To-Repair (MTTR), Mittlerer Ausfallabstand (MTBF), Netto-Anlageneffizienz (NEE). Gemeinsame Kennzahlen der verschiedenen Ebenen sind hervorgehoben.

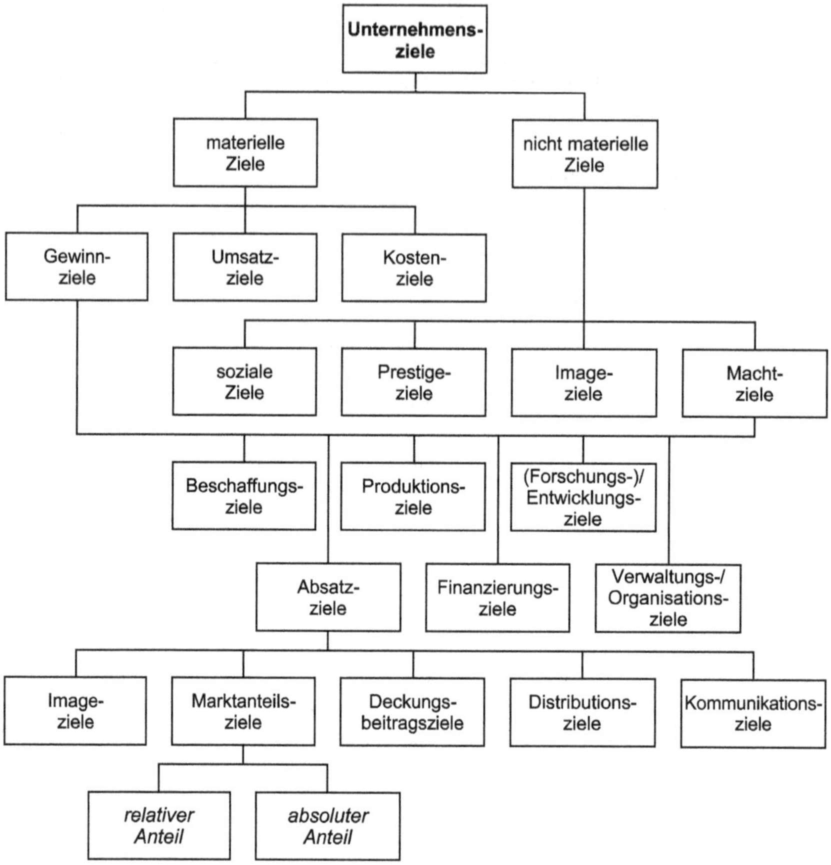

Abb. 1.4: Arten von Zielen.[65]

Die Vielfalt der Ziele ist groß, die Varianten für die Ziele ebenfalls. Grundsätzlich lassen sich materielle und nicht materielle Ziele unterscheiden, die in weitere Ziele differenziert werden können (vgl. Abb. 1.4). Die Unternehmensziele sind insbesondere auf die Finanzperspektive ausgerichtet. Die nachfolgende Zuordnung ist beispielhaft:

- **Finanzperspektive:** Gewinn-, Umsatz- und Kostenziele
- **Kundenperspektive:** Kommunikationsziele
- **Prozessperspektive:** Verwaltungs- und Organisationsziele
- **Potenzialperspektive:** Forschungs- und Entwicklungsziele

1.4.6 Ursache-Wirkungs-Ketten analysieren und messbare Einflussgrößen ermitteln

Um die wichtigen Kennzahlen zu ermitteln, gilt es zunächst, die Ursache-Wirkungs-Ketten unter Beachtung der Perspektiven aufzustellen und zu analysieren. Daraus sind sinnvolle und messbare Einflussgrößen abzuleiten. Kontraproduktiv ist die Vorgabe des Vorstandes eines IT-Unternehmens an den Vertrieb, lediglich die Anzahl der Vertragsabschlüsse zu erhöhen. Wenn nicht gleichzei-

65 Siehe [Ehrmann, H. (2003)], S. 45.

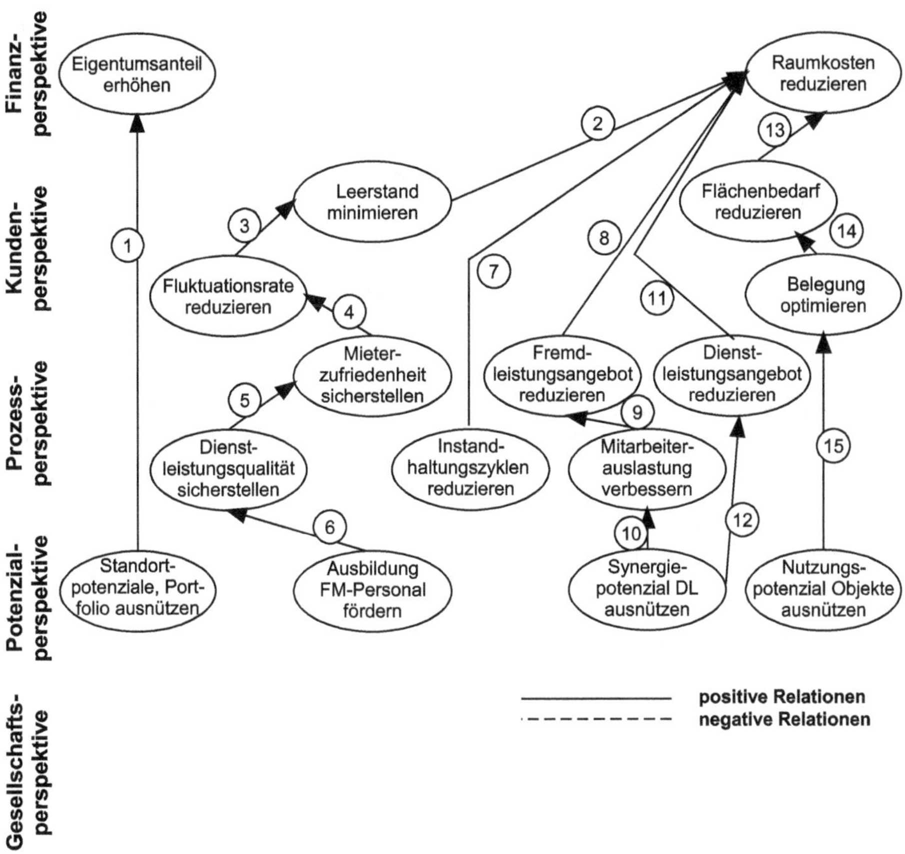

Abb. 1.5: Wirkungsbeziehungen zur „Eigentumsstrategie betrieblich genutzter Immobilien".[66]

tig eine Aussage zur Höhe der möglichen Rabattierung erfolgt, wird eine „Rabattierungsschlacht" durch den Vertrieb beim Kunden folgen. Den Kunden wird es erfreuen, das finanzielle Ergebnis wird „verhagelt". In Abbildung 1.5 werden die wichtigen Wirkungsbeziehungen zur „Eigentumsstrategie betrieblich genutzter Immobilien" dargestellt.

Das Ziel, die Kennzahl, die Wirkungskette und mögliche Ansatzpunkte für Vorgaben werden in 15 Punkten beschrieben (s. auch Abb. 1.5):[67]

1. Die Erhöhung des Eigentumsanteils wird durch Reduktion angemieteter Flächen und die Konzentration auf die regionalen Zentren erzielt, wo das Unternehmen Immobilieneigentum anstrebt. Dazu ist die Nutzung vorhandener Potenziale erforderlich, beispielsweise indem Immobilienobjekte akquiriert oder erstellt werden, die aus Unternehmenssicht einen geeigneten Standort aufweisen, weil sie z. B. in unmittelbarer Nachbarschaft bestehender Betriebsliegenschaften des Unternehmens liegen.
2. Auch ungenutzte Räume verursachen Kosten für Betrieb und Unterhalt. Durch die Reduktion von Leerstand können die Raumkosten für das Unternehmen reduziert werden.

66 Vgl. [Kaufmann, C. (2003)], S. 105.

67 Vgl. [Kaufmann, C. (2003)], S. 1077 f.

3. Eine hohe Fluktuationsrate bewirkt einen hohen friktionellen Leerstand. Eine geringe Fluktuationsrate wirkt sich somit günstig auf die Leerstandsrate aus.
4. Eine hohe Mieterzufriedenheit wirkt sich positiv auf die Verbleibdauer aus. Dies gilt beschränkt auch innerhalb von Unternehmen mit den eigenen Organisationseinheiten als Mieter. Oft haben die Organisationseinheiten jedoch die Auflage, die Leistungen vom eigenen Unternehmen zu beziehen bzw. unternehmenseigene Räume zu belegen. In diesem Fall ist die Fluktuationsrate weniger abhängig von der Mieterzufriedenheit. Im vorliegendem Beispiel wird davon ausgegangen, dass die internen Leistungsanbieter in Konkurrenz zu Dritten stehen.
5. Durch qualitativ hochstehende und kundenorientierte Dienstleistungen im Facility-Management kann die Zufriedenheit der eingemieteten Organisationseinheiten günstig beeinflusst werden.
6. Qualitativ hochstehende Dienstleistungen setzen eine entsprechende Ausbildung voraus. Nur gut ausgebildetes Personal ist in der Lage, professionelle Leistungen zu erbringen.
7. Ein Teil der Raumkosten eines Unternehmens wird durch Instandhaltungsarbeiten verursacht. Durch die Reduktion der Instandhaltungszyklen können die Raumkosten günstig beeinflusst werden.
8. Ein Teil der Dienstleistungen im Facility-Management wird im vorliegenden Beispiel standortbedingt teilweise durch externe Anbieter erbracht, da das Unternehmen verschiedene kleinere Standorte unterhält. Durch die Konzentration auf weniger Standorte können diese Arbeiten durch das dort tätige Personal des eigenen Unternehmens erbracht werden. Durch die Reduktion der Fremdleistungen können gleichzeitig die Raumkosten gesenkt werden.
9. Die Reduktion des Fremdleistungsanteils führt zu einer besseren Auslastung der unternehmenseigenen Mitarbeitenden im Immobilienmanagement.
10. Die Standortkonzentration des Unternehmens eröffnet ein großes Synergiepotenzial bezüglich der immobilienbezogenen Dienstleistungen, beispielsweise im Beschaffungswesen. Durch die Erhöhung der Mitarbeiterauslastung ist es erforderlich, die Synergiepotenziale zu nutzen.
11. Durch die Reduktion des Dienstleistungsangebots im Sinne einer Standardisierung (Reduktion der Vielfalt) können die Raumkosten des Unternehmens gesenkt werden. Individuell erbrachte Leistungen haben entsprechend ihren Preis.
12. Ein standardisiertes Leistungsangebot ermöglicht die Nutzung von Synergieeffekten, weil die verfügbaren Ressourcen flexibler eingesetzt werden können.
13. Durch die Senkung des Flächenbedarfs können die Raumkosten für das gesamte Unternehmen reduziert werden.
14. Die Reduktion des Flächenbedarfs bei gleichbleibendem Personalbestand erfordert die Optimierung der Belegung. Eine dichte Belegung reduziert zwar den Flächenbedarf, vermindert gleichzeitig aber mögliche Reserven für Erweiterungen, was insgesamt eine erhöhte Umzugstätigkeit zur Folge haben kann.
15. Die Optimierung der Belegung kann zum einen durch Verdichtung der Arbeitsplätze erfolgen, zum anderen durch eine verbesserte Nutzung und/oder untergenutzte Objektteile. Nutzungspotenziale können beispielsweise aus Veränderungen in der Gesetzgebung (höhere zulässige Ausnützung) resultieren.

Der Zusammenhang zwischen Ursache und Wirkung lässt sich auch an einem Beispiel aus der Wohnungswirtschaft beschreiben (vgl. Abb. 1.6). Im Gegensatz zu Abbildung 1.5 kommt hier die gesellschaftliche Perspektive zum Tragen. Grundsätzlich gilt, dass die Auswahl der Kennzahlen nach Verfügbarkeit erfolgen sollte: Das sind Kennzahlen, die das bestehende Controlling-System bereits liefert oder die ohne erheblichen Aufwand zeitnah erhoben werden können.

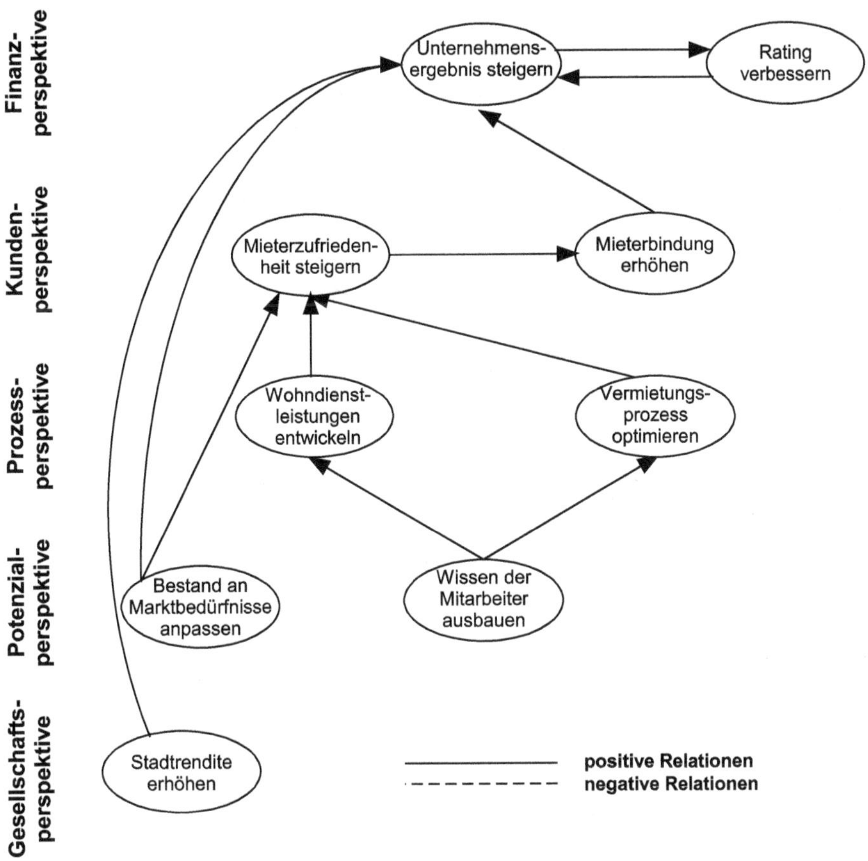

Abb. 1.6: Beispiel einer Strategy Map eines kommunalen Wohnungsunternehmens.[68]

1.4.7 Basiszahlen festlegen und erheben, Kennzahlensystem bilden und strukturieren

Zur Auswahl der **Kennzahlen** und Vorgaben ist die Bestimmung folgender Parameter hilfreich: Verantwortlichkeit der Ermittlung, Messbarkeit, Datenquelle, Vergleichsbasis und Ermittlungsfrequenz (1, 3, 6, 12 Monate). Grundsätzlich lassen sich Grund-, Beziehungs-, Verhältnis-, Gliederungs-, Mess- und Indexzahlen unterscheiden. Die Arten der Kennzahlen sind in Abbildung 1.7 dargestellt. Das sind **Grundzahlen** (absolute Kennzahlen), die lediglich absolute Veränderungen berücksichtigen, z. B. Summen oder Differenzen, oder Einzelzahlen, z. B. die Anzahl der Mitarbeiter am Ende eines Jahres. Grundzahlen besitzen lediglich eine begrenzte Aussagekraft. **Beziehungszahlen** stellen wesensverschiedene, zueinander in Beziehung gesetzte Größen dar, die jedoch in einem logischen Zusammenhang stehen. Dazu gehören z. B. der Umsatz je Quadratmeter Verkaufsfläche oder der Umsatz je Mitarbeiter.

68 Vgl. [GdW Arbeitshilfe 51], S. 21. Neben den positiven (komplementären) und negativen (konfliktären) kann es auch neutrale (indifferente) Relationen geben.

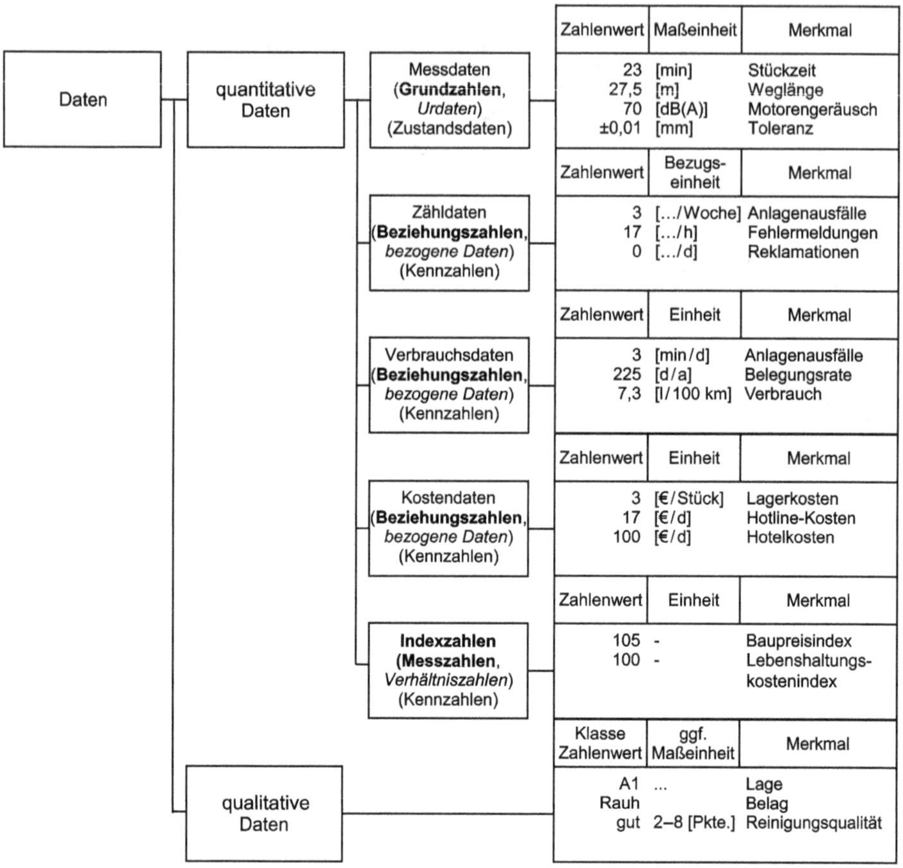

Abb. 1.7: Arten von quantitativen und qualitativen Kennzahlen.[69]

Beziehungszahlen lassen sich in der praktischen Anwendung nach

- Zähldaten,
- Verbrauchsdaten und
- Kostendaten

unterscheiden. **Verhältniszahlen** sind relative Kennzahlen, deren Aussagekraft größer als die der absoluten Kennzahlen ist, weil bei ihnen eine Größe zu einer anderen in Beziehung gesetzt wird, z. B. der Anteil der Angestellten an der Gesamtbelegschaft, der Umsatz je Quadratmeter Verkaufsfläche oder der Lohnkostenindex. **Gliederungszahlen** zeigen das Verhältnis eines Teils zum Ganzen und sind häufig Prozentzahlen, die strukturelle Verhältnisse offenlegen, z. B. den Anteil der Angestellten an der Gesamtbelegschaft oder das Umlaufvermögen in Prozent der Bilanzsumme. **Messzahlen** oder **Indexzahlen** drücken das Verhältnis zweier gleichartiger Größen aus, die aber zu verschiedenen Zeitpunkten oder an verschiedenen Orten entstanden sind. Eine Größe enthält den Wert 100, die andere wird an diesem Index gemessen, z. B. die Entwicklung der Löhne.

69 Eigene Darstellung, Begriffe nach [Olfert, K. (1996)], S. 485, [REFA (1997)], siehe zur Unterscheidung der Datenarten auch Kapitel 4.5.

Die Balanced Scorecard in der Instandhaltung
Wegen des hohen Kostenanteils der Instandhaltung an den Nutzungskosten wird die verantwortliche Instandhaltungsabteilung vielfach als Profitcenter geführt. Im Profitcenter werden Leistungen und Kosten laufend geplant, durchgeführt, kontrolliert und mit Maßnahmen gesteuert. Hierbei sind Kennzahlen ein geeignetes Mittel, technisch-wirtschaftlich relevante Ziele quantitativ eindeutig abzubilden.

Analog der [VDI 2893 2006-05][70] lässt sich für die Instandhaltung technischer Anlagen ebenfalls eine Balanced Scorecard aufziehen. Abweichend von [VDI 2893 2006-05] wird in der weiter oben angeführten Tabelle 1.4 die Perspektive der Fremdleister und externer Partner nicht gesondert ausgewiesen. Es wird ausgegangen, dass diese Balanced Scorecard sowohl für Eigen- als auch für Fremdleistungen eingesetzt werden kann. Hervorzuheben ist, dass neben der Auswahl von Kennzahlen für alle Managementebenen die aufgeführten Kennzahlen auch für ein, zwei oder drei Managementebenen Anwendung finden können. Das vereinfacht grundsätzlich den Aufbau das Berichtswesen (Reporting) für die BSC, reduziert die Anzahl der Kennzahlen insgesamt und erhöht die Transparenz zwischen den Managementebenen.

Die Balanced Scorecard im Vertrieb
Die Balanced Scorecard schlägt durch Konkretisierung eine Brücke zwischen strategischem (Top-Management) und operativem Handeln (Lower-Management) eines Unternehmens. Dabei ist auf eine ausgewogene Mischung aus **Frühindikatoren** (operative Leistungstreiber, z. B. Beschwerden, Durchlaufzeiten und Fehlerquoten) und **Spätindikatoren** (z. B. Unternehmenswert, Eigenkapitalrendite, Periodenerfolg, Marktanteil und Kundenzufriedenheit) zu achten. Ebenso sind die unterschiedlichen Interessen (Anspruchsgruppen) zu berücksichtigen. In Abbildung 1.8 werden die gegenseitige Einflussnahme und die Abhängigkeit zwischen den Frühindikatoren und Spätindikatoren aufgezeigt.

1.4.8 Vorgaben formulieren

Die Vorgaben leiten sich aus dem Zielsystem ab und sollten den **SMART**-Regeln folgen: Die Zielformulierung als Vorgabe für einzelne Kennzahlen folgt daher dem SMART-Prinzip im Projektmanagement (vgl. Kap. 5.3.1): SMART bedeutet: **S**pezifisch, **M**essbar, **A**kzeptiert, **R**ealistisch und **T**erminiert, ebenso im angelsächsischen Sprachraum: **S**pecific, **M**easurable, **A**ccepted, **R**ealistic (Reasonable), **T**erminated (Time Bound). SMART-Ziele werden auch beim Management by Objectives (Führen durch Zielvereinbarung) im Rahmen von Mitarbeiterführung und Personalentwicklung als Kriterium zur eindeutigen Definition von Zielen im Rahmen einer Zielvereinbarung herangezogen. Ebenso ist der Einsatz der BSC im kirchlichen Umfeld möglich.[71]

1.4.9 Von der Balanced Scorecard zum Risikomanagement: Risikoindikatoren gewichten

Hierbei werden die Indikatoren aus dem Katalog der zum Einsatz kommenden Kennzahlen übernommen, nach Chancen- (BSC) und Risikoeinschätzung gewichtet und in einem unterjährigen BSC- und Risikomanagementsystem verwendet. Während in Tabelle 1.4 aufgezeigt wurde, dass

70 Vgl. [VDI 2893 2006-05], S. 35.
71 Vgl. [Held, B. (2010d)], S. 6–10.

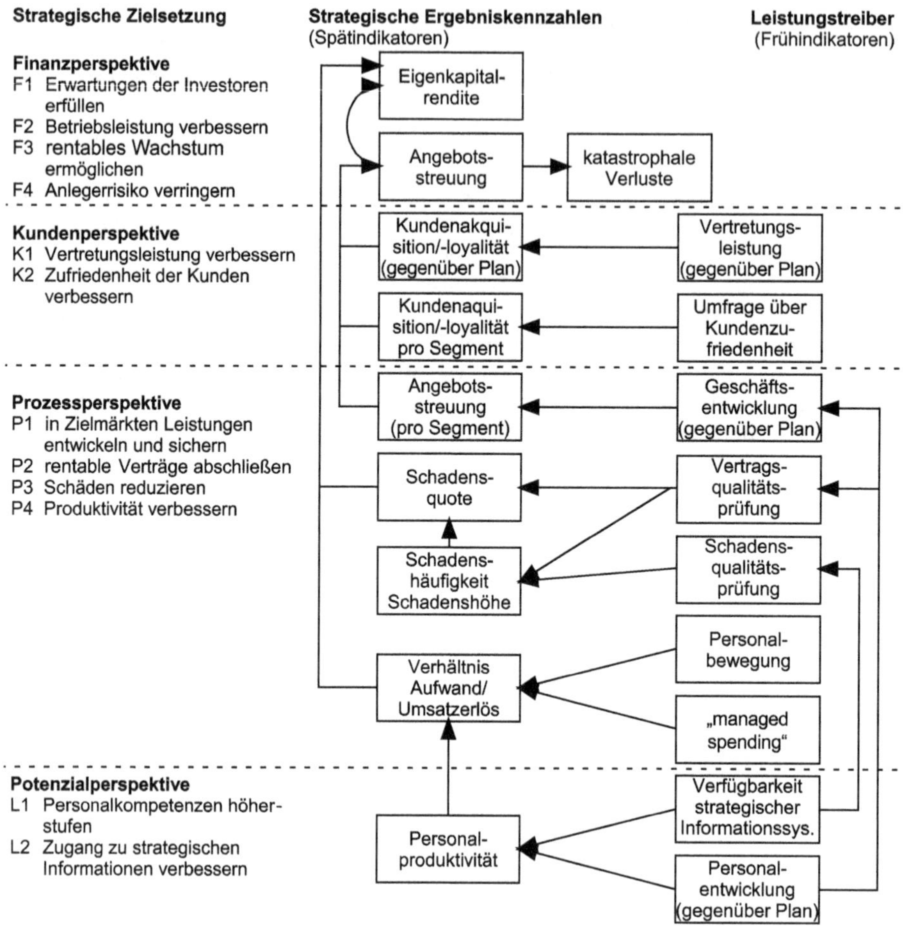

Abb. 1.8: Managementebenen am Beispiel Vertrieb.[72]

Tab. 1.5: Differenzierung der Indikatoren und Gewichtung nach Geschäftsfeldern (Beispiel).

	Perspektive Gewichtung	Portfoliostrategie 100 %	Asset-Management 100 %	Property-Management/FM 100 %
1.	Kunden	0 %	20 %	20 %
2.	Finanzen	80 %	60 %	40 %
3.	interne Prozesse	10 %	10 %	15 %
4.	Potenziale	10 %	10 %	15 %

gleiche Kennzahlen für unterschiedliche Managementebenen zur Anwendung kommen können, zeigt Tabelle 1.5, wie die Wertigkeit/Wichtigkeit der einzelnen Perspektiven in den Managementebenen differieren kann, insbesondere wenn sie für Zielvereinbarungsgespräche genutzt werden. So ist in der Portfoliostrategie die Finanzperspektive mit 80 % am stärksten gewichtet.

72 Siehe [Ehrmann, H. (2003)], S. 111.

1.4.10 Unternehmensorganisation anpassen

Nun werden in der Organisation die Maßnahmen und die Ressourcen festgelegt und umgesetzt. Aus Sicht des Autors ist es vielfach den verantwortlichen Mitarbeitern zu überlassen, welche Maßnahmen zu ergreifen sind. Hier gilt es, die speziellen (Detail-)Kenntnisse und die Kreativität der verantwortlichen Mitarbeiter als Potenzial zu nutzen. Das beinhaltet die klassische Maßnahmenbeschreibung im Sinne eines Projektmanagements hinsichtlich der Maßnahmenbezeichnung, der Maßnahmenbeschreibung (Was?), des Verantwortlichen (Wer?), des Start- und Endtermins (Wann?), der Priorität (s. auch Gewichtung nach der Risikoanalyse), der Budgets (Soll-Werte) für alle Jahre des Betrachtungszeitraums (Wie?), des Ist-Werts des ersten Jahres für alle Budgets und der Abweichungen des ersten Jahres für alle Budgets und Statusanzeigen (grün, gelb, rot) in Abhängigkeit von der Erreichung der Soll-Werte aller Budgets. Anschließend ist eine Endabstimmung mit allen Beteiligten herzustellen.

1.4.11 Ohne IT geht es nicht

Letztendlich werden fünf Instrumente der Unternehmensführung sinnvoll miteinander verknüpft, um den Datenerhebungsaufwand drastisch zu reduzieren und die Datenkonsistenz sicherzustellen. Zu den fünf Instrumenten gehören
- die Balanced-Scorecard-Systeme,
- das Portfoliomanagement (Systeme),
- die (Budget-)Planungssysteme: Wirtschaftspläne bei Eigen- und Regiebetrieben, im Wohnungseigentumsrecht oder in der Wohnungswirtschaft, Erfolgsplan (Gewinn- und Verlustrechnung), 5-/10-Jahres-Finanzpläne),
- das Controlling (Systeme) und
- die Risikofrühwarnsysteme.

Die fünf Instrumente haben eine große Schnittmenge an Kennzahlen. Die Sicht auf die Kennzahl und die Vorgaben im Sinne der Zielbestimmung bei der BSC oder für die Grenzwerte des Risikomanagements kann jedoch unterschiedlich sein. Ein effizientes Berichtswesen aus den fünf Instrumenten ist ohne IT-Unterstützung nicht möglich. Schließlich wünschen sich alle Verantwortlichen im Top-, Middle- oder Lower-Management ein effizientes Berichtswesen, das zeitnah, auf einen Blick und auf sie zugeschnitten die wichtigsten Informationen liefert: die rote Ampel für die Risikofrühwarnsysteme und (hoffentlich) die grüne Ampel für Verantwortliche in den Geschäftsfeldern.

Die BSC lässt sich in der kirchlichen oder kommunalen Gebäudewirtschaft mit den Dimensionen der **Nachhaltigkeit** (Ökonomie, Ökologie, soziale und kulturelle Dimension)[73] problemlos verbinden:
- finanzielle Perspektive = ökonomische Perspektive
- Kundenperspektive = Bürger-/Kirchenglieder-/Nutzer-/Mitgliederperspektive
- (interne) Prozessperspektive = soziale/kulturelle Perspektive
- Potenzialperspektive = ökologische Perspektive

Wie bereits ausgeführt, kann auch die gesellschaftliche Perspektive problemlos einbezogen werden. Es ist daher festzuhalten, dass die Balanced Scorecard sich als Instrument der Unternehmensführung im Immobilienmanagement bestens eignet – Nachhaltigkeit inklusive.

---

73 Vgl. Kapitel 2.4.

Literatur

[BAuA (2011)] Bundesanstalt für Arbeitsschutz und Arbeitsmedizin (Hrsg.): Leitbild Koordination nach Baustellenverordnung: Sicherheit, Gesundheitsschutz und Wirtschaftlichkeit beim Planen und Bauen, 3. Aufl.; Dortmund 2011, URL: http://www.baua.de/de/Publikationen/Broschueren/A73.html (letzter Aufruf: 19.02.2017).

[Bogenstätter, U. (2008)] Bogenstätter, Ulrich: Property Management und Facility Management; München 2008.

[BMVBS (2009)] Bundesministerium für Verkehr, Bau- und Stadtentwicklung (Hrsg.): Leitbild Bau: Zur Zukunft des Planens und Bauens in Deutschland – eine gemeinsame Initiative der deutschen Bauwirtschaft, 2009, URL: http://www.bauindustrie.de/media/attachments/Leitbild_Bau_final.pdf (letzter Aufruf: 19.02.2017).

[Chowanetz, K. (2009l)] Chowanetz, Ken: Gigantische Vermehrung im Hause BlueMotion, in: Allgemeine Zeitung Mainz, 14.11.2009, URL: www.rhein-mainz-presse.de (letzter Aufruf: 14.11.2009).

[Ehrmann, H. (2003)] Ehrmann, Harald: Kompakt-Training Balanced Scorecard, 3., akt. u. erweiterte Aufl.; Ludwigshafen a. Rh. 2003.

[GdW Arbeitshilfe 51] Bundesverband deutscher Wohnungsunternehmen (GdW) (Hrsg.): Unternehmensstrategie und Balanced Scorecard: Strategieimplementierung in Wohnungsunternehmen, GdW Arbeitshilfe 51; Hamburg 2006.

[Held, B. (2010d)] Held, Bärbel; Vogelbusch, Friedrich: Operationalisierung und Steuerung der Leuchtfeuer-Handlungsaktivitäten, in: KVI im Dialog (2010), Nr. 4, S. 6–10.

[Hinterhuber, H. (2004)] Hinterhuber, Hans H.: Strategische Unternehmensführung: I. Strategisches Denken, 7., grundlegend neu bearb. Aufl.; Stuttgart 2004.

[HWS (2006F)] Frische, Ralf; Zeilinger, Thomas: Das Leitbild der HWS: Abschlussbericht zur Leitbildentwicklung: Rückblick, Einsichten und Handlungsempfehlungen; unveröffentlichter Abschlussbericht, 2006.

[Kaufmann, C. (2003)] Kaufmann, Christian Andreas: Entwicklung und Umsetzung von Strategien für das Management betrieblich genutzter Immobilien; Dissertation; Zürich 2003, URL: https://www.research-collection.ethz.ch/bitstream/handle/20.500.11850/147284/eth-26286-02.pdf (letzter Aufruf: 08.01.2018).

[Olfert, K. (1996)] Olfert, Klaus; Rahn, Horst-Joachim: Lexikon der Betriebswirtschaftslehre; Ludwigshafen a. Rh. 1996.

[REFA (1997)] Verband für Arbeitsgestaltung, Betriebsorganisation und Unternehmensentwicklung (Hrsg.): Methodenlehre der Betriebsorganisation: Datenermittlung; München 1997.

[VDI 2893 2006-05] Auswahl und Bildung von Kennzahlen für die Instandhaltung: Verein Deutscher Ingenieure (VDI) (Hrsg.): VDI 2893; Düsseldorf 2006.

[Von der Lieth, J. (2010a)] Von der Lieth, Jörn: Immobilienmanagement in der Praxis: Vortrag am 8. Januar 2010 an der Fachhochschule Mainz im Master-Studiengang TechnischesGebäudemanagement.

1.5 Strategische Unternehmensführung in der Wohnungswirtschaft

Jörn von der Lieth und Dorit Brauns

Strategische Unternehmensführung bedeutet ein zielgerichtetes Zusammenführen der Einflussfaktoren mit den wechselnden rechtlichen und steuerlichen Rahmenbedingungen unter Berücksichtigung der eigenen Unternehmensgröße.

Besonderheiten der Immobilien- und Wohnungswirtschaft, die bei der Unternehmensführung Berücksichtigung finden müssen, sind insbesondere

- Immobilität des Gutes Wohnung
- hohe Kapitalintensität vs. geringe Personalintensität
- Langfristigkeit des Investments
- eingeschränkte Verfügungsgewalt des Existenzguts Wohnung aufgrund des letztlich auf Artikel 14 des Grundgesetzes zurückzuführenden Besitzrechts des Mieters
- hohe Transaktionskosten des Mieters bei Wohnungswechsel

1.5.1 Merkmale der Unternehmensführung

Ein weiteres die Unternehmensführung beeinflussendes Wesensmerkmal der Unternehmensführung von Wohnungsunternehmen ist die auftretende Divergenz zwischen der Anzahl der Arbeitnehmer, den Umsatzerlösen und der Bilanzsumme entsprechend der Größenordnung im Sinne des § 276 HGB. Ein durchschnittlich großes Wohnungsunternehmen wird i. d. R. gemäß § 276 HGB bei der Anzahl der Arbeitnehmer eine kleine (bis 50 Arbeitnehmer), bei den Umsatzerlösen eine mittelgroße (bis 38.500.000 €) und bei der Bilanzsumme (bis 19.250.000 €) eine (sehr) große Kapitalgesellschaft sein. Diese offensichtliche Divergenz führt zu jeweils unterschiedlichen Notwendigkeiten und Möglichkeiten der Spezialisierung und Professionalisierung (finanzierbarer Einsatz von Managementinstrumenten) für die bilanz-, erlös- und arbeitnehmernahen Themenbereiche.[74]

Daher kristallisieren sich für die Entwicklung der Unternehmensstrategie insbesondere vier Analysefelder heraus. Aufgrund der durch die Immobilität verursachten lokalen Verankerung ist das Wissen um den lokalen Markt und dessen langfristige Entwicklung unabdingbar. **Marktanalysen** schaffen hier die notwendige Sicherheit. Aufgrund der hohen Kapitalintensität müssen Investitionen so gesteuert werden, dass man „schlechtem Geld kein gutes Geld hinterherwirft“. Eine typische Fehlinvestition wäre z. B. ein Fassadenanstrich bei einem Objekt, das in zwei Jahren eine Wärmedämmfassade erhalten wird. Fehlinvestitionen werden durch ein **Portfoliomanagement** vermieden. Die Immobilität und Langfristigkeit des Immobilieninvestments benötigt ein funktionierendes Berichtswesen, **Controlling** und **Risikofrühwarnsystem.**[75]

Die Rahmenbedingungen der strategischen Unternehmensführung werden durch die allgemeinen immobilienwirtschaftlichen Herausforderungen bzw. die sich in Zukunft verändernden Rahmenbedingungen beschrieben. Dies sind insbesondere die Megatrends demografischer Wandel, Neue Arbeitswelten, Digitalisierung und Ökologie/Energie. Die Aspekte des demografischen Wandels führen zu notwendigen generationengerechten und barrierefreien Immobilien für eine älter werdende Bevölkerung. Der demografische Wandel führt jedoch auch zu Bevölkerungsrückgängen und damit einhergehendem Arbeitskräftemangel in strukturschwachen ländlichen Gebieten, während andere Gebiete, z. B. „Schwarmstädte“[76], wachsen werden. Die zunehmende Mobilität erfordert neue Arbeitsplatz- und Lebensmodelle. Die Anforderungen an eine permanente Verfügbarkeit lassen die Grenzen zwischen Arbeit und Wohnen verschwimmen. Der Megatrend Neue Arbeitswelten stellt die Wohnungswirtschaft als Anbieter und Arbeitgeber vor neue Herausforderungen. Der Trend der Digitalisierung führt zu einer nachhaltigen Veränderung der Lebens- und Arbeitswelten. Im Trend Ökologie und Energie sind bei der Energieversorgung und -einsparung der Zukunft neue Konzepte gefragt. Hierzu gehören neben dem Einsatz regenerativer Energieträger wie Wasser-, Windkraft, Solarstrom und Erdwärme auch das Energiesparen und die Wärmedämmung von Immobilien.[77]

Die wohnungspolitischen Handlungsfelder werden insbesondere von Wahlkämpfen und dem Wahlkampfthema Mietpolitik beeinflusst. Weitere regulatorische Maßnahmen, die die unternehmerische Strategie und Freiheit einschränken, werden von den meisten Parteien gefordert. Diese Forderungen gehen von einer deutlichen Absenkung und Einschränkung der Mieterhöhungsmöglichkeiten bis hin zu einem verstärkten Kündigungsschutz bei Mietschulden.[78]

---

74 Vgl. von der Lieth, Jörn: Unternehmensführung in der Immobilienwirtschaft, in: [Schmoll genannt Eisenwerth, F. (2015)], S. 1223 ff.

75 Vgl. [GdW Arbeitshilfe 76], S. 32 ff.

76 [GdW Studie 2015 (empirica)].

77 Vgl. [GdW Branchenbericht 6].

78 Vgl. [Kampf um die Vormacht in der… (2017d)], S. 4 f.

1.5.2 Die Roadmap der Unternehmensführung

Unternehmensführung[79] ist ein stetig anzupassender Prozess, der normalerweise bei der Gründung eines Unternehmens beginnt. Basierend auf dem Unternehmensziel gestaltet die Unternehmensführung das Unternehmen, die Strukturen, die Geschäftsfelder und die Zukunft. Die Unternehmensführung ist der übergeordnete Begriff für sämtliche Führungsinstrumente und für strategische Entscheidungen. Die Komplexität des Themas Unternehmensführung wird durch das folgende Modell der Unternehmensführung deutlich (s. Tab. 1.6). Das Modell kann auch genutzt werden, indem bestimmte Fragestellungen bzw. Themengebiete horizontal und vertikal bearbeitet werden. Dadurch können sämtliche Auswirkungen des Themas analysiert und dokumentiert werden. An der Frage des regionalen Marktes und der Anspruchsgruppe Kunden wird dies im Modell an einigen Punkten beispielhaft dargestellt.

Die Einflussfaktoren, die auf die Führung einwirken, sind u. a. die Anspruchsgruppen, die Unternehmensressourcen und die Organisation. In welcher Form, z. B. Genossenschaft, GmbH oder AG, sich das Unternehmen auf dem Immobilienmarkt platzieren möchte, ist ein weiterer Faktor, der Wirkung erzielt. Dies ist zwangsläufig im Gesellschaftsvertrag festzusetzen und im Handelsregister zu vermerken, denn die gesetzlichen Regelungen stellen das langfristige Bestehen der Gesellschaftsform sicher und geben den Anspruchsgruppen die Sicherheit für das Bestehen. Zu den

Tab. 1.6: Modell der Unternehmensführung für die Immobilienwirtschaft.[80]

Paradoxie	Unternehmensgegenstand	Anspruchsgruppen Stakeholder	Unternehmensressourcen	Organisation
1. rechtlich				
2. steuerlich				
3. wirtschaftspolitisch			**(2) Gibt es Fördergelder für den Abriss von Wohnungen?**	
4. regionaler Markt	**Muss die Satzung z. B. für die mögliche Verpachtung von Flächen geändert werden?**		(1) Brauchen wir bei der Kündigung von Mitarbeitern einen Sozialplan? **(2) starker Bevölkerungsrückgang in den nächsten Jahren** (3) Welches Kommunikationskonzept brauchen wir?	**Kann die funktionale Sachbearbeitung aufrechterhalten bleiben?**
5. kulturell				
6. andere				
Größenklassen		(2) Ist die kritische Größe noch zu halten?		
1. strategisch			(2) Müssen Objekte abgerissen werden?	
2. taktisch			(2) Welche Möglichkeiten wie Teilabriss o. Ä. sind sinnvoll?	
3. operativ			(2) Benötigen wir eine Ausschreibung?	

79 Vgl. Ebert, Günter: Unternehmensführung; in: [Bestmann, U. (2001)].

80 Vgl. von der Lieth, Jörn: Unternehmensführung in der Immobilienwirtschaft, in: [Schmoll genannt Eisenwerth, F. (2015)].

Anspruchsgruppen (Stakeholder) gehören alle betroffenen Personen und Institutionen, die auf das Unternehmen direkt oder indirekt einwirken können oder von Entscheidungen und Handlungen im Unternehmen betroffen sind. Mitarbeiter, Geschäftsführung, Aufsichtsrat, Staat, Kunden und die Gesellschafter sind nur einige Anspruchsgruppen. Um am Markt bestehen zu können, sind Ressourcen in Form von Kapital und Mitarbeiter notwendig, ebenso eine Organisation mit einer ordentlichen Struktur und festgelegten Prozessen.

In welchem rechtlichen, steuerlichen und wirtschaftlichen Rahmen sich das Unternehmen befindet, hat Auswirkungen auf die gesamte Unternehmensführung. Diese wird durch die Bedingungen des jeweiligen Rahmens beeinflusst. Für das Unternehmen ist es sehr schwierig, diesen Rahmen zu beeinflussen.

Jede Entscheidung im Zuge der Unternehmensführung bedient eine Ebene. Die strategische Ebene behandelt vor allem Fragestellungen, die das gesamte Unternehmen betreffen, top-down gesehen (gestellt) werden und langfristig die Zukunft sichern sollen. Das sind vor allem Fragen, die sich mit dem Erkennen von Potenzialen beschäftigen und sich von konkreten Problemen lösen. Der Fokus bei diesen Fragen liegt auf der Effektivitätssteigerung und wird vorzugsweise durch das führende Management bearbeitet. Wie im Endeffekt die Themen aus der strategischen Ebene umgesetzt werden, ist eine Fragestellung für die taktische Ebene bzw. des mittleren Managements für die folgenden fünf Jahre. Wie die Idee umgesetzt wird, ist Thema der operativen Ebene.

Unternehmensziel

Das Unternehmensziel bildet das Fundament für eine strategische Unternehmensführung. Darunter wird ein in der Zukunft liegender, gewünschter Zustand verstanden, der durch ständige Gestaltung erreicht werden soll und in einem Zusammenhang mit den im Unternehmensführungsmodell aufgezeigten Einflussfaktoren, Bedingungen und Dimensionen steht. Ohne ein klares und langfristiges Zielkonzept kann die Unternehmensführung eine Entwicklung nicht vorantreiben. Daher ist neben der konkreten Zielformulierung eine Auswahl und Entwicklung des Zielsystems (beispielsweise Balanced Scorecard) notwendig.

Da das gewählte Unternehmensziel nicht auf alle unterschiedlichen Unternehmensbereiche vollständig zutreffen muss, werden im Zusammenhang mit der Segmentierung der Geschäftsfelder einzelne zielgerichtete Strategien entwickelt (Geschäftsfeldanalyse). Das Unternehmensziel stellt für die jeweiligen Felder den Rahmen für die taktische und operative Umsetzung dar. Immobilienunternehmen haben unterschiedliche Ziele: Die einen legen den Fokus auf die Gewinnmaximierung, während die anderen sich auf die Mitgliederförderung (§ 1 Genossenschaftsgesetz) konzentrieren, oder, wie häufig bei kommunalen Gesellschaften, einen Zielmix haben.

Über die verschiedenen strategischen Führungsinstrumente wird es der Unternehmensführung vereinfacht, die komplexen Wirkungen der Einflussfaktoren, Dimensionen und Bedingungen so in Einklang zu bringen, dass das Unternehmensziel erreicht wird.

Strategische Instrumente in der Wohnungswirtschaft

Um eine gute Unternehmensführung und die dazugehörige hohe Qualität sicherzustellen, bedarf es ausgewählter Instrumente der Führung und Leitung. Die Instrumente[81] sind von dem jeweiligen Unternehmen individuell auszuwählen – bezogen auf die Unternehmensgröße (Mitarbeiterzahl und Bilanzsumme) und das Unternehmensumfeld. Kernaufgabe der Instrumente ist es, die Komplexität zu verringern und das Management zu unterstützen.

Vielseitig angewendet und im Folgenden vorgestellt wird das Portfoliomanagement. Dem Leser wird vermittelt, wann es sinnvoll ist, es anzuwenden, und welche Funktion es besitzt.

---

81 Vgl. [von der Gathen, A. (2002)].

Portfoliomanagement

Das Portfoliomanagement ist das wichtigste Instrument in der Wohnungswirtschaft. Es hat sich aus der Finanzwirtschaft entwickelt und dient der systematischen Analyse, Steuerung, Planung und Kontrolle des Immobilienbestands mit dem übergeordneten Ziel, Erfolgspotenziale aufzubauen oder zu erweitern. Es stellt für die Unternehmensführung die Basis für eine optimierte Entwicklung und Abbildung des Immobilienbestands dar. Die Komplexität, die richtige Strategie bei einem großen Portfolio festzulegen, wird durch das Instrument minimiert.

Das Portfoliomanagement[82] soll helfen, die knappen Unternehmensressourcen und die Finanzmittel möglichst gewinnbringend und im Sinne der Unternehmensstrategie zu steuern. Daher deckt das Portfoliomanagement nicht nur die reine Analyse des Immobilienbestands ab, sondern auch das Zusammenspiel mit dem Bereich Finanzierung, aus dem die zur Verfügung stehenden Mittel reportet werden (Investment-Ebene). Gemäß den drei Hauptzielen von Wohnungsunternehmen – Rentabilität, Liquidität und Sicherheit – wird der finanzielle Rahmen für das Portfoliomanagement gebildet. Ziel des Portfoliomanagements ist es, eine Heterogenität im Unternehmen zu gewährleisten und eine Risikostreuung (vgl. Abb. 1.9) zu bewirken. Ein gewisses Marktrisiko bleibt für Wohnungsunternehmen dennoch bestehen. Klumpenrisiken werden vermieden durch verschiedene Standorte (auf der Mikro- und der Makroebene), diverse Nutzungsarten, unterschiedliche Alter des Bestands und Renditeerwartungen. Das sichert dem Unternehmen, dass für jeglichen Markt- und Nachfrageumschwung Angebote vorhanden sind.

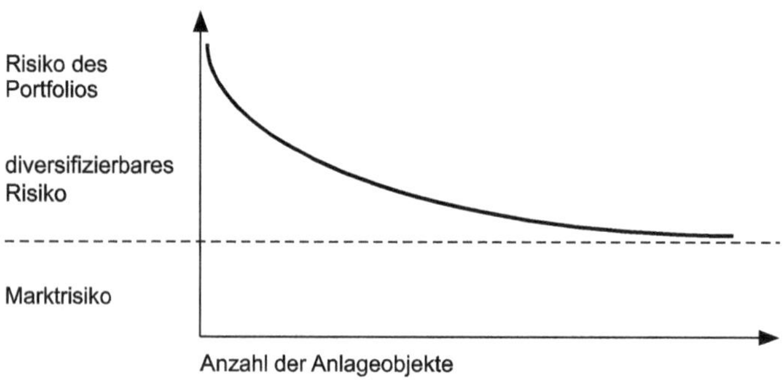

Abb. 1.9: Diversifizierbares Risiko.

Zur Ausschöpfung des finanziellen Rahmens ist es notwendig, eine Analyse und Bewertung des Bestands anhand verschiedener Kriterien durchzuführen. Bei der Wahl des dreidimensionalen Modells bezieht sich die Analyse auf die Kriterien der Immobilie (Qualität der Immobilie), den Standort und die wirtschaftliche Dimension (Erträge und Einnahmen). In einem i. d. R. jährlichen Rhythmus wird jede Immobilie einzeln auf die jeweilige Marktsituation und Entwicklungsmöglichkeit (wirtschaftliche Betrachtung) hin überprüft. Für die Datenanhebung werden nicht nur historische Entwicklungen, sondern auch verlässliche Zukunftsprognosen herangezogen. Mittlerweile gibt es verschiedene Tools zur Portfolioanalyse. Alle Instrumente setzen aber voraus, dass eine stringente Datenpflege für jedes einzelne Objekt vorgenommen wird. Für die Analyse ist es wichtig, dass zum Stichtag der Auswertung der aktuelle Objektzustand hinterlegt ist.

Beginnt man mit der Analyse, gliedert man die drei Dimensionen noch einmal auf, um Richtwerte für die Grenzen innerhalb der Dimensionen festzulegen. Bei der Bewertung des Portfolios muss einem bewusst sein, dass die drei Achsen miteinander verzahnt sind. Beispielsweise legt

82 Vgl. [Kook, H. (2003)].

man fest, wie hoch die Renditeerwartung für das Unternehmen ist. Eine Abstufung erfolgt jedoch nicht in Gruppen wie 1 %, 2 % und 3 % Rendite, sondern es wird festgelegt, wie viel Instandhaltung in das Objekt investiert werden kann. Die drei Gruppen können dann beispielsweise so gegliedert werden:

- **Gruppe 1:** Positiver Kapitalwert, die Mindestrendite wird bei einer Vollsanierung/Modernisierung erreicht.
- **Gruppe 2:** Positiver Kapitalwert, die Mindestrendite wird bei einer Teilsanierung ohne weitere Investition erreicht.
- **Gruppe 3:** Negativer Kapitalwert, die Mindestrendite wird nicht erreicht.

Die Instandhaltung oder der Investitionsbedarf gliedert die Ebenen danach auf, wie viel Instandhaltungsbedarf je Quadratmeter Wohnfläche notwendig ist. Die Eingruppierung kann sich an die Aufwendungen, die für eine Modernisierung, Sanierung und Teilsanierung benötigt werden, anlehnen. Abschließend erfolgt eine Kategorisierung der Standort- und Marktqualität. Hierfür ist es empfehlenswert, eine externe Markteinschätzung einzuholen, da dadurch die Objektivität gewährleistet ist. Jedes Objekt wird nun anhand der festgelegten Kriterien untersucht.

Das Ergebnis der Portfoliobewertung ist eine Klassifikation der einzelnen Objekte in 27 Felder (Modell nach Kook/Sydow, s. Abb. 1.10). Aus jedem Feld wird, unter Berücksichtigung der Unternehmensstrategie, die jeweilige Normstrategie abgeleitet. Es gibt drei Hauptstrategien: kein Handlungsbedarf (A1, A2), Investitionsstrategie (B7, B1–B3, C4–C5, C1–C3) und Desinvestitionsstrategie (C7–C9, C6).

Die Investitionsstrategie gliedert sich in differenziertere Empfehlungen auf. Die Investition hat kurz- oder mittelfristig zu erfolgen. Welchen Zeitpunkt die Unternehmensführung für die Investition wählt, ist davon abhängig, welchen Umfang die Maßnahmen annehmen, welche bilanzielle

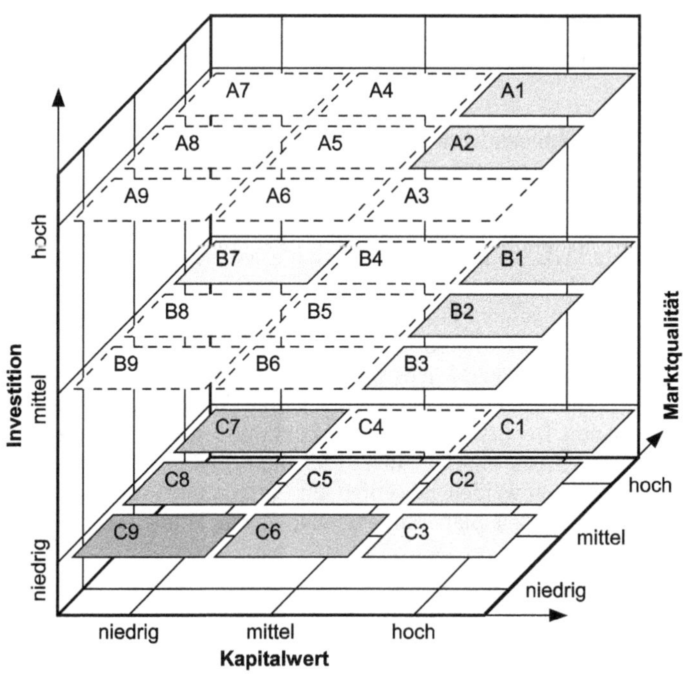

Abb. 1.10: 27-Felder-Matrix.

Wirkung erzielt werden soll und wie viel Kapital zur Verfügung steht. Die Unternehmensführung sollte in diesem Schritt die jeweiligen Chancen und Risiken abwägen. Insbesondere bei Modernisierungen und Sanierungen sollte das Mieterhöhungspotenzial den Investitionskosten gegenübergestellt werden, da gesetzliche Regulierungen Ertragsabschöpfungen erheblich eingrenzen können (z. B. EnEV-Verordnungen, Mietpreisbremse).

Als strategisches Instrument selektiert das Portfoliomanagement die Objekte, die nach den Kriterien Wirtschaftlichkeit, Kosten und Marktqualität für eine Modernisierung oder umfangreiche Instandhaltung infrage kommen. Zur Umsetzung muss ein Budget zur Verfügung stehen. Daher hat die Auswahl der Objekte mindestens ein Jahr vor der Instandhaltung bzw. zwei Jahre vor der Modernisierung stattzufinden (vgl. Abb. 1.11). Hier ist wieder eine engere Zusammenarbeit mit dem Rechnungswesen hinsichtlich der Budgetplanung notwendig.

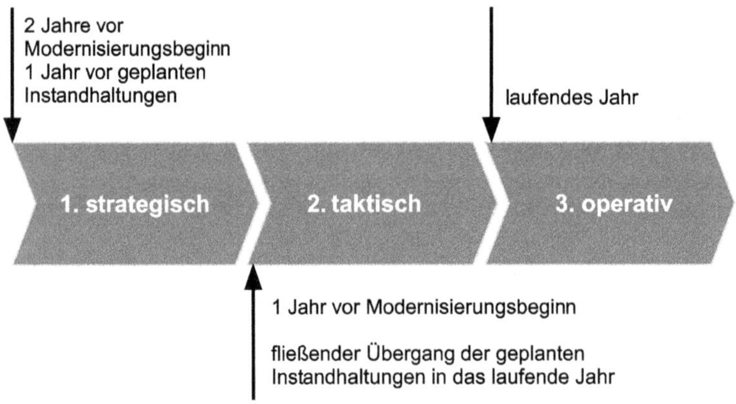

Abb. 1.11: Der Ablauf der Modernisierungsentscheidung.

In der Wirtschaftsplanung eines Unternehmens wird das Budget für Modernisierungen und Instandhaltungen festgelegt. Da Modernisierungen meist umfassendere Maßnahmen beinhalten als Instandhaltungen, ist die Planung, die Kostenschätzung und die Auswahl mindestens ein Jahr vorab durchzuführen. Aufgrund des hohen Investitionsvolumens muss die Planung vorab erfolgen, damit das Budget frühzeitig abgestimmt werden kann und auch zum gewünschten Zeitpunkt zur Verfügung steht (ggf. wird Fremdkapital benötigt).

Desinvestitionen müssen gut überlegt werden. Bei einem Abriss kommen auf das Unternehmen bilanzielle Aufwendungen in Form von Abschreibungen des Restbuchwerts und hohe Kosten sowohl für den Abriss als auch ggf. für die mögliche Wiederherstellung zu. Erfolgt die Desinvestition aufgrund der schlechten Qualität und der mangelnden Wirtschaftlichkeit der Immobilie, ist eine Neuinvestition in Betracht zu ziehen. Der Standort und der Markt müssen stark nachgefragt sein, damit ein Neubau an diesem Ort langfristig eine gute Investition darstellt. Eine Desinvestition hat den Nachteil, dass Arbeitsplätze reduziert werden. So verliert ein Unternehmen bei einem Verlust von 138 Wohneinheiten[83] i. d. R. einen Arbeitsplatz. Hinter einem Verkauf können zwei Strategien stehen:

- Beschaffung von Liquidität (davon können auch kategorisierte Objekte betroffen sein)
- Reduzierung von zukünftigen Investitionen (Objekte mit einem schlechten Gebäudestandard)

83 [BBU Materialien 02/15], S. 114: Zahl der Mitarbeiter im Verhältnis zur Zahl bewirtschafteter Wohnungen.

Eine Wiederholung der Portfolioanalyse sollte jährlich erfolgen. Es ist dabei gut zu beobachten, wie sich neu erworbene oder erstellte Objekte entwickeln und ob es an einigen Stellen Bedarf gibt. Die Portfolioanalyse gibt der Geschäftsführung Hinweise darauf, wie sich der Markt entwickelt, ob Tendenzen zu erkennen sind und ob Objekte einen überdurchschnittlichen Instandhaltungsbedarf haben.

Das beschriebene Instrument des Portfoliomanagements ist auf bestandshaltende Wohnungsunternehmen übertragbar. Wichtig ist nur, dass das jeweilige Unternehmen zu den drei Kriterien eigene Prämissen festlegt, beispielsweise ab wann eine Immobilie eine schlechte Qualität hat, ab wann die Qualität gut ist und wie hoch die vom Unternehmen erwartete Mindestrendite ist. All dies sind strategische Fragen, die aus der Unternehmensstrategie hervorgehen müssen.

Controlling

Dem Portfoliomanagement übergeordnet ist das Controlling.[84] Bei Wohnungsunternehmen ist es ein probates Instrument zur Wahrnehmung und Beobachtung des Umfelds, zur Sammlung und Definition von Informationen sowie für Planungs- und Kontrollaufgaben mit dem Ziel der Durchsetzung der Eigentümerziele. Das Controlling hat in einem Unternehmen eine besondere Position. Durch den stets wiederkehrenden Prozess der Vereinbarung, Formulierung und Kontrolle geplanter Ziele zwischen dem Management und dem Controlling ist Letzteres auf gleicher Ebene, aber dennoch losgelöst von dem Management angesiedelt. Die Nähe zum Management ist allerdings sehr wichtig, denn nur so kann gewährleistet werden, dass durch das Controlling schnell Abweichungen reported werden und das Management ad hoc reagieren kann. Der Manager und der Controller haben grundsätzlich unterschiedliche Interessen und nur eine Schnittstelle. Während der Manager die gesamte Ergebnisverantwortung für das Unternehmen trägt, hat der Controller die Verantwortung für die Ergebnistransparenz. Die Schnittstelle aus den beiden Verantwortlichkeiten bildet das Controlling. Diese Schnittstelle stellt gleichzeitig auch ein Streitpotenzial dar.

Das Immobiliencontrolling überwacht, plant und steuert jeden Bereich eines Wohnungsunternehmens. Auch hier werden wieder strategische und operative Dimensionen betrachtet. Während das strategische Controlling Instrumente und Fragestellungen wie das Portfoliomanagement, die Potenzial- und die Marktanalyse verwendet, betrifft das operative Controlling die Planung, Steuerung und Kontrolle der Ziele sowie die Zielerreichung.

Das Controlling endet nicht bei der Analyse der Ziele. Es beginnt beim strategischen Controlling (Portfoliomanagement, Marktanalyse) und führt über das operative Controlling (laufende Wirtschaftlichkeits- und Erfolgskontrolle wie Leerstandsanalyse und Instandhaltungsbudget) bis hin zur Kosten-Leistungs- und Deckungsbeitragsrechnung. All diese Bereiche haben im Endeffekt Auswirkungen auf das Jahresergebnis des Unternehmens. Umso wichtiger ist es, dass frühzeitig auf der strategischen und operativen Ebene Potenziale und Abweichungen vom Soll festgestellt werden und dass vom Management entgegengesteuert wird.

Beispielsweise sind Instandhaltungen für Wohnungsunternehmen direkte Kosten, die das Jahresergebnis beeinflussen. Auf der strategischen Ebene des Controllings kann mit dem Instrument der Markt- und Potenzialanalyse ermittelt werden, welche bestehenden Objekte langfristig gewinnbringend sind und welche möglicherweise für eine langfristige Bewirtschaftung nicht von Bedeutung sind. Im Portfoliomanagement wird daneben noch entwickelt, wie hoch der Instandhaltungsbedarf für ein Wohnobjekt ist, um eine Rendite von x % zu erreichen. Aus dieser strategischen Untersuchung lassen sich Soll-Instandhaltungswerte für das Objekt ableiten. Im operativen Controlling wird durch die Soll-Ist-Analyse definiert, ob das Unternehmen mit den Planzahlen im Soll ist oder ob, und wenn ja, wo, es Abweichungen gibt. Beim operativen Controlling ist es besonders wichtig, dass die zu betrachtende Ebene festgelegt wird. Entweder man betrachtet das gesamte

84 Vgl. [Metzner, S. (2002)].

Objekt oder die einzelnen Wohneinheiten. Für ein repräsentatives Ergebnis und vergleichbares Controlling müssen sowohl die Ist- als auch die Soll-Zahlen die gleiche Basis haben. Auf dieser Ebene wird anhand von Vergleichen gemessen, ob die Ist-Werte mit den Plan-Soll-Werten übereinstimmen und wo es Abweichungen gibt. Nach der Messung ist die Überwachung nicht beendet. Eine wichtige Aufgabe des Controllings ist es, Abweichungen herauszufiltern und dem Management zusätzlich zu reporten, aus welchem Grund die Abweichungen vom Plan entstanden sind. Dabei kommt es vor allem auf die Form und Art der Visualisierung an, die immer eine Bedeutung hat. Die Ausarbeitung von Handlungsempfehlungen für das Management rundet den operativen Controlling-Prozess ab.

Weiterführende Betrachtungen etwa der Kosten-Leistungs-Rechnung und der Deckungsbeitragsrechnung können, auf den Auswirkungen aufbauend, vollzogen werden, um eine wirtschaftliche Gesamtbetrachtung zu erhalten.

Marktanalyse

Die Immobilienwirtschaft ist breit aufgestellt und deckt viele weitreichende Fragestellungen und Themen ab. Mit welchen Geschäftsfeldern sich ein Immobilienunternehmen beschäftigen kann, muss in der Satzung geregelt werden. Welches Geschäftsfeld am geeignetsten ist, lässt sich durch eine strategische Geschäftsfeldanalyse herausfinden. Wichtig ist dabei, dass gemäß den Werten, den Bedingungen und der angestrebten Größenklasse des Unternehmens analysiert wird. Hier muss das richtige Maß gefunden werden, da sowohl eine überschwängliche als auch eine zu zurückhaltende Bewertung zu wirtschaftlichen Engpässen führen kann. Die Leitfrage muss für die Unternehmensführung lauten: Was ist unser Geschäft, wo sehen wir unsere Marktchancen und welche Geschäftsfelder wollen wir bedienen? Bei der Wahl des passenden Geschäftsfelds für Immobilienunternehmen kann sich das Unternehmen am Lebenszyklus einer Immobilie orientieren. Auf diese Weise lassen sich verschiedene passende Geschäftsfelder identifizieren.

Unter die strategische Ebene fallen Felder und Dienstleistungen, die sich mit dem Portfoliomanagement beschäftigen, wie Immobilienbewertung, Renditeprofile und Berechnungen sowie Strategieermittlungen. Das Asset-Management prägt die taktische Ebene (abgeleitete Transfers der Portfoliostrategie, Projektentwicklungen etc.). Aufgaben des typischen Bestandshalters wie das Objektmanagement, die Wirtschaftlichkeitskontrolle und das Facility-Management runden den Immobilienzyklus ab und stellen die operative Ebene dar (vgl. Abb. 1.12).[85]

Immobilienunternehmen müssen vorab darüber entscheiden, welche Geschäftsfelder zum Unternehmen passen und langfristig beackert werden sollen. Der Fokus liegt bei der Abwägung des Weiterführens oder Abstoßens darauf, ob ein Ertrag erzielt wird, der mit einer Gewinnabschöpfung einhergeht, die von der Unternehmensführung durchgeführt werden kann. Dafür sollten die Bedingungen des Geschäftsfelds vorab geprüft werden. Des Weiteren spielen die Dimensionen bei der Abwägung der Geschäftsfeldanalyse eine Rolle. Auf strategischer Ebene stellt sich die Frage, ob durch das Geschäftsfeld die Sicherung der dauerhaften Existenz gegeben ist. Ist das Geschäftsfeld bei den vorhandenen Ressourcen machbar, rückt die Frage auf die taktische Ebene. Die operative Frage nach dem Erfolg und nach der Finanzierbarkeit rundet im Groben die Überprüfung ab. Der gesamte Analyseprozess stützt sich auf das Modell der Unternehmensführung.

Als unterstützendes Instrument für die Untersuchung ist die **SWOT-Analyse** geeignet für die Entscheidung der strategischen Geschäftsfelder. Dabei werden die Stärken und Schwächen des Unternehmens sowie Chancen und Risiken auf dem Markt identifiziert. Die Betrachtung des Geschäftsfelds bezieht sich auf die Gegebenheiten des Unternehmens, denn jedes Unternehmen hat andere Ziele und verfolgt eine andere Philosophie. Unternehmen, die in Deutschland gemein-

---

85 Vgl. [Bogenstätter, U. (2008)], S. 32 f.

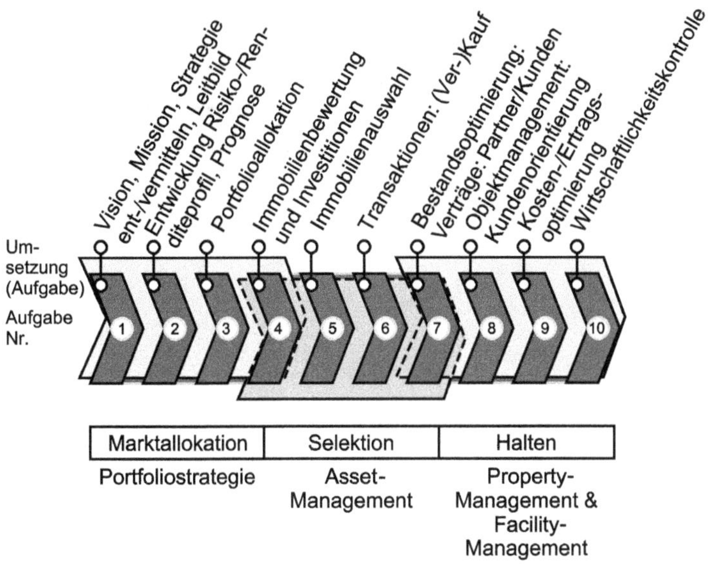

Abb. 1.12: Von der Portfoliostrategie zum Property-Management und Facility-Management.

nützig Immobilien verwalten, haben einen anderen Marktabgleich als internationale Immobilienfonds. Bauträger haben einen anderen Unternehmens- und Cashflow-Hintergrund als Bestandshalter. Das Modell betrachtet die Geschäftsfelder von zwei Ebenen aus. Die Marktattraktivität drückt sich in Kriterien wie Wachstumspotenzial und Marktgröße aus. Das Kriterium Unternehmenssicht oder Wettbewerbsvorteil analysiert, welche Position das Unternehmen am Markt hat und ob die vorhandenen Ressourcen ausreichend sind.[86] Ähnlich wie beim Portfoliomanagement wird auf der Basis dieser Analyse die Wettbewerbsstrategie entwickelt (s. Tab. 1.7).

- **Strategie 1:** Das Unternehmen weist für das hier kategorisierte Geschäftsfeld Chancen am Markt auf und hat dafür die benötigten Mittel. Hier sollte eine Investition durchgeführt werden.
- **Strategie 2:** Das Unternehmen sollte seine Stärken ausspielen, um so viel wie möglich am Markt abschöpfen zu können.
- **Strategie 3:** Werden Schwächen im Unternehmen abgebaut, können die Stärken am Markt weiter ausgebaut werden. Hier steht Arbeit für das Unternehmen an. Diese Geschäftsfelder stehen noch unter einem Fragezeichen und können nur funktionieren, wenn das Unternehmen bereit ist, sich anzupassen und die Chancen am Markt zu ergreifen.
- **Strategie 4:** Der Abbau von Schwäche führt hier zu einer Risikovermeidung. Auf diesen Geschäftsfeldern kann das Unternehmen am Markt nicht erfolgreich zu sein. Es sollte sie abstoßen, bevor sie wirtschaftliche Auswirkungen auf das Unternehmen haben.

Die einzelnen Strategien lassen sich weiterentwickeln, um herauszufinden, ob in den Geschäftsfeldern Erfolgspotenziale hinterlegt sind. Interessant für eine weitere Betrachtung sind die Strategien 1 bis 3, da bei den Geschäftsfeldern der Strategie 4 davon auszugehen ist, dass sie kurz- und

86 Vgl. von der Lieth, Jörn: Unternehmensführung in der Immobilienwirtschaft, in: [Schmoll genannt Eisenwerth, F. (2015)].

Tab. 1.7: SWOT-Analyse.

		Unternehmen	
		Strengths (Stärken) – Bestandsqualität – Bearbeitungsqualität – Employer Branding – u. a.	**Weaknesses (Schwächen)** – zu wenig barrierearme Wohnungen – kein zusätzliches Dienstleistungsangebot – u. a.
Markt	**Opportunities (Chancen)** – Privatisierungen – günstiges Kapital – staatliche Förderung – u. a.	– Strategie 1	– Strategie 3
	Threats (Bedrohungen) – demografische Entwicklung – Konkurrenzsituation – Transfereinkommen – u. a.	– Strategie 2	– Strategie 4

langfristig keinen Mehrwert für das Unternehmen bringen. Entscheidet man sich für ein neues Geschäftsfeld, muss man sich überlegen: Was möchte ich erreichen? Drei Möglichkeiten ergeben sich daraus:[87]

1. **Differenzierung:** Der Wettbewerbsvorteil entsteht bei der Differenzierung aus der Einzigartigkeit der Immobilie oder Dienstleistung. Dadurch wird eine höhere Preisklasse angestrebt.
2. **Kostenführerschaft:** Hier geht es vor allem darum, der Günstige mit dem ausgewählten Produkt am Markt zu sein.
3. **Konzentration:** Eine Führerschaft des Geschäftsfelds auf dem vorhandenen Markt wird erreicht, indem das Unternehmen beispielsweise die Dienstleistung, Verwaltung und Vermietung auf eine ausgewählte Kundengruppe oder Region beschränkt.

Stellt sich nach der Geschäftsfeldanalyse eine Dienstleistung heraus, die sowohl zu dem Unternehmen als auch zu den gegebenen Marktbedingungen passt (beispielsweise eine neue Art der Wohnungsverwaltung), ist das neue Geschäftsfeld in einem Businessplan aufzuarbeiten. Der Businessplan stellt die Weichen für eine Einführung des Feldes, indem er die Chancen und Risiken, den Kapitalbedarf, das Marketing und das Management aufführt. Zur Einführung von neuen Ideen ist es sinnvoll, das Modell der Unternehmensführung heranzuziehen und die Fragestellungen zu erarbeiten, die bis zur Einführung beantwortet werden müssen.

Auch bei diesem Instrument gibt es nicht **die** richtige Lösung. Es ist ein Instrument, das es der Führung erleichtern soll, die richtige Unternehmensausrichtung zu erlangen. Die Geschäftsfeldanalyse ist ein Puzzleteil der Unternehmensführung.

Risikofrüherkennung

Abschließend und als Sicherungs- und Führungsinstrument sollte ein Überwachungssystem gemäß § 91 AktG eingerichtet werden. Es stellt den langfristigen Fortbestand des Unternehmens sicher und dient der Unternehmensführung als Entscheidungshilfe, mit der sie im jeweiligen

87 Vgl. [von der Gathen, A. (2002)].

Tab. 1.8: Risikobewertung in der Wohnungswirtschaft.

Beherrschbarkeit (zum Zeitpunkt der Bewertung)	Eintrittswahrscheinlichkeit (zum Zeitpunkt der Bewertung)			
	unwahrscheinlich, sehr selten (> 50 Jahre)	möglich, unregelmäßig (10–49 Jahre)	wahrscheinlich, regelmäßig (1–9 Jahre)	sehr wahrscheinlich, häufig (< 1 Jahr)
nicht beherrschbar (unmöglicher Aufwand)				
schwer beherrschbar (hoher Aufwand)				
beherrschbar (überschaubarer Aufwand)		– Vertrauensverlust bei Gläubigern (Eigentümern, Aufsichtsrat, Staat, Kunden, Lieferanten, Netzwerken) – abweichende Führungsfunktion mit Verlust der Führungsqualität – fachlich oder sachlich falsches Personal – fehlende Information – fehlende Finanzausstattung – falsche/unpassende Ausstattung – Strategieentwicklung – falsche Entscheidung (Neu- und Projektentwicklung)	– Vertrauensverlust bei Mitarbeitern – Nichtanpassung an Markt- und Branchenentwicklung	
gut beherrschbar (geringer Aufwand)			– Vertrauensverlust bei Gläubigern	
leicht beherrschbar (nahezu kein Aufwand)		– Vertrauensverlust bei externen Gesellschaftern		

Geschäftsfeld das Risiko abwägen kann. Bestandteil des Überwachungssystems ist ein internes Steuerungs- und Überwachungssystem. Das gesamte Controlling mit der Planung, Überwachung, Steuerung und Kontrolle ist Teil des Steuerungssystems, während beim Überwachungssystem eine weitere Aufteilung vorgenommen wird in prozessintegrierte und prozessunabhängige Maßnahmen.

Prozessunabhängige Überwachungsmaßnahmen beinhalten die Interne Revision, die Jahresabschlussprüfung und weitere besondere Gutachten. Die prozessintegrierten Überwachungsmaßnahmen beinhalten als Hauptteil das Risikomanagementsystem.

Aufgabe des Risikomanagements ist die Risikofrüherkennung. Es soll mögliche Risiken frühzeitig vor Eintritt identifizieren, analysieren, bewerten, steuern, dokumentieren und überwachen. Die Erfassung der Risiken erfolgt durch eine Risikobewertung mit Einstufung der Eintrittswahrscheinlichkeit und der möglichen Schadenshöhe (vgl. Tab. 1.8). Differenziert wird das Risiko in ein Brutto-Risiko und ein Netto-Risiko. Das Brutto-Risiko stellt die gesamte Bedrohung dar. Werden in Bezug auf das Risiko Maßnahmen und Kontrollen regelmäßig angewendet, spricht man von einem Netto-Risiko. Immobilienunternehmen haben im Vergleich zu Handels- oder Industrieunternehmen enorme Schadenssummen, da die Bilanzsummen und das Anlagevermögen deutlich höher sind. Umso wichtiger ist es, eine regelmäßige Risikofrüherkennung durchzuführen, um frühzeitig Risiken entgegenzuwirken. Da die Schäden sehr hoch sein können, ist das Thema Versicherung von großer Bedeutung. Gewisse Restrisiken verbleiben aber trotz entsprechender Präventionsmaßnahmen. Damit das Unternehmen, beispielsweise nach einem Brand, weiterhin existieren kann, ist eine Versicherung notwendig.

Die Umsetzung der Risikoerfassung erfolgt für die unterschiedlichen Geschäftsbereiche separat. Jede Führungskraft des Bereichs wird bei der regelmäßigen Risikoanalyse befragt, ob sie potenzielle Risiken sieht, und wenn ja, welche. Dabei stellt nicht jedes erfasste Risiko eine Gefahr für das Unternehmen dar. Eine besondere Berücksichtigung und Kontrolle sollten die Risiken erhalten, die eine hohe bis sehr hohe Eintrittswahrscheinlichkeit sowie eine schwere Beherrschbarkeit aufweisen.[88]

1.5.3 Immobilienmanagement als Paradoxien-Management

Bei vielen Wohnungsunternehmen ist die strategische Unternehmensführung auf Nachhaltigkeit ausgerichtet. Gemäß dem Drei-Säulen-Prinzip der Nachhaltigkeit sollen die Bereiche Ökologie, Ökonomie und Soziales miteinander verbunden werden.[89] Die Grundidee des Nachhaltigkeitskonzepts ist es, einen verantwortungsvollen Ausgleich bzw. Kompromiss zwischen diesen Säulen zu finden. Das Dilemma im Wohnungsbau besteht in der grundsätzlichen Akzeptanz aller Säulen bei gleichzeitig fehlender Bereitschaft, tragfähige Kompromisse zu schließen bzw. die notwendigen hohen Kosten zu tragen.

Darüber hinaus entstehen unauflösliche Zielkonflikte zur Erreichung einer nachhaltigen strategischen Unternehmensführung häufig durch die nicht zwischen den Ministerien und den genehmigenden Behörden abgestimmten Entscheidungen. In prosperierenden Gemeinden mit geringem Leerstand und hohen Mieten bzw. Verkaufspreisen können die Mehrkosten dieser Paradoxien ggf. noch auf zahlungskräftige Mieter oder Käufer abgewälzt werden. In stagnierenden oder strukturschwachen Gebieten wird hierdurch jedoch Wohnungsbau verhindert bzw. eingeschränkt.

Mögliche Zielkonflikte werden anhand der drei Praxisbeispiele in Tabelle 1.9 verdeutlicht.

Im Wohnungsbau ergeben sich Probleme im Neubau dadurch, dass günstige Herstellungskosten oder flächensparendes Bauen in Form von Verdichtung durch die Erhöhung der baulichen Anforderungen (z. B. EnEV) und durch verstärkte Bürgerbeteiligung so gut wie nicht mehr möglich sind. Im Neubau besteht jedoch die Möglichkeit, Kostenerhöhungen durch geringeren Flächenverbrauch der Wohnungsgrundrisse auszugleichen und so die Gesamtmietbelastung zu verringern. Dabei liegt die ökonomisch optimale Fläche bei Gemeinden mit Mietspiegeln und verschiedenen Wohnungsgrößenklassen auf bzw. an der Grenze zum jeweiligen nächsten Flächensprung.[90]

Bei bestehenden Wohnungen ist eine strategisch nachhaltige Lösung nicht zu finden. Wenn die gesetzlich verursachten Kostenerhöhungen nicht durch Mieterhöhungen ausgeglichen werden können, müssen energetische Modernisierungen oder barrierearme Umbauten unterbleiben oder durch Quersubventionierung getragen werden. Ist eine Quersubventionierung oder ein Verzicht auf Eigenkapitalverzinsung (z. B. bei Wohnungsgenossenschaften) nicht möglich, können die Wohnobjekte dauerhaft nur mit geringinvestiven Maßnahmen instand gehalten werden.

---

88 Vgl. von der Lieth, Jörn: Unternehmensführung in der Immobilienwirtschaft, in: [Schmoll genannt Eisenwerth, F. (2015)].

89 Vgl. [GdW (2015n)].

90 [Von der Lieth, J. (2015e)].

Tab. 1.9: Paradoxie und Nachhaltigkeit.

	Paradoxie	Ökonomie	Ökologie	Soziales
1.	**politische Forderung:** Verringerung der Modernisierungsumlage und Erweiterung der Härtefallregelung	Zielkonflikt: günstige Herstellungskosten	Zielkonflikt: fehlende energetische Sanierung des Gebäudebestands	Zielkonflikt: generationengerechte und barrierefreie Modernisierung
2.	**städtische Forderung:** Ausbau der Bürgerbeteiligung und Vorlage mehrerer Bauentwürfe zur Bürgerdiskussion	Zielkonflikt: günstige Herstellungskosten	Zielkonflikt: städtische Verdichtung zur Reduzierung des Individualverkehrs	Zielkonflikt: schneller und kostengünstiger Wohnungsbau
3.	**Bauordnung:** Einbau von Rauchwarnmeldern und Verschärfung der Trinkwasserverordnung		Zielkonflikt: zusätzliche batteriebetriebene Geräte	Zielkonflikt: günstige Betriebskosten

1.5.4 Beispiel Neubau in Berlin-Zehlendorf

In der Praxis werden die Instrumente auf verschiedenen Ebenen angewendet: auf Unternehmensebene, in den jeweiligen Abteilungen oder am jeweiligen Arbeitsplatz. Aktuell gibt es in Deutschland, insbesondere in den Großstädten, eine erhebliche Nachfrage nach bezahlbaren Wohnungen. Bei diesem Thema können die Führungsinstrumente dabei unterstützen, die richtigen Entscheidungen zu treffen.

In einem Praxisbeispiel wird verdeutlicht, wie die Instrumente angewendet werden können und welche Auswirkungen sie auf Entscheidungen haben. Die Ausgangssituation ist ein bebautes Grundstück mit einem Gebäude aus dem 1970er-Jahren. Inwiefern das Portfoliomanagement, die Marktanalyse, das Controlling und Risikomanagement sich auf das Gebäude und Grundstück auswirken, stellt das Folgende dar:

Die jährliche Portfolioanalyse hat bei der Betrachtung der Investitionskosten, Marktlage und Rentabilität ergeben, dass das Objekt für eine Desinvestition geeignet ist. Durch die hohen Instandhaltungskosten, die ein 1970er-Jahre-Bau, u. a. aufgrund der Verwendung von Asbest, mit sich bringt, kann trotz einer attraktiven Marktlage keine zufriedenstellende Rendite ermittelt werden. Die Desinvestitionsstrategie führte nun zu zwei Möglichkeiten: Verkauf oder Ersatzneubau. Für beide Möglichkeiten wurden Renditeberechnungen durchgeführt, denn beide Varianten haben Vor- und Nachteile. Eine Veräußerung bedeutet für das Unternehmen Liquidität und wertet die Bilanz und das Eigenkapital auf. Auf der anderen Seite bedeutet eine Veräußerung eine Reduzierung der Einheiten und geringere Mieteinnahmen. Für den Ersatzneubau spricht, dass sowohl der Bestand gehalten oder erweitert werden kann, als auch die Rendite des neu geschaffenen Objekts optimiert wird. Jedoch bedeutet das für das Unternehmen auch eine finanzielle Belastung durch den Abriss und den Neubau. Das Unternehmen entschied sich für einen Ersatzneubau auf der Basis des Unternehmensziels Bestandserhalt bzw. Bestandserweiterung. Wohnungsunternehmen und Bestandshalter haben meist das Ziel, den Bestand zu erweitern bzw. mindestens stabil zu halten. Neben den weichen Entscheidungsfaktoren (z. B. Unternehmensziel) haben aber auch harte Faktoren (z. B. das Ergebnis der Renditeberechnung) zu diesem Ergebnis geführt. Das Portfoliomanagement hat hier also das Unternehmen in der Erkenntnis unterstützt, dass das Objekt langfristig gesehen das Jahresergebnis durch hohe Investitionen verringert. Mit dem Ergebnis der Desinvestition wurden zudem zwei Handlungsalternativen aufgezeigt. In der Folge haben nun die

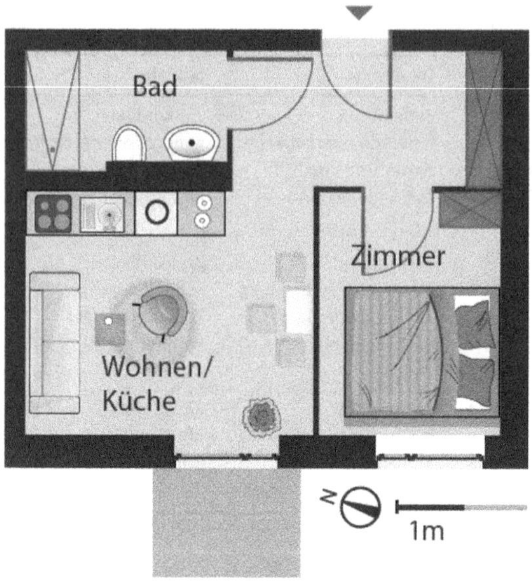

Abb. 1.13: Beispiel einer Wohnung in Berlin-Zehlendorf.

verschiedenen Abteilungen die Aufgabe, für die kommenden Jahre die Planung des Abrisses und Neubaus zeitlich und kostenmäßig zu kalkulieren.

Dass die Bevölkerung Deutschlands immer älter wird, während die Geburtenrate abnimmt[91], ist ein Thema, womit sich auch die Immobilienwirtschaft beschäftigen muss, insbesondere bei der Gestaltung von Neubauten. Im Hinblick auf den demografischen Wandel müssen sowohl die Grundrisse als auch die technischen Ausstattungen bei einem Neubau durchdacht werden. Anhand einer Marktanalyse kann ermittelt werden, wie die Nachfrage der Bevölkerung und der Gemeinde aussieht. In unserem realen Beispiel besteht sowohl in der Gemeinde als auch bei der Bevölkerung Bedarf an Wohnungen zu günstigen Mietpreisen. Aus diesem Bedarf kann die Idee des bezahlbaren Wohnens abgeleitet werden. In Zeiten hoher Nachfrage nach Wohnungen wird viel gebaut. Parallel dazu steigen auch die Baukosten.

Die Lösung sind intelligente Grundrisse. Wohneinheiten müssen so geschnitten sein, dass auf wenig Fläche so viele Funktionen wie möglich abgedeckt werden, beispielsweise auf $39\,m^2$ für zwei Personen (s. Abb. 1.13). Durch diesen Ansatz wird erreicht, dass einerseits die Baukosten im Rahmen bleiben, da nicht so Fläche verbaut wird, und dass andererseits die Gesamtmiete dem Budget angemessen und günstig ist. In unserem Beispiel ist es dennoch möglich, einen gewissen Standard an Komfort zu bieten. Das Konzept stützt sich auf die Annahme, dass ein Haushalt ein Drittel seines Einkommens für Wohnen zur Verfügung stellen kann. Für diesen Betrag eine Unterkunft zu finden gestaltet sich bei den aktuellen Marktbedingungen schwierig für Haushalte mit geringem Einkommen. Auch hier hat das beispielhafte Wohnungsunternehmen erkannt, welche Bedürfnisse die Bevölkerung hat, und reagiert darauf. Die Wohnraumoptimierung ist für mehrere Lebenskonzepte geeignet.

Nach der Errichtung und Vermietung des Neubaus kommt es vor allem darauf an, die Marktanalyse zu reflektieren: Wie wurde das Angebot angenommen? An wen wurde vermietet? Passen die Konzeptionen zu den Bedürfnissen der Anspruchsklasse? Die Auswertung dient außerdem zur Selbstreflexion. Die Ergebnisse sollten die Grundlage für zukünftige Entscheidungen sein.

91 Vgl. [StBA (2015)].

Im Anschluss an das Portfoliomanagement wird die zeitliche und kostenmäßige Planung für den Ersatzneubau durchgeführt. Ab diesem Zeitpunkt beginnt auch das Controlling zum Projekt. Hierbei handelt es sich um ein operatives Controlling, das durch Abweichungsanalyse herausfiltern soll, ob sowohl der Zeit- als auch der Kostenplan eingehalten wird. Für die Steuerung ist es daher wichtig, dass vorab ein Projektplan mit einzelnen datierten Meilensteinen (bspw. Beginn des Abrisses, Gießen der Bodenplatte oder Abnahme) erstellt wird. Dieser Plan wird allen Beteiligten zur Verfügung gestellt und mit den jeweiligen Verantwortlichkeiten versehen. Die Kontrolle erfolgt durch den Abgleich der Meilensteine. Dieser Abgleich sollte permanent erfolgen, da nur so die Möglichkeit besteht, auf Verzögerungen im Zeitplan zu reagieren. Zudem kann auch nur so herausgefiltert werden, ob bestimmte Partner unzuverlässig sind oder andere Themen mehr Zeit in Anspruch nehmen als angenommen. Die Aufgabe des Controllers endet nicht mit der Feststellung, dass es eine Abweichung gibt, sondern erst mit der Antwort auf die Frage, warum es zu einer Abweichung gekommen ist.

Für ein ordnungsgemäßes Controlling ist es wichtig, dass die Verantwortlichkeiten definiert sind. Neben dem Projektplan ist ein Kostenplan zu erstellen. In der Baubranche bietet sich die Gliederung nach der DIN 276 an. Die DIN 276 stellt zum einen ein Kalkulationsschema der Baukosten dar und legt zum anderen eine Kostenstruktur fest. Diese Methode bietet vor allem bei Neubauprojekten eine gute Kostenübersicht.[92] Eine weitere Untergliederung der Kostengruppen für die jeweiligen Gewerke sorgt für eine bessere Übersicht und Kostenkalkulation.

Während der Ausführung des Neubaus kann durch die strukturierte Darstellung ein regelmäßiges Controlling gewährleistet werden. Die dabei zu betrachtenden Werte sind die Plan- und die Ist-Zahl. Zudem bietet es sich an, eine prozentuale Abweichungsanalyse (wie viel Budget bereits für die jeweilige Kostenstelle verwendet wurde) zu erstellen. Der Turnus der Kontrolle sollte dem Investitionsvolumen angemessen sein, damit das Unternehmen auf Abweichungen entsprechend reagieren kann. In der Hochphase der Auftragsvergabe und des Bauens bietet sich ein wöchentliches Betrachten der Kostenstellen an.

Dass die Baukosten höher sind als die geplanten Kosten, ist für jedes Neubauprojekt ein Risiko. Wichtig ist dabei nur, dass das Unternehmen sich des Risikos bewusst ist, es einzuschätzen weiß und mit ausreichenden Maßnahmen und Kontrollen dem Eintritt des Risikos entgegenwirkt. Neubauprojekte haben i. d. R. eine sehr hohe Investitionssumme, die sogar unternehmensgefährdend sein kann. Eine projektbezogene, quartalsweise oder monatliche Risikoanalyse ist daher sehr wichtig. Es sollte vor allem darum gehen, festzustellen, welche Risiken auf das Unternehmen zukommen und ob das Unternehmen sie tragen kann. Für die erkannten Risiken müssen die Projektteilnehmer sensibilisiert werden. Beispielsweise wird mit dem Risiko „zu hohe Baukosten“ den Beteiligten stets in Erinnerung gerufen, dass bei der Auftragsvergabe, Kostenkalkulation und Abrechnung darauf zu achten ist, ob die Kosten im Rahmen sind und bleiben.

All diese Instrumente dienen dazu, der Unternehmensführung Entscheidungen durch den Einbezug von harten und weichen Fakten zu erleichtern. Zudem wird durch regelmäßiges Controlling und Risikomanagement garantiert, dass eine Gefährdung des Unternehmens frühzeitig erkannt wird oder sogar ausgeschlossen ist.

Literatur

[BBU-Materialien 02/15] Verband Berlin-Brandenburgischer Wohnungsunternehmen e. V. (BBU) (Hrsg.): Jahresstatistik 2014, BBU-Materialien 02/15, 2015.

[Bestmann, U. (2001)] Bestmann, Uwe (Hrsg.): Kompendium der Betriebswirtschaftslehre; München 2001.

[Bogenstätter, U. (2008)] Bogenstätter, Ulrich: Property Management und Facility Management; München 2008.

92 Vgl. [Gondring, H. (2011)].

[GdW (2015n)] Bundesverband deutscher Wohnungsunternehmen (GdW) (Hrsg.): Leitfaden zur branchenspezifischen Ergänzung des Deutschen Nachhaltigkeitskodex: Orientierungshilfe für Wohnungsunternehmen, 9. Aufl.; Freiburg i. B. 2015.

[GdW Arbeitshilfe 51] Bundesverband deutscher Wohnungsunternehmen (GdW) (Hrsg.): Unternehmensstrategie und Balanced Scorecard: Strategieimplementierung in Wohnungsunternehmen, GdW Arbeitshilfe 51; Hamburg 2006.

[GdW Arbeitshilfe 76] Bundesverband deutscher Wohnungsunternehmen (GdW) (Hrsg.): Zukunftsfähigkeit von Wohnungsunternehmen, GdW Arbeitshilfe 76; Berlin 2016.

[GdW Branchenbericht 6] Bundesverband deutscher Wohnungsunternehmen (GdW) (Hrsg.): Wohntrends 2030: GdW Branchenbericht 6; Hamburg 2013.

[GdW Studie 2015 (empirica)] Gesamtverband der Wohnungswirtschaft (Hrsg.): Schwarmstädte in Deutschland: Ursachen und Nachhaltigkeit der neuen Wanderungsmuster; Endbericht, GdW-Studie 2015 (empirica); Köln/Bonn 2015, URL: http://web.gdw.de/uploads/pdf/publikationen/GdW_Schwarmstaedte_web.pdf (letzter Aufruf: 07.03.2017).

[Gondring, H. (2013)] Gondring, Hanspeter: Immobilienwirtschaft: Handbuch für Studium und Praxis, 3. Aufl.; München 2013.

[Kampf um die Vormacht in der ... (2017d)] o. V.: Kampf um die Vormacht in der Wohnungspolitik, in: Immobilien Zeitung (2017), Nr. 4, S. 4 f.

[Metzner, S. (2002)] Metzner, Steffen; Pelzl, Wolfgang (Hrsg.): Immobiliencontrolling: Strategische Analyse und Steuerung von Immobilienergebnissen auf Basis von Informationssystemen: Reihe Immobilienmanagement Bd. 1; Leipzig 2002.

[Schmoll genannt Eisenwerth, F. (2015)] Schmoll genannt Eisenwerth, Fritz (Hrsg.): Basiswissen Immobilienwirtschaft, 3. Aufl.; Berlin 2015.

[Schulte, K. (2008)] Schulte, Karl-Werner (Hrsg.): Immobilienökonomie: Betriebswirtschaftliche Grundlagen, Bd. 1; München 2008.

[StBA (2015)] Statistisches Bundesamt (Hrsg.): Bevölkerung Deutschlands bis 2060: 13. koordinierte Bevölkerungsvorausberechnung; Wiesbaden 2015.

[Sydow, M. (2010)] Sydow, Manfred; Kook, Heiner: Strategisches Portfoliomanagement in der Immobilienwirtschaft, 2. Aufl.; Hamburg 2010.

[von der Gathen, A. (2014i)] von der Gathen, Andreas: Das große Handbuch der Strategieinstrumente: Werkzeuge für eine erfolgreiche Unternehmensführung; Frankfurt 2014.

[Von der Lieth, J. (2015e)] Von der Lieth, Jörn; Schulze, Mandy: Wohnflächenoptimierung – oder: Was ist die ökonomisch richtige Wohnungsgröße?, in: Die Wohnungswirtschaft (2015), Nr. 5, S. 40 ff.

2 Visionen am Markt entlang

2.1 Einführung

Ulrich Bogenstätter

Kirchliche und öffentliche Immobilienunternehmen stehen in keiner direkten Konkurrenzsituation und besitzen jeweils quasi eine Monopolstellung für betriebsnotwendige Immobilien. Die Wohnungswirtschaft agiert i. d. R. in einem lokalen Markt, wenn man von einigen wenigen international agierenden Wohnungsunternehmen absieht (z. B. Vonovia). Was treibt Immobilienunternehmen an? Visionen von Immobilienunternehmen jenseits reinen Gewinnstrebens wurden in Kapitel 1.4.1 formuliert. Daneben gibt es auch Immobilienfonds als Dienstleister, die sich auf dem internationalen Parkett bewegen und Immobilien insbesondere als Kapitalanlage und Handelsobjekt im Marktgefüge betrachten. Was treibt nun Akteure an und wohin werden sich die Anforderungen des Marktes entwickeln? Können die Visionen in den Märkten realisiert werden?

Peter Forster analysiert in Kapitel 2.2 die unterschiedlichen Marktbedingungen und Marktentwicklungen in internationalen Immobilienmärkten. Fondsmanager sichern den Erfolg der Immobilien als Kapitalanlage durch fachkundige Bewertung und Marktkenntnis bei Transaktionen. Forster zeigt Qualitätskriterien für Fonds und deren Mitarbeiter auf sowie künftige Herausforderungen, wenn es darum geht, als Fonds und Fondsmanager an den Märkten zu bestehen: Die Bedeutung der Kundenwünsche wächst.

In Kapitel 2.3 wird der Blick in die Glaskugel gewagt. Die wesentlichen gesellschaftlichen Herausforderungen sowie Zukunftstrends (Megatrends) für Deutschland und ihre Bedeutung für Immobilienunternehmen werden skizziert. In Kapitel 2.4 wird der Begriff der Nachhaltigkeit eingeführt und auf seine Bedeutung für die Immobilienwirtschaft eingegangen. Nachhaltigkeit ist Teil bestehender und angewandter Managementsysteme der Unternehmensführung. Auf die unterschiedlichen Sichtweisen der einzelnen Branchen auf Immobilien wird in Kapitel 2.5 eingegangen.

Stefan Korthals und Emanuel Eckel beschreiben in Kapitel 2.6 den Wandel der nationalen Wohnungsmärkte und die Folgen. Der Fokus liegt auf der Sicht der professionellen und privaten Investoren und insbesondere auf dem deutschen Wohnungsmarkt. Die Analyse umfasst auch die Unterschiede zwischen den europäischen Ländern und ihren Großstädten. Die Triebfedern für die Investoren werden dargestellt und die Wohnungsmarktkonsolidierung und die Entstehung von Big Playern ebenso behandelt wie die zukünftige Entwicklung des deutschen Wohnungsmarkts. Die Auswirkungen der Soziodemografie, Ökonomie und Branchentrends werden berücksichtigt und die Bedeutung des Wandels für Investoren und Dienstleister gleichermaßen beschrieben.

2.2 Immobilienfonds im internationalen Markt, was ist daran besonders?

Peter Forster

Immobilienfonds sind für Investoren eine attraktive Möglichkeit, sich ohne Aufbau von eigenen Ressourcen an Immobilien zu beteiligen. Hier spielen Spezialfonds für institutionelle Anleger sowie offene und geschlossene Fonds für Privatanleger eine wichtige Rolle.

2.2.1 Der europäische Immobilienmarkt

Seit Beginn des Jahrtausends wird die Investition außerhalb der Heimatmärkte für Investoren immer wichtiger. Deshalb sind sowohl deutsche Immobilienanleger international engagiert, als auch

https://doi.org/10.1515/9783110480863-002

verstärkt internationale Investoren in Deutschland aktiv. Speziell Kernmärkte in Europa sind sehr stark in den Fokus von deutschen Anlegern gerückt.

Internationalisierung

Europas Immobilienmärkte haben sich im Zeitraum von 2010 bis 2016 attraktiver denn je entwickelt. Und das nicht nur in Ländern wie Großbritannien, Deutschland und Frankreich, die ohnehin als klassische Ziele für Immobilieninvestments gelten. Auch Spanien oder beispielsweise Irland – also ehemalige Krisenländer – haben sich erholt und bieten vielversprechende Investitionsmöglichkeiten.

In den Jahren seit 2010 haben sich die Transaktionsvolumina in Europa jährlich weiter gesteigert. Im Jahr 2016 war in Deutschland mit einem Gesamtvolumen von mehr als 50 Mrd. € ein neuer Spitzenwert für Immobilien-transaktionen erreicht. Dabei haben die Investments gegenüber dem Vorjahr um fast 40 % zugelegt (s. Abb. 2.1). Spitzenreiter der Standorte war dabei Berlin mit etwa 8 Mrd. € Volumen. Das dürfte auch der höchste Wert sein, der jemals in einer deutschen Großstadt in einem Jahr erreicht wurde. Im Vergleich zum früheren Rekordjahr 2007 war 2015 eine wesentlich größere Streuung der Nutzungsarten enthalten, der Wohninvestmentmarkt hatte einen Anteil von über 40 %. Bei diesem deutlichen Zuwachs haben besonders einige Großdeals wie auch Firmenübernahmen und die gestiegenen Immobilienpreise eine wichtige Rolle gespielt.

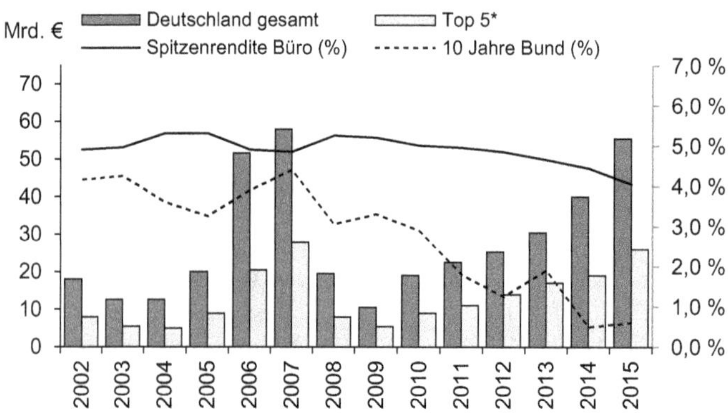

Abb. 2.1: Investmenttransaktionen in Deutschland (Büroimmobilien, Jahreswerte).[1]

Aber: Während die gesamteuropäische Entwicklung positiv verläuft, erholen sich die einzelnen europäischen Staaten unterschiedlich schnell. Diese Diskrepanz zwischen den Ländern führt dazu, dass die Immobilienmärkte in Europa heterogen bleiben.

Infolgedessen müssen Investoren, die in Europa erfolgreich agieren wollen, über ein detailliertes Wissen zu den einzelnen Teilmärkten verfügen. Für diejenigen, die dies selbst nicht leisten können, ist ein kompetenter Partner mit entsprechendem Know-how unverzichtbar. Institutionelle Investoren haben hier grundsätzlich die Wahl: Sollen sie für jedes Land und jede Asset-Klasse den „Best-in-class"-Manager wählen? Oder sollen sie sich für einen Asset-Manager entscheiden, der alles aus einer Hand managen kann? Immer mehr Investoren entscheiden sich für den zentralen Ansprechpartner bei allen Arten von Immobilieninvestments, das „One-stop-shopping"-Konzept. Doch angesichts der Komplexität auf den europäischen Märkten stellt dies Anbieter von Anlageprodukten vor große Herausforderungen, die nicht jeder erfüllen kann.

1 Quelle: eigene Darstellung nach [CBRE Research 2016].

Aussichtsreiche Vorgaben

Die Zukunft Europas sieht insgesamt rosig aus: Arbeitslosenquote und Inflation sinken, was zu einem positiven Konsumklima und steigenden Einzelhandelsausgaben führt. Aus diesem Grund gehen die meisten Prognosen auch über 2017 hinaus von einem positiven Wirtschaftswachstum aus. Überdies weisen die Immobilienmärkte in Europa eine vergleichsweise verbesserte, aber unterschiedlich stark entwickelte Markttransparenz und etablierte Investitionsstandards auf. Kurzum: Immobilien in Europa versprechen Sicherheit und Stabilität.

Dennoch sind Europas Immobilienmärkte vor allem eines: ein Flickenteppich. Die Marktbedingungen sind in den Ländern und Asset-Kategorien uneinheitlich. Denn obwohl die Rezession nach der Finanzmarktkrise zum größten Teil überwunden werden konnte und sich die wirtschaftliche Lage in den europäischen Ländern zunehmend entspannt, existieren die wirtschaftlichen Unterschiede zwischen den einzelnen Ländern natürlich weiterhin.

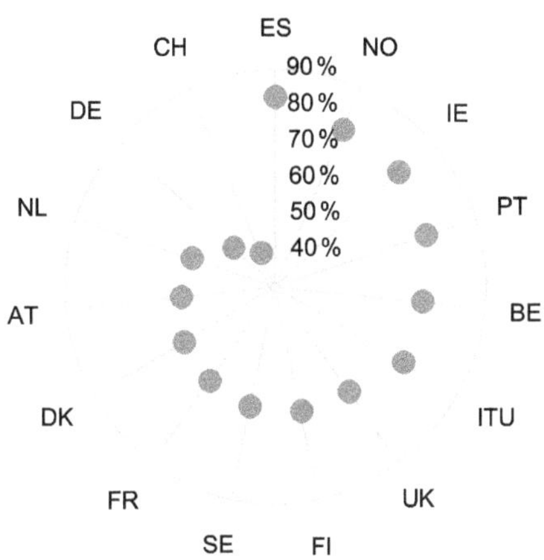

Abb. 2.2: Eigentumsquoten in Europa.[2]

Dies wirkt sich insbesondere auf die Märkte für Gewerbeimmobilien aus, die alles andere als einheitlich sind. Im Segment Office haben aktuell die Premium-Produkte in den Top-Standorten und guten Lagen mit langen Vertragslaufzeiten den höchsten Wettbewerbsdruck. Auch auf den Wohnimmobilienmärkten der europäischen Länder herrschen verschiedene Bedingungen. So gibt es Nationen, in denen traditionell eher gekauft als gemietet wird (s. Abb. 2.2) – oder umgekehrt – oder deren Wohnungsmärkte durch die notwendige Flexibilität von Berufstätigen bei den Wohnorten zurzeit im Umbruch sind. Insgesamt setzt sich der Trend zur Urbanisierung in fast allen Ländern ungebrochen fort. Das Bevölkerungswachstum in bestimmten attraktiven Regionen sowie der Rückgang in weniger attraktiven Locations werden durch die zunehmende Alterspyramide noch verstärkt. Zusätzlich werden in einigen Ländern der Mietmarkt und die Kreditvergabe für den Immobilienkauf reguliert. Dennoch – oder vielleicht gerade deswegen – sind Immobilien in Europa als Anlageziel spannend und versprechen nachhaltige Investments, denn institutionelle Immobilieninvestoren finden in Europa die passenden Bedingungen für ihr Investment und können einen sehr hohen Diversifizierungsgrad herstellen (s. Abb. 2.3).

In der derzeitigen Niedrigzinsphase geraten die Immobilienrenditen europaweit immer stärker unter Druck. Aufgrund fehlender Anlagealternativen ist mehr Kapital am Markt verfügbar, die Nachfrage nach Immobilien wächst, denn trotz der historischen Tiefstände bei Immobilienrenditen sind diese nach wie vor vergleichsweise hoch. Die ausgeprägte Nachfrage nach Immobilien be-

2 Quelle: PATRIZIA Research.

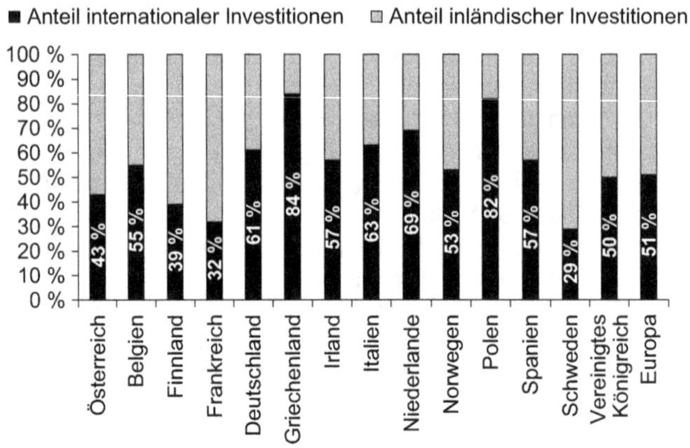

Abb. 2.3: Anteil inländischer und internationaler Investitionen in den Ländern 2015.[3]

wirkt außerdem, dass die Produkte, die für Investments infrage kommen, immer knapper werden. Hinzu kommt, dass in großen Teilen des europäischen Markts für Immobilien die Marktmechanismen, wie Akteure sie aus der Vergangenheit kannten, zurzeit nicht mehr gelten. Die Wirkungskette zwischen Leerstandsquoten, Mietentwicklung und Renditen funktioniert nicht mehr, sodass Vorhersagen mit Verweis auf den Immobilienzyklus in der gegenwärtigen Phase nicht mehr möglich sind. Lediglich in vereinzelten Märkten wie Spanien, Italien oder Irland sind die alten Marktdynamiken noch vorhanden. Gleichzeitig akzeptieren Investoren mangels Alternativen niedrige Renditen (s. Abb. 2.4). Wichtig ist aber eine solide Prognose der mehrjährigen Cashflows auf Objektebene sowie die Identifikation und die Umsetzung aller Werttreiber.

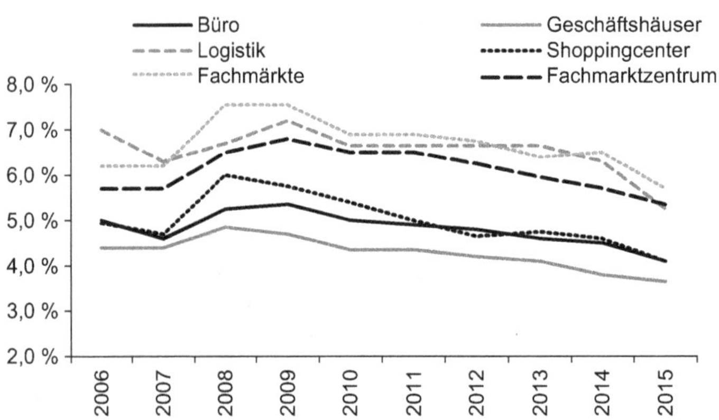

Abb. 2.4: Entwicklung der Netto-Spitzenrenditen.[4]

Beide Faktoren – Knappheit der Produkte sowie ein fehlender Immobilienzyklus – bewirken, dass es wichtiger denn je ist, die Möglichkeiten in den Märkten detailliert zu analysieren, um geeignete Objekte für attraktive Investments zu finden. Die Qualität des Einzelobjekts gewinnt dabei eine immer größere Bedeutung. Geeignete Objekte zeichnen sich dadurch aus, dass sie entweder unter

3 Quelle: eigene Darstellung, Daten Savillis, März 2016.

4 Quelle: eigene Darstellung, Daten aus [BNP Paribas Real Estate (2016)].

Risiko-Rendite-Aspekten interessant sind oder Entwicklungsmöglichkeiten bieten, um Return oder Rendite zu erarbeiten. Die Voraussetzung dafür ist natürlich, dass die Investoren ein aktives Asset-Management unterstützen. Dabei geht der Trend dahin, dass managementintensivere, aber höher rentierliche Objekte das Interesse der Investoren stärker wecken als Top-Objekte in Spitzenlagen. Das können kürzere Restlaufzeiten bei den Mietverträgen oder Teilleerstände in guter Lage sein. Dies setzt jedoch ein ausgeprägtes Verständnis von Markt, Standort und Objekt voraus. Institutionelle Investoren wie Versicherer, die eine Rendite von 5 % für ihr Investment erwarten, kommen an solchen Produkten angesichts der aktuellen Marktbedingungen nicht vorbei. Das richtige Timing für den Exit jedes Investmentprodukts zeichnet am Ende den besten Manager aus. Auch aus diesem Grund wächst die Bedeutung eines kompetenten Partners.

In allen wichtigen Märkten ist derzeit zu beobachten, dass internationale Investoren verstärkt in diese Länder drängen und einen gegenüber den lokalen Investoren höheren Marktanteil erobern. Das gilt natürlich auch für die deutschen institutionellen Kunden wie Versicherungen, Versorgungswerke, Fonds, Stiftungen sowie Banken und Sparkassen, die zur Diversifizierung ihrer Immobilienrisiken nicht nur hinsichtlich der Asset-Kategorie, sondern auch hinsichtlich der Länderallokation immer stärker international tätig werden, und sowohl für direkte wie auch für indirekte Investitionen. Gleichzeitig sind immer mehr internationale Player im deutschen Markt aktiv.

2.2.2 Professionalisierung bei Fonds und Investmentgesellschaften

Bisher konnten sich nur wenige bankenunabhängige Investmentgesellschaften aus Deutschland im internationalen Geschäft behaupten. In den nächsten Jahren wird sich zeigen, wer den Sprung in die Champions League für Real Assets schafft.

Fonds als Dienstleister

Auch die Fonds und Investmentgesellschaften müssen mit zunehmendem Wachstum ihre globale Aufstellung vorantreiben, um diesen Entwicklungen Rechnung zu tragen. Dies stellt die Branche vor ganz neue Herausforderungen, die nur durch Professionalität, umfangreiches Branchen- und Markt-Know-how sowie durch Verlinkungen der jeweiligen lokalen Einheiten gemeistert werden können. Gerade das jeweilige Wissen bezüglich der einzelnen Regionen mit entsprechender Nähe zu Märkten, zu den Objekten und insbesondere zu den Mietern der Immobilien ist ein entscheidender Unique Selling Point (USP). Es gibt aber noch sehr wenige internationale Brands.

Die Internationalisierung der Dienstleister ist aktuell ebenfalls zu beobachten. Durch ein geeignetes Key-Account-System für die Kunden wird hier das richtige Matching zwischen lokalem Handeln und globalen Strategien ermöglicht. Unternehmen wie Jones Lang LaSalle (JLL), CBRE (CB Richard Ellis), ISS (ISS Facility Services) oder Bilfinger Real Estate sind gute Beispiele. Dabei wird nicht nur auf organisches Wachstum durch Steigerung der Umsätze geachtet, sondern auch das Wachstum insbesondere durch Übernahmen von Wettbewerbern und Spezialanbietern sehr aktiv vorangetrieben.

Qualitätskriterien für Dienstleister

Der Aufwand für die Due Diligence bei Immobilientransaktionen hat sich in den vergangenen 20 Jahren deutlich erhöht. Dadurch werden die Risiken bei den Deals deutlich transparenter und somit kalkulierbar. Gleichzeitig ergibt sich daraus ein hohes Potenzial an neuen und hochqualifizierten Dienstleistungen. Dies betrifft die technischen, die kaufmännischen, die juristischen, die strukturellen sowie steuerliche und fachspezifische Fragestellungen.

Die Werterhaltung und Wertschöpfung in den Immobilien durch spezialisierte Dienstleister ist ein wichtiger Faktor für institutionelle Investoren, um die Nachhaltigkeit der Mieterträge und die Wiedervermietung der Objekte sicherzustellen. Durch das Erkennen von Potenzialen für zusätzliche Mieterträge und die Steigerung der Objektergebnisse durch die Asset-Manager ergibt sich für die Investoren ein signifikanter Mehrwert. Die Vergütungsmodelle mit Performance-Share sind deshalb für Investor und Service-Provider vorteilhaft und schalten für beide Seiten die Interessen gleich.

Die Qualität der Asset- und Fondsmanager wird immer stärker zum Auswahlkriterium. Ratings von Unternehmen wie FERI oder Scope bieten einen guten Benchmark für die wachsende Anzahl internationaler Investoren. Dadurch wird die Transparenz unseres Markts weiter erhöht.

Die Bedeutung der Interessenvertreter der Branche wie z. B. des ZIA, des Zentralen Immobilien Ausschusses für die deutsche Immobilienwirtschaft, oder der European Association for Investors in Non-Listed Real Estate Vehicles (INREV) nimmt zu. Sie übernehmen eine wichtige Rolle bei der Gewährleistung von Qualität und Transparenz unserer Branche.

Auch für die Fondsbranche hat sich durch die Einführung der Richtlinie Alternative Investment Fonds Managers Directive (AIFM-Richtlinie), die 2011 vom Europäischen Parlament verabschiedet wurde, eine strukturierte Vorgabe ergeben. Diese sichert für Investoren wichtige Mindeststandards. Mit dieser Richtlinie werden die Verwalter alternativer Investmentfonds reguliert, sowohl Verwalter mit Sitz in der EU als auch Verwalter aus Drittländern, die ihre Fonds in der EU vertreiben möchten. In Deutschland erfolgte dies in Gestalt des Kapitalanlagegesetzbuchs (KAGB). Die Manager alternativer Investmentfonds (Alternative Investment Fonds Manager, AIFM) sind juristische Personen, deren Aufgabe die Verwaltung dieser alternativen Investmentfonds sind. Seit dem 1. August 2013 gelten mit dem AIFM-Umsetzungsgesetz verschiedene Neuregelungen: So unterliegen alle Fonds nun der Aufsicht der Bundesanstalt für Finanzdienstleistungsaufsicht (BaFin). Privatanleger können zudem keine Anteile mehr an Hedgefonds erwerben. Kleinanleger sollen auf diese Weise künftig besser vor risikoreichen Anlagen geschützt werden.

2.2.3 Anforderungen an die Mitarbeiter von Fondsgesellschaften

Gut ausgebildete Mitarbeiter mit Branchen-, Kunden- und Markt-Know-how werden ein zunehmend wichtiger Erfolgsfaktor für Investmenthäuser.

Diversifizierung der Marktkenntnis

Große institutionelle Investoren, die Immobilienanlagen nachfragen, suchen i. d. R. den besten Manager auf einem bestimmten Gebiet. Das kann beispielsweise der Experte für eine bestimmte Branche, für einen bestimmten Investitionsstil – Core, Core-Plus oder Value Add – oder für ein bestimmtes Anlagevehikel – Immobilienspezialfonds oder Direktinvestition – Single Asset oder Portfoliodeals – sein. Zudem verfolgen professionelle Investoren in ihrer Immobilienallokation üblicherweise einen hohen Grad an Diversifizierung – sowohl regional als auch sektoral. Das führt dazu, dass Anleger i. d. R. mit einer größer werdenden Zahl von Portfoliomanagern zusammenarbeiten oder dies bei einem integrierten Investmenthaus bündeln, das sowohl über Marktnähe durch Vorort-Teams als auch über Experten im Transaktions-, Asset- und Fondsmanagement in den unterschiedlichen Asset-Kategorien verfügt. Darüber hinaus müssen sie gegebenenfalls bei einem geplanten Neueinstieg in ein Segment oder einen nationalen Markt, in dem sie zuvor nicht agiert haben, einen neuen Portfoliomanager finden.

Diese Entwicklung und die Professionalisierung der gesamten Branche stellen natürlich auch neue Anforderungen an unsere Mitarbeiter.

Qualifizierung der Mitarbeiter

Deshalb hat sich in den letzten 20 Jahren auch die Qualität der Ausbildung für Immobilienexperten in Deutschland deutlich verbessert. Während bis in die 1990er-Jahre ein Studium der Rechtswissenschaften, Betriebswirtschaft oder ein Architektur- oder Ingenieurstudium die Grundlage für die

Experten war, werden heute an unterschiedlichen Hochschulen Spezialstudiengänge für viele Spezialbereiche der Immobilienwirtschaft angeboten. Neben der normalen akademischen Ausbildung vermitteln Aufbaustudiengänge und Lehrgänge Spezialwissen.

Der Wert der wissenschaftlichen Arbeit in der Immobilienwirtschaft hat sich stark verbessert. Viele Studiengänge sind auch bereits auf die immer stärker erforderliche Internationalität ausgerichtet, sei es durch Auslandssemester oder entsprechende Studienaufenthalte. Die Sicherstellung der englischen Sprachkenntnisse muss hingegen noch deutlich verstärkt werden, um gegenüber Kandidaten aus Skandinavien oder den Niederlanden nicht im Nachteil zu sein. Positiv ist dabei die Tendenz, dass neue Studiengänge bereits eine stärkere internationale Ausrichtung haben und immer mehr Studierende ein oder mehrere Semester an anderen Standorten absolvieren. Wichtig wird in den nächsten Jahren, dass neben Fachwissen und Teamfähigkeit auch die Zusammenarbeit zwischen unterschiedlichen Standorten und Regionen Teil der Ausbildung wird. Gleichzeitig ist es von Bedeutung, das Know-how der erfahrenen Kollegen in das tägliche Arbeiten zu integrieren.

Auch künftig wird die Immobilienwirtschaft interessante, attraktive und nachhaltige Arbeitsplatzperspektiven für motivierte Einsteiger in unsere Branche anbieten.

2.2.4 Der Bedarf an schnell verfügbaren Informationen wächst

Die hohe Nachfrage von Investoren nach Immobilien führt dazu, dass die Transaktionsprozesse mit hoher Geschwindigkeit abgewickelt werden. Um hier erfolgreich zu sein, müssen sich Investmentmanager professionell aufstellen.

Die zukünftige Rolle der Due Diligence

Auch in der Immobilienwirtschaft wird die konsequente Nutzung von Informationen und dabei insbesondere das Filtern wichtiger Daten ein entscheidender Wettbewerbsvorsprung werden. Das beinhaltet keinesfalls nur die technischen Daten eines Gebäudes oder von technischen Anlagen, sondern insbesondere auch eine intelligente Auswertung der Nutzer, Käufer, Märkte und Mieter. Bei den technischen Anlagen und ihren Steuersystemen werden neben den Ist-Daten immer stärker Prognosedaten wie Wettervorschau oder Nutzerverhalten berücksichtigt. Selbstlernende und selbstoptimierende Systeme werden hierbei den größten Fortschritt für unsere Gebäude erzielen. Ein sehr gutes Beispiel ist ein Programm, das vom Unternehmen Leverton in Berlin entwickelt wurde. Es kann aus Mietverträgen, die als PDF eingelesen werden, über künstliche Intelligenz alle relevanten Informationen, die für eine Auswertung erforderlich sind, herauslesen. So kann bei einem internationalen Portfolio durch die Mehrsprachigkeit des Systems sehr schnell auch bei zahlreichen Mietverträgen eine komplette Rent-Roll erstellt werden. Dass sich dadurch die Geschwindigkeit der Due Diligence bei einem Immobilientransaktionsmanagement deutlich erhöht, ist ein weiterer Vorteil. Ich bin mir sicher, dass durch den Einsatz neuer Methoden und besserer Technologie unser Business in den nächsten Jahren stark verändert wird. Durch das dafür notwendige Kapital wird sich die Konzentration auf weniger und größere Player noch verstärken. Erfolgreiche Investmentmanager werden sich Partner suchen, die konsequent immer am Ball der neuesten Entwicklung bleiben. Die Due Diligence wird sich neben der Prüfung und Identifizierung von Risiken noch stärker mit der Untersuchung von Chancen und Potenzialen der Immobilien auseinandersetzen.

Die Transparenz der Daten und Informationen sowie die intelligente Auswertung und daraus abgeleitete Prognosen werden auch für die technische Gebäudeausstattung ein wesentlicher Wettbewerbsfaktor sein. Die Nutzer der Gebäude werden neben den finanziellen Einsparpotenzialen insbesondere die Komfortkriterien für Standortentscheidungen heranziehen. Dies gilt natürlich sowohl für Neuanmietungen als auch für die Festlegungen zur Verlängerung von Bestandsverträgen und wird somit für den Investor ein Erfolgsfaktor für den stabilen Cashflow der Immobilie.

Effizienz der internen Geschäftsprozesse
Hoher Koordinationsaufwand entsteht durch die hohe Komplexität, die Investitionen in Europa mit sich bringen. Dies bringt in der Anlegepraxis ein hohes Maß an Abstimmungs- und Organisationsaufwand mit sich. Aus diesem Grund entsteht bei immer mehr Investoren der Wunsch nach einem Key-Account- oder zentralen Ansprechpartner, der über lokale Expertenteams in den unterschiedlichen Märkten verfügt und ihnen gleichzeitig ein grenzüberschreitend einheitliches und hochwertiges Reporting zur Verfügung stellt.

Es gehört einiges dazu, dem Wunsch der Investoren gerecht zu werden. Ob Einzelhandel in Dänemark, Wohnen in Großbritannien oder Betreiberimmobilien in Deutschland – Anbieter von Immobilienanlageprodukten müssen sich in möglichst vielen Nutzungsarten, Investmentstilen und regionalen Märkten auskennen. Nur wer sich möglichst breit aufstellt, mit eigenen Experten vor Ort ist und über ein ausgezeichnetes Netzwerk verfügt, wird sich im Markt behaupten können. Die Investoren erwarten von den Dienstleistern, dass neben der lokalen Expertise eine Qualitätssicherung überregional durch geeignete Prozesslandschaften sichergestellt wird. Das Zusammenspiel der Mitarbeiter und externer Dienstleister oder Partner im Zusammenwirken mit moderner IT-Infrastruktur wird immer mehr zum USP. Nur durch bestens abgestimmte Prozesse lassen sich einerseits Effizienz und Bearbeitungsgeschwindigkeit und andererseits ein hohes Maß an Qualität erreichen. Wir müssen dabei auf die richtige Festlegung der KPI (Key-Performance-Indicators) zur Messung und Sicherung der Qualität achten (s. Abb. 2.5). Unterstützt wird das Ganze durch systemunterstützte Workflows und entsprechende Mechanismen zur Identifikation von möglichen Fehleingaben.

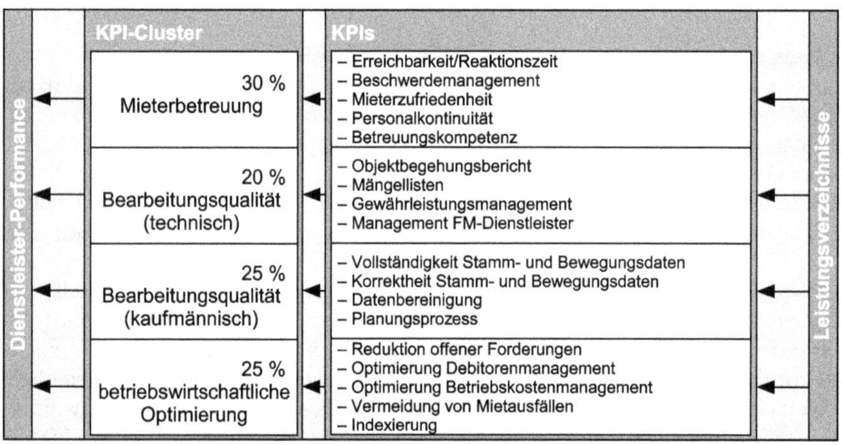

Abb. 2.5: KPI-Modell zur Steuerung von Property-Management-Dienstleistern.[5]

Aber die Prozesswelt darf kein rein unternehmensinternes Werk bleiben, erst die Einbeziehung der Kunden und Geschäftspartner schafft integrierte Gesamtlösungen. Nur wer für seine Investoren in den Fonds ein Reporting „best in class" anbietet, wird sich eine allzu kundenspezifische Individuallösung mit hohem Pflegeaufwand in vielen Fällen ersparen können. Das heißt aber auch: Wer sich bisher als Anbieter von Produkten aus einer Nische etablieren konnte, wird sich zusätzliche Segmente erschließen müssen, um im Wettbewerb des Markts nicht zurückzufallen. Gleichzeitig müssen sich breit aufgestellte Produktanbieter weiter qualifizieren, um als Experten wahrgenommen zu werden. Letzten Endes wird nur ein Anbieter mit einer gewissen Größe und Erfahrung ein

5 Vgl. [ADVICUM 2016].

Team aus Top-Spezialisten leisten können. Nur solche Anbieter bringen die notwendigen und auch personellen Ressourcen auf, um die komplette Bandbreite der Nutzungsklaviatur, Geschäftsmodelle, Investitionsstile und Märkte abbilden zu können. Auch Unternehmenszukäufe oder Dienstleistungspartnerschaften sind künftig verstärkt erforderlich, um sich Wissen auf einem bestimmten Spezialgebiet schnell anzueignen. Gerade bei der Übernahme von Wettbewerbern ist die rasche Integration und Vereinheitlichung der Prozesse und IT-Lösungen nötig, um die prognostizierten Synergien auch schnell genug zu erreichen.

Die Bedeutung der Kundenwünsche wächst

Die politische und wirtschaftliche Ordnung der Welt verändert sich ständig. Die ruhigeren Zeiten der vergangenen Jahrzehnte entpuppen sich in längerer Perspektive eher als die Ausnahme. Die Regel ist also der Wandel. Im Kalten Krieg war der Unterschied zwischen West und Ost in Europa dominant. Global hat sich das Nord-Süd-Gefälle als dominanter herausgestellt. Dies zeigt sich auch bei den Immobilienmärkten: im Norden eher die etablierten Märkte und auf der südlichen Halbkugel eher die Märkte der Zukunft mit noch unbekanntem Potenzial. Neben der geografischen Thematik spielt in den etablierten Märkten das Thema Nachhaltigkeit eine stärkere Rolle.

Dabei geht es immer weniger um die alleinige Zertifizierung von Objekten durch DGNB, BREEAM oder Leads, sondern um einen schonenden und sparsamen Umgang mit Energie durch bessere Technologie und optimierte Steuerungen sowie um den Einsatz von Baustoffen und Bauteilen mit geringen Schadstoffen, energiearmer Erzeugung, Betrieb und Entsorgung. Dazu kommt eine flexible Nutzung mit hoher Qualität der Immobilie für die Nutzer der Objekte. Die Frage „Where to live, work and stay?" wird eine neue Bedeutung bekommen. Nur wenn alle vorgenannten Aspekte ausreichend bedacht sind, werden auch die Investoren eine nachhaltig sichere Rendite erwirtschaften. Aktuell erleben wir an vielen Standorten eine Umwandlung leer stehender Büroobjekte in Hotel oder Wohnnutzungen, dies trägt den veränderten Nachfragen bereits Rechnung und stellt neue Herausforderungen an die Branche. Die Urbanisierung und dadurch verursachte Schaffung von immer mehr Metropolen wird dies eher noch verstärken.

Die Mieter- und Nutzerzufriedenheit bekommt in der Immobilienwelt eine steigende Bedeutung. Gerade in Märkten mit stabilen Mieten steigert eine niedrige Fluktuation der Bestandsmieter einen sicheren Cashflow und reduziert die Risiken der laufenden Kosten für Leerstände, Mieterumbauten, Nachvermietungskosten und Mieterincentives. Somit bekommt die Messung der Zufriedenheit eine immer höhere Bedeutung.

Benchmarks über die Mieterzufriedenheit, die von Bell Management Consultants für verschieden große Immobilienbestandsmanager erfasst und in Vergleiche gebracht werden, sind dabei ein gutes Beispiel (s. Tab. 2.1). Erfolg stellt sich aber nur ein, wenn das Thema nachhaltig, d. h. nicht nur als einmaliges Projekt durchgeführt wird.

Die neuen Medien mit Amazon und eBay haben unser Kaufverhalten beeinflusst. Der klassische Handel gibt zunehmend Anteile an den Online-Handel ab. Durch die notwendige Verteilung dieser per Internet bestellten Waren steigt der Flächenanteil an modernen Logistikzentren und gleichzeitig reduziert sich der Flächenbedarf für den klassischen Handel. Die Auswirkungen treffen die unterschiedlichen Lagequalitäten von Retail-Immobilien ganz differenziert. So ist z. B. der Anteil des klassischen Buchhandels nahezu gegen null gegangen. Wer sich den neuen Medien entziehen will, muss sich auf noch verbleibende Nischen und margenstarkes Spezialsegment konzentrieren.

Die neuen Medien und die darauf aufbauenden sozialen Netzwerke haben uns für die Immobilien neue Kommunikationsfelder gebracht. Auf der einen Seite entsteht für Projektgegner wie beim Bahnhof in Stuttgart oder beim Ausbau von Flughäfen eine neue Möglichkeit, sich gleichzeitig zu formieren und zu organisieren. Neue Plattformen wie ImmobilienScout24 ermöglichen eine breite Angebotspalette.

Tab. 2.1: Tenant Risk Monitor – die Ergebnisse 2011.[6]

	Bewertungskriterien (Betreuungsprozess im Property-Management – PM)	Markt-Mittelwert
1.	Betreuungskompetenz des Ansprechpartners im PM	2,5
2.	Verlässlichkeit bei Zusagen in Vereinbarungen	2,5
3.	schnelle und einfache Erreichbarkeit	2,5
4.	kurze Reaktionszeiten bei Anfragen und Problemen	2,7
5.	schnelle Ausführung und Problembeseitigung	2,9
6.	Statusrückmeldung zum Sachstand	2,8
7.	Freundlichkeit des Ansprechpartners im PM	2,1
8.	flexibles Verhalten in besonderen Fällen	2,7

Daneben werden auch andere gesellschaftliche Entwicklungen wie steigende Mobilität oder die demografische Entwicklung mit immer mehr älteren Menschen sowohl die Gestaltung und Nutzung der Immobilien als auch die künftig erforderlichen Rahmenbedingungen stark beeinflussen.

Interkulturelle Themen werden auch die Immobilienbranche immer stärker beeinflussen. Auch sie muss angesichts der Entwicklungen der Gesellschaft adäquate Lösungen offerieren. Die Integration der modernen Völkerwanderung in den jeweiligen Quartieren stellt Gesellschaft, Politik und Stadtplanung vor neue und spannende Herausforderungen. Wir werden dazu neue und kreative Lösungsansätze für unsere Branche finden müssen.

2.2.5 Erwartungen der Investoren an Fondsmanager

Gerade in Zeiten niedriger Zinsen bieten Immobilien eine attraktive Rendite. Durch den Einsatz von Fremdkapital mit günstigen Zinskonditionen lassen sich die Objektergebnisse entsprechend verbessern. Dabei akzeptieren die Investoren niedrige Renditen für eine entsprechend hohe Produktqualität und Nachhaltigkeit der getätigten Investition in Immobilien. Die notwendige Risikodiversifizierung kann durch Streuung nach Lage, Nutzungsart und geografischer Allokation der einzelnen Objekte oder durch Investition in verschiedene Spezialvehikel erfolgen. Die Bereitschaft von Investoren, sich auch über den eigenen Währungsraum hinaus zu engagieren, steigt deutlich an. Häufig wird dabei auf eine kostenintensive Währungssicherung (Hedging) verzichtet, um die Ergebnissituation für die laufenden Ausschüttungen nicht zu belasten.

Neben den vorgenannten Aspekten sollte jedoch bei jeder Investition insbesondere auch der Verkauf des jeweiligen Objekts ausreichend überlegt sein. Die unterschiedlich ausgeprägten Zyklen der Investmentmärkte zeigen, dass hier nicht jeder Zeitpunkt für den Exit sinnvoll ist. Gerade bei der Planung eines Portfolios ist darauf zu achten, dass auch in Objekte investiert wird, die selbst in schwierigen Marktphasen verkauft werden können, um z. B. die notwendige Liquidität für Nachinvestitionen sicherzustellen.

Die regulatorischen Vorgaben der vorher beschriebenen AIFM beeinflussen die Geschäfts- und Wettbewerbs-entwicklung der Fondsgesellschaften. Erfreulicherweise können durch diese höheren Standards immer stärker schwarze Schafe der Branche zum Schutz der Anleger aus dem Markt genommen werden. Gleichzeitig haben die Investoren über individuelle Rahmenbedingungen z. B. bei deutschen Spezialfonds gegenüber Luxemburger Vehikeln unterschiedliche Opportunitäten für Risikodiversifikation, Exit- und Haltestrategien, Finanzierungen und andere Kriterien. Die Nutzung verschiedener Plattformen bedingt jedoch ein entsprechendes Investmentvolumen, um die Kosten für die jeweiligen Vehikel zu rechtfertigen.

6 Quelle: Daten aus Bell Management Consultants/Immobilienmanager.

Das viel zitierte „Lage, Lage, Lage“ kann natürlich nicht das allein ausschlaggebende Kriterium für eine Immobilienakquisition sein. Für eine Immobilie im Bestand eines Portfolios ist jedenfalls die Sicherstellung des Cashflows durch Mieterträge und optimierte Ausgaben ein wesentliches Kriterium, ebenso das richtige Timing für An- und Verkauf in den jeweiligen Märkten und Zyklen. Wer hier nur die ausgetretenen Pfade beschreitet, wird nicht unbedingt die besten Ergebnisse erzielen.

Dabei ist es für die Investoren insbesondere in überhitzten Märkten von Vorteil, wenn sie hinsichtlich Geografie, Nutzungsart, Risikokategorie sowie Investitionsvolumen außerhalb des Mainstreams aktiv werden. Nur wer eine entsprechende Expertise und den zugehörigen Track-Record hat, kann all diese Segmente sinnvoll abdecken und erfolgreich anbieten.

Wie lange der jeweilige Zyklus für Immobilieninvestitionen dauert, ist im international vernetzten Markt sehr schwer einzuschätzen. Die Faktoren, die einen möglichen Abschwung oder Einbruch verursachen, werden längst durch globale Entwicklungen beeinflusst. Der aktuell bestehende Anlagedruck, insbesondere durch Pensions- und Versorgungskassen, wird nicht kurzfristig abreißen. Dieser Trend entwickelt sich neben Europa immer stärker auch in Asien. Gleichzeitig erhöhen diese Anleger ihre Immobilienquote im gesamten Anlagespektrum.

Der große Münchner Komiker Karl Valentin sagte vor fast 80 Jahren: „Die Zukunft war früher auch besser“ und hat damit einen allzu großen Pessimismus in Bezug auf Prognosen klar relativiert.

Für alle Investoren sind deshalb die Manager mit nachgewiesener Erfahrung zu bevorzugen, solche, die Risiken bereits bei der Investitionsentscheidung durch Betrachtung unterschiedlicher Szenarien analysieren und auf eine vernünftige Risikostreuung setzen. Die Transparenz der Ergebnisse und eine valide Prognoserechnung sowohl auf Asset- als auch auf Fondsebene sind die Voraussetzung für einen konstruktiven Dialog zwischen Investoren und den Fondsmanager und langjährig aufgebautes Vertrauen wird auch künftig ein großes Plus für den Ausbau der Geschäftsbeziehung sein.

Literatur

[Advicum (2016)] Advicum (Hrsg.): Beispiel eines KPI-Modells zur Steuerung von Property Management Dienstleistern; Wien 2016.

[BNP Paribas Real Estate (2016)] BNP Paribas Real Estate (Hrsg.): Investmentmarkt Deutschland: Property Report 2016, 2016, URL: https://www.realestate.bnpparibas.de/upload/docs/application/pdf/2016-02/2016_bnppre_pr_investment_deutschland_de.pdf?id=p_1653175 (letzter Aufruf: 08.02.2017).

[CBRE Research 2016] CBRE (Hrsg.): Spitzenrenditen Büro (netto) & Rendite 10-j. Bund, CBRE Research 2016, URL: http://news.cbre.de/deutschlands-gewerbeimmobilien-investmentmarkt-mit-neuem-zyklischen-rekordwert-transaktionsvolumen-2015-bei-55-milliarden (letzter Aufruf: 08.07.2016).

2.3 Der Blick in die Glaskugel – Herausforderungen für deutsche Bestandshalter

Ulrich Bogenstätter

Welches sind die heutigen und zukünftigen Herausforderungen für die deutschen Immobilienunternehmen, was ist für wen wirklich relevant? Tatsächlich ist zu beobachten, dass z. B. im kirchlichen und kommunalen Immobilienmanagement Kostenreduktion und Instandhaltungsstau, im gewerblichen Immobilienmanagement und in der Wohnungswirtschaft weiterhin höhere Renditeerwartungen als Herausforderungen formuliert werden. Herausforderungen werden meist erst dann angenommen, wenn zuvor „gelitten“ wurde und Veränderungen unausweichlich sind. Ansonsten wird nach dem altbewährten Grundsatz nicht nur der Baubranche „Das haben wir schon immer so gemacht“ oder nach dem Grundsatz der IT-Branche „Never change a running system“ verfahren.

2.3.1 Die Leiden der Branchen

Worin bestehen die Leiden? Angeführt werden hier stellvertretend drei Beispiele aus der Wohnungswirtschaft, der Parkhauswirtschaft und der kommunalen Immobilienwirtschaft:

Im Jahr 2014 (2005) belief sich der Return on Investment (ROI) in der Wohnungswirtschaft in Deutschland insgesamt auf 1,7 % (0,7 %), in den alten Bundesländern auf 2,0 % (0,7 %) und in den neuen Bundesländern auf 1,3 % (–0,5 %).[7] Als Aufgabe wird u. a. gesehen, den ROI gezielt zu verbessern. Die Vielschichtigkeit des Leidensdrucks in der Wohnungswirtschaft spiegelt sich z. B. schon im Geschäftsbericht 2004 der Gemeinnützigen Wohnungsgesellschaft mbH Hessen (GWH) wider und ist heute aktueller denn je: Es gilt, das Angebot an günstigem Wohnraum den Markterfordernissen anzupassen, d. h. auszuweiten, auf den Fortfall der Preis- und Belegungsbindung zu reagieren, den Instandhaltungsrückstau mit Modernisierungsmaßnahmen ohne Beeinträchtigung der Mieter aufzulösen, Fördermittel zu beantragen und mit gezielten präventiven Veranstaltungen (Stadtteilmanagement) für ein gutes Images zu sorgen, den Mieter durch Schuldenberatung oder Hilfestellungen im Alter zu unterstützen und gegen Fluktuation anzukämpfen, soziale Konflikte, Vandalismus, Lärm und Verschmutzung abzubauen.[8] Die Dimensionen der Nachhaltigkeit werden hier also unter anderem Namen schon thematisiert.

Die Eigentümer von Parkierungsanlagen klagen, Parkierungsanlagen seien unter dem Ansatz einer Vollkostenrechnung (Grundstück, Planung, Bau und Betrieb) wirtschaftlich nicht darstellbar. Das ist keine Ausnahme in der Immobilienbranche. Eine Lösung kann bei Parkbauten aber sein, diese in andere Nutzflächen (Warenhaus oder Kino) zu integrieren[9] oder für die E-Mobilität vorzubereiten, zwei von vielen möglichen Handlungsoptionen.[10]

Die kommunale Immobilienwirtschaft kämpft gegen die fehlende Finanzierung eines umfassenden und professionellen Immobilienmanagements, obwohl ein hoher Modernisierungs- und Sanierungsbedarf besteht und notwendige Erfassungs- und Berechnungssysteme fehlen.[11] Auch daran hat sich in den vergangenen Jahren nichts geändert. Kurz: Die Wirtschaftlichkeit muss verbessert werden. Nicht nur heute, sondern auch mit Blick auf die Zukunft gilt es, sich für die zukünftigen Herausforderungen fit zu machen.

Aus Kunden- oder Mieterperspektive ergeben sich besondere Herausforderungen aus dem regionalen marktgerechten (Neubau-)Bedarf unterschiedlicher Zielgruppen (s. Kap. 3.5.3) und unterschiedlicher Wohn- und Wertvorstellungen im sich zunehmend schnell wandelnden Zeitgeist, die Modezyklen werden kürzer.

Veränderungen haben auch in der Kirchengeschichte eine lange Tradition (s. Abb. 2.6). Der Kirchenstil hat mehrere Metamorphosen durchgemacht: Der Basilika folgten die Bauten der Romanik, der Renaissance, des Barocks und des Klassizismus sowie des Historismus, schließlich der moderne Kirchenbau. Verglichen mit früheren Stilepochen dreht sich das Rad der Stile heute allerdings immer schneller. Vorbei auch die Zeiten, als das Zellenbüro konkurrenzlos war: Danach kamen das Großraumbüro, Gruppen- und Teambüros, Kombibüros, nonterritoriale Bürokonzepte

7 Siehe [GdW (2016k)], S. 100.

8 Vgl. [GWH (2004)].

9 Vgl. [Veith, T. (2006)], in: [TAE (2006)], S. 171 ff. (Nachtrag zu den Kongressunterlagen).

10 Vgl. ausführlich in [Bogenstätter, U. (2006z)] und [Bogenstätter, U. (2008z)].

11 Vgl. [Silberberg, U. (2004e)], S. 1.

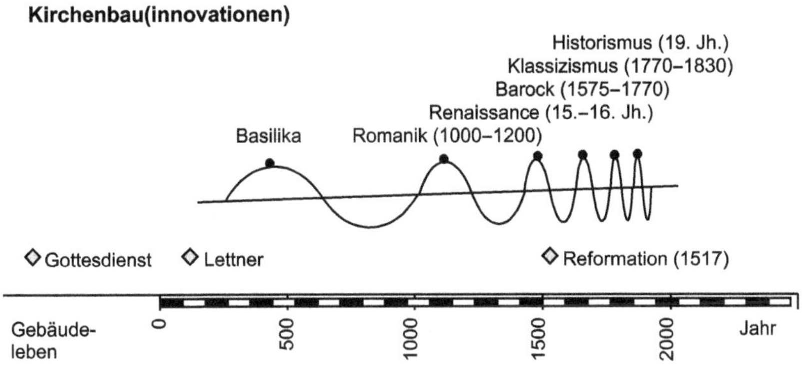

Abb. 2.6: Kirchenbau(innovationen).[12]

und der Business-Club. Vorbei die Zeiten, als Henry Ford (1863–1947) hinsichtlich seiner Automobile sagen konnte: „Bei mir kann jeder Kunde jede Farbe haben, vorausgesetzt, sie ist schwarz." Individualität ist Trumpf, die Welt ist bunter geworden.

Aus finanzieller Perspektive ergeben sich besondere Herausforderungen aus den Leerständen und dem regionalen marktgerechten (Neubau-)Bedarf. Aus Prozess- und Innovationsperspektive ist Professionalisierung und die Sicherung des Wissens ausscheidender Mitarbeiter für den Nachwuchs notwendig. Aus gesellschaftlicher Perspektive ergeben sich besondere Herausforderungen aus dem demografischen Wandel und der (kleinräumlichen) Bevölkerungsentwicklung.

Da es sich bei Immobilien um langlebige Investitionsgüter handelt, ist es besonders wichtig, die Megatrends und Innovationszyklen für Neubauten oder Bestandsmaßnahmen mit Weitblick bis zur nächsten Modernisierungsmaßnahme zum eigenen Vorteil frühzeitig zu erkennen und zu berücksichtigen. Nikolai Kondratieff (1892–1938) hat in Bezug auf (Basis-)Innovationen die Theorie der langen Wellen aufgestellt.

2.3.2 Die langen Wellen

Aus volkswirtschaftlicher Sicht sind sechs lange Wellen (Kondratieff-Zyklen) nachgewiesen (vgl. Abb. 2.7). Grundlage der langen Wellen sind Basisinnovationen, die zyklisch zu neuen Anwendungsfeldern führen. Zu den Basisinnovationen gehört die Dampfmaschine (1. Welle), die die Bekleidungsindustrie hervorbrachte. In der 2. Welle (etwa 1850–1900) wurde durch den Einsatz von Stahl und der Eisenbahn ein schnellerer, weiterer Transport auch der Post möglich. Elektrotechnik und Chemie (3. Welle) förderten den Massenkonsum von Konsumgütern, was zu Konsumtempeln als Prachtbauten zu Beginn des 20. Jahrhunderts führe. Petrochemie und das Automobil (4. Welle) legten die Basis für individuelle Mobilität. Informations- und Kommunikationstechnologien (5. Welle) förderten die Informationstechnik: Der erste Apple Macintosh erblickte 1984 das Licht der Welt. Innovationen bezüglich der psychosozialen Gesundheit und in der Biotechnologie (6. Welle) schlagen sich u. a. in Gesundheitsthemen nieder: Hotels richten Gesundheits- und Wellness-Einrichtungen („SPA"-Bereiche – „sanus per aquam") ein. Die Anwendungsfelder aller Wellen haben bis heute eine hohe Präsenz und Bedeutung. Rückblickend lässt sich feststellen, dass die damaligen Voraussagen sich weitgehend als richtig erwiesen haben.

12 Quelle: eigene Darstellung.

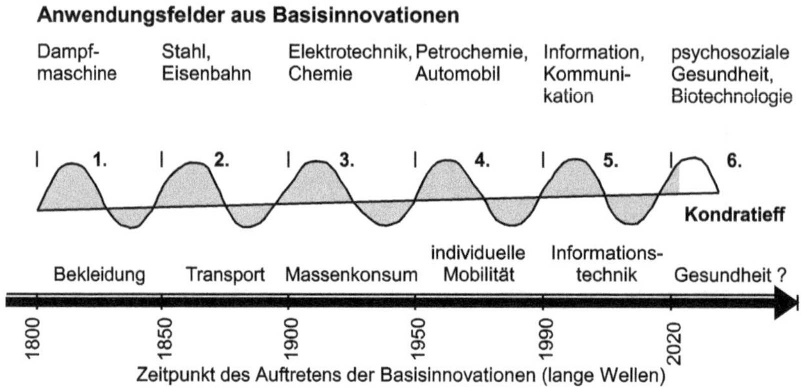

Abb. 2.7: Anwendungsfelder aus Basisinnovationen.[13]

2.3.3 Trends als Herausforderung

Wenn der Zukunftsforscher Horst Opaschowski schreibt, dass Staat und Bürger sich in Zukunft in die soziale Pflicht nehmen werden und die nächste Generation auch wieder mehr Wert auf die (Groß-)Familie legen wird, so hat dies direkt Auswirkung auf zukünftige Wohnformen, wie z. B. Generationenwohnen unter einem Dach, Kinderbetreuung durch Großeltern und Altenbetreuung durch Kinder und Eltern sowie Netzwerke der sozialen Anteilnahme.[14] Dies steht allerdings im Gegensatz zu derzeitigen Mobilität und Ausweitung der Single-Haushalte.

Nach Opaschowski lassen sich Herausforderungen benennen, um sich die Politik kümmern muss. Er teilt Aufgaben ein in Problemfelder und Zukunftsaufgaben. In einigen Themen, kann sich die Immobilien- und Wohnungswirtschaft als verlängerte Werkbank des Staates betrachten. Hervorgehoben sind daher in Abbildung 2.8 die Problemfelder

- Gesundheitsvorsorge sichern,
- Wirtschaftsstandort Deutschland erhalten,
- Kriminalität bekämpfen,
- Aggressivität und Gewalt verhindern,
- Preisanstieg bekämpfen,
- Umweltverschmutzung bekämpfen und
- Lebensstandard erhalten.

Dabei handelt es sich um Probleme, die die Immobilien- und Wohnungswirtschaft direkt und indirekt berühren und die sie mit zu lösen hat. Die Reihenfolge zeigt die Relevanz der Themen.

Immobilien- und Wohnungswirtschaft als verlängerte Werkbank der Problemlösung

Die Zukunftsaufgabe **Gesundheitsvorsorge sichern** spiegelt sich in der 6. Welle nach Kondratieff wider. Die Gesundheit beeinträchtigende Mängel werden bei rd. 34 % der Wohnungen genannt (s. Abb. 2.9).

Die Bedeutung der Lärmbelästigung wird auch im öffentlichen Protest gegen Fluglärm durch den Frankfurter Flughafen in Mainz und der Forderung nach Nachtruhe in Frankfurt deutlich. Der hohe Prozentsatz an Feuchtigkeitsschäden weist auf eine hohe Schimmelgefahr hin. So wird

13 Quelle: eigene Darstellung, vgl. [Nefiodow, L. (2001)], S. 3, 133.

14 Vgl. [Opaschowski, H. (2013)], S. 44.

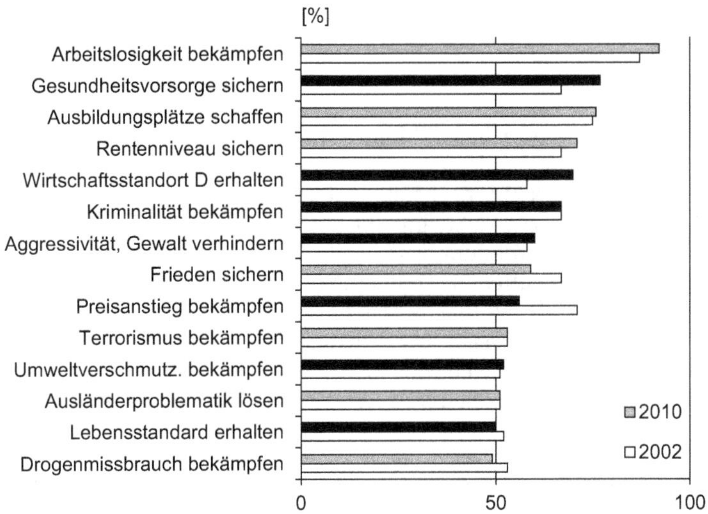

Abb. 2.8: Wirtschafts-, Gesundheits- und Sozialpolitik: die wichtigsten Aufgaben des Staates.[15]

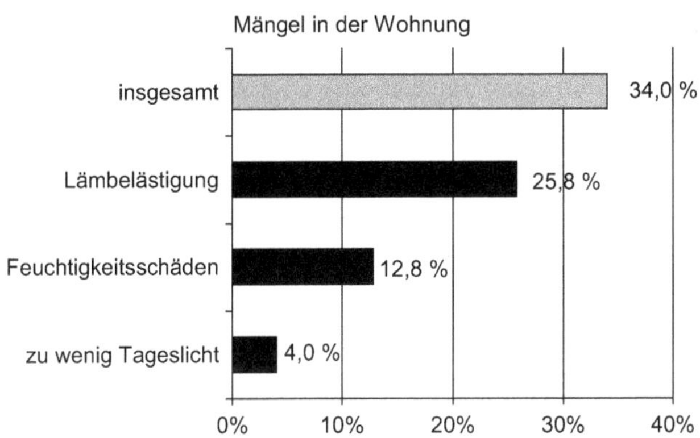

Abb. 2.9: Wohnsituation der Haushalte 2015: Mängel in der Wohnung/dem Haus, in der/dem der Haushalt lebt.[16]

Schimmel auch in der Rechtsprechung zunehmend als Mietminderungsgrund relevant. Gute Gründe, diese Zukunftsaufgabe ernst zu nehmen. Schließlich kann Schimmel im Lebensmittellager neben gesundheitlichen auch zu erheblichen finanziellen Schäden führen.[17]

Die Bedeutung des Gesundheitsschutzes für die Immobilienunternehmen wird in den nachfolgend genannten Anforderungen deutlich. Es geht um erhöhte Anforderungen an bauliche Qualitäten, z. B. Maßnahmen für den vorbeugenden Brandschutz oder Schallschutzfenster gegen Lärm. Zu nennen ist hier aus Sicht der organisatorisch Verantwortlichen beispielhaft die Betreiberverantwortung und Verkehrssicherung[18] zur Sicherung der körperlichen Unversehrtheit. Es geht aber

15 Quelle: eigene Darstellung, Daten aus [Opaschowski, H. (2013)], S. 46: Von je 100 Befragten nennen als vordringlich zu lösende Probleme …

16 Quelle: eigene Darstellung, Daten aus [StBA EU-SILC 2015], S. 32.

17 Vgl. Kapitel 7.6 und 8.3.8.

18 Vgl. Kapitel 8.3.5.

auch um medizinische Versorgung, Pflege- und Assistenzsysteme, die über eine Pflege nach dem Grundsatz „satt und sauber" hinausgehen und die Eigenständigkeit fördern. Eine Beachtung der Gesundheitsvorsorge über den gesetzlichen Mindeststandard hinaus erscheint daher sinnvoll. Selten werden Anforderungen geringer.

Die Zukunftsaufgabe **Wirtschaftsstandort Deutschland erhalten** wird auch von der Wohnungswirtschaft aufgegriffen. Im Ringen um Anerkennung wurde die sog. Stadtrendite entwickelt und wissenschaftlich untermauert, um den Beitrag der kommunalen Wohnungsunternehmen zum Gemeinwohl zu formulieren und zu quantifizieren. Stadtrendite steht hier als Synonym für die Sicherung des Wirtschaftsstandorts durch die Wohnungswirtschaft.

Die Dimensionen einer nachhaltigen Stadtrendite kommunaler Wohnungsunternehmen werden als Teil einer Portfoliostrategie in Kapitel 3.3.1, Tabelle 3.1 aufgezeigt. Dazu zählt z. B. die Bereitstellung eines breiten und bezahlbaren Wohnungsangebots sowie gepflegter und sicherer Quartiere. Die wahrgenommene Sicherheit in den Quartieren wird auch durch die zügige Beseitigung von Vandalismusschäden und durch die Präsenz der Mitarbeiter erhöht, die als solche erkennbar und ansprechbar sein sollten.

Circa 75 % der Bevölkerung haben Angst vor wachsender Aggressivität (s. Abb. 2.10). Der Zukunftsaufgabe **Kriminalität bekämpfen, Aggressivität und Gewalt verhindern** kommt daher eine besondere Bedeutung zu. Die Angst vor Einbrüchen ist groß. Erdgeschosswohnungen sind daher bei älteren Mietinteressenten nicht besonders beliebt. Die Kriminalitätsrate wird durch organisatorische (Präsenz des Personals, z. B. der Hausmeister) oder technische (aktiver und präventiver Einbruchsschutz, Überwachungsanlagen) Maßnahmen direkt beeinflusst. So kann die Immobilien- und Wohnungswirtschaft auf die zunehmende Angst vor Aggressivität mit präventiven Maßnahmen und Leistungen (z. B. Concierge) reagieren und dies als Vermarktungsvorteil nutzen.

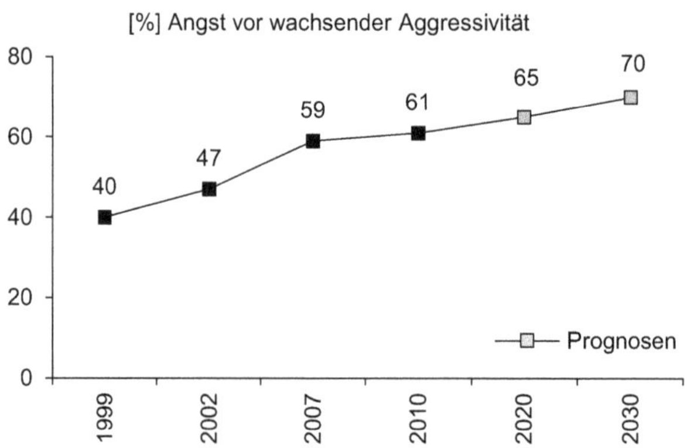

Abb. 2.10: Angst vor wachsender Aggressivität: Bangen um die eigene Sicherheit.[19]

Die sog. zweite Miete ist in der Wohnungswirtschaft schon immer von besonderer Bedeutung gewesen und spiegelt sich in der Zukunftsaufgabe **Preisanstieg bekämpfen** wider. Maßnahmen zur Begrenzung der Nettokaltmiete und die warmen/kalten Betriebskosten sind daher ebenfalls von großer Bedeutung. Die Möglichkeiten, den Verbrauch über gesetzliche Regelungen weiter zu reduzieren, sind allerdings begrenzt, da bei Neubauten technische Maßnahmen weitgehend genutzt werden. Die Aussage „Die Absenkung der Raumtemperatur um 1 °C spart 6 % der Heizenergie"[20]

19 Quelle: eigene Darstellung, Daten aus [Opaschowski, H. (2013)], S. 47.
20 [DMB (2018)].

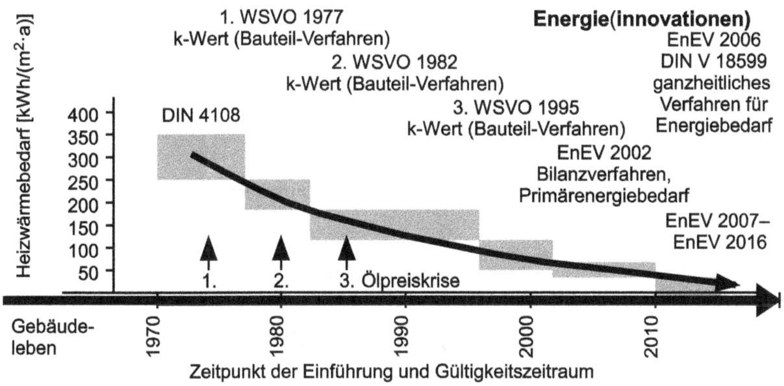

Abb. 2.11: Von der Energieschleuder zum Nullenergiehaus: Energie(innovationen).[22]

ist bei zunehmend höherem Energiestandard und vermehrten energetischen Maßnahmen im Bestand nicht zu halten (vgl. Abb. 2.11). Auch der Tipp des früheren Finanzsenators in Berlin, Thilo Sarrazin, ist nicht wirklich hilfreich: „Wenn die Energiekosten so hoch sind wie die Mieten, werden sich die Menschen überlegen, ob sie mit einem dicken Pullover nicht auch bei 15 oder 16 Grad Zimmertemperatur vernünftig leben können."[21]

Die Wohnungsunternehmen stellen vielfach bezahlbaren Wohnraum mit bezahlbaren Nebenkosten zur Verfügung und leisten ihren Beitrag, um den Lebensstandard zu erhalten (vgl. Abb. 2.12).

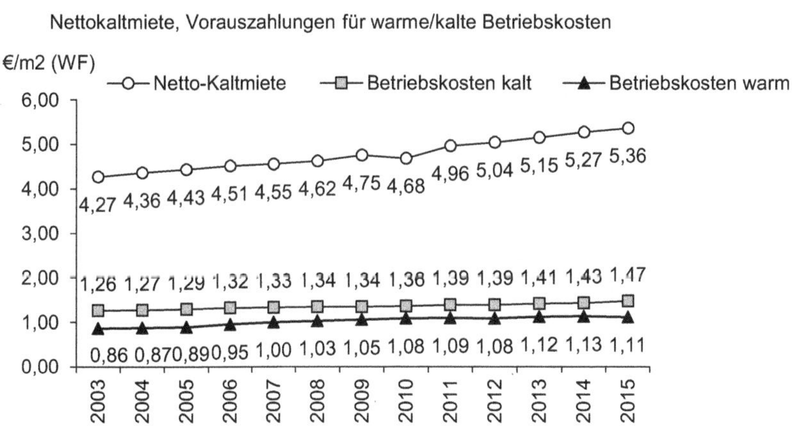

Abb. 2.12: Mietbestandteile bei GdW-Unternehmen.[23]

Die erfolgreiche Begrenzung der Energiekosten kann sich als Vorteil in der Vermarktung im Vergleich zu Mitbewerbern erweisen. Intelligente Steuerungssysteme können tatsächlich die Heizkosten reduzieren. Die regelmäßige Überwachung und Aktualisierung der Systeme ist allerdings notwendig, um eine nachhaltige Einsparung beim Wärmebedarf zu erzielen (vgl. Abb. 2.13).

21 [Sarrazin, T. (2008)].

22 Quelle: eigene Darstellung.

23 Quelle: eigene Darstellung, Daten aus [GdW (2012k)], S. 66, [GdW (2016k)], S. 42.

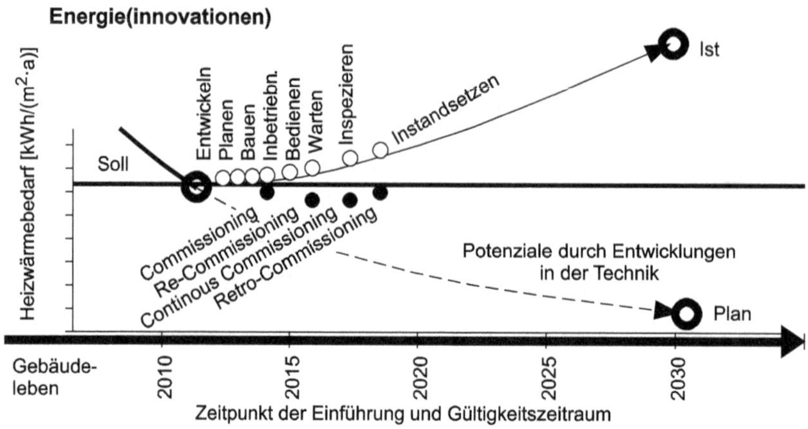

Abb. 2.13: Potenziale zur Begrenzung des Heizwärmebedarfs.[24]

Hierfür bedarf es einer geregelten Inbetriebnahme und eines entsprechenden Abnahmetests (Commissioning, Cx), was eigentlich selbstverständlich sein und ständig durchgeführt (Continuous Commissioning) sowie in Bezug auf definierte Referenzwerte wiederholt werden sollte (Re-Commissioning). Das gilt auch für bestehende Gebäude (Retro-Commissioning). Beim Flughafen Berlin (BER) hat davon bisher noch nichts funktioniert,– wenn man den Pressemeldungen Glauben schenken darf.

Commissioning beschreibt einen systematischen Prozess von der Planungsphase bis zu einem Zeitraum von etwa einem Jahr nach Gebäudefertigstellung, der durch Prüfung und Dokumentation sicherstellt, dass alle gebäudetechnischen Anlagen einzeln und im Verbund entsprechend der Planungsintention und den Planungsunterlagen funktionieren und die Anforderungen des Bauherrn an den gebäudetechnischen Betrieb erfüllen. Commissioning reicht in den Gebäudebetrieb hinein, um die Optimierung von Anlagenparametern unter realen Lastbedingungen und einem breiten Spektrum klimatischer Einflüsse vorzunehmen.[25]

Gering investive Maßnahmen zur Energieeinsparung sind in jedem Fall sinnvoll, auch wenn die Heizkosten durch den Mieter und nicht durch das Wohnungsunternehmen bezahlt werden.

Zu den Problemen im Wohnumfeld zählen auch Umweltbelastungen (vgl. Abb. 2.14). So gehört **Umweltverschmutzung bekämpfen** ebenfalls zu den Zukunftsaufgaben. Die Menschen reagieren zunehmend sensibel auf Umweltthemen, da sich ein Bezug zur persönlichen Gesundheit (vgl. 6. Welle nach Kondratieff) herstellen lässt. Zu den Umweltbelastungen gehören u. a. unerwünschte Lärmimmissionen und Geruchsbelästigungen, ebenso Feuchtigkeitsschäden (s. oben Abb. 2.9). Aussagen zum Kundenwillen liefern die Ergebnisse einer Umfrage im Marktmonitor Immobilien 2013. Der erste Wert benennt den „entscheidenden Einfluss", der zweite Wert den „wichtigen Einfluss".[26] Hier werden fünf negative Umgebungsfaktoren mit Einfluss auf die Vermarktung genannt: Lärm (47 %, 35 %), Geruchsbelästigung (47 %, 35 %), der hohe Anteil an Ausländern (27 %, 42 %), der hohe Anteil Erwerbsloser (24 %, 40 %) sowie Handymasten (9 %, 25 %). Entscheidend sind also Lärm- und Geruchsbelästigungen.

Bauliche Maßnahmen (z. B. Schallschutzfenster oder Filteranlagen) helfen, der Belästigung vorzubeugen.

24 Quelle: eigene Darstellung, Begriffsdefinition Continuous Commissioning und Retro-Commissioning in [VDI 6039 2011-06], S. 4, S. 8.

25 Siehe [VDI 6039 2011-06], S. 4 f.

26 Vgl. [Kippes, S. (2013)], S. 38 – leider wurden diese Werte in den nachfolgenden Marktmonitoren nicht weiter erhoben.

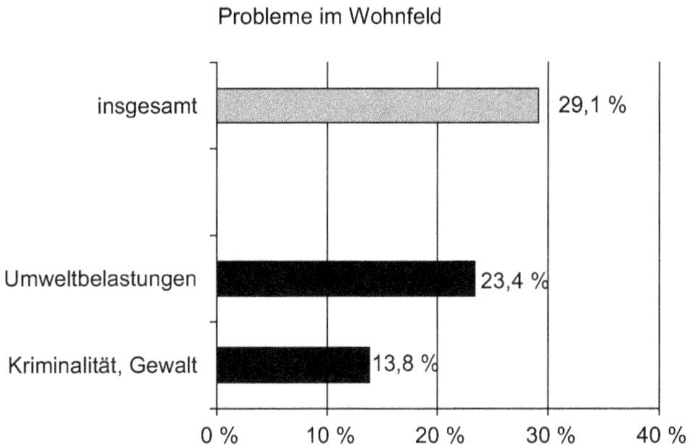

Abb. 2.14: Wohnsituation der Haushalte 2015: Probleme im Wohnumfeld, in dem der Haushalt lebt.[27]

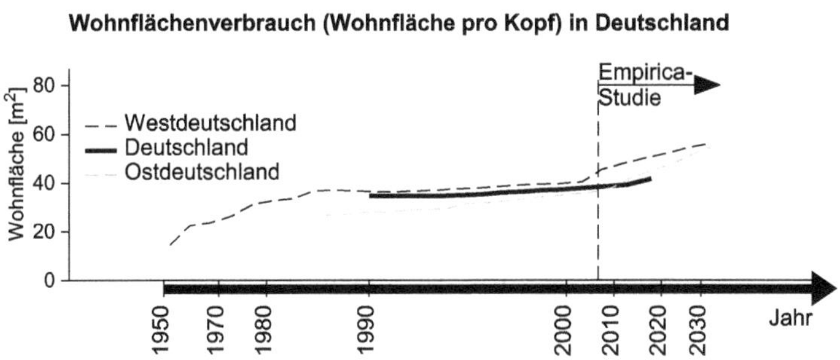

Abb. 2.15: Der Wohnflächenverbrauch in Deutschland steigt.[28]

Mit bezahlbarem Wohnraum und mit bezahlbaren Nebenkosten leisten Wohnungsunternehmen nicht nur ihren Beitrag bei der Aufgabe **Preisanstieg bekämpfen**, sondern auch bei der Aufgabe **Lebensstandard erhalten**. Ernüchternd muss jedoch festgestellt werden, dass die an sich erfolgreichen Bemühungen, die Kosten pro Quadratmeter Mietfläche zu senken, zum Teil durch erhöhten Wohnkomfort und Anspruchsdenken aufgehoben werden. Wie in Abbildung 2.15 dargelegt, wird der Wohnflächenverbrauch pro Kopf in Deutschland bis 2030 weiter steigen. Die Gründe hierfür sind vielfältig. Ein Grund ist die Zunahme der Single-Haushalte. Deshalb ist trotz vieler Energiesparmaßnahmen der Energieverbrauch pro Kopf nicht maßgeblich gesunken (vgl. Abb. 2.16).

Ein Grund ist sicher die Technisierung der Gebäude und die dafür notwendige Hilfsenergie. Schon das Heliotrop von Rolf Ditsch (1994) benötigte zusätzliche Hilfsenergie, um Solarenergie überhaupt nutzen zu können. Das ganze Gebäude wird nach dem Sonnenstand um seine eigene Achse gedreht. Der Tribut an die Gebäudeautomation und die zunehmende Digitalisierung der Gebäude lässt sich nachweisen: Die Energieeinsparung wird z. T. durch Hilfsstrom und Steuerelemente wieder aufgefressen und geht trotz SmartHome (homekit von Apple oder Lösungen der Energieversorger) nicht automatisch in Erfüllung. Abhilfe gegen unerwünschte Nebeneffekte schaffen da für den Vermieter nur transparente Vollkostenrechnungen. Auch die vielen elektrischen Helfer und Computer im Haushalt tragen zum erhöhten Stromverbrauch zulasten des Mieters bei.

27 Quelle: eigene Darstellung, Daten aus [StBA EU-SILC 2015], S. 33.

28 Quelle: eigene Darstellung, vgl. [Rychter, A. (2007h)].

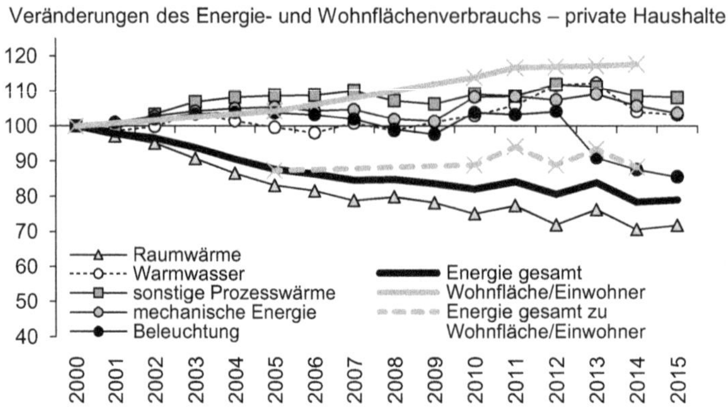

Abb. 2.16: Energieverbrauch der privaten Haushalte.[29]

! Merke: Nicht alles, was technisch machbar ist, ist tatsächlich sinnvoll.

Es gibt viele Möglichkeiten, auf die heutigen Problemfelder konkret zu reagieren. Doch welche Schlussfolgerungen ergeben sich aus dem Blick in die Zukunft?

(Unaufhaltbare?) Zukunftstrends

Opaschowski skizziert folgende wesentliche Zukunfts- bzw. Megatrends:[30]
- die Flexibilisierung der Arbeitsplätze,
- die Entwicklung der Dienstleistungsgesellschaft,
- die Überalterung,
- die Zuwanderung,
- die Vereinzelung,
- die Mediatisierung,
- die Mobilisierung,
- die Erlebnisorientierung und
- die Beschleunigung.

Diese Trends werden hinsichtlich ihrer Bedeutung für die Immobilienwirtschaft und das Immobilienmanagement untersucht. Welche Anforderungen an die Immobilien lassen sich ableiten?

Die Flexibilisierung der Arbeitsplätze lässt sich so umschreiben: Arbeite situationsbedingt, wo Du willst, wann, wie und solange Du willst.

Durch die zunehmende Organisation der Arbeit in Projekten bedarf es situationsbedingt unterschiedlicher Organisationsformen des Büros. Das klassische Zellenbüro hat in einer globalisierten Welt zunehmend ausgedient. Projektmanagementstrukturen gewinnen stetig an Bedeutung. Ob konzentrierte Kopf- oder begegnungsintensive Teamarbeit – jede Arbeitsform benötigt unterschiedliche Organisationsformen. Die Büroinnovationen im Laufe der Zeit sind in Abbildung 2.17 dargestellt. Dabei handelt es sich nicht um ein Entweder-oder, sondern um ein Sowohl-als-auch. Die Personalabteilung wird für vertrauliche Personalgespräche stets auch Zellenbüros benötigen. Dennoch: Die Vielfalt der Organisationsformen wird größer, die Anforderungen an die Anpas-

29 Quelle: eigene Darstellung vgl. [StBA (2017)], S. 49 und [UBA (2016)].
30 Vgl. [Opaschowski, H. (2013)], S. 83 ff.

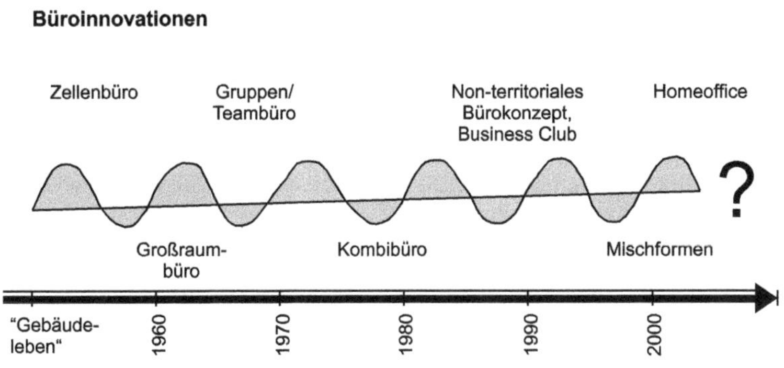

Abb. 2.17: Büroinnovationen.[31]

sungsfähigkeit der Büroräume ebenfalls. Die notwendige Nutzungsvielfalt (Flexibilität) und variable Ausstattung (Variabilität) wird in Kapitel 3.6 dargestellt.

Dabei verwischen die Grenzen zwischen Arbeit und Freizeit. Der Anteil der Homeoffice-Arbeitsplätze steigt, und mit der Steigerung der Teilzeitquote (vgl. Abb. 2.18) steigt die Anzahl der Mitarbeiter in einem Unternehmen und damit die Zahl der Arbeitsplätze, die geringer als bisher genutzt werden. Gefragt sind daher auch Flächensparkonzepte, die einen höheren **Belegungsgrad** ermöglichen (vgl. Kap. 6.4). In der Abkehr von starren Büro- und Öffnungszeiten liegen auch Chancen: Flexiblere Arbeitszeitmodelle werden bei Parkbauten und Handelsimmobilien für eine gleichmäßigere Auslastung sorgen und in einer virtuellen Welt an Bedeutung verlieren.

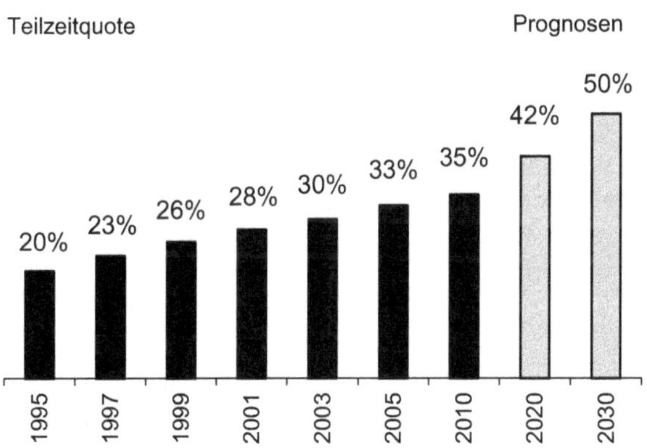

Abb. 2.18: Teilzeitbeschäftigte in Deutschland (Teilzeitquote in %).[32]

Die **Entwicklung der Dienstleistungsgesellschaft** wird weiter voranschreiten: Die Dienstleistungsgesellschaft erschließt neue Märkte und Arbeitsbereiche, insbesondere bei Sicherheits-, Vorsorge- und Gesundheitsdiensten. Auch die Erlebnisindustrie für Tourismus, Medien, Kultur, Sport und Unterhaltung wandelt sich und expandiert.[33] Inzwischen müssen Hotels neben Fitnessräumen zunehmend Spa-Leistungen anbieten. Die Gesundheitsorientierung findet sich auch beim Essen. Das Hotel „Hafen“ in Hamburg beispielsweise hat „An apple a day will keep the doctor away“

31 Quelle: eigene Darstellung.

32 Quelle: eigene Darstellung, Daten aus [Opaschowski, H. (2013)], S. 134.

33 Vgl. [Opaschowski, H. (2013)] S. 84.

zum Motto erhoben: In jedem Hotelzimmer liegt ein frischer Apfel bereit. Auch Parkhausbetreiber werden neben den Grundleistungen weitere Zusatzleistungen in Form von Dienstleistungen differenziert nach Nutzergruppen aus- und aufbauen müssen. Party in Parkhäusern am Abend – warum nicht? Wohnungsunternehmen können komplementäre oder periphere Zusatzleistungen bieten.[34] Kirchen denken über neue Nutzungsformen und Digitalisierung (smartChurch) nach.[35]

Die **Überalterung** ist seit Jahrzehnten ein Dauerthema (vgl. Abb. 2.19). Die Alterspyramide hat inzwischen die Form einer oben schon recht dicken Zwiebel.[36]

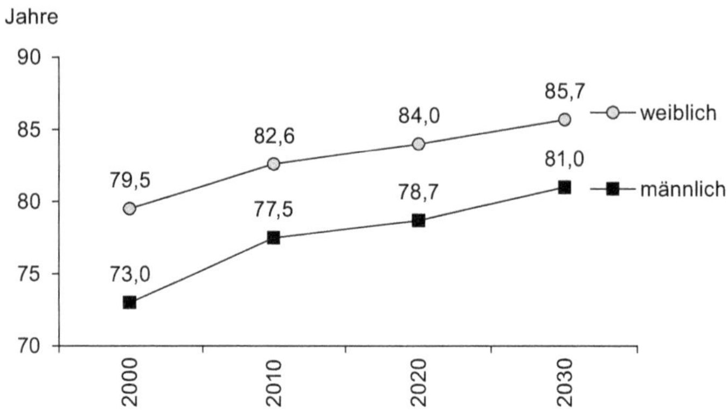

Abb. 2.19: Lebenserwartung in Deutschland – Fakten und Prognosen.[37]

Die Lebenserwartung steigt weiter an. Damit wird die Forderung lauter, Immobilien jeglicher Couleur barrierefrei auszustatten. Das hat bei mehrstöckigen Gebäuden Aufzüge zur Folge. Zusätzlich steigen das individuelle Sicherheitsbedürfnis und die Anforderungen an die technische Ausstattung von Gebäuden und Wohnungen. Doch Vorsicht! Der Anteil an technischen Anlagen erhöht sich kontinuierlich seit Jahren (s. Abb. 2.20). Wer soll das noch bedienen und bezahlen (können)?

Die Technik muss insbesondere in einer alternden Gesellschaft zuverlässig und beherrschbar bleiben. Nutzererfahrungen im Umgang mit neuer Technik konnten bereits in Passivhäusern gesammelt werden.

> Empfehlungen aus dem Nutzerhandbuch und Hinweise bei der Einführungsberatung werden von den Nutzern teilweise ignoriert. [...] Die Fenster und die Balkontüren werden auch in der Heizperiode von den Bewohnern über längere Zeit in Kippstellung belassen. [...] Die Lüftungsanlagen (Einstellungen) werden von den Bewohnern sehr unterschiedlich eingestellt, tendenziell eher in der Minimal-, als in der Maximalstufe. [...] Bewohner wählen im Durchschnitt eine höhere Innentemperatur als die in der Projektierung angenommenen 20 °C.[38]

Bedienungsfreundlichkeit in den Immobilien muss unabhängig vom Alter umgesetzt werden. Selbst Wasserhähne werden zu kompliziert: In den Toilettenräume sind zunehmend Nutzer anzutreffen, die mit wischenden Bewegungen den bewegungssensitiven Wasserhahn und den Papierspender vergeblich zu aktivieren versuchen. Ein Druck auf den Spiegel hätte vielleicht Abhilfe leisten können. Ähnliches gilt für eine Vielzahl von Heizungssteuerungen: Das Bedienfeld ist (zu) klein, Menüpunkte in der 7. Ebene sind unverständlich und zeitraubend.

---

34 Vgl. Kapitel 1.4.5 und 3.5.2.

35 Vgl. Bogenstätter, Ulrich in [HWS (2018)].

36 Vgl. Kapitel 2.6.1, Abbildung 2.39.

37 Quelle: eigene Darstellung, Daten aus [Opaschowski, H. (2013)], S. 86.

38 [Walberg, D. (2010k)], S. 23 f.

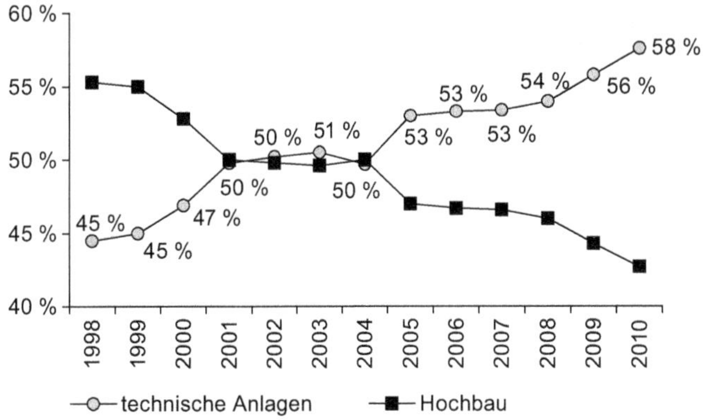

Abb. 2.20: Der Anteil der technischen Anlagen am Gebäude steigt.[39]

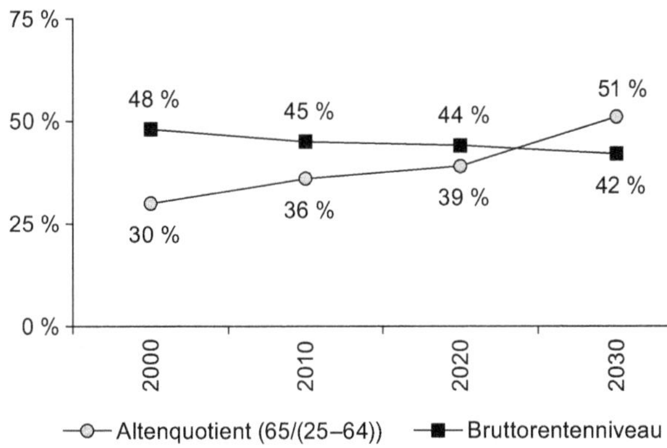

Abb. 2.21: Brutto-Rentenniveau und Altenquotient in Deutschland – Fakten und Prognosen.[40]

Zwar nimmt die freie Zeit zu, doch gehen die finanziellen Möglichkeiten in einer überalternden Gesellschaft zurück (vgl. Abb. 2.21): Die Menschen werden älter, die Kaufkraft nimmt nach dem Renteneintritt ab. Damit steigt auch wieder die Nachfrage nach bezahlbarem Wohnraum.

Das Bedürfnis nach sinnhafter Betätigung und die Bedeutung des Quartiers als vertrauter Lebensraum wachsen mit der Ausweitung der freien Zeit ebenfalls. Eine Chance liegt darin, das Ehrenamt zu fördern und nicht nur für kirchliche, öffentliche oder soziale Einrichtungen als Beitrag zur Kostenreduktion zu nutzen.[41] Ehrenamtliche Tätigkeiten können Ersatz für professionelle Dienstleistungsunternehmen bieten: Einsparpotenziale bei der Prüfung von ortsveränderlichen und elektrischen Betriebsmitteln konnten für den kirchlichen Bereich nachgewiesen werden.[42]

Die Zuwanderung wird an Bedeutung gewinnen. Der Anteil der zugewanderten Bevölkerung wird bis zum Jahr 2050 ein Drittel im Bundesdurchschnitt und 50 % in den Großstädten errei-

39 Quelle: eigene Darstellung, vgl. Daten aus [Heidemann, A. (2012)]: Hochbau: gewerbliche und öffentliche Gebäude; technische Anlagen: Elektroinstallation, Dämmung, Heizung-Lüftung-Klima, sonstige Bauinstallationen.

40 Quelle: eigene Darstellung, Daten aus [Opaschowski, H. (2009)], S. 63.

41 Vgl. u. a. Kapitel 5.2.6.

42 Vgl. [HS-MZ Döhren, C. (2011)].

chen und trotzdem wird die Bevölkerung zurückgehen.[43] Hierdurch wird sich die Alltagswelt des Immobilienmanagements weiter verändern: Die Bedeutung von Mehrsprachigkeit wird bei Mietverträgen oder Hausordnungen weiter steigen, Karten zur Ablesung von Zählerständen werden mit Piktogrammen ausgestattet sein. Der Nutzungsvielfalt (**Flexibilität**) und Anpassungsfähigkeit (**Variabilität**) der Gebäude bedarf es aus kulturellen Gründen auch hier:[44] Unterschiedliche Kochgewohnheiten können zu einer erhöhten Brandgefahr z. B. bei Holzhäusern führen. Daneben sind auch Generationenkonflikte durch unterschiedliche Wohnvorstellungen zu lösen.

Die Vereinzelung: Singles nehmen als Lebensform zu, bedingt durch das spätere Verlassen des Elternhauses (Nesthocker), verlängerte Ausbildungszeiten und zeitlich verschobene Studienabschlüsse, die Verschiebung des Zeitpunkts der Familiengründung, gestiegene Mobilitätanforderungen und virtuelle soziale Netzwerke. Diese Tatsache lässt sich an der Entwicklung der Haushalte nach Haushaltsgröße (s. Abb. 2.22) und an der Prognose in Kapitel 2.6.2 (Abb. 2.38 und Abb. 2.40) ablesen. Neben der Vereinzelung wächst die Individualisierung und Selbstständigkeit der Menschen und wird zu einer neuen, fordernden Erwartung individualisierter Angebote und Nutzungsmöglichkeiten führen.

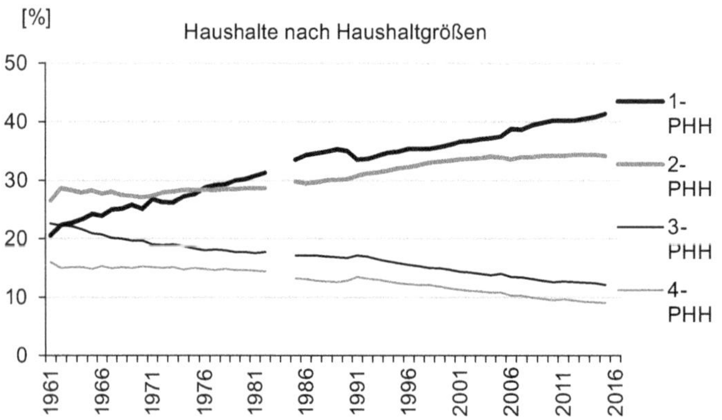

Abb. 2.22: Haushalte nach Haushaltsgrößen in Deutschland 1991–2015.[45]

Die Mediatisierung bleibt weiterhin ein Trend: Nach Opaschowski[46] ist Fernsehen derzeit besonders wichtig und auf Platz 1 der Mediennutzung. Allerdings wird das Telefonieren und Skypen bis 2030 diesen Platz einnehmen und das Fernsehen auf Platz 2 verdrängen, auf Platz 3 steht Radio hören.

Erst an 4. Stelle wird die Familie stehen. Interessant ist, dass das Item **Etwas für die Gesundheit tun** 2010 erstmals unter den Top Ten, nämlich auf dem 9. Platz, stand. Die Prognose sieht es 2030 auf dem 6. Platz. Das deckt sich mit der Einschätzung der langen Wellen – dem 6. Kondratieff.

In der Mediatisierung wird die Art des technischen Fortschritts nur indirekt oder gar nicht erfasst. Die Nutzung des Fernsehens wird seit 1956 erhoben, allerdings hat sich die technische Grundlage des Fernsehens grundlegend verändert: Fernsehkanäle werden weitgehend digital über Satellit, terrestrisch, kabelgebunden und zunehmend über Internet in kabelgebundenen (LAN) und kabellosen Netzwerken (WLAN) in HD-Qualität verbreitet und genutzt. Die IT-gestützte tech-

43 Vgl. [Opaschowski, H. (2013)], S. 87.

44 Vgl. Kapitel 3.6.1.

45 Quelle: [StBA (2017a)].

46 Vgl. [Opaschowski, H. (2013)], S. 90.

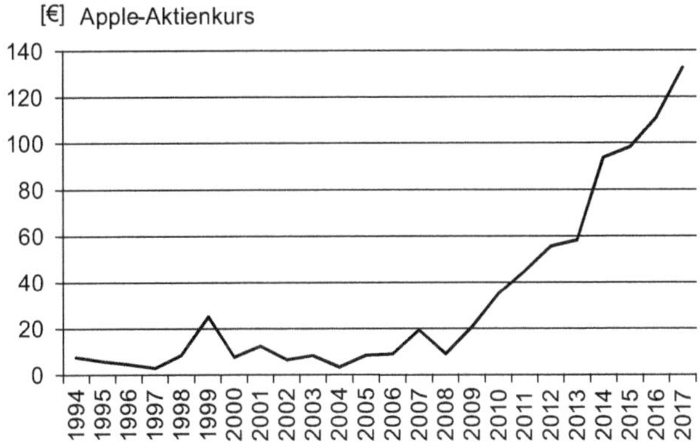

Abb. 2.23: Aktienkurs Apple.[47]

nische Infrastruktur wird zunehmend wichtiger und immer kürzeren Innovationszyklen unterworfen sein. Die Innovationskraft durch IT wird am Beispiel des steilen Aktienkurses der Firma Apple deutlich (s. Abb. 2.23). Im Jahr 2000 nahezu bedeutungslos, ist sie heute eines der wertvollsten Unternehmen der Erde. Mediatisierung und Digitalisierung bedeuten für die Immobilienwirtschaft zunächst: Ohne Internetanschluss geht gar nichts.

Innovationszyklen und ihre Bedeutung werden auch an den Beispielen Datenträger (s. Tab. 2.2) und Medienträger (s. Abb. 2.24) deutlich.[48] Physikalische Medienträger werden von Digitals abgelöst. Die weitverbreitete Compact Disc (CD) befindet sich auf dem Rückzug, während Musikstreams (Digitals in Form von Downloads) zunehmen. Damit verbunden ist vielfach ein Datenverlust: Wer hat heute noch einen Diaprojektor oder Super-8-Schmalbildprojektor, um die „berüchtigten“ Diashows zu wiederholen oder den Nachkommen akribisch aufgezeichnete Familienereignisse zu zeigen? Kürzere Innovationszyklen sind außerdem mit höheren Instandhaltungskosten für Bestandshalter und private Immobilienbesitzer verbunden.

Tab. 2.2: Zeitreise (IT-)Innovationen.

Jahr	Innovation (weiterhin genutzt)	Jahr	Innovation (weitgehend abgelöst)
1923	Rundfunkbetrieb in Berlin eröffnet	ab 1877	Single-, Langspielplatte
1945	Telefon (Tischfernsprecher W48)	ab ca. 1940	Diafilm (Diapositivfilm)
		ab 1965	Super-8-Schmalbild-Format
		ab 1976 EU	Video-Home-System (VHS)
		1976	5,25″-Diskette (ab 110 kB)
		1984	3,5″-Diskette (ab 1,44 MB)
		ab 1984	Compact Disc (CD) (ab 650 MB)
		1988	3,5″-Festplattenspeicher (ab 20 MB)
		1996	Advanced-Photo-System-(APS-)Filme
ab 1997 EU	Plasma-Fernseher	ab 1999	Digital Videodisc (DVD) (ab 4,7 GB)
ab rd. 2005	Flachbildschirme		
ab 2005	YouTube		
ab rd. 2007	Smartphone (iPhone)		
ab 2010	iPad von Apple		

47 Quelle: eigene Darstellung, basierend auf den veröffentlichten Jahresschlusskursen.

48 Vgl. Kapitel 3.4.3.

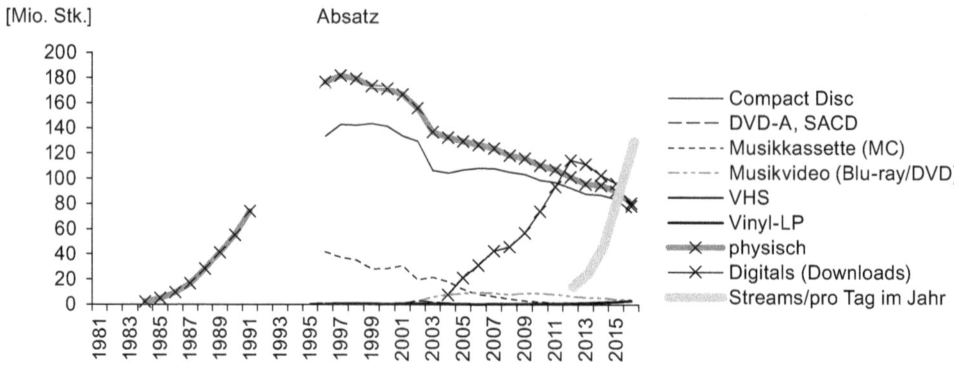

Abb. 2.24: Produktzyklen und Musikabsatzzahlen nach Medienträgern.[49]

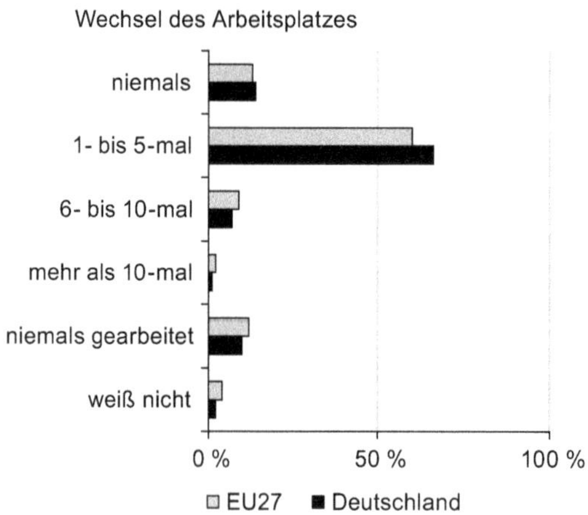

Abb. 2.25: Wechsel des Arbeitsplatzes.[50]

Die steigende **Mobilität** der Gesellschaft gründet sich auf einer steigenden Nomadisierung durch häufigeren Wechsel des Arbeitsplatzes (vgl. Abb. 2.25), der Freude am Fahren, der steigenden Mobilität von Frauen und älteren Menschen. Die Angst, etwas zu verpassen, trägt ebenfalls dazu bei.[51] So wird die Mobilität den Menschen räumlich, geistig und sozial in Bewegung halten, der Individualverkehr wird an Bedeutung gewinnen und die Pkw-Dichte (Pkw je 1000 Einwohner) noch weiter zunehmen.

Damit verbunden ist die Nachfrage nach ausreichend breitem Parkraum: 2,50 m breit und 5 m lang sollten sie sein, neben Pfeilern und Wänden noch breiter gemäß den Empfehlungen für Anlagen des Ruhenden Verkehrs (EAR 05). Der Golf wuchs im Lauf der Zeit von 1,60 auf 1,80 m Breite[52],

49 Quelle: eigene Darstellung, Daten nach Bundesverband der Musikindustrie e. V., Musikindustrie in Zahlen 2004–2016.

50 Quelle: eigene Darstellung, Daten aus [Statista (2009i)], Grundlage: EU27, Deutschland; ab 15 Jahre; 26.756 Befragte; TNS Opinion & Social, TNS Infratest (Europäische Kommission), Erhebungszeitraum 25.05.2009 – 17.06.2009.

51 Vgl. [Opaschowski, H. (2013)], S. 93.

52 Angaben aus [ADAC (2013)], S. 12.

während Parkplätze seit Jahrzehnten in gleicher Breite geplant werden. Die zunehmend alternde Gesellschaft fordert angepasste Parkierungsanlagen, ebenso die Möglichkeit für den „Aldi-Shopper", bequem ein-/auszusteigen bzw. ein-/auszuladen. Bei hochpreisigen Immobilien werden sogar Parkplätze von mehr als 2,50 m Breite gefordert.

Eine Verlagerung des kraftstoffbetriebenen Individualverkehrs auf Elektromobilität wird das Immobilienmanagement herausfordern. So müssen flächendeckend öffentliche Ladestationen an den Bürogebäuden, Supermärkten, Tankstellen, Motels und Hotels für E-Pkws oder Elektrofahrräder (E-Bike, Pedelec) bereitgestellt werden, ebenso private Ladestationen bei Wohngebäuden. Das erfordert den Ausbau der Stromnetze bei den Parkflächen, damit ein schnelles Laden am Standardstecker möglich ist. Wer hat heute schon einen Dreiphasenwechselstrom-Anschluss in der Garage?

Die **Erlebnisorientierung** ist in allen Immobilienbranchen bemerkbar. Neue Einkaufszentren, Hallenbäder, Kinos etc. sind Ausdruck der Erlebnisorientierung. Die gesellschaftlich geforderte Leistung geht einher mit der Freude an der Leistung, die Grenzen zwischen Arbeits- und Privatleben werden unscharf. Was für den Arbeitnehmer von morgen gilt, wird auch für den Parkhausbetreiber gelten: Spaß- und/oder Erlebnisleistung wird auch beim Parkhausbesuch eingefordert („Ich will Spaß"). Die Attribute hell, nutzergerecht und schnell funktionierend sollten die geringsten Anforderungen sein. Defekte Kassenautomaten sind nur ärgerlich. Das Spaß- und Erlebniszeitalter bricht an, die Vielfalt der Angebote nimmt weiter zu, der ruhende Verkehr ebenfalls. Die Erlebnisgeneration will **alles und von allem noch viel mehr**.

Die **Beschleunigung** ist überall präsent, warten ist out. Die Erwartungshaltung ist klar: schnelles Bezahlen im Discounter. Die Potenziale hierfür sind in Abbildung 2.26 dargestellt. Alternativ ist das Shoppen im Internet 24 Stunden, sieben Tage in der Woche und an 365 Tagen im Jahr gewünscht. Dadurch wird der Kunde zum Mitarbeiter des Unternehmens, trägt seine Reisedaten selbst in das internetgestützte Formular oder am Bedienungsterminal ein und druckt das Ticket auf dem eigenen Drucker aus. Als Fluggast checkt er sein Gepäck selbst ein. Das hat Vorteile für Kunde und Unternehmen: Der Kunde kann sein Anliegen rund um die Uhr erledigen und ärgert sich nicht über schlecht gelaunte Kundenbetreuer, das Unternehmen kann (Geschäfts-)Prozesse weitgehend automatisieren und Kosten sparen.

In gleicher Form lassen sich in Immobilien- und Wohnungsunternehmen Geschäftsabläufe automatisieren, z. B. bei Störmeldungen oder dem Abruf der Betriebskostenabrechnung.[53]

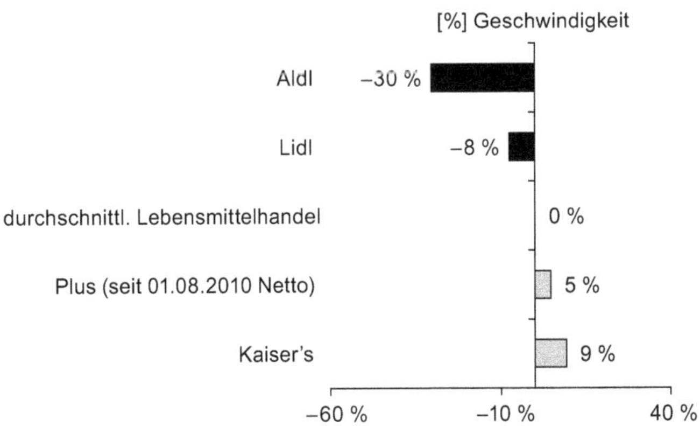

Abb. 2.26: Flinke Finger an der Kasse.[54]

53 Vgl. auch Kapitel 8.3.3.

54 Quelle: eigene Darstellung, Daten aus [Gruner+Jahr (2010g)].

4F: Familie, Freunde, Frieden und Freiheit – der Nationale Wohlstandsindex
Der Nationale Wohlstandsindex für Deutschland (NAWI D) wurde von Opaschowski zusammen mit dem Markt- und Sozialforschungsinstitut IPSOS OBSERVER GmbH entwickelt.[55] Dabei wurden aus der Diskussion zur ökonomischen, ökologischen, sozialen und kulturellen Nachhaltigkeit[56] die vier Säulen des Wohlstands entwickelt (vgl. Tab. 2.3). Die individuelle Bewertung ist auch für das Immobilienmanagement wichtig[57], insbesondere die hohe Bedeutung des individuellen Wohlstands (47 %) und des ökonomischen Wohlstands (32 %). Deutlich weniger wichtig sind der gesellschaftliche (14 %) und der ökologische Wohlstand (7 %). Die Reihenfolge ändert sich auch nicht, wenn die Wirklichkeit in die Berechnung einbezogen wird. Insbesondere im Fokus stehen gesicherte Finanzen sowie die Gesundheitsversorgung und die persönliche Gesundheit. Eine Diskussion um Energieeinsparung ist daher insbesondere aus Sicht der finanziellen Möglichkeiten (Stichwort zweite Miete) zu führen.

Tab. 2.3: Wohlstandsverständnis (Gewichtung) und Wohlstandswirklichkeit (Erfüllungsgrad).[58]

	Dimension und Indikatoren	Verständnis	Wirklichkeit	Wohlstandsanteil
1.	ökonomischer Wohlstand	GW 32 % ×	MW 42 %	14 %
	– keine finanziellen Sorgen haben	71 %	36 %	
	– ein sicheres Einkommen haben	65 %	46 %	
	– einen gesicherten Arbeitsplatz haben	62 %	46 %	
2.	ökologischer Wohlstand	GW 7 % ×	MW 29 %	2 %
	– in einer Welt leben, die gut mit der Natur umgeht	23 %	18 %	
	– mit der Natur leben	21 %	32 %	
	– umweltbewusst leben	18 %	36 %	
3.	gesellschaftlicher Wohlstand	GW 14 % ×	MW 49 %	7 %
	– in Frieden mit den Mitmenschen leben	36 %	64 %	
	– seine Meinung frei äußern können	33 %	61 %	
	– in einer toleranten Welt leben	24 %	22 %	
4.	individueller Wohlstand	GW 47 % ×	MW 52 %	20 %
	– sich eine gute medizinische Versorgung leisten können	54 %	41 %	
	– keine Angst vor der Zukunft haben	54 %	36 %	
	– sich gesund fühlen	53 %	50 %	
	Summe (Wohlstandsindex)			42 %

Literatur

[ADAC (2013)] ADAC (Hrsg.): Benutzerfreundliche Parkhäuser: Kundenwünsche, Qualitätskriterien, Zertifizierung; Informationsblatt, 2013, URL: https://www.adac.de/_mmm/pdf/fi_benutzerreundliche_parkhauser_0114_238764.pdf (letzter Aufruf: 02.01.2018).

55 Vgl. [Opaschowski, H. (2013)], S. 112 ff, Repräsentativbefragung von 2.000 Personen ab 14 Jahren 2012 in Deutschland.

56 Vgl. Kapitel 2.4.

57 Vgl. Kapitel 3.5.1.

58 Vgl. [Opaschowski, H. (2013)], S. 117: Spalte Verständnis: „Im Wohlstand leben bedeutet für mich"; Spalte Wirklichkeit: „Trifft auf mich zu", Top 3 aus 10er-Skala, berechnet aus den drei relevantesten Aussagen in den vier Wohlstandsdimensionen (Erfüllungsgrad); GW = Gewichtung, MW = Mittelwert zu den drei relevantesten Aussagen, eigene Berechnungen sind gerundet.

[Bogenstätter, U. (2006z)] Bogenstätter, Ulrich: Facility Management – vorteilhaft auch für Parkhäuser, 2006, S. 69–78, in: Gieler-Breßmer, Susanne (Hrsg.): Verkehrsbauten Schwerpunkt Parkhäuser: 2. Kolloquium, 31. Januar und 1. Februar 2006; Ostfildern: Technische Akademie Esslingen 2006.

[Bogenstätter, U. (2008z)] Bogenstätter, Ulrich: Betriebswirtschaftliche Kennzahlen von Parkbauten, 2008, in: Gieler-Breßmer, Susanne (Hrsg.): Verkehrsbauten Schwerpunkt Parkhäuser/Brücken: 3. Kolloquium, 29. und 30. Januar 2008; Ostfildern: Technische Akademie Esslingen 2008, S. 423–433.

[DMB (2018)] Deutscher Mieterbund (Hrsg.): Heizkosten sparen: Tipps zum Sparen von Heizkosten, 2018; URL: http://www.mieterbund.de/heizkosten_sparen.html (letzter Aufruf: 02.01.2018).

[GdW (2012k)] Bundesverband deutscher Wohnungsunternehmen (GdW) (Hrsg.): Wohnungswirtschaftliche Daten und Trends 2012/2013: Zahlen und Analysen aus der Jahresstatistik des GdW; Berlin 2012.

[GdW (2016k)] Bundesverband deutscher Wohnungsunternehmen (GdW) (Hrsg.): Wohnungswirtschaftliche Daten und Trends 2016/2017: Zahlen und Analysen aus der Jahresstatistik des GdW; Berlin 2016.

[Gruner+Jahr (2010g)] o. V.: Kenn-Ziffern: Flinke Finger: Zahl der abkassierten Kunden pro Stunde: nach IRI Grundgesamtheiten u. a., in: Capital (2010), Nr. 9, S. 14.

[GWH (2004)] Gemeinnützige Wohnungsgesellschaft mbH Hessen (Hrsg.): Bericht Wohnungsbewirtschaftung 2003, 2004.

[Heidemann, A. (2012)] Heidemann, Achim; Schmidt, Peer: Raumfunktionen, in: Seifert, Roland: Den Stromverbrauch optimieren – Anforderungen an weltmarktfähige Produkte; dena Energieeffizienzkongress; Stuttgart 2012, URL: http://archiv.dena-kongress.de/fileadmin/kongress/dateien/content/download/Vortraege_2012/E1_2_Roland_Seifert.pdf (letzter Aufruf: 03.10.2013).

[HS-MZ Döhren, C. (2011)] Döhren, Christian: Ortsveränderliche elektrische Betriebsmittel im kirchlichen Bereich: Einsparungspotenziale durch Prozessoptimierungen bei der Prüforganisation Fachhochschule Mainz, Bachelorarbeit; Mainz 2011.

[Kippes, S. (2013)] Kippes, Stephan: Marktmonitor Immobilien 2013: Eine empirische Studie zum Immobilienmarkt mit den Schwerpunkten Wirtschaftskrise, Energieeffizienz, Problemimmobilien und Kundenbindung; Nürtingen-Geislingen 2013.

[Nefiodow, L. (2001)] Nefiodow, Leo A.: Der sechste Kondratieff: Wege zur Produktivität und Vollbeschäftigung im Zeitalter der Information, 5., überarb. Aufl.; Sankt Augustin 2001.

[Opaschowski, H. (2013)] Opaschowski, Horst W.: Deutschland 2030: Wie wir in Zukunft leben, 3., akt. Aufl.; Wiesbaden 2013.

[Rychter, A. (2007h)] Rychter, Alexander: Möglichkeiten der Zusammenarbeit zwischen Wohnungswirtschaft und Anbietern sozialer Dienste: Fachtagung Zukunftsorientierte Wohn- und Versorgungsformen für pflegebedürftige Menschen und Demenzkranke; Bonn, 24.08.2007.

[Sarrazin, T. (2008)] Sarrazin, Thilo: Pullover hilft gegen hohe Heizkosten; URL: http://www.handelsblatt.com/politik/deutschland/berliner-senator-provoziert-mit-empfehlung-sarrazin-pullover-hilft-gegen-hohe-heizkosten/2995804.html (letzter Aufruf: 02.01.2018).

[Silberberg, U. (2004e)] Silberberg, Ulrike: Studie: Immobilienmanagement der öffentlichen Hand, in: Bundesbaublatt (2004), Heft 5, S. 1.

[Statista (2009i)] Statista (Hrsg.): Wie häufig haben Sie in Ihrem Arbeitsleben schon den Arbeitgeber gewechselt? 2009, URL: https://de.statista.com/statistik/daten/studie/28914/umfrage/haeufigkeit-der-arbeitsplatzwechsel (letzter Aufruf: 05.01.2018).

[StBA (2017b)] Statistisches Bundesamt (Hrsg.): Umweltnutzung und Wirtschaft: Tabellen zu den Umweltökonomischen Gesamtrechnungen; Teil 2: Energie: Ausgabe 2017; Wiesbaden 8.12.2017, URL: https://www.destatis.de/DE/Publikationen/Thematisch/UmweltoekonomischeGesamtrechnungen/Broschuere_UBA_Daten_Zur_Umwelt.pdf?__blob=publicationFile (letzter Aufruf: 01.01.2018).

[StBA (2017a)] Statistisches Bundesamt (Hrsg.): Haushalte nach Haushaltsgrößen: Deutschland, 2017, URL: https://www.destatis.de/DE/ZahlenFakten/Indikatoren/LangeReihen/Bevoelkerung/lrbev05.html (letzter Aufruf: 05.01.2018).

[StBA EU-SILC 2015] Statistisches Bundesamt (Hrsg.): Wirtschaftlichkeitsrechnungen: Leben in Europa (EU-SILC): Einkommen und Lebensbedingungen in Deutschland und der Europäischen Union, StBA EU-SILC 2015, URL: https://www.destatis.de/DE/Publikationen/Thematisch/EinkommenKonsumLebensbedingungen/LebeninEuropa/EinkommenLebensbedingungen2150300157004.pdf (letzter Aufruf: 31.12.2017).

[TAE (2006)] Gieler-Breßmer, Susanne (Hrsg.): Verkehrsbauten Schwerpunkt Parkhäuser: 2. Kolloquium, 31. Januar und 1. Februar 2006; Ostfildern: Technische Akademie Esslingen 2006.

[UBA (2016)] Umweltbundesamt (Hrsg.): Durchschnittliche Wohnfläche pro Einwohner nahm zu; Papier, 1.1.2016, URL: https://www.umweltbundesamt.de/daten/private-haushalte-konsum/wohnen/wohnflaeche#textpart-2 (letzter Aufruf: 01.01.2018).

[VDI 6039 2011-06] Facility-Management: Inbetriebnahmemanagement für Gebäude: Methoden und Vorgehensweisen für gebäudetechnische Anlagen, Verein Deutscher Ingenieure (VDI) (Hrsg.): VDI 6039; Düsseldorf 2011.

[Walberg, D. (2010k)] Walberg, Dietmar; Gniechwitz, Timo: Passivhaus, KfW40 & Co.: Aufwand, Nutzen und Wirtschaftlichkeit; Kiel 2010.

2.4 Nachhaltigkeit als Ziel für das Immobilienmanagement

Ulrich Bogenstätter

Wie lassen sich die Herausforderungen der Zukunft in ein Konzept der Unternehmensführung für Immobilienunternehmen einbinden?

Wohngebäude stellen mit rd. 2,7 Mrd. m^2 Nutzfläche etwa 50 % des Deutschen Gebäudebestandes dar und repräsentieren mit rd. 4.360 Mrd. € rd. 68 % des Immobilienvermögens sowie mit rd. 144 Mrd. € rd. 67 % des Bauvolumens in Deutschland (vgl. Tab. 2.4). Nach der repräsentativen Gebäude- und Wohnraumzählung im Jahr 2011 befinden sich 41.298.747 Wohnungen in 19.060.870 Gebäuden mit Wohnraum (gemischt genutzte Gebäude) bzw. 39.887.964 Wohnungen in 18.387.704 Wohngebäuden (s. unten Tab. 2.8). Die Gebäude- und Wohnungszählung unterscheidet leider lediglich Wohn- und Nicht-Wohngebäude. Nicht-Wohngebäude werden nicht näher differenziert.

Tab. 2.4: Gebäudebestand, Immobilienvermögen, Transaktions- und Bauvolumen absolut in Deutschland.

	Nutzungsart	Gebäudebestand in Mio. [m^2_{NF}] (1991)[a]		Immobilienvermögen in Mrd. [€] (2011)[b]		Transaktionen in Mrd. [€] (2006)[c]		Bauvolumen in Mrd. [€] (2011)[d]	
1	Wohngebäude	2.667,7	49,6 %	4.360	67,9 %	5,0	10,9 %	144,4	66,6 %
2	Nicht-Wohngebäude	2.713,4	50,4 %	2.836	32,1 %	41,1	89,1 %	72,6	33,4 %
3	Tiefbauten	k. A.	–	–	–	k. A.	–	38,5	–
	gesamt 1 + 2	5.381,0		7.196		46,1		217,0	
	gesamt 1 + 2 + 3	k. A.		k. A.		k. A.		255,5	

[a] Vgl. [Kohler, N. (1999)], Abb. 1.
[b] Siehe [GdW (2012k)], S. 22, Nettoanlagenvermögen.
[c] Vgl. [Beyerle, T. (2007b)], S. 44.
[d] Vgl. [GdW (2012k)], S. 28.

Durch spektakuläre Ankäufe von Wohnimmobilien insbesondere durch ausländische Gesellschaften in der Vergangenheit wurde in der Presse zeitweise der Eindruck vermittelt, die Immobilienbranche sei von Transaktionen getrieben (vgl. Tab. 2.5).[59]

Das Transaktionsvolumen mit rd. 5 Mrd. € bei Wohnimmobilien im Jahr 2006 erscheint schon zu Beginn der heißen Phase (Finanzkrise ab 2007) im Vergleich zu rd. 41 Mrd. € bei Nicht-Wohngebäuden wesentlich geringer und entspricht nur etwa 0,16 % des Immobilienvermögens und 4,0 % des Bauvolumens der Wohngebäude (s. oben Tab. 2.4). Danach ist das Management des bestehenden Immobilienvermögens als Herausforderung zu verstehen. Nach einer Untersuchung von Kohler[60] sind von etwa 5.381 Mio. m^2 Nutzfläche (NUF) des gesamten Gebäudebestandes der Bundes-

59 Vgl. Kapitel 2.6.1, Tab. 2.14 und Abbildung 2.58.

60 Vgl. [Kohler, N. (1999)].

Tab. 2.5: Transaktionen in der Wohnungswirtschaft 2003–2013.[61]

Jahr	Monat	Käufer	Verkäufer	Anzahl Einheiten	Kaufpreis in Mrd. €	Je Einheit in €
2013	10	Deutsche Wohnen	GSW, Berlin *	rd. 60.000	1,7	
2006	01	Fortress	Woba Dresden	47.800	1,75	36.765
2005	11	Cerberus	BauBeCon	53.000	1,00	18.868
	07	Fortress	NILEG	28.500	1,35	47.368
	05	DAIG	Viterra (E-ON)	138.000	7,00	50.725
	03	Oaktree	Gehag	18.000	1,00	55.556
	03	GE Capital	Peabody	6.000	n. a.	n. a.
2004	12	DAIG	RWE	4.500	0,23	50.000
	12	MS/Corpus	Thyssen Krupp	48.000	2,10	43.750
	12	Blackstone	WCM	31.000	1,39	44.839
	12	Babcock&Brown	DAL	13.500	n. a.	n. a.
	12	Cerberus	GBH	2.400		
	12	Cerberus	Jade	8.200		
	07	Fortress	GAGFAH	82.000	3,50	42.683
	05	Cerberus/GS	Land Berlin	65.700	2,10	31.963
	01	KGAL/Mira	Viterra (E-ON)	27.000	0,55	20.370
2003	09	DAIG	DZ-Bank, HSH	10.000	n. a.	n. a.

republik Deutschland 49,6 % den Wohngebäuden und 50,4 % den Nicht-Wohngebäuden zuzurechnen. Dabei sind 86,7 % der Gebäude vor 1978 erbaut worden (vgl. Abb. 2.27). Die Unterscheidung nach Wohn- und Nicht-Wohngebäuden spielt hier keine Rolle. Neuere Schätzungen geben nahezu gleiche Verhältnisse an. Weiterhin fehlen belastbare Datengrundlagen.[62]

Die Beschäftigung mit dem alten Gebäudebestand ist daher nicht nur lohnenswert, sondern zwingend erforderlich. Allerdings entsteht der Eindruck, dass die Immobilienwirtschaft ausschließlich von der Rendite getrieben ist. Im Gegensatz dazu wird hier zunächst von Nachhaltigkeit gesprochen.

2.4.1 Nachhaltigkeit aus Sicht eines Immobilienunternehmens

Es wird hier kein Versuch unternommen, Nachhaltigkeit zu definieren[63], doch grundsätzlich davon ausgegangen, dass sich Rendite und Nachhaltigkeit nicht widersprechen: Nachhaltigkeit muss nur ökonomisch kalkulierbar sein. Folgerichtig heißt ein Forschungsprojekt „Der Nachhaltigkeit von Immobilien einen finanziellen Wert geben".[64] Dabei werden gängige Bewertungsmethoden der Wertermittlung (Barwert, DCF-Verfahren (Discounted Cashflow), Ertragswert, Hedonische Modelle, Nutzwert, Realwert, Verkehrswert, Vergleichswert) um einen Zu- oder Abschlagsfaktor für Nachhaltigkeit, den sog. Economic Sustainability Indicator (ESI), ergänzt. Der Faktor misst „das Risiko bzw. die Chance eines Objektes, aufgrund langfristiger Entwicklungen an Wert zu gewinnen bzw. zu verlieren". Er errechnet sich aus den Immobilienmerkmalen Flexibilität, Polyvalenz, Energieanhängigkeit, Erreichbarkeit/Infrastruktur, Naturgefahren und Immissionen sowie dazugehörigen gleichgewichtigen Kriterien. Der Faktor soll, so das Ergebnis der Expertenbefragung und

61 Siehe M. M. Warburg Investment Research, in: [Kofner, S. (2007d)] sowie diverse Einzelmeldungen (haufe 31.10.2013), vgl. Tabelle 2.14.

62 Vgl. hierzu u. a. [BMVBS 27-2013], S. 19 und [BMVBS 16-2011].

63 Siehe [Klingele, M. (1999)], S. 11.

64 [CCRS (2007M)], S. 3 ff.

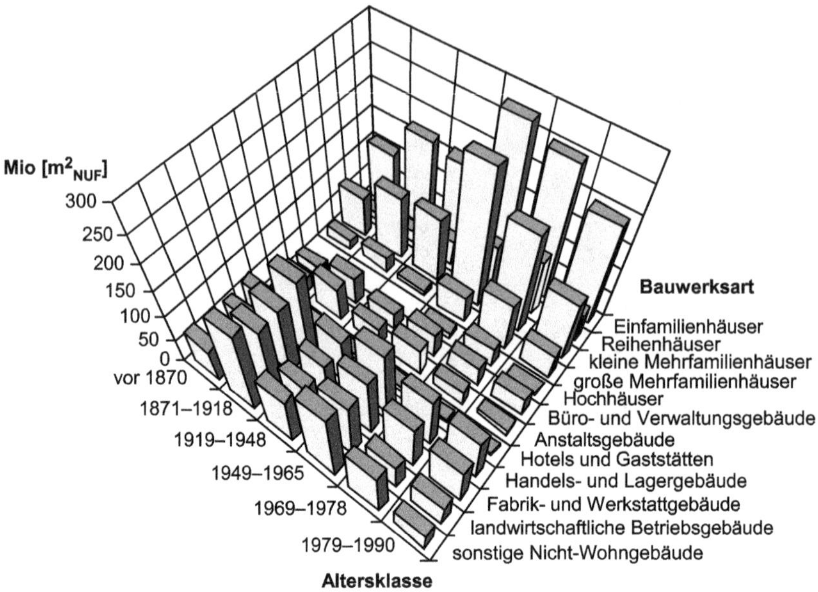

Abb. 2.27: Gebäudebestand 12/1991 in Deutschland in Mio. [m^2_{NUF}], nach Altersklassen.[65]

des Praxistests bei der Allgemeinen Baugenossenschaft Zürich (ABZ), das Bewertungsergebnis der Wertermittlung bis zu 10 % nach oben oder unten korrigieren. Interessanterweise ist die Kompatibilität mit den gebräuchlichen Rechnungslegungsvorschriften (Swiss GAAP FER, IFRS) gegeben. ESI ist nicht für kurzfristige Kapitalanleger („Heuschrecken") mit hohen Renditeerwartungen geeignet: Es geht nicht um ein kurzfristiges Renditeziel, erforderlich ist vielmehr ein langer Betrachtungshorizont. Rendite und Nachhaltigkeit sind dann kein Gegensatz, wenn der Anlagehorizont (weit) über fünf Jahre hinausgeht.

Nachhaltigkeit besitzt verschiedene Dimensionen. Wie bereits in Kapitel 2.3 erörtert, lassen sich die Dimensionen der ökonomischen, ökologischen sowie sozialen und kulturellen Nachhaltigkeit unterscheiden, die jeweils mit Schutzzielen versehen sind (vgl. Abb. 2.28). Indikatoren weisen hier aus Sicht eines Immobilienunternehmens nach, inwieweit die Schutzziele durch bauliche, technische und kaufmännische Handlungsmöglichkeiten (Optionen) verwirklicht worden sind. Was darunter zu verstehen ist, füllt einige Regalwände. Zur Veranschaulichung seien nachfolgend Beispiele genannt.

- Geringe Nutzungskosten bei selbstgenutzten Immobilien oder positive Renditen bei vermieteten Immobilien entsprechen den Schutzzielen **Erhaltung von Kapital** und **Minimierung der laufenden Kosten.**
- Gebäude mit einem erhöhten Anteil nicht nutzbarer Fläche (Nutzungsgrad ist gering) führen per se bei gleichem Flächenbedarf zu einem erhöhten Materialeinsatz. Ein Beispiel hierfür sind überdimensionierte Flure, aus ökologischer Sicht ein unnötiger Ressourcenbedarf, der dem Schutzziel **Schutz der Ressourcen** widerspricht.
- Der Beitrag leer stehender und ungenutzter Gebäude (Belegungsgrad tendiert gegen null) ist für das Schutzziel **Erhalten sozialer und kultureller Werte** gering anzusehen, da leer stehende Gebäude keine Orte kulturellen oder sozialen Lebens darstellen.

65 Siehe [Kohler, N. (1999)], Abbildung 1.

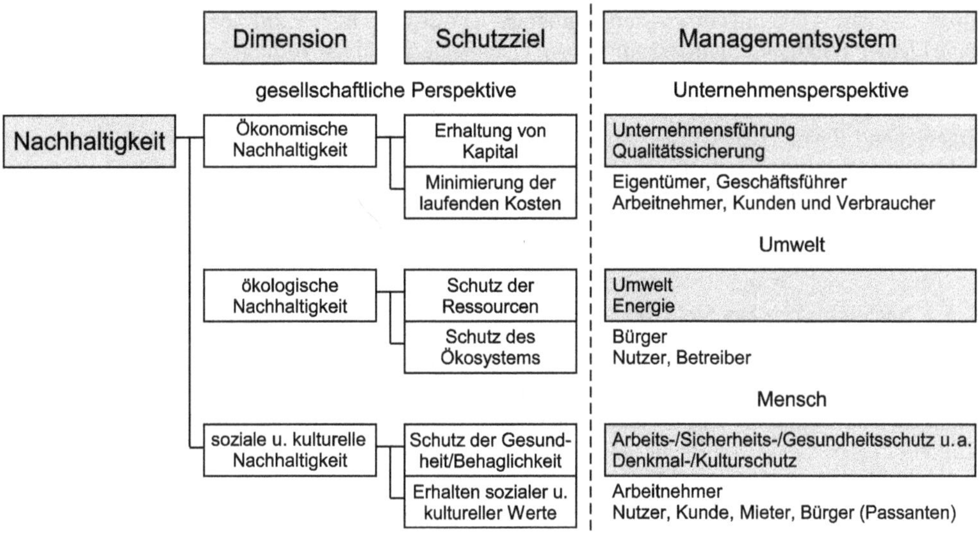

Abb. 2.28: Dimensionen der Nachhaltigkeit.[66]

Analog lassen sich Schutzziele der Nachhaltigkeit mittels Indikatoren relativ einfach auch für Theatergebäude näher beschreiben. Unter enormen Sparzwang wurde beispielsweise 1996 die Bedeutung der Theater in Frankfurt am Main für die Stadt und das Umland diskutiert: Wie viele kulturelle Angebote benötigt eine international ausgerichtete Stadt und muss Frankfurt das Umland mit seinem Kulturangebot subventionieren? Indikatoren der ökonomischen Nachhaltigkeit könnten Zuschüsse je Zuschauer, die Indikatoren der ökologischen Nachhaltigkeit die Zahl der Veranstaltungen und die Platzauslastung und die Indikatoren der sozialen und kulturellen Nachhaltigkeit die Anzahl der Zuschauer sein (vgl. Tab. 2.6). Die Gewichtung der Dimensionen ist

Tab. 2.6: Theater in Frankfurt am Main 1995.[67]

		Ökonomische Nachhaltigkeit		**Ökologische Nachhaltigkeit**		**Soziale/kulturelle Nachhaltigkeit**
	Theater/Indikator	**Zuschuss je Zuschauer €**	**Einnahmen/ Ausgaben %**	**Veranstal-tungen**	**Platz-auslastung %**	**Zuschauer Anzahl**
1.	Alte Oper	13,80	54	o. A.	o. A.	500.000
2.	Ballett	142,29	22	90	93	40.061
3.	English Theater	5,11	68	244	77	51.518
4.	Fritz-Rémond-Theater	10,48	60	265	58	51.013
5.	Komödie	7,67	66	279	72	63.554
6.	Mousonturm	48,26	26	371	81	50.102
7.	Oper	341,84	9	112	77	95.649
8.	Schauspiel	162,07	8	440	66	91.580
9.	Theater am Turm	150,11	8	135	81	28.107
10.	Volkstheater	5,88	54	244	92	90,604

66 Vgl. [Kohler, N. (2002l)], S. 7–10.

67 Vgl. [Markgraf, H. (1996e)].

(hoffentlich) das Ergebnis bewussten Handelns. Die Alte Oper in Frankfurt erreicht beispielsweise eine breite Publikumsschicht bei einem vergleichsweise günstigen Verhältnis aus Einnahmen und Ausgaben.

Trotzdem ist zu beklagen, dass Nachhaltigkeit in den Immobilienunternehmen vielfach nicht ausreichend thematisiert wurde und wird. Bei Immobilieninvestoren spielte sie 2008 immerhin schon zu 44 % eine große Rolle.[68] Andere Branchen zeigten sich hier innovativer: So lautete der Schwerpunkt auf der Computer-Messe CeBIT 2008 in Hannover „Green IT" und in einem Green IT Guide wurden die „grünen" Aussteller aufgelistet.

2.4.2 Nachhaltigkeit aus Sicht der Branchen

Es gibt eine Reihe von Organisationen, die nachhaltiges Bauen als erstrebenswert erachten und als Zertifizierungsstellen arbeiten.[69] Je nach Branche oder Unternehmen liegt der Schwerpunkt auf dem einen oder anderen Schutzziel. Ein Dienstleistungsunternehmen ist dem Umsatz verpflichtet, ein renditegetriebenes Immobilienunternehmen ist insbesondere der ökonomischen Nachhaltigkeit verpflichtet, ein kommunales Wohnungsunternehmen sieht neben der ökonomischen auch die soziale und kulturelle Nachhaltigkeit. Kirchliche und kommunale Gebäudewirtschaft sind insbesondere auch der ökologischen Nachhaltigkeit verpflichtet, z. B. aus Verpflichtung gegenüber der Schöpfung (kirchliche Gebäudewirtschaft) oder aus Selbstverpflichtung mit Vorbildfunktion, die CO_2-Emissionen zu reduzieren (kommunale Gebäudewirtschaft).

2.4.3 Managementsysteme als Teil der Nachhaltigkeit

Grundlegend bei der Verwirklichung der Schutzziele sind Management- und nicht Zertifizierungssysteme (s. Tab. 2.7).

Neben den Teilbereichen Qualitätsmanagement nach der ISO-Serie 9000 und Umweltmanagement nach der ISO-Serie 14000 wurde ein Energiemanagementsystem (EnMS) nach DIN EN ISO 50001 etabliert. In jüngerer Zeit kommt das Arbeitsschutzmanagementsystem stärker zum Tragen. Für den in Großbritannien entstandenen Standard gibt es derzeit noch keine internationale Norm. Er lehnt sich an die OHSAS-Serien 18000 an.[70]

Die Anforderungen sind vielfach gleichlautend, daher lassen sich die Managementsysteme bündeln. Die Umsetzung betreibt oftmals ein Beauftragter des Unternehmens auf gesetzlicher Grundlage.[71]

Die Zielgruppe variiert je nach Managementsystem. Während das Qualitätsmanagement auf Kunden und Verbraucher zielt, zielt das Umweltmanagement auf die Bürger als Teil der Gesellschaft, das Energiemanagement auf Nutzer und Betreiber, der Arbeitsschutz auf Arbeitnehmer, der Sicherheits- und Kundenschutz auf Nutzer, Kunden, Mieter und Passanten. Grundlage hierfür sind vielfach gesetzliche Vorschriften.

Die [DIN EN ISO 14001 2015-11] oder der DIN-Normenausschuss Bauwesen CEN/TC 350 legt den Schwerpunkt auf einen kontinuierlichen Verbesserungsprozess als Mittel zur Erreichung der jeweils definierten Zielsetzung in Bezug auf die Umweltleistung einer Organisation (z. B. hier eines Immobilien- oder Dienstleistungsunternehmens, einer Behörde oder eines Industrieunternehmens). Die zu erreichenden Umweltleistungen werden durch die Organisation selbst festgelegt und

68 Siehe Immobilieninvestitionen in Europa 2007, Umfrage von Union Investment Real Estate AG, 2007, zitiert in Kutscher, R., in: [Handelsblatt (2008e)].

69 Vgl. Kapitel 3.8.

70 Vgl. [Friederici, I. (2007)], S. 11.

71 Vgl. [GEFMA 190 2004-01], S. 8.

Tab. 2.7: Managementinstrumente zur Nachhaltigkeit.[72]

	Ökonomische Nachhaltigkeit		Ökologische Nachhaltigkeit		Soziale/kulturelle Nachhaltigkeit	
1.	**gesetzliche Grundlagen (Auswahl)**					
	HGB, KontraG, Aktiengesetz …		KrW-/AbfG, BImSchG, BBodSchG, UVP	EnEV	1.: ArbSchG ArbStättV; SGB VII, GUV-V A1, 2.: BGB, SGB VII, BetrSichV	
2.	**Ziele**					
	nachhaltiger Unternehmenserfolg	Qualität und Gebrauchsfähigkeit	Umweltbelastungen reduzieren und Schonung der Ressourcen	Energieverbrauch	Arbeits-/Sicherheits- und Gesundheitsschutz	Denkmale dauerhaft erhalten, Kulturgüter sichern
3.	**Zielgruppe**					
	Eigentümer, Geschäftsführer, Controller	Arbeitnehmer, Kunden und Verbraucher	Bürger	Nutzer und Betreiber	1.: Arbeitnehmer; 2.: Nutzer, Kunde, Mieter, Bürger	
4.	**Unternehmensbereich**					
	Führung	Qualität	Umwelt	Energie	1. Arbeitsschutz; 2. Sicherheits- und Gesundheitsschutz u. a.	Denkmäler, Kulturgüter

72 Unter anderem in Anlehnung an [Friederici, I. (2007)], S. 12 ff.

Tab. 2.7: (Fortsetzung)

	Ökonomische Nachhaltigkeit		Ökologische Nachhaltigkeit		Soziale/kulturelle Nachhaltigkeit	
5.	**Managementinstrumente**					
	Risikomanagement, Controlling, Portfolio, Planung, Balanced Scorecard	DIN EN ISO 9001[a]/ DIN EN ISO 9004[b]	DIN EN ISO 14001[c], DIN EN ISO 14004[d], EMAS, „Grüner Gockel“ (evangelische Kirchen)	DIN EN ISO 50001[e]	BSI OHSAS 18001[f], BSI OHSAS 18002[g], OHRIS u. a.[h]	DSchG
	verpflichtend, freiwillig	freiwillig, normativ	freiwillig, normativ	freiwillig	freiwillig, normativ	freiwillig, normativ
6.	**organisatorische Anbindung**					
	Beauftragter für Compliance	Beauftragter der obersten Leitung, z. B. Qualitätsmanagementbeauftragter (zu den Immobilienprodukten), Beauftragter zur Datensicherung (Building Information Modeling (BIM))	spezieller Beauftragter des obersten Führungsgremiums, z. B. für das Umweltmanagement	spezieller Beauftragter des obersten Führungsgremiums, z. B. für das Energiemanagement	Beauftragter der obersten Leitung, ggf. Mitglied der obersten Leitung, Beauftragter für Datenschutz und -sicherheit, Schimmelbeauftragter	Beauftragter des Kulturgutschutzes
7.	**Maßnahmen**					
		Umsetzung der Kundenanforderungen und -erwartungen hinsichtlich (Bau-)Produktrealisierung inkl. Prüfungen mittels Wertschöpfung	Umsetzung der gesetzlichen Bestimmungen in Handlungsschulungen und Überwachungsvorgängen in allen Betriebsbereichen	Umsetzung über die gesetzlich hinausgehenden Forderungen in ausgewählten Betriebsbereichen	Umsetzung der gesetzlichen Bestimmungen in Handlungsschulungen und Überwachungsvorgänge in allen Betriebsbereichen	Umsetzung der gesetzlichen Bestimmungen in Handlungsschulungen und Überwachungsvorgänge in allen Betriebsbereichen

[a] Siehe hierzu [DIN EN ISO 9001 2015-11] Qualitätsmanagementsysteme: Anforderungen.
[b] Siehe hierzu [DIN EN ISO 9004 2009-12] Leiten und Lenken für den nachhaltigen Erfolg einer Organisation: Ein Qualitätsmanagementansatz.
[c] Siehe hierzu [DIN EN ISO 14001 2015-11] Umweltmanagementsysteme: Anforderungen mit Anleitung zur Anwendung.
[d] Siehe hierzu [DIN EN ISO 14004 2016-08] Umweltmanagementsysteme: Allgemeine Leitlinien zur Verwirklichung.
[e] Siehe hierzu [DIN EN ISO 50001 2011-12] Energiemanagementsysteme: Anforderungen mit Anleitung zur Anwendung.
[f] Siehe hierzu [BSI OHSAS 18001 2007-12] Arbeitsschutzmanagementsysteme: Forderungen: Occupational Health And Safety Assessment Series (OHSAS).
[g] Siehe hierzu [BSI OHSAS 18002 2008-11] Occupational Health And Safety Management Systems: Guidelines for the implementation of OHSAS 18001:2007.
[h] Vgl. [BAuA (2002f)].

hierfür ist ein Umweltmanagementsystem aufzubauen. Der kontinuierliche Verbesserungskreis ist dabei als Regelkreis zu betrachten, der mithilfe der wiederkehrenden Phasen[73] „Planen“, „Ausführen“, „Überprüfen“ und „Handeln“ die Zielsetzung hinsichtlich des Umweltschutzes nachhaltig verfolgt. Einem Immobilienunternehmen wird es aber nicht erspart, die Ziele, z. B. die der Nachhaltigkeit, selbst zu konkretisieren und zu definieren.

Im kirchlichen Umfeld wird auf der Grundlage von Eco-Management and Audit Scheme (EMAS) bei evangelischen und katholischen Landeskirchen z. B. der „Grüne Gockel“ eingesetzt. Beide Instrumente sind für Organisationen gedacht, die mittels Umweltmanagement und Umweltbetriebsprüfung ihre Umweltleistung verbessern wollen.

Das Energiemanagementsystem nach DIN EN ISO 50001 hat zum Ziel, Treibhausemissionen und Umweltauswirkungen sowie Energiekosten zu reduzieren. Hierzu hat die Organisation eine eigene Energiepolitik zu entwickeln und einzuführen. Mit der Energiepolitik werden strategische und operative Ziele sowie Maßnahmenpläne unter Berücksichtigung gesetzlicher Anforderungen festgelegt.[74]

Ein Managementsystem, das die angesprochenen Managementsysteme auf einer übergeordneten bzw. Meta-Ebene zusammenfasst, ist dem Verfasser nicht bekannt, obwohl die vorhandenen Managementsysteme sich den Dimensionen der Nachhaltigkeit zuordnen lassen (s. oben Tab. 2.7): Unternehmensführung und Qualität der ökonomischen Nachhaltigkeit, Umwelt und Energie der ökologischen Nachhaltigkeit, Arbeitsschutz sowie Sicherheits- und Gesundheitsschutz der sozialen und kulturellen Nachhaltigkeit. In der Konsequenz müsste es ein Managementsystem der Nachhaltigkeit geben, das z. B. mithilfe der Managementmethode Balanced Scorecard abgebildet werden könnte. Der Vorteil ist, dass die aufgeführten Managementsysteme zum Teil bereits verpflichtend normativ eingeführt sind.

2.4.4 Nachhaltigkeit und DV-Systeme

Unterstützt werden die ganzheitlichen Fragestellungen der Nachhaltigkeit im Bauwesen durch Programme der Datenverarbeitung (DV), z. B. die Lebenszyklus-Gebäude-Planung (LEGEP)[75], oder durch Forschungsprojekte zur Optimierung der Gesamtanforderungen für Energieverbrauch, Umweltbelastung und Baukosten (OGIP) mit dem Ziel einer lebenszyklusbezogenen Planung und ökologisch-ökonomischen Bewertung von Gebäuden oder durch deren Schweizer Variante KOBEK.[76] Federführend bei diesen Projekten war das Institut für industrielle Bauproduktion an der Universität Karlsruhe (TH) unter der Leitung von Prof. Dr. N. Kohler. Auf dem Markt ist davon jedoch nur noch LEGEP erhältlich. Module zum Thema der Corporate Social Responsibility (CSR) hingegen finden zunehmend Eingang bei betriebswirtschaftlicher Software, z. B. in SAP als Sustainability Performance Management. Nachhaltigkeit wird hier nicht auf Immobilien, sondern auf das Unternehmen bezogen.

2.4.5 Best-Practice-Beispiele

Nachhaltigkeit ist also ganz sicher ein Thema für Immobilienunternehmen. Nachfolgend werden zwei positive Beispiele aus dem kirchlichen und gewerblichen Immobilienmanagement angeführt.

Evangelische Stiftung Pflege Schönau (ESPS): Die ESPS ist eine der größten Stiftungen Deutschlands und hat eine Vorbildfunktion innerhalb der evangelischen Kirche: Ein Umwelt-

73 Vgl. Kapitel 4.4.1.

74 Vgl. [DIN EN ISO 50001 2011-12], S. 5.

75 Nähere Informationen zu LEGEP-Software unter https://legep.de/ (letzter Aufruf: 01.01.2018).

76 Vgl. [Klingele, M. (1999)], S. 61 ff.

managementsystem nach EMAS wurde eingeführt, auditiert und im Jahr 2008 zertifiziert. Das Umweltprogramm 2008–2010 sah u. a. bei Bestandsimmobilien ein Bündel von Energiesparmaßnahmen vor. Neben technischen Maßnahmen zur Einsparung von Energie wurden auch solche zur Förderung umweltbewussten Handels umgesetzt. Hier stand das Wie im Vordergrund.[77]

SIEMENS Real Estate: Hier wurde der Anspruch verfolgt, konzerneigene Immobilien umweltfreundlich zu gestalten. Dabei wurden vier Bausteine im Lebenszyklus einer Immobilie angewandt: in der Entwicklung „Sustainable Building Design", in der Planung „Lifecycle Cost Analysis", im Bau „Green Building Certification" und in der Nutzung „Natural-Resources-Management".[78] Beim Sustainable Building Design wurden Zielwerte für die Planung eines Gebäudes vorgegeben, vergleichbar einem Raum- und Gebäudebuch als Pflichtenheft. In der Lifecycle Cost Analysis erfolgte die monetäre Betrachtung entlang des Lebenszyklus einer Immobilie. Mit der Green Building Certification ist ein Label des Green-Building-Programms der Europäischen Kommission und außerhalb von dessen Geltungsbereich das Label LEED des US-Green-Building-Council verbunden, das nur der erhält, der den Energieverbrauch eines Gebäudes um 25 % unter den Wert der geltenden Richtlinien senkt. Das LEED-Rating-Verfahren berücksichtigte hierfür die Planung, den Bau und den Betrieb.[79] Beim Baustein Natural-Resources-Management ging es insbesondere um die energetische Optimierung bestehender technischer Anlagen.

Literatur

[Beyerle, T. (2007b)] Beyerle, Thomas: Der psychologische Teil des Aufschwungs: Obwohl Wirtschaftszahlen schon seit Ende 2005 eine positive Entwicklung aufzeigen, wird der Boom erst jetzt wahrgenommen, in: Immobilienwirtschaft (2007), Heft 2, S. 44–45.

[BAuA (2002f)] Bundesanstalt für Arbeitsschutz und Arbeitsmedizin (Hrsg.): Leitfaden für Arbeitsschutzmanagementsysteme; Dortmund 2.12.2002, URL: http://www.dguv.de/medien/fb_org/dokumente/nat_leit_ams.pdf (letzter Aufruf: 07.01.2018).

[BMVBS Online-Publikation 16-2011] Bundesministerium für Verkehr, Bau- und Stadtentwicklung (Hrsg.): Typologie und Bestand beheizter Nichtwohngebäude in Deutschland; Endbericht, BMVBS 16-2011, 8.2011, URL: http://www.bbsr.bund.de/BBSR/DE/Veroeffentlichungen/BMVBS/Online/2011/DL_ON162011.pdf;jsessionid=E940F2249F140B33A937A24737D00E8E.live21304?__blob=publicationFile&v=2 (letzter Aufruf: 01.01.2018).

[BMVBS Online-Publikation 27-2013] Bundesministerium für Verkehr, Bau- und Stadtentwicklung (Hrsg.): Systematische Datenanalyse im Bereich der Nichtwohngebäude – Erfassung und Quantifizierung von Energieeinspar- und CO_2-Minderungspotenzialen; Endbericht, BMVBS 27-2013, 8.2011, URL: http://www.bbsr.bund.de/BBSR/DE/Veroeffentlichungen/BMVBS/Online/2013/DL_ON272013.pdf?__blob=publicationFile&v=4 (letzter Aufruf: 01.01.2018).

[BSI OHSAS 18001 2007-12] Arbeitsschutzmanagementsysteme: Forderungen: Occupational Health And Safety Assessment Series (OHSAS), British Standards Institution (Hrsg.): BSI OHSAS 18001; London 2007.

[BSI OHSAS 18002 2008-11] Occupational health and safety management systems: Guidelines for the implementation of OHSAS 18001:2007, British Standards Institution (Hrsg.): BSI OHSAS 18002; London 2008.

[CCRS (2007M)] Meins, Erika: Der Nachhaltigkeit von Immobilien einen finanziellen Wert geben: Economic Sustainability Indicator (ESI): Zusammenfassender Bericht: Grundlagen und Mehrfamilienhäuser; Zürich 2007.

[DIN EN ISO 14001 2015-11] Umweltmanagementsysteme: Anforderungen mit Anleitung zur Anwendung, Deutsches Institut für Normung (Hrsg.): DIN EN ISO 14001; Berlin 2015.

[DIN EN ISO 14004 2016-08] Umweltmanagementsysteme: Allgemeine Leitlinien zur Verwirklichung, Deutsches Institut für Normung (Hrsg.): DIN EN ISO 14004; Berlin 2016.

[DIN EN ISO 50001 2011-12] Energiemanagementsysteme: Anforderungen mit Anleitung zur Anwendung, Deutsches Institut für Normung (Hrsg.): DIN EN ISO 50001; Berlin 2011.

77 Vgl. [ESPS (2008)].

78 Siehe [Kohns, R. (2008a)], S. 57.

79 Siehe [www.usgbc.org].

[DIN EN ISO 9001 2015-11] Qualitätsmanagementsysteme: Anforderungen, Deutsches Institut für Normung (Hrsg.): DIN EN ISO 9001; Berlin 2015.
[DIN EN ISO 9004 2009-12] Leiten und Lenken für den nachhaltigen Erfolg einer Organisation: Ein Qualitätsmanagementansatz, Deutsches Institut für Normung (Hrsg.): DIN EN ISO 9004; Berlin 2009.
[ESPS (2008)] Evangelische Stiftung Pflege Schönau (Hrsg.): Umwelterklärung 2008 für die Standorte Zähringer Straße 18/18a, 69115 Heidelberg, Goethestraße 7, 79100 Freiburg, Oberer Mühlenweg, 74821 Mosbach; 2008.
[Friederici, I. (2007)] Friederici, Ingolf: Konformität von Managementsystemen und Produkten; Renningen 2007.
[GdW (2012k)] Bundesverband deutscher Wohnungsunternehmen (GdW) (Hrsg.): Wohnungswirtschaftliche Daten und Trends 2012/2013: Zahlen und Analysen aus der Jahresstatistik des GdW; Berlin 2012.
[GEFMA 190 2004-01] Betreiberverantwortung im Facility Management, GEFMA e. V. Deutscher Verband für Facility Management (Hrsg.): GEFMA 190, 2004.
[Handelsblatt (2008e)] Handelsblatt (Hrsg.): 15. Handelsblatt-Jahrestagung: Immobilienwirtschaft 2008: 6. und 7. Mai, Berlin; Tagungsordner, 06.05.2008.
[Klingele, M. (1999)] Klingele, Martina: Integration von lebenszyklusbezogenen Bewertungsmethoden in den Planungsprozeß; Dissertation; Karlsruhe 1999.
[Kofner, S. (2007d)] Kofner, Stefan: Alternativen zur Privatisierung öffentlicher Wohnungsunternehmen: Die Transformation der deutschen Wohnungswirtschaft: Teil 1, in: Die Wohnungswirtschaft (2007), Heft 4, S. 18–20.
[Kohler, N. (1999)] Kohler, Niklaus; Hassler, Uta; Enquete Kommission „Schutz des Menschen und der Umwelt" des 13. Deutschen Bundestages (Hrsg.): Stoffströme und Kosten in den Bereichen Bauen und Wohnen; Berlin u. a. 1999.
[Kohler, N. (2002l)] Kohler, Niklaus: Nachhaltigkeit von Gebäuden, in: Deutsches Architektenblatt (2002), Heft 12, S. 7–10.
[Kohns, R. (2008a)] Kohns, Rainer: Effizienz-Initiative, in: IndustrieBAU (2008), Heft 1, S. 56–58.
[Markgraf, H. (1996e)] Markgraf, Hendrik: Schrumpfende Zuschüsse, steigende Kosten: Zehn Theater kämpfen ums Überleben, in: Frankfurter Allgemeine Zeitung (1996), Nr. 125, S. 63.
[Merian 8-38] Merian (Hrsg.): Die Bühne der Bürgerlichkeit; Merian, Nr. 8-38, S. 23–24.
[Stadt Frankfurt (1988)] Magistrat der Stadt Frankfurt am Main, Dezernat Bau, Hochbauamt (Hrsg.): Bockenheimer Depot Schauspiel Frankfurt am Main; Frankfurt a. M. 1988.

2.5 Das Umfeld eines Immobilienunternehmens berücksichtigen

Ulrich Bogenstätter

Allgemeine Patentrezepte über die Branchen hinweg können hier nicht gegeben werden. Hier sind weitere Differenzierungen für den Immobilienbestand notwendig.

Die Vielfältigkeit des Immobilienmanagements drückt sich in der Kombination von drei Sichten in einem Würfel aus (s. Abb. 2.29): Dazu gehören die natürlichen und juristischen Personen in ihren verschiedenen Rollen und Branchen, die Interessenlagen und die verfolgten Geschäftsmodelle (Subjektsicht), eine Unterscheidung nach Gebäudenutzungsarten (Objektsicht von **A**bfallbunker bis **Z**weifamilienhäuser), eine Unterscheidung nach Immobiliensegment sowie eine Unterscheidung nach den anfallenden Prozessen in den Phasen (Phasensicht, z. B. Bauen).

2.5.1 Vielfältigkeit des Immobilienmanagements

Die unterschiedlichen Subjektsichten sind z. B. durch das erhöhte Regelungsbedürfnis des Staates in der Wohnungswirtschaft begründet und führen zu anderen Ausformungen in der öffentlichen und kommunalen Immobilienwirtschaft, der kirchlichen oder der gewerblichen Immobilienwirtschaft, dem Handel und der Industrie. Unterschiede ergeben sich auch durch die Anwendung unterschiedlicher Buchführungsarten, des kameralen Rechnungswesens und der doppelten Buchführung (Doppik). Schon durch die Variationsmöglichkeiten bei der Subjektsicht ergeben sich unterschiedliche Anforderungen an das Property-Management bzw. Facility-Management.

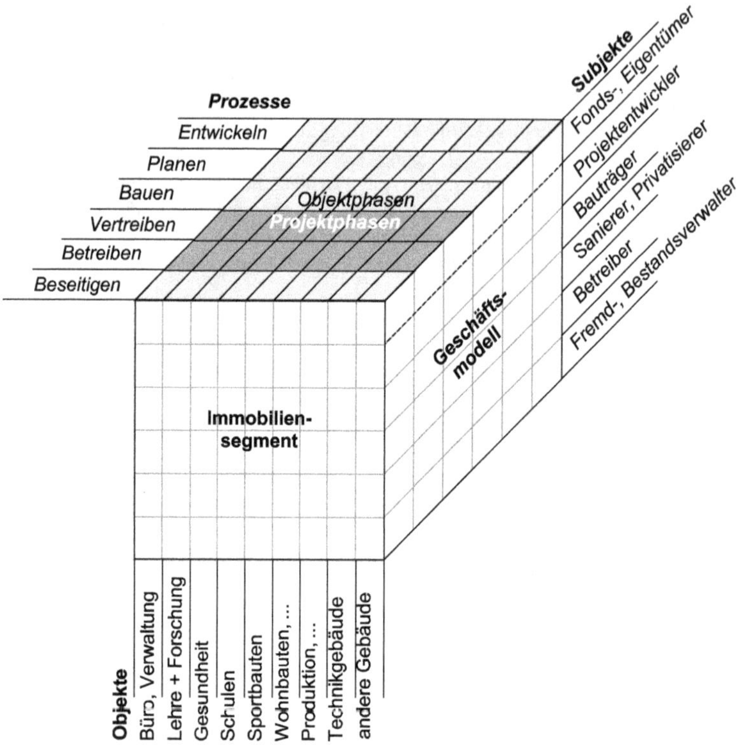

Abb. 2.29: Differenzierung der Sichtweisen.[80]

Aus der Objektsicht sind Reinigungskosten in Höhe von 60 %[81] der Instandhaltungskosten in der Gebäudegruppe Parlaments-, Gerichts- und Verwaltungsgebäude imponierende Größenordnungen im Büroimmobilienmarkt, in der Wohnungswirtschaft sind sie eine zu vernachlässigende Größe, solange der Mieter selbst putzt und keine Reinigungskosten anfallen. Das kann sich allerdings zukünftig aufgrund der zunehmenden Überalterung der Bevölkerung in Deutschland ändern, wenn eine Vielzahl der Mieter nicht mehr selbst putzen kann. An diesem Beispiel ist erkennbar, dass branchenspezifische Unterscheidungen unterschiedliche Kostenstrukturen ergeben.

Die Prozessschwerpunkte, auch als Kernprozesse bezeichnet, variieren ebenfalls nach Branchen und Phasen. Im industriellen Produktionsprozess führen Ausfallzeiten von technischen Anlagen zu Produktionsausfällen, die wiederum zu erheblichen Ertragsausfällen führen. Die Instandhaltung gilt es dann so zu optimieren, dass keine Ausfallzeiten der Produktionsmittel verursacht werden. Der tropfende Wasserhahn in der Wohnung eines Mieters hingegen hat für die Wohnungswirtschaft in der Dimension Ausfallzeit nahezu keine Bedeutung.

2.5.2 Subjekte – ein Blick auf die Bestandshalter

Die Subjektsicht bestimmt im Wesentlichen die Ziele der strategischen Unternehmensführung. Sie ist in hohem Maße von den Besonderheiten der einzelnen Immobilienunternehmen und ihrer Teil-

80 Quelle: eigene Darstellung.

81 Vgl. [Bogenstätter, U. (2000)], S. 376–386.

märkte geprägt. Bei näherer Betrachtung lässt sich auch eine Vielzahl von Geschäftsmodellen oder unterschiedlichen Besitzverhältnissen identifizieren, die die Zieldefinition maßgeblich beeinflussen.

Für unterschiedliche Geschäftsmodelle stehen Immobilienfondsgesellschaften, Projektentwickler, Bauträger, Investoren mit Sanierungs- und Privatisierungsabsichten, Betreiber mit Fremdverwaltung oder Bestandsverwalter eigener Immobilien. Je nach Geschäftsmodell ergeben sich unterschiedliche Interessenlagen. Für einen Bauträger sind die Nutzungskosten (noch?) von nachrangiger Bedeutung, da er den Gewinn aus der Herstellung und dem Verkauf von Gebäuden erwirtschaftet und die Nutzungskosten keine Rolle spielen. Für den Betreiber und Selbstnutzer einer Immobilie sind jedoch die tatsächlichen Nutzungskosten entscheidend, bestimmen sie doch nachhaltig die Ausgaben.

Ein Unternehmen ist nicht völlig frei in seinen unternehmerischen Entscheidungen, sondern eingebunden in das Umfeld aus Kunden, Mitarbeitern und Lieferanten sowie in ein Netzwerk aus Geschäftspartnern (auch finanzierenden Banken) und Anteilseignern. Kommunen und Kirchengemeinden sind abhängig von Wahlergebnissen und Wahlperioden. Durch die Vielzahl der Kirchengemeinden ergibt sich eine differenzierte Eigentümerstruktur. Kostensenkung ist bei Kirchen und Kommunen ein wichtiges Thema. Hier ist eine Parallele zur Industrie zu erkennen. Je nach Besitzverhältnis sind daher die Ziele anzupassen.

Die Einflussnahme der Anteilseigner auf die Ziele lässt sich anhand eines Beispiels aus der Wohnungswirtschaft nachvollziehen: Die Interessenlage einer Genossenschaft („Wir wollen zufriedene Genossen") mit verteilten Eigentumsverhältnissen ist anders gelagert als die eines privates Wohnungsunternehmens, das vorrangig monetäre Ziele verfolgt (vgl. Tab. 2.8). Hinzu kommt eine Vielzahl von Dienstleistungsunternehmen und Firmen (vgl. Tab. 2.9), die Teilleistungen an einem Gebäude erbringen und ihre eigene Interessen verfolgen.

Die Honorarordnung für Architekten und Ingenieure (HOAI)[82] benennt 13 Leistungsbilder für diesen Personenkreis, vom Architekten bis zum Vermessungsingenieur. Die Leistungsbilder lassen sich jedoch weiter differenzieren. Das Deutsche Institut für Normung (DIN) hat in Tabelle 2

Tab. 2.8: Gebäude mit Wohnraum sowie Wohngebäude nach Eigentumsform des Gebäudes.[83]

	Eigentumsform des Gebäudes	**Gebäude mit Wohnraum**		**... darunter Wohngebäude**	
		Gebäude	Wohnungen	Gebäude	Wohnungen
	Anzahl	19.060.870	41.298.747	18.387.704	39.887.964
		Aufteilung in %			
1.	Gemeinschaft von Wohnungseigentümern/-innen	9,6 %	22,6 %	9,6 %	22,7 %
2.	Privatperson/-en	84,1 %	58,1 %	84,5 %	57,9 %
3.	Wohnungsgenossenschaft	1,5 %	5,1 %	1,6 %	5,3 %
4.	Kommune/kommunales Wohnungsunternehmen	1,7 %	5,6 %	1,7 %	5,7 %
5.	privatwirtschaftliches Wohnungsunternehmen	1,7 %	5,3 %	1,7 %	5,4 %
6.	anderes privatwirtschaftliches Unternehmen	0,7 %	1,7 %	0,5 %	1,5 %
7.	Bund oder Land	0,2 %	0,7 %	0,2 %	0,7 %
8.	Organisation ohne Erwerbszweck	0,4 %	0,8 %	0,3 %	0,7 %
		100,0 %	100,0 %	100,0 %	100,0 %

82 [HOAI 2013].

83 Daten nach [statistik.bayern Zensus2011], 00_GWZ_1_1_5.

Tab. 2.9: Wirtschaftszweige der Immobilienwirtschaft 2016.[84]

	Wirtschaftszweig	Anzahl Unternehmen		Umsätze in Mio. €		Erwerbstätige	
1.	Architektur- und Ingenieurbüros	77.302	9,5 %	26.042	5,4 %	214.352	7,0 %
2.	Bauwirtschaft	364.476	44,6 %	269.959	55,8 %	1.801.714	59,1 %
3.	Beteiligungsgesellschaften	5.121	0,6 %	5.072	1,0 %	12.430	0,4 %
4.	Hausmeisterdienste	21.579	2,6 %	4.903	1,0 %	89.789	2,9 %
5.	Gebäudereinigung	27.783	3,4 %	16.130	3,3 %	431.781	14,2 %
6.	Immobilienhandel	15.128	1,9 %	18.493	3,8 %	9.966	0,3 %
7.	Immobilienfinanzierer/KAGs	1.758	0,2 %	7.105	1,5 %	161.787	5,3 %
8.	Vermietung und Verpachtung	232.854	28,5 %	97.829	20,2 %	108.475	3,6 %
9.	Vermittlung und Verwaltung	54.282	6,6 %	29.545	6,1 %	133.859	4,4 %
10.	Sonstige Dienstleister	16.823	2,1 %	9.128	1,9 %	84.398	2,8 %
	Immobilienwirtschaft	817.106	100,0 %	484.206	100,0 %	3.048.551	100,0 %
	Gesamtwirtschaft	3.255.402	398,4 %	6.543.324	1.351,4 %	32.090.011	1.052,6 %

der DIN 276 1993-06 insgesamt 64 Leistungsbereiche von Firmen aufgeführt.[85] Leistungen jeglicher Art an Gebäuden sind in höchstem Maße arbeitsteilig organisiert. Durch die Zersplitterung von Verantwortlichkeiten und Zuständigkeiten bei den Dienstleistungsunternehmen und Firmen fehlt vielfach die Möglichkeit, Gebäude nachhaltig zu beurteilen. Die Verantwortlichkeit der ausführenden Firmen erledigt sich i. d. R. mit Ablauf der Gewährleistungsfrist nach vier bzw. fünf Jahren, je nachdem, ob Gewährleistungsfristen nach der Vergabe- und Vertragsordnung für Bauleistungen (VOB) oder nach dem Bürgerlichen Gesetzbuch (BGB) vereinbart sind. Die kontinuierliche Verantwortlichkeit in einer Person ist über den gesamten Lebenszyklus eines Gebäudes bedauerlicherweise nicht zu finden. Diese Rolle können nur Immobilienunternehmen, insbesondere die Bestandshalter, übernehmen.

2.5.3 Objekte – Immobilien der Wirtschaftssektoren

Aus Sicht der strategischen Unternehmensführung sind Gebäude in ihrer Gesamtheit zu betrachten. Das widerspricht in Teilen der projektbezogenen Denkweise der technischen Fachdisziplinen. Viele Problemstellungen ergeben sich jedoch aus der Masse, der Anzahl der Gebäude im Verantwortungsbereich eines Immobilienunternehmens. Bei größerem Immobilienbestand ist stets ein professionelles Immobilienmanagement mit standardisierten Prozessen notwendig. Die Frankfurter Flughafen AG (FraPort) beispielsweise betreibt auf einer Gesamtfläche von 19 km² Gesamtfläche 428 Gebäude mit über 2,4 Mio. [m^2_{BGF}], 150 km Fahrstraßen, 9,4 Mio. m² Grünflächen und 16.000 Fahrzeuge sowie Spezialgeräte.[86] Die Buchwerte der Stadt Wiesbaden betragen 471 Mio. € für Grundstücke und grundstücksgleiche Rechte sowie 497 Mio. € für Bauten einschließlich Bauten auf fremden Grundstücken.[87] Das Hochbauamt der Stadt Wiesbaden rechnet aber mit Wiederherstellungswerten in Höhe von rd. 1,8 Mrd. €. Grundlage für die Berechnungen des Hochbauamtes ist die Objektliste im CAFM-System. Die beinhaltet 713 einzelne Gebäude bei einer Fläche von insgesamt 717.229 [m^2_{BGF}] (Stand 3/2018). Der Landesbetrieb Liegenschafts- und Baubetreuung (LBB) des Landes Rheinland-Pfalz ist wirtschaftlicher Eigentümer von rund 600 Wirtschaftseinheiten

84 Vgl. [gif (2017)], S. 13.

85 Siehe auch Tabelle 5.4, [DIN 276 1993-06], in der Ausgabe [DIN 276-1 2008-12] werden die Leistungsbereiche leider nicht mehr aufgeführt.

86 Vgl. [Hanke, B. (2010j)] sowie Kapitel 6.1.

87 Siehe [Stadt Wiesbaden (2016)], S. 70.

Tab. 2.10: Objektwerte des Bistums Trier.[92]

	Territorial-Seelsorge	Anzahl	Neubauwert in Mio. [€]	Bauunterhalt in Mio. [€]
1.	Kirchen	1.783	3.702,0	22,2
2.	Pfarrhäuser	745	327,0	3,3
3.	Pfarrheime	812	474,3	4,7
4.	Kindergärten	448	495,1	4,9
	Summe	3.788	4.998,5	35,1

mit rd. 1.800 Gebäuden.[88] Der Landesbetrieb Vermögen und Bau Baden-Württemberg betreut etwa 8.000 Gebäude und 1.800 Anmietungen. Der Wiederbeschaffungswert beträgt etwa 20 Mrd. €.[89] Frerk hat den Immobilienwert der evangelischen und katholischen Kirche von Grundbesitz und 33.200 Kirchen, 30.515 Pfarrhäusern, 22.287 Gemeindehäuser und 23.000 weitere Einrichtungen geschätzt. Derartige Schätzungen sind schwierig belastbar zu erstellen.[90] Vorsichtige Schätzungen gehen davon aus, dass 80.000 Kirchen und 400.000 Gebäude der evangelischen und katholischen Glaubensgemeinschaften in Deutschland vorhanden sind.[91] Der Objektbestand des Bistums Trier umfasst etwa 3.750 Gebäude mit einem Neubauwert von rund 5 Mrd. € (s. Tab. 2.10). In den Zuständigkeitsbereich der Evangelische Landeskirche Württemberg (ELK-WUE) fallen Gebäude von 6.100 Kirchengemeinden, mehr als 6.000 Liegenschaften und 2.100 Erbbaurechte (vgl. Abb. 2.30).

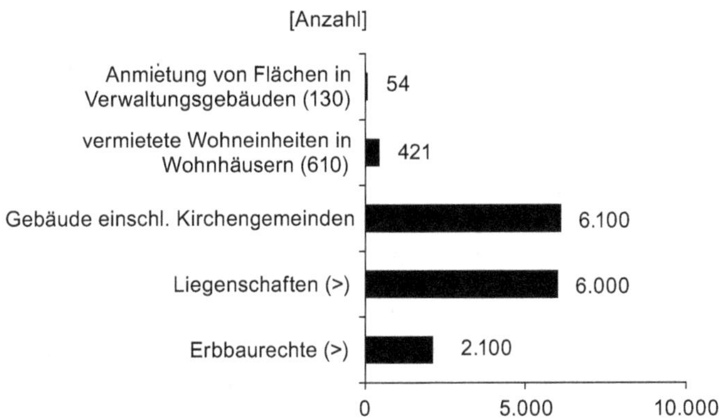

Abb. 2.30: Immobilienportfolio der ev. Landeskirche Württemberg (2005).[93]

Die Wohnungsgenossenschaften bewirtschaften 289.288, die Kommunen oder kommunale Wohnungsunternehmen 333.193, privatwirtschaftliche Wohnungsunternehmen 316.750 Gebäude mit Wohnungen (Stand 2013).[94] Die alten Wohngebäude stellen angesichts ihrer Menge und baulichen Substanz eine ganz besondere Herausforderung für die Portfoliostrategie dar (s. Tab. 2.11).

88 Vgl. Kapitel 6.2.
89 [vermoegenundbau-bw 2018].
90 Angaben aus [Frerk, C. (2002)], S. 230 ff.
91 Vgl. Kapitel 5.2.
92 Vgl. [Freitag, C. (2004a)].
93 Vgl. [Bogenstätter, U. (2008y)], S. 42.
94 Daten nach [statistik.bayern Zensus2011], 00_GWZ_1_1_5.

Tab. 2.11: Gebäude mit Wohnraum nach Baujahr und Eigentumsform des Gebäudes.[95]

	Eigentumsform des Gebäudes	< 1950	1950–1969	1970–1989	≥1990
	Von 19.060.870 Gebäuden …	26,6 %	24,8 %	25,1 %	23,5 %
		davon …			
1.	Gemeinschaft von Wohnungseigentümern/-innen	8,1 %	9,9 %	10,4 %	10,3 %
2.	Privatperson/-en	85,0 %	80,0 %	84,8 %	86,8 %
3.	Wohnungsgenossenschaft	1,5 %	2,8 %	1,3 %	0,5 %
4.	Kommune/kommunales Wohnungsunternehmen	1,8 %	2,9 %	1,5 %	0,7 %
5.	privatwirtschaftliches Wohnungsunternehmen	1,9 %	2,8 %	1,0 %	0,9 %
6.	anderes privatwirtschaftliches Unternehmen	0,9 %	0,8 %	0,6 %	0,6 %
7.	Bund oder Land	0,3 %	0,4 %	0,1 %	0,1 %
8.	Organisation ohne Erwerbszweck	0,6 %	0,5 %	0,3 %	0,2 %
		100,0 %	100,0 %	100,0 %	100,0 %

Mit den imposanten Zahlen soll unterstrichen werden, Immobilienmanagement als Massenproblem zu verstehen und den Blick weniger auf einzelne „Leuchtturmprojekte" zu richten.

Je nach Gebäudemix unterscheiden sich die Interessenlagen der Eigentümer und Betreiber von Immobilien wesentlich. Beispielsweise unterscheidet sich ein kommunales oder kirchliches Immobilienmanagement deutlich von dem Gebäudemix der Wohnungswirtschaft oder der gewerblichen Immobilienwirtschaft. Insbesondere der Gebäudemix bestimmt die Strategien zum Betrieb der Immobilien.

Ein homogener Gebäudemix findet sich insbesondere in der Sozial- bzw. Wohnungswirtschaft und in der Industrie (i. d. R. mit Schwerpunkt auf Produktionsanlagen), heterogene Bauwerknutzungsarten hingegen bei Landeseinrichtungen der öffentlichen Hand, in der kommunalen und der kirchlichen Gebäudewirtschaft (s. Tab. 2.12).

Im heterogenen Gebäudemix von Gewerbe und Industrie finden sich z. B. unterschiedliche Nutzungsanteile aus Büro, Logistik/Lager, Produktion und Vertrieb.[96] Der Gebäudemix des Landes Rheinland-Pfalz umfasst Verwaltungsgebäude in verschiedenen Ausprägungen, Kliniken, Kasernen und Gebäude für gesellschaftliche Zwecke. In der kommunalen Gebäudewirtschaft liegt i. d. R. der Schwerpunkt bei schulischen Bauwerken (Bsp. Stadt Oberhausen), daneben werden Verwaltungsgebäude, Wohnhäuser, Betreuungseinrichtungen und vieles mehr betrieben.

Der Schwerpunkt des Bistums Trier liegt auf sakralen Gebäuden, Betreuungseinrichtungen und Wohnhäusern. Die Aufgaben der Evangelischen Landeskirche Württemberg sind vielfältig. Typisch für die Verwaltung durch eine Landeskirche oder durch Stiftungen sind Wohngebäude, Verwaltungsgebäude und Tagungshäuser. Dabei ist heute eine Vielzahl von Liegenschaften und Erbbaurechten auch zu managen, nicht wie früher „nur" zu verwalten. Der größte Anteil der Gebäude liegt bei den Kirchengemeinden. Typischerweise setzt sich der Immobilienbestand der Kirchengemeinden aus Gemeindehäusern, Kindergärten, Pfarrhäusern und Kirchen zusammen. Der Schwerpunkt liegt bei Groß- und Dorfkirchen, den Gemeindehäusern und Kindertagesstätten.

Es ist davon auszugehen, dass die Anforderungen sowie Problemstellungen der Nutzergruppen und die Anforderungen an die Mitarbeiter eines Immobilienunternehmens umso vielfältiger sind, je heterogener die Bauwerksnutzungsarten eines Immobilienunternehmens sind. Es ist schwer vorstellbar, dass ein Hausmeister für Verwaltungsgebäude, Schulen und Wohngebäude den Anforderungen eines Bürgermeisters, eines Schulleiters und einer Einwanderungsfamilie gleichermaßen gerecht wird.

95 Daten nach [statistik.bayern Zensus2011], 00_GWZ_1_2_4.

96 Siehe [BulwienGesa (2010e)], S. 14.

Tab. 2.12: Gebäudeportfolio nach Branche in Deutschland.

BZK	Gebäudegruppe	Gesundheits-/Sozialwesen[a]	Gewerbe/Industrie	Kirchengemeinden[b]	Wohnungswirtschaft	Landesbetrieb LBB[c]	Kommunen[d]	Stadt Oberhausen[e]	Stadt Wiesbaden[f]	Bistum Trier[g]	Landeskirche ELK-WUE	Landeskirche EKIBA
	Bezugsgröße					m^2_{MF}		m^2_{BGF}	**Mio. €**	**Geb.**		
12000	Gerichtsgebäude											
13000	Verwaltungsgebäude					34 %	10 %	10 %	3 %		(X)	(X)
20000	Gebäude für L+F (Hochschulen)		(X)			34 %						(X)
30000	Geb. des Gesundheitswesens	(X)										
32000	Krankenhäuser/Unikliniken	(X)										
40000	Schulen					9 %	20 %	57 %	60 %			
41000	allgemeinbildende Schulen										(X)	
42000	berufliche Schulen										(X)	
44000	Kindertagesstätten			(X)			15 %	2 %	8 %	12 %		
45000	Weiterbildungseinrichtungen							1 %			(X)	(X)
50000	Sportbauten								8 %			
51000	Hallen (ohne Schwimmhallen)						5 %	3 %				
53000	Sportplatzgebäude/Freibad							1 %				
61000	Wohnhäuser (Pfarrhäuser)			(X)	(X)	4 %		8 %		20 %	(X)	
62000	Wohnheime	(X)									(X)	(X)
63000	Gemeinschaftsunterkünfte											
64000	Betreuungseinrichtungen							8 %		21 %	(X)	
72000	Geschäftshäuser, Läden											(X)
76000	Garagengebäude (Stellpl.)					13 %						
77000	öffentl. Bereitschaftsdienste						5 %	5 %				
79000	Betriebsgebäude zur Produktion		(X)			2 %						
91000	kult./musische Gebäude			(X)				5 %		47 %		
96000	Justizvollzugsanstalten											
	Forstflächen											(X)
	unbebaute Grundstücke							(X)	(X)	(X)		(X)
	sonstige Gebäude					4 %	45 %		21 %			

(X) = Gebäudegruppe ohne quantitative Angabe vorhanden.

[a] Vgl. Kapitel 4.2.2.

[b] Vgl. [Schneider, F. (2004)].

[c] Vgl. Kapitel 6.2.1, Bezugsgröße rd. 2,87 Mio. m^2_{MF}.

[d] Vgl. [Pelzl, W. (2003k)].

[e] Vgl. [Heck, T. (1996j)], Bezugsgröße 561.126 m^2_{BGF}.

[f] Vgl. [Stadt Wiesbaden (2007)], S. 20, 25, Bezugsgröße 720 Mio. € Sachanlagevermögen, Bauten einschl. Bauten auf fremden Grundstücken.

[g] Vgl. [Freitag, C. (2004A)], Bezugsgröße 3.788 Gebäude.

Ebenso wichtig ist es, nach der Altersstruktur zu differenzieren. Durch eine rege Bautätigkeit bis 1870 entstanden viele Kirchen und Pfarrhäuser. Von 1948 bis 1971 wurden insbesondere viele Gemeindehäuser und Kindergärten gebaut. Daraus leitet sich ein umfangreicher Gebäudebesitz ab, der denkmalrechtlichen Auflagen unterliegt.[97] In der Wohnungswirtschaft ist bei nachlassender Bautätigkeit die zunehmende Bedeutung der Instandhaltung und Modernisierung erkennbar (vgl. Tab. 2.13). Durch Änderungen der Verhältnisse von Neubau zu Modernisierung und Instandhaltung verändern sich die Aufgaben der in Immobilienunternehmen eingesetzten Mitarbeiter. Während einige Immobilienunternehmen umfangreiche Planungsabteilungen für Neubauten vorhalten, werden diese Aufgaben zukünftig anders definiert oder reduziert werden müssen. Eine Trendwende durch politische Maßnahmen der Wohnungsbauförderung ist teilweise absehbar. Die ggf. notwendigen Personalmaßnahmen erfordern einen langen Planungshorizont.

Tab. 2.13: Struktur der Wohnungsbauleistungen 2000–2010.[98]

Jahr	Neubau Eigenheime, Geschosswohnungsbau	Modernisierung und Instandhaltung	Jahr	Neubau Eigenheime, Geschosswohnungsbau	Modernisierung und Instandhaltung
2001	36%	64%	2010	22%	78%
2002	36%	64%	2011	25%	75%
2003	37%	63%	2012	26%	74%
2004	38%	62%	2013	27%	73%
2005	35%	65%	2014	29%	71%
2006	34%	66%	2015	31%	69%
2007	26%	74%	2016	32%	68%
2008	22%	78%			
2009	22%	78%			

Der Streubesitz ist ebenfalls eine organisatorische Herausforderung. Streubesitz findet sich insbesondere bei Landeseinrichtungen, bei kirchlichen Institutionen (z. B. die Landeskirche Schaumburg-Lippe [www.landeskirche-schaumburg-lippe.de]), bei Industrieunternehmen und in der Wohnungswirtschaft. Die Bosch-Gruppe betreute 2006 6,3 Mio. von 10,8 Mio. m^2 Netto-Raumfläche bzw. 710 von 1.030 Liegenschaften im Ausland.[99] Der Immobilienbestand des Wohnungsunternehmens GWH ist über ganz Hessen verteilt. Ballungen sind in Frankfurt am Main, Kassel und Wiesbaden erkennbar.[100] Die GWH bewirtschaftet heute etwa 50.000 Wohnungen. Ist der Streubesitz nicht zu vermeiden, werden besondere organisatorische Anforderungen an die Logistik und Präsenz vor Ort sowie an die örtlichen Geschäftspartner gestellt.

2.5.4 Prozesse – von der Projektidee bis zum Abriss

Neben dem Wirtschaftlichkeitsgedanken werden in der [GEFMA 100-1 E 2004-07] im besonderen Maße die einzelnen Lebensphasen von der Planung bis zum Abriss von Gebäuden betont. Die Summe der Lebensphasen wird i. d. R. Lebenszyklus genannt. Dem liegt die Ausgangsthese zugrunde, dass bereits in frühen Planungsphasen die Wirtschaftlichkeit von Gebäuden in der Nutzungsphase

97 Vgl. [Schneider, F. (2004)], S. 11.

98 Siehe Statista (Hrsg.): Struktur des Wohnungsbaus nach Neubau und Sanierung in Deutschland in den Jahren 2001 bis 2016.

99 Siehe [Weltweites Immobilienmanagem… (2008a)], S. 17.

100 Siehe [GWH (2004)], S. 9.

bestimmt wird. Aus Sicht des technischen Mitarbeiters ist der Lebenszyklus mit dem Abriss eines Gebäudes beendet. Für den kaufmännischen Mitarbeiter ist der Lebenszyklus bereits mit dem Verkauf abgeschlossen.

Für eine weitergehende Betrachtung ist zunächst eine Einteilung der Phasen nach Projekt- und Objektgeschäft nützlich, denn hier spiegelt sich allgemein die unterschiedliche Betrachtungsweise der Subjekte wider. Nach [DIN 69901-5 2009-01] sind wesentliche Merkmale des Projektgeschäfts die Einmaligkeit hinsichtlich der Zielvorgabe, Begrenzungen hinsichtlich beispielsweise Zeit oder Ressourcen, Abgrenzungen zu anderen Vorhaben und eine projektspezifische Organisation. Neubau- oder Sanierungsmaßnahmen sind typische Projektgeschäfte mit den Phasen (Projekt-)Entwicklung, Planung, Ausführung (Bau) und Beseitigung. Dem steht das Objektgeschäft in der Nutzungsphase gegenüber, das regelmäßige Leistungen beinhaltet und selten einzelne Projekte unterscheidet.

Projekt- und Objektgeschäft benötigen unterschiedliche Organisationsformen, die systembedingt vertragliche Verantwortlichkeiten innerhalb des Projekt- oder Objektgeschäfts belassen und bisher zu wenige Berührungspunkte erzwungen haben. In welchen Fällen wurden bisher die Projektziele für einen Neubau in der Nutzungsphase überprüft und die Verantwortlichen bei Nichterfüllung der Projektziele zur Rechenschaft gezogen? Hier lässt sich als Beispiel der geplante und tatsächliche Energieverbrauch anführen. Aus vertragsrechtlichen Gründen werden nach gängiger Praxis die Leistungen der fachlich Beteiligten, nicht aber das Projektziel überprüft. Selbst wenn das Projektziel nicht erreicht wird, bleibt dies weitgehend ohne Konsequenzen. Eine Brücke über Objekt- und Projektgeschäft schlagen z. B. Wärme-Contracting-Modelle[101], die Leistungen und Ziele in einer verantwortlichen Hand belassen.

Es ist festzuhalten, dass der Lebenszyklus eines Gebäudes zu den wesentlichen Merkmalen bei der Betrachtung von Facility-Management gehört. Dabei finden sich immer wieder unterschiedlichste Bezeichnungen der Phasen.

Schon Lönberg-Holm und Larson beschreiben das Leben eines Produkts in sechs Phasen[102], nämlich Forschung, Gestalten, Produktion, Vertrieb, Verwendung und Beseitigung. Diese Phasen lassen sich sinngemäß auf den Produktionsprozess von Verbrauchsgütern, aber auch auf Bauwerke übertragen. Je nach Themenstellung fallen daher Bezeichnungen der Phasen synonym aus. Die Begriffswahl wechselt, die Phaseninhalte sind weitgehend identisch. Im Bauwesen finden sich i. d. R. die Begriffe 1) Forschung, Projektentwicklung, 2) Planung, Gestaltung, 3) Ausführung, Bauen, Produktion, 4) Verwertung, Vermarktung, Vertrieb, 5) Nutzung, Verwendung und 6) Beseitigung, Abriss, (Stilllegung), Rückbau. Die [GEFMA 110 E 2009-01] unterscheidet 1. Konzeption, 2. Planung, 3. Errichtung, 4. Vermarktung, 5. Beschaffung, 6. Betrieb und Nutzung, 7. Umbau, Sanierung, 8. Leerstand und 9. Verwertung.[103] Dabei wiederholen sich allerdings die Maßnahmen. Die [DIN EN 15804 2012-04] unterscheidet 1. Herstellungsphase, 2. Baustadium, 3. Nutzungsstadium, 4. Nachnutzungsstadium sowie 5. Recyclingpotenzial.[104]

Nachfolgend werden die Phasen
- **Entwickeln,**
- **Planen,**
- **Bauen,**
- **Vertreiben bzw. Verwerten,**
- **Betreiben** und
- **Beseitigen**

unterschieden. Diese grundsätzliche Einteilung der Bauwerksphasen findet sich in mehr oder minder ausgeprägter Form in einer Vielzahl vorhandener Vorschriften, z. B. in den Verordnungen über

101 Siehe [DIN 8930-5 2003-01].

102 Siehe Lönberg-Holm, Knud; Larson, C. Theodore, in: [Chermayeff, S. (1971)], S. 100.

103 Vgl. [GEFMA 110 E 2009-01], S. 7.

104 Vgl. [ift (2011H)], S. 33; [DIN EN 15804 2012-04].

die Honorare für Leistungen der Architekten und Ingenieure (HOAI), in den Nutzungskosten von Hochbauten nach [DIN 18960 2008-02], im Betreiben von Maschinen und vergleichbaren technischen Arbeitsmitteln nach [DIN 32541 (aufgehoben) 1977-05] und in der Instandhaltung nach [DIN 31052 (aufgehoben) 1981-06], die nicht mehr aktualisiert wurde.

Eine scharfe Abgrenzung der Phasen ist jedoch nicht immer möglich. Den Ausführungsprozess begleitende Planungen (Zeichnungen auf Zementsäcken) oder Vertriebsaktivitäten bereits in der Projektentwicklungsphase (Kaufen vom Zeichenbrett) sind im Bauwesen durchaus bekannt.

Entwickeln

Die vielfach als Phase 0 bezeichnete Projektentwicklung wird hier der Phase **Entwickeln** im weitesten Sinne zugerechnet (siehe z. B. [DIN 18205 2016-11]). Mit den Methoden der Projektentwicklung, aber auch der Bedarfsplanung, wird entscheidend über Erfolg oder Misserfolg von Baumaßnahmen als Investitionsmaßnahme (Subjektsicht) entschieden. Die Ziele hierfür sind eindeutig zu beschreiben, die [DIN 18205 2016-11][105] bedient sich hierzu des Leitfadens für nachhaltiges Bauen und differenziert die Teilziele wie folgt:

- funktionale und technische Ziele
- soziokulturelle und gestalterische Ziele
- ökonomische und zeitliche Ziele
- ökologische Ziele

Die Gewichtung der Ziele wird sicher je nach Subjektsicht unterschiedlich ausfallen. Der renditeorientierte Investor wird insbesondere Wert auf die ökonomischen und zeitlichen Ziele Wert legen. Für Bestandshalter als Auftraggeber sind besonders Ziele aus Sicht des Betreibens zu berücksichtigen. Einige Beispiele: Durch koordinierte Stundenpläne lässt sich vielfach die tatsächliche Nutzungsdauer von Schulen steigern und neue Anbauten lassen sich vermeiden. Verlängerte Öffnungszeiten reduzieren u. a. den Flächenbedarf von Kantinen, neue Bürokonzepte in einer auf das Internet ausgerichteten Gesellschaft können den Flächenbedarf ebenfalls mindern.

Eine der besten Optimierungsmöglichkeiten der Nutzungskosten aus Unternehmenssicht ist es, Neu- oder Anbauten zu vermeiden. Hierzu fehlt es aber vielfach, wie an anderer Stelle auch, an objektbezogenen Forschungen. Diese sind nahezu nicht vorhanden und die meisten Publikationen zum Thema Facility-Management negieren die Notwendigkeit der Phase **Entwickeln**, im weitesten Sinne die Geburtsstunde eines Gebäudes.

Allerdings liegen uns bis heute auch keine verlässlichen Forschungsergebnisse über die zukünftigen Eigenschaften von Bauwerken oder Bauteilen vor. Forschungsschwerpunkte lagen in der Vergangenheit vornehmlich im Bereich der Planung und Produktion von Bauwerken, insbesondere im Wohnungsbau. Erst in jüngerer Zeit wendet sich die Forschung der Nutzungsphase zu. Auf nationaler und internationaler Ebene werden vor dem Hintergrund von Umweltbelastungen Möglichkeiten zur Energieeinsparung und Reduzierung des Ausstoßes von Schadstoffen untersucht. Im Bereich Facility-Management werden Fragen des Bauwerksbetriebs diskutiert. Zusammenhänge zwischen Gebäuden und Betriebsabläufen, z. B. in der Behinderten- und Altenhilfe, werden wiederum nur vereinzelt erforscht.[106] Derartige Fragestellungen könnten den nachhaltigen Erfolg einer Immobilie stark beeinflussen und sollten in der Projektentwicklung und Planungsphase Beachtung finden.

Planen

Die HOAI definiert die einzelnen Planungsphasen einer Baumaßnahme. Die Planung obliegt i. d. R. dem Architekten. Diese Phasen (Grundlagenermittlung, Vorplanung, Entwurfsplanung, Geneh-

105 Vgl. [DIN 18205 2016-11], Anhang 2.

106 Z. B. [Weißert-Horn, M. (1997)].

migungsplanung, Ausführungsplanung, Vorbereitung der Vergabe, Mitwirkung bei der Vergabe) bauen sukzessive aufeinander auf. Bauwerke sind lokal gebunden und an die örtliche Situation individuell anzupassen. Entgegen gegenteiliger Beteuerungen der Planungsbeteiligten wird die Nutzungsphase in der Planungsphase bedauerlicherweise nicht in ausreichendem Maß berücksichtigt.

Bauen

Die HOAI stellt vornehmlich die Leistung der planenden Architekten in den Vordergrund (Objektüberwachung, Objektbetreuung). Das Bauen bzw. die Ausführung obliegt dem Unternehmer und schließt sich im Idealfall an die Planungsphase an. Durch lange Bauphasen und mangelnde Zieldefinition verändern insbesondere im Bauwesen Planungsänderungen den Ausführungsprozess, was zu Kostensteigerungen, Terminverschiebungen und Qualitätseinbußen führen kann. In der Regel ist der Ausführungsprozess an sich für den zukünftigen Nutzer ohne weitere Bedeutung.

Vertreiben bzw. Verwerten

In der Regel ist davon auszugehen, dass sich nach der Ausführung eine kurze Phase des Vertriebs oder Verwertens anschließt und bei Fertigstellung eines Bauwerks die Nutzungsphase beginnt. Durch mehrjährige Planungs- und Ausführungsphasen im Bauwesen bedingt, ist es durchaus üblich, mit dem Vertrieb bereits in der Planungsphase zu beginnen. Bis zur Fertigstellung kann es zu Veränderungen im regionalen Markt kommen. Dies betrifft Bauleistungen ebenso wie den zukünftigen Verwendungszweck eines Gebäudes. Die Möglichkeiten von Sonderbauwerken, sich verändernden Gegebenheiten anzupassen, z. B. Hotels, sind i. d. R. geringer. Auch hier ist eine vorausschauende Sicht der Bedarfsplanung unerlässlich. Es muss daher das Ziel sein, die Aspekte des Vertriebs in früheste Phasen, gegebenenfalls durch ein Immobilien-Research, einzubringen.

Betreiben

Betrachtet man die Phasen hinsichtlich der zeitlichen Dauer, so ist die Phase des Betreibens oder Nutzens die Bedeutsamste. Im Bereich der technischen Anlagen unterteilt die [DIN (aufgehoben) 1977-05] die Phase des Betreibens in vier Abschnitte: das Inbetriebnehmen, das Betätigen (Bedienen), das Instandhalten und das Außerbetriebnehmen. Zur weiteren Strukturierung bieten sich hier die Arbeitsprozesse zur Instandhaltung weiterhin nach [DIN 31052 (aufgehoben) 1981-06] an. Sie finden vornehmlich bei technischen Anlagen Verwendung und sind bei Architekten weitgehend unbekannt. Obwohl beide Normen im technischen Bereich ihr Anwendungsfeld besitzen, lassen sich die Arbeitsprozesse sinngemäß für eine Untergliederung der Nutzungsphase eines Bauwerks heranziehen.

Die [DIN 18960 2008-02] „Nutzungskosten von Hochbauten" unterstellt, dass ein Bauwerk lediglich einem Verwendungszweck, z. B. dem Wohnen, dient. Es ist jedoch davon auszugehen, dass bei Standzeiten von Gebäuden mit 80 und mehr Jahren sich der Verwendungszweck ändern kann, z. B. aus einem Wohngebäude ein Verwaltungsgebäude wird. Ein Bauwerk kann daher mehrfach in Betrieb und aus dem Betrieb genommen werden (ggf. nach Umplanung und Umbau), bevor es beseitigt wird. Änderungen des Verwendungszwecks erschweren die langfristige Beurteilung von Bauwerken, Änderungen des Verwendungsziels können jedoch bereits in der Bedarfsplanung berücksichtigt werden.

Beseitigen

Aus Sicht eines Immobilienunternehmens ist die Verwertung oder Liquidation, der Eigentumswechsel, das Ende im Lebenszyklus einer Immobilie. Aus Sicht des Technikers dagegen steht die Beseitigung eines Bauwerks am Ende dieses Lebenszyklus. Die besondere Bedeutung ist darin zu sehen, dass Änderungen der Rahmenbedingungen bei langfristigen Investitionsgütern zu Problemen in der Beseitigung führen können, z. B. wenn Asbest verarbeitet wurde. Die Planer müssen daher bereits in der Planungsphase Entsorgungsstrategien entwickeln. Investitionsruinen sind eine deutliche Warnung, schon frühzeitig an geeignete Abrissmaßnahmen bis hin zu Sprengszenarien zu denken. In den neuen Bundesländern ist der Rückbau nennenswerter Wohnungsbestände Realität.

Literatur

[Bogenstätter, U. (2000)] Bogenstätter, Ulrich: Prediction and optimization of life cycle costs in early design, in: British Research & Information; 28 Jg. (2000), Nr. 5–6, S. 376–386.

[Bogenstätter, U. (2008y)] Bogenstätter, Ulrich: Informationsbedarf von Immobilienverantwortlichen, in: Evangelisches Siedlungswerk in Deutschland (Hrsg.): Von der Verwaltung der Immobilie zum aktiven Gestalten mit der Immobilie: Kirche im Wandel – den Wandel gestalten: Dokumentation des 2. Berliner Forums 2008; Nürnberg 2008.

[BulwienGesa (2010e)] BulwienGesa (Hrsg.): Gewerbe- und Industrieimmobilien in Deutschland 2010: Gemeinschaftsstudie, 5.2010, URL: http://www.aurelis-real-estate.de/fileadmin/user_upload/Bilder/News/Studien/Gewerbe_Industrieimmobilien_2010-06-08.pdf (letzter Aufruf: 01.01.2018).

[Chermayeff, S. (1971)] Chermayeff, Serge; Alexander, Christopher: Gemeinschaft und Privatheit im neuen Bauen: Auf dem Wege zu einer humanen Architektur; Mainz u. a. 1971.

[DIN 276 1993-06] Kosten von Hochbauten, Deutsches Institut für Normung (Hrsg.): DIN 276; Berlin 1993.

[DIN 276-1 2008-12] Kosten im Bauwesen: Teil 1: Hochbau, Deutsches Institut für Normung (Hrsg.): Teil 1, DIN 276; Berlin 2008.

[DIN 8930-5 2003-11] Kälteanlagen und Wärmepumpen-Terminologie: Contracting, Deutsches Institut für Normung (Hrsg.): Teil 5, DIN 8930; Berlin 2003.

[DIN 18205 2016-11] Bedarfsplanung im Bauwesen, Deutsches Institut für Normung (Hrsg.): DIN 18205; Berlin 2016.

[DIN 18960 2008-02] Nutzungskosten von Hochbauten, Deutsches Institut für Normung (Hrsg.): DIN 18960; Berlin 2008.

[DIN EN 15804 2012-04] Nachhaltigkeit von Bauwerken: Umweltproduktdeklarationen: Grundregeln für die Produktkategorie Bauprodukte, Deutsches Institut für Normung (Hrsg.): DIN EN 15804; Berlin 2012.

[Freitag, C. (2004a)] Freitag, Christoph: Bischöfliches Generalvikariat, Trier, Vortrag am 27. Januar 2004 an der Ev. Akademie Bad Boll.

[Frerk, C. (2002)] Frerk, Carsten: Finanzen und Vermögen der Kirchen in Deutschland, 1. Aufl.; Aschaffenburg 2002.

[GdW (2012k)] Bundesverband deutscher Wohnungsunternehmen (GdW) (Hrsg.): Wohnungswirtschaftliche Daten und Trends 2012/2013: Zahlen und Analysen aus der Jahresstatistik des GdW; Berlin: Bundesverband deutscher Wohnungsunternehmen (GdW); Berlin 2012.

[GEFMA 110 E 2009-01] Einführung von Facility Management: Vorgehen bei der FM-Einführung in Unternehmen und öffentlichen Verwaltungen, GEFMA e. V. Deutscher Verband für Facility Management (Hrsg.): GEFMA 110, 2009.

[gif (2017)] Just, Tobias; Voigtländer, Michael; Eisfeld, Rupert; Henger, Ralph; Hesse, Markus; Toschka, Alexandra: Wirtschaftsfaktor Immobilien 2017, 6.2017, URL: https://www.zia-deutschland.de/fileadmin/Redaktion/Meta_Service/PDF/Endfassung_Gutachten_Wirtschaftsfaktor_Immobilien_2017.pdf (letzter Aufruf: 01.01.2018).

[GWH (2004)] Gemeinnützige Wohnungsgesellschaft mbH Hessen (Hrsg.): Bericht Wohnungsbewirtschaftung 2003, 2004.

[Hanke, B. (2010j)] Hanke, Bernd: Die Wirtschaftlichkeit von baulichen und technischen Anlagen unter Beachtung der Nutzungsdauer und der Fehlerhäufigkeit: Vortrag am 29. Oktober 2010 beim 1. Mainzer Immobilientag.

[Heck, T. (1996j)] Heck, Thomas: Wie arbeiten andere Bauämter? Aufbau, Organisation des Bereiches Hochbau der Stadt Oberhausen, in: Bauverwaltung + Bauamt & Gemeindebau (1996), Heft 10, S. 584–587.

[HOAI 2013] Verordnung über die Honorare für Architekten- und Ingenieurleistungen (Honorarordnung für Architekten und Ingenieure – HOAI), in: Bundesgesetzblatt; Bd. I, HOAI, 2013, S. 2276.

[ift (2011H)] von Houwald, Bernhard; Wortner, Patrick; Kreißig, Johannes; Peters, Hans: EPDs für transparente Bauelemente; ift-Abschlussbericht, 2011.

[Mittler, G. (1996i)] Mittler, Gernot: Wird die Staatsbauverwaltung Rheinland-Pfalz eine GmbH?, in: Bauverwaltung + Bauamt & Gemeindebau (1996), Heft 9, S. 508.

[Pelzl, W. (2003k)] Pelzl, Wolfgang; Amon, Markus: Entscheidungstransparenz statt Renditeoptimierung: Kommunales Immobilienmanagement, Teil 3, in: Immobilien Zeitung (2003), Nr. 23, S. 11.

[Schneider, F. (2004)] Schneider, Friedhelm: Kirchliches Immobilienmanagement: Zukunftsweisender Umgang mit kirchlichen Gebäuden; Darmstadt 2004.

[Stadt Wiesbaden (2007)] Stadt Wiesbaden (Hrsg.): Wiesbaden zieht Bilanz: Geschäftsbericht zur „Vorläufigen Eröffnungsbilanz“ zum 1. Januar 2007, URL: http://www.wiesbaden.de/die_stadt/kaemmerei/download/geschaeftsbericht2007xs.pdf (letzter Aufruf: 09.10.2007).

[Stadt Wiesbaden (2016)] Stadt Wiesbaden (Hrsg.): Jahresabschlussbericht für das Geschäftsjahr 2015, 2016, URL: https://www.wiesbaden.de/medien-zentral/dok/rathaus/Jahresabschluss_2015.PDF (letzter Aufruf: 01.01.2018).

[statistik.bayern Zensus2011] Bayrisches Landesamt für Statistik und Datenverarbeitung (Hrsg.): Zensusdatenbank Zensus 2011 der Statistischen Ämter des Bundes und der Länder: Gebäude- und Wohnraumzählung 2011, statistik.bayern Zensus2011, URL: https://ergebnisse.zensus2011.de (letzter Aufruf: 05.03.2017).

[Weißert-Horn, M. (1997)] Weißert-Horn, Margit; Landau, Kurt (Hrsg.): Layoutplanung von Altenpflegeabteilungen, REFA-Fachbuchreihe Arbeitsgestaltung; Bad Urach 1997.

[Weltweites Immobilienmanagem... (2008a)] o. V.: Weltweites Immobilienmanagement, in: IndustrieBAU (2008), Heft 1, S. 16–17.

2.6 Die Folgen des Wandels in nationalen Wohnungsmärkten

Stefan Korthals und Emanuel Eckel

Auf dem Wohnimmobilienmarkt in Deutschland vollziehen sich seit Jahren starke Veränderungsprozesse. Der damit verbundene Wandel hat sowohl für Investoren als auch für deren Dienstleister tiefgreifende Auswirkungen. Vor allem die notwendige Ausweitung und kleinteiligere Ausdifferenzierung des Leistungsspektrums stellt Dienstleistungsunternehmen vor neue Herausforderungen, während sich für die Investoren vor allem die Produkt- und Angebotsseite stark verändert. Im folgenden Kapitel sollen der Wandel und die hieraus resultierenden Auswirkungen auf die beiden Akteursgruppen der Investoren und Dienstleister genauer betrachtet werden.

2.6.1 Die Sicht auf den deutschen Wohnungsmarkt

Der Wohnungsbestand in Deutschland wurde im Zensus 2011 letztmalig ermittelt und betrug zu diesem Zeitpunkt rund 40,54 Mio. Wohnungen (s. Abb. 2.31). Durch die Neubautätigkeit seither liegt der Gesamtbestand aktuell bei rd. 41,34 Mio. Wohnungen, da seit der Zensus-Erhebung rd. 908.000 Wohnungen fertiggestellt wurden, bei einem Wohnungsabgang im selben Zeitraum in Höhe von rd. 108.500 Wohnungen.

Hieraus ergibt sich eine Bestandsveränderung von rd. 800.000 zusätzlichen Wohnungen seit dem Zensus bis zum Jahresende 2015. Für institutionelle Investoren ist am Gesamtmarkt jedoch nur ein geringer Teil des Wohnungsbestandes ein potenzielles Investitionsprodukt (rd. 7,1 %). Dies resultiert daraus, dass vom Gesamtwohnungsbestand allein rund 32,67 Mio. Wohnungen im Besitz von Privatpersonen und privaten Eigentümergemeinschaften sind und somit nicht für institutionelle Investoren als Handels- und Investitionsprodukt zur Verfügung stehen.

Nur rd. 7,85 Mio. Wohnungen (19,4 % des Bestandes) sind aufgrund der Eigentümerstruktur am Markt als Handels- und Investitionsprodukt theoretisch verfügbar. Real ist der Anteil der potenziell für Investoren verfügbaren Wohnungen niedriger, da sich von den 7,85 Mio. in privatwirtschaftlichem Besitz befindlichen Einheiten rd. 2,29 Mio. im Besitz von kommunalen Wohnungsunternehmen und Kommunen und noch einmal rd. 2,08 Mio. Wohnungen in genossenschaftlichem Besitz befinden. Diese beiden Eigentümergruppen mit rd. 4,37 Mio. Wohnungen halten ihren Wohnungsbestand überwiegend als langfristige Bestandsobjekte im Besitz, der nicht am Markt veräußert wird und somit auch nicht als potenzielles Handels- und Investitionsprodukt zur Verfügung steht.

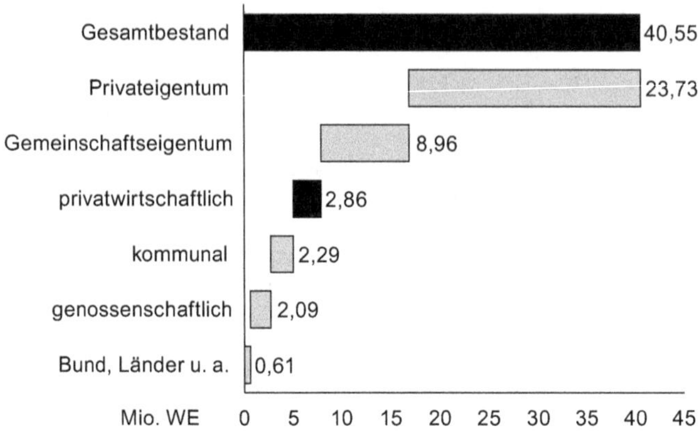

Abb. 2.31: Eigentümerstruktur auf dem deutschen Wohnungsmarkt nach Zensus 2011.[107]

Hieraus ergibt sich, dass nur rd. 2,86 Mio. Wohnungen aus dem privatwirtschaftlichen Besitz aufgrund der Eigentumsstruktur als potenzielles Investitions- und Handelsprodukt für institutionelle Investoren infrage kommen, da auch der Bund und die Bundesländer sowie sonstige Eigentümer (u. a. die Kirchen), in deren Besitz sich weitere rd. 0,62 Mio. Wohnungen befinden, vornehmlich als langfristige Bestandshalter ohne Verkaufsabsichten agieren.

Im Folgenden wird kurz auf den Wandel am Wohnungsmarkt in den vergangenen Jahren eingegangen, der für institutionelle Investoren und deren Dienstleister Anpassungsprozesse zur Folge hatte.

Impulse in den 1990er-Jahren und Internationalisierung des Wohnungshandels

Impulse für den deutschen Wohnimmobilienmarkt gab es in den späten 1990er- und frühen 2000er-Jahren. Während dieser Zeit verkauften etliche Kommunen sowie privatwirtschaftliche Unternehmen erstmals im großen Stil Teile ihres Wohnungsbestands an vornehmlich angelsächsische Private-Equity-Unternehmen (vgl. Tab. 2.14). Das Interesse der Kommunen und privatwirtschaftlichen Unternehmen an einem Verkauf der Bestände resultierte aus der Tatsache, dass die Kommunen einerseits erhebliche Haushaltsdefizite aufwiesen und der in ihrem Besitz befindliche Wohnungsbestand in sehr vielen Fällen in einem schlechten baulichen Zustand war, sodass perspektivisch umfangreiche Investitionen in den Wohnungsbestand nötig gewesen wären. Der Wohnungsbestand der Kommunen und privatwirtschaftlichen Unternehmen war somit aus Kostengründen uninteressant für die jeweiligen Eigentümer, ein Verkauf jedoch attraktiv. Der zu der Zeit erwartete Bevölkerungsrückgang an vielen Standorten der gehandelten Portfolios führte zusätzlich dazu, dass die Politik die öffentlichen Wohnungsbestände als Instrument der Wohnungspolitik für verzichtbar hielt.

Hinzu kam, dass die damals erzielbaren Mieten auf deutlich niedrigerem Niveau als heute lagen und wenig positive Dynamik aufwiesen, sodass potenzielle Investitionen in den Bestand unter Rentabilitätsaspekten unattraktiv gewesen wären. Aus diesen Gründen sahen die Kommunen in den Private-Equity-Unternehmen eine gute Möglichkeit, sich von unattraktiven und potenziell kostenintensiven Wohnungsbeständen zu trennen, was für die Kommunen zusätzlich den Positiveffekt hatte, dass durch den Verkauf der Wohnungsbestände die Entschuldung der kommunalen Haushalte vorangetrieben werden konnte. Daraufhin kam es zu zahlreichen großvolumigen

107 Quelle: [statistik.bayern Zensus2011] und eigene Berechnungen.

Tab. 2.14: Transaktionen ab 10.000 WE von 1999 bis 2006 mit Private-Equity-Unternehmen als Käufer.[108]

Rang	Jahr	Verkäufer	Verkaufsgegenstand	Wohnungen	Käufer/ Investorengruppe
1	2005	EON	Viterra	138.000	DAIG [c]
2	2004	BfA[a]	GAGFAH	82.000	Fortress
3	2004	Stadt Berlin	GSW	65.700	Cerberus, Goldman Sachs u. a.
4	2001	Bundeseisenbahnvermögen	mehrere Gesellschaften	64.000	Terra Firma, DAIG[c]
5	2004	Thyssen Krupp AG	Thyssen Krupp Wohnimmobilien	48.000	Morgan Stanley, Corpus
6	2006	Stadt Dresden	Woba Dresden	47.800	Fortress
10	2004	WCM	KWG Kiel u. a.	31.500	Blackstone Group
11	2005	Norddeutsche Landesbank	NILEG Immobilien Holding	30.000	Fortress
16	2000	RSE	RSE (inkl. 75 %-Anteil Gehag)	21.750	WCM
17	2005	BGAG[b]	BauBecon Holding	20.300	Cerberus
20	2004	DB Real Estate Management	Deutschbau Holding (50 %)	19.800	Viterra AG
22	2005	HSH Nordbank	GEHAG	17.850	Oaktree Capital
23	1999	Stadt Frankfurt/Deutsche Post	Wohnbau Rhein-Main	14.500	Viterra AG, Hypo Vereinsbank
27	2006	Cerberus	mehrere Gesellschaften	12.300	Babcock & Brown, GPT Group

[a] BfA – Bundesversicherungsanstalt für Angestellte.
[b] BGAG – Beteiligungsgesellschaft der Gewerkschaften.
[c] Deutsche Annington, vgl. auch Tabelle 2.5.

Verkäufen von Wohnungen in Deutschland. Diese Zeit kann als erste Phase der Professionalisierung und Internationalisierung des Wohnungshandels in Deutschland bezeichnet werden. Im Zuge der Professionalisierung differenzierten die Marktakteure ihr Tätigkeits- und Dienstleistungsspektrum sukzessive weiter aus und ergänzten es durch neue Beratungsleistungen, sodass sich die Wohnungswirtschaft und der Wohnungshandel zu einem spezialisierten und komplexen Teilbereich der Immobilienwirtschaft entwickelten. Sowohl um den Transaktionsprozess als auch um die Bewirtschaftung der Wohnungsbestände entstanden neue Dienstleistungen wie beispielsweise Investment- und Transaktionsmanagement, M&A-Rechtsberatung, Due Diligence, kaufmännisches und technisches Asset-Management, Property-Management und Hausverwaltung, Facility-Management oder Controlling.

Die Investitionsstrategie der Private-Equity-Investoren in dieser Zeit war meist kurz- bis mittelfristig angelegt, die Investoren hatten kein Interesse daran, die erworbenen Wohnungsbestände langfristig im Besitz zu behalten. Vielmehr sah die Investitionsstrategie der Private-Equity-Investoren vor, die erworbenen Wohnungsbestände zumeist nur geringfügig, unter Einbringung von wenig Kapital, qualitativ aufzuwerten und den bestehenden Leerstand abzubauen. Im Gegenzug wurden die bis dahin oft sehr niedrigen Mieten angehoben, da die Investoren das Mietsteigerungspotenzial bereits frühzeitig erkannten und darin der wesentliche Werttreiber für die Rendite lag. Zusätzlich verfolgten die Investoren die Strategie, Miet- in Eigentumswohnungen umzuwandeln und an die Mieter der Wohnungen zu verkaufen oder alternativ an Kapitalanleger zu privatisieren. Ziel der Private-Equity-Investoren war es, mit den erworbenen Wohnungsbeständen in möglichst kurzer Zeit eine möglichst hohe Rendite zu erzielen, bei einem klar definierten kurz- bis mittel-

108 Quelle: eigene Berechnungen und Anfragen bei Unternehmen.

fristigen Exit-Zeitpunkt. Beim Ankauf von Wohnungsbeständen und der Umsetzung ihrer Investitionsstrategie verfolgten die Investoren das Ziel, ein möglichst großes Bestandsvolumen mit wenigen Transaktionen aufzubauen und Volumina zu bündeln (Leverage-Effekt). Um dies zu erreichen, wurden deutliche Portfolioaufschläge gezahlt, wodurch die Preise für solche großvolumigen Wohnungspakete teilweise jenseits der Milliardengrenze lagen.

Bei den Wohnungsportfoliotransaktionen ab den späten 1990er-Jahren handelte es sich bei rund der Hälfte der größten 30 Transaktionen auf Käuferseite um vorwiegend angelsächsische Private-Equity-Investoren. Hier sind beispielsweise Fortress, Cerberus, Goldman Sachs, Whitehall, Terra Firma und Oaktree Capital als Akteure zu nennen. Bei den Transaktionen, bei denen Private-Equity-Käufer agierten, waren in den überwiegenden Fällen komplette Unternehmen Transaktionsgegenstand, die vormals in den meisten Fällen im Besitz privatwirtschaftlicher Unternehmen, des Bundes, der Bundesländer und Kommunen waren. Insgesamt erwarben im Zeitraum von 1999 bis 2006 bei Portfolioverkäufen mit einem Mindestvolumen von 10.000 Wohnungen Private-Equity-Investoren rund 613.500 Wohnungen.

Durch diese Verkäufe kam es zu einer erheblichen Verschiebung der Eigentumsverhältnisse von Wohnungen zugunsten privatwirtschaftlicher Akteure und Unternehmen. Unter Berücksichtigung aller Käufe, nicht nur derjenigen durch Private-Equity-Investoren, kam es im Zeitraum von 1999 bis 2007 zu einem Gesamttransaktionsvolumen von etwa 1,75 Mio. Wohnungen. Bei den Transaktionen ist zu berücksichtigen, dass Wohnungsbestände in kurzer Zeit teilweise sogar mehrfach verkauft wurden. Verrechnet man die Käufe und Verkäufe miteinander, so verringerte sich der im Besitz der öffentlichen Hand befindliche Wohnungsbestand um rd. 455.000 Wohnungen, während der private Sektor seinen Wohnungsbestand bis zum Jahr 2007 um insgesamt 528.000 Wohnungen erhöhte (s. Abb. 2.32).

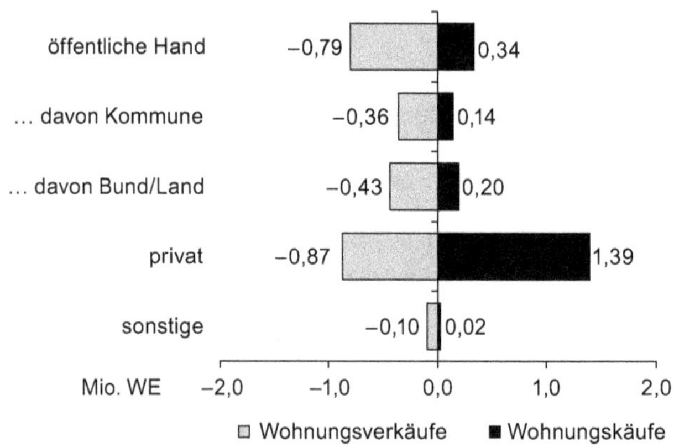

Abb. 2.32: Kauf- und Verkaufsvolumina nach Akteuren inkl. Salden im Zeitraum 1999 bis 2007.[109]

Durch diese Trends kam es am Transaktionsmarkt von Wohnimmobilien in Deutschland zu einer steigenden Marktdynamik. Zudem kamen in den Folgejahren immer mehr und neue Akteure auf den Markt, die sich am Handel mit Wohnungen und Portfolios beteiligten, sodass es, speziell in den Jahren 2004 bis 2007, zu hohen Transaktionsvolumina beim professionalisierten Wohnungshandel in Deutschland kam.

Im Jahr 2008 folgte die Finanzmarktkrise, die eine Zäsur für die Branche und einen massiven Rückgang des Handels mit Wohnimmobilienportfolios bedeutete. Die Finanzkrise wirkte sich

109 Quelle: [BBSR Analysen Kompakt 03/2016], [BMVBS Heft 124] und eigene Berechnungen.

vor allem auf die Finanzierungsbedingungen und die gutachterlichen Bewertungen der Portfolios der Käufer aus den Vorjahren aus. So kam es ab 2007 zu Abwertungen der Wohnungsbestände, was teils massive bilanzielle Effekte auf der Eigentümerseite zur Folge hatte. Zusätzlich verschärften die finanzierenden Banken die Eigenkapitalanforderungen der Investoren, sodass für Finanzierungen deutlich höhere Eigenkapitalquoten aufgebracht werden mussten, was ein Absinken der Renditen zur Folge hatte. Mit der Finanzkrise und den damit einhergehenden wirtschaftlichen Unsicherheiten kam der professionelle Handel mit Wohnimmobilienportfolios in der Folgezeit, speziell in den Jahren 2009 und 2010, nahezu zum Erliegen. Erst ab 2011 kam es zu ersten Erholungstendenzen, auf die an späterer Stelle ausführlich eingegangen wird.

Besonderheiten des deutschen Wohnimmobilienmarktes und internationaler Vergleich

Eine Besonderheit des Wohnimmobilienmarkts in Deutschland führte in der Zeit vor der Finanzkrise mit hohen Transaktionsvolumina zu einem verstärkten Interesse der Investoren, wobei diese Besonderheit auch aus heutiger Sicht für Investoren von großer Bedeutung ist und den deutschen Wohnungsmarkt für institutionelle Investoren äußerst attraktiv macht. Diese Besonderheit liegt in der räumlichen Struktur und Verteilung des Wohnungsbestands innerhalb Deutschlands. Das Spezifische des Wohnungsmarkts in Deutschland ist, dass er eine stark diversifizierte polyzentrische Struktur aufweist.

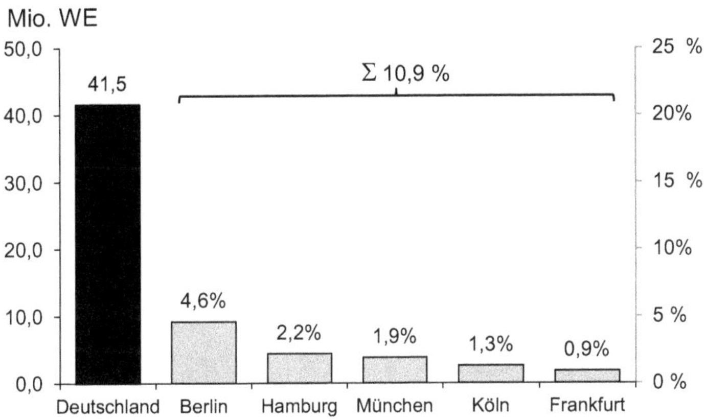

Abb. 2.33: Verteilung des Wohnungsbestands in Deutschland im Vergleich.[110]

So sind nur rd. 11 % des Wohnungsbestands in Deutschland in den fünf größten Städten Berlin, Hamburg, München, Köln und Frankfurt allokiert (s. Abb. 2.33), während dieser Anteil beispielsweise in Frankreich mit rund 20 % und in England mit sogar über 25 % deutlich höher und der Wohnungsbestand in den beiden genannten Ländern somit deutlich stärker räumlich konzentriert ist, was zu einem erhöhten Allokationsrisiko führt. So befinden sich in Frankreich allein über 16,4 % des Wohnungsbestands in Paris und der umliegenden Île-de-France (s. Abb. 2.34) während in England 15,5 % des Wohnungsbestands in der Hauptstadt London konzentriert sind (s. Abb. 2.35). Die starke regionale Diversifizierung des Wohnungsbestands in Deutschland ist eine positive Basis für risikoaverse Investments und macht deutsche Wohnimmobilien für institutionelle Investoren sehr attraktiv.

110 Quelle: eigene Berechnungen nach Environ (www.environ.ie), Insee (www.insee.fr), CentreForCities (www.citiesoutlook.com) 2015.

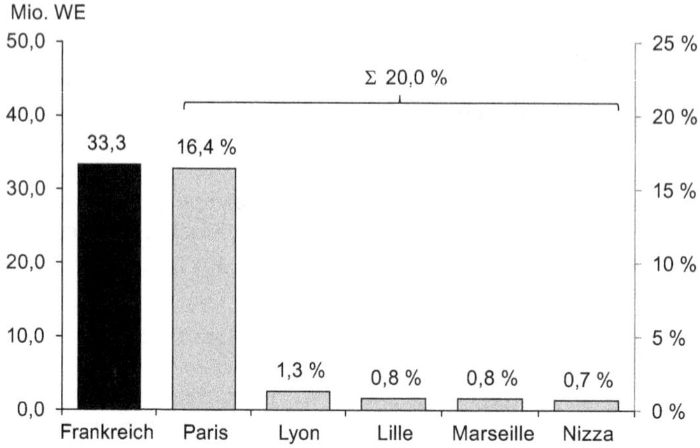

Abb. 2.34: Verteilung des Wohnungsbestands in Frankreich im Vergleich.[111]

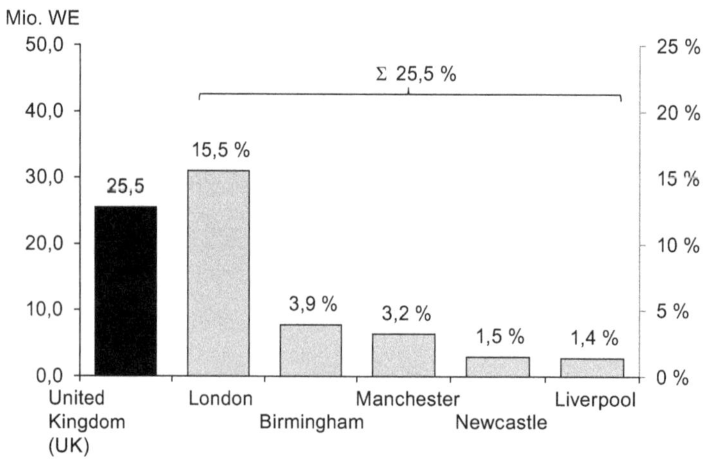

Abb. 2.35: Verteilung des Wohnungsbestands im UK im Vergleich.[112]

Während der Finanzmarktkrise und in den Folgejahren kam es zu einem starken Einbruch des Bruttoinlandsprodukts, wobei dieser drastische Rückgang der Wirtschaftsleistung nicht nur Deutschland betraf (s. Abb. 2.36). Während jedoch im Vergleich mit anderen wichtigen europäischen Ländern bereits in den Jahren vor der Finanzkrise das Wachstum des Bruttoinlandsprodukts in Deutschland überdurchschnittlich positiv war, wies Deutschland auch in den Jahren nach der Finanzkrise und im Zuge der wirtschaftlichen Erholung die stärksten Wachstumsraten des Bruttoinlandsprodukts auf. Somit profitierte Deutschland von seiner wettbewerbsfähigen und starken exportbasierten Wirtschaft und zeigte eine große wirtschaftliche Erholung und Stabilität.

111 Quelle: eigene Berechnungen nach Environ (www.environ.ie), Insee (www.insee.fr), CentreForCities (www.citiesoutlook.com) 2015.

112 Quelle: eigene Berechnungen nach Environ (www.environ.ie), Insee (www.insee.fr), CentreForCities (www.citiesoutlook.com) 2015.

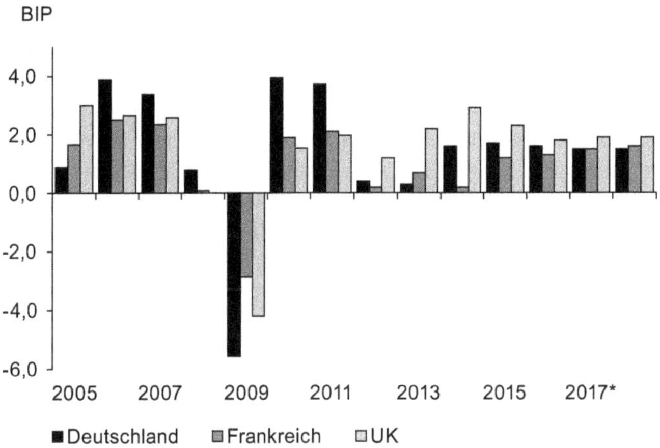

Abb. 2.36: BIP-Wachstum im Vergleich.[113]

Durch die wirtschaftliche Erholung gelangte Deutschland in den Folgejahren der Finanzkrise erneut in den Fokus von Wohnimmobilieninvestoren und es kam wieder zu einer verstärkten Nachfrage nach Wohnimmobilien. Der Transaktionsmarkt zeigte in den Folgejahren, speziell ab 2011/2012, erneut starke Wachstumsraten und Umsatzvolumina, u. a. resultierend aus der Zeichnung neuer Aktien der börsengelisteten Gesellschaften, wodurch neues Kapital in den Markt floss.

An dieser Stelle muss für die weitere Betrachtung zwischen institutionellen Investoren und Privatpersonen differenziert werden, da in den Jahren nach der Finanzkrise neben den professionellen Investoren vermehrt auch Privatpersonen am Wohnungsmarkt agierten und noch agieren. Darüber hinaus kam es bis 2016 zu starken Konsolidierungseffekten der börsennotierten Akteure, was eine zusätzliche Nachfrage nach Wohnungsbeständen und ein erhöhtes Transaktionsvolumen zur Folge hatte.

Professionelle Investoren der Kapitalmarktseite

In den Jahren nach der Finanzmarktkrise kam es in Deutschland zu einem sich intensivierenden Handel mit Wohnimmobilien und Portfolios. Die Verkäufe weisen jedoch eine andere Struktur auf als die Verkäufe in den späten 1990er- und frühen 2000er-Jahren. So ist in der jüngeren Vergangenheit der Trend zu erkennen, dass Wohnungsverkäufe zunehmend aus Portfolios bestehen, die in der beschriebenen ersten Phase hoher Transaktionsaktivität schon einmal verkauft wurden. Somit dominierten in den Jahren ab 2011 verstärkt Wiederverkäufe von Wohnungsportfolios den Transaktionsmarkt. Diese neuerliche Nachfrage, die auch als zweite Boom-Phase bezeichnet werden kann, wurde stark durch die Rahmenbedingungen am Finanzmarkt beeinflusst.

Die Finanzmarktkrise in den Jahren davor führte zu einer massiven Lockerung der Geldpolitik durch die Europäische Zentralbank, im Zuge derer die Leitzinsen in den letzten Jahren sukzessive auf quasi null reduziert wurden. Parallel zum Aufkauf von Staatsanleihen pumpte die Europäische Zentralbank immense Geldmengen in den Markt mit dem Ziel, die Inflation und Investitionstätigkeit anzukurbeln, was jedoch bislang nicht gelungen ist. Die Folge dieser geldpolitischen Strategie der Europäischen Zentralbank waren starke Kurssteigerungen am Aktienmarkt auf historische Höchststände, eine zunehmende Volatilität der Gold- und Rohstoffpreise sowie ein Absinken der Anleiherenditen.

113 Quelle: eigene Berechnungen nach Corpus Sireo, Swiss Life, Consensus Economics, Oxford Economics 2016.

Durch die Quasi-Nullzins-Politik der Europäischen Zentralbank ergaben sich historisch günstige Finanzierungsbedingungen auf extrem niedrigem Zinsniveau bei einem sich parallel dazu stetig erhöhenden Anlagedruck institutioneller Investoren. Aufgrund der stabilen und im Vergleich zu Anleihen noch immer deutlich höheren Renditen, die mit Wohnimmobilien in Deutschland erzielt werden können, floss stetig weiteres Kapital in großem Umfang in den deutschen Wohnimmobilienmarkt, was sich in steigenden Transaktionszahlen im Portfoliohandel äußerte. Zusätzlich zum bestehenden und weiter steigenden Anlagedruck von institutionellen Investoren aufgrund der weiterhin steigenden Kapitalzuflüsse sowie der guten Konjunktur und Wirtschaftsentwicklung erhöhte sich auch das Interesse von Privatanlegern an Wohnimmobilieninvestitionen. Sie trieb und treibt die Suche nach vermeintlich sicheren Anlageformen sowie einer gesicherten Altersvorsorge in Form von „Betongold".

Diese Entwicklungen und das hieraus resultierende neuerlich hohe Transaktionsgeschehen am Wohnungsmarkt führten in den letzten Jahren zu deutlich steigenden Kaufpreisen für Wohnimmobilien sowohl am institutionellen Transaktionsmarkt von professionellen Investoren als auch am Käufermarkt der Privatinvestoren und privaten Kleinanleger.

Marktkonsolidierung und Entstehung von Big Playern

In diesem Zusammenhang ist in den letzten Jahren am Markt eine zunehmende Konsolidierung der professionellen und institutionellen Investoren zu beobachten, vornehmlich derjenigen aus dem privatwirtschaftlichen Sektor. So wurden in den auf die Finanzmarktkrise folgenden Jahren neben den klassischen Asset- und Share Deals auch zunehmend große Wohnungsbestände durch Initial Public Offering (IPO = Börsengang) und Unternehmensübernahmen verkauft. Es bildeten und etablierten sich neue große Akteure am Markt. So befinden sich heute allein rd. 982.000 Wohnungen im Besitz der sieben größten privatwirtschaftlichen Immobilienunternehmen, die teilweise an der Börse als Aktiengesellschaften gelistet sind (s. Tab. 2.15).

Tab. 2.15: Übersicht der größten Wohnungsbestandshalter aus dem privatwirtschaftlichen Sektor in Deutschland 2016.[114]

	Name	Wohnungsbestand (Stand 30.09.2016)
1.	Vonovia SE	360.000
2.	Deutsche Wohnen AG	150.000
3.	Vivawest Wohnen GmbH	121.000
4.	LEG Immobilien AG	130.000
5.	Grand City Properties SA	82.000
6.	TAG Immobilien AG	75.000
7.	Adler Real Estate AG	48.000
8.	ADO Properties SA	16.000
	Summe	982.000

Als größtes Wohnungsunternehmen aus der Privatwirtschaft und zugleich größter Bestandshalter von Wohnungen in Deutschland ist die Vonovia SE zu nennen, die bis zum Jahr 2015 noch als Deutsche Annington Immobilien SE firmierte. Nach der Übernahme der GAGFAH SA im Jahr 2015 verfügt sie nun über einen Wohnungsbestand von rd. 360.000 Wohnungen. Zu den privatwirtschaftlichen Unternehmen kommen einige große Bestandshalter, die sich zumeist im Besitz eines Landes oder

114 [BBSR Analysen Kompakt 03/2016] und eigene Berechnungen auf der Basis von Geschäftsberichten.

von Kommunen befinden und teilweise erhebliche Bestände von mehreren Zehntausend Wohnungen besitzen. Hier sind beispielsweise die SAGA GWG Hamburg mit rd. 130.000 Wohnungen oder die Gewobag Berlin mit rd. 58.000 Wohnungen zu nennen.

Insgesamt befinden sich derzeit rd. 1,5 Mio. Wohnungen im Eigentum von fünfzehn großen Unternehmen aus dem privatwirtschaftlichen Sektor sowie von Kommunen und Ländern. Betrachtet man jedoch die Entwicklung der Bestandseigentumsstruktur in den letzten Jahren, so zeigt sich, dass sich der Anteil der Wohnungen im Besitz von privatwirtschaftlichen Unternehmen stark konzentriert hat, da die am Markt agierenden Unternehmen ihre Wohnungsbestände deutlich erhöht haben.

Die heute größten acht an der Börse gelisteten Unternehmen besaßen im Jahr 2005 noch insgesamt unter 50.000 Wohnungen. Durch Börsengänge, Übernahmen und das Entstehen von neuen großen Playern stieg die Zahl der Wohnungen in Besitz der größten acht Unternehmen bis zum Jahr 2016 auf rd. 870.000 Wohnungen an (s. Abb. 2.37), was einem Anteil von rd. 30 % bezogen auf den im Zensus ermittelten privatwirtschaftlichen Wohnungsbestand entspricht. Diese Zahlen verdeutlichen nochmals den Umverteilungsprozess des Wohnungsbestandes, der dem privatwirtschaftlichen Sektor potenziell zugänglich ist.

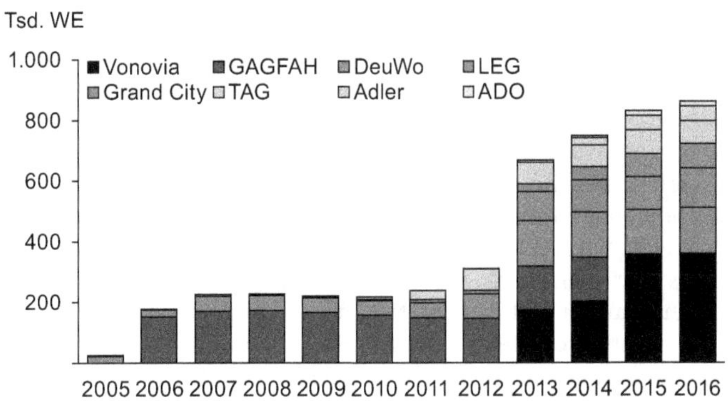

Abb. 2.37: Börsennotierter Wohnungsbestand im Besitz der heute größten Immobilien-Aktiengesellschaften.[115]

Private Investoren

Seit den Jahren nach der Finanzmarktkrise agieren zunehmend auch Privatpersonen als Investoren auf dem deutschen Wohnungsmarkt. Dies ist stark beeinflusst von einem neuen Sicherheitsbewusstsein von Privatpersonen bei der Geldanlage. Die Flucht ins sog. Betongold ist hier deutlich erkennbar. Aufgrund des niedrigen Zinsniveaus sind, ebenso wie für institutionelle Investoren, auch für Privatinvestoren Sachwerteinvestitionen attraktiver als Investitionen am Kapitalmarkt (bspw. in Aktien, Anleihen, Währungen oder Rohstoffe). Auch haben Aktien und andere Anlageformen in der jüngeren Vergangenheit sehr hohe Kursstände erreicht, sodass ein Einstieg für viele Privatpersonen mit vermeintlich erheblichen Risiken und Unsicherheiten behaftet ist. Also wird vermehrt in Immobilien, und hier speziell Wohnimmobilien, investiert. Die Angst vor Inflation und/oder Deflation steigert die Nachfrage nach Wohnimmobilien durch Privatinvestoren als Altersvorsorge zusätzlich.

Das historisch niedrige Zinsniveau am Finanz- und Kapitalmarkt, einhergehend mit einer positiven Einkommens- und Gehaltsentwicklung der Erwerbstätigen in den letzten Jahren, führt zu

115 Quelle: eigene Berechnungen auf der Basis von Anfragen bei Unternehmen und Geschäftsberichten.

einem erhöhten Anlagewillen von Privatpersonen in Wohnimmobilien. Das führt wiederum zu steigenden Kaufpreisen für Eigentumswohnungen, wobei die Intensität der Kaufpreisanstiege regional differiert. Hinzu kommt, dass auch Privatinvestoren Wohnimmobilien nicht nur zur Eigennutzung erwerben, sondern ein zunehmender Anteil an Kapitalanlegern am Markt zu beobachten ist, die in vermietete Wohnungen investieren und die Erwerbskosten über die Mieteinnahmen finanzieren. Nach dem Erwerb der Wohnungen werden die Mieten für die Bestandsmieter angehoben, um über die Mieterhöhungen die Einnahmen zu erhöhen und die Kapitalanlagerendite zu verbessern. Dies trug in nicht unerheblichem Maße zu den Mietsteigerungen in Deutschland bei, die in den letzten Jahren nahezu flächendeckend zu beobachten sind. Ebenso wie bei den Kaufpreisen ist auch die Intensität der Mietsteigerungen innerhalb Deutschlands regional sehr unterschiedlich.

Veränderung der Anlagestrategien

Alle beschriebenen Entwicklungen der letzten 15 bis 20 Jahre resultierten in geänderten Rahmenbedingungen und Anforderungen für institutionelle Investoren am Wohnimmobilienmarkt in Deutschland. Aufgrund der Entwicklungen der letzten Jahre haben sich daher auch die Anlagestrategien institutioneller Investoren geändert und stärker ausdifferenziert.

Die größten Änderungen bestehen darin, dass institutionelle Investoren heute keinen kurzfristigen Anlagehorizont mehr verfolgen wie noch in der Private-Equity-Phase der Vorjahre, sondern vielmehr langfristig investieren. Sie verfolgen das Ziel, werthaltige und qualitativ gute Portfolios aufzubauen und hieraus gut und sicher planbare Cashflows zu erzielen. Dadurch kam es zu einer zunehmenden regionalen Fokussierung der Investitionstätigkeit an guten Standorten mit nachhaltigem Wachstumspotenzial. Auch erfolgte eine zunehmende Spezialisierung innerhalb des Wohnimmobiliensegments, sodass Investoren vermehrt auch spezialisierte Produkte wie beispielsweise altengerechtes Wohnen, Servicewohnen oder Studentenapartments im Fokus haben und in diese Produkte zur Diversifizierung investieren. Spezialisierte Nutzungsformen und Sondernutzungsformen innerhalb des Wohnungsmarkts gewinnen somit an Bedeutung für institutionelle Investoren.

Insgesamt gibt es aktuell am Markt aufgrund der hohen Nachfrage eine deutlich kompetitivere Situation, sowohl bei professionell-institutionellen Investoren als auch bei den Privatanlegern. Das führte in den letzten Jahren für beide Gruppen zu teils deutlichen Preissteigerungen beim Ankauf von Immobilien. Die Preissteigerungen werden zusätzlich dadurch forciert, dass die Angebotsseite die Nachfrage nicht bedienen kann. Zwar steigt die Wohnungsneubautätigkeit seit einigen Jahren deutlich an, sie kann jedoch regional quantitativ teilweise nicht Schritt halten mit der Nachfrage. Zudem stößt die Bautätigkeit aufgrund hoher Auslastungsquoten nahezu an ihre Kapazitätsgrenzen, sodass in den nächsten Jahren nicht mit einer nennenswerten Ausdehnung der Angebotsseite zu rechnen ist. Dadurch wird sich die Wettbewerbssituation sowohl bei den institutionellen Investoren als auch bei den Privatinvestoren verschärfen.

Hinsichtlich der Rahmenbedingungen am Wohnungsmarkt lässt sich festhalten, dass es in den Jahren nach der Finanzmarktkrise zu einer starken Marktkonzentration kam. Nach einer ersten Phase von Private-Equity-Investitionen entstanden während der zweiten Boom-Phase ab dem Jahr 2011 neue große Marktakteure, durch deren Wachstum es zu einer massiven Umverteilung der Wohnungsbestände kam. Hierdurch verkleinerte sich der ohnehin recht kleine Gesamtwohnungsbestand, der für privatwirtschaftliche Akteure potenziell als Investitionsprodukt verfügbar ist. Somit sind heute weniger Wohnungen am Markt verfügbar, was den Wettbewerb sowohl auf Investoren- als auch auf Dienstleisterseite stark erhöht hat. Im Zuge von steigenden Kaufpreisen sind die Wachstumspotenziale der Akteure heute deutlich eingeschränkter als noch vor einigen Jahren. Zugleich managen heute mehr Investoren ihre Wohnungsbestände selbst und agieren ohne Dienstleister, was zu einem kompetitiveren Marktumfeld für die Dienstleister führt, bei zugleich steigender Komplexität aufgrund steigender Anforderungen der Investoren an die Dienstleister sowie politisch-regulatorischer Eingriffe (bspw. Einführung der Mietpreisbremse) in den Wohnungsmarkt in der jüngeren Vergangenheit.

2.6.2 Soziodemografie, Ökonomie und Branchentrends

Die soziodemografischen Entwicklungen beeinflussen den Wohnungsmarkt enorm. Nachdem die Bevölkerung in Deutschland lange Zeit wuchs, kam es ab den 1970er-Jahren zu einem sukzessiven Absinken der Geburtenrate und einer sich abschwächenden Bevölkerungsdynamik. Langfristig wird ein Rückgang der Gesamtbevölkerung in Deutschland prognostiziert, wenngleich der Rückgang durch aktuelle Entwicklungen wie einer starken Zuwanderung abgeschwächt wird und dies die Bevölkerungszahl stabilisiert. Der wichtigste Treiber der Wohnungsnachfrage ist jedoch die Zahl der Haushalte und deren Entwicklung. Aufgrund sich verkleinernder Haushalte, bezogen auf die durchschnittliche Zahl der Personen pro Haushalt, ist die Prognose der Gesamthaushaltszahl nachhaltig positiver als die Bevölkerungsprognose, sodass langfristig ein Anstieg der Haushaltszahlen in Deutschland erwartet wird.

So geht das Bundesinstitut für Bau-, Stadt- und Raumforschung im Bundesamt für Bauwesen und Raumordnung (kurz BBSR) in seiner aktuellen, bis zum Jahr 2035 errechneten Haushaltsprognose bis zum Jahr 2030 von einem Anstieg der Gesamthaushaltszahl in Deutschland um insgesamt 1,8 % aus. Die Zunahme der Haushalte wird trotz schwächerer Bevölkerungsprognosen einen positiven Einfluss auf die Nachfrageseite am Wohnungsmarkt haben, da sich die Zahl der Nachfrager am Wohnungsmarkt erhöht. Durch den aktuellen Trend einer verstärkten Zuwanderung ist davon auszugehen, dass sich dies zusätzlich positiv auf die zukünftige Bevölkerungs- sowie Haushaltszahl auswirken wird. Nach eigenen Berechnungen dürfte die Zuwanderung, selbst wenn sie nur wenige Jahre andauern sollte, dazu führen, dass die Bevölkerungszahl bis zum Jahr 2035 annähernd so hoch sein wird wie heute (s. Abb. 2.38).

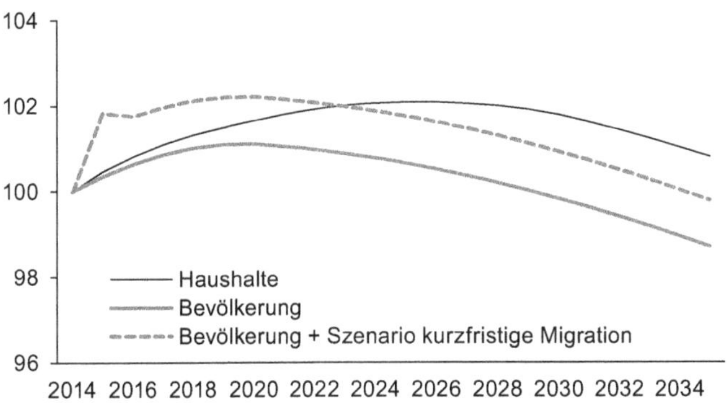

Abb. 2.38: Prognose der Bevölkerung und Haushalte bis 2035.[116]

Weiterhin vollziehen sich starke Veränderungen in der Bevölkerungsstruktur. So kommt es durch den demografischen Wandel zu einer veränderten Alterszusammensetzung der Bevölkerung und der Haushalte. Durch die seit Jahren rückläufige Geburtenrate steigt die Zahl der älteren Personen verhältnismäßig stark an. Eigene Berechnungen auf der Grundlage der 13. koordinierten Bevölkerungsvorausberechnung (Basis: 31.12.2013) des Statistischen Bundesamts ergeben, dass die Anzahl der Personen im Alter von über 65 Jahren bis zum Jahr 2040 um rd. 6,22 Mio. Personen auf über 23,3 Mio. Personen ansteigen wird (s. Abb. 2.39).

116 Quelle: eigene Berechnung nach Statistisches Bundesamt (Destatis), GENESIS-Online Hauptdatenbank, RIWIS Datenbank und [IW 2015].

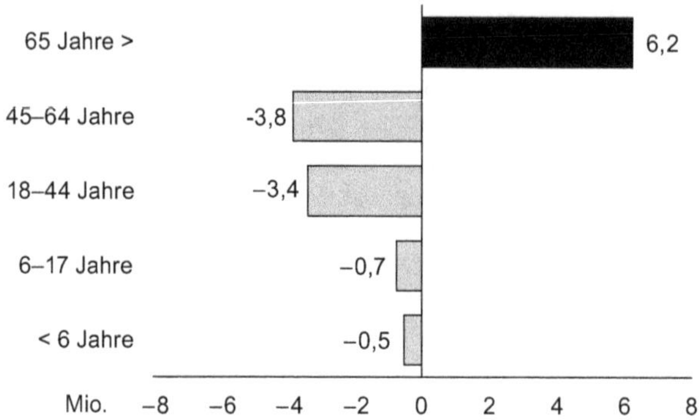

Abb. 2.39: Bevölkerungsveränderung nach Altersgruppen bis 2040.[117]

Parallel dazu wird sich auch die Struktur der Haushalte weiter stark verändern. Während der Anteil von Ein- und Zweipersonenhaushalten an der Gesamthaushaltszahl in Deutschland im Jahr 2012 bei rd. 40,7 % lag, wird sich dieser Anteil bis zum Jahr 2030 auf rd. 42,6 % erhöhen (s. Abb. 2.40). Prozentual betrachtet erscheint dies als eine geringfügige Veränderung, jedoch bedeutet sie eine Zunahme von Einpersonenhaushalten um rd. 1,07 Mio., was einem Anstieg von 6,6 % entspricht. Zusätzlich wird die Zahl der Zweipersonenhaushalte um rd. 1,38 Mio. ansteigen, was einer Veränderung von +10,0 % entspricht. Daraus ergibt sich ein zusätzlicher Bedarf von rd. 2,5 Mio. Wohnungen.

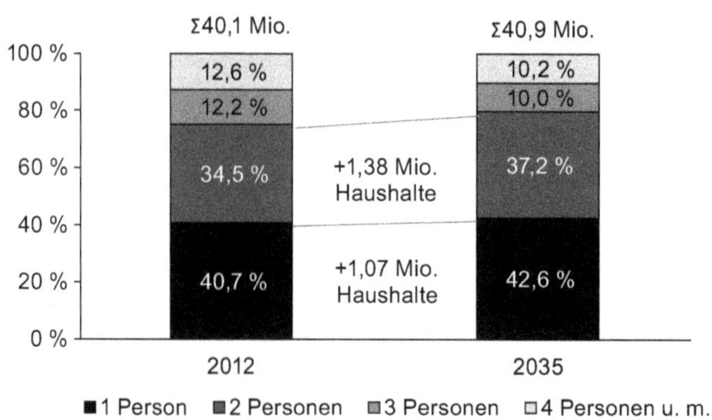

Abb. 2.40: Entwicklung der Haushalte nach Personenzahl bis 2035.[118]

Ein weiterer aktueller Trend ist, dass die Menschen wieder verstärkt in die Städte bzw. Zentren ziehen. Während in den 1970er- und 1980er-Jahre Trends wie Suburbanisierung oder Leben auf dem Land vorherrschend waren, hat sich dies umgekehrt und die Menschen wollen wieder in den Städten leben. Auch durch das Streben älterer Menschen in die Kernstädte, bedingt durch die bessere lokale Infrastruktur und (aus ihrer Sicht) höhere Lebensqualität in den Zentren, entsteht dort eine verstärkte Nachfrage nach Wohnraum.

117 Quelle: eigene Berechnung nach Statistisches Bundesamt (Destatis) und GENESIS-Online Hauptdatenbank.

118 Eigene Berechnung nach Statistisches Bundesamt (Destatis), GENESIS-Online Hauptdatenbank und [statistik.bayern Zensus2011].

Struktur des Wohnungsbestands in Deutschland
Dieser Nachfrage steht jedoch oftmals ein sehr begrenztes oder sogar ungenügendes Angebot gegenüber. Bei der Betrachtung des Wohnungsbestands in Deutschland zeigt sich, dass er tendenziell recht alt ist, woraus strukturelle Schwächen resultieren. Von dem im Zensus 2011 ermittelten Wohnungsbestand in Deutschland von rd. 40,5 Mio. Wohnungen wurden rd. 10,2 Mio. (rd. 25 %) in der Zeit vor 1950 erbaut, während rd. 17,7 Mio. Wohnungen aus den Jahren 1950–1979 stammen (s. Abb. 2.41), das sind rd. 43 % des Gesamtbestands. Vor allem der Wohnungsbestand aus der Zeit vor den 1950er-Jahren ist heutzutage oftmals nicht mehr zeitgemäß hinsichtlich Wohnungsgrößen, Grundrissen, energetischer Standards sowie Bausubstanz und Qualität. Zusätzlich weist dieser Wohnungsbestand in vielen Fällen eine nur unzureichende Nutzbarkeit für Wohnformen wie altengerechtes Wohnen auf, die jedoch zunehmend nachgefragt werden.

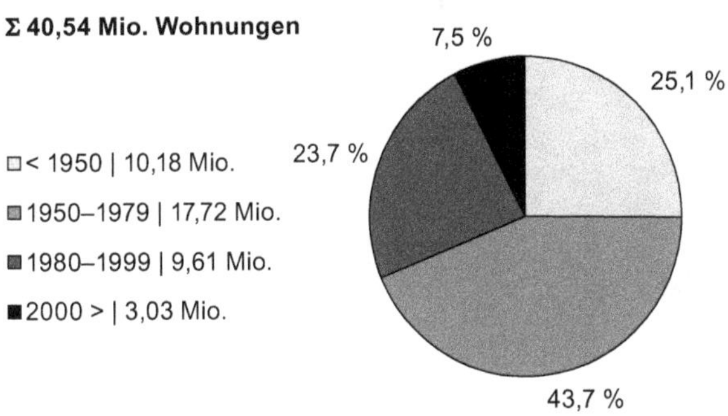

Abb. 2.41: Wohnungsbestand nach Baualter.[119]

Nur rd. 3 Mio. Wohnungen wurden nach dem Jahr 2000 erbaut, das sind nur 7,0 % des Bestands. Dies entspricht lediglich rd. einem Drittel des Bestands, der in den 1980er-Jahren erbaut wurde (9,61 Mio. Wohnungen). Diese geringen Zahlen von zeitgemäßen neueren Wohnungen resultieren vor allem aus den historisch niedrigen Neubauvolumina, die ab Mitte der 1990er-Jahre fertiggestellt wurden. Während in den 1950er-Jahren bis in die frühen 1970er-Jahren in Deutschland jährlich zwischen 300.000 und 600.000 neue Wohnungen fertiggestellt wurden, sank die Wohnungsbautätigkeit bis in die frühen 1990er-Jahre stetig ab. Eine kurze Boom-Phase nach der Wiedervereinigung in den frühen 1990er-Jahren erreichte annähernd die Fertigstellungszahlen der 1960er-Jahre, war jedoch nur von kurzer Dauer und endete abrupt. So sanken die Fertigstellungszahlen im Wohnungsbau seit Mitte der 1990er-Jahre wieder stetig und erreichten ab Beginn der 2000er-Jahre historische Tiefstände. Erst seit einigen Jahren steigen die Wohnungsbaufertigstellungen wieder an, wobei man nicht von einem Bau-Boom sprechen kann, wie in den letzten Jahren in den Medien und der öffentlichen Diskussion oftmals propagiert.

Durch die beschriebenen Entwicklungen und Trends verstärken sich die regionalen Entwicklungen in Deutschland. So entstehen immer mehr Regionen, die aufgrund von Fortzug und negativer Demografie als Schrumpfungsregionen zu bezeichnen sind. Dem gegenüber stehen die Wachstumsregionen mit guten Zukunftsaussichten. So wird sich die Zahl der wachsenden Kreise und Städte in Deutschland stark räumlich ausdifferenzieren und die Bevölkerungszahl in weniger Städten und Regionen ansteigen. Im Gegensatz zu den zukunftsfähigen Wachstumsregionen wird in vielen Schrumpfungsregionen die Bevölkerungs- und Haushaltszahl sinken. Zukünftig wird in weniger Regionen zusätzlicher Wohnraum benötigt, während es mehr Regionen gibt, in denen kein ergänzender Wohnraum benötigt und nachgefragt werden wird.

119 Quelle: eigene Berechnung nach Statistisches Bundesamt (Destatis), GENESIS-Online Hauptdatenbank und [statistik.bayern Zensus2011].

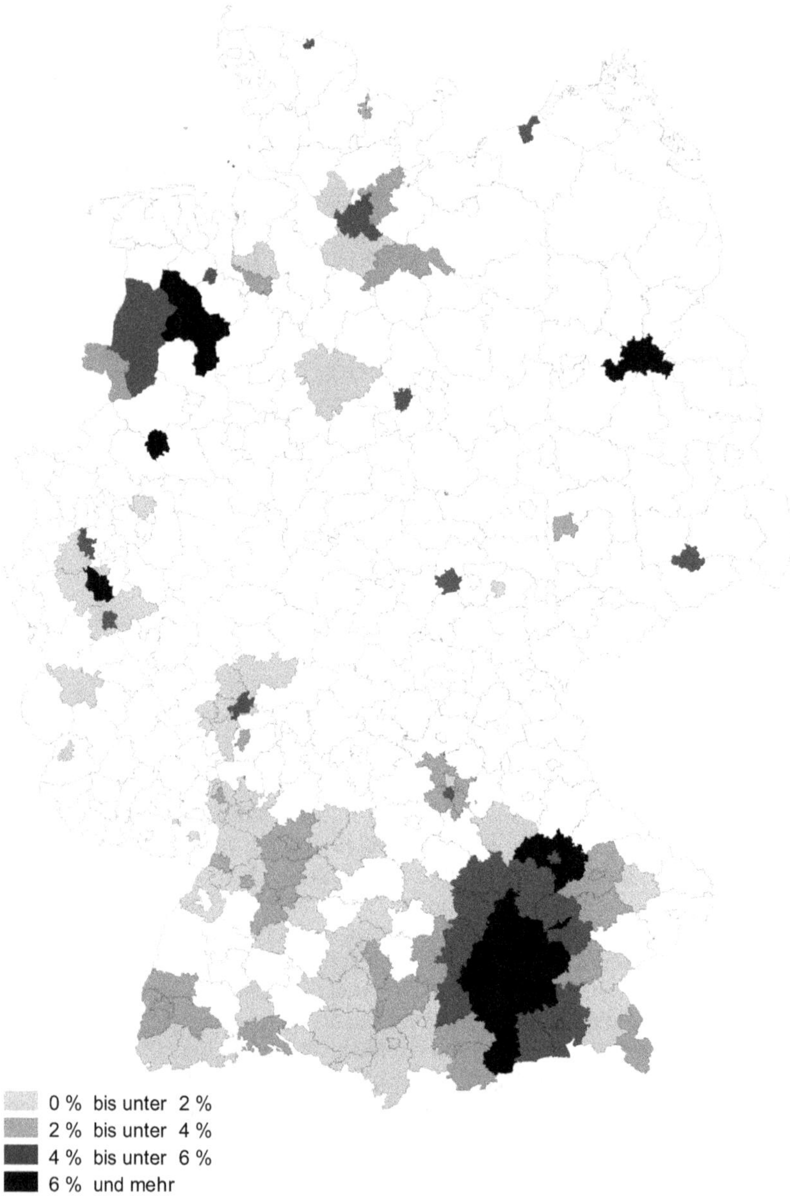

Abb. 2.42: Bevölkerungsprognose bis 2030 (in %).[120]

Die klassischen Wachstumsregionen innerhalb Deutschlands (s. Abb. 2.42) sind München und das dortige Umland mit Gemeinden wie beispielsweise Erding, die Bodenseeregion, die Region um Freiburg sowie Karlsruhe bis in die Rhein-Neckar-Region, die Region Stuttgart mit Nebenzentren wie Tübingen, Böblingen und Ludwigsburg, das Rhein-Main-Gebiet mit dem Zentrum Frankfurt so-

120 Quelle: eigene Darstellung nach RIWIS 2016 auf der Basis der 12./13. koordinierten Bevölkerungsvorausberechnung von Destatis und BBSR.

wie die sog. Rheinschiene von Bonn über Köln nach Düsseldorf und die Bundeshauptstadt Berlin sowie Hamburg und das dortige Umland. Hinzu kommen einige dezentral gelegene sog. Schwarmstädte wie Oldenburg oder Münster. Dies sind zugleich die Regionen, für die zukünftig ein zusätzlicher Wohnungsbedarf prognostiziert wird.

Sozioökonomische Entwicklungen

Neben den demografischen Faktoren haben sozioökonomische Entwicklungen und Trends einen starken Einfluss auf die lokalen Wohnungsmärkte. Von der sehr positiven Wirtschaftsentwicklung der letzten Jahre in Deutschland profitierte der Arbeitsmarkt in der Form, dass die absolute Beschäftigtenzahl deutlich stieg. Die Arbeitslosenquote sank sukzessive auf historische Tiefstände ab. Ab dem Jahr 2005 stieg die Zahl der sozialversicherungspflichtig Beschäftigten in Deutschland von rd. 26,3 Mio. um rd. 4,4 Mio. auf rd. 30,7 Mio. Beschäftigte zum Jahresende 2015 an. Das entspricht einem Anstieg von über 16 % in zehn Jahren. Parallel zum Beschäftigtenanstieg sank die Arbeitslosenquote im Jahresdurchschnitt im selben Zeitraum von 11,7 % auf 6,4 % (s. Abb. 2.43).

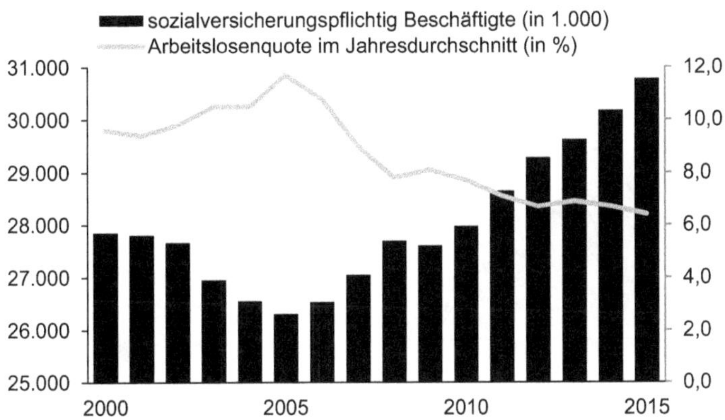

Abb. 2.43: Entwicklung sozialversicherungspflichtig Beschäftigter und Arbeitslosenquote.[121]

Auch führte die positive Wirtschafts- und Arbeitsmarktentwicklung zu einem Anstieg der Einkommen und Löhne in Deutschland. So ist in den letzten 15 Jahren sowohl ein Anstieg des verfügbaren Einkommens der Privathaushalte (durchschnittlich +2,3 % p. a. seit 2000) als auch des durchschnittlichen Brutto-Jahreseinkommens je Arbeitnehmer (durchschnittlich +1,9 % p. a. seit 2000) zu verzeichnen (s. Abb. 2.44).

Aufgrund dieser positiven Rahmenbedingungen und Entwicklung sehen Investoren Deutschland als sicheren Hafen in Europa. Sie suchen verstärkt Wohnimmobilien-Investitionsmöglichkeiten in Deutschland als werthaltige und sichere Anlageform mit stabilen und gut planbaren Renditen. Ein Indikator für die aus Investorensicht hohe Investitionssicherheit und Attraktivität Deutschlands sind die Renditen für lang laufende Staatsanleihen, die als Sicherheitsindikator betrachtet werden können. Je höher aus Investorensicht die Investitionssicherheit eines Landes ist, desto niedriger sind die Renditen für lang laufende Staatsanleihen, die von dem Land emittiert werden. Im internationalen Vergleich (s. Abb. 2.45) rentierten lang laufende deutsche Staatsanleihen im Herbst 2016 sogar negativ mit −0,15 %. In den Jahren nach 2003 waren die Renditen für Anleihen aus Deutschland zudem stets niedriger als in Frankreich und England, bei stetig sinkender Tendenz des Renditeniveaus.

121 Quelle: RIWIS 2016 und Statistik der Bundesagentur für Arbeit.

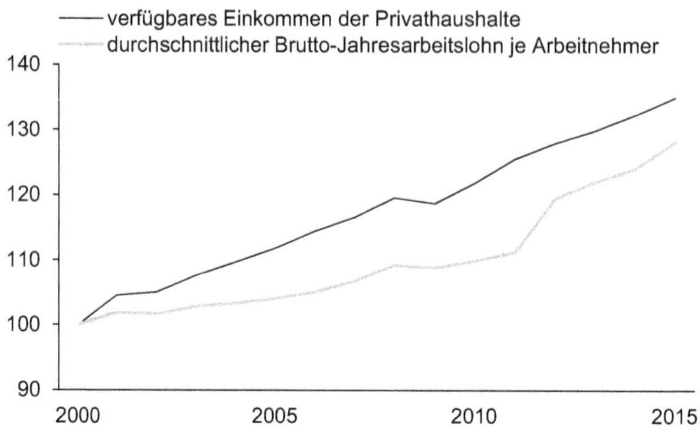

Abb. 2.44: Entwicklung der Einkommen und Löhne.[122]

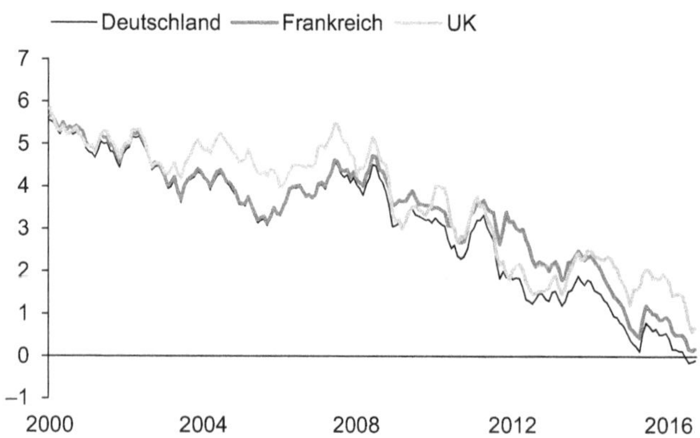

Abb. 2.45: Entwicklung der Renditen von 10-jährigen Staatsanleihen.[123]

Branchentrends und Entwicklungen

Neben den soziodemografischen und ökonomischen Entwicklungen vollziehen sich weitere Entwicklungen innerhalb der Wohnimmobilienbranche, die einen Wandel für die Wohnungswirtschaft nach sich ziehen. Hier ist an erster Stelle der Bereich IT zu nennen, der sich stark wandelt. Durch stetig fortschreitende Digitalisierung entstehen für Investoren wie Dienstleister neue Strukturen und Prozesse, auch resultieren hieraus immer größere Datenvolumina im Tagesgeschäft, die prozessual verarbeitet werden müssen. Aus der sich immer tiefer verzweigenden Vernetzung ergeben sich neue Anforderungen an Themen wie Datenqualität, Aufbereitung von Daten, Datenmanagement für immer größer werdende Volumina sowie Reporting. Vor allem im Reporting des Dienstleisters an den Investor und durch die Bereitstellung der IT-Infrastruktur werden auf Dienstleisterseite erhebliche Ressourcen in Form von Kosten und Mitarbeitern benötigt.

Auch im Bereich Personal vollzieht sich ein erheblicher und stetiger Wandel. Speziell durch neu entstehende Studiengänge erfolgt in der Immobilien- und Wohnungswirtschaft eine stärkere

122 Quelle: RIWIS 2016 und Statistisches Bundesamt (Destatis), Volkswirtschaftliche Gesamtrechnungen (VGR), Ergebnisse der Revision 2014.

123 EZB Statistical Data Warehouse „IRS Long-term interest rate statistics“ (letzter Aufruf am 12.01.2017).

Professionalisierung, was für die Branche sehr positiv ist. Weiterhin werden durch umfangreichere Fort- und Weiterbildungsmöglichkeiten vermehrt spezialisierte Fachleute gewonnen. Trotz der Professionalisierung ist es in der Branche jedoch schwierig, entsprechendes Personal zu rekrutieren. Die Unternehmen aus dem Dienstleistungsbereich sind hier einem erhöhten Wettbewerb ausgesetzt.

Die soziodemografischen und ökonomischen Entwicklungen haben einen starken Einfluss auf den Wohnungsmarkt, Heterogenität und Komplexität der lokalen Wohnungsmärkte wachsen. So kommt es durch die Alterung der Gesellschaft, die Veränderung der Haushaltsstrukturen mit der Zunahme kleinerer Haushalte und die Pluralisierung der Lebensformen zu einer Verschiebung der regionalen Nachfrage auf den Wohnungsmärkten. Dies äußert sich auf regionaler Ebene in einer zunehmenden Ausdifferenzierung von zukunftsfähigen Wachstumsregionen und vermeintlich unattraktiven Schrumpfungsregionen. Auf qualitativer Ebene ist mit mehr kleineren Haushalten, mehr älteren Menschen und letztlich einer Änderung der Wohnflächennachfrage zu rechnen. Ebenso entsteht ein steigender Bedarf an neuen Wohnnutzungsformen wie altengerechtes Wohnen oder Servicewohnen. In Regionen mit hohem Wohnungsbedarf und hoher Nachfrage kann das Angebot jedoch nur bedingt ausgeweitet werden, sodass eine Bedarfsdeckung auch perspektivisch nahezu unmöglich ist.

2.6.3 Entwicklungen am deutschen Wohnimmobilienmarkt und Folgen hieraus

Von den 1950er- bis in die frühen 1970er-Jahre wurden in Deutschland jährlich zwischen 450.000 und 650.000 Wohnungen pro Jahr neu gebaut. Ab den frühen 1970er-Jahren bis zu Beginn der 1990er-Jahre sanken die jährlichen Fertigstellungszahlen stetig bis auf ein Niveau von weniger als 300.000 neu gebauten Wohnungen pro Jahr. Ein Wohnungsbauimpuls war die Wiedervereinigung zu Beginn der 1990er-Jahre, in deren Folge sich das jährliche Neubauvolumen bis zum Spitzenjahr 1994 nahezu verdoppelte. Ab den späten 1990er-Jahren sanken die Neubauzahlen jedoch wieder sukzessive auf historische Tiefstände ab. Erst in den letzten Jahren ist ein neuerlicher Anstieg der Neubauzahlen zu verzeichnen, jedoch, wie bereits an früherer Stelle beschrieben, weiterhin auf sehr niedrigem Niveau (s. Abb. 2.46). Es ist zu erwarten, dass die jüngsten Wachstumsraten im

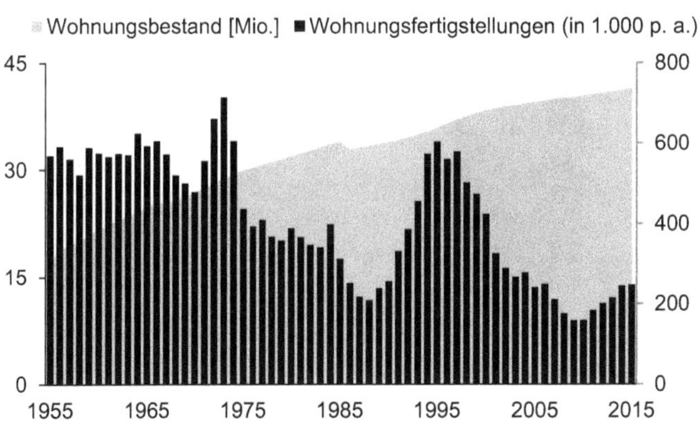

Abb. 2.46: Wohnungsbestand und Neubauvolumen.[124]

124 Quelle: RIWIS 2016 nach Statistische Landesämter und Statistisches Bundesamt (Destatis).

Wohnungsbau, die sich noch immer auf historischen Tiefständen befinden, einen kleinen Impuls für den Wohnungsbau darstellen. Es ist jedoch nicht absehbar, dass die historisch hohen Volumina der Vergangenheit wieder erreicht werden.

Ab Mitte der 2000er-Jahre wurden zwischen 160.000 und 240.000 Wohnungen pro Jahr neu gebaut. Dem steht ein von der Bundesregierung und der Immobilienwirtschaft geschätzter jährlicher Bedarf von 350.000 bis 400.000 neuen Wohnungen pro Jahr gegenüber.

Dass das weiterhin zu erwartende Neubauvolumen die Nachfrage nicht decken kann, liegt vor allem darin begründet, dass sich der Wohnungsneubau massiv verteuert hat. Dies resultiert vor allem aus gestiegenen Bau- und Herstellungskosten sowie weiter steigenden Auflagen an energetische Maßnahmen im Neubau und bei der Modernisierung, die die Produktionskosten enorm ansteigen lassen. Auch die Baulandpreise verteuerten sich deutlich, was sich auf die Preise für Neubauten auswirkte. Zudem sind die Auslastungsquoten im Baugewerbe aktuell sehr hoch, sodass nur geringfügig höhere Fertigstellungsvolumina generierbar sind. Zudem bestehen Hemmnisse bei der Erteilung von Baugenehmigungen, da die zuständigen Ämter im aktuellen Umfeld ausgelastet sind und aus diesem Grunde keine Ausweitung der Genehmigungen zu erwarten ist.

Bau- und Wohnnebenkosten als Preistreiber

Bei der öffentlichen Diskussion über vermeintlich stark gestiegene Kosten muss zwischen den Herstellungskosten und Mietkosten differenziert werden. Die Herstellungskosten für neue Wohnungsbaumaßnahmen haben sich in den letzten Jahren deutlich erhöht, resultierend aus steigenden Kosten für Grundstücke, Baukonstruktion, technische Anlagen, Außenanlage, Ausstattung sowie Planungs- und Baunebenkosten. Während nach Angaben des GdW im Jahr 2000 die durchschnittlichen Neubaukosten in € pro Quadratmeter Wohnfläche (ohne Grundstückskosten) im Wohnungsbau in städtischen Regionen bei 1.739 €/m² lagen, verteuerten sie sich bis zum Jahr 2016 um rd. 60 % auf 2.788 €/m² (s. Abb. 2.47), was einer jährlichen Preissteigerung von 3,8 % entspricht. Umgerechnet bedeutet dies, dass im Jahr 2016 inflationsbereinigt 7,8 neue Wohnungen zum gleichen Geldbetrag erstellt werden können, für den im Jahr 2000 noch 10 Wohnungen hergestellt wurden.

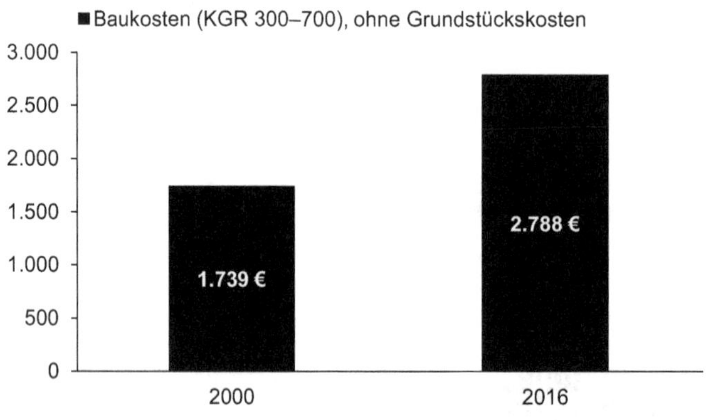

Abb. 2.47: Entwicklung der Neubaukosten in € pro m² Wohnfläche.[125]

Für den Zeitraum von 2000 bis 2015 ist vom Statistischen Bundesamt ein Gesamtbaukostenanstieg im Bundesdurchschnitt von rd. 32 % ausgewiesen. Eine genauere Betrachtung einzelner Herstellungskostenpositionen (s. Abb. 2.48) zeigt, dass sich die Materialkosten um 31,7 % und die Arbeits-

125 Quelle: [GdW (2015)] und [GdW (2016k)].

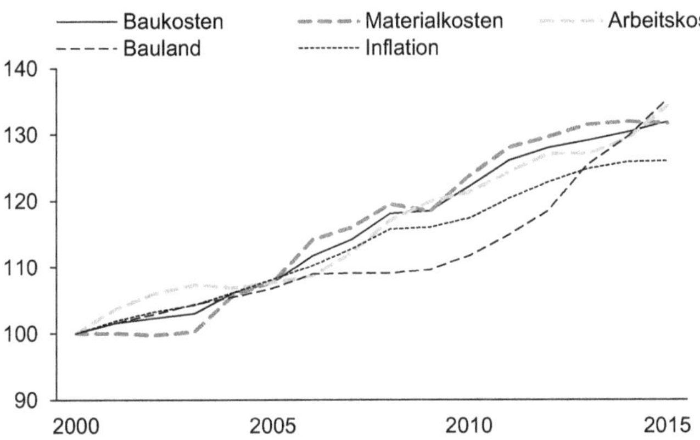

Abb. 2.48: Kosten im Wohnungsneubau und Inflation.[126]

kosten um 34,3 % erhöhten. Noch stärker war im selben Zeitraum der Anstieg der Grundstücks- bzw. Baulandkosten, der bei 35,3 % lag. Nachdem die jährlichen Steigerungsraten der Baulandpreise lange Jahre weitestgehend moderat waren und Mitte der 2000er-Jahre sogar insgesamt gegen null tendierten, ist der starke Anstieg der Grundstücks- bzw. Baulandkosten vor allem durch die Entwicklung der vergangenen fünf bis sechs Jahre getrieben, in denen die Preissteigerungsraten überdurchschnittlich stark ausfielen. Auffällig ist darüber hinaus, dass alle Baueinzelkosten stärker stiegen als die Gesamtinflation.

Bei den Mieten ist in den letzten Jahren zwar auch eine Teuerung zu beobachten, allerdings sind die Mietnebenkosten stark angestiegen, nicht die Mieten selbst. Während die Kosten für Strom, Heizöl und Gas für den Endkunden (und somit den Mieter) in den letzten Jahren stark angestiegen sind, haben sich die Nettokaltmieten deutlich weniger erhöht (s. Abb. 2.49). So lagen die Netto-Kaltmieten im Jahr 2015 um 19 % höher als im Jahr 2000, während sich die Kosten für Strom

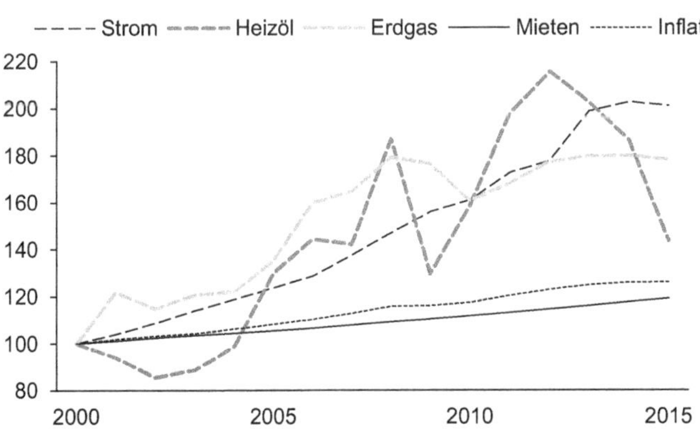

Abb. 2.49: Wohnkosten und Inflation im Vergleich.[127]

126 Quelle: eigene Berechnung nach Statistisches Bundesamt (Destatis), Baugenehmigungen, Baufertigstellungen – Baukosten – lange Reihen unterschiedlicher Jahrgänge und Verbraucherpreisindex, RIWIS 2016.

127 Quelle: eigene Berechnung nach Statistisches Bundesamt (Destatis), Daten zur Energiepreisentwicklung und Verbraucherpreisindex, RIWIS 2016.

im selben Zeitraum mehr als verdoppelten. Die Kosten für Gas stiegen im selben Zeitraum mit 78 % ähnlich stark, während sich Heizöl um rund 44 % verteuerte. Somit sind die reinen Mieten am wenigsten stark gestiegen und die Mietkosten verteuerten sich durch die Entwicklung der Nebenkosten – die Netto-Kaltmietsteigerung lag in den vergangenen 15 Jahren sogar noch unterhalb der Gesamtinflation.

Wohnungsdefizite, Leerstand und Zukunftsbedarf

Einhergehend mit den demografischen Entwicklungen, die zu einer Erhöhung der Nachfrage führen, vergrößert sich das aktuell bestehende Defizit am Wohnungsmarkt stetig weiter. Nach eigenen Berechnungen besteht allein in den sieben Städten Berlin, München, Hamburg, Stuttgart, Frankfurt am Main, Köln und Düsseldorf (diese werden auch als A-Städte bezeichnet) ein perspektivisches Defizit von kumuliert 470.000 Wohnungen bis zum Jahr 2025 (s. Abb. 2.50). Hier wurde die bis zum Jahr 2025 in den genannten Städten neu zu erwartende Zahl an Haushalten auf der Basis der Bevölkerungs- und Haushaltsprognosen berechnet und mit der selbst prognostizierten Neubautätigkeit in den nächsten Jahren verglichen. Bezogen auf die Einwohnerzahl im Jahr 2025 bedeutet dies für die genannten sieben Städte, dass für rund 8,0 % der Einwohner, die im Prognosejahr 2025 dort leben werden, keine Wohnungen am Markt zur Verfügung stehen werden, sollte die Neubautätigkeit nicht massiv erhöht werden.

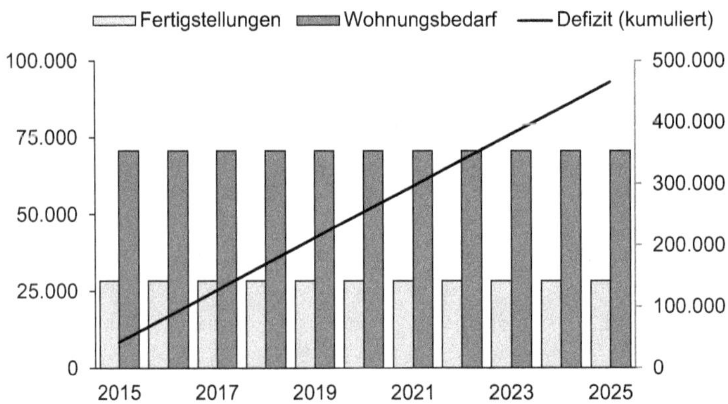

Abb. 2.50: Zusätzlicher Wohnungsbedarf und Fehlbedarf in Deutschlands A-Städten bis 2025.[128]

Hinzu kommt, dass bereits aktuell in den Wachstumsregionen nahezu kein Leerstand am Wohnungsmarkt vorhanden ist. So wiesen Deutschlands Wachstumsregionen, definiert als Kreise und kreisfreie Städte mit einem Bevölkerungswachstum zwischen 2010 und 2014 von 1 % p. a. oder mehr, eine Wohnungsleerstandsquote von 1,7 % auf, wobei in diesen Regionen 55,1 % der Bevölkerung leben (s. Abb. 2.51). Ein Rückgang der Leerstandsquote auf unter 1 % ist in diesen Wachstumsregionen realistisch, da die Zahl der Haushalte und Bevölkerung in den meisten dieser Städte und Regionen weiter steigen wird. Aktuell liegt die dortige Leerstandsquote mit rd. 1,7 % unter dem Niveau des Fluktuationsleerstands von rund 2,0 %, der nötig ist, damit ein Markt überhaupt funktionieren kann – so sind beispielsweise ohne Fluktuationsleerstand keine Umzüge, Sanierungsmaßnahmen oder Wohnungsverkäufe möglich.

128 Quelle: eigene Berechnungen nach CSAMR 2016 auf der Basis von RIWIS 2016, [BBSR (2009)] und [BBSR (2012)] sowie Websites der städtischen Behörden.

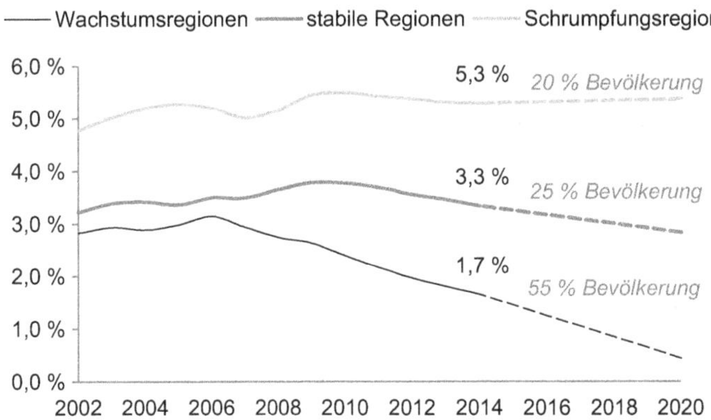

Abb. 2.51: Entwicklung Leerstandsquoten nach Regionen.[129]

Ein weiterer Faktor von enormer Bedeutung auf der Angebots- und Nachfrageseite auf dem Wohnungsmarkt ist die Entwicklung des Sozialwohnungsbestands in Deutschland. Allerdings ist es schwierig, hierzu valide Daten zu erhalten. Während der Bestand in den 1980er-Jahren noch über 4 Mio. Sozialwohnungen betrug, sank er bis zum Jahr 2015 auf knapp unter 1,4 Mio. ab, was einem Rückgang von über 2,6 Mio. Wohnungen entspricht (s. Abb. 2.52).

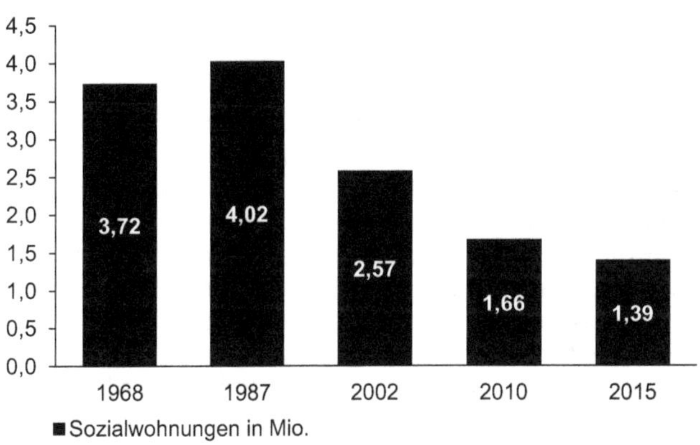

Abb. 2.52: Entwicklung des Sozialwohnungsbestands in Deutschland.[130]

Betrachtet man die Entwicklung auf der Ebene der Bundesländer, so kam es im Zeitraum von 2002 bis 2013 nur in Brandenburg und Schleswig-Holstein zu einem Anstieg des Bestands an Sozialwohnungen, während alle anderen Bundesländer Bestandsrückgänge von zumeist 30 % bis 70 % zeigen. Auch bei der kurzfristigen Betrachtung ab dem Jahr 2010 zeigt sich ein identisches Bild – lediglich in Niedersachsen und Brandenburg erhöhte sich der Sozialwohnungsbestand in den Jahren nach 2010.

129 Quelle: eigene Berechnungen nach CBRE-empirica-Leerstandsindex, Statistisches Bundesamt (Destatis) und RIWIS 2016.

130 Quelle: eigene Berechnungen nach GdW Wohnungswirtschaftliche Daten und Trends diverser Jahrgänge (u. a. [GdW (2015)], [GdW (2016k)]), [IWU (2005f)], [BMVBS (2011F)] und [Die Linke (2017L)].

Zu beachten ist, dass die deutlich steigende Nachfrage am Wohnungsmarkt nach dem Jahr 2010 einsetzte und somit die Entwicklung des Sozialwohnungsbestands konträr zu dem verläuft, was am Markt aktuell nötig wäre, um die hohe Nachfrage, die auch im preisgünstigen Wohnungssegment besteht und ansteigt, bedienen zu können. Der Wegfall vormals preisgünstiger Sozialwohnungen bei parallel starker Wohnungsnachfrage wirkt sich zusätzlich preistreibend auf die ohnehin steigenden Mieten aus und erschwert Menschen mit niedrigerem Einkommen eine adäquate Wohnraumversorgung.

Durch die bisher beschriebenen Entwicklungen und Trends wird es in den Wachstumsregionen auch zukünftig zu einem deutlichen Zusatzbedarf an Wohnungen kommen, der aufgrund der sich verschärfenden Wettbewerbssituation und Erhöhung der Nachfrageseite letztlich in weiter steigenden Mieten und Kaufpreisen münden wird. Die Nachfrage wird sich jedoch räumlich stark konzentrieren und schwerpunktmäßig auf die großen Städte und deren Umland fokussiert sein. Perspektivisch wird die Nachfrage insgesamt sowie lokal nur bedient werden können, wenn auch außerhalb der Kernstädte, d. h. im Umland, mehr neu gebaut wird.

Entwicklung von Mieten und Kaufpreisen

In jüngerer Vergangenheit wird von politischer Seite versucht, dem Trend steigender Mieten und damit einhergehenden Verdrängungstendenzen innerhalb der Städte durch regulatorische Eingriffe entgegenzuwirken. Durch die Implementierung der Mietpreisbremse wird das Ziel verfolgt, den Anstieg der Mieten bei Neuvermietung zu begrenzen, wobei dieses Instrument bisher nahezu wirkungslos geblieben ist und tendenziell eher noch den weiteren Anstieg der Mieten gefördert hat. Auch Versuche wie die Einführung von Sozialquoten bei Neubaumaßnahmen, wie beispielsweise in Baden-Württemberg, sind nicht zielführend und lösen nicht das Angebotsdefizit am Wohnungsmarkt.

Konträr zu den Bestrebungen von politischer Seite, durch politisch-regulatorische Eingriffe die Verdrängung von sozialen Gruppen aus der Stadt zu stoppen oder ihr entgegenzuwirken, führten andere politische Entscheidungen der Vergangenheit zu einer Verschärfung der Miet- und Kaufpreissteigerungen und sozialen Verdrängungen. Beispielsweise kam es durch die in den letzten Jahren teils deutlichen Grunderwerbssteuererhöhungen durch die Länder oder sehr restriktive Vorgaben bei Modernisierungsmaßnahmen wie die Energieeinsparverordnung (EnEV) zu einer zusätzlichen Verteuerung von Baumaßnahmen, was die Anbieterseite durch höhere Mieten zu kompensieren versucht. Nichts davon löst das Problem der Knappheit auf der Angebotsseite.

Alle bisher beschriebenen Entwicklungen führten in den letzten Jahren zu steigenden Mieten und Kaufpreisen, da die Angebotsseite die Nachfrage nicht adäquat bedienen kann. Die Mieten in Deutschland waren über einen Zeitraum von vielen Jahren stabil, erst ab den Jahren 2009 und 2010 kam es zu einem Anstieg der Mieten. Während das mittelfristige jährliche Wachstum der Mieten über alle Standorte in Deutschland hinweg seit 2000 bei 2,0 % pro Jahr liegt, stiegen die Mieten in den A-Städten Berlin, München, Hamburg, Frankfurt, Köln, Düsseldorf und Stuttgart im selben Zeitraum um rd. 2,4 % jährlich. Auffällig ist, dass selbst vermeintlich schwache Standorte, auch als D-Standorte bezeichnet, ein konstantes Mietwachstum aufweisen (s. Abb. 2.53). Die Wachstumsraten waren jedoch über den Zeitraum der letzten 15 Jahre moderat und lediglich die Entwicklungen in den letzten Jahren zeigen leicht verstärkte Mietsteigerungsraten, sodass von der in der öffentlichen Diskussion und den Medien oftmals kolportierten Explosion der Mietkosten insgesamt nicht gesprochen werden kann.

Im Vergleich zu der Entwicklung der Mieten zeigen die Kaufpreise einen etwas anderen Verlauf. Während in den frühen 1990er-Jahren die Kaufpreise stark anstiegen, war die Zeit ab etwa Mitte der 1990er-Jahre bis etwa zum Jahr 2006 sogar von teilweise deutlichen Kaufpreisrückgängen geprägt. Dieser Rückgang schwächte sich ab der Jahrtausendwende etwas ab und ging in eine Phase der Stagnation über. Erst in der Zeit ab 2010 kam es, zuerst in den A-Standorten, zu neuerlichen Kaufpreisanstiegen und mit einem zeitlichen Versatz von rund ein bis zwei Jahren zogen die

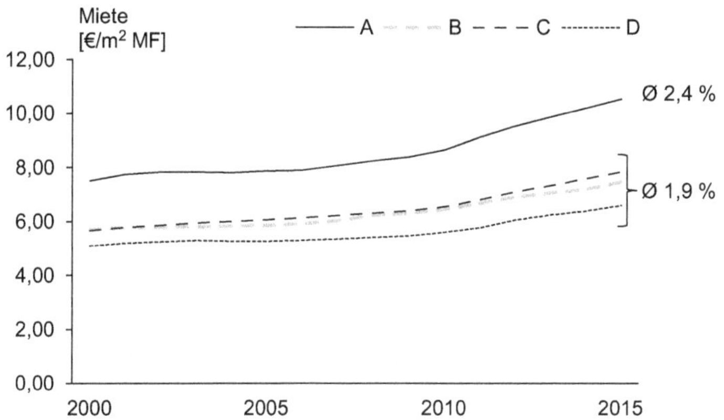

Abb. 2.53: Entwicklung der Mieten nach Stadttypen.[131]

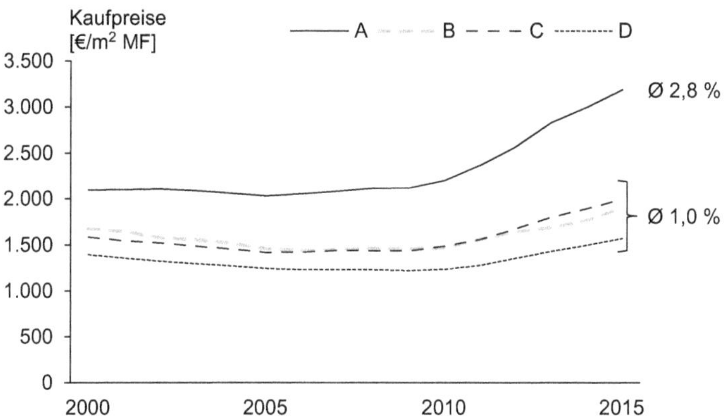

Abb. 2.54: Entwicklung der Kaufpreise nach Stadttypen.[132]

Kaufpreise auch an den anderen Standorten etwa ab den Jahren 2011 und 2012 an (s. Abb. 2.54). Kurzfristig ist bei den Kaufpreisen ein stärkerer Anstieg zu beobachten als bei den Mieten, was als Nachholeffekt angesehen werden kann. Seit dem Jahr 2000 liegt der durchschnittliche jährliche Kaufpreisanstieg für Eigentumswohnungen bei durchschnittlich rd. 1,4 % und ist zudem stark durch die Preisentwicklung in den A-Städten beeinflusst, da die B- bis D-Standorte ein deutlich niedrigeres langfristiges Wachstum von durchschnittlich rd. 1,0 % pro Jahr aufweisen.

Demgegenüber liegt der Kaufpreisanstieg seit dem Jahr 2000 in den A-Städten bei durchschnittlich rd. 2,8 % pro Jahr mit deutlich höheren Wachstumsraten in den vergangenen fünf Jahren. Zu beachten ist, dass der Kaufpreisanstieg vor allem dadurch stark beeinflusst ist, dass auf dieses Segment ein großer Anteil an Neubaueigentumswohnungen in den A-Städten entfällt, der zudem dem gehobenen Kaufpreissegment zuzuordnen ist, während an den anderen Standorten die Preisentwicklung vor allem durch die Entwicklungen im Bestandssegment beeinflusst ist.

131 Quelle: eigene Berechnungen und Darstellung nach RIWIS 2016.

132 Quelle: eigene Berechnungen und Darstellung nach RIWIS 2016.

Entwicklung der Renditen für Wohnimmobilien
Für Investoren ergibt sich aus diesen Trends vor allem die Herausforderung, dass durch den Kaufpreisanstieg, der stärker ist als das Mietwachstum, die Renditen sinken. Dieser Trend ist in der Darstellung der Entwicklung der Renditen für Mehrfamilienhäuser, basierend auf den Daten von RIWIS/BulwienGesa, deutlich zu erkennen (s. Abb. 2.55). Während die Renditen für Mehrfamilienhäuser aus dem Bestandssegment an den A-Standorten im Zeitraum von 2000 bis etwa 2009 annähernd stabil waren, stiegen die Renditen an den anderen Standortklassen in diesem Zeitraum sogar leicht an, sodass Wohnimmobilieninvestments an den Standorten außerhalb der A-Städte mit steigenden Renditen an Attraktivität für Investoren gewannen. Einhergehend mit dem Anstieg des Portfoliotransaktionsvolumens ab dem Jahr 2011 sanken die Renditen in allen Segmenten jedoch deutlich ab, sodass es für Investoren zunehmend schwierig ist, in ausreichendem Maße den Investitionszielen entsprechend rentable Investitionsobjekte am Markt zu finden und zu allokieren.

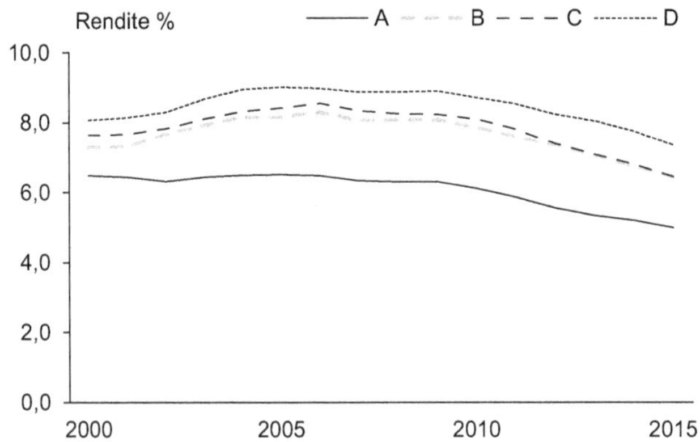

Abb. 2.55: Entwicklung der durchschnittlichen Renditen für Mehrfamilienhäuser im Bestand nach Stadttypen (in %).[133]

Zwar sind Wohnimmobilien auch aktuell sehr attraktiv für Investoren, jedoch wird die Identifikation von mit Investitionsprofilen konformen Objekten zunehmend schwieriger. Hierdurch kommt es auf dem Transaktionsmarkt zu weiter steigenden Preisen, was sich wiederum in weiter sinkenden Renditen äußert. Der starke Wettbewerb auf Käuferseite wird zusätzlich vom weiterhin niedrigen Zinsumfeld befeuert. Vergleicht man die Situation im Jahr 2016, in der die Investoren langfristige und nachhaltige Investitionen anstrebten, mit der Marktlage in den frühen 2000er-Jahren, in der die Investoren kurzfristig renditegetriebene Investitionen tätigten, so ist der gegenwärtige Markt ein Verkäufermarkt, während er in den frühen 2000er-Jahren ein Käufermarkt war.

Mieten im internationalen Vergleich
Ein wichtiger Grund für das große Interesse von nationalen wie internationalen Investoren an deutschen Wohnimmobilien liegt in der hohen Sicherheit dieser Investments, resultierend aus langfristig sicher planbaren Cashflows. Die Mietsteigerungen in Deutschland sind durch die wirtschaftliche Entwicklung getragen und es sind aktuell keine übertriebenen Mietsteigerungen zu erkennen, was der Fall wäre, wenn die Mietsteigerungsraten über den BIP-Wachstumsraten lägen. Betrachtet man Deutschland im internationalen Vergleich, so zeigt sich, dass das durchschnittliche BIP-

133 Quelle: eigene Berechnungen und Darstellung nach RIWIS (letzter Aufruf: 11.01.2016).

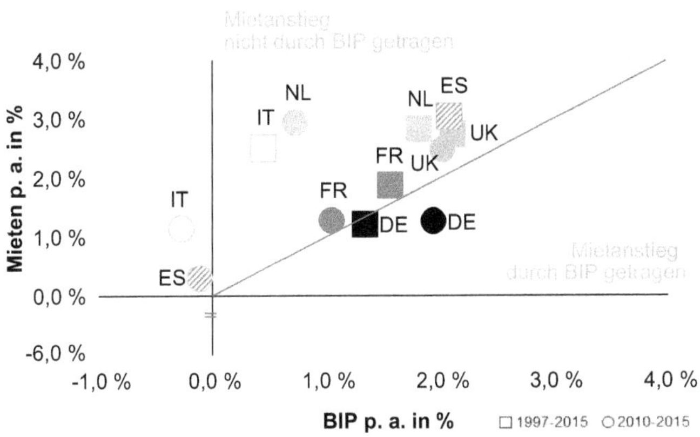

Abb. 2.56: Wachstum Bruttoinlandsprodukt und Mieten im Vergleich.[134]

Wachstum pro Jahr von 1997 bis 2015 bei etwa 1,3 % liegt, bei einem durchschnittlichen Mietanstieg von etwa 1,2 % in diesem Zeitraum. Bei kurzfristiger Betrachtung ab dem Jahr 2010 ist das durchschnittliche jährliche BIP-Wachstum sogar mit rund 1,9 % höher als die Mietsteigerungen im selben Zeitraum, die bei knapp 1,3 % lagen (s. Abb. 2.56).

Im internationalen Vergleich mit Frankreich, England, den Niederlanden, Spanien und Italien ist Deutschland das einzige Land, in dem die Mietanstiege sowohl lang- als auch kurzfristig durch das Wirtschaftswachstum gedeckt sind. Daher kann nur in Deutschland von einer gesunden Entwicklung gesprochen werden, während die anderen Länder aufgrund des überdurchschnittlichen und nicht durch die Wirtschaftsentwicklung getragenen Mietkostenwachstums ein deutlich erhöhtes Risiko für Marktkorrekturen haben, da die Mieten hier im Bereich der Überbewertung einzustufen sind. In manchen Ländern (Spanien und Italien) sind in den letzten Jahren sogar trotz rückläufigen Wirtschaftswachstums steigende Mieten zu erkennen.

Diese Zahlen und Ergebnisse verdeutlichen unseres Erachtens, dass es in Deutschland aktuell keine Immobilienblase auf dem Mietwohnungsmarkt gibt, wenngleich einige stark nachgefragte lokale Märkte in den letzten Jahren hohe Mietsteigerungsraten zeigten. Vielmehr besteht in Deutschland weiteres Potenzial für Mietsteigerungen, was den Wohnimmobilienmarkt für nationale sowie internationale Investoren, neben der niedrigeren Risikobewertung im Ländervergleich, sehr attraktiv macht.

Kaufpreise im internationalen Vergleich

In Europa gibt es beim Vergleich der Länder Deutschland, Frankreich, England, Niederlande sowie Italien und Spanien aktuell zwei unterschiedliche Entwicklungstendenzen: Zum einen gibt es Länder, in denen starke Kaufpreisanstiege zu beobachten sind, die über den BIP-Wachstumsraten liegen (Deutschland und England), zum anderen Länder mit stagnierenden (Frankreich) und sogar solche mit rückläufigen Kaufpreisen (Niederlande, Italien und Spanien).

In Deutschland lag das durchschnittliche BIP-Wachstum von 1990 bis 2015 bei rund 1,5 % pro Jahr bei einem Anstieg der Kaufpreise von durchschnittlich 0,5 % pro Jahr, jedoch zeigt sich ab dem Jahr 2010 ein durchschnittlicher jährlicher Kaufpreisanstieg von fast 3,8 % bei einem zeitgleichen BIP-Wachstum von 1,9 % – man kann somit aktuell von einer tendenziellen Marktübertreibung in Deutschland sprechen. Ähnlich ist die aktuelle Entwicklung in Großbritannien, nur dass der

134 Eigene Berechnungen nach Swiss Life/Corpus Sireo Hausmeinung, Oxford Economics, Consensus Economics, Eurostat Database HVPI Statistics.

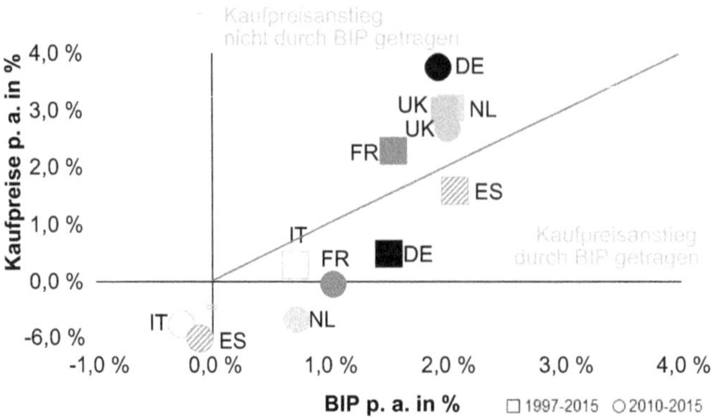

Abb. 2.57: Wachstum Bruttoinlandsprodukt und Kaufpreise im Vergleich.[135]

durchschnittliche jährliche Kaufpreisanstieg in England etwas schwächer ist als in Deutschland (s. Abb. 2.57). Bei den Kaufpreissteigerungsraten in Deutschland ist jedoch zu berücksichtigen, dass es sich hierbei um Nachholeffekte handelt, da die Kaufpreise ab Mitte der 1990er-Jahre rückläufig waren.

Demgegenüber sinken die Preise in Spanien und Italien bei rückläufiger Wirtschaftsentwicklung. In den Niederlanden war das Kaufpreiswachstum im Zeitraum 1990 bis 2015 mit 3,0 % deutlich höher als das Wirtschaftswachstum mit 2,0 %, die lange Zeit zu starken Kaufpreissteigerungsraten kehrten sich in einen Kaufpreisrückgang seit 2010 um.

Transaktionsmarkt im Kontext aktueller Investorennachfrage

Durch die neuerliche Investorennachfrage in den Jahren nach der Finanzmarktkrise stieg das Wohnungsportfoliotransaktionsvolumen ab 2011 wieder an, sodass in den Jahren 2013 bis 2015 wieder historisch hohe Wohnportfoliovolumina (s. Abb. 2.58) am Transaktionsmarkt gehandelt wurden.

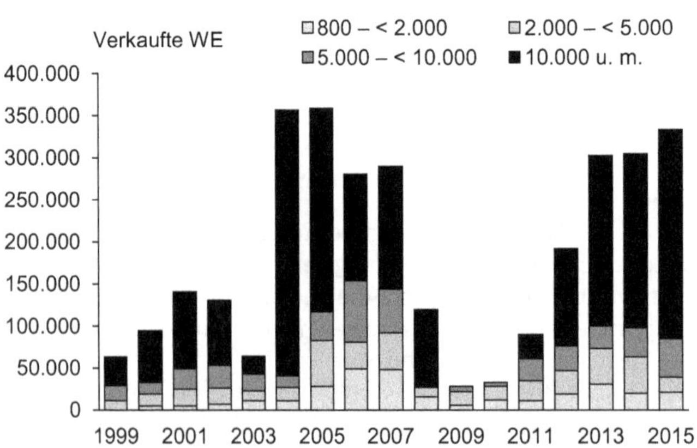

Abb. 2.58: Entwicklung des Wohnungstransaktionsvolumens pro Jahr.[136]

135 Eigene Berechnungen nach Swiss Life/Corpus Sireo Hausmeinung, Oxford Economics, Consensus Economics, Eurostat Database HVPI Statistics, OECD Analytical house prices indicators – Real house price indices.

136 Quelle: eigene Berechnungen nach [BBSR Analysen Kompakt 03/2016].

So betrug das Geldvolumen im Jahr 2015, je nach Quelle, zwischen 22 Mrd. € und 26 Mrd. €, inklusive Unternehmensübernahmen der börsennotierten Gesellschaften. Bei den Portfolios, die ab 2011 gehandelt wurden, handelte es sich in vielen Fällen um bereits in der Vergangenheit mindestens einmal verkaufte Wohnungsbestände, sodass in den letzten Jahren Portfolio-Wiederverkäufe den Markt dominierten.

Strukturell ist jedoch zwischen dem Transaktionsmarkt von institutionell-professionellen Akteuren und dem von Privatinvestoren und Privatpersonen zu unterscheiden. Inklusive der Kauf- und Verkaufsaktivitäten von Privatpersonen und anderen Akteuren lag das Gesamtvolumen aller Wohnimmobilienverkäufe in Deutschland im Jahr 2015 zwischen 120 und 130 Mrd. €. Dies verdeutlicht, dass noch immer Privatinvestoren und Privatpersonen den Gesamtmarkt dominieren und auf die professionell-institutionellen Investoren nur ein recht geringer Marktanteil des gesamten Wohnimmobiliensegments entfällt.

Für den Wohnimmobilienmarkt in Deutschland lassen sich folgende Fakten resümieren. Aufgrund der historisch weiterhin sehr niedrigen Neubautätigkeit kann der bestehende Wohnungsbedarf nicht gedeckt werden, und dies bei starker Nachfrage, die regional differenziert weiter steigen dürfte. Die Herausforderung besteht darin, dass eine Ausweitung des Neubaus aktuell nur sehr schwer möglich ist, da durch Aspekte wie steigende Grunderwerbssteuern auf Länderebene, energetische Vorgaben und steigende Grundstückspreise ein allgemeiner Anstieg der Bau- und Herstellungskosten stattfindet. Daneben bestehen erhebliche Kapazitätsengpässe im Baugewerbe, sodass ein nachhaltiger Anstieg des Neubauvolumens im Wohnungsbau nicht realistisch ist. Hinzu kommt, dass am Wohnungsmarkt neue Produkte benötigt werden, um Trends wie Servicewohnen oder altengerechtes Wohnen abdecken zu können.

Da die Nachfrage jedoch regional unterschiedlich ist, müssen zukunftsfähige Standorte und Regionen identifiziert werden, an denen perspektivisch eine positive Entwicklung zu erwarten ist, um dort gezielt und selektiv nachhaltige Investitionen tätigen zu können. Aus den in den letzten Jahren stetig gestiegenen Mieten und Kaufpreisen ergibt sich für Investoren jedoch folgendes Problem: Die Allokation und der Ankauf von Wohnungen und Portfolios bei steigenden Mieten und noch stärker steigenden Kaufpreisen werden dadurch erschwert, dass durch die Verteuerung die erzielbaren Renditen sinken. Auf Investorenseite sind also Strategieänderungen und Anpassungen nötig, um einerseits die Renditeziele zu erreichen sowie anderseits die Allokation weiterhin sicherzustellen.

Dennoch ist die Nachfrage im aktuellen Marktumfeld sehr hoch und es besteht aufgrund fehlender Investitionsalternativen bei vermeintlich recht sicheren erzielbaren Renditen eine insgesamt sehr kompetitive Marktsituation, die durch das weitere Absinken des Renditeniveaus zunehmend erschwert wird.

2.6.4 Wandel, Anpassung und Anforderungen an institutionelle Investoren und Dienstleister

Die Anforderungen an institutionelle Investoren und deren Dienstleister bestehen vornehmlich darin, dass vom Dienstleister eine Investmentstrategie für den Investor erarbeitet wird, die später durch den Dienstleister umgesetzt wird. Weiterhin ist es eine wesentliche und übergeordnete Aufgabe des Dienstleisters, die Investoreninteressen und -ziele zu vertreten, die durch die Rahmenbedingungen und Entwicklungen am Markt sowie die Spezifika der Objekte und Portfolios beeinflusst werden. Um dies erfüllen zu können, ist ein breit gefächertes und diversifiziertes Dienstleistungsspektrum entlang der kompletten Wertschöpfungskette von Wohnimmobilien und Wohnimmobilieninvestments notwendig.

Hierzu gehören das **Investment- und Transaktionsmanagement**, das **Portfoliomanagement** sowie das **Asset-Management**, bei dem zwischen kaufmännischem und technischem Asset-Management zu differenzieren ist. Diese drei Leistungsbereiche stellen das Hauptdienstleistungsspektrum für die institutionellen Investoren dar.

Ergänzende spezialisiertere Dienstleistungen stellen das Property-Management, Maklerleistungen und Bewertungen (Valuation) dar, darüber hinaus die Bereiche Buchhaltung, Recht- und Steuerberatung, Finance und Treasury, Rechnungswesen und Accounting, aber auch IT und Controlling.

Erstellung der Investmentstrategie

Am Anfang der Dienstleistungswertschöpfungskette steht die Erstellung, Definition und Konkretisierung einer individuell auf die Anforderungen des Investors zugeschnittenen Investmentstrategie, die dieser verfolgen und umsetzen will. Die Anforderung der Investoren liegt heute zumeist in der Identifikation und regionalen Fokussierung der Investitionen, sodass beispielsweise der Investitionsfokus auf einer exakt definierten Investitionsregion oder auf konkret definierten Städten liegt, in denen ausschließlich investiert werden soll. Darüber hinaus erfolgt fast immer eine Spezialisierung auf ein Nutzungssegment, wie etwa Mehrfamilienhäuser, die nicht mehr als eine festgelegte maximale Anzahl an Stockwerken haben und vom Baujahr her genau definiert sind oder ein Mietenniveau von einem definierten €/m^2-Wert aufweisen müssen. Weitere Konkretisierungen sind hier denkbar.

Die werthaltig und langfristig orientierten Investoren akzeptieren zumeist keine schwachen Standorte und Regionen mehr bei der Festlegung der Investitionsstrategie und legen ihren Fokus auf wirtschaftsstarke Wachstumsregionen mit hoher Wettbewerbsfähigkeit und guten Zukunftsperspektiven. Im Gegensatz hierzu investierten die Private-Equity-Unternehmen in den späten 1990er- und frühen 2000er-Jahren in sehr vielen Fällen auch an vermeintlich schwachen Standorten. Somit ist es in den letzten Jahren zu einer Änderung und Verschiebung der Zielmärkte und Allokationsfokussierung auf Investorenseite gekommen. Auch wird die noch vor einigen Jahren oftmals verfolgte Strategie der Privatisierung von Wohnungsbeständen nur noch in wenigen Fällen verfolgt.

Weiterhin erfolgt bei den institutionellen Investoren in der jüngeren Vergangenheit eine weitere Spezialisierung und Ausdifferenzierung der Investmentvehikel. So gewinnen Investitionen in Neubauprojekte, Projektentwicklungen und andere Nutzungsformen wie altengerechtes Wohnen, Servicewohnen oder Mikro-Apartments zunehmend an Bedeutung für institutionelle Investoren. Bei Investitionen in Neubauprojekte handelt es sich um geplante oder sich bereits im Bau befindliche Projektentwicklungen und Neubauten, die als Forward Deals teilweise inklusive einer Vermietungsgarantie von den Investoren gekauft werden. Ein einzelner Kauf von Grundstücken und ergänzenden separaten Bauträger- und Bauleistungen mit selbst zu erbringender Erstvermietung wird aufgrund der erhöhten Risiken von den Investoren nicht präferiert.

Es werden vier Investmentmöglichkeiten unterschieden, die als Basis für die Entwicklung einer Investitionsstrategie für institutionelle Investoren dienen können (s. Abb. 2.59).

Die erste Produktgruppe stellen **Großportfolios aus dem Bestand** dar. Diese Portfolios weisen meist ein Investitionsvolumen von über 100 Mio. bis zu 1,2 Mrd. € auf und sind dadurch charakterisiert, dass sie räumlich meist stark diversifiziert sind, also eine große räumliche Streuung auf viele Einzelstandorte aufweisen, was unter Diversifikationsgesichtspunkten bei entsprechend guter Qualität der einzelnen Portfoliostandorte vorteilhaft sein kann, wobei eine Anhäufung vieler schwacher Standorte ein Heterogenitätsrisiko darstellt. Bei solchen Portfolios besteht die Chance auf ein großes Volumen pro Transaktion. Jedoch gibt es in diesem Segment eine geringe Marktverfügbarkeit bei zugleich hoher Wettbewerbssituation, die mit einem aggressiven Pricing und hieraus resultierend hohen Kaufpreisen verbunden ist. Nachteilig bei dieser Produktgruppe ist, dass solche Portfolios sehr managementintensiv sind und sehr komplexe Anforderungen mit einem hohen Detaillierungsgrad an die Dienstleister stellen. Somit sind diese Portfolios schwieriger steuerbar, sowohl bei der Transaktion als auch im späteren Asset-Management.

Produkt	Vorteile	Nachteile
Portfolios > 100 Mio. €	▪ Chance auf ein großes realisierbares Transaktionsvolumen je Deal	▪ sehr geringe Verfügbarkeit bei zugleich sehr hohem Wettbewerb („dead deal cost risk") ▪ aggressive Preisbestimmung und Preisgestaltung ▪ häufig heterogenes Portfolio mit Klumpen-Risiko
Portfolios 20 - 100 Mio. €	▪ Chance auf erhöhtes Transaktionsvolumen je Deal ▪ im Vergleich zu Großportfolios besser steuerbar bzgl. Homogenität	▪ geringe Verfügbarkeit ▪ hoher Wettbewerb ▪ aggressive Preisbestimmung und Preisgestaltung
Neubau / Forward Deals > 10 Mio. €; 5 - 10 Mio. €	▪ hohe Produktverfügbarkeit, Abschlusswahrscheinlichkeit und Wertentwicklung ▪ kein Klumpenrisiko, gut steuerbar bzgl. Regionalität ▪ zeitmäßiges (im Hinblick auf Energetik, Grundrisse, Technik usw.) Produkt mit geringen Risiken ▪ nicht von Mietpreisbremse betroffen ▪ kleinvolumigere Neubauten nicht im Fokus von institutionellen Investoren	▪ hoher Wettbewerb mit ggf. aggressiver Preisbestimmung und Preisgestaltung ▪ Forward-Deal, d. h. wirtschaftliches Eigentum erst 18 Monate nach Kauf
Bestand > € 10 Mio. €; 3 - 10 Mio. €	▪ effiziente Bewirtschaftung ▪ hohe Abschlusswahrscheinlichkeit, gut steuerbar bzgl. Portfoliozusammensetzung	▪ sehr geringe Verfügbarkeit, aggressive Preisbestimmung und Preisgestaltung ▪ hohes Lebensalter mit technischen Risiken ▪ von Mietpreisbremse betroffen
Bestand < 3 Mio. €	▪ höchste Verfügbarkeit, hohe Fungibilität; stabile und konstante Rendite mit Mietwachstum und Vielzahl von mögl. Exits, planbarer Portfolioaufbau	▪ standardisierter Prozess notwendig (hohe Deal-Geschwindigkeit)

Abb. 2.59: Überblick und Bewertung von Produkten.[137]

Eine weitere Produktgruppe sind **mittelgroße Portfolios aus Bestandsobjekten**, deren Volumen zumeist zwischen 20 und 100 Mio. € liegt. Diese Portfolios bieten die Chance auf ein erhöhtes Transaktionsvolumen pro Deal. Sie sind im Vergleich mit den Großportfolios sowohl im Ankaufsprozess als auch im Asset-Management meistens deutlich besser steuerbar. Nachteilig ist die geringe Produktverfügbarkeit im aktuellen Marktumfeld aufgrund sehr hoher Nachfrage, woraus auch bei dieser Produktgruppe, ebenso wie bei den Großportfolios, ein aggressives Pricing resultiert.

Eine dritte Produktgruppe stellen **Projektentwicklungen** dar. Bei diesen ist nochmals zwischen **zwei Produkttypen in Abhängigkeit vom Projektvolumen** zu unterscheiden. Die erste Gruppe sind kleine Projektentwicklungen mit einem Volumen zwischen 5 und 10 Mio. €, die in der aktuellen Marktsituation noch nicht so sehr im Fokus institutioneller Investoren stehen und daher ein attraktiver Akquisitionsgegenstand mit einem vermeintlich günstigen Pricing sind. Die zweite Gruppe innerhalb des Segments umfasst Projektentwicklungen mit einem Volumen von über 10 Mio. €, die teilweise sogar Volumina bis zu 200 Mio. €, etwa bei Quartiersentwicklungen, erreichen. Bei diesen gibt es im aktuellen Marktumfeld eine recht hohe Produktverfügbarkeit bei zugleich höherer Abschlusswahrscheinlichkeit. Da es sich bei beiden Volumentypen um Einzelobjekte an einem Standort handelt, sind diese Projekte im Ankauf gut steuerbar und haben den Vorteil, dass sie vorrangig an guten Standorten verfügbar sind, die sich oftmals mit den Ankaufskriterien der Investoren decken. Zudem erhält der Investor beim Kauf dieser Produkte ein zeitgemäßes Produkt mit geringen Risiken und gut planbaren Cashflows. Beide Volumentypen haben zudem den Vorteil, dass bestehende regulatorische Beschränkungen wie beispielsweise die Mietpreisbremse nur geringfügige Auswirkungen auf diese Produkttypen haben, sodass eine positive Wertentwicklung aufgrund der guten Projektplanbarkeit und Cashflow-Situation gewährleistet ist. Nachteilig für institutionelle Investoren ist, dass es sich bei Käufen von Projektentwicklungen um Forward Deals handelt, bei denen der wirtschaftliche Besitzübergang erst rd. 18 Monate nach dem Kauf erfolgt. Die großvolumigeren Projektentwicklungen über 10 Mio. € weisen zudem eine er-

137 Quelle: eigene Darstellung.

höhte Nachfrage und eine hieraus resultierende stärkere Wettbewerbssituation auf Käuferseite im aktuellen Marktumfeld auf, was zu höheren Preisen als bei den kleineren Projektentwicklungen im Bereich von 5 bis 10 Mio. € führt.

Die letzte Produktgruppe umfasst **Bestandsobjekte**, bei denen wiederum hinsichtlich der Produktvolumina **drei Gruppen unterschieden** werden können. Die höchste Produktverfügarbeit besteht bei Bestandsobjekten mit einem Volumen von unter 3 Mio. €. Diese Objekte sind charakterisiert durch stabile, aber niedrige Renditen, eine hohe Fungibilität und eine Vielzahl von späteren Exit-Möglichkeiten, sodass diese Objekttypen für den Portfolioaufbau eines institutionellen Investors sehr attraktiv sind. Nachteilig bei diesen Objekten ist, dass der Akquisitionsprozess trotz standardisierter Prozesse sehr viele Ressourcen bindet und kleinteilig ist. Zudem besteht bei diesen Objekten ein hoher Wettbewerb im aktuellen Marktumfeld, da hier neben den institutionell-professionellen Investoren auch vermehrt private Investoren als Käufer agieren, wodurch das Pricing aggressiv ist. Hinzu kommt, dass diese Objekte an vielen Standorten nun regulatorischen Einschränkungen wie der Mietpreisbremse unterliegen, sodass die Renditen solcher Objekte stark unter Druck geraten sind.

Die anderen beiden Objekttypen innerhalb der Gruppe der kleineren Bestandsobjekte lassen sich in die beiden Volumengrößen von 3 bis 10 Mio. € sowie über 10 Mio. € unterteilen. Diese beiden Produkttypen haben jeweils den Vorteil, dass eine effiziente Bewirtschaftung der Objekte im späteren Asset-Management möglich ist, der Ankauf prozessual gut steuerbar ist und beim Portfolioaufbau durch einen einzelnen Ankauf ein höheres Gesamtvolumen erreicht wird als bei den sehr kleinteiligen Einzelobjekten. Die Produktverfügbarkeit ist im aktuellen Marktumfeld gegeben. Die Preise sind jedoch aufgrund hoher Nachfrage hoch.

Bei der Erstellung einer Strategie für den institutionellen Investor durch den Dienstleister kann aus den vier beschriebenen Gruppen von Produkttypen ein Investitionsprofil abgeleitet und definiert werden, das entweder auf einen Produkttyp festgelegt ist oder sich aus einer Mischung mehrerer Produkttypen zusammensetzt. Das Investitionsprofil ist zusätzlich charakterisiert durch weitere konkrete Definitionen zu unterschiedlichen Variablen. Dazu gehören das geplante Gesamtvolumen, je nach Vehikel alternativ Fondsvolumen, der Eigenkapitalanteil und die Festlegung des Leverage.

Möglich ist auch die Erarbeitung von unterschiedlichen Strategievorschlägen, die je nach Angebotssituation beim Portfolioaufbau gewählt werden, um Flexibilität zu gewährleisten. Des Weiteren erfolgt für die Festlegung der Investmentstrategie die Definition der Zielrendite, der Laufzeit des Investments oder Fonds und der Dauer der Investitionsphase.

Der Wandel, der sich in den letzten Jahren auf Investorenseite vollzogen hat, besteht darin, dass in der Vergangenheit vornehmlich Großportfolios im Fokus von institutionellen Investoren und Private-Equity-Unternehmen standen. Ziel war es, die Kostenseite zu optimieren, indem beispielsweise die Kosten für Property-Management, die Vermietungskosten, die Kosten für Instandhaltungsmaßnahmen oder die Betriebskosten reduziert wurden. Durch zusätzlichen Leerstandsabbau wurden die Einnahmen aus der Bewirtschaftung und dadurch die Rendite und die Portfoliobewertung in kurzer Zeit erhöht. So konnte in vielen Fällen nach einer Haltephase von nur wenigen Jahren ein Weiterverkauf der Portfolios erreicht werden. In den Jahren nach der Finanzmarktkrise kam es auf der Seite der institutionellen Investoren zu einem Wandel. Es wurde zwar weiterhin angestrebt, die Einnahmenseite aus der Bewirtschaftung durch Erhöhung der Mieteinnahmen zu stärken, jedoch mit dem Ziel nachhaltiger Mietsteigerungen.

Es erfolgten Investitionen in den Wohnungsbestand in Form von Modernisierungsmaßnahmen an den Objekten sowie Sanierungsmaßnahmen in den Wohnungen, um die Mieteinnahmen zu steigern. Ziel der Investoren ist im aktuellen Marktumfeld ein langfristiges Investment mit langer Haltedauer der Objekte bei zugleich nachhaltiger Verbesserung der Objekt- und Wohnungsqualitäten und hieraus resultierend höheren Mieteinnahmen zur Erhöhung der Rendite und Wertsteigerung des Portfolios.

Spezialisierung als Dienstleister zur Vertretung der Eigentümerinteressen institutioneller Investoren

Die Eigentümerinteressen des Investors wahrnehmen zu können, erfordert vom Portfolio-, Investment- und Asset-Management-Dienstleister (dieser kann je nach Investmentvehikel des Wohnungsbestands auch als Fondsmanager bezeichnet werden) ein umfangreiches Leistungsspektrum. Dieses lässt sich im Wesentlichen in die drei Teilbereiche Transaktionsmanagement, Asset- und Portfoliomanagement untergliedern, die im Folgenden dargestellt werden.

Transaktionsmanagement (Acquisition/Sales-Management)

Das Leistungsspektrum im Transaktionsmanagement umfasst sowohl den Bereich Ankauf (Akquisition) als auch den Bereich Verkauf (Sales-Management). Im Bereich Ankauf erfolgt in der ersten Phase der Wertschöpfungskette die Identifikation und Auswahl strategiekonformer potenzieller Ankaufobjekte und Investmentopportunitäten. Wenn ein Investitionsobjekt identifiziert wurde, erfolgt im nächsten Schritt der konkrete Ankaufsprozess, bestehend aus der Beschaffung, Aufbereitung und Analyse detaillierter Objektinformationen, an dessen Ende die Erstellung und Ausarbeitung eines vorläufigen Businessplans und die Festlegung der Finanzierungsstruktur für den Ankauf steht.

In der sich daran anschließenden Phase des konkreten Ankaufsprozesses erfolgt bereits eine Auswahl, Beauftragung, Steuerung und Überwachung von weiteren, externen Dienstleistern, die im Prozess des Ankaufs beteiligt werden und hier eine zusätzliche neutrale Expertise in die Transaktion einbringen sowie eine objektiv-ganzheitliche analytische Begutachtung des Ankaufsgegenstands gewährleisten. Auf Dienstleisterseite folgt prozessual die Durchführung der Due Diligence, inklusive Koordination einer kaufmännischen, rechtlichen und technischen Due Diligence. Dieser Prozessschritt umfasst intensive Objektbegehungen, die Ausarbeitung von SWOT-Analysen und die Überarbeitung sowie eine gegebenenfalls tiefer gehende Konkretisierung der Businesspläne mit einem höheren Detaillierungsgrad.

Am Ende der Transaktionsphase steht die Erarbeitung eines umfangreichen Investmentangebots für die Entscheidungsgremien. Nach erfolgreichem Durchlauf der Entscheidungsgremien erfolgen durch den Dienstleister im nächsten Schritt die Kaufvertragsverhandlungen und im Idealfall der finale Kaufvertragsabschluss. Die Überwachung und Abarbeitung der sich aus dem Kaufvertrag ergebenden Rechte und Pflichten sowie die Überwachung der Fälligkeit der Kaufpreiszahlung und des Besitzübergangs, inklusive des entsprechenden Reportings, stehen am Ende der Transaktionsphase.

Der beschriebene Prozess bezieht sich auf den Ankauf, gilt jedoch analog fast ebenso für den Verkaufsprozess, wobei am Anfang des Verkaufsprozesses die Identifikation und Auswahl potenzieller Käufer steht statt der Auswahl der Objekte und Investitionsmöglichkeiten wie im Ankaufsprozess.

Asset-Management

Im Asset-Management, dem operativen Tagesgeschäft nach dem Ankauf und Besitzübergang der Objekte, ist im Wesentlichen zwischen den beiden Bereichen kaufmännisches und technisches Asset-Management zu unterscheiden.

Die wichtigsten Aufgaben im Asset-Management sind die Bestandsaufnahme der Objekte oder Portfolios und die Analyse und Überwachung der betreuten Immobilien nach dem Ankauf und Besitzübergang. Auf der Basis der im Ankaufsprozess erarbeiteten Analysen erfolgt im Asset-Management die konkrete Entwicklung und Umsetzung der Objektstrategie beim einzelnen Objekt unter Berücksichtigung der Zielvorgaben des institutionellen Investors gemäß dessen Investitionsstrategie in Abstimmung mit dem Portfolio- und Investmentmanagement. Im operativen Tagesgeschäft des Asset-Managements steht die laufende Analyse und Bewertung des Bestands im Hinblick auf wertsteigernde Maßnahmen durch den Asset-Manager im Mittelpunkt.

Hauptaufgaben sind darüber hinaus die Erstellung der Jahresbudget- und Businesspläne sowie das Controlling auf Portfolio- und Objektebene, inklusive der Erstellung der mit dem Investor vereinbarten Reporting-Leistungen. Außerdem gehört zum Aufgabengebiet des Asset-Managements die Bewirtschaftung und Instandhaltungssteuerung sowohl des Gesamtportfolios als auch der einzelnen Objekte inklusive laufender Analyse und Bewertung des Bestands im Hinblick auf wertsteigernde Maßnahmen, wie beispielsweise die Planung und Durchführung von Bau- und Sanierungsmaßnahmen. Auch erfolgt die Erstellung von objektbezogenen Businessplänen inklusive der Budgetallokation, die Umsetzung der Objektstrategien und Businessplanannahmen im operativen Tagesgeschäft des Asset-Managements sowie das Cashflow- und Risikomanagement inklusive Validierung und Cashflow-Neubewertung.

Unterstützt wird das Asset-Management durch Research-Leistungen in Form von Benchmarkings und Markt-, Standort- und Wettbewerbsanalysen, um fundierte Zusatzinformation für die Objekte und Portfoliostandorte zu erlangen und auf dieser Basis Asset-Management-Aktivitäten konkretisieren zu können. Auch die Auswahl und Führung des Property-Managements, des Facility-Managements und weiterer externer Dienstleistungen fällt in den Verantwortungsbereich des Asset-Managements, ergänzt um allgemeine Verwaltungsaufgaben zu den Themen Versicherungen, Informations- und Datenverwaltung, Vertragsverwaltung, Recht, Compliance und Steuern.

Der letzte wichtige Aufgabenbereich des Asset-Managements ist die Vermietungssteuerung. Hierzu gehören die Erstellung von Konzepten und Maßnahmen zur Mieterfindung sowie Mieterbindung, basierend auf der Definition der Vermietungsstrategie durch das Asset-Management inklusive Festlegung der bei der Vermietung zu generierenden Zielmieten, die Definition der Produktausstattung (baulicher Soll-Zustand der Wohnungen), die Definition der Zielgruppen sowie die Festlegung und Planung der Vermarktungskanäle. Die finale operative Umsetzung der Vermietungsstrategie erfolgt später durch das Property-Management mit einer zentralen Vermietungssteuerung und Aktivitäten vor Ort durch externe Vertriebsorganisationen und Makler. Im Anschluss an die Vermietung erfolgt im Asset-Management ein kontinuierliches Monitoring über die Vermarktungsaktivitäten und Vermietungserfolge inklusive Reporting nach definierten Standards.

Portfoliomanagement

Die Hauptaufgaben des Portfoliomanagements sind die Weiter- oder Neuentwicklung von Portfoliobusinessplänen im Zuge der Portfoliooptimierungsstrategie sowie die Portfolioanalyse und Soll-Ist-Überwachung des Immobilienbestands nach den Größen Rendite, Risiko und Liquidität.

Weiterhin fällt in den Bereich des Portfoliomanagements die Erstellung und Kommentierung von Reportings für den Eigentümer. Von Eigentümerseite bestehen seit der Finanzmarktkrise in den Jahren nach 2007 erhebliche Anforderungen an Reportings mit hohen Detaillierungsgraden und kurzen Zeitintervallen. Neben Jahresreportings fordern Investoren Reportings auf Quartalsbasis bis hin zu Monats- und Wochenreportings.

Ebenso erfolgt im Portfoliomanagement die Konzeptentwicklung und Erarbeitung von Vorschlägen zur operativen Bestandsoptimierung durch Investition und Desinvestition auf Portfolioebene. Zu seinem Aufgabenbereich gehören außerdem das Cashflow-Modelling, die Wirtschaftlichkeitsberechnung der Objekte und des Gesamtportfolios sowie die Steuerung des Liquiditätsmanagements auf Portfolioebene. Ebenso wie das Asset-Management wird auch das Portfoliomanagement durch Research in Form von Benchmarkings sowie Markt-, Standort- und Wettbewerbsanalysen als fundierte Zusatzinformation für die Objekte und Standorte unterstützt, damit auf dieser Basis portfoliostrategische Entscheidungen getroffen werden können.

In den letzten Jahren haben sich die Anforderungen an Leistungen und Spezialisierungen der Dienstleister stark erhöht. Daher muss der Dienstleister ein qualitativ hochwertiges und flexibles Leistungsspektrum entlang der kompletten Wertschöpfungskette von Wohnimmobilien in den Bereichen Transaktions-, Asset- und Portfoliomanagement erbringen, wobei er als zentraler Ansprechpartner und Koordinator für den Investor operativ-strategisch agiert.

2.6.5 Wandel und Anpassung für ...

Die Entwicklungen am Wohnungsmarkt haben unterschiedliche Auswirkungen für die beiden Gruppen von Akteuren. Daher wird im folgenden Fazit zwischen den institutionellen Investoren und Dienstleistern unterschieden.

... Investoren

Investoren sind einem starken Wandel und vielfältigen Veränderungsprozessen im aktuellen Marktumfeld ausgesetzt. Der wesentliche Wandel besteht in sich verändernden **soziodemografischen Entwicklungen** und Trends, die zu einer veränderten regionalen Nachfrage führen werden. So wird sich die zukünftige Nachfrage nach Wohnungen auf wenige Städte und Regionen konzentrieren und die Zahl der schrumpfenden und nicht wettbewerbsfähigen Städte und Regionen wachsen. Hinzu kommt, dass sich die Nachfrager qualitativ und quantitativ verändern und in Zukunft verstärkt kleinere Haushalte und ältere Menschen Wohnraum nachfragen werden. Investoren müssen sich an diese geänderten Rahmenbedingungen und Nachfragestrukturen anpassen, indem sie neue Wohnformen für die stark wachsende Zielgruppe der älteren Menschen anbieten. So gewinnen Themen wie **altengerechtes Wohnen und Servicewohnen** an Bedeutung, bei zugleich ungenügendem Angebot dieser Wohnformen am Markt.

Hinzu kommen vermehrt Tendenzen zu **politisch-regulatorischen Eingriffen** in den Wohnungsmarkt, die Investoren bei ihren Investmentstrategien berücksichtigen müssen, um zukünftig einen Wettbewerbsvorteil zu haben und die definierten Renditen erzielen zu können. Instrumente wie die Mietpreisbremse resultieren für Investoren in geringeren Umsätzen und niedrigeren Margen, sodass oftmals zu wenig Miete erzielt wird, um den in Besitz befindlichen Immobilienbestand weiterentwickeln und ergebnisoptimiert bewirtschaften zu können. Hierdurch entstehen Risiken wie die qualitative Verschlechterung des Wohnungsbestands durch fehlende Investitionen oder geringere Neubauvolumina, wodurch der Druck auf der Nachfrageseite weiter steigt.

Hier gilt es für Investoren, ihre Strategien an die neuen Herausforderungen anzupassen und Veränderungen als Opportunität zu begreifen. Demgegenüber besteht für Investoren aktuell ein starker **Anlagedruck**, der sich aus dem niedrigen Zinsumfeld und mangelnden Anlagealternativen ergibt, wobei die Wohnimmobilienrenditen jedoch noch immer deutlich attraktiver sind als beispielsweise Anleiherenditen oder Einlagezinsen.

... Dienstleister

Ein Wandel, mit dem sich Dienstleister auseinandersetzen müssen, ist die Veränderung der Struktur sowie der Anzahl der am Wohnungsmarkt agierenden Akteure in den letzten Jahren. Während sich die Zahl der **großen Wohnungsbestandshalter** durch Portfolioankäufe, Unternehmensübernahmen und Börsengänge nach der Finanzmarktkrise reduzierte, hat sich der in deren Besitz befindliche Wohnungsbestand deutlich erhöht. Die am Markt potenziell verfügbare Menge hat sich dagegen stark reduziert, einhergehend mit einer Umverteilung von Wohnungsbeständen in den Besitz einer geringeren Zahl an großen Akteuren. Zwar hat die geringere Zahl an Akteuren einen größeren Wohnungsbestand im Besitz, doch agieren etliche dieser Unternehmen nahezu ohne externe Dienstleister und managen ihre Bestände selbst. Somit ist der Markt für Dienstleister schwieriger und kompetitiver geworden, da schlichtweg die potenzielle Auftragsmenge niedriger ist als noch vor wenigen Jahren.

Aufseiten der Dienstleister sind jedoch mehr Akteure auf den Markt aktiv als vor einigen Jahren, sodass diese in einem stärkeren Wettbewerb stehen als noch in der Vergangenheit. Während die großen Marktakteure auf Investorenseite ihre Prozesse stark automatisieren (**Fabrik**) und verstärkt versuchen, die Wertschöpfungskette zu optimieren und zu professionalisieren, agieren Dienstleister, vor allem die kleineren und weniger kapitalstarken Unternehmen, oftmals mit individuellen und kundenspezifisch zugeschnittenen, geringer automatisierten Prozessen und Dienstleistungen (**Handwerk**). Die Herausforderung als Dienstleister besteht darin, die Anforderungen der Investoren prozessual sowie optimiert anzubieten und ein kundenspezifisches Dienstleistungspaket entlang der kompletten Wertschöpfungskette offerieren zu können, was in vielen Fällen mehr Professionalität erfordert.

Eine weitere Herausforderung für die Dienstleistungsunternehmen besteht im Bereich der **Bestands- und Objektbewirtschaftung**. Für sie ist es wichtig, sich in diesem breit gefächerten und dynamischen Wachstumsmarkt zukunfts- und wettbewerbsfähig und insgesamt so gut zu positionieren, dass man sich bezüglich des Dienstleistungsspektrums qualitativ von den Wettbewerbern absetzt. In diesem Bereich kann man sich einen Servicevorteil verschaffen, indem man Dienstleistungen rund um neue Themen wie Wohnen 4.0, Smart Home oder die Vernetzung der Systeme im Bereich Wohnen anbietet. Hierdurch können Kostenvorteile entstehen, beispielsweise bei der Ablesung von Wohnnebenkosten über vernetzte digitale Systeme.

Die fortschreitende Digitalisierung offeriert neue Möglichkeiten bei der Vermietung und dem Verkauf von Wohnungen im Endkundengeschäft, beispielsweise durch Vermarktungswebsites oder die Implementierung eines zentralen Vermietungsmanagements. Auch bei der Koordination von Drittdienstleistungen wie beispielsweise der Planung, Kostenkalkulation und Beauftragung von Wohnungssanierungen ermöglichen die Digitalisierung und daraus entstehende neue, optimierte Prozessstrukturen und Standardisierungen deutliche Synergien und Wettbewerbsvorteile für den Dienstleister des Investors im Gesamtmarkt.

Gefordert sind weiter sowohl eine systemische Anpassung als auch Investitionen auf **IT-Seite**, da die Dienstleister mit immer größeren Datenmengen agieren müssen und Themen wie Vernetzung und Digitalisierung den Komplexitätsgrad steigern sowie die Kosten für die Dienstleister erhöhen.

So erwarten Investoren vor allem im Bereich des Reportings einen zunehmend höheren Detaillierungsgrad, bei zugleich kürzeren Zeitintervallen der Berichterstattung. So werden mittlerweile teils auf Wochenbasis Berichte zu Vermietungsanfragen eingefordert, während vor einigen Jahren noch monatliche Abfragen Standard waren. Auch hinsichtlich der Businesspläne im Portfoliomanagement genügt es im heutigen Dienstleisterumfeld teilweise nicht mehr, eine jährliche Planung zu erstellen, und Soll-Ist-Abgleiche von Planung und Portfoliocontrolling werden ebenfalls in kürzeren Zeitintervallen abgefragt.

Auch stellen Investoren vermehrt **individualisierte Anforderungen**, was die Komplexität für den Dienstleister deutlich erhöht. Während Dienstleister vor einigen Jahren noch quantitativ weniger und zugleich eher standardisierte Kennzahlen an den Investor lieferten, fordert dieser eine zunehmende Individualisierung der Kennzahlen und Reportings ein. Hinzu kommt, dass in vielen Fällen die Vernetzung und der Workflow der Daten auf mehreren Ebenen stattfindet und zwischen unterschiedlichen Dienstleistern und Abteilungen abgestimmt werden muss. Die bislang fehlende Standardisierung der Datenstrukturen und Datenflüsse erhöht die Kosten auf Dienstleisterseite bei zugleich erschwerter praktischer Nutzbarkeit der Daten. Das bedeutet für die Dienstleister einen teils erheblichen Mehraufwand, der Kosten produziert und die Marge drückt.

Darüber hinaus sind die von den Investoren an die Dienstleister gezahlten Fees tendenziell rückläufig, weshalb ein erhöhter Kostendruck auf Dienstleisterseite besteht. Zugleich sind für den Dienstleister die Einnahmen durch Fees steuerpflichtig, was auf Investorenseite nicht direkt der Fall ist. Diese beiden Aspekte bewirken eine steigende Preissensitivität auf Dienstleisterseite. Dabei wird es zunehmend schwieriger für Dienstleistungsunternehmen, das entsprechende **Personal** zu rekrutieren. Zwar vollzieht sich in den letzten Jahren durch eine breitere Auswahl an Studiums- und Fortbildungsmöglichkeiten eine Professionalisierung, aber viele streben an, auf Investorenseite zu arbeiten. Außerdem werden vermehrt hoch spezialisierte, für die Dienstleistungsunternehmen kostenintensive Experten benötigt.

Literatur

[BBSR (2009)] Bundesinstitut für Bau-, Stadt- und Raumforschung im Bundesamt für Bauwesen und Raumordnung (Hrsg.): BBSR Raumordnungsprognose 2030; Berlin 2009, URL: http://www.bbsr.bund.de/BBSR/DE/Raumbeobachtung/UeberRaumbeobachtung/Komponenten/Raumordnungsprognose/Download_ROP2030/DL_uebersicht.html (letzter Aufruf: 05.03.2017).

[BBSR (2012)] Bundesinstitut für Bau-, Stadt- und Raumforschung im Bundesamt für Bauwesen und Raumordnung (Hrsg.): BBSR Raumordnungsprognose 2035; Berlin 2012, URL: http://www.bbsr.bund.de/BBSR/DE/Raumbeobachtung/UeberRaumbeobachtung/Komponenten/Raumordnungsprognose/Download_ROP2035/DL_ROP2035_uebersicht.html (letzter Aufruf: 05.03.2017).

[BBSR Analysen Kompakt 03/2016] Franke, Jonathan; Lorenz-Henning, Karin: Wohnungstransaktionsvolumen 2015 übertrifft Niveau der beiden Vorjahre; BBSR Analysen Kompakt 03/2016; Bonn 2016, URL: http://www.bbsr.bund.de/BBSR/DE/Veroeffentlichungen/AnalysenKompakt/2016/ak-03-2016-dl.pdf?__blob=publicationFile&v=3 (letzter Aufruf: 05.03.2017).

[BMVBS (2011F)] Bodelschwingh, Arndt; von Rohr, Götz; Pietschmann, Holger; Rohwedder, Henning: Fortführung der Kompensationsmittel für die Wohnraumförderung; Endbericht; Bonn: Arbeitskreis für Bedarfsbemessung von Hochschulen 2011, URL: http://www.bbsr.bund.de/BBSR/DE/Veroeffentlichungen/BMVBS/Forschungen/2007/Heft124_DL.pdf?__blob=publicationFile&v=2 (letzter Aufruf: 05.03.2017).

[BMVBS Heft 124] Veser, Jürgen; Thrun, Thomas; Jaedicke, Wolfgang: Veränderung der Anbieterstruktur im deutschen Wohnungsmarkt und wohnungspolitische Implikationen: Forschungen Heft 124; Endbericht, BMVBS Heft 124; Bonn 2007, URL: http://www.bbsr.bund.de/BBSR/DE/Veroeffentlichungen/BMVBS/Forschungen/2007/Heft124_DL.pdf?__blob=publicationFile&v=2 (letzter Aufruf: 05.03.2017).

[Die Linke (2017L)] Lay, Caren: Ergebnisse der schriftlichen Anfragen an die Bundesregierung zum Sozialwohnungsbestand in Deutschland: 31.07.2012, 07.06.2013, 03.07.2014, 16.07.2015; Berlin 2017.

[GdW (2015)] Bundesverband deutscher Wohnungsunternehmen (GdW) (Hrsg.): Wohnungswirtschaftliche Daten und Trends 2015/2016: Zahlen und Analysen aus der Jahresstatistik des GdW; Berlin 2015.

[GdW (2016k)] Bundesverband deutscher Wohnungsunternehmen (GdW) (Hrsg.): Wohnungswirtschaftliche Daten und Trends 2016/2017: Zahlen und Analysen aus der Jahresstatistik des GdW; Berlin 2016.

[IW 2015] Institut der deutschen Wirtschaft Köln (Hrsg.); Voigtländer, Michael: Auswirkungen der erhöhten Zuwanderung auf demographische Prognosen und die Folgen für den Wohnraumbedarf in Deutschland; Gutachten, IW 2015; Köln 2015, URL: http://www.iwkoeln.de/_storage/asset/257363/storage/master/file/8284571/download/Wohnraumbedarf%20Gutachten%20IW%20K%C3%B6ln.pdf (letzter Aufruf: 05.03.2017).

[IWU (2005f)] Sautter, Heinz: Auswirkungen des Wegfalls von Sozialbindungen und des Verkaufs öffentlicher Wohnungsbestände auf die Wohnungsversorgung unterstützungsbedürftiger Haushalte; Abschlussbericht; Darmstadt 2005, URL: http://www.iwu.de/fileadmin/user_upload/dateien/energie/klima_altbau/Gebaeudetypologie_Deutschland.pdf (letzter Aufruf: 01.01.2018).

[statistik.bayern Zensus2011] Bayerisches Landesamt für Statistik und Datenverarbeitung (Hrsg.): Zensusdatenbank Zensus 2011 der Statistischen Ämter des Bundes und der Länder: Gebäude- und Wohnraumzählung 2011, statistik.bayern Zensus2011, URL: https://ergebnisse.zensus2011.de (letzter Aufruf: 05.03.2017).

Datenbanken und Websites

Bayerisches Landesamt für Statistik Zensus 2011.
Bundesamt (Destatis) GENESIS-Online Hauptdatenbank.
CBRE-empirica-Leerstandsindex.
Centre for Cities Data Tool.
Consensus Economics.
Environ Housig Statistics.
Eurostat Database HVPI Statistics.
EZB Statistical Data Warehouse „IRS Long-term interest rate statistics“.
Insee Statistiques.
OECD Analytical house prices indicators – Real house price indices.
Oxford Economics.
RIWIS Datenbank.

Statistik der Bundesagentur für Arbeit.
Statistische Ämter der Städte Berlin, Hamburg, München, Frankfurt, Köln, Düsseldorf und Stuttgart.
Statistische Landesämter Berlin, Hamburg, Bayern, Hessen, Nordrhein-Westfalen und Baden-Württemberg.
Statistisches Bundesamt (Destatis) Volkswirtschaftliche Gesamtrechnungen (VGR) Ergebnisse der Revision 2014.
Swiss Life.

Geschäftsberichte

Adler Real Estate AG Geschäftsberichte für die Jahre 2013–2015 (jeweils Einzeljahre).
ADO Properties S.A. Geschäftsbericht für das Jahr 2015.
Deutsche Wohnen AG Geschäftsberichte für die Jahre 2005–2015 (jeweils Einzeljahre).
GAGFAH S.A. Geschäftsberichte für die Jahre 2006–2014 (jeweils Einzeljahre).
Grand City Properties S.A. Geschäftsberichte für die Jahre 2013–2014 (jeweils Einzeljahre).
LEG Immobilien AG Geschäftsberichte für die Jahre 2012–2015 (jeweils Einzeljahre).
TAG Immobilien AG Geschäftsberichte für die Jahre 2005–2015 (jeweils Einzeljahre).
Vonovia SE Geschäftsberichte für die Jahre 2005–2016 (jeweils Einzeljahre).

3 Passende Strategien auswählen

3.1 Einführung

Ulrich Bogenstätter

Ingo Strugalla beschreibt in Kapitel 3.2 den Weg zur Professionalisierung bei der Evangelischen Stiftung Pflege Schönau (ESPS) vom kirchlichen Grundstücksverwalter mit 450-jähriger Tradition zum kirchlichen Investor als Kulturbruch in sechs Bausteinen. Die Bausteine berühren den Paradigmenwechsel im Rechnungswesen, die Bewertung und die zielgerichtete Restrukturierung des Immobilienportfolios, den Einsatz von Immobilienfonds, den Umbau der Organisation und die Rolle der Informationstechnologie (IT). Damit wird die ESPS fit gemacht für das nächste Jahrhundert.

Unabhängig von den einzelnen Immobilienbranchen lassen sich die unterschiedlichen branchenübergreifenden Geschäftsmodelle der Immobilienunternehmen an einer Kaskade von der Portfoliostrategie über das Asset-Management zum Property-Management/Facility-Management darstellen. In Kapitel 3.3 werden die Geschäftsmodelle vom Immobilienfonds bis hin zum Ehrenamt beschrieben und die Aufgaben, Ziele sowie Strategien nach Geschäftsmodell differenziert.

Daraus abgeleitet werden im Kapitel 3.4 im sog. magischen Spannungsdreieck aus Qualität (Objektqualität), Zeit (Belegungsgrad/Leerstand) und Geld (Nutzungskosten/Rentabilität) Strategien formuliert und Methoden vorgestellt. Abhängig vom Geschäftsmodell sind für ein Immobilienunternehmen angepasste Strategien und Ziele zu präzisieren. Mit der SWOT-Analyse und der Portfolioanalyse wird der Spannungsbogen aus Marktattraktivität und Wettbewerbsstärke der eigenen Immobilienobjekte sowie Stärken des Immobilienunternehmens in Normstrategien herausgearbeitet. Damit wird eine strategische Grundlage geschaffen, unternehmensspezifische Chancen eines Immobilienunternehmens zu erkennen und eine Auswahl möglicher Strategien zu treffen, denn strategische Ansätze gibt es viele.

In den nachfolgenden Kapiteln werden wesentliche Strategien im magischen Spannungsdreieck dargestellt und Perspektiven der Balanced Scorecard (BSC) der Objektebene zugeordnet. Objektqualität: Kapitel 3.5 ist dem Kunden und seinen Wünschen an die Immobilie gewidmet und knüpft an die Kundenperspektive einer BSC an. Belegungsgrad/Leerstand: Kapitel 3.6 behandelt die Vorbereitung der Immobilien für eine nachhaltige Nutzung. Daran schließt sich die Potenzialperspektive der BSC aus Sicht der Objekte an. Nutzungskosten/Rentabilität: Hier kommt die Finanzperspektive der BSC zum Tragen. In Kapitel 3.7 werden die Wirkungszusammenhänge von Objekt-, Kosten-, Leistungs- und Unternehmenskennzahlen und Prognosen zur Einschätzung der Ertrags- und Kostenentwicklungen ebenso dargestellt wie die Anwendung von (Norm-)Strategien im Lebenszyklus von Immobilien. Ziel ist es u. a., Risiken zu reduzieren und Qualitätsmaßstäbe anzuwenden. Die Einbindung in bestehende Managementsysteme und der Mehrwert von Zertifizierungsverfahren werden in Kapitel 3.8 diskutiert. Es gibt verschiedene Möglichkeiten, Mehrwerte in einer Wirtschaftlichkeitsberechnung darzustellen. Ein Plädoyer für die dynamische Investitionsrechnung zur Wirtschaftlichkeitsberechnung von Maßnahmen auf der Ebene der Bauteile findet sich in Kapitel 3.9, die wesentlichen Parameter hierzu ebenfalls.

Holger Basten schildert in Kapitel 3.10 die aktuellen Zielsetzungen des Landesbetriebs für Liegenschafts- und Baubetreuung sowie die Strategie und Entwicklung des Immobilienmanagements bei der öffentlichen Hand. Er beschreibt den Status quo und gibt einen Ausblick zur strategischen Ausrichtung der öffentlichen Hochbauverwaltung.

https://doi.org/10.1515/9783110480863-003

3.2 Vom kirchlichen Grundstücksverwalter zum professionellen Investor

Ingo Strugalla

Die Evangelische Stiftung Pflege Schönau (ESPS) mit Sitz in Heidelberg hat einen grundlegenden Wandel vollzogen. Ohne mit ihrer über 450-jährigen Tradition als kirchliche Vermögensverwaltung zu brechen, entwickelte sie sich zu einem zeitgemäßen Investor.

Ein Blick zurück auf das Jahr 2003: Die Stiftung verfügt zum Zeitpunkt eines Wechsels der Geschäftsführung über wenig Strukturen. Abteilungen wie Personal, Controlling und Öffentlichkeitsarbeit, bei vergleichbaren Organisationen eine Selbstverständlichkeit, gibt es nicht. Die Rechnungslegung folgt dem kameralen Prinzip und verbirgt mehr, als sie zeigt. Bekannt ist zwar, welche Objekte und wie viele Hektar Wald und landwirtschaftliche Flächen die ESPS besitzt – doch welches Vermögen sie darstellen, ist nicht bekannt. Die Geschäftsleitung verfügt weder über die Daten noch über die Instrumente, um die Stiftung effizient zu steuern.

Und heute? Die Vermögensanlagen sind restrukturiert und transparent. Wir wissen, welche Vermögenswerte wir an welchen Orten besitzen und wie profitabel sie sind. Wir erkennen, welche Abläufe effizient oder ineffizient sind. Ein neues Standbein ist entstanden: Mit unserem indirekten Immobilienportfolio haben wir paneuropäisch in mittlerweile elf Fonds investiert und sind damit breit diversifiziert. Die Erträge sind signifikant gestiegen; mit unseren Ausschüttungen an die Landeskirche erfüllen wir sämtliche Stiftungsverpflichtungen. Auch organisatorisch ist das Unternehmen zeitgemäß aufgestellt. Dazu gehört neben einer modernen IT auch eine Organisationsstruktur mit den Abteilungen Controlling, Personal, Recht und Kommunikation (s. Abb. 3.1).

Der Rückstand ist aufgeholt, heute braucht die ESPS den Vergleich mit anderen Unternehmen der Immobilienbranche nicht mehr zu scheuen. Wie ist das gelungen? Wie veränderte sich die Stiftung vom kirchlichen Grundstücksverwalter zum professionell aufgestellten Investor?

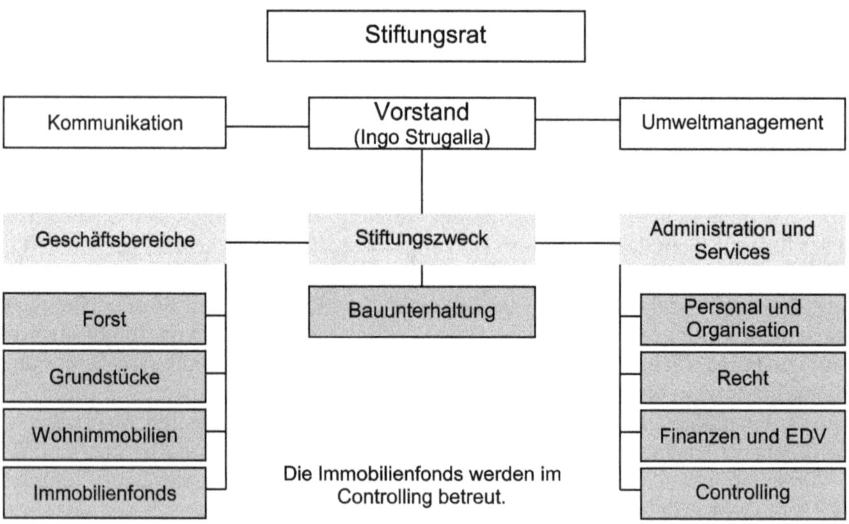

Abb. 3.1: Organigramm der ESPS.[1]

1 Quelle: eigene Darstellung.

3.2.1 Geschichte eines Kulturwandels

Um die besonderen Herausforderungen dieses Veränderungsprozesses zu verstehen, lohnt sich ein Blick auf die über 450-jährige Geschichte der ESPS. Der ursprüngliche Name „Pflege Schönau" geht auf das Zisterzienserkloster in Schönau bei Heidelberg zurück. Im Zuge der Säkularisierung löste Kurfürst Friedrich III. im Jahr 1560 alle Klöster und Stifte endgültig auf. Um den Bauunterhalt für viele Kirchen in der Region auch weiterhin zu sichern, richtete er aus dem Vermögen des Klosters Schönau den „Unterländer Evangelischen Kirchenfonds" als Sondervermögen ein – heute würde man von einer Stiftung sprechen.

Schon damals hatte die Verwaltung des Fonds, die „Pflege Schönau", ihren Sitz in Heidelberg. Die heutige Evangelische Stiftung Pflege Schönau (ESPS) ist eine Vermögensverwaltung der Evangelischen Landeskirche in Baden. Das von ihr verwaltete Stiftungsvermögen ist der Landeskirche gewidmet. Aus Erbbau- und Pachtverträgen, Investitionen in Immobilienfonds, der Vermietung von Wohnungen sowie der Bewirtschaftung des Waldes erzielen wir Erlöse, um unseren Stiftungszweck zu erfüllen. Sämtliche Einnahmen der Stiftung sind zweckgebunden. Sie fließen in die Bauunterhaltung von 85 Kirchen und 41 Pfarrhäusern und in die Besoldung von rund 40 Pfarrstellen. Darüber hinaus stellt die ESPS weitere finanzielle Mittel für den Haushalt der Evangelischen Landeskirche bereit.

Direkte Baumaßnahmen und Finanzzuweisungen an die Landeskirche haben ein Volumen von jährlich rund 12 Mio. €, die allein aus den Überschüssen eines nachhaltigen Umgangs mit dem Stiftungsvermögen erwirtschaftet werden. Da das Stiftungsvermögen der Landeskirche gewidmet ist, würde es im Falle einer Auflösung der Stiftung an die Landeskirche fallen.

2003 war ein größerer kultureller Gegensatz kaum denkbar: Das Selbstverständnis einer kirchlichen Institution, fest verankert in einer über 450-jährigen Geschichte, prallte auf die Notwendigkeiten eines modernen, betriebswirtschaftlich geführten Unternehmens. Unverständnis und Widerstände waren absehbar. Ein Beispiel: Als kaufmännisch handelndes Unternehmen erhöhten wir vertragsgemäß den Erbbauzins und konnten so den Cashflow über die Jahre signifikant erhöhen. Ökonomisch ein schöner Erfolg, doch die Kritik an solch „kapitalistischem Gebaren" kam postwendend. „Als Kirche macht man so etwas nicht", „das ist unchristlich und unsozial", so die Vorwürfe.

Auch bei vielen Mitarbeitenden löste der Veränderungsprozess Ängste aus. Das ökonomische Denken rüttelte an fest verwurzelten Gewissheiten. Ein Kaufmann will zunächst nicht wissen, wie Erbbaurecht, Forstwirtschaft oder die Verpachtung landwirtschaftlicher Flächen funktionieren. Vielmehr interessieren ihn die grundsätzlichen Fragen: „Was bringen uns Erbbaurechte, Wälder und Äcker? Sind sie wirtschaftlich, brauchen wir sie überhaupt?" Solche Fragen auch nur zu stellen, war bislang undenkbar. Das kaufmännische Denken, so fürchteten manche Mitarbeitende, würde ihnen buchstäblich den Boden entziehen.

Damit war klar: Der Wandel der ESPS vom kirchlichen Vermögensverwalter zum professionellen Immobilieninvestor musste mit einem tiefgreifenden Kulturwandel einhergehen. Das Unternehmen benötigte nicht nur eine neue Rechnungslegung, neue Steuerungsinstrumente und eine effizientere Organisation, sondern begleitend dazu auch einen „neuen Spirit" – ein stärkeres Denken in ökonomischen Kategorien.

Dieser Kulturwandel ist auch heute noch nicht ganz abgeschlossen. Er zieht sich wie ein roter Faden durch den gesamten Veränderungsprozess, der sich anhand von sechs wesentlichen Bausteinen skizzieren lässt:

- Umstieg von der kameralen auf die kaufmännische Rechnungslegung
- Bewertung des Vermögens
- Restrukturierung der Assets
- Aufbau eines indirekten Immobilienportfolios
- Öffnung des Unternehmens
- IT-orientiertes Arbeiten

3.2.2 Baustein 1: Umstieg von der kameralen zur kaufmännischen Rechnungslegung

Als sich die neue Geschäftsleitung 2003 einen Überblick über die Vermögenslage verschaffen wollte, glich das einem Stochern im Nebel. Die Zahl der Erbbaurechte und Wohnungen war bekannt, ebenso der Umfang der Forst- und Landwirtschaftsflächen. Aber wie viele Verträge standen dahinter? Wie werthaltig waren sie? Wie profitabel waren sie? Es gab kaum Antworten auf diese Fragen. Wir konnten weder die Vermögensbestandteile bewerten, noch das Unternehmen vernünftig steuern. Die kamerale Rechnungslegung konnte die hierfür erforderlichen Informationen nicht liefern.

Für eine kaufmännisch verantwortliche Geschäftsleitung war der Zustand nicht haltbar. Eine der ersten und wichtigsten Entscheidungen war es daher, von der kameralen auf die kaufmännische Rechnungslegung umzustellen. Vielen Mitarbeitenden war zunächst nicht klar, wie wichtig dieser Schritt war und was alles davon abhing. Aus heutiger Sicht kann man sagen: Für die ESPS bedeutete die neue Rechnungslegung einen Paradigmenwechsel. Die Veränderungen reichten von einer leistungsfähigen Informationstechnik über die endlich mögliche Bewertung aller Vermögensbestandteile bis hin zu transparenten und effizienteren Prozessen.

Um aus der kameralen Welt herauszukommen, galt es, eine geeignete IT-Lösung für die kaufmännische Buchführung zu finden. Angesichts der Bandbreite der Geschäftsfelder war das ein mühsamer Prozess. Wenn es etwa um die Verwaltung von Erbbaurechten oder von Pachtverträgen für landwirtschaftliche Flächen geht, stoßen gängige Programme aus dem Immobilienbereich schnell an ihre Grenzen. Die Umstellung selbst war ein enormer Kraftakt: Die Mitarbeitenden mussten bergeweise Akten wälzen, um sämtliche 21.000 Verträge elektronisch zu erfassen.

Parallel zur Einführung des kaufmännischen Rechnungswesens veränderten wir den Aufbau und die Prozesse innerhalb der Organisation. Es gab personelle Veränderungen, die maßgeblich zum Erfolg des Veränderungsprozesses beitrugen.

3.2.3 Baustein 2: Bewertung des Vermögens

Mit der kaufmännischen Buchführung und dem neuen IT-System hatten wir die Grundlage für ein effektives Controlling gelegt. Die spannende Frage war: Welchen Wert hat das Vermögen der ESPS tatsächlich? Stück für Stück nahmen wir uns die Assets vor – Erbbaurechte, Pachtflächen, Forst und Gebäude.

Um Wälder und Ackerflächen zu bewerten, schalteten wir externe Experten ein. Die Bewertung der Erbbaurechte nahmen wir selbst vor, indem wir über ein DCF-Modell (Discounted-Cash-Flow-Modell) die Erträge abzinsten und mit einem Risikoaufschlag in die Bilanz stellten. Auch die Wohnimmobilien bewerteten wir selbst. Hierbei half ein Excel-basiertes Tool, das wir programmieren ließen. Dieses Tool lieferte im Massenbewertungsverfahren die Ertrags- und Barwerte.

Die Bewertungsphase barg manche Überraschung. Da zeigte z. B. die alte Software in einer Zeile einen Vertrag an, hinter dem sich tatsächlich 400 Einzelverträge verbargen. Oder wir entdeckten Eigentum, vom dem keiner im Haus etwas gewusst hatte. So fiel uns z. B. völlig unerwartet die Heidelberger Peterskirche „in den Schoß“. Die ESPS hat zwar die Aufgabe, 85 Kirchen baulich zu unterhalten, doch nur wenige gehören ihr. Insgesamt sind das 13 Kirchen. Daher standen wir vor der Frage: Wie bewerten wir beispielsweise die älteste Kirche Heidelbergs? Wir ließen sie begutachten und ihren Wert über ein Sachwertverfahren feststellen.

Nach und nach gewannen wir einen genauen Überblick über die einzelnen Vermögenswerte und die Erträge, die sie einbrachten. Endlich bekamen wir einen detaillierten Einblick in das Vermögen der Stiftung und konnten daraus Handlungsempfehlungen ableiten.

Das Ist-Portfolio für das Jahr 2005 ergab folgendes Bild:

- **Forst:** sechs Reviere, davon vier im Odenwald und zwei im Schwarzwald. 7.500 Hektar, 1–2 % Rendite, bezogen auf die Marktwerte
- **Pacht:** rd. 6.000 Hektar, rd. 8.000 Verträge, 1–2 % Rendite

- **Erbbau:** rd. 500 Hektar, rd. 13.000 Verträge, 3 % Rendite
- **Wohnen:** rd. 1.000 Mieteinheiten, 4 % Rendite

Auffallend an dem Portfolio war die regionale Konzentration auf Baden. Zudem verursachte eine sehr kleinteilige Struktur innerhalb der einzelnen Marktsegmente einen hohen Verwaltungsaufwand. Die strategische Zielrichtung lag damit auf der Hand: Zum einen erschien es sinnvoll, das Vermögen über Baden hinaus breiter diversifiziert anzulegen – etwa durch den Aufbau eines indirekten Immobilienportfolios. Zum anderen erschien eine Restrukturierung des Portfolios dringend geboten, um die Vermögensteile effizienter verwalten zu können.

Noch im Jahr 2005 präsentierten wir die Ergebnisse dem Stiftungsrat, dem Aufsichtsgremium der ESPS. Dem Stiftungsrat gehören Mitglieder des Oberkirchenrats, der Landessynode sowie zwei externe kirchennahe Mitglieder an. Dieses Gremium muss grundsätzlich alle strategischen Entscheidungen sowie alle Investitionen mit einem Volumen von mehr als 1 Mio. € genehmigen. Am Ende einer eintägigen gemeinsamen Klausur stimmte der Stiftungsrat unseren strategischen Überlegungen zu. Ein wichtiger Meilenstein war erreicht!

3.2.4 Baustein 3: Restrukturierung der Assets

Die kaufmännische Rechnungslegung funktionierte, die Vermögenswerte waren ermittelt. Mit dem Jahr 2005 hatten wir erstmals eine Bilanz erstellt. Nun konnten wir uns daranmachen, das Portfolio zu restrukturieren. Welche Möglichkeiten gab es, um Kosten zu senken und Erträge zu steigern?

Der Schritt klingt logisch und selbstverständlich – doch für eine kirchlich geprägte Institution war das eine heikle Frage. Die ESPS konnte an dieser Stelle nicht wie ein privatwirtschaftlich organisiertes Immobilienunternehmen allein nach ökonomischen Erwägungen das Portfolio umschichten oder in neue Bereiche investieren. Die Frage nach Effizienz und Ertrag berührte schnell ein Tabuthema: Eine kirchliche Stiftung, die seit Jahrhunderten Wälder und Äcker besitzt, kann diese Vermögenswerte nicht einfach verkaufen. Das ist schlicht undenkbar.

Um dennoch professionell agieren zu können, teilten wir das Gesamtportfolio in zwei Segmente: in ein ideelles und ein finanzwirtschaftliches Portfolio. Das ideelle Portfolio umfasst die Bereiche Forst und Landwirtschaft. Hier beschränkten wir uns darauf, den Bestand nach modernen Gesichtspunkten zu managen und die Effizienz durch Arrondierungen zu verbessern. Das finanzwirtschaftliche Portfolio konnten wir hingegen unter Rendite- und Risikoaspekten aktiv managen und strukturieren.

Das ideelle Portfolio: Forst und Landwirtschaft

Für dieses ideelle Portfolio akzeptieren wir zwei Einschränkungen: Erstens verdienen wir vergleichsweise wenig Geld; die Rendite liegt bei 1 bis 2 %. Wir nehmen also erhebliche Opportunitätskosten in Kauf. Zweitens haben wir uns entschieden, uns von den Vermögenswerten dieses Portfolios in keinem Fall zu trennen.

Es läuft also darauf hinaus, die beiden Vermögensbestandteile Forst und Landwirtschaft nach bestem Wissen und Können zu bewirtschaften. In diesem Zusammenhang lösten wir Verträge mit dem Land Baden-Württemberg auf, das bislang die Bewirtschaftung der Wälder für die ESPS wahrgenommen hatte. Mussten wir früher unsere Einschläge vom Land genehmigen lassen, entscheiden wir nun selbst, welches Holz wir wo einschlagen und verkaufen. Um die Effizienz im Forstbereich zu steigern, trennten wir uns zudem von einigen Streulagen und kauften dort Wälder zu, wo wir bereits größere Flächen besaßen. Ähnliche Arrondierungen nahmen wir auch bei den landwirtschaftlichen Flächen vor.

Das finanzwirtschaftliche Portfolio: Wohnungen und Erbbaurechte

Das finanzwirtschaftliche Portfolio enthält die Erbbaurechte und Wohnungen der ESPS. Anfangs enthielt das Portfolio auch eine Beteiligung an einem Immobilienspezialfonds, aus dem wir aus Qualitätsgründen 2006 ausgestiegen sind.

Die Erbbaurechte machten 2005 fast die Hälfte des Vermögens der ESPS aus. Dank des neuen IT-Systems waren wir in der Lage, die Zinsanpassungen wesentlich schneller und effizienter durchzuführen. So gelang es, den Erbbauzins-Cashflow über die Jahre signifikant zu erhöhen.

Im Bereich Wohnimmobilien besaß die ESPS damals Gebäude mit rund 1.000 Mieteinheiten. Davon standen rund 90 Gebäude mit über 700 Mieteinheiten in den badischen Zentren Karlsruhe, Freiburg, Mannheim und Heidelberg. Der Rest verteilte sich auf 24 Standorte mit jeweils einem bis drei Gebäuden. Fast die Hälfte des Portfolios entfiel auf Gebäude mit ein bis fünf Mieteinheiten. Die Zahlen machen deutlich: Sowohl die Standortverteilung wie auch die Losgrößen bedingten einen hohen Bewirtschaftungsaufwand.

Aus ökonomischer Sicht machten diese Streulagen keinen Sinn. Es rechnet sich nicht, von Freiburg nach Villingen zu fahren, um dort sechs Wohnungen zu verwalten. Wir entschieden uns daher für einen radikalen Schnitt und trennten uns von allen Streulagen. Heute umfasst der Bestand rund 750 Wohneinheiten ausschließlich in Karlsruhe, Freiburg, Mannheim und Heidelberg.

3.2.5 Baustein 4: Indirektes Immobilienportfolio

Wie die Bestandsaufnahme der Vermögenswerte verdeutlichte, lagen die Immobilien der ESPS durchweg in Baden, 85 % des Vermögens konzentrierten sich allein auf Nordbaden. Um die Erträge der Stiftung langfristig zu sichern, erschien daher eine Diversifikationsstrategie sinnvoll – sowohl regional als auch hinsichtlich der Produkte. Wir fragten also: Gibt es rechts und links des bisherigen Weges intelligente Anlagemöglichkeiten, durch die wir das Vermögen breiter aufstellen und damit Risiken minimieren können? Mit Blick auf unsere Erfahrungen im Immobilienbereich lag der Aufbau eines indirekten Immobilienportfolios nahe. Damit, so die Überlegung, wäre es möglich, differenziert in verschiedene Branchen und Segmente zu investieren und an der ökonomischen Entwicklung unterschiedlicher Länder zu partizipieren.

Die Idee der Diversifikation – ein Kulturbruch

Der Gedanke der Diversifikation zielte darauf ab, Risiken zu vermeiden und die Ertragskraft der Stiftung langfristig zu sichern. Viele Mitarbeitende taten sich genau damit sehr schwer. Von Beginn an war die Stiftung im Forst, Erbbau und Acker tätig. Es war Konsens seit jeher: „Wir bewirtschaften Flächen." Die Idee der Diversifikation stellte einen Kulturbruch dar, den viele Mitarbeitende nur schwer überwinden konnten. Die Vorstellung, in Fonds zu investieren und Teile des Vermögens im Ausland anzulegen, löste Ängste aus. Das Thema schlug hohe Wellen. Das Bonmot, die ESPS wolle „einen Wolkenkratzer in Manhattan" kaufen, machte die Runde. Vermögen, das über Jahrhunderte Bestand hatte, schien aus Sicht der Kritiker plötzlich in Gefahr.

Mittlerweile haben sich die Wogen geglättet, der Aufbau eines indirekten Immobilienportfolios ist gelungen. Die ESPS besitzt zwar keine Anteile an einem Wolkenkratzer in New York, ist aber über verschiedene Fonds an Investments in London, Paris, Mailand und anderen wirtschaftsstarken Standorten in Zentral- und Nordeuropa beteiligt (s. Abb. 3.2). Bei den Anlageobjekten handelt es sich im Wesentlichen um gewerblich genutzte Immobilien, die langfristig an bonitätsstarke Mieter vermietet sind.

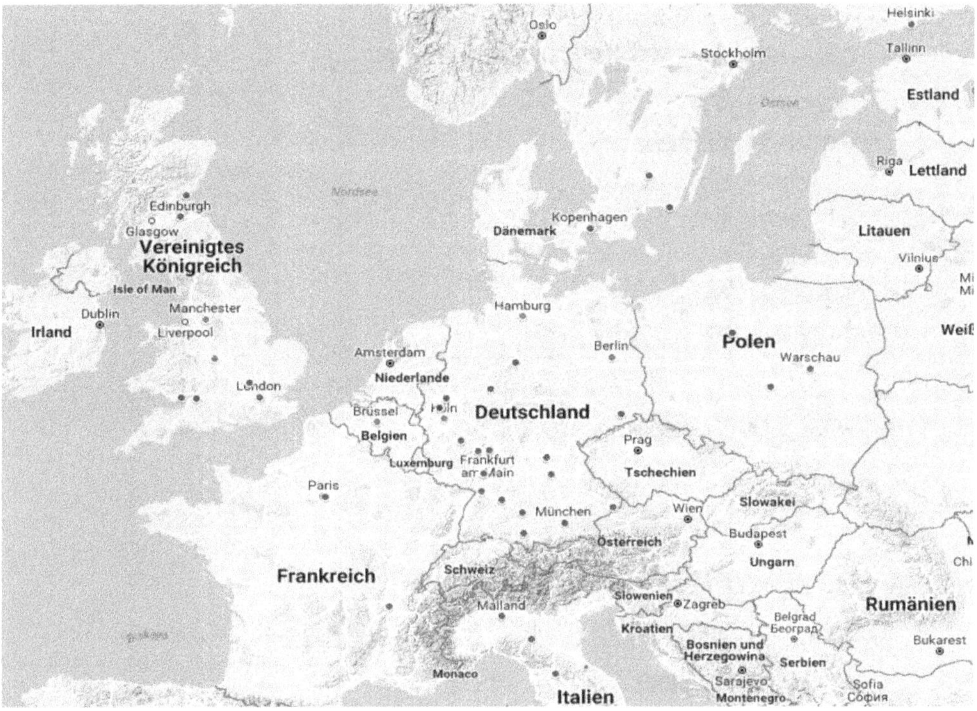

Abb. 3.2: Indirekte Immobilienanlagen der ESPS in Großbritannien, Belgien, Frankreich, Skandinavien, Polen und Norditalien.[2]

Aufbau des indirekten Immobilienportfolios

Der Umgang mit Immobilien war uns vertraut, die Verpackung von Immobilienvermögen in Fonds stellte hingegen ein neues Thema dar. Es galt daher, die notwendige Expertise im eigenen Haus aufzubauen und die richtigen externen Manager zu finden. Die strategische Steuerung und Planung des Portfolios sollte innerhalb der ESPS liegen, während externe Fondsmanager das operative Geschäft übernehmen sollten. Für die Auswahl der Fondsmanager entwickelten wir ein strukturiertes Auswahlverfahren. Zu den Kriterien zählten die Expertise, der Erfolg der Vorgängerprodukte, die Gebührenstruktur und nicht zuletzt die Persönlichkeit des Managers.

Zunächst sondierten wir, welche Manager mit welchen Produkten am Markt waren und ob ihre Produkte zur Strategie der ESPS passten. Dabei galt es, ethische Maßstäbe zu beachten. Wir starteten 2009 mit einer ersten Tranche im Volumen von 70 Mio. €. Die Wahl fiel auf zwei breit diversifizierte, paneuropäisch aufgestellte Fonds. Es folgte ein Invest in einen Spezialfonds, dessen Portfolio Fachmarktzentren in Großbritannien enthält. Nach und nach nahmen wir weitere Spezialisten hinzu und fächerten so das indirekte Immobilienvermögen weiter auf. So investierte die ESPS auch in Unternehmensimmobilien – etwa aus den Bereichen Logistik oder Fertigung – sowie in Hotel- und Handelsimmobilien, die ebenfalls für stabile Erträge bei vertretbaren Risiken stehen. Inzwischen ist die ESPS in elf Produkten investiert. Insgesamt erreichten wir ein gut austariertes Portfolio (vgl. Abb. 3.3 und 3.4). Eine gute Übereinstimmung von Plan- und Ist-Werten belegt die gute Auswahl an Fondsmanagern und Produkten.

---

2 Quelle: eigene Darstellung.

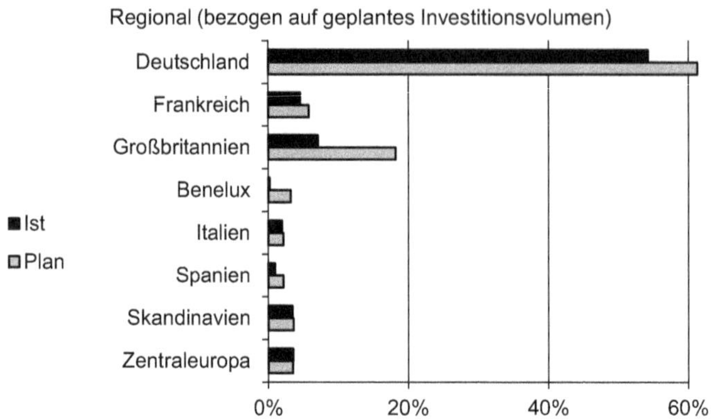

Abb. 3.3: Soll- versus Zielportfolio: regional.[3]

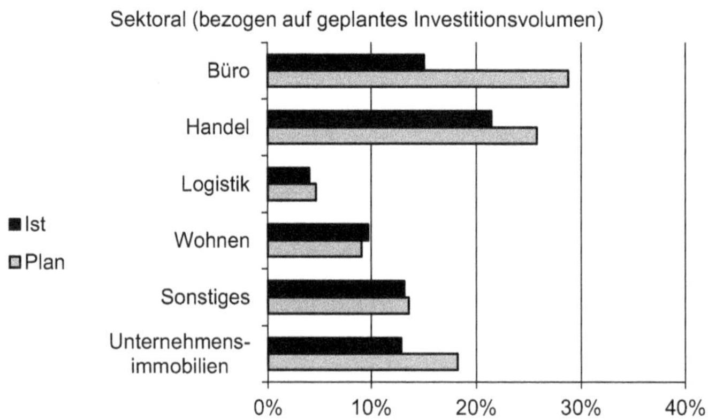

Abb. 3.4: Soll- versus Zielportfolio: sektoral.[4]

Wie reibungslos das Management unseres indirekten Immobilienportfolios heute funktioniert, belegt ein Vergleich des Soll- und Ist-Portfolios für das Jahr 2017. Die grauen Balken zeigen die Planwerte, die wir gemeinsam mit den Fondsmanagern festgelegt hatten. Regional wollten wir außer in Deutschland vor allem in Großbritannien und Frankreich investiert sein, sektoral vor allem in Handel und Büro. Was am Ende herauskam, zeigen die schwarzen Balken: fast durchweg eine Punktlandung. Ein schöner Erfolg! Wir konnten unsere Anlagestrategie so umsetzen, wie wir es uns gewünscht hatten. Das zeigt auch, dass wir die Fondsmanager richtig ausgewählt haben.

Im Jahr 2016 trugen indirekte Immobilienanlagen über 7 Mio. € zu den Erlösen der Stiftung bei. Die Stiftung verfügt damit auf der Ertragsseite über ein weiteres wichtiges Standbein. Abbildung 3.5 zeigt, wie der neue Bereich seit 2009 an Bedeutung gewonnen hat. Daraus hat sich mittlerweile eine wichtige Säule des Vermögensmanagements entwickelt.

Zukünftig gewinnen Desinvestitionsentscheidungen an Bedeutung. Üblicherweise betragen die Laufzeiten von Immobilienfonds zehn Jahre. Das erste Produkt, in das investiert wurde, stand

3 Quelle: eigene Darstellung, Daten ESPS: Stiftungsreporting vom 31.12.2017 (ESPS und EPSB).

4 Quelle: eigene Darstellung, Daten ESPS: Stiftungsreporting vom 31.12.2017 (ESPS und EPSB), eine gute Übereinstimmung von Plan- und Istwerten belegt die gute Auswahl an Fondsmanagern und Produkten.

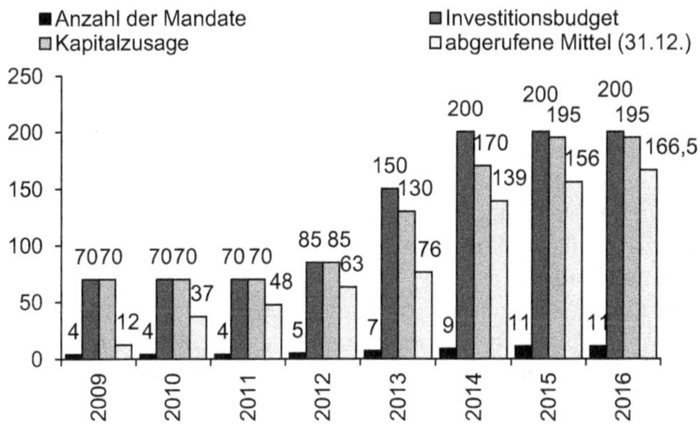

Abb. 3.5: Investitionen der ESPS in indirekte Immobilienanlagen seit 2009.[5]

bereits im Jahr 2015 vor der Desinvestition. Mehr und mehr geht es nun darum, nicht nur zu investieren, sondern auch den Rückfluss zu managen und geeignete Reinvestitionsstrategien zu entwickeln. Dieser Prozess wird in den kommenden Jahren zunehmend Aufmerksamkeit erfordern.

3.2.6 Baustein 5: Öffnung des Unternehmens

Die ESPS agierte bislang im Verborgenen. Dass wir in der Öffentlichkeitsarbeit Nachholbedarf hatten, war eigentlich schon länger klar. Situationen, in denen wir hätten Stellung beziehen sollen, ließen wir vorüberziehen.

Erst eine mittlere Kommunikationskrise öffnete uns die Augen. Der Vorfall machte endgültig klar: Wir müssen erzählen, was wir machen, müssen mit den Menschen stärker in einen Dialog treten und die besondere Rolle der ESPS als kirchliche Stiftung klarer vermitteln.

Was war geschehen? Im Bereich Erbbau hatte die Stiftung die Zinsen über viele Jahre nicht erhöht. Dank der neuen EDV hatten wir einen Überblick über die Verträge erhalten und konnten die ausgebliebenen Zinsanpassungen nachholen. Als die Hauseigentümer die Mitteilung über die Erhöhung ihres Erbbauzinses erhielten, war der Aufschrei groß. Wie konnte die Kirche nur so unsozial, so „knallhart kapitalistisch" sein? Ausgerechnet 2010, im Jahr ihres 450. Jubiläums, fegte ein Sturm der Entrüstung über die Stiftung. „Erbbau-Abzocke: Pächter rebellieren gegen Kirchen-Stiftung" titelte am 15. April 2010 Spiegel-Online. Wieder war der Konflikt zwischen Kirche und Ökonomie aufgebrochen.

Es stimmte schon: Die Stiftung hatte elf Jahre nichts von sich hören lassen und dann den Zins teilweise kräftig erhöht. Doch derartig heftige Reaktionen hatten wir nicht erwartet. Damit war klar, dass wir uns in der Kommunikation nicht länger treiben lassen konnten. Die ESPS musste Flagge zeigen! Wir entschieden, das Unternehmen stärker zu öffnen und die Öffentlichkeitsarbeit neu aufzustellen. Ziel war und ist es, die ESPS als kirchliche Stiftung klar zu positionieren: als eine Organisation, die einerseits den kirchlichen Werten verpflichtet ist – andererseits ökonomisch denkt und handelt, um den Stiftungsauftrag erfüllen zu können.

Dazu gehört auch, die gesellschaftliche Rolle der Stiftung zu beschreiben und immer wieder zu verdeutlichen, wofür die Gelder aus Pacht, Miete, Erbbau und dem Forst verwendet werden. Die ESPS finanziert kirchliches Bauen und Pfarrstellen. Anders formuliert: Sie sichert den Erhalt der Kirchen ebenso wie das Geschehen in den Kirchen. Eine kontinuierliche Öffentlichkeitsarbeit kann helfen, einen Proteststurm wie im Sommer 2010 von vornherein zu vermeiden.

5 Quelle: eigene Darstellung, Daten ESPS.

3.2.7 Baustein 6: IT-orientiertes Arbeiten

Ein komplexes Unternehmen, wie es die ESPS mit ihren verschiedenen Vermögenswerten ist, kommt ohne eine leistungsfähige EDV nicht aus. Gleich zu Beginn des Veränderungsprozesses hatten wir deshalb zusammen mit der kaufmännischen Buchführung auch erstmals ein ERP-System eingeführt. Für den Anfang war diese Lösung brauchbar. Doch mit der Zeit nahmen die Anforderungen, auch die an das Reporting, zu. Das erste, einfachere System konnte mit der Entwicklung nicht Schritt halten. So mussten wir uns bereits 2011 um eine leistungsfähigere Software-Lösung bemühen, die die Anforderungen abbilden konnte.

Nach einem längeren Auswahlprozess entschieden wir uns für eine Lösung auf der Basis von Microsoft Dynamics (ehemals Navision). Um auch die Immobilienprozesse einzubeziehen, wurde ein Template mit immobilienspezifischer Umgebung in das System integriert. Hierzu arbeiteten wir mit einem jungen IT-Unternehmen zusammen, das eine Software für mittelständische Immobilienunternehmen entwickelt hatte. Die ESPS erhielt auf diese Weise ein integriertes IT-System, das stabil läuft und ohne Schnittstellenprobleme auch die Erbbaurechte, Pachtverhältnisse und wohnwirtschaftlichen Abläufe abbildet. Hinzu kam die Anbindung an ein Handwerkerportal, über das die Instandhaltungsaufträge abgewickelt werden. Das sicherlich wichtigste Element ist jedoch ein Dokumentenmanagementsystem (DMS), das wir 2015 einführten. Damit verbunden ist die Vision nahezu papierloser Abläufe.

Inzwischen sind wir diesem Ziel einer durchgängig EDV-gestützten Arbeit einen großen Schritt nähergekommen. Die Papierdokumente werden nach und nach digitalisiert; die Stapel auf den Schreibtischen schwinden. Die Mitarbeitenden können auf alle Akten elektronisch zugreifen, sei es vom PC oder über ein Tablet. Für die Datenverfügbarkeit ist das geradezu ein Quantensprung: Von jedem Ort besteht jederzeit Zugriff auf alle Verträge und andere wichtige Unterlagen.

3.2.8 Positive Entwicklung bestätigt den Wandel

Die ESPS hat in den zurückliegenden zwölf Jahren einen grundlegenden Wandel vollzogen. Der Weg führte von der Kameralistik zur kaufmännischen Rechnungslegung, vom Vermögensverwalter zum Investor. Die Kompetenz der Organisation erstreckt sich heute über ein breites Immobilienspektrum, die Vermögensstruktur ist transparent und klar strukturiert, die Finanzen sind solide. Zudem verfügt das Unternehmen über eine moderne IT-Struktur und eine effiziente Organisation.

Ohne die Unterstützung der Mitarbeiterinnen und Mitarbeiter, die diesen Veränderungsprozess bei allen anfänglichen Vorbehalten mitgetragen haben, wäre dieser Erfolg nicht möglich gewesen. Ebenso entscheidend war das Vertrauen der Aufsichtsorgane, die der Geschäftsleitung den notwendigen Freiraum gaben und ihr in kritischen Situationen den Rücken freihielten.

Im Wettbewerb mit anderen Immobilienunternehmen am Markt nimmt die ESPS heute einen vorderen Platz ein. Wir sind fest entschlossen, diese Position auch künftig zu verteidigen. Zugleich sind wir uns der besonderen Rolle als kirchliche Stiftung bewusst. Deshalb haben wir, wie ausgeführt, das Gesamtportfolio in ein ideelles und ein finanzwirtschaftliches Portfolio aufgeteilt. So können wir Zielkonflikte mit dem Stiftungsauftrag vermeiden und dennoch ökonomisch handeln: Das ideelle Portfolio enthält die quasi unantastbaren Vermögensteile der Stiftung, also die Wälder und Äcker. Dem steht das finanzwirtschaftliche Portfolio gegenüber, das wir professionell nach Ertrags- und Risikogesichtspunkten managen.

Dass diese Strategie aufgeht, belegt die Entwicklung der Erlöse und des Vermögens in den letzten zehn Jahren. Wie Abbildung 3.6 zeigt, sind die jährlichen Erlöse von 2005 bis 2017 von rund 23 auf über 37 Mio. € gestiegen. Während die Erlöse aus den Erbbaurechten kontinuierlich anstiegen, sind die Erlöse aus dem ideellen Portfolio (Landwirtschaft und Forst) weitgehend gleich geblieben. Die Grafik zeigt auch sehr schön, wie sich die Immobilienfonds zu einem eigenen Standbein entwickelt haben.

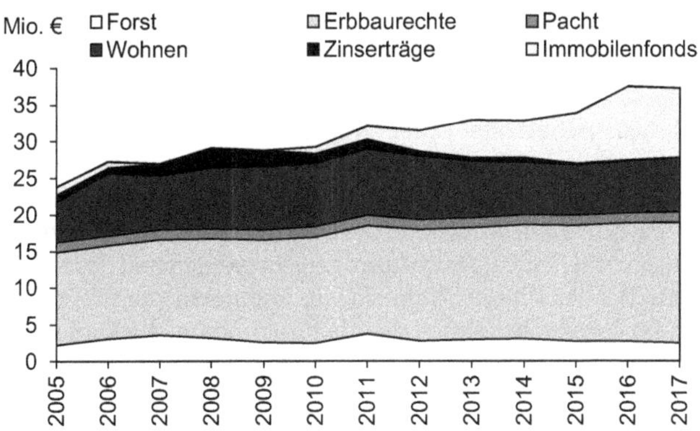

Abb. 3.6: Erlösentwicklung der ESPS.[6]

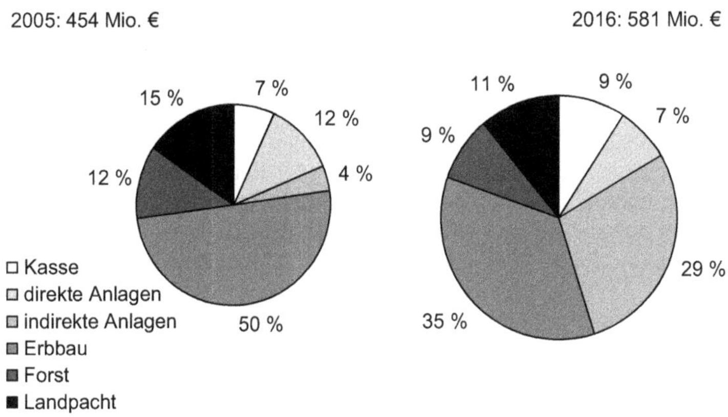

Abb. 3.7: Vermögensentwicklung der ESPS.[7]

Ebenso ist in diesen zehn Jahren das Vermögen der Stiftung kräftig gewachsen (vgl. Abb. 3.7). Das Vermögen der ESPS hat sich von 454 Mio. € im Jahr 2005 auf 581 Mio. € im Jahr 2016 erhöht. Der Anstieg ist allein den Umstrukturierungen und dem Heben stiller Reserven zu verdanken. Bemerkenswert ist das Wertpapierportfolio, dessen Anteil inzwischen bei über einem Viertel liegt.

Die Zahlen zeigen: Der Wandel vom kirchlichen Grundstücksverwalter zum professionellen Investor ist mehr als gelungen.

Literatur

ESPS Geschäftsbericht 2015 und 2016.

6 Quelle: eigene Darstellung, Daten ESPS.

7 Quelle: eigene Darstellung, Daten ESPS.

3.3 Kaskade der Geschäftsfelder

Ulrich Bogenstätter

Die Zielsetzung ist je nach Blickwinkel, Gesellschaft oder Unternehmen unterschiedlich. Plakativ gesprochen hat die Bundeskanzlerin aus gesellschaftlicher Perspektive Klimaschutzziele, mit denen sie die Welt retten will und den gesetzlichen Rahmen hierzu vorgibt, während der Vorstand eines Unternehmens aus finanzieller Perspektive den Wohlstand der Unternehmenseigner mehren will. Der GdW will ggf. beides: der gesellschaftlichen Verantwortung gerecht werden und das Überleben der Mitgliedsunternehmen sichern. Der beauftragte Architekt will Architekturpreisziele und der Handwerker den nächsten Auftrag. Im Folgenden werden die Akteure rund um die Immobilie beleuchtet:

In der Regel lassen sich drei Geschäftsfelder identifizieren, die nach der Rangfolge abzuarbeiten sind: Portfoliostrategie, Asset-Management und Property-Management/Facility-Management.

Die Portfoliostrategie ist hier auf das Immobilienfonds- oder Eigentümermodell bezogen und legt die Geschäftsfelder und Rahmenbedingungen (Marktallokation) für das Asset-Management fest, Objekte auszuwählen (Selektion), um Investitionsentscheidungen zu treffen oder Transaktionen (Transaktionsmanagement) durchzuführen bzw. über sie zu entscheiden. Property- und Facility-Management sind von der Bestandsoptimierung (Halten) gekennzeichnet.

Zum Asset-Management gehören Projektentwickler-, Bauträger-, Sanierungs- und Privatisierungsmodelle. Zum Property-Management/Facility-Management zählen Betreiber-, Fremdverwalter- oder Bestandshaltermodelle, aber auch das Projektgeschäft oder der Auftritt als Lieferant (Projektleistungs- bzw. Lieferantenmodell). Als ein besonderes Geschäftsmodell ist das Public-Private-Partnership-Modell (PPP) anzusehen, da es durch seine langfristige Anlage wesentliche Elemente des Asset-Managements und Property-Managements/Facility-Managements in sich vereinigt (s. Abb. 3.8).

Branchenspezifische Besonderheiten finden sich insbesondere im kirchlichen und öffentlichen Immobilienmanagement. Hier sind auch Beratungs- und Aufsichtsfunktionen anzutreffen, die sich im weitesten Sinn ebenfalls als Geschäftsmodell bezeichnen lassen. Es werden nur keine Gebühren erhoben. Ehrenämter sind eine Spezialität insbesondere bei kirchlichen Institutionen.

Innerhalb der Portfoliostrategie, des Asset-Managements oder Property-Managements/Facility-Managements ergeben sich typische Aufgaben, die sich kaskadenförmig in Abhängigkeit zueinander befinden. Es ist nicht unbedingt sinnvoll, Instandhaltungs- und Modernisierungsmaßnahmen im Property-Management/Facility-Management langfristig zu planen und durchzuführen, wenn das Asset-Management kurzfristig den Verkauf beschließt. Ebenso wenig sinnvoll ist es, die Geschäftsprozesse der Instandhaltung innerhalb eines Immobilienunternehmens langfristig zu optimieren, wenn die Leistungen an einen Dienstleister vergeben werden sollen. Notwendigerweise müssen daher die Vorgaben von der Portfoliostrategie bis zum Property-Management/Facility-Management adäquat durchgereicht und zurückgemeldet werden.

3.3.1 Von der Portfoliostrategie zum Facility-Management

Portfoliostrategie

Die Portfoliostrategie unterscheidet sich bei Unternehmen mit Immobilien wesentlich, je nachdem, ob es sich ausschließlich um ein renditeorientiertes Unternehmen („Heuschrecke"), ein gewerbliches oder industrielles Unternehmen, eine Genossenschaft, einen kommunalen Parkhausbetreiber/-eigentümer, eine Kirchengemeinde oder ein kommunales Wohnungsunternehmen handelt.

Im Blickfeld hat

- das renditeorientierte Unternehmen primär die Rendite,
- das gewerbliche oder industrielle Unternehmen das Kerngeschäft – losgelöst von Immobilien,

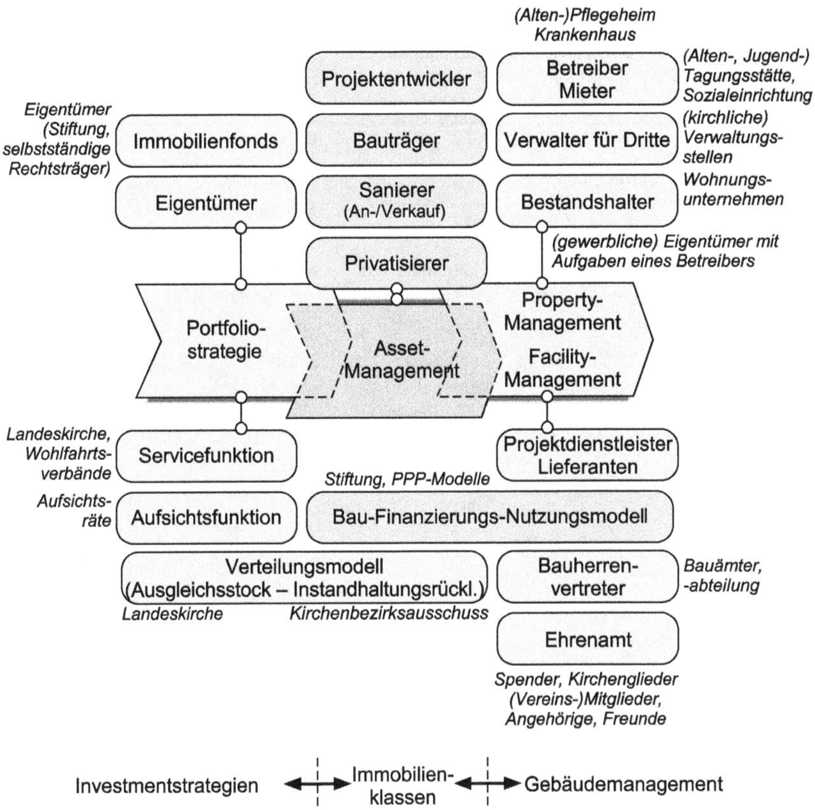

Abb. 3.8: Typische Geschäftsmodelle und Rollen in der Immobilienwirtschaft.[8]

- die Genossenschaft zufriedene Genossenschaftsmitglieder,
- der kommunale Parkhausbetreiber günstige Parkhaustarife,
- der Parkhausbetreiber das Parkraumangebot für die Handelsimmobilien,
- die Kirche den nachhaltigen Werterhalt und Sicherung der Gemeindeglieder und
- das kommunale Wohnungsunternehmen die Forderungen der kommunalen Verwaltung nach Stadtrendite, Stadtentwicklung und städtebaulichem Anspruch.

Der Anspruch gemeinnütziger Wohnungsunternehmen lag bis 1991 in der Bereitstellung kostengünstigen Wohnraums. In ähnlicher Weise kann teilweise (noch) die Parkraumbewirtschaftung als Bereitstellung günstigen Parkraums verstanden werden. **Rendite** ist daher nicht immer das ausschließliche Kriterium. Je nach Unternehmensart wird bei Parkbauten die Strategie der Kostenreduzierung (öffentliche Hand), Ertragssteigerung und Aufwandssteigerung (private Parkhausbetreiber) oder nichts von alledem (gewerbliche und industrielle Unternehmen) verfolgt. Kommunale Wohnungsunternehmen sind neben der Rendite eben auch eingebunden in die Versorgung der Bürger und die Aufrechterhaltung des sozialen Friedens, sie sind der Stadtentwicklung und der Ökologie verpflichtet (vgl. Tab. 3.1).

8 Quelle: eigene Darstellung.

Tab. 3.1: Stadtrendite in kommunalen Wohnungsunternehmen.[9]

	Dimension	Ökonomische Nachhaltigkeit		Ökologische Nachhaltigkeit	Soziale/kulturelle Nachhaltigkeit	
1.	Versorgung von Haushalten mit Marktzugangs-schwierigkeiten	Ökonomie		Ökologie	Wohnumfeld	Stadtentwicklung
		lokale/ regionale Wirtschaft	Arbeitsmarkt		Versorgung und soziale Infrastruktur	Kooperation im Rahmen der Stadtentwicklung
2.	einkommens-schwache Mieter	Wirtschafts-förderung	Ausbildungs-aktivitäten im Unternehmen	Maßnahmen zur Ressourcen-einsparung	soziale Infra-struktur für Zielgruppen	Rückbau
	sozial schwache Mieter	Förderung lokaler Unternehmen und Institutionen	Beschäftigungs-maßnahmen durch das KWU	ökologische Wohnumfeld-maßnahmen	Quartiers-management	Aufwertung
	Problemmieter			Flächenrecycling	soziales Management	Neubau
	Angebot von besonderen Wohnformen				Einflussnahme auf die Ver-sorgungs- und Einzelhandels-situation	Immobilien-management für Kommunen
3.	Kompensation von Markt-versagen	Induzierung positiver und Vermeidung negativer externer Effekte			Induzierung positiver und Vermeidung negativer externer Effekte, Schaffung eines öffentlichen Gutes	

Um den Mehrwert gegenüber den Anteilseignern ausdrücken zu können, wurde in der kommunalen Wohnungswirtschaft der Begriff der **Stadtrendite** geprägt. Der monetäre Zusatznutzen lässt sich auf zwei Arten abbilden.[10]

- Die Stadtrendite 1 beinhaltet mittelbare und unmittelbare originäre ökonomische Effekte: Zu den mittelbaren Erträgen (Kostenvermeidung der Stadt) gehören z. B. der Stadtteilmanager, Spenden oder Maßnahmen zur Marktbereinigung als direkt anfallende Kosten. Ebenso werden indirekte Kosten abgebildet, z. B. Mietverzichte und verbilligter Gewerberaum.
- Die Stadtrendite 2 beinhaltet Folgeeffekte unentgeltlicher Leistungen der kommunalen Wohnungswirtschaft durch Leistungen aus der Einnahmenerhöhung oder Kostenvermeidung für die Stadt. Zusätzliche Steuereinnahmen von Einheimischen oder Auswärtigen und Bildungsmaßnahmen bei unterschiedlichen Bevölkerungsgruppen führen zur Steigerung der Einnahmen. Zur Kostenvermeidung gehören beispielsweise vermiedene Polizeiaktionen oder nicht notwendige Beherbergungskosten für Arbeitslosengeld- (ALG) oder Sozialhilfeempfänger (Arbeitsleistung). Dadurch wird der Zusatznutzen kommunaler Wohnungsgesellschaften als Ertragseffekte für eine Stadt monetär darstellbar.

In der kommunalen und kirchlichen Immobilienwirtschaft werden zunehmend (Quasi-)Erträge (i. d. R. die Kostenmiete) in einem **Vermieter-Mieter-Modell** dargestellt, um ein professionelles

9 Vgl. [BBR Online-Publikation 01-2008], S. 21.

10 Siehe [Schwalbach, J. (2006i)].

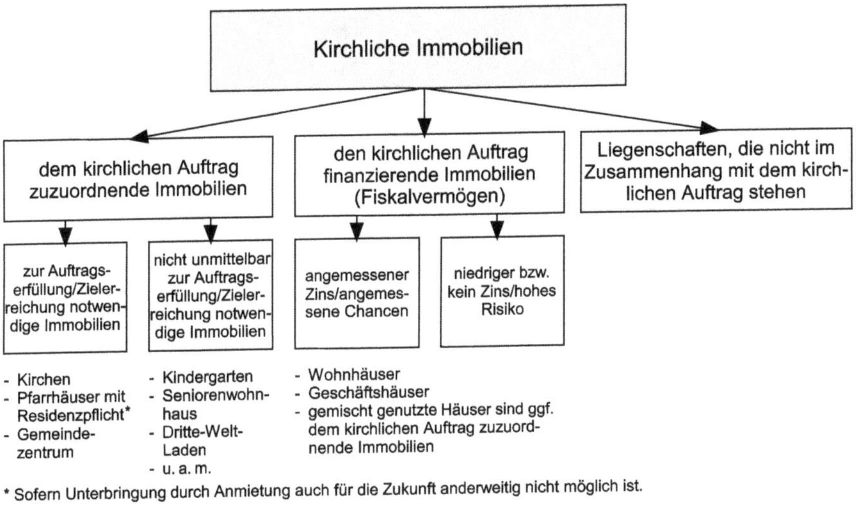

Abb. 3.9: Besonderheiten des kirchlichen Immobilienmanagements.[11]

Immobilienmanagement betreiben zu können. So hat die Stadt Wiesbaden die Doppik eingeführt und ihre Gebäude und Anlagen in einer Bilanz bewertet und hat ein eigenes professionelles Gebäudemanagement ausgebaut.

Bei einigen Bestandshaltern lassen sich auch Mischformen finden: Im kirchlichen Immobilienmanagement wird deutlich in **betriebsnotwendige und nicht betriebsnotwendige Gebäude** unterschieden (vgl. Abb. 3.9). Nicht betriebsnotwendige Gebäude können vergleichbar renditeorientiert bewirtschaftet werden. Bei betriebsnotwendigen Gebäuden spielt die Kostenträgerschaft für einzelne Bauteile eine besondere Rolle. Analogien lassen sich zu industriellem und kommunalem Immobilienmanagement herstellen. Das Ziel für betriebsnotwendige Gebäude lässt sich anhand des kirchlichen Immobilienmanagements mit drei Stichworten formulieren:

- ökologische Nachhaltigkeit mit dem Ziel einer hohen Nutzungsdichte und -intensität,
- ökonomische Nachhaltigkeit, um die Einnahmen zu steigern und Ausgaben zu verringern,
- kirchliche Nachhaltigkeit, bei der die sakrale Nutzung einen hohen Stellenwert besitzt und Vorrang vor einer weltlichen Nutzung und vor einer sakralen Nutzung anderer Religionsgemeinschaften genießt.

Bei nicht renditegetriebenen Gebäuden ist bezüglich der Portfoliostrategie die Finanzierung durch andere **Kostenträger** und **Finanzierungszuschüsse** besonders zu berücksichtigen. In Abbildung 3.10 sind die unterschiedlichen Kostenträger bei Instandsetzungs- und Modernisierungsmaßnahmen je nach Bauteil dargestellt.

In einem praxisnahen Beispiel der Evangelischen Stiftung Pflege Schönau (ESPS) sind die Kostenübernahmen der Kostenträger aufgeführt:

- Kirchturmuhr: Kommune zu 100 %,
- Bauunterhalt des Kirchturms: Kirchengemeinde zu 100 %,
- Tür zwischen Kirchturm und Langhaus: Kirchengemeinde zu 50 %, Stiftung zu 50 %,

11 Quellen: eigene Darstellung, Reiß-Fechter, Dagmar/von der Lieth, Jörn: Grundlagenseminar Kirchliches Immobilienmanagement, 18.10.2007 in Berlin, Zeichnung in Anlehnung an Gondring, H., Immobilienwirtschaft, München 2004, S. 446.

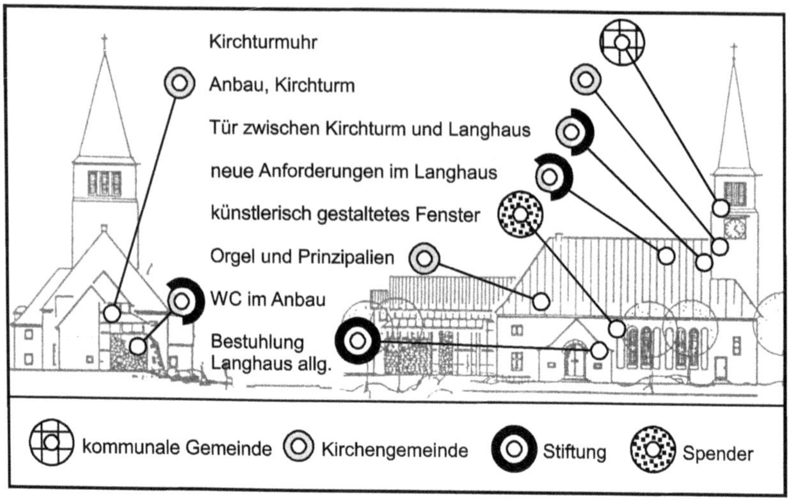

Abb. 3.10: Prozentuale Kostenverteilung nach Kostenträgern innerhalb eines Projekts.[12]

- neue Anforderungen im Langhaus (z. B. elektrische Beleuchtung anstatt Kerzenlicht, Beheizung mit Gas anstatt Kohlen-/Holzheizung): Kirchengemeinde zu 40 % und Stiftung zu 60 %,
- bauzeitlich bedingte Maßnahmen am Langhaus: Stiftung zu 100 %,
- künstlerische gestaltete Fenster: Spender zu 100 %,
- WC im Anbau für die Sakristei als Teilersatz für die bereits bestandene Sakristei: Kirchengemeinde zu 40 % und Stiftung zu 60 %,
- Orgel und Prinzipale: Kirchengemeinde zu 100 %,
- Bestuhlung: Stiftung zu 100 %,
- sonstiger nicht bauzeitlicher Anbau: Kirchengemeinde zu 100 %.

In diesem Beispiel refinanziert sich die Kirchengemeinde nach einem nicht festgelegten Verteilerschlüssel durch Darlehen und Baubeihilfen der Landeskirche. Der Baulastenbeschreibung enthält im Beispielsfall auch eine Position Frondienst, die als Eigenleistung der Kirchengemeinden vorgesehen ist. Rechtsgrundlage ist die Verpflichtung zu Hand-, Spann- und Fuhrdiensten. Der Frondienst wird seitens der Kirchengemeinde mit einer Frongebühr in Höhe von 8 bis 15 % an die Stiftung abgegolten. Zuschüsse Dritter – wie z. B. Denkmalpflegezuschüsse – kommen dem jeweiligen Kostenträger zugute, der die Finanzierung des bezuschussten Bauteils trägt.

Die besondere Herausforderung besteht darin, bereits in der Planung eines Projekts die Kostenermittlung für unterschiedliche Kostenträger durchzuführen. Eine ähnliche Problematik findet sich in der kommunalen Gebäudewirtschaft, wenn öffentliche Gebäude von unterschiedlichen Kostenträgern gefördert werden. Beispiel: Ein Jugendzentrum wird an eine Sporthalle angebaut. Die Kosten für eine gemeinsame Gründung sind entsprechend aufzuteilen.

Erschwerend kommt hinzu, dass je nach Eigentümer die **Entscheidungsstrukturen** unterschiedlich sind. In Abbildung 3.11 ist links die basisdemokratischen Strukturen folgende Kirchengemeinde die treibende Kraft. Im Gewerbe ist der Vorstand oder der Geschäftsführer die entscheidende Größe.

12 Quelle: eigene Darstellung: grafische Darstellung einer Kirche nach [EKD-KdB (2007b)], Abschnitt 3.2.2.

Abb. 3.11: Entscheidungspyramide – links am Beispiel ev. Kirchen, rechts in einem Unternehmen.[13]

Asset-Management

Viel zu selten nehmen die Geschäftsmodelle des Asset-Managements auf den Bedarf der Property-Management-/Facility-Management-Geschäftsmodelle ausreichend Rücksicht.

Ein Beispiel: Der Betreiber eines Parkhauses wird von einem Projektentwickler erst nach Baubeginn gesucht, seine Anforderungen bleiben beim Bau unberücksichtigt, weitreichende Optimierungs- und Synergiemöglichkeiten werden nicht genutzt. Es liegt auch nicht im primären Interesse der Geschäftsmodelle im Asset-Management, Mieter langfristig zu binden und die Instandhaltungskosten nachhaltig gering zu halten.

Property-Management/Facility-Management

Die Vertragsformen sind bei einem Betreibermodell im Property-Management, z. B. auch bei Parkbauten oder Flughäfen, vielfältig. Dazu zählen der Umsatzpachtvertrag, der Festpachtvertrag mit und ohne Umsatzbeteiligung, der Betriebsführungsvertrag mit und ohne Umsatz- bzw. Gewinnbeteiligung oder das Fremdverwaltermodell bei Teileigentum oder Dauernutzungsrechten.[14] Gleiche Betreibermodelle sind auch für andere Bauwerksnutzungsarten vorhanden. Selbst Parkierungsanlagen lassen sich ggf. dann von einem Eigentümer in einer Gewinn- und Verlustrechnung wirtschaftlich darstellen, wenn eine Kombination verschiedener Geschäftsmodelle erreicht werden kann, z. B.:

- Zuweisung von Städtebaufördermitteln, Gemeindeverkehrsfinanzierungsgesetz (GVFG) oder Stellplatzablösemittel der Stadt,
- Überlassung von Grundstücken mit niedrigen Erbbaurechten mit niedrigem Zins,
- monetär darstellbare Subventionierung durch angegliederte Nutzungen (z. B. Handelsimmobilien),
- Verkauf von einzelnen Stellplätzen (Teileigentum).

Fantasie ist in allen Geschäftsfeldern nützlich und notwendig.

---

13 Quelle: eigene Darstellung.

14 Vgl. Veith, T., in: [TAE (2006)], S. 171–190.

3.3.2 Kaskade der Aufgaben, Ziele und Strategien

Nur wenn die Kaskade von der Portfoliostrategie zum Property-Management/Facility-Management eingehalten wird, ist sichergestellt, dass Fehlinvestitionen vermieden werden. Zur Führung eines Geschäftsfelds wird ein zur Kaskade gegenläufiges Berichtswesen (Reporting) benötigt. Das beinhaltet Themen von der Strategieent- und -vermittlung bis hin zur Wirtschaftlichkeitsberechnung von technischen Maßnahmen.

Die Berichte sind notwendig für Investoren, Aufsichtsräte, Banken und Führungsgremien, insbesondere für die erste Führungsebene. Ebenso nötig sind die Berichte als Entscheidungshilfen und -vorlagen sowie zur Leistungsmessung und -steuerung innerhalb der Unternehmung für die zweite und dritte Führungsebene. Der Informationsfluss ist dabei vom Property-Management/ Facility-Management über das Asset-Management und die Portfoliostrategie regelmäßig sicherzustellen (s. Abb. 3.12). Leider zeigt die Erfahrung auch, dass einige Berichte mit viel Aufwand erstellt, aber nicht gelesen werden. Dabei ist vorab in einem Unternehmen zu klären, welche Informationen an welcher Stelle tatsächlich benötigt werden und welche Vorleistungen hierfür erbracht werden müssen. Sinnvollerweise lassen sich drei Bestandteile eines Berichts unterscheiden: Standardinformationen, die z. B. für die Erstellung der Bilanz notwendig sind, Spezialitäten der Geschäftsmodelle und Ad-hoc-Berichte für das operative Geschäft.

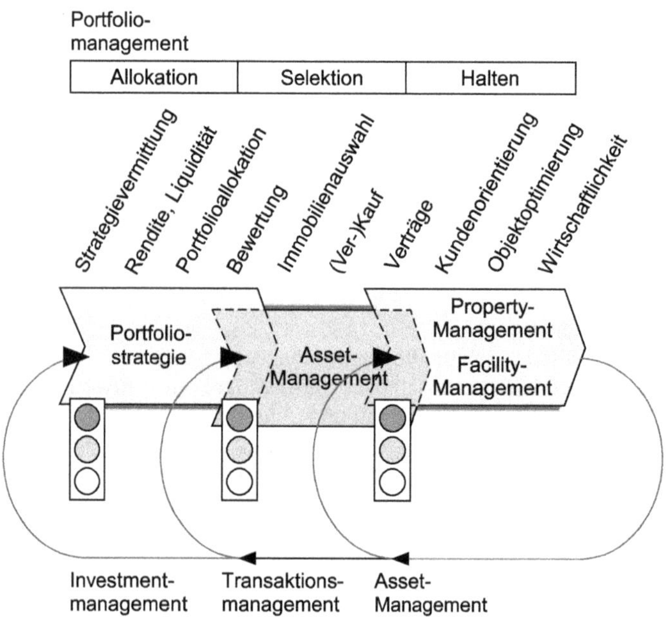

Abb. 3.12: Klassifizierung von Berichtswegen in der Kaskade.[15]

Nur wer heute weiß, welche Gebäude er behalten will, kann morgen sinnvoll in die Instandhaltung investieren. In der Wohnungswirtschaft sind Fälle nach dem Prinzip „heute saniert, morgen abgerissen" bekannt, die auch durch Unkenntnis der Geschäftsfeldpolitik vollzogen wurden und immer noch werden.

15 Quelle: eigene Darstellung.

Wesentliches Element des Reportings ist der Nachweis der Aufgaben, die zu erfüllen sind. Wenn diese Aufgaben aber keine Handlungsoptionen beinhalten, sind sie für eine Strategieentwicklung und Planung weitgehend uninteressant: Die Planungsparameter bleiben konstant. Interessanter sind Ziele (s. Abb. 3.13), die sich aus den Aufgaben ableiten lassen und zu deren Erfüllung Strategien (s. unten Abb. 3.14) ergriffen werden können: Bekanntlich führen viele Wege nach Rom. Ein Reporting sollte daher nicht die Strategien und eingeleiteten Maßnahmen abbilden, sondern die formulierten Ziele und den bisher erreichten Zielerfüllungsgrad.

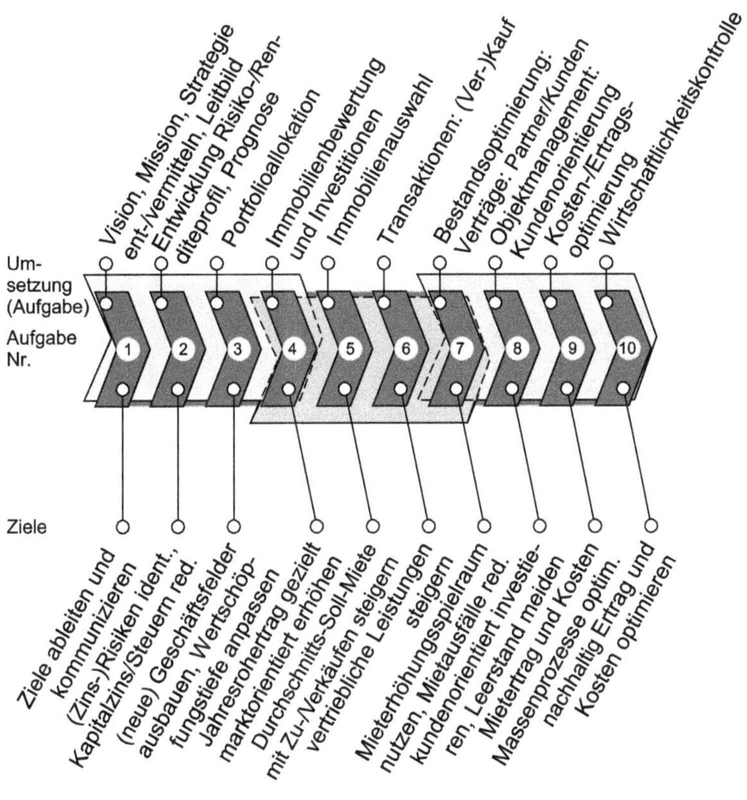

Abb. 3.13: Ableitung von Zielen aus den Aufgaben.[16]

Ein Beispiel: Ziel ist es, Parkraum wirtschaftlich zu erstellen und anzubieten. Bei der Strategieentwicklung und Planung sind die Lage (Handelsimmobilien können in der City, aber auch am Stadtrand liegen), die Konkurrenzsituation (ggf. billiger und sauberer anbieten), der demografische Wandel (Seniorenparkplätze ausweisen), bedarfsgerechte Öffnungszeiten (Öffnungszeiten anpassen) und das Ziel Technik statt Personal (Personalschlüssel reduzieren) zu berücksichtigen.

Ein weiteres Beispiel: Ziel ist es, die Parkentgelte zu erhöhen und den Aufwand zu senken. Strategien oder Maßnahmenbündel hierzu können sein, die Parkentgelte dadurch zu erhöhen, dass Sonderaktionen zur Steigerung der Belegungsdichte (Stellplatzbelegung × Parkdauer) durch-

16 Quelle: eigene Darstellung.

geführt, Öffnungszeiten verlängert oder Instandhaltungsmaßnahmen ausgesetzt werden. Eine Vielzahl solcher beeinflussender Maßnahmen hat der Verfasser bereits früher beschrieben.[17]

Sofern keine Zielverfolgung oder kein Zielerreichungsgrad gemessen und im angemessenen Turnus verfolgt werden kann, ist die Erhebung von betriebswirtschaftlichen Kennzahlen sinnlos, rechtliche Anforderungen einmal ausgeklammert. Eine professionelle IT-Unterstützung mit einem aussagefähigen Reporting und Controlling als Planungsgrundlage ist gleichwohl unverzichtbar und nicht trivial.

Neben der Abbildung unternehmerischer Abläufe in einem IT-System sind vielfach eigene Berichts-, Planungs- und Kontrollsysteme notwendig, die die Daten aus mengen- und wertorientierten Systemen in einem Data-Warehouse aggregieren. Langfristige Planungs- und Entscheidungssysteme stehen dabei an der Spitze einer vertikalen IT-Integration und bilden quasi das Sahnehäubchen.[18]

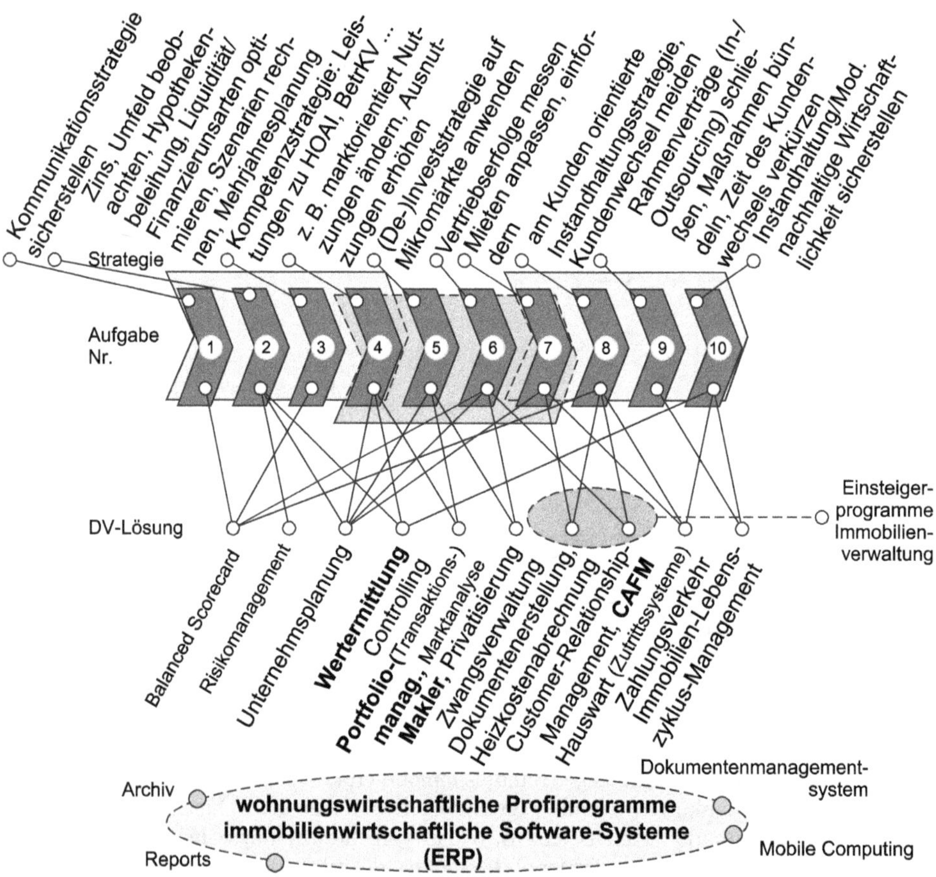

Abb. 3.14: Ableitung von Strategien und Zuordnung von IT-Werkzeugen.[19]

17 Siehe Bogenstätter, U., in: [TAE 2006], S. 69–78.

18 Vgl. [Scheer, A. (1990)], S. 34.

19 Quelle: eigene Darstellung, vgl. auch Kapitel 8.52 und 8.5.4.

Mit der Festlegung des Geschäftsfelds, der Aufgaben und Ziele sowie der strategischen Maßnahmen lassen sich die Anforderungen für IT-Werkzeuge und -lösungen festlegen. Ein Ausschnitt der Bandbreite von IT-Systemen in Abhängigkeit von den strategischen Maßnahmen ist in Abbildung 3.14 dargestellt. IT-Systeme reichen von Einsteigerprogrammen bis zu professionellen immobilienwirtschaftlichen Software-Programmen und Speziallösungen, z. B. CAFM-Systeme bei Flächenmanagement im industriellen oder kommunalen Umfeld. Um ein Beispiel aus der Wohnungswirtschaft zu nennen: Vertraglich geschuldete Leistungen sind im operativen Geschäft ebenso zu erbringen (z. B. Dokumentenerstellung, Betriebskostenabrechnungen) wie die bereits genannten Kennzahlen der Zielerfüllung. Als Ergebnis kann ein „survival kit" per Knopfdruck aus dem IT-System bereitstehen, das die Führungskräfte kurzfristig informiert und in die Lage versetzt, Entscheidungen zu treffen.

Literatur

[BBR Online-Publikation 01-2008] Spars, Guido: Stadtrendite durch kommunale Wohnungsunternehmen: Handreichung für Kommunen und kommunale Wohnungsunternehmen; Abschlussbericht, BBR Online-Publikation 01-2008, URL: http://www.bbsr.bund.de/BBSR/DE/Veroeffentlichungen/BBSROnline/2008/DL_ON012008.pdf?__blob=publicationFile&v=2 (letzter Aufruf: 01.01.2018).

[EKD-KdB (2007b)] Konferenz der Bauamtsleiter der Gliedkirchen der EKD (Hrsg.): Kirchliches Bauhandbuch: Energiesparendes und umweltschonendes Bauen in der Evangelischen Kirche; Ergänzungswerk; Stuttgart 2007.

[Scheer, A. (1990)] Scheer, August-Wilhelm: EDV-orientierte Betriebswirtschaftslehre, 4., völlig überarb. Aufl.; Heidelberg u. a. 1990.

[Schwalbach, J. (2006i)] Schwalbach, Joachim; Schwerk, Anja; Smuda, Daniel: Stadtrendite der öffentlichen Wohnungswirtschaft: Formalisierung und Operationalisierung des Begriffs „Stadtrendite" und Anwendung am Fallbeispiel DEGEWO; Endbericht; Berlin 2006.

[TAE (2006)] Gieler-Breßmer, Susanne (Hrsg.): Verkehrsbauten Schwerpunkt Parkhäuser: 2. Kolloquium, 31. Januar und 1. Februar 2006, Ostfildern: Technische Akademie Esslingen 2006.

3.4 Strategien formulieren

Ulrich Bogenstätter

Eine Strategie ist nicht statisch, sondern kann als ein dynamischer Strategieentwicklungsprozess bezeichnet werden. Im Wesentlichen lassen sich unabhängig von der Immobilienwirtschaft vier bedeutende Strategieentwicklungsansätze benennen:[20]

- marktorientierte,
- fähigkeitsorientierte,
- ressourcenorientierte oder
- wissensorientierte Strategieansätze.

Diese vier Strategien sind insbesondere bei produzierenden Unternehmen mit hohem Personal- oder Gütereinsatz vorzufinden. Die Immobilienwirtschaft ist nicht den produzierenden Unternehmen zuzuordnen, daher wird die Betrachtung analog der Balanced Scorecard vorgenommen.

20 Vgl. [Lück, W. (2004)], S. 642.

3.4.1 Strategie als Entwicklungsprozess im Immobilienunternehmen

Unter Berücksichtigung der Managementmethode Balanced Scorecard werden hier insgesamt vier Strategieansätze für die Immobilienwirtschaft unterschieden, die marktorientiert den Markt, fähigkeitsorientiert die Finanzen, ressourcenorientiert die Prozesse und wissensorientiert die Potenziale betreffen.

- Der kundenorientierte Strategieansatz beruht auf Kenntnissen des Marktes hinsichtlich der Entwicklung der Nachfrage und des Angebots der Immobilienprodukte.
- Der finanzorientierte Strategieansatz zielt darauf ab, einen effektiven Einsatz von Kapital, Menschen und Gütern zu ermöglichen und zu verbessern. Dazu gehört die Zusammenführung immobilienrelevanter Funktionen in einen Bereich. Das beinhaltet auch die Organisation der Aufgabenverteilung zwischen den Mitarbeitern und den Lieferanten. In diesem Ansatz ist z. B. die Frage nach dem geeigneten Betreibermodell, der Eigen- oder Fremdleistung, angesiedelt. Redundante Aufgaben gilt es hier abzubauen. Der Ansatz beinhaltet aber auch Maßnahmen, um die Auslastung z. B. bei den Hausmeistern zu erhöhen oder die Arbeitsbelastung gerechter zu verteilen sowie mittels Dienstanweisungen effiziente Abläufe und Informationsflüsse sicherzustellen und qualifiziertes Personal bereitzustellen. Hierzu gehören außerdem Preisvorteile durch die Bündelung von Leistungen bei der Auftragsvergabe. Dabei kann der gleiche Bedarf an mehreren Standorten oder mit anderen Unternehmen in räumlicher Nähe ggf. zusammengefasst werden. Hier gilt es überdies, den richtigen Zeitpunkt zum Einkauf zu prognostizieren. Dazu zählen auch der nachhaltige Einsatz der Gebäude, ein effektives Belegungsmanagement und die Kenntnis der Wirkungszusammenhänge. Beispielhaft seien hier die Möglichkeiten genannt, durch technische Maßnahmen den Energieverbrauch und die Kosten zu reduzieren sowie Instandhaltungskosten dadurch zu senken, dass der Anteil technischer Anlagen reduziert wird und Prioritäten in der Instandhaltung richtig gesetzt werden.
- Der prozessorientierte Strategieansatz betrifft insbesondere die Ablauforganisation, die einen effizienten Ressourceneinsatz ermöglichen soll. Prozesse sichern einen reibungslosen Arbeitsablauf. Optimierungsbemühungen zielen insbesondere auf die Standardisierung von Massenprozessen oder wichtigen fehleranfälligen Prozessen oder darauf, Prozesse durch IT-Unterstützung zu vereinfachen.
- Der potenzialorientierte Strategieansatz setzt insbesondere auf das Wissen eigener Mitarbeiter, das entwickelt werden kann. „Kopfarbeit" muss gefördert werden. Dazu kann ein kontinuierlicher Verbesserungsprozess umgesetzt, Anreizsysteme können geschaffen oder Fortbildungsmaßnahmen durchgeführt werden. Im Ergebnis wird die Wirtschaftlichkeit erhöht.

Um als Immobilienunternehmen die passende Strategie zu finden, bieten sich die SWOT-Analyse, die Portfolioanalyse und die Nachhaltigkeitsanalyse an.[21]

3.4.2 Mit der SWOT-Analyse heute strategische Unternehmensziele für morgen formulieren

Die Stärken-Schwächen-Analyse vergleicht die positiven und negativen Merkmale des eigenen Unternehmens mit denen der bedeutendsten Konkurrenten.[22] Zur Vorbereitung sollten jeweils fünf bis zehn Stärken, Chancen, Schwächen und Bedrohungen aufgeschrieben und daraus Strategien abgeleitet werden.

21 Kundenorientierte Strategieansätze finden sich in Kapitel 3.5 (Marktattraktivität – Zielgruppe) und Kapitel 3.6 (Objektattraktivität), finanzorientierte Strategieansätze in Kapitel 3.7 bis Kapitel 3.9, prozessorientierte Strategieansätze in Kapitel 8.3 und potenzialorientierte Strategieansätze in Kapitel 4.3 ff.

22 Vgl. [Olfert, K. (1996)], S. 915.

Dazu werden die Strategien in die Matrix aus Stärken und Schwächen bzw. Chancen und Bedrohungen eingetragen. Die Matrix ergibt folgende Kombinationen:

SO Stärke-Chancen-Kombination: Welche Stärken passen zu welchen Chancen? Wie können Stärken genutzt werden, sodass sich die Chancen auf Realisierung erhöhen?

ST Stärke-Gefahren-Kombination: Welchen Gefahren können wir mit welchen Stärken begegnen? Wie können vorhandene Stärken eingesetzt werden, um den Eintritt bestimmter Bedrohungen abzuwenden?

WO Schwäche-Chancen-Kombination: Wo können aus Schwächen Chancen entstehen? Wie können Schwächen zu Stärken entwickelt werden?

WT Schwäche-Bedrohungen-Kombination: Wo liegen unsere Schwächen und wie können wir uns vor Schaden schützen?

Den Kombinationsfeldern lassen sich unterschiedliche Strategien zuordnen. Übliche Strategien sind:
- Imagestrategie
- Qualitätsstrategie
- Wachstumsstrategie

Die SWOT-Analyse ist branchenunabhängig ein bewährtes Instrument und lässt sich für die Immobilienwirtschaft leicht branchenspezifisch adaptieren. Jörg von der Lieth und Dorit Brauns haben dies im Kapitel 1.5.2 in Tabelle 1.7 für die Wohnungswirtschaft dargestellt. Tabelle 3.2 zeigt ein weiteres Beispiel ebenfalls aus der Wohnungswirtschaft.

Tab. 3.2: Beispiel einer SWOT-Analyse aus der Wohnungswirtschaft.[23]

		Unternehmen	
		Strengths (Stärken) – Qualität des Wohnungsbestands – Kompetenz der Mitarbeiter – Unternehmensimage – Bekanntheitsgrad – …	**Weaknesses (Schwächen)** – unzureichendes Angebot für Senioren – Sozialstruktur der Mieter – zu geringes Dienstleistungsangebot – …
Markt	**Opportunities (Chancen)** – Wohnungsprivatisierungen – günstige Kapitalmarktsituation – staatliche Förderprogramme zur Gebäudesanierung – …	**Strengths – Opportunities (SO)** Stärken mit den Vorteilen der Chancen verbinden, z. B. Wachstumsstrategie	**Weakness – Opportunities (WO)** Vorteile der Chancen zum Überwinden der Schwächen nutzen, z. B. Qualitätsstrategie
Markt	**Threats (Bedrohungen)** – demografische Entwicklung – unklare Konkurrenzsituation, Hartz IV, – …	**Strengths – Threats (ST)** Stärken zur Vermeiden von Risiken nutzen, z. B. Qualitätsstrategie	**Weakness – Threats (WT)** Schwächen minimieren und Risiken meiden, z. B. Imageaufbaustrategie

23 Vgl. [GdW Arbeitshilfe 51], S. 7.

3.4.3 Mit der Portfolioanalyse Produktziele erkennen

Immobilien lassen sich als Produkte auffassen. Die Produktlebenszyklus-Theorien gehen auf die Arbeiten von Vernon (1966) (Produktlebenszyklus nach Vernon) und Hirsch (1967) zurück. In der einschlägigen Literatur wird der **Produktlebenszyklus** in fünf Phasen eingeteilt:
1. Entstehungsphase,
2. Wachstumsphase,
3. Reifephase,
4. Sättigungsphase und
5. Rückgangsphase (Degenerationsphase).

Die fünfte Phase, die des Rückgangs, kommt im Immobilienmanagement selten vor, da der Wunsch zur Verwendung einer Immobilie im Gegensatz etwa zur Verwendung einer Schreibmaschine selten völlig obsolet wird. Entscheidend dabei ist die Einschätzung der Marktattraktivität in der jeweiligen Phase. In Abbildung 3.15 werden die Betriebsformen des Lebensmittelhandels und des Einzelhandels im Produktlebenszyklus dargestellt. Der Wandel lässt sich leicht nachvollziehen, wenn man sich
- die denkmalgeschützte, überdachte Passage du Grand Cerf (Paris),
- die große Zeit der Warenhäuser (z. B. der Galeries Lafayette (Paris), des Kaufhauses Friedrichstraße 58 (Berlin) oder des Kaufhauses in Görlitz) in der ersten Hälfte des 20. Jahrhunderts und
- die heutigen Shoppingmalls und Einkaufstempel mit Shop-in-Shop-System

vor Augen hält.

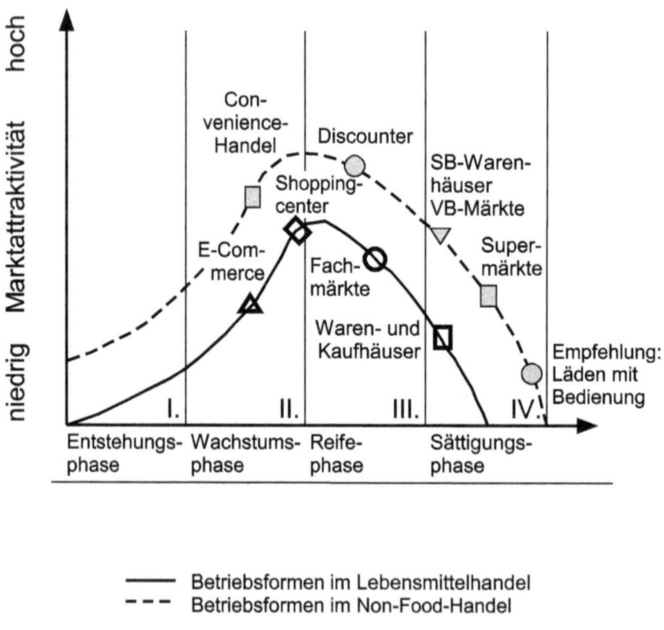

Abb. 3.15: Lebenszyklus von Betriebsformen im Einzelhandel.[24]

24 Vgl. Eurostat (Hrsg.): Der Einzelhandel im EG-Binnenmarkt, Brüssel u. a. 1993, vom Verfasser fortgeschrieben.

E-Commerce ist weiterhin im Kommen. Innerstädtische Einkaufszentren sind in der Reifephase und bilden mit ihrer baulichen Introvertiertheit bei maximalen Verkaufsflächen eine besondere Herausforderung für die Innenstädte.[25] Der Markt für Supermärkte ist gesättigt. Tante-Emma-Läden sind out.

Einen ähnlichen Wandel haben Hallenbäder vollzogen. Das funktionale Hallenbad wurde inzwischen durch das Erlebnisbad mit Panoramablick und Cocktailbar abgelöst.[26] Ein funktionales öffentliches Bad wird jedoch nicht völlig obsolet, es wird mit hoher Wahrscheinlichkeit noch einige Generationen erhalten bleiben. Die Schreibmaschine hingegen wurde inzwischen von Computern und Druckern weitgehend ersetzt.

Abbildung 3.16 zeigt den Produktlebenszyklus ausgewählter Technologien. In Analogie zur mechanischen Schreibmaschine ist festzustellen, dass auch bei Immobilien Produkts- und Bautechniken sowie Baustoffe einem steten Wandel durch Innovation unterworfen sind und von neuen Techniken abgelöst werden. In vielen Bereichen werden die Innovationszyklen immer kürzer, was zu einer kürzeren Lebensdauer von Bauteilen und zu erhöhten Instandhaltungs- und Instandsetzungskosten insbesondere bei der technischen Gebäudeausrüstung führt. So hat sich die technische Konstruktion von Solarmodulen geändert und die Energieeffizienz von Heizungsanlagen konnte verbessert werden.

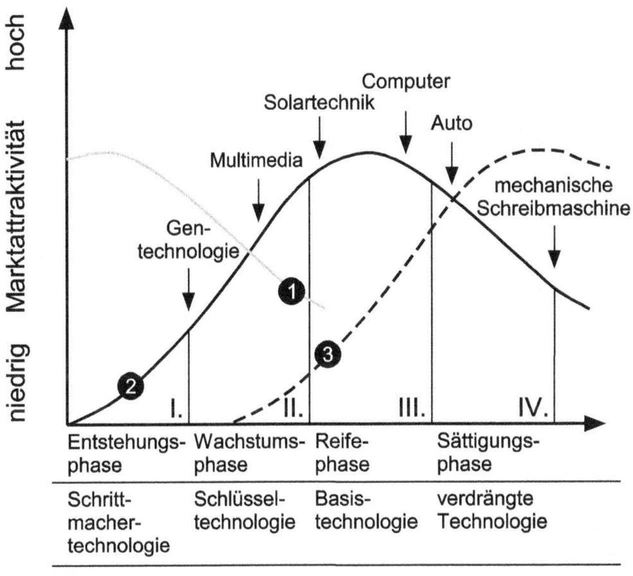

Abb. 3.16: Lebenszyklus von Technologien.[27]

Sowohl bei der Portfolioanalyse als auch der SWOT-Analyse handelt es sich in Regel um eine Darstellung als **4-Felder-Matrix**, deren Inhalte allerdings im XY-Koordinatensystem gelegentlich getauscht sind. Bei der SWOT-Analyse befinden sich der Unternehmensbezug manchmal auf der Y-Achse (Portfolioanalyse auf der X-Achse), die Marktsicht auf der X-Achse (Portfolioanalyse auf der Y-Achse) (vgl. oben Tab. 3.2, Unternehmensbezug analog Portfolioanalyse auf der X-Achse).

---

25 Vgl. [MWEBWV NRW (2011J)]: Zum Umgang mit großen innerstädtischen Einkaufszentren.

26 Vgl. z. B. [Hübener, S. (2014g)]: Schwimmen am Weinberg: Spaß, Sport und Saunen direkt unter den Reben.

27 Quelle: eigene Darstellung.

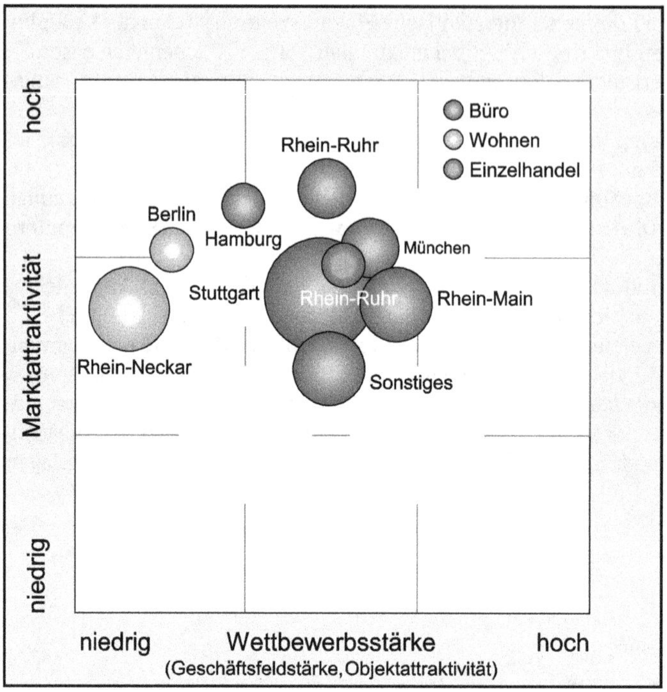

Abb. 3.17: 9-Felder-Portfoliomatrix.[28]

Die **Portfolioanalyse** untersucht ein **Produktportfolio** in einem Koordinatensystem von **Marktwachstum/Marktattraktivität** und **Marktanteil/Wettbewerbsstärke** (vgl. Abb. 3.17).

Die Marktattraktivität kann sich aus dem lokalen Immobilienmarkt (z. B. Mietniveau, Immobilienangebot, Immobiliennachfrage und/oder Immobilienpreise) oder den Standortfaktoren (Infrastruktur, räumliche Struktur, Verkehrserschließung und/oder Wohnqualität) ergeben. Die Wettbewerbsstärke des eigenen Unternehmens kann im Immobilienmanagement auch mit der Objektattraktivität aus wirtschaftlichen Stärken (Mieterzusammensetzung, Bewirtschaftungsergebnis, Objektqualität, Weiterentwicklungspotenzial) oder Objektstärken (Nutzungskonzept, Bauqualität, energetische Qualität, Instandhaltungszustand) gleichgesetzt werden. Die Begriffspaare Marktattraktivität und Wettbewerbsstärke werden je nach Geschäftsmodell (s. oben Abb. 3.8) unterschiedlich und in unterschiedlicher Detaillierungstiefe konkretisiert. Die Portfolioanalyse eignet sich in allen Hierarchiestufen – vom Vorstand bis zum Teamleiter gleichermaßen – als Arbeitsinstrument. Aus der Einschätzung ergibt sich eine Einteilung nach Nachwuchs- (junge Pferde), Star- (Rennpferde), Verkaufs- (Arbeitspferde) bzw. Problemimmobilien (lahme Pferde). Aus den Untersuchungsergebnissen ist eine Portfoliostrategie auf der Grundlage von Normstrategien ableitbar.

Die Normstrategien sind in Abbildung 3.18 dargestellt. Dabei handelt es sich im Wesentlichen um

- Investitions- und Wachstumsstrategien,
- selektive Strategien und
- Abschöpfungs- oder Deinvestitionsstrategien.

28 Quelle: eigene Darstellung.

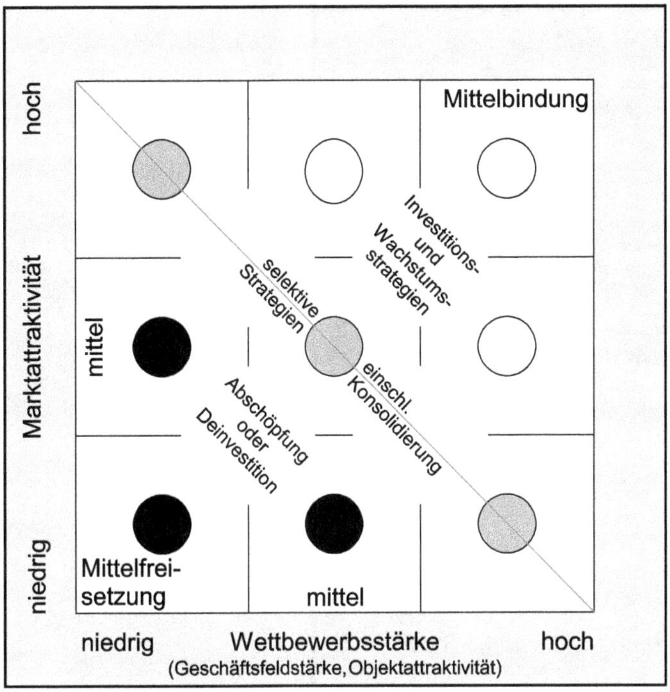

Abb. 3.18: Strategien in der 9-Felder-Portfoliomatrix.[29]

Die Produkte oder Geschäftseinheiten eines Immobilienunternehmens werden anhand ihrer Werte einem der vier Bereiche zugeordnet. Jeder Bereich verkörpert dabei eine Normstrategie. Sie soll den Weg zum weiteren Vorgehen weisen. Der Lebensweg eines typischen Produkts verläuft vom „question mark" über „stars" und „cash cows" zum „poor dog" (vgl. Abb. 3.19).

Es gibt auch Produkte, die nicht diesem idealen Weg folgen. Viele gescheiterte Ideen erreichen erst gar nicht den Star-Bereich. Ein imitierendes Produkt dagegen überspringt möglicherweise den Bereich des „question mark". Je nach Einordnung lassen sich Normstrategien entwickeln. Zur Visualisierung wird oft die 9-Felder-Portfoliomatrix verwendet (vgl. oben Abb. 3.17). Die Größe der Kreise drückt z. B. die Miethöhe aus.

In Tabelle 3.3 sind die Normstrategien näher beschrieben.

In Abbildung 3.20 sind die möglichen Entwicklungspotenziale für verschiedene Objekte dargestellt. Eine selektive Strategie sollte nach der Portfolioanalyse für die Objekte A und D angewendet werden, um so Objekt E einer Investitions- und Wachstumsstrategie zuzuführen. Weiterhin selektiv wird mit Objekt C vorgegangen und der Instandhaltungsaufwand reduziert. Die Abschöpfungs- oder Deinvestitionsstrategie findet bei den Objekten F durch Verkauf und bei Objekt B durch Abriss Anwendung.

Um den Aspekten Objektqualität und Standortfaktoren (Lage) gleichermaßen gerecht zu werden, wurde auch die dreidimensionale 27-Felder-Portfoliomatrix entwickelt (vgl. Kap. 1.5.2, Abb. 1.10), die die Lage als dritte Dimension getrennt vom Objekt darstellt.

29 Quelle: eigene Darstellung.

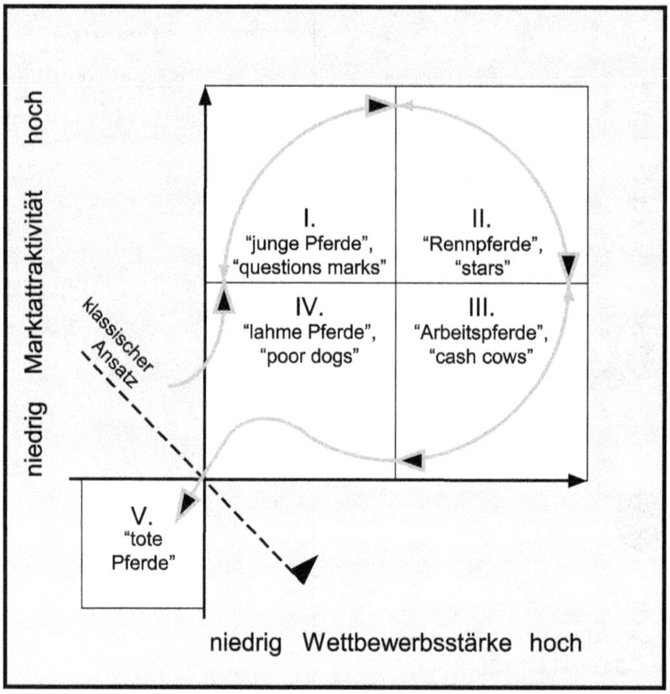

Abb. 3.19: Entwicklung einer Portfoliostrategie in der 4-Felder-Portfoliomatrix.[30]

3.4.4 Nachhaltigkeitsanalyse – magisches Spannungsdreieck der konkurrierenden Ziele

Die ökonomischen, ökologischen sowie sozialen und kulturellen Dimensionen der Nachhaltigkeit lassen sich für ein Objekt auch in einem sog. magischen Dreieck aus drei Indikatoren beschreiben. Hieraus lassen sich ebenfalls Nachhaltigkeitsstrategien ableiten. Dazu gehören die Nutzungskosten/Rentabilität als Indikator der ökonomischen Nachhaltigkeit, die Objektqualität als Indikator der ökologischen Nachhaltigkeit und der Belegungsgrad/die Leerstandsquote[31] als Indikator der sozialen und kulturellen Nachhaltigkeit. Alle Indikatoren gehören einzeln betrachtet zum Standardrepertoire des Immobilienmanagements. Sie lassen sich in einem Ursache-Wirkungs-Gefüge darstellen.

Die Objektqualität beschreibt die Qualität der Ressource hinsichtlich einer Nutzeinheit. Die Nutzeinheit kann z. B. ein Gebäude, ein Hallenbad, eine Mieteinheit, ein Passagier, eine Wohneinheit, ein Hotel- oder Krankenzimmer oder ein Arbeitsplatz sein. Die Nutzungskosten/Renditen beschreiben den (wirtschaftlichen) Erfolg aus Sicht eines kirchlichen oder öffentlichen Immobilienunternehmens. Bei betriebsnotwendigen Gebäuden kann sich der Indikator auf die messbaren Nutzungskosten beschränken. Rendite steht hier für den messbaren wirtschaftlichen Erfolg eines renditeorientierten Immobilienunternehmens. Der Belegungsgrad oder die Leerstandsquote beschreibt die Nutzungsintensität durch Menschen bzw. ausgewählte Zielgruppen. Bei einem Bahnhof oder Flughafen ist der Belegungsgrad Synonym für das Passagier-/Fahrgastaufkommen. Die Indikatoren stehen in wechselseitiger Beziehung und lassen sich unter dem Begriff der Nachhaltigkeit problemlos subsummieren (vgl. Abb. 3.21).

30 Quelle: eigene Darstellung.

31 Zur Definition der Leerstandsquote vgl. Kapitel 9.1, Tabelle 9.2.

Tab. 3.3: Ableitung von Normstrategien aus der Portfolioanalyse.

	Normstrategie	Option/Transaktion	Option
I.	„question marks" („junge Pferde") **selektiv vorgehen**: mittelfristig den Verkauf oder das Halten durch Kriterien prüfen	– Mietanpassung nach Modernisierungen oder Revitalisierung (**A, D**) – Verkauf kurz- oder mittelfristig (an Mieter)	– modernisieren – zweite Miete durch Instandsetzung/ Modernisierung zugunsten von Miet-/Wertsteigerung senken
II.	„stars" („Rennpferde") **fördern, investieren**: den Verkauf oder das Halten durch Kriterien prüfen	– weitere Renditesteigerungen durch Mietanpassungen – Verkaufsoption bei maximalem Verkehrswert (an Kapitalanleger)	– Instandhaltung ist nicht notwendig (**E**) – zweite Miete durch Instandsetzung/Modernisierung zugunsten von Miet-/Wertsteigerung senken
III.	„cash cows" („Arbeitspferde") **halten, investieren**: Verkauf durch Kriterien prüfen	– Standortverbesserung durch Zukauf oder Investitionen – Verkaufschancen bei Privatisierung	– mittelfristige Mieterqualität verbessern – aufwendige Instandsetzung ist nicht notwendig, ggf. Quartiersentwicklung betreiben (**C**) – zweite Miete durch Instandsetzung/ Modernisierung zugunsten von Miet-/Wertsteigerung senken
IV.	„poor dogs" („lahme Pferde") **deinvestieren, liquidieren**: Verkauf durch Kriterien prüfen	– ggf. Modernisierungen – Verkauf (an Mieter) (**F**)	– technische und wirtschaftliche Lebensdauer der Objekte führt mittelfristig zum Abriss (**B**): keine aufwendige Instandsetzung

Die drei Indikatoren beeinflussen sich gegenseitig. Sie werden auf die einheitliche Bezugsgröße der Nutzeinheit bezogen.

- Eine höhere **Objektqualität** (+) wird zu höheren Investitionskosten führen, die – falls sich ein höherer Mietpreis erzielen lässt – zu einer höheren Rendite (+) führen kann. Falls dies nicht zutrifft, ist eine niedrigere Rendite zu erwarten (–). Eine wichtige Kennzahl für die Objektqualität ist das Verhältnis aus dem Anteil der Nutzungsfläche (z. B. Mietfläche) zur Brutto-Grundfläche (BGF): Je größer die Nutzungsfläche ist, desto höher ist der nutzbringende Anteil. Mit Konstruktions- oder Technikflächen lassen sich selten höhere Mieterträge oder insgesamt niedrigere Nutzungskosten erzielen.
- Eine wichtige Kenngröße für den Indikator **Nutzungskosten/Rendite** ist das Verhältnis aus (Miet-)Erlösen und Nutzungskosten – oder bei betriebsnotwendigen Immobilien die Nutzungskosten pro Nutzeinheit.
- Gleichwohl wird ein niedriger Belegungsgrad (–) oder eine hohe Leerstandsquote (–) bei gleichbleibenden Nutzungskosten infolge der Fixkosten zu einer niedrigeren Rendite (–) bzw. zu höheren Nutzungskosten pro Nutzeinheit führen. Im Gegensatz hierzu führt ein hoher Belegungsgrad (+) oder eine niedrigere Leerstandsquote (+) bei nahezu gleichbleibenden Nutzungskosten zu einer höheren Rendite (+). Für die Ermittlung des Indikators **Belegungsgrad/Leerstand** ist das Verhältnis zwischen belegter/vermieteter und verfügbarer Nutzeinheit entscheidend. Das berücksichtigt die organisatorischen Rahmenbedingungen für den Erfolg einer Nutzeinheit. Beispielsweise ist durch reduzierte Öffnungszeiten eines Hallenbads dessen Verfügbarkeit eingeschränkt.

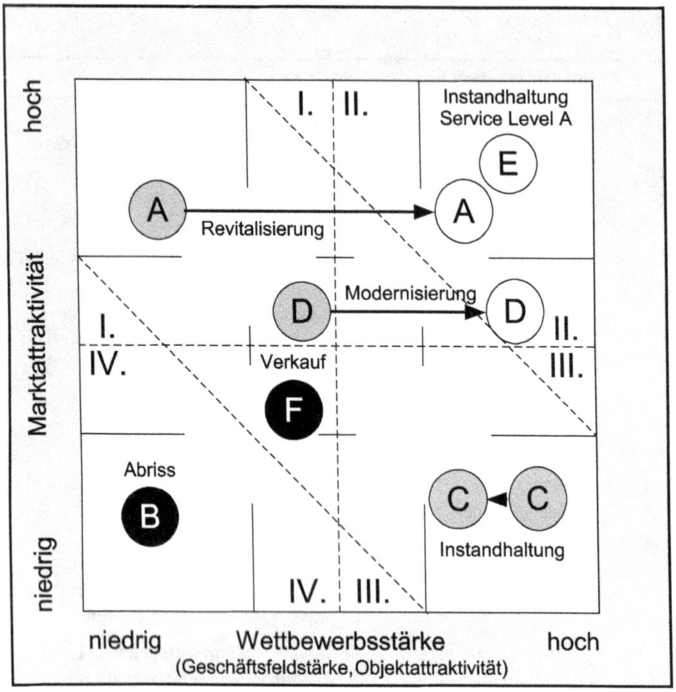

Abb. 3.20: 9-Felder-Portfoliomatrix.[32]

- Der Zusammenhang zwischen Objektqualität und Belegungsgrad/Leerstand lässt sich nicht immer eindeutig beschreiben. Eine höhere Objektqualität (~) führt nicht per se zu einem höheren Belegungsgrad oder einer niedrigeren Leerstandsquote (~). Sie ist in hohem Maß von der Marktattraktivität abhängig. Eine hohe Marktattraktivität ist gegeben, wenn der Belegungsgrad hoch und die Leerstandsquote niedrig ist.

Die Verbindungen zwischen den Indikatoren mit Bezug auf eine Nutzeinheit lassen sich quantitativ darstellen.[33]

- **Investitionsattraktivität**: Aus den Investitionskosten pro Nutzeinheit lässt sich ein überprüfbarer Kennwert berechnen. Die Investitionskosten fließen direkt in die Berechnung der Nutzungskosten/Rendite ein und ermöglichen die Berechnung der Kostenmiete. Die Kostenmiete [€/m^2 Brutto-Grundfläche pro Monat] von selbstgenutzten Objekten (z. B. Bürogebäude) kann durch Verwendung von Umrechnungskoeffizienten mit Marktmieten [€/m^2 Mietfläche per Monat] leicht verglichen werden.
- **Objektattraktivität**: Aus den Nutzungskosten und der Belegung (Belegungsgrad/Leerstand) lassen sich die Nutzungskosten pro Belegung errechnen. Dies ist insbesondere dann sinnvoll, wenn das Erheben eines Nutzungsentgelts bei einer Sporthalle beabsichtigt ist oder eine Nachkalkulation des Zimmerpreises im Hotelgewerbe angestrebt wird.
- **Marktattraktivität**: Aus dem Belegungsgrad und dem Bezug zur Nutzeinheit lässt sich die Marktattraktivität eines Objekts ableiten. Dies erfolgt bezogen auf einen Zeitpunkt oder als Durchschnittswert einer definierten Periode.

32 Quelle: eigene Darstellung.

33 In Anlehnung an [Preuß, N. (2003)], S. 244.

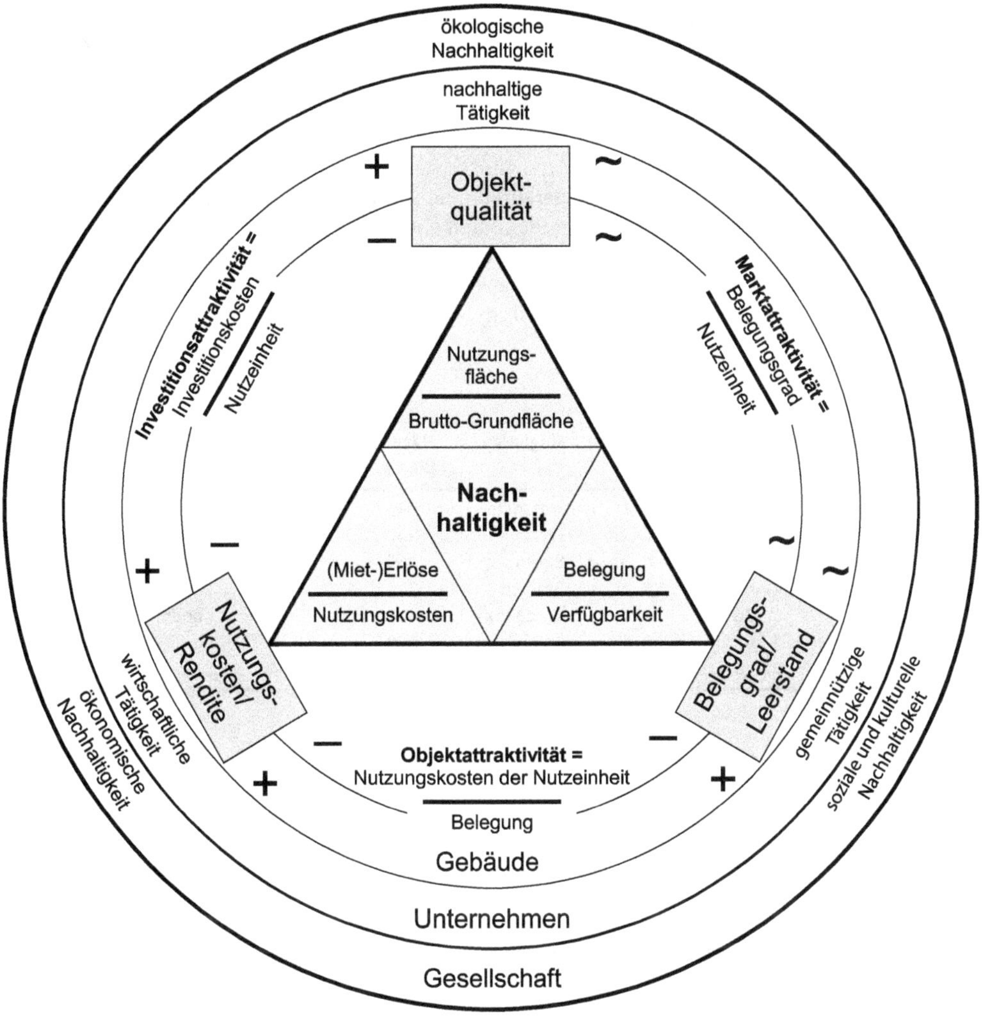

Abb. 3.21: Nachhaltigkeit im magischen Spannungsdreieck.[34]

Die beabsichtigte Wirkung der Strategien auf Objektebene lässt sich mittels Szenarien überprüfen. Eine Aussage für das Immobilienunternehmen lässt sich nicht daraus ableiten.

Die Betrachtungsweise lässt sich auch vereinfacht auf Opern- und Theaterhäuser[35] sowie Bahnhöfe und Flughäfen übertragen, auch wenn keine Angaben zu Nutzungskosten oder Rendite vorliegen und nur ein Vergleich hinsichtlich Flächenverbrauch, Investitionskosten und Fahrgast-/Passagieraufkommen möglich ist.

Bei Flughäfen ist zunächst nach der Art des Flughafens zu unterscheiden, z. B. nach Militärflughäfen und Low-Cost-Flughäfen. Letztere lassen sich in Bezug auf die Art des Boardings der Passagiere (PAX) in drei Kategorien einteilen: das eigenständige Gebäude mit allen Passagierab-

34 Quelle: eigene Darstellung, (+) steht für eine positive, (–) für eine negative Entwicklung.

35 Vgl. Kapitel 2.4.1, Tabelle 2.6.

fertigungsprozessen (Low Cost Terminal), ein Gebäude mit Anbindung an das Terminal sowie Wartebereichen im Verbindungsgang (Low Cost Pier) oder ein Gebäude nur für Boarding ohne Wartebereiche (Low Cost Gate).

Die Investitionskosten (Baukosten) variieren hier zwischen 900 [€/m²] (Gates – Budapest) und 3.000 [€/m²] (Piers – Kopenhagen, Amsterdam).[36] Danach ist der Low-Cost-Flughafen in Marseille hinsichtlich der Investitionskosten [€/m²] der günstigste (Rang 1, s. Tab. 3.4) und besitzt eine hohe Investitionsattraktivität. Wird das Passagieraufkommen pro Jahr zu den Quadratmetern ins Verhältnis gesetzt ([PAX a/m²]), so besitzt der Flughafen ebenfalls eine hohe Marktattraktivität. Werden die Investitionskosten pro Quadratmeter jedoch ins Verhältnis zum jährlichen Passagieraufkommen gesetzt ([€/PAX a]), so ist der teuerste Low-Cost-Flughafen, nämlich Amsterdam, plötzlich auf Rang 1 hinsichtlich seiner Objektattraktivität.

Tab. 3.4: Low-Cost-Terminals im Vergleich.[37]

Rang	**Flughafen**	**Baukosten [€/m²]**	**Rang**	**Flughafen**	**Fläche [PAX a/m²]**	**Rang**	**Flughafen**	**Passagier [€/PAX a]**
1.	Marseille	917	1.	Marseille	226	1.	Amsterdam	2,78
2.	Bremen	1.211	2.	Lyon	240	2.	Bordeaux	2,80
3.	Bordeaux	1.250	3.	Berlin	269	3.	Bremen	3,54
4.	Berlin	1.407	4.	Bremen	342	4.	Marseille	4,05
5.	Lyon	1.936	5.	Bordeaux	446	5.	Kopenhagen	4,50
6.	Kopenhagen	2.967	6.	Kopenhagen	659	6.	Berlin	5,22
7.	Amsterdam	2.976	7.	Amsterdam	1.071	7.	Lyon	8,07

Literatur

[GdW Arbeitshilfe 51] Bundesverband deutscher Wohnungsunternehmen (GdW) (Hrsg.): Unternehmensstrategie und Balanced Scorecard: Strategieimplementierung in Wohnungsunternehmen, GdW Arbeitshilfe 51; Hamburg 2006.

[HS-MZ Schmitt, J. (2017)] Schmitt, Julian: Darstellung und Bewertung von Low Cost Terminals nach den Teilleistungen des Gebäudemanagements: Praxispartner FraPort AG; Masterarbeit; Mainz 2017.

[Hübener, S. (2014g)] Hübener, Simone: Schwimmen am Weinberg, in: Deutsches Architektenblatt (2014), Heft 7, S. 12–16.

[Lück, W. (2004)] Lück, Wolfgang (Hrsg.): Lexikon der Betriebswirtschaft, 6., völlig neu bearb. Aufl.; München 2004.

[MWEBWV NRW (2011J)] Junker, Rolf; Kühn, Gerd; Pump-Uhlmann, Holger: Zum Umgang mit großen innerstädtischen Einkaufscentern; Arbeitshilfe, 2011, URL: https://www.mhkbg.nrw/stadtentwicklung/_pdf_container/InnerstaedtEinkaufszentren_Leitfaden_02-2011.pdf (letzter Aufruf: 01.01.2018).

[Olfert, K. (1996)] Olfert, Klaus; Rahn, Horst-Joachim: Lexikon der Betriebswirtschaftslehre; Ludwigshafen a. Rh. 1996.

[Preuß, N. (2003)] Preuß, Norbert; Schöne, Lars Bernhard: Real Estate und Facility Management: Aus Sicht der Consultingpraxis; Heidelberg u. a. 2003.

36 Vgl. [HS-MZ Schmitt, J. (2017)], S. 125. Ein pauschaler Vergleich ist jedoch nicht möglich, da die Rahmenbedingungen in einzelnen Berechnungsparametern unterschiedlich sind.

37 Vgl. [HS-MZ Schmitt, J. (2017)], S. 127, 130, 132.

3.5 Leistungen am Nutzer und Kunden orientieren

Ulrich Bogenstätter

Marktattraktivität drückt aus, inwieweit ein Gebäude durch Vertrags- oder vertragsähnliche Beziehungen belegt oder vermietet ist. Belegungszahlen sind z. B. in der Hotelbranche üblich, sind aber auch im kommunalen und kirchlichen Immobilienmanagement hilfreich, um die Auslastung von Gebäuden zu messen. In der Wohnungswirtschaft ist der negative Belegungsgrad[38] der Leerstand. Was macht nun den Kunden glücklich? Kundenzufriedenheit lässt sich qualitativ operationalisieren.

Qualität in der Immobilienwirtschaft bezieht sich vielfach auf Dienstleistungs- und Servicequalität. Die Gestaltung, das Wie der Dienst- oder Serviceleistung, ist wesentlich für das Ergebnis. Die Gestaltungsmöglichkeiten spiegeln sich in den Prozessen wider. Prozesse sind kein Selbstzweck, sondern integraler Bestandteil auf dem Weg zur Dienstleistungsqualität.

3.5.1 Kundenzufriedenheit

Das von Donabedian entwickelte Qualitätskonzept für den Gesundheitsbereich ist der meistverbreitete Ansatz, Dienstleistungsqualität zu operationalisieren, und betont neben den strukturellen Gegebenheiten und den Ressourcen den Prozess und das Ergebnis als Qualitätsmerkmale.[39] Dieser Ansatz aus dem Gesundheitswesen lässt sich sinngemäß auf die Immobilienwirtschaft übertragen und findet im Facility-Management bereits statt. PPP-Auftragnehmer nutzen diesen Ansatz teilweise aktiv.

Die Qualitätsbeurteilung der Leistung kann auf einer objektiven und/oder individuellen Ebene erfolgen. Auf der individuellen Ebene ist die Qualitätsbeurteilung abhängig von der Wahrnehmung der Betroffenen. Betroffen sein können Angehörige, Beteiligte, Kunden, Mieter, Nutzer oder Patienten. Beteiligte sind z. B. auch Eltern oder nahestehende Verwandte. So sind die Eltern oft maßgeblich beteiligt, wenn ihre Kinder die erste Wohnung suchen. Schon bei Müller u. a. sind neben den Patienten auch deren Angehörige in die Qualitätsbeurteilung einzubeziehen.[40] Das ist nicht überraschend: Welcher Sohn, welche Tochter möchte Vater oder Mutter schon in einem Pflegeheim mit Gemeinschaftsbad unterbringen, auch wenn wegen Bettlägerigkeit eine Nutzung ausgeschlossen ist? Objektiv ist in diesem Beispiel die Notwendigkeit eines eigenen Bads ja nicht gegeben.

!

Kundenzufriedenheit ist das Ergebnis der wahrgenommenen Leistung. Eine unbefriedigende Dienstleistung wird definiert aus der Diskrepanz zwischen erwarteter und erfahrener Dienstleistungsqualität. Qualität ist definiert als Grad der Übereinstimmung einer erbrachten Leistung mit der Erwartungshaltung eines Kunden.

Neben den strukturellen Gegebenheiten und den sächlichen Ressourcen (z. B. eine Wohnung) tragen Mitarbeiter eines Unternehmens wesentlich zur Dienstleistungsqualität bei. Schon 1997 wurde bei Projekten zur Qualitätssicherung im Krankenhaus der Zusammenhang zwischen der Mitarbeiterzufriedenheit und der geleisteten Arbeit (an-)erkannt. Qualifikationsprogramme, Selbstbeobachtung und Selbstreflexion, aber auch ein steter und umfassender Erfahrungsaustausch sollte die Grundlage für einen kontinuierlichen Verbesserungsprozess in allen Ebenen bilden.

Es wundert daher nicht, dass auch Wohnungsunternehmen mit ihren Hausmeistern eine Qualitätsoffensive starten, denn diese sind schließlich eine Visitenkarte des Immobilienunternehmens. Der Ansatz, Kunden und Mitarbeiter in die Betrachtung einzubeziehen, spiegelt sich auch

38 Zur Definition siehe Kapitel 6.4, vgl. auch Kapitel 7.3, Abbildung 7.1.

39 Vgl. Meyer, Mattmüller, in: [Matul, C. (1995)], S. 84.

40 Vgl. [Müller, B. (1997)].

in der Balanced Scorecard wider, wenn Mitarbeiterpotenziale und Prozesse als wichtig für die Kundenzufriedenheit und den unternehmerischen Erfolg erkannt werden.

Die Beurteilung von Standards oder Modellen bezieht sich daher i. d. R. auf die **Ressourcen-/Strukturqualität**, die z. B. in personalintensiven Bereichen am Stellenschlüssel (Verhältnis zwischen Personal und Mieter/Kinder/Betroffenen) oder an Personalaufwandszahlen gemessen werden kann. Die Kennzahl Mieteinheiten pro Mitarbeiter ist in der Wohnungswirtschaft eine gebräuchliche Kennzahl. Die Strukturqualität kann sich in der barrierearmen oder -freien Ausstattung einer Wohnung darstellen. Bei Hotels ist es beispielsweise die bauliche Verfügbarkeit des Spa-Bereichs. Ressourcen- und Strukturqualität werden auch im Mietspiegel abgebildet, der in einigen Städten vorhanden ist: Dieser zielt insbesondere auf Ausstattungsmerkmale.

Nicht nur in der Medizin kommt der innerbetrieblichen Organisation, Qualitätsdefinition und Qualitätskontrolle als Teil der **Prozessqualität** eine besondere Bedeutung zu. Dies wird besonders deutlich, wenn es sich um Reaktionszeiten handelt. Beispielsweise sind endlose Warteschleifen in der Auftragsannahme zu vermeiden.

Ergebnisqualität ist nur durch einen vielschichtigen Prozess auf der Grundlage vorhandener Strukturen zu erreichen. Sie ist daher stets von individuellen, zeitlichen und lokalen Umständen abhängig.

In Tabelle 3.5 sind die Unterscheidung zwischen Leistungs- und Qualitätsbegriff sowie die Abhängigkeiten formuliert.

Die erwartete (Dienst-)Leistung wird in den Auftragsbeziehungen geregelt, z. B. in Dienstverträgen nach § 611 BGB und ergebnisorientierten Werkverträgen gemäß §§ 631 ff. BGB.[41] Unterschiede ergeben sich in der erwarteten und wahrgenommenen (Dienst-/Werk-)Leistung. So können z. B. Reinigungsleistungen leistungs- oder ergebnisorientiert ausgeschrieben werden.[42] Die Ausschrei-

Tab. 3.5: Der Leistungs- und Qualitätsbegriff aus der Pflegewirtschaft analog für die Immobilienwirtschaft.[43]

	Leistungsbegriff		Qualitätsbegriff
1.	**erwartete Leistung** – z. B. Vermittlung eines Telefongesprächs (fachliche Anforderung)	⇓	
2.	**erbrachte (Dienst-)Leistung** – z. B. Vermittlung eines Telefongesprächs (fachliche Anforderung)	⇓	**Ressourcen-/Strukturqualität** abhängig von – organisatorischen Bedingungen – der (Personal-)Qualifikation – dem Personal(-schlüssel) – der Ausstattung (des Personals) – Zugangs-/Nutzungsmöglichkeiten
		⇓	**Prozessqualität** – Gesamtheit aller Aktivitäten während der Erstellung der (Dienst-)Leistung
		⇓	**Ergebnisqualität** Veränderung der Ausgangslage beim Kunden/Nutzer
3.	**wahrgenommene Leistung (Kundenzufriedenheit)** – z. B. Telefonzentrale nicht erreicht (Empfindung)		rot: erwartetes > wahrgenommenes Ergebnis gelb: erwartetes = wahrgenommenes Ergebnis grün: erwartetes < wahrgenommenes Ergebnis

41 Vgl. Kapitel 7.3 und 7.4.

42 Vgl. [FIGR Bericht Nr. 9], [FIGR Bericht Nr. 10].

43 Vgl. [Bogenstätter, U. (2001)], S. 22.

bungen erfolgen auch ergebnisorientiert.[44] Entscheidend ist dort nicht die erbrachte Leistung, sondern sind die Beanstandungen, wie z. B. „Aschenbecher sind nicht geleert". So lautet bei einer Standardausschreibung die Tätigkeit zur Reinigung eines textilen Fußbodenbelags nach Dienstvertragsrecht „textilen Fußbodenbelag saugen" und „Fleckentfernung bei textilem Belag"[45], bei einer ergebnisorientierten Ausschreibung sind es Beanstandungen wie „verschmutzte Sockelleisten", „verschmutzte Ecken und Kanten", „Grobschmutz auf Fußböden", „lose aufliegender Feinschmutz auf Fußboden", „haftende Verschmutzungen auf dem Fußboden (z. B. Flecken)", „Gehspuren auf dem Fußboden", „Absatzstriche auf dem Fußboden", „Wischspuren", „fehlerhafte Pflege" oder „Schäden am Fußboden".[46]

In ähnlicher Weise kann bei Bauleistungen nach funktionalen und ausführungsorientierten Ausschreibungen unterschieden werden.

Es verwundert daher nicht, dass ein interner FM-Dienstleister in seinem Qualitätssicherungsprogramm mittels **Kundenzufriedenheitsanalysen** nicht nur Kriterien der Ressourcen-/Strukturqualität, sondern auch die Prozess- und Ergebnisqualität sowie die Wahrnehmung des Kunden und Nutzers einbezieht. Zu den klassischen Methoden der Messung der Kundenzufriedenheit gehören Umfragebögen. Eine Checkliste zur Abfrage der Mieterzufriedenheit findet sich in VDI 6009.[47] Gegenstand der Bewertung sind neben dem Bauwerk – Baukonstruktion, Bauwerk/technische Anlagen, Außenanlagen – auch die Behaglichkeit, die Reinigung/Entsorgung, die Sicherheit, die Mängelannahme und die Kostensituation. Kriterien hierfür sind der Zustand, die Mängel, das Erscheinungsbild, die thermische und akustische Behaglichkeit sowie der Service. Teradyne geht hierzu einen Schritt weiter und stellt die Fragebögen den Mitarbeitern online zur Verfügung (s. Tab. 3.6).

Kriterien zur Beurteilung des Service sind im gewerblichen Immobilienmanagement z. B. auch die Qualität bei der Reinigung, Instandhaltung, Instandsetzung oder Erneuerung, die Rechtzeitigkeit und Pünktlichkeit insbesondere bei der Instandhaltung (laufende Instandsetzung).[48]

Tab. 3.6: Messung von Kundenzufriedenheit.[49]

	Kundenzufriedenheit	
1.	Personal des FM-Teams	technische Kompetenz, Fachkenntnis bezüglich des Gebäudesystems, Erreichbarkeit/Verfügbarkeit, Vertrauenswürdigkeit, Erscheinung, Höflichkeit, Verstehen der Anforderungen
2.	Gebäudeservice	Qualität der Reinigung, Instandhaltung, Reparaturen, Neuerungen; Rechtzeitigkeit und Pünktlichkeit der Instandhaltung, Reparaturen; Reinigungsintervall
3.	Gebäudeumgebung	Lage, Verfügbarkeit von Parkraum, Verfügbarkeit von Öffentlichkeit, Sicherheit, Attraktivität, Boden-/Landschaftsgestaltung, Orientierungshinweise, Temperatur, Beleuchtung, Geräuschpegel, Luftqualität in geschlossenen Räumen, Möbel, Ausgestaltung der Räume, Zutrittsmöglichkeiten für Menschen mit einer Behinderung, Ruheräume, allgemeine Räume
4.	Gebäudeausstattung	Aufzüge, Wasserversorgung, Wärmeversorgung, Klimaanlagen, Luftzirkulation
5.	Geschäftsvorfälle	Einfachheit der täglichen Geschäftsvorfälle, Verfügbarkeit allgemeiner Anforderungen, Flexibilität, Antwortverhalten, Effizienz der Kommunikation

44 Vgl. [FIGR Bericht Nr. 9].
45 Vgl. [FIGR Bericht Nr. 10], S. 18.
46 Vgl. [FIGR Bericht Nr. 9], S. 17.
47 [VDI 6009 Bl. 2 2003-12], S. 40.
48 Vgl. [TERADYNE (2005)].
49 Siehe [TERADYNE (2005)], S. 26 ff.

Bei der Kundenzufriedenheit besteht Optimierungspotenzial. In einer bundesweiten repräsentativen Umfrage Anfang 2008 wurden insgesamt 1.500 Mieterhaushalte befragt. Die Zufriedenheit der Mieter wurde mit einer Durchschnittsnote von 1,0 bis 5,0 bewertet. Der Durchschnittswert war mit 2,53 besser als der von Fondsgesellschaften und Finanzämtern, aber schlechter als der von Postfilialen, Mobilfunkanbietern, Optikern (1,96) und Buchversandclubs (1,99).[50] Möglichkeiten, durch gezielte Maßnahmen wie organisatorische Regelungen und Schulungsmaßnahmen der Mitarbeiter Abhilfe zu schaffen, sind in Tabelle 3.7 aufgeführt.

Tab. 3.7: Zufriedenheit von Wohnungsmietern mit den Leistungen der Vermieter.[51]

	Kriterium	Note	Mögliche Maßnahmen
1	Freundlichkeit im persönlichen Gespräch	2,1	Personalschulung
2	Freundlichkeit am Telefon	2,1	Personalschulung
3	telefonische Erreichbarkeit	2,2	technische Unterstützung durch Telefonanlagen mit ACD/CTI
4	persönliche Erreichbarkeit	2,3	Personaleinsatzplanung
5	Verbindlichkeit der Zusagen	2,3	organisatorische Regelungen im Unternehmen, Auskunftsfähigkeit der Mitarbeiter durch eine elektronische Mieter- und Haus- bzw. Wohnungsakte
6	Kompetenz der Mitarbeiter	2,4	Personalschulung
7	schnelles Erledigen von Anfragen	2,4	Unternehmensportal und Dokumentenmanagementsysteme mit integrierter Workflow-Unterstützung
8	Umgang mit Beschwerden	2,5	Nachverfolgung durch Statusberichte und Reports

Einer Feststellung der **wahrgenommenen Leistung** sollte eine Auseinandersetzung mit der **erwarteten Leistung** folgen. Die Orientierung auf die Ergebnisqualität spiegelt sich auch in einer Studie zur Wohnungswirtschaft der Universität Hannover wider.[52] Neben der Wohnung, dem Wohnumfeld, und der Wohnsituation wurde der persönliche Eindruck der Mitarbeiter auf den Mieter abgefragt. Gleichzeitig wurde ermittelt, welche komplementären oder peripheren Zusatzleistungen von den Mietern gewünscht werden.

Zufriedenheitsanalysen bieten sich daher nicht nach dem Erstkontakt oder der Kündigung an, sie sind vielmehr ein aktives Instrument der Kundenorientierung in einem laufenden Vertragsverhältnis. Dabei sind zwei Fälle zu unterscheiden.

- Fall 1: Die Abfrage der Kundenzufriedenheit bezieht sich auf eine konkrete Leistung.
- Fall 2: Es handelt sich um eine allgemeine Abfrage der Kundenzufriedenheit in einem regelmäßigen Turnus (z. B. halbjährlich) für eine ausgewählte Strichprobe.

3.5.2 Leistungsangebote je nach Lebensphase und Altersstruktur

Ausgangspunkt zur Qualitätsbestimmung ist die erwartete Leistung des Kunden, der als Person aber oft nicht direkt befragt werden kann, weil z. B. der Käufer einer Eigentumswohnung zu Baubeginn noch nicht bekannt ist. Zur Bestimmung der erwarteten Leistungen sind daher Studien und Einschätzungen nach Zielgruppen notwendig.

50 Siehe [Harms, B. (2008g)], S. 58.
51 Vgl. [Harms, B. (2008g)], S. 58 zu den Kriterien und der Note.
52 Siehe [Hohm, D. (2002k)], S. 38 ff.

Tab. 3.8: Merkmale individueller Lebensphasen und Haushaltstypen nach Altersklassen.[53]

Nr.	Alter	Bezeichnung
1.	< 16	Kindheit (junge Familien, Alleinerziehende)
2.	14–16	Jugend (Azubis)
3.	16–65	Erwachsenenalter
	Starterhaushalte (18–30 Jahre)	
	16–22	Identitätsbildung (Studierende)
	22–28	Loslösen vom Elternhaus (Singles)
	Konsolidierungsphase (30–45 Jahre)	
	28–35	Lebensgemeinschaften (Paare, junge Familien)
	35–45	Der Tod rückt ins Bewusstsein der Menschen (Alleinerziehende, Singles)
	Nachfamilienphase, „2. Orientierung" (45–65 Jahre)	
	46–65	der Ruhestand rückt ins Bewusstsein (Generation 50+)
	altersspezifische Wohnaspekte (über 65 Jahre)	
4.	> 65	Ruhestand (Generation 65+)
	65–70	junges Alter
	70–80	mittleres Alter
	> 80	hohes Alter

Nur wer seinen Kunden und Nutzer kennt, kann die erwartete Leistung liefern. Neben den klassischen Kundenumfragen ist eine Erfassung von Bestandskundendaten unerlässlich. Doch was soll erfasst werden?

Nachfolgend wird auf vier Punkte eingegangen: die Lebensphasen, die Altersstruktur, die Beeinträchtigungen eines Menschen und das Konsumverhalten.

- Lebensphasen: In Anlehnung an Gould[54] können persönliche, altersbedingte Lebenssituationen von der Kindheit bis zum Greisenalter beschrieben werden (s. Tab. 3.8). Zielgruppenorientierte Angebote finden sich etwa bei der Leipziger Wohnungs- und Baugesellschaft mbH (LWB), z. B. unter dem Stichwort „Paare" oder „Generation 65+".
- Altersstruktur: Im Hinblick auch auf vergreisende Genossenschaften oder Stadtteile ist die Kenntnis der Altersstruktur in bestehenden Wohngebäuden und -gebieten unverzichtbar, um langfristig zielgruppengerecht anbieten zu können (vgl. Tab. 3.9).
- Beeinträchtigungen: Einige Menschen haben Behinderungen. Dieses Merkmal ist angesichts einer alternden Gesellschaft von steigender Bedeutung. Bei Behinderungen wird nach Schädigung, Fähigkeitsstörung und Beeinträchtigung unterschieden.[55] Diese Unterscheidung ist insbesondere im Gesundheits- und Sozialbereich von Bedeutung, um die Nachfrager hinsichtlich Nutzerkreis, Pflegesätze und Raumbelegungsplanung zu beschreiben.
- Konsumgruppen nach Sociovision werden weiter unten in Abbildung 3.22 beschrieben.

In der Kindheit steht zunächst die Wahlmöglichkeit des Handelns im Vordergrund. Es folgt eine zunehmende Unabhängigkeit von den Bezugspersonen in der Jugend. Nach der Lösung aus der Familie und dem Eintritt in die Erwerbstätigkeit beginnen neue Lebensgemeinschaften in mehreren Zyklen. Zuletzt steht die Phase des Ruhestands im Mittelpunkt. Mit jedem Lebensabschnitt verändert sich die Art und Gewichtung der Lebensstile erheblich. In der Studie Wohntrends 2020 wird der Veränderung bei den Lebensphasen der letzten Jahrzehnte Rechnung getragen, indem insbesondere eine 2. Orientierungsphase in der Altersklasse 45–65 Jahre berücksichtigt wird. In der Studie wird außerdem eine Zuordnung von Haushaltstypen nach Altersklassen vorgenommen.[56] Aus Altersklassen und/oder Haushaltstypen lassen sich Zielgruppen ableiten.

---

53 Bezeichnung der persönlichen Lebensphase in Anlehnung an [Gould, R. (1979)], Haushaltstypen (kursive Schrift) nach [GdW Branchenbericht 3], S. 42, zielgruppenorientierte Angebote (in Klammern gesetzt) nach LWB.

54 [Gould, R. (1979)].

55 Siehe [WHO ICIDH-2].

56 Siehe [GdW Branchenbericht 3], S. 42.

Tab. 3.9: Bevölkerung nach Geschlecht und Alter in 11 Altersklassen.[57]

	Altersklasse	Anzahl	%, davon	männlich %	weiblich %
1.	<3	1.982.950	2,5	51,1	48,9
2.	3–5	2.020.500	2,5	51,3	48,7
3.	6–14	6.777.130	8,4	51,3	48,7
4.	15–17	2.358.000	2,9	51,3	48,7
5.	18–24	6.576.550	8,2	51,1	48,9
6.	25–29	4.815.140	6,0	50,4	49,6
7.	30–39	9.493.590	11,8	50,2	49,8
8.	40–49	13.345.280	16,6	50,6	49,4
9.	50–64	16.333.080	20,4	49,5	50,5
10.	65–74	9.041.320	11,3	47,0	53,0
11.	≥75	7.476.130	9,3	37,1	62,9

Aus der Analyse lassen sich ggf. auch neue Geschäftsfelder als Zusatzleistungen generieren.[58] Leistungen lassen sich in der Wohnungswirtschaft wie folgt differenzieren:

- **obligatorische Leistungen** sind Hauptpflichten (Gebrauchsüberlassung und Erhaltungspflicht) und Nebenpflichten sowie begleitende Maßnahmen des Vermieters: Beschwerdemanagement, Mietschuldenmanagement, Hotline, Kundenbefragung,
- **komplementäre Zusatzleistungen** (3S+) sind wohnbegleitende Sach-/Dienstleistungen, z. B. Sauberkeit, Sicherheit und Service, und
- **periphere Zusatzleistungen**, z. B. Car-Sharing-Angebote.

Einer anfänglichen Euphorie kann allerdings auch die Ernüchterung folgen. Nicht jede noch so gut angedachte Idee findet ausreichend Anklang. Anfang der 2000er-Jahre beispielsweise fragte das Evangelische Siedlungswerk Bayern seine Mieter, welche Leistungen außer der klassischen Verwalterleistung erwarten würden. Ergebnis: Nur wenige wünschten Zusatzleistungen und diese beschränkten sich im Wesentlichen auf Leistungen für ältere Menschen Die Mieter erwarteten vor allem Professionalität in der Verwaltung der Wohnung und dann erst weitere Leistungen.[59]

3.5.3 Konsumgruppen und Milieus nach Sociovision

Werbespezialisten und Soziologen identifizieren seit Langem die Lebensstile von Menschen, um neue Zielgruppen zu definieren. Bekannt seit den 1980er-Jahren sind z. B. die Yuppies (Young Urban Professional People), später die Dinks (Double Income, No Kids), und vor nicht allzu langer Zeit wurden Lohas (Lifestyle Of Health And Sustainability) als Zielgruppe definiert.

Die Einschätzung der Kunden und Nutzer nach ihrem Lebensstil, ihrer Art zu leben und ihren Konsummustern kann auch nach einem Milieumodell von z. B. Sinus Sociovision erfolgen, das aus Sicht der Konsumforschung die Menschen nach dem Lebensstil, nach „Gruppen Gleichgesinnter“, klassifiziert (s. Abb. 3.22). Dieses Milieumodell wird insbesondere in der Konsumforschung eingesetzt. Danach lassen sich Milieus wie folgt charakterisieren:[60]

57 Daten nach [statistik.bayern Zensus2011], 00_BEW_1_1_1.

58 Vgl. [GdW (2004H)], S. 19.

59 Siehe Reiß-Fechter, Dagmar, in: [ESW (2003)], S. 148.

60 Vgl. [Sinus Sociovision (2015)].

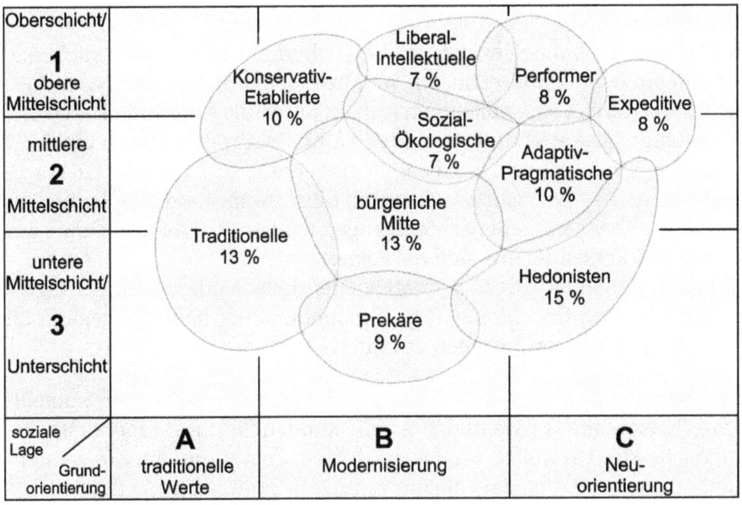

Abb. 3.22: Einordnung der Menschen in Konsumgruppen.[61]

Sozial gehobene Milieus

- **Konservativ-etabliertes Milieu** (10 %): Das Milieu des klassischen Establishments besitzt eine Verantwortungs- und Erfolgsethik, hat Exklusivitäts- und Führungsansprüche, ein Standesbewusstsein und einen zunehmenden Wunsch nach Ordnung und Balance.
- **Liberal-intellektuelles Milieu** (7 %): Die aufgeklärte Bildungselite hat eine kritische Weltsicht und eine liberale Grundhaltung sowie postmaterielle Wurzeln. Der Wunsch nach Selbstbestimmung und Selbstentfaltung ist vorhanden.
- **Milieu der Performer** (8 %): Die multioptionale, effizienzorientierte Leistungselite besitzt globalökonomisches Denken im Selbstbild der Konsum- und Stilavantgarde. Es besteht eine hohe Affinität zu Technik und IT. Diese Gruppe hat eine Tendenz, sich zu etablieren, ihr visionärer Elan löst sich aber auf.
- **Expeditives Milieu** (8 %): Die ambitionierte kreative Avantgarde ist ein transnationaler Trendsetter – mental, kulturell und geografisch mobil, online und offline vernetzt, nonkonformistisch und auf der Suche nach neuen Grenzen und neuen Lösungen.

Milieus der Mitte

- **Bürgerliche Mitte** (13 %): Der leistungs- und anpassungsbereite bürgerliche Mainstream bejaht generell die gesellschaftliche Ordnung. Es besteht einerseits der Wunsch nach beruflicher und sozialer Etablierung, nach gesicherten und harmonischen Verhältnissen, andererseits sind Ängste vor wachsender Überforderung und Abstieg vorhanden.
- **Adaptiv-pragmatisches Milieu** (10 %): Die moderne junge Mitte ist geprägt von Lebenspragmatismus und Nützlichkeitsdenken und leistungs- und anpassungsbereit, hat aber auch den Wunsch nach Spaß und Unterhaltung. Sie zeigt sich zielstrebig, flexibel, weltoffen, hat aber gleichzeitig ein starkes Bedürfnis nach Verankerung und Zugehörigkeit.
- **Sozial-ökologisches Milieu** (7 %): Die Mitglieder sind im gesellschaftskritischen Milieu engagiert und haben normative Vorstellungen vom „richtigen“ Leben. Dazu gehört ein ausgeprägtes ökologisches und soziales Gewissen. Sie sind Globalisierungsskeptiker, aber auch Bannerträger von Political Correctness und Diversity (Multikulti).

---

61 Eigene Darstellung, Daten übernommen aus [Sinus Sociovision (2015)].

Milieus der unteren Mitte/Unterschicht

- **Traditionelles Milieu** (13 %): Hier handelt es sich um die „Sicherheit und Ordnung" liebende ältere Generation, verhaftet in der kleinbürgerlichen Welt bzw. in der traditionellen Arbeiterkultur. Sie ist gekennzeichnet durch Sparsamkeit und Anpassung an die Notwendigkeiten, bei ihnen stellt sich eine zunehmende Resignation und das Gefühl des Abgehängtseins ein.
- **Prekäres Milieu** (9 %): Hier handelt es sich um die um Orientierung und Teilhabe („dazugehören") bemühte Unterschicht. Der Wunsch, Anschluss an die Konsumstandards der breiten Mitte zu halten, ist verbreitet, aber soziale Benachteiligungen häufen sich. Ausgrenzung wurde erfahren, Verbitterung und Ressentiments sind die Folge.
- **Hedonistisches Milieu** (15 %): Die spaß- und erlebnisorientierte moderne Unterschicht/untere Mitte lebt im Hier und Jetzt, unbekümmert und spontan. Sie ist häufig angepasst im Beruf, bricht aber in der Freizeit aus den Zwängen des Alltags aus.

Die Anwendung kann in der Immobilienwirtschaft darin liegen, die Produktpalette eines Immobilienunternehmens nicht angebotsorientiert (Wie finden wir die Kunden für unser Produkt?), sondern nachfrageorientiert (Welche Kunden wollen wir?) auszurichten. So war die „Nachfrageorientierte Immobilienmarktanalyse unter Nutzung der Milieuforschung" schon ein Thema des Beitrags der Immobilien- und Wohnungswirtschaft auf der EXPO-REAL 2004.[62]

Die Milieuorientierung beginnt, in der Wohnungswirtschaft Einzug zu halten, und dies aus gutem Grund. Während in den 1960er-Jahren der Drei-Personen-Haushalt ein häufiges Modell war, differenzieren sich zunehmend Ein-, Zwei- und Drei-Personen-Haushalte mit unterschiedlichen Lebenskonzepten heraus: Familien, kinderlose Ehepaare, Alleinerziehende, Lebenspartner, Studenten. Der gesellschaftliche und demografische Wandel hat sich im Bedarf an einem differenzierten Wohnungsangebot niedergeschlagen. In zunehmendem Maße werden auch Milieus von Migranten einbezogen.[63]

Falls nicht gleich eine umfassende Milieustudie als Grundlage für die Immobilienwirtschaft herangezogen wird, lassen sich weitere Kundengruppen nach Lebensstil und Lebensphase oder spezielle Angebote bilden. Mithilfe von Befragungen der Kunden können die Wünsche identifiziert und Fehlinvestitionen vermieden werden.

Zum Lebensstil können der Starterhaushalt, Familiengründer, Single 28–40 Jahre, Best-Ager oder die Generation 65+, zur Einkommensklasse geringeres und höheres Einkommen, zu Haushaltstypen Einfamilienhaus, Zweifamilienhaus, Doppelhaus, Reihenhaus, Mehrfamilienhaus oder sonstige Haushaltstypen gezählt werden. Die Bezeichnungen wechseln je nach Vorliebe des Bearbeiters.

Dass sich je nach Lebensphase eines Menschen seine Bedürfnisse unterscheiden, machen sich z. B. die Leipziger Wohnungs- und Baugesellschaft mbH (LWB) und die Gebäude- und Grundstücksgesellschaft Zwickau mbH (GGZ) zunutze, indem sie zielgruppengerechte Angebote offerierten.

Die LWB entwickelte in den 2000er-Jahren ein Angebot für Azubis, Studenten, Paare, junge Familien, Familien, Alleinerziehende, Singles und 50+, wie z. B. City-Wohnen für Studierende und Singles, Wohnungen zur temporären Anmietung („Streitwohnungen"), falls der Haussegen schiefhängt, oder Wohnungen für Familien 50+ mit einem Schnarcher (s. Abb. 3.23). Mit einer provokanten Werbekampagne konnte die LWB ihren Bekanntheitsgrad über Leipzig hinaus ausdehnen und die Leerstandsquote nachweislich reduzieren.

Folgerichtig wird für das Portfoliomanagement das Angebot nach der Zielgruppe definiert, gemäß den Wohnkonzepten des GdW:[64] Es gibt das konventionell-situierte, kommunikativ-dynamische, häuslich-familiäre, anspruchsvolle, solide-bescheidene und einfach-funktionale Wohnkonzept.

62 Siehe auch [Hallenberg, B. (2005d)], [Appel, C. (2005c)] und [Kasper, B. (2004a)].

63 Vgl. [Loibl, R. (2008a)], S. 38 f.

64 Siehe [GdW Branchenbericht 3], S. 14.

Abb. 3.23: Zielgruppenorientiertes Marketing: 50+, Werbekampagne der LWB (Postkarte 2007).

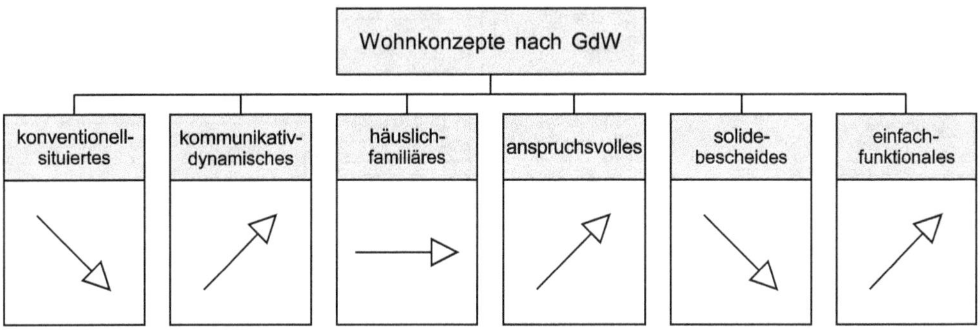

Abb. 3.24: Wohnkonzepte nach GdW.[65]

Unter Berücksichtigung von Alter, Haushaltstyp (Lebensphasenmodell im Sinne von Singles, Paaren oder Familien), Wohnkaufkraft (Haushaltseinkommen, das für das Wohnen zur Verfügung steht (Äquivalenzeinkommen)) sowie Wohnkonzept (Lebensstil, Wertorientierungen, Wohnwünsche) gilt es, die passende Wohnung anzubieten (s. Abb. 3.24). Voraussetzung in allen Fällen ist jedoch, dass der eigene Bestand in seinen Qualitäten erkannt wird.

3.5.4 Kundenwünsche und der Markt aus Sicht des Vertriebs und der Makler

Die Vermarktungschancen werden wesentlich von Angebot und Nachfrage bestimmt. Eine genaue Kenntnis des Marktes ist dafür unverzichtbar. Zur Kundenorientierung und Entwicklung von Angeboten ist die Kenntnis über den Zusammenhang zwischen Angebot und Nachfrage in einem kurz-, mittel- und langfristigen Planungszeitraum unbedingt notwendig. Die Planungsinhalte sind in Abbildung 3.25 dargestellt. Mit der Veränderung des Flächenangebots verändert sich auch die Funktion aus Angebot und Nachfrage und beeinflusst die Preise. Nur die Kenntnis des Marktes verhindert Fehlinvestitionen.

65 Vgl. [GdW Branchenbericht 3], S. 14.

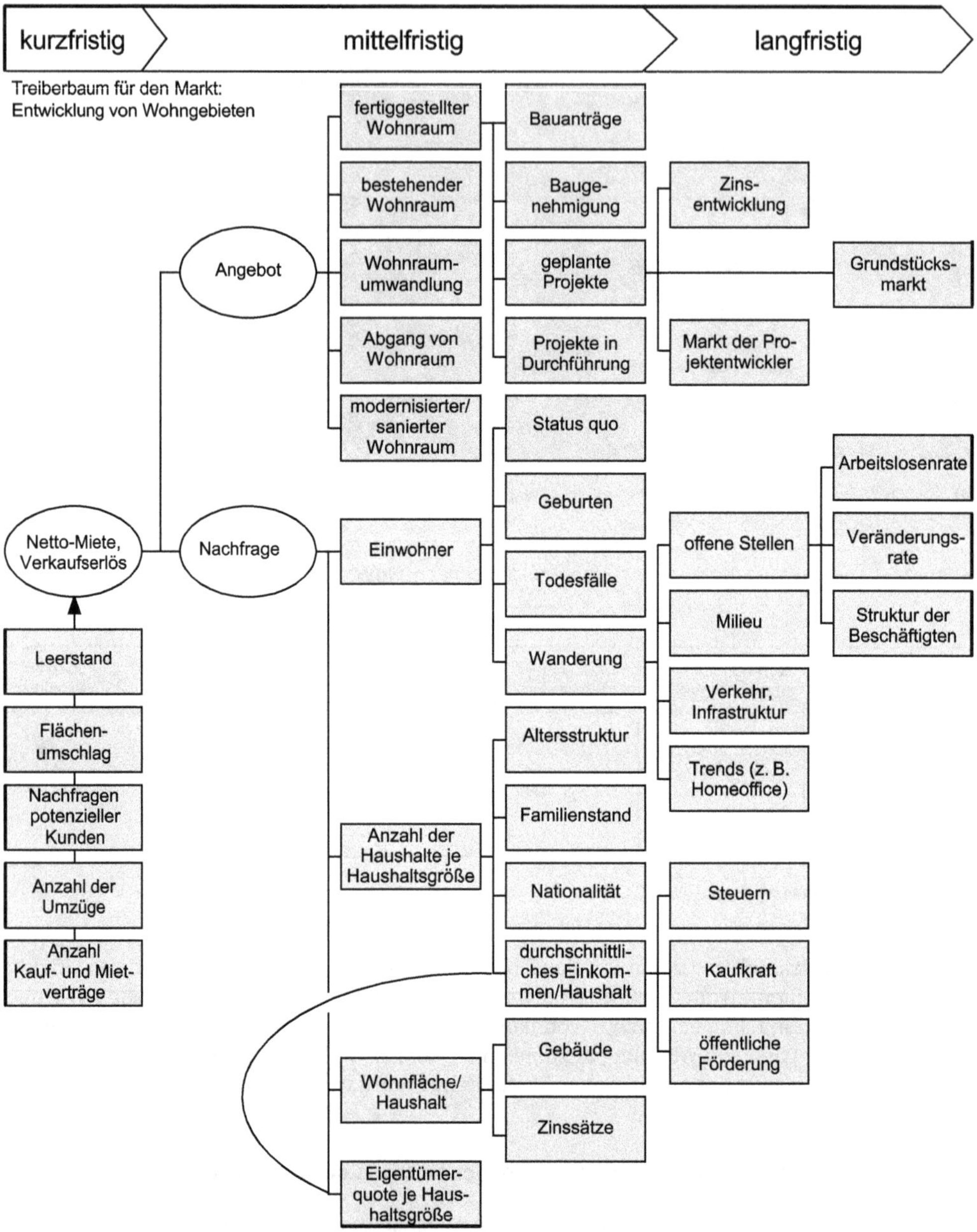

Abb. 3.25: Indikatoren für die Einschätzung von Angebot und Nachfrage in der Wohnungswirtschaft.[66]

66 Quelle: eigene Darstellung.

Immobilien sind Produkte, die vermarktet werden. Vertriebliche Leistungen werden direkt am Erfolg gemessen: Ein Vertrieb sollte in der Lage sein, „boomende Geisterstädte" zu vermarkten.[67] Auch in Bezug auf die bunte Welt der Mieter gilt es, „für jeden Deckel einen Topf finden". Für eine erfolgreiche Vermarktung lassen sich grundsätzlich zwei Strategien unterscheiden:

- **Push-/Angebot**sstrategie bzw. Absatzwege-Politik: Bei dieser Strategie wird ein Produkt kreiert, für das anschließend der Absatzmarkt gesucht wird. Der Kunde ist zunächst weitgehend unbekannt. Die Fertighausindustrie verfolgt diese Strategie seit Längerem.
- **Pull-/Nachfrage**strategie bzw. (Objekt-)Angebotspolitik: Die Kundenbedürfnisse werden analysiert, um Produkte und Dienstleistungen für den/mit dem passenden Kunden zu entwickeln. Im Extremfall handelt es sich um das individuelle Architektenhaus. Auch hier kommt die Fertighausindustrie mit individuell zugeschnittenen Angeboten potenziellen Käufern entgegen.

In der Projektentwicklung findet sich die Push-Strategie (z. B. Verkauf fertiggestellter Apartments) zunehmend seltener. Um das Risiko zu senken, werden mithilfe der Pull-Strategie Gebäude auf der Grundlage eines Plans an bekannte Käufer verkauft. Wohnungsunternehmen wenden die Push-Strategie für das bereits bestehende Wohnungsangebot an. Die Chance der Pull-Strategie liegt darin, den passenden (solventen) Mieter auszusuchen. Das vermindert das Mietausfallrisiko. So ist es ein Ziel, auch Bestandsmietern bei Bedarf zusätzliche Mietflächen anbieten zu können und sie als „Binnenwanderer" auch bei geänderten Lebensumständen zu halten.

Die Kunst besteht allerdings darin, den passenden Strategie- und Marketing-Mix zu finden. „Der isolierte und unkoordinierte Einsatz der [...] beschriebenen Marketinginstrumente kann dazu führen, daß sich die Wirkungen beeinträchtigen oder gar aufheben. Deshalb ist es Aufgabe eines planvollen Marketing-Mix [...], die Marketinginstrumente so miteinander zu kombinieren und aufeinander abzustimmen, dass ein widerspruchsfreies Marketingkonzept entsteht."[68]

Der **Marketing-Mix (4Ps)** besteht aus den Instrumenten Produkt-, Preis-, Absatzwege- und Kommunikationspolitik. Dafür gibt es jeweils viele Möglichkeiten:[69]

- **Product –** (Objekt-)Angebotspolitik bzw. Produktpolitik, Sortimentspolitik, Leistungspolitik: Dazu gehören Qualität, Ausstattungsmerkmale, Extras, Styling, Markenname, Verpackung, Packungsgrößen, Kundendienst, Garantieleistungen und Rücknahmegarantie.
- **Price** – Preispolitik: Gestaltungsmöglichkeiten ergeben sich im Listenpreis sowie durch Rabatte, Nachlässe, Zahlungsfristen und Finanzierungskonditionen.
- **Place –** Absatzwege- bzw. Vertriebspolitik: Es stehen verschiedene Optionen zur Verfügung wie Distributionskanäle (Universal- und Selektivvertrieb), Marktabdeckungsgrad, Lage der Bezugsorte, Warenbestände und Warenlogistik.
- **Promotion** – Kommunikationspolitik: Als Möglichkeiten stehen Werbung und Öffentlichkeitsarbeit, persönlicher Verkauf und Verkaufsförderung offen.

Die Bestandteile der Angebots-/Produkts-„Immobilie" (Product) sind aus Sicht eines Immobilienunternehmens das Kernprodukt, das formale Produkt, das erweiterte Produkt sowie komplementäre Zusatzleistungen:

- Das Kernprodukt ist die zentrale Problemlösungsfunktion, das bedeutet bei einer Immobilie: das Dach über dem Kopf, im Büro arbeiten, Güter produzieren, Waren produzieren und lagern können, ... Aus Sicht des Vermieters gehören dazu obligatorische Leistungen (Gebrauchsüberlassung und -erhaltungspflicht) und die Nebenpflichten (begleitende Maßnahmen des Vermieters wie Beschwerdemanagement, Mietschuldenmanagement, Hotline, Kundenbefragung, Instandhaltung, Betriebskostenabrechnung).

67 Vgl. [Woodworth, M. (2011k)].

68 [Kippes, S. (2005)], S. 12 f.

69 Vgl. [Kippes, S. (2005)], S. 462 ff.

- Das formale Produkt bietet zusätzliche physische und nicht physische Komponenten, z. B. in der Immobilienwirtschaft den Mikro- und Makrostandort, das Image und (bauliche) Qualitäten des Objekts – sprich, alle Vorteile.
- Das erweiterte Produkt sind zusätzliche (Service-)Leistungen. Dazu zählen Verwalterdienstleistung, Vermietungsservice eines Maklerunternehmens, Kundenbetreuung, Umzugshilfe, auch wohnbegleitende (Sach-)Dienstleistungen, z. B. besondere Qualitäten hinsichtlich **S**auberkeit, **S**icherheit und **S**ervice (3S+).
- Cross-Selling oder komplementäre Zusatzleistungen sind z. B. Car-Sharing-Angebote, Reiseservice, bei Maklern z. B. Objekt- oder Verwertungskonzepte.

Bei Holm werden als mögliche komplementäre Zusatzleistungen in Bezug auf Wohnen genannt:[70]
- Entlastung im Alltag: Hol- und Bringdienste, Haushaltshilfe
- Sparen: Rabatt-/Bonussysteme, Energieberatung
- Sicherheit: Concierge, Notrufeinrichtung
- Gesundheit und Wohlbefinden: Pflegedienstleistungen, Gesundheitsberatung, Notrufeinrichtung
- Erlebnisse/soziale Kontakte: Ausflugsangebot, Gemeinschaftsraum zum Feiern und für Treffs

Die Determinanten der Preispolitik (Price) sind:
- Zielsetzungen: Gewinn, Umsatz, Macht und Image
- Kosten: unternehmensspezifisch
- Nachfrage: Verbraucherschichten, Verwender
- Konkurrenz: staatliche Preisvorschriften

Die Möglichkeiten der Absatzwegepolitik (Place) sind:
- eigene Vertriebsmitarbeiter: Außendienstorganisation des Immobilienunternehmens, Vergütung der (Vertriebs-)Mitarbeiter, Verkaufsförderung
- Maklerkooperationen
- Makler

Die Möglichkeiten der Kommunikationspolitik (Promotion) sind:
- (Objekt-)Werbung
- Öffentlichkeitsarbeit (Werbung um öffentliches Vertrauen)

Die Effektivität der verschiedenen Werbe- und Vertriebsaktivitäten bei Wohnen und Gewerbe ist unterschiedlich. So hat die Anzeigenwerbung bei Wohnimmobilien einen höheren Stellenwert als bei Gewerbeimmobilien. Dafür ist bei Gewerbeimmobilien der Direktverkauf effektiver als die Anzeigenwerbung.[71]

Die positive verbale Kommunikation ist bei einem professionellen Marketing ebenfalls notwendig (s. Tab. 3.10). Ich konnte bei einem Bauträger erleben, wie er erfolgreich einen niedrigeren elektrischen Ausstattungsstandard bei gleichem Preis mit den Hinweis „Steckdosen sind nie dort, wo sie benötigt werden, und sind reine Staubfänger" verkauft hat. Die Wirksamkeit des richtigen Wordings wird uns täglich in der Werbung vorgeführt und anschließend bewiesen. Schließlich sind das Wording und das formale Produkt auf die unterschiedlichen Zielgruppen auszurichten. Ein aktives Raummanagement (Gebäudeautomation) ist für das traditionelle Milieu ggf. nicht das richtige Verkaufsargument. Der Verkauf eines Bausparvertrags für das expeditive Milieu erscheint

70 Vgl. Nutzennuklearmodell in [GdW (2004H)], S. 23 ff.

71 Vgl. Cleavely, E. S. (1984), S. 105; [Kippes, S. (2001)], S. 77.

Tab. 3.10: Bestandteile des Angebots/Produkts Immobilie in der verbalen Kommunikation.[72]

	Angebot/Produkt	Argumentierter Kundennutzen
1.	Wintergarten	Wintergarten – gönnen Sie sich ein gläsernes Wohnzimmer.
2.	schöne Küche	Eine Küche, die so bezaubernd ist, dass selbst Männer das Kochen anfangen.
3.	gute Vermietbarkeit	Durch die Nachbarschaft eines großen Gewerbegebiets mit den Fernsehstudios des BR und ZDF sowie Verwaltungsneubauten namhafter Versicherungsgesellschaften ist eine gute Vermietbarkeit gegeben.
4.	Bungalow, Alleinlage	Gönnen Sie Ihrer Familie Ruhe in einem Bungalow fernab vom Lärm des Alltags.
5.	Lage im grünen Umfeld einer Großstadt	Wälder, Wiesen, Seen und Berge – hier haben Sie die Freizeit vor der Haustür und genießen trotzdem alle Vorteile der Großstadt.
6.	Geschäftskomplex	Langfristig gut vermieteter Geschäftskomplex, Mieteinnahmen p. a. ...

weitaus schwieriger als der Verkauf eines Lofts direkt am Main in der Frankfurter City an den Performer. Ist ein großes Grundstück im Westerwald attraktiv für Hedonisten?

Einen Neukunden zu gewinnen ist ungleich aufwendiger, als einen bestehenden Kunden zu halten. Je nach Quelle werden Faktoren um sieben genannt. Den Bestandskunden zu halten setzt die Kenntnis seiner persönlichen Situation voraus. In Abbildung 3.26 ist die finanzielle Situation eines Mieters mit 55 Jahren dargestellt. Der Anteil der Wohnkosten eines Mieters im Mietwohnungsbau steigt bei Renteneintritt im Verhältnis zum verfügbaren Haushaltsnettoeinkommen. Weniger Schnickschnack für weniger Miete ist im Alter durchaus wünschenswert, zumal die Vermietungschancen grundsätzlich bei günstigen Mieten anzusteigen scheinen.[73] Hierfür ist jedoch eine genaue Marktbeobachtung notwendig.

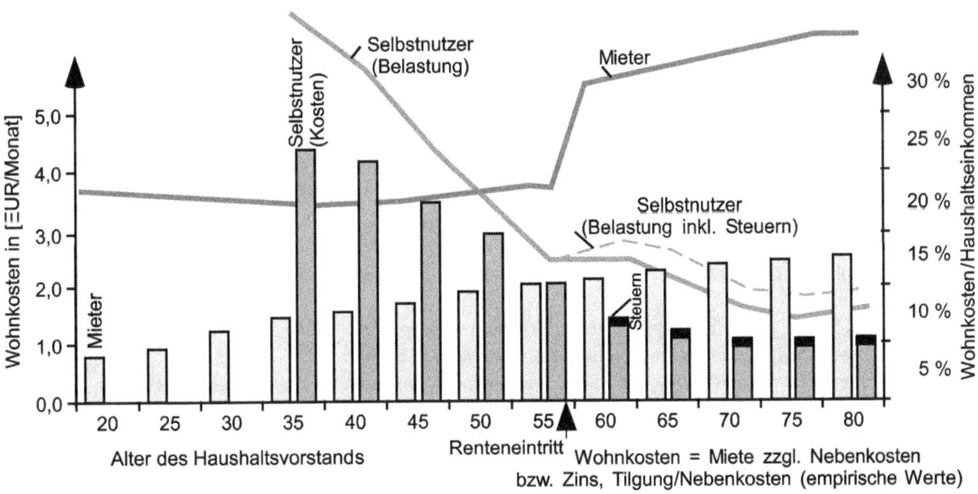

Abb. 3.26: Drückende Mietlast ab dem Alter von 55 Jahren: typische Entwicklung der Wohnkosten von Mietern und Eigentümern.[74]

72 Inhaltlicher Auszug aus [Kippes, S. (2001)], S. 90.

73 Siehe [Schrader, K. (2008a)], S. 34.

74 Vgl. [Braun, R. (2006a)], S. 7, hier im Falle eines vorzeitigen Renteneintritts.

Wohnungen in „Lila"-Lagen[75] scheinen für Rentner auch als Anlage interessant zu sein: Damit eine Wohnimmobilie für die Altersvorsorge genug abwirft, muss sie in der richtigen Region liegen. Das ist ein Ergebnis der Empirica-Studie des Deutschen Instituts für Altersvorsorge (DIA). Danach steigt die Nachfrage besonders dort, wo es die Menschen hinzieht: Investitionen lohnen sich dort, wo es schön ist (Landschaft), wo man gut hinkommt (Infrastruktur), wo etwas geboten wird (Lebensqualität) und wo man Arbeit findet. Diese sog. Lila-Lagen finden sich laut der Studie mittlerweile nicht nur in Westdeutschland und in den Großstädten, sondern überall dort, wo es eine hohe Zuwanderung gibt und Neubauten fehlen, um die Nachfrage zu decken. Letzteres könne auch in Schrumpfungsregionen der Fall sein, so die Studie, hier lohne sich dann eine Investition, wenn man den Markt und die und die Nachfrager gut kenne. Eine Garantie auf eine stabile Entwicklung des Immobilienmarkts gebe es aber nicht.

Messkriterium des Vermarktungserfolgs ist letztlich die Vermarktungsdauer (s. Kap. 8.3.3, Abb. 8.14).

Literatur

[Appel, C. (2005c)] Appel, Cornelia; Perry, Thomas; Hallenberg, Bernd; Podig, Benjamin: Wohnen in der Sinus-Trendbefragung 2004, in: vhw Forum Wohneigentum (2005), Nr. 3, S. 114–121.

[Bogenstätter, U. (2001)] Bogenstätter, Ulrich: Interdisziplinäres Modell zur Bewertung von Wohnstätten für [(schwer geistig) behinderte] Menschen in frühen Planungsphasen; Dissertation; Karlsruhe 2001.

[Braun, R. (2006a)] Braun, Rainer; Langer, Christian; Pfeiffer, Ulrich: Das KaNaPe-Modell: Integration der Wohnimmobilie in die staatlich geförderte Altersvorsorge, in: Der Immobilienverwalter (2006), Heft 1, S. 5–8.

[DIA (2013B)] Braun, Reiner; Pfeiffer, Ulrich: Wohnimmobilien zur Altersvorsorge: Worauf muss man achten?: LILA-Lagen; Berlin 2013.

[ESW (2003)] Evangelisches Siedlungswerk (ESW) Bayern (Hrsg.): Vermieterleistungen, Partner im Gespräch, Bd. 67; Köln 2003.

[FIGR Bericht Nr. 9] Lutz, Walter: Ausschreibungssystem für die Unterhalts- und Glasreinigung von Verwaltungsgebäuden mit ergebnisorientierten Leistungsverzeichnissen, FIGR Bericht Nr. 9; Stuttgart 2004.

[FIGR Bericht Nr. 10] Lutz, Walter: Ausschreibungssystem für die Unterhalts- und Glasreinigung von Verwaltungsgebäuden mit tabellarischen Leistungsverzeichnissen, FIGR Bericht Nr. 10; Stuttgart 2004.

[GdW (2004H)] Holm, Dirk; Jonuschat, Helga; Scheer, Dirk; Scholl, Gerd: Innovative Dienstleistungen „rund um das Wohnen" professionell entwickeln: Service Engineering in der Wohnungswirtschaft; Berlin 2004.

[GdW Branchenbericht 3] Bundesverband deutscher Wohnungsunternehmen (GdW) (Hrsg.): Wohntrends 2020, GdW Branchenbericht 3; Hamburg 2008.

[GGZ (2006)] Gebäude- und Grundstücksgesellschaft Zwickau (Hrsg.): Raus zu Haus – Rein Daheim: Der Ratgeber rund um die erste Wohnung, Broschüre; Zwickau 2006.

[Gould, R. (1979)] Gould, Roger L.: Lebensstufen: Entwicklung und Veränderung im Erwachsenenleben; Frankfurt a. M. 1979.

[Hallenberg, B. (2005d)] Hallenberg, Bernd; Podig, Benjamin: Wissen, wer wo wohnt – Das Beratungsangebot WohnWissen, in: vhw Forum Wohneigentum (2005), Nr. 4, S. 212–218.

[Harms, B. (2008g)] Harms, Bettina: Service: Schlechte Noten für Vermieter, in: Modernisierungs-Magazin (2008), Heft 7, S. 58–59.

[Hohm, D. (2002k)] Hohm, Dirk; Hoppe, Angela; Jonuschat, Helga; Scharp, Michael; Scheer, Dirk; Scholl, Gerd: Dienstleistungen in der Wohnungswirtschaft: Professionelle Entwicklung neuer Serviceangebote; Dokumentation des Workshops am 14.11.2002, URL: https://www.ioew.de/uploads/tx_ukioewdb/Workshopdoku_Dienstleistungen-Wohnungswirtschaft.pdf (letzter Aufruf: 03.01.2018).

[Kasper, B. (2004a)] Kasper, Birgit; Scheiner, Joachim: Wohnmobilität und Standortwahl als Ausdruck lebensstilspezifischer Wohnbedürfnisse: Ergebnisse einer Fallstudie in drei Kölner Stadtquartieren, in: vhw Forum Wohneigentum (2004), Nr. 1, S. 24–29.

75 Vgl. [DIA (2013B)].

[Kippes, S. (2001)] Kippes, Stephan: Professionelles Immobilienmarketing: Marketing-Handbuch für Makler, Bauträger, Projektentwickler und Immobilienverwalter; München 2001.
[Kippes, S. (2005)] Kippes, Stephan; Sailer, Erwin (Hrsg.): Immobilienmanagement: Handbuch für professionelle Immobilienbetreuung und Vermögensverwaltung; München 2005.
[Kippes, S. (2013)] Kippes, Stephan: Marktmonitor Immobilien 2013: Eine empirische Studie zum Immobilienmarkt mit den Schwerpunkten Wirtschaftskrise, Energieeffizienz, Problemimmobilien und Kundenbindung; Nürtingen-Geislingen 2013.
[Loibl, R. (2008a)] Loibl, Roswitha: Mehrheit der Migranten ist an einem gemischten Umfeld interessiert: Wohnwünsche von Migranten, in: Immobilienwirtschaft (2008), Heft 1, S. 38–39.
[Matul, C. (1995)] Matul, Christian: Stationäre Einrichtungen der Altenhilfe: Lösungsvorschläge zur Erfolgsbemessung und Qualitätsbeurteilung in Alten- und Pflegeheime; Wien 1995.
[Müller, B. (1997)] Müller, Brigitte; Münch, Eckhard; Badura, Bernhard: Gesundheitsförderliche Organisationsgestaltung im Krankenhaus: Entwicklung und Evaluation von Gesundheitszirkeln als Beteiligungs- und Interventionsmodell; Weinheim 1997.
[Roth, J. (2003l)] Roth, Jasmin: Entwicklung von Hotelimmobilien aus Sicht der Projektentwicklung, am Beispiel von HOCHTIEF Projektentwicklung; Diplomarbeit; Geislingen 2003.
[Schrader, K. (2008a)] Schrader, Klaus: Kleine und preisgünstige Mietwohnungen haben die besten Vermietungschancen: Wohnungswirtschaftliche Daten und Trends 2007/2008, in: Immobilienwirtschaft (2008), Heft 1, S. 34–35.
[Sinus Sociovision (2015)] Sinus Sociovision (Hrsg.): Sinus-Milieus; 2015, URL: http://www.sinus-institut.de/veroeffentlichungen/downloads (letzter Aufruf: 17.02.2017).
[statistik.bayern Zensus2011] Bayerisches Landesamt für Statistik und Datenverarbeitung (Hrsg.): Zensusdatenbank Zensus 2011 der Statistischen Ämter des Bundes und der Länder: Gebäude- und Wohnraumzählung 2011, statistik.bayern Zensus2011, URL: https://ergebnisse.zensus2011.de (letzter Aufruf: 05.03.2017).
[TERADYNE (2005)] TERADYNE, INC. (Hrsg.): Annual Report: West Coast Facilities, 2005.
[VDI 6009 Bl. 2 2003-12] Facility Management: Einführung von Gebäudemanagement für mehrere Liegenschaften: Anwendungsbeispiele, Verein Deutscher Ingenieure (VDI) (Hrsg.): Bl. 2, VDI 6009; Düsseldorf 2003.
[WHO ICIDH-2] World Health Organisation (Hrsg.): ICIDH-2: International Classification of Functioning and Disability, WHO ICIDH-2; Genf 1999.
[Woodworth, M. (2011k)] Woodworth, Max: Chinas boomende Geisterstadt: Retortenstadt New Ordos; 2011, URL: http://www.spiegel.de/kultur/gesellschaft/0,1518,737810,00.html (letzter Aufruf: 02.01.2018).

3.6 Fit für eine nachhaltige Nutzung? – Nutzungen zukünftig ermöglichen

Ulrich Bogenstätter

Veränderungsprozesse sind auch im Umgang mit (kirchlichen) Immobilien alltäglich. Ausreichend Geld für Instandhaltung fehlt, (Kirchen-)Verkäufe werden diskutiert und umgesetzt, Umnutzungen von Gebäuden stehen auf der Tagesordnung. Bei einer Lebensdauer von Gebäuden von bis zu 100 Jahren ist ihre **Anpassungsfähigkeit** (Adaption) ein wesentliches Kriterium, ihre Nutzbarkeit für die Eigennutzung oder den Markt sicherzustellen.

Hierbei lassen sich Flächensparkonzepte, Flexibilität, Neutralität und Variabilität unterscheiden. Flächensparkonzepte optimieren den Flächenbedarf z. B. in der Bürowirtschaft durch technische Lösungen. Um auch den zukünftigen Bedürfnissen der Nutzer oder Mieter gerecht werden zu können, ist **Flexibilität** in der Gestaltung der Grundflächen notwendig. Das bedeutet z. B. keine Einschränkung des Nutzerkreises durch rollstuhlgerechte Dimensionierung der Räume oder Neutralität in der Nutzungsart, z. B. durch ähnliche Proportionen der einzelnen Räume.[76] Hierzu gehört auch die **Variabilität** in der Verwendung der Bauelemente, d. h. die Anpassungsfähigkeit eines Grundrisses durch konstruktive Veränderungen wie z. B. versetzbare oder verschiebbare Wandelemente und Trennwände.

76 Siehe Loeschke G., in: [Berg (1981B)], S. 132.

Beständigkeit ist mit der Anpassungsfähigkeit der räumlichen Gegebenheiten untrennbar verbunden. Mangelnde Adaptionsmöglichkeiten führen zu steigenden Kosten bei zukünftigen Umbau- oder Modernisierungsmaßnahmen. Der Gedanke der Adaption wird im öffentlich geförderten Wohnungsbau durch minimierte Raumgrundrisse konterkariert.

Es lassen sich drei Arten von Maßnahmen unterscheiden, die die Gebäudenutzung unterstützen können: vorbeugende, Ad-hoc- und mittelfristige Maßnahmen.

3.6.1 Vorbeugende Maßnahmen

Zu den vorbeugenden Maßnahmen gehören z. B. Flächensparkonzepte, das Vorhalten von Variabilität bei den Bauteilen und Flexibilität in der Raumnutzung. Diese Maßnahmen sind bei Neu- und Modernisierungsmaßnahmen in der Planung zu berücksichtigen.

Ein Beispiel für ein **Flächensparkonzept** ist in Abbildung 3.27 dargestellt. Durch die Wahl eines Bürokonzepts lässt sich bei gleichem Flächenangebot die Anzahl der Arbeitsplätze erhöhen. Dargestellt sind die Bürokonzepte Desk-Sharing, Open Space und Zellenbüro. Integriert in dieses Konzept ist Flexibilität, da bei dieser Gebäudetypologie alle drei Bürokonzepte ohne Bestandsveränderung möglich sind. Im Gegensatz dazu stehen Gebäude für Großraumbüros der 1960-Jahre mit Gebäudetiefen bis zu 50 Meter, die keine andere Nutzung zulassen. Mit Desk-Sharing als Arbeitsplatzorganisationsform lassen sich in einem Beratungshaus mit einem hohen Anteil an Außendienstmitarbeitern hohe Kostenvorteile erreichen.

Variabilität ist Bestandteil der multifunktionalen Nutzung (**Multifunktionalität**) und lässt unterschiedliche Nutzungsarten zu, ohne dass wesentliche bauliche Veränderungen vorgenommen werden müssen (z. B. neben der Grundrissdisposition veränderbare Trennwände – variabel im Gebrauch).

Flexibilität ermöglicht unterschiedliche Nutzungen ohne wesentliche Veränderungen des Gebäudes. Inzwischen werden der Öffentlichkeit auch Hybrid Houses vorgestellt, die die Nutzung der Etagen als Büros, Hotels, Ateliers, Praxen und Wohnungen zulassen – flexibel in der Nutzung.[77] Auch Kirchengebäude zeigen sich flexibel. In der Johanniskirche in Hüneswagen wurde ein Kolumbarium (Wand für Urnengräber) eingebaut. Wer hier Platz nimmt, hat die Urnengräber im Rücken, oder – in der Allerheiligenkirche in Erfurt – die Stelen an der Seite, in St. Josef in Aachen stehen sie im Raum.[78] Ein anderes Beispiel ist die Kirche St. Johannis in Hamburg-Altona, die temporär gegen eine Nutzungsgebühr für Festbankette angemietet werden kann.[79]

3.6.2 Ad-hoc-Maßnahmen

Zu den Ad-hoc-Maßnahmen gehören die Stilllegung und der Verkauf von Immobilien. Eine Stilllegung kann vollständig oder in Teilen erfolgen.

Eine besondere Herausforderung stellte sich der Deutschen Bahn mit der Gründung der Deutschen Bahn Aktiengesellschaft zum 1. Januar 1994. Dadurch gingen die Verkehrssicherungspflichten für die Immobilien der Deutschen Bahn auf die Aktiengesellschaft über. Es folgte aus Gründen der Verkehrssicherung die ordnungsgemäße Stilllegung nicht mehr genutzter Flächen, z. B. durch Einzäunung. Lohnenswert kann auch die Stilllegung von Gebäudeteilen sein. Der Vorteil einer Teilstilllegung liegt darin, dass Teile der laufenden Betriebskosten, z. B. Reinigungskosten, entfallen.

77 Vgl. [Gefroi, C. (2012c)], S. 30.

78 Vgl. [Denkmalschutz (2011S)], S. 8–9, 12–13.

79 [www.kulturkirche.de] 2008.

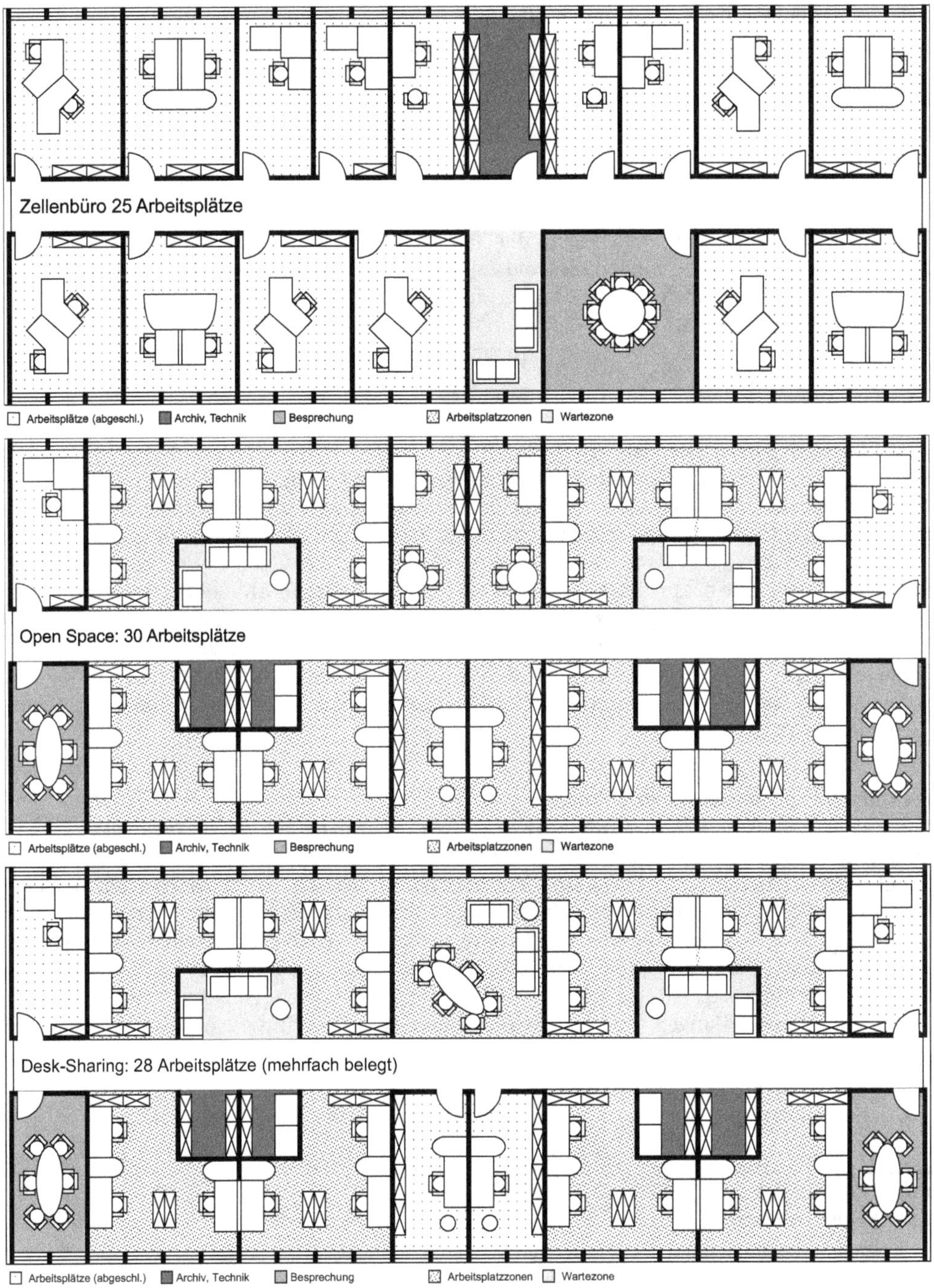

Abb. 3.27: Modellrechnung Flächenbedarf für verschiedene Bürokonzepte.[80]

80 Quelle: eigene Darstellung in Anlehnung an [Pelczer, M. (2004k)], Folie 16.

Ist langfristig kein eigener Bedarf zu erkennen, kann auch der Verkauf von Kirchen in Betracht gezogen werden, da ansonsten anteilige Betriebskosten anfallen und die Instandhaltung gesichert werden muss. Ein Beispiel hierfür ist der Kirchenverkauf in Uhldingen. Ohne Fortführung der Instandhaltungsmaßnahmen sind stillgelegte Gebäude zunehmend dem Verfall ausgesetzt.

3.6.3 Mittelfristige Maßnahmen

Zu den mittelfristigen Maßnahmen kann die (Teil-)Umnutzung mit Bestandserhaltung oder Bestandsveränderung gezählt werden. Bestandserhaltung liegt im Gegensatz zur Bestandsveränderung dann vor, wenn keine erheblichen Eingriffe in die Tragkonstruktion vorgenommen werden. Eine extreme Variante hierzu ist der Neubau unter Verwendung von Bestandsresten, wenn z. B. bei einer Entkernung lediglich die Fassaden erhalten bleiben oder bei einem Neubau Abrissbauteile wiederverwendet werden.

(Teil-)Umnutzung mit Bestandserhaltung
Bei dieser Art der Umnutzung werden aus Wohnhäusern Bürogebäude, aus Wassertürmen Krematorien[81], Kirchen nehmen temporär zusätzliche Nutzungen unter Berücksichtigung der baulichen Sonderheiten auf, z. B. Abendessen im Glockenturm. Ebenso denkbar sind Ausstelllungen, Gastronomie, Filmvorführungen, Hochzeiten, Konzerte, Theater etc. Voraussetzung für die Bestandserhaltung ist jedoch eine passende Gebäudetypologie. Beispielhaft sei die Kirche St. Maximin in Trier angeführt, die als Sporthalle genutzt wird, oder die Stadtpfarrkirche St. Marien in Müncheberg, die neben der sakralen Nutzung eine Bibliothek und ein Gemeindezentrum aufgenommen hat. Ein besonderes Beispiel ist das Erlebnisbergwerk „Glück auf" in Sondershausen, in dem schon 2008 insgesamt 15 Veranstaltungen unterschiedlicher Art angeboten wurden, darunter Konzerte und ein Rennen unter Tage.

(Teil-)Umnutzung mit Bestandsveränderung
So wurde z. B. aus der Bonifatius-Kirche in Münster ein Verlagshaus, aus der Bielefelder Martinikirche ein Restaurant mit dem Namen „Glück und Seligkeit" und die Kirche St. Peter in Essen zu einer Schule für Pflegeberufe[82], ein Umspannwerk wurde zur Synagoge[83], in Köln wurden aus Bunkern des Zweiten Weltkriegs Wohnhäuser[84], in Hamburg entstand daraus ein Energiebunker[85]. Die Peter-Paul-Kirche in St. Petersburg wurde seit den 1950er-Jahren bis 1997 als Schwimmbad benutzt.[86] Die Mönchenkirche in Jüterbog wurde zur Bibliothek[87], die Friedenskirche Rheydt ist nun ein Mehrfamilienhaus und aus einem Getreidespeicher in Hamburg wurde ein Wohnhaus mit Parkhaus[88]. Die Zahl der Umwandlungen von Büro- in Wohnraum ist in Frankfurt am Main rasant angestiegen.[89]

81 Vgl. [Wieckhorst, T. (1995d)], S. 16–18.
82 Siehe [Hille, N. (2007j)], S. 10 ff.
83 Siehe [Tietz, J. (2007l)], S. 23.
84 Siehe [Heilmeyer, F. (2007l)], S. 24 ff.
85 Vgl. [Denkmalschutz (2011c)], S. 46–47.
86 Vgl. [DNK (1997M)], S. 8.
87 Vgl. [DNK (1997M)], S. 44.
88 Vgl. [Denkmalschutz (2011c)], S. 48–49.
89 Vgl. [o. V. (2012c)].

3.6.4 Langfristige Maßnahmen

Zu den langfristigen Maßnahmen gehören z. B. (Flächen-)Umwidmungen. Um langfristig die Nutzung einer Liegenschaft sicherzustellen, sind ggf. Flächenumwidmungen vorzunehmen, denen i. d. R. Änderungen des Bebauungsplans vorausgehen. Flächen und Gebäude, die heute als Bahnflächen, Gemeindehäuser, Hotels, Industriegebäude, Industriebrachen, Kasernen, Kirchen oder Thermalbäder unzureichend genutzt werden, können ggf. zu rentablen Apartments, Ateliers, Bürogebäuden, Einkaufszentren, Gaststätten, Lofts, Wohnquartieren oder Senioren-Wohngemeinschaften umgebaut werden. Der Erfolg von Flächenumwidmungen ist maßgeblich von der Kreativität der beteiligten Personen abhängig.

Literatur

[Berg (1981B)] Berg u. a.: Behindertengerechtes Planen: Die Wohnung; Berlin 1981.

[Denkmalschutz (2011c)] Deutsche Stiftung Denkmalschutz (Hrsg.): Vom Flak- zum Energiebunker: Hamburg präsentiert die Projekte der Internationalen Bauausstellung, in: Monumente (2011), Heft 3, S. 47–51.

[Denkmalschutz (2011S)] Schillig, Christiane: Von wegen ausgedient!, in: Monumente (2011), Heft 3, S. 8–14.

[DNK (1997M)] Matzig, Gerhard: Kirchen in Not: Über den profanen Umgang mit sakralen Bauten, Bd. 56; Berlin 1997.

[Gefroi, C. (2012c)] Gefroi, Claas: Bürowerkstattwohn-Etagen, in: Deutsches Architektenblatt (2012), Heft 3, S. 28–30.

[Heilmeyer, F. (2007l)] Heilmeyer, Florian: Glück im Bunker: Wie aus innerstädtischen Betonfestungen des Zweiten Weltkrieges Wohnhäuser werden, in: Deutsches Architektenblatt (2007), Heft 12, S. 24–27.

[Hille, N. (2007j)] Hille, Nils: Umbau mit Seele, in: Deutsches Architektenblatt (2007), Heft 10, S. 10–15.

[Koppelkamm, S. (2007)] Koppelkamm, Stefan; Derenthal, Ludger: Ortszeit: Local Time; Stuttgart u. a. 2007.

[Pelczer, M. (2004k)] Pelczer, Max: Vortrag anlässlich des Regionalkreises der IFMA am 04.11.2004; Vortrag, 04.11.2004.

[o. V. (2012c)] o. V.: Büros werden immer häufiger zu Wohnraum, in: Immobilien Zeitung (2012), Nr. 8, S. 20.

[Tietz, J. (2007l)] Tietz, Jürgen: Thoraschrein statt Trafo: Vom Umspannwerk zur Synagoge: Die Konversion von Gotteshäusern ist keine Einbahnstraße, in: Deutsches Architektenblatt (2007), Heft 12, S. 22–23.

[Wieckhorst, T. (1995d)] Wieckhorst, Thomas: Totenturm: Umnutzung und Erhaltung von Wassertürmen, Teil 6, in: Bausubstanz (1995), Heft 4, S. 16–18.

3.7 Nutzungskosten runter, Erlöse hoch!

Ulrich Bogenstätter

Nutzungskosten und Erlöse stehen in einer komplexen direkten Wechselwirkung zueinander. Im Folgenden wird zunächst ausschließlich die Finanzperspektive betrachtet, Investitions- und Nutzungskosten eingeschlossen.

3.7.1 Zusammenhänge zwischen Nutzungskosten und Erlösen berücksichtigen

Die Wirtschaftlichkeit von Gebäuden im Hinblick auf Erlöse und Kosten lässt sich nur dann verwirklichen, wenn die Grundgesetze des Marktes berücksichtigt werden. Diese wurden beispielsweise bei den Markthäusern, einem Wohn- und Geschäftskomplex in Mainz, offenbar nicht ausreichend berücksichtigt, da „die Erstellungskosten weit über den Vergleichswert angesichts der erzielbaren Jahresmiete“[90] hinausgingen. Zwar handelt es sich dabei um eine imagefördernde Ar-

90 [Nellessen, M. (2009d)].

Abb. 3.28: Markthäuser in Mainz.[91]

chitektur, die die vermietbare Fläche aber vernachlässigt (s. Abb. 3.28). Allenfalls ließe sich hier das Argument der Stadtrendite anführen. Werden die oben genannten Grundprinzipien allerdings beachtet, lassen sich Nutzungskosten und Erlöse optimieren.

Sofern kein Marktpreis als Marktregulativ vorhanden ist, kann bei Neubauten von betriebsnotwendigen Gebäuden ohne kostendeckende Mieteinnahmen oder Entgelte nur eine kunden- und nutzerorientierte Bedarfsplanung die Grundlage sein. Überzogene Bedarfsanforderungen oder Planungsänderungen aus Unkenntnis führen zu erhöhten Nutzungskosten und zu einer Instandhaltungskostenfalle. Besonders in diesen Fällen muss während des Planungsprozesses eine intensive Nutzungskostenbetrachtung sowie Bedarfsanforderungs- und Änderungsverfolgung durchgeführt werden.

Die Ergebnisse der Bilanz sowie der Gewinn- und Verlustrechnung stehen in Abhängigkeit von vielfältigen und sich gegenseitig bedingenden Kosten- und Ertragspositionen. Die Reduktion von Instandhaltungskosten führt nicht zwangsweise zu besseren Renditen, wenn dafür die Mieter vergrault werden. Wahrscheinlicher ist, dass erhöhte Modernisierungskosten zu einer erhöhten Investitionsquote führen.

Im Falle des Verkaufs ist mit höheren Verkaufserträgen zu rechnen, die hoffentlich zu einer höheren Rentabilität führen. Davon berührt sind ebenso der Cashflow und der Verschuldungsgrad des Immobilienunternehmens.

Kurzfristig wird die Reduktion von Instandhaltungsmaßnahmen im Falle der Vermietung zu einer erhöhten Fluktuationsrate führen und höhere Leerstandsquoten nach sich ziehen können, mittel- oder langfristig werden sich die Modernisierungsinvestitionen bezahlt machen, weil bei marktgerechter Modernisierung im Falle der Vermietung die Fluktuationsrate und damit auch der Leerstand gesenkt wird. Niedriger Leerstand führt nach dem Ertragswertverfahren der Wertermittlung zu einem erhöhten Verkehrswert, der sich im Verhältnis aus Buchwert und Verkehrswert niederschlägt. Damit wird die Buchwertstruktur des Immobilienunternehmens beeinflusst.

In Abbildung 3.29 handelt es sich um eine Auswahl von Wechselbeziehungen. Die wesentlichen Positionen sind als Kennzahlen, die Abhängigkeiten als Pfeile, die Wirkung mit zwei Keilen

91 Quelle: eigene Aufnahmen.

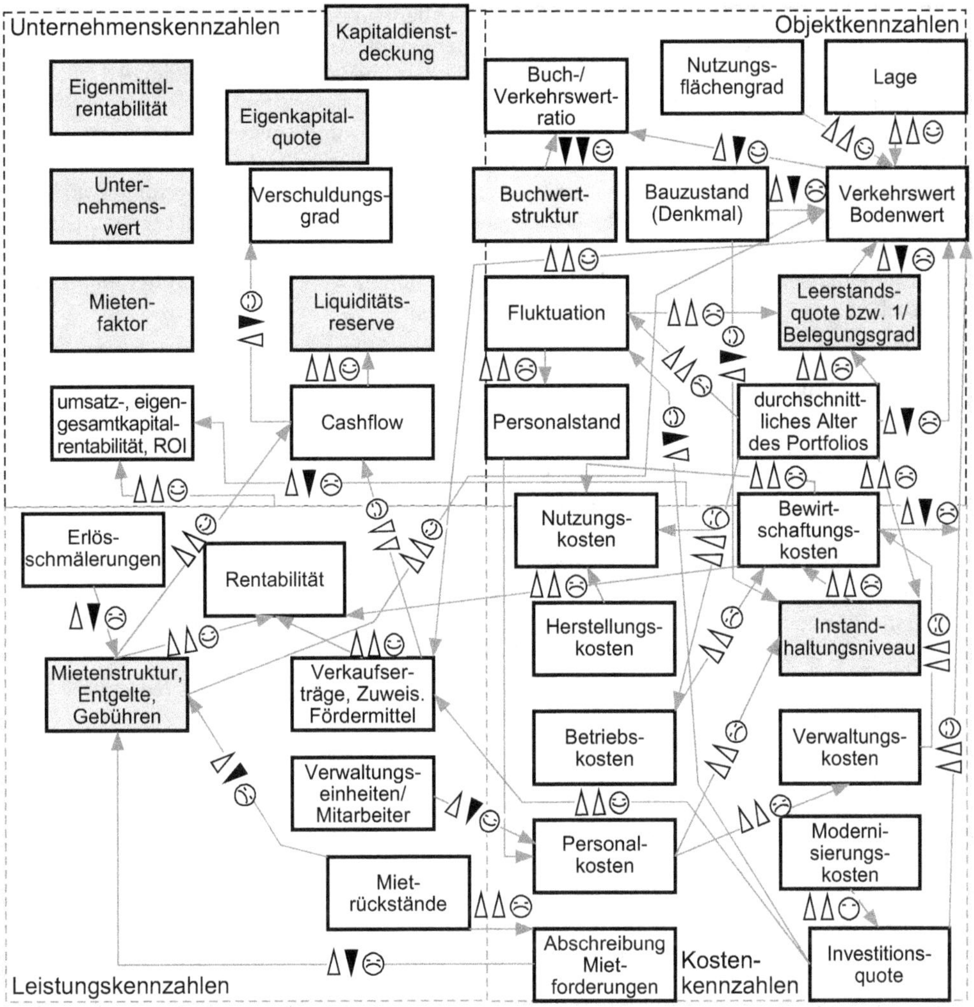

Abb. 3.29: Wirkungszusammenhänge von Objekt-, Kosten-, Leistungs- und Unternehmenskennzahlen.[92]

und das Ergebnis als lachender/nicht lachender Smiley dargestellt. Der 1. Keil bezieht sich auf den Startpunkt des Pfeiles, der 2. Keil auf den Endpunkt.

1. Lesebeispiel: Startpunkt sind die „Verwaltungseinheiten je Mitarbeiter" und Endpunkt sind die „Personalkosten". Vergrößert sich das Verhältnis (1. Keil ist nach oben gerichtet), so ist ein geringer Personaleinsatz mit geringeren Personalkosten (2. Keil ist nach unten gerichtet), notwendig: Das freut das Immobilienunternehmen (lachender Smiley).
2. Lesebeispiel: Startpunkt sind die „Personalkosten" und Endpunkt ist das „Instandhaltungsniveau". Steigen die Personalkosten, weil ein Instandhaltungsstau abgebaut werden muss, steigen die Instandhaltungskosten ebenfalls: Das freut das Immobilienunternehmen nicht.

92 Quelle: eigene Darstellung.

Es können nicht alle Wirkungszusammenhänge abschließend berücksichtigt werden. Die Abhängigkeiten können jedoch je nach Immobilienunternehmen als Grundlage für die Analyse dienen. Die Bedeutung der grau hinterlegten Kennzahlen erläutert Jörg von der Lieth in Kapitel 4.6, weitere Kennzahlen sind im Glossar in Kapitel 9.1, Tabellen 9.1 und 9.2 aufgeführt.

Die Abbildung ist auch auf andere Branchen übertragbar und anwendbar. Teilweise ändern sich die Begriffe in den Rechtecken. Während die Wohnungswirtschaft von Mietenstruktur spricht, wird im öffentlichen Immobilienmanagement – z. B. bei der Vermietung von Sporthallen an Vereine – von Gebühren oder Nutzungsentgelten gesprochen. Außerdem ist hier nicht Leerstandsquote, sondern Belegungsgrad die passende Terminologie. Auch die Bedeutung variiert nach Branche. Fördermittel haben im öffentlichen Hochbau ggf. eine höhere Bedeutung als im frei finanzierten Gewerbebau.

3.7.2 Zum richtigen Zeitpunkt investieren

Der Zeitpunkt der Investition in einen Neubau, eine Instandsetzungs- oder eine Modernisierungsmaßnahme wirkt sich z. B. auf die Zinssätze für Kredite aus. So ist der Basiszinssatz gemäß § 247 BGB derzeit (Stand: Juli 2017) auf einem historisch niedrigen Niveau von −0,88 %. Durch Planung der Instandsetzungen lassen sich Zinssätze optimal ausnutzen und Maßnahmen bei vergleichsweise niedrigem Fremdkapitalzins durchführen. Die Finanzierungskosten liefern einen wesentlichen Beitrag zum Erfolg oder Misserfolg. Durch die langen Betrachtungszeiträume ist manches zunächst spekulativ. Dennoch ist die Anwendung einer dynamischen Investitionsrechnung unverzichtbar. Methodisch ganz einfach, allerdings liegt die Kunst in der Eingabe der Parameter.

Preissteigerungsraten und Zinssätze

Um die Möglichkeit geringerer Finanzierungskosten auszunutzen, bedarf es einer intensiven Planung der Investitionsmaßnahmen auch im Gebäudebestand. Um gleichzeitig die Risiken der Spekulation möglichst gering zu halten, sollten die Annahmen zu den Zinssätzen in der Vorausschau über eine Rückschau in einer ähnlichen Zeitdauer erfolgen. Das betrifft nicht nur die Zinssätze für Eigen- und Fremdkapital, sondern beispielsweise auch Annahmen zur Energiepreissteigerung der nächsten 25 Jahre, wenn etwa die Modernisierung von Heizungsanlagen ansteht.[93]

Nachfolgend werden die durchschnittlichen Werte als Indexreihen für die vergangenen 50 Jahre (bezogen auf die durchschnittliche Nutzungsdauer einer Immobilie) sowie 25 Jahre (bezogen auf eine übliche Lebensdauer der Technischen Anlagen) dargestellt (s. Abb. 3.30).

- Der Diskont- bzw. Basiszinssatz lag in den vergangenen 50 Jahren (1966–2016) innerhalb einer Bandbreite von 8,2 % bis −0,9 % bei durchschnittlich rd. 3,5 %, in den vergangenen 25 Jahren (1991–2016) innerhalb einer Bandbreite von 8,2 % bis −0,9 % bei durchschnittlich rd. 2,3 %.[94]
- Der Verbraucherpreisindex lag in den vergangenen 25 Jahren (1991–2016) bei der Preissteigerungsrate innerhalb einer Bandbreite von 5,1 % bis 0,3 % bei durchschnittlich rd. 1,7 %.[95]
- Der Nominallohnindex lag in den vergangenen acht Jahren (2008–2016) bei der Lohnsteigerungsrate innerhalb einer Bandbreite von 3,3 % bis 0,2 % bei durchschnittlich rd. 2,3 %.[96]
- Die Preissteigerungsrate lag für Bauland in den vergangenen 25 Jahren (1991–2016) innerhalb einer Bandbreite von 31,6 % bis −4,7 % bei durchschnittlich rd. 7,0 %.[97] Bauland ist daher volatil und die Schwankungen sind im Vergleich zu den anderen Preissteigerungsraten am höchsten.

93 Vgl. dazu auch Kapitel 7.7.

94 Siehe [Deutsche Bundesbank (2017)], Daten [Deutsche_Bundesbank SU0112. SU0114, SU0115 (2017)].

95 Eigene Berechnungen, Datenquelle [StBA (2017c)].

96 Eigene Berechnungen, Datenquelle [Statista 20170310 (2017)].

97 Eigene Berechnungen, siehe durchschnittliche Werte aus [StBA 61511-0006 (2017)].

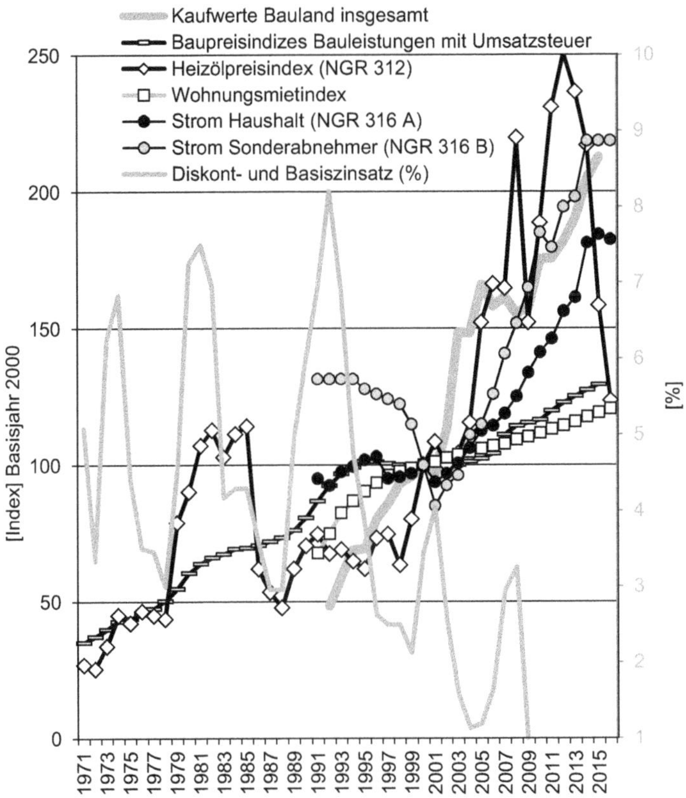

Abb. 3.30: Indexreihen zur kurzfristigen, mittelfristigen und langfristigen Einschätzung.[98]

- Die Preissteigerungsrate für Baupreise für Wohngebäude lag in den vergangenen 50 Jahren (1966–2016) innerhalb einer Bandbreite von 16,6 % bis –2,1 % bei durchschnittlich rd. 3,5 %, in den vergangenen 25 Jahren (1991–2016) innerhalb einer Bandbreite von 6,6 % bis –0,9 % bei durchschnittlich rd. 1,7 %.[99]
- Der Wohnungsmietindex lag in den vergangenen 21 Jahren (1995–2016) bei der Preissteigerungsrate innerhalb einer Bandbreite von 3,3 % bis –0,9 % bei durchschnittlich rd. 3,3 %.[100]
- Der Heizölpreisindex ist von 152 (2005) überproportional auf 236 (2012) Indexpunkte gestiegen, danach wieder auf 123 (2016) und damit auf das Niveau des Jahres 2004 gefallen. In den vergangenen 25 Jahren (1991–2016) entsprechen die Veränderungen einer durchschnittlichen realen Preissteigerungsrate von rd. 4,0 %.[101]
- Die Preissteigerungsrate für Strom, Gas und andere Brennstoffe lag in den vergangenen 25 Jahren (1991–2016) innerhalb einer Bandbreite von 11,2% bis –5,6 % bei durchschnittlich rd. 3,0 %.[102] Die Kosten für Strom im Haushalt (Sonderabnehmer im Klammern) lagen

98 Eigene Berechnungen, Hinweise auf die Kostengruppen der Nutzungskosten (NGR) in Abs. 6.8.

99 Eigene Berechnungen, Datenquelle [StBA (1998)], [StBA 61261-0013 (2007)], [StBA 61261-0013 (2017)], ermittelt aus dem Baupreisindex.

100 Eigene Berechnungen, Datenquelle [StBA 61111-0005 (2017)], CC0411.

101 Eigene Berechnungen, Basisjahr 2000, Datenquelle [StBA 61111-0005 (2016)].

102 Eigene Berechnungen, Datenquelle [StBA 61111-0003 (2017)], CC045.

im gleichen Zeitraum innerhalb einer Bandbreite von 12,4 % (15,4 %) bis –7,9 % (–14,8 %) bei durchschnittlich rd. 2,7 % (2,3 %).[103] Auffällig sind die insbesondere in den letzten Jahren überproportionalen Steigerungsraten.

Bei näherer Betrachtung der Energiepreisentwicklung fällt auf, dass sowohl der Heizölpreis als auch der Strompreis vor allem in den letzten Jahren sehr volatil ist. In den vergangenen Jahren sind außerdem die Preise für Bauleistungen der technischen Gebäudeausrüstung und die Instandsetzungskosten für die technische Gebäudeausrüstung überproportional gestiegen. Je nach Anwendungsfall ergeben sich folgende Preissteigerungsraten (vgl. Tab. 3.11).

Tab. 3.11: Preissteigerungsraten bei langfristiger Betrachtung im Immobilienmanagement.

	Preiskategorie	50 Jahre	25 Jahre	8 Jahre
1.	Basiszinssatz	3,5 %	2,3 %	
2.	Nominallohn			2,3 %
3.	Baulandpreise		7,0 %	
4.	Baupreise	3,5 %	1,7 %	
5.	Wohnungsmieten		(3,3 %)	
6.	Heizöl		4,0 %	
7.	Strom		2,3–2,7 %	

Risiken bei der Prognose der Energiekosten als Teil der zweiten Miete und Nutzungskosten lassen sich durch die Reduktion des Energieverbrauchs mindern. Angesichts der Schwankungen der Energiepreise und der unterschiedlichen Preisentwicklung einzelner Energieträger sollte die Möglichkeit eines Wechsels bei der Art der Heizungsanlage bei Betrachtungszeiträumen von 25 Jahren in Betracht gezogen werden. Hierfür sind beim Neubau die baulichen Voraussetzungen zu schaffen.

Entscheidungsoptionen zwischen Investitions- und Nutzungskosten

Dabei ist zu klären, wie am effizientesten investiert werden sollte. Die unterschiedlichen Strategien unter Beachtung der Investitionskosten und anschließenden Nutzungskosten (Folgekosten) sind in Abbildung 3.31 dargestellt. Die Investitionskosten bewirken einen raschen Mittelabfluss, während die Nutzungskosten (Folgekosten) sich im Lauf der Jahre sukzessive einstellen. Die Darstellung zeigt den Vergleich zwischen den Varianten A und B. Die Investitionen im ersten Jahr sind als senkrechte Striche, die Kosten der nachfolgenden Jahre als kumulierte Kosten in Form von schrägen Strichen dargestellt. Die langfristige Betrachtung zeigt, dass in den Fallbeispielen 1 und 3 die Variante B wirtschaftlicher ist. Keinen Unterschied ergeben die Varianten A und B im Fallbeispiel 2: Investitions- und Folgekosten sind gleich hoch. Im Fallbeispiel 4 unterscheiden sich die Varianten in der Höhe der Folgekosten, auch die Investitionskosten sind unterschiedlich. Variante B ist hier kurzfristig wirtschaftlicher. Ein Bauträger ist geneigt, die Variante B des Fallbeispiels 3 oder 4 zu bevorzugen: Günstig gebaut, verkauft und die Folgekosten trägt der Käufer. Diese Variante ist für den Käufer also ungünstiger. Der erstrebenswerte Fall ist das Beispiel 5: Sowohl Investitions- als auch Folgekosten der Variante B sind geringer als bei Variante A. Auch hierfür gibt es viele Praxisbeispiele.

Diese Betrachtungsweisen lassen sich zur Auswahl von Anmietungs- oder Investitionsentscheidungen ebenso einsetzen wie zur Berechnung der Vorteilhaftigkeit von Fassadenkonstruktio-

103 Eigene Berechnungen, Datenquelle [Energieagentur NRW (2017a)].

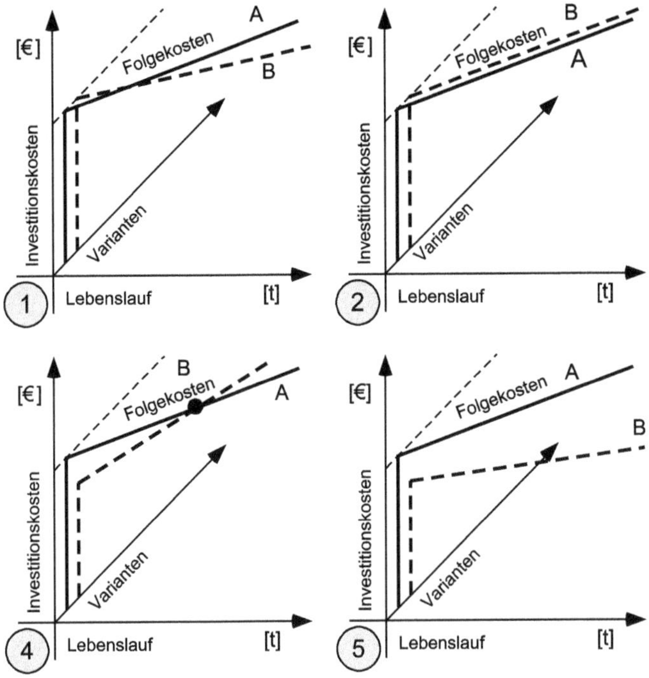

Abb. 3.31: Strategien hinsichtlich Investitions- und Folgekosten.[104]

nen oder bei der Auswahl einer Heizungsanlage. Im ersten Fall handelt es sich um die Betrachtung eines ganzen Gebäudes im Lebenszyklus, im zweiten Fall um eine Wirtschaftlichkeitsbetrachtung einzelner Bauteile eines Gebäudes. Ein weiteres praktisches Beispiel hierfür sind die Instandsetzungsarbeiten von Bodenbelägen in Parkierungsanlagen. Grundsätzlich stehen vier unterschiedliche Bodenbelagsausführungen zur Verfügung. Dabei ergibt sich ein unterschiedliches wirtschaftliches Verhalten, je nachdem, wie der Betrachtungszeitraum begrenzt und Höhe und Zeitpunkt der Zahlungen angesetzt wird.

3.7.3 Cashflow von Immobilien planen – Lifecycle Costing

Der Betrachtung eines Gebäudes im Lebenszyklus gehen zwei grundlegende Thesen voraus:

- Die Nutzungskosten belaufen sich auf ein Vielfaches der Herstellungskosten im Lebenszyklus (Lifecycle Costing, LCC) eines Gebäudes.
- In der Planungs- und Ausführungsphase werden die Nutzungskosten entscheidend bestimmt und müssen bereits in der Planung ausreichend berechnet und optimiert werden.

Die Phasen im Lebenszyklus eines Gebäudes sollen daher nicht isoliert betrachtet werden. Diese Phasen bauen sukzessive aufeinander auf und sind grundsätzlich unabhängig von der Gebäudenutzungsart und den Beteiligten. Wesentliches Kennzeichen ist, dass im Projektgeschäft maßgeblich der zukünftige Kostenverlauf im Objektgeschäft bestimmt wird. Das betrifft ebenso die technische Ausführung wie die Anpassungsmöglichkeiten an zukünftige Aufgabenstellungen. Auf der

104 Vgl. [pöb (1998R)], S. 9 (Fallbeispiel 1–3), eigene Darstellung (Fallbeispiel 4–5).

Basis der These, dass die Nutzungskosten ein Vielfaches der Investitionskosten betragen, ergibt sich, dass mit jeder Festlegung während eines Projekts die Möglichkeit schwindet, den Kostenverlauf während der Nutzung maßgeblich positiv zu beeinflussen. Anders ausgedrückt: Mit wenigen Mitteln bzw. durch eine intelligente Planung im Projektgeschäft lassen sich die Kosten im Objektgeschäft um ein Vielfaches der eingesetzten Mittel reduzieren. Das Wissen um diese Zusammenhänge ist schon seit Langem bekannt (s. Abb. 3.32). Spätere Autoren neigen dazu, die Darstellung zu vereinfachen, anstatt sie zu konkretisieren. Ich möchte daher explizit an Büttners Original von 1972 erinnern.

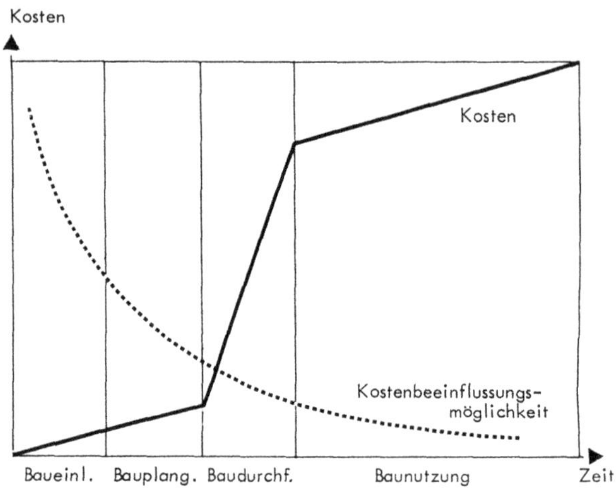

Abb. 3.32: Kostenbeeinflussungsmöglichkeiten.[105]

Der Zusammenhang ist auch in Abbildung 3.33 dargestellt. Im Gegensatz zu Büttners Darstellung sind die Kosten für Finanzierungs-, Raum- und Personalkosten dort als negative Werte, die Erträge, Sachwerte und Buchwerte als positive Werte aufgetragen. Was nichts kostet, kann trotzdem viel wert sein.

Die Angaben variieren je nach Gebäudenutzungsart, z. B. Wohngebäude, Bürogebäude oder Krankenhaus. Werden die Personalkosten in die Betrachtung einbezogen, verschiebt sich das Kostenverhältnis Erträge zu Kosten weiterhin beeindruckend. In der bisherigen Diskussion zum Facility-Management wird weitgehend nicht berücksichtigt, dass die Ausführung der Gebäude auch die Personalkosten wesentlich bestimmen kann. Die Gestaltung von Gebäuden kann z. B. die Arbeitsabläufe in Operationsbereichen von Krankenhäusern und in Küchen ebenso beeinflussen wie die Servicequalität in Pflegeeinrichtungen. Da in Pflegebereichen vielfach mit festen Personalschlüsseln (Verhältnis von Personal zu Bewohner) gearbeitet wird, wird durch die Wegezeiten erheblich bestimmt, wie viel Zeit dem Personal effektiv für das Kerngeschäft, nämlich die Pflege der anvertrauten Menschen, verbleibt – die verfügbare Zeit bestimmt maßgeblich die Qualität der Pflege. Methodisch lassen sich derartige Analysen problemlos durchführen, eine frühzeitige Zusammenarbeit zwischen Projektbeteiligten und Betreiber ist allerdings notwendig. Unter diesen Prämissen haben Investitionskosten eine untergeordnete Rolle, wenn der Kostenverlauf insgesamt durch geeignete Maßnahmen reduziert werden kann oder Leistungen überproportional gesteigert werden können.

105 Siehe [Büttner, O. (1972B)], S. 21.

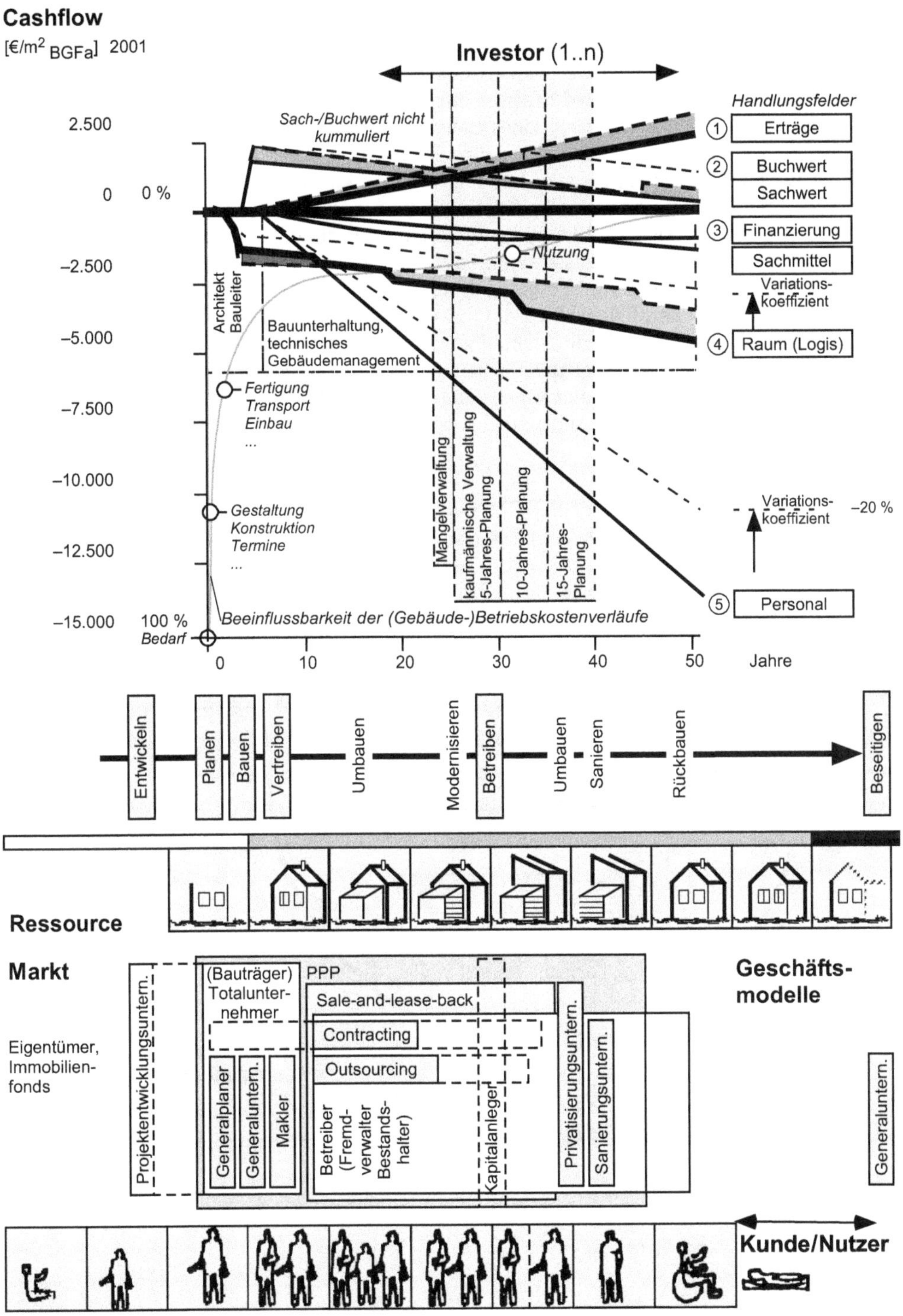

Abb. 3.33: Stake- und Shareholder-Analyse.[106]

106 Quelle: eigene Darstellung.

Optimierungspotenziale lassen sich bei allen Kostenarten nachweisen (vgl. Kap. 6.5).[107] Eine besondere Herausforderung ist es, den Lebenslauf eines Gebäudes mit dem Lebenslauf seiner Mieter/Nutzer und einem passenden Geschäftsmodell in Einklang zu bringen und es den absehbaren und wechselnden Bedarfen und Bedürfnissen anzupassen.

Zur wirtschaftlichen Beurteilung eines Gebäudes ist eine Betrachtung der geplanten Nutzungsdauer insgesamt unerlässlich. Die Mängelverwaltung einer kommunalen Gebäudewirtschaft betrachtet lediglich ein bis zwei Jahre im Lebenszyklus eines Gebäudes. Das ist ein sehr kleiner Ausschnitt. Die buchhalterische Betrachtung eines Betreibers von fünf oder zehn Jahren ist ebenfalls nur einen kleinen Ausschnitt und ergibt ein schiefes Bild in der Betrachtung der Wirtschaftlichkeit unter der Voraussetzung, dass die wirtschaftliche Nutzungsdauer länger als die buchhalterische Betrachtung ist (vgl. oben Abb. 3.33), wobei technische Anlagen außen vor bleiben. Daher ist es unerlässlich, dass die Instandsetzungs- und Modernisierungszyklen zum Zeitpunkt des Zahlungsanfalls berücksichtigt werden. Annuitäten oder Jahresdurchschnittswerte zur Instandsetzung sind nicht geeignet, sie blenden Sprünge im Zahlungsanfall aus und entziehen den Zahlungsanfall einer strategischen Analyse. In gleicher Weise sind nicht nur Gebäude, sondern auch ihre Bauteile einem Lebenszyklus unterworfen (vgl. Abb. 3.34) und entsprechend zu behandeln.

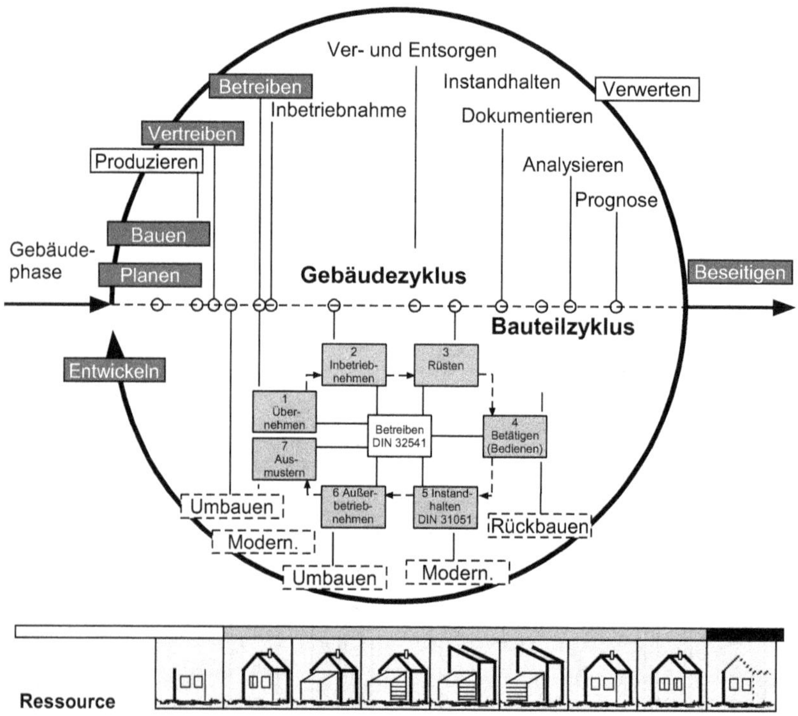

Abb. 3.34: Lebens- und Bauteilzyklus.[108]

107 Vgl. [Bogenstätter, U. (2001)].
108 Quelle: eigene Darstellung.

Allerdings muss festgestellt werden, dass die Nutzungsdauer und der LCC-Gedanke im Geschäftsmodell eines Bauträgers, Generalplaners, Generalüber-/-unternehmers, Totalunternehmers oder Maklers ohne Bedeutung sind, da die Leistungserbringung bereits mit der Abnahme eines Projekts abgeschlossen ist (vgl. Kapitel 5.3.1, Tab. 5.5). Ihr Interesse an der LCC-Betrachtung bleibt so lange gering, bis der Markt die Berücksichtigung der Vorteile vertraglich einfordert. Im Geschäftsmodell „Sale-and-lease-back" spielt hingegen die Planungs- und Bauphase praktisch keine Rolle, wenn es sich um Bestandsimmobilien handelt. Für Immobilienunternehmen, die vornehmlich mit Immobilien handeln, spielt wiederum der Lebenszyklus nur eine geringe Rolle. Steht jedoch das Bestandshaltermodell im Vordergrund, wie z. B. in der Wohnungswirtschaft, im kirchlichen oder im öffentlichen Immobilienmanagement, kommt der Lebenszyklusgedanke besonders zum Tragen. In die Betrachtung der Wirtschaftlichkeit wird neben dem nachhaltigen Betrieb auch die Planungs- und Bauphase einbezogen. Bei Betreibermodellen werden die Immobilien für eine limitierte Zeit auf einen Betreiber übertragen. Der Grundstückseigentümer wird dann zum Kunden beim Betreiber. Wesentlich sind dabei drei Phasen:

- Planen und bauen (Build),
- Betreiben (Operate),
- Übergang zum Kunden (Transfer).

In der angelsächsischen Welt wird dieses **Betreibermodell** daher als BOT bezeichnet. Hierzu gibt es diverse Variationen. Wird von einer Renovierung statt von einem Neubau ausgegangen, so wird von „Rehabilitate Operate Transfer" (ROT) gesprochen. Bei „Build Lease Operate Transfer" (BLOT) least der Betreiber die Immobilie von einer Leasingfirma oder vom Grundstückseigentümer, bei „Build Transfer Operate" (BTO) wird die Immobilie eigentumsrechtlich vor Ablauf der Betriebsphase auf den Kunden übertragen, bei „Build Own Operate" (BOO) ist ein Transfer zum Kunden nicht vorgesehen.

In Deutschland sind im Vertragsrecht das Energieliefercontracting und Public-Private-Partnership-Modelle (**PPP**), auch öffentlich-private Partnerschaft (**ÖPP**) genannt, besonders ausgeprägt.

Bei ÖPP/PPP-Modellen müssen bereits in der Erstellungsphase u. a. die zukünftigen Gebäudebetriebskosten und Instandhaltungskosten abgeschätzt werden. Wesentliche Faktoren von ÖPP/PPP sind daher die bedarfsorientierte Planung und hochwertige Bauausführung, eine strukturierte Vorfinanzierung durch einen privaten Partner sowie ein hinsichtlich der Nutzungskosten optimiertes Gebäude. Fundierte Fachkenntnisse sind sowohl beim Auftraggeber als auch beim Auftragnehmer nötig: Einerseits bindet sich der Anbieter vertraglich über einen langen Zeitraum, Fehlkalkulationen wirken ggf. lange nach. Andererseits muss der Auftraggeber in der Lage sein, Angebote potenzieller Auftragnehmer zu prüfen. Für Gesellschaften, die sich zunehmend den ÖPP/PPP-Modellen zuwenden, bedeutet dies, dass hierfür das Personal ausgebildet und sensibilisiert werden muss. Die Anforderung an die Formulierung der Leistungsinhalte ist ungleich höher als bei bisherigen Ausschreibungsarten. Einen Vergleich in der Vergabe von Leistungen zeigt Tabelle 3.12.

Die Vorteile von ÖPP/PPP-Modellen[109] sehen Befürworter darin, dass Investitionsmaßnahmen in der kameralistischen Buchungssystematik nicht im Vermögenshaushalt ausgewiesen werden müssen und daher der Disposition kommunaler Entscheidungsträger entzogen werden. Gleichzeitig ist der laufende Gebäudebetrieb vertraglich abgesichert. Die Umschichtung des Verwaltungshaushalts zugunsten kommunalpolitischer Themen jenseits von Immobilien und zulasten der Instandsetzung ist wegen der vertraglichen Bindung dann nicht möglich. Ein Instandhaltungsrückstau wird sich daher hier nicht einstellen. Außerdem kann das Personal in der kommunalen Verwaltung reduziert werden, da die Anzahl der Verträge und Abrechnungen drastisch zurück-

109 Weiterführende Quellen siehe [BMU (2014h)] und [BMVBS (2009a)].

Tab. 3.12: ÖPP/PPP-Betreiber.

	Konventionelle Beschaffung	Generalplaner	Generalunter-/-übernehmer	Totalübernehmer	ÖPP/PPP-Betreiber
1.	Planung oder einzelne Vergabe der Planungsleistungen durch den Auftraggeber, mit oder ohne Wettbewerb	Vergabe der Planungsleistungen an Auftragnehmer	Planung oder einzelne Vergabe der Planungsleistungen durch Auftraggeber, mit oder ohne Wettbewerb	Vergabe der Planungsleistungen an Auftragnehmer	
2.	Vergabe nach Leistungsbereichen durch den Auftraggeber		Vergabe der Bauleistungen an Auftragnehmer		
3.	Finanzierung federführend durch Auftraggeber		… ggf. Finanzierung durch Auftragnehmer		
4.	vollständiger Betrieb durch Auftraggeber, ggf. unter Einbindung von Dienstleistungsunternehmen				Betrieb durch Auftragnehmer, ggf. unter Einbindung sinnvoller Eigenleistungsbestandteile des Auftraggebers

geht. Ein weiterer Vorteil wird darin gesehen, dass wesentliche Risiken auf den Anbieter übertragen werden. Zu den Risiken des Anbieters zählen das Planungs-, Genehmigungs-, Bau- und Terminrisiko in der Planungs- und Bauphase sowie das Betreiber-, Personal-, Gebäudebetriebs- und Instandhaltungsrisiko neben der höheren Gewalt in der Betriebsphase.

Kritiker von ÖPP/PPP-Modellen sehen die Gefahr, durch Ausgründung eines Eigenbetriebs oder GmbH den Zugriff kommunaler Entscheidungsträger auf Investitionsmittel zu unterbinden, und durch die doppelte Buchführung die Möglichkeit, aus Vermögens- und Verwaltungshaushalt getriebene Entscheidungen zu versachlichen. Dies bedeutet, dass das bestehende Personal weiterqualifiziert werden muss. Das Argument, Aufschläge aufgrund des Gewinn- und Risikozuschlags des ÖPP/PPP-Betreibers bezahlen zu müssen, greift nur dann, wenn das gleiche Fachwissen in einem Eigenbetrieb oder einer GmbH vorhanden ist. Ansonsten kann der Wissensvorsprung eines ÖPP/PPP-Betreibers zu Vorteilen führen.

Installationsgrad reduzieren

In technische Anlagen sollte möglichst umsichtig investiert werden: Je mehr Technik, desto höher der Installationsgrad. Der Installationsgrad bezeichnet das Verhältnis zwischen Kostengruppe 400 „Bauwerk – Technische Anlagen“ zu Kostengruppe 300 + 400 „Bauwerkskosten“ nach [DIN 276-1 2008-12].

Der Installationsgrad variiert je nach Bauwerksnutzungsart und deren Ausgestaltung. Grundsätzlich lassen sich Bauwerksnutzungsarten nach Wohn- und Nicht-Wohngebäude unterscheiden. Beide sind jedoch weiter zu differenzieren. Innerhalb einer Bauwerksnutzungsart (z. B. Krankenhäuser der Klasse Gebäude des Gesundheitswesens) können sich durch die technische Ausstattung erhebliche Kostenunterschiede ergeben, die sich u. a. im Installationsgrad niederschlagen. So sind Krankenhäuser nicht grundsätzlich mit einem hohen Installationsgrad ausgestattet. Das reicht von Bürgerhospitälern mit einem Installationsgrad von 8,7 % bis zu Kinderkliniken mit einem Installationsgrad von bis zu 60 %. Die Bandbreite des Installationsgrads für unterschiedliche Bauwerksnutzungsarten ist in Abbildung 3.35 dargestellt.

Der Installationsgrad kann auch innerhalb der Bauwerknutzungsart der Veranstaltungsgebäude (Gebäude anderer Art) unterschiedlich sein. Die Bühnentechnik eines professionellen

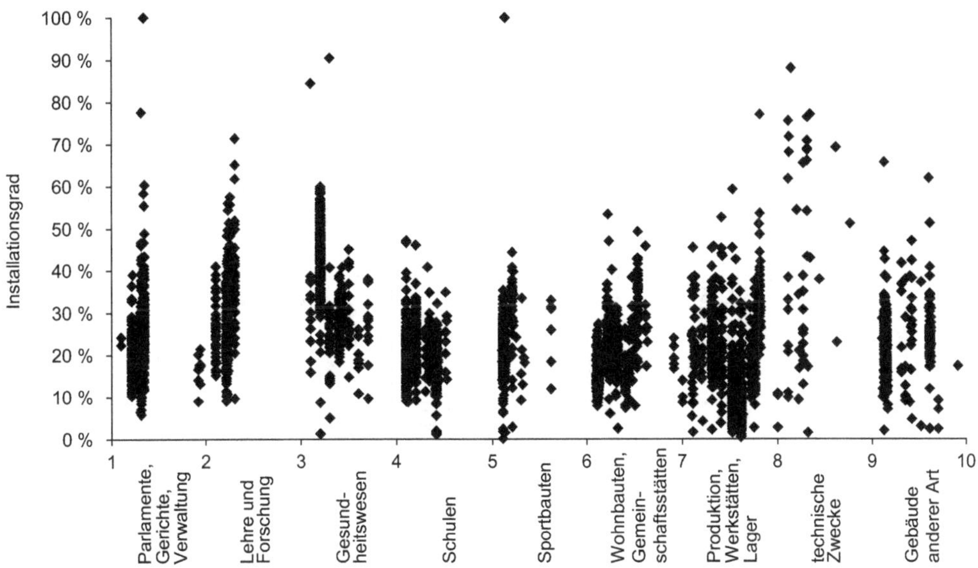

Abb. 3.35: Installationsgrad (KGR 400/300+400) nach Bauwerksnutzungsarten.[110]

Opernhauses einer Großstadt ist aufwendiger als die Kleinkunstbühne eines Kabaretts in der Provinz. Ein hoher Installationsgrad kann aber auch, z. B. bei Verwaltungsgebäuden, durch Klimatisierung oder hohe Anforderungen an informationstechnische Anlagen begründet sein.

Der Installationsgrad hat direkte Auswirkungen auf die Instandhaltungskosten (im Sinne der DIN 31051): Aufgrund der kürzeren Lebensdauer der technischen Anlagen im Verhältnis zur Baukonstruktion eines Gebäudes steigen die Instandhaltungskosten proportional zum Installationsgrad.[111]

3.7.4 Nutzungsstrategien festlegen

Die geplante Nutzungsdauer eines Gebäudes kann variieren. In Anlehnung an Kohler[112] lassen sich **Nutzungsstrategien** für die Bauwerke mit einer geplanten (Rest-)Nutzungsdauer (s. auch unten Abb. 3.39) definieren. Folgende Strategien sind bei Bauwerken in der Realität anzutreffen:
- Ausfallverzögerung
- Ausfallvermeidung
- Totalausfall
- Mangelverwaltung
- Redundanzverwaltung
- Werterhöhung

Der Zusammenhang der Nutzungs- und Instandhaltungsstrategien ist in Abbildung 3.36 dargestellt. Das Eishotel in Jukkasjärvi (Schweden) ist ein Touristenschlager und besitzt die Lebensdauer einer Wintersaison. Nutzungsdauer und Lebensdauer fallen hier zusammen. Hier kann we-

110 Quelle: eigene Darstellung, zur Datengrundlage s. [Bogenstätter, U. (2001)].

111 Vgl. Kapitel 6.9.

112 Vgl. [Kohler, N. (1999)], S. 32.

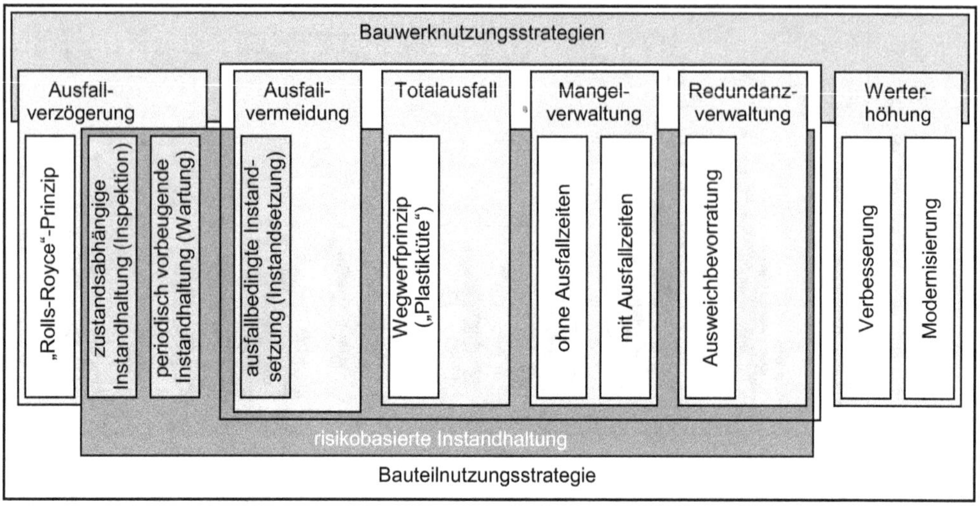

Abb. 3.36: Nutzungs- und Instandhaltungsstrategien im Vergleich.[113]

gen der Kurzlebigkeit von Eis von einer **Ausfall**- oder „**Wegwerfstrategie**" gesprochen werden. Diese Strategie wird auch bei temporären Produktionsstätten, Messebauten oder Ladeneinbauten angewandt. Charakteristisch dabei ist, dass nahezu keine Instandhaltung (Inspektion, Wartung oder Instandsetzung) durchgeführt werden muss. Die ausfallbedingte Instandsetzung, die auch bei Bauteilen unter Einschätzung der Ausfallwahrscheinlichkeit angewendet wird, gehört ebenfalls zu den **Instandhaltungsstrategien**.

Der Ausfall lässt sich auch durch langlebige Materialien verzögern. Das kann z. B. bei einer einfachen Wohnhöhle oder bei einem quasi unverwüstlichen Bunker der Fall sein (**„Rolls-Royce-Prinzip"**). Auch durch regelmäßige Inspektion und Wartung kann der Ausfall ohne Instandsetzung verzögert werden. Beide Methoden gehören zur **Ausfallverzögerungsstrategie**. Dies ist aber in der deutschen Wohnungswirtschaft nicht zu empfehlen. Zur Verzögerung des Ausfalls werden vielmehr die Instandhaltungsstrategien

- zustandsabhängige Instandhaltung (Inspektionsstrategie) und
- periodisch vorbeugende Instandhaltung (Wartungsstrategie)

herangezogen.

Durch zusätzliche Instandsetzungen (**Ausfallvermeidungsstrategie**) kann die Lebensdauer und (Rest-)Nutzungsdauer ebenfalls verlängert werden. Das ist sinnvoll bei Immobilien, deren Nutzungen und Nutzer sich während der Lebensdauer eines Gebäudes kaum ändern und bei denen der Bedarf bestehen bleibt. Das kann auf Rinderställe (Lebensdauer etwa 30 Jahre), Einkaufsmärkte (30 Jahre ± 10), Tiefgaragen (40 Jahre ± 10), oder Stadt- und Dorfkirchen (60–80 Jahre) zutreffen.[114] Die tatsächlichen Nutzungsdauern können in der Realität variieren, je nachdem wie „modisch" die Nutzung ist. Freizeitrichtungen müssen sich insbesondere dem Freizeitverhalten kurzfristig anpassen lassen (Multiplex-Kino, Musical-Theater, Tennis- und Squash-Anlagen, Indoor-Skipisten, Go-Kart-Bahnen)[115], soweit keine anderen Nutzungsarten gefunden werden können. Zur Vermeidung

113 Quelle: eigene Darstellung.

114 Angaben der Lebensdauern nach [NHK 2000], soweit Angaben mit ± 10: [SW-RL 2012]. Die Angaben zur Lebensdauer wurden in der [SW-RL 2012] gegenüber der [NHK 2000] teilweise verkürzt.

115 Vgl. [Kippes, S. (2008d)].

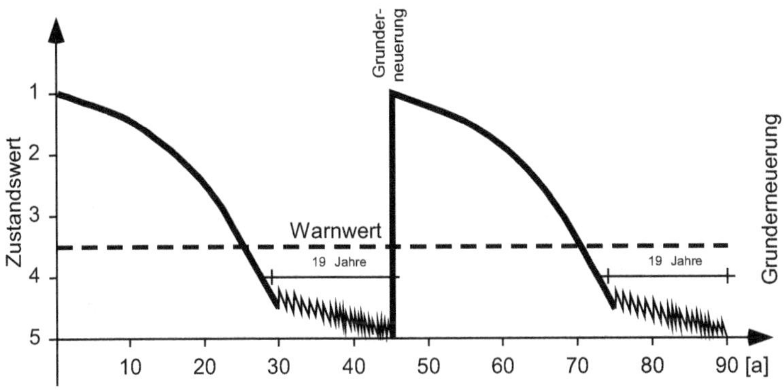

Abb. 3.37: Straßenschäden als Mangelverwaltung.[116]

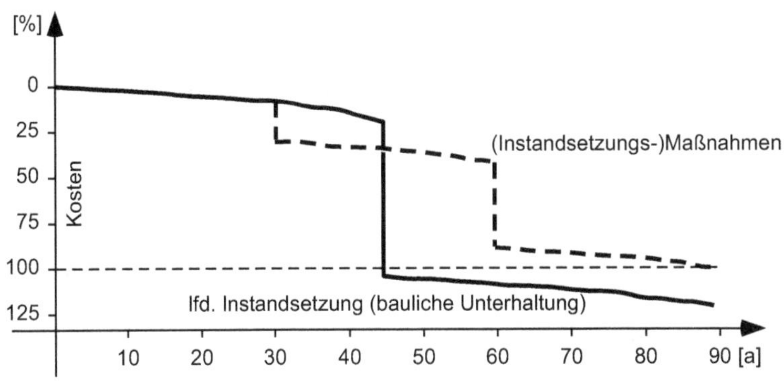

Abb. 3.38: Straßenschäden mit (ausfallbedingter) Instandsetzung.[117]

des Ausfalls werden die Instandhaltungsstrategien

- zustandsabhängige Instandhaltung (Inspektionsstrategie),
- periodisch vorbeugende Instandhaltung (Wartungsstrategie) und
- ausfallbedingte Instandsetzung (Instandsetzungsstrategie)

herangezogen.

Die **Mangelverwaltung** mit und ohne Ausfallzeiten ist eine Nutzungsstrategie, die es ermöglicht, den Betrieb den finanziellen Möglichkeiten der Betreiber anzupassen. Ein Ausfall kann dabei ggf. akzeptiert werden. Diese Nutzungsstrategie ist mehr oder weniger bewusst in der kommunalen Gebäudewirtschaft oder im Straßenbau anzutreffen und wird in Literatur nur selten thematisiert. Wenn der Zustand einer Straße unterhalb eines Warnwerts im Straßenbau 19 Jahre lang akzeptiert wird (s. Abb. 3.37), steht danach eine Grunderneuerung an.

Wie Abbildung 3.38 zeigt, ist die Mangelverwaltung mit laufender Instandsetzung teurer als die geplante ausfallbedingte Instandsetzung.

So hat der damalige Oberbürgermeister von Mainz 2009 einen Notfallplan für den Ausfall des Rathauses in Auftrag gegeben.[118] Aufgrund der Mängel führte ein Wasserrohrbruch 2012 zum Teil-

116 Quelle: eigene Darstellung, vgl. [FGSV (2004K)], S. 9.

117 Quelle: eigene Darstellung.

118 Vgl. [OB will Notfallplan für Rath… (2009j)].

ausfall der Nutzung: Den Mitarbeitern musste der außerhäusliche Toilettengang erlaubt werden.[119] Das Rathaus ist bis heute (2018) nicht saniert. Weitere Motive können bei Eigentümern von denkmalgeschützten Gebäuden vorhanden sein. So kann eine Entmietung oder der Verfall aus Gründen der Spekulation mit dem Bodenwert angestrebt werden.

Weit weniger bekannt ist die Nutzungsstrategie **Redundanzverwaltung**, bei der der temporäre Ausfall akzeptiert wird und Ersatzanlagen vorgehalten werden. Diese Form der Nutzungsstrategie findet sich insbesondere in Industriebereichen, z. B. bei Energieversorgungsanlagen als Ersatzkraftwerke.

Instandsetzungen, aber auch Modernisierungs- und Umbaumaßnahmen bieten die Chance, die Immobilie dem Markt anzupassen. Die **Werterhöhungsstrategie** ist in der Wohnungswirtschaft und gewerblichen Immobilienwirtschaft die verbreitetste Nutzungsstrategie, die in der langen Lebensdauer von Wohnimmobilien (Mehrfamilienhäuser und Einfamilienhäuser 60–80 Jahre) oder Bürogebäuden (60 Jahre ± 10) begründet ist. Das trifft auch bei Hallenbädern (40 Jahre ± 10), Tennishallen, Turn-/Sporthallen (40 Jahre ± 10), Krankenhäusern (40–60 Jahre), Industriegebäuden (40–60 Jahre), Hotels (40 Jahre ± 10) und Schulen sowie Berufsschulen (50 Jahre ± 10) zu. Nutzungsdauer und Lebensdauer können sich darüber hinaus erhöhen, wenn durch Nutzungsänderungen Marktanpassungen nötig und ein Abriss nicht möglich ist, z. B. bei denkmalgeschützten Gebäuden. Die Werterhöhungsstrategie **beinhaltet die Verbesserungs**- oder **Modernisierungsstrategie**.

Die Nutzungsstrategien werden nachfolgend mit ihren Kennzeichen zusammengefasst (s. Abb. 3.39):

A Die **Ausfallstrategie** (Verlauf ohne Instandhaltung) bedeutet eine relativ kurze Lebensdauer (Wegwerfstrategie) oder lange Lebensdauer nach dem Rolls-Royce-Prinzip.

B Die **Ausfallverzögerungsstrategie** (Verlauf mit Inspektion und Wartung) sichert die Gebrauchstauglichkeit bei begrenzter Lebensdauer.

C Die **Ausfallvermeidungsstrategie** (Verlauf mit Instandhaltung einschl. Instandsetzung ohne Verbesserungsmaßnahmen) verlängert die Lebensdauer bis zu einem geplanten Ende. In der Planung können Bündelungseffekte berücksichtigt werden: Das Gerüst wird für eine gemeinsame Maßnahme, z. B. Fensteranstrich und Dachreparatur, aufgestellt.

D Die **Verbesserungs- oder Werterhöhungsstrategie** (Verlauf Instandhaltung einschl. Verbesserungs- sowie Modernisierungsmaßnahmen) verlängert die Lebensdauer bis zu einem geplanten Ende und verbessert die Qualität und ggf. die Erträge. In der Literatur nicht aufgeführt, aber in der (kommunalen) Praxis häufig zu finden ist die Mängelverwaltung, die hier nachfolgend besonders aufgeführt wird:

E Bei der **Mangelverwaltung ohne Ausfallzeiten** (Gebrauchstauglichkeit ist über die Lebensdauer nicht sichergestellt, Wertverlust wird (schweigend) akzeptiert) werden Instandsetzungen nach Ausfall der Gebrauchstauglichkeit zügig durchgeführt.

F Bei der **Mangelverwaltung mit Ausfallzeiten** (Gebrauchstauglichkeit ist über die Lebensdauer nicht sichergestellt, Ausfall und Wertverlust werden (schweigend) akzeptiert) werden Instandsetzungen nach Ausfall der Gebrauchstauglichkeit unter Berücksichtigung einer Ausfallzeit durchgeführt.

G Bei der **Redundanzverwaltung** (Gebrauchstauglichkeit ist über die Lebensdauer nicht sichergestellt, Ausfall und Wertverlust werden (schweigend) akzeptiert) werden für den Fall der Fälle Ersatz- oder Ausweichgebäude bereitgestellt. Die Instandsetzungen werden nach Ausfall der Gebrauchstauglichkeit unter Berücksichtigung einer Ausfallzeit bei gleichzeitigem Betrieb eines Ersatz- oder Ausweichgebäudes oder einer ebensolchen Anlage (z. B. Notstromersatzanlage oder redundante IT-Systeme) durchgeführt.

119 Vgl. [Außerhäusiger Klogang erlaub… (2012k)].

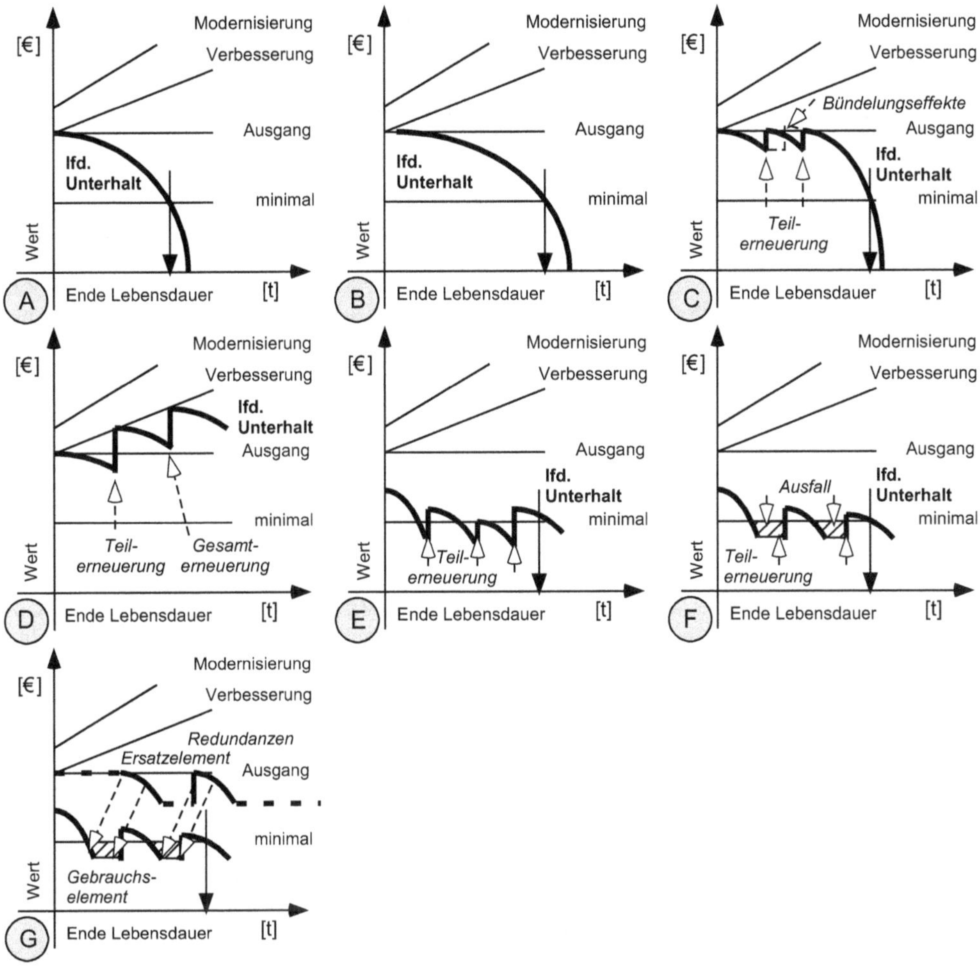

Abb. 3.39: Nutzungsstrategien A–G.[120]

Dabei ist zu beachten: Ist die geplante Nutzungszeit kürzer als die Lebensdauer, entsteht Leerstand. Ist die geplante Nutzungszeit größer als die Lebensdauer, entsteht Ausfall. Entscheidend für die Wahl der Nutzungsstrategie ist es, ein ausgewogenes Verhältnis aus geplanter Nutzungszeit und Lebensdauer des Gebäudes herzustellen. Die Wahl der Nutzungsstrategie ist deshalb von der Portfoliostrategie im Immobilienunternehmen abhängig.

Diese Nutzungsstrategien lassen sich auch auf Teilsysteme eines Gebäudes herunterbrechen. Ein Beispiel: Die Beleuchtung für den Weg zu einer öffentlichen Gaststätte muss aus Gründen der Verkehrssicherung gesichert sein. Hier können folgende Nutzungsstrategien angewendet werden:

- **Wegwerfstrategie:** Es werden Fackeln aufgestellt und im Bedarfsfall gewechselt.
- **Rolls-Royce-Prinzip:** Es werden wartungsfreie LED-Leuchtmitteln mit langer Brenndauer eingesetzt.

120 Quelle: eigene Darstellung.

- **Ausfallverzögerungs- und Ausfallvermeidungsstrategie:** Es wird eine Lampe mit Gasflasche aufgestellt, der Gasstrumpf regelmäßig gewartet und die Gasflasche regelmäßig ausgetauscht.
- **Mangelverwaltung:** Die Hecken zur Straße werden gefällt, um die Straßenbeleuchtung zu nutzen.
- Die **Redundanzverwaltung:** Es werden zwei Gaslampen aufgestellt, davon nur eine in Betrieb genommen. Die zweite wird nur eingesetzt, wenn die erste ausfällt.
- Die **Verbesserungs- oder Werterhöhungsstrategie:** Es werden mehrere Lampen aufgestellt, um die Beleuchtungsstärke für ältere Gäste zu erhöhen.

Die **risikobasierte Instandhaltung** wählt je nach Risiko die **Instandhaltungsstrategie**, die das Risiko möglichst gering hält.

3.7.5 Haftungsrisiken durch Risikoanalyse senken

Mit einer Nutzungs- und Instandhaltungsstrategie lassen sich die Haftungsrisiken durch eine bewusst durchgeführte Risikoanalyse und Instandhaltungsplanung auf der Bauteilebene senken.

Hierfür ist eine strukturierte Vorgehensweise notwendig, die sich wie folgt beschreiben lässt: (Teil-)Ziele definieren, planen, ausführen, steuern, koordinieren, überwachen, analysieren und folgern. Im Ergebnis werden auch die Planungsergebnisse verbessert und Investitionsentscheidungen belastbarer. Zur Definition der (Teil-)Ziele kann in zehn Schritten vorgegangen werden (s. Abb. 3.40):

1. **Immobilien priorisieren:** Der Betrachtungszeitraum (1-, 5-, 10-, oder 20-Jahres-Planung) ist festzulegen, vergangene Instandsetzungsmaßnahmen sind aufzunehmen, Mittelabflüsse und besondere Ereignisse sowie Jubiläen und grundsätzliche Festlegungen aufgrund der Portfoliostrategie sind zu beachten, damit der Instandsetzung nicht der Abriss folgt. Ebenso sind (soweit vorhanden) die Ergebnisse der Sicherheits- und Baubeschau sowie ungeplante Ereignisse, z. B. Sturm- oder Wasserschäden, in gebührendem Umfang zu berücksichtigen. Im Falle von Kirchengemeinden, kommunalen Neubauten oder ungewöhnlichen Bauwerken sind auch feste Termine wie z. B. Jubiläen oder andere gesellschaftliche Ereignisse einzuplanen. Bei Einkaufscentern sind beispielsweise Schlüsselkunden ausreichend zu berücksichtigen.

2. **Objekte erfassen und pflegen:** Ohne quantitative Beschreibung des Bestands ist keine Priorisierung und seriöse Budgetfestlegung möglich. Sofern in den Bestandssystemen keine ausreichenden Objektbeschreibungen auswertbar vorliegen, ist eine objektive Bestandserfassung durchzuführen. Subjektive Einflüsse der Personen, die die Bestandserfassung durchführen, sind zu minimieren. Die quantitative Beschreibung hat sich an Minimalanforderungen auszurichten, die Datenpflege ist sicherzustellen.

3. **Zustände der Bauteile bewerten:** Die Zustandsbewertung nach den Zustandsklassen hat zum Ziel, die Instandsetzungskosten und Eintrittswahrscheinlichkeit eines Schadens zu benennen.[121] Durch eine differenzierte Bewertung nach Leistungsbereichen ist die Grundlage für Ausschreibungen mit der Bündelung von Leistungen an mehreren Gebäuden gelegt, um durch Skalierungseffekte bessere Ausschreibungsergebnisse zu erreichen. Ebenso wird i. d. R. der Instandhaltungsrückstau quantitativ beschrieben und so eine Berechnung der Verkehrswerte qualifizierter möglich. Sofern die Wirtschaftlichkeit der Instandsetzungs- oder Modernisierungsmaßnahme gegeben ist, sollte die Maßnahme die Priorität „hoch" erhalten und die Maßnahme kurzfristig durchgeführt werden (s. Nr. 7).

121 Vgl. zur Definition der Zustandsklassen [BaK (1995h)].

122 Quelle: eigene Darstellung.

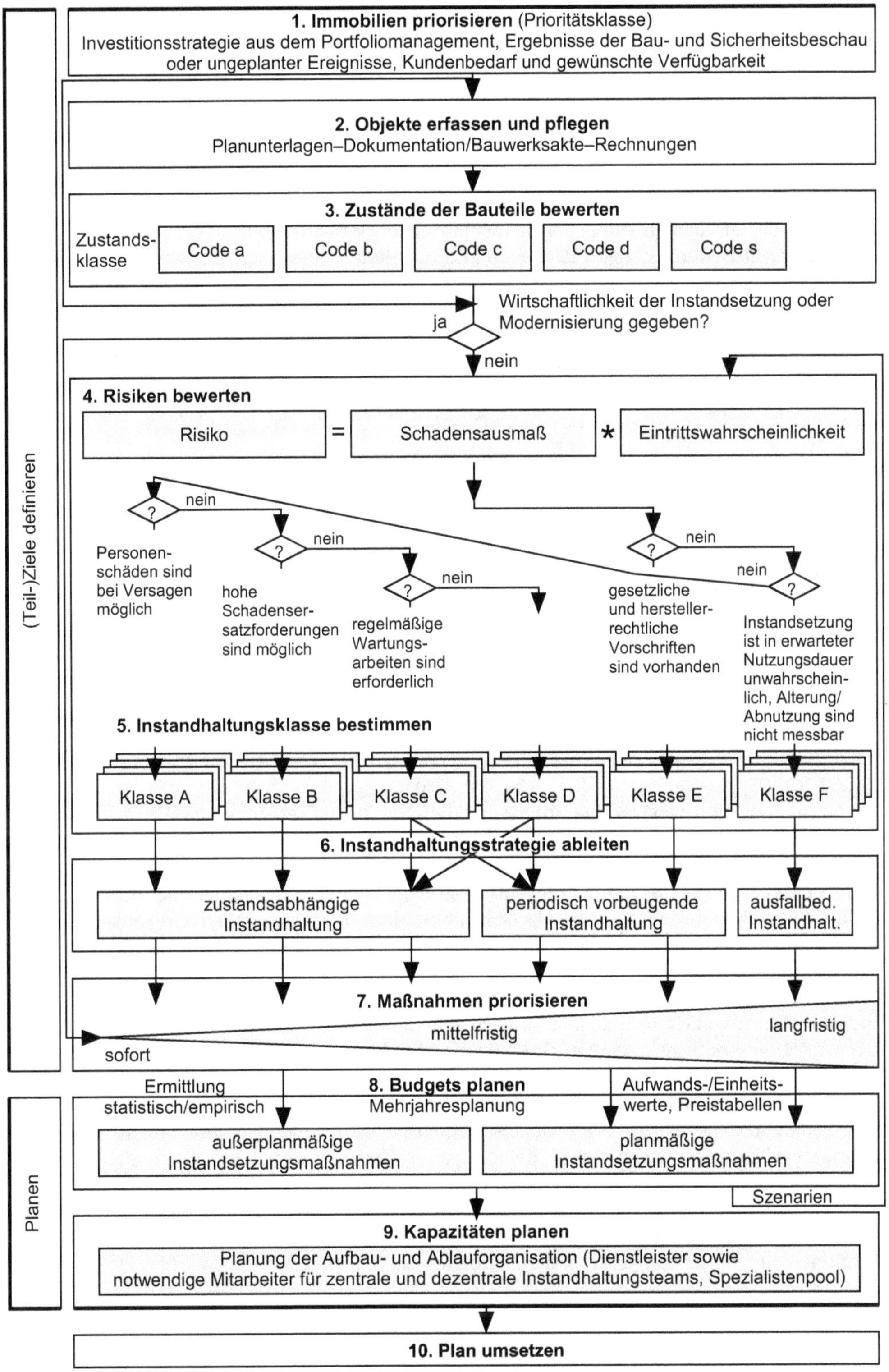

Abb. 3.40: Priorisierung von Instandhaltungsmaßnahmen.[122]

4. **Risiken bewerten:** Hier ist es das Ziel, das Schadensrisiko zu begrenzen. Zur Quantifizierung der Schadenshöhe hat Schielein einen Bußgeldkatalog[123] bis zu 1 Mio. € erstellt. Das Vorgehen der Risikoeinschätzung wird in Kapitel 8.3.5 beschrieben. Das Risiko (R) lässt sich aus der Summe der einzelnen Risiken im Risikomanagement (s. Kap. 9.3.1, Tab. 9.4) berechnen. Im Schadensausmaß (S) sind Folgeschäden bei unterlassenen Instandsetzungsmaßnahmen sowie nicht realisierte Ertragssteigerungen (Mietanpassungen) und Ertragseinbußen (z. B. Mietminderungen) zu berücksichtigen. Durch das Verhältnis des Schadensausmaßes zur Höhe der Instandsetzungskosten können erste Rückschlüsse hinsichtlich der Priorisierung vorgenommen werden. Ist das zukünftige Schadensausmaß größer als die Instandsetzungskosten, lohnt sich eine Instandsetzung. Mittels Zustandsbewertung sowie Risiko- und Potenzialfaktor lassen sich die Vorgaben des Portfoliomanagements überprüfen und die Maßnahmen in einem Zeitstrahl priorisiert anordnen. Durch die Bestimmung der Reihenfolge auf einem Zeitstrahl wird eine Planung der Kreditfinanzierung ermöglicht.

! Risiko (**R**) = Schadenausmaß (**S**) × Eintrittswahrscheinlichkeit (**E**) in einer Periode; **E** = Maximalwert (EwT; EwM)

- **S**, sofern nicht bestimmbar: Klassen des Schadensausmaßes (s. Kap. 9.3.2, Tab. 9.5), unter Berücksichtigung von Ertragssteigerungen und -minderungen
- **E**, sofern nicht bestimmbar: Eintrittswahrscheinlichkeit Technik (EwT) (s. Kap. 9.3.3, Tab. 9.7), Eintrittswahrscheinlichkeit Mensch (EwM) (s. Kap. 9.3.3, Tab. 9.8), Eintrittswahrscheinlichkeit Natur (EwN) (s. Kap. 9.3.3, Tab. 9.9)

---

5. **Instandsetzungsklasse bestimmen:** Hier ist es das Ziel, das Haftungsrisiko zu begrenzen. Die Instandsetzungsklasse bildet die Grundlage der Instandhaltungsstrategie. Dabei gilt es, trotz einer geringen Eintrittswahrscheinlichkeit von Schadensfällen die Risiken der Haftenden näher zu beschreiben. Die Instandsetzungsklasse A beschreibt Personenschäden, die auch bei geringer Eintrittswahrscheinlichkeit das Risiko eines Gefängnisaufenthalts (s. Dacheinbruch in Bad Reichenhall) zur Folge haben kann. Die Instandsetzungsklasse B beschreibt mögliche Folgen, die ein hohes Risiko für das Immobilienunternehmen darstellen. Nach der Instandsetzungsklasse wird wesentlich die Verantwortlichkeit geregelt. Alternativ lassen sich die Sicherheitsanforderungen nach [ISO 15686-1 2011-05] klassifizieren (s. Kap. 9.3.2, Tab. 9.6).

6. **Instandhaltungsstrategie ableiten:** Durch die Instandsetzungsklasse[124] lassen sich die Instandhaltungsstrategien ableiten: Inspektionsstrategie bedeutet, regelmäßig zu prüfen, ob z. B. nicht ein nachweislich geschädigter Baum auf einen Passanten fallen kann, Präventivstrategie steht für vorbeugende Instandhaltung, Ausfallstrategie steht für Instandsetzung im Bedarfsfall. Auch die Ausfallstrategie ist planbar: Es ist bekannt, dass ein Bauteil irgendwann ausfallen wird, aber es ist noch unbekannt, wo. Auf der Grundlage der Instandhaltungsstrategie lassen sich die Budgets nach außerplanmäßiger und planmäßiger Instandhaltung differenzieren.

7. **Maßnahmen priorisieren:** Eine Segmentierung der Objekte ermöglicht die Entwicklung und Anwendung von Normstrategien. Danach sind die einzelnen Maßnahmen nach den Möglichkeiten des Unternehmens unter Berücksichtigung von Planungsalternativen in einer strategischen Reihenfolge abschließend festzulegen.

8. **Budgets planen:** Die Budgetplanung beinhaltet einerseits den notwendigen Instandhaltungsbedarf, andererseits das Personal, das bei der Umsetzung der Instandhaltungsstrategien der Mehrjahresplanung notwendig ist. Sie beinhaltet Vorgaben verteilt auf die kommenden Jahre und die Unterscheidung nach außerplanmäßigen und planmäßigen Instandhaltungsmaßnahmen. Die Mehrjahresplanung ermöglicht, gleichartige Maßnahmen an verschiedenen Objekten in einer Ausschreibung zusammenzufassen (Skalierungseffekte) oder verschiedene Maßnahmen für ein Objekt zu bündeln, um Vorleistungen (z. B. Gerüstarbeiten) zu reduzieren.

---

123 Vgl. [Schielein, J. (2007j)].
124 Vgl. [Jehle, P. (1989)], S. 49, 85 ff.

9. **Kapazitäten planen:** Auf der Grundlage der anstehenden Instandhaltungsmaßnahmen können die Kapazitäten und der Personalbedarf ermittelt werden und die Organisation der operativen Instandhaltung kann erfolgen. Das beinhaltet die Strukturierung der Instandhaltungsprozesse und die Planung der Instandhaltungskapazitäten.

10. **Plan umsetzen:** Danach folgt der Planungs- und Ausführungsphase von mehreren parallel laufenden Maßnahmen nach den Methoden eines Baumanagements. Der Bestand, die Daten, die Planungsprämissen und Budgets sind regelmäßig im PDCA-Zyklus zu überprüfen.

3.7.6 Zuverlässigkeit steigern, Ausfallrisiken senken – mit SLAs ans Ziel

Sofern geklärt ist, welche Nutzungsstrategie angewendet werden soll, ist aus dem Bedarf die gewünschte Qualität der Instandhaltung zu definieren.

Zuverlässigkeit

In der Industrie gibt es die Möglichkeit, die Qualität der Instandhaltung danach auszuwählen und zu bestimmen, wie zuverlässig das Gebäude selbst oder ein Teil hiervon (Anlagen) seine Aufgabe (Funktion) erfüllen kann und soll. Mithilfe der Zuverlässigkeit lassen sich die Ausfallwahrscheinlichkeit und Ausfallrisiken einschätzen und berechnen. Nach [VDI 4001 Bl. 2 2006-07] wird die **Zuverlässigkeit** durch die **Funktionsfähigkeit**, **Verfügbarkeit**, **Instandhaltbarkeit** und **Instandhaltungsbereitschaft** bestimmt. Die gleiche Zuverlässigkeit kann mit unterschiedlichen Varianten erreicht und mit einer Wirtschaftlichkeitsberechnung überprüft werden.

Die Funktionsfähigkeit berührt insbesondere die Qualitäten, die Verfügbarkeit bezieht sich auf die Bereitstellungszeiten und die Instandhaltbarkeit auf den Betrieb eines Gebäudes. Die Instandhaltungsbereitschaft betrifft weitgehend die Organisation, um den Betrieb sicherzustellen.

Die Zuverlässigkeit wird bestimmt von der Funktionsfähigkeit, (Anlagen-)Verfügbarkeit, Instandhaltbarkeit und Instandhaltungsbereitschaft.[125] Die Leistungsfähigkeit ist in einer bestimmten Betriebszeit (Zeitintervall) tatsächlich gegeben.

Was kompliziert klingt, ist einfach erklärt: Was ist ein zuverlässiges Dach? Der Tonziegel ist richtig konstruiert und montiert, seine Lebenserwartung liegt zwischen 40 und 100 Jahren.[126] Auf dem Dach hält er während der geplanten Lebensdauer des Wohngebäudes 80 Jahre lang den Regen ab, kann einfach begangen und repariert werden und der Dachdecker hat, wenn er im Schadensfall gerufen wird, noch nach 20 Jahren den passenden Ziegel dabei. Ausfallrisiko bedeutet, der Dachdecker kommt zur Reparatur zu spät, das Dach wird undicht, es regnet durch das Dach, der Mieter macht bei dauerhaftem Schaden Mietminderung geltend.

Die Funktionsfähigkeit wird aus den geforderten Qualitäten und der qualitativen Toleranzbandbreite der Anlagen bestimmt. Die Funktionsfähigkeit wendet sich insbesondere an die innewohnenden Eigenschaften einer Anlage, z. B. deren Lebensdauer.

Unter **Funktionsfähigkeit** ist die Fähigkeit eines Gebäudes oder Bauteils zu verstehen „eine geforderte Funktion unter gegebenen Bedingungen für ein gegebenes Zeitintervall zu erfüllen"[127]. **!**

Beispiel: Die Treppenhausbeleuchtung ist ausreichend hell, wenn es draußen dunkel ist.

Die gewünschte (Anlagen-)Verfügbarkeit wird aus den geforderten Bereitstellungszeiten (nicht Gebrauchszeiten) über einen definierten Zeitraum der Funktionsfähigkeit bestimmt.[128] Auch für die

125 Vgl. [VDI 4001 Bl. 2 2006-07], S. 54.

126 Siehe [ifBOR TLD 2007-10].

127 [VDI 4001 Bl. 2 2006-07], S. 19.

128 Vgl. [DIN EN 13306 2001-09], S. 12.

(Anlagen-)Verfügbarkeit sind zeitliche Toleranzbreiten zu definieren. Sie wird z. B. durch lange Zeiten für Instandsetzungen eingeschränkt. Der ungeplante Ausfall von Produktionsanlagen am Ende der Lebensdauer eines einzelnen Bauteils nutzt zwar optimal die Lebensdauer eines einzelnen Bauteils aus, führt aber zu Produktionsausfällen mit hohen Kosten. Die Forderung nach hoher (Anlagen-)Verfügbarkeit (z. B. „Instandhaltungszeit null") kann daher sinnvoll sein, denn beispielsweise der Ausfall der Heizungsanlage eines Mehrfamilienhauses im Winter ist ärgerlich.

! Unter **(Anlagen-)Verfügbarkeit** wird die Bereitstellung der Leistungsfähigkeit in einer definierten Betriebszeit (Zeitintervall) verstanden.[129]

Beispiel: Die Treppenhausbeleuchtung funktioniert immer, wenn es draußen dunkel ist.

Die Instandhaltbarkeit sollte grundsätzlich und mit möglichst einfachen Mitteln möglich sein und bereits in der Planung berücksichtigt werden. Diesen einfachen Grundsätzen wiedersprechen z. B. Fenster, die nicht oder nur mit erhöhtem technischem Aufwand gereinigt werden können; Autolampen, die nur mit Spezialwerkzeug in der Werkstatt gewechselt werden können oder Heizungsanlagen, die nicht durch vorhandene Öffnungen demontiert und erneuert werden können. Die Instandhaltbarkeit hat ihre ideologische Überhöhung beim 1977 eröffneten Centre Georges Pompidou in Paris erhalten, bei dem sämtliche technischen Anlagen von außen zugänglich geplant und gebaut wurden (s. Abb. 3.41). Das Ziel war, eine ungestörte Nutzung der Veranstaltungsräume zu ermöglichen.

! Unter **Instandhaltbarkeit** wird die Möglichkeit verstanden, dass Gebäude oder Bauteile „unter gegebenen Anwendungsbedingungen in einem Zustand erhalten bzw. in ihn zurückversetzt werden können, in dem sie eine geforderte Funktion erfüllen [können], wobei vorausgesetzt wird, dass die Instandhaltung unter den gegebenen Bedingungen mit den vorgeschriebenen Verfahren und Hilfsmittel durchgeführt wird"[130].

Beispiel: Die defekte Treppenhausbeleuchtung kann ausgetauscht werden.

Die Instandhaltungsbereitschaft betrifft weitgehend die Organisation von (qualifiziertem) Personal und Ersatzteilen. Schließlich gibt es verschiedene Möglichkeiten, z. B. auf den Ausfall der Birne (Leuchtmittel) eines Beamers zu reagieren. (1) Ersatzgerät ist montiert und betriebsbereit, (2) Ersatzgerät wird von der Rufbereitschaft in einer definierten Reaktionszeit montiert, (3) Ersatzbirne

Abb. 3.41: Centre George Pompidou, Paris.[131]

129 Vgl. [IFMA (2002K)], S. 11, [DIN EN 13306 2001-09], S. 13.
130 [VDI 4001 Bl. 2 2006-07], S. 23.
131 Quelle: eigene Darstellung.

liegt im Lager und wird von der Rufbereitschaft sofort installiert. Durch das gute Zusammenspiel aus optimaler Route, optimaler Arbeitsausführung, optimaler Personaleinteilung, optimalem Materialeinsatz und optimalem IT-Einsatz lässt sich die (Anlagen-)Verfügbarkeit beeinflussen.

Unter **Instandhaltungsbereitschaft** wird die Fähigkeit der Instandhaltungsorganisation verstanden, „unter gegebenen Bedingungen bei Bedarf die Mittel bereitzustellen, die für die Instandhaltung" eines Gebäudes oder Bauteils „unter Beachtung der festgelegten Instandhaltungsgrundsätze erforderlich sind"[132].
Beispiel: Der Hausmeister ist da, wenn eine defekte Treppenhausbeleuchtung ausgetauscht werden muss.

Unabhängig davon, welcher Weg gewählt wird, ist letztlich die (Anlagen-)Verfügbarkeit das entscheidende Qualitätskriterium.

Ausfallrisiken und Service-Levels

Das Maß der (Anlagen-)Verfügbarkeit wird durch den Bedarf bestimmt und kann als Qualitätsstufen in Service-Level-Agreements (SLA) beschrieben werden. In den SLAs kann die Beschaffenheit einer Anlage für einen definierten Zeitraum intern oder extern oder als Dauerschuldverhältnis (Werkvertrag) in Fremdleistung vereinbart werden. Die Leistungen werden über Key-Performance-Indicators (KPIs) überprüft (vgl. Abb. 3.42). Von Bedeutung ist dabei die Definition der Beschaffenheit der Anlagen bei Vertragsende.

Service-Level-Agreement (SLA) (Dienstleistungsvertrag)
Dabei handelt es sich um eine Vereinbarung über zu erbringende Leistungen, z. B. hinsichtlich Art, Umfang, Qualität, Intervallen und Reaktionszeit. Die Leistung wird in unterschiedlichen Stufen, sogenannten Service-Levels, durchgeführt. Jeder Service-Level ist durch bestimmte Leistungseigenschaften gekennzeichnet. Die Einstufung in bestimmte Service-Level und die vertragsmäßige Festlegung derselben stellt eine Möglichkeit zur Bewertung der Leistungseigenschaften und auszuführenden Leistungen dar.[133]

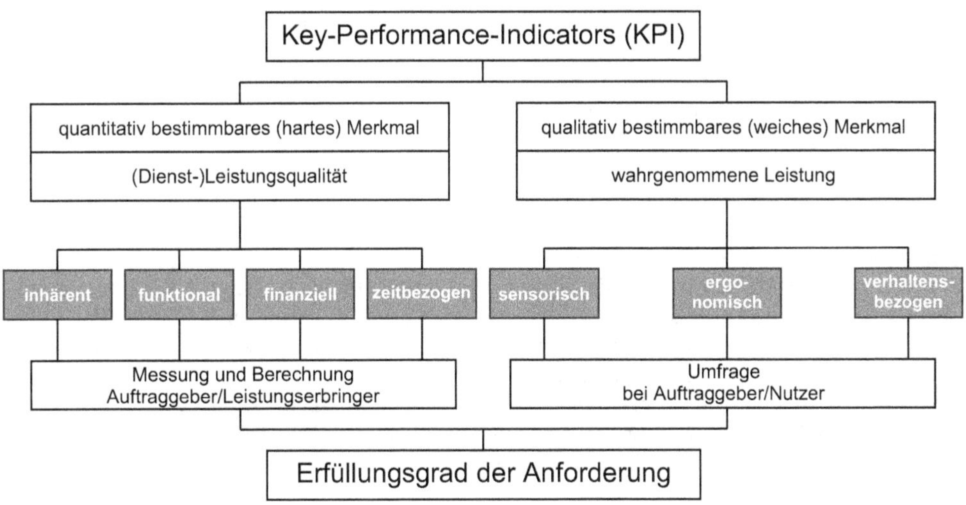

Abb. 3.42: Erfüllungsgrad bei Key-Performance-Indicators.[134]

---

132 [VDI 4001 Bl. 2 2006-07], S. 24.
133 Siehe [VDI 3810 Bl. 1 2012-05], S. 8.
134 In Anlehnung an [VDI-GEFMA 3810 Bl. 5 E 2017-01], Bild 1.

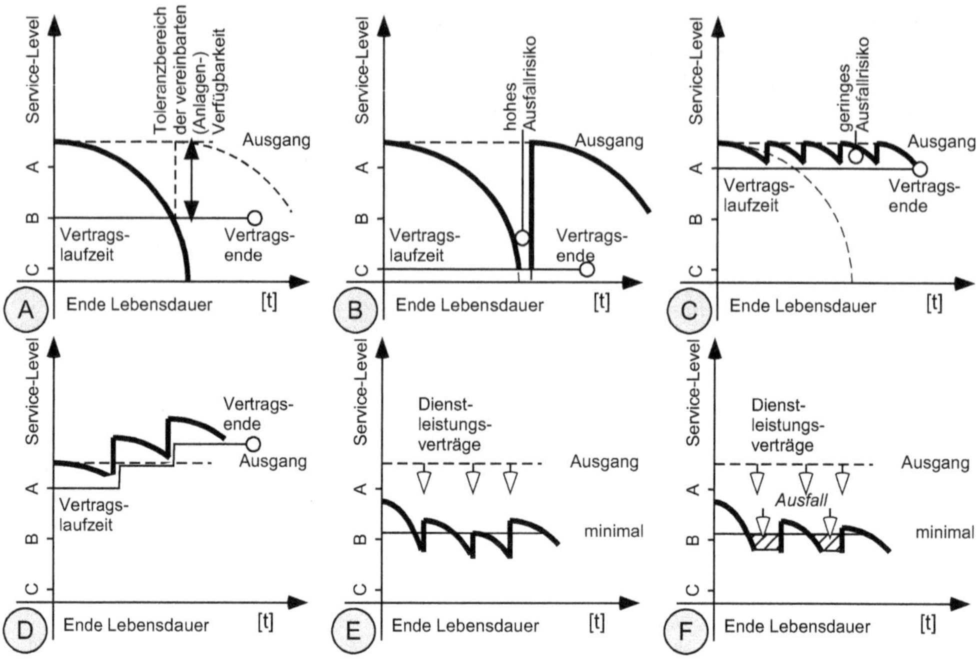

Abb. 3.43: SLA A, B, C und SLA A+ in der Instandhaltung sowie am Ende der Vertragslaufzeit (ohne Ausfallrisiko).[135]

Die Service-Level werden in Anlehnung an IFMA nachfolgend in C (niedrig), B (mittel) und A (hoch) eingeteilt. Die Einteilung kann unter Berücksichtigung des Zielkonflikts aus Verfügbarkeit, Option und Kostenreduktion erfolgen. Beim Service-Level A steht dann die Verfügbarkeit (z. B. die Klimatisierung von Rechenzentren oder die Funktionsfähigkeit der Operationsräume in Krankenhäusern ist gesichert), beim Service-Level B die Option (z. B. die Warmwasserbereitung in Bürogebäuden ist vorhanden) und beim Service-Level C die Kostenreduzierung (z. B. Warmwasser an Waschbecken ist nicht zwingend notwendig) an erster Stelle.

Nachfolgend ist insbesondere die Ausfallwahrscheinlichkeit in den SLA dargestellt. In Abbildung 3.43, A ist der vereinbarte mittlere Service-Level über die gesamte Vertragslaufzeit nicht sichergestellt: Das Teilsystem hat sich innerhalb der Vertragslaufzeit abgenutzt und entspricht nicht mehr der vereinbarten Beschaffenheit. Instandhaltungsmaßnahmen sind vor der Unterschreitung des Service-Levels einzuleiten. Da die Leistung nicht der Vereinbarung entspricht, ist die Abnahme der Leistung abzulehnen. Wird ein niedriger Service-Level vereinbart, steigt das Risiko des Ausfalls eines Teilsystems (s. Abb. 3.43, B) oder der Ausfall wird billigend in Kauf genommen. Bei einem tropfenden Wasserhahn ist das nicht weiter problematisch, bei einer Produktionsanlage fatal. Bei einem hohen Service-Level ist das Ausfallrisiko geringer (s. Abb. 3.43, C). Wird eine Vereinbarung über einen langen Zeitraum geschlossen, sind vertragliche Anpassungen vorzusehen (s. Abb. 3.43, D). Mängelverwaltung mit akzeptiertem Ausfall (s. Abb. 3.43, F) oder sofortigen Instandsetzungen (s. Abb. 3.43, E) ist nur mit Dienstleistungsverträgen für die einzelnen Instandsetzungen umzusetzen.

135 Quelle: eigene Darstellung.

Wesentliche Elemente der Beauftragung von SLAs sind:[136]
- die Zielbeschreibung (Ergebnisdefinition, ggf. Messkriterien, z. B. Anlagenverfügbarkeit), also das **Warum**,
- die Leistungsbeschreibung (z. B: Bearbeitung einer Störmeldung innerhalb einer Reaktionszeit), das **Was**,
- die Key-Performance-Indicators (KPIs) (Messwert, Erfüllungsgrad), das **Wie**,
- Leistungsbeleg (Qualitätsmessung) und Vergütung (Vergleich zwischen Soll- und Ist-Größen, ggf. mit Malus- und Bonusregelungen), das **Wann** und das **Wie oft**.

Zur Leistungskontrolle sind
- objektive Messmethoden (z. B. Raumlufttemperatur (gemessen in der GLT), Raumluftgeschwindigkeit, Sauerstoffkonzentration, Reaktionszeit (IT-Lösung)) und
- subjektive Messmethoden (z. B. Umfrage zur Kundenzufriedenheit)

geeignet. Dabei ist insbesondere auf Folgendes zu achten:
- **Zielbeschreibung:** Einhaltung der Reaktionszeiten bei Störungen zur Vermeidung von Produktionsausfällen.
- **Leistungsbeschreibung:** Bearbeitung der Störungsmeldung innerhalb einer festgelegten Reaktionszeit.
- **Key-Performance-Indicator (KPI):** Reaktionszeit, Priorität 1 (Störungsannahme: 1 Minute, Eintragung in das IT-System: 5 Minuten, Behebung der Störung (ohne Ersatzteilbeschaffung: 1 Stunde, mit Ersatzteil im Lagerbestand: 4 Stunden)).
- **Leistungsbeleg:** Qualitätsmessung in der Datenbank, Vergütung mit Malus- und Bonusregelungen: Bonus (Einhaltung der Reaktionszeiten pro Mitarbeiter); Malus (Abweichung ≤1 % × EUR, > 1 % × EUR, > 5 % × EUR).

Die unterschiedlichen Möglichkeiten eines SLA-Levels A soll anhand eines Beamers dargestellt werden. Zwei Hauptkriterien gibt es für einen Beamer: zum einen die Lichtstärke und Brenndauer der Lampe, die im Falle eines Lampenwechsels schnell mit mehreren 100 € zu Buche schlägt. Meist wird als Lebensdauer für Beamer-Lampen eine Zeitspanne von 1.500 bis 3.000 Stunden angegeben. Dies ist jedoch nur ein theoretischer Wert. In der Praxis können Beamer-Lampen schon nach wesentlich weniger Betriebsstunden kaputtgehen. Auch die Lichtstärke und Bildqualität kann im Laufe der Zeit abnehmen. Der Ausfall der Lampe eines Beamers führt zum Unterrichtausfall. Es gibt folgende Möglichkeiten, die (Anlagen-)Verfügbarkeit präventiv herzustellen:
- Man beschafft einen Beamer nach dem Rolls-Royce-Prinzip (theoretischer Ansatz) – hält „ewig".
- Die passende Ersatzlampe (Funktionsfähigkeit) liegt zugänglich im Schrank, der Beamer ist erreichbar (Instandhaltbarkeit), der Lehrende ist eingewiesen und kann die Lampe austauschen (Instandhaltungsbereitschaft). Die Reaktionszeit ist = 0.
- Per Telefon wird der Service informiert, die passende Ersatzlampe liegt dem eingewiesenen Personal vor (Funktionsfähigkeit), der Beamer ist erreichbar (Instandhaltbarkeit), der Service ist binnen 30 Minuten (Instandhaltungsbereitschaft) verfügbar. Die Reaktionszeit ist = 30 Minuten.

Mit der **Reaktionszeit** wird die von der Störungsmeldung bis zum Beginn der Störungsbehebung verstrichene Zeit bezeichnet. **!**

Ein weiteres Beispiel findet sich im Kapitel 9.4 in Tabelle 9.10: Dort sind unterschiedliche Qualitätsstufen (Pflegestufen) am Beispiel von Rasen und Ansaaten dargestellt.

136 Vgl. u. a. [VDI 2893 2006-05] zur Auswahl und Bildung von Kennzahlen für die Instandhaltung.

Instandhaltungsstrategien

Zur Umsetzung stehen die nachfolgend beschriebenen Instandhaltungsstrategien zur Verfügung (vgl. Abb. 3.44):[137] risikobasierte, zustandsorientierte, periodisch vorbeugende oder störungsbedingte Instandhaltung. Methoden der risikobasierten Instandhaltung sind die vorbeugende und die störungsbedingte Instandhaltung. Zur vorbeugenden Instandhaltung zählen die zustandsabhängige und die periodisch vorbeugende Instandhaltung.

- Die **risikobasierte Instandhaltung** (Risk Based Maintenance): Das Teilsystem wird danach beurteilt, welche Auswirkungen ein eventueller Störfall hat. Die Auswirkung bestimmt die Priorität und die Instandhaltungsstrategie. Beispiele: Der Ausfall einer Pumpe im Kühlkreislauf führt zur Abschaltung des Produktionskreislaufs. Der Ausfall eines Gas- und Dampfturbinen-Kraftwerk oder Steamcrackers führt in der Industrie zu Umsatzeinbußen, die es zu verhindern gilt: „Zeit ist Geld." Bei einer Steamcracker-Anlage ist bei ungeplanten Anlagenausfällen unter Berücksichtigung von fixen Kosten und entgangenen Margen (inkl. der Folgen für interne Wertschöpfungsketten) wohl rasch eine Größenordnung von 1 Mio. € und mehr realistisch.

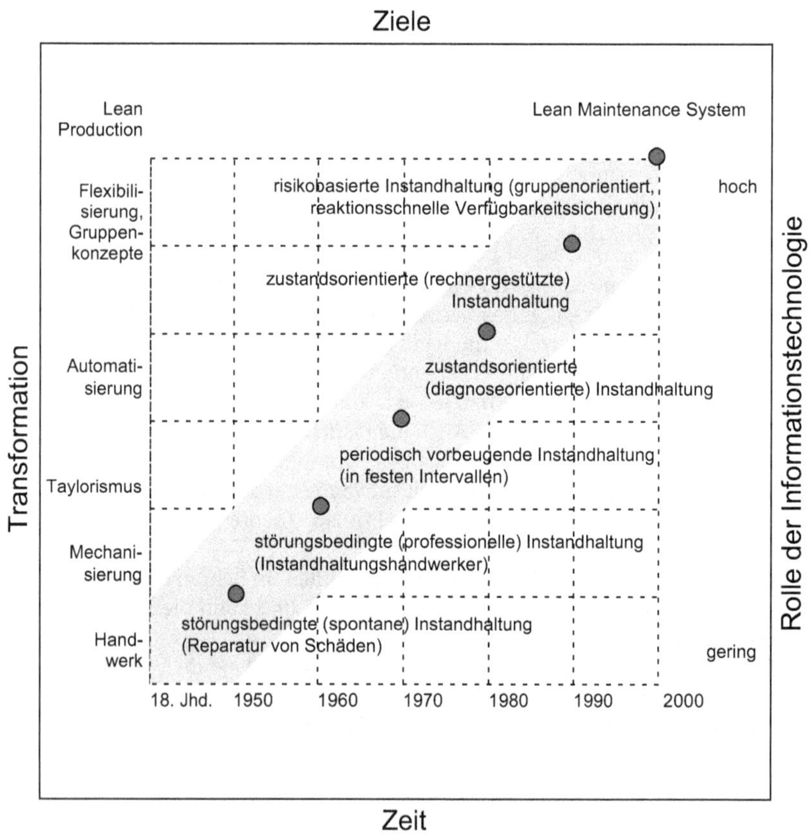

Abb. 3.44: Entwicklung der Instandhaltungsstrategien.[138]

137 Vgl. [Wiegand, B. (2005k)], S. 14, vgl. [Altmannshofer, R. (2007d)], S. 48.

138 Vgl. [Wiegand, B. (2005k)], S. 27.

- Die **zustandsabhängige Instandhaltung** (Condition Based Maintenance, Inspektionsstrategie) oder zustandsorientierte (präventive) Instandhaltung:[139] Nach vorangegangener Inspektion wird die Instandsetzung im Voraus geplant und die Anlage bei Überschreitung von Grenzwerten ausgetauscht oder instand gesetzt. Hierzu gehören die Inspektion mit Verschleißprognose und die messtechnische (Online-)Zustandsdiagnose. Die Verfügbarkeit ist mit zusätzlichen Parametern (z. B. Betriebslaufzeiten) kalkulierbar. Beispiel: Der Ölwechsel erfolgt nach Herstellervorschrift nach einer Fahrleistung von 15.000 km. Der Ersatzzeitpunkt wird optimal bestimmt.
- Die **periodisch vorbeugende Instandhaltung** (Time Based Maintenance, Predetermined Maintenance) oder geplante/vorausbestimmte (präventive) Instandhaltung:[140] Teilsysteme werden nach festen Intervallen ausgetauscht oder zu festen Zeitpunkten instand gesetzt. Beispiel: Der Ölwechsel erfolgt nach Herstellervorschrift periodisch alle zwei Jahre. Die Verfügbarkeit ist kalkulierbar. Der Ressourceneinsatz lässt sich z. B. über Fristenpläne langfristig planen. Nachteilig ist, dass die Teilsysteme ggf. ausgetauscht werden, obwohl sie noch nicht abgenutzt sind.
- Die **störungsbedingte Instandhaltung** (Breakdown Maintenance, Corrective Maintenance) oder korrektive Instandhaltung:[141] Schäden werden nur bei Ausfall, z. B. bei Ausfall der Glühbirne, repariert, eine hohe Anlagenverfügbarkeit kann nicht garantiert werden. Die maximale Brenndauer wird erreicht. Es gibt zwei Möglichkeiten, dem Ausfall zu begegnen: Der Ausfall wird für einen bestimmten Zeitraum akzeptiert oder Schäden werden sofort repariert. Dafür sind schnelle Reaktionszeiten der Handwerker notwendig und/oder das Personal sowie Ersatzteile sind für den Bedarfsfall vorzuhalten (z. B. der Hausmeister).

Beispiel: Der Weg zu einer öffentlichen Gaststätte wird durch eine Gaslampe beleuchtet. Es können folgende Instandhaltungsstrategien angewendet werden.
- **Zustandsabhängige Instandhaltung:** Der Gastwirt prüft an jedem Abend vor Öffnung der Gaststätte den Füllstand der Gasflasche. Die Ersatzflasche liegt im Lager. Die Gasflasche wird im Bedarfsfall ausgewechselt, sobald abzusehen ist, dass das Gas in der Gasflasche für den Abend nicht ausreicht.
- **Periodisch vorbeugende Instandhaltung:** Der Vermieter lässt für alle Gastwirte vorbeugend die Gasflaschen alle drei Tage austauschen und spart dadurch, dass er den Austausch von vielen Gasflaschen planen und durchführen sowie die Gasflaschen im Großhandel billiger beziehen kann. Die Kosten werden auf den Gastwirt umgelegt.
- **Störungsbedingte Instandhaltung:** Der Gastwirt sieht den Defekt, hat eine Gasflasche im Lager und kann die Gasflasche sofort selbst auswechseln.
- **Risikobasierte Instandhaltung:** Der Gastwirt ist auch der Koch und kann während Betriebs keine Gasflaschen austauschen. Der Vermieter erscheint ihm auch nicht zuverlässig. Um die Verkehrssicherung sicherzustellen und die Energiekosten niedrig zu halten, wählt er die zustandsabhängige Instandhaltung.

Auswahl der Instandhaltungsstrategien

Der Zusammenhang zwischen den Instandhaltungsstrategien, dem Service-Level und der Ausfallwahrscheinlichkeit ist in Abbildung 3.45 dargestellt. Die Merkmale der Instandhaltungsstrategien werden in Tabelle 3.13 einander gegenübergestellt.

139 Siehe [DIN EN 13306 2001-09], S. 21.

140 Siehe [DIN EN 13306 2001-09], S. 21.

141 Siehe [DIN EN 13306 2001-09], S. 22, 35.

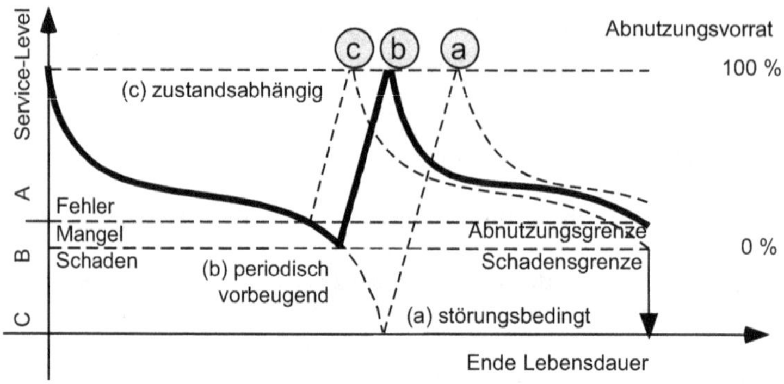

Abb. 3.45: Zusammenhang zwischen Instandhaltungsstrategien, Service-Level und Ausfallwahrscheinlichkeit.[142]

Tab. 3.13: Gegenüberstellung der Vor- und Nachteile bei Instandhaltungsstrategien (Einschätzung von sehr niedrig bis sehr hoch).

	Zustandsabhängige Instandhaltung	**Periodisch vorbeugende Instandhaltung**	**Störungsbedingte Instandhaltung**
1. Anwendungsfall	Teilsysteme mit hohen Instandsetzungs- oder Ausfallkosten und messbarem Abnutzungsverhalten	Teilsysteme mit bekanntem Abnutzungsverhalten, hohe Relevanz hinsichtlich Zuverlässigkeit, Ausfallzeiten und (Ausfall-)Folgekosten, Zustandsermittlung aufwendig: Klimaanlage	Teilsysteme mit unbekanntem Abnutzungsverhalten, unkritisch hinsichtlich Zuverlässigkeit, Ausfallzeiten und (Ausfall-)Folgekosten: Leuchtmittel
2. Planen (Plan)			
Höhe des Haftungsrisikos	niedrig	niedrig	hoch
Möglichkeiten zum Outsourcing	mittel (hoch bei Inspektion, Wartung)	hoch	niedrig
Zuverlässigkeit	hoch	hoch	niedrig
Dauer der Ausfallzeiten	mittel (planbar*)	mittel (planbar)	hoch (nicht planbar)
Anmerkung*	Information über Ausfallszeit muss vorhanden sein		

Die Wahl der Instandhaltungsstrategie hat Auswirkungen auf die Aufbau- und Ablauforganisation sowie darauf, welche Ressourcen wann, wie schnell und mit welchen Qualifikationen effizient zur Verfügung stehen müssen. Aus der Kombination aus Nutzungs- und Instandhaltungsstrategie ist es möglich, die Variante auszusuchen, um die wirtschaftlichste Lösung bedarfsgerecht nach Zuverlässigkeit und Ausfallrisiko zu ermitteln. Das betrifft nicht nur einzelne Bauteile, sondern auch Teilsysteme, z. B. Fußbodenheizung und Bodenbelag.

Ich selbst habe eine Fußbodenheizung und ein Parkett als Bodenbelag. Das Parkett hat eine Lebensdauer von 40 bis 100 Jahren, die Fußbodenheizung mit Kunststoffrohren eine Lebensdauer

142 Quelle: eigene Darstellung.

Tab. 3.13: (Fortsetzung)

		Zustandsabhängige Instandhaltung	Periodisch vorbeugende Instandhaltung	Störungsbedingte Instandhaltung
3.	Ausführen (Do)			
	Planbarkeit Personaleinsatz/Termine	mittel (hoch bei Inspektion, Wartung)	hoch	gering (ggf. Personalspitzen, kurze Reaktionszeiten notwendig)
	Planbarkeit Betriebsmittel (Lagerhaltung)	mittel	hoch	niedrig
	Planbarkeit Kosten	mittel	hoch	niedrig je Teilsystem, mittel durch Erfahrungswerte und statistische Methoden
	... Inspektion/Wartung	hoch	hoch	hoch (= nicht vorhanden)
	... Instandsetzung	niedrig bis mittel	hoch	hoch (statistische Mittel), niedrig bei einzelnen Systemen
	... Detailtiefe	niedrig	hoch	niedrig
4.	Überwachen (Check)			
	Kenntnis über das Abnutzungsverhalten	sehr niedrig (nicht im Detail bekannt)	sehr hoch (bekannt)	sehr niedrig (unbekannt)
	Ausschöpfung des Abnutzungsvorrats	hoch	mittel	sehr hoch
	Kenntnis über Zustand	sehr hoch	mittel	niedrig
5.	Folgern (Act)			
	Höhe Ausfallfolgekosten	niedriger		ggf. sehr hoch
	Ersatzteilverbrauch	mittel	geringer	höher
	Lagerkosten	mittel	geringer	höher
	Qualifizierung des Personals	hoch	mittel	geringer
	Projektkosten zur Umsetzung von Instandhaltungsstrategien	hoch	mittel	niedrig

von etwa 15 Jahren. Das Parkett wird daher wahrscheinlich die geplante Lebensdauer nicht erleben. Welche Instandhaltungsstrategie ich auch für die Fußbodenheizung wähle, die Instandhaltbarkeit ist nur durch die Zerstörung des Parketts gegeben, es sei denn, bis dahin gibt es andere technische Methoden.

Für ein (Immobilien-)Unternehmen, das wirtschaftlich geführt werden muss, zählt das optimale Zusammenspiel aus Nutzungsstrategie und Ausfallrisiko. Angesichts knapper werdender Kassen liegt hier noch Optimierungspotenzial, das darauf wartet, gehoben zu werden.

Sofern weitere Methoden aus Produktionsbereichen herangezogen werden, ergibt sich die volle Bandbreite der Wahlmöglichkeiten, eine risikobasierte Instandhaltungsstrategie unter dem Aspekt des Lean-Management und Lean Thinking zu behandeln, um den Ausfall auszuschließen.[143]

- Mit **Reliability Centered Maintenance (RCM)** lässt sich der Funktionsausfall vermeiden (mithilfe der Fehler-Möglichkeits-Einfluss-Analyse (FMEA) sowie der Bestimmung des Arbeitsvorrats). RCM setzt bei den Anlagenkomponenten an: 1. umfassendes Verständnis der Funktionsweisen von Anlagenkomponenten, 2. Transparenz im Zusammenhang von Fehlerursachen und -wirkung, 3. Erarbeitung angepasster Instandhaltungsstrategien, 4. Steigerung der Kosteneffizienz in der Instandhaltung, 5. höhere Sicherheit und verbesserter Schutz der Umwelt.
- Die **Fehler-Möglichkeits-Einfluss-Analyse (FMEA)** berechnet die Risiko-Prioritäts-Zahl (RPZ): RPZ = A × B × E (A = Schadenshäufigkeit (1 = unwahrscheinlich bis 10 = sehr hoch), B = Auswirkungen auf den Anlagenbetrieb (1 = kaum wahrnehmbar bis 10 = äußerst schwerwiegender Fehler), E = Prognostizierbarkeit (1 = sehr gut wahrnehmbar bis 10 = unmöglich vorhersehbar)).
- **Ishikawa** ist ein Ursachen-Wirkungs-Diagramm (Fischgräten-Diagramm) zur Fehlerursachenanalyse. Dabei wird die Wirkung zu den möglichen Hauptursachen (5M) in Beziehung gesetzt: Milieu, Mensch, Methode, Material, Maschine.
- **5A** beschreibt ein Umfeld von Ordnung und Sauberkeit im Arbeitsumfeld für gute Qualität und hohe Produktivität: 1. Aussortieren unnötiger Dinge, 2. Aufräumen der benötigten Teile, 3. Arbeitsplatz sauber halten, 4. Anordnung zur Regel machen, 5. alle Punkte einhalten und ständig verbessern.
- **Kontinuierlicher Verbesserungsprozess (KVP):** Das Ziel von KVP ist die Kombination aus Prozessverbesserung und Standardisierung, wobei die durch Verbesserung neu geschaffenen Standards die jeweilige Ausgangssituation für weitere Verbesserung bilden. Ein wichtiger Bestandteil dabei ist der feste Regelkreis, mit dem vorgeschlagene Maßnahmen umgesetzt und deren Erfolg überprüft wird.
- **Entstörzeitminimierung:** Hier geht es darum, störungsbedingte Anlagenstillstandszeiten so zu minimieren, dass das Produktionssystem durch einen Schadensfall an der Anlage nicht beeinflusst wird: 1. Ist-Zustand mit der Wertstromanalyse dokumentieren, 2. wertschöpfende und nicht wertschöpfende Prozesse trennen und Verschwendung identifizieren, 3. 5A-Aktion durchführen, 4. nicht wertschöpfende Prozesse reduzieren, 5. wertschöpfende Prozesse optimieren, 6. Soll-Zustand definieren, 7. Abläufe modularisieren und standardisieren, 8. Soll-Zustand umsetzen und ständig optimieren.
- Die **Total Productive Maintenance (TPM)** optimiert innerbetriebliche Abläufe und setzt bei der kreativen Beteiligung aller Mitarbeiter an: 1. Schulung und Training, 2. Beseitigung von Schwerpunktproblemen, 3. autonome Instandhaltung, 4. geplantes Instandhaltungsprogramm, 5. Instandhaltungsprävention.
- Das **Wertstromdesign** beinhaltet die Optimierung von Produktionsprozessen (Prozessanalyse – Ablauforganisation). Dabei wird der Wertschöpfungsprozess vollständig durchleuchtet und dokumentiert, von der Rohmaterialanlieferung bis zum Kunden.
- Bei der **Tätigkeitsstrukturanalyse (TSA)** werden die verschiedenen Aufgaben analysiert und innerhalb einer Funktion auf die einzelnen Mitarbeiter verteilt: 1. Eliminierung von Redundanzen in der Aufgabenwahrnehmung durch Definition von klaren Zuständigkeiten in den Prozessen, 2. richtige Aufgabenzusammenfassung durch reduzierte Schnittstellen und Prozessschleifen, 3. verringerter Ressourcenverbrauch durch Vermeidung von Doppelarbeit, 4. Reduzierung von Neben- und organisatorischen Tätigkeiten durch weniger Verbrauch und höhere Konzentration auf die Wertschöpfung.

---

143 Siehe hierzu [Wiegand, B. (2005k)], S. 17 ff.

- Die **Overall Equipment Efficiency (OEE)** vermeidet Verluste und maximiert die Anlageneffizienz: OEE = NG × LG × QG (NG = Nutzgrad, LG = Leistungsgrad, QG = Qualitätsgrad). Verlustquellen sind: 1. Anlagenausfälle, 2. Rüst-/Einrichtverluste, 3. Leerlauf/Kurzstillstandszeiten, 4. Taktzeitverluste, 5. Anlaufschwierigkeiten, 6. Ausschuss/Nacharbeit.
- Bei **Lean Thinking** können neben der Kenntnis oder Unkenntnis bezüglich des Alterungsverhaltens fünf Prinzipien als Entscheidungshilfe dienen: 1. Kundenorientierung (Mit welchen Leistungen wird der Kunde optimal bedient?), 2. Wertschöpfungsorientierung (Welche Leistungen sind notwendig?), 3. Fluss-Prinzip (Wie kann ein kontinuierlicher Leistungsfluss entstehen?), 4. Pull-Prinzip – Leistung nach Bedarf (Welche Leistungen werden vom Kunden aktuell eingefordert?), 5. Streben nach Perfektion (Wie kann das Leistungssystem weiter verbessert werden?). Damit soll Verschwendung in Form von nicht nachgefragten Leistungen, Leerlaufzeiten, unnötigen Wegen, Mängeln, Nachbesserungsarbeiten und vollen Lagern vermieden werden.

Verschleißfunktion
Zu beachten ist in jedem Fall, dass das Verschleißverhalten je nach Bauwerk unterschiedlich sein kann. So kann der Verschleißverlauf entgegen einer linear angenommenen steuerlichen Abschreibung tatsächlich degressiv oder progressiv verlaufen.

3.7.7 Reparieren, modernisieren oder ersetzen? Die Qual der Wahl

Die Herausforderung bei den Instandhaltungskosten sind die unterschiedlichen Beträge und unregelmäßig anfallenden Kosten (s. Abb. 3.46). Dabei ist zu klären, in welches Objekt in welchem Ausmaß investiert werden muss. Schließlich ist selten zu viel Geld für die Instandhaltung vorhanden und die vorhandenen Mittel müssen möglichst effizient eingesetzt werden. Es wird daher vielfach von einem Instandhaltungsstau gesprochen.

In der Wohnungswirtschaft beziffern einzelne Autoren den durchschnittlichen Instandhaltungsstau auf 120 [€/m² WF (brutto)]. Der Stau wird jedoch in einer Altersabhängigkeit gesehen: Mit zunehmendem Alter wächst der Instandhaltungsstau drastisch an.

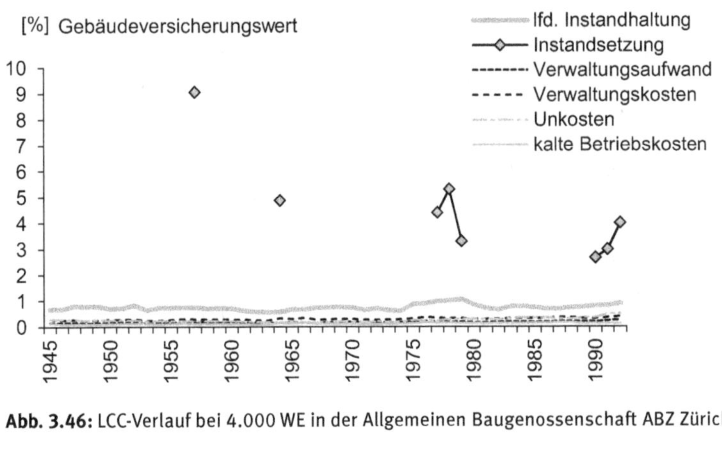

Abb. 3.46: LCC-Verlauf bei 4.000 WE in der Allgemeinen Baugenossenschaft ABZ Zürich (Realdaten).[144]

144 Vgl. [BaK (1994)], S. 61: Leider liegen nur in den seltensten Fällen Realdaten zum LCC-Verlauf vor. Es wird daher auf ältere Daten zur Veranschaulichung zurückgegriffen; vgl. u. a. [Bahr, C. (2008)].

Um dem begegnen zu können, werden weitere Instandhaltungsstrategien gesucht. Die Budgetierung bereitet besondere Schwierigkeiten: Sollen 10,00 [€/m^2 WF (brutto) a] oder 5,11[145] [€/m^2 WF (brutto) a] veranschlagt werden? Der Ausfall von Bauteilen ist in der Wohnungswirtschaft i. d. R. weit weniger bedeutsam als im gewerblichen Umfeld, und die Verantwortlichen sind daher geneigt, auf ausfallorientierte Instandhaltung zu setzen. Hier drohen ggf. lediglich Mietminderungen. In der kommunalen und kirchlichen Immobilienwirtschaft sind Ertragseinbußen durch Mietminderungen noch weniger von Bedeutung. Eine universelle Strategie ist jedoch selten anzutreffen.

Grundsätzlich ist Instandhaltung als Teil des Wertschöpfungsprozesses in einem Unternehmen zu begreifen. Zuerst ist zu klären, in welches Objekt investiert werden soll. Das sog. Portfoliomanagement lässt sich nicht nur hinsichtlich des Objektbestands, sondern auch bei Fragen der Instandhaltung einsetzen. Für eine Instandhaltungsstrategie ist daher grundsätzlich zu klären, ob das Objekt zum Verkauf ansteht und die „Braut" für den Käufer hübsch gemacht werden soll, ob Investitionen zur Steigerung des Neukundenpotenzials im Falle eines Leerstands sinnvoll sind, ob Mietsteigerungspotenziale bei bestehenden und zukünftigen Mietverträgen vorhanden sind, ob Mieterbindungsmaßnahmen Leerstand vermeiden können, ob die Gebrauchsfähigkeit erhalten werden soll, ob zur Verkehrssicherungspflicht (z. B. bei erwünschtem Leerstand) eine Not-Instandhaltung notwendig ist oder ob Produktionseinschränkungen oder -ausfälle vermieden werden sollen.

Ausgangspunkt der Betrachtung der Instandhaltung ist zunächst das gesamte System (Gebäude), man sollte sich nicht auf ein Teilsystem (z. B. Heizungsanlage oder Produktionsanlage) beschränken.

Bei entsprechender Bestandsdatengrundlage lässt sich daraus eine Matrix aus Not-Instandhaltung, Instandhaltung zur Erhaltung der Gebrauchsfähigkeit, Instandhaltung zur Mieterbindung und -gewinnung sowie Instandhaltung zur Wertsteigerung einerseits und aus einem kurzfristigen, mittelfristigen und langfristigen Planungshorizont andererseits ableiten. Die Differenzierung des Planungshorizonts ist schon deshalb notwendig, damit Bündelungseffekte mit verschiedenen Objekten und/oder verschiedenen Leistungsbereichen möglich werden. Durch die terminliche Abstimmung von Leistungsbereichen, z. B. Dach und Fassade, lassen sich z. B. die Gerüstkosten optimieren (vgl. Abb. 3.47). Völlig unbeachtet in der Budgetierung sind bisher Folgekosten neuer Gesetze, die alle Bereiche dieser Matrix betreffen können.[146]

Die Ansicht darüber, was für Immobilien im Bestand getan werden muss, ist von den einzelnen handelnden Personen abhängig. Die Antwort auf die Frage nach der Reparatur oder dem Ersatz eines undichten Dachs bleibt teilweise dem Ermessensspielraum der zuständigen Sachbearbeiter überlassen bzw. erfordert die Kenntnis der Bautechniken und Methoden, um die Möglichkeiten des Erhalts von Bauteilen und die Auswirkungen hinsichtlich der Kosten und Notwendigkeiten richtig einschätzen zu können.

Zur Vermeidung unabgestimmter Entscheidungen mit der Portfoliostrategie eines Immobilienunternehmens empfiehlt es sich daher, Normstrategien speziell für die Instandhaltung einzuführen (vgl. Tab. 3.14), um die Erwartungen des Immobilienunternehmens stärker zu artikulieren. Sofern der Bestand in der Struktur weitgehend homogen ist, lassen sich hierfür Planungs- und Ausführungsstrategien entwickeln.

Hilfreich dabei sind z. B. die Festlegung von Ausführungsstandards in einfach, mittel oder gehoben bei einer Badsanierung oder Planungsstandards in gleicher Art bei Modernisierungs- oder Instandhaltungsmaßnahmen.[147] Die Standards sind mit Budgets zu untermauern und in den Pro-

145 5,11 € ist ein minimaler Richtwert von Wirtschaftsprüfungsunternehmen zur Erhaltung des Gebäudebestandes (ursprünglich auf 10 DM festgesetzt, ergeben sich heute 5,11 € und suggerieren eine Genauigkeit, die es so nicht gibt).

146 Vgl. Abbildung 3.58.

147 Beispiele in Schmitz, H., in: [GdW Schriften 43], S. 113 ff.: Baukostensteigerungen durch Planungsalternativen in der Altbaumodernisierung von 100 % = einfach bis zu 203 % = gehoben.

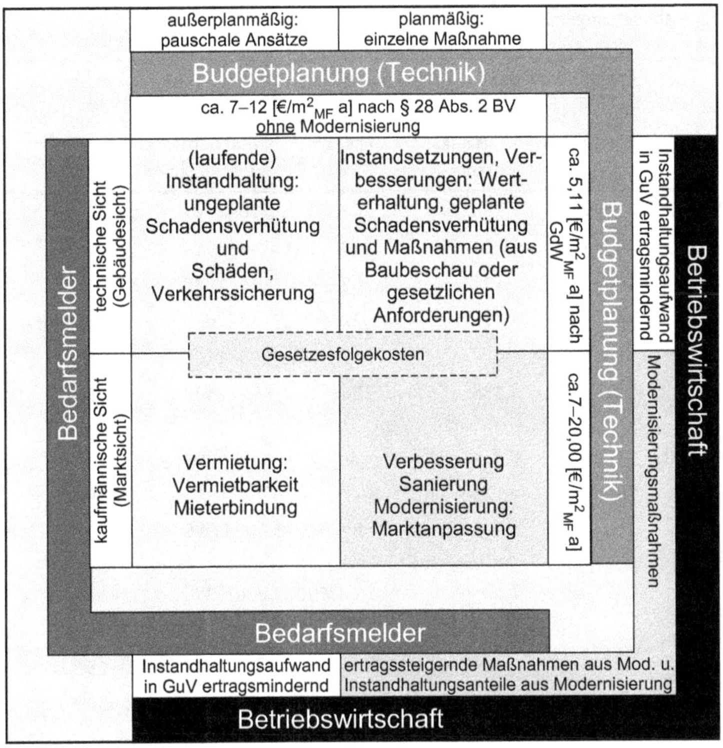

Abb. 3.47: Kontext Betriebswirtschaft, technisches Budget und Bedarf.[148]

zessabläufen im Unternehmen sicherzustellen. Nicht zu unterschätzen ist das strukturierte Vorgehen nach einer zyklischen technischen Zustandserfassung und -pflege des Bestands in Planung und Baudurchführung in Abstimmung mit dem Finanzierungsbedarf und dem Bedarf der Kunden (Mieter) von heute und morgen. Eine Wirtschaftlichkeitsberechnung bei Maßnahmen und eine Aufteilung nach Modernisierungs- und Instandhaltungsmaßnahmen sind in der Wohnungswirtschaft im Allgemeinen unerlässlich.

3.7.8 Eigen- oder Fremdleistungen erhöhen?

Ein weiterer Beitrag zur Kostenverringerung kann sein, eigene Leistungen durch Fremdleistungen (Outsourcing) zu ersetzen. Unterstellt wird dabei vielfach, dass Objektleistungen günstiger und hochwertiger von Dienstleistern erbracht werden können. Grundsätzlich sind vor Leistungserbringung durch Dritte die Leistungsinhalte abzugrenzen und zwei grundlegende Fragen zu beantworten:

- Entstehen durch den nachhaltigen Know-how- und Datenverlust oder durch die Verletzung der Vertraulichkeit und Loyalität bei der Leistungserbringung durch Dritte unerwünschte Abhängigkeiten oder Risiken für das Immobilienunternehmen?

148 Vgl. von der Lieth, Jörn: Instandhaltungsbudget bei der HWS in Bochum: Vortrag am 12.03.2008 beim Europäischen Bildungszentrum der Wohnungswirtschaft und Immobilienwirtschaft (EBZ).

Tab. 3.14: Investitionskosten für Instandsetzungsmaßnahmen.[149]

	Maßnahme inkl. MwSt.	Investitionskosten in €/m² Bauteilfläche				... pro m^2_{WF} [b]
		Hamburger Energiepass[a]	Hessische Energiespar-aktion	Gebäude-check NRW	wohnungs-wirtschaftliche Erfahrungen	
1	Dämmung Außenwände 12–14 cm	115–215	80–120	88	120–150	55–105, –150[c]
2	Dämmung oberste Decke 20 cm	20– 65	20–30	40	40–60	10–25
3	Dämmung Schrägdach 20 cm	80	117	130	120–150	50–90
4	Dämmung Kellerdecke 6–8 cm	40	15	27	30–70	6–30
5	Perimeterdämmung 12 cm	115			100–120	15–18
6	Fenstertausch (Zweischeibenvergl.)	315	335	380	400–450	50–75
7	Fenstertausch (Dreischeibenvergl.)				450–600	75–95
8	Glasersatz in Kastenfenstern	185	125			20–30
9	Einbau Zu- und Abluftanlage mit Wärmerückgewinnung (WRG)			rd. 4.000–6.000 €/WE		50–90
10	Einbau Abluftanlage			rd. 1.500–2.000 €/WE		25–35
11	Optimierung Anlagenbetrieb					3–10
12	klassische Solaranlage					10–15
13	solare Sanierung (gemeinsame Regelung für Solaranlage und konventionelle Heizung)					20–30

[a] Kosten nach Hottengroth Energieberater Professional.
[b] umgerechnet für ein Wohnhaus mit rd. 1.000 m² WF (16 WE). Werte für sehr kleine Gebäude und Hochhäuser können deutlich abweichen. Die Umrechnung von bauteilbezogenen Kosten auf wohnflächenbezogene Kosten hängt von der Kubatur des Gebäudes ab.
[c] mit Riemchenklinkern.

– Können die Leistungen durch einen Auftragnehmer im geforderten Umfang und in der geforderten Qualität zur gewünschten Zeit und innerhalb der gewünschten Zeitdauer zuverlässig (Verfügbarkeit) und nachhaltig (Kontinuität) auch bei wechselndem Bedarf (Flexibilität) kostengünstiger erbracht werden?

Leistungsinhalte der Portfoliostrategie (strategisches kaufmännisches und technisches Management) können nur in Ausnahmefällen an Dienstleistungsunternehmen vergeben werden. Outsourcing bietet sich im operativen Asset-Management sowie beim Property-Management und Facility-Management insbesondere dann an, wenn an den einzelnen Standorten die Leistungserbringung durch eigenes Personal vor Ort im Krankheitsfall nicht ausreichend und qualifiziert gesichert werden kann.

Dies kann der Fall bei Streubesitz sein. Liegen die Standorte weit auseinander, so ist ein Auftragnehmer von Vorteil, der alle weit auseinander liegenden Standorte versorgen kann. Ebenfalls von Vorteil kann Outsourcing dann sein, wenn Spezialwissen notwendig ist und im eigenen Unternehmen nicht langfristig vorgehalten werden soll, weil die kritische Masse zur effizienten Eigenerstellung nicht erreicht werden kann und die Auslastung des eigenen Personals nicht gesichert

149 Vgl. [GdW Arbeitshilfe 64], S. 50.

wäre. Für Outsourcing bieten sich vielfach folgende Leistungen an, die nicht zum Kerngeschäft eines Immobilienunternehmens gehören: Baumaßnahmen, Car-Sharing, Catering-Service, Instandhaltungsdienste, Planungsleistungen, Projektentwicklung, Reinigungsdienste, Sicherheitsdienste, Umzugsdienste, Wäschereidienste etc.

Nachteile können sich neben dem Risiko der Abhängigkeit von einem Dienstleistungsunternehmen auch aus der Mehrwertsteuerpflicht beim Einkauf von Leistungen ergeben: Jedoch konnte Lutz[150] darstellen, dass in einem Fall eine Arbeitsstunde des Reinigungspersonals im öffentlichen Dienst 22,48 [€/h (brutto)] kostete, während der Auftragnehmer die Arbeitsstunde für 18,73 [€/h (brutto)] anbieten konnte. Der Unterschied von 20 % ergab sich durch die unterschiedlichen Tariflöhne. Die Mehrwertsteuer war in der Arbeitsstunde des Auftragnehmers berücksichtigt. So kam Lutz zum Schluss, dass bei „gleicher Stundenvorgabe und bei gleich qualifiziertem Personal sowie bei gleichem Stand der Technik“ die Fremdreinigung aufgrund der Lohnstruktur günstiger ist. Mit Outsourcing verbinden sich jedenfalls vielfältige Fragen an die Personalpolitik eines Unternehmens (z. B. Entlassungen, Betriebsübergänge).

Die unterschiedlichen Möglichkeiten des Outsourcings in der laufenden Instandsetzung werden in Tabelle 3.15 aufgezeigt. Die Palette der Möglichkeiten reicht von der Leistungserbringung durch das eigene Immobilienunternehmen über eine Verlagerung der Leistungsbringung teilweise an Hausmeisterfirmen bis zur gänzlichen Auslagerung an Dienstleistungsunternehmen.
Die Leistungsverlagerung kann in zweierlei Hinsicht begründet sein, zum einen in der Delegation der Verantwortung aus Sicht der Verkehrssicherungspflicht und/oder Betreiberverantwortung und zum anderen in der kostengünstigeren Leistungserbringung. Zur Betrachtung der Vorteilhaftigkeit von Outsourcing ist daher eine Vollkostenrechnung durchzuführen. Kostenvorteile können sich aus folgenden Gründen ergeben:

- Die Organisation und Steuerung der Leistungserbringung im eigenen Unternehmen ist ineffizient oder wird entlastet.
- Die Vollkostenrechnung bei eigener Leistungserbringung ist nicht transparent, die Weiterbelastung von Leistungen bei Leistungserbringung durch Dritte wird einfacher möglich.
- Die Personalkosten im eigenen Unternehmen sind, z. B. bedingt durch Tariftabellen oder lange Anfahrtswege des eigenen Personals, höher als bei einem Auftragnehmer.
- Die Auslastung, z. B. von Spezialisten, ist nicht gegeben, eine präzise Personal- und Raumplanung ist, z. B. bei stetig wechselndem Bedarf, nicht möglich. Durch die Auslagerung werden Risiken gemindert.

Tab. 3.15: Leistungserbringung In- oder (Teil-)Outsourcing bei laufender Instandsetzung.

		Lfd. Instandsetzung		
1.	Delegation der Verantwortung an:	Leistungserbringung im eigenen Unternehmen	Verlagerung der Leistung an Dienstleistungsunternehmen	
			teilweise	vollständig
			Hausmeisterfirmen	Komplettanbieter (Alba Facility Solutions, Allianz Handwerker Services, B&O u. a.)
2.	Vor- und Nachteile für den Auftraggeber	hohe Auslastung und Verantwortung, Kundenähe	Abbau von Arbeitsspitzen	Verlagerung der Auslastung und Teilverantwortung, klare Leistungsabgrenzung (Rechnung), Standards und Leistungskontrolle zwingend notwendig

150 Vgl. [FIGR Bericht Nr. 9], S. 4.

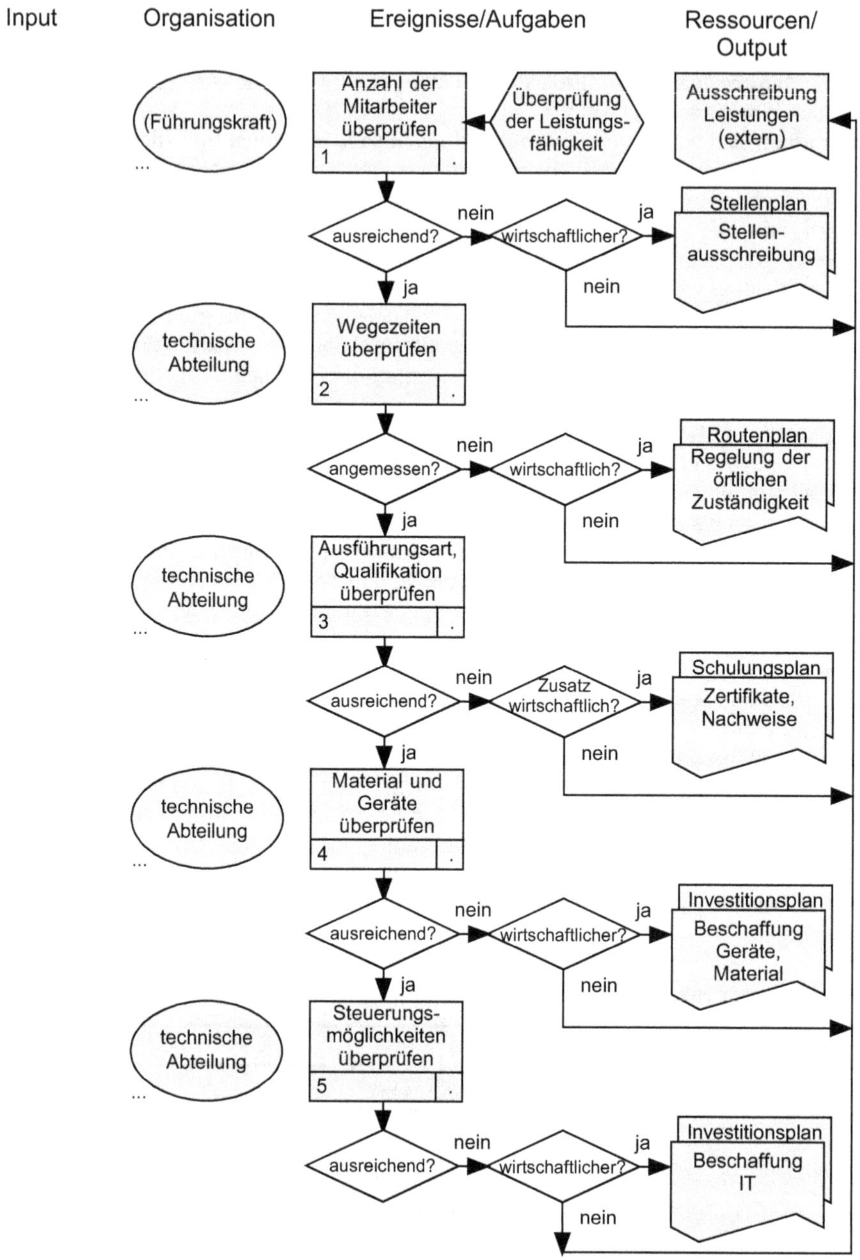

Abb. 3.48: Entscheidungsweg zum In- oder Outsourcing.[151]

Der Entscheidungsweg ist in Abbildung 3.48 aufgezeigt. In die Entscheidungsfindung fließen die Parameter Anzahl der Mitarbeiter, Wegezeiten zur Leistungserbringung, Art der Tätigkeiten und notwendige Qualifikation zur Ausführung der Tätigkeiten, das notwendige Material und die Ge-

151 Quelle: eigene Darstellung.

rätschaften, aber auch die Steuerungsmöglichkeiten durch das Immobilienunternehmen ein. Die Beurteilung wird hier bei der Führungskraft der technischen Abteilung liegen.

Sofern die Entscheidung zum Outsourcing gefällt wird, ist das Dienstleistungsunternehmen zu beurteilen. Wesentliche Unterscheidungsmerkmale von Dienstleistungsunternehmen sind:
- insgesamt betreute Fläche
- Verhältnis interne/externe Aufträge
- Anteil des Auftragsvolumens, der mit eigenem Personal (auch Tochterunternehmen) erbracht wird/Anteil von Subunternehmern

Abhängig vom Leistungsinhalt sind ein oder mehrere dieser Kriterien oder auch weitere von Relevanz. Eine Entscheidungsmatrix ist in Tabelle 3.16 dargestellt. Je höher die Punktzahl, desto vorteilhafter das Outsourcing. In diesem Beispiel sind zusätzliche Mitarbeiter wirtschaftlicher als eine Outsourcing-Lösung.

Tab. 3.16: Entscheidungsmatrix für Outsourcing – ein Beispiel.

	Entscheidungskriterium	Merkmal (ja/nein/ k. O.)	Gewichtung	Punkte für Outsourcing, wenn Merkmal = nein	Punkte für Eigenleistung, wenn Merkmal = ja und kein k. O. erfüllt
1.	Es sind ausreichend Mitarbeiter vorhanden.	Nein	9	9	
	Die Einstellung zusätzlicher Mitarbeiter ist wirtschaftlich.	ja	9		9
2.	Die Wegezeiten zum Arbeitsort sind angemessen.	ja	7		7
	Die Wegezeiten sind wirtschaftlich abzubilden.	ja	7		7
3.	Das Wissen der Mitarbeiter kann durch Schulungen gemäß den (gesetzlichen) Anforderungen ausgebaut werden.	ja	8		8
	Die Qualifizierungsmaßnahmen sind wirtschaftlich.	nein	8	8	
4.	Material und Geräte sind ausreichend vorhanden.	nein	6	6	
	Die Investition in Material und Geräte ist wirtschaftlich.	ja	6		6
5.	Die Steuerungsmöglichkeiten sind ausreichend.	ja	9		9
	Die Steuerungsinstrumente sind wirtschaftlich abzubilden.	ja	9		9
	Summe der Punkte			12	55

Literatur

[Altmannshofer, R. (2007d)] Altmannshofer, Robert: Strategisch schlank, in: Facility Manager (2007), Heft 4, S. 48–50.

[Außerhäusiger Klogang erlaub... (2012k)] o. V.: Außerhäusiger Klogang erlaubt: Wasserrohrbruch: Ohne Trinkwasser gibt es am Freitagmorgen im Rathaus noch mehr Probleme als bisher, in: Allgemeine Zeitung Mainz (2012), Heft 11, S. 9.

[Bahr, C. (2008)] Bahr, Carolin: Realdatenanalyse zum Instandhaltungsaufwand öffentlicher Hochbauten: Ein Beitrag zur Budgetierung; Stuttgart 2008.

[BaK (1994)] Bundesamt für Konjunkturfragen (Hrsg.): Alterungsverhalten von Bauteilen und Unterhaltskosten: Grundlagendaten für den Unterhalt und die Erneuerung von Wohnbauten; Bern 1994.

[BaK (1995h)] Bundesamt für Konjunkturfragen (Hrsg.): Grobdiagnose: Zustandserfassung und Kostenschätzung von Gebäuden, Datenblätter Wohnbauten bzw. Wohn-Gewerbebauten: Impulsprogramm IP Bau, 2., stark überarb. Aufl.; Bern 1995, URL: http://www.bbase.ch/fileadmin/PDF/Tipps/431.0_Grodiagnose.pdf (letzter Aufruf: 12.03.2015).

[Bogenstätter, U. (2001)] Bogenstätter, Ulrich: Interdisziplinäres Modell zur Bewertung von Wohnstätten für [(schwer geistig) behinderte] Menschen in frühen Planungsphasen; Dissertation; Karlsruhe 2001.

[BMU (2014h)] Bundesministerium für Umwelt, Naturschutz und Reaktorsicherheit (Hrsg.): Leitfaden WU Hochbau: Leitfaden Wirtschaftlichkeitsuntersuchungen (WU) bei der Vorbereitung von Hochbaumaßnahmen des Bundes, 3. Aufl., 8.2014, URL: https://www.fib-bund.de/Inhalt/Leitfaden/Wirtschaftlichkeit/2014-08_LFWU_Hochbau_3-Auflage_BMUB_2014.pdf (letzter Aufruf: 07.01.2018).

[BMVBS (2009a)] Bundesministerium für Verkehr, Bau- und Stadtentwicklung (Hrsg.): PPP-Handbuch: Leitfaden für Öffentlich-Private-Partnerschaften, 2. Aufl.; Bad Homburg 2009.

[Büttner, O. (1972B)] Büttner, Otto: Kostenplanung von Gebäuden: Aspekte einer umfassenden Baukostenplanung mit Entwicklung und Anwendung eines Simulationsmodells; Dissertation; Stuttgart 1972.

[Deutsche Bundesbank (2017)] Deutsche Bundesbank (Hrsg.): Basiszinssatz nach § 247 BGB; 2017, URL: http://www.bundesbank.de/Redaktion/DE/Standardartikel/Bundesbank/Zinssaetze/basiszinssatz.html (letzter Aufruf: 23.03.2017).

[Deutsche_Bundesbank SU0112. SU0114, SU0115 (2017)] Deutsche Bundesbank (Hrsg.): Diskontsatz der Deutschen Bundesbank/Stand am Monatsende 7.1948–12.1998, Basiszinssatz gemäß Diskontsatz-Überleitungs-Gesetz (DÜG)/Stand am Monatsende 1.1999–3.2002, Basiszinssatz gemäß BGB/Stand am Monatsende 1.2002–7.2017; cvs-Datei, Deutsche_Bundesbank SU0112. SU0114, SU0115 (2017).

[DIN EN 13306 2001-09] Begriffe der Instandhaltung, Deutsches Institut für Normung (Hrsg.): DIN EN 13306; Berlin 2001.

[Energieagentur NRW (2017)] Energieagentur NRW (Hrsg.): Inflationsbereinigter Heizölpreis in Deutschland seit 1970 bis 2014: bis 1990 bei Abnahme von 5.000 Litern, ab 1992 von 3.000 Litern: Bundesministerium für Wirtschaft und Energie; 2017, URL: http://infografik.ea-nrw.de/graph/graph_PCD002.jpeg (letzter Aufruf: 07.03.2017).

[Energieagentur NRW (2017a)] Energieagentur NRW (Hrsg.): Strompreise in Deutschland 1970–2014: Haushalte, Sonderabnehmer: Bundesministerium für Wirtschaft und Energie; 2017, URL: https://energietools.ea-nrw.de/infografik/grafik.asp?RubrikID=3165 (letzter Aufruf: 07.03.2017).

[FGSV (2004K)] Krause, M.: Merkblatt über den Finanzbedarf der Straßenerhaltung in den Gemeinden: Kommission Kommunaler Straßenbau; Stuttgart 2004.

[FIGR Bericht Nr. 9] Lutz, Walter: Ausschreibungssystem für die Unterhalts- und Glasreinigung von Verwaltungsgebäuden mit ergebnisorientierten Leistungsverzeichnissen, FIGR Bericht Nr. 9; Stuttgart 2004.

[FLL (2009)] Forschungsgesellschaft Landschaftsentwicklung Landschaftsbau (Hrsg.): Empfehlung für die Planung, Vergabe und Durchführung von Leistungen für das Management von Freianlagen – Freiflächenmanagement; Bonn 2009.

[GdW Arbeitshilfe 64] Bundesverband deutscher Wohnungsunternehmen (GdW) (Hrsg.): Energieeffizientes Bauen und Modernisieren: Gesetzliche Grundlagen, EnEV 2009, Wirtschaftlichkeit, 2. Aufl., GdW Arbeitshilfe 64; Berlin 2010.

[GdW Schriften 43] Gesamtverband der Wohnungswirtschaft (Hrsg.): Modernisierung und Entwicklung des Wohnungsbestandes: Ziele, Verfahren, Standards, Techniken, Kosten, Akzeptanz, 2. Aufl., GdW Schriften 43; Hamburg 1995.

[GEFMA 192 2013-03] Risikomanagement im FM: Begriffe, Methoden, Anwendungsbeispiele, GEFMA e. V. Deutscher Verband für Facility Management (Hrsg.): GEFMA 192, 2013.

[ifBOR TLD 2007-10] Bogenstätter, Ulrich: Technische Lebensdauern, ifBOR TLD 2007-10; www.ifBOR.eu 2007 (letzter Aufruf: 04.01.2018).

[ifBOR TLD 2018-05] Bogenstätter, Ulrich: Technische Lebensdauern, ifBOR TLD 2018-05; www.ifBOR.eu 2018 (letzter Aufruf: 04.07.2018).

[IFMA (2002K)] Kubik, Peter; Otto, Dirk; Stutz, Axel: Instandhaltungsstrategie für nutzer- und praxisorientiertes Facility Management: Leitfaden der IFMA-Deutschland e. V. für Betrieb und Instandhaltung von Liegenschaften; Karlsfeld bei München 2002.

[ISO 15686-1 2011-05] Hochbau und Bauwerke: Planung der Lebensdauer: Teil 1: Allgemeine Grundlagen und Rahmenbedingungen, International Organization for Standardization (Hrsg.): Teil 1, ISO 15686; Berlin 2011.

[Jehle, P. (1989)] Jehle, Peter: Ein Instandhaltungsmodell für Hochbauten; Dissertation; Essen 1989.

[Kippes, S. (2008d)] Kippes, Stephan: Freizeitstress: Wegwerfhäuser: über den rasanten Verschleiß von Gebäuden für Spiel, Sport und Spaß, in: Deutsches Architektenblatt (2008), Heft 4, München, S. 22–23.

[Kohler, N. (1999)] Kohler, Niklaus; Hassler, Uta; Enquete Kommission „Schutz des Menschen und der Umwelt" des 13. Deutschen Bundestages (Hrsg.): Stoffströme und Kosten in den Bereichen Bauen und Wohnen; Berlin u. a. 1999.

[Nellessen, M. (2009d)] Nellessen, Monika: Zerstörtes Vertrauen und Rückzugsgefechte; Zeitungsartikel, in: Allgemeine Zeitung Mainz, 11.04.2009.

[NHK 2000] Normalherstellungskosten 2000, Bundesministerium für Verkehr, Bau- und Wohnungswesen (Hrsg.): NHK 2000, URL: http://www.verkehrswert.com/verkehrswert-downloads/NHK-2000.pdf (letzter Aufruf: 01.01.2018).

[OB will Notfallplan für Rath... (2009j)] o. V.: OB will Notfallplan für Rathaus: Sanierungsstau: Was passiert, wenn Bau nicht mehr benutzbar ist? Neue Fenster und Dämmung am dringendsten, in: Allgemeine Zeitung Mainz; Nr. 10, 12.10.2009.

[pöb (1998R)] Richter, Peter: Grundlagen wirtschaftlicher Planung, Vorlesungsskript; Karlsruhe 1998.

[Schielein, J. (2007j)] Schielein, Jörg: Haftungsfragen zum Organisationsverschulden im Facility Management, in: Facility Management (2007), Nr. 10, S. 8 ff. (Sonderdruck).

[Stadt Frankfurt (1991)] Magistrat der Stadt Frankfurt am Main, Dezernat Bau, Hochbauamt (Hrsg.): Wiederaufbau Oper Frankfurt am Main; Frankfurt a. M. 1991.

[Statista 184313 (2017)] Statista (Hrsg.): Durchschnittliche Abwasserkosten je Kubikmeter und Grundgebühr pro Jahr in Deutschland nach Bundesland im Jahr 2010 (2010 = Index 100); Statista 184313 (2017), URL: https: //de.statista.com/statistik/daten/studie/184313/umfrage/verteilung-der-abwasserkosten-in-deutschland-nach-bundeslaendern/ (letzter Aufruf: 14.02.2017).

[Statista 200294 (2017)] Statista (Hrsg.): Durchschnittliches Trinkwasserentgelt je Kubikmeter und Grundgebühr pro Jahr in Deutschland nach Bundesland im Jahr 2013 (2010 = Index 100); Statista 200294 (2017), URL: https: //de.statista.com/statistik/daten/studie/200294/umfrage/verteilung-der-trinkwasserkosten-in-deutschland-nach-bundeslaendern (letzter Aufruf: 14.02.2017).

[Statista 20170310 (2017)] Statista (Hrsg.): Entwicklung der Reallöhne, der Nominallöhne und der Verbraucherpreise in Deutschland von 2008 bis 2016 (gegenüber dem Vorjahr) (2010 = Index 100); Statista 20170310 (2017), 2017, URL: https://de.statista.com/statistik/daten/studie/205585/umfrage/mischpreis-fuer-die-muellentsorgung-in-deutschen-staedten (letzter Aufruf: 14.02.2017).

[Statista 205585 (2017)] Statista (Hrsg.): Mischpreis für die Müllentsorgung in ausgewählten deutschen Städten im Jahr 2011 (in Euro je Kubikmeter): (2010 = Index 100); Statista 205585 (2017), URL: https://de.statista.com/statistik/daten/studie/205585/umfrage/mischpreis-fuer-die-muellentsorgung-in-deutschen-staedten (letzter Aufruf: 14.02.2017).

[Statista 249446 (2017)] Statista (Hrsg.): Jährlicher Haushaltsstrompreis nach Bundesland im Jahr 2012 und Prognose für 2013 (in Euro) (2010 = Index 100); Statista 249446 (2017), URL: https://de.statista.com/statistik/daten/studie/249446/umfrage/prognose-zum-strompreis-nach-bundesland (letzter Aufruf: 14.02.2017).

[Statista 2550 (2017)] Statista (Hrsg.): Verbraucherpreisindex in Deutschland von 1991 bis 2016 (2010 = Index 100); Statista 2550 (2017), URL: https://de.statista.com/statistik/daten/studie/2550/umfrage/entwicklung-des-verbraucherpreisindex (letzter Aufruf: 14.02.2017).

[Statista 70132 (2017)] Statista (Hrsg.): Entwicklung des Mietpreisindex für Deutschland in den Jahren von 1995 bis 2016 (2010 = Index 100); Statista 70132 (2017), URL: https://de.statista.com/statistik/daten/studie/72116/umfrage/abwasserentsorgung---preisindex-in-deutschland-seit-2000 (letzter Aufruf: 14.02.2017).

[Statista 70274 (2017)] Statista (Hrsg.): Kaufwert für Bauland in Deutschland in den Jahren 2000 bis 2015 (in Euro pro Quadratmeter) (2010 = Index 100); Statista 70274 (2017), URL: https://de.statista.com/statistik/daten/studie/70274/umfrage/kaufwerte-von-bauland-in-deutschland (letzter Aufruf: 14.02.2017).

[Statista 70274 (2017)] Statista (Hrsg.): Entwicklung des Baupreisindexes für Bauleistungen an Wohngebäuden in Deutschland in den Jahren 1995 bis 2015 (2010 = Index 100); Statista 70274 (2017), URL: https://de.statista.com/statistik/daten/studie/70134/umfrage/baupreisindex-fuer-wohngebaeude-in-deutschland (letzter Aufruf: 14.02.2017).

[Statista 72113 (2017)] Statista (Hrsg.): Preisindex für die Wasserversorgungsgebühren in Deutschland in den Jahren 1995 bis 2015 (2010 = Index 100); Statista 72113 (2017), URL: https://de.statista.com/statistik/daten/studie/72113/umfrage/entwicklung-des-preisindex-fuer-wasserversorgung-in-deutschland-seit-2000 (letzter Aufruf: 14.02.2017).

[Statista 72116 (2017)] Statista (Hrsg.): Preisindex der Abwasserentsorgung in Deutschland in den Jahren 1995 bis 2015 (2010 = Index 100); Statista 72116 (2017), URL: https://de.statista.com/statistik/daten/studie/72116/umfrage/abwasserentsorgung---preisindex-in-deutschland-seit-2000 (letzter Aufruf: 14.02.2017).

[Statista 72118 (2017)] Statista (Hrsg.): Preisindex für die Müllabfuhrgebühren in Deutschland in den Jahren 1995 bis 2015 (2010 = Index 100); Statista 72118 (2017), URL: https://de.statista.com/statistik/daten/studie/72118/umfrage/muellabfuhr---preisindex-in-deutschland-seit-2000/ (letzter Aufruf: 14.02.2017).

[StBA (1998)] Statistisches Bundesamt (Hrsg.): Statistisches Jahrbuch 1998 für die Bundesrepublik Deutschland; Stuttgart 1998.

[StBA (2017c)] Statistisches Bundesamt (Hrsg.): Verbraucherpreisindex für Deutschland: Lange Reihen ab 1948; 2017, URL: https://www.destatis.de/DE/Publikationen/Thematisch/Preise/Verbraucherpreise/VerbraucherpreisindexLangeReihen.html (letzter Aufruf: 23.03.2017).

[StBA 61111-0001 (2007)] Statistisches Bundesamt (Hrsg.): Verbraucherpreisindex; Tabelle, StBA 61111-0001 (2007), Stuttgart 2007, URL: https://www-genesis.destatis.de/genesis/online/logon (letzter Aufruf: 06.07.2007).

[StBA 61111-0003 (2017)] Statistisches Bundesamt (Hrsg.): Verbraucherpreisindex für Deutschland: Klassifikation der Verwendungszwecke des Individualkonsums (COICOP 2–4 Steller Hierarchie); Tabelle, StBA 61111-0003 (2017), Stuttgart 2017, URL: https://www-genesis.destatis.de/genesis/online/logon (letzter Aufruf: 14.03.2017).

[StBA 61111-0005 (2017)] Statistisches Bundesamt (Hrsg.): Verbraucherpreisindex für Deutschland: Klassifikation der Verwendungszwecke des Individualkonsums (COICOP 3-Steller/4-Steller); Tabelle, StBA 61111-0005 (2007); Stuttgart 2007, URL: https://www-genesis.destatis.de/genesis/online/logon (letzter Aufruf: 23.03.2017).

[StBA 61111-0005 (2016)] Statistisches Bundesamt (Hrsg.): Verbraucherpreisindex für Deutschland: Jahre, Klassifikation der Verwendungszwecke des Individualkonsums (COICOP 2-/3-/4-/10-Steller/Sonderpositionen); Tabelle, StBA 61111-0005 (2016), Stuttgart 2017, URL: https://www-genesis.destatis.de/genesis/online (letzter Aufruf: 14.03.2017).

[StBA 61261-0013 (2007)] Statistisches Bundesamt (Hrsg.): Baupreisindizes Bauleistungen mit Umsatzsteuer; Tabelle, StBA 61261-0013 (2007); Stuttgart 2007, URL: https://www-genesis.destatis.de/genesis/online/logon (letzter Aufruf: 06.07.2007).

[StBA 61261-0013 (2017)] Statistisches Bundesamt (Hrsg.): Baukostenindizes für Wohngebäude: Deutschland, Jahre: Art der Baukosten; Tabelle, StBA 61261-0013 (2017); Stuttgart 2017, URL: https://www-genesis.destatis.de/genesis/online/logon (letzter Aufruf: 14.03.2017).

[StBA 61511-0001 (2007)] Statistisches Bundesamt (Hrsg.): Kaufwerte für Bauland in [EUR/m^2]; Tabelle, StBA 61511-0001 (2007); Stuttgart 2007, URL: https://www-genesis.destatis.de/genesis/online/logon (letzter Aufruf: 06.07.2007).

[StBA 61511-0001 (2016)] Statistisches Bundesamt (Hrsg.): Kaufwerte für Bauland in [EUR/m^2]: Kauffälle, Veräußerte Fläche, Durchschnittlicher Kaufwert für Bauland: Deutschland, Quartale, Baulandarten, Gemeindegrößenklassen; Tabelle, StBA 61511-0001 (2016); Stuttgart 2017, URL: https://www-genesis.destatis.de/genesis/online/logon (letzter Aufruf: 14.03.2017).

[StBA 61511-0006 (2017)] Statistisches Bundesamt (Hrsg.): Kaufwerte für Bauland: in [EUR/m^2]; Tabelle, StBA 61511-0006 (2017); Stuttgart 2017, URL: https://www-genesis.destatis.de/genesis/online/logon (letzter Aufruf: 23.03.2017).

[StBA 62421-0001] Statistisches Bundesamt (Hrsg.): Arbeitskostenindizes: nach Wirtschaftsbereichen: Index der Bruttolöhne und Gehälter: kalender- und saisonbereinigt BV4.1: AKI; Tabelle, StBA 62421-0001; Stuttgart 2007, URL: https://www-genesis.destatis.de/genesis/online/logon (letzter Aufruf: 06.07.2007).

[StBA 62421-0001] Statistisches Bundesamt (Hrsg.): Arbeitskostenindizes: Deutschland, Quartale, Wirtschaftsbereiche, Bereinigungsverfahren: AKI; Tabelle, StBA 62421-0001; Stuttgart 2017, URL: https://www-genesis.destatis.de/genesis/online/logon (letzter Aufruf: 15.03.2017).

[SW-RL 2012] Ermittlung des Sachwerts: Sachwertrichtlinie, Bundesministerium für Verkehr, Bau- und Wohnungswesen (Hrsg.): BMVBW SW-RL, 2012, URL: http://www.bundesanzeiger-verlag.de/fileadmin/BIV-Portal/Dokumente/PDF/Sachwertrichtlinie.pdf (letzter Aufruf: 02.01.2018).

[TERADYNE (2005)] TERADYNE, INC. (Hrsg.): 2005 Annual Report: West Coast Facilities, 2005.

[VDI 2893 2006-05] Auswahl und Bildung von Kennzahlen für die Instandhaltung, Verein Deutscher Ingenieure (VDI) (Hrsg.): VDI 2893; Düsseldorf 2006.

[VDI 3810 Bl. 1 2012-05] Betreiben und Instandhalten von gebäudetechnischen Anlagen: Grundlagen, Verein Deutscher Ingenieure (VDI) (Hrsg.): Bl. 1, VDI 3810; Düsseldorf 2012.

[VDI 4001 Bl. 2 2006-07] Terminologie der Zuverlässigkeit, Verein Deutscher Ingenieure (VDI) (Hrsg.): Bl. 2, VDI 4001; Düsseldorf 2006.

[VDI-GEFMA 3810 Bl. 5 E 2017-01] Betreiben und Instandhalten von gebäudetechnischen Anlagen: Gebäudeautomation: GEFMA – Sonderdruck, Verein Deutscher Ingenieure (VDI) – German Facility Management Assoziation (Hrsg.): Bl. 5, VDI-GEFMA 3810; Düsseldorf 2017.

[Wiegand, B. (2005k)] Wiegand, Bodo; Langmaack, Ralf; Baumgarten, Thomas: Lean Maintenance System: Instandhaltungszeit Null – volle Wertschöpfung; Mannheim 2005.

[Willems, W. (2011W)] Willems, Wolfgang M.; Hellinger, Georg; Schild, Kai: Planungsatlas für den Hochbau: Entwurf – Konstruktion – Ausschreibung; DVD Erkrath 2011.

[ZBWB-S.TiB (1994e)] Zentralstelle für Bedarfsbemessung und wirtschaftliches Bauen (Hrsg.): Betriebskosten von Hochbauten: Orientierungswerte für staatliche Gebäude; Forschungsbericht; Stuttgart 1994.

3.8 Zertifikate als Werttreiber, was bringt's?

Ulrich Bogenstätter

Qualitätvolle Immobilien sind nicht selbstverständlich. Die kanadische Tageszeitung Toronto Star schrieb einmal: „The ugliest building in Toronto [...] is not alone. Too many boring, dull, uninspired edifices clutter our streetscape. Worse, the buildings being torn down to make way for the eyesores are often the older gems."[152]

3.8.1 Ab sofort „gute" Immobilien?

Qualität scheint also nicht Standard zu sein. Angesichts der globalen Erwärmung haben sich die Regierungen zuerst im Kyoto-Protokoll zur Emissionsreduzierung verpflichtet. Angesicht steigender Energiepreise sind energetische Bedarfs- und Verbrauchs(kenn)werte aus Sicht der Regierungen, der Immobilieneigentümer und Mieter von gemeinsamem Interesse. Keine Hausverwaltung freut sich über Mieter, die angesichts steigender Betriebskosten zahlungsunfähig geworden sind. Verwahrlosung könnte die Folge sein. So schrieb Jencks 1980: „Die moderne Architektur starb in St. Louis/Missouri am 15. Juli 1972 um 15.32 Uhr, als die berüchtigte Siedlung Pruitt-Igoe oder vielmehr einige ihrer Hochhäuser den endgültigen Gnadenstoß durch Dynamit erhielten. Vorher waren sie durch ihre [...] Bewohner verschandelt, beschädigt und entstellt worden. Und obgleich Millionen Dollar hineingepumpt worden waren bei dem Versuch, sie am Leben zu erhalten (für die Reparatur der Aufzüge, den Ersatz zerbrochener Fenster, Anstriche), wurde sie schließlich von ihrem traurigen Dasein erlöst."[153]

Verständlich ist daher der Wunsch nach einem Prüfsystem für Institutionen und Personen, die in Immobilien investieren, um Risiken bei Immobilien zu reduzieren. Immobilien sollen nachhaltig genutzt werden. Die Idee: ein Zertifikat der Nachhaltigkeit, das bescheinigt, dass es sich um eine vorbildliche Immobilie handelt, die Leerstandsrisiken bei Eigentümern reduziert, den Mietern und Nutzern niedrigere Betriebskosten oder hohe Entgelte beschert, dem Klimaschutz gerecht wird und gleichzeitig einen Marktvorteil verspricht.

In der Wissenschaft ist es weitgehend unstrittig, Nachhaltigkeit mit der ökologischen, ökonomischen, sozialen und kulturellen Dimension zu belegen. Die Aspekte der Nachhaltigkeit werden immer vielfältiger, sie gehen einher mit einer Zertifizierungswelle. Über die Wirkung wird weiter diskutiert. Ist es Mehrwert im Sinne der Wertermittlung, der nach oben verschobenen Beleihungsgrenzen und/oder der gesteigerten Arbeitsproduktivität, der Reduktion der Emissionen? Ein Mehrwert, der sich in Mietspiegeln mittels ökologischer Kriterien niederschlägt? Was sind überhaupt gute Immobilien?

152 Toronto Star, 20.08.2006, S. 1.

153 [Jencks, C. (1980)], S. 9.

3.8.2 Zertifikate überall

Begreift man Zertifikate als Bescheinigungen oder Beglaubigungen, so sind sie nicht neu. Heute ist eine Vielzahl von Zertifikaten bekannt und im Alltagsleben ein vertrauter Anblick. Ohne den Anspruch auf Vollständigkeit zu erheben, seien hier einige genannt:

- Testergebnisse der Stiftung Warentest auf Einrichtungsgegenständen,
- das Umweltschutzzeichen „Der blaue Engel" auf Bauprodukten,
- Prüfsiegel der technischen Überwachungsvereine an Aufzugsanlagen und Rolltreppen oder des Schornsteinfegers an Heizungsanlagen,
- Eichsiegel an Messstellen, z. B. an Strom-, Wasser- oder Gasmesseinrichtungen,
- Urkunden durch Fachverbände, z. B. „unbehindert miteinander", in Baden-Württemberg gemeinsam von der Diakonie, dem Deutschen Hotel- und Gaststättenverband e. V. (DEHOGA), dem Einzelhandelsverband und der Lebenshilfe vergeben,
- Auszeichnungen des ADAC wie „Das benutzerfreundliche Parkhaus" oder
- Klassifizierungen der DEHAGO.

Zertifikate werden oft zeitlich befristet und hinsichtlich der Standards unabhängig vergeben.

Ein deutsches Zertifikat zur Nachhaltigkeit von Immobilien gab es bis 2009 nicht. Der besondere Aspekt der Nachhaltigkeit wird in Deutschland seit ihrer Gründung 2007 von der „Deutschen Gesellschaft für nachhaltiges Bauen" (DGNB) vertreten.[154] Im Fokus steht zunächst der Planungs- und Bauprozess von Neubaumaßnahmen. Bestandsimmobilien wurden ebenfalls in das Repertoire aufgenommen.

Der Standard des DGNB für neue Bürogebäude wird seit 2009 in einem unabhängigen Zertifizierungsverfahren durch den DGNB als Zertifizierungsstelle überwacht. Im Ausland sind Zertifizierungsverfahren zur Nachhaltigkeit von Immobilien schon länger bekannt und erfolgreich im Einsatz.

- In Großbritannien setzte sich nach der Gründung 1990 der „United Kingdom Green Building Council" (UKGBC) mit dem Bewertungssystem „Building Research Establishment Environmental Assessment Method" (BREEAM) durch.
- 1993 wurde in den USA der „United States Green Building Council" (USGBC) ins Leben gerufen, der 1998 das Gebäudebewertungssystem „Leadership in Energy and Environmental Design" (LEED) einführte.
- Seit 1996 ist in Italien das Protokoll Itaca (Istituto per l'Innovazione e Trasparenza degli Appalti e la compatibilita Ambientale) verfügbar.
- In Japan stellt das „Japan Green Building Consortium" seit 2003 das Zertifizierungssystem „Comprehensive Assessment System for Building Environmental Efficiency" (CASBEE) zur Verfügung.
- In Australien wurde 2002 „The Green Council of Australia" ins Leben gerufen, der seit 2003 den „Green Star" vergibt.
- In Frankreich vergibt seit 2003 QUALITEL das Zertifikat „Habitat & Environnement" für den Wohnbereich, seit 2005 die „Association pour la Haute Qualité Environnementale" (Association HQE) ihr Zertifikat.[155]

Bei diesen Zertifizierungsverfahren wird den Fragen nach dem Was und dem Wie viel der materiellen Ressourcen nachgegangen. Zunehmend spezialisieren sich Branchen auf diese Belange. So unterstützt der Gesamtverband der Wohnungswirtschaft e. V. (GdW) den Verein Nachhaltigkeit im Wohnungsbau (NaWoh) und etablierte einen eigenen Zertifizierungsprozess. Der Deutsche Ver-

---

154 Vgl. [Braune, A. (2008a)], S. 59.

155 Vgl. [Lowe, C. (2009)], S. 40.

band für Facility Management (GEFMA) hat ein zusätzliches Zertifizierungsverfahren für die Facility-Management-Branche entwickelt und bildet hierzu Auditoren aus.[156] Hierbei handelt es sich um ein freiwillig wählbares Angebot.

Zuwachs ist erwünscht: Nach LOWE[157] hat schon 2009 BREAAM 116, LEED 1.823, CASBEE 2.011, Green Star 58 und HQE 1.047 Gebäude zertifiziert. Immerhin wurden bereits im Jahr 2007 für das LEED-Verfahren 16.000 Gebäude, für das BREEAM-Verfahren 270.000 Gebäude angemeldet, Tendenz steigend.[158] Unter dem Dach des World Green Building Council (WGBC) sind viele dieser Organisationen vereint. Leider gibt es keine verlässlichen und vergleichbaren Fallzahlen[159], die eine Entwicklung in die eine oder andere Richtung verdeutlichen. Zunächst sind die vorzertifizierten (Pre-certificate-)Projekte von den tatsächlich durchgeführten und abgeschlossenen (Certificate-)Projekten zu unterscheiden (vgl. Abb. 3.49). Nicht jedes vorzertifizierte Projekt wird abgeschlossen. Schließlich möchte niemand bescheinigt bekommen, dass er die Mindeststandards für Bronze nicht einhält, und dafür auch noch Gebühren bezahlen. In diesen Fällen werden die Zertifizierungsverfahren abgebrochen. Sinnvoll für die Vermarktung sind Auszeichnungen erst mit Silber, Gold oder Platin.

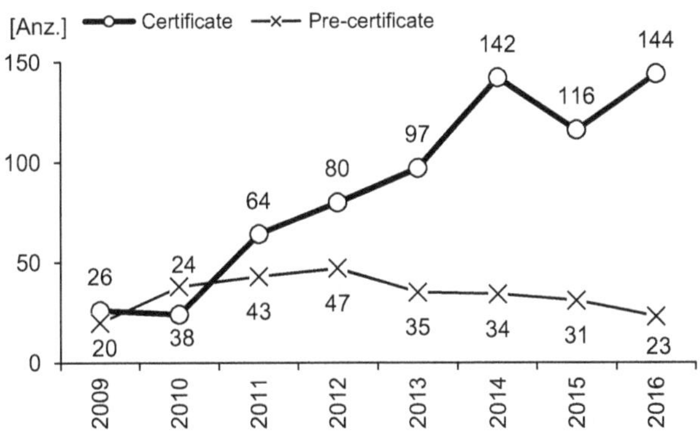

Abb. 3.49: Anzahl der Pre-certificate- und Certificate-Projekte in Deutschland (DGNB).[160]

Tatsächlich sind Zertifizierungen aus Sicht der Zertifizierer als Markt zu begreifen. Das Präsidium des DGNB ist vornehmlich mit Dienstleistern (v. a. Architekten, Stand 4.2017) und nicht mit Bestandshaltern besetzt. Nach der Auswertung der Projekte des DGNB wurden die bisherigen 714 Zertifizierungen von 216 Auditoren durchgeführt, die Recherche auf der Homepage des DGNB führte zu 770 Einträgen von Auditoren, die professionell geschult wurden.[161]

Gemessen am Gebäudebestand insgesamt sind die Zertifizierungsverfahren auch heute weiterhin irrelevant. Unstrittig ist aber, dass Zertifizierungsverfahren weltweit zunehmen. Die Zuwachsraten sind jedoch davon abhängig, ob das Zertifizierungsverfahren verpflichtend vorgegeben ist oder freiwillig durchgeführt wird: Die Verbreitung von Zertifizierungsverfahren und die Verbindlichkeit der Zertifizierungssysteme ist in Abbildung 3.50 dargestellt.

156 Vgl. [GEFMA 160 2014-10].

157 [Lowe, C. (2009)].

158 Vgl. [Lockwood, C. (2006k)], S. 224.

159 Siehe u. a. [RICS Insight 2015], [RICS Insight 2013] und [RICS Insight 2015].

160 Eigene Berechnungen, Datengrundlage [DGNB (2017d)].

161 Homepage des DGNB: DGNB-Auditoren; URL: http://www.dgnb-system.de/de/zertifizierung/dgnb-auditoren-consultants/dgnb-auditoren/ (letzter Aufruf: 09.04.2017).

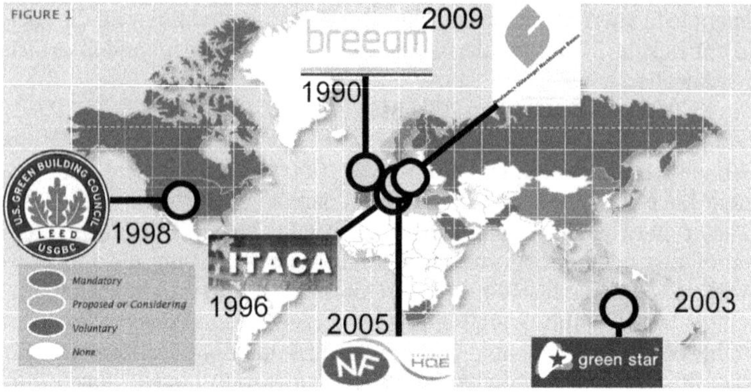

Abb. 3.50: Globale Verbreitung von Zertifizierungsverfahren im Hinblick auf freiwillige, vorgeschlagene, beabsichtigte und verpflichtende Standards von Bewertungssystemen der Nachhaltigkeit.[162]

Bei einer Verpflichtung durch den Gesetzgeber werden die Folgen, z. B. die Novellierung der Energieeinsparverordnung (EnEV), heftig diskutiert. Bei Freiwilligkeit sind die Vorbildfunktion (z. B. der Kommunen) und die Sicherstellung eines Wettbewerbsvorteils (z. B. in der Projektentwicklung) treibende Kräfte. Ein Zertifikat verspricht plakativ auch bei Verkauf oder Vermietung einen Mehrwert gegenüber anderen Immobilien. Das Zertifikat verwendet verpflichtende Teile (z. B. EnEV), ergänzt um freiwillige Elemente.

Soweit keine Kostenübernahme oder Förderung durch staatliche Stellen stattfindet, sind die Kosten von den Immobilienbesitzern direkt, von den Mietern und Nutzern indirekt zu bezahlen. Kurzum: Vor dem Zertifikat kommt der Kassensturz im Immobilienunternehmen.

Mehrheitlich ist Nachhaltigkeit bei den Entscheidern positiv besetzt. 64 % von 256 institutionellen Investoren (Kreditinstitute, Versicherungen, Stiftungen/Kirchen, Altersversorger/Pensionskassen, Großunternehmen, Kapitalanlagegesellschaften, Sonstige) berücksichtigen Nachhaltigkeitskriterien bei ihren Anlageentscheidungen.[163] Die Motive für die Berücksichtigung von Nachhaltigkeitskriterien variieren nach Art der institutionellen Anleger. Besonders wichtig ist für Versicherungen, Sonstige, Kreditinstitute und Stiftungen die Optimierung des Risikomanagements. Nahezu bedeutsam für alle sind die Verbesserung des Images und größere Chancen für das Marketing und die Pressearbeit (50–83 %). Die große Nachfrage von Kunden, Versicherten oder Mitgliedern ist bei Kapitalanlagegesellschaften, Stiftungen/Kirchen und Sonstigen ein wesentliches Motiv (> 70 %). Eine bessere Renditeerwartung war demgegenüber lediglich für 50 % derjenigen, die nachhaltig investiert sind, ausschlaggebend, aber mit 78 % für Stiftungen/Kirchen ein wesentliches Motiv. Was mit Nachhaltigkeit gemeint ist, bleibt allerdings diffus. Die nachfolgend aufgeführten Initiativen aller Investoren zur Nachhaltigkeit sind es auch nicht, weil ihre Beteiligung an den nachfolgenden Initativen gering ist: Carbon Disclosure Project (CDP) 4,3 %, Enhanced Analytics Initiative (EAI) 1,6 %, Principles for Responsible Investment (UN-PRI) 1,2 %, Institutional Investors Group on Climate Change (IIGCC) 0,4 %, Pharmaceutical Shareowners' Forum (PSF) 0,4 %, Eurosif 0,4 %, Climate Risk Disclosure Initiative 0,0 %. Lediglich die Teilgruppe Kapitalgesellschaften bilden bei CDP (25 %) und EAI (17 %) mit der Teilgruppe Großunternehmen bei CDP (12 %) eine Ausnahme. Nicht jeder versteht unter nachhaltiger Kapitalanlage auch gesellschaftliche Verantwortung.

162 Siehe [Boschi, N. (2008)], S. 415.

163 Siehe [Union (2009d)], S. 14 f.

Möglicherweise kann eine Zertifizierung zum nachhaltigen Bauen das Interesse der institutionellen Investoren (Käufer) locken und nach den Gesetzen von Angebot und Nachfrage zu höheren Marktwerten der Gebäude führen. Dies würde zumindest die durch Zertifizierung verursachten höheren Kosten rechtfertigen. Diese schwanken je nach Autor zwischen 3 und 15 % der Investitionskosten. Angesichts der in Deutschland zu geringen Anzahl der Gebäude mit Zertifizierung ist es derzeit nicht möglich, sinnvolle Erkenntnisse auf diesem Wege zu sammeln. Auch hier kann nur auf eine Befragung von 128 Fach- und Führungskräften der Immobilienwirtschaft, insbesondere Investoren (48 %), Entwickler und Planer (33 %), zurückgegriffen werden.[164]

Bei diesem Personenkreis waren Schadstoffemissionen, Flächeninanspruchnahme, Lebenszykluskosten, Wertstabilität, Umnutzungsfähigkeit, Standort und technische Aspekte die Einzelkriterien, die am meisten mit dem Thema Nachhaltigkeit verbunden werden (> 70 %). Auch wenn nahezu alle angaben, mit Nachhaltigkeit beruflich in Verbindung zu stehen, kannten nur etwa 50 % eines der Zertifizierungssysteme LEED, BREEAM oder DGNB. Anlass und Grund für eine Zertifizierung könnten danach Energieeinsparung und Umweltschutz sein (> 70 %). Die allgemeine Einschätzung war, dass Zertifikate zunehmend von Bedeutung sein würden. Immerhin gab es grundsätzlich eine Bereitschaft, höhere Planungs- und Realisierungskosten in Kauf zu nehmen (75 %) und 74 % der befragten Personen waren bereit, einen 10 % höheren Kaufpreis zu zahlen, wenn sie eine 10 % höhere Miete erzielen können. Im Umkehrschluss waren beinahe drei Viertel der Umfrageteilnehmer nicht bereit, einen 10 % höheren Kaufpreis zu zahlen, wenn sie im Gegenzug keine höhere Miete erzielen können. Ein ähnliches Bild zeichnete sich bei den Mietern ab: Mehr als zwei Drittel der Umfrageteilnehmer waren bereit, 10 % mehr Kaltmiete zu zahlen, wenn sie den Mehrbetrag durch niedrigere Bewirtschaftungs-/Energiekosten einsparen können, aber 84 % der Teilnehmer akzeptierten keine höhere Kaltmiete, wenn sie im Gegenzug keine Bewirtschaftungs-/Energiekosten einsparen können. Wenn ein höherer Nutzerkomfort sowie niedrigere Krankenstände bei den Mitarbeitern erzielt werden könnte, dann wären laut Befragung 51 % der Teilnehmer bereit, eine 10 % höhere Kaltmiete zu zahlen. Es verwundert daher nicht, dass die deutliche Mehrheit der Befragten der Meinung war, Immobilien seien langfristig auch ohne Nachhaltigkeitszertifikat vermarktbar; dennoch waren viele der Auffassung, dass neben dem Energiepass eine Nachhaltigkeitszertifizierung notwendig sei (73 %), auch wenn gesetzliche Initiativen mehrheitlich abgelehnt werden (73 %).

Ob tatsächlich aus gesellschaftlicher Verantwortung heraus mehr in Nachhaltigkeit investiert wird, ist daher fraglich. Kurzum: Nachhaltigkeit muss sich in einem Immobilienunternehmen rechnen. Für die Wirtschaftlichkeitsberechnung stehen verschiedene Methoden zur Verfügung. Die Bedeutung von Investoren in Neubauprojekten muss angesichts sinkender Neubaumaßnahmen und steigender Investitionen in den Bestand in jedem Fall relativiert werden.

3.8.3 Die Bedeutung im Immobilienunternehmen

Auch wenn die Wirtschaftlichkeit für ein Immobilienunternehmen ein wesentliches Ziel ist, handelt ein verantwortungsvolles Immobilienunternehmen nicht losgelöst von seiner gesellschaftlichen Verantwortung: Ein negatives Image ist nicht förderlich für das Geschäft. Ein positives Image ist sicher erstrebenswert, insbesondere dann, wenn das Firmenimage bereits beschädigt worden ist.

Ohne Kunden ist kein nachhaltiger Geschäftserfolg zu erzielen. Insbesondere auf die Wünsche der Kunden ist daher einzugehen. Doch nicht jeder Mieter ist dem nachhaltigen Ziel verpflichtet, sondern bevorzugt ggf. den Urlaub in fernen Ländern. Die Setzung der Prioritäten kann daher sehr individuell nach Zielgruppen erfolgen. Es ist zumindest derzeit nicht erkennbar, dass ein

164 Vgl. [Roux (2008i)].

Wohnungsmieter Mehrkosten für Nachhaltigkeit zahlen wird. Als (Mit-)Finanziers spielen Kreditinstitute und Banken eine besondere Rolle. Sie sind insbesondere an niedrigen Risiken, hohen Renditen und steigenden Aktienkursen interessiert. Nachhaltig erfolgreiche Immobilien beweisen ihre Zukunftsfähigkeit durch Mieterlöse und niedrige Leerstandsquoten. Spielt die unternehmerische Gesellschaftsverantwortung (Corporate Social Responsibility – CSR) im Sinne einer nachhaltigen Entwicklung eine Rolle in einem (Immobilien-)Unternehmen, kann diese Verantwortung ggf. durch ein Nachhaltigkeitszertifikat an die Mitarbeiter glaubhaft vermittelt und eine Vorbildfunktion übernommen werden. Einfluss nehmen ebenfalls die Lieferanten, die den Interessen des eigenen Unternehmens und/oder der CSR verpflichtet sind. In Zeiten der Globalisierung ist das Engagement in strategischen Netzwerken wichtig. Bei international agierenden Unternehmen ist daher eine Vergleichbarkeit ggf. auch der Zertifizierungsverfahren von Interesse. Es wird sich aber selten ein Unternehmen finden, das sich ausschließlich dem Gemeinwohl verpflichtet fühlt. Einen höheren Stellwert haben das Gemeinwohl und das Thema Nachhaltigkeit bei öffentlichen Betrieben und Verwaltungen. Gleichwohl fehlt hier vielfach das Geld, an sinnvolle Investitionen zu denken, stattdessen herrscht Mängelverwaltung vor.

Aus Sicht des Objekts beeinflussen viele Interessengruppen die Definition der Nachhaltigkeit. Aus Sicht eines Unternehmens ist die Wirtschaftlichkeit entscheidend: „Ohne Moos nix los" – auch keine Ökologie und kein Gemeinwesen. Nachhaltigkeit muss von Wirtschaftlichkeitsüberlegungen geleitet werden. Das trifft in zunehmendem Maß auch auf die Regie-, Eigen- und ausgegründeten Immobilienbetriebe der öffentlichen Verwaltung zu.

Soll Nachhaltigkeit Relevanz in einem Unternehmen besitzen, ist sie nicht nur Bestandteil der Umsetzung, sondern auch integraler Bestandteil der Organisation, der Ziele (z. B. Mitarbeiterführung), der Strategien, der Unternehmenspolitik und der Unternehmensvision. Die Relevanz der Nachhaltigkeit lässt sich in einem Immobilienunternehmen durch Indikatoren der gelebten Unternehmensführung messen (vgl. Kap. 2.4.3, Tab. 2.7).

Aus Sicht der Unternehmenspolitik kann angestrebt werden, Wettbewerbsvorteile durch ein Zertifikat für Nachhaltigkeit zu generieren, um in einem Marktsegment zu wachsen. Wettbewerbsvorteile lassen sich insbesondere dann generieren, wenn Immobilien (wieder-)verkauft oder (wieder-)gekauft werden. Hier kann ein Zertifikat für Nicht-Fachleute hilfreich sein, um eine Entscheidung des Käufers zugunsten der Immobilie herbeizuführen. Dies gilt insbesondere für die Geschäftsmodelle von Immobilienfonds in der Portfoliostrategie und für Projektentwickler, Bauträger, Sanierer oder Privatisierer im Asset-Management (vgl. Abb. 3.8), allerdings nur eingeschränkt für Betreiber, Fremdverwalter oder Bestandshalter im Property- und Facility-Management.

Kennzeichnend für das Property- und Facility-Management ist, dass die Immobilie im Bestand gehalten und der Handel nicht angestrebt wird. Ein Vermarktungsargument ergibt sich hier nur bei der (Wieder-)Ver- und (Wieder-)Anmietung. Mieterhöhungen zur Finanzierung von Nachhaltigkeitskriterien lassen sich bei Bestandsmietern vermutlich nur schwer verwirklichen, wenn eine gesetzliche Grundlage (z. B. bei Modernisierung im Wohnungsbau) oder eine vertragliche Vereinbarung fehlt. „Ökologische" Mietspiegel sind derzeit selten und problematisch, da sich der Zusammenhang zwischen Miethöhe und ökologische Kriterien schon bei energetischen Kriterien nur schwer nachweisen lässt und im Mitspiegel Marktpreise abgebildet werden sollen. In einem ökologischen Mietspiegel wird allerdings nur die wärmetechnische Beschaffenheit berücksichtigt.[165]

Übrig bleibt allein das Argument der Kundenbindung, das durch niedrigere Fluktuationsraten oder steigende Kundenzufriedenheit nachzuweisen ist. Ein Bestandshalter hat durchaus Interesse, seine Bewirtschaftungskosten zu senken und den Vermietungserfolg nachhaltig zu sichern, allerdings benötigt er hierfür nicht unbedingt ein Zertifikat. Das bedeutet nicht, dass Immobilienunternehmen ausschließlich von Renditeerwartungen und Imagegewinn getrieben sind. Kommu-

165 Vgl. [IWU (2008A)].

nale Wohnungsunternehmen und kirchliche Institutionen setzen bereits heute gesellschaftliche Verantwortung in allen vier Dimensionen der Nachhaltigkeit praktisch und differenziert um.

Die Zielsetzung in der Dimension Ökonomie lässt sich wie folgt differenziert beschreiben: Aus Sicht eines Investors „ist eine Immobilie dann nachhaltig, wenn sie langfristig in der Lage ist, eine angemessene Rendite zu erzielen“[166]. In der Wohnungswirtschaft oder beim Kirchenfinanzvermögen stehen Ertragssteigerung und Kostensenkung im Vordergrund. Bei Immobilien zur kommunalen und kirchlichen Auftragserfüllung hingegen stehen insbesondere die Flächen- und Kostenoptimierung im Fokus. Es kommt also auf den Standpunkt an.[167]

Unter der Voraussetzung einer Mindestpunktzahl in der Disziplin Ökonomie können viele Punkte in der ökologischen, sozialen und kulturellen Disziplin gesammelt werden, wenn Nachhaltigkeit Bestandteil der Unternehmensführung ist.[168] Punkte könnte es beispielsweise geben für den Kauf und Verkauf von nachhaltigen Immobilienfondsanteilen (Immobilienfonds), die Verpachtung von ökologisch bewirtschafteten landwirtschaftlichen Flächen, die Vergabe von Erbbaurechten an kinderreiche Familien (Eigentümer), die Umsetzung einer Projektidee „Altersgerechtes Wohnen“ (Projektentwickler), die Erstellung und den Verkauf von Reihenhäusern für kinderreiche Familien auf Erbbaugrundstücken (Bauträger), die Stilllegung von sanierungsbedürftigen und denkmalgeschützten Gebäuden mit dem Ziel, sie zu sanieren und anschließend zugunsten einer energetischen Sanierung anderer sanierungsbedürftiger Immobilen zu verkaufen (Sanierung), den Verkauf eines ehemaligen Gemeindehauses oder Pfarrhauses in Teilen als abgeschlossene Wohnungen, um den Flächenverbrauch zu reduzieren (Privatisierung), das Betreiben von Kindergärten für eine konfessionelle oder nachhaltige Erziehung (Betreiber), die Übernahme von gebäudebezogenen Managementaufgaben zur Professionalisierung im Sinne der Nachhaltigkeit (Fremdverwaltung), das Belegungsmanagement für eine höhere Auslastung des eigenen Gebäudebestands (Bestandshalter) oder für kostensparend professionell (z. B. Energiemanagement) oder als Eigenleistung im Sinne der Nachhaltigkeit (Projektleistungen und Lieferanten) erbrachte Dienst- und Bauleistungen. Eine breite Palette, um Punkte für die Nachhaltigkeit zu vergeben.

Es bleibt festzuhalten: Je nach Geschäftsmodell liegt ein unterschiedliches Verständnis von Nachhaltigkeit vor. Beim Verkauf und Kauf von neuen Immobilien kann ein Zertifikat Entscheidungssicherheiten für Investoren geben und ihre Risiken mindern, insofern Haftungsansprüche tatsächlich abgeleitet werden können. Bestandshaltern hilft ein Zertifikat nur bedingt. Nachhaltigkeitskriterien in den vier Dimensionen sind im gesamten Kontext zu betrachten und nicht ausschließlich auf Baumaßnahmen zu begrenzen.

Wenn eine positive ökonomische Sicht als Voraussetzung für Nachhaltigkeit gegeben sein muss, um der ökologischen, sozialen und gesellschaftlichen Dimension gerecht werden zu können, bedarf es eines Einblicks in die Gewinn- und Verlustrechnung eines Immobilienunternehmens. Kostenstrukturen können je nach Bauwerksnutzungsart unterschiedlich sein. Kostenstrukturen für die Wohnungswirtschaft[169] unterscheiden sich von den Kostenstrukturen bei Parkhäusern.[170] Es kommt also auf die Bauwerksnutzungsart an.

So sind z. B. Verwaltungskosten bei Parkhäusern und Tiefgaragen im 15-Stundenbetrieb unverhältnismäßig hoch. Tiefgaragen haben wesentliche höhere Abschreibungen. Auffällig sind die vergleichsweise niedrigen Instandhaltungskosten. Der Vergleich in der Kosten- und Ertragsstruktur als Gewinn- und Verlustrechnung zwischen Wohnungswirtschaft, Parkhaus im 15-Stunden-Betrieb und Tiefgarage im 24-Stunden-Betrieb ist klar. Die Umsatzposition durchlaufender Betriebskosten aus der Wohnungswirtschaft entfällt z. B. für Parkbauteneigentümer/-betreiber. Do-

166 Kubatzki, Franz W., zitiert in: [Gräber, M. (2009g)].

167 Vgl. [Bogenstätter, U. (2009c)].

168 Vgl. [Bogenstätter, U. (2009k)].

169 Siehe [Bogenstätter, U. (2008)], S. 96.

170 Vgl. [Bogenstätter, U. (2008z)], S. 430.

minant sind in der Darstellung auch hier die Personalkosten. Wesentlich sind bei diesem Beispiel die Kurzzeitmietverhältnisse.

Aus Sicht des Immobilienunternehmens liegt ein besonderes Interesse darin, Abschreibungen, Verwaltungs- und Instandhaltungskosten gering zu halten. An einer Senkung der Kapital- und Betriebskosten haben Eigentümer, Betreiber und Mieter in der Wohnungswirtschaft ein zunehmendes Interesse, insbesondere dann, wenn die Betriebskosten im Vergleich zu den allgemeinen Lebenshaltungskosten überproportional steigen.

Die ökonomische Nachhaltigkeit mit und ohne Siegel muss sich in der Kalt- und Warmmiete widerspiegeln und Vorteile bei der Instandhaltung unter Beweis stellen. Der nachweisliche Erfolg stellt sich bei Bestandshaltern auch ohne Zertifikat in der Bilanz oder GuV ein. Nachhaltigkeit kann daher nach den Grundsätzen der Wirtschaftlichkeit bewertet werden. Es gilt hier der Grundsatz: „Verdiene gut und tue Gutes."

3.8.4 Anforderungen an Zertifizierungen der Nachhaltigkeit

Zertifikate schreiben einen Zustand zu einem Zeitpunkt fest und sind schwer anpassbar. Was z. B. 1972 in Deutschland als energiesparendes Gebäude bezeichnet wurde, kann heute getrost als Energieschleuder bezeichnet werden. Ebenso ist davon auszugehen, dass Zertifikate ständig fortgeschrieben werden (müssen), da wegen der Vorbild- und Vorreiterfunktion die Standards zunehmend erhöht werden. Zertifikate sind daher in ihrer Aussagekraft vergänglich, so auch das neueste Zertifikat der Deutschen Gesellschaft für nachhaltiges Bauen (DGNB) für neue Bürobauten aus dem Jahr 2015. Die Forderung nach einer regelmäßigen Wiederholung eines angepassten Zertifizierungsverfahrens (Update) ist in sich schlüssig.

Nachhaltigkeit zeigt sich schon länger mit isolierten Themen in den Organisationsstrukturen und -abläufen eines Immobilienunternehmens. Der Vierkampf aus ökonomischer, ökologischer, sozialer und kultureller Nachhaltigkeit ist neu, anerkannte Methoden in den Einzeldisziplinen gibt es schon länger[171], nur ein gemeinsames Dach hat bisher gefehlt.

Die ökonomische Disziplin liegt per Definition einem Unternehmen bzw. den Unternehmern am Herzen. Auf der Grundlage gesetzlicher Regelungen (z. B. HGB, KontraG, Aktiengesetz) ist es ihre Aufgabe, mit anerkannten Managementsystemen (z. B. Zustandsbewertung, Risikomanagement, Controlling, Portfolioanalyse, Unternehmensplanung, Mehrjahresplanung und Balanced Scorecard) dem Unternehmensziel gerecht zu werden. Um den Unternehmenserfolg nachhaltig sicherzustellen, gibt es ggf. einen Qualitätsmanagementbeauftragten, der mit anerkannten Managementsystemen (z. B.: DIN ISO 9001/DIN ISO E 9004) bei den Kunden und Verbrauchern die Qualität und Gebrauchsfähigkeit der Produkte sicherstellt.

Die anerkannten Managementsysteme spielen derzeit im Nachhaltigkeitszertifikat des DGNB eine untergeordnete Rolle. Nachhaltigkeitskriterien ihrerseits spielen beim Verkauf und Kauf von Immobilien nur dann eine Rolle, wenn sich das Siegel auf Miet- oder Verkaufspreise und die Wertermittlung durchschlägt. Dies ist derzeit noch nicht der Fall. Aus Sicht eines Bestandshalters sollten stattdessen im energetischen Bereich neben den Bedarfs- auch die Verbrauchswerte objektbezogen erhoben werden, die den Managementsystemen aus den operativen Systemen regelmäßig und automatisch in aggregierter Form zur Verfügung gestellt werden. Der Energieausweis, insbesondere als Verbrauchsausweis, gibt dann einige Hinweise, wie in einem (strategischen) Regelkreis Optimierungspotenziale erkannt und genutzt werden können. Dies wird allerdings bereits unter den vorhandenen gesetzlichen Bestimmungen (EnEV) ermöglicht. Ein Zertifikat im Sinne des DGNB genügt nicht.

---

171 Vgl. [Bogenstätter, U. (2008)], S. 11 ff.

Unter diesen Aspekten lassen sich in der Disziplin Ökonomie folgende Forderungen für wiederkehrende Zertifizierungsverfahren aufstellen: Es sollte die Möglichkeit bestehen,
- die Ergebnisse in bestehende Organisationsstrukturen und -abläufe einzubinden,
- langfristige unternehmerische Risiken auf den Zertifizierer abzuwälzen (Risikomanagement),
- eine Bestands(zustands)bewertung der Immobilien als Grundlage für Investitionsentscheidungen vorzunehmen,
- Kostentreiber und Ertragstreiber zu erkennen und Ergebnisse auch im Controlling-Prozess zu verarbeiten (Controlling),
- strategische Weichen zu stellen (z. B. durch eine Portfolioanalyse, vgl. oben Abb. 3.18) und die Ergebnisse in der unternehmerischen Mehrjahresplanung (Unternehmensplanung) zu berücksichtigen,
- mittels anderer Zertifikate (insbesondere bei global agierenden Unternehmen) den Vergleich bezüglich der Güte der Immobilien und ihrer Performance zu ermöglichen
- sowie die Kriterien in die bestehende Landschaft eines Immobilienunternehmens einzubinden, um die bereits genannten Anforderungen erfüllen zu können.

Daten gibt es genug. Wichtig ist, Informationen daraus zu gewinnen.

Neben der Einbindung in die bestehenden Organisationsstrukturen und -abläufe und Managementsysteme hakt es z. B. auch bei der Vergleichbarkeit. Die direkte Vergleichbarkeit ist u. a. wegen unterschiedlicher Standards in den Staaten der Anwender nur schwer möglich. In Abbildung 3.51 sind die wesentlichen Zertifizierungsverfahren in ihrer Zuordnung zueinander dargestellt. Es ergeben sich Verzerrungen. Erschwerend kommt hinzu, dass ein „Excellent" (BREEAM), „Platinum" (LEED), „Six Star" (Green Star) oder „S" (CASBEE) aus dem Jahr 2016 nicht mehr mit der höchsten Auszeichnung aus dem Jahr 2009 zu vergleichen ist. Vergleiche zum DGNB wurden bisher noch nicht gezogen. Merke: Gold ist nicht Gold. Gold ist hier vergänglich.

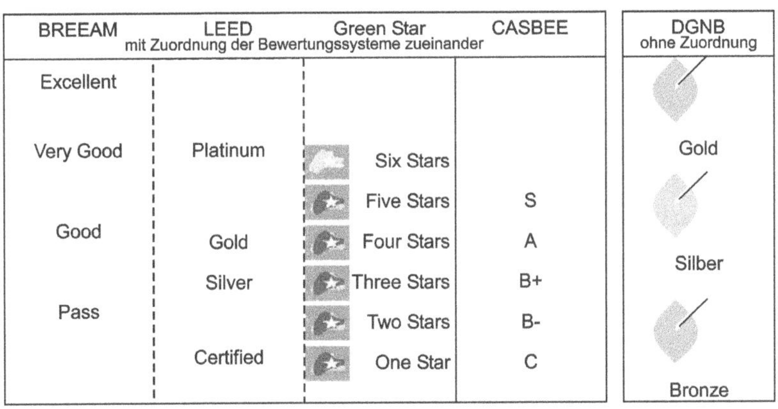

Abb. 3.51: Zertifizierungsverfahren der Nachhaltigkeit im Vergleich.[172]

In der Disziplin Ökologie engagieren sich viele Unternehmen schon seit Längerem. Zum Beispiel kümmern sich spezielle Umwelt- und Energiebeauftragte auf der Grundlage von gesetzlichen Bestimmungen (z. B. KrW-/AbfG, BImSchG, BBodSchG, UVP oder EnEV) nach anerkannten Managementsystemen (z. B. DIN EN ISO 14001, DIN EN ISO 14004, EMAS, „Grüner Gockel") freiwillig oder aufgrund gesetzlicher Verpflichtungen um die Belange der Bürger, Nutzer und Betreiber, um

172 Vgl. [Braune, A. (2007c)], vergleichende Untersuchungen, in: [BMVBS SF – 10.08.17.7-09.15].

Umweltbelastungen zu reduzieren, Ressourcen zu schonen oder den Energieverbrauch zu vermindern. Sinnvoll ist es daher auch, unter der Disziplin sozialer und kultureller Nachhaltigkeit den Arbeitsschutz sowie den Sicherheits- und Gesundheitsschutz aufzuzählen. So kümmert sich auf der Grundlage von ArbSchG, ArbStättV, SGB III, GUV-V A1 oder BGB, SGB VII und BetrSichV der Beauftragte des Arbeitsschutzes nach anerkannten Managementsystemen (BSI OHSAS 18001, BSI OHSAS 18002) um den Arbeitnehmer, den Nutzer, Kunden, Mieter oder Passanten.

Ungelöst ist vielfach das Verhältnis der Einzeldisziplinen untereinander: Wie viel Ökologie, Sozialwesen und Kultur verträgt Ökonomie? Zweifellos wird damit die Diskussion um den Stellenwert von sozialem Engagement, Kunst, Denkmalpflege, Gesellschaft, Kirche und Geld eröffnet. Unstrittig ist jedoch: Ohne Cash ist alles nichts. Für einen normativen Vergleich ist eine Festlegung der Gewichtungen unverzichtbar. Das DGNB-Zertifikat geht hier einen kombinierten Weg: Die Dimensionen sind fest zueinander gewichtet. Die Gewichtung der Kriterien innerhalb einer Dimension kann variieren, um den Ansprüchen der Anwender gerecht zu werden.

Aus Sicht der Unternehmensführung von Immobilien und Gesellschaft sind im Sinne der Nachhaltigkeit einfachste Fragen zu beantworten. Nur was sinnvoll genutzt wird oder im Gebrauch steht, freut beispielsweise den Hotelier (ökonomische Dimension) und schont die Ressourcen (ökologische Dimension). Leer stehende Bahnhöfe besitzen keinen sozialen Wert (soziale Dimension). Ungenutzte Kulturgüter erreichen allenfalls die Betrachter und sind im Blick der Denkmalschützer (kulturelle Dimension). Bereits 1996 wurde in der Frankfurter Allgemeinen Zeitung wegen des enormen Sparzwangs der Stadt Frankfurt am Main die Bedeutung kultureller Gebäude für das Umland auf den öffentlichen Prüfstand gestellt: Wie viel kulturelles Angebot benötigt eine internationale Stadt und muss die Stadt das Umland mit seinem Kulturangebot subventionieren? Die Diskussion wurde so einfach wie bestechend geführt: Wie hoch ist der Zuschuss je Zuschauer, die Anzahl der Veranstaltungen, die Platzauslastung, die Anzahl der Zuschauer (s. Kap. 2.4.1, Tab. 2.6)? Unter dem Gebot der Nachhaltigkeit lassen sich nach Ansicht des Autors die Dimensionen leicht zuordnen: Indikatoren der ökonomischen Nachhaltigkeit könnten Zuschüsse je Zuschauer, Indikatoren der ökologischen Nachhaltigkeit die Zahl der Veranstaltungen die Platzauslastung sowie die Anzahl der Zuschauer sein. Derartige Zusammenhänge blendet das DGNB-Zertifikat allerdings weitgehend aus.

3.8.5 Das DGNB-Zertifikat

Um die Relevanz der Kriterien des DGNB-Zertifizierungsverfahrens feststellen zu können, wurde von der Annahme ausgegangen, dass diese Kriterien Bestandteil der Managementsysteme eines Immobilienunternehmens sind und als Daten und Informationen in der EDV-Landschaft eines Immobilienunternehmens fortgeschrieben werden. Anhand der tatsächlichen Verwendung lässt sich danach auch feststellen, welche Relevanz die Kriterien im Tages- und Jahresgeschäft eines Immobilienunternehmens je nach Geschäftsmodell bzw. im Lebenslauf eines Gebäudes besitzen. Der Lebenslauf einer Immobilie beginnt mit der Projektentwicklung (Entwickeln einer Idee), gefolgt von dem Planen, dem Bauen, dem Vertrieb und dem Betreiben, und endet mit der Beseitigung des Objekts. Bei Instandsetzung, Modernisierung, Umbau oder Erweiterung wird der Prozess vom Planen bis zum Betrieb mehrfach durchlaufen. In Abbildung 3.52 werden die Kriterien des Gütesiegels für nachhaltiges Bauen „Neubau Büro und Verwaltung, Version 2008“[173] in diesen Phasen näher betrachtet.

Die Kriterien 10 und 11 (Primärenergieverbrauch nicht erneuerbarer/erneuerbarer Energien) sind als möglicherweise verkaufs- und vermietungsrelevant eingestuft. Beide können ggf. als Grundlage für ein Energiemanagement in der Betriebsphase dienen, ebenso wie das Kriterium 14

173 [DGNB (2009a)].

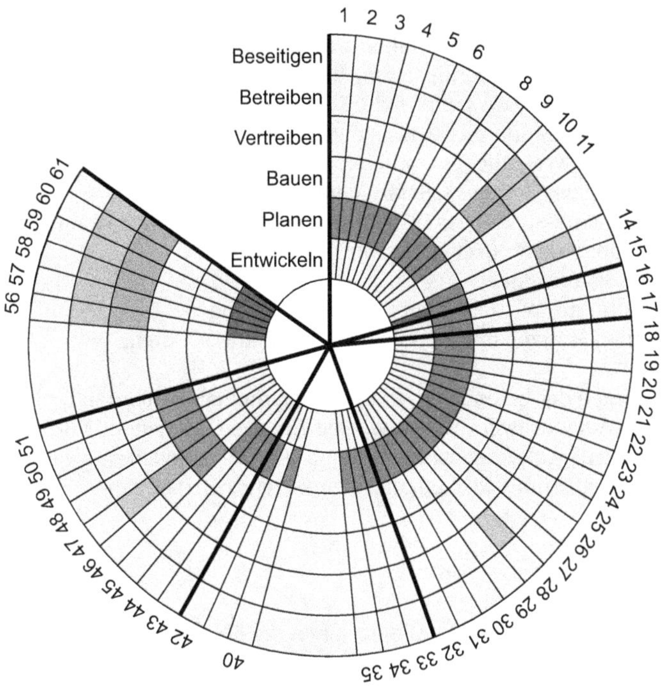

Abb. 3.52: Relevanz der Kriterien nach DGNB für die Unternehmensführung unter dem Aspekt der Lebensdauer eines Gebäudes.[174]

(Frischwasserverbrauch Nutzungsphase). Für Projektentwicklung, Vertrieb und Betrieb (Portfoliomanagement) sind auch die Standortdaten 56 bis 61 (Risiken am Standort, Verhältnisse am Standort, Image und Zustand von Standort und Quartier, Verkehrsanbindung, Nähe zu nutzungsrelevanten Objekten und Einrichtungen, anliegende Medienerschließung) von besonderem Interesse. Das Kriterium 28 (Umzugsfähigkeit) kann bei Unternehmen mit häufigen organisatorischen Änderungen von Interesse sein.

Besonders erwähnenswert erscheint Kriterium 47 (Schaffung von Voraussetzungen für eine optimale Nutzung und Bewirtschaftung), das eine strukturierte Dokumentation der eingebauten Produkte beinhaltet. Sie ist wesentlich für den Bau, Verkauf und Betrieb einer Immobile, z. B. in Hinblick auf die Verkehrssicherungspflichten. Die Dokumentation kann daher die Grundlage einer technischen Due Diligence (TDD) aus Sicht des Käufers (Buyer) oder Verkäufers (Vendor) sein. Nur hatte bisher kein Verkäufer ein Interesse, seine TDD an den Käufer weiterzugeben. Insofern verhilft das Gütesiegel zur Waffengleichheit. Nach Angaben des DGNB sind 80 % der Dokumente bereits vorhanden, „lediglich Dokumente einer Ökobilanz oder die Lebenszyklusbetrachtung [...] müssen extra für die Zertifizierung erstellt werden“[175].

Die Kriterien 43 bis 51 beschäftigen sich mit der Qualität der Planung und Bauausführung und sind für den Betrieb eines Gebäudes weniger relevant.

Der Schwerpunkt der Kriterien ist im Planungsprozess zu sehen. Tatsächlich ergibt sich durch die Gesamtschau ein Urteil ggf. zur Überschreitung des üblichen Standards über die Qualität des

174 Quelle: eigene Zuordnung, Quelle der Ziele, Methoden, Datenerfassung vgl. [DGNB (2009a)], namentliche Benennung der Kriterien 1–61 in Tabelle 3.19, die für eine Phase relevanten Kriterien nach DGNB sind grau betont.

175 [Lemaitre, C. (2009f)], S. 14–15.

Planungs- und Bauprozesses zu einem Stichtag. Kriterien, die für den Betrieb relevante Informationen (keine Modellrechnungen) liefern, um die Instandhaltungskosten oder durch den Einsatz neuer Funktechnologie (z. B. Radio Frequency Identification, RFID) die Verwaltungskosten und Wartungskosten zu senken, sind nicht erkennbar. Der primäre Fokus liegt auf den Bedarfswerten. Ohne direktes Controlling der Verbrauchswerte in einem aktiven Energiemanagement während der Nutzungszeit bleibt wahrscheinlich wesentliches Optimierungspotenzial unerschlossen, wie es sich z. B. durch intelligente Messung des Betriebs („Smart Metering“) ergeben kann.

Der Autor kommt daher zu dem Schluss, dass das DGNB-Gütesiegel Vorteile bieten kann bei

- der Definition eines Qualitätsstandards für (Neu-)Bauprojekte,
- dem Qualitätsmanagement für Bauprojekte,
- dem Dokumentenmanagement für die Vertriebs- und Betriebsphase und
- als Verkaufsargument in volatilen Märkten hinsichtlich niedriger Betriebskosten.

Wesentliche Vorteile sind beim Großteil der Immobilien, nämlich dem Immobilienbestand, nicht erkennbar. Derzeit erscheint es dem Autor schwer vorstellbar, dass Angaben aus dem DGNB-Zertifikat für Bürogebäude eine Relevanz in der Unternehmessteuerung auf der Objektebene aufweisen, um mittels Controlling, Unternehmensplanung, Risikomanagement Trends abzubilden.

3.8.6 Was tut Not?

Nachhaltigkeit kann nur dann gegeben sein, wenn die Dimensionen der ökonomischen, ökologischen, sozialen und kulturellen Nachhaltigkeit über den Lebenslauf von Gebäuden begleitet werden. Es ist schade, wenn die Nachhaltigkeit nicht Bestandteil der Unternehmensführung wird. Dennoch, in den einzelnen Phasen wird bereits heute umfassend geprüft: Stempel, Siegel, Zertifikate belegen Konformität hinsichtlich Qualität, Umwelt, Energie, Arbeitsschutz, Sicherheits- und Gesundheitsschutz u. a. Hier greift eine große Zahl von Gesetzen, Verordnungen des Gesetzgebers und Richtlinien vieler (Fach-)Verbände (s. Abb. 3.53). Was bereits heute fehlt, ist ein gemeinsames Dach, das die Nachhaltigkeit durch Koordination der fachlich Beteiligten bieten kann.

Augenfällig sinnvoll erscheint daher ein (elektronisches) Raum- und Gebäudebuch oder (elektronisches) Liegenschafts- und Gebäudebuch, das ein Gebäude über seine Lebensdauer hinweg

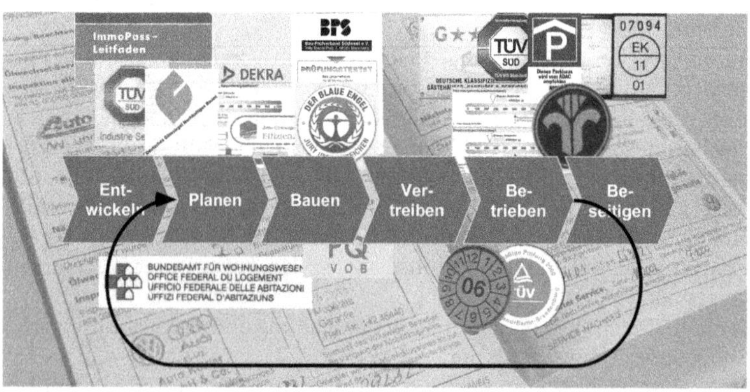

Abb. 3.53: Zertifikate unter dem Aspekt der Lebensdauer eines Gebäudes und Zuordnung nach Dimensionen der Nachhaltigkeit.[176]

176 Quelle: eigene Darstellung.

begleitet, damit Käufer und Nutzer gleichermaßen sicher sind, ein „werkstattgepflegtes“ Gebäude zu besitzen. Die Daten hierfür werden darin automatisch gesammelt. Analog zum Autohandel ist ein werkstattgepflegtes Gebäude ein wertvolleres Gebäude, das höhere Verkaufspreise erzielen kann. Dieses Raum- und Gebäudebuch ist bei Weitem nicht auf die Planungs- und Bauphase beschränkt. Auch eine TDD wäre zu kurz gesprungen. Was für Patienten gilt, gilt auch für Gebäude: Der Raum- und Gebäudepass hilft, Diagnosen zu erstellen und Therapien auszuwählen.

Zertifikate als Werttreiber – was bringt’s? Die Zielsetzung der Nachhaltigkeit ist ernst zu nehmen. Der DGNB gibt einige Hinweise, worauf zu achten ist. Tatsächlich notwendig ist ein integratives „Datenhaus“ für die Unternehmensführung, das im Tagesgeschäft die Steuerung der Immobilien im Sinne der Nachhaltigkeit ermöglicht. Als Unternehmen Geld zu verdienen und Gutes zu tun, das muss kein Widerspruch sein. Die Wertermittlung wird im Verkaufsfall zeigen, was marktgerechte („gute“) Immobilien sind, mit und ohne Zertifikat.

Literatur

[Bogenstätter, U. (2008)] Bogenstätter, Ulrich: Property Management und Facility Management; München 2008.

[Bogenstätter, U. (2008z)] Bogenstätter, Ulrich: Betriebswirtschaftliche Kennzahlen von Parkbauten, in: Gieler-Breßmer, Susanne (Hrsg.): Verkehrsbauten Schwerpunkt Parkhäuser/Brücken: 3. Kolloquium, 29. und 30. Januar 2008; Ostfildern: Technische Akademie Esslingen 2008, S. 423–433.

[Bogenstätter, U. (2009c)] Bogenstätter, Ulrich: Die IT-Systeme sind erfunden. Was nun?, in: KVI im Dialog (2009), Nr. 3, S. 38–43.

[Bogenstätter, U. (2009k)] Bogenstätter, Ulrich: Nachhaltigkeit im Umgang mit kirchlichen Immobilien, in: Kunst und Kirche; (2009), Nr. 4, S. 34–39.

[Boschi, N. (2008)] Boschi, Nadia: Comparison of real estate evaluation systems: a summary of opportunities offered by BREEAM, GBTool and LEED, in: Retail Space Europe (2008), S. 415–421.

[BMVBS SF – 10.08.17.7-09.15] Draeger, Susan: Vergleich des Systems des Deutschen Gütesiegels Nachhaltiges Bauen mit internationalen Systemen; Endbericht, BMVBS SF – 10.08.17.7-09.15, 2010, URL: http://www.bbsr.bund.de/BBSR/DE/FP/ZB/Auftragsforschung/2NachhaltigesBauenBauqualitaet/2009/VglGuetesiegel/Endbericht.pdf?__blob=publicationFile&v=2 (letzter Aufruf: 09.04.2017).

[Braune, A. (2007c)] Braune, Anna; Sedlbauer, Klaus; Kittelberger, Siegrun; Kreissig, Johannes: Potenziale des Nachhaltigen Bauens in Deutschland: Analyse der internationalen Strukturen; Stuttgart 2007.

[Braune, A. (2008a)] Braune, Anna: Nachhaltigkeit, in: IndustrieBAU (2008), Heft 1, S. 59.

[DGNB (2009a)] Deutsche Gesellschaft für nachhaltiges Bauen (Hrsg.): Das deutsche Gütesiegel nachhaltiges Bauen: Aufbau – Anwendung – Kriterien, Nr. 1, 2009, URL: http://www.dgnb.de/fileadmin/downloads/DGNB_Systembeschreibung_online_20090112a.pdf (letzter Aufruf: 21.01.2009).

[DGNB (2017d)] Deutsche Gesellschaft für nachhaltiges Bauen (Hrsg.): DGNB angemeldete und zertifizierte Projekte, 2017, URL: http://www.dgnb-system.de/de/projekte/?pk_campaign=evlooprojekte&we_lv_start_0=1010 (letzter Aufruf: 09.04.2017).

[GEFMA 160 2014-10] Nachhaltigkeit im Facility Management: Grundlagen und Konzeption, GEFMA e. V., Deutscher Verband für Facility Management (Hrsg.) GEFMA 160, 2014.

[Gräber, M. (2009g)] Gräber, Martin: „Was bringen Gebäudelabel?“: Investorensicht, in: Facility Manager (2009), Heft 7, S. 6–7.

[IWU (2008A)] Alles, Roland; Guder, Renate; Knissel, Jens; von Malottki, Christian: Die ortsüblichen Vergleichsmieten in Darmstadt 2008: Gutachten zur Erstellung eines Mietspiegels nach § 558d BGB; Gutachten; Darmstadt 2008.

[Jencks, C. (1980)] Jencks, Charles: Die Sprache der postmodernen Architektur: Die Entstehung einer alternativen Tradition, 2., erw. Aufl.; Stuttgart 1980.

[Lemaitre, C. (2009f)] Lemaitre, Christine: Jetzt geht’s an den Bestand: DGNB, in: Facility Manager (2009), Heft 6, S. 14–15.

[Lockwood, C. (2006k)] Lockwood, Charles: The Green Juggernaut, in: Urban Land (2006), Heft 11, S. 224.

[Lowe, C. (2009)] Lowe, Clare; Ponco, Alfonso: UNEP-FI / SBIC’s financial & sustainability metrics report: An international review of sustainable building performance indicators & benchmarks, 2009, URL: http://www.unepfi.org/fileadmin/documents/metrics_report_01.pdf (letzter Aufruf: 03.01.2018).

[RICS Insight 2011] Royal Institution of Chartered Surveyors (Hrsg.): Grün kommt!: Europäische Nachhaltigkeitsstatistik 2011, RICS Insight 2011, URL: http://www.der-flurfunk.de/wp-content/uploads/2011/06/GrnkommtFINALVERSION.pdf (letzter Aufruf: 03.01.2018).

[RICS Insight 2013] Royal Institution of Chartered Surveyors (Hrsg.): Grün kommt!: Europäische Nachhaltigkeitsstatistik 2013, RICS Insight 2013, URL: http://www.breeam.com/filelibrary/grun_kommt!_2013.pdf (letzter Aufruf: 09.04.2017).

[RICS Insight 2015] Royal Institution of Chartered Surveyors (Hrsg.): Grün kommt!: Europäische Nachhaltigkeitsstatistik 2015, RICS Insight 2015, URL: http://www.breeam.com/filelibrary/BREEAM%20and%20Value/Gr-n-kommt--2015.pdf (letzter Aufruf: 09.04.2017).

[Roux (2008i)] Roux Deutschland (Hrsg.): Der Einfluss von Nachhaltigkeitszertifikaten auf den Marktwert von Immobilien: Ergebnisse einer Marktstudie; Frankfurt a. M. 2008.

[Union (2009d)] Union Asset Management Holding (Hrsg.): Nachhaltiges Vermögensmanagement institutioneller Anleger 2009: Ergebnisse der Studie: Ausgewählte Charts; Frankfurt a. M. 2009.

3.9 Wirtschaftlichkeit berechnen

Ulrich Bogenstätter

Wirtschaftliches Handeln ist mehr als das Schielen auf die kurzfristige Rendite. Durch mangelhafte Funktionsplanung, mangelhaftes Nutzerverständnis oder mangelhafte Ästhetik ist der nachhaltige Erfolg einer Immobilie gefährdet.

Ein Beispiel für **mangelhafte Funktionsplanung:** „Viele Krankenhäuser sind schlicht falsch gebaut. Die Wege sind lang, meist gibt es zahlreiche, oft weit verstreute Gebäude. [...] Helios errichtet derzeit für das vor fünf Jahren übernommene Großklinikum Berlin-Buch einen 200 Mio. € teuren Neubau der kurzen Wege. Er soll 167 Gebäude ersetzen, aus denen das Krankenhaus bisher besteht, sowie 100 km klinikeigene Straßen weitgehend überflüssig machen, auf denen Transporter rund 400.000 km jährlich hin und her fahren."[177]

Ein Beispiel für **mangelhaftes Nutzerverständnis:** Büroangestellte verstecken sich in voll verglasten Büro- und Büchertürmen der Bibliothèque nationale de France in Paris. Ein ästhetisch anspruchsvolles Wohnheim für ältere Menschen öffnet sich mit den verglasten Fluren dem öffentlichen Straßenraum. Von außen sichtbar, schlurfen durch beleuchtete Fluren die älteren Bewohner im Bademantel, Filzpantoffel und Gehhilfen zu ihren Wohnungen.

3.9.1 Definition der Wirtschaftlichkeit

Bereits 1999 findet sich im Brockhaus folgende Definition der Wirtschaftlichkeit: „Wirtschaftlichkeitsprinzip, ökonomisches Prinzip, wirtschaftliches Prinzip, auf dem Rationalprinzip beruhender Grundsatz eines optimalen wirtschaftlichen Handelns, entweder mit gegebenen Mitteln (wirtschaftlichen Gütern, Produktionsfaktoren) den größtmöglichen Erfolg (Nutzen, Gewinn) zu erzielen (Maximum-Prinzip) oder ein vorgegebenes Ziel (z. B. bestimmtes Wohlstandsniveau, bestimmte Gewinnhöhe) mit dem geringstmöglichen Aufwand (z. B. Einsatz an Produktionsfaktoren, Geldausgaben) zu erreichen (Minimum-Prinzip). Bei variablem Mitteleinsatz und variablem Erfolgsziel besteht das Wirtschaftlichkeitsprinzip darin, das Verhältnis von Erfolg und Mitteleinsatz zu maximieren (Extremum-Prinzip)."[178] Im Gegensatz zu anderen Definitionen wird hier das Extremum-Prinzip als ein Wirtschaftlichkeitsprinzip explizit noch genannt und nicht ausgeschlossen. Das Extremum-Prinzip findet sich im Immobilienmanagement in Optimierungsrunden häufig: möglichst hohe Qulität zu möglichst geringen Kosten.

177 [Baethge, H. (2006)], S. 50–53.

178 [Brockhaus (1999)].

In der Praxis unterscheidet sich die Konkretisierung des Wirtschaftlichkeitsprinzips insbesondere bei den technischen und kaufmännischen Mitarbeitern. Zielt der technisch versierte Mitarbeiter darauf ab, den Energieverbrauch einer Heizungsanlage zu reduzieren, so stehen die Energiekosten im Fokus des kaufmännisch versierten Mitarbeiters.

In Abbildung 3.54 werden nach Möller[179] die unterschiedlich weit gefassten Wirtschaftsbegriffe veranschaulicht. Diese Ebenen zu unterscheiden ist wichtig, da jede Ebene des Wirtschaftlichkeitsbegriffs zu anderen Ergebnissen kommt.

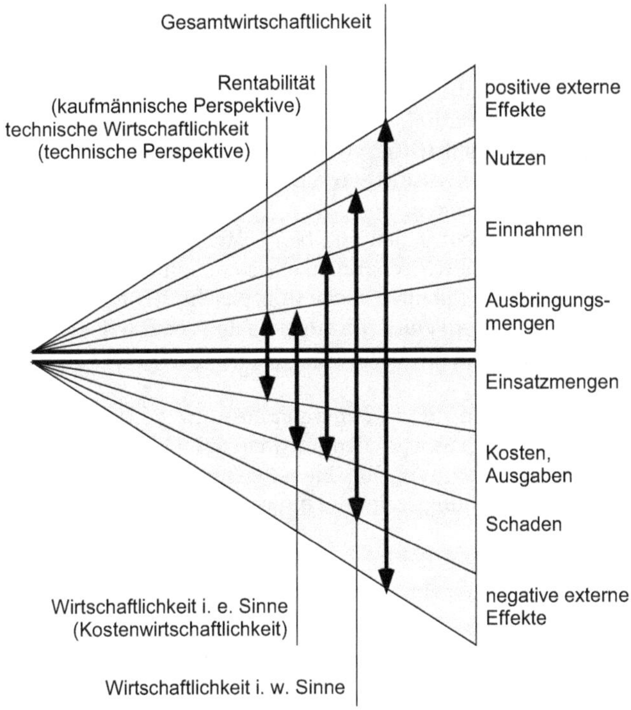

Abb. 3.54: Stoßrichtung und Ebenen der Wirtschaftlichkeit.[180]

Beispiel Skifahren: Ein alpiner Skifahrer benutzt als Autofahrer die Autobahnen der Schweiz, um zum Zielort in Österreich zu kommen. Für die Gesamtwirtschaftlichkeit ist das ein positiver externer Effekt: Die Einnahmen der Schweizer Autobahnen erhöhen sich durch den Verkauf der Vignette und der Tourismus in Österreich wird ebenfalls angekurbelt. Ein negativer externer Effekt sind die Autofahrt und die Umweltauswirkungen der Skipisten in den Bergen. Wirtschaftlich im weiteren Sinne ist, dass der Skifahrer durch das Skifahren (hoffentlich) seine Gesundheit fördert (Nutzen). Allerdings wird ein Schaden im Falle eines Skiunfalls entstehen, da seine Arbeitskraft der Gesellschaft zumindest zeitweise nicht mehr zur Verfügung steht. Positiv für den Rettungsdienst sind die zusätzlichen Einnahmen durch den Skiunfall: Sie erhöhen die Rentabilität, ansonsten stünden Kosten und Ausgaben für den Bereitschaftsdienst an. Das Krankenhaus wird aus Sicht der

179 Siehe [Möller, D. (2013)], S. 4 ff.

180 Vgl. [Möller, D. (2013)], S. 6, bei Möller wird der Begriff der Gesamtwirtschaftlichkeit aus vorangegangenen Ausgaben nun der Nachhaltigkeit gleichgesetzt.

Wirtschaftlichkeit im engeren Sinne zumindest an diesem Tag durch den Unfall eine zusätzliche Operation (Ausbringungsmenge) durchführen. Angesichts der Fixkosten werden Kosten und Ausgaben für eine Operation im Durchschnitt gesenkt. Der Gipser wendet eine neues Verfahren zum Eingipsen an, das im Sinne der technischen Wirtschaftlichkeit mit weniger Gipsbinden für einen Bruch auskommt.

In der immobilienwirtschaftlichen Praxis verwenden Techniker den Begriff Wirtschaftlichkeit im Sinne der **technischen Wirtschaftlichkeit**. Eine gute Heizungsanlage ist eine Heizungsanlage, die einen hohen Wirkungsgrad besitzt (möglichst geringer Input [kWh] bei möglichst hohem Output [kWh]). Wirtschaftlichkeit im engeren Sinne bedeutet, mit einer Solaranlage möglichst viel [kWh] bei möglichst geringen Kosten [€] zu produzieren. Aus unternehmerischer Sicht steht die Rentabilität in [€] im Vordergrund und berücksichtigt die Einnahmen durch den Verkauf des Solarstroms ebenso wie die Kosten. Aus einer gesellschaftlich verantwortungsvollen Perspektive steht die Wirtschaftlichkeit im weiteren Sinne im Vordergrund, z. B. die der Stadtrendite oder der Umweltmanagementsysteme. Aus Sicht der Gesellschaft (**Gesamtwirtschaftlichkeit**) ist es besser, durch Solaranlagen den CO_2-Ausstoß zu reduzieren, als CO_2 kostenträchtig in den Weltraum zu schießen, um die Erderwärmung vielleicht zu reduzieren.

Missverständnisse zwischen Vertretern der technischen und betriebswirtschaftlichen Fachdisziplinen liegen u. a. darin begründet, dass diese Wirtschaftlichkeitsebenen in der Diskussion nicht exakt getrennt werden. Tatsächlich schlagen sich die Ebenen trotz gleicher Themenstellungen in den Ebenen des Managements als unterschiedliche Kennzahlen in den verschiedenen Perspektiven der Balanced Scorecard nieder. Es ist nicht die Rolle des Technikers, die Erderwärmung zu verhindern.

Wirtschaftlichkeit ist ein Maximum an Nutzen für ein Minimum an Aufwand. Die Berechnungsmodelle müssen daher sowohl den Nutzwert als auch den Aufwand abbilden. Einen Überblick über die Verfahren der Wirtschaftlichkeitsberechnung, ihre Einheiten und ihre Berechnungsziele ist in Tabelle 3.17 dargestellt. Über den Betrachtungszeitraum hinweg werden Durchschnittswerte ermittelt.

Das ist insbesondere dann problematisch, wenn der Betrachtungszeitraum nicht eindeutig festgelegt werden kann und der Zahlungsanfall unregelmäßig einsetzt, z. B. bei Instandsetzungs- oder Modernisierungsmaßnahmen.

Im Bauwesen sind zur Berechnung der Wirtschaftlichkeit im Wesentlichen vier Bewertungsverfahren aus der Kategorie Kosten-Nutzen-Untersuchungen bekannt:
- der paarweise Vergleich,
- die Kosten-Nutzen-Analyse,
- die Nutzwertanalyse und
- die Kosten-Wirksamkeits-Analyse.

Bei der Kosten-Nutzen-Analyse wird der Nutzen durch eine allerdings problematische Umwandlung mittels Intervallskala monetär bewertet. Bei der Nutzwertanalyse hingegen werden monetäre Größen in eine nicht monetäre Punktebewertung mit Bewertungsmaßstab umgewandelt und in einem Zielsystem zusammengefasst. Bei der Kosten-Wirksamkeits-Analyse hingegen werden die nicht monetären und die monetären Größen jeweils nur ins Verhältnis zueinander gesetzt, eine Umwandlung dieser Größen entfällt. Unter diesem Vorbehalt kann die Bewertung der nicht monetären Größen nach den Regeln der **Nutzwertanalyse** erfolgen.

In der Kategorie Investitionsrechnung unterscheiden sich statische und dynamische Verfahren der Investitionsrechnung darin, dass die dynamischen Verfahren die Dauer der Nutzung und die Zeitpunkte der Zahlungsfälle durch einen kalkulatorischen Zinsfuß berücksichtigen. Mathematisch ist das eine für Banker übliche Zinseszinsrechnung, die in der Praxis aber selten „vorstands-“ und „hausfrauengerecht“ ist.

Tab. 3.17: Überblick über die Berechnungsziele bei den Verfahren der Wirtschaftlichkeitsberechnung.

	Berechnungsmethode	Einheit	Berechnungsziel
1.	Nutzen-Kosten-Untersuchungen		
	Kosten-Nutzen-Analyse	€(/Jahr)	Gesamtnutzwert
	Nutzwertanalyse	Punkte	Wirksamkeit in Bezug auf die Kosten
	Kosten-Wirksamkeits-Analyse	Punkte/€	Vorteilhaftigkeit
	ordinale Nutzermittlung, paarweiser Vergleich	Nutzwert in %	
2.	statische Investitionsrechnung		
	Gewinnvergleichsberechnung	€(/Jahr)	Vergleich des durchschnittlichen Gewinns
	Kostenvergleichsrechnung	€(/Jahr)	Vergleich der durchschnittlichen Kosten
	statistische Amortisationsrechnung	Jahre	Amortisationszeit auf der Grundlage Gewinn/Kosten
	Rentabilitätsrechnung	Zinssatz in %	durchschnittliche Verzinsung
3.	dynamische Verfahren		
	Kapitalwertmethode	€	Gesamtbarwert
	Annuitätenmethode	€ / Jahr	periodischer Barwert
	dynamische Amortisationsberechnung	Jahre	Amortisationszeit anhand des Barwerts
	interne Zinsfußmethode	Zinssatz in %	Verzinsung
4.	moderne Verfahren		
	Vermögensendwert	€	Vermögensendwert
	Entnahme	€	Zahlungsströme
	VOFI-Amortisationsdauer	Jahre	Amortisationszeit anhand der Zahlungsströme
	VOFI-Rentabilität	Zinssatz in %	Verzinsung

Im Weiteren wird insbesondere auf die Nutzwertanalyse, die Gewinnvergleichsrechnung als statisches Verfahren sowie die **Kapitalwertmethode** als Beispiel für dynamische Verfahren eingegangen. Die dynamischen Verfahren werden hier durch Betrachtung der Kapitalwertmethode bevorzugt, da es sich im Immobilienmanagement um langfristige Investitionen handelt, bei denen auch Eigenkapital- und Fremdkapitalzins sowie Energiepreissteigerungen berücksichtigt werden müssen. Um die Vergleichbarkeit von Alternativen sicherzustellen, werden alle Zahlungen auf den heutigen Zeitpunkt abgezinst und die **Barwerte** (Zeitwerte) als Vergleichsgröße herangezogen. Die Betrachtung sollte bei Architektenwettbewerbs- und PPP-Verfahren angewendet werden, ist jedoch bei Architektenwettbewerben in der Wirtschaftlichkeitsbetrachtung nur rudimentär vorhanden. Schließlich lässt sich die Dauer der Nutzung bei Bestandshaltern nicht eindeutig bestimmen. Investoren bevorzugen i. d. R. den Endwert der Investitionen, da die Vertragslaufzeiten hier bekannt sind.

Die Betrachtung der Dauer wird in den nachfolgenden Darstellungen in einer **Cashflow**-Betrachtung variabel gehalten. Um die unregelmäßigen Zahlungsanfälle berücksichtigen zu können, sollten die jeweiligen Barwerte jährlich berechnet werden. So kann die Annuitätenmethode bei einer 5-Jahres-, 10-Jahres-, 25-Jahres- oder 50-Jahres-Betrachtung zu völlig unterschiedlichen Ergebnissen führen, je nachdem, ob Instandsetzungs- oder Modernisierungsmaßnahmen im Betrachtungszeitraum berücksichtigt werden.

Dabei ist zu einzukalkulieren, dass es sich hier trotz mathematischer Berechnung auf x Stellen hinter dem Komma nur um eine Scheingenauigkeit handelt. Der Präzisionsgrad ist durch **Auf- und Abrundung** der Ergebnisse zu berücksichtigen. Moderne Verfahren finden hier deshalb keine Anwendung, weil sie, z. B. durch steuerliche Einflüsse, die Unternehmenspolitik direkt beeinflus-

sen. Für eine wirtschaftliche Betrachtung im Immobilienmanagement sind daher folgende Berechnungsgrößen maßgeblich:
- (Kosten/Ein- und Aus-)Zahlungen,
- Lebensdauer,
- Zinsfuß,
- Barwertfaktor (jährliche Betrachtung) und
- Summierung und Aufrundung.

3.9.2 Nutzwertanalyse als Instrument der Nachhaltigkeit

Der Vorteil der Nutzwertanalyse liegt darin, dass Lösungen hinsichtlich des Nutzwerts und der Aufwendungen getrennt, aber auch unter dem übergeordneten Ziel der Wirtschaftlichkeit untersucht werden können.[181]

Um die Bewertung eines formulierten Ziels nach der Nutzwertanalyse zu ermöglichen, wird das Ziel hierarchisch in Teilziele untergliedert und die Teilziele zueinander gewichtet. Dadurch bestehen mathematisch nachvollziehbare Rechenbeziehungen. Die Überprüfung des Erfüllungsgrads eines Teilziels erfolgt mittels quantifizierter Kriterien als Maßstab. Das einzelne Kriterium bestimmt sich aus dem Merkmalsträger (z. B. Nutzungsdauer) und der Maxime (z. B. 24 Stunden). Die Maxime wird in einer allgemein definierten Messgröße beschrieben (z. B. [h]). Zwischen Messwert, Maxime und Erfüllungsgrad besteht eine mathematische Beziehung, i. d. R. in Form einer Intervallskala. Zur Berechnung des Zielerfüllungsgrads eines Teilziels wird der geplante Ist-Zustand mit der Maxime des Kriteriums verglichen und in eine Bewertungsskala transformiert. Die Summe aller Zielerfüllungsgrade aller Teilziele ergibt den Zielerfüllungsgrad des Ziels. Klingt kompliziert, ist aber ganz einfach.

Die Nutzwertanalyse (Scoring-Modell) wird in der Immobilienwirtschaft vielfach schon lange verwendet.

Beispiele für eine Nutzwertanalyse zur Bestimmung des Wohnwerts:
- Nach einer Untersuchung von Ahlert[182] zu Stadthäusern und Reihenhäusern sind im Rahmen des kosten- und flächensparenden Bauens folgende Wohnungsmerkmale für haushaltsgerechtes Wohnen grundlegend: Grundstücksgröße und Haustiefe, Raumgrößen sowie Raumzuordnung und -aufteilung.
- Ähnliche Merkmale waren bereits 1974 bei Kräntzer[183] Grundlage für Kriterien, um den Gebrauchswert von Wohnhäusern bereits in der Planungsphase zu bestimmen: Raumprogramm, Raumnutzen, Variabilität, Wohnungsgliederung, Besonnung, Tageslichtbeleuchtung. Er verwendete lediglich drei Qualitätsgruppen: Mindest-, durchschnittliche und gehobene Anforderungen.
- 1977 wurde der Wohnwert für Deutschland durch Brandenberger u. a. mit dem Wohnungs-Bewertungs-System (WBS) dargestellt. Wesentliche Kriteriengruppen waren dabei „die geometrischen Maße der Räume, Möglichkeiten zu möblieren, physiologische Eignung, räumliche Beziehungen, Möglichkeiten zur Veränderung, Schutzmaßnahmen gegen Kälte, ein differenziertes Wohnungsangebot und gemeinsame Einrichtungen“[184].
- Im gleichen Jahr dekomponierten Riccabona und Wachberger[185] die Wohnqualität für Österreich in die Kriteriengruppen Raumdimensionen, Funktionszusammenhänge, Raumqualität,

181 Vgl. [Bogenstätter, U. (2001)], S. 4.

182 Siehe [Ahlert, E.-2 (1989a)], S. 67–73.

183 Siehe [BMBau 01.249], S. 48.

184 [Planconsult F 1394/1-1].

185 Siehe [Riccabona, C. (1977R)], S. 15 ff.

Möglichkeit zur Veränderung, Ausstattung und Umweltkontakte. Als Qualitätsgruppen werden unterschieden: „Spitzenqualität, guter Durchschnitt, schlechter Durchschnitt, mindere Qualität“[186].
- Seit den 1960er-Jahren wurde in der Schweiz mit der Entwicklung eines WBS[187] begonnen. Die Gewichtungen wurden dort im Laufe der Zeit angepasst und die Beurteilungskriterien überarbeitet.
- In den Niederlanden wird für den sozialen Wohnungsbau ein Punktesystem als Wertesystem zur Überprüfung der Qualität oder Angemessenheit der Miete[188] angewendet.

Die verschiedenen Verfahren sind zunächst leider nicht miteinander vergleichbar, da sich die Kriterien inhaltlich, im Nachweis zur Einhaltung der Kriterien und in den Gewichtungen unterscheiden.

Wohnungs-Bewertungs-Systems (WBS)
Kern des schweizerischen Wohnungs-Bewertungs-Systems (WBS) in der Ausgabe 2015 sind insgesamt 25 Beurteilungskriterien (Ausgabe 2000[189] noch insgesamt 39 Beurteilungskriterien), die den Gebrauchswert einer Wohnung, des Wohnanlage und der Wohnstandorts vergleichbar bestimmen. Während in der Ausgabe 2000 die Kriterien noch unterschiedlich gewichtet waren, sind die Kriterien in der Ausgabe 2015 alle gleich gewichtet. Die Gewichtung erfolgt nun in den Subkriterien Potenzial/Quantität, Qualität und Innovation. Die Berechnung des Zielerfüllungsgrads ist in Tabelle 3.18 dargestellt. Die Kriterien K7, K9, K19 und K24 werden nur über die Qualität und Innovation beurteilt. Wesentliches Element ist, dass die Bewertung der Kriterien in Transformationskurven nachvollziehbar dargestellt wird und nachvollziehbar nach festen Regeln erfolgt. Eine Transformationskurve ist beispielhaft als Weg-/Zeitdiagramm in Abbildung 3.55 dargestellt. Je näher der Supermarkt, ist, desto mehr Punkte, desto besser die Lage. Bis 200 Meter wird die volle Punktzahl erreicht. Ab 600 Meter werden keine Punkte mehr angerechnet.

Die Berechnung des Kriteriums K15 (Nettowohnfläche, maximal vier Punkte) wird nachfolgend exemplarisch beschrieben. Zielsetzung: Die Nettowohnfläche soll angemessen groß sein. Dadurch vergrößert sich die Nutzungsfreiheit für Bewohnerinnen und Bewohner. Beurteilt wird die Nettowohnfläche der Wohnung. Die Nettowohnfläche entspricht grundsätzlich der Hauptnutzfläche nach [SIA 416 1993] und ist die Summe sämtlicher begeh- und belegbarer Bodenflächen innerhalb der Wohnung ab einer Raumhöhe von 150 cm.[190]

In Abbildung 3.56 erhält eine Dreizimmerwohnung mit 75 m^2 die volle Punktzahl (3 Punkte). Die Qualität wird mit insgesamt max. drei Teilpunkten berücksichtigt. Jeweils mit einem Teilpunkt kann bewertet werden:
- Mindestens 50 % der Zimmer in der Wohnung weisen eine Raumhöhe von ≥ 260 cm auf.
- Mindestens ein Zimmer hat eine Breite von ≥ 350 cm.
- Die Wohnung weist mindestens zwei zusätzliche Flächenangebote auf.

Die Begriffe Zimmer und zusätzliche Flächenangebote werden im dazugehörigen Glossar erläutert. Aspekte der Innovation können mit maximal einem Teilpunkt bewertet und nachgewiesen werden. Die maximale Anzahl der Teilpunkte beträgt sieben und kann damit die maximale Punktzahl von vier überschreiten.

186 [Riccabona, C. (1977R)], S. 24.
187 Siehe [BWU (2015i)].
188 Siehe [BMBau (1993M)], S. 95.
189 [BWU (2000b)].
190 Siehe [BWU (2015i)], S. 56.

Tab. 3.18: Beurteilungskriterien und Gewichtung des Wohnungs-Bewertungs-Systems (WBS).[191]

Nr.	Beurteilungskriterien				
		Potenzial	Qualität	Innovation	**Punkte (max. 4)**
K1	Wohnungsangebot				
K2	ergänzende Nutzungen				
K3	Mobilität und Verkehr				
K4	räumliche Anbindung				
K5	großflächiges Freiraumangebot				
K6	Partizipation				
	Gebrauchswert Wohnstandort (max. 24 Punkte)				
		Quantität	Qualität	Innovation	**Punkte (max. 4)**
K7	Langsamverkehr				
K8	gemeinsamer Außenbereich				
K9	motorisierter Individualverkehr				
K10	Hauseingangszone und Wohnungszugänge				
K11	gemeinsame Abstellräume				
K12	Mehrzweck- und Gemeinschaftsräume				
K13	Wasch- und Trocknungsräume				
K14	veränderbares Raumangebot				
	Gebrauchswert Wohnanlage (max. 32 Punkte)				
		Quantität	Qualität	Innovation	**Punkte (max. 4)**
K15	Nettowohnfläche				
K16	Zimmergröße und zusätzliches Flächenangebot				
K17	vielfältige Nutzbarkeit				
K18	Möblierbarkeit der Zimmer				
K19	Koch- und Essbereich				
K20	Ausstattung Sanitärbereich				
K21	Möblierbarkeit des Abstellbereichs				
K22	Anpassungsfähigkeit des privaten Raums				
K23	privater Außenbereich				
K24	Übergänge innen/außen				
K25	private Abstellräume außerhalb der Wohnung				
	Gebrauchswert Wohnung (max. 44 Punkte)				
	Gebrauchswert (max. 100 Punkte)				

Deutsche Gesellschaft für nachhaltiges Bauen (DGNB)

Die Dimensionen der ökonomischen, ökologischen sowie sozialen und kulturellen Nachhaltigkeit nach Tabelle 3.19 werden mittels Kriterien für den Neubau von Büro- und Verwaltungsgebäude abgebildet und mit Querschnittskriterien ergänzt. Dabei handelt es sich um ein freiwilliges Zertifizierungsverfahren mit dem Abschluss in Form eines Gütesiegels. Ziel des Zertifizierungsverfahrens ist es, die Vergleichbarkeit von Gebäuden herzustellen. Die Kriterien der Standortqualität gehen daher nicht in die Berechnung des Maßes der Nachhaltigkeit ein. Dies ist auch gängige Praxis bei Portfolio-Managementsystemen: Hierbei wird meist in Objekt- und Standortqualität unterschieden. Die deutsche Betrachtungsweise unterscheidet sich hier von derjenigen im angelsächsischen Raum, wo das Gebäude und das Grundstück eine nicht zu trennende Einheit bilden. Zu den Besonderheiten des DGNB-Zertifizierungsverfahren siehe Kapitel 3.8.

191 Vgl. [BWU (2015i)].

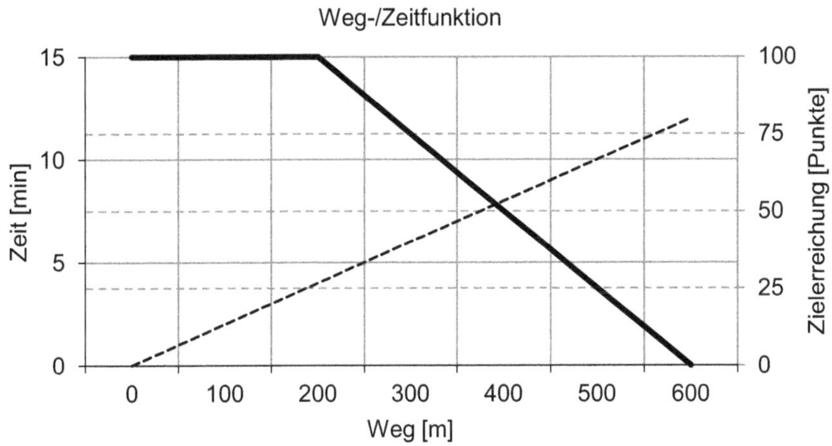

Abb. 3.55: Weg-/Zeitdiagramm.[192]

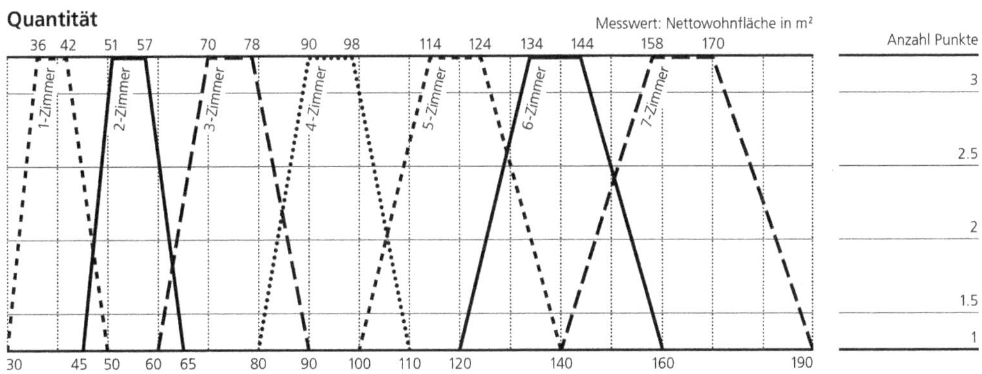

Abb. 3.56: Ermittlung der Punktzahl, Wohnungs-Bewertungs-Systems (WBS).[193]

Ein Beispiel für ein Zertifizierungsverfahren nach LEED:
Auch hier handelt es sich im Grundsatz um eine Nutzwertanalyse bzw. eine Betrachtung der KPIs. Checklisten dieses Bewertungsverfahrens sind in Tabelle 3.20 beispielhaft dargestellt. Das LEED-Verfahren ist unterschiedlich für verschiedene Bauwerknutzungsarten, z. B. Wohnhäuser oder Schulen, und Bauwerkszustände, z. B. neue oder bestehende Gebäude:

- Green Building Rating System for Existing Buildings
- Green Building Rating System for New Construction & Major Renovations
- Green Building Rating System for Commercial Interiors
- Green Building Rating System for Core and Shell Development
- LEED for Homes Rating System
- LEED for Schools

192 Quelle: eigene Darstellung.

193 Siehe [BWU (2015i)], S. 57.

Tab. 3.19: Nachhaltigkeitskriterien DGNB für Bürogebäude, Version 2008.[194]

Nr.	Beurteilungskriterien	Messwerte	Punkte	Gewichte	Gew. Punkte	Nutzwert
1	Treibhauspotenzial (GWP)			3		
2	Ozonschichtabbaupotenzial (ODP)			0,5		
3	Ozonbildungspotenzial (POCP)			0,5		
4	Versauerungspotenzial (AP)			1		
5	Überdüngungspotenzial (EP)			1		
6	Risiken für die lokale Umwelt			3		
8	sonstige Wirkungen auf die globale Umwelt			1		
9	Mikroklima			0,5		
10	Primärenergiebedarf nicht erneuerbar (PENE)			3		
11	Primärenergiebedarf erneuerbar (PENE)			2		
14	Frischwasserverbrauch Nutzungsphase			2		
15	Flächeninanspruchnahme			2		
A	Summe ökologische Qualität					
16	gebäudebezogene Kosten im Lebenszyklus			3		
17	Wertstabilität			2		
B	Summe ökonomische Qualität					
18	thermischer Komfort im Winter			2		
19	thermischer Komfort im Sommer			3		
20	Innenraumluftqualität			3		
21	akustischer Komfort			1		
22	visueller Komfort			3		
23	Einflussnahme des Nutzers			2		
24	gebäudebezogene Außenraumqualität			1		
25	Sicherheit und Störfallrisiken			1		
26	Barrierefreiheit			2		
27	Flächeneffizienz			1		
28	Umnutzungsfähigkeit			2		
29	öffentliche Zugänglichkeit			2		
30	Fahrradkomfort			1		
31	Sicherung gestalterische/städtebauliche Qualität im Wettbewerb			3		
32	Kunst am Bau			1		
C	Summe soziokulturelle/funktionale Qualität					
33	Brandschutz			2		
34	Schallschutz			2		
35	thermische/feuchteschutztechnische Qualität der Gebäudehülle			2		
40	Reinigungs-/Instandhaltungsfreundlichkeit der Baukonstruktion			2		
42	Rückbaubarkeit, Recycling-Freundlichkeit			2		
D	Summe technische Qualität					
43	Qualität der Projektvorbereitung			3		
44	integrale Planung			3		
45	Nachweis Optimierung [...] der Herangehensweise in der Planung			3		
46	Sicherung der Nachhaltigkeitsaspekte in Ausschreibung/Vergabe			2		
47	[...] Voraussetzungen für eine optimale Nutzung/Bewirtschaftung			2		
48	Baustelle, Bauprozess			2		
49	Qualität der ausführenden Firmen, Präqualifikation			2		
50	Qualitätssicherung der Bauausführung			3		
51	geordnete Inbetriebnahme			3		

194 Vgl. [DGNB (2009a)], S. 11, vgl. auch Abbildung 3.52.

Tab. 3.19: (Fortsetzung)

Nr.	Beurteilungskriterien	Messwerte	Punkte	Gewichte	Gew. Punkte	Nutzwert
E	Summe Prozessqualität					
56	Risiken am Mikrostandort			2		
57	Verhältnisse am Mikrostandort			2		
58	Image und Zustand von Standort und Quartier			2		
59	Verkehrsanbindung			3		
60	Nähe zu nutzungsrelevanten Objekten und Einrichtungen			2		
61	anliegende Medien, Erschließung			2		
F	Summe Standortqualität (in der Gesamtbewertung ohne Relevanz)					

Tab. 3.20: [USGBC LEED-EB v2.0 Checklist] (Auszug).

LEED-EB

LEED-EB Version 2.0 Registered Building Checklist

Building Name:

Building Address:

Yes	?	No		Sustainable Sites	Possible Points 14
			Prereq 1	**Erosion & Sedimentation Control**	Required
			Prereq 2	**Age of Building**	Required
			Credit 1.1	**Plan for Green Site & Building Exterior Management** - 4 specific actions	1
			Credit 1.2	**Plan for Green Site & Building Exterior Management** - 8 specific actions	1
			Credit 2	**High Development Density Building & Area**	1
			Credit 3.1	**Alternative Transportation** - Public Transportation Access	1
			Credit 3.2	**Alternative Transportation** - Bicycle Storage & Changing Rooms	1
			Credit 3.3	**Alternative Transportation** - Alternative Fuel Vehicles	1
			Credit 3.4	**Alternative Transportation** - Car Pooling & Telecommuting	1
			Credit 4.1	**Reduced Site Disturbance** - Protect or Restore Open Space (50% of site area)	1
			Credit 4.2	**Reduced Site Disturbance** - Protect or Restore Open Space (75% of site area)	1
			Credit 5.1	**Stormwater Management** - 25% Rate and Quantity Reduction	1
			Credit 5.2	**Stormwater Management** - 50% Rate and Quantity Reduction	1
			Credit 6.1	**Heat Island Reduction** - Non-Roof	1
			Credit 6.2	**Heat Island Reduction** - Roof	1
			Credit 7	**Light Pollution Reduction**	1

Yes	?	No		Water Efficiency	Possible Points 5
			Prereq 1	**Minimum Water Efficiency**	Required
			Prereq 2	**Discharge Water Compliance**	Required
			Credit 1.1	**Water Efficient Landscaping** - Reduce Water Use by 50%	1
			Credit 1.2	**Water Efficient Landscaping** - Reduce Water Use by 95%	1
			Credit 2	**Innovative Wastewater Technologies**	1
			Credit 3.1	**Water Use Reduction** - 10% Reduction	1
			Credit 3.2	**Water Use Reduction** - 20% Reduction	1

Yes	?	No		Energy & Atmosphere	Possible Points 23
			Prereq 1	**Existing Building Commissioning**	Required
			Prereq 2	**Minimum Energy Performance** - Energy Star 60	Required
			Prereq 3	**Ozone Protection**	Required
			Credit 1.1	**Optimize Energy Performance** - Energy Star 63	1
			Credit 1.2	**Optimize Energy Performance** - Energy Star 67	1
			Credit 1.3	**Optimize Energy Performance** - Energy Star 71	1
			Credit 1.4	**Optimize Energy Performance** - Energy Star 75	1
			Credit 1.5	**Optimize Energy Performance** - Energy Star 79	1

Der Besucher eines Bürogebäudes bemerkt bei einem Rundgang relativ schnell, ob es sich um ein „Green Building" handelt. In Abbildung 3.57 ist ein Rundgang durch ein fiktives Bürogebäude dargestellt. Bei den Besichtigungspunkten (a) bis (t) handelt es sich um Kriterien, die bei dem Unternehmen Skanska in den USA zum Gold-Zertifikat nach LEED führten.[195] Die Unterschiede zu anderen Zertifizierungsverfahren, z. B. DGNB, werden durch Abgleich der Kriterien deutlich (vgl. oben Tab. 3.19 und 3.20).

a Die Mitarbeiter haben kostenlosen Zugang zum öffentlichen Nahverkehr: Das reduziert den Individualverkehr.
b Das Grundstück kann von Fußgängern problemlos erreicht werden: Das ermuntert, auf den Individualverkehr zu verzichten.
c Das Gebäude wurde auf einem Grundstück mit ehemaligen Altlasten errichtet: Das reduziert den Landverbrauch.
d Mülltrennung bereits während der Bauphase reduzierte das Volumen für die Mülldeponie.
e Es wurden regionale Baumaterialien verwendet: Lange Transportwege wurden vermieden.
f Es wurden und werden erneuerbare Materialien (z. B. Kork oder Gummi) eingesetzt: Ressourcen werden geschont.
g Es wurden und werden recycelte oder recyclingfähige Materialien eingesetzt: Der Ressourcenverbrauch wird gesenkt.
h Schädliche Emissionen werden durch Einbau emissionsfreier Baumaterialien vermieden: Die Gesundheit der Menschen wird gefördert.
i Bei der Baukonstruktion wurde ein Niedrigenergiestandard berücksichtigt: Das reduziert den Energieverbrauch und spart Energiekosten.
j Die Effizienz der technischen Anlagen (auch Heizung, Klima, Lüftung (HKL)) ist überdurchschnittlich: Der Energieverbrauch wird reduziert.
k Eine nutzer- und tageslichtabhängige Steuerung der Beleuchtung ist flächendeckend installiert: Unnötiges Kunstlicht entfällt.
l Die Belichtung der Hauptnutzflächen erfolgt weitgehend mit Tageslicht: Die künstliche Beleuchtung wird reduziert.
m Tageslicht wird gegenüber dem Einsatz von Kunstlicht, z. B. in den Fluren, berücksichtigt: Durch eine angepasste Beleuchtungsstärke wird Energie gespart.
n Ausstattungs- und Einrichtungsgegenstände sind mit Energy-Star-Technologie (z. B. Stand-by-Modus oder vollständige Abschaltung) ausgestattet: Heimliche Stromfresser werden vermieden.
o Die Luftqualität wird permanent überwacht und die Luft geregelt ausgetauscht: Das fördert die Gesundheit der Menschen.
p Ein Handlungsplan für Lüftungsanlagen liegt vor, das beinhaltet die regelmäßige Reinigung der HKL-Flächen, wöchentliche Inspektionen und die regelmäßige Erneuerung der Luftfilter: Die Luftqualität für die Menschen wird damit sichergestellt.
q Es werden wasserlose Urinale verwendet: Das senkt den Wasserverbrauch.
r Abfälle werden getrennt gesammelt und dem Verwertungskreislauf zugeführt: (Lager-)Flächen sind hierfür vorhanden, Materialressourcen werden geschont.
s Es werden betriebliche Umweltmanagementbeauftragte eingesetzt: Das soll den Erfolg über den gesetzlichen Rahmen hinaus sicherstellen.
t Weitere Umweltmanagementbeauftragte werden ausgebildet: Der Erfolg wird nachhaltig sichergestellt.

195 In Anlehnung an: [Abernathy, R. (2008i)], S. 82 ff.

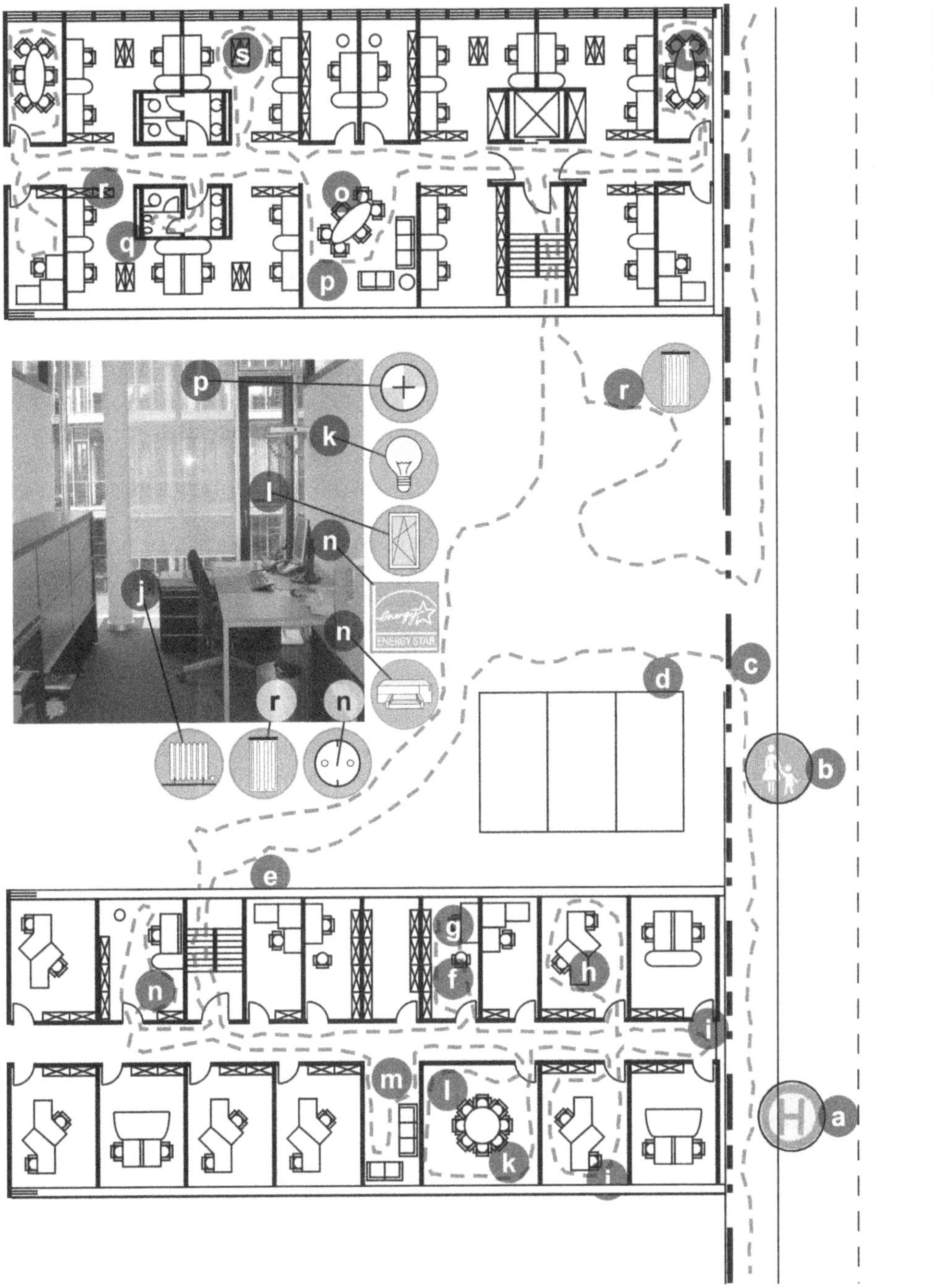

Abb. 3.57: Ein Rundgang durch ein fiktives Bürogebäude für ein LEED-Zertifikat in Gold.[196]

196 Quelle: eigene Darstellung.

Sonstige Checklisten und Kriterien

Checklisten und Scoring-Modelle sind weit verbreitet. Die nachfolgende Aufzählung erhebt keinen Anspruch auf Vollständigkeit, sondern soll die Bandbreite verdeutlichen.

- Certified (Tagungs-)Hotels[197]
- Hotel- und Gaststätten[198]
- ImmoPass-Leitfaden[199]
- Leitfaden zur Beurteilung der Zukunftsfähigkeit von Gebäuden[200]
- Key Report Office[201] mit der Besonderheit regional unterschiedlicher Gewichtung
- Trendbarometer Gewerbeimmobilien (DeTeImmobilien)
- Trend Research Wohnimmobilien: altersgerechtes Wohnen, Eigentumswohnungen[202]

3.9.3 Nutzungskosten von Gebäuden

Grundlage z. B. für ein Vermieter-Mieter-Modell oder für ÖPP/PPP-Modelle ist die Betrachtung der Nutzungskosten über die Lebensdauer eines Gebäudes hinweg. Mit der dynamischen Investitionsrechnung ist es möglich, die (zukünftigen) Investitions- und Betriebskosten in einem Rechenverfahren zu berücksichtigen und die Vorteilhaftigkeit von Alternativen als Entscheidungsgrundlage zu berechnen. Ebenso ist es möglich, die kalkulatorische Kostenmiete für ein Vermieter-Mieter-Modell zu berechnen. Nachfolgend wird zur Beurteilung von Alternativen die monatliche Kaltmiete nebst Nebenkosten sowie nach der dynamischen Investitionsrechnung der Barwert einer Neubaumaßnahme ausgerechnet. Ein Mietausfall oder Umlageausfall wird hier nicht berücksichtigt, da davon ausgegangen wird, dass ausschließlich der Eigentümer der Nutzer ist und sein wird.

(Kosten/Ertrags-)Zahlungen

Die Kostenarten werden hier nach [DIN 18960 2008-02] angegeben. Die Einheitspreise sind in diesem Beispiel für alle Kostenarten in [€ (brutto)] angegeben. Hinweise zur Berechnung der Einheitspreise und Handlungsoptionen für die Kostenarten finden sich im Kapitel 6.5–6.9. Mithilfe von Orientierungswerten lassen sich die Nutzungskosten abschätzen.

Lebensdauer

Hinweise hierfür finden sich bei den Nutzungsdauern von Bauwerken in den Wertermittlungsrichtlinien [WertR 2006] oder [SW-RL 2012] sowie der Afa-Tabelle des Bundesministeriums für Finanzen. Die **Gesamtnutzungsdauer**[203] wird je nach Alterungsart in **funktionale Lebensdauer**[204], **technische Lebensdauer** (TLD[205]), **wirtschaftliche Lebensdauer**[206] und **Restnutzungsdauer**[207] unterschieden. Die Arten der Alterung sind in Tabelle 3.21 aufgeführt.

197 Certified: Conference Hotel [Certified CCH v1.06], Event Location [Certified CEL v1.01], Green Hotel [Certified CGH v1.05], Serviced Apartment [Certified CSA v1.03], Business Hotels [Certified CBH v1.05], zu den Qualitätsanforderungen siehe auch Tabelle 6.11.

198 Hotel- und Gaststätten [DEHOGA (2015)], zu den Qualitätsanforderungen siehe auch Tabelle 6.10.

199 [DEKRA Umwelt (2005)].

200 [Roland Ernst (1998b)].

201 [AtisReal KRO 2005].

202 [DBImmobilien Trend-Research 2005].

203 Zur Definition s. [SW-RL 2012], Anlage 3.

204 Gebrauchsdauer, zur Definition s. [Schub, A. (1985)], S. 12.

205 Zur Definition s. [Schub, A. (1985)], S. 12.

206 Sinnvolle Nutzungsdauer, zur Definition s. [Schub, A. (1985)], S. 12 und Ross/Brachmann/Holzner, in: [NHK 1996], S. 31 f.

207 In der Regel TLD abzüglich Nutzungsdauer, zur Definition s. §§ 16 Abs. 4, 23 WertV.

Tab. 3.21: Arten der Alterung.[208]

Arten der Alterung	Typischer Eintritt	Beispiele
1. funktional	Der Bedarf ist nicht mehr gegeben, die Gebäudestruktur ändert sich, die (bisherige) **Funktion ist überflüssig.**	Gebäude überholt für gewerbliche Abläufe, Wechsel zu einer Großraumhalle für eine neue Fabrik
(rechtlich)	Nutzer-, Nutzungs-, Komfort-, Hygiene-, Umwelt- oder Sicherheitsanforderungen haben sich geändert. Der Gesetzgeber fordert **Anpassung**, die Funktion ist **nicht mehr zulässig.**	überflüssig gewordene Trennwände bei Umbaumaßnahmen Austausch der Badfliesen, gesteigerte Deckenlasten, Einbau schalldichter Fenster, Erhöhung der Beständigkeit, Auswechseln von asbesthaltigen Materialien, erhöhter Brandschutz, erhöhte Anforderungen an die Gebäudedichtheit
2. technisch	Moderne Alternativen sind in der Leistung besser, der bisherige Stand der **Technik** ist **überholt.** Die Leistungsmerkmale sind nicht mehr gegeben.	neue Wärmeisolierung für eine verbesserte Gebäudehülle Wechsel von keramischen Spülbecken zu Spülbecken aus Edelstahl, Ersatz durch beständigere Werkstoffe
3. wirtschaftlich	Anforderungen werden nicht mehr effizient erbracht, **Alternativen** sind **wirtschaftlicher.** Der Wertverlust tritt durch Modeerscheinungen oder Zeitgeist ein.	Ersatz dezentraler Warmwasserbereitung durch Brennwertkessel Wechsel des Bodenbelags zur Erhöhung der Nettomiete

In der Wertermittlung wird i. d. R. von der TLD ausgegangen, da eine Nutzungsdauer in funktionaler oder wirtschaftlicher Hinsicht eine Kenntnis der situativen Gegebenheiten erfordert. Eine Differenzierung der Nutzungsdauer hinsichtlich der Konstruktions- oder Ausführungsart oder auch der Baualtersklasse findet sich in der Literatur nur selten.[209] Es liegt jedoch die Vermutung nahe, dass die Nutzungsdauer von neueren Gebäuden kürzer ist als die von älteren Gebäuden. Das könnte mit der Ausführung der Bauelemente begründet sein: So reduziert sich die Lebensdauer von Bauelementen mit Fortschreitung der Technologie. Für die Bauteile Verputz, Steildach, Flachdach, Dachabschluss, Fenster, Wetter- und Sonnenschutz, Sanitärinstallation und Wärmeerzeugung konnte eine verkürzte Nutzungsdauer festgestellt werden, je neuer das Gebäude ist (s. u. a. Tab. 3.24 weiter unten).[210]

Es ist davon auszugehen, dass bei neueren Gebäuden mit höheren Instandhaltungskosten zu rechnen ist. Im Umkehrschluss gilt: Je neuer ein Gebäude ist, desto kürzer ist bei gleichem Instandhaltungsaufwand die Nutzungsdauer. In der Bandbreite der Gesamtnutzungsdauer, z. B. nach [SW-RL 2012], sollte daher für neuere Gebäude der untere Wert angesetzt werden.

Technische Lebensdauer

„Die technische Lebensdauer ist insbesondere der Zeitraum für ein Bauteil oder eine Bauteilschicht bis zu dem Zeitpunkt, an dem die vorgesehene Funktion nicht mehr erfüllt werden kann,

208 Vgl. [ISO 15686-1 2011-05], S. 9, die dort formulierten Beispiele sind nicht eindeutig funktional, rechtlich oder technisch zuordenbar. Die Zuordnung wurde daher verändert.

209 Siehe z. B. [BaK (1994)], 5.6, 3.

210 Vgl. [BaK (1994)], S. 17.

eine Bestandserhaltung nicht mehr möglich ist und, soweit sinnvoll, ein Ersatz geschaffen werden muss."[211]

Die technische Lebensdauer wird beeinflusst durch:[212]
- mechanische Einflüsse: Schwerkraft (Gravitation), Kräfte und aufgezwungene oder unterdrückte Deformationen (Verkehr, Schneelasten, Wind), kinetische Energie, Schwingungen und Lärm
- elektromagnetische Einflüsse: Strahlung, Elektrizität, Magnetismus
- thermische Einflüsse: extremes Niveau (Frost) oder schnell wachsende Temperaturen (Einsatzgrenzen)
- chemische Einflüsse: Wasser (Kondensat, Schlagregen) und Lösemittel, Oxidations- oder Desoxidationsmittel, Säuren oder Basen, Salze, chemisch Neutrales (Bitumenverträglichkeit)
- biologische Einflüsse: Pflanzen (Pilze, Algen), Mikroorganismen (Bakterien) oder Tiere (Nager, Vögel, Insekten)

Eine Kategorisierung der Einflüsse wird unten in Tabelle 3.26 vorgenommen. Die Berücksichtigung dieser Einflussfaktoren während des Planungsprozesses bei der Nutzungskostenberechnung setzt einen Bezug zu den Bauteilen voraus und ist theoretisch möglich. Gesicherte Erkenntnisse zur Anwendung in der Nutzungskostenberechnung liegen nur selektiv für ausgewählte Ausführungsvarianten einiger weniger Bauteile vor. Angesichts des damit verbundenen Erhebungsaufwands und der Bedeutung der Faktoren im Vergleich zur wirtschaftlichen Lebensdauer sind diese Faktoren nicht überzubewerten und nur partiell einsetzbar.

Wirtschaftliche Lebensdauer

„Die wirtschaftliche Nutzungsdauer eines Gebäudes ist der Betrachtungszeitraum, welcher aus Sicht des Bauherrn vorab oder langfristig erforderlich ist, um eine Grundlage für eine Wirtschaftlichkeitsermittlung zu geben, die Erhaltung des Gebäudes zu planen, den Gebrauchswert des Gebäudes nachhaltig zu verbessern."[213]

„Die wirtschaftliche Lebensdauer für ein Bauteil ist der Zeitraum, in dem eine wirtschaftliche Nutzung ohne oder auch mit Instandhaltung und Instandsetzung im vorgesehenen finanziellen Rahmen möglich ist."[214]

Die wirtschaftliche Lebensdauer wird beeinflusst durch:[215]
- wirtschaftliche Ziele des Bauherrn
- den Standort und die Systemumgebung
- die Funktionalität und Gestaltungsqualität
- die Bevölkerungsentwicklung und -änderung
- die allgemeine Einkommensentwicklung
- die Verwendung verfügbaren Einkommens

Rechtliche Lebensdauer

Vernachlässigt werden in den bisherigen Betrachtungen die Gesetzesfolgekosten. Gesetze können die Lebensdauer beschränken oder zu erhöhten Nutzungskosten führen. Miller hat die Gesetzesfolgekosten als Grundlage für einen Budgetierungszeitraum von fünf Jahren differenziert nach Bundesland für eine Wohneinheit berechnet (vgl. Abb. 3.58). Bei einer durchschnittlichen

211 [IfB F 2464], S. 36, 50, in: [IBO (2009Z)], S. 12.
212 Vgl. [ISO 15686-2 2012-06], S. 8, Übersetzung nach [IBO (2009Z)], S. 15.
213 Kalusche, W, in: [IBO (2009Z)], S. 9.
214 [IfB F 2464], S. 36, 50, in: [IBO (2009Z)], S. 9.
215 [IBO (2009Z)], S. 9.

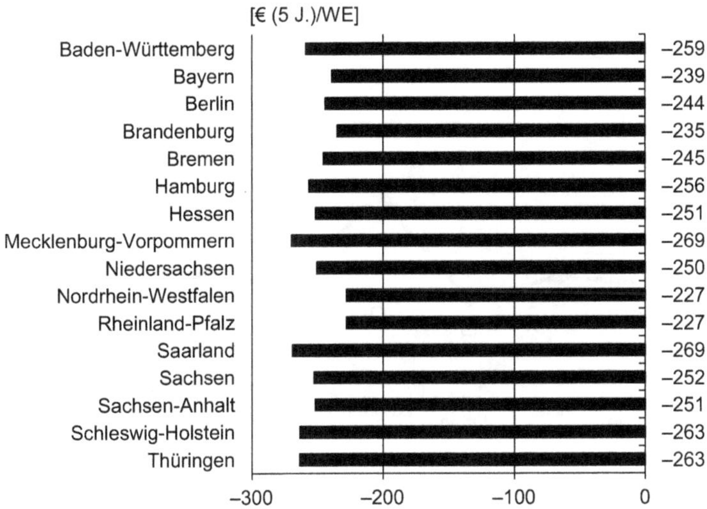

Abb. 3.58: Einflussfaktor Gesetzesfolgekosten für den Budgetierungszeitraum von 5 Jahren.[216]

Größe von 76 qm Wohnfläche einer Mietwohnung ergibt sich eine monatliche Mehrbelastung von rd. 0,25 [€/m^2_{WF}] nur durch Gesetzesfolgekosten. Die rechtliche Lebensdauer wird hier definiert als der Zeitraum, bis ein Gesetz eine weitere Nutzung ausschließt.

Gesamtnutzungsdauer

Bei der Betrachtung der Lebensdauer sind daher nicht nur dem Objekt innewohnenden Eigenschaften (funktionale und technische Lebensdauer), sondern auch die Ansprüche des Eigentümers (wirtschaftliche Lebensdauer) und der Gesellschaft (rechtliche Lebensdauer) zu differenzieren. Die Gesamtnutzungsdauer wird hier bestimmt als der Zeitraum der geplanten Nutzung bei gleichbleibenden Ansprüchen und Wirtschaftlichkeit.[217] Die Restnutzungsdauer ergibt sich aus der Differenz zwischen der Gesamtnutzungsdauer und dem Alter der Immobilie zum Stichjahr.

Die Gesamtnutzungsdauer innerhalb einer Bauwerksklasse kann erheblich variieren (vgl. Abb. 3.59). Die durchschnittliche Nutzungsdauer wird bei der Berechnung der Nutzungskosten i. d. R. mit 50 Jahren angesetzt, sofern keine objektspezifischen, lokal situativen oder unternehmerischen Vorgaben vorliegen und/oder der Vergleich mit anderen Gebäuden und/oder eine Kennwertbildung vorgesehen ist.

Zinssatz

Die Höhe der realen Aufwendungen wird durch Zinssätze für Eigen- oder Fremdkapital maßgeblich beeinflusst. „Als gangbarer Weg wird vorgeschlagen, von einem mittleren kalkulatorischen Zinssatz für das gesamte Investitionskapital (also Eigen- plus Fremdkapital) auszugehen, der sich an langfristigen, auf dem Markt erzielbaren Geldanlagemöglichkeiten orientiert."[218]

Zinssätze werden häufig als Nominalzinssätze angegeben. Bisherige Vorgaben und übliche Zinssätze wurden inzwischen durch die Niedrigzinsphase zum Teil überholt. Tatsächlich ist der

216 Vgl. [HS-MZ Miller, B. (2012)], S. 56.

217 Vgl. [IfB F 2464], S. 36, 50, in: [IBO (2009Z)], S. 12.

218 [Schub, A. (1985)], S. 69 f.

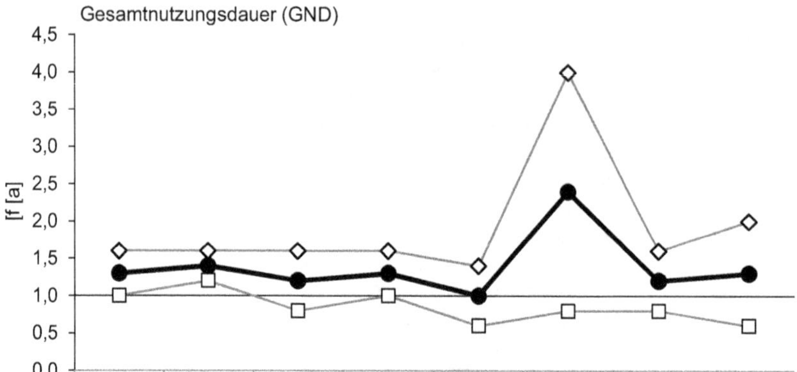

	Gerichte, Büros	Hochschulen, Unis	Reha-Gebäude	Schulen	Sportstätten	Wohnen	Lager, Industrie	sakrale Gebäude
Min	1,0	1,2	0,8	1,0	0,6	0,8	0,8	0,6
Max	1,6	1,6	1,6	1,6	1,4	4,0	1,6	2,0
Mittel	1,3	1,4	1,2	1,3	1,0	2,4	1,2	1,3

Abb. 3.59: Gesamtnutzungsdauer von Gebäuden als Zu- und Abschlagsverfahren.[219]

Tab. 3.22: Diskontierungssätze bei ÖPP-Projekten.[220]

	Bundesland	**Zinsstrukturkurve (Nominalzinssatz)**	**Durchschnittlicher Zinssatz**	**WACC**	**Soziale Präferenz**
	Bund	ja	3,1 %[a]		
1.	Baden-Württemberg, Bayern, Berlin, Brandenburg, Bremen, Hamburg, Mecklenburg-Vorpommern, Niedersachsen, Saarland, Sachsen	k. A.	k. A.	k. A.	k. A.
2.	Hessen, Nordrhein-Westfalen, Sachsen-Anhalt, Schleswig-Holstein	ja	ja	k. A.	k. A.
3.	Rheinland-Pfalz	k. A.	ja	k. A.	k. A.
4.	Thüringen	ja	nein	k. A.	k. A.

[a] [BMF 2012-0520897].

Zinssatz für eine Gesamtnutzungsdauer von rd. 50 Jahren festzulegen. „Üblicherweise wird bei den meisten Berechnungen ein Zinssatz von 8 % eingesetzt [bei langfristigen Betrachtungen, Anm. des Verfassers – Stand 1983]; die Obergrenze liegt bei etwa 10 %, die Untergrenze bei 6 %."[221] Die allerdings spärlichen Angaben zu den Diskontierungssätzen bei ÖPP-Projekten sind Tabelle 3.22 zu entnehmen.

Alternativ bietet sich die Zinsstruktur der Bundesschatzbriefe am Rentenmarkt an. Hierbei kann die Laufzeit einer Gesamtnutzungsdauer differenziert bis maximal 30 Jahre berücksichtigt werden (vgl. Abb. 3.60). Erhebliche Abweichungen ergeben sich innerhalb von vier Jahren. Festlegungen zum Stichtag sind zu treffen.

219 Quelle: eigene Darstellung.

220 Vgl. Hengster-N 2013-08-30 S. 42.

221 [BMBau 04.094], S. 25.

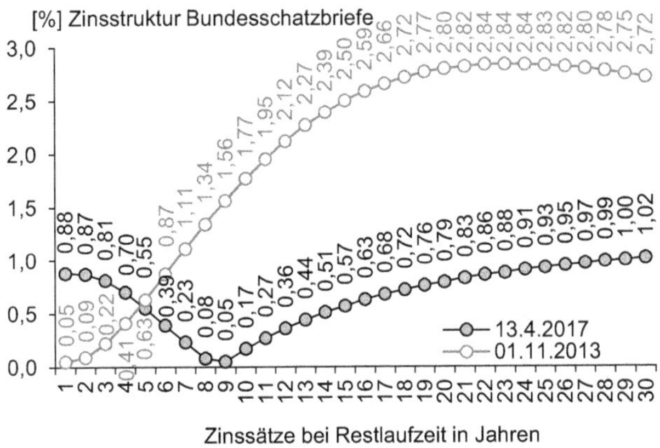

Abb. 3.60: Tägliche Zinsstruktur der Bundesschatzbriefe am Rentenmarkt (Zinsstrukturkurve).[222]

Zahlungen der Zukunft sind mit dem nach Abzug der Preissteigerungen sich ergebenden Realzins zu diskontieren. Bisherige Vorgaben wurden inzwischen auch hier durch die Niedrigzinsphase zum Teil überholt: „Die Erfahrung zeigt, dass der Realzins zwischen 2 % und 5 % schwankt; im Mittel kann mit etwa 3–4 % gerechnet werden" (Stand 1983).[223] Letztendlich ist der kalkulatorische Zinssatz vom Immobilienunternehmen vorzugeben. Die tatsächlichen Finanzierungskosten auf einen 50-jährigen Zeitraum zu berechnen ist auch spekulativ.

Die Verwendung eines einheitlichen Zinssatzes für alle Zahlungsarten ist im Hinblick auf unterschiedliche Preissteigerungsraten, z. B. bei Energiekosten oder Müll, problematisch und sollte differenziert prognostiziert werden. Die langen Indexreihen (25, 50 Jahre) können Kapitel 3.7.2 entnommen werden.

Alternativ kann der Zinssatz als gewichteter durchschnittlicher Kapitalkostenersatz (Weighted Average Cost of Capital – **WACC**) berechnet werden. Der **WACC** berechnet sich dabei wie folgt:

$$\text{WACC} = \text{Eigenkapital/Kapital} \times i_{EK} + \text{Fremdkapital/Kapital} \times i_{FK} \times (1 - \text{tax})$$

Kapital = Eigenkapital (EK) + Fremdkapital (FK)

i_{EK} = Zinssatz EK; i_{FK} = Zinssatz FK; tax = Steuerrate

!

Barwertfaktor (BW-Faktor), Barwert

Beim Zahlungsanfall ist hier nicht von einer jährlich gleichbleibenden Rente auszugehen, da der unregelmäßige Zahlungsanfall von Instandsetzungs- und Modernisierungsmaßnahmen ausreichend zu berücksichtigen ist. Der Barwertfaktor wird daher für das jeweilige Jahr (n) des Zahlungsanfalls aus der Preissteigerungsrate (e) und der Zinsrate (p) berechnet. Durch Multiplikation mit den jährlichen Zahlungen ergeben sich die Barwerte. Die Zahlungsströme sind für jedes Jahr einzeln auszuweisen und als Cashflow darzustellen, die Barwerte sind abschließend zu summieren.

$$\text{Barwert [€]} = r \times (f/q) \times \frac{(f/q)^n - 1}{(f/q) - 1}$$

e = Preissteigerungsrate [%]; p = nominaler kalkulatorischer Zinssatz; r = (Renten-)Zahlung; n = Jahr

$f = 1 + e/100$; $q = 1 + p/100$

!

222 Daten aus [Deutsche_Bundesbank (2013k)], S. 17; [Deutsche_Bundesbank (2017k)], S. 1–3.

223 [BMBau 04.094], S. 27.

Auf- oder Abrundung
Die dynamische Investitionsrechnung verfolgt hier das Ziel, die vorteilhafteste Variante durch Vergleich der ermittelten Barwerte von Planungsalternativen eines Gebäudes auszuwählen. Die Barwerte entsprechen daher nicht zwangsweise den zukünftigen Kosten. Es handelt sich um eine Schätzung. Die Qualität der Schätzung wird durch die Rundung des Ergebnisses ausgedrückt. Eine Angabe der Barwerte auf den Cent genau suggeriert, dass das Berechnungsergebnis auf 0,5 Cent genau berechnet worden ist. Dies ist in diesem Stadium nicht möglich.

3.9.4 Berechnung der Wirtschaftlichkeit von Bauteilen

Unterschiede in den Nutzungskosten können sich aus den Systemeigenschaften des Bauwerks (Nutzungsart, Konstruktion, Alter), dem Nutzerverhalten (Mieter, Kunden, Betreiber), den unternehmerischen Entscheidungen des Eigentümers (Organisation, Prozesse) und der Systemumgebung des Bauwerks (Klima, Kälte, Feuchtigkeit, Schadstoffe, technische Regelwerke, Preisentwicklungen) ergeben. Die Berücksichtigung dieser Faktoren erfolgt bei den Bauteilen des Gebäudes.

Solche Faktoren können teilweise mit einer simulationsgestützten Planung bereits bei der Neubauplanung berücksichtigt und berechnet werden, z. B. der Wärme und Kältebedarf durch thermische Gebäudesimulation, der Kunstlichtbedarf durch Tageslichtsimulation, und somit ein wesentlicher Teil des Strombedarfs. Eine Strömungssimulation innerhalb und außerhalb des Gebäudes kann die windklimatischen Eigenschaften optimieren, so geschehen z. B. beim Flughafen in Bangkok.[224]

Mit der dynamischen Investitionsmethode lässt sich auch die Vorteilhaftigkeit von Ausführungsvarianten von Bauteilen berechnen und die Varianten lassen sich in eine Rangfolge bringen. Ein Beispiel: Die Ausführungsvarianten des Bodenbelags auf dem Bauteil Decken sind z. B. Parkettbeläge, homogene Polyvinylchlorid-(PVC-)Beläge oder polierte Natursteinbeläge. In die Berechnung sollten zumindest die Investitionskosten, die Unterhaltskosten, die Reinigungskosten und ggf. die Mieterträge einfließen. Orientierungswerte sind in Tabelle 3.23 abgebildet.

Für die Nutzungskostenberechnung sind die Nutzungsdauer, der Qualitätsstandard und die Ausführungsart zu berücksichtigen. Abhängig von der Bodenbelagsart sind die einmaligen Investitionskosten sowie jährlich wiederkehrende und unregelmäßige Kosten. Zu den einmaligen Investitionskosten zählen die Herstellungskosten abzüglich Zuschüsse (z. B. durch die Denkmalpflege). In den jährlich wiederkehrenden Kosten werden Reinigungskosten in Abhängigkeit von Überstellungsgrad und Qualitätsstandard sowie Ertragssteigerungen (z. B. Mietanpassung bei Parkett) eingerechnet. Verbesserte Ausstattungsstandards lassen sich über [SW-RL 2012][226] oder ggf. im Mietspiegel[227] für den Wohnungsbau als Zu-/Abschläge monetär näher spezifizieren.

Unregelmäßige Investitionen erfolgen bei der Reparatur und Erneuerung des Bodenbelags. Wesentlich für die Berechnung ist der Erneuerungszyklus. Er wird bestimmt durch die technische Lebensdauer (TLD) des Bodenbelags (s. Abb. 3.61).

Dabei gehört die Bestimmung der TLD zu den schwierigsten Übungen, da in der Fachliteratur stets größere Bandbreiten (Min., Max. und/oder lediglich Mittelwerte) angeben werden. Die öffentlich verfügbaren Angaben wurden in [ifBOR TLD 2018-05] zusammengestellt. Tatsächlich wird die TLD u. a. beeinflusst durch die Nutzungsintensität der Nutzer und das Baualter des Bauteils. Der Zusammenhang zwischen Baualter und TLD wurde bereits 1994 dargestellt (vgl. Tab. 3.24). Durch die Wahl der TLD in der Bandbreite (Min., Max., Durchschnittswert) können Instandhaltungsstrategien ausreichend berücksichtigt werden.

---

224 Siehe [Rau, C. (2007e)], S. 38 ff.
226 Vgl. [SW-RL 2012], Tabelle 2 ff für verschiedene Gebäudestandards.
227 Vgl. [IWU (2008A)], Tabelle 19, S. 42 ff.

Tab. 3.23: Reinigungskosten in Abhängigkeit von der Bodenbelagsart und den Mietsteigerungspotenzialen.

	Bodenbelag	[f] Investition	[f] Instandhaltung	[a] Ersatz (TLD)	**Teilersatz nach Frequenz [a]**			**Überstellung**								
1	Überstellungsgrad							gering			mittel			hoch		
2.	Qualitätsstandard				hoch	mittel	gering	hoch	mittel	gering	hoch	mittel	gering	hoch	mittel	gering
1	Parkett, Mietsteigerung	1,3	0,3	50	10	15	20	1,1	0,8	0,4	1,6	1,0	0,5	1,9	0,9	0,5
2	... bei 95 % Eigenleistung	1,3	0,3	50	10	15	20	0,1	0,0	0,0	0,1	0,1	0,0	0,1	0,0	0,0
3	Nicht-Textile Beläge															
4	PVC heterogen	0,5	0,7	99	10	15	20	1,1	0,8	0,4	1,6	1,0	0,5	1,9	0,9	0,5
5	PVC homogen	0,5	0,7	99	20	30	40	1,1	0,8	0,4	1,6	1,0	0,5	1,9	0,9	0,5
6	PVC vergütet	0,6	0,8	99	20	30	40	1,1	0,8	0,4	1,6	1,0	0,5	1,9	0,9	0,5
7	Linoleumbeläge	0,5	0,7	99	20	30	40	1,1	0,8	0,4	1,6	1,0	0,5	1,9	0,9	0,5
8	Polyolefinbeläge	0,5	0,7	99	15	20	25	1,1	0,8	0,4	1,6	1,0	0,5	1,9	0,9	0,5
9	Gummi (glatt)	0,4	0,7	99	20	30	40	1,1	0,8	0,4	1,6	1,0	0,5	1,9	0,9	0,5
10	Parkett versiegelt	1,3	0,3	50	10	15	20	1,1	0,8	0,4	1,6	1,0	0,5	1,9	0,9	0,5
11	Parkett ölimprägniert	1,3	0,3	50	10	15	20	1,1	0,8	0,4	1,6	1,0	0,5	1,9	0,9	0,5
12	Laminatböden	1,0	1,2	99	10	15	20	1,1	0,8	0,4	1,6	1,0	0,5	1,9	0,9	0,5
13	Gumminoppen	0,4	0,7	99	20	30	40	1,3	0,9	0,4	1,8	1,1	0,6	2,1	1,1	0,6
14	Feinsteinzeugfliese	1,2	0,0	50	0	0	0	1,4	1,0	0,5	2,0	1,3	0,6	2,4	1,2	0,7
15	Steinfliese bruchrau	1,5	0,0	50	0	0	0	1,3	0,9	0,4	1,8	1,1	0,6	2,1	1,1	0,6
16	Naturstein poliert	1,5	0,3	50	10	15	20	1,0	0,7	0,3	1,4	0,9	0,4	1,7	0,8	0,5
17	Betonstein poliert	1,3	0,3	50	10	15	20	1,0	0,7	0,3	1,4	0,9	0,4	1,7	0,8	0,5
18	Keramikfliese glasiert	1,2	0,0	50	0	0	0	1,0	0,7	0,3	1,4	0,9	0,4	1,7	0,8	0,5
19	Keramikfliese unglasiert	1,2	0,0	50	0	0	0	0,9	0,6	0,3	1,3	0,9	0,4	1,6	0,8	0,5
20	Naturwerkstein geschlossen	1,4	0,0	50	0	0	0	0,9	0,6	0,3	1,3	0,9	0,4	1,6	0,8	0,5
21	Betonwerkstein geschlossen	1,2	0,0	50	0	0	0	0,9	0,6	0,3	1,3	0,9	0,4	1,6	0,8	0,5
22	textile Beläge															
23	Velours	0,4	0,6	99	10	15	20	0,8	0,5	0,4	1,0	0,7	0,5	1,3	0,8	0,5
24	Feinschlinge	0,4	0,6	99	8	12	17	0,8	0,5	0,4	1,0	0,7	0,5	1,3	0,8	0,5
25	Nadelvlies	0,4	0,6	99	7	10	15	0,8	0,6	0,4	1,1	0,8	0,5	1,3	0,9	0,6

Eigene Berechnungen auf der Basis von [Lutz, W. (1997)], Kostenangaben indiziert und zum Bodenbelag Laminat ins Verhältnis gesetzt.

Nutzungskosten verschiedener Bodenbeläge

Variante	Feinschlinge			Variantennummer	T02
Fläche	1 [m²]	Nutzungsdauer (Jahre)	50	Stichtag	1.1.2016
Qualitätsstandard		B2	BeanspruchungsklasseTLD2		
			Frequentierung	mittel	
Beanspruchungsklasse		mittel	z. B.: normalüberstellte Bürofl., Konferenzräume		
Qualitätsstandard der Reinigung		mittel			

		Einheit	Menge	Einheitspreis	Index	Basisjahr	[EUR]	
A.	einmalige Investitionen (inkl. MWSt.)						–26,67	[€]
	Förderung, Zuschüsse	[m²]	1,00				0,00	
	Investition	[m²]	1,00 *	–20,43 *	1,30	1996 =	–26,55	
	Prozessaufwand						–0,11	
	Ausschreibung/Abnahme	[h]/WE	0,000133 *	–32,49 *	1,16	2011 =	–0,01	
	Auftrag/Rechnung	[h]/WE	0,002833 *	–32,49 *	1,16	2011 =	–0,11	
B.	jährlich wiederkehrende Kosten und Erträge (einschl. MwSt.)						–8,01	[€]
	Ertragssteigerungen	[m²]	1,00	0,00			0,00	
	Reinigungskosten	[m²]	1,00 *	–6,08 *	1,3	1996 =	–7,90	
	Prozessaufwand						–0,11	
	Ausschreibung/Abnahme	[h]/WE	0,000133 *	–32,49 *	1,16	2011 =	–0,01	
	Auftrag/Rechnung	[h]/WE	0,002833 *	–32,49 *	1,16	2011 =	–0,11	
C.	unregelmäßige Investitionen (einschl. MwSt.)			TLD	12,00	[a]	–36,62	[€]
	Förderung, Zuschüsse	[m²]	1,00				0,00	
	Instandsetzung	[m²]	1,00 *	–28,09 *	1,30	1996 =	–36,51	
	Prozessaufwand						–0,11	
	Ausschreibung/Abnahme	[h]/WE	0,000133 *	–32,49 *	1,16	2011 =	–0,01	
	Auftrag/Rechnung	[h]/WE	0,002833 *	–32,49 *	1,16	2011 =	–0,11	

Cashflow

f/q=	0,98	Barwerte werden nachschüssig berechnet nach der Formel:			
f=	1,02	f=1 +	2,00%	/100 (e=Preissteigerungsr.)	Barwert = r * (f/q) * ((f/q) ^n – 1) / ((f/q) – 1)
q=	1,05	q=1+	4,50%	/100 (p=Zinsrate)	

Jahr	A. [€]	+ B. [€]	+ C. [€]	= [€]	$q^t=1/(1+i)^t$	= RB [€]	
0	–26,67	0,00	0,00	–26,67	1,000	–26,67	–26,67 [€]
1		–8,01	0,00	–8,01	0,976	–7,82	–34,48 [€]
2		–8,01	0,00	–8,01	0,953	–7,63	–42,12 [€]
3		–8,01	0,00	–8,01	0,930	–7,45	–49,57 [€]
4		–8,01	0,00	–8,01	0,908	–7,27	–56,84 [€]
5		–8,01	0,00	–8,01	0,886	–7,10	–63,94 [€]
6		–8,01	0,00	–8,01	0,865	–6,93	–70,87 [€]
7		–8,01	0,00	–8,01	0,844	–6,76	–77,63 [€]
8		–8,01	0,00	–8,01	0,824	–6,60	–84,23 [€]
9		–8,01	0,00	–8,01	0,804	–6,44	–90,67 [€]
10		–8,01	0,00	–8,01	0,785	–6,29	–96,96 [€]
11		–8,01	0,00	–8,01	0,766	–6,14	–103,10 [€]
12		–8,01	–36,62	–44,63	0,748	–33,38	–136,48 [€]
13		–8,01	0,00	–8,01	0,730		–142,32 [€]
14		–8,01	0,00	–8,01	0,7		–148,03 [€]
15		–8,01	0,00	–8,0			3,60 [€]
16		–8,01	0,00				[€]
		–8,01	0,00				
		–8,01	0,0				
		–8,01					

Abb. 3.61: Berechnung der Nutzungskosten eines Bodenbelags (Beispielrechnung).

Tab. 3.24: Durchschnittliche Nutzungsdauer bis zum Ersatz von Bauteilen nach Baualter.[228]

	Baualter	Verputz	Fenster	Sonnenschutz	Wärmeerzeugung
1.	1928–1938	52 Jahre	55 Jahre	57 Jahre	
2.	1938–1948	50 Jahre	47 Jahre	42 Jahre	35 Jahre
3.	1948–1958	36 Jahre	40 Jahre	32 Jahre	30 Jahre
4.	1958–1968	30 Jahre	35 Jahre	27 Jahre	22 Jahre

Der Personalaufwand zur Beschaffung ist bei allen Positionen in der Nutzungskostenberechnung zu berücksichtigen. Dazu zählen z. B. die Ausschreibung, Abnahme und Abrechnung von Leistungen für Investition, Bauunterhalt und Reinigung.

In Abbildung 3.62 sind ausgewählte Bodenbeläge nach der statischen Investitionsrechnung berechnet worden, in Abbildung 3.63 wurde die dynamische Investitionsrechnung angewendet. Je nach Berechnungsmethode (statische oder dynamische Investitionsrechnung) und Betrachtungszeitraum ändert sich die Rangfolge der kostengünstigsten Bodenbeläge. Bis zu einem Betrachtungszeitraum von 15 Jahren sind die Unterschiede in der Rangfolge marginal. Bei einem Betrachtungszeitraum von 51 Jahren ist bei der statischen Investition die unglasierte Keramikfliese, bei der dynamischen Investitionsrechnung der Teppichboden (Feinschlinge) die kostengünstigste Version. Der versiegelte Parkettbogen und der polierte Naturstein sind bei der dynamischen Investitionsrechnung die teuersten. PVC heterogen und Gumminoppenboden sind lediglich innerhalb von 10 bis 20 Jahren eine kostengünstige Alternative.

Das Mietzinssteigerungspotenzial ist i. d. R. abhängig vom Ausstattungsstandard, der Bodenbelag ist ein Teil hiervon. Der Normalherstellungskatalog (s. [NHK], S. 2006) definiert den Ausstattungsstandard für Bodenbeläge im Wohnungsbau wie folgt:

- einfach: Holzdielen, Nadelfilz, Linoleum, PVC (untere Preisklasse), Nassräume: PVC, Fliesen;
- mittel: Teppich, PVC, Fliesen, Linoleum (mittlere Preisklasse), Nassräume: Fliesen;

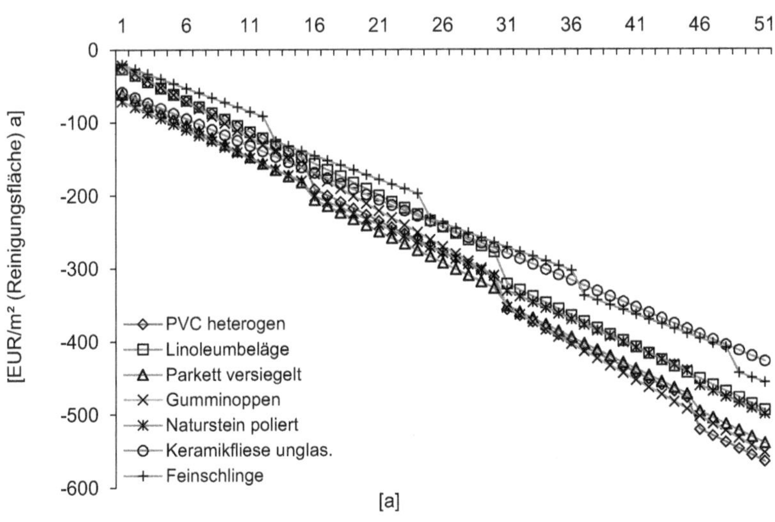

Abb. 3.62: Lebenskosten von verschiedenen Bodenbelägen (statische Investitionsrechnung).

228 Vgl. [BaK (1994)], S. 17.

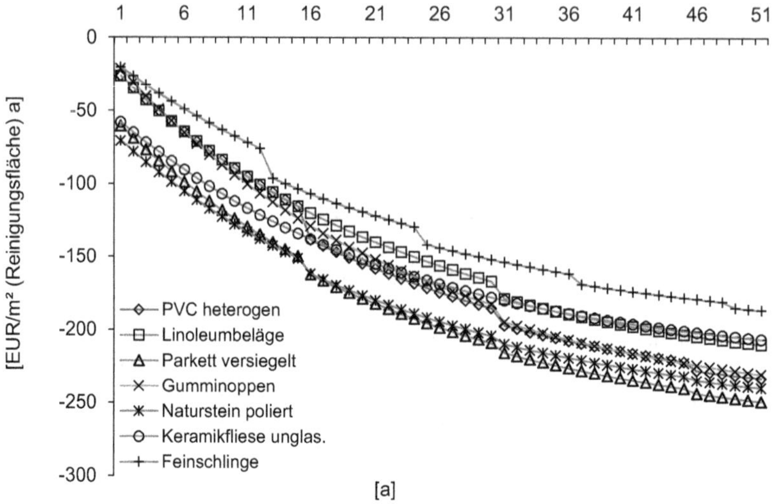

Abb. 3.63: Lebenskosten von verschiedenen Bodenbelägen (dynamische Investitionsrechnung, Inflationsrate 2 %, Zinssatz 4,5 %).

- gehoben: Fliesen, Parkett, Betonwerksein, Nassräume: großformatige Fliesen;
- stark gehoben: Naturstein, aufwendige Verlegung, Nassräume: Naturstein.

Für eine umfassende Bewertung der Varianten ist auch der Ertrag ausreichend zu berücksichtigen. Lässt sich der Mietzins durch die Wahl des Bodenbelags steigern, kann sich die Rangfolge ebenfalls erheblich ändern. Hierzu ein Beispiel aus der Wohnungswirtschaft: Je nach Ausstattungsstandard (sehr einfache, einfache, mittlere, gute, sehr gute Ausstattung) erhöht sich der Mietzins nach dem Stuttgarter Mietspiegel[229] um etwa 9 % (Baujahr bis 1950–1984, Änderung der Einstufung nach erfolgreicher Instandhaltungs- und Modernisierungsmaßnahme von mittel nach gut) bzw. 15 % Baujahr 1985–2009, von einfach nach gut). Sofern eine Mietsteigerung von etwa 4 % (0,24 [€/m^2_{WF} Monat]) realisiert werden kann, verändert sich die Rangfolge der kostengünstigen Bodenbeläge. Unter Berücksichtigung des Mietzinssteigerungspotenzials kann das versiegelte Parkett ab etwa 15 Jahren eine wirtschaftliche Alternative sein, die zusätzlich Erträge erwirtschaftet (s. Abb. 3.64, Variante Parkett, Mietpreissteigerung, 95 % Eigenleistung).

Der Stundenverrechnungssatz für Prozesskosten in Abb. 3.61 beträgt 32,49 € aus dem Jahr 2011, indiziert mit 1,16 mit dem Nominallohnindex für 2016.[230]

Das Zusammenspiel verschiedener Kostenarten bei einem Bauteil – hier verschiedene Innentüren – wird nach der Environmental Product Declaration (EPD) nach DIN ISO 14025 und prEN 15804 in Tabelle 3.25 deutlich. Hier werden die Reinigungskosten sowie die Kosten für Bedienung, Inspektion, Wartung und Instandsetzung betrachtet.

Zusätzlich herausfordernd ist die Betrachtung eines Bauteils, bei dem unterschiedliche Schichten mit unterschiedlichen technischen Lebensdauern in einem Systemverbund im Rahmen der Nutzungskostenbetrachtung zu bewerten sind (s. Abb. 3.65). Realisiert wurde dies im Projekt NUKOSI (s. unten).

229 Vgl. [Stadt Stuttgart (2016l)].

230 Vgl. durchschnittliche Stundenverrechnungssätze für Regiebetriebe, in: [rh.rlp 6-P-0052-22-1/2010], S. 61.

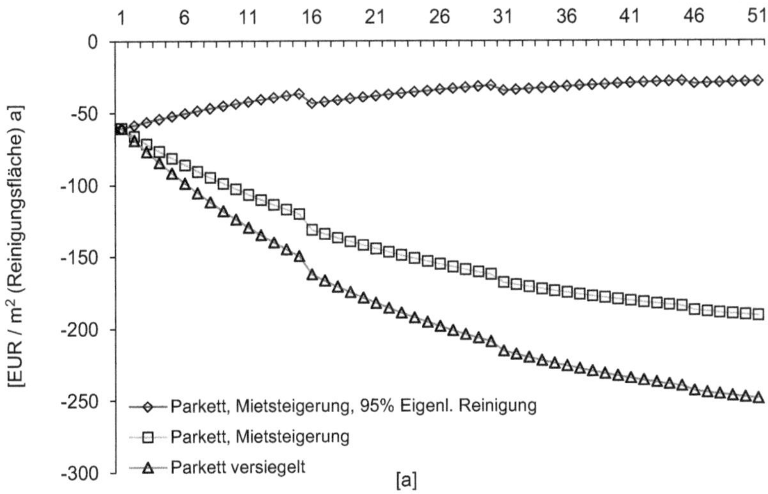

Abb. 3.64: Lebenskosten Parkett (dynamische Investitionsrechnung) unter Berücksichtigung von Eigenleistung und Mietsteigerungspotenzialen im Mietwohnungsbau.[231]

Tab. 3.25: EPD von Fenstern und Türen.

	Bauteil	Nutzungs-dauer	Reinigung		Bedienung/ Inspektion/Wartung		Instand-setzung
		B1	B2.1.1 selten manuell	B2.2.2 häufig manuell	B2.2.1 normale Beanspruchung	B2.2.2 hohe Beanspruchung	B3.1
1.[a]	Innentüren aus Stahl, Mehrzwecktüren/ Sondertüren aus Stahl, Industriesektionaltüren (Stahl), Multifunktionstüren (Stahl), Industriesektionaltüren (Aluminium)	50	jährlich	alle 3 Monate	jährliche Funktionsprüfung, Sichtprüfung, Schmieren/ Fetten und ggf. Instandsetzen	halbjährliche Funktionsprüfung, Sichtprüfung, Schmieren/ Fetten und ggf. Instandsetzen	einmaliger Austausch: Beschläge, Dichtungen und sonstige Verschleißteile
2.[b]	Brandschutzglas (Einscheiben, Verbundsicherheitsglas)	50	jährlich		ohne	ohne	kein Ersatz
3.[b]	Brandschutzglas (Mehrscheiben), Pyroswiss	30	jährlich	k. A.	ohne	ohne	einmaliger Austausch

[a] [ift EPD-ITZK-0.3], [ift EPD-TTP-0.3], [ift EPD-TMZ-0.3], [ift EPD-STPU-0.3.1], [ift EPD-STA-0.3.1], [ift EPD-MT-5.0].
[b] [ift EPD-BGVF-4.0], [ift EPD-BGPS-4.0], [ift EPD-BGCF-4.0].

231 Quelle: eigene Darstellung.

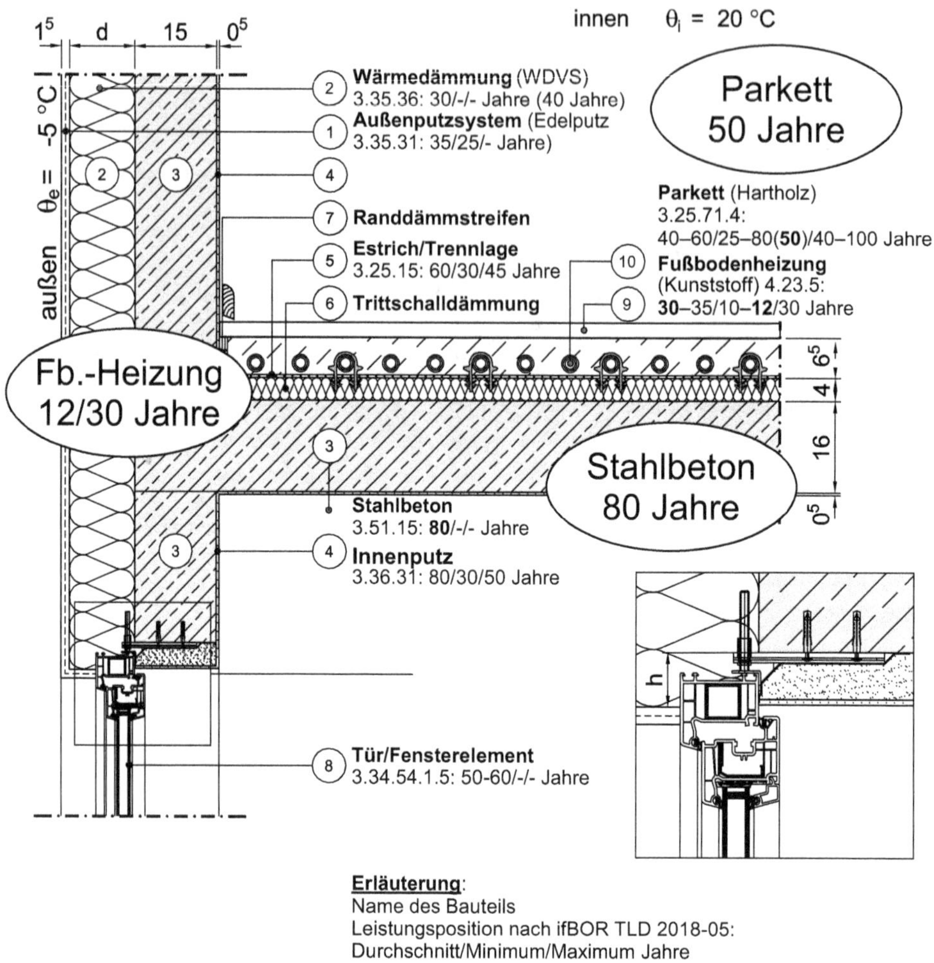

Abb. 3.65: Bauteilsysteme im Lebenszyklus.[232]

3.9.5 Nutzungskostenberechnung und -simulation (NUKOSI)

Wirtschaftlichkeitsuntersuchungen nach LHO 2014

Gemäß § 7 der Landeshaushaltordnung (LHO 2014) des Landes Rheinland-Pfalz sind für finanzwirksame Maßnahmen angemessene Wirtschaftlichkeitsuntersuchungen durchzuführen. Zur internen Steuerung von Planungs- und Bauleistungen (Controlling) ist die Wirtschaftlichkeit von Baumaßnahmen über den Lebenszyklus bzw. nach der Portfoliostrategie des öffentlichen Auftraggebers nachzuweisen. Das betrifft Neubauten ebenso wie bestehende Gebäude (Bestandsbauten). Derzeit liegt kein anerkanntes und transparentes Verfahren hinsichtlich der Methode und der von den beteiligten Entscheidungsträgern und Genehmigungsinstanzen akzeptierten Daten vor.

232 Quelle: eigene Darstellung: Grundlage der Zeichnung in: [Willems, W. (2011W)], Ergänzung Fußbodenheizung und Daten aus: [ifBOR TLD 2018-05].

Bei der Berechnung der Wirtschaftlichkeit von Baumaßnahmen für ein Gebäude sind die Lebenszykluskosten einzelner Bauteile in Szenarien ausreichend zu berücksichtigen und die Ergebnisse im Formblatt RLBau Muster 7.2 zu dokumentieren.

Berechnungsmodell

Derzeit hat das Formblatt RLBau Muster 7.2 keinen zusätzlichen Nutzen für die Steuerung. Daher wurde ein auf den Landesbetrieb Liegenschafts- und Baubetreuung (LBB) zugeschnittenes Berechnungsmodell der Lebenszykluskosten auf der Bauteilebene in Ausführungsvarianten in Anlehnung an die [DIN 18960 2008-02] entwickelt, um ein Gebäude hinsichtlich seiner Qualitäten hinreichend genau berechnen zu können.

Zur Steigerung der Akzeptanz liefert das Berechnungsmodell neben dem Formblatt Budgetansätze für

- das erste Betriebsjahr, auch bezüglich Inspektion und Wartung,
- einen Reinigungsplan,
- einen Instandsetzungsplan,
- einen Modernisierungsplan,
- einen Kostenverteilungsplan,
- die Miet- und Entgeltplanung (Vermieter- und Mietermodell) sowie
- eine Wirtschaftlichkeitsberechnung, den Cashflow und Annuitäten nach 5, 15, 25, 40 und 50 Jahren Nutzung des Gebäudes und dessen Bauteile.

Das Berechnungsmodell basiert im Wesentlichen auf bestehenden normierten Daten nach [DIN 276-1 2008-12] und [DIN 277-2 2005-02]. Ergänzend hierzu wurden (LBB-)spezifische Kostenkennzahlen ermittelt und ein Katalog der technischen Lebensdauer (Zyklen) aus Erfahrungswerten des LBB und der öffentlich zugänglichen sowie einschlägigen Literatur erstellt. Ziel dabei ist es, die Transparenz und Akzeptanz zu steigern und eine zusätzliche Datenerhebung zu vermeiden. Das Berechnungsmodell basiert daher weitgehend auf Informationen, die während des Planungsprozesses generiert werden. Es umfasst einen Leitfaden und ein Excel-gestütztes Werkzeug.

Bei der Berechnung der Nutzungskosten werden die Vorgaben des Nutzers sowie die des Bau-, Energie-, Immobilien- und Portfoliomanagements berücksichtigt.

Das Portfoliomanagement gibt die geplante (Rest-)Nutzungsdauer (GND) vor. Es soll bei der Entscheidung zwischen Neubau oder Eingriff in den Bestand helfen. Methodisch unterscheidet sich die Berechnung der Nutzungskosten von Neu- oder Bestandsgebäuden in der Eingriffstiefe. Der Neubau entspricht einer Eingriffstiefe von 100 %. Die Eingriffstiefe in den Bestand variiert nach strategischer Zielsetzung und wird nach Kernsanierung, energetischen Sanierungen, Sanierung der technischen Gebäudeausrüstung, Umnutzungsstrategie oder Leuchtturmprojekte differenziert in Varianten berechnet (vgl. Abb. 3.66). Sofern sich aus dem Energiemanagement die Anforderung ergibt, während der GND die Art der Wärmeversorgungsanlage (z. B. von Blockheizkraftwerk auf Gasheizung) zu wechseln, so ist dies möglich.

Bei absehbaren Nutzungsänderungen während der GND lassen sich die Zyklen der Bauteile nach einer Instandhaltungsstrategie untereinander harmonisieren bzw. Zyklen zusammenlegen. Dies ist für den Fall nützlich, dass eine Nutzungsänderung eine Kernsanierung nach sich zieht und Instandsetzungsmaßnahmen bis dahin nicht durchgeführt werden sollen (vgl. Abb. 3.67).

Die Berechnungstiefe steht in Abhängigkeit von der Planungstiefe der HU-Bau und wird planungsbegleitend mit zunehmendem Detaillierungsgrad (Schärfegrad) durchgeführt.

Die Berechnung erfolgt nach den Methoden der dynamischen Investitionsrechnung (Wirtschaftlichkeitsberechnung). Grundlage ist die Kostengliederung [DIN 18960 2008-02]. Optional besteht die Möglichkeit, (Miet-)Einnahmen zu berücksichtigen. Die Darstellung erfolgt als Cashflow über den definierten Zeitraum und mit der Festlegung der Diskontierungsfaktoren (Zinssätze, Energiepreissteigerung etc.). Die Kostenermittlungen der Architekten und Ingenieure werden in

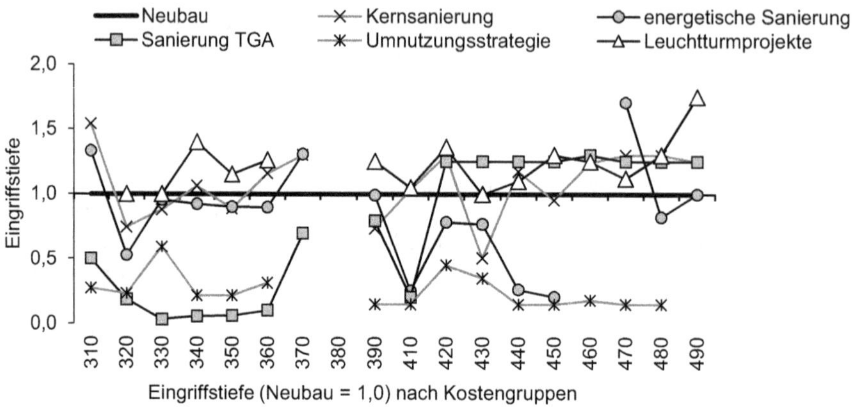

Abb. 3.66: Eingriffstiefe und Investitionskosten in Abhängigkeit von der Strategie.

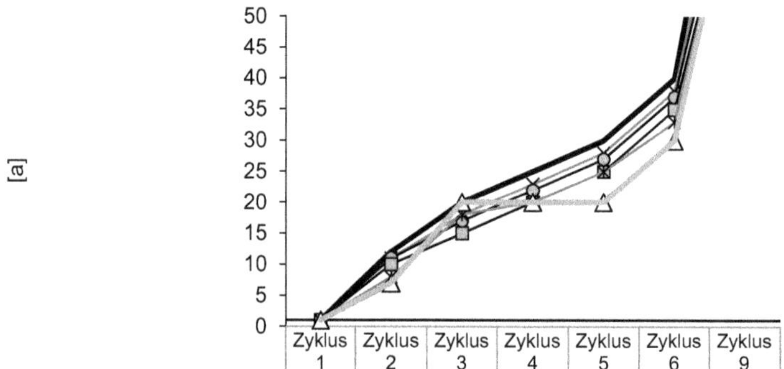

	Zyklus 1	Zyklus 2	Zyklus 3	Zyklus 4	Zyklus 5	Zyklus 6	Zyklus 9
Leuchtturmstrategie	1	7	20	20	20	30	80
Ausfallstrategie	1	12	20	25	30	40	100
Wartungsstrategie	1	11	18	23	28	38	90
Inspektionsstrategie	1	11	17	22	27	37	85
Instandhaltungsstrategie	1	10	15	20	25	35	80
Verbesserungsstrategie	1	8	18	20	25	33	80
Werterhöhungsstrategie	1	7	20	20	20	30	80
Umnutzungsstrategie	1	7	20	20	20	30	80

Abb. 3.67: Zyklen und Instandhaltungsstrategie.

den Kostengruppen 300 und 400 (Bauwerkskosten, Baukonstruktion und Technische Anlagen) sowie Kostengruppe 500 (Außenanlagen) nach [DIN 276-1 2008-12] berücksichtigt. So werden die Ergebnisse der Simulation der Architekten und Ingenieure auf den Ebenen Gebäude bzw. Nutzungszonen (z. B. Heizenergiebedarf, Abfallvolumen) oder mehrheitlich auf der Bauteilebene in die einzelnen Kostenarten nach [DIN 18960 2008-02] mittels Schnittstellen übernommen.

Die Wirtschaftlichkeit eines Gebäudes berechnet sich durch die Addition der Betrachtung der wesentlichen Bauteile. Die wesentlichen Bauteile sind nach einer Untersuchung an der Hochschule Mainz weitgehend mit der zweiten Gliederungsebene der [DIN 276-1 2008-12] identisch. Während die Baugrube (KGR 310) zu vernachlässigen ist, ist insbesondere beim Bauteil Außenwand (KGR 330) den Außenfenstern (KGR 334) und Türen sowie dem Sonnenschutz (KGR 338) erhöhte Aufmerksamkeit zu schenken. Es musste daher eine Anpassung erfolgen.

Qualitative Unterschiede in der Ausführung der Bauteile werden durch anteilige Ausführungsvarianten der Bauteile ausgedrückt, deren Kosten und Massen objektspezifisch gemäß der Detaillierungstiefe des Planungsfortschritts ermittelt werden. Als Beispiel wird hier das Bauteil Außenwand aufgeführt: Zur korrekten Berechnung muss der Anteil der Außenwand gegen Erdreich (Keller), der Außenwand im Wärmeverbundsystem und der Fenster (je nach Material) berechnet werden.

Die Unterschiede der Ausführungsvarianten werden bei den Investitionskosten, Wiederbeschaffungswerten oder Kostenkennwerten deutlich. Sonderheiten zwischen den Ausführungsvarianten werden mittels Zu- und Abschlägen modelliert und im Planungsfortschritt angepasst (vgl. Abb. 3.68). So führt die Wahl einer Heizungsart ggf. zu erhöhtem Personalaufwand und/oder Qualifizierungsbedarf. Dabei wird jedes Bauteil und jede Ausführungsvariante mit den Zu- und Abschlägen vollständig nach [DIN 18960 2008-02] abgebildet, um eine Vergleichbarkeit herzustellen.

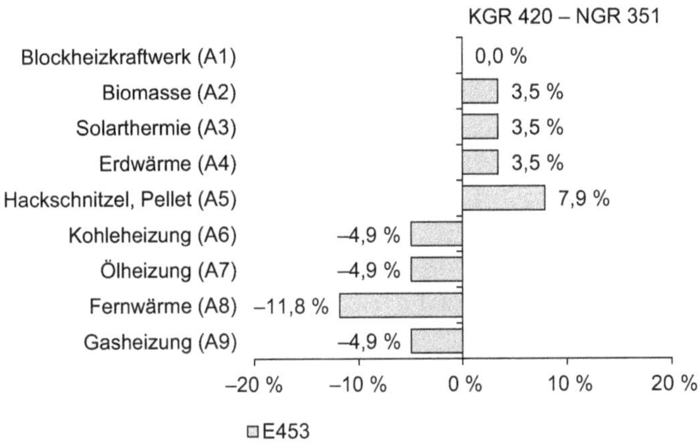

Abb. 3.68: Zu- und Abschläge KGR 420 – NGR 351, Beispiel Personalqualifizierungsmaßnahmen zu TVöD E4 S3.

Auch die ISO 15686 bedient sich des Zu-/Abschlagsverfahrens, bezieht sich dabei aber fast ausschließlich auf die technische Lebensdauer. In dem Berechnungsmodell NUKOSI werden die Zu- und Abschläge auf die Kosten bezogen. Die Kategorien der ISO 15686 werden in Tabelle 3.26 dargestellt.

Die den Kategorien hinterlegten Kriterien sind allerdings nicht praktikabel, da die Messwerte der Kriterien während des Planungsprozesses nicht begleitend vorausgesehen und gepflegt werden können. Es ist sehr schwierig, den Einfluss von Kriterien wie[233]

- Eigenschaften der Baustoffe,
- Fehler bei der Bauplanung,
- Mängel der Bauausführung,
- Verhalten der Nutzer,
- Art und Umfang der Instandhaltung und
- Umwelteinflüsse

quantitativ zu bestimmen. Schon die Angaben zur TLD sind kritisch zu hinterfragen. Weitaus praktikabler ist die Skalierung der Zu- und Abschläge, wie in Tabelle 3.27 dargestellt. Die Skalierung wurde in das Berechnungsmodell übernommen.

233 Vgl. [IBO (2009Z)], S. 13.

Tab. 3.26: Kategorien der Zu- und Abschläge.[234]

Kategorien		Beschreibung	Beispiele
Bauteil-merkmale	A	Komponentenqualität	Rohstoff, Material, Produktion, Lagerung, Transport (inhärente Eigenschaften: z. B. bauphysikalische Eigenschaften, Fehlertoleranz je Bauteil, Schutz von Baustoffen durch Beschichtung, Imprägnierung)
	B	Planungsniveau	Detaillierungsgrad, Komponentenkomposition (z. B. konstruktiver Holzschutz, Schlagregenschutz durch Dach oder Beschichtung)
	C	Ausführungsniveau	Personal, Montage (Baustelle), Bauteilkomposition (z. B. Ausführung luftdichte Hülle)
Umgebungs-einflüsse	D	Inneneinflüsse	Innenraumluftbedingungen (z. B. (Innenraumklima, mechanische Beanspruchung)
	E	Außeneinflüsse	Standort, Klima, Immissionen, Emissionen (z. B. Klima, Erdreich, Erdbeben, Überschwemmung)
Nutzungs-bedingungen	F	Nutzungsbedingungen	Nutzungsintensität, mechanische Einflüsse
	G	Instandhaltungsniveau	Zuverlässigkeit[a]

[a] Vgl. [VDI 4001 Bl. 2 2006-07], S. 19.

Tab. 3.27: Stufen der Zu- und Abschläge.[235]

Stufe	Zu-/Abschläge	Beschreibung
0.	(−3)	selten verfügbar
1.	(−2)	sehr hoch/weich/mild
2.	(−1)	hoch/weich/mild
3.	(±0)	normal
4.	(+1)	niedrig/hart/scharf
5.	(+2)	sehr niedrig/hart/scharf
6.	(+3)	selten anwendbar

Die Instandsetzungskosten werden nicht linear über die Nutzungszeit angesetzt. Für jede Ausführungsvariante wird gemäß Schichtenaufbau der Wiederbeschaffungswert bzw. der Aufwand in Zyklen berechnet. Dabei werden für jede Ausführungsvariante insgesamt sieben Zyklen unterschieden, die nach Vorgaben zu Projektbeginn definiert oder für die Simulation verändert werden können. In den Zyklen werden z. B. auch die geplante Nutzungsdauer, Instandsetzungszeitpunkte, Fördermittel oder Abhängigkeiten im Schichtaufbau einer Ausführungsvariante berücksichtigt. Das schwächste Glied, z. B. die Fußbodenheizung, bestimmt die Lebensdauer des Bodenbelags. In jedem Zyklus wird die [DIN 18960 2008-02] vollständig abgebildet. Dadurch ergeben sich 16 wesentliche Bauteile (s. hierzu Kapitel 6.2.2, Tab. 6.1) in insgesamt 116 Ausführungsvarianten (Var.) mit jeweils 68 Kostenarten (Pos.) in Anlehnung an [DIN 18960 2008-02] in jeweils sieben Zyklen bei insgesamt 18 Zu- und Abschlagskriterien (Zu/Ab), Stand 2.2018.

Die Realisierung des Berechnungstools zur Nutzungskostenberechnung erfolgte in Excel, die Darstellung in rund 50 Arbeitsblättern. Dabei sind Arbeitsblätter für 16 Bauteile mit den dazugehörigen Ausführungsvarianten sowie Zu- und Abschlagskriterien objektorientiert aufgebaut, d. h., der Algorithmus ist weitgehend identisch. Eine Übersicht über alle Bauteile, Faktoren und Zu- und Abschläge findet sich in Kapitel 9.5.1, Tabelle 9.11.

234 Vgl. [ISO 15686-7 2006-03], S. 4; [ISO 15686-8 2008-06], S. 23 und [IBO (2009Z)], S. 16.

235 Vgl. [ISO 15686-7 2006-03], S. 13.

Datengrundlage

Im Zuge des Projekts wird festgestellt, welche Leistungen der Planungspartner zusätzlich abzufordern sind, um die Nutzungskostenberechnung nach den Erfordernissen und durch den Bauherrn ohne wesentlichen Mehraufwand selbst durchführen zu können. Hierzu gehört neben der Mengenermittlung nach Ausführungsvarianten auch die Angabe der Nutzungsart nach Nutzungscodes (4-stelliger Nutzungscode auf der Basis der [DIN 277-2 2005-02]) im Raumbuch und Raumstempeln bei der Ausführungsplanung.

Die Nutzungscodes sind bei der öffentlichen Hand ein bekanntes Instrument zur Bedarfs- und Kostenplanung und auch unter dem Namen Kostenflächenartenmethode bekannt. Bereits bei der Bedarfsplanung lassen sich aus der Raumnutzung neben Investitionskosten auch wesentliche Nutzungskosten zuordnen: Hierzu wurde u. a. die Reinigungsart in Abhängigkeit zur Raumnutzung definiert. Mithilfe dieser Standards können bereits während früher Phasen der Kostenermittlung Leistungspositionen abgerufen und mit dem zukünftigen Nutzer abgeglichen werden. Weitere Merkmale neben der Reinigungsart sind z. B. die Klimatisierungs-, Beleuchtungs- und Bodenart. Die Standardisierungen sollen im Monitoring-Prozess überprüft und zur Fortschreibung des Projekts oder als Grundlage für ein neues Projekt genutzt werden.

Bei der Erhebung und Verwendung der Wiederbeschaffungswerte und Kostenkennzahlen ist zu beachten, dass zusätzlicher Erhebungsaufwand möglichst vermieden bzw. eingegrenzt und dann in das bestehende Preis- und Budgetierungsgefüge eingefügt wird (Top-down-Ansatz). Basis hierfür sind die im Laufe des Projektfortschritts

- ermittelten Investitionskosten (nach DIN 276), auch zur Bestimmung der Wiederbeschaffungswerte,
- Budgetansätze und Kostenkennzahlen für einzelne Kostenarten (z. B. Instandhaltungskosten (vgl. Abb. 3.69), Reinigungskosten auf der Grundlage von Raumnutzungsart und Leistungspositionen) und
- analytisch gewonnene Zu- und Abschläge (z. B. Personalkosten).

Die Investitionskosten der Architekten und Ingenieure bilden beispielsweise die Grundlage zur Berechnung der Wiederbeschaffungswerte, die ihrerseits die Grundlage für die Berechnung der Inspektions- und Wartungskosten nach dem AMEV-Verfahren sowie zur Berechnung der Instandsetzungskosten zum Zeitpunkt der geplanten (Teil-)Ersatzmaßnahme sind. Zur Berechnung der Instandsetzungszeitpunkte einzelner Schichten wurden die technischen Lebensdauern aus öffentlich verfügbaren Quellenrecherchen in einem Katalog mit rd. 5.700 Datensätzen erhoben und unter Berücksichtigung von LBB-Erkenntnissen den Ausführungsvarianten zugeordnet.

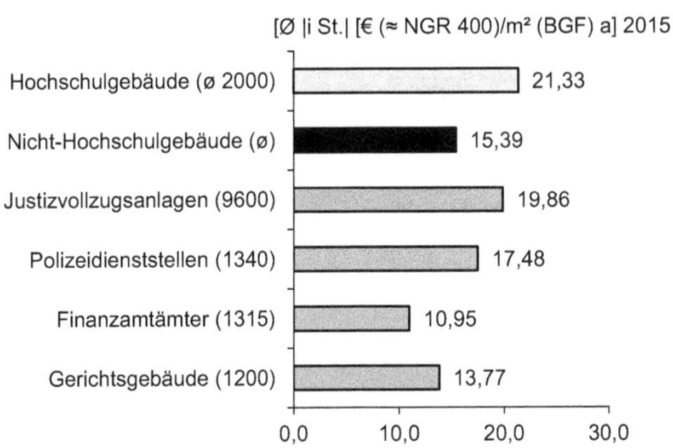

Abb. 3.69: Abhängigkeit der Instandhaltungskosten von der Baunutzungsart.

Um den bisherigen Qualitätsstandard möglichst realitätsnah abbilden zu können, werden z. B. die prognostizierten Instandsetzungskosten in laufende Instandsetzung („Grundrauschen") und Maßnahmen aufgeteilt. Tatsächlich ergeben sich Gründe für Früh-, Zufalls und Verschleißausfälle von Bauteilen aus diversen Gründen (vgl. Abb. 3.70), in der Fachwelt als Becherkurve (auch Weibull-Verteilung in der Instandhaltung) bekannt.

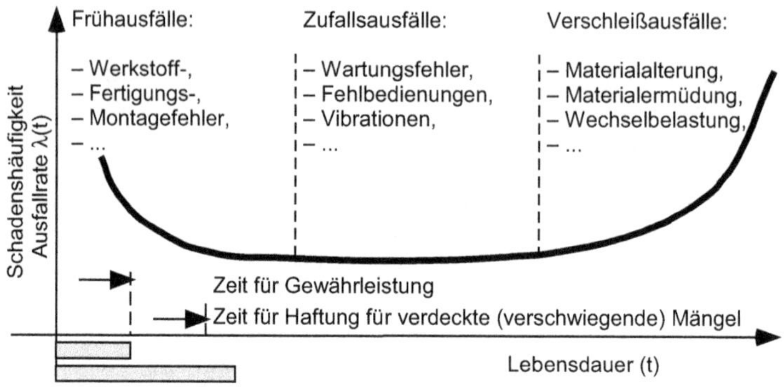

Abb. 3.70: Bedarf an laufenden Instandsetzungsbudgets.[236]

Das „Grundrauschen" fließt gemäß den vergangenen Instandhaltungskostenkennwerten anteilig in die Instandsetzungskosten ein und wird über die Nutzungsdauer becherförmig verteilt (s. Abb. 3.71). Ebenfalls anteilig werden die Kosten für Maßnahmen aus den Wiederbeschaffungswerten, die geplante Nutzungsdauer des Gebäudes, die technisches Lebensdauer der Ausführungsvariante eines Bauteils und die Instandhaltungsstrategie in sieben (Ersatz-)Zyklen berechnet.

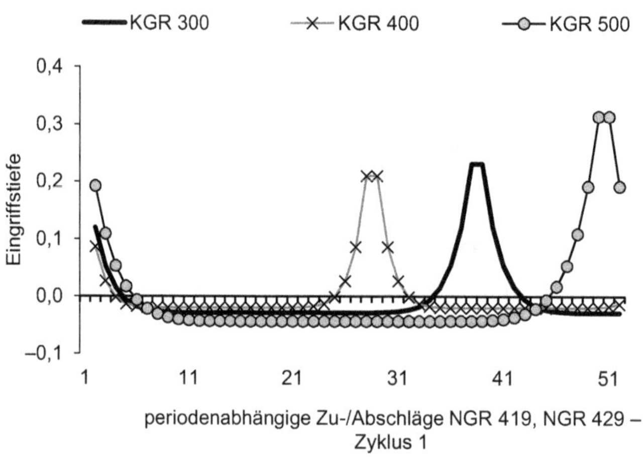

Abb. 3.71: Abhängigkeit der laufenden Instandsetzungskosten vom Faktor Zeit.[237]

236 Quelle: eigene Darstellung.

237 Quelle: eigene Darstellung.

Szenarien und Monitoring

Die Szenarien ergeben sich insbesondere unter folgenden Aspekten: Eingriffstiefe bei Bestandsgebäuden, Harmonisierung der Zyklen der Bauteile, Zusammenfassung von Zyklen in Abhängigkeit von der strategischen Zielsetzung aus dem Portfoliomanagement, Berücksichtigung der nicht linearen Verteilung der laufenden Instandsetzung (Becherkurve) je nach Alter des Gebäudes, Variation der Zinssätze, Variation der Bandbreite der Lebensdauern, Austausch der Anlagenart im Lebenszyklus, Budgetierung der Kosten des ersten Betriebsjahrs, Definition von Standards und variierende Anforderungen hinsichtlich der Qualität durch den Nutzer.

Ein sich selbst aufbauendes Kennzahlensystem des Bauherrn und Betreibers wird derzeit angestrebt. Durch die Standardisierung und Festlegung der wesentlichen Parameter werden zukünftig die Ergebnisse in der Nutzung überprüfbar. So besteht neben der Anwendung der Szenarien mittelfristig die Möglichkeit, die Berechnungsergebnisse (Prognose) mit realen Daten abzugleichen und die LBB-spezifischen Kostenkennzahlen, Faktoren und Zu- und Abschläge anzupassen.

Ergebnis

Um den Anforderungen gemäß LHO zu genügen, wurde aus der vorhandenen Datenlage für jedes Bauteil ein plausibles, transparentes sowie einfach nachvollziehbares, zunächst objektunabhängiges Berechnungsmodell mit bauteilspezifischen Kostenkennzahlen entwickelt. Schwerpunkt dabei war, die Nachvollziehbarkeit und die Pflege der Daten bei der LBB selbst sicherzustellen. Das Gesamtergebnis ist in Abbildung 3.72 nach [DIN 18060 2008-02] für eine Hochschule dargestellt. Wesentlich für die Betriebskosten sind die Versorgungskosten (NGR 310), die Reinigung- und Pflegekosten des Gebäudes (NGR 330) sowie die Kosten für die Bedienung, Inspektion und Wartung (NGR 350). Die Betriebskosten (NGR 300) betragen 27 % (dynamisch) bzw. 37 % (statisch) der gesamten Nutzungskosten.

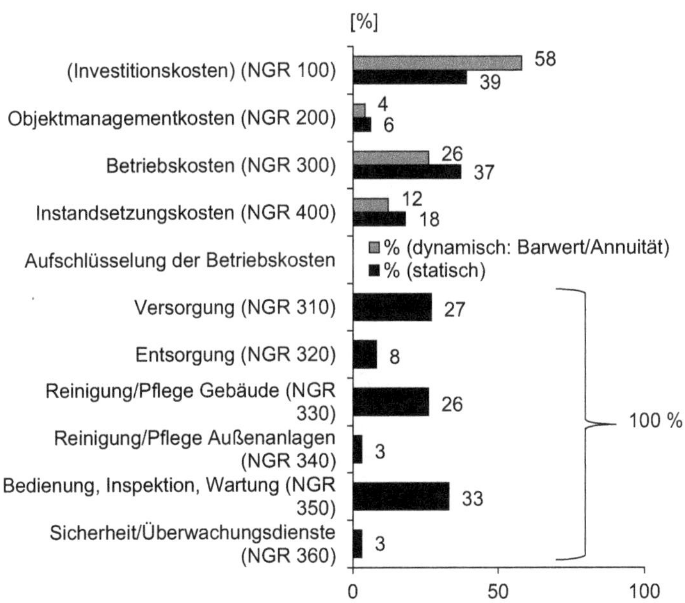

Abb. 3.72: Nutzungskosten am Beispiel einer Hochschule – Ermittlung nach Bauteilen.[238]

238 Quelle: eigene Darstellung: Datengrundlage zur dynamischen Investitionsrechnung: Annuitätendarlehen Zinssatz 3,20 % + Tilgung im 1. Jahr 2,03 % = Annuität 5,23 %, Nutzungsdauer des Gebäudes 50 Jahre.

Wesentlich sind auch die Instandsetzungskosten mit 12 % (dynamisch) bzw. 18 % (statisch) der gesamten Nutzungskosten. Herausragend sind die Investitionskosten als Kapitalkosten mit 58 % (dynamisch) bzw. 39 % (statisch) der gesamten Nutzungskosten. Die Verschiebungen der Anteile sind dadurch zu begründen, dass bei der dynamischen Investitionsrechnung die zukünftigen Instandsetzungskosten abgezinst werden. Investitionen in der Zukunft sind bei der Barwertmethode weniger „wert“. Aussagen, dass die Betriebskosten ein Vielfaches der Investitionskosten betragen, konnten hier nicht bestätigt werden.

Als Nebeneffekt kann sich eine Definition von Standards herausbilden, die bestehende Methoden wie z. B. die Nutzungscodes nutzt und weiterentwickelt. Ein Ersatz für bereits vorhandene Methoden wie z. B. im Energiemanagement ist dies zwar nicht, die zusätzlichen Möglichkeiten gehen aber über das Formblatt RLBau 7.2 weit hinaus.

Literatur

[Abernathy, R. (2008i)] Abernathy, Roy: Go gold and save green, in: fmjonline (2008), Heft 9, S. 82–89.

[Ahlert, E.-2 (1989a)] Ahlert, Elfriede: Haushaltsgerechtes Wohnen: Analyse heutiger Wohnkonzeptionen, in: Deutsche Bauzeitschrift, Teil 2 (1989), Heft 1, S. 67–73.

[AtisReal KRO 2005] Atisreal Property Management (Hrsg.): Key Report Office 2005, AtisReal KRO 2005; Frankfurt a. M. 2005.

[Baethge, H. (2006)] Baethge, Henning: Vom Krankenhaus zum schlanken Haus, in: Capital (2006), Nr. 22, S. 50–53.

[BaK (1994)] Bundesamt für Konjunkturfragen (Hrsg.): Alterungsverhalten von Bauteilen und Unterhaltskosten: Grundlagendaten für den Unterhalt und die Erneuerung von Wohnbauten; Bern 1994.

[BMBau (1993M)] Meurer, F. K.: Sozialer Wohnungsbau in den Niederlanden: Vergleichende Untersuchung über Baukosten, Finanzierung, Technische Bedingungen und Wohnqualität beim sozialen Wohnungsbau in den Niederlanden und in der Bundesrepublik Deutschland, Schriftenreihe Forschungsvorhaben des Experimentellen Wohnungs- und Städtebaus; Bonn 1993.

[BMBau 01.249] Kräntzer, Karl Richard: Beurteilungsmerkmale für Wohnungen als Entscheidungshilfe für die Planung und Bewertung von Wohnbauten, BMBau 01.249; Bonn-Bad Godesberg 1977.

[BMBau 04.094] Drees, Gerhard; Höh, Gerhard: Entwicklung einer Methode für Wirtschaftlichkeitsuntersuchungen bei Baumaßnahmen des Bundes, Schriftenreihe Bau- und Wohnforschung, BMBau 04.094; Bonn 1983.

[BMF 2012-0520897] Bundesministerium der Finanzen (Hrsg.): 1. Personalkostensätze für Kostenberechnungen/Wirtschaftlichkeitsuntersuchungen, 2. Sachkostenpauschale eines Arbeitsplatzes in der Bundesverwaltung für Kostenberechnungen/Wirtschaftlichkeitsuntersuchungen, 3. Kalkulationszinssätze für Wirtschaftlichkeitsuntersuchungen; BMF-Schreiben 2012-0520897 vom 02.07.2012.

[Bogenstätter, U. (2001)] Bogenstätter, Ulrich: Interdisziplinäres Modell zur Bewertung von Wohnstätten für [(schwer geistig) behinderte] Menschen in frühen Planungsphasen; Dissertation; Karlsruhe 2001.

[BWU (2000b)] Bundesamt für Wohnungswesen (Hrsg.): Wohnbauten planen, beurteilen und vergleichen: Wohnungs-Bewertungssystem (WBS): Ausgabe 2000, Schriftenreihe Wohnungswesen; Bern 2000.

[BWU (2015i)] Bundesamt für Wohnungswesen (Hrsg.): Wohnbauten planen, beurteilen und vergleichen: Wohnungs-Bewertungssystem (WBS), Schriftenreihe Wohnungswesen; Bern 2015.

[DBImmobilien Trend-Research 2005] Deutsche Bank Immobilien (Hrsg.): DB Immobilien Trend-Research 2005: Charts, Trends, Pressetext, DBImmobilien Trend-Research 2005; Frankfurt a. M., URL: http://www.dbimmobilien.de/(h05kpjaumhnvfgygn0hzeaiw)/main.aspx?menu=1,6,31 (letzter Aufruf: 09.09.2005).

[DEKRA Umwelt (2005)] DEKRA Umwelt (Hrsg.): ImmoPass-Leitfaden: Leitfaden zu den Beurteilungskriterien des ImmoPass für Wohngebäude; 2005.

[Deutsche_Bundesbank (2013k)] Deutsche Bundesbank (Hrsg.): Tägliche Zinsstruktur am Rentenmarkt – Schätzwerte: Kapitalmarktstatistik: Bundeswertpapiere, 2013, URL: http://www.bundesbank.de/Redaktion/DE/Downloads/Statistiken/Geld_Und_Kapitalmaerkte/Zinssaetze_Renditen/stat_zinsstruktur_BWP.pdf?__blob=publicationFile (letzter Aufruf: 02.11.2013).

[Deutsche_Bundesbank (2017k)] Deutsche Bundesbank (Hrsg.): Tägliche Zinsstruktur am Rentenmarkt – Schätzwerte: Kapitalmarktstatistik: Bundeswertpapiere, 2017, URL: http://www.bundesbank.de/Redaktion/DE/Downloads/Statistiken/Geld_Und_Kapitalmaerkte/Zinssaetze_Renditen/stat_zinsstruktur_BWP.pdf?__blob=publicationFile (letzter Aufruf: 15.04.2017).

[DGNB (2009a)] Deutsche Gesellschaft für nachhaltiges Bauen (Hrsg.): Das deutsche Gütesiegel nachhaltiges Bauen: Aufbau – Anwendung – Kriterien, Nr. 1, 2009, URL: http://www.dgnb.de/fileadmin/downloads/DGNB_Systembeschreibung_online_20090112a.pdf (letzter Aufruf: 21.01.2009).

[Facility Management (2006)] o. V.: Facility Management: Messe und Kongress in Frankfurt 07.–09.03.2006, Mesago Messe Frankfurt GmbH; Tagungsband; Berlin 2006.

[HS-MZ Miller, B. (2012)] Miller, Benjamin: Gesetzliche Sonderleistungen in der Immobilienwirtschaft – eine Methode zur Bemessung und Budgetierung; Masterarbeit; Mainz 2010.

[IBO (2009Z)] Zelger, Thomas; Mötzl, Hildegund; Scharnhorst, Astrid; Wurm, Markus: Erweiterung des OI3-Index um die Nutzungsdauer von Baustoffen und Bauteilen, 2009, URL: http://www.ibo.at/de/forschung/documents/Nachhaltigmassiv_AP3Nutzungsdauer_Endbericht_20091022-1_pub.pdf (letzter Aufruf: 31.10.2016).

[IfB F 2464] Institut für Bauforschung (Hrsg.): Lebensdauer der Baustoffe und Bauteile zur Harmonisierung der wirtschaftlichen Nutzungsdauer im Wohnungsbereich, IfB F 2464; Stuttgart 2005.

[ifBOR TLD 2018-05] Bogenstätter, Ulrich: Technische Lebensdauern, ifBOR TLD 2018-05; www.ifBOR.eu 2018 (letzter Aufruf: 03.07.2018).

[ift EPD-BGCF-4.0] ift Rosenheim, Institut für Fenstertechnik (Hrsg.): EPD Brandschutzglas (Brandschutzglas Contraflam): Environmental Product Declaration nach DIN ISO 14025 und prEN 15804: Brandschutzglas Contraflam (Firmen-EPD), Vetrotech Saint-Gobain International AG, ift EPD-BGCF-4.0, 2012, URL: https://www.ift-rosenheim.de/documents/10180/1126454/EPD_Vetrotech_Saint_Gobain_Brandschutzglas_Contraflam_gesamt_Langfassung_web.pdf/0795b554-aca5-433d-885f-2b6ffc956a6f (letzter Aufruf: 03.01.2018).

[ift EPD-BGPS-4.0] ift Rosenheim, Institut für Fenstertechnik (Hrsg.): EPD Brandschutzglas (Brandschutzglas Pyroswiss): Environmental Product Declaration nach DIN ISO 14025 und prEN 15804: Brandschutzglas Pyroswiss (Firmen-EPD), Vetrotech Saint-Gobain International AG, ift EPD-BGPS-4.0, 2012, URL: https://www.ift-rosenheim.de/documents/10180/1126454/EPD_Vetrotech_Saint_Gobain_Brandschutzglas_Pyroswiss_gesamt_Langfassung.pdf/b596c5a4-78e9-4212-8c68-5165f3632257 (letzter Aufruf: 03.01.2018).

[ift EPD-BGVF-4.0] ift Rosenheim, Institut für Fenstertechnik (Hrsg.): EPD Brandschutzglas (Brandschutzglas Vetroflam): Environmental Product Declaration nach DIN ISO 14025 und prEN 15804: Brandschutzglas Vetroflam (Firmen-EPD), Vetrotech Saint-Gobain International AG, ift EPD-BGVF-4.0, 2012, URL: https://www.ift-rosenheim.de/documents/10180/1126454/EPD_Vetrotech_Saint_Gobain_Brandschutzglas_Vetroflam_gesamt_Langfassung.pdf/0b24a6c7-4d0b-461b-93dc-60f6182239d6 (letzter Aufruf: 03.01.2018).

[ift EPD-ITZK-0.3] ift Rosenheim, Institut für Fenstertechnik (Hrsg.): EPD Türen (Innentüren aus Stahl): Environmental Product Declaration nach DIN ISO 14025 und prEN 15804: Baureihe ZK und Varianten (Firmen EPD), Hörmann KG Brandis, ift EPD-TZK-0.3, 2013, URL: https://www.ift-rosenheim.de/documents/10180/1126454/EPD_Innent%C3%BCren_Hoermann_Brandis.pdf/65ba050e-9967-455a-a17f-893098c70957 (letzter Aufruf: 03.01.2018).

[ift EPD-MT-5.0] ift Rosenheim, Institut für Fenstertechnik (Hrsg.): EPD Multifunktionstüren: Environmental Product Declaration nach DIN ISO 14025 und prEN 15804: Firma Teckentrup GmbH & Co. KG, ift EPD-MT-5.0, 2011, URL: https://www.ift-rosenheim.de/documents/10180/1126454/EPD_Teckentrup_Multifunktionstueren_Inhalt_gesamt_Langfassung.pdf/e11bb7ea-f79d-4798-9b28-f9748c18c4bc (letzter Aufruf: 03.01.2018).

[ift EPD-STA-0.3.1] ift Rosenheim, Institut für Fenstertechnik (Hrsg.): Industrie-Sectionaltore aus Aluminium: Enviromental Product Declaration nach DIN ISO 14025 und prEN 15804, ift EPD-STA-0.3.1, 25.11.2016, URL: https://www.ift-rosenheim.de/documents/10180/1112461/2016-12-14_HM_EPD_Sectionaltore_alu_final.pdf/7bc84c9a-fee5-5aff-974b-fca1da26ca05 (letzter Aufruf: 03.01.2018).

[ift EPD-STPU-0.3.1] ift Rosenheim, Institut für Fenstertechnik (Hrsg.): Industrie-Sectionaltore aus Polyurethan ausgeschäumten Stahl-Lamellen: Enviromental Product Declaration nach DIN ISO 14025 und prEN 15804, ift EPD-STPU-0.3.1, 25.11.2016, URL: https://www.ift-rosenheim.de/documents/10180/1112461/2016-12-16_HM_EPD_Sectionaltore_PU_2016_final.pdf/5cd74598-c3bd-c2fd-4ebb-681e86e83c31 (letzter Aufruf: 03.01.2018).

[ift EPD-TMZ-0.3] ift Rosenheim, Institut für Fenstertechnik (Hrsg.): EPD Türen (Mehrzwecktüren/Sondertüren aus Stahl): Environmental Product Declaration nach DIN ISO 14025 und prEN 15804: Baureihe H8 / MZ / Quadro und Varianten (Firmen EPD), Hörmann KG Brandis, ift EPD-TMZ-0.3, 2012, URL: https://www.ift-rosenheim.de/documents/10180/1126454/EPD_Mehrzweckt%C3%BCren_Hoermann_Brandis.pdf/7d20a984-222f-4c6e-8df3-aa2b0a3a556f (letzter Aufruf: 03.01.2018).

[ift EPD-TTP-0.3] ift Rosenheim, Institut für Fenstertechnik (Hrsg.): EPD Türen (Haustüren aus Stahl): Environmental Product Declaration nach DIN ISO 14025 und prEN 15804: Baureihe ThermoPro und Varianten (Firmen EPD), Hörmann KG Brandis, ift EPD-TTP-0.3, 2012, URL: https://www.ift-rosenheim.de/documents/10180/

1126454/EPD_Haustueren_Hoermann_Brandis.pdf/c874ea0a-9c10-4fcf-aa33-e6d16e616d7f (letzter Aufruf: 03.01.2018).

[ISO 15686-1 2011-05] Hochbau und Bauwerke: Planung der Lebensdauer: Teil 1: Allgemeine Grundlagen und Rahmenbedingungen, International Organization for Standardization (Hrsg.): Teil 1, ISO 15686; Berlin 2011.

[ISO 15686-2 2012-06] Hochbau und Bauwerke: Planung der Lebensdauer: Teil 2: Verfahren zur Voraussage der Lebensdauer, International Organization for Standardization (Hrsg.): Teil 2, ISO 15686; Berlin 2012.

[ISO 15686-7 2006-03] Hochbau und Bauwerke: Planung der Lebensdauer: Teil 7: Leistungsbewertung für die Rückmeldung von Daten über die Nutzungsdauer aus der Praxis, International Organization for Standardization (Hrsg.): Teil 7, ISO 15686; Berlin 2006.

[ISO 15686-8 2008-06] Hochbau und Bauwerke: Planung der Lebensdauer: Teil 8: Referenznutzungsdauer und Bestimmung der Nutzungsdauer, International Organization for Standardization (Hrsg.): Teil 8, ISO 15686; Berlin 2008.

[IWU (2008A)] Alles, Roland; Guder, Renate; Knissel, Jens; von Malottki, Christian: Die ortsüblichen Vergleichsmieten in Darmstadt 2008: Gutachten zur Erstellung eines Mietspiegels nach § 558d BGB; Darmstadt 2008.

[Lutz, W. (1997)] Lutz, W.: Facility-Management: Gebäudebewirtschaftung und Dienstleistungen; Loseblattsammlung, 2. Aufl.; Landsberg/Lech 1997.

[Möller, D. (2013)] Möller, Dietrich-Alexander; Kalusche, Wolf-Dietrich: Planungs- und Bauökonomie: Wirtschaftslehre für Bauherren und Architekten, 6., völlig überarb. Aufl.; München 2013.

[NHK 1996] Mittag, Martin: Ermittlung von zeitgemäßen Normalherstellungskosten für die Belange der Verkehrswertermittlung; Bonn 1996.

[Pelzeter, A. (2006)] Pelzeter, Andrea: Lebenszykluskosten von Immobilien; Dissertation; Köln 2006.

[Planconsult F 1394/1-1] Brandenberger, R. B.; Kretschmer, H. R.; Vogelsang, C.; Wiegand, J; Gautschi, G.: Maximierung des Nutzwertes von Wohnungen bei vorgegebenen Kostengrenzen: Nutzen; Forschungsbericht, Teil 1, Planconsult F 1394/1-1; Basel 1977.

[Rau, C. (2007e)] Rau, Cordula: Simulationsgestützte Planung: Innovative Planungswerkzeuge, in: IndustrieBAU (2007), Heft 5, S. 38–41.

[rh.rlp 6-P-0052-22-1/2010] Rechnungshof Rheinland-Pfalz (Hrsg.): Querschnittsprüfung: Kommunale Wohnungsbaugesellschaften, rh.rlp 6-P-0052-22-1/2010: Speyer 2012.

[Riccabona, C. (1977R)] Riccabona, Christof; Wachberger, Michael: Wohnqualität: Bewertungsmodell für Wohnungen, Wohnanlagen und Standorte; Wien 1977.

[Roland, E. (1998b)] Roland, Ernst (Hrsg.): Leitfaden zur Beurteilung der Zukunftsfähigkeit von Gebäuden; unveröffentlicht 1998.

[Schub, A. (1985)] Schub, Adolf; Stark, K.; Schelle, Heinz (Hrsg.): Life Cycle Cost von Bauobjekten: Methoden zur Planung von Erst- und Folgekosten, Schriftenreihe der Gesellschaft für Projektmanagement; Köln 1985.

[Stadt Stuttgart (2016l)] Landeshauptstadt Stuttgart (Hrsg.): Mietspiegel 2017/18: Stuttgart, 2016, URL: http://www.stuttgart.de/img/mdb/item/148047/121761.pdf (letzter Aufruf: 03.01.2018).

[SW-RL 2012] Ermittlung des Sachwerts: Sachwertrichtlinie, Bundesministerium für Verkehr, Bau- und Wohnungswesen (Hrsg.): BMVBW SW-RL, 2012, URL: http://www.bundesanzeiger-verlag.de/fileadmin/BIV-Portal/Dokumente/PDF/Sachwertrichtlinie.pdf (letzter Aufruf: 02.01.2018).

[Umgekehrt sieht man besser (1998e)] o. V.: Umgekehrt sieht man besser: Altenwohnheim in Paris, in: Deutsche Bauzeitschrift (1998), Heft 5, S. 43–46.

[VDI 4001 Bl. 2 2006-07] Terminologie der Zuverlässigkeit, Verein Deutscher Ingenieure (VDI) (Hrsg.): Bl. 2, VDI 4001; Düsseldorf 2006.

[WertR 2006] Wertermittlungsrichtlinie: WertR 2006, Bundesministerium für Umwelt, Naturschutz, Bau und Reaktorsicherheit (Hrsg.): BMUB WertR 2006, S. 354, URL: http://www.bmub.bund.de/fileadmin/Daten_BMU/Download_PDF/Staedtebaurecht/wertermittlungsrichtlinien_2006_bf.pdf (letzter Aufruf: 14.04.2017).

[Willems, W. (2011W)] Willems, Wolfgang M.; Hellinger, Georg; Schild, Kai: Planungsatlas für den Hochbau: Entwurf – Konstruktion – Ausschreibung; DVD, Erkrath 2011.

3.10 Strategie und Entwicklung des Immobilienmanagements bei der öffentlichen Hand

Holger Basten

In diesem Kapitel werden die Strategie und die Entwicklung des Immobilienmanagements bei der öffentlichen Hand dargestellt.

3.10.1 Aufgaben und Ziele des öffentlichen Liegenschafts- und Baumanagements

Im Sinne eines nachhaltigen Immobilienmanagements, bei dem der Werterhalt und die Optimierung des Immobilienportfolios im Vordergrund stehen, haben sich für die fünf Zyklusphasen des Entwickelns, des Planens, des Bauens, des Betreibens und des Verwertens (vgl. Querbezug durch U. Bogenstätter) im Bereich der öffentlichen Verwaltungen über lange Zeiträume verschiedenste Lösungen entwickelt. Diese weisen dezentrale oder zentrale, traditionell gewachsene oder auch zeitgemäße kaufmännische Merkmale auf.

So ist die traditionelle Liegenschaftsverwaltung ein alter, wenn nicht sogar der älteste Zweig der öffentlichen Verwaltung. Wenn auch der Unterschied zwischen öffentlicher und privater Rechtssphäre häufig historisch nur schwer zu treffen ist, so stellte die Bewirtschaftung von Besitzungen seit Jahrhunderten eine wichtige Einnahmequelle von Personen oder Körperschaften dar. Die Wandlung vom Feudalismus bis letztlich hin zum heutigen Sozialstaat findet sich auch in der Entwicklung des öffentlichen Liegenschaftswesens wieder. Grundstücke und Immobilien werden heute von der öffentlichen Hand nicht mehr erworben und bewirtschaftet, um Vermögen zu bilden und Einkünfte zu mehren, sondern um Liegenschaften für definierte administrative Zwecke zu verwenden und/oder damit politische Ziele umzusetzen.

Auch das in der Mitte der 1990er-Jahre stark im Vordergrund stehende Ziel der Erhöhung der öffentlichen Einnahmen hat – begleitet von einer durchaus notwendigen Aufgabenkritik, Liberalisierungs- und Privatisierungsdiskussion – die Verwaltung und Verwertung öffentlicher Liegenschaften nur temporär in den Vordergrund der politischen Diskussion gestellt.

Dabei führte die Modernisierung des öffentlichen Liegenschaftsmanagements durchaus zu langfristig wirksamen Effizienzsteigerungen bei zahlreichen Institutionen, zusätzliche Erlöse durch Liegenschaftsverkäufe waren jedoch nur vorübergehend ein Beitrag zur Senkung der Kreditaufnahme der öffentlichen Haushalte. Alternative Modelle wie „Sale-and-lease-back"-Verfahren, die Einrichtung von Sondervermögen oder öffentlichen Immobiliengesellschaften und die Bildung von Fonds haben sich in Einzelfällen als wirtschaftlich vorteilhaft erwiesen. Die damit verbundene Hoffnung auf eine Ausweitung der Spielräume für zusätzliche Kreditaufnahmen war jedoch ein Trugschluss, auch vor dem Hintergrund der gesetzlichen Regelungen der Schuldenbremse zur Konsolidierung öffentlicher Haushalte.

Im Bereich der Beschaffung und des Betriebs haben sich des Weiteren sog. ÖPP-Modelle (öffentlich-private Partnerschaften) für einzelne Aufgabenstellungen etabliert. Obwohl in der Bewertung teilweise noch sehr umstritten, wurden nach Auffassung des Autors durchaus sinnvolle Anwendungsbereiche aufgezeigt, in denen z. B. besondere Betreiberkompetenz eingebracht, eine angemessene Risikoverlagerung realisiert oder die Prozesse der Projektbearbeitung optimiert werden konnten.

Es wurden auch die Grenzen der Privatisierung der infrastrukturellen Daseinsvorsorge, wie bei der Wasserversorgung, ausgelotet. Die Erfahrungen mit der häufig erforderlichen hohen Absicherung finanzieller Risiken durch die öffentliche Hand wurden insbesondere bei wirtschaftlichen Problemen privater Vorfinanzierungen offenkundig. Die mit allen Modellen verbundenen langfristigen Zahlungsverpflichtungen werden zwischenzeitlich in den Haushalten transparent dargestellt, das Risiko einer „grauen Verschuldung" wurde minimiert. Der Umgang mit diesen Themen hat zugleich die eigene Aufgabenerledigung öffentlicher Immobilien- und Bauverwaltungen deutlich verbessert – deren Instrumente für die Verwaltung und Beschaffung öffentlicher Infrastruktur wurden weiterentwickelt.

Mit anderen historischen Wurzeln, aber ebenfalls weit zurückreichend, ist das öffentliche Planen und Bauen zurückzuverfolgen. Schon 1770 wurde z. B. in Preußen mit der Gründung des Oberbaudepartements das zentrale Bauwesen institutionalisiert. Es wurden einheitliche technische und gestalterische Grundlagen für Staatsbauten eingeführt, die Verwaltung und die Ausbildung der Beschäftigten wurden systematisch organisiert. Seither lassen sich die Diskussionen über Kosten- und Terminrisiken oder Gestaltung bis zum heutigen öffentlichen Bauen nahtlos verfolgen. Ebenso wie die typischen Kardinalfehler. Über organisatorische Änderungen nach der Reichsgründung 1871 und die Reform der Bauverwaltung in der Weimarer Republik hinweg und auch nach dem Umbruch von 1945 haben im Bereich des Bauens und der Instandhaltung staatlicher Gebäude auf allen Ebenen zentrale technische Organisationseinheiten bis heute Bestand. Nach 1949 war die Einrichtung der zentralen Bauverwaltungen in den Bundesländern und vor allem deren Aufgabenwahrnehmung vor Ort für den Bund in der sog. Organleihe eine organisatorisch weitsichtige Entscheidung. Diese hat nicht nur ermöglicht, die besonderen Herausforderungen der Wiederaufbauzeit zu bewältigen, sondern auch einer Zersplitterung hoch qualifizierter Kapazitäten auf staatlicher Ebene entgegengewirkt.

In den öffentlichen Bauverwaltungen haben u. a. die Verlagerung der Aufgabenschwerpunkte insbesondere in die östlichen Bundesländer seit den 1990er-Jahren und die Einführung neuer Steuerungsmodelle zu deutlichen Veränderungen in den Abläufen geführt. Nicht nur organisatorisch, auch fachlich und informationstechnisch wurde die Infrastruktur und damit die Leistungsfähigkeit der Bauverwaltungen – was dringend erforderlich war – ausgebaut. Auch der damit einhergehende politisch angestrebte Personalabbau führte i. d. R. nicht dazu, dass zentrale Strukturen verloren gingen. So bestehen inzwischen in den meisten Bundesländern, wie u. a. in Baden-Württemberg, Brandenburg, Bremen, Hessen, Mecklenburg-Vorpommern, Nordrhein-Westfalen oder Rheinland-Pfalz, Landesgesellschaften privater Rechtsform, Anstalten des öffentlichen Rechts und vor allem Landesbetriebe, die technische Dienstleistungen mit der Transparenz kaufmännischer Steuerungsinstrumente erbringen. Den meisten Ländern ist es ebenfalls gelungen, die zentrale Steuerung über den gesamten Lebenszyklus der Immobilien zusammenführen, sodass neben den statischen Betrachtungen der reinen Kameralistik inzwischen auch vielfältige betriebswirtschaftliche Kosten-Nutzen- und Wirtschaftlichkeitsanalysen sowie vergleichende Benchmarks mit der privaten Immobilienwirtschaft den Investitionsentscheidungen zugrunde gelegt werden können. Zielführend wurden dabei die Bereiche der Vermögensverwaltung, aber auch Teile der dezentralen Gebäudebewirtschaftung zusammengefasst. Unstrittig ist die gewonnene Transparenz, strittig ist jedoch das durchgängige Interesse an ihr auf allen Entscheidungsebenen. Hierzu später mehr.

3.10.2 Aufbauorganisation in Bund, Ländern und Kommunen bis zum Jahrtausendwechsel

Der klassische Verwaltungsaufbau war i. d. R. mehrstufig in Ressortbereichen (vgl. Abb. 3.73) organisiert. Im staatlichen Bereich war die zentrale Beschaffung baulicher Infrastruktur in den Bauverwaltungen i. d. R. zentral organisiert. Die Zuständigkeiten für Anmietungen, für alternative Beschaffungsmodelle, für den Betrieb der Gebäude, also die kaufmännische, technische und infrastrukturelle Bewirtschaftung, aber auch die Vermögensverwaltung von Liegenschaften und Gebäuden waren oder sind häufig dezentral den Ressorts bzw. deren Ämtern zugeordnet. In behördlicher Definition sind dies hausverwaltende oder nutzende Dienststellen. Lediglich im Bereich des sog. allgemeinen Grundvermögens, das nicht in Nutzung ist, sind im traditionellen Verwaltungsaufbau zentrale Strukturen gegeben. Immobilien, die für die öffentliche Nutzung nicht mehr benötigt werden, werden dort der Verwertung zugeführt. Diese Zuständigkeiten führten und führen teilweise bis heute dazu, dass häufig kein belastbares Gesamtbild des Liegenschaftsbestand ge-

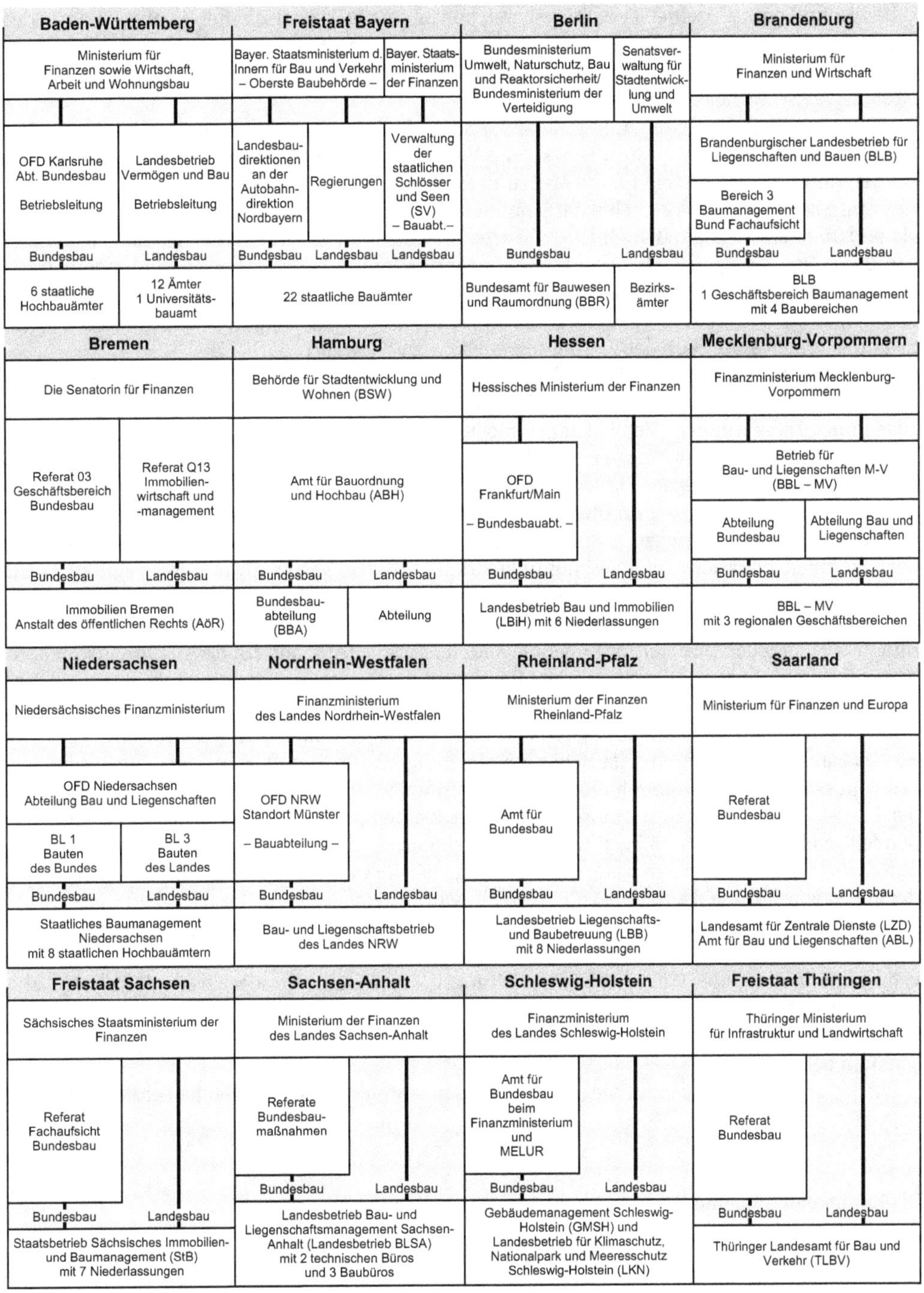

Abb. 3.73: Staatliche Bauverwaltungen der Länder, heutige Organisation.[239]

239 Eigene Darstellung, Daten übernommen aus BMUB RBBau 2015, Anhang 7.

geben ist und dass einzelne Verwaltungsbereiche von Gebietskörperschaften unabgestimmt oder gar in Konkurrenz ihre Immobilienstrategien verfolgen. Die Abläufe waren unterschiedlich, ein zentraler Überblick über den Zustand des Immobilienvermögens und dessen Nutzungsintensität ist stellenweise bis heute unvollständig.

So kann die Bauunterhaltung in der Zuständigkeit eines zentralen Bauamtes liegen, die Bewirtschaftung der bebauten Grundstücke, die Ver- und Entsorgung, die Reinigung etc. vorrangig bei den Nutzern. Gleiches gilt für die Miet- und Pachtverträge.

Eine wesentliche Rolle spielen auf kommunaler Ebene, anders als auf staatlicher Ebene, seit vielen Jahren kommunale Betriebe und Gesellschaften in den genannten Bereichen. Angefangen von Bauhöfen, die operativ Wartungs- und Instandhaltungsarbeiten im eigenen Immobilienvermögen übernehmen, über kommunale Eigenbetriebe bis hin zu privatrechtlich organisierten Unternehmen waren dort auch vor der Einführung neuer Steuerungsmodelle unterschiedliche Organisationsformen außerhalb der Verwaltung möglich und bewährt.

Einheitlicher stellten sich die Regelzuständigkeiten in den Ländern dar. Üblicherweise war die Vermögensverwaltung den dortigen Mittelinstanzen, also den ehemaligen Oberfinanzdirektionen, zugeordnet. Diese waren im Bereich der Vermögens-/Immobilienverwaltung des Landes zuständig für das allgemeine Grundvermögen. Sowohl Fiskalerbschaften des Landes als auch die Verwaltung bzw. Verwertung von Liegenschaften, die für eine Nutzung von Landesbehörden nicht mehr benötigt wurden, erfolgten zentral über die Landesvermögens- und Bauabteilung. Zu ergänzen ist, dass bei weiteren Abteilungen, i. d. R. der Bundesbau- und der Bundesvermögensabteilung, bei den Oberfinanzdirektionen die Verknüpfung zum Bundesbau gegeben war. Dieser agierte i. d. R. im dreistufigen Aufbau: Die sog. Obersten technischen Instanzen des Bundes für den zivilen sowie den militärischen Bundesbau (Bundesbauministerium, Verteidigungsministerium, Innenministerium u. a.) bündelten ihre Aufträge über die Mittelinstanzen (Abteilungen der Oberfinanzdirektionen) zur Durchführung in den Staatlichen Bauverwaltungen der Länder (Staatsbauämter, Landesbauämter). Der Landesbau war analog organisiert, inhaltlich waren die Bauaufgaben von Bund und Land in der Mittelinstanz häufig sogar ein und derselben Bauabteilung zugeordnet.

Im Landesbereich waren diese Behörden zuständig für die Durchführung der Baumaßnahmen des Landes sowie die Bauunterhaltungsaufgaben. Demgegenüber waren die sog. hausverwaltenden Dienststellen der Nutzer zuständig für den sog. kleinen Baufonds (Schönheitsreparaturen, Bodenbeläge etc.), den vollständigen Gebäudebetrieb einschließlich Ver- und Entsorgung, Wartung und Inspektion, Hausmeister- und Hausreinigungsdienste und vieles mehr. Hierfür wurde entweder auf eigenes Personal zurückgegriffen oder es wurden externe Dienstleister beauftragt.

Im Bundesbau wiederum erfolgte die Bündelung der Aufgaben der hausverwaltenden Dienststellen über deren Mittelinstanzen, beispielsweise über die Präsidien der Bundespolizei, die Liegenschaftsabteilung der Wehrbereichsverwaltungen, die Bundesvermögensverwaltung etc. Letztere ist einer der Kernbereiche der heutigen Bundesanstalt für Immobilienaufgaben (BIMA), die in der Rechtsform einer Anstalt des öffentlichen Rechts den überwiegenden Teil der Bundesliegenschaften betreut.

Alle Prozesse im Bau- und Liegenschaftswesen waren fachlich an den kameralen Abläufen ausgerichtet.

3.10.3 Immobilien- und Baumanagement im kameralen Rahmen

Aufbauend auf den grundsätzlichen Regelungen des öffentlichen Finanzwesens, zu erwähnen sind u. a. der Abschnitt X – Das Finanzwesen des Grundgesetzes, das Haushaltsgrundsätzegesetz, die Haushaltsordnungen von Bund (BHO) und Ländern (LHO), sind die kameralen Verfahren von der Aufstellung des Haushaltsplans bis zur Ausführung, für Zahlungen, Listenführung und Rechnungslegung, Prüfung und Entlastung etc. einheitlich geregelt. Mit dem Gesetz zur Modernisierung des Haushaltsgrundsätzegesetzes von 2009 wurde jedoch die Möglichkeit eröffnet, u. a. die sog. Doppik einzuführen, sodass auch in öffentlichen Verwaltungen eine Buchführung mit Jahresabschluss (Bilanz-, Gewinn- und Verlustrechnung) sowie eine Betriebsführung mit einschlägigen innerbetrieblichen Kostenrechnungen und Controlling-Instrumenten erfolgen kann. Die Kommunen nutzen inzwischen mehrheitlich diese Möglichkeit. Damit ist gerade im Bereich öffentlicher Dienstleistungen eine Steuerung und ein Benchmarking im Vergleich zu der Privatwirtschaft möglich. Unter Fachleuten ist unstrittig, dass insbesondere im Bereich des Immobilienmanagements sowie bei den dazugehörigen Tätigkeiten in Bezug auf die gesamte Lebenszykluskostenbetrachtung einer Immobilie ein erheblicher Nachholbedarf im öffentlichen Bereich bestand. Am Beispiel des Haushaltsrechts des Landes Rheinland-Pfalz lässt sich ein Überblick über die kameralen Regelungen gewinnen, die die Abläufe im Immobilien- und Baumanagement erheblich beeinflusst haben und auch aktuell noch beeinflussen.

Gemäß § 24 LHO dürfen Baumaßnahmen und größere Beschaffungen erst dann im Landeshaushalt veranschlagt und nachfolgend vom Haushaltsgesetzgeber verabschiedet werden, wenn Pläne, Kostenberechnungen und Erläuterungen vorliegen, aus denen die Art der Ausführung, die Kosten der Baumaßnahmen, des Grunderwerbs und der Einrichtung sowie die Finanzierung und der Zeitplan ersichtlich sind. Nach § 54 LHO darf mit der Ausführung erst begonnen werden, wenn ausführliche Entwurfszeichnungen und sog. Kostenberechnungen vorliegen.

Gemäß § 7 LHO – Wirtschaftlichkeit und Sparsamkeit, Wirtschaftlichkeitsuntersuchungen, Kosten- und Leistungsrechnung – sind nicht nur für Baumaßnahmen und deren Folgekosten, sondern auch für Bauteile und vieles mehr Wirtschaftlichkeitsuntersuchungen durchzuführen. Dies trifft ebenfalls bei öffentlich-privaten Partnerschaftsmodellen im Vergleich zum konventionellen Eigenbau zu.

Besonders hinzuweisen ist auf die aufwendigen und häufig streitbehafteten europaweiten Ausschreibungsverfahren, die inzwischen schon für Planungs- und Bauleistungen kleiner öffentlicher Bauprojekte (rd. 200 TE Planungshonorar) durchzuführen sind.

Abzusehen ist eine weitere Stärkung der gerichtlichen Überprüfung, sodass noch stärker als bisher durch einzelne Vergabestreitigkeiten große öffentliche Infrastrukturprojekte mit Termin- und Kostenrisiken belastet werden.

Auf § 64 LHO, der den Erwerb bzw. die Veräußerung von Grundstücken regelt, und auf § 44 LHO, der den Umgang mit öffentlichen Zuwendungen für Baumaßnahmen regelt, die nicht originär von der öffentlichen Verwaltung erstellt werden, ist hinzuweisen. Von Belang sind des Weiteren der § 26 LHO, der die Wirtschaftsführung von Landesbetrieben als rechtlich unselbstständige, abgesonderte Teile der Landesverwaltung regelt, sowie § 86 LHO, der die Vermögensübersicht der öffentlichen Körperschaft und somit auch des Immobilienvermögens regelt.

Für ein erstes Verständnis von Abläufen und Steuerung ist des Weiteren ein Blick auf den Haushaltsplan, beschlossen in Form eines Haushaltsgesetzes, hilfreich. Die Aufwendungen für das Bauen und die Immobilienverwaltung finden sich darin in verschiedenen sog. Gruppierungen wieder. Während z. B. die Personalkosten der Gebäudeverwaltung und -bewirtschaftung in einer eigenständigen Gruppe 4 abgebildet sind, werden Abwasser- oder Wassergebühren, Wärmeversorgung oder Wartung von Förderanlagen unter der Gruppe 5 – sächliche Verwaltungsaufgaben – erfasst, ebenso wie die Instandhaltung. Die kamerale Haushaltsführung ermöglicht keine Abbildung von Wertminderungen des Anlagen- und Umlaufvermögens (Abschreibungen). Auch ist eine Vollkostenrechnung mit allen erforderlichen Aufwands- und Erlöspositionen sowie eine Projekt- bzw. Produktbetrachtung einer Kosten- und Leistungsrechnung im kameralen System nicht oder nicht vollständig möglich. Eine outputorientierte betriebliche Steuerung steht bei kameraler Ausrichtung nicht im Vordergrund. Die jährlichen Haushaltsansätze werden auf die einzelnen Dienststellen zur jährlichen Mittelbewirtschaftung zugewiesen. Auch zusätzliche Einnahmen, die notwendige zusätzliche Leistungen finanzieren könnten, werden nicht wirksam.

Ebenso sind die o. g. Haushaltsgruppierungen i. d. R. nicht gegenseitig deckungsfähig, d. h., Mehreinnahmen können zur Finanzierung notwendiger Mehrausgaben nicht genutzt werden. Insbesondere an den Schnittstellen der kameralen Sicht zu Landesbetrieben oder hin zum Markt entstehen Konflikte aufgrund der unterschiedlichen Betrachtungsweisen: So werden im Haushaltsjahr nicht angefallene Auszahlungen, deren Rechnungsstellung z. B. erst im Folgezeitraum erfolgt, häufig als Einsparungen missverstanden, die Abgrenzung der Leistungsstände, Forderungen und Abrechnungen findet keine Berücksichtigung. Im Vordergrund steht demgegenüber aufseiten der ausführenden Verwaltungen die vorrangige Verausgabung der zugewiesenen jährlichen Haushaltsmittel, damit im Folgehaushalt diese Liquidität wieder zur Verfügung gestellt wird.

Abschließend muss noch das umfassende verwaltungsinterne Regelwerk für die Prozesse der Erstellung und Bewirtschaftung von öffentlichen Immobilien erwähnt werden, vor allem die sog. Richtlinien für die Durchführung der Bauaufgaben des Bundes (RBBau), die Richtlinien für die Durchführung der Bauaufgaben des Landes (RLBau) und die sog. Vergabehandbücher. Dies sind detaillierte interne haushaltsrechtliche, technische und verwaltungsmäßige Verfahrensregelungen, die die vielfältigen Aufgaben der zahlreichen Beteiligten und das Prozedere bei der Entwicklung, Genehmigung und Realisierung öffentlicher Planungen und beim Gebäudemanagement regeln. Diese Prozesse stellen sich als mindestens dreiphasige Verfahren von der Bedarfsplanung, deren Prüfung und Genehmigung über die Vorplanung und Genehmigungsplanung (siehe § 24 LHO) bis hin zu Baudurchführung, Inbetriebnahme und Betrieb dar. Gleichzeitig sind in diesen Verfahren die Interessen der Beteiligten (der letztendlichen Nutzer und Bedarfsträger, der planenden oder verwaltende Organisationseinheiten, der Fach- und Querschnittsverwaltungen, der Aufsichtsbehörden der Mittel- und Oberinstanzen) über einen mindestens dreistufigen Instanzenweg einem Abstimmungs-, Prüf- und Genehmigungsprozedere unterworfen, bevor letztlich die Entscheidung auf parlamentarischer Ebene ansteht.

Im Bereich der technischen Prüfungen und Genehmigungen im Zuge von Baumaßnahmen des Landes sind z. B. in Rheinland-Pfalz neben den ausführenden Niederlassungen des Landesbetriebs LBB fachtechnisch auch dessen Zentrale, die Bauabteilung des Finanzministeriums und die zuständige Fachabteilung des Landesrechnungshofs bei der detaillierten Behandlung fachlicher und planerischer Aufgaben intensiv involviert.

3.10.4 Optimierungsbedarfe der kameralen Bau- und Liegenschaftsverwaltungen

Zur Optimierung der Transparenz, der Methoden und der fachlichen Instrumente und damit auch der Ergebnisse des öffentlichen Immobilien- und Baumanagements wurden in den vergangenen 15 Jahren große Anstrengungen unternommen.

Gemeinsame Entwicklungen in den Bundesländern

Aufbau- und ablauforganisatorisch haben sich verschiedene prozessorientierte Modelle entwickelt. Zu erwähnen sind beispielsweise die Bundesanstalt für Immobilienaufgaben, die Gebäudemanagement Schleswig-Holstein (Anstalt des öffentlichen Rechts), die Berliner Immobilienvermögen GmbH, das Bremer Immobilienmanagement (Anstalt des öffentlichen Rechts), in Nordrhein-Westfalen das rechtlich selbstständige Sondervermögen des Bau- und Liegenschaftsbetriebs BLB sowie zahlreiche Landesbetriebe für das Bau- und Immobilienmanagement. Letztere sind u. a. entstanden in den Ländern Brandenburg, Thüringen, Hessen, Baden-Württemberg und nicht zuletzt auch in Rheinland-Pfalz. Alle diese Betriebe zeichnen sich vor allem dadurch aus, dass sie ihre Aufgaben inzwischen auf der Basis einer konsolidierten und vollständigen Bestandserfassung erledigen, dass sie betriebswirtschaftlich ausgerichtet eine kaufmännische Immobilienstrategie ermöglichen.

Ausblick

Die fachliche und politische Diskussion hatte sich zum Jahrtausendwechsel so weit entwickelt, dass unabhängig von den jeweils gewählten Einzellösungen der Gebietskörperschaften vorrangig folgende Optimierungsbedarfe gesehen und mit den jeweiligen Reorganisationsschritten auch angegangen wurden:

- Eine vollständige und transparente zentrale Erfassung des vorhandenen Liegenschaftsvermögens wurde vermisst.
- Die in verschiedenen Zuständigkeiten geführten Neubauwertkataster, die auch die Grundlage für die Berechnung des Instandhaltungsbudgets waren, ergaben keinen belastbaren zentralen Überblick über den Immobilienstand mehr.
- Der bauliche Zustand von Einzelgebäuden, insbesondere bezogen auf Brandschutz, technische Sanierungsbedarfe, Behindertengerechtigkeit, energetischen Standard und vieles mehr, wurde zwar in regelmäßigen Begehungen oder einzelfallbezogenen Planungen erfasst, die Bestandsaufnahmen wurden jedoch nicht kontinuierlich fortgeschrieben.
- Die Beseitigung von Mängeln erfolgte entsprechend dem jeweils vorgegebenen Finanzierungsrahmen, dieser entsprach häufig nach fortgesetzten Haushaltskürzungen nicht dem Bedarf.
- Fachliche IT-gestützte Informationssysteme, die eine unverzichtbare Grundlage für die Entwicklung von Portfoliostrategien für die Entscheidungsebenen darstellen, waren nur in Einzelbereichen vorhanden.
- Die notwendige Instandhaltung und Grundinstandsetzung des Gebäudebestands wurde über Jahrzehnte nicht ausreichend vorgenommen, wie häufig schon die Inaugenscheinnahme öffentlicher Gebäude zeigte.
- Ein zentraler transparenter Überblick über alle Leistungen des kaufmännischen, technischen und infrastrukturellen Facility-Managements, z. B. in Anlehnung an die DIN 18960, bestand nur in Teilbereichen, wie etwa bei einer zentralen Erfassung der Energieverbräuche.
- Die operativen Prozesse des Facility-Managements waren je nach ihrer Zuordnung zu verschiedenen Zuständigkeitsbereichen uneinheitlich geregelt. Die Aufgabenerledigung, entweder in Eigenregie oder über externe Dienstleister, wies erhebliche Optimierungspotenziale auf.
- Eine ganzheitliche Portfoliostrategie für das Gesamtvermögen war häufig nicht gegeben, der Fokus lag auf der Deckung des aktuellen, zusätzlichen Infrastrukturbedarfs, also vor allem bei großen Neubauprojekten, z. B. im Bereich der Lehre und Forschung, des Schulbaus oder von Kulturbauten.
- Die Erfassung und Optimierung des Eigenaufwands der Bau- und Liegenschaftsverwaltungen war unvollständig bzw. nicht vorhanden. Auch wenn das Gros der Investitionen in diesem Bereich letztlich über die Bau- und Planungswirtschaft realisiert wird, verbleibt ein nicht unerheblicher Aufwand bei der öffentlichen Hand.
- Es bestand Klärungsbedarf über fachlich und ordnungspolitisch gewollte Kernaufgaben.
- Die nicht nur in der öffentlichen Wahrnehmung, sondern auch in der Realität oft langwierigen und risikobehafteten Planungs-, Prüfungs- und Genehmigungszeiträume sollten optimiert werden, auf die aktuellen, wenngleich inhaltlich nicht neuen Forderungen des Bundesbauministeriums wird verwiesen.[240]
- Die über Dekaden kontinuierlich erweiterten verwaltungsinternen Vorschriften sowie das Streben nach optimalen technischen Lösungen, ordnungsgemäßer formaler Bearbeitung und umfassender Beteiligung zahlreicher Behörden hat zu aufwendigen Bearbeitungsschritten geführt. Im Extremfall sind Baubedarfe schon überholt, wenn der Bau beginnt. Dies wiederum führt zu Nachbesserungen und Änderungen in der Ausführung.

---

240 Siehe die Homepage des Bundesministeriums für Umwelt, Naturschutz, Bau und Reaktorsicherheit (Hrsg.): http://www.bmub.bund.de/themen/bauen/bundesbauten/reformprogramm-bundesbau/ (letzter Aufruf 11.02.2017).

- Unverändert wird eine kamerale Veranschlagung von Bauprojekten bevorzugt, die die geschäftsimmanente Baupreissteigerung in einer mehrjährigen Planungs- und Bauphase ebenso wenig umfasst wie die einschlägigen Kostenrisiken jedes Bauprojekts. Nach Einschätzung des Autors wäre dies auch im haushaltsrechtlichen Rahmen möglich. Gleichzeitig werden die geschätzten Kosten bis hin zu Kleinstbeträgen „geprüft und festgestellt". Im Ergebnis wird damit fälschlicherweise der Eindruck erweckt, dass die Risiken abgedeckt sind und der Markt, also Angebot und Nachfrage, über Jahre vom öffentlichen Auftraggeber vorhersehbar oder gar bestimmbar seien.
- Im Umkehrschluss führt dies bei dringendem Handlungsbedarf permanent dazu, die langwierigen und risikobehafteten Planungs-, Prüfungs- und Genehmigungszeiträume mit unvollständigen Schnellplanungen zu umgehen. Diese enthalten jedoch häufig nicht belastbare Kostenschätzungen auch auf der Grundlage unvollständiger Bedarfsanforderungen, die sich i. d. R. im weiteren Verfahren als unhaltbar erweisen.

Literatur

[BMUB RBBau 2015] Bundesministerium für Umwelt, Naturschutz, Bau und Reaktorsicherheit (Hrsg.): Richtlinie für die Durchführung von Bauaufgaben des Bundes: RBBau: Grundwerk bis 19. Austauschlieferung mit Aktualisierungen, BMUB RBBau 2015, URL: http://www.abg-plus.de/abg2/ebuecher/acroread/alle/rbbau/RBBauOnlinefassung_12.Januar_15.pdf (letzter Aufruf: 09.02.2017).

Weiterführende Quellen

[Huber, P. (1997)] Huber, Peter M.: Schaeffers Grundriß des Rechts und der Wirtschaft: Allgemeines Verwaltungsrecht, 2. Aufl.; Heidelberg 1997.

[LBB.net] Geschäftsbericht 2015 u. a. http://www.lbbnet.de/Presse,-Infos/Publikationen/Geschaeftsbericht/ (letzter Aufruf: 05.01.218).

[Mathematisches Calcul und Si... (2000)] o. V.: Mathematisches Calcul und Sinn für Ästhetik: Die preußische Bauverwaltung 1770–1848: Ausstellung des Geheimen Staatsarchivs Preußischer Kulturbesitz; Berlin 2000.

[Strecke, R. (2005)] Strecke, Reinhart u. a: Inventar zur Geschichte der preußischen Bauverwaltung 1723–1848; Berlin 2005.

4 Ziele formulieren

4.1 Einführung

Ulrich Bogenstätter

Nach der Definition der Vision und der Strategien gilt es, die Ziele und auch die Rahmenbedingungen zur Verwirklichung der Strategien festzulegen. Aus technischer und betriebswirtschaftlicher Sicht ergeben sich unterschiedliche Themengebiete und Vorgehensweisen. Obwohl sich die Branchen inhaltlich unterscheiden, sind die Methoden gleichartig oder zumindest ähnlich.

Immobilien werden in der Sozialwirtschaft in ihrer Bedeutung unterschätzt. Dagmar Reiß-Fechter zeigt in Kapitel 4.2 diese Bedeutung als eigene Dimension auf. Obwohl Immobilien nicht zur Kernaufgabe gehören, sind die Immobilienkosten nach den Personalkosten die größte Ausgabenposition. Dabei weist die Sozialwirtschaft einige Besonderheiten auf, die das klassische Real-Estate-Management zum Welfare-Real-Estate-Management abgrenzen. Diese Besonderheiten in den Handlungsfeldern der Immobilienbereitstellung, -bewirtschaftung, -verwertung und Portfolioanalyse werden dargestellt. Ziel ist die Schaffung einer effizienten Immobilienorganisation.

In Kapitel 4.3 wird die Frage behandelt, wie (Schutz-)Ziele in Kennzahlen operationalisiert werden können. Dabei wird auf die gängigen Kennzahlensysteme eingegangen und der Weg als Regelkreis beschrieben. Dieser Regelkreis, der methodisch in vielen Managementsystemen als immer wiederkehrender Prozess verwendet wird, ist auch Thema in Kapitel 4.4. Als strategischer Regelkreis wird ein detaillierter Regelkreis für die Immobilienwirtschaft dargestellt, der den PDCA-Zyklus ebenso berücksichtigt wie die Balanced Scorecard und das klassische Controlling. In Kapitel 4.5 werden die wesentlichen Grundlagen für ein (technisches) Immobiliencontrolling beschrieben und die Vorgehensweise, um Kennzahlen mit Kennwerten zum „Leben“ zu erwecken. Das betrifft Kennwerte als Ist-, Vergleichs- und Soll-Werte gleichermaßen. Dazu werden die öffentlich verfügbaren Quellen der Kennwerte von Kennzahlen genannt.

Jörn von der Lieth schildert in Kapitel 4.6 anhand der Analyse eines Geschäftsberichts der Wohnungswirtschaft die Anwendung von Unternehmenskennzahlen und erläutert beispielhaft, wie Ziele operationalisiert und interpretiert werden können. Hierzu wird die Bilanz eines Wohnungsunternehmens herangezogen und die Frage beantwortet, wie die wesentlichen Kennzahlen in den Dimensionen als Ist-, Vergleichskenn- und Soll-Werte zu ermitteln und festzulegen sind.

4.2 Immobilienmanagement in der Sozialwirtschaft

Dagmar Reiß-Fechter

Die Immobiliendimension der Sozialwirtschaft ist weder in der (klassischen) Immobilienwirtschaft noch in der Sozialwirtschaft ein Thema. Einerseits liegt es an der fehlenden statistischen Aufbereitung und andererseits an dem fehlenden Bewusstsein der Sozialwirtschaft, dass die Immobilien – neben dem Personal – die wichtigste Ressource des Unternehmens sind.

4.2.1 Bedeutung des Immobilienmanagements in der Sozialwirtschaft

Die Immobilien der Sozialwirtschaft sind i. d. R. der größte Posten der Aktivseite der Bilanz. Sie werden aber weder in der Immobilienwirtschaft noch in den jeweiligen Sozialorganisationen als wesentlicher Produktionsfaktor wahrgenommen. Das Management der Immobilien wird nicht als Kernaufgabe gesehen, sondern Immobilien sind „sowieso“ vorhandene Gebäude, die für die Er-

https://doi.org/10.1515/9783110480863-004

füllung des eigentlichen Auftrags oder des Unternehmensziels eben notwendig sind. Dabei sind die Immobilienkosten nach den Personalkosten die größte Ausgabenposition und die Immobilien das Gesicht vieler Einrichtungen und Organisationen. Ihr Erscheinungsbild, ihr Bauzustand, ihre Anmutung lassen auf den Erfolg und den Charakter der Organisation schließen.

Der erfolgreiche Umgang mit den Immobilien, die benötigt werden, um die Kernaufgabe der Organisation und Unternehmung erfüllen zu können, ist ein wesentlicher Baustein für den langfristigen Erfolg. Die Sozialwirtschaft muss sich ständig neuen Herausforderungen und sich ändernden gesellschaftlichen und rechtlichen Rahmenbedingungen stellen.

Die nachfolgende Darstellung bietet einen Überblick über wesentliche Bausteine des Immobilienmanagements in der Sozialwirtschaft.[1]

4.2.2 Die Sozialwirtschaft – der unbekannte Riese

Unter dem Begriff Sozialwirtschaft werden im Wesentlichen Dienstleistungen subsumiert, die sich mit der unmittelbaren Produktion individueller sowie gemeinschaftlicher Wohlfahrt befassen. In diesem Segment sind drei Unternehmensgruppen tätig: öffentliche, gewerbliche sowie freigemeinnützige Unternehmen bzw. Organisationen.

Volkswirtschaftliche Einordnung

Die Volkswirtschaftslehre versucht das wirtschaftliche Handeln von Gesellschaften und Organisationen in Sektoren abzubilden. Eine Möglichkeit besteht darin, Sektoren durch Zusammenfassung institutioneller Einheiten zu bilden und sie in der volkswirtschaftlichen Gesamtrechnung als Unternehmen, Staat und private Haushalte abzubilden.[2] Eine andere Gliederungsmöglichkeit geht von einer entwicklungstheoretischen Sicht aus und bildet den Primär-, Sekundär- und Tertiärsektor[3], zwischenzeitlich um den Quartärsektor (Informationssektor) erweitert. Dem Tertiärsektor werden alle Dienstleistungen zugeschrieben, die in eigenständigen Unternehmen oder durch den Staat sowie andere öffentliche Einrichtungen erbracht werden, also auch die Dienstleistungen der Sozialwirtschaft. In diesem weiten Sinne wird nachfolgend Sozialwirtschaft verstanden.

Wirtschaftliche Bedeutung der Sozialwirtschaft

Die wirtschaftliche Bedeutung der Sozialwirtschaft zu bestimmen und zu anderen Wirtschaftssektoren hinreichend trennscharfe Kennzahlen zu finden, ist schwierig. Das ist u. a. anderem darin begründet, dass es anhaltende Datenlücken gibt und hinreichend belastbare wirtschaftliche Kenngrößen vielfach fehlen. Sämtliche Bemühungen, den Sektor Sozialwirtschaft zu definieren und die Schnittmengen zu anderen Bereichen zu bestimmen, erweisen sich als wenig tauglich.

Zwar hat das Statistische Bundesamt eine Studie zur wirtschaftlichen Bedeutung des „Dritten Sektors" veröffentlicht[4], jedoch sind darin die gewerblichen Akteure der Sozialwirtschaft nicht berücksichtigt, weil dem Dritten Sektor nur Non-Profit-Organisationen zugeordnet werden. Lediglich Teilsegmente der Sozialwirtschaft wie Gesundheitsdienste oder Pflege sind statistisch relativ vollständig erfasst.

1 Weiterführende und vertiefende Ausführungen sind zu finden in: [ESWiD (2016)].

2 [Arnold, U. (2014)].

3 Vgl. [Fourastié, J. (1952)].

4 [Rosenski, N. (2012)].

Erfassung des Dritten Sektors

Die Erfassung des Dritten Sektors ist noch relativ jung. In der Untersuchung von Rosenski[5] wird versucht, die wirtschaftliche Bedeutung dieses Sektors aufzuzeigen. Die Bezeichnung Dritter Sektor bezieht sich dabei auf den Bereich der wirtschaftlich relevanten und organisierten Zivilgesellschaft. Die der Untersuchung zugrunde gelegte Definition des Dritten Sektors zeichnet sich laut Handbook on Nonprofit Institutions in the System of National Accounts der Vereinten Nationen (2003) durch fünf Kriterien aus. Demnach sind Einheiten des Dritten Sektors

1. formal organisiert, d. h. gewissermaßen institutionalisiert,
2. privat, d. h. institutionell getrennt vom Staat,
3. nicht gewinnorientiert, d. h., sie existieren in erster Linie nicht zur Gewinnmaximierung und schütten erwirtschaftete Gewinne nicht an Mitglieder oder Eigentümer der Organisation aus, sondern reinvestieren sie in die „Mission" der Organisation,
4. selbstverwaltend, also in der Lage, ihre Aktivitäten selbst zu kontrollieren, und
5. von Freiwilligkeit gekennzeichnet, d. h., die Organisation ist kein Zwangsverband und die Mitgliedschaft ist freiwillig.

Erfüllt eine Organisation alle fünf Kriterien, so wird sie dem Dritten Sektor zugeordnet, wobei der steuerrechtliche Gemeinnützigkeitsstatus in Deutschland einen eindeutigen Hinweis auf eine Organisation des Dritten Sektors gibt. Darunter fallen beispielsweise Wohlfahrtsverbände, eingetragene Vereine, Gewerkschaften und sonstige Interessenvertretungen, politische Parteien, Kunst- und Kulturorganisationen sowie kirchliche Einrichtungen, aber auch Unternehmen wie (frei-)gemeinnützige Krankenhäuser oder Pflegeheime.[6]

Dimension des Dritten Sektors

In der wissenschaftlichen Bestandsaufnahme zum Thema Transparenz im Dritten Sektor[7] wurde auf der Datengrundlage von ZiviZ-Survey 2012 (Zivilgesellschaft in Zahlen) eine umfangreiche Analyse des Dritten Sektors vorgenommen. Ihm zugeordnet werden danach Vereine, Stiftungen, gemeinnützige GmbHs und Genossenschaften. Die Studie ermittelt insgesamt 616.154 Organisationen, davon 580.294 Vereine, 17.352 Stiftungen, 10.006 gGmbHs und 8.502 Genossenschaften.[8]

Mitarbeiter und ehrenamtlich Engagierte

Im Bereich Gesundheit und Soziales sind 4,81 Mio. Menschen, davon 1,41 Mio. in sozialversicherungspflichtigen Arbeitsverhältnissen beschäftigt, in Kultur, Sport und Unterhaltung engagieren sich 9,95 Mio. Menschen, davon stehen 31.111 in sozialversicherungspflichtigen Beschäftigungsverhältnissen.

Diese Daten zeigen ein hohes zivilgesellschaftliches Engagement im Dritten Sektor. Sie bestätigen aber auch die Kleinteiligkeit des Sektors, denn 85 % der erfassten Organisationen haben nur einen Jahresumsatz unter 100.000 €. Von den Organisationen mit einem darüber liegenden Umsatz verzeichnen rd. 3.700 Organisationen einen Umsatz von über 1 Mio. € im Jahr.

Dienstleistungen der Sozialwirtschaft

Die Sozialwirtschaft (einschließlich Dritter Sektor) erbringt soziale Dienstleistungen im Gesundheits- und Krankenhauswesen, in den Bereichen Jugend-, Familien-, Alten- und Behindertenhilfe,

5 [Rosenski, N. (2012)].
6 [Rosenski, N. (2012)], S. 210.
7 [Bündnis Gemeinnützigkeit (2014)].
8 [Bündnis Gemeinnützigkeit (2014)], S. 15.

in Einrichtungen für Personen in besonderen sozialen Situationen und in Aus-, Fort- und Weiterbildungsstätten für soziale und pflegerische Berufe. Es wird zwischen stationären, teilstationären und ambulanten Einrichtungen unterschieden.

Sozialstaatsgebot und Wettbewerb

Das Sozialstaatsgebot verpflichtet den Staat, für das soziale Wohlergehen seiner Bürger zu sorgen. Bisher haben kommunale und staatliche Stellen die Sicherstellung der sozialen Dienste entweder in eigener Trägerschaft oder als Ausfluss des Subsidiaritätsprinzips in enger Kooperation mit freigemeinnützigen Trägern sichergestellt. Dem Prinzip der Subsidiarität verpflichtet, wurde der freien Wohlfahrtspflege eine privilegierte Stellung als Anbieter sozialer Dienste eingeräumt. Durch den Paradigmenwechsel der Politik und die Privatisierung sozialer Dienstleistungen, die sich in der Änderung von Sozialgesetzen und der Einführung der Pflegeversicherung niederschlagen, ist die Vorrangstellung der Wohlfahrtsverbände zugunsten eines Wettbewerbs zwischen allen Anbietern modifiziert worden, auch wenn die gemeinnützigen Anbieter heute noch die „Hauptproduzenten" sozialer Dienstleistungen darstellen.[9]

Marktferne und marktnahe Bereiche – Stellung der Freien Wohlfahrtsverbände

Die Sozialwirtschaft lässt sich in zwei Bereiche gliedern, in den marktfernen und in den marktnahen Bereich. Der marktferne Bereich wird größtenteils durch Zuwendungen, öffentliche Förderung und Spenden finanziert. Dem marktnahen Bereich werden die wirtschaftlich insgesamt bedeutenderen Einrichtungen des Gesundheits- und Pflegewesens sowie Kindertagesstätten zugeordnet. Die Finanzierung besteht i. d. R. aus verschiedenen Finanzierungskomponenten, die sich aus öffentlichen Geldern, Leistungen von Kranken- und Pflegekassen sowie Entgelten der Dienstleistungsempfänger zusammensetzen. In diesem marktnahen Bereich stehen die Sozialorganisationen im Wettbewerb zueinander. Die Freie Wohlfahrtspflege und öffentliche Träger stehen zunehmend in Konkurrenz zu privaten Trägern. Schätzungen zufolge setzte die Freie Wohlfahrtspflege 2008 in marktnahen Bereichen rd. EUR 38 Mrd. um. Sie liegt damit vor manchen Branchen des verarbeitenden Gewerbes.[10]

Wachstumsmarkt Sozialwirtschaft

Die Sozialwirtschaft unterliegt einem dynamischen Wachstum mit einem bedeutenden wirtschaftlichen Gewicht und einem erheblichen Beschäftigungspotenzial. Die dynamische Marktentwicklung wird für die gesamte Sozialwirtschaft prognostiziert. Hauptanteil daran haben die Bereiche Gesundheit und Pflege.

Auch wenn Gesamtzahlen der Sozialwirtschaft fehlen, kann diese Tatsache statistisch gut erfassten Teilbereichen wie der Freien Wohlfahrtspflege oder dem Pflegebereich entnommen werden. Der Bundesverband der Freien Wohlfahrtspflege[11] veröffentlicht seit 1970 regelmäßig Daten zu den Aktivitäten seiner Mitglieder. Zu diesem Verband gehören 105.295 Einrichtungen mit 3.702.245 Betten bzw. Plätzen und 1.673.861 Mitarbeitern.[12] Die Anzahl der Betten und Plätze stieg in der Zeit von 1993 bis 2012 um 41 % und die Anzahl der Mitarbeiter um 79 %.[13]

9 Zimmer, Annette; Paulsen, Friedrich; Hallmann, Thorsten, in: [Arnold, U. (2014)], S. 186.

10 Deutsche Bank Research (Hrsg.): Research Briefing, 16.11.2010, S. 1.

11 Mitglieder sind: Arbeiterwohlfahrt, Deutscher Caritasverband, Paritätischer Gesamtverband, Deutsches Rotes Kreuz, Diakonie Deutschland und Zentralwohlfahrtsstelle der Juden in Deutschland.

12 Davon sind rd. 56 % in Teilzeit beschäftigt. Vgl. [BGFW (2012)], S. 14.

13 [BGFW (2012)], S. 16. Die Freie Wohlfahrtspflege ist damit der größte Arbeitgeber in Deutschland.

Ein deutliches Wachstum ist auch im Pflegebereich – alle Anbieter der Sozialwirtschaft umfassend – festzustellen. Die Anzahl der stationären Pflegeeinrichtungen wuchs von 2011 bis 2013 um 5,5 %, die der Pflegeplätze um 3,1 %, sodass zum Stichtag 15.12.2013 902.882 Pflegeplätze verfügbar waren. Dabei stieg die Anzahl der Pflegeplätze von privaten Anbietern um das Doppelte gegenüber Anbietern der Freien Wohlfahrtspflege.[14]

4.2.3 Vermögens- und finanzwirtschaftliche Bedeutung der Immobilien

Die „Produktion sozialer Dienstleistungen" ist immobilienlastig. Nahezu 90 % dieser Produktion findet in Immobilien, i. d. R. Spezialimmobilien, statt: in Krankenhäusern, Fachkliniken, Medizinischen Versorgungszentren, Pflegeeinrichtungen, Behinderteneinrichtungen, Kindergärten u. v. m.

Die wesentliche Vermögensposition der Sozialunternehmen sind Sachanlagen, d. h. Immobilien. Sozialunternehmen sind einerseits Dienstleister und andererseits sind sie regelmäßig Eigentümer der Immobilien, die sie nutzen.[15] Die Immobilien binden erhebliche Finanzmittel mit langer Bindungsdauer. Sie führen zur Erstarrung der Kostenstrukturen und bedingen eine mangelnde Korrekturfähigkeit bei Fehlentscheidungen.

In Tabelle 4.1 ist ein Beispiel dreier Sozialunternehmen aufgezeigt, die zwar in der Größe unterschiedlich sind, aber eine vergleichbare Bilanzstruktur aufweisen.

Tab. 4.1: Bilanzstruktur dreier Sozialunternehmen.[16]

	Sozialunternehmen A		Sozialunternehmen B		Sozialunternehmen C	
	T€	%	T€	%	T€	%
Sachanlagen	286.064	86 %				
Finanzanlagen	6.339	2 %				
Anlagevermögen gesamt	292.403	88 %	188.580	83 %	22.956	70 %
Umlaufvermögen	40.885	12 %	38.952	17 %	9.882	30 %
Summe	333.288	100 %	227.532	100 %	32.838	100 %

Neben der Vermögensdimension kommt der Kostendimension eine hohe Bedeutung zu. Dies wird häufig unterschätzt, da laufende Immobilienkosten als „Sowieso"-Kosten angesehen werden, die beim Betrieb der Hilfeeinrichtungen anfallen.

Dabei betragen die Bewirtschaftungskosten während der Haltedauer der Immobilien rd. das Vierfache der Planungs- und Herstellungskosten.[17] Die Immobilienkosten werden i. d. R. nicht einheitlich erhoben und zugeordnet. Eine Analyse der Kosten ist nicht möglich. Mangelnde Transparenz verhindert Kostenverantwortung und verursachungsgerechte Zuordnung. Handlungsnotwendigkeiten und Einsparungspotenziale werden nicht erkannt.

Investitionsbedarf und Investitionsvolumen

Der Bereich Gesundheitswesen deckt rd. 75 % der Umsätze der Sozialwirtschaft ab. Innerhalb dieses Segments wiederum stellt der Bereich Pflege einen der Hauptumsatzträger dar, mit einem Um-

14 [StBA (2015b)].

15 Dies ist auch ein Ergebnis der öffentlichen Investitionsförderpolitik, da Fördermittel nur an den Betreiber der Einrichtung vergeben werden.

16 Angaben als Ergebnis aus diversen Beratungsprojekten.

17 Bahr, Carolin: Facility-Management, Bestandspflege und Erhaltung, in: [ESWiD (2016)], S. 411.

satzvolumen im vollstationären Bereich in Höhe von rd. 26 Mrd. €. Davon wiederum entfallen rd. 5,2 Mrd. € auf Aufwendungen für Mieten und/oder Pachten.[18]

Der zukünftige Bedarf an Krankenhausbetten, Pflegeeinrichtungen und Kindergärten wird stark beeinflusst von demografischen Entwicklungen und soziogesellschaftlichen Veränderungen. Für den Pflegebereich wird – neben dem Zuwachs an unterschiedlichen ambulanten Angeboten – der Bedarf an neuen Pflegeplätzen auf jährlich 20.000 geschätzt und der Ertüchtigungsbedarf vorhandener Plätze auf jährlich 13.500. Bis 2030 erfordert dies ein Investitionsvolumen von über 40 Mrd. €, davon entfallen auf den Neubau rd. 24 Mrd. € und auf die Anpassung vorhandener Plätze 16 Mrd. €.

Allein dieser Ausschnitt aus dem Gesamtbereich der Sozialwirtschaft zeigt die Immobiliendimension, mit der sich die Sozialeinrichtungen befassen müssen. Dabei sind die Märkte regional vollkommen unterschiedlich und die Wachstumspotenziale nicht in allen Aufgabenfeldern gleich. Dazu kommt die Unkalkulierbarkeit der Politik, die Rahmenbedingungen, Finanzierungsgrundlagen, räumliche Anforderungen an Einrichtungen usw. – unabhängig von den wirtschaftlichen Folgen – jederzeit neu oder anders definieren kann.

Finanzierung der Immobilienkosten – Lebenszyklusbetrachtung

Die Investitionskosten werden je nach sozialer Dienstleistung – Hilfefeld – und Bundesland unterschiedlich finanziert und können von der Marktmittelfinanzierung bis zur Finanzierung mit erheblichen Zuschüssen der öffentlichen Hand reichen. Auch die Refinanzierung erfolgt unterschiedlich: über Träger der öffentlichen Hand, Krankenkassen oder durch den Nutzer selbst.

Sowohl dort, wo Immobilienkosten letztlich von der öffentlichen Hand getragen werden, als auch dann, wenn der Nutzer sie selbst finanziert, sind die Träger der Einrichtungen gezwungen, die Kosten der Immobilien möglichst gering zu halten, um sich im Wettbewerb mit anderen zu behaupten. Um dies erreichen zu können, ist ein professionelles Immobilienmanagement notwendig.

Dieses muss die Gebäude in ihrem gesamten Lebenszyklus betrachten, unter Beachtung der Handlungseinschränkungen und Beschränkungen, die die Sozialwirtschaft mit sich bringt, und der Nutzung des Marktes mit all seinen Herausforderungen. Damit sind die Anforderungen an das Immobilienmanagement deutlich komplexer als in Unternehmen, die am Markt frei tätig sein können.

Immobilienmanagement in der Sozialwirtschaft zwischen ideell und professionell

Insbesondere der marktnahe Bereich wird zunehmend von rein wirtschaftlich und gewinnmaximierend orientierten Unternehmen entdeckt und besetzt. Die traditionellen Organisationen der Sozialwirtschaft, die der öffentlichen Hand und der Freien Wohlfahrtspflege, sind ihrem Unternehmenszweck folgend nicht gewinnorientiert. Das heißt, sie existieren in erster Linie nicht zur Gewinnmaximierung und schütten erwirtschaftete Gewinne nicht an Mitglieder oder Eigentümer der Organisation aus, sondern reinvestieren sie in ihre Mission, in ihren Auftrag. Sie sind von ihren Grundanliegen her Idealvereine, die jedoch zunehmend wie freie Wirtschaftsunternehmen agieren müssen, weil rechtliche und gesellschaftliche Rahmenbedingungen dies vorgeben.

Die Herausforderung besteht darin, den Charakter des Idealvereins zu sichern und unternehmerisch professionell zu handeln. Dieser Paradigmenwechsel hat tief greifende Folgen, denn um die Wettbewerbsfähigkeit zu erhalten, ist in Führung und Management der Organisation ein Höchstmaß an Effektivität und Effizienz zu erreichen. Dies umfasst nicht nur die sozialen Handlungsfelder der Unternehmen, sondern auch die Immobiliendimension als existenzielle Grundlage zur Ermöglichung und Verfolgung des Hauptziels der Unternehmung.

18 Pflegeimmobilienreport 2012–2013, S. 7, cibre GmbH & immotiss care GmbH.

In der Regel fehlt in Sozialunternehmen eine konzeptionelle Auseinandersetzung mit Immobilien. Ein Grund hierfür ist auch, dass in früheren Jahren Neu-, Instandsetzungs- und Modernisierungsinvestitionen ganz oder teilweise öffentlich gefördert wurden. Das Investitionsverhalten war wesentlich durch die Förderpolitik der öffentlichen Hand geprägt. Markt- und Wettbewerbsbezüge waren ausgeschaltet.

Ein weiterer Grund liegt in dem geringen Informations- und Organisationsgrad des Immobilienbereichs in den Sozialunternehmen. Zuständigkeiten und Verantwortlichkeiten hinsichtlich der Immobilien sind zersplittert und unklar geregelt. Immobilieninformationen sind i. d. R nicht verfügbar, nicht aktuell und nicht zuverlässig, und häufig wird der Immobilienbereich vom Top-Management nur als reiner Genehmigungsvorgang bei immobilienbezogenen Entscheidungen angesehen.

All diese Faktoren haben zur Folge, dass in Sozialunternehmen eine funktionserhaltende, technikorientierte Verwaltung der Immobilien vorherrscht. Reaktive, auf einzelne Maßnahmen ausgerichtete Ad-hoc-Entscheidungen dominieren die Realität. Der Rückgang öffentlicher Investitionsfördermittel, die Restriktionen der Pflege- und Krankenkassen und sonstiger Kostenträger sowie der sich verstärkende Wettbewerb um alte bzw. zu betreuende Menschen lassen Verantwortliche zunehmend den Blick auf stille Reserven in den Immobilien richten.

Vom Real-Estate-Management zum Welfare-Real-Estate-Management

Unter dem Begriff Real-Estate-Management (REM) ist das aktive, ergebnisorientierte, strategische wie operative Management betriebsnotwendiger und nicht betriebsnotwendiger Immobilien zu verstehen. Als unternehmerische Führungskonzeption richtet es sich an Unternehmen, die über umfangreicheren Grundbesitz verfügen.[19]

In Anlehnung an die Vorstellung von Corporate-Real-Estate-Management hat sich mit einer Verzögerung von zehn bis 15 Jahren das Immobilienmanagement für den öffentlichen Sektor entwickelt (Public-Real-Estate-Management, PREM).[20] Weitere fast zehn Jahre waren für die Weiterentwicklung des Ecclesiastic-Real-Estate-Management (EREM)[21] für den kirchlichen Sektor nötig und für die Sozialwirtschaft wurden erstmals 2016 die Besonderheiten des Welfare-Real-Estate-Management (WeREM) in „Immobilienmanagement in Sozialwirtschaft und Kirche – Ein Handbuch für Praktiker" zusammenfassend dargestellt.[22]

Die institutionelle Differenzierung der Immobilienmanagementkonzepte ist gekennzeichnet durch differenzierte Entscheidungsparameter, nämlich der stärkeren oder schwächeren Investorenperspektive, d. h. Renditeorientierung. Kennzeichnend für Sozialunternehmen, insbesondere für Non-Profit-Organisationen, ist die fehlende Gewinnerzielungsabsicht. Das Halten der Immobilien wird dadurch primär vom maximalen Nutzwert der Immobilie definiert und nicht von der Renditeerwartung (Welfare-Real-Estate-Management – WeREM). Im Gegensatz hierzu sind institutionelle Investoren mit ausgeprägter Renditeorientierung zu sehen (Investors-Real-Estate-Management – IREM). Zwischen diesen beiden Polen gibt es eine Vielzahl von unterschiedlichen Varianten der Entscheidungsparameter. Auch in Sozialunternehmen können Immobilien(teil)bestände aus Renditegesichtspunkten gehalten werden, sodass hier andere Entscheidungskriterien vorliegen als bei nutzungsorientierten Immobilien.

---

19 Schulte, Karl-Werner; Schäfers, Wolfgang: Gegenstand und Ansatzpunkte eines Immobilienmanagements, in: [Schulte, K. (2004)], S. 46.

20 Vgl. Straßberger, Petra: Public Real Estate Management, in: [Schulte, K. (2000a)], S. 871 ff.

21 Von der Lieth, Jörn: Ecclesiastic Real Estate Management, in: [ESWiD (2009], S. 87 ff.

22 Die Impulse für eine verstärkte Auseinandersetzung mit der Immobiliendimension in den sog. Non-Property-Companies stammen vornehmlich aus der anglo-amerikanischen Unternehmenspraxis und -theorie. Vgl. Schulte, Karl-Werner; Schäfers, Wolfgang: Modernes Immobilienmanagement bei Corporates und Publics, in: [Schulte, K. (2004)], S. 32, 46.

Strategische Erfolgspotenziale und Wettbewerbsvorteile liegen in allen Aktivitäten der Sozialunternehmen, sodass die aktive Lenkung und Gestaltung aller Potenziale – auch die der Immobilien – im Blickpunkt der Managements stehen müssen. Damit ist ein Paradigmenwechsel von der technikorientierten zur managementorientierten Betrachtungsweise verbunden. Nicht die technische Fragestellung und das Objekt stehen im Mittelpunkt, sondern das Denken in Eigentümer- und Portfoliokategorien. Bei dieser Betrachtungsweise besteht ein hoher Informationsgrad, direkte Erfolgskriterien werden festgelegt und gemessen. Das Handeln orientiert sich an den besonderen Markt- und Wettbewerbsanforderungen der Sozial- und Immobilienwirtschaft. Die Immobilie ist kein notwendiges Übel, sondern eine von fünf Unternehmensressourcen: Arbeit, Kapital, Technologie, Information und Immobilie.

Bestandteile eines Welfare-Real-Estate-Managements
Das strategische Immobilienmanagement geht von der pyramidalen Struktur der Elemente Vision, Mission, Leitbild und Unternehmensstrategie aus. Diese vier Elemente sind zu definieren und in die Unternehmenspraxis umzusetzen. Immobilienmanagementaktivitäten können dabei auf der Basis nachfolgender Kriterien gebündelt und klassifiziert werden:
- Nutzungsart (Wohnen, Büro, Altenpflegeeinrichtung, Werkstatt usw.),
- geografische Region,
- Perspektive(n), also übergeordnete Ziele und Zwecke,
- Managementebene(n),
- Lebenszyklusphasen(n) bzw. Wertschöpfungsstufe(n).[23]

Die immobilienorientierten Ziele sind Teil der Gesamtunternehmensziele. Aus den Oberzielen der Unternehmung werden die Ziele im Immobilienmanagement (z. B. Sozialziele, Leistungsziele, Finanzziele, Effizienzziele usw.) abgeleitet. Diese führen zu Detailmaßnahmen (z. B. Gebäudekosten/qm, Mietpreise/qm, Raumstandards, Nutzungsgrad usw.) mit Detailmaßstäben für die Zielerreichung. Damit verbunden ist die Notwendigkeit, Ziele zu quantifizieren und zu präzisieren. Die Immobilienstrategie muss dabei die Unternehmens- bzw. Geschäftsfeldstrategie unterstützen und umgekehrt beeinflusst die Immobilienstrategie das Unternehmen.

Um immobilienorientierte Unternehmensstrategien besser erfassen und umsetzen zu können, haben sich vier Handlungsfelder, die sich am Lebenszyklus der Immobilie orientieren, herausgebildet:
- Handlungsfeld der Immobilienbereitstellung
- Handlungsfeld der Immobilienbewirtschaftung
- Handlungsfeld der Immobilienverwertung
- Handlungsfeld der Portfolioanalyse

4.2.4 Handlungsfelder eines professionellen Welfare-Real-Estate-Managements

Die am Lebenszyklus orientierte Einteilung ermöglicht phasenspezifische Strategien bzw. Strategiealternativen.

Handlungsfeld Immobilienbereitstellung
In den überwiegenden Fällen werden in Sozialunternehmen bei Einsatz eigener finanzieller Mittel sowie materieller und personeller Ressourcen die benötigten Bauprojekte entwickelt und langfris-

23 Vgl. Kämpf-Dern, Annette: Immobilienmanagementlehren, CREM, PREM, EREM, WeREM, in: [ESWiD (2016)], S. 41, 51.

tig dem (Unternehmenszweck) Hilfefeld zur Verfügung gestellt. Ein Grund dafür liegt auch in der Förderpolitik der öffentlichen Hand, die häufig nur Eigeninvestitionen des zukünftigen Betreibers der Immobilie fördert.

Die Projektentwicklung z. B. für Krankenhäuser, Behinderten- oder Altenhilfeeinrichtungen sind komplexe, dynamische und multidisziplinäre unternehmerische Aufgaben. Sie erfordern eine klare Projektkonzeption, die die zukünftige Nutzungstauglichkeit genauso berücksichtigt wie den Einsatz von personellen und finanziellen Ressourcen. Sehr häufig sind auch besondere öffentlich-rechtliche Förderbestimmungen zu beachten. Dies gilt sowohl für die Durchführung der Baumaßnahme selbst, als auch für den langfristigen Betrieb der Einrichtung. Die richtige Auswahl der Baubeteiligten und ein funktionstüchtiges Baucontrolling sind unerlässlich.

Die Eigeninvestition bietet den Vorteil, das Projektvorhaben den betrieblichen Bedürfnissen genau anpassen zu können. Nachteilig sind der Aufbau eigener Personalkapazität sowie die hohe und langfristige Liquiditätsbindung. Weitere Risiken liegen in der Projektentwicklung und der Baudurchführung sowie in der regelmäßig mangelnden Drittverwendungsmöglichkeit der Immobilie.

Der Kauf einer fertigen Immobilie hat gegenüber der Projektentwicklung den Vorteil der raschen Verfügbarkeit. Eigene Personalkapazitäten sind nicht vorzuhalten. Nachteilig ist der fehlende oder nur unzureichende Einfluss auf die Gebäudegestaltung. Kostenoptimierungspotenziale bei der Herstellung können vom Käufer nur selten genutzt werden.

Leasing ist die mittel- und langfristige Anmietung von Immobilien mit einer Kaufoption oder Kaufverpflichtung am Ende der Mietlaufzeit. Vorteilhaft ist, dass während der Mietlaufzeit kein Investitionskapital erforderlich ist. Nachteilig sind die lange, i. d. R. unkündbare Grundmietvertragslaufzeit, feste Zahlungsverpflichtungen unabhängig von der Entwicklung des Kapitalmarkts und die Tendenz, dass Sozialunternehmen steuerliche Vorteile der Leasinglösung nicht realisieren können.[24]

Bei allen drei Varianten ist die lange Bindungsdauer einer Entscheidung nachteilig, weil auf Änderungen der Unternehmensstrategie nur begrenzt reagiert werden kann. Da Sozialunternehmen nicht alleine von Marktentwicklungen abhängig sind, sondern in erheblichem Umfang auch von sich wandelnden politischen Vorstellungen, die sich in gesetzlichen Änderungen (jeweils in Fristen von Legislaturperioden) niederschlagen, kann diese Unflexibilität für das Sozialunternehmen bestandsgefährdend werden.

Im Gegensatz zum Leasingvertrag erfolgt am Ende der Laufzeit eines Mietvertrags keine Eigentumsübertragung. Die Vorteile der Anmietung bestehen in der schnellen und gegebenenfalls flexiblen Verfügbarkeit, z. B. durch außerordentliche Kündigungsmöglichkeiten, und der geringen Kapitalbindung. Nachteilig kann sein, dass die Gebäudegestaltung den betrieblichen Erfordernissen nicht optimal angepasst ist und Konflikte mit dem Eigentümer/Vermieter die Nutzbarkeit einschränken.

Welche Strategie im Einzelfall zu verfolgen ist, ist detailliert (den gesamten Lebenszyklus betrachtend) zu bewerten und kann sich je nach Geschäftsfeld (Hilfefeld), geografischer Lage, Marktumfeld usw. unterscheiden.

Die strategische Entscheidungsfindung spielt sich ab zwischen Anmietung oder Eigeninvestition und zwischen Kaufen oder Bauen. Um die Alternativen bewerten und auswählen zu können, sind die prognostizierten Wirkungen der verschiedenen Alternativen zu analysieren sowie die Beurteilungskriterien zu bestimmen. Dabei sind quantitative und qualitative Kriterien gleichermaßen zu berücksichtigen. Die bereitzustellende Immobilie muss den spezifischen Anforderungen des Sozialunternehmens entsprechen.

24 Sozialunternehmen sind, zumindest i. d. R., steuerbefreit.

Handlungsfeld Immobilienbewirtschaftung

Wesentliche Kostenfaktoren im Sozialunternehmen entstehen mit der Bewirtschaftung der vorhandenen Immobilie (Facility-Management). Die Frage ist hier, in welchem Umfang das Unternehmen die Leistung selbst oder durch die Beauftragung externer Dienstleister erbringt. Die Unternehmen können wählen zwischen den Extremen der vollständigen Eigenerbringung bis zum vollständigen Fremdbezug aller Leistungen. Diese Handlungsoptionen lassen sich unterscheiden in Autonomie-, Beauftragungs- und Kooperationsstrategie.

Unter Autonomiestrategie ist die vom Unternehmen eigenverantwortlich durchgeführte Gebäudebewirtschaftung zu verstehen. Die notwendigen Aktivitäten werden mit eigenen finanziellen, personellen und materiellen Ressourcen durchgeführt. Voraussetzung hierfür ist, dass diese Ressourcen – insbesondere Personalressourcen – ausreichend und in der notwendigen Qualität zur Verfügung stehen. Dies ist für viele Sozialunternehmen eine schwierig zu bewältigende Aufgabe, da sie aufgrund ihrer Ausrichtung und Größe keinen immobilienspezifischen Schwerpunkt haben, aber die Professionalität der Immobilienwirtschaft benötigen.

Bei Sozialunternehmen kann daher durch ein bewusstes, längerfristiges und zielgerichtetes gemeinsames Handeln (Kooperationsstrategie) mit anderen Sozialunternehmen oder über Verbünde und Verbände diese Lücke geschlossen werden. Auch die strategische und operative Zusammenarbeit mit Auftragnehmern kann angestrebt werden. Die Externalisierung kann sich auf einzelne Leistungen, Leistungsbündel, aber auch auf die Gründung eines Gemeinschaftsunternehmens und auf strategische Allianzen beziehen.

Unter Beauftragungsstrategie wird die fallweise, objektbezogene Fremdvergabe einzelner Leistungen oder Leistungsbündel verstanden. Die Basis hierfür sind kurzfristige Verträge, spontane „Einkäufe“ auf dem Markt. Das Handeln erfolgt auf „Zuruf“. Diese Strategie entspricht traditionellen Vorstellungen von Immobilienverwaltung und ist in Sozialunternehmen vorherrschend. Leicht geraten hier übergeordnete Ziele aus dem Blickfeld, sodass Beauftragung und Abwicklung ein Eigenleben entwickeln, was dazu führen kann, dass sie den Gesamtzielen entgegenlaufen. Auch können mit dieser Strategie Vertragsbündelungen und Mengenpreisvorteile nicht realisiert werden.

Handlungsfeld Immobilienverwertung

Die Strategie der Immobilienverwertung überführt illiquide Vermögensgegenstände in Geld bzw. Kaufkraft. Sie gewinnt auch in Sozialunternehmen zunehmend an Bedeutung, da öffentliche Fördermittel zurückgehen und in vielen Hilfefeldern Preis- und Wettbewerbskämpfe die Einnahmesituation belasten. Gleichzeitig besteht in vielen Einrichtungen ein deutlicher Instandsetzungsbedarf, für den keine Mittel zur Verfügung stehen. Durch gezielte Immobilienverwertungen können Handlungsspielräume eröffnet werden.

Verwertungsüberlegungen beziehen sich sowohl auf nicht betriebsnotwendige Immobilien als auch auf betriebsnotwendige, wenn die Betriebsnotwendigkeit der Immobilie nicht mit der Notwendigkeit der Eigentümerschaft zusammenfällt. In diesem Fall wird eine simultane Entscheidung über die Veräußerung der betrieblichen Immobilie im Regelfall von einer gleichzeitigen Rückanmietung begleitet.

Die Ermittlung optimaler Verwertungsstrategien basiert auf einer klaren Strukturierung und Bewertung/Analyse der Immobilienbestände.

Handlungsfeld Portfolioanalyse

Um für das Sozialunternehmen die richtige Strategie oder den richtigen Strategiemix zu finden, sind hierfür geeignete Informationen und deren Analyse erforderlich. Die Portfolioanalyse ist die erforderliche Voraussetzung zur dauerhaften erfolgreichen Bewirtschaftung der Immobilien. Die einzelne Immobilie wird in ihrer Wechselwirkung zu den anderen Immobilien des Sozialunternehmens und des Umfelds betrachtet. Die Qualität des Objekts selbst ist in seiner Gesamtheit zu ermitteln (Alter, Zuschnitt, Drittverwendungsfähigkeit, Betriebskosten, Erreichbarkeit, Auslastung usw.) und die weiteren sowie engeren Standortfaktoren sind einzubeziehen.

Dabei unterscheidet sich die Vorgehensweise der Portfolioanalyse in der Sozialwirtschaft nicht von anderen Bereichen der Immobilienwirtschaft. Die systematische, laufende und strukturierte Pflege der Daten zu den Objekten bildet auch hier die Basis der Analyse. Die Daten können in Gruppen unterteilt werden, wie z. B. Daten

- zur Wirtschaftseinheit,
- zu Kosten und Erlösen,
- zu Markt und Standort und
- zum Unternehmen.

Die Daten unterscheiden sich in Stamm- und Bewegungsdaten, die i. d. R. in kurzen Abständen aktualisiert werden müssen. Die Herausforderung besteht dabei darin, nur die notwendigen Informationen, diese aber vollständig, aktuell und richtig verfügbar zu haben.

Immobiliengruppen mit gleichen Eigenschaften werden zu Clustern zusammengeführt, sodass für einzelne Cluster Strategien entwickelt werden können.

Für Sozialunternehmen ist i. d. R. die Gestaltung einer effizienten Informationsgrundlage eine Herausforderung, denn die „Erst“-Informationsbeschaffung ist mit Schwierigkeiten verbunden. Daher ist es empfehlenswert, bei der Einführung der Portfolioanalyse schrittweise vorzugehen und aus den Unternehmenszielen heraus das Ziel der Portfolioanalyse zu definieren. Datenerfassungsumfang und -tiefe hängen davon ab. Häufig werden in der ersten Phase zu viele unterschiedliche Daten erfasst, deren Pflege nicht geregelt ist. Die Datenerfassung sollte daher vom Groben zum Feinen vorgehen, sodass für aufwendig zu ermittelnde Daten auch pauschalierte Betrachtungen zulässig sind, die bei Bedarf – und nur dann – durch weitergehende Ermittlungen vertieft werden. Die IT-Unterstützung ist dabei so auszuwählen, dass sie die Erhöhung des Detaillierungsgrads zulässt.

Der Sinn der Portfolioanalyse besteht vor allem darin, nicht nur die Erstbetrachtung vorzunehmen, sondern die aktive Arbeit am Objekt und die Auswirkungen des einzelnen Objekts im Gesamtportfolio auf Dauer sichtbar zu machen. Dies ist insbesondere für die Sozialwirtschaft von erheblicher Bedeutung. So können mithilfe der Erkenntnisse aus der Portfolioanalyse Entscheidungen für Gremien vorbereitet und transparent gemacht werden. Zur Entscheidungsvorbereitung kann die Ausgangslage dargestellt werden, die geplante Maßnahme und das zu erwartende Ergebnis, und zwar nicht alleine auf das Objekt bezogen, sondern auf den gesamten Immobilienbestand. Ergebnisabweichungen nach Durchführung der Maßnahme sind dann ebenfalls darstellbar.

Die Entscheidungsgremien, die mehrheitlich ehrenamtlich und nicht mit Immobilienspezialisten besetzt sind, werden so in die Lage versetzt, qualifiziert Entscheidungen zu treffen und Kontrollaufgaben wahrzunehmen.

4.2.5 Schaffung einer effizienten Immobilienorganisation

Die konzeptionelle Auseinandersetzung mit den Immobilien des Sozialunternehmens und die Absicht, ein effizientes Immobilienmanagementsystem im Unternehmen zu integrieren, erfordert auch eine entsprechende Immobilienorganisation. Die Entscheidung bezüglich der organisatorischen Veränderungen umfasst zwei Bereiche: zum einen die organisatorische Verankerung im Unternehmen und zum anderen die Ergebnisverantwortung. Konzepte, die für übliche Unternehmen und für die öffentliche Verwaltung entwickelt wurden, können als Vorbild für die Umsetzung in Sozialunternehmen dienen.

Tabelle 4.2 zeigt einen Umsetzungsplan in vier Phasen:

Tab. 4.2: Umsetzungsplan.[25]

Planungsschema zur organisatorischen Gestaltung		Erforderliche Aktivitäten
1. Identifizierung aller immobilienbezogenen Aufgaben und Prozesse	⇓	– Liegenschaftsverwaltung, An- und Verkauf – Planung, Bauerstellung, Modernisierung – Instandhaltung, Verkehrssicherung, Wartung usw.
2. Verlagerung der Aufgaben/Tätigkeiten und der dazugehörigen Mitarbeiter in eine zu gründende WeRE-Einheit	⇓	– Einrichtung einer zentralen WeRE-Einheit zur Wahrung immobilienbezogener Kernaufgaben als selbstständiger Eigenbetrieb
3. Verlagerung der Verantwortlichkeiten für Immobilien in die WeRE-Einheit	⇓	– Wahrnehmung der Eigentümerfunktion durch die WeRE-Einheit – Aufbau eines internen Verrechnungssystems, d. h., alle anderen Bereiche haben nur Nutzungsrechte
4. Schaffung einer Profitcenter-Struktur mit Ergebnisverantwortung	⇓	– Einrichtung als Organisationseinheit mit separater Erfolgsrechnung – Bewertung der Leistung durch Verrechnungspreise, inkl. interner Mietverrechnung

Organisatorische Verankerung

In Anlehnung an die Kommunal- und Staatsverwaltung sowie die Profitcenter-Organisation in Unternehmen wird die Immobilieneinheit (WeRE-Einheit) in einem Profitcenter, der wie ein Eigenbetrieb geführt wird, zusammengefasst. Sie ist eine interne besondere Unternehmensform ohne eigene Rechtspersönlichkeit.[26] Organisatorisch und finanzwirtschaftlich wird Selbstständigkeit hergestellt. Am Periodenschluss fließen die Ergebnisse in die konsolidierte Bilanz des Gesamtunternehmens ein. Nach außen werden die rechtlichen Handlungen des Eigenbetriebs dem Sozialunternehmen zugerechnet.

Grundlage dieser Regelung sind entsprechende vertragliche Vereinbarungen und, wo erforderlich, auch satzungsmäßige Regelungen.

Da Sozialunternehmen häufig vereinsrechtlich organisiert sind, besteht außerdem die Notwendigkeit, Regelungen zu finden, die Vereinsvorstand und Mitgliederversammlung mit i. d. R. starkem ehrenamtlichem Element entsprechend einbinden. Hier können Anleihen an öffentlich-rechtlichen Regelungen genommen werden. Der Leitung des Eigenbetriebs obliegt jedenfalls immer die laufende Betriebsführung, die Vertretung des Betriebs und der Vollzug von Beschlüssen, die durch Vorstand und Mitgliederversammlung getroffen werden. Diesen sind i. d. Regel grundsätzliche/strategische Entscheidungen und Rechtsgeschäfte mit besonderer Bedeutung zugeordnet.

Je nach Größe der Sozialunternehmung ist die Berufung eines Ausschusses sinnvoll, der Aufgaben von Aufsichtsrat, Vorstand und/oder Mitgliederversammlung wahrnimmt, damit zügig und rationell gearbeitet werden kann.

25 In Anlehnung an Schäfers, Wolfgang; Trübestein, Michael: Immobilienmanagement in der Wirtschaft, in: [ESWiD (2009], S. 62.

26 Eine Ausgliederung der WeRE-Einheit in ein selbstständiges Unternehmen ist ebenfalls vorstellbar. Die damit verbundenen nachteiligen steuerlichen Auswirkungen sind jedoch zu beachten. In der Regel überwiegen die Vorteile der Ausgliederung nicht die steuerlichen Nachteile.

Ergebnisverantwortung – internes Immobilienverrechnungspreissystem
Für die WeRE-Einheit wird ein eigener Periodenerfolg ermittelt. Neben der Gewinn- und Verlustrechnung für diesen Bereich ist auch eine gesonderte Bilanzierung dieses Bereichs vorstellbar. Dies hängt letztendlich von der Größe und Komplexität des Unternehmens ab.

Voraussetzung hierfür ist die Einführung immobilienspezifischer Verrechnungspreise mit dem Zweck, die Überlassung bzw. Nutzung der Immobilien, die sich im Eigentum des Sozialunternehmens befinden, zwischen der WeRE-Einheit und den operativen Geschäftseinheiten im Sinne eines Eigentümer-Mieter-Verhältnisses abzubilden. Grundsätzlich können die Verrechnungspreise nach ihrer Transaktion in Markt-, Verhandlungs- und Kostenpreise unterschieden werden.

Ziel der Verrechnungspreise ist zum einen, eine Effizienzsteigerung zu erreichen, und zum anderen, eine deutliche Motivationswirkung zu erzielen. Untersuchungsergebnisse aus deutschen Unternehmen zeigen, dass marktnahe Verrechnungspreissysteme im Vergleich zu marktfernen eine grundsätzlich bessere Beurteilung der Effizienz- und Motivationswirkung aufweisen. Ihr Einsatz ist jedoch an Bedingungen hinsichtlich der Existenz eines Substituts mit transparent beobachtbaren Marktpreisen gebunden.[27]

Da im Sozialbereich häufig immobilienbezogene Marktpreise fehlen bzw. wegen fördertechnisch vorgegebener Kostenmieten Marktpreise nicht angesetzt werden können, sind die Verrechnungspreise (Markt-, Verhandlungs- und Kostenpreise) mit besonderer Sorgfalt festzulegen. Nur damit kann die gewünschte Wirkung der Effizienzsteigerung und Motivationsförderung tatsächlich erreicht werden. Übermäßig restriktive, marktferne Gestaltungen sind nicht förderlich und auszuschließen. Dies bedeutet, dass sowohl für jede Nutzungseinheit als auch für jede Dienstleistung Verrechnungspreise definiert werden müssen, die gegebenenfalls innerhalb der Sozialunternehmung auch deutlich unterschiedlich sein können.

Personal
Immobilienbezogene Tätigkeiten erfordern ein professionelles Personal, also Mitarbeiter und Mitarbeiterinnen, die auf der Basis einer spezialisierten Berufsausbildung ihre Tätigkeit ausüben. Dabei sind nicht nur technische Kompetenzen erforderlich – traditionell sind diese Kompetenzen in Sozialunternehmen vorhanden –, sondern vor allem immobilienkaufmännische Kompetenzen. Es ist daher eine große Herausforderung, Mitarbeiter oder Dienstleister zu finden, die hinlänglich qualifiziert sind, die Managementtätigkeiten im Immobilien- und Sozialwirtschaftskontext zu bewältigen. Die konkrete Organisationsform kann daher möglicherweise nicht sofort in Reinform umgesetzt werden, da entsprechendes Personal erst aufgebaut und entwickelt werden muss. Entsprechende Studienzweige und Fortbildungsangebote unterstützen die Sozialunternehmen dabei.[28]

4.2.6 Aufgrund der Unterfinanzierung steht nun die Professionalisierung an

Die zunehmende Tendenz der Unterfinanzierung des Sozialbereichs lässt die Bedeutung der Immobilien als lange vernachlässigten Produktionsfaktor deutlich werden. Die Vermögens- und die Kostendimension, die über lange Zeit ignoriert wurden, treten zunehmend in den Vordergrund. Möglichkeiten der Effizienzsteigerung, der Kostensenkung und der Hebung stiller Reserven, die in den Immobilien stecken, können mit Methoden des Welfare-Real-Estate-Managements genutzt werden. Die Chancen hierzu stehen gut, denn die Angleichung der Sozialunternehmen an übliche Unternehmen bezüglich Organisationsgestaltung, Managementmethoden und Prozessplanung wird in den nächsten Jahren fortschreiten und auch den Immobiliensektor erfassen.

27 Vgl. [Wolff, M. (2008)], S. 146, 160.

28 Zertifikatslehrgang Geprüfte/r Immobilienfachwirt/-in der Sozialwirtschaft der Hochschule für Wirtschaft und Umwelt Nürtingen-Geislingen.

Literatur

[Arnold, U. (2014)] Arnold, Ulli; Grunwald, Klaus; Maelicke, Bernd (Hrsg.): Lehrbuch der Sozialwirtschaft, 4., erw. Aufl.; Baden-Baden 2014.

[BGFW (2012)] Bundesverband der Freien Wohlfahrtspflege (Hrsg.): Einrichtungen und Dienste der Freien Wohlfahrtspflege: Gesamtstatistik 2012, URL: http://www.bagfw.de/fileadmin/user_upload/Broschuere_Gesamtstatistik_2012_Webversion.pdf (letzter Aufruf: 09.02.2017).

[Fourastié, J. (1952)] Fourastié, Jean: Die große Hoffnung des 20. Jahrhunderts, 3. Aufl.; Paris 1952.

[Bündnis Gemeinnützigkeit (2014)] Krimmer, Holger; Weitemeyer, Birgit; Kleinpeter, Saskia; von Schönfeld, Friedrich; Vogt, Benedikt: Bündnis für Gemeinnützigkeit, in: Felser, Daniela (Hrsg.): Transparenz im Dritten Sektor; Stuttgart 2014.

[ESWiD (2016)] Reiß-Fechter, Dagmar (Hrsg.): Immobilienmanagement in Sozialwirtschaft und Kirche, 3., völlig überarb. u. erg. Aufl.; Baden-Baden 2016.

[ESWiD (2009)] Reiß-Fechter, Dagmar (Hrsg.): Kirchliches Immobilienmanagement: Der Leitfaden; Berlin 2009.

[Rosenski, N. (2012)] Rosenski, Natalie: Die wirtschaftliche Bedeutung des Dritten Sektors, Wirtschaft und Statistik; Wiesbaden 2012.

[Schulte, K. (2000a)] Schulte, Karl-Werner; (Hrsg.): Immobilienökonomie: Betriebswirtschaftliche Grundlagen, Bd. 1; München 2000.

[Schulte, K. (2004)] Schulte, Karl-Werner; Schäfers, Wolfgang (Hrsg.): Handbuch Corporate Real Estate, 2. Aufl.; Köln 2004.

[StBA (2015a)] Statistisches Bundesamt (Hrsg.): Pflegeheime und verfügbare Plätze in Pflegeheimen, 2015, URL: http://www.gbe-bund.de (letzter Aufruf: 19.08.2015).

[Wolff, M. (2008)] Wolff, Michael; Staubach, Stefan; Lindstädt, Hagen: Einsatz und Wirksamkeit marktnaher Verrechnungspreissysteme, in: Die Unternehmung, 62. Jg. (2008), Nr. 2, S. 146, 160.

4.3 Ziele als Kennzahl formulieren

Ulrich Bogenstätter

Das Rechnungswesen eines Unternehmens verfügt über eine Fülle von Zahlen, die erst durch eine Auswahl geeigneter Zahlen und durch relativen Bezug zueinander (Kennzahl) an Informationsgehalt gewinnen, je nach Aggregationsstufe der zugrunde liegenden Zahlen in unterschiedlicher Detaillierungstiefe. Der Zusammenhang wird in Kennzahlenbäumen und -systemen dargestellt[29], verbreitet sind hierbei die Kennzahlensysteme nach DuPont und die des Zentralverbandes der Elektrotechnik- und Elektronikindustrie (ZVEI). Im Mittelpunkt steht dabei meist die Gesamt-Kapitalrendite (Return on Investment – ROI). Bei dem Kennzahlensystem nach Reichmann und Lachnit (RL-Kennzahlensystem) steht die Rentabilität oder Liquidität im Vordergrund.

Eine betriebswirtschaftliche Kennzahl wird innerhalb der Betriebswirtschaft zur Beurteilung der wirtschaftlichen Leistungsfähigkeit von Unternehmen eingesetzt. Dabei handelt es sich im Wesentlichen um eine rückblickende Betrachtung, die den Vergleich mit anderen Unternehmen ermöglicht (Betriebsvergleich). Das ist sinnvoll, denn vielleicht machen es andere besser.

Der Vergleich mit Unternehmen aus verschiedenen Ländern ist jedoch nur eingeschränkt möglich, da die Regeln zur Berechnung betriebswirtschaftlicher Kennzahlen von Rechnungslegungsvorschriften abhängen, die sich international unterscheiden, z. B. vom „International Financial Reporting Standards“ (IFRS), in Deutschland vom Handelsgesetzbuch (HGB), in Österreich vom Unternehmensgesetzbuch und in der Schweiz vom Obligationenrecht. So lässt sich mit dem Jahresabschluss feststellen, dass das vergangene Jahr mehr oder weniger erfolgreich abgeschlossen wurde. Neben dem dokumentarischen Charakter der Darstellung eines Ist-Zustands ist die betriebswirtschaftliche Kennzahl als Basis der Unternehmensführung für die Zukunft („Wie kann es

29 Vgl. Kennzahlensysteme aus der Praxis in [Reisbeck, T. (2006)], S. 77 ff.

in Zukunft besser laufen?“) von Bedeutung. Sie dient zur Darstellung wichtiger Sachverhalte und Zusammenhänge im Unternehmen und ist die Basis für Entscheidungen.

Dabei handelt es sich um einen permanenten, wiederkehrenden Prozess, der sich vereinfacht als Regelkreis im Ablauf wie folgt darstellen lässt: Zielsetzung und Problemanalyse (Ist-Kennzahlen), realistische Planung (Analyse der Ist-Kennzahlen, Entwicklung von Soll-Kennzahlen, ggf. mithilfe von Vergleichskennzahlen), Umsetzung von abgeleiteten Maßnahmen, Kontrolle (Soll-Ist-Vergleich).

In Form von Ist-, Vergleichs- und Soll-Kennzahlen sind betriebswirtschaftliche Kennzahlen Grundlage der Unternehmensführung und -steuerung. Betriebswirtschaftliche Kennzahlen reichen aber nicht aus!

Für eine nachhaltige Betrachtung der Gebäude müssen die kaufmännischen und technischen Daten objektweise gebucht werden. Dies ist in der kommunalen und kirchlichen Gebäudewirtschaft nicht selbstverständlich. Angaben zum Nutzungsgrad liegen selten vor, der Belegungsgrad wird im kommunalen und kirchlichen Immobilienmanagement aber zunehmend thematisiert. Angaben hierzu liegen ebenfalls nur rudimentär vor. Werden Managementsysteme eingesetzt, werden die Angaben meist auf Unternehmensebene aggregiert und lassen selten die Betrachtung auf Objektebene zu.

Ziele werden an Zielwerten konkretisiert. Aus technischer Sicht werden z. B. vorzugsweise die Kosten betrachtet. Mit der betriebswirtschaftlichen Sicht wird der Blickwinkel vergrößert, werden Ziele um Ertragspositionen zulasten der Detailtiefe erweitert. Zielwerte haben aus strategischer Sicht einen mittel- bis langfristigen Planungshorizont. Soll-Werte bestimmen i. d. R. die Vorgaben für das laufende oder kommende Geschäftsjahr. Strategische Zielwerte, die nicht mindestens zwei Jahre unverändert bestehen und verfolgt werden können oder andauernden Änderungen unterliegen, sollten nicht als solche definiert werden. Zielwerte, die definiert werden, werden einem regelmäßigen Kontrollprozess gemäß dem Regelkreis unterzogen.

Wenn es um die Ziele eines Kunden, Partners oder Konkurrenten geht, schauen Sie in den Geschäftsberichten nach.[30]

4.4 Controlling im Hamsterrad – PDCA & Co

Ulrich Bogenstätter

4.4.1 Zielwerte verfolgen im Regelkreis

Das Verständnis eines technischen Regelkreises unterscheidet sich vom Verständnis eines betriebswirtschaftlichen Regelkreises. Nachfolgend werden die wesentlichen Elemente eines technischen mit dem Verständnis eines betriebswirtschaftlichen Regelkreises verbunden.

Die strategische Vorgabe des Managements eines Verwaltungsgebäudes kann sein, ein angenehmes Raumklima für die Mitarbeiter zu schaffen, das in einer regelmäßig wiederkehrenden Online-Umfrage bei den Mitarbeitern abgefragt wird. Die Vorgabe, ein angemessenes Raumklima zu schaffen, ist technisch zu interpretieren und in einem technischen Regelkreis umzusetzen, der seinerseits von Ist- und Soll-Werten bestimmt ist.

Ein Aufdrehen des Heizventils führt zur Zunahme der Raumtemperatur. Die Raumtemperatur hat keine direkte Rückwirkung auf die Stellung des Heizkörperventils. Durch äußere Einflüsse (Störgrößen), z. B. Wärmeverluste durch geöffnete Fenster, schwankende Außentemperaturen, Sonneneinstrahlung oder Beleuchtungskörper, kann eine Nachjustierung (Regelung) der tatsächlichen Temperatur (Ist-Wert) erforderlich werden, um die gewünschte Temperatur zu erhalten

30 Zum Beispiel die Ziele für die Hausbewirtschaftung, in: [GWH (2003)].

(Soll-Wert). Das erfolgt manuell oder komfortabler durch ein automatisches Heizventil, das einerseits die Raumtemperatur in °C misst (Regelgröße), andererseits durch Veränderung des Ventilhubs (Stell-Wert) die Warmwassermenge im Heizkörper reguliert, bis die gewünschte Temperatur (Soll-Wert) erreicht wird. Hierbei spricht man von Regelung in einem geschlossenen Regelkreis.

„Unter Regelung versteht man einen Vorgang, bei dem eine Physikalische Größe (Regelgröße), z. B. Lufttemperatur, Luftdruck und andere, aufgrund einer Messung laufend erfasst, mit einer anderen Größe (Führungsgröße) verglichen und trotz störender Einflüsse von außen möglichst konstant oder auf vorgeschriebenen Werten gehalten wird."[31]

Die Inhalte der **Regelung** lassen sich in drei Phasen wie folgt beschreiben:
- **Planen:** Die Raumtemperatur wird vorgeben (Soll-Wert).
- **Steuern:** Die Störgröße beeinflusst die Stellung des Heizkörperventils bzw. Ventilhubs (Stell-Wert).
- **Überwachen:** Die tatsächliche Raumtemperatur wird gemessen (Regelgröße gleich Ist-Wert).

Soll je nach Tages- und Nachtzeit eine Anpassung der Raumtemperatur vorgenommen werden, wird von außen durch eine Führungsgröße in den geschlossenen Regelkreis eingegriffen. Die Führungsgröße, hier variierende Temperaturen zur Tag- und Nachtzeit, steuert nun den Regelkreis. Da die Ausgangsgröße „warme Heizung" mittels Ventilstellung durch mehrere Eingangsgrößen (z. B. Außentemperatur und Raumtemperatur) beeinflusst wird, spricht man von **Steuerung** oder einem offenen Regelkreis. Steuerung ist in einem offenen System wichtig.

Für die Darstellung eines betriebswirtschaftlichen Regelkreises wird der PDCA-Zyklus herangezogen (vgl. Abb. 4.1 links). Der PDCA-Zyklus hat seinen Ursprung in der japanischen Kaizen-Managementphilosophie. In Industrieunternehmen und im Dienstleistungssektor gehört er zu den Standardverfahren. Der PDCA-Zyklus beschreibt die Phasen als kontinuierlichen Verbesserungsprozess (KVP). Der KVP ist die Grundlage aller Qualitätsmanagementsysteme. Damit wird im Un-

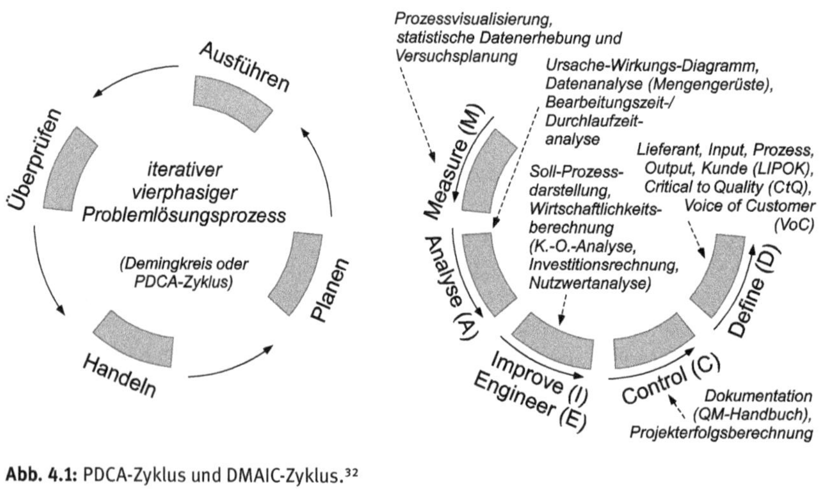

Abb. 4.1: PDCA-Zyklus und DMAIC-Zyklus.[32]

31 Siehe [Recknagel, H. (1992)], S. 318, vgl. hierzu auch neuere Definition nach [DIN IEC 600-351] in [Recknagel, H. (2017)], S. 419: Regelung: „Vorgang, bei dem fortlaufend eine variable Größe, der Führungsgröße, verglichen und im Sinne einer Angleichung an die Führungsgröße beeinflusst wird. Kennzeichen für das Regeln ist der geschlossene Wirkungsablauf, bei dem die Regelgröße im Wirkungsweg des Regelkreises fortlaufend sich selbst beeinflusst."
32 Quelle: eigene Darstellung.

ternehmen eine stetige Verbesserung der Prozesse und Abläufe verfolgt mit dem Ziel, die Effizienz, Kunden- und Mitarbeiterzufriedenheit zu verbessern. Es handelt sich im einen iterativen, vierphasigen Problemlösungsansatz, der aus den vier Phasen Planen (Plan), Ausführen (Do), Überprüfen (Check) und Handeln (Act) besteht. Da sich die Immobilienwirtschaft nicht wie das Business-Reengineering „täglich neu erfindet", ist der PDCA-Zyklus der adäquate Ansatz für das Immobilienmanagement. Die Inhalte der vier Prozessschritte lassen sich wie folgt beschreiben:

- **Planen:** Der jeweilige Prozess muss vor seiner eigentlichen Umsetzung komplett geplant werden.
- **Ausführen:** Der Prozess wird wie geplant eingeführt und umgesetzt.
- **Überprüfen:** Der Prozessablauf und eventuell seine Resultate werden überprüft, durch Soll-Ist-Abgleich werden eventuelle Abweichungen erkannt.
- **Handeln:** Die Ursachen der festgestellten Abweichungen werden abgestellt.

Der vierphasige Regelkreis lässt sich durch weitere Schwerpunkte ergänzen. Der fünfphasige DMAIC-Zyklus ist ein Qualitätsmanagementansatz für (Kern-)Prozesse. DAMIC steht für Define – Measure – Analyse – Improve – Control. Dabei werden zunächst qualitätsrelevante Prozesse definiert, gemessen und visualisiert, analysiert, verbessert und dokumentiert. Der zu den Phasen passende Methodenbaukasten ist in Abbildung 4.1 rechts dargestellt. Der Aspekt der Ausführung ist im DMAIC-Zyklus verkürzt abgebildet. Eine Kombination aus PDCA-Zyklus und DMAIC-Zyklus ist für eine umfassende Betrachtung sinnvoll und ergibt schon einen sechsphasigen Zyklus. Die Anforderungen eines technischen und betriebswirtschaftlichen Regelkreises werden nun zu einem strategischen Regelkreis kombiniert (vgl. Abb. 4.2 links). Zur Berücksichtigung der Strategie in einem strategischen Regelkreis wird der PDCA-Zyklus um die Prozessschritte „(Teil-)Ziele definieren" mit den strategischen Vorgaben des Managements (angenehmes Raumklima) und „Koordinieren" der Interessenvertreter und Betroffenen ergänzt. Der Prozessschritt „Analysieren" (mittels Mitarbeiterumfrage) wird dem „Folgern" vorangestellt. Die Steuerungsmöglichkeit der Ausführung wird durch deren Aufsplittung in „Ausführen" und „Steuern" ermöglicht. Der Methodenbaukasten zur technischen und betriebswirtschaftlichen Unternehmensführung ist ebenfalls ausgewiesen.

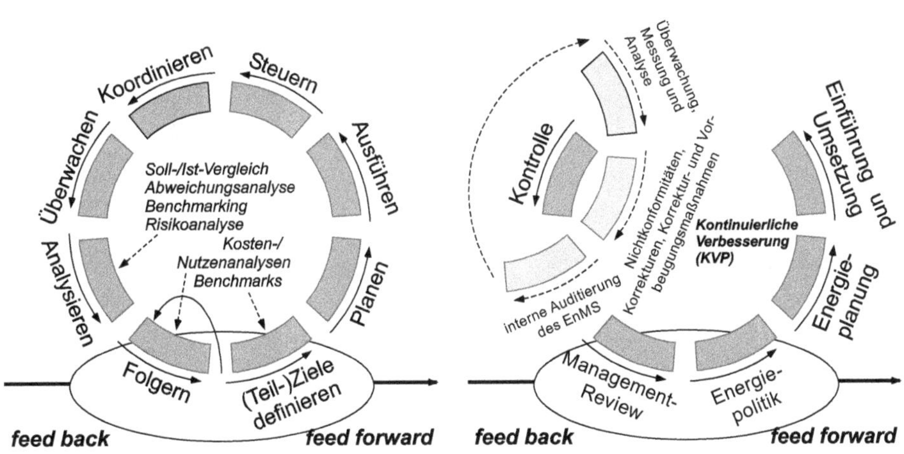

Abb. 4.2: Strategischer Regelkreis und Regelkreis im Energiemanagement.[33]

33 Quelle: eigene Darstellung.

Der erweiterte PDCA-Zyklus und der KVP-Ansatz finden auch bei der [DIN EN ISO 50001 2011-12] zum Energiemanagement ihre Anwendung. Ein KVP im Energiemanagement ist ein wiederkehrender Prozess, der eine Verbesserung der energiebezogenen Leistung sowie des Energiemanagements zum Ergebnis hat.[34]

Als zusätzlicher Schwerpunkt wird die Auditierung betrachtet. Bei Auditierung und Energiemanagement handelt es sich um zwei Kreise die sich überlagern (vgl. Abb. 4.2 rechts). In Abbildung 4.2 links ist der Ablauf zur kontinuierlichen Verbesserung in einem achtphasigen Regelkreis dargestellt. Nachfolgend wird beschrieben, wie Ziel-, Ist-, Plan- oder Soll-Werte in einem Prozess vorgegeben werden können. Hierfür sind Ist-Werte zu erheben, Vergleichswerte zu recherchieren und Soll-Werte zu definieren. Sofern keine Ist-Werte vorhanden sind, beginnt der Regelkreis mit der Recherche von Vergleichswerten.

Die einzelnen Werte werden nachfolgend beschrieben, Abbildung 4.3 zeigt ein Beispiel.

- **Ist-Wert:** der Wert, der nach der Definition des Ziel-, Grenz-, Kenn- oder Soll-Werts tatsächlich ermittelt wurde,
- **Zielwert:** der i. d. R. mit statistischen Methoden, z. B. als unteres Quartilsmittel einer Vergleichsgruppe, errechnete Wert, der als strategisches Ziel für die Mehrjahresplanung festgelegt wurde,
- **Grenzwert:** der i. d. R. mit statistischen Methoden, z. B. als arithmetisches Mittel einer Vergleichsgruppe, errechnete Wert oder der häufigste Wert einer Häufigkeitsverteilung (Modalwert, s. Abb. 4.3 links; bei Modalwerten ist zu berücksichtigen, dass eine Verteilung mehre Maxima besitzen kann),
- **(Vergleichs-)Kennwert:** der Wert, der als Vergleichsmaßstab herangezogen wird, z. B. der Grenzwert,
- **Soll-Wert** oder **Planwert:** der Wert, der die Ist-Situation berücksichtigt und als Grundlage für die 1- oder 2-Jahres-Planung festgelegt wurde.

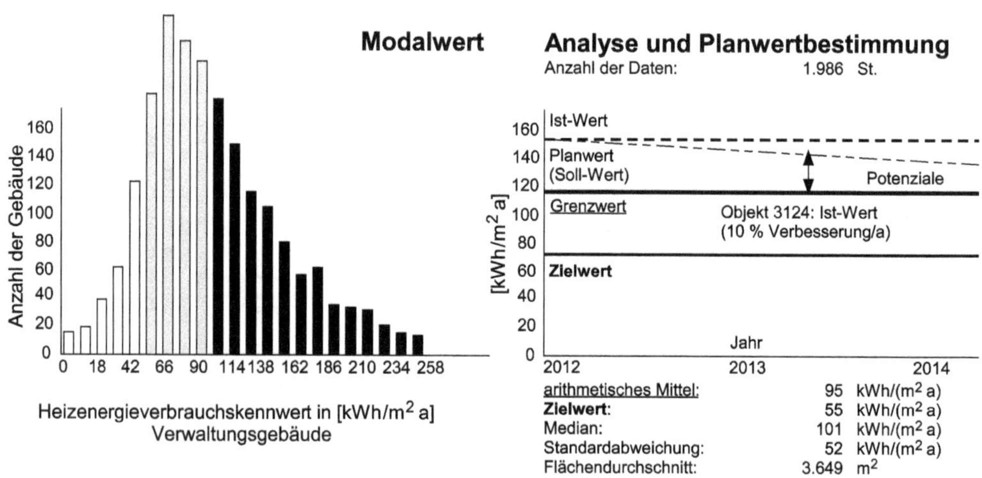

Abb. 4.3: Heizenergieverbrauch eines Verwaltungsgebäudes (BZK 1300), Analyse und Planwertbestimmung.[35]

---

34 Vgl. [DIN EN ISO 50001 2011-12], S. 7 ff.

35 Vgl. [VDI 3807 Bl. 2 2014-11], S. 107.

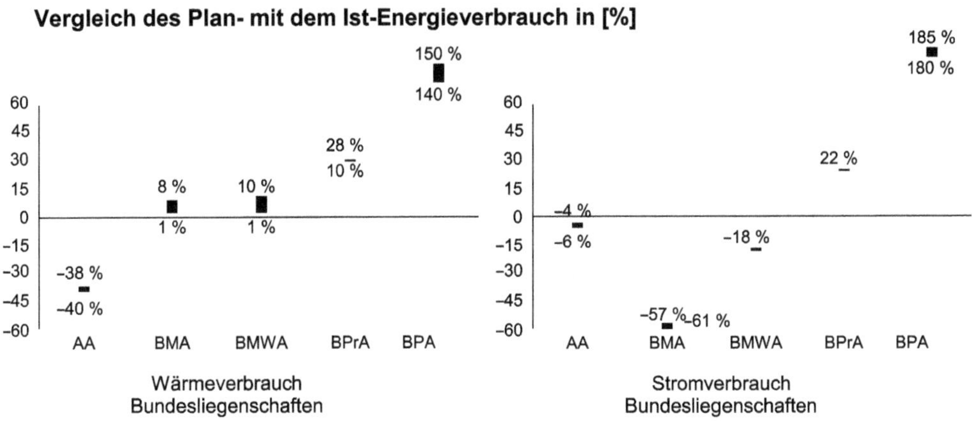

Abb. 4.4: Vergleich zwischen Plan- und Ist-Wert des Energieverbrauchs bei Bundesliegenschaften.[36]

Abbildung 4.4 zeigt, warum auch für technische Fragstellungen ein achtphasiger strategischer Regelkreis notwendig ist. Hier wurde nach einigen Jahren des Gebäudebetriebs der Vergleich zwischen geplantem (Soll-Wert) und tatsächlichem (Ist-Wert) beim Wärme- und Stromverbrauch gezogen. Dabei wurden erhebliche Abweichungen festgestellt. Hieraus ergaben sich für den planmäßigen Betrieb neue Zielvorgaben: Manches war anzupassen, einiges zu steuern und noch mehr zu koordinieren und vieles daraus zu folgern.

4.4.2 Strategischer Regelkreis der Immobilienwirtschaft

Der strategische Regelkreis wird in den klassischen Controlling-Kreislauf nach Bea[37] eingebunden und in den einzelnen Prozessschritten konkretisiert (vgl. Abb. 4.5). Abweichend von Bea wird allerdings der Steuerungsprozess explizit in die Betrachtung aufgenommen.

Selbst wenn

- als (Teil-)Ziel die Reduktion des Energieverbrauchs als Bestandteil des Energiemanagementsystems definiert, gewichtet und mit Zielwerten versehen wurde,
- ausgewählte bestehende Heizungsanlagen als Problemfeld identifiziert und aufbereitet wurden,
- die Reparatur oder der Austausch der Heizungsanlagen in Planalternativen untersucht und
- beschlossen wurde,
- Soll-Werte vorgegeben und im Unternehmen kommuniziert wurden und
- der Austausch und/oder die Reparatur durchgeführt wurde,

bleibt immer noch die Möglichkeit für den technisch Verantwortlichen (ggf. der Hausmeister), den ordnungsgemäßen Betrieb der Heizungsanlage zu überprüfen und Anpassungen an den Einstellungen selbst vorzunehmen. Dies betrifft dann den technischen Regelkreis im strategischen Regelkreis eines Immobilienunternehmens.

36 Vgl. [Böttcher, O. (2009d)], Folie 17.

37 Vgl. [Bea, F. (2004a)].

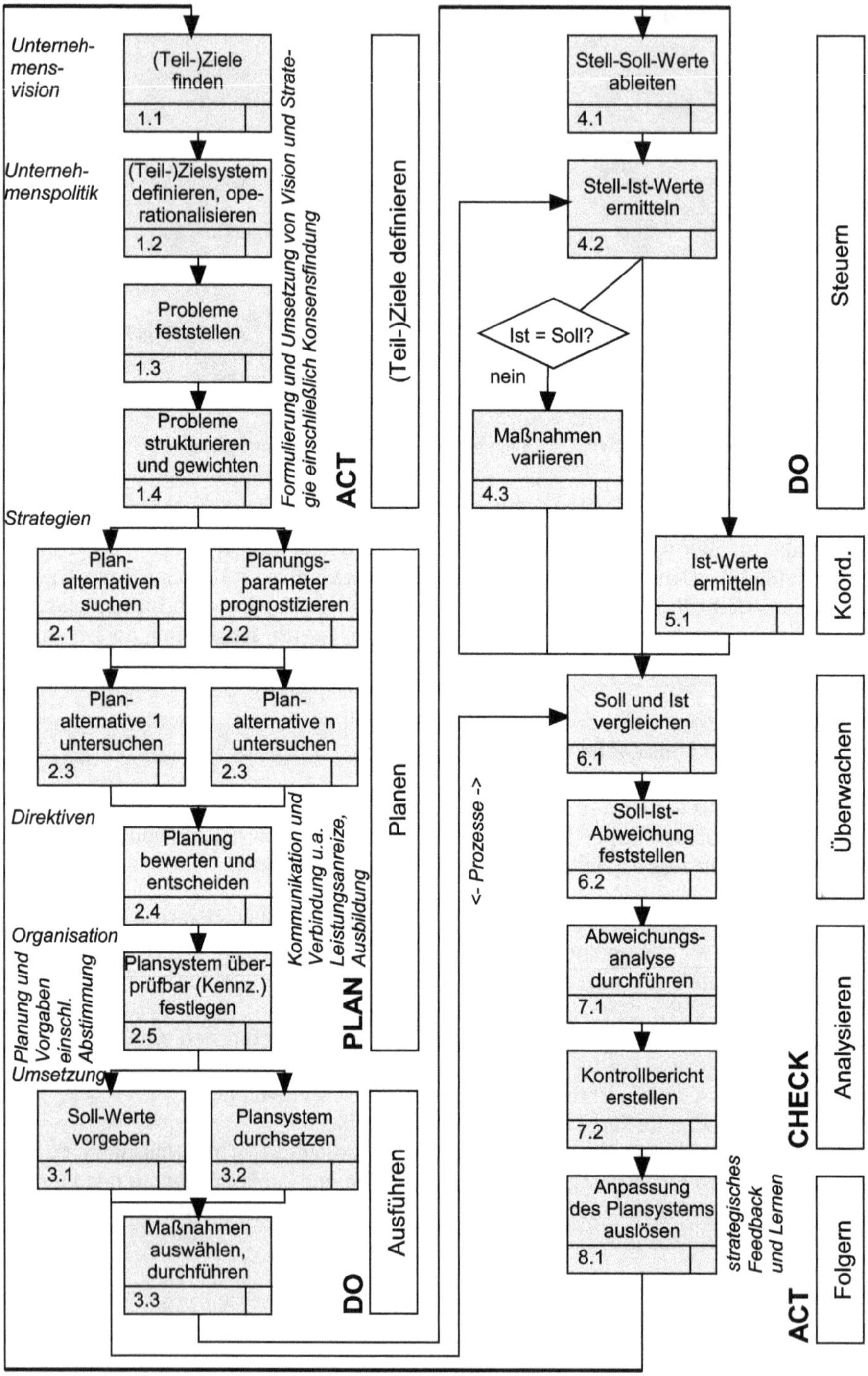

Abb. 4.5: Detaillierter strategischer Regelkreis.[38]

38 Quellen und Begrifflichkeiten vgl. [Bea, F. (2004a)], [Recknagel, H. (1992)], S. 318, [DIN EN ISO 19011 2012-12] sowie eigene Darstellung.

Der strategische Regelkreis beinhaltet also folgende Schritte:
- Die Ist-Werte werden ermittelt,
- mit den Soll-Werten verglichen,
- Abweichungen festgestellt,
- Analysen erstellt,
- Kontrollberichte erstellt und
- ggf. das ursprüngliche Plansystem angepasst.

In Abbildung 4.5 sind ausgewiesen der Controlling-Kreislauf, die Phasen der Balanced Scorecard (von der Unternehmensvision bis zu den Prozessen), der PDCA-Zyklus (Plan – Do – Check – Act) und der achtphasige strategische Regelkreis (von (Teil-)Ziele definieren bis folgern).

Literatur

[Bea, F. (2004a)] Bea, Franz Xaver (Hrsg.): Allgemeine Betriebswirtschaftslehre, Bd. 1; Stuttgart 2004.

[Böttcher, O. (2009d)] Böttcher, Olaf: Erfahrungen mit der Energiesparverordnung 2007 für Bundesbaumaßnahmen: Vortrag beim Facility-Management-Kongress am 22. April 2009 in Frankfurt am Main.

[DIN EN ISO 19011 2012-12] Leitfaden zur Auditierung von Managementsystemen, Deutsches Institut für Normung (Hrsg.): DIN EN ISO 19011; Berlin 2012.

[DIN EN ISO 50001 2011-12] Energiemanagementsysteme: Anforderungen mit Anleitung zur Anwendung, Deutsches Institut für Normung (Hrsg.): DIN EN ISO 50001; Berlin 2011.

[DIN IEC 60050-351 2014-09] Internationales Elektrotechnisches Wörterbuch: Teil 351: Leittechnik, Deutsches Institut für Normung (Hrsg.), Teil 351, DIN IEC 60050; Berlin 2014.

[GWH (2003)] Gemeinnützige Wohnungsgesellschaft mbH Hessen (Hrsg.): Bericht Wohnungsbewirtschaftung; Frankfurt am Main, 2003.

[Recknagel, H. (2016)] Recknagel, Hermann; Sprenger, Eberhard; Albers, Karl-Josef: Taschenbuch für Heizung und Klimatechnik: einschließlich Trinkwasser- und Kältetechnik sowie Energiekonzepte: Ausgabe 2017/2018, 78. Aufl.; München 2016.

[Reisbeck, T. (2006)] Reisbeck, Tilman; Schöne, Lars Bernhard: Immobilien-Benchmarking: Ziele, Nutzen, Methoden und Praxis; Berlin 2006.

[VDI 3807 Bl. 2 2014-11] Verbrauchskennwerte für Gebäude: Verbrauchskennwerte für Heizenergie, Strom und Wasser, Verein Deutscher Ingenieure (VDI) (Hrsg.): Bl. 2, VDI 3807; Berlin 2014.

4.5 Auf dem Weg zum (technischen) Immobilien-Controlling

Ulrich Bogenstätter

Nachdem der Ablauf in Form des strategischen Regelkreises geklärt wurde, sind nun die Kennzahlen nach Art der Daten und Datenherkunft zu klären.

4.5.1 Ziele planen (Plan)

Zu jedem Ziel ist die Kennzahl und die Vorgabe zu definieren (siehe hierzu Kap. 1.4, Abb. 1.4). Grundsätzlich sind dafür abhängige oder unabhängige, quantitative und qualitative, feste (konstante) und veränderliche (variable) Daten, absolute Zahlen und Verhältniszahlen zu unterscheiden. Danach ist die Kennzahl auszuwählen und der realistische Kennwert für eine Ziel-, Ist-, Grenz-, Vergleichs-, Soll- oder Plankennzahl festzulegen.

Abhängige oder unabhängige Daten

Eine Unterscheidung kann danach getroffen werden, ob es sich um abhängige oder unabhängige Daten handelt. Für eine Analyse sind insbesondere die von der Zielgröße abhängigen Daten wichtig, während die unabhängigen Daten die Einflussgrößen bestimmen. Zur Ermittlung der Zeit für eine Wegstrecke ist die Zeit die abhängige, die Länge der Wegstrecke das unabhängige Datum.

- Beispiele für abhängige Daten: Transportzeit, Geschwindigkeit
- Beispiele für unabhängige Daten: Weglänge, Anzahl, Gewicht

Quantitative und qualitative Daten

Unterschieden werden kann auch in quantitative und qualitative Daten. Quantitative Daten können Mess- oder Zähldaten sein. Wichtige Messdaten sind im Arbeitsstadium beispielsweise Zeiten für die Dauer von Abläufen oder Abschnitten.[39] Messdaten sind i. d. R. mit definierten Mengeneinheiten verbunden (z. B. Meter [m] oder Sekunde [s]). Messzahlen können Dezimalzahlen sein. Wichtige Zähldaten sind im Arbeitsstadium z. B. Stücke, in der Prozessanalyse z. B. die Anzahl der Instandhaltungsaufträge, im Instandhaltungsmanagement z. B. Ausfalltage einer Produktionseinheit einer Periode. Zähldaten sind Ganzzahlen. Mess- und Zähldaten sind die Grundlagen für Kennzahlen. Verbrauchsdaten sind i. d. Regel bezogene bzw. Verhältniszahlen: Der Motor verbraucht 3 [l/h] bei einem normierten Versuchsaufbau. Daneben gibt es noch Kostendaten, die in einer Währung ausgedrückt werden. Die Vergleichbarkeit und Reproduktionsfähigkeit ist wegen der Marktbedingungen, Währungsschwankungen und Wechselraten nur bedingt gegeben. Ein Überblick über die verschiedenen Datenarten wird in Kapitel 1.4, Abbildung 1.7 gezeigt.

Qualitative Daten können lediglich mit Worten beschrieben werden, die ein Urteil über eine Klasse eines Merkmals geben, z. B. eine „1" für Parlaments-, Gerichts- und Verwaltungsgebäude. Qualitative Merkmale sind von der Erfahrung und Übung des Beurteilenden und dessen präziser Beschreibung abhängig. Im Allgemeinen wird man versuchen, möglichst viele Daten quantitativ und nicht qualitativ zu erfassen.

Feste (konstante) und veränderliche (variable) Daten

Ebenso lassen sich feste (konstante) und veränderliche (variable) Daten unterscheiden. Feste Daten ändern sich nicht oder selten. Im Arbeitsstadium kann die Temperatur eines Raums eine konstante Größe sein oder die Zeit für das Tragen von Lasten in Abhängigkeit von der variablen Größe Gewicht.

Im Bereich Informatik der Betriebswirtschaftslehre werden Zustände als Stammdaten (konstant) und Bestandsdaten (variabel) unterschieden. Ein Stammdatum ist z. B. eine Flurstücknummer. Ein Bestandsdatum ist z. B. der Lagerbestand eines Einkaufzentrums. Ereignisse verändern Stamm- oder Bestandsdaten und werden durch Änderungs- oder Bewegungsdaten dokumentiert. Ein Änderungsdatum verändert Stammdaten, Bewegungsdaten verändern Bestandsdaten.[40] Die Zuordnung ist daher ausgehend vom Verwendungszweck vorzunehmen.

Absolute und Verhältniszahlen

Ein Überblick über quantitative und qualitative Kennzahlen wird ebenfalls in Kapitel 1.4.7, Abbildung 1.7 gegeben: Absolute Zahlen (Urzahlen) sind Zahlen ohne eine Bezugsgröße, z. B. der Verbrauch von 500 Litern Heizöl. Wird diese absolute Zahl zu einer Einheit in Beziehung gesetzt (bezogene Zahlen), erhalten die absoluten Zahlen eine Aussagekraft, z. B. 500 Liter Heizöl in einem Jahr. Verhältniszahlen ergeben sich aus dem Verhältnis zweier bezogener Zahlen und ermöglichen den Vergleich verschiedener Daten, z. B. lag der Verbrauch im Jahr 2001 bei 500 Litern, im Jahr 2002 bei 450 Litern.

---

39 Vgl. [REFA (1997)], S. 16.

40 Vgl. [Stahlknecht, P. (2002)], S. 142.

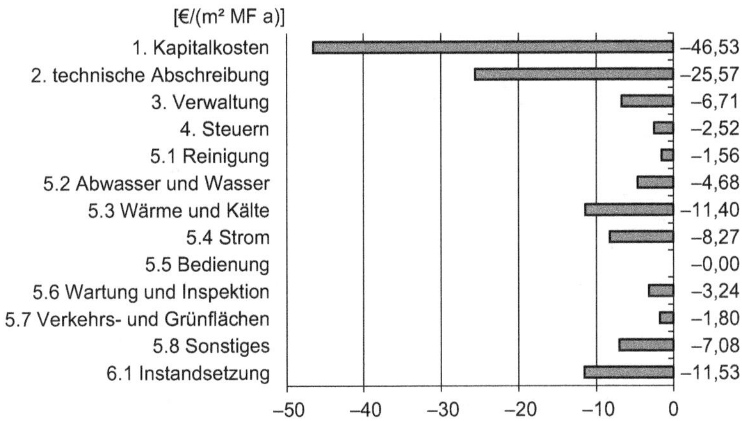

Abb. 4.6: Baunutzungskosten nach [DIN 18960-1 1976-04] für Bauwerksgruppe 612 „Doppel- und Mehrfamilienhäuser".[41]

Ist-Wert ermitteln

Aus technischer Sicht sind die wesentlichen Kostenblöcke nach [DIN 18960-1 1976-04] am Beispiel der Doppel- und Mehrfamilienhäuser dargestellt (s. Abb. 4.6). Zu den Kostentreibern gehören Kapitalkosten und technische Abschreibung, Instandsetzung, Wärme und Kälte, Strom und neben Sonstiges die Verwaltungskosten.

Die betriebswirtschaftliche Sicht spiegelt sich insbesondere in der Gewinn-und-Verlustrechnung (GuV) wieder (s. Abb. 4.7). Aus Sicht des Immobilienunternehmens sind wesentliche Werttreiber – ohne Berücksichtigung der Betriebskosten, die an den Mieter durchgereicht werden – die Soll-Netto-Kaltmiete, die steuerliche Abschreibung, Verwaltungskosten (Personalkosten und sonstige betriebliche Aufwendungen), die Instandhaltung und Kapitalkosten.

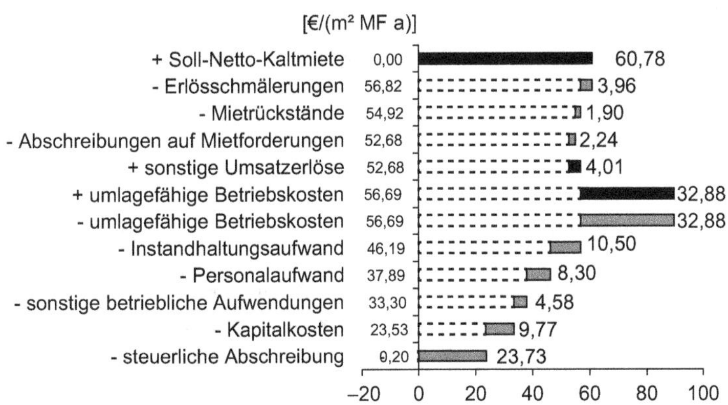

Abb. 4.7: Gewinnberechnung aus Kennwerten in der Wohnungswirtschaft.[42]

41 Vgl. [Bogenstätter, U. (2001)], S. 167 ff.

42 Kennwerte aus eigenen Berechnungen unter Verwendung von: [Bogenstätter, U. (2001)], [BCG (2007)], [GdW (2004j)], § 28 [II. BV 2007], [Deloitte Deutsche Baurevision (2005b)], [KGSt B 9/1984].

(Vergleichs-)Kennwerte recherchieren

Die GEFMA 100 definierte Facility-Management unter Beachtung des Lebenszyklus aller Prozesse eines Gebäudes als „die Betrachtung, Analyse und Optimierung aller kostenrelevanten Vorgänge rund um ein Gebäude, ein anderes bauliches Objekt oder eine im Unternehmen erbrachte (Dienst-)Leistung, die nicht zum Kerngeschäft gehört“[43]. Wesentliches Element zur Betrachtung, Analyse und Optimierung von Gebäuden ist der Vergleich mit Kennzahlen, die zur Zieldefinition als Ziel- oder Soll-Werte oder zur Plausibilitätskontrolle der Ist-Werte herangezogen werden. Um die kostenrelevanten Vorgänge zu identifizieren, müssen inhaltliche Unterscheidungen vorgenommen werden, um nicht Gefahr zu laufen, Äpfel mit Birnen zu vergleichen.

Kennzahlen ermöglichen die Einschätzung einer Immobilie als gut oder schlecht. Eine Differenzierung nach Gebäudenutzungsarten ist jedoch unerlässlich. Ein Bürogebäude hat eine andere Kostenstruktur als ein Wohngebäude. Die Differenzierung von Gebäuden nach Nutzungen ist komplex.

Je nach Anwendungsfall haben sich unterschiedliche Gruppen von Gebäudenutzungsarten entwickelt.

- Die öffentliche Hand verwendet i. d. R. seit Langem den Bauwerkszuordnungskatalog (BWK)[44], der von der ARGEBAU – dem Hochbauausschuss der Länder (LAG) erarbeitet wurde. Er berücksichtigt in der Hauptsache die Baumaßnahmen der öffentlichen Hand und differenziert gewerbliche bauliche Anlagen nur in geringem Umfang. Er wird auch innerhalb der öffentlichen Verwaltung der Länder nicht einheitlich verwendet. Das Baukosteninformationszentrum Deutscher Architektenkammern (BKI)[45] stützt sich ebenso wie die Architektenkammer von Nordrhein-Westfalen[46] seit Langem auf den BWK der LAG, allerdings mit erheblichen Modifizierungen der Gruppierungen insbesondere in der Ziffer 7 „Gebäude für Produktion, Werkstätten und Lagergebäude“. Die [VDI 3807 Bl. 2 2014-11][47] für Verbrauchskennwerte für Gebäude baut ebenfalls auf der Systematik des BWK auf.
- Das Statistische Bundesamt verwendet für statistische Erhebungen den Bauwerksschlüssel nach der „Systematik der Bauwerke“[48]. Dieser enthält wichtige Definitionen, z. B. „Signierschlüssel für Nichtwohngebäude“[49], und unterscheidet sich darin grundlegend von dem BWK der LAG und dem Bauwerksschlüssel der Architektenkammern.

Die genannten Schlüssel für Bauwerksgruppen sind in Bereichen außerhalb der öffentlichen Hand, z. B. im Handel und in der Industrie, weitgehend unbekannt. Sofern mit Bauwerksschlüsseln gearbeitet wird, werden in firmen- oder branchenspezifischen Arbeitskreisen erarbeitete Bauwerksschlüssel verwendet, wie z. B. in der Arbeitsgemeinschaft Industriebau (AGI).[50]

Die genannten Bauwerksschlüssel und die speziellen Bezeichnungen aus der Literatur ergeben über 1.300 differenzierte Nutzungen von Gebäuden, die sich bei unterschiedlichen Fragestellungen nicht immer eindeutig abgrenzen lassen. Erhebliche Probleme bereiten auch Nutzungsänderungen während der Standzeit eines Gebäudes. Was heute eine Schule ist, kann morgen ein Bürogebäude sein.

Die unterschiedliche Begriffswahl der Kataloge erschwert die Zusammenführung zu einem gemeinsamen Katalog. Für die Verwendung vorhandener Bauwerksdaten zum Zweck der Analyse wurde jedoch ein einheitlicher Bauwerkszuordnungskatalog (BZK) entworfen. Er orientiert sich

---

43 [GEFMA 100-1 E 2004-07], S. 4 f.

44 Siehe [LBB 1.12-1990], S. 18.

45 Siehe [BKI (1998a)].

46 [AK NRW (1993R)].

47 Siehe hierzu [VDI 3807 Bl. 2 2014-11], Anhang Bauwerkszuordnungskatalog, S. 73–100.

48 [StBA (1978)], S. 15 ff.

49 [StBA (1978)], S. 3 ff.

50 Siehe [AGI N3 (1982)].

grundsätzlich am Bauwerkszuordnungskatalog der ARGEBAU, wurde jedoch um die Bauwerksnutzungsarten anderer Publikationen ergänzt und wird hier verwendet.[51]

Ausgehend von der Aussage, dass Kennzahlen zur Beurteilung von Gebäuden benötigt werden, ist bei der Auswahl eines Gliederungssystems die homogene Qualität und Quantität des verfügbaren Datenmaterials zu prüfen. Weitergehende Analysen lassen sich jedoch insbesondere unter Betrachtung der Ausprägung gebäudespezifischer Merkmale durchführen. Dokumentiert werden i. d. R. entweder die Investitionskosten (hier: Herstellungskosten) oder die Verbrauchsmittelkosten. Hinweise zu den Grundstückskosten liegen selten vor. Auch zu den Personalkosten oder Dienstleistungen liegen meist nur wenige Angaben vor.

Grundsätzlich sind Kennzahlen für das Projekt- und Objektgeschäft zu unterscheiden.

Kennzahlen im Projektgeschäft

In der [DIN 276-1 2008-12] werden die Kosten in etwa 220 Kostengruppen erfasst und in zwei weiteren Hierarchiestufen zusammengefasst. In Kombination mit etwa 64 Leistungsbereichen ergibt sich eine sehr detaillierte Kostenbeschreibung eines Projekts, die sich für die Aufgaben der Kostenrechnung verwenden lassen. Sowohl die HOAI als auch die DIN 276 sind meist Grundlage von Projekten und ermöglichen eine Zielvorgabe, die Kostenerfassung und das Controlling des Projekterfolgs, da umfangreiche Analysemöglichkeiten und Frühwarnmethoden zur Verfügung stehen.

Da diese Normen, Regelwerke und Verordnungen in dieser oder ähnlicher Form bereits seit einigen Jahrzehnte angewendet werden, finden sich umfangreiche Möglichkeiten zum Vergleich mit anderen Projekten, die unternehmensintern, aber auch öffentlich dokumentiert sind (s. unten Tab. 4.3).

So sind die Investitionskosten von über 3.600 Bauwerken durch die Informationsstelle für Wirtschaftliches Bauen (IWB) in Freiburg dokumentiert. Die Bauaufgaben der öffentlichen Hand sind sowohl bei der IWB als auch bei anderen Dokumentationsstellen gut dokumentiert. Die Bauwerksnutzungsarten Schulen und Sportstätten sind besonders stark vertreten.[52] Während das IWB sich durch einen breiten Gebäudemix auszeichnet, sind die Daten des Baukosteninformationszentrums der Architektenkammern (BKI) bei Neubauten/Altbauten mit rd. 2.000 Objekten vornehmlich auf Kindertagesstätten (rd. 7 %)[53] und Wohngebäude (rd. 40 %)[54] ausgerichtet. Vereinzelt finden sich Angaben in Zeitschriften, wie z. B. in „Bauverwaltung + Bauamt & Gemeindebau“[55].

Lokalisiert man die dokumentierten Daten nach Bundesländern, so zeigte sich ein Schwerpunkt im süddeutschen Raum, in Baden-Württemberg und Bayern. Viele Objekte wurden in den 1980er-Jahren erfasst.[56] Eine nach „Baukonstruktion“ und „Technische Anlagen“ differenzierte Betrachtung der Kostengruppen 300 und 400 gemäß [DIN 276-1 2008-12] lassen lediglich die öffentlichen Daten des BKI zu.

Ebenfalls eine gute Quelle zur Ermittlung der Projektkosten ist die Sachwertrichtlinie[57], nach der die Bauwerkskosten in Abhängigkeit zu Standards ermittelt werden.

Kennzahlen im Objektgeschäft

Für das Objektgeschäft liegen öffentlich weitgehend keine Ertragskennzahlen auf Objektebene vor, nur vereinzelt gibt es Untersuchungen, die aber älteren Datums sind. Systematische Untersuchungen sind selten.

51 Siehe [Bogenstätter, U. (2001)], Anhang.
52 Siehe [Bogenstätter, U. (2001)], S. 124.
53 BZK 44, Neu- und Altbau gleichermaßen.
54 BZK 61, Neu- und Altbau gleichermaßen.
55 Siehe [BBG (1987l)].
56 Siehe [Bogenstätter, U. (2001)], S. 124, Stand 2001.
57 Siehe [SW-RL 2012].

Die Immobilienverbände geben auf Unternehmensebene aggregierte Kennzahlen bekannt. So publiziert der Gesamtverband der Wohnungswirtschaft (GdW) regelmäßig wohnungswirtschaftliche Daten und Trends seiner Mitgliedsunternehmen mit rd. 6 Mio. Wohneinheiten. Hierzu gehören neben der Entwicklung des Wohnungsangebots und Trends in der Wohnungsnachfrage auch Informationen zur Situation auf den Wohnungsmärkten mit Mieten und Betriebskosten oder zum Leerstand. Betriebliche Unternehmenskennzahlen homogener Immobilienbestände lassen Rückschlüsse auf die Performance von Objekten eines Marktsegments zu. Bei gewerblichen Immobilien gibt der Deutsche Immobilien Index (DIX) Hinweise. Zusätzlich kann auf die Veröffentlichungen der Branche zur Wertermittlung zurückgegriffen werden.

Die meisten öffentlichen objektbezogenen Daten liegen zu Kosten und Verbräuchen vor. In Bezug auf Verbrauchsgüter besteht eine hohe Dokumentationsdichte bei Verwaltungsbauten und Schulen. Sie könnten einer überdurchschnittlichen Betriebsüberwachung unterliegen. Besonders zu erwähnen sind die ursprünglich vom Bundesministerium für Forschung und Technologie (BMFT) geförderte Untersuchung von 2.758 Gebäuden aus dem Jahre 1990 und die spätere Datenanalyse von ages bezogen auf rd. 25.000 Objekten bzw. die Richt- und Mittelwerte (Modalwerte) nach [VDI 3807 Bl. 2 2014-11].

Daneben erfolgten insbesondere auf bestimmte Bauwerksgruppen spezialisierte Untersuchungen, wie z. B. die von techem mit etwa 1,5 Mio. Mieteinheiten in Wohngebäuden in Bezug auf den Heizenergieverbrauch.

Erwähnenswert ist auch die Datenauswertung der „Kommunalen Gemeinschaftsstelle für Verwaltungsmanagement“ (KGSt) und der „Kommunalen Immobilien Jena“ (KIJ) aus dem Jahr 2006, die 3.719 Gebäude im kommunalen Bereich analysiert haben.

Die Daten des Baukosteninformationszentrums der Architektenkammern (BKI)[58] zu den Nutzungskosten von 240 Objekten, größtenteils Kindertagesstätten (rd. 49 %)[59], sind bei allen Objekten unvollständig. Belastbare statistische Aussagen können hier wegen vieler Leerstellen nicht getroffen werden.

Rotermund.ingenieure geben den Bericht fm.benchmarking als FM-Kennzahlenvergleich heraus. Grundlage sind rd. 4.100 Objekte mit dem Schwerpunkt bei Bürogebäuden sowie Unterrichts- und Bildungsgebäuden (vgl. Abb. 4.8). Eine eindeutige Zuordnung zum BZK wurde nachträglich vorgenommen. Die Aussagekraft der Kennzahlen ist in der praktischen Anwendung begrenzt, da die Streubreiten z. T. erheblich und Lücken vorhanden sind. Auch ist die Differenzierung zu gering.

Im gewerblichen Bereich sind insbesondere der Benchmark-Report der IFMA sowie Untersuchungen von AtisReal, „Corporate Real Estate Information System GmbH“ (CREIS), Jones Lang LaSalle (JLL) oder Real I. S. zu nennen. Diese legen jedoch nicht die Daten der einzelnen Objekte offen.

Ein weiterer Datenpool zu den kalten Betriebskosten wurde in der Wohnungswirtschaft nach der Geislinger Konvention angelegt. Hier liefert auch der Gesamtverband der Wohnungswirtschaft (GdW) ein breit gefächertes Zahlenwerk.

Kennzahlen müssen so aufbereitet werden, dass die Bildung von Kennwerten als Grundlage für Steuerungsentscheidungen ermöglicht wird. Der Grund für mangelhafte Kennzahlen im Objektgeschäft liegt u. a. darin, dass keine allgemeinverbindliche Definition der Kostenarten vorliegt. Diesem Mangel versucht z. B. die Geislinger Konvention zu begegnen, die für die Wohnungswirtschaft unternehmensübergreifend die Kostenartengliederung zumindest für den Bereich der Betriebskosten definiert hat. Diese Kostenartengliederung ermöglicht zusammen mit sog. Strukturdaten von Gebäuden Betriebskostenvergleiche auf Objektebene. Auf der Grundlage der Geislinger Konvention baut der Verband Norddeutscher Wohnungsunternehmen (VNW) eine entsprechende Datenbank für Betriebskostenkennzahlen auf.

---

58 Siehe [BKI-2 (1996N)], 1.221 Neubauten/538 Altbauten.

59 Vgl. BZK 44.

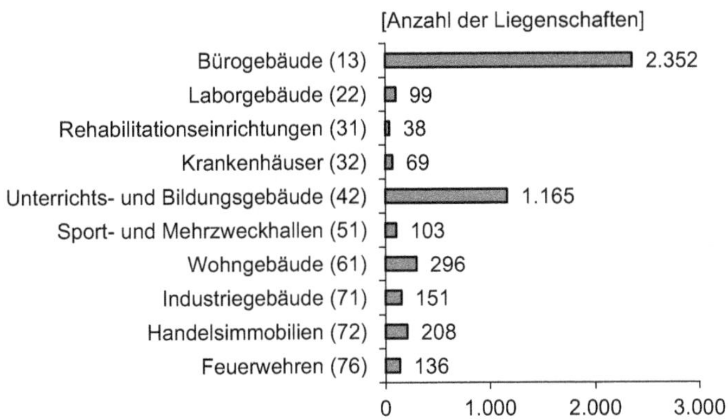

Abb. 4.8: Kennzahlen nach Rotermund.[60]

Betriebskostenmanagement in der Wohnungswirtschaft

Von besonderem Interesse sind in der Wohnungswirtschaft die Betriebskosten, deren Anteil an der Miete steigt. In der Wohnungswirtschaft spricht man von der „zweiten Miete". Die Steigerung ist bei einzelnen Betriebskostenarten, z. B. Energie und Müllentsorgung, überproportional.

Es ist daher davon auszugehen, dass die Bedeutung eines Betriebskostenmanagements an Bedeutung gewinnen wird, um einer weiteren Erhöhung der zweiten Miete entgegenzuwirken. Durch die gesetzlichen Rahmenbedingungen für Wohnimmobilien ist das Umlage- und Abrechnungsverfahren gemäß [BetrKV 2012] von besonderer Bedeutung.

Die Diskussionen in der Wohnungswirtschaft werden stark davon bestimmt, welche Kosten vom Mieter (umlagefähig) und welche vom Vermieter (nicht umlagefähig) zu tragen sind. Unabhängig von einer Betrachtung umlage- oder nicht umlagefähiger Kosten bestimmt die Bruttomiete entscheidend die gesamte Mietbelastung eines Mieters sowie die Rentabilität der Investition für den Vermieter.

Ein effektives Betriebskostenmanagement erfordert genaue Kenntnisse der die Betriebskosten bestimmenden Strukturdaten und der Einzelbetriebskosten nach Art und Höhe. „Das setzt eine Vergleichbarkeit der jeweiligen Betriebskostenpositionen bzw. der die Kosten verursachenden Leistungen voraus."[61] Aber nicht nur das Betriebskostenmanagement, sondern alle Teile der objektbezogenen Kosten-Leistungs-Rechnung müssen in die Unternehmens- und Objektführung eingebunden werden. Hierzu sind z. B. die Methoden des Controllings anzuwenden.[62]

Datenbanken

Erst Datenbanken ermöglichen die Generierung von Kennzahlen, den Vergleich von Bauwerken und die Definition von Benchmarks. Hierdurch werden Optimierungspotenziale offensichtlich. Eine Übersicht der verfügbaren Datenbanken bzw. Kennzahlen ist in Tabelle 4.3 dargestellt. Auf der Grundlage öffentlich verfügbarer Datenbanken und Modellberechnungen zu rd. 3.600 dokumentierten Projekten hat der Verfasser Kennzahlen als Orientierungszahlen in Abhängigkeit zur Bauwerksnutzungsart ermittelt.[63]

---

60 Vgl. [Rotermund (2015)].

61 [HfWU (2001j)], S. 2 f.

62 Siehe Bogenstätter, Ulrich, in: [Kippes, S. (2005)].

63 Vgl. [Bogenstätter, U. (2001)], S. 121 ff., 166 ff.

Tab. 4.3: Übersicht öffentlicher Datenbanken und -quellen.

KGR	Quelle	BKI u. a.[a]	IWB[b]	OFD-N[c]	ages[d]	AGI[e]	BINE[f]	BdSt[g]	Rotermund[h]	IRN[i]	GdW[j]	HIS[k]	IFMA[l]	KGSt/KIJ[m]	KID[n]	MBW[o]	AtisReal[p]	BFE[q]	CREIS[r]	Deloitte[s]	empirica[t]	MSCI[u]	Herbst[v]	IFMA[w]	JLL[x]	JLL	PHV[y]	Real I. S.[z]	techem[aa]	ZNWB[ab]	ZNWB[ac]	Deloitte[ad]	FKGB[ae]	GALK[af]	SW-RL[ag]	Destatis[ah]	CBRE
Datenqualität (s. Hinweise) A		1,2				3											4															5				6	
	Anzahl der Gebäude (Liegenschaften), soweit nichts anderes vermerkt	rd. 2.000	3.599	rd. 70	rd. 25.000	42	2.758	1.342	4.617	> 100.000 WE	rd. 6 Mio. WE	8	589	3.719	rd. 528	953	400	22 (Hotels)	rd. 568 + 225	7.000 (Hotels)	800.000 WE	~ 80.000	56	152	254, zusätzl. 159	41 Shopping-Center	100.000 Parkpl.	~ 4.500 + ~ 1.500	1,5 Mio. WE	(rd. 600)	73			Außenanlagen			
Investitionskosten																																					
100	Grundstück																																				
200	Herrichten, Erschl.																																				
300	Baukonstruktion							B			M		B											B								M					
400	technische Anlagen							B			M		B																			M					
500	Außenanlagen																																				
600	Mobilien																																				
700	Baunebenkosten																																				

Zeichenerklärung

Trifft voll zu
Trifft eingeschränkt zu
Hinweise beachten

a = allseitig umschlossen mit Decke, B = Baumaßnahmen allgemein, M = Modernisierung allgemein, W = Wohneinheit

[a] Siehe rd. 52 Neubauprojekte in [BBG (1987l)], nach Projektliste des BKI rd. 1.220 Neubauprojekte, rd. 540 Projekte (Erweiterungen, Umbauten und Modernisierungen), rd. 240 Projekte für Nutzungskosten ([http://www.bki.de] (letzter Aufruf: 14.03.2017)), siehe für Baukosten von Neubauten [BKI N2] bis [BKI N14], von Altbauten [BKI A1] bis [BKI A10], für Nutzungskosten [BKI NK1] bis [BKI NK5], [BKI NK2017] und für Freianlagen [BKI F1] bis [BKI F7].

[b] Siehe rd. 2.900 abgerechnete Neubaumaßnahmen in: [IWB (1997d)], 3.599 in: PLAKODA [fm.bwl-IWB (2016)].

[c] Zum Beispiel [OFD N LB 10-9051].

[d] Siehe [ages (2005)], Basis sind 25.000 Nicht-Wohngebäude mit mehr als 45.000 Verbrauchsdaten sowie Wärmeverbrauchskennwerte von Mehrfamilienhäusern auf der Basis von 120.000 Datensätzen: Die Verbrauchskennwerte 2005 enthalten Kennwerte für 48 Gebäudegruppen und 180 Gebäudearten, siehe auch [VDI 3807 Bl. 2 2014-11] mit vorwiegend Verbrauchsmessungen aus dem Erhebungszeitraum 2004–2005.

[e] Siehe [AGI N3 (1982)] (vergriffen), [AGI W1 (1985)] (vergriffen), [AGI W2 (1988)] (vergriffen), [AGI W5 (1992)], Büro- und Laborgebäude [AGI W5 (2014)].

[f] Siehe [BMBFT (BINE)].

[g] Siehe [BdSt (1996L)].

[h] Siehe [Rotermund (2015)], rd. 78 Mio. [m^2_{BGF}], vom Leser wegen fehlender Transparenz nur bedingt nachvollziehbar 4.617 Immobilien.

[i] Siehe Immobilienservices Rhein-Neckar (vgl. [http://immobench.de] (letzter Aufruf: 11.03.2017)).

[j] Siehe [GdW (2016k)], S. 15.

[k] Siehe [HIS 106].

[l] Siehe [IFMA (2004)], vgl. [Reisbeck, T. (2006)], S. 181 ff.

[m] Siehe [Gergele, M. (2007d)], S. 64 f. und [Gergele, M. (2006e)].

Tab. 4.3: (Fortsetzung)

KGR	Quelle	BKI u. a.[a]	IWB[b]	OFD-N[c]	ages[d]	AGI[e]	BINE[f]	BdSt[g]	Rotermund[h]	IRN[i]	GdW[j]	HIS[k]	IFMA[l]	KGSt/KIJ[m]	KID[n]	MBW[o]	AtisReal[p]	BFE[q]	CREIS[r]	Deloitte[s]	empirica[t]	MSCI[u]	Herbst[v]	IFMA[w]	JLL[x]	JLL	PHV.[y]	Real I. S.[z]	techem[aa]	ZNWB[ab]	ZNWB[ac]	Deloitte[ad]	FKGB[ae]	GALK[af]	SW-RL[ag]	Destatis[ah]	CBRE
Nutzungskosten																																					
100	Kapital																																				
200	Objektmanagement																															W					
300	Betrieb																																				
310	Versorgung									W																											
320	Entsorgung																																				
330	Reinigung Gebäude																																				
340	Reinigung Außenanl.									W																											
350	Bedienung, Wartung																																				
360	Sicherheit, Überw.																																				
370	Abgaben und Beiträge																																				
400	Instandsetzung																																				

Zeichenerklärung

Trifft voll zu
Trifft eingeschränkt zu
Hinweise beachten

a = allseitig umschlossen mit Decke, B = Baumaßnahmen allgemein, M = Modernisierung allgemein, W = Wohneinheit

[n] Siehe [AK NRW (1993R)].
[o] Siehe [Siebert, L. (1997i)].
[p] Siehe [AtisReal KRO 2005], vgl. [Reisbeck, T. (2006)], S. 161 ff.
[q] Siehe [BFE (2010P)].
[r] CREIS (vgl. [www.creis.de], letzter Aufruf: 10.03.2017) in Zusammenarbeit mit JLL: Büro OSCAR 568 Gebäude mit 8,54 Mio. [m^2_{NRF}], Logistik-OSCAR 225 Lager- und Umschlagimmobilien mit 5,30 Mio. [m^2_{NRF}], zzgl. Retail OSCAR.
[s] Siehe Deloitte (vgl. [www.hotelbenchmark.com] (letzter Aufruf: 22.06.2007)), [Ertragsschub für die deutsch... (2007d)].
[t] Siehe [http://www.empirica-institut.de], rd. 800.000 WE auf der Basis der CBRE-Datenbank.
[u] Siehe [www.msci.com/real-estate] (letzter Aufruf: 11.03.2017), in den DIX fließen 1.994 Grundstücke ein: [MSCI (2015d)].
[v] Siehe [Herbst, S. (1996h)].
[w] Siehe [Runge, F. (2006e)], S. 52–55.
[x] Siehe [JLL Oscar 2005], vgl. [REISBECK, T. 2006], S. 170 ff.
[y] Siehe [Parkhausverband (2003l)].
[z] Siehe Real I. S. in: [Reisbeck, T. (2006)], S. 174 ff.
[aa] Siehe [Techem (2016)], Auswertung des Wärme- und Wasserverbrauchs > 1,5 Mio. Wohneinheiten in über 100.000 Mehrfamilienhäusern, keine Angaben zu Stromkosten.
[ab] Siehe [ZBWB-S.TiB (1994e)], [ZBWB-S.TiB (1993b)].
[ac] Siehe [Sagebiel, U. (1983)].
[ad] Siehe [Deloitte Deutsche Baurevision (2005b)].
[ae] Siehe [FKGB (1996f)].
[af] Siehe [GALK (2012E)].
[ag] Siehe [SW-RL 2012].
[ah] Siehe Datenbank des Statistischen Bundesamtes (GENESIS-Online Datenbank – http://www-genesis.destatis.de (letzter Aufruf: 17.03.2017)).

Tab. 4.3: (Fortsetzung)

KGR Quelle	BKI u. a.[a]	IWB[b]	OFD-N[c]	ages[d]	AGI[e]	BINE[f]	BdSt[g]	Rotermund[h]	IRN[i]	GdW[j]	HIS[k]	IFMA[l]	KGSt/KIJ[m]	KID[n]	MBW[o]	AtisReal[p]	BFE[q]	CREIS[r]	Deloitte[s]	empirica[t]	MSCI[u]	Herbst[v]	IFMA[w]	JLL[x]	JLL	PHV[y]	Real I. S.[z]	techem[aa]	ZNWB[ab]	ZNWB[ac]	Deloitte[ad]	FKGB[ae]	GALK[af]	SW-RL[ag]	Destatis[ah]	CBRE
Erträge										W																										
– Mietausfallwagnis/Leerst.																																				
– Verkehrswerte																																				
Flächen[ai]																																				
BRI	a	a																																		
BGF	a	aj		ak	al																															
NGF														a																						
NF														a																						
HNF	a																																			
NE														am																						
WF/MF																																				
BHF																																				
Parkpl.																																				
Nutzer																																				

Zeichenerklärung

Trifft voll zu
Trifft eingeschränkt zu
Hinweise beachten

a = allseitig umschlossen mit Decke, B = Baumaßnahmen allgemein, M = Modernisierung allgemein, W = Wohneinheit

[ai] Zur Einschätzung der Qualität der Kennzahlen und Datengrundlage wird folgende Gruppeneinteilung vorgenommen: A Statistisch erhobene Kennzahlen; A1 Gebäudedaten, Gewichtung und Merkmale sind offengelegt, Analysen sind repräsentativ im Sinne der Statistik; A2 wie A1, nicht repräsentativ; A3 wie A2, ohne Angabe der Gebäudedaten, A4 wie A3, ohne Angabe der Gewichtung der Gebäudenutzungsart; A5 wie A4, ohne Angabe der Anzahl der Gebäude; B Durch Rechenmodelle abgeleitete Kennzahlen; C Thesenhafte Kennzahlen; NE Nutzeinheit; BRI Brutto-Rauminhalt nach [DIN 277-1 2016-01], ggf. Bereich a; BHF Beheizte Fläche, BGF Brutto-Grundfläche nach [DIN 277-1 2016-01], ggf. Bereich a; NGF Netto-Raumfläche nach [DIN 277-1 2016-01], ggf. Bereich a; NUF Nutzfläche nach [DIN 277-1 2016-01], ggf. Bereich a; NUF 1–6 nach [DIN 277-1 2016-01], ggf. Bereich a; WF Wohnfläche (vgl. [DIN 283 (aufgehoben) Bl. 1 1951-03] und [II. BV 1996]); MF vgl. [gif MF/G 2012-05]; SBK Summe der Bauwerkskosten, Kgr. 300+400 nach [DIN 276 1993-06]; IH Instandhaltungsraten nach [AGI W5 (1992)].

[aj] Diese Bezugsgröße wird nicht für alle Gebäudenutzungsarten gleichermaßen verwendet.

[ak] Von der Gesamtanzahl der Gebäude beziehen sich rd. 2.600 auf BGF, 2.300 auf NUF 1–6 und 5.700 auf sonstige Flächen.

[al] Siehe BRI, NF, BGF nach [AGI N3 (1982)], teilweise NGF [AGI W1 (1985)], NUF 1–6 [AGI W2 (1988)].

[am] Diese Bezugsgröße wird nicht für alle Gebäudenutzungsarten gleichermaßen verwendet.

In Tabelle 4.4 sind die Variationsbreiten aggregierter Kostengruppen nach DIN 276 (Projektkosten) zusammengestellt. Grundsätzlich werden die Kennzahlen auf die Brutto-Grundfläche (BGF) bezogen. Auffällig dabei sind die hohen Variationsbreiten. Sie können durch unterschiedliche Gebäudemerkmale und Ausführungsarten begründet sein.

Tab. 4.4: Kostenkennzahlen von Kostengruppen nach DIN 276 in Bandbreiten zur Orientierung.[64]

BZK	Bezeichnung/KGR DIN 276	100+ 200	±	300+ 400	±	500	±	600	±	700	±
130	Verwaltungsgebäude		95 %		80 %		96 %		85 %	204	
131	… normaler technischer Standard		97 %		74 %		91 %		85 %		
410	Allgemeinbildende Schulen		54 %		76 %						
420	Berufliche Schulen		81 %		78 %		95 %		87 %		
430	Sonderschulen		39 %		53 %		74 %		36 %		
440	Kindertagesstätten		63 %		83 %		97 %				
450	Weiterbildungseinrichtungen		31 %		36 %		55 %				44 %
510	Hallen (ohne Schwimmhallen)		44 %		39 %						72 %
511	Allg. Sporthallen		44 %		57 %						
513	Mehrzweckhallen		0 %		41 %						64 %
610	Wohnhäuser		73 %		77 %						
611	Einfamilienwohnhäuser		50 %		74 %						94 %
612	Doppel- und Mehrfamilienhäuser		61 %		71 %						
620	Wohnheime		44 %		62 %		86 %				
621	Alten-, Asylantenwohnheime …		102 %		43 %		76 %		71 %		
640	Betreuungseinrichtungen		455 %		61 %				72 %		
644	Jugendzentren		457 %		44 %				72 %		
910	Gebäude kulturelle/musische Zwecke		66 %		82 %		94 %				
914	Veranstaltungsgebäude		24 %		35 %						
915	Gemeinschaftshäuser		44 %		59 %						

Die wesentlichen Gebäudemerkmale unterscheiden sich nach Bauwerknutzungsart. So ist bei Pflegeeinrichtungen die Anzahl der sanitären Einrichtungen im Verhältnis zu der Anzahl der Bewohner von besonderer Bedeutung, denn sanitäre Einrichtungen sind verhältnismäßig teuer. Die Kosten für sanitäre Anlagen bestimmen daher wesentlich die Kosten eines Pflegeheimplatzes.

Wesentliche Gebäudemerkmale von Bürogebäuden hingegen sind z. B.:
- Baukörper: Atrium, Block, Kamm, Zeile, …,
- Tiefe des Baukörpers: 8,10 m, 12,50 m, 13,50 m, 15,00 m, 18,00 m, …,
- Zonierung, z. B. bei einer Tiefe des Baukörpers von 15,00 m: 5,50 m Einzelbüros, 4,00 Flur- und Archivzone, 5,50 m Einzelbüros,
- Erschließungsart: Erschließung (de-)zentral, …,
- Fassadenraster: 1,25 m, 1,35 m, 1,80 m, 2,70 m, ….

Die genannten Gebäudemerkmale bestimmen wesentlich den Flächenbedarf eines Arbeitsplatzes in einem Bürogebäude und bestimmen damit die Arbeitsplatzkosten.

Eine generelle Abhängigkeit der einzelnen Gebäudemerkmale von der Höhe der Investitionskosten lässt sich nur selten nachweisen.[65] Teure Gebäude sind eben guten Gebäuden nicht gleichzusetzen. Es gibt viele Kombinationsmöglichkeiten von Gebäudemerkmalen, die zu hoher Quali-

64 Vgl. [Bogenstätter, U. (2001)], S. 167.
65 Vgl. [Bogenstätter, U. (2001)], S. 127 ff.

Tab. 4.5: Übersicht der Kosten und Optimierungspotenziale bei verschiedenen Bauwerksnutzungsarten zur Orientierung.[66]

BZK	Bezeichnung/ NGR [DIN 18960 2008-02]	200	±	310 +320	±	330	±	370	±	350 +400	±
	Stand 2016	Objektmanagement [€]		Ver- / Entsorgung [€]		Gebäudereinigung [€]		Abgaben und Beiträge [€]		Instandhaltung [€]	
130	Verwaltungsgebäude	4,96	33 %	13,99	48 %	10,94	42 %	4,67	33 %	17,33	17 %
131	... normaler technischer Standard	4,57	29 %	12,63	42 %	11,31	42 %	4,23	29 %	14,35	11 %
410	Allgemeinbildende Schulen	8,36	23 %	9,10	57 %	11,92	41 %	4,67	23 %	19,14	16 %
420	Berufliche Schulen	8,10	27 %	10,05	52 %	10,45	42 %	4,56	27 %	20,69	10 %
430	Sonderschulen	8,49	26 %	11,95	55 %	10,08	43 %	4,78	26 %	20,04	10 %
440	Kindertagesstätten	7,97	28 %	11,54	41 %	12,29	42 %	4,45	28 %	17,58	12 %
450	Weiterbildungseinrichtungen	8,36	17 %	9,10	57 %	9,34	45 %	4,67	17 %	20,69	
510	Hallen (ohne Schwimmhallen)	8,23	25 %	13,44	83 %	11,43	41 %	4,67	25 %	19,01	12 %
511	Allg. Sporthalle	8,23	24 %	14,40	65 %	11,31	41 %	4,56	24 %	18,88	11 %
513	Mehrzweckhallen	8,62	27 %	11,00	80 %	11,55	41 %	4,89	27 %	20,30	12 %
610	Wohnhäuser	5,49	53 %	12,09			42 %	3,11	53 %	10,34	9 %
611	Einfamilienwohnhäuser	6,01	60 %	12,09			42 %	3,45	60 %	11,38	10 %
612	Doppel- und Mehrfamilienhäuser	4,83	43 %	12,09		1,11	41 %	2,78	43 %	9,18	7 %
620	Wohnheime	6,66	25 %	19,83	45 %	10,33	42 %	3,78	25 %	16,55	14 %
621	Alten-, Asylantenwohnheime ...	7,71	29 %	19,83	45 %	10,57	43 %	4,34	29 %	20,04	12 %
640	Betreuungseinrichtungen	8,62	26 %	17,65	50 %	11,43	41 %	4,89	26 %	17,46	14 %
644	Jugendzentren	9,80	23 %	17,65	50 %	11,06	41 %	5,45	23 %	26,25	42 %
910	Gebäude kulturelle/ musische Zwecke	8,75	43 %	13,04	74 %	10,94	41 %	5,01	43 %	18,88	19 %
914	Veranstaltungsgebäude	8,88	20 %	13,04	81 %	11,06	41 %	5,01	20 %	19,01	19 %
915	Gemeinschaftshäuser	7,97	26 %	20,23	58 %	11,92	41 %	4,45	26 %	19,78	23 %

Instandhaltung = Modellrechnung nach dem KGSt-Verfahren; Nutzungskostengruppen (NGR) nach [DIN 18960 2008-02]: Kosten indiziert von 2001 nach 2016, Indexreihen nach Kapitel 3.7.2 und Kapitel 9.2, Tabelle 9.3: NGR 200 Objektmanagementkosten (Index = 1,30), NGR 310+320 Ver- und Entsorgung (Index = 1,36), NGR 330 Reinigung und Pflege von Gebäuden (Index = 1,23), NGR 370 Abgaben und Beiträge (Index = 1,11), NGR 350+400 Bedienung, Inspektion und Wartung sowie Instandsetzung (Index = 1,29).

tät und niedrigen Investitionskosten führen. Hohe Optimierungspotenziale können daher bei den Bauwerkskosten im Projektgeschäft unterstellt werden.

Mithilfe einzelner Projektergebnissen, diverser Kennzahlen aus verschiedenen Quellen, der Anwendung verschiedener Berechnungsmethoden und der Entwicklung eines eigenen Berechnungsverfahrens wurden Orientierungswerte für das Objektgeschäft (s. Tab. 4.5) sowie Bandbreiten ermittelt.[67]

Bemerkenswert hierbei ist die Bandbreite der Kosten in Abhängigkeit zur Bauwerksnutzungsart, z. B. variieren die Reinigungskosten bis zu 45 %. Damit sind die Anwendungsmöglichkeiten für Kennzahlen nach Bauwerksnutzungsart in der Nutzungsphase eingeschränkt. Die Ursachen für die Variationsbreiten sind im Kapitel 6.4 ausführlich beschrieben, inklusive Handlungsoptionen. Hohe Optimierungspotenziale können auch bei den Nutzungskosten unterstellt werden.

66 Vgl. [Bogenstätter, U. (2001)], S. 171.

67 Vgl. [Bogenstätter, U. (2001)], S. 121 ff., 166 ff.

Entscheidend für eine abschließende Betrachtung der Projekt- oder Objektkosten innerhalb einer Bauwerksnutzungsart ist der Bezug zu einer aussagekräftigen Nutzeinheit, z. B. Arbeitsplatz, Besucher, Krankenhausplatz, Pflegeheimplatz, Restaurantplatz, Wohneinheit, …

Soll-Werte definieren

Nachdem die Ist-Werte nach Wirtschaftseinheiten oder objektbezogen bekannt sind, sind aus (Vergleichs-)Kennwerten oder Einzelberechnungen realistische Soll-Werte zu definieren. Neben den Kapitalkosten sind die Mieterträge, Verwaltungskosten und Instandhaltung wesentlich zugunsten eines Immobilienunternehmens zu beeinflussen (vgl. Abb. 4.9).

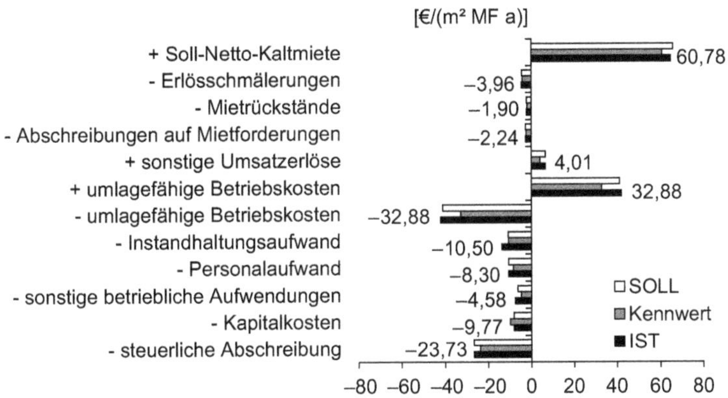

Abb. 4.9: Gewinnberechnung nach Ist-, Kenn- und Soll-Wert in der Wohnungswirtschaft.[68]

Die Gewinnberechnung stellt die Perspektive des Immobilienunternehmens dar, die Perspektive des Kunden/Mieters ist jedoch ebenfalls zu berücksichtigen. In Abbildung 4.10 sind die Kosten eines Mieters aufgeführt. Dazu gehören die Ist-Netto-Kaltmiete und die Betriebskosten nach [BetrKV 2012], auf den Mieter zugeschnittene Vermieterleistungen und individuelle Mieterleistungen. Die Ist-Netto-Kaltmiete spiegelt sich in der Gewinn- und Verlust-Rechnung wider, die Betriebskosten (zweite Miete) sind dort als umlagefähige Kosten ausgeglichen dargestellt. Der Rückschluss, dass

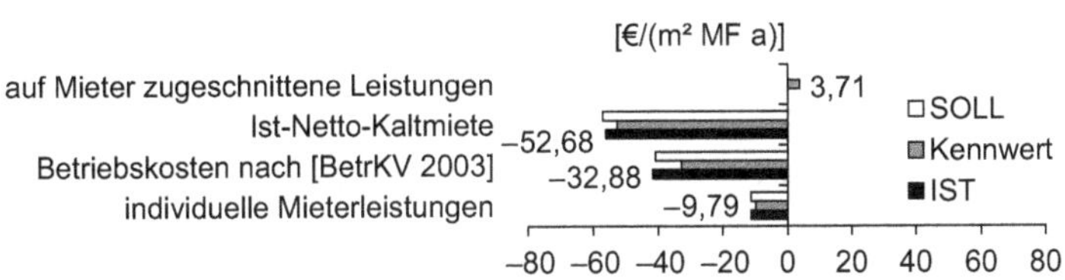

Abb. 4.10: Mieterkosten nach Ist-, Kenn- und Soll-Wert in der Wohnungswirtschaft.[69]

68 Kennwerte aus eigenen Berechnungen der Ist- und Planwerte sowie von Kennwerten unter Verwendung von [Bogenstätter, U. (2001)], [BCG (2007)], [GdW (2004j)], § 28 [II. BV 2007], [Deloitte Deutsche Baurevision (2005b)], [KGSt B 9/1984].

69 Kennwerte aus eigenen Berechnungen der Ist- und Planwerte sowie von Kennwerten unter Verwendung von [Bogenstätter, U. (2001)], [DMB (2016)], [VDI 3807 Bl. 2 2014-11], [Deloitte Deutsche Baurevision (2005b)], [KGSt B 9/1984].

die umlagefähigen Betriebskosten aus Sicht des Immobilienunternehmens unbedeutend sind, ist ein Trugschluss: Sie beeinflussen die Brutto-Miete und die Bezahlbarkeit durch die Mieter.

Auf den Mieter zugeschnittene Vermieterleistungen sind die Leistungen, die vom Immobilienunternehmen erbracht werden, um einen Mieter zu halten oder einen neuen Mieter zu gewinnen. Dazu gehören z. B. kostenfreie Einbauten für den Mieter oder (temporäre) Mietminderungen. So steht die individuelle Wohnungsanpassung auf Platz 1 baulicher Maßnahmen, um ältere Mieter zu halten.[70] Individuelle Mieterleistungen sind Leistungen, die der Mieterungeachtet der Leistungen des Immobilienunternehmens erbringen muss, z. B. Schönheitsreparaturen sowie die Reinigung der Wohnung und des Treppenhauses. In der Summe ergeben sich daraus die Belastungen für den Mieter.

Abbildung 4.11 zeigt näherungsweise die Aufteilung der Betriebskosten. Immobilienunternehmen, die die Bedeutung der Betriebskosten für den Mieter erkannt haben, versuchen, diese Kosten mit eigenen Geschäftsfeldern zu beeinflussen und daraus einen Nutzen für sich zu ziehen.

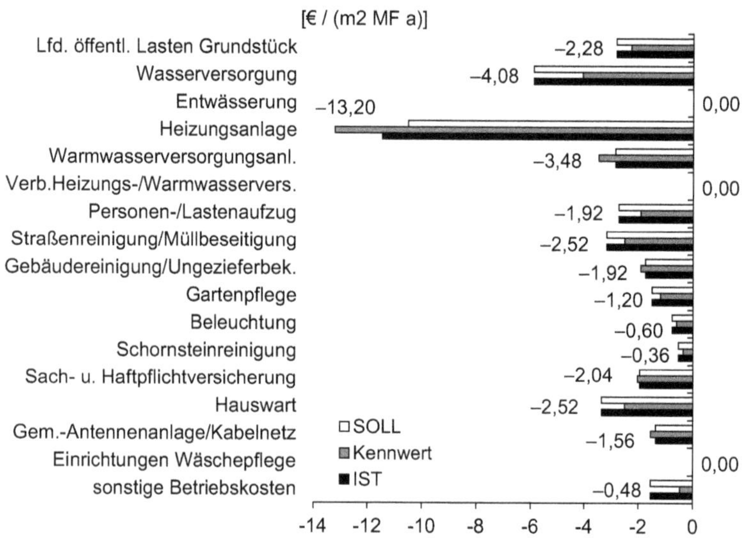

Abb. 4.11: Betriebskosten nach [BetrKV 2012], Ist-, Kenn- und Soll-Wert.[71]

Zu den Top 10 der Betriebskosten gehören danach in der Wohnungswirtschaft die Heizungsanlage, die Wasserversorgung, die Straßenreinigung/Müllbeseitigung, laufende öffentliche Lasten des Grundstücks, der Hauswart, die Warmwasserversorgungsanlage, Personen-/Lastenaufzüge, die Gebäudereinigung/Ungezieferbekämpfung, die Gartenpflege und Gemeinschaftsantennenanlagen/Kabelnetz. Während die Wasserversorgung, laufende öffentliche Lasten des Grundstücks sowie die Müllbeseitigung i. d. R. von Dritten bestimmt werden, können z. B. die Heizungsanlage, die Warmwasserversorgung, die Gartenpflege oder Gemeinschaftsantennenanlagen/Kabelnetz auch in Eigenregie, also in einem Geschäftsfeld, erbracht werden. So betreibt die Volkswohnung in Karlsruhe (VoWo) Heizungsanlage, Warmwasserversorgung und Gemeinschaftsantennenanlagen/Kabelnetz in Eigenregie.

---

70 Vgl. [Narten, R. (2007j)], S. 9, siehe auch Abbildung 3.47.

71 Siehe [DMB (2016)] für die Kennwerte, Angaben pro Jahr.

Soll-Werte planen
Das Erreichen von Soll-Werten muss realistisch sein. (Vergleichs-)Kennzahlen bieten die Möglichkeit, im Vergleich zu den Ist-Werten Optimierungspotenziale festzustellen und die eigene Planung (Soll-Werte) zu plausibilisieren. Das Problemfeld (Vergleichs-)Kennzahlen lässt sich wie folgt beschreiben: Jeder möchte Kennzahlen, doch nur wenige stellen ihre eigenen Kennzahlen zur Verfügung.

4.5.2 Maßnahmen auswählen und durchführen (Do)

Sofern Ist-, Soll- oder Kennwert definiert ist, gilt es, die geeigneten Anpassungsalternativen auszuwählen. Zur Erreichung des Soll-Werts können unterschiedliche Maßnahmen helfen. Auf unerwünschte Nebenwirkungen ist allerdings zu achten: Zum Beispiel kann das Abwälzen von Gebäude-Betriebskosten auf den Mieter die zweite Miete erhöhen und im Mietermarkt im Extremfall zu unattraktivem Wohnraum und Leerstand führen.

Die Anpassungsalternativen lassen sich der Portfoliostrategie, dem Asset-Management sowie dem Property-Management/Facility-Management zuordnen. Auch hier gilt es, die Kaskade von der Portfoliostrategie über das Asset-Management zum Property-Management und Facility-Management einzuhalten: Die Anpassungsalternative „Mieterwechsel reduzieren" ist dann sinnvoll, wenn der Bestand gehalten wird.

Die Wirkung von Anpassungsalternativen ist im Sinne der Balanced Scorecard auf unerwünschte Nebenwirkungen zu überprüfen. Nachfolgend werden nur Anpassungsalternativen dargestellt, die einerseits Auswirkungen auf die Bilanz eines Immobilienunternehmens (Finanzperspektive) und andererseits Auswirkungen auf die Kunden-, Prozess- und Potenzialperspektive haben (s. Tab. 4.6).

Die Anpassungsalternativen lassen sich in ihrer Wirkung (vgl. Tab. 4.7) durch Szenarien erproben und entsprechend auswählen. Die Auswahl manifestiert sich in der Festlegung der Ziel- bzw. Soll-Werte.

4.5.3 Controlling der Maßnahmen (Check)

Sofern im ersten Schritt des PDCA-Zyklus die Ziele geplant (Plan) und im zweiten Schritt Maßnahmen ausgewählt und durchgeführt wurden (Do), ist im dritten Schritt das Controlling der Maßnahmen (Check) durchzuführen. Methodisch erfolgt hier der klassische Soll-Ist-Vergleich. Nachfolgend werden beispielhaft Richtwerte herangezogen – aus Tabelle 4.8 die Heizenergieverbrauchskennwerte, aus Tabelle 4.9 die Stromverbrauchskennwerte und aus Tabelle 4.10 die Wasserverbrauchskennwerte nach [VDI 3807 Bl. 2 2014-11] – und den Soll-Werten gleichgesetzt. Der Richtwert entspricht in etwa dem unteren Quartilsmittel, der angegebene Mittelwert dem gleitenden Modalwert nach [ages (2005)]. Der Richtwert ist niedriger angesetzt als der Mittelwert und spornt als Zielwert zu Verbesserungsmaßnahmen an. Hierzu bietet [ages (2005)] bei rd. 25.000 Objekten eine breite und fundierte Basis, allerdings nur für Heizenergie-, Strom und Wasserverbrauchskennwerte.

Dass eine differenzierte Betrachtung einer Bauwerksklasse notwendig ist, zeigt Tabelle 4.11: Dabei handelt es sich um die Bauwerksklasse „Hotels", die je nach Kategorie (1–2, 3–4 oder 5 Sterne) erhebliche Unterschiede bei den Verbrauchswerten erkennen lässt: je höher die Kategorie, umso höher der Verbrauch.

Tab. 4.6: Anpassungsoptionen.

		Anpassungsoptionen	Indikator und Rechenwert	
Portfoliostrategie		– Hypothekenbeleihung, Liquidität oder Finanzierungsart optimieren	Fremdkapitalzinssatz	⇑
Portfoliostrategie		– neue Geschäftsfelder durch Eigenleistungen bei den Grundleistungen (z. B. Energieerzeugung, Kabel, Garten) erschließen	Eigenerstellung zu Betriebskosten	Ø
Portfoliostrategie		– HOAI-Leistungen als Eigenleistung übernehmen	Wertschöpfungstiefe	⇑
Portfoliostrategie		– Zusatzservices neben den Grundleistungen anbieten (z. B. Gästeservice)	Verhältnis Soll-Netto-Kaltmiete zu Soll-Umsatz	⇓
Portfoliostrategie	Asset-Management	– Mietflächenanteile des Bestands z. B. durch Flächenumnutzungen erhöhen	Verhältnis m^2_{MF} zu m^2_{BGF}	Ø
Portfoliostrategie	Asset-Management	– marktorientierte Verbesserungsmaßnahmen durchführen	Verhältnis Verbesserungs- zu Instandhaltungsmaßnahmen	⇑
Portfoliostrategie	Asset-Management	– mietpreissteigernde Nutzungsänderungen (z. B. Wohnung wird Gewerbe) durchführen	Jahresrohertragsfaktor	Ø
	Asset-Management	– Mietpreissteigerungen durch Zu- und Verkäufe durchsetzen	Steigerung Soll-Netto-Kaltmiete	⇑
	Property-Management/Facilities-Management	– Mieterhöhungsspielräume nutzen	Mietsteigerungspotenzial	⇑
	Property-Management/Facilities-Management	– konsequent mahnen	Mietausfallrate	⇑
	Property-Management/Facilities-Management	– kundenorientierte Instandhaltung durchführen	Verhältnis Instandhaltungskosten nach Wunsch des Mieters zu gesamten Instandhaltungskosten	⇓
	Property-Management/Facilities-Management	– Energiesparmaßnahmen, Verbesserungen durchführen	Verhältnis Rate zu Soll-Netto-Miete	Ø
	Property-Management/Facilities-Management	– Anzahl der Mieterwechsel reduzieren	Fluktuationsrate	⇓
	Property-Management/Facilities-Management	– Binnenwanderer halten	Binnenwanderer/Neumieter, Leerstandsquote	⇓
	Property-Management/Facilities-Management	– Mieter als Hausmeister einsetzen	Anteil der Hauswart- und Gartenkosten	⇓
	Property-Management/Facilities-Management	– Prozessoptimierung (z. B. durch (De-)Zentralisierung)	Bearbeitungszeiten von Prozessen	⇑
	Property-Management/Facilities-Management	– Rahmenverträge schließen	Verhältnis der Instandhaltungskosten mit Rahmenverträge zu den gesamten Instandhaltungskosten	⇑
	Property-Management/Facilities-Management	– Instandhaltungsmaßnahmen bündeln	Verhältnis der geplanten Instandhaltungskosten zu den gesamten Instandhaltungskosten	⇓
	Property-Management/Facilities-Management	– Schlüsselverwaltung zentralisieren	Kosten der Schlüsselverwaltung je Schlüsselausgabe	Ø
	Property-Management/Facilities-Management	– Versicherungsschäden erkennen	Schadensquote von Versicherungsfällen in der Instandhaltung	⇓
	Property-Management/Facilities-Management	– Zeiten des Mieterwechsels reduzieren	Leerstandsquote	⇓
	Property-Management/Facilities-Management	– Ideenmanagement einführen	realistische Betriebskosteneinsparung	⇓

Anpassungsoption Zentralisierung von Leistung: Zentralisierung (⇑), Dezentralisierungsoption (⇓), Unentschieden (Ø).

Tab. 4.7: Nebenwirkungen der Anpassungsoptionen.

	– Zusatzservices neben den Grundleistungen anbieten (z. B. Gästeservice)	– Mieterhöhungs-spielräume nutzen	– Kundenorientierte Instandhaltung durchführen	– Energiespar-maßnahmen, Verbesserungen durchführen
Finanzielle Perspektive des Immobilienunternehmens				
Gewinn				
+ Soll-Netto-Kaltmiete		☺		☺
– Erlösschmälerungen (hier z. B. Betriebskostenausfall)				☺
– Mietrückstände				
– Abschreibungen auf Mietforderungen				
+ sonstige Umsatzerlöse	☺			
+ umlagefähige Betriebskosten Einnahmen				😐
– umlagefähige Betriebskosten Ausgaben				😐
– Instandhaltung				
– – Instandhaltung bei Mieterwechsel				
– – laufende Instandsetzung				☹
– – Maßnahmen Instandsetzung				☹
– – Verbesserung/Modernisierung				
– Personal	☹			
– sonstige betriebliche Aufwendungen	☹			
– Kapitalkosten				
– steuerliche Abschreibung				
Anlagenvermögen				
Sachanlagen (Buchwert)				☺
Rückstellungen				
Ertragswert		☺		☺
Verkehrswert		☺		☺
Sachwert ohne Bodenwert				☺
Bodenwert				
Kundenperspektive				
auf Mieter zugeschnittene Vermieterleistungen				
+ Instandhaltung bei Mieterwechsel zulasten des Vermieters			☺	
+ Verbesserung/Modernisierung zulasten des Vermieters			☺	
Miete				
– Zusatzleistungen	☹			
– Ist-Brutto-Warmmiete		☹		☹
– – Ist-Netto-Kaltmiete				☺
– – Betriebskosten nach [BetrKV 2012]				
– – individuelle Mieterleistungen				
Mieterzufriedenheit	☺	☹	☺	😐

Tab. 4.8: Heizenergieverbrauchskennwerte nach Gebäudegruppen in [kWh/m²] nach [VDI 3807 Bl. 2 2014-11].[72]

BZK	Gebäudegruppe	Richtwert BGF kWh/(m^2_{BGF}a)	Mittelwert BGF kWh/(m^2_{BGF}a)
12000	Gerichtsgebäude	65	90
13000	Verwaltungsgebäude	55	80
20000	Gebäude für L+F (Hochschulen)	55	85
32000	Krankenhäuser (Bettenzahl)	15.600	22.400
40000	Schulen ges. ohne Schwimmbad	65	100
40001	Schulen gesamt mit Schwimmbad	70	130
42000	Berufliche Schulen	50	85
44000	Kindertagesstätten	75	115
44100	Kindergärten	75	130
51100	Turn-/Sporthallen	70	130
51300	Mehrzweckhallen	75	155
52100	Hallenbäder	1.000	2.100
55100	Freibäder (Beckenoberfläche)	30	45
61000	Wohnnutzung	75	155
62000	Wohnheime	90	140
65000	Verpflegungseinrichtungen	105	195
66000	Beherbergungseinrichtungen	95	130
77600	Feuerwehren	70	130
91100	Sakralbauten	25	50
91400	Veranstaltungsgebäude	70	140
96000	Justizvollzugsanstalten	95	155

Tab. 4.9: Stromverbrauchskennwerte nach Gebäudegruppen in [kWh/m²] nach [VDI 3807 Bl. 2 2014-11].[73]

BZK	Gebäudegruppe	Richtwert BGF kWh/(m^2_{BGF}a)	Mittelwert BGF kWh/(m^2_{BGF}a)
12000	Gerichtsgebäude	9	14
13000	Verwaltungsgebäude	10	19
20000	Gebäude für wissenschaftl. L+F	15	22
32000	Krankenhäuser (Bettenzahl) *)	3.300	5.000
40000	Schulen ohne Schwimmbad	6	10
40001	Schulen gesamt mit Schwimmbad	9	27
42000	Berufliche Schulen	8	10
44000	Kindertagesstätten	10	20
44100	Kindergärten	7	12
51100	Turn-/Sporthallen	8	17
51300	Mehrzweckhallen	10	19
52100	Hallenbäder	300	1.000
55100	Freibäder (Beckenoberfläche)	25	94
61000	Wohnnutzung	4	4
62000	Wohnheime	10	15
65000	Verpflegungseinrichtungen	40	112
66000	Beherbergungseinrichtungen	10	17
77600	Feuerwehren	6	10
91100	Sakralbauten	3	4
91400	Veranstaltungsgebäude	8	16
96000	Justizvollzugsanstalten	24	41

72 [VDI 3807 Bl. 2 2014-11], S. 9.

73 [VDI 3807 Bl. 2 2014-11], S. 59 f.

Tab. 4.10: Wasserverbrauchskennwerte nach Gebäudegruppen in [l/m²] nach [VDI 3807 Bl. 2 2014-11].[74]

BZK	Gebäudegruppe	Richtwert BGF $l/(m^2_{BGF}a)$	Mittelwert BGF $l/(m^2_{BGF}a)$
12000	Gerichtsgebäude	55	90
13000	Verwaltungsgebäude	75	145
20000	Gebäude für wissenschaftl. L+F	85	130
32000	Krankenhäuser (Bettenzahl)	87.700	120.300
40000	Schulen ohne Schwimmbad	75	115
40001	Schulen mit Schwimmbad	130	340
42000	Berufliche Schulen	60	90
44000	Kindertagesstätten	240	365
44100	Kindergärten	150	275
51100	Turn-/Sporthallen	85	160
51300	Mehrzweckhallen	100	220
52100	Hallenbäder	6.800	19.700
55100	Freibäder (Beckenoberfläche)	1.700	9.500
61000	Wohnnutzung	205	1.015
62000	Wohnheime	250	635
65000	Verpflegungseinrichtungen	450	1.485
66000	Beherbergungseinrichtungen	230	650
77600	Feuerwehren	40	60
91100	Sakralbauten	15	85
91400	Veranstaltungsgebäude	65	125
96000	Justizvollzugsanstalten	555	1.430

Tab. 4.11: Grenzwerte Hotels.[75]

NGR	Verbrauch	1- bis 2-Sterne-Hotel			3- bis 4-Sterne-Hotel			5-Sterne-Hotel		
		Gut	Einspar-potenzial vorhanden	Erhebliches Einsparpotenzial vorhanden	Gut	Einsparpotenzial vorhanden	Erhebliches Einsparpotenzial vorhanden	Gut	Einsparpotenzial vorhanden	Erhebliches Einsparpotenzial vorhanden
311	Wasser	l/	...							
	m^2_{BGF}	< 600	> 600	> 900	< 700	> 700	> 1.000	< 800	> 800	> 1.200
	Nacht	< 200	> 200	> 350	< 240	> 240	> 350	< 300	> 300	> 400
	Bett	< 18.000	> 18.000	> 32.000	< 25.000	> 25.000	> 45.000	< 30.000	> 30.000	> 70.000
312f	Wärme	kWh/	...							
	m^2_{BGF}	< 50	> 50	> 90	< 50	> 50	> 95	< 70	> 70	> 120
	Nacht	< 20	> 20	> 45	< 18	> 18	> 30	< 25	> 25	> 60
	Bett	< 1.200	> 1.200	> 4.000	< 1.900	> 1.900	> 4.500	< 2.500	> 2.500	> 6.500
316	Strom	kWh/	...							
	m^2_{BGF}	< 20	> 20	> 50	< 30	> 30	> 60	< 60	> 60	> 110
	Nacht	< 4	> 4	> 10	< 10	> 10	> 15	< 15	> 15	> 30
	Bett	< 500	> 500	> 900	< 1.000	> 1.000	> 3.000	< 1.500	> 1.500	> 4.000

74 Vgl. [VDI 3807 Bl. 2 2014-11], S. 11 f.

75 Vgl. [BMWFJ (2015)], S. 8 ff, Daten identisch zu [BMWFJ (2009)], S. 18 ff.

4.5.4 Soll und Ist vergleichen und Ziele anpassen (Act) oder – der Selbsttest

Die Bandbreite der unterschiedlichen Geschäftsmodelle für Bestandshalter ist groß. Im nachfolgenden Selbsttest wird dem Leser angeboten, die Auswahl an Kennzahlen zu überprüfen. Der Selbsttest umfasst acht Stufen, die in sich logisch aufgebaut sind.

Prioritäten richtig setzen
Auf die Reihenfolge kommt es an. Jedem Unternehmen steht ein Strategiebündel zur Verwirklichung seiner unternehmerischen Visionen zur Verfügung. In einem Unternehmen lässt sich allerdings in einer festgesetzten Zeit nur ein bestimmtes Maß an Strategien umsetzen, ohne die Aufbau- und Ablauforganisation eines Unternehmens zu überfordern. Die Kunst besteht also darin, die wichtigen und richtigen Strategien anzugehen. Es gilt, nicht über Fahrbahnmarkierungen in einem Parkhaus nachzudenken, wenn die wichtigste Handelsimmobilie in der Nachbarschaft ausfällt, vielmehr geht es darum, zuerst die großen Nüsse knacken. Kennen Sie die großen Nüsse in ihrem Verantwortungsbereich?

Auf verlässliche und transparente Zahlen bauen
Grundlage jeder Strategie ist die Verlässlichkeit und Nachvollziehbarkeit der wichtigen Zahlen als Basis der unternehmerischen Entscheidungsfindung, aber auch als Grundlage für die Diskussion mit Anteilseignern oder finanzierenden Banken. Vielfach sind in der Immobilienwirtschaft ausgeklügelte Tabellenkalkulationsblätter, z. B. auf Excel-Basis, anzutreffen. Die Komplexität der Fragestellungen ist nicht einfach abzubilden. Mit dem Ausscheiden der zuständigen Mitarbeiter ist dann die Datenpflege vielfach nicht mehr gegeben und die Auskunftsfähigkeit der Geschäftsführer in Bezug auf verlässliche Zahlen eingeschränkt.

Professionelles Immobilienmanagement setzt auf Datenbanksysteme. Tabellenkalkulationsprogramme sind daher für wiederkehrende Fragestellungen in den Kernprozessen eines Unternehmens abzulehnen.

Neben der finanziellen Betrachtung einer Unternehmung mittels Umsatz-, Eigenkapital- und Gesamtkapitalrentabilität, Return on Investment (ROI) oder Nutzungskosten ist z. B. die Objektqualität und/oder der Belegungsgrad/Leerstand zu berücksichtigen. Als weitere Zielgröße bietet sich die Nachhaltigkeit an. Insbesondere bei kommunalen und kirchlichen Immobilien ermöglicht der Abgleich von Flächenkennwerten, Nutzungs- und Ertragspositionen sowie dem Belegungsgrad eine differenzierte Betrachtung.

Optimierungspotenziale erkennen und kommunizieren
Die Kenntnis der Kosten- und Ertragstreiber allein ist nicht ausreichend. Sie repräsentieren lediglich den Ist-Zustand, der oft nicht zufriedenstellend (Leidensdruck) ist. Dies bedarf einer Analyse.

Um aus den Zielen abgeleitete Planwerte zu erhalten, sind Vergleichskennwerte aus eigenem oder fremdem Immobilienbestand bei gleicher Bauwerksnutzungsart notwendig. Der Datenbestand ist z. B. auch bei der Parkraumbewirtschaftung vielfach unzureichend. Aus Vergleichswert und Ist-Wert lassen sich Optimierungspotenziale ableiten. Durch einen Auswahlprozess von möglichen Maßnahmen lassen sich mittels Szenarientechnik realistische Planwerte ermitteln. Auch gilt die Forderung: Konzentration auf die wesentlichen Optimierungspotenziale. Herausragende Kostentreiber sind die Abschreibungen sowie die Verwaltungskosten (Personalkosten und Betriebskosten ohne Reinigung und Instandhaltung).

Einer weiteren Analyse sind hier die Personalkosten zu unterziehen, um ggf. geeignete Maßnahmen einzuleiten:
- Leistungen fremdvergeben oder selbst erbringen (Make or Buy)
- Optimierung der Aufgaben und Tätigkeiten (Prozessoptimierung)
- technische Ersatzmaßnahmen zur Kostenreduzierung

Die Erfahrung zeigt, dass durch organisatorische oder technische Maßnahmen nennenswerte Einsparpotenziale realisiert werden können.

Die Zukunft sicherer planen

In der Planung sind auch Zahlen außerhalb der Unternehmenskennzahlen zu berücksichtigen. Für eine nachhaltige Bewirtschaftung ist eine Einschätzung der Marktsituation bei Angebot und Nachfrage unerlässlich, um auch in der Instandhaltung oder Sanierung den Kundenwünschen individuell Rechnung tragen zu können.

Zu berücksichtigen sind in einer 5-, 10-, oder 15-Jahres-Planung auch unterschiedliche Zinssätze, z. B. der Rohpreisindex für die Energiekosten, der Baupreisindex für Instandhaltungs- und Modernisierungsmaßnahmen, die Inflationsrate, der Diskont- oder Basiszinssatz für den Fremdkapitalzins oder der Verbraucherpreisindex in Bezug auf den Spielraum für Ticketpreiserhöhungen.

Um sicherzustellen, dass auf eine Balance der unterschiedlichen Interessen geachtet wird, bietet sich die Balanced Scorecard an, bei der eben nicht nur der finanzielle Aspekt im Vordergrund steht.

Die auf diese Weise weiter gefassten betriebswirtschaftlichen Kennzahlen finden zunehmend Eingang in die Mitarbeiterführung mit dem Ziel, die Chancen eines Unternehmens nachhaltig zu erkennen und zu verfolgen. Integrative IT-Lösungen sind dafür unverzichtbar. Sie dürfen nicht zu einer Mehrbelastung der Mitarbeiter führen, sondern sollen helfen, sinnvolle Informationen zusammenzutragen.

Als Instrument hierfür findet zunehmend die Zielvereinbarung Einzug in die Unternehmen. Sie lässt sich nicht nur für Führungskräfte, sondern in einer angepassten Form auch für operativ tätige Mitarbeiter anwenden. Ein Kundenzufriedenheitsindex bietet sich für Mitarbeiter an, die im Kundenkontakt stehen.

Über Risiken einfach und zeitnah informiert werden

Während die Balanced Scorecard die Chancen im Visier hat und EDV-Systeme immer leistungsfähiger werden, werden beeinflussbare Risiken vielfach zu spät oder gar nicht gesehen. Ein Grund hierfür sind die großen Datenmengen.

Zu den üblichen Verfahren der Risikoeinschätzung gehört die Risikomatrix, in der Risiken als Produkt aus Schadensausmaß und Eintrittswahrscheinlichkeit quantifiziert werden. Risiken lassen sich auch danach klassifizieren, ob

- der Fortbestand des Unternehmens gefährdet ist,
- Schadensersatzforderungen möglich sind,
- gesetzliche oder andere rechtliche Vorschriften einzuhalten sind,
- regelmäßige Kontrollen nötig sind oder
- besondere Maßnahmen nicht notwendig sind.

Die Risiken lassen sich in einer monetären Dimension beschreiben und sind neben der technischen Beurteilung auch eine betriebswirtschaftliche Größe. Sie werden zunehmend unter dem Stichwort Betreiberverantwortung thematisiert und diskutiert.[76]

Eine Begrenzung der Datenflut lässt sich nur durch Schwellenwerte erreichen. Die Risiken eines Geschäftsfelds müssen im Blickfeld sein, wofür auf bestehende Datenquellen zurückzugreifen ist. Im Gegenzug sollten manuelle Eingabeprozeduren und individuelle Einschätzungen vermieden werden. Auch hier gilt: Weniger ist mehr. Als Verfahren kann die Ampelmethode angewendet werden, die bei Gefahr in Verzug auf rot, bei kritischem Zustand auf gelb oder eben auf grün springt, wenn alles in Ordnung ist.

76 Vgl. [GEFMA 190 2004-01], vgl. [Schielein, J. (2007j)].

In Entscheidungen und Strategien unterstützt werden

Nutzen Sie Normstrategien? Auch wenn die Chancen oder Risiken eines Geschäftsfelds vielfach erkannt werden, so ist zu fragen, ob die entscheidungsrelevanten Informationen vorliegen, um bei Massen- oder investitionsrelevanten Prozessen eine Normstrategie zu verfolgen. Portfoliostrategien sind im Bereich der Investitionen oder Desinvestitionen weit verbreitet. Normstrategien, z. B. bei den Instandhaltungskosten, finden zunehmend dort Verbreitung, wo ein Bestand aus mehreren Objekten bewirtschaftet wird.

Trends im laufenden Jahr erkennen

Ist-, Vergleichs-, und Soll-Kennzahlen dürfen nicht darüber hinwegtäuschen, dass eine Überprüfung des Zielerreichungsgrads regelmäßig notwendig ist. Selbst wenn die Balanced Scorecard als Instrument der Mitarbeiterführung eingesetzt wird, muss es möglich sein, unterjährig die laufenden Trends abzubilden. Die Feststellung „Wir haben es wieder nicht geschafft" nach einem Jahr bedeutet ein verlorenes Jahr.

Bessere Ergebnisse erzielen

Stellen Sie sich vor, dass Sie als Immobilieneigentümer oder -betreiber
- die Prioritäten richtig setzen,
- auf verlässliche und transparente Zahlen bauen,
- Ihre Optimierungspotenziale erkennen und kommunizieren,
- die Zukunft sicherer planen können,
- über Risiken einfach und zeitnah informiert werden,
- in Ihren Entscheidungen und Strategien unterstützt werden,
- Trends im laufenden Jahr erkennen und
- bessere Ergebnisse erzielen.

Überlegen Sie kurz, ob das Nichtstun zum gleichen Ergebnis führt. Wenn ja, dann besteht kein Handlungsbedarf. Das Buch folgt dem Leitsatz „Wir wollen morgen das Wichtige und Richtige richtig tun."

! **Effektiv** arbeite ich dann, wenn ich etwas mache, das zum gewünschten Ergebnis bzw. Ziel führt. Es ist ein Beurteilungskriterium, mit dem sich beschreiben lässt, ob eine Maßnahme geeignet ist, ein vorgegebenes Ziel zu erreichen. Über die Art und Weise der Zielerreichung werden bei der Betrachtung unter Effektivitätsgesichtspunkten keine Aussagen getroffen.

! **Effizient** arbeite ich dann, wenn ich das gewünschte Ergebnis bzw. Ziel mit geringem Aufwand erreiche. Es ist ein Beurteilungskriterium, mit dem sich beschreiben lässt, ob eine Maßnahme geeignet ist, ein vorgegebenes Ziel in einer bestimmten Art und Weise (z. B. unter Wahrung der Wirtschaftlichkeit) zu erreichen.

Literatur

[ages (2005)] ages (Hrsg.): Verbrauchskennwerte 2005: Medien, 3. Aufl.; Münster 2005.

[AGI N3 (1982)] Arbeitsgemeinschaft Industriebau (Hrsg.): Baukostendokumentation, AGI N3 (1982); Hannover 1982.

[AGI W1 (1985)] Arbeitsgemeinschaft Industriebau (Hrsg.): Instandhaltungs- und Betriebskosten von Bauten und Anlagen – Bürogebäude, AGI W1 (1985); Hannover 1985.

[AGI W2 (1988)] Arbeitsgemeinschaft Industriebau (Hrsg.): Instandhaltungs- und Betriebskosten von Bauten und Anlagen – Laborgebäude, AGI W2 (1988); Hannover 1988.

[AGI W5 (1992)] Arbeitsgemeinschaft Industriebau (Hrsg.): Instandhaltungsraten von Bauten, AGI W5 (1992); Hannover 1992.

[AGI W5 (2014)] Arbeitsgemeinschaft Industriebau (Hrsg.): Kennzahlen für Technikkosten während der Nutzungsphase von Büro- und Laborgebäuden, AGI W5 (2014); Hannover 2014.

[AK NRW (1993R)] Ruf, Hans-Ulrich; Quatuor, Detlef: Handbuch Kosten: Sonderausgabe April 1993, Neue DIN 276; Düsseldorf 1993.

[AtisReal KRO 2005] Atisreal (Hrsg.): Key Report Office 2005; Frankfurt am Main 2005.

[Baumann, H. (1997)] Baumann, Herbert; Kapmeyer, Eberhard; Muser, Bernd: Energiesparende Gebäudeplanung für Ingenieure: Planungshilfen zur neuen Wärmeschutz-, Heizungsanlagen- und Kleinfeuerungsanlagenverordnung; Loseblattsammlung, 12., akt. Aufl.; Augsburg 1997.

[BBG (1987l)] Die Bauverwaltung + Bauamt & Gemeindebau (Hrsg.): Planungs- und Kostendaten nach DIN 276/277: Informationsblätter über Baumaßnahmen der öffentlichen Hand; Loseblattsammlung; Hannover 1987.

[BCG (2007)] The Boston Consulting Group (Hrsg.): Wohnimmobilien in Deutschland – Entkernung erforderlich: Renovierungsmaßnahmen für eine erfolgreiche Erneuerung; Berlin 2007.

[BdSt (1996L)] Lenk, Reinhard: Der Investitions- und Folgelastenplaner für Kommunen: 70.000 aktuelle Orientierungswerte für alle wichtigen Gemeindeeinrichtungen; Stuttgart 1996.

[BFE (2010P)] Perincioli, Lorenz: Energiemanagement in der Hotellerie, 3. Aufl.; Bern 2010, URL: https://www.hotelleriesuisse.ch/files/pdf1/Energiemanagement_in_der_Hotellerie.pdf (letzter Aufruf: 03.01.2018).

[BKI (1998a)] Baukosteninformationszentrum Deutscher Architektenkammern (Hrsg.): BKI Objekte: Kosten abgerechneter Bauwerke, Bd. 1; Stuttgart 1998.

[BKI A1] bis [BKI A10] Baukosteninformationszentrum Deutscher Architektenkammern (Hrsg.): BKI Objekte Altbau, BKI A1 – A10; Stuttgart 2003–2016.

[BKI F1] , [BKI F6] bis [BKI F7] Baukosteninformationszentrum Deutscher Architektenkammern (Hrsg.): BKI Objekte Freianlagen: Kosten abgerechneter Bauwerke, BKI F1, F6–F7; Stuttgart 2001, 2014, 2016.

[BKI N2] bis [BKI N14] Baukosteninformationszentrum Deutscher Architektenkammern (Hrsg.): BKI Objekte: Kosten abgerechneter Bauwerke: N2–16 Neubau, BKI N2–N14; Stuttgart 1999–2016.

[BKI NK1] bis [BKI NK5], [BKI NK2017] Stoy, Christian: BKI Objektdaten Nutzungskosten: von Bestandsimmobilien, BKI NK1–5, 2017; Stuttgart 2010–2015, 2017.

[BKI-2 (1996N)] Nehm, Arnold; Neubauer, Marianne; Riering, Ewald; Seidel, Wilfried: Gebäudekosten 1997: Baupreistabellen zur überschlägigen Kostenermittlung: Ausführungsorientiert nach Leistungsbereichen, Teil 2; Stuttgart 1996.

[BMBFT (BINE)] Dänekamp, Birgit: Rationelle Energieverwendung in öffentlichen Gebäuden: kommunales Energiemanagement, BMBFT (BINE); Köln 1990.

[BMWFJ (2009)] Bundesministerium für Wirtschaft, Familie und Jugend (Hrsg.): Energiemanagement in der Hotellerie und Gastronomie: Ein Leitfaden, 1. Aufl.; Wien 2009, URL: https://www.pfalz.ihk24.de/blob/luihk24/standortpolitik/Tourismus_Gastgewerbe_Weinwirtschaft/downloads/1271640/de8222ac7200abfac5a5a7d77a4764db/leitfaden_energiemanagement_web-data.pdf (letzter Aufruf: 02.01.2018).

[BMWFJ (2015)] Bundesministerium für Wirtschaft, Familie und Jugend (Hrsg.): Energiemanagement in der Hotellerie und Gastronomie: Ein Leitfaden, 3., überarb. Aufl.; Wien 2015, URL: https://www.bmwfw.gv.at/Tourismus/TourismusstudienUndPublikationen/Documents/Energieeffizienz_Leitfaden%20Online-Version.pdf (letzter Aufruf: 02.01.2018).

[Bogenstätter, U. (2001)] Bogenstätter, Ulrich: Interdisziplinäres Modell zur Bewertung von Wohnstätten für [(schwer geistig) behinderte] Menschen in frühen Planungsphasen; Dissertation; Karlsruhe 2001.

[Deloitte Deutsche Baurevision (2005b)] Deloitte & Touche, Deutsche Baurevision AG Wirtschaftsprüfungsgesellschaft (Hrsg.): Kennzahlen für die Wohnungswirtschaft: Ergebnisse einer Erhebung für das Geschäftsjahr 2003, 3. Aufl.; Halle 2005.

[DIN 18960-1 1976-04] Baunutzungskosten von Hochbauten, Deutsches Institut für Normung (Hrsg.): Teil 1, DIN 18960; Berlin 1976.

[DIN 276 1993-06] Kosten von Hochbauten, Deutsches Institut für Normung (Hrsg.): DIN 276; Berlin 1993.

[DIN 277-1 2016-01] Grundflächen und Rauminhalte im Bauwesen: Teil 1: Hochbau, Deutsches Institut für Normung (Hrsg.): Teil 1, DIN 277; Berlin 2016.

[DIN 283 (aufgehoben) Bl. 1 1951-03] Wohnungen: Begriffe, Deutsches Institut für Normung (Hrsg.): Bl. 1, DIN 283 (aufgehoben); Berlin 1951.

[DMB (2016)] Deutscher Mieterbund (Hrsg.): Betriebskostenspiegel für Deutschland: Daten 2014, Datenerfassung 2015/216; Pressemitteilung; Köln 2016, URL: https://www.mieterbund.de/service/betriebskostenspiegel.html (letzter Aufruf: 02.01.2018).

[Ertragsschub für die deutsch... (2007d)] o. V.: Ertragsschub für die deutsche Hotellerie, in: Immobilienwirtschaft (2007), Heft 4, S. 32.

[FKGB (1996f)] Arbeitsgemeinschaft der für das Bau-, Wohnungs- und Siedlungswesen zuständigen Minister und Senatoren der Länder (Hrsg.): Trinkwassereinsparung in öffentlichen Gebäuden; Hannover 1996.

[fm.bwl-IWB (2016)] Vermögen und Bau Baden-Württemberg (Hrsg.): IWB Produktkatalog 2016, URL: http://www.vermoegenundbau-bw.de/pb/site/pbs-bw-new/get/documents/mfw/Bauverwaltung/Dokumente/KOSTENPLANUNG/Stand%202016/IWB_Produktkatalog_2016.pdf (letzter Aufruf: 14.03.2017).

[GALK (2012E)] Eschenbruch, Heribert: Kennzahlen für die Erstellung und Unterhaltung von Grünanlagen, 2012, URL: http://www.galk.de/arbeitskreise/ak_orga_betriebswirt/down/kennzahlen_eschenbruch_120529.pdf (letzter Aufruf: 17.04.2016).

[GdW (2004j)] Bundesverband deutscher Wohnungsunternehmen (GdW) (Hrsg.): Wohnungswirtschaftliche Daten und Trends 2004/2005: Zahlen und Analysen aus der Jahresstatistik des GdW; Köln/Bonn 2004.

[GdW (2007k)] Bundesverband deutscher Wohnungsunternehmen (GdW) (Hrsg.): Wohnungswirtschaftliche Daten und Trends 2007/2008: Zahlen und Analysen aus der Jahresstatistik des GdW; Köln/Bonn 2007.

[GdW (2016k)] Bundesverband deutscher Wohnungsunternehmen (GdW) (Hrsg.): Wohnungswirtschaftliche Daten und Trends 2016/2017: Zahlen und Analysen aus der Jahresstatistik des GdW; Berlin 2016.

[GEFMA 100-1 E 2004-07] Facility Management: Grundlagen, GEFMA e. V. Deutscher Verband für Facility Management (Hrsg.): Teil 1, GEFMA 100, 2004.

[GEFMA 190 2004-01] Betreiberverantwortung im Facility Management, GEFMA e. V. Deutscher Verband für Facility Management (Hrsg.): GEFMA 190, 2004.

[Gergele, M. (2006e)] Gergele, Marcus: Kostentransparenz bei kommunalen Liegenschaften in Deutschland: Ermittlung von Kennzahlen als Grundlage für das kommunale Immobilienbenchmarking; Diplomarbeit; Leipzig, Jena 2006.

[Gergele, M. (2007d)] Gergele, Marcus: Das erste bundesweite Immobilienbenchmarking, in: Immobilienwirtschaft (2007), Heft 4, S. 64–65.

[gif MF/G 2012-05] Richtlinie zur Berechnung der Mietflächen für gewerblichen Raum (MF-G), Gesellschaft für Immobilienwirtschaftliche Forschung (Hrsg.): gif MF/G 2012.

[Herbst, S. (1996h)] Herbst, Siegfried: Energetische Untersuchung: Gebäude im Alten- und Klinikbereich, in: Bundesbaublatt; 45. Jg. (1996), Nr. 8, S. 626–629.

[HfWU (2001j)] Hochschule für Wirtschaft und Umwelt Nürtingen-Geislingen (Hrsg.): Geislinger Konvention: Betriebskosten-Benchmarking als zentrales Instrument des Betriebskostenmanagements, 2001.

[HIS 106] Dammann-Doench, Kristiane; Vogel, Bernhard: Materialien zur Mensaplanung: Eine Dokumentation und vergleichende Auswertung von Mensa-Neubauten ab 1985, HIS 106; Hannover 1994.

[IFMA (2004)] International Facility Management Association (Hrsg.): Benchmarking Report 2003; Karlsfeld bei München 2004.

[II. BV 2007] Verordnung über wohnungswirtschaftliche Berechnungen nach dem Zweiten Wohnungsbaugesetz, Zweite Berechnungsverordnung – II. BV), II. BV, 2007, URL: https://www.gesetze-im-internet.de/bvo_2/BJNR017190957.html (letzter Aufruf: 03.01.2018).

[IWB (1997d)] Informationsstelle Wirtschaftliches Bauen der Staatlichen Hochbauverwaltung Baden-Württemberg (Hrsg.): Kurzinformation LAGDAT-Datenbank; Loseblattsammlung; Freiburg i. B. 1997.

[JLL Oscar 2005] Jones Lang LaSalle (Hrsg.): Oscar 2005: Büronebenkosten-Analyse: Office Service Charge Analysis Report; Pressemitteilung; Frankfurt am Main 2005.

[KGSt B 9/1984] Kommunale Gemeinschaftsstelle für Verwaltungsvereinfachung (Hrsg.): Hochbauunterhaltung: Richtwerte und Gestaltungsvorschläge zur Mittelbemessung, Maßnahmenplanung und Mittelbereitstellung; Bericht, KGSt B 9/1984; ohne Ort 1984.

[Kippes, S. (2005)] Kippes, Stephan; Sailer, Erwin (Hrsg.): Immobilienmanagement: Handbuch für professionelle Immobilienbetreuung und Vermögensverwaltung; München 2005.

[LBB 1.12-1990] Ruf, Hans-Ulrich; Conen, Maria; Dautzenberg, Brigitte: Kosten im Hochbau: Untersuchung über Aufwand und Nutzen von Kostenermittlungsverfahren, LBB 1.12-1990; Aachen 1990.

[MSCI (2015d)] MSCI Inc. (Hrsg.): DIX Deutscher Immobilien Index: Ergebnisse zum 31.12.2015; 2015.

[Narten, R. (2007j)] Narten, Renate; Scherzer, Ulrike: Bauliche Maßnahmen der Wohnungsunternehmen stehen im Vordergrund, in: Die Wohnungswirtschaft (2007), Heft 10, S. 9–11.

[OFD N LB 10-9051] Oberfinanzdirektion (OFD) Nürnberg (Hrsg.): Auswertung von Baunutzungskosten von Gebäuden im Bereich der Länder – Erarbeitung von Richtwerten; OFD-Schreiben N LB 10-9051, 1998, S. k19–123.

[Parkhausverband (2003l)] Bundesverband der Park- und Garagenhäuser (Hrsg.): Betriebswirtschaftliche Rahmendaten für den Parkhausbetrieb; Köln 2003.

[REFA (1997)] Verband für Arbeitsgestaltung, Betriebsorganisation und Unternehmensentwicklung (Hrsg.): Methodenlehre der Betriebsorganisation: Datenermittlung; München 1997.

[Reisbeck, T. (2006)] Reisbeck, Tilman; Schöne, Lars B.: Immobilien-Benchmarking: Ziele, Nutzen, Methoden und Praxis; Berlin 2006.

[Rotermund (2015)] Rotermund, Uwe (Hrsg.): fm.benchmarking Bericht 2015: Der FM-Kennzahlenvergleich; Höxter 2015.

[Runge, F. (2006e)] Runge, Fritz: Erfolgsfaktoren, in: IndustrieBAU (2006), Heft 5, S. 52–55.

[Sagebiel, U. (1983)] Sagebiel, Ulrich; Schürmann, Wolfgang: Baunutzungskosten im Schulbau, 2. Aufl.; Berlin 1983.

[Schielein, J. (2007j)] Schielein, Jörg: Haftungsfragen zum Organisationsverschulden im Facility Management, in: Facility Management (2007), Nr. 10, S. 8 ff (Sonderdruck).

[Siebert, L. (1997i)] Siebert, Lothar: Wie aussagekräftig sind Kennwerte?: Über Schein und Sein von Energieverbrauchs-Kenn-Zahlen, in: Bauverwaltung + Bauamt & Gemeindebau (1997), Heft 9, S. 432–434.

[Stahlknecht, P. (2002)] Stahlknecht, Peter; Hasenkamp, Ulrich: Einführung in die Wirtschaftsinformatik, 10., überarb. Aufl.; Berlin 2002.

[StBA (1978)] Statistisches Bundesamt (Hrsg.): Systematik der Bauwerke, Systematische Verzeichnisse; Stuttgart u. a. 1978.

[StBA (1978f)] Statistisches Bundesamt (Hrsg.): Signierschlüssel für Nichtwohngebäude; Stuttgart, Mainz 1978.

[SW-RL 2012] Ermittlung des Sachwerts: Sachwertrichtlinie, Bundesministerium für Verkehr, Bau- und Wohnungswesen (Hrsg.): BMVBW SW-RL, 2012, URL: https://www.bundesanzeiger-verlag.de/fileadmin/BIV-Portal/Dokumente/PDF/Sachwertrichtlinie.pdf (letzter Aufruf: 03.01.2018).

[Techem (2016)] Techem (Hrsg.): Energiekennwerte 2016: Eine Studie von Techem zum Wärme- und Wasserverbrauch in Mehrfamilienhäusern, 2016, URL: https://www.techem.de/fileadmin/user_upload/epaper-EKW-2016_leseversion/#72 (letzter Aufruf: 27.02.2017).

[VDI 3807 Bl. 2 2014-11] Verbrauchskennwerte für Gebäude: Verbrauchskennwerte für Heizenergie, Strom und Wasser, Verein Deutscher Ingenieure (VDI) (Hrsg.): Bl. 2, VDI 3807; Berlin 2014.

[ZBWB-S.TiB (1993b)] Zentralstelle für Bedarfsbemessung und wirtschaftliches Bauen (Hrsg.): Energiebericht 1991–1992: Landesgebäude ohne Universitäten; Stuttgart 1993.

[ZBWB-S.TiB (1994e)] Zentralstelle für Bedarfsbemessung und wirtschaftliches Bauen (Hrsg.): Betriebskosten von Hochbauten: Orientierungswerte für staatliche Gebäude; Forschungsbericht; Stuttgart 1994.

4.6 Analyse eines Geschäftsberichts in der Wohnungs- und Immobilienwirtschaft

Jörn von der Lieth und Dorit Brauns

Aus den Daten eines Immobilienunternehmens lassen sich Unmengen von Kennzahlen generieren und daraus Fragen bezüglich der Unternehmens- und Geschäftspolitik ableiten. Das Interesse an einem Geschäftsbericht kann vielseitig sein. Ist das Unternehmen, mit dem ich kooperieren möchte, solvent? Wie steht der zukünftige Arbeitgeber am Markt da und mit welchem Potenzial?

Welche Kennzahlen notwendig oder die richtigen sind, hängt von der zu analysierenden Dimension (strategisch, taktisch, operativ) und der zu analysierenden Einflussgröße ab.[77] Darüber hinaus ist es sinnvoll, unternehmenserfolgsrelevante Kennzahlen aufzunehmen.

In diesem Kapitel wird beispielhaft dargestellt, welche Unternehmenskennzahlen für eine Analyse des Geschäftsberichts eines Wohnungsunternehmens wichtig sind und welche Aussagekraft sie haben. Exemplarisch wird die Geschäftsberichtsanalyse eines Wohnungsunternehmens durchgeführt, das lediglich Wohnungen im Eigenbestand hält. Die Form der Analyse ist auf weitere Geschäftsbereiche von Immobilienunternehmen übertragbar.

77 Vgl. [Schmoll genannt Eisenwerth, F. (2010)].

4.6.1 Die Bilanz lesen

Es gibt verschiedene Ebenen, eine Bilanz zu betrachten und zu interpretieren: aus Sicht der Gesellschaftsorgane (Gesellschafter, Aufsichtsrat und Geschäftsführung bzw. Vorstand – strategische Dimension), aus Sicht des Managements (Geschäftsführung/Abteilungsleiter – taktische Dimension) oder aus Sicht der Mitarbeiter (operative Dimension) und eines Stakeholders (Bank, Staat etc. – unterschiedliche Dimensionen je nach Fragestellung). In der folgenden Prüfung ist vor allem der Blickwinkel der Gesellschaftsorgane und des Managements von Bedeutung.

Um einen Geschäftsbericht analysieren zu können und aus den einzelnen Positionen der Bilanz (s. Tab. 4.12, 4.13 und 4.14) und der Gewinn- und Verlustrechnung (GuV – s. Tab. 4.15) Aussagen ableiten zu können, ist ein Grundverständnis für die Struktur einer Bilanz und die Vorschriften zum Führen von Handelsbüchern (§§ 238–342e HGB) unerlässlich.

Tab. 4.12: Aktiva/Passiva einer Bilanz.

		Aktiva		Passiva		
1.	zunehmende Liquidierbarkeit ⇓	Anlagenvermögen – immaterielle VG – Sachanlagen – Finanzanlagen	Vermögens- gegenstände	Eigenkapital		abnehmende Fristigkeit ⇓
2.		Umlaufvermögen – Vorräte – Forderungen – Wertpapiere – liquide Mittel		Rückstellungen Verbindlichkeiten	Schulden	
3.		aktive Rechnungs- abgrenzungsposten		passive Rechnungs- abgrenzungsposten		
4.		aktive latente Steuern		passive latente Steuern		
5.		Mittelverwendung		Mittelherkunft		

Die Aktivseite stellt dar, wozu das Kapital verwendet wurde. Woher das Kapital stammt, lässt sich aus der Passivseite herauslesen. Den Erfolg der eingesetzten Mittel spiegelt die GuV wider.[78]

Für die folgenden Analysen wurde die Bilanz eines typischen Wohnungsunternehmens mit rd. 1.000 Wohnungen gewählt. Von den 2.734 im Gesamtverband der Wohnungswirtschaft (GdW) organisierten und berichtenden Wohnungsgenossenschaften und Wohnungsunternehmen bewirtschaften 1.696 Unternehmen (62 %) bis zu 1.000 Wohnungen.[79] Dass ein Unternehmen negatives Eigenkapital hat, kommt eher selten vor. In dem Beispielunternehmen wurde diese Besonderheit gewählt, um auf das Thema Insolvenz näher eingehen zu können und zu zeigen, dass der erste Anschein nicht immer der richtige sein muss.

Die Bilanz und weitere notwendige Informationen kann man i. d. Regel dem Internetauftritt oder einem veröffentlichten Geschäftsbericht entnehmen. Form und Inhalt des Geschäftsberichts kann frei gewählt werden. Der Geschäftsbericht enthält aber in Anlehnung an die Offenlegungspflichten der §§ 325 ff. des Handelsgesetzbuches (HGB) häufig den festgestellten oder gebilligten Jahresabschluss, den Lagebericht und den Bestätigungsvermerk oder den Vermerk über dessen Versagung durch den Jahresabschlussprüfer sowie den Bericht des Aufsichtsrats.

Die Veröffentlichung dient insbesondere dem Gläubigerschutz und ist darüber hinaus eine wichtige Marketingmöglichkeit eines Unternehmens und wird daher vielfach aufwendig gestaltet.

78 Vgl. [GdW (2017)].

79 Vgl. [GdW (2016k)], S. 72.

Tab. 4.13: Bilanz eines ABC-Wohnungsunternehmens: Aktiva.

	Aktiva (Stand 31.12.2016)	**€**	**€**
A.	**Anlagevermögen**		
I.	Sachanlagen		
1.	Grundstücke und grundstücksgleiche Rechte mit Wohnbauten	38.400.000,00	
2.	Grundstücke mit Erbbaurechten Dritter	33.500,00	
3.	technische Anlagen und Maschinen	3.000,00	
4.	andere Anlagen, Betriebs- und Geschäftsausstattung	5.500,00	28.442.000,00
II.	Finanzanlagen		
	andere Finanzanlagen	25.400,00	25.400,00
	Anlagevermögen insgesamt		**28.467.400,00**
B.	**Umlaufvermögen**		
I.	Zum Verkauf bestimmte Grundstücke und andere Vorräte		
1.	unfertige Leistungen	1.800.100,00	
2.	andere Vorräte	4.000,00	1.804.100,00
II.	Forderungen und sonstige Vermögensgegenstände		
1.	Forderungen aus Vermietung	19.400,00	
2.	sonstige Vermögensgegenstände	85.777,68	105.177,68
III.	Flüssige Mittel		
	Kassenbestand und Guthaben bei Kreditinstituten		4.655.308,66
	Umlaufvermögen insgesamt		**6.650.000,00**
C.	**Rechnungsabgrenzungsposten**		
1.	Geldbeschaffungskosten	4.400,00	
2.	andere Rechnungsabgrenzungsposten	44.000,00	48.400,00
D.	**Nicht durch Eigenkapital gedeckter Fehlbetrag**		3.152.885,37
	Bilanzsumme		**38.318.685,37**
	Treuhandvermögen		
	Mietkautionen		700.000,00

Tab. 4.14: Bilanz eines ABC-Wohnungsunternehmens: Passiva.

	Passiva (Handelsbilanz zum 31.12.2016)	**€**	**€**
A.	**Eigenkapital**		
I.	Gezeichnetes Kapital	1.020.000,00	
II.	Ergebnisrücklagen		
1.	Rücklage aus Umschichtungsgewinnen	8.980.000,00	
2.	Kapitalerhaltungsrücklage	2.150.000,00	
III.	Bilanzverlust	−15.302.885,37	
IV.	**Anlagevermögen insgesamt**	3.152.885,37	
B.	**Rückstellungen**		
	sonstige Rückstellungen	70.000,00	70.000,00
C.	**Verbindlichkeiten**		
1.	Verbindlichkeiten gegenüber Kreditinstituten	35.730.485,37	
2.	erhaltene Anzahlungen	2.050.000,00	
3.	Verbindlichkeiten aus Vermietung	105.000,00	
4.	Verbindlichkeiten aus Lieferungen und Leistungen	363.000,00	
5.	sonstige Verbindlichkeiten	200,00	38.248.685,37
	Bilanzsumme		**38.318.685,37**
	Treuhandverbindlichkeiten		
	Mietkautionen		700.000,00

Tab. 4.15: Gewinn- und Verlustrechnung (GuV) eines ABC-Wohnungsunternehmens.

	Gewinn- und Verlustrechnung nach Handelsrecht 2016	€	€
1.	Umsatzerlöse		
	– aus der Hausbewirtschaftung		6.400.000,00
2.	Erhöhung (Vorjahr: Verminderung) des Bestandes an Verkaufsgrundstücken und unfertigen Leistungen		41.000,00
3.	sonstige betriebliche Erträge		182.000,00
4.	Aufwendungen für bezogene Lieferungen und Leistungen		
	– Aufwendungen für Hausbewirtschaftung		2.190.000,00
5.	**Rohergebnis**		**4.433.000,00**
6.	Personalaufwand		
	a) Löhne und Gehälter	110.000,00	
	b) soziale Abgaben und Aufwendungen zur Altersversorgung und Unterstützung (davon für Altersvorsorge: € 0,00)	23.000,00	133.000,00
7.	Abschreibungen auf Sachanlagen		1.080.000,00
8.	sonstige betriebliche Aufwendungen		799.000,00
9.	Erträge aus anderen Wertpapieren und Ausleihungen des Finanz-anlagevermögens		1.200,00
10.	sonstige Zinsen und ähnliche Erträge		9.000,00
11.	Zinsen und ähnliche Aufwendungen		820.000,00
12.	**Ergebnis der gewöhnlichen Geschäftstätigkeit**		**1.611.200,00**
13.	sonstige Steuern		194.000,00
14.	Jahresüberschuss		1.417.200,00
15.	Mittelvortrag aus dem Vorjahr		–16.720.085,37
16.	Einstellungen in die Rücklage aus Umschichtungsgewinnen		0,00
17.	Mittelvortrag		–15.302.885,37

4.6.2 Ein Gefühl für das Unternehmen entwickeln

Ein guter Einstieg in eine Bilanzanalyse ist die Frage nach der Liquidität des Unternehmens, dem Wert des Unternehmens und der Unternehmensgröße. Hieraus lassen sich beispielsweise folgende Fragestellungen ableiten: Sind die Voraussetzungen gegeben, um Zukunftsthemen angehen zu können und in Krisensituationen oder bei Ertragsausfällen ausreichend Reserven zu haben, oder befindet sich das Unternehmen schon in Insolvenznähe?

Die Liquiditätsreserve hinterfragen

Fehlende bzw. nicht ausreichende Liquidität, die zur (drohenden) Zahlungsunfähigkeit führt, ist ein Eröffnungsgrund für die Insolvenz nach §§ 16 ff der Insolvenzordnung (InsO).

Grundsätzlich ist ein durchschnittlicher Monatserlös als Liquiditätsreserve ausreichend. Für ein Bankenrating im AAA-Bereich sind drei durchschnittliche Monatserlöse als Liquiditätsreserve hilfreich, sie führen zu niedrigeren Zinsen bei einer Kreditaufnahme.

Um festzustellen, ob genügend Liquidität vorhanden ist, wird die Kennzahl der Liquiditätsreserve (s. Tab. 4.16) herangezogen. Die Liquidität ist auf der Aktivseite der Bilanz im Umlaufvermögen angegeben.

Tab. 4.16: Kennzahl Liquiditätsreserve.

1.	Zielsetzung	Kennzahl	Definition	Vergleichswert	
	Sicherheitsreserve	Liquiditätsreserve	flüssige Mittel / Umsatzerlöse je Monat	Basel II AAA kritischer Wert	3 1

flüssige Mittel (4.655.308,66 €)
/ Umsatzerlöse je Monat(533.333 €)
= Liquiditätsreserve (**8,72**)

Bei unserem Beispielunternehmen erreichen wir eine Liquiditätsreserve von 8,72. Aufgrund der hohen Liquiditätsreserven ist der Tatbestand der drohenden Zahlungsunfähigkeit offensichtlich nicht gegeben.

Die Aussagekraft des Werts kann sowohl beruhigen als auch stutzig machen. Ein Wert über drei ist beruhigend, da davon auszugehen ist, dass nicht vorhersehbare Investitionen oder Risiken mit der Reserve abgedeckt sind und ein gutes Bankenrating niedrige Zinsen bei der Kreditaufnahme ermöglicht. Wenn die Reserve zu hoch ist, wird vor allem der Aufsichtsrat stutzig werden, da er sich die Frage stellt, warum die vorhandenen Liquiditätsreserven nicht für Investitionen (z. B. Ankauf und Modernisierung) oder die Rückzahlung von Verbindlichkeiten genutzt werden.

An diesem Beispiel wird deutlich, dass eine Kennzahl für sich allein genommen grundsätzlich nicht für eine Leistungsbewertung der Geschäftsführung oder des operativen Geschäfts geeignet ist. Sie ermöglicht es aber, Fragen zu stellen, anhand deren Beantwortung man die notwendige strategische bzw. taktische Logik der Geschäftspolitik des Unternehmens erkennen kann.

Auf die Frage des Aufsichtsrats, warum das Unternehmen eine über dem Mindestsatz von einer Monatsmiete liegende Liquiditätsreserve hat, wäre eine sinnvolle Antwort der Geschäftsführung mit strategischer und taktischer Ausrichtung z. B.:

Als Unternehmen mit hohen Verbindlichkeiten gegenüber Kreditinstituten von 35.730.485,37 Mio. € im Verhältnis zum Anlagevermögen von 28.467.400 Mio. € ist es sinnvoll, über ein gutes Bankenrating im AAA-Bereich bei Kreditneuaufnahmen und Prolongationen auch zukünftig niedrige Zinssätze zu erreichen. Aus diesem Grunde ist eine Liquiditätsreserve von drei Monatserlösen ein strategisches Finanzziel in unserem Unternehmen. Aufgrund des hohen Fremdkapitalanteils sollen Verbindlichkeiten gegenüber Kreditinstituten bei Auslauf der Zinsfestschreibung mit Eigenmitteln abgelöst werden. Daher wird Liquidität über die Mindestreserve von drei Monatserlösen hinaus angespart, um Verbindlichkeiten abzulösen. Im nächsten Geschäftsjahr soll, wie im Wirtschaftsplan ausgewiesen, ein Kredit in Höhe von 3 Mio. € außerplanmäßig getilgt werden, sodass die Kennzahl für die Liquiditätsreserve wieder unserem Finanzziel von drei entspricht.

Den Unternehmenswert einschätzen

Neben dem Insolvenztatbestand der (drohenden) Zahlungsunfähigkeit ist auch der Tatbestand der Überschuldung ein Eröffnungsgrund für die Insolvenz nach §§ 16 ff. der Insolvenzordnung (InsO). Eine Überschuldung liegt vor, „wenn das Vermögen des Schuldners die bestehenden Verbindlichkeiten nicht mehr deckt, es sei denn, die Fortführung des Unternehmens ist nach den Umständen überwiegend wahrscheinlich“[80]. Aus diesem Grund sollte der zweite Blick auf den Wert des Unternehmens gerichtet sein. In unserem Beispiel könnte aufgrund des negativen Eigenkapitals und der hohen Verbindlichkeiten der Insolvenztatbestand der Überschuldung gegeben sein.

80 § 19 Insolvenzordnung (InsO).

Um den Unternehmenswert überschlägig zu ermitteln, wird der Umsatzerlös des Jahres mit dem entsprechenden Maklerfaktor multipliziert. Der Maklerfaktor, auch Vervielfältiger oder Multiplikator genannt, ist ein anerkannter Faktor, mit dem der Ertragswert einer Immobilie überschlägig berechnet werden kann. Er stellt den Kehrwert der Renditeerwartung eines Käufers für ein Objekt eines bestimmten Baujahrs in einer bestimmten Lage dar. Ein Maklerfaktor von zehn zeigt eine Renditeerwartung von 1 %. In unserem Beispiel gehen wir von einer Renditeerwartung bei möglichen Käufern von 5 % aus. Somit ergibt sich ein Multiplikator von 20. Der Maklerfaktor wird durch die Gutachterausschüsse der Gemeinden oder in den Marktreports der Maklerverbände veröffentlicht.

Der Maklerfaktor ist der maßgebende Faktor bei der Bewertung des Anlagevermögens und für ein gesamtes Portfolio sehr komplex. Er hängt auch von den wirtschaftlichen Erwartungen der Region, in denen sich die Immobilien befinden, ab. Mögliche Indikationen von Maklerfaktoren ergeben sich aus Tabelle 4.17:

Tab. 4.17: Maklerfaktor.

2.	Markt	Stadt	Maklerfaktor
	florierende Gebiete	Berlin, München,	25-Faches und mehr
	stagnierender Markt	Duisburg	20- bis 24-Faches
	reduzierende Gebiete	Schwerin	unterhalb des 20-Fachen

Die Umsatzerlöse, die die Brutto-Warmmieten enthalten und in der Gewinn- und Verlustrechnung zu finden sind, müssen zuvor noch um die enthaltenen Betriebskostenvorauszahlungen bereinigt werden. Sind die Betriebskosten über zusätzliche Erläuterungen im Geschäftsbericht (z. B. Angabe der Höhe der monatlichen Betriebskosten und Angabe der gesamten Wohnfläche) nicht zu ermitteln, kann aus den „erhaltenen Anzahlungen" (Passivseite: Verbindlichkeiten) die Höhe der Betriebskostenvorauszahlungen überschlägig ermittelt werden, sofern keine Sondereinflüsse vorliegen. Ob Sondereinflüsse vorliegen könnten, erkennt man z. B., wenn gravierende Veränderungen zum Vorjahr vorliegen. Die erhaltenen Betriebskostenanzahlungen müssen nun aus den Umsatzerlösen herausgerechnet werden.

Umsatzerlöse (6.400.000,00 €)
./. erhaltene Anzahlungen (2.050.000,00 €)
= bereinigte Umsatzerlöse (4.350.000,00 €)
× Maklerfaktor (20-Faches)
= Unternehmenswert (87.000.000,00 €)

In unserem Beispiel ergibt sich damit ein Unternehmenswert (s. Tab. 4.18) bzw. Wert aller Immobilien von 87 Mio. € bei Verbindlichkeiten von insgesamt rd. 38 Mio. €. Der Mehrwert von 48,6 Mio. € des überschlägig ermittelten Unternehmenswerts von 87 Mio. € zum Anlagevermögen von 38,4 Mio. € wird stille Reserve genannt, da er erst bei einem tatsächlichen Verkauf buchhalterisch nach HGB-Rechnungslegung sichtbar wird. Auf die Möglichkeiten einer Bilanzierung nach den internationalen Rechnungslegungsstandard IAS/IFRS soll hier nicht weiter eingegangen werden.[81]

81 Vgl. [Klinger, F. (2004)].

Tab. 4.18: Kennzahl Unternehmenswert.

3.	Zielsetzung	Kennzahl	Definition	Kritischer Wert
	Insolvenzvermeidung	Unternehmenswert	Umsatzerlöse × Maklerfaktor	< 0

Auf die Frage des Aufsichtsrats, ob eine mögliche Überschuldung vorliegt, könnte eine sinnvolle Antwort des Geschäftsführers lauten:

Die überschlägige Berechnung des Unternehmenswerts liegt mit 87 Mio. € über den Verbindlichkeiten von insgesamt rd. 38 Mio. €, sodass eine Überschuldung nicht vorliegt und über mögliche Veräußerungen stille Reserven in Höhe von insgesamt 48,6 Mio. € gehoben werden könnten.

Hinweis: Aus dem vorher Gesagten kann auch der Mietenmultiplikator (s. Tab. 4.19) als typische betriebliche Kennzahl entwickelt werden. Ein Mietenmultiplikator über 12 muss kritisch hinterfragt werden, um sicherzustellen, dass keine Überschuldung vorliegt.[82]

Tab. 4.19: Kennzahl Mietenmultiplikator.

4.	Zielsetzung	Kennzahl	Definition	Vergleichswert[a]	Faktor
	Finanzierungsreserven, Überschuldung, Sanierungsstand	Mietenmultiplikator	Anlagevermögen / Netto-Kaltmiete	alte Länder 2005/14	8,0/9,4
				neue Länder 2005/14	10,8/9,3
				Deutschland 2005/14	9,0/9,4
				kritisch	> 12

[a] Zu den Vergleichswerten vgl. u. a. [Deloitte (2011)], S. 12 und für 2005/14 [GdW (2016k)], S. 104.

In unserem Beispiel ergibt sich bei einem Anlagevermögen (AV) von 38.400.000 € und bereinigten Umsatzerlösen (Netto-Kaltmiete) von 4.350.000 € ein Mietenmultiplikator von 8,8, der als unkritisch angesehen werden kann. Die Differenz aus Mietenmultiplikator und Maklerfaktor ergibt die möglichen stillen Reserven des Unternehmens.

Die Unternehmensgröße bewerten

Nachdem wir eine akute Existenzgefährdung nicht feststellen konnten, stellt sich die strategische Frage, ob das Unternehmen so groß ist, dass es dauerhaft einen zielführenden Geschäftsbetrieb betreiben kann. Die kritische Unternehmensgröße sieht der Verfasser bei 300 zu verwaltenden Wohnungen.[83]

Die Anzahl der Wohnungen, die ein Unternehmen verwaltet, und die Größenklasse (s. Tab. 4.20), in der sich das Unternehmen bewegt, geben Hinweise darauf, ob ein Unternehmen die kritische Größe überschritten hat, ob Skaleneffekte zu erwarten sind, welche Instrumente der Unternehmensführung und -leitung verwendet werden und welche Organisation in der jeweiligen Größenklasse üblicherweise genutzt wird. Hierdurch können Prioritäten, Hinweise und Fragestellungen zur Zukunftsfähigkeit erarbeitet werden.

82 [GdW Arbeitshilfe 76], S. 82.

83 von der Lieth, Jörn: Unternehmensführung in der Immobilienwirtschaft, in: [Schmoll genannt Eisenwerth, F. (2015)], S. 1231.

Tab. 4.20: Kennzahl Unternehmensklasse.[84]

5.	Zielsetzung	Kennzahl	Definition	Vergleichswert	Anzahl
1.	Zukunftsfähigkeit	Unternehmens-klasse	Anzahl der verwalteten Wohneinheiten	≤ 2.000 Wohnungen	2.174 Unternehmen
2.				≤ 10.000 Wohnungen	505 Unternehmen
3.				> 10.000 Wohnungen	55 Unternehmen

Das ABC-Wohnungsunternehmen verwaltet 1.000 eigene Wohnungen und liegt in der Unternehmensklasse 1 mit bis zu 2.000 verwalteten Wohnungen. Auf die Frage des Aufsichtsrats, welche Strategie im Hinblick auf die Anzahl der zu verwaltenden Wohnungen sinnvoll ist, könnte eine mögliche Antwort der Geschäftsführung heißen:

Die Geschäftsführung geht davon aus, dass das Unternehmen ohne weitere grundlegende Organisationsänderungen bis zu 2.000 Wohnungen verwalten könnte. Es müssten Mitarbeiter für die Wohnungsverwaltung eingestellt werden, ohne die Leitungsstrukturen zu ändern. Damit würden weitere zu verwaltende Wohnungen einen wichtigen Deckungsbeitrag leisten. Aus diesem Grund sollte der Verwaltungsbestand durch Ankäufe, Unternehmenszusammenschlüsse, Geschäftsfelderweiterung, Kooperationen oder Ähnliches auf bis zu 2.000 Wohnungen erweitert werden.

Das Zwischenfazit als „erster Blick" für unsere Analyse besagt, dass das Unternehmen trotz des negativen Eigenkapitals eine hohe Liquidität und hohe stille Reserven besitzt, sodass von einer kurzfristigen existenzgefährdenden Situation nicht ausgegangen werden muss. Das Unternehmen hat darüber hinaus eine Unternehmensgröße, mit der dauerhaft eine eigenständige Bewirtschaftung möglich ist, wobei eine Vergrößerung des Verwaltungsbestands sinnvoll ist. Würde eine der Kennzahlen kurz- oder langfristige Schwierigkeiten vermuten lassen, würden wir im Folgenden eine sehr kritische Grundstimmung an den Tag legen und ggf. noch weitere Kennzahlen zur Analyse heranziehen müssen. In diesem Fall reicht, trotz des negativen Eigenkapitals, ein kritischer Blick auf weitere Kennzahlen.

4.6.3 Das Geschäftsfeld kennenlernen

Das Geschäftsfeld[85] unseres Unternehmens ist der klassische Bestandshalter mit eigenem Property-Management. Entsprechend geht es um die Vermietung der 1.000 Wohnungen mit 60.000 m^2 Wohnfläche (Leerstand von acht Wohnungen) und den Bauzustand der Wohnobjekte. Unsere Erwartung an ein „gutes" Immobilienunternehmen mit einem jeweils „guten Zustand der Immobilien" aufgrund des Baualters bzw. des Instandhaltungsniveaus und einem guten Geschäftsbetrieb wäre:

- Neubau (hohes AV) → niedrige Instandhaltungskosten → hohe Miete → geringer Leerstand **oder**
- Altbau (niedriges AV) → hohe Instandhaltungskosten → hohe Miete → geringer Leerstand.

Bei widersprüchlichen Wirkungszusammenhängen wären kritische Nachfragen sinnvoll. Dies soll am Beispiel des Neubaus erläutert werden.

- „Neubau (hohes AV) → **hohe** Instandhaltungskosten → hohe Miete → geringer Leerstand" weist z. B. auf Qualitätsfehler beim Neubau, fehlende Portfoliosteuerung der Instandhaltungskosten oder Verbesserungspotenzial beim Einkauf hin.

84 Vergleichswerte für 2014 [GdW 2016k], S. 71.

85 Vgl. [Bogenstätter, U. (2008)], S. 30 ff.

- „Neubau (hohes AV) → niedrige Instandhaltungskosten → **niedrige** Miete → geringer Leerstand" weist z. B. auf mitgliederorientierte Mietenpolitik bei Genossenschaften, Erhöhungspotenzial bei den Mieterlösen oder verbesserungswürdiges Marketing (der geringe Leerstand wird durch niedrige Mietern erkauft) hin.
- „Neubau (hohes AV) → niedrige Instandhaltungskosten → hohe Miete → **hoher** Leerstand" weist z. B. auf nicht marktgerechte Wohnungen (z. B. Grundriss und Lage), veränderte Marktlage oder verbesserungswürdige Organisation und Marketing hin.

Buchwertstruktur (Höhe des Anlagevermögens)

Im Anlagevermögen werden die aktivierungspflichtigen Anschaffungs- und Herstellungskosten und die nachträglichen Investitionen abzüglich der (kumulierten) Abschreibungen ausgewiesen. Werden Wahlmöglichkeiten bei der Aktivierung (Investitionen werden im Anlagevermögen als nachträgliche Herstellungskosten aktiviert) genutzt, führt dies zu hohen Buchwerten (s. Tab. 4.21) und einem hohen Eigenkapitalanteil. Werden die Investitionen im Aufwand getätigt, führt dies zu niedrigen Buchwerten und einem niedrigen Eigenkapital. In Verbindung mit höheren Mieten können hieraus stille Reserven entstehen, wenn der Wert des Unternehmens höher ist als der Bilanzwert.

Tab. 4.21: Kennzahl Buchwertstruktur.[86]

6.	Zielsetzung	Kennzahl	Definition	Vergleichswert	€/(m^2_{WF} Jahr)
	Sanierungsstand, Überschuldung, Aktivierungsphilosophie	Buchwertstruktur	Anlagevermögen/ m^2 Wohnfläche	Deutschland alte Länder neue Länder	457 449 457

Aus dem Anlagevermögen von 38.400.000 € und der Wohnfläche von 60.000 m^2 ergibt sich ein im Verhältnis zum Vergleichswert von 457 € je m^2 Wohnfläche überdurchschnittliches Anlagevermögen von 640 € je m^2 Wohnfläche. Wir erwarten damit aufgrund des überdurchschnittlichen Bauzustands unterdurchschnittliche Instandhaltungskosten, überdurchschnittliche Mieten und einen unterdurchschnittlichen Leerstand.

Instandhaltungsniveau

Wir haben bereits festgestellt, wie hoch der Buchwert unserer Immobilien ist. Aus diesem Wert können wir den Zustand der Immobilien und den notwendigen Investitionsbedarf nur grob abschätzen. Verlässliche Daten sind nur durch eine genaue Portfoliobetrachtung zu erhalten. Durch die Berechnung der Kennzahl Instandhaltungsniveau (s. Tab. 4.22) können wir jedoch im Rahmen einer Bilanzanalyse entsprechende Fragen entwickeln. In der GuV spiegelt die Position „Aufwendungen für die Hausbewirtschaftung" den Wert der Instandhaltungskosten wider, der in dem Geschäftsjahr tatsächlich angefallen ist. Ins Verhältnis gesetzt zu der Wohnfläche ergibt dies das Instandhaltungsniveau.

Unser Unternehmen hat, wie erwartet, ein unterdurchschnittliches Instandhaltungsniveau von 5,99 € je m^2 Wohnfläche p. a. Der geringe Wert ist neben dem hohen Anlagevermögen ein weiteres Indiz dafür, dass die Immobilien in einem sehr guten baulichen Zustand sind. Langfristig gesehen bedeutet das für das Unternehmen nicht, dass das Niveau so erhalten bleibt. Bei einem solch geringen Wert ist davon auszugehen, dass sich mittelfristig die Instandhaltungen in den Bestand erhöhen werden, damit der Zustand erhalten bleibt.

86 Vgl. Vergleichswerte 2003 [Deloitte Deutsche Baurevision (2005b)], S. 23.

Tab. 4.22: Kennzahl Instandhaltungsniveau.

7.	Zielsetzung	Kennzahl	Definition	Vergleichswert[a]	€/(m^2_{WF} Jahr)
	Instandhaltungs-rückstau	Instandhaltungs-niveau	Instandhaltungs-kosten je Jahr/ m^2 Wohnfläche	große Unternehmen mittlere Unternehmen kleine Unternehmen kritischer Wert (GdW)	13,72 13,78 13,60 5,11

[a] Vgl. Vergleichswerte m^2_{WF} Jahr [Deloitte (2011)], S. 12; kritischer Wert [GdW 2000].

Mietniveau

Bei einem weiteren Blick auf das Geschäftsfeld erwarten wir aufgrund des voraussichtlich überdurchschnittlich guten Bauzustands (überdurchschnittliches Anlagevermögen und unterdurchschnittliches Instandhaltungsniveau) auch überdurchschnittliche Mieten (s. Kennzahl Mietniveau, Tab. 4.23).

Tab. 4.23: Kennzahl Mietniveau.

8.	Zielsetzung	Kennzahl	Definition	Vergleichswert[a]	€/(m^2_{WF} Monat)
1.	Wohnungszustand, Marktfähigkeit, Ertragsreserven, Ertragsrisiken	Mietenstruktur	Netto-Kaltmiete je Monat/ m^2 Wohnfläche	große Unternehmen mittlere Unternehmen kleine Unternehmen	8,84 5,37 5,60
2.				alte Länder 2005/15 neue Länder 2005/15 Deutschland 2015/15	6,34/7,64 5,16/6,37 6,01/7,29

[a] Vgl. Vergleichswerte [Deloitte (2011)], S. 12 und für 2005 und 2015 [GdW (2016k)], S. 41.

Bei einer leicht überdurchschnittlichen monatlichen Nettokaltmiete von 6,04 € je m^2 Wohnfläche ((bereinigte Umsatzerlöse von 4.350.000 € p. a. / 12 Monate) / 60.000 m^2 Wohnfläche) im Vergleich zu kleineren Wohnungsunternehmen wird unsere Einschätzung bestätigt.

Leerstandsquote

Die abschließende Kennzahl zur Bewertung des Geschäftsfelds der Wohnungsvermietung unseres Unternehmens ist die Leerstandsquote (s. Tab. 4.24). Aufgrund der vorherigen Kennzahlen erwarten wir eine durchschnittliche bis unterdurchschnittliche Leerstandsquote.

Tab. 4.24: Kennzahl Leerstandsquote.

9.	Zielsetzung	Kennzahl	Definition	Vergleichswert[a]	%
1.	Wohnungszustand, Marktfähigkeit, struktureller Leerstand	Leerstandsquote	leer stehende Wohnungen/ Anzahl der Wohnungen	große Unternehmen mittlere Unternehmen kleine Unternehmen	5,42 6,56 8,32
				alte Länder 2006/15 neue Länder 2006/15 Deutschland 2006/15	3,0/1,9 11,3/6,8 6,7/4,0

[a] Vgl. Vergleichswerte 2006 und 2015 [GdW (2016k)], S. 94.

Zum Ende des Geschäftsjahrs stehen acht Wohnungen leer. Dies entspricht bei einer Gesamtwohnungszahl von 1.000 Einheiten einer sehr niedrigen Leerstandsquote von 0,8 %.

Das Fazit unserer Betrachtung des Geschäftsfelds ist, dass sich das Unternehmen im operativen Geschäft allem Anschein nach sehr gut aufgestellt hat. Ein wahrscheinlich guter Bauzustand, unterdurchschnittliche Instandhaltungskosten, überdurchschnittliche Mieten und eine sehr geringe Leerstandsquote könnten das Ergebnis einer richtigen und klugen Instandhaltungs- und Vermarktungsstrategie sein. Unser gutes Gefühl aus der ersten Phase der Bilanzanalyse findet sich hinsichtlich der Betrachtung des Geschäftsfelds bestätigt.

Hinweis: In engen Wohnungsmärkten mit starkem Nachfrageüberhang muss ein niedriger Leerstand nicht unbedingt das Ergebnis guter Arbeit sein. **!**

4.6.4 Die Kapitalseite beleuchten

In der dritten und letzten Phase unserer Bilanzanalyse beschäftigen wir uns insbesondere mit der Passivseite der Bilanz. Wir erwarten nach den positiven Ergebnissen der vorherigen Kennzahlen ein negatives Eigenkapital bei gleichzeitig hohem Fremdkapital. Die Zinsen und Tilgungen werden aufgrund der positiven Bewirtschaftung aus den Umsatzerlösen beglichen werden können.

Eigenkapital und Eigenkapitalquote

Eine weitere wichtige Bilanzposition ist das Eigenkapital. Aus diesem Wert lassen sich zwei wichtige Kennzahlen ableiten: Eigenmittelrentabilität und Eigenkapitalquote. In der Wohnungs- und Immobilienwirtschaft zeichnen sich die Unternehmen durch eine hohe Eigenkapitalquote (s. Tab. 4.25) aus: im Schnitt 35 %. Kritisch, insbesondere für die Fremdfinanzierung, ist ein Eigenkapital unter 20 %. Das Eigenkapital wird aus dem Saldo des Anlage- und Umlaufvermögens, aus den Verbindlichkeiten und Rückstellungen sowie aus den Rechnungsabgrenzungsposten gebildet. Das gezeichnete Kapital ist die Summe der nominalen Werte der ausgegebenen Gesellschaftsanteile an dem Unternehmen. Dies trifft bei Aktiengesellschaften in Form von Aktien, bei GmbHs in Form von Gesellschaftsanteilen und bei Genossenschaften in Form von Genossenschaftsanteilen zu.

Tab. 4.25: Kennzahl Eigenkapitalquote.

10.	Zielsetzung	Kennzahl	Definition	Vergleichswert[a]	%
	Finanzierungsreserven, Überschuldung, Aktivierungsphilosophie	Eigenkapitalquote	Eigenkapital × 100 / Bilanzsumme	Deutschland	38,3
				alte Länder	35,3
				neue Länder	42,9
				kritisch	< 20

[a] Vgl. Vergleichswerte 2014 [GdW (2016k)], S. 101; kritischer Wert [GdW Arbeitshilfe 76], S. 82.

Eigenkapital (–3.152.885,37 €)
/ Bilanzsumme (38.318.685,37 €)
= Eigenkapitalquote (–8,22 %) **!**

Bei unserem Beispielunternehmen wird das Eigenkapital nicht auf der Passivseite der Bilanz als Eigenkapital, sondern auf der Aktivseite als „nicht durch Eigenkapital gedeckter Fehlbetrag“ in Höhe von 3.152.885,37 € ausgewiesen.

Die Eigenkapitalquote gibt einen ersten Hinweis darauf, wie die Kapitalstruktur des Unternehmens ist und wie viele Sicherheitsreserven durch den möglichen Tausch von Eigenkapital in Fremdkapital vorhanden sind. Die unterschiedliche Eigenkapitalausstattung in den alten und neuen Bundesländern hängt mit der wiedervereinigungsbedingten Neubewertung der Immobilienbestände im Rahmen der DM-Eröffnungsbilanz in den neuen Bundesländern zusammen.

Da das ABC-Wohnungsunternehmen einen „nicht durch Eigenkapital gedeckten Fehlbetrag" ausweist, wird das Unternehmen versuchen müssen, die in der GuV ausgewiesenen Bilanzgewinne nicht auszuschütten, um so das Eigenkapital kontinuierlich aufzubauen (Thesaurierung).

Eigenmittelrentabilität

Alle Unternehmenstätigkeiten müssen unter langfristigen Gesichtspunkten mindestens eine Rendite in Höhe der Inflationsrate oder entsprechende stille Reserven erbringen, um keine Kapitalvernichtung zu betreiben. Nach dem Opportunitätskostenprinzip wäre eine Rendite in Höhe des langfristigen Anlagezinssatzes alternativer Finanzanlagen notwendig. Bei gemeinnützigen Organisationen und Genossenschaften ist die steuerunschädliche Rendite begrenzt. Die Eigenmittelrentabilität (s. Tab. 4.26) gibt an, wie hoch die Rendite in Bezug auf die Eigenmittel ist, und zeigt dem Unternehmen auf, ob es in der Lage war, im Verhältnis zum eingesetzten Kapital Gewinne zu erwirtschaften. Die Eigenmittelrentabilität steigt von 1,7 % bei Unternehmen bis 500 Wohnungen auf rd. 2 % bei Unternehmen bis 10.000 Wohnungen und auf 5,3 % bei Unternehmen über 10.000 Wohnungen. Eine Erklärung für diese Veränderungen ist, dass für Unternehmen mit mehr Wohneinheiten die Fixkosten im Verhältnis zu den Erlösen aus den einzelnen Wohneinheiten geringer sind. Eine andere Erklärung ist, dass Wohnungsunternehmen mit wenigen Wohnungen (tendenziell niedrigere Mieten) eher in strukturschwachen Landgemeinden und Unternehmen mit vielen Wohnungen (tendenziell höhere Mieten) eher in prosperierenden Städten zu finden sind. Daneben gibt es eine Vielzahl anderer Renditearten wie Fremdkapitalrendite und EBITDA-Rendite, die als Ergebnis vor Steuern und Abschreibungen die operative Ertragskraft des Unternehmens widerspiegeln, im Weiteren aber nicht weiter untersucht werden sollen.

Tab. 4.26: Kennzahl Eigenmittelrentabilität.

11.	Zielsetzung	Kennzahl	Definition	Vergleichswert[a]	%
	Wirtschaftlichkeit	Eigenmittelrentabilität	Jahresüberschuss / Eigenkapital + Rückstellungen für Bauinstandhaltung + (Sonderposten mit Rücklagenanteil – Sonderposten für Investitionszulagen) × 0,5 + Sonderposten für Investitionszulagen	alte Länder 2005/14 neue Länder 2005/14 Deutschland 2005/14	4,2/5,8 –1,5/3,4 1,5/4,8

[a] Vgl. Vergleichswerte [GdW 2010/2011], für 2005 und 2014 [GdW (2016k)], S. 100.

!

Jahresüberschuss (1.417.200,00 €)
/ Eigenkapital (–3.152.885,37 €)
+ Sonderrücklagen (0,00 €)
= Eigenmittelrentabilität (–44,95 %)

Dass bei dem Beispielunternehmen eine negative Rentabilität von –44,95 % errechnet wird, ergibt sich aus dem negativen Eigenkapital und nicht aus fehlenden Gewinnen.

Bei einer angenommenen EK-Quote von 20 % hätten wir bei unserem Beispielunternehmen bei einer Bilanzsumme von 38 Mio. € ein Ziel-Eigenkapital von 7,6 Mio. €. Die Eigenmittelrentabilität würde bei dem ausgewiesenen Gewinn von rd. 1,4 Mio. € rd. 18 % betragen und bestätigt damit den Eindruck der guten Geschäftstätigkeit des Unternehmens.

Zinsdeckung und Kapitaldienstdeckung

Wenn ein Unternehmen kontinuierlich mehr als die Hälfte seiner eingenommenen Mieten für Zinsen und Tilgung ausgeben muss, geht man davon aus, dass es langfristig nicht mehr in der Lage ist, die ordnungsgemäße Bewirtschaftung und Verwaltung der Immobilien sicherzustellen. Der Kennwert hierzu ist die Kapitaldienstdeckung (s. Tab. 4.27). Steigt der Wert über 75 %, muss man kritisch hinterfragen, ob eine unternehmensgefährdende Krise vorliegt.

Tab. 4.27: Kennzahl Kapitaldienstdeckung.

12.	Zielsetzung	Kennzahl	Definition	Vergleichswert[a]	%
	Sicherheits-reserve	Kapitaldienst-deckung	Zins + Tilgung × 100 / Ist-Miete	große Unternehmen	35,8
				mittlere Unternehmen	34,7
				kleine Unternehmen	33,8
				kritisch	> 50
				Unternehmenskrise	> 75
				alte Länder 2005/14	38,3/33,3
				neue Länder 2005/14	53,0/42,1
				Deutschland 2005/14	43,6/36,8

[a] Vgl. Vergleichswerte [GdW 2010/2011], für 2005 und 2014 [GdW (2016k)], S. 105; kritischer Wert [GdW Arbeitshilfe 76], S. 82.

Sollte wie in unserem Beispiel die Tilgung im Geschäftsbericht nicht ausgewiesen sein, kann die Zinsdeckung (Berechnung wie in Tab. 4.26, jedoch ohne Tilgung) die alternative Kennzahl sein. Der kritische Schwellenwert würde entsprechend von 50 % auf 30 % sinken.[87] Bei in der GuV ausgewiesenen Zinsen von 820.000 € und einer Ist-Miete (bereinigte Umsatzerlöse) von 4.350.000 € beträgt die Zinsdeckung 18,85 % und liegt damit deutlich unter dem kritischen Schwellenwert von 30 %.

Abschließend lässt sich für die Kapitalseite des Unternehmens festhalten, dass das Unternehmen viel besser dazustehen scheint, als es aufgrund des negativen Eigenkapitals den ersten Anschein hat. Mittel- und langfristig wird sich das Unternehmen von dem negativen Eigenkapital durch die gute Arbeit und Jahresüberschüsse in dem Geschäftsfeld erholen und positives Eigenkapital aufbauen. Bei einem positiven Eigenkapital wird eine zufriedenstellende Eigenmittelrentabilität erwirtschaftet, und die Mieten reichen aus, um Zinsen zu zahlen und darüber hinaus Eigenmittel für den Aufbau des Eigenkapitals zu erwirtschaften.

Aus dieser Gesamtbetrachtung ist es wichtig, mitzunehmen, dass die verschiedenen Ebenen der Reihe nach betrachtet werden sollten, beginnend bei der strategischen Ebene mit der Frage nach dem Unternehmenswert und der Liquidität bis hin zur operativen Ebene mit der Geschäftsfeldanalyse und der Untersuchung der Kapitalstruktur. Je kritischer hinterfragt wird, umso mehr Kennzahlen ergeben sich aus dem Geschäftsbericht und umso schlüssiger wird der Gesamteindruck des Unternehmens.

Weitere Kennzahlen

Sollte das Gesamtfazit der genannten Kennzahlen unlogisch sein oder kritische Fragen aufwerfen, gibt es eine Vielzahl weiterer (betrieblicher) Kennzahlen, mit denen man die Sicht auf das Unternehmen vertiefen kann. Der GdW empfiehlt in seiner Arbeitshilfe 76 ein betriebliches Kennzahlensystem aus Leerstandsquote, Anteil der Fremdkapitalzinsen an der Netto-Kaltmiete (Zinsdeckung), Anteil des Kapitaldienstes an der Netto-Kaltmiete (Kapitaldienstde-

87 Vgl. kritischer Wert [GdW Arbeitshilfe 76], S. 82.

ckung), Cashflow nach der Deutschen Vereinigung für Finanzanalyse und Asset-Management/ Schmalenbachgesellschaft (DVFA/SG), Tilgungskraft, Eigenmittelquote, Mietenmultiplikator, Investitionen im Bestand je €/m^2 und Instandhaltungskosten je €/m^2.

Literatur

[Bogenstätter, U. (2008)] Bogenstätter, Ulrich: Property Management und Facility Management; München 2008.

[Deloitte Deutsche Baurevision (2005b)] Deloitte & Touche Deutsche Baurevision (Hrsg.): Kennzahlen für die Wohnungswirtschaft: Ergebnisse einer Erhebung für das Geschäftsjahr 2003, 3. Aufl.; Halle 2005.

[Deloitte (2011)] Deloitte & Touche (Hrsg.): Benchmarkanalyse 2010: Determinanten eines effizienten Wohnungsunternehmens; Berlin 2011.

[GdW (2000)] Bundesverband deutscher Wohnungsunternehmen (GdW) (Hrsg.): Risiko-Managementsystem im Wohnungsunternehmen; Hamburg 2000.

[GdW (2010)] Bundesverband deutscher Wohnungsunternehmen (GdW) (Hrsg.): Wohnungswirtschaftliche Daten und Trends 2010/2011: Zahlen und Analysen aus der Jahresstatistik des GdW; Berlin 2010.

[GdW (2016k)] Bundesverband deutscher Wohnungsunternehmen (GdW) (Hrsg.): Wohnungswirtschaftliche Daten und Trends 2016/2017: Zahlen und Analysen aus der Jahresstatistik des GdW; Berlin 2016.

[GdW (2017)] Bundesverband deutscher Wohnungsunternehmen (GdW) (Hrsg.): Kommentar zum Kontenrahmen der Wohnungswirtschaft, 9. Aufl.; Freiburg i. B. 2017.

[GdW Arbeitshilfe 76] Bundesverband deutscher Wohnungsunternehmen (GdW) (Hrsg.): Zukunftsfähigkeit von Wohnungsunternehmen, GdW Arbeitshilfe 76; Berlin 2016.

[Klinger, F. (2004)] Klinger, Franz; Müller, Michael (Hrsg.): IAS/IFRS & Immobilien; Lexikon; Berlin 2004.

[Schmoll genannt Eisenwerth, F. (2010)] Schmoll genannt Eisenwerth, Fritz (Hrsg.): Erfolgsfaktoren von Wohnungsunternehmen; Berlin 2010.

[Schmoll genannt Eisenwerth, F. (2015)] Schmoll genannt Eisenwerth, Fritz (Hrsg.): Basiswissen Immobilienwirtschaft, 3. Aufl.; Berlin 2015.

5 Eine verantwortliche Organisation aufbauen

5.1 Einführung

Ulrich Bogenstätter

Zu den Aufgaben der Organisation gehört es, den organisatorischen Rahmen dafür zu bieten, dass die Ressourcen optimal eingesetzt werden können.

Adalbert Schmidt schildert in Kapitel 5.2 die herausragende Bedeutung der Immobilien, aber auch die Besonderheiten und Herausforderungen der Praxis der evangelischen Kirchen. Er befasst sich mit dem Immobilienbestand und entwickelt daraus die Rahmenbedingungen der organisatorischen Struktur. Einheitliche Handlungsempfehlungen können wegen der unterschiedlichen Anforderungen nicht gegeben werden, es werden jedoch Anknüpfungspunkte aufgezeigt.

Die Aufgabenverteilung in einer Ablauforganisation wird in Kapitel 5.3 aufgezeigt. Grundsätzlich werden dabei Projekt- und Objektorganisationsstruktur unterschieden. In Kapitel 5.4 werden grundlegende Organisationsformen und -modelle im Projektgeschäft unter Berücksichtigung der Beziehungen zwischen den Beteiligten bei Immobilienprojekten dargelegt. In Kapitel 5.5 werden die Organisationslösungen zur Aufbauorganisation in Immobilienunternehmen und -modellen als Varianten gezeigt und die Leistungsgrenzen zwischen den Organisationseinheiten deutlich gemacht. Auch hier ist die Variantenvielfalt erheblich. Im Zuge der Professionalisierung lassen sich immobilienbezogene Leistungen als eigenständige Immobilienfunktion in den Unternehmen verankern. Auf Besonderheiten in Projekt- und Aufbauorganisationen in Unternehmen wird in Kapitel 5.6 hingewiesen. Als Beispiele werden PPP-Projekte, Wertgrenzenregelungen und die Organisation der Hausmeisterdienste genannt.

Thomas Glatte beschreibt in Kapitel 5.7 die Organisationsentwicklung im betrieblichen Immobilienmanagement eines internationalen Industriekonzerns. Hier stehen die Besonderheiten des Corporate-Real-Estate-Managements (CREM) im Vordergrund. Ebenso wie bei der Kirche und der öffentlichen Hand müssen bei CREM betriebsnotwendige bzw. eigengenutzte Immobilien für das Kerngeschäft und Immobilien als Anlage unterschieden werden. Kennzeichnend ist auch hier hinsichtlich der Bauwerksart ein heterogenes Immobilienportfolio. Im Fallbeispiel schildert er die Evolution der Organisationsstruktur und Entwicklung der Aufgabenfelder für das CREM bei der BASF.

5.2 Immobilienmanagement in der Praxis der evangelischen Kirchen

Adalbert Schmidt

Die evangelischen Kirchen in Deutschland besitzen und betreuen administrativ einen über die Fläche des Landes verteilten, sehr großen und heterogen Gebäudebestand (insgesamt rd. 75.000 Gebäude). Aufgrund der Vielzahl unterschiedlicher Gebäudetypen, aktueller gesellschaftlicher und politischer Rahmenbedingungen, rechtlicher Vorgaben sowie nicht zuletzt aufgrund der kirchlichen Strukturen und Entscheidungsprozesse selbst sehen sich kirchliche Gebäudeeigentümer im Management ihres Bestands mit großen Herausforderungen konfrontiert.

Der kirchliche Gebäudebestand befindet sich mit Blick auf seine Unterhaltung und den Betrieb in einer ständigen Grundspannung zwischen den Erwartungen der Kirchenglieder bezüglich einer angemessenen Bereitstellung von Räumen für die Aufgaben und einer komfortablen und

https://doi.org/10.1515/9783110480863-005

ökonomischen Nutzung einerseits sowie den Erwartungen und Wünschen einer gesellschaftlichen Öffentlichkeit (Traditionspflege, Denkmalpflege) andererseits.[1]

Hinzu kommt, dass kirchliche Gebäude nicht einfach als Gebäude im herkömmlichen Sinn betrachtet werden können, sondern dass sich daran und darin regelmäßig zugleich auch die Präsenz von „Kirche" abbildet. Dies macht allein schon die Namensgleichheit der Organisation/Institution und des zentralen Gebäudetyps deutlich.

Eine allgemeingültige und umfassende Darstellung des Bestandsmanagements im kirchlichen Bereich ist nicht möglich, da schon im Bereich der Evangelischen Kirche in Deutschland stark voneinander abweichende Strukturen in den einzelnen Gliedkirchen etabliert sind. Andererseits lassen sich ungeachtet aller strukturellen und inhaltlichen Diskrepanzen auch gemeinsame grundlegende Ansätze im Umgang mit dem Immobilien- bzw. Gebäudebestand erkennen.

Diese sollen in der nachfolgenden Darstellung aufgegriffen und im Überblick aufgezeigt werden, wobei die Ausführungen lediglich die nach Maßgabe des Grundgesetzes der Bundesrepublik Deutschland öffentlich-rechtlich organisierten, „verfassten" Kirchen einschließen und die selbstständigen kirchlichen Einrichtungen und privatrechtlich organisierten Institutionen im kirchlichen Umfeld außer Betracht bleiben.

5.2.1 Immobilienbestand der Evangelischen Kirche in Deutschland

Die Körperschaften der Evangelischen Kirche in Deutschland besitzen nach der aktuellen Statistik der EKD[2] rd. 75.000 Gebäude, davon rd. 24.000 Kirchen, Kapellen und Gemeindezentren mit Gottesdiensträumen (vgl. Tab. 5.1).

Tab. 5.1: Gebäude der Evangelischen Kirche in Deutschland.[3]

	Gebäude	**Anzahl**
1.	**Kirchen und Gottesdienststätten**	
	Kirchen und Kapellen	20.506
	Gemeindezentren mit integriertem Kirchenraum	3.108
2.	**Übrige Gebäude**	
	Gemeindehäuser mit Gemeindesaal	9.409
	Kindertagesstätten	5.156
	Pfarrhäuser	17.186
	Friedhofskapellen	2.536
	Verwaltungsgebäude	808
	sonstige Wohnhäuser	6.650
	Eigentumswohnungen	1.320
	Schulgebäude allgemeinbildender Schulen	143
	weitere Gebäude	7.618
	Summe	74.440

1 Vgl. hierzu u. a. „Theke statt Taufbecken", Süddeutsche Zeitung vom 26./27./28.03.2016; „Das letzte Abendmahl", Der Spiegel vom 09.02.2013; „Die EKD hat 75.000 Gebäude und 14.251 Verantwortliche", Tagesspiegel vom 01.10.2016; „Leerstand in Gottes Haus", Welt am Sonntag vom 18./19.05.2013.

2 https://www.kirchenfinanzen.de/finanzen/vermoegen/immobilien.html (letzter Aufruf: 05.01.2018).

3 Angaben übernommen aus: [EKD (2016)], S. 35.

Tab. 5.2: Kirchen und Kapellen unter Denkmalschutz am 31.12.2014.[4]

Gliedkirche	Insgesamt	Darunter unter Denkmalschutz	Anteil in %
insgesamt	20.506	16.677	
Anhalt	210	206	98,1 %
Baden	780	400	51,3 %
Bayern	1.640	1.080	65,9 %
Berlin-Brandenburg-schlesische Oberlausitz	1.923	1.593	82,8 %
Braunschweig	389	270	69,4 %
Bremen	50	30	60,0 %
Hannover	1.658	1.329	80,2 %
Hessen und Nassau	1.278	1.160	90,8 %
Kurhessen-Waldeck	1.008	947	93,9 %
Lippe	89	48	53,9 %
Mitteldeutschland	3.931	3.835	97,6 %
Nordkirche	1.880	1.710	91,0 %
Oldenburg	169	89	52,7 %
Pfalz	512	255	49,8 %
Reformierte Kirche	137	115	83,9 %
Rheinland	1.176	611	52,0 %
Sachsen	1.269	1.220	96,1 %
Schaumburg-Lippe	26	17	65,4 %
Westfalen	845	458	54,2 %
Württemberg	1.536	1.304	84,9 %

Rund ein Drittel des Gebäudebestands sind denkmalgeschützte Gebäude; bei den Kirchen- und Kapellengebäuden ist der Anteil des denkmalgeschützten Bestands deutlich größer und umfasst im Schnitt über 80 % (vgl. Tab. 5.2).

Der Immobilienbestand in der evangelischen Kirche weist eine große Bandbreite von Gebäudetypen auf: Zum einen gibt es Kirchengebäude, Pfarrhäuser, Gemeindehäuser, Kirchenzentren, Kindergärten, Verwaltungsgebäude und Spezialimmobilien wie Krankenhäuser, Schulgebäude, Tagungshäuser und Altenheime, die als Kirchenverwaltungsvermögen anzusehen sind und unmittelbar für kirchliche Zwecke und die kirchliche Arbeit genutzt werden. Daneben existiert ein im Verhältnis dazu weitaus geringerer Bestand an Wohnhäusern, Eigentumswohnungen und sonstigen Gebäuden, die dem Kirchenfinanzvermögen zugerechnet werden und der Erzielung von Einnahmen dienen.

Nachfolgend ist der Gebäudebestand der Ev.-luth. Landeskirche Hannovers zum 31.12.2014 nach den unterschiedlichen Gebäudetypen dargestellt, wobei die Aufstellung nicht als exemplarisch für die übrigen Gliedkirchen der EKD anzusehen ist (s. Abb. 5.1).

5.2.2 Rahmenbedingungen für das Bestandsmanagement bei kirchlichen Immobilien

„Kirche" ist nicht, wie oft in der Öffentlichkeit angenommen, unmittelbar als eine einzige Eigentümerin und ein einzelnes Handlungssubjekt mit einer straff organisierten hierarchischen Struktur in Bezug auf die Verwaltung der Immobilien anzusehen. Kennzeichnend für die Kirchen ist eine kleinteilige und dezentrale Struktur. Im Bereich der Evangelischen Kirche in Deutschland gibt es rund 14.200 Kirchengemeinden, die i. d. R. Eigentümerinnen der kirchlichen Gebäude sind. Die

4 Angaben übernommen aus: [EKD (2016a)].

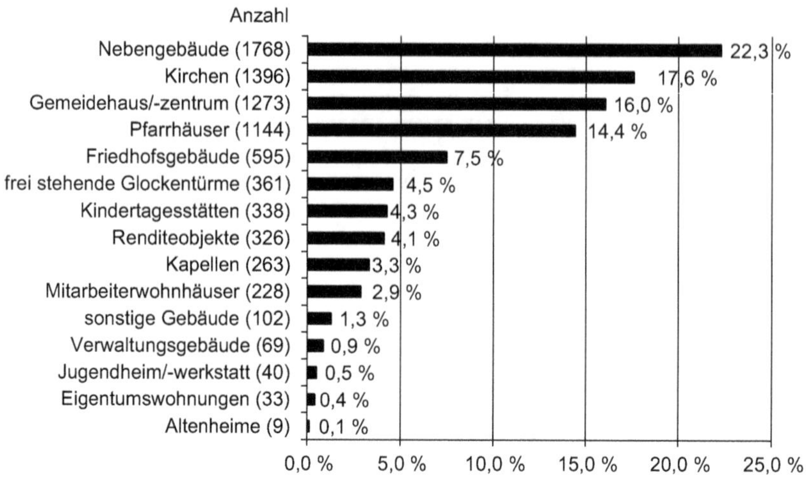

Abb. 5.1: Immobilienbestand der Evangelisch-lutherischen Landeskirche Hannovers.[5]

Kirchengemeinden sind selbstständige, unabhängige und autonom entscheidende Institutionen, in denen „Kirche" sich vollzieht. Sie können nicht etwa mit Filialen einer Großorganisation oder eines Unternehmens verglichen werden. Ebenso gilt dies für die übergeordnete Ebene der Landeskirchen.

In Deutschland gibt es 20 selbstständige evangelische Landeskirchen mit jeweils unterschiedlichen Strukturen und rechtlichen Rahmenbedingungen sowie eigenen historischen Entwicklungen und eigenem theologischem Gepräge (s. Abb. 5.2).

Die Organisations- und Entscheidungsstrukturen innerhalb der Landeskirchen variieren insbesondere auch im Hinblick auf die Verwaltung und Betreuung des Immobilienbestands. Soweit nicht die Steuerung und Verwaltung zentral durch die Landeskirche oder selbstständige kirchliche Stiftungen erfolgt, in denen ein bestimmter Immobilienbestand zusammengefasst ist, sind die jeweiligen Gebäudeeigentümer – in der weit überwiegenden Zahl die Kirchengemeinden – autonom für die Verwaltung und die Bestandspflege verantwortlich. Die Veräußerung und Belastung von Gebäudegrundstücken bedarf jedoch i. d. R. der Genehmigung durch die kirchliche Aufsichtsbehörde.

In zahlreichen Gliedkirchen haben sich im Laufe der letzten Jahre Tendenzen und Strategien zur Verlagerung der Steuerung des Immobilienbestands auf die – soweit vorhanden – Ebene der Kirchenkreise und Dekanate oder auch der Landeskirche selbst herausgebildet. Daraus ergeben sich allerdings mitunter Kommunikations- und Entscheidungskonflikte mit den örtlichen Kirchengemeinden, etwa bei der Frage von Standortentscheidungen oder der Erhaltung einzelner Gebäude.

Die Evangelische Kirche in Deutschland (EKD) ist der Zusammenschluss der 20 autonomen Landes- bzw. Gliedkirchen und den diesen nachgeordneten öffentlich-rechtlichen Körperschaften. Sie hat keine unmittelbaren Zuständigkeiten und Durchgriffsrechte in Finanz-, Vermögens- und Immobilienangelegenheiten der Gliedkirchen. Allerdings erarbeiten Gremien der EKD wie etwa die Baurechts- und Grundstückskommission des Rates der EKD, die Arbeitsgemeinschaft der Umweltbeauftragten der Gliedkirchen der EKD und die Konferenz der Bauamtsleitenden der Gliedkirchen der EKD Stellungnahmen, Handlungsempfehlungen und Musterverträge für die Verwaltung und

5 Quelle: eigene Darstellung.

Abb. 5.2: Die Gliedkirchen der Evangelischen Kirche in Deutschland (EKD).[6]

Betreuung des Immobilienbestands. Da diese Angebote für die Gliedkirchen fakultativ sind, gibt es kein einheitliches Vorgehen auf dem Gebiet der EKD oder gar einen verbindlichen rechtlichen Rahmen.

Der kirchliche Gebäudebestand, der bei einer Vielzahl von Gebäuden durch ein hohes Alter und zum Teil hohe Bauunterhaltungsrückstände gekennzeichnet ist, stellt sich aktuell und auch langfristig als hoher Kostenfaktor dar, dessen Marge weiter steigt. Ein hoher Unterhaltungs- und Investitionsaufwand ergibt sich insbesondere bei den Spezialimmobilien wie Krankenhäusern, Schulgebäuden, Tagungsstätten und Heimen infolge der ständigen Weiterentwicklung und Anpas-

6 [EKD (2016)], S. 7.

sung an rechtliche Rahmenbedingungen aufgrund gesellschaftlicher Vorgaben, etwa zur Inklusion, zur Arbeitssicherheit, zum Brandschutz o. Ä.

In den Vermögenshaushalten der Gliedkirchen der Evangelischen Kirche in Deutschland haben die gebäudebezogenen Ausgaben einen erheblichen Anteil: nach der EKD-Statistik rd. 10,2 % der Ausgaben im Gesamtbudget der Gliedkirchen der EKD exkl. der Aufwendungen für Substanzerhaltungsrücklagen.[7] Für die Unterhaltung und Pflege des Gebäudebestands im Bereich der evangelischen Kirche werden pro Jahr mehr als 1 Mrd. € aufgewendet. Darüber hinaus sind die Kosten für die Gebäudebewirtschaftung, insbesondere für die Energieversorgung, als weiterer bedeutender Kostenfaktor in den Blick zu nehmen.

Für denjenigen Teil des Gebäude- und Immobilienbestands, der dem Kirchenfinanzvermögen zuzurechnen ist und zur Erzielung von Einnahmen dient, sind die kirchlichen Körperschaften insbesondere auch nach den Rechtsvorgaben der Landeskirchen gehalten, entsprechende Erträge zu erwirtschaften.[8] Dabei ist die Kirche nach ihrem Selbstverständnis als Non-Profit-Organisation anzusehen, deren Aktivitäten nicht auf die Erzielung eines monetären und bilanzierten Gewinns ausgerichtet ist. Vielmehr müssen im Sinne einer Bedarfswirtschaft diejenigen Erträge erzielt werden, die den Bedarf der kirchlichen Arbeit und Organisation sicherstellen. Dies ist in erster Linie die Besoldung und Versorgung von Mitarbeitenden und die Unterhaltung der Gebäude.

5.2.3 Organisation, Inhalte und Entwicklung der Bestandsverwaltung

Ungeachtet der unterschiedlichen Strukturen, Prägungen und rechtlichen Rahmenbedingungen in den Gliedkirchen der Evangelischen Kirche in Deutschland sind die aktuellen Problemstellungen im Management des Immobilienbestands durchaus identisch.

Der räumliche Bedarf von Kirchengemeinden und kirchlichen Institutionen hat sich in den letzten Jahrzehnten vorwiegend durch die Umkehr der Mitgliederentwicklung, aber auch durch immer stärker einwirkende ordnungspolitische Vorgaben sowie steigende Ansprüche an Räume und Ausstattung für vielfältige Formen kirchlicher Arbeit deutlich verändert und wird sich für die Zukunft noch drastischer verändern. Entsprechend haben sich auch die Anforderungen an die Verwaltung des Gebäudebestands gewandelt. In der Vergangenheit wurden der Gebäudebestand und das sonstige Immobilienvermögen fast ausschließlich individuell und bestandsorientiert verwaltet. Insbesondere in der Zeit des Aufbaus nach dem Zweiten Weltkrieg mussten zunächst in rascher Folge zahlreiche Kirchen und andere Gebäude errichtet werden, um Platz für eine große Zahl von Menschen zu schaffen. In der Planung haben dabei strategische Überlegungen wie etwa die künftige Entwicklung der Mitgliederzahlen, eine flexible Ausrichtung des Bestands und die Nutzung von Standorten sowie Nachhaltigkeitsaspekte keine Rolle gespielt. Vielmehr war allein der Gesichtspunkt maßgebend, zahlreiche Gläubige mit Räumen für die kirchliche Arbeit zu versorgen. Im Fokus der Bestandsverwaltung standen ausschließlich die der jeweiligen Kirchengemeinde zugeordneten Gebäude. In der Regel sind das zwischen fünf und zehn unterschiedliche Objekte. Dabei waren bestimmte Gebäudetypen wie etwa Kirchen, Pfarrhäuser und Gemeindehäuser aufgrund der inhaltlichen Bindung an einen Standort und den Verkündigungsauftrag von weiter reichenden Überlegungen ohnehin ausgeschlossen.

Angesichts nunmehr sinkender Mitgliederzahlen befinden sich die Kirchen in einer Phase des Rückbaus, der aber auch als eine Form des Weiterbauens von Kirche in dieser Zeit und zugleich als große Herausforderung für die Bestandsverwaltung der Immobilien anzusehen ist.

---

7 https://www.kirchenfinanzen.de/statistik.html (letzter Aufruf: 05.01.2018).

8 Vgl. etwa § 56 Abs. 1 und 2 der Kirchengemeindeordnung der Ev.-luth. Landeskirche Hannovers, KABl. 2006, S. 62: „Das kirchliche Vermögen ist wirtschaftlich zu verwalten. Vermögensteile, die zur Erzielung von Erträgen geeignet sind, sind im Rahmen ihrer Zweckbestimmung so zu verwalten, dass sie angemessene Erträge erbringen.“

Für die kirchlichen Körperschaften stellt sich angesichts der demografischen Entwicklung im Bereich der Mitgliederstruktur und der jedenfalls für die Zukunft zu erwartenden sukzessiven Abnahme der Finanzkraft bei gleichzeitig vielerorts aufgelaufenen Bauunterhaltungsrückständen schon jetzt die dringende Frage, wie mit der Kubatur und vorhandenen Flächenüberhängen umgegangen werden soll und wie die dauerhafte Sanierung und Modernisierung des Gebäudebestands gewährleistet werden kann. Nicht zuletzt hat hier die partielle Einführung der doppelten Buchführung (Doppik) oder vergleichbarer Systeme in den Gliedkirchen zu einer deutlichen Kostentransparenz im Immobilienbereich und mithin zu einer Schärfung der Wahrnehmung dieser seit Langem latent vorhandenen Problemstellung beigetragen.

Notwendig ist die Initiierung eines Umsteuerungsprozesses mit dem Ziel, den Immobilienbestand nach einer Phase des ungesteuerten Aufbaus nunmehr bedarfsgerecht zurückzubauen, dabei zugleich dessen Attraktivität zu steigern und die Unterhaltung langfristig sicherzustellen.

Da nach Lage der Dinge eine unter allen Gesichtspunkten auskömmliche Finanzierung der Kosten insgesamt nicht erreicht werden kann, wird über eine spürbare Reduzierung des Gebäudebestands und des damit verbundenen Kostendrucks nachgedacht werden müssen.

In besonderem Maße belastend wirkt sich im Gesamtprozess die erhebliche Zahl von Gebäuden aus, die unter Denkmalschutz stehen. Dem Anspruch und der Verpflichtung[9] der kirchlichen Körperschaften, gerade diesen Gebäudebestand in seiner besonderen Form und in seinem Umfang zu erhalten, stehen zugleich überdurchschnittlich hohe Aufwendungen für seine Unterhaltung und Instandsetzung gegenüber. Überlegungen zur Konversion oder zur Veräußerung von Kirchen und anderen kirchlichen Gebäuden scheitern oftmals an Vorgaben des Denkmalschutzes, die eine für andere Zwecke notwendige Umgestaltung der Gebäudefassade oder des Gebäudeinneren ausschließen. Auch bei der Abgabe von kirchlichen Gebäuden an Dritte sind Vorgaben des Denkmalschutzes zu beachten, die häufig eine von einem potenziellen Erwerber angestrebte Nachnutzung nicht erlaubt.

Angesichts der kontinuierlich zurückgehenden Mittel, die vonseiten der Länder und des Bundes für die Erhaltung denkmalgeschützter Bausubstanz bereitgestellt werden, und der enormen finanziellen Dimensionen, denen sich die Kirchen in der Er- und Unterhaltung ihrer Baudenkmale gegenübersehen, stellt sich unübersehbar die Frage, ob diese Verpflichtungen nicht stärker als gesellschaftliche Verantwortung begriffen werden müssen. Dies gilt umso mehr, als die Kirchen u. a. bei der Durchführung nicht kommerzieller Veranstaltungen und als Akteure im Non-Profit-Bereich in zunehmendem Maße mit Vorgaben staatlicher Vorschriften etwa zum Arbeitsschutz, zum Brandschutz und zum Betrieb von Versammlungsstätten konfrontiert sind, die hohe Aufwendungen für die bauliche Gestaltung und die Ausstattung des Gebäudebestands erforderlich machen. Eine Refinanzierung oder ertragsmindernde Anrechnung dieser Aufwendungen ist dabei insbesondere aufgrund des Status der Kirchen nicht möglich. Die Schere zwischen den Ansprüchen und Anforderungen an die Immobilien einerseits und den finanziellen Möglichkeiten andererseits öffnet sich insoweit zunehmend.

Die Verwaltung des Immobilienbestands erfolgt i. d. R. nach wie vor durch die örtlichen Gebäudeeigentümer und überwiegend durch eigene Mitarbeiter der kirchlichen Körperschaften: Ortskirchenverwaltungen, Kirchenkreis- bzw. Dekanatsverwaltungen, Bauabteilungen der Kirchenkreise und der Landeskirchen. Ein Outsourcing dieser Aufgaben stellt eher den Ausnahmefall dar. Bei Bedarf werden jedoch notwendige Fach- und Sachdienstleistungen extern eingekauft.

Durch kirchenrechtliche Vorgaben erfolgt zunehmend eine Stärkung der Verankerung strategischer Überlegungen im Hinblick auf die Verwaltung und Steuerung des Immobilienbestands. Dabei gibt es unterschiedliche Konzepte und Ausprägungen bei identischen Ansatzpunkten in den Landeskirchen: Zu nennen sind hier etwa die Forderung nach der Erarbeitung und Erstel-

---

9 Vgl. dazu etwa Artikel 20 des Loccumer Vertrags – Vertrag der evangelischen Landeskirchen in Niedersachsen mit dem Lande Niedersachsen von 1955 – Nds. GVBl. 1955, S. 159.

lung von Gebäudebedarfsplänen im Rahmen eines Gebäudemanagements[10], die Erstellung strategischer Gebäudekonzeptionen[11] oder die Vornahme von Gebäudestrukturanalysen. Insbesondere die verantwortlichen Kirchengemeinden und zum Teil auch die Kirchenkreise oder Dekanate als mittlere Steuerungsebene sollen dabei von einer reaktiven Position der Bestandsverwaltung in eine aktive, agierende Rolle gelangen.

Ein erheblicher Kommunikationsbedarf und ggf. auch Konfliktpotenzial ergibt sich daraus, dass die genannten Impulse und Konzepte zentral vorgegeben werden, während die Umsetzung regelmäßig dezentral auf der kirchengemeindlich örtlichen Ebene erfolgen soll. Insoweit ist zu konstatieren, dass klassische kirchengemeindliche Arbeit und ökonomisch orientierte, strategische Planungsarbeit im Immobilienbereich grundsätzlich sehr unterschiedliche Arbeitsformen und Anforderungen für eine Kirchengemeinde und einen Kirchenvorstand darstellen. Hier wird aktuell und zukünftig zur Versachlichung der Diskussion die Herstellung der Kostentransparenz bei Immobilien und eine Intensivierung der Kommunikation über zu verabredende Ziele notwendig. Gerade eine Vereinbarung von Zielen im Hinblick auf den Umgang mit dem Immobilienbestand, wie etwa die Steigerung der Attraktivität der kirchlichen Gebäude, die Ausrichtung des Gebäudebestands an den konkreten Bedarf der örtlichen, kirchlichen Arbeit nach dem Prinzip „form follows function" beispielsweise bei der Altenarbeit oder der Arbeit mit Kindern ist unabdingbar, um örtliche Entscheidungsprozesse in Gang zu setzen und zu stärken.

Inhaltliche Ansätze für die Weiterentwicklung der Bestandsverwaltung gibt es insbesondere im Bereich der Umnutzung von Kirchengebäuden, so etwa deren Mehrfachnutzung durch den Einbau von Gemeinde- und Büroräumen oder im Einzelfall auch die zusätzliche Nutzung von Kirchenräumen als Kolumbarium zur Unterbringung von Urnen. In einzelnen Landeskirchen werden die Kirchengemeinden im Hinblick auf die Sicherstellung der Substanzerhaltung zu einer Kategorisierung ihrer Gebäude, insbesondere der Kirchengebäude, verpflichtet, um hier eine Priorisierung für die Gewährung von Finanzmitteln herzustellen.[12]

Im Rahmen der Verringerung des kirchlichen Gebäudebestands sind in der jüngsten Vergangenheit auch in Einzelfällen Kirchengebäude abgegeben worden. Dabei handelte es sich aber i. d. R. um nicht denkmalgeschützte Gebäude mit einem oftmals nicht kirchentypischen Charakter. In der Breite herrscht aber Einigkeit in den Landeskirchen, dass die Entwidmung und Aufgabe von Kirchengebäuden erst als letzte Option in Betracht kommt, weil die Identifikation von „Kirche" mit dem Gebäude Kirche ein hohes Gut darstellt.

5.2.4 Finanzquellen und Finanzentwicklung

Maßgebliches Finanzierungsinstrument für die Kirchen ist die Kirchensteuer. Die Verteilung der Mittel aus der Kirchensteuer erfolgt innerhalb der Gliedkirchen der Evangelischen Kirche in Deutschland nach unterschiedlichen Systemen, je nachdem, welche Institution Kirchensteuergläubigerin ist. Festzuhalten bleibt allerdings, dass aufgrund der demografischen Entwicklung der Kirchenmitgliederstruktur, insbesondere der Altersstruktur und der Austrittszahlen, für die Zukunft ein deutlich zunehmender Rückgang des Kirchensteueraufkommens zu erwarten ist.

Die Unterhaltung der kirchlichen Gebäude erfolgt i. d. R. durch Schlüsselzuweisungen der Landeskirchen an die Kirchengemeinden entsprechend dem vorhandenen Gebäudebestand. Anders verhält es sich in den Fällen, in denen Kirchengemeinden oder Kirchenkreise Kirchensteuergläubiger sind.

---

10 §§ 19 und 21a Finanzausgleichsgesetz der Ev.-luth. Landeskirche Hannovers, KABl. 2006, S. 183; 2015, S. 117.

11 Vgl. Abschnitt II der Kirchengemeinde-Baubekanntmachung der Ev.-luth. Kirche in Bayern vom 11.05.2010, KABl. 2010, S. 226; KABl. 2011, S. 165.

12 Ev.-luth. Kirche Sachsens – Gebäudeleitfaden – https://www.evlks.de (letzter Aufruf: 04.01.2018).

Aktuell gibt es Tendenzen in den Gliedkirchen, in Abkehr von einer historisch gewachsenen, bestandsorientierten Finanzierung des Gebäudebestands hin zu einer bedarfsorientierten, pauschalen Finanzierung zu gelangen, d. h. die finanzielle Unterstützung für den Unterhalt von Gebäuden nach Maßgabe der Gemeindegliederzahlen und deren Entwicklung auszurichten.

Weitere Finanzierungsformen sind Zuwendungen von kirchlichen und privaten Stiftungen sowie von Kirchbauvereinen etc. Überdies wird insbesondere die Unterhaltung von Gebäudezubehör, Kunst- und Ausstattungsgegenständen sowie Glocken, Orgeln und Prinzipalstücken häufig durch Spenden und Fundraising gefördert. Weiter tragen Länder und Kommunen in einem bestimmten Umfang und regional unterschiedlich aufgrund bestehender Baulastverpflichtungen zur Unterhaltung des kirchlichen Gebäudebestands bei.

Für die Instandsetzung von Kirchengebäuden und hier insbesondere des denkmalgeschützten Gebäudebestands werden schließlich von der öffentlichen Hand, insbesondere auf der Basis von Fördermitteln der Europäischen Union, Zuschüsse gewährt. Festzustellen ist jedoch, dass gerade die öffentlichen Mittel für die Sanierung von denkmalgeschützten Gebäuden in letzter Zeit stark rückläufig sind.

5.2.5 Herausforderungen und Handlungsempfehlungen

Herausforderungen für die Kirchen und die kirchlichen Immobilien sind neben den allgemeinen gesellschafts- und sozialpolitischen Entwicklungen vor allem die sich auf absehbare Zeit drastisch reduzierenden Mitgliederzahlen einschließlich der Veränderung der Mitgliederstrukturen sowie der daraus resultierende Rückgang der finanziellen Ressourcen.

Empfehlungen für ein einheitliches strategisches oder gar konkretes Vorgehen der Landeskirchen und kirchlichen Körperschaften im Hinblick auf die Verwaltung des Gebäude- und Immobilienbestands können aufgrund der regionalen und strukturellen Unterschiede nicht abgegeben werden.

Vielmehr kann und sollte je nach örtlicher Struktur und Situation an verschiedenen Punkten angesetzt werden: Entscheidungsprozesse können durch die Verringerung von Entscheidungsebenen vereinfacht werden; notwendig erscheint die Weiterentwicklung und weitere Versachlichung (Ent-Emotionalisierung) der Kommunikation über Immobilien sowie die Stärkung des Einsatzes betriebs- und immobilienwirtschaftlicher Instrumente wie etwa der Aufbau eines einheitlichen Datenbestands, die Einführung umfassender Kostenrechnungen und weiterer unterstützender Maßnahmen. Mit der Einführung eines neuen „doppischen" kirchlichen Rechnungswesens ist es mittlerweile möglich, den Ressourcenverbrauch gerade im Immobilienbereich deutlich abzubilden. Erforderlich für die strategische Planung ist allerdings zunächst eine Bewertung des kirchlichen Immobilienbestands nach einheitlichen Maßstäben. Eine weitere Herausforderung stellt dann der Aufbau von Rücklagen für die künftige Substanzerhaltung der Gebäude dar.

Unabdingbar ist zunächst die weitere Stärkung des Bewusstseins für immobilienrelevante Fragestellungen und Entscheidungsnotwendigkeiten auf der Ebene der Kirchengemeinden. Da im kirchlichen Bereich i. d. R. die Eigentümer der Immobilien zugleich auch die Nutzer der Immobilien sind, ist eine externe und an sachlichen Kriterien orientierte Betrachtung des Zustands und der Nutzungsfrequenz eigener Gebäude oft nicht möglich. Mit Ehrenamtlichen besetzte Gremien sind bei der Beurteilung, der Entscheidung und dem Vollzug gebäuderelevanter Fragestellungen häufig überfordert. Mithin müssen sie in die Lage versetzt und ermutigt werden, auf der Basis sachlicher Informationen abzuwägen und Entscheidungen zu treffen. Denkbar ist dann allerdings, dass sich gegenüber einer aus sachlichen Kriterien entwickelten Entscheidung etwa kulturgeschichtliche Bedenken ergeben.

Erforderlich ist ferner im Bereich der kirchlichen Verwaltung eine Synchronisation der gebäuderelevanten Arbeitsbereiche, etwa von Bauverwaltung, Energiemanagement[13], Vertragsmanagement, Personalverwaltung etc., um den Gebäudebestand stringenter und effizient steuern und betreuen zu können. Auch diese Steuerungsprozesse müssen den kirchlichen Entscheidungsträgern vermittelt werden.

Weiter bietet es sich an, die Verteilung und den Einsatz von Finanzmitteln für die Gebäudeunterhaltung zielgerichteter zu steuern und den kirchlichen Körperschaften Fördermittel etwa für die energetische Gebäudesanierung oder die Steigerung der Attraktivität bestimmter Gebäudetypen lediglich unter Bedingungen wie etwa der Vorlage von Gebäudestrukturkonzepten zu gewähren.

Schließlich sollte nach Möglichkeiten gesucht werden, den vorhandenen Gebäudebestand in der Breite zugunsten der Steigerung der Attraktivität und der Nutzung und Auslastung einzelner Gebäude an exponierten Standorten zu verringern.[14]

5.2.6 Erkenntnisse und Perspektiven

In den vergangenen Jahren ist es innerhalb der evangelischen Kirche gelungen, das Bewusstsein für den Umgang mit den kirchlichen Gebäuden und die Notwendigkeit einer strategischen Steuerung des Bestands signifikant zu stärken. Dies hat seinen Niederschlag darin gefunden, dass in den meisten Landeskirchen eine Diskussion über die strategische Entwicklung des Immobilienbestands aufgenommen und zum Teil auch in konkrete Regelungen und Konzepte umgesetzt wurde.

Unbedingt notwendig für den Umgang mit dem kirchlichen Immobilienbestand sowohl in strategischer Hinsicht wie auch bei der Begleitung und Betreuung von Projekten im Einzelfall ist die Bereitschaft zur Auseinandersetzung und Meinungsbildung mit einer großen Zahl von Beteiligten.

Ein wichtiger Aspekt ist dabei der Aufbau eines Beteiligungsmanagements bezogen auf Kirchengemeinden, Nutzer, kirchliche Gremien und kirchliche Aufsichtsbehörden unter Einbeziehung auch der gesellschaftlichen Kräfte zur Entwicklung und Begleitung von Lösungen in kritischen Gebäudefragen. Essenziell ist die Herstellung von Transparenz bei Strukturen, Kosten und Entscheidungswegen, um eine möglichst hohe Akzeptanz für die zum Teil für Kirchengemeinden schmerzlichen Lösungsansätze zu schaffen.

Vielfach gibt es gute Ansätze für den Aufbau von Strukturen zur Beteiligung von Ehrenamtlichen an gebäuderelevanten Fragestellungen und Prozessen durch die Übertragung von Verantwortung und regelmäßige Fortbildung, etwa die Etablierung von Baubeauftragten in den Kirchengemeinden.

Regional in unterschiedlichem Umfang gelungen ist die Schaffung der Identifikation und von Initiativen von Nicht-Kirchengliedern für kirchliche Gebäude – dies entwickelt sich gerade und häufig in den östlichen Bundesländern, wo vielfach die Kirchen ungeachtet einer sehr geringen Kirchenmitgliedschaftsdichte „im Dorf bleiben".

Im Unterschied zu privaten Bauherren schaffen es im Übrigen die kirchlichen Körperschaften unter Beteiligung der kirchlichen Baufachverwaltungen häufig in fachlich vorbildlicher Weise, komplizierte Instandsetzungen an Baudenkmalen durchzuführen.

Zudem gelingt in vielen Fällen auch eine Entwicklung denkmalgeschützter Gebäude und Ensembles durch mit den zuständigen Denkmalbehörden abgestimmte An-, Um- und Neubauten.

Aktuell und für die Zukunft fällt dem Bestandsmanagement kirchlicher Immobilien neben der Bereitstellung von Räumen für die kirchliche Arbeit die aus kirchlicher und gesellschaftlicher Sicht

13 Vgl. dazu: http://kirchliches-umweltmanagement.de; http://www.gruener-gockel.de/index.php?id=3 (letzter Aufruf: 04.01.2018).

14 Vgl. dazu: [EKD (2006)].

verantwortungsvolle Aufgabe zu, den vorhandenen, kulturgeschichtlich exponierten Gebäudebestand sorgsam und nachhaltig zu verwalten und zu pflegen, um ihn auch für künftige Generationen zu erhalten und zugänglich zu machen. Dies wird allerdings nur dann gelingen, wenn sich die Entscheidungsträger in Politik und Gesellschaft nicht aus ihrer Mitverantwortung dafür zurückziehen, dass der kirchliche Gebäudebestand als Teil des öffentlichen Raums und als Raum der Gestaltung öffentlichen Lebens erhalten bleibt.

Literatur

[EKD (2016)] Evangelische Kirche in Deutschland (EKD) (Hrsg.): Evangelische Kirche in Deutschland: Zahlen und Fakten zum kirchlichen Leben 2016; Hannover 2016, URL: https://www.ekd.de/download/zahlen_und_fakten_2016.pdf (letzter Aufruf: 10.02.2017).

[EKD (2016a)] Evangelische Kirche in Deutschland (EKD) (Hrsg.): Kirchen und Gottesdienststätten in der evangelischen Kirche im Jahr 2014; Statistik; Hannover 5.2016.

Weiterführende Quellen

[Baumgartner, J. (2015)] Baumgartner, Johannes; Schmiemann, Karl; Schmidt, Adalbert: Impulse für die kirchliche Immobilienwirtschaft, in: Kirche und Recht (2015), Nr. 1, S. 40 ff.

[Bogenstätter, U. (2008)] Bogenstätter, Ulrich: Property Management und Facility Management; München 2008.

[Bogenstätter, U. (2009k)] Bogenstätter, Ulrich: Nachhaltigkeit im Umgang mit kirchlichen Immobilien, in: Kunst und Kirche (2009), Nr. 4, S. 34–39.

[Dietzfelbinger, D. (2014)] Dietzfelbinger, Daniel: Profitmaximierung versus Nächstenliebe – Lässt sich kirchliche Verwaltung ökonomisch managen?; in: ESWiD Evangelischer Bundesverband für Immobilienwesen in Wissenschaft und Praxis (Hrsg.): Kirche im Wandel – den Wandel gestalten. Kirchliches Immobilienmanagement zwischen Markt und Verwaltung: 8. Berliner Forum des Evangelischen Bundesverbands für Immobilienwesen in Wissenschaft und Praxis; Berlin 2014.

[DSD (2011)] Bek, Katrin (Hrsg.): Kirche leer – was dann? Neue Nutzungskonzepte für alte Kirchen: Berichte zu Forschung und Praxis der Denkmalpflege in Deutschland Band 17; Petersberg 2011.

[ESWiD (2009)] Reiß-Fechter, Dagmar; (Hrsg.): Kirchliches Immobilienmanagement: Der Leitfaden; Berlin 2009.

[evlka (2011)] Landeskirchenamt der Evangelisch-lutherischen Landeskirche Hannovers (Hrsg.): Informationsmappe für Baubeauftragte; Hannover 2011, URL: https://www.landeskirche-hannovers.de/damfiles/default/evlka/service/dokumente/baubegehung-da5d50584088ca028cba640aa44a621d.zip (letzter Aufruf: 11.02.2017).

[Heller, U. (2010)] Heller, Uwe: Immobilienmanagement in Nonprofit-Organisationen; Wiesbaden 2010.

[Keller, M. (2008)] Keller, Manfred; Vogel, Kerstin (Hrsg.): Erweiterte Nutzung von Kirchen – Modell mit Zukunft; Hamburg 2008.

[Kirche und Immobilien (2007)] o. V.: Kirche und Immobilien: Bestand, Verwaltung, Verwertung, Immobilien und Finanzierung, 2. Aufl.; Ricardi 2007.

[Reiß-Fechter, D. (2014)] Reiß-Fechter, Dagmar: Kirchliche Immobilieneigentümer in ihrer unternehmerischen Verantwortung, in: KVI im Dialog (2014), S. 31 ff.

[Schmidt, A. (2014)] Schmidt, Adalbert: Immobilien der Kirche – eine Übersicht, in: Reiß-Fechter, Dagmar (Hrsg.): Kirchliches Immobilienmanagement: Der Leitfaden, 2. Aufl.; Berlin 2014, S. 22 ff.

[zoe-ekhn (2010)] Zentrum Ökumene der Evangelischen Kirche in Hessen und Nassau (Hrsg.): Wenn kirchliche Gebäude zum Verkauf anstehen: Kriterien für eine Entscheidung, 2010, URL: http://www.zentrum-oekumene-ekhn.de/fileadmin/content/Materialien/Dokumentationen/Broschueren/Wenn_kirchliche_Gebaeude.pdf (letzter Aufruf: 11.02.2017).

5.3 Aufgaben der Organisation von Immobilienunternehmen

Ulrich Bogenstätter

Durch die Aufbauorganisation werden wesentlich die **Verantwortlichkeit** sowie die Haftungsrisiken und die Fertigungstiefe bestimmt. Es gibt unterschiedliche **Organisationsformen** (**Einliniensystem**, **Mehrliniensystem**, **Matrixorganisation**), **Stablinienorganisation**) sowie grundlegende Organisationsprinzipien (funktionale Organisation und divisionale Organisation) oder weiter gehende **Organisationsprinzipien** (Tensororganisation, Holdingorganisation, Netzwerkorganisation, modulare Organisation).

Als Organisationsform finden sich bei Immobilienunternehmen vielfach Einliniensysteme. Die Stablinienorganisation erweitert das Einliniensystem um einen Stab. Stabsfunktionen werden vielfach mit Beauftragten für Arbeitssicherheit, Energie, Umwelt, Verkehrssicherungspflicht … besetzt und sind der Geschäftsführung direkt unterstellt. Glatte beschreibt die Matrixorganisation bei einem großen Industrieunternehmen (vgl. Kap. 5.7). Eine divisionale Organisationsstruktur findet sich häufig bei Vertriebsleistungen, da der örtliche Bezug eine entscheidende Rolle spielt. Es ist zunächst grundlegend, die Projekt- und Objektorganisation als funktionales Organisationsprinzip zur Leistungserstellung zu unterscheiden.

5.3.1 Projekt- und Objektorganisation aufstellen

Der primäre Fokus liegt bei der Projektorganisation auf dem Projektgeschäft, das primär einmalige Leistungen beinhaltet. Die Objektorganisation hat insbesondere das Objektgeschäft im Fokus, das regelmäßige Leistungen beinhaltet.

Nach [DIN 69901-5 2009-01] ist ein Projekt ein

> Vorhaben, das im Wesentlichen durch die Einmaligkeit der Bedingungen in ihrer Gesamtheit gekennzeichnet ist, wie z. B.
> - Zielvorgabe, i. d. R. Erhaltung von Qualitäten, Kosten und Terminen im magischen Dreieck (s. Abb. 5.3), in dem die drei Pole in direkter Abhängigkeit stehen. So führen höhere Kosten zu (hoffentlich!) höheren Qualitäten, kurze Projektzeiten aber ggf. zu höheren Kosten.
> - zeitliche, finanzielle, personelle oder andere Begrenzungen
> - Abgrenzung gegenüber anderen Vorhaben
> - projektspezifische Organisation

Die Ziele eines Projekts sind als **„SMART“** zu beschreiben. Das bedeutet:
- Specific (die Ziele sind spezifisch)
- Measurable (messbar)
- Acceptable (von den Beteiligten akzeptiert)
- Realistic (realistisch)
- Timeable (und zeitlich begrenzt)

Ob Generalunternehmer, Generalübernehmer, Totalunternehmer, Fondsmanager, Immobilienverwalter, Treuhänder – das zugrunde liegende Projekt- und Objektgeschäft wird organisatorisch bestimmt durch Rollen, Aufgaben sowie Vertrags- und Weisungsbeziehungen. Die Leistungsinhalte der Planer sind in Tabelle 5.3 aufgelistet. Sie nehmen zu, z. B. durch den Auditor der Nachhaltigkeitszertifizierung oder zukünftig durch den BIM-Manager, was eigentlich zu einer Kostensteigerung im Bauwesen führen müsste, aber nicht darf. Die Leistungsinhalte der Auszuführenden sind in Tabelle 5.4 dargestellt.

Letztendlich sind die (vertraglichen) Vereinbarungen in Form von Leistungsbeschreibungen entscheidend.

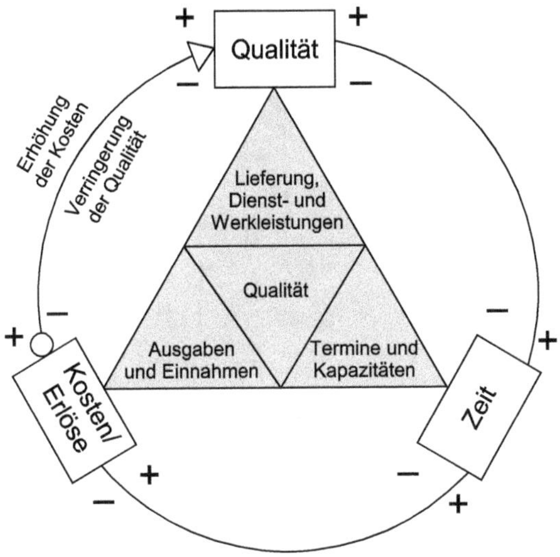

Abb. 5.3: Magisches Dreieck im Projektmanagement.[15]

Tab. 5.3: „Kopf"- und Ingenieurleistungen.

	Inhalte der Leistungen von ...	Quelle
1.	**Projektgeschäft**	
	Projektsteuerung	– [AHO Nr. 9 (2014)]
	Projektmanagement	– [AHO Nr. 9 (2014)], [AHO Nr. 19 (2004)] – Neuerscheinung 2017, interdisziplinäre PPP-Projekte [AHO Nr. 22 (2006)]
	Gutachten und Wertermittlungen	– frei verhandelbar, [BDGS 2010]
	Nachhaltigkeitszertifizierung	– [AHO Nr. 33 (2016)]
	BIM-Manager	– [Eschenbruch, K. (2015e)]
	Bauleitplanung	– [HOAI 2013] Teil 2, Abschnitt 1
	Landschaftsplanung	– [HOAI 2013] Teil 2, Abschnitt 2
	Gebäude und Innenräume	– [HOAI 2013] Teil 3, Abschnitt 1, Leistungen nach Baustellenverordnung [AHO Nr. 15 (2013)], Baufeldfreimachung/Rückbau – [AHO Nr. 18 (2014)], Planungsbereich Altlasten – [AHO Nr. 8 (2010)], Umbauten und Modernisierungen – [AHO Nr. 1 (2014)]
	Freianlagen	– [HOAI 2013] Teil 3, Abschnitt 2
	Ingenieurbauwerke	– [HOAI 2013] Teil 3, Abschnitt 3, Objekte der Wasser- und Abfallwirtschaft [AHO Nr. 4 (2008)], [AHO Nr. 7 (2015)]
	Verkehrsanlagen	– [HOAI 2013] Teil 3, Abschnitt 4, [AHO Nr. 2 (2014)], [AHO Nr. 5 (1994)] – Neuerscheinung 2017
	Tragwerksplanung	– [HOAI 2013] Teil 4, Abschnitt 1, [AHO Nr. 3 (2010)] – Neuerscheinung 2017
	technische Ausrüstung	– [HOAI 2013] Teil 4, Abschnitt 2, [AHO Nr. 6 (2014)], [AHO Nr. 11 (2002)]
	Bauphysik, Raumakustik	– [HOAI 2013] Teil 5, Anlage 1, Nr. 1.2.2
	Brandschutz	– [AHO Nr. 17 (2015)]
	Wärmeschutz/ Energiebilanzierung	– [AHO Nr. 23 (2015)]

15 Quelle: eigene Darstellung.

Tab. 5.3: (Fortsetzung)

	Inhalte der Leistungen von …	Quelle
2.	**Objektgeschäft**	
	Wertoptimierung	– [AHO Nr. 21 (2006)]
	Energiemanagement	– [GEFMA 124-1 2009-11]
	FM-gerechte Neubauplanung	– [GEFMA 180 V 1998-07]
	Betriebsführung	– Gebäude, Gebäudetechnik u. Außenanlagen – [GEFMA 122 E 1996-12]
	Flächenmanagement	– [GEFMA 130-1 E 2016-07]
	Betreiberverantwortung	– [GEFMA 190 2004-01]
	Verwaltungsaufgaben im WEG	– § 21 [WoEigG 2007]
	Facility-Management-Consulting	– [AHO Nr. 16 (2010)]
	Real-Estate-Investment-Management	– [gif (2004e)]

Tab. 5.4: Leistungsbereiche nach [DIN 276 1993-06], Tabelle 2.

LB	Leistungsbereich	LB	Leistungsbereich
000	Baustelleneinrichtung	037	Tapezierarbeiten
001	Gerüstarbeiten	040	Heizungs-/zentrale Brauchwassererwärmungsanlagen
002	Erdarbeiten		
003	Landschaftsbauarbeiten	042	Gas- und Wasserinstallationsarbeiten – Leitungen und Armaturen –
004	Landschaftsbauarbeiten, Pflanzen		
005	Brunnenbauarbeiten u. Aufschlussbohrungen	043	Druckrohrleitungen für Gas, Wasser und Abwasser
		044	Abwasserinstallationsarbeiten – Leitungen, Abläufe –
006	Verbau-, Ramm- und Einpressarbeiten	045	Gas-, Wasser- und Abwasserinstallationsarbeiten – Einrichtungsgegenstände –
007	Untertagebauarbeiten		
008	Wasserhaltungsarbeiten	046	Gas-, Wasser- und Abwasserinstallationsarbeiten – Betriebseinrichtungen –
009	Entwässerungskanalarbeiten		
010	Dränarbeiten	047	Wärme-/Kältedämmarbeiten betriebstechnische Anl.
011	Abscheideranlagen, Kleinkläranlagen	049	Feuerlöschanlagen, Feuerlöschgeräte
012	Mauerarbeiten	050	Blitzschutz- und Erdungsanlagen
013	Beton- und Stahlbetonarbeiten	051	Bauleistungen für Kabelanlagen
014	Natur-, Betonwerksteinarbeiten	052	Mittelspannungsanlagen
016	Zimmer- und Holzbauarbeiten	053	Niederspannungsanlagen
017	Stahlbauarbeiten	055	Ersatzstromversorgungsanlagen
018	Abdichtung gegen Wasser	056	Batterien
020	Dachdeckungsarbeiten	058	Leuchten und Lampen
021	Dachabdichtungsarbeiten	060	Elektroakustische Anlagen, Sprechanlagen, Personenrufanlagen
022	Klempnerarbeiten		
023	Putz- und Stuckarbeiten	061	Fernmeldeleitungsanlagen
024	Fliesen- und Plattenarbeiten	063	Meldeanlagen
025	Estricharbeiten	065	Empfangsantennenanlage
027	Tischlerarbeiten	067	Zentrale Leittechnik für betriebstechnische Anlagen in Gebäuden (ZLT-G)
028	Parkettarbeiten, Holzpflasterarbeiten		
029	Beschlagarbeiten	069	Aufzüge
030	Rollladen; Rollabschlüsse, Sonnenschutz- und Verdunkelungsanlagen	070	Regel- und Steuertechnik für heiz-, raumluft- und sanitärtechnische Anlagen
031	Metallbauarbeiten, Schlosserarbeiten	074	Raumlufttechnische Anlagen – Zentralgeräte und deren Bauelemente –
032	Verglasungsarbeiten		
033	Gebäudereinigungsarbeiten	075	Raumlufttechnische Anlagen – Luftverteilsysteme und deren Bauelemente –
034	Maler- und Lackiererarbeiten		
035	Korrosionsschutzarbeiten an Stahl- und Aluminiumbaukonstruktionen	076	Raumlufttechnische Anlagen – Einzelgeräte –
		077	Raumlufttechnische Anlagen – Schutzräume –
036	Bodenbelagsarbeiten		

Tab. 5.5: Durchgängige Projektbeteiligte sind selten.[16]

Bezeichnung	Projekte: Entwickeln	Projekte: Planen	Projekte: Bauen	Objekte: Vertreiben	Objekte: Betreiben	Objekte: Beseitigen	Im … fremden Namen	Im … eigenen Namen	Auf … fremde Rechnung	Auf … eigene Rechnung	Auf … fremden Grundst.	Auf … eigenen Grundst.
Nutzer/Mieter												
(privater) Bauherr												
Bauleistungsträger												
Baubetreuer												
Bauträger, Wohnungsbauunternehmen				b			–		a	b		
Totalunternehmer[c, d]												
Generalunternehmer[c, d]												
Generalübernehmer[e]												
Subunternehmer												
Energieliefer-Contracting												
Dienstleister												
Facility-Manager												
Maklerunternehmen												
Immobilienverwalter												
Treuhänder (geschlossene Immobilienfonds)												
WEG-Verwalter												
Fremdverwaltung												
Eigenverwaltung												

Hinweise: dunkelgraues Feld: in der Regel; hellgraues Feld: gegebenenfalls.
[a] Bestellbau.
[b] Vorratsbau.
[c] Festpreis.
[d] eventuell mit Subunternehmer.
[e] ausschließlich mit Subunternehmer.

Unterschiedliche Interessen im Lebenszyklus eines Gebäudes bestimmen das Handeln (vgl. Tab. 5.5).[17] Selten gibt es Projektbeteiligte, die ein Gebäude über den gesamten Lebenszyklus begleiten. Stattdessen sind monetäre Interessen an einzelnen Phasen ausgerichtet.

Unterstellt wird bei outgesourcten Leistungen vielfach, dass Objektleistungen günstiger und hochwertiger von Dienstleistungsunternehmen erbracht werden können. Andere sehen besondere Vorteile darin, eine Ausgründung in eine zu 100 % eigene GmbH vorzunehmen.[18] Entscheidend sind hier die Leistungsabgrenzungen und der Ressourceneinsatz.

Eine Optimierung kann dahingehend erreicht werden,

- ggf. alles so zu belassen wie bisher,
- die eigenen (Dienst-)Leistungen zu professionalisieren,
- eine Ausgliederung (z. B. in einen Regiebetrieb, Eigenbetrieb oder eine GmbH) vorzunehmen,
- eine Auslagerung der (Dienst-)Leistungen mittels externer Dienstleistungsunternehmen vorzunehmen oder
- Ergebnisse durch Contracting (z. B. Energieliefercontracting) einzukaufen.

16 Vgl. [Murfeld, E. (2002)], S. 500 f.
17 Vgl. Kapitel 2.5.2 und 3.7.3.
18 Siehe [Müller, H. (2005e)], S. 46–48.

5.3.2 Betreiberverantwortung delegieren

Hier wird die Betreiberverantwortung bei Immobilien aus gesetzlicher Sicht angesprochen. Daraus erwachsen Pflichten. Ein latentes Risiko der Pflichtverletzung wird dabei eingegangen. Bei Versagen müssen unternehmerische und persönliche Rechtsfolgen (Haftungsrisiko) getragen werden. Eigentum verpflichtet. Die Verantwortlichkeit wird durch die Organisation definiert. Die Pflichten eines Betreibers sind vielfältig[19] und werden aus Sicht des Gesetzgebers durch Schutzziele der ökonomischen, ökologischen und sozialen/kulturellen Nachhaltigkeit konkretisiert: Dazu gehören die Unternehmensführung und Qualität, Umwelt, Energie, Arbeitsschutz sowie Sicherheits- und Gesundheitsschutz.[20] Gegebenenfalls ist dafür ein Beauftragter als Verantwortlicher im Unternehmen zu bestimmen.

Diese Pflichten sind in Gesetzen und Verordnungen niedergelegt. Der Betreiber muss sie kennen und im Rahmen seines Ermessensspielraums auslegen und einhalten.[21] Ansonsten kommt es zu Pflichtverletzungen und Verschulden. Zu den möglichen Rechtsfolgen gehören zivilrechtliche Schadensersatzforderungen, Bußgelder nach dem Ordnungsrecht, Nutzungsverbote oder Stilllegung nach öffentlich-rechtlicher Verfolgung sowie ggf. der Verlust des Versicherungsschutzes. Mögliche zusätzliche Rechtsfolgen für Personen sind arbeits- oder disziplinarrechtliche Sanktionen, Geldstrafe oder Freiheitsstrafe nach dem Strafrecht, aber auch Berufsverbot. Entlastung bringt die Dokumentation der Vorgänge (s. unten Tab. 5.6), z. B. in einem Betriebs- und/oder Objekthandbuch.[22] Managementsysteme können hier unterstützend wirken.

Gesetzliche Auflagen, sich gegen Naturgewalten (Sturm, Überschwemmung oder Erdbeben) oder gegen Kriminalität (Intrusionsschutz, Schutz gegen Vandalismus, Sabotage, Spionage, Terrorismus, aber auch Personenschutz, Informationssicherheit, Warensicherung oder Geld- und Wertsicherung) zu schützen, gibt es nicht. Diese Risiken werden teilweise oder gänzlich über Versicherungsverträge abgedeckt. Damit können Sachschäden an Gebäuden oder zivilrechtliche Forderungen abgedeckt werden. Folgende Versicherungen sind hierzu möglich: Betriebshaftversicherung, Gesetzliche Unfallversicherung, Organhaftpflichtversicherung, Rechtsschutzversicherung, Sachversicherung, Umwelthaftversicherung und Vermögensschadenshaftpflichtversicherung.

Grundvoraussetzung ist jedoch, dass der Betreiber klar definiert ist. Dieser variiert auch nach Branche. In der evangelischen Kirche sind i. d. R. die Kompetenzen in drei Stufen gegliedert: Kirchengemeinde, Kirchenkreis und Landeskirche (s. Abb. 5.4).[23]

Die Verantwortung des Betreibers wird bei einer zersplitterten Organisation ohne klare immobilienwirtschaftliche Kompetenz erschwert. Ist dies der Fall, so wird empfohlen, eine klare Zuordnung zu entwickeln und zu dokumentieren.

Obwohl viele Pflichten des Betreibers sich aus dem Arbeitsschutzgesetz (s. [ArbSchG 2015]) für Gewerbe und Industrie ableiten, wenden Gerichte in entsprechenden Urteilen die Pflichten zur Überwachung der Gefährdungspotenziale auch auf die Wohnungswirtschaft an.[24]

Nach GEFMA[25] lässt sich Betreiberverantwortung auf Managementsysteme übertragen und wie folgt auf das Wesentliche reduzieren:

---

19 Vgl. [GEFMA 190 2004-01], S. 4 ff.

20 Vgl. Kapitel 2.4.3.

21 Vgl. Kapitel 8.3.5.

22 Vgl. Kapitel 8.4.5.

23 [Von der Lieth, J. (2008b)].

24 Vgl. [Kraus, J. (2007l)], S. 58.

25 [GEFMA 190 2004-01], S. 26.

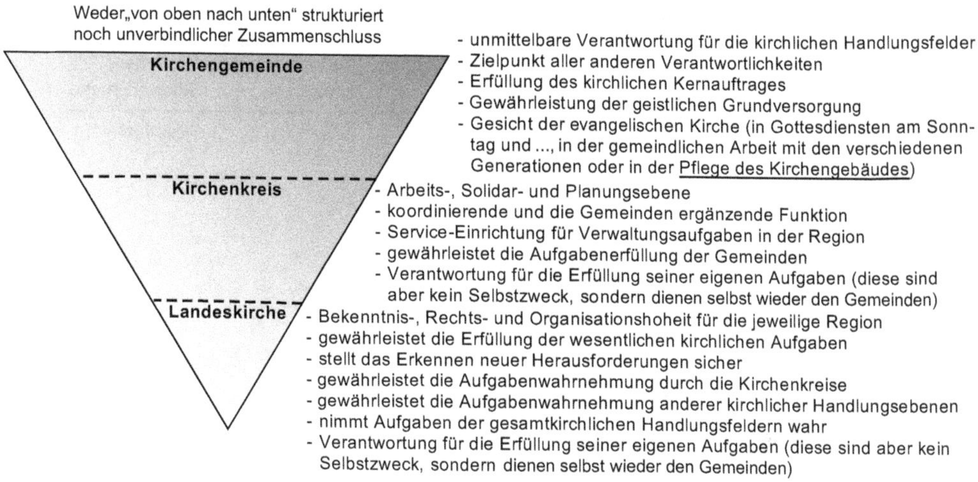

Abb. 5.4: Verteilung der Kompetenzen in der evangelischen Kirche, idealtypische Darstellung.[26]

Kenntnis der Vorschriften
+ ordnungsgemäßes Handeln
+ Dokumentation
= Sicherheit vor Sanktionen

Die Organisationspflichten obliegen der Unternehmensleitung. Führungspflichten der Führungskräfte und Durchführungspflichten der Beschäftigten ergeben sich aus dem [ArbSchG 2015]. Die persönlichen Betreiberpflichten nach § 3 [ArbSchG 2015] sind in Tabelle 5.6 zusammengestellt. Sie betreffen die Organisations-, Führungs- und Durchführungspflichten sowie die Methoden und Hilfswerkzeuge.

Zu den Gefährdungspotenzialen gehören z. B. Standsicherheit, Brand- und Feuerschutz, Absturz- und Sturzsicherung, Maschinen, Trinkwasser und Grundwasser, Druckbehälter, Heizungsanlagen und Tanks, Gasleitungen und Gasgeräte sowie Gasfeuerungsstätten, Freianlagen, unbebaute Grundstücke und öffentliche Verkehrsflächen. So sicherte die Deutsche Bahn nach ihrem Börsengang zunächst alle ungenutzten Bahnhöfe mit einem Zaun. Zu den Verkehrssicherungspflichten in der Wohnungswirtschaft gehört z. B. die Überprüfung der ordnungsgemäßen Beleuchtung der Wohnanlage sowie von Stolper-, Rutsch- und Sturzgefahren innerhalb öffentlich zugänglicher Bereiche.

Die gesetzlichen Prüfungen sind danach zu unterscheiden, ob sie vor Inbetriebnahme, nach wesentlicher Änderung des Bauwerks oder wiederkehrend nach festen Prüfintervallen stattfinden müssen. Der Prüfgegenstand ist vielfältig und bezieht sich auf Bauwerksnutzungen oder auf Bauteile. Die Prüfung ist zu dokumentieren. Die Rechtsgrundlage sind i. d. R. länderspezifische Verordnungen. Beispielhaft werden hier nachfolgende Prüfgegenstände genannt: Abwasseranlagen, Arbeitsstätten, Aufzugsanlagen, Beherbergungsstätten, Blitzschutzanlagen, Brandmeldeanlagen, Brandschutz, CO-Warnanlagen, Druckgeräte, elektrische Anlagen, Feuerlöschanlagen, kraftbetätigte Türen und Tore, Großgaragen, Hochhäuser, Krankenhäuser, lüftungstechnische Anlagen, Rauchabzugsanlagen, Schallschutz, Sicherheitsbeleuchtungsanlagen, Standsicherheit, Verkaufsstätten.

26 Siehe [Von der Lieth, J. (2008b)].

Tab. 5.6: Übersicht der persönlichen Betreiberpflichten.[27]

		Organisations-pflichten	Führungs-pflichten	Durchführungs-pflichten	Methoden/ Hilfswerkzeuge
1.	Aufbauorganisation	… festlegen			Organigramm
2.	geeignete Führungskräfte	… festlegen			
3.	Betriebsbeauftragte/ Koordinatoren	… bestellen			
4.	Gefährdungs-beurteilung	… veranlassen	… durchführen		Anlagenbeschreibung, Dienstanweisung (Aufgabenbeschreibung), Auftrag (wo, was)
5.	Pflichten	… definieren	… dokumentieren		
6.	gesetzliche Prüfungen	… sicherstellen	… organisieren		
7.	geeignete Beschäftigte oder Dienstleister	… auswählen	… einsetzen		Stellenbeschreibung nach Qualifikation (wer), Wirtschaftlichkeitsbetrachtung
8.	Ablauforganisation	… festlegen	… einhalten	… überwachen	Leistungsbeschreibung (wann, wie, was ist, wenn was geschieht)
9.	An-/Ein-/Unter-weisungen	… veranlassen	… erteilen	… befolgen	
10.	geeignete Arbeitsmittel	… auswählen	… bereitstellen	… benutzen	
11.	Überwachung	… dokumentieren			Rechnung, Protokolle, Reports
12.	sonstige Pflichten	Erste Hilfe sicherstellen; arbeitsmedizinische Vorsorge; Erfassen und Anzeigen von Unfällen; Durchführung von Instandhaltungen		Unterstützung bei Erster Hilfe	

Zur Pflichtenübertragung (Delegation) müssen folgende **Grundregeln** beachtet werden:[28]
1. klare und eindeutige Definition der zu übertragenden Pflichten, bei Dienstleistern in einem Vertrag, bei Mitarbeitern mittels Dienstanweisung,
2. widerspruchfreie Aufgabenverteilung (keine Überschneidungen oder Lücken),
3. sorgfältige Auswahl (Selektion) von geeigneten Führungskräften, Beschäftigten oder Dienstleistern,
4. Ausstattung des Verpflichteten mit den erforderlichen Mitteln und Befugnissen,
5. An-/Ein-/Unterweisung des Verpflichteten,
6. Einverständnis des zu Verpflichtenden,
7. laufende Aufsicht/Überwachung.

In Mietverhältnissen übernimmt i. d. R. der Mieter die Betreiberverantwortung seiner eigenen Einrichtungen und Einbauten innerhalb der Mietfläche. Abweichend hiervon können im Mietvertrag andere Regelungen getroffen werden.

27 Vgl. [GEFMA 190 2004-01], S. 8 ff.

28 Vgl. [GEFMA 190 2004-01], S. 14.

Folgende Beauftragte sind ggf. verantwortlich: Beauftragter für Arbeitsschutz, Fachkraft für Arbeitssicherheit (Sifa), Sicherheitsbeauftragter, Betriebsarzt, Ersthelfer, Strahlenschutzbeauftragter, Röntgenschutzbeauftragter, Laserschutzbeauftragter, Gefahrgutbeauftragter, Brandschutzbeauftragter, Arbeitsschutzausschuss (mit Betriebsrat) und Koordinator für Sicherheit und Gesundheitsschutz (SiGeKo, z. B. auf Baustellen).

Folgende gesetzliche Regelwerke sind auch im Sinne der Nachhaltigkeit von Bedeutung:[29]

- **Umweltschutz:** Für den Umweltschutz sind besonders relevant: Immissionsschutz nach dem Bundes-Immissionsschutzgesetz (s. [BImSchG 2016]), Klimaschutz und Bodenschutz nach § 1 des Bundes-Bodenschutzgesetzes (s. [BBodSchG 2015]), Gewässerschutz nach § 1a des Wasserhaushaltsgesetzes (s. [WHG 2017]), Abfallentsorgung nach dem Kreislaufwirtschafts- und Abfallgesetz (s. [KrWG 2016]), allgemeine Anforderungen nach der Musterbauverordnung (s. [MBO 2016]) und Abwasserverordnung (AbwV) zur Abwasserentsorgung. Folgende Beauftragte sind ggf. verantwortlich für den Umweltschutz: benannter Geschäftsführer nach Bundes-Immissionsschutzgesetz, Betriebsbeauftragter für Abfall, Betriebsbeauftragter für Gewässerschutz, Immissionsschutzbeauftragter, Störfallbeauftragter und Strahlenschutzbeauftragter.
- **Energie:** Für die Energie sind insbesondere die Energieeinsparverordnung (EnEV) und die dazugehörigen Regelwerke von Bedeutung.
- **Arbeitsschutz:** Der Arbeitsschutz gegenüber den eigenen Beschäftigten wird z. B. geregelt in §§ 3 und 4 des Arbeitsschutzgesetzes (s. [ArbSchG 2015]) und § 3 der Arbeitsstättenverordnung (s. [ArbStättV 2016]), § 21des VII. Sozialgesetzbuches (s. SGB VII) und in den Vorschriften der gesetzlichen Unfallversicherung (s. [GUV-V A1]).
- **Sicherheits- und Gesundheitsschutz:** Regelungen zum Sicherheits- und Gesundheitsschutz sowie Verkehrssicherungspflichten, z. B. nach §§ 823 ff. BGB, bestehen gegenüber Dritten, d. h. gegenüber den Nutzern des betriebenen Gebäudes, den Besuchern, den Passanten auf Verkehrswegen rund um das Gebäude oder den Anwohner und auch gegenüber Behörden und Trägern der gesetzlichen Unfallversicherung in Form von Mitteilungs-, Melde- und Auskunftspflichten, siehe hierzu u. a. § 193 Abs. 1 des VII. Sozialgesetzbuches und die Verordnung über Sicherheit und Gesundheitsschutz [BetrSichV 2017]. Folgende Beauftragte sind ggf. verantwortlich: Datenschutzbeauftragter, Hygieneschutzbeauftragter, Beauftragter für biologische Sicherheit und Tierschutzbeauftragter.

In Tabelle 5.7 ist die Verteilung der Verantwortlichkeit am Beispiel einer Grundschule aufgezeigt. Die Verantwortlichkeit kann sich situativ im Lauf eines Tages ändern.

Tab. 5.7: Regelungen der Verantwortlichkeit am Beispiel einer Grundschule.[30]

	Vor bzw. nach Unterrichtsbeginn	Während der Unterrichtszeit	Während der Pausen	In den Ferien, am Wochenende
1. Schulhof, Spielplatz	Gebäudemanagement	Hausmeister	Aufsichtslehrer	Gebäudemanagement
2. Flur, Treppenhaus, Aufzug	Gebäudemanagement	Hausmeister	Aufsichtslehrer	Gebäudemanagement
3. Klassenräume	Lehrer	Lehrer	Lehrer	Gebäudemanagement
4. Sporthalle	Hausmeister	Sportlehrer	Sportlehrer	Gebäudemanagement
5. Toiletten, öffentliche Räume	Hausmeister	Hausmeister	Hausmeister	Gebäudemanagement

29 Vgl. Kapitel 2.4.3.

30 Vgl. [HS-MZ Bock, I. (2011)], S. 29.

5.3.3 Fertigungstiefe – Eigen- und/oder Fremdleistungen

Die Fertigungstiefe kann durch organisatorische Maßnahmen bei der Auftragsvergabe verändert werden, wenn Aufgaben zunehmend auf die Lieferanten verlagert werden. Entscheidend dabei ist, ein am Bedarf orientiertes Leistungsbündel in eindeutigen Leistungsbeschreibungen (Service-Level-Agreements (SLA)) und die Kriterien der Leistungsüberprüfung von externen oder internen (Dienstleistungs-)Unternehmen als Key-Performance-Indicators (KPIs) zu definieren.[31] Das Leistungsbündel kann neben operativen Tätigkeiten auch taktische oder strategische Elemente enthalten. Dieser grundlegende Zusammenhang von Auftraggeber (Organisation) und Auftragnehmer (Leistungserbringer) ist in Anlehnung an [DIN EN 15221-1 2007-01 Anhang 1] in Abbildung 5.5 dargestellt.

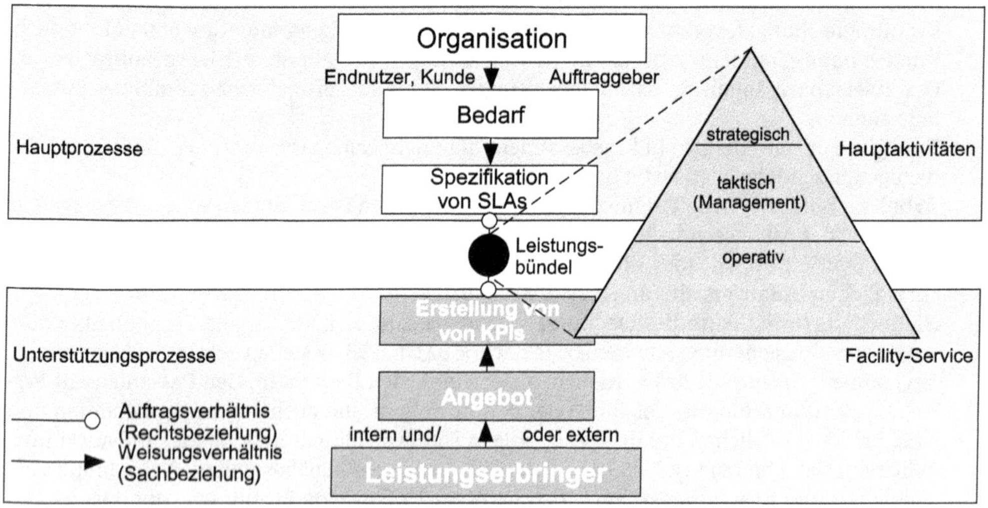

Abb. 5.5: Abgrenzung zwischen Auftraggeber und Auftragnehmer.[32]

Eine breite Palette der Möglichkeiten, Prozesse eines Unternehmens nach außen zu verlagern, wird an der ungeplanten Instandhaltung aufgezeigt. Von Bedeutung ist für die ungeplante Instandhaltung die Ausschreibungsart, da durch Abrechnung

1. nach Aufwand,
2. nach Katalogen,
3. mittels Rahmenverträgen (Ausschreibungsergebnisse, hinterlegt beim Handwerker),
4. mittels Einheitspreisabkommen (hinterlegt im ERP-System),
5. Ausschreibungspaketen nach Standards (z. B. Badsanierung),
6. nach dem Verfahren der Vereinfachten Reparaturabwicklung (VeRA) – hinterlegt im ERP-System – oder
7. nach dem Bremer Modell (GEWOBA)

verfahren werden kann. Den Verfahren 2 bis 7 liegt ein Ausschreibungsverfahren zugrunde mit dem Ziel, den Prozessaufwand zu verringern.[33]

Beim Bremer Modell handelt es sich um ein Verfahren, bei dem die Leistungen pauschaliert und als Daueraufträge vergeben werden. Der Bestand wird ergebnisorientiert bewirtschaftet. Der

31 Vgl. Kapitel 3.7.6.

32 Quelle: eigene Darstellung.

33 Siehe [Paßlack, M. (2007c)].

Vorteil liegt darin, dass bei Auftragsvergabe und Rechnungsdurchlauf umfangreiche Prozessschritte innerhalb des Wohnungsunternehmens entfallen können. Die Anzahl der Rechnungslegungen in der ungeplanten Instandhaltung konnte bei der GEWOBA in Bremen um rd. 72 % auf 20.000 gesenkt werden.[34] Die GEWOBA in Bremen ist eine mehrheitlich kommunale Wohnungsbaugesellschaft mit rd. 41.000 Wohnungseinheiten. Die Vergabe von Pauschalleistungen und Daueraufträgen erfolgt nach Leistungsbereichen über einen definierten Objektbestand. Von 60 Mio. € pro Jahr, die in den Bestand investiert wurden, wurden 80 % für Modernisierung und Großinstandhaltung und 20 % für die ungeplante Instandhaltung aufgewendet. Dabei fielen etwa 1,7 ungeplante Instandhaltungsvorgänge pro Jahr und Wohnung mit einem Durchschnittswert von etwa 170 € an, 95 % der Vorgänge hatten ein Auftragsvolumen von unter 1.000 €.

Um dieses Verfahren sinnvoll anwenden zu können, ist die Kenntnis der bisherigen Aufwände, der relativen Größe des Bestands und des Quartiers notwendig, um die Wege kurz zu halten.[35] Bei der GEWOBA wurden daher im Vorfeld die Instandhaltungskosten analysiert, Preise für eine pauschale Vereinbarung kalkuliert und ab 1995 Pauschalverträge für die Leistungsbereiche Elektro-, Sanitär- und Heizungsarbeiten, Abwasseranlagen (Kanal) sowie ab 1998 Pauschalverträge für Leitungswasserschäden eingeführt.

Es ist unstrittig, dass das Verfahren den Prozessablauf im Immobilienunternehmen wesentlich vereinfacht. Die Anzahl der Prozessbeteiligten im Immobilienunternehmen wird reduziert und es fällt ggf. nur noch eine Rechnung am Ende des Jahres an (vgl. Abb. 5.6).

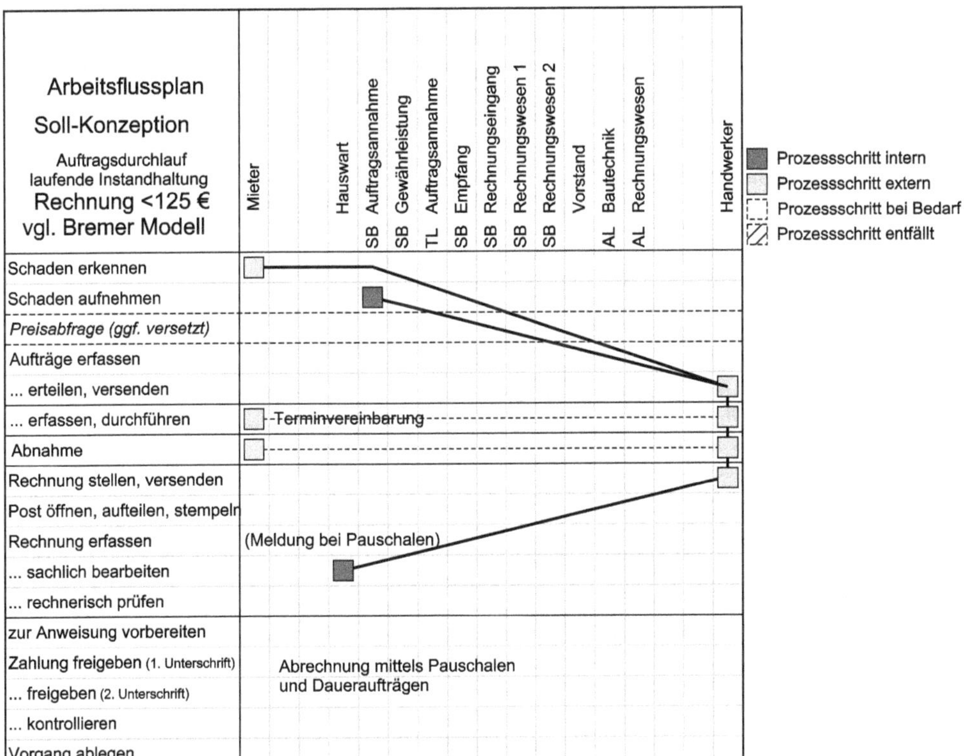

Abb. 5.6: Bremer Modell.

34 Siehe [Paßlack, M. (2007c)].

35 Vgl. [Lange, D. (2007)].

Literatur

[AHO Nr. 1 (2014)] Ausschuss der Ingenieurverbände und Ingenieurkammern für die Honorarordnung (Hrsg.): HOAI Planen und Bauen im Bestand: Arbeitshilfen zur Bestimmung der anrechenbaren Kosten aus mitzuverarbeitender Bausubstanz und des Zuschlags für Umbauten und Modernisierungen, AHO Nr. 1 (2014); Bonn 2014.

[AHO Nr. 11 (2002)] Ausschuss der Ingenieurverbände und Ingenieurkammern für die Honorarordnung (Hrsg.): HOAI – Leistungsbilder von Anlagen der Technischen Ausrüstung nach Teil IX bei der funktionalen Leistungsvergabe inkl. komplementärem Leistungsbild des Generalunternehmers, 2., ergänzte Aufl., AHO Nr. 11 (2002); Bonn 2002.

[AHO Nr. 15 (2013)] Ausschuss der Ingenieurverbände und Ingenieurkammern für die Honorarordnung (Hrsg.): Leistungen nach der Baustellenverordnung: Korrigierte Fassung 2013, 2., völlig überarb. Aufl., AHO Nr. 15 (2013); Bonn 2013.

[AHO Nr. 16 (2010)] Ausschuss der Ingenieurverbände und Ingenieurkammern für die Honorarordnung (Hrsg.): Facility Management Consulting, 4., vollständig überarb. Aufl., AHO Nr. 16 (2010); Bonn 2010.

[AHO Nr. 17 (2015)] Ausschuss der Ingenieurverbände und Ingenieurkammern für die Honorarordnung (Hrsg.): Leistungsbild und Honorierung Leistungen für Brandschutz, 3., völlig überarb. Aufl., AHO Nr. 17 (2015); Bonn 2015.

[AHO Nr. 18 (2014)] Ausschuss der Ingenieurverbände und Ingenieurkammern für die Honorarordnung (Hrsg.): Leistungsbild und Honorierung Planungsbereich, 2., völlig überarb. Aufl., AHO Nr. 18 (2014); Bonn 2014.

[AHO Nr. 19 (2004)] Ausschuss der Ingenieurverbände und Ingenieurkammern für die Honorarordnung (Hrsg.): Neue Leistungsbilder zum Projektmanagement in der Bau- und Immobilienwirtschaft: erarbeitet von der AHO-Fachkommission Projektsteuerung/Projektmanagement, AHO Nr. 19 (2004); Bonn 2004.

[AHO Nr. 2 (2014)] Ausschuss der Ingenieurverbände und Ingenieurkammern für die Honorarordnung (Hrsg.): Örtliche Bauüberwachung bei Ingenieurbauten und Verkehrsanlagen, AHO Nr. 2 (2014); Bonn 2014.

[AHO Nr. 21 (2006)] Ausschuss der Ingenieurverbände und Ingenieurkammern für die Honorarordnung (Hrsg.): Interdisziplinäre Leistungen zur Wertoptimierung von Bestandsimmobilien, AHO Nr. 21 (2006); Bonn 2006.

[AHO Nr. 22 (2006)] Ausschuss der Ingenieurverbände und Ingenieurkammern für die Honorarordnung (Hrsg.): Untersuchungen zum Leistungsbild Interdisziplinäres Projektmanagement für PPP-Hochbauprojekte, AHO Nr. 22 (2006); Bonn 2006.

[AHO Nr. 23 (2015)] Ausschuss der Ingenieurverbände und Ingenieurkammern für die Honorarordnung (Hrsg.): Wärmeschutz und Energiebilanzierung, 2., vollständig überarb. Aufl., AHO Nr. 23 (2015); Bonn 2015.

[AHO Nr. 3 (2010)] Ausschuss der Ingenieurverbände und Ingenieurkammern für die Honorarordnung (Hrsg.): HOAI – Besondere Leistungen bei der Tragwerksplanung, 4., völlig überarb. Aufl., AHO Nr. 3 (2010); Bonn 2010.

[AHO Nr. 33 (2016)] Ausschuss der Ingenieurverbände und Ingenieurkammern für die Honorarordnung (Hrsg.): Leistungen für Nachhaltigkeitszertifizierung Beispielhafte Betrachtung für das Leistungsbild Objektplanung Gebäude und Innenräume, AHO Nr. 33 (2016); Bonn 2016.

[AHO Nr. 4 (2008)] Ausschuss der Ingenieurverbände und Ingenieurkammern für die Honorarordnung (Hrsg.): Zusätzlich zu vergütende Leistungen bei der Planung von Objekten der Wasser- und Abfallwirtschaft, 2., vollständig überarb. Aufl., AHO Nr. 4 (2008); Bonn 2008.

[AHO Nr. 6 (2014)] Ausschuss der Ingenieurverbände und Ingenieurkammern für die Honorarordnung (Hrsg.): Besondere Leistungen bei der Planung von Anlagen der Technischen Ausrüstung nach Teil 4 Abschnitt 2, Anlage 15, Nr. 15.1 HOAI 2013, 3., vollständig überarb. Aufl., AHO Nr. 6 (2014); Bonn 2014.

[AHO Nr. 7 (2015)] Ausschuss der Ingenieurverbände und Ingenieurkammern für die Honorarordnung (Hrsg.): Besondere Leistungen bei der Planung von Ingenieurbauwerken nach Teil 3 Abschnitt 3: § 41 Nr. 6 und Nr. 7 HOAI 2013, 2., vollständig überarb. Aufl., AHO Nr. 7 (2015); Bonn 2015.

[AHO Nr. 8 (2010)] Ausschuss der Ingenieurverbände und Ingenieurkammern für die Honorarordnung (Hrsg.): Planungsbereich Altlasten, 2., vollständig überarb. Aufl., AHO Nr. 8 (2010); Bonn 2010.

[ArbSchG 2015] Gesetz über die Durchführung von Maßnahmen des Arbeitsschutzes zur Verbesserung der Sicherheit und des Gesundheitsschutzes der Beschäftigten bei der Arbeit: Arbeitsschutzgesetz – ArbSchG, 2015, URL: https://www.gesetze-im-internet.de/bundesrecht/arbschg/gesamt.pdf (letzter Aufruf: 16.04.2017).

[ArbStättV 2016] Verordnung über Arbeitsstätten: Arbeitsstättenverordnung – ArbStättV 2016, URL: https://www.gesetze-im-internet.de/bundesrecht/arbst_ttv_2004/gesamt.pdf (letzter Aufruf: 16.04.2017).

[BBodSchG 2015] Gesetz zum Schutz vor schädlichen Bodenveränderungen und zur Sanierung von Altlasten: Bundes-Bodenschutzgesetz – BBodSchG, 2015, URL: https://www.gesetze-im-internet.de/bbodschg/ (letzter Aufruf: 16.04.2017).

[BDGS (2010)] Bundesverband Deutscher Grundstückssachverständiger (Hrsg.): Honorartarif, 2010, URL: http://www.bdgs.de/wp/wp-content/uploads/2012/10/unverbindlicherhonorartarif.pdf (letzter Aufruf: 14.03.2017).

[BetrSichV 2017] Verordnung über Sicherheit und Gesundheitsschutz bei der Verwendung von Arbeitsmitteln: Betriebssicherheitsverordnung – BetrSichV, 2017, URL: https://www.gesetze-im-internet.de/bundesrecht/betrsichv_2015/gesamt.pdf (letzter Aufruf: 16.04.2017).

[BImSchG 2016] Gesetz zum Schutz vor schädlichen Umwelteinwirkungen durch Luftverunreinigungen, Geräusche, Erschütterungen und ähnliche Vorgänge: Bundes-Immissionsschutzgesetz – BImSchG, 2016, URL: https://www.gesetze-im-internet.de/bundesrecht/bimschg/gesamt.pdf (letzter Aufruf: 16.04.2017).

[Eschenbruch, K. (2015e)] Eschenbruch, Klaus; Elixmann, Robert: Das Leistungsbild des BIM-Managers, in: Baurecht (2015), Nr. 5, S. 745–753.

[GEFMA 190 2004-01] Betreiberverantwortung im Facility Management, GEFMA e. V. Deutscher Verband für Facility Management (Hrsg.): GEFMA 190, 2004.

[HS-MZ Bock, I. (2011)] Bock, Isabelle: Betreiberverantwortung und Verkehrssicherungspflicht an Grundschulen – Erstellung eines allgemein gültigen Handbuchs für Grundschulen; Bachelorarbeit; Mainz 2011.

[Kraus, J. (2007l)] Kraus, Josef: Der qualifizierte Hausmeister oder Hauswart – unser Verkehrssicherungsprofi vor Ort, in: Die Wohnungswirtschaft (2007), Heft 12, S. 58–60.

[KrWG 2016] Gesetz zur Förderung der Kreislaufwirtschaft und Sicherung der umweltverträglichen Beseitigung von Abfällen: Kreislaufwirtschafts- und Abfallgesetz – KrWG, 2016, URL: https://www.gesetze-im-internet.de/bundesrecht/krwg/gesamt.pdf (letzter Aufruf: 16.04.2017).

[Lange, D. (2007)] Lange, Dagmar: Pauschalierung bringt keine Qualitätseinbußen, in: Die Wohnungswirtschaft (2007), Heft 5, S. 37.

[MBO 2016] Musterbauordnung (MBO), 2016, URL: https://www.is-argebau.de/verzeichnis.aspx?id=991&o=991 (letzter Aufruf: 10.04.2017).

[Müller, H. (2005e)] Müller, Henrik: Hundert Prozent Eigenbetrieb: Alternative zu Service- und Betriebsgesellschaften mit privaten Partnern, in: Facility Manager (2005), Heft 5, S. 46–48.

[Murfeld, E. (2002)] Murfeld, Egon (Hrsg.): Spezielle Betriebswirtschaftslehre der Grundstücks- und Wohnungswirtschaft, 4. Aufl.; Hamburg 2002.

[Paßlack, M. (2007c)] Paßlack, Martin: Strategie zur Qualitätssicherung und Kostensenkung: Erfahrungsbericht 10 Jahre Bremer Modell, Vortrag am 29. März 2007 zum 31. Tag der Immobilie an der Hochschule für Wirtschaft und Umwelt Nürtingen-Geislingen.

[Von der Lieth, J. (2008b)] Von der Lieth, Jörn: Ecclesiastic Real Estate Management (EREM): Ein strategisches Managementkonzept für kirchliche Organisationen mit Immobilienbesitz, in: KVI im Dialog (2008), Nr. 2, S. 44–47.

[WHG 2017] Gesetz zur Ordnung des Wasserhaushalts: Wasserhaushaltsgesetz – WHG, 2017, URL: http://www.gesetze-im-internet.de/bundesrecht/whg_2009/gesamt.pdf (letzter Aufruf: 16.04.2017).

5.4 Organisationsformen im Projektgeschäft

Ulrich Bogenstätter

Die Organisationsformen im Projektgeschäft unterscheiden sich nach den Leistungsgrenzen. Je nach Modell ist der Anteil der eigenen Organisation größer oder kleiner. Der eigene Leistungsanteil wird in den nachfolgenden Grafiken i. d. R. jeweils als hellgrauer Kasten dargestellt.

5.4.1 Das Selfmade-Modell

Dieses Modell ist z. B. bei privaten Bauherren und Ämtern anzutreffen. Hier besteht die Aufgabe des Immobilienunternehmens in der Rolle des Bauherrn und in der Projektleitung bzw. Koordination der Fachabteilungen. Das Auftragsverhältnis wird zwischen dem Immobilienunternehmen und den Architekten und Ingenieuren sowie den ausführenden Unternehmen direkt geschlossen (vgl. Abb. 5.7).

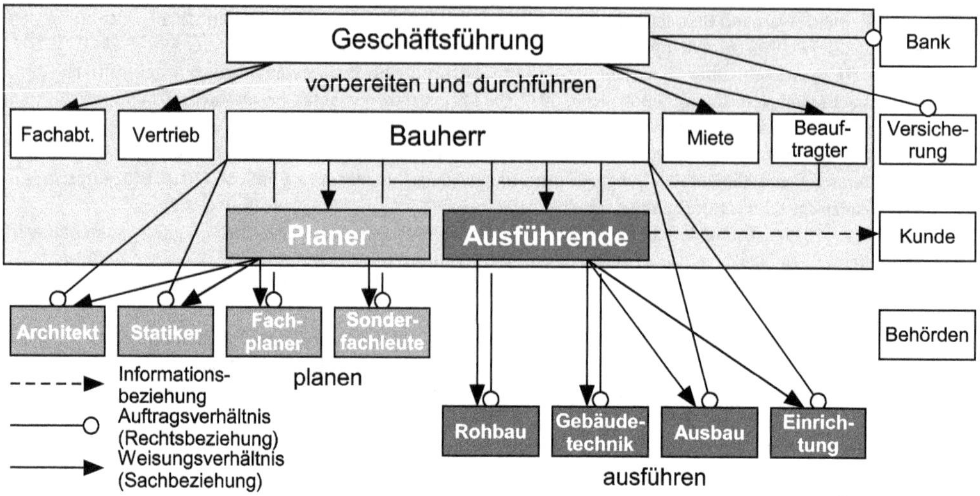

Abb. 5.7: Auftrags- und Weisungsverhältnis beim Selfmade-Modell.[36]

Bauherr[37] ist

- derjenige, der selbst oder durch Dritte ein Bauvorhaben im eigenen Namen durchführt, insbesondere über dessen Gestaltung entscheidet und es finanziert,
- im Bauvertragswesen der Auftraggeber,
- der einen bestimmenden Einfluss auf die Planung und den Ablauf des gesamten Bauvorhabens hat,
- den Bauantrag in eigenem Namen stellt,
- Vertragspartner der Unternehmen ist, die den Bau ausführen oder durch Subunternehmer ausführen lassen,
- der Eigentümer des zu bebauenden Grundstücks oder ein zu dessen Bebauung Berechtigter (Erbbaurecht),
- derjenige, der im Allgemeinen die Bauherrenrisiken trägt.

Gesetzliche Grundlagen hierfür sind z. B. die Gewerbeordnung (GewO), die Landesbauordnungen (z. B. die LBauO Rheinland-Pfalz 1991) oder das Wohnungsbau- und Familienheimgesetz (WoBauG).

Kommunale Genehmigungsbehörden sind anhand des Verwaltungsgliederungsplans der Kommunen zu erkennen (Beispiel Frankfurt am Main s. Tab. 5.8). Je nach Aufgabenverteilung in einer Kommune übernimmt das jeweilige Amt die Rolle des Bauherrn und das Auftragsverhältnis zu den Architekten und Ingenieuren sowie zu den ausführenden Unternehmen.

36 Quelle: eigene Darstellung.

37 Siehe [Murfeld, E. (2002)], S. 500.

Tab. 5.8: Verwaltungsgliederungsplan der Kommune Frankfurt am Main.

1–4	Verwaltungseinheit	5–8	Verwaltungseinheit
1	**Allgemeine Verwaltung**	**5**	**Sozial- und Gesundheitsverwaltung**
10	**Hauptamt (1, 2)**	**50**	**(Sozialamt 1, 2)**
11	Personal- und Organisationsamt **(Personalamt 1, 2,** in 10: 3)	**51**	**(Jugendamt 1, 2)**
		52	Sport- und Badeamt (in 51: **1, 2**)
12	Amt für Statistik, Wahlen und Einwohnerwesen (in 10: **1, 2**)	**53**	Stadtgesundheitsamt **(Gesundheitsamt 1, 2)**
		54	Städtisches Krankenhaus Höchst **(Amt für Krankenanstalten 1, 2)**
13	Presse- und Informationsamt (in 10: **1, 2**)		
14	Revisionsamt **(Rechnungs- und Gemeindeprüfungsamt,** in 10: **1, 2)**	55	**(Ausgleichsamt 1, 2)**
		56	Dezernatsverwaltungsamt Soziales
15	Amt für Beschaffungs- und Vergabewesen (10: **1, 2**)	**6**	**Bauverwaltung**
16	Amt für Informations- und Kommunikationstechnik	**61**	Amt für kommunale Gesamtentwicklung und Stadtplanung **(Planungsamt 1, 2)**
19	Referat Betreuung ausländischer Institutionen		
2	**Finanzverwaltung**	**62**	Stadtvermessungsamt **(Vermessungs- und Katasteramt 1, 2)**
20	Stadtkämmerei **(Kämmerei 1, 2)**		
21	Stadtkasse **(Kasse 1,** in 20: 2, 3)	**63**	Bauaufsichtsbehörde **(Bauordnungsamt 1, 2)**
22	Stadtsteueramt	64	Amt für Wohnungswesen **(Wohnungsbauförderungsamt 1, 2,** in 61: 3)
23	Liegenschaftsamt (in 20: **1, 2**)		
24	**(Amt für Verteidigungslasten 1)**	65	Hochbauamt (in 63: **1, 2**)
29	Referat Beteiligungen	**66**	Straßenbauamt **(Tiefbauamt 1, 2)**
3	**Rechts-, Sicherheits- und Ordnungsverwaltung**	67	Garten- und Friedhofsamt
30	**Rechtsamt** (**1, 2,** in 10: 3)	68	Stadtentwässerung
31	(in 32: **1, 2**)	69	Stadtbahnbauamt
32	**Ordnungsamt (1, 2)**	**7**	**Verwaltung für öffentliche Einrichtungen**
33	(in 32: **1, 2**)	70	Frankfurter Entsorgungs-/Service GmbH (in 66: **1, 2**)
34	Standesamt		
35	Versicherungsamt (in 32: **1, 2**)	71	Städtisches Fleischhygieneamt
36	Verkehrsüberwachung und -regelung **(Straßenverkehrsamt 1, 2)**	76	Städtische Küchenbetriebe
		77	Zoologischer Garten
37	Branddirektion	78	Palmengarten
38	**(Amt für Zivilschutz- und Rettungswesen 1,** in 32: 2)	79	Umweltamt
39	**(Veterinäramt 1, 2)**	**8**	**Verwaltung für Wirtschaft und Verkehr**
4	**Schul- und Kulturverwaltung**	80	Verkehrsamt (**1,** in 61: **2**)
40	Stadtschulamt **(Schulverwaltungsamt 1, 2)**	81	Stadtwerke (in 80: **1,** in 61: **2**)
41	Amt für Wissenschaft/Kunst **(Kulturamt 1, 2,** in 40: 3)	82	Forstamt (in 80: **1,** in 61: **2**)
	Stadt- und Universitätsbibliothek (in 41: **1, 2**)	83	Hafenbetriebe (in 80: **1,** in 61: **2**)
42	Amt für Volksbildung/Volkshochschule (in 41: **1, 2**)	84	Marktbetriebe
43	Stadtbücherei (in 41: **1, 2**)	85	Städtisches Weingut
44	Museen (in 41: **1, 2**)	87	Amt für Wirtschaftsförderung **(80 Amt für Wirtschafts- und Verkehrsförderung 1)**
45	Stadtarchiv (in 41: **1, 2**)		
47	(in 41: **1, 2**)	89	Referat Wirtschaftsbetreuung
48		0	Magistrat
		0	Staatliche Stellen

Fett gedruckte Verwaltungskennziffern oder Bezeichnungen beziehen sich auf den Verwaltungsgliederungsplan der KGSt. Die in Klammern angegebenen Zahlen beziehen sich auf die Größenklasse einer Stadt: 1 = Größenklasse 1 (über 250.000 Einwohner), 2 = Größenklasse 2 (150.000 – 250.000 Einwohner), 3 = Größenklasse 3 (bis 150.000 Einwohner).

5.4.2 Das Projektleitermodell

Dieses Modell ist z. B. bei institutionellen Anlegern anzutreffen. Hier reduziert sich die Aufgabe des Immobilienunternehmens auf die Rolle des Bauherrn, die Weisungsbefugnis für Projektdurchführung ist an den Projektleiter übertragen (s. Abb. 5.8). Auftraggeber ist jedoch das Immobilienunternehmen.

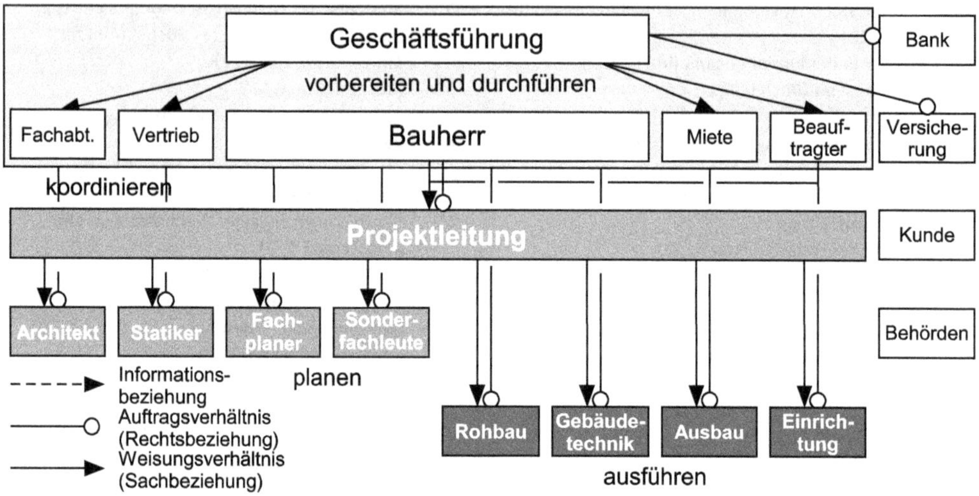

Abb. 5.8: Auftrags- und Weisungsverhältnis beim Projektleitermodell.[38]

Der Projektsteuerer ist im Gegensatz zum **Projektleiter** nicht weisungsbefugt. Das Leistungsbild des Projektsteuerers umfasst fünf Handlungsbereiche:[39]

- Organisation, Information, Koordination und Dokumentation,
- Quantitäten und Qualitäten,
- Kosten und Finanzierung,
- Termine, Kapazitäten und Logistik sowie
- Verträge und Versicherungen.

Zu seinen Tätigkeiten gehören die Vorgaben der Soll-Daten (Planen und Ermitteln), die Kontrolle (Überprüfen und Soll-/Ist-Vergleich) sowie die Steuerung (Abweichungsanalyse, Anpassen, Aktualisieren).

Zu den Aufgaben der **Projektleitung** hingegen gehören, soweit sie hierzu beauftragt wurde, folgende Grundleistungen:[40]

> a) Rechtzeitiges Herbeiführen bzw. Treffen der erforderlichen Entscheidungen sowohl hinsichtlich Funktion, Konstruktion, Standard und Gestaltung als auch hinsichtlich Organisation, Qualität, Kosten und Termine sowie Verträgen und Versicherungen;

38 Quelle: eigene Darstellung.

39 Siehe § 2 [AHO Nr. 9 (2014)].

40 § 3 Abs. 1 [AHO Nr. 9 (2014)].

b) Durchsetzen der erforderlichen Maßnahmen und Vollziehen der Verträge unter Wahrung der Rechte und Pflichten des Auftraggebers in dessen Namen;
c) Herbeiführen der erforderlichen Genehmigungen, Einwilligungen und Erlaubnisse in Hinblick auf die Genehmigungsreife;
d) Konfliktmanagement zur Orientierung der unterschiedlichen Interessen der Projektbeteiligten auf einheitliche Ziele hinsichtlich Qualitäten, Kosten und Termine, u. a. im Hinblick auf [...];
e) Leiten von Projektbesprechungen auf Geschäftsführungs- bzw. Vorstandsebene zur Vorbereitung/Einleitung/Durchsetzung von Entscheidungen;
f) Führen von Verhandlungen mit projektbezogener, vertragsrechtlicher oder öffentlich-rechtlicher Bindungswirkung für den Auftraggeber;
g) Wahrnehmen der zentralen Projektanlaufstelle; Sorge für die Abarbeitung des Entscheidungs-/Maßnahmenkatalogs;
h) Wahrnehmen von projektbezogenen Repräsentationspflichten gegenüber dem Nutzer, Finanzier, den Trägern öffentlicher Belange und der Öffentlichkeit.

5.4.3 Das Generalplanermodell

Dieses Modell ist z. B. bei Betreibern von Blockheizkraftwerken anzutreffen. Das Immobilienunternehmen ist der Bauherr. Das Auftragsverhältnis wird zwischen dem Immobilienunternehmen und einem Generalplaner sowie den ausführenden Unternehmen geschlossen (s. Abb. 5.9).

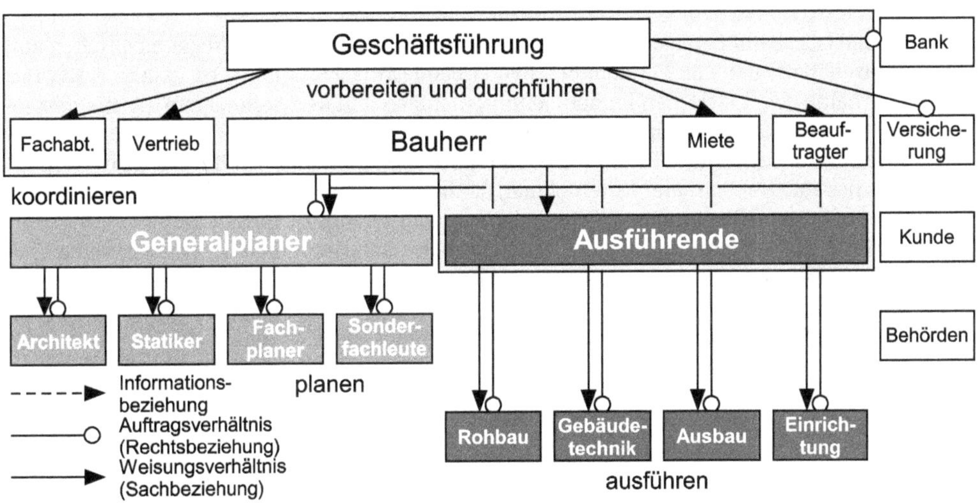

Abb. 5.9: Auftrags- und Weisungsverhältnis beim Generalplanermodell.[41]

Der Generalplaner ist ein von einem Auftraggeber mit der Planung eines Auftrags (z. B. Bau eines Hauses) betrauter Unternehmer, der befugt ist, einen Teil der Leistung in eigenem Namen und auf eigene Rechnung an Unter- oder Subunternehmer zu vergeben.

41 Quelle: eigene Darstellung.

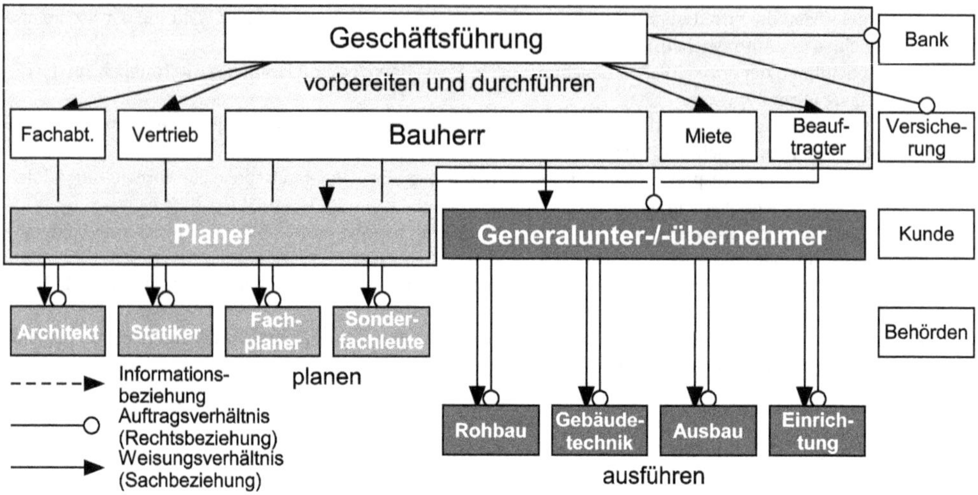

Abb. 5.10: Auftrags- und Weisungsverhältnis beim Generalunter-/-übernehmermodell.[42]

5.4.4 Das Generalunter-/-übernehmermodell

Dieses Modell ist z. B. im Bereich des schlüsselfertigen Bauens oder bei Bauträger anzutreffen und wird in Einzelfällen auch von der kommunalen Gebäudewirtschaft eingesetzt (s. Abb. 5.10). Das Auftragsverhältnis wird zwischen Immobilienunternehmen und den Architekten/Ingenieuren sowie dem Generalunter-/-übernehmer geschlossen.

Der **Generalunternehmer** ist ein von einem Auftraggeber mit der Ausführung eines Auftrags (z. B. Bau eines Hauses) betrauter Unternehmer, der befugt ist, einen Teil der Leistung in eigenem Namen und auf eigene Rechnung an Unter- oder Subunternehmer zu vergeben.

Der „**Generalübernehmer** ist reiner Organisator des Baugeschehens. Er erbringt keine eigenen Bauleistungen, sondern schaltet (ebenfalls im eigenem Namen und für eigene Rechnung) ausschließlich Subunternehmer ein."[43]

Die Vorteile dieser Modelle sind für den Auftraggeber insbesondere die Risikoübernahme durch den Generalunternehmer/-übernehmer und die Kostensicherheit vor der Bauausführung.

5.4.5 Das Totalunternehmermodell

Dieses Modell ist z. B. im Bereich des Tiefbaus (Brückenbau) anzutreffen. Das Auftragsverhältnis wird zwischen dem Immobilienunternehmen und dem Totalunternehmer geschlossen.

Der **Totalunternehmer** ist ein Unternehmer, der bei der Errichtung eines Bauwerks neben der Bauausführung auch Planungsleistungen erbringt. Der Umfang der Planungsleistungen schwankt. In jedem Fall hat der Totalunternehmer die Ausführungsplanung (Werkplanung) zu erbringen, teilweise führt er auch die Entwurfs- und Genehmigungsplanung aus. Er übernimmt also im Gegensatz zum Generalunternehmer auch Planungsaufgaben, die ansonsten von direkt vom Bauherrn beauftragten Planern (Ingenieure und Architekten) erledigt werden, und er trägt die Gesamtverantwortung für die Planung und Ausführung des Baus (s. Abb. 5.11).

42 Quelle: eigene Darstellung.

43 [Murfeld, E. (2002)], S. 500.

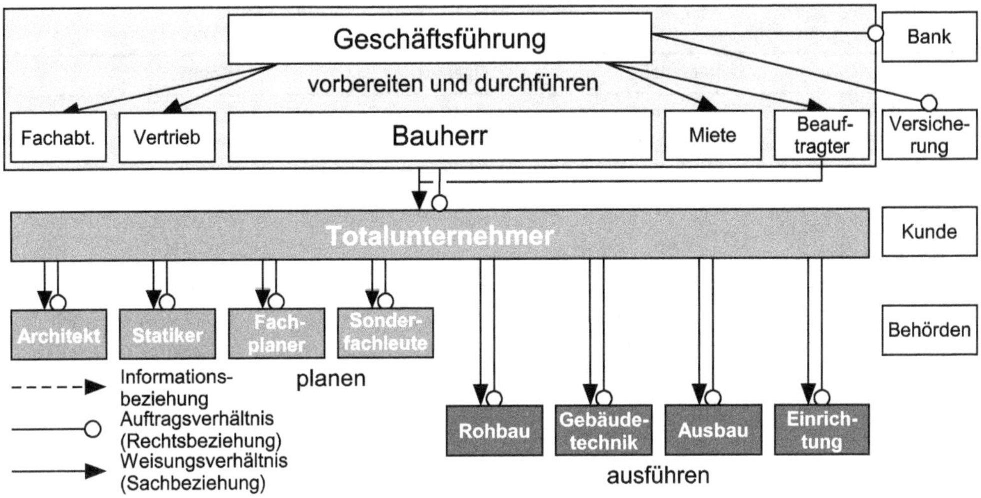

Abb. 5.11: Auftrags- und Weisungsverhältnis beim Totalunternehmermodell.[44]

5.4.6 Das Regie-, Eigenbetrieb- oder GmbH-Modell

Insbesondere in der kommunalen Gebäudewirtschaft ist entscheidend, in welcher Rechtsform die Gebäudewirtschaft geführt werden soll. Grundsätzlich besteht die Möglichkeit, das Unternehmen als Regie-, Eigenbetrieb oder GmbH anzulegen. Die Aufgaben können auch an einen Dienstleister ausgelagert werden.

„Der Regiebetrieb bildet einen in organisatorischer, personeller, haushalts- und rechnungstechnischer Hinsicht unselbständigen Bestandteil der Verwaltung. Er bleibt daher ein integrierter Teil der Verwaltung ohne eigene Rechtspersönlichkeit."[45]

Der Eigenbetrieb hingegen stellt „[...] eine deutlich von der Verwaltung abgesetzte, selbständige Unterorganisation mit eigenen Organen (Werkleitung und Werksausschuss), einem Sondervermögen sowie einer haushaltsrechtlich selbständigen Wirtschaftsführung (GuV, Wirtschafts-, Erfolgs-, Stellen- und Finanzplan) dar, die nicht der Kameralistik unterliegt"[46] und keine eigene Rechtspersönlichkeit besitzt.

Die Unterschiede (vgl. Tab. 5.9) liegen

- in den rechtlichen Verhältnissen und in der Kapitalausstattung,
- in der Organisationsstruktur und im Personalwesen,
- in der Buchhaltung und dem Rechnungswesen sowie
- im Vergabe- und Steuerrecht.

Ob Regie-, Eigenbetrieb oder GmbH, die Auftrags- und Weisungsbefugnis besitzt nur ein Unternehmen (s. Abb. 5.12).

---

44 Quelle: eigene Darstellung.

45 [AHO Nr. 16 (2010)], S. 113.

46 [AHO Nr. 16 (2010)], S. 107.

Tab. 5.9: Die wesentlichen Unterschiede zwischen Regiebetrieb, Eigenbetrieb und GmbH.[47]

		Regiebetrieb	Eigenbetrieb	GmbH
1.	rechtliche Verhältnisse	keine eigene Rechtspersönlichkeit; Teil des Gemeindevermögens	keine eigene Rechtspersönlichkeit; Sondervermögen der Gemeinde; Gründung muss gemeinderechtlich zulässig sein	juristische Person; handelsrechtlich und steuerrechtlich eigenständiges Rechtssubjekt; Gründung muss gemeinderechtlich zulässig sein
2.	Mindestkapital	keines	25.000 €	Mindestkapital
3.	Organe und Zuständigkeiten	keine besondere Organisationsstruktur und damit auch keine besonderen Organe	Werksleitung, Werksausschuss, Gemeindedirektor, Gemeinderat	Geschäftsführer, Aufsichtsrat (fakultativ oder zwingend), Gesellschafterversammlung
4.	Geschäftsführung und Vertretung	Gemeindedirektor ist gesetzlicher Vertreter	Werkleitung nur insoweit vertretungsbefugt, als ihr auch Entscheidungskompetenz zukommt, ansonsten Gemeindedirektor	Geschäftsführung unbegrenzt nach außen vertretungsberechtigt
5.	Leistungsstruktur	lange Entscheidungswege und parzellierte Zuständigkeiten	kürzere Entscheidungswege und weniger parzellierte Zuständigkeiten	kurze Entscheidungswege und Gesamtzuständigkeit der Geschäftsführung; Identität von Verantwortung und Entscheidung
6.	Personalwesen	eingebunden in das öffentliche Dienstrecht; die Gemeinde ist Arbeitgeber der Beschäftigten	eingebunden in das öffentliche Dienstrecht; die Gemeinde ist Arbeitgeber der Beschäftigten; eigener Stellenplan; beschränkt eigene Personalwirtschaft	Abschluss von individuellen Anstellungsverträgen; Flexibilität auch bei Anwendung von BAT und BMT-G; eigene Personalwirtschaft
7.	Personalvertretung/ Mitbestimmung	unterliegen dem Landespersonalvertretungsgesetz, Personalrat		gemäß Betriebsverfassungsgesetz, Betriebsrat
8.	Haftung	Gemeinde haftet uneingeschränkt für alle Verbindlichkeiten		Haftung beschränkt auf das Gesellschaftsvermögen
9.	Wirtschaftsplanung	Haushaltsplan	eigener Wirtschaftsplan (außerhalb des allgemeinen Haushalts)	
10.	Finanzierung	im Rahmen des Gesamthaushalts	beschränkt eigene Kreditwirtschaft	eigene Kreditwirtschaft
11.	Rechnungswesen und Rechnungslegung – Ausführung des Wirtschaftsplans	kassenmäßiger Vollzug durch kameralistische Verbuchung	kaufmännische doppelte Buchführung	

47 Vgl. [Heilmaier, E. (1993f)], S. 436–437.

Tab. 5.9: (Fortsetzung)

		Regiebetrieb	Eigenbetrieb	GmbH
12.	Abrechnung	Jahresrechnung nach Gemeinderecht	Jahresabschluss (Bilanz/Gewinn- und Verlustrechnung/Anhang), Lagebericht	
13.	Prüfungswesen – örtliche Prüfung	Rechnungsprüfungs-ausschuss der Gemeinde	Rechnungsprüfungsamt	Prüfung gemäß Handels-gesetzbuch
14.	überörtliche Prüfung	Gemeindeprüfungsamt		Bestätigungsprüfung durch die Gemeinde
15.	Steuerrecht	ist steuerlich relevant, wenn ein Betrieb gewerblicher Art im Sinne des § 4 Abs. 1 des Körperschaftssteuergesetzes vorliegt, und unterliegt dann grundsätzlich allen Steuerarten (Körperschaftssteuer, Gewerbesteuer, Umsatzsteuer, Vermögenssteuer usw.)		ist steuerlich stets relevant und unterliegt demgemäß grundsätzlich allen Steuerarten
16.	Bindung an VOB/VOL	ja	landesrechtlich unterschiedlich (in NRW z. B. keine Anwendungspflicht, ausgenommen: Anwendung ist durch Ortsrecht oder Dienstanweisung vorgeschrieben oder wird vom Zuschussgeber verlangt)	VOB: nach EG-Recht VOL: nein
17.	Beteiligungs-möglichkeit Dritter	nein	nein	ja

5.4.7 Mischmodelle

Mischmodelle (s. Abb. 5.13) sind dort anzutreffen, wo die eigenen Kompetenzen eine besondere Rolle spielen und als Eigenleistungen eingebracht werden.

Literatur

[AHO Nr. 9 (2014)] Ausschuss der Ingenieurverbände und Ingenieurkammern für die Honorarordnung (Hrsg.): Projektmanagement-Leistungen in der Bau- und Immobilienwirtschaft, 4., vollständig überarb. Aufl., AHO Nr. 9 (2014); Bonn 2014.

[AHO Nr. 16 (2010)] Ausschuss der Ingenieurverbände und Ingenieurkammern für die Honorarordnung (Hrsg.): Facility Management Consulting, 4., vollständig überarb. Aufl., AHO Nr. 16 (2010); Bonn 2010.

[Heilmaier, E. (1993f)] Heilmaier, E.: Welche Rechtsform sollte eine Stadt wählen?: Die wesentlichen Unterscheide zwischen Regiebetrieb, Eigenbetrieb und GmbH, in: Kommunalpolitische Blätter (1993), Heft 6, S. 435–437.

[Murfeld, E. (2002)] Murfeld, Egon (Hrsg.): Spezielle Betriebswirtschaftslehre der Grundstücks- und Wohnungswirtschaft, 4. Aufl.; Hamburg 2002.

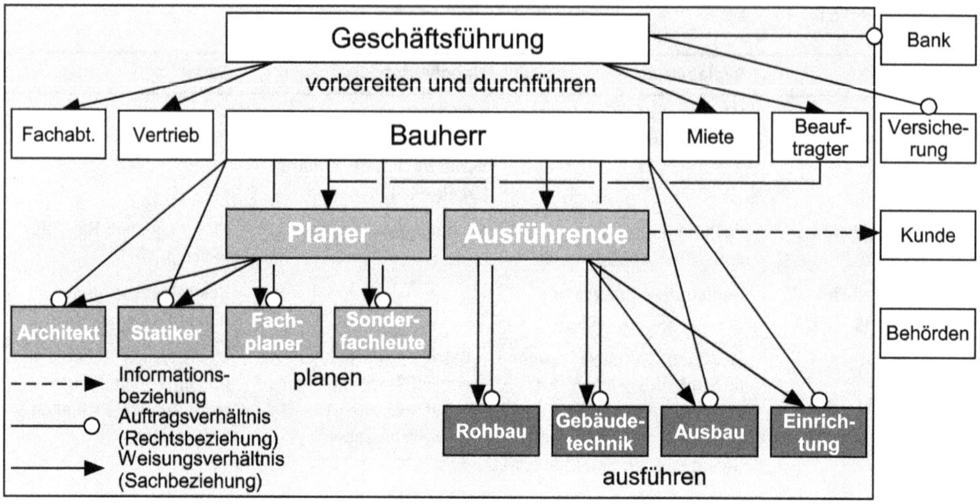

Abb. 5.12: Auftrags- und Weisungsverhältnis beim Regie-, Eigenbetrieb- oder GmbH-Modell.[48]

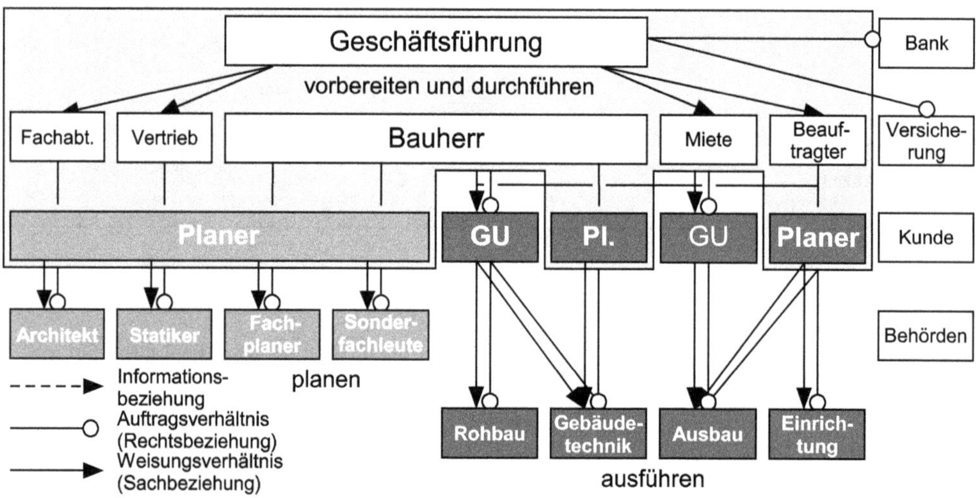

Abb. 5.13: Auftrags- und Weisungsverhältnis bei Mischmodellen.[49]

5.5 Organisationslösungen für das Objektgeschäft

Ulrich Bogenstätter

Die Organisationsformen im Objektgeschäft werden wesentlich vom Anteil der Eigenleistungen einer mehr oder weniger zentralen Organisation und Aufgabenverteilung in der Aufbauorganisation bestimmt. Es soll allerdings nicht der Eindruck erweckt werden, dass alle Leistungen zur Disposition stehen. Beauftragte des Qualitätsmanagements, des Umweltmanagements oder des Ar-

48 Quelle: eigene Darstellung.

49 Quelle: eigene Darstellung.

beitsschutzes unterstehen in der direkten Berichtlinie der obersten Leitungsebene (vgl. Kap. 2.4.3, Tab. 2.7). In Analogie hierzu sollten Energiemanagementbeauftragte direkt der Leitungsebene unterstellt sein.

5.5.1 Eigen- und Fremdleistung

Das Verhältnis aus Eigen- und Fremdleistung wird im Wesentlichen dadurch bestimmt, ob
- Verantwortung delegierbar ist,
- die Leistungen nachhaltig erbracht werden müssen („Heuschrecken" können die Branchen wechseln, ein spezialisiertes Wissen ist dort nur bedingt notwendig),
- die Leistungen durch mindestens zwei Mitarbeiter (besser drei) erbracht werden können (eine Unterschreitung ist ein Risiko, wenn z. B. im Falle eines krankheitsbedingten Ausfalls die Vertretung nicht sicherzustellen ist),
- die Leistungen nicht am Markt zu beschaffen sind,
- die Leistungen nachhaltig kostengünstiger erbracht werden können, sofern vergleichbare Leistungen am Markt angeboten werden.

In Abbildung 5.14 werden alle Leistungen selbst erbracht. Das ist aber nur dann möglich, wenn das Immobilienunternehmen die dazu notwendige Größe besitzt.

Sollte eine kleine Kommune mit 5.000 Einwohnern eine eigene Fachabteilung Energiemanagement aufbauen? ?

Für eine kleine Kommune ist es meist nicht sinnvoll, ein eigenes Energiemanagement aufzubauen, wenn es nicht gelingt, dauerhaft eine organisatorische Einheit zu etablieren mit dem Ziel, energetische Optimierung umzusetzen. Kleine Kommunen können einen Spezialisten mangels baulicher Masse nicht auslasten[50] und sollten durch externe Leistungsanbieter unterstützt werden.

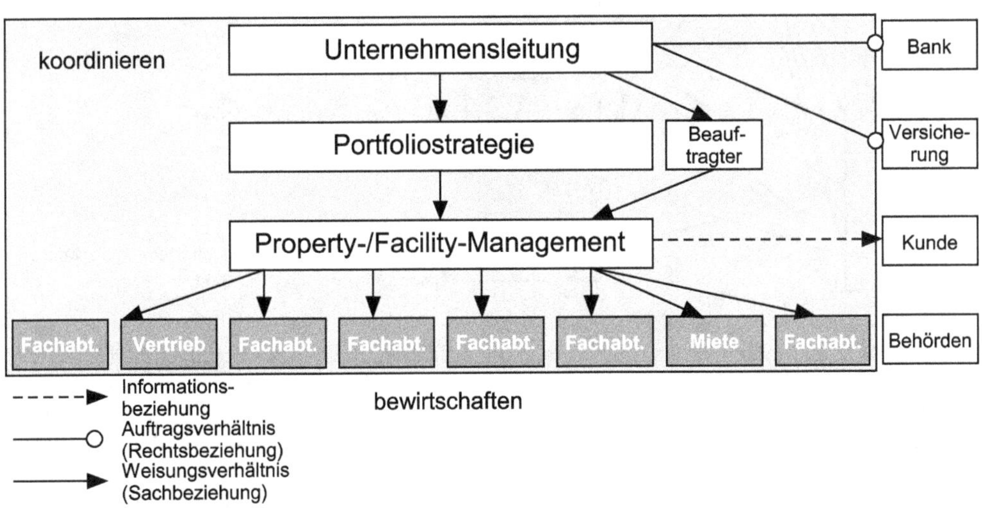

Abb. 5.14: Ausführung der Leistungsbereiche in Eigenleistung.[51]

50 Vgl. [Baedeker, H. (2006)], S. 25, 35.

51 Quelle: eigene Darstellung.

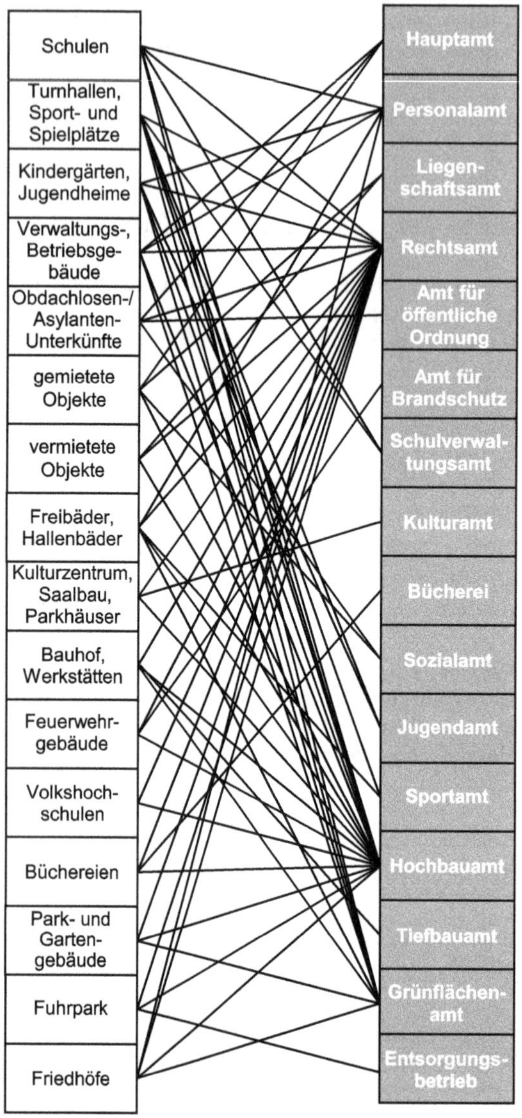

Abb. 5.15: Gebäudebewirtschaftung in der Kommune.[52]

In einer kommunalen Verwaltung können die Aufgaben und Verantwortungen hierzu verteilt liegen, sofern nicht die immobilienbezogenen Leistungen in einem Eigenbetrieb oder Regiebetrieb zusammengefasst werden/wurden. In Abbildung 5.15 sind die zuständigen Ämter in Abhängigkeit von der Bauwerksnutzungsart dargestellt. Hierbei übernehmen das Rechtsamt und das Hochbauamt wesentliche Aufgabenbereiche, analog zu einem Dienstleistungsunternehmen für alle Bauwerksnutzungsarten. Das Grünflächenamt hingegen betreut nicht alle Liegenschaften der Kommune.

Die dezentrale und zentrale Organisationsstruktur für die kommunale Verwaltung ist in Abbildung 5.16 dargestellt. Zunächst sind die immobilienbezogenen Leistungen in den Ämtern selbst

52 Vgl. [Kaemper, U. (1999)], S. 12.

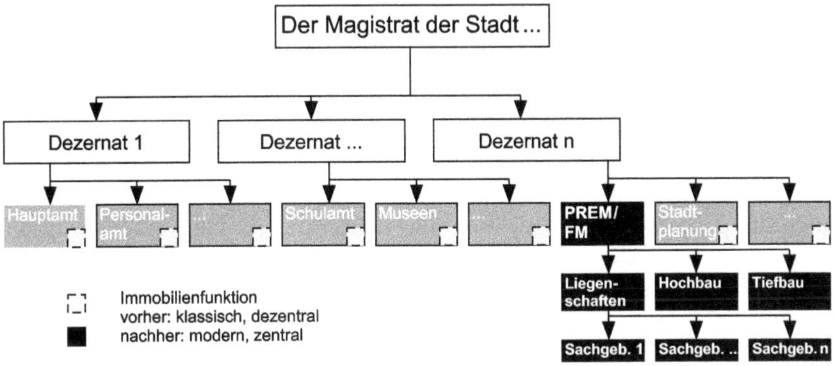

Abb. 5.16: Geschäftsverteilungsplan in der Kommune (dezentrales und zentrales Gebäudemanagement.[53]

dezentral angesiedelt. Eine koordinierende Stabsfunktion für den Magistrat ist nicht vorhanden. Die Dezernate und Dezernenten bzw. Dezernentinnen handeln eigenständig.

Bei der zentralen Lösung werden alle immobilienbezogenen Leistungen in einem zu gründenden Amt für Public-Real-Estate-Management-(PREM-)/Facility-Management verantwortlich gebündelt. Damit wird das notwendige Wissen nicht auf verschiedene Ämter verteilt und vorgehalten, vielmehr werden effiziente (Massen-)Arbeitsabläufe und der zentrale Einkauf immobilienbezogener Leistungen durch Skalierungseffekte mit Rabatt ermöglicht. Das ist sinnvoll, scheitert aber ggf. an den Befindlichkeiten der Entscheidungsträger auf Dezernatsebene. Das Schulamt gab und gibt nicht gerne seine Baukompetenzen und damit auch die Budgethoheit über nennenswerte Geldbeträge ab.

In Abbildung 5.17 ist hierfür ein Beispiel aus der Wohnungswirtschaft dargestellt. Hierbei werden alle Leistungsbereiche selbst erbracht, ausführend, koordinierend und strategisch ausrich-

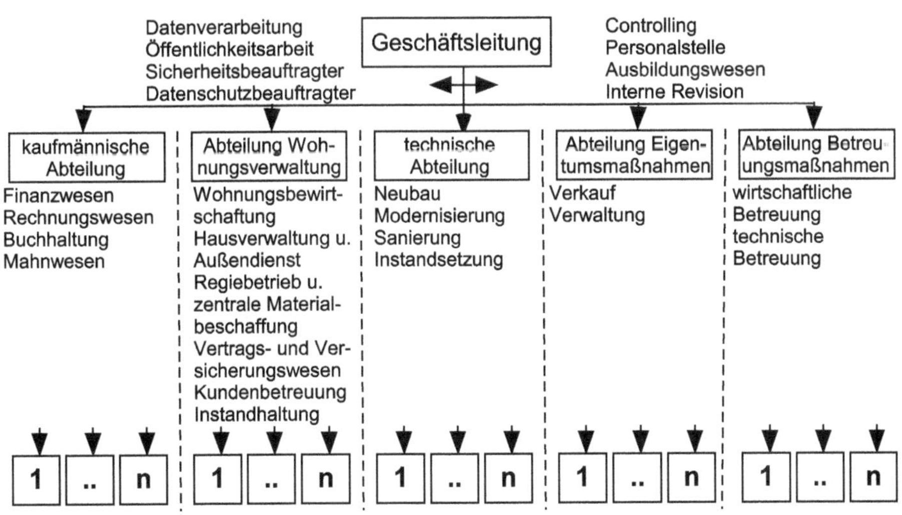

Abb. 5.17: Geschäftsverteilungsplan in der Wohnungswirtschaft.[54]

53 Quelle: eigene Darstellung.

54 Quelle: eigene Darstellung.

tend. Dies ist eine vereinfachte Darstellung. Tatsächlich finden sich in der Praxis die unterschiedlichsten Aufbauorganisationen.

In Abbildung 5.18 ist die Organisationstruktur eines gewerblichen Wohnungsunternehmens im Einliniensystem bzw. in der Stablinienorganisation nach einem funktionalen Organisationsprinzip dargestellt, das den eigenen Bestand bewirtschaftet und auch Neubaumaßnahmen als Projektentwickler durchführt und anschließend verkauft.

In Tabelle 5.10 sind diesbezüglich **Wertgrenzenregelungen** abgebildet, differenziert nach Stellung im Unternehmen (Rollen) und Wertgrenzen bei den Prozessen, hier Auftragsvergabe, Rechnungsprüfung, Zahlungsanweisung und Zahlungsgenehmigung.

In Abbildung 5.19 ist das Organigramm eines regional agierenden Wohnungsunternehmens dargestellt. Das Organigramm zeigt neben dem funktionalen auch ein divisionales Organisationsprinzip, aufgeteilt nach Beständen in Süden (S) und Osten (O).

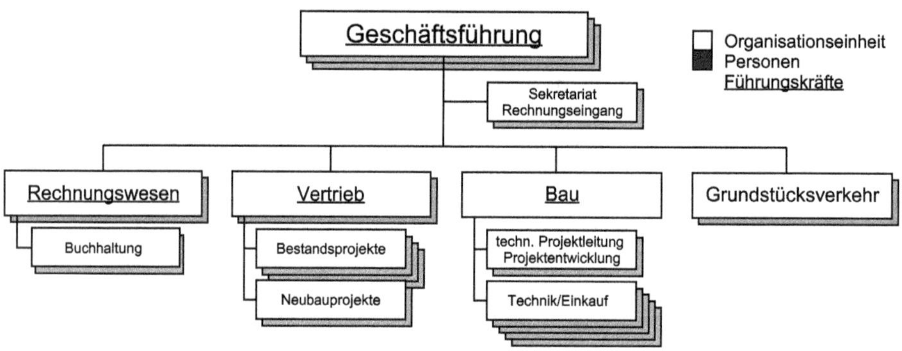

Abb. 5.18: Organigramm eines gewerblichen Wohnungsunternehmens (rd. 2.000 VE (Soll)).[55]

Tab. 5.10: Wertgrenzen eines gewerblichen Wohnungsunternehmens (rd. 2.000 VE (Soll)).[56]

Stellenbezeichnung	Auftragsvergabe	Rechnungsprüfung sachlich/ rechnerisch		Zahlungsanweisung	Zahlungsgenehmigung 1. Unterschrift	2.	Bankvollmacht
1. Geschäftsführer	unbegrenzt	unbegrenzt	unbegrenzt	unbegrenzt	unbegrenzt	unbegrenzt	unbegrenzt
2. Leiter Grundstücksverkehr	2.500 €	unbegrenzt	unbegrenzt				
3. Leiter Rechnungswesen		unbegrenzt	unbegrenzt	unbegrenzt		unbegrenzt	eingeschränkt
4. Leiter Technik/Einkauf	unbegrenzt	unbegrenzt	unbegrenzt			unbegrenzt	eingeschränkt
5. Sachbearbeiter Baudurchführung	2.500 €	unbegrenzt	unbegrenzt			unbegrenzt	eingeschränkt
6. Sachbearbeiter Auftragswesen	unbegrenzt	unbegrenzt	unbegrenzt				

55 Quelle: eigene Darstellung.

56 Quelle: eigene Darstellung.

Tab. 5.10: (Fortsetzung)

	Stellenbezeichnung	Auftrags-vergabe	Rechnungsprüfung sachlich/	rechnerisch	Zahlungs-anweisung	Zahlungs-genehmigung 1. Unterschrift 2.	Bankvoll-macht
7.	Leiter Vertrieb/ Projektentwicklung	2.500 €	unbe-grenzt	unbe-grenzt			
8.	Kundenberater Wohnen/ Sachbearbeitung	1.500 €	1.500 €	1.500 €			
9.	Kundenberater Vertrieb/Wohnen	1.500 €	1.500 €	1.500 €			
10.	technische Projektleitung	1.500 €	unbe-grenzt	unbe-grenzt			
11.	Sachbearbeiter Rechnungserfassung	500 €	500 €	500 €	unbegrenzt		

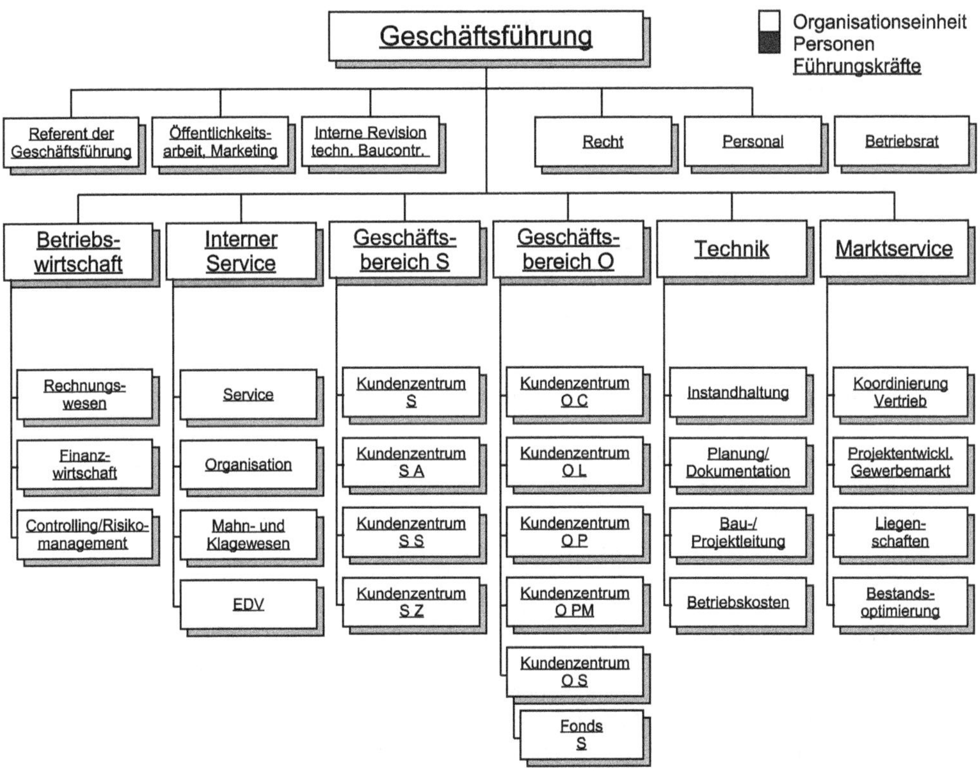

Abb. 5.19: Organigramm eines Wohnungsunternehmens (rd. 25.000 Mieter (Ist)).[57]

57 Quelle: eigene Darstellung.

Tab. 5.11: Wertgrenzen eines Wohnungsunternehmens (rd. 25.000 Mieter, Ist-Stand für die lfd. Instandsetzung).

Bereich	Stellenbezeichnung	Auftragsvergabe 1. Unterschrift	2.	Handlungsvollmacht	Rechnungsprüfung sachlich/	rechnerisch	IT-Prüfung
1. Betriebswirtschaft	Abteilungsleiter	25.000	unbegrenzt	25.000			
	Gruppenleiter RE	1.000	25.000				
	Gruppenleiter WI	1.000	25.000				
	Betriebswirtschaft		1.000				
2. Geschäftsbereiche Ost und Süd	Abteilungsleiter	25.000	unbegrenzt	25.000	keine	unbegrenzt	
	Gruppenleiter	1.000	25.000		25.000	unbegrenzt	
	Kundenservice		1.000		25.000	unbegrenzt	
	Techniker	1.000	25.000		250.000	unbegrenzt	
	Assistenten		1.000		10.000	unbegrenzt	
	Instandhaltung				40.000–100.000	unbegrenzt	
	Rechnungsprüfung				500	unbegrenzt	
3. Technik	Abteilungsleiter	50.000	unbegrenzt	50.000			
	Gruppenleiter	5.000	50.000				
	Instandhaltung	0	5.000				
4. Marktservice	Abteilungsleiter	50.000	unbegrenzt	50.000			
	Kundenservice	1.000	50.000				
	Techniker	1.000	50.000				
	Assistenten	1.000	50.000				

In Tabelle 5.11 sind die Wertgrenzenregelungen nach Funktionen und Tätigkeit für die laufende Instandsetzung abgebildet. Einheitliche Wertgrenzenregelungen für die Wohnungswirtschaft gibt es nicht. Hausmeister dürfen vielfach Aufträge bis zu 500 € auslösen.

Der Anteil der Eigenleistungen[58] kann aber auch lediglich partielle Leistungsbereiche (vgl. Abb. 5.20) umfassen. Einzelne Leistungsbereiche werden hier fremdvergeben. Sinnvoll kann es sein, Kernprozesse beim Immobilienunternehmen zu belassen, z. B. den Vertrieb aus dem eigenen Haus und nicht über Makler zu steuern.

In Abbildung 5.21 wird jeder einzelne Leistungsbereich vom Immobilienunternehmen beauftragt. Vorteile werden darin gesehen, dass das Immobilienunternehmen direkt Einfluss auf den einzelnen Leistungsbereich nehmen kann und der Auftragnehmer eines Leistungsbereichs Spezialkenntnisse seines Leistungsbereichs zum Vorteil eines Preis-Leistungs-Verhältnisses einbringen kann. Bei der Auftragsart können Nischenanbieter oder regionale Anbieter problemlos berücksichtigt werden. Die Abhängigkeit von einem Lieferanten wird dadurch reduziert. Nachteilig kann sein, dass durch die Vertragsverhältnisse in jedem Leistungsbereich eine Vielzahl von Vertragsverhältnissen entsteht, die zu einem erhöhten Aufwand im Immobilienunternehmen führt. Benötigt wird auch ein hohes fachliches Wissen zu jedem Leistungsbereich, um eine effektive Kontrolle und Abnahme der Leistungen zu gewährleisten.

Die einzelnen Leistungsbereiche lassen sich für ein Objektmanagement auch bündeln (vgl. Abb. 5.22). In Anlehnung an Preuß[59] können diese Leistungen als Objektmanagement bezeichnet werden, das unter wirtschaftlicher Verantwortung interne und externe Leistungserbringer beaufsichtigt, koordiniert und kontrolliert. Der Einfluss der Unternehmensleitung auf einzelne Leistungsbereiche ist hier geringer, das Objektmanagement in seinen Kenntnissen der Leistungs-

58 In Anlehnung an [Preuß, N. (2003)], S. 25 ff.

59 [Preuß, N. (2003)], S. 25.

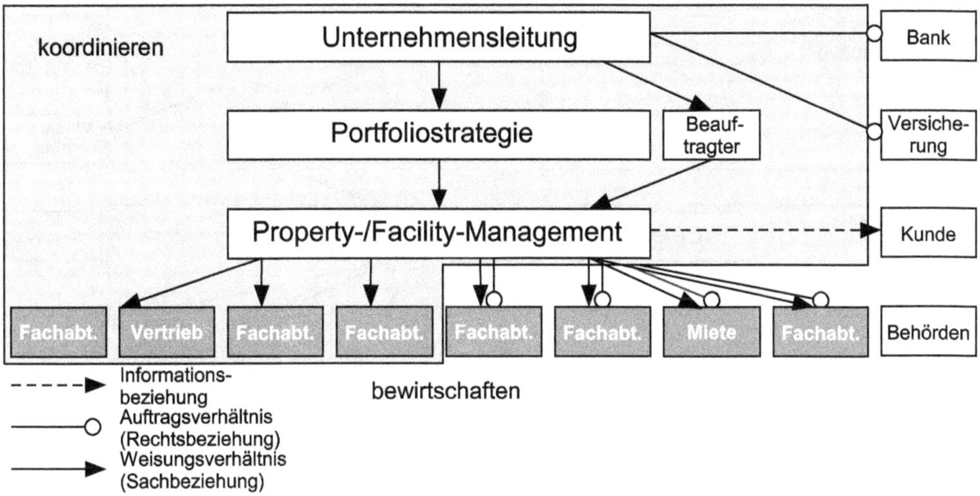

Abb. 5.20: Ausführung ausgewählter Leistungsbereiche in Fremdleistung.[60]

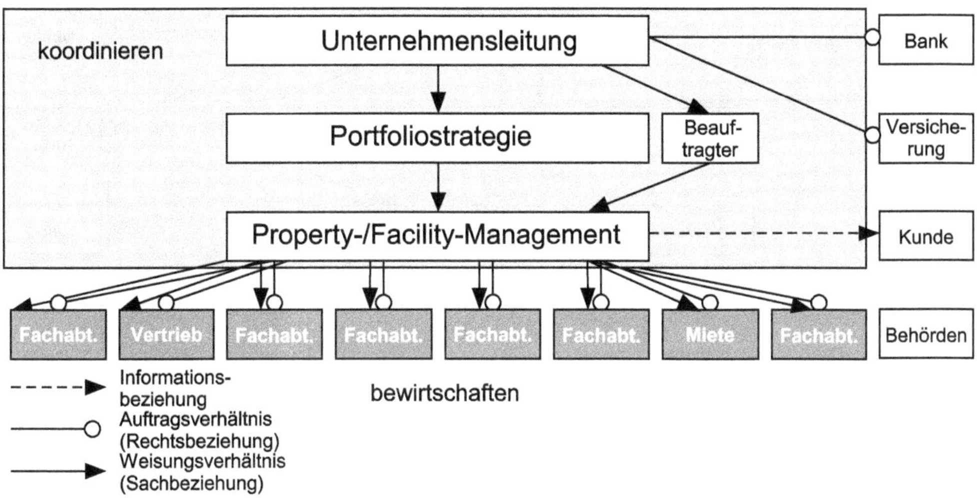

Abb. 5.21: Ausführung der Leistungsbereiche in Fremdleistung.[61]

bereiche breiter aufgestellt. Sofern keine Spezialkenntnisse vonnöten sind, ist dies auch nicht problematisch. Die Abhängigkeit vom Lieferanten steigt, der innerbetriebliche Aufwand der Leistungsabrechnung sinkt. Findet sich im Markt kein Objektmanagement für die gesuchte Branche, kann das Objektmanagement einer anderen Branche zu einem strategischen Partner aufgebaut werden. Dies ist jedoch nur bei sehr spezialisierten Branchen in Einzelfällen sinnvoll.

Mischformen aus der Beauftragung nach Leistungsbereichen (Abb. 5.21) und Objektmanagement (Abb. 5.22) sind in der Praxis vielfach anzutreffen. Hier werden Leistungsbereiche zu Leistungspaketen gebündelt in der Annahme, dass der Anbieter hierdurch Synergieeffekte

60 Quelle: eigene Darstellung.

61 Quelle: eigene Darstellung.

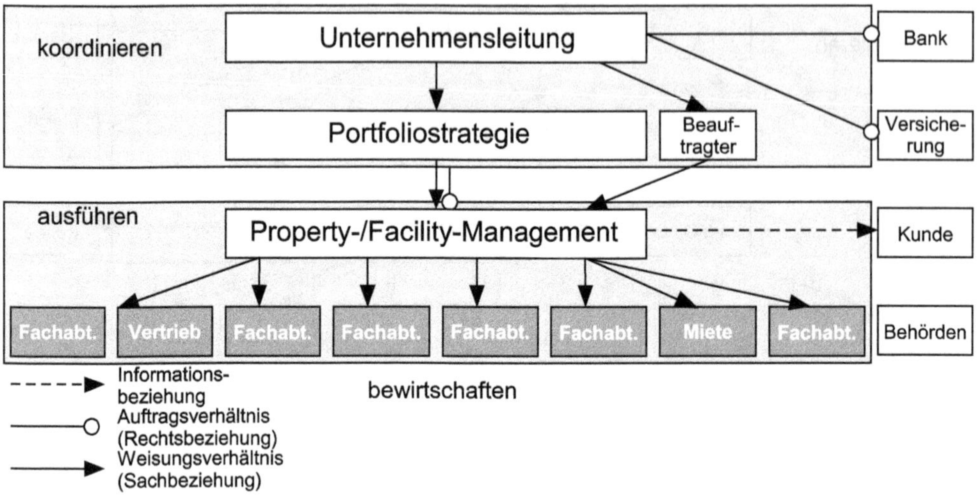

Abb. 5.22: Ausführung von Property-Management/Facility-Management in Fremdleistung.[62]

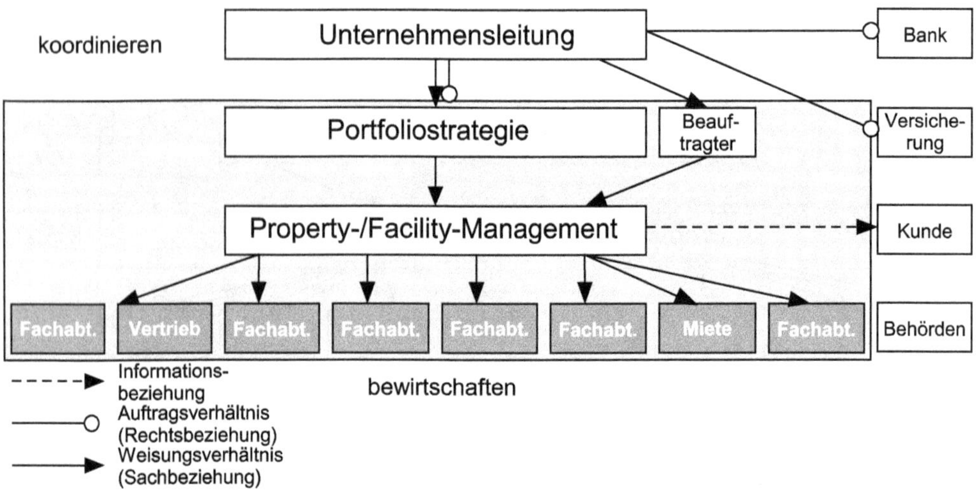

Abb. 5.23: Ausführung der Portfoliostrategie in Fremdleistung.[63]

erzielen und ein kritisches Angebotsvolumen überschritten oder Spezialwissen/Risiken im Immobilienunternehmen abgebaut werden kann. Übernimmt das Generaldienstleistungsunternehmen auch strategische Leistungen, so kann von Total-Facility-Management gesprochen werden (vgl. Abb. 5.23). Hierbei wird jedoch Branchenkenntnis vorausgesetzt.

62 Quelle: eigene Darstellung.

63 Quelle: eigene Darstellung.

5.5.2 Zentrale vs. dezentrale Organisation

Die Entscheidung, ob eine zentrale oder dezentrale Organisation von Immobilienleistungen anzustreben ist, ist von fünf wesentlichen Aspekten her zu betrachten:
- Delegation eindeutiger Verantwortung
- Skalierungseffekte im Einkauf
- Sicherstellung der Auslastung bei den Ausführenden
- Sicherstellung von definierten Leistungen (Service-Level-Agreements)
- Optimierung der Geschäftsprozesse durch standardisiertes Vorgehen

Eine dezentrale Anordnung der Immobilienleistungen hat einen verteilten Verantwortungsbereich zur Folge. Mit zunehmender Zentralisierung lassen sich Preisvorteile im Einkauf erreichen (z. B. für Industrieunternehmen an verschiedenen Standorten). Bestimmte Leistungen hingegen müssen dezentral vor Ort erbracht werden, hier kann jedoch eine regionale Bündelung von Funktionsträgern sinnvoll sein (z. B. Hausmeisterpools).

Der Zuschnitt der dezentralen Organisation kann nach unterschiedlichen Gesichtspunkten erfolgen, z. B. nach Verteilung der Gebäude einer bestimmten Bauwerksnutzungsart, Verteilung der Brutto-Grundflächen oder der Mieteinheiten. In Abbildung 5.24 ist der Zuschnitt der regionalen Organisation nach Verteilung der Wohneinheiten bei der DAIG 2006 dargestellt. Die Ausrichtung nach Bauwerksnutzungsart oder Brutto-Grundfläche kann zu unterschiedlichen Schwerpunkten führen (s. Beispiel einer Landeskirche Abb. 5.25).

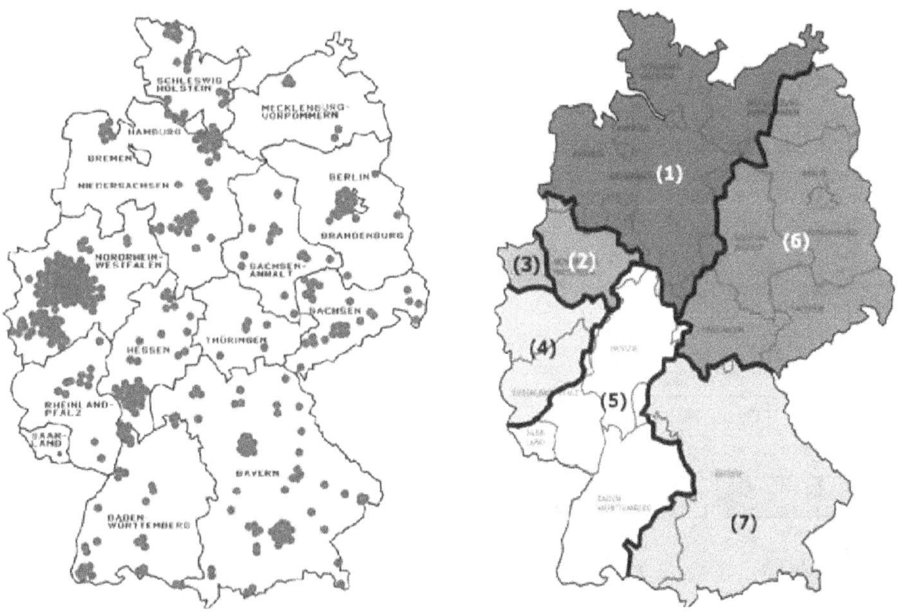

Abb. 5.24: Verteilung der Gebäude bei der DAIG von 230.000 Wohneinheiten an 700 Standorten in Deutschland.[64]

64 Siehe [BBA (2006R)], S. 3, 7: Einteilung der Gebiete: (1) 20.000 WE, (2) 44.000 WE, (3) 40.000 WE, (4) 23.000 WE, (5) 35.000 WE, (6) 21.000 WE, (7) 22.000 WE.

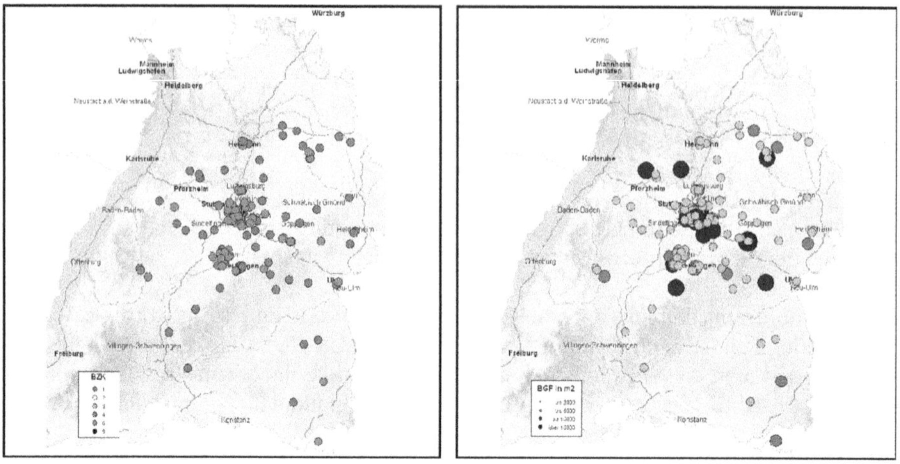

Abb. 5.25: Verteilung der Gebäude eines Immobilienunternehmens nach Bauwerksnutzungsart (links) und Brutto-Grundfläche (rechts) am Beispiel der Ev. Landeskirche in Württemberg.[65]

Es bieten sich daher grundsätzlich nachfolgende Organisationslösungen an:
- nach Funktionsbereichen,
- nach Geschäftsbereichen,
- als Stabsfunktion,
- als Stabsfunktion mit Satelliten in Geschäftsbereichen oder
- als selbstständiger Geschäftsbereich.

Bei einer Organisationslösung nach Funktionsbereichen wird die Immobilienfunktion direkt der Funktionseinheit eines Geschäftsbereichs zugeordnet (s. Abb. 2.26). Alternativ wird die Immobi-

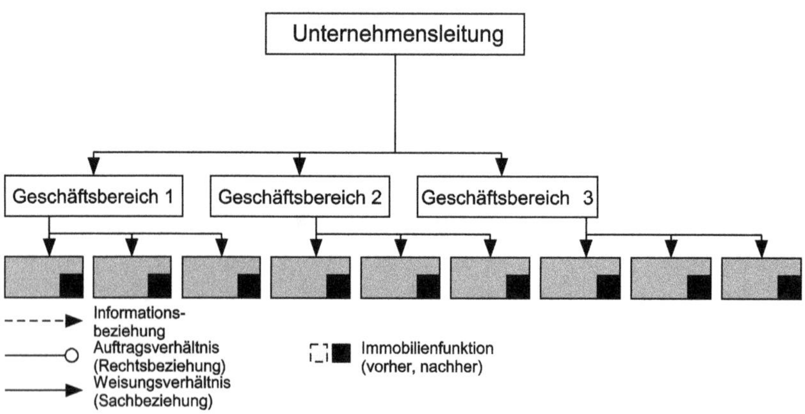

Abb. 5.26: Organisationslösung nach Funktionsbereichen.[66]

65 Vgl. [ESWiD (2008j)], S. 52.

66 Vgl. Schäfers, W., Ausrichtung, S. 254; Werner, B., Einführung o. S., in: [Hellerforth, M. (2004)], S. 11.

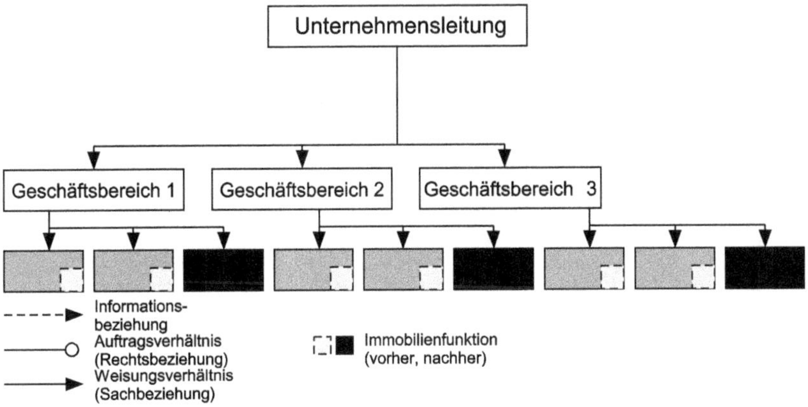

Abb. 5.27: Organisationslösung nach Geschäftsbereichen.[67]

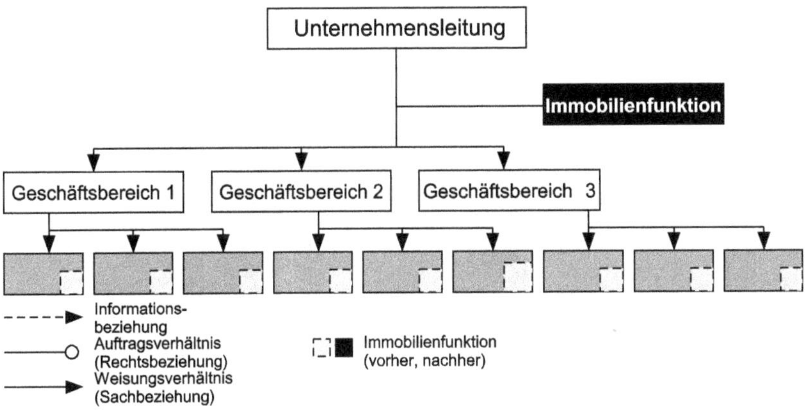

Abb. 5.28: Organisationslösung als Stabsfunktion.[68]

lienfunktion dem Geschäftsbereich unterstellt (vgl. Abb. 2.27). Werden die Leistungen vollständig zentralisiert, kann auch von vollumfänglicher zentraler Immobilienfunktion gesprochen werden (vgl. Abb. 2.28).[69]

Je nach Branche oder Verteilung der Gebäude kann trotz zentraler Organisation eine Vor-Ort-Präsenz notwendig sein, da ansonsten die Reaktionszeiten zu lang wären (vgl. Abb. 5.29). Die Bosch-Gruppe beispielsweise hat die Immobilienfunktionen weitgehend zentralisiert, so die Bedarfsermittlung, die Beschaffung, teilweise auch die Betreuung und Verwertung von Immobilien. Dezentral in den Standorten werden die Nutzer betreut und das Facility-Management erbracht.[70]

Die grundsätzliche Organisationslösung mit einer Immobilienfunktion als selbstständiger Geschäftsbereich und ein praktisches Beispiel dafür sind in Abbildung 5.30 und 5.31 dargestellt. Dabei sind nahezu alle immobilienrelevanten Funktionen in einem Geschäftsbereich zusammengefasst.

67 Vgl. Schäfers, W., Ausrichtung, S. 253; Werner, B., Einführung o. S., in: [Hellerforth, M. (2004)], S. 12.

68 Vgl. Schäfers, W., Ausrichtung, S. 253; Werner, B., Einführung o. S., in: [Hellerforth, M. (2004)], S. 14.

69 Vgl. Schäfers, W., in: [Hellerforth, M. (2004)], S. 14.

70 Siehe [Weltweites Immobilienmanagem… (2008a)], S. 17.

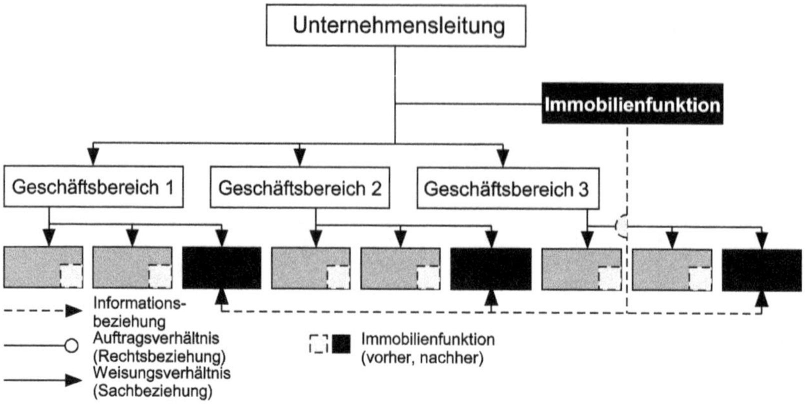

Abb. 5.29: Organisationslösung als Stabsfunktion mit Satelliten in den Geschäftsbereichen.[71]

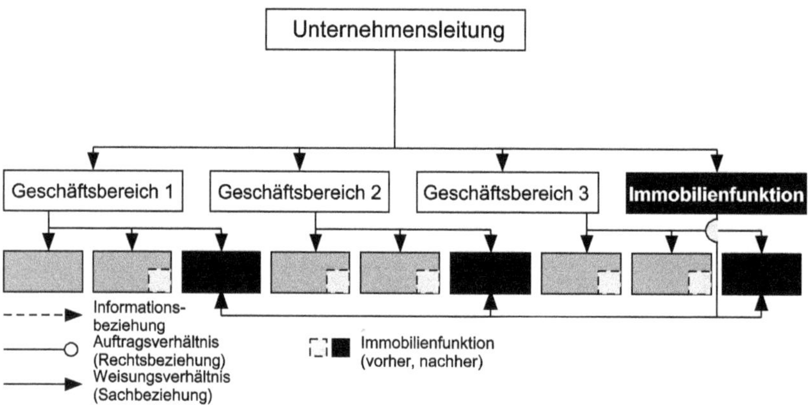

Abb. 5.30: Organisationslösung als selbstständiger Geschäftsbereich.[72]

5.5.3 Anbieter von FM-Leistungen

Die Anbieter von FM-Leistungen unterscheiden sich wesentlich in folgenden drei Punkten: Anzahl der Mitarbeiter, Verhältnis interner und externer Aufträge zueinander und Anteil des Auftragsvolumens, der mit eigenem Personal (auch durch Töchter) erbracht wird, bzw. Anteil von Subunternehmen. In der Lünendonk-Liste[73] und einer Marktübersicht[74] werden insgesamt 38 Anbieter aufgeführt. Die Anzahl der Mitarbeiter im Bereich Faciliy Services variiert in Deutschland von rd. 50 Mitarbeitern (FIX Gebäudesicherheit + Service) bis zu rd. 31.000 Mitarbeitern (Wisag). Rd. 40 % der Unternehmen sind international tätig. Weltweit ist die ISS Holding A/S Dänemark mit

71 Vgl. Schäfers, W., Ausrichtung, S. 253; Werner, B., Einführung o. S., in: [Hellerforth, M. (2004)], S. 16.

72 Vgl. Schäfers, W., Ausrichtung, S. 253; Werner, B., Einführung o. S., in: [Hellerforth, M. (2004)], S. 17.

73 [Lünendonk (2017f)] ist nicht direkt mit [Marktübersicht (2017e)] vergleichbar: „Aufnahmekriterien hier sind: Mindestens 50 % des Umsatzes werden mit Facility Services erwirtschaftet, mindestens 66 % des Umsatzes resultieren aus externen Aufträgen, mindestens 66 % des Facility-Service-Umsatzes bestehen aus infrastrukturellem und technischem Gebäudemanagement."

74 [Marktübersicht (2017e)], quantitative Angaben hieraus übernommen.

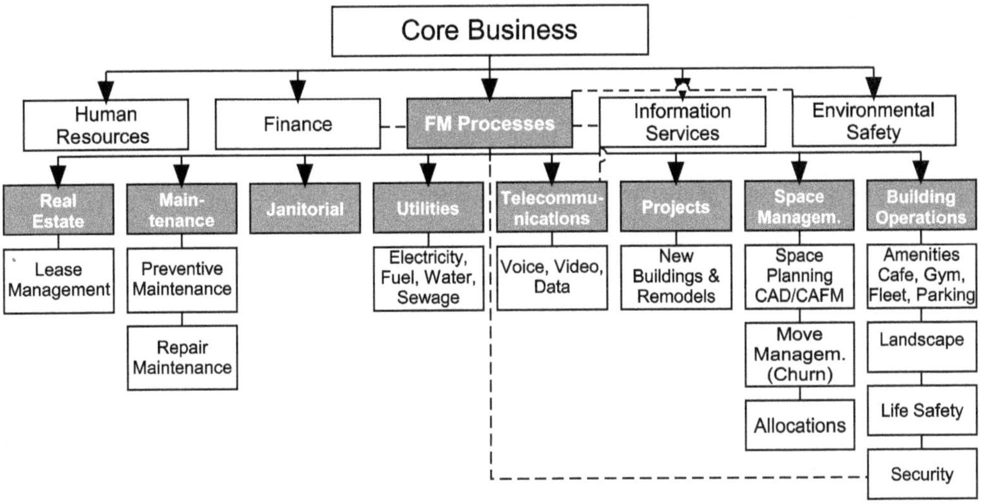

Abb. 5.31: FM-Anbieter als eigenständiges Profit-Center: Organisation der Firma Teradyne (USA).[75]

rd. 500.000 Mitarbeitern führend. Der Anteil interner Aufträge reicht von 0 % (8 Nennungen) bis 92 % (Deutsche Bahn AG). Einige der Unternehmen müssen sich als Ausgründung dem direkten Wettbewerb stellen (u. a. Deutsche Bahn AG).

Literatur

[Baedeker, H. (2006)] Baedeker, Harald; Meyer-Renschhausen, Martin: Energiemanagement für kleinere und mittlere Kommunen: Ökonomische Grundlagen, Analyse des Vorgehens, Leitfaden für die Praxis; Stuttgart 2006.

[BBA (2006R)] Riebel, Volker: IT: extern oder intern?: Strategische Entscheidungskriterien aus der Deutschen Annington Immobilien GmbH: Vortrag am 12. September 2006 in Berlin anlässlich der ImmoCom.

[ESWiD (2008j)] Evangelisches Siedlungswerk in Deutschland (Hrsg.): Von der Verwaltung der Immobilie zum aktiven Gestalten mit der Immobilie: Kirche im Wandel – den Wandel gestalten: Dokumentation des 2. Berliner Forums 2008; Nürnberg 2008.

[Fechter, N. (2006)] Fechter, Nele: Mietforderungen: Maßnahmen zur Reduzierung der Mietrückstandsquote für gewerbliche und private Mieter; Saarbrücken 2006.

[Hellerforth, M. (2004)] Hellerforth, Michaela: Outsourcing in der Immobilienwirtschaft; Heidelberg u. a. 2004.

[Kaemper, U. (1999)] Kaemper, Udo; Naujoks, Friedhelm: Facility- und Gebäudemanagement in Kommunen: Ein Leitfaden für Konzepte und deren praktische Umsetzung; Stuttgart 1999.

[Lünendonk (2017f)] Lünendonk; (Hrsg.): Führende Facility-Service-Unternehmen in Deutschland 2017: Lünendonk-Liste, 29.5.2017, URL: http://luenendonk-shop.de/out/pictures/0/lue_fs_listepi_2017_f170519_fl.pdf (letzter Aufruf: 07.01.2018).

[Marktübersicht (2017e)] o.V.: Marktübersicht der Facility Services Anbieter 2017, in: Facility Manager (2017), URL: https://www.facility-manager.de/marktuebersicht/datenbank-facility-services-anbieter/ (letzter Aufruf: 06.01.2018).

[Preuß, N. (2003)] Preuß, Norbert; Schöne, Lars Bernhard: Real Estate und Facility Management: Aus Sicht der Consultingpraxis; Heidelberg u. a. 2003.

[TERADYNE (2005)] TERADYNE, INC. (Hrsg.): 2005 Annual Report: West Coast Facilities, 2005.

[Weltweites Immobilienmanagem... (2008a)] o. V.: Weltweites Immobilienmanagement, in: IndustrieBAU (2008), Heft 1, S. 16–17.

75 Siehe [TERADYNE (2005)], S. 2.

5.6 Besondere Organisationsmodelle im Projekt- und Objektgeschäft

Ulrich Bogenstätter

Neben reinen Formen der Projekt- und Objektorganisation gibt es Mischformen.

5.6.1 Architekten- und Ingenieurleistungen als Eigenleistung

Im Beispiel in Abbildung 5.32 werden innerhalb einer kirchlichen Organisation Projekt- und Objektleistungen in den eigenständigen Geschäftsbereichen „Projekte" und „Objekte" geplant. Hierbei werden **Architekten und Ingenieurleistungen** im eigenen Immobilienunternehmen erbracht.

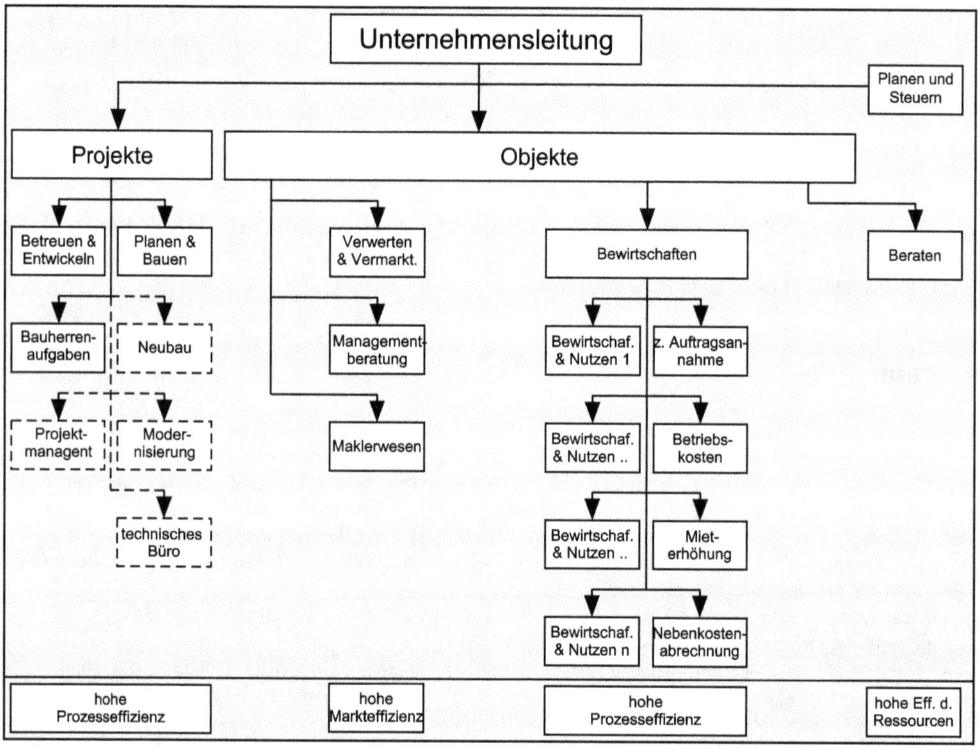

Abb. 5.32: Organisation bei einer kirchlichen Institution.[76]

Projekte sind in Teams nach fachlichen Schwerpunkten und gängigen Leistungsbildern aufgeteilt. Die Organisation der Objekte erfolgt nach Nutzergruppen oder regionaler Verteilung mit dem Ziel, eine hohe Kundenbindung zu erreichen. Im Bereich Objekte sind Leistungen ohne besonderen Kundenbezug in Teams zentralisiert, z. B. zentrale Auftragsannahme, Betriebs- und Nebenkostenabrechnung sowie Mieterhöhung. Die Aufteilung erfolgt mit dem Ziel, eine hohe Prozesseffizienz

76 Quelle: eigene Darstellung.

bei den Mitarbeitern zu erreichen. Um eine hohe Markteffizienz zu erreichen, sind die Teams Verwerten & Vermarkten,Maklerwesen und Managementberatung eigenständig unter „Objekte" angesiedelt. Beratungsleistungen werden ebenfalls separat erbracht. Die Leistungen dieser Teams lassen sich mit Marktpreisen vergleichen, da die Aufteilung nach gängigen Leistungsbildern erfolgte.

Beide Geschäftsbereiche werden durch gemeinsame zentrale Dienste, hier Planen & Steuern, unterstützt. Die Aufteilung der Geschäftsbereiche folgt dem Lebenszyklus einer Immobilie: Betreuen & Entwickeln, Planen & Bauen, Verwerten & Vermarkten, Bewirtschaften und Beraten.

5.6.2 Hausmeisterdienste in Eigenleistung

In der Objektbewirtschaftung sind **Hausmeisterleistungen** typisch für Eigenleistungen. Die Vorteile bei Eigenleistung: Bei „One-face-to-the-customer" sind die Reaktionszeiten sehr gering und die Ansprechpartner vor Ort sind klar. Allerdings ist die Transparenz hinsichtlich der auszuführenden Tätigkeiten sehr gering und es ergeben sich vielfältige Fragen bei der Personalbemessung und Kosteneffizienz. Der Vergleich mit Benchmarks ist kaum möglich, da es an der Dokumentation mangelt. Eine Kostenweiterverrechnung ist nur über einen Betriebsabrechnungsbogen möglich. Alternativ kann mit Eigen- oder Fremdpersonal eine Hotline eingerichtet werden.

Für anstehende Fragen außerhalb der Arbeitszeiten hat eine Residenzpflicht den Vorteil, auftretende Stör- und Schadensfälle in die Rufbereitschaft aufnehmen zu können. Durch die Anwesenheit reduziert sich sicher der Aufwand für Vandalismus und ggf. die Kosten für Sicherheitsdienste. Ein größeres Verantwortungsgefühl gegenüber dem Objekt ist wahrscheinlich. Angesichts von Nachwuchsproblemen ist allerdings zu hinterfragen, ob bei Bewerbung durch die Residenzpflicht Nachteile entstehen.[77]

„Im Rahmen der **Bereitschaftszeit** hält sich der Hausmeister am Arbeitsplatz oder einem anderen vom Arbeitgeber bestimmten Ort auf. Er entscheidet selbstständig darüber, ob er die Arbeit aufnimmt. Die Bereitschaftszeit ist tariflicher Bestandteil für Hausmeister in einigen Tarifbezirken."[78]

„Im Rahmen der **Rufbereitschaft** entscheidet der Hausmeister selber, wo er sich aufhält, und teilt dies dem Arbeitgeber mit. Der Hausmeister nimmt die Arbeit nur auf Abruf auf. Der Abruf kann durch den Arbeitgeber, in Abstimmung mit ihm aber auch durch andere Stellen erfolgen. Die Rufbereitschaft muss mit dem Hausmeister per Nebenabrede vereinbart werden."[79]

Die Organisation kann grundsätzlich nach unterschiedlichen **Organisationsformen** und **Organisationsprinzipien** erfolgen (vgl. auch Kap. 6.8.6).

- **Einliniensystem funktional:** Die Hausmeister werden in einem Hausmeisterteam zusammengefasst und nach Qualifikation für Aufgaben ausgewählt und eingesetzt (**x:x-Modell** – mehrere Hausmeister für alle Tätigkeiten in mehreren Objekten; vgl. Abb. 5.33).
- **Einliniensystem divisional:** Der Hausmeister wird direkt einem Objekt zugeordnet (**1:1-Modell** – ein Hausmeister für alle Tätigkeiten bei einem Objekt), sofern es die räumliche Nähe zulässt; ein Hausmeister wird mehreren Objekten zugeordnet (**1:x-Modell** – ein Hausmeister für alle Tätigkeiten in mehreren Objekten) oder mehrere Hausmeister werden einem Objekt im Schichtdienst zugeordnet (**x:1-Modell** – mehrere Hausmeister für alle Tätigkeiten in einem Objekt, ggf. im Schichtdienst nach Qualifikation).

77 Vgl. [KGSt B 5-2010], S. 33.
78 [KGSt B 5-2010], S. 25.
79 [KGSt B 5-2010], S. 25.

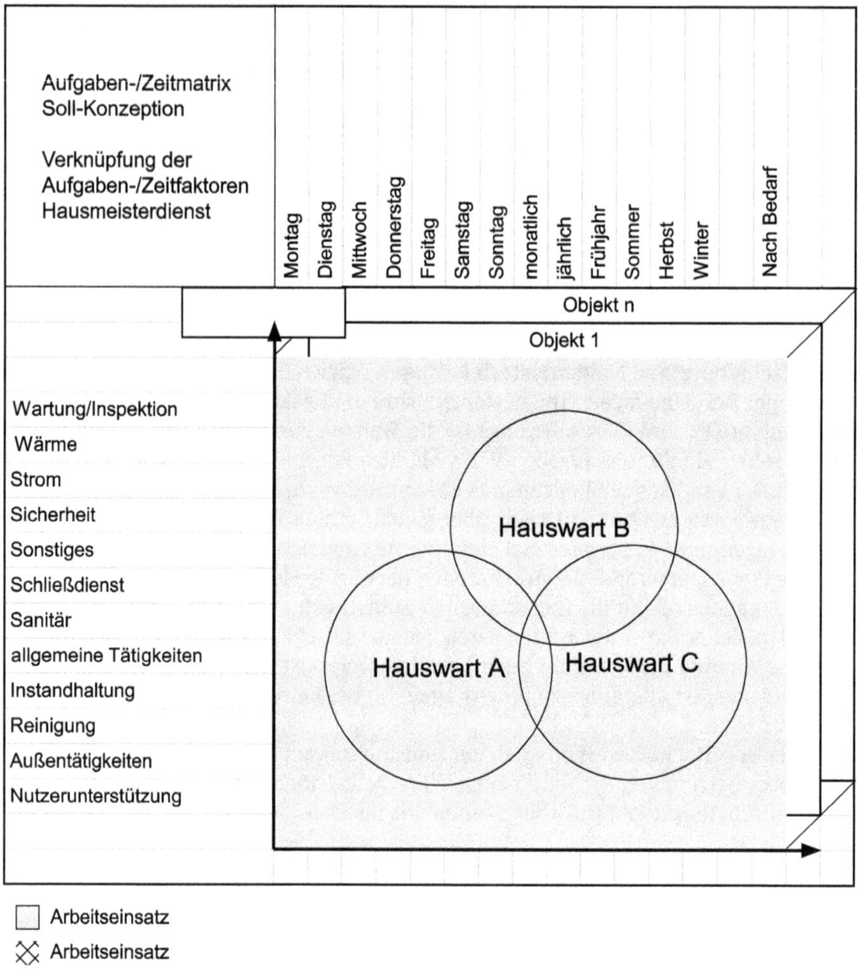

Abb. 5.33: Organisation der Hausmeisterdienste.[80]

- **Einliniensystem mixed:** Der Hausmeister erhält Unterstützung (**1:1 plus-Modell** – ein Hausmeister für alle Tätigkeiten bei einem Objekt zzgl. Unterstützung durch weitere interne und/oder externe Leistungen), z. B. durch einen Springer nach dem **1:x plus-Modell.**
- **Mehrlinienorganisation:** Hierbei erbringt der Hausmeister auch immobilienfremde Leistungen: Er arbeitet z. B. für den Schulleiter (weisungsbefugt) und für das Immobilienunternehmen (weisungsbefugt).

80 Quelle: eigene Darstellung, vgl. [KGSt B 5-2010], S. 22.

Die organisatorische Herausforderung in der Personal- und Arbeitsplanung besteht aus einem optimalen Gemenge:
- optimale Personaleinteilung hinsichtlich Auslastung, Vergütungsstruktur (Faktoren je nach Entgeltgruppe 1,0–ca. 2,0)[81], Qualifikation und Aufgabenverteilung[82] und Overhead-Kosten[83]
- optimale Fahrzeuge und Routen für optimale Wegezeiten (Faktoren je nach Wahl des Transportmittels Faktor 1,0–13,3)[84]
- optimale Arbeitsausführung durch optimierte Arbeitsprozesse[85]
- optimaler IT-Einsatz als Basis für effiziente Leistungserstellung, Dokumentation der verursachergerechten Rechnungsstelle/Kostenträgerschaft oder umlagefähiger Kosten über Leistungsnachweise oder Betriebsabrechnungsbogen (BAB)[86]

Mit der Organisationsform und den Organisationsprinzipien ist beim eigenen Hausmeister zu gewährleisten, dass die zu erbringenden Aufgaben in der erforderlichen Bandbreite auch außerhalb der üblichen Kernarbeitszeiten, im Schichtdienst (vgl. Abb. 5.34) und am Wochenende sicherge-

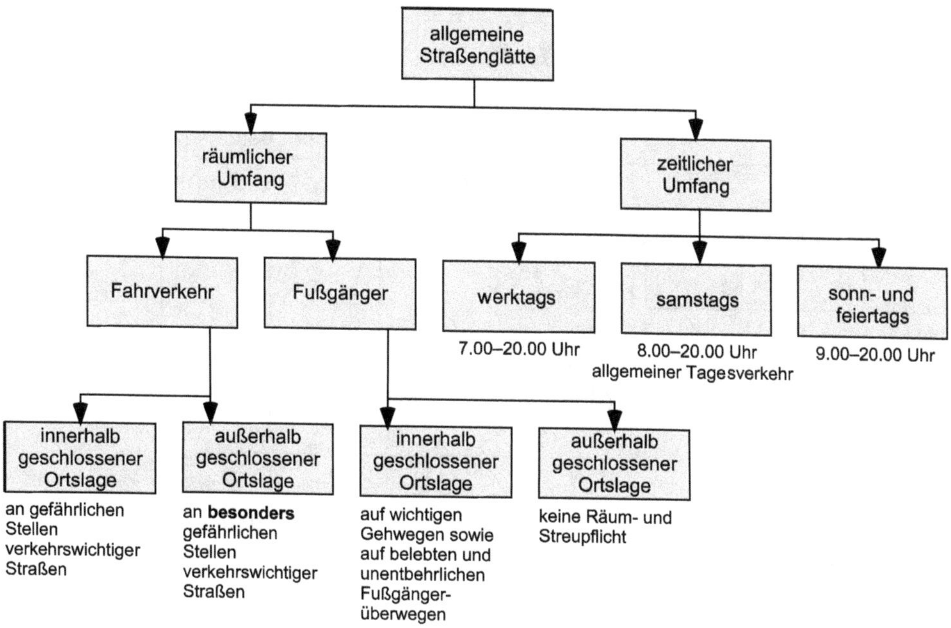

Abb. 5.34: Organisation des Schichtdienstes.[87]

81 Faktoren zur Vergütungsstruktur: Basis ungelernter Arbeitnehmer 23.378 [€/a] Faktor 1,0; angelernte Arbeitnehmer Faktor 1,23; Fachangestellte Faktor 1,49; herausgehobene Fachkräfte Faktor 2,17; Arbeitnehmer in leitender Stellung Faktor 3,46. Basis Lohntabelle in der Wohnungswirtschaft 3.270 [€/Monat] Gruppe I 1,00; Gruppe II 1,27; Gruppe III 1,35; Gruppe IV 1,5, Gruppe V 1,78.

82 Vgl. Kapitel 5.3.2 und 6.8.6.

83 Zur Struktur der Rechnungs-/Auftragswerte in der laufenden Instandsetzung vgl. Kapitel 6.7.

84 Faktoren zur Geschwindigkeitstabelle für Wegzeiten: Basis zu Fuß 3 [km/h] Faktor 1,0; Fahrrad 1,67; Elektroauto 3,33; Pkw 13,33.

85 Vgl. Kapitel 8.5.4 und 8.5.6.

86 Vgl. Kapitel 6.8.6.

87 Quelle: eigene Darstellung.

stellt sind. Das betrifft beispielsweise ungeplante Verkehrssicherungspflichten durch ungeplante Schäden an den Bauwerken und witterungsbedingte Einsätze wie Winterdienst.

5.6.3 ÖPP/PPP-Modelle

ÖPP/PPP-Modelle kombinieren die Projekt- und Objektorganisation in einem Geschäftsmodell. Wesentliches Kennzeichen ist dabei die befristete Risikoverlagerung auf den Auftragnehmer (s. Abb. 5.35).

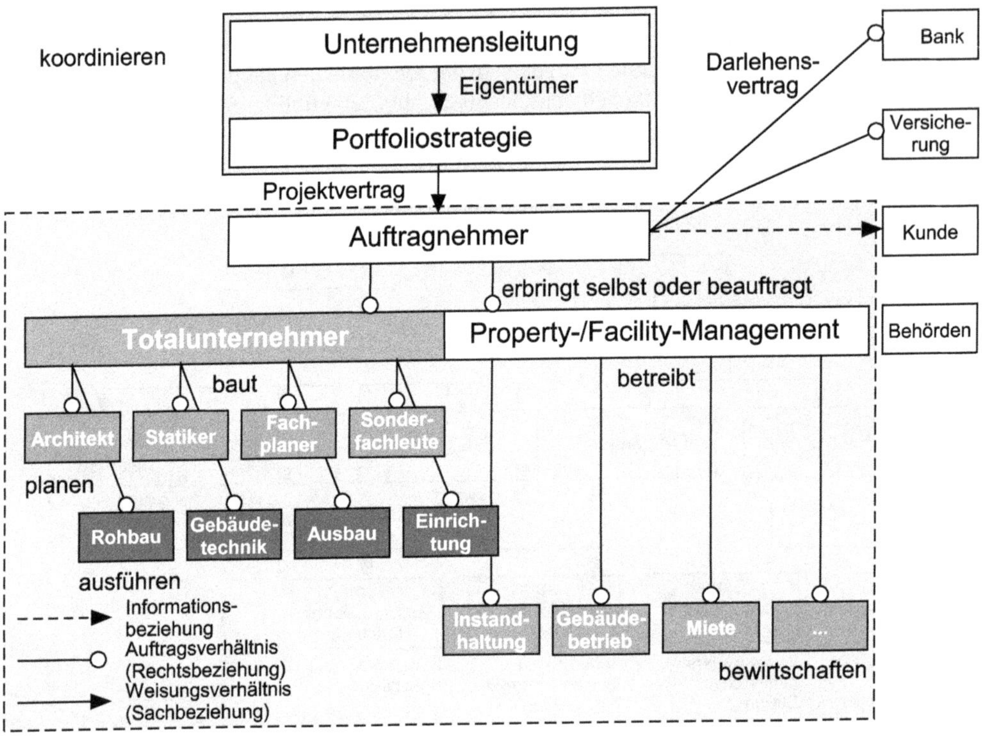

Abb. 5.35: ÖPP/PPP-Organisationsmodell.[88]

Literatur

[KGSt B 5-2010] Kommunale Gemeinschaftsstelle für Verwaltungsvereinfachung (Hrsg.): Hausmeisterdienste in Kommunen: (Stand 2009/2010); Bericht, KGSt B 5-2010; Köln 2010.

88 Quelle: eigene Darstellung.

5.7 Governance versus Operations – Organisationsentwicklung im betrieblichen Immobilienmanagement

Thomas Glatte

Das betriebliche Immobilienmanagement, auch Corporate-Real-Estate-Management genannt, erlebte in den 1980er-Jahren im angelsächsischen Raum sowie in den 1990er-Jahren in Deutschland einen starken Aufschwung. Anfang der 2000er-Jahre wurde es dann recht ruhig – bis zum Beginn der Finanzkrise im Jahr 2008.

5.7.1 Die Bedeutung von Corporate Real Estate als betriebliches Immobilienmanagement

Seitdem erlebt diese Branche eine Renaissance, die auch in der Fachpresse entsprechende Anerkennung erfährt. Eine umfangreiche Studie aus dem Jahr 2014 beziffert den Wert des gesamten betrieblichen Immobilienvermögens in Deutschland auf rd. 3 Bio. €.[89] Davon entfallen etwa 500 Mrd. € auf die anteiligen Grundstückswerte. Damit kommt die Studie zu dem Schluss, dass etwa ein Drittel des Immobilienvermögens in Deutschland der Kategorie Corporate Real Estate zuzuordnen ist. Vor dem Hintergrund dieser eindrucksvollen Zahlen kann gerade noch die Wohnungswirtschaft mithalten. Die medial und in der Fachliteratur deutlich präsenteren Projekte der traditionellen Immobilieninvestoren und -bestandshalter sind dagegen volkswirtschaftlich eher als die berühmten Peanuts einzuordnen. Grund genug, sich mit dem Management von Corporate Real Estate und dessen Steuerung etwas vertiefender auseinanderzusetzen und zu hinterfragen, was es damit auf sich hat.

Unter **Corporate-Real-Estate-Management** wird das wert- und erfolgsorientierte Beschaffen, Betreuen und Verwerten von betrieblichen Immobilien verstanden.[90] Es handelt sich also um die Immobilienvermögen von Unternehmen der Privatwirtschaft („corporates"), daher auch **Corporate Real Estate** genannt. Deren originärer Unternehmenszweck zielt auf jegliche Formen unternehmerischer Tätigkeit ab – nicht jedoch auf die Errichtung, Bewirtschaftung oder Verwertung von Immobilien. Damit werden sie aus der Sicht der Immobilienwirtschaft auch als **Non-Property-Companies** bezeichnet.

Dabei umfasst das Corporate-Real-Estate-Management im weiteren Sinne alle strategischen, taktischen und operativen Ebenen der immobilienwirtschaftlichen Wertschöpfung, also das Portfoliomanagement, das Asset-Management, das Property-Management und das Gebäudemanagement sowie nicht selten sogar weitergehende infrastrukturelle Dienstleistungen, auch Facility-Services genannt.[91] Abbildung 5.36 veranschaulicht diese Struktur. Dies allein ist wenig überraschend – deckt es sich doch mit der uns bekannten Welt des Immobilienmanagements. Was also macht CREM so anders?

Das sog. institutionelle Immobilienmanagement konzentriert sich auf die Beschaffung, die Bewirtschaftung und den Verkauf von Immobilien zum Zwecke der Investition. In diesem Fall spricht man von Anlageimmobilien. Der primäre Fokus, also das Kerngeschäft des institutionellen Immobilienmanagements, liegt somit logischerweise auf dem Erwirtschaften einer Rendite aus dem Umgang mit Immobilien. Derartige Unternehmen werden auch **Property-Companies** genannt. Daraus resultierend ist es letztlich die Aufgabe des (institutionellen) Immobilienmanagers, die Rendite und die aus den Immobilien erwachsenden Risiken miteinander in Einklang zu halten.

---

89 Vgl. [Pfnür, A. (2014)], S. 16.
90 Vgl. [Glatte, T. (2014)], S. 5.
91 Vgl. [Nävy, J. (2013)], S. 13.

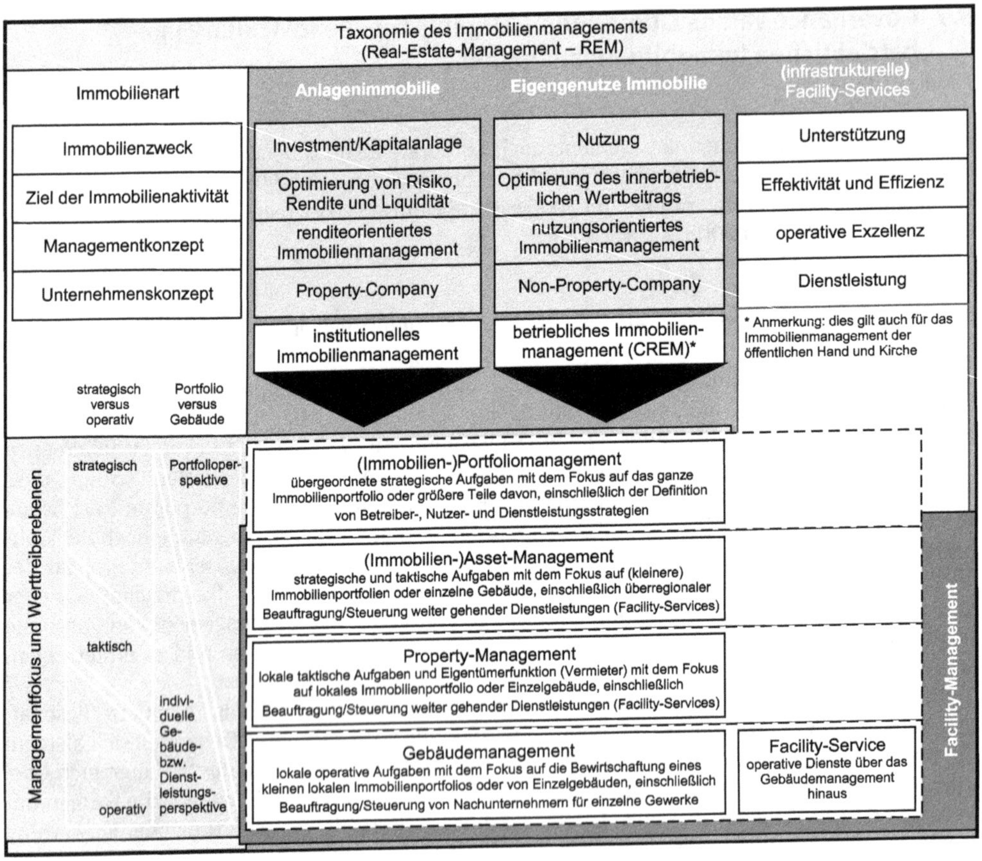

Abb. 5.36: Übersicht der immobilienwirtschaftlichen Managementdisziplinen.[92]

Anders als in der klassischen Immobilienbranche sind in der betrieblichen Immobilienwirtschaft nicht die durch Errichtung, Vermietung oder Verkauf erzielbaren Immobilienrenditen, sondern die (Eigen-)Nutzerbedürfnisse primäre Treiber für die Errichtung, Bewirtschaftung und Verwertung der Immobilien. Deren Erfordernisse können je nach Art des Kerngeschäfts und nach Immobilienart recht einfach, durchschnittlich oder von sehr hoher Komplexität sein. Die Erfordernisse hinsichtlich der Nutzung werden im betrieblichen Immobilienmanagement traditionell vom Nutzer selbst vorgegeben. Als Nutzer sind dabei die Mitarbeiter und Vertreter des Kerngeschäfts der Corporates gemeint. Dies sind letztendlich auch jene Bereiche, die das eigentliche Geld im Unternehmen verdienen. Aus deren strategischen Vorgaben, der Unternehmensstrategie, leiten sich auch die spezifischen Fachstrategien aller das Kerngeschäft unterstützenden Funktionen – dazu gehört neben Personal, IT usw. auch das Corporate-Real-Estate-Management – ab.[93] Daher ist deren Rolle gegenüber dem Vertreter der Immobiliensicht – dem Corporate-Real-Estate-Manager – vergleichsweise stark. In Corporates herrscht also gemäß Immobilienfachjargon in der Innensicht ein naturgesetzter Mietermarkt.

92 Vgl. [Glatte, T. (2013)], S. 44.

93 Vgl. [Haynes, B. (2010)], S. 31.

5.7.2 Portfolio und Organisation – zwei Herausforderungen im CREM

Dieser Abschnitt erläutert die besonderen Aspekte eines betrieblichen Immobilienportfolios sowie der Entwicklung von Organisationen für das Immobilienmanagement innerhalb von Non-Property-Companies. Beide Sachverhalte werden abschließend in einen Zusammenhang gesetzt.

Herausforderung Betriebsimmobilie

Im vorherigen Abschnitt wurde herausgearbeitet, dass sich die Perspektive auf die Immobilie beim CREM sehr wohl vom traditionellen Immobilienmanagement unterscheidet. Nun stellt sich die Frage, mit welcher Art – oder Asset-Klasse – von Immobilien sich ein CRE-Manager auseinanderzusetzen hat. Die Antwort darauf lautet juristisch korrekt: „Es kommt darauf an" – nämlich darauf, welche Art von Kerngeschäft das Unternehmen betreibt. Eine Bank hat üblicherweise ein eigengenutztes Portfolio für Hauptverwaltungen und Callcenter (Büroimmobilien), Zweigstellen (Einzelhandelsimmobilien) und Data-Center (Spezialimmobilien). Ein Industrieunternehmen wiederum kann oft eine weitreichende Palette von Verwaltungs-, Forschungs-, Fertigungs- und Logistikaktivitäten vorweisen. Damit könnten sich letztlich in einem solchen Unternehmen alle vorstellbaren Asset-Klassen im Immobilienportfolio des CRE-Managers wiederfinden. Die jeweiligen Asset-Klassen sind von sehr unterschiedlicher Komplexität, müssen jedoch gleichermaßen professionell beschafft, bewirtschaftet und letztlich auch wiederverwertet werden (s. Abb. 5.37).

Immobilientypus		Gebäudemanagement (DIN 3273)		
		kaufmännisch	technisch	infrastrukturell
Frei- und Verkehrsflächen		einfach	einfach	einfach
Büroimmobilien		einfach	einfach	einfach
Einzelhandelsobjekte		einfach	einfach	einfach
Sozialgebäude		einfach/mittel	einfach/mittel	einfach/mittel
Logistik	Lagergebäude	einfach	einfach	einfach
	Gefahrgutlager	mittel	mittel	mittel
Forschung und Entwicklung	Laborgebäude	einfach	mittel	mittel
	Pilotanlagen	mittel	mittel	mittel
Produktion	Werkshallen	einfach	mittel	einfach
	komplexe Prod.	hoch	hoch	hoch
Ver- und Entsorgung (Kraft-, Klär-, Wasserwerk etc.)		hoch	hoch	hoch

Abb. 5.37: Komplexitätsgrad betrieblich genutzter Immobilien.[94]

Ein Vergleich der Betriebsimmobilie mit der reinen Investorensicht ist zudem nur dann sinnvoll, wenn die betreffende Immobilie hinsichtlich ihrer Art und Lage umfassend marktgängig ist. Die Marktgängigkeit einer betrieblichen Immobilie leitet sich jedoch im Wesentlichen aus ihrer Drittverwendungsfähigkeit ab. Diese ist bei Corporate Real Estate oft nur bedingt gegeben. Vergleichsweise einfach ist die Drittverwendungsfähigkeit im Fall von Verwaltungsgebäuden, solange deren Lage eine Büronutzung zulässt. Industriell bzw. gewerblich produzierende Unternehmen sind aus sehr vielfältigen, aber auch nachvollziehbaren Gründen (Immissionsschutz, Verkehrsanbindung, Grundstückspreise usw.) gezwungen, Standorte am Rande oder weit außerhalb von urbanen Siedlungsgebieten aufzubauen und weiterzuentwickeln. Diese dezentrale Lage erschwert im Falle einer Reduktion der Produktionskapazität oder Werksschließung die Nachnutzung in dramatischer Form.

94 Vgl. [Glatte, T. (2012)], S. 35.

Diese bei Produktions- und Lagereinrichtungen noch einfach nachvollziehbaren Aspekte einer schwer darstellbaren Drittverwendungsfähigkeit können jedoch auch bei anderen Immobilienarten, z. B. Büroimmobilien, zutreffen. So ist beispielsweise grundsätzlich die Notwendigkeit zu hinterfragen, Verwaltungsbauten innerhalb von Produktionsstandorten oder in peripheren Gewerbegebieten und nicht an bürospezifischen Standorten zu errichten. Derartige Büroimmobilien können bei Leerständen kaum einem Markt zugeführt werden und sind somit de facto eine Spezialimmobilie, die für einen externen Financier zu risikoreich ist. Damit belasten derartige Immobilien letztendlich als Kostenblock das Kerngeschäft.

Die Globalisierung macht auch vor dem betrieblichen Immobilienmanagement nicht halt. Sie ist sogar einer ihrer Treiber zur Professionalisierung. Immer mehr Unternehmen agieren nicht nur international als Exporteur und Importeur, sie gründen in anderen Ländern auch Niederlassungen für Vertrieb, Logistik, Forschung und Produktion. Dies ändert das Handeln des CRE-Managers.[95] Er lernt und begreift oft recht schmerzlich, dass sich sein Aufgabengebiet sprichwörtlich auf immobile Werte bezieht und somit er es ist, der letztlich die Mobilität vorzuweisen hat. Er muss sich mit anderen Kulturen im Sinne von Rechtssystemen, Geschäftsgebaren, Währungen, Finanzierungsmodellen, Zahlungsmethoden und Maßsystemen auseinandersetzen – um nur einige Aspekte der beliebig verlängerbaren Liste von zusätzlichen Komplexitäten zu nennen.

Der CRE-Manager erkennt dann ebenso die nicht vermeidbare Notwendigkeit, sich einige Kompetenz für die immobilienwirtschaftlichen Sachverhalte in den zu betreuenden Ländern anzueignen. Zudem stellt sich ihm grundsätzlich die Frage, welche Themen auf der Ebene des Gesamtportfolios (strategische Ebene) zu bearbeiten sind und welche Aufgaben auf taktischer und operativer Ebene durch ihn oder – interne oder externe – Dritte zu bearbeiten sind (s. oben Abb. 5.36).

Dies gilt gleichermaßen für die Umsetzbarkeit von Bewirtschaftungskonzepten. In der Fachliteratur bearbeitete und in der Praxis umgesetzte Konzepte beziehen sich oft nur auf ausgewählte Immobilienarten, z. B. Büro-, Wohn- und Hotelimmobilien. Im betrieblichen Immobilienmanagement sind die verschiedenen Immobilien jedoch von unterschiedlicher Wichtigkeit für den Nutzer, also das Kerngeschäft. Fehler in der Bewirtschaftung wie der Ausfall der Heizung, Mängel in der Unterhaltsreinigung usw. ziehen in einem Verwaltungsgebäude andere wirtschaftliche Konsequenzen nach sich als in einem Forschungsgebäude oder gar in einer Reinraumfertigung. „One size fits all" funktioniert daher gerade bei heterogenen Portfolien nicht. Der CRE-Manager muss sich damit auseinandersetzen, in welchem Umfang die jeweiligen Immobilien für das Kerngeschäft kritisch sind. Je nach Risikozuordnung der Assets, ihrem Standort und den verfügbaren Dienstleistern und deren Leistungsprofil müssen dann ggf. maßgeschneiderte Bewirtschaftungskonzepte entwickelt werden.

Herausforderung CREM-Organisation

Nicht nur Art und Umfang der betrieblichen Immobilienportfolien unterscheiden sich von Unternehmen zu Unternehmen. Auch die Art des betrieblichen Immobilienmanagements schwankt beträchtlich. Anfang der 1990er-Jahre haben sich in Deutschland insbesondere die börsengelisteten Großunternehmen wie auch die Wissenschaft des Themas angenommen. Nachdem in den Unternehmen CREM-Abteilungen etabliert, nicht betriebsnotwendige Immobilien abgestoßen und einige Grundstrukturen eingerichtet wurden, ist es um das Thema CREM wieder relativ ruhig geworden. In nicht wenigen Unternehmen führen die Immobilienabteilungen ein wenig nachvollziehbares Schattendasein.[96] Dies ist umso weniger verständlich, als die Immobilien in vielen Unternehmen immer noch einen der größten Kostenfaktoren darstellen. Üblicherweise handelt es sich um 10 bis 20 % der Gesamtkosten des Unternehmens.[97]

95 Vgl. [Hines, M. (1990)], S. 46.
96 Vgl. [Uttich, S. (2011)], S. 39.
97 Vgl. [Pfnür, A. (2014)], S. 22.

CREM-Organisationen agieren folglich innerhalb ihrer Unternehmen in unterschiedlichen Strukturen, Zuständigkeiten und Reifegraden. Der Reifegrad leitet sich aus dem (internen) Mandat ab. Nur wenige CREM-Abteilungen im deutschsprachigen Raum können bisher von sich behaupten, dass sie in ihrem Unternehmen ein vollumfängliches Mandat zum Immobilienmanagement über alle in Abbildung 5.36 dargestellten Managementebenen haben. Nicht selten werden nur Teilaspekte aus dem Leistungsumfang eines ganzheitlichen (betrieblichen) Immobilienmanagements bearbeitet. Dies können beispielsweise nur Transaktionen oder Bauleistungen sein oder eine strategische Beratung in Form einer vorstandsnahen Stabsfunktion oder lediglich die operative Bewirtschaftung von Immobilien im Sinne eines Gebäudemanagements oder lediglich die Beauftragung derartiger Leistungen als Einkaufsleistung. Auch hier ist die Liste der möglichen Konstellationen lang. Des Weiteren gibt es oft Unterschiede in der regionalen Ausprägung der Mandatierung innerhalb eines Unternehmens. Oft sind Leistungsspektrum und Leistungstiefe einer CREM-Abteilung im Heimatland des Unternehmens deutlich höher als im Ausland.

Portfolio versus Organisation – Abhängigkeiten und Stellhebel

Klar geworden dürfte sein, dass Art und Umfang der betrieblichen Immobilienportfolien wie auch die Landschaft der organisatorischen Einbindung des betrieblichen Immobilienmanagements innerhalb von Unternehmen noch sehr heterogen ist. Es stellt sich folglich die logische Frage, wie bei einer derartig schwierigen Ausgangslage ein einheitliches und strukturiertes Vorgehen überhaupt möglich ist. Dies ist sicher nicht einfach, aber machbar.

Das Immobilienmanagement und damit seine Prozesse und Systeme sind auf die Rahmenbedingungen eines CRE-Managers abzustimmen. Diese leiten sich aus drei Dimensionen ab:

- aus der Art des zu betreuenden Immobilienportfolios (homogen versus heterogen) oder dem Umfang der zu betreuenden Asset-Klassen (singulär, d. h. beschränkt auf eine einzelne Asset-Klasse versus Komplettportfolio der Immobilien im Unternehmen),
- aus der regionalen Verteilung des Immobilienportfolios (lokal versus global) und
- aus dem Leistungsspektrum und der Wertschöpfungstiefe der Immobilienorganisation (Mandat für Teilbereiche versus Komplettverantwortung).

Dabei ist zu beachten, dass die Geschäftswelt in ständiger Bewegung ist. Dies betrifft nicht nur das Marktumfeld eines Unternehmens, sondern auch die Strukturen des Unternehmens selbst. Es ist daher im Interesse eines strukturierten Vorgehens notwendig, eine unmittelbare Positionsbestimmung (Ausgangslage) im Umfeld der genannten drei Dimensionen vorzunehmen (s. Abb. 5.38). Daraus sind – abgeleitet aus der Unternehmensstrategie – die unmittelbar folgenden strukturellen und organisatorischen Schritte abzuleiten. Dies ist die kurzfristige CRE-Strategie. Darüber hinaus gebietet es sich von selbst, auch ein langfristig orientiertes Zielbild zu entwickeln, also die langfristige CRE-Strategie.

Wichtig ist im Ergebnis, die eigene Situation zu erkennen und den Fokus auf das Wesentliche zu bewahren sowie die Prozess- und Systemlandschaft auf (Weiter-)Einwicklungsmöglichkeiten abzustellen. Dabei ist klar zu umreißen, was der Aufgabenbereich des CRE-Managers hinsichtlich zu betreuender Assets (also Grundstücke und Gebäude), immobilienwirtschaftlicher Dienstleistungen und zu verantwortender eigener Mitarbeiter ist. Daraus leiten sich die Steuerungsgrößen hinsichtlich der Kosten, der Kontraktoren wie auch des Personalstands ab. Diese sind durch geeignete Prozesse zu definieren, um die erwünschte Performance zu erzielen. Es versteht sich von selbst, dass bei nachhaltiger Steuerung alle Einflussfaktoren – Verantwortungsbereich, Steuerungsgrößen, Prozesse und Performance – sich wechselseitig beeinflussen und verändern (s. Abb. 5.39).

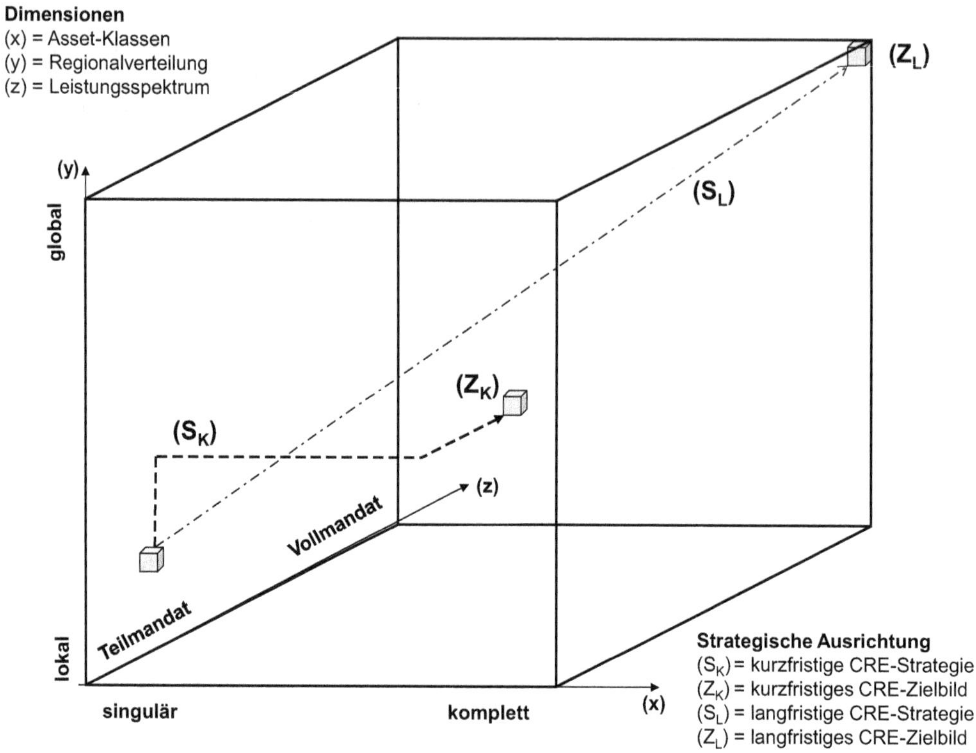

Abb. 5.38: Würfelmodell der Organisationsentwicklung im CREM.[98]

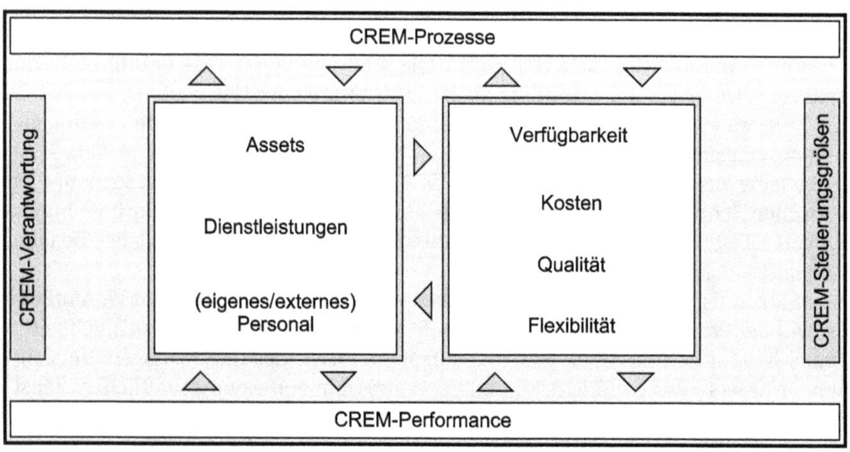

Abb. 5.39: Leistungsmodell des betrieblichen Immobilienmanagements.[99]

98 Vgl. [Glatte, T. (2015)], S. 145.
99 Quelle: eigene Darstellung.

Natürlich können Prozesse keine bahnbrechenden Geschäftsideen und Innovationen ersetzen. Sie sind lediglich geschäftsunterstützend wirksam und sollen durch Struktur sowie Transparenz den Unternehmenserfolg steigern oder nachhaltig sichern. Die Integration von Prozessen und Systemen erfordert dabei durchaus Geduld und zum Teil akribische Detailarbeit – Tugenden, die im heutigen Geschäftsumfeld nicht immer Wertschätzung erfahren. Der Aufwand hierfür ist oft schwer in einem Business Case darstell- und rechtfertigbar. Daher wird diese Form der Grundlagenarbeit nicht selten von Unternehmen gescheut oder zumindest sehr kritisch betrachtet.[100]

5.7.3 Die Basis eines professionellen CREM – Daten, Daten, Daten

Ohne eine geeignete Grundlage ist kein professionelles Management möglich. Daher sollte auch die Grundlage allen Tuns im Immobilienmanagement eine ausreichende Datentransparenz sein. In internationalen, heterogenen Portfolios von Betriebsimmobilien stellen sich gesonderte Herausforderungen wie Datenverfügbarkeit, heterogene Systemlandschaften, unterschiedliche Maßsysteme, unterschiedliche Herangehensweisen im Rechnungswesen etc.

Transparenz – aller Anfang ist schwer

Sehr schnell verzettelt sich der Praktiker in der Frage, welche Daten erhoben werden sollten. Hierzu muss er eigentlich nur wissen, was er als CRE-Manager zu steuern gedenkt. Die Festlegung der künftigen Steuerungsgrößen (Output) ist eine wichtige Voraussetzung für die Definition der zu erfassenden Daten (Input). Die Frage nach den richtigen Steuerungsgrößen kann jedoch nur derjenige guten Gewissens beantworten, der auch eine entsprechende aus der Unternehmensstrategie abgeleitete Immobilienstrategie (s. oben Abb. 5.38) erstellt hat. Damit lässt sich folgendes schrittweises Vorgehen zusammenfassen:

1. Unternehmensstrategie (Kerngeschäftsstrategie)
2. Immobilienstrategie (CREM-Strategie)
3. CREM-Steuerungsgrößen (Output)
4. zu erfassende Daten (Input)

Weniger ist mehr – Sammelwut im Datenmanagement

Natürlich ist das Umfeld eines Immobilienmanagers komplex und vielfältig. Professionalität im Umgang mit dieser Komplexität zeigt sich jedoch nicht darin, möglichst viele Steuerungsgrößen zu entwickeln und, als logische Konsequenz, auch eine Vielzahl von Daten zu erfassen. Das Gegenteil ist der Fall. Der Fokus auf das Wesentliche ist von extremer Wichtigkeit im Management von Immobilien – insbesondere wenn das Portfolio international geprägt und heterogener Natur ist.

Neben der oben dargestellten Vorgehensweise ist es ebenfalls wichtig, zu definieren, welche Ebene der immobilienwirtschaftlichen Wertschöpfung (Portfoliomanagement, Asset-Management, Property-Management, Gebäudemanagement oder Facility-Services – s. oben Abb. 5.36) hinsichtlich ihrer Daten erfasst werden soll. Nur sehr wenige, bereits ganzheitlich aufgestellte und vollumfänglich mandatierte CRE-Abteilungen werden die Vielzahl von operativen, taktischen und sehr strategisch ausgerichteten Informationen gleichzeitig benötigen. Aber auch nur derartige Organisationen sind wirklich in der Lage, diese vielen Informationen nicht nur einmalig zu erheben, sondern auch fortzuschreiben.

100 Vgl. [Peyinghaus, M. (2013)].

Und gerade hierin besteht die größte Herausforderung. Die einmalige Erhebung aller Informationen ist – in Abhängigkeit von den Immobilienportfolios – mit einem entsprechenden Aufwand ggf. noch machbar. Jede zu erfassende Information sollte aber immer hinsichtlich ihrer Sinnhaftigkeit und ihrer Nachhaltigkeit hinterfragt werden:

- Wofür wird diese Information künftig benötigt?
- Wer wird diese Information künftig aktualisieren (Datenpfleger)?
- Hat der Datenpfleger die Fachkompetenz und die (insbesondere zeitlichen) Ressourcen, diese Daten künftig zu pflegen?

Mit diesen Fragen ist der CRE-Manager in der Lage, seine wahrscheinlich sehr lange Wunschliste auf ein sehr realistisches Maß zusammenzustreichen. Dies ist zwar einerseits bedauerlich, andererseits aber sehr vorteilhaft. Ein schlecht gepflegtes System ist letztlich ein „Datenfriedhof", das nicht nur unprofessionell, sondern auch unglaubwürdig ist.

Immobilienmanager, die nur Teilbereiche eines vollumfängliches CREM bearbeiten, sollten also im Zuge des zu bearbeitenden Teilschritts (2) „Immobilienstrategie" ihre Ausgangslage und ihr kurz- bis mittelfristiges Zielbild hinsichtlich Leistungsspektrum und Wertschöpfungstiefe realistisch einschätzen und darauf basierend Art und Anzahl der systemseitig zu erfassenden Informationen festlegen (vgl. Abb. 5.40).

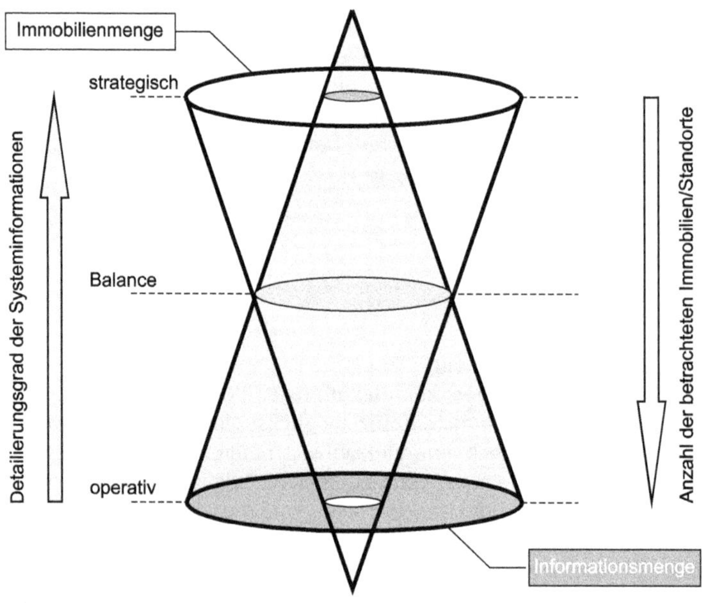

Abb. 5.40: Trichtermodell für Immobilieninformationssysteme.[101]

Dabei spielt auch eine Rolle, eine angemessene Balance zwischen der Anzahl der Informationen (Informationsmenge) und der Anzahl der zu erfassenden Standorte (Standortmenge) zu finden. Je weniger Liegenschaften erfasst werden, umso mehr Informationen können sinnvollerweise pro Liegenschaft erfasst werden. Dies ist insbesondere für Systeme von Interesse, die den Fokus

101 Vgl. [Glatte, T. (2015)], S. 147.

auf die operativen Aufgaben des Immobilienmanagements gerichtet haben (Ebene „operativ“ in Abb. 5.40). Genau das Gegenteil ist der Fall, wenn das primäre Interesse auf den strategischen Aufgaben liegt (Ebene „strategisch“). Ein über alle Wertschöpfungsebenen integriertes System muss wiederum die Balance finden, um letztlich noch steuerbar zu sein (Ebene „Balance“).

5.7.4 Fallbeispiel – Evolution des Immobilienmanagements im CREM am Beispiel BASF

Das Fallbeispiel stellt die Organisationsentwicklung im Immobilienmanagement der BASF innerhalb der letzten Dekade dar. Die BASF ist das nach Umsatz größte Chemieunternehmen der Welt.

Ausgangslage

Das Immobilienportfolio umfasst Immobilien jeglicher Asset-Klassen (Bürogebäude, Sozialgebäude, Hotels, Forschungsgebäude wie Labore und Technika, Sozialgebäude, Lager, Einzelhandelsimmobilien, Werkshallen für Instandhaltung und Produktion, diverse Spezialimmobilien für Energien und Infrastrukturen, Verkehrs- und Freiflächen, Wohnimmobilien, Leitungstrassen, Liegenschaften des Bergbaus und der Rohstoffförderung, Kavernen sowie land- und forstwirtschaftlich genutzte Flächen). Zum Stichtag 31. Dezember 2004 bestand das Immobilienportfolio aus 541 gemieteten, gepachteten oder im Eigentum befindlichen Standorten weltweit, an denen 82.000 Mitarbeiter einen Umsatz von 37,5 Mrd. € erwirtschafteten.[102] An diesen Standorten war ein Immobilienvermögen in Höhe eines Buchwerts von 2,4 Mrd. € gebunden.[103]

Das Portfolio ist innerhalb von zehn Jahren durch Wachstum und Zukäufe signifikant gewachsen. Zum Stichtag 31. Dezember 2015 war das Unternehmen weltweit an insgesamt 1.148 Standorten tätig. Das in Immobilien gebundene Anlagevermögen lag bei einem Buchwert i. H. v. 5,1 Mrd. €. Umsatz und Personalstand sind auf 70,4 Mrd. € und 112.000 Mitarbeiter gestiegen.[104]

Stufe 1: Strategisches Immobilienmanagement

Das Immobilienmanagement der BASF-Gruppe leitet sich aus einer Abteilung ab, die bis in die 1970er-Jahre am Stammwerk Ludwigshafen lediglich mit den klassischen Aufgaben der Liegenschaftsverwaltung und der Begleitung des öffentlichen Baurechts betraut war (Abt. Behördenverkehr und Liegenschaften). Ab den 1980er-Jahren kamen verstärkt beratende Aufgaben bei internationalen Standortansiedlungen im Sinne von Standortsuchen, Kauf- und Mietverträgen für industrielle, aber auch administrativ genutzte Immobilien hinzu. In den 1990er-Jahren hatte die Abteilung das Mandat der globalen Evidenzzentrale für das Immobilienportfolio und für die Beratung bei immobilienwirtschaftlichen Transaktionen weltweit (Kauf, Miete, Leasing), die Eigentümerfunktion für die Liegenschaften (ohne Gebäude) sowie das Mandat für die Betreuung bauleitplanerischer Angelegenheiten und die Vermessungsaufgaben für die Muttergesellschaft BASF AG (vgl. Abb. 5.41).

Der Fokus lag klar auf den strategisch wichtigen Aufgaben eines (globalen) Gesamtüberblicks über das Immobilienportfolio, der fachlich kompetenten Begleitung und Beurteilung von Transaktionen sowie der bauleitplanerischen und liegenschaftsspezifischen Sicherung des Stammwerks Ludwigshafen. Bei Letzterem handelte es sich neben der klassischen Liegenschaftsverwaltung insbesondere um das strategische Instrument der standortbezogenen Grundstückspolitik. Dabei werden die langfristigen liegenschaftsspezifischen Ziele (Betriebsnotwendigkeit von Flächen, poten-

102 Vgl. [BASF SE (2015)].

103 Vgl. [BASF AG (2004)], S. 111.

104 Vgl. [BASF SE (2016)], S. 3.

Abb. 5.41: Organisation und organisatorische Einbindung, 1990er-Jahre (schematisch).[105]

zielle Erweiterungsflächen, Sicherung der bestehenden Nutzung und Sicherstellung künftiger Nutzungsmöglichkeiten) erarbeitet und spezifische Maßnahmen abgeleitet, z. B.:
- Desinvestment von nicht betriebsnotwendigen Liegenschaften
- Sicherung von – insbesondere immissionsrechtlich begründeten – Abständen der gewerblich oder industriell ausgewiesenen Flächen
- langfristige Sicherung von Erweiterungsflächen durch diverse Sicherungsinstrumente wie Vorkaufsrechte, Options- und Reservierungsvereinbarungen[106]
- technische und landschaftspflegerische Schutzmaßnahmen zum Erhalt der bestehenden Nutzung und zur Sicherung potenzieller künftiger Nutzungen

Erfahrungen

Wesentliche Grundlage für die erfolgreiche Arbeit der Abteilung war ein klares Mandat. Gerade im internationalen Transaktionsbereich war dieses durch den vorgeschriebenen Beitrag im Sinne von Fachgutachten für Transaktionen sowie durch den Beisitz des Abteilungsleiters im für Finanz- und Immobilieninvestitionen zuständigen Genehmigungsgremium des Konzerns bei Transaktionen > 2,5 Mio. € gesichert. Über dieses Mandat war nicht nur die fachkundige Betreuung von Transaktionen, sondern auch der Zugriff auf portfoliorelevante Informationen und deren Veränderung gesichert. Außerhalb des Stammwerks basierte die Transaktionstätigkeit auf einer beratenden Zuarbeit für das lokale Management bei geschäftskritischen Projekten wie Industrieansiedlungen und der Verwertung nicht betriebsnotwendiger Liegenschaften.

Als ebenso erfolgskritisch wurde jedoch sehr schnell die Verfügbarkeit von verlässlichen Liegenschaftsdaten erkannt. Diese wurden bis dato nur konsistent am Stammwerk und international eher sporadisch gepflegt (s. Abb. 5.42).

Zur Unterstützung der strategischen Aufgaben wurde, beginnend im Jahr 1998, eine erste umfassende Datenbank (BASF Standortatlas, kurz „BASTA“) auf der Basis einer selbstentwickelten Access-Datenbank erstellt. Durch dieses System war es BASF ab 2002 möglich, dem Management alljährlich einen vollständigen Überblick über das Portfolio gemieteter und im Eigentum befindlicher Liegenschaften zur Verfügung zu stellen. Des Weiteren wurden alle Transaktionen (ohne

105 Quelle: eigene Darstellung.
106 [Glatte, T. (2014)].

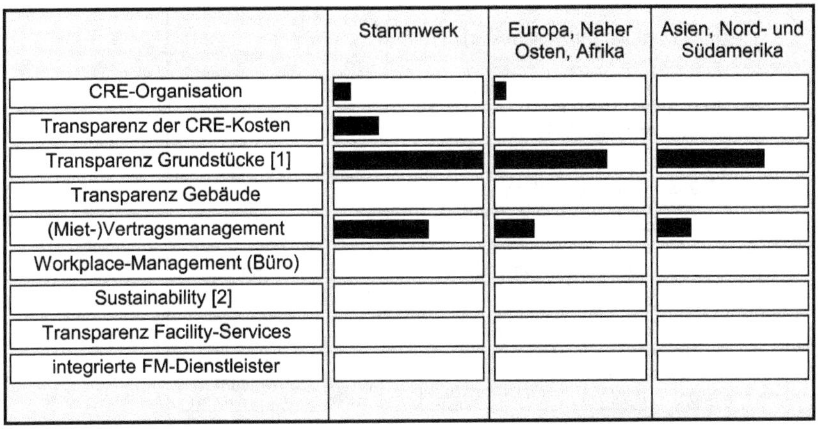

Abb. 5.42: Qualitative Bewertung/Erfüllungsgrad des CREM, 1990er-Jahre (schematisch).[107]

Wertgrenze) erfasst und nachgehalten. Eine portfolioweite Abbildung von Gebäudeflächen wie auch ein aktueller Überblick über laufende Kosten oder Buch-/Verkehrswerte konnte durch das System nicht abgebildet werden. Innerhalb des Stammwerks – eines komplexen und dicht bebauten Chemieareals mit einer Fläche von 7,1 km² im Kernbereich – wurde zudem über eine vollständige über- und unterirdische Kartierung aller baulichen Anlagen, Leitungen etc. die notwendige Transparenz sichergestellt.

Stufe 2: Integration der taktischen Ebene am Stammwerk

Im Zuge von Restrukturierungen am Stammwerk Anfang der 2000er-Jahre wurden deutliche Einsparpotenziale in der Gebäudebewirtschaftung erkannt, beispielsweise durch effizientere Nutzung von Werks- und Büroflächen. Vor diesem Hintergrund wurde die Zuständigkeit (inkl. Eigentümerfunktion) für die nicht durch die Produktion oder Forschung genutzten Gebäude auf das Immobilienmanagement übertragen. Als ein logischer Folgeschritt wurde die Bewirtschaftung von etwa 50 % des Gebäudebestands ausgeschrieben und an einen integrierten FM-Dienstleister übertragen. Der restliche Bestand – zumeist etwas geschäftskritischere Gebäude – wurde weiterhin von eigenen Fachabteilungen auf der Basis eines Auftraggeber-Auftragnehmer-Verhältnisses bewirtschaftet (s. Abb. 5.43).

Erfahrungen

Die Übernahme der Zuständigkeit für das Gebäudeportfolio am Stammwerk hatte Pilotcharakter für die Weiterentwicklung der Immobilienorganisation des gesamten Konzerns. Dies galt ebenso für den Ansatz einer Servicebündelung mit einem integrierten FM-Dienstleister. Der Prozess führte zu einem signifikanten Transparenzgewinn innerhalb des Stammwerks, aber auch zu einem Kompetenzanstieg innerhalb der CRE-Organisation. In der Umsetzung führte die Parallelstruktur von einem externen und einem internen Dienstleister zu einigen zusätzlichen Komplexitäten. Des Weiteren waren zu diesem Zeitpunkt noch drei Forschungsbereiche mit eigenständigen FM-Teams innerhalb des Werks tätig, was weitere Schnittstellen, einen Verlust an Synergien und einen Mangel an Vergleichbarkeit und Transparenz für diese Assets und Services nach sich zog (s. Abb. 5.44).

---

107 Quelle: eigene Darstellung, [1] Non-production, [2] Standard und Umsetzung, Non-production.

Abb. 5.43: Organisation und organisatorische Einbindung, 2004 (schematisch).

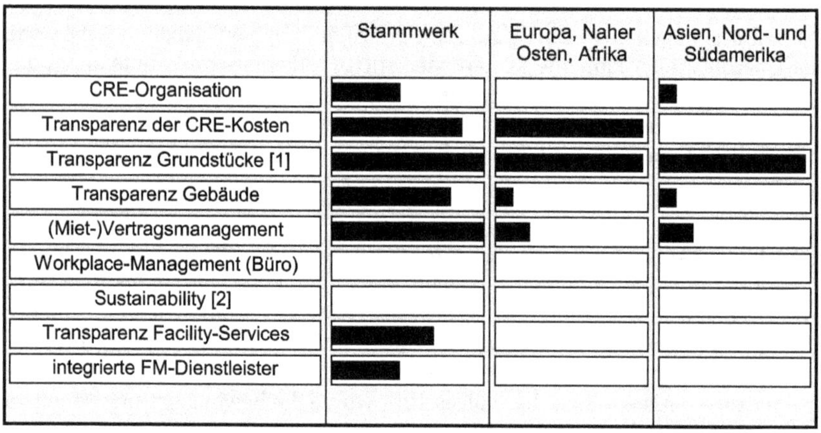

Abb. 5.44: Qualitative Bewertung/Erfüllungsgrad des CREM, Jahr 2004 (schematisch).[108]

Stufe 3: Integration der taktischen und operativen Ebene in EMEA

Auf den Erfahrungen im Stammwerk aufbauend wurden ab dem Jahr 2008 in der Region Europa, Naher Osten und Afrika (EMEA – Europe, Middle East, Africa) die bisher rein lokal an rd. 400 Standorten tätigen Mitarbeiter des Facility-Managements in die Immobilienorganisation integriert. Dieser Prozess wurde im Jahr 2013 mit der Übernahme der Organisationszuständigkeit in Deutschland außerhalb des Stammwerks – dem hinsichtlich Mitarbeiter und CRE-Kosten größten Land – zumindest formell abgeschlossen. Die Implementierung dauert jedoch noch an.

Zum Zeitpunkt der Übernahme der Zuständigkeit im Jahr 2008 war der Outsourcing-Grad in dieser Region bereits relativ hoch – je nach Standort zwischen 50 % und 82 %. Jedoch waren an den o. g. Standorten die meisten Leistungen individuell nach Gewerken vergeben. Die daraus resultierende hohe Managementkomplexität sowie die möglichen Einsparpotenziale durch Leistungsbün-

108 Quelle: eigene Darstellung, [1] Non-production, [2] Standard und Umsetzung, Non-production.

delung führten zu einer europaweiten Ausschreibung von bereits externalisierten FM-Services, die ab 2010 implementiert wurde. Dies führte zu drei jeweils landesspezifisch verteilten integrierten FM-Dienstleistern in Ergänzung zum bereits bestehenden Dienstleister im Stammwerk.

Mit Ausnahme eines Teils der deutschen Standorte, in denen die Grundstücke und Gebäude in rechtlich getrennten Gesellschaften geführt werden, existiert die Trennung der Zuständigkeiten nur innerbetrieblich auf der Basis von Organigrammen, Prozessbeschreibungen, Dienstleistungsverträgen und Kostenstellenzuordnungen. Daher sind rechtliche Rahmenbedingungen und Erfordernisse wie die Betreiberverantwortung, die Verkehrssicherungspflicht usw. immer wieder Grund für zusätzliche Schnittstellen. Das „Hineinregieren" in gesellschafts- und standortspezifische Abläufe – die zumeist seit Langem etabliert und durchaus erprobt und aus Standortsicht auch sehr wohl optimiert sind – führt zu zusätzlichem Abstimmungsbedarf, der nicht immer im Konsens endet. Diese Abstimmung, verbunden mit einer formellen Delegation der Verantwortung der Geschäftsführung an die operativ zuständige CRE-Organisation, erfordert einen längeren internen Klärungs- und Änderungsprozess. Verkompliziert wird dieser noch durch die unterschiedlichen gesetzlichen Rahmenbedingungen selbst innerhalb des EU-Raums.

Zusätzlich zu den paneuropäischen Veränderungen wurden die Zuständigkeiten innerhalb des Stammwerks zum Jahr 2015 neu strukturiert. Dabei wurde die Zuständigkeit der CRE-Organisation auch auf die Laborgebäude ausgeweitet (s. Abb. 5.45).

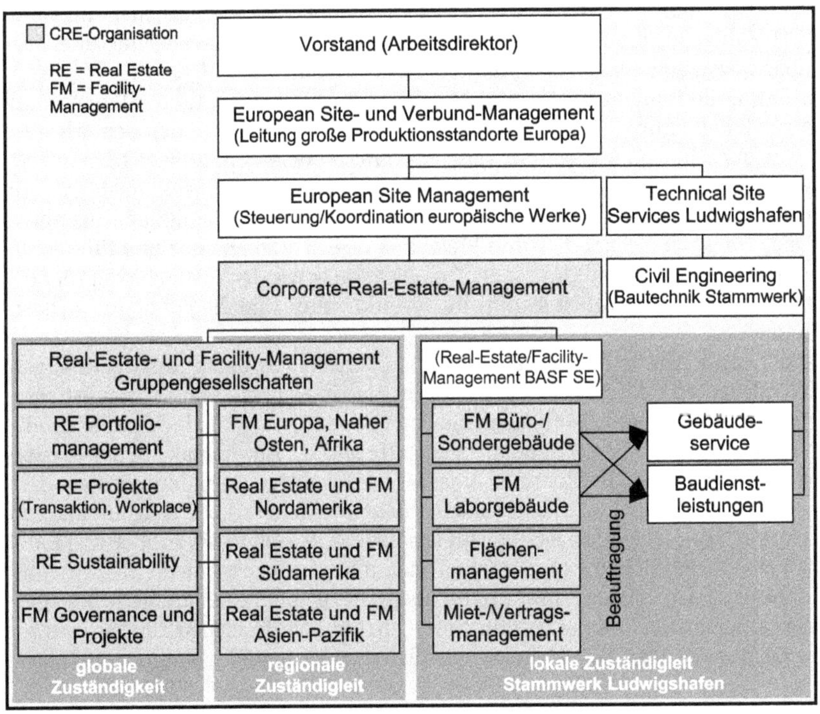

Abb. 5.45: Organisation und organisatorische Einbindung, 2015 (schematisch).

Erfahrungen
Ohne die Integration der lokalen FM-Organisationen – im Stammwerk wie auch auf regionaler Ebene – wäre der Zugriff auf gebäudespezifische Informationen sowie die Kosten nicht möglich gewesen. Nur sie sind in der Lage, Daten nicht nur zu erheben, sondern insbesondere auch fortzuschreiben. Des Weiteren sind gerade dort auch die Kostenzuständigkeiten verortet gewesen (Kostenstellen). Nur eine Weisungsbefugnis und die Verlagerung der Kostenverantwortung hatten die Möglichkeit für die Einführung vergleichbarer Informationen und Kostenstrukturen geschaffen, die letztlich wiederum die Basis für die Realisierung von Einsparpotenzialen durch (standortübergreifende) Leistungsbündelung war.

Ein weiteres Merkmal bei der Übernahme der organisatorischen Zuständigkeit waren sehr unterschiedliche Ausprägungen des Sourcings sowie sehr heterogene Zuständigkeiten. Viele gerade operative Mitarbeiter hatten mehrere Aufgaben, die in unterschiedliche organisatorische Zuständigkeiten fielen. Problematisch war dabei, dass Prioritäten bei Arbeitsspitzen nach individuellen Einschätzungen gesetzt wurden oder auch widersprechende Anweisungen aus den verschiedenen Zuständigkeitsbereichen zu Missverständnissen und Verärgerung beim betreffenden Mitarbeiter führten. Die Restrukturierung der Aufgaben und der Organisation mit dem Ziel, Mitarbeiter mehrheitlich oder vollständig einer Organisationseinheit zuzuordnen, ist ein längerfristiger Prozess, wenn er ohne Mitarbeiteraufbau stattfinden soll. Über den Verlauf von fünf Jahren wurde ab 2008 die Organisationstruktur – mit einem hohen Anteil von Mitarbeitern mit weniger als 0,5 FTE („full time equivalent" – Vollzeit-Äquivalente bzw. Mannjahre) an immobilienwirtschaftlichen Aufgaben auf ein Drittel der FTE-Zahl reduziert. Die dann im Immobilienbereich noch tätigen Mitarbeiter hatten aber danach überwiegend oder vollständig immobilienwirtschaftliche Aufgaben.

Des Weiteren führte die Integration der europäischen FM-Mitarbeiter in die internationale CRE-Organisation zur Eliminierung einer bei Transaktionsprojekten oft kritischen Schnittstelle. Bei Anmietungen wie auch Immobilienkäufen/-verkäufen trat oft eine Konkurrenzsituation zwischen den lokalen Facility-Managern und den international agierenden Transaktionsmanagern auf. Lokale Eigentümerperspektive und Kostenverantwortung sowie lokale Marktkenntnis trafen auf Konzernstrategie, Transaktionsexpertise und Projektmanagementkompetenz und führten oft zu unnötigen Disputen. Die Zusammenführung der Organisation sowie der Zuständigkeit für Kosten führte dazu, dass die Zusammenarbeit signifikant gestärkt wurde und die Friktionen weitestgehend verschwunden sind.

Die Verfügbarkeit von konsistenten und einigermaßen belastbaren Daten und damit immobilienwirtschaftlich relevanten Informationen wie Flächen, Gebäudezustand und Kosten befähigt letztlich die CRE-Organisation (s. Abb. 5.46), mögliche Potenziale aufzuzeigen. Die Organisationsstruktur ermöglicht dann auch die Umsetzung. Aus den aufbereiteten Informationen, den avisierten Potenzialen wie auch den letztlich gelieferten Ergebnissen sowie den Anforderungen aus dem Kerngeschäft oder dem wirtschaftlichen und gesellschaftlichen Umfeld ergeben sich automatisch neue Potenziale, neue Themenfelder und letztlich oft zusätzliche Aufgaben. Im Fallbeispiel BASF leitete sich aus den gesellschaftlichen Erfordernissen, den unternehmensstrategischen Ansprüchen sowie den Kenntnissen zur Gebäudesubstanz die Zuständigkeit für die immobilienwirtschaftlichen Nachhaltigkeitsthemen (Real Estate Sustainability) ab. Ähnliche Ursachen führten auch zur Stärkung und zum Ausbau des Aufgabengebiets Arbeitsplatzgestaltung und -planung (Workplace-Management).

Grundlage für die konzernweite Datenbasis war eine selbstentwickelte Immobiliendatenbank (RESIS – Real Estate Information System), die auf dem vormaligen BASF-Standortatlas (BASTA) aufsetzte. Das System wurde 2005 eingeführt, um den zuständigen CRE-Managern ein modernes Werkzeug für die Verwaltung ihrer Daten zur Verfügung zu stellen und dem Unternehmen im Sinne eines proaktiven Portfoliomanagements Auswertungen über den Immobilienbestand zu ermöglichen. Diese Ziele wurden vollumfänglich erreicht. Das System erlaubte zudem eine Erweiterung zur Abdeckung bestimmter Grundanforderungen des Asset-Managements (taktische Ebene) im

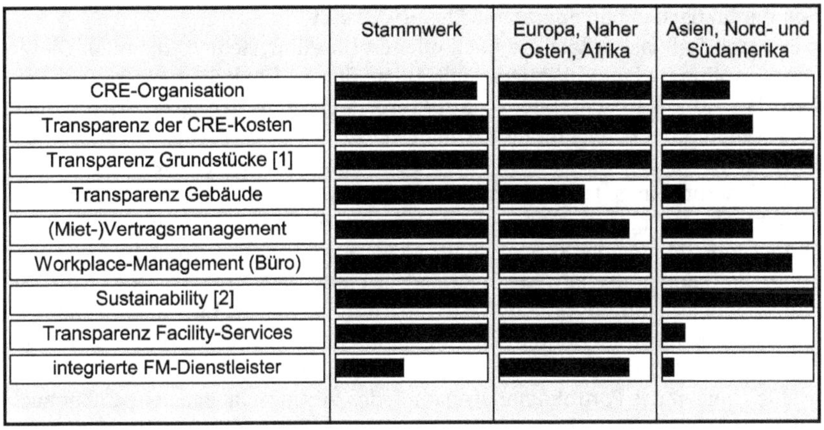

Abb. 5.46: Qualitative Bewertung/Erfüllungsgrad des CREM, Jahr 2015 (schematisch).[109]

Jahr 2012. Bereits hier geriet das System jedoch an seine Grenzen. Neben IT-spezifischen Limitationen ergaben sich auch einzelne grundsätzliche Problemfelder.[110]

- Maßgeschneiderte Systemlösung: Im Vorfeld der Systemeinführung im Jahr 2005 wurde der Markt nach bestehenden Datenbanklösungen untersucht. Die damaligen Anbieter konnten den globalen und strategischen Ansatz nicht angemessen bedienen. Daher wurde eine maßgeschneiderte Eigenlösung umgesetzt. Sie bedient zwar umfassend die spezifischen Anforderungen des Unternehmens wie auch dessen Corporate-Real-Estate-Organisation. Das Know-how für ihre Struktur und Umsetzung ist jedoch bei sehr wenigen Mitarbeitern konzentriert. Eine signifikante Weiterentwicklung – über spezifische technische Nachbesserungen hinaus – kann nicht erfolgen bzw. würde einen nicht vertretbaren Aufwand erfordern.
- Umfang der Dateneingabefelder: Für eine globale und strategisch ausgerichtete Datenbank hat sich der Umfang der Dateneingabefelder als zu groß erwiesen. An zahlreichen der weltweit über 1.900 Standorten (aktuelle und devestierte Standorte) sind mangels Information oder aufgrund hohen Pflegeaufwands immer wieder Datenfelder unbefüllt geblieben oder nicht nachgehalten worden. Dies führte dazu, dass nach einiger Zeit der Datenbestand in eine vergleichsweise geringe Anzahl von Muss-Feldern und eine deutlich höhere Anzahl von fakultativen Datenfeldern unterschieden wurde.
- SAP-Anbindung: Das System ist nicht in die SAP-Landschaft eingebettet. Daher müssen wesentliche Informationen wie Kosten, Personal, Buchwerte etc. manuell über andere Systeme erhoben und für Auswertungen und Kennzahlen mit den Werten der CRE-Datenbank zusammengeführt werden. Für das globale Portfoliomanagement war dieser Sachverhalt jedoch nie als gravierender Nachteil aufgefallen, sodass er hätte korrigiert werden müssen. Die Portfolioauswertungen erfolgen zumeist einmal jährlich. Der vergleichsweise geringe manuelle Aufwand hat die höheren Systemkosten nie gerechtfertigt. Die zunehmende Weiterentwicklung der CREM-Organisation in taktische und operative Aufgaben (s. oben Abb. 5.36) machte es jedoch notwendig, in immer stärkerem Maße auch unterjährig (quartalsweise, monatlich, ggf. auch tagaktuell) auf diese Daten zuzugreifen.

109 Quelle: eigene Darstellung, [1] Non-production, [2] Standard und Umsetzung, Non-production.
110 Vgl. [Glatte, T. (2015)], S. 157.

Stufe 4: Integration der taktischen und operativen Ebene weltweit
Die Abbildungen 5.45 und 5.46 lassen klar die noch offenen Handlungsfelder erkennen. Diesen hat sich die CRE-Organisation im Jahr 2015 zugewandt. Die in Europa (inkl. Stammwerk Ludwigshafen), dem Nahen Osten und Afrika etablierten Strukturen werden weiter gefestigt, verfeinert und ausgebaut. Des Weiteren hat bereits im Jahr 2014 der Prozess begonnen, die hier bekannten Strukturen auf die Regionen Asien-Pazifik, Nordamerika und Südamerika auszuweiten. Diese Implementierung wird wiederum einige Jahre in Anspruch nehmen.

Die Weiterentwicklung der Organisation hinsichtlich ihrer Professionalität und ihrer Einflussmöglichkeiten für die Unterstützung des Kerngeschäfts sowie eine geänderte Rechtslage erfordert auch eine Anpassung der Datenlandschaft. Die in Kapitel 5.7.4 aufgezeigten Defizite sowie die Änderung der Rechnungslegungsstandards IFRS und US-GAAP hinsichtlich der buchhalterischen Betrachtung von Mietverbindlichkeiten erfordern eine neue Datenbank. Diese wird durch die konzernweite Einführung von SAP-RE/FX sowie die nachgelagerte Anbindung eines immobilienspezifischen „Cockpits" für Themen des Portfoliomanagements, des Vertragsmanagements, aber auch einer Vielzahl operativer FM-Themen sichergestellt.

Das Problem der datentechnischen „eierlegenden Wollmilchsau" wird dadurch zu umgehen versucht, dass durch intensiven Stakeholder-Dialog zuerst der zu erreichende Output des Systems (Datenauswertungen) definiert wird. Basierend auf diesen Ergebnissen sind die bestehenden Systeme (SAP, Kostenstellenstrukturen etc.) auf Verknüpfbarkeit zu untersuchen. Erst dann wird zu besprechen sein, welche – noch fehlenden – Daten noch zu erheben sind. Das Konzept hierfür ist in Abbildung 5.47 dargestellt.[111]

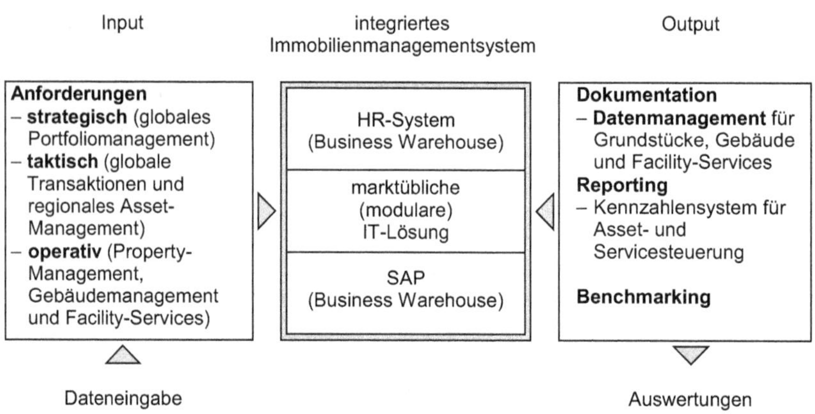

Abb. 5.47: Künftige Immobiliendatenbank – Systemstruktur (schematisch).[112]

111 Vgl. [Glatte, T. (2015)], S. 157.

112 Quelle: eigene Darstellung.

5.7.5 Der (steinige) Weg zum CRE-Manager

Das Corporate-Real-Estate-Management hat sich in den vergangenen Jahren weiterentwickelt und auf die Anforderungen der Globalisierung eingestellt. Die Anforderungen an das Management von betrieblichen Immobilien variieren von Unternehmen zu Unternehmen hinsichtlich des Immobilienportfolios und der zu betreuenden Asset-Klassen, deren regionaler Verteilung sowie des Leistungsspektrums und der Wertschöpfungstiefe der CREM-Organisation. Daraus leiten sich auch Art und Umfang der immobilienwirtschaftlichen Steuerung sowie deren Managementsysteme ab.

Ein wesentlicher Aspekt ist die Erkenntnis, dass eine Betriebsimmobilie – rein betriebswirtschaftlich gesehen – den Status eines Betriebsmittels oder Hilfsmittels für das Kerngeschäft hat. Abgeleitet daraus ist betriebliches Immobilienmanagement ein innerbetrieblicher Stützprozess. So wie sich die Ziele des CREM im Unternehmen aus den Zielvorgaben des Kerngeschäfts abzuleiten haben, so sind die immobilienwirtschaftlichen Steuerungssysteme den CREM-Zielen zu entlehnen. Diese verändern sich mit dem Reifegrad der CREM-Organisation. Der CRE-Manager sollte also in einem ersten Schritt den Status quo seiner Situation im Unternehmen ermitteln und sich dann unmittelbare, kurzfristige Ziele vorgeben sowie eine langfristige Vision entwickeln. Die Ansätze hierfür sind vielfältig und sehr unternehmensspezifisch.

Darauf basierend ist eine stufenweise Weiterentwicklung von Organisation, Strukturen, Prozessen und unterstützender Systemlandschaft angeraten. In der Praxis sind zwei Entwicklungsrichtungen häufig anzutreffen. Entweder wird als erster Schritt eine kleine, strategisch ausgerichtete Organisation etabliert, die neben einem Portfolioüberblick insbesondere grundsätzliche Portfolioentscheidungen fachlich begleiten und unternehmensweit immobilienwirtschaftliche Basisprozesse im Sinne einer Governance einführen soll (Top-down-Approach), oder der Kompetenzrahmen einer starken lokalen FM-Organisation – üblicherweise in der Konzernzentrale oder im Stammwerk – wird sukzessive erweitert mit dem letztlichen Ziel einer Komplettverantwortung im Konzern.

Einen Königsweg hierfür gibt es nicht. Eine Vielzahl von wesentlichen Parametern und sehr heterogene Konstellationen im Unternehmensvergleich, aber auch innerhalb der Unternehmen selbst machen es notwendig, die jeweilige CRE-Struktur individuell zu konfigurieren.[113] Diese Struktur ist zudem kontinuierlich den innerbetrieblichen, gesamtwirtschaftlichen und ggf. auch gesellschaftlichen Rahmenbedingungen anzupassen. Genau darin aber liegt der besondere Reiz der Aufgabe. Es liegt letztlich einzig am zuständigen CRE-Manager, die langfristigen Unternehmens- und CRE-Ziele nicht aus dem Auge zu verlieren und mit etwas Mut, viel Geschick, einigem Opportunismus und sehr viel Geduld einen Schritt nach dem anderen zu gehen. Gelegentliche Rückschläge sind in der Praxis die Regel und somit als Teil des Gesamtprozesses zu sehen.

Literatur

[BASF AG (2004)] BASF (Hrsg.): Zukunft gestalten – Finanzbericht 2004; Ludwigshafen 2004.

[BASF SE (2015)] BASF (Hrsg.): Zehnjahresübersicht, URL: https://www.basf.com/de/company/investor-relations/basf-at-a-glance/key-financial-data/ten-year-summary.html (letzter Aufruf: 18.01.2015).

[BASF SE (2016)] BASF (Hrsg.): BASF Bericht 2015; Ludwigshafen 2016.

[Glatte, T. (2012)] Glatte, Thomas: Betriebsimmobilien im Markttest, in: Immobilienmanager (2012), Nr. 11.

[Glatte, T. (2013)] Glatte, Thomas: Corporate Real Estate Management plays an important role in corporate strategies, in: The Leader (2013), Volume 12, Issue 2, S. 44.

[Glatte, T. (2014)] Glatte, Thomas: Entwicklung betrieblicher Immobilien; Wiesbaden 2014.

113 Vgl. [Kämpf-Dern, A. (2014)], S. 97 ff.

[Glatte, T. (2015)] Glatte, Thomas: Steuern oder gesteuert werden – betriebliche Immobilienmanagementsysteme, in: Zeitner, Regina; Peyinghaus, Marion (Hrsg.): Prozessmanagement Real Estate: Methodisches Vorgehen und Best Practice Beispiele aus dem Markt; Heidelberg u. a. 2015.

[Haynes, B. (2010)] Haynes, Barry P.: Corporate Real Estate Asset Management; Burlington, MA 2010.

[Hines, M. (1990)] Hines, Mary A.: Global Corporate Real Estate Management: A Handbook for Multinational Businesses and Organizations; Westport, CT 1990.

[Kämpf-Dern, A. (2014)] Kämpf-Dern, Annette; Pfnür, Andreas: Best practice, best model, best fit – Strategic configurations for the institutionalization of corporate real estate management in Europe, in: Journal of Corporate Real Estate (2015), Vol. 16 Issue 2, pp. 97–125.

[Nävy, J. (2013)] Nävy, Jens; Schröter, Matthias: Facility Services: Die operative Ebene des Facility Managements; Heidelberg 2013.

[Peyinghaus, M. (2013)] Peyinghaus, Marion; Zeitner, Regina: Prozesse strukturieren, steuern, transformieren: Chancen für die Immobilienbranche, in: Zeitner, Regina; Peyinghaus, Marion (Hrsg.): Prozessmanagement Real Estate: Methodisches Vorgehen und Best Practice Beispiele aus dem Markt; Heidelberg u. a. 2013.

[Pfnür, A. (2014)] Pfnür, Andreas: Die volkswirtschaftliche Bedeutung von Corporate Real Estate in Deutschland: Studie eines Herausgeber-Konsortiums bestehend aus Zentralem Immobilienausschuss e. V., CoreNet Global Inc., BASF SE, Eurocres GmbH und Siemens AG; Darmstadt 2014.

[Uttich, S. (2011)] Uttich, Steffen: Aufbruch aus dem Schattendasein, in: Frankfurter Allgemeine Zeitung, 09.11.2011, S. 39.

6 Technisches Immobiliencontrolling umsetzen

6.1 Einführung

Ulrich Bogenstätter

Es gibt drei wesentliche Optimierungsansätze, ein Gebäude als Ressource nachhaltig zu nutzen: Belegungsgrad, Flächennutzungsgrad und Nutzungskosten.

Holger Basten schildert die Möglichkeiten der Steuerung des Immobilienportfolios am Beispiel der öffentlichen Hand in Kapitel 6.2. Zum besseren Verständnis der öffentlichen Hochbauverwaltung werden am Beispiel des Landesbetriebs für Liegenschafts- und Baubetreuung (LBB) die technischen Immobilienaufgaben in einem heterogenen Immobilienportfolio beschrieben. Der Schwerpunkt liegt auf den eigengenutzten Immobilien des Landes Rheinland-Pfalz. Dabei werden die Methoden zur Steuerung des Bedarfs herangezogen und erläutert. Der Planungs- und Genehmigungsprozess für große Baumaßnahmen nach RLBau wird aufgezeigt. Eine Besonderheit besteht darin, dass das Land Rheinland-Pfalz eine Lebenszykluskostenberechnung nach RLBau nach Bauteilen einfordert (vgl. Kap. 3.9.5). Die Bedeutung der Nutzungskosten für eigengenutzte Immobilien wird hervorgehoben, insbesondere die der Versorgungskosten (Energie und Wasser) und der Instandsetzungskosten. Maßnahmen zur Reduzierung der „zweiten Miete" und der Instandsetzungskosten lassen sich daraus ableiten. Beides wird in einem Controlling-Prozess transparent abgebildet.

Danach werden unter den Aspekten Qualität, Kosten und Zeit die Relevanz und die wesentlichen Möglichkeiten der Beeinflussung gezeigt. In Kapitel 6.3 liegt der Schwerpunkt auf den quantitativen und qualitativen Bedarfsanforderungen, die sich u. a. in den Bauwerksflächen und Ausstattungsmerkmalen ausdrücken. Eine Überprüfung und Beeinflussung der Flächenkennwerte ist in den (frühen) Planungsphasen unverzichtbar und wird mit konkreten Kennwerten für Gebäude und Funktionsbereiche belegt. Grundsätzlich wird dem Prinzip der Balanced Scorecard gefolgt: Ziele formulieren, Kennzahl und Vorgaben festlegen, Maßnahmen ergreifen. Einen Schwerpunkt in der Darstellung bilden die Betriebs- und Instandsetzungskosten.

Der mitunter wichtigste Stellhebel, die Nutzungskosten je Nutzeinheit zu senken, ist Gegenstand von Kapitel 6.4, nämlich der Belegungsgrad und seine Zwillingsschwester, die Leerstandsquote. Anschließend wird in Kapitel 6.5 en détail auf die Möglichkeiten zur Berechnung (Methoden), die Verwendung von (Vergleichs-)Kennzahlen und die Ableitung von Maßnahmen bei den wichtigen Nutzungskostenarten eingegangen. Das betrifft insbesondere die Investitionskosten und Kapitalkosten (Kap. 6.6), die Objektmanagementkosten (Kap. 6.7), die Betriebskosten (Kap. 6.8) und die Instandsetzungskosten (Kap. 6.9).

Bernd Hanke zeigt in Kapitel 6.10 die konkrete Umsetzung des Controllings mit Leistungskennzahlen bei einem Service-Unternehmen unter Anwendung der Balanced Scorecard.

6.2 Steuerung des Immobilienportfolios am Beispiel der öffentlichen Hand

Holger Basten

Nachfolgend werden die Grundlagen und einzelne Kriterien der Steuerung öffentlicher Immobilienportfolios dargestellt.

https://doi.org/10.1515/9783110480863-006

6.2.1 Das Portfolio der öffentlichen Hand

Obwohl die Organisationsmodelle der Liegenschaftsverwaltung und ihre Handlungsschwerpunkte je nach Art der Gebietskörperschaft (Bund, Land, Kommune) zum Teil sehr unterschiedlich ausgeprägt sind, gibt die exemplarische Darstellung der Aufgabenstruktur des Landesbetriebs LBB einen guten Anhaltspunkt für den bisherigen und den zukünftigen Entwicklungsbedarf öffentlicher Gebietskörperschaften.

Erfassung des Immobilienportfolios der öffentlichen Hand am Beispiel des LBB

Mit der Gründung des Landesbetriebs Liegenschafts- und Baubetreuung LBB (Landesbetrieb LBB) im Jahr 1998 in Rheinland-Pfalz wurde ein Großteil der Landesimmobilien in das wirtschaftliche Eigentum des Landesbetriebs übertragen.

Der Verkehrswert der zu übertragenden Immobilien wurde erstmals vollständig ermittelt. Um die große Anzahl der Immobilien bewerten zu können, wurden die Objekte nach Typologien gebündelt und eine Clusterwertermittlung durchgeführt. Weitere Liegenschaften wurden im Lauf der Jahre dem Landesbetrieb LBB übertragen. Einige befinden sich nach wie vor im Landeseigentum, hierzu zählen u. a. der Landtag, Burgen, Schlösser und Altertümer. Bei Veränderungen des Portfolios durch Zu- und Abgänge wird eine Wertermittlung nach Wertermittlungsverordnung durchgeführt und der Buchwert ggf. vor dem Verkauf aktualisiert. Das Verfahren der Veräußerung und des Kaufs erfolgt gemäß § 64 LHO.

Der Landesbetrieb LBB ist im Wesentlichen eine Nachfolgeinstitution der ehemaligen Staatsbauverwaltung. Ursprünglich war die Weiterentwicklung zu einer GmbH & Co. KG mit den drei Geschäftsfeldern Vermögensmanagement, Gebäudebewirtschaftung und Planungs- und Ingenieurleistungen vorgesehen. Weiterhin war vorgesehen, dass auf längere Sicht diese Gesellschaft auch den gesamten Service rund um die Immobilien einschließlich eines umfassenden Facility-Managements übernehmen sollte. Dieses Vorhaben konnte nicht weiter umgesetzt werden, sodass sich der Übergangsstatus als langfristige Lösung etablierte. Insofern wurden auch zahlreiche Fragen der Steuerung und Schnittstellen nicht abschließend und verlässlich geklärt. Das ursprüngliche Zielmodell kann einer Veröffentlichung im Bundesbaublatt aus dem Gründungsjahr des LBB entnommen werden.[1]

Der Landesbetrieb LBB ist der Immobilien- und Baudienstleister für das Land Rheinland-Pfalz. Seine Leistungen umfassen die Geschäftsfelder Immobilien- und Baumanagement von der Betreuung und Optimierung des eigenen Immobilienbestands nach betriebswirtschaftlichen Gesichtspunkten bis zur Umsetzung von Bauvorhaben des Bundes, der NATO, der Gaststreitkräfte, des Landes und Dritter (vgl. Abb. 6.1 und 6.2).

Mit einem jährlichen Bauvolumen von rd. 400 Mio. € ist er ein bedeutender Wirtschaftsfaktor in Rheinland-Pfalz. Derzeit arbeiten im Betrieb rd. 1.300 Mitarbeiterinnen und Mitarbeiter an insgesamt acht Standorten: in Diez, Idar-Oberstein, Kaiserslautern, Koblenz, Landau, Mainz, Trier, Weilerbach sowie in der Zentrale in Mainz. Neben dem Fachwissen der Ingenieursparten Hochbau, Bauingenieurwesen/Tiefbau, Elektro- und Versorgungstechnik verfügen die Niederlassungen über Competence Center mit niederlassungsübergreifendem Expertenwissen zu regenerativen Energien, Energiemanagement, Projektsteuerung, Brandschutz, Schadstoffsanierung, Trinkwasserhygiene, Wertermittlung, Sicherheits- und Gesundheitsschutz (SiGeKo) sowie Pipelinebau (POL – Petrol, Oil, Lubricants).

Aufgabe des Geschäftsfelds Immobilienmanagement ist es, das Immobilienportfolio, welches das Land Rheinland-Pfalz dem Landesbetrieb LBB ins wirtschaftliche Eigentum übertragen hat, im Rahmen der finanziellen Vorgaben des Landes in seinem Wert zu sichern und es – soweit dazu ermächtigt – optimal zu bewirtschaften. Um Gebäude und Grundstücke ökonomisch nutzen,

---

1 Aus [Grunwald, A. (1998)], S. 13–19.

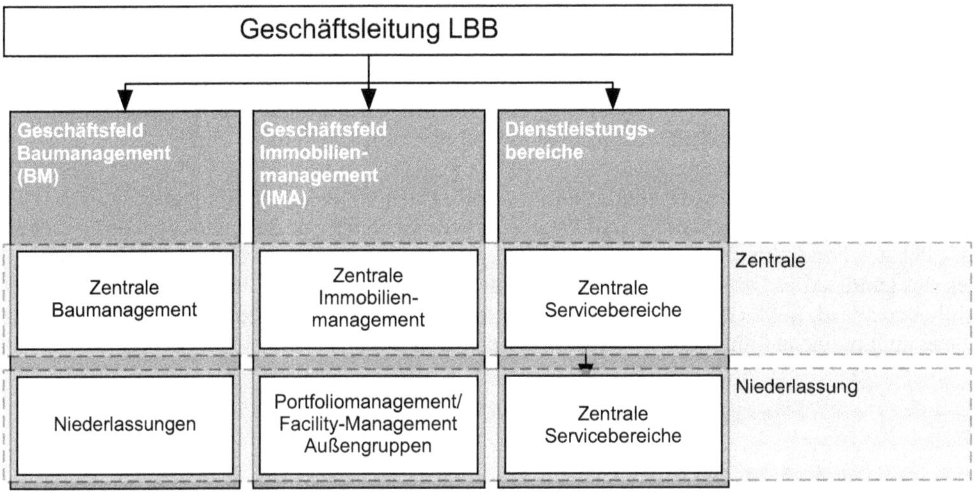

Abb. 6.1: Geschäftsleitung des Landesbetriebs LBB.[2]

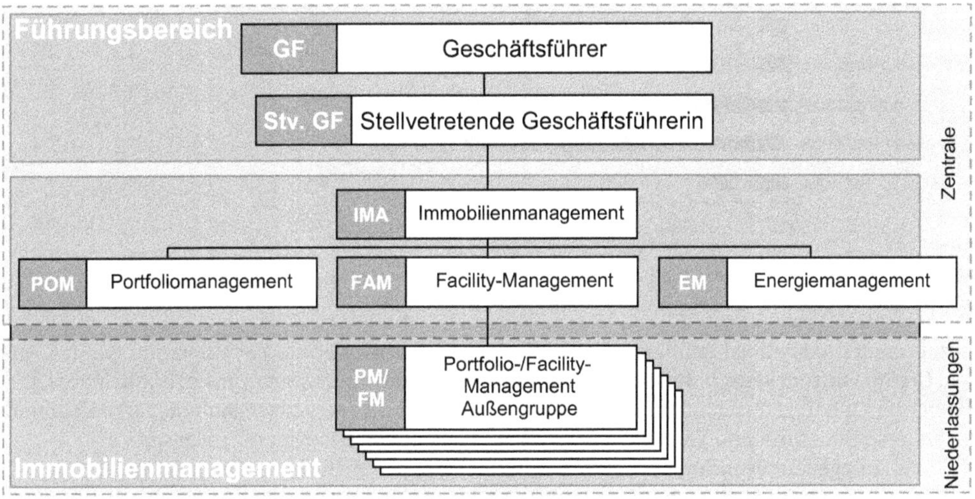

Abb. 6.2: Aufgabenbereiche und Führungsstruktur des Immobilienmanagements im Landesbetrieb LBB.[3]

bewirtschaften und im Wert erhalten zu können, werden im Portfoliomanagement u. a. Entwicklungs- und Vermarktungskonzepte erarbeitet. Diese beziehen als langfristige Strategien den gesamten Lebenszyklus einer Immobilie ein. Das kaufmännische und infrastrukturelle Immobilienmanagement sowie das technische Gebäudemanagement übernehmen die Verwalterfunktionen.

Rechtlich ist der Landesbetrieb LBB im Sinne des § 26 Landeshaushaltsordnung (LHO) in Verbindung mit der Verwaltungsvorschrift zum Vollzug der LHO ein rechtlich unselbstständiger, abgesonderter Teil der Landesverwaltung, dessen Tätigkeit in Teilen erwerbswirtschaftlich ausge-

2 Quelle: eigene Darstellung.

3 Quelle: eigene Darstellung.

richtet ist. Nach § 18 Abs. 1 Haushaltsgrundsätzegesetz hat er einen Wirtschafts- und Finanzplan aufzustellen, der in den Haushaltsplan des Landes einfließt. Instandsetzungen und Baumaßnahmen an LBB-eigenen Immobilien werden durch Mieteinnahmen refinanziert. Allerdings werden sowohl bei Bau- als auch bei Instandsetzungsmaßnahmen häufig nicht nur die Budgets, sondern auch der Projekt- und der Bearbeitungsumfang von den auftraggebenden Verwaltungen oder der Fachaufsicht vorgegeben.

Zum Gebäudeportfolio des Landesbetriebs LBB zählen überwiegend Bürogebäude (rd. 40 %) wie z. B. Ministerien, Finanzämter und Katasterämter, aber auch Spezialimmobilien wie z. B. Justiz-, Polizei-, Forstgebäude, Museen und Schulen. Hinzu kommen die Universitäten und Hochschulen des Landes. Der Landesbetrieb LBB ist wirtschaftlicher Eigentümer von rd. 600 Wirtschaftseinheiten mit rd. 1.800 Gebäuden mit insgesamt knapp 2,87 Mio. m^2 Mietflächen (s. Abb. 6.3), für die er umfangreiche Immobiliendienstleistungen erbringt.

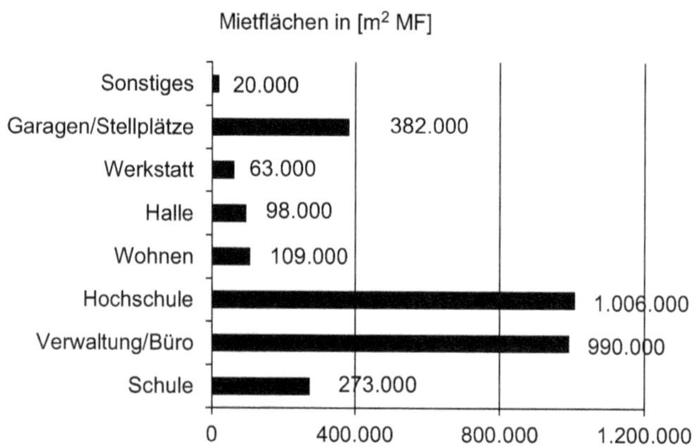

Abb. 6.3: Immobilienportfolio des Landesbetriebs LBB nach Nutzungsarten und Mietflächen (m^2_{MF}).[4]

Bezogen auf die Mietflächen bilden die Gebäude der Hochschulen und Schulen den größten Anteil. Größte Einzelliegenschaft ist die Immobilie der Johannes-Gutenberg-Universität in Mainz. Die Hochschulen haben durch ihren Ausbau z. B. in Landau, Koblenz, Kaiserslautern, Birkenfeld und an anderen Standorten im Vergleich die größten Flächenausweitungen aufzuweisen.

Das Anlagevermögen hat sich 2007 durch die Einlage der Hochschulimmobilien sprunghaft erhöht, danach zeigt sich auch unter Berücksichtigung der Abschreibungen ein deutlicher Wertzuwachs durch Neubaumaßnahmen, der sogar bei haushaltspolitisch bedingt sinkenden Neubauinvestitionen sein Niveau halten konnte (s. Abb. 6.4).

Die Leerstandsquote ist vergleichbar mit der anderer öffentlicher Immobilienverwaltungen und mit durchschnittlich unter 1,5 % stabil (s. Abb. 6.5). Dieses begründet sich zum einen durch die kontinuierliche Verwertung nicht mehr benötigter Immobilien, für die in den letzten Jahren Verkäufe in Höhe von durchschnittlich 5 Mio. € p. a. realisiert werden konnten. Diese Veräußerungen führten unter Berücksichtigung des Buchwerts zu moderaten Gewinnen. Die Leerstandsquote ist zum anderen deswegen vergleichsweise gering, da sich die Mietpreise des Landesbetriebs LBB i. d. R. unterhalb des Mietniveaus privater Bestandsobjekte bzw. privatfinanzierter Neubauten bewegen. Ebenso ist die Veränderung der Bedarfe gering, d. h., die Mieter- und Behördenstruktur ist organisatorisch und personell ebenfalls stabil. Allerdings stellt die Leerstandsquote des Landes-

4 Quelle: eigene Darstellung, Datenbasis Landesbetrieb LBB.

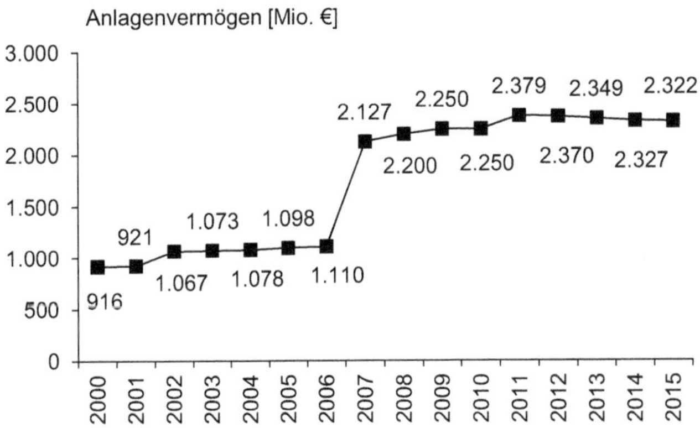

Abb. 6.4: Entwicklung des Anlagevermögens jeweils zum 31.12. eines Jahres.[5]

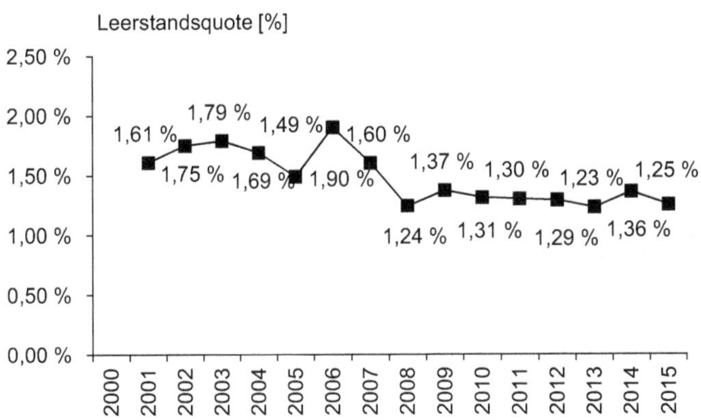

Abb. 6.5: Entwicklung der Leerstandsquote.[6]

betriebs LBB keine Detailbetrachtung der Mietflächennutzung durch Behörden und Einrichtungen des Landes dar, bestehen doch zahlreiche Drittanmietungen, die nicht vom Landesbetrieb LBB erfasst werden. Auch die letztlich vorhandene Nutzungsintensität (z. B. Nutzung und Belegung der Räume) wird vom Land nicht erfasst und ist somit vom Landesbetrieb LBB nicht einschätzbar. Zu berücksichtigen ist ebenfalls, dass auch durch abweichende Zielsetzung und begrenzte Finanzierungsmöglichkeit einzelner Mieter mittelfristige wirtschaftliche Standortkonzepte scheitern können. Eine zentrale strategische Steuerung über das Mieter-/Vermieter-Modell wurde vom Land nicht eingerichtet.

Der Landesbetrieb LBB realisierte bis 2010 ein stabiles Bauvolumen für den Bauunterhalt, Generalsanierungen und Investitionen von jährlich bis zu 180 Mio. € (vgl. Abb. 6.6). Davon entfielen rd. 100 Mio. € auf Neubau- bzw. Ersatzbaumaßnahmen, rd. 10 bis 15 Mio. € auf Generalsanierungen und rd. 70 Mio. € auf die laufende Instandhaltung.

Die jährlichen Instandhaltungsaufwendungen stiegen von rd. 48 Mio. € 2007 auch durch die Übernahme der Hochschulen in den Folgejahren auf 73,4 Mio. €.

5 Quelle: eigene Darstellung, Datenbasis Landesbetrieb LBB.

6 Quelle: eigene Darstellung, Datenbasis Landesbetrieb LBB: Leerstand ohne Pacht- und Parkflächen sowie ohne Gebäudeflächen, die sich in Umbau- oder Sanierungsmaßnahmen befinden, seit 01.01.2015 inkl. Flughafen Hahn.

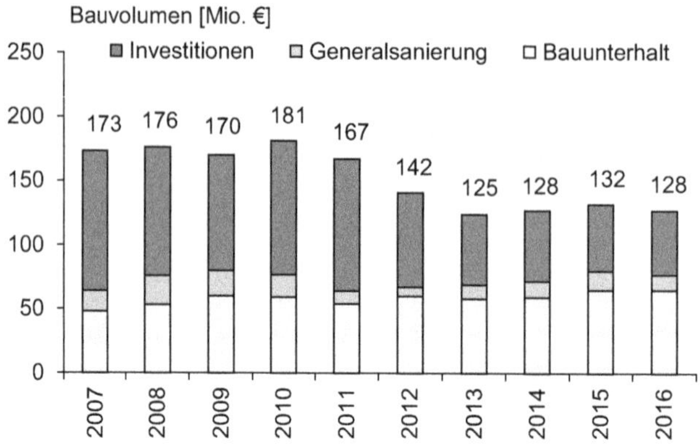

Abb. 6.6: Entwicklung des Bauvolumens des LBB-eigenen Immobilienportfolios.[7]

Gründe für die steigenden Instandhaltungsaufwendungen sind, neben dem Effekt der Schuldenbremse im Landeshaushalt und der damit anteilig zurückgehenden Anzahl an Generalsanierungen, insbesondere die Auswirkungen eines Instandhaltungsstaus bei der Übernahme der Hochschulliegenschaften. Dies führt dazu, dass trotz kontinuierlich erhöhten Instandhaltungsbudgets die Mittel nicht zur Durchführung aller notwendigen Instandhaltungen ausreichen. Da die der Wirtschaftsführung des Landesbetriebs LBB zuzuordnende Kreditaufnahme nach Vorgabe des Landes auf null zu senken war, mussten im Ergebnis die Investitionen in Neubau, Grundinstandsetzung und Modernisierung auf 128 Mio. € im Jahr 2016 rückgeführt werden. Bei der fortgesetzten Prioritätensetzung auf große Neubaumaßnahmen konnten notwendige Grundinstandsetzungen und Generalsanierungen nicht geplant und realisiert werden.

Die vorgegebenen Investitionsschwerpunkte, z. B. der forcierte Ausbau von Bildungseinrichtungen und einzelner Verwaltungszweige, energetische Sanierung u. a., bilden sich im Haushaltsplan des Landes über den Wirtschaftsplan des Landesbetriebs LBB ab. Für eine belastbare Entscheidungsfindung über Neubaumaßnahmen liegen zwischenzeitlich umfassende Informationen über bautechnische Handlungsnotwendigkeiten, differenzierte Variantenbetrachtungen, die einzubeziehenden Folgekosten und weitere Daten vor, deren Berücksichtigung wird jedoch fallweise unterschiedlich gehandhabt. Bei der Beschaffung öffentlicher Hochbauinfrastruktur durch Bau, Kauf oder Miete sollten insbesondere in der Entwicklungs- und Planungsphase nicht nur die Bauinvestitionen, sondern auch die Folgekosten zugrunde gelegt werden. Die nachfolgend aufgeführten Instrumente ergeben sich jeweils aus der Entscheidung über die Beschaffungsart und deren Folgekosten.

6.2.2 Methoden zur Steuerung des Bedarfs

Die Methoden zur Bedarfsermittlung und -definition sind sowohl im öffentlichen als auch im privaten Liegenschaftsbereich den Aufgabenstellungen entsprechend häufig sehr komplex und in den Projektierungsabläufen der Bedarfsdefinition und -genehmigung differenziert geregelt. Die wichtigsten Instrumente und Kriterien werden nachfolgend exemplarisch aufgeführt.

7 Quelle: eigene Darstellung, Datenbasis Landesbetrieb LBB.

Wirtschaftlichkeitsuntersuchungen

In der Phase der Entwicklung eines Projekts werden entsprechend den Gegebenheiten (Nutzerbedarf, baulicher Zustand der vorhandenen Immobilie etc.) Wirtschaftlichkeitsuntersuchungen durchgeführt, die die Möglichkeiten von Anmietung, Ankauf, Eigenbau, Investorenmodelle, Umbau/Ausbau/Sanierung und/oder Abbruch unter die Lupe nehmen. Bestandteile der Wirtschaftlichkeitsuntersuchung sind Zielformulierung, Lösungsalternativen, baufachliche Gutachten, optional Marktanfragen zu Fremdanmietungen, Erläuterungen der Lebenszykluskosten (einschließlich Risikoabschätzung), eine nicht monetäre Betrachtung zu Nachhaltigkeitskriterien, eine abschließende monetäre Betrachtung und letztendlich die Zusammenführung der Teilaussagen zu einer Empfehlung.

Definiert wird der Umfang der Wirtschaftlichkeitsuntersuchung in der „Richtlinie zur Durchführung von Bauaufgaben in Rheinland-Pfalz“ (RLBau). Speziell für die Wirtschaftlichkeitsuntersuchung von PPP-Projekten gibt der Leitfaden „Wirtschaftlichkeitsuntersuchungen bei PPP-Projekten“ eine bundeseinheitliche Vorgehensweise vor.

Zur Bedarfssteuerung, also als Vorgabe des zu genehmigenden Raumbedarfs bzw. Raumprogramms und auch für die nachfolgende Planung hat das Land Rheinland-Pfalz Flächenhöchstwerte für Gebäude (vgl. Abb. 6.7) und Räume, z. B. für Geschäftszimmer von Landesbehörden, festgelegt (s. Abb. 6.8). Damit wird der maximal zulässige Bedarf reglementiert. Erweitert werden diese Hauptnutzflächen durch Richtwerte für Konstruktion und Brutto-Grundflächen in der RLBau, die Planungs- und Orientierungswerte darstellen. In den Phasen der Projektentwicklung sowie in den verschiedenen Prüfungs- und Genehmigungsschritten sind dies wichtige Eckdaten. Zugleich haben diese Werte sich zu verwaltungsinternen Fixgrößen entwickelt, sodass sowohl Nutzer als auch Genehmigungsbehörden auch bei abweichender Planungsrealität nur schwer dazu zu bewegen sind, die Planzahlen und genehmigten Größen realistisch oder optimierend anzupassen.

			Gebäude mit büroartiger Nutzung	Gebäude mit einfacher technischer Ausstattung	Gebäude mit mittlerer technischer Ausstattung	Gebäude mit hoher technischer Ausstattung
DIN 277 Ausgabe Februar 2005			v.H.	v.H.	v.H.	v.H.
3.1.1.1	NF	Nutzfläche	100	100	100	100
3.1.1.2	TF	Funktionsfläche	*Hinweis: Die Orientierungswerte befinden sich noch in der Abstimmung und werden zu einem späteren Zeitpunkt per Erlass ergänzend mitgeteilt.*			
3.1.1.3	VF	Verkehrsfläche				
3.1.1	**NGF**	**Netto-Grundfläche**				
3.1.2	KGF	Konstruktions-grundfläche	27	28	24	24
3.1	BGF	Brutto-Grundfläche	175	185	190	200

BRI/HNF	Brutto-Rauminhalt / Nutzfläche	*Hinweis: Die Orientierungswerte befinden sich noch in der Abstimmung und werden zu einem späteren Zeitpunkt per Erlass ergänzend mitgeteilt.*
BRI/BGF	Brutto-Rauminhalt / Brutto-Grundfläche	

Abb. 6.7: Planungs- und Kostendaten im Hochbau, Planungs- und Orientierungswerte, RLBau.[8]

8 Aus [fm.rlp RLBau 2014], Anhang 1.

1.	Einzelflächen für Schreibkräfte bei gemeinsamer Unterbringung von mehreren Personen in einem Raum* bei 2 Personen	6 m² 15 m²
2.	Einzelflächen für Mitarbeiter (Hilfskräfte), Bedienstete im Registraturdienst und in gleich zu bewertender Tätigkeit**. Bei gemeinsamer Unterbringung mehrerer Mitarbeiter (MA) in einem Raum je Person** bei 2 Personen**.	9 m² 6 m² 15 m²
3.	a) Einzelbüros für Sachbearbeiter (SB) und andere Bedienstete mit entsprechend zu bewertenden Aufgaben**.	12 m²
	b) bei gemeinsamer Unterbringung von 2 Personen (z.B. 2 SB oder 1 SB und 1 MA) können für jede weitere Person jeweils angesetzt werden**.	18 m² 6 m²
	c) Einzelbüros für Amtsvorsteher in Ortsbehörden und Landesbetrieben**,***	24 m²
4.	Einzelbüros für a) Referenten und SB in Ministerien, Ober- und Mittelbehörden b) Referatsleiter in Ober- und Mittelbehörden c) Sachgebietsleiter oder dgl. in Ortsbehörden und Landesbetrieben	15 m²
5.	Telearbeitsplätze (bei grundsätzlicher 2er-Belegung), ansonsten wie vor	18 m²
6.	Einzelbüros für Abteilungsleiter in Ministerien, Leiter und Abteilungsleiter oder dgl. von Ober- und Mittelbehörden und Landesbetrieben	24 m²
7.	Einzelbüros für a) Minister b) Staatssekretäre	42 bis 48 m²

Abb. 6.8: Höchstflächen für Geschäftszimmer der Landesbehörden, RLBau.[9]

Kostenrichtwerte

Die Kostenrichtwerte für Gebäudegruppen (s. Abb. 6.9) stellen Programmkosten dar, die weder auf eine reale Planung Bezug nehmen, noch zukünftige Preisentwicklungen beinhalten. Sie stammen aus einer rückwärtsgewandten Auswertung. Auch wenn sie nicht die Belastbarkeit von Kostenschätzungen aufweisen können, bieten sie erste Anhaltspunkte für einen Investitionsrahmen.

Differenziert wird nach Gebäudenutzung (z. B. Gebäude mit büroartiger Nutzung, Gebäude mit einfacher, mittlerer und hoher technischer Ausstattung), nach Kostenrichtwerten für Hochschulgebäude (gegliedert nach Fachrichtungen) sowie nach Grobkostenrichtwerten für Kliniken. Hierbei werden mindestens die Kosten der Baukonstruktion und Technischen Anlagen (Kostengruppen 300+400 nach DIN 276-1) vorgegeben. Für die meisten Gebäudegruppen sind jedoch auch Kostenrahmen für die übrigen Kostengruppen nach DIN 276-1 enthalten, z. B. für Herrichtung und Erschließung, Außenanlagen, sonstige Ausstattung und Baunebenkosten. Zum einen erleichtert das Instrument der Kostenrichtwerte die Planung, zum anderen setzt es programmbezogene theoretische Kostenobergrenzen und definiert einen Standard.

Lebenszykluskosten

Ein weiteres Instrument zur Schätzung der Folgekosten ist die Betrachtung der Lebenszykluskosten. Diese fließt in die Wirtschaftlichkeitsuntersuchung ein und wird im Planungsprozess weiter

9 Aus [fm.rlp RLBau 2014], Muster 13.1, Anlage 1.

I. Institutsbauten

Richtwertgruppe	Gebäudenutzung	**Bauwerkskosten** (KG 300 + 400) **/NFa** [€/m²]	**Gesamtbaukosten** (KG 200–700) **/NFa** [€/m²]	Bauwerkskosten (KG 300 + 400) /NFa 1-6 (vormals HNF) [€/m²]	Gesamtbaukosten (KG 200–700) /NFa 1-6 (vormals HNF) [€/m²]	prozent. Anteil Technikkosten an Bauwerkskosten [%]
1	Geisteswissenschaften, Wirtschaftswissensschaften, Rechtswissenschaften, Sozialwissenschaften	**2.550**	**3.380**	2.830	3.750	23
2	Agrar- u. Forstwissenschaften, Tierhaltung (ohne hochinstall. Forschungsbereiche)	**2.680**	**3.550**	3.010	3.980	27
3	Erziehungswissenschaften, Kunst und Design	**2.760**	**3.670**	3.200	4.250	19
4	Ingenieurwissenschaften (z.B. Elektrotechnik, Bauwesen, Maschinenbau/Verfahrenstechnik), Informatik, Mathematik	**3.210**	**4.260**	3.510	4.650	30
5	Naturwissenschaften (z.B. Geowissenschaften, Ernährungswissenschaften), Sportwissenschaften	**3.780**	**5.010**	4.330	5.740	32
6	Medizin (ohne Kliniken)	**4.150**	**5.510**	4.530	6.000	39
7	Musikwissenschaften	**4.380**	**5.800**	5.340	7.080	27
8	Chemie, Physik, Biologie, Pharmazie	**4.800**	**6.360**	5.320	7.030	41

Hochinstallierte Institutsbauten überwiegend der Forschung dienende Gebäude, deren Anforderungen an die baulich-konstruktive und technische Ausstattung die der Richtwertgruppen 1-8 übersteigen.

Richtwertgruppe	Gebäudenutzung	**Bauwerkskosten** (KG 300 + 400) **/NFa** [€/m²]	**Gesamtbaukosten** (KG 200–700) **/NFa** [€/m²]	Bauwerkskosten (KG 300 + 400) /NFa 1-6 (vormals HNF) [€/m²]	Gesamtbaukosten (KG 200–700) /NFa 1-6 (vormals HNF) [€/m²]	prozent. Anteil Technikkosten an Bauwerkskosten [%]
9	Medizinische Forschung	**6.010**	**7.950**	6.440	8.520	44
10	Physikforschung, Tierforschung/ Biologieforschung, Materialforschung	**7.920**	**10.490**	8.810	11.670	52

Abb. 6.9: Kostenrichtwerte für Hochschulgebäude – Indexstand August 2012, RLBau.[10]

differenziert. Bis 2014 wurden die Lebenszykluskosten nur rudimentär ermittelt, differenziert nach sieben Kostenarten, die sich auf die klassischen Betriebskosten wie Reinigung oder Wartung beschränkten. Seit der Novellierung der RLBau 2014 wird im Sinne einer Vollkostenbetrachtung nach 39 Kostenarten differenziert (s. Abb. 6.10).

10 Aus [fm.rlp RLBau 2014], Anhang 1, Anlage 2.

Nutzungskosten nach DIN 18960 **Muster 7.2**

Kostengruppe 100 Kapitalkosten nach DIN 18960			€/m^2 NGF u. Jahr 3)	€/m^2 BGF u. Jahr 3) (€/m^3 BRI u. Jahr)	€/Jahr
110		Fremdkapital			
120		Eigenmittel			
130		Abschreibung			
190		Kapitalkosten Sonstiges			
		Kapitalkosten (Summe 110 - 190)			

Kostengruppe 200 Objektmanagementkosten nach DIN 18960			€/m^2 NGF u. Jahr 3)	€/m^2 BGF u. Jahr 3) (€/m^3 BRI u. Jahr)	€/Jahr
210		Personalkosten			
220		Sachkosten			
230		Fremdleistungen			
290		Objektmanagementkosten Sonstiges			
		Objektmanagementkosten (Summe 210 - 290)			

Kostengruppe 300 Betriebskosten nach DIN 18960			€/m^2 NGF u. Jahr 3)	€/m^2 BGF u. Jahr 3) (€/m^3 BRI u. Jahr)	€/Jahr
310		Versorgung			
	311	Wasser			
	312	Öl			
	313	Gas			
	314	Feste Brennstoffe			
	315	Fernwärme			
	316	Strom			
	317	technische Medien			
	319	Versorgung sonstiges			
320		Entsorgung			
	321	Abwasser			
	322	Müll			
	329	Entsorgung Sonstiges			
330		Reinigung und Pflege von Gebäuden			
	331	Unterhaltsreinigung			
	332	Glasreinigung			
	333	Fassadenreinigung			
	334	Reinigung technischer Anlagen			
	339	Reinigung und Pflege von Gebäuden Sonstiges			
340		Reinigung und Pflege der Außenanlagen			
350		Bedienen, Inspektion und Wartung			
	351	Bedienung der technischen Anlagen			
	352	Inspektion und Wartung der Baukonstruktion			
	353	Inspektion und Wartung der technischen Anlagen			
	354	Inspektion und Wartung der Außenanlagen			
	355	Inspektion und Wartung von Ausstattung			
	359	Bedienung, Inspektion und Wartung Sonstiges			
360		Sicherheits- und Überwachungsdienste			
370		Abgaben und Beiträge			
390		Betriebskosten Sonstiges			
		Betriebskosten (Summe 310 - 390)			

Kostengruppe 400 Instandsetzungskosten nach DIN 18960			€/m^2 NGF u. Jahr 3)	€/m^2 BGF u. Jahr 3) (€/m^3 BRI u. Jahr)	€/Jahr
410		Instandsetzung der Baukonstruktion			
420		Instandsetzung der technischen Anlagen			
430		Instandsetzung der Außenanlagen			
440		Instandsetzung der Ausstattung			
490		Instandsetzungskosten Sonstiges			
		Instandsetzungskosten (Summe 410 - 490)			

Kostengruppen 100 - 400 nach DIN 18960		€/m^2 NGF u. Jahr 3)	€/m^2 BGF u. Jahr 3) (€/m^3 BRI u. Jahr)	€/Jahr
	Summe Baunutzungskosten (Summe KGR 100 bis 400)			

2) Wird von der LBB-Niederlassung eingesetzt.

3) Die zugrunde gelegten Kostenkennwerte (z. B. PLAKODA, fm.benchmarking Bericht) sind zu erläutern und als Anlage beizulegen

Abb. 6.10: Nutzungskosten nach DIN 18960 2008-02, RLBau.[11]

11 Aus [fm.rlp RLBau 2014], Muster 7.2.

Neben einer tiefer gehenden Betrachtung der rein nutzerseitigen Gebäudebetriebskosten sind nun auch die Kosten, die beim Eigentümer anfallen (z. B. Kapital- und Instandsetzungskosten), Bestandteil der Berechnung. In der aktuellen Fassung der RLBau wird eine bauteilorientierte Lebenszykluskostenberechnung zur Beurteilung der Gesamtwirtschaftlichkeit von LBB-eigenen Baumaßnahmen gefordert. Ihre Basis sollen LBB-eigene Kennzahlen bzw. Benchmarks bilden. Hierzu werden nun sämtliche Kenndaten der Planungs- und Betriebsphase analysiert und bewertet. Der Landesbetrieb LBB entwickelt in Zusammenarbeit mit der Hochschule Mainz ein Berechnungstool. Um den Berechnungsaufwand gering zu halten, wird die Betrachtung auf rd. 20 Bauteile reduziert. Die Definition dieser Bauteile erfolgt in Anlehnung an die zweite Gliederungsebene der DIN 276-1. Für jedes dieser Bauteile stehen jeweils bis zu neun Ausführungsvarianten und sieben Ersatzbeschaffungszyklen zur Verfügung. Ferner wurden für jedes Bauteil LBB-spezifische Zu- und Abschlagsfaktoren (s. Tab. 6.1) definiert, über die in erster Linie objekt- bzw. nutzerspezifische Qualitätsstandards individuell angepasst werden können (z. B. Reinigungsintensität oder Instandhaltungsstrategie). Dieses Berechnungstool ermöglicht es, LBB-spezifische Kenndaten in die Berechnung der Lebenszykluskosten einfließen zu lassen und damit genauere Folgekostenbetrachtungen in der Projektentwicklung und Planung vorzunehmen.

Tab. 6.1: Übersicht der Bauteile (BT) nach Kostengruppen (KGR), Zu- und Abschläge (Zu/Ab) der LBB-Lebenszykluskostenberechnung.

KGR	BT	Bezeichnung	Varianten	Positionen	Zyklen	Zu/Ab
300		Bauwerk – Baukonstruktion				
	320	Gründung	9	68	7	6
	330	Außenwände	9	68	7	4
	334	Außenfenster und -türen	9	68	7	3
	338	Sonnenschutz	9	68	7	3
	340	Innenwände	9	68	7	
	350	Decken	9	68	7	6
	360	Dächer	9	68	7	3
400		Bauwerk – Technische Anlagen				
	410	Abwasser-, Wasser-, Gasanlagen	3	68	7	2
	420	Wärmeversorgungsanlagen	9	68	7	10
	430	Lufttechnische Anlagen	5	68	7	8
	440	Starkstromanlagen	5	68	7	2
	450	Fernmelde-, informationstechnische Anlagen	7	68	7	1
	460	Förderanlagen	5	68	7	1
	470	Nutzungsspezifische Anlagen	9	68	7	1
	480	Gebäudeautomation	4	68	7	4
500	500	Außenanlagen	9	68	7	11

Genehmigungsprozess öffentlicher Bauvorhaben am Beispiel eines Landesbaus

Die oben genannten Instrumente sind wesentlicher Bestandteil eines umfangreichen Projekt- und Genehmigungsprozesses mit zahlreichen Prozessbeteiligten. Auf die Phasen- und Prüfungsstufen wurde bereits hingewiesen. Vereinfacht dargestellt ist für große Neubaumaßnahmen (über 2 Mio. € Gesamtbaukosten) des Landes folgendes Verfahren anzuwenden (s. Abb. 6.11):

a. Bedarfsanmeldung

Der Prozess beginnt mit dem Nutzer bzw. der nutzenden Verwaltung, die ihren Bedarf z. B. an zusätzlichen Räumlichkeiten oder den Wunsch nach einer Zusammenführung mehrerer Standorte

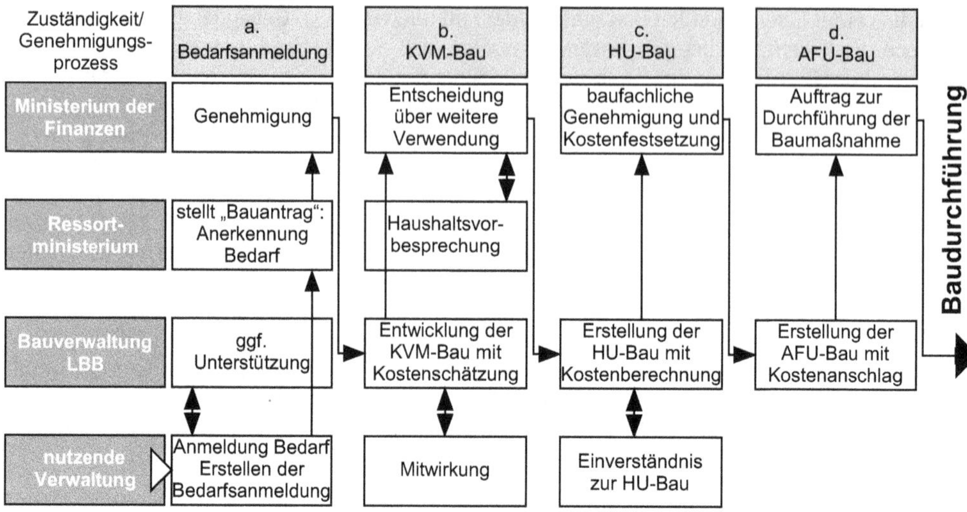

Abb. 6.11: Planungs- und Genehmigungsprozess für große Baumaßnahmen nach RLBau, vereinfachte Darstellung.[12]

anmeldet. Die nutzende Verwaltung formuliert, ggf. mit Unterstützung des Landesbetriebs LBB, die sog. Bedarfsanmeldung, mit der sie im Ressortministerium (der vorgesetzten Behörde der nutzenden Verwaltung) ihren Bedarf vorlegt. Das Ressortministerium prüft und genehmigt die Bedarfsanmeldung und stellt einen sog. Bauantrag an das Ministerium der Finanzen. Genehmigt das Ministerium der Finanzen den Bedarf, wird die Bauverwaltung/der Landesbetrieb LBB aufgefordert, zur baulichen Umsetzung weitergehende Informationen zusammenzustellen (Kostenvoranmeldung-Bau) oder vorab ein zusätzliches baufachliches Gutachten zu erstellen.

b. Kostenvoranmeldung-Bau (KVM-Bau)

Der Landesbetrieb LBB erstellt daraufhin die Bauunterlage „Kostenvoranmeldung-Bau“, die anhand einer Kostenschätzung erstmals einen Überblick über entstehende Kosten gibt. Sie ist die Grundlage für die nachfolgende Haushaltsbesprechung zwischen dem Ministerium der Finanzen und dem Ressortministerium. Weitere Bestandteile der Bauunterlage sind eine Beschreibung der Maßnahme, ein baufachliches Gutachten zum Grundstück (u. a. zur Klärung der baurechtlichen und sonstigen öffentlich-rechtlichen Anforderungen), Übersichtspläne, Baunutzungskosten, Lebenszykluskostenschätzung, Bauzeiten- und Terminplan sowie der Stellen- und Bedarfsplan der nutzenden Verwaltung. Aufgestellt wird die Kostenvoranmeldung durch den Landesbetrieb LBB unter Mitwirkung der nutzenden Verwaltung. Über die weitere Verwendung der fertiggestellten KVM-Bau entscheidet das Ministerium der Finanzen.

c. Haushaltsunterlage-Bau (HU-Bau)

Fällt die Entscheidung für die Weiterverfolgung des Projekts, beauftragt das Ministerium der Finanzen den Landesbetrieb LBB mit der Aufstellung einer Haushaltsunterlage, die die erforderlichen Ausgaben darstellt und Grundlage für die Einstellung der Baumaßnahme in den Haushaltsplan des Landes ist (§ 24 LHO). Die HU-Bau bildet die verbindliche Grundlage der weiteren planerischen Bearbeitung. Bestandteil der HU-Bau sind Lagepläne, Katasterplan, Baupläne, Bauzeit- und Ter-

12 Quelle: eigene Darstellung, Landesbetrieb LBB.

minplan, Erläuterungsbericht, Wirtschaftlichkeitsuntersuchung (s. o.), Kostenberechnung, Nachweis der Planungs- und Kostendaten sowie der Nutzungskosten, Lebenszykluskostenberechnung, Energiebedarfsausweis sowie weitere Unterlagen zu technischen Anlagen. Mit dem Einverständnis der nutzenden Verwaltung wird die HU-Bau beim Ministerium der Finanzen zur baufachlichen Genehmigung und Kostenfestsetzung eingereicht. Einhergehend mit der Genehmigung durch das Ministerium der Finanzen werden die notwendigen finanziellen Mittel in den Landeshaushalt eingestellt. Die Genehmigung ist grundsätzlich bindend. Ergeben sich im weiteren Planungsverlauf erhebliche Abweichungen, bedarf es einer Nachtrags-HU-Bau.

d. Ausführungsunterlage-Bau (AFU-Bau)

Die Ausführungsunterlage-Bau wird ebenfalls durch die Bauverwaltung bzw. den Landesbetrieb LBB erstellt. Sie bildet die Grundlage für die Vergabe und Ausführung (§ 54 LHO). Bestandteil der AFU-Bau sind die fortgeschriebenen Entwurfs- und Genehmigungspläne, Ausführungszeichnungen, Leistungsverzeichnisse und Mengenermittlungen, geprüfte Standsicherheitsnachweise und statische Berechnungen und Zeichnungen, Nachweise zur Energieeffizienz (nach EnEV und EEWärmeG), Nachweise zum Schall- und Brandschutz sowie sonstige Berechnungen. Nach Fertigstellung der AFU-Bau teilt der Landesbetrieb LBB dies dem Ministerium der Finanzen mit. Den Auftrag zur Durchführung der Maßnahme erteilt das Ministerium der Finanzen. Voraussetzung ist, dass die Haushaltsmittel zugewiesen sind oder erforderliche Verpflichtungsermächtigungen erteilt sowie alle öffentlich-rechtlichen Anforderungen erfüllt und die erforderlichen bauordnungs- und bauplanungsrechtlichen Zustimmungen erteilt sind. Damit sind die Voraussetzungen für die Ausschreibungen nach der öffentlichen Vergabeverordnung (VgV) und den Baubeginn geschaffen. Außer den aufgeführten Beteiligten auf der Bauherrenseite kommen in den nachfolgenden Projektphasen zahlreiche Projektbeteiligte wie Architekten, Fachplaner sowie bauausführende Firmen hinzu.

Das dargestellte Verfahren für eine große Landesbaumaßnahme wird ähnlich, jedoch in reduzierter Form auch für kleine Baumaßnahmen durchgeführt. Beim staatlichen Bundesbau läuft der Genehmigungsprozess im Grundsatz ähnlich ab, die Einzelheiten sind in der Richtlinie für Baumaßnahmen des Bundes geregelt. Im Rahmen des Mieter-/Vermieter-Modells sind die KVM-Bau die Grundlage einer Nutzungsentgeltprognose und die HU-Bau die eines verbindlichen Mietangebotes.

6.2.3 Kostenfaktor Nutzungskosten

Insbesondere aus der sog. Konzernsicht der öffentlichen Hand spielen die Objektmanagementkosten eine besondere Rolle. Sie wirken sich in kameraler Sicht direkt auf die konsumptiven Ausgaben der sog. nutzenden oder hausverwaltenden Dienststellen aus.

Objektmanagementkosten

Die Zuständigkeit für die Instandhaltung und die Verkehrssicherungspflicht als Eigentümer, z. B. beim baulichen Brandschutz, liegen beim Landesbetrieb LBB. Die Betriebsführung, d. h. Wartung und Inspektion, ist hingegen grundsätzlich auf den Mieter übertragen (s. Abb. 6.12). In Einzelprojekten beginnend, übernimmt der Landesbetrieb jedoch Schritt für Schritt auch Leistungen im Bereich der Wartung und Inspektion bis hin zum ganzheitlichen Betrieb einer Liegenschaft.

Zunehmend werden auch Drittfirmen mit dem ordnungsgemäßen Liegenschaftsbetrieb beauftragt. Beispielhaft stellt der Auszug aus der Liste für Ersatzbeschaffungen von Geräten und Einrichtungen die Schnittstellen zum Mieter dar (s. Tab. 6.2).

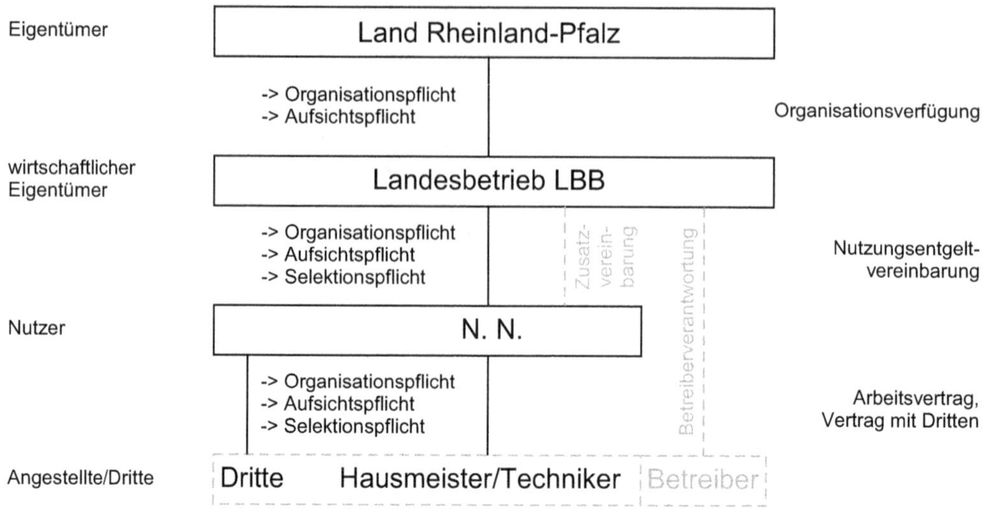

Abb. 6.12: Gliederung der Betreiberverantwortung.[13]

Tab. 6.2: Ersatzbeschaffungen und Instandsetzungen von Geräten und Einrichtungen in LBB-eigenen Liegenschaften durch den Landesbetrieb LBB.[14]

	Bezeichnung	**Erstausstattung**	**Ersatzbeschaffung und Instandsetzung**	**Bemerkungen**
A	Abfallbehälter	ja	ja	ortsfest
	Abfertigungsschalter	ja	ja	ortsfest, s. Einbaumöbel
	Ablageplatte über Waschbecken	ja	ja	
	Abschrankung, Schranke	ja	ja	ortsfest
	Abstreifrost	ja	ja	ortsfest oder in Boden eingelassen
	Abwasseraufbereitungsanlage	ja	ja	
	Akkumulator	*	*	* wie zugehörige Anlagenteile
	Aktenvernichter	nein	nein	
	Aktive Komponenten (z. B. IT, EDV)	nein	nein	
	Alarmgeber, -melder	ja	ja	ortsfest
	Altar	ja	ja	soweit baupflichtig
	Amtsschild	ja	ja	ortsfest
	Anschlagtafel	ja	ja	ortsfest
	Anstecknadel (Kork o. Ä.)	ja	ja	ortsfest
	Antennenanlage für Fernsehen und Rundfunk	ja	ja	ortsfest, ortsübl. Programmzahl
	Arbeitsgerät	nein	nein	
	Arbeitstisch	ja	ja	ortsfest
	Aschenbecher	nein	nein	
	…			

13 Quelle: eigene Darstellung, Landesbetrieb LBB.

14 Aus [fm.rlp RLBau 2014], Anhang 1, Anlage 3a.

Betriebskosten (Ver- und Entsorgung)

Anders als bei Wartung und Instandhaltung schreibt der Landesbetrieb LBB für fast alle Landesdienststellen zentral und losweise die Leistungen aller Verträge für Medienverbräuche wie Wärme, Strom, Gas etc. aus. Des Weiteren erfolgt beim Landesbetrieb LBB eine zentrale Erfassung und Auswertung der Verbräuche. Ausgenommen sind lediglich die Hochschulen, die ein eigenes Facility-Management unterhalten. Die Betriebskosten werden zum Großteil direkt von der nutzenden Verwaltung an den Versorger gezahlt. Überschlägig kann davon ausgegangen werden, dass bei einer Gesamtmietfläche von rd. 2,6 Mio. m^2 (ohne Parkflächen) bei jährlichen Betriebskosten von mindestens rd. 40 €/m^2 insgesamt rd. 100 Mio. € jährlich für die Betriebskosten anfallen. In der Summe entstehen dem Land jährlich Kosten von rd. 280 Mio. €, inklusive der Kosten für Grundinstandsetzungen, um den landeseigenen Gebäudebestand wirtschaftlich zu erhalten und zu betreiben. Selbst geringe Effizienzsteigerungen führen hier zu hohen Optimierungspotenzialen bei der Kostenstruktur des Landes Rheinland-Pfalz.

Medienverbräuche

Insgesamt verbrauchten 2013 alle Liegenschaften im LBB-Portfolio etwa 360 Mio. kWh Wärme, fast 195 Mio. kWh Strom und rd. 1 Mio. m^3 Wasser (vgl. Tab. 6.3). Die Gesamtkosten für alle Medien beliefen sich auf rd. 58,5 Mio. € brutto, die flächenbezogenen Kosten-Kennwerte liegen bei rd. 22,50 € pro Quadratmeter Netto-Grundfläche für die Medien Wärme, Strom, Wasser und Abwasser. In Tabelle 6.4 sind die Verbräuche ohne die Hochschulgebäude aufgeführt, in Tabelle 6.5 die Steigerungsraten der Energiepreise der LBB-Gebäude (ohne Hochschulen).

Tab. 6.3: Gesamtverbräuche und -kosten LBB-Gebäude absolut.[15]

	Wärme			Strom		Wasser u. Abwasser		CO_2-Emissionen
	Verbrauch un-/klimabereinigt		Kosten	Verbrauch	Kosten	Verbrauch	Kosten	
	GWh	GWh	Mio. €	GWh	Mio. €	Mio. m^3	Mio. €	t
2007	341,1	409,1	18,6	187,8	24,1	1,08	3,7	218.800
2010	385,1	386,2	21,1	195,3	30,6	1,02	3,7	214.556
2011	322,5	393,1	18,9	197,5	30,0	1,02	3,8	216.290
2012	355,9	383,3	21,9	198,0	33,7	1,00	3,7	214.558
2013	357,9	378,8	20,4	193,2	34,4	1,00	3,7	210.353

Tab. 6.4: Übersicht Medienverbräuche und Kosten LBB-Gebäude ohne Hochschulen.[16]

	Energieverbrauch Heizung/Warmwasser		Strom		Wasser		Abwasser		Kosten (gesamt)
	GWh (unbereinigt)	€	GWh	€	m^3	€	m^3	€	€
2002	246,90	9.771.000	72,79	8.519.000	758.300	1.417.000	733.100	1.374.000	21.081.000
2010	229,70	13.083.395	83,90	14.370.000	663.000	1.249.000	636.900	1.283.000	29.985.395
2011	190,80	11.899.246	83,10	15.006.000	646.000	1.218.000	645.900	1.352.000	29.475.246
2012	212,50	12.791.401	80,00	14.566.000	635.000	1.197.000	612.500	1.216.000	29.770.401
2013	207,40	12.162.088	78,60	14.355.000	618.000	1.180.000	591.400	1.196.000	28.893.088
%	2002–2013								
	−16,0 %	24,5 %	8,0 %	68,5 %	−18,5 %	−16,7 %	−19,3 %	−13,0 %	37,1 %

15 Daten s. [LBB (2015)], Tabelle 1, S. 5.

16 Daten s. [MWKEL (2015)], Tabelle 2, S. 74.

Tab. 6.5: Mittlere jährliche Energiepreissteigerung LBB-Gebäude ohne Hochschulen.[17]

	Gas	Fernwärme	Öl	Strom
%	2002–2013: Mittelwert Wärme 5,7 %			
	4,3 %	3,7 %	9,0 %	5,8 %

Instandsetzungskosten

Rund 70 % der LBB-eigenen Immobilien sind älter als 35 Jahre (s. Abb. 6.13). Dominierend ist insbesondere der Gebäudebestand aus den 1970er-Jahren. Neubauten, die nach 2000 errichtet wurden, machen hingegen nur einen Bestandteil von rd. 10 % aus. Damit stellt die Bausubstanz der 1970er-Jahre den bautechnisch anspruchsvollsten Bereich dar. Insbesondere Stahlbetonbauten für Verwaltungsgebäude und Hochschuleinrichtungen der 1970er-Jahre weisen inzwischen erhebliche Bauschäden, eine mangelnde energetische Qualität und zunehmend auch brandschutzrechtliche Probleme auf, die nicht erst im Rahmen von Umbaumaßnahmen zutage treten.

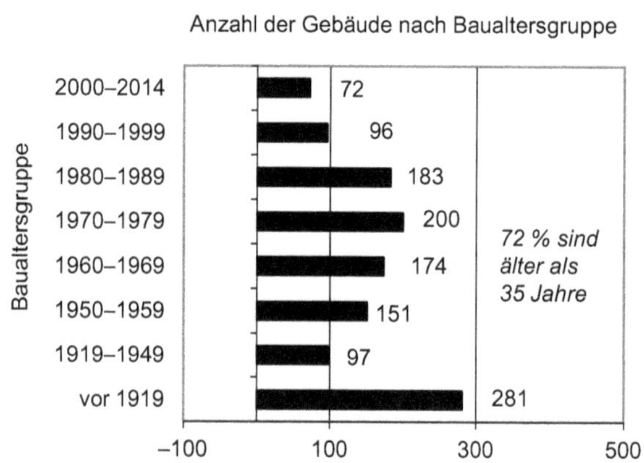

Abb. 6.13: Anzahl der Gebäude je Baualtersgruppe (ohne Hochschulen).[18]

Der hohe Altersdurchschnitt der Gebäude spiegelt sich in den Instandhaltungsaufwendungen wider (s. Abb. 6.14). Die höchsten Instandhaltungsausgaben betreffen die Gebäude der Jahre 1970–1979 (17,35 €/m^2 a) sowie Gebäude vor 1914 (16,38 €/m^2 a). Im Vergleich werden für die Gebäude der Jahre 1980–1989 (10,37 €/m^2 a) aufgewendet. Der Durchschnitt liegt bei rd. 12 €/m^2, bei ordnungsgemäß instand gehaltenem und grundinstand gesetztem Immobilienbestand ein durchaus tragfähiger Wert.

6.2.4 Die zweite Miete – Senkung der Mietnebenkosten

Niedrige Mietnebenkosten spielen bei einem „Konzerndienstleister“ wie dem Landesbetrieb LBB nicht nur für die Attraktivität seines Mietangebots, also die Konkurrenzfähigkeit, eine besondere Rolle, sondern natürlich auch in der Konzernbetrachtung. Letztlich ist es für jede Gebietskörper-

17 Daten s. [MWKEL (2015)], Tabelle 2, S. 74.

18 Quelle: eigene Darstellung, Daten Landesbetrieb LBB.

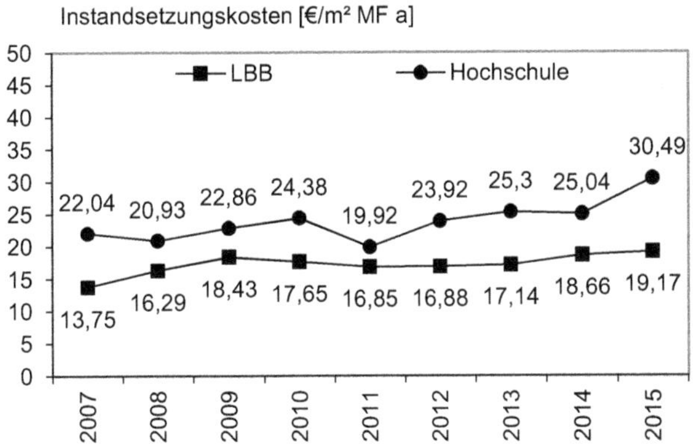

Abb. 6.14: Instandhaltungskosten (laufende Instandsetzungen, Ersatzbeschaffungen und Instandhaltungsanteile aus Mischmaßnahmen) in € pro m^2 Mietfläche (ohne Baunebenkosten).[19]

schaft in ihrem Haushalt direkt spürbar, wenn neben der Zahlung für Mieten gleichzeitig Mietnebenkosten in gleicher Höhe zu tragen sind. Um hier kurzfristige Optimierungen und Einsparungen zu erzielen, bedarf es keines landesinternen Wettbewerbs. Somit ist es für den Landesbetrieb LBB eine der strategischen Kernaufgaben, aus energetischer Sicht das Immobilienportfolio kontinuierlich weiterzuentwickeln. Auch der Aspekt des Klimaschutzes spielt hier eine besondere Rolle.

Konkrete Ziele sind die Senkung des Gesamtverbrauchs sowie die Erhöhung der regenerativ erzeugten Anteile und die damit einhergehende Reduktion der CO_2-Emissionen. Die anzustrebenden baulichen und technischen Lösungen müssen jedoch immer der vom Haushaltsrecht geforderten Wirtschaftlichkeit entsprechen. Die für Investitionen und energetische Maßnahmen im Wirtschafts- und Finanzplan stehenden gedeckelten Mittel stehen auch in starker Konkurrenz zu Themen wie Brandschutz und Schadstoffsanierung. Die alleinige Sicht auf energetische Sanierungen ist daher nicht zielführend.

Weiterhin muss zwischen dem Neubau und der Sanierung im Bestand unterschieden werden. Der technische Fortschritt im Bereich der Energieeffizienz beim Neubau (Passivhausbauweise) macht es relativ einfach, Einsparungen im Verbrauch zu realisieren. Auch lassen die bezüglich der Energieeffizienz immer strikteren gesetzlichen Vorgaben wenig Spielraum. Jedoch ist der Anteil der durch Neu- oder Ersatzbau hinzukommenden Fläche in Relation zum Bestand gering, sodass der Effekt auf das Gesamtportfolio stark begrenzt ist.

Maßnahmen im Bestand sind jedoch weitaus weniger effektiv und zudem kostenintensiver. Die reine Fokussierung auf bauliche Lösungen ist daher nicht ausreichend. Energetische Strategien müssen weitreichender sein als die einfache Festschreibung hoher energetischer, baulicher und technischer Standards. Eine ganzheitliche Sicht auf den Lebenszyklus der Liegenschaften ist daher zwingend.

Der Landesbetrieb LBB verfolgt das Ziel des nachhaltigen Bauens mit einer eigenen Energiestrategie. Organisatorisch ist im Landesbetrieb LBB der Bereich Energiemanagement zuständig. Das Energiemanagement besteht aus der Gruppe Energiemanagement in der LBB-Zentrale in Mainz, dem Competence Center Energiemanagement in Koblenz und der Leitstelle für regenerative Energien in Landau.

Zur Umsetzung seiner Ziele hat der LBB eine 5-Säulen-Strategie für sein Portfolio entwickelt:

1. erhöhte Wärmestandards für LBB-Gebäude durch eigene LBB-Richtlinie
2. Einsatz von regenerativen Energien und Kraft-Wärme-Kopplung

19 Quelle: eigene Darstellung, Daten Landesbetrieb LBB.

3. optimierter Betrieb und Energiecontracting als Intracting
4. Vertragsmanagement
5. Energiemonitoring, Energiecontrolling und Jahresenergiebericht

Erhöhte Wärmestandards für LBB-Gebäude durch eigene LBB-Richtlinie

Mit seiner Richtlinie „Energieeffizientes Bauen und Sanieren" sorgt der Landesbetrieb LBB seit 2006 konsequent für hohe energetische Qualitäten, indem beim Neubau und bei der Bestandssanierung die eigenen energetischen Ziele über die gesetzlichen Anforderungen der Energieeinsparverordnung (EnEV) hinaus deutlich verschärft werden. Bei jedem Neubauvorhaben ist zu prüfen, ob eine Realisation in der besonders energiesparenden Passivhausbauweise möglich und wirtschaftlich darstellbar ist. Die gesetzlichen Vorgaben der aktuellen Energieeinsparverordnung (EnEV 2014 mit Anpassung von 2016) werden bei den Anforderungen an die Gebäudehülle um bis zu 30 % übertroffen. Grundlegende Strategie dabei ist, mit einer sehr gut gedämmten Gebäudehülle den Wärmebedarf so weit abzusenken, dass der verbleibende geringe Restwärmebedarf weitgehend mithilfe von regenerativen Energieträgern in Anlagen vor Ort erzeugt werden kann und damit grundsätzlich die Möglichkeit besteht, den Primärenergiebedarf und den CO_2-Ausstoß des Gebäudes zu senken. Damit wird der Klimaschutz aktiv unterstützt und die Vorbildfunktion der öffentlichen Hand erfüllt.

Durch eine Entwurfsoptimierung lassen sich mit wirtschaftlich begründbarem Mehraufwand energie- und kostenoptimierte Gebäude errichten. Dabei gilt es, eine Gesamtkostenbetrachtung anzustellen, die die Wirtschaftlichkeit nicht nur nach den anfänglichen Investitionskosten bemisst, sondern in die auch die Lebenszykluskosten einfließen und hier vor allem die Betriebs- und die Energiekosten über die gesamte Nutzungsdauer. Die Errichtung von Gebäuden im besonders energiesparenden Passivhausstandard oder auf nahezu dem Passivhausstandard entsprechenden Niveau wird weiter vorangetrieben.

Weitere Informationen wie die Richtlinie zum energieeffizienten Bauen und Sanieren sind im Internet unter www.lbbnet.de/Presse,-Infos/Publikationen/Energieeffizientes-Bauen zu finden.

Einsatz von regenerativen Energien

Der Landesbetrieb LBB ist bestrebt, in seinen Immobilien die Nutzung erneuerbarer Energien deutlich zu forcieren. Verfolgt wird dieses Ziel vor allem durch den Einbau von Wärmeerzeugern, die mit Biomasse befeuert werden, durch den Einsatz von Fotovoltaikanlagen zur Stromerzeugung und durch die Nutzung von Erdwärme, in den meisten Fällen in Kombination mit Wärmepumpentechnik.

Ende 2017 betrug der Anteil des solar erzeugten Stroms am Stromverbrauch der LBB-Liegenschaften (ohne Hochschulen) rd. 3,0 %. In diesem Wert sind sowohl die LBB-eigenen Anlagen berücksichtigt, deren Strom in den Liegenschaften selbst verbraucht wird, als auch Investorenanlagen, die in das öffentliche Netz einspeisen. Der Anteil der erzeugten Wärme aus Biomasse wie Holzhackschnitzel oder Holzpellets am Wärmeverbrauch der LBB-Liegenschaften (ohne Hochschulen) beläuft sich derzeit auf rd. 7 %.

Optimierter Betrieb und Energieeinsparcontracting als Intracting

Ergänzend zur Entwicklung und Anwendung vorbildlicher LBB-Energiestandards beim Bauen und Sanieren landeseigener Liegenschaften steht die Optimierung des Betriebs gebäudetechnischer Anlagen im Fokus der Klimaschutzmaßnahmen.

Der Landesbetrieb LBB konzentriert sich dabei insbesondere auf Liegenschaften mit auffällig hohen Energieverbräuchen. Im ersten Schritt werden bei einem Ortstermin die Gebäudehülle und die technischen Gebäudeanlagen überprüft. Dabei werden moderne Messverfahren wie z. B.

Thermografie oder Ultraschall-Wärmeverbrauchsanalyse eingesetzt. Anschließend werden Sanierungs- oder Optimierungskonzepte erarbeitet. Überwiegend im Rahmen der Bauunterhaltung werden z. B. Fassaden mit Wärmedämmsystemen versehen, hydraulische Abgleiche und Leistungsanpassungen von Heizungsanlagen und Optimierungen der Regelungs- und Steuerungstechnik durchgeführt.

Anders ist es bei Investitionen, die eine übliche Bauunterhaltungspflicht deutlich übertreffen. Hierzu zählt etwa die wirtschaftliche Modernisierung einer noch intakten technischen Anlage, die Umstellung der Heizung auf einen regenerativen Energieträger oder der Einbau einer Kraftwärmekopplung bzw. einer neuen Gebäudeleittechnik. In solchen Fällen werden Vereinbarungen über ein „internes" Contracting mit den betreffenden hausverwaltenden Dienststellen mit einer Laufzeit von einigen Jahren getroffen. Im Landesbetrieb LBB wird seit rd. zehn Jahren Energieeinsparcontracting angewendet. Dabei setzt der Landesbetrieb LBB bisher überwiegend auf die Eigenfinanzierung von Energiesparmaßnahmen (Intracting). Hierbei werden die investiven Anteile aus den erzielten Energiekosteneinsparungen refinanziert. In diesen Vereinbarungen werden die Energiesparmaßnahmen, die Höhe der Einsparungen, die Aufteilung dieser Einsparungen zwischen dem Landesbetrieb LBB und dem Nutzer sowie die Laufzeit der Vereinbarung verbindlich festgelegt.

Vertragsmanagement

Um bei den Verbrauchsmedien Strom und Wärme Einsparungen zu erzielen, hat der Landesbetrieb LBB 2002 damit begonnen, den Strombezug systematisch öffentlich auszuschreiben. Ab dem Jahr 2006 wurde auch für die Energieträger Erdgas und Biomasse (Holzhackschnitzel und Holzpellets) so verfahren. Im Jahr 2012 wurde die Energiebeschaffung für nahezu alle Liegenschaften durch zentrale öffentliche Ausschreibungen organisiert. Die Ausschreibungen werden regelmäßig wiederholt und optimiert.

Im Jahr 2005 begann der Landesbetrieb LBB, die Rechnungen der Versorger für die Medien Strom, Gas, Fernwärme und Holz zentral in der Gruppe Energiemanagement (EM) zu prüfen. Inzwischen kontrolliert die Gruppe EM nahezu alle Energierechnungen. Im Anschluss werden die geprüften Rechnungen zwecks Bezahlung an die jeweiligen Hausverwaltungen versandt. Der Auftraggeber zur Energielieferung ist der Landesbetrieb LBB.

Seit dem Jahr 2007 werden auch die Hochschulen und Universitäten im gleichen Maße in den Ausschreibungen und Rechnungsprüfungen berücksichtigt. Ausgenommen hiervon sind lediglich die Universitäten Mainz, Kaiserslautern und Trier, da diese Universitäten die Ausschreibung und Rechnungsprüfung bereits in eigener Regie durchführen.

Bei der erstmaligen Ausschreibung konnten Einsparungen von bis zu 15 % erreicht werden. In den Wiederholungsauschreibungen wurden u. a. durch Optimierungsmaßnahmen in der Beschaffung günstige Marktpreise erreicht. Die Energiepreise werden dadurch transparent (Energie, Netz, Steuern und Abgaben) und vergleichbar. Einsparpotenziale hinsichtlich der optimalen Netzentgelte werden erkennbar und nutzbar, z. B. hinsichtlich einer Lastgangmessung im Strom- und Gasbereich.

Jahresenergiebericht und Controlling

1. Jahresenergiebericht

Der Landesbetrieb LBB erstellt für jedes Jahr einen Energiebericht mit Gesamtaussagen hinsichtlich des Strom-, Wärme- und Wasserverbrauchs und der damit einhergehenden Kosten. Darin werden detailliert Verbräuche und Kosten der Landesliegenschaften aufgezeigt, flächenbezogene Kennwerte gebildet und mit Benchmarks abgeglichen. Der jährliche Energiebericht liefert die Grundlage zur Beurteilung und Verbesserung der energetischen Qualität der Landesgebäude.

2. Energiecontrolling in den Hochschulen

Im Rahmen des Konjunkturpakets II der Jahre 2009/2010 hat der Landesbetrieb LBB an allen Hochschulstandorten Energiecontrollingsysteme installiert. Für die automatisierte Erfassung der Energieverbrauchsdaten wurde eine zentrale Energiecontrollingsoftware – „Interwatt" – beschafft und als internetbasiertes System an der Universität Mainz in Betrieb genommen. Alle Hochschulen mit Ausnahme der Technischen Universität Kaiserslautern und der Universität Trier wurden auf diese Software aufgeschaltet. An der Universität Kaiserslautern und der Universität Trier wurden Energiecontrollingsysteme mit jeweils einer eigenständigen Energiecontrollingsoftware aufgebaut.

Investiert wurde in diesem Projekt nicht nur in den Ausbau der Energie- und Wasserzähler, sondern auch in die Hardware zum Übertragen und Speichern der Energiedaten sowie in die Energiecontrollingsoftware. Diese Systeme sind seit Ende 2011 in Betrieb. Ein weiterer baulicher Ausbau des Energiecontrollings findet bei den großen Neubauprojekten der Hochschule Kaiserslautern am Standort Kammgarn, der Hochschule Ludwigshafen sowie der Hochschule Mainz, zweiter Bauabschnitt statt. Durch die zeitnahe Darstellung der Energieverbrauchsdaten in anschaulichen Grafiken (Monitoring) und die Auswertung der erfassten Daten (Controlling) werden unwirtschaftliche Betriebszustände in den betreffenden Gebäuden vermieden. Der Landesbetrieb LBB setzt zur Verbrauchsregulierung durch eine entsprechende Bedienung und Einstellung von Anlagen auf eine Zusammenarbeit mit den Liegenschaftsnutzern.

3. LBB-Energiecontrolling für weitere Liegenschaften

Nach der Einrichtung des Energiecontrollings an den Hochschulen werden weitere LBB-Liegenschaften auf die zentrale internetbasierte Energiecontrollingsoftware an der Universität Mainz aufgeschaltet. In der ersten Ausbaustufe wurden sukzessive rd. 40 bestehende LBB-Immobilien mit einem hohen Energieverbrauch und Liegenschaften, in denen Blockheizkraftwerke installiert wurden, in das zentrale Energiecontrolling integriert. Weitere rd. 20 Liegenschaften wurden mit Zähler-Fernauslesung auf das EC-System aufgeschaltet.

Ebenso wird das LBB-Energiecontrolling bei großen Neu-, Um- und Erweiterungsbauten, bei der Sanierung von haustechnischen Anlagen in LBB-Liegenschaften mit hohem Energiebedarf und bei Projekten mit dem Ziel einer besonders hohen Energieeffizienz, z. B. Passivhaus-Standard, weiter ausgebaut. Aus diesem Grund wurden beim Landesbetrieb entsprechende Planungshinweise unter dem Stichwort „LBB-Energiecontrolling" mit technischen und organisatorischen Vorgaben eingeführt.

In Liegenschaften, in denen der bauliche Aufwand für eine automatisierte Zähler-Fernauslesung in keiner wirtschaftlichen Relation zu den Energiekosten steht, kann eine händische Zählerablesung und eine direkte Erfassung der Verbrauchsdaten in der zentralen Energiecontrollingsoftware durch den Nutzer sinnvoll sein. Diese Systematik wurde in Finanzämtern und in einigen polizeilichen Liegenschaften bereits eingeführt.

Parallel zur baulichen Erweiterung des Systems werden die Energieverbrauchsdaten in den angeschlossenen Immobilien systematisch analysiert und entsprechend den Erkenntnissen bauliche und organisatorische Energiesparmaßnahmen initiiert. Außerdem bietet das Energiemanagement des Landesbetriebs LBB den hausverwaltenden Dienststellen Unterstützung bei der Auswertung der Energieverbrauchsdaten an.

6.2.5 Zukünftige Rahmenbedingungen staatlicher Bau- und Liegenschaftsbetriebe

In zahlreichen Ländern stehen nach 10- bis 15-jähriger Laufzeit von staatlichen Bau- und Liegenschaftsbetrieben inzwischen erste Bestandsaufnahmen und Evaluationen an, entsprechende externe Untersuchungen wurden oder werden beispielsweise in Nordrhein-Westfalen, Brandenburg, Baden-Württemberg oder auch in Rheinland-Pfalz durchgeführt. Neben der innerbetrieblichen Optimierung steht vor allem die Einbindung in die Landesverwaltung im Fokus der Betrachtung.

Gerade im Bereich der Steuerung eines Konzerndienstleisters, entweder durch den Eigentümer oder durch die Kunden/Nutzer, ist rückwirkend die Wirksamkeit des jeweiligen Steuerungsmodells und dessen Umsetzung kritisch zu überprüfen. Sogenannte Mieter- und Vermietermodelle erfordern für die Verfahrensbeteiligten klare Regularien, die unter der zentralen Steuerung des jeweiligen Finanzressorts einen internen oder auch externen Interessenausgleich über definierte Kriterien und jeweils verfügbare Budgets ermöglichen. Doch die alleinige Darstellung detaillierter, belastbarer technischer und kaufmännischer Kriterien bis hin zur Miete zeigt wenig Wirkung, wenn gleichzeitig die Mieter bzw. Bedarfsträger im Rahmen ihrer Budgets nicht handlungsfähig sind und wenn dem Bedarfsdecker/Vermieter der investive Handlungsspielraum nicht gegeben wird oder dieser über Verwaltungsvorschriften, Stellenpläne u. v. m. vorrangig inputorientiert gesteuert wird. Sind Strategie, Ziele und Instrumente aus der Gesamtsicht des Landes nicht abgestimmt, führt das für alle Prozessbeteiligten zu unklaren Zuständigkeiten, Mehrbelastungen und Friktionen.

Unabhängig von diesen grundsätzlichen Rahmenbedingungen ist festzustellen, dass fast alle öffentlichen Institutionen für die Bau- und Liegenschaftsbetreuung in den vergangenen Jahren eine umfassende Bestandsaufnahme mit weitreichender Differenzierung des betreuten Immobilienbestands aufgebaut haben. In der Regel ermöglichen es diese Grundlagen und Instrumente der Entscheidungsebene, durchgängig nicht nur über Investitionsprioritäten, sondern auch über die damit verbundenen Folgekosten zu entscheiden. Allerdings ist nicht nur bei der Strategie, sondern auch in der Praxis nach einer Phase der intensiven Aufarbeitung z. B. der Instandsetzungsbedarfe festzustellen, dass die Transparenz der Darstellung und die notwendigen finanziellen Spielräume insbesondere vor dem Hintergrund der sog. Schuldenbremse nicht zwingend übereinstimmen.

Gleichwohl sollten die Verwaltungen, Betriebe und Unternehmen der öffentlichen Immobilienverwaltung, Immobilienbewirtschaftung und des Baus, die in den vergangenen Jahren Bund, Länder und Kommunen auf einen fachlich zeitgemäßen und mit der Privatwirtschaft vergleichbaren Stand gebracht haben, dauerhaft in die Lage versetzt werden, diesen zu bewahren. Das heißt nicht, dass auf Weiterentwicklungen und Verbesserungen verzichtet werden muss, das heißt aber auch nicht, dass mit der aktuellen Diskussion zurück zu mehr Staat die zuvor beschriebenen Fortschritte aufgegeben werden müssen. Eine Rückführung dieser Bereiche und ein Wiederaufbau früherer Verwaltungs- und Amtsstrukturen sind wirtschaftlich und qualitativ wenig vorteilhaft und lösen auch die eigentlichen Probleme nicht.

Literatur

[fm.rlp RLBau 2014] Ministerium der Finanzen (Hrsg.): Richtlinien für die Durchführung von Bauaufgaben des Landes Rheinland-Pfalz (RLBau): Ausgabe 2006, Stand Juli 2014, fm.rlp RLBau 2014; Mainz 2014.

[Grunwald, A. (1998)] Grunwald, Axel: Neuorganisation der Staatsbauverwaltung Rheinland-Pfalz, in: Bundesbaublatt (1998), Nr. 2, S. 13–19.

[LBB (2015)] Landesbetrieb Liegenschafts- und Baubetreuung (Hrsg.): Energiebericht 2015; Mainz 2015.

[MWKEL (2015)] Ministerium für Wirtschaft, Klimaschutz, Energie und Landesplanung (Hrsg.): 11. Energiebericht Rheinland-Pfalz: Berichtszeitraum der Bilanzen: 2012–2013, 2015, URL: https://mueef.rlp.de/fileadmin/mulewf/Themen/Energie_und_Strahlenschutz/Energie/11._Energiebericht_.pdf (letzter Aufruf: 09.02.2017)

Weiterführende Quellen

[LBB.net] LBB – Information Fotovoltaik http://www.lbbnet.de/icc/LBB/med/357/35770a7f-41f8-1e41-4609-00b607b988f2,11111111-1111-1111-1111-111111111111.pdf

[LBB.net] LBB – Energie-Richtlinien 2009 http://www.lbbnet.de/icc/LBB/med/78e/78e50163-5333-a731-c3c7-f45607b988f2,11111111-1111-1111-1111-111111111111.pdf.

6.3 Flächenwirtschaftlichkeit – quantitative und qualitative Bedarfsanforderungen

Ulrich Bogenstätter

Der Nutzungsflächengrad gibt insbesondere Hinweise auf die Flächenwirtschaftlichkeit während der Planungsphase von Neubauten und vor Umbauten. Die Schwankungsbreiten können dabei erheblich sein (vgl. Tab. 6.6). Die Gründe für derartige Schwankungsbreiten werden nachfolgend für ausgewählte Funktionsbereiche dargestellt, sollten jedoch stets mit weiteren qualitativen Merkmale in Bezug gesetzt werden (vgl. Kap. 6.3.2). Grundsätzlich sollte auf die Flächendefinition nach [DIN 277-1 2016-01] zurückgegriffen werden (vgl. Kap. 8.4.5, Tab. 8.31). Die Flächenkennzahlen auf der Grundlage der Bauwerksnutzungsart geben konkrete Hinweise auf die Flächenwirtschaftlichkeit.

Tab. 6.6: Übersicht der Flächenkennzahlen nach Bauwerksnutzungsart bezogen auf die Brutto-Grundfläche (BGF).[20]

BZK	Bezeichnung/DIN 277-1	NUF 1–6	±	NUF 7	±	TF	±	VF	±	NGF	±
130	Verwaltungsgebäude	0,50	18 %	0,12	75 %	0,04	100 %	0,19	32 %	0,67	19 %
131	… normaler technischer Standard	0,50	18 %	0,11	82 %	0,03	67 %	0,21	29 %	0,66	18 %
410	Allgemeinbildende Schulen	0,59	15 %	0,06	67 %	0,05	80 %	0,22	32 %	0,67	16 %
420	Berufliche Schulen	0,57	19 %	0,07	71 %	0,06	100 %	0,19	26 %	0,69	20 %
430	Sonderschulen	0,56	14 %	0,08	50 %	0,06	117 %	0,19	26 %	0,71	18 %
440	Kindertagesstätten	0,55	15 %	0,13	54 %	0,03	100 %	0,15	33 %	0,74	14 %
450	Weiterbildungseinrichtungen	0,58	14 %	0,08	63 %	0,04	25 %	0,18	41 %	0,67	12 %
510	Hallen (ohne Schwimmhallen)	0,65	14 %	0,13	46 %	0,05	80 %	0,09	56 %	0,80	10 %
511	Allg. Sporthalle	0,65	14 %	0,13	46 %	0,05	80 %	0,09	56 %	0,80	10 %
513	Mehrzweckhallen	0,63	14 %	0,13	46 %	0,05	80 %	0,11	45 %	0,80	11 %
610	Wohnhäuser	0,53	23 %	0,16	56 %	0,04	75 %	0,11	45 %	0,76	14 %
611	Einfamilienwohnhäuser	0,52	25 %	0,17	59 %	0,05	80 %	0,10	40 %	0,74	16 %
612	Doppel- und Mehrfamilienhäuser	0,56	20 %	0,14	50 %	0,03	133 %	0,11	55 %	0,78	13 %
620	Wohnheime	0,53	15 %	0,11	55 %	0,03	200 %	0,18	28 %	0,67	13 %
621	Alten-, Asylantenwohnheime …	0,49	18 %	0,12	50 %	0,04	75 %	0,22	23 %	0,74	18 %
640	Betreuungseinrichtungen	0,58	14 %	0,10	60 %	0,04	100 %	0,15	40 %	0,77	16 %
644	Jugendzentren	0,57	14 %	0,08	38 %	0,04	50 %	0,18	33 %	0,67	18 %
910	Gebäude kulturelle/musische Zwecke	0,59	19 %	0,10	90 %	0,05	60 %	0,14	43 %	0,71	14 %
914	Veranstaltungsgebäude	0,60	7 %	0,09	33 %	0,05	80 %	0,16	25 %	0,69	6 %
915	Gemeinschaftshäuser	0,59	14 %	0,11	45 %	0,05	60 %	0,14	36 %	0,72	11 %

Von besonderem Interesse ist hierbei z. B.:
- der Flächenfaktor Arbeitsplatzfläche zu BGF, um die Effizienz der Arbeitsplatzfläche beurteilen zu können
- der Flächenfaktor Mietfläche zu BGF, um den Anteil vermietbarer Flächen zu überprüfen
- der Flächenfaktor Verkehrsfläche zu BGF zur Beurteilung des Erschließungsaufwands

Als gemeinsame Bezugsfläche sollte bei allen Flächenbezügen die Brutto-Grundfläche (BGF) gewählt werden. Dabei wird der pragmatische Ansatz verfolgt, auf große Datensammlungen bei An-

20 Vgl. [Bogenstätter, U. (2001)], S. 160, Kennzahlen auch dargestellt in [ifBOR FRZ 2007-10]).

wendung einer geringen Anzahl von Umrechnungsfaktoren zugreifen zu können (s. Kap. 4.5.1, Tab. 4.4). Die Berechnungsmethoden sind einfach und transparent und können mit geringem Aufwand auf Plausibilität überprüft werden.[21] Die Brutto-Grundfläche ist insbesondere dann von Interesse, wenn keine Flächenermittlung nach [DIN 277-1 2016-01] vorliegt und diese zunächst ermittelt werden müsste.

Lediglich bei Logistik- oder Kirchengebäuden sollte vom Brutto-Rauminhalt (BRIa) ausgegangen werden, da das entscheidende Merkmal bei Logistik- oder Kirchengebäuden das Raumvolumen ist. Die Brutto-Grundfläche sollte informativ mitgeführt werden, um spätere Detailanalysen zu ermöglichen.[22]

6.3.1 Flächenbedarf ausgewählter Funktionsbereiche

Der Flächenbedarf lässt sich nach der Bottom-up-, die realisierbare Fläche nach der Top-down-Methode unter Einbezug der Flächenkennzahlen nach Tabelle 6.7 berechnen. Ausgangs- oder Endgröße ist die Nutzeinheit oder ein Funktionsbereich.

Tab. 6.7: Flächenberechnung der Arbeitsplatzfläche nach der Bottom-up- und der Top-down-Methode.[23]

		Top-down			Bottom-up
	GF	vorhandene Grundstücksfläche		Anzahl	Bedarf an Arbeitsplätzen
×	GFZ	Geschossflächenzahl	×		durchschnittliche Arbeitsplatzfläche
+		Dachgeschoss- und Kellerfläche gemäß LBauO ggf. ohne Tiefgarage	=		Büro- und Verwaltungsfläche
			+		Produktionsfläche
=	BGF	Brutto-Grundfläche	+		Forschung und Entwicklung
–	KGF	Konstruktionsgrundfläche	=	NUF 1–6	Nutzungsfläche
=	NGF	Netto-Raumfläche	+	NUF 7	sonstige Nutzungen
–	VF	Verkehrsfläche	+	TF	Technikfläche
–	TF	Technikfläche	+	VF	Verkehrsfläche
–	NUF 7	sonstige Nutzungen	=	NGF	Netto-Raumfläche
=	NUF 1–6	Nutzungsfläche	+	KGF	Konstruktionsgrundfläche
–		Forschung und Entwicklung	=	BGF	Brutto-Grundfläche
–		Produktionsfläche	–		Dachgeschoss- und Kellerfläche gemäß LBauO ggf. ohne Tiefgarage
=		Büro- und Verwaltungsfläche			
/		durchschnittliche Arbeitsplatzfläche	/	GFZ	Geschossflächenzahl
=		Arbeitsplätze	=	GF	notwendige Grundstücksfläche

Eine Nutzeinheit ist z. B. eine Wohneinheit, ein Essensplatz, ein Arbeitsplatz bei Büroflächen, ein Passagier bei Flughäfen, eine Vollverpflegung mit drei Mahlzeiten, ein Krankenhausbett, eine Operation bei Operationsbereichen, ein Dusch- oder ein Parkplatz. Ein hoher Anteil der Nutzungsflächen (NUF 1–6) bei Verwaltungsgebäuden bedeutet nicht unbedingt einen hohen Anteil der Büroarbeitsflächen. Es bedarf einer funktionalen Überprüfung. Die Ausgestaltung eines Arbeitsplatzes ist in Kapitel 8.4.5, Abbildung 8.73 beschrieben. In Extremfällen bildet eine Spezialimmobilie ausschließlich einen Funktionsbereich ab. Zu den Spezialimmobilien gehören z. B. Flughäfen.

---

21 Siehe [Bogenstätter, U. (2001)], S. 163, [ifBOR DTQ 2007-10].

22 Vgl. hierzu [ESWiD (2007)].

23 Struktur nach [DIN 277-1 2016-01]. Die Produktionsfläche besteht z. B. aus Hilfs- und Hauptproduktionsfläche. Die Hauptproduktionsfläche besteht aus Zwischenlagerfläche, Fläche für Vorfertigung, Fläche für Zwischenfertigung und Montage.

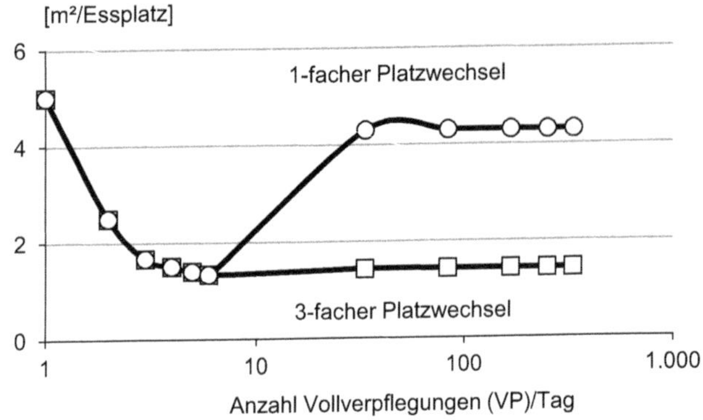

Abb. 6.15: Flächenverbrauchskennwert in [m²/je Vollverpflegung] pro Essplatz.[24]

Mensen (NUF 1)

Krietsch u. a.[25] beschreiben den Flächenbedarf für Speiseräume (NUF 1 nach [DIN 277-1 2016-01]) bei Mensabauten wie folgt: Hier bestehen Abhängigkeiten zwischen der Geschwindigkeit der Essensausgabe und der Platzwechselrate einerseits und dem Flächenbedarf bei Tisch- und Weglängen zur Essensausgabe und Geschirrrückgabe andererseits. Das Kuratorium des Deutschen Studentenwerks empfahl im Bochumer Mensaplan Mai 1967 einen 3-fachen Platzwechsel als Bemessungsgrundlage für Mensabauten. HIS geht von einem 4,2-fachen Platzwechsel aus. Krietsch u. a. berichten, dass 5- bis 10-fache Platzwechsel beobachtet wurden. Das Land Rheinland-Pfalz geht von einem 3- bis 3,5-fachen Platzwechsel aus.[26] In der Behinderten- und Altenhilfe ist von längeren Verweildauern und geringeren Platzwechselraten auszugehen. In Abbildung 6.15 wird daher von einem 3-fachen Platzwechsel stellvertretend für Verpflegungseinrichtungen zur Gemeinschaftsverpflegung in Wohnstätten ausgegangen. In einem Haushalt hingegen ist davon auszugehen, dass kein Platzwechsel vorgenommen wird. Der Flächenbedarf bei Verpflegungseinrichtungen wird je Sitzplatz mit 4,2 [$m^2_{NUF\ 1\text{–}6}$] angenommen.[27] Das Land Rheinland-Pfalz geht von insgesamt rd. 4,55 bis 4,7 [$m^2_{NUF\ 1\text{–}6}$] aus.[28]

Der Vorteil von Verpflegungseinrichtungen ist daher beim Flächenbedarf je Tisch primär durch die Platzwechselraten gegeben: Verpflegungseinrichtungen mit einer Platzwechselrate von < 4 bieten keinen nennenswerten Flächenvorteil im Vergleich zu Haushalten mit etwa drei Personen.

Bürobereiche (NUF 2)

Büroarbeitsflächen (NUF 2 nach [DIN 277-1 2016-01]) bedürfen einer gesonderten Untersuchung, zumal das Verhältnis zwischen Büroarbeitsflächen und Arbeitsplätzen (AP) stark variieren kann. Es beträgt nach IFMA[29] bei den teilnehmenden Liegenschaften wie folgt:

- 16 % < 25 [m^2_{BGF}/AP]
- 51 % 25–50 [m^2_{BGF}/AP]
- 19 % 50–75 [m^2_{BGF}/AP]

---

24 Siehe [Bogenstätter, U. (2001)], S. 112.

25 Vgl. [Krietsch, H. (1969K)], S. 82, in: [Bogenstätter, U. (2001)], S. 112.

26 Vgl. [fm.rlp RLBau 2014], Anhang 1, Anlage 1b.

27 Vgl. [HIS 106], S. 266.

28 Vgl. [fm.rlp RLBau 2014], Anhang 1, Anlage 1b: Speisesaalfläche 1,55 [m²/Sitzplatz], Cafeteriafläche 1,35 [m²/Sitzplatz], Eingangsbereich 0,60 [m²/Sitzplatz], Küchen- und Lagerbereich (bei 3-fachem Platzwechsel) 1,05 [m²/Sitzplatz] bzw. (bei 3,5-fachem Platzwechsel) 1,225 [m²/Sitzplatz]. Für Behördenkantinen siehe: Muster 13.1, Anlage 4.

29 Siehe [IFMA (2004)], S. 22.

- 11 % 75–100 [m^2_{BGF}/AP]
- 11 % > 100 [m^2_{BGF}/AP]

An anderer Stelle findet sich eine Bandbreite von 23,1 bis 84,4 [m^2_{BGF}/AP], der Mittelwert beträgt 50,4 [m^2_{BGF}/AP].[30] Die Aussagekraft dieser Kennzahlen ist sehr gering, da i. d. R. die Abgrenzung der BGF für die Arbeitsplätze oder die anderen Nutzungsbereiche nicht klar erkennbar ist.

Nach den Richtlinien des Landes Rheinland-Pfalz erfolgt die Berechnung der Höchstflächen für Geschäftszimmer der Landesbehörden in Abhängigkeit von der Anzahl der Personen im Raum, des Aufgabengebiets und der Position wesentlich differenzierter (vgl. Kap. 6.2.2, Abb. 6.8). Unabhängig von den Richtwerten ist für Arbeitsplätze die Arbeitsstättenverordnung zu beachten (vgl. Kap. 8.4.5).

Gewerbliche Küchenbereiche (NUF 3)
Grundsätzlich lassen sich Küchen von Verpflegungseinrichtungen und Selbstversorgerküchen in privaten Haushalten (NUF 3 nach [DIN 277-1 2016-01]) unterscheiden: Der Flächenbedarf für Küchen der Verpflegungseinrichtungen nimmt mit zunehmender Kapazität, besonders bei Garküchen, im Verhältnis zur Kapazität ab.[31] Zur Berechnung der Küchenflächen in Haushalten kann auf durchschnittliche Angaben zur Küchengröße in Abhängigkeit zur Haushaltsgröße zurückgegriffen werden. Danach können Küchen ab einer Haushaltsgröße von drei Personen im Flächenbedarf mit Großkücheneinrichtungen für etwa 30 Personen konkurrieren (vgl. Abb. 6.16).

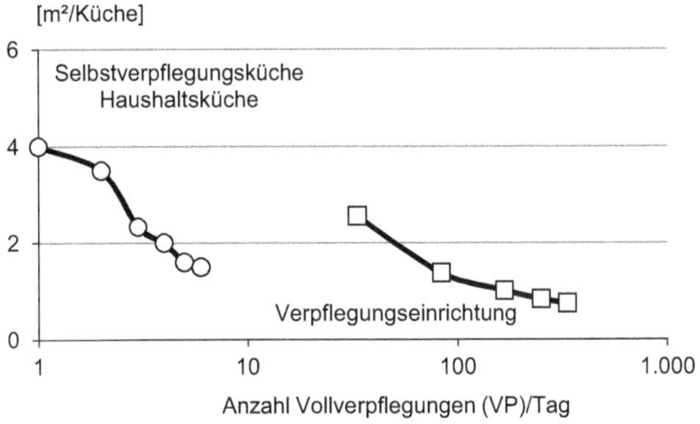

Abb. 6.16: Flächenverbrauchskennwert in [m²/je Vollverpflegung] nach Küchenart.[32]

Rohatsch u. a.[33] unterscheiden bei Verpflegungseinrichtungen nach Küchentypen (z. B. Zubereitungsküchen oder Garküchen, Kombinations- oder Mischküchen, Relaisküchen und Auftau-, Anrichte oder Aufbereitungsküchen), Küchenart (z. B. Betriebs- oder Werksküchen, Krankenhausküchen, Heimküchen, Anstaltsküchen, Mensaküchen, Schulküchen, Truppen- oder Truppenverpflegungsküchen, Restaurantküchen, Hotelküchen und Gastwirtschaftsküchen). Die funktionalen Beziehungen einer Zubereitungsküche sind in Abbildung 6.17 aufgezeigt. Werden die funktionalen Bezüge nicht eingehalten, ist mit einem erhöhten Flächenbedarf und/oder mit Qualitätseinbußen zu rechnen.

30 Siehe [Rotermund (2015)], S. 32.
31 Vgl. [Loeschcke, G. (1985)], S. 22.
32 Siehe [Bogenstätter, U. (2001)], S. 112.
33 Siehe [Schwarz, P. (2011)].

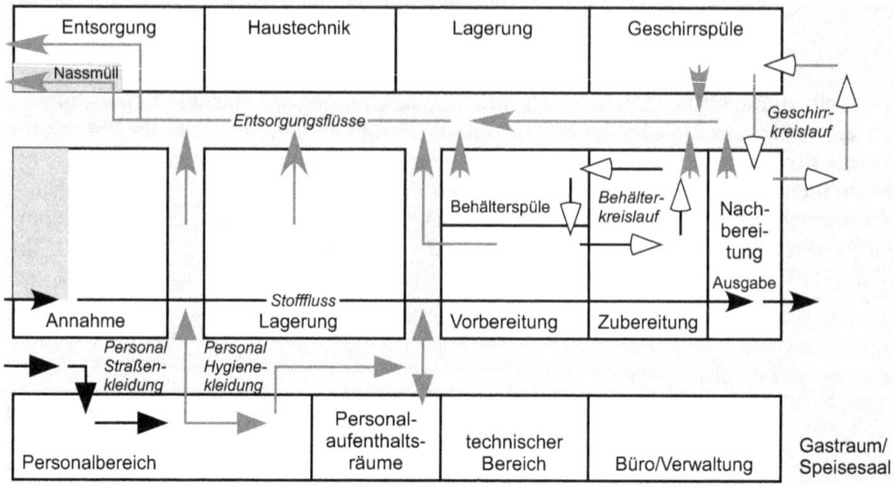

Abb. 6.17: Funktionsbereiche einer Zubereitungsküche.[34]

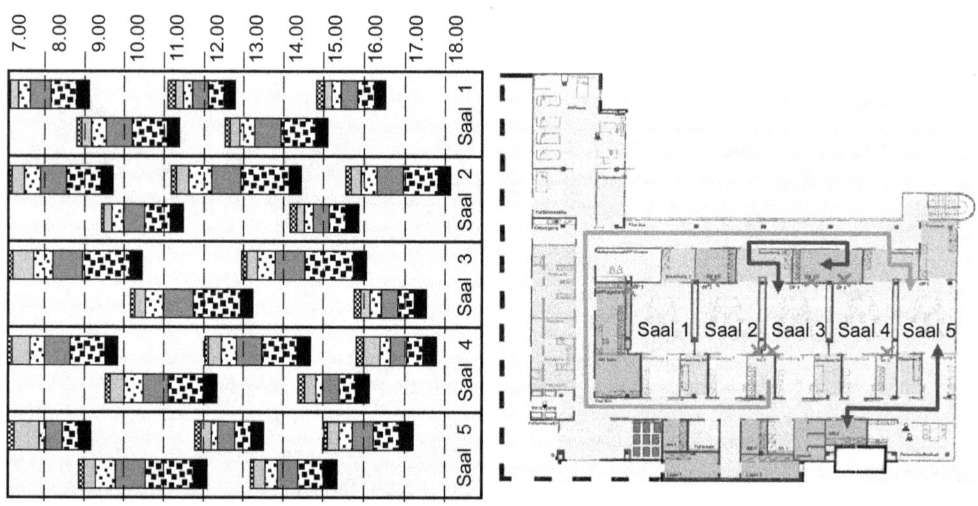

Abb. 6.18: Variante A, Belegungsplan von 5 Operationssälen.[35]

Operationsbereiche (NUF 3)

Mithilfe einer durchdachten Arbeitsorganisation lässt sich bei **Operationsbereichen** mit weniger Flächen Gleiches leisten. So konnte Szczurko durch Simulation der Arbeitsabläufe in einem Krankenhaus aufzeigen, dass ein Gebäude optimale Arbeitsabläufe hemmen kann (s. Abb. 6.18 und 6.19). Die Simulation der Varianten erfolgte IT-gestützt. Durch Kenntnis der betrieblichen Abläufe konnte ein Operationssaal entfallen. In Abbildung 6.18 wird links der Belegungsplan eines

34 Siehe [Bogenstätter, U. (2001)], S. 112.

35 Vgl. [Szczurko, P. (2008)], S. 357; links: Belegungsplan für 5 Operationssäle, rechts: Störungen im Ablauf durch bauliche Hindernisse.

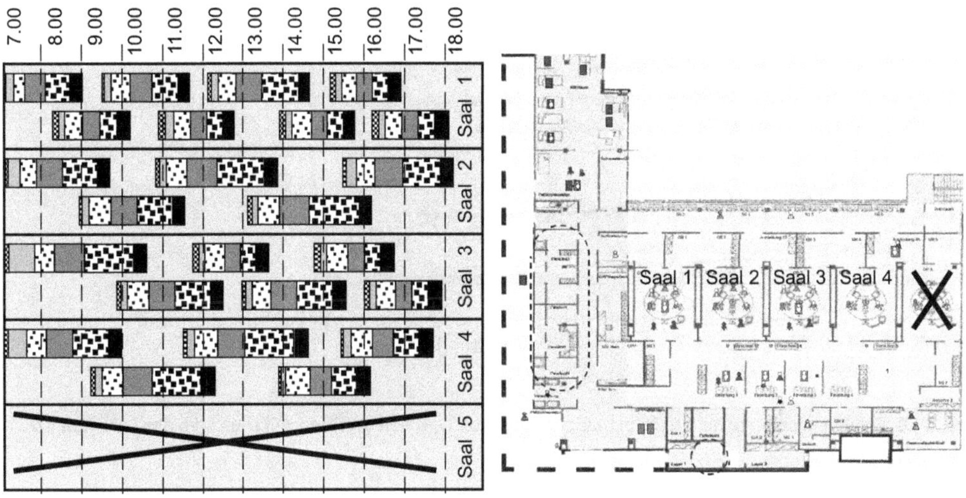

Abb. 6.19: Variante B, Belegungsplan von 4 Operationssälen.[36]

Operationsraums während eines Tages gezeigt (Variante (A)). Die Schraffuren verdeutlichen die Zeitabschnitte in einem Operationsraum: 1. Station/Schleuse, 2. Schleuse – Einleitung, 3. Einleitung – Narkosebeginn, 4. Narkosebeginn – Beginn der Operation, 5. Schnitt bis Naht, 6. Naht bis Reinigungsende, 7. Naht bis Ausleitungsende, 8. Transport zum Aufwachraum bis Ende der Aufwachzeit, 9. Transport vom Aufwachraum zur Station. Rechts werden bauliche Hemmnisse deutlich.

In Abbildung 6.19 wird links ebenfalls der Belegungsplan eines Operationsraums während eines Tages gezeigt (Variante B) und rechts die baulichen Gegebenheiten, die einen optimierten Betriebsablauf ermöglichen. Neben der Reduzierung der Investitions- und Gebäudebetriebskosten wird das Krankenhauspersonal optimal (gleichmäßig) ausgelastet.

Sozial- und Sanitärbereiche (NUF 7)

Es wurde nachgewiesen, dass eine zentrale Anlage von Wasch-, Dusch- und WC-Räumen hinsichtlich der Herstellungskosten die günstigste Lösung ist. Andere Lösungen und Kombinationen wie z. B. Waschbecken auf dem Zimmer sind weitaus kostspieliger als etwa eine Sanitärzelle für eine Zweiergruppe. Sanitärflächen sind daher hinsichtlich der Gruppenstruktur und Verteilung kritisch zu prüfen.

Eine differenzierte Betrachtung ist auch bei den Nebennutzflächen für das Personal erforderlich. Diese setzen sich im Wesentlichen aus Umkleide-, Wasch-, Dusch- und Toilettenflächen zusammen: In Abhängigkeit zur Beschäftigtenzahl wurde modellhaft die Berechnung der Nebennutzflächen (NUF 7) auf der Grundlage der Arbeitsstättenverordnung[37] durchgeführt. Eigene Berechnungen ergaben, dass sich nennenswerte Flächeneinsparungen an Nebennutzflächen für das Personal ab einer Beschäftigtenanzahl von 20 Personen erzielen lassen (s. Abb. 6.20).

36 Vgl. [Szczurko, P. (2008)], S. 357; links: Belegungsplan für 4 Operationssäle, rechts: keine baulichen Hindernisse für den innerbetrieblichen Ablauf.

37 Vgl. [BMAS 2016-12].

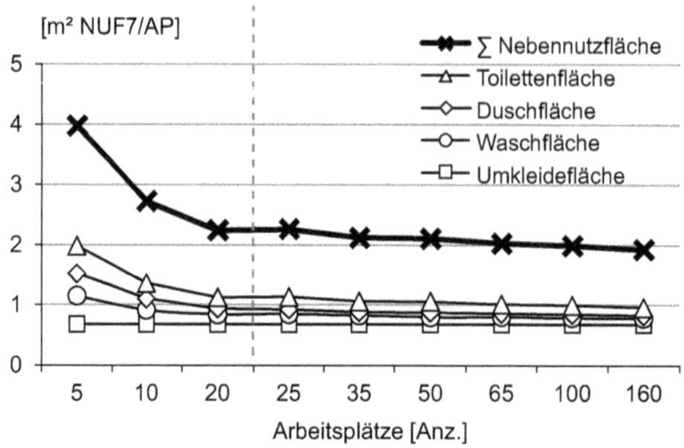

Abb. 6.20: Skalierungseffekte bei den Nebennutzflächen (NUF 7), Flächenverbrauchskennwert in [m^2] pro Arbeitsplatz.[38]

Bei der Analyse der Flächenkennzahlen ist festzustellen, dass die Abweichungen bei den Nebennutzflächen (NUF 7) bis zu ±82 % betragen können (s. oben Tab. 6.6). Eine Untersuchung von Hafkemeyer (s. Abb. 6.21) in Studentenwohnheimen hat gezeigt, dass die Betrachtung der Sanitärflächen als Teil der Nebennutzflächen differenzierter erfolgen muss. Hier wird der erhöhte Flächenbedarf nach Art der Sanitärbereiche in Prozent ausgewiesen. Sanitärzellen in Einzelzimmern und Kleingruppen im Gegensatz zu großen, gemeinsamen Sanitärbereichen (24 Personen) erfordern einen erheblich größen Flächenbedarf. Der Unterschied fällt bei kleineren Sanitärbereichen (12 Personen) weitaus geringer aus. Bei Flächenvergleichen zwischen gleichartigen Gebäuden sind daher Flächenstandards der Sanitärflächen zu berücksichtigen.

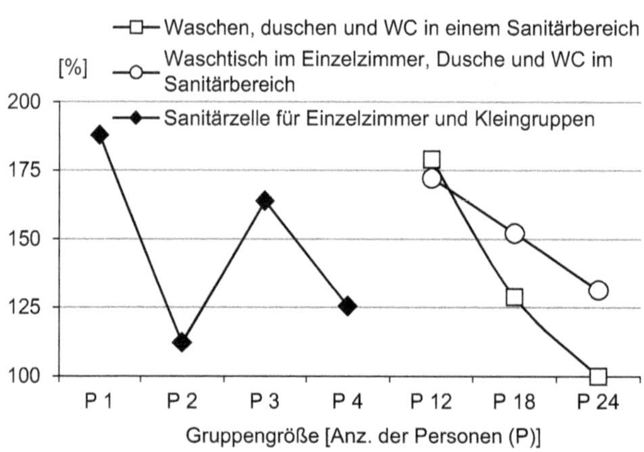

Abb. 6.21: Skalierungseffekte bei den Nebennutzflächen (NUF7), Kostenrelation in [%] nach Sanitärbereichsarten.[39]

38 Links, siehe [Bogenstätter, U. (2001)], S. 134.

39 Links, siehe [Bogenstätter, U. (2001)], S. 134, Hafkemeyer, A.: Technische Einrichtungen in Studentenwohnheimen, Dissertation 1996, in: [BMBau 01.041], eigene prozentuale Umrechnungen auf der Basis 1.033,32 DM = 100 %.

Technikbereiche (TF)

Der Bedarf an **Technikflächen** (NUF 8) für Heizung, Lüftung und Sanitär (jeweils mit oder ohne Raumlufttechnik)[40] lässt sich für

- Büro-/Verwaltungsgebäude
- Einzelhandelsgebäude
- Küchen

nach [VDI 2050 Bl. 1 2006-12] überschlägig ermitteln.

Wesentliche Berechnungsparameter zur Dimensionierung der Technikflächen sind neben der Brutto-Grundfläche des Gebäudes der Bedarf der Gewerke Heizung, Lüftung, Sanitär, Kälte und Elektro sowie der Bedarf nach Raumkonditionierung mit Raumlufttechnik. RLT-Anlagen ziehen einen erhöhten Flächenbedarf nach sich. Der Bedarf erhöht sich bei zunehmender Luftwechselrate. Bei thermischer Bautaktivierung mit Kühldecke lässt sich der Flächenbedarf reduzieren. Der Flächenbedarf steigt zusätzlich mit dem Einbau einer Sprinkleranlage (s. Abb. 6.22).

- Verwaltungsgebäude (V)
  1. Ausmaß Brutto-Grundfläche mit und ohne Sprinkleranlage mit
  2. HSE ohne RLT und ggfs. mit TBA/KD oder
  3. HLSKE RLT-Anlage (6 $m^3/h \times m^2$) oder
  4. HLSKE RLT-Anlage (12 $m^3/h \times m^2$)

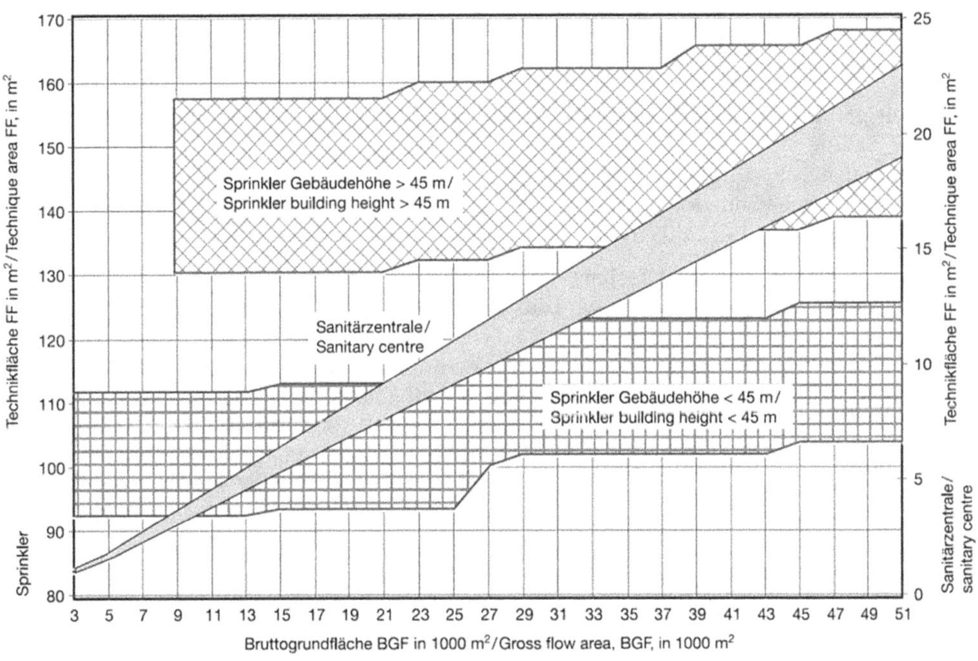

Abb. 6.22: Flächenbedarf Technikflächen (Sprinkleranlage).[41]

40 Vgl. [VDI 2050 Bl. 1 2006-12], dabei bedeuten: H; L; S; K; E: Heizung; Lüftung; Sanitär; Kälte; Elektro; TBA: thermische Bauteilaktivierung; RLT: Raumlufttechnik; KD: Kühldecke.

41 Siehe [VDI 2050 Bl. 1 2006-12], S. 34.

- Einzelhandel (E)
  1. Ausmaß Brutto-Grundfläche mit und ohne Sprinkleranlage mit
  2. HSE ohne RLT oder
  3. HLSKE RLT-Anlage ($12\,m^3/h \times m^2$) oder
  4. HLSKE RLT-Anlage ($18\,m^3/h \times m^2$) oder
  5. HLSKE RLT-Anlage ($24\,m^3/h \times m^2$)
- Küchen (K)
  1. Ausmaß Brutto-Grundfläche mit und ohne Sprinkleranlage mit
  2. HLSKE RLT-Anlage ($90\,m^3/h \times m^2$) oder
  3. HLSKE RLT-Anlage ($120\,m^3/h \times m^2$)

Daraus lässt sich grundsätzlich ableiten, dass mit zunehmendem Technisierungsgrad und zunehmenden Bedarfsanforderungen ein erhöhter Flächenbedarf zu erwarten ist.

Erschließungsbereiche (VF)
Bei der Analyse der Flächenkennzahlen ist auch festzustellen, dass die Abweichungen der Verkehrsflächenkennzahlen (VF) bis zu ±56 % betragen können (s. oben Tab. 6.6). Das sind Flächenanteile, die ebenfalls beheizt und gereinigt werden müssen, ohne einen nennenswerten Nutzen zu stiften. Die Reduktion von Verkehrsflächen ist daher i. d. R. mit einer Kostenreduktion gleichzusetzen und ist von herausragender Bedeutung für die Analyse von Flächenkennzahlen.

6.3.2 Ausstattungs- und Einrichtungsstandards – Qualitätsbedarfsanforderungen (QbA)

Standards ermöglichen die Beschreibung und den Vergleich von Qualitätsanforderungen. Die Qualitätsanforderungen können sich auf ein ganzes Gebäude oder auf Funktionsbereiche beziehen.

Qualitätsanforderung Universal Design (Barrierefreiheit)
Beim Universal Design beispielsweise wird das Ziel verfolgt, die Zugänglichkeit von Gebäuden und Räumen für möglichst viele Menschen zu ermöglichen, ohne spezielle und separierende Lösungen zu bieten, die häufig als stigmatisierend empfunden werden. Zum Beispiel wird statt eines Extra-Eingangs für Rollstuhlfahrer ein ebener Haupteingang mit Automatiktüren eingebaut. Das Konzept für Universal Design wurde am Center for Universal Design an der North Carolina State University (NCSU) entwickelt. Inzwischen werden andere Begriffe wie z. B. Design for all synonym verwendet.

Der deutsche Vorläufer zu Universal Design ist das „Barrierefreie Bauen“, das zum Ziel hat, die Mobilität für alle Menschen in einem Gebäude sicherzustellen. Im Fokus stehen insbesondere Menschen mit einer Mobilitätseinschränkung (z. B. Gehbehinderung). Tabelle 6.8 zeigt die graduellen Unterschiede in der Mobilität. Unterschieden werden u. a. die rollstuhlgerechte Ausstattung für Wohnungen und die Ausstattung von Krankenzimmern für bettlägerige Personen in Pflegeheimen oder Krankenhäusern.

Tab. 6.8: Merkmal Universal Design.

Abk.	Bezeichnung	Quelle
o. E.	ohne Einschränkung	
Bf	gehbehinderte Personen (barrierefrei)	
RB	Rollstuhlfahrer	
Bl	bettlägerige Personen	vgl. [BMBau 04.108], S. 10 ff., 66 ff.

Die Kriterien zur Mobilität beziehen sich weitgehend auf die [DIN 18040-1 2010-10] für öffentlich zugängliche Gebäude, die [DIN 18040-2 2011-09] für Wohnungen und die [DIN 18040-3 2014-12] für öffentlichen Verkehrs- und Freiraum. Die Normen [DIN 18040-1 2010-10] und [DIN 18040-2 2011-09] gelten für Neubauten und sollten für die Planung von Umbauten und Modernisierungen sinngemäß angewendet werden. Gemäß § 8 Behindertengleichstellungsgesetz (BGG) sollen zivile Neu-, Um- oder Erweiterungsbauten des Bundes entsprechend den allgemein anerkannten Regeln der Technik barrierefrei gestaltet werden. Im Übrigen gilt die Musterbauordnung (MBO). § 50 Abs. 1 MBO „Barrierefreies Bauen" lautet: „In Gebäuden mit mehr als zwei Wohnungen müssen die Wohnungen eines Geschosses barrierefrei erreichbar sein; diese Verpflichtung kann auch durch barrierefrei erreichbare Wohnungen in mehreren Geschossen erfüllt werden. In diesen Wohnungen müssen die Wohn- und Schlafräume, eine Toilette, ein Bad sowie die Küche oder die Kochnische barrierefrei sein."

§ 50 Abs. 2 MBO gilt für öffentlich zugängliche Bereiche:[42]

> Bauliche Anlagen, die öffentlich zugänglich sind, müssen in den dem allgemeinen Besucher- und Benutzerverkehr dienenden Teilen barrierefrei sein. Dies gilt insbesondere für 1. Einrichtungen der Kultur und des Bildungswesens, 2. Sport- und Freizeitstätten, 3. Einrichtungen des Gesundheitswesens, 4. Büro-, Verwaltungs- und Gerichtsgebäude, 5. Verkaufs-, Gast- und Beherbergungsstätten, 6. Stellplätze, Garagen und Toilettenanlagen. Für die der zweckentsprechenden Nutzung dienenden Räume und Anlagen genügt es, wenn sie in dem erforderlichen Umfang barrierefrei sind. Toilettenräume und notwendige Stellplätze für Besucher und Benutzer müssen in der erforderlichen Anzahl barrierefrei sein.

In § 50 Abs. 4 MBO wird der sog. unverhältnismäßige Mehraufwand definiert: „Die Absätze 1 bis 2 gelten nicht, soweit die Anforderungen wegen schwieriger Geländeverhältnisse, wegen des Einbaus eines sonst nicht erforderlichen Aufzugs, wegen ungünstiger vorhandener Bebauung oder im Hinblick auf die Sicherheit der Menschen mit Behinderungen oder alten Menschen nur mit einem unverhältnismäßigen Mehraufwand erfüllt werden können."

Die Mehrkosten betragen bis zu 15 % der Bauwerkskosten.[43] Die höheren Mehrkosten sind dann zu erklären, wenn nur zur Ausweisung der Barrierefreiheit etwa ein Aufzug eingebaut wird (2 %–12 %).

Barrierefreiheit wird in weiteren Musterverordnungen thematisiert:

- Die Arbeitsstättenverordnung verlangt eine barrierefreie Ausstattung, sofern Menschen mit einer Behinderung beschäftigt werden (vgl. § 3 Abs. 2 [ArbStättV 2016]).
- In Hotels müssen nach § 11 [MBeVO 2014] und § 50 Abs. 1 [MBO 2016] mindestens 10 % der Gästebetten barrierefrei zugänglich sein. Ab 60 Gastbetten muss 1 % der Gastbetten für Rollstuhlfahrer nutzbar sein.
- In der Muster-Hochhaus-Richtlinie [MHHR 2012] wird unter Nr. 9.2.1 auf Maßnahmen zur Rettung von Behinderten hingewiesen. In § 4 der [M-GarVO 2008] wird die Breite eines Stellplatzes für Behinderte mit 3,50 m festgelegt.
- In § 12 der Muster-Versammlungsstättenverordnung [MVStättVO 2014] wird mindestens eine barrierefreie Toilette gefordert, in § 13 barrierefreie Stellplätze (50 % der erforderlichen Besucherplätze).

Durch die Forderung nach Barrierefreiheit ergeben sich allerdings auch Widersprüche innerhalb der Normen. Barrierefreie Räume benötigen besondere Lösungen, z. B. bei der Ausbildung von Türschwellen von maximal 2 cm Höhe und dem Anschluss von Dachterrassen oder Balkonen, bei denen die Abdichtung rd. 15 bis 30 mm unter der Oberkante der Beläge endet. Die in [DIN 18195-5

---

42 Siehe [BMUB (2016l)].

43 Vgl. [Bogenstätter, U. (2001)], S. 140.

2011-12] geforderte Anschlusshöhe von 15 cm ist in der Praxis i. d. R. ebenso wenig umsetzbar wie die reduzierte Höhe von 5 cm gemäß Flachdachrichtlinie 2016. Abhilfe kann z. B. eine Rinnenausbildung schaffen.

Qualitätsanforderungen bei Hotels
Klassifizierungsbemühungen der Hotelbranche (s. Tab. 6.9) gehen daher auch darüber hinaus, lediglich Ressourcen- und Strukturqualität (zu den Begriffen s. Kap. 3.5.1) abzubilden. Die Bemühungen beziehen sich hinsichtlich Ressourcen- und Strukturqualität (Standort, Funktion, Verpflegung, Betriebsgröße) auf die von einem Hotelgast erwartete Leistung (Zielgruppe, Architektur) oder auf eine Mischform, etwa beim Gebäudestandard.

Tab. 6.9: Merkmale bei Hotels.[44]

Nr.	Merkmal	Klassifizierung
1.	Standort	Stadthotel, Landhotel, Strandhotel, verkehrsabhängiges Hotel (z. B. Raststätte, Bahnhofs- oder Flughafenhotel)
2.	Funktion	Passantenhotel, Tagungshotel, Businesshotel, Ferienhotel, Kurhotel, Wellnesshotel, Boarding-Haus (Service-Apartment), Ressorthotel
3.	Betriebsgröße	Kleinbetrieb (< 50 Zimmer), Mittelbetrieb (50 bis 150 Zimmer), Großbetrieb (> 150 Zimmer)
4.	Zielgruppe	Geschäftsreisende, Erholungssuchende, Familien, Kurgäste, Incentive-Reisende, Pauschaltouristen, Airline-Crews
5.	Architektur	Designhotel, Hotel in historischen Gebäuden, Hotel in gemischtgenutzten Gebäuden, Boutiquehotel
6.	Verpflegung	Hotelpension, Hotel garni, Vollhotel
7.	Gebäudestandard	Luxus (5 Sterne), anspruchsvoll (4 Sterne), Mittelklasse (3 Sterne), gutbürgerlich (2 Sterne), einfach (1 Stern)

Beim Gebäudestandard wird nicht allein die Zimmergröße (z. B. 24 m^2 Einzelzimmer) in den Mittelpunkt gestellt, sondern es wird ein Bündel aus Kriterien geschnürt, das neben Ressourcen- und Strukturqualität auch Prozessqualitäten durch organisatorische Maßnahmen abbilden kann (Bügelservice innerhalb einer Stunde, mehrsprachige Mitarbeiter 24 Stunden an der Rezeption, *****-Kategorie, vgl. Tab. 6.10).

In ähnlicher Ausprägung gibt es eine DTV-Klassifizierung für Ferienhäuser/Ferienwohnungen[45] oder Privatzimmer[46]. Eine ähnliche Mischform stellt die Klassifizierung der Funktion und der Hauptzielgruppe nach Certified[47] dar. Das Certified-Hotel beruht auf den Verbandskriterien zu Tagungshotels von VDR, German Convention Bureau e. V. (GCB [www.gcb.de]), Deutscher Gesellschaft für Verbandsmanagement e. V. (DGVM [www.verbaende.com]), Meeting Professionals International – MPI Germany Chapter, B.A.U.M. e. V. und dem Bundesverband Sekretariat und Büromanagement e. V. Dabei wird das Certified-Business-Hotel, Conference-Hotel, Green Hotel, Serviced Apartment, Eventlocation und Conference Ship unterschieden.

44 In Anlehnung an [Roth, J. (2003l)], S. 5.
45 [DTV (2016j)].
46 [DTV (2016k)].
47 Vgl. hierzu die Homepage von Certified, https://www.certified.de (letzter Aufruf: 03.01.2018).

Tab. 6.10: Klassifizierung von Hotels nach DEHOGA.[48]

Kat.	Klassifizierung
*	alle Zimmer mit Dusche/WC oder Bad/WC; tägliche Zimmerreinigung; alle Zimmer mit TV samt Fernbedienung; Tisch und Stuhl; Seife oder Waschlotion; Badetücher; Empfangsdienst; dem Hotelgast zugängliches Telefon; erweitertes Frühstücksangebot; Getränkeangebot im Betrieb; Depotmöglichkeit
**	Frühstücksbuffet; Leselicht am Bett; Internetzugang auf dem Zimmer oder im öffentlichen Bereich; Kartenzahlung möglich; Schaumbad oder Duschgel; Wäschefächer; Angebot von Hygieneartikeln (Zahnbürste, Zahncreme, Einmalrasierer etc.)
***	14 Stunden besetzte separate Rezeption, 24 Stunden erreichbar; zweisprachige Mitarbeiter (deutsch/englisch); Sitzgruppe am Empfang, Gepäckservice; Getränkeangebot auf dem Zimmer; auf Wunsch (mobiles) Telefon auf dem Zimmer; Haartrockner, Papiergesichtstücher; Ankleidespiegel, Kofferablage; Nähzeug und Schuhputzutensilien auf Wunsch, Waschen und Bügeln der Gästewäsche; Zusatzkissen und -decke auf Wunsch; systematischer Umgang mit Gästebeschwerden
****	16 Stunden besetzte separate Rezeption, 24 Stunden erreichbar; Lobby mit Sitzgelegenheiten und Getränkeservice, Hotelbar; Frühstücksbuffet oder Frühstückskarte mit Roomservice; Minibar, 16 Stunden Getränke im Roomservice oder Maxibar auf jeder Etage; Sessel/Couch mit Beistelltisch; Bademantel, Hausschuhe auf Wunsch; Kosmetikartikel (z. B. Duschhaube, Nagelfeile, Wattestäbchen), Kosmetikspiegel, großzügige Ablagefläche im Bad, Heizmöglichkeit im Bad
*****	24 Stunden besetzte Rezeption, mehrsprachige Mitarbeiter; Wagenmeisterservice; Concierge, Hotelpagen; Empfangshalle mit Sitzgelegenheiten und Getränkeservice; personalisierte Begrüßung mit frischen Blumen oder Präsent auf dem Zimmer; Minibar und 24 Stunden Speisen und Getränke im Roomservice; Körperpflegeartikel in Einzelflakons; Internet-Endgerät auf dem Zimmer auf Wunsch; Safe im Zimmer; Bügelservice (innerhalb einer Stunde), Schuhputzservice; abendlicher Turndownservice; Mystery-Guesting

Das Certified-Business-Hotel beruht auf 90 Kriterien[49]. Jedes Hotel, unabhängig vom Hotelstandard, kann sich als Certified-Hotel qualifizieren, wenn es mindestens 50 % der Kriterien in den Kategorien nach Tabelle 6.11 links erfüllt. Zu den 12 MUSS-Kriterien gehören: Mobilfunkerreichbarkeit in zugänglichen Bereichen, Internetzugang, persönlich besetzte Rezeption, 24 h geöffneter Parkplatz am Haus; Arbeitsfläche im Zimmer $\geq 0{,}8 \times 0{,}5$ m, gut zugängliche Steckdose, 90 % der Hotelzimmer $\geq 18\,m^2$; Matrazenalter ≤ 10 Jahre, Matrazenreinigungsheft; Hotelrechnung nach Anforderungen der Firmenreisepolitik, Akzeptanz von Kreditkarten; letzte Renovierung < 8 Jahre.

Das Certified-Conference-Hotel beruht auf 100 Kriterien[50], es müssen ebenfalls 50 % der Kriterien in den Kategorien nach Tabelle 6.11 rechts erfüllt werden. Es sind 20 MUSS-Kriterien einzuhalten: In den Tagungsräumen gilt: Mindesmaß an Deckenhöhe, mobile Trennwände, Tageslicht, Beleuchtungsstärke ≥ 300 lux, Internetzugang in zugänglichen Bereichen, Standardausstattung mit Flipchart, Moderatorenkoffer, …; Service- und Betreuungsleistung während der Tagung, Präsenz verantwortlicher Ansprechpartner; Bearbeitung von standardisierten Kundenanfragen innerhalb 24 bzw. 48 Stunden, strukturierte Auftragserfassung, Hotelrechnung nach Anforderungen der Firmenreisepolitik, Akzeptanz von Kreditkarten; Arbeitsfläche im Zimmer $\geq 0{,}8 \times 0{,}5$ m, gut zugängliche Steckdose, persönlich besetzte Rezeption, Matrazenalter ≤ 10 Jahre, Matrazenreinigungsheft; letzte Renovierung < 8 Jahre.

48 Die Klassifizierung der Gebäudestandards erfolgt z. B. nach [DEHOGA (2015)].
49 Vgl. [Certified CBH v1.05].
50 Vgl. [Certified CCH v1.06].

Tab. 6.11: Qualitätskriterien nach Certified Hotel.

	Kriterien des Certified-Business-Hotels		Kriterien des Certified-Conference-Hotels
1.	Hotel allgemein	1.	Tagungsbereich
2.	Ausstattung Zimmer	2.	Informationsmaterial
3.	Betthygiene und Schlafkomfort	3.	Essens- und Getränkeangebot
4.	Ausstattung Bad	4.	Veranstaltungsbetreuung
5.	Serviceleistungen	5.	Abrechnung
6.	Gesamteindruck	6.	Hotel allgemein
7.	Einbindung der Zertifizierung	7.	Betthygiene und Schlafkomfort
		8.	Gesamteindruck
		9.	Einbindung der Zertifizierung

Qualitätsanforderungen bei Laborgebäuden
Die Qualitätsdefinition kann sich auch auf andere Funktionseinheiten beziehen. So sind die speziellen Anforderungen an Funktionseinheiten von Laborgebäuden in Klasseneinteilungen ebenfalls berücksichtigt, hier ohne Anspruch auf Vollständigkeit.
- Biotechnologie: Ausstattung und organisatorische Maßnahmen: Merkblatt B 002 – Laboratorien [VBG BGI 629]
- Brandschutz: Radionuklidlaboratorien, Strahlenschutzklasse SK0–SK3, [DIN 25425-3 2012-02]
- Bildschirm- und Büroarbeitsplätze, [DGUV Information 215-410]
- Explosionsschutz-Regeln (EX-RL), Zone 1 oder 2 [DGUV R 113-001]
- Gentechnik: Klassen nach Sicherheitsstufen S01–S04 nach Gentechnik-Sicherheitsverordnung: Verordnung über die Sicherheitsstufen und Sicherheitsmaßnahmen bei gentechnischen Arbeiten in gentechnischen Anlagen, § 7 [GenTSV 2015]
- Gefahrstoffe: Laboratorien [TRGS 526 2008]: Hier werden auch Betriebsabläufe beschrieben
- Radionuklidlaboratorien, Schutzklasse S0–S4, [DIN 25425-1 2016-10]
- Trinkwasserschutz: Flüssigkeitskategorien K01–K05 [DIN EN 1717 2011-08]

Diese Qualitätsanforderungen haben erhebliche Auswirkungen auf die Investitions- und Nutzungskosten.

Literatur

[ArbStättV 2016] Verordnung über Arbeitsstätten: Arbeitsstättenverordnung – ArbStättV, 2016, URL: https://www.gesetze-im-internet.de/bundesrecht/arbst_ttv_2004/gesamt.pdf (letzter Aufruf: 16.04.2017).

[BMAS 2016-12] Arbeitsstättenverordnung, Bundesministerium für Arbeit und Soziales (Hrsg.); Köln 12.2016, URL: http://www.bmas.de/SharedDocs/Downloads/DE/PDF-Publikationen/A225-arbeitsstaettenverordnung.pdf?__blob=publicationFile (letzter Aufruf: 03.01.2018).

[BMBau 01.041] Triebel, Wolfgang; Achterberg, Gerhard; Tesch, Martin: Wirtschaftlichkeit von Studentenwohnheimen und Studentenwohnungen: Untersuchungen an Versuchs- und Vergleichsbauten in Berlin-Dahlem, BMBau 01.041; Bonn 1972.

[BMBau 04.108] Weeber, Rotraut; Weber, H.; Rossbach-Lochmann, H.; Kremp, Chr.: Bereitstellung von Behindertenwohnungen: Bedarfsgerechte und wirtschaftliche Verfahren, Behindertenwohnungen bereitzustellen; Forschungsbericht, BMBau 04.108; Bonn 1985.

[BMUB (2016l)] Bundesministerium für Umwelt, Naturschutz, Bau und Reaktorsicherheit (Hrsg.): Leitfaden Barrierefreies Bauen, 4. Aufl., 2016, URL: http://www.bmub.bund.de/fileadmin/Daten_BMU/Pools/Broschueren/barrierefreies_bauen_leitfaden_bf.pdfnachhaltigesbauen.de/oekobaudat/ (letzter Aufruf: 10.04.2017).

[Bogenstätter, U. (2001)] Bogenstätter, Ulrich: Interdisziplinäres Modell zur Bewertung von Wohnstätten für [(schwer geistig) behinderte] Menschen in frühen Planungsphasen; Dissertation; Karlsruhe 2001.

[DEHOGA (2015)] Deutscher Hotel- und Gaststättenverband e. V. (DEHOGA Bundesverband) (Hrsg.): Kriterienkatalog 20015-2020: Deutsche Hotelklassifizierung, 2015, URL: https://www.hotelstars.eu/fileadmin/Dateien/GERMANY/Downloads/Files/Deutsche-Hotelklassifizierung_2015-2020.pdf (letzter Aufruf: 03.01.2018).

[Certified CBH v1.05] Certified GmbH (Hrsg.): Certified Business Hotel: Kriterienkatalog, Certified CBH v1.05, 8.2016.

[Certified CCH v1.06] Certified GmbH (Hrsg.): Certified Conference Hotel: Kriterienkatalog, Certified CCH v1.06, 8.2016.

[DIN 277-1 2016-01] Grundflächen und Rauminhalte im Bauwesen: Teil 1: Hochbau, Deutsches Institut für Normung (Hrsg.): Teil 1, DIN 277; Berlin 2016.

[DIN 18040-1 2010-10] Barrierefreies Bauen: Planungsgrundlagen: Teil 1: Öffentlich zugängliche Gebäude, Deutsches Institut für Normung (Hrsg.): Teil 1, DIN 18040; Berlin 2010.

[DIN 18040-2 2011-09] Barrierefreies Bauen: Planungsgrundlagen: Teil 2: Wohnungen, Deutsches Institut für Normung (Hrsg.): Teil 2, DIN 18040; Berlin 2011.

[DIN 18040-3 2014-12] Barrierefreies Bauen: Planungsgrundlagen: Teil 3: Öffentlicher Verkehrs- und Freiraum, Deutsches Institut für Normung (Hrsg.): Teil 3, DIN 18040; Berlin 2014.

[DIN 18195-5 2011-12] Bauwerksabdichtungen: Teil 5: Abdichtungen gegen nichtdrückendes Wasser auf Deckenflächen und in Nassräumen, Bemessung und Ausführung, Deutsches Institut für Normung (Hrsg.): Teil 5, DIN 18195; Berlin 2011.

[DIN 25425-1 2016-10] Radionuklidlaboratorien: Teil 1: Regeln für die Auslegung, Deutsches Institut für Normung (Hrsg.): Teil 1, DIN 25425; Berlin 2016.

[DIN 25425-3 2012-02] Radionuklidlaboratorien: Teil 3: Regeln für den vorbeugenden Brandschutz, Deutsches Institut für Normung (Hrsg.): Teil 3, DIN 25425; Berlin 2012.

[DIN 25425-5 2011-04] Radionuklidlaboratorien: Teil 5: Regeln zur Dekontamination von Oberflächen, Deutsches Institut für Normung (Hrsg.): Teil 5, DIN 25425; Berlin 2011.

[DIN EN 1717 2011-08] Schutz des Trinkwassers vor Verunreinigungen in Trinkwasser-Installationen und allgemeine Anforderungen an Sicherungseinrichtungen zur Verhütung von Trinkwasserverunreinigungen durch Rückfließen: Technische Regel des DVGW, Deutsches Institut für Normung (Hrsg.): DIN EN 1717; Berlin2011.

[DGUV Information 215-410] Deutsche Gesetzliche Unfallversicherung (Hrsg.): Bildschirm- und Büroarbeitsplätze: Leitfaden für die Gestaltung, DGUV Information 215-410, 2015, URL: http://www.vbg.de/SharedDocs/Medien-Center/DE/Broschuere/Themen/Bildschirm_und_Bueroarbeit/DGUV_Information_215_410_Bildschirm-_und_Bueroarbeitsplaetze.pdf;jsessionid=31D14DEC77537A2B106A6F1A8FDCCA0A.live3?__blob=publicationFile&v=17 (letzter Aufruf: 09.03.2017).

[DGUV R 113-001] Deutsche Gesetzliche Unfallversicherung (Hrsg.): Explosionsschutz-Regeln (EX-RL): Regel 113-001, DGUV R 113-001, 2016, URL: http://www.bgrci.de/exinfode/dokumente/explosionsschutz-regeln-ex-rl-dguv-regel-113-001/ (letzter Aufruf: 09.03.2017).

[DTV (2016j)] Deutscher Tourismusverband (Hrsg.): DTV-Klassifizierung für Ferienhäuser/Ferienwohnungen, 2016, URL: https://www.deutschertourismusverband.de/fileadmin/Mediendatenbank/PDFs/Kriterien_FH_FeWo_2016.pdf (letzter Aufruf: 03.01.2018).

[DTV (2016k)] Deutscher Tourismusverband (Hrsg.): DTV-Klassifizierung für Privatzimmer, 2016, URL: https://www.deutschertourismusverband.de/fileadmin/Mediendatenbank/PDFs/Kriterien_FH_FeWo_2016.pdf (letzter Aufruf: 03.01.2018).

[ESWiD (2007)] Bogenstätter, Ulrich; Zeilinger, Thomas; Reiß-Fechter, Dagmar: Ergebnisbericht Kirchliches Immobilienmanagement KIM; Nürnberg 2007.

[fm.rlp RLBau 2014] Ministerium der Finanzen (Hrsg.): Richtlinien für die Durchführung von Bauaufgaben des Landes Rheinland-Pfalz (RLBau): Ausgabe 2006, Stand Juli 2014, fm.rlp RLBau 2014; Mainz 2014.

[GenTSV 2015] Gentechnik-Sicherheitsverordnung: Verordnung über die Sicherheitsstufen und Sicherheitsmaßnahmen bei gentechnischen Arbeiten in gentechnischen Anlagen, GenTSV; https://www.gesetze-im-internet.de/gentsv/BJNR023400990.html (letzter Aufruf: 08.01.2018).

[Hafkemeyer, A. (1996)] Hafkemeyer, A.: Technische Einrichtungen in Studentenwohnheimen; Dissertation; 1996.

[HIS 106] Dammann-Doench, Kristiane; Vogel, Bernd: Materialien zur Mensaplanung: Eine Dokumentation und vergleichende Auswertung von Mensa-Neubauten ab 1985, HIS 106; Hannover 1994.

[ifBOR DTQ 2007-10] Bogenstätter, Ulrich: Datenquellen, ifBOR DTQ 2007-10; www.ifBOR.eu 2007 (letzter Aufruf: 04.01.2018).

[IFMA (2004)] International Facility Management Association (Hrsg.): Benchmarking Report 2003, Karlsfeld bei München 2004.

[Krietsch, H. (1969K)] Krietsch, Hans-Joachim; Pratsch, Hellmut; Jokusch, Peter: Bedarfsbemessung von Mensabauten; Arbeitsbericht, Beiträge zur Bedarfsbemessung, Nr. 17; Stuttgart 1969.

[Loeschcke, G. (1985)] Loeschcke, Gerhard; Höfs, Jutta: Großküchen: Grundriß und Ausstattungsplanung in Küchen zur Gemeinschaftsverpflegung; Wiesbaden u. a. 1985.
[M-GarVO 2008] Muster einer Verordnung über den Bau und Betrieb von Garagen (Muster-Garagenverordnung M-GarVO), 2008, URL: http://www.bauordnungen.de/Muster-Garagenverordnung.pdf (letzter Aufruf: 10.04.2017).
[MBO 2016] Musterbauordnung (MBO), 2016, URL: https://www.is-argebau.de/verzeichnis.aspx?id=991&o=991 (letzter Aufruf: 10.04.2017).
[MBeVO 2014] Muster-Verordnung über den Bau und Betrieb von Beherbergungsstätten (Muster-Beherbergungsstättenverordnung – MBeVO), 2014, URL: http://www.bauordnungen.de/Beherbergungsstaettenverordnung.pdf (letzter Aufruf: 10.04.2017).
[MHHR 2012] Muster-Richtlinie über den Bau und Betrieb von Hochhäusern (Muster-Hochhaus-Richtlinie – MHHR), 2012, URL: http://www.bauordnungen.de/Muster-Hochhaus-Richtlinie.pdf (letzter Aufruf: 10.04.2017).
[MVStättVO 2014] Musterverordnung über den Bau und Betrieb von Versammlungsstätten (Muster-Versammlungsstättenverordnung – MVStättVO), 2014, URL: http://www.bauordnungen.de/Versammlungsstattenverordnung.pdf (letzter Aufruf: 10.04.2017).
[Rotermund (2015)] Rotermund, Uwe (Hrsg.): fm.benchmarking Bericht 2015: Der FM-Kennzahlenvergleich; Höxter 2015.
[Roth, J. (2003l)] Roth, Jasmin: Entwicklung von Hotelimmobilien aus Sicht der Projektentwicklung, am Beispiel von HOCHTIEF Projektentwicklung; Diplomarbeit; Nürtingen-Geislingen 2003.
[Schwarz, P. (2011)] Schwarz, Peter; Lemme, Fritz; Neumann, Peter; Wagner, Frank: Großküchen: Planung – Entwurf – Einrichtung, 5., völlig überarb. Aufl.; München 2011.
[Szczurko, P. (2008)] Szczurko, Peter: Reduzierung der Betriebskosten durch animierte Prozess-Simulation in alternativen Grundrissen am Beispiel eines OP-Traktes, in: o. V.: Facility-Management: Messe und Kongress in Frankfurt 06.–08.03.2008; Tagungsband; Berlin 2008, S. 351–360.
[TRGS 526 2008] Technische Regeln für Gefahrstoffe: Laboratorien, Bundesministerium für Arbeit und Soziales (Hrsg.): BMAS TRGS 526; Berlin 2008.
[VBG BGI 629] Verwaltungs-Berufsgenossenschaft (Hrsg.): Ausstattung und organisatorische Maßnahmen: Merkblatt B 002 – Laboratorien: Sichere Biotechnologie, VBG BGI 629; Stuttgart 2010.
[VDI 2050 Bl. 1 2006-12] Anforderungen an Technikzentralen: Technische Grundlagen für Planung und Ausführung, Verein Deutscher Ingenieure (VDI) (Hrsg.): Bl. 1, VDI 2050; Düsseldorf 2006.

6.4 Belegungsgrad versus Leerstand

Ulrich Bogenstätter

Immobilien haben unter dem Aspekt der Nachhaltigkeit drei Voraussetzungen zu erfüllen (vgl. Kap. 3.4.4, Abb. 3.21), 1. möglichst viel vermietbare oder nutzbare Fläche (**Nutzungsflächengrad**), 2. zu möglichst geringen Kosten und möglichst hohen Mieteinnahmen (**Rentabilität**) und 3. mit möglichst geringem Leerstand bzw. möglichst hohem **Belegungsgrad**. Aufgaben des Immobilienmanagements ist es, ein ausgewogenes Verhältnis aus den drei Voraussetzungen herzustellen. Die Aufgaben der Architekten und Ingenieure ist es, durch die Planung sicherzustellen, dass die Baukosten des Anteils nicht direkt vermietbarer, nutzbarer Flächen nach DIN 276 und damit das Finanzierungsvolumen gering gehalten werden. Der Nutzungsflächengrad kann im Immobilienbestand i. d. R. nur durch Umbau- und Modernisierungsmaßnahmen beeinflusst werden. Wesentlich für das Immobilienmanagement sind die sich gegenseitig beeinflussenden Stellgrößen der Mieten-/Nutzungsstruktur und der Leerstandsquote bzw. des Belegungsgrads. Deutlich wird der Zusammenhang in Abbildung 6.23. Hier wird ein hoher Belegungsgrad bei möglichst hohem, am Markt ausgerichtetem Tagespreis für die Hotelzimmer angestrebt. Ziel ist es, durch saisonal bedingte Sonderpreise eine maximal mögliche Rendite auch bei hohen Fixkosten zu erwirtschaften.

Für Parkhausbetreiber sind sich verändernde Tagesganglinien wesentlich, die Bürowirtschaft muss sich mittel- bis langfristig auf sich ändernde Arbeitswelten einstellen, in der Wohnungswirtschaft ist die Mobilität von besonderer Bedeutung.

51 Vgl. [ghh (2016)].

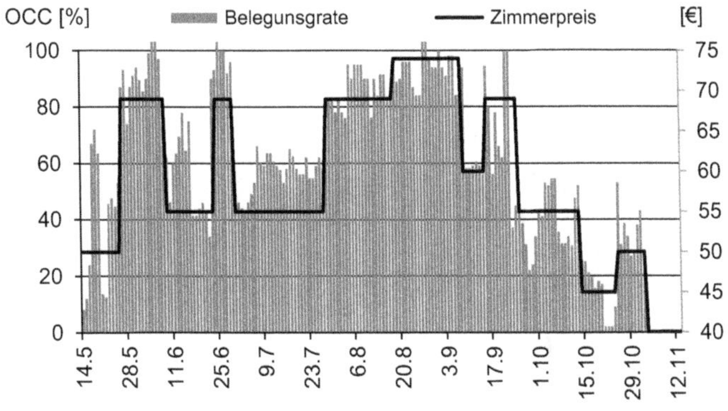

Abb. 6.23: Belegungsgrad und Zimmerpreis von Hotelzimmern nach Tagen.[51]

6.4.1 Unterschied zwischen Leerstandsquote, Belegungs- und Nutzungsgrad

Der Vermietungserfolg drückt sich in der Leerstandsquote oder als Belegungsgrad aus. Die **Leerstandsquote** ist eine typische Kennzahl des gewerblichen Immobilienmanagements und der Wohnungswirtschaft. Als Betrachtungszeitraum werden i. d. R. Monate oder Jahre gewählt. In der Hotellerie wird der Belegungsgrad als typische Kennzahl herangezogen. Die Berechnung erfolgt je nach Aussagekraft und Auswertungswunsch in Stunden oder nach Tag, Woche, Monat, Saison oder Jahr. Bei sog. Stundenhotels ist die Stunde der maßgebliche Bezug. Das trifft auch für die Überlassung kommunaler Sporthallen an Sportvereine gegen eine stundengenaue Überlassungs- oder Mietgebühr zu. Für Businesshotels sind die Werktage über das Jahr, für Saisonhotels die Differenzierung nach Sommer- oder Wintersaison der maßgebliche Bezug. Ziel ist es, eine möglichst hohe Belegung sicherzustellen. Ist es sinnvoll, dass

- ein Gemeindehaus im Winter einmal wöchentlich öffnet, damit am Mittwoch von 17 bis 18.30 Uhr die Krabbelgruppe ihren Platz findet?
- eine Sporthalle extra während der Weihnachtsferien für den Handballclub geöffnet wird?

Der **Belegungsgrad** (Occupancy Rate – OCC) gibt an, zu welchem Prozentsatz ein Gebäude hinsichtlich Fläche und Zeit durch miet- oder mietähnliche Verhältnisse in einer Periode belegt ist.[52] **!**

Vom Belegungsgrad unterscheidet sich der Nutzungsgrad. Belegung und Nutzung unterscheiden sich darin, dass eine belegte Fläche (z. B. vermieteter Veranstaltungsraum) nicht zwangsweise auch genutzt wird, wenn die Veranstaltung ausfällt. Zur Unterscheidung werden hier zwei weitere Beispiele angeführt:

1. Ein Dauermieter eines Parkplatzes hat einen Autoabstellplatz im Parkhaus gemietet. Der Parkplatz ist für die Dauer des Mietverhältnisses belegt, obwohl während des Mietverhältnisses das Auto bestimmungsgemäß genutzt wird und der Stellpatz nachts leer ist. Der Stellplatz ist belegt.
2. Für die Reinigung eines Teppichs wird ein Teppichreinigungsgerät von Freitag 18 Uhr bis Montag 8 Uhr ausgeliehen. Die Ausleihe entspricht der Belegung. Die Mietgebühr berechnet sich aus einer pauschalen Wochenendgebühr. Es bleibt dem Mieter überlassen, ob er das Teppichreinigungsgerät insgesamt 62 Stunden in Betrieb nimmt oder nur 4 Stunden zur Reinigung eines Teppichs mit 50 m^2 nutzt. Die Nutzungszeit ist daher eine Teilmenge der Belegungszeit, wobei Belegungs- und Nutzungszeit identisch sein können, aber nicht müssen.

---

52 In Anlehnung an [GEFMA 130 E 1999-06], S. 6.

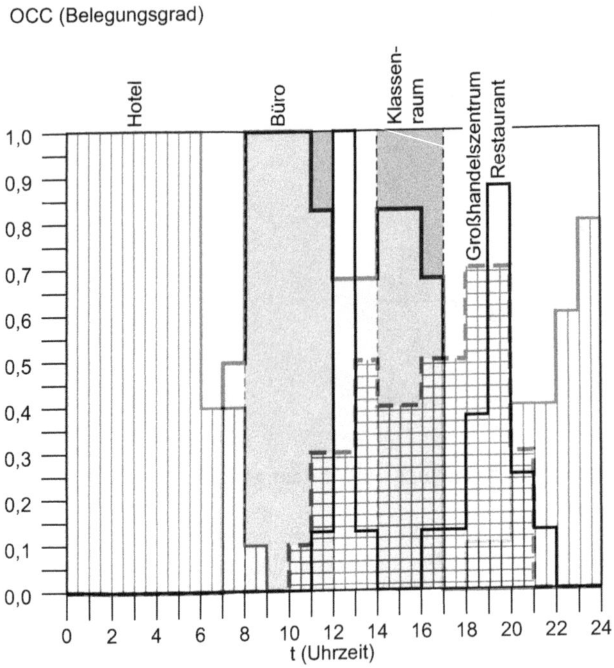

Abb. 6.24: Nutzungszeiten verschiedener Nutzungszonen.[53]

Der **Nutzungsgrad** gibt an, zu welchem Prozentsatz ein Gebäude oder Raum hinsichtlich Fläche und Zeit in einer Periode be- und genutzt wird.[54]

Deutlich ist der Zusammenhang zwischen Nutzungsart und Nutzungsgrad in Abbildung 6.24. Dort sind die Nutzungszeiten verschiedener Nutzungsarten während eines Tages als **Tagesganglinie** dargestellt. Die Belegung und Abrechnung eines Krankenhauszimmers erfolgt tageweise und wird in einem idealisierten **Nutzerprofil** dargestellt. Die Nutzung ist hier über den ganzen Tag zu 100 % gegeben. Büroräume werden danach zwischen 7 und 17 Uhr, Hotelzimmer von 18 bis 9 Uhr, Klassenräume von 8 bis 12 Uhr und von 14 bis 16 Uhr, Hörsäle von 8 bis 19 Uhr, Restaurants von 12 bis 14 Uhr sowie von 16 bis 22 Uhr und Großhandelszentren von 10 bis 21 Uhr genutzt.

Bei Parkhäusern ist ebenfalls die Nutzung in der Woche und im Laufe des Tages entscheidend. In Abbildung 6.25 ist der Belegungsgrad von bis zu 80 % für ein Parkhaus in einem Büroviertel abgebildet. Der Belegungsgrad wird hier in Tagesganglinien nach Tagesstunden dargestellt. Am Wochenende ist mangels Kundschaft der Belegungsgrad gleich null.

In Abbildung 6.26 ist die Tagesganglinie eines Parkhauses in der gewerblichen Immobilienwirtschaft bzw. im Handel dargestellt. Hierbei wird danach unterschieden, wer das Parkhaus verlässt, in das Parkhaus einfährt und inwieweit das Parkhaus im Ergebnis belegt ist. Die Hauptnutzungszeiten liegen im Laufe eines Tages zwischen 7 und 22 Uhr, die maximale Belegung mit rd. 25 % wird zur Mittagszeit erreicht.

53 Quelle: eigene Darstellung, nach [DIN EN 15232 2012-04], S. 67 ff.

54 In Anlehnung an [GEFMA 130 E 1999-06], S. 6.

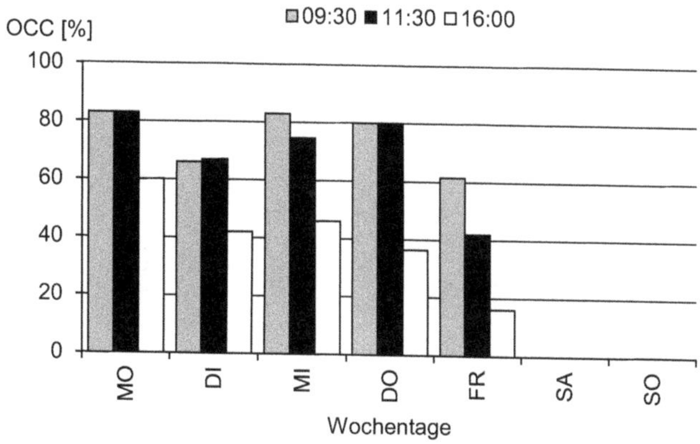

Abb. 6.25: Belegungsgrad von Parkflächen nach Wochentagen.[55]

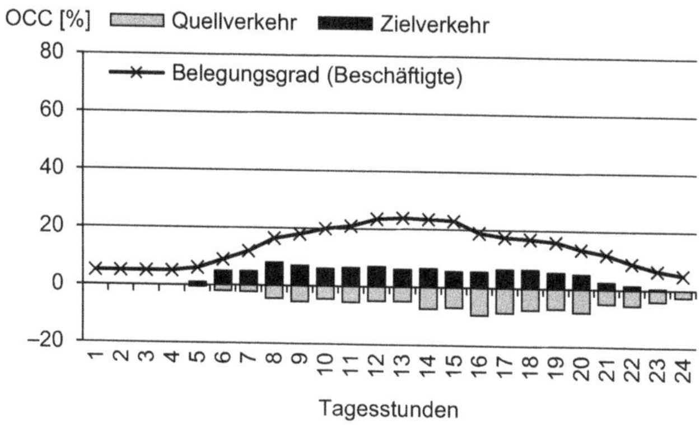

Abb. 6.26: Belegungsgrad von Parkflächen nach Tagesstunden (Beschäftigte).[56]

Anders verhält sich die Tagesganglinie für ein Parkhaus in der Wohnungswirtschaft (s. Abb. 6.27). Das Parkhaus wird vornehmlich zu den Nachtstunden zwischen 18 und 8 Uhr genutzt. Im Beispiel wird der maximale Belegungsgrad mit 60 % gegen Mitternacht erreicht.

Aus Sicht des Parkhausbetreibers ist die Addition beider Tagesganglinien wünschenswert, d. h., die Nutzung erfolgt durch Beschäftigte während des Tages, durch Bewohner am Abend. Dadurch wird eine gleichmäßigere Auslastung des Parkhauses über den ganzen Tag von zwischen 45 % und 65 % erreicht (s. Abb. 6.28). Notwendig hierfür ist die Aufhebung der funktionalen Aufteilung in Wohnen und Gewerbe. Das erfordert Gebäude mit gemischten Nutzungen aus Wohn- und Gewerbeflächen.

55 Quelle: eigene Darstellung.

56 Quelle: eigene Darstellung: Ziel- und Quellverkehr beziehen sich prozentual auf den Belegungsgrad (Tageszielverkehrsaufkommen zur Parkraumbelegung).

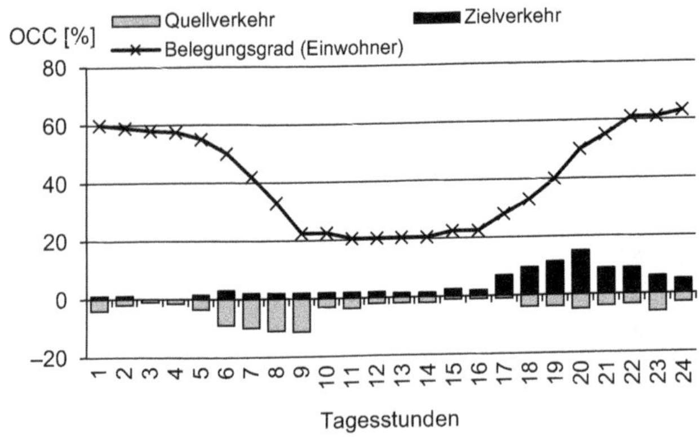

Abb. 6.27: Belegungsgrad von Parkflächen nach Tagesstunden (Einwohner).[57]

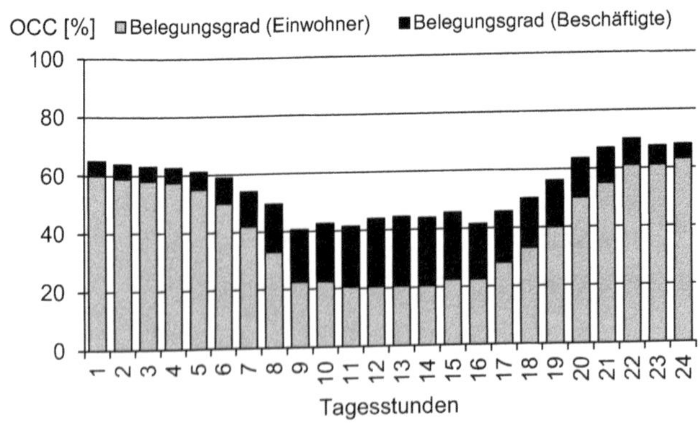

Abb. 6.28: Optimierung durch Überlagerung von Belegungsgraden (Beschäftigte und Einwohner).

6.4.2 Berechnungsschemata – Fläche und Zeit

Der Belegungsgrad lässt sich in drei Richtungen berechnen und optimieren – Fläche, Zeit und Nutzeinheit. Hinsichtlich der Fläche wird der Belegungsgrad wie folgt berechnet:

- Beispiel: Am 31.01.2017 waren 22.000 [m^2] von 25.000 [m^2] in einem Gebäude vermietet. Das entspricht einem Belegungsgrad von 88 %. Eine derartige Betrachtung ist insbesondere bei Hotels üblich.
- Berechnungshinweis: Quantitativ sollten die Flächen, die zur Berechnung des Belegungsgrads von Bedeutung sind, in Abhängigkeit von der Bauwerksnutzungsart erfasst werden: Bei Wohngebäuden (z. B. Pfarrhäusern) ist dies die Mietfläche, bei Gemeindehäuser insbesondere die Flächen, die durch Fremd- oder Eigennutzungen bei Veranstaltungen belegt werden. Ebenso sind die tatsächlichen Flächen in einem Mieter-/Vermietermodell der kommunalen Gebäudewirtschaft zu berücksichtigen. Plausibilitätsprüfungen sind zunächst ausreichend.

Hinsichtlich Fläche und Zeit wird der Belegungsgrad wie folgt berechnet:

- Beispiel: In einem Verwaltungsgebäude mit insgesamt 25.000 [m^2] Mietfläche waren in sechs Monaten 22.000 [m^2] vermietet, in der übrigen Zeit 18.500 [m^2]. Der Belegungsgrad beträgt

57 Quelle: eigene Darstellung.

hier (22.000/25.000) × (6/12) + (18.500/25.000) × (6/12) = 81 %. In gleicher Weise lässt sich der Belegungsgrad von Hotelzimmern auf Tagesbasis und von Sporthallen oder Seminarräumen auf Stundenbasis berechnen.
- Interpretationshinweis: Der Belegungsgrad gibt wertvolle Hinweise auf die Belegungs- und Nutzungsintensität. Bei kirchlichen Immobilien ist bei Fremdnutzung daher i. d. R. von einer Belegung auszugehen, handelt es sich um eine gemeindliche Nutzung, wird eine (tatsächliche) Nutzung angenommen.

Die Eingangsgrößen und Begriffsdefinitionen des Belegungsgrads werden in Tabelle 6.12 aufgezeigt. Um den Belegungsgrad als Quotient zwischen tatsächlich erreichbarem und maximalem Wert einer Bezugsgröße eindeutig angeben zu können, ist die maximale Bezugsgröße eindeutig zu bestimmen. Die Nutzungsprofile nehmen bei den Tagesganglinien 60 Minuten als maximale Bezugsgröße einer Stunde an. Es ist Unsinn, bei einem Bürogebäude eine Belegung von 24 Stunden als Bezugsgröße eines Tages anzunehmen. Gemäß Nutzerprofil werden Büroräume zwischen

Tab. 6.12: Berechnung des Belegungs- oder Nutzungsgrads (Berechnungsschema).[58]

		Einheit	Zeichen	Definition
1.	Objekt-Stammdaten			
	Menge	[m²]	A	Nutzmenge
	– Büro	[Anz.]		Arbeitsplatz
	– Hotel	[Anz.]		Hotelzimmer
	– technische Anlagen	[Anz.]		Anlage
	– Veranstaltungsräume	[m²], [Anz.]		(Netto-)Grundfläche
	– ...			Sitzplätze
	Periode	[a] ([s], [m], [w], [d])	p	i. d. R. Kalenderjahr (Saison, Monate, Woche, Tag)
2.	(a) Belegung bei Miet- oder mietähnlichen Verhältnissen, (b) tatsächliche Nutzung von Flächen und Anlagen			
	Fallnummer innerhalb der Periode		i	lfd. Nummer
	Fallzahl		n	Anzahl
2.1	Belegungs- oder Nutzungsgrad je Periode (Fläche)		g1 =	M/A
	belegte oder genutzte Menge		M	Prüfkriterium: M ≤ A
2.2	Belegungs- oder Nutzungsgrad je Periode (Zeit)		g2 =	t/p
	(Miet-)dauer	[a], [d], [h]	t	Prüfkriterium: t ≤ p
	– Büro	[d] ([w], [h])		Tage (Monate, Woche, Std.)
	– Hotel	[d]		Tage
	– technische Anlagen	[h]		Stunden
	– Veranstaltungsräume	[h]		Stunden
	– ...			
2.3	Korrekturfaktor Referenzobjekt je Periode		g3 =	g2/k
	– Büro (5 Tagewoche, 10 Stundenbetrieb pro Tag)	[d]	k = 0,30	365/365 [d] × 5/7 [d] × 10/24 [h]
	– Hotel (Ganzjahresbetrieb)	[d]	k = 1,00	365/365 [d] × 7/7 [d]
	– technische Anlagen (Ganzjahresbetrieb)	[h]	k = 1,00	365/365 [d] × 7/7 [d] × 24/24 [h]
	– Veranstaltungsräume (7 Tagewoche)	[h]	k = 0,42	365/365 [d] × 7/7 [d] × 10/24 [h]
	– ...	[h]	k = 1,00	365/365 [d] × 7/7 [d] × 24/24 [h]
3	Gesamtbelegungs- oder Nutzungsgrad		G =	$(\sum_{i=1}^{n} g1_i \times g2_i \times g3_i)$ in [%]

58 Vgl. [GEFMA 130 E 1999-06], S. 6, s. auch [ESWiD (2007)], S. 42 f.

7 und 17 Uhr genutzt. Sinnvoll ist es daher, hier 10 Stunden/Tag als Bezugsgröße zu wählen und Korrekturfaktoren zu nutzen. Vergleichswerte hinsichtlich der Gesamtnutzungsdauer (GND) bezogen auf den Tag oder das Jahr sind selten, finden sich aber z. B. bei der [IFMA (2004)].

6.4.3 Berechnungsschema Sharing ratio

Der Belegungsgrad lässt sich nicht nur nach Fläche und Zeit, sondern auch nach Nutzeinheiten, z. B. Anzahl der Arbeitsplätze bei gleicher Fläche, optimieren. In Tabelle 6.13 wird der Flächenbedarf eines Unternehmens mit unterschiedlichen Bürotypologien optimiert. Ausgangspunkt sind drei Sparten (Produkte & Services, Vertrieb und Consulting) mit jeweils 400 Arbeitsplätzen. Vertriebs- und Consulting-Mitarbeiter sind selten im Büro des Unternehmens, sondern meistens in den Büroräumen der Kunden.

Tab. 6.13: Berechnung der Sharing ratio.[59]

Büronutzung	**Bürotätigkeit**			**Vertrieb**			**Beratung**		
	[d]	**t [%] kum.**	**[%] abs.**	**[d] t**	**[%] kum.**	**[%] abs.**	**[d]**	**t [%] kum.**	**[%] abs.**
1 Brutto-Belegungszeit	**365**			**365**			**365**		
– Wochenende	−105			−105			−105		
– Feiertage am Wochenende	−9			−9			−9		
2. Brutto-Arbeitszeit	**251**	**100**		**251**	**100**		**251**	**100**	
– Urlaub	−30	88	12	−30	88	112	−30	88	112
– Gleittage	−20	80	8	−20	80	8	−20	80	8
– Krankheitstage	−10	76	4	−10	76	4	−10	76	4
– Weiter- und Fortbildungsmaßnahmen	−12	71	5	−12	71	5	−12	71	5
3. Netto-Arbeitszeit	**179**	**71**		**179**	71		**179**	71	
– externe Mobilität (z. B. Kundenbesuche)		71	0	−50	51	20	−120	24	48
– Teilzeitarbeitsplätze		71	0		51	0		24	0
– (Überstunden)		71	0		51	0		24	0
– interne Mobilität (z. B. Sitzungen)	−10	67	4	−10	47	4	−10	20	4
– Reserve		67	0		47	0		20	0
4. Brutto-Belegungszeit pro Mitarbeiter	**169**	**67,0**		**119**	**47,0**		**49**	**20,0**	
Gewichtung der Arbeitsplätze [%]		33,3			33,3			33,3	
5. durchschnittlicher Belegungsgrad					44,8				
6. Sharing ratio (1/t [%] kum.)					**2,23**				

Es steht daher die Überlegung im Vordergrund, die Nutzung der Büroräume bedarfsgerecht zu planen. Deshalb werden die tatsächlichen Büronutzungszeiten (Brutto-Belegungszeit pro Mitarbeiter) der Mitarbeiter berechnet. Consulting-Mitarbeiter sind nur zu 20,0 %, Vertriebsmitarbeiter zu 47,0 %, Mitarbeiter von Produkte und Services zu 67,0 % der Brutto-Arbeitszeit tatsächlich am eigenen Arbeitsplatz. Die durchschnittliche Büronutzungszeit bei 251 Büroarbeitstagen beträgt daher für das gesamte Unternehmen 44,8 %. Theoretisch könnten sich 2,23 Mitarbeiter einen Arbeitsplatz teilen (Sharing ratio). Dieser Flächenbedarf und die Kosten (vgl. Tab. 6.14) werden nun anhand der Bürotypologie Zellenbüro, Open Space und Desk Sharing verglichen.

59 Vgl. [Pelczer, M. (2004k)]).

Tab. 6.14: Berechnung des Flächenbedarfs je Arbeitsplatz und Mitarbeiter.[60]

	Büroart	Zellenbüro			Open Space			Desk-Sharing		
		[%]	[m²]	[%] kum.	[%]	[m²]	[%] kum.	[%]	[m²]	[%] kum.
1.	**Brutto-Grundfläche pro Arbeitsplatz**		**26,0**	**100,0**		**26,0**	**100,0**		**26,0**	**100,0**
	Nutzungsflächenanteil (NUF 1–6)	60,0	−10,4	60,0	60,0	−10,4	60,0	60,0	−10,4	60,0
	Mietflächenanteil (MF)	80,0	−3,1	48,0	80,0	−3,1	48,0	80,0	−3,1	48,0
2.	**Mietflächenbedarf nach Büroart**		**12,5**			**12,5**			**12,5**	
	– typologischer Zu-/Abschlag (Fläche)							44,8	−6,9	21,5
	– typologischer Zu-/Abschlag (Nutzung)				83,3	−2,1	40,0	89,3	−0,6	19,2
3.	**Mietflächenbedarf pro Mitarbeiter**		**12,5**	48,0		**10,4**	40,0		**5,0**	19,2
4.	**Flächenverhältnis nach Büroart**		**1,0**			**0,8**			**0,4**	

Tab. 6.15: Berechnung der Brutto-Mietkosten je Arbeitsplatz und Mitarbeiter.[61]

X	Büroart	Zellenbüro		Open Space		Desk-Sharing	
		[%]	[%] kum.	[%]	[%] kum.	[%]	[%] kum.
1.	**Mietflächenbedarf pro Mitarbeiter**		48,0		40,0		19,2
	– typologischer Zu-/Abschlag (Kaltmiete)	0,0		20,0	48,0	20,0	23,0
	– typologischer Zu-/Abschlag (Warmmiete)	0,0		0,0		15,0	26,5
2.	**relative Mietkosten pro Mitarbeiter**		**48,0**		**48,0**		**26,5**
3.	**Mietkostenverhältnis nach Büroart**		**1,0**		**1,0**		**0,6**

Wird beim Zellenbüro der Flächenbedarf mit 100 % definiert, so beträgt hier der relative Flächenbedarf beim Open-Space-Büro 83 %, bei Desk-Sharing 40 % (vgl. auch Abb. 3.27 in Kapitel 3.6.2). Durch den Minderbedarf an Flächen reduziert sich die Warmmiete um den gleichen Prozentsatz (vgl. Tab. 6.15). Allerdings sind Mehrkosten bei Open Space und Desk-Sharing im Falle eines Neubaus zu berücksichtigen. Sie entstehen durch die Einrichtung und Ausstattung der Büroräume.

6.4.4 Optimierungspotenziale

Abgeleitete Ziele und Handlungsoptionen zur Steigerung des Belegungsgrads sind im Allgemeinen,

- die Nutzerdichte (Nutzer/Fläche und Tag) zu steigern,
- die Nutzungsdauer (Standzeit) zu verlängern,
- die Belegungs- und Nutzungsintensität (Belegungs-, Nutzungsdauer/Fläche und Tag) durch organisatorische (Öffnungszeiten verlängern) oder marktorientierte Maßnahmen (Nachfrage bei Hotels erhöhen, z. B. durch Sonderangebote) zu steigern,

60 Vgl. [Pelczer, M. (2004k)]).
61 Vgl. [Pelczer, M. (2004k)]).

- die Steigerung der Nutzungsdichte (Funktion/Fläche und Tag) durch präventive bauliche Maßnahmen (Multifunktionalität) zu ermöglichen,
- Variabilität (unterschiedliche Nutzungsarten ohne Veränderung) einzuplanen,
- Flexibilität (Anpassungsmöglichkeiten) vorzusehen.

Literatur

[DIN EN 15232 2012-04] Energieeffizienz von Gebäuden: Einfluss von Gebäudeautomation und Gebäudemanagement, Deutsches Institut für Normung (Hrsg.): DIN EN 15232; Berlin 2012.

[ESWiD (2007)] Bogenstätter, Ulrich; Zeilinger, Thomas; Reiß-Fechter, Dagmar: Ergebnisbericht Kirchliches Immobilienmanagement KIM; Ergebnisbericht; Nürnberg 2007.

[GEFMA 130 E 1999-06] Flächenmanagement: Leistungsbild, GEFMA e. V. Deutscher Verband für Facility-Management (Hrsg.): GEFMA 130, 1999.

[ghh (2016)] ghh Consult (Hrsg.): Erstmals mehr als 200 Mio. Übernachtungen in der Hotellerie, 2016, URL: http://www.ghh-consult.de/cms/front_content.php?client=1&lang=1&idcat=82&idart=278&p_displaylimit=4 (letzter Aufruf: 16.09.2011).

[Pelczer, M. (2004k)] Pelczer, Max: Vortrag am 4. November 2004 anlässlich des Regionalkreises der IFMA.

6.5 Nutzungskosten en détail

Ulrich Bogenstätter

Die Aufgabe der Architekten und Ingenieure ist es, durch die Planung sicherzustellen, dass der Anteil nicht direkt vermietbarer, nutzbarer Flächen sowie die Baukosten entsprechend den Kostengruppen nach [DIN 276-1 2008-12] und damit das Finanzierungsvolumen gering zu halten.

Um Nutzungskosten zu optimieren, steht ein Bündel unterschiedlicher Maßnahmen zur Verfügung. Die Maßnahmen lassen sich analog der Balanced Scorecard[62] nach einem kunden-, finanz-, prozess- oder potenzialorientierten Strategieansatz unterscheiden. Im finanzorientierten Strategieansatz sind kaufmännische, technische und infrastrukturelle Maßnahmen zur Erhöhung der Wirtschaftlichkeit zusammengefasst.

Abbildung 6.29 zeigt die Maßnahmenvielfalt und Strategieansätze in der kommunalen Gebäudewirtschaft am Beispiel kleinerer bis mittlerer Städte mit dem Ziel, nachhaltig Energiekosten und den CO_2-Ausstoß zu senken (n = 9 Städte). Den größten Anteil hatten finanzorientierte Strategieansätze bei den Energiekosten.

Beispiele:
- kundenorientierter Strategieansatz: Öffnungszeiten von öffentlichen Gebäuden nach Bedarf (Hallenbelegung oder Öffnungszeiten von Schwimmbädern) optimieren
- finanzorientierter Strategieansatz: immobilienwirtschaftliche Funktionen zu einem Bereich zusammenführen, Bündelungs- oder Skalierungseffekte im Einkauf, Fremdvergabe von Leistungen und Personal durch gerechte Verteilung der Verantwortungsbereiche (Anpassung der Revierzuschnitte, Bildung von Hausmeisterpools) besser auslasten, Raumbelegungen optimieren, leer stehende Räume stilllegen oder Gebäude verkaufen, Verträge optimieren, technische Anlagen und deren Laufzeiten optimieren
- prozessorientierter Strategieansatz: Hausmeister und deren Tätigkeiten regeln
- potenzialorientierter Strategieansatz: Anreizsysteme für Hausmeister und Nutzer schaffen sowie Schulungsmaßnahmen für das Personal durchführen

62 Vgl. hierzu Kapitel 1.4.

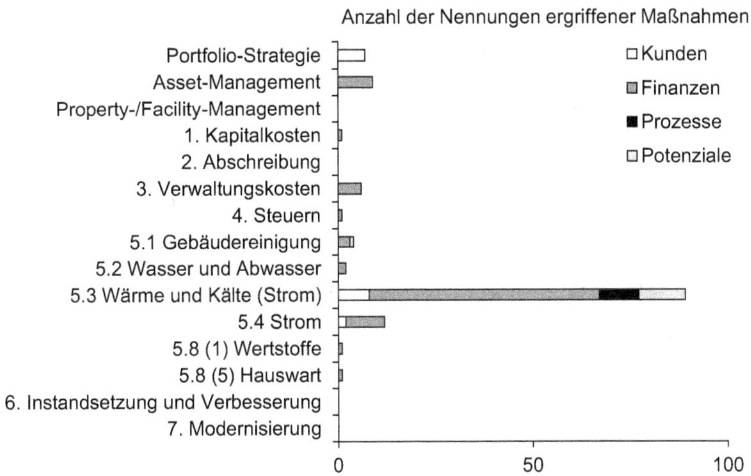

Abb. 6.29: Strategieansätze in der kommunalen Gebäudewirtschaft kleinerer und mittlerer Städte.[63]

Bei den befragten Städten handelte es sich um Ebersbach an der Fils, Geislingen an der Steige, Ludwigsburg, Kirchheim/Teck, Mühlacker, Ostfildern, Sindelfingen, Trossingen und Wangen, hinzu kam der Landkreis Göppingen. Sie waren im Arbeitskreis Facility-Management für Kommunen an der Hochschule für Wirtschaft und Umwelt Nürtingen-Geislingen unter der Moderation des Verfassers organisiert.

Best-Practice-Beispiel: Frankfurt am Main
Ein Beispiel für einen potenzialorientierten Strategieansatz in der kommunalen Gebäudewirtschaft mit einem Anreizsystem für die Nutzer ist die Stadt Frankfurt am Main. Da die Motivation der Gebäudenutzer und des Betriebspersonals für die Energieeinsparung eine wesentliche Rolle spielt, wurde ein Fifty-Fifty-Programm zur Erfolgsbeteiligung entwickelt. Danach erhielt eine Liegenschaft 50 % der nutzerbedingten Energie- und Wasserkosteneinsparungen. Davon konnte die Hälfte als persönliche Prämie an den/die Energiemanagementbeauftragten ausgezahlt werden. Die verbleibenden 50 % standen für investive Energie- und Wassersparmaßnahmen zur Verfügung.[64] Die Stadt konnte dadurch 2002 die Wasser-, Heizungs- und Stromkosten um etwa 185.000 € reduzieren. Durchschnittlich wurden an 23 Schulen jeweils rd. 750 € Wasserkosten, rd. 4.900 € Heizungskosten und rd. 1.500 € Stromkosten gespart.

6.5.1 Kosten zuordnen und berechnen

Es gibt unterschiedliche Regelwerke in der Technik, um die Kosten in der Investitions- und Nutzungsphase zu gliedern. In der Investitionsphase wird die DIN 276 in Bezug auf Kostenrahmen, Kostenschätzung, Kostenberechnung und Kostenfeststellung angewendet (vgl. Abb. 6.30). Nicht eindeutig sind die Regelwerke für die Nutzungsphase.

Bei Kostenermittlungsverfahren werden i. d. R. Preise in der Vergangenheit als Vergleichskennzahlen zur Kalkulation der Einheitspreise herangezogen, um die Kosten für die Zukunft

63 Quelle: eigene Darstellung.
64 Siehe [Stadt Frankfurt (2004)], S. 13.

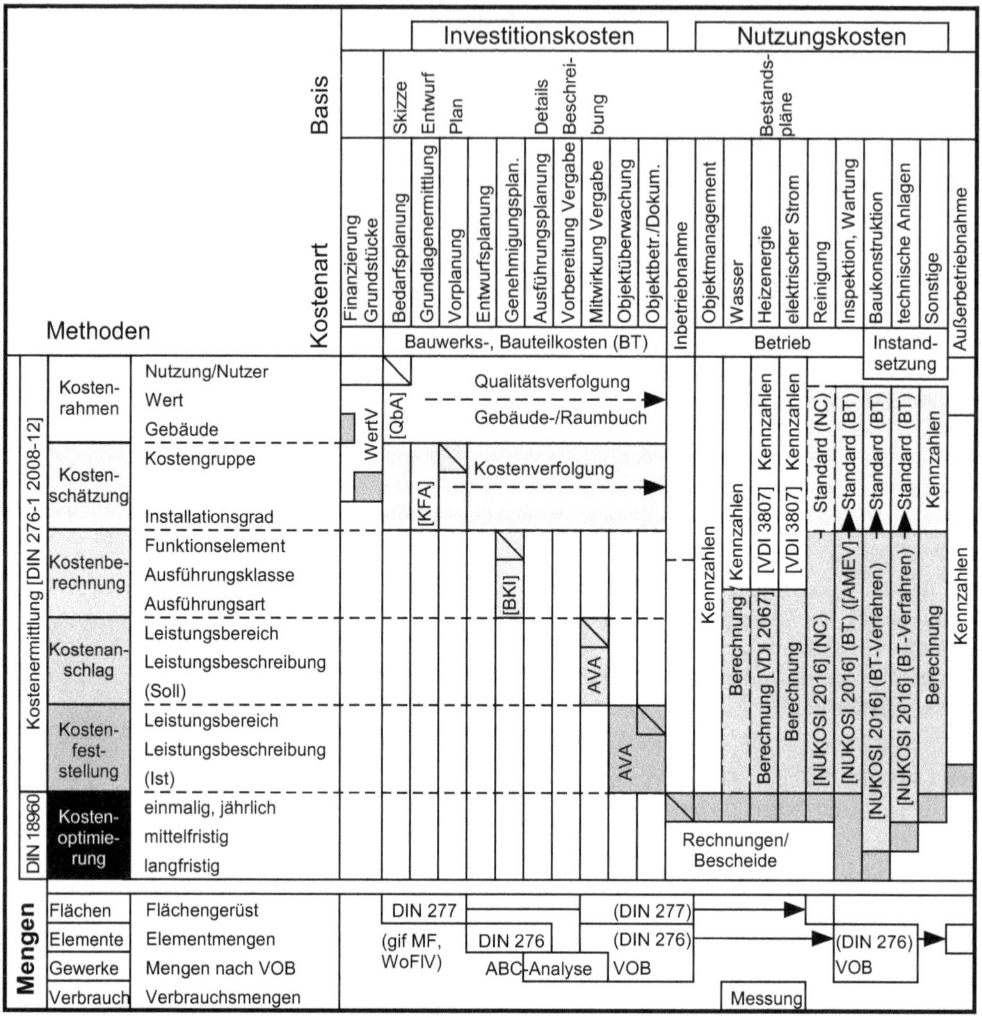

Abb. 6.30: Kostenermittlungsverfahren der Investitions- und Nutzungskosten.[65]

möglichst genau zu prognostizieren (vgl. Abb. 6.31). Ohne Dokumentation der Kosten in der Vergangenheit ist keine gesicherte Kostenprognose möglich. Leider scheitern exakte Kostenprognosen oft an der fehlenden Dokumentation der Kosten in der Vergangenheit in einer gleichartigen und vergleichbaren Systematik. Dies trifft insbesondere für die Nutzungs- und Betriebsphase zu.

6.5.2 Gliederung der Investitionskosten

Die DIN 276 unterscheidet die Kostengruppen, wie in Tabelle 6.16 dargestellt. Diese Norm ist seit Jahrzehnten in Deutschland eingeführt und allgemein anerkannt.

65 Quelle: eigene Darstellung.

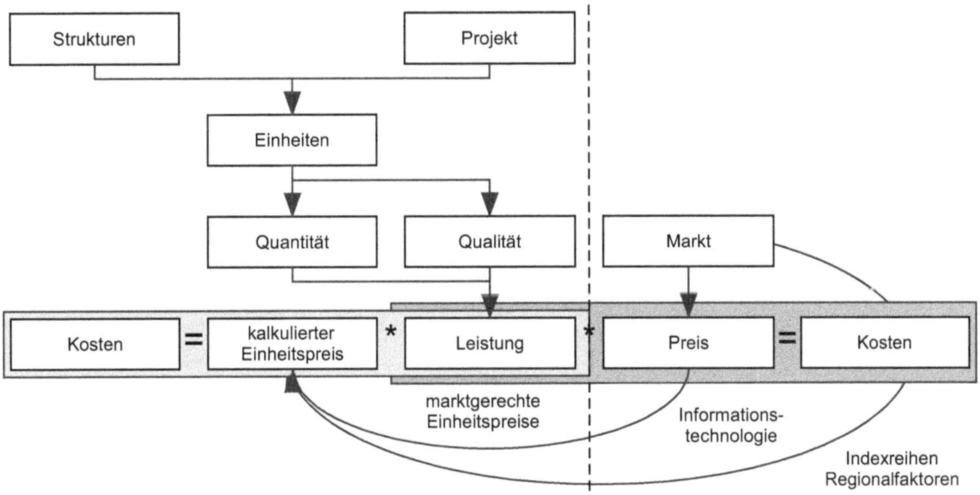

Abb. 6.31: Erhebung von Kostenkennzahlen.[66]

Tab. 6.16: Kostengruppen nach [DIN 276 2008-12].

KGR	[DIN 276 2008-12]
100	Grundstück
200	Herrichten und Erschließen
300	Bauwerk – Baukonstruktion
400	Bauwerk – Technische Anlagen
500	Außenanlagen
600	Ausstattung und Kunstwerke
700	Baunebenkosten

6.5.3 Gliederung der Nutzungskosten

Bei der öffentlichen Hand werden die [DIN 18960-1 1976-04], [DIN 18960 2008-02] und Länderbaurichtlinien[67], im gewerblichen Bereich der Richtlinienvorschlag [GEFMA 200 E 2004-07], im technischen Bereich [DIN 32736 2000-08] und VDI 2067 angewendet (s. oben Abb. 6.30).

Baunutzungskosten von Hochbauten nach [DIN 18960-1 1976-04]
Die Kosten der Phasen Inbetriebnahme, Verwenden und Beseitigen wurden früher in der bis August 1999 gültigen [DIN 18960-1 1976-04] „Baunutzungskosten von Hochbauten" erfasst. Baunutzungskosten sind die bei Gebäuden, den dazugehörigen baulichen Anlagen und deren Grundstücken unmittelbar entstehenden, regelmäßig oder unregelmäßig wiederkehrenden Kosten, die „vom Beginn der Nutzbarkeit des Gebäudes bis zum Zeitpunkt seiner Beseitigung" anfallen. Die [DIN 18960-1 1976-04] war als Ergänzung zur [DIN 276 1993-06] zu sehen. Die Baunutzungskosten setzen sich hier zusammen aus Kapital-, Abschreibungs- und Verwaltungskosten sowie Steuern

66 Quelle: eigene Darstellung.
67 Siehe [HIS B1/1989], S. 3.

Tab. 6.17: Kostenarten nach [DIN 18960-1 1976-04] und [DIN 18960 2008-02] in der Gegenüberstellung.

	§ 24 [II. BV 2007]		[DIN 18960-1 1976-04]		[DIN 18960 2008-02]
		1	Kapitalkosten	100	Kapitalkosten
1.	Abschreibung	2	Abschreibung		
2.	Verwaltungskosten	3 4	Verwaltungskosten Steuern	200	Objektmanagementkosten
3.	Betriebskosten	5 5.1 5.2 5.3 5.4 5.5 5.6 5.7 5.8	Betriebskosten Gebäudereinigung Abwasser und Wasser Wärme und Kälte Strom Bedienung Wartung und Inspektion Verkehrs-/Grünflächen Sonstiges	300	Betriebskosten Versorgung; Entsorgung; Reinigung und Pflege von Gebäuden sowie Außenanlagen; Bedienung, Inspektion und Wartung; Sicherheits- und Überwachungsdienste; Abgaben und Beiträge
4.	Instandhaltungskosten	6	Bauunterhaltungskosten	400	Instandsetzungskosten Instandsetzung der Baukonstruktion; ... technische Anlagen; ... Außenanlagen; ... Ausstattung
5.	Mietausfallwagnis				

(KGR. 1–4), aus im Allgemeinen als konstant anzunehmenden (Gebäude-)Betriebskosten (KGR. 5) und progressiv steigenden Bauunterhaltungskosten (KGR. 6), was mit der Reparaturanfälligkeit im höheren Lebensalter begründet werden kann[68] (s. Tab. 6.17).

Betriebsspezifische und produktionsbedingte Personal- und Sachkosten werden hier ebenso wenig erfasst wie Anbau-, Umbau- oder wertsteigernde Maßnahmen. Durch den Ausschluss dieser Maßnahmen vom Beginn der Nutzbarkeit bis zur Beseitigung beschreiben sie einen Sonderfall im Lebenszyklus eines Bauwerks: gleicher Verwendungszweck für die gesamte Standzeit. Die [DIN 18960-1 1976-04] könnte jedoch die Kosten bei Änderung des Verwendungszwecks abbilden, wenn die Begriffe „Beginn der Nutzbarkeit" und „Beseitigung" durch die Begriffe „Beginn der Nutzungsphase" und „Ende der Nutzungsphase" ergänzt würden. Dies überließe dem Anwender, ob der Beginn der Nutzbarkeit sich an den Herstellungsprozess anschließt oder mit dem Kauf der Immobilie beginnt. Gleiches gilt für die Beseitigung.

Nutzungskosten von Hochbauten [DIN 18960 2008-02]

Diese Norm ist Grundlage für die Kostenkontrolle, für Planungs-, Vergabe- und Ausführungsentscheidungen sowie zum Nachweis der entstandenen Kosten. Sie löst die [DIN 18960-01 1976-04] ab und soll nach den Vorstellungen des Verfassers als Grundlage zur Kostenkennwertbildung (z. B. Benchmarking) verwendet werden. Sie empfiehlt als Bezugsgröße die [DIN 277-3 2005-04] „Grundflächen und Rauminhalte von Bauwerken im Hochbau: Mengen und Bezugseinheiten" und gliedert die Kostenermittlungsarten in

- Nutzungskostenschätzung,
- Nutzungskostenberechnung,
- Nutzungskostenanschlag und
- Nutzungskostenfeststellung,

68 Siehe [Schub, A. (1985)], S. 14.

die parallel zur [DIN 276-1 2008-12] durchgeführt werden sollen. Daher kann sie bei der Betrachtung der Herstellungskosten eingeschlossen werden. Der Begriff der Bauunterhaltungskosten wird neu beschrieben mit „Instandsetzungskosten“. Eine wesentliche Änderung zur Fassung [DIN 18960 1999-08] ist, dass die Kostengruppe 2 „Abschreibung“ gestrichen, in der [DIN 18960 2008-02] jedoch wieder eingeführt wurde und die Aufwendungen für Dienstleistungen (z. B. Kontroll- und Sicherheitsdienste) aufgenommen wurden. Die Nutzungskostengliederung sieht in der zweiten Ebene die Anknüpfung an [DIN 276-1 2008-12] vor und ist damit in den betreffenden Kostengruppen bauteilorientiert, d. h. die Betrachtung von Bauteilen über ihre Lebensdauer wird ermöglicht. Kennzahlen auf der Grundlage dieser Ausgabe liegen repräsentativ noch nicht vor.[69]

Zweite Berechnungsverordnung (II. BV)

Während die DIN 18960 lediglich die Nutzungskosten eines Gebäudes berücksichtigt, wird im Rahmen des öffentlich geförderten Wohnungsbaus eine Wirtschaftlichkeitsberechnung nach [II. BV 2007] Teil 2 gefordert. Sie beinhaltet neben den bereits in der DIN 18960 inhaltlich erfassten laufenden Aufwendungen kalkulatorische Kosten für Mietausfall sowie Erträge als Einnahmen. Die Kostengruppen nach der II. BV haben eine inhaltliche Entsprechung zur DIN 276 und DIN 18960, sie unterscheiden sich in der Praxis jedoch erheblich (vgl. Tab. 6.18).

Tab. 6.18: Betriebskostenarten nach § 2 [BetrKV 2012].

Nr.	Bezeichnung	Nr.	Bezeichnung	Nr.	Bezeichnung
1	laufende öffentliche Lasten des Grundstücks	7	Kosten Betrieb Personen-/Lastenaufzugs	13	Kosten Sach- und Haftpflichtversicherung
2	Kosten Wasserversorgung	8	Kosten Straßenreinigung/ Müllbeseitigung	14	Kosten Hauswart
3	Kosten Entwässerung	9	Kosten Gebäudereinigung/ Ungezieferbekämpfung	15	Kosten Gemeinschaftsantennen-Anlage/ Breitband
4	Kosten Betrieb der Heizungsanlagen, Lieferung	10	Kosten Gartenpflege	16	Kosten Einrichtungen Wäschepflege
5	Kosten Warmwasserversorgungsanlagen, Lieferung	11	Kosten Beleuchtung	17	sonstige Betriebskosten
6	Kosten verbundener Heizungs- und Warmwasserversorgungsanlagen	12	Kosten Schornsteinfeger		

Sowohl in der DIN 18960 als auch in der II. BV sind Modernisierungs-, Um-, An- oder Erweiterungsmaßnahmen nicht aufgeführt, sie sind lediglich für den bestimmungsgemäßen Gebrauch (Soll-Zustand) anzuwenden.

Bestandserhaltung durch die Länder

Die Bestandserhaltung durch die Länder wird mit dem Begriff Bauunterhaltung beschrieben. Die Bauunterhaltung umfasst alle Maßnahmen, die keine Veränderung der Liegenschaften in ihrem Bestand zur Folge haben. Weder die Definition der Bauunterhaltung noch die Beschreibung der Maßnahmen entspricht der [DIN 31051 1985-01] „Instandhaltung“ für technische Anlagen.[70]

69 Vgl. Kapitel 3.9.4.

70 Siehe [HIS B1/1989], S. 3.

[VDI 2067 Bl. 1 2012-09]
In der VDI-Richtlinie „Betriebstechnische und wirtschaftliche Grundlagen: Berechnung der Kosten von Wärmeversorgungsanlagen“ [VDI 2067 Bl. 1 2012-09][71] werden
- kapitalgebundene Kosten (bauliche und technische Anlagen einschließlich Erneuerung),
- bedarfsgebundene Kosten ((Hilfs-)Energiekosten und Verbrauchsmittel)
- betriebsgebundene Kosten (für Bedienen, Reinigen, Inspizieren, Warten einschließlich Instandsetzen) und
- sonstige Kosten (Planungskosten, Versicherungen, Steuern, Abgaben, anteilige Verwaltungskosten, Gewinn und Verlust, Abbruch- und Entsorgungskosten)

unterschieden und definiert. Die VDI-Richtlinie ist die Grundlage zur Berechnung der Wirtschaftlichkeit von Wärmeversorgungsanlagen. Die Kostengruppen ähneln denen der bereits vorgestellten Kostengruppen. Eine Übertragung eins zu eins ist jedoch auch hier nicht möglich.

[GEFMA 200 E 2004-07]
Die GEFMA-Richtlinie „Kosten im Facility Management“ (vgl. Tab. 6.19) weist Überschneidungen mit der [DIN 18960 2008-02] auf und unterscheidet im Wesentlichen
- Lebenszyklusphasen (L),
- Prozesse (P) (z. B. Ver- und Entsorgen, Reinigen, wiederkehrende Prüfungen, Bedienen, Inspizieren und Warten, Instandhalten, ...) und
- den Sachbezug nach DIN 276 (z. B. 410 Abwasser-, Wasser- und Gasanlagen).

Der Entwurf von 2004 wurde bisher nicht aktualisiert.

Tab. 6.19: Kostenartenschlüssel als Matrix analog [GEFMA 200 E 2004-07].

	Phase	KGR	[DIN 18960 2008-02]	KGR	[DIN 276-1 2008-12]
0	phasenübergreifende Leitung	100	Kapitalkosten	100	Grundstück
1	Konzeption	200	Objektmanagementkosten	200	Herrichten/Erschließen
2	Planung	300	Betriebskosten	300	Bauwerk – Baukonstruktion
3	Errichtung	400	Instandsetzungskosten	400	Bauwerk – Techn. Anlagen
4	Vermarktung			500	Außenanlagen
5	Beschaffung			600	Ausstattung/Kunstwerke
6	Betrieb/Nutzung			700	Baunebenkosten
7	Umbau/Umnutzung und Sanierung/Modernisierung				
8	Leerstand				
9	Verwertung				

Sonstige Kostenartengliederung
Neben den bereits genannten Kostengliederungen finden sich in der Praxis zusätzlich:
- Gebäudemanagement [DIN 32736 2000-08]
- Kontenplan der Wohnungswirtschaft
- Geislinger Konvention (Wohnungswirtschaft)
- unternehmsspezifisch ausgestaltete Kontenpläne

71 Vgl. [VDI 2067 Bl. 1 2012-09], S. 13, nähere Beschreibung der Kostenarten nach Anhang A, Tabelle A1.

Abgrenzung der Kostenarten

Oft werden mehrere Kostengliederungen in jeweils unterschiedlichen Bauwerksphasen verwendet.

Als besonders problematisch zu bewerten ist, dass gleiche Begriffe in den Gliederungen unterschiedlich verwendet werden (z. B. Betriebskosten und Instandhaltungskosten; vgl. Tab. 6.20). Diese Regelwerke lassen sich leider auch nicht durch sog. Übersetzungstabellen eins zu eins übertragen, denn die historisch gewachsene Aufteilung der Immobilienart hat bisher noch nicht zu einem einheitlichen inhaltlichen Begriffsvokabular für ein Gebäudemanagement geführt. So findet z. B. die differenzierte Unterscheidung nach Schönheitsreparaturen des Mietrechts in der Wohnungswirtschaft keine Entsprechung in der [GEFMA 200 E 2004-07] für gewerbliche Immobilien.

Tab. 6.20: Vergleich der Kostengliederung.

1	Kapitalkosten	Verwaltungskosten	Betriebskosten	Inspektion	Wartung	Instandsetzung	Abschreibung	Mietausfallwagnis
DIN 18960								
GEFMA 200								
DIN 32736								
II. BV								

Hervorgehobene Felder zeigen den Anwendungsbereich an.

Eine differenzierte Darstellung ist daher notwendig. Die Problematik lässt sich anhand der Betriebs- bzw. Instandhaltungskosten verdeutlichen. Hierbei ist neben dem Branchenbezug (Wohnungswirtschaft und gewerbliche Immobilienwirtschaft) auch die fachliche Sicht zu unterscheiden, insbesondere die technische, rechtliche und kaufmännische Sicht:

Aus technischer Sicht kann die Instandhaltung nach [DIN 31051 2012-09] mit Inspektion, Wartung, Instandsetzung und Verbesserung beschrieben werden. Öffentlich-rechtliche oder kirchliche Förderbestimmungen können zu einem anders zu definierenden Instandsetzungsbegriff führen.

Hiervon abzugrenzen sind Modernisierungsmaßnahmen. Unter Sanierungsmaßnahmen können sowohl Instandsetzungs- und Verbesserungs- als auch Modernisierungsmaßnahmen verstanden werden. Dabei werden vielfach mietrechtliche Begriffsbestimmungen herangezogen.

Aus rechtlicher Sicht ist insbesondere in der Wohnungswirtschaft aus Gründen der Umlagefähigkeit der Kosten auf den Mieter eine Differenzierung notwendig: nach vertraglich vereinbarten Betriebskosten (i. S. von § 2 BetrKV), Nebenkosten (vertraglich vereinbarte laufende Kosten), Klein- und Schönheitsreparaturen sowie Instandhaltungskosten im Sinne von Instandsetzungskosten nach [DIN 31051 2012-09] (vgl. [GEFMA 210-1 E 2006-12]). Dabei findet § 2 BetrKV zunehmend auch in der gewerblichen Immobilienwirtschaft Verwendung.

Aus kaufmännischer Sicht führt die Umlagefähigkeit von laufenden Betriebskosten zu drei möglichen Fällen:

- nicht umlagefähige Betriebskosten im Sinne des § 2 BetrKV (z. B. Grundsteuer bei Einzelhandelsimmobilien)
- laufende Betriebs- und Nebenkosten, d. h. vertraglich vereinbarte laufende Kosten, die umgelegt werden können (z. B. Grundsteuer bei Wohn- und Büronutzung)
- Nebenkosten, die nicht als Betriebskosten gelten und deren Umlage dennoch vereinbart ist (z. B. Facility-Management)

Nebenkosten sind Kosten, die gemäß vertraglicher Vereinbarung vom Mieter neben der Miete zu tragen sind. Betriebskosten und Nebenkosten sind in der Wohnungswirtschaft nahezu identisch.

Bei den Instandsetzungskosten ist danach zu unterscheiden, ob die Kosten vom Mieter oder vom Vermieter zu tragen sind. Schönheitsreparaturen sind nach den Regeln des § 28 Abs. 4 [II. BV 2007] vom Mieter einer Wohnung zu tragen. Zu den Schönheitsreparaturen gehören das Tapezieren, Anstreichen oder Kalken der Wände und Decken, das Streichen der Fußböden, Heizkörper einschließlich Heizrohre, der Innentüren sowie der Fenster und Außentüren von innen.

Im gewerblichen Mietrecht können die Instandsetzungskosten auf den Mieter umgelegt werden. Hierbei findet sich oft die Unterscheidung, dass die Instandsetzungskosten von „Dach und Fach“ vom Vermieter, die übrigen Instandsetzungskosten vom Mieter zu tragen sind. Zu „Dach und Fach“ gehören nach Legaldefinition Dach, Außenmauerwerk, Rohrleitungen im Außenmauerwerk, Außenfassade, tragende Wände, Fundament, Rohrleitungen im und unter dem Fundament, Keller- und Geschossdecken.

Eine Unterscheidung der Gewerke „Dach und Fach“ ist in der Praxis schwer möglich: Mauerwerksarbeiten fallen für Innen- und Außenwände, tragende und nicht tragende Wände gleichermaßen an. Mietverträge unter Hinweis auf „Dach und Fach“ sollten daher nicht geschlossen, stattdessen die Gewerke in ihrem Leistungsumfang ausdrücklich benannt werden, ebenso die Kostenverteilung zwischen Mieter und Vermieter.

Die Unterschiede aus kaufmännischer, technischer und rechtlicher Sicht sind für die Kostenarten Inspektion, Wartung, Instandsetzung, Verbesserung und Modernisierung in Tabelle 6.21 aufgeführt.

Die Nutzungskosten sollten den Gebäuden (objektbezogene Kosten-Leistungs-Rechnung) zugeordnet werden und – nach Ansicht des Verfassers zumindest in Anlehnung an die Systematik der „Baunutzungskosten von Hochbauten“ nach [DIN 18960-1 1976-04] – von den buchhalterischen Systemen der Kameralistik oder Doppik bereitgestellt werden. Für die [DIN 18960-1 1976-04] spricht, dass sie bereits Anwendung gefunden hat, einfach in der Systematik ist und Vergleichszahlen vorhanden sind. Einfach bedeutet pragmatisch, nicht besser. Zunächst wird daher nachfolgend von der Systematik der [DIN 18960-1 1976-04] ausgegangen. Grundsätzlich ist es aber sinnvoll, die Systematik [DIN 18960 2008-02] anzuwenden.[72]

Die Kostenstruktur unterschiedlicher Bauwerknutzungsarten ist in Abbildung 6.32 auf Grundlage der [DIN 18960-1 1976-04] dargestellt. Daraus ergeben sich erste Hinweise auf die Relevanz der Kostenarten und Kostentreiber.

Optimierungspotenziale ergeben sich bei der Betrachtung der Bandbreite der Daten. Diese liefern Ansatzpunkte zur weitergehenden Analyse und zur Einleitung von Maßnahmen. Die Planung der Nutzungskosten kann als ein wiederkehrender Prozess im Betrieb eines Gebäudes betrachtet werden. Dabei lassen sich die Methoden und Begriffe eines Regelkreises sinngemäß anwenden (vgl. Kap. 4.4).

Zur Planung der Nutzungskosten sind Kennzahlen unverzichtbar. Hierzu sind Ziele, Kostenkennzahl und Vorgaben sowie weitere Angaben notwendig. **Ziele** beschreiben die Stoßrichtung. **Kennzahlen** ermöglichen den monetären Vergleich in einer Zeitreihe. (Vergleichs-)Kennzahlen (Orientierungswerte) der Literatur geben Hinweise auf Optimierungspotenziale. Die Verwendung der Kostenkennzahlen auf einer vergleichbaren Objektebene oder nach selbstständigen Funktionsbereichen für den gesamten Immobilienbestand ermöglicht z. B. den branchenübergreifenden Vergleich. Der Präzisions- oder Detaillierungsgrad beschreibt die Qualität der Kennzahl. Sie variiert z. B. im Projektgeschäft: Mit zunehmenden Planungsfortschritt werden die Kostenprognosen (Kostenermittlungsarten nach [DIN 276-1 2008-12]) sicherer. Mengenangaben sind Parameter, die sich auf die vorangegangenen Größen direkt auswirken. Parameter der Preisbildung und das Be-

72 Vgl. Kapitel 3.9.5.

Tab. 6.21: Abgrenzung von Betriebs-, Instandhaltungs- und Modernisierungskosten.

Sicht	Inspektion	Wartung	Instandsetzung, laufende	Maßnahmen	Verbesserung	Modernisierung
1. kaufmännische Sicht (Umlagefähigkeit)						
Wohnungswirtschaft, soweit[a]	ja, nach BetrKV	ja, nach BetrKV	nein (Ausnahme: ggf. kleine Instandhaltung entsprechend § 28 II. BV oder Versicherungsschäden)		nein	Mieterhöhung nach § 559 BGB
Gewerberecht	abhängig von der Gestaltung des Mietvertrags, Differenzierung der Instandsetzung nach Mietobjekt und „Dach und Fach“					
Bilanz[b]: aktivierungsfähig	nein	nein	ggf. möglich	ggf. möglich	ggf. möglich oder zwingend erforderlich	
2. technische Sicht nach [DIN 31051 2012-09] (ohne Modernisierung)						
Ziel	Feststellung und Beurteilung des Ist-Zustands[c]	Bewahrung des Soll-Zustands[c]	Wiederherstellung des Soll-Zustands[c]		Steigerung der Funktionssicherheit, keine -änderung[c]	Gebrauchswert der Mietsache nachhaltig erhöhen[d]

Vgl. Bogenstätter, U.; von der Lieth, J.: Bestandspflege und Erhaltung, in: [ESWiD (2009)], Kapitel 4/V:

[a] soweit vertraglich vereinbart.

[b] im Sinne der kirchlichen Vorschriften und HGB.

[c] vgl. [VDMA 24176 2007-01], Bild 1; vgl. [VDMA 24186-0 2007-01].

[d] in der Wohnungswirtschaft die allg. Wohnverhältnisse auf Dauer verbessern; nachhaltige Einsparungen von Energie/Wasser.

Tab. 6.21: (Fortsetzung)

Sicht	Inspektion	Wartung	Instandsetzung, laufende	Maßnahmen	Verbesserung	Modernisierung
Ausführende	Ingenieur, Techniker, Meister[e]	entsprechend gesetzl. Vorschriften[f]	keine Festlegung			keine Festlegung
Maßnahmen	prüfen, messen, beurteilen, Konsequenzen ableiten, Verbesserungen aufzeigen[e] ohne Hygiene[g]	(Funktion) prüfen, nachstellen, Verschleißteile auswechseln, ergänzen, schmieren, konservieren, reinigen, Funktionsprüfung[f]	reparieren, Ersatzteile austauschen, gangbar machen		planen, nachstellen, austauschen, umbauen, Funktion prüfen	planen, austauschen, umbauen
Beispiele	(Alters-)Verschleiß per Augenschein prüfen	reinigen und abschmieren; Dichtungen und Filter austauschen	laufende Instandhaltung: Wasserhahn austauschen	Maßnahmen: Fenster austauschen	Fenster mit verbessertem Sonnenschutz einbauen[h]	neue Heizungsanlage, energiesparende Fenster einbauen[i]
3. rechtliche Sicht nach Betriebskostenverordnung (BetrKV) und Mietrecht (BGB) sowie Haftung (BGB)						
	laufende, wiederkehrende, nicht einmalige Kosten: § 1 BetrKV; Haftung §§ 823, 836 BGB (Betreiberverantwortung, Verkehrssicherungspflicht)		Erhaltungsaufwand: § 535 BGB, § 28 II. BV, § 1 BetrKV		Abgrenzung zur Modernisierung, Um-, An, Erweiterungsbauten	(energetische) Modernisierung nach § 559 BGB

[e] vgl. [VDMA 24176 2007-01], Bild 1; vgl. [VDMA 24186-0 2007-01].
[f] vgl. [VDMA 24186-0 2007-01]: Fachmonteur, Techniker, Meister.
[g] vgl. z. B. [VDI 6022 Bl. 2 E 2006-04].
[h] insbesondere in den vier Bereichen Heizung, Sanitäranlagen, Elektroinstallation oder Fenster.
[i] aber auch Wärmedämmung der Außenhaut oder Linoleum mit Parkett austauschen.

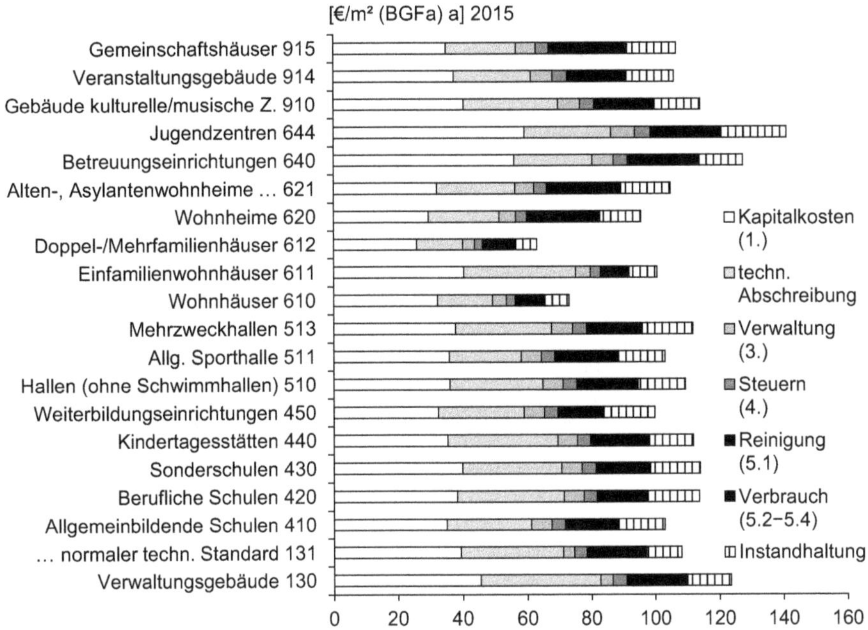

Abb. 6.32: Übersicht der jährlichen Baunutzungskosten bei verschiedenen Bauwerksnutzungsarten.[73]

rechnungsverfahren stellen den mathematischen Zusammenhang zwischen den Mengenangaben dar und ermöglichen eine einfache quantitative Darstellung der Auswirkung von Veränderungen bei den Mengenangaben. **Vorgaben** beeinflussen die Ziele, können aber zunächst nicht verändert werden, z. B. gesetzliche Rahmenbedingungen und Vorgaben einer Konzernmutter oder der Magistratsbeschluss einer Stadt. Mit diesen Angaben lässt sich ein effizientes Controlling und Benchmarking durchführen und ggf. Maßnahmen ableiten.

Maßnahmen als Handlungsoptionen stehen bei allen Kostenarten zur Verfügung. Maßnahmen betreffen die Zielformulierung, die Planung, die Durchführung, die Überprüfung oder Potenziale für die Zukunft. In Tabelle 6.22 werden die Schwerpunkte von neun Städten aufgezeigt. Bei den Maßnahmen wurden die „Kunden“, die „Finanzen“ (Organisation und Ressourcen), die „Prozesse“ und „Potenziale“ unterschieden. Sie spiegeln das Unternehmensmodell und vier Strategieentwicklungsansätze wider. Dabei wird auch unterschieden, welche Strategieansätze im Projektgeschäft (Proj.) oder Objektgeschäft (Obj.) greifen. Es ist offensichtlich, dass nicht nur ein Strategieansatz zum Erfolg führen kann. Der Schwerpunkt liegt bei den Versorgungskosten und dem Objektgeschäft.

Die Beschreibung der Kennzahlen und Handlungsoptionen erfolgt für jede wesentliche Kostenart in den nachfolgenden Kapiteln. In den dort dargestellten Best-practice-Beispielen werden mehrheitlich die Erfahrungen der neun Städte dargestellt.

73 Vgl. [Bogenstätter, U. (2000)], S. 376–386.

Tab. 6.22: Anzahl der Maßnahmen zur Beeinflussung der Kostenarten in Anlehnung an [DIN 18960 2008-02].[74]

	Kostengruppe	Kunden		Finanzen		Prozesse		Potenziale	
		Proj.	Obj.	Proj.	Obj.	Proj.	Obj.	Proj.	Obj.
100	Kapitalkosten			2	2		2		1
200	Verwaltungskosten			2	2	3	3	1	1
300	Betriebskosten								
310	Versorgung		6	6	15		2		4
320	Entsorgung		4	2	2		1		2
330	Reinigung und Pflege von Gebäuden		2	4	5		4		1
340	Reinigung und Pflege von Außenanlagen								
350	Bedienung, Inspektion und Wartung		1		4				1
360	Sicherheits- und Überwachungsdienste								
370	Abgaben und Beiträge								1
380	Verpflegung		3	1	3				
400	Instandsetzung		4		7		2		1

Literatur

[BetrKV 2012] Verordnung über die Aufstellung von Betriebskosten: Betriebskostenverordnung (BetrKV), 2012, URL: https://www.gesetze-im-internet.de/bundesrecht/betrkv/gesamt.pdf (letzter Aufruf: 18.02.2017).

[Bogenstätter, U. (2000)] Bogenstätter, Ulrich: Prediction and optimization of life cycle costs in early design, in: British Research & Information; 28 Jg. (2000), Nr. 5–6, S. 376–386.

[DIN 18960 1999-08] Nutzungskosten von Hochbauten: Begriffe, Nutzungskostengliederung, Deutsches Institut für Normung (Hrsg.): DIN 18960; Berlin 1999.

[DIN 18960 2008-02] Nutzungskosten von Hochbauten, Deutsches Institut für Normung (Hrsg.): DIN 18960; Berlin 2008.

[DIN 18960-1 1976-04] Baunutzungskosten von Hochbauten, Deutsches Institut für Normung (Hrsg.): Teil 1, DIN 18960; Berlin 1976.

[DIN 276 1993-06] Kosten von Hochbauten, Deutsches Institut für Normung (Hrsg.): DIN 276; Berlin 1993.

[DIN 276-1 2008-12] Kosten im Bauwesen: Teil 1: Hochbau, Deutsches Institut für Normung (Hrsg.): Teil 1, DIN 276; Berlin 2008.

[DIN 277-3 2005-04] Grundflächen und Rauminhalte von Bauwerken im Hochbau: Mengen und Bezugseinheiten, Deutsches Institut für Normung (Hrsg.): Teil 3, DIN 277; Berlin 2005.

[DIN 31051 1985-01] Instandhaltung: Begriffe und Maßnahmen, Deutsches Institut für Normung (Hrsg.): DIN 31051; Berlin 1985.

[DIN 31051 2012-09] Grundlagen der Instandhaltung, Deutsches Institut für Normung (Hrsg.): DIN 31051; Berlin 2012.

[DIN 32736 2000-08] Gebäudemanagement: Begriffe und Leistungen, Deutsches Institut für Normung (Hrsg.): DIN 32736; Berlin 2000.

[ESWiD (2009)] Reiß-Fechter, Dagmar (Hrsg.): Kirchliches Immobilienmanagement: Der Leitfaden; Berlin 2009.

[GEFMA 200 E 2004-07] Kosten im Facility Management: Kostengliederungsstruktur zur GEFMA 100, GEFMA e. V. Deutscher Verband für Facility Management (Hrsg.): GEFMA 200, 2004.

[GEFMA 210-1 E 2006-12] Betriebs- und Nebenkosten bei gewerblichen Raum, GEFMA e. V. Deutscher Verband für Facility-Management (Hrsg.): GEFMA 210-1, 2006.

[HIS B1/1989] Hochschul-Informations-System (Hrsg.): Bestandserhaltung von Hochschulgebäuden: Erfahrungsberichte aus Bauverwaltung und Hochschule; Kurzinformationen; Hannover 1989.

[II. BV 2007] Verordnung über wohnungswirtschaftliche Berechnungen nach dem Zweiten Wohnungsbaugesetz (Zweite Berechnungsverordnung – II. BV), URL: https://www.gesetze-im-internet.de/bvo_2/BJNR017190957.html (letzter Aufruf: 03.01.2018).

74 Basis (n = 9 Städte), vgl. Abbildung 6.29.

[Schub, A. (1985)] Schub, Adolf; Stark, Karlhans; Schelle, Heinz (Hrsg.): Life Cycle Cost von Bauobjekten: Methoden zur Planung von Erst- und Folgekosten, Schriftenreihe der Gesellschaft für Projektmanagement; Köln 1985.

[Stadt Frankfurt (2004)] Magistrat der Stadt Frankfurt am Main, Dezernat Bau, Hochbauamt (Hrsg.): Jahresbericht 2003/2003; Frankfurt 2004.

[VDI 2067 Bl. 1 2012-09] Wirtschaftlichkeit gebäudetechnischer Anlagen: Grundlagen der Kostenberechnung, Verein Deutscher Ingenieure (VDI) (Hrsg.): Bl. 1, VDI 2067; Düsseldorf 2012.

[VDI 2067 Bl. 3 1983-10] Raumlufttechnik: Berechnung der Kosten von Wärmeversorgungsanlagen, Verein Deutscher Ingenieure (VDI) (Hrsg.): Bl. 3, VDI 2067; Düsseldorf 1983.

[VDI 6022 Bl. 2 E 2006-04] Hygiene-Anforderungen an Raumlufttechnische Anlagen und Geräte: Messverfahren und Untersuchungen bei Hygienekontrollen und Hygieneinspektionen, Verein Deutscher Ingenieure (VDI) (Hrsg.): Bl. 2, VDI 6022; Düsseldorf 2006.

[VDMA 24176 2007-01] Inspektion von technischen Anlagen und Ausrüstungen in Gebäuden, Verein Deutscher Maschinen- und Anlagenbauer (Hrsg.): VDMA 24176; Berlin 2007.

[VDMA 24186-0 2007-01] Technische Regel: Leistungsprogramm für die Wartung von technischen Anlagen und Ausrüstungen in Gebäuden: Übersicht und Gliederung, Nummernsystem, Allgemeine Anwendungshinweise, Verein Deutscher Maschinen- und Anlagenbauer (Hrsg.): Teil 0, VDMA 24186; Berlin 2007.

6.6 Investitionskosten – Kapitalkosten (NGR 100)

Ulrich Bogenstätter

Je nach Planungsphase werden unterschiedliche Kostenermittlungsverfahren nach DIN 276 angewandt. In der Praxis werden diese in Abhängigkeit zur Planungsphase angewandt. Die Methoden der Kostenermittlungen bauen jedoch nicht auf den Ergebnissen vorangegangener Kostenermittlungen oder Planungen auf. Es handelt sich vielmehr um eine Vorausberechnung der Kosten in den Kostenermittlungsarten vom Kostenrahmen bis zum Kostenanschlag. Die Kostenfeststellung entzieht sich einer Kostenbeeinflussung.

Im Zusammenhang mit Bezugseinheiten (z. B. Flächenkennzahlen) lassen sich Kostenrichtgrößen als Verhältniszahlen bei gängigen Kostenermittlungsverfahren ermitteln. Diese beziehen sich i. d. R. auf die Bauwerkskosten (KGR 300+400) und Außenanlagen (KGR 500) nach [DIN 276-1 2008-12]). Durch Vergleichsobjekte und -daten kann eine auf den Bedarf abgestimmte, unter Wirtschaftlichkeitsgesichtspunkten entwickelte Kostenrichtgröße als Zielgröße und Kostenmaßstab dem Kostenermittlungsverfahren zugrunde gelegt werden.[75] Durch Verwendung von Kostenkennzahlen für Kostenrichtgrößen wird der daraus resultierende, aber nicht offensichtliche Qualitätsstandard übernommen. Eine Überprüfung oder Korrektur ist zu Planungsbeginn nur schwer möglich und mit erheblichem Zeitaufwand verbunden.[76]

6.6.1 Berechnungsmethoden der Investitionskosten

Nutzeinheiten

Die Berechnung der Bauwerkskosten nach Nutzeinheiten erfolgt durch Multiplikation zweier Faktoren (Zweifaktorenrechnung): des Mengenbezugs durch die Nutzeinheit (z. B. Altenheimplatz oder Büroarbeitsplatz) und eines empirisch ermittelten Einheitspreises. Qualitätsbeschreibungen beschränken sich auf die Anzahl der Nutzeinheiten. Die Veränderung des Einheitspreises ist nicht transparent. Eine Zuordnung von Kosten zu Funktionsstellen ist nur dann möglich, wenn eine Funktionsstelle mit einer oder mehreren Nutzeinheiten beschrieben wird.

75 Vgl. [Büttner, O. (1972B)], S. 29.

76 Vgl. Kapitel 6.2.

Das Problem: Neben der Schwierigkeit, die Nutzeinheit präzise zu definieren und mit einem Einheitspreis zu versehen, sind die Möglichkeiten der Kostenbeeinflussung äußerst gering: Hierfür bietet sich nur die Option an, die Zahl der Nutzeinheiten oder den Einheitspreis zu verändern.

Kostenflächenartenmethode

Die Kostenflächenartenmethode (KFA) der Informationsstelle Wirtschaftliches Bauen der Staatlichen Hochbauverwaltung Baden-Württemberg (IWB) lässt sich auch ohne eine zeichnerische Darstellung des Projekts anwenden. Danach lassen sich die Kosten über ein detailliertes Raumprogramm mit seinen Nutzungsarten nach [DIN 277-1 2016-01] und den Nutzungscode (NC) des IWB bestimmen. Hier werden die Qualitäten relativ genau beschrieben und für jeden Raum berücksichtigt, ob beispielsweise keine oder eine Lüftungsanlage bzw. (Teil-)Klimatisierung vorhanden ist. Da für die Zuordnung nur die Nutzungsart der Grundflächen entscheidend ist, kann die Bauwerksnutzungsart insgesamt vernachlässigt werden; das Verfahren ist somit hinsichtlich der Bauwerksnutzungsart neutral.

Anhand der Flächenangaben lassen sich schon in der Projektierungsphase Anhaltswerte für den Aufwand während der Nutzungsphase angeben: z. B. Reinigungs-, Wärme- oder Stromkosten. Im Gegensatz zu Kostenermittlungsverfahren in Abhängigkeit vom Volumen können für die Planung der Nutzungskosten die Kostengruppen „Baukonstruktion" und „Technische Anlagen" raumweise unterschieden werden. Dadurch lassen sich über den Installationsgrad (Verhältnis der Kostengruppen 300 zu 300+400 nach [DIN 276-1 2008-12]) Abhängigkeiten zu den Instandhaltungskosten herstellen. Die Zuordnung der Bauwerkskosten und Nutzungskosten zu Funktionsstellen ist dadurch relativ leicht möglich.

Das Problem: Eine elementorientierte Differenzierung des Bauwerks nach Bauteilen für eine Schätzung der Instandhaltungskosten ist in der Regel ebenso wenig möglich wie eine Schätzung nach Gewerken.[77] Dieser Nachteil ist derzeit aber nicht überzubewerten, da die Datengrundlage für eine seriöse Berechnung der Instandhaltungskosten in Abhängigkeit zu Bauteilen oder Gewerken weiterhin zu gering ist.

Die Kostenermittlung erfolgt unabhängig vom Zuschnitt eines Raums (Raumgeometrie) oder von der Anzahl der Räume. Flächenvergrößerungen eines Raums führen daher zur linearen Steigerung der Bauwerkskosten, was in Wirklichkeit nicht der Fall ist. Das Verfahren ist also nicht geeignet, die Kosten für Räume gleicher Nutzungsart, aber unterschiedlicher Grundfläche zu berechnen. Beispiel: Die Flächenvergrößerung eines Badezimmers um 10 % führt i. d. R. nicht zu einer Kostensteigerung um 10 %. Die Kostensteigerung ist i. d. R. wesentlich geringer.

Grundfläche und Volumen nach Bauwerksnutzungsart

Berechnungen auf der Grundlage der Brutto-Grundfläche oder des Brutto-Rauminhalts werden in der Literatur „analytische Kostenermittlungsmethoden" genannt. Diese Methoden basieren auf der mathematisch-statistischen Auswertung vergleichbarer Bauvorhaben. Mithilfe von Korrelationsrechnungen und Regressionsanalysen wird eine möglichst hohe Anzahl ausgeführter Bauobjekte untersucht, um den Kosteneinfluss von gemeinsamen Bauwerksmerkmalen festzustellen und für künftige Planungen zu quantifizieren.

Das Problem: Um die Kosten auf der Grundlage eines Raumprogramms zu ermitteln, Budgets aufzuteilen und zu verfolgen sowie den Einfluss auf Änderungen zu ermitteln, ist die Kostenermittlung auf der Grundlage von Brutto-Grundfläche oder Brutto-Rauminhalt fast nie brauchbar.[78] Daran hat sich bis heute nichts geändert.

---

77 Vgl. Nutzungskostenberechnung und -simulation auf Basis von Bauteilen in Kapitel 3.9.5.

78 Vgl. [Schub, A. (1985)], S. 14–20.

Bauelementmethode

Die Bauelementverfahren (Grobelemente) bieten eine wesentlich differenziertere Grundlage zur Kostenermittlung. Sie wurden aus den angelsächsischen Ländern übernommen und sind besonders durch Herzog, Küsgen und Feigl in Deutschland bekannt geworden.[79] Die Grundüberlegung bei der Bauelementmethode basiert darauf, Kosten von Bauwerken nach Elementen zu erfassen. Die Normierung von Bauelementen nach Funktionen gemäß DIN 276 in ihrer neuesten Fassung erlaubt den Vergleich von alternativen Lösungen und Referenzbauwerken. Für die Mengenermittlung ist die [DIN 277-3 2005-04] in Kombination mit der DIN 276 bis zur dritten Ziffer für die Kostengruppen „Baukonstruktionen" und „Technische Anlagen" anzuwenden.

Durch eine weitere Spezifizierung der Ausführungsarten und -klassen erlaubt die Methode die Aufteilung des Bauwerks nach Elementen mit unterschiedlicher Lebens- bzw. Nutzungsdauer und ermöglicht dadurch einen rechnerischen Austausch von Elementen im Optimierungsprozess. Die Zuordnung von Nutzungskosten ist weitgehend möglich. Bezugsgröße sind Funktionselemente in Quadratmeter bzw. Kubikmeter der zweiten Ebene der Kostengruppe 300 nach [DIN 276-1 2008-12] (z. B. Kostengruppe 330 „Außenwände") einer Bauwerksnutzungsart aus Planunterlagen nach [DIN 277-3 2005-04] in der Bauplanung. Die Erfassung der Kosten nach Elementen ermöglicht außerdem – über die Veränderung von Elementmengen und Elementqualitäten – eine einfache Berechnung der Auswirkungen von Entwurfsentscheidungen auf Investitionskosten und teilweise auch auf Baufolgekosten.

Das Problem: Kritiker an der Elementmethode weisen auf die fehlerhafte Verwendung von Indizes und die Unmöglichkeit hin, eine qualifizierte Kostenanpassung zu betreiben.[80] Eine Zuordnung der Kosten zu Funktionsstellen ist nur dann ohne Probleme möglich, wenn sie eine bauliche Entsprechung in einem abgeschlossenen Bauwerk finden.

Leitpositionen (ABC-Methode)

Leitpositionen und Leistungsbeschreibungen gehören zu den ausführungsorientierten Verfahren. Bereits während der Ausführungsplanung lassen sich mit der ABC-Analyse auf der Ebene der Leistungsbeschreibungen Optimierungen der Kostenplanung durchführen. Dabei werden die Leistungsbeschreibungen in die Klassen A, B und C aufgeteilt und nach absteigender Bedeutung geordnet (siehe hierzu Abb. 6.33): Bei 70 bis 100 Rechenansätzen beträgt der mittlere Gesamtfehler nur noch rd. 10 % desjenigen Fehlers, der mit einfachen Ermittlungsmethoden etwa über Brutto-Rauminhalt oder über Grundflächen als Zweifaktorenrechnung zwangsläufig entsteht. Untersuchungen im Bereich der Baukosten haben ergeben, dass Kostenberechnungen von etwa 10 % der ausgewählten Teilleistungen einer Gesamtleistung schon etwa 80 % der Kosten abbilden können.

Mithilfe der Ausschreibung und der Preisfeststellungs- und Vergabeverfahren lassen sich die Teilleistungen einzelner Gewerke berechnen und mithilfe von Kostenkennwerten die Kostenziele vorangegangener Planungsphasen überprüfen. Da die Aufteilung nach Gewerken ausführungs- und nicht planungsorientiert ist, erlaubt sie ohne Rückführung auf die Funktionselemente keine ausreichend differenzierte Erfassung der ökonomischen Auswirkungen von Planungsentscheidungen.

Das Problem: Die aufwendigere Massenermittlung für Leitpositionen wird in frühere Projektphasen vorgezogen. Eine Anwendung während der Projektierung ist nicht möglich, da der quantitative und qualitative Projektstandard sowie die geometrische Grobstruktur des Bauwerks dann noch nicht hinreichend festgelegt sind.[81]

---

79 Vgl. [LBB 1.12-1990], S. 39.

80 Vgl. [BMBau 04.115], S. 9.

81 Vgl. [BMBau 04.115], S. 13.

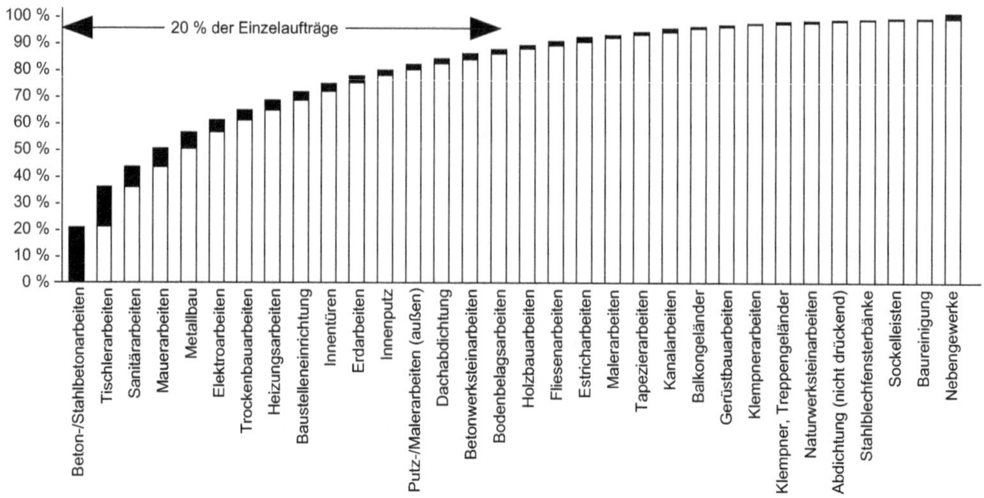

Abb. 6.33: Leitpositionen.[82]

Leistungspositionen zur Ausschreibung, Vergabe und Abrechnung
Leistungsbeschreibungen gehören zu den ausführungsorientierten Verfahren. Es gelten die Aussagen zur Ausschreibung, zu Preisfeststellungs- und Vergabeverfahren und zu Kostenzielen gemäß Leitpositionen (ABC-Methode).

6.6.2 Genauigkeit von Kostenermittlungsverfahren

In Abbildung 6.34 werden die gebräuchlichsten Kostenermittlungsverfahren in Abhängigkeit zu den Kostenermittlungsphasen dargestellt. Die Treffgenauigkeit der Kostenfeststellung (= abgerechnete Kosten) in Bezug auf die Kostenprognose ist abhängig von der Methode der Kostenermittlung.

Die Ungenauigkeiten in den Kostenermittlungsverfahren werden zum einen durch die Methodik und zum anderen durch die Rahmenbedingungen der Preisbildung beeinflusst. Nach einer älteren Untersuchung des Landesinstituts für Bauwesen und angewandte Bauschadensforschung (LBB) betragen die methodischen Abweichungen zwischen 7 und 8 %. Damit erreichen die Kostenermittlungsverfahren nach Brutto-Rauminhalt und Ausführungsarten die notwendige Qualität für Kostenberechnungen, unter Vorbehalt trifft dies auch auf die Kostenflächenartenmethode und die Grobelementmethode zu. So lassen sich schon in frühen Planungsphasen die Bauwerkskosten hinreichend genau berechnen. Die Abweichungen der Rahmenbedingungen von insgesamt ±25 % sind einem Aufsatz von Schmitz entnommen und sind noch heute gültig.[83] Dort werden ±5 bis ±10 % der Auslegung der Vorschriften (Baurecht, denkmalpflegerische Auflagen), ±5 bis ±10 % den regionalen Unterschieden (Ballungsraum oder ländlicher Raum) und ±10 % den konjunkturellen Schwankungen zugeschrieben. Neuere Untersuchungen liegen leider nicht vor.

82 Quelle: eigene Darstellung.
83 Vgl. [Schmitz, H. (1989k)], S. 1693–1696.

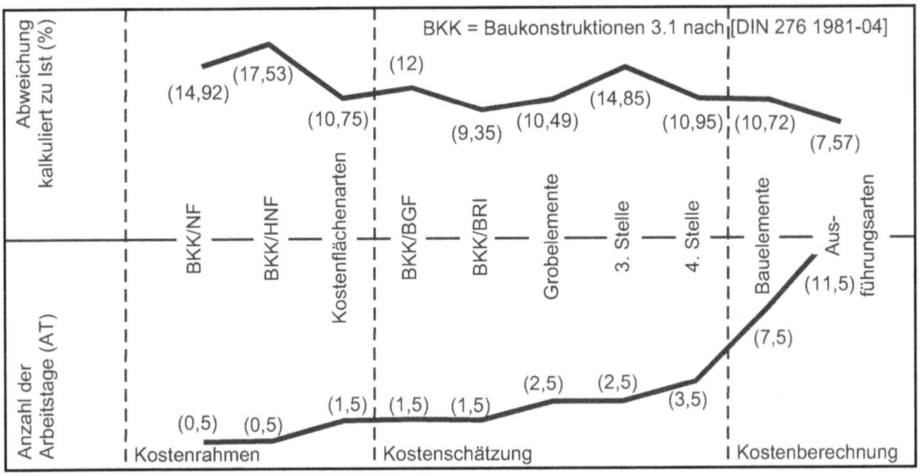

Abb. 6.34: Kostenermittlungsverfahren allgemein.[84]

Tab. 6.23: Kennzahlen bei den Kapitalkosten.

	Kennzahlen in der Projektabwicklung	Kennzahlen im Objektbetrieb
1.	**Ziele bei Kapitalkosten** Fremdkapitalkosten [€/a], vgl. zur Wahl von Indikatoren auch Kapitel 4.6	
2.	**Ermittlung der Kapitalkosten auf Unternehmensebene,** in seltenen Fällen projektspezifisch [Ø Fremdkapitalzinssatz/Sektor] × Zuschlag/Abschlag	
3.	**Vorgaben** vgl. zur Wahl von Indikatoren auch Kapitel 4.6	

6.6.3 Höhe der Kapitalkosten (NGR 100)

Die Kapitalkosten beeinflussen wesentlich die Nutzungskosten. Die Kennzahlen für die Kapitalkosten sind in Tabelle 6.23 dargestellt. Orientierungswerte für Zinssätze lassen sich tagesaktuell bei den Banken abfragen. Einzelne Verbände geben hierzu auch Orientierungswerte an. Wesentlichstes Element bei der Preisbildung ist der Zinssatz. Aussagen zur Höhe des Zinssatzes sind nur schwer möglich, da er abhängig ist von der Bonität und vom Ranking des Immobilienunternehmens beim Kreditgeber. Die Höhe des Zinssatzes wird in Kapitel 3.9.3 behandelt. Ansätze ergeben sich auch durch den Zeitpunkt der Investition mittels Indexreihen nach Kapitel 3.7.2, z. B. die Verbraucherpreise.

Der Zinssatz lässt sich z. B. durch Bonitätsnachweise oder Ranking mittels Zu- oder Abschläge beeinflussen. Der Einfluss der Bonität oder des Rankings lässt sich gemäß einem Angebot der Investitionsbank Berlin (IBB) für kommunale Wohnungsunternehmen, Wohnungsgenossenschaften sowie private Großinvestoren anhand der Art der finanzierten Baumaßnahmen ablesen. Durch die Bonitätsklasse ergab sich beispielsweise 2007 ein Abschlag auf den nominalen Kundenzins von bis zu 0,4 % (s. Tab. 6.24). Bei Inanspruchnahme von Förderprogrammen werden vielfach günstigere Zinssätze angeboten. Die Prüfung der Fördermöglichkeiten, z. B. von Heizungsmodernisierungen, lohnt sich daher i. d. R.

84 Quelle: eigene Darstellung.

Tab. 6.24: Einfluss der Bonität auf den Fremdkapitalzinssatz.

	Seniorengerechtes Wohnen[a]		Energetische Sanierung[b]
A	3,90	A	2,15
B	4,05	B	2,30
C	4,35	C	2,55

[a] Siehe [IBB (2007a)], Stand 20.07.2007 bei einer Auszahlung von 96 %.
[b] Siehe [IBB (2007b)], Stand 20.07.2007 bei einer Auszahlung von 100 %.

Ebenso lässt sich die Höhe des Fremdkapitalzinssatzes durch den Zeitpunkt der Darlehensaufnahme beeinflussen. Baupreise unterliegen ebenfalls zeitlichen Schwankungen. Es lohnt sich daher, größere Instandsetzungs-, Modernisierungs- oder Neubaumaßnahmen einer Einzelbetrachtung zu unterziehen.

Der Fremdkapitalzinssatz lässt sich aber auch durch gutes Management beeinflussen. Die Bonität fließt als Ausfallwahrscheinlichkeit in die mögliche Verlustrechnung des Kreditgebers mit ein. Die Ausfallwahrscheinlichkeit wird in Ratingklassen nach Bank-Verlag (BV) (1 bis 18, 1 = geringstes, 15 = sehr hoch, nach Basel II bis 18 = ausgefallener Kreditnehmer) bestimmt. Dabei gilt die Regel: je höher die Ausfallwahrscheinlichkeit, desto höher der Fremdkapitalzins.

Die Ausfallwahrscheinlichkeit ergibt sich aus Sicht des Kreditgebers aus dem Immobilienrating. Zur Bestimmung der Ausfallwahrscheinlichkeit kann wie folgt vorgegangen werden: Das Immobilienrating setzt sich aus je einem Anteil Rating des Unternehmens und Rating der/des Objekte(s) zusammen. Die Aufteilung wird durch die Steuerungsvariable 1 bestimmt. Rating des Unternehmens und Rating der/des Objekte(s) werden wiederum durch harte und weiche Faktoren bestimmt, die Anteile berechnen sich aus den Steuerungsvariablen 2 und 3. Die Abhängigkeiten sind in Abbildung 6.35 aufgezeigt.

Zu den weichen Faktoren (Unternehmen) gehören z. B. bei der Aareal-Bank Qualifikation/Erfahrung des Managements, Zuverlässigkeit des Managements, Informationstiefe, Einreichungs-

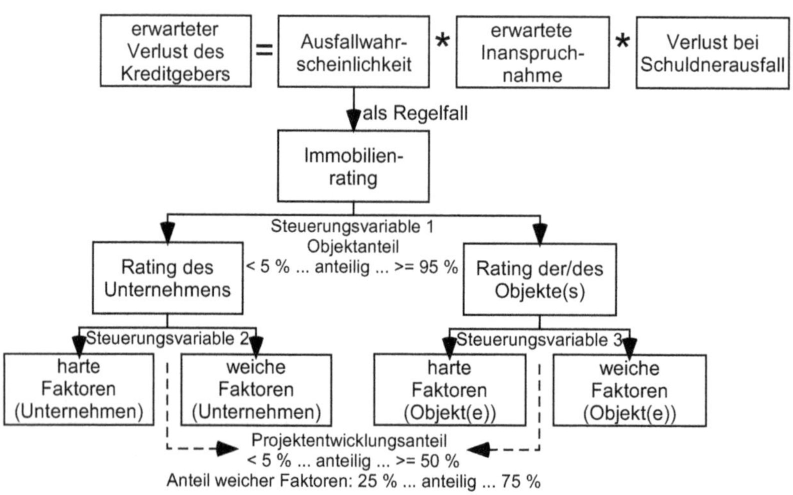

Abb. 6.35: Einflussnahme von weichen Faktoren auf die Bonität eines Kreditnehmers.[85]

85 Quelle: eigene Darstellung.

frist, Vermögensaufschlüsselung, Transparenz, Konzernzugehörigkeit, interne Organisation, Nachfolgeregelung, Planung und Steuerung, Kundenorientierung, Vertrieb, Kooperation, Kontobeziehungen und Covenants (Klauseln). Zusatzkriterien bei Bestandshaltern sind: Bestandsoptimierung, Kundenbindung und Klumpenrisiken (regional/typologisch/Kunden). Zusatzkriterien bei Projektentwicklern sind: Projekterfahrung, Investitionsrechenverfahren, Immobilienstrategien, Klumpenrisiken und Gewährleistungs-/Haftungsrisiken. Je nach Gewichtung kann ein einzelnes Kriterium in Abhängigkeit vom Projektentwicklungsabteil bei 100 % Rating des Unternehmens 1,2 bis 3,6 % betragen. Gutes Management führt damit zu besseren Kreditzinssätzen bis zu einer besseren Ratingklasse oder ggf. bis zu 0,1 % des Fremdkapitalzinssatzes.

Ein kostenloses Rating eines Immobilienunternehmens bei der Deutschen Bundesbank ermöglicht unter Umständen eine bessere Verhandlungsposition bei der Hausbank. Dadurch wird die Refinanzierung der Hausbank transparenter.

Innerbetrieblich bestehen weitere Möglichkeiten, die Kreditzinsen für das Immobilienunternehmen möglichst niedrig zu halten. Dazu gehört, die Kontokorrent-/Darlehenszinsen strategisch zu optimieren. Beleihungen und Darlehen lassen sich hinsichtlich Investitionsvolumen, Instandsetzungs- und Modernisierungsmaßnahmen bedarfsorientiert planen. Während der Kreditlaufzeit bleibt immer die Möglichkeit, das Rating zu beeinflussen und mit den Geschäftspartnern zu verhandeln, spätestens nach Ablauf des Darlehensvertrags, vielleicht schon bei Nutzung des Sonderkündigungsrechts. Zur Berechnung von Szenarien der Zins- und Tilgungspläne, des Cashflows und der Prolongationen werden umfangreiche IT-Werkzeuge benötigt.

Die grundsätzlichen Handlungsoptionen sind in Tabelle 6.25 dargestellt.

Tab. 6.25: Maßnahmen (Handlungsoptionen) – Kapitalkosten.

Optionen in der Projektabwicklung	Optionen im Objektbetrieb
1. Rankingniveau formulieren – Kontokorrent-/Darlehenszinsen optimieren	
2. Kapitalbedarf planen – Investitionen planen – mit Contracting- oder ÖPP/PPP-Verfahren Kapitalbedarf reduzieren, vgl. auch Kapitel 7.5[a] – positives Ranking auch durch gutes Management führt bei den Kreditgebern zu niedrigeren Zinssätzen Liquidität im regelmäßigen Turnus planen, passende Finanzierungsarten wählen: Fördermittel, Hypothekenbeleihung etc.	**Kapitaldienst planen** – Instandsetzungs- und Modernisierungsmaßnahmen planen
3. Kapital verwenden – Liquiditäten und Mittelabfluss bei Projekten planen	– Rating beeinflussen – mit Geschäftspartnern verhandeln
4. Ergebnisse überprüfen – täglich Termindispositionslisten aus dem Baubuch zur Fälligkeit überprüfen	– Überprüfung der Kontokorrent-/Darlehenszinsen – Planung und Ergebnisse quartalsweise bzw. jährlich überprüfen, die Prozesse alle 2 Jahre, nach Revision alle 5 Jahre anpassen
5. (Spar-)Potenziale heben – Reporting an die fremdkapitalgebende Bank nach Bonitäts-/Rankingregeln ergänzen und anpassen, Zinszyklen einplanen – bei Prolongation der Darlehen optimieren, Zins- und Tilgungspläne-Szenarien IT-gestützt abbilden – Sonderkündigungsrechte nutzen (Sonderkündigungsdaten IT-gestützt pflegen) – Cash-Management einführen – Mitarbeiter schulen	

[a] Zu den Arten der Contracting-Modelle siehe u. a. [DIN 8930-5 2003-11].

Literatur

[BMBau 04.115] Diederichs, Claus-Jürgen; Hepermann, Heinrich: Kostenermittlung im Hochbau durch Kalkulation von Leitpositionen (Rohbau und Ausbau), Schriftenreihe Bau- und Wohnforschung, BMBau 04.115; Bonn 1986.

[Büttner, O. (1972B)] Büttner, Otto: Kostenplanung von Gebäuden: Aspekte einer umfassenden Baukostenplanung mit Entwicklung und Anwendung eines Simulationsmodells; Dissertation; Stuttgart 1972.

[DIN 276-1 2008-12] Kosten im Bauwesen: Teil 1: Hochbau, Deutsches Institut für Normung (Hrsg.): Teil 1, DIN 276; Berlin 2008.

[DIN 277-1 2016-01] Grundflächen und Rauminhalte im Bauwesen: Teil 1: Hochbau, Deutsches Institut für Normung (Hrsg.): Teil 1, DIN 277; Berlin 2016.

[DIN 277-3 2005-04] Grundflächen und Rauminhalte von Bauwerken im Hochbau: Mengen und Bezugseinheiten, Deutsches Institut für Normung (Hrsg.): Teil 3, DIN 277; Berlin 2005.

[DIN 8930-5 2003-11] Kälteanlagen und Wärmepumpen – Terminologie: Contracting, Deutsches Institut für Normung (Hrsg.): Teil 5, DIN 8930; Berlin 2003.

[GdW (2007k)] Bundesverband deutscher Wohnungsunternehmen (GdW) (Hrsg.): Wohnungswirtschaftliche Daten und Trends 2007/2008: Zahlen und Analysen aus der Jahresstatistik des GdW; Köln/Bonn 2007.

[IBB (2007a)] Investitionsbank Berlin (Hrsg.): IBB – seniorengerechtes Wohnen: Immobilienförderung – Pilotprogramm; Flyer, 2007.

[IBB (2007b)] Investitionsbank Berlin (Hrsg.): IBB – Energetische Gebäudesanierung: Immobilienförderung – Pilotprogramm; Flyer, 2007.

[LBB 1.12-1990] Ruf, Hans-Ulrich; Conen, Maria, Dautzenberg, Brigitte: Kosten im Hochbau: Untersuchung über Aufwand und Nutzen von Kostenermittlungsverfahren, LBB 1.12-1990; Aachen 1990.

[Schmitz, H. (1989k)] Schmitz, Heinz: Neue Kosten-Richtwerte für das Planen und Bauen im Bestand, in: Deutsches Architektenblatt (1989), Heft 11, S. 1693–1696.

[Schub, A. (1985)] Schub, Adolf; Stark, Karlhans; Schelle, Heinz (Hrsg.): Life Cycle Cost von Bauobjekten: Methoden zur Planung von Erst- und Folgekosten, Schriftenreihe der Gesellschaft für Projektmanagement; Köln 1985.

6.7 Objektmanagementkosten (NGR 200)

Ulrich Bogenstätter

Objektmanagementkosten sind bei Immobilienunternehmen wesentlich durch die Personalkosten geprägt. Andere personalintensive Branchen sind durchaus kreativ. Beispielsweise stehen – zumindest vereinzelt – Roboter an einer Hotelrezeption in Tokio und übernehmen die Arbeit des Personals.

6.7.1 Kennzahlen

Symptomatisch zeigt der Betriebsvergleich von westdeutschen Wohnungsunternehmen eines vergleichbaren Marktsegments in Abbildung 6.36 die Bandbreite der personellen Ressourcen in Abhängigkeit von der Größe. Vorbehalte, die bei einem solchen nicht repräsentativen Vergleich gemacht werden müssen, bleiben erst einmal unberücksichtigt. Es ist zunächst unverständlich, warum das Verhältnis aller Beschäftigten zur Mieteinheit von 1:10 bis zu 1:170 schwankt. Von einzelnen Wohnungsunternehmen werden Kennzahlen von 1:190 oder noch weitaus höher gemeldet. Merke: Viele machen das Gleiche, aber nicht gleich „richtig". Und: Nicht alles ist vergleichbar. Unterschiede ergeben sich aus der Qualifikation der Mitarbeiter, dem Lohniveau, dem Anteil der Vollzeitkräfte, dem Leistungsumfang (z. B. HOAI-Leistungen) und dem Anteil der Eigenleistung (z. B. Fertigungstiefe bei Hausmeistertätigkeiten).

Die Kennzahlen der Verwaltungskosten sind in Tabelle 6.26 dargestellt. Zur Beurteilung der Objektmanagementkosten ist eine Beurteilung der Leistungspalette unverzichtbar. Orientierungswerte lassen sich für die Leistungen angeben, die im Markt angeboten werden und deren Preise bekannt sind.

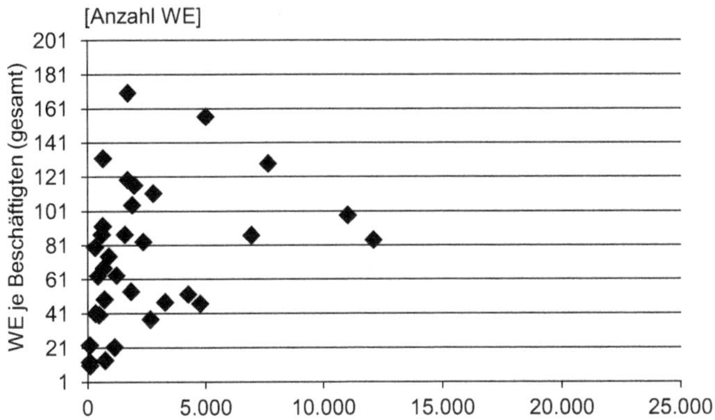

Abb. 6.36: Verhältnis Beschäftigte zu Wohneinheiten (WE).[86]

Tab. 6.26: Kennzahlen und Maßnahmen bei den Objektmanagementkosten.

	Kennzahlen in der Projektabwicklung	Kennzahlen im Objektbetrieb
1.	**Ziele bei Objektmanagementleistungen** Objektmanagementkosten [€/a] (Personalkosten) reduzieren	
2.	**Ermittlung der Kostenkennzahl auf Unternehmensebene oder nach Geschäftsbereichen** Objektmanagementkosten als Eigen- und/oder Fremdleistung in [€/m^2_{BGF} a], [€/m^2_{BGFe} a], [€/m^2_{MF} a], Kostenfeststellung der Personal- und Betriebskosten nach Jahresabschluss, Umlage nach Betriebsabrechnungsbogen nach Prozessen (z. B. Instandsetzungsmaßnahmen) und Sektor (z. B. Unternehmen, Geschäftsfelder oder Wirtschaftseinheiten)	
3.	**Vorgaben** Planzahl unterschreitet die Kennzahl eines vergleichbaren Marktpreises	Wohnungswirtschaft § 26 [II. BV 2007], Ist-Zahl unterschreitet die Planzahl
4.	**Maßnahmen (Handlungsoptionen) zur Erfüllung**	[Anz.] der Prozess(schritt)e ggf. in Eigen- oder Fremdleistung (Fertigungstiefe) reduzieren und/oder IT-gestützt automatisieren

Exemplarisch wurden für die Wohnungswirtschaft die Leistungen und Preise nach der Studie [BFW (2004)] verwendet, um auf der Grundlage des Häufigkeitsanfalls von Leistungen Orientierungswerte zu berechnen (vgl. Abb. 6.37).[87] Dabei werden Leistungen in der Objektverwaltung, Projekt(HOAI)-Leistungen sowie Stützleistungen unterschieden (vgl. Abb. 6.38). Die häufigsten Gründe für Mietrechtsprozesse und Kosten im Rechtsfall sind in Abbildung 6.39 dargestellt. Verwaltungskosten lassen sich danach in der Wohnungswirtschaft nur dann sinnvoll beurteilen, wenn bekannt ist, ob Projekt(HOAI)-Leistungen als Eigen- oder Fremdleistungen erbracht werden.

86 Quelle: eigene Darstellung.

87 Datenbasis hierfür waren [Bogenstätter, U. (2001)], [GdW (2004j)], S. 204, 207, eigene Berechnungen mittels Honorartabellen der [HOAI 2013], § 28 [II. BV 2007], [Deloitte Deutsche Baurevision (2005b)], [StBA (2001)], S. 245, [KGSt 7/1998] und [Von der Lieth, J. (2007f)].

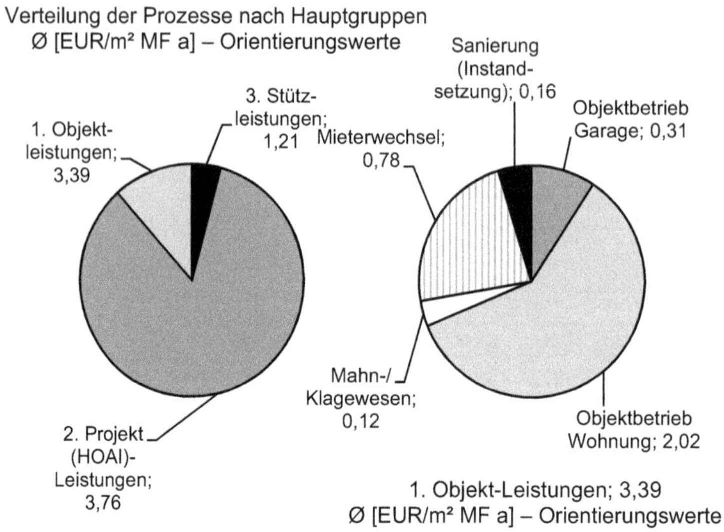

Abb. 6.37: Leistungspalette Objektmanagementkosten nach Hauptgruppen.[88]

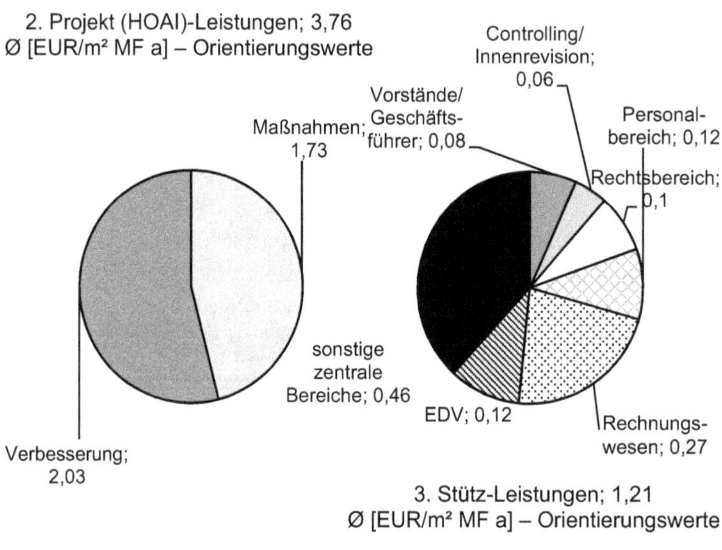

Abb. 6.38: Leistungspalette Objektmanagementkosten – 2. Ebene.[89]

Im gewerblichen Bereich für Büro- und Verwaltungsgebäude werden tendenziell höhere Kennzahlen genannt. So wird in [VDI 6009 Bl. 1 2002-10][90] die Haus- und Mietverwaltung mit 3,60 bis 7,20 [€/m^2_{MF} a] berechnet. Für die Kostenrechnung/das Controlling werden dort 2,5 bis 4 % der Miete genannt.

88 Quelle: eigene Darstellung.

89 Quelle: eigene Darstellung.

90 [VDI 6009 Bl. 1 2002-10], S. 47.

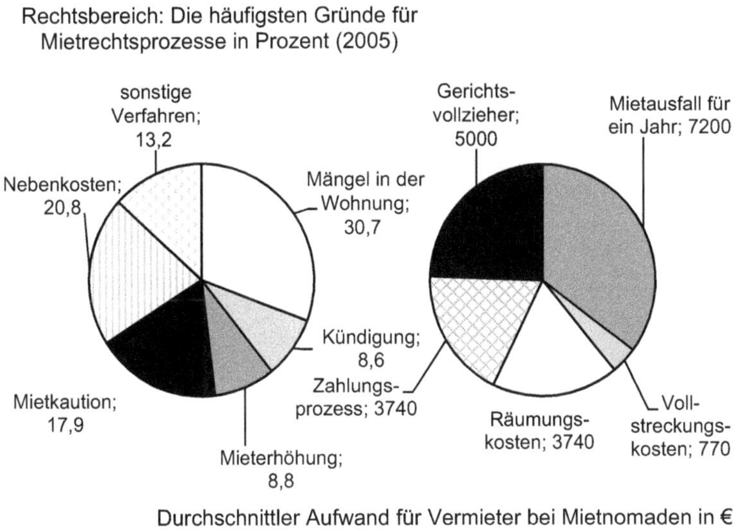

Abb. 6.39: Leistungspalette Objektmanagementkosten – Rechtsbereich.[91]

Beim Landesbetrieb für Liegenschaft und Baubetreuung Rheinland-Pfalz werden die Objektmanagementkosten nach folgender Formel berechnet, sofern die Objektmanagementkosten nicht bekannt sind:

Objektmanagementkosten = Kaltmiete × 3,5 % (Kaltmiete = Investitionskosten (DIN 276 KGR 100–700) × 5 %)

Neben der Kostenstruktur ist die Personalbedarfsbemessung von besonderem Interesse. Sie ist abhängig von den Fallzahlen und wird am Personalbedarf im Rechnungswesen am Beispiel der Instandhaltungsaufträge und -rechnungen verdeutlicht. Wesentlich für den Personalbedarf sind dabei die Kommunikationskanäle (vgl. Tab. 6.27), die bedient werden müssen und erheblichen Einfluss auf die Kundenzufriedenheit haben, daher den Aufwand mitbestimmen. Organisatorische und IT-gestützte Maßnahmen helfen, Kommunikationskanäle und Geschäftsvorfälle effizienter zu bedienen.

Tab. 6.27: Bevorzugte Kontaktaufnahme zum Vermieter sowie Anlass für einen Kontakt mit ihm.[92]

	Bevorzugtes Kontaktaufnahmemedium			**Anlass zum Kontakt mit dem Vermieter**	
1	telefonisch	67 %	1	Reparaturen in der Wohnung	38 %
2	persönlich	24 %	2	sonstige Reparaturen	7 %
3	Brief oder Fax	3 %	3	allgemeine Beschwerde	7 %
4	E-Mail/Internet	1 %	4	Fragen zu Miet- und Nebenkosten	9 %
5	gar nicht	4 %	5	Fragen zum Mietvertrag	4 %
			6	Frage zum Wohnungswechsel	4 %
			7	allgemeine Anfrage	4 %

91 Quelle: eigene Darstellung.

92 Vgl. [Analyse & Konzepte (2008g)], S. 8, 15, Befragung n = 1.500 Mieterhaushalte, 2008.

6.7.2 Rechnungen

Die Verwaltungsleistungen spiegeln sich u. a. in den Rechnungen wider. In Abbildung 6.40 werden die Rechnungsarten und Betragsklassen eines Wohnungsunternehmens exemplarisch dargestellt. Den größten Anteil bilden die Rechnungen zur Instandhaltung (50 %) zzgl. Versicherungen (4 %) und die Betriebskosten (29 %). „Kleinvieh macht auch Mist“: Mit 72 % stellen Rechnungen bis 250 [€] den größten Anteil, gefolgt von Rechnungen bis 500 [€] (11 %) und 1.000 [€] (7 %).

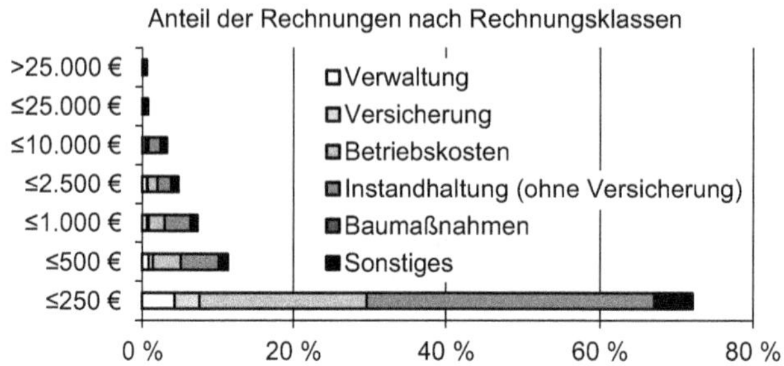

Abb. 6.40: Anteil der Rechnungen eines Wohnungsunternehmens nach Betragsklassen und Rechnungsart.[93]

Die Rechnungsbeträge halten sich in den Betragsklassen weitgehend die Waage (vgl. Abb. 6.41). Ziel muss es daher sein, die umfangreiche Auftrags- und Rechnungsbearbeitung mit kleinen Beträgen möglichst effizient abzuwickeln. Dazu stehen grundsätzlich zwei Verfahren zur Verfügung: Standardisierung der Leistungsbeschreibungen sowie Reduzierung der Arbeitsschritte, ggf. durch Automatisierung.

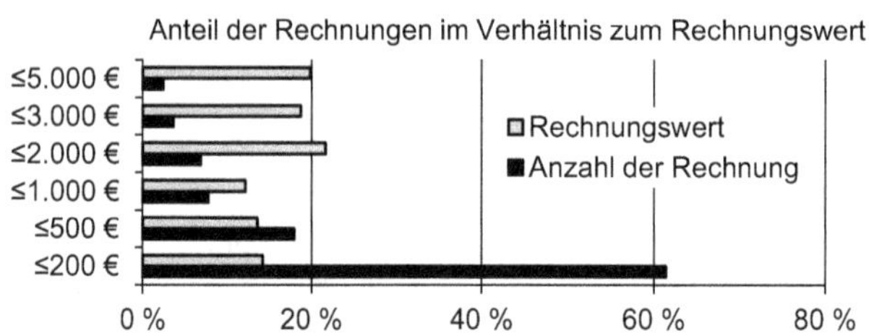

Abb. 6.41: Anzahl der Rechnungen im Verhältnis zum Rechnungswert.[94]

Standardisierte Leistungen werden in der Praxis, insbesondere bei kleinen Beträgen, erfolgreich eingesetzt. Dabei ist zu unterscheiden, ob diese Leistungen nur vertraglich vereinbart (Rahmenvertrag) oder zusätzlich in einem IT-System als Einheitspreis- bzw. Festpreisabkommen hinterlegt sind.

Ein **Einheitspreisabkommen** (EPA) oder **Festpreisabkommen** ist ein Vertrag zwischen einem Auftraggeber und einem Auftragnehmer über pauschalisierte Kosten bei der Erbringung von (Dienst-)Leistungen. In der Regel werden Einheitspreisabkommen in der Immobilienwirtschaft zwischen großen Wohnungsunternehmen als Auftraggeber und Handwerkern als Auftragnehmer abgeschlossen und durch den Einsatz von IT-Lösungen unterstützt.

93 Quelle: eigene Darstellung (Basis: Stuttgart 2001).

94 Quelle: eigene Darstellung (Basis: München 2004).

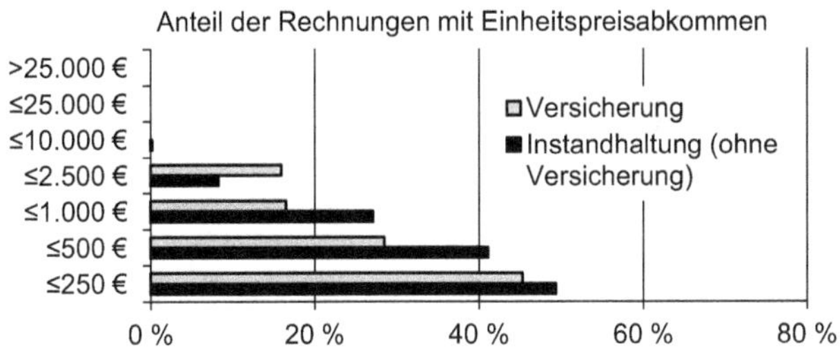

Abb. 6.42: Anteil der Rechnungen mit Einheitspreisabkommen eines Wohnungsunternehmens.[95]

Ein Beispiel aus der Wohnungswirtschaft für Einheitspreisabkommen ist in Abbildung 6.42 dargestellt. Der Anteil der EPA-Rechnungen beträgt hier rund 50 %. Für eine standardisierte Leistungsbeschreibung in der Instandhaltung bieten sich insbesondere die Gewerke für technische Anlagen sowie Maler-, Fliesen- und Bodenbelagsarbeiten an. Etwa 36 Wohnungsunternehmen (Stand 2006) nutzten IT-gestützte Verfahren zur effizienten Abwicklung von Einheitspreisabkommen mithilfe des IT-Systems GES. Typische Gewerke hierbei sind Elektro-, Sanitär-, Heizungs-, Maler-, Fliesen- und Bodenbelagsarbeiten. Die Gewerke Sanitär-, Heizungs-, Elektroarbeiten sind besonders für Einheitspreisabkommen geeignet (s. Abb. 6.43), da diese Leistungen kleinteilig sind, häufig vorkommen und standardisiert beschrieben werden können. Die Standardisierung macht Diskussionen über Anfahrtszeiten, Arbeitszeiten oder Leistungsumfang überflüssig und ermöglicht Mengenrabatte bei Vertragsschluss.

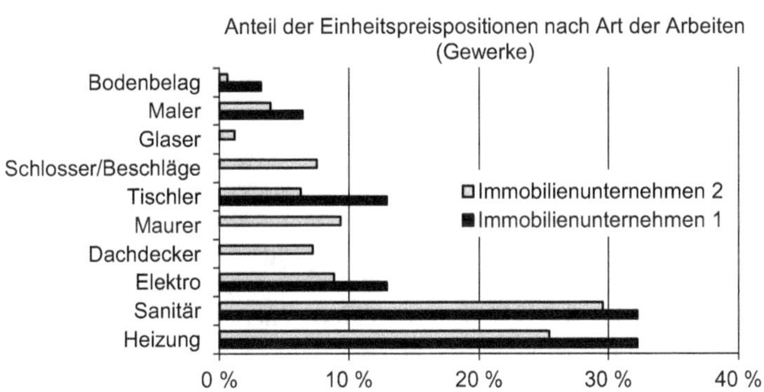

Abb. 6.43: Anteil der Rechnungen mit Einheitspreisabkommen nach Art der Arbeiten eines Wohnungsunternehmens.[96]

Etwa 80 % der Aufträge für die laufende Instandsetzung verbrauchen nur 25 % des Budgets und liegen bei ≤ 500 € (s. Abb. 6.44). Der durchschnittliche Rechnungswert beläuft sich auf etwa 280 € pro Auftrag, Sanitärarbeiten auf rd. 170 €, Heizungsarbeiten auf 180 €, Elektroarbeiten auf 190 € und Malerarbeiten auf 425 €. Der Anteil für Anfahrtskosten ist angesichts des durchschnittlichen Rechnungswerts (zu) hoch. Stundenlohnnachweise führen zu rundungsbedingten zeitlichen Aufschlägen: So werden 20-minütige Stundenlohnarbeiten nicht auf Minutenbasis, sondern zu 50 %

95 Quelle: eigene Darstellung (Basis: Stuttgart 2001).
96 Quelle: eigene Darstellung (Basis: Köln, Düsseldorf 2001).

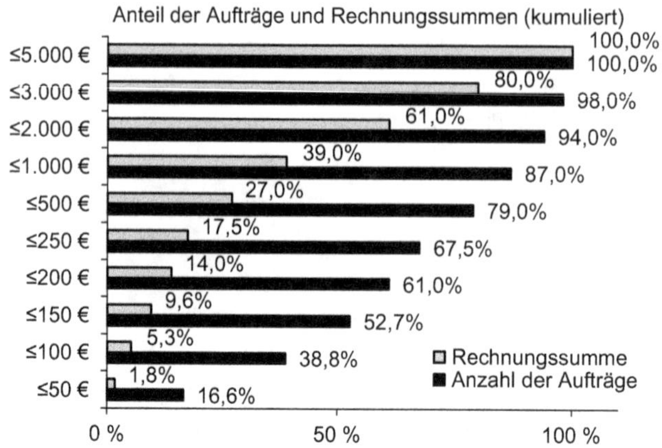

Abb. 6.44: Anteil der Rechnungen der laufenden Instandsetzungsaufträge und Rechnungssummen (kumuliert).[97]

mit 30 Minuten und zu 50 % nach vollen Stunden abgerechnet.[98] Rahmenverträge und/oder Einheitspreisabkommen verhindern Aufschläge. Eigenes Personal (Hausmeister) vor Ort kann die Anfahrtszeiten erheblich reduzieren und kostengünstig einfachere Arbeiten durchführen, für die es qualifiziert ist.

Die Arbeitsschritte lassen sich auf vielerlei Weise reduzieren. An dieser Stelle seien zwei Stichworte genannt: Vergabe der Leistungen an einen Dienstleister (in der Wohnungswirtschaft ist das Bremer Modell[99] als pauschalierte Vergabe der Instandhaltungsarbeiten bekannt) oder der Einsatz von IT-Lösungen.

Die Bandbreite der Möglichkeiten reicht von der Eigenleistung bis zur Fremdleistung. Bei einer Fremdvergabe ist zu beachten, dass der eigene Aufwand zur Kontrolle des Dienstleistungsunternehmens in der Kalkulation der Vorteilhaftigkeit berücksichtigt wird.

Mit Wertgrenzenregelungen bei der Auftragsvergabe, Rechnungsprüfung und Zahlungsanweisung kann das Vier-Augen-Prinzip klar definiert und bei Kleinaufträgen durch Delegation der Verantwortung auf den Techniker oder Hausmeister begrenzt werden.

(IT-gestützte) Stichprobenkontrollen bei der Rechnungsstellung reduzieren den internen Arbeitsaufwand für die sachliche und rechnerische Prüfung ebenfalls erheblich, insbesondere bei Leistungen bis zu einem Rechnungswert von 500 €. IT-gestützte Zufallsgeneratoren lassen sich unternehmensspezifisch konfigurieren (s. Tab. 6.28) und sind effizienter als Pseudo-Kontrollen.[100]

Tab. 6.28: Einstellungen für einen Zufallsgenerator.

		1	2	3
1.	Rechnungsbetrag	< 500 €	500–3.000 €	> 3.000 €
2.	zu prüfende Rechnung	jede 100ste	jede 50ste	jede
3.	erhält Freigabestatus	2	2	2
4.	Freigabe durch	Hausverwalter und Teamleiter oder Techniker und Abteilungsleiter		

97 Quelle: eigene Darstellung (Basis: München 2003).

98 Vgl. [Dworak, B. (2007c)].

99 Vergleiche Kapitel 5.3.3, Abbildung 5.6.

100 Pseudo-Kontrollen sind Kontrollen, die zur Leistungsabnahme durchgeführt werden müssten, in der Realität jedoch mangels Zeit nicht durchgeführt werden können.

Tab. 6.29: Maßnahmen (Handlungsoptionen) – Objektmanagementkosten.

	Optionen in der Projektabwicklung	Optionen im Objektbetrieb
1.	**Objektmanagementniveau formulieren** – Qualitätsniveau gegenüber Kunden und bezüglich der Objekte (neu) definieren	
2.	**Objektmanagementumfang planen** – Outsourcing, z. B. von HOAI-Leistungen	– Leistungsumfang (neu) beschreiben – alle gebäudewirtschaftlich relevanten Funktionen zusammenführen – Auslastung erhöhen, personelle- und organisatorische Schnittstellen reduzieren – Fertigungstiefe verringern: Leistungen ggf. extern vergeben (outsourcen) – Effizienz steigern, Rahmenverträge und Einheitspreisabkommen schließen – Automatisierungsgrad von Massenprozessen erhöhen
3.	**Objektmanagementleistungen durchführen**	– Stichprobenverfahren mit Zufallsgenerator anwenden – Regelungen zu den Wertgrenzen treffen und anwenden – IT-Verfahren einsetzen
4.	**Objektmanagementergebnisse überprüfen** – Kundenzufriedenheit und Objektzustand messen – Transparenz in der Verantwortlichkeit herstellen – bewerten – technische Mittel zur Kontrolle einsetzen	
5.	**Objektmanagementpotenziale heben**	– Personal nach angestrebter Qualifikation schulen und entlohnungsgerecht einsetzen – Einsatz moderner Informationstechnologien

Daraus ergeben sich diverse Möglichkeiten, die Objektmanagementkosten zu beeinflussen und zu reduzieren (vgl. Tab. 6.29). Unverzichtbar ist die Analyse der (Kern-)Prozesse mit hohen Fallzahlen (vgl. Kap. 8.3) und der Einsatz der IT (vgl. Kap. 8.5).

Best-Practice-Beispiel: Geislingen an der Steige

Auf der Grundlage eines Personalgutachtens wurden 2002 die gebäudewirtschaftlich relevanten Bereiche im Sachgebiet Hochbau/FM mit den Aufgaben Neubauten, Bauunterhaltung sowie Gebäudewirtschaft mit den Teilaufgaben Energiecontrolling, Reinigung mit Mieten und Pachten, Nebenkostenabrechnung und Bewirtschaftung aller gebäuderelevanten Kosten zusammengeführt. Die Einsparpotenziale wurden auf etwa 10 % der Personalkosten geschätzt.[101]

Wie viele (General-)Schlüssel im Umlauf waren und wer einen hatte, war nicht bekannt. Das stellte ein hohes Sicherheitsrisiko dar. Die Verwaltung und Ausgabe von Schlüsseln erfolgte sowohl im Sachgebiet Hochbau/FM als auch durch die Hausmeister und Schulleiter. Nun erfolgt dies ausschließlich durch die Hausmeister. Die Vervielfältigung der Schlüssel, aber auch die Verwaltung der Schließanlagenkarten obliegt weiterhin dem Sachgebiet Hochbau/FM.[102] Damit wur-

101 Siehe [Burkert, J. (2006c)], [Vogelmann, K. (2007k)].

102 Siehe [Burkert, J. (2006c)].

den das Risiko durch Schlüsselmissbrauch und die Kosten für Ersatzschlüssel und Austausch von Schließanlagen reduziert. Bei Neuanschaffungen von Schließanlagen werden nur noch elektronische Schließsysteme gewählt, da beim Verlust eines Transponders (elektronischer Schlüssel) dieser nur im System gesperrt werden muss. Zudem können im Bedarfsfall die letzten 400 Schließungen zurückverfolgt werden.

Literatur

[Analyse & Konzepte (2008g)] Analyse & Konzepte (Hrsg.): Servicemonitor Wohnen: Ergebnisse 2008; Hamburg 2008.

[BFW (2004)] Bundesverband Freier Wohnungsunternehmen (Hrsg.): Verwalter-Vergütungen in Deutschland: Studie 2004; Berlin 2004.

[Bogenstätter, U. (2001)] Bogenstätter, Ulrich: Interdisziplinäres Modell zur Bewertung von Wohnstätten für [(schwer geistig) behinderte] Menschen in frühen Planungsphasen; Dissertation; Karlsruhe 2001.

[Burkert, J. (2006c)] Burkert, Joachim: Erfolgsstory der Stadt Geislingen (Steige): Arbeitspapier zur Vorbereitung des Arbeitskreises Facility Management für Kommunen; Arbeitspapier; Geislingen 2006.

[Deloitte Deutsche Baurevision (2005b)] Deloitte & Touche, Deutsche Baurevision AG Wirtschaftsprüfungsgesellschaft (Hrsg.): Kennzahlen für die Wohnungswirtschaft: Ergebnisse einer Erhebung für das Geschäftsjahr 2003, 3. Aufl.; Halle 2005.

[Dworak, B. (2007c)] Dworak, Brigitte; Böhm, Ernst: Prozessinnovationen in der Bestandspflege: Kostenreduzierung und Qualitätsverbesserung, Vortrag am 29. März 2007 auf dem 31. Tag der Immobilie an der Hochschule für Wirtschaft und Umwelt Nürtingen-Geislingen.

[GdW (2004j)] Bundesverband deutscher Wohnungsunternehmen (GdW) (Hrsg.): Wohnungswirtschaftliche Daten und Trends 2004/2005: Zahlen und Analysen aus der Jahresstatistik des GdW; Köln/Bonn 2004.

[HOAI 2013] Verordnung über die Honorare für Architekten- und Ingenieurleistungen (Honorarordnung für Architekten und Ingenieure – HOAI): (Honorarordnung für Architekten und Ingenieure), in: Bundesgesetzblatt; Bd. I, HOAI, 2013, S. 2276.

[II. BV 2007] Verordnung über wohnungswirtschaftliche Berechnungen nach dem Zweiten Wohnungsbaugesetz (Zweite Berechnungsverordnung – II. BV), II. BV, 2007, URL: https://www.gesetze-im-internet.de/bvo_2/BJNR017190957.html (letzter Aufruf: 03.01.2018).

[KGSt 7/1998] Kommunale Gemeinschaftsstelle für Verwaltungsvereinfachung (Hrsg.): Kosten eines Arbeitsplatzes (Stand 1997); Bericht, KGSt 7/1998; Köln 1998.

[KGSt B 9/1984] Kommunale Gemeinschaftsstelle für Verwaltungsvereinfachung (Hrsg.): Hochbauunterhaltung: Richtwerte und Gestaltungsvorschläge zur Mittelbemessung, Maßnahmenplanung und Mittelbereitstellung; Bericht, KGSt B 9/1984; Köln 1984.

[Richter, P. (1999)] Richter, Peter: Objekt Management: Vorlesungsskript; Karlsruhe 1999.

[StBA (2001)] Statistisches Bundesamt (Hrsg.): Statistisches Jahrbuch 2001 für die Bundesrepublik Deutschland; Stuttgart 2001.

[StBA 61111-0005 (2017)] Statistisches Bundesamt (Hrsg.): Verbraucherpreisindex für Deutschland: Klassifikation der Verwendungszwecke des Individualkonsums (COICOP 3-Steller/4-Steller); Tabelle, StBA 61111-0005 (2017), URL: https://www-genesis.destatis.de/genesis/online/logon (letzter Aufruf: 23.03.2017).

[VDI 6009 Bl. 1 2002-10] Facility Management: Anwendungsbeispiele aus dem Gebäudemanagement, Verein Deutscher Ingenieure (VDI) (Hrsg.): Bl. 1, VDI 6009; Düsseldorf 2002.

[Vogelmann, K. (2007k)] Vogelmann, Karl: Erfolgsstory der Stadt Geislingen (Steige), Vortrag am 29. November 2007 in Geislingen/Steige.

[Von der Lieth, J. (2007f)] Von der Lieth, Jörn: Potentiale im Bestandsmanagement, Vortrag am 14. Juni 2007 in Berlin.

6.8 Betriebskosten (NGR 300)

Ulrich Bogenstätter

Die Betriebskosten sind der größte Kostenblock im laufenden Betrieb einer Immobilie.

6.8.1 Wasser (NGR 311)

Wasser gehört zu den kostbarsten Ressourcen der Erde. Der Wasserverbrauch der Bevölkerung blieb nach Angaben des Bundesverbandes der deutschen Gas- und Wasserwirtschaft (BGW) während der 1980er-Jahre konstant bei 145 [l/Person d]. Seit Anfang der 1990er-Jahre ist der Wasserverbrauch nach vorläufigen Ergebnissen auf 140 Liter gesunken.[103] Den Wasserverbrauch schätzt Deters[104] bei einem üblichen Nutzerverhalten im Wohnungsbau derzeit mit 120 [l/Person d] ein. Mit zunehmenden Preisen für Wasser ist zu rechnen.

In Tabelle 6.30 sind die Kennzahlen für die Nutzungskostenberechnung und zur Kontrolle im Objektbetrieb angegeben. Kennwerte für den Wasserverbrauch werden in der Projektabwicklung ggf. bedarfsorientiert nach VDI durch Fachingenieure entsprechend dem Planungsfortschritt ermittelt. Zusätzlich können Verbrauchskennzahlen zur Plausibilisierung herangezogen werden. Wegen der regionalen Unterschiede sind unbedingt die Preise der regionalen Anbieter für eine Nutzungskostenberechnung in der Projektabwicklung zu betrachten.

Im Objektbetrieb werden die tatsächlich abgerechneten Verbrauchswerte herangezogen.

Tab. 6.30: Kennzahlen bei Wasser.

	Kennzahlen in der Projektabwicklung	Kennzahlen im Objektbetrieb
1.	**Ziele** Abwasser- und Wasserverbrauch [m^3_{H2O}/a] sowie Abwasser- und Wasserkosten [€/a] nachhaltig reduzieren	
2.	**Ermittlung der Kostenkennzahl auf Objektebene oder nach selbstständigen Funktionsbereichen**	
	Berechnung der Wasserkosten [€/m^2_{BGFe} a] oder [€/m^2_{MF} a] oder [€/m^2_{Sektor} a] auf der Grundlage des berechneten Wasserbedarfs [m^3_{H2O}/m^2_{BGFe} a] und der spezifischen Wasserkosten [€/m^3_{H2O}] einer Region nach VDI für eine Bauwerksnutzungsart oder einen selbstständigen Funktionsbereich; Menge [m^3_{H2O}] × Preis [€/m^3_{H2O}] × Zu-/Abschlag, z. B. mit Bezug zur Abnahmemenge [m^3]	Abrechnung der Wasserkosten [€/m^2_{BGFe} a] oder [€/m^2_{MF} a] oder [€/m^2_{Sektor} a] auf der Grundlage des tatsächlichen Wasserverbrauchs [m^3_{H2O}/m^2_{BGFe} a] und der spezifischen Wasserkosten [€/m^3_{H2O}] für das Objekt oder den Funktionsbereich: Menge [m^3_{H2O}] × Preis [€/m^3_{H2O}] mit Bezug zur Abnahmemenge [m^3].
3.	**Vorgaben**	
	Trinkwasserverordnung (TrinkwV)	Trinkwasserverordnung (TrinkwV)
	Die Planzahl unterschreitet die Kennzahl eines vergleichbaren Referenzobjekts. Bei Überschreitung ist die Kostenübernahme sicherzustellen, der geplante Leistungsumfang zu verringern oder die Vorgaben sind anzupassen.	Die Ist-Zahl unterschreitet die Planzahl. Sofern die Vorgaben nicht eingehalten werden, sind die Ursachen im PDCA-Zyklus zu analysieren und geeignete Maßnahmen durch die Verantwortlichen einzuleiten.

103 Siehe [BMBFT (BINE)], S. 7.

104 Siehe [BMBau 474].

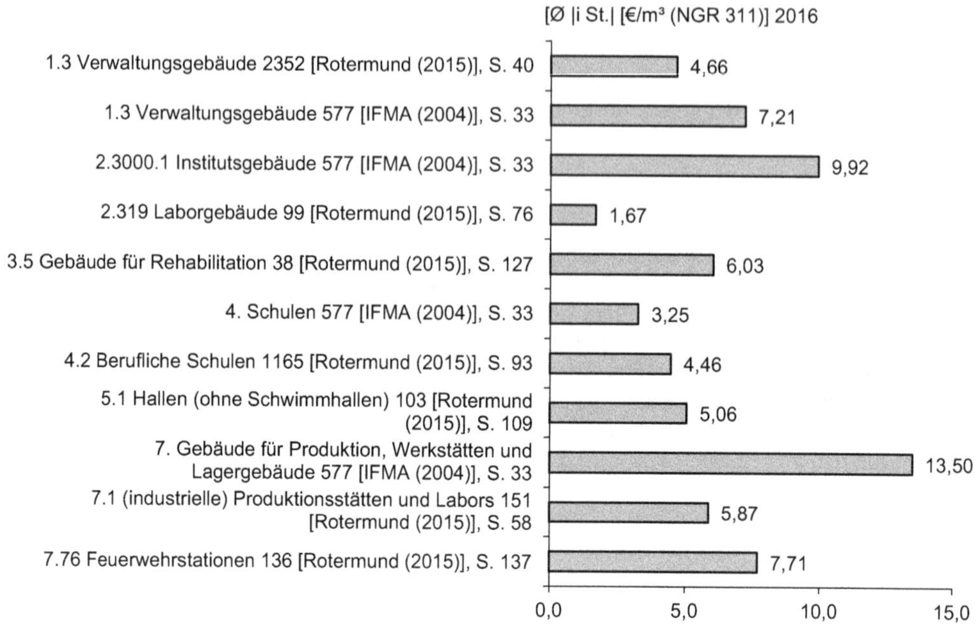

Abb. 6.45: Spezifische (Ab-)Wasserkosten nach Bauwerksnutzungsarten.[105]

Zu- und Abschläge ergeben sich aus den Elementen Preis und Leistung. Sie ergeben sich bei den spezifischen (Ab-)Wasserkosten – **Preis** – für die NGR 311 nach [DIN 18960 2008-02] (vgl. Abb. 6.45) bzw. bei den Wasserkosten bezogen auf die Brutto-Grundfläche (vgl. Abb. 6.46) bzw. bei den Abwasser- und Wasserkosten (vgl. Abb. 6.47) jeweils nach Bauwerksnutzungsart. Die Darstellungen sind getrennt, da die Kostenkennwerte für Ab- und Wasserkosten zuvor in einer gemeinsamen Kennzahl nach [18960-1 1976-04] unter der Kostengruppe 5.2 erfasst und hier nach [DIN 18960 2008-02] neu eingeordnet wurden. Hierbei kann es innerhalb einer Bauwerksnutzungsart zu erheblichen Abweichungen kommen.

Gründe für Abweichungen beim Kostenkennwert können sich z. B. aus dem Nutzerverhalten und Gebäudestandard ergeben. Preisunterschiede sind u. a. regional zu begründen. So sind, wie Abbildung 6.48 verdeutlicht, statistische Abweichungen von rd. ±25 % je nach Bundesland festzustellen. Die Abweichungen bei den Grundgebühren betragen rd. ±50 %.

Pauschalierte Angaben sind auch hinsichtlich einer differenzierten Betrachtung von Frischwasser und Abwasser und Abwasserarten kritisch zu prüfen (vgl. Tab. 6.31). Gilt der Kostenkennwert nur für Frischwasser oder auch Abwasser? Wurden auch die Kosten für das Niederschlagswasser auf der Grundstücksfläche mit eingerechnet? Im Umkehrschluss können, je nach Gemeinde, ersatzweise nicht versiegelte Grundstücksflächen, z. B. Rasengittersteine, wassergebundene Wege, den Kostenkennwert reduzieren.

Der tatsächliche Wasserverbrauchskennwert **(Leistung)** ist in Abbildung 6.49 ebenfalls nach Bauwerksnutzungsart dargestellt. Hierbei kann es auch innerhalb einer Bauwerksnutzungsart zu erheblichen Abweichungen kommen.

105 Angaben gemäß Abbildung 6.47.

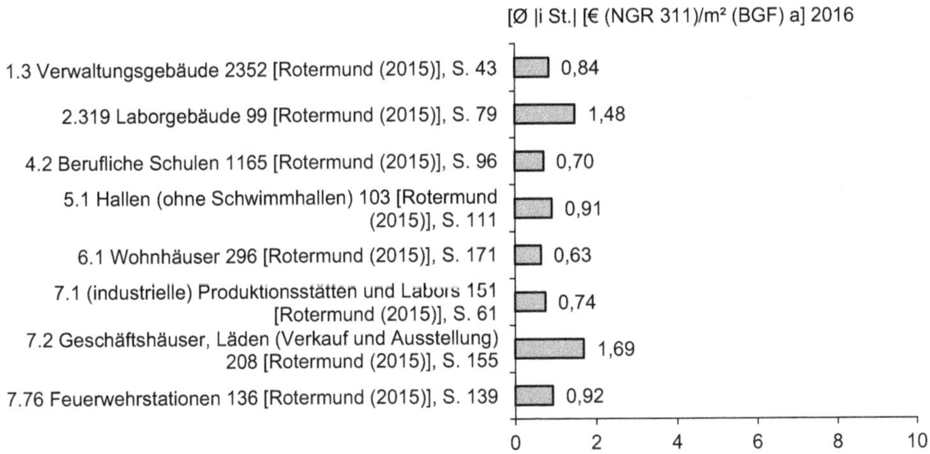

Abb. 6.46: (Vergleichs-)Kennzahlen (Orientierungswerte): Wasserkosten nach Bauwerksnutzungsarten.[106]

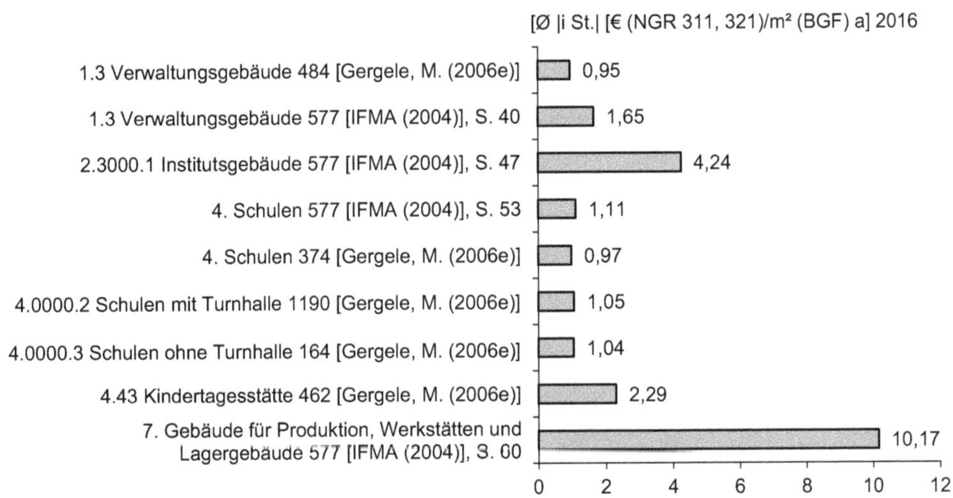

Abb. 6.47: (Vergleichs-)Kennzahlen (Orientierungswerte): Abwasser-/Wasserkosten nach Bauwerksnutzungsarten.[107]

Der Verbrauchskennwert für Wasser berechnet sich aus dem auf eine Bezugsfläche bezogenen gesamten Wasserverbrauch eines Gebäudes innerhalb eines Jahres. Der Wasserverbrauch wird durch die Nutzung als Trinkwasser, Warmwasser und Prozesswasser beeinflusst. Diese Verbrauchskennwerte unterliegen erheblichen Streuungen, die sich aus der Bezugsgröße und unterschiedlichen Randbedingungen ergeben, wenn z. B. die Bewässerung von Außenanlagen nicht angemessen berücksichtigt wird. Es ist eine im Wasserverbrauch herausragende Gruppierung mit einem Basisverbrauch von 1,00 bis 1,50 $[m^3/(m^2_{BGFe}a)]$ erkennbar.

106 Angaben gemäß Abbildung 6.47.

107 Daten kategorisiert nach BZK, Gewichtungsangabe nach Quelle, Fundort, Brutto-Preise (Mittelwert) vom Erscheinungsjahr indiziert nach [StBA 61111-0005 (2017)], CC0441 (Wasserversorgung).

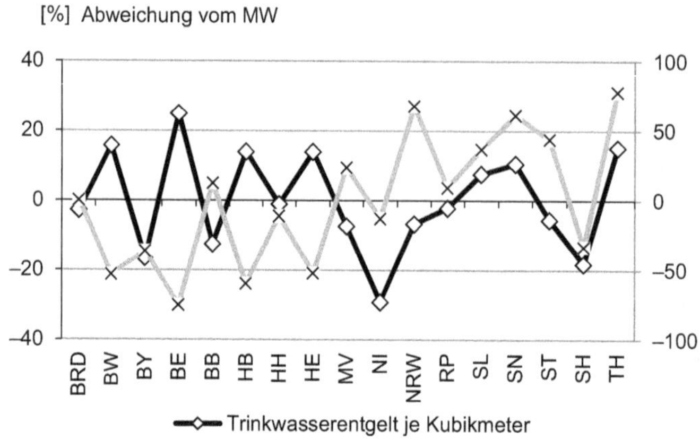

Abb. 6.48: Abweichungen vom Mittelwert beim durchschnittlichen Trinkwasserentgelt je Kubikmeter und Grundgebühr pro Jahr in Deutschland nach Bundesland im Jahr 2013.[108]

Tab. 6.31: Kosten für Wasser und Abwasser in [€].

	Medium	Einheit	[€/Einheit] ohne MwSt.[a]
1	Frischwasser	[m³]	2,01
2	Abwasser		
	– Schmutzwasser	[m³]	2,14
	– Niederschlag (versiegelte Grundstücksfläche)	[m² a]	1,10

[a] Siehe [BMVBS BNB_BN 2011_1], 2.1.1, Anlage 4, S. C 12.

Abortanlagen sind mit einem Wasserverbrauch von 2,80 [$m^3/(m^2_{BGFe}a)$] als Ausreißer zu betrachten. Der erhöhte Wasserverbrauch lässt sich bei dieser speziellen Bauwerksnutzungsart leicht nachvollziehen.

Die Berechnung von Orientierungswerten und die Analyse der Plausibilität des Wasserverbrauchs kann auf der Basis des Wasserverbrauchskennwerts erfolgen. Der Wasserverbrauchskennwert für Verwaltungsgebäude ist in Abbildung 6.50 links dargestellt. Auffällig ist der ungleichgewichtige Kurvenverlauf der Modalwerte. Die Analyse des Wasserverbrauchs erfolgt am einzelnen Objekt und beinhaltet die Wasserverbraucher (vgl. Abb. 6.50 rechts) und die Warmwassernutzung. Zum Vergleich kann z. B. bei einem Wohngebäude die Häufigkeitsverteilung des Warmwasserverbrauchs je m² Wohnfläche und Jahr oder je Person und Jahr herangezogen werden (vgl. Abb. 6.51).

Es besteht die Möglichkeit, durch das Nutzerverhalten den Wasserverbrauch im Wohnungsbau zu reduzieren. Die Möglichkeiten werden allerdings mit 5 % als gering eingeschätzt.[109] Die Bedeutung des Nutzerverhaltens wird insbesondere in Abbildung 6.51 deutlich: Die Häufigkeitsverteilung schwankt speziell beim Warmwasserverbrauch in m³ je Person stark, während beim Warmwasserverbrauch in m² Wohnfläche eine Häufung bei etwa [$0{,}25\ m^3/m^2\ a$] sichtbar wird. Im Gegensatz zu Wohngebäuden ist bei Verwaltungsgebäuden die Häufigkeitsverteilung gleichförmiger (s. oben Abb. 6.50).

108 Eigene Berechnung, Daten [Statista 200294 (2017)], Länderbezeichnung gemäß Länderkennzeichen, Basis Trinkwasserkosten 1,74 [$€/m^3_{H2O}$] und Grundgebühr 70,81 [€/a] in Deutschland 2013.

109 Siehe [BMBau (1989K)], 90, S. 13 ff.

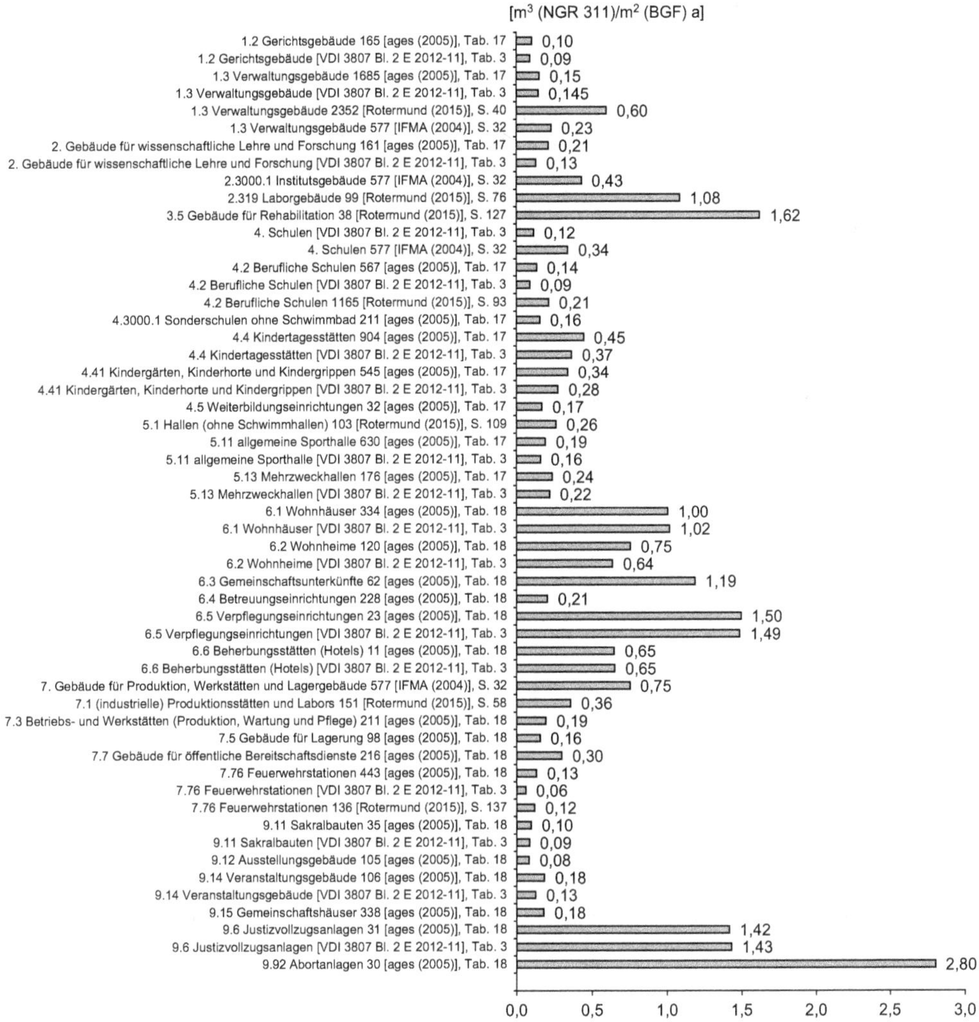

Abb. 6.49: Jährlicher Wasserverbrauch nach Bauwerksnutzungsarten.[110]

Bei einer Streubreite des Wasserverbrauchs von ±50 % bei der WC-Spülung, der Körperreinigung und in der Küche ergeben sich verschiedene technische Möglichkeiten, Wasser einzusparen. Die Arbeitsgemeinschaft der für das Bau-, Wohnungs- und Siedlungswesen zuständigen Minister und Senatoren der Länder empfiehlt schon länger verschiedene technische Maßnahmen, um den Trinkwasserverbrauch zu reduzieren:[111] Man kann den Abflussvolumenstrom begrenzen, eine Benutzungsdauer (Intervall) vorgeben, eine begrenzte Wassermenge zeit- oder ergebnisabhängig freigeben sowie eine nutzungsgerechte Formgebung der Entnahmestellen entwickeln. Der Trinkwasserverbrauch lässt sich auch durch den Einsatz von Regenwasser oder durch technische Funktions- oder Konstruktionsprinzipien (z. B. Wassersparkasten, Einhebelmischer) verringern.

110 Daten kategorisiert nach BZK, Gewichtungsangabe nach Quelle, Fundort.

111 Siehe [FKGB (1996f)], S. 13.

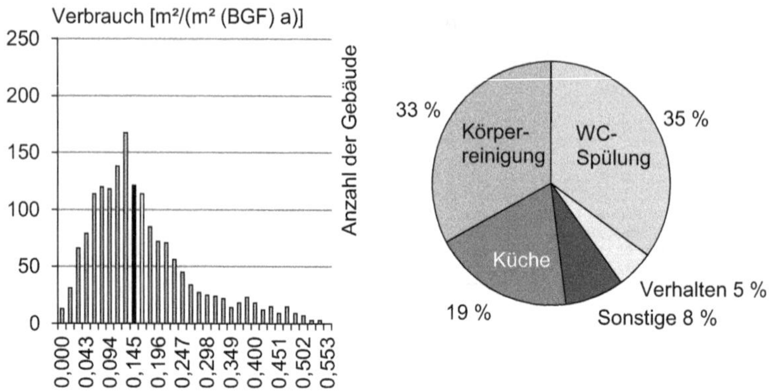

Abb. 6.50: Häufigkeitsverteilung Wasserverbrauchswert Verwaltungsgebäude und Wasserverbrauch im Wohnungsbau.[112]

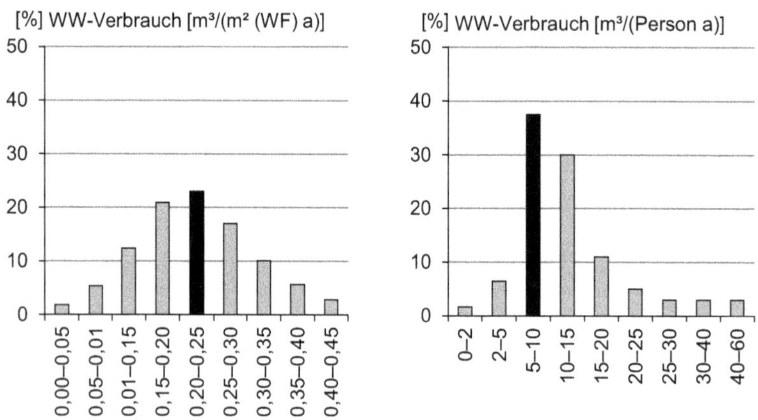

Abb. 6.51: Häufigkeitsverteilung Warmwasserverbrauch (WW) je m^2 Wohnfläche und Jahr und in m^3 je Person und Jahr.[113]

Unnötige Verluste durch Schadstellen können insbesondere durch Kontrolle und Aufzeichnung des Wasserverbrauchs entdeckt werden.

Das Regenwasser als Abwasser lässt sich ebenfalls reduzieren. Mit der Verringerung des Regenwassers verringern sich i. d. R. Abwassergebühren. Die Möglichkeiten hierzu werden in Tabelle 6.32 quantifiziert.

Die Möglichkeiten zur Beeinflussung der Wasserverbrauchskosten und -werte werden in Tabelle 6.33 zusammengefasst dargestellt.[114]

---

112 Links: [ages (2005)], Anhang 1, S. 2, Gebäudegruppe 13000 = [VDI 3807 Bl. 2 2014-11], S. 107: Bsp. Verwaltungsgebäude: Anzahl der Daten 1685 St., arithmetisches Mittel [196 l/m² a], Zielwert [75 l/m² a], Median [153 l/m² a] (gestreift hervorgehoben), Mittelwert [145 l/m² a] (schwarz hervorgehoben), Standardabweichung [110 l/m² a]. Rechts: eigene Darstellung.

113 Quelle: eigene Darstellung, siehe [Techem (2016)], S. 103, 105, Mittelwerte schwarz hervorgehoben.

114 Vgl. auch [Bogenstätter, U. (2001)], S. 98.

Tab. 6.32: Abflussbeiwert C Wasser.

C	KGR	Beispiele
1,0	**Versiegelte Flächen (Flächen ohne luft- und wasserdurchlässige Beläge, ohne Pflanzenbewuchs)**	
1,0	360	Dachflächen[a]
	520	Befestigte Flächen mit Fugendichtung[a]; Betonflächen[a,d]; Pflaster/Platten mit Fugenverguss oder mit gebauten Unterbau[a,d]; Rampen[a], Schwarzdecken (Asphalt)[a,d]; wasserundurchlässige Kunststoffbeläge[d]
0,8	360	Begrünte Dachflächen (Neigung, Aufbauhöhe): > 5°, 2–4 cm[c]; Regenwasserversickerung: Dachfläche in [m²], dessen Oberflächenwasser einer Vegetationsfläche, die der Regenwasserversickerung dient, zugeführt wird, kann mit dem Faktor 0,2 angerechnet werden[d]
0,7	**Teilversiegelte Flächen (Flächen mit luft- und wasserdurchlässigen Belägen, die in gewissen Umfang Versickerung, aber i. d. R. keinen Pflanzenbewuchs zulassen)**	
0,7	360	Begrünte Dachflächen (Neigung, Aufbauhöhe): ≤ 5°, 2–4 cm oder > 5°, 4–6 cm[c,d]
	520	Betonpflaster in Sand oder Schlacke verlegt[a]; Flächen mit Platten und Betonverbundsteine (mit Fuge auf Sand-/Schotterunterbau)[a,d]; Großstein-, Holz-, Kleinstein-, Mosaiksteinpflaster, Klinker[d]; Rasengittersteine (ohne geschlossene Rasendecke aufgrund starker Belastung – Stellplätze, Zufahrten)[d]; Sandflächen, Schotter[d]; offener, stark verdichteter Boden[d]
0,6	360	Begrünte Dachflächen (Neigung, Aufbauhöhe): ≤ 5°, 4–6 cm oder > 5°, 6–10 cm[c]
	520	Flächen mit Pflaster, mit Fugenanteil > 15 %, z. B. 10 × 10 cm und kleiner[a]; Sportflächen mit Dränung (Kunststoffflächen, Kunststoffrasen)[a]
0,5	**Halboffene Flächen (Flächen mit luft- und wasserdurchlässigen Belägen, die neben Versickerung auch Pflanzenbewuchs zulassen), Vegetationsflächen ohne Anschluss an anstehendem Boden**	
0,5	330 360 520	Die Anrechnung erfolgt für die Vertikalbegrünung überwiegend fensterloser Außenwände (i. d. R. Brandwände) und Mauern; hierbei werden Begrünungen (ggf. mit Rankgerüst) bis in eine Höhe von 10 m angerechnet; begrünte Dachflächen (Neigung, Aufbauhöhe): ≤ 5°, 6–10 cm oder > 5°, 10–15 cm[c]; Kiesschüttdächer[a] Vegetationsflächen ohne Anschluss an anstehenden Boden, < 80 cm Bodenauftrag (auf Kellerdecken, Tiefgaragen, Hochbeete)[d]; Böschungen, Bankette und Gräben (toniger Boden)[b]; Rasengittersteine (mit weitgehend geschlossene Rasendecke aufgrund geringer Nutzungsintensität – z. B. Feuerwehrzufahrt)[d]; wassergebundene Flächen[a]; Rasenklinker, Rasenschotter[d]; Holzpflaster mit hohem Fugenanteil, Pflaster mit Rasenfuge[d]
0,4	360	Begrünte Dachflächen (Neigung, Aufbauhöhe): ≤ 5°, 10–15 cm[c]
	510	Böschungen, Bankette und Gräben (lehmiger Boden)[b]
	520	Sportflächen mit Dränung (Tennenflächen)[a]
0,3	**Vegetationsflächen ohne Anschluss an anstehendem Boden**	
0,3	360	Begrünte Dachflächen (Neigung, Aufbauhöhe): ≤ 5°, 15–25 cm[c]
	510	Böschungen, Bankette und Gräben (Kies- und Sandboden)[b]
	520	Kinderspielplätze mit Teilbefestigungen[a]; Sportflächen mit Dränung (Rasenflächen)[a]; Vegetationsflächen ohne Anschluss an anstehenden Boden, ≥ 80 cm Bodenauftrag (auf Tiefgaragen)[d]
0,2	360	Begrünte Dachflächen (Neigung, Aufbauhöhe): ≤ 5°, 25–50 cm[c]
0,1	360	Begrünte Dachflächen (Neigung, Aufbauhöhe): ≤ 5°, > 50 cm[c]
0,0	**Vegetationsflächen mit Anschluss an anstehendem Boden**	
0,0	520	Gartenwege mit wassergebundener Decke[a]; Einfahrten und Einstellplätze mit Rasengittersteine[a]; Vegetationsflächen mit Anschluss an anstehenden Boden[d]; Parkanlagen und Vegetationsflächen[a]; Schotter- und Schlackeboden[a]

Vgl. [BMVBS BNB_AA 2012], Kriterium AA 1.2.3, Seiten C1–C2 der Anlage 1:
[a] [DIN 1986-100 2008-05].
[b] [DWA -A 138 2005-04].
[c] [FLL (2008)].
[d] [Stadt Berlin BFF 1990].

Tab. 6.33: Maßnahmen (Handlungsoptionen) zur Beeinflussung des Wasserverbrauchs.

	Optionen in der Projektabwicklung	Optionen im Objektbetrieb
1.	**Wasserqualität formulieren** – hygienische Trinkwasserqualitäten und Grauwasserwasserqualitäten definieren.	– Hygienebedarf überprüfen
2.	**Wasserbedarf planen** – z. B. Regenwassernutzung, Wasserspareinrichtungen bei den technischen Anlagen berücksichtigen – versiegelte Flächen (Außenanlagen) reduzieren	**Wasserverbrauch planen** – Art und Weise der Nutzung – Nutzungsintensität und Nutzungsdauer planen
3.		**Wasser abnehmen** – Anlagen hinsichtlich Kontamination und Störungen überwachen (z. B. Rohrbruch)
4.	**Wasserbedarfsergebnisse überprüfen** – Bedarfsberechnungen mit Verbrauchsabrechnungen abgleichen und in interner Kennzahlenbank bereitstellen	**Wasserverbrauchsergebnisse überprüfen** – regelmäßig in kurzen (Störungen) und langen Intervallen Verbräuche (Monitoring) vergleichen
5.	**Wasser(spar)potenziale heben**	– verursachergerecht nach Verbrauchsmessung aufteilen und abrechnen – nicht genutzte Wasserverbrauchsstellen stilllegen – z. B. Wasserspareinrichtungen einbauen – Bereitstellungszeiten nach tatsächlichen Bedürfnissen optimieren (z. B. Öffnungszeiten von Schwimmbädern) – technisches Personal schulen – Problem: Preispolitik der Versorgungsunternehmen ist nur schwer zu beeinflussen, es besteht quasi Monopolstellung

Best-Practice-Beispiel: Mühlacker
Durch den Einbau von Urinalen mit Bewegungsmeldern und automatischer Spülung konnte der Wasserverbrauch bei der Schulturnhalle Köppels von 1.203 [m^3_{H2O}] im Jahr 2003 auf 365 [m^3_{H2O}] im Jahr 2006 gesenkt werden. Bei einem Einheitspreis von 2,81 [€/m^3_{H2O}] 2006[115] entsprach dies einer jährlichen Ersparnis von rd. 2.355 [€/a 2006].

6.8.2 Energie (NGR 312–316)

Thermische Energie: Öl, Gas, feste Brennstoffe, Fernwärme (NGR 312–315)

Der Leidensdruck bei Wohnungsunternehmen ist in unangemessenen Betriebskosten zu sehen: Klagefälle sind hier ein Risiko und die Energiekosten tragen ihren Teil dazu bei. Energie ist differenziert nach Energiebedarfen (s. Tab. 6.34) zu betrachten. Folgende Energiebedarfe werden unterschieden:[116]

– **Primärenergiebedarf:** Energiemenge, die zur Deckung des Jahres-Heizenergiebedarfs und des Trinkwasserwärmebedarfs (Bedarf und Aufwand der Anlagentechnik) benötigt wird, unter Berücksichtigung der zusätzlichen Energiemenge, die durch vorgelagerte Prozessketten au-

115 Siehe [Diehm, M. (2006c)], [IFMA (2004)], S. 33, Kosten indiziert mittels Indexreihe Wasserversorgung.
116 Vgl. [Lützkendorf, T. (2002a)], S. 10–11.

Tab. 6.34: Energiebedarfe.[117]

	Energieart	Raumwärme	Warmwasser	Hilfsenergie	Haushaltsstrom
1	Primärenergie	(1) Primärenergiebedarf: Hauptanforderungen bei Wohngebäuden – Normalfall (Angabe im Energiebedarfsausweis)			
2	Endenergie	(2) Endenergiebedarf (Angabe im Energiebedarfsausweis)		(3) Hilfsenergie (Energieausweis)	
		(4) Verbrauchskennwert (freiwillig)			
3	Nutzenergie	(5) Heizwärmebedarf (Rechenwert)	(6) Trinkwasser-Wärmebedarf (Vorgabe)		

ßerhalb der Systemgrenze „Gebäude" bei der Gewinnung, Umwandlung und Verteilung der jeweils eingesetzten Brennstoffe aufgewendet wird

- **Endenergiebedarf:** Energiemenge, die zur Deckung des Jahres-Heizenergiebedarfs und des Trinkwasser-wärmebedarfs (Bedarf und Aufwand der Anlagentechnik) benötigt wird, ermittelt an der Systemgrenze des betrachteten Gebäudes
- **Hilfsenergie:** Energie (Strom), die nicht zur unmittelbaren Deckung des Heizenergiebedarfs bzw. der Trinkwassererwärmung eingesetzt wird (z. B. Energie für den Antrieb von Systemkomponenten – Umwälzpumpen, Regelung etc.) sowie Energie für die Rohrbegleitheizung bei der Trinkwassererwärmung
- **Nutzenergiebedarf:** Energie, die vom Heizsystem unter normierten Bedingungen abgegeben werden muss, um den Heizwärmebedarf und den Trinkwasserwärmebedarf zu decken
- **Heizwärmebedarf:** Wärme, die den beheizten Räumen zugeführt werden muss, um die innere Soll-Temperatur einzuhalten
- **Trinkwasserwärmebedarf:** Nutzwärme, die zur Erwärmung der gewünschten Menge des Trinkwassers zugeführt werden muss

In der Praxis werden sehr unterschiedliche Bezugseinheiten als Berechnungsgrundlage (Bezugsflächen mit und ohne Witterungsbereinigung) herangezogen. Mit der [VDI 3807 Bl. 1 2013-06] wurde eine Richtlinie fortgeführt, die die Energiebezugsfläche auf der Basis der Brutto-Grundfläche abzüglich unbeheizbarer Brutto-Grundflächen beschreibt (BGFe). Wärmegewinne aus solarer Energie und inneren Wärmequellen werden im Gegensatz zur Gradtagszahl G_t nach [VDI 2067 Bl. 1 1983-10] Ziff. 2.3 durch Heizgradtage $G_{20/15}$, auf den Ort Würzburg bezogen, berücksichtigt.[118] Der witterungsbereinigte Verbrauchskennwert für Heizenergie ergibt sich nach [VDI 3807 Bl. 1 2013-06] aus dem gesamten thermischen Energieverbrauch für die Wärmeversorgung (Brennstoff, Wärme, elektrische Energie (Heizstrom)) und aus der Bezugsfläche des Gebäudes.

In Tabelle 6.35 sind die Kennzahlen für die Nutzungskostenberechnung zur Kontrolle im Objektbetrieb angegeben. Kennwerte für den Energieverbrauch werden in der Projektabwicklung ggf. bedarfsorientiert nach EnEV durch die Fachingenieure entsprechend dem Planungsfortschritt ermittelt. Zusätzlich können auch hier Verbrauchskennzahlen zur Plausibilisierung herangezogen werden und wegen der regionalen Unterschiede sind die Preise der regionalen Anbieter für eine Nutzungskostenberechnung in der Projektabwicklung ebenfalls zu betrachten.

Im Objektbetrieb werden die tatsächlich abgerechneten Verbrauchswerte herangezogen.

117 [Lützkendorf, T. (2002a)], S. 10–11.

118 Siehe [ages (2005)], S. 16.

Tab. 6.35: Kennzahlen bei Wärme und Kälte.

	Kennzahlen in der Projektabwicklung	Kennzahlen im Objektbetrieb
1.	**Ziele** Energieverbrauch [$kWh_e(Q)/a$] sowie Energiekosten [€/a] nachhaltig reduzieren	
2.	**Ermittlung der Kostenkennzahl auf Objektebene oder nach selbstständigen Funktionsbereichen**	
	Energiekosten [$€/m^2_{BGFe}$ a] oder [$€/m^2_{MF}$ a] oder [$€/m^2{}_{Sektor\,a}$] auf der Grundlage der Bedarfsberechnung nach EnEV, VDI 2076. Menge [$kWh_{G15}(Q)/m^2_{BGFe}$ a] × Preis [€/kWh(Q)] × Zu-/Abschlag, z. B. mit Bezug zur Abnahmemenge [$kWh_e(Q)$], zum Grundpreis [€] und zum Leistungspreis [$€/kWh_e(Q)$]	Abrechnung der Energiekosten [$€/m^2_{BGFe}$ a] oder [$€/m^2_{MF}$ a] oder [$€/m^2_{Sektor}$ a] auf der Grundlage der tatsächlichen Verbrauchsabrechnung [$kWh_e(Q)/m^2_{BGFe}$ a] und der spezifischen Energiekosten [$€/kWh_e(Q)$] nach HeizkostenV
3.	**Vorgaben**	
	Energieeinsparverordnung (EnEV), ggf. Erneuerbare-Energien-Wärmegesetz (EEWärmeG), CO_2-Gebäudesanierungsprogramm	Heizkostenverordnung (HeizkostenV)
	Die Planzahl unterschreitet die Kennzahl eines vergleichbaren Referenzobjekts. Bei Überschreitung ist die Kostenübernahme sicherzustellen, der geplante Leistungsumfang zu verringern oder die Vorgaben sind anzupassen.	Die Ist-Zahl unterschreitet die Planzahl. Sofern die Vorgaben nicht eingehalten werden, sind die Ursachen im PDCA-Zyklus zu analysieren und geeignete Maßnahmen durch die Verantwortlichen einzuleiten.

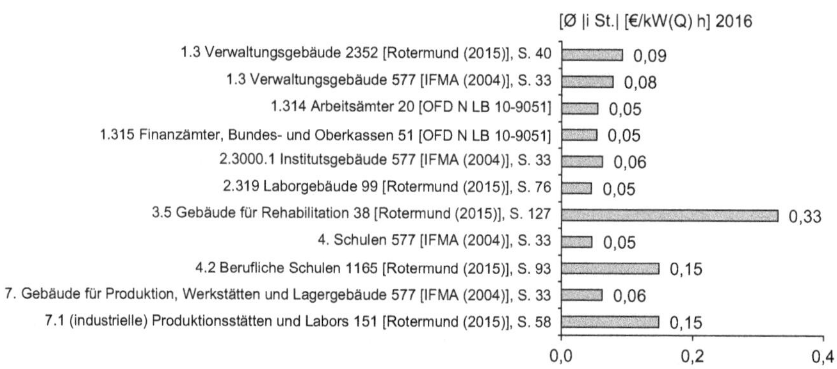

Abb. 6.52: Spezifische Wärme- und Kältekosten nach Bauwerksnutzungsarten (indiziert: Rohpreisindex).[119]

Zu- und Abschläge ergeben sich aus den Elementen Preis und Leistung. Sie ergeben sich bei den spezifischen Energiekosten – **Preis** – für die NGR 312-5 für Öl, Gas, feste Brennstoffe und/oder Fernwärme nach [DIN 18960 2008-02] (vgl. Abb. 6.52) bzw. den Energiekostenkennwert bezogen auf Brutto-Grundfläche (vgl. Abb. 6.53) jeweils nach Bauwerksnutzungsart. Hierbei kann es innerhalb einer Bauwerksnutzungsart zu erheblichen Abweichungen kommen.

Beim Einheitspreis für Energie muss mit Schwankungen gerechnet werden. Gründe für Zu- und Abschläge sind:

- Kosten des Energieträgers (Contracting-Verfahren, strukturierte Beschaffung),
- regionale Unterschiede,

119 Daten kategorisiert nach BZK, Gewichtungsangabe nach Quelle, Fundort, Brutto-Preise (Mittelwert) vom Erscheinungsjahr indiziert nach [StBA 61111-0005 (2017)], CC045 (Strom, Gas und andere Brennstoffe).

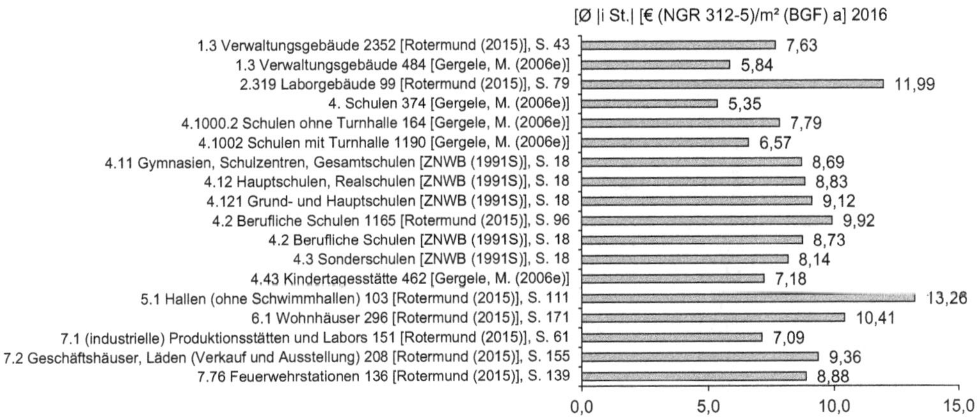

Abb. 6.53: (Vergleichs-)Kennzahlen (Orientierungswerte) der Literatur: Orientierungswerte Wärmekosten nach Bauwerksnutzungsarten (indiziert: Rohpreisindex).[120]

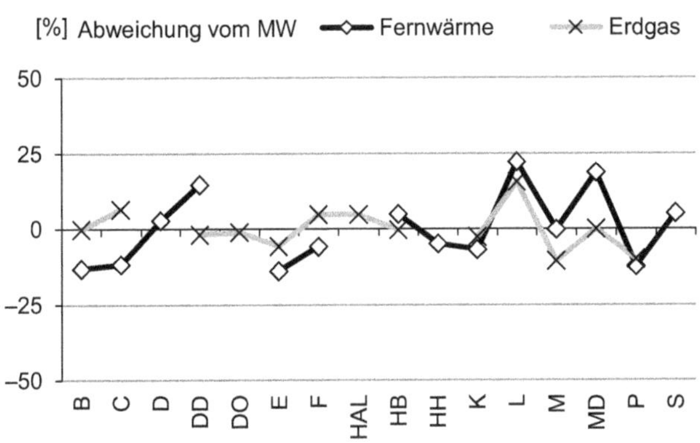

Abb. 6.54: Mischpreis für Fernwärme und Erdgas in ausgewählten Städten 2013.[121]

- die Abnahmemenge (Skalierungseffekte),
- Kosten der Heizungs- und Kälteanlage und
- die Preissteigerungsrate/Indizierung.

Preisunterschiede sind insbesondere durch den Energieträger oder regionale Unterschiede zu begründen. Wie Abbildung 6.54 verdeutlicht, sind statistische Abweichungen von rd. ±20 % abhängig von den Städten und dem Energieträger Erdgas oder Fernwärme festzustellen. Nach einer Studie von Techem gibt es gravierende regionale Unterschiede (s. Tab. 6.36). Je nach Energieträger haben sich die Preise über die Jahre unterschiedlich entwickelt. Auch hier ergeben sich Abwei-

120 Daten kategorisiert nach BZK, Gewichtungsangabe nach Quelle, Fundort, Brutto-Preise (Mittelwert) vom Erscheinungsjahr indiziert nach [StBA 61111-0005 (2017)], CC045 (Strom, Gas und andere Brennstoffe), Quelle [Rotermund (2015)] ohne Angabe zur Witterungsbereinigung.

121 Eigene Darstellung, Mischpreis für Erdgas und Fernwärme in ausgewählten deutschen Städten im Jahr 2013 (in MWh), Daten nach [Statista 20170311 (2017)], [Statista 20170312 (2017)], Berlin (B), Chemnitz (C), Dresden (DD), Dortmund (DO), Essen (E), Frankfurt a. M. (F), Halle (HAL), Bremen (HB), Hamburg (HH), Köln (K), Leipzig (L), München (M), Magdeburg (MD), Potsdam (P) und Stuttgart (S).

Tab. 6.36: Heiz- und Nebenkosten (ohne Warmwasser) nach Postleitregionen um Großstädte im Kalenderjahr 2015 bei einer Versorgung mit Heizöl in Liter.[122]

	Stadt	Energie-verbrauch [l/m²]	Energiepreis [€/l]	Energie-kosten [€/m²]	Nebenkosten [€/m²]	Heizkosten [€/m²]	Beheizte Wohn-fläche [m²]	Heizkosten [€/Wohnung]
1.	Augsburg	11,36	0,711	8,08	1,59	9,67	68,39	661,29
2.	Berlin	13,30	0,668	8,88	1,54	10,42	60,29	628,13
3.	Bremen	11,88	0,708	8,41	1,94	10,34	66,94	692,42
4.	Chemnitz	10,41	0,751	7,81	1,73	9,54	63,53	606,20
5.	Dresden	11,88	0,682	8,10	1,90	10,06	79,72	802,21
6.	Düsseldorf	11,80	0,712	8,41	1,74	10,15	69,02	700,21
7.	Erfurt	10,34	0,726	7,50	1,62	9,13	78,09	712,73
8.	Essen	11,01	0,718	7,91	1,80	9,70	70,89	687,46
9.	Frankfurt am Main	11,63	0,727	8,45	1,88	10,32	72,76	750,96
10.	Freiburg	11,07	0,743	8,23	1,67	9,89	74,64	738,19
11.	Hamburg	12,72	0,685	8,71	1,60	10,30	62,04	638,86
12.	Hannover	11,27	0,698	7,87	1,69	9,52	71,15	677,33
13.	Kassel	11,63	0,731	8,51	1,84	10,31	77,12	795,24
14.	Kiel	13,16	0,687	9,05	1,73	10,78	63,88	688,71
15.	Köln	11,02	0,720	7,93	1,79	9,72	70,54	685,58
16.	Leipzig	11,18	0,725	8,10	1,75	9,84	65,69	646,62
17.	Magdeburg	11,12	0,725	8,06	1,76	9,82	68,89	676,59
18.	Mainz	10,78	0,733	7,90	1,91	9,79	73,06	715,36
19.	München	12,99	0,737	9,58	1,91	11,53	72,31	833,49
20.	Münster	12,04	0,710	8,56	1,74	10,27	70,09	719,80
21.	Nürnberg	11,33	0,720	8,16	1,68	9,84	72,79	716,13
22.	Saarbrücken	11,86	0,720	8,54	1,79	10,29	74,67	768,13
23.	Schwerin	11,27	0,695	7,83	1,73	9,58	82,03	785,84
24.	Siegen	11,52	0,724	8,34	1,84	10,17	73,15	743,55
25.	Stuttgart	12,06	0,748	9,02	2,08	11,03	72,23	769,59
26.	Würzburg	11,33	0,749	8,48	1,72	10,22	72,61	741,93
	Mittelwert	**11,84**	**0,709**	**8,39**	**1,75**	**10,13**	**68,80**	**697,08**

chungen von rd. ±20 % (vgl. Abb. 6.55). Beeinflussen lassen sich die Preise durch Verhandlungen mit den Energielieferanten hinsichtlich des Einheitspreises oder durch Mengenrabatte bei der Bündelung von Verträgen (Skalierungseffekte) oder durch Reduzierung der Kapitalkosten durch Contracting-Verfahren nach [DIN 8930-5 2003-11].

Preisunterschiede können sich auch durch die Art der Energiebeschaffung ergeben, z. B. bei der Versorgung mit elektrischer Energie. Als klassische Energieversorgung gilt die Vollstromversorgung, bei der das Immobilienunternehmen einen Versorgungs- bzw. Liefervertrag zu einem festen Preis und einer von Anfang an fixierten Laufzeit abschließt. Bei der strukturierten Beschaffung werden die Einkaufszeitpunkte verteilt. Der Preis wird für eine bestimmte Menge zu einem bestimmten Einkaufszeitpunkt gebildet. Ebenso lassen sich Energieeinkauf und Netznutzung trennen. Dies kann für Unternehmen im Einzelfall vorteilhaft sein.[123] Pauschalierte Angaben sind daher grundsätzlich kritisch zu prüfen.

122 Siehe [Techem (2016)], S. 152.

123 Vgl. [Kautz, R. (2007d)], S. 58 f.

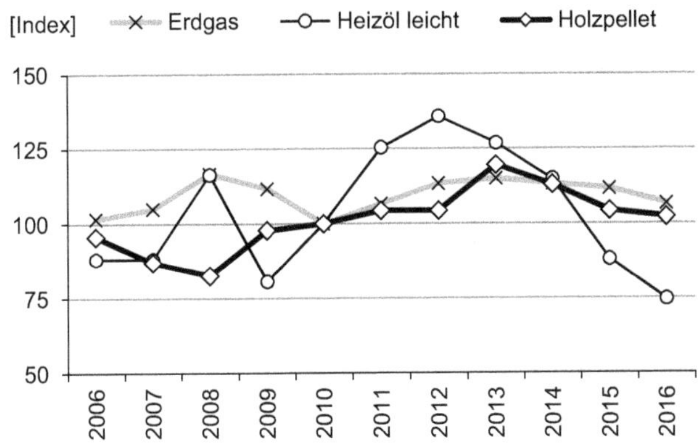

Abb. 6.55: Preise nach Energieträger und Erdgaskosten, Basisjahr 2010.[124]

Der tatsächliche Energieverbrauchskennwert – **Leistung** – ist in Abbildung 6.56 ebenfalls nach Bauwerksnutzungsart dargestellt. Hierbei kann es auch innerhalb einer Bauwerksnutzungsart zu erheblichen Abweichungen kommen. Gründe für [kWh]-Abweichungen zu den Kennwerten des Wärmeverbrauchs können sich z. B. aus dem Nutzerverhalten und dem Gebäudestandard ergeben.

Eine besondere Bedeutung für den Energieverbrauch haben bauliche Maßnahmen: Nach einer Stichprobe des kommunalen Energiemanagements (KEV) von 1990[125] sank der Wärmeverbrauch z. B. von Schulen mit der Zunahme der Bezugsfläche. Es wurde jedoch darauf hingewiesen, dass die Ursache in einem unterschiedlichen Standard des Wärmeschutzes der untersuchten Gebäude liegen kann. Die erwarteten Abhängigkeiten von der Bauweise des Bauelements Außenwand hinsichtlich der Dämmung wurden aufgezeigt, ein Einfluss der Dachform war nicht nachweisbar. Bei kleineren Gebäuden kam es zu größeren Streuungen der Verbrauchskennwerte für Heizenergie. Der direkte Zusammenhang mit der Kompaktheit (Hüllfläche zu Volumen) wurde leider nicht untersucht: Siegel und Wonneberg[126] stellten schon 1979 den Zusammenhang zwischen Kompaktheit und Wärmeverbrauch bei Verwaltungsgebäuden infrage. Zwar gilt es allgemein als sicher, dass kompakte Gebäude spezifisch wenig Wärme und weniger kompakte Gebäude viel Wärme verbrauchen, der statistische Nachweis hierfür ist damals jedoch nicht gelungen. Es ist zu vermuten, dass durch die zwischenzeitliche Verbesserung des Wärmeschutzes durch die EnEV die Kompaktheit eine noch geringere Rolle spielt.

In der Untersuchung von Groner 1995 verringerte sich der Verbrauchskennwert mit der Zunahme der Verkaufsfläche.[127] Die Untersuchung von ages[128] bestätigte die Annahme, dass die Verbrauchskennwerte mit steigender Gebäudegröße sinken (Anmerkung: sofern die Nutzungsintensität gleich bleibt). Hier wurde festgestellt, dass die Verbrauchskennwerte für Heizenergie 2005 im Vergleich mit den Kennwerten des Verbrauchskennwerteberichts 1999 stark gesunken sind. Die

---

124 Eigene Darstellung, Daten nach Solar Promotion GmbH (Pelletpreis bis 2010), Deutsches Pelletinstitut GmbH (Pelletpreis ab 2011), Brennstoffspiegel (Heizöl- und Erdgaspreise) in [DEPI (2017)], Verbraucherpreise für die Abnahme von 33.540 kWh (Ho), 3.000 l Heizöl EL (Hu: 10 kWh/l) bzw. 6 t Pellets ENplusA1 (Hu: 5 kWh/kg, inkl. MwSt. und sonstige Kosten).

125 Siehe [BMBFT (BINE)], S. 23 ff.

126 Vgl. [Siegel, C. (1979)], S. 97 f.

127 Vgl. Gruner, Bruno (1995), in: [ages (2005)], S. 77.

128 Vgl. [ages (2005)], S. 49.

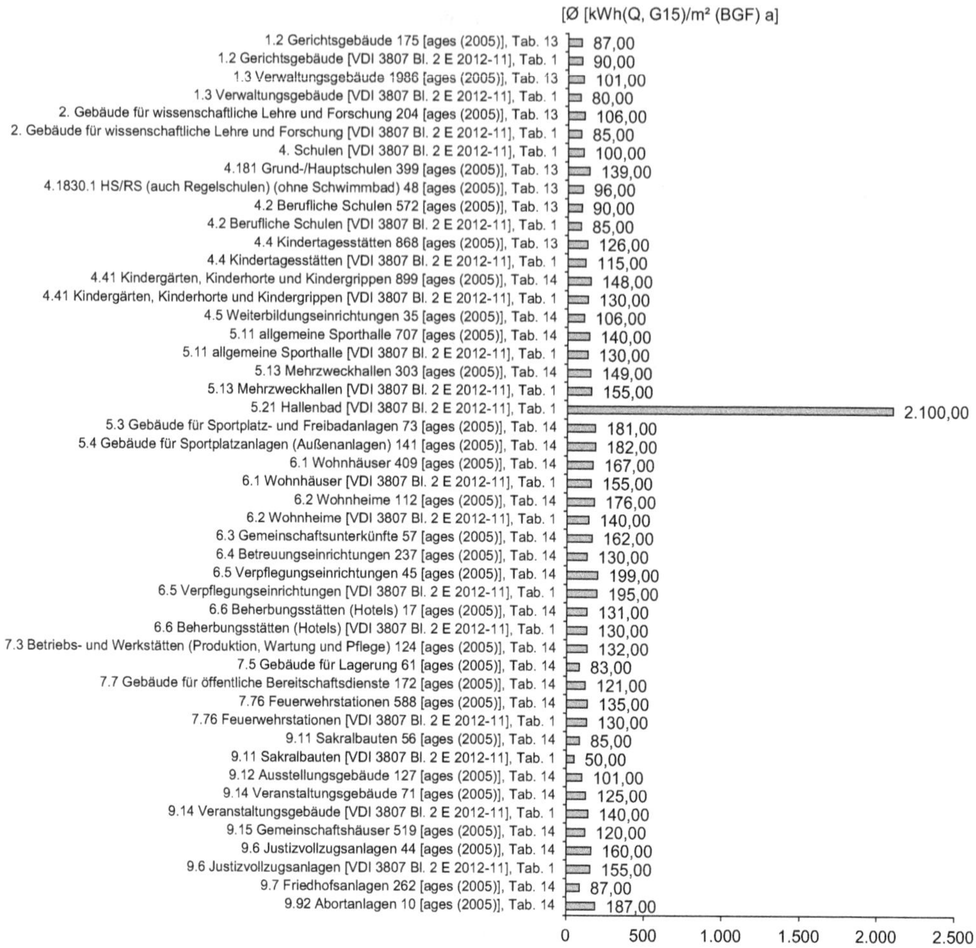

Abb. 6.56: Jährlicher Wärmeverbrauch nach Bauwerksnutzungsarten, witterungsbereinigt.[129]

Ursachen wurden als vielschichtiges Phänomen bezeichnet und u. a. mit den verstärkten Bemühungen der Verbraucher begründet, den Heizenergieverbrauch zu senken, sowie in der Änderung der Zusammensetzung der Stichprobe.

Die Untersuchungsergebnisse, auf die sich die VDI-Richtlinie stützt, ließen keine signifikanten Unterschiede im Verbrauch bei den Brennstoffarten Gas oder Öl erkennen. Das Unterscheidungsmerkmal der Gebäudegröße nach Wohnungsanzahl erbrachte für Gas und Öl lediglich Differenzen von 5 % bzw. 9 %, je nachdem, ob die Warmwasserbereitung mittels Strom erfolgte.

Eine Untersuchung für den Wohnungsbau von 1990[130] nennt einige Einsparmöglichkeiten für Heizenergie im Bereich der technischen Gebäudeausrüstung (haustechnische Maßnahmen). Viele der dort genannten Einsparmöglichkeiten, z. B. ein Heizungssystem mit Blockheizkraftwerken zur Wärmegewinnung, Wärmepumpen, Solarkollektoranlagen, transparente Wärmedämmung, Heiz-

129 Daten kategorisiert nach BZK, Gewichtungsangabe nach Quelle, Fundort, [kWh] (Mittelwert), witterungsbereinigt.

130 Vgl. [BMBau (1990M)], S. 31 ff.

leisten, Wandflächenheizung, Hypokausten-Wandheizung, Luftheizung und Heizpufferspeicher waren 1990 keine wirtschaftlichen Alternativen. Brennwertkessel bedurften einer gesonderten Untersuchung. Viele dieser Lösungen sind heute wirtschaftliche Standardlösungen.

Eine bedarfsorientierte Einzelraumregelung ist danach stark vom Nutzerverhalten abhängig und der wirtschaftliche Erfolg schwer abzuschätzen. In zunehmenden Maße werden inzwischen regenerative Energien eingesetzt (z. B. Heizen mit Grundwasser für Wohngebäude)[131], die auch heute einer genauen wirtschaftlichen Betrachtung bedürfen.

Die Wirtschaftlichkeit der Heiztechnik hinsichtlich unterschiedlicher Kosten und Kostenzusammensetzung je m^2 Wohnfläche und Amortisation wird für den Wohnungsbau an verschiedenen Stellen untersucht[132] (vgl. Kap. 7.5 und 7.7).

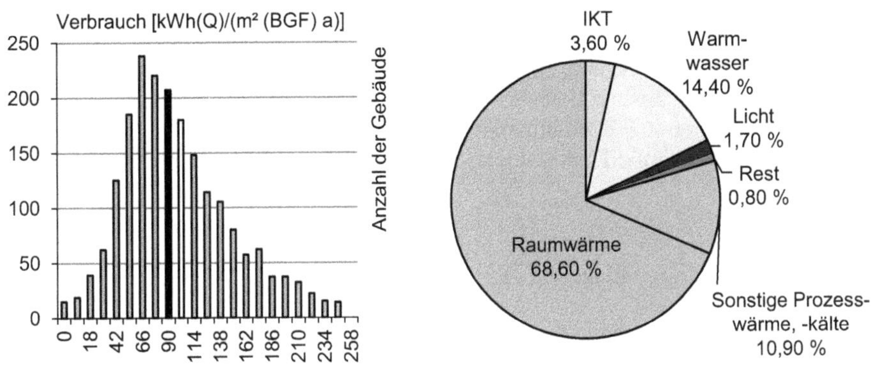

Abb. 6.57: Häufigkeitsverteilung Heizenergieverbrauchswert Verwaltungsgebäude, Endenergieverbrauch in privaten Haushalten.[133]

Die Analyse des Wärmeverbrauchs als ein Merkmal der Leistung erfolgt am einzelnen Objekt und wird mit der Häufigkeitsverteilung verglichen (s. Abb. 6.57). Nach der Untersuchung von ages variieren die arithmetischen Mittel der Verbrauchswerte bei den Bauwerksgruppen zwischen 50 und 187 [kWh/m^2_{BGF}] (vgl. oben Abb. 6.56). Unter Berücksichtigung der Bauwerksnutzungsart, Ausstattung und Gebäudegröße erscheint es plausibel, dass Sakralgebäude wegen beträchtlicher innerer Wärmelasten relativ geringe Heizenergieverbrauchskennwerte besitzen. Altenwohnheime besitzen hingegen relativ hohe Kennwerte, die sich durch erhöhten Warmwasserbedarf und höhere Raumtemperaturen erklären lassen: Maßgeblich für den Transmissionsverlust über die Hüllflächen des Gebäudes nach außen ist die Höhe der Raumtemperatur. Bei gleichzeitiger Absenkung um 1 [K] wird erheblich Energie gespart. Die Temperaturabsenkung allein um 1 [K] bewirkt angeblich in Wohngebäuden eine Verbrauchsreduzierung von 6 bis 15 % in Abhängigkeit vom Energiestandard des Gebäudes. Je besser der Energiestandard ist, desto geringer sind die prozentualen Energieverluste und desto geringer ist der monetäre Nutzen durch Temperaturabsenkung.[134]

131 Vgl. [Ruge, K. (2007)], S. 68 f.).

132 Vgl. [ASUE 09 05 04], S. 13 und [SEBZ (2005)], S. 2 oder [Lepper, R. (2005)], S. 114.

133 Rechts: Daten aus [ages (2005)], Anhang 1, S. 2, Gebäudegruppe 13000 = [VDI 3807 Bl. 2 2014-11], S. 53: Bsp. Verwaltungsgebäude: Anzahl der Daten 1986 St., arithmetisches Mittel 95 [kWh/m^2 a], Zielwert 55 [kWh/m^2 a], Median 101 [kWh/m^2 a] (gestreift hervorgehoben), Mittelwert 79 [kWh/m^2 a] (schwarz hervorgehoben), Standardabweichung 52 [kWh/m^2 a]. Links: [UBA (2017g)].

134 Vgl. [Feist, W. (2007)].

Neben diesen von Bauwerksnutzungsarten abhängigen Kennwerten lässt sich der Verbrauch durch weitere projekt- und objektspezifische Verfahren ermitteln. Hierfür steht z. B. die Richtlinie VDI 2067 zur Verfügung. Auf eine exakte Verwendung der Bezugsgrößen (Heizgradtage nach [VDI 3807 Bl. 1 2013-06] oder Gradtagszahlen nach [VDI 2067 Bl. 2 1993-10]) ist zu achten, da die Ergebnisse um 10 % differieren können. Die mittleren Gebäudekennwerte können bis zu 40 % von den objektspezifischen Verbrauchswerten abweichen.[135] Angaben in Quellen, die keine Witterungsbereinigung vornehmen, sind von geringem Wert und können nicht als Vergleichsgrößen dienen.

Für einen Vergleich und eine Beurteilung von tatsächlichen Jahresverbräuchen [kWh(Q)/(m^2_{BGFe} a)] auch gleichartiger Bauwerksnutzungsarten ist daher auf folgende Unterscheidungsmerkmale bei der Verbrauchserfassung zu achten (vgl. auch oben Tab. 6.36).

- Art der Verbrauchsmessung
- Bauwerksnutzungsart: Je nach Bauwerksnutzungsart fallen unterschiedliche Verbrauchsmengen an. Bei Wohngebäuden ist auch die Gebäudegröße zu erfassen: Unterschiede sind vor allem hier nachweisbar, insbesondere in Abhängigkeit des Verhältnisses von Außenwandfläche zu Gebäudevolumen (A/V-Verhältnis).[136]
- Anlagen und Regelungstechnik: Einsparungen von 7,6 % sind durch den Einbau eines Energiesparsystems möglich.[137]
- Jahresnutzungsgrad[138]
- Größe der Wohnung[139]
- Abgrenzung der Energieanwendung: Wird die Heizenergie auch für die Warmwasserbereitung verwendet?
- Energieträger: Egal ob Öl, Gas, Nah-/Fernwärme, Strom oder Pellets, hier muss eine Umrechnung der Brennstoffmengen auf den Heizwert erfolgen.[140]
- Witterungskorrektur: Die Heizperioden unterscheiden sich von Jahr zu Jahr, die Witterungskorrektur erfolgt üblicherweise mit Gradtagzahlen. In der Witterungskorrektur werden auch regionale Unterschiede einer Heizperiode berücksichtigt.[141]

Die Gradtagzahl (Gt) ist gleich der Differenz aus Raumtemperatur von 20 °C und Tagesmittel der Außenlufttemperatur für einen betrachteten Heiztag. Für einen Monat oder ein Jahr ist die Gradtagzahl der Mittelwert aller Gradtagzahlen der Heiztage dieser Zeitspanne. Somit ist die Gradtagzahl ein Maß für die durchschnittliche Temperatur während eines bestimmten Zeitraums (z. B. ein Jahr). Je größer die Gradtagszahl ist, desto kälter war es im betrachteten Zeitraum. Gradtagzahlen werden vom Deutschen Wetterdienst für viele Orte der Bundesrepublik ermittelt. Zu jeder Gradtagzahl ist anzugeben, für welchen Ort und welche Zeitspanne sie gilt. VDI 2067: Mithilfe der Gradtagzahlen kann der tatsächliche Brennstoff- bzw. Heizenergieverbrauch eines Gebäudes auf mittlere klimatische Bedingungen eines Referenzorts und auf das Standardjahr umgerechnet werden. Damit können regionale und zeitliche Unterschiede ausgeglichen werden.

Jahresverbräuche lassen sich beeinflussen.

- **Ganzheitliche Planung:** Durch Berücksichtigung der Phasen im Lebenszyklus einer Immobilie bereits in der Planung lassen sich nachhaltig Einsparungen erzielen.[142]

---

135 Siehe [Siebert, L. (1997i)], S. 432–434.

136 Vgl. [Techem (2016)], S. 58, 60.

137 Vgl. [Techem (2016)], S. 66 ff.

138 Vgl. [Techem (2016)], S. 68 ff.

139 Vgl. [Techem (2016)], S. 78.

140 Vgl. [Techem (2003a)], S. 10.

141 Siehe [Techem (2003a)], TS. 6 oder [minol (2003P)], S. 408.

142 Siehe [Kröger, H. (2005l)], S. 60 f.

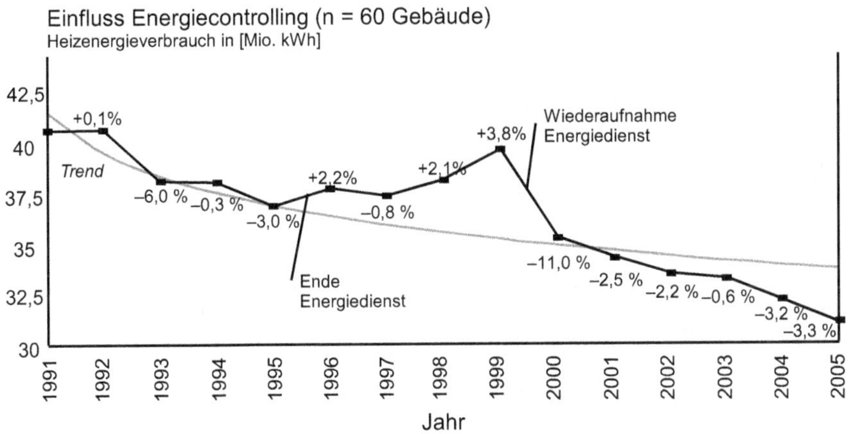

Abb. 6.58: Der Einfluss des Energiecontrollings auf den Heizenergieverbrauch, Beispiel.[146]

- **Gebäudestandard:** Die Heizleistung ist abhängig vom energetischen Gebäudestandard des Bauwerks (Gebäudehülle) und von seinen technischen Anlagen. Beispiel: Mittels Einzelraumregelung lässt sich der Bedarf, z. B. bei Schulen, wirkungsvoll steuern.[143]
- **Nutzerverhalten:** Das Nutzerverhalten birgt Potenziale und lässt sich steuern.[144] Für den Wohnungsbau wird von der Volkswohnung Karlsruhe (EU-Projekt „save@work4home") berichtet, dass die Heizenergieverbräuche einer Wohneinheit sich bis zum Faktor 8 unterscheiden können.
- **Energiecontrolling:** Erfolge können im Sinne eines Regelkreises (vgl. Kap. 4.4.1, Abb. 4.2) realisiert werden: Energiesparmaßnahmen planen, Betriebspersonal schulen, Verbräuche und Einkäufe kontrollieren sowie Strategien entwickeln. Beispiel: Vielfach wird die Regelungstechnik der Heizungsanlage im Wohnungsbau mangels Professionalität nicht genutzt[145], notwendige Informationen, z. B. regelmäßige Energieverbrauchsangaben oder Kostentransparenz, fehlen. Zum Repertoire der Strategien gehören daher die Optimierung der bestehenden technischen Anlagen, eine schnelle Störfallerkennung z. B. mittels regelmäßiger und automatisierter Verbrauchserfassung sowie Investitionen in den Gebäudestandard. Investitionen bedürfen allerdings der Abstimmung mit anderen Fachabteilungen, z. B. mit dem Portfoliomanagement oder der Instandhaltung, um die Wirtschaftlichkeit nachhaltig zu sichern. Alternativ können die Leistungen in einer Fachabteilung Energiemanagement koordiniert und gebündelt werden. In Abbildung 6.58 wird der Einfluss des Energiecontrollings dargestellt. Das Ende des Energiedienstes und die Wiederaufnahme des Energiedienstes ist dort dem Ende und der Wiederaufnahme des Energiecontrollings gleichzusetzen.

Zunehmende Transparenz für Betreiber und Nutzer sowie Mieter soll der Energiepass schaffen. Durch den Energiepass wird der Energieverbrauch von Gebäuden für fachlich nicht versierte Personengruppen, wie z. B. Nutzer, transparenter. Dabei werden bedarfs- oder verbrauchsorientierte Energiepässe unterschieden. Der bedarfsorientierte Energiepass basiert auf baulichen Gege-

143 Siehe [Heizen nach Stundenplan (1996f)], S. 518.

144 Siehe [Stadt Frankfurt (2004)], S. 13.

145 Siehe [Maurer, P. (2006b)], S. 56 f.

146 Siehe Görres, Jürgen, in: [GEFMA 124-2 2013-05], S. 7, Landeshauptstadt Stuttgart, Beispiel für das Einsparpotenzial durch Energiecontrolling für eine öffentliche Liegenschaftsverwaltung bei 60 Gebäuden.

benheiten, während der verbrauchsorientierte Energiepass den tatsächlich gemessenen Energieverbrauch zur Grundlage hat, abhängig vom Nutzerverhalten. Auf einer Vergleichsskala werden Durchschnittswerte aufgezeigt. Beim bedarfsorientierten Energiepass sind dies Kennwerte zur Primärenergie und Endenergie, beim verbrauchsorientierten Energiepass die Verbrauchskennwerte. Wann für welche Bauwerksnutzungsart welche Art von Energiepass angewendet werden muss, ist in der Energieeinsparverordnung [EnEV 2016] geregelt. Zwischen einem errechneten Bedarf (Plan-Energieverbrauch) und einem tatsächlichen Energieverbrauch können sich erhebliche Unterschiede ergeben (vgl. Kap. 4.4.1, Abb. 7).

Der Energiepass wurde für Neubauten bereits 2002 eingeführt und ist inzwischen auch bei größeren Instandsetzungen und Modernisierungen Pflicht. Er wurde für Bestandsgebäude ab 1. Juli 2008 schrittweise eingeführt. Bei Vermietung, Verpachtung oder Verkauf sind für Wohngebäude, die bis 1965 fertiggestellt worden sind, Energiepässe seit dem 1. Juli 2008 und für jüngere Wohngebäude seit dem 1. Januar 2009 verpflichtend auszustellen. Die Passpflicht für Nicht-Wohngebäude gilt seit dem 1. Juli 2009. In öffentlichen Gebäuden mit mehr als 1.000 m^2 Nutzungsfläche muss ein Energiepass gut sichtbar angebracht werden.

Der Energiepass soll auch Transparenz hinsichtlich der Energieeffizienz schaffen und dazu anspornen, energieeffiziente Gebäude zu betreiben, zu kaufen oder zu verkaufen. Damit rückt die zweite Miete, die Betriebsnebenkosten, deutlich in den Fokus des zukünftigen Mieters oder Käufers. Dabei ist es unerheblich, ob es sich um Bürogebäude, Shoppingcenter oder Wohngebäude handelt. Da der verbrauchsorientierte Energiepass kostengünstiger zu erstellen ist, ist er insbesondere bei den Betreibern von (Wohn-)Immobilien i. d. R. beliebter. Um allerdings sinnvolle Maßnahmen ableiten zu können, sind die Ursachen aus baulichen Gegebenheiten oder dem Nutzerverhalten zu bewerten. Werden erhebliche Abweichungen festgestellt, sollten Bedarfs- und Verbrauchsausweis vorliegen.

Die Möglichkeiten zur Beeinflussung der thermischen Energieverbrauchkosten und -werte werden in Tabelle 6.37 zusammengefasst dargestellt.

Tab. 6.37: Maßnahmen (Handlungsoptionen) – Wärme und Kälte.

	Optionen in der Projektabwicklung	Optionen im Objektbetrieb
1.	**Energiequalität und -niveau formulieren** – Energiemix und Leistungsanschlüsse definieren	
2.	**Energiebedarf planen** – Förderprogramme in Anspruch nehmen – Energieliefer-Contracting vereinbaren – Energieverbrauch durch Bauelemente, Gebäudeform positiv beeinflussen – optimalen Energieträger (z. B. Öl, Fernwärme, Gas, Holz, Strom) wählen – optimale Heizungsanlage, insb. Oberflächen- und Tiefengeothermie, Abwasserwärmetauscher, Wärmekollektoren, Brennstoffzelle, Pufferspeicher, Vergärung) wählen – adäquate Regelungstechnik (ggf. Einzelraumregelung), Heiz- u. Brennwert; Blockheizkraftwerke oder – ggf. dezentrale Wärmebereitung einbauen	**Energieverbrauch planen** – Art und Weise der Nutzung beeinflussen – Nutzungsintensität und Nutzungsdauer planen (z. B. reduzierte Hallenbelegung in Schulen in den Ferien)

Tab. 6.37: (Fortsetzung)

	Optionen in der Projektabwicklung	Optionen im Objektbetrieb
3.		**Energie abnehmen** – bedarfsgerecht Energie (z. B. Uhrzeiten) bereitstellen – Nutzerverhalten beeinflussen: Anreizsysteme für die Nutzer installieren, Energiesparwettbewerbe (z. B. unter Schulen) durchführen – Raumtemperatur reduzieren, Nutzungsintensität und Nutzungsdauer einschränken, Energieverbrauch (z. B. Einzelraumregelung) reduzieren, Energiedurchlass begrenzen („Behördenventile“)
4.	**Energiebedarfsergebnisse überprüfen** – Bedarfsberechnungen mit Verbrauchsabrechnungen abgleichen und in interner Kennzahlenbank bereitstellen	**Energieverbrauchsergebnisse überprüfen** – automatische anstatt manuell Verbräuche erfassen – regelmäßig in kurzen (Störungen, insbesondere Pumpen) und langen Intervallen Verbräuche (Monitoring) vergleichen (vgl. Kap. 7.5 und 7.7) – Energiemanagementbeauftragte benennen und/oder Energiecontrolling (einschl. objektbezogener Verbrauchserfassung) etablieren, mit anderen Fachabteilung Maßnahmen abstimmen (z. B. Dienstanweisungen); ggf. Energie als Thema aus verschiedenen Fachabteilungen in einer Fachabteilung Energiemanagement koordinieren und bündeln (vgl. Kap. 2.4.3) – verursachergerecht nach Verbrauchsmessung aufteilen und abrechnen
5.	**Energie(spar)potenziale heben**	– Energieverbrauch durch technische Maßnahmen reduzieren – nicht genutzte Verbrauchsstellen stilllegen – technisches Personal beraten und schulen – Anreizsysteme für technisches Personal installieren (Stichwort Fifty-Fifty-Programm), Erfolge kommunizieren (Energiebericht) – Heizungsanlagen „tunen“ und bedarfsgerecht einstellen (MSR) (s. vgl. Kap. 7.5 und 7.7) – Einheitspreise (Mengenrabatte) und Vertragsinhalte (z. B. Vorlauftemperaturen bei Fernwärme) (neu) verhandeln – von Vollversorgung zur strukturierten Beschaffung wechseln und Zeitpunkt des Einkaufs nach Marktlage wählen – ggf. Eigenanteil erhöhen – Anbieter wechseln – kostensenkende Contracting-Arten auswählen (s. [DIN 8930-5 2003-11]) – Energieträger bei Erneuerung technischer Anlagen wechseln

Best-Practice-Beispiel: Mühlacker
Die Öffnungszeiten eines Schwimmbads (5–10 % Nutzer verursachen 60–70 % der Kosten) sowie die Regelung der Schwimmbeckentemperatur wurde je nach Witterung optimiert (Badetemperatur 20–24 °C, Schlechtwettertag: Schwimmbecken wird bis 20 °C mit dem BHKW beheizt, bei Schönwetter auf 22 °C, bis 24 °C durch Solaranlage). 50 % der eingesparten Energiekosten erhält der Nutzer (die Schule) bei einer Laufzeit des Projektes über drei Jahre.[147]

Best-Practice-Beispiel: Geislingen an der Steige
Durch die Einführung der Anlagenüberwachung (GLT) im Rahmen eines Energiecontrolling-Projekts konnten 10 % des Energieverbrauchs eingespart werden, da dies auch einen großen Einfluss auf das Nutzerverhalten hatte.

Zum Maßnahmenbündel für die Kostensenkung gehörte die Absenkung der durchschnittlichen Raumtemperatur durch Begrenzung der Durchflussmenge bei Heizkörperventilen („Behördenventile"), die Einzelraumregelung, der Einbau von Messeinrichtungen bei 14 Hauptverbrauchern, die für 75 % des Gesamtenergieverbrauchs der Stadt verantwortlich waren, ein Energiecontrolling (z. B. zur Identifizierung und Reparatur schadhafter Ventile und Pumpen sowie zur Überwachung des Nutzerverhaltens) und ein Anreizsystem zur Energieeinsparung (30 % für die Stadt Geislingen, 35 % für den Anlagencontractor und 35 % zum Reinvest für Energiesparmaßnahmen).

Damit konnten die Kosten im ersten Jahr von 898.500 € (ohne Energiesparmaßnahmen) um 138.000 € und im zweiten Jahr von 1.057.000 € (ohne Energiesparmaßnahmen) um bereits 247.000 € gesenkt werden.[148] Dafür waren Investitionen in Höhe von etwa 70.000 € aus dem Verwaltungshaushalt notwendig. Das entspricht einer jährlichen Einsparung von rd. 15 %, bezogen auf einen festgelegten Referenzwert (Baseline). Die Vertragslaufzeit beträgt sieben Jahre[149] und von den Einsparungen wurden etwa 15.000 € als Anreizsystem für die Hausmeister und als Preise für Schulen ausgeschüttet. Die Beratung erfolgte durch einen externen Berater.

Im Zuge eines Energiewettbewerbs werden jährlich insgesamt 5.000 € in Form von Geld- und Sachpreisen an die Schulen und Hausmeister verteilt.

Elektrische Energie: Strom (NGR 316)
In Tabelle 6.38 sind die Kennzahlen für die Nutzungskostenberechnung und zur Kontrolle im Objektbetrieb angegeben. Kennwerte für den Stromverbrauch werden in der Projektabwicklung ggf. bedarfsorientiert nach VDI durch die Fachingenieure entsprechend nach dem Planungsfortschritt ermittelt. Auch hier können zusätzlich Verbrauchskennzahlen zur Plausibilisierung herangezogen werden und wegen der regionalen Unterschiede sind die Preise der regionale Anbieter für eine Nutzungskostenberechnung in der Projektabwicklung unbedingt zu betrachten.

Im Objektbetrieb werden die tatsächlich abgerechneten Verbrauchswerte herangezogen.

Zu- und Abschläge ergeben sich aus den Elementen Preis und Leistung. Sie ergeben sich bei den spezifischen Stromkosten – **Preis** – für die NGR 316 nach [DIN 18960 2008-02] (vgl. Abb. 6.59) bzw. bei den Stromkosten bezogen auf die Brutto-Grundfläche (vgl. Abb. 6.60) jeweils nach Bauwerksnutzungsart. Hierbei kann es innerhalb einer Bauwerksnutzungsart zu erheblichen Abweichungen kommen.

147 Vgl. [Diehm, M. (2006c)].
148 Die Kostenagaben sind nicht witterungsbereinigt, im 2. Jahr herrschte ein kalter Winter.
149 Vgl. [Burkert, J. (2006c)]

Tab. 6.38: Kennzahlen bei Strom.

	Kennzahlen in der Projektabwicklung	Kennzahlen im Objektbetrieb
1.	**Ziele**	
	Stromverbrauch [kWh(E)/a] sowie Stromkosten [€/a] nachhaltig reduzieren	
2.	**Ermittlung der Kostenkennzahl auf Objektebene oder nach selbstständigen Funktionsbereichen**	
	Stromkosten [€/m^2_{BGFe} a] oder [€/m^2_{MF} a] oder [€/m^2_{Sektor} a] auf der Grundlage der Bedarfsberechnung nach VDI 2076. Menge [kWh(E)/m^2_{BGFe} a] × Preis [€/kWh(E)] × Zu-/Abschlag, z. B. mit Bezug zur Abnahmemenge [kWh_e(E)], zum Grundpreis [€] und zum Leistungspreis [€/kWh_e(E)]	Abrechnung der Stromkosten [€/m^2_{BGFe} a] oder [€/m^2_{MF} a] oder [€/m^2_{Sektor} a] auf der Grundlage der tatsächlichen Verbrauchsabrechnung [kWh(E)/m^2_{BGFe} a] und der spezifischen Stromkosten [€/kWh(E)]
3.	**Vorgaben**	
	Die Planzahl unterschreitet die Kennzahl eines vergleichbaren Referenzobjekts. Bei Überschreitung ist die Kostenübernahme sicherzustellen, der geplante Leistungsumfang zu verringern oder die Vorgaben sind anzupassen.	Die Ist-Zahl unterschreitet die Planzahl. Sofern die Vorgaben nicht eingehalten werden, sind die Ursachen im PDCA-Zyklus zu analysieren und geeignete Maßnahmen durch die Verantwortlichen einzuleiten.

Preisunterschiede sind durch Abnahmemengen oder regionale Unterschiede der Anbieter zu begründen. Der Strompreis unterliegt starken regionalen und zeitlichen Schwankungen. Wie Abbildung 6.61 verdeutlicht, sind statistische Abweichungen von rd. ±4 % abhängig vom Bundesland festzustellen.

Der tatsächliche Stromverbrauchskennwert – **Leistung** – ist in Abbildung 6.62 ebenfalls nach Bauwerksnutzungsart dargestellt. Hierbei kann es auch innerhalb einer Bauwerksnutzungsart zu erheblichen Abweichungen kommen.

Gründe für [kWh]-Abweichungen zu den Kennwerten des Stromverbrauchs können sich z. B. aus dem Gebäudestandard und dem Nutzerverhalten ergeben. Der Verbrauchskennwert für Strom stellt den auf die Bezugsfläche bezogenen Stromverbrauch eines Gebäudes dar. Stromheizungen werden unter dem Stichwort Thermische Energie behandelt. Ausgangsgröße für die Ermittlung der auf Flächen bezogenen Verbrauchskennwerte ist der Stromverbrauch pro Haushalt nach der Richtlinie VDI 3807. Gegebenenfalls sind Zuschläge für Gemeinschaftseinrichtungen bzw. 15 [kWh/m^2 a)] für die elektrische Warmwasserbereitung hinzuzurechnen.

Der Einsatz von IT-Anlagen oder die einfache technische Ausstattung von Teilflächen mit RLT-Anlagen (raumlufttechnischen Anlagen) kann zu einer Verdoppelung der Verbrauchskennwerte führen. Eine weitere Steigerung ist bei Sonderbedingungen anzutreffen, wie z. B. bei Verkaufsstätten oder Rechenzentren. Eine Abhängigkeit des Stromverbrauchs von der Beleuchtungsstärke bei Verwaltungsbauten erkannten Siegel und Wonneberg[150] bereits 1979. Etwa 10 % der gesamten Energiekosten sind für die Beleuchtung aufzubringen.[151] 15 % der Beleuchtungsenergie könnten in Verwaltungsgebäuden eingespart werden, wenn energiesparende Lichtsteuerungen eingebaut werden würden.[152] Die Vorteilhaftigkeit von Energiesparlampen ist daher inzwischen unumstritten. Durch den zunehmenden Technisierungsgrad ist trotz Einsparerfolgen ein erhöhter Strombedarf festzustellen.

150 Siehe [Siegel, C. (1979)], S. 96 ff.

151 Siehe [Pracht, K. (1994)], S. 32.

152 Siehe [LBTA (1992G)], Kapitel 2–7.

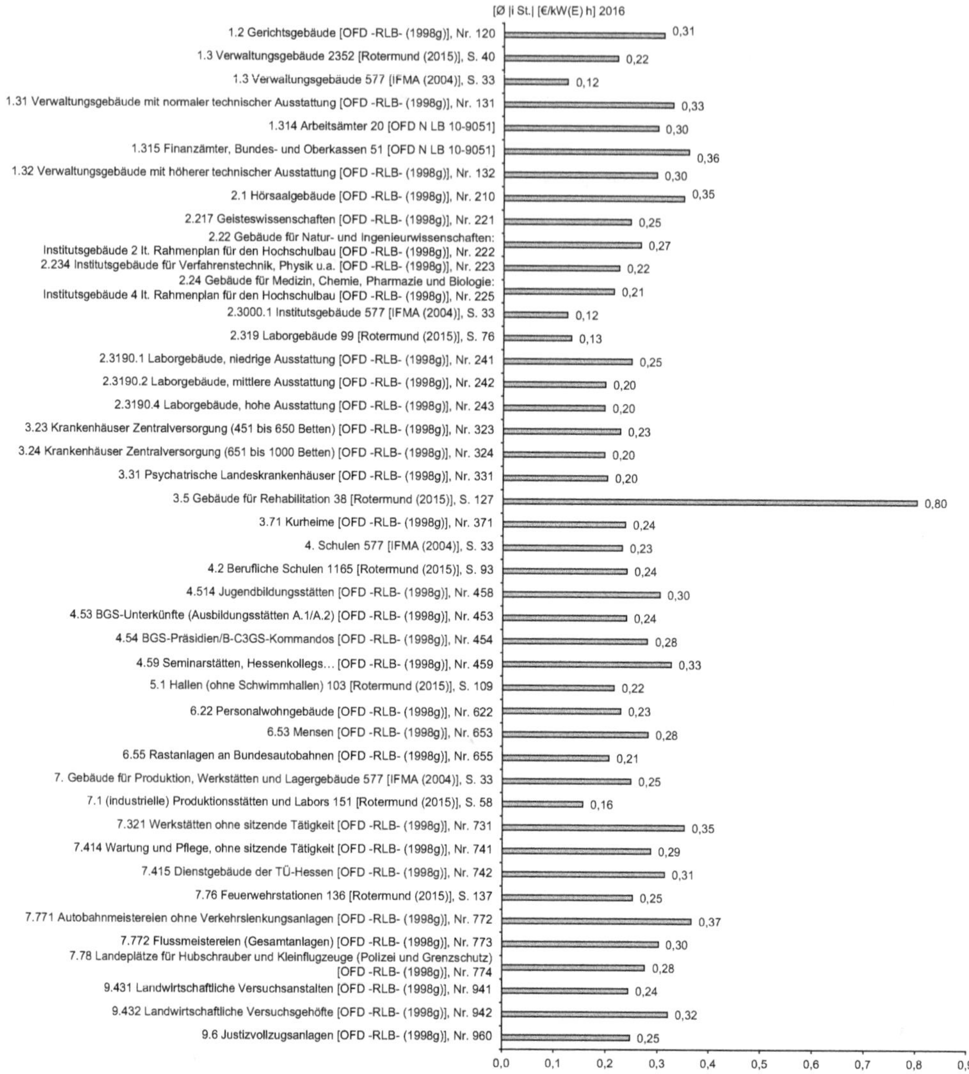

Abb. 6.59: Spezifische Stromkosten nach Bauwerksnutzungsarten.[153]

Technische Maßnahmen, wie z. B. Blockheizkraftwerke zur Stromerzeugung sowie Fotovoltaikanlagen, Windkraftanlagen und Batteriespeicher zur Reduktion der Verwendung öffentlichen Stroms, schieden noch in den 1990er-Jahren meist in Anbetracht des Nutzen-Kosten-Verhältnisses aus.[154] Tageslichttechniken als Ersatz für Kunstlicht[155] und LED-Beleuchtungen haben deutlich an Bedeutung gewinnen können.

153 Daten kategorisiert nach BZK, Gewichtungsangabe nach Quelle, Fundort, Brutto-Preise (Mittelwert) vom Erscheinungsjahr indiziert nach [StBA 61111-0005 (2017)], CC0451 (Strom).

154 Siehe [BMBau (1990M)], S. 13 ff.

155 Vgl. [Jakobiak, R. (2005e)], S. 68.

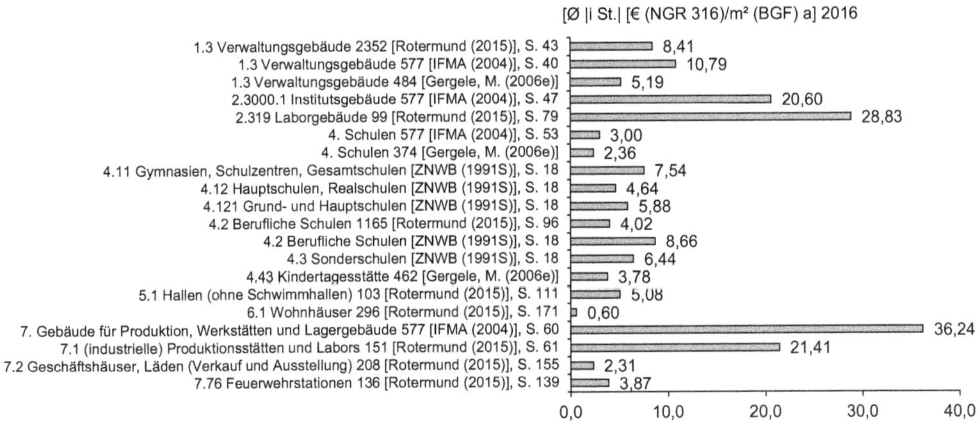

Abb. 6.60: (Vergleichs-)Kennzahlen (Orientierungswerte) der Literatur: Orientierungswerte Stromkosten nach Bauwerksnutzungsarten.[156]

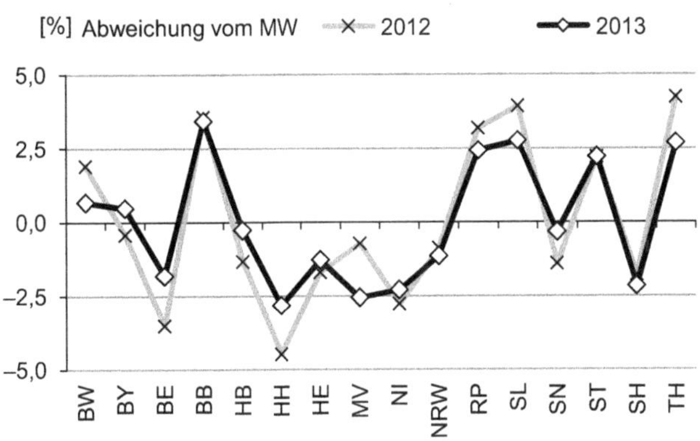

Abb. 6.61: Abweichung vom Mittelwert bei jährlichem Haushaltsstrompreis nach Bundesländern, 2013 Prognose.[157]

Der Stromverbrauchskennwert nach Haushalt[158] steigt mit der Zunahme der Anzahl der Haushaltsmitglieder (Haushaltsgröße) und sinkt i. d. R. mit der Zunahme der Wohnungsgröße.[159]

Die relative Streuung ermittelter Stromverbräuche ist durchgängig breiter als die des Brennstoffverbrauchs. Neben dem geringen Stichprobenumfang sind hier wohl maßgeblich sehr unterschiedliche Ausstattungen mit Elektrogeräten und Beleuchtungstechniken von Gebäuden sowie das Nutzerverhalten verantwortlich. Deutlicher tritt der Zusammenhang zwischen Gebäudenutzung in [h/a] und flächenspezifischem Stromverbrauch hervor: Mit zunehmender Nutzungsintensität steigen die Mittelwerte des spezifischen Stromverbrauchs.[160]

156 Daten kategorisiert nach BZK, Gewichtungsangabe nach Quelle, Fundort, Brutto-Preise (Mittelwert) vom Erscheinungsjahr indiziert nach [StBA 61111-0005 (2017)], CC0451 (Strom).

157 Eigene Berechnung, Daten [Statista 249446 (2017)], Landbezeichnung gemäß Länderkennzeichen.

158 Siehe [VDI 3807 Bl. 2 1998-06], Tabelle 7.

159 Siehe [VDI 3807 Bl. 2 1998-06], Tabelle 6.

160 Siehe [StBA (1998)], S. 17 ff.

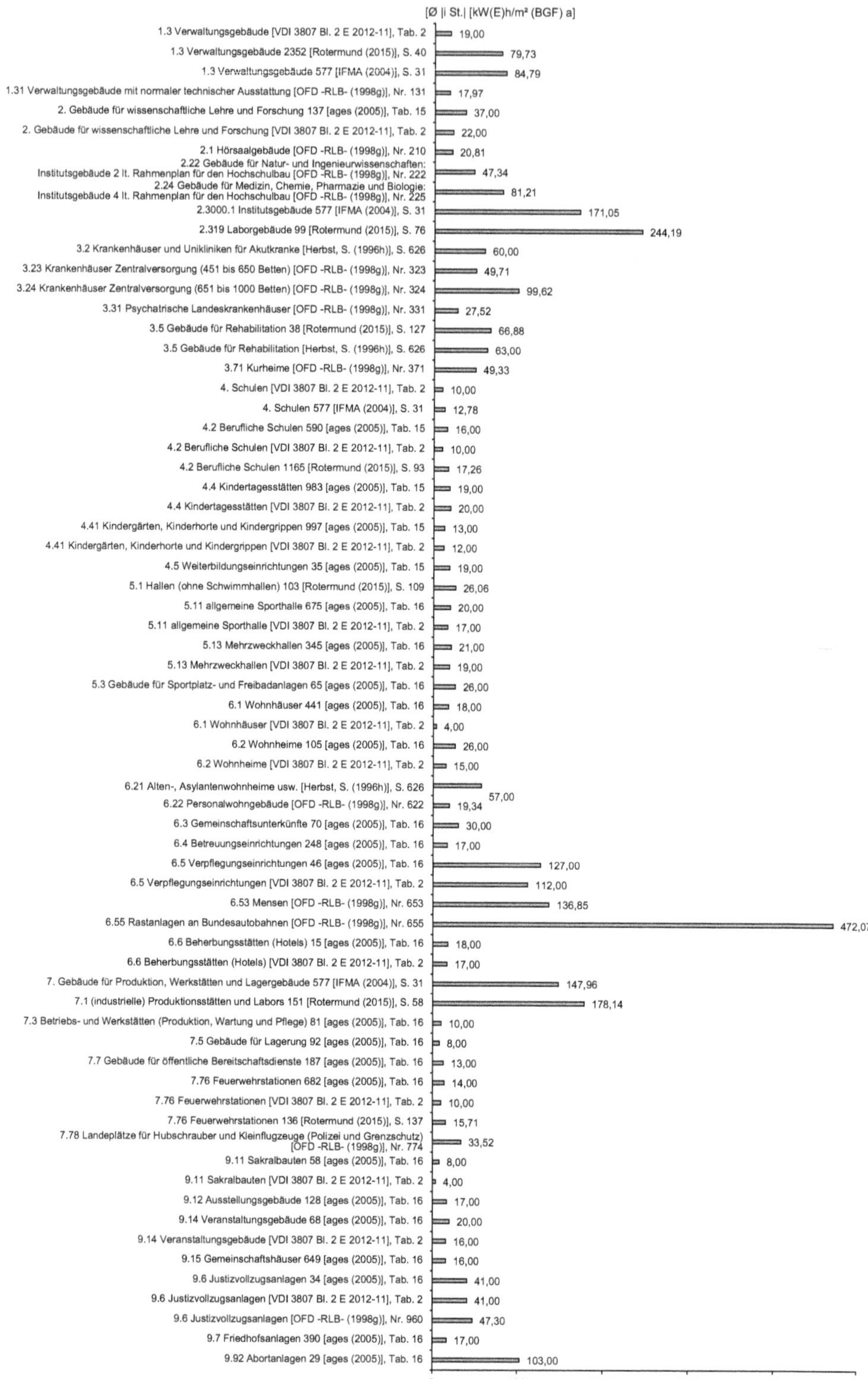

Abb. 6.62: Jährlicher Stromverbrauch nach Bauwerksnutzungsarten.[161]

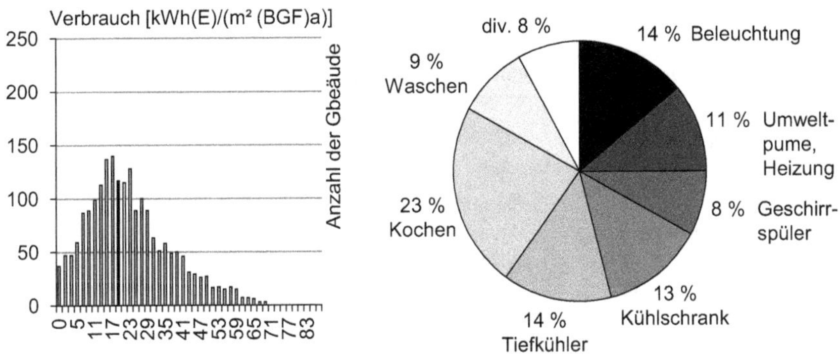

Abb. 6.63: Häufigkeitsverteilung Stromverbrauchskennwert in Verwaltungsgebäuden und Elektrizitätsverwendung im durchschnittlichen Wohnhaushalt.[163]

Die Analyse des Stromverbrauchs als ein Merkmal der Leistung erfolgt am einzelnen Objekt, wird mit der Häufigkeitsverteilung verglichen und die Hauptstromverbraucher (Bsp. Wohnungsbau) werden analysiert (s. Abb. 6.63 rechts). Bei den Verbrauchskennwerten für Strom ist nach ages[162] eine große Bandbreite von 4 bis 472 [kWh/$m^2{}_{BGF}$] festzustellen. Dies lässt sich infolge der Unterschiede bei der technischen Ausstattung hinsichtlich EDV, raumlufttechnischen Anlagen (RTL) etc. sowie der Nutzung erklären. Die Bedeutung der IT für den Stromverbrauch wird auch in [ages (2015)] bestätigt. Eine Basisausstattung ist mit 15 [kWh/m^2_{BGF}] angegeben.

Die Beeinflussungsmöglichkeiten der Stromverbrauchskosten und -werte werden in Tabelle 6.39 zusammengefasst dargestellt.[164]

Best-Practice-Beispiel: Mühlacker

Durch das Abschalten einer Umwälzpumpe eines jeden Beckens des Freibads während der Nichtnutzungszeit konnten bei gleicher Wasserqualität rd. 20.000 [kWh(E)] je Badesaison eingespart werden. Die Investitionskosten des Umbaus betrugen 5.086 [€]. Bei einem Einheitspreis von 0,15 [€/kW(E)h 2006] entspricht dies einer jährlichen Ersparnis von 3.000 [€/a 2006] und einer Amortisationszeit von unter zwei Jahren.[165]

---

161 Daten kategorisiert nach BZK, Gewichtungsangabe nach Quelle, Fundort, Brutto-Preise (Mittelwert) vom Erscheinungsjahr.

162 Siehe [ages (1998)], S. 25.

163 Links: Daten aus [ages (2005)], Anhang 1, S. 2, Gebäudegruppe 13000 = [VDI 3807 Bl. 2 2014-11], S. 53: Bsp. Verwaltungsgebäude: Anzahl der Daten 2025 St., arithmetisches Mittel 30 [kWh/m^2 a], Zielwert 10 [kWh/m^2 a], Median 23 [kWh/m^2 a] (gestreift hervorgehoben), Mittelwert 19 [kWh/m^2 a] (schwarz hervorgehoben), Standardabweichung 15 [kWh/m^2 a]; rechts: s. [ASUE 09 05 04], S. 32.

164 Vgl. auch [Bogenstätter, U. (2001)], S. 98.

165 Vgl. [Diehm, M. (2006c)], und spezifische Wärme- u. Kältekosten für Schulen, indiziert nach [IFMA (2004)], S. 33, Kosten indiziert: Wasserversorgung mittels Indexreihe: Wasserversorgung.

Tab. 6.39: Maßnahmen (Handlungsoptionen) – Strom.

	Optionen in der Projektabwicklung	Optionen im Objektbetrieb
1.	**Energiequalität formulieren** – Energiemix und Leistungsanschlüsse definieren.	
2.	**Strombedarf planen** – Strombedarf reduzieren, z. B. durch Einsatz von alternativen Beleuchtungssystemen (Tageslicht, Energiesparlampen, LED), Beleuchtungsregelung bei Abwesenheit – Förderprogramme für bauliche Maßnahmen nutzen – Contracting-Verfahren einsetzen – PPP-Verfahren einsetzen	**Stromverbrauch planen** – Art und Weise der Nutzung – Nutzungsintensität und Nutzungsdauer planen (z. B. reduzierte Hallenbelegung in Schulen in den Ferien)
3.		**Strom abnehmen** – Anlagen hinsichtlich Diebstahls und Störungen (z. B. defekte Elektrogeräte) überwachen
4.	**Strombedarfsergebnisse überprüfen** – Bedarfsberechnungen mit Verbrauchsabrechnungen abgleichen und in interner Kennzahlenbank bereitstellen	**Stromverbrauchsergebnisse überprüfen** – regelmäßig in kurzen (Störungen) und langen Intervallen Verbräuche (Monitoring) vergleichen. – Energiemanagementbeauftragte benennen und/oder Energiecontrolling (einschl. objektbezogener Verbrauchserfassung) etablieren, mit anderen Fachabteilung Maßnahmen abstimmen (z. B. Dienstanweisungen); ggf. Energie als Thema aus verschiedenen Fachabteilungen in einer Fachabteilung Energiemanagement koordinieren und bündeln – verursachergerecht nach Verbrauchsmessung aufteilen und abrechnen
5.	**Strom(spar)potenziale heben**	– Energieverbrauch durch technische Maßnahmen reduzieren (z. B. Spitzenlastbegrenzer, Austausch der Leuchtmittel, Zeitschaltuhren), ggf. Eigenanteil der Energieerzeugung erhöhen, Netze optimieren (Smart Grids, Smart Home) – Nicht genutzte Verbrauchsstellen stilllegen – technisches Personal schulen – Anreizsysteme für technisches Personal installieren – Einheitspreise (Mengenrabatte) mit Lieferanten verhandeln – Anbieter wechseln

6.8.3 Entsorgung – Abwasser, Abfall (NGR 320)

In Tabelle 6.40 sind die Kennzahlen für Wertstoffe für die Nutzungskostenberechnung und zur Kontrolle im Objektbetrieb angegeben. Kennwerte für Wertstoffe werden in der Projektabwicklung ggf. durch die Fachingenieure entsprechend dem Planungsfortschritt ermittelt. Wegen der regionalen Unterschiede sind unbedingt die Preise der regionalen Anbieter für eine Nutzungskostenberechnung in der Projektabwicklung zu betrachten.

Im Objektbetrieb werden die tatsächlich abgerechneten Kosten herangezogen.

Zu- und Abschläge ergeben sich aus den Elementen Preis und Leistung. Preisunterschiede sind u. a. regional zu begründen.

Tab. 6.40: Kennzahlen Wertstoffe.

	Kennzahlen in der Projektabwicklung	Kennzahlen im Objektbetrieb
1.	**Ziele** Abwasser-/Wertstoffmenge [m^3/a] sowie Abwasser-/Wertstoffkosten [€/a] nachhaltig reduzieren	
2.	**Ermittlung der Kostenkennzahl auf Objektebene oder nach selbstständigen Funktionsbereichen** Abwasser-/Wertstoffentsorgung nach Sorten [€/m^2_{BGFe} a] oder [€/m^2_{MF} a] oder [€/m^2_{Sektor} a]. Menge [m^3/m^2_{BGFe} a] × Preis [€/m^3] × Zu-/Abschlag, z. B. mit Bezug zur Abnahmemenge [m^3], zum Grundpreis [€] und zum Leistungspreis [€/m^3]	Abrechnung der Abwasser-/Wertstoffentsorgung nach Sorten/Abwasser [€/m^2_{BGFe} a] oder [€/m^2_{MF} a] oder [€/m^2_{Sektor} a] auf der Grundlage der tatsächlichen Abrechnung des Anbieters [m^3/m^2_{BGFe} a]
3.	**Vorgaben** Die Planzahl unterschreitet die Kennzahl eines vergleichbaren Referenzobjekts. Bei Überschreitung ist die Kostenübernahme sicherzustellen, der geplante Leistungsumfang zu verringern oder die Vorgaben sind anzupassen.	Die Ist-Zahl unterschreitet die Planzahl. Sofern die Vorgaben nicht eingehalten werden, sind die Ursachen im PDCA-Zyklus zu analysieren und geeignete Maßnahmen durch die Verantwortlichen einzuleiten.

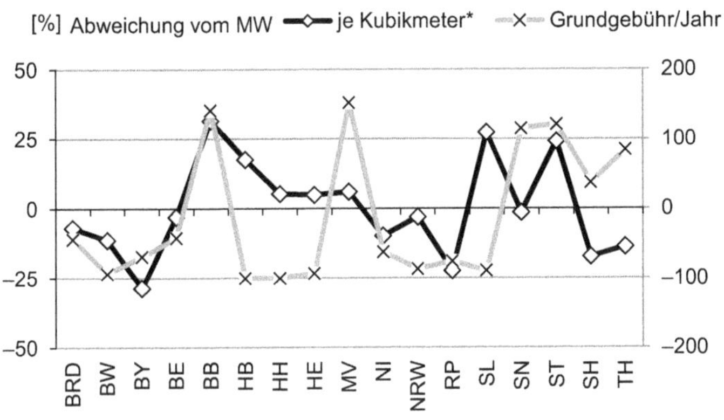

Abb. 6.64: Abweichung vom Mittelwert der durchschnittlichen Abwasserkosten je Kubikmeter und Grundgebühr pro Jahr in Deutschland nach Bundesland im Jahr 2010.[166]

Wie Abbildung 6.64 verdeutlicht, sind statistisch Abweichungen bei Abwasser von rd. ±25 % abhängig vom Bundesland festzustellen. Die Abweichungen bei den Grundgebühren betragen rd. ±150 %.

Wie Abbildung 6.65 verdeutlicht, sind statistische Abweichungen bei Wertstoffen von rd. ±50 % abhängig von der Stadt festzustellen. Die Abweichungen bei den Grundgebühren betragen rd. ±150 %.

Pauschalierte Angaben sind daher kritisch zu prüfen. So betrugen die Gebühren z. B. für einen Vier-Personen-Haushalt 2010 für die 60-Liter Restmülltonne in ausgewählten Städten zwischen 123 und 285 [€/a].[167] Die Kosten werden pro Kubikmeter ermittelt. Durch die Abhängigkeit von den Entsorgungsbetrieben lässt sich der Preis in der Wohnungswirtschaft i. d. R. nicht reduzieren, aber das kostenpflichtige Müllvolumen lässt sich durch verbrauchsabhängige Erfassung deutlich reduzieren (s. Abb. 6.66). Die Verbrauchserfassung kann individuell nach Volumen oder nach Gewicht erfolgen.

166 Eigene Berechnung, Daten [Statista 184313 (2017)]

167 Vgl. [Stiftung Warentest (2010a)].

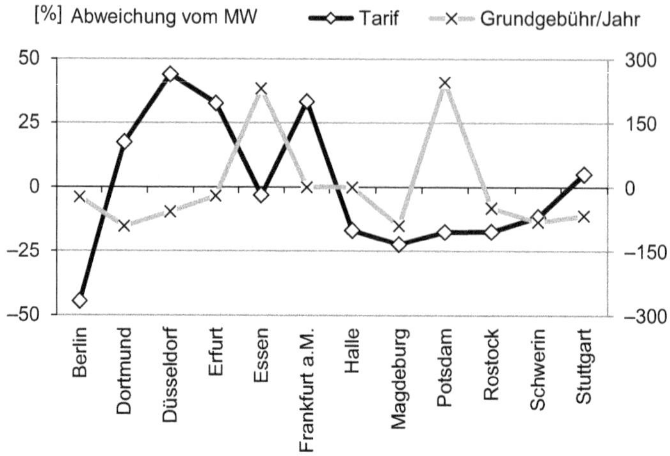

Abb. 6.65: Abweichung vom Mittelwert bei einem Mischpreis für Müllentsorgung in ausgewählten Städten im Jahr 2011.[168]

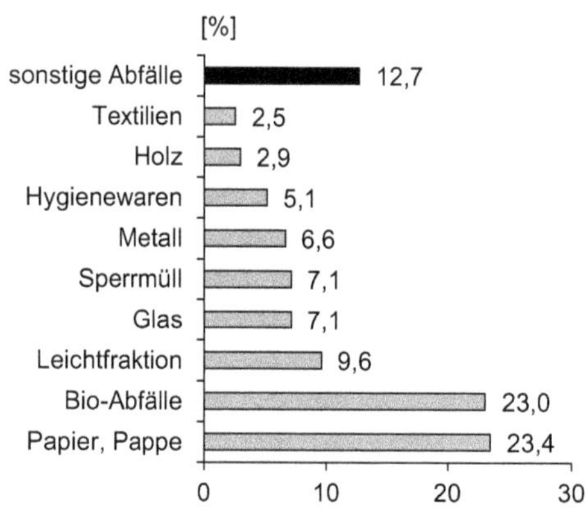

Abb. 6.66: Abfallanteile im Bereich Wohnungswirtschaft.[169]

Gründe für Abweichungen im Wertstoffaufkommen – **Leistung** – können sich z. B. aus dem Gebäudestandard und dem Nutzerverhalten ergeben. So sind verschiedene technische Lösungen verfügbar. Neben der verbrauchsabhängigen Erfassung bietet es sich an, Konzepte der Mülltrennung zu verfolgen. Mit der Mülltrennung reduziert sich das Volumen des kostenpflichtigen Restmülls und damit reduzieren sich die Kosten für die Wertstoffentsorgung. Dieses Konzept lässt in allen Branchen verfolgen. So kann am Arbeitsplatz eines Bürogebäudes statt eines Abfallkorbs ein Papierkorb in Kombination mit einem Restmüllkorb aufgestellt werden.

Von Erfolgsmeldungen in der Wohnungswirtschaft berichtet Massing, das Wertstoffaufkommen ging dabei um 30 bis 53 % zurück.[170] So konnte das Restmüllvolumen in Liegenschaften von Duisburg mit 654 Wohnungseinheiten von 137 auf 65, in Liegenschaften von Voerde mit 156 Wohnungseinheiten von 69 auf 48 und in Liegenschaften von Dinslaken mit 673 Wohnungseinheiten von 103 auf 51 Liter je Wohnungseinheit reduziert werden. Die Wohnungsbaugenossenschaft

168 Eigene Berechnung, Daten [Statista 249446 (2017)].

169 Quelle: eigene Darstellung.

170 Je nach Wirtschaftseinheit, s. [Massing, B. (2001g)], S. 54, [Massing, B. (2000i)], S. 40.

Tab. 6.41: Maßnahmen (Handlungsoptionen) – Entsorgung (Abwasser, Abfall).

	Optionen in der Projektabwicklung	Optionen im Objektbetrieb
1.	**Wertstoffqualität formulieren** – Wertstoffaufkommen bzw. das kostenpflichtige Wertstoffaufkommen definieren	
2.	**Wertstoffentsorgungsbedarf planen** – Wertstoffaufkommen bzw. das kostenpflichtige Wertstoffaufkommen reduzieren	**Wertstoffentsorgung planen** – Art und Weise der Nutzung planen
3.		**Wertstoffe entsorgen** – Anlagen hinsichtlich Sortenreinheit überwachen
4.	**Wertstoffentsorgungsbedarf überprüfen**	**Wertstoffentsorgungsergebnisse überprüfen** – regelmäßig Wertstoffaufkommen vergleichen
5.	**Wertstoffentsorgungsbedarf heben**	– verursachergerecht nach Verbrauchsmessung aufteilen und abrechnen – Mülltrennung am Arbeitsplatz, Wertstoffbehälter zur getrennten Sammlung bereitstellen – Wertstoffvolumen reduzieren: Wertstoffe trennen, Fremd(müll)eintrag reduzieren – Abholzeiten nach tatsächlichen Bedürfnissen optimieren (z. B. mit Meldung des Befüllungsgrads) – technisches Personal schulen – Problem: Preispolitik der Versorgungsunternehmen ist nur schwer zu beeinflussen, es besteht quasi Monopolstellung

(WBG) in Erfurt ließ 1.553 Haushalte mit Müllschleusen ausstatten und das Projekt wissenschaftlich begleiten. Hier konnte das Volumen der Restmüllbehälter um 65 % reduziert werden.[171] Die Einsparungen sind allerdings in ihrer Höhe von den regionalen Entsorgungsbetrieben und den kommunalen Entsorgungsgebühren abhängig.

Der Verband Berlin-Brandenburgischer Unternehmen (BBU) entwickelte einen Müllpass für die Wohnungswirtschaft. Zur Darstellung des Müllpasses werden die abgerechneten Betriebskosten der Abfallentsorgung und die Daten zum Abfallaufkommen kombiniert. Eine Datenbank ermöglicht objektbezogene oder typisierte und regionale Auswertungen zum Kostenvergleich. Er kann für den Mieter als Nachweis dienen, dass das Wohnungsunternehmen sich nachhaltig für eine Reduktion der zweiten Miete zum Wohle des Mieters einsetzt. Das Wohnungsunternehmen kann hieraus einen Marketingvorteil ziehen.[172] Entsprechende Handlungsoptionen sind in Tabelle 6.41 dargestellt.

Best-Practice-Beispiel: Geislingen an der Steige
Seit 2003 werden durch den Austausch von Mülleimern gegen Container die Containergrößen optimiert. Die jährliche Ersparnis bei der Müllentsorgung beträgt rd. 7.000 [€/a].[173]

171 Vgl. [Kern, M. (2007k)].
172 Siehe [Rehberg, S. (2008a)], S. 64 f.
173 Siehe [Burkert, J. (2006c)].

Tab. 6.42: Produktanforderungen – Reinigung und Pflege von Gebäuden.

	Reinigung ...	... im Objektbetrieb
1.	Aufgabe	– Verbesserung der Optik (z. B. durch Schmutzbeseitigung) – Funktions- und Werterhalt (z. B. (z. B. Erhaltung der Begehsicherheit durch geeignete Pflegefilme) der Fußbodenbeläge unter Verwendung adäquater Reinigungs- und Pflegemittel sowie Reinigungsmaschinen[a] – Reinhaltung der Gebäude unter Berücksichtigung gesetzlicher, nutzungsspezifischer Reinigungsstandards (z. B. Verminderung pathogener Keime) – Verbesserung der Gebrauchseigenschaften (z. B. durch antistatische, geruchsverbessernde, schmutzabweisende Behandlung)
2.	Auftragsgrundlage	schriftlicher Vertrag/Auftrag/Zielvereinbarungen
3.	Ziel (Stoßrichtung)	Optimierung der Nutzerzufriedenheit
4.	Leistungsumfang	1. Beratungsleistungen in Planungsphasen hinsichtlich Auswahl der Baustoffe, Baumaterialien und Bauelemente, Ausstattungsmerkmale und räumlichen Disposition (Putzräume) 2. Bodenreinigung nach Reinigungsintervall [R] [Häufigkeit/a] der zu reinigenden Flächen, differenziert nach Einsatzbereichen (gering bis stark, z. B. DIN EN 685)[b] 3. zusätzliche Leistungen (Nebenleistungen) 4. Fassaden und Fenster in Abhängigkeit von [R] [Häufigkeit/a] außen bzw. innen 5. Dokumentation der Reinigungsleistung
5.	Leistungskontrolle	Stichprobenverfahren oder Arbeitseinteilung durch eigenes Personal
6.	Qualitätsindikatoren	– Nachweis der Kosteneinsparungen bei Beratungsleistungen – Bewertungssysteme, z. B. Bewertungssystem für Unterhaltsreinigung: Leistungen z. B. nach [GEFMA 520 v0.1 2005], S. 96: Anm. Punktzahl ist nicht äquivalent zum Vergütungsanspruch – Nutzerzufriedenheitsanalysen
7.	Mängelindikatoren	– [Anz. der] Beanstandungen – [Anz. der] Reklamationen

[a] Vgl. [MI.BWL (2001)], S. 308.
[b] Siehe [Scheewe, H. (2004a)], S. 41.

6.8.4 Reinigung und Pflege von Gebäuden (NGR 330)

So mancher bewusste oder unbewusste Planungsfehler lässt den Betrachter den Kopf schütteln. Die Planung beeinflusst maßgeblich den Reinigungsaufwand.

Reinigungsziele

Wegen des hohen Anteils der Reinigungskosten an den Nutzungskosten (z. B. bei Schwimmbädern, Pflegeheimen, Krankenhäusern, Tagespflegeeinrichtungen, Verwaltungsgebäuden) ist eine besonders intensive Betrachtung dieser Kosten notwendig. Ziel und Aufgabe der Reinigung ist die „Reinhaltung der Gebäude unter Berücksichtigung gesetzlicher, nutzungsspezifischer Reinigungsstandards sowie Pflege- und Werterhalt der Fußbodenbeläge unter Verwendung adäquater Reinigungs- und Pflegemittel sowie Reinigungsmaschinen“[174]. Die Reinigungsleistung kann leistungsorientiert oder ergebnisorientiert erbracht werden.

Das Produkt „Reinigung“ ist in Tabelle 6.42 dargestellt. Hierbei wird der Rahmen für die Aufgabe und die Auftragsgrundlage, die Zielrichtung eines Optimierungsansatzes, der Leistungsum-

174 [MI.BWL (2001)], S. 308.

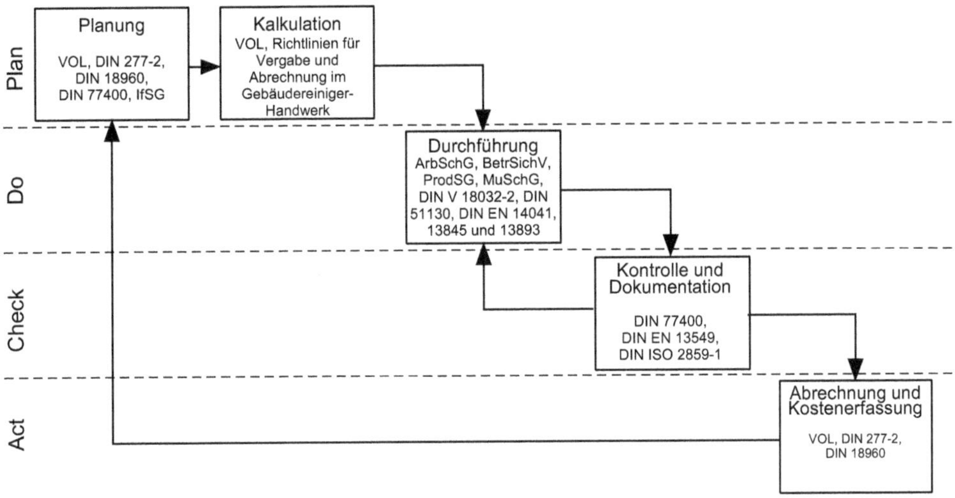

Abb. 6.67: PDCA-Zyklus für Reinigungsleistungen.[175]

fang einer vertraglichen Leistung und Möglichkeiten der Leistungskontrolle mittels Qualitäts- und Mängelindikatoren gesetzt. Die Qualitätsindikatoren sind ergebnisorientiert beschrieben. Über ein Bonus- und Malussystem lässt sich ein Anreizsystem für den Auftragnehmer etablieren, mit dem dieser selbst ein Interesse an qualitätvoller Arbeit entwickelt.

Die [DIN 77400 2003-09] beschreibt die normative Forderung, Reinigungsstandards und -ergebnisse zu definieren. Die zu erzielende Reinigungsqualität muss zwischen Auftraggeber und Leistungserbringer vereinbart werden. Die Reinigungsergebnisse und deren Qualität müssen durch geeignete Verfahren regelmäßig überwacht und dokumentiert werden. Das System sollte den Anforderungen nach [DIN EN 13549 2001-10] entsprechen.[176] Abbildung 6.67 beschreibt den normativen Prozess der Reinigung von der Planung, Kalkulation, Durchführung, Kontrolle und Dokumentation bis hin zur Abrechnung und Kostenerfassung als PDCA-Kreislauf. Der Einfluss von Gesetzen und technischen Normen auf die Prozessschritte wird deutlich. Die gesetzliche Regelungsdichte ist bei der Durchführung von Reinigungsleistungen besonders hoch:

- arbeitsrechtliche Vorschriften, z. B. Arbeitsschutzgesetz (ArbSchG), Mutterschutzgesetz (MuSchG)
- Arbeitsschutz und Arbeitssicherheit, z. B. Betriebssicherheitsverordnung (BetrSichV), Merkblätter der Berufsgenossenschaft der Bauwirtschaft zu Gebäudereinigungsarbeiten [VBG BGI 659]
- Gewerbeordnung und Hygieneschutzgesetze, z. B. Infektionsschutzgesetz (IfSG)
- Sozialgesetze, z. B. Mindestlohngesetz (MiLoG), Arbeitnehmerentsendegesetz (AEntG),
- Umweltschutzgesetze, z. B. Produktsicherheitsgesetz (ProdSG)
- Vergaberecht

Dabei ist das Ziel, Reinigungsleistungen nutzungsabhängig zu beauftragen, Transparenz bei den Dienstleistungen durch permanente Auswertungen der Ergebnisse zu schaffen, die Pflege der Flächenbestandsdaten automatisch zu sichern und die Qualität durch gezielte Sonderreinigungen zu steigern.

175 Quelle: eigene Darstellung.

176 Vgl. [GGGR-Merkblatt ER.02].

In Tabelle A.1 der [DIN 77400 2003-09] werden z. B. die Anforderungen an die Innenreinigung nach Art und Häufigkeit für Reinigungsbereiche in Schulgebäuden formuliert, in Tabelle B.1 werden in einer Checkliste Einflussfaktoren beschrieben, die den Reinigungsaufwand mindern. Reinigung ist hauptsächlich leistungsorientiert.

Im Gegensatz hierzu wird in § 36 Abs. 1 IfSG ergebnisorientiert die Einhaltung der Infektionshygiene gefordert: „Folgende Einrichtungen legen in Hygieneplänen innerbetriebliche Verfahrensweisen zur Infektionshygiene fest und unterliegen der infektionshygienischen Überwachung durch das Gesundheitsamt [...]" Ein Ausschnitt aus einem Musterhygieneplan ist in Tabelle 6.43 dargestellt. Es bleibt jedoch offen, wie die Reinigung bei einer unplanmäßigen Verunreinigung sichergestellt werden kann. In Kindertagesstätten ist deshalb oft eine Reinigungskraft als Tageskraft tätig.

Tab. 6.43: Leistung (Leistungsbeschreibung) Musterhygieneplan für Schulen am Beispiel für Toiletten.[177]

KGR	Was	Wann	Womit[a]	Wie	Wer
344.029	Türgriffe	1x täglich und bei Verunreinigung	Reinigungsmittel	feucht wischen	Reinigungsfachkraft
345.024	Wandfliesen	1x wöchentlich und bei Verunreinigung			
349.031	Zwischenwände	1x wöchentlich und bei Verunreinigung			
352.024	Fußboden	1x täglich und bei Verunreinigung			
412.042	WC/Urinal	1x täglich und bei Verunreinigung	Sanitärreiniger (Incidin® Plus 0,25 %)	feucht wischen	Reinigungsfachkraft
412.042	Handwaschbecken	1x täglich und bei Verunreinigung	Sanitärreiniger (Incidin® Plus 0,25 %)	feucht wischen	Reinigungsfachkraft

[a] Hier sind die Handelsnamen und die Endkonzentrationen der verwendeten Reinigungsmittel einzeln aufzuführen.

Reinigungskennzahlen

Bevor jedoch Folgerungen aus den Reinigungskosten gezogen werden können, ist eine Analyse der Zusammensetzung der Reinigungskosten notwendig, um die Verhältnismäßigkeit richtig einschätzen zu können (vgl. Abb. 6.68 bis 6.71). In Abbildung 6.69 bis 6.71 sind Orientierungswerte für Innen-, Fenster- und Fassadenreinigung angegeben, sie zeigen die weitreichende Bedeutung der Innenreinigung im Vergleich zur Fenster- und Fassadenreinigung.

Die Bezugsfläche ist die Brutto-Grundfläche in [m^2_{BGF}]. Vielfach liegt jedoch nur die tatsächliche Reinigungsfläche in [m^2_{RF}] vor. Um einen Bezug zwischen Reinigungsfläche und Brutto-Grundfläche herzustellen, verwendet die Stadt Geislingen an der Steige einen Abschlag von 10 % von der beheizten Brutto-Grundfläche [m^2_{BGFe}]. Die beheizte Brutto-Grundfläche ist vielfach Bezugsfläche für den Energieverbrauch nach [VDI 3807 Bl. 1 2013-06]. Es gilt:

! Reinigungsfläche [m^2_{RF}] = ([m^2_{RF}]/[m^2_{BGFe}]) × ([m^2_{BGFe}]/[m^2_{BGF}]) × Brutto-Grundfläche [m^2_{BGF}]

177 Vgl. [LGA BWL-1 (2010R)], S. 18, Kostengruppe (KGR) nach [DIN 276-1 2008-12], Leistungsbereich nach [DIN 276 1993-06].

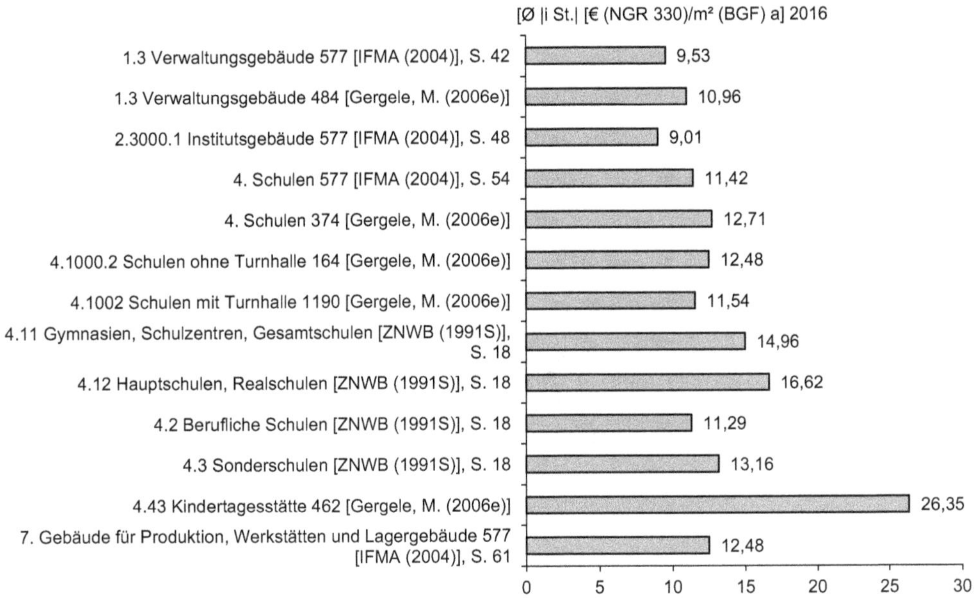

Abb. 6.68: Referenzkennzahlen für Reinigungskosten nach Bauwerksnutzungsart.[178]

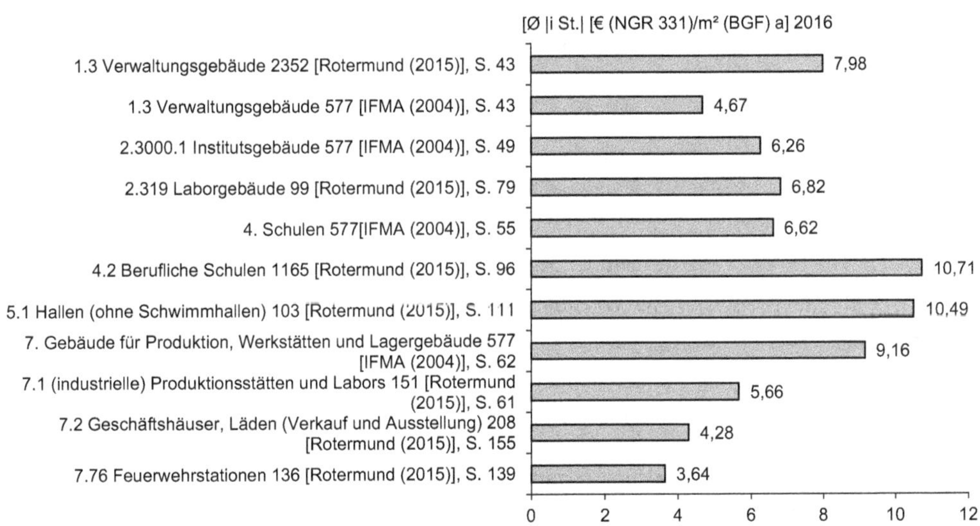

Abb. 6.69: Orientierungswerte für Innenreinigung nach Bauwerksnutzungsart.[179]

178 Daten kategorisiert nach BZK, Gewichtungsangabe nach Quelle, Fundort, Brutto-Preise (Mittelwert) vom Erscheinungsjahr indiziert nach [StBA 61111-0005 (2017)], CC0314 (chemische Reinigung u. a. Dienstleistungen in Bezug auf Bekleidung).

179 Daten kategorisiert nach BZK, Gewichtungsangabe nach Quelle, Fundort, Brutto-Preise (Mittelwert) vom Erscheinungsjahr indiziert nach [StBA 61111-0005 (2017)], CC0314 (chemische Reinigung u. a. Dienstleistungen in Bezug auf Bekleidung). Gilt auch für die Abbildungen 6.69 und 6.70.

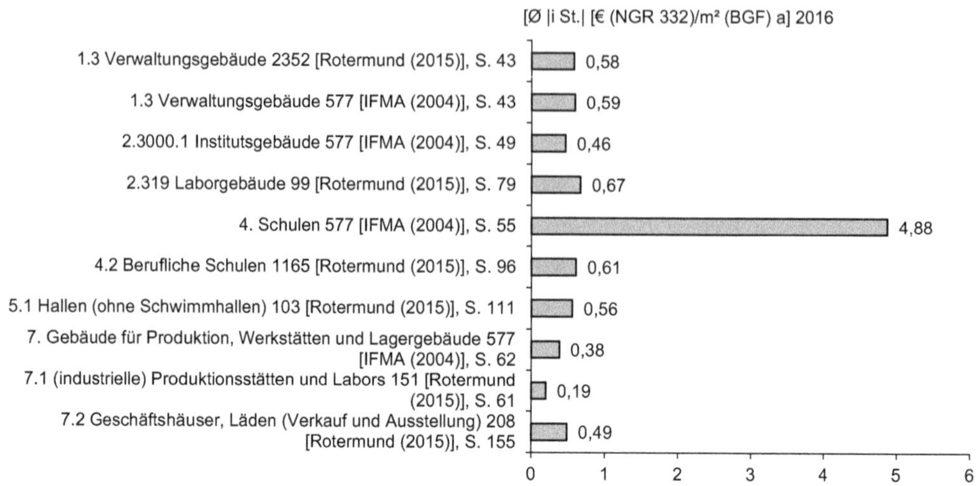

Abb. 6.70: Orientierungswerte für Fensterreinigung nach Bauwerksnutzungsart.

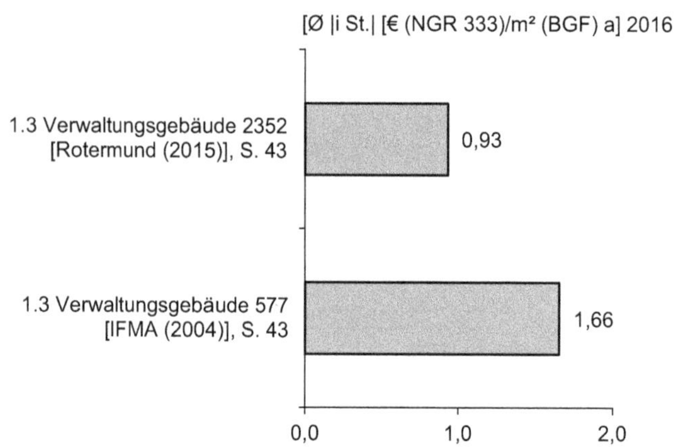

Abb. 6.71: Orientierungswerte für Fassadenreinigung nach Bauwerksnutzungsart.

Um eine verlässliche Kennzahl ermitteln zu können, sind daher folgende wesentlichen Vorgaben zu treffen:

- Bedarfsanforderung je nach Nutzungsart eines Raums,
- Leistungsumfang in Art, Umfang und Häufigkeit der (Teil-)Leistungen (Reinigungsart) und
- Besonderheiten in Bezug auf die individuellen Bedürfnisse des Nutzers (Qualitätsniveau), Planung, Bauausführung und Nutzungsphase auf den Leistungsumfang.

Die öffentliche Hochbauverwaltung ist durch eine Vielzahl von Reinigungsausschreibungen in der Lage, den Leistungsumfang für jede Nutzungsart zu beschreiben und die Kosten auf der Basis abgerechneter Leistungen hierfür zu benennen.

Die Bedarfsanforderung für die Nutzungsart eines jeden Raums liegt bereits zum Zeitpunkt der Planung zumindest bei der öffentlichen Hochbauverwaltung in Form von 4-stelligen Nutzungscodes (NC) auf der Grundlage der [DIN 277-1 2016-01] vor. Ein Besprechungsraum mit DV und RLT-Anforderungen wird mit NC 2313, ein Hör-/Lehrsaal ansteigend ohne Experimentierbühne mit Medienversorgung mit NC 5132, ein Waschraum mit Abluft mit NC 7122 beschrieben. Die Nutzungsart eines Raums sollte jedoch spätestens nach Beendigung der Entwurfsphase vorliegen. Die Erfassung jedes Raums hinsichtlich Art, Umfang und Nutzungshäufigkeit ist spätestens zum Zeitpunkt der Ausschreibung sowieso notwendig.

Im Zuge des Planungs- und Kostenermittlungsfortschritts und des damit verbundenen zunehmenden Detaillierungsgrads (Level of Detail) kann der Leistungsumfang für die Unterhaltsreinigung den individuellen Bedürfnissen des (zukünftigen) Nutzers entsprechend durch Veränderung des Leistungsumfangs raumbezogen fortgeschrieben werden. In Abbildung 6.72 ist dem NC 1111 für einen Wohnraum die Reinigungsart 12,1 zu geordnet. Die Reinigungsart entspricht im Projekt NUKOSI 12,51 [EUR_{brutto}/m^2 a] Die Dokumentation erfolgt sinnvollerweise in einem (IT-gestützten) standardisierten Raum- und Gebäudebuch.

LANDESBETRIEB LIEGENSCHAFTS- UND BAUBETREUUNG (LBB) — HOCHSCHULE MAINZ — PROF. DR. BOGENSTÄTTER

A	B	C D	E	F	G	H	I	J	K	L	M	N
DIN 277	RNS	**Nutzungsbezeichnung** [m²]	6 KFA	12 KFA	Art Beleuchtung	Art Bodenmaterial	Art Reinigung		Art Mietfläche	Art Beheizung	**Schlüssel** NC	**Typ** [abc]
1		**WOHNEN UND AUFENTHALT**										
11		Wohnräume										
	111	Wohnräume in Mehrzimmerwohnungen										
		Wohnraum	**1**	**2**		A1	12,1		a	bf	1111	a
		Wohnraum mit besonderen Anforderungen	**2**	**3**		A1	12,1		a	bf	1112	a
	112	Wohnküche	**2**	**3**		A1	12,1		a	bf	1120	a
	113	Wohndiele	**1**	**2**		A1	12,1		a	bf	1130	a
	114	Wohnraum in Einzimmerwohnungen	**1**	**2**		A1	12,1		a	bf	1140	a
	115	Einzelwohnräume										
		Einzelwohnraum	**1**	**2**		A1	12,1				1151	a
		Einzelwohnraum mit besonderen Anforderungen	**2**	**3**								a
	116	Gruppenwohnraum	1									
		Gemeinschaftsräume										
		Aufenthaltsräume allg										

Abb. 6.72: NC-Codes als Grundlage für ein Raum- und Gebäudebuch.[180]

Die Kalkulation der Reinigungskosten wird insbesondere durch die Personalkosten bestimmt. Daher ist auch der Eigenanteil zu berücksichtigen, d. h. unentgeltliche Eigenleistungen durch Bewohner oder der Eigenanteil durch hauseigenes Personal. Eigenleistungen durch die Bewohner können zu einer erheblichen Veränderung des Kostengefüges der Nutzungskosten führen: Triebel u. a. stellten fest, dass durch die Berücksichtigung der Eigenleistungen in Studentenapartments Vorteile gegenüber Studentenwohnungen mit professionellem Reinigungsdienst bestehen.[181] Unabhängig von der Eigenleistung der Nutzer ist zu prüfen, ob sich durch eigenes Personal oder Fremdleistung bei gleicher Reinigungsleistung die Kosten reduzieren lassen. Das Vorgehen zur Ermittlung der Kennzahlen ist in Tabelle 6.44 dargestellt.

180 Quelle: eigene Darstellung.

181 Siehe [BMBau 01.041], S. 88.

Tab. 6.44: Kostenkennzahl – Reinigung und Pflege von Gebäuden.

	Kennzahlen in der Projektabwicklung	Kennzahlen im Objektbetrieb
1.	**Ziele bei Reinigungsleistungen (Reinigungsniveau)**	
	– Hygienebedarf festlegen – Qualitätsniveau des Nutzers definieren – Reinigungszeiten bedarfsorientiert planen – Reinigungskonzept aufstellen	– Hygienebedarf überprüfen – Qualitätsniveau wechselnder Nutzer anpassen – Reinigungszeiten gemäß veränderten betrieblichen Erfordernissen festlegen – Eigenanteil und Reinigungskonzept überarbeiten
2.	**Ermittlung der Kostenkennzahl auf Objektebene oder nach Funktionsbereichen** Reinigungskosten als Eigen- und/oder Fremdleistung in [€/m^2_{BGF} a], [€/m^2_{BGFe} a], [€/m^2_{MF} a], bei Eigenleistungen ist zusätzlich die Ausweisung des Anteils der Eigenleistung als Reinigungsleistung in [m^2/h] und Reinigungsfläche in [m^2/Person] für die Erläuterung der Höhe der Reinigungskosten notwendig, insbesondere dann, wenn die Eigenleistung nicht in Reinigungskosten einbezogen wurde.	
	Der Kostenanschlag (Plan) sollte auf der Basis von Flächen der Bauteile und Räume sowie Nutzungsarten der Räume nach standardisierten Leistungen mit objektspezifischen Zu- und Abschlägen auf der Basis des Raum- und Gebäudebuchs erfolgen; Leistungsanpassungen an Nutzerbedürfnisse sind auszuweisen.	Die Kostenfeststellung (Ist) erfolgt nach Rechnungslegung, die eine Aufstellung der Reinigungsleistung mit ihrem Zeitanteil beinhaltet.
3.	**Vorgaben**	
	Die Planzahl unterschreitet die Kennzahl eines vergleichbaren Referenzobjekts. Bei Überschreitung ist die Kostenübernahme sicherzustellen, der geplante Leistungsumfang zu verringern oder die Vorgaben sind anzupassen.	Die Ist-Zahl unterschreitet die Planzahl. Sofern die Vorgaben nicht eingehalten werden, sind die Ursachen im PDCA-Zyklus zu analysieren und geeignete Maßnahmen durch die Verantwortlichen einzuleiten.

Die Bandbreite für eine Kennzahl ist groß. Sie kann in Abhängigkeit von gesetzlichen Anforderungen (Mindeststandards) und unternehmensspezifischen Bedarfsanforderungen (strukturelle Qualität) je nach Nutzungsart eines Raums, z. B. Büroraum, unterschiedlich sein. Hinzu kommen Nebenleistungen wie z. B. Möbelreinigung, Leerung des Papierkorbs etc.; sie erhöhen nach Gugerli u. a.[182] ggf. den Reinigungsaufwand um 40 %.

Im Projekt NUKOSI wurde eine Bandbreite der Kosten für Unterhaltsreinigung einschließlich Nebenleistungen in Abhängigkeit von der Nutzungsart eines Raums von 0,12 [EUR_{brutto}/m^2 a] bis 145,23 [EUR_{brutto}/m^2 a] für Hochschulen ermittelt. Grundlage hierfür sind die jährlichen Reinigungskosten auf der Basis der Reinigungskennzahl, der Reinigungsfläche, des Stundenverrechnungssatzes und der Häufigkeit. Die jährlichen Reinigungskosten berechnen sich wie folgt:

! **Reinigungskennzahl** [k] ist die **Reinigungsleistung** pro Reinigungsfläche [m^2_{RF}] Reinigungsfläche [m^2_{RF}]/Reinigungskennzahl [k] × Stundenverrechnungssatz [€/h] = Preis pro Reinigung [€]; Preis pro Reinigung [€] × Häufigkeit pro Jahr [n] = Reinigungskosten pro Jahr [€/a] Reinigungsleistung in [m^2/h] und Reinigungsfläche in [m^2/Person] sind nach MiLoG auszuweisen, unabhängig davon, ob die Reinigung in Eigen- oder Fremdleistung erfolgt.

Reinigungskennzahl und Stundenverrechnungssatz sind die Kalkulationsgrundlage des (internen) Auftragnehmers. Die beiden letzten Parameter werden durch den Auftraggeber objektspezifisch bestimmt und der Parameter Häufigkeit kann je nach Bedarf verändert werden. Eine Kostenkennzahl zu den Reinigungskosten ist daher nur aussagekräftig, wenn das insbesondere durch die Häufigkeit beschriebene Reinigungsniveau (Qualitätsniveau) bekannt ist.

182 [Gugerli, H. (1997a)].

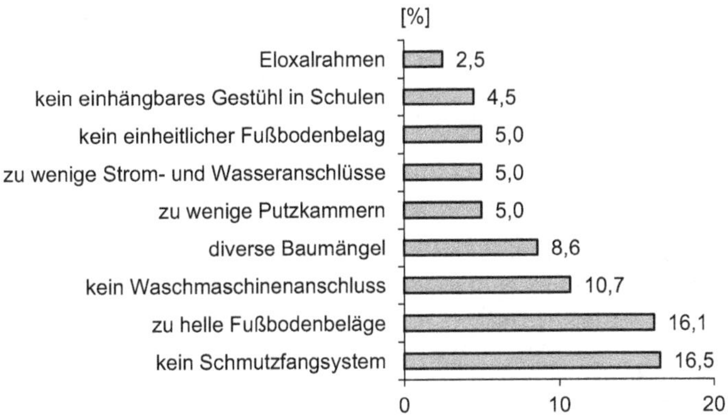

Abb. 6.73: Reinigungsmehrkosten durch Planungsmängel in [%].[183]

Ebenso sind Besonderheiten in der Planung, Durchführung und Nutzung des Gebäudes durch einen Zu- und Abschlag zu berücksichtigen. Lutz berücksichtigt neben dem Qualitätsniveau auch den Möblierungsgrad und das Material des Bodenbelags in Zu- und Abschlägen. Zuschläge gemäß den in Kapitel 3.9.4, Tabelle 3.23 genannten Orientierungswerten zählt Abbildung 6.73 auf. Die prozentualen Angaben können dabei je nach Gegebenheit aufsummiert werden und zu Mehrkosten von bis zu 74 % führen.

Neuere Autoren[184] beziehen sich auf den KGSt-Bericht zur Quantifizierung des Mehraufwands und geben in Form von Checklisten weitere Planungs- und Ausführungshinweise. Neben dem Bedarf sollte auch eine bedarfsgerechte Reinigung in die Planung einfließen. Es bleibt zusammenfassend festzuhalten, dass neben der Nutzungsart auch das Reinigungsniveau, der Reinigungsumfang und die Reinigungsleistung projekt- und objektspezifisch durch Zu- und Abschläge zu berücksichtigen sind.

Reinigungsniveau formulieren

Das Niveau der Innenreinigung kann durch einen generellen Zu- oder Abschlag berücksichtigt werden, da von einem kausalen und weitgehend linearen Zusammenhang zwischen höherem Reinigungsniveau, kürzeren Reinigungsintervallen und höheren Kosten auszugehen ist. In der leistungsorientierten Diskussion werden drei bzw. fünf Qualitätsniveaus[185] beschrieben. Lutz[186] unterscheidet drei Qualitätsniveaus – hoch, mittel und gering – und setzt sie mit dem gewünschten Reinigungsgrad gleich. Auch der Reinigungsgrad beeinflusst die Reinigungskosten wesentlich und wird bei Lutz quantifiziert.

- Das Reinigungsniveau ist abhängig vom Hygienebedarf. Mit einem höheren als dem gesetzlich geforderten Hygienestandard sinkt die Reinigungsleistung je Stunde.
- Das Reinigungsniveau ist abhängig vom erwarteten Qualitätsniveau: So wird es z. B. im Büro einer Ministerin oder eines Ministers höher sein als im Büro einer Sachbearbeiterin oder eines Sachbearbeiters. Das Niveau bestimmt also im Wesentlichen Art und Umfang sowie Häufigkeit der Leistungen.
- Die Reinigungszeiten müssen nach betrieblichen Erfordernissen, ggf. nach den Arbeitszeiten festlegt werden.

183 Quelle: eigene Darstellung, [KGSt B 11/1994], S. 10.
184 [Gebaeudereiniger-Hessen (2008H)], oder [FIGR (2008L)].
185 Siehe [Sudhop, C. (1998i)], S. 42–43.
186 Siehe [Lutz, W. (1997)], Teil III – 3.5.

- Die Einsatzmöglichkeiten des Nutzers oder des eigenen Personals sind zu bestimmen und der Eigenanteil ist festzulegen.
- Interne und/oder externe Reinigungsfachleute sollten schon während der Planung beteiligt werden, um Planungsfehler zu vermeiden und im Reinigungskonzept die Standards festzuhalten.

Reinigungsumfang planen

Innenreinigung: Die Vermeidung von Reinigungsleistungen kann geplant werden.

- In Hotels werden vielfach die Betten auf einem Kasten abgestellt, damit die nicht nutzbare Fläche unter dem Bett als Reinigungsfläche entfällt.
- Sanitärflächen sind im Vergleich zu Lagerflächen wesentlich teurer zu reinigen. Der Flächenbedarf kostenintensiver Räume ist nach Nutzungsart zu optimieren.
- Das Material der Bodenbeläge bestimmt in Art (z. B. nicht zu hell) und Oberfläche (z. B. gut zu reinigen) mehr oder weniger den Reinigungsaufwand. Die Oberflächenhaftung ist bei Parkett und Polyolefin-Belag höher und der Feuchtwischmob gleitet schwerer über den Boden. Das bedeutet einen Mehraufwand von bis zu 15 %. Auch der Hersteller der Bodenbeläge kann die Reinigungsleistung negativ beeinflussen. Die Wahl der Bodenbeläge ist insbesondere bei reinigungsintensiven Belägen von Bedeutung.
- Unzureichende Schmutzfangsysteme in Eingangsbereichen und Raucherbereichen erhöhen das Reinigungsintervall bei gleichbleibender Qualität: Reinigungsschleusen sind dann nicht nur an den Haupteingängen notwendig. Mit der Verbannung der Raucher an die Notausgänge eines Gebäudes ergibt sich die Notwendigkeit, (ungeplante) Nebenausgänge ebenfalls mit Reinigungsschleusen auszustatten, um den ungeplanten Schmutzeintrag zu verhindern.
- Reinigungsrelevante Mängel in der Bauausführung (z. B. Leckagen mit Kalkablagerungen) sollten kurzfristig behoben werden, um zusätzlichen Aufwand als Zusatzleistung oder Anhebung des Reinigungsintervalls zu vermeiden.

Nebenleistungen

- Es kann sich sogar lohnen, Nebenleistungen zu untersuchen: Spiegel in Hotelzimmern werden täglich gereinigt. Die Reinigungsleistung kann gesteigert werden, wenn die Höhe der Oberkante der Spiegel an den Bewegungsradius des durchschnittlichen Reinigungspersonals angepasst wird. So kann ggf. die Steighilfe eingespart werden.

Fenster- und Fassadenreinigung

- Die Reinigungskosten der Fensterflächen werden bestimmt durch die Fensterfläche und -art (Einfach-, Doppel- oder Kastenfenster) sowie durch die Reinigungsintervalle, die differenziert nach außen bzw. innen anzugeben sind. Kleine Fensterflächen reduzieren die Reinigungsleistung.

Reinigungsleistung durchführen

Durch die Planung und Bauausführung wird auch die Leistungsbeschreibung beeinflusst, insbesondere dort, wo effiziente Arbeitsmittel nicht eingesetzt werden können.

Innenreinigung

- Mit kleinflächigen Belagarten, ungünstiger Verteilung und/oder unzureichender Ausstattung der Putzräume erhöhen sich die Wegezeiten, das wirkt sich nachteilig auf die Reinigungsleistung aus. Vorteilhaft sind daher zusammenhängende gleichartige Flächen, die vom Putzraum problemlos erreicht werden. Kurze Wege sind bei zusammenhängenden gleichartigen Flächen mit gleichen Standards möglich. Das ermöglicht den Einsatz von gleichen Reinigungsgeräten und -mitteln.

- Der Einsatz von effizienten Reinigungsmitteln und -geräten erfordert, dass ihr Verbringen von der Parkstation zum Einsatzort problemlos möglich ist und nicht durch schmale Türöffnungen behindert wird. So sollten z. B. die lichten Türbreiten so bemessen werden, dass mit dem effizientesten Reinigungsgerät der Zugang zu den Putzräumen, Aufzugsanlagen und den zu reinigenden Räume problemlos möglich ist. Schließlich kann die Bodenreinigung mit fahrbaren Kehrmaschinen oder anderen fahrbaren Reinigungsgeräten erfolgen.
- Unzugängliche Reinigungsflächen führen bei Lutz zu Aufwandsabweichungen von etwa ±20 %, bei Gugerli u. a.[187] zu Abweichungen von bis zu 20 %. Es ist daher auf die bauliche Zugänglichkeit der Reinigungsflächen zu achten, damit ein effizientes Reinigungsgerät eingesetzt werden kann. Viele Stützen dicht an der Wand verhindern ggf. sogar den Einsatz eines Wischmobs als effizientes Reinigungsgerät zwischen Wand und Stütze. Je geringer die Möblierung der Räume, desto höher die Wahrscheinlichkeit, dass das passende Reinigungsgerät mit höherer Reinigungsleistung eingesetzt werden kann.
- Es ist aber auch auf die organisatorisch einfache Zugänglichkeit der Reinigungsflächen zu achten: Das beginnt bereits mit der Berücksichtigung bei den Schließanlagen. Ein schwerer Schlüsselbund ist sicher wenig hilfreich. Mechatronische oder elektronische Schließanlagen erlauben dem Reinigungspersonal, Zeit zu sparen.

Fenster- und Fassadenreinigung

- Die bauliche Zugänglichkeit der Fensterflächen mit geeignetem Gerät ist in Abhängigkeit von der Steighöhe und der Öffnungsmöglichkeit der Fenster, ggf. manuell, mit Leiter, Hubsteiger, Fassadenbefahranlage oder unter alpinen Bedingungen sicherzustellen. Insbesondere hier ist ein Reinigungskonzept notwendig, das den Einsatz von effizientem Reinigungsgerät berücksichtigt. Das beinhaltet ggf. auch die Aufstellmöglichkeit eines Hubsteigers im Außenbereich (s. Tab. 6.45, Abb. 6.74).

Tab. 6.45: Hilfsmittel zur Fenster- und Fassadenreinigung nach Fassadenhöhe.

	Höhe	Quelle	Hilfsmittel	Bemerkungen
1	≤ 2 m			Bearbeitung ohne Hilfsmittel möglich
2	≤ 5 m	[TRBS 2121-2 2010]	Leiter	i. d. R. auf 5 Meter Höhe begrenzt
3	> 5 m	BG-Bau B 149, [DIN 4426 2013-12]	Fassadenbefahranlage	falls vorhanden
4	5 ≤ 8 m	GUV-I 659, [TRBS 2121-3 2009]	fahrbare (Klein-) Arbeitsbühnen (Außenbereich)	Bearbeitung nur bei vorhandenen, ausreichend dimensionierten und befestigen Stellflächen möglich
5	5 ≤ X m	BGG 945, [TRBS 2111-1 2015]	Hebebühne	
6	5 ≤ X m	BG-Bau B 113, [TRBS 2121-1 2009]	Gerüste	Bearbeitung mittels frei stehendem (Fassaden-)Gerüst mit vorhandener Verankerung
7	5 ≤ X m	BG-Bau B 147, BG-Bau B 148, [TRBS 2121-3 2009]	Arbeitskörbe, -sitze, -bühnen	temporärer Einsatz möglich

187 Siehe [Gugerli, H. (1997a)], S. 23–27.

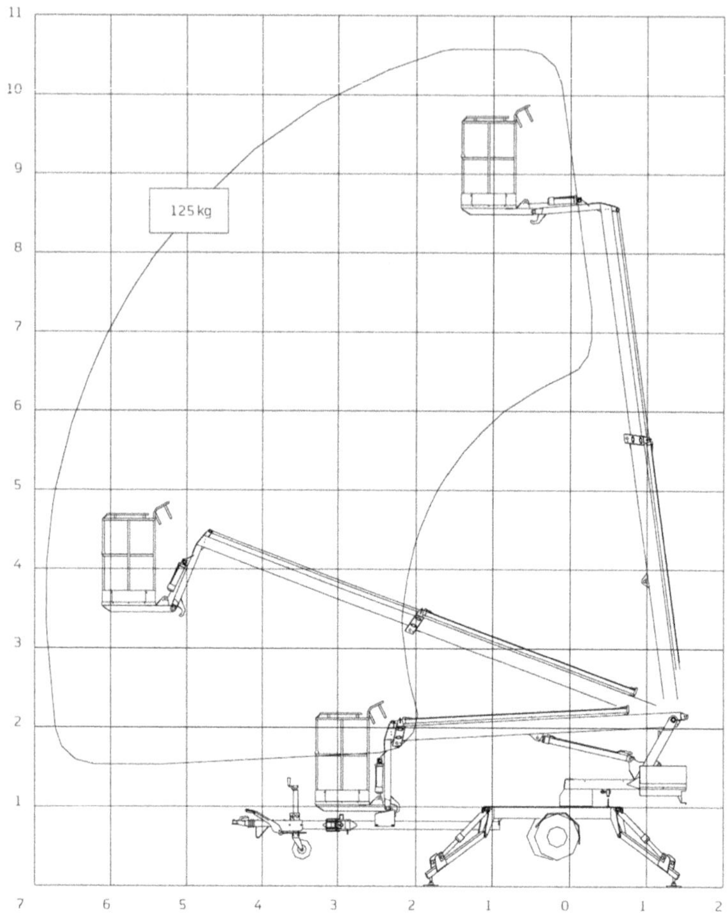

Abb. 6.74: Einsatzdiagramm einer Arbeitsbühne für den unteren Einsatzbereich als Anhänger.[188]

Reinigungsergebnisse überprüfen

Das Ziel bei den Reinigungsleistungen ist, eine Optimierung der Nutzerzufriedenheit zu erreichen. Ein geeignetes System kann nach [DIN EN 13549 2001-10] aufgebaut werden (s. auch Tab. 6.46).

- Kundenzufriedenheit lässt sich durch Umfragen als Qualitätsindikator erheben. Mängelindikatoren geben gute Rückschlüsse auf die Kundenzufriedenheit und können als Reklamationsquote gemessen werden.
- Transparenz in der Verantwortlichkeit für Reinigungsbezirke führt beim Reinigungspersonal vielfach zu besseren Leistungen.
- Die Reinigungsleistung des Reinigungspersonals ist vor Ort zu dokumentieren.
- Um die Reinigungsunternehmen zu guten Leistungen zu animieren, kann das Bewertungssystem an das Entlohnungssystem gekoppelt werden.
- Unverzichtbar ist die Kontrolle der Reinigungsleistungen durch geeignete technische Mittel, z. B. Touchscreens zur Erfassung der Kundenzufriedenheit sowie QR-Codes oder RFID-Chips zur Leistungserfassung des Reinigungspersonals.

188 Vgl. Omme Lift, in: [Nagel, U. (2007)], S. 108.

Tab. 6.46: Bewertungssystem – Unterhaltsreinigung nach [GEFMA 520 v0.1 2005].

Punkteskala	Beschreibung
sehr gut (90–100)	weit über dem Durchschnitt liegende Reinigungsleistung im sichtbaren und versteckten Bereich und praktisch keine Reklamationen, sehr gute Nutzerakzeptanz
gut (80–89)	über dem Durchschnitt liegende Reinigungsleistung im sichtbaren und versteckten Bereich, Reklamationszahl sehr gering, gute Nutzerakzeptanz
befriedigend (70–79)	befriedigende Reinigungsleistung im sichtbaren Bereich, im Bereich des versteckten Schmutzes können Mängel vorhanden sein, Häufigkeit von Reklamationen gering. Nutzerakzeptanz gegeben
ausreichend (50–69)	geringe Mängel im sichtbaren Bereich, deutliche Mängel im versteckten Bereich, vermehrtes Aufkommen von Reklamationen, Nutzerakzeptanz gering.
mangelhaft (30–49)	deutliche Mängel im sichtbaren Bereich sowie deutliche Mängel im versteckten Bereich, gehäufte Anzahl von Reklamationen, Nutzerakzeptanz nicht gegeben
ungenügend (0–29)	massive Mängel im sichtbaren und versteckten Bereich, große Anzahl von schwerwiegenden Reklamationen, Nutzerakzeptanz gar nicht gegeben

Reinigungspotenziale heben

Reinigungsleistungen sind während der Nutzungsphase eines Objekts zu erbringen. Angesichts der Kostenrelevanz lohnt es sich, die Kennzahl der Reinigungskosten jährlich zu überprüfen und Maßnahmen in Betracht zu ziehen.

- Um einen Anreiz für die Bedarfsprüfung zu setzen, sollte eine zur Kostenreduktion passende verursachergerechte Abrechnung durchgeführt werden.
- In der Betriebsphase können z. B. nicht genutzte Räume, Abteilungen oder Häuser stillgelegt werden.
- Reinigungsleistungen sind regelmäßig zu prüfen und anzupassen: Auch durch Mülltrennung ergeben sich Einsparpotenziale: z. B. durch konsequente Mülltrennung in einem Bürogebäude. Wird Biomüll an zentralen Stellen einer Etage gesammelt, entfällt die tägliche Leerung des Papierkorbs am Arbeitsplatz, sie kann dann jeden zweiten Tag erfolgen. Der Umfang der Reinigungsleistungen sollte regelmäßig überprüft werden.
- Ebenso ist zu beachten, dass Reinigungszeiten nach betrieblichen Anforderungen festgelegt sind: So ist ggf. eine Unterhaltsreinigung vor Veranstaltungsbeginn durchzuführen und nicht danach, nur weil es so im Vertrag festgeschrieben wurde. Reinigungszeiten sind daher nach dem Bedarf festzulegen.
- Einsparpotenziale ergeben sich bei Eigenleistung durch organisatorische Maßnahmen, z. B. durch die Erstellung einer Dienstplanung nach Bedarf, ggf. durch den Aufbau eines funktionierenden Springer-Dienstes und die Zuordnung von Verantwortlichkeiten von Revieren zu Personen, auch mit dem Ziel, den Krankenstand zu reduzieren. Schulungsmaßnahmen in Reinigungsgeräten und -techniken können die Reinigung ebenfalls effizienter gestalten.[189] Dabei gilt es auch, Reibungsverluste ggf. durch Sprachkurse reduzieren, wenn Personal beschäftigt wird, das die deutsche Sprache nur mangelhaft beherrscht.
- Eine durchgängige Leistungsbereitschaft durch regelmäßige Ausschreibung bzw. Kontrolle bei Eigenleistung ist zu fördern.

189 Vgl. [FIGR Bericht Nr. 9], S. 39.

Tab. 6.47: Maßnahmen (Handlungsoptionen) – Reinigung und Pflege von Gebäuden.

	Optionen in der Projektabwicklung	Optionen im Objektbetrieb
1.	**Reinigungsumfang planen** Innenreinigung – Reinigungsflächen vermeiden – Flächen nach Nutzungsart optimieren – reinigungsfreundliches Material wählen – Schmutzfangsysteme einbauen – reinigungsrelevante Mängel beheben	– Reinigungsflächen verringern – Reinigungsintervall [R] [Häufigkeit/a], bei Fassaden/ Fenstern [R] [Häufigkeit/a] außen bzw. innen anpassen
2.	**Reinigungsleistungen durchführen** – Wegezeiten verringern – effiziente Reinigungsmittel und -geräte ermöglichen – bauliche Zugänglichkeit sichern	– Wegezeiten optimieren – effiziente Reinigungsmittel und -geräte einsetzen – organisatorische Zugänglichkeit sichern – verursachergerechte Abrechnung durchführen
3.	**Reinigungsergebnisse überprüfen**	– Kundenzufriedenheit messen – Transparenz in der Verantwortlichkeit herstellen – Reinigungsleistungen dokumentieren – Reinigungsleistungen bewerten – technische Mittel zur Kontrolle einsetzen
4.	**Reinigungspotenziale heben**	– nicht genutzte Reinigungsflächen stilllegen – Reinigungsleistungen und -zeiten nach tatsächlichen Bedürfnissen optimieren – Eigenanteil von Eigenleitung anpassen und Personal schulen – Leistungsbereitschaft fördern

Handlungsoptionen für Maßnahmen im Einzelfall

In Tabelle 6.47 werden die Handlungsoptionen aufgezeigt, die als Maßnahmen für eine reinigungsgerechte Planung, Baudurchführung und Betreibung des Objekts zur Verfügung stehen.

Best-Practice-Beispiel: Geislingen an der Steige

Durch ein Maßnahmenbündel, bestehend aus geeigneten Reinigungsmitteln und -geräten, der Zuordnung von Verantwortlichkeiten (Revier- statt „Rudel"-Reinigung), der Reduktion des Reinigungsstandards auch bei Zusatzleistungen, einem Angebot von Deutschkursen für fremdsprachige Reinigungskräfte des eigenen Personals, der Leistungskontrolle bei externer Vergabe sowie der Schulung der eigenen Reinigungskräfte konnten von rd. 1.000.000 € rd. 290.000 € zzgl. Verwaltungskosten (die Zahl der Reinigungskräfte wurden von 85 auf 74 reduziert) eingespart werden, ein Einsparvolumen von 29 %. Würde die Vergabe an externe Dienstleistungsunternehmen erfolgen, so wären, allerdings bei Qualitätsverlust, die Kosten um weitere 40.000 € zu senken.[190]

6.8.5 Reinigung und Pflege von Außenanlagen (NGR 340)

Orientierungskennwerte zur Reinigung und Pflege von Außenanlagen im Allgemeinen sind in Abbildung 6.75 und von Unterhaltungsreinigungsarbeiten von Vegetationsflächen im Besonderen in Abbildung 6.76 dargestellt.

190 Siehe [Burkert, J. (2006c)].

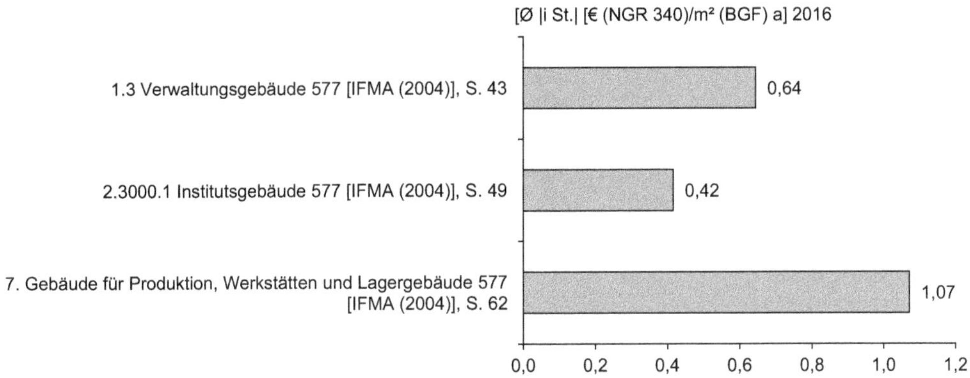

Abb. 6.75: Orientierungswerte Reinigung der Außenanlagen nach Bauwerksnutzungsart.[191]

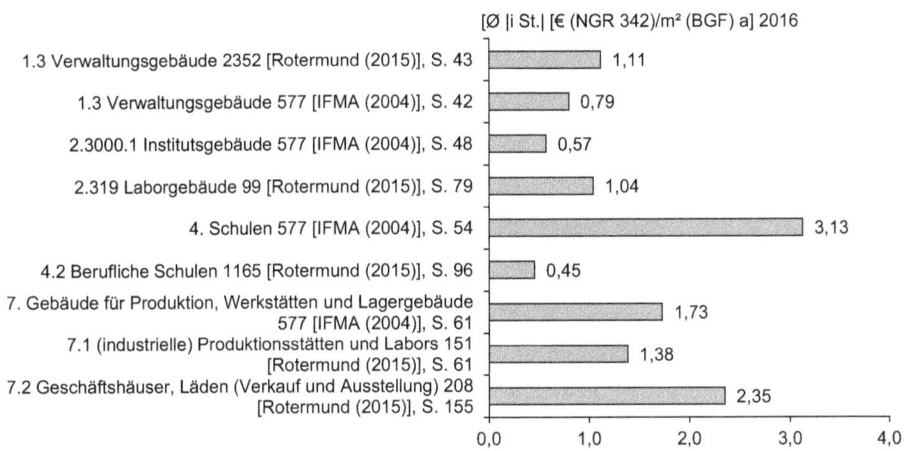

Abb. 6.76: Orientierungswerte Unterhaltungsarbeiten bei Vegetationsflächen nach Bauwerksnutzungsart.

Im Objektbetrieb werden die tatsächlich abgerechneten Verbrauchswerte herangezogen.

Diese Kennwerte sind jedoch zu pauschal und in Bezug auf die Brutto-Grundfläche nur sehr eingeschränkt zu verwenden. Es ist nur ein bedingter Bezug zwischen der Brutto-Grundfläche und der unbebauten Grundstücksfläche (durch die Ausnutzung des Grundstücks nach BauNVO) herzustellen. Nachfolgend wird der Bezug auf die Fläche im Außenbereich hergestellt. Hierzu wird auf die Tabellen 6.48 und 6.49 verwiesen.

Der jährliche Pflegeaufwand und kommunale Gebühren bestimmen wesentlich den Aufwand für die Verkehrs- und Grünflächen. Zur Optimierung dieser Flächen sind die befestigten von den unbefestigten zu unterscheiden. Befestigte bestehen aus versiegelten (z. B. bauliche Anlagen, Wege- und Straßenflächen, Müllplätze, Spielplätze, Parkplätze, ...) und versickerungsfähigen Flächen. Zu den unbefestigten (Vegetationsflächen) zählen Rasen- und Pflanzenflächen. Zur Kostenreduktion stehen einige Handlungsoptionen zur Verfügung.

191 Daten kategorisiert nach BZK, Gewichtungsangabe nach Quelle, Fundort, Brutto-Preise (Mittelwert) vom Erscheinungsjahr indiziert nach [StBA 62421-0001 (2017)], AKI WZ08-G-03 (Arbeitskostenindizes: Deutschland, Quartale, Wirtschaftsbereiche, Bereinigungsverfahren: BV4.1 kalender- und saisonbereinigt). Gilt auch für Abbildung 6.76.

Tab. 6.48: Kennzahlen nach Objektarten.[192]

Nr.	Objektart	Investitionskosten [€/m²] 2012	Unterhaltsaufwand [Minuten/m² a]	Unterhaltskosten [€/m² a]
1.	Grün- und Parkanlagen	20,00–70,00	1,20	4,50
2.	Spielplätze	40,00–100,00	3,00	6,00
3.	Straßengrün (inkl. Bäume)	10,00–70,00	1,00	2,50
4.	Sportfläche	30,00–50,00	1,20	3,00
5.	Schulen	60,00–100,00	2,00	4,00
6.	Kindertagesstätten	60,00–120,00	2,50	5,00
7.	öffentliche Gebäude	60,00–100,00	2,00	5,00
11.	Kleingärten (Rahmengrün)	30,00–50,00	0,80	2,50
12.	Friedhöfe (ohne Bestattungen	40,00–70,00	3,00	6,00

Tab. 6.49: Kennzahlen nach Flächenarten ohne Reinigung und Laubentfernung.[193]

Nr.	Flächenart	Pflegestufe	Investitionskosten	Unterhaltsaufwand	Unterhalts-kosten
			[€/m²] 2012	[Minuten/m² a]	[€/m² a]
1.	Zierrasen (Repräsentationsflächen, z. B. Vorgärten)	hoch: 30–60 Schnitte/Jahr			
2.	Gebrauchsrasen (Hausgarten, öffentliche Grünanlagen)	mittel: 8–20 Schnitte/Jahr	6,00	0,40 (großflächig) 8,00 (Friedhof)	1,00
3.	Strapazierrasen ((Rasen-)Sport-, Bolzplätze, Liegewiesen)	mittel–hoch: 12–40 Schnitte/Jahr	60,00	2,00	3,00
4.	Rasensportrasen (Schotterrasen, Rasenfugenpflaster, -gitter)	gering: 3–7 Schnitte/Jahr			
5.	Landschaftsrasen (Straßenbegleitgrün, Rekultivierung)	gering: 1–3 Schnitte/Jahr			
	Sporttenne		80,00	2,00	
	Straßenbäume		800,00	60,00	
	Sträucher, Baumbestand		35,00	2,00	4,50
	Wechselbepflanzung			50,00	90,00
	Rosen und Stauden		30,00	10,00	20,00
	Wege und Plätze		40,00–150,00	0,50	2,10
	Reinigung				0,15–0,50
	Laubentfernung				0,30–1,00

192 Vgl. [GALK (2012E)], S. 3.

193 Vgl. Degenbeck, Martin: Basiswissen Rasenbau; in: [lwg.bayern (2007D)], S. 3 ff, [GALK (2012E)], S. 3 ff, [DIN 18917 2002-08].

Die Differenzierung der Vegetationsflächen nach Gehölz-, Stauden-, Rosen und Rabattenflächen ermöglicht eine differenzierte Abrechnung und/oder Anpassung des pflegerischen Aufwands mit dem Ziel der Kostenreduktion. Eine Ausweitung der befestigten Flächen kann ebenfalls zu einer Kostenreduktion führen: Während eine befestigte Fläche rd. 0,28 [€/m^2 a] kostet, sind Vegetationsflächen mit 1,14 [€/m^2 a] wesentlich teurer.[194] Eine Überprüfung der Flächenanteile kann schon deshalb sinnvoll sein, um Bescheide nach dem Kommunalabgabengesetz für Niederschlags- und Abwasser zu kontrollieren. Gegebenenfalls hat sich durch Bestandsveränderung der Anteil der versiegelten Flächen verringert, aber die Berechnungsgrundlagen für die Bescheide wurden nicht angepasst. Ebenfalls zu berücksichtigen ist eine differenzierte Betrachtung der Pflegestufen (Qualitätsstufen) einer Bepflanzungsart. So kann mit dem Mulchen die Unkrautregulierung erheblich reduziert und trotz Steigerung der Qualitätsstufe der Zeitaufwand um 50 % reduziert werden.[195]

6.8.6 Prüfung, Bedienung, Inspektion und Wartung – u. a. durch den Hausmeister (NGR 350)

Defekte Bezahlautomaten in Parkhäuser führen zu Unzufriedenheit bei den Kunden. Frustrierte Kunden vor Bezahlautomaten gibt es häufiger, wenn die funktionsgerechte Bedienung nicht selbsterklärend ist. Bedienung muss nicht nur angesichts des demografischen Wandels einfach sein. Früher gab es einfache Bedienungsregeln: Fenster zu – Licht aus – Heizung aus – Tür zu. Dies hat einen aktiven Beitrag zum Energiesparen geliefert.

Heute ist das komplizierter. So ist beispielsweise zu prüfen, ob das aus energetischen Gründen luftdichte Gebäude auch nach fünf Jahren noch luftdicht ist. Viele Gebäude sind es nicht und die Wirkung verpufft.[196]

Durch planmäßige Wartung können Energieeinsparpotenziale gehoben werden: In einer Studie für die Wohnungswirtschaft wurden Einsparpotenziale beim Heizenergieverbrauch ermittelt. Danach kann mit geringen Investitionen die Effizienz bestehender Anlagen deutlich verbessert werden. In einem Mehrfamilienhaus z. B. konnte der Verbrauch thermischer Energie um 21 % gesenkt werden (s. Tab. 6.50).

Tab. 6.50: Übersicht der Maßnahmen zur Energieeinsparung.[197]

	Maßnahme	Energieeinsparung [%]	Investition [€/m$^2_{MF}$]	Betriebskostenreduktion [€/m$^2_{MF}$ a]
1.	optimale Einstellung der Vorlauftemperatur am zentralen Regler	5–15 %	1,00–2,00	0,40–1,20
2.	richtig eingestellte Förderhöhe der Heizungsumwälzpumpe	5– 5 %	1,00–2,00	0,40–1,20
3.	hydraulisch ausgeglichenes Heizungssystem mit voreingestellten Thermostatventilen	15–35 %	2,00–3,00	1,20–2,90
4.	Vorlauftemperaturregelung[a]	1–2 %	0,70–1,30	0,09–0,16
5.	Luftdichtheit gewährleisten: Fensterdichtungen warten[b]			

[a] siehe hierzu auch die Optimus-Studie [Jagnow, K. (2005)].
[b] [Walberg, D. (2010i)], für Einfamilienhäuser (EFH): verringerte Luftdichtheit (LP), Ergebnisse des Blower-Door-Tests, eines Differenzdruck-Messverfahrens zur Dichtheit von Räumen oder Gebäuden.

194 Vgl. [Mayer-Marczona, M. (2000k)].
195 Vgl. [Müller, M. (2004e)].
196 Vgl. [Walberg, D. (2010i)].
197 Vgl. [Barthold, H. (2008a)], S. 68.

Worst-Practice-Beispiel
Im Rahmen des Neubaus eines Einfamilienhauses wurde eine Fotovoltaikanlage auf dem Dach geplant und eingebaut und die Funktionselemente wurden in einer Revisionsöffnung versteckt. Mit dem Stromversorgungsunternehmen wurde im Juni 2001 ein Stromeinspeisungsvertrag abgeschlossen, in dem eine Rückvergütung von 1,00 [DM/kWh] für zehn Jahre vereinbart wurde. Die Fotovoltaikanlage ging 2001 ordnungsgemäß in Betrieb. Regelmäßig wurden die Zählerstände des eingespeisten Stroms zum Jahresende per Postkarte gemeldet: Anfang 2003 1.537 [kWh], Ende 2003 3.349 [kWh], Ende 2004 4.932 [kWh], Ende 2005 6.513 [kWh] und Ende 2006 6.512 [kWh]. Im Januar 2007 wies das Stromversorgungsunternehmen darauf hin, dass Ende 2006 der Zählerstand von Ende 2005 gemeldet worden war, und bat um Korrektur. Die Überprüfung ergab, dass die Ablesung korrekt war. Daraufhin wurde die Funktionsanzeige der Anlage in der Revisionsöffnung erstmals überprüft. Es stellte sich heraus, dass der Solarwechselrichter ausgefallen war und also kein Strom ins öffentliche Stromnetz eingespeist wurde. Der Schaden aufgrund mangelnder Kontrolle der Funktionsanzeige lässt sich wie folgt berechnen: In den Jahren 2004 und 2005 wurden durchschnittlich 1.600 [kWh/a] ins öffentliche Netz eingespeist. Die entfallene Rückvergütung für das Jahr 2006 betrug daher etwa 1.600 [kWh] × 0,5062 [€/kWh] = 810 [€]. Daraufhin wurde die Revisionsöffnung verändert, um die ordnungsgemäße Funktion regelmäßig und einfach überprüfen zu können.

Kostenkennzahlen pro Quadratmeter Brutto-Grundfläche zu bilden ist schwierig, da die Abgrenzung zwischen Prüfung-, Bedienungs-, Inspektions- und Wartung- sowie Hausmeisterarbeiten nicht einfach ist und selten vorgenommen wird (vgl. Wartungskosten, Abb. 6.77). Eine differenzierte Betrachtung dieser Kostenarten im betrieblichen Rechnungswesen für alle Bauteile ist unüblich und bestimmt die Qualität einzelner Angaben. Vernachlässigt wird dabei aber der Zusammenhang zwischen den Investitionskosten und Bedienungs-, Inspektions-, Wartungs- und Instandsetzungskosten.

Die Bedienungsanleitung meiner Heizung beispielsweise handelt den Punkt Wartung auf 0,5 von 50 Seiten ab. Der Text dazu ist schwer zu finden, er steht interessanterweise kurz vor dem Punkt Außerbetriebnahme.

Bedienung, Inspektion, Wartung und Instandsetzung sind abhängig voneinander zu betrachten. In Kapitel 3.7.4 wurden die Zusammenhänge bereits beschrieben. In Tabelle 6.51 ist der Zu-

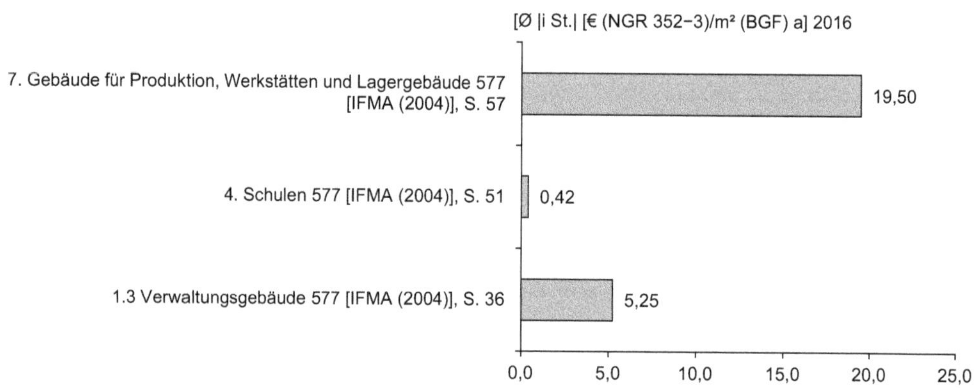

Abb. 6.77: Orientierungswerte Wartungskosten nach Bauwerksnutzungsart.[198]

198 Daten kategorisiert nach BZK, Gewichtungsangabe nach Quelle, Fundort, Brutto-Preise (Mittelwert) vom Erscheinungsjahr indiziert nach [StBA 61111-0005 (2017)], CC0432 (Dienstleistungen für Instandhaltung und Reparatur der Wohnung).

Tab. 6.51: Ausführungsart der Oberflächenbehandlung bestimmt Wartungskosten bei Holzfassaden.[199]

Behandlung	Farbe	Lage	Intervall	Wartungsarbeiten	Instandsetzungsarbeiten
1. unbehandelt		geschützt exponiert	– –		Fassadenteil ersetzen
2. Imprägnier-lasur, Dünnschicht-lasur	hell dunkel	geschützt exponiert geschützt exponiert	3 Jahre 1–2 Jahre 3–4 Jahre 2 Jahre	abbürsten oder mit Hochdruckreiniger abwaschen, vollflächiger Anstrich mit Dünnschichtlasur	wie Wartung
3. Mittel-schichtlasur	hell dunkel	geschützt exponiert geschützt exponiert	5 Jahre 2 Jahre 6–7 Jahre 3 Jahre	kräftiges Anschleifen des Altanstrichs, vollflächiger Anstrich mit Mittelschlichtlasur	großflächiges Abschleifen, Schleifen der Holzober-flächen, Grundierung, vollflächiger Anstrich Mittelschichtlasur/Decklack
4. deckender Lack	hell dunkel	geschützt exponiert geschützt exponiert	< 15 J. 10 Jahre 10–12 J. 8 Jahre	kräftiges Anschleifen des Altanstrichs, vollflächiger Anstrich mit Decklack	Entfernen schlechter Altanstriche, gut haftende Altanstriche anschleifen (s. Mittelschichtlasur), vollflächiger Anstrich mit Decklack

sammenhang zwischen Ausführungsart, Wartungsintervall und Instandsetzung bei Holzfassaden beispielhaft aufgeführt.

Schon die Lage und Ausführungsart der Oberflächenbehandlung während der Planungs- und Bauphase bestimmt bei Holzfassaden maßgeblich das Intervall für Wartungs- und die Instandsetzungsarbeiten. Die Wartungskosten lassen sich durch geschickte Bauteilauswahl und -behandlung in der Investitionsphase reduzieren, wenn die Wartungsintervalle dadurch gestreckt werden können. Unbehandelte Holzfassaden besitzen ein längeres Wartungsintervall, allerdings ergrauen sie. Ein konstruktiver Holzschutz und dunkle Farbe tragen ebenfalls zur Verlängerung der Wartungsintervalle bei. Auch eine ordnungsgemäße Bedienung, Wartung und Inspektion kann zur Kostenreduktion und Energieeinsparung führen.

In Tabelle 6.52 ist ein Instandhaltungsplan für Inspektion, Wartung und Instandsetzung am Beispiel Fenster und Türen dargestellt, ebenso die erforderliche Qualifikation zur Durchführung der Arbeiten.

Prüfung und Bedienung

Üblicherweise wird ein Zusammenhang zwischen der Höhe der Investitionskosten und dem Wiederbeschaffungswert (Wiederherstellung zum heutigen Zeitpunkt) hergestellt. Mit diesen Faktoren hat sich AMEV beschäftigt.[200] Durch weitere Zu- und Abschläge ist es möglich, der Realität näherzukommen.

Der Bedienungsfaktor (f_4) in Tabelle 6.53 bezieht sich auf den Wiederbeschaffungswert (WBW) für technische Anlagen gemäß Kostengruppen (KGR) der [DIN 276-1 2008-12] **ohne** Gebäudeautomation (GA). Die Gebäudeautomation wird mit einem Zuschlag berücksichtigt. Die Werte für die KGR 300 wurden analog für den Landesbetrieb LBB übernommen, schließlich müssen auch kon-

199 Vgl. Brandstätter, M. u. a.: Holzfassaden, Holzforschung Austria, in: [Grüll, G. (2005h)], S. 6, verkürzte Darstellung, unverbindliche Angabe der Intervalle, Wartung nach Angaben der Lackhersteller.

200 Vgl. [AMEV Personalbedarf 2000].

Tab. 6.52: Instandhaltungsplan am Beispiel der Bauteile Fenster und Außentüren, Fenster im Bestand.[201]

	Bauteil Komponente	Inspektion	Intervall Inspektion	Wartung	Ausführung Wartung	Intervall Instands.
1	Fenster und Außentüren		1,5–2 J.		3 Jahre	40–60 J.
	– Fensterbänke			Oberfläche reinigen	Reinigungsfirma	
	– Rahmen			Oberfläche reinigen	Reinigungsfirma	
		Funktionsfähigkeit prüfen		ggf. Rahmen richten	Fachfirma	
	– Entwässerung	Öffnungen prüfen		reinigen	Fachfirma	
	– Verfugungen, Anschlüsse	Anschlüsse und Verfugungen prüfen		Versiegelungen oder Dichtungen erneuern	Fachfirma	
2.	Beschläge und Abdichtungen	Gangbarkeit prüfen		nachstellen, anziehen gelöster Schrauben, ölen, fetten	Fachfirma	5–15 J.
		Luftdichtheit prüfen		(Blower-Door-Test)	(Fachfirma)	
3.	Oberflächen, hier: Holzanstrich (außen)		1 Jahr	reinigen ausbessern und erneuern	3 Jahre: Fachfirma deckender Anstrich: Lasuren:	 3–5 Jahre 1,5–3 J.
4	Glasscheiben, Falz		3 Jahre	ggf. Glas austauschen	5 Jahre: Fachfirma	30–40 J.

struktive Bauteile wie z. B. Fenster geprüft und bedient werden. Dabei wurde der Prüfaufwand konstruktiver Bauteile und technischer Anlagen berücksichtigt. Der Aufwand für die Prüfung konstruktiver Bauteile wurde für das Prüfen mit 0,04 % und für das Bedienen mit 0,07 % hinterlegt: Folgende Zu- und Abschläge (vgl. Kategorien A–G nach Kap. 3.9.5, Tab. 3.26) sind ggf. zu addieren bzw. zu subtrahieren:

- $Z'A_A$: zusätzlicher Prüfungsaufwand als Eigen- oder Fremdleistung
- $Z'A_B$: **mit** Gebäudeautomation (GA)[202]

Inspektion und Wartung

Nach AGI[203] sind Inspektion und Wartung Teil der Instandhaltungskosten. Dabei geht AGI von einem Stufenmodell aus, das in der

- 1. Stufe Inspektion und Wartung (0,35 %–0,40 %)[204], in der

201 Vgl. u. a. [Neumann, H. (2003)], S. 108–113, Instandsetzungsintervall: bevorzugte Nutzungsdauer in Abhängigkeit von Verbesserungs- und Modernisierungsmaßnahmen (Blower-Door-Test).

202 Die angegebenen Werte für KGR 400–547 sind übernommen aus [AMEV Personalbedarf 2000], S. 11.

203 Vgl. [AGI W5 (2014)], S. 2 f.

204 Der 1. Wert gilt für Gebäude mit überwiegender Büronutzung, der 2. Wert für Gebäude mit überwiegender Labornutzung, zur Definition siehe [AGI W5 (2014)], S. 2: Sind mehr als 30 % der Gesamtfläche aus Büro- und Labornutzung zur Labornutzung vorgesehen, handelt es sich um ein Bürogebäude mit überwiegender Labornutzung.

Tab. 6.53: Zu- und Abschläge Bedienungskosten.

	KGRBT	Ausführungs-variante (A)	WBW [€]	f_4[a] Bedienung	$\pm Z'A_A$ Prüfung	$\pm Z'A_B$ mit Automation	$\pm Z'A_C$	$\pm Z'A_D$	$\pm Z'A_E$	$\pm Z'A_F$	$\pm Z'A_G$	Bedienungs-kosten [€/a]
	320	A1–9	Gründung	× (**0,07**	**+0,04**							) =
+	330	A1–9	Außenwände	× (**0,07**	**+0,04**							) =
+	340	A1–9	Innenwände	× (**0,07**	**+0,04**							) =
+	350	A1–9	Decken	× (**0,07**	**+0,04**							) =
+	360	A1–9	Dächer	× (**0,07**	**+0,04**							) =
+	410	A1–3	(Ab-)Wasser, Gas	× (0,10	**+0,02**	−0,05						) =
+	420	A1–9	Wärmeversorgung	× (0,30	**+0,04**	−0,15						) =
+	430	A1	Lüftungsanlagen	× (0,30	**+0,33**	−0,15						) =
+		A2–4	(Teil-)Klima, Kälte	× (0,30	**+0,15**	−0,15						) =
+	440	A1–4	Starkstromanlagen	× (0,15	**+0,11**	−0,10						) =
+		A5	Notstromversorgung	× (**0,00**	**+0,00**	**+0,00**						) =
+	450	A1–5,7	Fernmeldeanlagen, IT	× (0,20	**+0,01**	−0,10						) =
+		A6	Gefahrenmeldeanlagen	× (0,20	**+0,02**	−0,10						) =
+	460	A1	Aufzüge	× (0,20	**+0,23**	−0,10						) =
+		A2–5	Förderanlagen	× (0,20	**+0,05**	−0,10						) =
+	471	A1	Küchen	× (0,10	**+0,05**	−0,10						) =
+	472	A2	Wäscherei	× (0,10	**+0,05**	−0,10						) =
+	473	A3	Medien	× (0,15	**+0,08**	−0,05						) =
+	475	A5	Feuerlöschanlagen	× (**0,15**	**+0,11**	**+0,00**						) =
+	476	A6	Badeanlagen	× (0,30	**+0,15**	−0,15						) =
+	477	A7	Prozessanlagen	× (**0,70**	**+0,15**	**−0,55**						) =
+	478	A8	Entsorgung	× (0,35	**+0,18**	−0,15						) =
+	480		Gebäudeautomation	× (		**4,50**						) =
+	500		Außenanlagen	× (								) =
+	541		Abwasseranlagen	× (0,10	**+0,04**	−0,05						) =
+	542		Wasseranlagen	× (0,10	**+0,04**	−0,05						) =
+	543		Gasanlagen	× (0,10	**+0,04**	−0,05						) =
+	544		Wärmeversorgung	× (0,10	**+0,04**	−0,10						) =
+	545		Lufttechnik	× (0,10	**+0,04**	−0,10						) =
+	546		Starkstrom	× (0,10	**+0,04**	−0,10						) =
+	547		Fernmeldeanlagen, IT	× (0,10	**+0,04**	−0,10						) =

[a] Die angegebenen Werte sind übernommen aus [AMEV Personalbedarf 2000], S. 11, vgl. auch [AMEV TGA-Kosten Betreiben 2013].

- 2. Stufe Inspektion, Wartung und die laufende Instandsetzung bis 20.000 € (1,40 %–1,60 %), in der
- 3. Stufe Inspektion, Wartung und Instandsetzung (Instandhaltung) (2,10 %–2,25 %) und in der
- 4. Stufe Instandhaltung mit Umbaukosten (2,50 %–2,65 %)

des Wiederbeschaffungswerts (WBW) vorsieht. Daraus ergeben sich Faktoren in Abhängigkeit vom WBW für

- Inspektion und Wartung von 0,35 % bis 0,40 %,
- die laufende Instandsetzung von 1,05 % bis 1,2 %,
- Maßnahmen der Instandsetzung von 0,70 % bis 0,65 % und
- Umbaumaßnahmen von 0,40 % bis 0,40 %.

Tab. 6.54: Zu- und Abschläge Inspektionskosten.

	KGRBT	Ausführungs-variante (A)	WBW [€]	f_1[a] Inspektion	$\pm Z'A_A$	$\pm Z'A_B$ mit Automation	$\pm Z'A_C$	$\pm Z'A_D$	$\pm Z'A_E$	$\pm Z'A_F$	$\pm Z'A_G$	Inspektions-kosten [€/a]
	320	A1–9	Gründung	× (0,04								) =
+	330	A1–9	Außenwände	× (0,04								) =
+	340	A1–9	Innenwände	× (0,04								) =
+	350	A1–9	Decken	× (0,04								) =
+	360	A1–9	Dächer	× (0,04								) =
+	410	A1–3	(Ab-)Wasser, Gas	× (0,15		−0,05						) =
+	420	A1–9	Wärmeversorgung	× (0,30		−0,15						) =
+	430	A1–4	Lufttechnik	× (0,60		−0,30						) =
+	440	A1–4	Starkstromanlagen	× (0,20								) =
+		A5	Notstromversorgung	× (**0,00**		**+0,00**						) =
+	450	A1–5, 7	Fernmeldeanlagen, IT	× (0,50								) =
+	460	A1–5	Aufzüge	× (1,05		−0,50						) =
+	471	A1	Küchen	× (0,20		−0,10						) =
+	472	A2	Wäscherei	× (0,20		−0,10						) =
+	473	A3	Medien	× (0,30		−0,15						) =
+	475	A5	Feuerlöschanlagen	× (**0,08**		**+0,00**						) =
+	476	A6	Badeanlagen	× (0,30		−0,10						) =
+	477	A7	Prozessanlagen	× (0,50		−0,25						) =
+	478	A8	Entsorgung	× (0,60		−0,25						) =
+	480		Gebäudeautomation	× (0,00		+0,50						) =
+	500		Außenanlagen									) =
+	541		Abwasseranlagen	× (0,20		−0,10						) =
+	542		Wasseranlagen	× (0,20		−0,10						) =
+	543		Gasanlagen	× (0,20		−0,10						) =
+	544		Wärmeversorgung	× (0,20		−0,10						) =
+	545		Lufttechnik	× (0,20		−0,10						) =
+	546		Starkstrom	× (0,20		−0,10						) =
+	547		Fernmeldeanlagen, IT	× (0,20		−0,10						) =

[a] Die angegebenen Werte sind übernommen aus [AMEV Personalbedarf 2000], S. 11, vgl. auch [AMEV TGA-Kosten Betreiben 2013].

Inspektion

Der Inspektionsfaktor (f_1) (vgl. Tab. 6.54) bezieht sich auf den Wiederbeschaffungswert (WBW) für technische Anlagen gemäß den Kostengruppen (KGR) der [DIN 276-1 2008-12] **ohne** Gebäudeautomation (GA). Die Werte für die KGR 300 wurden analog für den Landesbetrieb LBB übernommen. Folgende Zu- und Abschläge (vgl. Kategorien A–G nach Kap. 3.9.5, Tab. 3.26) sind ggf. zu addieren bzw. zu subtrahieren:

– $Z'A_B$: **mit** Gebäudeautomation (GA)[205]

205 Die angegebenen Werte übernommen aus [AMEV Personalbedarf 2000], S. 11 f., vgl. auch [AMEV TGA-Kosten Betreiben 2013].

Tab. 6.55: Zu- und Abschläge Wartungskosten.

	KGRBT	Ausführungs-variante (A)	WBW [€]	f_2[a] Wartung	±Z'A_A	±Z'A_B mit Automation	±Z'A_C	±Z'A_D	±Z'A_E	±Z'A_F	±Z'A_G	Wartungs-kosten [€/a]
	320	A1–9	Gründung	× (0,07								) =
+	330	A1–9	Außenwände	× (0,07								) =
+	340	A1–9	Innenwände	× (0,07								) =
+	350	A1–9	Decken	× (0,07								) =
+	360	A1–9	Dächer	× (0,07								) =
+	410	A1–3	(Ab-)Wasser, Gas	× (0,55		–0,15						) =
+	420	A1	BHKW	× (0,60		**–0,13**						) =
+		A2–9	Wärmeversorgung	× (0,60		–0,15						) =
+	430	A1–4	Lufttechnik	× (1,45		–0,35						) =
+	440	A1–4	Starkstromanlagen	× (1,05		–0,25						) =
+		A5	Notstromversorgung	× (**0,00**		**+0,00**						) =
+	450	A1–7	Fernmeldeanlagen, IT	× (0,20								) =
+	460	A1–5	Aufzüge	× (1,00		–0,15						) =
+	471	A1	Küchen	× (0,75		–0,15						) =
+	472	A2	Wäscherei	× (0,75		–0,15						) =
+	473	A3	Medien	× (0,45		–0,15						) =
+	475	A5	Feuerlöschanlagen	× (**0,60**		**+0,00**						) =
+	476	A6	Badeanlagen	× (0,95		–0,25						) =
+	477	A7	Prozessanlagen	× (1,40		–0,40						) =
+	478	A8	Entsorgung	× (1,00		–0,25						) =
+	480		Gebäudeautomation	× (0,00		+0,50						) =
+	500		Außenanlagen									) =
+	541		Abwasseranlagen	× (0,75		–0,25						) =
+	542		Wasseranlagen	× (0,75		–0,20						) =
+	543		Gasanlagen	× (0,75		–0,20						) =
+	544		Wärmeversorgung	× (0,70		–0,20						) =
+	545		Lufttechnik	× (0,70		–0,20						) =
+	546		Starkstrom	× (0,60		–0,40						) =
+	547		Fernmeldeanlagen, IT	× (0,60		–0,40						) =

[a] Die angegebenen Werte sind übernommen aus [AMEV Personalbedarf 2000], S. 11, vgl. auch [AMEV TGA-Kosten Betreiben 2013].

Wartung

Der Wartungsfaktor (f_2) (vgl. Tab. 6.55) bezieht sich auf den Wiederbeschaffungswert (WBW) für technische Anlagen gemäß Kostengruppen (KGR) der [DIN 276-1 2008-12] **ohne** Gebäudeautomation (GA). Folgende Zu- und Abschläge (vgl. Kategorien A–G nach Kap. 3.9.5, Tab. 3.26) sind ggf. zu addieren bzw. zu subtrahieren:

- Z'A_B: **mit** Gebäudeautomation (GA)[206]

Optimierungspotenziale erhofft man sich insbesondere bei der Prozessoptimierung in der Instandhaltung und Wartung durch Funkchips, die bereits heute in Bekleidungshäusern eingesetzt werden. Ein Scannen von Informationen entfällt, da der Funkchip selbstständig Informationen an ein

206 Die angegebenen Werte sind übernommen aus [AMEV Personalbedarf 2000], S. 11 f., vgl. auch [AMEV TGA-Kosten Betreiben 2013].

Lesegerät übermittelt, das in Verbindung mit einer Datenbank und einer Software steht. Der Name des Funkchips: Radio Frequency Identification (RFID). Eine Lese- und Schreibfunktion von Informationen ist im Funkchip integriert. Die vereinfachte Identifikation von Wartungsobjekten für Wartungsarbeiten birgt viele Vorteile. Bedauerlicherweise ist die Technologie derzeit noch nicht ausreichend bekannt und wird bislang wenig eingesetzt. Dabei können Reaktionszeiten verringert werden, wenn z. B. der Techniker das passende Ersatzteil zur geplanten Wartung gleich mitbringt oder die Präsenz des Technikers und damit die Wartung vor Ort dokumentiert wird und die Kostenzuordnung dadurch einfach ist. Tätigkeiten können von der Zentrale automatisiert zum Techniker vor Ort verlagert, Prozesse verbessert werden. Die RFID-Technik kann eingesetzt werden zur Abrechnung (Mietservice), Identifikation und Ermittlung von Zustandsdaten und zur Warenverfolgung. Weiterer Nutzen wird bei geplanter Instandhaltung (Inspektion und Wartung), beim Sicherheits- und Schließmanagement, Störfallmanagement, Umzugsmanagement, Energiemanagement, Belegungsmanagement, Gewährleistungsmanagement und bei der Reinigung und Pflege[207] gesehen.

Die Überprüfung der technischen Anlagen wird vielfach der Instandhaltung zugeordnet und erfolgt nach Checklisten im vorgegebenen Turnus. Beispiele hierfür finden sich in Kapitel 8.3.6. Eine Überwachung auch der Gefährdungspotenziale kann bei entsprechender Fachkenntnis bzw. Unterweisung ggf. an den Hauswart delegiert werden.

Hausmeister

In Deutschland gibt es für den Hausmeister keinen direkten Ausbildungsgang und die Bezeichnung ist rechtlich nicht geschützt. Es gibt inzwischen aber eine Vielzahl von Lehrgängen, Seminaren und Vorträgen von privaten und öffentlichen Trägern, die insbesondere der Aus-, Fort- und Weiterbildung dienen und z. T. sogar mit staatlich anerkannten Abschlüssen enden. Es ist üblich, dass die Bewerber einen oder mehrere Handwerksberufe erlernt haben, da zu ihren Aufgaben auch kleinere Reparaturen gehören. In vielen Fällen übertragen ihnen die Wohnungs- und Hauseigentümer sowie Hausverwaltungen weitere Aufgaben wie das Anfertigen von Übergabeprotokollen bei Mieterwechsel, Zählerablesungen, das Überwachen von Handwerkern oder die Kontrolle von Aufmaßen. Weitere typische Aufgaben eines Hausmeisters sind Objektbetreuungen, Grünanlagenpflege, Entrümpelungen, Winterdienst und Ähnliches. Oft werden Hausmeister bei Nachbarschaftsstreitigkeiten, Ruhestörungen oder anderen Belästigungen (z. B. Rauchentwicklung beim Grillen) und Verstößen gegen die Hausordnung aufgefordert, einzugreifen, obwohl sie nur in wenigen Fällen eine rechtliche Befugnis dazu haben. Häufig handelt es sich um ausschließlich die Streitenden betreffende zivilrechtliche Auseinandersetzungen; dann kann der Hausmeister lediglich den Hauseigentümer oder die Wohnungseigentümerversammlung über den Sachverhalt informieren. Die Kostenzuordnung der Tätigkeiten ist oft schwierig, da den Leistungsbestandteilen verschiedene Prozesse zugrunde liegen.

In Tabelle 6.56 sind die Kennzahlen zu den Hausmeisterkosten für die Nutzungskostenberechnung und zur Kontrolle im Objektbetrieb angegeben. Wesentlicher Bezugswert für die Personalbemessung ist die zu betreuende Fläche (Gewerbe, kirchliche und kommunale Gebäudewirtschaft) oder die Anzahl der Mieteinheiten (Wohnungswirtschaft). Im Objektbetrieb werden die tatsächlich abgerechneten Arbeitszeitwerte oder Auftragswerte herangezogen, sofern auswertbare Aufzeichnungen vorhanden sind.

In Abbildung 6.78 sind Orientierungswerte aus der Literatur angegeben. Mangels differenzierter Darstellung sind sie allerdings nur eingeschränkt nutzbar und können lediglich zur Orientierung dienen.

Die Leistungen des Hauswarts sind vielfältig. So beschreibt die Dienstanweisung der Stadt Ludwigsburg[208] folgende Tätigkeiten als die eines Hauswarts bei Schulen: Übernahme der Be-

207 Vgl. [FIR 000465], S. 4, 13, 21, 29.

208 Vgl. [Stadtverwaltung Ludwigsburg (1998f)].

Tab. 6.56: Kennzahlen für Hausmeisterkosten.

	Kennzahlen in der Projektabwicklung	Kennzahlen im Objektbetrieb
1.	**Ziele** Hausmeisterkosten [€/a] nachhaltig reduzieren	
2.	**Ermittlung der Kostenkennzahl auf Wirtschaftseinheit oder Objekt(e)** Hausmeisterkosten in [€/m^2_{BGFe} a] oder [€/m^2_{MF} a] oder [€/m^2_{Sektor} a]. Berechnungsgrundlage ist die Hausmeisterfläche [m^2_{BGF} a/1 FTE], [m^2_{MF} a/1 FTE], [m^2_{Sektor} a/FTE]. Die Personalbemessung erfolgt nach dem Zu- und Abschlagsverfahren unter Berücksichtigung des Leistungsbilds × Jahresbruttolohn.	Hausmeisterkosten in [€/m^2_{BGFe} a] oder [€/m^2_{MF} a] oder [€/m^2_{Sektor} a]. Berechnungsgrundlage ist die Hausmeisterfläche [m^2_{BGF} a/1 FTE], [m^2_{MF} a/1 FTE], [m^2_{Sektor} a/FTE]. Die Kostenfeststellung der Personal- und Betriebskosten erfolgt nach Jahresabschluss, Umlage nach Betriebsabrechnungsbogen nach Prozessen und Sektoren.
3.	**Vorgaben** Die Planzahl unterschreitet die Kennzahl eines vergleichbaren Referenzobjekts. Bei Überschreitung ist die Kostenübernahme sicherzustellen, der geplante Leistungsumfang zu verringern oder die Vorgaben sind anzupassen. Anwendung des TVöD bei der kommunalen Gebäudewirtschaft oder Landesbetrieben	Die Ist-Zahl unterschreitet die Planzahl. Sofern die Vorgaben nicht eingehalten werden, sind die Ursachen im PDCA-Zyklus zu analysieren und geeignete Maßnahmen durch die Verantwortlichen einzuleiten.

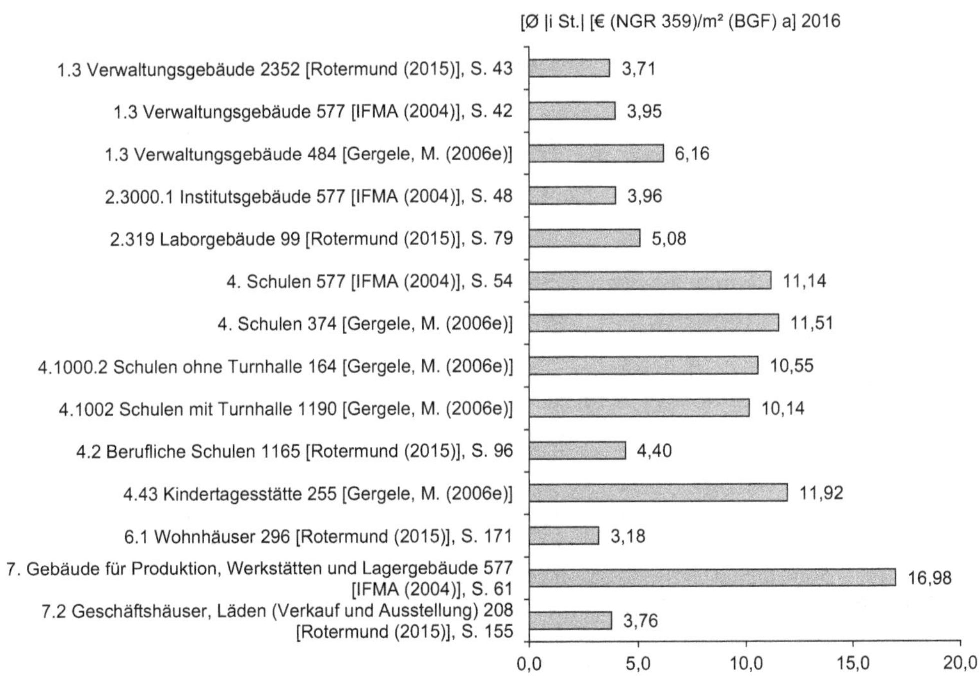

Abb. 6.78: (Vergleichs-)Kennzahlen (Orientierungswerte) der Literatur: Hausmeisterkosten nach Bauwerksnutzungsart.[209]

209 Daten kategorisiert nach BZK, Gewichtungsangabe nach Quelle, Fundort, Brutto-Preise (Mittelwert) vom Erscheinungsjahr indiziert nach [StBA 61111-0005 (2017)], CC0432 (Dienstleistungen für Instandhaltung und Reparatur der Wohnung).

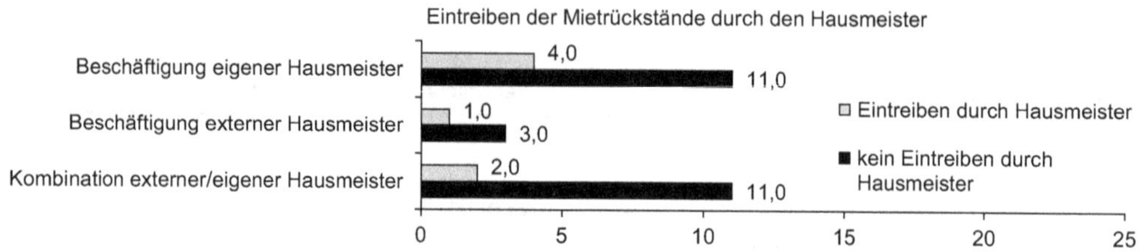

Abb. 6.79: Hausmeister treibt Mietrückstände ein.[210]

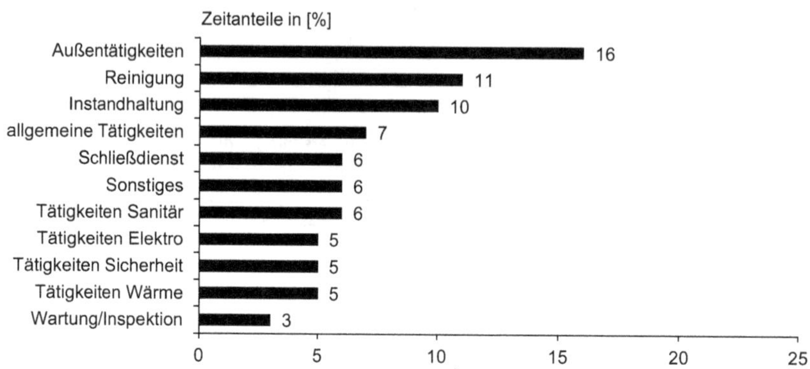

Abb. 6.80: Aufgabenblöcke und Zeitanteile der Tätigkeiten für das kommunale Gebäudemanagement in %.[211]

treiberverantwortung z. B. bei Veranstaltungen oder Sicherstellung der Verkehrssicherheit (vgl. Kap. 8.3.5), Gebäudereinigung (z. B. Reinigung der Gehwege oder Hallen), Bedienung, Wartung und Inspektion von technischen Anlagen, Winterdienst und Pflege der Grünanlagen, Durchführung kleiner Instandhaltungsmaßnahmen, z. B. bei technischen Anlagen, Schließ-, Sicherheits- und Aufsichtspflichten und vieles mehr. Eine Aufteilung der Leistung nach Kostenarten sollte mithilfe eines Betriebsabrechnungsbogens so weit wie möglich durchgeführt werden.

In der Wohnungswirtschaft gehört es bei manchen Wohnungsunternehmen zur Aufgabe, Mietrückstände einzufordern (vgl. Abb. 6.79). Ob hierfür entsprechende Qualifizierungsmaßnahmen durchgeführt wurden, ist nicht bekannt.

Der Bericht der KGSt [KGSt B 5-2010] gibt weitere Hinweise, wie sich die Tätigkeiten verteilen: So fallen z. B. bei Schulen etwa 20 % für die Nutzerunterstützung und 80 % für die Aufgaben des Gebäudemanagements an. Eine differenziertere Darstellung der Tätigkeiten für das Gebäudemanagement liefert Abbildung 6.80.

Sofern die Tätigkeiten nicht klar definiert sind, ist eine objektive Personalbemessung schwierig, da sie auch von organisatorischen Rahmenbedingungen abhängig ist (vgl. Kap. 5.6.2): Eine Umfrage bei **Wohnungsunternehmen** zur Bemessung der Hausmeisterstellen ergab:[212]

- **3–10 Wohneinheiten (WE):** nur Angestellte, keine Hausmeister,
- **bis 10 WE:** Einsatz von Minijobbern (516,32 €), keine Hausmeister,
- **50–100 WE:** ggf. eine Halbtagsstelle als Hausmeister,
- > **100 WE:** Vollzeitkraft, bei hoher Zahl vom WE kann sich Outsourcing lohnen.

210 Vgl. [Fechter, N. (2006)], S. 67, n = 32 Wohnungsunternehmen.

211 Eigene Darstellung nach [KGSt B 5-2010], S. 12.

212 Vgl. [Schrodt, T. (2000i)], S. 26 f.

In der **kommunalen Gebäudewirtschaft** kann der Personalbedarf durch Zu- und Abschlagsverfahren detailliert abgebildet werden und ist nach den Reinigungsflächen der Schularten gestaffelt:[213]

- einzeln stehende Grundschule 1.800 bis 3.000 [m^2] Reinigungsfläche je Hausmeister,
- Hauptschule oder Realschule 3.500 bis 5.000 [m^2] Reinigungsfläche je Hausmeister,
- Gymnasium 7.000 bis 11.000 [m^2] Reinigungsfläche je Hausmeister.

Die nachfolgend genannten Aufgaben zur Bedarfsberechnung sind weitgehend dem KGSt-Bericht B 1/1986 entnommen.[214] Unter Zugrundelegung der Normalaufgaben können nach [KGSt 1/1986] Objekte mit 10.000 bis zu 12.000 [m^2] Reinigungsfläche von einem Hauswart ohne Überstunden ausreichend betreut werden. Nicht berücksichtigt werden Flächen von Pausenhöfen, Kellern und Speichern. In der Überarbeitung des Berichts [KGSt B 5-2010] wird von 10.000 [m^2] Brutto-Grundfläche je Hausmeister ausgegangen. Allerdings werden hier 10.000 [m^2] Außenfläche miteingerechnet.

Die **Bezugsgröße** 10.000 [m^2] je Hausmeister ist nur dann richtig, wenn folgende Grundannahmen erfüllt sind:

- Bei der Bezugsfläche handelt es sich um ein Gebäude, d. h. von eventuell separat gelegenen Gebäuden einer Liegenschaft (Hausmeisterhaus oder dergl.) wird abgesehen.
- Es ist ein betreuungsfreundliches Objekt, d. h. nicht außergewöhnlich unübersichtlich, pflegeintensiv oder reparaturanfällig.
- Die Nutzer sind unproblematisch, d. h. z. B. keine Schule für Lernbehinderte, keine übermäßigen Polizei- oder Feuerwehreinsätze wegen Konflikten oder (Fehl-)Alarmen.
- Der Hauswart wird durch Fremdbenutzung der Gebäude am Abend nicht beansprucht.
- Die Reinigung wird durch externe Firmen (Fremdreinigung) durchgeführt (d. h., der Hausmeister leitet keine eigenen Kräfte an).
- Die Heizung ist bedienungsfreundlich (im Zweifel ist Unterstützung nicht notwendig).
- Die maschinelle Ausstattung für den Winterdienst ist ausreichend.

Die Organisationsuntersuchung für die Stadt Filderstadt schlägt Zu- und Abschlagsfaktoren bei der zu betreuenden Fläche zur Anpassung an örtliche Gegebenheiten vor.[215]

- Für Schulen, Hallen und deren Kombination sind separate Zuschläge vorgesehen.
- Der Abschlag für die zu betreuende Fläche bei Hallen beträgt 50 % (Grundlage: Reinigungsleistung Halle 400 [m^2/h], Reinigungsleistung Schule 280 [m^2/h]). Die Stadt Geislingen an der Steige differenziert weiter nach der Größe der Hallen. Bei Vier-Feld-Hallen wird von einem Abschlag von 31 %, bei Drei-Feld-Hallen von 17 %, bei Ein-Feld-Hallen von 0 % ausgegangen, sofern Anpassungen an den Gebäudezustand, die Größe der Außenanlage sowie Eigen- oder Fremdreinigungsanteile vorher in Abzug gebracht wurden.

Zu- und Abschläge differenzieren den Bedarf. Nach Aussage des Arbeitskreises Facility-Management für Kommunen an der Hochschule für Wirtschaft und Umwelt Nürtingen-Geislingen mit den Städten Geislingen an der Steige, Ludwigsburg, Kirchheim/Teck, Mühlacker, Ostfildern, Sindelfingen und der Gemeinde Wangen (Baden-Württemberg) sowie dem Landkreis Göppingen sollten folgende Zu- und Abschläge erteilt werden:

- **Zuschlag Wegezeiten** (15 [min] pro Gebäude pro Tag, weite Entfernungen × 1,5, nahe Entfernungen × 0,75, kein Zuschlag, wenn baulich zusammenhängend),

213 Vgl. [KGSt 1/1986], S. 6.
214 Vgl. [KGSt 1/1986], S. 9.
215 Vgl. [Raff, H. (2006i)], Folie 9.

Tab. 6.57: Zuschlagsfaktoren in Abhängigkeit vom baulichen Zustand.[216]

	Baulicher Zustand	Zu- und Abschlag	Kriterien, Beispiele
1.	gut	0 %	keine Reparaturen über normale Abnutzung hinaus
2.	befriedigend	10 %	häufige Schäden wegen größeren Sanierungsbedarf und Beschädigungen der Bausubstanz durch Nutzerverhalten
3.	schlecht	20 %	häufige Schäden aufgrund der Bausubstanz, z. B. sehr altes Schulgebäude ohne Sanierung

- **Zuschlag baulicher Zustand:** noch nicht festgelegt, könnte analog zum Geschäftsbericht des Bayerischen Kommunalen Prüfungsverbands (vgl. Tab. 6.57) angewandt werden,
- **Zuschlag Eigenreinigung in den Gebäuden** (Basis [KGSt 1/1986] 10.000 [m^2] Reinigungsfläche: + 10 %, da erhöhter Aufwand für die Einteilung der Reinigungskräfte, Materialbestellung und Verwaltungstätigkeiten),
- **Zuschlag Vandalismus** (problematischer Nutzer: Basis [KGSt 1/1986] 10.000 [m^2] Reinigungsfläche: + 5–10 %),
- **Zuschlag Regelungsaufwand Heizungsanlage** (Basis [KGSt 1/1986] 10.000 [m^2] erhöhter Regelungsaufwand + 5 %, hoher Regelungsaufwand + 10 %),
- **Zuschlag Maschinen- und Geräteausstattung** (Basis [KGSt 1/1986] 10.000 [m^2] befriedigend + 3 %, ausreichend + 5 %),
- **Zuschlag Kleinreparaturen, Wartungsarbeiten** (nicht definiert),
- keine Beanspruchung des Hauswarts durch Fremdbenutzung.

Die Stadt Geislingen setzt keine Pauschalsätze für Wochenend- oder Winterdienste an.[217] Echte Aufwandswerte sollen herangezogen werden für
- **Bereitschaftszeiten** (berechneter Zeitwert aus der Anzahl der Veranstaltungen, unterteilt in ganz-/halbtägig sowie am Wochenende/werktags, zzgl. Zeiten für Einweisung und Abnahme, wird im Gegensatz zu [KGSt 1/1986] als Bonus behandelt),
- **Post (und Filmdienst)** (nicht bei [KGSt 1/1986] berücksichtigt, muss angesetzt werden),
- **Reinigungszeit für eigene Reinigungsfläche** (ohne Zuschlag, vielmehr absoluter Zeitanteil rund 1.640 [min/Woche (27 h) Sporthalle]),
- **Reinigung Grundstück/Außenanlagen** (berechneter Wert: [m^2] befestigte Fläche, ermittelt aus Aufmaß, Referenzfläche „Fußgängerzone Bernhausen“: Bauhof [30 min/1 Person] bei 2.400 [m^2] am Tag),
- **Schließ- und Kontrolldienste** (Basis [KGSt 1/1986] 10.000 [m^2] ermittelt aus Arbeitsaufzeichnungen, Zuschlag je nach Höhe der Überschreitung des Maximalwerts),
- **Unterstützung Schulbetrieb** (nach tatsächlichem Aufwand) und
- **Vorbereitung Veranstaltungen** (berechneter Wert anhand der Veranstaltungen, pro Veranstaltung werden je nach Hallenkategorie 30 oder 90 [min] am Wochenende bzw. 15 oder 30 [min] werktags berechnet).

Nachfolgend werden **Optimierungsmöglichkeiten** dargestellt.
- **Stellenanzahl reduzieren:** Grundsätzlich ist eine volle Auslastung des Hauswarts zu organisieren. Ist dies nicht gegeben, besteht die Möglichkeit, verstärkt Eigenleistungen (Insourcing) zu erbringen oder die Option der Fremdvergabe (Outsourcing) zu nutzen.

216 Siehe [BKPV (2003H)], S. 39.

217 [Vogelmann, K. (2007k)].

- **Durch Objektbündelung rationalisieren:** Unterstützungskräfte abbauen: Unterstützungskräfte sind i. d. R. bei Objekten mit einer Reinigungsfläche von 10.000 bis 12.000 [m^2] entbehrlich; Objekte zusammenfassen: Auslastung ist bei Objekten von 3.000 bis 5.000 [m^2] Reinigungsfläche i. d. R. nicht gegeben; Team bilden (Ostfildern):[218] Team 1: Kulturzentrum und Verwaltung; Team 2: Schulen Nellingen und Sporthallen Scharnhausen; Team 3 und 4: Scharnhauser Park, Ruit, Kemnat).
- **Arbeitsleistung durch Teambildung steigern:** Kriterien zur Teambildung sind:[219] räumliche Nähe, ähnliche Bauwerksnutzungsarten, unmittelbare bzw. spätere Einsparungsmöglichkeiten; Zielsetzung dabei ist:[220] Gebäudemanagement und Hauswartdienste nachhaltig konkurrenzfähig gegenüber Outsourcing-Lösungen machen, Vertretungsfragen im Team lösen, nicht allein leistbare Tätigkeiten im Team ermöglichen; mehr fachliche Kompetenz im Team sicherstellen, z. B. für Energiemanagement/Heizungssteuerung; eindeutige Zuständigkeit der Teams für bestimmte Gebäude regeln; Teams für zunehmende Technisierung qualifizieren; Einsparpotenziale durch Zielvereinbarungen mit Hauswarten realisieren.
- **Auslastung steigern** (ggf. Objekte < 10.000 bis 12.000 [m^2] Reinigungsfläche): Fremdleistungen übernehmen, wie z. B. Rasenmähen und -sprengen, größere Reparaturen und Wartungen, Wechseldienst bei Schulkomplexen mit mehreren Hauswarten.
- **Überstunden reduzieren:** Veranstaltungen konzentrieren; Nutzung von Sportstätten durch Dritte (z. B. bei zeitweiliger Überlassung von Sportstätten an Vereine) in deren Verantwortung übergeben; Wechseldienst bei Schulkomplexen mit mehreren Hauswarten für übergeordnete Bereiche organisieren; Reinigungszeiten und Hauswartarbeiten synchronisieren, denn Reinigungen außerhalb der Dienstzeiten des Hauswarts führen zu Überstunden, Schlüsseldienst ist ggf. auf das Reinigungspersonal zu übertragen; Dienstplan und Arbeitsaufnahme gestalten, Pausen und ein 5-Tage-Woche festlegen und an den tatsächlichen Bedarf anpassen; Überstundennachweise sind zu führen; Überstundenausgleich durch Freizeitausgleich reduziert die Neigung, Überstunden als wesentlichen Bestandteil des Einkommens zu betrachten; technische Anlagen modernisieren: bei Modernisierung auf die Entlastung des Hauswarts achten; bei Schulen ggf. Winterdienst oder Sauberhaltung der Außenanlagen bei Objekten mit mehr als 10.000 bis 12.000 [m^2] Reinigungsfläche auf Dritte übertragen.
- **Nebenvergütungen reduzieren:** Heizungsentschädigungen (die ihre Berechtigung bei alten Anlagen hatten) sind bei Modernisierung zu kündigen; pauschale Vertretungsentschädigungen durch z. B. Springerregelungen vermeiden.
- **Durch Outsourcing Kosten senken:** Reinigung in Eigenleistung kann bei kostengünstigerer Fremdvergabe aufgegeben werden.
- **Mit sonstigen Maßnahmen Kosten reduzieren:** Gestaltungsmöglichkeiten bei der Bauunterhaltung nutzen: bei entsprechender Unterweisung können kleinere Reparaturen von den Hauswarten selbst durchgeführt werden; Gestaltungsmöglichkeiten bei der Unterhaltung und Pflege von Außenanlagen nutzen, insbesondere, wenn die Auslastung nicht gegeben ist; Gestaltungsmöglichkeiten beim Winterdienst nutzen; Aufgaben bei der Vergabe von Gebäudereinigung reduzieren; Nebeneinnahmen reduzieren.
- **Für neue Aufgaben schulen:** Beispiele für Schulungsmaßnahmen sind im Anhang (Kap. 9.6, Tab. 9.13) aufgeführt.
- **Erträge steigern:** Entgelte für die Nutzung der Immobilien (z. B. durch Vereine) einführen.

Die Möglichkeiten zur Beeinflussung der Hausmeisterkosten sind in Tabelle 6.58 zusammengefasst dargestellt.

218 Vgl. [Maier, H. (2006g)], S. 4, 6.
219 Vgl. [Maier, H. (2006g)].
220 Vgl. [Maier, H. (2006g)].

Tab. 6.58: Maßnahmen (Handlungsoptionen) – Hausmeisterkosten.

	Optionen in der Projektabwicklung	Optionen im Objektbetrieb
1.	**Hausmeisterleistungen und -niveau formulieren**	
		– Leistungen reduzieren, Leistungen der Vergütung anpassen (Tarifabschlüsse – TVöD)
2.	**Hausmeisterbedarf planen**	**Hausmeisterleistungen planen** – Auslastung z. B. durch Bildung von Hausmeistergruppen mit Zuständigkeitsregelungen erhöhen
3.		**Hausmeisterleistungen durchführen** – Dienstanweisung (z. B. zum Betrieb der technischen Anlagen, Raumtemperatur etc.), organisatorische Veränderungen erstellen – verursachergerecht Leistungen abrechnen.
4.	**Hausmeisterbedarf überprüfen**	**Hausmeisterleistungen überprüfen**
5.	**Energie(spar)potenziale heben**	
		– Anreizsysteme zur Energieeinsparung einführen (z. B. Fifty-Fifty-Programm) – Outsourcing von Leistungen (z. B. Winterdienst)

Best-Practice-Beispiel: Mühlacker
Seit 2006 werden die Hauswarte zu einer Gruppe zusammengefasst, um die Auslastung zu erhöhen und die Belastung gerechter zu gestalten. Gleichzeitig wurden Dienstanweisungen zum Betrieb der technischen Anlagen, Raumtemperaturen etc. ausgegeben.[221]

6.8.7 Abgaben und Beiträge – Steuern und Versicherung (NGR 370)

Steuern (KGR 371)
Die Möglichkeiten, die Steuern zu beeinflussen, sind begrenzt. Bei den Grundsteuern verbleibt lediglich die Wahl der Gemeinde als Handlungsoption. Bei technischen Anlagen lässt sich in begrenztem Umfang die Mineralölsteuer beeinflussen.

Best-Practice-Beispiel: Mühlacker
Da teilweise Faulgas anstatt Mineralöl als Energieträger im Blockheizkraftwerk (BHKW) des Klärwerks eingesetzt wurde, konnte 2005 eine Mineralölsteuererstattung in Höhe von 3.000 [€/a] beim Hauptzollamt realisiert werden.[222]

Versicherung (NGR 372)
Neben dem klassischen Preisvergleich bei Versicherungsleistungen gehört es zu den wesentlichen Handlungsoptionen, Versicherungsschäden als solche zu identifizieren und Versicherungsleistungen einzufordern. Es empfiehlt sich hier, das verantwortliche Personal entsprechend zu schulen.

In Abbildung 6.81 sind Kennzahlen für die Nutzungskostenberechnung angegeben. Sie dienen nur der Plausibilisierung. Im Objektbetrieb werden die tatsächlich abgerechneten Versicherungskosten herangezogen.

221 [Diehm, M. (2006c)].
222 Vgl. [Diehm, M. (2006c)].

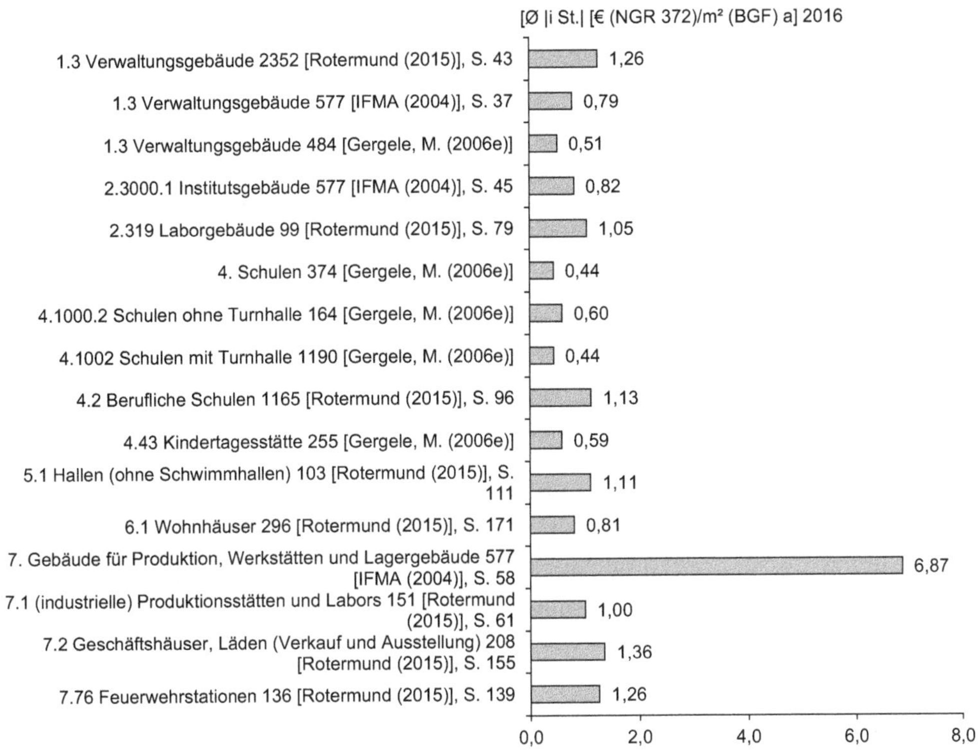

Abb. 6.81: (Vergleichs-)Kennzahlen (Orientierungswerte) der Literatur: Versicherungskosten nach Bauwerksnutzungsart.[223]

6.8.8 Verpflegungskosten (NGR 385[224])

Die Kosten für Verpflegung werden maßgeblich von der Verpflegungsart bestimmt. Es ist hier grundsätzlich in **Selbstverpflegung** und **Gemeinschaftsverpflegung** zu differenzieren.

Schwarz u. a.[225] unterscheiden die Küchengröße zur Gemeinschaftsverpflegung nach der täglichen Fertigungskapazität:
- kleine Großküchen (bis 150 Mahlzeiten/d),
- mittlere Großküchen (150–500 Mahlzeiten/d),
- große Großküchen (500–3.000 Mahlzeiten/d).

Der Personalbedarf einer Küche zur Gemeinschaftsverpflegung sinkt i. d. R. mit der Anzahl der herzustellenden Essen. Je nach Literaturquelle differieren jedoch die Angaben zum Personalbedarf.[226]

Für eine wirtschaftliche Produktionsküche wird von etwa 250 Essensteilnehmern ausgegangen. Bei kleinen Kantinen sollte auf eigene Essenszubereitung verzichtet und auf ein Catering-System oder ein Verbundsystem mit einer Großküche zurückgegriffen werden.[227]

---

223 Daten kategorisiert nach BZK, Gewichtungsangabe nach Quelle, Fundort, Brutto-Preise (Mittelwert) vom Erscheinungsjahr indiziert nach [StBA 61111-0005 (2017)], CC1252 (Versicherungsdienstleistungen für die Wohnung).

224 NGR 380 ist nicht nach [18960 2008-02] definiert.

225 Siehe [Schwarz, P. (2011)], S. 17.

226 Vgl. [Loeschcke, G. (1985)], S. 2.

227 Siehe [HIS (1988i)], S. 11.

Personalkosten und der Flächen-, Ausstattungs- und Einrichtungsbedarf können durch den Einsatz von sog. Convenience-Produkten reduziert werden. Darunter sind alle Waren und Warenarten zu verstehen, die mit einem solchen Vorfertigungsgrad und/oder Verpackungsgrad eingekauft werden, dass sie sich ohne den Weg über eine besondere Vorbereitungszone für die Zubereitung warmer und kalter Speisen oder unmittelbar für die Ausgabe einsetzen lassen. Dadurch lässt sich der Anteil des Personals an der Vorbereitung und dem Herstellungsprozess weitgehend verringern, bis hin zur reinen Essensausgabe. Hilfreich ist auch der Einsatz von „Cook–Chill" („Kochen und Kühlen"). Die Abgabe der Speisen erfolgt nicht unmittelbar nach dem Herstellungsprozess, sondern zu einem späteren Zeitpunkt nach dem Abkühlungsprozess. Die Kosten lassen sich nach Auffassung der Deutschen Krankenhausmanagement Beratungs- und Forschungsgesellschaft (DKI) für die Speisenversorgung mit Tabletts in einem Krankenhaus bei etwa 640 Vollbeköstigten um 13 % erheblich reduzieren auf etwa 10 € je Beköstigungstag.[228] Händel ermittelte schon 1993 für **Lebensmittel** eine Bandbreite von 2,50 bis 6,00 [€/d] in Altenpflegeheimen.[229] In PERSYS werden die Kosten mit 4,00 [€/d und Person] angegeben.[230]

Lange Öffnungszeiten können zur Auslastung bei Verpflegungseinrichtungen und zum Abbau von Belastungsspitzen beitragen.

Um den Personalbedarf bei Selbstverpflegung mit weniger als acht Personen berücksichtigen zu können, wurde zur Verpflegung von vier Personen ein Bedarf von etwa 0,6 Beschäftigten angenommen (s. Abb. 6.82). Danach sind die Verpflegungskosten aus Sicht der Personalkosten mit Haushaltsküchen mit sechs Personen und Verpflegungseinrichtungen für 30 Personen vergleichbar. Probleme ergeben sich bei der Ermittlung der Essensteilnehmer bei Großkücheneinrichtungen. Die Anzahl der herzustellenden Essen richtet sich nach der Essensbeteiligung. Sie betrug z. B. bei Hochschulangehörigen im Durchschnitt 32 % (20–55 %).

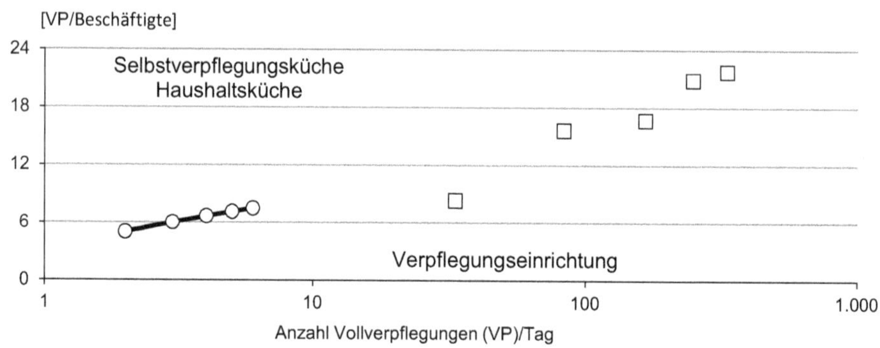

Abb. 6.82: Personalschlüssel in [Vollverpflegungen/Beschäftigte] in der Küche nach Küchenart.[231]

Die Handlungsoptionen sind in Tabelle 6.59 dargestellt.

Kennzahlen für die Verpflegungskosten von Verpflegungseinrichtungen sind in Abbildung 6.83 dargestellt. Die Optionen in Tabelle 6.60 zeigen den starken Bezug zum Projektgeschäft auf. Ohne nähere Angaben zur Verpflegungsart und zur Qualität sind die Kennzahlen jedoch weitgehend ohne Aussagekraft.

228 Vgl. [DKI (1997W)], S. 6 f.

229 Siehe [MinSoz BWL AZ 44-7327], S. 11.

230 Siehe [ABG (1999E)], Anlage 4.

231 Siehe [Bogenstätter, U. (2001)], S. 112.

Tab. 6.59: Kennzahlen bei Verpflegungskosten.

	Kennzahlen in der Projektabwicklung	Kennzahlen im Objektbetrieb
1.	**Ziele bei Catering-Leistungen** Verpflegungskosten [€/Person] nachhaltig reduzieren	
2.	**Ermittlung der Kostenkennzahl auf Unternehmens- oder nach Geschäftsbereichen** Verpflegungskosten in Eigen- und/oder Fremdleistung in [€/Vollverpflegung] und/oder [€/m^2_{BGFe} a], (Vergleichs-)Kennzahl (Orientierungswerte) der Literatur: Verpflegungskosten nach Bauwerksnutzungsarten (indiziert: Verpflegung)	
3.	**Vorgaben** Planzahl unterschreitet die Kennzahl eines vergleichbaren Marktpreises Kostenschätzung durch Preisabfrage bei Dienstleistungsunternehmen	Ist-Zahl unterschreitet die Planzahl

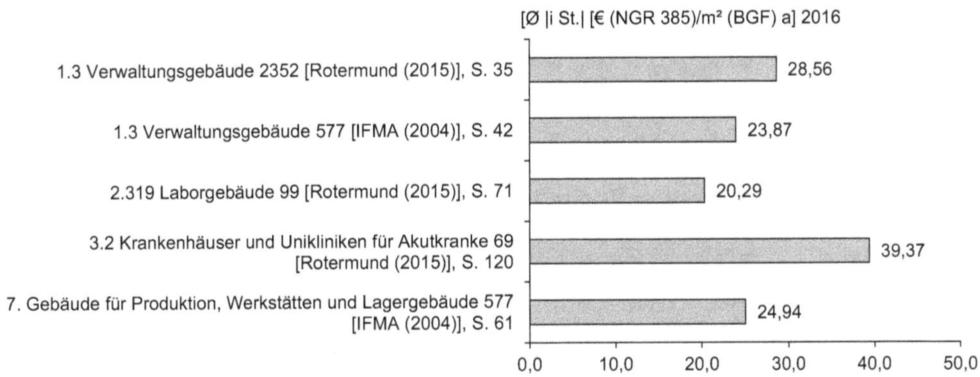

Abb. 6.83: Referenzkennzahlen für Verpflegungskosten nach Bauwerksnutzungsarten [m^2/je Vollverpflegung] pro Essplatz.[232]

Tab. 6.60: Maßnahmen (Handlungsoptionen) – Verpflegungskosten.

	Optionen in der Projektabwicklung	Optionen im Objektbetrieb
1.	**Verpflegung planen** – Essensangebot – Art der Küche festlegen (vgl. zum Flächenbedarf Kap. 6.3.1, Abb. 6.16 und 6.17) – Platzwechselraten, – Verweildauer planen – Essensbeteiligung planen	– Essensangebot und Anzahl überprüfen – Fremdvergabe (Outsourcing) prüfen – Öffnungszeiten der Kantine zum Frühstück, Mittagessen, Abendessen anpassen – Einsatz von Convenience-Produkten prüfen – Lebensmitteleinkauf optimieren – Personalbedarf optimieren
2.	**Verpflegung durchführen** den geplanten Einsatz von Convenience-Produkten optimieren	Essensbeteiligung durch attraktives Angebot erhöhen

232 Daten kategorisiert nach BZK, Gewichtungsangabe nach Quelle, Fundort, Brutto-Preise (Mittelwert) vom Erscheinungsjahr indiziert nach [StBA 62421-0001 (2017)], AKI WZ08-I (Arbeitskostenindizes: Deutschland, Quartale, Wirtschaftsbereiche, Bereinigungsverfahren: BV4.1 kalender- und saisonbereinigt: Gastgewerbe).

Tab. 6.60: (Fortsetzung)

	Optionen in der Projektabwicklung	Optionen im Objektbetrieb
3.	**Verpflegungsergebnisse überprüfen**	
	– Kalkulation vornehmen: Menge × Verrechnungssatz [€/Essen a], entspricht Sachmittel- und Personalkosten für die Verpflegung zzgl. geplanter Gebäudekosten	– Kalkulation überprüfen: Menge × Verrechnungssatz [€/Essen a], entspr. Sachmittel- und Personalkosten für die Verpflegung zzgl. realer Gebäudekosten
4.	**Verpflegungspotenziale heben**	

Literatur

[ABG (1999E)] vom Endt, Hans Joachim; Fasse, Manfred; Kirchhof, Ralf-Rüdiger; Walter, Martin: PERSYS: Leistungsgerechte Pflegesätze für die stationäre Pflege: Modellrechnung für ein Pflegeheim mit 100 Plätzen; Stuttgart 1999.

[ages (1998)] ages (Hrsg.): Verbrauchskennwerte 1996: Energie- und Wasserverbrauchskennwerte von Gebäuden in der Bundesrepublik Deutschland, 3. Aufl.; Münster 1998.

[ages (2005)] ages (Hrsg.): Verbrauchskennwerte 2005: Medien, 3. Aufl.; Münster 2005.

[AGI W5 (2014)] Arbeitsgemeinschaft Industriebau (Hrsg.): Kennzahlen für Technikkosten während der Nutzungsphase von Büro- und Laborgebäuden, AGI W5; Hannover 2014.

[AMEV Personalbedarf 2000] Arbeitskreis Maschinen- und Elektrotechnik staatlicher und kommunaler Verwaltungen (Hrsg.): Hinweise zur Ermittlung des Personalbedarfs für das Betreiben der technischen Anlagen in öffentlichen Gebäuden; Berlin 2000.

[AMEV TGA-Kosten Betreiben 2013] Arbeitskreis Maschinen- und Elektrotechnik staatlicher und kommunaler Verwaltungen (Hrsg.): TGA-Kosten Betreiben 2013: Ermittlung der Kosten für das Betreiben von technischen Anlagen in öffentlichen Gebäuden, AMEV TGA-Kosten Betreiben 2013; Bonn 2013, URL: https://www.amev-online.de/AMEVInhalt/Organisation/TGA-Kosten%20Betreiben/tga2013.pdf (letzter Aufruf: 08.01.2018).

[ASUE 09 05 04] Arbeitsgemeinschaft für sparsamen und umweltfreundlichen Energieverbrauch (Hrsg.): Sanierung und Modernisierung von Heizungsanlagen: Eine Entscheidungshilfe für die Wohnungswirtschaft; Kaiserslautern 2004.

[Barthold, H. (2008a)] Barthold, Hans-Martin: Mit geringen Investitionen lässt sich die Effizienz bestehender Anlagen deutlich verbessern: Tuning der Heizungsanlage spart Energie, in: Immobilienwirtschaft (2008), Heft 1, S. 66–68.

[BKPV (2003H)] Hiebel, Mathias: Kosten sparen beim Einsatz von Schulhausmeistern: Geschäftsbericht 2003, URL: http://www.bkpv.de/ver/pdf/gb2003/hiebel_hausmeister.pdf (letzter Aufruf: 04.01.2018).

[BMBau (1989K)] Kandel, Lutz; Linhardt, Achim; Roth, Jürgen: Vergleichende Betrachtung alternativer technischer Wohngebäudeausstattungen und Analyse ihres Einflusses auf Gebäude- und Betriebskosten: Baukostensenkung und Folgekosten, Schriftenreihe Bau- und Wohnforschung; Stuttgart 1989.

[BMBau (1990M)] Menkhoff, Herbert: Vergleichende Betrachtung alternativer technischer Wohngebäudeausstattungen und Analyse ihres Einflusses auf Gebäude und Betriebskosten, Schriftenreihe Bau- und Wohnforschung; Stuttgart 1990.

[BMBau 01.041] Triebel, Wolfgang; Achterberg, Gerhard; Tesch, Martin: Wirtschaftlichkeit von Studentenwohnheimen und Studentenwohnungen: Untersuchungen an Versuchs- und Vergleichsbauten in Berlin-Dahlem, Schriftenreihe Versuchs- und Vergleichsbauten und Demonstrativmaßnahmen; Bonn 1972.

[BMBau 474] Deters, Karl: Verfahren zur Kostendämpfung bei der Modernisierung der Sanitärinstallation und der Einfluß auf die Betriebskosten; Forschungsbericht, Schriftenreihe Forschung, Bonn 1989.

[BMBFT (BINE)] Dänekamp, Birgit: Rationelle Energieverwendung in öffentlichen Gebäuden: kommunales Energiemanagement, BMBFT (BINE); Köln 1990.

[BMVBS BNB_AA 2012] Bundesministerium für Verkehr, Bau- und Stadtentwicklung (Hrsg.): Bewertungssystem Nachhaltiges Bauen (BNB): Außenanlagen von Bundesliegenschaften, 2012, URL: https://www.bnb-nachhaltigesbauen.de/fileadmin/pdf/BNB_Steckbriefe-Aussenanlagen/BNB_AA2012-1.zip (letzter Aufruf: 20.01.2016).

[BMVBS BNB_BN 2011_1] Bundesministerium für Verkehr, Bau- und Stadtentwicklung (Hrsg.): Bewertungssystem Nachhaltiges Bauen (BNB): Neubau Büro- und Verwaltungsgebäude, 2011, URL: https://www.bnb-nachhaltigesbauen.de/ (letzter Aufruf: 04.01.2018).

[Bogenstätter, U. (2001)] Bogenstätter, Ulrich: Interdisziplinäres Modell zur Bewertung von Wohnstätten für [(schwer geistig) behinderte] Menschen in frühen Planungsphasen; Dissertation; Karlsruhe 2001.

[Burkert, J. (2006c)] Burkert, Joachim: Erfolgsstory der Stadt Geislingen (Steige): Arbeitspapier zur Vorbereitung des Arbeitskreises Facility Management für Kommunen; Geislingen 2006.

[DEPI (2017)] Deutsches Pelletinstitut (Hrsg.): Brennstoffkostenentwicklung von Erdgas, Öl und Pellets: Januar 2006–Dezember 2016, 2017, URL: http://www.depi.de/de/infothek/grafiken/ (letzter Aufruf: 11.03.2017).

[Diedrich, K. (2000b)] Diedrich, Klaus: Die intelligente Mülltonne, in: ImTeam (2000), Nr. 2, S. 36–37.

[Diehm, M. (2006c)] Diehm, Michael: Erfolgsstory der Stadt Mühlacker: Arbeitspapier zur Vorbereitung des Arbeitskreises Facility Management für Kommunen; Mühlacker 2006.

[DIN 1986-100 2008-05] Entwässerungsanlagen für Gebäude und Grundstücke: Teil 100: Bestimmungen in Verbindung mit DIN EN 752 und DIN EN 12056, Deutsches Institut für Normung (Hrsg.): Teil 100, DIN 1986; Berlin 2008.

[DIN 276 1993-06] Kosten von Hochbauten, Deutsches Institut für Normung (Hrsg.): DIN 276; Berlin 1993.

[DIN 276-1 2008-12] Kosten im Bauwesen: Teil 1: Hochbau, Deutsches Institut für Normung (Hrsg.): Teil 1, DIN 276; Berlin 2008.

[DIN 277-1 2016-01] Grundflächen und Rauminhalte im Bauwesen: Teil 1: Hochbau, Deutsches Institut für Normung (Hrsg.): Teil 1, DIN 277; Berlin 2016.

[DIN 4426 2013-12] Einrichtungen der Instandhaltung baulicher Anlagen: Sicherheitstechnische Anforderungen an Arbeitsplätze und Verkehrswege: Planung und Ausführung, Deutsches Institut für Normung (Hrsg.): DIN 4426; Berlin 2013.

[DIN 18917 2002-08] Vegetationstechnik im Landschaftsbau: Rasen und Saatarbeiten, Deutsches Institut für Normung (Hrsg.): DIN 18917; Berlin 2002.

[DIN 77400 2003-09] Reinigungsdienstleistungen: Schulgebäude: Anforderungen an die Reinigung, Deutsches Institut für Normung (Hrsg.): DIN 77400; Berlin 2003.

[DIN 8930-5 2003-11] Kälteanlagen und Wärmepumpen – Terminologie: Contracting, Deutsches Institut für Normung (Hrsg.): Teil 5, DIN 8930; Berlin 2003.

[DIN EN 13549 2001-10] Reinigungsdienstleistungen: Grundanforderungen und Empfehlungen für Qualitätsmesssysteme, Deutsches Institut für Normung (Hrsg.): DIN EN 13549; Berlin 2001.

[DKI (1997W)] Walter, Detlev: Kennen Sie die Sparpotentiale Ihrer Speisenversorgung?, in: Managementbrief Deutsches Krankenhausmanagement Beratungs- und Forschungsgesellschaft (1997), Nr. 3, S. 6 f.

[DWA -A 138 2005-04] Deutsche Vereinigung für Wasserwirtschaft, Abwasser und Abfall (Hrsg.): Planung, Bau und Betrieb von Anlagen zur Versickerung von Niederschlagswasser; Hennef 2005.

[EnEV 2016] Verordnung über energiesparenden Wärmeschutz und energiesparende Anlagentechnik bei Gebäuden: Energieeinsparverordnung – EnEV, 2016, URL: http://www.gesetze-im-internet.de/bundesrecht/enev_2007/gesamt.pdf (letzter Aufruf: 18.02.2017).

[Fechter, N. (2006)] Fechter, Nele: Mietforderungen: Maßnahmen zur Reduzierung der Mietrückstandsquote für gewerbliche und private Mieter; Saarbrücken 2006.

[Feist, W. (2007)] Feist, Wolfgang: Energiespar-Tipps für Haushalte vom Passivhaus Institut: (Folge 1: Sofortmaßnahmen Heizung), 2007, URL: https://passiv.de/former_conferences/Passivhaus_D/Energiespar_Tipps_1.html (letzter Aufruf: 04.01.2018).

[FIGR (2008L)] Lutz, Martin: Reinigungsgerechte Bauplanung; Tagungsunterlagen; Metzingen 2008.

[FIR 000465] Forschungsinstitut für Rationalisierung (FIR) an der RWTH Aachen (Hrsg.): RFID im After Sales und Service; Aachen 2006.

[FKGB (1996f)] Arbeitsgemeinschaft der für das Bau-, Wohnungs- und Siedlungswesen zuständigen Minister und Senatoren der Länder (Hrsg.): Trinkwassereinsparung in öffentlichen Gebäuden; Hannover 1996.

[FLL (2008)] Forschungsgesellschaft Landschaftsentwicklung Landschaftsbau (Hrsg.): Richtlinie für die Planung, Ausführung und Pflege von Dachbegrünungen; Bonn 2008.

[Franke, D. (2008a)] Franke, Detlef: Energiesparen: „Im Mieterverhalten steckt noch jede Menge Luft“, in: Immobilienwirtschaft (2008), Heft 1, S. 69.

[Gebaeudereiniger-Hessen (2008H)] Henrich, Marianne; Schmidt, Manfred; Wolf, Michael; Stange, Detlef: Bauplanung und Reinigungstechnik, 3. Aufl.; Frankfurt a. M. 2008.

[GALK (2012E)] Eschenbruch, Heribert: Kennzahlen für die Erstellung und Unterhaltung von Grünanlagen, 2012, URL: http://www.galk.de/arbeitskreise/ak_orga_betriebswirt/down/kennzahlen_eschenbruch_120529.pdf (letzter Aufruf: 17.04.2016).

[GEFMA 124-2 2013-05] Energiemanagement: Methoden, GEFMA e. V. Deutscher Verband für Facility Management (Hrsg.): Teil 2, GEFMA 124, 2013.

[GEFMA 520 v0.1 2005] Muster-LV Gebäudemanagement: Vorabzug, GEFMA e. V. Deutscher Verband für Facility Management (Hrsg.): GEFMA 520, 2005.

[Gergele, M. (2006e)] Gergele, Marcus: Kostentransparenz bei kommunalen Liegenschaften in Deutschland: Ermittlung von Kennzahlen als Grundlage für das kommunale Immobilienbenchmarking; Diplomarbeit; Leipzig, Jena 2006.

[GGGR-Merkblatt ER.02] Gütegemeinschaft Gebäudereinigung (Hrsg.): Ergebnisorientierte Reinigung – ein Vorteil?, GGGR-Merkblatt ER.02; Schwäbisch Gemünd 2013, URL: http://www.gggr.de/basics/pdfs/merkblattreihe/RA_13_007_MB_ergeb_Reinigung_web_neu.pdf (letzter Aufruf: 06.03.2017).

[Grüll, G. (2005h)] Grüll, Gerhard: Dauerhafte Holzfassaden durch fachgerechte Ausführung, Wartung und Instandsetzung, in: APPLICA (2005), Nr. 8, S. 4–12.

[Gugerli, H. (1997a)] Gugerli, Heinrich; Gilgen, Daniel; Berti, Heinrich: Gebäudereinigung richtig geplant, in: Haustechnik (1997), Nr. 3, S. 23–27.

[Heizen nach Stundenplan (1996f)] o. V.: Heizen nach Stundenplan, in: Bauverwaltung + Bauamt & Gemeindebau (1996), Heft 6, S. 518.

[Herbst, S. (1996h)] Herbst, Siegfried: Energetische Untersuchung: Gebäude im Alten- und Klinikbereich, in: Bundesbaublatt; 45 Jg. (1996), Nr. 8, S. 626–629.

[HIS (1988i)] Hochschul-Informations-System (Hrsg.): Planung und Bau von Küchen und Kantinen für 50 bis 1.000 Essenteilnehmer; Hannover 1988.

[IFMA (2004)] International Facility Management Association (Hrsg.): Benchmarking Report 2003; Karlsfeld bei München 2004.

[Jagnow, K. (2005)] Jagnow, Kati; Wolff, Dieter: Technische Optimierung und Energieeinsparung: OPTIMUS; vorläufiger Kurzbericht; Bremen 2005.

[Jakobiak, R. (2005e)] Jakobiak, Roman: Energiebedarf für die Beleuchtung: Änderung der Berechnungsverfahren durch die neue EU-Richtlinie, in: Deutsches Architektenblatt (2005), Heft 5, S. 64–69.

[Kautz, R. (2007d)] Kautz, Roger: Klassisch oder strukturiert?: Energiekosten senken durch optimalen Einkauf und Effizienz, in: IndustrieBAU (2007), Heft 4, S. 59.

[Kern, M. (2007k)] Kern, Michael: Ergebnispräsentation von verursachergerechten Abfallmanagementsystemen im Wohnungsbau am Beispiel Müllschleusen in Erfurt: Praxisforum 20.11.2007.

[KGSt 1/1986] Kommunale Gemeinschaftsstelle für Verwaltungsvereinfachung (Hrsg.): Wirtschaftlicher Hausmeisterdienst in Schulen; Bericht, KGSt 1/1986; Köln 1986.

[KGSt B 11/1994] Kommunale Gemeinschaftsstelle für Verwaltungsvereinfachung (Hrsg.): Gebäudereinigung: Kostensenkungsmaßnahmen; KGSt B 11/1994; Köln 1994.

[KGSt B 5-2010] Kommunale Gemeinschaftsstelle für Verwaltungsvereinfachung (Hrsg.): Hausmeisterdienste in Kommunen: (Stand 2009/2010); KGSt B 5/2010; Köln 2010.

[Kröger, H. (2005l)] Kröger, Hans: Bessere Luft für besseres (Betriebs-)Klima, in: Immobilienwirtschaft (2005), Nr. 12, S. 60–61.

[LBTA (1992G)] Gresens, Fred: Tageslichttechnik: Seminarberichte zur Bauphysik, Nr. 1, 2. Aufl.; Karlsruhe 1992.

[Lepper, R. (2005)] Lepper, Rolf: Private Energiewende, in: Capital (2005), Nr. 21, S. 112–116.

[LGA BWL-1 (2010R)] Raithel, Kirsten: Musterhygieneplan für Schulen: Infektionsschutz, Teil 1, 3., neu bearb. Aufl.; Stuttgart 2010.

[Loeschcke, G. (1985)] Loeschcke, Gerhard; Höfs, Jutta: Großküchen: Grundriß und Ausstattungsplanung in Küchen zur Gemeinschaftsverpflegung; Wiesbaden u. a. 1985.

[Lützkendorf, T. (2002a)] Lützkendorf, Thomas: Die Begriffswelt der EnEV 2002: Klare Begriffe und Systemgrenzen sind Voraussetzung für konkrete Bewertung, in: Deutsches Architektenblatt (2002), Heft 1, S. 10–11.

[Lutz, W. (1997)] Lutz, W.: Facility-Management: Gebäudebewirtschaftung und Dienstleistungen; Loseblattsammlung, 2. Aufl.; Landsberg/Lech 1997.

[lwg.bayern (2007D)] Degenbeck, Martin: Basiswissen Rasenbau: Anlage und Pflege von Rasenflächen; Veitshöchheim 2007.

[Maier, H. (2006g)] Maier, Hartmut; Krzok, Klaus: Vorschläge zur Optimierung der Hausmeisterdienste: Vortrag anlässlich des Arbeitskreises Facility Management für Kommunen am 20. Juli 2006 in der Stadt Ostfildern.

[Massing, B. (2000i)] Massing, Barbara: Erste Ergebnisse beim Pilotprojekt Müllgebührensenkung: Abfälle sortieren – Gebühren minimieren, in: Die Wohnungswirtschaft (2000), Heft 9, S. 40–41.

[Massing, B. (2001g)] Massing, Barbara: In 9 Monaten Müllvolumen um mehr als die Hälfte reduziert: Rhein-Lippe legt erste Bilanz zu Müllentsorgungskonzept vor, in: Die Wohnungswirtschaft (2001), Heft 7, S. 54.

[Maurer, P. (2006b)] Maurer, Peter: Heizungsoptimierung: Auf die Einstellung kommt es an, in: Immobilienwirtschaft (2006), Heft 2, S. 56–57.

[Mayer-Marczona, M. (2000k)] Mayer-Marczona, Michael; Tilebaar, Hans-Christoph: Inventarisierung aus der Luft, in: Die Wohnungswirtschaft (2000), Heft 11, Sonderdruck.

[MI.BWL (2001)] Innenministerium Baden-Württemberg (Hrsg.): Produkte – Ziele – Kennzahlen: Kommunaler Produktplan Baden-Württemberg; Schriftenreihe des Innenministeriums Baden-Württemberg zum kommunalen Haushalts- und Rechnungswesen, Heft 7; Stuttgart 2001.

[minol (2003P)] Peters, Frank: Handbuch zur Wärmekostenabrechnung: Fachinformationen für Wohnungsverwalter, Vermieter, Heizungstechniker und -ingenieure; 11. Aufl.; Stuttgart 2003.

[MinSoz BWL AZ 44-7327] Händel, Siegfried: Vergleich von kleinen Altenpflegeheimen in Hinblick auf Wirtschaftlichkeit, Sparsamkeit und Leistungsfähigkeit; Pforzheim 1993.

[Nagel, U. (2007)] Nagel, Ulrich: Facility Management: Ein Praxishandbuch für Architekten und Bauingenieure; Architektenhandbuch; Basel u. a. 2007.

[Neumann, H. (2003)] Neumann, Hans-Rudolf (Hrsg.): Fenster im Bestand: Grundlagen der Sanierung in Theorie und Praxis; Renningen 2003.

[OFD -RLB- (1998g)] Energiewirtschaftliche Beratungsstelle der Oberfinanzdirektion (Hrsg.): Orientierungswerte aus dem Abrechnungsjahr 1997 nach BWZ; Schreiben vom 30.07.1998.

[Pracht, K. (1994)] Pracht, Klaus: Licht + Raumgestaltung: Beleuchtung als Element der Architekturplanung; Heidelberg 1994.

[Raff, H. (2006i)] Raff; Stadt Filderstadt (Hrsg.): Organisationsuntersuchung Hausmeisterinnen/Hausmeister. Vortrag am 28. September 2006 bei der Stadt Ostfildern im Arbeitskreis Facility Management für Kommunen.

[Rehberg, S. (2008a)] Rehberg, Siegfried: Neuartiger Nachweis für die Betriebskosten im Bereich der Abfallentsorgung, in: Immobilienwirtschaft (2008), Heft 1, S. 64–65.

[Rotermund (2015)] Rotermund, Uwe (Hrsg.): fm.benchmarking Bericht 2015: Der FM-Kennzahlenvergleich; Höxter 2015.

[Ruge, K. (2007)] Ruge, Kerstin: Die Alternative: Heizen mit Grundwasser: Deutschlands größtes Wärmepumpenprojekt entsteht derzeit in Köln, in: Die Wohnungswirtschaft (2007), Heft 5, S. 68–69.

[Scheewe, H. (2004a)] Scheewe, Hans-Joachim: Elastisch und Textil: Anforderungen an Bodenbeläge nach Europäischen Normen, in: Deutsches Architektenblatt (2004), Heft 1, S. 40–42.

[Schrodt, T. (2000i)] Schrodt, Torsten: Wieviel Hausmeister muss sein?, in: Immobilien Praxis & Recht (2000), Nr. 9, S. 20–21.

[Schwarz, P. (2011)] Schwarz, Peter; Lemme, Fritz; Neumann, Peter; Wagner, Frank: Großküchen: Planung – Entwurf – Einrichtung, 5., völlig überarb. Aufl.; München 2011.

[SEBZ (2005)] Solar- und Energieberatungszentrum Bergstraße (Hrsg.): Förderangebote für Energieeinsparmaßnahmen für Privatpersonen des Kreises Bergstraße; Zeitungsartikel in der Stadt Bensheim, 07.12.2005, S. 4.

[Siebert, L. (1997i)] Siebert, Lothar: Wie aussagekräftig sind Kennwerte?: Über Schein und Sein von Energieverbrauchs-Kenn-Zahlen, in: Bauverwaltung + Bauamt & Gemeindebau (1997), Heft 9, S. 432–434.

[Siegel, C. (1979)] Siegel, Curt; Wonneberg, Rudolf: Bau- und Betriebskosten von Büro- und Verwaltungsbauten: Eine Auswertung der Daten von 110 ausgeführten und in Betrieb genommenen Gebäuden, 2., durchges. Aufl.; Wiesbaden u. a. 1979.

[Stadt Berlin BFF 1990] Becker, Giseke; Mohren, Richard: Der Bioflächenfaktor als ökologischer Kennwert: Grundlagen zur Ermittlung und Zielgrößenbestimmung: Auszug, Stadt Berlin BFF 1990, URL: http://www.berlin.de/senuvk/umwelt/landschaftsplanung/bff/download/Auszug_BFF_Gutachten_1990.pdf (letzter Aufruf: 04.01.2018).

[Stadt Frankfurt (2004)] Magistrat der Stadt Frankfurt am Main, Dezernat Bau, Hochbauamt (Hrsg.): Jahresbericht 2003/2003; Frankfurt 2004.

[Stadtverwaltung Ludwigsburg (1998f)] Stadtverwaltung Ludwigsburg (Hrsg.): Handbuch der Stadt Ludwigsburg: Verfügung des Oberbürgermeisters vom 12.01.1978, betr. Dienstanweisung für Schulhausmeister: Erf. Lfg. 06.1998; Loseblattsammlung; Ludwigsburg 1998.

[Statista 184313 (2017)] Statista (Hrsg.): Durchschnittliche Abwasserkosten je Kubikmeter und Grundgebühr pro Jahr in Deutschland nach Bundesland im Jahr 2010 (2010 = Index 100); Statista 184313 (2017), URL: https:

//de.statista.com/statistik/daten/studie/184313/umfrage/verteilung-der-abwasserkosten-in-deutschland-nach-bundeslaendern/ (letzter Aufruf: 14.02.2017).

[Statista 200294 (2017)] Statista (Hrsg.): Durchschnittliches Trinkwasserentgelt je Kubikmeter und Grundgebühr pro Jahr in Deutschland nach Bundesland im Jahr 2013 (2010 = Index 100); Statista 200294 (2017), URL: https://de.statista.com/statistik/daten/studie/200294/umfrage/verteilung-der-trinkwasserkosten-in-deutschland-nach-bundeslaendern (letzter Aufruf: 14.02.2017).

[Statista 20170311 (2017)] Statista (Hrsg.): Mischpreis für Fernwärme in ausgewählten deutschen Städten im Jahr 2013 (in Euro je Megawattstunde); Statista 20170311 (2017), URL: https://de.statista.com/statistik/daten/studie/205572/umfrage/mischpreis-fuer-erdgas-in-deutschen-staedten/ (letzter Aufruf: 11.03.2017).

[Statista 20170312 (2017)] Statista (Hrsg.): Mischpreis für Erdgas in ausgewählten deutschen Städten im Jahr 2013 (in Euro je Megawattstunde); Statista 20170312 (2017), URL: https://de.statista.com/statistik/daten/studie/205572/umfrage/mischpreis-fuer-erdgas-in-deutschen-staedten/ (letzter Aufruf: 11.03.2017).

[Statista 249446 (2017)] Statista (Hrsg.): Jährlicher Haushaltsstrompreis nach Bundesland im Jahr 2012 und Prognose für 2013 (in Euro) (2010 = Index 100); Statista 249446 (2017), URL: https://de.statista.com/statistik/daten/studie/249446/umfrage/prognose-zum-strompreis-nach-bundesland (letzter Aufruf: 14.02.2017).

[StBA (1998)] Statistisches Bundesamt (Hrsg.): Statistisches Jahrbuch 1998 für die Bundesrepublik Deutschland; Stuttgart 1998.

[StBA 61111-0005 (2017)] Statistisches Bundesamt (Hrsg.): Verbraucherpreisindex für Deutschland: Verbraucherpreisindex: Deutschland, Jahre, Klassifikation der Verwendungszwecke des Individualkonsums (COICOP 2-/3-/4-/10-Steller/Sonderpositionen); StBA 61111-0005 (2017); Stuttgart 2017, URL: https://www-genesis.destatis.de/genesis/online (letzter Aufruf: 14.03.2017).

[StBA 62421-0001 (2017)] Statistisches Bundesamt (Hrsg.): Arbeitskostenindizes: Deutschland, Quartale, Wirtschaftsbereiche, Bereinigungsverfahren: AKI; StBA 62421-0001 (2017); Stuttgart 2017, URL: https://www-genesis.destatis.de/genesis/online/logon (letzter Aufruf: 15.03.2017).

[Stiftung Warentest (2010a)] Stiftung Warentest (Hrsg.): Mülltrennung: Umwelt schonen, Gebühren sparen (2010), Stuttgart, URL: https://www.test.de/Muelltrennung-Umwelt-schonen-Gebuehren-sparen-4113793-4116986/ (letzter Aufruf: 04.01.2018).

[Sudhop, C. (1998i)] Sudhop, Christine: „Faire Verhältnisse“: Qualitätsmeßsystem in der Gebäudereinigung, in: Gebäudemanagement (1998), Nr. 9, S. 42–43.

[Techem (2003a)] Techem: Heizkostenvergleich der Perioden 1999/00 und 2000/01, in: Der Vermieter (2003), Heft 1, S. 10.

[Techem (2016)] Techem (Hrsg.): Energiekennwerte 2016: Eine Studie von Techem zum Wärme- und Wasserverbrauch in Mehrfamilienhäusern, 2016, URL: https://www.techem.de/fileadmin/user_upload/epaper-EKW-2016_leseversion/#72 (letzter Aufruf: 27.02.2017).

[TRBS 2111-1 2015] Technische Regeln für Betriebssicherheit (TRBS): Mechanische Gefährdungen: Maßnahmen zum Schutz vor Gefährdungen beim Verwenden von mobilen Arbeitsmitteln, Bundesanstalt für Arbeitsschutz und Arbeitsmedizin (Hrsg.): BAuA TRBS 2111-1; Köln 2015.

[TRBS 2121-1 2009] Technische Regeln für Betriebssicherheit (TRBS): Gefährdungen von Personen durch Absturz: Bereitstellung und Benutzung von Gerüsten, Bundesanstalt für Arbeitsschutz und Arbeitsmedizin (Hrsg.): Teil 1, BAuA TRBS 2121-1; Köln 2009.

[TRBS 2121-2 2010] Technische Regeln für Betriebssicherheit (TRBS): Gefährdungen von Personen durch Absturz: Bereitstellung und Benutzung von Leitern, Bundesanstalt für Arbeitsschutz und Arbeitsmedizin (Hrsg.): Teil 2, BAuA TRBS 2121-2; Köln 2010.

[TRBS 2121-3 2009] Technische Regeln für Betriebssicherheit (TRBS): Gefährdungen von Personen durch Absturz: Bereitstellung und Benutzung von Zugangs- und Positionierungsverfahren unter Zuhilfenahme von Seilen, Bundesanstalt für Arbeitsschutz und Arbeitsmedizin (Hrsg.): Teil 3, BAuA TRBS 2121-3; Köln 2009.

[UBA (2017g)] Umweltbundesamt (Hrsg.): Endenergieverbrauch nach Anwendungsbeispielen in privaten Haushalten 2015: Arbeitsgemeinschaft Energiebilanzen, 2017, URL: https://www.umweltbundesamt.de/daten/private-haushalte-konsum/energieverbrauch-privater-haushalte (letzter Aufruf: 04.04.2017).

[VDI 2067 Bl. 1 1983-10] Betriebstechnische und wirtschaftliche Grundlagen: Berechnung der Kosten von Wärmeversorgungsanlagen, Verein Deutscher Ingenieure (VDI) (Hrsg.): Bl. 1, VDI 2067; Düsseldorf 1983.

[VDI 2067 Bl. 2 1993-10] Raumheizung: Berechnung der Kosten von Wärmeversorgungsanlagen, Verein Deutscher Ingenieure (VDI) (Hrsg.): Bl. 2, VDI 2067; Düsseldorf 1993.

[VDI 3807 Bl. 1 2013-06] Verbrauchskennwerte für Gebäude: Grundlagen, Verein Deutscher Ingenieure (VDI) (Hrsg.): Bl. 1, VDI 3807; Berlin 2013.

[VDI 3807 Bl. 2 1998-06] Energieverbrauchskennwerte für Gebäude: Heizenergie- und Stromverbrauchswerte, Verein Deutscher Ingenieure (VDI) (Hrsg.): Bl. 2, VDI 3807; Berlin 1998.
[VDI 3807 Bl. 2 2014-11] Verbrauchskennwerte für Gebäude: Verbrauchskennwerte für Heizenergie, Strom und Wasser, Verein Deutscher Ingenieure (VDI) (Hrsg.): Bl. 2, VDI 3807; Berlin 2014.
[Vogelmann, K. (2007k)] Vogelmann, Karl: Erfolgsstory der Stadt Geislingen (Steige); Vortrag am 29. November 2007 in Geislingen/Steige.
[Walberg, D. (2010i)] Walberg, Dietmar: Passivhaus, KfW40 & Co: Aufwand, Nutzen und Wirtschaftlichkeit: Studie im Auftrag des vnw und BFW, Vortrag am 22. September 2010 beim vnw.
[ZNWB (1991S)] Sagebiel, Ulrich: Baunutzungskosten im Schulbau: Betriebskostendaten; Berlin 1991.

6.9 Instandsetzungskosten (NGR 400)

Ulrich Bogenstätter

Das Produkt „Instandhaltung" ist in Tabelle 6.61 dargestellt. Hierbei wird der Rahmen für die Aufgabe und Auftragsgrundlage, die Zielrichtung eines Optimierungsansatzes, den Leistungsumfang einer vertraglichen Leistung sowie für Möglichkeiten der Leistungskontrolle mittels Qualitäts- und Mängelindikatoren gesetzt. Gleich der Reinigung sind die Qualitätsindikatoren hier ergebnisorientiert beschrieben, wobei ein störungsfreier Betriebsablauf im Mittelpunkt steht.

Tab. 6.61: Produktbeschreibung Instandsetzung.[233]

	Instandsetzung ...	... im Objektbetrieb
1.	Aufgabe	Gesamtheit der Maßnahmen zur Bewahrung und Herstellung des Soll-Zustands von technischen Systemen und Objekten 1. Funktionsfähigkeit (Verfügbarkeit bewahren und sicherstellen), Sicherstellung der Ausfallzeiten bzw. Verfügbarkeit nach Vorgabe 2. Verkehrssicherheit 3. nach dem Stand der Technik instand setzen
2.	Auftragsgrundlage	schriftliche(r) Vertrag/Auftrag/Zielvereinbarungen
3.	Ziel (Stoßrichtung)	1. Instandhaltungskosten für den Nutzungszeitraum bei definiertem Nutzungszweck sowie Betriebskosten minimieren 2. ereignisorientierte (zugunsten der zustandsorientierten) Instandhaltung reduzieren 3. Kundenzufriedenheit und -orientierung erhöhen 4. zukunftsorientiert instand halten
4.	Leistungsumfang	1. Inspektion – Ist-Zustand feststellen – Ist-Zustand beurteilen und Ursachen analysieren – notwendige Instandhaltungsmaßnahmen ableiten – Prognose zum Abnutzungsverlauf erstellen 2. Wartung: Regelung des Abnutzungsprozesses, Bewahrung des Soll-Zustands – Abnutzungsmechanismen beeinflussen – Belastung beeinflussen

233 Vgl. [Overkamp, S. (1996j)], S. 593–595.

Tab. 6.61: (Fortsetzung)

	Instandsetzung …	… im Objektbetrieb
		3. Instandsetzung: Herstellung des Soll-Zustands – Objekt anpassen – modernisieren – Schwachstellen beseitigen – Routine-Instandsetzung (ursprünglichen Soll-Zustand durch Reparatur herstellen) durchführen 4. Beratung bzgl. Instandhaltung
5.	Leistungskontrolle	Stichprobenverfahren oder Arbeitseinteilung durch eigenes Personal
6.	Qualitätsindikatoren	– objektspezifisch Instandhaltungskosten erfassen im Verhältnis zur Inspektion, Wartung und Instandsetzung sowie Routine-Instandsetzung im Verhältnis zur Schwachstellenbeseitigung sowie – [Anteil] nutzerorientierter Instandhaltung
7.	Mängelindikatoren	– [Anz.] der berechtigten Beanstandungen und Mängelfeststellungen – [Anz.] der Reklamationen – [Anz.] der Ausfallzeiten – [Dauer] der Ausfälle

Tab. 6.62: Kennzahlen bei Instandsetzung.

	Kennzahlen in der Projektabwicklung	Kennzahlen im Objektbetrieb
1.	Ziele bei Instandhaltungsleistungen (Instandhaltungsniveau) Instandhaltungskosten [€/a] erfolgsorientiert nachhaltig reduzieren	
2.	**Ermittlung der Kostenkennzahl auf Objektebene oder Bauteilebene**	
	Kostenschätzung nach AMEV- oder IfB-Verfahren oder Personalbedarf nach HIS-Simulation auf der Basis der Wiederbeschaffungswerte (WBW) [€/KGR o. StLB a] oder bevorzugt mittels NUKOSI auf Bauteilebene: Instandhaltungskosten [€/m^2_{BGFe} a] als Cashflow für 5–80 Jahrespläne: WBW [€ KGR/StLB] × f Instandhaltungsfakt. > AMEV-Verfahren	Die Kostenfeststellung (Ist) erfolgt nach Rechnungslegung, Bauleistungen [€/KGR o. StLB a Sektor] und Sektor nach Kontierung: Bauleistungen × Preis [€/a] als Kennwert für 1–5 Jahrespläne.
3.	**Vorgaben**	
	Die Planzahl unterschreitet die Kennzahl eines vergleichbaren Referenzobjekts. Bei Überschreitung ist die Kostenübernahme sicherzustellen, der geplante Leistungsumfang zu verringern oder die Vorgaben sind anzupassen.	Die Ist-Zahl unterschreitet die Planzahl. Sofern die Vorgaben nicht eingehalten werden, sind die Ursachen im PDCA-Zyklus zu analysieren und geeignete Maßnahmen durch die Verantwortlichen einzuleiten.

Kennzahlen zur Instandhaltung sind in Tabelle 6.62 als Orientierungswerte dargestellt. Für die Nutzungskostenberechnung sind die Orientierungswerte in Abbildung 6.84 und 6.85 nur zur Plausibilisierung geeignet. Die eigentliche Berechnung der Instandsetzungskosten sollte auf der Ebene der Bauteile erfolgen (vgl. Kap. 3.9.5).

Orientierungswerte zur Instandhaltung sind nur selten vorhanden, es gibt allerdings verschiedene Berechnungsmethoden. Eine Methodenübersicht zeigt Abbildung 6.86.

Die Methoden setzen eine weitgehende Kenntnis der Kostenstruktur als Wiederbeschaffungswerte nach DIN 276, des Kaufpreises oder der Baukosten nach DIN 276 voraus und unterscheiden sich im Detaillierungsgrad. Die Grobdiagnose IP-Bau passt sich allerdings in die Kostenstruktur des Schweizerischen Ingenieur- und Architektenverein (SIA) ein. Einige IT-Lösungen bauen auf

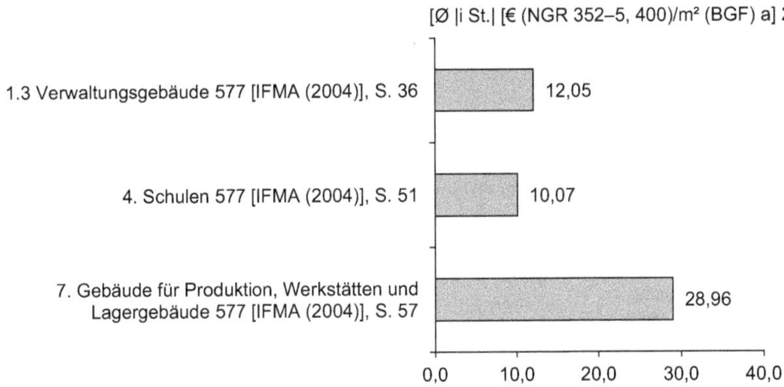

Abb. 6.84: (Vergleichs-)Kennzahlen (Orientierungswerte) der Literatur: Instandhaltungskosten nach Bauwerksnutzungsart.[234]

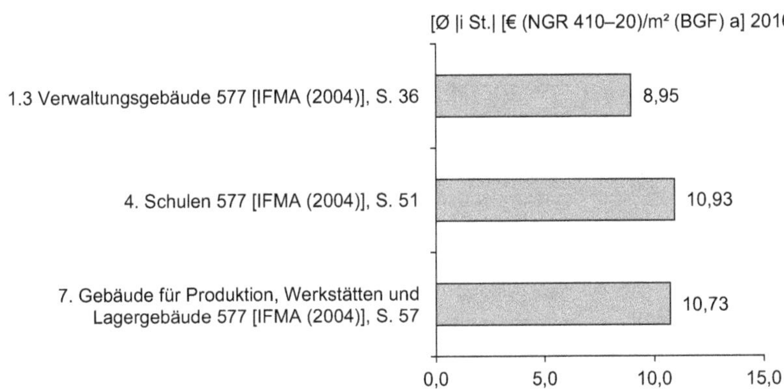

Abb. 6.85: Instandsetzungs-/Verbesserungskosten nach Bauwerksnutzungsarten.

der Grobdiagnose des Bundesamtes für Konjunkturfragen auf.[235] Die Methoden haben in der Bauwerksnutzungsart verschiedene Schwerpunkte:

- alle Gebäudearten [AMEV Personalbedarf 2000], [KGSt B 9/1984], Leistungspositionen
- Hochschulgebäude [HIS B1/1989]
- Wohngebäude [IfB F 1869], [Baumann, H. (1997)], EPIQR, NUKOSI (vgl. Kap. 3.9.5)
- Wohnungseigentum: Peter'sche Formel und andere Verfahren in der Wohnungseigentumsverwaltung

Für eine grobe Aufwandseinschätzung wird nachfolgend ein Vergleich zwischen kostengruppen- und ausführungsorientierten Kostenermittlungsverfahren bei Neubaumaßnahmen herangezogen.[236] Eine Parallele erscheint statthaft, da die ausführungsorientierte Kostenberechnung eines

234 Daten kategorisiert nach BZK, Gewichtungsangabe nach Quelle, Fundort, Brutto-Preise (Mittelwert) vom Erscheinungsjahr indiziert nach [StBA 61111-0005 (2017)], CC0432 (Dienstleistungen für Instandhaltung und Reparatur der Wohnung).

235 Siehe [BaK (1995h)].

236 Siehe [LBB 1.12-1990].

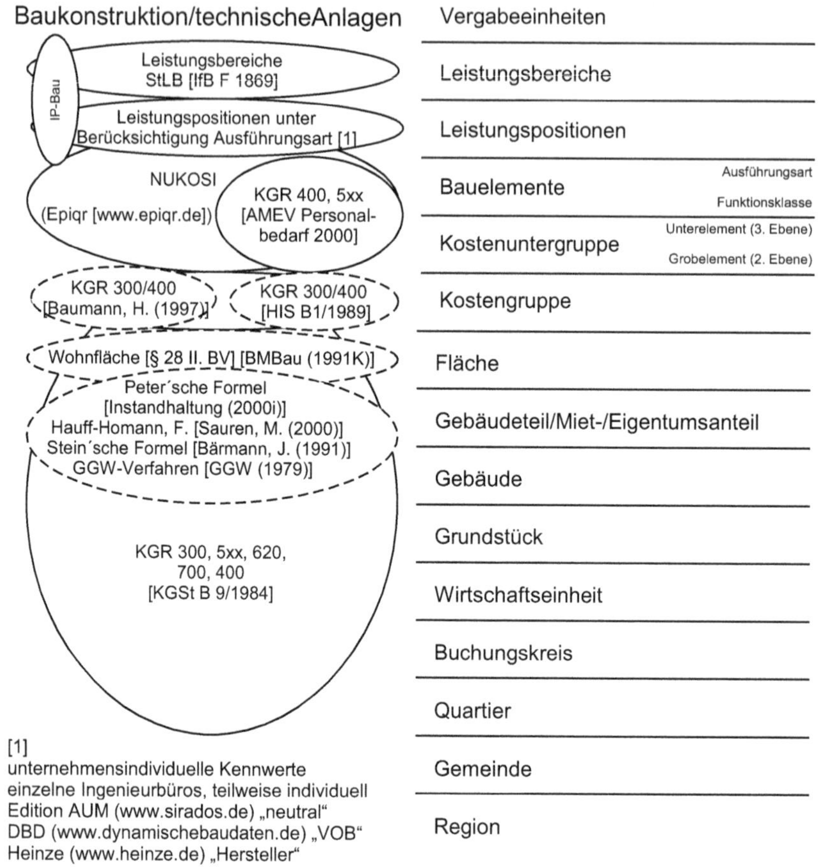

Abb. 6.86: Methodenübersicht.[237]

Neubaus in der Verarbeitung ebenfalls eine vielfache Anzahl von Leistungspositionen benötigt. Als Ausgangsthese könnte formuliert werden: Bei einer Kostenberechnung nach Ausführungsart mittels Leistungspositionen und -bereichen ist bei der Instandhaltung mit überproportionalem Aufwand (4-fach) zur Erzielung einer Genauigkeit des Ergebnisses zu rechnen ($\ll$ 4-fach.).[238]

Es werden daher nachfolgend Berechnungsverfahren dargestellt, die die Ausführungsart weitgehend unberücksichtigt lassen.

6.9.1 Kalkulationsverfahren wählen

Hochschul-Informations-System GmbH

In der Vorplanungs- und Entwurfsphase lassen sich gemäß einem Modell des Hochschul-Informations-Systems (HIS) Teile der Betriebskosten und Bauunterhaltungsmaßnahmen an der Gebäudetechnik in Bezug auf den Personalbedarf in Abhängigkeit von den regelmäßigen Instandhaltungs-

237 Quelle: eigene Darstellung.

238 Vgl. [LBB 1.12-1990].

einschließlich der Instandsetzungsarbeiten, dem Turnus der Instandsetzungsarbeiten und dem Technikanteil errechnen.[239]

Der notwendige betriebstechnische Betreuungsaufwand eines Gebäudes hängt hier vom Umfang der installierten Technik ab. Sowohl Groenberg & Partner als auch die „Grundlagen der Technischen Versorgung" an Universitäten weisen Faktoren für den Personalbedarf in Abhängigkeit vom Installationsgrad eines Gebäudes als wesentliche Kostengröße aus. Die Gebäude werden dabei in vier Installationsklassen unterschieden. Die Instandhaltungskosten lassen sich aus dem Personalbedarf berechnen. Ein Beispiel für die Abhängigkeit des Installationsgrads von der Bauwerksnutzungsart ist Tabelle 6.63 zu entnehmen.

Tab. 6.63: Berechnung Personalbedarf nach Installationsgrad für Bedienung und Instandhaltung.

Klasse		Berechnung des Personalbedarfs [Personen/1000 m^2_{NUF1-6}]	Groenberg & Partner	HIS	AMEV[a]
I.	< 20 %	Verwaltungsgebäude mit einfacher technischer Ausstattung	0,44	0,44	0,15
II.	< 30 %	Verwaltungsgebäude mit gehobener technischer Ausstattung	0,66	0,66	0,25
III.	< 40 %	Institutsgebäude, Universitäten, Kliniken usw.	0,81	0,90	0,35
IV.	> 40 %	Maschinenhäuser, Versuchslaboratorien usw.	1,51	1,32	0,60

[a] Vgl. für Groenberg & Partner und HIS für alle leitenden, dispositiven und administrativen Anteile [AMEV (1993a)], S. 6; für AMEV [AMEV Personalbedarf 2000], S. 16: beinhaltet Bedienung, Inspektion, Wartung und Instandsetzung.

Verwaltungsgebäude mit gehobener technischer Ausstattung sind danach als Gebäude der Klasse II (Faktor 0,66/1000 m^2 NUF 1–6) einzuordnen. Die Tabelle zeigt, dass Groenberg & Partner und HIS den Personalbedarf für diese Gebäudeklasse gleich einschätzen. Auf der Basis der in der Tabelle ausgewiesenen Personalfaktoren können bei bekannten Hauptnutzflächen die Personalhochrechnungen vorgenommen werden.

Durch ein Personaläquivalent lässt sich der Personalbedarf in Kosten für die Instandhaltung einschließlich Bedienung umrechnen. Das Personaläquivalent entspricht den mittleren Jahreskosten einer Stelle in der technischen Verwaltung einschließlich eines Anteils für Lohnnebenkosten. Der Arbeitskreis Maschinen- und Elektrotechnik staatlicher und kommunaler Verwaltungen (AMEV) verwendet die Personalverrechnungssätze Beschäftigte RLP[240]. Die Personalvollkosten betragen 2013 für Hausmeister der Entgeltstufe E4–E5 von 63.955–58.140 € pro Jahr. Für höher eingestuftes Personal des Handwerks ist die Entgeltstufe E6–E7 von 60.079–65.726 € pro Jahr zu veranschlagen.

Instandhalten nach Wiederbeschaffungswerten nach DIN 276, 1. Stufe

Die Instandhaltungskosten in Anlehnung an die [DIN 31051 2012-09] lassen sich vereinfacht den Kostengruppen 5.6 „Inspektion und Wartung" und die Instandsetzungskosten der Kostengruppe 6 „Bauunterhaltungskosten" nach [DIN 18960-1 1976-04] zuordnen. Die Instandsetzungskosten werden in erster Linie durch Größe, Konstruktion, Baustoffe, technische Ausstattung und Nutzung des Gebäudes und seiner Teile bestimmt. Die technische Gebäudeausrüstung (Heizung, Lüftung, Sanitäranlagen) besitzt einen Anteil von 20 % bis 52 % an den Instandsetzungskosten, sodass der Installationsgrad als Verhältnis zwischen den Kosten „Bauwerk – Technische Anlagen" und Bauwerkskosten eine wichtige Einflussgröße für die Instandsetzungskosten darstellt. Instand-

239 Siehe [HIS B1/1989], S. 5.

240 Vgl. [AMEV TGA-Kosten Betreiben 2013], Anhang Tabelle 9.

haltungskosten beinhalten nicht die „verbrauchsbedingte Wertminderung der Gebäude, Anlagen und Einrichtungen", die der Kostengruppe 2 nach [DIN 18960-1 1976-04] zuzurechnen ist.

Analytisch gewonnene Anhaltswerte nach Bauwerksnutzungsarten lassen sich i. d. R. durch verschiedene Berechnungsverfahren in Verbindung mit Bauwerksdokumentationen erstellen, sofern eine statistisch ausreichende Anzahl von Bauwerken einer Nutzungsart dokumentiert ist. Erfahrungswerte zur Instandhaltung für die Funktionsgruppe Baukonstruktion in Anlehnung an die Kostengruppe 300 „Bauwerk – Baukonstruktionen" nach [DIN 276-1 2008-12] liegen nur im Einzelfall und bevorzugt im Wohnungsbau vor.[241] Detailliertere Angaben finden sich zur Kostengruppe 400 „Bauwerk – Technische Anlagen".

In der Literatur werden vereinzelt einfache Angaben der Instandsetzungskosten in Abhängigkeit zu den Wiederbeschaffungswerten (WBW) gesetzt (s. auch Tab. 6.64). Der WBW ergibt sich aus den Herstellungskosten, multipliziert mit dem dazugehörigen Index, i. d. R. dem Baupreisindex, und ggf. einem Umbauzuschlag von 30 %, sofern keine detaillierten Ersatzkosten vorliegen. Zur Begriffsdefinition von Instandhaltungskosten, Wiederbeschaffungswert und Instandhaltungsrate vgl. [AGI W5 (2014)].

Tab. 6.64: Berechnung der Instandsetzungskosten nach Wiederbeschaffungswert.[242]

	KGR	Kostengruppe	WBW [€]	× Faktor =	Bauunterhalt [€/a]
	300	Bauwerk – Baukonstruktionen		0,3–0,5 %	
+	400	Bauwerk – Technische Anlagen		1,5–2 %	
=		durchschnittliche Bauunterhaltungskosten per anno			
		WBW = Wiederbeschaffungswert			

Kommunale Gemeinschaftsstelle für Verwaltungsvereinfachung

Grundlage der Mittelbemessung nach dem Verfahren der Kommunalen Gemeinschaftsstelle für Verwaltungsvereinfachung (KGSt) ist ein Richtwert-System. Im langfristigen Durchschnitt sind die Kosten für Bauunterhaltungsmaßnahmen bei durchschnittlich gemischter Gebäudesubstanz in Höhe von jährlich 1,2 % des Wiederbeschaffungswerts erforderlich. Dieser Richtwert gilt, sofern der Gebäudebestand durchschnittlich folgende Merkmale besitzt:

- Der durchschnittliche Technikanteil beträgt 25 %. Ein Mehr- oder Minderbedarf zur Bauunterhaltung wird aufgrund des Gebäudealters als ausgeglichen angesehen (eine für Kommunen typische Altersmischung).
- Es liegt eine durchschnittliche Zusammensetzung nach Nutzungsarten (z. B. kein hoher Wohnungsbestand) vor.

Folgende Einflussgrößen sollen bei der Mittelbemessung berücksichtigt werden:

- Technikanteil: Der Faktor zur Berücksichtigung des Technikanteils errechnet sich wie folgt: („Bauwerk – Technische Anlagen"/„Summe der Bauwerkskosten" × 2 + 0,5). Beispiel: Bei einem Technikanteil von 25 % ergibt sich ein Faktor von 1,0.
- Gebäudealter: Das Gebäudealter kann durch Faktoren berücksichtigt werden (bis 10 Jahre 0,4; über 30 Jahre 1,2 und über 80 Jahre 1,3).

241 Siehe [IfB (1979)] oder [IfB (1987f)], S. 375–378.

242 Siehe [Baumann, H. (1997)].

Tab. 6.65: Berechnung der Instandsetzungskosten nach KGSt.[243]

	KGR	Kostengruppe	WBW [€]	× Faktor =	Bauunterhalt [€/a]
	300	Bauwerk – Baukonstruktion	____		
+	400	Bauwerk – Technische Anlagen	____	(Bauwerkskosten)	
–	450	Fernmelde- und informationstechnische Anlagen	____		
+	511	Geländebearbeitung	____		
+	517	Wasserflächen	____		
+	519	Geländeflächen, sonst.	____		
+	520	Befestigte Flächen	____		
+	530	Baukonstruktionen in Außenanlagen	____		
+	540	Außenanlagen	____		
+	550	Einbauten in Außenanlagen	____		
+	620	Kunstwerke	____		
+	700	Baunebenkosten	____		
		Richtwert	____	× 1,2 %	= ____
		Installationsgrad		×	= ____
		Berechnung des Installationsgrads			
		Bauwerk – Technische Anlagen	____		
/		Bauwerkskosten	____	= ____	
		KGSt-Faktor		× 2	
		KGSt-Faktor		+ 0,5	
		Verschleißfaktor		× 0,9 bis 1,1	= ____
		Gebäudealter abhängiger Faktor		× 0,4 bis 1,2	=
		Instandhaltungskosten per anno			=

– Renovierungsturnus: Der Renovierungsturnus bzw. der vom Nutzer abhängige Verschleiß werden ebenfalls durch Faktoren berücksichtigt (z. B. Verwaltungsgebäude u. Ä., Werkstatt- und Garagengebäude u. Ä., Wohnhäuser (ohne Obdachlosenunterkünfte) = Faktor 0,9; Schulen (ohne Grundschulen), Jugendeinrichtungen, Kindertagesstätten u. Ä. = Faktor 1,1).

Die Kostengruppen „Wartung und Inspektion“ und „Bauunterhaltungskosten“ [DIN 18960-1 1976-04] für die Funktionselemente des Bauwerks „Baukonstruktionen“ und „Technische Anlagen“ werden nach dem Modell der KGSt als Gesamtwert berechnet. Ausgehend von dem Richtwertsatz in Höhe von 1,2 % des Wiederbeschaffungswerts, werden in Abhängigkeit von dem Technikanteil, dem Verschleiß durch den Nutzer und ggf. dem Gebäudealter die Kosten ermittelt. Tabelle 6.65 verdeutlicht den Rechengang.[244] Fernmelde- und informationstechnische Anlagen werden jedoch ausdrücklich nicht berücksichtigt. Die jährlichen Kosten für die Technik werden dabei im Gegensatz zur Baukonstruktion doppelt so hoch angesetzt.

243 Siehe [KGSt B 9/1984], berücksichtigt die Kostengruppen 5.6 und 6 nach [DIN 18960-1 1976-04].

244 Siehe [KGSt B 9/1984], berücksichtigt die Kostengruppen 5.6 und 6 nach [DIN 18960-1 1976-04].

Arbeitskreis Maschinen- und Elektrotechnik staatlicher und kommunaler Verwaltungen
Anhand des vom Bundesministerium für Bauwesen, Städtebau und Regionalwesen (BMBau) unter der Überschrift „Hinweise zur Ermittlung des Personalbedarfs für das Betreiben der technischen Anlagen in öffentlichen Gebäuden“ für die Bauverwaltung eingeführten Verfahrens des Arbeitskreises Maschinen- und Elektrotechnik staatlicher und kommunaler Verwaltungen (AMEV) können die Kosten für die betriebstechnischen Einbauten, NGR 350 „Bedienung, Wartung und Inspektion“ und NGR 400 „Instandsetzung“ nach [DIN 18960 2008-02], ermittelt und eine erste Hochrechnung des notwendigen Betriebspersonals vorgenommen werden.

Das Verfahren stellt einen direkten Bezug zwischen den Anschaffungskosten der betriebstechnischen Einrichtungen in Form von Wiederbeschaffungswerten und NGR 350 und 400 nach [DIN 18960 2008-02] durch Faktoren her. Für die Berechnung sind die Wiederbeschaffungswerte

Tab. 6.66: Zu- und Abschläge Instandsetzungskosten.

	KGRBT	Ausführungs-variante (A)	WBW [€]	f_3[a] Instandsetzung	$\pm Z'A_A$ Prüfung	$\pm Z'A_B$ mit Automation	$\pm Z'A_C$	$\pm Z'A_D$	$\pm Z'A_E$	$\pm Z'A_F$	$\pm Z'A_G$	Instandsetzungs-kosten [€/a]
	320	A1–9	Gründung									) =
+	330	A1–9	Außenwände									) =
+	340	A1–9	Innenwände									) =
+	350	A1–9	Decken									) =
+	360	A1–9	Dächer									) =
+	410	A1–3	(Ab-)Wasser, Gas	× (0,55								) =
+	420	A1–9	Wärmeversorgung	× (0,50								) =
+	430	A1-4	Lufttechnik	× (2,40								) =
+	440	A1–5	Starkstromanlagen	× (0,65		−0,05						) =
+	450	A1–7	Fernmeldeanlagen, IT	× (0,25								) =
+	460	A1–5	Aufzüge	× (1,10								) =
+	471	A1	Küchen	× (0,80		−0,05						) =
+	472	A2	Wäscherei	× (0,80		−0,05						) =
+	473	A3	Medien	× (0,60		−0,05						) =
+	475	A5	Feuerlöschanlagen									) =
+	476	A6	Badeanlagen	× (0,50		−0,05						) =
+	477	A7	Prozessanlagen	× (0,70								) =
+	478	A8	Entsorgung	× (1,40		−0,05						) =
+	480		Gebäudeautomation	× (		1,50						) =
+	500		Außenanlagen									) =
+	541		Abwasseranlagen	× (0,80		−0,05						) =
+	542		Wasseranlagen	× (0,80		−0,05						) =
+	543		Gasanlagen	× (0,80		−0,05						) =
+	544		Wärmeversorgung	× (0,60		−0,05						) =
+	545		Lufttechnik	× (0,60		−0,05						) =
+	546		Starkstrom	× (0,80		−0,10						) =
+	547		Fernmeldeanlagen, IT	× (0,80		−0,10						) =

[a] Die angegebenen Werte sind übernommen aus [AMEV Personalbedarf 2000], S. 11, weniger differenziert fortgeschrieben in [AMEV TGA-Kosten Betreiben 2013].

eines Bauwerks entsprechend den Kostengruppen nach [DIN 276-1 2008-12] bis zur dritten Gliederungsebene heranzuziehen. Gegebenenfalls können die Wiederbeschaffungswerte auch anhand von Datenbanken (z. B. Baukosteninformationszentrum Deutscher Architektenkammern, BKI) geschätzt werden. Über ein Personaläquivalent und Eigenanteile lässt sich der Personalbedarf errechnen. Beim AMEV-Verfahren führt ein größerer Aufwand bei betriebstechnischen Anlagen über einen höheren Betreuungsaufwand zu höheren Instandsetzungskosten.

Der Rechenweg lässt sich wie folgt darstellen: Die Wiederbeschaffungswerte einzelner Kostengruppen der [DIN 276-1 2008-12] werden mit Faktoren gemäß Tabelle 6.66 multipliziert und aufsummiert.

Der Instandsetzungsfaktor (f_3) bezieht sich auf den Wiederbeschaffungswert (WBW) für technische Anlagen gemäß den Kostengruppen (KGR) der [DIN 276-1 2008-12] **ohne** Gebäudeautomation (GA). Folgende Zu- und Abschläge (vgl. Kategorien A–G nach Kap. 3.9.5, Tab. 3.26) sind ggf. zu addieren bzw. zu subtrahieren:

– $Z'A_B$: **mit** Gebäudeautomation (GA)[245]

Weitere Unterscheidungsmerkmale werden in dem Beispiel in Tabelle 6.67 berücksichtigt. Hier fließen auch das Baualter und der Modernisierungsgrad ein.

Tab. 6.67: Zu- und Abschläge in der laufenden Instandsetzung am Beispiel GGH – Wohnungswirtschaft.[246]

	Baualtersklasse	Baualter	Lfd. Instandsetzungsbudget (K)	$\pm Z'A_A$ nicht modernisiert	$\pm Z'A_B$ teilmodernisiert	$\pm Z'A_C$ vollmodernisiert	$\pm Z'A_D$ Aufzug	$\pm Z'A_E$ Gewerbe	$\pm Z'A_F$	$\pm Z'A_G$	Lfd. Instandsetzungsbudget [€/a]
	Wohnungsbau			alternative Zuordnung							
	vor 1950	über 65 Jahre	K × (1±	0,50	0,00	−0,25	0,12	0,15			
+	1950–1969	45–65 Jahre		0,45	0,15	−0,25	0,12	0,15			
+	1970–1979	35–45 Jahre		0,45	0,00	−0,30	0,12	0,15			
+	1980–1989	25–35 Jahre		0,33	0,00	−0,30	0,12	0,15			
+	1990–1999	15–25 Jahre		0,14	0,00	−0,33	0,12	0,15			
+	2000–2009	5–15 Jahre		−1,00	−0,24	−0,40	0,12	0,15			
+	ab 2010	bis 5 Jahre		−1,00	−1,00	−0,75	0,12	0,15			
	zusätzlicher Zuschlag im sozialen Wohnungsbau										
+	1970–1979	35–45 Jahre		0,20	0,33	0,20					
+	1980–1989	25–35 Jahre		0,20	0,20	0,00				) =	

245 Die angegebenen Werte sind übernommen aus [AMEV Personalbedarf 2000], S. 11 f, weniger differenziert fortgeschrieben in [AMEV TGA-Kosten Betreiben 2013].

246 Vgl. [Götsch, J. (2017b)], Folie 60: Angaben in [€] in Prozent umgerechnet und gerundet, Basiswert (K) 10,50 [€/m^2_{WF}].

Tab. 6.68: Berechnung der Instandsetzungskosten nach Standardleistungsbuch.[247]

	LB	Leistungsbereiche nach StLB	WBW [€]	× Faktor =	Bauunterhalt [€/a]
	300	Bauwerk – Baukonstruktionen			
	002	Erdarbeiten		× 0 % =	
+	012	Mauererarbeiten		× 0,12 % =	
+	013	Betonarbeiten		× 0,12 % =	
+	014	Natur- und Betonsteinarbeiten		× 0,25 % =	
+	016	Zimmererarbeiten und Holzbau		× 0,60 % =	
+	017	Stahlbau		× 0,60 % =	
+	020	Dachdeckung		× 2,20 % =	
+	021	Dachabdichtung		× 2,20 % =	
+	022	Klempnerarbeiten		× 3,00 % =	
+	023	Putzarbeiten		× 0,4..1,5 % =	
+	024	Fliesen- und Plattenbelagsarbeiten		× 0,25 % =	
+	025	Estricharbeiten		× 1,25 % =	
+	027	Tischlerarbeiten (KGR. 334)		× 1,00 % =	
+		Türen		× 2,50 % =	
+	032	Verglasung		× 1,80 % =	
+	034	Maler- und Lackiererarbeiten		× 7,50 % =	
+	036	Bodenbelagsarbeiten		× 1,25 % =	
+	099	Sonstiges Bauwerk		× 2,00 % =	
	400	**Bauwerk – Technische Anlagen**			
+	043	Sanitäre Installationen		× 2,50 % =	
+	045			× 2,50 % =	
+	040	– 078 Heizung und Lüftung		× 3,30 % =	
+	050	– 065 Elektroinstallationen		× 2,00 % =	
+	099	Sonstige Technische Anlagen		× 2,00 % =	
+	999	Sonstiges effektiv		× 2,00 % =	
=		Durchschnittliche Bauunterhaltungskosten per anno			

Institut für Bauforschung (IfB) e. V

In Rahmen eines Forschungsvorhabens für den Wohnungsbau hat das Institut für Bauforschung (IfB) Instandhaltungsfaktoren [f] als Anhaltswerte für die Bauunterhaltung im Wohnungsbau ermittelt. Die Bauunterhaltungskosten ergeben sich hier aus den Eigenpersonalkosten, den Stoffkosten und Fremdleistungen für die Inspektion, Wartung und Instandsetzung von Baukonstruktion und der Gebäudetechnik eines Wohngebäudes. Die jährlich anfallenden Instandhaltungskosten einzelner Gewerke nach Standardleistungsbuch (StLB) werden durch Multiplikation der Wiederbeschaffungswerte (WBW) mit Instandhaltungsfaktoren nach dem in Tabelle 6.68 dargestellten Schema geschätzt und anschließend summiert.

247 Siehe [IfB F 1869]: berücksichtigt die Kostengruppe 6 nach [DIN 18960-1 1976-04], s. auch [Hampe, K. (1985j)], S. 1331–1339.

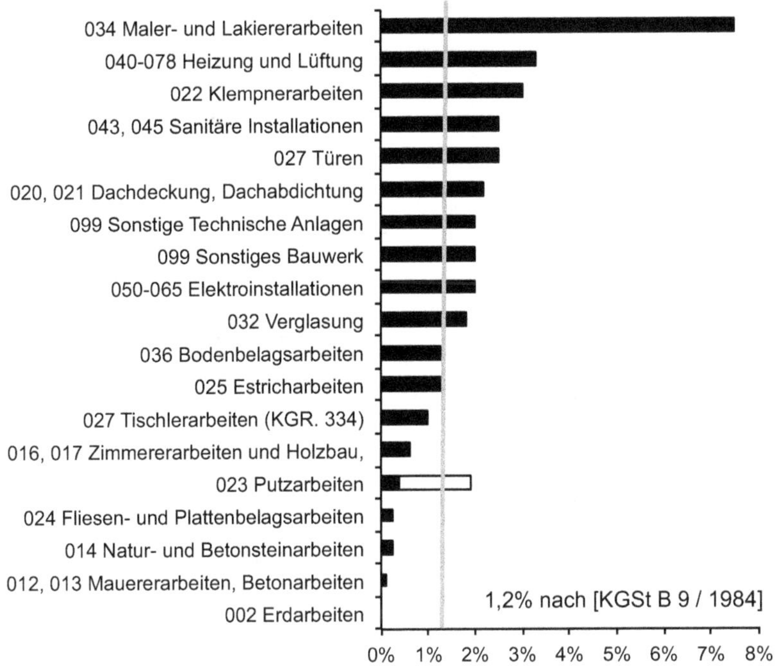

Abb. 6.87: Die Tops der Instandhaltungskosten.[248]

Faktoren sind lediglich für Wohngebäude vorhanden und die Abgrenzung der Gewerke ist nicht eindeutig definiert und dokumentiert. Teilweise erfolgen Bezüge nach Kostengruppen der heute gültigen [DIN 276-1 2008-12]. Für andere Bauwerksnutzungsarten sind Instandhaltungsfaktoren für Wiederbeschaffungswerte nach Gewerken nicht bekannt. Abbildung 6.87 belegt die technischen Gewerke als Kostentreiber für Instandsetzung, da die Technik eine kürzere Lebensdauer hat und damit einen höheren Faktor beim Bauunterhalt aufweist.

Bauteile unter Berücksichtigung der Ausführungsart

Daneben ist es möglich, die Instandhaltungskosten für technische Anlagen, für Bauteile oder Baugruppen nach der Ausführungsart zu berechnen. Für eine Berechnung der Wärmeversorgungsanlagen nach Bauelementen kann z. B. die VDI 2067 herangezogen werden.

Bauteile der Baukonstruktion sind prinzipiell unabhängig von der Bauwerksnutzungsart. Rückschlüsse für Bauwerksnutzungsarten im Bottom-up-Verfahren sind nur insoweit möglich, als die für eine Bauwerksnutzungsart typischen Ausführungsarten einer bestimmten Zeit bekannt sind.

Berechnungsverfahren bei Wohnungseigentümern

Hinzuzufügen ist die Peter'sche Formel, die im WEG-Recht Anwendung findet. Das Berechnungsschema ist in Tabelle 6.69 dargestellt.

---

248 Vgl. [IfB F 1869]: berücksichtigt die Kostengruppe 6 nach [DIN 18960-1 1976-04], s. auch [Hampe, K. (1985j)], S. 1331–1339.

Tab. 6.69: Peter'sche Formel.[249]

KGR	Peter'sche Formel	Investition [€]	× Faktor =	Bauunterhalt [€/a]
	Baukosten einer WEG-Anlage	________		
	Instandhaltungsfaktor	________	× 1,5 =	
	technische Lebensdauer (i. d. R. 80 Jahre)	________	/80 =	________
	Anteil des Gemeinschaftseigentums (i. d. R. 65–70 %)		× 65 % =	________
	Höhe der Instandhaltungskostenrücklage			

Tab. 6.70: Berechnungsparamater zur Instandhaltungsrücklage in der WEG-Verwaltung.

	Parameter	Petersche Formel [a]	Hauff-Hofmann[b]	Steinsche Formel[c]	II. BV[d]	RBS[e]	KGSt[f]	GgW[g]	Praxis-beispiel
1	Kostenanteil Gemeinschaft	65 %	65 %	65 %	65 %	65 %	**60 %**	65 %	65 %
2	$[m^2_{WF}/m^2_{BGFa}]$	56 %	56 %	56 %	56 %	56 %	56 %	56 %	56 %
3	Instandhaltungsfaktor	1,5		0,9			1,2	1,5	
4	Nutzungsdauer	80	(50)						
5	Herstellungskosten	X							
6	Kaufpreis ohne Grundstück		X	X					
7	Sondereigentum/Marktpreis		25 %						

[a] Vgl. [Instandhaltung (2000i)]: (Herstellungskosten × 1,5 × 65–70 % / 80 × Wohnfläche × 100).
[b] Vgl. [Sauren, M. (2000)].
[c] Vgl. [Bärmann, J. (1991)].
[d] [II. BV 2007].
[e] RBS in [BMBau (1991K)].
[f] Vgl. [KGSt B 9/1984]: Technikanteil 16 %: Faktor 0,82, Nutzungsintensität Faktor 0,90.
[g] Vgl. [GGW (1979)].

Nachfolgend sind weitere Berechnungsverfahren in der WEG-Verwaltung mit ihren Parametern aufgeführt (vgl. Tab. 6.70). Für die Berechnungsverfahren gilt, dass der Anteil, der von der Gemeinschaft zu tragen ist, bei 65 % liegt (Ausnahme KGSt. 60 %). Das Verhältnis zwischen Wohnfläche und Brutto-Grundfläche ist bei allen Verfahren mit 56 % zugrunde gelegt. Der Instandhaltungsfaktor variiert von 0,9 bis 1,5. Zum einen wird der Kaufpreis als Bezugspunkt genommen, zum anderen die Herstellungskosten. Eine klare Vergleichbarkeit ist nicht gegeben. Wer eine Eigentumswohnung kauft, kennt den Kaufpreis, aber nicht zwangsläufig die Baukosten nach DIN 276. Eine Gegenüberstellung der verschiedenen Verfahren zeigen Abbildung 6.88 und 6.89. Das dort gezeigte Praxisbeispiel zeigt, dass Instandsetzungs-, Sanierungs- oder Modernisierungsmaßnahmen den Kostenverlauf in den Jahren der Durchführung (hier: 1988–1991) maßgeblich beeinflussen können. Es scheint, dass das Praxisbeispiel eine kostengünstige Variante ist. Es ist allerdings zu vermuten, dass ein erheblicher Instandsetzungsstau vorliegt. Tatsächlich wurde 2005 überlegt, ob und wie in dieses Objekt noch investiert werden soll.

249 Vgl. [Instandhaltung (2000i)], S. 58–59.

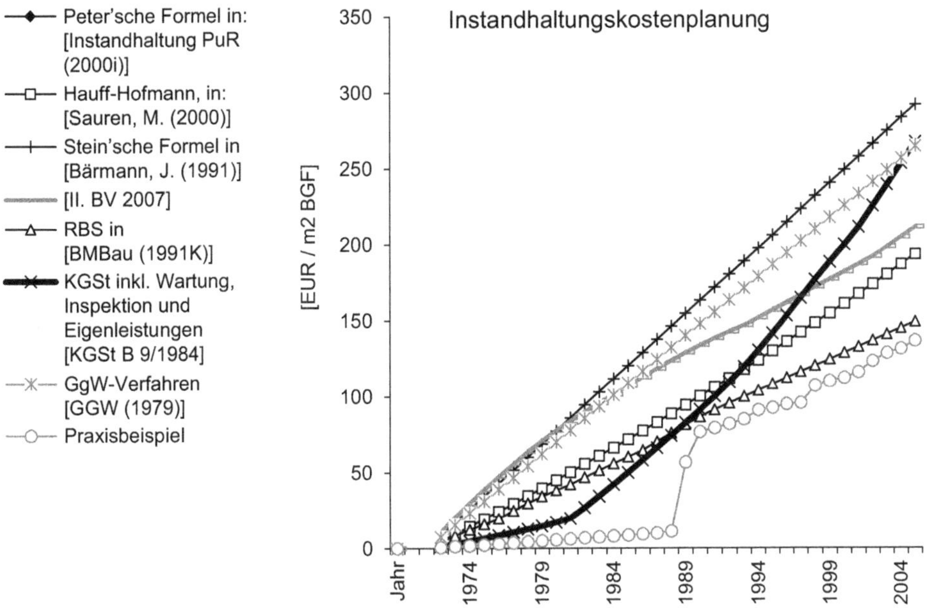

Abb. 6.88: Grafische Darstellung der Ergebnisse WEG-Verwaltung in Zeitreihen.[250]

6.9.2 Zustände bewerten

Zur Berücksichtigung des aktuellen Zustands eines Gebäudes ist eine Zustandsbewertung von Bauteilen notwendig, die eine Eingriffstiefe als Berechnungsgrundlage festlegt. Die Berechnungsmethodik ist in Abbildung 6.90 anhand der Grobdiagnose Bau dargestellt, bei der 50 Grobdiagnose-Elemente eines Gebäudes vor Ort näher betrachtet werden und der Zustand der Grobdiagnose-Elemente nach einem vorgegebenen Verfahren bewertet wird. Eine Kostenschätzung der anstehenden Instandhaltungsmaßnahmen ist das Ergebnis.

Die Aufzählung der Elemente gibt einen Eindruck davon, welche Elemente in der Wohnungswirtschaft besondere Aufmerksamkeit benötigen: 1. Umgebung Außenflächen, 2. Tragkonstruktionen, 3. Fassade Außenfläche, 4. Fassade Dekoration, 5. Balkone, Loggien, 6. Fassade Wärmedämmung, 7./8. Kellerräume (privat/allgemein), 9. Kellerdecke Wärmedämmung, 10. Lagerung Heizöl, 11./12. Wärmeerzeugung und -verteilung, 13. Versorgung Wasser, Gas, 14. Entsorgung Wasser, 15./16. Keller Außentüren und Tore, Fenster, 17./18./19. Treppenhaus Wände, Treppen und Podeste, Eingangstür, 20. Wohnungstüren, 21./22. Starkstrom, 23. Schwachstrom, 24. Aufzug, 25. Tragwerk Dach, 26. Dacheindeckung, 27./28./29. Dachaufbauten massiv, Glas, Dachgauben, 30./31./32. Dach Wärmedämmung, Dachabschlüsse, Dachraum, 33. Elektroanlagen Wohnungen, 34. Wärmeabgabe, 35./36. Kalt-, Warmwasserverteilung, 37. Gasverteilung, 38. Entsorgungsleitung bis Kellerdecke, 39./40./41. Fenster, Wetterschutz, Sonnenschutz, 42. Türen, Innenausbauten, 43. Bodenbeläge, 44./45. Wand-, Deckenverkleidungen, 46. Küche, 47. Bad/WC, 48. Abluftanlagen, 49. Gewerberäume und 50. Gerüste und Bauplatzeinrichtung. In ähnlicher Form finden sich diese Elemente auch bei anderen Autoren wieder:[251] Wesentlich sind jedoch die Hüllfläche und die technischen Anlagen einer Immobile.

250 Quelle: eigene Darstellung.

251 Vgl. Schmitz, H., in: [GdW Schriften 43], S. 87.

	Jahr	Peter'sche Formel in: [Instandhaltung PuR (2000i)] EUR/[m² BGFa]	Hauff-Hofmann, in: [Sauren, M. (2000)] EUR/[m² BGFa]	Stein'sche Formel in [Bärmann, J. (1991)] EUR/[m² BGFa]	[II. BV 2007] EUR/[m² BGFa]	RBS in [BMBau (1991K)] EUR/[m² BGFa]	KGSt inkl. Wartung, Inspektion und Eigenleistungen [KGSt B 9/1984] EUR/[m² BGFa]	GgW-Verfahren [GGW (1979)] EUR/[m² BGFa]	Praxisbeispiel EUR/[m² BGFa]
	1970								
	1971								
1	1972	7,78	4,77	8,59	10,68	4,42	1,47	7,78	0,63
2	1973	15,57	9,60	17,19	20,63	8,54	3,09	15,57	1,25
3	1974	23,35	14,49	25,78	29,91	12,38	4,82	23,35	1,88
4	1975	31,13	19,43	34,37	38,96	16,13	6,68	31,13	2,50
5	1976	38,92	24,43	42,97	47,71	19,75	8,67	38,92	3,13
6	1977	46,70	29,48	51,56	56,07	24,94	10,71	46,70	3,75
7	1978	54,49	34,58	60,15	63,94	29,82	12,83	54,49	4,38
8	1979	62,27	39,75	68,75	71,17	34,32	15,04	62,27	5,00
9	1980	70,05	44,97	77,34	77,71	38,37	17,39	70,05	5,63
10	1981	77,84	50,24	85,93	83,88	42,21	19,94	77,84	6,25
11	1982	85,62	55,57	94,52	89,88	46,87	27,01	85,62	6,88
12	1983	93,40	60,96	103,12	95,76	51,43	34,50	93,40	7,50
13	1984	101,19	66,40	111,71	101,49	55,87	42,20	101,19	8,13
14	1985	108,97	71,89	120,30	107,20	60,30	50,06	108,97	8,75
15	1986	116,75	77,45	128,90	112,83	64,68	58,12	116,75	9,45
16	1987	124,54	83,05	137,49	118,36	70,40	66,22	124,54	10,00
17	1988	132,32	88,72	146,08	123,77	76,00	74,42	132,32	11,25
18	1989	140,11	94,43	154,68	129,00	81,41	82,78	140,11	56,76
19	1990	147,89	100,21	163,27	133,90	86,48	[illegible]	147,89	76,65
20	1991	155,67	106,04	171,86	138,49	[illegible]		[illegible]	79,12
21	1992	163,46	111,92	180,46	[illegible]			[illegible]	81,85
[illegible]	1993	171,24	117,87	[illegible]					[illegible]
	1994	179,02	[illegible]						[illegible]
	1995	[illegible]							
	[illegible]								

Abb. 6.89: Darstellung der Ergebnisse der verwendeten Berechnungsverfahren in der WEG-Verwaltung.[252]

Beispielhaft ist in Abbildung 6.91 der Wetterschutz dargestellt. Die Codes a, b, c, d und s beschreiben den augenblicklichen Zustand eines Elements. Die Grobdiagnose Bau ist ein papiergestütztes Verfahren. In Tabelle 6.71 geht es um die Zustandsbeschreibung der technischen Gebäudeausrüstung, Tabelle 6.72 nennt die Definitionen des Abnutzungsgrads.

Mit einem ähnlichen Verfahren arbeitet das IT-gestützte Verfahren EPIQR (Energy Performance-Indoor Environment Quality-Retrofit). Es wurde vom Fraunhofer-Institut für Bauphysik in Stuttgart entwickelt und dient zur Bestimmung des Instandsetzungs- und Modernisierungsbedarfs sowie zur Ausstellung von Energieausweisen. Hier werden ebenfalls die Zustände von 50 Elementen nach „a“ (guter Zustand), „b“ (leichte Abnutzung), „c“ (erhebliche Abnutzung) und „d“ (Ende der Lebensdauer erreicht) unterschieden. Der Code „s“ (Verbesserung) nach der Grobdiagnose wird hier nicht verwendet, doch die Auswertung erfolgt auch hier nach Eingriffs-

252 Quelle: eigene Darstellung.

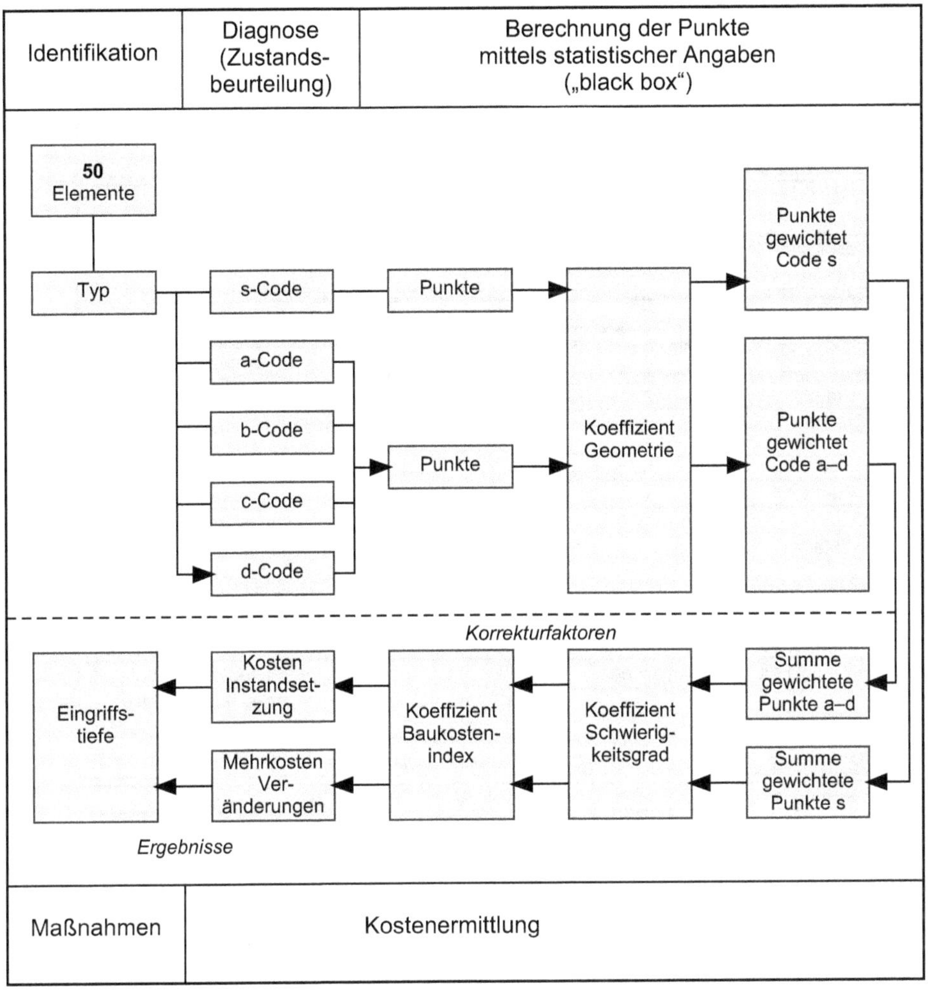

Abb. 6.90: Grobdiagnose von IP-Bau.[253]

tiefe und Bauelement und führt zu einer Kostenschätzung (s. Abb. 6.92). Anwender sind heute Wohnungsunternehmen, Genossenschaften sowie diverse Städte und Kommunen.

Nach Angaben des Fraunhofer-Instituts wurden mit EPIQR 1,5 Mio. Wohneinheiten und 2 Mio. [m^2] kommunale und gewerbliche Liegenschaften bewertet und es eignen sich folgende Bauwerksnutzungsarten zur Erfassung mit EPIQR: Verwaltungsgebäude, Kindergärten und Schulen, Wohnhäuser sowie artverwandte Bauwerksnutzungsarten bzw. Mischformen. Durch den hohen Grad der Standardisierung dauert die Bestandserfassung eines Gebäudes zwischen drei Stunden und einem Tag, die Analyse und Planung etwa eine Stunde. Dabei werden auch Alterungsverhalten und Ersatzzeitpunkt geprüft. Die Aussage über den Zustand eines Gebäudes lässt allerdings noch keine ausreichende Aussage über die Restlebensdauer (analog zur technischen Lebensdauer) eines Bauteils zu.

253 Vgl. [Richter, P. (1999)], Abschnitt 8: [BaK (1995h)].

40. Wetterschutz	**40.**
Definition:	**Geometrischer Koeffizient:**
Beurteilung des Wetterschutzes auf Funktion, Bedienung, Oberflächen etc.	FW Wohnfläche
Typen:	**Querverweis:**
Typ 1 Jalousien Typ 2 Rolläden oder Lamellenstoren	Element 39 Fenster
Diagnose und Maßnahmen	**Diagnose und Maßnahmen**
Typ 1 Jalousien	**Typ 2 Rolläden und Lamellenstoren**
Code a Punkte: 0	**Code a Punkte: 0**
Jalousien in Ordnung. Oberflächen sauber. *keine kostenwirksamen Maßnahmen*	Rollläden und Lamellenstoren in gutem Zustand. *keine kostenwirksamen Maßnahmen*
Code b Punkte: 5	**Code b Punkte: 4**
Jalousien in Ordnung. Oberflächen verwittert. Bedienung und Material in Ordnung *komplette Oberflächenbehandlung*	Rollläden und Lamellenstoren in Ordnung. Bedienung und Material in Ordnung *Ersetzen von Bedienungselementen, kleinere Instandsetzungsarbeiten*
Code c Punkte: 10	**Code c Punkte: 18**
Jalousien beschädigt (<30 %). Oberflächen verwittert. *Teilersatz (<30 %), komplette Oberflächenbehandlung*	Panzer oder Lamellenstores stark verwittert und teilweise defekt. Bedienungselemente teilweise *Ersetzen der Panzer oder Lamellenpakete mit Bedienungselementen*
Code d Punkte: 19	**Code d Punkte: 24**
Sämtliche Jalousien beschädigt. Oberflächen verwittert. *Totalersatz der Jalousieläden, komplette Oberflächenbehandlung*	Rollläden oder Lamellenstores nicht mehr funktionsfähig. *kompletter Ersatz durch neue Rollläden oder Lamellenstores*

Abb. 6.91: Beispiel: IP-Grobdiagnose 40.[254]

Tab. 6.71: Zustandsbeschreibung der technischen Gebäudeausrüstung nach [VDMA 24176 2007-01].

	Zustandsbeschreibung[a]	**Erläuterungen**[b]
1.	sehr gut (praktisch im Neuzustand)	Der Begriff Neuzustand ist nicht eindeutig definierbar. In der Praxis kann zumindest bei TGA-Anlagen zugrunde gelegt werden, dass eine noch vorhandene Gewährleistung meistens eine Einordnung in diese Kategorie erlaubt.
2.	gut/befriedigend (geringe Abnutzung, Zustand der Nutzungszeit entsprechend, keine Maßnahmen notwendig)	Hierunter werden alle Anlagen verstanden, für die aufgrund der Instandhaltungshistorie in absehbarer Zeit keine kostenrelevanten Probleme zu erwarten sind.

[a] Siehe [VDMA 24176 2007-01], S. 4.
[b] Vgl. [IFMA IHM], S. 33.

254 Siehe [BaK (1995h)], S. 104 ff.

Tab. 6.71: (Fortsetzung)

	Zustandsbeschreibung[a]	Erläuterungen[b]
3.	ausreichend (erhöhte Abnutzung, Zustand aber noch akzeptabel; der Inspektions- und Wartungszyklus sollte ggf. verkürzt werden)	Aufgrund der Anlagenhistorie besteht ein Ausfallrisiko. Dieses Risiko kann nicht oder nur begrenzt durch Maßnahmen der vorbeugenden Instandhaltung minimiert werden. Zugleich wird dieses Risiko aber als beherrschbar angesehen, z. B. durch zusätzliche Vorhaltung von Ersatz- und Austauschteilen oder erhöhte Reaktionsbereitschaft im Störungsfall.
4.	mangelhaft (Zustand unzureichend durch zu starke Abnutzung; zur Vermeidung von Funktionsbeeinträchtigungen oder eines baldigen Ausfalls nach der nächsten Betriebsperiode (z. B. Schicht) instand setzen)	Alle Anlagen, für die ein dringender Handlungsbedarf erkennbar ist. Dieses dürfte bei einem der beiden nachfolgenden Kriterien der Fall sein: 1. Die Anlage ist nicht mehr richtlinienkonform und es besteht seitens des Gesetzgebers, der zuständigen Behörde oder der Versicherung eine Verpflichtung zur Anpassung. 2. Ein vorhandenes Ausfallrisiko ist durch den verantwortlichen Betreiber technisch und/oder organisatorisch nicht beherrschbar.
5.	ungenügend (Zustand völlig unzureichend; zur Vermeidung von Funktionsbeeinträchtigungen Anlage sofort stillsetzen und/oder Instandsetzung veranlassen)	Aufgrund vorhandener Probleme ist ein Betrieb nicht mehr möglich oder nicht mehr verantwortbar. Die Funktionalität dieser Anlage ist jedoch nach wie vor erforderlich. Hierunter fallen auch solche Anlagen, die aus den genannten Gründen bereits außer Betrieb gesetzt wurden.

Tab. 6.72: Definition des Abnutzungsgrads in Abnutzungsklassen.[255]

	Frist für Maßnahmen	Definition/Zustand	Abnutzungsgrad
1	keine Maßnahmen	neuwertig	0 %
2	langfristig (> 5 bis 15 Jahre)	altersbedingte Abnutzung ohne Qualitätseinbuße	25 %
3	mittelfristig (bis 5 Jahre)	altersbedingte Abnutzung mit Sanierungsempfehlung	50 %
4	mittelfristig (bis 5 Jahre)	Sanierung unwirtschaftlich, Tendenz zur Erneuerung	75 %
5	kurzfristig (< 2 Jahre)	erneuerungsbedürftig	100 %

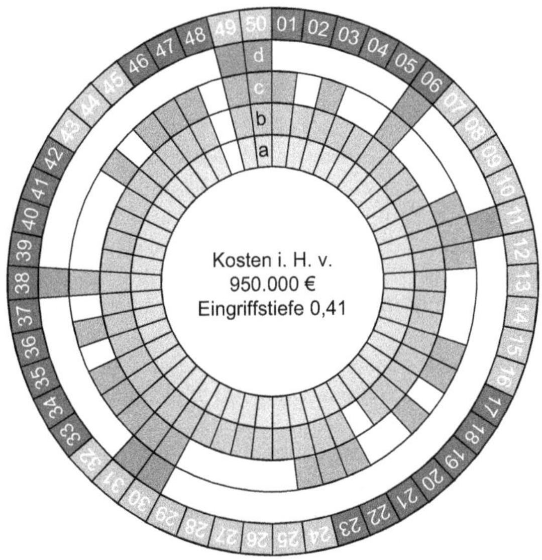

Abb. 6.92: Auswertung der Kosten nach Eingriffstiefe und Bauelement, 50 Grobdiagnose-Elemente (s. S. 555) mit einer Zustandsbeschreibung nach den Kategorien a, b, c, d und s (s. S. 556).

255 Vgl. [fm-nrw (2004M)].

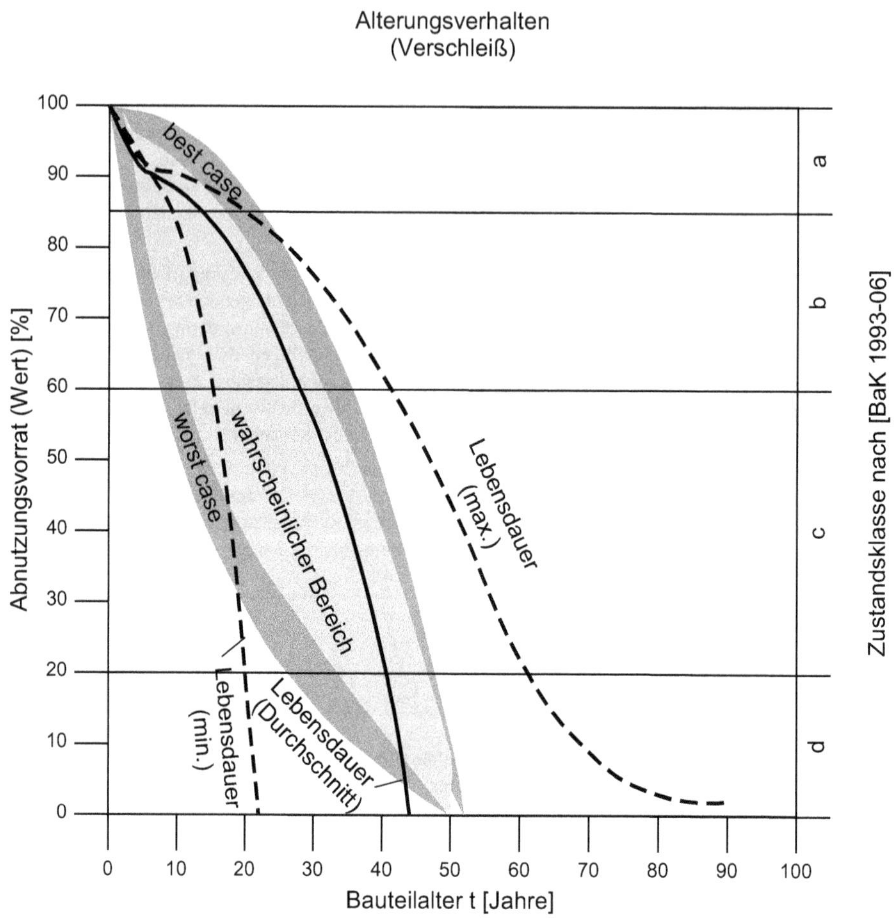

Abb. 6.93: Alterungsverhalten des Wetter- und Sonnenschutzes.

In einer Untersuchung des Bundesamtes für Konjunkturfragen der Schweiz [BaK (1994)] wurde für die Grobdiagnose-Elemente „Verputz (Fassade/Außenfläche)", „Fassadendekorationen*", „Balkone und Loggien*", „Außentüren, Tore*", „Steildach", „Flachdach", „Dachabschlüsse", „Fenster" und „Wetter- und Sonnenschutz" die Lebensdauer, das Alterungsverhalten und der Ersatzzeitpunkt (sofern nicht mit * markiert) ausgewertet. Zusätzlich wurde der Ersatzzeitpunkt für die Grobdiagnose-Elemente „Küche", „Sanitärinstallation" und „Wärmeerzeugung" bestimmt.

Der durchschnittliche Ersatzzeitpunkt wurde auf der Basis von insgesamt 200 Gebäuden ermittelt. Beispielhaft ist in Abbildung 6.93 der „Wetter- und Sonnenschutz" auch in abgewandelter Form (grau und dunkelgrau) dargestellt. Mittels der Kurve LØ lassen sich die Lebensdauer bzw. die Restlebensdauer sowie der relative Wert des Grobdiagnose-Elements in Abhängigkeit vom Zustand bestimmen. Bemerkenswert ist, dass nach dieser Untersuchung der ideale Ersatzzeitpunkt nach Baujahr unterschiedlich sein kann. Die Lebensdauer der Bauteile wird in der Regel geringer, je jünger das Herstellungsjahr ist. „Die Begründung dafür ist vielfältig: geringere Lebensdauer von Materialien, reparaturanfälligere Konstruktionen, hoher Verschleiß durch intensivere Nutzung und aggressivere Umwelteinflüsse usw.“[256]

Je nach Bauteil liegt der ideale Zeitpunkt der Instandsetzung bei 50 bis 70 % der Lebensdauer, um z. B. Folgeschäden zu vermeiden.[257] Damit lässt sich der ideale Instandsetzungszeitpunkt planen.

Mit kostentreibenden Elementen ist aus Gründen der Investitionskosten so weit wie möglich sparsam umzugehen. Die Rangfolge der teuren Elemente in der Wohnungswirtschaft liest sich wie folgt:[258] 1. Fassade-Wärmedämmung, 2. Bad-WC, 3. Küche, 4. Fenster, 5. Elektroanlagen Wohnungen, 6. Gerüste, Bauplatzeinrichtung, 7. Wandverkleidungen, 8. Abluftanlagen, 9. Wärmeerzeugung und 10. Wärmeabgabe. Nach IfB[259] fallen auf das Dach einschl. Dachentwässerung 2,2 % bis 17,1 %, auf Fenster inkl. Verglasung 12,6 % bis 22,3 %, auf Anstriche 8,4 % bis 34,1 %, auf die Heizung und Lüftung etwa 8,0 % bis 22,0 % und auf sanitäre Installationen 9,3 % bis 28,7 % der Bauwerkskosten auf die Bauunterhaltungskosten für 80 Jahre.

Schadensanfällige Bauteile sind insbesondere nach dem Dritten Bericht über Schäden an Gebäuden[260] für Sanierung bzw. Neubau: 1. Außenwände 37 % bzw. 32 %, 2. Dächer und Balkone 33 % bzw. 27 %, 3. Bauteile im Erdreich 16 % bzw. 17 %. „Etwa 80 % aller Schadensfälle treten während der ersten 5 Jahre auf, wobei fast 65 % aller Schadensfälle in den ersten beiden Jahren der Baufertigstellung beobachtet werden.“[261]

6.9.3 Instandhaltung planen und budgetieren

Zu den Handlungsoptionen gehört insbesondere der Einbezug des Projektgeschäfts. Durch die Berücksichtigung des Lebenszyklus lassen sich teure und schadensträchtige Bauelemente und durch vorausschauende und wirtschaftliche Planung Schäden vermeiden. Durch gezielte Planung der Instandhaltungsmaßnahmen lassen sich diese in einem Objekt bündeln und damit Vorleistungen einsparen. Als Beispiele werden hier die Gerüste und die Baustelleneinrichtung genannt, die auf Platz 6 der teuren Elemente im Wohnungsbau liegen. Die Maßnahmen lassen sich in sinnvollen Instandhaltungszyklen bündeln: alle fünf Jahre ein Anstrich an Fenster-Wetterschenkeln, alle zehn Jahre ein Anstrich an Fenstern und Fensterläden sowie an Blech- und Metallarbeiten, alle 25 Jahre die Instandsetzung der Fenster, der Fassaden und des Dachs[262], alle 60 Jahre die Instandsetzung des Dachstuhls.

Ebenso lässt sich das Maßnahmenvolumen skalieren, wenn mehrere Objekte in die Maßnahmenplanung einbezogen werden. Durch ein größeres Ausschreibungsvolumen werden i. d. R. bessere Preise am Markt erzielt. Durch Ausschreibungsverfahren wird der Wettbewerb gefördert, das führt zu günstigeren Preisen.

Abbildung 6.94 zeigt die Abnutzung dieser Bauteile über die Zeit t. Geplante Instandhaltungszyklen lassen sich durch Skalierung gleicher Leistungen in verschiedenen Objekten oder durch Bündelung von Maßnahmen kostengünstiger umsetzen. So kann ein Gerüst alle 25 Jahre für Fassadenanstrich, Fenster- und Dachinstandsetzung gleichermaßen verwendet werden.

---

256 [BaK (1994)], S. 17.
257 Siehe [BaK (1994)], S. 21.
258 Vgl. u. a. [BaK (1995h)] und [BaK (1994)], S. 64.
259 [IfB F 1869], S. 17, Bandbreiten von Einfamilienhäusern bis Mehrfamilienhäusern (5- bis 9-geschossig mit Aufzug).
260 Siehe [BMBau (1996c)], S. 29 ff.
261 [BMBau (1996c)], S. 30.
262 Vgl. [BaK (1994)], S. 70.

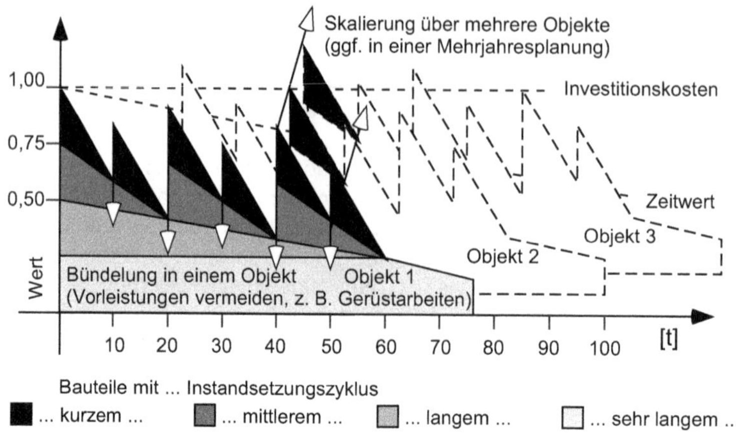

Abb. 6.94: Schema Instandsetzungszyklen.[263]

6.9.4 Stützleistungen effizient erbringen

Neben der wirtschaftlichen Planung der Maßnahmen können auch die Verwaltungskosten der Instandhaltung gesenkt werden. In der laufenden Instandhaltung sind insbesondere Handlungsoptionen von Interesse, die die Anzahl der Geschäftsvorfälle reduzieren. Danach lassen sich graduell sechs verschiedene Prozessvarianten unterscheiden: Einzelauftrag, Auftrag mit gebündelten Leistungen, Einheitspreise/Rahmenverträge (Mengenrabatte), „Bremer Modell“[264] der GEWOBA in Bremen, Ausschreibungspakete (z. B. 1 Stück Badsanierung) und vereinfachte Reparaturabwicklung (VeRa). Einzelne Autoren sprechen von Einsparungen von 7 bis 15 % durch die Wahl der Prozessvariante.[265] Außerdem ist verursachergerecht und nach Kostenträger abzurechnen.

Durch vereinfachte Geschäftsabläufe gewonnene Zeit lässt sich sinnvoll nutzen. Versicherungsschäden müssen ebenso wie Mängel erkannt und nachhaltig verfolgt werden. Das sind etwa 8 bis 10 % der Rechnungen in der laufenden Instandhaltung in der Wohnungswirtschaft (vgl. Kap. 6.7.1). Die Zustände der Immobilien müssen regelmäßig überprüft werden. Sofern keine ausreichende Fachkenntnis hierzu vorhanden ist, empfiehlt es sich, das eigene Personal entsprechend schulen zu lassen. In der kommunalen Immobilienwirtschaft wird insbesondere durch Hausmeisterpools der Ressourceneinsatz optimiert. Durch den Einsatz moderner Technologien (z. B. RFID-Chips, Barcodes bei der Bestandsdatenpflege) und von Navigationsgeräten bei der Routenplanung (optimale Route), durch angepasste Arbeitsabläufe (optimale Arbeitsausführung), die Arbeitseinteilung nach Qualifikation (optimale Arbeitseinteilung), eine adäquate Instandhaltungsstrategie (optimaler Materialeinsatz) und die passenden Arbeitsmittel und Fahrzeuge sowie den Einsatz von IT-Lösungen lassen sich auch mit geringinvestiven Maßnahmen Personalaufwand reduzieren.

6.9.5 Beschädigungen und Zerstörungen vermeiden

Die Schadensfälle bei Wohnungsunternehmen sind in der Wohnungswirtschaft grundsätzlich nicht sehr hoch. Die Zahl der Reparaturen liegt zwar bei 1,77 Aufträgen je Wohneinheit und Jahr,

263 Siehe [BaK (1994)], S. 70.

264 Vgl. Kapitel 5.3.3, Abbildung 5.6.

265 Vgl. z. B. [Jödicke, A. (2007j)], S. 42 ff.

Tab. 6.73: Beschädigungen und Zerstörungen nach Anzahl und Kosten in der Wohnungswirtschaft.[266]

	Bezeichnung	Schadensfälle	Schadenskosten
1.	Aufzug	10 %	9 %
2.	Außenanlagen	10 %	10 %
3.	Elektrik	17 %	7 %
4.	Graffiti	37 %	47 %
5.	Feuerlöscher	1 %	1 %
6.	Keller	3 %	5 %
7.	Sonstiges	7 %	8 %
8.	Spielplatz	7 %	5 %
9.	Schließanlage	8 %	8 %
	Summe	100 %	100 %

die Anzahl der Beschädigungen und Zerstörungen bei 0,01 bis 0,1 je Wohneinheit und Jahr in Abhängigkeit von der Größe eines Wohnungsunternehmens. Die Probleme treten allerdings vielfach konzentriert auf und sind in der Wohnungswirtschaft oft auf Graffiti-Schmierereien zurückzuführen (s. Tab. 6.73). Letztere sind jedoch nicht nur bei Wohnungen anzutreffen, sondern auch im öffentlichen Raum, bei Verkehrsbauten, Bildungseinrichtungen, Handelseinrichtungen, öffentlichen Gebäude und Einrichtungen, Freizeit- und kirchlichen Einrichtungen.[267] Hilfreich kann sein, der zunehmenden Verwahrlosung vorzubeugen, z. B. durch robuste Spielgeräte und schnelle Reparatur der Schäden. Die Handlungsoptionen sind in Tabelle 6.74 zusammengefasst dargestellt.

Tab. 6.74: Maßnahmen (Handlungsoptionen) – Instandsetzungskosten.

	Optionen in der Projektabwicklung	Optionen im Objektbetrieb
1.	**Instandsetzungsniveau formulieren**	
	– Haftungsrisiken senken, Zuverlässigkeit steigern, Ausfallrisiken senken	
2.	**Instandsetzungsumfang planen**	
	– Instandsetzungen mit Betriebskosteneinsparungen kombinieren, z. B. durch Inanspruchnahme von Förderprogrammen – Lebensdauer der Bauteile berücksichtigen sowie teure und schadensträchtige Bauteile(kombinationen) meiden und vermeidbare Schäden vorausschauend und wirtschaftlich planen – Normstrategie zur Inspektion-, Prävention- und Ausfallstrategie einführen – Mehrjahresplanung einführen: gleichartige Maßnahmen an verschiedenen Objekten in einer Ausschreibung zusammenfassen (Skalierungseffekte), verschiedene Maßnahmen für ein Objekt bündeln, um Vorleistungen (z. B. Gerüstarbeiten) zu reduzieren – durch Auswahl der Baumaterialen u. v. m. den Installationsgrad (KGR 300/(KGR 300 + 400) reduzieren	– kundenorientierte Instandsetzung bei steigenden Erträgen durchführen – Eigenanteil der Leistungen erhöhen, Anbieter wechseln, Outsourcing – Instandhaltungsmaßnahmen bündeln, Einheitspreise/Rahmenverträge (Mengenrabatte) verhandeln, „Bremer Model" der GEWOBA in Bremen, Ausschreibungspakete (z. B. 1 Stück Badsanierung), vereinfachte Reparaturabwicklung (VeRa), Ausschreibungsverfahren anwenden
3.	**Instandsetzungsleistungen durchführen**	
		– Ausfälle wegen Instandhaltungsmaßnahmen vermeiden

266 Vgl. [Weeber, R. (2008)], S. 16 f.

267 Vgl. [Weeber, R. (2008)], S. 47.

Tab. 6.74: (Fortsetzung)

	Optionen in der Projektabwicklung	Optionen im Objektbetrieb
4.	**Instandsetzungsergebnisse überprüfen** – Budget regelmäßig prüfen und überwachen	– Schätzkosten regelmäßig prüfen und überwachen, Schäden schnell reparieren, um Verwahrlosung zu vermeiden
5.	**Instandsetzungspotenziale heben** – Vandalismus vorbeugen – technisches und kaufmännisches Personal schulen, – Versicherungs- und Mängelschäden erkennen und Kosten verursachergerecht und nach – Kostenträger (z. B. (Bau-)Firma, Mieter, Versicherung) aufteilen.	

Literatur

[AGI W5 (2014)] Arbeitsgemeinschaft Industriebau (Hrsg.): Kennzahlen für Technikkosten während der Nutzungsphase von Büro- und Laborgebäuden; Hannover 2014.

[AMEV (1993a)] Arbeitskreis Maschinen- und Elektrotechnik staatlicher und kommunaler Verwaltungen (Hrsg.): Ermittlung des Personalbedarfs für die Betriebsführung der technischen Gebäudeausrüstung in Liegenschaften des Bundes; Bonn 1993.

[AMEV Personalbedarf 2000] Arbeitskreis Maschinen- und Elektrotechnik staatlicher und kommunaler Verwaltungen (Hrsg.): Hinweise zur Ermittlung des Personalbedarfs für das Betreiben der technischen Anlagen in öffentlichen Gebäuden; Berlin 2000.

[AMEV TGA-Kosten Betreiben 2013] Arbeitskreis Maschinen- und Elektrotechnik staatlicher und kommunaler Verwaltungen (Hrsg.): TGA-Kosten Betreiben 2013: Ermittlung der Kosten für das Betreiben von technischen Anlagen in öffentlichen Gebäuden, AMEV TGA-Kosten Betreiben 2013; Bonn 2013, URL: https://www.amev-online.de/AMEVInhalt/Organisation/TGA-Kosten%20Betreiben/tga2013.pdf (letzter Aufruf: 08.01.2018).

[Bärmann, J. (1991)] Bärmann, Johannes: Wohnungseigentum: Kurzlehrbuch; München 1991.

[BaK (1994)] Bundesamt für Konjunkturfragen (Hrsg.): Alterungsverhalten von Bauteilen und Unterhaltskosten: Grundlagendaten für den Unterhalt und die Erneuerung von Wohnbauten; Bern 1994.

[BaK (1995h)] Bundesamt für Konjunkturfragen (Hrsg.): Grobdiagnose: Zustandserfassung und Kostenschätzung von Gebäuden, Datenblätter Wohnbauten bzw. Wohn-Gewerbebauten: Impulsprogramm IP Bau, 2., stark überarb. Aufl.; Bern 1995, URL: http://www.bbase.ch/fileadmin/PDF/Tipps/431.0_Grodiagnose.pdf (letzter Aufruf: 04.01.2018).

[Baumann, H. (1997)] Baumann, Herbert; Kapmeyer, Eberhard; Muser, Bernd: Energiesparende Gebäudeplanung für Ingenieure: Planungshilfen zur neuen Wärmeschutz-, Heizungsanlagen- und Kleinfeuerungsanlagenverordnung; Loseblattsammlung, 12., akt. Aufl.; Augsburg 1997.

[BBG] , [BKI], [IWB] Bogenstätter, Ulrich: Analysen der Gebäudedokumentationen aus [BBG 1987.12], diverser Publikationen des [BKI, Stuttgart] sowie [IWB RBK 1997.04.01] einschl. der Ergänzungslieferungen 1997.10.01, 1998.04.01 zur Berechnung von Instandhaltungskosten nach [AMEV Personal Betrieb 93], [BAUMANN H. 1997] und [KGSt B 9/1984].

[BMBau (1991K)] Klocke, Wilhelm: Leitfaden zur Bauinstandhaltung: Inspektion und Wartung Ihres Hauses – Ratschläge zur Pflege und Werterhaltung, 3. Aufl.; Bonn 1991.

[BMBau (1996c)] Bundesministerium für Bauwesen, Städtebau und Regionalwesen (Hrsg.): Dritter Bericht über Schäden an Gebäuden; Bonn 1996.

[DIN 18960-1 1976-04] Baunutzungskosten von Hochbauten, Deutsches Institut für Normung (Hrsg.): Teil 1, DIN 18960; Berlin 1976.

[DIN 31051 2012-09] Grundlagen der Instandhaltung, Deutsches Institut für Normung (Hrsg.): DIN 31051; Berlin 2012.

[fm-nrw (2004M)] Melching, Peter: Bestandsbeurteilung: Public Private Partnership im Hochbau, 2004, URL: https://broschueren.nordrheinwestfalendirekt.de/herunterladen/der/datei/05-bestandsbeurteilung-pdf/von/leitfaden-der-ppp-initiative-bestandsbeurteilung/vom/staatskanzlei/586 (letzter Aufruf: 04.01.2018).

[GdW Schriften 43] Gesamtverband der Wohnungswirtschaft (Hrsg.): Modernisierung und Entwicklung des Wohnungsbestandes: Ziele, Verfahren, Standards, Techniken, Kosten, Akzeptanz, 2. Aufl., GdW Schriften 43; Hamburg 1995.

[GGW (1979)] Gesamtverband Gemeinnütziger Wohnungsunternehmen (Hrsg.): Instandhaltung und Modernisierung des Wohnungsbestandes: Ziele, Maßnahmen, Kosten und Finanzierung; Hamburg 1979.

[Götsch, J. (2017b)] Götsch, Jens-Uwe: Bewertung von Portfoliostrategien anhand des Discounted-Cashflow-Verfahrens: Vorlesung im Modul Portfoliomanagement, Hochschule Mainz; Februar 2017.

[Hampe, K. (1985j)] Hampe, Karl-Heinz: Bauteile zwischen Investitions- und Bauunterhaltungskosten, in: Deutsche Bauzeitschrift (1985), Nr. 10, S. 1331–1339.

[HIS B1/1989] Hochschul-Informations-System (Hrsg.): Bestandserhaltung von Hochschulgebäuden: Erfahrungsberichte aus Bauverwaltung und Hochschule; Kurzinformationen; Hannover 1989.

[IfB (1979)] Institut für Bauforschung (Hrsg.): Baustoffe und Bauunterhaltungskosten; Hannover 1979.

[IfB (1987f)] Hampe, Karl-Heinz: Kriterien zur Auswahl wirtschaftlicher Bauteile im Wohnungsbau: Verfahren und Ergebnisse, in: Bundesbaublatt (1987), Nr. 6, S. 375–378.

[IfB F 1869] Hampe, Karl-Heinz: Bauteile und Bauunterhaltungskosten: Bewertung von Bauteilalternativen im Hinblick auf eine günstige Relation zwischen Investitions- und Bauunterhaltungskosten; Forschungsbericht, Schriftenreihe Bau- und Wohnforschung; Hannover 1982.

[IFMA (2004)] International Facility Management Association (Hrsg.): Benchmarking Report 2003, Karlsfeld bei München 2004.

[IFMA IHM] International Facility Management Association (Hrsg.): Leitfaden „Betrieb & Instandhaltung Liegenschaften; Stuttgart 2006.

[II. BV 2007] Verordnung über wohnungswirtschaftliche Berechnungen nach dem Zweiten Wohnungsbaugesetz (Zweite Berechnungsverordnung – II. BV), 2007, URL: https://www.gesetze-im-internet.de/bvo_2/BJNR017190957.html (letzter Aufruf: 04.01.2018).

[Instandhaltung (2000i)] o. V.: Instandhaltung: Wie hoch sollte die Rücklage sein?, in: Immobilien Praxis & Recht (2000), Nr. 9, S. 58–59.

[Jödicke, A. (2007j)] Jödicke, André: Durch standardisiertes Instandhaltungsmanagement 7 bis 15 Prozent eingespart, in: Die Wohnungswirtschaft (2007), Heft 10, S. 42–44.

[LBB 1.12-1990] Ruf, Hans-Ulrich; Conen, Maria, Dautzenberg, Brigitte: Kosten im Hochbau: Untersuchung über Aufwand und Nutzen von Kostenermittlungsverfahren; Aachen 1990.

[Overkamp, S. (1996j)] Overkamp, Sabine; Oesterdieckhoff, Klaus: Wie lassen sich kommunale Einrichtungen wirtschaftlich betreiben und unterhalten?: Ein Gemeinschaftsprojekt zeigt neue Wege der Instandhaltung öffentlicher Einrichtungen auf, in: Bauverwaltung + Bauamt & Gemeindebau (1996), Heft 10, S. 593–595.

[Sauren, M. (2000)] Sauren, Marcel M.: Das Praxislexikon Wohnungseigentum: über 1000 ausführlich erläuterte Stichwörter zum WEG-Recht; Freiburg i. Br. 2000.

[VDMA 24176 2007-01] Inspektion von technischen Anlagen und Ausrüstungen in Gebäuden, Verein Deutscher Maschinen- und Anlagenbauer (Hrsg.): VDMA 24176, Berlin 2007.

[Weeber, R. (2008)] Weeber, Rotraut; Steffen, Gabriele; Baumann, Dorothee; Berger, Jasmin: Weniger Schmutz und Schäden in Wohnanlagen: Was hilft?; Stuttgart 2008.

6.10 Controlling und Leistungskennzahlen bei einem Serviceunternehmen

Bernd Hanke

Immobilien als Kapitalanlage sind gerade in Zeiten von wachsenden Unsicherheiten und fehlenden sicheren Geldanlagemöglichkeiten eine der bevorzugten Anlagemöglichkeiten. Dabei sollte nicht aus den Augen verloren werden, dass „Eigentum verpflichtet“ gemäß Art. 14 Abs. 2 des Grundgesetzes. Die Pflichten, die für den Gebäudeeigentümer aus der Betreiberverantwortung entstehen, haben somit ihre Basis im Grundgesetz. Sie betreffen Gefahren des Gebäudebetriebs für die Umwelt (Luft, Klima, Boden, Wasser) sowie für das Leben, die körperliche Unversehrtheit, die Gesundheit, die Freiheit und das Eigentum von Personen. Darüber hinaus gibt es Pflichten in Bezug auf die Weiterentwicklung des Immobilienunternehmens und gegenüber den Mitarbeitern, den Kunden und den Nutzern der Immobilien.

6.10.1 Was ist ein erfolgreicher Bestandshalter?

Ein erfolgreicher Bestandshalter von Immobilien und Anlagen bzw. ein erfolgreiches Serviceunternehmen entwickelt sich stetig weiter und versucht, seine Immobilien und Anlagen wertschöpfend zu betreiben und somit den Wert der Immobilien auszubauen.

Jedes Infrastrukturunternehmen mit eigenen Immobilien und Anlagen nutzt die Erkenntnis, dass seine Immobilien und Anlagen die Grundlage für seine wertschöpfende Geschäftstätigkeit darstellen. Was wäre ein Flughafen, Bahnhof oder Hafen ohne entsprechende Infrastruktur? Der Wettbewerb wird international und national immer härter, und erfolgreich ist nur der, der in der Lage ist, sich den veränderten Anforderungen zu stellen. Dabei wirken verschiedene Perspektiven und Einflüsse auf den Bestandshalter und die Serviceunternehmen ein, die es immer wieder zu bewerten und ggf. zu berücksichtigen gilt.

- Wie bewertet man seine Möglichkeiten, um ein erfolgreiches Serviceunternehmen oder ein entsprechender Bestandshalter zu sein?
- Mit welchem Controlling und welchen Leistungskennzahlen wird bei einem Serviceunternehmen gesteuert und die Performance bewertet?

Nur wer eine Vision und ausgewogene Strategie einschließlich ausgewogener Bewertungskriterien hat, wird sich langfristig als erfolgreicher Bestandshalter und/oder Service Unternehmen am Markt behaupten können.

- Doch was heißt das am konkreten Beispiel?
- Welche Steuerungssysteme und Managementmethoden sollten angewendet werden und mit welchen Kennzahlen steuert und überprüft man den Erfolg?
- Wie wirkt sich dies auf die verschiedenen Dimensionen und Perspektiven aus?

Ein ausgewogenes Kennzahlensystem ist für einen erfolgreichen Bestandshalter unumgänglich. Wer nur einseitig mittels finanzieller Kennzahlen steuert, wird mittel- und langfristig keinen Erfolg haben. Kurzfristig besteht die Möglichkeit, Erfolge u. a. durch die Reduzierung von Instandhaltungs- und Werterhaltungsmaßnahmen, eine geringere Qualität oder durch Preisdumping zu erzielen. Dies kann und wird jedoch schnell zu Problemen führen, denn die Anforderungen der Kunden, die gesellschaftlichen Perspektiven, die Weiterentwicklung der Prozesse einschl. der Organisation und Innovationen bleiben auf der Strecke.

Anfang der 1990er-Jahre wurde in einer US-amerikanischen Studie ein aus meiner Sicht ausgewogenes Kennzahlensystem im Bezug auf „Leistungsmessungen in Unternehmen der Zukunft“ entwickelt. Die Balanced Scorecard war geboren.

Das Grundmodell der Balanced Scorecard umfasst mit der Finanzperspektive, der Kundenperspektive, der internen Prozessperspektive einschl. der Aufbau- und Ablauforganisation und den Mitarbeiterressourcen ein ausgewogenes Kennzahlensystem. Die Vorteile der Balanced Scorecard zeigen sich bei ihrer praktischen Anwendung. Mittels Controlling und Leistungskennzahlen besteht die Möglichkeit, Serviceunternehmen erfolgreich zu steuern.

Die vier genannten Unternehmensperspektiven stehen in einer Wechselbeziehung zueinander und beeinflussen sich gegenseitig.

6.10.2 Balanced Scorecard in der Immobilienwirtschaft und bei Dienstleistungsunternehmen

Viele Servicedienstleister und wohnungswirtschaftliche Unternehmen arbeiten kennzahlenbasiert und verwenden eine Balanced Scorecard als Steuerungsinstrument.

Die aus den Steuerungs- und Leistungskennzahlen gewonnenen Erkenntnisse sollten im Einklang mit der Vision und Strategie des Unternehmens stehen. Nur wer langfristig seine Ziele im Blick hat, sie immer wieder auf Aktualität überprüft und vor allem danach steuert, wird am Markt erfolgreich sein bzw. seine Immobilien erfolgreich bewirtschaften. Dabei ist es auch erforderlich, eine qualitative und quantitative Überprüfung der eigenen und der Fremdleistungen vorzunehmen und diese Leistungen kontinuierlich zu überwachen. Bereits bei der Vergabe von Fremdleistungen ist auf eine ausgewogene Verteilung zwischen finanziellen und qualitativen Zielstellungen zu achten.

Wer jedoch nur auf seine eigenen Ziele und Finanzkennzahlen fokussiert ist, hat eine wesentliche Komponente vergessen. Nur wenn beide Parteien aus dieser Kooperation einen Mehrwert generieren können, ist die Vertrags- oder Leistungsbeziehung langfristig erfolgreich. Ein Inhaber eines der sehr großen FM-Serviceunternehmen drückt das so aus: „Sie bekommen immer die Leistung, die Sie bereit sind zu zahlen. Ansonsten bin ich schnell bankrott."

Um für beide Parteien eine Win-win-Situation zu erzielen, sollte eine Vereinbarung hinsichtlich der anzuwendenden Steuerungs- und Leistungskennzahlen getroffen werden. Erstaunlicherweise gibt es zur Auswahl und Bildung von Kennzahlen nur sehr wenige Veröffentlichungen, u. a. der Verbände und Normungsorganisationen. Zu diesen gehören die DIN EN 15341[268] „Instandhaltung – Wesentliche Leistungskennzahlen für die Instandhaltung", die DIN EN 17007[269] „Instandhaltungsprozess und verbundene Leistungskennzahlen" und die VDI 2893 „Auswahl und Bildung von Kennzahlen für die Instandhaltung" (2006)[270].

Dabei wird aus meiner Sicht die VDI 2893 zu wenig beachtet. Darin wird unter dem Absatz 2.2 „Balanced Score Card und EFQM-Modell für die Instandhaltung" dargelegt: „Kennzahlen und Kennzahlensysteme sind zentraler Bestandteil eines Instandhaltungs-Controlling."[271] Ich verwende dieses Kennzahlensystem, da es aus meiner Sicht die wesentlichen Instrumente zu einer allumfassenden Steuerung enthält.

Aufbauend auf den vier wesentlichen Steuerungsgrößen der Balanced Scorecard (Finanzen, Kunde, Prozesse, und Mitarbeiter), gibt es für Servicedienstleister, aber auch für Bestandshalter wesentliche Steuerungs- und Leistungskennzahlen, von denen hier einige exemplarisch aufgeführt werden. Dabei besteht außerdem die Möglichkeit, zwischen KPIs (s. Tab. 6.75) und monatlichen Kennzahlen (s. Tab. 6.76) zu unterscheiden.

Tab. 6.75: Beispiele möglicher KPIs.

	Finanzen	Kunden	Prozesse	Innovation
1.	– Kosten/Erlöse	– Mitarbeiterzufriedenheit – Kundenbarometer	– Verbesserungsvorschläge, durchschnittliche Überschreitungstage	– Zufriedenheitsindex
2.	– Effizienz – Wertbeitrag	– Zeitraum der Auftragsbearbeitung	– Verfügbarkeit technischer Anlagen	– Fluktuationsrate
3.	– regelmäßiges Finanzfeedback Kosten/Erlöse	– Mieterfluktuation	– Soll-Ist-Abgleich der Aufträge und Termine	– Anzahl der Weiterbildungstage
4.	– Nebenkostenkonditionen/nicht umlegbare Betriebskosten	– Auftragsdurchlaufzeit	– Durchlaufzeit der Aufträge	– Krankheitstage
5.	– Realisierungsquote (Budget-Einhaltung)	– Störungsbearbeitung und Rückmeldung		– Personalausfallzeiten pro Abteilung

268 Aktuelle Ausgabe [DIN EN 15341 2007-06].

269 Aktuelle Ausgabe [DIN EN 17007 E 2016-07].

270 [VDI 2893 2006-05].

271 [VDI 2893 2006-05], S. 6, Absatz 2.2.

Tab. 6.76: Beispiele möglicher Monatsberichtskennzahlen.

	Finanzen	Kunden	Prozesse	Innovation
1.	– Kosten/Erlöse	– Verfügbarkeit technischer Anlagen, z. B. RLT, Elektro-, Aufzugs- und Fahranlagen	– Verbesserungsvorschläge – Stand/Neueingang: bearbeitet/ durchschnittliche Überschreitungstage/ offen	– Personalkennzahlen (z. B. Produktivität)
2.	– Effizienz – Wertbeitrag	– Störungsanzahl und deren Abarbeitung	– Soll-Ist-Abgleich der Aufträge und Termine	– Krankenquote
3.	– regelmäßiges Finanzfeedback Kosten/Erlöse	– Mieterbeschwerden	– Durchlaufzeit der Aufträge	– Qualifikationsmaßnahmen
4.	Realisierungsquote (Budget-Einhaltung)			– Personalausfallzeiten
5.	Fremd-/Leihpersonal nach AÜG			– Anzahl der Arbeitsunfälle
6.				– Ausfalltage durch Arbeitsunterbrechung

Andere Unternehmen, darunter auch Bestandshalter, verwenden je nach Firmenkultur Cockpit-Anzeigen, die wesentliche Steuerungsinformationen beinhalten. Bei einer Analyse der verschiedenen Varianten ist schnell erkennbar, dass es sich bei den Steuerungsgrößen um die vier Dimensionen handelt, die ein Grundbestandteil einer Balanced Scorecard sind. Mittlerweile gibt es am Markt Software-Anbieter, die Unternehmen auf der Basis der vorhandenen Flexibilität maßgeschneiderte Lösungen anbieten.

Für mich hat sich eine Cockpit-Anzeige bewährt. Durch die heute i. d. R. eingesetzten Systeme bekommt man eine Vielzahl von Kennzahlen, Auswertungen und Berichte. Dabei stellt sich die Frage, welche davon relevant sind. Im Cockpit sollten nur die Kennzahlen angezeigt werden, an denen auf den ersten Blick die wesentlichen Indikatoren und Steuerungsgrößen erkennbar sind. Wichtig sind die Kennzahlen, die einerseits die eigenen Unternehmensziele aufzeigen und andererseits Mitarbeiter und Endkunden berücksichtigen (vgl. Tab. 6.77). Nur ein ausgewogenes Verhältnis zwischen diesen durchaus auch konkurrierenden Zielen schafft einen langfristigen Erfolg.

Dafür gibt es eine Vielzahl von Beispielen. Nicht nur die Servicedienstleister haben die Balanced Scorecard für sich entdeckt. Auch die Wohnungs- und Immobilienwirtschaft nutzt dieses Instrument immer häufiger. Ein Vergleich des Controllings und der Leistungskennzahlen von Serviceunternehmen und Bestandhaltern wie z. B. die Kennzahlen aus einem Benchmark der Wohnungswirtschaft (vgl. Tab. 6.78) zeigt, dass nur dann, wenn die Serviceunternehmen erfolgreich und kundenorientiert arbeiten, auch die Bestandshalter i. d. R. erfolgreich sind und gegenüber ihren Konkurrenten einen wesentlichen Wettbewerbsvorteil haben.

Für die Wichtigkeit von ausgewogenen Steuerungs- und Controlling-Instrumenten ist die VDI 2893 eine gute Orientierung. Es ist erstaunlich, wie wenig sie bekannt ist und genutzt wird. Auch die Verbände sind hier gefordert.

Mit den vier Dimensionen und den richtigen Kennzahlen ist jeder der am Prozess Beteiligten in der Lage, schnell, effizient und zielgerichtet auf Situationen zu reagieren. Die verwendeten Berichtsvarianten erleichtern es Servicedienstleistern, ihre Produktion zu steuern, und dem Bestandshalter, seine Beauftragungen und Leistungen zu kontrollieren und in seine eigene Betrachtung zu integrieren.

Tab. 6.77: Beispiel für die Inhalte eines Cockpits mit den vier Dimensionen.

	Monatsbericht		Prozesse
	Finanzen		**Prozesse**
1.	Ergebnisentwicklung unterjährig	10.	Zufriedenheit
2.	Ergebnisentwicklung Hochrechnung		– Kundenbefragung (intern)
3.	Materialaufwand detailliert (Zeitverlauf)		– Beschwerdeeingang
4.	– ungeplante Instandhaltung		– nach Störticketbearbeitung
5.	– Sonderleistung	11.	Sachstand Service-Level-Agreement (SLA)
6.	– Regelleistung	12.	Erfüllungsgrad der Leistung
7.	– Projekthilfeleistung	13.	Termintreue Regelleistung
8.	Deckungsbeitrag auf Produkteben	14.	Termintreue Störtickets
9.	Produktivstunden je Mitarbeiter	15.	Anlagenverfügbarkeit
	Prozesse		**Mitarbeiterentwicklung**
16.	Statusbericht Regelinstandhaltung	23.	Zeitkonten (Gleitzeit, Überstunden, Verfügungstage (Schicht))
17.	Störfalltickets (Mengenbetrachtung)	24.	Abwesenheit; Fehlzeitenquote
18.	Kundenanforderung (Anzahl und Status; Volumen: Material + Personal)	25.	Urlaubsstatistik
19.	Produktverwendung (am wenigsten/am meisten)	26.	Mitarbeiter/Mengenbetrachtung + Fremdleistung
20.	Stundenverwendungsgrafik	27.	externe Schulungen
21.	termingerechte Auftragserledigung	28.	interne Schulungen (Ausfallzeit und absolute Zeit je Mitarbeiter)
22.	Auftragsdurchlaufzeit	29.	Krankenquote

Tab. 6.78: Benchmarking für die Wohnungs- und Immobilienwirtschaft – Entwicklung einer Balanced Scorecard.[272]

	Ziele	Indikatoren	Messzahlen
Finanzperspektive	Verbesserung der Rentabilität	Gesamtkapitalrentabilität	– Jahresüberschuss/-fehlbetrag + Kapitalzinsen/ Bilanzsumme
		Return on Investment	– Jahresüberschuss/-fehlbetrag/Bilanzsumme
		Cashflow	– Jahresüberschuss/-fehlbetrag/Ab-/Zuschreibungen auf Gegenstände des Anlagevermögens + Veränderung der Rückstellungen für Pensionen bzw. anderer langfristiger Rückstellungen + Veränderung des Sonderpostens mit Rücklagenanteil + andere nicht zahlungswirksame Aufwendungen und Erträge von wesentlicher Bedeutung + Bereinigung ungewöhnlicher zahlungswirksamer Aufwendungen/ Erträge von wesentlicher Bedeutung
		Eigenkapitalrentabilität	– Jahresüberschuss/-fehlbetrag/Eigenkapital
	Verbesserung der Kapitalstruktur	Verschuldungsgrad dyn. Verschuldungsgrad	– Fremdkapital/Eigenkapital – langfristiges Fremdkapital/Cashflow
	Verbesserung der Vermögensstruktur	Anlagenintensität	– Anlagenvermögen/Bilanzsumme

272 [IZT WerkstattBericht Nr. 53], S. 40, Abbildung 16.

Tab. 6.78: (Fortsetzung)

	Ziele	Indikatoren	Messzahlen
Kundenperspektive	ausgeprägte Kundenzufriedenheit	Beschwerden Beanstandungen	– Anzahl der Beschwerden und Beanstandungen je 1.000 WE
	hohe Kundenbindung	Leerstände Fluktuation	– Anzahl leerstehende WE/Gesamtzahl WE – Anzahl der Mieterkündigungen/Gesamtzahl WE
	kundengerechtes Preis-/Leistungsverhältnis	Mietkosten	– ortsübliche Miete für den Bestand/Brutto-Kaltmiete für den Bestand
		Betriebskosten Heizkosten	– Betriebskosten/Fläche aller WE – Heizkosten/Fläche aller WE
	positives Image	Unternehmensimage	– Befragungen und Befragungsrhythmus
Interne Prozessperspektive	Bestandserhaltung und -verbesserung	Modernisierungs- und Instandhaltungsinvestitionen	– Betriebsergebnis + Instandhaltungskosten + Sonderabschreibungen/Fläche aller WE
		Sicherung von Investitionsspielräumen	– Zins + Tilgung/Nettokaltmiete < 0,5
	kundenahe Organisationsstrukturen	Dezentralität Erreichbarkeit Service-Kompetenz	– Mieter pro Verwaltungseinheit – Öffnungs- und Ansprechzeiten (Telefon, persönl., Callcenter) – Anzahl der Ansprechpartner für verschiedene Belange
	Optimierung der Geschäftsprozesse	Termineinhaltung Verwaltungsaufwand Qualitätsmanagement	– Zeitvorgaben für Reparaturen – Verwaltungskosten/Quadratmeter Mietfläche – QS-System und ISO-9000-Zertifizierung
	Lean-Management	Managementsysteme	– Hierarchieebenen – Projektorientierung/Teamarbeit/Zielvereinbarungen
Innovationsperspektive	Mieterzufriedenheit	Personalfluktuation Betriebszugehörigkeit Anreizsysteme und Aufstiegsmöglichkeiten	– Personalbestandsveränderungen – durchschnittliche Anzahl der Jahre im Unternehmen – Arten der Anreizsysteme
	Mitarbeiterproduktivität	Mitarbeiterumsatz Bildungsinvestitionen Weiterbildungsmaßnahmen	– Umsatz pro Stelle – Summe pro Mitarbeiter – Anzahl pro Jahr und Mitarbeiter
	Integration neuer Informationssysteme	technologische Vernetzung der Mitarbeiter	– Internet- und Intranetanschlüsse, Telematik und Gebäude
		Nutzung des Internets	– Arten der Nutzung
	komplementäre Geschäftsfelder	komplementäre wohnbegleitende Dienstleistungen	– Aufzählung verschiedener Dienstleistungen

Für einen guten Servicedienstleister ist es heute nicht mehr ausreichend, Aufträge lediglich abzuarbeiten, er muss sich vielmehr vom Betreiber zum Manager von Immobilien entwickeln. Nur wer seinen Auftraggeber mit entsprechenden Leistungen entlastet, für ihn einen Mehrwert generiert und damit sein Leistungsversprechen vollumfänglich sicherstellt, wird mit dem Auftraggeber eine langfristige Verbindung eingehen.

Bei näherer Betrachtung der einzelnen Perspektiven ergeben sich viele Möglichkeiten, sie für die unternehmerischen Zwecke und somit für das Unternehmen, die Kunden und den Dienstleister nutzbar zu machen. Ziel muss es sein, mit dieser Vorgehensweise die Anforderungen, die die verschiedenen Perspektiven an das Controlling und die Leistungskennzahlen stellen, erfolgreich zu nutzen.

6.10.3 Balanced Scorecard im technischen Controlling

Zu den gesellschaftlich wichtigsten Aufgaben gehört ein ressourcenschonender Betrieb aller Gebäude und Anlagen. Die umweltpolitischen Forderungen und die Notwendigkeit, die Life-Circle-Kosten optimal zu gestalten, erfordern neue Wege. Der Aufbau einer gerichtsfesten Struktur sowie die Sicherstellung des Betriebs und des Verkehrs, verschärft durch einen immer höheren Technologisierungsgrad, erhöhen die Anforderungen an einen qualitativ hochwertigen Servicedienstleister, aber auch an den Bestandshalter. Der Kunde oder Nutzer erwartet zu Recht sichere und kostenoptimierte Infrastruktureinrichtungen, die den energiepolitischen Anforderungen entsprechen. Die Immobilien sind ein großer Wachstumsmarkt mit hohen Umsätzen und Potenzialen. Der Klimawandel geht alle an. Eine klare Verteilung der Verantwortung, Leistungsversprechen gegenüber den Bürgern und Transparenz in allen Belangen gehören dazu.

1. Kundenperspektive

Der Eigentümer, Kunde oder Nutzer erwartet die Sicherstellung der Funktionsfähigkeit aller technischen Anlagen. Aus der Kunden- und Gesellschaftsperspektive erwartet somit der Mieter bzw. Bürger verfügbare Infrastruktureinrichtungen und barrierefreie Zugänge, und er hat den Anspruch, dass er durch die weitestgehende Verhinderung von Störfällen in seinen Aktivitäten nicht beeinträchtigt wird. Sein Wunsch ist es, termingerechte Wartungen, einhergehend mit einer hohen Verfügbarkeit und Qualität der technischen Anlagen und optimalen Kosten, zu erhalten. Wie ist dies zu kontrollieren und welches objektive Messsystem ist dazu erforderlich?

Um die Kundenperspektive abzudecken, sind u. a. Kennzahlen zur Marktpositionierung, Erfassung und Darstellung der Kundenzufriedenheit, Reklamations- oder Beschwerdequote, zu den Reaktionszeiten, zur Termintreue und vor allem zu Verfügbarkeits- oder Ausfallraten zu verwenden. Entsprechend der eigenen Vision und der dazugehörigen Strategie sind die für das jeweilige Unternehmen optimalen Kennzahlen zu wählen und in der Balanced Scorecard im Quadranten Kundenperspektive einzuarbeiten. Dabei ist weniger oft mehr. In der Erstellung der Balanced Scorecard ist darauf zu achten, dass nur Kennzahlen verwendet werden, die einen direkten Einfluss auf die Kunden und Nutzer haben und mit denen eine echte Steuerung möglich ist. Sie sollten also nicht nur rein informativ sein. Deshalb ist besondere Aufmerksamkeit dem Quadranten Finanz- oder Kostenperspektive zu schenken.

2. Finanzperspektive

Die Finanzperspektive zeigt mit ihren Kennzahlen den Aufwand der Instandhaltung, aber auch die durch Energiemanagementmaßnahmen realisierten Erfolge. Daher sollten in diesen Kennzahlen möglichst alle Geschäfts- und Managementleistungen enthalten sein. Ziel ist es, einen umfassenden Überblick über die wirtschaftliche Entwicklung des Unternehmens auch im Hinblick auf die Service- und Instandhaltungsleistungen zu erhalten.

Da ein Unternehmen nur überleben kann, wenn es langfristig positive Betriebsergebnisse erzielt, sind die finanziellen Kennzahlen im System der Balanced Scorecard die wichtigsten, auf die alle anderen unterstützend einwirken sollten. Damit zahlt die Finanzperspektive der Balanced Scorecard auf zwei Ziele ein. Zum einen geht es um die finanzielle Leistung, die in der Strategie

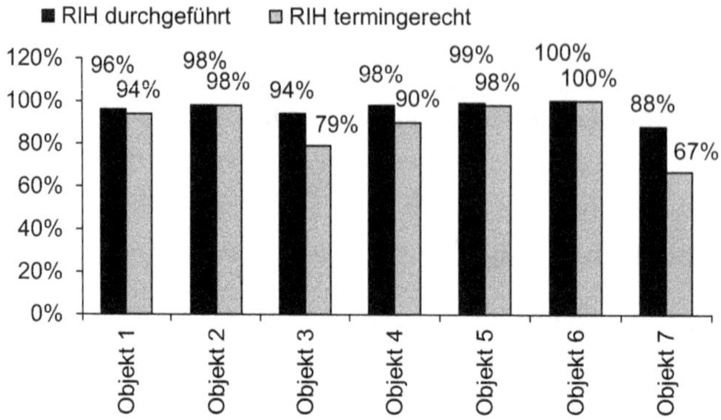

Abb. 6.95: Durchführungsquote und Terminüberwachung der Regelinstandhaltung (RIH).

als Zielsetzung erarbeitet wurde, zum anderen gibt die finanzielle Perspektive die Zielsetzung für die anderen Perspektiven vor. Bei der Erstellung der Balanced Scorecard sollte daher mit der Finanzperspektive begonnen werden.

In Tabelle 6.77 (s. oben) sind einige Kennzahlen für die Finanzsicht aufgeführt. Jedes Unternehmen sollte die Kennzahlen permanent überprüfen. Zu den Hauptfinanzkennzahlen gehören der Return on Capital Employed (ROCE), die eigene Kostenbelastung und diejenige für den Kunden, das Umsatzwachstum und die Produktivitätssteigerung bei gleichzeitiger Kostensenkung. Mitarbeiterkennzahlen wie Krankenquote, Fehlzeitenindex und Innovationen, die zur Kostensenkung beitragen, sind ein nicht unerheblicher Faktor für die positive Entwicklung der Finanzkennzahlen. Um die Finanzkennzahlen permanent zu überprüfen, ist ein Controlling der FM-Aufgaben notwendig und sollte im Cockpit präsent sein.

Die wesentliche Aufgabe des Controllings von FM-Aufgaben und der festgelegten Kennzahlen besteht in der Überprüfung der Arbeitsstände im Facility-Management. Nur wenn die beauftragten Leistungen (inkl. aller technischer und gesetzlicher Anforderungen) vollumfänglich bekannt sind und in einer Jahreswartungsplanung (s. Abb. 6.95) terminlich vordisponiert wurden, können Soll- und Arbeitsstand einander gegenübergestellt werden.

Die termingerechte Leistungserbringung innerhalb der Regelinstandhaltung ist wie in Abbildung 6.96 dargestellt zu kontrollieren. Eine Verzögerung der Leistungserbringung als Steuerungsinstrument zur Kostenreduzierung ist bei einigen Dienstleistern ein gern genutztes Instrument. Durch mehrfache Terminüberschreitungen kann sehr schnell ein Termin übersprungen werden, was die Produktionskosten reduziert, da diese ausgefallene Regelinstandhaltung nicht nachgeholt werden kann. Aus diesem Grund sollte nicht nur die Durchführungsquote kontrolliert werden, sondern auch die entsprechend der Jahreswartungsplanung vordisponierten Termine.

Dabei wird in Arbeitsüberwachung und Auftragssicherung unterschieden. Wesentliche Steuerungsinstrumente für die Auftragsüberwachung sind die Fortschrittskontrolle, die Bereitstellungsüberwachung, die Datenerfassung und die Kosten-/Budgetkontrolle, verbunden mit ggf. notwendigen Nachkalkulationen. Des Weiteren ist eine Kontrolle der Auftragssicherung unumgänglich. Mit dieser Kontrolle werden vor allem die Soll-Ist-Abweichungen und die Dokumentation überwacht und ggf. korrigiert. Die verfügbaren IT-FM-Software-Lösungen unterstützen i. d. R. mit entsprechenden Listen oder grafisch aufbereiteten Auswertungen die Kontrolle der FM-Anforderungen.

Bei den Instandhaltungsleistungen ist es zielführend, sich auf die eigenen und die für die Kunden wichtigen Geschäftsprozesse zu konzentrieren und die entsprechenden Prozesskennzahlen zu entwickeln. Dabei steht aus Sicht des Kunden die Instandhaltung im Vordergrund, aus interner Sicht jedoch die Betrachtung des Produktionsbereichs im Fokus. Um den größtmöglichen Einfluss

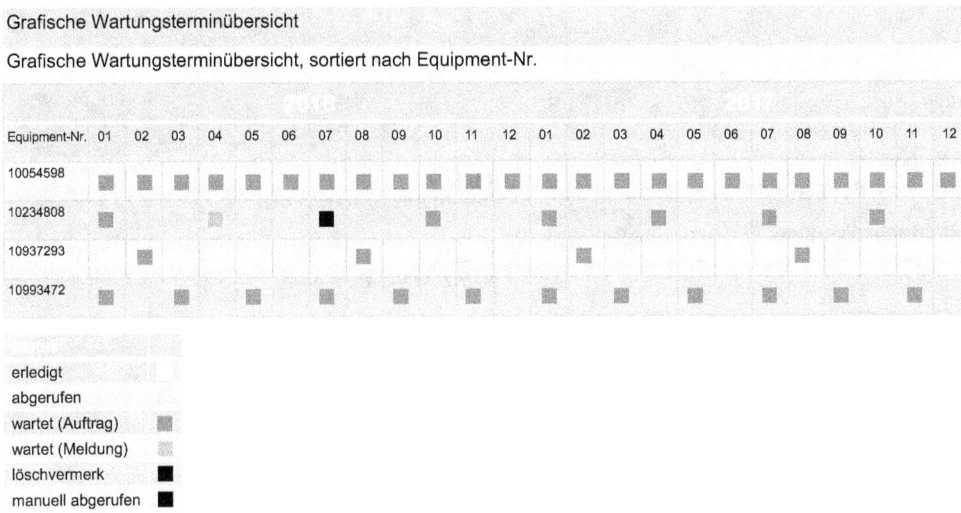

Abb. 6.96: Grafische Wartungsterminübersicht (SAP).

Tab. 6.79: Übersicht der Kennzahlen für die Aufträge inklusive Bildungsformel und Ampellogik.

	Kennzahl	Bildung	grün	gelb	rot
1.	Durchführungsquote	Anzahl der Aufträge mit Status „durchgeführt"/Anzahl zurückgemeldeter Aufträge	≥ 95 %	< 95 % ≥ 90 %	< 90 %
2.	Wartungsplanquote	Anzahl Equipments mit Wartungsplan/Anzahl relevanter Equipments	≥ 98 %	< 98 % ≥ 95 %	< 95 %
3.	Dispositionsquote	Anzahl disponierter Aufträge/Anzahl fälliger Aufträge	≥ 98 %	< 98 % ≥ 95 %	< 95 %
4.	Soll-Ist-Vergleich durchgeführter Prüfungen	Vergleich der absoluten Zahlen			
5.	Anzahl offener Mängel im SAP-PM nach Mangelpriorität	Anzahl der offenen Mängel je Priorität			
6.	Anlagenverfügbarkeit	Verfügbarkeit = 100 % – Ausfallzeiten in %	≥ 98 %	< 98 % ≥ 95 %	< 95 %
7.	Mangel-Kenntnisnahme im SAP-PM für Mängel älter als 3 Tage	Anzahl Meldungen mit Status ≠ offen/Anzahl aller Meldungen	≥ 98 %	< 98 % ≥ 95 %	< 95 %

auf die Unternehmensziele nehmen zu können, ist die Identifikation und Sicherstellung der Instandhaltungsziele mit der größten Wirkung unumgänglich.

In Tabelle 6.79 sind einige Produktionskennzahlen aufgezeigt, die Einfluss auf die Finanzperspektive haben. Am Beispiel der Abwicklung von Aufträgen sind einige exemplarische, in der Praxis erprobte Kennzahlen, deren Bildung und eine mögliche Ampellogik dargestellt.

Zur Orientierung und Steuerung in den einzelnen Fachbereichen lassen sich verschiedene Dashboards nutzen. Sie ermöglichen bei zielgerichtetem Einsatz das Erkennen von Abweichungen sowie das Initiieren von notwendigen Steuerungs- und Kontrollaktivitäten und können daher auch für die Prozessperspektive einen hohen Nutzen sein und eine erhebliche Erleichterung darstellen.

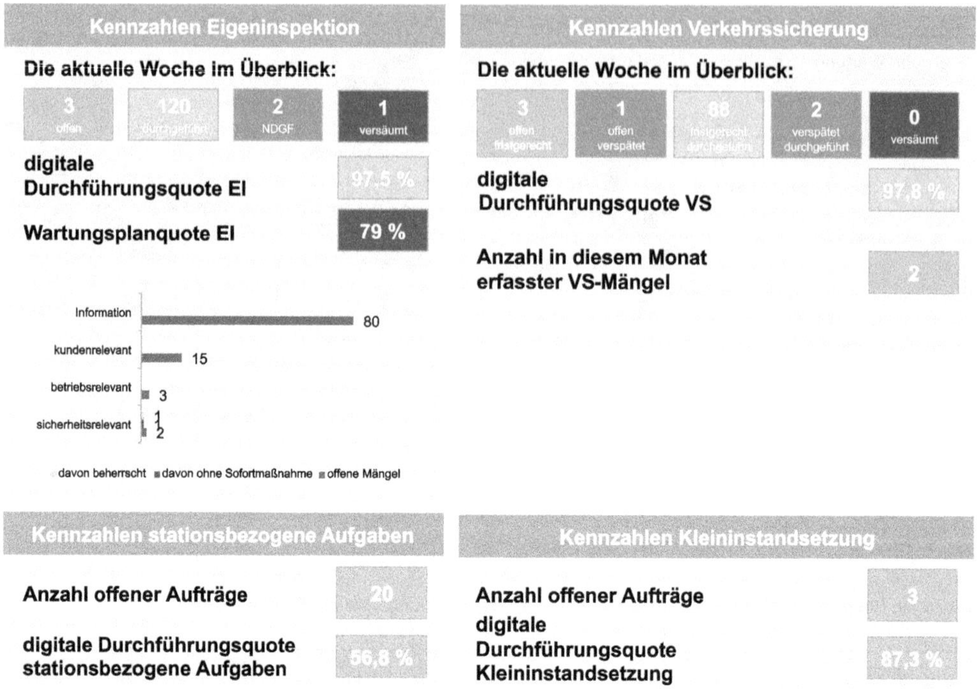

Abb. 6.97: Kennzahlendarstellung zur Überwachung der Eigeninspektion und daraus resultierende Kleininstandsetzungen.

3. Prozessperspektive

Wesentlich für eine Optimierung der Prozesse ist eine schlanke Ablauforganisation mit einer hohen Mitarbeiterproduktivität. Je komplexer und ineffizienter die Aufbau- und Ablauforganisation ist, umso komplexer werden die Prozesse. Verlorene Vergabeverfahren, ineffiziente Workflow-Prozesse, dazu notwendige komplexe Analyse und Bewertungsmethoden und vor allem unmotivierte Mitarbeiter sind oft die Folge. Je mehr Bearbeitungsinstanzen am Prozess beteiligt sind, umso höher sind die Steuerungs- und Koordinierungsaufwände. Dabei kann die Anwendung der Lean-Methodik zur Optimierung der Hierarchieebenen und die Ernennung von Prozessverantwortlichem für die Eigen- und Fremdleistung ein sehr gutes Managementinstrument sein. Eine kundennahe Organisationsstruktur mit hoher Servicekompetenz ist wichtig. Neben den wirtschaftlichen Gesichtspunkten sollten technische Kennzahlen wie Anlagenverfügbarkeit, Durchführungsquote, Erfassung und Verfolgung von Mängeln sowie Terminüberwachung, aber auch Produktivitätskennziffern wie z. B. der Deckungsbeitrag pro Mitarbeiter zum Einsatz kommen. Die kostenoptimierte Materialwirtschaft gehört genauso dazu wie Lieferantenbeurteilungen und -reklamationen oder Durchlaufzeiten der Aufträge. In Abbildung 6.97 sind mögliche Kennzahlen abgebildet, die unterhalb der Ebene des Cockpits als weiterführende Dashboards mit Kennzahlen wie Mängelverfolgung, Durchführungs- und Erfüllungsquoten oder offene Aufträge dargestellt werden können.

Ziel ist es, für jeden Bedarfsträger ein grundsätzlich standardisiertes Kennzahlensystem auf der Basis der Balanced Scorecard zu entwickeln, das sowohl die persönlichen Anforderungen als auch die Anforderungen an sein Aufgabengebiet abdeckt (vgl. Abb. 6.98).

Bei der Erarbeitung der Prozessperspektive sollten Prozesse als Steuerungsinstrument entwickelt werden, die die eigenen finanziellen Ziele, aber auch die Kunden- und Nutzerinteressen optimal erfüllen und mit deren Hilfe die Unternehmensstrategie und die entsprechenden Anforderungen erfasst und gesteuert werden können.

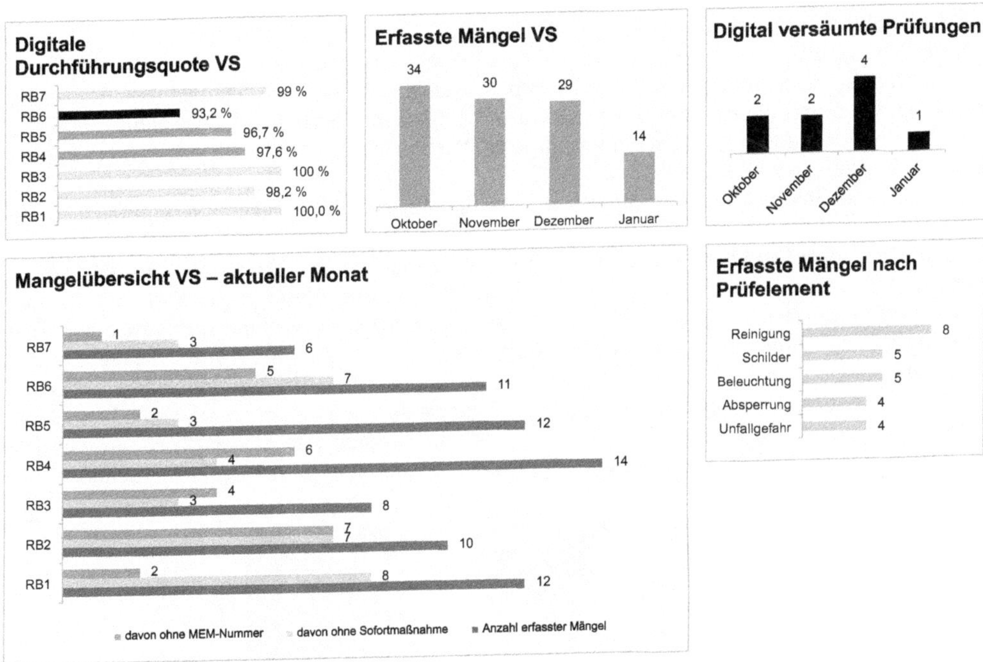

Abb. 6.98: Dashboard-Einstiegsseite, Fachbereich zur Überwachung von Mängeln bei einer Eigeninspektion (fiktive Zahlen). Hinweis: Über einen Zeitfilter soll eingestellt werden können, welches Zeitfenster für die Darstellungen herangezogen wird. Das Dashboard verfügt über eine entsprechende Standardeinstellung.

4. Mitarbeiterperspektive, Lern- und Entwicklungsperspektive

Die Mitarbeiterperspektive wird oft unterschätzt. Zufriedene und motivierte Mitarbeiter sind deutlich produktiver und innovativer und sie sind seltener krank. Um die Lern- und Entwicklungsperspektive richtig einzuordnen, sind Kennzahlen erforderlich, die die Weiterentwicklung der Mitarbeiter und des Unternehmens erfassen und messbar machen. Die Messung der Mitarbeiterzufriedenheit und der Mitarbeiterproduktivität, die Krankenquote, die Steigerung der Anzahl der Verbesserungsvorschläge, die Kosten der Weiterbildung pro Mitarbeiter, die Jahre der Betriebszugehörigkeit, die Fluktuationsquote und der Umsatz pro Mitarbeiter sind einige wichtige und bewährte Kennzahlen für die Balanced Scorecard. Mit ihrer Hilfe lässt sich das Betriebsklima bewerten und beeinflussen. Eine hohe Mitarbeitermotivation wirkt sich i. d. R. positiv auf die gesamte Leistungsfähigkeit des Unternehmens aus.

Die Mitarbeiterperspektive aus der Sicht des Facility-Managements hat die wichtigste Ressource für die Instandhaltung im Blick, den Mitarbeiter. Gleichzeitig wird durch die Mitarbeiterperspektive auf die aktuelle und zukünftige Performance des Facility-Managements im Unternehmen mit geeigneten Kennzahlen Einfluss genommen.

Mit den in einer Ursache-Wirkungs-Beziehung stehenden vier Perspektiven der Balanced Scorecard besteht, wie ausgeführt, die Möglichkeit, Einfluss auf die verschiedenen Geschäftsprozesse und somit auf das Unternehmensergebnis zu nehmen. An einem Beispiel sollen die Notwendigkeit, aber auch die Möglichkeiten und Erkenntnisse, die aus einer richtigen Anwendung der Balanced Scorecard resultieren, dargestellt werden.

Die Anwendung der Balanced Scorecard – ein Beispiel
Bei der Überprüfung einer Fremdleistung anhand des Wartungsplans wurden Implausibilitäten entdeckt, ablesbar an einem veralteten Wartungsaufkleber, dessen Eintragungen von der Fertigmeldung des Unternehmens abwichen. Daraufhin sollte sehr kurzfristig eine Begehung stattfinden. Bei der Begehung stellte sich heraus, dass der Wartungsaufkleber per Hand korrigiert worden war (s. Abbildung 6.99 – links).

Nach einer Sichtprüfung der Anlagen wurden dem Unternehmen gegenüber erhebliche Zweifel geäußert, dass die Wartung durchgeführt worden war. Dies wurde dem Geschäftsführer angezeigt und ein sofortiger Vororttermin vereinbart. Bei diesem Termin wurden der schlechte Zustand der Anlagen und die fehlende Sauberkeit bemängelt. Aufgrund dieser Sachverhalte wurde eine eingehendere Untersuchung durchgeführt. Dabei wurde auch ein Volumenstromregler geöffnet und in diesem Zusammenhang erst das richtige Ausmaß der Probleme erkannt: Seit sehr langer Zeit waren die Volumenstromboxen innen nicht gereinigt worden, die Funktionsfähigkeit bei diesem Anlagenzustand war nicht mehr gegeben. Ungeregelte Volumenströme und eine ineffiziente Betriebsführung der RLT waren die Folge. Die Anlagensicherheit war teilweise nicht gegeben, da u. a. Potenzialausgleichsleitungen nicht angeschlossen waren (s. Abbildung 6.99 – rechts).

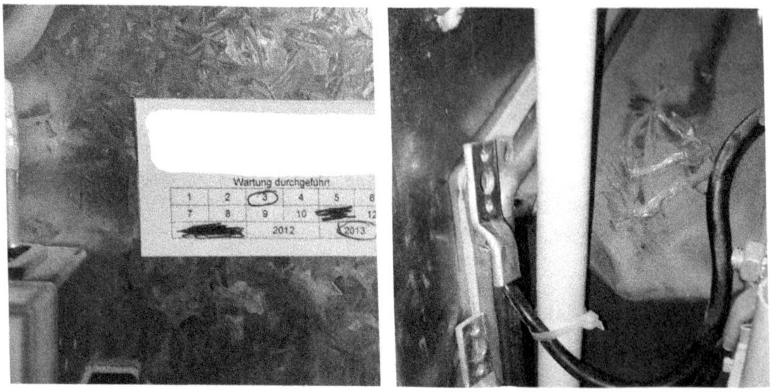

Abb. 6.99: Beispiel für mangelhafte Wartungsarbeiten an einem Volumenstromregler.[273]

Weitere erhebliche Wartungsmängel wurden erkannt, die eine ordnungsgemäße Betriebsführung der Anlage ausschlossen. Allein durch den Allgemeinzustand der Anlagen und Technikräume konnte die fehlende Qualität und die weitestgehend fehlende Erfüllung der vereinbarten Leistung festgestellt werden. Durch diese Minderleistung und die zweifelhafte Optimierung der Leistungserbringung zulasten des Auftraggebers war das bisherige Vertrauensverhältnis nachhaltig gestört. Mittels Terminüberwachung und funktionierender Prozesse konnte die mangelnde Leistung erkannt und korrigiert werden. Der Geschäftsführer wurde angewiesen, alle in diesem Jahr fälligen Wartungen vollständig auf seine Kosten zu wiederholen und einzeln abnehmen zu lassen. Der verantwortliche Mitarbeiter der Wartungsfirma, der diese unlautere Vorgehensweise zu verantworten hatte, wurde entlassen. Die Aussprache zwischen Geschäftsführer und dem verantwortlichen Mitarbeiter vor Ort war noch mindestens drei Räume weiter zu hören. Damit hatte sich die alte Lenin'sche Maxime bewährt: Vertrauen ist gut, Kontrolle ist besser.

Ein Cockpit der wichtigsten Kennzahlen dieser vier Perspektiven kann, wie das Beispiel in Abbildung 6.100 zeigt, die Steuerung der Unternehmensprozesse erheblich vereinfachen.

273 Quelle: eigene Aufnahmen.

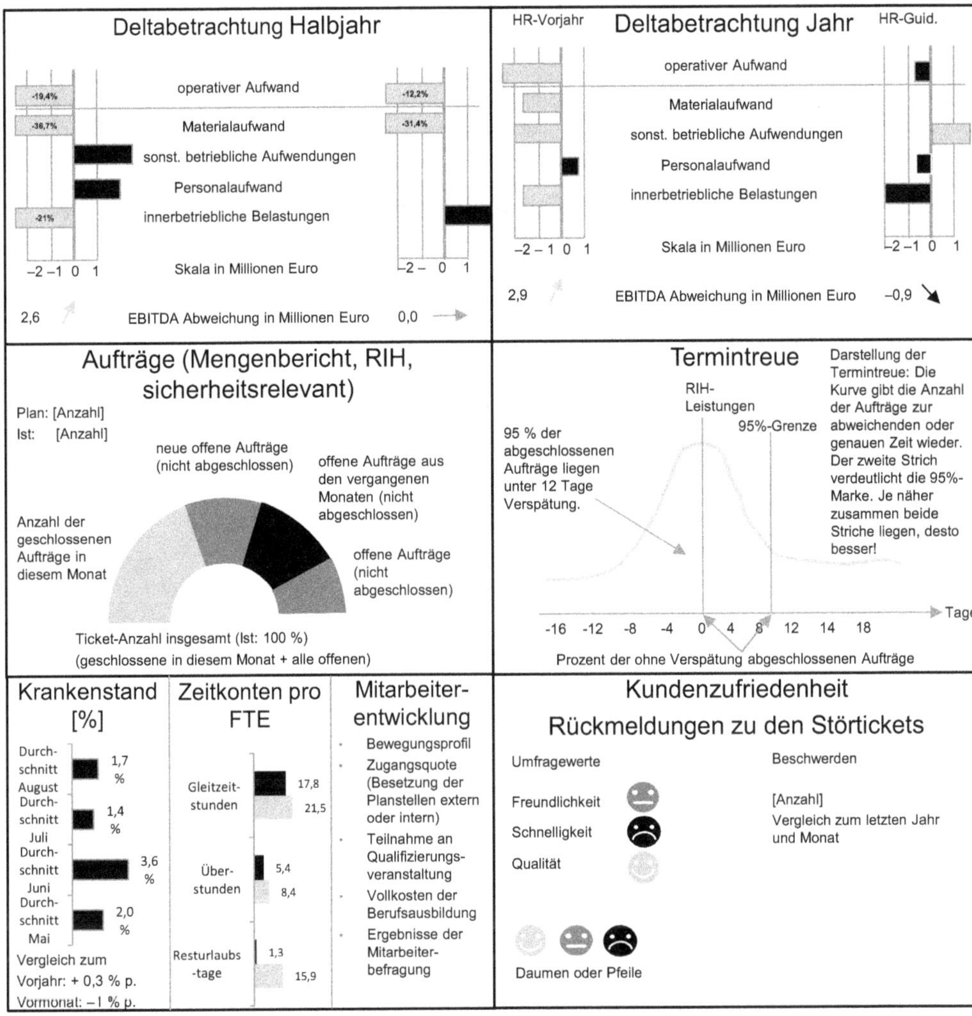

Abb. 6.100: Cockpit mit einer übergeordneten Sicht auf die vier Perspektiven, von denen in die Detailbetrachtungen abgesprungen werden kann (Beispiel).[274]

Mit diesem Beitrag möchte ich Werbung für die Verwendung von Kennzahlen zur Steuerung der Instandhaltung machen. Die Ausführungen und Beispiele können die Möglichkeiten nur auszugsweise darstellen. Mittels einer Balanced Scorecard ist jedoch jedes Unternehmen in der Lage, bei richtiger Anwendung und einer guten Geschäftsidee erfolgreich am Markt zu sein und sich stetig weiterzuentwickeln. Niemand sollte sich der Illusion hingeben, dass mit der einmaligen Erstellung die Arbeit getan ist. So wie sich die Wirtschaft und die Interessen der Eigentümer, Mieter und Nutzer weiterentwickeln, muss auch im Unternehmen immer weiter an der Vervollkommnung der Steuerungsmöglichkeiten gearbeitet werden.

274 Quelle: eigene Darstellung.

Literatur

[DIN EN 15341 2007-06] Instandhaltung: Wesentliche Leistungskennzahlen für die Instandhaltung, Deutsches Institut für Normung (Hrsg.): DIN EN 15341; Berlin 2007.

[DIN EN 17007 E 2016-07] Instandhaltungsprozess und verbundene Leistungskennzahlen, Deutsches Institut für Normung (Hrsg.): DIN EN 17007; Berlin 2016.

[IZT WerkstattBericht Nr. 53] Scharp, Michael; Galonska, Jügen; Knoll, Michael: Benchmarking für die Wohnungs- und Immobilienwirtschaft: Entwicklung einer balanced scorecard, IZT-WerkstattBericht Nr. 53; Berlin 2002.

[VDI 2893 2006-05] Auswahl und Bildung von Kennzahlen für die Instandhaltung, Verein Deutscher Ingenieure (VDI) (Hrsg.): VDI 2893; Düsseldorf 2006.

7 Projekte erfolgreich durchführen

7.1 Einführung

Ulrich Bogenstätter

In diesem Kapitel sind die wichtigsten Aspekte bei aktuellen Umsetzungsprojekten aufgeführt. Hier kommen insbesondere die Praktiker aus Technik, Wirtschaft und Recht zu Wort.

Martin Dossmann und Thomas Weiler erläutern in Kapitel 7.2, was bei Bauprojekten immer wieder schiefläuft und welche Lösungsansätze es gibt, Probleme und Auseinandersetzung bei Bauprojekten zu vermeiden.

Wolfgang Inderwies geht in Kapitel 7.3 auf die Vielfalt und Besonderheiten bei den Leistungen im Gebäudebetrieb ein. Er gibt konkrete Hinweise auf die Leistungsbeziehungen und Möglichkeiten der Vertragsgestaltung. Dafür vergleicht er die vertraglichen Leistungen und die vorhandenen Regelwerke. Als Lösungsansatz, um Probleme zwischen Auftraggeber und Auftragnehmer zu vermeiden, beschreibt er den Mustervertrag und das Standardleistungsverzeichnis Facility Services als branchenweiten Standard.

In Kapitel 7.4 analysiert Birgit Schaarschmidt die Unterschiede zwischen Werkvertrag, Dienstvertrag und gemischten Verträgen und zeigt die wesentliche Bedeutung für die Vertragsbeziehungen auf. Sie antwortet damit auf die Frage, warum welche Vertragsart gewählt werden sollte.

Contracting ist eine besondere Form der Vertragsbeziehung. Thomas Giel zeigt in Kapitel 7.5 die Bedeutung von Contracting im Zeitalter der Wärmelieferverordnung und Alternativen dazu auf. So kommt er zum Ergebnis, dass unabhängig von der Leistungsbeziehung eine Energieeffizienzsteigerung im Bestand auch ohne Contracting in einer Höhe von 20 % möglich ist, und schildert, was hierzu nötig ist: Die Zukunft liegt in der technischen Überwachung der Anlagen (Smart TOM).

Zu den unerwünschten Begleiterscheinungen einer Gebäudenutzung gehört der Schimmelbefall. Für Gerhard Führer ist Schimmel nicht nur unerwünscht, sondern ein wesentliches Problem. In Kapitel 7.6 beschreibt er den Status quo im Umgang mit Schimmel in Gebäuden und erläutert, warum der professionelle Umgang mit Schimmel im Immobilienmanagement so wichtig ist. Dazu gehört nicht nur die Auswahl der richtigen Methoden, sondern auch die Schulung und Fortbildung der Verantwortlichen.

Selten wird überprüft, ob die zu Baubeginn gesteckten Ziele tatsächlich erreicht werden. Ulrich Baum nimmt in Kapitel 7.7 eine Nachschau für ein Projekt vor. Dabei handelt es sich um eine Langzeituntersuchung zu den Auswirkungen einer ganzheitlichen Quartiersmodernisierung am Beispiel des Brunckviertels in Ludwigshafen am Rhein. Zur Quartiersmodernisierung gehörten auch energetische Sanierungsmaßnahmen. Hierzu wurden verschiedene Energiekonzepte auf ihre Wirksamkeit und ihren Erfolg hin untersucht und hinsichtlich der Dimensionen der Nachhaltigkeit evaluiert.

Die Immobilienwirtschaft leistet einen großen gesellschaftlichen Beitrag im Bereich der Nachhaltigkeit. Dennoch hängt der Bau- und Immobilienwirtschaft ein teilweise anrüchiges (Bauwirtschaft) oder verstaubtes (Wohnungswirtschaft) Image an. Gerd Warda zeigt in Kapitel 7.8 die Bedeutung der Kommunikation am Beispiel des Marketings auf: Tue Gutes und rede darüber. Anhand konkreter Beispiele geht er auf Zielgruppen sowie erfolgversprechende Methoden und Medien der Öffentlichkeitsarbeit ein. Lösungsansätze und Vorgehensweisen für die Geschäftsführung werden skizziert.

https://doi.org/10.1515/9783110480863-007

7.2 Was bei Bauprojekten immer wieder schiefläuft

Martin Dossmann und Thomas Weiler

Spätestens seit den Problemen bei der Hamburger Elbphilharmonie oder dem Berliner Großflughafen (BER) diskutieren nicht nur Fachleute, sondern auch Laien darüber, warum große Bauprojekte so häufig in eine Schieflage geraten. Großprojekte tragen dazu bei, die Probleme von Bauprojekten einer breiten Öffentlichkeit bewusst zu machen. Nicht nur in den Medien, sondern auch von Politikern und Bürgern wird diskutiert, wie Bauprojekte hinsichtlich ihrer Kosten und Fertigstellungsfristen besser abgewickelt werden können. Erörtert wird zudem, wie Streitigkeiten am Bau vermieden oder zumindest schneller und effizienter entschieden werden können.

Dabei sind die Probleme für Praktiker keineswegs neu. Nicht nur bei Großprojekten, sondern bei einer Vielzahl auch mittlerer und kleinerer Projekte stellen sich im Zuge der Bauphase Fragen der (Nach-)Finanzierung oder es wird bei auftretenden Problemen nach technischen Lösungen gesucht. Auch der Bau des klassischen Eigenheims, der Neubau des gemeindlichen Feuerwehrhauses oder der Sporthalle lässt sich i. d. R. nicht 1:1 nach der ursprünglichen Planung realisieren.

Bei der politischen und gesellschaftlichen Diskussion über Großprojekte in Deutschland geht es einerseits um die Frage, welchen Sinn und Nutzen solche Projekte haben. Andererseits fokussiert sich die Diskussion stets auf Termin- und Kostenfragen:
- Warum werden die Termine und die Kosten überschritten?
- Wer ist dafür verantwortlich und hat die (finanziellen) Folgen zu tragen?

Wenn Diskussionen primär unter dem Gesichtspunkt geführt werden, wie hoch der zusätzliche Finanzierungsbedarf ist und wer dafür aufzukommen hat, wird der Blick auf das Wesentliche verstellt: Bauvorhaben sind Unikate. Jedes Bauwerk wird nach den individuellen Wünschen des Bauherrn erstellt. Der Fertigungsprozess greift in den Untergrund ein. Getreu dem Grundsatz „Vor der Hacke ist es dunkel“ sind deshalb technische und wirtschaftliche Risiken der Projektrealisierung immanent, und zwar unabhängig von der Projektgröße. Diese Risiken lassen sich zwar durch die Verbesserung der Planungsvorgänge verringern, aber nie ausschließen.

Damit stellen sich natürlich gerade für den Bauherrn zentrale Fragen:
- Welche Konfliktlösung kommt bei Streitigkeiten in Betracht?
- Wie kann man gegensteuern?

7.2.1 Ruf nach rechtlichen Lösungsansätzen

Rechtliche Ansätze sind legitim und nicht zu vernachlässigen, denn die Abwicklung eines jeden Bauvorhabens ist an die vertraglich vereinbarten Vorgaben gebunden. Der abgeschlossene Bauvertrag verpflichtet das Unternehmen bzw. eine aus mehreren Unternehmen zusammengesetzte Arbeitsgemeinschaft, das Werk zu vollenden.

Ob es sich dabei um einen Flughafen, einen Bahnhof oder ein Eigenheim handelt, ist für die rechtliche Betrachtung unerheblich. Selbst wenn dies nicht ausdrücklich im Vertrag geregelt sein sollte, ist der Unternehmer bereits nach dem gesetzlichen Werkvertragsrecht verpflichtet, ein funktionierendes Bauwerk zu erstellen (Erfolgshaftung des Unternehmers). Der Auftragnehmer muss alle erforderlichen Leistungen ausführen, die nach den örtlichen und sachlichen Gegebenheiten jeder Fachmann als notwendig erachtet, auch wenn sie nicht im Leistungsverzeichnis aufgeführt sind. Andernfalls ist seine Leistung mangelhaft.[1]

1 OLG Celle, Urteil vom 16.05.2013 – 13 U 11/09 (Nichtzulassungsbeschwerde durch den BGH mit Beschluss vom 07.05.2015 – VII ZR 155/15 zurückgewiesen).

Bei dieser Ausgangssituation liegt es nahe, rechtliche Optionen für die erfolgreichere Abwicklung von Bauprojekten zu forcieren. Dennoch erscheint dieser Versuch nicht ausreichend, um den vorrangig tatsächlich anzutreffenden Problemen zu begegnen.

Was ist zu tun, wenn trotz sorgfältiger Gründung und Planung im Untergrund überraschenderweise wasserdurchlässige Schichten festgestellt werden? Der für den Transport der Baumaterialien vorgesehene Weg erweist sich als instabil, sodass die Baustraße verlegt werden muss. Welche Auswirkungen ergeben sich, wenn im Zuge der Bauabwicklung der Lieferant von Baustoffen oder Bauteilen insolvent wird und das Material nicht wie geplant auf die Baustelle kommt?

Die Antworten auf diese Fragen sind so selbstverständlich wie komplex: Es entstehen Probleme. In zeitlicher Hinsicht, aber auch unter Kostengesichtspunkten. Der Versuch, diesen nicht vorhersehbaren Problemen vorrangig mit rechtlichen Ansätzen zu begegnen, greift i. d. R. zu kurz. Dafür stehen zu oft die technischen und nicht die rechtlichen Konfliktpotenziale im Vordergrund. Das gilt insbesondere, wenn die Bauzeit betroffen ist. Wirken sich die zuvor skizzierten Umstände auf die Bauzeit aus und wird die geplante und vertraglich fixierte Bauzeit nicht eingehalten, zieht das geradezu reflexartig die Frage nach dem oder den Verantwortlichen nach sich.

Aus rechtlicher Sicht ist hier die Klarstellung geboten, dass vertraglich i. d. R. kein Anlass für vorschnelle Schuldzuweisungen besteht. Liegt die Ursache für die Bauzeitverzögerung im Risikobereich des Bauherrn, verlängert sich die Bauzeit auf der Basis der i. d. R. vereinbarten VOB/B automatisch (vgl. § 6 Abs. 2 Nr. 1 a) VOB/B). Dafür kann es bereits ausreichen, dass sich die geschätzten Mengen deutlich erhöhen und dadurch bedingt mehr Material verbaut werden muss.[2] Für die Dauer der Verzögerung bzw. Behinderung steht darüber hinaus eine durch den Bauherrn zu leistende angemessene Entschädigung nach § 642 BGB oder – wenn die Verschiebung durch den Bauherrn pflichtwidrig verursacht wurde – eine Schadensersatzforderung des ausführenden Unternehmens im Raum.

7.2.2 Gründe für Termin- und Kostenüberschreitungen

Es ist eine geradezu verklärte Sichtweise, angebliche Fehler bei der Bauabwicklung ausschließlich bei Großprojekten festzumachen und zu diagnostizieren. Auch beim Bau eines Eigenheims, der Gemeindestraße oder des Feuerwehrhauses stößt man auf die Thematik in vergleichbarer Form.

Es mag sein, dass bei der Verlegung einer Zufahrt oder dem Einbau höherwertiger Fenster bei dem geplanten Eigenheim nicht unmittelbar Millionenbeträge zwischen den Parteien zu verhandeln sind. Rechtlich ist die Situation gleichwohl uneingeschränkt vergleichbar. Denn technisch notwendige Änderungen des Vertrags, Sonderwünsche und Umplanungen erzeugen bei den ausführenden Unternehmen Druck und die Notwendigkeit, für die in dieser Form nicht kalkulierten Leistungen geänderte oder zusätzliche Vergütungsforderungen geltend zu machen.

Geradezu stereotyp wird in diesem Zusammenhang auf vielen Ebenen der politischen und öffentlichen Diskussion das Explodieren von Baukosten bei Bauprojekten beklagt. Damit wird nicht selten der Vorwurf verbunden, die ausführende Wirtschaft sei für die Kostensteigerung verantwortlich, zumindest aber habe sie die Kostenentwicklung maßgeblich beeinflusst.

Es muss darauf hingewiesen werden, dass eine Eigeninitiative der ausführenden Unternehmen eine Kostensteigerung rechtlich nicht begründen kann. Den Unternehmen sind Änderungen der vertraglichen Vorgaben nicht gestattet. Weicht der Auftragnehmer eigenmächtig von den Vorgaben des Leistungsverzeichnisses ab, verletzt er dadurch die ihm vertraglich obliegenden Verpflichtungen. In einem solchen Fall besteht kein Anspruch auf Vergütung oder Aufwendungs- bzw. Wertersatz.[3]

---

2 OLG Dresden, Urteil vom 09.01.2013 – 1 U 1554/09.

3 OLG Köln, Urteil vom 26.06.2012 – 15 U 223/11; BGH, Beschluss vom 13.11.2014 – VII ZR 214/12 (Nichtzulassungsbeschwerde zurückgewiesen).

Ausschließlich und exklusiv der Bauherr und die zu seiner Vertretung berechtigten externen Architektur- und Ingenieurbüros sind befugt, das zu einem bestimmten Stichtag fixierte Vertragsverhältnis anzupassen, umzugestalten und damit zusätzlich Kosten auszulösen. Wenn rechtswirksam die Geltung der VOB/B vereinbart wurde, ergibt sich die Befugnis zu einseitigen Umplanungen oder Leistungsänderungen aus § 1 Abs. 3 und 4 VOB/B. Der Vertragspartner ist zur Befolgung dieser Vorgaben verpflichtet. Das gilt sogar dann, wenn die Höhe der aus dieser Leistungsänderung resultierenden Vergütung noch nicht feststeht. Ein Leistungsverweigerungsrecht vor der Ausführung, bis der Preis für die zu erbringende Leistung vereinbart ist, hat der Auftragnehmer nach VOB/B grundsätzlich nicht. Ausnahmen bestehen nur, wenn ein Bauherr seinerseits taktische Fehler begeht und die Auffassung vertritt, er müsse und werde die von ihm angeordneten Änderungen oder Zusatzleistungen keinesfalls vergüten.[4] Diese Fälle sind rechtlich als Erfüllungsverweigerung zu qualifizieren, da der werkvertragliche Grundsatz der Angemessenheit von Leistung (Arbeit des AN) und Gegenleistung (Vergütung des AG) aufgekündigt wird. In diesen Fällen ist es dem vorleistungspflichtigen Vertragspartner nicht zuzumuten, seine Vorleistung zu erbringen. Diese Fälle kommen in Zeiten „aufgeklärter" Bauherren immer seltener vor.

Ein besonders kritischer Blick ist auf die Planung angezeigt. Der Grundsatz „Erst planen, dann bauen" trägt der vom Gesetzgeber vorgesehenen Aufgabenverteilung im Rahmen eines Bauvorhabens Rechnung. Grundsätzlich ist es nicht die Aufgabe des ausführenden Unternehmens, sondern die des Bauherrn, eine vollständige und richtige Planung zur Verfügung zu stellen, deren Umsetzung eine mangelfreie Bauleistung ermöglicht. Mögliche Fehler seiner Erfüllungsgehilfen (Fachplaner und Architekten) muss sich der Bauherr zurechnen lassen.[5] Ebenfalls Aufgabe des Bauherrn ist es, Erlaubnisse und öffentlich-rechtliche Genehmigungen aller Art zu beschaffen, insbesondere die Baugenehmigung.

7.2.3 Lösungsansätze

Viele Wege führen nach Rom. Welcher Weg für das konkrete Projekt und das konkrete Bauvorhaben der richtige ist, bedarf der individuellen Betrachtung. Doch es lassen sich durchaus Ansätze aufzeigen, die bei der Projektvorbereitung und bei der späteren Durchführung im Fokus stehen sollten.

Planung optimieren

Die Zeit zwischen Planungsbeginn und Umsetzung eines Projekts dauert in Deutschland zu lang. Bis die erforderlichen öffentlich-rechtlichen Genehmigungen für ein größeres Bauvorhaben vorliegen und die etwa auf kommunaler Ebene verantwortlichen Gremien zugestimmt haben, kann die Planung durch neuere technische Vorgaben bereits überholt, zumindest aber ergänzungsbedürftig sein. Wenn sich abzeichnet, dass ein durch den Bauherrn vorgesehener Fertigstellungstermin anderenfalls nicht zu halten ist, die (Ausführungs-)Planung aber noch nicht fertig ist, wird in Deutschland gern baubegleitend weitergeplant. Da alle auftraggeberseitigen Planungsänderungen nach Erteilung eines Bauauftrags durch das ausführende Unternehmen nicht in die kalkulierte Vergütung eingepreist sind, sind Nachforderungen des Auftragnehmers und Streitigkeiten zwischen den Bauvertragsparteien bei dieser Vorgehensweise vorprogrammiert.

Wer diesen Streit vermeiden möchte, muss erst fertig planen (lassen) und damit auf baubegleitende Planung möglichst verzichten. Dies ist eine wesentliche Voraussetzung für eine möglichst konfliktfreie Abwicklung.

4 BGH, Urteil vom 24.06.2004 – VII ZR 271/01 und Urteil vom 13.03.2008 – VII ZR 194/06.

5 So bereits OLG Düsseldorf, Urteil vom 08.02.2008 – 23 U 58/07; BGH, Beschluss vom 19.06.2008 – VII ZR 72/08 (Nichtzulassungsbeschwerde zurückgewiesen).

Änderungen und Anordnungen des Bauherrn

Wirtschaftlich und rechtlich sind Bauprojekte und Baumaßnahmen nur dann befriedigend abzuwickeln, wenn der werkvertragliche Grundsatz beachtet wird, dass Leistung und Gegenleistung in einem vertraglich vereinbarten Verhältnis stehen. Das gilt gleichermaßen für Großprojekte und Einfamilienhäuser, für Neubauten und Bauen im Bestand. Sobald dieser Grundsatz bzw. das vertragliche Gleichgewicht gestört wird, führt dies regelmäßig zu Konflikten. Wenn der Bauherr vertragliche Leistungen ändern oder zusätzliche Leistungen anordnen will, wird das vertraglich vereinbarte Verhältnis von Leistung und Gegenleistung gestört. Eine beidseits befriedigende Anpassung des Vertragsverhältnisses verlangt einen „Dreiklang“:

- Anordnungen oder Änderungen des Bauherrn,
- Anspruch des Unternehmers auf Vergütungsanpassung und
- Anpassung der Zahlungsziele für die neue Vergütung.

Wenn dieser Dreiklang im Zuge der Bauabwicklung umgesetzt werden soll, setzt das vor allem die Bereitschaft voraus, die notwendigen Vertragsanpassungen nicht nur zeitnah zu verhandeln, sondern die Verhandlungen auch abzuschließen. Daran fehlt es nicht selten in der Praxis. Oft ziehen sich Verhandlungen in die Länge, weil derjenige Vertragspartner, der am längeren Hebel sitzt, nur wenig Abschlussbereitschaft zeigt und zur Ausnutzung seiner Position neigt.

Anpassungen des Vertrags an neue Erkenntnisse vor Ort sind i. d. R. nicht zu vermeiden. Es ist sicher kontraproduktiv, bei jeder Änderung durch das fast schon berüchtigte Nachtragsmanagement möglichst hohe Verhandlungspositionen aufzubauen. Das ist der Weg in die falsche Richtung. Aber es gilt auch, die Realität zu akzeptieren. Bei jedem Bauvorhaben entstehen offene Fragen, die wirtschaftlich und unter Umständen auch rechtlich geklärt werden müssen. Die rechtlichen Anforderungen an eine schlüssige und nachvollziehbare Dokumentation von berechtigten Forderungen sind hoch. Scheitern Verhandlungen über Nachträge, ist eine nachträgliche Aufbereitung und Dokumentation der Ansprüche kaum noch möglich. Daher ist es legitim, dass ausführende Unternehmen den immer höher werdenden Anforderungen an die Darlegung berechtigter Ansprüche Rechnung tragen und durch eine umfassende und nachvollziehbare Dokumentation Rechtsnachteile zu vermeiden versuchen. Diese Feststellungen sollten gemeinsam erfolgen.

Risiken erkennen und budgetieren

Selbst wenn ein Bauprojekt seriös und ausreichend finanziert ist, empfiehlt sich die Bildung einer finanziellen Reserve für Unvorhergesehenes. Jedem Bauherrn ist anzuraten, die potenziellen Risiken des Projekts zu analysieren, zu bewerten und zu budgetieren. Diese Empfehlung ist kein Zeichen übertriebener Vorsicht, sondern Ausdruck von Erfahrung und Kompetenz. Denn die Erfahrung zeigt, dass die ausreichende finanzielle Ausgestaltung eines Projekts dessen Abwicklung ohne rechtliche Auseinandersetzung am ehesten ermöglicht.

Wenn dagegen Planer, Bauherr und das ausführende Unternehmen durch finanzielle Zwänge befürchten müssen, die im Zuge der Bauabwicklung auftretenden Differenzen in einer gerichtlichen Auseinandersetzung (über fünf bis zehn Jahre) klären zu müssen, kann sich das in hohem Maße kontraproduktiv auf die eigentlich gebotene kooperativere Bauabwicklung auswirken. Mit Blick auf das geringe Vertrauen in staatliche Gerichte ist nicht auszuschließen, sondern sogar wahrscheinlich, dass wechselseitig Maximalpositionen aufgebaut werden, um für den Fall der anschließenden Auseinandersetzung eine möglichst große Verhandlungsmasse präsentieren zu können.

Vergabe an den Richtigen?

Öffentliche Auftraggeber sind an das Vergaberecht gebunden. Wenn in der Ausschreibung keine zusätzlichen Kriterien für die Wertung der Angebote vorgegeben werden, erhält i. d. R. der günstigste Bieter den Zuschlag. Das ist zwar vergaberechtlich keineswegs zwingend, da nach § 16 Abs. 6

Nr. 3 VOB/A nicht das günstigste, sondern das wirtschaftlichste Angebot zu beauftragen ist. Demnach können auch andere bzw. weitere Kriterien wie beispielsweise die Betriebs- und Folgekosten oder die Umwelteigenschaften der angebotenen Leistung die Beauftragung eines Angebots rechtfertigen, wenn dies vorher in der Ausschreibung als Zuschlagskriterium angegeben war. Obwohl öffentlichen Auftraggebern diese Möglichkeiten offenstehen, scheuen sie sich i. d. R., andere Kriterien als den Preis zu nennen, weil sie mögliche rechtliche Auseinandersetzungen im Vergabeverfahren vermeiden wollen. Die Frage, ob der billigste Bieter im Ergebnis auch der beste Bieter für die Projektabwicklung ist, stellt sich deshalb bei der öffentlichen Auftragsvergabe regelmäßig nicht.

Private Auftraggeber und Unternehmen sind dagegen frei, sich neben dem Preis über die Vorstellungen des potenziellen Auftragnehmers zur Projektabwicklung zu informieren und – ein wichtiger Aspekt – mit dem ausführenden Unternehmen alternative Ideen ganz offen zu verhandeln. Dadurch besteht eher die Möglichkeit, ein gemeinsames Projekt entstehen und wachsen zu lassen. Es ist uneingeschränkt zu empfehlen, diese Option zu nutzen und nicht ausschließlich die Preisgestaltung als Kriterium, sondern auch qualitative Kriterien oder den Zeitfaktor heranzuziehen. Qualität hat ihren Preis. Das gilt auch bzw. gerade am Bau. Nicht selten zeigt sich erst am Ende der Baumaßnahme, dass der Billigste eben doch nicht der Billigste war, wenn die Folgekosten einer ggf. schleppenden Projektabwicklung bewertet werden müssen.

Kooperation statt Konfrontation

Es gilt, der Tatsache Rechnung zu tragen, dass alle Vertragspartner in einem gegenseitigen Austauschverhältnis stehen und ohne eine kooperative Mitwirkung und Unterstützung eine erfolgreiche Projektabwicklung nicht möglich ist. Dabei erleichtern kurze Entscheidungswege die schnelle Klärung offener Fragen.

Gerade bei kleineren Projekten mit guten persönlichen Kontakten und „kurzen Wegen" ist auf beiden Seiten eine größere Bereitschaft für eine kooperative Vertragsabwicklung feststellbar, sodass offene Fragen häufiger zeitnah angegangen, verhandelt und ggf. schon in der Bauphase endgültig entschieden werden. Daran ist anzuknüpfen.

Die ergebnisorientierte Kooperation der Baubeteiligten ist zentrale Voraussetzung für erfolgreiches Bauen. Die dem Bauvertragsrecht immanente Kooperationspflicht gebietet es, bei Meinungsverschiedenheiten die Argumente, Alternativen und Gegenvorschläge der anderen Vertragspartei zumindest zur Kenntnis zu nehmen und zum Gegenstand eines Meinungsaustauschs zu machen.[6] Es besteht zwar kein Zwang zur Einigung, aber die Pflicht, zunächst durch Verhandlungen eine Lösung des Streits zu versuchen.

Streitlösungsmodelle

Trotz aller guter Absichten ist Streit am Bau nicht immer zu vermeiden und keine Ausnahme. Wenn es den Beteiligten nicht gelingt, ihre Meinungsverschiedenheiten kooperativ durch Verhandlungen zu lösen, bedarf es der Hilfe von dritter Seite.

In Deutschland gibt es jährlich um die 67.000 Gerichtsprozesse über Streitigkeiten am Bau.[7] Bei Klagen privater Bauherren[8] werden etwa zwei Drittel der Verfahren in erster Instanz endgültig

---

6 OLG Brandenburg, Urteil vom 16.03.2011 – 13 U 5/10.

7 Schröder, NZBau 2009, 1 (12): So gab es z. B. im Jahr 2005 vor den Amtsgerichten 24.449 und vor den Landgerichten 42.799 erstinstanzlich erledigte Gerichtsverfahren im Bau- und Architektenrecht (ohne Architektenhonorarstreitigkeiten).

8 Diese Zahlen und Angaben gelten nur für Verfahren privater Bauherren (Wohnungsbau). Sie sind nicht übertragbar auf Streitigkeiten anderer Bauherren (Wirtschaftsbau und öffentlicher Bau) und gelten auch nicht für Streitigkeiten zwischen Bauunternehmen (z. B. zwischen GU und Nachunternehmern).

entschieden, ein Drittel geht in die zweite Instanz (Berufungsverfahren). In fast 60 Prozent der vor Gerichten ausgetragenen Streitigkeiten ist ein Sachverständigengutachten erforderlich.[9] Die Akzeptanz gegenüber der staatlichen Gerichtsbarkeit ist aus folgenden Gründen eingeschränkt:

- Die Zivilgerichtsbarkeit ist durch eine viel zu hohe Verfahrenszahl belastet und personell oft ungenügend ausgestattet.
- Viele Richter – zumindest in der ersten Instanz – verfügen nicht über das erforderliche Spezialwissen in den Bereichen Bautechnik und Baurecht. An den meisten Gerichten fehlen noch immer spezielle Baukammern, sodass die Gerichte – insbesondere bei komplexen Großverfahren – oft überfordert sind. Häufige Richterwechsel verschlimmern diese Problematik.
- Die Verfahren dauern aus den genannten Gründen sehr lang und erstrecken sich nicht selten bereits in erster Instanz über mehrere Jahre.

Da staatliche Gerichte i. d. R. nicht in der Lage sind, Konflikte am Bau schnell, kostengünstig und flexibel zu erledigen, besteht bei vielen Baubeteiligten seit langer Zeit der Wunsch, Streitigkeiten nicht durch staatliche Gerichte, sondern durch alternative Verfahren lösen zu lassen. Zu nennen sind hier insbesondere

- Schiedsgutachtenverfahren,
- Schiedsgerichtsverfahren oder
- Adjudikation.

Diese alternativen Streitlösungsmodelle zeichnen sich vor allem durch eine deutlich kürzere Verfahrensdauer aus.

7.2.4 Mit Risikozuschlägen und Kooperationen weniger Streit

Wenn die Baukosten überschritten werden und die Bauzeit nicht eingehalten werden kann, muss nicht immer etwas schiefgelaufen sein. Oft tragen nachvollziehbare Gründe zu Überschreitungen des Budgets oder der Fristen bei.

Da Auseinandersetzungen und Diskussionen über Vergütungsfragen als Ursache Nr. 1 für Konflikte auf der Baustelle zu qualifizieren sind, ist aus den hier aufgezeigten Vorschlägen die Erweiterung der finanziellen Handlungsspielräume und die Budgetierung eines angemessenen Risikozuschlags hervorzuheben. Nach den Erfahrungen der Verfasser erhöht das die Option für eine einvernehmliche und für beide Seiten zufriedenstellende Lösung bei Meinungsverschiedenheiten signifikant.

Darüber hinaus ist der Kooperationsgedanke entscheidend: Die Baumaßnahme sollte nicht durch das wechselseitige Aufbauen von Maximalpositionen, sondern durch eine partnerschaftliche Bauabwicklung gekennzeichnet sein. Wird zusätzlich die heute noch übliche baubegleitende Planung eingeschränkt oder ganz vermieden, sollte der Weg für eine erfolgreichere Projektabwicklung vorgezeichnet sein.

7.3 Leistungsausschreibung im Gebäudebetrieb – Fallstricke und Lösungen

Wolfgang Inderwies

Leistungsbeziehungen im Gebäudebetrieb existieren seit jeher, unabhängig davon, ob ein eigener Kollege oder ein externer Dienstleister mit Aufgaben der Bewirtschaftung betraut wird. In früheren Zeiten wurde diesem Thema kaum Aufmerksamkeit gewidmet, da entsprechende Beauftragungen

---

9 Presseinformation des Bauherren-Schutzbundes e. V. vom 06.09.2010.

meist singulär, von geringem Umfang und von niederer Komplexität waren. Gerade bei internen Leistungsbeziehungen fehlte zudem ein entsprechendes Kostenbewusstsein, da die erforderlichen Mitarbeiter ohnehin auf der Gehaltsliste des Nutzers standen (sog. Sowieso-Kosten) oder da Aufgaben der Gebäudebewirtschaftung von anderweitig organisiertem Personal (z. B. aus der Produktionsinstandhaltung) mitübernommen wurden. Die Beauftragung externer Leistungen erfolgte weit überwiegend auf dienstvertraglicher Basis, das Kostenrisiko lag dann also beim Auftraggeber (Nutzer) und die Kosten waren von diesem nach erteilter Beauftragung kaum mehr zu beeinflussen. Insgesamt haben weder traditionell planungsorientierte, noch traditionell ermittlungsorientierte oder traditionell verhaltenssteuerungsorientierte Systeme der Unternehmensrechnung einen besonderen Fokus auf solche Kostenarten gelegt, in denen die Leistungen des Gebäudebetriebs erfasst worden wären.[10]

7.3.1 Leistungsbeziehungen im Gebäudebetrieb – vom Hausmeisterdienst zum ergebnisorientierten Gebäudemanagement

Die verrichtungsorientierte Erbringung solcher meist singulärer Hausmeister- oder Gebäudedienste entbehrte i. d. R. daher also einer strategischen Planung, einer ganzheitlichen Steuerung und insgesamt letztlich einer Möglichkeit der nachhaltigen Optimierung. Geringe Transparenz und Vergleichbarkeit dieser vermeintlich unwesentlichen und kaum beeinflussbaren Prozesse trugen im Übrigen dazu bei, dass sich die Verantwortlichen oft nur zögerlich mit einer Optimierung derselben auseinandersetzten. Erst im Laufe der vergangenen beiden Jahrzehnte schärfte sich vielfach das Bewusstsein für die Kosten und auch für die entsprechenden Optimierungspotenziale im Gebäudebetrieb. Im Ergebnis entwickelte sich ein zunehmender Trend zur Fremdvergabe von immer komplexer werdenden Bewirtschaftungsleistungen, obwohl Outsourcing hier nicht generell als wirtschaftlichere Variante angenommen werden darf! Allerdings wurden gerade im Falle der Zusammenarbeit mit externen Dienstleistern stichhaltige Leistungsausschreibungen immer relevanter. Nachfolgend wird auf die Entwicklung der Modellierung von Leistungsbeziehungen in Parallelität zum Branchentrend „vom Hausmeisterdienst zum Systemdienstleister“ kritisch eingegangen.

Kostenbewusstsein und der Trend zur Fremdvergabe

Gebäudedienste galten bis in das späte 20. Jahrhundert i. d. R. als unvermeidbarer Anteil an den Gemeinkosten, daher wurde ihnen zumeist wenig Augenmerk gewidmet. Die Erbringung entsprechender Leistungen erfolgte wesentlich mit Eigenpersonal. So war es nicht unüblich, dass Hausmeister, Reinigungskräfte oder Portiere auf der Gehaltsliste des Gebäudenutzers standen. Externe Beauftragungen erfolgten dann zumeist nur einzelfallbezogen für komplexe Arbeiten, etwa für einzelne Wartungen in der Gebäudetechnik, die das Eigenpersonal aus fachlichen Gründen nicht selbst ausführen konnte. Nur punktuell und allmählich entwickelten sich ausgehend von solchen Einzelbeauftragungen mehrjährige und umfassendere Vertragsbeziehungen zwischen Gebäudenutzern und Dienstleistern. Diese Vertragsbeziehungen beschränkten sich im Allgemeinen jedoch weiter nur auf Einzelleistungen, etwa in Form eines mehrjährigen Wartungsvertrags für die Heizungsanlage oder eines Vertrags für die Unterhaltsreinigung.

Paradigmenwechsel durch den Facility-Management-Gedanken

Einen Paradigmenwechsel in der Definition von solchen externen Leistungsbeziehungen brachte der Einzug des Facility-Management-Gedankens in Deutschland mit sich, unterstützt von stei-

10 Vgl. hierzu die verschiedenen Ausführungen zu Gemeinkosten bzw. Gemeinkostenverrechnung, in: [Schweitzer, M. (1998)].

genden Anforderungen an die Gebäudebewirtschaftung aufgrund zunehmender technischer Komplexität gewerblich genutzter Immobilien. In den 1980er-Jahren erreichte die Idee des Facility-Managements den deutschsprachigen Raum, im Jahr 1989 institutionalisierte sich die Disziplin mit der Gründung des GEFMA (German Facility Management Association), des Deutschen Verbands für Facility Management e. V.[11] Am Markt etablierten sich nach und nach Generaldienstleister, die oftmals unter dem Slogan „Service aus einer Hand" eine Vielzahl von Facility-Services anboten. Bei der Abbildung und Vergabe solcher umfassenderen Leistungsbeziehungen gerieten die Strukturen und Inhalte der konventionellen Leistungsbeschreibungen und Verträge für Instandhaltung oder Reinigung verständlicherweise schnell an ihre Grenzen:[12] Oftmals unternahmen Vertragspartner dann den Versuch, Einzelverträge zu multiplen Dienstleistungsverträgen zu erweitern, wobei unterschiedliche Leistungsbeschreibungen und Rechtsmaterien vermischt wurden. Dies hatte zur Folge, dass manche Regelungen in sich widersprüchlich wurden oder dass sich für Teilleistungen Regelungslücken ergaben, sodass die Wirksamkeit dieser Verträge letztlich in ihrer Gesamtheit infrage gestellt sein konnte.[13] Erläutern lässt sich dies etwa anhand des in den 1990er-Jahren häufig verwendeten Vertragsmusters für Instandhaltung des AMEV.

Grenzen vertraglicher Regelungen am Beispiel des AMEV-Vertragsmusters „Instandhaltung 1990"

Das Vertragsmuster „Instandhaltung 1990" des Arbeitskreises Maschinen- und Elektrotechnik staatlicher und kommunaler Verwaltungen[14] war insbesondere angedacht, um die „komplette Instandhaltung (d. h. Wartungs-, Inspektions- und Instandsetzungsleistungen) von technischen Anlagen und Einrichtungen in öffentlichen Gebäuden ohne spezifizierte Arbeitskarte"[15] an einen Dienstleister zu übertragen. Es wurde also davon ausgegangen, dass ein solcher Dienstleister in der betreffenden Liegenschaft dauerhaft vor Ort tätig ist und keine singulären, verrichtungsorientierten Vorgaben zur Leistungserbringung erfolgen. Als Vertragslaufzeit wurden vier Jahre empfohlen. Für die Leistungen der Inspektion, der Wartung, der Instandsetzung und des Störungsmanagements war die Vereinbarung einer pauschalierten Vergütung vorgesehen, lediglich für Störungsbeseitigungen außerhalb der betriebsüblichen Arbeitszeiten wurde die Vereinbarung eines Zuschlags vorgeschlagen. Das Vertragsmuster „Instandhaltung 1990" besitzt im Grunde werkvertraglichen Charakter, auch erkennbar aus der Maßgabe: „Der Auftragnehmer bestimmt den Umfang der Maßnahmen im Einzelnen, soweit nachfolgend keine anderslautenden Regelungen getroffen worden sind."[16] Individuell geregelt sind wesentliche Aspekte, wie etwa Leistungen und Pflichten des Auftragnehmers, möglicher Nachunternehmereinsatz, Vergütung oder Vertragslaufzeit und Kündigung. Hinsichtlich verschiedener weiterer Regelungsbereiche trifft das Vertragsmuster „Instandhaltung 1990" jedoch keinerlei Aussage, sodass letztlich die Festlegungen des Bürgerlichen Gesetzbuches (BGB) zum Werkvertrag[17] Anwendung finden müssen. Dies gilt vor allen Dingen für die Abnahme des Werks bzw. des herbeizuführenden Erfolgs und für die Rechte des Auftraggebers bei Mängeln. Im Allgemeinen sollte sich eine Individualvereinbarung

11 Vgl. [GEFMA (2017)].

12 Vgl. hierzu [Schrammel, F. (2013)], S. 86 ff.

13 Diese und sämtliche nachfolgenden Interpretationen in diesem Kapitel zu den Inhalten von Verträgen und Leistungsbeschreibungen stellen reine Betrachtungen aus Anwendersicht dar und erheben keinerlei Anspruch auf juristische Verbindlichkeit.

14 [AMEV Instandhaltung 1990]. Vgl. auch [Fischer, A. (2003)], S. 41 ff. Hinweis: Das AMEV-Vertragsmuster „Instandhaltung 1990" wurde zwischenzeitlich mehrfach überarbeitet, aktuelle Version ist das Dokument „Instandhaltung 2014 – Vertrag für Leistungen der Instandhaltung".

15 [AMEV Instandhaltung 1990], S. 5.

16 [AMEV Instandhaltung 1990], S. 8.

17 Vgl. §§ 631 ff. BGB.

auf der Basis des Vertragsmusters „Instandhaltung 1990“ jedoch eindeutig und in seiner Gesamtheit dem werkvertraglichen Typus zuordnen lassen, sodass die jeweilige Auslegung eindeutig ist und bei fehlenden Individualvereinbarungen zu einzelnen Aspekten jeweils das Werkvertragsrecht Anwendung findet. Vielfach haben nun Instandhaltungsdienstleister ihren Auftraggebern weitere Leistungen des Gebäudebetriebs „aus einer Hand“ angeboten, etwa Unterhaltsreinigung, Bewachung oder Außenanlagenpflege. Um letztlich die gesamte Leistungsbeziehung homogen abzubilden, wurde dann oftmals ein bestehender Vertrag auf der Basis des Musters „Instandhaltung 1990“ um diese zusätzlichen Leistungsbereiche erweitert. Dies erfolgte meist robust mit einer einfachen Zusatzvereinbarung, ohne jedoch zu beachten, dass die weiteren Leistungen nicht oder nur zum Teil werkvertraglichen Charakter besitzen und somit einer eigenen durchgängigen Regelung bedurft hätten. Sicherheitsdienste sind beispielsweise grundsätzlich dienstvertraglicher Natur und bei Reinigung oder Außenanlagenpflege waren zumindest in den 1990er-Jahren dienstvertragliche Regelungen üblich und vorherrschend. Wenn nun ein Auftragnehmer im Sinne der ursprünglichen werkvertraglichen Formulierung den „Umfang der Maßnahmen im Einzelnen“ selbst bestimmen konnte, so liegt es auf der Hand, dass der Auftraggeber diese Vorgabe bei Bewachung, Unterhaltsreinigung oder Grünanlagenpflege in den überwiegenden Fällen hätte konkretisieren sollen. Die Verschmelzung dienst- und werkvertraglicher Leistungen in einem einzigen Vertragsdokument hätte notwendigerweise also mit einer dedizierten Durchsicht und allfälligen Überarbeitung sämtlicher individualvertraglichen Regelungen einhergehen müssen, was jedoch meist unterblieb. Wenn dies aber unterblieb, wurde das Vertragswerk durch die vorgenannten Erweiterungen vielfach in seiner Gesamtheit unbrauchbar.

Herausforderungen an Leistungsbeschreibungen am Beispiel Unterhaltsreinigung

Dasselbe Schicksal wie die vertraglichen Regelungen ereilte natürlich auch die Leistungsbeschreibungen, da sie die detaillierten Ausführungsbestimmungen zu einem Vertrag enthalten und entsprechend formuliert sein müssen. Ein Vertrag bildet schließlich die Klammer für alle allgemeinen Regelungen der Zusammenarbeit, die Leistungsbeschreibung dient in diesem Rahmen der exakten Definition von Leistungsbedingungen. Insofern ist es also unabdingbar, dass Verträge und Leistungsbeschreibungen in jedem Einzelfall intensiv aufeinander abgestimmt werden müssen.

Bei dienstvertraglichem Charakter einer Leistungsbeziehung haben Leistungsbeschreibungen also verrichtungsorientiert zu erfolgen, bei werkvertraglichem Charakter ergebnisorientiert.[18] Veranschaulichen lässt sich die inhaltliche Ausgestaltung von solchen Leistungsbeschreibungen am Beispiel der Unterhaltsreinigung. Eine rein **dienstvertraglich formulierte Leistungsbeschreibung** würde demnach rein die Ausführung der Tätigkeiten erläutern, nicht jedoch das Ergebnis detailliert festlegen: Der Dienstleister hat im Zeitraum von 18 bis 21 Uhr mit sechs Reinigungskräften eine Unterhaltsreinigung der Büroräume, Sanitärbereiche und Flure des Gebäudes durchzuführen. Die Unterhaltsreinigung umfasst nachfolgend beschriebene Tätigkeiten ...

Der Auftraggeber hat durch eine solche Vereinbarung letztlich Anspruch auf die Präsenz des Dienstleistungspersonals im beschriebenen Zeitraum und auf die Erbringung einer Arbeitsleistung in mittlerer Art und Güte, also bei angemessener Ausschöpfung der Fähigkeiten und Kräfte und nach subjektivem persönlichem Leistungsvermögen des eingesetzten Personals.[19] Aus dem Dienstvertrag lässt sich allerdings kein Anspruch auf ein definiertes Leistungsergebnis ableiten, weshalb auch keine Abnahme eines solchen erforderlich ist; die Vergütung erfolgt dann in aller Regel „pro rata temporis“.[20] Des Weiteren sind dienstvertragliche Vereinbarungen grundsätzlich

---

18 Vgl. auch Hamann, Dirk: Probleme und Möglichkeiten bei der Gestaltung von Outsourcing-Verträgen, in: [Schulte, K. (2000)], S. 557 ff.

19 [Palandt, O. (2008)], Rz. 25 und 26 zu § 611 BGB.

20 Vgl. § 614 BGB.

nicht übertragbar[21], insbesondere nicht auf Nachunternehmer. Auch die Ansprüche des Auftraggebers bei mangelhafter Dienstleistung sind begrenzt, allenfalls können hier grundsätzliche Rechte wie Schadensersatz wegen Nichterfüllung[22] oder Ersatz vergeblicher Aufwendungen[23] in Ansatz gebracht werden.

Bei einer **werkvertraglich formulierten Leistungsbeschreibung** steht hingegen der durch die Dienstleistung herbeizuführende Erfolg im Vordergrund, nicht die Tätigkeit an sich: Der Dienstleister hat im Zeitraum von 18 bis 21 Uhr die Unterhaltsreinigung der Büroräume, Sanitärbereiche und Flure des Gebäudes durchzuführen. Im Ergebnis der Unterhaltsreinigung ist der nachfolgend beschriebene Sauberkeitszustand zu erreichen …

Hier ist es dem Dienstleister grundsätzlich selbst zu überlassen, in welcher Organisationsform und mit welchen Arbeitsmitteln oder Materialien er den beschriebenen Zustand herstellt, es sei denn, spezifische Anforderungen des Auftraggebers können als zwingende Rahmenbedingungen vorausgesetzt werden. Somit ist auch ein Nachunternehmereinsatz im Grunde nicht ausgeschlossen. Mit einer werkvertraglichen Vereinbarung ist der Auftraggeber zu einer Abnahme verpflichtet bzw. kann er sie nicht ohne Weiteres verweigern.[24] Mit der Abnahme wird sodann die vereinbarte Vergütung fällig[25] und im Hinblick auf die Gewährleistung tritt die Beweislastumkehr[26] ein. Der Auftraggeber kann im Falle eines Mangels beim Werkvertrag jedoch auf ein deutlich weiteres Spektrum an Rechten zugreifen als beim Dienstvertrag, dies sind zusätzlich etwa Nacherfüllung[27], Selbstvornahme[28], Minderung[29] oder Rücktritt[30].

Die Spezifika von dienstvertraglichen und werkvertraglichen Vereinbarungen sind in Tabelle 7.1 einander gegenübergestellt.

Das wesentliche Handikap einer dienstvertraglichen Vereinbarung stellt aus Auftraggebersicht also der fehlende Anspruch auf ein klar definiertes Leistungsergebnis dar. Durch eine werkvertragliche Vereinbarung könnte dieses Manko zwar geheilt werden, allerdings steht dem dann die Verpflichtung des Auftraggebers zur Abnahme gegenüber, vor allem aber auch die vorherige Herausforderung, das Leistungsergebnis so eindeutig zu definieren, dass der Dienstleister diese Vorgabe seines Auftraggebers auch exakt trifft.

Zweifelsohne ist es nun insbesondere in der Unterhaltsreinigung sehr herausfordernd, den Erfolg, also z. B. den Sauberkeitszustand des Bodenbelags nach der Durchführung des Reinigungsvorgangs, exakt so zu definieren, dass alle Beteiligten aus der Beschreibung eine einheitliche Vorstellung ableiten. Für das staubbindende Wischen eines Fußbodenbelags ließe sich das Ergebnis in etwa so beschreiben: Die Oberfläche ist frei von Grobschmutz (z. B. Papierknäuel, Pappbecher, Zigarettenkippen) und lose aufliegendem Feinschmutz (z. B. Staub oder Flaum). Haftende Verschmutzungen (z. B. Getränkeflecken, Straßenschmutz, Absatzstriche) sowie Griffspuren, Schlieren und Streifen können noch auf der Oberfläche vorhanden sein, sollen sich jedoch ohne eine aufwendige und umweltbelastende Grundreinigung beseitigen lassen.[31]

Solche verbalen Beschreibungen eines erwarteten Leistungsergebnisses lassen sich beispielsweise durch den Einsatz von Bildmaterial oder Musterobjekten zusätzlich stützen. Vor allem im

21 Vgl. § 613 BGB.
22 Vgl. § 280 BGB.
23 Vgl. § 284 BGB.
24 Vgl. §§ 640 und 646 BGB.
25 Vgl. § 641 BGB.
26 Vgl. § 644 BGB.
27 Vgl. § 635 BGB.
28 Vgl. § 637 BGB.
29 Vgl. § 638 BGB.
30 Vgl. § 636 BGB.
31 Vgl. auch [Lutz, M. (2014)], S. 101, oder [Nävy, J. (2013)], S. 226 ff.

Tab. 7.1: Spezifika dienstvertraglicher und werkvertraglicher Vereinbarungen.

Typus	Dienstvertrag	Werkvertrag
Charakter	verrichtungsorientiert	ergebnisorientiert
Leistung	versprochene Dienste	durch Arbeit oder Dienstleistung herbeizuführender Erfolg
Leistungsdefinition	„mittlerer Art und Güte“	exakte Festlegung
Nachunternehmer	✘ grundsätzlich nicht übertragbar	✓ Nachunternehmer zulässig
Vorgaben für Verrichtung (Zeitfenster, Qualifikationen, einzelne Tätigkeiten, Werkzeuge, Geräte)	✓ zulässig, i. d. R. erforderlich	(✓) grundsätzlich „Gestaltungsfreiheit“ des Auftragnehmers, Vorgaben nur zulässig, soweit es der betriebliche Rahmen des Auftraggebers erfordert
Leistungsvorgaben	✘ Arbeitsleistung in „mittlerer Art und Güte“ geschuldet	✓ Erfolg bzw. Ergebnis klar und umsetzbar definiert
Weisungsrecht des Auftraggebers	(✓) allenfalls bei erlaubter Arbeitnehmerüberlassung	✘ nicht möglich
Abnahme	✘ nicht erforderlich	✓ grundsätzlich erforderlich
Beweislast	✘ nicht eindeutig definiert	✓ vor Abnahme beim Auftragnehmer, mit Abnahme beim Auftraggeber (Beweislastumkehr)
Mangelansprüche	Schadensersatz	Nacherfüllung, Selbstvornahme, Minderung, Rücktritt, Schadensersatz
Verjährung	regelmäßige Verjährung (3 Jahre)	verschiedene Verjährungsfristen ab Abnahme

Hotelbereich ist es durchaus üblich, dem Dienstleister entsprechend gereinigte Teppich- oder Fliesenmuster als Referenz zur Verfügung zu stellen. Hierdurch wird jedenfalls die Transformation der textlich gefassten Vorgaben aus einer Leistungsbeschreibung hin zum operativ ausführenden Mitarbeiter gestützt, wenngleich dieser Teilprozess der Informationsübermittlung zu den herausforderndsten Aufgaben in der Gebäudedienstleistung per se gezählt werden kann.

Doch nicht nur dieser Teilprozess kann eine Abweichung der letztlich wahrgenommenen Leistungsqualität von der originären Erwartungshaltung des Nutzers bewirken, sondern auch die Umsetzung weiterer Transformationsschritte: Zunächst gilt es nämlich, die durchaus divergierenden Erwartungshaltungen einzelner Nutzer zu homogenisieren und einen tatsächlichen Bedarf abzuleiten (vgl. Abb. 7.1). So unterschiedlich wie die subjektiven Wahrnehmungen eines Sauberkeitszustands im Gebäude sein können, so verschieden sind auch die Erwartungshaltungen der Nutzer. Der tatsächliche Bedarf kann das homogenisierte Mittel der Erwartungshaltungen nun übertreffen oder auch darunterliegen. Ein Übertreffen der Erwartungshaltungen ergibt sich beispielsweise aus gebäudespezifischen Anforderungen, die den Nutzern nicht bewusst sind, etwa besondere Einpflegemaßnahmen von Oberflächen nach Herstellervorgabe. Sofern die Nutzer hingegen überhöhte Anforderungen an die Unterhaltsreinigung stellen, mag der tatsächliche Bedarf durchaus unter den Erwartungshaltungen liegen.

Die Formulierung der eigentlichen Leistungsbeschreibungen auf der Basis des ermittelten tatsächlichen Bedarfs stellt die nächste Herausforderung dar. Diese besteht zum einen in der eigentlichen textlichen Formulierung des herbeizuführenden (oft nur qualitativ beschreibbaren) Erfolgs, zum anderen im Abgleich des individuellen Bedarfs mit gegebenen Rahmenbedingungen. Letzte-

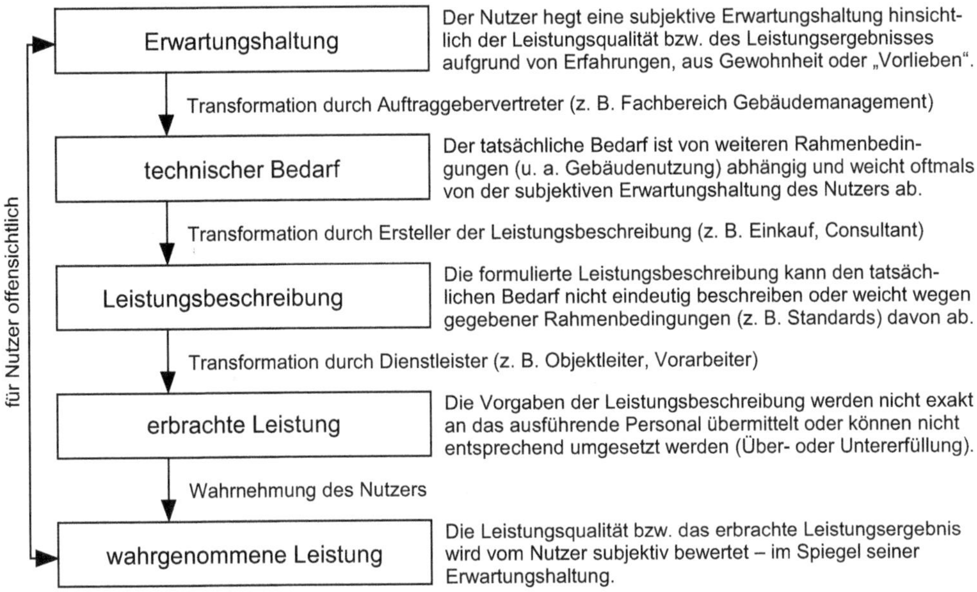

Abb. 7.1: Von der Erwartungshaltung zur wahrgenommenen Leistungsqualität.[32]

res resultiert zum einen aus Standards, die in der Unterhaltsreinigung aufgrund gegebener Regelwerke einzuhalten oder technisch erforderlich sind. Zum anderen kann es Ergebnis wirtschaftlicher Abwägungen sein, anstelle des individuell formulierten Bedarfs über die Leistungsbeschreibung ein marktübliches Niveau abzurufen, das den formulierten Bedarf sowohl überschreiten als auch unterschreiten kann.

Die subjektive Wahrnehmung des vom Dienstleister erbrachten Leistungsergebnisses durch den Nutzer stellt letztlich die vierte wesentliche Schnittstelle auf dem Weg der Transformation einer Erwartungshaltung hin zu einer empfundenen Leistungsqualität dar. Auf diesem Hintergrund stellt sich berechtigterweise die Frage, ob eine werkvertragliche Vereinbarung auf der Basis einer ergebnisorientierten Leistungsbeschreibung tatsächlich das Nonplusultra für die Modellierung einer Beauftragung von Unterhaltsreinigung im Speziellen und von Facility-Services im Allgemeinen darstellt.

Werkvertrag – Nonplusultra für Facility-Services?

Zweifelsohne stehen ein klar definiertes Leistungsergebnis, der herbeizuführende Erfolg und das breite Instrumentarium des Auftraggebers bei Mängeln ganz oben auf der Werbeskala für werkvertragliche Vereinbarungen. Wie oben beschrieben, ist die greifbare und umsetzbare Definition dieses Erfolgs jedoch eine besondere Herausforderung.[33] Auch das Nachhalten der Leistungserbringung, die vom Auftraggeber abverlangte Abnahme, stellt einen Wermutstropfen dar, da sie einerseits bei unwesentlichen Mängeln nicht verweigert werden kann, andererseits bei bestimmten Voraussetzungen sogar gegen den Willen des Auftraggebers zustande kommen kann (Abnahmefiktion) und letztlich wesentliche Rechtsfolgen für den Auftraggeber mit der Abnahme verbunden sind (wie etwa Gefahrübergang oder Beweislastumkehr).[34] Auf diesem Hintergrund

32 Quelle: eigene Darstellung.

33 Vgl. hierzu auch [Nagel, U. (2007)], S. 188 ff.

34 Vgl. § 640 BGB.

ist nachvollziehbar, dass sich die Branche intensiv mit der Modellierung von vertraglichen Vereinbarungen und Leistungsbeschreibungen für Facility-Services auseinandersetzt, ohne bisher allerdings den Stein der Weisen gefunden zu haben. Immerhin bieten die branchenweit einmaligen Dokumente Mustervertrag und Standardleistungsverzeichnis Facility-Services hilfreiche Ansatzpunkte, wie werkvertragliche und dienstvertragliche Elemente in einer gesamthaften Vereinbarung so verknüpft werden können, dass sie im Einzelfall nicht unwirksam werden.[35] Das bedeutet, dass in einer Individualvereinbarung natürlich verrichtungsorientierte und ergebnisorientierte Vorgaben zusammengeführt werden können, sofern sich die Vertragsparteien dann auch weitergehend auf korrespondierende individuelle Regelungen verständigen, etwa zu Abnahme oder zu Mangelansprüchen.

7.3.2 Mustervertrag und Standardleistungsverzeichnis Facility Services als branchenweiter Lösungsansatz

Auf dem Hintergrund dieser Problematiken in Verträgen und Leistungsbeschreibungen entwickelte sich in der Branche zunehmend der Wunsch nach einem hilfreichen Standard für die Regelung der Leistungsbeziehung zwischen Auftraggebern von Facility-Services und Auftragnehmern, und dies eben unter besonderer Berücksichtigung der dienstvertraglichen und werkvertraglichen Belange. Nachdem individuelle Lösungen in unterschiedlichsten Qualitäten und mit mangelhafter Ausgewogenheit hinsichtlich der Parteiinteressen die Praxis bestimmt hatten, ergriff der Verfasser im Jahr 2002 die Initiative, unter dem Schirm der beiden führenden Verbände im Facility-Management, GEFMA e. V.[36] und IFMA Deutschland e. V.[37], einen Arbeitskreis zu gründen, der sich die Ausarbeitung eines möglichst breit anwendbaren Mustervertrags und eines korrespondierenden Standardleistungsverzeichnisses[38] für Gebäudemanagement zur Aufgabe machen sollte. Dieser verbandsübergreifende Arbeitskreis zu Standardisierung von Leistungsverzeichnis und Vertrag im Gebäudemanagement nahm im Herbst 2003 seine Arbeit auf, war damals ein Branchennovum und ist bis heute der Einzige seiner Art.

Im Fokus des Arbeitskreises stand vor allem das Bemühen um Standardisierung, Rechtssicherheit und Arbeitsvereinfachung bei der Gestaltung von Vertrags- und Leistungsbeziehungen mit dem Ziel, ein für Auftraggeber und Auftragnehmer wertvolles Instrument bereitzustellen. Dies geschah vor allem auch auf dem Hintergrund, einen Beitrag zur Kunden- und Serviceorientierung, zur Marktorientierung und zur Partnerschaftlichkeit in den Leistungsbeziehungen des Gebäudemanagements zu leisten. GEFMA e. V. formuliert in seiner Grundlagen-Richtlinie 100-1 nämlich eine Reihe von „Grundsätzen des Facility Managements“, die an die QM-Grundsätze der DIN EN ISO 9000 angelehnt sind.[39] Wenn nun ein verbandsübergreifender Arbeitskreis der beiden großen deutschen Facility-Management-Verbände Mustervorlagen für diese beiden Dokumente erarbeitet, dann natürlich mit dem Bemühen, sich an den genannten Grundsätzen zu orientieren und dementsprechende Arbeitshilfen für die Branche bereitzustellen.

---

35 Vgl. auch [Forster, K. (2013c)].

36 GEFMA Deutscher Verband für Facility Management e. V., Bonn.

37 IFMA Deutschland e. V., München, seit 2006 neu organisiert als RealFM e. V., Association for Real Estate- und Facility Managers, Berlin.

38 Die Begrifflichkeiten „Leistungsbeschreibung“ und „Leistungsverzeichnis“ werden in der Praxis oftmals nicht einheitlich verwendet, jedenfalls nicht immer im Sinne der eigentlichen Definitionen nach § 7 VOB/A bzw. § 121 GWB und §§ 29, 31 VgV. Das Standardleistungsverzeichnis stellt im Grunde eine Leistungsbeschreibung gemäß § 7 VOB/A dar. Dieser ist ein sog. Preisverzeichnis beigefügt, das dem in § 7 VOB/A als Leistungsverzeichnis bezeichneten Dokument entspricht.

39 Vgl. [GEFMA 100-1 E 2004-07].

Bei der Ausarbeitung des Mustervertrags wurde besonders der Aspekt der Partnerschaftlichkeit in den Vordergrund gestellt, da eine ausgewogene Berücksichtigung der Interessen beider Vertragsparteien vor allem im Hinblick auf die Tragfähigkeit und Dauerhaftigkeit von Leistungsbeziehungen eine entscheidende Rolle spielt. Bei der Formulierung des Standardleistungsverzeichnisses wurde unter dem Aspekt der Marktorientierung besonderes Augenmerk auf die Formulierung von klaren und unmissverständlichen Leistungsvereinbarungen gelegt. Dabei war es den Autoren besonders wichtig, die qualitätsbestimmenden und kostenrelevanten Merkmale der ausgeschriebenen Leistungen möglichst prägnant und klar zu formulieren, also überflüssige Ausschmückungen und irreführendes Beiwerk zu vermeiden.

Um weitgehend allgemein verwendbar zu sein, müssen Mustervertrag und Standardleistungsverzeichnis natürlich möglichst vielen Fachbelangen Rechnung tragen. Des Weiteren ist die Gefahr inhaltlicher oder formaler Fehler nicht zu unterschätzen: Gerade das deutsche Rechtssystem beinhaltet strikte Regelungen zu allgemeinen Geschäftsbedingungen oder zur Arbeitnehmerüberlassung, die nicht nur im eigentlichen Vertragswerk, sondern auch im Leistungsverzeichnis beachtet werden müssen, da sie bei Nichteinhaltung bis zur vollständigen Unwirksamkeit der jeweiligen Vereinbarungen führen können. Mustervertrag und Standardleistungsverzeichnis sollten als Grundlagen einer individuellen Vertragsbeziehung also dafür sorgen, dass sich die beiden Vertragsparteien auf ein übereinstimmendes Verständnis von Service, Qualität und Wirtschaftlichkeit einigen und dass sich so aus der anfänglichen Leistungsbeziehung eine möglichst dauerhafte und für beide Seiten gewinnbringende Geschäftsbeziehung entwickeln kann – dies nicht zuletzt marktorientiert und auf partnerschaftlicher Basis.

Seit Anbeginn sind im heutigen Arbeitskreis „Mustervertrag und Standardleistungsverzeichnis Facility Services" sowohl Vertreter der Auftraggeberseite als auch der Dienstleisterseite vertreten, das Gremium setzt sich aus branchenerfahrenen Praktikern verschiedenster Einsatzbereiche zusammen: Nutzervertreter, Einkäufer, Berater, Vertriebsleiter, Objektmanager und Juristen sind nur die wesentlichsten Berufsvertreter. Dieser gemischte Teilnehmerkreis stellt somit sicher, dass die Interessen aller Beteiligten einfließen, die Dokumente letztlich ausgewogen gestaltet werden und kein Vertragspartner einseitig bevorzugt wird. Die breite Akzeptanz der Dokumente bestätigt diese Strategie: Mustervertrag und Standardleistungsverzeichnis erfreuen sich seit ihrer Erstauflage im Herbst 2004 reger Nachfrage. Aufgrund kontinuierlicher Verbesserung und Fortschreibung beider Dokumente erschienen in den Folgejahren die Versionen 1.1 und 2.0, schließlich im Sommer 2011 eine komplett und grundlegend überarbeitete Version 3.0.

Aktuelle Version 3.0 mit Innovationen und weiteren Potenzialen

Das „Standardleistungsverzeichnis Facility Services" ist in seiner Version 3.0[40] vor allem an die aktuellen Marktentwicklungen angepasst. Bei der Erstellung der einzelnen Leistungsbeschreibungen wurde insbesondere darauf geachtet, dass kalkulationsrelevante Faktoren möglichst klar hervortreten. Das Dokument gliedert sich in 21 Kapitel, die das Leistungsspektrum der Facility-Services weitgehend abdecken (vgl. Tab. 7.2). Der Aufbau lehnt sich dabei weder ausdrücklich an die Kostengliederungsstruktur nach GEFMA 200, noch an die in der Branche noch häufig gebräuchliche Unterteilung nach DIN 32736 an, wird diesen Strukturen jedoch überwiegend gerecht.

Das Standardleistungsverzeichnis Facility Services 3.0 kann inhaltlich mit etlichen Neuerungen aufwarten, die für Leistungsausschreibungen im Gebäudebetrieb insgesamt sehr wertvolle Impulse darstellen. Die Strukturen und Inhalte der jeweiligen Leistungsbeschreibungen wurden grundlegend überarbeitet, zum Teil unter Einbeziehung von Experten spezialisierter Fach- und Innungsverbände. Wesentliche Neuerungen des Dokuments sind im Einzelnen nachfolgend dargestellt und bewertet.

---

40 Vgl. [GEFMA 520 v3.0 2014-07].

Tab. 7.2: Gliederung des Standardleistungsverzeichnisses Version 3.0.[41]

	Gliederung	Bemerkung
	Einleitungen, Definitionen und Begriffe, Abkürzungen	erforderliche Informationen zur
	Allgemeine Bestandteile	Ausschreibung
1.	Einmalige Leistungen	übergreifende Leistungen
2.	Objektmanagement	
3.	Dokumentation und Berichtswesen	
4.	Betriebsführung/Objektbetrieb	technisches Gebäudemanagement
5.	Inspektion und Wartung	
6.	Instandsetzung	
7.	Mangelanspruchsmanagement	
8.	Energiemanagement	
9.	Reinigung	infrastrukturelles Gebäudemanagement
10.	Außenanlagenpflege	
11.	Concierge Service	
12.	Sicherheits- und Empfangsdienste	
13.	Entsorgung	
14.	Postdienste/Warenannahme/Gebäudelogistik	
15.	Konferenzräume und Veranstaltungsservice	
16.	Catering	
17.	Fahrdienste	
18.	Kaufmännische Verwaltung und Controlling	kaufmännisches Gebäudemanagement
19.	Flächenmanagement	Flächenmanagement
20.	Leerstandsmanagement	
21.	Stundensätze, Einheitspreise, Ersatzteile, Handlingscharge	

Eindeutige Definitionen als wesentliche Basis gemeinsamen Begriffsverständnisses

Das Standardleistungsverzeichnis Facility Services 3.0 beinhaltet zunächst einen vollkommen neu konzipierten Abschnitt „Definitionen und Begriffe". Im zunehmenden Bewusstsein, dass häufig verwendete Fachbegriffe, insbesondere im Umfeld der Instandhaltung von Bau- und Anlagentechnik, von den Anwendern unterschiedlich ausgelegt und zum Teil sogar konträr definiert werden, wurde dieser Abschnitt neu entwickelt. Exemplarisch für diesen Regelungsbedarf sei nur etwa der Begriff Instandhaltung genannt, dessen Verständnis in den einschlägigen DIN-Normen und VDI-Richtlinien von den Definitionen in BGB, HGB oder HOAI deutlich abweicht. Nicht selten resultieren aus solch einem unterschiedlichen Verständnis auch Diskrepanzen bei der Vergütung von Leistungen. Dem soll eben eine praxistaugliche Abgrenzung dieser Begrifflichkeiten unter Bezugnahme auf (teils widersprüchliche) Normen und mit konkreten Beispielen zur Anwendung vorbeugen. Exemplarisch sei hier die Relevanz der exakten Definition des Begriffs Verbrauchsmaterial genannt, wenn etwa die Leistungsbeschreibung einer Wartung davon ausgeht, dass solche Verbrauchsmaterialien im Einzelfall bis zu einem gewissen Betrag mit der Pauschalvergütung abgegolten sind. Ein weiteres Beispiel für die Relevanz von exakten Begriffsdefinitionen stellt die Abbildung des Störungsmanagements in einer Leistungsausschreibung dar: Schon dem Begriff an sich mangelt es an einer eindeutigen Definition, lediglich der VDI unternimmt den Versuch einer Abgrenzung, deren Detailliertheit jedoch keine Grundlage für die Formulierung einer Leistungsbeschreibung darstellt. Einzelne Phasen des Störungsmanagements werden hier zwar bezeichnet und grafisch dargestellt, dies erfolgt jedoch nur global und lückenhaft.[42] Der Ansatz im Standardleistungsverzeichnis Facility Services 3.0, zumindest für Zeitbegriffe wie Reaktionszeit, Entstörzeit

41 Quelle: eigene Darstellung.

42 Vgl. [VDI 3810 Bl. 1 2012-05], S. 18: In Bild 2 sind die Phasen des Störungsmanagements grafisch dargestellt. Die

und Wiederherstellungszeit greifbare Definitionen vorzuschlagen, trifft hier also auf eine objektive Regelungslücke (vgl. Abb. 7.2). Allerdings besitzen auch diese Vorschläge durchaus noch Optimierungspotenzial hinsichtlich einer exakteren Detaillierung, insbesondere wenn einschlägige Service-Level-Agreements aus der Informationstechnik zum Vorbild genommen würden. Die nachfolgende Darstellung von Begrifflichkeiten im Störungsmanagement gilt daher als Anregung für die Abgrenzung und Beschreibung einzelner Phasen sowie für die Zuordnung von Anlagenprioritäten und die Festlegung entsprechender Fristen:

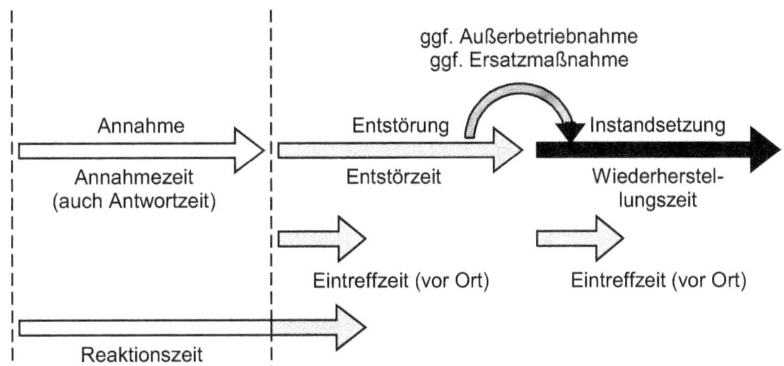

Anlagenpriorität		Annahmezeit	Entstörzeit	Wiederherstellungszeit
	1	10 Minuten	20 Minuten (5 Minuten)	24 Stunden (2 Stunden)
	2	30 Minuten	60 Minuten (15 Minuten)	3 Werktage (6 Stunden)
	3	3 Stunden	6 Stunden (1 Stunde)	nach Vereinbarung

Abb. 7.2: Begrifflichkeiten im Störungsmanagement.[43]

Die Definitionen müssen im Einzelfall natürlich individuell vorgenommen werden, da sich Prozesse und daraus resultierende Anforderungen je nach Auftraggeber und Objekt durchaus unterscheiden können. Eine umfassende Definition für den Begriff Annahmezeit könnte in diesem Zusammenhang folgendermaßen lauten:

! Annahmezeit bezeichnet die Zeitspanne vom ersten Versuch des Auftraggebers, eine Störungsmeldung beim Dienstleister abzusetzen, bis zur aktiven Eingangsbestätigung dieser Meldung durch einen qualifizierten Bearbeiter bzw. eine autorisierte Stelle. Das Absetzen der Störungsmeldung kann automatisiert über die Gebäudeleittechnik erfolgen, aber auch mündlich, telefonisch, per E-Mail oder per Telefax. Die Eingangsbestätigung ist jedenfalls per E-Mail an den Melder sowie an die Fachabteilung Facility-Services des Auftraggebers zu senden.

Es ist also grundsätzlich anzuraten, dass sich Vertragsparteien vor der gemeinsamen Verabschiedung von Leistungsbeschreibungen detailliert zu den Inhalten ausführungsrelevanter, ergebnisrelevanter und damit letztlich kostenrelevanter Begrifflichkeiten verständigen.

Phasen zwischen „Störungseintritt", „Störung erkannt" und „Kontaktaufnahme mit Dienstleister" haben keine Bezeichnung erhalten. Die Bezeichnung Reparaturzeit für die Phase zwischen „Störungsbehebung durch den Dienstleister" und „Störungsbehebung und Meldung an Betreiber/Eigentümer" korrespondiert nicht mit dem vorstehend in dieser Richtlinie definierten Begriff Instandsetzung.

43 Quelle: eigene Darstellung.

Die Relevanz der Implementierungsphase

Angesichts der zunehmenden Bedeutung einer Implementierungsphase bei der Übernahme umfänglicher Beauftragungen von Facility-Services wurde diese Thematik im Standardleistungsverzeichnis Facility Services 3.0 ausführlich behandelt. Um die möglichst optimale Ausführung der Facility-Services durch einen Dienstleister ab einem bestimmten Termin zu gewährleisten (Regelbetrieb), sollte diesem zuvor die Möglichkeit eröffnet werden, sich im Rahmen einer Implementierungsphase detaillierte Kenntnisse über die Immobilie und den ihm übertragenen Aufgabenbereich zu verschaffen und sich auf seine Aufgaben während des Regelbetriebs angemessen vorzubereiten. Auch ein finaler Abgleich des Leistungsverzeichnisses mit den tatsächlichen Gegebenheiten vor Ort und die umfassende Prüfung der Dokumentation sind oftmals relevante Arbeitspakete in der Implementierungsphase. Es ist dabei zu differenzieren, welche Tätigkeiten jedenfalls vor Beginn des Regelbetriebs abgeschlossen sein müssen und welche anderen Aufgaben ggf. „nachlaufen“ können. Im Standardleistungsverzeichnis Facility Services 3.0 sind korrespondierende Leistungsbilder zu diesen Aufgaben der Implementierung enthalten, unterschieden in Leistungen bei Bestandsbauten und Leistungen bei Neubauten. Der Terminierung in Bezug auf den Beginn des Regelbetriebs wurde bisher allerdings noch nicht Rechnung getragen. Weiterhin ist es erforderlich, korrespondierend zur Implementierungsphase auch für die Phase des Ausscheidens eines Dienstleisters entsprechend detaillierte Festlegungen zu treffen. Der Mustervertrag Facility Services 3.0 beinhaltet hierzu zwar einen § 22 „Überleitung nach Vertragsbeendigung“, im Standardleistungsverzeichnis Facility Services 3.0 sind jedoch keine expliziten Leistungsbeschreibungen enthalten. Es ist daher dringend anzuraten, die einzelnen Phasen der Zusammenarbeit zwischen Auftraggeber und Dienstleister zu bezeichnen, exakt abzugrenzen und jeweilige Leistungsbilder zuzuordnen.

Die einzelnen Meilensteine und Phasen der vertraglichen Zusammenarbeit lassen sich wie folgt definieren (vgl. Abb. 7.3):

- **Zuschlagserteilung/Vertragsabschluss:** förmliches Zustandekommen eines Vertrags durch Angebotsannahme bzw. Beauftragung
- **Beginn Implementierung**: grundsätzliche Aufnahme der ersten operativen Tätigkeiten durch den Dienstleister im Rahmen der Implementierung

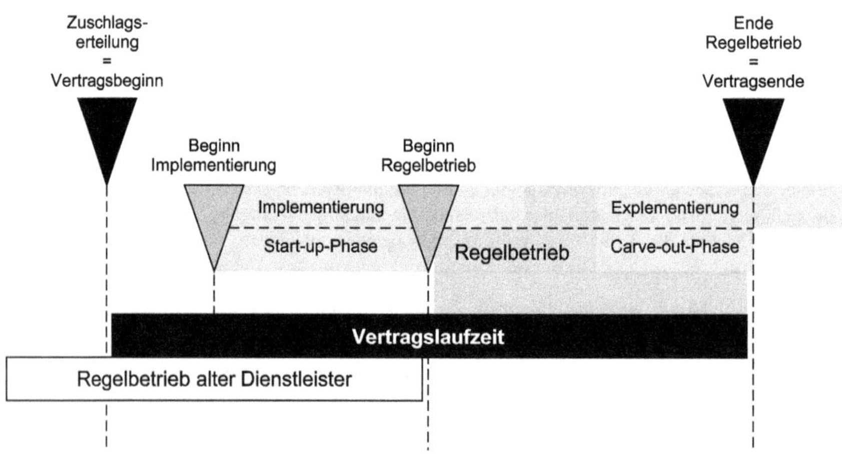

Abb. 7.3: Meilensteine und Phasen der Zusammenarbeit.[44]

44 Quelle: eigene Darstellung.

- **Implementierung:** Phase der Erbringung sämtlicher einmaliger Leistungen bei Auftragsübernahme, auch Leistungen, die nach dem förmlichen Beginn des Regelbetriebs noch nachlaufen (vielfach z. B. detaillierte Prüfung der Bestandsdokumentation)
- **Start-up-Phase:** Zeitraum vom Beginn der Implementierung bis zum (terminierten) Beginn des Regelbetriebs, in dem ausschließlich einmalige Leistungen vom Dienstleister erbracht werden
- **Beginn Regelbetrieb:** Aufnahme der Regelleistungen (wiederkehrenden Leistungen) durch den Dienstleister
- **Regelbetrieb:** (mehrjährige) Phase, in der wiederkehrende Leistungen vom Dienstleister erbracht und vom Auftraggeber grundsätzlich pauschaliert vergütet werden
- **Ende Regelbetrieb/Vertragsende:** Vertragsende wird mit dem Ende des Regelbetriebs gleichgesetzt, Vertragsverlängerung bedeutet folglich eine Verlängerung des Regelbetriebs
- **Explementierung:**[45] sämtliche einmaligen Leistungen bei Vertragsende, auch Leistungen, die nach dem förmlichen Ende des Regelbetriebs noch nachlaufen (vielfach z. B. Übergabe von Berichten oder Mitwirkung bei der Betriebskostenabrechnung)
- **Carve-out-Phase:** Zeitraum vom Beginn der Explementierung bis zum (terminierten) Ende des Regelbetriebs

Je exakter Auftraggeber und Dienstleister im Einzelfall diese Phasen und deren Leistungsinhalte voneinander abgrenzen, desto reibungsloser wird sich die Zusammenarbeit gestalten.

Dokumentation und Berichtswesen

Bei der Formulierung der Leistungsbeschreibungen für „Dokumentation und Berichtswesen" wurde im Standardleistungsverzeichnis Facility Services 3.0 vor allem auf die aktuelle GEFMA-Richtlinie 198[46] Bezug genommen. In diesem komplett neu überarbeiteten Kapitel wird zudem unterschieden zwischen Bestandsdokumentation (z. B. Grundrisspläne, Anlagenverzeichnisse), Projektdokumentation[47] (z. B. Vertragsunterlagen, Leistungsbeschreibung, Betreiberhandbuch) und Betriebsdokumentation (z. B. Arbeitsberichte, Schadensberichte). Eine entsprechende Verlinkung zum Mustervertrag Facility Services 3.0[48] (§ 9 Informationen, Unterlagen, Berichtswesen und Dokumentation) ist hergestellt. Letztlich wird im Abschnitt „Berichtswesen (Reporting)" auf Berichte des Dienstleisters eingegangen, die regelmäßig an den Auftraggeber zu übergeben sind. Dieses Kapitel trägt somit auch zu einer erfolgreichen Umsetzung der in der GEFMA-Richtlinie 190 dargestellten und gesetzlich geforderten Erfüllung der Betreiberpflichten bei, insbesondere bei der Delegation von Leistungen an einen Dienstleister.[49]

Individuell zu regeln haben die beiden Vertragsparteien jedenfalls die Form der Dokumentation bzw. des Berichtswesens. Sofern sog. CAFM-Systeme[50] auftraggeberseitig oder dienstleisterseitig (oder auch bei beiden Parteien) eingesetzt werden, müssen die Schnittstellen solcher Systeme ebenso definiert werden wie Inhalt und Umfang der zu übermittelnden Daten. Nicht selten werden hierzu einer Partei Zugriffsrechte auf das CAFM-System der anderen Partei gewährt, was die Effi-

45 Korrespondierend zur Implementierung wird die Phase des Ausscheidens eines Dienstleisters als Explementierung bezeichnet.

46 Vgl. [GEFMA 198-1 2013-11].

47 In einer zwischenzeitlichen, bisher noch unveröffentlichten Arbeitsversion 3.1 wurde der Begriff Projektdokumentation bereits durch „Vertrags- und Leistungsdokumentation" ersetzt, da er insbesondere bei Planern und Errichterfirmen eine andere Bedeutung hat.

48 Vgl. [GEFMA 510 v3.0 2014-07].

49 Vgl. [GEFMA 190 2004-01].

50 Software-Werkzeuge zur Unterstützung der spezifischen Prozesse des Facility-Managements und der beteiligten Interessengruppen. Vgl. hierzu auch [GEFMA 400 2002-04].

zienz in Informationszugang und Datenbearbeitung natürlich erhöhen kann, andererseits unter dem Aspekt der Datensicherheit kritisch geprüft werden sollte.

Gerade vor dem Hintergrund der wirksamen Wahrnehmung seiner Betreiberverantwortung[51] hat der Eigentümer (Auftraggeber) einer durchgängigen, vollständigen und damit möglichst rechtssicheren Dokumentation besonderes Augenmerk zu schenken. Über die Ansätze des Standardleistungsverzeichnisses Facility Services 3.0 hinaus ist dieser Aspekt also noch weitergehend zu beleuchten, beispielsweise hinsichtlich der Verantwortlichkeiten für die Durchführung und Dokumentation von erforderlichen Gefährdungsbeurteilungen oder für die Aufbewahrungsfristen von Prüfaufzeichnungen.

Stufen der technischen Überwachung

Einer wesentlichen redaktionellen Änderung wurde der Begriff Inspektion unterzogen: Bis zur Version 2.0 des Standardleistungsverzeichnisses war die Inspektion dem Kapitel „Betriebsführung" zugeordnet, da vom Grund her das technische Betriebspersonal alle Maßnahmen der Sicht- und Funktionskontrolle im laufenden Tagesgeschäft „mit erledigt". Im Standardleistungsverzeichnis Facility Services 3.0 werden nun die folgenden Stufen der technischen Überwachung explizit unterschieden:

- **Zustandsüberwachung:** einfache Sicht- oder Funktionsprüfungen ohne Fehler- oder Ursachenanalysen im Rahmen regelmäßiger Kontrollrundgänge durch unterwiesene und eingewiesene Personen
- **Inspektion:** komplexere Sicht- oder Funktionsprüfungen mit Fehler- und Ursachenanalysen im Rahmen einzeln geplanter Termine durch Fachkundige
- **Wiederkehrende Prüfung:** gesetzlich vorgeschriebene, regelmäßig wiederkehrende und komplexe Sicht-, Funktions- und/oder Ordnungsprüfung ohne Fehler- und Ursachenanalysen im Rahmen einzeln geplanter Termine durch befähigte Personen oder Sachverständige

Die Zustandsüberwachung erfolgt als laufende Tätigkeit im Rahmen der technischen Betriebsführung[52] und ist als dienstvertraglich qualifizierte Leistung im Kapitel 4 „Betriebsführung/Objektbetrieb" des Standardleistungsverzeichnisses Facility Services 3.0 enthalten. Da Inspektionen oft im Zusammenhang mit Wartungstätigkeiten ausgeführt werden, sind sie im Kapitel 5 „Inspektion und Wartung" als werkvertragliche Leistungen zusammengefasst. Nach wie vor eine exponierte Position im Standardleistungsverzeichnis haben die sog. Wiederkehrenden Prüfungen durch befähigte Personen oder Sachverständige – diese sind ebenfalls werkvertraglicher Natur. Die Wiederkehrenden Prüfungen wurden der leichteren Auffindbarkeit halber als gesonderte Position „vor die Klammer" der Inspektionen und Wartungen gezogen und separat in Kapitel 4 „Betriebsführung/Objektbetrieb" dargestellt. Das Standardleistungsverzeichnis Facility Services 3.0 stellt somit auch sicher, dass durchzuführende Tätigkeiten und jeweils nötige Qualifizierungen aufeinander abgestimmt sind und dass durch diese Strukturierung eine Grundlage für die nachvollziehbare Durchführung und Dokumentation der Leistungen gegeben wird.

7.3.3 Mit Systemdienstleistung in die Zukunft?

Anhand der in Kapitel 7.3.2 aufgezeigten Beispiele wird transparent, welche Aspekte der Optimierung von Leistungsausschreibungen im Gebäudebetrieb die Branche aktuell beschäftigt. Die Version 3.0 des Standardleistungsverzeichnisses Facility Services greift gegenüber der im Jahr 2009 herausgegebenen Vorgängerversion 2.0 zwar bereits zahlreiche neue Themen auf, die in den ver-

51 Vgl. hierzu [Schrammel, F. (2013)], S. 118 ff.

52 Vgl. [VDI 3810 Bl. 1 2012-05], S. 3, Bild 1 und S. 9.

gangenen Jahren in der praktischen Anwendung zunehmende Bedeutung erlangt haben, weitergehende Überarbeitungen stehen allerdings bereits kurz vor dem Abschluss. So wird beispielsweise der Aspekt der Nachhaltigkeit in der Gebäudebewirtschaftung in den absehbar erscheinenden Nachfolgeversionen der Dokumente Mustervertrag und Standardleistungsverzeichnis Facility Services 3.0 verankert. Generell sollte nämlich Nachhaltigkeitsaspekten in der Gebäudebewirtschaftung mehr Augenmerk geschenkt werden, und hier nicht nur den ökologischen Kriterien, sondern auch den ökonomischen und soziokulturell-funktionalen Aspekten sowie der Qualität einer Facility-Management-Organisation. Dieses Vorhaben führt nicht zwangsläufig zu Mehraufwand und Mehrkosten für einen Auftraggeber, sondern untermauert vielmehr Nachhaltigkeitsaspekte in der Leistungserbringung, die zwischenzeitlich als Selbstverständlichkeiten gelten sollten.[53]

Insbesondere auch eine differenziertere Betrachtung der drei grundsätzlichen Vergabemodelle auf Leistungsebene, nämlich der Einzelvergabe, der Paketvergabe und der Systemvergabe, ist in einer nächsten Version des Standardleistungsverzeichnisses Facility Services zu erwarten. Während die Einzelvergabe i. d. R. dienstvertraglicher Natur ist (verrichtungsorientierte Gebäudedienste) und Paketvergaben meist individuell modelliert werden (ergebnisorientiertes Gebäudemanagement mit dienst- und werkvertraglichem Charakter), stellen Systemvergaben eine nochmals weiter gehende Entwicklungsstufe dar (lösungsorientierte Systemdienstleistungen mit rein werkvertraglichem Charakter).

Diese Weiterentwicklung überlässt dem ausführenden Dienstleister zunehmend mehr Verantwortung, er erhält damit aber auch mehr Handlungsspielraum und Optimierungsmöglichkeiten. Im Rahmen einer Systemvergabe mit mehrjähriger, ausreichend langer Laufzeit kann der Dienstleister diesen Spielraum im Sinne seines Auftraggebers nutzen, wodurch sich in einer partnerschaftlichen Zusammenarbeit Vorteile für beide Seiten ergeben können (vgl. Tab. 7.3).

Tab. 7.3: Erfolgsentscheidende Weiterentwicklung im Facility-Management.

Verrichtungsorientierte Gebäudedienste →	**Ergebnisorientierte Gebäudemanagement** →	**Lösungsorientierte Systemdienstleistungen**
erfolgsentscheidende Weiterentwicklung im Facility-Management von singulären Gebäudediensten zu integrierten Facility-Services		
– singuläre Beauftragungen – dienstvertraglicher Charakter – keine strategische Planung – keine ganzheitliche Steuerung – keine nachhaltige Optimierung – mangelhafte Dokumentation – geringe Transparenz und Vergleichbarkeit – keine Übertragung von Betreiberpflichten	– Auftragspakete – ein- oder mehrjährige Leistungsbeziehungen – dienst- und werkvertraglicher Charakter – geplante und gesteuerte Prozesse – definierte Dokumentation und Reporting – Transparenz und Vergleichbarkeit – Qualitätsmanagement als Grundlage für kontinuierliche Verbesserung – Übertragung definierter Betreiberpflichten	– umfassende Beauftragung von Facility- Services – Erweiterung um lebenszyklusübergreifende Leistungen und zusätzliche Unterstützungsprozesse – langfristige Partnerschaften – werkvertraglicher Charakter – strategische Ziele als Beiträge zum Unternehmenserfolg des Auftraggebers – normative Standards – integrale Prozessverantwortung als Basis nachhaltigen Qualitätsmanagements – umfassende Übertragung von Betreiberverantwortung

53 Vgl. hierzu [GEFMA 160 2014-10].

Diese erfolgsentscheidende Weiterentwicklung kann am Beispiel Beleuchtung folgendermaßen dargestellt werden:

- **Einzelvergabe:** Der Dienstleister („Hausmeister") wird beauftragt, gegen Stundenvergütung defekte Leuchtmittel zu ersetzen.
- **Paketvergabe:** Der Dienstleister („technisches Objektmanagement") hat die ständige Funktion der Beleuchtung sicherzustellen und wird dafür pauschal vergütet. Es steht ihm frei, wie er diese Vorgabe umsetzt, beispielsweise durch regelmäßige Funktionskontrollen und Austausch defekter Leuchtmittel im Einzelfall oder durch jeweiligen Komplettaustausch sämtlicher Leuchtmittel vor Erreichen ihrer minimalen Lebensdauer.
- **Systemvergabe:** Der Dienstleister („Systemdienstleister") erhält die Aufgabe, in den Räumlichkeiten vorgegebene Lichtbedingungen (Beleuchtungsstärke und Farbtemperatur) sicherzustellen, und wird dafür pauschal vergütet. Es steht ihm frei, dies mit der installierten Beleuchtungsanlage oder mit alternativen technischen Lösungen zu realisieren. Es steht hier also im Ermessen des Dienstleisters, auch über investive Maßnahmen die laufenden Kosten zu optimieren.

Der Auftraggeber wird also im Zuge einer Systemvergabe auf dem Hintergrund seiner Organisation, seiner strategischen Zielsetzung sowie seines beabsichtigten Grads der Übertragung von Betreiberverantwortung dem Dienstleister Ausgestaltungsmöglichkeiten für die Leistungserbringung im Gebäudebetrieb geben. Im Gegenzug kann sich der Auftraggeber stärker auf sein eigentliches Kerngeschäft konzentrieren, da er noch stärker von operativen oder auch taktischen Entscheidungen im Facility-Management entlastet wird. Zudem darf er mit höherer Transparenz und einheitlicheren Qualitätsstandards im Gebäudebetrieb rechnen. Letztlich sollte er auch noch von den erzielten Kostenoptimierungen seines Dienstleisters profitieren.[54] Das Modell der Systemvergabe erhält vor allem in folgenden Konstellationen zunehmenden Zuspruch:

- Vergabe an routinierte Auftraggeber, die in der Zusammenarbeit mit Dienstleistern bereits umfassende Erfahrungen haben,
- Auftraggeber mit geringem eigenem Know-how im Facility-Management, deren strategische Entscheidungen ohnehin externer Unterstützung bedürfen,
- Auftraggeber mit großen, komplexen Liegenschaften oder mit zahlreichen unterschiedlichen Objekten in einem Portfolio, bei denen sich Einzelrisiken eines Auftrags über das Gesamtvolumen ausgleichen lassen,
- Auftraggeber, die als renditeorientierte Bestandshalter fungieren und i. d. R. nicht Nutzer der betreffenden Liegenschaften sind.

Bei allen gegebenen Vorteilen von Systemvergaben ist letztlich allerdings auch anzumerken, dass dem Auftraggeber im Unterschied zu den konventionelleren Vergabemodellen der operative Zugriff auf die Leistungserbringung und das Leistungsergebnis seines Dienstleisters weitgehend verloren geht. Zudem trägt der Dienstleister ein deutlich höheres finanzielles Risiko (z. B. aus umfassend übertragenen und pauschalierten Instandsetzungsaufgaben), sodass durchaus hinterfragt werden muss, ob und in welchem Umfang erzielte Kostenoptimierungen tatsächlich an den Auftraggeber zurückgegeben werden können.

Parallel zum Standardleistungsverzeichnis Facility Services 3.0 wurde ein Leitfaden für dessen Verwendung bei der Ausschreibung von Systemdienstleistungen[55] erarbeitet. Auf der Basis der sog. B.I.L.D.-Methode (Betreuen – Inganghalten – Liefern – Dokumentieren)[56] wird der An-

54 Vgl. hierzu auch Brouwers, Dirk: Integrierte Services mit internationaler Perspektive, in: [Hossenfelder, J. (2015)], S. 164–171.

55 Vgl. [GEFMA 962].

56 Vgl. [Göcke 2017].

wender detailliert durch die prozessuale Beschreibung geführt und erhält letztlich ein Werkzeug, das eine werkvertraglich geprägte Darstellung des vom Auftraggeber gewünschten Leistungsergebnisses unterstützen soll, sodass der Dienstleister für die Realisierung dieses Erwartungsbilds entsprechende Lösungsvorschläge entwickeln kann.[57] Wie das Standardleistungsverzeichnis Facility Services 3.0 selbst bedarf auch dieser Leitfaden für die Ausschreibung von Systemdienstleistungen einer fundierten Adaption auf den Anwendungsfall, da Facility-Services eines externen Dienstleisters keine standardisierte Handelsware darstellen, sondern stets mit den individuellen Nutzerbedarfen korrespondieren müssen. Eine Vereinbarung über Facility-Services abzuschließen bedeutet letztlich vor allen Dingen, eine Zusammenarbeit mit Menschen auf Zeit einzugehen – dieser Gedanke sollte in unserer digitalisierten und systematisierten Arbeitswelt nicht verloren gehen!

Literatur

[AMEV Instandhaltung 1990] Arbeitskreis Maschinen- und Elektrotechnik staatlicher und kommunaler Verwaltungen (Hrsg.): Instandhaltung 90: Vertragsmuster für Instandhaltung (Wartung, Inspektion und Instandsetzung) von technischen Anlagen und Einrichtungen in öffentlichen Gebäuden; Bonn 1990.

[Fischer, A. (2003)] Fischer, Andreas: Wartungsverträge: Inspektion, Wartung und Instandsetzung technischer Einrichtungen, 2. Aufl.; Berlin 2003.

[Fischer, M. (2017c)] Fischer, Michaela; Inderwies, Wolfgang: Mustervertrag, Leistungsverzeichnis & CO. – Werkzeuge für FM-Ausschreibungen – ein Baukasten (Teil 1), in: Facility Management (2017), Nr. 1, S. 22–24.

[Forster, K. (2013c)] Forster, Klaus: Wann ein Dienst- oder Werkvertrag vorliegt, in: Bayerische Staatszeitung (2013), Nr. 4, S. 20.

[GEFMA 100-1 E 2004-07] Facility Management: Grundlagen, GEFMA e. V. Deutscher Verband für Facility Management (Hrsg.): Teil 1, GEFMA 100, 2004.

[GEFMA 160 2014-10] Nachhaltigkeit im Facility Management: Grundlagen und Konzeption, GEFMA e. V. Deutscher Verband für Facility Management (Hrsg.): GEFMA 160, 2014.

[GEFMA 190 2004-01] Betreiberverantwortung im Facility Management, GEFMA e. V. Deutscher Verband für Facility Management (Hrsg.): GEFMA 190, 2004.

[GEFMA 198-1 2013-11] Dokumentation im Facility Management: Begriffsabgrenzung, Vorgehensweise, Gliederung und Instrumente, GEFMA e. V. Deutscher Verband für Facility Management (Hrsg.); Teil 1, GEFMA 198, 2013.

[GEFMA 400 2002-04] EDV-Einsatz im Facility Management: Begriffsbestimmungen, Klassifizierung, GEFMA e. V. Deutscher Verband für Facility Management (Hrsg.): GEFMA 400, 2002.

[GEFMA 400 2013-03] Computer Aided Facility Management CAFM: Begriffsbestimmungen, Klassifizierung, GEFMA e. V. Deutscher Verband für Facility Management (Hrsg.): GEFMA 400, 2013.

[GEFMA 510 v3.0 2014-07] Mustervertrag Facility Services: Version 3.0, GEFMA e. V. Deutscher Verband für Facility Management (Hrsg.): GEFMA 510, 2014.

[GEFMA 520 v3.0 2014-07] Standardleistungsverzeichnis Facility Services: Version 3.0, GEFMA e. V. Deutscher Verband für Facility Management (Hrsg.): GEFMA 520, 2014.

[GEFMA 962 2015] Leitfaden für die Ausschreibung von Systemdienstleistungen als Integrale Prozess Verantwortung ipv®, GEFMA e. V. Deutscher Verband für Facility Management (Hrsg.): GEFMA 962, 2015.

[GEFMA (2017)] GEFMA e. V. Deutscher Verband für Facility Management (Hrsg.): Facility Management; 2017, URL: http://www.gefma.de/facility-management.html (letzter Aufruf: 15.03.2017).

[Göcke, A. (2017G)] Göcke, Andreas: Die B.I.L.D.-Methode anhand eines Beispiels; 2017, URL: http://ipv-denkfabrik.de/die-b-i-l-d-methode-anhand-eines-beispiels (letzter Aufruf: 15.03.2017).

[Hossenfelder, J. (2015)] Hossenfelder, Jörg; Lünendonk, Thomas (Hrsg.): Handbuch Facility Management 2015; Freiburg i. B. u. a. 2015.

[Lutz, M. (2014)] Lutz, Martin: Praxisleitfaden Gebäudereinigung, 2. Aufl.; Heidelberg u. a. 2014.

[Nagel, U. (2007)] Nagel, Ulrich: Facility Management: Ein Praxishandbuch für Architekten und Bauingenieure; Basel u. a. 2007.

[Nävy, J. (2013)] Nävy, Jens; Schröter, Matthias: Facility Services: Die operative Ebene des Facility Managements; Heidelberg 2013.

57 Vgl. [Fischer/Inderwies 2017].

[Palandt, O. (2008)] Palandt, Otto (Hrsg.): Bürgerliches Gesetzbuch (BGB) und Kommentar, 67. Aufl.; München 2008.

[Schrammel, F. (2013)] Schrammel, Florian; Kaiser, Christoph; Nusser, Jens: Facility Management – Recht und Organisation; Köln 2013.

[Schulte, K. (2000)] Schulte, Karl-Werner; Pierschke, Barbara (Hrsg.): Facilities Management; Köln 2000.

[Schweitzer, M. (1998)] Schweitzer, Marcell; Küpper, Hans-Ulrich: Systeme der Kosten- und Erlösrechnung; München 1998.

[VDI 3810 Bl. 1 2012-05] Betreiben und Instandhalten von gebäudetechnischen Anlagen: Grundlagen, Verein Deutscher Ingenieure (VDI) (Hrsg.): Bl. 1, VDI 3810; Düsseldorf 2012.

Weiterführende Quellen

[AMEV Instandhaltung 2006] Arbeitskreis Maschinen- und Elektrotechnik staatlicher und kommunaler Verwaltungen (Hrsg.): Vertragsmuster für Instandhaltung (Wartung, Inspektion und Instandsetzung) von technischen Anlagen und Einrichtungen in öffentlichen Gebäuden; Berlin 2006.

[Bernhold, T. (2015)] Bernhold, Torben; May, Michael; Mehlis, Jörg (Hrsg.): Handbuch Facility Management; Landsberg/Lech 2015.

[facility management (2013)] o. V.: facility management: Messe und Kongress in Frankfurt am Main, 26.–28.02.2013; Tagungsband; Berlin 2013.

[Fischer, M. (2017c)] Fischer, Michaela; Inderwies, Wolfgang: Mustervertrag, Leistungsverzeichnis & CO. – Werkzeuge für FM-Ausschreibungen – ein Baukasten (Teil 2), in: Facility Management (2017), Nr. 2, S. 20–22.

[Inderwies, W. (2013c)] Inderwies, Wolfgang: Mustervertrag und Leistungsverzeichnis 3.0, in: Der Facility Manager (2013), Nr. 10, S. 38–41.

7.4 Werkvertrag oder Dienstvertrag?

Birgit Schaarschmidt

In der Immobilienwirtschaft ist es immer wieder von großer Bedeutung, etwas vor Ort herzustellen oder etwas liefern zu lassen, um das Gebäude instand zu halten. Die Instandhaltung dient auch der Werterhaltung eines Gebäudes bzw. Objekts und ist damit für die Vermarktung eines Gebäudes von erheblicher Bedeutung.

7.4.1 Warum ist die Unterscheidung so wichtig?

Für die Instandhaltung sind verschiedene Arbeiten am und im Gebäude oder Objekt erforderlich. Dazu gehören Maßnahmen wie Fassadenreinigung oder Betoninstandhaltung. Es können aber auch Maßnahmen wie Wartung und Inspektion dazugehören, z. B. für die Heizungsanlage. Auch ein Facility-Manager bzw. ein Facility-Management gehört heute selbstverständlich zum Gebäudemanagement bei größeren Objekten wie einem Hochhaus. Für all diese Maßnahmen werden Verträge geschlossen. Der Betreiber eines Objekts und andere Personen, die für die Instandhaltung zuständig sind, sollten wissen, welche Rechte und Pflichten sie nach dem Vertrag zu erfüllen haben, und damit auch, wofür welche Vergütung gezahlt wird.

Ausgangssituation

Die Unterscheidung zwischen Werk- und Dienstvertrag ist im deutschen Recht deshalb so wichtig, weil an die unterschiedlichen Vertragsformen unterschiedliche Rechtsfolgen geknüpft sind. Einer der wichtigen Unterschiede, auf die später noch im Detail eingegangen wird, ist, dass im Dienstvertrag keine Haftung für etwaige Mängel, d. h. für verschuldensunabhängige Fehlleistungen, übernommen wird. Bei einem Dienstvertrag ist grundsätzlich nur das Bemühen geschuldet und nicht, dass ein bestimmter Erfolg auch tatsächlich erreicht wird.

Ein Arbeitsverhältnis ist ein Dienstvertrag. Daher können unter Umständen sozialversicherungspflichtige Leistungen entstehen, wenn es sich statt um einen Werkvertrag um einen Dienstvertrag, d. h. um ein Arbeitsverhältnis, handeln würde. Nicht jedem ist das bewusst; das kann aber zu erheblichen finanziellen Folgen führen.

Entscheidend für die Unterscheidung, um welche Vertragsform es sich handelt, ist nicht das, was draufsteht, sondern was drinsteht. Es kann mitunter ein Vertrag, der als Werkvertrag angedacht wird, faktisch, d. h. aus rechtlicher Sicht, ein Dienstvertrag sein, und umgekehrt. Für Juristen ist es unerheblich, wie der Vertrag bezeichnet wird. Wichtig ist der Vertragsinhalt. Dem Auftraggeber sollte dies jedoch bewusst sein, damit er die möglichen rechtlichen Folgen, Chancen und Risiken kennt und ggf. auch monetär bewerten kann.

An dieser Stelle sei darauf hingewiesen, dass die Bezeichnung Dienstleistung im Vergaberecht bezüglich dieser Vertragsformen für den Laien oftmals verwirrend ist. Das Vergaberecht spricht von Dienstleistungen und meint dabei sowohl den Dienstvertrag als auch den Werkvertrag oder auch andere Vertragsformen (insbesondere Mischformen) als Vertragsformen. Das zeigt, dass die Begrifflichkeiten je nach Rechtsgebiet sehr unterschiedlich sein können. Vergaberechtlich betrachtet ist es uninteressant, um welche Vertragsform es sich handelt. Je nachdem, was ausgeschrieben wird, ist halt ein bestimmtes Vergaberecht anzuwenden. Für die Vertragsabwicklung ist die Unterscheidung zwischen Werk- oder Dienst- oder einem anderen Vertrag wegen der unterschiedlichen Rechtsfolgen hingegen von großer Bedeutung.

Wie unterscheide ich den Werkvertrag vom Dienstvertrag?
Die Unterscheidung ergibt sich i. d. R. schon aus dem Gesetz, dem Bürgerlichen Gesetzbuch (BGB). Bei der Frage, welche Vertragsart vorliegt, und damit auch bei der Frage, welche Vorschriften des BGB Anwendung finden, kommt es darauf an, was genau Vertragsinhalt ist. Um dies zu verstehen, werden die beiden Vertragsformen nachfolgend etwas detaillierter vorgestellt.

7.4.2 Dienstvertrag

Der Dienstvertrag ist auf die Erbringung einer Leistung gerichtet. Diese Leistung ist innerhalb einer bestimmten Zeit zu erbringen. Was das Ergebnis bzw. was der Erfolg ist, ist oftmals nicht geregelt bzw. ergibt sich nicht aus dem vertraglich Vereinbarten. Vielmehr ergibt sich daraus lediglich die Tätigkeit, die zu erbringen ist.

Klassische Vertragsform
Der Dienstvertrag beinhaltet eine Leistung, d. h. einen Dienst jeder Art. Die Gegenleistung für diesen Dienst ist die vereinbarte Vergütung. Oft ist ein Dienstvertrag, wie z. B. bei einem Arbeitsverhältnis, auf Dauer angelegt. Typischerweise findet man Dienstleistungen im Bereich der Beraterverträge, Arbeitsverträge, Handelsverträge usw.

Ob ein Baubetreuer dazugehört, ergibt aus der jeweiligen Vertragsgestaltung. Ein Baubetreuer ist nach § 34c Abs. 1 Nr. 3 b) der Gewerbeordnung eine juristische oder natürliche Person, die gewerbsmäßig in fremdem Namen und auf fremde Rechnung Bauvorhaben vorbereitet und durchführt. Die Tätigkeit als Baubetreuer bedarf der Erlaubnis der Gewerbebehörden. Diese Definition spricht eher für einen Werk- als für einen Dienstvertrag, weil es dabei um die Erstellung eines Gebäudes geht. Wird allerdings davon abweichend etwas anderes im Vertrag geregelt, gilt das vertraglich Geschuldete. Auch beim Immobilienverwalter hängt es davon ab, wie der Vertrag ausgestaltet ist. In der Regel wird man diese Leistungen als Beraterleistungen verstehen können und damit als Dienst- und nicht als Werkvertrag.

Wie eine Abgrenzung zwischen Werk- und Dienstvertrag möglich bzw. vorzunehmen ist, wird nachfolgend dargestellt.

Vertragsinhalt

Der Dienstvertrag ist in den §§ 611 ff. BGB geregelt. Es handelt sich um einen gegenseitigen Vertrag, in dem sich der eine Teil (**Dienstverpflichteter**) zur Leistung der versprochenen Dienste und der andere Teil (**Dienstberechtigter**) zur Gewährung der vereinbarten Vergütung verpflichtet (§ 611 Abs. 1 BGB). Die Vergütung wird üblicherweise in Geld vereinbart. Sie kann aber auch in anderen Leistungen vereinbart werden.

Gemäß § 611 Abs. 2 BGB kann Gegenstand des Vertrags ein Dienst jedweder Art sein. Dieser kann einmalig oder auf Dauer angelegt sein. Ein Dienstverpflichteter kann zum einen selbstständig und eigenverantwortlich handeln (freier Dienstverpflichteter) oder in einem abhängigen Dienstverhältnis wie z. B. dem Arbeitsvertrag, in dem sich dann der Dienstverpflichtete in einem Arbeitsverhältnis mit einem Dritten befindet.

Zustande kommt der Vertrag i. d. R. durch Angebot und Annahme. Dafür gelten die allgemeinen Regeln der §§ 145 ff., 104 ff. BGB. Es muss eine Einigung über die Dienstleistung und über die Vergütung erfolgen. Eine Schriftlichkeit ist grundsätzlich nicht notwendig. Bei abhängigen Dienstverträgen sehen Tarifverträge oftmals eine Schriftform vor. Das hat allerdings nur deklaratorischen Charakter.

Grundsätzlich gilt eine Vergütung als stillschweigend vereinbart, wenn nach den Umständen die Dienstleistung nur gegen Vergütung zu erwarten ist (§ 612 Abs. 1 BGB). Wird eine Höhe der Vergütung nicht vereinbart, so ist die übliche Vergütung als vereinbart anzusehen (§ 612 Abs. 2 BGB).

Der Unterschied zum Werkvertrag besteht, wie bereits erwähnt, i. d. R. darin, dass beim Dienstvertrag lediglich ein Bemühen, die Tätigkeit so gut wie möglich auszuführen, und nicht ein bestimmter Erfolg geschuldet ist. Das Dienstvertragsverhältnis kennt auch keine Form der verschuldensunabhängigen Haftung, das heißt keine Form der Gewährleistung. Für etwaige Fehler bei der Ausführung der Arbeit wird nur dann gehaftet, wenn diese schuldhaft erfolgt sind. Dies wird dann als Pflichtverletzung bezeichnet. Damit eine Pflicht verletzt werden kann, muss auch eine solche bestehen. Dies ist oft durch das Auslegen des Vertrags, z. B. was die Vertragspartner vereinbaren wollten, zu ermitteln. Die Pflichten können ausdrücklich vereinbart sein oder sich aus dem Sinn und Zweck der zu erbringenden Leistung ergeben. Verschulden bedeutet in diesem Sinne fahrlässig (§ 276 BGB) oder vorsätzlich.

Rechte und Pflichten

Die Hauptpflicht des Dienstverpflichteten besteht in der Erbringung des vertraglich vereinbarten Dienstes. Der Arbeitgeber/Auftraggeber hat grundsätzlich ein Weisungsrecht hinsichtlich des Arbeitnehmers/Auftraggebers. Das steht zwar so nicht direkt im BGB, sondern in § 106 Gewerbeordnung, gilt also grundsätzlich nur im Rahmen der Gewerbeordnung. Allerdings gilt dies entsprechend auch im BGB und wird grundsätzlich als einer der Wesenzüge des Dienstvertrages angesehen. Dieses Weisungsrecht ist bei Arbeitsverträgen umfassender als bei allen anderen Dienstverträgen.

Der Dienstberechtigte, bei einem Arbeitsverhältnis der Arbeitgeber, hat eine Pflicht zur Zahlung der Vergütung. Die Fälligkeit der Vergütung richtet sich nach § 614 BGB. Im Falle des Annahmeverzugs besteht eine Vergütungspflicht ohne die Ableistung der Dienstleistung gemäß §§ 293 ff. BGB sowie § 615 S. 1 BGB. Grundsätzlich gilt für einen Arbeitnehmer das Entgeltfortzahlungsgesetz. Das bedeutet, dass im Falle von Krankheit die Vergütung für sechs Wochen vom Arbeitgeber gezahlt wird. Bei allen anderen Dienstverhältnissen gibt es eine solche Regelung nicht.

Bei Dauerschuldverhältnissen ist eine monatliche Vergütung üblich. Diese wird i. d. R. am Ende eines Monats oder gemäß den vertraglichen Vereinbarungen fällig. Ohne gesonderte Vereinbarung wird man davon ausgehen können, dass die Vergütung bis zum Letzten eines Monats zahlbar ist.

In § 616 BGB steht, dass grundsätzlich die Pflicht zur Vergütung an den Dienstleistenden/Dienstverpflichteten bei nicht zu vertretender Verhinderung fortbesteht, sofern dieser die Vergütung nicht durch einen anderen Träger bekommt. Nach § 617 BGB ist bei einem dauernden Dienstverhältnis auch dafür Sorge zu tragen, dass Krankenschutz besteht. § 618 BGB regelt die Pflicht für den Dienstberechtigten, Räume, Vorrichtungen und Gerätschaften für die Verrichtung der Dienste zu beschaffen und zur Verfügung zu stellen. Diese Rechte dürfen nach § 619 BGB nicht eingeschränkt werden. Bei nicht selbstständigen Dienstverträgen gelten auch Arbeiterschutzgesetze und Tarifvereinbarungen, sofern sie allgemein verbindlich sind.

Die §§ 630c ff. BGB regeln die besonderen Pflichten im Falle eines Behandlungsvertrags eines Arztes, denn auch das kann Inhalt eines Dienstvertrags sein. Ein weiteres wesentliches Merkmal des Dienstvertrags ist, dass der Dienstleistende die Dienstleistung im Zweifel in Person zu leisten hat (§ 613 BGB).

Wie bereits dargestellt: Der Dienstvertrag ist im Unterschied zum Werkvertrag nicht auf die Erzielung eines Erfolges gerichtet. Es ist lediglich die Dienstleistung geschuldet. Beim Werkvertrag ist die Herstellung des Werkes geschuldet. Gleichwohl ist eine Abgrenzung oftmals schwierig, weil die Frage, ob ein Dienst oder ein Werk geschuldet ist, nicht immer leicht zu beantworten ist.

Beispiel:
Ein Baubetreuer (B) verpflichtet sich in einem Baubetreuungsvertrag mit einem Architekten und Inhaber eines Baugeschäfts (A) zur Vorbereitung und Durchführung finanzwirtschaftlicher Baubetreuung zweier Bauvorhaben gegen ein pauschales Entgelt, das in mehreren Stufen je nach Stand der Bewilligung und Auszahlung der öffentlichen Baudarlehen fällig wird. In einer von B verwendeten Allgemeinen Geschäftsbedingung wird die ordentliche und fristlose Kündigungsmöglichkeit ausgeschlossen.

Der BGH hat sich in diesem Fall mit der Frage der jederzeitigen Kündigung bei einem Projektsteuerungs-/Baubetreuungsvertrag auseinandergesetzt. Er hat in diesem Fall die Vorschriften über den Dienstvertrag angewandt, weil das konkrete Vertragsverhältnis, über das der BGH zu entscheiden hatte, wohl nicht erfolgsbezogen war.

Die Erwägungen des BGH könnten unter Umständen auch für einen Facility-Management-Vertrag zutreffen.[58] Um dies beurteilen zu können, kommt es ganz entscheidend auf die vertraglichen Regelungen an. Es dürfte jedoch der Ausnahmefall sein, dass auf einen Facility-Management-Vertrag das Dienstvertragsrecht angewandt werden kann. Denn grundsätzlich hat gerade ein Faciliy-Manager dafür Sorge zu tragen, dass alles funktioniert. Grundsätzlich bedarf es jedoch einer Einzelfallbetrachtung, vor allem deshalb, weil der Facility-Management-Vertrag nicht als Standardvertrag im BGB geregelt ist und die Vertragspartner Leistungen vereinbaren, die nicht eindeutig nur einer Vertragsart zuzuordnen sind. Es dürfte sich meistens um einen Mischvertrag handeln.

In Tabelle 7.4 werden die Wesensmerkmale des Dienstvertrags dargestellt.

Tab. 7.4: Wesensmerkmale des Dienstvertrags.

	Dienstvertrag	Wesenselemente des Dienstvertrags
1.	Begriff	– Dabei handelt es sich um einen gegenseitigen Vertrag, in dem sich der eine Teil (Dienstverpflichteter) zur Leistung der versprochenen Dienste und der andere (Dienstberechtigter) zur Gewährung der vereinbarten Vergütung verpflichtet (§ 611 Abs. 1 BGB).
2.	Vergütung	– Die Vergütung erfolgt üblicherweise in Geld, aber auch andere Leistungen können vereinbart werden.

58 Vgl. BGH, Urteil vom 09.06.2005 – III ZR 436/04.

Tab. 7.4: (Fortsetzung)

	Dienstvertrag	Wesenselemente des Dienstvertrags
3.	**Abgrenzen!** Dienst-/Werkvertrag	– Beim Dienstvertrag wird die Dienstleistung als solche, beim Werkvertrag hingegen ein bestimmter Arbeitserfolg versprochen. – **Unterschied**: Der aus dem Dienstvertrag Verpflichtete ist nicht mit dem Erfolgsrisiko belastet. – Der Unterschied ist durch Auslegung zu ermitteln (BGH NJW 1999, S. 3118).
4.	Dienste	– Gegenstand des Vertrags können Dienste jeder Art sein, einmalig und auf Dauer angelegt (§ 611 BGB). – **Freier Dienstvertrag**: Der Verpflichtete handelt selbstständig und eigenverantwortlich. – **Abhängiger Dienstvertrag**: Es handelt sich um einen Arbeitsvertrag; es besteht eine wirtschaftliche Abhängigkeit des Verpflichteten.
5.	Abschluss	– Es gelten die allgemeinen Regeln gemäß §§ 145 ff., 104 ff. BGB. – Es liegt eine Einigung über Dienstleistung und Vergütung vor, Ausnahme: Fiktion in § 612 Abs. 1 BGB. – Die Höhe der Vergütung wird bei fehlender Vereinbarung vereinbart nach § 612 Abs. 2 BGB. – Der Dienstvertrag ist grundsätzlich formfrei; Tarifverträge verlangen oft die Schriftform des Dienstvertrages, allerdings aus deklaratorischen Gründen.
6.	Pflichten des Dienstverpflichteten	– **Hauptleistungspflicht**: Dienstleistungspflicht bedeutet, der Inhalt bestimmt sich nach den einzelvertraglichen Abreden. – Bei Arbeitsverhältnissen gelten auch Arbeitnehmerschutzgesetze und TarifV. – Die Konkretisierung erfolgt durch § 106 GewO. – Im Zweifel handelt es sich um eine persönliche Erbringung nach § 613 S. 1 BGB.
7.	Pflichten des Dienstberechtigten	– Es besteht eine Pflicht zur Gewährung der Vergütung (Fälligkeit bestimmt sich nach § 614 BGB). – Die Vergütungspflicht besteht bei Annahmeverzug auch ohne Dienstleistung (§§ 293 ff. BGB) nach § 615 S. 1 BGB. – Es gelten weitere Ausnahmen: § 615 S. 3 BGB, § 616 S. 1 BGB und Entgeltfortzahlungsgesetz, ansonsten gelten insbesondere Schutzpflichten nach § 241 Abs. 2 BGB nach den Grundsätzen der Gleichbehandlungspflicht.
8.	Rechtsfolgen der Nicht- oder Schlechterfüllung durch den **Dienstverpflichteten**	– Klage auf Erfüllung (regelmäßig nicht vollstreckbar, § 888 ZPO) – Verweigerung der Lohnzahlung gemäß § 320 Abs. 1 BGB – Schadensersatzansprüche: § 280 Abs. 3 BGB wegen Ausbleiben oder Verspätung der Leistung, § 280 BGB bei schuldhafter Schlechterfüllung – vgl. auch § 823 Abs. 1 BGB und die Kündigungsrechte
9.	Rechtsfolgen der Nicht- oder Schlechterfüllung durch den **Dienstberechtigten**	– Leistungsverweigerung nach § 320 Abs. 1 BGB – Schadensersatz statt der Leistung, § 280 Abs. 3 BGB – § 618 BGB – bei Arbeitsunfällen: gesetzliche Unfallversicherung, §§ 1 ff. SGB VII – vgl. auch Kündigungsrechte
10.	Kündigung und sonstige Beendigungsgründe	Die ordentliche Kündigung kommt nur bei Dienstverhältnissen in Betracht, die auf unbestimmte Zeit eingegangen wurden; sie muss schriftlich erfolgen, § 623 BGB; es gelten nachfolgende Fristen: §§ 621, 622, 624 BGB (beachte: Kündigungsschutzgesetz). Es ist zu beachten: – außerordentliche Kündigung, §§ 626, 627 BGB – Aufhebungsvertrag (Privatautonomie!, § 311 Abs. 1 BGB) – Zeitablauf, § 620 BGB – Tod (vgl. persönliche Erbringung der Leistung, § 613 S. 1 BGB)

7.4.3 Werkvertrag

Der Werkvertrag ist ein Vertrag, bei dem eine bestimmte Beschaffenheit und oft eine Funktion geschuldet werden. Das wird als Erfolg bezeichnet. Aber auch klassische Dienstleistungen können ein Werkvertrag im rechtlichen Sinne sein, wenn sie einen bestimmten Erfolg schulden. Ob dieser geschuldet wird, hängt von der vertraglichen Ausgestaltung ab. Oftmals herrscht die irrige Auffassung, dass ein Werk nur etwas quasi Verkörpertes sei, das man nach Fertigstellung übergibt. Das ist jedoch nicht der Fall. Vielmehr hängt es davon ab, ob ein Erfolg geschuldet wird. Grundsätzlich sind Projektsteuerungsverträge und Bauüberwachungsverträge Werkverträge im rechtlichen Sinne. Gleiches gilt für jemanden, der ein Objekt/Gebäude unterhält, also auch für den Facility-Management-Vertrag.

Klassische Vertragsform

Den Werkvertrag trifft man häufig in Bereichen des Bauens und der Immobilie an. Sämtliche Planerverträge sowie Verträge mit den ausführenden Unternehmen sind Werkverträge. Auch ein Projektsteuerer ist üblicherweise per Werkvertrag verpflichtet. Dies war lange umstritten. Auch hier hängt es von der vertraglichen Ausgestaltung ab. Da es bei seiner Tätigkeit i. d. R.um die Einhaltung von Kosten und Zeit geht, ist dies der geschuldete Erfolg, damit liegt ein Werkvertrag vor. Daneben kennen wir z. B. den Friseur, der eine Frisur schneidet, oder einen Sachverständigen, der ein Gutachten zu erstellen hat. Beides sind i. d. R. Werkverträge, weil ein bestimmter Erfolg geschuldet wird.

An dieser Stelle soll noch einmal betont werden: Die Begriffsbezeichnung der auszuübenden Tätigkeit ist **nicht** maßgebend dafür, wie der Vertrag einzuordnen ist. Wichtig ist der Vertragsinhalt und ob insbesondere ein Leistungserfolg geschuldet ist.

Vertragsinhalt

Der Werkvertrag ist in den §§ 631 ff. BGB geregelt. Die Hauptpflicht des Unternehmers beim Werkvertrag besteht in der Herstellung des versprochenen Werkes, d. h. es ist als Erfolg „die Herstellung des vertraglich vereinbarten Werkes“ geschuldet. Die Hauptpflicht des Bestellers besteht zum einen in der Zahlung der vereinbarten Vergütung und zum anderen in der Abnahme der versprochenen Sache bzw. des versprochenen Werkes (vgl. § 640 BGB). Bei dem herzustellenden Werk handelt es sich um ein Unikat. Aus diesem Grund sind die Mängelrechte, wenn auch vergleichbar mit denen des Kaufrechts, teilweise anders geregelt.

Da ein Erfolg geschuldet ist, gibt es im Werkvertrag auch die verschuldensunabhängige Haftung, nämlich die Mängelhaftung oder auch Gewährleistung. Zu verweisen ist auf die §§ 635, 636 und 637 BGB. Sie regeln das Sach- und Rechtsmängelhaftungsrecht. Die Rechte des Bestellers bei Mängeln sind in § 634 BGB geregelt. Grundsätzlich besteht das Recht des Unternehmers, nachzubessern. Der Besteller hat grundsätzlich das Recht, den Rücktritt zu erklären und/oder Schadenersatz zu verlangen, wenn nicht ordnungsgemäß nachgebessert wird. Die Verjährung der Mängelansprüche ist in § 634a Abs. 1 BGB geregelt. Dort heißt es, dass die regelmäßige Verjährung zwei Jahre bei einem Werk beträgt, dessen Erfolg in der Herstellung, Wartung oder Veränderung einer Sache oder in der Erbringung einer Planungs- oder Überwachungsleistung besteht. Somit kann davon ausgegangen werden, dass z. B. bei einem Facility-Management-Vertrag, bei dem es ausschließlich um die Wartung geht, die Verjährung grundsätzlich zwei Jahre beträgt. Üblicherweise beginnt die Verjährung mit der Abnahme des Werks. Daran ist gemäß § 641 Abs. 1 BGB unter anderem auch die Fälligkeit der Vergütung geknüpft. Anders als beim Dienstvertrag hat der Besteller, d. h. der Auftraggeber, das Werk als im Wesentlichen vertragsgemäß anzunehmen, d. h. abzunehmen. Das ist im Werkvertragsrecht eine sog. Hauptpflicht des Bestellers/Auftraggebers.

Mängelrechte bestehen verschuldensunabhängig. Das bedeutet, dass der Unternehmer/Auftragnehmer für die Nichterreichung des geschuldeten Erfolgs grundsätzlich haftet; gleich ob dieser Erfolg erzielbar ist oder nicht; gleich ob der Unternehmer/Auftragnehmer sämtliche anerkannten Regeln der Technik berücksichtigt hat oder nicht.

Daneben gibt es die verschuldensabhängige Haftung für die Verletzung von vertraglichen Nebenpflichten wie z. B. das Nichteinhalten der Verkehrssicherungspflichten. In diesem Fall ist es wichtig, dass eine Pflicht zum Handeln bestanden hat. Diese Haftung gilt grundsätzlich für alle Verträge.

Der Facility-Management-Vertrag oder auch Vertrag über Wartung, Inspektion oder technisches Gebäudemanagement ist i. d. R. ein Werkvertrag. Es wird ein bestimmter Erfolg geschuldet, der vertraglich entsprechend ausgestaltet ist. Je nachdem, was genau geschuldet ist, hat die geschuldete Leistung Erfolgscharakter. Das kann z. B. der Fall sein, wenn typische Aufgaben wie Reinigung, Stellen eines Sicherheitsdienstes, Brandschutz, Sicherung von Daten, Energiemanagement, Gebäudeunterhaltung, Mietverwaltung etc. zu erfüllen sind. In der Regel wird z. B. bei Sicherheitsdiensten geschuldet, dass der Bereich geschützt ist, und nicht nur das Bemühen darum. Nach § 650 a Abs. 2 BGB ist jede Instandhaltung eines Bauwerks ein Bauvertrag mit der Folge, dass der Besteller ein Anordnungsrecht für Änderungen der Leistung hat. Der Unternehmer hat einen Vergütungsanpassungsanspruch.

Die Vergütung richtet sich nach § 632 BGB. Sie gilt als stillschweigend vereinbart, wenn eine Vergütung üblich ist. Ihre Höhe bestimmt sich gemäß § 632 Abs. 2 BGB danach, was bei Nichtvereinbarung üblicherweise zu erwarten ist. Grundsätzlich ist die Vergütung erst nach Abnahme und – bei einem Bauvertrag – die Stellung einer Schlussrechnung fällig. § 632a BGB regelt in besonderen Fällen Abschlagszahlungen. Monatliche Abrechnungen ohne Abnahme sind im BGB grundsätzlich nicht vorgesehen.Vielmehr geht es um die Abrechnung der erbrachten Leistungen.

Rechte und Pflichten

Anders als im Dienstvertragsrecht hat hier der Besteller/Auftraggeber nicht so viele im Gesetz fixierte besondere Pflichten. Vielmehr liegen die Pflichten hauptsächlich beim Unternehmer/Auftragnehmer, der den geschuldeten Erfolg zu erbringen hat. Der Besteller muss bei Erbringung des geschuldeten Erfolgs das Werk abnehmen und die vereinbarte Vergütung bezahlen. Wegen Mängeln kann der Besteller/Auftraggeber ein Zurückbehaltungsrecht an der Vergütung in Teilen oder in Gänze geltend machen.

Die Abnahme ist nicht nur eine Hauptpflicht des Auftraggebers, sondern für beide Vertragspartner auch ein wichtiger Zeitpunkt, denn mit der Abnahme geht die Gefahr des zufälligen Untergangs des Werks vom Auftragnehmer/Unternehmer auf den Besteller/Auftraggeber über. Das ist z. B. der Fall, wenn ein Blitz irgendwo einschlägt und das Werk zerstört. Bis zur Abnahme muss der Auftragnehmer dieses auf seine Kosten wieder herstellen. Nach der Abnahme trägt der Auftraggeber die Kosten hierfür. Die weiteren Wirkungen der Abnahme sind der Übergang der Verkehrssicherungspflichten auf den Auftraggeber, die Beweislastumkehr für Mängel und die Fälligkeit der Vergütung (sofern keine andere Vereinbarung getroffen worden ist). Außerdem beginnt die Verjährungsfrist für Mängelansprüche zu laufen.

Liegen wesentliche Mängel vor, braucht der Besteller/Auftraggeber nicht abzunehmen. Die Vergütung wird damit nicht fällig. Sie wird erst fällig, wenn das Werk abnahmereif ist; auch dann, wenn der Besteller/Auftraggeber die Abnahme unberechtigterweise verweigert.

Der Unternehmer/Auftragnehmer haftet für die ordnungsgemäße Herstellung bei einem neu hergestellten Werk bis zu fünf Jahre und bei einem nicht neu hergestellten Werk zwei oder drei Jahre (vgl. § 634a BGB).

In Tabelle 7.5 werden die Wesensmerkmale des Werkvertrags dargestellt.

Tab. 7.5: Wesensmerkmale des Werkvertrags.

	Werkvertrag	Wesenselemente des Werkvertrags
1.	Begriff	– Beim Werkvertrag handelt es sich um einen gegenseitigen Vertrag, in dem sich der Unternehmer verpflichtet, das Werk herzustellen, und der Bestellter, dieses zu vergüten und abzunehmen.
2.	Vergütung	– Vergütung ist zu vereinbaren. Liegt keine Vereinbarung vor, dann gilt die für die Leistung übliche Vergütung als vereinbart.
3.	**Abgrenzen!** Dienst-/Werkvertrag	– Beim Werkvertrag wird die Herbeiführung eines vereinbarten Arbeitsergebnisses geschuldet. Beim Dienstvertrag wird nur das bloße Wirken – also die Arbeitsleistung – geschuldet.
4.	Abschluss	– Der Werkvertrag endet mit der Fertigstellung und Abnahme des Werks durch den Besteller.
5.	Pflichten des Unternehmers	Die Pflichten des Unternehmers ergeben sich aus der Hauptpflicht und aus weiteren Pflichten: **Hauptpflicht** – rechtzeitige mangelfreie Herstellung des Werks **Weitere Pflichten** – Aufklärungs-, Prüfungs- und Beratungspflicht – Obhuts- und Fürsorgepflicht – sonstige Pflichten (bestimmtes Werkzeug, bestimmte Bescheinigung)
6.	Pflichten des Bestellers	Die Pflichten des Bestellers ergeben sich aus der Haupt- und Nebenpflicht: **Hauptpflicht** – Abnahme (§ 640 BGB) – Zahlung der Vergütung (§§ 631 Abs. 1, 632a, 632 BGB) **Nebenpflicht** – Mitwirkung – Aufklärungs-, Schutz- und Obhutspflicht
7.	Rechtsfolgen bei Verletzung der Pflicht, sowohl für Unternehmer als auch für Besteller	– Rücktritt §§ 323, 324, 326 BGB – Schadensersatz §§ 280 ff. BGB (bei Besteller zusätzlich i. V. m. §§ 311 Abs. 2 oder 311a BGB)
8.	Kündigung und sonstige Beendigungsgründe	– Der Besteller darf gemäß § 649 BGB jederzeit frei kündigen. – Besteller und Unternehmer dürfen nur aus wichtigem Grund kündigen; gesetzlich ist das bisher nicht extra normiert.

7.4.4 „Werklieferungsvertrag", § 650 BGB

Zu erwähnen ist in diesem Zusammenhang noch der vormals so genannte Werklieferungsvertrag, der in **§ 650 BGB** geregelt ist. Für entsprechend bezeichnete Verträge fand das Werkvertragsrecht Anwendung. Nach dem jetzigen § 650 BGB sind für den Fall, dass der Vertrag die Lieferung herzustellender oder zu erzeugender beweglicher Sachen zum Gegenstand hat, die Vorschriften des Kaufrechts anzuwenden. Der Gesetzgeber geht davon aus, dass es sich in diesem Fall um vertretbare Sachen handelt, d. h. um Sachen, die nicht nur von einer Person hergestellt bzw. geliefert werden können. Sollte es sich um nicht vertretbare Sachen handeln, so finden die Vorschriften aus dem Werkvertragsrecht Anwendung.

Teilweise ist die Abgrenzung, wann nunmehr Kaufrecht anzuwenden ist, schwierig. Werden z. B. Fertigteile bzw. Fertigteilhäuser hergestellt, so kann es sich auch um einen Vertrag handeln, bei dem das Kaufrecht statt des Werkvertragsrechts Anwendung findet. Das ist immer im Einzelfall zu prüfen.

Beispiel: Lieferung und Montage von Solar-Anlagen: Kauf- oder Werkvertrag?
Ein Grundstückseigentümer beauftragt einen Unternehmer mit der Lieferung und Montage einer Solaranlage auf dem Dach seines Gebäudes. Die zu liefernden einzelnen Module stammen regelmäßig von Drittherstellern aus Serienproduktion. Lediglich die Unterkonstruktion für die Befestigung auf dem Dach wird vonseiten des Unternehmers für das jeweilige Projekt zumeist individuell nach Planung erstellt und montiert. Von dem Gesamtvertragspreis entfallen zwischen 75 % und 90 % auf die Lieferung der Solaranlage und nur 10 % bis 25 % auf die Montageleistung.

Der BGH hat ein vergleichbares Vertragsverhältnis, allerdings noch auf der Grundlage des alten § 651 BGB, dem Kaufrecht zugeordnet und dies damit begründet, dass der Schwerpunkt des Vertragsverhältnisses in der Lieferung der Module und nicht in der Montage derselben liege.[59]

Es fragt sich, ob dies auch noch nach § 650 BGB in seiner geltenden Fassung gilt. Hierfür spricht, dass der BGH bei der Abgrenzung zwischen Kauf- und Werkvertrag auch zu § 650 BGB in der geltenden Fassung darauf abstellt, ob nach dem Vertrag die Pflicht zur Eigentumsübertragung der einzubauenden Einzelteile oder eine Herstellungspflicht im Vordergrund steht.[60] Für das Vorliegen eines Werkvertrags darf die Montage somit nicht lediglich Neben- oder Zusatzleistung sein. In Abgrenzung zur Rechtsfigur des „Kaufs mit Montageverpflichtung“ wird man zudem von einem Werkvertrag nur noch ausgehen dürfen, wenn die Montage des Einbaustücks zu einer hinreichend festen und dauerhaften Verbindung mit dem Bauwerk führt. Da bei der Lieferung und Montage von Solaranlagen vom Gesamtvertragspreis der überwiegende Teil regelmäßig auf die Lieferung der Anlage und nur ein geringer Teil auf die Montageleistung entfällt, spricht vieles dafür, die Einbauleistung lediglich als Nebenleistung anzusehen. Allerdings ist dies nicht immer eindeutig der Fall. Im Einzelfall sind die genauen Umstände zu betrachten, um zu sehen, wo der Schwerpunkt des Vertragsverhältnisses liegt.

In einem neuen Urteil hat der BGH nunmehr auch für das neue Schuldrecht eindeutig herausgearbeitet, dass ein Vertrag über neu herzustellende bewegliche Sachen nach Kaufvertragsrecht und nicht nach Werkvertragsrecht zu beurteilen ist.[61] Da das Kaufvertragsrecht keine Abnahme vorsieht und einige andere Unterschiede bestehen, ist die Frage, welches Recht für das jeweilige Vertragsverhältnis anzuwenden ist, von Bedeutung. Die Entscheidung ist insofern auch wichtig für die weitere rechtliche Beurteilung von Vertragsverhältnissen. An weiteren Entscheidungen wie z. B. der des OLG Düsseldorf wird deutlich, dass diese Fragestellung grundsätzlich neu diskutiert wird.[62]

Für den Facility-Management-Vertrag dürfte diese Unterscheidung vermutlich in der Zukunft von geringer Bedeutung sein, denn hier geht es vorwiegend darum, etwas zu regulieren, zu kontrollieren und zu organisieren und nicht um die Herstellung eines Werks in verkörperter Form. Der Werklieferungsvertrag zeichnet sich dadurch aus, dass mit Stoffen des Unternehmers vertretbare Sachen hergestellt werden. Das ist bei einem Facility-Management-Vertrag zwar eher die Ausnahme, aber durchaus möglich und sollte daher grundsätzlich als Option berücksichtigt werden.

7.4.5 Gemischte Verträge

Bei gemischten Verträgen, die darüber hinaus ein Dauerschuldverhältnis darstellen, z. B. beim externen Facility-Manager, stellt sich mitunter die Frage, welches Vertragsrecht überhaupt Anwendung findet. Das hängt i. d. R. vom Schwerpunkt des Vertrags ab. Es kann daher von Bedeutung sein, diesen zu bestimmen. Möglich ist aber auch, dass für unterschiedliche Teile ein unterschied-

---

59 BGH, Urteil vom 03.03.2004 – VIII ZR 76/03.

60 Vgl. BGH, Urteil vom 22.12.2005 – VII ZR 183/04.

61 BGH, Urteil vom 09.02.2010 – X ZR 82/97.

62 OLG Düsseldorf, Urteil vom 14.05.2009 – 5 U 135/08.

liches Vertragsrecht Anwendung findet. Gemischte Verträge sind solche, die verschiedene Komponenten einer Vertragsart beinhalten. So kann z. B. ein Mietvertrag oder ein Werkvertrag in ein und demselben Vertrag geregelt sein.

Ein klassischer Fall dafür ist der Bauträgervertrag, bei dem es zum einen um den Verkauf von Eigentum und zum anderen um die Herstellung eines Gebäudes oder einer Wohnung geht. Das bedeutet, es handelt sich um einen Kaufvertrag sowie um einen Werkvertrag. Je nachdem, für welchen Bereich ein Anspruch geltend gemacht wird, können die Rechtsfolgen unterschiedlich sein. Nach ständiger Rechtsprechung und herrschender Meinung in der Literatur wird der Teil, bei dem es um die Herstellung eines Werks geht, nach dem Werkvertragsrecht abgehandelt, und der Teil, bei dem es um den Verkauf geht, nach dem Kaufvertragsrecht.

Teilweise kann dies aber unklar sein, z. B. wenn in einem Vertrag sehr viele verschiedene Vertragsarten enthalten sind. Es stellt sich dann immer die Frage, welches Recht für den Vertrag insgesamt und/oder für Teile des Vertrags angewandt wird. Teilweise können die Vertragspartner auch vereinbaren, wie etwas in welchem eintretenden Fall gehandhabt werden soll. Das ist auch bei einem Facility-Management-Vertrag oder einem anderen Vertrag im Rahmen der Immobilienwirtschaft möglich. Welche Vertragsart durchgreift, bestimmt auch, ob und wann welche Leistungen abgenommen werden und wann die Vergütung fällig wird. Um Auslegungsprobleme oder Unklarheiten zu vermeiden, kann dies grundsätzlich vertraglich geregelt werden.

Eine Definition für einen Facility-Management-Vertrag ist schwer zu finden. Im deutschen Recht gibt es sie jedenfalls nicht. Der Begriff verdeutlicht bereits, dass diese Vertragsform aus dem angloamerikanischen Raum stammt. Im Internet sind meistens englische Erklärungen zu finden. Verstanden wird darunter i. d. R. ein Vertrag, demzufolge die Unterhaltung eines Gebäudes oder einer Anlage geschuldet ist. Teilweise sind Wartungen enthalten. Wichtig ist, dass regelmäßig die Funktionsfähigkeit einzelner Anlagenkreise wie Heizung oder Aufzug geprüft und ggf. notwendige Reparaturen oder Wartungsarbeiten veranlasst werden. Etwas anders ausgedrückt ist ein Facility-Manager ein Hausmeister im großen Stil. Die Rolle des Facility-Managers hat wegen der Abhängigkeit vom Strom für Computer und Licht und wegen der immer komplexer werdenden Haustechnik in Gebäuden an Bedeutung zugenommen. Diese Vorstellung ist in Deutschland vorherrschend, wohingegen man in anderen Ländern darunter oftmals noch mehr Leistungen versteht.

In der Überschrift eines Vertrags muss nicht „FM-Vertrag“ stehen. Der Vertrag selber kann verschiedentlich bezeichnet werden. Für die Entscheidung, was neben den vertraglichen Vereinbarungen als Recht angewandt wird, ist, wie bereits mehrfach erwähnt, der Inhalt des Vertrags entscheidend und nicht sein Titel.

Oft gibt es sog. Service-Level-Agreements, in denen Facility-Management-Leistungen eine große Rolle spielen. Dabei werden neben Qualitätssicherungsvereinbarungen bei Immobilien auch fest definierte und messbare Service- und Leistungsvereinbarungen getroffen. Leistungsinhalt kann beispielsweise eine Optimierung des Energieverbrauchs oder der Raumaufteilung sein. Der Vertrag entspricht grundsätzlich keiner Reinform eines im BGB genannten Vertrags und kann ein Vertrag eigener Art sein. Seine Beurteilung richtet sich so oder so danach, welcher Leistungsinhalt mit welchen Formulierungen festgelegt wurde.

Üblicherweise kann man von den verschiedenen Leistungsgegenständen, die verwaltet werden sollen, darauf schließen, welche Form des Facility-Managements in Betracht kommt. So kann z. B. das technische Facility-Management von der Verwaltung von Eigentum unterschieden werden.

Typische Aufgaben eines Facility-Managements sind

- die Reinigung,
- die Stellung eines Sicherheitsdienstes,
- die Verwaltung des Gebäudes und der Außenanlagen,
- die Stellung des Personals, das den Empfang regelt,

- der Brandschutz in jeder Hinsicht, wie Feuerwehrzufahrten frei halten, Brandschutzklappen überprüfen etc.,
- die Sicherung von Daten, insbesondere wenn der Strom ausfällt, wie z. B. redundante Systeme vorhalten,
- das Energiemanagement,
- das Management der technischen Gebäudeausrüstung,
- die Gebäudeunterhaltung,
- die Mieterverwaltung,
- die Verwaltung von Räumen und Nutzungsgegenständen wie Projektoren, Computer etc.,
- die Kostenkontrolle der Einnahmen und Ausgaben,
- die Buchhaltungsservice etc.

Die vorgenannten Leistungen fallen klassischerweise unter einen Dienst- oder einen Werkvertrag, denn es werden Dienstleistungen oder die Herstellung eines Erfolgs in Form eines physisch sichtbaren Werks geschuldet. Bei den zu erbringenden Leistungen muss es sich aber nicht immer um Dienst- und Werkleistungen bei einem Facility-Management-Vertrag handeln. Vielmehr können mietvertragliche Elemente oder Elemente eines Darlehens enthalten sein. Das ist z. B. bei der Stellung von Sachen wie Projektoren, Computern etc. der Fall. Dann kann dieser Vertrag auch noch Mietvertragscharakter haben oder eine Form des Sachdarlehensvertrags darstellen. Für den Fall, dass Sachen vom Auftraggeber verwahrt werden, kann auch ein Verwahrungsvertrag in Betracht kommen.

Je nachdem, welche Leistung geschuldet wird und welchem Vertrag nach dem BGB sie ähnelt, finden unterschiedliche Vorschriften des BGB Anwendung. Das bedeutet, dass ein Facility-Management-Vertrag nicht immer ganzheitlich unter einem typischen Vertrag, wie ihn das BGB vorsieht, einzuordnen ist. Vielmehr kann er eine Zusammensetzung von unterschiedlichen Elementen verschiedener klassischer Vertragsformen des BGB sein. Wichtig ist daher einmal mehr, zu identifizieren, welcher Leistungsinhalt vertraglich geschuldet ist, um daraus abzuleiten, welche Vorschriften des BGB auf den Vertrag Anwendung finden können, sofern sich aus dem Vertrag selbst nichts ergibt.

Bei den oben erwähnten von einem Facility-Management-Vertrag umfassten Tätigkeiten wird oftmals ein Erfolg geschuldet. Wird z. B. die Leistung „Saubermachen der Räume" vereinbart, so kann man gemeinhin annehmen, dass der Erfolg „Sauberkeit" geschuldet ist. Im Falle des Schuldens eines Winterdienstes wird man herleiten können, dass dafür Sorge zu tragen ist, die notwendigen Sicherungen vorzunehmen und der notwendigen Räum- und Streupflicht nachzukommen. I. d. R. sollte davon ausgegangen werden, dass es sich bei einem Facility-Management-Vertrag um einen Werkvertrag handelt; jedenfalls hat er dort oftmals seinen Schwerpunkt. Liegt eine Mischform vor, so ist grundsätzlich das Vertragsrecht anzuwenden, das bei dem Vertrag vorherrscht. Es ist jedoch auch möglich, dass für verschiedene Teile unterschiedliches Vertragsrecht Anwendung findet. Das OLG Köln[63] sowie das LG Köln[64] gehen jedenfalls davon aus, dass Gebäudereinigungsverträge meistens Werkverträge sind.

7.4.6 Warum welche Vertragsart gewählt werden sollte

Für den Auftraggeber ist es i. d. R. sehr viel komfortabler, einen Werkvertrag abzuschließen. Denn in diesem Fall haftet der Auftragnehmer verschuldensunabhängig für die fehlerhaft ausgeführte Leistung. Außerdem braucht der Auftraggeber/Besteller nicht die Art und Weise vorgeben, wie der

63 OLG Köln, Beschluss vom 12.04.2012 – 19 U 215/11.

64 LG Köln, Urteil vom 10.01.2012 – 5 O 51/11.

Erfolg erreicht wird. Vielmehr bestimmt der Auftragnehmer dies. Das hat Vor- und Nachteile. Da jedoch werkvertragliche und dienstvertragliche Elemente in einem Vertrag vereint sein können, sollte man ggf. für die verschiedenen Leistungen verschiedene Regelungen finden. Bei einem Facility-Management-Vertrag wird beispielsweise zum einen die Reinigung und Bewachung und das Funktionieren der technischen Geräte geschuldet und zum anderen die Anwesenheit von Personal am Empfang, ohne dass hier ein besonderer Erfolg geschuldet ist. Hier sollte darauf geachtet werden, dass nur für den Teil, bei dem es sich um einen Werkvertrag handelt, auch eine Abnahmeregelung vereinbart wird. Oder man verzichtet bewußt vertraglich auf eine Abnahme; die erfolgen muss. Ob die geschuldete Leistung erbracht wurde, kann auch anders als durch eine Abnahme überprüft werden. Bei Dauerverträgen ist insbesondere zu fragen, ob Teilabnahmen in irgendeiner Form vereinbart werden sollten oder diese nicht Voraussetzung für gezahlte Abschläge sind.

Für den Auftragnehmer ist der Abschluss eines Werkvertrags, immer bezogen auf die Haftung, risikoreicher als ein Dienstvertrag, denn er haftet noch Jahre danach verschuldensunabhängig. Nach der Abnahme hat zwar der Auftraggeber das Vorliegen von Mängeln zu beweisen. Trotzdem kann dies dazu führen, dass die mangelhafte Leistung für den Auftragnehmer selbst Jahre nach dem Abschluss der Baumaßnahme bzw. des Projekts negative finanzielle Folgen hat.

Neben einer Abnahmeregelung sollten bei gemischten Verträgen folgende Themen näher betrachtet und ggf. im Vertrag geregelt werden:
- die Fälligkeit der Vergütung,
- die Zahlungsziele,
- die Leistungsnachweise,
- die Sicherheiten,
- der Gewährleistungsbeginn,
- die Gewährleistungszeiten und
- das auf bestimmte Vertragsteile anwendbare Recht.

Die meisten Vertragsmuster wie das der GEFMA über Facility-Management-Leistungen sind gemischte Verträge, die jedoch nicht immer eindeutig das für bestimmte Bereiche anwendbare Recht herausarbeiten. Darauf sollte jedoch schon deshalb geachtet werden, weil damit die Risiken verteilt werden, die sich i. d. R. auch in der zu kalkulierenden Vergütung niederschlagen. Gerade bei Facility-Management-Leistungen ist es schwierig, ein Vertragsmuster uneingeschränkt sinnvoll zu nutzen. Das Spektrum dieser Leistungen kann so groß sein, dass ein Vertragsmuster nicht alles abdecken und damit den konkreten abzuschließenden Vertrag nicht adäquat abbilden kann. Muster bieten gute Anhaltspunkte, was zu berücksichtigen ist, der Vertrag sollte aber stets angepasst werden. Allein die GEFMA-Merkblätter 300, 310 und 320 zeigen, wie vielschichtig Leistungen sind. Wichtig ist auf jeden Fall, die Leistung so gut wie möglich zu beschreiben und von anderen Leistungen abzugrenzen. Ebenso sollte überlegt werden, ob ein Erfolg geschuldet werden soll, und wenn ja, welcher.

Eine andere Vertragsform in der Immobilienwirtschaft, ebenfalls ein Mischvertrag, ist die Public-Private-Partnership. Hier ist ein Konglomerat an Leistungen geregelt, die unterschiedlichen vertragsrechtlichen Regelungen des BGB unterliegen. Da solche Verträge von einem öffentlichen Auftraggeber ausgeschrieben werden, dürfen aufgrund des Vergaberechts im Rahmen des Vergabeverfahrens grundsätzlich keine Vertragsänderungen vorgenommen werden.

Außerhalb des Vergaberechts können Verträge und damit auch Risiken grundsätzlich verhandelt werden. Dafür ist es wichtig, zu wissen, was die Vertragspartner wirklich wollen. Im deutschen Recht ist es aber bei aller Vertragsfreiheit nur äußerst selten möglich, die rechtlichen Konsequenzen für eine Vertragsart anders als im BGB vorgesehen zu regeln, denn grundsätzlich wird durch die Auslegung des Vertrags bestimmt, welches Vertragsrecht wofür Anwendung findet. Grundsätzlich kann dies vertraglich geregelt werden. Allerdings ist dies auf jeden Fall nachweislich zwischen den Vetragspartnern zu regeln. Denn ansonsten wird immer die Frage gestellt, wie der Vertrag auszulegen und wie er rechtlich nach dem BGB einzuordnen ist. Durch gezielte und geschickte

Vertragsgestaltung können die Vertragspartner steuern, welche Rechtsfolgen an welche Vereinbarungen des Vertrages geknüpft sind. Damit vermeiden die Vertragspartner aus meiner Sicht im Streitfall Überraschungen.

Weiterführende Quellen

[Najork, E. (2009)] Najork, Eike N. (Hrsg.): Rechtshandbuch Facility Management: Rechtliche Aspekte des Facility Managements; Heidelberg u. a. 2009.
[Schröder, M. (2005)] Schröder, Mario (Hrsg.): Der Wartungsvertrag: Vertragsgestaltung der Inspektion – Wartung – Instandsetzung von baulichen Anlagen und Rechtsfolgen; Berlin 2005.

7.5 Contracting – Energiesparmodell (nur) für Profis?

Thomas Giel

Contracting bezeichnet eine Kooperationsform mittels eines Vertrags zwischen Contracting-Nehmern und einem Contracting-Geber (Dienstleistungsunternehmen). In seiner Hauptanwendungsform des Liefer-, Anlagen-, Energie- oder Wärmecontractings bezieht sich der Begriff auf die Bereitstellung bzw. Lieferung von Betriebsstoffen (Wärme, Kälte, Strom, Dampf, Druckluft usw.) und den Betrieb zugehöriger Anlagen. Neben diesem Contracting gibt es noch weitere Contracting-Formen, die aber alle nur ein Nischendasein im Markt fristen. Die bekannteste Form neben dem Liefercontracting ist das Energieeinsparcontracting, auch Performancecontracting genannt. Dies ist eigentlich die Königsdisziplin im Contracting. Leider gibt es in dieser Disziplin zwei Probleme, die eine größere Verbreitung im Markt verhindern. Ein Problem ist die Definition der Baseline und das andere Problem das Rosinenpicken. Darunter versteht man, dass nur der Teil der Anlage optimiert wird, der die meiste Einsparung verspricht. In der DIN 8930 Teil 5 (Definition von Contracting) gibt es noch das Finanzierungscontracting, auch Third-Party-Financing (TPF) oder Anlagenbauleasing genannt, und das Betriebsführungscontracting oder technische Gebäudemanagement.

7.5.1 Contracting in der Immobilien- und Wohnungswirtschaft im Zeitalter der Wärmelieferverordnung

Während andere Dienstleistungen rund um die Gebäudenutzung in den vergangenen zwei Jahrzehnten einen regelrechten Outsourcing-Boom erlebten (z. B. Reinigung, Sicherheitsdienste, Kantinen), konnte das Outsourcing der hausinternen Energieversorgung im Wege des Contractings nur verhältnismäßig geringe Zuwächse verzeichnen. Contractingunternehmen versuchen seit Jahren in der Immobilien- und Wohnungswirtschaft einen Fuß in die Tür zu bekommen. Dies war speziell in der Wohnungswirtschaft nicht einfach, da dort immer die rechtliche Grundlage fehlte. Mit der Mietrechtsnovelle wurde der Übergang von der Eigenversorgung mit Wärme auf eine gewerbliche Wärmelieferung geregelt.

Mit der Mietrechtsnovelle wurde der Übergang von der Eigenversorgung mit Wärme auf eine gewerbliche Wärmelieferung geregelt. Seit Inkrafttreten des Mietrechtsänderungsgesetzes zum 01.05.2013 ist keine Mieterzustimmung mehr erforderlich zur gewerblichen Wärmelieferung im Wohnungsbau. Der neu eingefügte § 556c BGB ist die gesetzliche Grundlage für die Umstellung auf eine gewerbliche Wärmelieferung bei der Wohnraummiete.

Die am 01.07.2013 in Kraft getretene Wärmelieferungsverordnung (WärmeLV) regelt Form und Inhalt eines Wärmelieferungsvertrags. Dabei werden insbesondere die Kosten spezifiziert, die als Betriebskosten auf die Mieter umgelegt werden dürfen. Infolgedessen hat zukünftig der Mieter unter bestimmten Voraussetzungen die Kosten der Wärmelieferung als Betriebskosten zu tragen. Allerdings muss die Umstellung von Eigenversorgung auf eine gewerbliche Wärmelieferung nicht nur rechtzeitig angekündigt werden, sondern für den Mieter auch kostenneutral erfolgen. Betriebskostenneutralität liegt für den Mieter immer dann vor, wenn die Vollkosten der Neuanlage zzgl. Wagnis und Gewinn des Wärmelieferanten die bisherigen Betriebskosten der Altanlage nicht übersteigen.

Dadurch ist das gewerbliche Contracting nun endlich zu der ursprünglichen Idee seit der Einführung zurückgekehrt. Die ursprüngliche Idee der Mittelstandsförderung, die in den 1990er-Jahren als Ergebnis eines Forschungsvorhabens der gewerblichen Wärmelieferung erarbeitet wurde, sah das Hauptpotenzial für das Energiesparen bei der Gebäudeheizung und der Bereitstellung von Warmwasser bereits im Gebäudebestand. Schon damals stand in einem Kommentar zum Forschungsbericht:

> Moderne Heizsysteme, z. B. Brennwerttechnik, weisen gegenüber älteren Anlagen eine um rd. 30 % höhere Primärenergienutzung auf. Technologien (wie z. B. Wärmedämmung, energieeffiziente Heizungsanlagen, kontrollierte Lüftung), um den Energieverbrauch im Gebäudebestand um 50–70 % zu reduzieren, sind anwendungsbereit. Einer konsequenten Umsetzung in der Praxis stehen aber viele Hemmnisse, z. B. Informationsdefizite oder fehlender ökonomischer Anreiz, entgegen. Energiedienstleistungskonzepte sind ein Ansatz zur Überwindung der Hemmnisse. Grundidee der Wärmelieferung ist, dass ein professioneller Dritter (z. B. Brennstoffhandel, Handwerk, Stadtwerke) zum Betreiber der Heizungsanlage wird. Derartige Wärmelieferungsverträge sind sinnvoll, wenn sie einen Komfortgewinn ermöglichen und Mietern, Vermietern und Energiedienstleistern finanzielle Vorteile bieten.[65]

Nachdem sich die Contracting-Branche mehrere Jahre damit beschäftig hat, die Installationspreise und die Energieeinkaufpreise zu minimieren, hat sie nun mit der Wärmelieferverordnung endlich wieder die Vorgabe, die Energieeffizienz des Gebäudes im Fokus zu haben. Der Gesetzgeber zwingt nun den Contractor durch die Kostenneutralität in der Wärmelieferung, bei der Erneuerung und Optimierung der Heizungsanlage so viel einzusparen, dass die kompletten Energiekosten nicht höher sind als zuvor. Das bedeutet, dass Contracting theoretisch für den Mieter nicht mehr kosten darf als die Summe, die zuvor für Energie-, Wartung und Instandhaltungskosten für die Heizung ungelegt wurden.

Dazu muss der Contractor den Nachweis der Kostenneutralität nach § 10 Abs. 1 WärmeLV wie folgt erfüllen: „Aus dem durchschnittlichen Endenergieverbrauch in einem Abrechnungszeitraum nach § 9 Abs. 1 Nr. 1 ist durch Multiplikation mit dem Jahresnutzungsgrad (JNG) der bisherigen Heizungs- oder Warmwasseranlage, bestimmt am Übergabepunkt, die bislang durchschnittlich erzielte Wärmemenge zu ermitteln."

Dem Jahresnutzungsgrad der bisherigen Wärmeversorgungsanlage kommt damit zentrale Bedeutung im Zusammenhang mit dem Nachweis der Kostenneutralität und der damit verbundenen Ermittlung des Wärmelieferungspreises einer Contracting-Anlage zu. Aus der Differenz zwischen dem Jahresnutzungsgrad der Altanlage und dem der Neuanlage muss der Wärmelieferant die Investition finanzieren, die Kosten der Betriebsführung decken sowie angemessene Beiträge für Wagnis und Gewinn erwirtschaften. Aber wie wird der Jahresnutzungsgrad definiert?

7.5.2 Jahresnutzungsgrade, Bilanzgrenzen und Sinnhaftigkeit von Schnittstellen beim Contracting

Unter dem Jahresnutzungsgrad wird gemäß DIN 2067 der mittlere Betriebswirkungsgrad einer Wärmeerzeugung über den Zeitraum eines Jahres verstanden. Beim Jahresnutzungsgrad handelt es sich um das Verhältnis aus der jährlichen erzeugten Heizwärmemenge für die Raumwärme und die

65 Quelle: Bine Informationsdienst „Wärmelieferung" 1999, erschienen beim Fachinformationszentrum Karlsruhe Büro Bonn, Mechenstraße 57, 53129 Bonn.

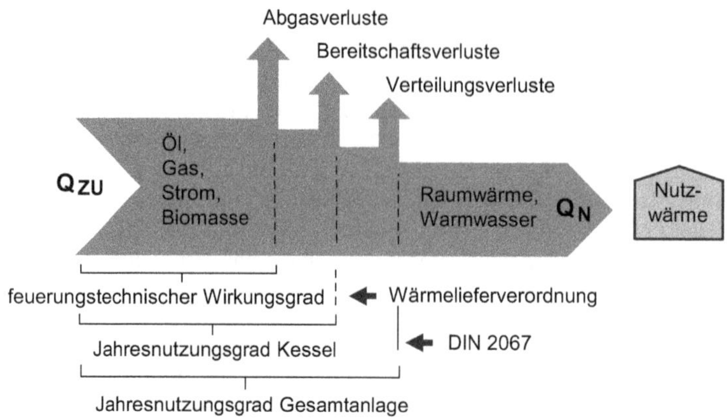

Abb. 7.4: Definition der Wirkungsgrade.

Warmwassererzeugung (sofern vorhanden) zu der jährlich eingesetzten Brennstoffwärmemenge. Der Jahresnutzungsgrad setzt sich aus dem feuerungstechnischen Wirkungsgrad und den Bereitschafts- und Verteilungsverlusten der Wärmeversorgungsanlage zusammen (s. Abb. 7.4).

Der feuerungstechnische Wirkungsgrad gibt das Verhältnis an, wie viel der im Brennstoff (Öl, Gas, ...) enthaltenen Energie bzw. Leistung (Feuerungsleistung) an den Abgängen des Wärmeerzeugers als Wärmemenge bzw. Heizleistung (Kesselleistung) abgegeben wird. Der feuerungstechnische Wirkungsgrad nimmt ab, wenn die Einstellung der Verbrennungswerte am Brenner nicht optimal ist bzw. wenn die Abgastemperatur aufgrund der Kesselkonstruktion oder wegen verschmutzter Wärmetauscherflächen im Kessel zu hoch ist. Die Ermittlung des feuerungstechnischen Wirkungsgrads ist nur bei Brennerbetrieb möglich.

Über das Betriebsjahr wechseln – je nach Lastanforderung des zu versorgenden Objekts – Kesselphasen mit und ohne Brennerbetrieb. In der gesamten Betriebs- und Bereitschaftszeit der Kesselanlage während der Heizperiode, bei ganzjähriger Warmwasserbereitung mit der Kesselanlage somit auch im Sommer, entstehen zusätzlich Bereitschaftsverluste, die aus der Wärmeabgabe der Kesselanlage über die Kesseloberfläche an den Raum sowie durch Auskühlungsverluste der Kesselanlage entstehen. Diese Bereitschaftsverluste sind ebenfalls im Jahresnutzungsgrad zu berücksichtigen. Ergänzt um die Verteilungsverluste aus der Raumheizung und/oder der Erzeugung und Bereitstellung von Warmwasser, errechnet sich aus dem feuerungstechnischen Wirkungsgrad der Jahresnutzungsgrad der Gesamtanlage.

Der Jahresnutzungsgrad der Gesamtanlage hängt dadurch sehr stark von den durch Überdimensionierung bzw. Unterdimensionierung beeinflussten Vollbenutzungsstunden der Wärmeerzeugungsanlage, der Qualität der Wärmedämmung des Wärmeerzeugers, den Wärmeverlusten des Heizungsrohrleitungsnetzes, den Verlusten der Warmwasserbereitung und der Warmwasserbereitstellung, den Einstellungen der Mess-, Steuer- und Regelungstechnik und dem Nutzerverhalten ab. Mit der Festlegung von Kesselvor- und Kesselrücklauf als Übergabestelle einer Wärmelieferung bleiben zur Bestimmung des Jahresnutzungsgrads der Wärmeerzeugung nach den Anforderungen gemäß § 10 WärmeLV die Wärmeverluste des peripheren Rohrleitungsnetzes (Verteilungsverluste) unberücksichtigt, obwohl sie maßgeblichen Einfluss auf die Wärmeleistung haben.

Gemäß § 10 Abs. 2 WärmeLV stehen dem Contractor drei Wege offen, den Jahresnutzungsrad einer Wärmeerzeugungsanlage zu ermitteln. Sofern die Wärmeerzeugungsanlage über einen Wärmemengenzähler verfügt und damit die erzeugte Wärmemenge des letzten Abrechnungszeitraum bestimmbar ist, kann der Jahresnutzungsgrad auf einfache Weise durch Division der im Abrechnungszeitraum erzeugten Wärmemenge durch die im Abrechnungszeitraum verbrauchte Endenergie berechnet werden.

Tab. 7.6: Anerkannte Pauschalwerte, überabeitet und berechnet nach BMVBS (2009).[66]

	Wärmerzeuger	Baualtersklasse	Jahresnutzungsgrad	Heizkreistemperatur
1.	Konstanttemperaturkessel	bis 1986	75 %	70/55
		1987–1994	80 %	70/55
		ab 1995	82 %	70/55
2.	Niedertemperaturkessel	bis 1986	83 %	70/55
		1987–1994	87 %	70/55
		ab 1995	90 %	70/55
3.	Brennwertkessel	bis 1986	92 %	70/55
		1987–1994	95 %	70/55
		ab 1995	95 %	70/55
4.	Brennwertkessel (verbessert)	ab 1999	102 %	55/45
5.	Fernwärmeübergabestation	alle	98 %	alle
6.	Elektro-Wärmepumpe Außenluft	1979–1994	244 %	55/45
		ab 1995	256 %	55/45

Sofern, wie eigentlich üblich, keine Wärmemengenzähler an der Wärmeerzeugungsanlage vorhanden sind bzw. kein vollständiges Abrechnungsjahr erfasst wurde, besteht die Möglichkeit, für den Jahresnutzungsgrad entweder sog. anerkannte Pauschalwerte zu verwenden oder den Jahresnutzungsgrad mithilfe einer Kurzzeitmessung zu ermitteln. Bei den anerkannten Pauschalwerten handelt es sich um die Reziprokwerte der Aufwandskennzahlen aus der „Bekanntmachung der Regeln zur Datenaufnahme und Datenverwendung im Wohnungsbestand" des BMVBS aus dem Jahr 2009 (s. Tab. 7.6).

Kritisch ist bezüglich dieser Werte anzumerken, dass keine Erkenntnisse über Jahresnutzungsgrade von bestehenden Wärmeerzeugungsanlagen auf hinreichend breiter empirischer Basis vorliegen und die Tabellenwerte eher theoretischer Natur und in der Praxis selten anzutreffen sind. Des Weiteren ist zu beachten, dass die Jahresnutzungsgrade extrem von dem Betrieb und der Abstimmung der Anlagenkomponenten und nicht oder nur gering vom Alter und von der Technik der Heizungserzeugungsanlage (Kesseltechnik) abhängt. Unabhängig davon sind die anerkannten Pauschalwerte jedoch nach der Wärmelieferungsverordnung anzuwenden, wenn keine valide Ermittlung mittels Wärmemengenzähler erfolgen kann und eine Kurzzeitmessung nicht durchgeführt wurde.

Der Arbeitskreis „Anerkannte Pauschalwerte", zusammengesetzt aus Vertretern der Verbände AGFW, BDEW, B.KWK, ESCO Forum im ZVEI und VfW[67], hat in Zusammenarbeit mit dem Institut „Energiefragen der Immobilienwirtschaft" der EBZ Business School, Bochum, unter der Leitung von Viktor Grinewitschus den Zusammenhang der anerkannten Pauschalwerte nach [BMVBS 2009-07] anhand vorliegender Daten von Wärmedienstleistern untersucht (s. Abb. 7.5 und 7.6).

- Das Reziprokwert-Verfahren des BMVBS liefert im Mittel deutlich zu gute Werte. In den von Viktor Grinewitschus untersuchten Kategorien sind mehr als 32 % der Anlagen mit einer Abweichung von max. ±5 % korrekt einschätzbar.
- Die mangelnde Präzision des Reziprokwert-Verfahrens nach BMVBS liegt an der fehlenden Berücksichtigung wesentlicher Einflussfaktoren auf den Jahresnutzungsgrad bei den Bestandsanlagen.

66 Eigene Umrechnung nach den Werten nach [BMVBS 2009-07], Tabelle 4.

67 Energieeffizienzverband für Wärme, Kälte und KWK e. V. (AGFW), Bundesverbandes der Energie- und Wasserwirtschaft (BDEW), Bundesverband Kraft-Wärme-Kopplung e. V. (B.KWK), Energy Service Companies im Zentralverband Elektrotechnik- und Elektronikindustrie e. V. (ESCO Forum im ZVEI), Verband für Wärmelieferung e. V. (VfW).

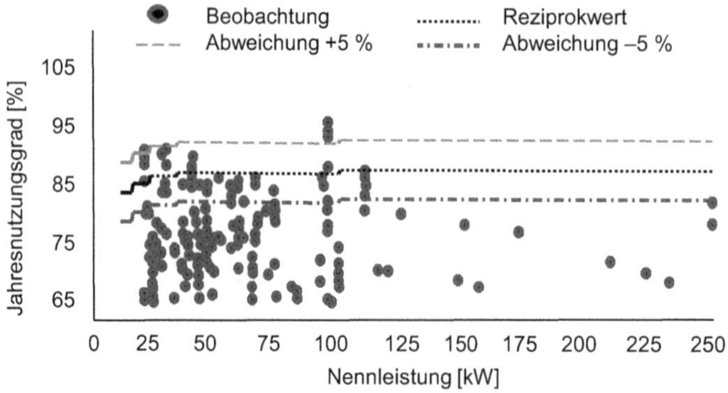

Abb. 7.5: Pauschalwerte nach Reziprokwert-Verfahren (Zielkorridor ±5 % und gemessene Werte Niedertemperatur, Baujahr 1987–1994, Reihe Heizungsanlagen), 29,3 % der Beobachtungen liegen im ±5 %-Intervall des Zielkorridors.[68]

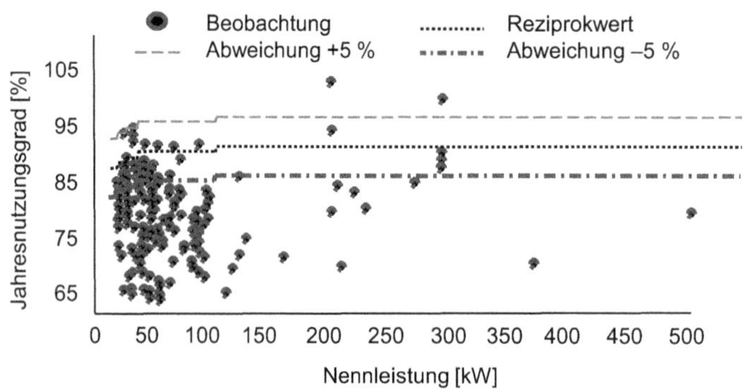

Abb. 7.6: Pauschalwerte nach Reziprokwert-Verfahren (Zielkorridor ±5 % und gemessene Werte Niedertemperatur, Baujahr ab 1995, Reihe Heizungsanlagen). 32,6 % der Beobachtungen liegen im ±5 %-Intervall des Zielkorridors.[69]

Diese Ergebnisse decken sich mit den Forschungsergebnissen der Hochschule Mainz, die in Zusammenarbeit mit der Fa. Ratioservice, dem AGFW und dem VFW für ein Kurzzeitmessverfahren Anlagen untersucht hat (s. Abb. 7.7).

Anhand dieser Erkenntnisse wird deutlich, dass der Nutzungsgrad der Anlage nur bedingt abhängig ist von der Energieerzeugung. Ein wesentlicher Faktor der Anlage ist die Peripherie nach dem Kessel. Die tatsächliche Effizienz einer Heizungsanlage wird immer sowohl von der kompletten Heizungsanlage als auch von der Abstimmung der Energieübertragungskomponenten bis zum letzten Heizkörper beeinflusst.

Die standardmäßige Schnittstelle eines Contractors liegt aber hinter der Erzeugung (s. Abb. 7.8). Der Contractor nimmt üblicherweise keinen Einfluss auf die Kundenanlage nach seiner Schnittstelle. Damit hat er aber auch nur geringen bzw. kaum Einfluss auf die Optimierung der Anlage. Dies bedeutet, dass der Contractor die angestrebte Verbesserung des Anlagenjahresnutzungsgrads möglicherweise nicht erreichen kann, was wiederum zur Folge hat, dass die über die Wärmelieferverordnung angestrebte Kostenneutralität tatsächlich nur auf dem Papier entsteht.

---

68 Vgl. [EBZ (2015i)], S. 15.

69 Vgl. [EBZ (2015i)], S. 16.

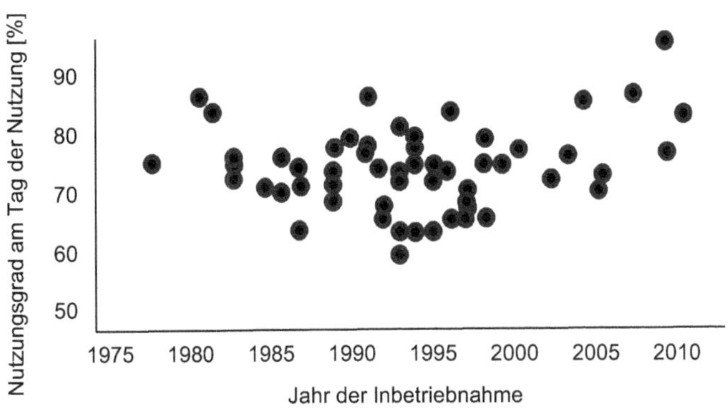

Abb. 7.7: Berechneter mittlerer Tagesnutzungsgrad von Heizwertkesseln in Abhängigkeit vom Anlagenhersteller.[70]

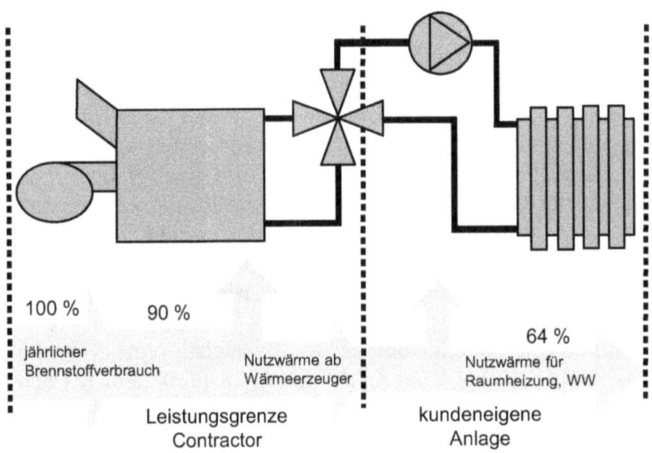

Abb. 7.8: Schnittstelle Contracting.[71]

Aus diesen Erkenntnissen heraus muss es das Ziel sein, dem Contractor nicht nur die Energieerzeugung, sondern auch den Betrieb der kundeneigenen Anlage zu übertragen. Nur durch diese Maßnahme ist eine Steigerung der Energieeffizienz möglich. Aber wo und wie kann an der Anlage die Energieeffizienz gesteigert werden?

7.5.3 20 % Energieeffizienzsteigerung im Bestand auch ohne Contracting

Ursachen für die schlechte Effizienz der Anlagen sind überwiegend

- die Komplexität der Anlage,
- die mangelnde Abstimmung der einzelnen Anlagenkomponenten untereinander,
- die falsch dimensionierte Energieerzeugung,
- die Kompensation von Anlagenmängel durch Überhöhung von Systemtemperaturen und Anlagendrücken sowie
- die veränderten bzw. nie richtig eingestellten Regelparameter.

---

70 Quelle: eigene Darstellung.

71 Quelle: eigene Darstellung.

Daraus lässt sich ableiten, dass 10 bis 30 % der Energieverluste vermeidbare Verluste sind, die sich ausschließlich auf den Betrieb bzw. das Betriebsverhalten der Anlage zurückführen lassen.

Ziel muss es also sein, diese Mängel zu erkennen und zu beheben. Dazu muss die Anlage untersucht werden. Dies könnte man auch als Inspektion bzw. Anlagen-EKG, wie es in der DIN EN 15378 „Heizsysteme in Gebäuden – Inspektion von Kesseln und Heizungssystemen" in der deutschen Fassung EN 15378:2007[72] beschrieben ist, bezeichnen.

Die DIN EN 15378 unterscheidet zwischen einer wiederkehrenden und einer einmaligen Inspektion. Während sich die wiederkehrende Inspektion lediglich auf die energetische Effizienz des Wärmeerzeugers bezieht und dabei die Trinkwasserbereitung unberücksichtigt lässt (vgl. 1. BImSchV sowie Kehr- und Überprüfungsordnung (KÜO)), umfasst die einmalige Inspektion die gesamte Heizungs- und Trinkwassererwärmungsanlage und hat zum Ziel, das Energieeinsparpotenzial der Anlagentechnik zu ermitteln.

Insbesondere bei dem in der DIN EN 15378 beschriebenen Analyseverfahren werden konkrete Anforderungen an den Untersuchungszeitraum, die Informationsdichte und die Ergebnisgüte zur Bewertung der energetischen Qualität einer Heizungs- und Trinkwassererwärmungsanlage spezifiziert. Hinsichtlich des Untersuchungszeitraums und der Informationsdichte spricht die Norm von einer „messtechnisch gestützte[n] zeitlich hochauflösende[n] Erfassung des Betriebsverhaltens der Heizungsanlage ohne Eingriff in die Anlage selbst in einem typischen Temperaturzyklus eines Gebäudes von mindestens 24 Stunden". Als energetisch relevante Größen zur Bestimmung des Nutzungsgrads der Wärmeerzeugung sind nach DIN EN 15378 der Brennwerteffekt, Abstrahlverluste, Abgasverluste, Verluste aus Ventilation und Taktung sowie Verluste durch Mängel in der Anlagenkonfiguration der Hydraulik und der Regelung zu berücksichtigen. Mit einer solchen Kurzzeitmessung können Bestandsanlagen ganzheitlich bewertet und analysiert werden. Dies könnte auch ein Contracting-Unternehmen in der Vorbereitung der Energielieferung tun.

Bei diesem Verfahren wird nicht nur der Erzeuger geprüft, vielmehr wird die komplette Peripherie der Anlage dynamisch mit untersucht.

Die Messwerterfassung sollte mithilfe einer mobilen oder festen Messeinheit ohne Eingriff in das System erfolgen. Die Auswertung zeigt Fehler bei Anlagen, die durch eine punktuelle Betrachtung nicht entdeckt werden bzw. nur sehr schwer zu finden sind. Typische Fehler sind z. B. folgende:

- Die Kesselleistung ist zu groß dimensioniert für ein Gebäude.
- Die Pumpenleistung ist zu niedrig bzw. zu hoch.
- Die Anlage ist nicht hydraulisch abgeglichen.
- Der Heizkreismischer ist falsch dimensioniert.
- Die Laufzeiten von Mehrkesselanlagen sind ungünstig.
- Die Rücklauftemperaturen sind zu hoch.
- Die Warmwassertemperaturen sind zu niedrig.

Diese und weitere anlagenspezifische Fehlertypen können anhand von typisierten Kurvenverläufen erkannt und detektiert werden (s. Abb. 7.9 und 7.10).

Durch diese Art der Kurzzeitmessungen zur Ermittlung von Anlagenfehlern und des tatsächlichen Jahresnutzungsgrads konnte im Frühjahr 2014 bei einer in Kooperation mit dem Verband für Wärmelieferung (VfW) und dem Energieeffizienzverband für Wärme, Kälte und KWK e. V. (AGFW) begonnenen Studie festgestellt werden, dass bei einer Großzahl der untersuchten Contracting-Anlagen schlechte Jahresnutzungsgrade vorliegen, obwohl die Energieerzeugung technisch erneuert wurde.

72 Siehe [DIN EN 15378 2008-07].

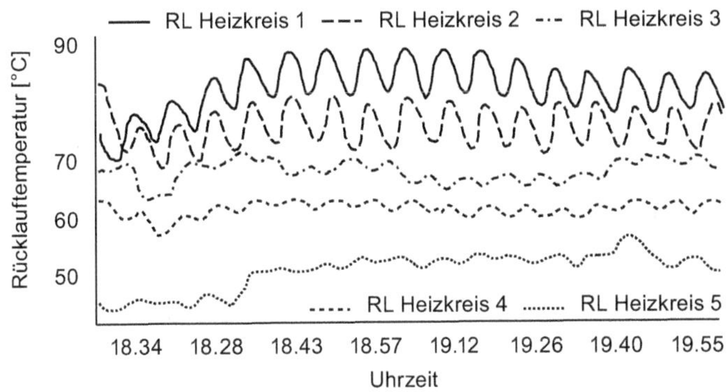

Abb. 7.9: Typfehlerverlauf: Anlage nicht hydraulisch abgeglichen; unterschiedliche Rücklauftemperaturen bei ähnlichen Heizkreisen.[73]

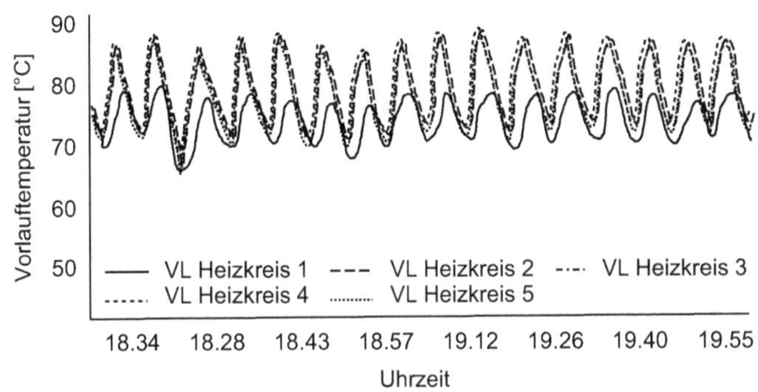

Abb. 7.10: Typfehlerverlauf: Heizkreismischer falsch dimensioniert; Vorlauftemperatur in den Heizkreisen folgt der Kesselvorlauftemperatur.[74]

Im Rahmen der Studie wurden deutschlandweit innerhalb der Heizperiode 2014 insgesamt 29 Kurzzeitmessungen an von Contracting-Unternehmen betriebenen Kesselanlagen mit einer Gesamtkesselgröße zwischen 58 kW und 1.420 kW durchgeführt. Davon konnten 21 Jahresnutzungsgrade den bereits bekannten Jahresnutzungsgraden aus Langzeitmessungen gegenübergestellt werden. Die Auswertung ergab, dass die Abweichungen zu den Jahresnutzungsgraden aus Langzeitmessungen bei 62 % der Messungen unter 3 % lagen. In 19 % der Fälle lagen die Abweichungen zwischen 3 % und 10 % und damit im Bereich der zulässigen Abweichungen von Wärmemengenzähler. In 14 % der Fälle konnten Abweichungen zwischen 10 % und 11 % ermittelt werden und in einem Fall konnten die Messergebnisse nicht verwertet werden.

Insgesamt zeigen die Ergebnisse der Studie, dass bei allen Contracting-Anlagen in der Anlagenperipherie noch mindestens 10 %, oft sogar bis zu 25 % Einsparpotenzial vorhanden sind. Das zeigt noch einmal deutlich, dass die derzeitige Schnittstelle des Contractings nicht die richtige ist und dass in Zukunft mehr Wert auf die ganzheitliche Analyse gelegt werden muss. Dies kann in Form einer Kurz- oder Langzeitmessung erfolgen.

---

73 Quelle: Anlagen EKG der Fa. Ratioservice in Altenbamberg.

74 Quelle: Anlagen EKG der Fa. Ratioservice in Altenbamberg.

7.5.4 Gebäude und Gebäudeausrüstungen sind keine einfachen Systeme

Ein weiterer immer noch verbreiteter Irrtum ist, dass ein Gebäude und die dazugehörige technische Gebäudeausrüstung, z. B. die Heizung, einfache Systeme sind, die ohne Probleme und Kontrolle miteinander harmonieren. Das ist nicht so und ändert sich auch nicht durch gesetzliche Vorgaben wie EnEV, EEWärmeG oder der WärmeLV. Diese gesetzlichen Vorgaben betrachten oft nur die theoretische Optimierung der Energieerzeugung. Die Kombination von Gebäude und Anlage ist sehr komplex und wir kennen oft nur den Zusammenhang der Systeme im statischen Sinne. Die statische Betrachtung ist auch immer noch ausreichend für die Planung und den Bau und die Abnahme der Anlagen. Für eine andere Betrachtungsweise ist die Kombination von dynamischen Prozessabbildern mit Prognosen erforderlich. Prozessabbilder von Gebäuden können z. B. im Low-Cost-Bereich mit Smart TOM (TOM steht für Technical-Object-Management, eine Entwicklung der Hochschule Mainz im Studiengang TGM) einfach erstellt werden (s. Abb. 7.11). Es ist ein Ansatz, der von der Idee der Energieeffizienzsteigerung schon bei der Inbetriebnahme bis weit in die Nutzung hinein eine transparente Darstellung und Aufbereitung der Daten beinhaltet. Dadurch werden automatisch Energieeinsparpotenziale entdeckt, berechnet und aufgezeigt.

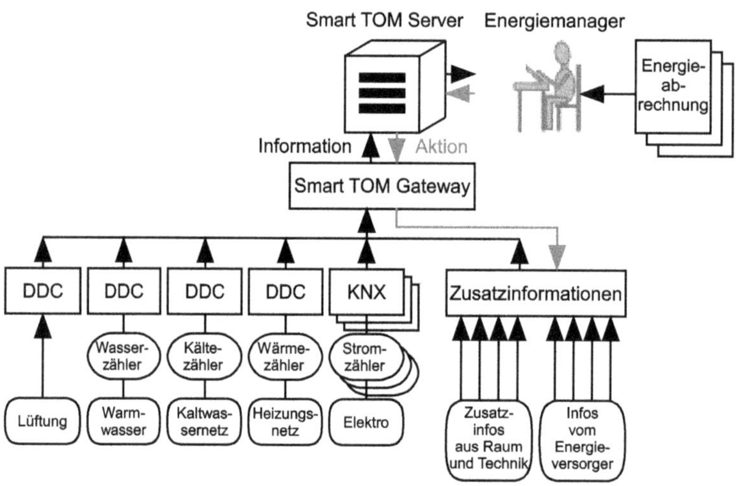

Abb. 7.11: Smart TOM.[75]

Durch die Aufzeichnung und Auswertung der Daten können individuelle Faktoren berechnet werden. Diese Faktoren sind z. B. der Speichermassenfaktor, der Nutzerverhaltensfaktor und die Änderungsgeschwindigkeitsfaktoren eines Gebäudes sowie die individuelle Änderungsgeschwindigkeit in Bezug auf äußere, klimatische Veränderungen. Zudem werden bei der Datenanalyse Typfehler wie bei einem Kurzzeitmessen („Anlagen-EKG") erkannt. Auch unerwünschte Energieverbräuche, die außerhalb der Nutzungszeiten liegen, Rohrbrüche durch erhöhten Wasserverbrauch oder immer wieder falsch eingestellte Parameter der Heizungsanlage sind erkennbar und auswertbar. Durch Signalgeber könnte die Information über offen stehende Rolltore (z. B. Feuerwehren) bei laufender Heizung übermittelt werden. Licht- und Helligkeitssensoren könnten über die Betriebszeiten der Beleuchtungsanlagen informieren. Ein Signalgeber aus der Differenzdruckdose (Lüftungsanlage: Filteranlage) könnte Informationen über den nächsten erforderlichen Filterwechsel

75 Quelle: eigene Darstellung.

geben. Ein CO_2-Sensor könnte über die Raumluftqualität informieren, sodass auf die Gesundheit und Behaglichkeit der Nutzer eingegangen werden könnte. Gleichzeitig würde man bei abweichenden Werten (Grenzwertüberschreitung/-unterschreitung), die über eine längere Zeit anhalten, eine Wartung veranlassen. Die würde eine zustandsabhängige Instandhaltungsstrategie bezüglich der Lüftungsanlage ermöglichen.

Die automatische Datenerfassung führt zu einer genaueren Analyse der Verbräuche. Dementsprechend kann auf das Nutzerverhalten gezielt eingegangen werden. Zusätzlich ermöglicht das Monitoring die Überwachung und Optimierung der technischen Anlagen hinsichtlich der Anlagenverfügbarkeit und des wirtschaftlichen und ökologischen Betriebs.

7.5.5 Wie wird Contracting in der Immobilien- und Wohnungswirtschaft sinnvoll und effizient?

Diese Frage kann ganz schnell beantwortet werden. Contracting ist nur sinnvoll, wenn die Effizienz der kompletten Anlage bzw. des kompletten Gebäudes im Vordergrund steht. Dazu muss das Liefercontracting mit dem technischen Gebäudemanagement verschmelzen. Außerdem müssen die Prozesse der Gebäude gemessen und die Anlagen auf dieser Grundlage optimiert werden.

Der Zustand, dass nicht bekannt ist, wo und in welcher Qualität die benötigte Energie für Heizwärme, Kühlung und frische Luft herkommt bzw. wo sie verloren geht, sollte der Vergangenheit angehören. Wir haben die Möglichkeit und die Technik dazu, technische Anlagen ganzheitlich und nachhaltig im Betrieb zu überwachen und zu optimieren. Dadurch wächst zusammen, was zusammengehört, Nutzer, Gebäude und Gebäudetechnik und vielleicht auch Contracting. Der Contractor von morgen könnte der ganzheitliche Energiedienstleister sein, dann hat Contracting eine Zukunft.

In naher Zukunft wird es möglich sein, Gebäude als Speicher für „Power to Heat" ohne den weiteren Ausbau von Speichern nutzbar zu machen. Die Gebäude werden in Kombination mit dem Netz „SMART" (s. Abb. 7.12).

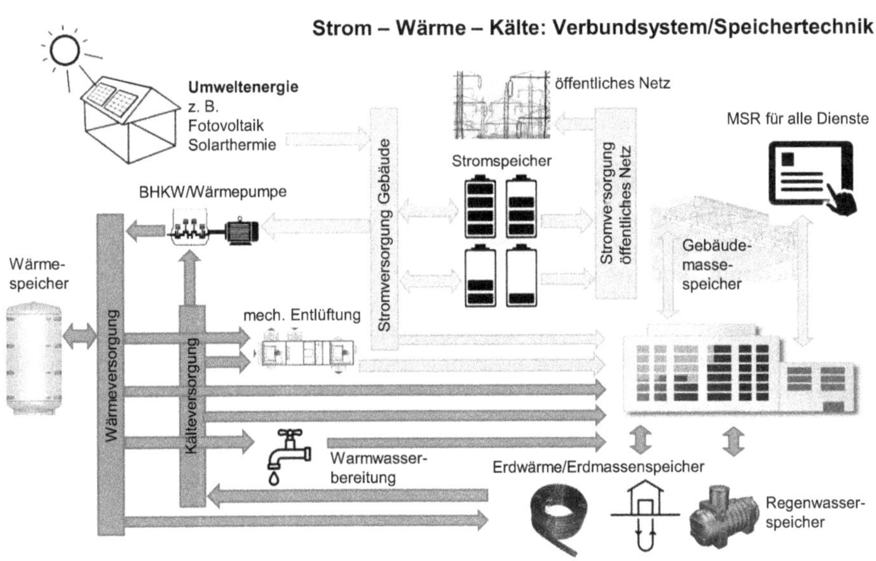

Abb. 7.12: Zukunft von Smart TOM.[76]

76 Quelle: eigene Darstellung.

Zusätzlich werden Funktions- und Planungskennwerte für die Berechnung von Einsparpotenzialen von Typgebäuden ermittelt. Die Kennwerte ermöglichen eine Einschätzung der Einsparung im Vorfeld ohne lange Probephasen bzw. die Ermittlung von individuellen Kennwerten für Gebäude schon in der Planungsphase und auf der dieser Grundlage ein kennwertbasiertes Bauen und ein kennwertbasiertes Planen und Betreiben.

Der Markt ist da, ebenso die Technik, die Qualität der Mitarbeiter in den Contracting-Unternehmen und die gesetzlichen Vorlagen. Das Einzige, was fehlt, ist der Mut, neue Wege zu gehen.

Literatur

[BMVBS 2009-07] Bundesministerium für Verkehr, Bau- und Stadtentwicklung (Hrsg.): Bekanntmachung der Regeln zur Datenaufnahme und Datenverwendung im Wohnungsbestand, 30.07.2009, URL: http://www.enev-online.org/enev_2009_praxishilfen/enev2009_090730_datenaufnahme_wohnbestand.pdf (letzter Aufruf: 17.03.2017).

[DIN EN 15378 2008-07] Heizsysteme in Gebäuden: Inspektion von Wärmeerzeugern und Heizsystemen, Deutsches Institut für Normung (Hrsg.): DIN EN 15378; Berlin 2008.

[DIN 8930-5 2003-11] Kälteanlagen und Wärmepumpen – Terminologie: Contracting, Deutsches Institut für Normung (Hrsg.): Teil 5, DIN 8930; Berlin 2003.

[EBZ (2015i)] Grinewitschus, Viktor; Lepper, Katja: Ermittlung von anerkannten Pauschalwerten für den Jahresnutzungsgrad (JNG) von Heizungsanlagen: Institut „Energiefragen der Immobilienwirtschaft“ der EBZ Business School; Gutachten; Bochum 2015.

Weiterführende Quellen

[BMJ 2015-04] Bundesministerium der Justiz (Hrsg.): Bekanntmachung der Regeln zur Datenaufnahme und Datenverwendung im Wohnungsbestand; Köln 2015, URL: https://www.bundesanzeiger.de/ (letzter Aufruf: 17.03.2017).

7.6 Untermieter Schimmel: Nein danke!

Gerhard Führer

Vorübergehende, phasenweise auftretende, ehemalige und/oder aktuell vorliegende Feuchtigkeit ist die Grundlage für Schimmelpilz- und Bakterienwachstum in Gebäuden. Wasser gelangt in den Neubau durch verschiedene Faktoren in unterschiedlicher Menge: durch Baustoffe und deren Verarbeitung, durch Witterungseinflüsse und durch Wassereinbrüche. Nach der Fertigstellung des Gebäudes kommen nutzungsbedingte Wassereinträge, Wärmebrücken, Leitungswasserschäden und (standortabhängig) Überschwemmungen als wesentliche Feuchtigkeitsursachen dazu.

Eine relevante Schimmelpilz-/Bakterienbelastung liegt nach Feuchteeinwirkung innerhalb von Tagen bis wenigen Wochen vor. Aufgrund der aufgezeigten vielfältigen Feuchtigkeitsursachen muss es in der Mehrzahl der Wohnungen und Gebäude zu mikrobiellen Schäden kommen. Aber warum wurde diese Problematik bisher nicht in ihrem vollen Umfang erkannt? Ganz einfach: Weil in Innenräumen noch niemand systematisch mit technisch-wissenschaftlichem Know-how nach verdeckten Schimmelpilz- und Bakterienbelastungen gesucht hat!

7.6.1 Nicht nur der Schimmel wächst, auch seine Bedeutung

Schimmel in Wohnungen und Gebäuden hat in den letzten Jahren große Bedeutung erlangt. Im Hinblick auf vielfältige Erkenntnisse aus der gutachterlichen Praxis zusammen mit aktuellen Forschungsergebnissen ist absehbar, dass die Bedeutung von Schimmelschäden noch deutlich zunehmen wird.

Unabhängig davon erscheinen für Immobilienbewirtschafter nach heutigem Kenntnisstand folgende drei Punkte als wesentlich:[77]

- Schimmelschäden sollen möglichst nicht thematisiert werden, da derartige Schäden aus kaufmännischer Sicht zu einer Verminderung der Rentabilität führen.
- Der Mieter ist aufgrund seines „falschen" Nutzerverhaltens als Verursacher zu benennen.
- Der Schaden ist der Versicherung zu melden, verbunden mit der Hoffnung, dass sie ihn einerseits finanziell trägt und andererseits den Schimmelschaden richtig saniert.

Die Praxis der Immobilienbewirtschafter

Schimmel wird für Immobilienbewirtschafter erst dann relevant, wenn ein Schaden gemeldet wird. Bei sichtbarem Befall muss der Bestandshalter reagieren: Er schuldet einen gebrauchstauglichen Zustand, der bei Schimmel zumindest nicht vollständig gegeben ist. Scheinbar weniger eindeutig ist die Lage, wenn eine Sanierung im Hinblick auf fachgerechte Ausführung bezweifelt wird oder der Mieter verdeckten Schimmel beanstandet.

Sichtbarer Schimmel ist regelmäßig nur die Spitze des Eisbergs. Typischerweise gehen augenscheinliche Schäden mit verdeckten, also zunächst nicht sichtbaren mikrobiellen Belastungen einher. Häufig betroffen sind aus verschiedenen Gründen Fußbodenkonstruktionen. Fußbodenschimmel wird im Vergleich zu offensichtlichem Schimmelwachstum auf Wandoberflächen weniger häufig erkannt (vgl. Abb. 7.13). Wenn derartige verdeckte Schimmelschäden aber erkannt und fachgerecht saniert werden, mindert sich die Rendite erheblich: Umfangreiche Aufwendungen in der betroffenen Wohnung sind nötig, was im Extremfall die Dimensionen eines wirtschaftlichen Großschadens annehmen kann. Diese Entwicklung hat für die Immobilienbewirtschaftung erheb-

Abb. 7.13: Links: Sichtbare Schimmelschäden gehen regelmäßig mit verdeckten, nicht sichtbaren Schimmelschäden einher. Rechts: Verdeckte und zunächst nicht sichtbare Schimmelschäden finden sich häufig in der Dämmebene von Fußbodenkonstruktionen.[78]

77 Ergänzt, vgl. Bogenstätter, Ulrich: Was bedeutet Schimmel im Fußboden für die Immobilienbewirtschaftung?, in: [peridomus (2016)], S. 41–46.

78 Quelle: eigene Darstellung.

liche Brisanz, weswegen die Problematik von Schimmel in Gebäuden nicht frühzeitig genug thematisiert werden kann und auf der Tagesordnung jedes Unternehmens ganz oben zu finden sein sollte.

Warum wird das Thema Schimmel in Innenräumen immer wichtiger?
Die Grundlage für jede mikrobielle Aktivität ist Feuchtigkeit. Alle anderen Faktoren wie pH-Wert, verfügbares organisches Material, Temperatur usw. sind von untergeordneter Bedeutung. Mittlerweile ist bekannt, dass vielfältige Feuchtigkeitsursachen wie Neubaufeuchte, Leitungswasserschäden, Hochwasser mit Überschwemmungen, Wärmebrücken (mit nachfolgender Kondensationsfeuchte) und Baufehler bis hin zu Baupfusch regelmäßig zu Schimmelschäden führen. Diese Feuchteursachen mit dem Folgeschaden Schimmel sind nicht der Mietersphäre zuzuordnen. Derartige Schäden können sichtbar, sichtbar und verdeckt oder ausschließlich verdeckt, also mit dem bloßen Auge zunächst nicht erkennbar sein.

Ein falsches Nutzerverhalten führt i. d. R. zu sichtbarem oberflächigem Wandschimmel und zu „Bagatellschäden". Unabhängig davon ist in der aktuellen Rechtsprechung folgende Tendenz erkennbar: Erst wenn die Bausubstanz keine Mängel aufweist, ist der Mieter verantwortlich. Oder, wie es ein sachverständiger Kollege überspitzt formuliert hat: „Der Mieter darf alles und die Bausubstanz muss das tolerieren."

Darüber hinaus ist Folgendes zu berücksichtigen: Im Mittelpunkt energetischer Sanierungsmaßnahmen steht i. d. R. eine luftdichte und hoch wärmegedämmte Gebäudehülle. Die Kehrseite dieser Abdichtung ist

- eine mangelnde Abführung von Feuchtigkeit als Grundlage für Schimmelpilz- und Bakterienwachstum und
- eine Anreicherung von mikrobiellen Emissionen und Bestandteilen von Mikroorganismen in den Räumlichkeiten (vgl. Abb. 7.14).

Haustechniker, Bausachverständige, Bauingenieure, Architekten und die Mehrheit der in der Bauwirtschaft Tätigen sehen das Hauptproblem einer Schimmelbildung im (mangelhaften) Heiz- und Lüftungsverhalten der Raumnutzer. Das oftmals interessengeleitete Denken heißt aber noch lange nicht, dass dieser Zusammenhang auch stimmt.

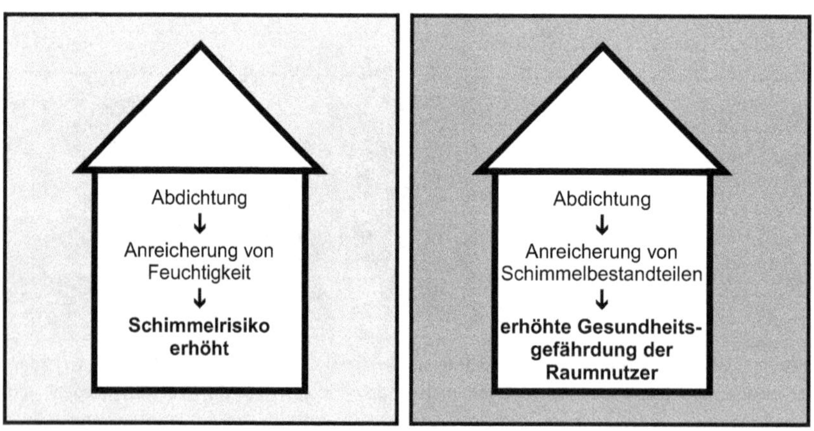

Abb. 7.14: Energetische Sanierungen sollten immer mit einer stofflichen Sanierung einhergehen, um vorhersehbare Überraschungen zu vermeiden.[79]

79 Quelle: eigene Darstellung, u. a. Leitfaden für die Innenraumhygiene in Schulgebäuden [UBA (2008)], S. 7.

Verschiedene Beispiele – zunächst im Bereich Neubauvorhaben – mögen die nutzerunabhängigen Feuchteursachen verdeutlichen: Bereits bei einem Einfamilienhaus werden rd. 10 m^3 Wasser (= 10.000 l) durch Beton, Mörtel, Putze und Estriche in das Gebäude eingebracht. Dieses Wasser muss schnellstmöglich wieder aus dem Gebäude entfernt werden, da es ansonsten die zentrale Grundlage für Schimmelwachstum bildet. Insbesondere für Materialien bzw. Bauteile, die überbaut werden, muss gelten: Erst wenn sie ausreichend trocken sind, dürfen weitere Schichten aufgebracht werden (so weit auch die einschlägigen Normen und Vorgaben der Produkthersteller). Dies gilt insbesondere bei Fußbodenkonstruktionen wegen des Trocknungsverhaltens von Rohbeton und des Putzes an den Wandfüßen.

Bei den derzeit schnellen Bauweisen verbleibt aber regelmäßig zu wenig Trocknungszeit (früher durfte ein Bauwerk über den Winter austrocknen). Die Folge: Schimmelschäden im Neubau. Rückmeldungen aus der Praxis und erste Studien[80] scheinen eine (starke) Zunahme von Schimmelschäden im Neubau zu bestätigen. Bei Neubauschäden kann aber dem (noch) fehlenden Raumnutzer kein falsches Heizen oder ungenügendes Lüften angelastet werden. Durch richtiges Heizen und Lüften kann ein einmal vorliegender Schimmelschaden auch nicht mehr geheilt (sprich saniert) werden.

Weitere Beispiele nutzerunabhängiger Feuchteursachen sind bestimmungswidrige Einträge von Wasser in Hohlräume wie Fußbodenkonstruktionen durch Hochwasser, Leitungswasser oder Schlagregenereignisse, die sich auch durch bestmögliches Nutzerverhalten nicht mehr reparieren lassen.

Durch Änderungen des Klimas werden Hochwasserereignisse mit überschwemmten Gebäuden zunehmen und jedes Jahr bearbeitet die Versicherungswirtschaft in Deutschland über eine Million Leitungswasserschäden.[81] Dass die Sanierung oftmals nicht fachkompetent und dem Umfang nach häufig nicht vollständig erfolgt, ist in Fachkreisen ein offenes Geheimnis. Ein Kommentator der VdS-Richtlinie 3151 des Gesamtverbands der Deutschen Versicherungswirtschaft e. V. (Richtlinie zur Schimmelpilzsanierung nach Leitungswasserschäden) gibt an: „Es ist eher damit zu rechnen, dass in der Vergangenheit Leitungswasserschäden falsch saniert wurden und dass mit einer großen Anzahl schimmelbelasteter Wohnungen zu rechnen ist."[82]

Bei alledem ist Folgendes zu berücksichtigen: Feuchtemessungen liefern lediglich Indizien dafür, ob möglicherweise ein Schimmelschaden vorliegt, denn: Feuchtigkeit kann phasenweise auftreten (beispielsweise als Kondensationsfeuchtigkeit im Winter) oder ehemals aufgetreten sein (z. B. als Neubaufeuchte oder bei einem Wasserschaden) – Wasser trocknet durch den Übergang von der wässrigen Phase in die Gasphase zeitabhängig ab. Im Gegensatz dazu sind Schimmelpilze und Bakterien gebildete Biomasse, die entweder aus Innenräumen beseitigt oder fachgerecht von der Raumluft abgetrennt werden muss.

7.6.2 Status quo im Umgang mit Schimmel in Gebäuden

Wer nur das glaubt, was er sieht, dem wird so manche Überraschung in unserer komplexer gewordenen Welt nicht erspart bleiben. Auch reichen Raumluftuntersuchungen auf Sporen nicht (mehr) aus, um einen verdeckten Schimmelschaden zu erkennen: Denn manchmal sind die Ergebnisse fälschlicherweise negativ: Obwohl zum Zeitpunkt der Probenahme keine hohen Sporenkonzentrationen in der Raumluft nachweisbar sind, liegt ein u. U. massiver Schimmelbefall in der Dämmebene der Fußbodenkonstruktion vor. Über die Randfuge am Übergang vom Fußboden zu Wand entweichen aus dem Unterboden nicht untersuchte mikrobielle Emissionen oder Strukturen, die die Raumluft belasten.

80 Vgl. z. B. [Foitzik, E. (2014)].

81 Vgl. [Scholzen, G. (2010)], S. 8–14.

82 [Reimann, N. (2016)].

Was ist Schimmel?

Hinter dieser vermeintlich einfachen Frage verbirgt sich ein ganzer Kosmos an Begriffen, Strukturen und Fachwissenschaftlichem. Selbst ausgebildete Mikrobiologen haben mit der Praxisrelevanz ihrer Laborergebnisse so manche Schwierigkeit. Kurzum: Es gibt wenige Fachleute, die die oftmals komplexen Sachverhalte nicht nur allgemeinverständlich darstellen, sondern neue Erkenntnisse auch in der täglichen Gutachter-, Beratungs- oder Baupraxis richtig und praxisgerecht umsetzen können.

Schimmelpilze bestehen nicht nur aus kultivierbaren, nicht keimfähigen oder abgestorbenen Sporen bzw. Sporenpaketen. Während diese der Fortpflanzung und Verbreitung dienen, sind weitere partikelartige Bestandteile wie Sporenträger, Hyphen und Myzelbruchstücke gestaltbildend (Hyphe, Myzel: wurzelartige Strukturen). Der Organismus Schimmelpilz hat außerdem ein komplexes biochemisches Innenleben: Energiereiche Materialien werden aufgenommen, verstoffwechselt und in biochemisch veränderter Form wieder an die Umgebung abgegeben. Gleiches gilt für Bakterien. Mikrobielle Emissionen und Bestandteile haben gasförmigen oder partikelartigen Charakter.

Gasförmige Schimmelpilzprodukte sind Ausscheidungen des Stoffwechsels inklusive geruchsaktiver Verbindungen, die unter dem Begriff MVOC (Microbial Volatile Organic Compounds) zusammengefasst werden. Hierzu gehören unterschiedlichste Einzelverbindungen aus vielfältigen chemischen Verbindungsklassen wie Aldehyde, Alkohole, Ketone, Ether, Ester, Terpene und Furane. Zur Mycotoxinproduktion und -freisetzung in Innenräumen liegen in der Literatur vergleichsweise wenige Veröffentlichungen vor. Des Weiteren ist das Freisetzen verschiedenartigster Zellinhaltsstoffe zu erwarten, wenn ein Schimmelpilz abstirbt. Unabhängig davon sind Bakteriengifte ebenso zu berücksichtigen wie bakterielle Stoffwechsel- und Zerfallsprodukte.[83]

Wie wird Schimmel heute typischerweise untersucht?

Früher und in bestimmten Kreisen auch heute noch heißt es: „Kein Schimmel vorhanden, weil kein Schimmel zu sehen ist." Aber das menschliche Auge reicht nicht aus, um ein Schimmelpilzwachstum (im Frühstadium) und Sporen zu erkennen, und es hat ohne Hilfsmittel nicht die Möglichkeit, hinter vorgeblendete Decken- und Wandbauplatten oder in Fußbodenkonstruktionen zu sehen. Aus diesem Grund sind Untersuchungsstrategien, Probenentnahmegeräte und Messinstrumentarien nötig, um die mikrobiologische Situation in Innenräumen oder Gebäuden eindeutig zu erfassen.

Bei Schimmelschäden werden routinemäßig (häufig ausschließlich) Raumluftuntersuchungen auf Schimmelpilzsporen durchgeführt. Manche Sachverständige bezeichnen diese Vorgehensweise als Stand der Technik. Werden niedrige Konzentrationen vergleichbar dem Freiland nachgewiesen, wird auf die vorliegende Hintergrundkonzentration verwiesen und die Innenraumqualität regelmäßig auch vom öffentlichen Gesundheitswesen als unbedenklich bewertet – obwohl nachweislich verdeckte Schimmelschäden vorliegen und auf weitere Strukturen/Emissionen nicht getestet wurde.

Unabhängig von dieser Einschätzung berichteten und berichten Raumnutzer in der eigenen gutachterlichen Praxis häufig trotz niedriger Sporenkonzentrationen in der Raumluft über gesundheitliche Beschwerden. Diese bessern sich außerhalb der Räumlichkeiten und stellen sich bei der Rückkehr dorthin erneut ein. Bei näherer Betrachtung der innenraumhygienischen Situation finden sich dann verdeckte oder nicht mit bloßem Auge sichtbare Schimmelschäden, beispielsweise in Fußbodenkonstruktionen. Nach deren Beseitigung oder nach fachgerechter Abtrennung von der Raumluft bessern sich die Beschwerden der betroffenen Personen bis hin zur Beschwerdefreiheit.

Aus diesen Beobachtungen lässt sich schließen, dass Raumluftmessungen auf Sporen nicht ausreichend sind, um verdeckte Schimmelschäden zu erkennen. Diese Erkenntnis steht im Ein-

83 Vgl. [UBA (2009)].

klang mit Angaben u. a. des Umweltbundesamtes, wonach das eigentlich Krankmachende bei Schimmelschäden bis heute nicht geklärt ist. Dementsprechend sind bei einem Verdacht auf einen Schimmelschaden nicht nur die einfach zu untersuchenden Sporen in der Raumluft zu berücksichtigen, sondern vielfältige gasförmige Emissionen und partikelartige Strukturen – sowohl beim Erkennen eines (verdeckten) Schimmelschadens als auch bei dessen Sanierung (s. u.).

Wie häufig sind Schimmelschäden in Innenräumen zu erwarten?

In einer Studie von Brasche und Kollegen[84] zu Vorkommen, Ursachen und gesundheitlichen Aspekte von Feuchteschäden in Wohnungen an der Universität Jena aus dem Jahr 2003 wurden sichtbare Feuchte- und Schimmelschäden in 5.530 deutschen Wohnungen erfasst. In 9,3 % der Wohnungen fanden sich sichtbare Schimmelschäden, in weiteren 12,6 % sichtbare Feuchteschäden, die Schimmelwachstum indirekt anzeigen (s. Abb. 7.15). Zusammengenommen weisen laut dieser Studie 21,9 % oder mindestens jede fünfte deutsche Wohnung einen sichtbaren Schimmel- und Feuchteschaden auf.

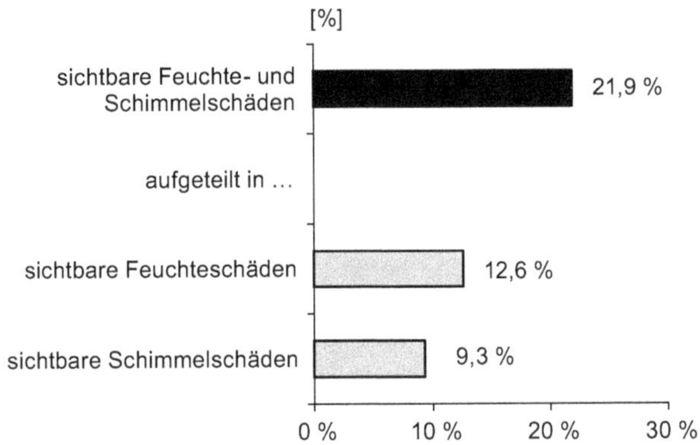

Abb. 7.15: Häufigkeit von sichtbaren Schimmel- und Feuchteschäden in deutschen Wohnungen in Prozent.[85]

Sichtbare Schäden sind regelmäßig aber nur ein kleiner Teil des Schadens – verdeckte Schäden sind oftmals viel umfangreicher. Praktiker und Fachleute sprechen davon, dass in jeder zweiten Wohnung ein mikrobielles Problem vorliegen könnte. Speziell verdecktes und nicht sichtbares Schimmelpilzwachstum ist in Innenräumen bzw. in Gebäuden nicht einfach zu erkennen.[86]

Feuchtigkeit ist die Grundlage für jedes Schimmelpilz- und Bakterienwachstum. Wenn ein mikrobielles Problem erkannt werden soll, ist es somit zwingend notwendig, die zugrunde liegenden Feuchtigkeitsursachen zu klären und Kenntnisse der Baukonstruktion in die Überlegungen einzubeziehen: Denn Schimmel ist „nur“ ein Folgeschaden nach Durchfeuchtung oder bei (ehemals) hohen Materialfeuchten.

Wo treten verdeckte, nicht sichtbare Schäden primär auf?

Antwort: An Stellen, wo Feuchtigkeit vorliegt, phasenweise auftritt oder ehemals vorgelegen hat. Dies sind insbesondere Dach- und Fußbodenkonstruktionen (vgl. Abb. 7.16). Wodurch werden der-

84 Vgl. [Brasche, S. (2003)], S. 683–693.
85 Vgl. [Brasche, S. (2003)], S. 683–693.
86 Vgl. [Hankammer, G. (2007)], [Führer, G. (2008)], S. 36–41, [Führer, G. (2010)], S. 207–211, [Lorenz, W. (2012)].

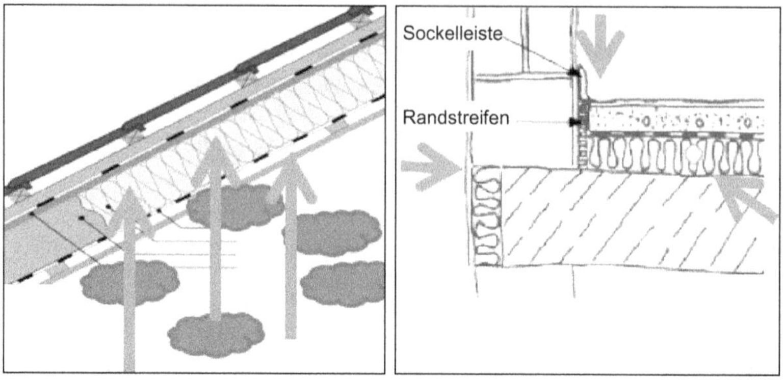

Abb. 7.16: Dach- und Fußbodenkonstruktionen sind sehr häufig von Schimmelschäden betroffen, ohne dass dies augenscheinlich erkennbar ist.[87]

artige Schimmelschäden typischerweise erkannt? Nach ersten Indizien wie typischen Geruchsauffälligkeiten, dem Auftreten von Bioindikatoren (s. u.) und/oder gesundheitlichen Beeinträchtigungen der Raumnutzer führen mikrobiologische Bestandsaufnahmen zur Klärung der Situation.

Sind technische Lüftungsanlagen die Lösung?
Der lange Zeit als Allheilmittel gegen Schimmel angesehene Einbau von Lüftungsanlagen führt gebäude- und nutzungsbedingt erzeugte Feuchtigkeit ab und beseitigt damit die Grundlage für Schimmelwachstum. Bereits vorliegende, nutzungsunabhängige Schimmelpilz-/Bakterienschäden können mit dieser Maßnahme aber nicht saniert werden. Im Gegenteil wiegen Lüftungsanlagen die betroffenen Raumnutzer und Wohnungsbewirtschafter in falscher Sicherheit, obwohl renditeschädlicher Schimmel und gesundheitliche Gefährdungspotenziale vorliegen: Zum einen müssen Schadstoffe von der ausgasenden Quelle bis zur Ablüftung „an der Nase" vorbei, zum anderen lassen sich viele partikelartige und staubgebundene mikrobielle Bestandteile und Emissionen durch Lüften nicht oder nur eingeschränkt entfernen. Schließlich können schlecht gewartete Lüftungsanlagen selbst zu einer Keimschleuder werden.

Nichtsdestotrotz können Lüftungsanlagen einen sinnvollen Beitrag zur Verbesserung der innenraumhygienischen Verhältnisse liefern. Dies vor allem bei dem unter energetischen Gesichtspunkten notwendigen dichten Bauen, womit ein quasi automatischer Luftaustausch mit Feuchteabreicherung wirksam unterbunden wird. Einen vorliegenden Schimmelschaden können Lüftungsanlagen aber bestenfalls in der Symptomschwere abmildern – für dessen fachgerechte Sanierung sind andere Maßnahmen nötig.

7.6.3 Professioneller Umgang mit Schimmel im Immobilienmanagement

Im Hinblick auf aktuelle Erkenntnisse ist Schimmel für die Bewirtschaftung von Immobilien ein relevanter Faktor mit großen Schadenspotenzialen. Wer sich heute beim Neubau und im Bestand noch nicht (ausreichend) mit dieser Thematik befasst, wird in der Zukunft hohe wirtschaftliche Risiken eingehen.

87 Aus: Führer, Gerhard: Wo und wie häufig sind verdeckte Schimmelschäden zu erwarten? In: [peridomus (2013)], S. 9–16.

Konzeptioneller Umgang mit Schimmel in der Wohnungs- und Immobilienwirtschaft
Bestandshalter können ihre Wohnungsbestände aus nachvollziehbaren Gründen (z. B. fehlendes Wissen, Bereitstellung von Finanzmitteln) nicht von heute auf morgen auf Schimmelfreiheit umstellen. Wenn aber das eigentliche Problem „Erkennen der Problematik" einmal erkannt wurde, geht es primär um Risikominimierung bzw. möglichst objektives Einschätzen der Risikopotenziale. Erst dann können unter Rendite-, Risiko- und Vorsorgegesichtspunkten rational begründbare Entscheidungen getroffen werden. Somit ist Schimmel ein hoch wirtschaftliches, aber weithin unterschätztes Thema in der Wohnungs- und Immobilienwirtschaft.

Als Bestandshalter bestellen Sie ein neues (Wohn-)Gebäude. Auch ohne vertragliche Vereinbarung muss es dem bestimmungsgemäßen Gebrauch entsprechen. Das heißt auch, dass Sie das Gebäude ohne Schimmel bestellt haben und mit einer gewissen Wahrscheinlichkeit ein Gebäude mit einem relevanten Schimmelschaden geliefert bekommen (haben). Übernehmen Sie das mit Schimmel belastete Gebäude, werden Sie von Ihrem Mieter bei sich einstellendem sichtbarem oder verdecktem Schimmel, bei Geruchsauffälligkeiten oder bei gesundheitsrelevanten Sachverhalten angehalten, den Schaden zu beheben. Jetzt kämpfen Sie an zwei Fronten: Dem Auftragnehmer gegenüber müssen Sie dramatisieren und dem Mieter gegenüber bagatellisieren. Der Errichter des Gebäudes ist spätestens nach Ablauf der Gewährleistungszeit vollständig aus dem Spiel. Was also tun?

Beim **Neubau** ist

1. gegenüber dem Auftragnehmer auf einem Feuchtemanagement zu bestehen, damit keine unkontrollierte (Rest-)Feuchte in dem Gebäude zu Schimmelschäden führt.
2. Bei der Gebäudeabnahme ist zu gewährleisten und zu belegen, dass sich keine verdeckten und nicht sichtbaren Schimmelschäden in Hohlräumen wie Fußboden- und Dachkonstruktionen gebildet haben. Dies ist auch insofern wichtig, als bei einem versicherten Leitungswasserschaden sich eine Versicherung durch Einrede eines bereits vor Schadenseintritt vorgelegenen Neubaufeuchteschadens zumindest teilweise der Regulierung entziehen kann.
3. Im Hinblick auf die oftmals interessengeleitete Begutachtung ist bei der Auswahl eines Sachkundigen/Sachverständigen dessen Haupteinnahmequelle zu berücksichtigen. Gutachter, die häufig oder gar ausschließlich für Bauunternehmen und Versicherungen begutachten, scheinen für eine Prüftätigkeit für die Wohnungs- und Immobilienwirtschaft wenig geeignet.

Im **Schadensfall** ist eine „Sanierung der Sanierung" aus verschiedenen nachvollziehbaren Gründen unter allen Umständen zu vermeiden: Bei einer kosmetischen Sanierung kommt es zunächst zu einer vermeintlichen Kosteneinsparung im Vergleich zu einer fachgerechten Sanierung. Gibt es nachfolgend erneutes Schimmelwachstum und/oder Geruchsauffälligkeiten und/oder eine Mieter-Vermieter-Auseinandersetzung und/oder ..., werden sich die Kosten vervielfachen, von weiterem Zeitaufwand, Ärger und ggf. schlechter Presse ganz zu schweigen.

Bestandsimmobilien: In einem Wohnungsbewirtschaftungsunternehmen ist i. d. R. bekannt, welche Immobilien immer wieder Ärger durch Schimmelschäden machen. Weniger bekannt ist dagegen, welche „schlafenden" Risikopotenziale mikrobieller Art in den einzelnen Bestandsimmobilien vorliegen. Dieses Wissen wäre aber wichtig, um die Einzelobjekte z. B. in Schadens-/Risikostufen einordnen zu können: Wohnungen und Gebäude a) ohne gravierendes Schimmelrisiko, b) mit mittlerem und c) mit hohem Schimmelrisiko.

Ist der mikrobielle Status einer Wohnung bzw. eines Gebäudes bekannt, könnten bei **anstehenden Umbau-, Sanierungs- und Modernisierungsmaßnahmen** entsprechende Schimmelrisiken bzw. Schimmelschäden beseitigt und der Kostenaufwand wegen vorliegender „Sowieso"-Kosten minimiert werden.

Schimmel in einer vermieteten Wohnung – Vorgehensweise aus Sicht des Wohnungs- und Immobilienbewirtschafters
Dieser Frage hat sich ein Forschungsprojekt gewidmet, das an der Hochschule Mainz im Fachbereich Technik durchgeführt wurde. Kooperationspartner waren das Sachverständigen-Institut peridomus in Himmelstadt bei Würzburg und weitere Akteure. Das Thema lautete: Geschäftsprozessoptimierung in der Immobilien- und Wohnungswirtschaft durch den Einsatz (teil-)automatisierter, mobiler Endgeräte und intelligenter Systeme am Beispiel des Schimmelbefalls in Wohnräumen.

Ausgangspunkt der Studie war erstens die These, dass Schimmel für Bestandshalter ein zukunftsträchtiges Thema ist, und zweitens, dass nicht jeder Einzelfall individualisiert bearbeitet werden kann. Wie also ist ein systematisch-strukturiertes Herangehen denkbar, wenn sich der Mieter beim Hausmeister sinngemäß mit den Worten meldet: „Ich habe Schimmel in der Wohnung!"? Dafür wurden zunächst drei Stufen innerhalb eines Ablaufschemas definiert, die im Hinblick auf die Komplexität des jeweiligen Einzelfalls teilweise oder ganz durchlaufen werden (vgl. Abb. 7.17).

Abb. 7.17: Prozessorientiertes Ablaufschema bei der Schimmelmeldung durch einen Mieter.[88]

Stufe 1 (als Wartungsebene bezeichnet): Nach der Schadensaufnahme wird der Schaden durch einen geschulten Außendienstmitarbeiter (i. d. R. Hausmeister) besichtigt und geprüft, erste Daten werden z. B. durch Befragung erhoben und die erhaltenen Informationen an die Zentrale zur Speicherung übergeben. Wenn die Schadens-/Feuchtigkeitsursache klar und eindeutig ist, werden (Modernisierungs-)Maßnahmen festgelegt und diese abgearbeitet.

Stufe 2 (als bautechnische Ebene bzw. Instandhaltungsebene bezeichnet): Bei unklarer Schadens-/Feuchtigkeitsursache ist ein Sachkundiger hinzuzuziehen. Dieser besichtigt/begutachtet den Schaden unter feuchterelevanten, (bau-)technischen und (bau-)physikalischen Gesichtspunkten und übermittelt das Ergebnis an die Zentrale. Dort werden die Daten im System hinterlegt. Als Ergebnis sind möglich: a) Es liegt kein Schaden vor, b) die Schadensursache wurde festgestellt und Maßnahmen wurden festgelegt, c) die Schadensursache und/oder der Schadensumfang und/oder gesundheitlich-innenraumhygienische Gesichtspunkte sind unklar.

Stufe 3 (als sachverständige bzw. mikrobiologische Ebene bezeichnet): Ein fachkompetenter Sachverständiger begutachtet/beurteilt den Schaden unter mikrobiologischen/innenraumhygienischen Gesichtspunkten. Dabei werden nach einer erfahrungs- und situationsbedingten Risikoabschätzung Proben gewonnen und diese laboranalytisch untersucht. Kurzfristige Maßnahmen im Sinne einer gesundheitlichen Vorsorge werden empfohlen. Nach Erhalt

88 Quelle: eigene Darstellung.

der Laborergebnisse und deren Bewertung ist ein Sanierungskonzept zu erstellen, bei dem Einzelmaßnahmen mit ihren Vor-/Nachteilen vorgestellt werden sollten. Ziel ist, alle Schadens-/Feuchteursache(n) zu erkennen und den Folgeschaden Schimmel vollständig zu beseitigen. Dazu gehören auch die Durchführung von Feinreinigungsmaßnahmen zum Entfernen von Sekundärkontaminationen und die Überprüfung der Sanierungsmaßnahmen inklusive deren Dokumentation.

In Abhängigkeit von der jeweiligen Stufe sind verschiedenartigste Mess- bzw. Untersuchungsmethoden und -strategien möglich. Diese müssen sinnvoll stufenspezifisch eingesetzt, zielführend kombiniert und auf den Einzelfall abgestimmt werden. Ziel aller Bemühungen muss es sein, die vom Raumnutzer/Mieter bemängelten Schimmelschäden nicht nur kosmetisch (z. B. bis zum nächsten Winter), sondern nachhaltig im Sinne von dauerhaft zu sanieren. Hierfür sind typischerweise (vorsichtig ausgedrückt) nicht unerhebliche finanzielle Mittel nötig. Vor diesem Hintergrund lohnt es sich, präventive Maßnahmen zur Vermeidung von Schimmelschäden in jeder Zeit- und Entstehungsphase von bewirtschafteten Wohnungen, wo immer möglich, zu berücksichtigen. Dieser Aspekt wurde in dem Ablaufschema unter **Stufe 0** aufgenommen: Schadenstolerante Konstruktionen und Feuchtemanagement im Neubau sind an dieser Stelle genauso erwähnenswert wie Mess-, Steuer- und Regeltechnik inklusive eines rechnergesteuerten Facility-Managements, z. B. zum frühzeitigen Erkennen von Feuchteaufkommen.

Aber unabhängig von diesen material- und managementbestimmten Vorgaben wird als wesentliches Element für den fachgerechten Umgang mit Feuchte- bzw. Schimmelschäden die fehlende Ausbildung verantwortlich gemacht: Denn wir sehen nur, was wir wissen, und wir wissen nur, was wir gelernt haben.

7.6.4 Entwicklungen bei den Untersuchungsmethoden

Wer viel misst, misst Mist – so eine geläufige Redensart. Da aber der Mensch mit seinen fünf Sinnen nicht alles erfassen kann, benötigt er Hilfsmittel zum Erkennen bestimmter relevanter Umweltfaktoren. Ein Beispiel dafür sind verdeckte Schimmelschäden.

Vorliegende Standards für mikrobiologische Einzeluntersuchungen

Es gibt vielfältige Möglichkeiten, um Schimmelpilze und Bakterien in Innenräumen zu untersuchen. Beispiele sind Material-, Staub- und/oder Raumluftuntersuchungen auf kultivierbare und nicht keimfähige Sporen, auf sterile Zellwandbruchstücke, β-Glucane, Mycotoxine, Endotoxine, weitere Stoffwechselprodukte, zelltoxische Potenziale und anderes. Jede Methode hat ihre Vor- und ihre Nachteile, weswegen für eine Charakterisierung der Schimmelpilz-/Bakteriensituation einerseits eine möglichst umfangreiche Beprobung und Untersuchung auf verschiedene Parameter mit mehreren Probenahmestellen im Gebäude stattfinden muss. Andererseits kommt in der praktischen Vorgehensweise dem finanziellen Aspekt eine wesentliche Rolle zu. Zusammenfassend ergibt sich daraus folgende Frage: Wie kann die mikrobiologische Situation (i. e. das Vorliegen bzw. die Ausbreitung eines Schimmel-/Bakterienschadens) in einem Gebäude mit vergleichsweise geringem Aufwand möglichst genau charakterisiert werden bzw. wie ist ein Schimmel-/Bakterienschaden in einer Wohnung einzugrenzen, zu lokalisieren oder auszuschließen?

Für die Auswahl der richtigen Untersuchungsmethode(n) müssen u. a. folgende Punkte berücksichtigt werden:

- Neben trockenheits- und feuchtigkeitsliebenden Schimmelpilzen sind auch Bakterien mit zu erfassen.
- Gasförmige Schimmelpilz-/Bakterienemissionen und partikelartige Schimmelpilz/Bakterienstrukturen sind zu berücksichtigen.

- Jahreszeitliche und tageszeitliche Rhythmen der Produktion bzw. Abgabe von Stoffwechselprodukten und Sporen können auftreten.
- Physikalische, (bio-)chemische oder mikrobiologische Untersuchungsmethoden können eingesetzt werden.
- Bei kultivierungstechnischen Untersuchungen sind aus der Vielzahl an Möglichkeiten geeignete Nährmedien auszuwählen.
- Repräsentative Probenahmestellen und ausreichende Probenahmepunkte mit jeweils genügenden Probenahmemengen sind zu wählen.
- Es ist zu entscheiden, ob ausschließlich nicht invasive oder auch zerstörende Probeentnahmemethoden eingesetzt werden können, z. B. durch Bauteilöffnungen zur Gewinnung von Proben aus Hohlräumen.
- Beispielhaft werden in der VDI-Richtlinie 4300, Blatt 10 (Messstrategien zum Nachweis von Schimmelpilzen im Innenraum) Untersuchungsverfahren vorgestellt und erläutert, was bei der Probeentnahme und der Auswertung der Proben zu berücksichtigen ist. Zur konkreten Vorgehensweise zum Erkennen und lokalen Eingrenzen des Ausmaßes einer Schimmelpilzbelastung finden sich keine Ausführungen. Im Gegenteil wird zu Beginn des Kapitels 5 dieser VDI-Richtlinie festgestellt, dass es zur Erfassung und Bewertung von Schimmelpilzschäden kein Standardverfahren gibt. Weiterhin wurden in dieser VDI-Richtlinie mikrobielle Schäden durch Bakterien ausgeklammert. Somit ist diese Abhandlung wenig praxisrelevant, wenn es um die Erkennung und Eingrenzung eines Schimmelschadens unter wirtschaftlichen Gesichtspunkten geht.

Neuer Ansatz für mikrobiologische Bestandsaufnahmen in Wohnungen und Gebäuden

Wie müsste ein Untersuchungsverfahren zum Erkennen, lokalen Eingrenzen oder aber zum Ausschluss von relevanten Schimmelschäden aussehen, damit es für Immobilienbewirtschafter interessant ist?

- Das Verfahren sollte (weitgehend) zerstörungsfrei und möglichst direktanzeigend sein.
- In vergleichsweise kurzer Zeit sollten große Flächen/Wohnungen/Gebäude unter mikrobiologischen Gesichtspunkten überprüft werden können.
- Die erhaltenen Prüfergebnisse sollten eine hohe Treffer- bzw. Ausschlusswahrscheinlichkeit bezüglich Schimmelschäden haben.

Ein am Institut peridomus weiterentwickeltes und elegantes Verfahren, das diesen Forderungen gerecht wird, wurde in den letzten Jahren mit dem „Messinstrument Schimmelspürhund" etabliert: Aus vielfältigen praktischen Einsätzen zusammen mit systematischen Innenraumuntersuchungen, aus Einzelfallbeschreibungen[89] und abgesichert durch eine universitäre wissenschaftliche Studie[90] ist klargeworden: Schimmelspürhunde können mikrobielle Schäden erkennen und lokalisieren. Ähnlich wie Drogen-, Lawinen- oder Sprengstoffsuchhunde durch ihren guten Geruchssinn ihre jeweiligen Suchaufgaben zuverlässig erledigen, können Hunde auch auf Schimmel trainiert werden.

Mittlerweile werden solche Schimmelspürhunde auch zertifiziert, wobei eine positive Zertifizierung im Hinblick auf Suchaufträge in Übungsräumen noch keine Garantie dafür ist, dass der Hund und sein Hundeführer auch praxistauglich sind. Aus der Praxis ist nämlich bekannt, dass

---

89 Vgl. Böge, Klaus-Peter; Tegeder, Christian: Der Schimmelspürhund – Möglichkeiten und Grenzen zur Lokalisierung verdeckter Schimmelpilzschäden in Gebäuden, in: [Moriske, H. (1998)], vgl. Lorenz, Wolfgang: Schimmelpilzspürhunde: Einsatzmöglichkeiten, Grenzen, ergänzende Labordiagnostik, in: [bfub (2010)].

90 Vgl. [Wallner, J. (2013)], vgl. [Wallner, J. (2012)], S. 94–98.

die Qualität des Messinstruments Schimmelspürhund in Abhängigkeit vom Schimmelspürhund, von seinem Hundeführer und/oder dem beteiligten Sachverständigen sehr unterschiedlich ist.

Wesentlich sind die zuverlässige Ausbildung des Hundes, eine regelmäßige Überprüfung des Markierungsverhaltens mittels Materialuntersuchungen und der Einbezug eines sachkundigen Fachsachverständigen.[91] Dieser wird zur Nachvollziehbarkeit und zu Dokumentationszwecken das Markierungsverhalten des Schimmelspürhunds schriftlich aufzeichnen. Zur Absicherung der Ergebnisse der Begehung mit einem Schimmelspürhund und zur Qualifizierung und Quantifizierung des mikrobiellen Schadens sollten stichprobenartig zweckdienliche Materialproben aus den markierten Bereichen genommen werden. Diese sind mit geeigneten mikrobiologischen Methoden auf Schimmelpilze und Bakterien zu untersuchen.

Im Idealfall sind bereits Erkenntnisse über physikalische Untersuchungsgrößen durch Feuchtemessungen, Thermografien oder Luftdichtigkeitsmessungen vorhanden. Diese geben direkt oder indirekt Informationen zur aktuellen und zur ehemals vorliegenden oder phasenweise auftretenden Feuchtigkeit und können deshalb ergänzend zum Markierungsverhalten eines Schimmelspürhunds das Gesamtbild abrunden. Zudem sind derartige Informationen interessant, um unter wirtschaftlichen Gesichtspunkten zielsicher Probeentnahmestellen zur Gewinnung von Materialproben zu identifizieren und damit eine mikrobiologische Bestandsaufnahme zu vervollständigen.

Das zunächst exotisch anmutende Untersuchungsverfahren Messinstrument Schimmelspürhund ist von Mitarbeitern des Instituts peridomus professionalisiert worden. Mittlerweile wurde am Institut aus vielfältigen und vielzähligen Projekten, von Kindergärten, Schulen und Studentenwohnungen über Wohnhäuser bis hin zu großen Büro- und Wohnkomplexen, ein reicher Erfahrungsschatz gewonnen.

Weiterentwicklung von praxisrelevanten Standards

Bis heute ist nicht bekannt, wie der deutsche Gebäudebestand unter mikrobiologischen Gesichtspunkten einzuschätzen ist. Immerhin hat die oben erwähnte Studie aus dem Jahr 2003 erbracht, dass mindestens jede fünfte Wohnung einen Feuchte- und/oder Schimmelschaden aufwies – wohlgemerkt: sichtbare Schäden. Verdeckte und mit bloßem Auge nicht erkennbare Schäden, z. B. in Hohlräumen wie Fußbodenkonstruktionen, wurden dabei gar nicht erfasst.

Rückmeldungen von Praktikern und erste Studien legen nahe, dass 50 % des Gebäudebestands und der Neubauten einen relevanten Schimmelschaden haben könnten. Dazu kommt als großes Thema, dass Schimmelschäden scheinbar häufig nicht fachgerecht saniert werden. Aus alledem wäre ein erster Schritt, den Gebäudebestand und Neubauten unter mikrobiologischen Gesichtspunkten zu charakterisieren. Da es sich um gesellschaftsrelevante Daten handelt, wäre hier von der öffentlichen Hand eine entsprechende Grundlagenforschung einzufordern. Dabei sollten Einfamilienhäuser, Reihenhäuser und Mehrfamilienhäuser getrennt und in Abhängigkeit von Baualter, Bauweise, Geschossebene, … erkundet werden.

Unabhängig davon ist das Wissen über derartige Kenngrößen für einen Immobilien- und Wohnungsbewirtschafter im Hinblick auf seinen Gebäude- bzw. Wohnungsbestand ein absolutes Muss. Erst dann können Risikopotenziale erkannt und richtig eingeschätzt, Handlungsstränge entwickelt, Prioritäten gesetzt, Fragen zur Haftung der Geschäftsführung und Ähnliches mehr aufgezeigt bzw. geklärt werden.

Ein weiterer Fragenkomplex sollte sich mit dem einfachen und kostengünstigen Erkennen von Schimmelschäden beschäftigen. Können für eine erste orientierende Einschätzung von Schimmelschäden sog. Bioindikatoren wie Staubläuse, Kellerasseln oder Silberfischchen eingesetzt werden? Diese Tierarten benötigen es feucht und warm, was wiederum ideale Voraussetzungen für Schimmelpilz- und/oder Bakterienwachstum ist. Ist das Vorkommen einer oder mehrerer dieser Tierarten

91 Vgl. Stahl, Sonja: Mikrobiologische Bestandsaufnahme: Beispiele aus der Praxis, in: [peridomus (2015)], S. 59–66.

bereits ein eindeutiges Zeichen für einen Schimmelschaden, zumal sie in älterer Literatur teilweise als Schimmelfresser bezeichnet werden?[92]

Schließlich: Was sind materialtypische Hintergrundkonzentrationen und wie lässt sich das „System Schimmel“ effizient und kostengünstig charakterisieren? Neben Schimmelpilzen sind hier Bakterien, Einzeller, Silberfischchen, Hausstaubmilben, Amöben und vieles mehr zu berücksichtigen.

Ein überdenkenswerter Vergleich mit nachahmenswerter Methodik sei an dieser Stelle erwähnt: Als Grundlage und vor Beginn der energetischen Sanierung im Rahmen von Konjunkturpaketen wurden Messreihen durchgeführt, um zu erkennen, welche Dämmstoffe in welchen Schichtdicken zu sinnvollen Lösungen führen. Erst nach der Platzierung von zahlreichen Sensoren, der Durchführung unendlicher Messreihen und Auswertung unvorstellbarer Datenmengen konnten entsprechende Maßnahmen ergriffen werden. Warum wird diese sinnvolle Vorgehensweise beim Thema Schimmel bis jetzt noch nicht einmal halbherzig angegangen? Fehlt es u. U. am grundsätzlichen Interesse an der Lösung dieser Problematik, weil nicht ist, was nicht sein darf?

Fazit: Erst wenn sich unsere Gesellschaft eingesteht, dass wir in unseren Gebäuden und Wohnungen große Schimmelprobleme haben (zumindest größere als bisher angenommen), wird es auch zu Innovationen kommen. Dieser nötige Paradigmenwechsel weg vom Ausblenden, Verdrängen und Vertuschen hin zum ehrlichen Umgang mit dem Thema Schimmel wird Anreize geben für die Entwicklung von neuen Sanierungsmaterialien, Sanierungstechniken sowie schadenstoleranten Materialien und Konstruktionen. Zusätzlich wird es zu einer Neubewertung der Raumqualität kommen, auch oder gerade mit Chancen für die Immobilienbewirtschaftung. Beispielsweise sind neue Geschäftsmodelle zu erwarten mit einem höheren Mietzins für innenraumhygienisch hochwertige, schimmelüberprüfte Wohnungen.

7.6.5 Einmal richtig und nicht mehrfach sanieren

Der Vermieter (Bestandshalter) schuldet dem Mieter (Kunden) eine „saubere“ Raumluft, nicht aber „schimmelfreie“ Konstruktionen. Für die am häufigsten von Schimmelschäden betroffenen Fußbodenkonstruktionen gilt es unter diesem Gesichtspunkt die verschiedenen bisher verfügbaren Sanierungsmöglichkeiten unter fachlichen Gesichtspunkten zu charakterisieren.

Die beste und sicherste Sanierung ist die Entfernung mikrobieller Belastungen aus den betroffenen Bauteilen, Wohnungen oder Gebäuden. Da diese Methode aber nachvollziehbar auch die teuerste ist, gilt es, nach vertretbaren Alternativen zu suchen bzw. solche zu entwickeln. Voraussetzung für jede Sanierung ist, dass die Feuchtigkeitsursache(n) als Grundlage für mikrobielle Aktivität erkannt und beseitigt wurde(n) und potenziell erhaltenswerte Bauteile bei Bedarf getrocknet werden. Die nachfolgenden Ausführungen zu häufig betroffenen Fußbodenkonstruktionen wurden bereits an verschiedenen Stellen[93] ausführlich diskutiert.

Status quo der Sanierungsmöglichkeiten bei häufig betroffenen Fußbodenkonstruktionen

Schwimmend verlegte Estriche

- **Diffusionsoffene Überarbeitung der Randfugen.** In den Jahren 2002 bis 2004 wurde ein zweistufiges Filtersystem entwickelt, das alle möglichen gasförmigen Emissionen mikrobiellen Ursprungs inklusive geruchsaktive Verbindungen durch ein Adsorbens und alle partikelartigen Schimmelpilz-/Bakterienstrukturen mittels eines Filtergewebes sicher und für lange

92 Vgl. Stahl, Sonja: Vom verdeckten zum sichtbaren Schimmelschaden mit Staubläusen, Silberfischchen & Co., in: [peridomus (2016)], S. 59–66, vgl. [von Kéler, S. (1953)].

93 Unter anderem vgl. [Führer, G. (2010)], S. 207–211, vgl. [Lorenz, W. (2012)], vgl. Führer, Gerhard: Vertretbare Alternativen zum Komplettrückbau der Fußbodenkonstruktion, in: [peridomus (2016)], S. 89–96.

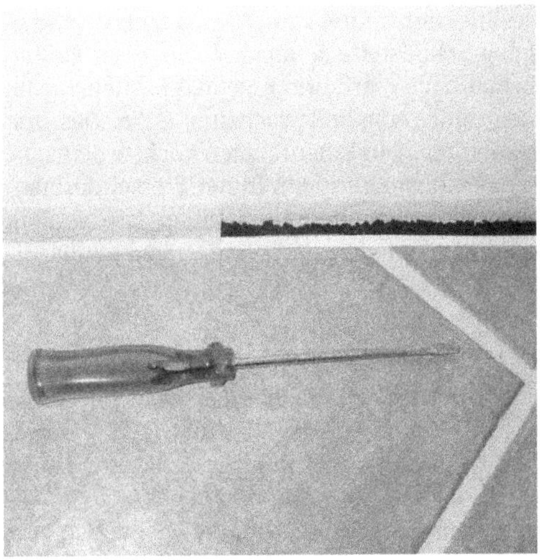

Abb. 7.18: Vertretbare Alternative in vermieteten Wohnungen zum Komplettausbau des Fußbodens: das diffusionsoffene Estrichfugensystem SCHIMMELSTOPP mit seinen zwei Filterkomponenten zur sicheren Zurückhaltung gasförmiger, von Mikroorganismen erzeugter Emissionen (schwarzes Adsorbens in der Fuge) und partikelartiger Schimmelpilz- und Bakterienbestandteile (weißes Filtervlies über der Fuge) aus einer Fußbodenkonstruktion mit schwimmend verlegten Estrichen.[94]

Zeit zurückhält (s. Abb. 7.18). Durch die Verwendung diffusionsoffener Materialien in und über der Randfuge kann Restfeuchte zeitnah trocknen. Die Schalleigenschaften der Randfuge werden durch die Überarbeitung nicht beeinträchtigt. Langjährige Erfahrungen aus vielfältigen Projekten bestätigen die in der Theorie vorhergesagten Methodenvorzüge auch in der Sanierungspraxis. Die Vorteile sind: a) sofortige Umsetzbarkeit, b) einfach und ohne Vorkenntnisse einbaubar, c) keine Baustelle, d) kein Auszug der Raumnutzer aus der Wohnung und e) kostengünstig im Vergleich zum Komplettausbau der Fußbodenkonstruktion mit umfangreichen Feinreinigungs-/Kontrollmaßnahmen inklusive wirtschaftlicher Folgekosten wie Hotelaufenthalte der Raumnutzer und Rechtsberatungskosten.

- **Nicht fachgerecht: vermeintlich (gas-)dichte Randfugen.** Oftmals eingesetzte Kompribänder, Silikonschnüre oder elastische Dichtungsmassen entsprechen einstufigen Filtersystemen. Diese sollten partikelartige Strukturen zurückhalten. Gasförmige Emissionen, Geruchsbelastungen und Kleinststrukturen werden bei häufig auftretenden Undichtigkeiten/ Rissbildungen durch Konzentrationsunterschiede wie aus einem Luftballon aus der Fußbodenkonstruktion in die Raumluft geblasen. Zusätzlich wird Restfeuchte gekapselt. Einstufige Filter halten nur partikelartige Strukturen zurück, womit keine vollständige Abtrennung einer belasteten Fußbodenkonstruktion erfolgt.
- **Nicht fachgerecht: Desinfektionsmaßnahmen.** Der Einsatz von Bioziden bzw. Desinfektionsmitteln in Innenräumen ist nicht erwünscht und stellt auch keine fachgerechte Lösung dar. Gegen eine derartige Lösung sprechen verschiedene Sachverhalte, u. a. seien genannt: 1. Für die Anwendung muss das Mittel im Unterboden alle belasteten Stellen erreichen, was bei Fußbodendämmungen auf Schaumbasis nicht zu gewährleisten ist. 2. Schimmelpilz- und Bakteriensporen sind sehr widerstandsfähig gegen Desinfektionsmittel. 3. „Dead or alive“ – sowohl keimfähige als auch nicht keimfähige oder abgetötete Schimmelpilzbestandteile sind

94 Quelle: eigene Darstellung.

gesundheitlich immer relevant. 4. Durch das Desinfektionsmittel kann es zum Eintrag zusätzlicher, u. U. gesundheitlich relevanter chemischer Schadstoffe kommen. 5. Bei einer Fußbodentrocknung verbleibt bei derartigen Fußbodenaufbauten erfahrungsgemäß Restfeuchte im Unterboden (s. u.), was die Grundlage für erneutes Schimmelpilzwachstum ist. 6. Das Umweltbundesamt (UBA) als die für das Fachgebiet Schimmel in Innenräumen höchste deutsche Oberbehörde lehnt Desinfektionsmaßnahmen aus gutem Grund ab. In der Presseinformation Nr. 26/2009 des UBA heißt es: „Für eine fachgerechte Sanierung bei Schimmelpilzbefall in Wohnungen, Büros und anderen regelmäßig genutzten Räumen sind keine Desinfektionsmittel nötig – sie stellen oft sogar ein Gesundheitsrisiko dar.“[95]

Hohlraumböden und Leichtbauweisen

- Eine Überarbeitung der Randfugen ist bei Hohlraum- oder Doppelböden nachvollziehbar nicht zielführend, da eine geeignete Ausführung bzw. Geometrie der Randfuge fehlt. Alternativ kann durch den Aufbau von Druckdifferenzen in Bauteilen bzw. Hohlräumen (Unterdruck) ein Eindringen von mikrobiellen Bestandteilen in die Raumluft verhindert werden.
- Erste Erfahrungen und Projekte sind sehr vielversprechend. Aktuell wird die Methode mittels spezieller Schlauchperforierungen und Schlauchkonfigurationen an Ständerwand- und Dachkonstruktionen angepasst.

Fallbeispiel 1: Sanierung der Sanierung

In einer neu errichteten Wohnung war es zu einem bestimmungswidrigen Freisetzen von Leitungswasser gekommen. Daraufhin hatte sich in den Dämmebenen der Fußbodenkonstruktion unter dem schwimmend verlegten Estrich auf etwa 80 m^2 eine Schimmelpilz-/Bakterienbelastung eingestellt. Einige Raumnutzer prägten eine unspezifische Symptomatik aus mit Kopfschmerzen, Schlafstörungen und Schleimhautreizungen. Die Beschwerden begannen wenige Wochen nach dem Freisetzen des Wassers. Beim Verlassen der Räumlichkeiten besserten sich die Beschwerden sehr deutlich bis hin zur Beschwerdefreiheit und traten nach der Rückkehr in die Wohnung erneut auf. Demzufolge bestand ein räumlicher und zeitlicher Zusammenhang mit dem Schadensereignis.

Der beteiligte Schimmelsachverständige empfahl den kompletten Austausch der Fußbodenkonstruktion. Entgegen dieser Empfehlung bestand der Schadensregulierer der Versicherung darauf, die Fußbodenkonstruktion zu trocknen und zu desinfizieren. Nachdem beim Gesundheitszustand der Raumnutzer keine nachhaltige Besserung eintrat, wurde die Fußbodenkonstruktion ein zweites Mal mikrobiologisch charakterisiert. Als Ergebnis war eine (erneute und/oder noch immer vorhandene) mikrobielle Belastung in der Fußbodenkonstruktion nachweisbar.

Vor diesem Hintergrund wurde jetzt versicherungsseitig der Ausbau der kompletten Fußbodenkonstruktion akzeptiert und finanziert. Die gesundheitlichen Beschwerden gingen vollständig zurück. Bei der Scheinlösung Trocknen und Desinfizieren konnte billig und sofort gearbeitet werden. Die nachfolgend umgesetzte richtige Lösung war zunächst vermeintlich teuer. In der Summe war aber die Doppelsanierung extrem kostenträchtig, zeitraubend und für alle Beteiligte sehr nervenaufreibend.

Fallbeispiel 2: Energetische Sanierung und Schimmel

Ein Schulgebäude aus den 1970er-Jahren wurde im Rahmen eines Konjunkturprogramms ab dem Jahr 2006 energetisch saniert. Im Rahmen des Einbaus von neuen Fenstern und einer Außendämmung wurde zur Energieeinsparung auch die Luftdichtheit des Gebäudes optimiert. Derartige energetische Verbesserungen haben zwangsläufig zur Folge, dass eine Anreicherung von Schad-

95 [UBA (2009a)], vgl. [Führer, G. (2008)], S. 36–41, vgl. [Führer, G. (2010)], S. 207–211, vgl. [Lorenz, W. (2012)].

stoffen jeglicher Art inklusive gasförmiger Emissionen mikrobiellen Ursprungs und partikelartiger Schimmelpilz- und Bakterienstrukturen erfolgt. Es kam, wie es kommen musste: Aus dem Lehrkörper gab es nach der energetischen Sanierung Rückmeldungen über Geruchsauffälligkeiten und über gesundheitliche Beschwerden der Raumnutzer.

Eine deshalb durchgeführte mikrobiologische Bestandsaufnahme des Gebäudekomplexes erbrachte die Erkenntnis, dass an verschiedenen Stellen teilweise flächige verdeckte und zunächst nicht sichtbare Besiedelungen mit Mikroorganismen vorlagen. Betroffen waren im Wesentlichen Hohlräume hinter abgehängten Decken, Fußbodenkonstruktionen und das Flachdach. Bei der chemischen Bestandsaufnahme gab es Auffälligkeiten u. a. bei Formaldehyd und Holzschutzmittelwirkstoffen.

Primär wegen vorhandener Schimmelpilz- und Bakterienbelastungen wurde nach der energetischen Sanierung eine stoffliche Sanierung durchgeführt. Diese war ebenso kostenträchtig wie die energetische Ertüchtigung des Gebäudes. Von besonderem Interesse war in diesem Zusammenhang das Abschlussgespräch des betreuenden Schimmelsachverständigen mit dem politisch Verantwortlichen des Sachaufwandsträgers, das sinngemäß wiedergegeben wird. Sachaufwandsträger: „Sechs Millionen hat die energetische Sanierung und sechs Millionen die nachgeschaltete stoffliche Sanierung gekostet. Für zehn Millionen, also zwei Millionen weniger, hätte ich aber ein neues Schulgebäude ohne Kompromisslösungen erhalten. Wieso haben Sie mir diese Schimmelschäden nicht im Vorfeld mitgeteilt?“ Darauf der Sachverständige: „Weil mich in der Planungsphase niemand gefragt (bzw. beauftragt) hat.“

7.6.6 Welche Handlungsfelder und -folgen ergeben sich für Wohnungs- und Immobilienbewirtschafter?

Bereits bei einem Neubauvorhaben sollte man sich nicht darauf verlassen, ein Gebäude ohne relevanten Schimmelschaden geliefert zu bekommen – Vertrauen ist gut, doch Kontrolle ist besser. In Bestandsgebäuden reichen die etablierten Untersuchungsmethoden oftmals nicht aus, um verdeckte Schimmelschäden (vollständig) zu erkennen.

Schulungen und Fortbildungen

Es ist immer wieder erschreckend, welche Wissenslücken auch bei vermeintlichen Fachleuten beim Thema Schimmel auftreten. In vielen Fällen werden Behauptungen aufgestellt und persönliche Einschätzungen oder Meinungen zum Besten gegeben, ohne sich auf Zahlen, Daten und Fakten zu beziehen.

Wer sich beispielsweise als altgedienter Bausachverständiger immer schon mit Schimmelschäden beschäftigt hat, besitzt ohne fachkompetente Fortbildung u. U. einen veralteten, Jahre zurückliegenden Wissensstand und damit ein Informationsdefizit. Zusätzlich sind Bausachverständige vergleichbar mit Allgemeinmedizinern, die bei Sonderfragen zu Haustechnik, Statik oder eben Schimmel Spezialisten (Fachärzte) hinzuziehen sollten. Aktuellstes Wissen ist gefragt, da wie in jeder Fachdisziplin durch Forschung neue Erkenntnisse gewonnen und in die Praxis übertragen werden. Bereits vor Jahren wurde auf diese Unzulänglichkeiten aufmerksam gemacht:[96]

> Es gibt wenige Fachgebiete, in denen vergleichbare emotionale und aus Unkenntnis geführte Auseinandersetzungen geführt werden wie bei dem Thema „Analytik und Sanierung von Schimmelpilz-, Bakterien- und Feuchteschäden“. Weil es um Gesundheit, große Schadenspotentiale und wirtschaftliche Interessen geht, ist zwischen Panikmache und Verharmlosung ein weites Feld gegeben.

96 Zitiert nach: Führer, Gerhard: Chemische und mikrobiologische Belastungen, in: [Bachmann, P. (2012)], S. 288.

Bereits im Jahr 2002 hat das Umweltbundesamt einen ersten „Schimmelpilzleitfaden“[97] herausgegeben, dem im Jahr 2005 ein „Sanierungsleitfaden“[98] folgte. Die Grundlagen hierfür wurden vom ehemaligen Landesgesundheitsamt in Baden-Württemberg 2001 und 2004 erarbeitet.[99] Im Jahr 2009 hat die Weltgesundheitsorganisation (WHO) eine umfangreiche Abhandlung zum Thema Feuchtigkeit und Schimmelpilze erstellt[100], womit die Wichtigkeit dieses Themas mittlerweile auch weltweit bekannt ist.

Im Jahr 2017 erfolgte die Fortschreibung der Schimmelpilz- und Sanierungsleitfäden durch das Umweltbundesamt.[101] Damit stehen Schriften als Entscheidungsgrundlage für entsprechende Fragestellungen zur Verfügung und vereinfachen für fortschrittliche Sachverständige und Berater die Entscheidungsfindung inklusive Akzeptanz.

Auch werden beispielsweise bei dem internationalen Jahreskongress „Würzburger Schimmelpilz-Forum“ aktuelle Entwicklungen und Forschungsergebnisse zum Thema Schimmel unter gesellschaftlichen, wissenschaftlichen und praxisnahen Gesichtspunkten vorgestellt. Zudem sind Mitglieder des veranstaltenden Sachverständigen-Instituts peridomus in der universitären und außeruniversitären Forschung und Fortbildung tätig.

Unabhängig von diesen praxisrelevanten Abhandlungen wird vergleichsweise wenig von Handwerkern, Architekten und Bauschadenssachverständigen in die praktische Tätigkeit umgesetzt. Wesentlich erscheint deshalb dem Autor, die Bauberufe in die wissenschaftlich-technische Diskussion einzubeziehen und diese im interdisziplinären Austausch fortzubilden. Auf diesem relativ neuen Gebiet arbeiten Akteure mit unterschiedlichsten Erfahrungen, Kenntnissen und Interessen. Deshalb möge jeder Betroffene/Interessierte/(Bau)Unternehmer 1. durchgeführte Sanierungsmaßnahmen (auch selbstkritisch) hinterfragen und 2. genau prüfen, mit wem er sich zukünftig bei der Thematik „Schimmel“ einlässt.[102]

Faktencheck

In Fachkreisen ist bereits heute erkennbar, dass das Thema Schimmel in der Zukunft noch deutlich an Bedeutung gewinnen wird. Für erfolgreiche Bestandshalter sind beim Immobilienmanagement deshalb folgende Punkte wesentlich:

- **Schimmel als Risikofaktor erkennen:** Schimmelschäden sind in der Wohnungs- und Immobilienwirtschaft nicht die einzigen relevanten Schäden und Kostenfaktoren. Allerdings wird immer klarer, dass Umfang und Höhe von Schimmelschäden wesentliche Kosten- und Risikofaktoren darstellen. Deshalb ist es für Bestandshalter wichtig, sich mit diesem Thema auseinanderzusetzen, um die wirtschaftlichen Risiken einzuschätzen und diese gering zu halten. In jeder Krise liegen Chancen, die es auch beim Thema Schimmel in Innenräumen zu finden und zu nutzen gilt.
- **Schimmel im Neubau:** Bereits bei der Abnahme des Gebäudes sollten durch die Neubaufeuchte verursachte, häufig verdeckte und nicht sichtbare Schimmelschäden erkannt oder ausgeschlossen werden.
- Noch besser ist die **Implementierung eines Feuchtemanagements** während der Bauphase, um bereits im Vorfeld mit geringem Aufwand Großschäden zu vermeiden, Zeitverzögerungen auszuschließen und ausufernde Rechtsstreitigkeiten zu umgehen.
- **Vollständige Schadensübernahme durch Versicherungen:** Versicherte Haftpflicht- und Gebäudeschäden mit Schimmelfolgeschäden müssen nicht nur dem Grund nach anerkannt

97 [UBA (2002)].
98 [UBA (2005)].
99 [LGA BWL (2001)], [LGA BWL (2004)].
100 [WHO (2009)].
101 [UBA (2017M)].
102 Zitiert nach: Führer, Gerhard: Chemische und mikrobiologische Belastungen, in: [Bachmann, P. (2012)], S. 288.

werden. Wesentlich erscheint beim Thema Schimmel, dass der Umfang und die Ausbreitung inklusive vorliegender Sekundärkontaminationen genau geklärt und der Schaden sowohl vollumfänglich als auch fachgerecht saniert wird. Die Vorgehensweisen und Sanierungsempfehlungen von versicherungsnahen Gutachtern und Regulierern sind in diesem Zusammenhang kritisch zu hinterfragen.

- **Mikrobiologische Bestandsaufnahme vor der Sanierung:** Bei Sanierungs-, Umbau- und Modernisierungsmaßnahmen sollte im Vorfeld die mikrobiologische Situation geklärt und nachfolgend berücksichtigt werden. Oftmals sind mit geringem Aufwand mikrobiologische Altlasten einfach und ohne großen Mehraufwand mit sanierbar. Voraussetzung ist allerdings das Wissen bezüglich (k)eines Handlungsbedarfs. Eine Sanierung der Sanierung ist nicht nur aus Kostengründen zu vermeiden.
- **Risikoanalyse unter mikrobiologischen Gesichtspunkten:** Im Hinblick auf aktuelle Erkenntnisse werden viele Neubau- und Bestandsimmobilien relevante Schimmelschäden haben, die in unterschiedlicher Weise die Raumnutzer und die Wohnungsbewirtschafter beeinträchtigen. Insofern ist für den Wohnungs- und Immobilienbewirtschafter eine Risikoanalyse seines Immobilienbestands sinnvoll bis nötig, um (Haupt-)Risiken zu erkennen und dementsprechend gegensteuern zu können.
- Mittlerweile stehen **innovative und praxiserprobte Methoden** z. B. zum Erkennen von verdecktem Schimmel (Messinstrument Schimmelspürhund) und zur Sanierung von häufig betroffenen Fußbodenkonstruktionen (diffusionsoffenes Estrichfugensystem) zur Verfügung. Wenn unsere Gesellschaft akzeptiert, dass Schimmel nicht nur eine vorübergehende Modeerscheinung, sondern ein handfestes Innenraumproblem ist, werden weitere Entwicklungen zum Erkennen, Sanieren und Vermeiden von Schimmelschäden im Sinne von einfachen und preisgünstigen Lösungen angestoßen werden.
- Ein erster Schritt ist **Aufklärung und Prävention.** Wegen der oftmals hohen Schadenssummen spielt die Schimmelvermeidung eine zentrale Rolle. Wenn sich aber der Schadensfall eingestellt hat, dann sind Schimmelprobleme ausschließlich auf einer fachlich-technischen Ebene klär- und lösbar unter Einbezug einer Risikokommunikation. Aus heutiger Sichtweise erscheint es als wesentlich, dass auf allen Handlungsebenen entsprechende Schulungen und Fortbildungen stattfinden.

Literatur

[Bachmann, P. (2012)] Bachmann, Peter; Lange, Matthias (Hrsg.): Mit Sicherheit gesund bauen: Fakten, Argumente und Strategien für das gesunde Bauen und Wohnen; Wiesbaden 2012.

[bfub (2010)] Bundesverband für Umweltberatung (Hrsg.): Schimmelpilze in Innenräumen: Erkennen – Sanieren – Vermeiden: 4. Hamburger Fachtagung; Tagungsbeitrag, 30.09.2010.

[Brasche, S. (2003)] Brasche, Sabine; Heinz Ehrenfried; Hartmann, Thomas; Richter, Wolfgang; Bischof, Wolfgang: Vorkommen, Ursachen und gesundheitliche Aspekte von Feuchteschäden in Wohnungen: Ergebnisse einer repräsentativen Wohnungsstudie in Deutschland, in: Bundesgesundheitsblatt – Gesundheitsforschung – Gesundheitsschutz; 46 Jg. (2003), Nr. 8, S. 683–693.

[Foitzik, E. (2014)] Foitzik, Eva: Risikoanalyse für Schimmel in Neubauten: Sanierungsprävention; Masterarbeit; Krems 2014.

[Führer, G. (2008)] Führer, Gerhard: Versteckte Gefahr, in: GebäudeEnergie-Berater (2008), Nr. 3, S. 36–41.

[Führer, G. (2010)] Führer, Gerhard: Schimmel in Fußbodenkonstruktionen erkennen und richtig sanieren, in: umwelt-medizin-gesellschaft (2010), Heft 3, S. 207–211, URL: http://www.dbu-online.de/fileadmin/redakteur/Publikationen/Schimmel_in_Fussbodenkonstruktionen_Gerhard_Fuehrer-UMG_03_2010.pdf (letzter Aufruf: 04.02.2016).

[Hankammer, G. (2007)] Hankammer, Gunter; Lorenz, Wolfgang: Schimmelpilze und Bakterien in Gebäuden; Köln 2007.

[LGA BWL (2001)] Landesgesundheitsamt Baden-Württemberg (Hrsg.): Schimmelpilze in Innenräumen: Nachweis, Bewertung, Qualitätsmanagement: (überarbeitet 2004); Stuttgart 2001.

[LGA BWL (2004)] Landesgesundheitsamt Baden-Württemberg (Hrsg.): Handlungsempfehlung für die Sanierung von mit Schimmelpilzen befallenen Innenräumen; Stuttgart 2004.

[Lorenz, W. (2012)] Lorenz, Wolfgang: Praxishandbuch Schimmelpilzschäden; Köln 2012.

[Moriske, H. (1998j)] Moriske, Heinz-Jörn; Turowski, Elisabeth: Handbuch für Bioklima und Lufthygiene; Loseblattsammlung; Landsberg/Lech 1998.

[peridomus (2013)] peridomus Institut Dr. Führer (Hrsg.): Schimmel: Erkennen, sanieren, vermeiden: 3. Würzburger Schimmelpilz-Forum; Tagungsunterlagen, 2013.

[peridomus (2015)] peridomus Institut Dr. Führer (Hrsg.): Schimmel in Gebäuden: Risiken – Kosten – Vorsorge: 5. Würzburger Schimmelpilz-Forum; Tagungsunterlagen, 2015.

[peridomus (2016)] peridomus Institut Dr. Führer (Hrsg.): Feuchtigkeit in Fußbodenkonstruktionen und dessen Folgen: 6. Würzburger Schimmelpilz-Forum; Tagungsunterlagen, 2016.

[Reimann, N. (2016)] Reimann, Norbert: Die Kunst der Fuge: Richtlinien zur Schimmelpilzsanierung nach Leitungswasserschäden; 2016, URL: http://www.schaden.blog/2017/11/richtlinien-zur-schimmelpilzsanierung.html (letzter Aufruf: 03.02.2016).

[Scholzen, G. (2010)] Scholzen, Georg: Leitungswasserschäden: Probleme ohne Ende, in: Leitungswasser (2010), Nr. 3, S. 8–14.

[UBA (2002)] Umweltbundesamt (Hrsg.): Leitfaden zur Vorbeugung, Untersuchung, Bewertung und Sanierung von Schimmelpilzwachstum in Innenräumen, 2002, URL: http://www.umweltbundesamt.de/sites/default/files/medien/publikation/long/4218.pdf (letzter Aufruf: 04.08.2018).

[UBA (2005)] Moriske, Heinz-Jörg; Szewzyk, Regine: Leitfaden zur Ursachensuche und Sanierung bei Schimmelpilzwachstum in Innenräumen: Schimmelpilz-Sanierungsleitfaden, 2005, URL: http://www.nachhaltigesbauen.de/fileadmin/pdf/PDF_weitere_leitfaeden/schimmelpilzleitfaden-umweltbundesamt-2013.pdf (letzter Aufruf: 04.08.2018).

[UBA (2008)] Umweltbundesamt (Hrsg.): Leitfaden für die Innenraumhygiene in Schulgebäuden: Erarbeitet von der Innenraumlufthygiene-Kommission des Umweltbundesamtes; Berlin 2008, URL: https://www.umweltbundesamt.de/sites/default/files/medien/publikation/long/3689.pdf (letzter Aufruf: 04.08.2018).

[UBA (2009)] Umweltbundesamt (Hrsg.): Schimmelpilze sind nicht die einzigen Übeltäter bei Feuchteschäden in Wohnungen; Information Nr. 2, 17.02.2009, URL: https://www.umweltbundesamt.de/sites/default/files/medien/pdfs/Ausgabe02-2009.pdf (letzter Aufruf: 09.02.2017).

[UBA (2009a)] Umweltbundesamt (Hrsg.): Schimmelbefall in der Wohnung: Umweltbundesamt empfiehlt: fachgerecht sanieren ohne Desinfektionsmittel!; Pressemitteilung, Nr. 026/09, 2009, URL: https://www.umweltbundesamt.de/presse/pressemitteilungen/schimmelbefall-in-der-wohnung (letzter Aufruf: 09.02.2017).

[UBA (2017M)] Umweltbundesamt (Hrsg.): Leitfaden zur Vorbeugung, Erfassung und Sanierung von Schimmelbefall in Gebäuden („Schimmelleitfaden"); Dessau/Roßlau 11.2017, URL: https://www.umweltbundesamt.de/sites/default/files/medien/421/publikationen/uba_schimmelleitfaden_final_bf.pdf (letzter Aufruf: 04.01.2018).

[von Kéler, S. (1953)] von Kéler, Stefan: Staubläuse; Leipzig 1953.

[Wallner, J. (2012)] Wallner, Jasmin; Hanus, Christian; Führer, Gerhard: Das „Messinstrument Schimmelspürhund", in: Gefahrstoffe – Reinhaltung der Luft (2012), Nr. 3, S. 94–98, URL: http://www.donau-uni.ac.at/imperia/md/content/department/bauenumwelt/san/pub_vdi_wallner_f__hrer_hanus_2012.pdf (letzter Aufruf: 17.04.2016).

[Wallner, J. (2013)] Wallner, Jasmin: Schimmelspürhund und Laboranalytik: Eine vergleichende Zuverlässigkeitsuntersuchung; Zürich 2013.

[WHO (2009)] World Health Organisation (Hrsg.): WHO guidelines for indoor air quality: dampness and mould, 2009, URL: http://www.euro.who.int/__data/assets/pdf_file/0017/43325/E92645.pdf?ua=1 (letzter Aufruf: 09.02.2017).

7.7 Eine Langzeituntersuchung der Auswirkungen einer ganzheitlichen Quartiersmodernisierung

Ulrich Baum

Anhand einer beispielhaften Langzeituntersuchung sollen die langfristigen Auswirkungen einer ganzheitlichen Quartiersmodernisierung unter Nachhaltigkeitsaspekten aufgezeigt werden. Die vorliegende Studie bezieht sich auf eine ganzheitliche und energetisch sehr hochwertige Quartiersmodernisierung (Sanierung und Neubau) im Ludwigshafener Brunckviertel, die vor über zehn Jahren abgeschlossen wurde. Der Vergleich der damaligen Projektziele mit den tatsächlich erreichten langfristigen Zielerreichungsgrößen entlang der unterschiedlichen Nachhaltigkeitsdimensionen (ökonomisch, ökologisch, sozial) liefert betriebswirtschaftlich wie volkswirtschaftlich aufschlussreiche Erkenntnisse, welche Maßnahmen ex post als sinnvoll angesehen werden können.

7.7.1 Ganzheitliches Quartierskonzept der Brunckviertel-Revitalisierung

Die gesellschaftliche Diskussion über nachhaltiges Agieren und Wirtschaften hat mittlerweile sämtliche Bereiche unseres täglichen Lebens erreicht und gilt als eine der größten Herausforderungen unserer Gesellschaft, um die Lebensqualität kommender Generationen bei zunehmender Ressourcenknappheit und Umweltbelastung sicherzustellen. Dem Wohnungssektor kommt dabei eine Schlüsselrolle zu, da er sich für den volkswirtschaftlichen Energieverbrauch und Ressourceneinsatz von unterschiedlichen Materialien und Technologien in einem erheblichen Umfang verantwortlich zeigt. Entscheidend für das erfolgreiche Umsetzen von Nachhaltigkeitskonzepten ist, dass die erhofften Vorteile eines nachhaltigen Agierens sich auch langfristig manifestieren lassen.

Dieser Beitrag möchte aufzeigen, welche Langzeiteffekte sich im Zusammenhang mit nachhaltigen Quartierskonzepten einstellen können und welche Restriktionen in unterschiedlichen Bereichen existieren, die eine erfolgreiche Umsetzung erschweren. Dies geschieht anhand des Beispiels einer ganzheitlichen Quartiersmodernisierung, die in den Jahren 1997 bis 2006 in einer Ludwigshafener Wohnsiedlung aus den 1930er-Jahren – dem sog. Brunckviertel – durchgeführt wurde. Um einer ganzheitlichen Betrachtung im Sinne der Nachhaltigkeit im ausreichenden Maß Rechnung zu tragen, sollen im Folgenden die technischen, ökonomischen, ökologischen und soziokulturellen Dimensionen der Brunckviertel-Revitalisierung in Ludwigshafen im Detail beleuchtet werden (s. Abb. 7.19).

Im Zuge der Untersuchung werden vorrangig die folgenden Fragen beantwortet: Wie gehen Mieter mit moderner Haustechnik um und inwieweit passen sie sich in ihrem Nutzerverhalten an die Erfordernisse energieeffizienter Gebäude an? Wie unterscheiden sich die tatsächlichen Energieverbräuche von den berechneten? Haben sich die eingesetzten Baustoffe qualitativ bewährt? Rechnen sich energetische Maßnahmen vor dem Hintergrund der damaligen Investitionen? Wie sind die energetischen Investitionen unter heutigen Rahmenbedingungen (Materialpreise, Zinssätze etc.) hinsichtlich ihrer Wirtschaftlichkeit zu beurteilen? Wie wohl fühlen sich die Mieter in ihrer unmittelbaren Wohnumgebung nach der Modernisierung? Wie zufrieden sind sie mit den baugestalterischen Aspekten (z. B. Gesamterscheinungsbild des Stadtteils, Materialauswahl etc.)?

Bei der Quartiersmodernisierung handelte es sich um ein Revitalisierungskonzept mit einer Kombination aus Modernisierung existierender Bestandsgebäude, Abriss vorhandener Gebäude und Neubau von Geschosswohnungen und Häusern im Reihenhausstil (s. Abb. 7.20).

Im Sinne eines ganzheitlichen Modernisierungskonzepts wurden schon damals sämtliche ökologischen, ökonomischen und soziokulturellen Nachhaltigkeitsaspekte zu einem integralen Planungskonzept auf Quartiersebene zusammengeführt und konsequent sukzessive umgesetzt. Dies geschah in einem partizipativen Prozess, in den alle betroffenen Stakeholder wie Planer,

Abb. 7.19: Luftaufnahme des modernisierten Ludwigshafener Brunckviertels, im Vordergrund die 1-Liter-Häuser (Neubau).[103]

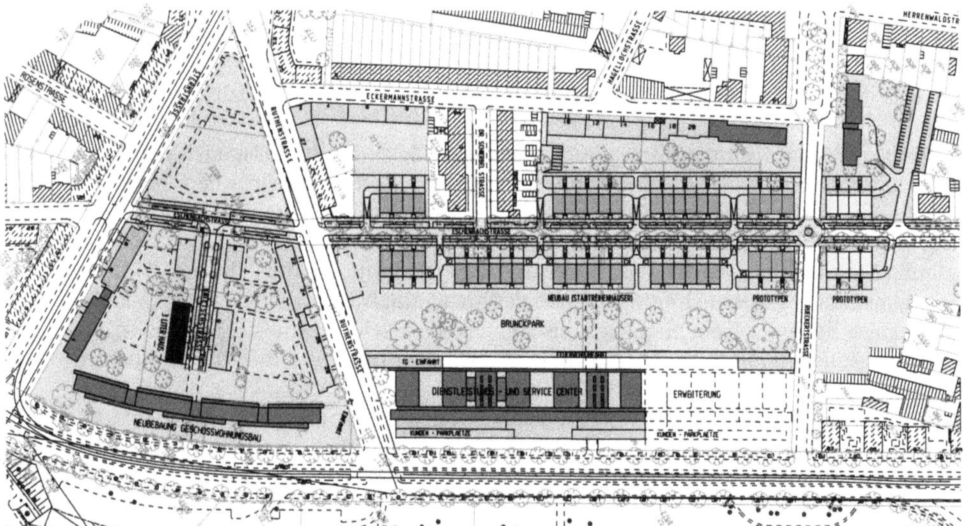

Abb. 7.20: Revitalisierungskonzept des Ludwigshafener Brunckviertels.[104]

103 Quelle: eigene Darstellung.

104 Quelle: eigene Darstellung.

Architekten, Investoren, Mieter und Vertreter aus Kommune und Wissenschaft eingebunden waren. Technische Innovationen im Bereich der Energieeffizienz wurden ebenso einbezogen wie die Umsetzung neuer Stadtteil- und Wohnungskonzepte, die im Rahmen des sich schon damals abzeichnenden demografischen Wandels sinnvoll erschienen. Die Umsetzung des Großprojekts wurde ebenso wie das anschließende dreijährige Monitoring von unterschiedlichen wissenschaftlichen Institutionen und dem Ministerium für Finanzen des Landes Rheinland-Pfalz begleitet.

Zum damaligen Zeitpunkt der Quartiersrevitalisierung war das Thema Nachhaltigkeit in der Bauwirtschaft noch weitgehend unterrepräsentiert. Heute wird die Nachhaltigkeitsdiskussion in Wirtschaft und Gesellschaft immer häufiger, intensiver und zunehmend kontroverser geführt. Qualitätsstandards zur Nachhaltigkeit werden durch Zertifizierungssysteme wie DGNB, BREEAM oder LEED festgelegt, um Gebäude einer objektiven Nachhaltigkeitsbeurteilung zugänglich zu machen. Begriffe wie graue Energie[105], Ökobilanz[106], Lebenszyklusbetrachtung und Carbon Footprint[107] sind für heutige Bauherren gleichermaßen ein Thema wie Energieeffizienz und Wirtschaftlichkeit.

In dieser Studie sollen daher auch die neuen Analysekonzepte zur Nachhaltigkeitsbeurteilung der bereits erfolgten Quartiersmodernisierung berücksichtigt werden. Ein besonderer Schwerpunkt liegt auf den aus der Quartiersmodernisierung resultierenden Langzeiteffekten, um zu evaluieren, ob die strategischen Zielsetzungen, die dem Revitalisierungskonzept zugrunde lagen, auch langfristig und nachhaltig erreicht werden konnten.

Geschichte des Brunckviertels

Im Jahr 1926 gründete die BASF Aktiengesellschaft die GEWOGE (Gemeinnützige Wohnungsbaugesellschaft). Insbesondere nach der Weltwirtschaftskrise 1930 bis 1935 nahm der Mietwohnungsbau in Deutschland wieder Fahrt auf. In dieser Zeit entstand vor den Werkstoren der BASF eine Arbeitersiedlung mit üppigen Grünflächen: das Brunckviertel. Benannt ist das Viertel, das sich Lebensqualität und Familienfreundlichkeit zum Ziel gesetzt hatte, nach dem sozial engagierten Chemiker Dr. Heinrich von Brunck (1901–1906 Vorstandsvorsitzender der BASF).

Im Zweiten Weltkrieg wurde die Arbeitersiedlung fast völlig zerstört. Mit den dürftigen Mitteln und qualitativ schlechten Baumaterialien der Nachkriegszeit wurde sie nach den alten Plänen wieder in vollem Umfang aufgebaut.

In den 1990er-Jahren erarbeiteten die LUWOGE, das Wohnungsunternehmen der BASF (heute BASF Wohnen + Bauen GmbH), die Stadt Ludwigshafen und das Land Rheinland-Pfalz gemeinsam ein umfassendes Konzept zur Revitalisierung des Brunckviertels. Die schlichten Wohnungen waren veraltet, Zuschnitt und Größe entsprachen nicht mehr den Anforderungen an einen modernen Wohnkomfort. Die Leerstandsquote war mit rund 20 % sehr hoch und das Stadtviertel war weit davon entfernt, eine gute Wohnadresse zu sein. Das durchschnittliche Mietniveau lag auf einem sehr geringen Level und richtete sich damit an eine Klientel von eher geringverdienenden und sozial schwachen Mietern.

Zielsetzung, Konzepte und Maßnahmen der Brunckviertel-Revitalisierung

Ziel der Quartiersrevitalisierung war eine Neuinterpretation des historischen Werkssiedlungsgedankens, eine Modernisierung des Brunckviertels als integriertes Gesamtkonzept von Gebäudemodernisierung, -abriss und -neubau, die Neugestaltung des Wohnumfelds, die Partizipation der Bewohner und das Erreichen einer guten Energie- und Ökoeffizienz.

105 Unter grauer Energie versteht man die Energiemenge, die für Herstellung, Transport, Lagerung, Verkauf und Entsorgung eines Produkts benötigt wird.

106 In einer Ökobilanzanalyse, die auch häufig unter dem Namen Lifecycle Assessment (LCA) geführt wird, werden systematisch sämtliche Umweltwirkungen von Produkten während ihres gesamten Lebenswegs analysiert.

107 Der CO_2-Fußabdruck ist ein Maß für den Gesamtbetrag von Kohlendioxid-Emissionen, die durch eine Aktivität oder über den Lebenszyklus eines Produkts hinweg entstehen.

Die Ziele waren hochgesteckt und entsprachen damals wie heute dem partnerschaftlichen Ansatz von BASF und BASF Wohnen + Bauen, gemeinsam mit den Mietern einen attraktiven Wohn- und Lebensraum mit bedarfsgerechten Grundrissen, optimierten Parkflächen, einem Schallschutz zur stark befahrenen Verkehrsstraße hin sowie Grünflächen und Ruhezonen zu schaffen. Die Umgestaltung zielte auf eine breit gefächerte Mietklientel ab, abgestimmt auf die Bedürfnisse von jungen Familien, Arbeitern, Angestellten und Senioren. Aus Sicht des Wohnungsunternehmens BASF Wohnen + Bauen sollte darüber hinaus die Leerstandsquote deutlich reduziert werden, um eine höhere Wirtschaftlichkeit zu erzielen.

Als Industriebeitrag zur Nachhaltigkeit im Bereich der Bauchemie waren als weitere Ziele das Erarbeiten innovativer Systemlösungen im Bereich Bauen und Wohnen sowie das Erreichen einer guten Energieeffizienz durch die Entwicklung und Umsetzung von Gebäude-Prototypen und den Einsatz neuer Technologien und Baumaterialien definiert.

Die Planung der Modernisierung begann 1997 und die Umsetzung wurde 2006 abgeschlossen. Insgesamt investierte die BASF Wohnen + Bauen 50 Mio. €. Verschiedene Gebäude, die aufgrund ihrer schlechten Bausubstanz nicht mehr zu erhalten waren, wurden abgerissen und durch Neubauten ersetzt, andere auf hohem Niveau modernisiert. Es wurden neue Trends beim Bau von energieeffizienten Gebäuden gesetzt: Die BASF Wohnen + Bauen konzipierte und baute im modernisierten Brunckviertel das erste 3-Liter-Haus im Bestand in Deutschland.

Durch die Kombination von energetischer Altbausanierung und Neubau konnte ein durchschnittlicher Heizwärmeverbrauch von fünf Litern pro m^2 und Jahr erreicht werden gegenüber einem Heizwärmeverbrauch von durchschnittlich 25 Litern im ehemaligen Brunckviertel. Für die öffentliche Kommunikation wurde die Analogie der Liter-Bezeichnung aus der Automobilbranche übernommen und auf Gebäude uminterpretiert. Ein Liter Heizöl entspricht einem Energiewert von rd. 10 kWh. Hierbei bezieht sich das Liter-Niveau auf den Heizwärmebedarf eines Wohngebäudes (ohne Warmwasser und Anlagenverluste).

Im Ludwigshafener Brunckviertel wurden Konzepte eines 7-, 5- und 3-Liter-Hauses umgesetzt. Nach damals gültiger EnEV (Energieeinsparverordnung) entsprach die übliche Altbaumodernisierung eines Bestandsgebäudes gleicher Größe einem 7-Liter-Gebäude. Die Neubauten entlang der Bruckstraße wurden im 5-Liter-Niveau realisiert, weitere Prototypen im Alt- und Neubau wurden im 1- bzw. 3-Liter-Haus-Standard umgesetzt (s. Abb. 7.21 und 7.22).

Abb. 7.21: 1-Liter-Haus (Neubau) im Brunckviertel.[108]

108 Quelle: eigene Darstellung.

Abb. 7.22: 3-Liter-Haus (Modernisierung) im Brunckviertel.[109]

In Abhängigkeit von den unterschiedlichen Energieeffizienzniveaus der Gebäude-Prototypen unterschieden sich die Einzelmaßnahmen zur Energieeffizienzverbesserung. Die Tabellen 7.7 und 7.8 geben einen generellen Überblick über die verschiedenen Maßnahmen an der Gebäudehülle für die existierenden Bestandsgebäude sowie für die Neubauten. Erstmals wurde für die Außenwand/Fassade ein Wärmedämmverbund-System (WDVS) mit 20 Zentimeter dicken Neopor®-Dämmstoffplatten[110] der Wärmeleitgruppe 035 eingesetzt. Neopor® (EPS, expandiertes Polystyrol), heute auch in der Wärmeleitgruppe 032 verfügbar, ist ein graues, leistungsstarkes Dämmmaterial der BASF. Der Zusatz von Graphitteilchen sorgt für eine um bis zu 20 % bessere Dämmleistung im Vergleich zu einem weißen EPS-Dämmstoff (Styropor).

Für den Heizwärmebedarf eines Gebäudes sind hauptsächlich die Gebäudehülle und die Lüftung ausschlaggebend. Bei Ausweitung der Betrachtung auf die End- und Primärenergie spielt zusätzlich die verwendete Anlagentechnik eine entscheidende Rolle.

Im Rahmen der Brunckviertel-Modernisierung kam eine Reihe von innovativen Haustechniken zum Einsatz, die seinerzeit völlig neuartig waren und sich teilweise noch im Teststadium befanden. Im 3-Liter-Haus wurde zusätzlich zum Nahwärmeanschluss eine Brennstoffzelle zur dezentralen Energieerzeugung eingebaut. Die Brennstoffzelle, die zwischenzeitlich aufgrund von technischen Unzulänglichkeiten durch neuere Generationen ersetzt werden musste, stellt heute rd. 15 % der Wärme für Heizung und Warmwasser im 3-Liter-Haus zur Verfügung. In der ursprünglichen Planung war man davon ausgegangen, dass mit der Brennstoffzelle rund 30 % des Wärmebedarfs abgedeckt werden könnten. Dies zeigt, dass bei der Brennstoffzellentechnologie auch heute noch ein erhebliches Verbesserungspotenzial vorhanden ist.

Die Neubauten entlang der Brunckstraße wurden mit einer Fotovoltaikanlage mit rd. 6 kWp[111] und einer solarthermischen Anlage (50 m^2) für die Trinkwarmwassererwärmung ausgestattet. Somit werden rd. 30 % der Energie für das Trinkwarmwasser des Gebäudekomplexes durch regenerative Solarenergie erzeugt. Die Stromerträge aus der Fotovoltaikanlage werden ins Netz eingespeist.

Das 3-Liter-Haus ist zur Verbesserung der Energieeffizienz mit einer zentralen Zu- und Abluft-Anlage mit einem Wärmerückgewinnungsgrad von 85 % ausgestattet (s. Abb. 7.23).

---

109 Quelle: eigene Darstellung.

110 Eingetragene Marke der BASF.

111 Kilowatt-Peak ist im Fotovoltaikbereich eine gebräuchliche Bezeichnung für die elektrische Leistung (Einheit: Watt) von Solarzellen.

Tab. 7.7: Überblick der baulichen Maßnahmen für die unterschiedlichen Energieeffizienzkonzepte im **Bestand**.

Sanierungsmaßnahmen		Fläche [m²]
3-Liter-Haus – energetisch bedingte Mehrkosten =	**329** [€/m^2_{WF}]	**699** [m^2_{WF}]
Außenwanddämmung	20 cm WLG 035	623
Dachdämmung	20 cm WLG 035	350
Kellerdeckendämmung	20 cm WLG 035	292
Fenster (3-fach-Verglasung)	U_W = 0,8 [W/(m²K)]	108
5-Liter-Haus – energetisch bedingte Mehrkosten =	**189** [€/m^2_{WF}]	**403** [m^2_{WF}]
Außenwanddämmung	20 cm WLG 035	433
Dachdämmung	20 cm WLG 035	211
Kellerdeckendämmung	8 cm WLG 035	179
Fenster (2-fach-Verglasung)	U_W = 1,1 [W/(m²K)]	75
7-Liter-Haus – energetisch bedingte Mehrkosten =	**124** [€/m^2_{WF}]	**699** [m^2_{WF}]
Außenwanddämmung	14 cm WLG 035	619
Dachdämmung	14 cm WLG 035	350
Kellerdeckendämmung	8 cm WLG 035	292
Fenster (2-fach-Verglasung)	U_W = 1,1 [W/(m²K)]	107
7-Liter-Haus – energetisch bedingte Mehrkosten =	**124** [€/m^2_{WF}]	**407** [m^2_{WF}]
Außenwanddämmung	14 cm WLG 035	422
Dachdämmung	14 cm WLG 035	211
Kellerdeckendämmung	8 cm WLG 035	179
Fenster (2-fach-Verglasung)	U_W = 1,1 [W/(m²K)]	87

Tab. 7.8: Überblick der baulichen Maßnahmen für die unterschiedlichen Energieeffizienzkonzepte im **Neubau**.

Maßnahmen		Fläche [m²]
1-Liter-Haus (Neubau)		**460** [m^2_{WF}]
Außenwanddämmung	30 cm WLG 035	334
Dachdämmung	60 cm WLG 035	310
Kellerdeckendämmung	25 cm WLG 035	281
Fenster (3-fach-Verglasung)	U_W = 0,8 [W/(m²K)]	116
5-Liter-Haus (Neubau)		**2.933** [m^2_{WF}]
Außenwanddämmung	14 cm WLG 035	1.304
Dachdämmung	10 cm WLG 035	1.143
Kellerdeckendämmung	8 cm WLG 035	1.143
Fenster (2-fach-Verglasung)	U_W = 1,1 [W/(m²K)]	649

Das gesamte Gebiet wird durch ein Nahwärmenetz versorgt, dessen zwei Wärmeerzeuger (Gas-Niedertemperaturkessel) im Keller eines der Gebäude eingebaut sind. Damals war die Idee der dezentralen Energieerzeugung und -versorgung eines ganzen Wohngebiets noch ungewöhnlich, heute ist sie ein wesentlicher Baustein zur erfolgreichen Umsetzung der Energiewende.

Die Neubauten der Stadtreihenhäuser (1-Liter Niveau) sind im Passivhausstandard ausgeführt und benötigen keine Heizkörper (s. Abb. 7.24). Das Trinkwarmwasser wird über eine Nahwärmeleitung durch ein BHKW (Blockheizkraftwerk) bereitgestellt. Über die Kraft-Wärme-Kopplung wird zusätzlich ein regenerativer Anteil von rd. 30 % für die Stromerzeugung erzielt und ebenfalls ins Netz eingespeist.

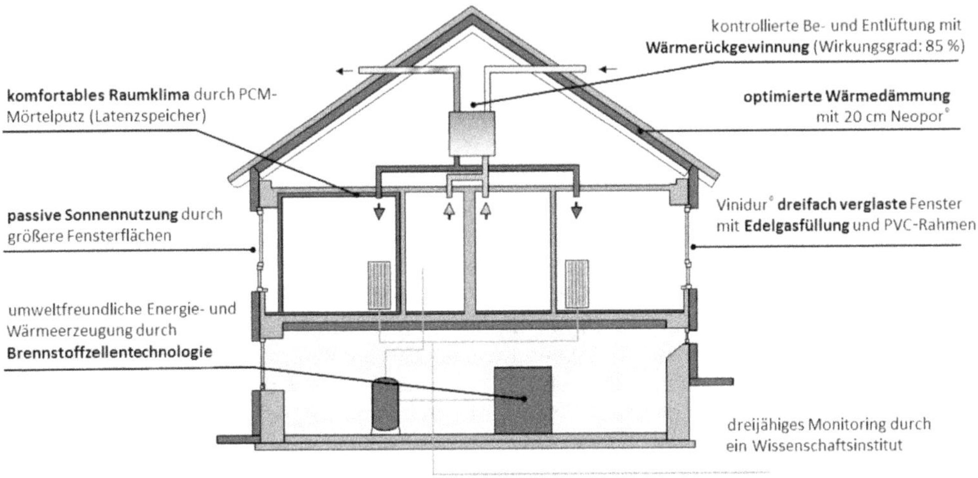

Abb. 7.23: Technisches Konzept des 3-Liter-Hauses in der Bestandsmodernisierung.[112]

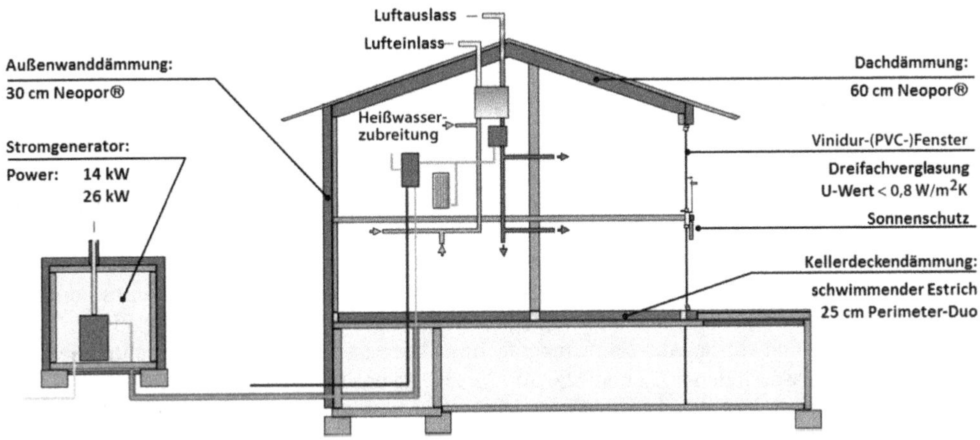

Abb. 7.24: Technisches Konzept des 1-Liter-Hauses im Neubau.[113]

7.7.2 Das Monitoringkonzept und seine Ergebnisse

Direkt im Anschluss an die Brunckviertel-Modernisierung wurde zunächst in einem Kurzzeit-Monitoring, das direkt nach Fertigstellung der relevanten Gebäudekomplexe aufgesetzt wurde, überprüft, inwieweit die geplanten bauphysikalischen Planwerte durch die entsprechende Messtechnik in der praktischen Umsetzung auch tatsächlich nachgewiesen werden konnten. Der Fokus der Untersuchungen lag dabei auf der Messung von Temperaturverläufen und Energieverbräuchen innerhalb eines Jahres.

112 Quelle: eigene Darstellung.

113 Quelle: eigene Darstellung.

Das Langzeit-Monitoring wurde im Gegensatz dazu erst nach einem Zeitraum von zehn Jahren nach Fertigstellung der Brunckviertel-Modernisierung durchgeführt und der Schwerpunkt der Untersuchung lag in der Evaluation der Langzeiteffekte energetischer Modernisierungen unter Nachhaltigkeitsgesichtspunkten.

Ergebnisse aus dem Kurzzeit-Monitoring

Um die Ergebnisse der energetischen Modernisierung nachzuverfolgen und mit der Realität abzugleichen, wurde ein umfangreiches Messkonzept von der Technischen Universität Kaiserslautern, Fachbereich Bauphysik/Technische Gebäudeausrüstung, entwickelt und installiert.[114] Ausgesuchte Gebäude wurden über drei Heizperioden messtechnisch überwacht und ausgewertet. Gemessen wurden Raumlufttemperatur, Oberflächentemperatur, relative Luftfeuchte, Sonneneinstrahlung, Luftqualität (CO_2-Gehalt), Außenlufttemperatur und Windgeschwindigkeit. Zusätzlich kamen Wärmemengenzähler und Warm- und Kaltwasserzähler zum Einsatz.

Da der Energieverbrauch nicht allein von der thermischen Beschaffenheit der Gebäude, sondern auch von den Nutzungsgewohnheiten der Bewohner abhängt, wurde zusätzlich durch entsprechende Messsysteme ein Teil dieser Verhaltensweisen erfasst (z. B. eingestellte Raumtemperatur in den Wohnungen, Lüftungsverhalten über Fensterkontakte etc.). Mit dem installierten Messsystem wurden der tatsächliche Energieverbrauch abgelesen, die Nutzergewohnheiten erfasst und die Umwelteinflüsse auf den Energieverbrauch bestimmt, um eine „klimabereinigte" Bewertung der Modernisierung durchführen zu können. Ebenso konnte man einige für die Behaglichkeit der Bewohner relevanten Daten wie den CO_2- und Feuchtegehalt der Raumluft und die inneren Oberflächentemperaturen der Wände erfassen und zur Bewertung des Wohlbefindens der Nutzer in ihrer neuen Wohnung heranziehen.

Für das 3-Liter-Haus lag der tatsächlich gemessene Heizwärmeverbrauch in den beiden ersten Messperioden unter 30 kWh/(m^2_{WF} a) (30 Kilowattstunden pro Quadratmeter Wohnfläche und Jahr) und im dritten Jahr knapp darüber. Dies entspricht ungefähr dem berechneten Äquivalent von drei Litern Heizöl.

Der Heizwärmebedarf hängt stark vom lokalen Klima und vom individuellen Nutzerverhalten ab. Um dem Sachverhalt Rechnung zu tragen, dass die Berechnung nach EnEV deutsches Normklima mit 19 °C Innentemperatur berücksichtigt, wurden die tatsächlichen Verbräuche mittels Gradtagzahlen auf das Ludwigshafener Klima umgerechnet. Die tatsächliche mittlere Innentemperatur lag in den drei Messperioden zwischen 22,6 und 23,3 °C, da das Klima in Ludwigshafen i. d. R. wesentlich milder ist als das Würzburger Klima (entspricht dem deutschen Normklima). Nach Umrechnung betrug der spezifische Heizwärmebedarf zwischen 17,9 und 25,6 kWh/(m^2_{WF} a).

Der Kurvenverlauf der mittleren Innentemperatur des Gebäudes passt sich mit stark gedämpften Amplituden dem Verlauf der Außentemperatur (s. Abb. 7.25) an. Die mittlere Raumtemperatur liegt ganzjährig deutlich über 20 °C, auch in der kalten Jahreszeit. Die mittlere Innentemperatur befindet sich damit ganzjährig im Komfortbereich, ohne die Heizkostenabrechnung stark zu belasten.

Generell existiert im Sommer das Problem, dass Wärme, die durch die Fenster in den Raum gelangt, in gedämmten Gebäuden zu Überhitzungssituationen führen kann. Dies lässt sich durch geeignete Sonnenschutz- und Lüftungskonzepte (z. B. Nachtlüftung, mechanische Lüftungssysteme) verhindern.

Bei den Tageswerten des Heizwärmeverbrauchs in den einzelnen Wohnungen wird deutlich, dass die Lage der Wohnung innerhalb des Gebäudes mit unterschiedlichen Anteilen an Außenflächen eine große Rolle spielt. Je geringer der Außenflächenanteil einer Wohnung ausfällt, desto geringer ist ihr tendenzieller Wärmeverbrauch, da sie durch benachbarte warme Wohnungen mit-

114 Siehe [Bauer, A. (2014)].

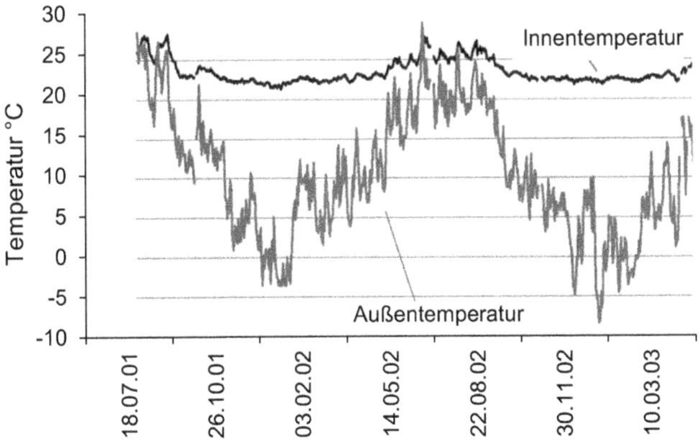

Abb. 7.25: Jahresverlauf der durchschnittlichen Innen- und Außentemperatur im 3-Liter-Haus.[115]

beheizt wird (siehe die in Abb. 7.26 markierte Wohneinheit, die durch eine geringe eingestellte Soll-Temperatur auffiel). Zudem wird der Heizwärmeverbrauch entscheidend durch das individuelle Nutzerverhalten beeinflusst. So hängt der Energieverbrauch natürlich von der als angenehm empfundenen durchschnittlichen Raumtemperatur ab, die von Person zu Person sehr unterschiedlich sein kann, und von dem daraus resultierenden individuellen Heizverhalten für unterschiedliche Wohnräume (d. h. Teilbeheizung von Räumen).

Beim Vergleich der Endenergieverbräuche ergab sich, wie erwartet, eine Staffelung vom 3-Liter-Haus über das 5-Liter-Haus bis zum 7-Liter-Haus. Die Endenergie, die für den Kunden bzw. Mieter bei der Energieabrechnung ausschlaggebend ist, setzt sich aus dem Heizwärmebedarf zuzüglich Verteil-, Speicher- und Erzeugerverlusten zusammen.

In Abbildung 7.27 wird der Endenergiebedarf[116] für die Heizung betrachtet und die Berechnung nach EnEV dem tatsächlichen Verbrauch gegenübergestellt. Hierbei wird unterschieden in einen Bedarfswert nach dem EnEV-Normklima (derzeitiger Referenzort ist Würzburg) und in einen auf das lokale Klima (Wetterstation Mannheim) umgerechneten Bedarfswert nach EnEV. Dabei wird der Einfluss des lokalen Klimas auf die errechneten Energiebedarfswerte sehr deutlich.

Fazit des Kurzzeit-Monitorings: Zusammenfassend kann festgehalten werden, dass das als 3-Liter-Haus konzipierte Gebäude die gesteckten energetischen Ziele erreicht. Der Anstieg des Heizwärmeverbrauchs gegen Ende der Messperiode könnte ein Hinweis auf die Gewöhnung der Hausbewohner an den neuen thermischen Komfort sein. Da sich die Heizkosten in den ersten Jahren nach Modernisierung deutlich reduziert hatten, leisteten sich die Bewohner einen höheren thermischen Komfort. Aufgrund der höheren Energieeffizienz der Gebäude schlägt sich dies aber nur unwesentlich auf die Heizkosten nieder.

Neben den 3-Liter-Häusern wurden auch Verbrauchsmessungen in den 5- und 7-Liter-Häusern durchgeführt. Auch hier sollte überprüft werden, wie sich das Raumklima und der Heizwärmeverbrauch innerhalb der unterschiedlichen Energieeffizienzklassen (d. h. unterschiedliche Dämmstoffdicken der Außenbauteile sowie Einsatz verschiedener Lüftungskonzepte) entwickelt. In einigen Gebäuden erfolgt die Lüftung über eine zentrale Zu- und Abluft-Anlage mit Wärmerückgewinnung (85 %), in anderen Gebäuden über Fensterlüftung.

115 Quelle: eigene Darstellung.

116 Der Endenergiebedarf ist die berechnete Energiemenge, die der Anlagentechnik zur Verfügung gestellt wird, um die festgelegte Rauminnentemperatur über das ganze Jahr sicherzustellen. Der Endenergiebedarf beinhaltet den Heizwärmebedarf, Verluste aus der Erzeugung, Verluste aus der Übergabe, Verluste aus der Verteilung und Verluste aus der Speicherung.

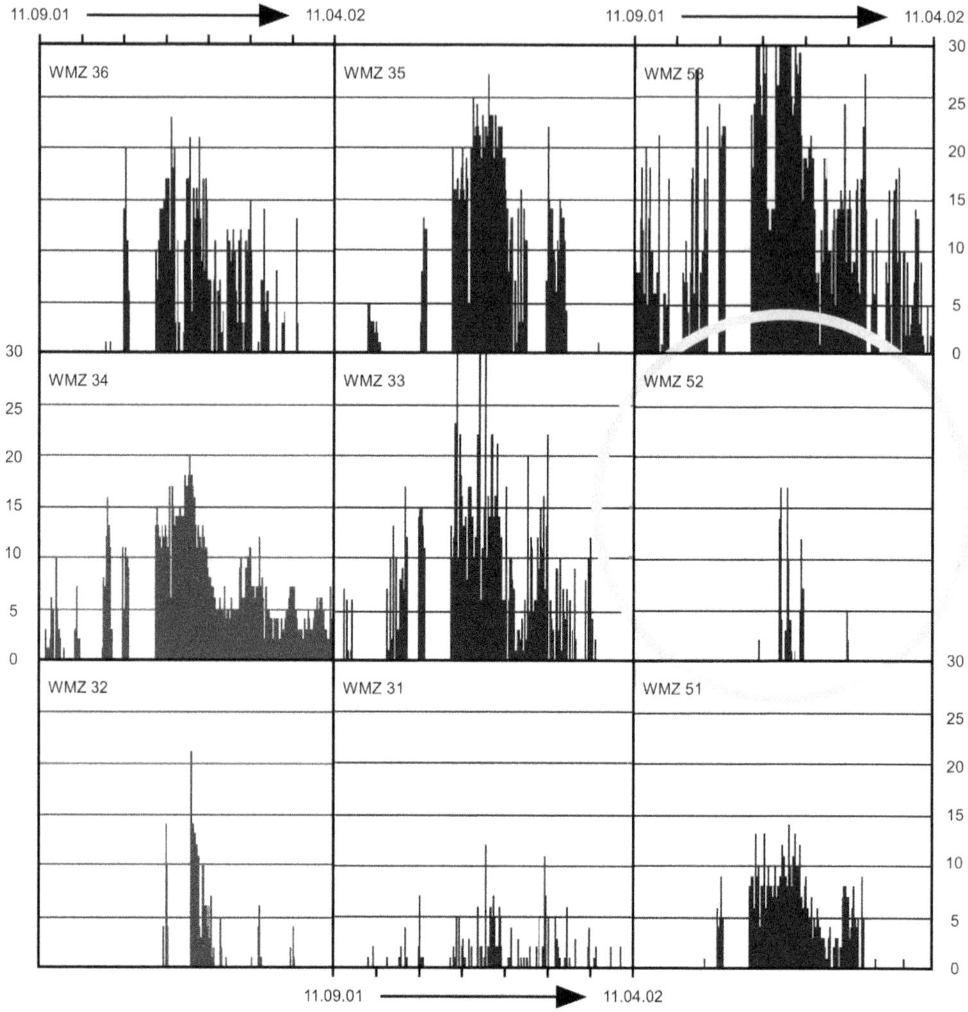

Abb. 7.26: Darstellung der gemessenen Tageswerte für die Wärmemenge in der ersten Heizperiode pro Wohnung.[117]

Die gemessenen durchschnittlichen Innentemperaturen der Wohnungen in den 3-, 5- und 7-Liter-Häusern lagen relativ dicht beieinander (insbesondere in den Sommermonaten). Im 7-Liter-Haus wies die Temperatur im Durchschnitt (vor allem in den Wintermonaten) in der Tendenz einen etwas tieferen Wert auf als in den Wohnungen der 3- und 5-Liter-Häuser (s. Abb. 7.28). Im 3-Liter-Haus konnten die durchschnittlichen Innentemperaturen in den Wintermonaten am höchsten gehalten werden. Dies bedeutet: Je besser das Dämmniveau der Außenhülle ist, desto höhere mittlere Raumtemperaturen lassen sich in der Heizperiode bei geringem Energieverbrauch erzielen.

Die Differenz zwischen Raum- und Oberflächentemperatur der Innenwände war im 3-Liter-Haus mit 2 Kelvin im Mittel am geringsten. Dieser Parameter wird insbesondere bei Passivhäusern als Kriterium der Behaglichkeit für die Wohnungsnutzer gewertet. Als zugfrei gilt eine Differenz,

117 Quelle: eigene Darstellung.

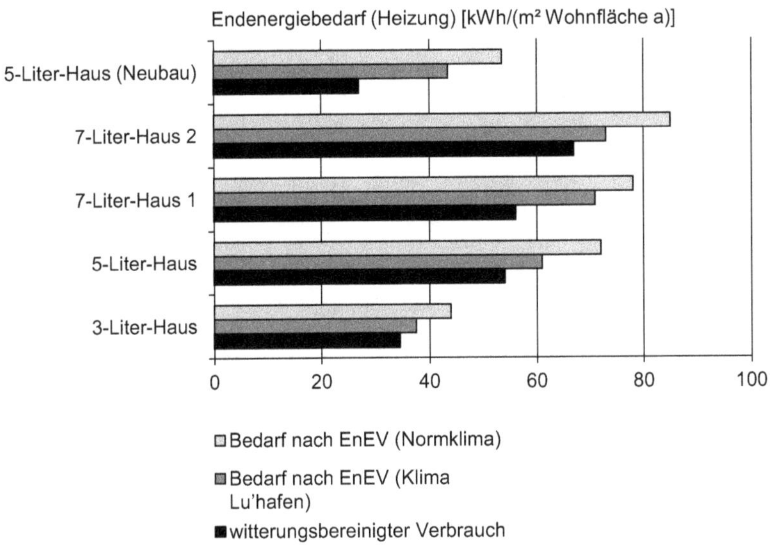

Abb. 7.27: Vergleich der Verbrauchswerte mit den errechneten Bedarfswerten.[118]

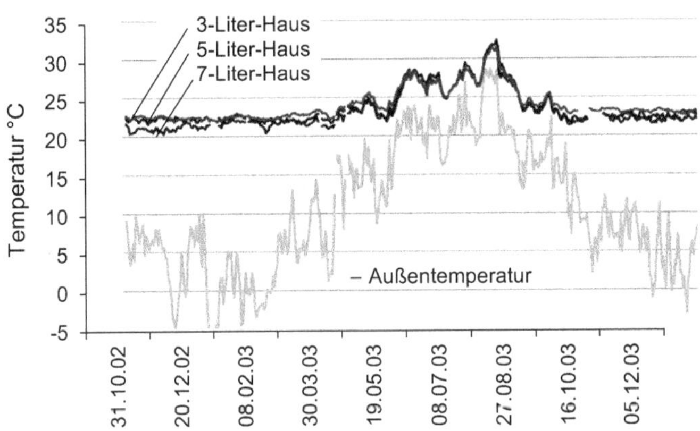

Abb. 7.28: Mittelwerte der Wohnzimmer- und Außentemperatur.[119]

die kleiner als 3 Kelvin ist. Sie hängt in der Hauptsache vom Dämmniveau der Außenbauteile des Gebäudes ab. Bei höheren Temperaturunterschieden zwischen Oberflächen der Innenwände und dem Innenraum wird die Strahlungskälte als sehr unangenehm empfunden. Die Temperaturdifferenz im 5-Liter-Haus lag im Mittel bei rd. 3 Kelvin und im 7-Liter-Haus schwankte sie zwischen 3 und 6 Kelvin (s. Abb. 7.29).

Die Luftqualität als ein weiterer wichtiger Indikator für das Wohlbefinden der Bewohner wird durch den CO_2-Gehalt zum Ausdruck gebracht. Je höher der mittlere CO_2-Gehalt ist, ausgedrückt in ppm (parts per million), desto schlechter ist die allgemeine Luftqualität. Dies schlägt sich in einer Verminderung der Konzentrations- und Leistungsfähigkeit nieder.

118 Quelle: eigene Darstellung.

119 Quelle: eigene Darstellung.

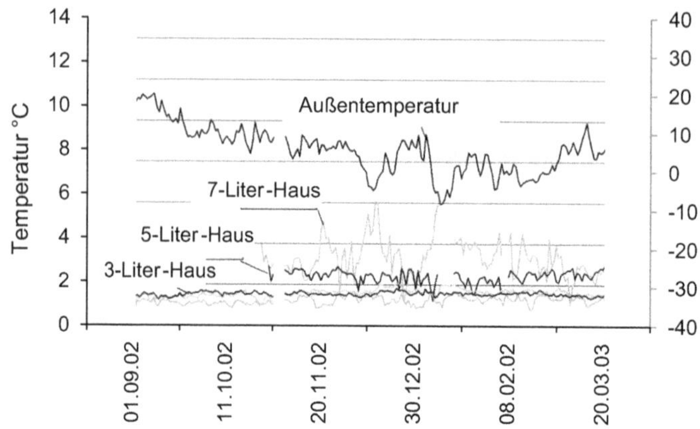

Abb. 7.29: Differenz der mittleren Raumtemperatur zur Oberflächentemperatur der Innenwände und zur Außentemperatur.[120]

Bezüglich des Lüftungsverhaltens können die Bewohner des 3-Liter-Hauses aufgrund der kontrollierten Wohnraumlüftung auf eine Fensterlüftung komplett verzichten, sodass die Luftqualität auf einem konstant hohen Niveau gehalten werden kann.

In den Gebäuden mit manueller Fensterlüftung wurde die schlechteste Luftqualität in den 7-Liter-Häusern vorgefunden, vor allem in den Wintermonaten. Hier stieg der CO_2-Gehalt in weiten Bereichen über 1.000 ppm, also über den empfohlenen Grenzwert (Pettenkoferzahl) an.

Ergebnisse aus dem Langzeit-Monitoring
Die Zielsetzung des Langzeit-Monitorings im Rahmen der Brunckviertel-Revitalisierung war die Untersuchung der Langzeiteffekte energetischer Modernisierungen unter Nachhaltigkeitsgesichtspunkten. Neben den rein technischen Kriterien wie baulicher Zustand der Gebäude und Verbrauchswerte sollten auch die ökonomischen, ökologischen und soziokulturellen Auswirkungen in einer Langzeitperspektive untersucht werden.

7.7.3 Ökonomische Evaluation in der Langzeitbetrachtung

Die unterschiedlichen Konzepthäuser auf 7-Liter, 5-Liter, 3-Liter- und 1-Liter-Niveau im Rahmen der Brunckviertel-Revitalisierung wurden vor ihrer Umsetzung auf der Basis dynamischer Investitionsrechnungsmethoden auf ihre Wirtschaftlichkeit hin evaluiert. Dabei wurden sämtliche für die Investitionsentscheidung relevanten ökonomischen Einflussfaktoren wie Baukosten, zukünftige Instandhaltungskosten und unterschiedliche Szenarien zur Energiepreisentwicklung inklusive unterschiedlicher Finanzierungs- und Refinanzierungsaspekte in einem vollständigen Finanzplan zusammengefasst und die zu erwartende Gesamtrendite ermittelt.

Bei der Entscheidungsfindung, welcher Energieeffizienzlevel sich für die unterschiedlichen Gebäudetypen als der ökonomisch sinnvollste erweist, wurden in einer Vergleichsrechnung die energieeffizienzbedingten Mehrkosten der Modernisierung den dadurch zu erwartenden Energieeinsparungen gegenübergestellt. Aus Forschungs- und Innovationsgründen sollte darüber hinaus aber auch eine möglichst breite Palette unterschiedlicher Energieeffizienzniveaus in der Bestandsmodernisierung und im Neubau realisiert werden, um die technische Machbarkeit beweisen zu

120 Quelle: eigene Darstellung.

können. Somit kamen in einigen Projekten Energieeffizienztechnologien zum Einsatz (z. B. Dämmstärken von über 30 cm, 3-fach-Verglasung, dezentrale Energieerzeuger, Lüftungsanlagen mit Wärmerückgewinnung), die zur damaligen Zeit noch unüblich waren. Sie verursachten überproportional hohe Kosten, was zur Folge hatte, dass die errechneten Amortisationszeiten in einigen Energieeffizienzkonzepten weit über den aus Wirtschaftlichkeitssicht sinnvollen Amortisationszeiten lagen.

Aus heutiger Sicht würden sich die damals getroffenen energetischen Modernisierungsmaßnahmen aufgrund der veränderten wirtschaftlichen Rahmenbedingungen schon in wesentlich kürzeren Zeiträumen (acht bis 19 Jahre) amortisieren. So wurden die Produktionskapazitäten für 3-fach-Verglasung und hochwertiges Dämmmaterial in den letzten Jahren erheblich gesteigert, mit der Folge, dass die Materialpreise stark gesunken sind. Darüber hinaus lag die tatsächliche durchschnittliche Energiepreiskostenentwicklung weit über dem damals prognostizierten Niveau. Die Energiepreise für den im Brunckviertel eingesetzten Energieträger Gas sind im Zeitraum von 2000 bis 2013 im Schnitt um rd. 5,2 % p. a. gestiegen. Die Kapitalzinssätze auf dem Kapitalmarkt haben sich im letzten Jahrzehnt hingegen deutlich nach unten entwickelt, sodass sich die Rentabilität von energetischen Modernisierungsmaßnahmen aufgrund der geringeren Kapitalkosten zum Positiven entwickelt hat.

Auch die Langzeitbetrachtung der Verbrauchswerte über rund zehn Jahre zeigt, dass der direkte Vergleich des geplanten Heizwärmebedarfs der unterschiedlichen Energieeffizienzkonzepte des 3-, 5- und 7-Liter-Hauses mit den tatsächlichen langfristigen Verbrauchswerten insgesamt positiv ausfällt, da die tatsächlichen Verbrauchswerte größtenteils unter den berechneten Bedarfswerten liegen. Unterschiede der durchschnittlichen Verbrauchswerte innerhalb einer Energieeffizienzklasse lassen sich auf unterschiedliches Heizverhalten der Bewohner, verschiedene Lüftungskonzepte und unterschiedliche Kompaktheitsgrade der Häuser zurückführen (s. Abb. 7.30).

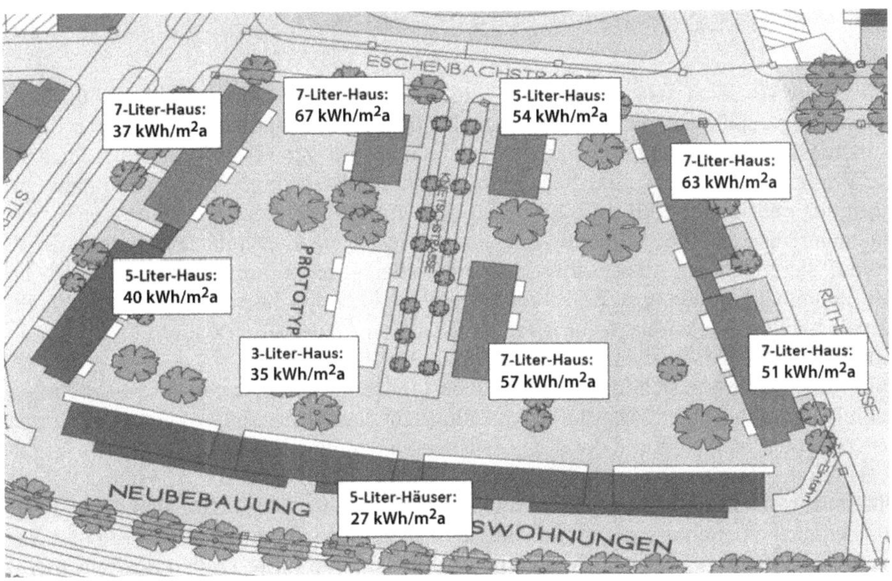

Abb. 7.30: Langfristige durchschnittliche Verbrauchswerte für Heizwärme in den 3-, 5- und 7-Liter-Häusern nach Bestandsmodernisierung bzw. Neubau (Endenergie).[121]

121 Quelle: eigene Darstellung.

Ökonomische Evaluation in der Langzeitbetrachtung für Bestandsgebäude
Einen zentralen Indikator zur Wirtschaftlichkeitsbeurteilung von Energieeffizienzmaßnahmen stellt die Amortisationszeit dar. Sie definiert den Zeitraum, ab dem monetäre Rückflüsse aufgrund zukünftiger Energieeinsparungen die Höhe der Investition in energetische Baumaßnahmen inklusive Verzinsung übersteigen.

Die folgenden Abbildungen zeigen die errechneten Amortisationsverläufe für die einzelnen energetischen Maßnahmen im 3-Liter-Haus in der Bestandsmodernisierung. Da sich die wirtschaftlichen Rahmenbedingungen bezüglich Investitionskosten, Energiepreise und Finanzierungszinsen in dem letzten Jahrzehnt stark verändert haben, wurden die Wirtschaftlichkeitsberechnungen auf der Basis der wirtschaftlichen Rahmenbedingungen des Jahres 2013 durchgeführt (s. Abb. 7.31).

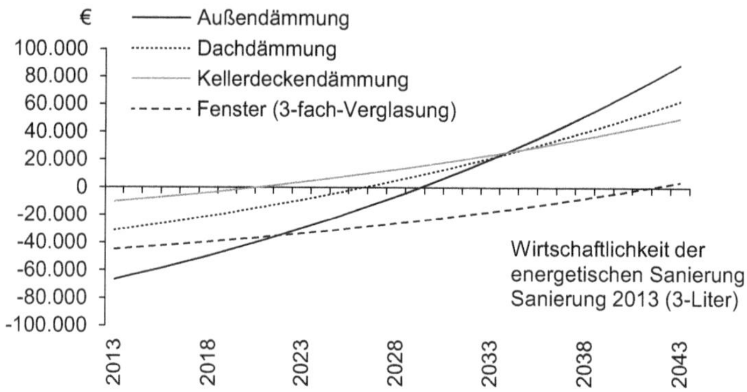

Abb. 7.31: Amortisationsverlauf der einzelnen energetischen Modernisierungsmaßnahmen im 3-Liter-Haus auf der Basis der wirtschaftlichen Rahmenbedingungen im Jahr 2013 (Sanierung).[122]

Zunächst fällt beim Vergleich der einzelnen energetischen Maßnahmen an der Gebäudehülle auf, dass sich erwartungsgemäß eine Kellerdecken- und Dachdämmung deutlich schneller amortisiert als eine Außenfassadendämmung oder gar ein Fensteraustausch mit 3-fach-Verglasung. Ein zahlenmäßiger Vergleich der Amortisationsberechnungen auf der Basis der ökonomischen Rahmenbedingungen aus den Jahren 2001 und 2013 zeigt, wie groß der Einfluss der Kostendegression bei den Baumaterialien, den tatsächlichen Energiepreissteigerungen und den veränderten Kapitalmärkten auf die errechnete Amortisationsdauer der energetischen Einzelmaßnahmen ist. Im Bereich der Dämmmaßnahmen (u. a. WDVS mit Neopor®) haben sich die Amortisationszeiten teilweise mehr als halbiert. Die daraus resultierenden absoluten Amortisationsdauern liegen nun in einem Zeitraum zwischen acht und 17 Jahren (s. Abb. 7.32).

Analoge Aussagen lassen sich für energetische Bestandsmodernisierungen auf 5-Liter-Niveau treffen, nur mit dem Unterschied, dass die durchschnittlichen Amortisationsdauern der einzelnen energetischen Maßnahmen aufgrund der etwas günstigeren Baumaterialkosten (nur 2-fach-Verglasung und geringere Dämmstoffdicken) geringfügig niedriger ausfallen (s. Abb. 7.33 und 7.34). Die geringe Differenz in den Amortisationsdauern im Vergleich zwischen dem 3-Liter- und dem 5-Liter-Haus lässt aber auch den Schluss zu, dass die höheren Kosten von energieeffizienteren Baumaterialien und Technologien im 3-Liter-Haus die Wirtschaftlichkeit nur unwesentlich verschlechtern. In Hinblick auf zukünftig zu erwartende Energiepreissteigerungen sollte daher die Entscheidung im Sinne einer Risikominimierungs- und Zukunftssicherungsstrategie eher in Richtung hochwertigerer Energieeffizienzstandards fallen.

122 Quelle: eigene Darstellung.

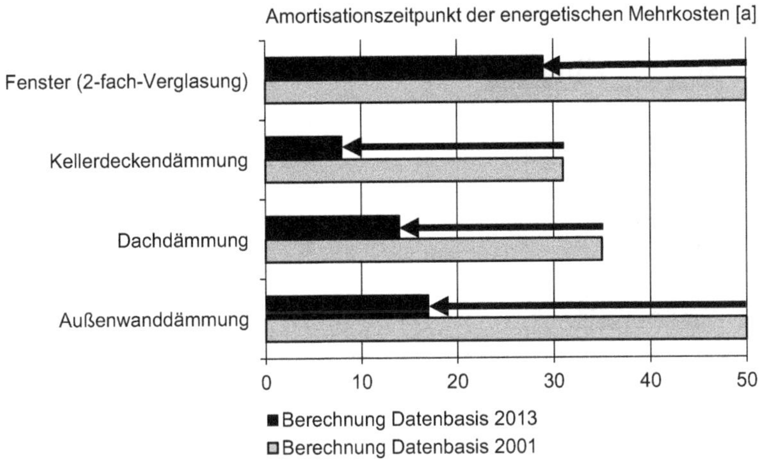

Abb. 7.32: Vergleich der Amortisationszeiten für einzelne energetische Modernisierungsmaßnahmen (Investitionskosten) im 3-Liter-Haus (Bestand) aufgrund geänderter Rahmenbedingungen.[123]

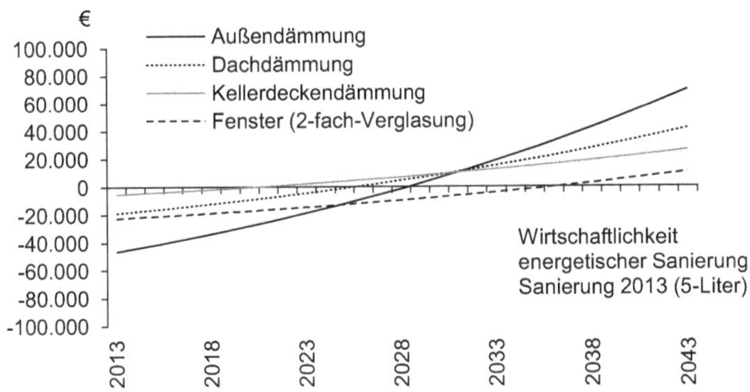

Abb. 7.33: Amortisationsverlauf der einzelnen energetischen Modernisierungsmaßnahmen im 5-Liter-Haus auf der Basis der wirtschaftlichen Rahmenbedingungen im Jahr 2013 (Sanierung).[124]

Aus Investorensicht spielt die Wirtschaftlichkeitsbetrachtung einzelner Energieeffizienzmaßnahmen bei der gesamthaften Investitionsentscheidung eine eher untergeordnete Rolle. Vielmehr steht das Gesamtkonzept mit seinen aufeinander abgestimmten Einzelmaßnahmen an Gebäudehülle und -technik und die daraus zu erwartende Effizienz- und Wohnwertverbesserung des Gebäudes über den gesamten Lebenszyklus im Vordergrund. Am Beispiel der Bestandsmodernisierung eines 7-Liter-Hauses lässt sich sehr anschaulich die Gesamtwirtschaftlichkeit energetischer Modernisierungsmaßnahmen durch einen Vergleich der beiden Alternativen „Durchführung von ausschließlich Instandsetzungsmaßnahmen“ und „Energetische Modernisierung auf 7-Liter-Haus-Standard“ darstellen. Der durch die gesamte Modernisierung notwendige investive Mehraufwand belief sich auf rund 450 € pro m^2. Im Rahmen der Modernisierung wurden neben den energetischen Maßnahmen auch die Wohnungsgrundrisse und -ausstattung an die Bedürfnisse heutiger

123 Quelle: eigene Darstellung.

124 Quelle: eigene Darstellung.

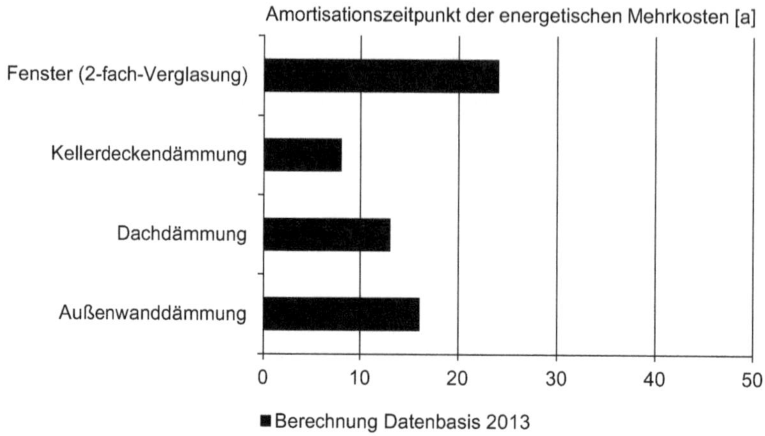

Abb. 7.34: Vergleich der Amortisationsdauern für einzelne energetische Modernisierungsmaßnahmen im 5-Liter-Haus (Bestand) auf der Basis der wirtschaftlichen Rahmenbedingungen im Jahr 2013.[125]

Mieter angepasst. Neben einer drastischen Reduktion der Energiekosten, die primär den Mietern zugutekam, konnte der Vermieter die Leerstandsquote von rund 20 % auf unter 3 % und die laufenden jährlichen Instandsetzungskosten des Gebäudes um mehr als 70 % reduzieren. Die durch die Modernisierung angepassten mittleren Mietpreise für die Kaltmiete lagen dabei immer noch auf dem Niveau der ortsüblichen Durchschnittsmieten des Ludwigshafener Mietspiegels. Dabei sparen heute Mieter im 7-Liter-Haus im Vergleich zur nicht modernisierten Variante rund 11 € Heizkosten pro m^2 und Jahr.

Aus Sicht des Wohnungsunternehmens BASF Wohnen + Bauen ergab sich für die Modernisierungsvariante eine gesamthafte Amortisationszeit von unter 13 Jahren. Die Auswirkungen auf den Cashflow-Verlauf der Immobilie waren aufgrund der besseren Einnahmesituation durch Vermietung und die geringeren laufenden Instandhaltungskosten ebenfalls sehr vorteilhaft (s. Abb. 7.35).

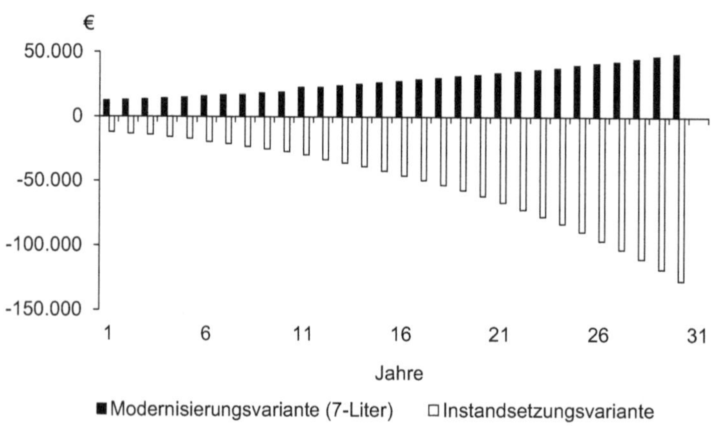

Abb. 7.35: Cashflow-Vergleich der Instandsetzungs- und der Modernisierungsvariante.[126]

125 Quelle: eigene Darstellung.

126 Quelle: eigene Darstellung.

Ökonomische Evaluation in der Langzeitbetrachtung für Neubauten

Im Neubaubereich entstehen energieeffizienzbedingte Mehrkosten immer dann, wenn die Neubauten in einem höheren energetischen Level als gesetzlich gefordert erstellt werden. So sind zwar die Mehrkosten für das Aufbringen von stärkeren bzw. besseren Dämmstoffen verhältnismäßig gering, da die meisten Kosten bereits im Rahmen des Neubaus entstehen (die sog. Sowieso-Kosten), allerdings sind die zusätzlichen Energieeinspareffekte aufgrund des schon sehr guten Energieeffizienzniveaus, das sich aus den gesetzlichen Vorgaben im Neubau ableiten lässt, auch sehr viel geringer.

Als Konsequenz sind die Amortisationszeiten für die einzelnen energieeffizienzbedingten Maßnahmen gerade im Hocheffizienzbereich der 1-Liter-Häuser relativ hoch. Der Grenznutzen zusätzlicher Energieeffizienzmaßnahmen liegt im Bereich der 1 Liter Häuser bereits auf einem sehr geringen Niveau. Auf der Grundlage der Rahmenbedingungen aus dem Jahr 2013 errechnen sich für das 1-Liter-Haus relativ hohe Amortisationszeiten von rund 15 bis 30 Jahren für die einzelnen zusätzlichen Energieeffizienzmaßnahmen (s. Abb. 7.36 und 7.37).

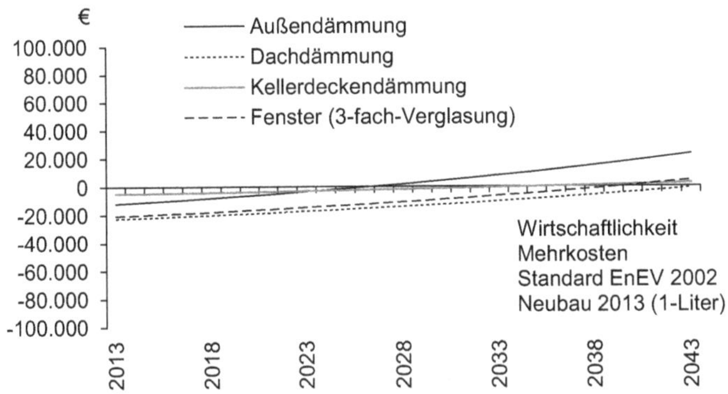

Abb. 7.36: Amortisationsverlauf der einzelnen energetischen Modernisierungsmaßnahmen im 1-Liter-Haus (Neubau) auf der Basis der wirtschaftlichen Rahmenbedingungen im Jahr 2013.[127]

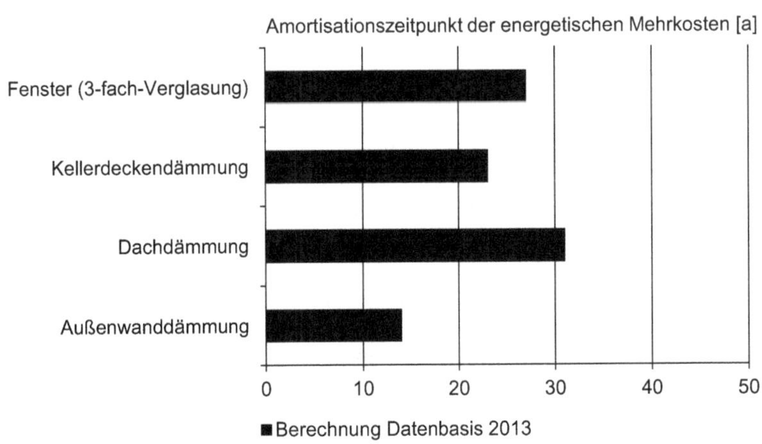

Abb. 7.37: Vergleich der Amortisationszeiten für einzelne energetische Modernisierungsmaßnahmen im 1-Liter-Haus (Neubau) auf der Basis der wirtschaftlichen Rahmenbedingungen im Jahr 2013.[128]

127 Quelle: eigene Darstellung.

128 Quelle: eigene Darstellung.

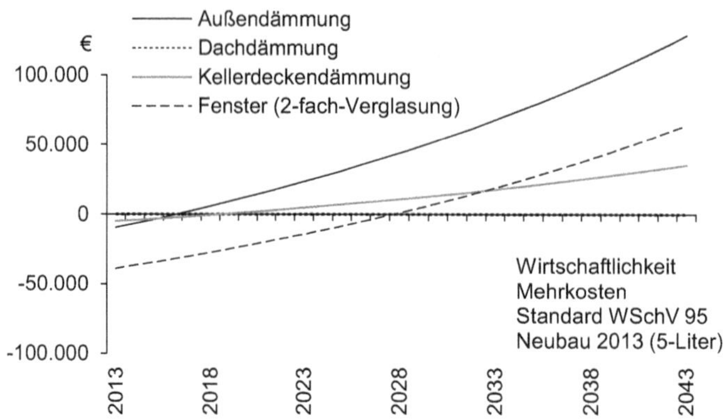

Abb. 7.38: Geplanter Amortisationsverlauf der einzelnen energetischen Modernisierungsmaßnahmen im 5-Liter-Haus (Neubau) auf der Basis der wirtschaftlichen Rahmenbedingungen im Jahr 2013.[129]

Auch wenn die Amortisationszeiten der Einzelmaßnahmen im Bereich der Gebäudehülle hoch erscheinen mögen, müssen sie im Kontext der Gesamtwirtschaftlichkeit des 1-Liter-Hauses gesehen werden. Durch die hocheffiziente Hülle kann u. U. auf eine kostspielige Heizungsanlage verzichtet werden, was sich positiv auf die gesamte Wirtschaftlichkeit des Gebäudes auswirken würde. Auch ist es heute möglich, mit Dämmstoffen besserer Wärmeleitgruppen (z. B. Neopor® 032 oder PUR 025) und geringerer Dachaufbauhöhe Passivhäuser mit einem durchschnittlichen Heizwärmebedarf von 1,5 Liter kostengünstiger zu erstellen. Dies würde ebenfalls dazu führen, dass die resultierenden Amortisationsdauern bei nahezu gleichem Energieeffizienzniveau aufgrund der niedrigeren Baukosten (geringere Materialkosten, einfachere Dachkonstruktion) deutlich niedriger ausfallen.

Ganz anders sieht die Wirtschaftlichkeit im Neubaubereich bei den 5-Liter-Häusern aus. Dort fällt die Relation aus den zusätzlichen Energieeinspareffekten und den dazu notwendigen energieeffizienzbedingten Mehrkosten deutlich günstiger aus. Die Amortisationszeiten auf der Basis der wirtschaftlichen Rahmenbedingungen von 2013 liegen bei den Dämmmaßnahmen bei rund fünf Jahren (s. Abb. 7.38 und 7.39). Nur im Fensterbereich liegen sie in einem allerdings immer noch akzeptablen Bereich von 15 Jahren.

Zusammenfassend lässt sich sagen, dass sich im Neubaubereich ein 5-Liter-Haus unter Wirtschaftlichkeitsgesichtspunkten aus heutiger Sicht in der Ludwigshafener Klimaregion leicht und ökonomisch sinnvoll realisieren lässt. Bei energetischen Bestandsmodernisierungen hängt das wirtschaftliche Energieeffizienzniveau stark vom Ausgangszustand der betrachteten Immobilie ab. Die Beispiele aus der Brunckviertel-Modernisierung haben gezeigt, dass Bestandsmodernisierungen auf einem 5-Liter-Niveau nicht nur technisch möglich sind, sondern auch zu vernünftigen Amortisationszeiten führen.

Die tabellarischen Übersichten in den Tabellen 7.9 und 7.10 ergeben einen detaillierten Überblick über die einzelnen Energieeffizienzmaßnahmen in den unterschiedlichen Energieeffizienzkonzepten, die zu den 3-, 5- und 7-Liter-Häusern im Bestand und zu den 1- und 5-Liter-Häusern im Neubau geführt haben. Ebenso sind die energieeffizienzbedingten Mehrkosten und die errechneten Einsparpotenziale für jede Einzelmaßnahme angegeben, aus der die jeweiligen spezifischen Amortisationszeiten auf der Basis heutiger wirtschaftlicher Rahmenbedingungen errechnet werden konnten.

129 Quelle: eigene Darstellung.

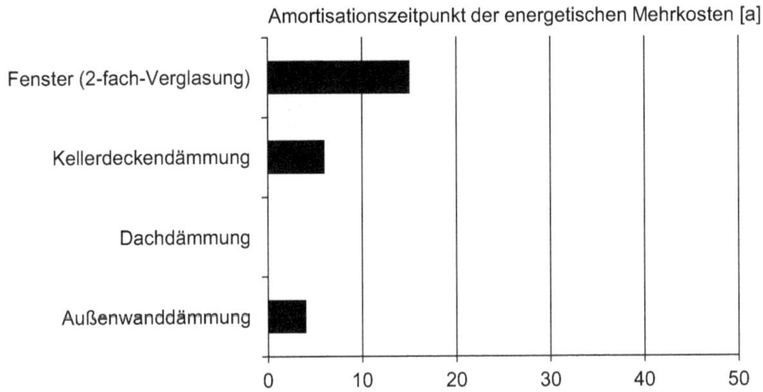

Abb. 7.39: Vergleich der Amortisationszeiten für einzelne energetische Modernisierungsmaßnahmen im 5-Liter-Haus (Neubau) aufgrund geänderter Rahmenbedingungen (Neubau 2013), Berechnung auf einer Datenbasis von 2013.[130]

Tab. 7.9: Amortisationsberechnung unterschiedlicher energetischer Sanierungsmaßnahmen für das 3-, 5- und 7-Liter-Haus auf der Basis der wirtschaftlichen Rahmenbedingungen des Jahres 2013.[131]

Sanierungsmaßnahmen		**Fläche** [m^2]	**Schätzung Kosten 2013** [€ brutto]	**Eingesparte Endenergie** [kW/h/a][a]	**Einsparung** [€/a]	**Amortisationsjahr** [a]
3-Liter-Haus – energetisch bedingte Mehrkosten = 329 [€/m^2_{WF}]						
1. Außenwanddämmung	20 cm WLG 035	623	66.723 €	47.080	3.263 €	17
2. Dachdämmung	20 cm WLG 035	350	31.210 €	28.377	1.967 €	14
3. Kellerdeckendämmung	20 cm WLG 035	292	10.414 €	18.301	1.268 €	8
4. Fenster (3-fach-Verglasung)	U_W = 0,8 W/(m^2K)	108	44.895 €	14.798	1.026 €	29
5-Liter-Haus – energetisch bedingte Mehrkosten = 189 [€/m^2_{WF}]						
1. Außenwanddämmung	20 cm WLG 035	433	46.390 €	35.166	2.437 €	16
2. Dachdämmung	20 cm WLG 035	211	18.867 €	18.366	1.273 €	13
3. Kellerdeckendämmung	8 cm WLG 035	179	5.334 €	9.564	663 €	8
4. Fenster (2-fach-Verglasung)	U_W = 1,1 W/(m^2K)	75	22.440 €	9.943	689 €	24
7-Liter-Haus – energetisch bedingte Mehrkosten = 124 [€/m^2_{WF}]						
1. Außenwanddämmung	14 cm WLG 035	619	62.643 €	38.655	2.679 €	19
2. Dachdämmung	14 cm WLG 035	350	27.049 €	24.047	1.666 €	14
3. Kellerdeckendämmung	8 cm WLG 035	292	8.678 €	13.414	930 €	9
4. Fenster (2-fach-Verglasung)	U_W = 1,1 W/(m^2K)	107	31.803 €	12.051	835 €	26
7-Liter-Haus – energetisch bedingte Mehrkosten = 124 [€/m^2_{WF}]						
1. Außenwanddämmung	14 cm WLG 035	422	42.667 €	30.773	2.133 €	17
2. Dachdämmung	14 cm WLG 035	211	16.352 €	15.967	1.107 €	13
3. Kellerdeckendämmung	8 cm WLG 035	179	5.334 €	8.929	619 €	8
4. Fenster (2-fach-Verglasung)	U_W = 1,1 W/(m^2K)	87	25.811 €	11.106	770 €	24

[a] Bezogen auf das Verhältnis Bestand zu Sanierung.

130 Quelle: eigene Darstellung.

131 Quelle: Berechnung auf der Datenbasis von 2013, Energiepreis Heizung (brutto) TWL: 0,0693 [€/kWh], Energiepreisentwicklung (Erdgas): 5,2 % (gemäß dem Statistischen Bundesamt, Ø 2000–2012), Diskontierungszinssatz:

Tab. 7.10: Amortisationsberechnung unterschiedlicher energetischer Einzelmaßnahmen für das 1- bzw. 5-Liter-Haus auf der Basis der wirtschaftlichen Rahmenbedingungen des Jahres 2013.[132]

Mehrmaßnahmen im Vergleich zu WSchVO 95/EnEV 2002		Fläche [m2]	Mehrkosten 2013 [€ brutto]	Eingesparte Endenergie [kW/h/a][a]	Ein-sparung [€/a]	Amorti-sations-jahr [a]
1-Liter-Haus – Neubau						
1. Außenwanddämmung	30 cm WLG 035	334	11.924 €	10.658	739 €	14
2. Dachdämmung	60 cm WLG 035	310	22.522 €	6.501	451 €	31
3. Kellerdeckendämmung	25 cm WLG 035	281	4.798 €	2.204	153 €	23
4. Fenster (3-fach-Verglasung)	$U_W = 0{,}8\,W/(m^2K)$	116	20.670 €	7.572	525 €	27
5-Liter-Haus – Neubau						
1. Außenwanddämmung	14 cm WLG 035	1.304	9.386 €	41.690	2.889 €	4
2. Dachdämmung	10 cm WLG 035	1.143	– €	–	– €	–
3. Kellerdeckendämmung	8 cm WLG 035	1.143	4.894 €	12.217	847 €	6
4. Fenster (2-fach-Verglasung)	$U_W = 1{,}1\,W/(m^2K)$	649	38.616 €	31.133	2.158 €	15

[a] Bezogen auf EnEV 2002 zu Neubaukonzept.

7.7.4 Ökologische Evaluation der Brunckviertel-Revitalisierung

Aus Sicht der Klimaschutzziele, die sich die EU für 2020 und 2050 gegeben hat, spielt der Wohnungsbestand bei der Erreichung der Zielvorgaben eine entscheidende Rolle, da rund 40 % des volkswirtschaftlichen Energieverbrauchs im Wohnungssektor zu verzeichnen sind. Ein Großteil der heute durchgeführten Modernisierungen im Wohnungsbereich beschränkt sich leider auf kosmetische Korrekturen der Hausfassaden (z. B. neuer Anstrich) oder die Instandsetzung eines Dachs. Obwohl Sowieso-Kosten für eine Baustelleneinrichtung anfallen, wird auf eine energetische Sanierung der Gebäudehülle durch Dämmmaßnahmen verzichtet und damit das volkswirtschaftliche Potenzial zum Klimaschutz nicht gehoben, obwohl sich die Maßnahmen bereits nach vergleichsweise wenigen Jahren auch für den Hausbesitzer rechnen würden.

Wenn es durch geeignete Maßnahmen gelänge, alle in einem Jahr durchgeführten Sanierungen auch energetisch auf den EnEV-Standard für Neubau – durchschnittlich ein Endenergiebedarf von ca. sieben Litern Heizöl pro Quadratmeter und Jahr (abhängig von der Gebäudegröße und -kubatur) – zu modernisieren und somit die energetische Sanierungsrate auf 2 % p. a. anzuheben, könnten jährlich bei einem Heizölverbrauch im unsanierten Zustand von über 20 Litern[133] pro Quadratmeter und Jahr die CO_2-Emissionen in Deutschland um etwa 7 Millionen Tonnen p. a. reduziert werden.

Auswirkungen der Brunckviertel-Modernisierung auf den Carbon Footprint

Die wirtschaftlichen Analysen der unterschiedlichen Energieeffizienzkonzepte im Brunckviertel zeigen, dass energieeffizientes Bauen und Modernisieren im Rahmen geplanter Instandsetzungen

2,0 % (Datenbasis Jahr 2000 = 6,5 %), CO_2-Äquivalent (Erdgas): 202 [g/kWhEnd] (GEMIS Version 4.5), Primärenergie (nicht erneuerbar): 1,1.

132 Datengrundlagen siehe Tabelle 7.9.

133 Ein typischer Altbau aus der Zeit vor 1978 hat einen Heizenergieverbrauch von umgerechnet 20 bis 25 Liter Heizöl pro Quadratmeter Wohnfläche im Jahr. Quelle: [Hessische Energiesparaktion 2016].

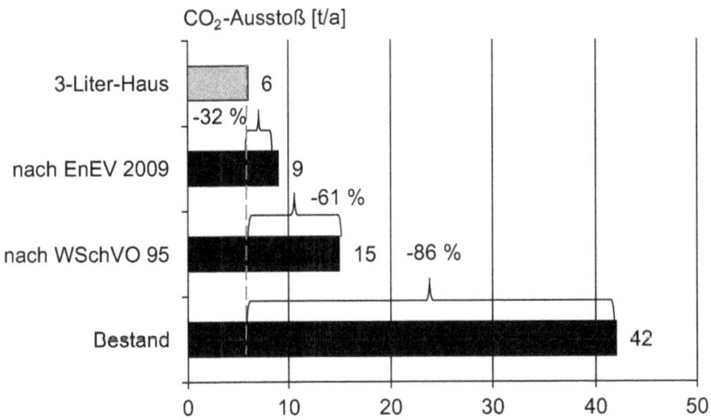

Abb. 7.40: CO_2-Emissionsvergleich für das 3-Liter-Haus.[134]

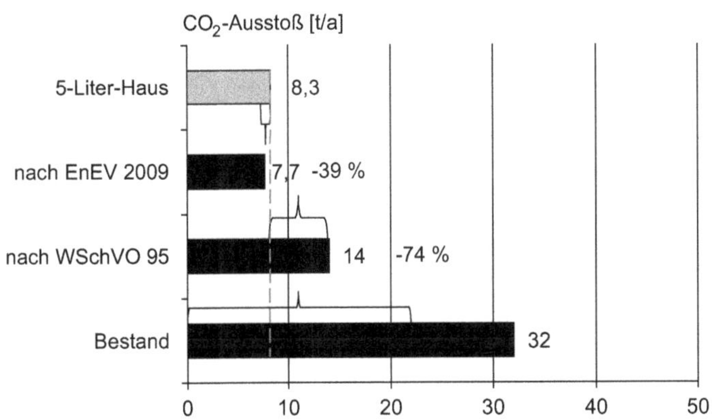

Abb. 7.41: CO_2-Emissionsvergleich für das 5-Liter-Haus.[135]

bei der Wahl eines geeigneten energetischen Gesamtkonzepts i. d. R. wirtschaftlich sinnvoll ist und einen entscheidenden Beitrag zur CO_2 Reduktion leistet. Dämmmaßnahmen zusammen mit drei fach verglasten Fenstern und einer kontrollierten Be- und Entlüftungsanlage mit Wärmerückgewinnung können im Idealfall den Heizwärmebedarf und die CO_2-Emissionen eines unsanierten Gebäudes um mehr als 80 % reduzieren.

Obwohl das Brunckviertel bereits Anfang der Jahrtausendwende energetisch modernisiert wurde, werden die heutigen Anforderungen der EnEV 2009 immer noch erfüllt oder sogar unterschritten. Auf das gesamte revitalisierte Brunckviertel bezogen konnten in den letzten zehn Jahren rd. 8.300 Tonnen CO_2 eingespart werden.

Analog zu den Reduktionspotenzialen für den errechneten Heizwärmebedarf weisen die unterschiedlichen Energieeffizienzkonzepte des 7-, 5- und 3-Liter-Hauses auch unterschiedlich hohe Grade der CO_2-Reduktion auf (s. Abb. 7.40 bis 7.42). Die Werte für die relative CO_2-Einsparung liegen alle in einem Bereich zwischen 70 % und 86 %. Sie nähern sich damit absolut gesehen dem Neubauniveau der EnEV 2009 an und unterschreiten sie im Falle des 3-Liter-Hauses sogar.

134 Quelle: eigene Darstellung.

135 Quelle: eigene Darstellung.

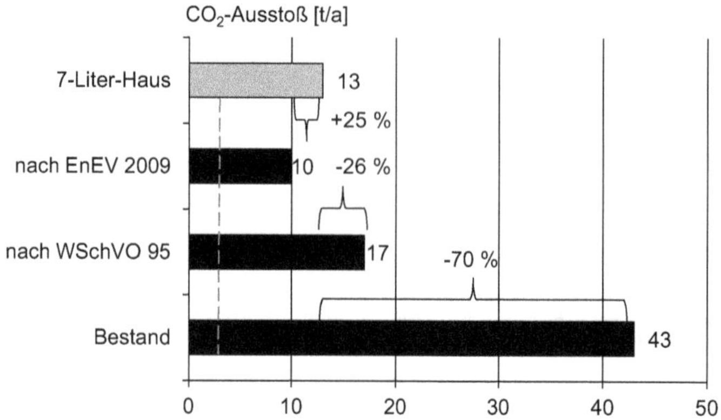

Abb. 7.42: CO_2-Emissionsvergleich für das 7-Liter-Haus.[136]

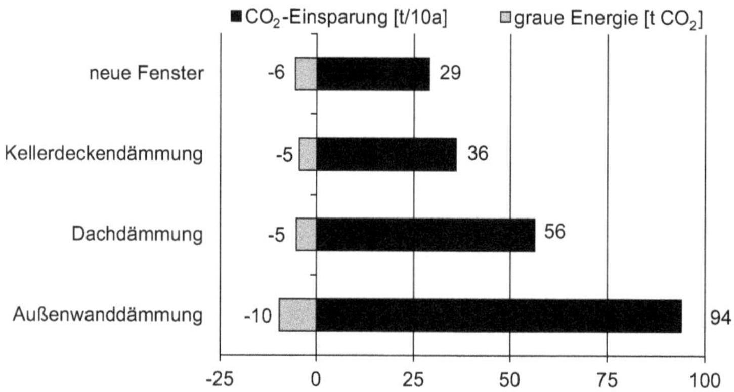

Abb. 7.43: CO_2-Ökobilanzierung über zehn Jahre für das 3-Liter-Haus für unterschiedliche Energieeffizienzmaßnahmen.[137]

Hinsichtlich des gesamten Lebenszyklus der zum Einsatz gekommenen unterschiedlichen Dämmmaterialien (z. B. Styrodur® im Sockel, Neopor® in der Fassade und im Dach) lässt sich in einer Ökobilanzanalyse[138] ermitteln, wie das Verhältnis zwischen der zur Produktion, Logistik und Entsorgung notwendigen Energie (sog. graue Energie) und der Energieeinsparung durch Reduktion des Heizwärmebedarfs aufgrund der besseren thermischen Hülle der Gebäude durch Dämmmaßnahmen ausfällt. Zusammenfassend ergaben die Ökobilanzanalysen für die unterschiedlichen Dämmmaßnahmen ähnliche Relationen zwischen grauer Energie und den errechneten Energieeinsparungen (s. Abb. 7.43 bis 7.45). Schon nach kurzer Zeit (d. h. nach rund einem Jahr) wird die graue Energie durch die Heizenergieeinsparungen der unterschiedlichen Dämmmaßnahmen kompensiert. Zukünftige Energieeinsparungen leisten danach einen nachhaltigen Beitrag zur Umweltentlastung.

136 Quelle: eigene Darstellung.

137 Quelle: eigene Darstellung.

138 Quellen: [ibu (2016)] und [BMUB (2017)].

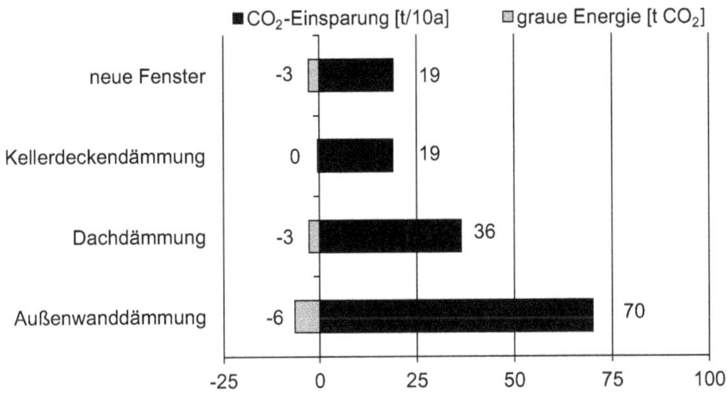

Abb. 7.44: CO_2-Ökobilanzierung über zehn Jahre für das 5-Liter-Haus für unterschiedliche Energieeffizienzmaßnahmen.[139]

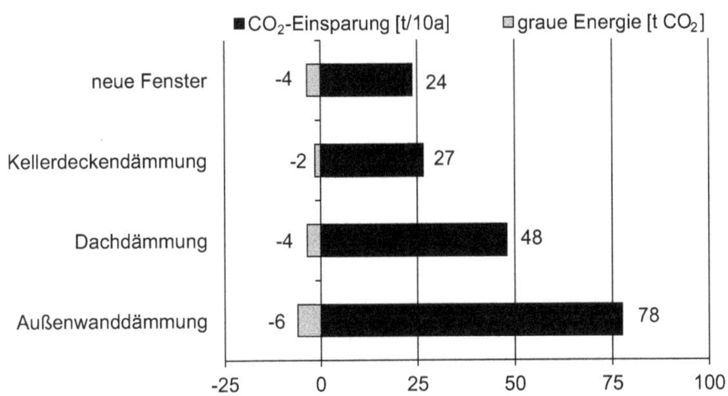

Abb. 7.45: CO_2-Ökobilanzierung über zehn Jahre für das 7-Liter-Haus für unterschiedliche Energieeffizienzmaßnahmen.[140]

Die Relation zwischen grauer Energie und den Energieeinsparungen verschiebt sich bei den unterschiedlichen Energieeffizienzkonzepten des 1-, 3-, 5- und 7-Liter-Hauses mit dem abnehmenden Grenznutzen der Wärmedämmung hinsichtlich der zu erzielenden zusätzlichen Energieeinsparung bei zunehmenden Dämmstoffdicken. So fällt die Ökobilanz bei den 5- bzw. 7-Liter-Haus-Konzepten leicht besser aus als bei dem höherwertigen 3-Liter-Haus-Konzept.

Die Wahl der zum Einsatz kommenden Dämmmaterialien hat hinsichtlich der Ökobilanzierung einen nicht zu unterschätzenden Einfluss. So weisen kunststoffbasierte Dämmstoffe, wie zum Beispiel Neopor®, aufgrund ihrer besseren thermischen Wiederverwertbarkeit gegenüber mineralischen (z. B. Mineralwolle) auf der Quadratmeterbasis WDVS einen wesentlich geringeren Anteil an grauer Energie auf. Zusätzlich sind kunststoffbasierte Dämmstoffe bei gleicher Dämmleistung wirtschaftlich gesehen pro eingesetztem Euro kosteneffizienter und führen beim direkten Vergleich

139 Quelle: eigene Darstellung.

140 Quelle: eigene Darstellung.

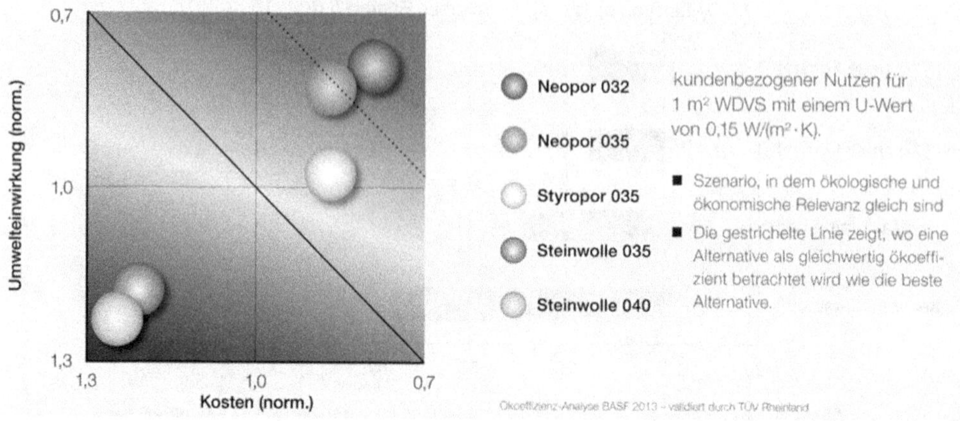

Abb. 7.46: Ökoeffizienzanalyse unterschiedlicher Dämmmaterialien.

in einer Ökoeffizienzanalyse[141], in der die Wirtschaftlichkeit und die Umweltverträglichkeit in einer normierten Skalierung gleichzeitig beurteilt werden, zu einer vorteilhafteren Positionierung (s. Abb. 7.46).

Innerhalb der Gruppe der organischen Dämmstoffe weisen Dämmmaterialien mit einem besseren, d. h. niedrigeren Lambda-Wert (geringerer Wärmedurchgangskoeffizient) eine geringfügig bessere Ökoeffizienz auf.

Regenerative Energien

Der Einsatz regenerativer Energien ist bei modernen energetischen Gebäudekonzepten ein integraler Bestandteil, um eine ökonomische Energieeffizienz und Nachhaltigkeit langfristig sicherstellen zu können. Er hängt sehr stark von den lokalen Gegebenheiten, der Verfügbarkeit regenerativer Energiequellen (Sonne, Geothermie etc.) und dem jeweiligen Quartierskonzept einer energetischen Modernisierung ab. Die lokale Erzeugung und der direkte Verbrauch von regenerativer Energie (Wärme, Strom) stellen die effizienteste Methode dar, um die Umwelt zu schonen und Energiekosten gering zu halten. Dies spiegelt sich in den letzten Jahren auch in der Gesetzgebung wider, die den Einsatz von regenerativen Energien zwingend vorschreibt und Förderprogramme zum Einsatz regenerativer Energieerzeugungssysteme aufsetzt.

Im Brunckviertel wurde schon vor über einem Jahrzehnt die Bedeutung regenerativer Energien erkannt und in das gesamte Revitalisierungskonzept integriert. So wurden neben den heute etablierten Fotovoltaik- und Solarthermie-Modulen auch eine Brennstoffzelle und ein BHKW als gebäudeübergreifende Wärme- und Stromlieferanten eingesetzt.

7.7.5 Soziokulturelle und funktionale Evaluation

Im Rahmen der soziokulturellen Evaluation wurde analysiert, welche Konsequenzen eine ganzheitliche Quartiersmodernisierung auf das Nutzerverhalten und die empfundene Wohnqualität der Mieter bzw. Wohnungsbesitzer haben kann.

141 Bei der von der BASF entwickelten Ökoeffizienzanalyse handelt es sich um ein Analyseinstrument, mit dem die Wirtschaftlichkeit eines Produkts ins Verhältnis zu den Auswirkungen auf die Umwelt gesetzt wird.

Gerade in hoch energieeffizienten Gebäuden wie dem 1-, 3- und 5-Liter-Haus spielt der Nutzer bei der Realisierung der tatsächlichen Energieeinsparpotenziale eine zentrale Rolle, da der ordnungsgemäße Umgang mit einem Energieeffizienzhaus ein diszipliniertes und planvolles Handeln der Bewohner erfordert. Ein richtiges Lüftungsverhalten ist gerade in sehr gut gedämmten Gebäuden besonders wichtig, um eine gesunde Luftqualität zu gewährleisten und starke Temperaturschwankungen (Unterkühlung und/oder Überhitzung) in den Wohnräumen zu vermeiden. Denn dies kann zu einer Beeinträchtigung des klimatischen Wohlbefindens der Bewohner führen. Zwar kann durch den geeigneten Einsatz von Haus- und Gerätetechnik (z. B. mechanisches Lüftungssystem mit Wärmerückgewinnung) bzw. Mess- und Regeltechnik das Risiko einer Fehlbedienung reduziert werden, aber auch hier kann individuelles Fehlverhalten dazu führen, dass die errechneten Energieeinsparpotenziale nicht realisiert werden können. Daher ist eine Nutzereinweisung in energetisch hochwertige Gebäude unerlässlich. Durch geeignete technische Monitoringsysteme sollten den Nutzern darüber hinaus die Konsequenzen ihres Verhaltens vor Augen geführt werden.

Im Zusammenhang mit energetisch hochwertigen Gebäuden wird häufig das Konzept des Warmmietmodells diskutiert, in dem Mieter aufgrund des geringen errechneten Wärmebedarfs eine feste Kostenpauschale für Heizung und Warmwasser zahlen müssen. Dieses Konzept wurde seinerzeit bei den 1-Liter-Häusern im Brunckviertel als neues Mietmodell eingeführt. Es zeigte sich in der Langzeitbetrachtung, dass in einigen Fällen durch exzessive Nutzung des Warmwassers der Energieverbrauch über dem berechneten Bedarf lag. Deshalb wird geprüft, ob die Pauschale zukünftig angepasst werden muss. Gesamtwirtschaftlich gesehen ist ein Verbundprinzip aus Nutzung und Zahlung von Energieverbräuchen auf Einzelhaushaltsebene die effektivste Methode, Energieeinsparpotenziale zu realisieren. Ansonsten besteht die Gefahr, dass aufgrund eines möglichen Trittbrettfahrerverhaltens im Solidarverbund zwischen Vermieter und allen in das Quartierskonzept eingebundenen Mietern und Wohnungseigentümern nicht mehr sparsam mit Ressourcen umgegangen wird.

Ein weiterer wichtiger soziokultureller Aspekt im Rahmen von nachhaltigen Modernisierungen liegt in der möglichen Erhöhung der Wohnqualität in thermischer, akustischer, optischer und lufthygienischer Hinsicht. Zur Ermittlung dieser qualitativen Aspekte wurde von der Hochschule für angewandte Wissenschaft und Kunst Hildesheim/Holzminden/Göttingen (HAWK) (Prof. Schlegel, Fakultät Gestaltung) eine umfangreiche empirische Studie konzipiert und durchgeführt, in die neben dem Mieterbestand der Brunckviertel-Modernisierung aus Repräsentativitätsgründen auch Mieter einer weiteren nachhaltigen Quartiersmodernisierung in Darmstadt (Bauverein AG) einbezogen wurden.[142] Insgesamt wurden rund 187 Personen unterschiedlichen Alters und Geschlechts, Mieter von Wohnungen mit und ohne Lüftungsanlage in einem persönlich geführten Interview oder über einen schriftlichen Fragebogen befragt. Im Folgenden werden die wesentlichen Ergebnisse der soziokulturellen Untersuchung dargestellt.

Befragungsergebnis zum Empfinden der klimatischen Qualität der Wohnungen nach der energetischen Modernisierung

Ein sehr großer Anteil der Bewohner (rund 80 %) ist mit der klimatischen Qualität der Wohnungen nach der energetischen Modernisierung zufrieden, es gibt aber auch einen kleinen Anteil von rund 7 %, der sich in der Wohnung klimatisch unwohl fühlt (s. Abb. 7.47).

Signifikant dabei ist, dass das Wohnklima in der kalten Jahreszeit bezüglich thermischer Behaglichkeit deutlich positiver beurteilt wird als in sommerlichen Hitzeperioden. Rund 27 % beklagen sich darüber, dass an warmen Sommertagen leicht eine Überhitzungssituation in ihren Wohnungen entsteht, während nur rund 3 % der Befragten an kalten Tagen ein zu schnelles Absinken der Wohnungstemperatur wahrnehmen. Dies ist ein Indiz dafür, dass der sommerliche Wärme-

142 Eine Veröffentlichung der Untersuchungsergebnisse ist vom Lehrstuhl Prof. Schlegel derzeit in Vorbereitung.

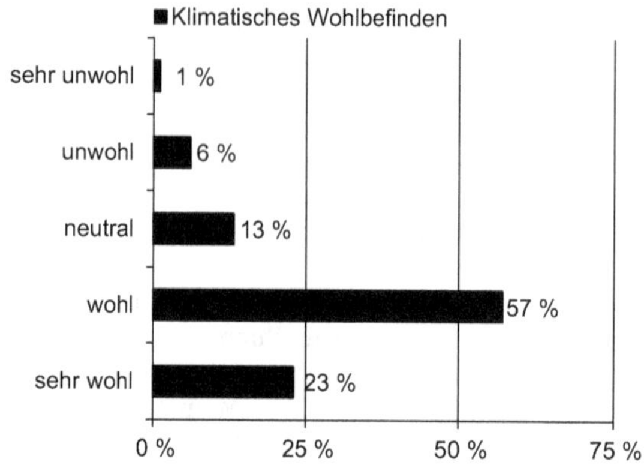

Abb. 7.47: Umfrageergebnisse zum klimatischen Wohlbefinden der Bewohner.[143]

schutz u. U. aufgrund unzureichender Verschattungsmöglichkeiten noch verbesserungswürdig ist bzw. die Nutzer durch ein fehlerhaftes Lüftungs- oder Verschattungsverhalten einen nicht zu unterschätzenden Beitrag zur Überhitzungssituation leisten. So führt das Fensterlüften an heißen Tagen nicht zwangsweise zu einer Abkühlung im Wohnungsinneren. In passivhausähnlichen Häusern, die aufgrund der guten thermischen Hülle häufig mit einer niedrig dimensionierten Heizungsanlage ausgestattet sind, führt ein zu langes und nicht sachgerecht ausgeführtes Lüften an kalten Tagen zu einer starken Temperaturabsenkung in der Wohnung, die durch die installierte Heizungstechnik nur langsam wieder kompensiert werden kann. Die fehlende schnelle thermische Kompensationsmöglichkeit wird von einigen Nutzern als Beeinträchtigung der klimatischen Behaglichkeit empfunden.

Eine weitere Komforteigenschaft der Raumklimas wird in der relativen Luftfeuchtigkeit gesehen, die idealerweise in einem Bereich zwischen 45 % und 65 % liegen sollte, um von den Bewohnern als angenehm empfunden zu werden. Um eine kontrollierte Belüftung von energetisch hochwertigen Gebäuden sicherzustellen, wird die Lüftung der Innenräume häufig von Lüftungsanlagen übernommen. Gerade in den Wintermonaten mit kalten Außentemperaturen kann bei fehlender Luftbefeuchtung in den Lüftungsanlagen die relative Luftfeuchtigkeit auf Werte absinken, die unterhalb der als angenehm empfundenen Komfortzone liegen. In der empirischen Analyse empfanden immerhin rund zwei Drittel der Bewohner die Luftfeuchtigkeit als angenehm. Für knapp 30 % der Befragten lag die Luftfeuchtigkeit dagegen eher im trockenen bzw. zu trockenen Bereich und nur ein relativ kleiner Anteil (rund 7 %) empfand die Luft als zu feucht (s. Abb. 7.48).

Das Lüftungsverhalten der Bewohner in den modernisierten Wohnungen entsprach in der empirischen Studie den Durchschnittswerten von Stoß- und Kurzzeitlüftungen aus anderen Untersuchungen. Ein signifikanter Unterschied der Auswertungsergebnisse bezüglich der Bewohner von Wohnungen mit und ohne Lüftungsanlage konnte ebenfalls nicht festgestellt werden. Es besteht dennoch die leichte Tendenz, dass Wohnungen mit einer Lüftungsanlage zu einer besseren Gesamtbeurteilung der klimatischen Wohnungsqualität führen.

Neben dem Raumklima, der gleichmäßigen Innenraumtemperatur und dem geringen Energieverbrauch wurden von den Befragten weitere qualitative Kriterien wie natürliche Helligkeit in den Wohnräumen und eine lärmreduzierte Umgebung als explizit wichtige Wohlfühlkriterien genannt, die sich im Rahmen der Quartiersmodernisierung verbessert haben. Auch scheint die optische Attraktivität des gesamten Wohngebiets inklusive einer ansprechenden äußeren Fassadengestaltung

143 Quelle: eigene Darstellung.

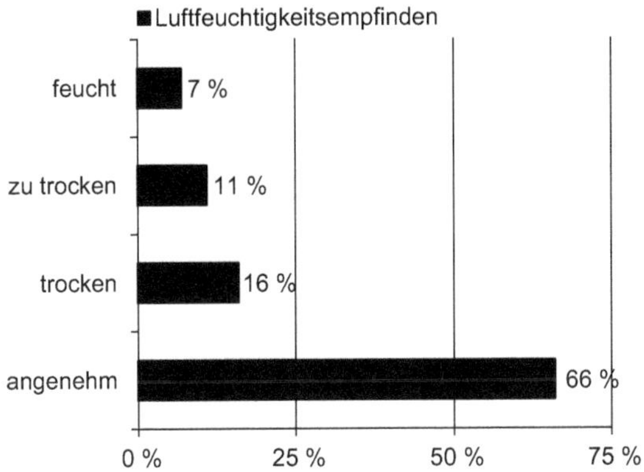

Abb. 7.48: Umfrageergebnisse zum Luftfeuchtigkeitsempfinden der Bewohner.[144]

bei den Bewohnern eine wichtige Rolle zu spielen. Immerhin zwei Drittel der Befragten gaben an, dass dies ihr persönliches Wohnqualitätsempfinden deutlich positiv beeinflusst hat.

Insgesamt lässt sich hinsichtlich des Wohnklimas feststellen, dass mit steigender Energieeffizienz der Gebäude auch die klimatischen Komfortansprüche der Bewohner steigen. So werden häufig alle Räume einer Wohnung regelmäßig beheizt und die durchschnittliche Zimmertemperatur liegt über dem Niveau vor der energetischen Modernisierung. Damit zeigt sich, dass energieeffiziente bauliche Maßnahmen neben dem ökonomischen Aspekt der Energiekosteneinsparung auch einen Beitrag zur Verbesserung der Wohnqualität leisten.

Befragungsergebnis zur Einstellung zu Nachhaltigkeitsthemen und Veränderung des persönlichen Umweltbewusstseins

In einem weiteren Befragungskomplex sollte analysiert werden, inwieweit Nutzern von energieeffizienten Wohnungen überhaupt bewusst ist, dass sie in nachhaltigen Immobilien wohnen, und welche persönlichen Konsequenzen dies für andere Lebensbereiche hat.

Ein Großteil der neuen Mieter, die erst nach Fertigstellung der Modernisierung in ihre Wohnung eingezogen sind, hat die Energieeffizienz nicht als wesentliches Entscheidungskriterium bei der Wohnungsauswahl herangezogen. Viele sind in ihre Wohnungen eingezogen, ohne gewusst zu haben, dass es sich um ein energiesparendes Haus handelt.

Obwohl viele Befragte den Begriff der Nachhaltigkeit inhaltlich richtig mit den Attributen soziale Verantwortung, Ökologie und Zukunftsfähigkeit verorten konnten, konnten die meisten unter ihnen außer der vordergründigen Kosteneinsparung durch eine bessere Energieeffizienz der Häuser keine weitere Veränderung in ihrer persönlichen Einstellung gegenüber Nachhaltigkeitsthemen feststellen. Immerhin rund 33 % der Befragten gaben an, dass sich ihre Einstellung zum nachhaltigen Agieren aufgrund der Tatsache, dass sie in einem energieeffizienten Haus leben, auch auf andere Lebensbereiche übertragen hat. Insbesondere setzte diese Gruppe sich intensiver mit der Fragestellung auseinander, durch welche baulichen Maßnahmen welcher Grad an Energieeffizienz erreicht werden kann.

Bezüglich einzelner Baumaterialien im Wärmedämmbereich genießen Dämmstoffe wie EPS und XPS aufgrund ihrer positiven bauphysikalischen Eigenschaften bei gleichzeitiger Wirtschaftlichkeit eine hohe Anerkennung. Rund 67 % der Befragten sind mit dem Einsatz von kunststoffbasierten Dämmmaterialien zufrieden, rund 27 % haben keine explizite Präferenz in Richtung eines

144 Quelle: eigene Darstellung.

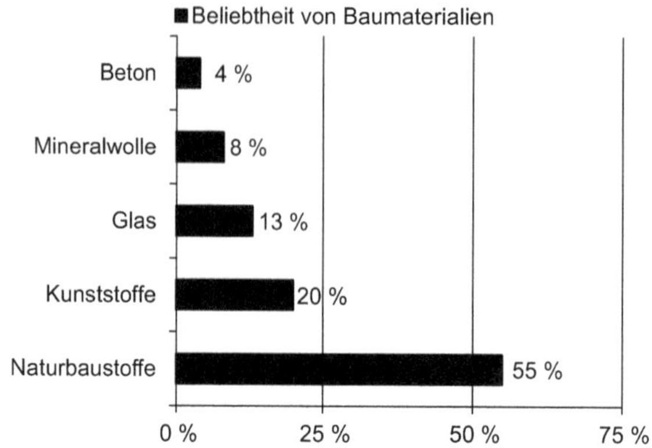

Abb. 7.49: Umfrageergebnisse zur Beliebtheit von Baumaterialien.[145]

bestimmten Dämmstoffs und nur 6 % würden sich dagegen entscheiden. Hätten die Befragten die Option, sich selbst und bewusst für Baumaterialien im Zusammenhang mit Wärmedämmung zu entscheiden, würden die meisten natürliche Baumaterialien (Ziegelstein, Holz, Lehm, Hanf) auswählen (s. Abb. 7.49). Insbesondere wird den natürlichen Baumaterialien generell eine bessere Recyclingfähigkeit als allen anderen Baumaterialien unterstellt.

7.7.6 Technische Beurteilung des Gebäudezustands nach rund zehn Jahren

Im Jahr 2012 wurde ein Gutachten[146] von einem öffentlich bestellten und vereidigten Sachverständigen erstellt, das den technischen und baulichen Zustand der unterschiedlichen Energieeffizienzmaßnahmen nach rund einem Jahrzehnt beurteilen sollte. Ziel war es darüber hinaus, potenzielle Verarbeitungsmängel und Schäden zu identifizieren, um Rückschlüsse auf künftige Planungsprozesse und Qualitätssicherungsmaßnahmen bei der Ausführung durch die Handwerker ziehen zu können.

Die Sichtkontrolle der Gebäudefassaden ergab keine Alterung des Oberputzes. Es konnten auch keine Schäden durch Spechte, Insekten oder Mikroorganismen (Spinnen, Schimmel, Veralgung) ausgemacht werden. Bei näherer Betrachtung gab es vereinzelt feine Mikrorisse im Putz, die nach Entfernen des Oberputzes auf einen offenen Dämmplattenstoß zurückzuführen waren. Bei den wenigen gefundenen Mängeln handelte es sich nachweislich um handwerkliche Ausführungsfehler, die bei Häusern verschiedener Dämmniveaus gleichermaßen auftauchten. Des Weiteren waren einige Fensterbänke ohne Verwendung von Dichtmedien wie Fugendichtband, Anputzleiste o. Ä. montiert worden.

An einem Gebäude zeichneten sich die Dübel des Wärmedämmverbund-Systems durch eine leichte farbliche Veränderung am Putz ab, da zur Applikation des Wärmedämmverbund-Systems metallische Dübel verwendet wurden. Durch die dadurch entstehenden punktuellen Wärmebrücken wird die Wärmeenergie aus dem Gebäudeinneren nach außen abgeführt, was eine leichte farbliche Veränderung am Außenputz zur Folge hat. Durch die Verwendung von Kunststoffdübeln ist dieses Problem leicht zu umgehen. Die Kunststoffdübel werden tiefer ins Wärmedämmverbund-System eingesetzt und mit einer dünnen Dämmung abgedeckt und überputzt.

145 Quelle: eigene Darstellung.
146 [Bauer, A. (2014)].

Da für energieeffiziente Gebäude eine Reduzierung von Wärmebrücken in der Gebäudeaußenhülle von entscheidender Bedeutung ist, wurden Thermografieaufnahmen für unterschiedliche Gebäude angefertigt. Die Analyse der Aufnahmen ergab, dass die gedämmte Gebäudehülle nach zehn Jahren keine Hinweise auf Wärmebrücken lieferte.

Das Monitoring der ersten drei Jahre nach Fertigstellung der Modernisierung wurde vor allem zur Feinjustierung der Anlagentechnik genutzt. Es wurde damit sichergestellt, dass die Mieter mit dem Umgang der Lüftungsanlage zurechtkamen, und überprüft, welche Raumtemperaturen sich einstellten und wie hoch die tatsächlichen Energieverbräuche lagen. Auch die reibungsfreie Einbindung der Brennstoffzelle erforderte einige Zeit und einigen Wartungsaufwand in der Anfangsphase. Darüber hinaus musste das Warmmietmodell im 3-Liter-Haus überprüft werden, um sicherzustellen, dass die Nebenkostenpauschale der Mieter für den Vermieter BASF Wohnen + Bauen kostendeckend bemessen war.

7.7.7 Fazit: Ganzheitliche Modernisierungen lohnen sich!

Die Langzeitstudie der Brunckviertel-Revitalisierung in Ludwigshafen zeigt exemplarisch auf, welche einzelwirtschaftlichen und gesamtwirtschaftlichen Potenziale in ganzheitlichen Modernisierungsvorhaben im Immobiliensektor liegen können. Insbesondere macht sie auch deutlich, dass die Themenfelder Energieeffizienz, städtebauliche Qualität, Wohnkomfort und Wirtschaftlichkeit keinen Widerspruch darstellen, sondern sich bei richtiger Planung auf ideale Weise ergänzen. Die damit verbundene Komplexität in der Planung, Umsetzung und Kontrolle stellt höchste Anforderungen an alle Akteure ganzheitlicher Quartiersmodernisierungen, um sämtlichen relevanten technischen, ökonomischen, ökologischen und soziokulturellen Nachhaltigkeitsaspekten gleichermaßen Rechnung zu tragen. Nur durch eine möglichst frühzeitige Einbindung aller Interessenlagen von Investoren, Mietern, Kommunen und den an der Modernisierung involvierten Baubeteiligten lassen sich nachhaltige Quartierskonzepte erfolgreich umsetzen. Die daraus resultierenden Vorteile liegen auf unterschiedlichen Ebenen und kommen allen Beteiligten zugute (s. Tab. 7.11).

Die simultane Berücksichtigung verschiedener Fachdisziplinen, die unterschiedliche Aspekte einer Nachhaltigkeit abdecken, macht einen integralen Planungsprozess und eine permanente Partizipation aller Beteiligten notwendig. Innovationen aus dem Haustechniksektor und aus dem Bereich innovativer Baustoffe helfen dabei, die technischen und klimapolitischen Herausforderungen anzunehmen und damit einen Beitrag in Richtung gesellschaftlicher Gesamtverantwortung zu leisten.

Literatur

[Bauer, A. (2014)] Bauer, Achim: Sachverständigen-Gutachten über die wärmegedämmte Putzfassade des 3-Liter-Hauses im Bestand; Mannheim 2014.

[BMUB (2017)] Bundesministerium für Umwelt, Naturschutz, Bau und Reaktorsicherheit (Hrsg.): Ökobau.dat, 2017, URL: http://www.nachhaltigesbauen.de/oekobaudat/ (letzter Aufruf: 11.02.2017).

[Heinrich, H. (2004)] Heinrich, Hermann: Wissenschaftliches Messprogramm zur Modernisierung des Prototyps I als 3-Liter-Haus Brunckviertel Ludwigshafen; Endbericht; Kaiserslautern 2004.

[Hessische Energiesparaktion (2016)] Hessische Energiesparaktion, HA Hessen Agentur (Hrsg.): Fachinformation, 2016, URL: http://www.energiesparaktion.de/wai3/showcontent.asp?ThemaID=4780 (letzter Aufruf: 11.02.2017).

[ibu (2016)] Institut Bauen und Umwelt, 2016, URL: http://ibu-epd.com/ (letzter Aufruf: 11.02.2017).

[Kofner, S. (2007d)] Kofner, Stefan: Alternativen zur Privatisierung öffentlicher Wohnungsunternehmen: Die Transformation der deutschen Wohnungswirtschaft: Teil 1, in: Die Wohnungswirtschaft (2007), Heft 4, S. 18–20.

Tab. 7.11: Vorteile einer ganzheitlichen Quartiersmodernisierung.

	Investor/Eigentümer	Mieter/Immobiliennutzer	Kommune/Staat
1.	Erhöhung der **Zukunftssicherheit** der Immobilien: – langfristige Vermietbarkeit – Reduzierung der Leerstandskosten – geringere Mieterfluktuation	**geringere Nebenkosten** bzgl. Heizung/Warmwasser (bis zu 80 % Reduktion)	**qualitative Aufwertung** von Wohnquartieren und Stadtteilen: – Verhinderung von Segregation – attraktiveres Stadtbild
2.	**Erhöhung der Kaltmieten** aufgrund des höheren Wohnwerts (teilweise unter Einhaltung der Neutralität zur Warmmiete)	**Risikoabsicherung** gegenüber zukünftigen **Energiepreissteigerungen**	attraktiver Wohnraum zieht **neue Arbeitskräfte und Unternehmen** in die Kommunen
3.	**Reduzierung der Lebenszykluskosten:** – geringere laufende Instandhaltungs-/Instandsetzungskosten – geringere Wohnungswechselkosten	**Erhöhung des Wohnkomforts:** – thermische Behaglichkeit – Luftqualität – höhere Funktionalität (z. B. Barrierefreiheit, Familieneignung)	**Gesellschaftlicher Beitrag** zur: Corporate Social Responsibilty Energiewende Erreichung der kommunalen und EU-weiten Klimaschutzziele
4.		**Aufwertung der Wohnung** aufgrund **attraktiveren Wohnumfelds**	
	– **Absicherung der Renditen** – **positive Cashflow-Entwicklung** – **Wertsteigerung der Immobilien**	– **geringe Nebenkosten** – **höhere Wohnqualität** – **höhere Wohnfunktionalität** – **höhere Arbeitsproduktivität (bei Bürogebäuden)**	– **attraktivere Kommunen** – **Beitrag zur gesellschaftlichen Verantwortung**

7.8 Mehr Mut zur Öffentlichkeit! Sie tun viel Gutes. Reden Sie auch darüber!

Gerd Warda

Reden Sie über Ihr Unternehmen, Ihre Geschäftsidee, bevor andere über Sie reden. Machen Sie Öffentlichkeitsarbeit. Öffentlichkeitsarbeit ist nicht Marketing, darf es auch nicht sein. Aber gute Öffentlichkeitsarbeit lässt ein Bild, ein Image Ihres Unternehmens entstehen, das beim Erreichen der Unternehmensziele sehr behilflich sein kann.

7.8.1 Hat die Wohnungswirtschaft ein Imageproblem? Nein! Oder doch ein bisschen?

Wenn wir uns die wirtschaftliche Seite anschauen, ist das **Nein** eindeutig: Heute sprechen wir von Wohnungsmangel. Leerstände gibt es selbst in ländlichen Randgebieten kaum und die Fluktuation sinkt immer weiter. Aber wie ist es mit der Qualität der Mieter und der Wertschätzung seitens der Politik? Die Rahmenbedingungen sind ausgezeichnet: Zwar träumt die Mehrheit noch vom Wohneigentum, doch durch den Trend zur Mobilität wird das Mieten wieder attraktiv. Beim genossenschaftlichen Wohnen können wir schon von einer Renaissance sprechen. Hier hat man ein „besonderes Eigentum“ und ist flexibel. Aber welche Mieter oder Genossenschaftsmitglieder will die Branche? Die Guten?

In der Politik, von den Kommunen bis zum Bund, steht der Neubau – kostengünstig, aber in hoher Qualität – ganz oben auf der Agenda. Hier spüren Akteure der nachhaltigen Wohnungswirtschaft, die Bestandshalter, häufig eine fehlende Wertschätzung. Das kann man so hinnehmen oder man ändert etwas. Sie tun viel Gutes, also reden Sie auch darüber! Haben Sie mehr Mut zur Öffentlichkeit!

7.8.2 Öffentlichkeitsarbeit ist ein Muss!

Warum eine professionelle Öffentlichkeitsarbeit ein Muss ist, können Sie mit dem nachfolgenden Schnelltest feststellen: Wissen Sie, ob Ihr Geschäftspartner weiß, was **Ihr** Wohnungsunternehmen alles für den Mieter und für die Region tut? Fragen Sie einfach mal:

Wussten Sie, dass ...

- die meisten Kinderspielplätze in Deutschland von Wohnungsunternehmen betrieben werden, mit allen Rechten, aber auch mit allen Pflichten?
- die Grünanlagen in den Städten und Gemeinden i. d. R. von Wohnungsunternehmen gepflegt werden? Auch wieder mit Rechten und Pflichten.
- die Mitglieder von Wohnungsgenossenschaften Miteigentümer sind? Sie haben Mitspracherecht bei den unternehmerischen Entscheidungen.
- viele Wohnungsunternehmen eine Abteilung Sozialmanagement haben? Hier helfen Experten den Mietern bei allen Problemen des täglichen Lebens, zum Beispiel bei komplizierten Behördengängen oder bei der Schuldnerberatung, und dies sehr erfolgreich.
- Wohnungsunternehmen, ob große oder kleine, für ihre Kunden (Mieter oder Mitglieder) Freizeitangebote organisieren wie Theaterbesuche, Tages- oder Mehrtagesreisen, regelmäßige Feste in den Wohnanlagen und vieles mehr? Damit werden soziale Bindungen und gute Nachbarschaften gefördert.
- Wohnungsunternehmen häufig die größten Auftraggeber fürs Handwerk in einer Region sind, nicht nur in Boomzeiten, sondern gerade in Krisenzeiten?

Es gäbe noch viele Beispiele. Doch zurück zur Öffentlichkeitsarbeit.

Sie fragen sich zu Recht: Wo bleiben die Gebäude, die Wohnungen? Müssen wir nicht auch über unser Produkt „Wohnung“ kommunizieren? Ja, sicher! Dies geschieht aber ganz automatisch. Nehmen wir ein Bauprojekt. Der Bauantrag wird öffentlich diskutiert. Da haben Politik und Presse schon ein Eigeninteresse. Also wird ohne Ihr Zutun Öffentlichkeit hergestellt. Hier ist die Aufgabe des Wohnungsunternehmens, Sorge zu tragen, dass die Akteure in Politik und Presse das richtige Basiswissen an die Hand bekommen: Pläne, ein Zahlenwerk und einen Zeitplan. Im späteren Verlauf des Projekts wird dann über die Baupläne, den ersten Spatenstich, das Richtfest und den Erstbezug berichtet. Das sind die Standardmeldungen in der Pressearbeit.

Die Gebäude, die Produkte der Wohnungswirtschaft, stehen in der Öffentlichkeit, sie sind sichtbar, sie repräsentieren schon durch die Architektur, durch die Farbgebung, durch die Mieterschaft das Unternehmen (s. Abb. 7.50). Beim Betrachter formt sich so schon ein Bild des Wohnungsunternehmens. Genau hier müssen wir eingreifen. Aufgrund einer Fassade können falsche Bilder entstehen. Ein Wohnungsunternehmen ist nicht nur Fassade, es hat auch ein Innenleben. Fassade und Innenleben ergeben zusammen das **Bild**. Hier haben wir wieder unsere sechs Beispiele vom Anfang, sie und vieles mehr repräsentieren das Innenleben des Unternehmens.

Warum ist Öffentlichkeitsarbeit so wichtig?

Wer schweigt und sich nur auf die Fassade verlässt, findet als Unternehmen nicht statt. Schlimmer noch: Wer keine eigenen Meldungen für die Medien in Umlauf bringt, ist auch nicht mehr Herr des

Abb. 7.50: Rostocker Baugenossenschaft Neptun e. G.: Logo an der Hauswand.[147]

Inhalts, der ohne sein Zutun im Umlauf ist und sich ggf. nur schwerlich aus der Öffentlichkeit und den Medien tilgen lässt. Dies kann besonders für die Entwicklung des Unternehmens hinderlich sein. Denn: Das **Gesamtbild**, das Image eines Unternehmens, beeinflusst in allen Bereichen die Entscheidung Dritter zum Wohl und zum Nachteil des Unternehmens.

Für wen findet Öffentlichkeitsarbeit statt?
Öffentlichkeitsarbeit findet nicht nur für den Mieter statt: Hier die acht Zielgruppen, die angesprochen werden.

1. Stadt und Region
Habe ich schon einmal dokumentiert, welchen Wert mein Wohnungsunternehmen für die Region hat? Nehmen der Kreis, die Städte und Gemeinden mich als Partner wahr? Es geht um Themen wie: Schaffe ich Arbeitsplätze und wie zufrieden sind die Mitarbeiter? Wo und wie vergebe ich die Aufträge für Instandhaltung, Modernisierung und Neubau? Wie ist die Zahlungsmoral? Dies lässt sich einfach durch eine Wertschöpfungsstudie „Wie wichtig ist unser Unternehmen für die Region“ mit einem Forschungsinstitut dokumentieren. Die Ergebnisse lassen sich gut zielgerichtet für die Medien aufarbeiten. Auch dies ist nicht zu unterschätzen: Die Wohnungswirtschaft ist der Kompetenzpartner für Immobilienbewirtschaftung, kaufmännisch und technisch, gerade bei der öffentlichen Hand in den Regionen.

Einige Beispiele: In Bremerhaven baute das dortige Wohnungsunternehmen, die Stäwog, den Zoo um. Wer Modernisierungskompetenz gepaart mit Umzugsmanagement hat, sprich: einen vorübergehenden Leerzug und die Rückkehr in die Wohnungen sozialverträglich managt, der ist auch bei Tieren erfolgreich. In Bielefeld entwickelte das Wohnungsunternehmen BGW den Prototyp einer zukunftsweisenden Kindertagesstätte – kostengünstig und schnell zu errichten und schon dreizehnmal in Bielefeld gebaut (s. Abb. 7.51). Vor dem Verwaltungsgebäude des Wohnungsvereins Herne e. G. steht eine lebensgroße Figurengruppe der Künstlerin Christel Lechner. Karl-Heinz

147 Foto: Gerd Warda.

Abb. 7.51: Architektonisch mutig: der Kindergarten aus Bielefeld.[148]

Abb. 7.52: Wohnungsverein Herne e. G.: Figurengruppe von Christel Lechner.[149]

Abraham, Vorstand des Wohnungsvereins: „Wir haben lange mit der Stadt gerungen, damit auf dem Mittelstreifen unsere Kunst stehen darf" (s. Abb. 7.52). Andere bauen Parkhäuser oder übernehmen die Bewirtschaftung der Liegenschaften einer Stadt, und, und, und.

2. In der Politik und Verwaltung vor Ort

Ein Beispiel: Im Wettbewerb um die knappen Baugrundstücke hat das Unternehmen mit dem Image eines nachhaltigen, regional verankerten Partners, bei dem die Kunden gut und sicher

148 Foto: BGW.
149 Foto: Gerd Warda.

wohnen, einige Pluspunkte. Politiker sind auch nur Menschen, denken an ihre Wähler und entscheiden zu deren Gunsten. Wenn ein Unternehmen ein wählerfreundliches Image hat, werden auch die Verhandlungen mit den entscheidenden Behörden geschmeidiger ablaufen, zumal in den regionalen politischen Ebenen darauf gedrungen wird, dass das investierte Kapital möglichst in der Region bleibt.

3. Bei den Banken

Eine Bank ist von der Risikoabwägung getrieben. Da ist es wichtig zu wissen: Wer sind die Partner? Wie steht es mit der Fluktuation, mit dem Leerstand? Welche Kompetenzen sind im Unternehmen vorhanden, gibt es genügend Erfahrungen im Neubau oder nur bei der Modernisierung. Antworten findet man in den Archiven der Presse oder im Internet – sind es nur Bad News, werden die Gespräche sicher schwerer. Natürlich könnte es auch teurer werden. Das merken Sie allerdings nicht direkt.

4. Im Internet

Heute ist es durchaus üblich, sich die Inhalte für das Dossier zu den Verhandlungspartnern im Internet abzuholen. Also bleiben Sie auch dort Herr Ihrer Inhalte und machen Sie auch dort Ihre eigene Meinung deutlich. Kommunizieren Sie über Ihren Internetauftritt.

Die Nutzung des Internet gehört zum Alltag. Privat oder geschäftlich, auch wenn Entscheidungen fallen wie: Wo will ich wohnen? Mit wem will ich Geschäfte machen? Erst einmal wird im Internet gesucht. Dort ist es wie immer im Leben: Der erste Eindruck zählt und entscheidet über das Ja oder Nein.

Nun sind Internetauftritte heute kein Hexenwerk mehr, technisch jedenfalls. Wichtig sind die Antworten auf die Fragen: Für wen machen wir die Seite, unseren Internetauftritt? Was soll auf der Seite stehen? Allerdings ist das Internet kein geschlossener Zirkel. Jeder, der einen Internetanschluss hat, kann auf die Seite.

Zwei gute Beispiele: der Auftritt der Sozialbau AG in Wien (s. Abb. 7.53), mit über 50.000 Wohnungen die Nr. 1 der privaten gemeinnützigen Wohnungsunternehmen in Österreich, und die Wogeno München eG, eine Genossenschaft für selbstverwaltetes, soziales und ökologisches

Abb. 7.53: Screenshot der Webseite der Sozialbau AG.

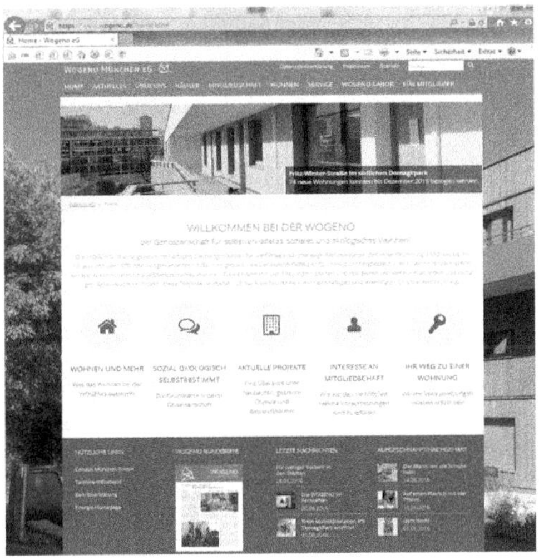

Abb. 7.54: Screenshot der Webseite der Wogeno München eG.

Wohnen mit über 500 Wohnungen (s. Abb. 7.54). Beide Unternehmen präsentieren sich klar und professionell. Die Inhalte sind nach den jeweiligen Leitbildern der Unternehmen auf kleinstem Raum nach Wertig- und Wichtigkeit gut geordnet. Das Wording verzichtet grundsätzlich auf kaufmännisch-juristisch gefärbte Bandwurmsätze, bei denen sich der Leser in die Bittstellerecke gedrängt fühlt. Hier wird schon in der Ansprache dem Leser, dem möglichen neuen Mieter oder dem neuen Mitglied Wertschätzung entgegengebracht. Beide Seiten laden ein, sich durch das Menü zu klicken.

5. Bei den zukünftigen Mitarbeitern

Im Wettbewerb um die besten Köpfe ist die Wohnungswirtschaft gegenüber der Industrie nicht gerade im Vorteil. Diese Branche wird nicht als „sexy“ angesehen, hier ist demnach eine frühe Aufklärung über Aufgaben und Ziele notwendig. Die Frage ist: Wo beginnt man? Natürlich in den Schulen, aber nicht erst im letzten Schuljahr und nicht im Frontalunterricht.

Beispiel: Die GWG in München führt jeweils im Sommer mit einer Partnerschule ein Wohnlabor durch. In einem leer gezogenen, zu modernisierenden Gebäude erleben Schüler unter Anleitung Architektur in Theorie und Praxis. „Die Schülerinnen und Schüler werden auch für soziale Bedürfnisse des Wohnens, für private und öffentliche Grenzen sensibilisiert und entfalten durch die erlebten Fragen der Gemeinschaft eine starke Sozialkompetenz“, schreibt GWG-Geschäftsführer Hans-Otto Kraus in der Begleitbroschüre (s. Abb. 7.55).

6. Bei den zukünftigen Kunden

Auch bei Wohnungsknappheit und einer Mieterfluktuation je nach Region von 6 bis 10 % im Jahr werden immer Nachmieter gesucht. Die Vermietungsexperten meinen: Gute Mieter kommen nur zu guten Vermietern.

7. Bei den Mietern/Kunden/Genossenschaftsmitglieder

Was in allen Bereichen der Wirtschaft gilt, gilt auch und besonders bei den Unternehmen der nachhaltigen Wohnungswirtschaft. **Ich** muss meinen Kunden/Mieter oder mein Mitglied informieren,

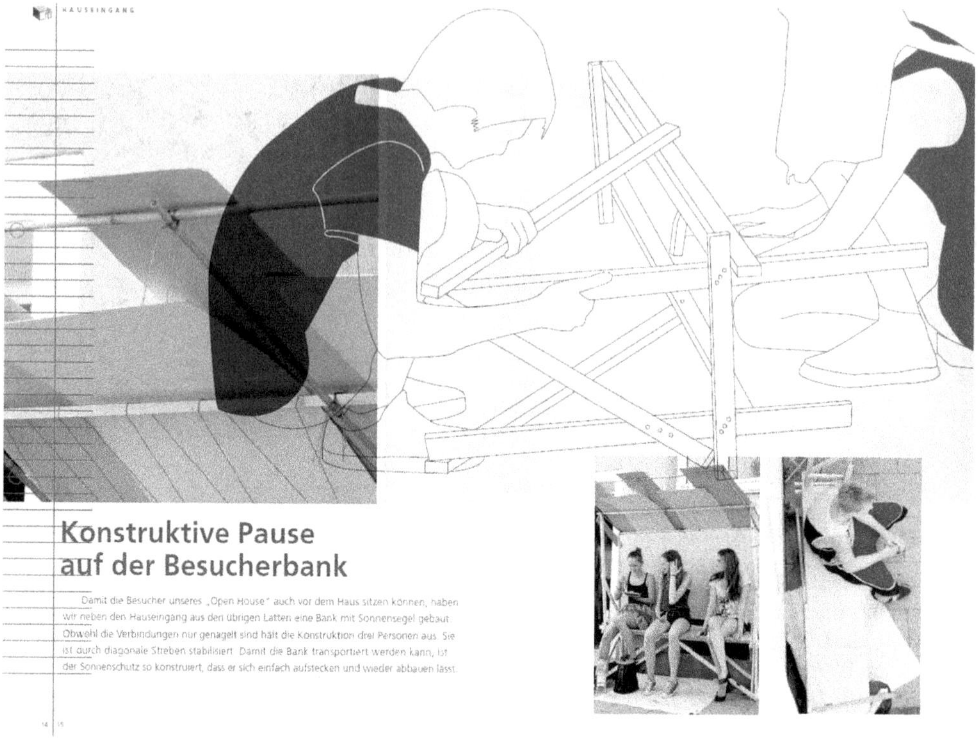

Abb. 7.55: Das Wohnlabor bei der GWG München: Für die kreativen Pausen, aber auch für Besucher haben die Schüler eine Bank gebaut.[150]

ich muss sie an das Unternehmen binden, **ich** muss sie motivieren, möglich aktiv ein Teil des Unternehmens sein. **Ich** muss bei den Kunden/Mieter oder Mitgliedern das Wir-Gefühl mit dem Unternehmen aufbauen.

Kunden von Wohnungsunternehmen nutzen die Produkte 24 Stunden am Tag. Zur Hardware, den vier Wänden, kommt das Gefühl von Sicherheit und Geborgenheit. Schafft man es als Unternehmen, so seine Kunden/Mieter oder Mitglieder zu binden, zahlt es sich in vielen Bereichen wieder aus. Der Verschleiß der Hardware in der Wohnung wie Tür- und Fensterbeschläge, Keramik in Bad und Küche etc. nimmt messbar ab. Mieter, die sich in ihrer Wohnung, in ihrem Quartier wohlfühlen, pflegen auch eine gute Nachbarschaft. Von vielen Wohnungsunternehmen hört man, dass Nachbarn sich gemeinschaftlich um die Grünanlagen kümmern oder dass sie Mietern Mietergärten auf den Grünflächen zwischen den Wohnblocks zur Verfügung stellen.

Wie erreiche ich meine Mieter/Kunden/Mitglieder? Schauen wir einmal in den Instrumentenkasten der Kommunikation/Öffentlichkeitsarbeit: Die Regel ist immer noch die gute, alte Mieterzeitung im Print (s. Abb. 7.56), je nach Größe des Unternehmens mit zwei bis zwölf Ausgaben pro Jahr. Sensibel sollte man bei der Ausstattung der Zeitschrift sein. Kein teures Hochglanzprodukt, aber professionell und schick muss es schon sein. Denn der Mieter oder das Mitglied einer Genossenschaft weiß genau: Die Kosten für die Mieterzeitung habe ich mit meiner Miete bzw. dem Nutzungsentgelt bezahlt. Also: Format A4 mit 12 bis 36 Seiten und Rückendrahtheftung, alle Seiten sind vierfarbig.

---

150 Quelle: GWG-Begleitbroschüre WohnLabor 2013 „Home is where the Heart is".

Abb. 7.56: Mieterzeitungen.[151]

Machen Sie sich zum Inhalt ein Themenraster (Rubriken) wie zum Beispiel:
- Inhalt/Editorial (Autor ist der Vorstand oder der Geschäftsführer)
- Informationen für die Mieter oder Mitglieder (Modernisierungsmaßnahmen, Neubauplanung, Mieterwettbewerbe und Mieterfeste, also Terminplanung).
- Geschichten aus der Nachbarschaft, es darf menscheln.
- Tipps (Grillen auf dem Balkon, Schneefegen, Lüften, Legionellenprävention, Was muss ich machen, wenn …? Wer ist mein Ansprechpartner bei …? etc.)

Bei genossenschaftlichen Mitgliederzeitungen sind Berichte über die Selbstverwaltungsorgane wichtig und Pflicht. Bei Gesellschaften reicht ein kurzer Überblick über die Unternehmenszahlen, kommentiert vom Geschäftsführer oder Aufsichtsratsvorsitzenden. In vielen Kundenzeitschriften stehen Rezepte, Pflanztipps für Balkonkästen oder die Mietergärten. Das ist Lesestoff, der in seiner Beliebtheit nicht zu unterschätzen ist. Aus diesen Themen lassen sich auch leicht Leseraktionen generieren. Rufen Sie zum Wettbewerben mit Fotos auf:
- mein schönster Balkon,
- mein Lieblingskuchenrezept
- mein Grillgeheimnis.

Sie werden über die Rückläufe überrascht sein. Sie müssen nur noch die schönsten Beispiele von einer Jury prämieren lassen und das Ergebnis in Ihrer Kundenzeitschrift veröffentlichen. Natürlich ist dies auch eine Meldung für die örtlichen Tageszeitungen (Lokalteil) oder Wochenblätter wert. Kundenbindung pur! Nicht zu vergessen sind die Aktiven der ehrenamtlichen Helfer im Rahmen des Sozialmanagements im Unternehmen. Hier werden gemeinschaftliche Tages- oder Wochenendreisen, Theaterbesuche und vieles mehr organisiert und über die Zeitschrift angeboten.

Newsletter. Der Newsletter, abonniert von den Mietern oder Mitgliedern, ist schon ein wichtiges Instrument der schnellen Information geworden und gehört unbedingt zum Instrumentenkasten der Kommunikation. Er ist die richtige Ergänzung zur Mieterzeitung. So kann man auch zwischen den Erscheinungsterminen der gedruckten Mieter- oder Mitgliederzeitung wichtige In-

151 Foto: Gerd Warda.

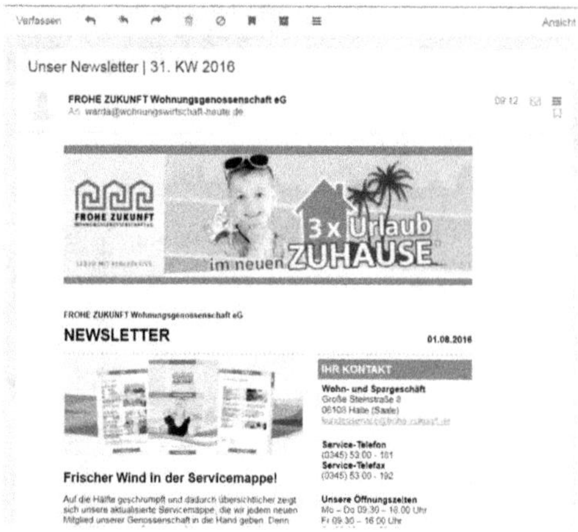

Abb. 7.57: Screenshot Frohe Zukunft Wohnungsgenossenschaft eG in Halle.

formationen gezielt zum Mieter oder Mitglied transportieren. Der Vorteil: Newsletter lassen sich schnell und einfach erstellen und sind kostengünstig. Regelmäßig beworben mit Hinweis auf den Nutzen des Newsletters in der Kundenzeitschrift und bei Neuvermietungen, das lässt die Abonnenten-Zahl schnell wachsen.

Ein gutes Beispiel ist der Newsletter der Frohen Zukunft Wohnungsgenossenschaft eG in Halle. Klar geordnet mit einer wechselnden Optik: zunächst der Header über die ganze Breite, darunter zweispaltig (s. Abb. 7.57). Links stehen die aktuellen Informationen. Die Anzahl ist beliebig. Ob zwei oder sechs, Sie entscheiden. Das Team in Halle veröffentlicht i. d. R. fünf Themen, darunter ein Hauptthema wie das Bewerben einer Mitgliederaktion oder die Vorstellung der neuen Servicemappen. Im Newsletter wird das Thema, unterstützt durch ein Bild, nur textlich angerissen und mit der Internetseite verlinkt. Die Nebenthemen ergeben sich aus jahreszeitlich bedingten Aktionen, Urlaub, Schulanfang, Veranstaltungen des Nachbarschaftsvereins. Es gibt aber auch gezielte Mitgliederwerbung, unterlegt mit dem Angebot an freien Wohnungen. Diese Inhalte werden ebenfalls für die Internetseite produziert und dort eingestellt. Vom Newsletter wird dann nur dorthin verlinkt. Auf der rechten Spalte des Newsletters findet der Leser Kontaktdaten wie die Anschrift des Kundenbüros, Öffnungszeiten und Servicetelefonnummern, ferner Downloads, die auch auf der Internetseite bereitstehen, z. B. eine Checkliste mit Anmietungsunterlagen, das Leitbild und das Qualitätsversprechen der Genossenschaft an die Mitglieder.

8. Bei den eigenen Mitarbeitern

Natürlich arbeiten Mitarbeiter lieber bei einem Unternehmen, das in der Außenwirkung positiv wahrgenommen wird. Mitarbeiter, die stolz auf ihr Unternehmen sind, zeigen dies auch gern in der Öffentlichkeit. Im Unternehmen hebt es das Wir-Gefühl, die Mitarbeiter werden kreativer und außerhalb wird der Mitarbeiter sogar zum Multiplikator.

Die Frage ist: Kann man die Mitarbeiter über die Außenwirkung motivieren, also über die Presseberichte. Reicht das Instrument der externen Kommunikation zur Mitarbeiterinformation und damit auch indirekt zur Motivation. Nein! Gerade hier ist die interne Kommunikation ganz wichtig. Informationen und Wertschätzung müssen von innen kommen.

Nicht alle Mitarbeiter sind ständig in der Zentrale. Einige Abteilungen haben einen regen Kundenkontakt in den Quartieren. Sind die Wohnungsbestände kreis- oder sogar landesweit gestreut, ist ein regelmäßiger Informationsfluss über das eigene Aufgabengebiet hinaus für das Selbstwertgefühl der Mitarbeiter nicht nur hilfreich, sondern auch notwendig. Hier hält der Instrumentenkasten der Kommunikation neben der beliebten Rund-Mail im Intranet des Unternehmens und dem Mitarbeiter-Blog auch die gedruckte Mitarbeiterzeitung bereit.

Ein gutes Beispiel ist die Vonovia, Deutschlands größtes Wohnungsunternehmen mit rund 400.000 Wohnungen und gut einer Million Mieter. Damit Instandhaltungsarbeiten, auch Kleinreparaturen, Sanierungen, Modernisierungen und Neubauten nach den Vonovia-Qualitätsansprüchen durchgeführt werden, wurde eine eigene Handwerkerorganisation, die Deutsche TGS GmbH, gegründet. Die TGS ist bundesweit aufgestellt. 19 Standorte von Schleswig-Holstein bis Bayern garantieren einen schnellen Service. „Hand in Hand" ist der Name der Mitarbeiterzeitung, die die Verbindung untereinander, aber auch zur Zentrale in Bochum halten soll. Das Blatt im handlichen Zeitungsformat hat einen Umfang von acht Seiten. Die Auflage beträgt fast 2.800 Exemplare. Das Papier ist zu 100 Prozent aus Altpapier.

Die Themen sind ähnlich wie bei der Mieterzeitung oder beim Lokalteil der Regionalzeitungen: Persönliches, Geschäftliches, Hintergrundinformationen, aufbereitet nach Wertigkeit und Wichtigkeit als Meldung, Bericht, Reportage, Bildgeschichte, Interview, Porträt. Es gibt ein Gewinnspiel, Lese-, Musik- und DVD-Tipps und sogar eine Serie, alles in einem professionellen Layout auf acht Seiten präsentiert (s. Abb. 7.58).

Abb. 7.58: Ein Blick in die Mitarbeiterzeitung „Hand in Hand" der Deutschen TGS GmbH.

Ein weiteres Beispiel für Öffentlichkeitsarbeit, allerdings der besonderen Art: Die Flüwo Bauen Wohnen eG (Stuttgart) ist mit über 9.000 Wohnungen und rund 9.900 Mitglieder in 24 Städten in Baden-Württemberg und im Raum Dresden eine der großen Baugenossenschaften in Deutschland. Das Unternehmen, 1948 als „Gemeinnützige Flüchtlings-Wohnungsbaugenossenschaft Stuttgart eGmbH" von Heimatvertriebenen in Leben gerufen, bedient sich der neuen Medien: Erklär-Videos, eingestellt bei YouTube, produziert von Profis. Die Sachthemen werden erklärt von den Auszubildenden der Flüwo. Die Auszubildende Karina Hüneke erklärt Moderatorin Gloria Kison die wichtigsten Punkte bei der Rückgabe und dem Auszug aus einer Wohnung. Weitere Themen sind: „Wie funktioniert eine Baugenossenschaft?", „Rechte und Pflichten eines Mietvertrags", „Fragen rund um den Mietvertrag" und „Die Nebenkostenabrechnung". Alle Videos sind über diesen Link verfügbar: www.fluewo.de/aktuelles/erklaervideos.

Das ist Kommunikation für drei Zielgruppen: zukünftige Mieter, Mieter und Mitarbeiter. Flüwo-Vorstand Rainer Böttcher sagt dazu: „Mit den Videos erhalten unsere Mieter und Mietinteressenten die Möglichkeit, häufig gestellte Fragen schnell und einfach beantwortet zu bekommen. Bei unseren Kunden werden so Unklarheiten rund um das Mietverhältnis ausgeräumt und unsere Mitarbeiter in ihrer täglichen Arbeit entlastet."

7.8.3 Der Weg zur guten Öffentlichkeitsarbeit

Die Medienwelt ist kaum zu überschauen. Es stellt sich die Frage: Wie müssen wir im eigenen Unternehmen das Thema Öffentlichkeitsarbeit aufstellen und mit welchen Instrumenten transportieren wir intern und extern unsere Unternehmensziele an die Adressaten? Setzen wir auf traditionelle Medien wie Tageszeitung oder Wochenblätter oder nur auf digitale Medien, die eigene Homepage und soziale Medien? Oder ist doch der Mix besser?

Zur Chefsache erklären

Vorausgeschickt: Öffentlichkeitsarbeit ist Chefsache, allerdings mit professioneller Unterstützung, je nach Größe des Unternehmens temporär oder festangestellt. Öffentlichkeitsarbeit gehört nicht in die Marketingabteilung! Es gibt aber noch weitere Voraussetzungen. Zu Beginn steht ein Konzept für die **Öffentlichkeitsarbeit**. Folgende Fragen sind zu klären:
- Welche Ziele verfolgt das Unternehmen mit der Öffentlichkeitsarbeit?
- Wer darf wann etwas sagen? In der Regel nur der Pressesprecher bzw. die Pressesprecherin.

Presseverteiler festlegen

Wie wichtig ist die Information für …
- die Aufsichtsgremien, egal ob Aktiengesellschaft, Genossenschaften oder GmbH? Diese Gremien sollen den Vorstand oder die Geschäftsführung kontrollieren bzw. beraten. Es ist sinnvoll, ihnen neben den direkten Informationen durch Vorstände und Geschäftsführung auch die Pressemeldungen (vor Veröffentlichung) und Produkte wie Newsletter, Mitarbeiter-Infos und Mieter-/Kundenzeitung zuzustellen.
- die Mitarbeiter? Diese Gruppe sollte Pressemeldungen und Mieterzeitungen vor der Veröffentlichung erhalten.
- die Kunden/Mieter/Mitglieder? Diese Gruppe wird durch Mieterzeitung (Print) oder bei Adhoc-Meldungen über das Mieterportal informiert.
- die breite Öffentlichkeit? Sie wird über die Medien wie Tageszeitungen, Wochenblätter, Rundfunk und Fernsehen informiert.

Der erste Schritt ist also die Erstellung eines Presseverteilers. Im Konzept Öffentlichkeitsarbeit sind die Themen und Ziele festgeschrieben, ebenso die Medienvertreter, zu denen der verantwortliche Pressesprecher (oder Vorstand/Geschäftsführer) einen stetigen Kontakt halten muss.

Transparenz sicherstellen

Grundsätzlich gilt Transparenz. Es ist wichtig, dass die jeweilig definierte Zielgruppe (intern oder extern) die ihr zugedachte Information immer zuerst über die entsprechenden Kanäle bekommt. **Warum?** Gerüchte lassen sich nur schwer richtigstellen. Außerdem ist dieses Vorgehen vertrauensbildend den Empfängern gegenüber. Bitte beachten Sie die Standardregel: intern vor extern.

Es ist zu klären,
- welche Information in welcher Tiefe an wen verschickt wird,
- mit welchen Informationen der eigene Internetauftritt „Reiter Presse" genutzt wird,
- welche sozialen Medien wie intensiv eingesetzt werden
- und wer die Betreuung verantwortlich übernimmt.

7.8.4 Welche Medien versprechen den größten Erfolg?

Tageszeitungen, Wochenblätter, Fernsehen oder Rundfunk – in welchen Medien sind wir mit unseren Themen richtig aufgehoben? Welche Chancen haben wir, mit unserem Unternehmen dort Gehör zu finden?

Tageszeitungen

Die Marktdurchdringung der Tageszeitungen ist aufgrund von Abo-Kosten begrenzt. Auch regionale Tageszeitungen sind in Ressorts unterteilt: Politik, Wirtschaft, Kultur, Lokales, Sport etc. Wichtig ist auch noch der Anzeigenteil mit den Immobilienanzeigen. Jedes Unternehmen möchte sich mit seinen Themen im Wirtschaftsressort wiederfinden, aber da sind die Hürden recht hoch. Die besten Chancen hat der Geschäftsbericht mit Zahlen, Interview etc. Auch der Wechsel in der Geschäftsleitung ist ein Thema.

Im Lokalen findet man Themen, bei denen es menschelt. Beim Neubau ist es der Baubeginn, ein Foto mit Bericht über Wohnqualität, Grundrisse und Mietpreise, auch der erste Spatenstich oder das Richtfest sind Meldungen wert.

Modernisierungsvorhaben in bewohnten Gebäuden sind meist mit Einschränkungen der Mieter verbunden. So wie Sie Ihre Mieter in die Modernisierungspläne einbinden (interne Öffentlichkeitsarbeit, Modernisierungsmanagement), sollten Sie auch die Presse nicht nur über die Modernisierungspläne informieren, sondern außerdem darüber, wie Sie die Mieter in die Umsetzung der Abläufe eingebunden haben, was auf die Mieter zukommen kann etc. Ihr Vorteil: Wenn sich ein Mieter bei seiner Zeitung beschweren sollte, was öfter vorkommt, als Sie glauben, ist der Redakteur schon im Bilde. Er kann den Sachverhalt dank Ihres Briefings einschätzen und abwägen. Was er sicher tun wird: Er wird Sie vor der Veröffentlichung zum Problem befragen. Antworten Sie nicht gleich, sondern sagen Sie zu, den Sachverhalt zu klären, und sichern Sie einen baldigen Rückruf zu. Dies ist zwar ein Worst-Case-Fall, aber ein Weg, die Kuh sauber vom Eis zu bekommen.

Wochenblätter

Sie haben die höchste Marktdurchdringung – i. d. R. sind sie in jedem Haushalt vorhanden –, da sie kostenfrei sind. Alle Themen, die Sie den Tageszeitungen anbieten, sollten auch hier angeboten werden. Darüber hinaus sind Themen zur Kundenbindung (Balkonwettbewerb, Mieter- oder Stadtteilfest, Jubiläen der Mitarbeiter) chancenreich. Die Redaktionen sind dankbar für jeden gut geschriebenen Artikel und drucken die Texte auch gern ohne große Änderungen.

Rundfunk/Fernsehen

Beim öffentlich-rechtlichen Rundfunk/Fernsehen sind die Chancen sehr begrenzt. Finden Sie den Ansprechpartner für Ihre Region. Erarbeiten Sie dann gemeinsam mögliche Themenfelder, die interessant sein könnten und sich in diesen Medien umsetzen lassen.

7.8.5 Ein letzter Rat

Öffentlichkeitsarbeit ist ein aktives Umgehen mit den Medien. Das Wohnungsunternehmen, der Verantwortliche für die Presse, macht immer den ersten Schritt. Nehmen Sie alle Medienkontaktpersonen auch persönlich in den Verteiler Mieterzeitung auf. Manchmal sind dort Themen versteckt, die das Interesse Ihrer Partner bei den Medien wecken. Vertrauen ist Voraussetzung. Pflegen Sie die Kontakte regelmäßig.

Denn schließlich vertreten Sie die nachhaltige **Wohnungs- und Immobilienwirtschaft im Bundesgebiet**. Das sind rund 3.500 Unternehmen, über 2.000 Genossenschaften, rund 750 kommunale Unternehmen und Wohnungsunternehmen der Länder und des Bundes, rund 750 Immobilienunternehmen der Privatwirtschaft und kirchliche Unternehmen. Sie zusammen vermieten über 10 Mio. Wohnungen in Mehrfamilienhäusern. Jährlich investieren sie rund 18 Mrd. € in Instandhaltung, Modernisierung und Neubau. Der Wirtschaftszweig Grundstücks- und Wohnungswesen hatte 2015 einen Anteil von rund 304 Mrd. € an der Bruttowertschöpfung der deutschen Wirtschaft.

Die Wohnungswirtschaft tut viel Gutes, also lassen Sie darüber schreiben.

Literatur

Die Homepages von
http://www.sozialbau.at/menue-oben/home/
https://www.wogeno.de/home.html
http://web.gdw.de/researchcenter
https://www.vonovia.de/Ihre-Services/Kundenmagazin
https://www.deutsche-tgs.com/index.php
http://www.fluewo.de/aktuelles/erklaervideos

8 (IT-)Prozesse – Betriebsabläufe nachhaltig innovativ gestalten

8.1 Einführung

Ulrich Bogenstätter

In diesem Kapitel werden die wichtigen (Kern-)Prozesse beschrieben. Betreiberverantwortung (Nicht-Wohnungswirtschaft) und Verkehrssicherungspflicht (Wohnungswirtschaft) gehören dazu. In einem hohen Maße damit verbunden sind Dokumentationspflichten. Ob eine rechtssichere Dokumentation überhaupt möglich ist, dieser Frage geht Birgit Schaarschmidt in Kapitel 8.2 nach, indem sie die vielfältigen Dokumentationspflichten hinsichtlich der rechtlichen Anforderungen überprüft. Sie kommt zum Schluss, dass rechtssicher zu dokumentieren derzeit nicht geht.

Die nachfolgenden Kapitel zeigen Möglichkeiten zur (rechtssicheren) Prozessoptimierung durch IT-gestützte Datenverarbeitungssysteme auf. Am Anfang steht der Prozess. In Kapitel 8.3 werden ausgewählte Prozesse erfasst und hinsichtlich ihres Ablaufs analysiert. Das Soll-Konzept beschreibt Optimierungspotenziale. Ist- und Soll-Konzept werden einander gegenübergestellt und bilden die Grundlage zur Anpassung der Ablauforganisation. Die Prozessanalyse ist methodisch wichtig, um gemäß der Potenzialperspektive der Balanced Scorecard Innovationen im Immobilienunternehmen auch tatsächlich umsetzen zu können. Die Prozessanalyse ist eine Grundlage für IT-Projekte.

Aus den Prozessen ergibt sich der Daten- und Informationsbedarf. Nachdem die Frage geklärt wurde, wann, was zu welchem Zweck als Daten bereitgestellt werden muss, geht es in Kapitel 8.4 darum, wie Daten aufbereitet und als Informationsträger zur Verfügung gestellt werden müssen.

Zur effizienten Bereitstellung von Informationen in den Prozessen werden in den Datenverarbeitungsprogrammen Funktionalitäten benötigt. Welche Funktionalitäten sind in Zukunft erforderlich? Die funktionalen Anforderungen an IT-Systeme sind Gegenstand von Kapitel 8.5.

Bei der Vielzahl der IT-Systeme ist eine horizontale und vertikale Datenintegration interner und externer DV-Systeme in das führende IT-System eines Immobilienunternehmens notwendig. Die Darstellung dieser Integration erfolgt in Kapitel 8.6.

Datensicherheit und Datenschutz spielen eine zunehmend wichtige Rolle und müssen bei den funktionalen Anforderungen ebenfalls berücksichtigt werden. Das Bundesamt für Sicherheit in der Informationstechnik (BSI) stellt ein gut aufbereitetes Suchbild für Fehlerquellen und Gefährdungen zur Verfügung. Die Anforderungen an Datensicherheit und Datenschutz beschreibt Marc Schulirsch im Kapitel 8.7.

Der Weg zur erfolgreichen Einführung einer IT-Lösung wird in Kapitel 8.8 skizziert. Nach dem Lastenheft folgen das Pflichtenheft sowie die Wirtschaftlichkeitsbetrachtung.

Die Rückschau auf ein Projekt ist unerlässlich, um die Frage beantworten zu können, ob gesteckte Ziele tatsächlich erreicht wurden. Siegfried Gallitschke zeigt in Kapitel 8.9 die wesentlichen Kennzahlen und Kennwerte für das Controlling des Vermarktungsprozesses.

8.2 Rechtssicher dokumentieren – geht das?

Birgit Schaarschmidt

Wir leben in einem Zeitalter, in dem Fotografieren mit dem Handy einfach und in guter Qualität möglich ist, wir problemlos digital diktieren können und auch sonst alle Daten gut und schnell erfassen, um diese für die Zukunft dokumentieren zu können.

Mit Building Information Modeling (BIM) soll alles rund um den Bau dokumentiert werden, was für die Unterhaltung und damit für den Lebenszyklus einer Immobilie von Bedeutung ist. Ist ein Schaden entstanden, kann der Betreiber in die Haftung genommen werden. Durch ein ent-

https://doi.org/10.1515/9783110480863-008

sprechendes Dokumentationssystem können Besitzer von Bauwerken mithilfe einer solchen Dokumentation belegen, dass die notwendigen Inspektionen, Instandhaltungsmaßnahmen etc. tatsächlich durchgeführt worden sind und sich so unter Umständen von ihrer Haftung nach § 836 ff. BGB befreien.

8.2.1 Ausgangslage

Rechtssicher dokumentieren – das liest sich gut und vermittelt den Eindruck, dass dieses geht. Stimmt das denn? Genau dies soll nachfolgend kritisch betrachtet werden. Jeder spricht von Dokumentation. Wird hinterfragt, was davon umfasst sein soll, so merkt man recht schnell, dass es dazu kaum eine einheitliche Aussage gibt. Anscheinend haben alle eine Vorstellung von einer Dokumentation, doch decken diese sich selten.

Angesichts der Produkthaftung ist dies schon verwunderlich, denn grundsätzlich gibt es in Deutschland seit vielen Jahren die Haftung des Herstellers für sein Produkt bei Schäden in Bezug auf Gesundheit, Körper oder eine Sache (§ 1 ProdHaftG). Daher müssen Hersteller ihre Arbeitsabläufe grundsätzlich so organisieren und dokumentieren, dass Fehler in der Produktion nahtlos verfolgt werden können. Aber wie kann der Nachweis geführt werden, dass dies auch erfolgt ist.

Dokumentation

Daher stellt sich zunächst die Frage, was unter Dokumentation überhaupt zu verstehen ist.

Im Duden wird darunter das Zusammenstellen und Nutzbarmachen von Dokumenten, Belegen und Materialien jeder Art verstanden. Das kann eine online vorhandene oder gedruckt vorliegende Materialzusammenstellung sein, die als Gebrauchsanleitung für ein Gerät, ein technisches System, eine Software o. Ä. dient. Dokumentation ist außerdem Ausdruck von etwas Beweiskräftigem. Als Synonyme für Dokumentation werden die Begriffe Bestandsaufnahme und Beweis genannt. Daran ist schon zu erkennen, dass je nachdem, in welchem Kontext das Wort „Dokumentation" verwandt wird, ein anderer Inhalt vom Verwender dieses Begriffs gemeint ist. Damit ist eine der Schwierigkeiten benannt, die sich im Zusammenhang mit der Frage ergeben, ob vertraglich eine Dokumentation geschuldet ist, und wenn ja, welche.

Bei auszuführenden Arbeiten wird oft eine Dokumentation erwartet, bei der Herstellung von Bauwerken gilt dies sowohl bezüglich der Planung als auch bezüglich der tatsächlichen Ausführung. Auch für die Inspektion oder Wartung von Anlagen wird eine Dokumentation verlangt. Manchmal ergibt sich die Art und Weise der Dokumentation aus Datenblättern zu bestimmten technischen Anlagen oder anderen ausgeführten Leistungen. Fraglich ist, ob derjenige, der die Leistung erbringt, immer eine Dokumentation nach den Datenblättern bzw. Merkblättern zu den Produkten/Anlagen zu erstellen hat. Grundsätzlich kann dies nicht erwartet werden. Fraglich ist dann immer, was vertraglich geschuldet ist. Ist die Erbringung der Dokumentation vertraglich nicht explizit vereinbart, kann nicht davon ausgegangen werden, dass sie geschuldet ist.

Unabhängig davon stellt sich selbst dann, wenn eine Dokumentation geschuldet ist, die Frage nach ihrem Umfang. Dieser ist oft nicht geregelt. Fraglich ist auch, ob es eine technische Norm gibt, die für ein Objekt eine Art Dokumentation vorsieht, wie der vor einigen Jahren eingeführte Energieausweis für ein Gebäude. Dieser ist nach der Energieeinsparverordnung (EnEV) für Gebäude gesetzlich vorgeschrieben. Auch bei anderen energieeinsparenden Gebäuden kann für den Erhalt von Fördermitteln oder zum Nachweis, was gebaut wurde, eine Dokumentation erforderlich bzw. sinnvoll sein, z. B. bei Passivhäusern. Je nach beantragter Förderung sind verschiedene Nachweise vorzulegen.

Im Zusammenhang mit der Bauwerksprüfung nach DIN 1076 kann für bestimmte Objekte, die zum Bauwerk gehören, ebenfalls eine Art Dokumentation gesetzlich vorgeschrieben sein. Dieses Regelwerk fordert, den Zustand eines Ingenieurbauwerks regelmäßig zu überprüfen und das Ergebnis dieser Überprüfung festzuhalten. Wie der Zustand des Bauwerks zu erfassen ist und damit, was eine Dokumentation beinhalten soll, hängt entscheidend davon ab, um was für ein Bauwerk es sich handelt. Für ein Brückenbauwerk, ein Atomkraftwerk oder einen Flughafen wird sicherlich jeweils etwas anderes zu dokumentieren sein als für ein Wohnhaus. Oft wird eine Dokumentation für Bauwerke auch als Bauwerksbuch bezeichnet. Daher soll zunächst dieser Begriff erläutert werden.

Bauwerksbuch

Das Bauwerksbuch ist eine Art von Dokumentation, in dem der Zustand eines Bauwerks seit seinem Erstehen festgehalten und fortgeschrieben wird. Es sollte sämtliche Beschreibungen des Bauwerks, die im Rahmen seiner Entstehung zusammengetragen wurden, sowie sämtliche Inspektions- und Wartungsberichte enthalten. In einem Bauwerksbuch spiegelt sich der Lebenszyklus eines Gebäudes wider. Was sein Inhalt sein soll, ist jedoch nicht eindeutig zu ermitteln. Es gibt dazu weder ein einheitliches Gesetz noch eine einheitliche Norm. Der Lebenszyklus beginnt mit der Erstellung eines Gebäudes bzw. Bauwerks. Danach folgt die Unterhaltung des Gebäudes, ggf. sind werterhaltende Instandsetzungsmaßnahmen notwendig oder es wird eine Verbesserung durchgeführt. Durch eine regelmäßige Inspektion und Wartung können kontinuierliche werthaltende Maßnahmen ergriffen werden, ohne dass sich ein Instandsetzungsstau bilden muss und damit eine aufwendige und kostenträchtige Instandsetzung erforderlich wird.

Auch Nutzungsänderungen können zum Lebenszyklus eines Gebäudes gehören. Dies alles sollte festgehalten und jederzeit zugänglich sein, wenn die Informationen gebraucht werden.

In der Bauordnung für Wien ist z. B. in § 128a geregelt, dass der Eigentümer eines Gebäudes ein Bauwerksbuch zu führen hat. In diesem wird festgehalten, welche Untersuchungen durchgeführt wurden, um sicherzustellen, dass von dem Gebäude keine Gefährdung ausgeht. Durch die Einführung dieser Norm sollte das Bewusstsein des Eigentümers für die Notwendigkeit regelmäßiger Inspektionen und Wartungen geschärft werden. In Deutschland gibt es eine vergleichbare Regelung bisher nicht. Das Bauwerksbuch kann dem Erwerber einer Immobilie schnell Aufschluss darüber geben, in welchem Zustand das Gebäude ist. So kann eine technische Due Diligence bei einem ordnungsgemäß geführten Bauwerksbuch u. U. entfallen, wenn die durchgeführten Untersuchungen und deren Ergebnisse hinreichend festgehalten wurden.

Die Forderung nach der Dokumentation eines Bauwerks ist auch in der Idee des Building Information Modeling (BIM) wiederzufinden. Diese Planungsmethode geht davon aus, dass das Bauwerk von Anfang an dokumentiert sowie jedwede Änderung erfasst wird. So kann man auf vorhandene und aktuelle Daten zurückgreifen und muss nicht immer wieder neu planen bzw. eine Bauwerksuntersuchung durchführen, um die aktuell notwendigen Maßnahmen bestimmen zu können. Damit lassen sich Planungskosten oder bestimmte Untersuchungskosten vermeiden.

Wozu soll eine solche Dokumentation dienen?

Im Wesentlichen geht es darum, dass die Instandsetzung und Unterhaltung des Bauwerks dadurch erleichtert wird bzw. schneller die richtigen Maßnahmen zur Erhaltung oder Optimierung des Bauwerks ergriffen werden können. Darüber hinaus hat sie eine Erinnerungsfunktion. Durch sie kann die Planbarkeit von bestimmten Vorkehrungen wie Instandhaltungsmaßnahmen ermöglicht bzw. verbessert werden.

Bei technischen Anlagen werden normalerweise regelmäßige Inspektionen und Wartungen durchgeführt. Dies insbesondere vor dem Hintergrund, dass die Hersteller ansonsten keine Haftung für das Produkt übernehmen. Wenn irgendwo nachvollziehbar dargelegt ist, wann und in welchem Umfang was erfolgt ist, etwa der Austausch von Verschleißteilen, weiß der Betreiber/Nutzer eines Bauwerks, wann weitere Maßnahmen voraussichtlich fällig werden. Damit werden die Ausgaben für den Betreiber/Nutzer kalkulierbar. Insofern ist ein Bauwerksbuch auch zur Bestimmung des Wertes eines Gebäudes von Bedeutung.

Daher erleichtert das Bauwerksbuch auch die Bestimmung des Wertes eines Gebäudes. Ist das Bauwerksbuch vorhanden, so kann dies selbst werterhöhend für das Gebäude sein. Denn voraussichtliche Kosten können kalkuliert und eine Bestandsaufnahme des Gebäudes oder eine aufwendige Due Diligence kann entfallen.

Inhalt einer Dokumentation für ein Bauwerk

Der Inhalt einer solchen Dokumentation umfasst i. d. R. die kompletten Planungsunterlagen inkl. Zeichnungen, die verwendeten Materialien, alle Dokumente, die während der Erstellung des Bauwerks entstanden sind, das Bautagebuch, Bestandspläne und vergleichbare Unterlagen wie die zur Statik, sicherheitsrelevante und arbeitsschutzrechtliche Unterlagen bezüglich der Erstellung des Bauwerks, das Bautagebuch, Abrechnungsunterlagen u. Ä., aber eben auch Betriebsanleitungen, Wartungsvorschriften, durchgeführte Wartungen und Inspektionen usw.

Was Inhalt einer Dokumentation sein soll, findet sich oft in technischen Regelwerken. Diese sind aber nicht unbedingt vertraglich und damit rechtlich zwischen den Vertragspartnern bindend. Daher empfiehlt es sich grundsätzlich, festzulegen, was Umfang und Inhalt der Dokumentation ist, insbesondere wenn sie durch einen Dritten für den Eigentümer geführt oder zusammengestellt wird.

Haftungsfragen

Geht man davon aus, dass eine Dokumentationspflicht besteht, stellt sich direkt die Frage, was passiert, wenn dieser Dokumentationspflicht nicht hinreichend nachgekommen wird. Sicher möchte jeder so dokumentieren, dass er nicht belangt werden kann, also rechtssicher. Was bedeutet in diesem Zusammenhang aber rechtssicher? Gibt es das hier überhaupt?

Rechtlich betrachtet gibt es „rechtssicher“ nicht. Es wird immer Fälle geben, die man nicht berücksichtigt hat. Im Rahmen eines Vertragsverhältnisses stellt sich dann die Frage, in wessen Verantwortungsbereich was liegt und was von wem wie vorhersehbar war. Allgemein betrachtet wird unter rechtssicher das verstanden, was dem Eigentümer oder dem Nutzer bzw. Betreiber eine gewisse Sicherheit gibt, dass er rechtlich nichts zu befürchten hat, d. h., dass er nicht haftet. Das wirft die Frage auf, wer wofür haftet.

Daher ist es zunächst wichtig, zu wissen, dass es keine gesetzliche Haftung gibt, die daraus entsteht, dass keine Dokumentation geführt wurde oder wird. Meistens haftet der Eigentümer bzw. Betreiber/Nutzer nur für eingetretene Schäden, weil er bestimmten anderen Pflichten nicht nachgekommen ist. Das wiederum führt zu der Frage, welche (zivilrechtlichen) Pflichten der Eigentümer (Betreiber/Nutzer) hat. In diesem Zusammenhang wird häufig der Begriff Betreiberverantwortung benutzt. Die Dokumentation durchgeführter Arbeiten an einem Bauwerk kann zur Betreiberverantwortung gehören. Die GEFMA hat den Begriff in GEFMA 190 wie folgt definiert:

Aus dem Betrieb von Gebäuden und Anlagen können sich Gefahren oder Nachteile für Leben, Körper, Gesundheit, Freiheit, Eigentum und sonstige Rechte von Personen oder für die Umwelt ergeben. Jedem Unternehmen, das im Rahmen seiner Geschäftstätigkeit Gebäude betreibt, wird deshalb vom Gesetzgeber die Verantwortung dafür auferlegt, alle erforderlichen und zumutbaren Maßnahmen zu ergreifen, um diese Gefahren oder Nachteile zu vermeiden oder zu verringern.[1]

Die GEFMA 198-1 befasst sich mit der Dokumentation im Facility-Management. Dort findet man auf das Facility-Management zugeschnittene Grundlagen und Hinweise.

1 [GEFMA 190 2004-01], S. 3.

8.2.2 Pflichten des Eigentümers oder Betreibers/Nutzers eines Bauwerks im Gesetz?

Eine Haftung des Eigentümers/Nutzers für entstandenen Schaden tritt immer dann ein, wenn eine Pflicht besteht und diese unterlassen wurde. Voraussetzung ist also, dass es eine Pflicht gibt. Sie kann im Gesetz fixiert sein oder sich indirekt daraus ergeben.

Insbesondere bezüglich der Verkehrssicherungspflichten gibt es keine gesetzlich verpflichtenden sog. Checklisten, die zu erfüllen sind. Dies ist sicherlich der Tatsache geschuldet, dass das BGB 1900 in Kraft getreten ist und die Verkehrssicherungspflichten erst danach von der Rechtsprechung herausgearbeitet wurden. Zu den Verkehrssicherungspflichten des Vermieters gehören nach allgemeiner Auffassung z. B. die Prüfung und Überwachung von Aufzuganlagen, die Betriebsprüfung für Aufzüge, das Überprüfen der Außenbeleuchtung (ist die Haustür nachts gut beleuchtet und somit problemlos erreichbar?), die Überprüfung des Baumbestands auf dem Grundstück in Bezug auf Standsicherheit, die Überprüfung des Dachs, der Dachrinne und der Abwasserleitung hinsichtlich Laub, Niederschlagswasser etc., die Sicherstellung der Schneeräumung, die Überprüfung der elektrischen Anlagen usw. Eine gesetzliche Verpflichtung hierzu gibt es aber nicht.

Der Betreiber/Nutzer als Eigentümer des Bauwerks

Zunächst wird bei der Betrachtung angenommen, dass der Nutzer/Betreiber auch Eigentümer ist, denn so können zunächst die Rechte und Pflichten des Eigentümers und danach diejenigen dessen dargestellt werden, der nur Betreiber/Nutzer ist. Der Eigentümer darf nämlich einen Großteil seiner Rechte und Pflichten auf Dritte übertragen. Es wird daher zunächst dargestellt, wozu der Eigentümer verpflichtet ist.

Das Gesetz unterscheidet grundsätzlich zwischen Eigentümern und Besitzern. Der Besitzer muss kein Eigentümer sein. Der Eigentümer hat zumindest mittelbaren Besitz. So regelt § 858 BGB z. B. die verbotene Eigenmacht gegenüber dem rechtmäßigen Besitzer und der rechtmäßige Besitzer darf sich z. B. gemäß § 859 BGB dieser verbotenen Eigenmacht erwehren.

Nach § 906 BGB hat z. B. der Eigentümer eines Grundstücks nicht alle Gase, Dämpfe, Gerüche, Rauch, Ruß, Wärme, Geräusche, Erschütterungen u. Ä. grundsätzlich zu dulden. Diese Duldungspflicht besteht nur dann, wenn sich alles in den zulässigen Grenzwerten bewegt. Ansonsten ist es für den Eigentümer unzumutbar. Ist dies unzumutbar, darf der Eigentümer eines Grundstücks die Belästigung zivilrechtlich untersagen. Das bedeutet im Umkehrschluss, dass der Eigentümer des anderen Grundstücks verhindern muss, dass unzumutbare Gase, Dämpfe, Gerüche etc. von seinem Grundstück ausgehen und somit einen anderen stören.

Es gibt darüber hinaus Spezialregelungen wie § 907 BGB. Danach darf der Nachbar und Eigentümer eines Grundstücks sich gegen die Errichtung einer Anlage wenden, von der eine Gefahr droht bzw. ausgeht. Gleiches gilt, wenn das Gebäude auf dem Nachbargrundstück einzustürzen droht und damit eine Gefahr für das Grundstück des Eigentümers bildet (§ 908 BGB). Aus § 1004 BGB ergibt sich ein Unterlassungsanspruch, wenn ein Eigentümer gestört ist. Dieser Anspruch ist verschuldensunabhängig. Zu denken ist z. B. an einem Baum, der auf das Grundstück des Nachbarn zu fallen droht oder gefallen ist. Der eine Nachbar hat dann gegen den anderen Nachbarn einen Anspruch auf Unterlassung dieser Störung des Grundstücks und/oder auf Beseitigung der Störung. Daran können auch Schadenersatzpflichten anknüpfen.

Grundsätzlich nennt das BGB aber keine direkten Pflichten. Vielmehr werden die Rechtsfolgen für den Fall geregelt, dass etwas passiert oder eine konkrete Gefahr droht. Somit ergeben sich die Pflichten des Eigentümers bzw. Betreibers/Nutzers indirekt bzw. durch einen Umkehrschluss aus den gesetzlichen Vorschriften. Aus der üblichen Art und Weise des Handelns und den Rechtsfolgen, wenn ein Schaden eingetreten ist, hat die Rechtsprechung Pflichten des Eigentümers bzw. Betreibers/Nutzers entwickelt, die oftmals im Rahmen eines Schadenersatzanspruchs aus unerlaubter Handlung betrachtet werden.

§ 823 BGB (unerlaubte Handlung) regelt, dass derjenige, der einen anderen an Leib, Leben oder Eigentum u. Ä. verletzt, den dadurch entstandenen Schaden zu ersetzen hat. Nach der ständigen Rechtsprechung steht dem Handeln das Unterlassen gleich.[2] In einem Unterlassen kann aber nur dann ein haftungsausfüllender Tatbestand gesehen werden, wenn eine Pflicht zum Handeln besteht. In diesem Zusammenhang hat die Rechtsprechung Handlungspflichten für Eigentümer von Grundstücken bzw. Betreiber/Nutzer von Gebäuden entwickelt. Im Rahmen des § 823 Abs. 1 BGB werden diese Pflichten Verkehrssicherungspflichten genannt. Verpflichtet ist demnach jeder, der Gefahrenquellen schafft. Derjenige, der diese Gefahrenquellen schafft, hat dafür Sorge zu tragen, dass andere nicht in ihrer Gesundheit oder Eigentum verletzt werden.[3] Ein klassisches Beispiel dafür ist die Streupflicht bezüglich des Gehwegs bzw. des Wegs zum Grundstück oder Haus im Winter, wenn es schneit bzw. vereist ist.

Daneben kann eine Haftung nach § 823 Abs. 2 BGB bestehen, wenn ein sog. Schutzgesetz verletzt wird. Ein Schutzgesetz liegt immer dann vor, wenn das Gesetz dem Schutz eines anderen dienen soll, beispielsweise Bebauungsvorschriften oder Immissionsvorschriften.[4] Hier gibt es Vorschriften über die Einhaltung von Richtwerten, die i. d. R. nur zwischen der Verwaltung und dem Störer (Eigentümer, Besitzer etc.) wirken. Werden diese Vorschriften verletzt, so kann die öffentliche Verwaltung unter Umständen einen Verwaltungsakt erlassen, um den Zustands- oder Handlungsstörer zu einem bestimmten Tun oder Unterlassen zu bewegen. Dies ist jedoch eine öffentlich-rechtliche Pflicht und steht in keinem direkten Zusammenhang zu zivilrechtlichen Ansprüchen zwischen Personen. Eine solche Norm kann aber eine sog. drittschützende Norm sein, sodass sie auch unmittelbar zwischen Bürgern als Pflicht gilt. Wird diese Pflicht unterlassen und entsteht dadurch einem Dritten ein Schaden, so kann der Dritte gegen den Verursacher/Störer einen Schadenersatzanspruch haben. Das ist aber die Ausnahme und muss im Einzelfall betrachtet werden. Außerdem können diese Normen Schutzgesetze im Sinne des § 823 Abs. 2 BGB sein.

Eine besondere Haftung hat der Gesetzgeber für Grundstücksbesitzer, Gebäudebesitzer und Gebäudeunterhaltungspflichtige in den §§ 836 bis 838 BGB ausformuliert. Darunter fällt auch der Eigentümer. Danach haften diese Personen, wenn durch den Einsturz eines Gebäudes oder durch Ablösung von Teilen des Gebäudes oder Werks der Körper, die Gesundheit, das Leben oder das Eigentum eines anderen zerstört oder verletzt wird. In § 836 BGB ist u. a. festgehalten, dass der Schaden Folge einer mangelhaften Errichtung oder Unterhaltung sein muss.

Diese drei Tatbestände regeln insbesondere die Rechtsfolgen eines pflichtwidrigen Unterlassens, das auch in der schlechten oder unterlassenen Unterhaltung eines Gebäudes, sprich Wartung oder Instandsetzung, gesehen werden kann. Gemäß § 836 BGB kann die ordnungsgemäße, regelmäßige Unterhaltung, d. h. die regelmäßige Überprüfung des baulichen Zustands eines Gebäudes auf alle Gefahren, mit denen erfahrungsgemäß zu rechnen ist, zu einer Entlastung des Eigentümers führen, d. h., er ist dann nicht schadenersatzpflichtig.[5] Dies hat der Eigentümer bzw. Nutzer/Betreiber nachzuweisen. Dafür ist eine Dokumentation der durchgeführten Inspektionen und Wartungen sowie anderer durchgeführter Arbeiten sehr sinnvoll und hilfreich.

Zu den Verkehrssicherungspflichten eines Besitzers eines Gebäudes bzw. Eigentümers oder Betreibers wird man z B. zählen können:

- Räum- und Streupflicht auf dem Bürgersteig, auch im Hof- und Garagenbereich, auf allen Wegen und Treppen auf dem Grundstück, die von Fremden, Mietern oder Mitbewohnern genutzt werden können,
- Dachkontrolle nach Stürmen mit allem, was dort montiert ist, vom Schornstein über die Antennen bis hin zum Schneefanggitter und der Solaranlage,

2 [Palandt, (2017)], Kurzkommentar zum Bürgerlichen Gesetzbuch, § 823, Rdnr. 2.

3 [Palandt, (2017)], § 823, Rdnr. 46 ff.

4 [Palandt, (2017)], § 823, Rdnr. 56 a ff.

5 [Palandt, (2017)], § 823, Rdnr. 13 f.

- nach Winterfrost Prüfung von Mauerkronen, Balkonbrüstungen, Wegen und Wasserleitungen,
- die regelmäßige Prüfung von Öltanks durch einen Fachmann, denn defekte Tanks können das Grundwasser verunreinigen,
- die regelmäßige Instandsetzung und Bauunterhaltung; die Kosten für Handwerkerleistungen können bis zu 6.000 € Arbeitslohn im Jahr steuerlich abgesetzt werden,
- regelmäßige Baumkontrolle, vor allem nach Stürmen und dem Winter, ggf. unter Hinzuziehung eines Baumsachverständigen,
- Kontrolle von Wurzelwerk, denn es kann Wege, Carport- und Balkonstützen sowie Mauerfundamente hochdrücken und deren Standsicherheit gefährden oder auch Kanäle und Gasleitungen zerstören,
- beim Bauen und Sanieren insbesondere das Sichern der Baustelle, von ausgehobenen Gräben und Fundamenten, von auf dem Grundstück lagernden Materialien, Aushub, Bauschutt und Arbeitsgeräten sowie
- die Sicherung bei Gerüstarbeiten an Dach und Fassaden und bei der Montage von Solarmodulen sowie die Sicherung von Deckendurchbrüchen, Treppenaugen und Aufzugsschächten durch Abdeckung oder Bautreppengeländer.

Nach dem Mietvertragsrecht gemäß §§ 535 ff. BGB hat der Vermieter (i. d. R. der Eigentümer) dem Mieter den Mietgegenstand zum vertragsgemäßen Gebrauch zu überlassen. Daraus kann auch die Pflicht gelesen werden, dass der Vermieter den Mietgegenstand unterhalten und warten lassen muss. Dies insbesondere vor dem Hintergrund, dass der Mieter Mietminderung geltend machen kann, wenn der vertragsgemäße Gebrauch unmöglich bzw. eingeschränkt ist. Denn in § 535 BGB ist geregelt, dass die Mietsache in vertragsgemäßem Zustand übergeben werden muss. Herausgelesen wird weiterhin, dass dieser vertragsgemäße Zustand auch erhalten bleiben muss, und zwar während der gesamten Mietzeit.[6] Vor allem in Mietverträgen werden auch immer wieder die Begriffe Instandhaltung, Instandsetzung, Wartung usw. verwandt. Im Rahmen mietrechtlicher Rechtsprechung werden diese Begriffe mit Inhalt versehen.[7]

Die oben beschriebenen Grundlagen werden ergänzt durch DIN-Normen und weitere technische Regelwerke für die Unterhaltung von Gebäuden.

Dies sind zusammengefasst die wesentlichen zivilrechtlichen Anspruchsgrundlagen, die ein Eigentümer sowie ggf. Nutzer/Betreiber zu berücksichtigen hat. Aus den jeweiligen Haftungstatbeständen kann abgeleitet werden, dass eine Pflicht besteht, die Gebäude und Anlagen zu warten bzw. ggf. zu sanieren. Jedenfalls soll verhindert werden, dass von Gebäuden bzw. Grundstücken Gefahren bzw. Belästigungen ausgehen. Auch kann durch Auslegung der entsprechenden gesetzlichen Haftungstatbestände geschlossen werden, dass grundsätzlich eine Pflicht zur regelmäßigen Überprüfung bestimmter Gebäude besteht. Insbesondere die §§ 836 bis 838 BGB sind dabei einschlägig.

Hinzu kommt, dass in der Verletzung eines Menschen oder Tötung durch Unterlassen oder auch in der Sachbeschädigung eine Straftat gesehen werden kann. Bei Nichteinhaltung bestimmter Pflichten kann z. B. neben der zivilrechtlichen Haftung eine strafrechtliche bestehen. § 319 StGB enthält die Verpflichtung, einen Bau so herzustellen, dass das Bauwerk nicht gegen die anerkannten Regeln der Technik verstößt und dadurch Leib oder Leben eines anderen Menschen gefährdet wird. Diese Vorschrift kann auch als Schutzgesetz im Sinne des § 812 Abs. 2 BGB gesehen werden. Das bedeutet, dass bei einem Schaden der Eigentümer bzw. Betreiber/Nutzer schadenersatzpflichtig sein kann. Allerdings steht dies nicht in einem unmittelbaren Zusammenhang mit dem Fehlen einer Dokumentation.

6 [Palandt, (2017)], § 535, Rdnr. 34 ff.

7 [Palandt, (2017)], § 535, Rdnr. 38 ff mit weiteren Nachweisen zur Rechtsprechung.

Des Weiteren gibt es zahlreiche öffentlich-rechtliche Vorschriften, die nicht nur für den Bau eines Bauwerks von Bedeutung sind, sondern auch für dessen Betreiben. Das ist insbesondere bei Anlagenbetreibern der Fall und gilt dann im Verhältnis zu Behörden. Damit soll im Wesentlichen dem Erhalt der öffentlichen Sicherheit und Ordnung Genüge getan werden. Die Nichtführung einer Dokumentation ist aber i. d. R. auch im öffentlich-rechtlichen Bereich nicht mit Sanktionen verknüpft. Vielmehr geht es darum, dass Schaden bzw. die Gefahr für Leib und Leben verhindert werden soll. Dieser wird i. d. R. nicht durch das Führen der Dokumentation verhindert. Es geht also um Leistungen, deren Erfüllung erforderlich ist, um eine Gefahr oder einen Schaden zu verhindern. Die Dokumentation dient lediglich dazu, zu beweisen, dass notwendige Arbeiten durchgeführt wurden, sowie zum Nachweis des Zustands des Objekts.

Zusammenfassend ist zu sagen, dass eine Pflicht, eine Dokumentation zu führen ist, im BGB oder in anderen Gesetzen nicht direkt zu finden ist. In technischen Vorschriften, die keine Gesetzeskraft haben, finden sich hingegen oftmals derartige Pflichten. Das Nichtführen einer Dokumentation verhindert jedoch nicht die Gefahren oder den Schaden. Das können nur die notwendigen Maßnahmen bzw. Arbeiten. Von daher macht es auch wenig Sinn, einen Schadenersatz daran zu knüpfen, dass die Dokumentation nicht geführt wurde.

Allerdings kann zwischen einzelnen Parteien vertraglich vereinbart werden, dass das Nichtführen einer Dokumentation z. B. zur Kürzung der vereinbarten Vergütung berechtigt. Dadurch könnte das Führen einer Dokumentation sichergestellt werden.

Aus den Rechten und Pflichten resultiert immer die Haftung, die der Eigentümer gerne so gering wie möglich halten will. Daher ist eine Wartung und Überprüfung des Bauwerks in regelmäßigen Abständen auch aus rechtlicher Sicht zu empfehlen.

Der Betreiber/Nutzer

Jeder Betreiber/Nutzer ist nach dem BGB Besitzer. Üblicherweise kommt der Betreiber/Nutzer durch einen Vertrag in diese Position. Dabei kann es sich z. B. um einen Mietvertrag oder einen Leasingvertrag handeln.

Der Betreiber/Nutzer ist genauso verantwortlich wie der Eigentümer, wenn der Eigentümer seine Pflichten auf ihn übertragen hat, beispielsweise per Vertrag. In diesem Zusammenhang ist z. B. an Pflichten wie Instandsetzung des Gebäudes zu denken. Die Übertragung kann etwa im Rahmen eines Mietvertrags erfolgen. Bei Gewerbemietverträgen ist dies zulässig und üblich, bei Wohnraummietverträgen nicht. Daher empfiehlt es sich, als Nutzer immer den Mietvertrag oder den entsprechenden Vertrag zu prüfen, um die eigenen Rechte und Pflichten zu kennen. Auch ähnliche Nutzungsvereinbarungen können getroffen werden.

Mit der Übertragung hat der Betreiber/Nutzer dieselben Rechte und Pflichten wie der Eigentümer, mit wenigen Ausnahmen, die hier außen vor gelassen werden können. Den Eigentümer kann daneben aber gleichwohl noch eine Haftung treffen, wenn er merkt, dass der Nutzer diesen Verpflichtungen nicht nachkommt, jemand zu Schaden kommt und er nichts unternommen hat.

Der Betreiber/Nutzer wiederum kann für die Ausführung dieser Pflichten einen Dritten beauftragen, der dann die Wartung und Überprüfung etc. durchführt. Das schränkt die Haftung des Betreibers/Nutzers ein. Er bleibt aber dafür verantwortlich, dass die übertragenen Dienste auch ordnungsgemäß ausgeführt werden. Somit hat er die übertragenen Pflichten/Dienste zumindest zu überwachen und insbesondere zu überprüfen, ob sie auch regelmäßig ausgeführt werden. Das betrifft auch die Dokumentation, denn in diesem Zusammenhang wäre die Dokumentation auf ihre Vollständigkeit zu überprüfen.

Übertragung auf einen anderen Dritten

Der Umfang der Pflichten, die ein Dritter aufgrund der Übertragung zu erfüllen hat, bestimmt sich nach dem Vertrag und danach bestimmt sich auch der Umfang der Haftung des Dritten. Bei der

Auswahl des Dritten sollte darauf geachtet werden, dass er die Kompetenz hat, die Pflicht zu erfüllen bzw. die Leistungen korrekt auszuführen.

Ein solcher Dritter, auf den Pflichten übertragen werden, ist oftmals ein Facility-Manager, beispielweise übernimmt er zumindest in Teilen die Instandhaltung des Bauwerks bzw. der Anlagen innerhalb des Bauwerks. Aber auch Leistungen wie z. B. das Führen eines Bauwerksbuchs kann auf ihn übertragen werden. Damit sollte aber nur ein Dritter beauftragt werden, der auch in der Lage ist, es ordnungsgemäß bzw. vollständig zu führen und ggf. auf etwaige Lücken aufmerksam zu machen. Hat er die Kompetenz für einen Bereich nicht, so sollte er dies vertraglich nicht übernehmen, denn daraus könnte unter Umständen eine Haftung für ihn entstehen. Zwar wird sich die Haftung grundsätzlich erst bei einem eintretenden Schaden bemerkbar machen. Hätte der Dritte jedoch z. B. auf das Fehlen einschlägiger Unterlagen hinweisen müssen und wäre dadurch der Schaden nicht eingetreten, so ist durchaus auch eine Haftung dieses Dritten denkbar. Die Haftung für die Pflichtverletzung wird sich allerdings auch bei einem Dritten nicht direkt aus einer schlecht geführten Dokumentation ergeben, sondern aus der Nichterfüllung der Pflicht, die in einer Dokumentation niedergelegt sein sollte.

8.2.3 Pflicht zur Dokumentation im Gesetz?

Aus all dem wird klar, dass im Gesetz grundsätzlich keine besonderen Pflichten zur Dokumentation geregelt sind. Die Haftungsregelungen des BGB beinhalten nicht die Pflicht zur Dokumentation. Vielmehr wird auf den Schaden durch das Unterlassen einer Handlung abgestellt. Das setzt voraus, dass ein Schaden entstanden ist.

Es gibt bezüglich einzelner Anlagen wie z. B. einer Atomanlage oder Kläranlage öffentlich-rechtliche Bestimmungen, die einzuhalten sind und/oder eine bestimmte Dokumentation erfordern können. Das betrifft z. B. den Brandschutz, die EN- und die DIN-Normen, das Wasserhaushaltsgesetz, Landeswassergesetze, Naturschutzrecht, die Störfallverordnung, Lärmschutzverordnungen jeder Art, das Immissionsschutzrecht, technische Anlagen usw. In diesen Fällen ergibt sich aber aus dem, was hergestellt bzw. betrieben wird, welche Form der Dokumentation zu wählen ist. Da es eine Vielzahl verschiedener Immobilien/Bauwerke gibt, wird an dieser Stelle nicht auf ein spezielles Bauwerk eingegangen. Es wird jedoch dringend empfohlen, bezogen auf die jeweilige Anlage entsprechende Dokumentationspflichten in Verordnungen, öffentlich-rechtlichen Vorschriften und Gesetzen sowie DIN- oder EN-Normen einzusehen bzw. zu überprüfen, ob es welche gibt, denn sie sind zu beachten. Wenn man ein Unternehmen mit der Erfüllung von Leistungen beauftragt hat, sollte man überprüfen, ob auch die erforderliche Dokumentation für die beauftragten Leistungen erbracht wird. Es empfiehlt sich, die Dokumentation vertraglich zu vereinbaren, ebenso Art und Umfang, und zwar unabhängig davon, ob sie in einer Vorschrift, Verordnung, Norm oder einem Datenblatt etc. vorgesehen ist.

Für nach dem 01.01.2018 geschlossene Verbraucherbauverträge (d. h. Verträge über den Bau eines neuen Gebäudes oder erhebliche Umbaumaßnahmen an einem bestehenden Gebäude) sieht das BGB nunmehr gem. § 650 n BGB vor, diejenigen Planungsunterlagen zu erstellen und dem Verbraucher herauszugeben, die dieser benötigt, um gegenüber Behörden den Nachweis führen zu können, dass die Leistung unter Einhaltung der einschlägigen öffentlich-rechtlichen Vorschriften ausgeführt werden wird bzw. worden ist. Darüber hinaus darf der Verbraucher weitere Unterlagen fordern, wenn ein Dritter, etwa ein Darlehensgeber, Nachweise für die Einhaltung bestimmter Bedingungen verlangt und wenn der Unternehmer die berechtigte Erwartung des Verbrauchers geweckt hat, diese Bedingungen einzuhalten. Damit ist sichergestellt, dass der Unternehmer gegenüber dem Verbraucher bei einem Verbraucherbauvertrag bestimmte Unterlagen zu übergeben hat. Welche dies dann genau sind, bestimmt sich nach dem jeweiligen Vertrag. Diese Unterlagen dienen aber nur bedingt der Unterhaltung eines Gebäudes. Vielmehr sollen mit diesen Unterlagen gegenüber Behörden oder der finanzierenden Bank bestimmte Zustände bestätigt werden. Gebrauchsanleitungen für technische Anlagen etc. sind davon nicht umfasst.

Pflichten zur Dokumentation in technischen Regelwerken

Wie bereits erwähnt, finden sich Dokumentationspflichten oft in Normen und anderen technischen Regelwerken. So gibt es z. B. in Deutschland eine Bauwerksprüfung nach DIN 1076. Dies betrifft die Bauwerksprüfung im Verkehrsbau. Dort ist genau geregelt, was wo wie zu dokumentieren ist. Eine Sanktion, wenn dies nicht eingehalten wird, ist dort nicht geregelt. Ähnliches findet sich in Regelwerken zum Facility-Management von der GEFMA. Dort ist genau geregelt, wie etwas zu dokumentieren ist, dargestellt anhand von Beispielen und Checklisten.

Allerdings sind mit dem Nichterstellen der Dokumentation bisher – wie bereits dargestellt – keine Rechtsfolgen verbunden, auch nicht mit Blick auf die Mangelhaftung. Man könnte daran denken, dass es sich um einen Mangel handelt, wenn die anerkannten Regeln der Technik nicht eingehalten werden, wenn keine oder keine ordnungsgemäße Dokumentation erfolgt. Allerdings kann ein Mangel immer nur dann vorliegen, wenn es vertraglich vereinbart ist oder wenn sich das herzustellende Werk nicht für die gewöhnliche Verwendung eignet oder der Besteller (Auftraggeber) nicht das erhalten hat, was er hätte erwarten dürfen (§ 633 BGB). Daher stellt das Fehlen der Dokumentation i. d. R. nur dann einen Mangel dar, wenn sie vertraglich vereinbart wurde.

Das BGB stellt grundsätzlich auf das Werk an sich und nicht auf die Dokumentation, dass das Werk erbracht wurde, ab. Damit dürfte ohne eine gesonderte Vereinbarung in den wenigsten Fällen eine Haftung wegen mangelhafter oder fehlender Dokumentation in Betracht kommen. Zwar kann die fehlende oder fehlerhaft hergestellte Dokumentation ein Unterlassen darstellen. Allerdings kann sich daran erst dann eine Haftung auf Schadenersatz knüpfen, wenn sie tatsächlich eine zu erfüllende Pflicht ist und durch die Nichterfüllung dieser Pflicht ein Schaden entstanden ist. An Letzterem wird es, wie gesagt, erfahrungsgemäß scheitern. Eine Haftung in einer solchen Konstellation ist allenfalls dann denkbar, wenn die Dokumentation bewusst fehlerhaft erstellt wurde. In diesem Verhalten ist aber m. E. auch bereits eine kriminelle Energie enthalten, die eine solche Haftung rechtfertigen würde.

Pflichten zur Dokumentation im Vertrag

Wenn man eine bestimmte Dokumentation als Eigentümer bzw. Betreiber/Nutzer eines Gebäudes, einer Immobilie oder eines Bauwerks haben möchte, so sollte man in einem Vertrag regeln, was genau erwartet wird, und am besten sogar, warum, denn dadurch wird der Leistungserfolg bestimmt.

Hat man z. B. die Erstellung eines Bauwerks in Auftrag gegeben, so kann in dem Vertrag mit dem bauausführenden Unternehmen durchaus geregelt werden, was genau bei Übergabe des Objekts an Dokumentationsbestandteilen zu übergeben ist. Das können die Betriebsanleitungen für die jeweiligen technischen Anlagen sein, die eingebauten Baustoffe, die Ausführungspläne etc. Ist die Planung oder sind Teile der Planung ebenfalls vom ausführenden Unternehmen erstellt worden, so ist darauf zu achten, dass die Pläne mit übergeben werden. Auch mit Planern sollte detailliert vereinbart werden, was genau zu dokumentieren und zu übergeben ist, denn selbst an den Leistungsbildern der HOAI (Honorarordnung für Architekten und Ingenieure) lässt sich nicht genau erkennen, welche Unterlagen der Planer mit zu übergeben hat. Zwar kann man i. d. R. davon ausgehen, dass dies die beauftragten Planungsleistungen betrifft, allerdings stellt sich dann die Frage, wie oft und in welchem Maßstab.

Gerade im Bereich der Bauüberwachung eines Bauwerks sollte darauf geachtet werden, dass bestimmte Unterlagen vom Planer zusammenzustellen sind. Hierbei ist allerdings zu beachten, dass der Planer die Leistungen nicht selber erbringt, sondern vielmehr Informationen und Unterlagen von den ausführenden Unternehmen sammelt und zusammenträgt. Eine Leistung, die als Grundleistung nach der HOAI bewertet wird, ist z. B. das Erstellen oder Zusammenstellen der Gewährleistungszeiträume, eine Leistung, die in die Leistungsphase 8 der HOAI des Planers fällt. Bei der Fachplanung kann dies schon etwas anders sein.

Beauftragt man ein Wartungsunternehmen oder einen Planer mit der Inspektion oder Wartung, so kann auch hier vertraglich geregelt werden, was genau zu dokumentieren ist bzw. zusammenzutragen ist, damit zumindest ab einem bestimmten Zeitpunkt die Inspektion und Wartung lückenlos dokumentiert werden kann. Man sollte sich nicht darauf verlassen, dass Dokumentationspflichten in irgendeiner Verordnung bzw. Norm dargestellt sind, sondern sie grundsätzlich im Vertrag mit vereinbaren, damit deutlich wird, dass sie zu erfüllen sind. Dies ist sowohl für den Betreiber/Nutzer als auch für den Eigentümer von Vorteil, denn er weiß dann immer, wann welche Tätigkeit überprüft wurde und wann ggf. weiterer Renovierungs- oder Instandsetzungsbedarf besteht.

Eine fehlerhafte oder fehlende Dokumentation kann vertragsrechtlich betrachtet einen Mangel darstellen, wenn sie vereinbart bzw. beauftragt war. Der Auftraggeber (Besteller) hat in diesem Fall Ansprüche aus Mängelrechten. Da es sich etwa bei einem Wartungs- oder Inspektionsvertrag um einen Werkvertrag handeln wird, würden dem Auftraggeber (Besteller) die Mängelrechte aus dem Werkvertragsrecht des BGB zustehen.

Mit einer Vereinbarung über den Umfang und die Art und Weise der zu leistenden Dokumentation ist aber noch keine Form der Rechtssicherheit erreicht, denn diese gibt es in der Form, wie mehrfach betont, derzeit noch nicht. Es ist derzeit unklar, welche Form der Dokumentation bzw. welcher Umfang und welche Art und Weise wirklich erforderlich sind. Das kann allenfalls vertraglich vereinbart werden. Das ist dann aber keine Rechtssicherheit, sondern eine individuelle Vereinbarung.

8.2.4 Zusammenfassung

Rechtssicher dokumentieren geht derzeit nicht, denn es gibt keine gesetzlichen Regelungen, die aussagen, was dies bedeuten könnte.

- Dass zu dokumentieren ist, findet sich hie und da in Vorschriften und Regelungen und allgemein wird die Notwendigkeit der Dokumentation der ausgeführten Leistungen auch gesehen.
- Gesetzlich gibt es weder eine Pflicht, zu dokumentieren, noch sind gesetzlich direkt Sanktionen daran geknüpft, wenn eine Dokumentation nicht erstellt wird. Das Unterlassen der Dokumentation wird i. d. R. nicht zu einer Haftung des Eigentümers und/oder Betreibers/Nutzers führen.
- Will man der Dokumentation eine bestimmte Bedeutung beimessen, so sollte man vertraglich vereinbaren, dass und wie eine solche geschuldet ist. Dann kann bei fehlerhafter oder fehlender Dokumentation eine Haftung bei demjenigen, der sich zu erstellen hatte, bestehen.

Gleichwohl empfiehlt es sich m. E., eine solche Dokumentation für ein Bauwerk zu fordern bzw. erstellen zu lassen und die Unterlagen, die für das Bauwerk gewünscht sind, in einer Form von Checkliste aufzulisten, damit die Vollständigkeit der Dokumentation bzw. des Bauwerksbuchs überprüft werden kann. So kann ein Eigentümer bzw. Betreiber/Nutzer nachweisen, dass z. B. Wartungen durchgeführt wurden, und überprüfen, wann die nächste fällig ist. Im Falle eines Schadens ist er ggf. exkulpiert, weil er die im Verkehr erforderliche Sorgfalt hat walten lassen, um zu verhindern, dass von einem Gebäude eine Gefahr für Leib und Leben ausgeht. Dies müsste aber im Einzelfall rechtlich genauer angesehen werden.

Alle durchgeführten Maßnahmen sollten von Anfang bis Ende in einem Ordner bzw. Bauwerksbuch gesammelt werden. Sein Vorhandensein kann auch wertbestimmend sein, denn dann kann in Form einer Due Diligence sehr gut überprüft werden, welcher Bedarf wann besteht, was einem Erwerber die Planung und Kalkulation erleichtert. Das Vorhandensein eines gut geführten

Bauswerksbuchs ist auch wertbestimmend für die Immobilie. Denn dadurch kann der Nutzer oder Erwerber seine Unterhaltungskosten gut kalkulieren, weil diese dann planbar sind.

Betrachtet man die Ideen zu Building Information Modeling, so ist davon auszugehen, dass zukünftig die Daten eines Bauwerks von Anfang an gesammelt werden. Insofern wird es eine Form der Dokumentation für die Erstellung eines Bauwerks geben. Eine Aufgabe wird aber noch darin liegen, zu wissen, welche Daten wofür erforderlich sind. So sind z. B. für die Durchführung des Facility-Managements andere Daten notwendig als für die Planung und Bauausführung. Daher sollte immer für die spezielle Leistung festgelegt werden, welche Daten gesichert bzw. zusammengetragen werden sollten, um die jeweilige vertragliche Verpflichtung erfüllen zu können. Wird Building Information Modeling in naher Zukunft so weiterentwickelt, dass bereits in der Planungsphase die Kosten der Betreibung eines Gebäudes berücksichtigt werden, so werden sicherlich von Anfang an die Daten und Informationen gesammelt, die für die Durchführung des Facility-Managements für ein Gebäude erforderlich sind. Die Dokumentation ist auch vor dem Hintergrund wichtig, dass in Gebäude immer mehr technische Anlagen eingebaut werden, die ohne dazu notwendige Datenblätter schlecht zu betreiben und zu warten sind.

Daher sollte in Zukunft jeder bei der Vertragsgestaltung ein Augenmerk darauf haben, ob eine Dokumentation für ein Gewerk bzw. eine Anlage notwendig ist, wer sie verlangt, wer Inspektionen und/oder Wartungen durchführt, welche werterhaltenden Maßnahmen für ein Gebäude sinnvoll bzw. notwendig sind und wie sie geplant, durchgeführt und dokumentiert werden. Niemand sollte sich darauf verlassen, dass er eine Dokumentation quasi automatisch erhalten wird. Da keine gesetzliche Pflicht mit entsprechenden unmittelbaren Sanktionen besteht, ist das Nichtvorhandensein einer Dokumentation faktisch i. d. R. ohne Bedeutung. Allerdings kann sie für die Beweisbarkeit, dass man als Eigentümer bzw. Nutzer/Betreiber alle erforderlichen Maßnahmen durchgeführt hat, d. h. die im Verkehr erforderliche Sorgfalt hat walten lassen, äußerst sinnvoll sein.

Literatur

[Palandt, (2017)] Palandt, Otto: Bürgerliches Gesetzbuch (BGB), 76., neubearb. Aufl. Aufl.; München: C. H. Beck'sche Verlagsbuchhandlung 2017.

Weiterführende Quellen

[DBV (2007f)] Deutscher Beton- und Bautechnik-Verein (Hrsg.): Bauwerksbuch: Empfehlungen zur Sicherheit und Erhaltung von Gebäuden; Berlin 2007.

[DIN 1076 1999-11] Ingenieurbauwerke im Zuge von Straßen und Wegen: Überwachung und Prüfung, Deutsches Institut für Normung (Hrsg.): DIN 1076; Berlin 1999.

[GEFMA 190 2004-01] Betreiberverantwortung im Facility Management, GEFMA e. V. Deutscher Verband für Facility Management (Hrsg.): GEFMA 190, 2004.

[GEFMA 198-1 2013-11] Dokumentation im Facility Management: Begriffsabgrenzung, Vorgehensweise, Gliederung und Instrumente, GEFMA e. V. Deutscher Verband für Facility Management (Hrsg.): Teil 1, GEFMA 198, 2013.

[Lotz, B. (2012b)] Lotz, Burkard: Bauunterlagen und Dokumentation, in: Baurecht, 43 Jg. (2012), Nr. 2, S. 157–166.

[Thüringen (2009f)] Freistaat Thüringen (Hrsg.): Handbuch der Bauwerksdokumentation: Bearbeitet von der Ingenieurgemeinschaft Setzpfandt Meiningen GmbH; 2009, URL: https://www.thueringen.de/imperia/md/content/tlsb/service/bauwerksdokumentation/handbuch_bauwerksdok_thueringen_stand_29_06_2009.pdf (letzter Aufruf: 06.03.2017).

8.3 (Kern-)Prozesse der Immobilienwirtschaft

Ulrich Bogenstätter

Effizienz- bzw. Produktivitätssteigerungen sind ein beliebtes Thema, insbesondere bei produzierenden Unternehmen. In der Immobilienwirtschaft werden Überlegungen dazu offenbar seltener angestellt, was sich auch in den Zahlen niederschlägt. Wie in Abbildung 8.1 ersichtlich, konnten Baugewerbe und Vermietung im Vergleich zur Gesamtentwicklung über alle Branchen bisher nur sehr geringe Produktivitätssteigerungen erreichen. Da waren Land- und Forstwirtschaft sowie Fischerei erheblich kreativer. Eine Begründung kann in der geringen Größe der Unternehmen oder in den Vergabeformen liegen, die zu wenig wirtschaftliche Anreize bieten. Die Arbeitskraft ist wesentlicher Bestandteil der Ressourcenqualität, insbesondere in der Dienstleistungsbranche. Im Baugewerbe ist es hingegen nicht erklärlich, dass hier die Arbeitsproduktivität nicht erheblich gesteigert werden konnte.

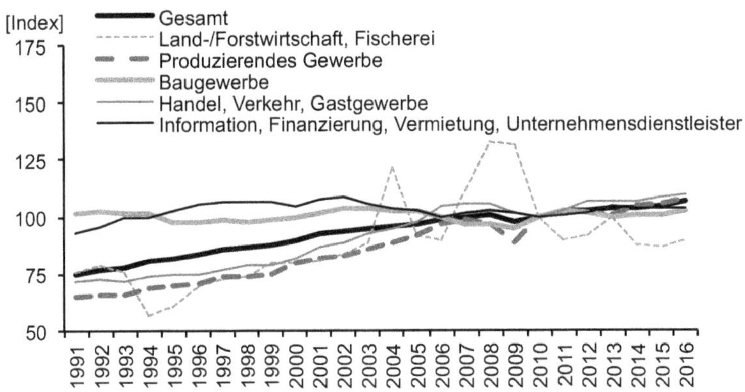

Abb. 8.1: Entwicklung Arbeitsproduktivität je geleisteter Erwerbstätigenstunde nach Branchen.[8]

Neben der Ressourcen- und Strukturqualität ist auch gute Prozessqualität zur Erstellung einer (Dienst-)Leistungsqualität notwendig. Unzufriedenheit von Kunden, Nutzern oder Mitarbeitern hat vielfach ihre Ursache in ineffizienten Prozessen.

Doch Vorsicht bei der Prozesseffizienz, Nebenwirkungen sind zu beachten. Wer kennt nicht die mangelnde Kompetenz von Callcentern? Gründe für Ausführungsfehler von Baumaßnahmen sieht Kochendörfer zu jeweils 30 % bei Entwurfs- und Planungsfehlern und in der Sorglosigkeit bei der Ausführung, zu jeweils 8 % in fehlender Information, Materialfehlern und unklaren Angaben bezüglich der Ausführung, zu 6 % in nicht Ausführbarem, zu 4 % in fehlender Kenntnis und Zuständigkeit in der Ausführung sowie zu 2 % in sonstigen Ausführungsfehlern.[9] Um Fehler zu vermeiden, gilt es, prozessorientiert vorzugehen.

Wie lässt sich also die Ablauforganisation so effizient gestalten, dass das Ergebnis z. B. zufriedene Kunden sind? Das kleinste Element eines Prozesses ist der Arbeitsschritt. Arbeitsschritte werden in verschiedenen Ebenen zusammengefasst (aggregiert).

In vielen Unternehmen sind viele Prozesse unzureichend geklärt. Das ist so lange unerheblich, wie es sich nicht um die risiko- und chancenreichsten Prozesse eines Unternehmens handelt. Die Prozessklärung mutiert ansonsten zu einer Lebensaufgabe einzelner Mitarbeiter. Sind die wesentlichen Prozesse bekannt, lohnt es sich, sie zu überprüfen.

8 Vgl. [StBA Fachserie 18 Reihe 1.5 (2016)], S. 95.

9 Siehe [Kochendörfer, B. (2005e)], S. 28.

Zur Klärung dessen, ob die Beschreibung der unternehmensinternen und -externen Abläufe in Dienstanweisungen oder Qualitätsmanagementhandbüchern (sofern vorhanden) der Wirklichkeit entsprechen, Optimierungspotenziale vorhanden und die heutigen Abläufe anzupassen sind, ist eine Aufnahme der aktuellen Situation notwendig. Hierfür stehen verschiedene Erhebungstechniken zur Verfügung. Das beinhaltet:[10]

- **Beobachtungen:** strukturierte Beobachtung (z. B. Prozessaufnahme in Anlehnung an REFA), Spurensuche oder Selbstaufschreibung
- **ein Quellenstudium:** das Sichten von Literatur, die Auswertung von Archiven (manuell, IT-gestützt)
- **die schriftliche Befragung** (Standardfragebogen): Befragungen von Experten, einer Fokusgruppe oder nach (repräsentativer Stichprobe) die schriftliche oder mündliche Befragung (Interviews) oder die Besprechung
- **Experimente:** Labor- oder Feldexperimente

Das Prozessmodell (s. Abb. 8.2) wird anhand der Stakeholder in (Kern-)Prozesse unterteilt, ermöglicht den Bezug zur Balanced Scorecard und beinhaltet:

- **Kunden:** Prozesse der Kundenorientierung (u. a. Nutzer- und Nutzungs-, Vermietungs- und Vermarktungsprozesse)
- **Investor:** Prozesse der Finanzierung, Führung und Steuerung, z. B. Darlehens- und Liquiditätsmanagement
- **Personal:** Prozesse des Personalmanagements
- **Lieferanten:** Prozesse des Beschaffungsmanagements (u. a. die Betriebs- und Instandhaltungsprozesse)
- **Partner:** Prozesse des Kooperationsmanagements
- **Gesellschaft:** Prozesse zur Wahrnehmung gesellschaftlicher Verantwortung (u. a. Stadtentwicklung und Energiemanagement)

Das Prozessmodell fokussiert auf die Leistungserstellung und -bereitstellung (schwarzer Punkt). Die Prozesse überlagern sich und sind nicht eindeutig abgrenzbar. Beispielsweise ist die Mitarbeiterzufriedenheit auch abhängig vom Lieferantenmanagement.

Folgende Prozesse werden näher spezifiziert:

- **Prozesse der Kundenorientierung:** Vermieten und Vermarkten
- **Prozesse der Führung und Personalmanagements:** Prüfen
- **Prozesse des Beschaffungsmanagements:** Planen und Bauen, Reinigen, Instandhalten

8.3.1 (IT-gestützte) Prozesse visualisieren

Bei sog. ereignisgesteuerten Prozessketten (EPKs) werden komplexe Prozesse in eine Daten-, Funktions-, Organisations- und Ressourcensicht zerlegt. Die grafische Beschreibung in Prozessketten fördert die Übersichtlichkeit, Teamarbeit, Schwachstellenanalyse und Optimierung. Die Darstellung von Prozessen mit EPK ist eine anerkannte Methodik. In Abbildung 8.3 ist ein Formular zur strukturierten Prozessaufnahme dargestellt. Damit lässt sich leicht feststellen, wo der Schuh drückt. Letztendlich ist bei der Wahl der Darstellungstechnik die schnelle Verständlichkeit für die Anwender- und Zielgruppe ausschlaggebend, insbesondere bei der Darstellung von Schwachstellen und Optimierungspotenzialen.

10 Vgl. u. a. [Stahlknecht, P. (2002)], S. 235.

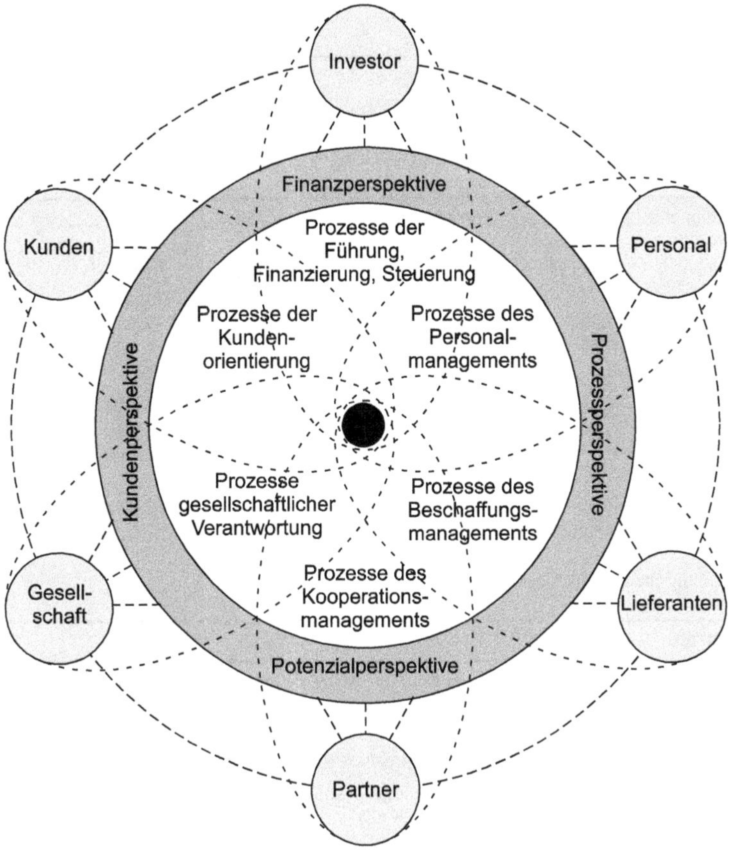

Abb. 8.2: Prozessmodell der Leistungserstellung und -bereitstellung mit Bezug auf die Stakeholder.[11]

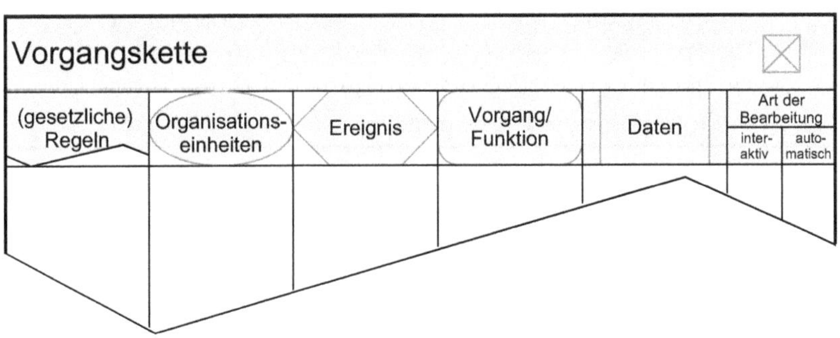

Abb. 8.3: Formular gemäß der EPK-Methode zur Aufnahme von Prozessen.

11 Quelle: eigene Darstellung.

Tab. 8.1: Ebenen und Bezeichnungen der Aufbaustruktur von Prozessen.[12]

Nr.	Stiening, Haist/ Fromm (IBM)	REFA-Verband	Horváth & Partners	Feldmayer/ Seidenschwarz	Schmelzer/ Sesselmann	Projekt-management[a]
	Prozessmanagement					**Projektstrukturplan**
	1	**2**	**3**	**4**	**5**	**6**
1.	Prozess	Unternehmens-prozess	Geschäfts-prozess	Prozessgruppen	Geschäfts-prozess	Prozessgruppe[b]
2.	Subprozess	Hauptprozess	Prozess	Basisprozesse	Teilprozess	Prozess-Untergruppe
3.	Aktivität	Teilprozess	Teilprozess	Prozesskategorien	Prozessschritt	PM-Prozesse
4.				Prozessketten		
5.				Workflows		
6.	Aufgabe	Arbeitssystem-prozess	Aktivität	Arbeitsschritte	Arbeitsschritt	Arbeitspaket

[a] Vgl. [DIN 69901-5 2009-01], S. 9 und [DIN 69901-2 2009-01] Nr. 3.9.
[b] Bei den Prozessgruppen werden nach [DIN 69901-5 2009-01], S. 17 Führungs-, Projektmanagement-, Unterstützungs- und Wertschöpfungsprozesse unterschieden.

Tab. 8.2: Angewandte Aufbaustruktur und Symbolik von Prozessen.[13]

Nr.	Bezeichnung	Inhalt
0	Prozessklassen und -gruppen	oberste Ebene des Prozessmodells mit der weiteren Unterteilung in (Kern-)Prozesse sowie Differenzierung nach Prozessklassen, hier in 1. Managementprozesse, 2. Kernprozesse (kundenorientierte Prozesse), 3. Stützprozesse (interne Prozesse, Supportprozesse) und 4. Innovationsprozesse[a]
		Unterteilung der Prozessklassen und Prozessgruppen, z. B. Bauträger, Fremdverwaltung etc.
1	(Kern-)Prozesse	Unterteilung der Prozessklassen bzw. Prozessgruppen in (Kern-)Prozesse
2	Teilprozess	Unterteilung der (Kern-)Prozesse in Teilprozesse
3	Teilprozess bzw. Prozessvariante	(Teil-)Prozessvarianten (horizontale Differenzierung): Abbildung verschiedener Prozessvarianten für verschiedene Geschäftsarten und/oder Prozessmerkmale
4	Prozessschritt	Prozessschritte innerhalb der Prozessvarianten
5	Arbeitsschritt	weitere Detaillierung der Prozessschritte

[a] Vgl. Diebold, in: [Schmelzer, H. (2006)], S. 73.

Die Bezeichnung der aggregierten Arbeitsschritte variiert von Autor zu Autor, aber auch in der täglichen Praxis: Hier werden Begriffe verwendet wie Geschäftsprozess, Kernprozess, Hauptprozess, Teilprozess oder Aufgabe. In Tabelle 8.1 sind die Begriffe systematisch dargestellt, in Tabelle 8.2 so, wie sie nachfolgend verwendet werden. Abbildung 8.4 zeigt die verwendete Symbolik.

Da ereignisgesteuerte Prozessketten aus der IT-Entwicklung stammen, müssen sie zur Anwendung auf Prozesse in der Immobilienwirtschaft modifiziert werden. Neben der Darstellung von Organisationseinheit, Ereignis, Vorgang/Funktion und Daten wird in den nachfolgenden Prozessdarstellungen der Input, bestehend aus gesetzlichen Rahmenbedingungen etc., dargestellt.

12 Vgl. [Schmelzer, H. (2006)], S. 211.
13 Vgl. [Schmelzer, H. (2006)], S. 211.

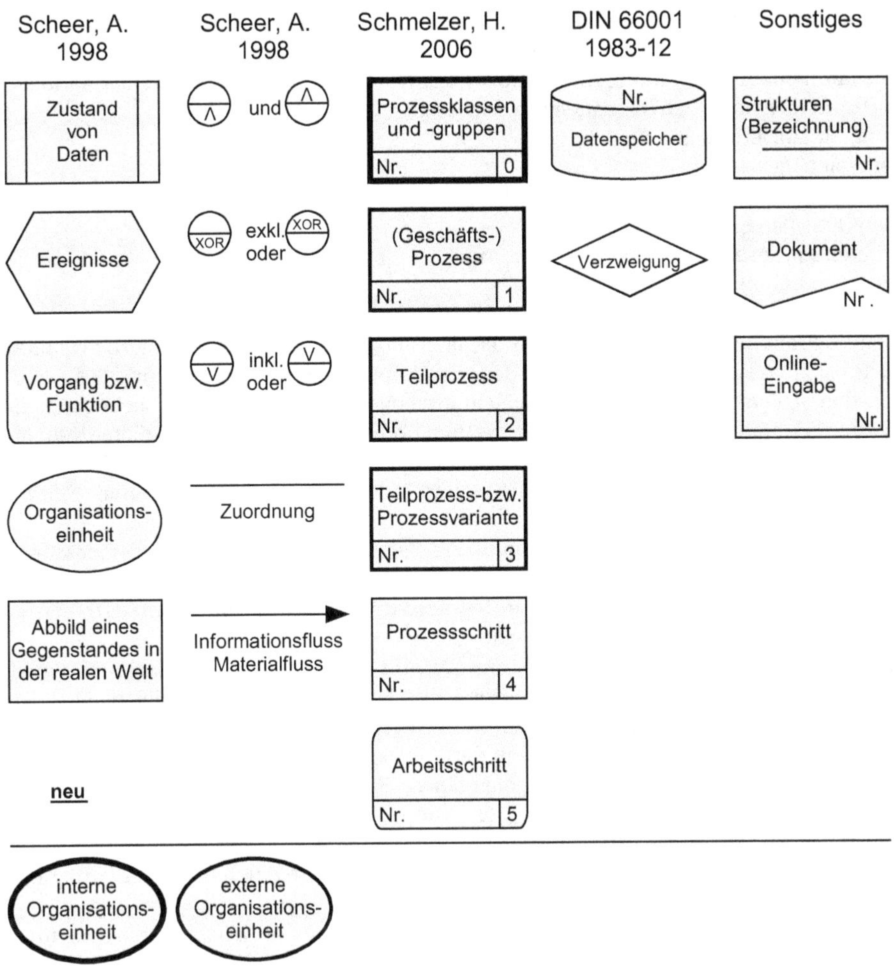

Abb. 8.4: Verwendete Symbolik.[14]

Er beinhaltet Vorgaben zur Erledigung eines Arbeitsschritts. Die „Organisationseinheit" wurden in „Rollen" umbenannt, da eine Person einer Organisationseinheit ggf. mehrere Rollen hat. Bei den „Daten" wurde nach „Ergebnissen" sowie nach „Kosten", „Terminen", „Qualitäten" und „Plänen" unterschieden sowie dem grundlegenden EVA-Prinzip (Eingabe – Verarbeitung – Ausgabe) der Datenverarbeitung gefolgt und für die Begriffswelt der Anwender übertragen: Input – Prozess (Rolle, Ereignisse, Vorgang und Funktion) – Ergebnisse (insbesondere Kosten, Termine, Qualitäten und Pläne).

Trotz der Möglichkeit, Prozesse in Ebenen aufzuteilen, fällt es schwer, sie inhaltlich sinnvoll zu strukturieren. Vielfach werden Leistungs- und Unterstützungsprozesse unterschieden, z. B. in der IT-Entwicklung.[15] Eine solche Unterscheidung ist allerdings nicht immer einfach. Sie wird daher nach Prozessklassen unter der Maßgabe der strategischen Unternehmensführung vorgenommen.

14 Quelle: eigene Darstellung.

15 Vgl. [Stahlknecht, P. (2002)], S. 210.

Als Unterscheidungsmerkmal werden die Interessengruppen herangezogen, die primär von der zu erstellenden oder bereitzustellenden Leistung betroffen sind. Zu den Interessengruppen zählen z. B. die Kunden, die Lieferanten, die Mitarbeiter, die Führung, Partner oder gesellschaftliche Gruppen. Dadurch ergeben sich folgende Prozessklassen:

- Führung, Finanzierung und Steuerung
- Personalmanagement
- Beschaffungsmanagement (Partner- und Lieferantenmanagement)
- Kooperationsmanagement
- Wahrnehmung gesellschaftlicher Verantwortung
- Kundenorientierung

Eine isolierte Betrachtung der Prozessklassen ist nicht möglich. So steht und fällt die Qualität des Vermietungsprozesses (Prozessklasse Kundenorientierung) mit der Qualifizierung des Personals (Prozessklasse Personalmanagement). Die Schnittmengen sind hier besonders zu betrachten. Nachfolgend werden daher folgende Prozesse der Immobilienwirtschaft unter die Lupe genommen: „Planen und Bauen (im Bestand)", „Vermarkten und Vermieten", „Betreiben", „Reinigen", „Risiken einschätzen", „Instandhalten", „Sanieren und Modernisieren im Betrieb" und „Schimmelprojekte".

Wie kommt man zu Prozessbeschreibungen, wenn sie nicht vorliegen? Eine Prozessbeschreibung kann in mehreren Schritten erfolgen. Um zu Beginn einer Prozessaufnahme nicht zu sehr in die Tiefe zu gehen, wird der Prozess zunächst in Teilprozesse bzw. Vorgänge zerlegt.

- Benennen Sie den Prozess, den Sie als Vorgangskette beschreiben möchten.
- Sammeln Sie mithilfe von Kreativitätstechniken wie Brainstorming oder Mindmapping und den fachlich Beteiligten notwendige Teilprozesse und Rahmenbedingungen hierzu.
- Strukturieren Sie die Ergebnisse. Verwenden Sie hierzu das Formular zur Aufnahme einer Vorgangskette (s. oben Abb. 8.3). Ordnen Sie in der Rubrik Vorgang/Funktion die gesammelten Teilprozesse in einer logischen Reihenfolge. Ergänzen Sie jeden Vorgang hinsichtlich der beteiligten Organisationseinheiten (Rollen), der auslösenden Ereignisse und der zur Bearbeitung benötigten Daten. Ergänzen Sie bei jedem Vorgang ggf. den notwendigen Input und die erwarteten Ergebnisse (Output). Überlegen Sie, ob IT die Prozesse durch Automatisierung unterstützen kann.
- Verdeutlichen Sie die Zusammenhänge in einem Rasterdiagramm. Beispiele für Rasterdiagramme finden Sie z. B. weiter unten in Abbildung 8.9. Auf der y-Achse benennen Sie die Vorgänge der Ist-Situation, auf der x-Achse ordnen Sie die beteiligten Organisationseinheiten zu: Beginnen Sie hierfür mit den Kunden (Mietern), den intern und den extern Beteiligten. Markieren Sie, welche Organisationseinheit mit welchem Vorgang befasst ist, und verbinden Sie die Punkte zu einem Ablaufschema. Modellieren Sie den Soll-Ablauf, in dem Sie z. B. Punkte durch Automatisierung vermeiden, als zweite Linie im Rasterdiagramm. Dokumentieren Sie in einer Entscheidungstabelle die Vor- und Nachteile der Varianten. Stellen Sie die Soll-Konzeption als ereignisgesteuerte Prozesskette (EPK) dar. Die Symbolik hierfür ist in Abbildung 8.4, ein Beispiel in Abbildung 8.5 zu sehen. Die Ergebnisse der Vorgänge können weiter differenziert dargestellt werden. Beispiele hierfür sind in den Abbildungen 8.6 ff. dargestellt.
- In der weiteren Bearbeitung können auch Teilprozesse nach dem gleichen Verfahren in Prozess- und Arbeitsschritte zerlegt werden. Vermeiden Sie hierbei „Fleißaufgaben". Ziel ist es nicht, alle Prozesse eines Unternehmens zu dokumentieren, sondern bestehende Prozesse effizienter zu gestalten. Beginnen Sie dort, wo Sie einen Leidensdruck erkennen.

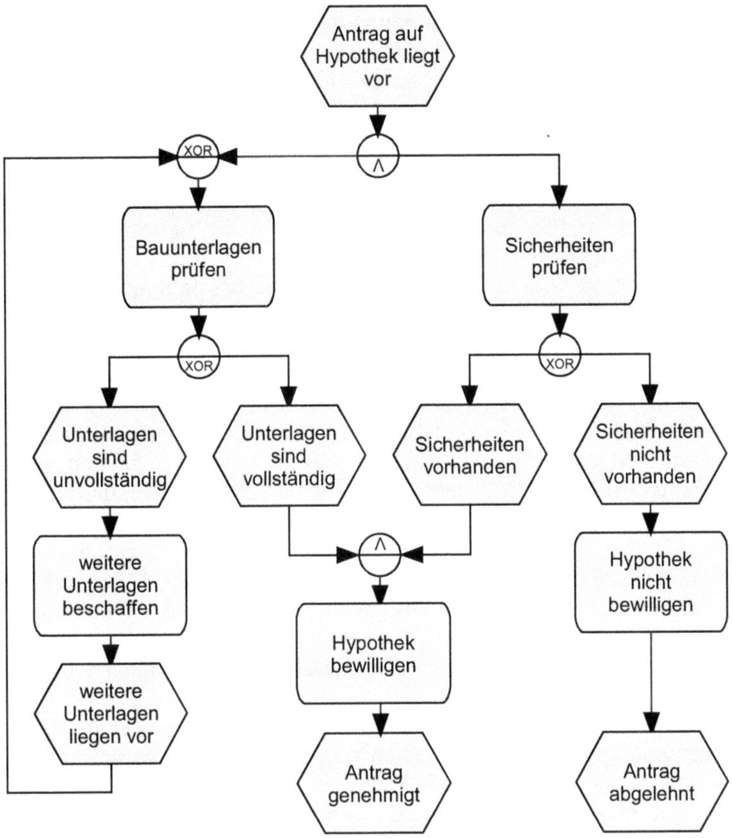

Abb. 8.5: Beantragung einer Hypothek als EPK.[16]

Hypothek beantragen
Als Beispiel soll die Beantragung einer Hypothek dienen (vgl. Abb. 8.5). Bei der Darstellung handelt es sich um gerichtete Graphen, bei denen die Funktionen durch abgerundete Rechtecke, Ereignisse durch Sechsecke und Verknüpfungen zwischen Funktionen und Ereignissen durch Kreise dargestellt werden. Die Verknüpfungen können als UND, ODER sowie andere Verknüpfungen ausschließendes ODER (XOR) zum Ausdruck gebracht werden. So kann z. B. ein Ereignis von einer oder mehreren Funktionen ausgelöst werden (ODER). Diese Abhängigkeiten können z. B. mittels Balkendiagrammen nicht dargestellt werden. Da Funktionen und Ereignisse immer abwechselnd dargestellt werden, leidet bei komplexen Zusammenhängen die Übersichtlichkeit.

8.3.2 Planen und bauen (im Bestand)

Dieser Teilprozess kann ein Beispiel für Instandsetzungsmaßnahmen bei kommunalen und kirchlichen Bauherren mit einer Vielzahl von Instandsetzungs-, Modernisierungs- und Neubaumaßnahmen sein. Die nachfolgende Darstellung des Teilprozesses lehnt sich an den Ablauf bei der Evan-

16 Vgl. [Stahlknecht, P. (2002)], S. 240.

gelischen Stiftung Pflege Schönau (ESPS) an. Die Zielsetzung in diesem Teilprozess liegt darin, bereits im Vorfeld auf eine bedarfsgerechte, realistische Planung hinzuwirken, um während des Projektverlaufs kostenintensive Fehlinvestitionen, Umplanungen oder ineffiziente Prozessabläufe zu vermeiden. Es ist unstrittig, dass die Abstimmung im Vorfeld späteren Aufwand und Ärger vermeidet. Eventuelle Genehmigungsvorbehalte können im Vorfeld berücksichtigt werden, sodass notwendige Genehmigungsverfahren bei den Prozessschritten beachtet werden. Ebenso können überzogene Anforderungen der Beteiligten unterbunden werden, die zu einem unangemessenen Instandsetzungs-, Verbesserungs- oder Modernisierungsaufwand und damit zu vergleichsweise ungewöhnlich hohen Gebäudenutzungskosten führen würden.

Der Teilprozess „Planen und Bauen“ wird in die Prozessschritte „Bedarfsplanung“ (Abb. 8.6), „Projekt vorbereiten“ (Abb. 8.7), „Genehmigungen planen“ (Abb. 8.8), „Leistungen beschreiben“ (Abb. 8.10), „Leistungen bestellen“ (Abb. 8.11), „Leistungen ausführen“ (Abb. 8.12) und „Objektnutzung vorbereiten“ (Abb. 8.13) zerlegt.

Bedarf kann z. B. durch die Anforderung eines Kunden/Mieters, bei ungeplanten Schäden (z. B. Unwetterschäden) oder als Ergebnis einer Gebäudebegehung (Bau- oder Sicherheitsbeschau) entstehen. Der Bedarf ist (schriftlich) in der Bedarfsplanung nach Abbildung 8.6 zu fixieren.

- Der tatsächliche Bedarf sollte kritisch geprüft worden sein. Energetische Maßnahmen sollten nach einer Baubeschau mit einer überschlägigen Wirtschaftlichkeitsberechnung unter Berücksichtigung der Instandhaltungs-, Modernisierungs- und Betriebskosten begründet werden.
- Die Kosten sollten von der Kostenidee bis hin zum Kostenverteilungsplan in der Version 1 näher beschrieben werden.
- Die Termine sollten die Dringlichkeit berücksichtigen, bei Maßnahmen sollte in Version 1 ein Generalterminplan vorgelegt werden.
- Die Qualitäten sollten zunächst als Schadens-, Zustands- und Protokollbericht oder als Ideenbeschreibung (Lastenheft) vorliegen und bei Maßnahmen in ein Nutzerbedarfsprogramm, den Flächenbedarf und die Maßnahmenbeschreibung münden.
- Pläne liegen skizzenhaft vor, ggf. sollten Bebauungspläne, Kataster- und Lagepläne eingeholt werden.

In der Projektvorbereitung werden die Mittel zur Vorplanung freigegeben, die Auswahl der Fachingenieure und Sachverständigen im Einklang mit der ausführenden Organisation getroffen und die erwarteten Ergebnisse dargestellt (vgl. Abbildung 8.7).

- Der Kostenrahmen wird anhand von Vergleichsobjekten festgelegt, eine Vorplanungsbudgetfreigabe erteilt, eine Kostenberechnung mit Leitpositionen bei vorgezogener Kostenermittlung aufgestellt und auf der Grundlage einer Kostenschätzung der Kostenverteilungsplan in der Version 2 detaillierter angefertigt.
- Die Termine werden zunächst als Meilensteine festgelegt und in einem Terminplan in der Version 1 festgelegt.
- Das Lastenheft wird fortgeschrieben der Flächenbedarf ist zusammen mit einer Maßnahmenbeschreibung festgelegt und mündet in einer Ermittlung der Mengen, Flächen und Volumen.
- Auf der Grundlage von Bebauungs-, Kataster- und Lageplänen werden ggf. Bestandspläne und die (Vor-)Entwurfspläne angefertigt.

In der Genehmigungsplanung liegt der Schwerpunkt darauf, die internen und externen Genehmigungsinstanzen ausreichend zu berücksichtigen und einen Abgleich zwischen Bedarf und Planung herzustellen. In dieser Phase sind Fehlplanungen noch relativ einfach zu korrigieren (vgl. Abbildung 8.8).

- Die Beschreibungen werden genauer, auf der Grundlage einer Kostenberechnung nach Bauelementen wird ein detaillierterer Kostenverteilungsplan in der Version 3 angefertigt.
- Der Terminplan wird konkretisiert als Terminplan in der Version 2 festgelegt.

- Objektspezifische Qualitäten werden beschrieben, Flächen und Volumenermittlung in Version 2 fortgeschrieben.
- Die (Vor-)Entwurfsplanung wird bis zur Baugenehmigungsreife erstellt.
- Der Prozessschritt „Leistung beschreiben" entspricht weitgehend der Phase 5 und 6 nach § 34 und Anlage 10 [HOAI 2013].
- Die Kostenermittlung wird nach Leistungsbereichen in einem Kostenanschlag festgehalten.
- Der Terminplan wird als Ausführungsplan festgelegt.
- Objektspezifische Qualitäten werden beschreiben, Flächen und Volumenermittlung in Version 3 fortgeschrieben.
- Es erfolgt die Werkplanung.
- Der Prozessschritt „Leistungen bestellen" entspricht Phase 6 und 7 nach § 34 und Anlage 10 [HOAI 2013].
- Die Kostenübersicht erfolgt nach Leistungsbereichen und Vergabenachweise werden aufgestellt.
- Der Terminplan wird ggf. fortgeschrieben.
- Flächen und Volumenermittlung werden ggf. fortgeschrieben.
- Die Werkplanung wird ggf. fortgeschrieben.

In Abbildung 8.9 ist der eigentliche Ausschreibungsprozess näher beschrieben. Der Ausschreibungsprozess beinhaltet neben der Planung der Maßnahmen auch die Erstellung der Leistungsverzeichnisse und die Erarbeitung des Vergabevorschlages, bevor der Bauvertrag abgeschlossen werden kann. Die Prozessschritte „Leistungen beschreiben" und „Leistungen bestellen" werden in den Abbildungen 8.10 und 8.11 detailliert dargestellt. In diesem Rasterdiagramm sind die beteiligten Rollen im Ist-Prozess beschrieben. Die durch den Einsatz digitaler Ausschreibungsplattformen (siehe Kap. 8.6.7) entfallenden Prozessschritte sind gekennzeichnet.

Der Prozessschritt „Leistungen ausführen" gemäß Abbildung 8.12, Phase 8 nach § 34 und Anlage 10 [HOAI 2013], enthält folgende Merkmale:

- Die Maßnahmen werden durchgeführt.
- Die Projektkosten werden überwacht und dokumentiert.
- Die Projektzeiten werden dokumentiert.
- Flächen und Volumenermittlung werden dokumentiert.
- Die Planung wird als Bestandsplanung fortgeschrieben.

Der Prozessschritt „Objektnutzung vorbereiten" nach Abbildung 8.13 beinhaltet neben Phase 9 gemäß § 34 und Anlage 10 [HOAI 2013] die Zusammenstellung aller notwendigen Unterlagen für eine erfolgreiche Inbetriebnahme und den laufenden Betrieb eines Gebäudes aus Sicht eines Betreibers. Das beinhaltet

- die abschließende Kostenfeststellung des Projekts,
- die Übernahme ins Raum- und Gebäudebuch und
- die Übergabe der Dokumentation.

Bei den Prozessschritten wurde auf ein klares Genehmigungsverfahren geachtet. Die Detaillierungstiefe der Kostenermittlung kann in den Planungsphasen abweichend von der HOAI vorgezogen werden. Das sollte jedoch vertraglich fixiert werden, ebenso die Daten, die nach Abschluss der Baumaßnahme bei der Objektinbetriebnahme zur Verfügung stehen müssen. Auch dies bedingt im Laufe des Geschäftsprozesses vertragliche Regelungen.

Durch die Spalten Ergebnisse, Kosten, Termine, Qualitäten und Pläne werden die Ergebnisse der Planungsschritte abgebildet. Dies ermöglicht die Prüfung der Schlüssigkeit aufeinander aufbauender Ergebnisse. Im Lauf des Geschäftsprozesses nimmt hierbei die Detaillierungstiefe zu.

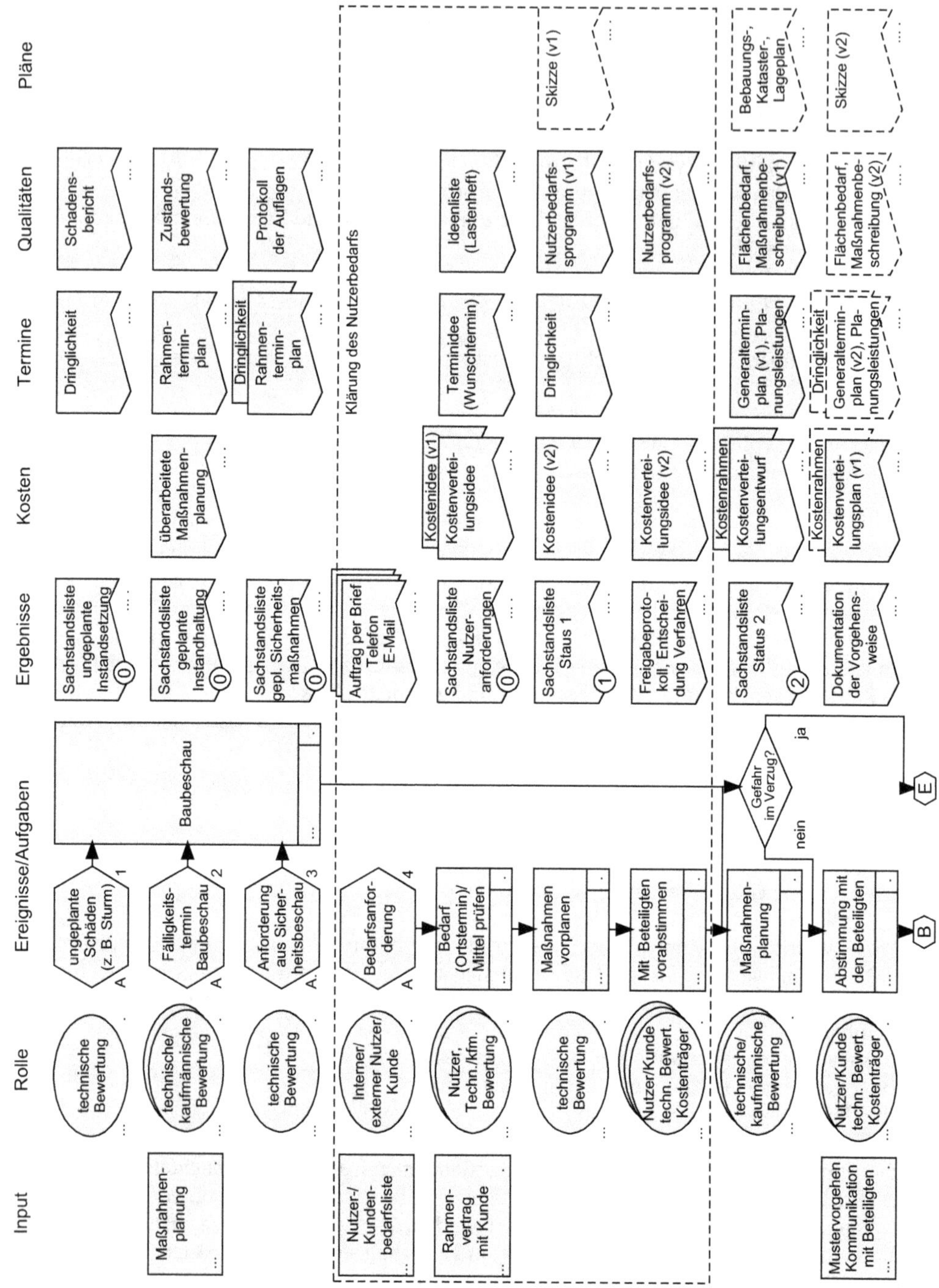

Abb. 8.6: Bedarfsplanung.[17]

17 Quelle: eigene Darstellung.

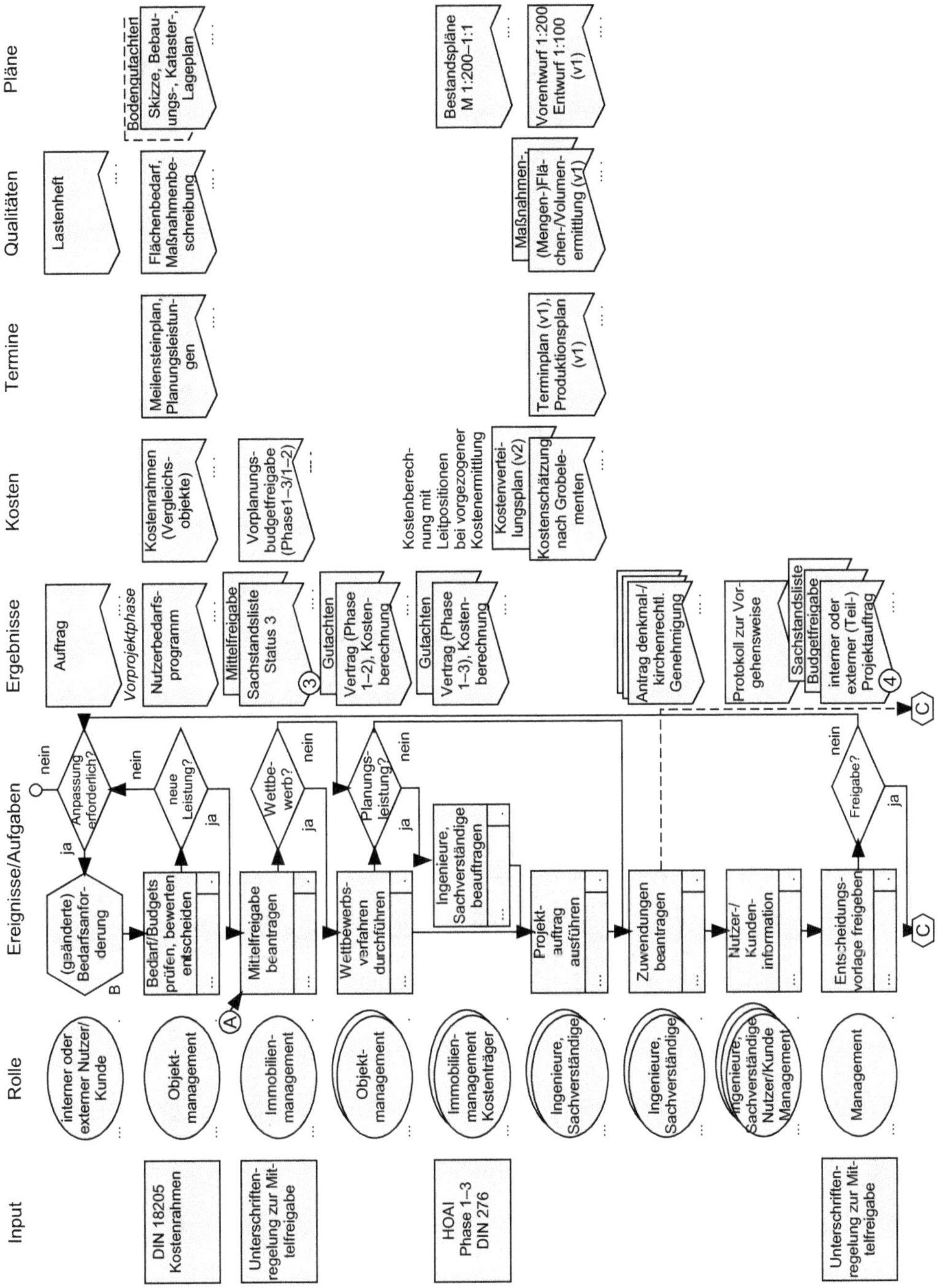

Abb. 8.7: Projekt vorbereiten.[18]

18 Quelle: eigene Darstellung.

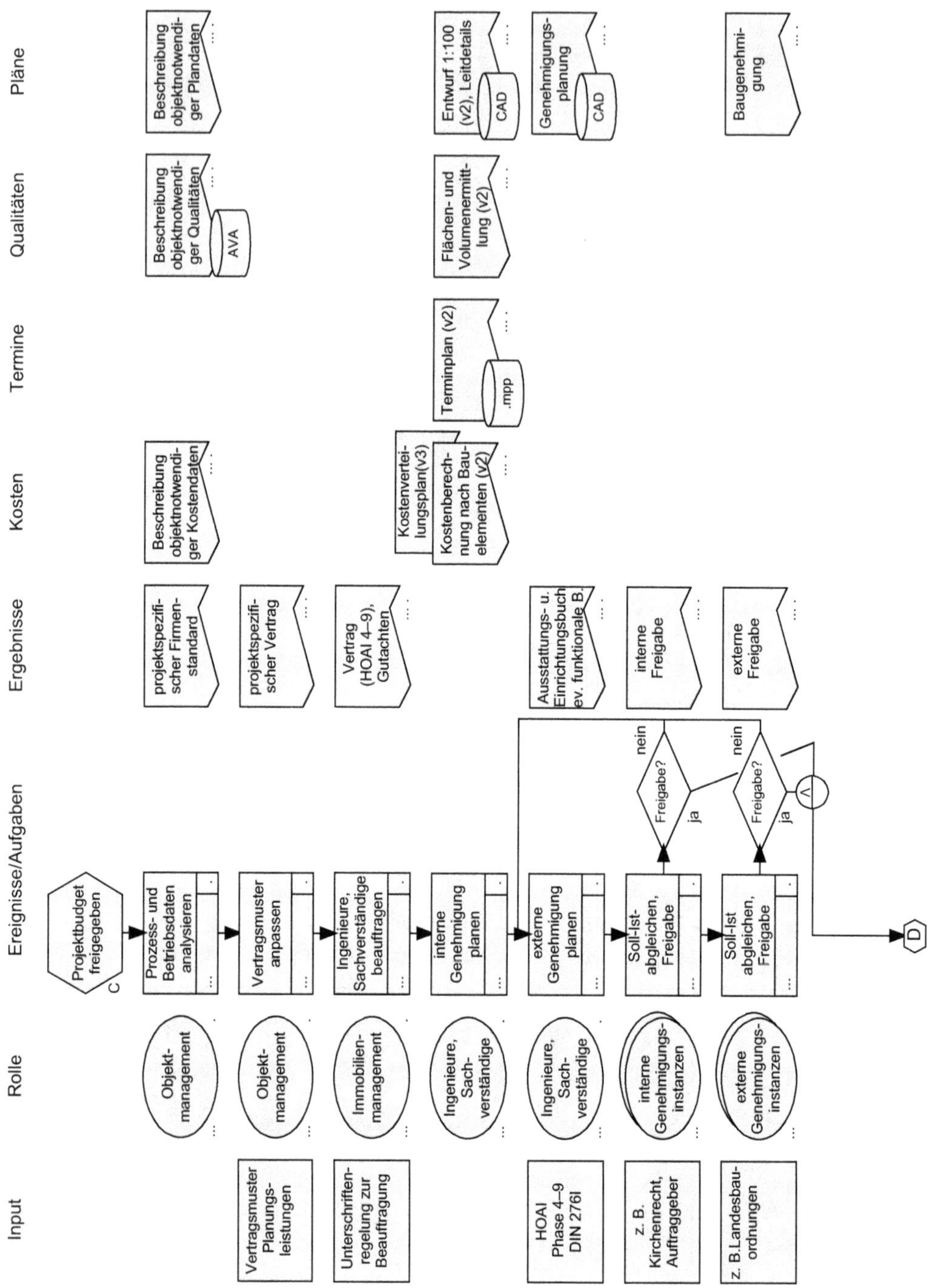

Abb. 8.8: Genehmigungen planen.[19]

19 Quelle: eigene Darstellung.

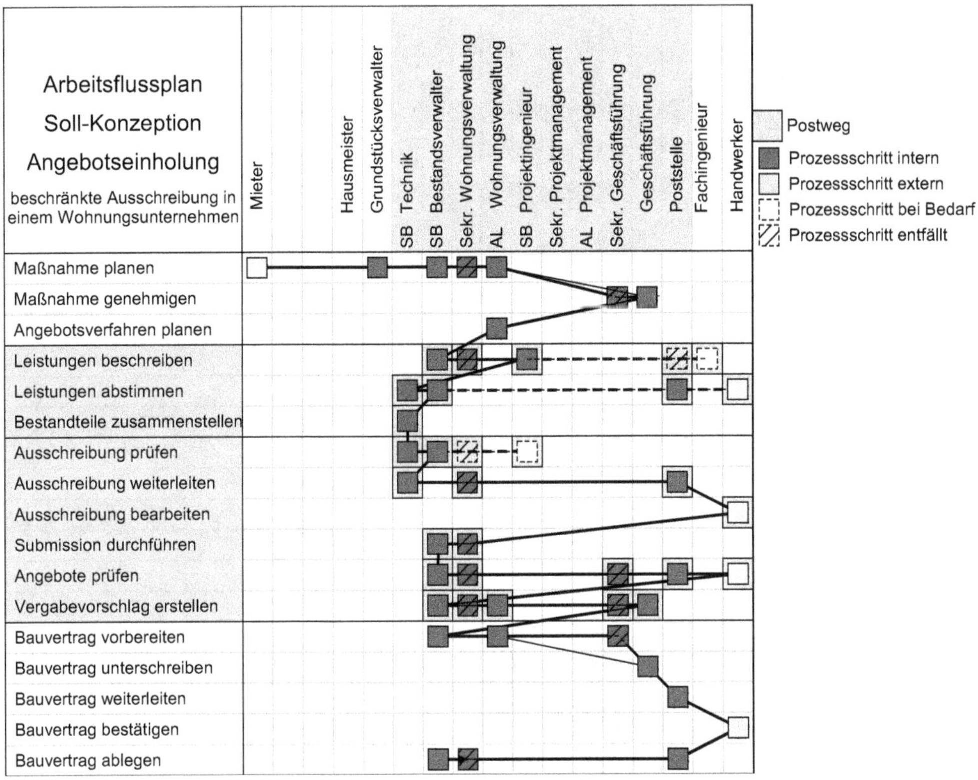

Abb. 8.9: Der Ausschreibungsprozess.[20]

20 Quelle: eigene Darstellung.

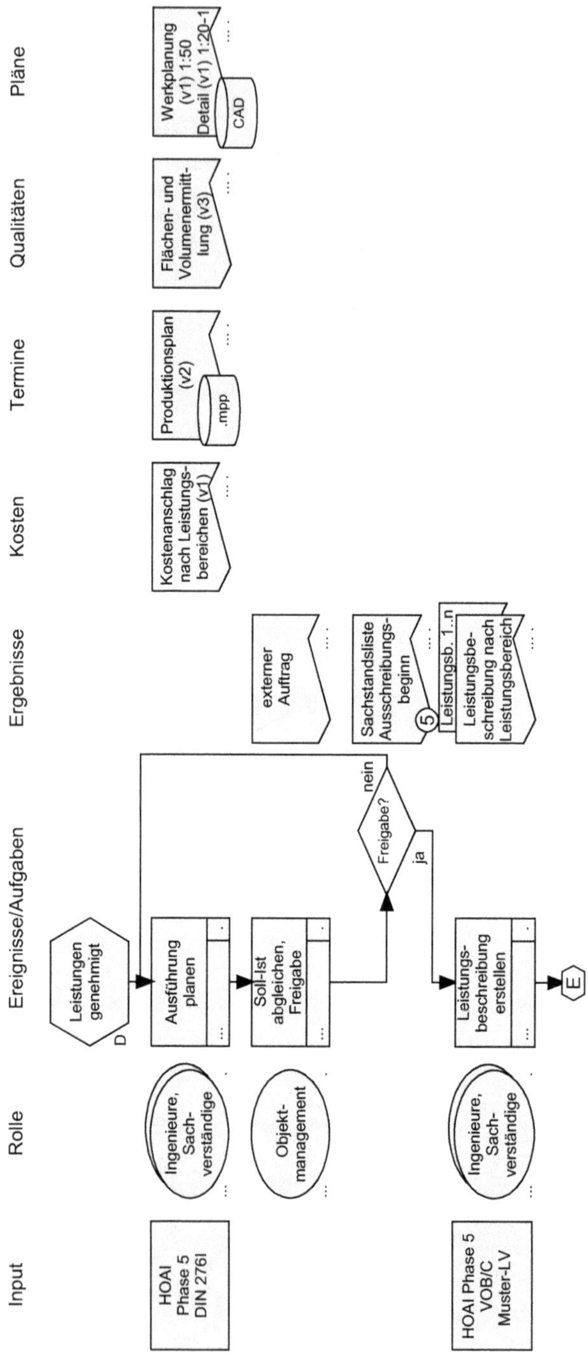

Abb. 8.10: Leistungen beschreiben.[21]

21 Quelle: eigene Darstellung.

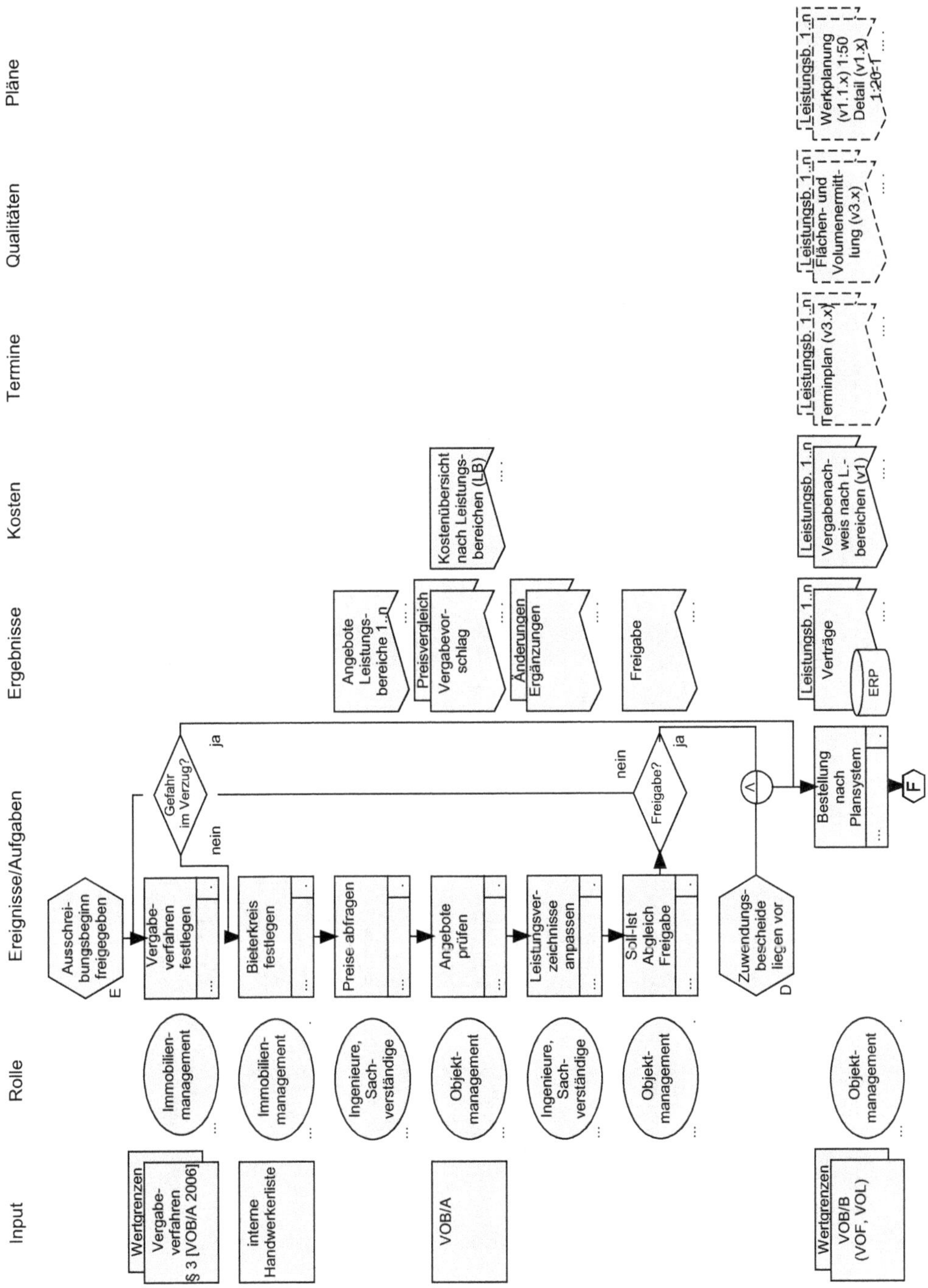

Abb. 8.11: Leistungen bestellen.[22]

22 Quelle: eigene Darstellung.

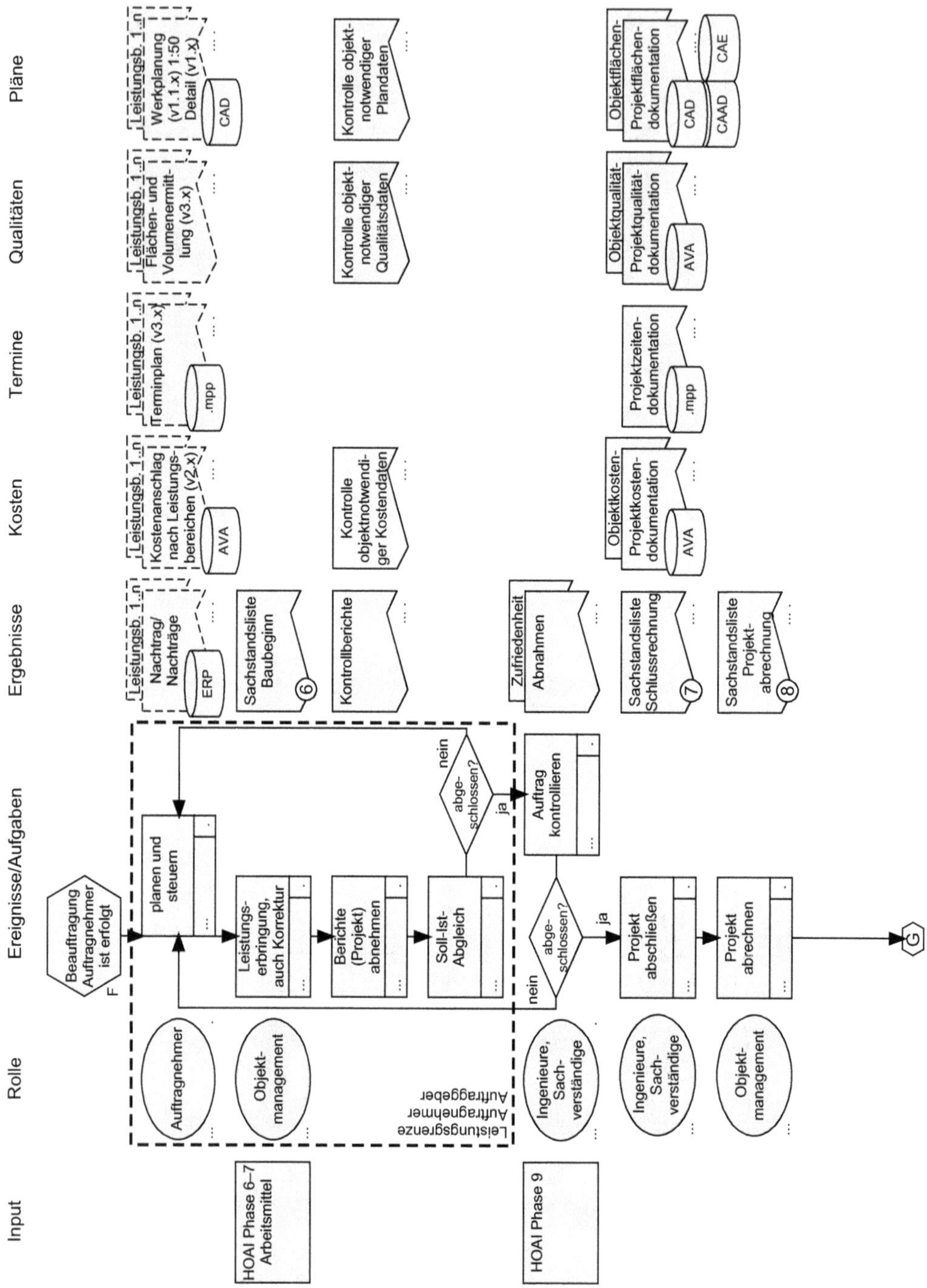

Abb. 8.12: Leistungen ausführen.[23]

23 Quelle: eigene Darstellung.

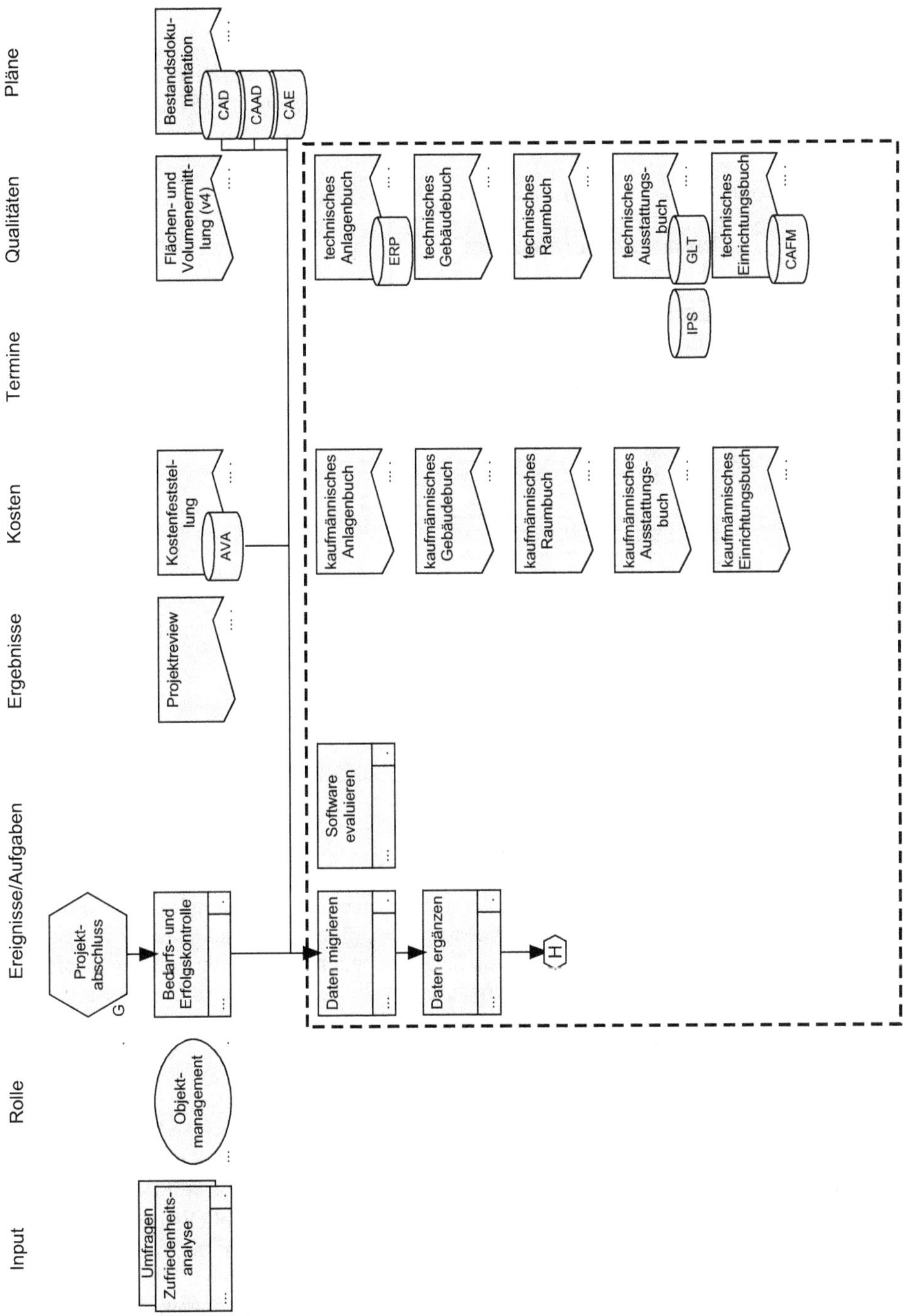

Abb. 8.13: Objektnutzung vorbereiten.[24]

24 Quelle: eigene Darstellung.

8.3.3 Vermarkten und vermieten – der Vermietungsprozess unter der Lupe

Durchschnittlich lassen sich in 4,4 Wochen Mietwohnungen, in 5,5 Wochen Miethäuser und in vier Monaten Kaufimmobilien vermarkten. Die Bandbreite reicht jedoch von zwei Wochen bis zu mehr als sechs Monaten (vgl. Abb. 8.14).

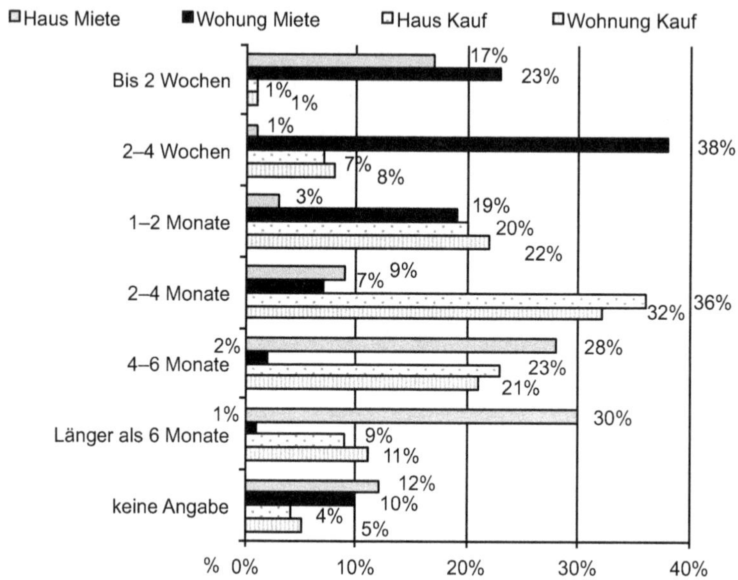

Abb. 8.14: Vermarktungsdauer von Miet- und Kaufimmobilien, Durchschnittswerte.[25]

„One face to the customer" – ein Kundenberater für den Kunden ist eine der Prämissen für eine kundenorientierte Organisation. Zur Überprüfung der Umsetzung ist ebenfalls das EPK-Modell hilfreich. Anhand des Prozessablaufs kann die Anzahl der involvierten Mitarbeiter überprüft werden. Abbildung 8.15 stellt beispielsweise den Prozessschritt „Kündigung eines Mieters" dar. Bei der Bearbeitung dieser Angelegenheit ist lediglich ein Sachbearbeiter Miete in den Vorgang involviert.

In der Wohnungswirtschaft ist der Vermietungsprozess von großer Bedeutung. Im Forschungsprojekt „EWOWI zwanzig zehn – Erfolgspotenziale der Wohnungswirtschaft 2010" wurde die Zielsetzung verfolgt, die maßgeblichen Herausforderungen, Erfolgsfaktoren und Hürden von Wohnungsunternehmen zu identifizieren. Insgesamt wurden hierfür mit 304 kommunalen, genossenschaftlichen und von institutionellen Investoren geprägten Wohnungsunternehmen sowie Verwaltern und sonstigen Wohnungsunternehmen Telefoninterviews geführt.[26]

Wichtige Herausforderungen stellen demnach die Anspruchsgruppen aus Politik, Öffentlichkeit und Medien sowie die Eigentümer und Mieter dar. Die größten Herausforderungen sind jedoch die Mieterbelange und Problemstellungen bei der Instandhaltung. Maßgebliche Hürden sind bei der Gewinnung und Verbreitung bedarfsgerechter Informationen zu sehen. Die Informationslage ist nicht nur bei Mietern verbesserungswürdig. Allerdings sind diese Hürden mit knapp 20 % der Nennungen weit weniger ausgeprägt als die zuvor genannten Herausforderungen.

25 Quelle: eigene Darstellung, Daten aus [Kippes, S. (2013)], S. 11 f., die Daten wurden in den Folgejahren nicht aktualisiert.

26 Siehe [Lohse, M. (2008)], S. 1.

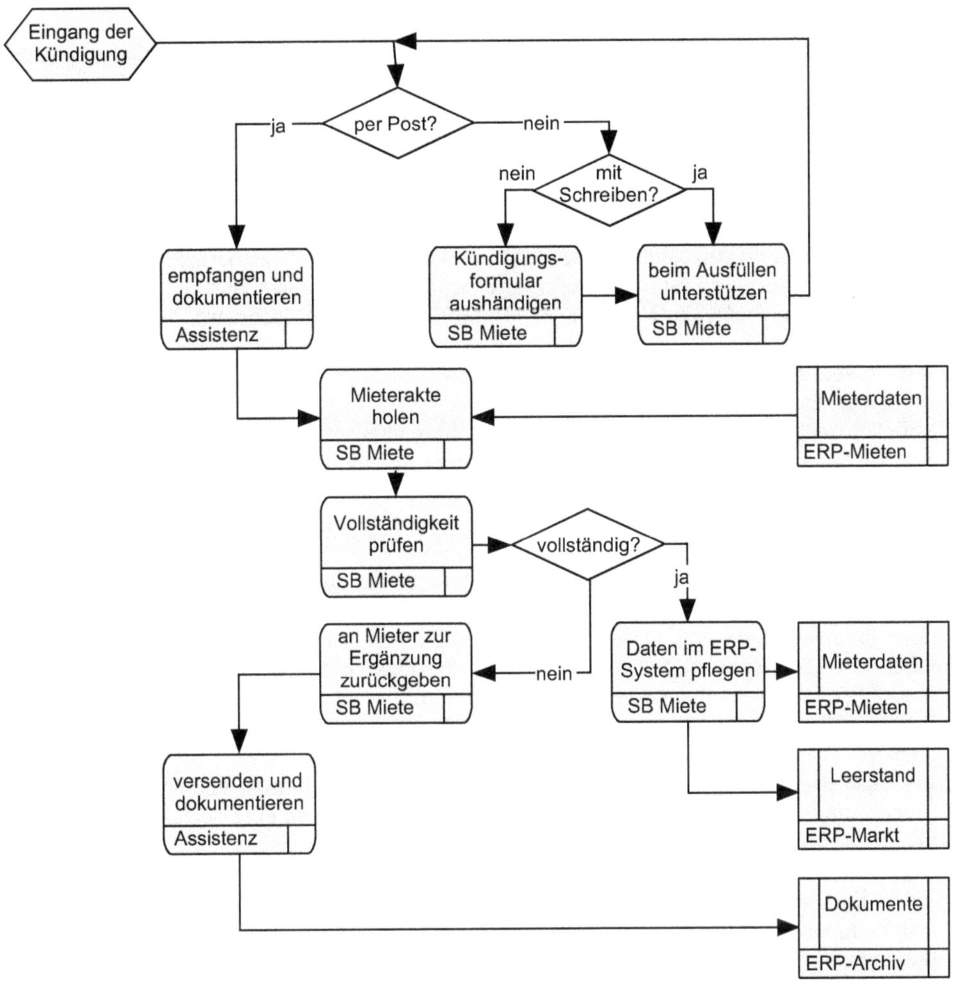

Abb. 8.15: Prozess der Kündigung eines Mieters.[27]

Zu den bedeutendsten Erfolgsfaktoren gehören die Bereiche Personal und Mieterbeziehungen sowie die Bestandsbewirtschaftung. Im Kontext der IT spielen der Vermietungsprozess vom Erstkontakt bis zum Vertragsabschluss, aber auch die Betreuungszeit während der Vertragslaufzeit eine wichtige Rolle. Liquiditätsplanung und Optimierung der Instandhaltung werden neben einem transparenten Rechnungswesen und Steuerungsfunktionen ebenfalls genannt.

Der Vermietungsprozess wird als umfassender Kundenbindungsprozess verstanden, der nicht nur aus dem „Erstkontakt bis zum Vertragsschluss" besteht. Zu einem Kundenbindungsprozess gehören auch Kundenzufriedenheit, Kundenloyalität und nachhaltige Kundenbindung, um den ökonomischen Erfolg sicherzustellen. Dies sind die Etappen zur erfolgreichen Kundenorientierung.

27 Quelle: eigene Darstellung.

Strategien im Vermietungsprozess

Der Vermietungsprozess wird von unternehmerischen Strategien bestimmt, die sich von Wohnungsunternehmen zu Wohnungsunternehmen deutlich unterscheiden können. Schwerpunkte werden individuell gesetzt. Strategien beim Vermietungsprozess können sein:

- Spannungsfelder (soziale und gesetzliche Ziele versus Unternehmensziele) sind z. B. durch Quartiersmanagement aufzulösen.
- Ein differenziertes Angebot ist nach Zielgruppen bereitzustellen, z. B. familiengerechtes oder altersgerechtes Wohnen.
- Kundenwünsche zu einzelnen Wohnanlagen sind zu erfassen und zu berücksichtigen.
- Der Bestand (positive Bestandsentwicklung) wird aktiv gemanagt und die Vermietbarkeit nachhaltig ermöglicht. Das Management wird mit strukturellen Infos zum Wohnungsportfolio unterstützt.
- Auf die Neuvermietungsqualität ist zu achten: Solvente Mieter werden mit einem solchen Angebot angesprochen.
- Eine Vertriebsabteilung ist aufgebaut (eigene Mitarbeiter makeln den Wohnungsbestand in einer Organisationsabteilung), die Verantwortung ist damit eindeutig geregelt.
- Zur Steigerung des Vermietungserfolgs wird die Eigen- oder Fremdvermittlung ebenso wie die zentrale und dezentrale Wohnungsvermittlung kontrovers diskutiert, alle Möglichkeiten stehen aber als Option zur Verfügung.
- Der Vermietungsprozess muss sich an Veränderungen flexibel anpassen können, denn Strategien verändern sich.
- (Miet-)Interessenten sind im Life Cycle zu betrachten und frühzeitig nachhaltig zu beurteilen.
- (Miet-)Interessenten werden gebunden und zum Vertragsschluss geführt: (Miet-)Interessenten tatsächlich managen, aber Karteileichen vermeiden.
- Zahlungsfähige Mieter werden ausgewählt, um Mietnomaden und Mietforderungsfälle zu reduzieren.
- Der Personaleinsatz wird optimiert, um die Vertriebskosten zu reduzieren.
- Binnenwanderer werden gehalten und auch als Frühwarnsystem eingesetzt, um Fluktuationen im Bestand richtig einzuschätzen.
- (DV-)Schnittstellen werden reduziert, um die Verwaltungskosten zu senken.
- Aktive Kommunikationspolitik wird betrieben, um die Akzeptanz und Glaubwürdigkeit des Unternehmens zu stärken.
- Beschwerdemanagement wird betrieben, um auf Wünsche der Mieter reagieren zu können.
- Zusatzgeschäft wird generiert (zusätzlicher Mieterservice).
- Das Personal ist geschult.
- Ein Mietmaximum wird erzielt, um die Unternehmensrendite zu steigern.
- Wohnungen werden an die Mieter verkauft.
- Mieter werden durch Eigenleistung an die Wohnung gebunden.
- Der Prozessablauf erfolgt konform zum Leitbild.
- Gütesiegel (z. B. Nachhaltiges Bauen, LEED oder BREEAM) werden bei der Vermarktung aktiv eingesetzt.

6 Beispiele:

Beispiel 1 Eine Vertriebsabteilung ist aufgebaut: Um die Effizienz der Verwaltung zu steigern und die Leistungen transparent darzustellen, wird in der Literatur vielfach die Gründung einer eigenen Vertriebsabteilung eingefordert und unter dem Motto „One face to the customer" propagiert.

Beispiel 2 (Miet-)Interessenten werden gebunden und zum Vertragsschluss geführt: Wichtig ist, dass die Informationen den Nerv der Kunden treffen, d. h., Inhalte, Aufmachung und Kommunikationswege müssen an die wesentlichen Zielgruppen angepasst sein.

Beispiel 3 Aktive Kommunikationspolitik wird betrieben: Für ein kommunales Wohnungsunternehmen ist es besonders wichtig, in der öffentlichen Meinung einen positiven Gesamteindruck zu hinterlassen. Zu einer aktiven Kommunikationspolitik kann daher gehören, anstehende Modernisierungen aktiv im Markt zu kommunizieren und für einen reibungslosen Ablauf zu sorgen.

Beispiel 4 Das Personal ist geschult: Laut GdW gehört das Angebot an Basisservices (z. B. Reparaturen, Vermietung) zu den zentralen Wettbewerbsfaktoren und stellt den wichtigsten Dienstleistungsbereich eines Wohnungsunternehmens dar. Entscheidend für einen guten Service sind zunächst Freundlichkeit und das Interesse, das dem Kunden entgegengebracht wird.

Beispiel 5 Der Prozessablauf erfolgt konform zum Leitbild: Die Hilfswerk-Siedlung GmbH hat ihren Vermietungsprozess mit ihrem Leitbild abgeglichen, um die Glaubwürdigkeit gegenüber ihren (Miet-)Interessenten sicherzustellen.

Beispiel 6 Gütesiegel werden bei der Vermarktung aktiv eingesetzt: Die Wohnungsbaugesellschaft Berlin-Mitte mbH (WBM) warb in ihrer Pressemitteilung vom 13.01.2009 mit folgender Schlagzeile: „WBM reduziert CO_2-Ausstoß in Berlin um mehr als 30.000 t CO_2 im Jahr.“[28]

Wie lässt sich der Vermietungserfolg messen?

Aus den Strategien lassen sich konkret messbare Ziele ableiten. Welche Ziele werden verfolgt und ggf. bei Mitarbeitergesprächen vereinbart? Messbare Ziele im Vermietungsprozess können sein:

- Mieterzufriedenheit und Wohnungszufriedenheit werden in Umfragen gemessen (Mieterzufriedenheitsindex).
- Die Altersstruktur wird ausgewertet und beeinflusst.
- Wiedervermietungszeiten werden reduziert (Zeitdauer in Tagen).
- (Miet-)Interessenten werden gebunden (Verhältnis (Miet-)Interessent zu Neu-Mieter).
- Mietausfälle werden reduziert (Anteil der abgeschriebenen Forderungen).
- Leerstände (Leerstandsquote) und Leerstandsdauern werden reduziert.
- Der Personalaufwand wird reduziert (Anzahl der Besichtigungen/Mitarbeiter).
- Wohnungsmerkmale werden für die Vermarktung vorgehalten (Ausstattung, Standorte, Größe).
- Mieterwechsel werden reduziert (Verhältnis Mieterwechsel zu den bestehenden Wohneinheiten im Vorjahr).
- Verwaltungskosten werden gesenkt (prozentual zum Vorjahr).
- Nicht umlagefähige Betriebskosten werden reduziert (weniger Leerstand im Vergleich zum Vorjahr).
- Der Mietzins wird bei Vertragsschluss aktuell angepasst, um eine maximale Miete zu erzielen (Steigerung der Durchschnittsmiete).
- Die Zufriedenheit der Gesellschafter wird gemessen (Anzahl der positiven Rückmeldungen).
- Die Zahl der positiven Schlagzeilen wird festgestellt (Anzahl in einem Jahr).
- Zusatzleistungen werden verkauft (Steigerung des Umsatzanteils der Zusatzleistungen zur Netto-Kalt-Miete).

Bei Vorliegen einer Vertriebsabteilung kann der Erfolg nach folgenden Kriterien gemessen werden:[29]

- Der Nachfragerfolg wird anhand der Erstkontakte unabhängig vom Medium (z. B. persönlich, Internet, E-Mail, Telefon, Post) erfasst, die Ablehnungen werden nach Gründen wie Wohnungsgröße, Ausstattung, Preis, Stadtteil oder anderen Merkmalen ausgewertet.

---

28 [WBM (2009a)].

29 Vgl. [Gallitschke, S. (2008i)], Kapitel 8.9.

- Der Vertriebserfolg wird anhand der Anzahl der Interessenten mit Besichtigung, Wohnungsreservierung und Vertragsabschluss sowie der Dauer der Wiedervermietung gemessen.
- Der Verhandlungserfolg wird anhand der Zu- und Abschläge bei den Mietverhandlungen durch den Kundenbetreuer überprüft.

Gibt es Schwächen im Vermietungsprozess? Maßnahmen einleiten

Gelegentlich wird der Vermietungsprozess auf die Bereitstellung freier Objekte auf einer Internetbörse reduziert. Hier können sich diverse Problemfelder ergeben und Maßnahmen ableiten, beispielsweise folgende:

- Es ist ein an Zielgruppen orientiertes Marketing (auch Internetbörsen) durchzuführen.
- Strukturelle Informationen zu einer Wohnung sind abzubilden.
- Die Prozesse im Immobilienunternehmen müssen den Markterfordernissen flexibel angepasst werden.
- Im IT-System ist ein Automatismus zu schaffen, um Wohnungen ohne großen Aufwand unbeschränkt auch mithilfe von Grundrissen, Lageplänen und Fotos anzubieten zu können, z. B. auf der eigenen Homepage oder anderen Internetportalen.
- Das Wohnungsangebot muss nach Mieterwünschen im Internet selektiert und dargestellt werden, z. B. Hinweis auf die Einbauküche.
- Die komplette Abbildung der Vermietungsprozesse in einem Managementhandbuch hilft Fehler und Rückfragen zu vermeiden.
- Fehler werden wegen fehlender Regeln gemacht, Regeln werden verletzt und die Durchsetzung von Regeln bei Wohnungsunternehmen ist schwierig. Hilfreich ist die Dokumentation von Regeländerungen in den Verfahren der Geschäftsvorfälle.

Der Vermietungsprozess – ein Puzzlestein bei der Kundenorientierung

Der Vermietungsprozess sollte die Kundenorientierung beinhalten. Nicht nur Objekte haben einen Life Cycle, sondern eben auch Kunden, und der geht über den Erstkontakt hinaus. Nach dem Erstkontakt kommt die Kundenzufriedenheit, die Kundenloyalität und die Kundenbindung und damit (hoffentlich) der ökonomische Erfolg (s. Abb. 8.16).

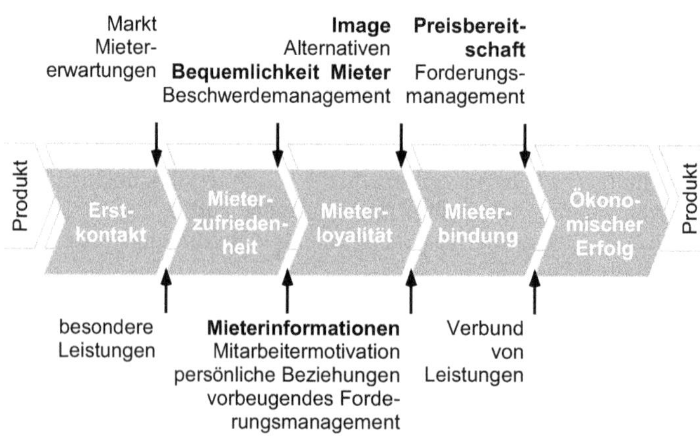

Abb. 8.16: Kundenorientierung im Vermietungsprozess.[30]

30 Quelle: eigene Darstellung.

Die Bedeutung der Kundenorientierung wird von Wohnungsunternehmen vielfach bestätigt. Als wesentliche Punkte werden genannt: Zusatzleistungen, **Strategien** und **Ziele**, **Maßnahmen** bei den Mitarbeitern der Wohnungsunternehmen und Instrumente.

- Das Angebot von Zusatzleistungen und die Orientierung auf klassische Leistungen werden unterschiedlich verfolgt. Zusatzleistungen können etwa sein, Veranstaltungen oder ein Jugendzentrum anzubieten. Die IT kann helfen, über Drittanbieter Datentransfer zu ermöglichen, und technischen Support anbieten.
- Die Auswahl des Angebots ist z. B. abhängig vom Ziel, ein soziales Unternehmenskonzept anzubieten – differenziert nach Stadtteilen –, das von der IT unterstützt wird. Notwendig hierfür sind ein flexibler Umgang mit Kundenabfragen und der persönliche Kontakt.
  Das unterstreicht die Bedeutung der Mitarbeiter im Wohnungsunternehmen. So erhalten in ausgewählten Wohnungsunternehmen Hauswarte Boni (Incentive) bei positiven Kundenzufriedenheitswerten.
- Um diese zu erreichen, werden Instrumente der Messung von Kundenzufriedenheit, Schulungen für Hauswarte, ein Beschwerdemanagement oder eine telefonische Neukundenbefragung eingesetzt. Die Kundenzufriedenheit wird im Teilnehmerkreis der EWOWI-Befragung über anonyme Wohnzufriedenheitsanalysen ermittelt.

Aus all dem ergeben sich folgende **Aufgaben**:

- Zufriedenheit messen, nicht nur bei Erstkontakt und Auszug
- zur Unterstützung der persönlichen Kundenkontakte ggf. Dezentralisierung, mehr Präsenz vor Ort und IT-Unterstützung bei Verlagerung der Tätigkeit am Schreibtisch zum Geschehen vor Ort („Mobile Computing")
- Leistungsbeurteilung und Leistungsmessung analog der Balanced Scorecard und ein Management-Cockpit auch für Hauswarte
- aktives Beschwerdemanagement betreiben

Auch der Prozess des Erstkontakts bis hin zum Vertragsabschluss muss weiter differenziert werden. Neben der Differenzierung der Teilprozesse sind die beteiligten Rollen von besonderer Bedeutung. Auch hier kann der Prozess je nach Wohnungsunternehmen unterschiedlich ablaufen und die Verteilung der organisatorischen Zuständigkeit variieren. Die inhaltliche Ausgestaltung kann ebenfalls unterschiedlich erfolgen. Der gesamte Vermietungsprozess wird in die Prozessschritte „Zufriedenheit analysieren" bis „Einzug des Mieters" zerlegt (vgl. Abb. 8.17). Unter „Werkzeuge" sind potenzielle Methoden und IT-gestütze Werkzeuge aufgeführt.

Bestandteile des Vermietungsprozesses – Step by Step

Die Anzahl der Geschäftsvorfälle lässt sich durch die Anzahl der Mieteinheiten (W), der Fluktuationsrate (f), der Kündigungsrate der Mieter (k), der Leerstandsquote in der Hausbewirtschaftung (l), der Instandsetzungs- und Modernisierungsquote (m) und der Kontakte zwischen Mieter und Vermieter (s) in einer Hochrechnung abschätzen. Tabelle 8.3 beinhaltet nicht nur die Geschäftsvorfälle der Neuvermietung (Nr. 1–17), sondern auch die der Mieterbetreuung (Nr. 18–22).

Die vielfältigen Arten, Objektmanagementkosten zu beeinflussen, sind in Kapitel 6.7 dargestellt.

Mithilfe der Datenverarbeitung können Massenprozesse wesentlich effizienter gestaltet werden, z. B. beim Prozess „Instandhalten mit der Handwerkerkopplung" oder beim Prozess „Vermarkten und Vermieten" durch Einsatz von Internetportalen bei der Anzeigenschaltung, da der Vertriebserfolg mit Internetportalen am größten ist.[31]

31 Vgl. [Obermann, O. (2007j)], S. 30 f.

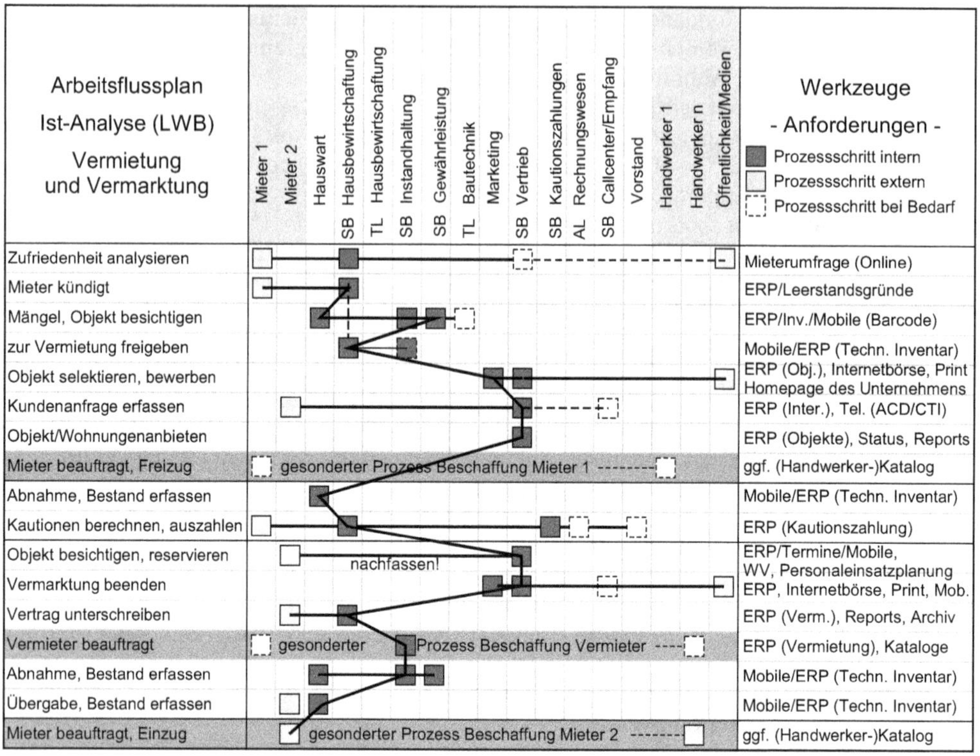

Abb. 8.17: Ist-Analyse „Vermietung und Vermarktung" in Anlehnung an die Leipziger Wohnungs- und Baugesellschaft (LWB).[32]

Tab. 8.3: Bestimmung der Anzahl der Geschäftsvorfälle am Beispiel des Beschaffungs-, Vermarktungs- und Vermietungsprozesses in der Wohnungswirtschaft bei 10.000 Mieteinheiten (ME), f = 10,3 %[33], k = 9,7 %, l = 6,3 %[34], m = 0,8 %[35], s = 1.

Nr.	Prozessschritt	Anteil	× Formel	Anzahl
1	**Zufriedenheit (Befragungen) analysieren**: 100 % der Neukunden bei Einzug, 100 % in Form eines Kündigungsmonitorings und 4 % jährlich (t = 1, abzgl. Leerstand) der bestehenden Mieter	2,00 0,04	× f × W, im Bestand × (W-l) × t	2.435
2	**Mieter kündigt, Kündigung bearbeiten**		k × W	970
3	**Mängel, Objekt besichtigen**: 2x je Auszug, jede Mieteinheit durch das Portfoliomanagement (0x), Controlling (1x), Hausbewirtschaftung (0x), 40 % der Auszüge ziehen Mängelprotokolle nach sich	2,00 1,00	× f × W × W	12.060
4	**zur Besichtigung freigeben**	1,00	× f × W	1.030

32 Quelle: eigene Darstellung. Bedeutung der Abkürzungen IT-gestützter Werkzeuge: Automatic Call Distribution (ACD), Computer Telephony Identification (CTI), Enterprise Resource Planning (ERP).

33 Siehe [GdW (2008k)], S. 169.

34 Siehe [GdW (2008k)], S. 163.

35 Siehe [GdW (2008k)], S. 165.

Tab. 8.3: (Fortsetzung)

Nr.	Prozessschritt	Anteil	× Formel	Anzahl
5	**Objekt selektieren, bewerben:** mit Exposés, das beinhaltet 3 % mit eigenen Versand, 48 % Inserate für Zeitungen, 28 % für eigene Homepage[a], 28 % externe Portalbetreiber[b] und 5 % sonstige (Plakate, Radio)	1,12	× f × W	1.154
6	**Kundenanfrage erfassen:** von allen 20 % persönlich, 10 % per Telefon, 50 % per E-Mail, 15 % per Post und 5 % per Fax	4,00	× f × W	4.120
7	**Wohnungen (erfassten) Interessenten anbieten,** davon 10 % mit Exposés, hiervon 30 % per E-Mail, 60 % per Post und 10 % per Fax; Bonitätsabfrage erfolgt bei rd. 2 % der Interessenten	3,15	× f × W	3.245
8	**Mieter beauftragt Handwerker, Freizug**			
9	**Abnahme, Bestand erfassen:** Abnahmen je Auszug	1,50	× f × W	1.545
10	**Kautionen berechnen, auszahlen**	1,00	× k × W	970
11	**Objekt besichtigen, reservieren, nachfassen:** Besichtigungen je Vertrag	5,46	× f × W	5.624
12	**Vermarktung beenden:** Haus- und Wohnungsakte pflegen, zusätzlich Werbekanäle beenden	1,00	× f × W	1.030
13	**Vertrag unterschreiben,** Bonität prüfen	1,00	× f × W	1.030
14	**Vermieter beauftragt wegen (Modernisierungs-)Maßnahmen:** 8 Abnahmen (je Gewerk)	8,00	× m × W	656
15	**Abnahme, Bestand erfassen,** davon 25 % mit Handwerker, 100 % Mieter, 10 % Wartung, 25 % Mängelprotokolle, 10 % sonstige Protokolle sowie 5 % für technische und 5 % für kaufmännische Bestandsdatenpflege	1,80	× f × W	1.854
16	**Übergabe an Mieter, Bestand erfassen**	1,00	× f × W	1.030
17	**Mieter beauftragt Handwerker, Einzug**			
18	**Beschwerde-/Anforderungsmanagement:** Kontaktaufnehme erfolgt zu 2 % per E-Mail, 69 % per Telefon, 2 % per Brief, 2 % per Fax und 25 % persönlich[c]; Grund zur Kontaktaufnahme zu 45 % eine Reparaturmeldung, 9 % die Miet-/Nebenkosten, 7 % allgemeine Beschwerden, 4 % Fragen zum Mietvertrag, 4 % zum Wohnungswechsel, 4 % allgemeine und 24,3 % spezielle Anfragen, Ersatzschlüssel 2,7 %[d]	1,00	× s × W	10.000
19	**allgemeine Bewohnerinformation:** 10 % per Portal, 85 % per Brief, 5 % persönlich	1,0	× s × W	10.000
	Betriebskostenabrechnung	1,0	× f × W + W	11.030
	Kleinreparaturklausel	1,416	× W × (1-l)	13.268
20	**(vorbeugendes) Forderungsmanagement:** 2 % Bonitätsprüfungen, 2,8 % Mahnverfahren, die aus 1 % der Stufe 1, 0,7 % der Stufe 2, 0,6 % der Stufe 3 und 0,5 % bei Zwangsräumung zusammengesetzt sind	4,8 %	× W × (1-l)	449
21	**Betreiberverantwortung/Verkehrssicherungspflicht:** setzt sich zusammen aus 0,53 Dokumenten (Prüfungen) für Kinderspielplätze[e] sowie 1,26 Dokumenten (Prüfungen bei Objektbegehungen)[f]	1,79	× W	17.900
22	**Beschaffungswesen:** lfd. Instandsetzung im bestehenden Mietverhältnis[g]	1,77	× W	17.700

[a] Vgl. [Obermann, O. (2002)], S. 108.
[b] Vgl. [Obermann, O. (2002)], S. 46.
[c] Vgl. [Analyse & Konzepte (2008g)], S. 8.
[d] Vgl. [Analyse & Konzepte (2008g)], S. 15.
[e] Vgl. [IfB DL 2468], S. 88.
[f] Vgl. [HS-MZ Fraß, P. (2009)].
[g] Vgl. [Bogenstätter, U. (2008)], S. 296.

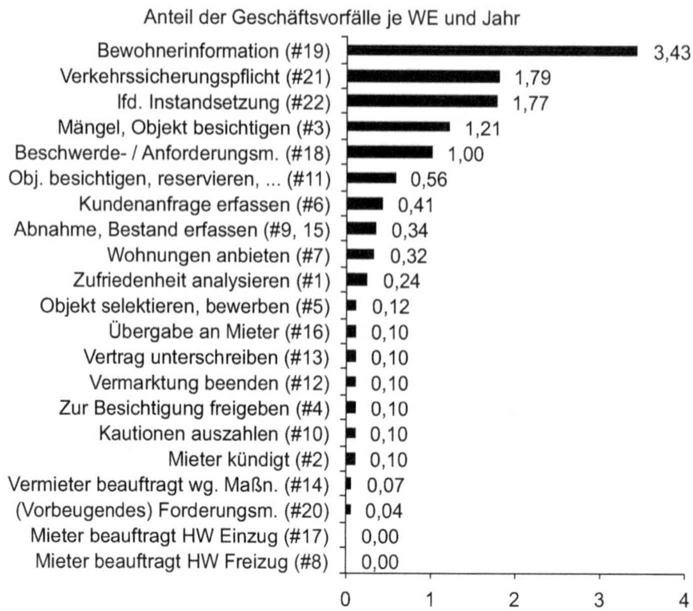

Abb. 8.18: Anzahl der Geschäftsprozesse im Prüf-, Beschaffungs-, Vermarktungs- und Vermietungsprozess je Wohneinheit und Jahr.[36]

Interessant ist auch die Verteilung der Geschäftsvorfälle je Wohnungseinheit und Jahr, denn hier lässt sich ebenfalls ablesen, wo die größten Optimierungspotenziale mit Unterstützung der IT liegen (vgl. Abb. 8.18).

8.3.4 Betreiben – Störfälle, Reinigung, Betriebskosten abrechnen

Betreiben – technische Bearbeitung von A bis Z

Die Prozessabläufe des Betreibens werden u. a. in der Abbildung 8.19 dargestellt.[37] Die [DIN 32541 (aufgehoben) 1977-05] ist zwar aufgehoben, aber sie beschrieb technische Prozesse, die sich sinngemäß auch auf die Baukonstruktion eines Gebäudes übertragen lassen.

Die Aufgaben des Betreibens werden im kommunalen Immobilienmanagement oder in der Wohnungswirtschaft zu wesentlichen Teilen von den Hauswarten übernommen. Ihnen werden damit wichtige Aufgaben und die Verantwortung für den ordnungsgemäßen Betrieb eines Gebäudes übertragen. Die nachfolgend beschriebenen Aufgaben eines Hauswarts in Schulgebäuden sind weitgehend dem [KGSt B 5-2010][38] entnommen.[39] Dabei lassen sich immobilien- und nutzerbezogene Leistungen unterscheiden.

- immobilienbezogene Leistungen
  1. Außentätigkeiten
  2. Reinigung

36 Quelle: eigene Darstellung.

37 Nach [DIN 32541 (aufgehoben) 1977-05], vgl. auch [GEFMA 100-1 E 2004-07], S. 2.

38 Vgl. [KGSt B 5-2010], S. 63 ff.

39 Vgl. Kapitel 6.8.6.

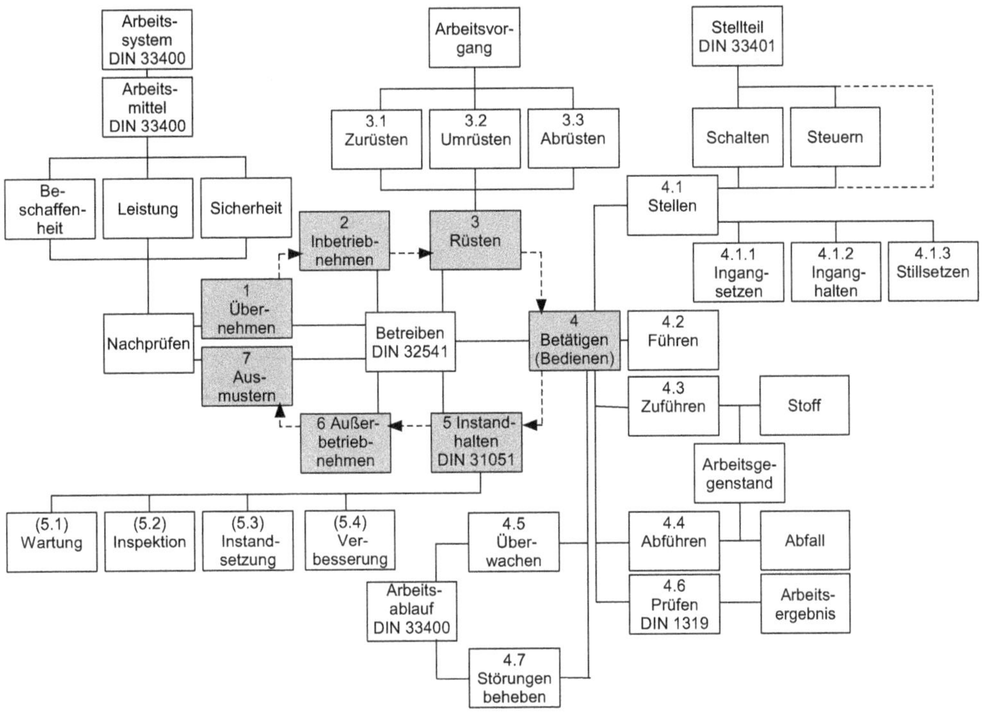

Abb. 8.19: Betreiben nach [DIN 32541 (aufgehoben) 1977-05].

3. Instandhaltung
4. Allgemeine Tätigkeiten
5. Schließdienst
6. Sonstiges
7. Tätigkeiten Sanitär
8. Sicherheit
9. Tätigkeiten Elektro
10. Tätigkeiten Wärme
11. Wartung/Inspektion

- nutzerbezogenen Leistungen
  12. Mieterunterstützung (z. B. Dienstgänge durchführen)
  13. Nutzerunterstützung (z. B. Schulmilch ausgeben)
  14. Mitarbeiterunterstützung (z. B. Unterrichtsmittel bereitstellen)

Die immobilienbezogenen Tätigkeiten überlagern sich teilweise mit denen der Instandhaltung. Instandhaltungskosten nach [DIN 31051 2012-09] setzen sich hier zusammen aus Bedienung, Prüfung, Inspektion, Wartung, Instandsetzung und Verbesserung. Dabei handelt es sich nicht um ausschließlich technische Anlagen, die zu inspizieren und zu dokumentieren sind. Auch die Baukonstruktion ist zu überprüfen, etwa im Hinblick auf die Standsicherheit. In VDI 6200, Anhang C ist für den Eigentümer/Betreiber eine zweiseitige, im Anhang D für eine fachkundige Person eine dreiseitige Checkliste angelegt.[40]

40 Vgl. [VDI 6200 2010-02], S. 25 ff.

Tab. 8.4: Anteil der Störfälle bei der GWM nach Bauwerksnutzungsart.[41]

KGR	Bürogebäude	Schulen	Kulturgebäude	Kindertagesstätten	Sportbauten
300	25,93 %	36,31 %	28,47 %	34,29 %	26,85 %
400	74,07 %	63,69 %	71,53 %	65,71 %	73,15 %
410	28,35 %	32,30 %	24,59 %	38,30 %	32,02 %
420	10,69 %	10,57 %	12,95 %	11,92 %	11,83 %
440	32,82 %	39,82 %	37,38 %	41,80 %	39,41 %
4XX	28,14 %	17,32 %	25,08 %	7,97 %	16,75 %

Tab. 8.5: Anteil der Störfälle bei der GWM nach Bauwerksnutzungsart je 1000 m² BGF 2015 (KGR 300 und 400).[42]

NKO	Bürogebäude	Schulen	Kulturgebäude	Kindertagesstätten	Sportbauten
400	9,75 %	**9,47** %	8,77 %	27,59 %	10,33 %
davon	Gesamtschule (GS)	Integrierte Gesamtschule (IGS)	Berufsbildende Schule (BBS)	Realschule+ (RS+)	Gymnasien
	15,56 %	7,37 %	5,45 %	13,78 %	9,62 %

Die Schwerpunkte können je nach Bauwerksnutzungsart und Betreiber variieren. Die häufigsten Störungen bei der Gebäudewirtschaft Mainz (GWM) treten bei den technischen Anlagen, insbesondere bei Starkstromanlagen (KGR 440) sowie bei Abwasser-, Wasser- und Gasanlagen (KGR 410), weitgehend unabhängig von der Bauwerksnutzungsart auf (vgl. Tab. 8.4 und 8.5).[43]

Die Verteilung der Störfälle ist in Abbildung 8.20 für Schulen dargestellt. Erwartungsgemäß ist im August ein Sommerloch, das im September wieder ausgeglichen wird. Die Anzahl der Störfälle ist ansonsten über das Jahr gleichmäßig verteilt.

Bei einem Lebensmitteldiscounter mit rd. 80 Filialen wurden rd. 23 % der Störmeldungen storniert. Es hatte sich gezeigt, dass rd. 60 % der Störmeldungen durch die richtige Ausführung der Störerfassung hätte vermieden werden können. Hier zeigt sich, dass nicht nur der qualitative Zu-

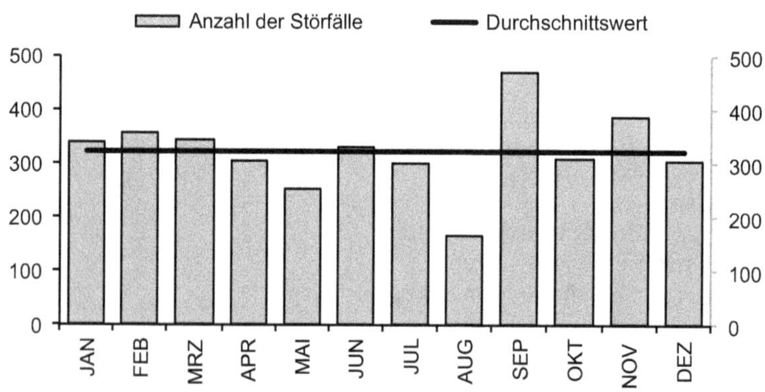

Abb. 8.20: Störfälle bei der GWM (Schulen).[44]

41 Vgl. hierzu auch die Gewerkeverteilung der laufenden Instandhaltungsaufträge in Kapitel 6.7.

42 Vgl. [HS-MZ Wagner, J. (2016)], S. 21, 41.

43 Vgl. [HS-MZ Wagner, J. (2016)], S. 39.

44 Quelle: eigene Darstellung, [HS-MZ Wagner, J. (2016)], S. 29.

Erfassung der Instandhaltungstätigkeiten																		
Phase. Prozess. Bauelement. Unterelement	Lage/ Anlagenstrichcode ID	Schutzziel, Leistungs-beschreibung (Maßnahmen-paket)	Risikoklasse	Umlagefähig	Kosten(klasse)	Anzahl	Turnus (Gesetz)	Turnus (gewählt)	Dauer	Verantwortlich	Prüfer	Ausführende	Externe Leistung	Dienstanweisung, gesetzliche Grundlagen	Protokolle, Rechnungen	zuletzt durchgeführt am	Zusatnd: Mängel?	nächster Termin
Kontierung Instand-haltungs-element (IE)			Risiko-management, Controlling			Betriebsab-rechnungsbogen Aufwandskalk.				[GEFMA 190 2004-01]						Termine		
										Verantwortung				Dokumente				
						St.			[mir]							Dat.	j	Dat.
1	2	3	4	5	6	7	8	9	10	11	12	13	14	15	16	17	18	19
		Immobilienbezogene Leistungen																
5		**Betriebs- und Nutzungsphase**																
5.100		**Kapitalkosten**																
5.200		**Objektmanagement**																
5.300		**Betriebskosten**												vgl. [VTW 2007-08-07]				
5.350		Bedienung																
5.351.426.4	HS	Heizungsregelung																
5.351.456	HS	Schlüsseltresor																
5.351.461	HS	Aufzugsanlage						365			HW							
5.353		Inspektion																
5.353.3x9		Metallgitterrostbeläge					1				HW			BGV A1, BGI 488				
5.353.3x9		Treppengeländer					1							BGB §823				
5.353.339		Steigleitern					1							BGV D 36				
5.353.339		Absturzsicherung					1							[VTW 2007-				
5.353.363							1											
5.353.411.8		Abwasserhebeanlage						1			FK							
5.353.413.1	HS	Gasleitungen						12										
5.353.413.1		Ortsfeste Gasgeräte																
5.353.421	HS	Heizungsanlage																
		Heizöltan[k]																

Abb. 8.21: Dokumentation der Instandhaltung.[45]

stand der Gebäude und seiner Anlagen, sondern auch die organisatorischen Abläufe und die Implementierung von Prozessen im Immobilienunternehmen eine große Rolle spielen.[46]

Der Erfassungsbogen nach Abbildung 8.21 dokumentiert bei dokumentationspflichtigen Tätigkeiten, in welcher Phase an welcher Anlage/welchem Bauteil eine Tätigkeit auszuführen ist.[47]

Die Anlage/das Bauteil ist mit einem eindeutigen Allgemeinen Kennzeichnungssystem (AKS) oder einem Strichcode mit Verbindung zum Anlagenbuch versehen.[48] Als Information liegt vor, ob es sich um eine risikobehaftete (dringliche), eine umlagefähige oder eine kostspielige Tätigkeit (Wertgrenzenregelung) handelt. Im Anlagenbuch ist die Anzahl der Anlagen/der Bauteile verzeichnet, ebenso, wer für die Durchführung verantwortlich ist, von wem die Anlage geprüft wird und wer ggf. die ausführende Person ist. Das kann eigenes oder fremdes Personal sein. Die gesetzlichen Fristen und Intervalle – oder hiervon abweichende Vereinbarungen – liegen vor. Die Tätigkeitsbeschreibung liegt als Dienstanweisung vor, in den Anlagen befinden sich die Protokol-

45 Quelle: eigene Darstellung.

46 Vgl. [HS-MZ Redcher, A. (2017)], S. 26 ff.

47 Vgl. Kapitel 8.4.6.

48 Vgl. Kapitel 8.4.5.

Anhang C: Arbeitshilfen

C.1 Grundlagen und Fristen gesetzlich vorgeschriebener Prüfungen

C.1.1 Technische Anlagen und Einrichtungen in Gebäuden

Gesetzlich vorgeschriebene Prüfungen bei Gebäuden und gebäudetechnischen Anlagen (insbesondere bei Sonderbauten im Sinne der Landesbauordnungen) richten sich unter anderem nach den technischen Prüfverordnungen der Bundesländer, z. B. der TPrüfVO in NRW oder der SPrüfV in Bayern. Nachfolgend ist ein Beispiel dargestellt:

Nr.	Prüfer Technische Anlage / Einrichtung	Prüfung vor der ersten Inbetriebnahme und nach wesentlicher Änderung	wiederkehrende Prüfung	Prüffrist nicht mehr als
1.	**Prüfung durch staatlich anerkannte Sachverständige**			
1.1	Lüftungstechnische Anlagen	•	•	3 Jahre
1.2	Maschinelle Lüftungsanlagen in geschlossenen Mittel- und Großgaragen	•	•	2 Jahre
1.3	CO-Warnanlagen in geschlossenen Großgaragen	•	•	1 Jahr
1.4	Elektrische Anlagen • in Krankenhäusern nur elektrische Anlagen und Einrichtungen, die der Aufrechterhaltung des Betriebes dienen, • in Garagen nur elektrische Anlagen in geschlossenen Großgaragen, • in Schulen nur elektrische Anlagen der sicherheitstechnischen Einrichtungen	•		
1.5	Sicherheitsbeleuchtung und Sicherheitsstromversorgung	•	•	3 Jahre
1.6	Brandmeldeanlagen, Alarmierungseinrichtungen	•		
1.7	Rauchabzugsanlagen, Überdruckanlagen zur Rauchfreihaltung von Rettungswegen	•		
1.8	Ortsfeste, selbsttätige Feuerlöschanlagen	•		1 Jahr
2.	**Prüfung durch Sachkundige**			
2.1	Elektrische Anlagen • in Krankenhäusern nur elektrische Anlagen und Ei… tungen, die der Aufrechterhaltung des Be… …agen nur elektrische An… …gen,			

Abb. 8.22: Gesetzlich vorgeschriebene Prüfungen.[49]

le und Rechnungen. Der Zugriff auf die Arbeitshilfen gesetzlich vorgeschriebener Prüfungen ist für den staatlich anerkannten Sachverständigen (vgl. Abb. 8.22) oder als Prüfliste der Inspektionen für den Hausmeister (vgl. Abb. 8.23) gesichert.

Reinigen – zufriedene Kunden

In Abbildung 8.24 und 8.25 ist die Abwicklung von Dienst- und Serviceleistungen am Beispiel von Reinigungsleistungen dargestellt. Dabei handelt es sich um einen Teilprozess des Beschaffungswesens. Der Teilprozess beginnt mit der Bedarfsanforderung und endet mit der Bedarfs- und Erfolgskontrolle. Hier wird der Prozess als ein stets wiederkehrender Teilprozess verstanden, der geänderte Bedarfsanforderungen bei klarer Leistungsabgrenzung berücksichtigen kann. Um eine Diskrepanz zwischen erwarteter und wahrgenommener Dienstleistungsqualität feststellen zu können, wird als Input für die Bedarfs- und Erfolgskontrolle eine Zufriedenheitsanalyse herangezogen.

49 [GEFMA 190 2004-01], S. 43.

Checkliste für Inspektionsarbeiten Gebäudebezeichnung:		Sektorbezeichnung: Bauteil:															
		TLD [a]			Inspektion (Datum/Bem.)								Prüfergebnis				
Leistungs-position	Leistungs-beschreibung	Durchschnitt	Minimum	Maximum	halbjährlich	jährlich	alle 3 Jahre	alle 5 Jahre	alle 10 Jahre	alle 30 Jahre	Kostenklasse	Risikoklasse	Zustandsklasse	Priorität	Status	Kostengruppe nach DIN 276	Leistungs-bereich StLB
3.63.70	Dachentwässerung		15	25	X						C					363	
3.63.31.1	Tonziegel (Tondachpfanne)	80			X						A					363	
3.99.45	Schornsteinköpfe, Abdeck-platten		25	30	X						B					399	12
4.12.7	Dezentrale Wassererwärmer (Wasserboiler)		10	20	X						C					412	
4.12.3.1	Pumpen		10	15	X						C					412	
4.14.4	Feuerlöschgeräte		5	20	X						C					414	
4.23.5	Fußbodenheizungen		10	30	X						A					423	
3.35.21.2	Anstrich metallischer Untergründe (Träger, Profile, Bleche), Untergrundvorbehandlung		3	5		X					B					335	
3.35.21.3	Anstrich, Holz		3	5		X					B					335	
3.37.21	Holzkonstruktionen		10	15		X					B					337	
3.38	Sonnenschutz (L.-Pos.)		15	20		X					C					338	
3.61.62.1	Kanthölzer aus Nadelholz GK II, Schnittklasse S für Dachkonstruktionen, Holzschutz	80				X					B					361	
3.63.21.8	Abdichtung, Kunststoffbahnen		20	30		X					B					363	
3.63.31.2	Betonziegel (Betondachpfanne)		50	80		X					A					363	
3.63.21.11	Kiesbelag		15	30		X					C					363	
4.21.3.2	Brenner		10	15		X					B					421	
4.21.10.2	Heizölversorgungsanlage		15	30		X					A					421	
4.21.3	Kessel für gasförmige und flüssige Brennstoffe		15	40		X					B					421	
4.21.7	Meß-, Steuer- und Regelanlagen		30	40		X					C					421	
4.4	Schaltanlagen, Schienen, Sicherungen		5	10		X					C					440	52
4.46.1	Blitzschutzanlage		40	80		X					B					446	
4.51.1	Telefonanlage (Telekommunikationsanlagen)		10	30		X					C					451	
4.52.2	Lichtruf- und Klingelanlagen		15	20		X					C					452	
4.55.2	Antennenanlage		5	20		X										455	
5.31.71	Einfriedungen, Holz		20	30		X										531	
5.34	Treppenanlagen, Außenbereich		50	70												534	
3.25.61	Textil		5														
…4	Einscheibenverglasungen																
…1	Fenster, Kunststoff																
	Fenster, Metall																
	…terbeschläge																
	…ren, Hartho…																

Abb. 8.23: Checkliste halbjährlicher und jährlicher Inspektion am Beispiel des Wohnungsbaus.[50]

Betriebskosten abrechnen

Gemessen an ihrer Anzahl stehen die Rechnungen zur Betriebskostenabrechnung auf Platz zwei nach der Instandhaltung. Es lohnt sich daher, auch diesen Prozessschritt auf Optimierungspotenziale genauer zu untersuchen. Ausgangspunkt ist eine Pilotstudie in einem Wohnungsunternehmen, dessen Objekte mit Heizkostenverteilern ausgestattet und wo die Wärmemessdienstleister mit der Verbrauchserfassung und Heizkostenabrechnung beauftragt sind. Die Heizkostenabrechnung ist Bestandteil der Betriebskostenabrechnung für jeden Mieter.

---

50 Quelle: eigene Darstellung, vgl. u. a. die Ursprünge aus [BMBau 1991.08].

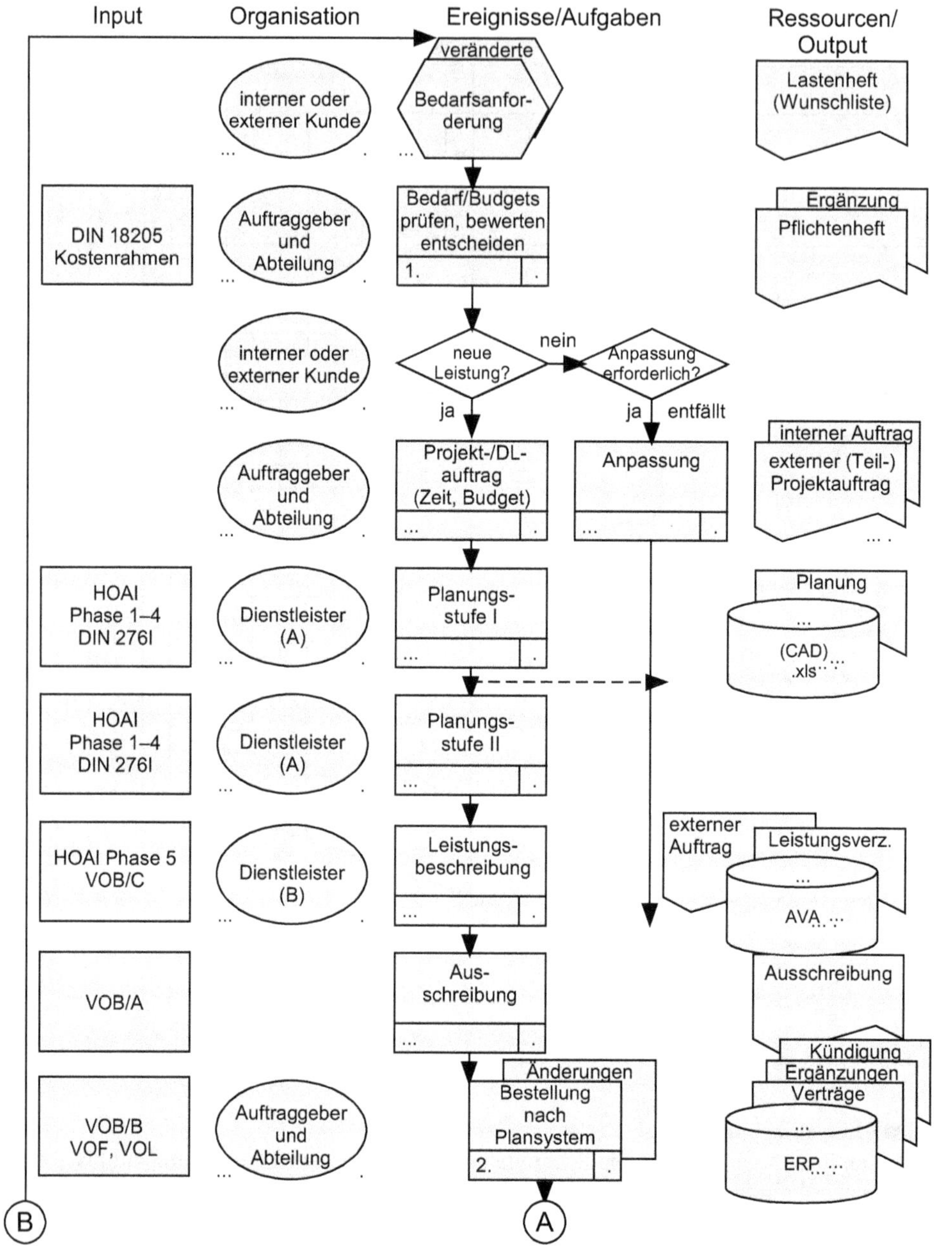

Abb. 8.24: Ablaufschema für Reinigungsleistungen (Teil 1) (vgl. GEFMA).[51]

51 Quelle: eigene Darstellung.

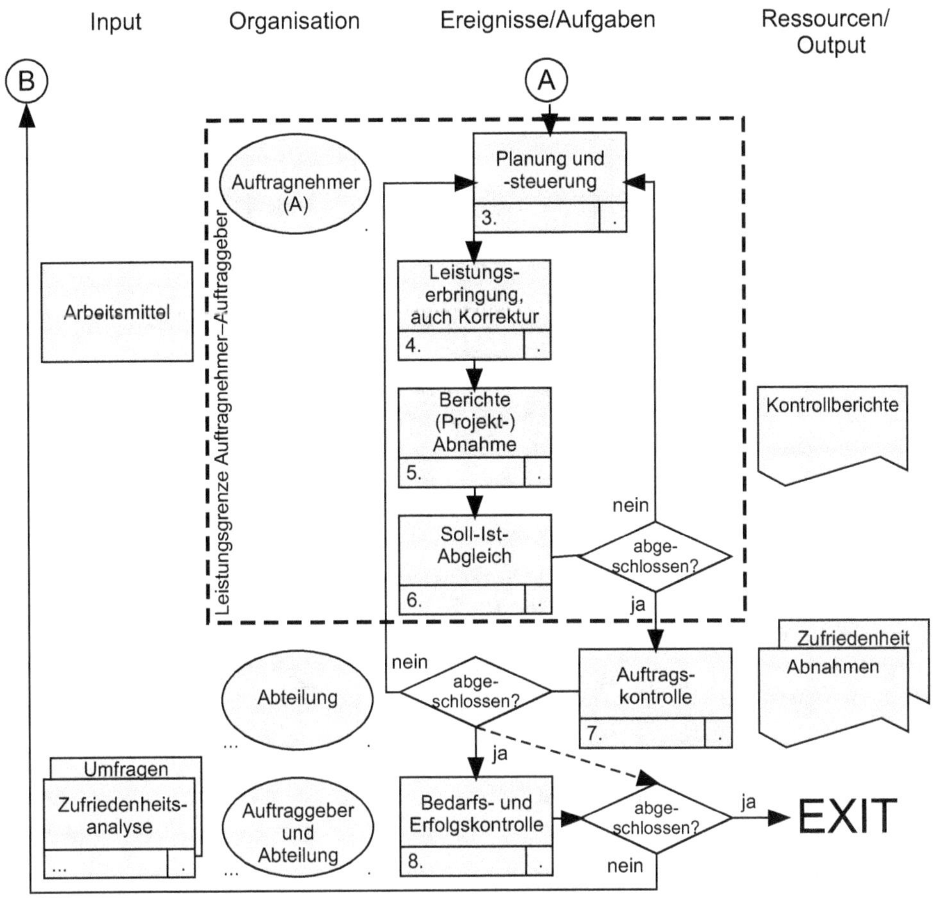

Abb. 8.25: Ablaufschema für Reinigungsleistungen (Teil 2) (vgl. GEFMA).[52]

Hierzu wurden in einer Ist-Analyse etwa 130 Tätigkeiten aufgenommen und in Arbeitsschritten zusammengefasst. In einem Soll-Prozess wurden die Optimierungspotenziale bei Verwendung einer integrierten Heizkostenabrechnung und automatisierten Verbrauchserfassung durch Funkauslesung untersucht (s. Abb. 8.26). Integriert bedeutet, dass die Daten der Heizkostenabrechnung im ERP-System dem Immobilienunternehmen zur Betriebskostenabrechnung direkt zur Verfügung stehen. Durch die Modellierung dieses Soll-Prozesses entfallen Tätigkeiten oder Arbeitsschritte ganz oder teilweise. Insgesamt konnte die Anzahl von 130 Tätigkeiten um etwa 30 % gesenkt werden.

52 Quelle: eigene Darstellung.

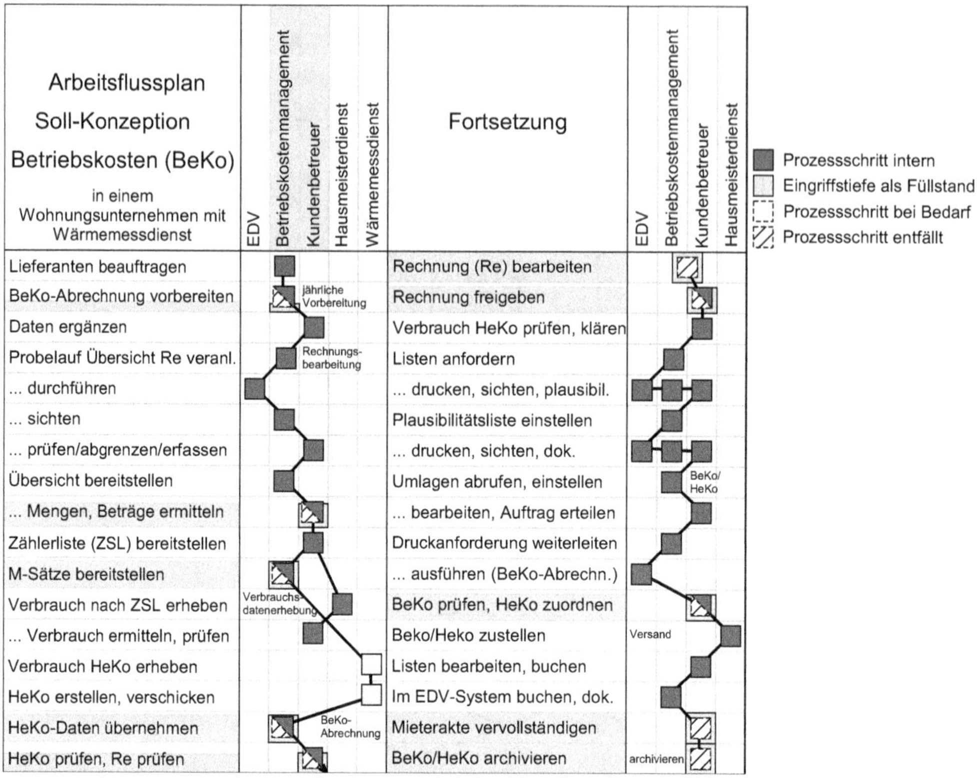

Abb. 8.26: Soll-Prozess Betriebskostenabrechnung.[53]

8.3.5 Risiken einschätzen – Schaden abwenden

Wenn der Staatsanwalt ermittelt

Zunehmend ist die Verletzung der Unfallverhütungs- und Verkehrssicherungspflicht Gegenstand der Ermittlungen von Staatsanwälten. Anlass hierzu ist die ebenfalls zunehmend restriktive Einforderung der Verkehrssicherungspflicht durch deutsche Gerichte, die z. B. aus § 823 BGB (Schadensersatzpflicht) und § 836 ff. BGB (Haftung … bei Einsturz eines Gebäudes) abgeleitet wird. Es stellt sich daher für den Geschäftsführer eines Immobilienunternehmens die Frage, ob Handlungsbedarf besteht, um eine haftungs- oder strafrechtliche Verfolgung zu vermeiden. Insbesondere in der Wohnungswirtschaft steckt die Verkehrssicherungspflicht noch in den Kinderschuhen, während in der gewerblichen Immobilienwirtschaft schon seit einigen Jahren die sog. Betreiberverantwortung thematisiert wird. Analog kann von einer Eigentümer-, Betreiber- und Verwalterverantwortung gesprochen werden.

Entsprechende negative Schlagzeilen sind in der Wohnungswirtschaft durchaus bekannt: „Kind stirbt – Vermieter trifft Teilschuld“, „Defekte Steckdosen tötete Jungen […] Staatsanwaltschaft: Leitungen müssen alle vier Jahre geprüft werden“, „Die Erreger der Legionärskrankheit lieben es lau – nur mit Filtern lassen sie sich in Schach halten“.[54]

Die Verantwortung liegt dabei nicht nur bei einer einzelnen Person. Im Falle eines kommunalen Wohnungsunternehmens, auf dessen Gelände ein Todesfall stattfand, gehörten zum Kreis der

53 Quelle: eigene Darstellung.

54 [IfB DL 2468], S. 45, 50.

Verantwortlichen auch städtische Vertreter: „Da die Stadt [...] mit 50 % am Kapital beteiligt ist, sind von 16 Aufsichtsräten 8 Vertreter der Stadt [...].“[55]

Gut, wer dem Staatsanwalt antworten kann:

> Die städtischen Spielplätze werden in der Regel wöchentlich, im Außenbereich 14tägig visuell auf Schäden (z. B. durch Vandalismus) kontrolliert. Vierteljährlich erfolgt eine operative Kontrolle sowie jährlich eine Hauptuntersuchung. Die Ergebnisse werden dokumentiert. Das Personal verfügt über die erforderlichen Kenntnisse und wird regelmäßig geschult. Werden sicherheitsrelevante Beanstandungen festgestellt, wird erforderlichenfalls eine sofortige Sperrung bzw. der Abbau des Gerätes oder des defekten Teils veranlasst.[56]

Unternehmerische Risiken einschätzen – Prüfpunkte ermitteln

Gefährdungsbeurteilungen sind nicht neu. Andere haben eine andere, aber inhaltlich sehr ähnliche Terminologie. Der Deutsche Verein des Gas- und Wasserfaches (DVGW)[57] beschreibt den Kreislauf so: Bestandsaufnahme; Gefährdungsanalyse; Risikoabschätzung; Maßnahmen zur Risikobeherrschung, Validierung und Korrekturmaßnahme; Dokumentation. Die Deutsche Gesetzliche Unfallversicherung (DGU) hat den Arbeitnehmer als Zielgruppe im Fokus. Hier wird davon ausgegangen, dass Mieter und Mitbewohner, Besucher, Passanten und Bürger den gleichen Schutz wie Arbeitnehmer beanspruchen dürfen. Das schließt ggf. Unbefugte mit ein. Unbefugte sind i. d. R. in Rahmen der Verkehrssicherungspflicht oder Betreiberverantwortung nicht geschützt, manchmal aber doch, nämlich dann, wenn die Allgemeinheit davon ausgehen darf, dass die Benutzung erlaubt ist und danach die Haftung des Grundstückeigentümers in Betracht kommt (Beispiele: Schleichwege oder Trampelpfade). Auch muss mit kindlichem Ungehorsam oder unbefugtem, missbräuchlichem Verhalten gerechnet werden, wenn Kinder durch Kletterbäume oder Teiche angelockt werden. Das ist allerdings altersabhängig: Es ist davon auszugehen, dass Kinder unter sieben Jahren von einer Aufsichtsperson begleitet werden.

So definiert die DGU:[58]

- **Schutzziele** drücken Forderungen und Vorgaben aus, die Sicherheit und Gesundheitsschutz [...] zum Inhalt haben (vgl. Abb. 8.27).
- **Gefahr** ist ein Zustand oder ein Ereignis, bei dem ein unvertretbares (nicht akzeptables) Risiko besteht.
- **Gefährdungen** sind dadurch gekennzeichnet, dass schädigende Energien bzw. Einflüsse [...] mit dem Menschen räumlich und zeitlich zusammentreffen und damit die Möglichkeit des Eintritts eines Gesundheitsschadens gegeben ist.
- **Gefährdungsermittlung** ist eine systematische Analyse, um Gefährdungen mit ihren Gefahrenquellen und Entstehungsbedingungen zu identifizieren.
- **Gefährdungsbeurteilung** ist ein Prozess zur Beurteilung von Gefährdungen, der ein Ermitteln und Bewerten der Gefährdungen umfasst.

Die Einführung der Gefährdungsbeurteilung im Unternehmen als Regelprozess lässt sich zunächst wie folgt beschreiben: Zunächst ist die Gefährdungsbeurteilung als Bestandteil der Führungsaufgabe zu begreifen und die Schutzziele sind zu definieren. Zu den Schutzzielen zählen der Umweltschutz (z. B. (Trink-)Wasserschutz, Emissions-, Immissionsschutz), der Arbeitsschutz (z. B. Arbeitssicherheit) und der Sicherheits-/Gesundheitsschutz (z. B. Standsicherheit, Brandschutz, Unfallverhütung). Dabei ist in der Wohnungswirtschaft der vorbeugende Brandschutz angesichts von Brandstiftungen oder Brandlasten in Fluchtwegen (Treppenhaus als Lager) nicht zu unterschätzen.

---

55 [Spieth, A. (2008a)], S. 1.

56 [Spieth, A. (2008a)], S. 10 f.

57 Vgl. [DVGW W 1001 2004-04].

58 Siehe Auszüge aus [DGUV BGI_GUV-I 8700], S. 4.

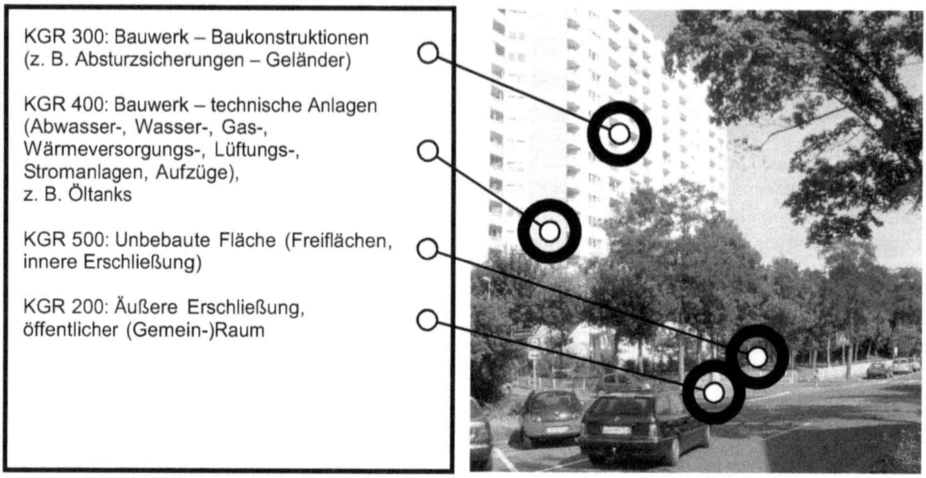

Abb. 8.27: Schutzziele und Gefährdungsorte.[59]

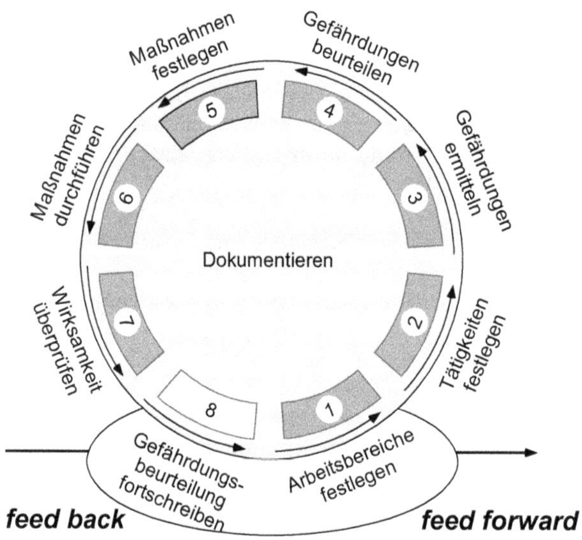

Abb. 8.28: Vorgehen bei der Gefährdungsbeurteilung.[60]

Dazu ist Kommunikationsarbeit im Unternehmen zu leisten: Die Mitarbeiter sind zu beteiligen, um das notwendige Verständnis aufzubauen, Regelungen zur Qualifikation und Delegation sind zu treffen sowie die notwendigen Ressourcen zur Umsetzung bereitzustellen. Fortbildungs- und Qualifizierungsmaßnahmen sind bei den ausführenden Organisationseinheiten sicherzustellen. Für die operative Ausführung sind Regelungen zu definieren, umzusetzen und die Wirksamkeit aller Regelungen regelmäßig zu prüfen.

Danach kann die operative Ausführung beginnen (vgl. Abb. 8.28). In Abbildung 8.29 ist das Vorgehen als EPK dargestellt. Dabei wird berücksichtigt, wer (Organisation) unter welchen Rahmenbedingungen (Input) für welche Aufgaben verantwortlich ist und was das erwartete Ergebnis

59 Quelle: eigene Aufnahme.

60 Quelle: eigene Darstellung.

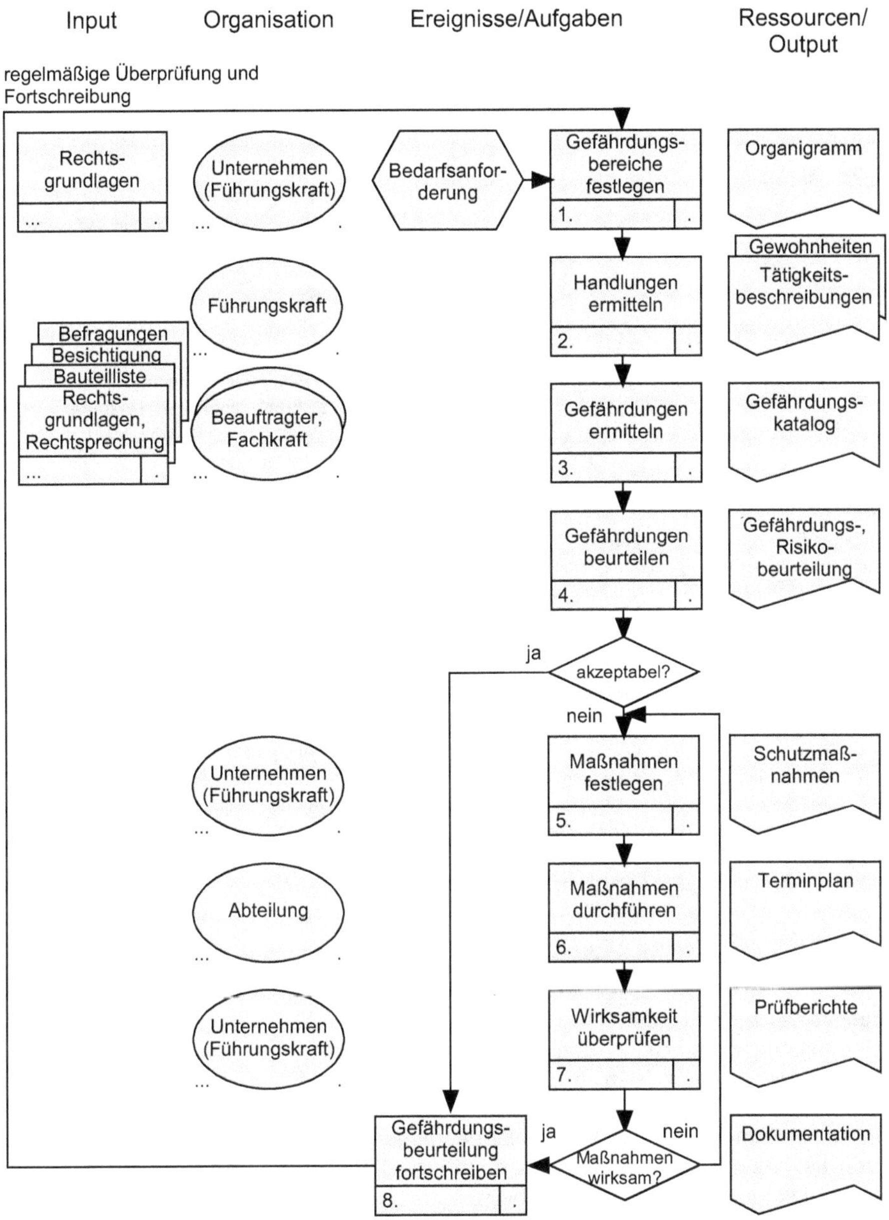

Abb. 8.29: Gefährdungsbeurteilung als EPK.[61]

(Ressourcen/Output) ist. Dazu ist der jeweils zu untersuchende Gefährdungsbereich (Arbeitsbereich) einzugrenzen, die Gefahren sind zu identifizieren und die dort stattfindenden Tätigkeiten festzulegen. Daraus werden die Gefährdungen ermittelt und anschließend beurteilt. Danach werden die Maßnahmen festgelegt, geplant und durchgeführt. Die Wirksamkeit der Maßnahmen ist danach zu überprüfen und die Gefährdungsbeurteilung fortzuschreiben.

61 Quelle: eigene Darstellung, vgl. [DGU BGI_GUV-I 8700], S. 19.

Tab. 8.6: Gefährdungsorte bei Mehrfamilienhäusern.[62]

KGR	300 „Bauwerk – Baukonstruktionen"	KGR	400 „Bauwerk – Technische Anlagen"
330	Außenwände – Fassadenbekleidung; Balkon-, Treppengeländer (öffentlich)	410	Abwasser-, Wasser-, Gasanlagen – Hausanschlussleitungen Schmutzwasser, ggf. Hebeanlage – Trinkwasseranlagen; ggf. Druckerhöhungsanlage (Bsp.: Legionellen – orientierende Untersuchung der Trinkwasseranlage; Spülung der Wasserleitung bei Leerstand) – Feuerlöscher
340	Innenwände – Balkon-, Treppengeländer (öffentlich)	420	Wärmeversorgungsanlagen – innenliegende Gasleitungen (Bsp.: Sichtbprüfung), Gasfeuerstätten, Gasetagenheizungen/Gasdurchlauferhitzer
350	Decken – Fluchtwege (Freihalten)	430	Lufttechnische Anlagen – Filter Innenlüftung WC/Bad
360	Dächer – Zugangstüren zum Dach, Dachluken; Dachrinne; Dachdeckung/Schneesicherung	440	Starkstromanlagen – elektrische Anlage Wohnungen/Haus; FI-Schutz-schalter
390	Sonstige Maßnahmen – Schornstein/Abgasrohr; Schachtabdeckungen und Lichtschächte	460	Förderanlagen – ggf. Personenaufzug, Rufanlagen in Personenaufzügen und Aufzugswärter – ggf. kraftbetätigte Tore
KGR	**500 „Außenanlage"**		
510	Geländeflächen – Bäume (un-)belaubt mit Außenanlagen	540	Technische Anlagen in Außenanlagen – Außenbeleuchtung
520	Befestigte Flächen – Zuwegung und Fußwegreinigung von Wegen, Treppen, Rampen; Freihalten von Fluchtwegen; Räumungs- und Streupflicht	550	Einbauten in Außenanlagen – Kinderspielplätze/-geräte, Teppichklopfstangen
530	Baukonstruktionen in Außenanlagen – Geländer (öffentlich)		

1. Gefährdungsbereiche festlegen

Zunächst sind Gefährdungsbereiche, -orte und -potenziale zu erheben. Gefährdungsbereiche leiten sich generell aus den Schutzzielen ab (s. oben Abb. 8.27). Anlässe[63] zur Gefährdungsermittlung ergeben sich mit Blick auf Immobilien als Erstermittlung, bei der Änderung von Vorschriften bzw. Veränderungen des Stands der Technik, wenn Einrichtungen wesentlich erweitert oder umgebaut werden, wenn die Nutzung der Einrichtungen wesentlich geändert wird, vor der Anschaffung neuer Maschinen und Produktionsausrüstungen, bei wesentlichen Änderungen der Arbeitsorganisation sowie nach dem Auftreten von Unfällen, Beinaheunfällen und arbeitsbedingten Erkrankungen.

Gefährdungsorte und -potenziale sind Baukonstruktionen (z. B. der lose Ziegel auf dem Dach), technische Anlagen (z. B. defekte Aufzugsanlagen), unbebaute Fläche (z. B. lose Gehwehwegplatten als Stolperfalle) oder die äußere Erschließung sowie öffentlicher (Gemein-)Raum. Eine Übersicht über Gefährdungsbereiche und -orte bei Mehrfamilienhäusern findet sich in Tabelle 8.6.

62 Auswahl vgl. [IfB DL 2468], S. 64, 71; geordnet nach [DIN 276-1 2008-12].

63 Siehe Auszüge aus [DGU BGI_GUV-I 8700], S. 6 ff.

Nr.	Gefährdungsart	Symbol				
1.	**Mechanische Gefährdungen**		1.1	ungeschützt bewegte Teile	1.5	Sturz, Ausrutschen, Stolpern, Umknicken
			1.2	Teile mit gefährl. Oberflächen		
			1.3	bewegte Transportmittel, bewegte Arbeitsmittel		
			1.4	unkontrolliert bewegte Teile	1.6	Absturz
2.	**Elektrische Gefährdungen**		2.1	elektrischer Schlag		
			2.2	Lichtbögen		
			2.3	elektrostatische Aufladungen		
3.	**Gefahrstoffe**		3.1	Gase		
			3.2	Dämpfe		
			3.3	Aerosole (z. B. Stäube, Rauche, Nebel)		
4.	**Biologische Gefährdungen**		4.1	Infektionsgefährdung durch pathogene Mikroorganismen 1)		
			4.2	sensibilisierende und toxische Wirkungen von Mikroorganismen		
5.	**Brand- und Explosionsgefährdungen**		5.1	brennbare Feststoffe, Flüssigkeiten, Gase		
			5.2	explosionsfähige Atmosphäre		
			5.3	Explosivstoffe		
6.	**Thermische Gefährdungen**		6.1	heiße Medien/Oberflächen		
			6.2	kalte Medien/Oberflächen		
7.	**Gefährdungen durch spezielle physikalische Einwirkungen**		7.1	Lärm	7.5	nicht ionisierende Strahlung 2)
			7.2	Ultraschall, Infraschall	7.6	ionisierende Strahlung 3)
			7.3	Ganzkörpervibrationen	7.7	elektromagnetische Felder
			7.4	Hand-Arm-Vibrationen	7.8	Unter- oder Überdruck
8.	**Gefährdungen durch Arbeitsumgebungsbedingungen**		8.1	Klima (z. B. Hitze, Kälte)		
			8.2	Beleuchtung, Licht		
			8.3	Ertrinken		
11.	**Sonstige Gefährdungen**		11.1	durch Menschen		
			11.2	durch Tiere		
			11.3	durch Pflanzen und pflanzliche Produkte		

Bemerkungen 1) z. B. Bakterien, Viren, Pilze 2) z. B. UV-, IR-, Laserstrahlung 3) z. B. Röntgen-, Gamma-, Teilchenstrahlung

Abb. 8.30: Systematische Darstellung der Gefährdungsarten.[64]

2. Handlungen ermitteln

Im Gefährdungsbereich sind die anfallenden Tätigkeiten und mögliche Handlungen von Personen, die sich an diesem Ort aufhalten könn(t)en, zu ermitteln.

3. Gefährdungen ermitteln

Hier sind anhand der identifizierten möglichen Tätigkeiten und Handlungen die potenziellen Gefährdungen zu ermitteln. Die systematische Aufstellung von Gefährdungen zeigt Abbildung 8.30.

- Zu den mechanischen Gefährdungen gehören etwa unkontrolliert sich bewegende Teile (lose Dachziegel) oder Stolperfallen in Form von losen Gehwegplatten.
- Zu den elektrischen Gefährdungen gehört der elektrische Schlag durch ungeschützte elektrische Leitungen.

64 Vgl. [DGU BGI_GUV-I 8700], S. 26 f.

- Zu den Gefahrstoffen gehören Luftschadstoffe, die entweichen[65] aus Baustoffen (Klebstoffe, Wärmedämmstoffe, Dichtungsmassen), Einrichtungsgegenständen (Haushaltsgeräte, Möbel, Teppiche), Chemikalien (Holzschutzmittel, Putz- und Reinigungsmittel) und Rauchwaren. Zu den wichtigsten Schadstoffen in Innenräumen zählen Tabakrauch, flüchtige organische Verbindungen (VOC), Formaldehyd, Radon, polychlorierte Biphenyle (PCB), PAK, Biozide, Weichmacher, Flammschutzmittel, Faserstoffe (Asbest, künstliche Mineralfasern), biogene Luftverunreinigungen (Pilzsporen, Allergene, Bakterien, Endotoxine), Abbau- und Reaktionsprodukte sowie anthropogene Emissionen (Indikator CO_2). Beispiele: Spanplatten der 1960er- bis 1980er-Jahren enthalten Formaldehyd, Deckenanstriche mit Holzschutzmittel ggf. Pentachlorphenol (PCP); Dioxine oder polychlorierte Biphenyle (PCB) sind eventuell in Anstrichen und Fugenmassen enthalten. Möglicherweise wurde aus Gründen des Brandschutzes Asbest verbaut. Dohlennester im Kamin können zu erhöhtem Kohlenmonoxidgehalt in den Räumen führen.
- Zu den biologischen Gefährdungen zählen Schimmelpilze und Legionellen in Trinkwasserleitungen.
- Zu den Brand- und Explosionsgefährdungen gehören beispielsweise Gase aus Gasherden.
- Zu den thermischen Gefährdungen gehören heiße Medien und Oberflächen.
- Eine spezielle physische Belastung kann z. B. Lärm sein.
- Zu den Gefährdungen durch Arbeits- und Umgebungsbedingungen gehören das Ertrinken von Nichtschwimmern und/oder Kindern in Lösch- oder Gartenteichen.
- Zu den physischen Belastungen ist Treppensteigen und das Schleppen von Einkäufen zu zählen.
- Zu den psychischen Belastungen kann der Nachbarschaftsstreit gehören.
- Zu den sonstigen Gefährdungen gehören beispielsweise Bettwanzen, Wespennester, Flöhe oder Ratten im Klo durch unsachgemäße Entsorgung von Lebensmitteln.

4. Gefährdungen beurteilen

Zur Gefährdungsbeurteilung ist ein Gefährdungs-Check[66] durchzuführen und die Gefährdung nach dem Risiko zu beurteilen und in eine Risikogruppe einzuteilen (s. Abb. 8.31, vgl. auch Kap. 3.7.5), geeignete Maßnahmen sind abzuleiten.

5. Maßnahmen festlegen

Die möglichen Maßnahmen sind in eine Rangfolge zu bringen und es ist eine Auswahl zu treffen: eine (Ersatz-)Lösung, eine technische, organisatorische oder persönliche Lösung oder eine Lösung mithilfe der Sicherheitstechnik. In Abbildung 8.32 werden auch die Verantwortlichkeit der Organisation, ihre Aufgaben und Ergebnisse als Ressourcen oder Output dargestellt. Dazu gehören als Mittel Dienstanweisungen, Aufträge oder Vertragsanpassungen.

Beispiele: Die Gefahr des Sturzes in einen Lichtschacht kann durch einen Abhebschutz beseitigt werden (Ersatzlösung), die Gefahr des Sturzes auf den Betonplatten eines Spielplatzes durch die Ausstattung des Spielplatzes mit Fallschutzplatten (technische Lösung). Die Gefahr eines Sturzes durch gelöste Treppenstufen kann durch Absperrung verhindert werden (organisatorische Lösung). Die Gefahr des Sturzes von einem Baum kann durch persönliche Schutzkleidung (z. B. Helm oder Sicherungsseile) abgewehrt werden (persönliche Lösung). Die Gefahr, durch Dachlawinen oder feuchten Boden nach dessen Reinigung verletzt zu werden, kann durch Warnschilder verhindert werden (Lösung mithilfe von Sicherheitstechnik).

65 Vgl. [Tappler, P. (2009d)], S. 8 f., siehe Anhang, Kapitel 9.5.2, Tabelle 9.12.

66 Vgl. Beispiel in [DGU BGI_GUV-I 8700], S. 28.

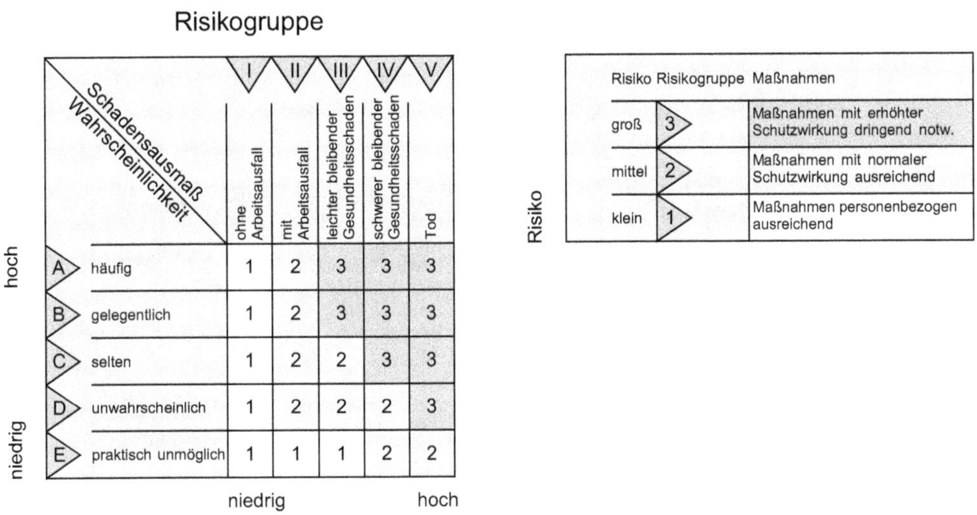

Abb. 8.31: Risikogruppen und Maßnahmen.[67]

6. Maßnahmen durchführen

Maßnahmen können in der Wohnungswirtschaft sein:

- Bei mechanischen Gefährdungen durch herabfallende oder lose Teile werden unkontrolliert sich bewegende Teile abgesperrt und fachgerecht repariert.
- Ungeschützte elektrische Leitungen werden abgesperrt und fachgerecht repariert.
- Zur Vermeidung von Gefährdungen durch Luftschadstoffe sind mit Schadstoffen belastete Baustoffe und Einrichtungsgegenstände zu vermeiden, falls vorhanden, fachgerecht auszubauen und zu entsorgen. Kamine sind regelmäßig zu überprüfen und eventuell vorhandene Nester zu beseitigen.
- Biologische Gefährdungen: Wie der Gefahr von Schimmel zu begegnen ist, wird in Kapitel 7.6 ausführlich behandelt. Trinkwasserleitungen müssen regelmäßig auf Legionellen überprüft werden. Empfehlungen zur Gefährdungsanalyse enthält die Trinkwasserverordnung.[68]
- Zur Vermeidung von Brand- und Explosionsgefahr durch undichte Gasleitungen sind Gasleitungen regelmäßig zu prüfen.
- Thermischer Gefährdung durch heiße Medien und Oberflächen ist durch geeignete Materialien und Schutzvorrichtungen zu begegnen.
- Bei Gefährdungen durch spezielle physische Belastungen wie Lärm sind Schallschutzfenster eine Lösung.
- Damit Kinder oder Nichtschwimmer nicht in Lösch- oder Gartenteichen ertrinken, sind die Teiche einzuzäunen oder trockenzulegen.
- Um physischen Belastungen durch Treppensteigen und das Schleppen von Einkäufen zu begegnen, empfiehlt sich der Einbau eines Aufzugs.
- Die psychischen Belastungen durch Nachbarschaftsstreit lassen sich beispielsweise durch die Suche nach dem Wunschnachbarn reduzieren.
- Sonstige Gefährdungen wie der unkontrollierte Einzug von Tieren sind durch Sperrmaßnahmen zu verhindern.

67 Quelle: eigene Darstellung.

68 Vgl. zu Legionellen [UBA (2012l)], Anforderungen an Planung, Ausführung, Betrieb und Instandhaltung in [VDI 6023 E 2012-04], [DVGW W 551 2004-04].

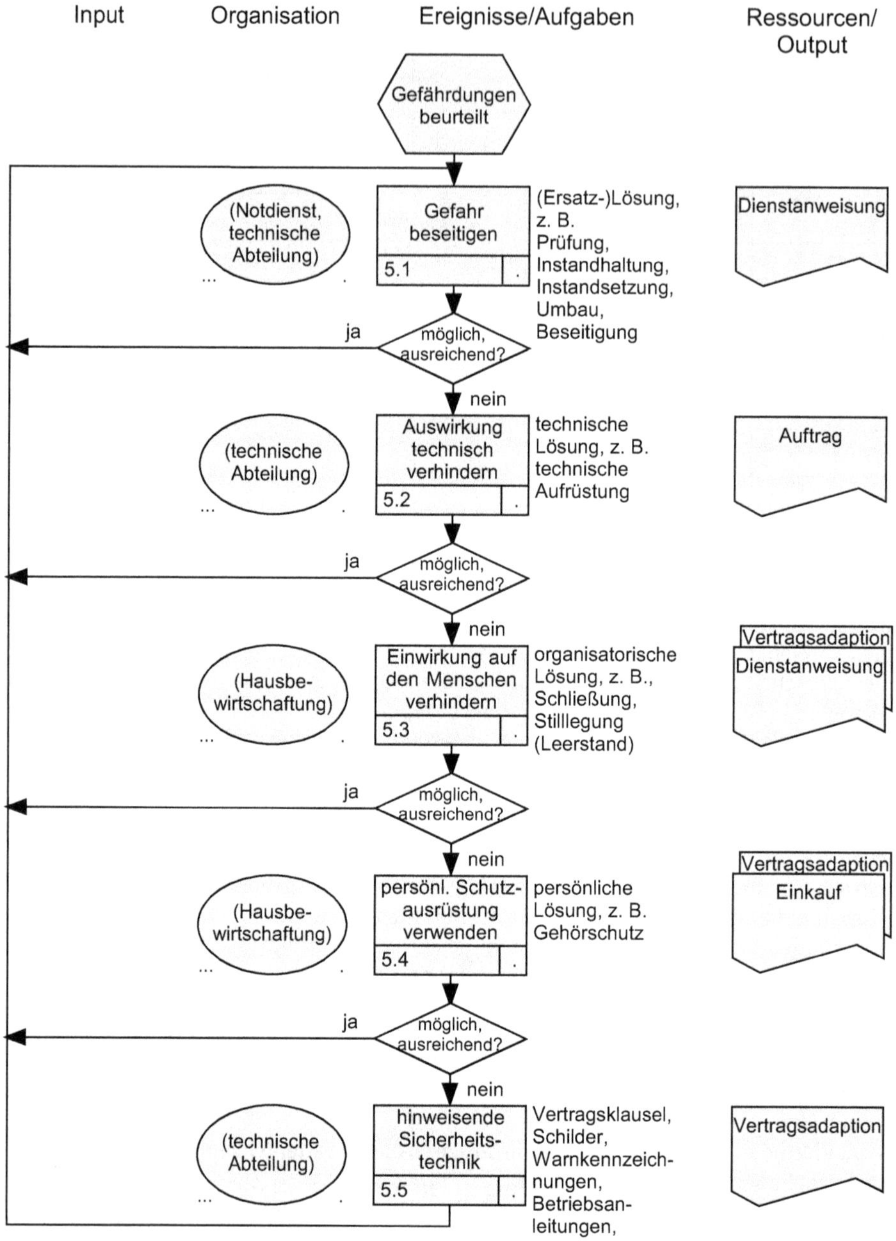

Abb. 8.32: Auswahl der Maßnahmen.[69]

69 Quelle: eigene Darstellung, vgl. u. a. [DGU BGI_GUV-I 8700].

Vorbeugende Maßnahmen, beispielsweise in Krankenhäusern, sind u. a. leicht durchzuführende Desinfektionen. Dafür ist Folgendes erforderlich:[70]
- Wandflächen, Fußboden und Inventar (glatt, fugendicht) müssen leicht zu reinigen sein.
- Textile Bodenbeläge sind aus hygienischen Gründen problematisch und daher zu vermeiden.
- Leitungen müssen unter Putz oder in staubdichten Kanälen verlegt werden, Hohlräume sind abzudichten.
- Heizkörper und Luftdurchlässe müssen leicht zu reinigen sein.
- Der Wasserstrahl soll nicht direkt in den Siphon gehen.
- Falls raumlufttechnische Anlagen erforderlich sind, so ist [DIN 1946-4 2008-12] zu berücksichtigen.

7. Wirksamkeit überprüfen

Die Wirksamkeit der Maßnahmen ist zu überprüfen und zu dokumentieren. Letztlich ergibt sich aus der Wirksamkeitsüberprüfung eine Aufstellung von Gefährdungsorten als **Prüfpunkte** mit definierten Maßnahmen, die es in der Betreiberverantwortung und Verkehrssicherungspflicht als Prozess rechtssicher regelmäßig zu organisieren gilt.

Vorsorge treffen – Betreiberverantwortung und Verkehrssicherungspflicht umsetzen

Um straf- bzw. haftungsrechtliche Folgen zu vermeiden, gilt: Kenntnis der Vorschriften + ordnungsgemäßes Handeln + Dokumentation.[71] **!**

Mit der Durchführung eines einmaligen Projekts zur Gefährdungsbeurteilung sind die unternehmerischen und persönlichen Risiken allerdings nicht gebannt. Zur Vermeidung von straf- und haftungsrechtlicher Verfolgung ist eine Aufbau- und Ablauforganisation notwendig, die zumindest den gesetzlichen Vorgaben gerecht werden will. Für diesen Soll-Zustand sind die notwendigen Aufgaben, die Ziele und die Strategien näher zu beschreiben. IT-Lösungen können die Prozesse effizienter gestalten.

Bei den Aufgaben muss u. a. regelmäßig geprüft werden, ob sich gesetzliche Vorgaben geändert haben, auch Bestandsänderungen müssen berücksichtigt werden (s. Abb. 8.33). Die Delegation ist regelmäßig auf ihre Rechtskonformität zu überprüfen, bezogen auf die Qualifikation eigener Mitarbeiter oder externer Dienstleistungsunternehmen. Im Zweifel ist die Qualifikation der eigenen Mitarbeiter durch Schulungen sicherzustellen. Zur Kostenabrechnung der vom Hauswart aufgewendeten Zeit als umlagefähige Betriebskosten sind Standards zu definieren und die Mitarbeiter zu sensibilisieren.

Die erfolgreiche Betreiberverantwortung und Verkehrssicherungspflicht lässt sich analog dem PDCA-Zyklus (Plan, Do, Check, Act: Planen, Ausführen, Überprüfen, Handeln) mit folgenden Teilprozessen detailliert beschreiben (s. Kap. 4.4.1, Abb. 4.1): „Delegation", „Planen", „Ausführen", „Dokumentieren" und „Abrechnen". Hinter diesen Teilprozessen verbergen sich mehrere Prozessschritte.
- **Delegation:** Hierzu müssen die Verantwortlichkeiten aus den Gefährdungsbeurteilungen definiert und persönliche Risiken eingegrenzt werden. Aus haftungs- und strafrechtlichen Erwägungen kann der Versicherungsschutz erweitert und die Verantwortung mittels Dienstanweisung an Mitarbeiter übertragen werden.
- **Planen:** Hierzu müssen die rechtlichen oder aus den Gefährdungsbeurteilungen festgelegten Fristen der Inspektion/Prüfungen sowie Aufgaben beschrieben und gepflegt werden. Abweichend von gesetzlichen Fristen können sich durch lokale Gegebenheiten höhere Anforderungen durch die Gefährdungsbeurteilung ergeben. Die Prüfpunkte müssen im technischen

70 Vgl. [rki (2014)].

71 Vgl. [GEFMA 190 2004-01], S. 26, in: [Bogenstätter, U. (2008)], S. 113.

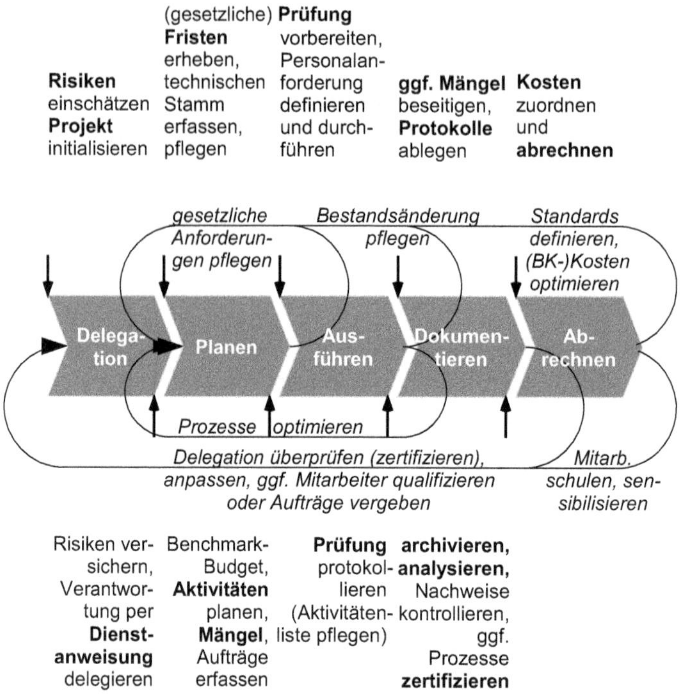

Abb. 8.33: Verkehrssicherungsflicht als Regelkreis.[72]

Stammbuch oder als Inventarposition erfasst und gepflegt werden. Benchmarks können helfen, Budgets festzulegen. Die regelmäßigen Aktivitäten sind zu planen, ggf. von Dritten gemeldete Mängel als Aufträge zu erfassen.

- **Ausführen:** Für eine ordnungsgemäße Ausführung sind die Personalanforderungen zu definieren und die Qualifikation sicherzustellen. Das Ergebnis der Prüfung ist zu protokollieren und die Aktivitäten sind in einer Liste zu pflegen.
- **Dokumentieren:** Eventuelle Mängel sind festzustellen und ihre Beseitigung ist zu beauftragen, die Protokolle der Inspektion/Prüfung sind abzulegen, entsprechend den gesetzlichen Vorgaben zu archivieren, durch den Vorgesetzten zu analysieren und die Nachweise hinsichtlich der unternehmensspezifischen Vorgaben zu kontrollieren. Delegieren allein genügt nicht. Um die Aktualität der Vorgaben sicherzustellen, können die Abläufe durch Externe hinsichtlich ihrer Rechtskonformität überprüft werden.
- **Abrechnen:** Ein pauschaler Ansatz der umlagefähigen Betriebskosten bei der Anrechnung der Hauswartkosten ist nicht zulässig (BGH-Urteil vom 20.02.2008 – VIII ZR 49/07). Vielmehr sind die umlagefähigen Betriebskosten des Hauswarts nach Zeitaufwand abzubilden. Danach können die Hauswarttätigkeiten des Prüfens und Inspizierens ggf. auf den Mieter umgelegt werden.

Die detaillierte Aufbau- und Ablauforganisation in der Eigentümer- und Verwalterverantwortung ist in Abb. 8.34 dargestellt. Die Organisation der Verkehrssicherung wird in Kapitel 5.3.2 behandelt. Unter welchen Prämissen sollen diese Aufgaben durchgeführt werden? Ziel ist es, das Risiko

72 Quelle: eigene Darstellung.

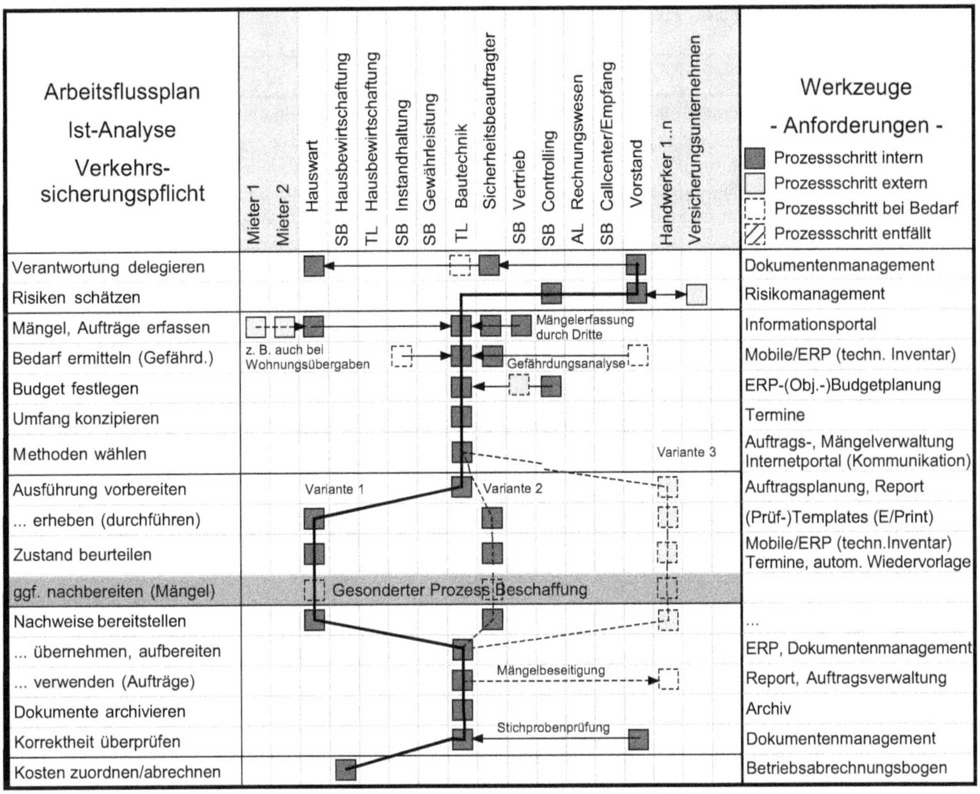

Abb. 8.34: Aufbau- und Ablauforganisation in der Eigentümer- und Verwalterverantwortung.[73]

zu verringern und ein Verschulden des Geschäftsführers mit strafrechtlichen Konsequenzen zu vermeiden. Vermieden werden sollen auch negative Schlagzeilen, da ein Negativimage zu erheblichen Ertragseinbußen beim Unternehmen führen kann. Aufsichtsräte sind hierfür ebenfalls nicht zu begeistern. Im Nebeneffekt kann das Auftreten von Mängeln grundsätzlich reduziert sowie ggf. Gerichtsprozesskosten und erhöhte Versicherungsgebühren vermieden werden. Es kann daher im Interesse eines Unternehmens sein, die gesetzlichen Fristen zu unterschreiten, wenn ein erhöhtes Gefährdungspotenzial, z. B. in einem sozialen Brennpunkt, ermittelt wurde. Im ureigenen Interesse des Geschäftsführers ist daher auch, aus Fehlern zu lernen und Risiken weiter zu reduzieren.

Welcher Weg soll hierzu beschritten werden? Auf der strategischen Ebene sind grundlegende Entscheidungen zu fällen: die Risiken quantitativ abzuwägen, ggf. ein Beschluss zu fassen, sich zertifizieren zu lassen. Motivation dabei ist, Schäden nicht durch erweiterten Versicherungsschutz zu begrenzen, sondern Versicherungsprämien durch präventives Handeln verringern (s. Tab. 8.7). Die Verantwortung zu delegieren ist ebenfalls eine strategische Entscheidung. Die externe Kommunikation bewusst zu steuern ist im Falle eines größten anzunehmenden Unfalls (GAU) sinnvoll. In der Tat ist zu klären, ob der Rechtsrahmen eingehalten werden soll. Vielleicht hat es in den vergangenen Jahren geklappt. Zur Entlastungsstrategie gehört auch, die Delegation zu dokumentieren, Entlastungsbeweise anlegen zu lassen und die Delegation zu kontrollieren. Gegebenenfalls ist langfristig das Personal in einem Qualifizierungsprogramm zu schulen und die Mieter sind be-

73 Quelle: eigene Darstellung.

Tab. 8.7: Schäden begrenzen und präventiv handeln.

Schäden begrenzen	Präventiv handeln
Risiken bei der Verkehrssicherungspflicht durch Erweiterung der Haus-Grundbesitzerhaftpflicht auch auf Mieter (Räum- und Streupflichten oder Hauswarttätigkeiten) und beauftragte (Sub-)Unternehmen sowie die Strafrechtsschutzdeckung auch bei Vorsatz erweitern.	Der Nachweis einer ordnungsgemäßen Prüfung wird i. d. R. die Schadensfälle reduzieren. Ein gutes Argument, um gute Konditionen mit den Versicherungen auszuhandeln (s. „FM-Cover", FM-Excellence-Initiative der GEFMA: bessere Versicherungskonditionen durch TÜV-Zertifizierung, nach GEFMA 710-730[a]).

[a] Siehe [GEFMA 710 E 2006-03], [GEFMA 720 E 2006-12], und [GEFMA 730 2006-03].

wusst einzubinden. Prüfungen, z. B. FI-Schutzschalter betätigen, kann der Mieter in der Wohnung nach Hinweis im Mietvertrag auch selbst vornehmen.

Die Qual der Wahl: Die Wahl der Strategie ist eine individuelle unternehmerische Entscheidung. Wenn der Weg zur rechtssicheren Verkehrssicherungspflicht gegangen wird, ist einiges zu beachten, z. B.:

- Was beinhaltet Delegation? Delegation beinhaltet weitreichende Organisations-, Führungs- und Durchführungspflichten (vgl. [GEFMA 190 2004-01], Abschnitt 5.2.1).
- Welche Informationen werden für die Prüfobjekte benötigt?

Merkmale für ein Prüfobjekt sind am Beispiel Aufzugsanlagen in Tabelle 8.8 dargestellt.

Für die Beschreibungen bzw. den Content werden benötigt: biografische Daten, Hinweise auf die Rechtsgrundlagen auch in elektronischer Form, Hinweise auf gesetzliche Pflichten und Fristen (was getan werden müsste), Hinweise auf die Höhe der Sanktionen (Einschätzung der Risiken, wenn nichts getan wird), Anlagenbeschreibungen zu den Prüfobjekten, Stellenbeschreibungen für die ausführenden Personen (wer es tun darf), Dienstanweisungen zur Delegation, Aufträge mit Hinweisen auf Fristen, Leistungsbeschreibungen (was getan werden muss), Arbeitshilfen und Formulare/Dokumente (wie es getan werden muss), ein (Prüf-)Protokoll (es wurde getan) oder gar ein „Hausprüfbuch", ein Kontroll- und Jahresbericht (es wurde geprüft, dass es getan wurde).

Hilfestellungen hierzu haben diverse Verbände oder Institutionen herausgegeben: Normen und Richtlinien gib es von DIN, VDI, VDE oder VDMA, zu finden unter beuth.de, Perinorm, bundesrecht.juris.de, is-argebau.de, umwelt-online.de, beck-online.de oder reg-is.de (vgl. [Glauche, U. DFM 2008-05]). Grundlegende Informationen sind für den gewerblichen Bereich in den GEFMA-Richtlinien [GEFMA 190 2004-01] (Betreiberverantwortung im Facility Management) und [GEFMA 710 E 2006-03] (Systematische Verbesserung der Rechtskonformität) aufgeführt. Fragestellungen der Wohnungswirtschaft sind in [VTW (2007h)] (Umsetzung von Verkehrssicherungspflichten in der Wohnungs- und Immobilienwirtschaft) oder [IfB DL 2468] (Kosten der Überwachungspflichten) dargelegt.

Für Detailinformation können z. B. herangezogen werden: Prüflisten und Qualifikationen der elektrischen Anlagen und Betriebsmittel [GUV -V A3], (gesetzliche) Pflichten und Fristen [GEFMA 190 2004-01], Stellenbeschreibung z. B. einer süddeutschen Wohnungsgesellschaft für Regiebetrieb Hausmeister als Hauswart in [IfB DL 2468], S. 41, Leistungsbeschreibungen z. B. in [GEFMA 520 v3.0 2014-07], Prüfprotokolle in der Wohnungswirtschaft z. B. in [VTW (2007h)], für das Gewerbe in [GEFMA 190 2004-01], Definition der Anforderungen an die Lieferanten hinsichtlich des Qualitätsverständnisses in [GEFMA 700 E 2006-12], hinsichtlich der Anforderungen in [GEFMA 710 E 2006-03].

Neben der Risikovermeidung von Straf- und Haftungsfolgen der Führungsebene lässt sich so zusätzlich eine optimale Instandhaltung verwirklichen.

Aufgaben, Ziele und Strategien definieren den Anforderungskatalog eines Unternehmens an die IT-Unterstützung und deren Werkzeuge. Risiken können im Kontext eines Unternehmens z. B.

Tab. 8.8: Merkmale für ein Prüfobjekt.

Nr.	Merkmalbeschreibung	Beispiel
1	Kontierung (Instandhaltungsbereich bzw. Prüfbereich)	z. B. 5.320.456
[a]	Gegenstand der Prüfung: Anlagenbezeichnung und technische Merkmale, Eigenschaften	z. B. Personenaufzug, Hersteller: Fa. XY, Typ: Z, Baujahr: 2002, Traglast: 1.000 kg, Anzahl der Haltestellen: 3, Anzahl der Ausstiege 2
2.	Lage (Sektor/Verwaltungseinheit)	Haus H03, ME00, R00
3.	Leistungsbeschreibung	Schutzziel (Prüfung/Inspektion), Wartung, Instandsetzung, ... ggf. als Maßnahmenpaket
4.	Risikoklasse	z. B. 1: Ermittlung aus Gefährdungsbeurteilung
5.	Umlagefähigkeit	Je nach BetrkV in der Wohnungswirtschaft
6.	Kostenklasse	kalkulatorischer Wert (oder aus Rechnungsbetrag ermittelt)
7.	Anzahl der Anlagen	z. B. 2 Stück
8.	gesetzliche Pflichten; Turnus	Stilllegung bei Mängeln, die zu Gefährdungen führen können, Frist 4x im Jahr Wartung, Hauptprüfung im 1. Jahr, Zwischenprüfung im 2. Jahr
9.[a]	gewählter Turnus, ggf. abweichend von 8.	s. Nr. 8: s. auch Schutzziele, Maßnahmen aus Gefährdungsbeurteilung
	Sanktionen	Bußgeld ≤ 30.000 €, bei Gefährdung ≤ 1 Jahr Freiheitsentzug
10.	(kalkulatorische) Dauer	zur Berechnung der Aufwandskalkulation und Umlage mit Betriebsabrechnungsbogen
11.	verantwortlich	im Sinne einer innerbetrieblichen Delegation
12.[a]	Prüfer	Qualifikationsniveau (Hausmeister, Sachkunde, Fachkunde, Dienstleister)
	Qualifikationsnachweis	Hauptprüfung durch Sachverständigen einer anerkannten technischen Prüforganisation (z. B. TÜV) und Zwischenprüfung durch Fachfirma gemäß gesetzlicher Grundlage, Wartung durch Aufzugsfirma, ... Instandsetzung durch ..., z. B. eingetragener Betrieb
13.	Ausführende	ausführende (Firma)
14.	externe Leistung	ja, (Rahmen-)Vertrag: (Prüfung/Inspektion) Wartung ... (Abrechnung ggf. nach BetrKV)
15.[a]	Dokumente	Dienstanweisung (Auftrag) mit Angaben zum Zuständigkeitsbereich, Aufgabenumfang, Intervalle (Prüfung/Inspektion) der Wartung gemäß gesetzlichen Vorgaben zu den Fristen oder abweichend hiervon (z. B. freiwillig), einzuleitende Maßnahmen und Kontrollunterlagen
	Rechtsgrundlagen	§ 12 Abs. 5 BetrSichV, AufzV
16.	Protokolle	Prüfbescheinigung nach BetrSichV, Aufbewahrung am Betriebsort
	Rechnungen	Leistungsnachweis
17.	Prüfungstermin	11.08.2017
18.	Ergebnis der Kontrollroutinen	Prüfbescheinigungen liegen vor, Intervalle werden eingehalten, Mängel wurden abgestellt
19.	nächster Termin	11.08.2019

[a] Mindestangaben; vgl. u. a. [Glauche, U. (2008e)].

durch Risikomanagementwerkzeuge unterstützt werden. Die Unternehmenskommunikation kann z. T. durch Informationsportale sichergestellt werden. So kann über ein Informationsportal beispielsweise der Mieter auf seine Pflicht hingewiesen werden, den FI-Schutzschalter nun zu betätigen, ebenso kann intern die Delegation der Aufgaben dokumentiert werden. Mit der Delegation sind Aufgaben bezüglich Prüfobjekten verbunden, die in einem ERP-System gemanagt werden. Digital abgelegte (Prüf-)Templates auf einem tragbaren Computer oder im Ausdruck geben eindeutig an, was, wann, wo und durch wen mit welcher Qualifikation zu prüfen ist. (Automatische) Vorlagen stellen sicher, dass auch im Falle einer Krankheit nichts vergessen und der Sachbearbeiter oder seine Vertretung erinnert wird. Die Delegation kann durch den Vorgesetzten mit Statusverfolgungslisten oder Reports überprüft werden. Neben den Prüfprotokollen belegen ersatzweise oder zusätzlich Auftrags- und Rechnungsdokumente in elektronischer Form die ordnungsgemäße Prüfung. Dokumentenmanagementsysteme und eine Archivanbindung helfen, der Papierflut Herr zu werden. Bei papierlosen Belegen ist sicherzustellen, dass die elektronische Dokumentation vor Gerichten sicher ist, das bedeutet, nachvollziehbar, unveränderbar und über einen vorgeschriebenen Zeitraum.

Bewusstes Eingehen der Risiken von Straf- und Haftungsfolgen

Ungeachtet gesetzlicher Vorgaben kann es eine unternehmerische Entscheidung sein, das haftungs- und strafrechtliche Risiko bewusst einzugehen, um den Aufwand der Prävention mit Blick auf die Eigentümer-, Betreiber- und Verwalterverantwortung zu vermeiden. Dabei handelt es sich um eine Abwägung von Alternativen unter Berücksichtigung der Höhe der Sanktionen. Dieser Abwägungsprozess findet vielfach bei Geschwindigkeitsübertretungen Anwendung: auf der einen Seite der Bußgeld- und Punktekatalog, auf der anderen Seite die Wahrscheinlichkeit, erwischt zu werden.

Aufwand und Risiko dieser Strategie („Das haben wir schon immer so gemacht") lassen sich annäherungsweise wie folgt berechnen: Schadensausmaß einschl. Ertragseinbußen (inkl. individuell bewerteter Gefängnistag) × Eintrittswahrscheinlichkeit × Häufigkeit in der Periode = monetär bewertetes Risiko „Alles wie gehabt". Bei Berechnung des Schadensausmaßes ist ein möglicher Tag in der Justizvollzugsanstalt individuell als Geldwert zu berücksichtigen. Alternativ lässt sich das Risiko „Alles wie gehabt" aus Vergleichszahlen der Vergangenheit wie folgt berechnen: Anzahl der Strafverfahren [n/(a GF)], (grob) fahrlässig × durchschnittliches Schadensausmaß + Höhe der Schadensersatzforderungen ([€/a WE]) × WE + Personalaufwand, Gerichtskosten, Haftungsabwicklung ([€/a WE]) + ggf. erhöhte Versicherungsgebühren = monetär bewertetes Risiko „Alles wie gehabt".

Aber das ist keine gute Idee.

Optimale Instandhaltung geht vor Eingehen von Risiken

Wesentliche Kostenreduzierungen können durch den Einsatz von IT-gestützten Lösungen erreicht werden. Der Nutzen von IT-Lösungen lässt sich wie folgt ermitteln: Anzahl der Geschäftsvorfälle × Zeitersparnis × Stundenverrechnungssatz – (Investitionen + wiederkehrender Aufwand) = Kostenersparnis.

Untersuchungen zur Anzahl der Geschäftsvorfälle und Zeitersparnis je Geschäftsvorfall sind dem Autor leider nicht bekannt. Vereinzelt finden sich Hinweise auf die Anzahl der anfallenden Dokumente, bei der GAG Köln AG beispielsweise 35.000 Dokumente (Prüfungen) für mehr als 500 Spielplätze.[74] Das entspricht einem bemerkenswerten Volumen von 526 [Dokumente/1.000 WE a].

74 Siehe [IfB DL 2468], S. 88.

Die Anzahl der Geschäftsvorfälle bezüglich der Verkehrssicherungspflicht lassen sich in Anlehnung an die LUWOGE Consult überschlägig wie folgt ermitteln: Anzahl der Geschäftsvorfälle = Anzahl der Objektbesichtigungen pro Jahr × Anzahl der Objekte × durchschnittliche Anzahl der Hauseingänge je Objekt × durchschnittliche Anzahl der Prüfobjekte × Anzahl der Formulare je Prüfobjekt.

Unter der Annahme einer jährlichen Objektbegehung mit durchschnittlich drei Hauseingängen und durchschnittlich 60 % von rd. 14 Prüfobjekten, für das jeweils ein Formular ausgefüllt wird, ergeben sich bei 400 Objekten rd. 10.080 Dokumente. Das entspricht bei 20 Mieteinheiten je Objekt rd. 1.260 [Dokumente/1.000 WE a].

Die Begriffe Gefährdungsbereiche oder Prüfobjekte werden leider nicht einheitlich definiert. So spricht z. B. die Joseph-Stiftung in der Wohnungswirtschaft von rd. 190 Gefährdungsbereichen.[75]

Betrachtet man den Ablauf nicht nur im Hinblick auf Risiken, sondern auch auf eine effiziente Instandhaltung, sind zusätzliche Aufgaben zu berücksichtigen: Die Fristen für Prüfungen und die Prüfobjekte sind regelmäßig zu pflegen. Die Prüfungen sind im Budget zu berücksichtigen, ggf. Benchmarks zu erstellen. Aktivitäten sind zeitlich zu terminieren. Die Prüfungen sind z. B. durch passende Werkzeuge und Hilfsmittel vorzubereiten. Bei festgestellten Mängeln ist die Beseitigung zu beauftragen und zu dokumentieren, ggf. durch einen Prüfer zu überwachen. Protokolle sind abzulegen und zu archivieren. Prozesse sind zu analysieren, die anfallenden Aufwände (z. B. Zeiten des Hausmeisters) zuzuordnen und ggf. umlagefähig abzurechnen (vgl. Beispiel in Tab. 8.9).

Tab. 8.9: Umlagefähige und nicht umlagefähige Inspektionskosten.[76]

	Nutzungsart in [€/m² WF Monat]	Gesamt	Umlagefähig	Nicht umlagefähig
1	Mehrfamilienwohnhaus ohne Aufzug	0,40	0,26	0,14
2	Mehrfamilienwohnhaus mit Aufzug		0,77	

Folgende Ziele werden dabei verfolgt: Auftreten von Mängeln vermeiden, Budgetsicherheit erreichen, (Verwaltungs-)Kosten reduzieren, Anteil der umlagefähigen Betriebskosten erhöhen bzw. insgesamt reduzieren (Stichwort zweite Miete), ggf. Entscheidungshilfen erarbeiten, um mängelanfällige Prüfobjekte stilllegen, austauschen oder durch andere Typen ersetzen zu können.

Welche Strategie verfolgt der technische Abteilungsleiter damit? Der technische Abteilungsleiter möchte eventuell Planungssicherheit bei der Budgetierung erreichen, die personalintensiven (DV-)Schnittstellen reduzieren, den Personaleinsatz seiner Mitarbeiter vor Ort optimieren, Folgeschäden im Bestand vermeiden und die Instandhaltungskosten reduzieren. Defekte Dachentwässerungen beispielsweise sind präventiv zu vermeiden. Je nach Historie des Bauteils gilt es, Anlagen zu sanieren oder stillzulegen, wenn sie ein Gefährdungspotenzial darstellen. Präventives Sicherheitsmanagement kann ein gutes zusätzliches Vermietungsargument sein. Um Preisvorteile im Einkauf generieren zu können, sind klare Leistungsziele in Ausschreibungen zu definieren, Leistungen in Paketen zu bündeln (Rahmenverträge) und/oder nachhaltig zu skalieren. Strategisch bedeutsam ist aus seiner Sicht auch, das Personal oder den Mieter zu schulen: Die geschulten Augen der Hauswarte und Mieter erkennen bei ihren Rundgängen Gefährdungspotenziale frühzeitig. Die geschulten Mitarbeiter werden die umlagefähigen Betriebskosten korrekt ausweisen.

75 Vgl. [Schneider, B. (2008g)], S. 36.

76 Siehe [IfB DL 2468], S. 66, 73.

8.3.6 Instandhalten – Inspizieren, Warten, Instandsetzen, Verbessern

In Immobilienunternehmen liegen zur Instandhaltung, zu Baumaßnahmen, Betriebskosten, zur Verwaltung oder Sonstigem Rechnungen in großer Anzahl vor. Nach einer Untersuchung aus dem Jahr 2002 fallen jährlich pro Wohneinheit in einem Wohnungsunternehmen etwa 1,77 Reparaturaufträge an.[77] Darunter fällt auch die Kleinreparaturklausel oder Bagatellschadensklausel in der Wohnungswirtschaft: Reparaturen (Instandsetzungen) an der Mietsache muss nach dem Mietrecht grundsätzlich der Vermieter bezahlen, sofern der Mietvertrag keine anderen Bestimmungen enthält. Doch nur für kleine Schäden an Teilen der Mietsache, die dem häufigen Zugriff des Mieters unterliegen, kann im Mietvertrag wirksam vereinbart werden, dass der Mieter die Kosten trägt. Dazu zählen z. B. Wasserhähne, Licht- und Klingelanlagen, Heizkörper, Herde, Schlösser, Fenster und Türverschlüsse und Rollladengurte. Die Höhe der Kostenübernahme muss für den Einzelfall geregelt sein (z. B. 75 €) und es muss eine Obergrenze für die jährliche Gesamtsumme geregelt sein (z. B. 200 €).

Ein ausgeführter Reparaturauftrag hat einen durchschnittlichen Rechnungswert von etwa 280 € und belastet das Immobilienunternehmen in seiner Ablauforganisation. In Abhängigkeit von der Anzahl der verwalteten Wohnungseinheiten handelt es sich um tausendfach wiederkehrende, gleiche Prozesse, deren Aufwand in einem Missverhältnis zum Rechnungswert stehen und für die es zahlreiche Partner gibt (vgl. Abb. 8.35).

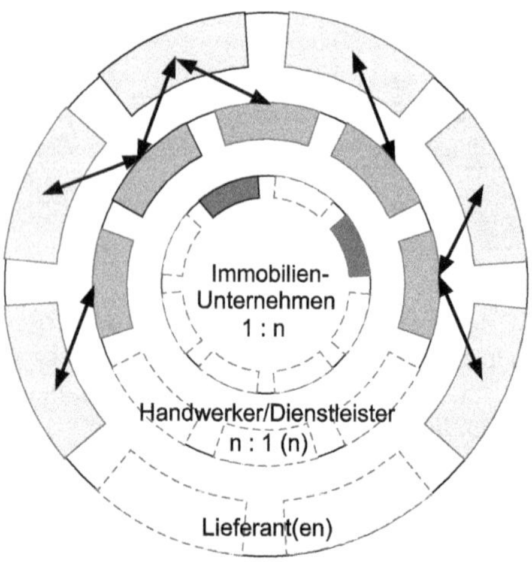

Abb. 8.35: Beziehungen zwischen Lieferanten, Handwerkern und Immobilienunternehmen.[78]

Doch was ist eine „laufende Instandhaltung"? In diesem Prozess wird im Folgenden zwischen Auftrag, Rechnung, Zahlung und Dokumentation unterschieden, die nachfolgend als Prozessschritte bezeichnet werden und sukzessive aufeinander aufbauen. Die dazugehörigen Teilprozesse in einem Wohnungsunternehmen werden zunächst an einem einfachen Reparaturauftrag beispielhaft geschildert (vgl. Abb. 8.36):

- **Auftrag erteilen:** Der Mieter meldet einen Schaden, dieser wird aufgenommen, ggf. werden Preise eingeholt, Aufträge an einen auszuwählenden Auftragnehmer (AN) vergeben, vom AN bestätigt und ausgeführt mit der anschließenden Abnahme 1. durch den Mieter (falls er es beurteilen kann), 2. durch den Bauleiter (falls er bei 1,77 Reparaturaufträgen je Wohneinheit und

77 Siehe [de Zoeten, R. (2002e)].

78 Quelle: eigene Darstellung.

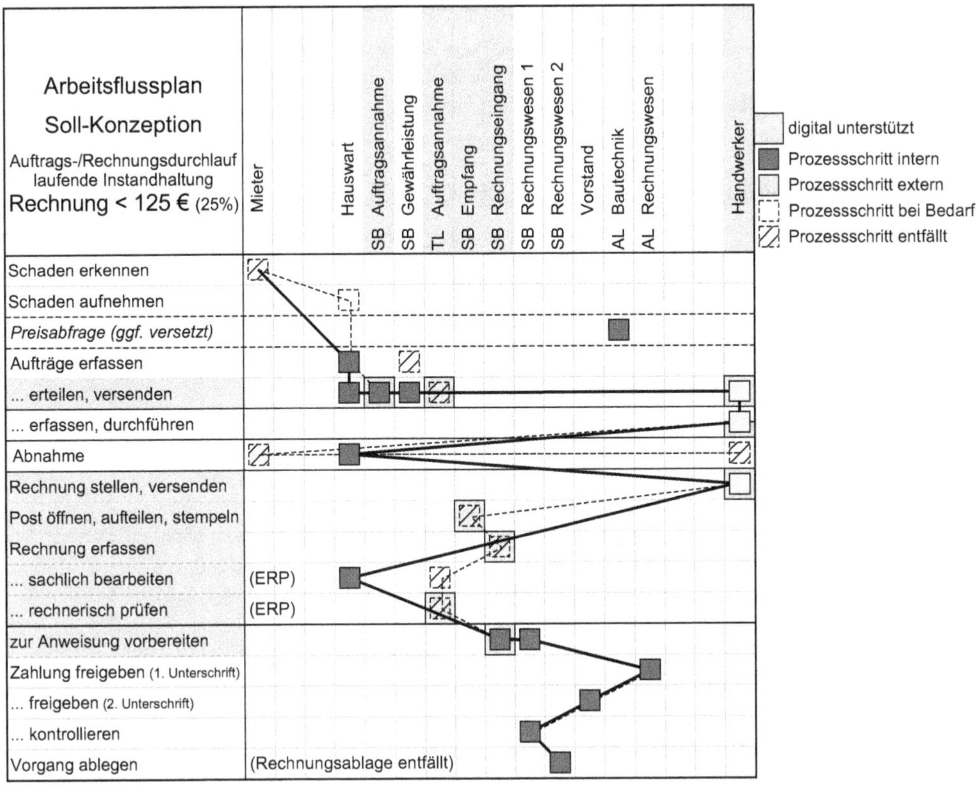

Abb. 8.36: Soll-Prozess Handwerkerkopplung.[79]

Jahr die Zeit dazu findet) oder den beauftragten Sachverständigen (z. B. bei später auftretenden Mängeln oder Gewährleistungsfragen).

- **Rechnung bearbeiten:** Der AN stellt die Rechnung i. d. R. per Post. Die Poststelle bereitet die Rechnung im Immobilienunternehmen vor und erfasst sie. Der AN möchte das Wohnungsunternehmen ärgern und Ressourcen im Unternehmen binden? Nichts leichter als das: Der AN stellt die Rechnung ohne eindeutigen Auftragsbezug, also ohne Auftragsnummer. Danach durchläuft die Rechnung mehrere Prüfinstanzen. Der Teilprozess der Weiterbelastung im Falle von Versicherungsfällen ist ebenfalls zu berücksichtigen, denn er betrifft nach einzelnen Stichproben zwischen 8 und 10 % der anfallenden Rechnungen in der laufenden Instandhaltung. Etwa 32 % der Rechnungen liegen unter 75 € und könnten im Zuge der Kleinreparaturklausel von Relevanz sein, auch wenn sie nur etwa 5 % des Rechnungsvolumens ausmachen.[80] Die Zusammensetzung der Rechnungen ist ausführlich in Kapitel 6.7.2 beschrieben.
- **Zahlung freigeben:** Die Zahlung ist eigentlich der krönende Abschluss eines abgeschlossenen Auftrags. Pünktliche Zahlung erfreut den AN. Nachfragen des ANs hinsichtlich ausstehender Zahlungen beschäftigen das ausführende Handwerksunternehmen ebenso wie das Wohnungsunternehmen selbst (vgl. Abb. 8.37).
- **Vorgang ablegen** (Dokumentation): Die Rechnungs- und Zahlungsbelege werden schließlich abgelegt.

79 Quelle: eigene Darstellung.

80 Vgl. Aareon Jahresstatistik Handwerkerkopplung „mareon" der bezahlten Rechnungen für 2008.

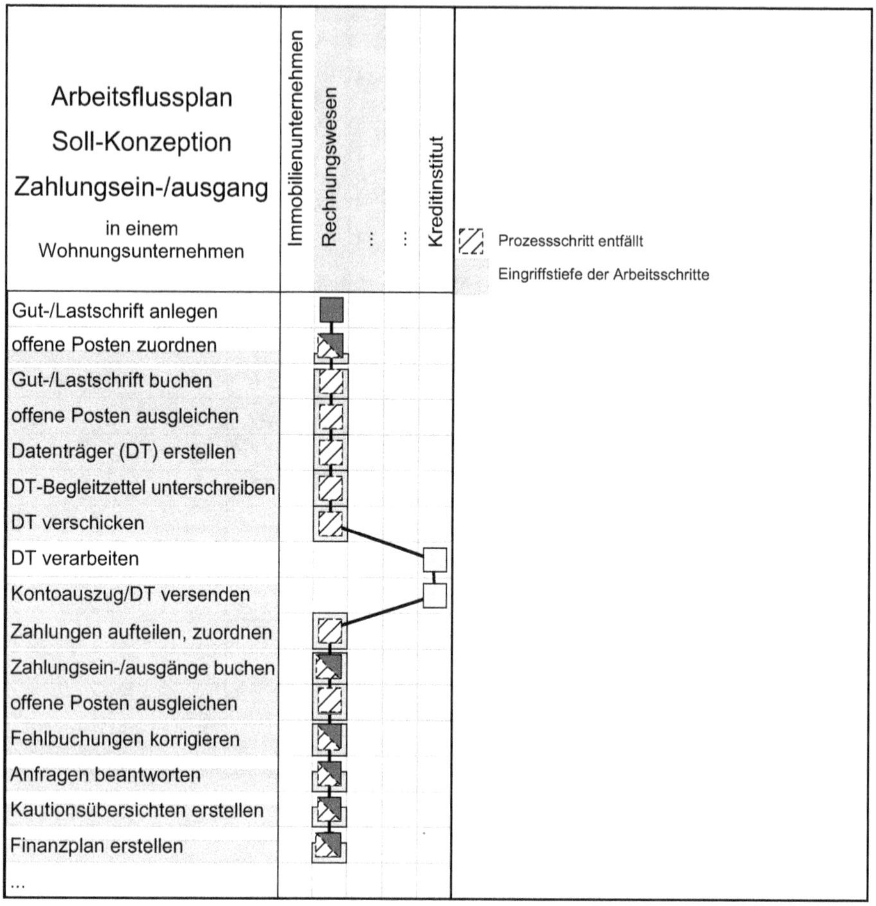

Abb. 8.37: Soll-Prozess Zahlungsfreigabe.[81]

Jeder dieser Teilschritte ist vielfach gekennzeichnet durch Erfassen, Bearbeiten und Weiterreichen von Papier – eine Papierwanderung durch die Büros. Die Beschaffung von Bauleistungen ist aus Datensicht durch erhebliche Medienbrüche gekennzeichnet.

Bei einem Wohnungsunternehmen mit 10.000 Wohneinheiten werden jedes Jahr etwa 17.700 Reparaturaufträge aus den IT-Systemen der Wohnungsunternehmen gedruckt und gefaxt oder per Post verschickt. Die Auftragsdaten werden vom ausführenden Handwerksunternehmen in sein eigenes IT-System abgetippt. Das Verfahren der Rechnungsstellung durch das Handwerksunternehmen funktioniert analog in umgekehrter Richtung.

8.3.7 Sanieren und modernisieren im Betrieb

Modernisieren des Bestands ist eine der herausragenden Herausforderungen in der Wohnungswirtschaft. Anlass zum Nachdenken gibt beispielsweise die Renovierung der in die Jahre gekom-

81 Quelle: eigene Darstellung.

menen Küchen und Bäder bei den Wohnungsunternehmen. Denn es gilt, den nachhaltigen Vermietungserfolg zu sichern und Mietausfälle wegen Leerstand, Mietminderung und langer Bauzeiten zu begrenzen.

Von Vorteil ist es, wenn die Instandsetzung oder Modernisierung im ungenutzten Zustand erfolgen kann. Selten sind die Gebäude jedoch ungenutzt oder nicht vermietet. Der Freizug eines Gebäudes ist nicht immer möglich oder gewünscht.

Eine besondere Herausforderung besteht darin, die Mieter während der Baumaßnahme zu halten und nicht zu vertreiben: Die Anforderungen aus Sicht eines Mieters lassen sich wie folgt beschreiben: planbar im Ablauf und in den finanziellen Auswirkungen, kurz in der Durchführung und mit möglichst geringer Belästigung. Dies ist nicht einfach zu lösen. Was ist zu tun, um eine bewohnerfreundliche Sanierung oder Modernisierung durchzuführen? Eine allgemeingültige Vorgehensweise gibt es nicht. Es gilt daher, Strategien zu entwickeln, wenig dem Zufall zu überlassen und die Abläufe möglichst professionell abzuwickeln. Handwerker werben beispielsweise mit einem Zertifikat zur „bewohnerfreundlichen Sanierung im Wohnungsbestand (bsw)".[82]

Wie sieht ein professionell gestalteter Ablauf aus? Der Teilprozess der Modernisierung beinhaltet die Prozessschritte „Freigabe der Maßnahme", „Initialisierung der Baumaßnahme", „Datenerhebung von Baumaßnahmen", „Ausführungsplanung von Baumaßnahmen", „Durchführung von Baumaßnahmen" und „Abschluss von Baumaßnahmen".

Der Prozessablauf wird maßgeblich durch juristische Vorgaben und (Muster-)Vorlagen mitbestimmt, die als notwendiger Input bezeichnet werden können. Die Prozessschritte werden von unterschiedlichen Organisationseinheiten begleitet, die koordiniert werden müssen. Dazu zählen folgende Bereiche: Bau- und Gebäudetechnik, Controlling, Geschäftsführung, Kundenbetreuung und Rechtsabteilung. Viele Handlungsoptionen stehen offen, um einen kundenorientierten Ablauf zu gewährleisten. Es ist z. B. zu klären, ob zur Sicherstellung der Akzeptanz der Mieter eine Musterwohnung und/oder ein Mieterbeirat eingerichtet werden sollen oder welche Ausführungsarten für einen beschleunigten Bauablauf zum Zuge kommen sollen.

Der Schwerpunkt des Prozessschritts „Freigabe von Baumaßnahmen" liegt bei der Sicherstellung der Planung der Maßnahmen in einer Mehrjahresplanung und der Genehmigung von Budgets zur Planung und Durchführung, um eine Abgleichung mit den Strategien des Immobilienunternehmens zu ermöglichen (s. Abb. 8.38) und Fehlinvestitionen zu vermeiden. Zufriedenheitsanalysen und Leerstandsgründe können weitere Hinweise geben, in welcher Form zu investieren ist.

Bereits bei der Initialisierung des Modernisierungsprojekts einer bereits beschlossenen Baumaßnahme ist zu prüfen, inwieweit der Mieter zu beteiligen ist. Außerdem muss die Informationspolitik des Immobilienunternehmens festgelegt werden. Gegebenenfalls ist es sinnvoll und notwendig, einen Mieterbeirat zu gründen, mehrere Musterwohnungen mit unterschiedlichen Qualitätsstandards bereitzustellen und eine Mieterversammlung einzuberufen (s. Abb. 8.39).

Es folgt der Prozessschritt der Datenerhebung (vgl. Abb. 8.40). Im Zeitplan sind gesetzliche Vorgaben zu berücksichtigen, z. B. ist die Wohnungsbegehung fristgerecht schriftlich anzukündigen. Dieser Prozessschritt beinhaltet auch die Aufnahme der Mieterwünsche und -daten sowie des Gebäude- und Wohnungszustands, um eine Analyse des Ist-Zustands vornehmen zu können und einvernehmliche Lösungen zu finden. Der Mieter kennt das Mietobjekt sehr gut und kann Hinweise auf Schäden geben. Unerkannte Schäden und jede Weigerung eines Mieters führen zu Störungen im Bauablauf und zu Mehrkosten, wenn beispielsweise die Versorgungsstränge nicht durchgängig erneuert werden können. Hoffentlich konnten mit dem Mieter (einvernehmliche) Lösungen gefunden werden, notfalls sind an dieser Stelle die geplanten Maßnahmen abzubrechen. Das ist die Ausgangsituation für die Ausführungsplanung.

82 Siehe [www.malermeister-storm.de] (letzter Abruf: 12.05.2007).

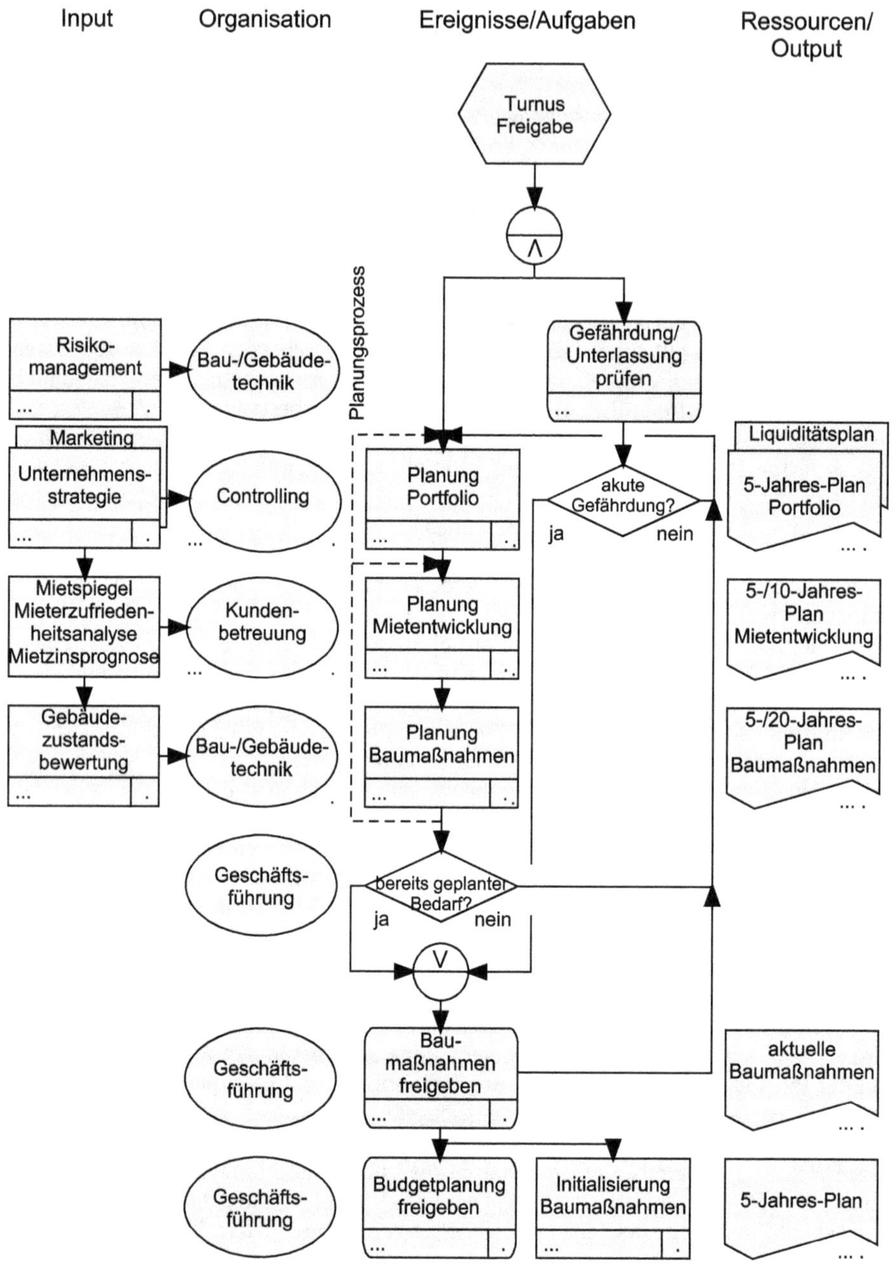

Abb. 8.38: Freigabe von Baumaßnahmen.[83]

83 Quelle: eigene Darstellung.

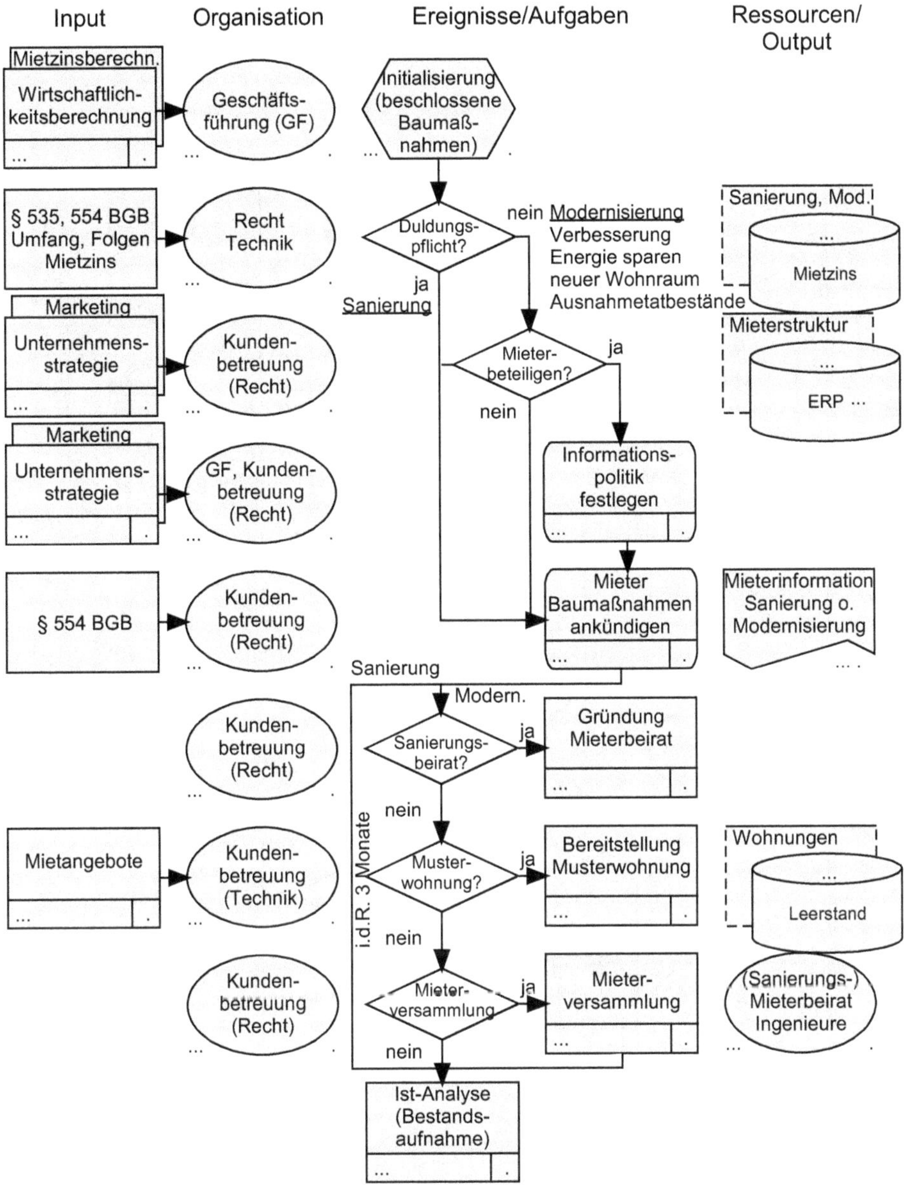

Abb. 8.39: Initialisierung der Baumaßnahmen.[84]

84 Quelle: eigene Darstellung.

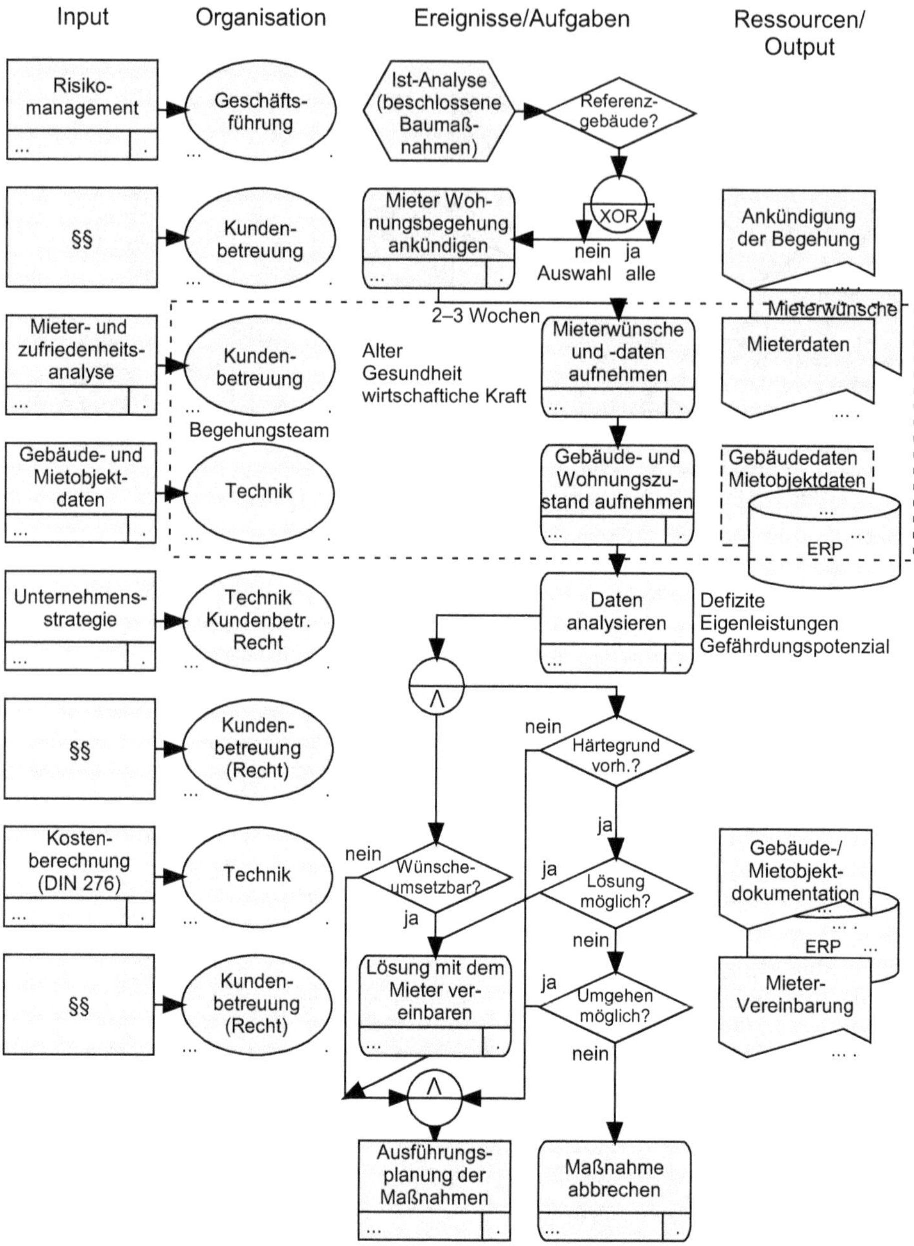

Abb. 8.40: Datenerhebung für Baumaßnahmen.[85]

85 Quelle: eigene Darstellung.

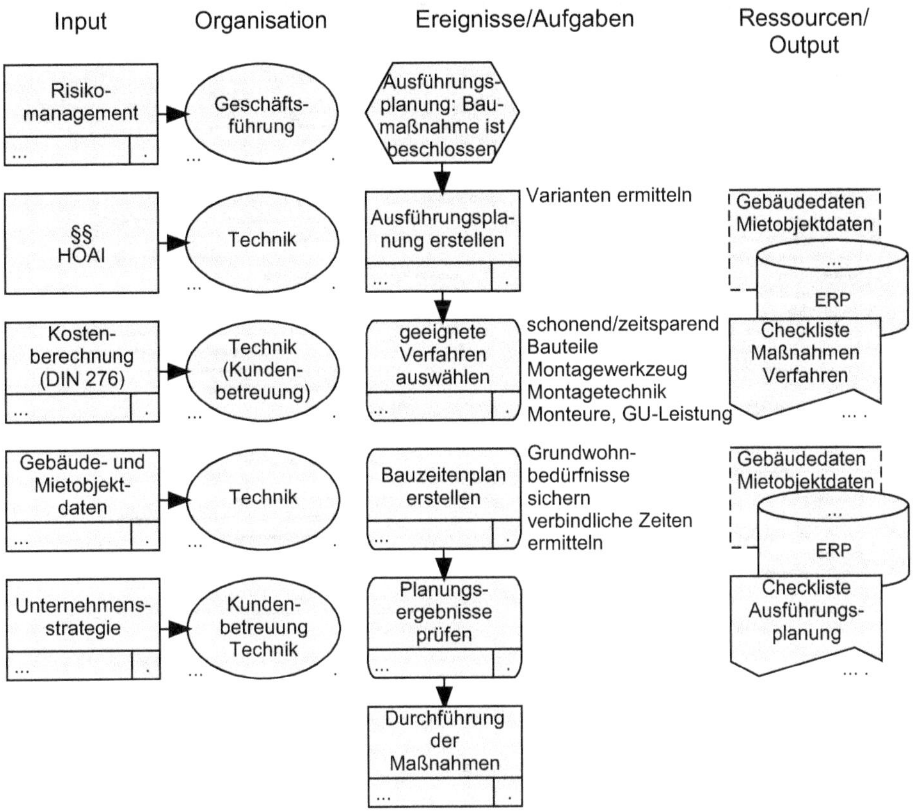

Abb. 8.41: Ausführungsplanung von Baumaßnahmen.[86]

Der Prozessschritt der Ausführungsplanung (s. Abb. 8.41) entspricht weitgehend der Vorgehensweise der Phase 5 nach § 34 und Anlage 10 [HOAI 2013]. Besonders ist darauf zu achten, dass die Ausführungsart und Wahl der Bauteile danach erfolgen, dass eine zeitsparende und schonende Bauausführung mit entsprechendem Montagewerkzeug sowie geeigneten Montagetechniken möglich ist und nach den Bedürfnissen der Bewohner terminiert wird. Diese Vorgehensweise schont die Nerven der Mieter. Varianten sind hierfür aufzustellen. Soll die Entsorgung des Bauschutts durch Schüttrohre an der Fassade oder durch das Treppenhaus erfolgen? Werden die Toiletten über Nacht provisorisch wieder angeschlossen oder Miettoiletten auf dem Balkon oder im Hof aufgestellt? Mit den Ausschreibungsunterlagen und der Vergabe ist im Vertrag sicherzustellen, dass diese Anforderungen und der Bauzeitenplan vom Handwerker eingehalten werden.

Spätestens für die Vergabe (Phase 5 und 6 nach § 34 und Anlage 10 [HOAI 2013]) ist zu überlegen, ob die Leistungen anstatt einer Einzelvergabe von Gewerken an einen Generalunternehmer vergeben werden, sofern mit dem eigenen Know-how diese Ziele nicht eingehalten oder die Bauzeiten verkürzt werden können. Bei einer Küchen- und Badmodernisierung sind viele Gewerke auf kleinstem Raum beteiligt. Ein Beispiel für eine Terminierung der beteiligten Gewerke ist in Abbildung 8.42 abgebildet.

86 Quelle: eigene Darstellung.

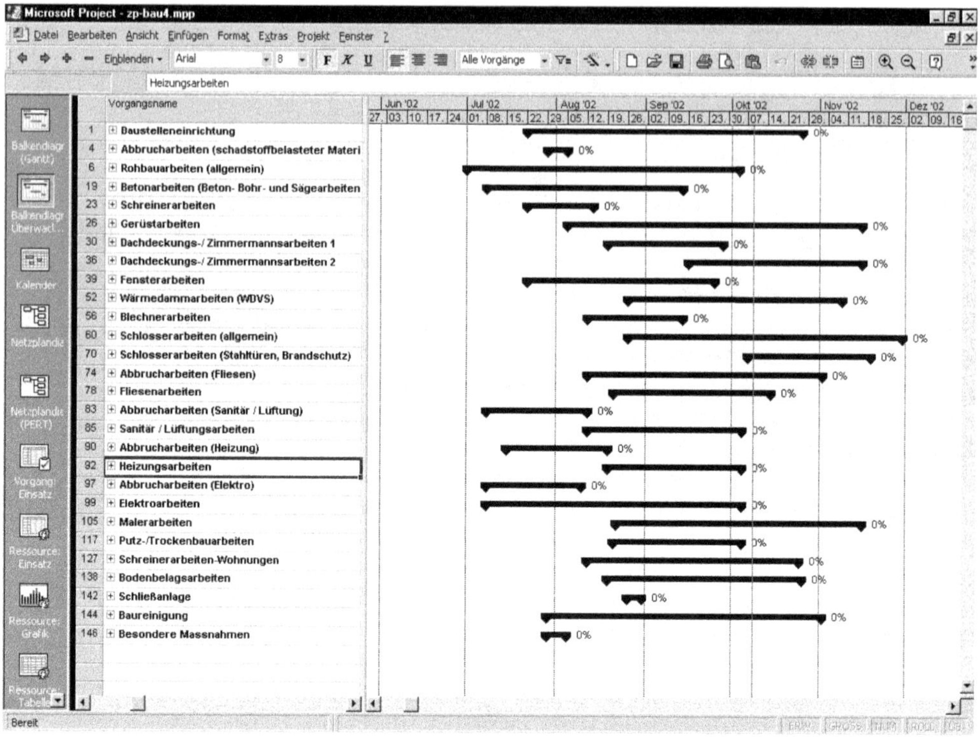

Abb. 8.42: Balkenplan zur Sanierung im Bestand nach Gewerken.[87]

Eine Reduzierung der Arbeitstage erscheint möglich und wurde als „Bielefelder Modell“ durch die Bielefelder Gemeinnützige Wohnungsgesellschaft mbH bekannt. Durch die Vergabe an einen Generalunternehmer kann die Anzahl der Arbeitstage bei einem Mieterwechsel von bis zu 34 auf 12 Arbeitstage reduziert (vgl. Abb. 8.43[88]) werden. Dies ist insbesondere bei kurzer Vermarktungsdauer von Bedeutung (vgl. Kap. 8.3.2). Die Verkürzung der Bauzeit bei einem Mieterwechsel führt daher zu einer Ertragssteigerung bei der Netto-Kaltmiete und zur Verringerung der nicht umlagefähigen Betriebskosten.

Unter Beachtung der gesetzlichen Rahmenbedingungen erfolgt nach Beschluss der Durchführung der Baumaßnahme durch die Geschäftsführung des Wohnungsunternehmens deren Ankündigung für den Mieter (s. Abb. 8.44). Diese erfolgt schriftlich und weist auf Art und Umfang der Maßnahme, den Beginn und die voraussichtliche Dauer hin. Gegebenenfalls wird auf die Mieterhöhung, die Duldungspflicht und das Sonderkündigungsrecht hingewiesen. Die Handwerker erhalten vor Beginn der eigentlichen Baumaßnahmen Hinweise auf zeitnahe Qualitätskontrollen, auf die Einhaltung der Termine, die Kontrolle der nervenschonenden Arbeitsweisen und die zu erwartenden Sicherheitskontrollen. Beschädigungen sowie Staub und Schmutz sind beispielsweise durch die Verwendung von Schutzfolien zu vermeiden. Bauleitung und Hausbewirtschaftung richten ein Krisenmanagement ein. Ist auch die Kommunikation mit den nicht deutsch sprechenden Arbeitern sichergestellt?

87 Quelle: eigene Darstellung.

88 Auf der Grundlage von [Müller, N. (2008c)].

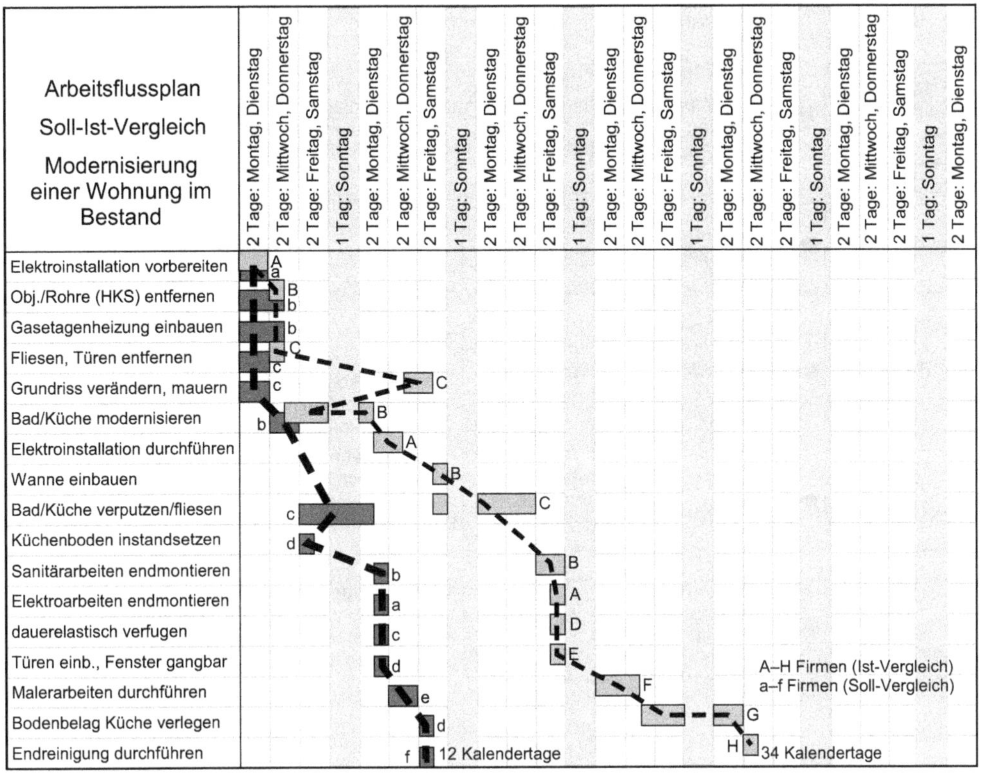

Abb. 8.43: Arbeitsflussplan „Modernisieren im Bestand" als Soll-Ist-Vergleich aus Sicht eines Mieters.[89]

Der eigentliche Abschluss der Baumaßnahme (s. Abb. 8.45) erfolgt nach der Berechnung der Mieterhöhung, der Erhöhung der Miete und den Maßnahmen für ein positives Gesamtbild bei den Mietern. Eine geeignete Maßnahme hierfür kann ein Mieterfest sein, über das anschließend in der Mieterzeitung oder in der lokalen Zeitung berichtet wird.

Bei wiederkehrenden Prozessen helfen Vertragsmuster und Checklisten, die kontinuierlich gepflegt werden und den Wissenstand der Mitarbeiter widerspiegeln. Ein Beispiel für ein Musterschreiben der Einladung zu einem Mieterfest ist in Abbildung 8.46 dargestellt.

Was ist also zu tun, um die Zufriedenheit des Mieters nachhaltig zu sichern? Hierfür sind die strategischen Vorgaben der Geschäftsführung zu klären und eine bewohnerfreundliche Sanierung als Ziel auszurufen. Notwendig sind die koordinierte Darstellung der Rollen in einem Ablaufplan und die Darstellung der Grundlagen und der gewünschten Ergebnisse. (Vertrags-)Dokumente sollen den Mitarbeitern problemlos zur Verfügung stehen, z. B. die Mietervereinbarung oder Leistungsbeschreibung im Intranet. Zielwerte müssen festgelegt und eine Best-Practice-Modernisierung – bei Mieterwechsel innerhalb von zwölf Tagen bezugsfertig – gefeiert werden. Grundsätzlich gilt: je schneller, desto besser. Erfahrungen fließen stetig ein und werden als Verbesserungen dokumentiert. Die Prozessdarstellung hilft dabei, Abläufe im Interesse des Mieters und des Wohnungsunternehmens zu hinterfragen und zu optimieren.

Bei Neuvermietungen führen so die Verkürzung der Modernisierungszeiten und ein professioneller Ablauf direkt zur Steigerung der Netto-Kaltmiete und zu mehr Zufriedenheit der Mieter.

89 Quelle: eigene Darstellung.

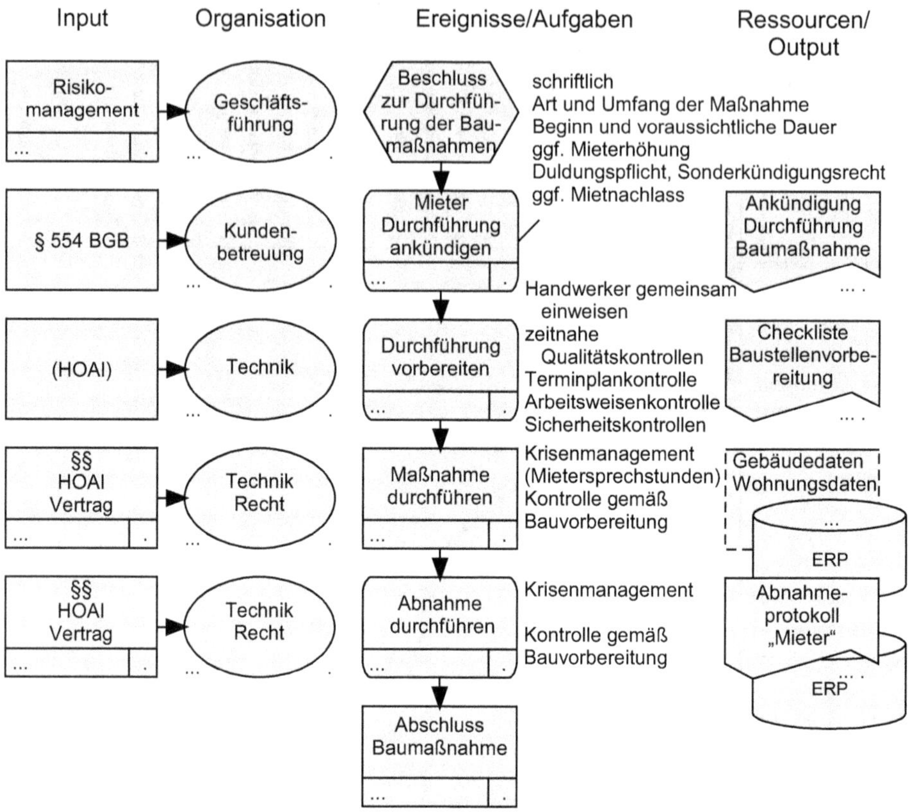

Abb. 8.44: Durchführung von Baumaßnahmen.[90]

8.3.8 Schimmelprojekte – Sanierung der Sanierung meiden

Die Gesundheit ist eine **der** Herausforderungen, mit denen sich die Immobilienwirtschaft zukünftig auseinandersetzen muss (vgl. Kap. 2.3). Dem Wunsch nach gesundem Wohnen steht eine hohe Anzahl von Wohnungen entgegen, die Feuchtigkeitsschäden aufweisen. Nach Aussage des Statistischen Bundesamtes sind neben der Lärmbelästigung insbesondere Feuchtigkeitsschäden als Mangel einer Wohnung zu beklagen. Feuchtigkeitsschäden sind die Grundlage für Schimmelprobleme (vgl. Kap. 7.6). Feuchtigkeits- und Schimmelschäden sind grundsätzlich als ein Massenphänomen zu betrachten. Der Mieter will diese Art Probleme zunehmend nicht mehr akzeptieren.

Aus Sicht der Wohnungsbewirtschaftung ist daher die ausschließlich technische Beurteilung und Bewertung eines Schimmelbefalls nicht ausreichend. Mithilfe der Balanced Scorecard ergeben sich folgende Betrachtungsperspektiven:

Was wünschen sich die Beteiligten?

- Aus **Kundenperspektive** wünscht sich der Mieter eine gesunde Wohnung (insbesondere Schwangere oder Eltern), sicherlich keine feuchte Wohnung, keinen Schimmel, kein Lärm. Gegen gefühlte und tatsächliche Gesundheitsrisiken des Mieters ist z. B. Aufklärung zum Lüftungsverhalten und eine Dokumentation notwendig.

90 Quelle: eigene Darstellung.

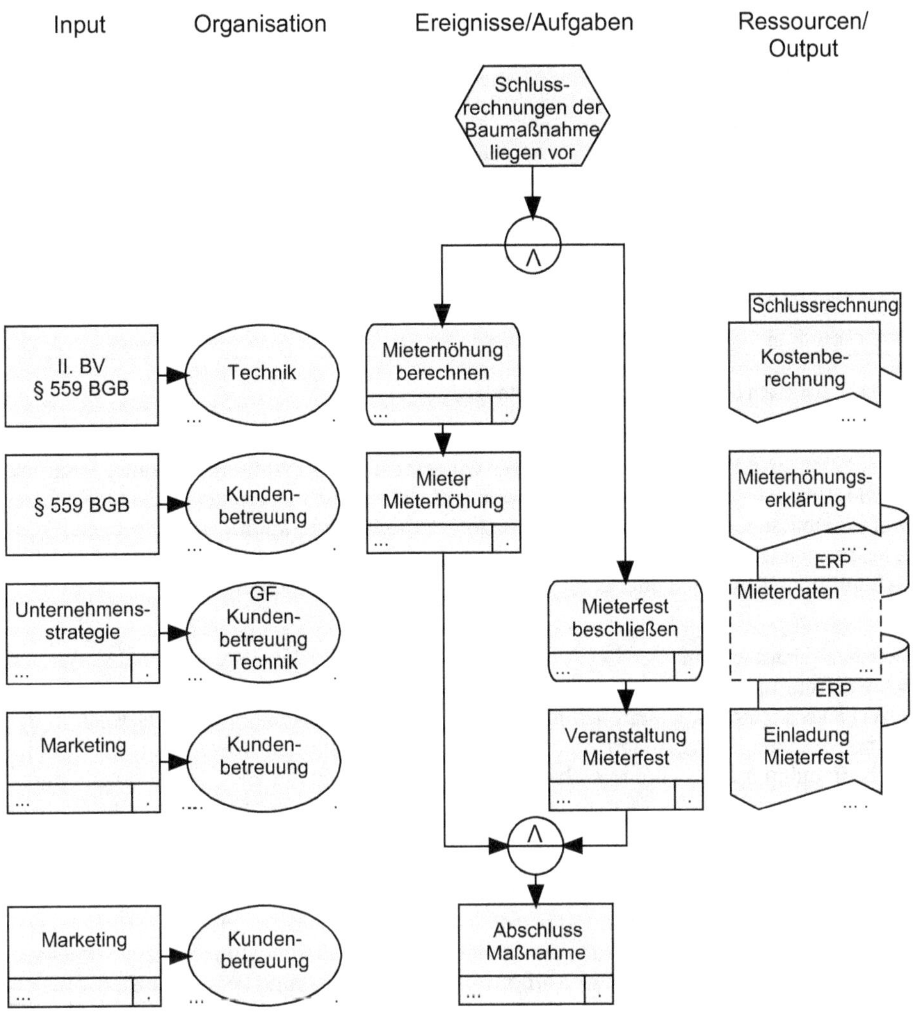

Abb. 8.45: Abschluss der Baumaßnahmen.[91]

- Aus der **Finanzperspektive** wünschen sich die Bank und der Aufsichtsrat eine auskömmliche Rendite und keine negativen Schlagzeilen. Gegen finanzielle Risiken durch Imageschäden, drohende Mietminderungen oder Mietabschreibungen, Fluktuation oder Leerstand, technischen (Sanierungs-)Aufwand sowie Minderung des Immobilienwerts helfen präventive Maßnahmen.
- Aus der internen **Prozessperspektive** wünschen sich der Wohnungsverwalter und der Mieter im Schadensfall vertrauenswürdige, geordnete und effiziente Abläufe. Gegen chaotische Prozessabläufe im Schadensfall hilft der standardisierte Umgang beim Auftreten des Befalls und Klärung des Verursachers. Leitfäden[92] beschreiben in einer Qualitätssicherungsmaßnahme das Vorgehen und geben den Mitarbeitern Sicherheit im Umgang mit dem Schimmel.

91 Quelle: eigene Darstellung.

92 Vgl. beispielsweise [Stadt Nürnberg (2016)] Stadt Nürnberg (Hrsg.): Handlungsanweisung mit Bewertungsgrundlagen für den Umgang mit Schimmelschäden in Gebäuden der Stadt Nürnberg.

Sehr geehrte Mieterin, sehr geehrter Mieter,
die Modernisierung der Wohnungen in der ___-Siedlung ist abgeschlossen! Staub und Lärm der Bauarbeiten gehören der Vergangenheit an.
Alle Wohnungen werden nun zentral beheizt und mit Warmwasser versorgt. Die Bäder zeigen sich nach der kompletten Erneuerung der Sanitärleitungen, der Sanitärobjekte und der Neuverfliesung von Boden und Wänden in neuem Glanz. Die Elektroversorgung genügt nun heutigen Anforderungen.
Als Wiedergutmachung für die Unannehmlichkeiten während der Modernisierung, aber auch zum Dank für Ihr Verständnis laden wir Sie für den ___ herzlich zu einem gemeinschaftlichen Mieterfest ein. Es findet im Bereich der ___ statt.
Für Speis und Trank ist gesorgt. Außerdem erwartet Sie ein abwechslungsreiches Rahmenprogramm für Jung und Alt.
Wir freuen uns, Sie auf dem Mieterfest begrüßen zu können.
(...)
Mit freundlichen Grüßen

Abb. 8.46: Musterschreiben für eine Einladung zum Mieterfest.

– Aus der **Lern- und Wachstumsperspektive** wünscht sich der Wohnungsverwalter Mitarbeiter sowie Mieter, die mit aktuellem Wissen präventiv oder im Schadensfall die Risiken auch bei energieeffizienten Gebäuden reduzieren. Gegen unqualifizierte Mitarbeiter und Mieter können technische Lösungen, Qualifizierungs- und/oder Schulungsmaßnahmen, innerbetriebliche (Handlungs-)Leitfäden oder organisatorische Regelungen[93] helfen.

Was Investoren (nicht) wollen

Sicherlich will kein Investor Imageschäden durch negative Pressemeldung hinnehmen („Verantwortungsloser Vermieter: Baby dem Schimmel ausgesetzt"). Der primäre Geschäftszweck in der (gewerblichen) Immobilienwirtschaft ist es, Rendite zu erwirtschaften. Negativ auf die Rendite wirken sich Mietminderungen und Mietabschreibungen aus: Wenn der Wert der Mietsache durch Umstände gemindert ist, die der Mieter nicht zu vertreten hat, so ist er berechtigt, seine Miete in angemessener Form (d. h. den Mängeln entsprechend) zu mindern. Von den Gerichten wurden bei Schimmelbildung in mehreren Räumen rund 20 % Mietminderung der Bruttomiete anerkannt. Da es sich hierbei um Einzelfallentscheidungen handelt, variiert der Prozentsatz je nach örtlicher Gegebenheit und zuständigem Gericht von 0 bis 100 %. Finanzinstitute betrachten zusätzlichen Leerstand und/oder erhöhte Fluktuationsraten zusätzlich negativ, da dies den Immobilienwert negativ beeinflusst. Gegenmaßnahmen hierzu sind erhöhte Instandhaltungs- und Personalkosten, die sich aber ebenfalls negativ auf das Betriebsergebnis auswirken. Es gibt also viele gute Gründe, Schimmel zu vermeiden.

Was Wohnungsunternehmen (nicht) wollen

Ärger will eigentlich niemand. Das schließt Ärger wegen Schimmel ein. Die Mitarbeiter der Hausbewirtschaftung werden dadurch ebenso wenig wie der Geschäftsführer/Vorstand eines Wohnungsunternehmens in der Arbeit motiviert. Große Abteilungen für Beschwerdemanagement sind nicht sonderlich erstrebenswert. Das Gleiche gilt für die Beschäftigung von Rechtsanwälten.

Mängel, aus welchem Grund auch immer, führen zu zusätzlichem Personalaufwand. Dieser kann mit Prävention gegen Schimmel zumindest teilweise vermieden werden. Dazu gehören technische Maßnahmen ebenso wie z. B. Mieterinformationen. Wenn der Schimmel schon da ist, sollte die Schadensmeldung zumindest in geordneten Prozessabläufen, z. B. bei der Mangelfeststellung und -behebung, bearbeitet werden. Eine besondere Bedeutung kommt dabei der Feststellung des

93 Vgl. Tilgner, Bernd: Pragmatische Schimmelsanierung, in: [peridomus (2017)], S. 105.

Verursacherprinzips zu: Handelt es sich um einen (bau-)technischen Mangel, den der Vermieter zu vertreten hat, oder um ein Fehlverhalten des Mieters, der nicht ausreichend gelüftet hat?

Der geordnete Ablauf kann in vier Stufen (Stufe 0 bis Stufe 3) erfolgen, wohl wissend, dass der Anspruch auf idealtypischen Ablauf und die Wirklichkeit auseinanderklaffen und Letztere je nach Strategie des Immobilienunternehmens sehr unterschiedlich aussehen kann.

- „Vorsorge ist besser als bohren". Der Werbespruch für Zahnpasta gilt ebenso für Präventionsmaßnahmen gegen Schimmel (Stufe 0); hierzu werden eingewiesene Mitarbeiter und Mieter benötigt.
- Die eigenen Mitarbeiter sollten im Falle einer Schadensmeldung eingewiesen und geschult sein (Stufe 1) sein.
- Falls Stufe 1 keine Abhilfe schaffen kann: Der Sachkundige sollte mit dem notwendigen Handwerkszeug professionell auftreten, Daten aufnehmen, die Bewertung überprüfen und Maßnahmen abwägen. Hierzu kann sowohl eigenes als auch fremdes Personal herangezogen werden. Das Wohnungsunternehmen wird ggf. die weiteren Maßnahmen festlegen (Stufe 2).
- Immer noch keine Abhilfe erreicht? Das Hinzuziehen von unabhängigen, öffentlich bestellten und vereidigten Sachverständigen (Stufe 3) sollte bei Bedarf bei abgestimmtem Leistungsumfang (Datenaufnahme einschließlich (zerstörungsfreier) Proben, Bewertung) gesichert sein.

Bei Stufe 1 und 2 handelt es sich üblicherweise um einen Massenprozess (Kernprozess), der sich in vielfältiger Weise wiederholt oder ähnlich abläuft. Die Reparatur eines Wasserhahns erfolgt in ähnlicher Weise. Hier schließt sich der Teilprozess Instandhalten (s. Kap. 8.3.6) und/oder Sanieren und Modernisieren (s. Kap. 8.3.7) als Möglichkeit an. Die Fallzahlen nehmen von Stufe 0 bis zu Stufe 3 erheblich ab und sind zunehmend spezialisiert. Idealerweise ist der Prozessablauf für alle vier Stufen in einem Wohnungsunternehmen definiert.

Was Mitarbeiter und Mieter wie können soll(t)en

Zur Klärung der Kostenübernahme durch den Mieter, den Vermieter oder das Versicherungsunternehmen wird die Dokumentation der Stufen 0 bis 3 eine zunehmend wichtige Rolle spielen. Allerdings wird nicht jede technische Lösung in Stufe 0 (z. B. Klimagriff, Monitoring des Nutzerverhaltens mit Messeinrichtungen) den Anforderungen des persönlichen Datenschutzes entsprechen. Hier gilt es, den Mieter von den Vorzügen der technischen Lösungen zu überzeugen. Ein rotes Lämpchen zeigt auch dem Mieter, wann es Zeit ist, frische Luft hereinzulassen. Die Akzeptanz wird sich steigern, wenn der Mietvertrag vorsieht, dass Messungen vor Gericht nicht verwendet werden dürfen.

Ob alle Stufen vollständig von eigenem, teilweise oder vollständig von fremdem Personal abgedeckt werden soll, ist eine unternehmerische Entscheidung. Angesichts der zunehmenden Komplexität technischer Anlagen und zunehmender Bedeutung des Nutzerverhaltens und des für die technische Betriebsführung Verantwortlichen tut Schulung Not: für Mieter und technisches Personal gleichermaßen. Neben der fachlichen Schulung spielt die Effizienz des Personaleinsatzes eine besondere Rolle.

Stufe 0: Prävention durch Monitoring und Automatisierung

Vielfach entstehen Feuchtigkeits- und Schimmelschäden durch ungeplanten Wassereintrag. Der kann auf der Baustelle oder im der laufenden Gebäudenutzung erfolgen. Die Ursachen liegen bei der Gebäudenutzung u. a. an mangelhafter Bauleitung, an Unwettern auf Baustellen, an Leckagen wasserführender Leitungen, an technischen Installationen oder schadhaften Dächern. Da die Schäden zunächst unentdeckt bleiben, sind Folgeschäden nicht auszuschließen.

Es liegt in Anbetracht der möglichen Schadenshöhen nahe, präventive Maßnahmen vorzusehen. Dazu gehören

- baukonstruktive Maßnahme (z. B. qualitätssichernde Maßnahmen zur Planung) und/oder
- organisatorische Maßnahmen (z. B. qualitätssichernde Maßnahmen zur Bauleitung) und/oder
- Monitoring (z. B. durch Frühwarnsysteme).

Bereits in der Investitionsphase lassen sich risikobehaftete Baukonstruktionen in technischen Anlagen vermeiden. Hierzu gehören bei der Planung entsprechende Kenntnisse hinsichtlich Materialeigenschaften, Bauphysik sowie Heizungs- und Lüftungssystemen ebenso wie die Umsetzbarkeit und Abstimmung von Detaillösungen zwischen den Leistungsbereichen.[94] Ggf. sind Baumaterialien mit einer höheren Schadenstoleranz zu verwenden.[95] Teilweise sind neue Konstruktionen zu berücksichtigen, um auch den nicht mit bloßem Auge erkennbaren Wassereintritt zu erkennen (Detektion) und den Schaden zu begrenzen (Schottenbildung). Um eine rechtzeitige Entfeuchtung des Bodens zu ermöglichen, ist ggf. eine Strömungsebene (Wirrgewebe) einzubauen, wenn ein Trocknungsgerät zum Einsatz kommen soll.[96] Hier besteht noch erheblicher Forschungsbedarf.

In der Ausführung der Bauarbeiten ist beispielsweise auf den trockenen Einbau der Baumaterialien zu achten und die Trockenzeiten im Rahmen eines Feuchtemanagements sind einzuhalten.[97] Das betrifft ein definiertes Qualifizierungsniveau der am Bau Beteiligten.

Für das richtige Heiz- und Lüftungsverhalten ist der Nutzer über die Bedienung der Heizungs- und Lüftungsanlagen zu unterrichten. Ebenso sind Ansprechpartner im Schadensfall zu benennen.[98]

Die Detektion des ungeplanten Wassereintritts im laufenden Betrieb kann insbesondere durch Monitoring mithilfe von Sensoren erfolgen, die punktuell oder in der Fläche als Matten eingebaut werden. Die Detektion bedient sich dabei technischer Verfahren der Mess-, Steuer-, Regeltechnik und/oder der Informationstechnologie. Die Anforderungen an das Monitoring lassen sich durch

- Echtzeit-Daten zur Störmeldung,
- bezogen auf Raum-, Anlagen- und Bauteil-Ebene,
- Prävention, Monitoring, Detektion, Lokalisierung, Reaktion,
- Alarm- und Ticket-System sowie
- Echtzeit- und historische Datenvisualisierung zur Dokumentation

charakterisieren. Die Kosten hierfür betragen zwischen 20 und 57 € pro m^2, je nach verwendetem System (vgl. Tab. 8.10). Im Idealfall wird eine Leckage in einem Installationsschacht automatisch detektiert und direkt an die zuständige zentrale Antragsstelle, das Callcenter oder die technische Abteilung gemeldet, wenn ein definierter Grenzwert überschritten wird. Die Meldung kann jedoch auch durch den Mieter oder Kunden erfolgen. Danach wird veranlasst, dass eine geschulte Person die Leckage prüft. Organisatorisch ist sicherzustellen, dass eine Begehung auch am Sonntag stattfinden kann.

Letztendlich muss bei Auftreten eines (Schimmel-)Schadens eine Beurteilung der Schadensursache und Bewertung der Schadenshöhe stattfinden. Hilfreich hierfür ist eine Gefährdungsbeurteilung, wie in Kapitel 8.3.5 beschrieben, oder eine Risikoanalyse (s. Kap. 3.7.5).

---

94 Vgl. Buchner, Martin: Kriterien für die Schimmelprophylaxe in Planung und Ausführung, in: [peridomus (2017)], S. 107 ff.

95 Vgl. [UBA 2017M], S. 68 ff.

96 Vgl. Gebauer, Ralf: Mikrobielle Eskalation in Estrichdämmschichten – Beproben? Trocknen? Oder besser vermeiden!, in: [peridomus (2017)], S. 105.

97 Vgl. Buchner, Martin: Kriterien für die Schimmelprophylaxe in Planung und Ausführung, in: [peridomus (2017)], S. 107 ff, [UBA 2017M], S. 68 ff.

98 Vgl. [Stadt Nürnberg (2016i)].

Tab. 8.10: Detektion von Wasser- und Feuchtigkeitsschäden.

	Kriterien	HumID	Progeo
1	Sensorart	– Punkt-Sensoren, kabellos	– lineare Sensoren, verkabelt
2	Fläche	– 390 m²	– 915 m²
3	Randbereich	– 1,00 × 1,00 m Raster	– k. A.
4	Flächenbereich	– 2,00 × 1,00 m Raster	– k. A.
5	Datenlogger	– Scanner	– Monitoring-Box
6	Alarm	– nach Kontrolle	– bei Feuchtigkeit
7	Kontrolle	– manuelle Kontrolle in festgelegtem Intervall	– automatische Kontrolle per LAN oder GPRS, Permanentüberwachung

Stufe 1: Detektion/Lokalisierung durch eine geschulte Person

Der Schwerpunkt liegt in der Detektion und Lokalisierung des Schimmelschadens durch eine geschulte Person. Aus Sicht eines Immobilienunternehmens ergeben sich nachfolgende Managementaufgaben:

- **Kundenperspektive:** Der Mieter/Kunde sollte den Schaden im Immobilienunternehmen problemlos dem Immobilienunternehmen ((zentrale) Auftragsannahme, technische Abteilung, Callcenter oder Hotline) melden können, ein Feedback erhalten und über das weitere Vorgehen zeitnah informiert werden (Reaktionszeit).
- **Finanzperspektive:** In der Wohnungswirtschaft handelt es sich hierbei um umlagefähige Inspektions- und Wartungskosten. Gegebenenfalls ist über den Betriebsabrechnungsbogen oder über Arbeitszeitaufschreibungen die Umlagefähigkeit sicherzustellen.
- **Prozessperspektive:** Auftrags- und Mängelverwaltung sind als Prozessschritte involviert. Dazu gehört auch die Personalplanung unter Berücksichtigung von Arbeitszeit, -ort, Tätigkeitsbeschreibung und Qualifikationsfestlegung.
- **Potenzialperspektive:** Eine Informationsdatenbank ist aufzubauen, die eine Abfrage der notwendigen Daten erlaubt. Hierfür sollten die Ergebnisse der Begehungen mit effizienten Hilfsmitteln erfasst und vorgehalten werden. Dazu gehören alle Formen der mobilen Geräte (Digital Pen, Electric Paper, Tablet-PCs). Ebenso sind Schulungsmaßnahmen nach dem internen Standard zur Abwicklung von Schimmelmeldungen durchzuführen.

Zu der Tätigkeitsbeschreibung gehört:

- Die geschulte Person sollte vor der Begehung die vertraglich vereinbarte Nutzungsart, die Historie der Vorschäden und wesentliche Instandsetzungen zur Verfügung haben. Während der ersten Begehung sollte der Schaden aufgenommen werden, das beinhaltet: Sicht- und Geruchskontrolle (Gerüche, Verfärbungen, Auflagerungen) durchführen, Leckage an wasserführenden Leitungen oder technischen Installationen orten sowie das Schadensausmaß beschreiben. Danach sollte die Ursachen eingegrenzt werden:[99] Zeitpunkt der Entstehung und der Schadenslage bestimmen, Wasserzutritt (von außen, durch Leitungen oder durch das Heizsystem) klären, den Innenraum auf Feuchtequellen prüfen. Ebenso sind Hinweise auf nicht vertragsgemäße Nutzung zu vermerken (z. B. mehrere Aquarien im Wohnzimmer). Sofern es ein Versicherungsfall ist, ist dies im Begehungsprotokoll zu vermerken. Die Ergebnisse sind standardisiert (Begehungsprotokoll) zu erfassen und ggf. an Stufe 2 zu übergeben, sofern keine Abhilfe geschaffen werden kann. Andernfalls ist entsprechend den Wertgrenzenregelungen im Immobilienunternehmen der Instandhaltungsauftrag auszulösen oder der Instandsetzungs- und/oder Sanierungsbedarf zu melden. Sofern kein Schaden vorliegt, ist der Auftrag zu schließen.

99 Vgl. [UBA (2005)].

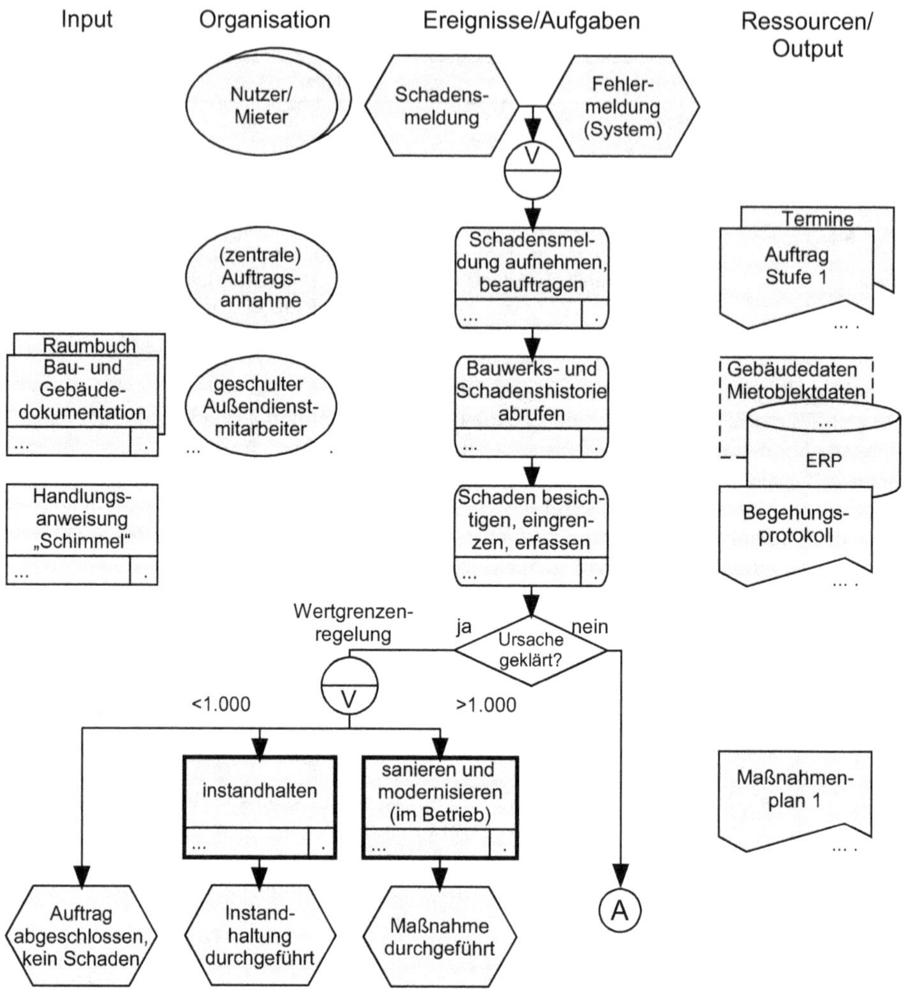

Abb. 8.47: Stufe 1 bei Schimmelproblemen.[100]

- Um die Aufgaben durchführen zu können, gehören zur Ausstattung der geschulten Person (Checkliste): Staubsauger (mit den Ausstattungsmerkmalen für Allergiker geeignet, Feinfilter (K1, H, HEPA), Dichtigkeitsprüfung nach EN 1822), Standardreiniger, Reinigungstuch, Reinigungsschwamm, Fugenmesser, Sanitärsilikon, Schraubendreher, Zange, Spachtel, Fotokamera, Maßband, Taschenlampe, Abfallbeutel, standardisiertes Begehungsprotokoll.
- Zu den sinnvollen Schulungsmaßnahmen gehört die Vermittlung baukonstruktiver Grundlagen, insbesondere von Besonderheiten der Gebäude ausgewählter Baualtersklassen, Wandaufbauten, Balkonanschlüsse und typische Problemkonstruktionen (z. B. Nachtspeicherheizungen, Hangbebauungen in den 1970er-Jahren, Weichfaserplatten bei Fußbodenheizungen (FBH)).

100 Quelle: eigene Darstellung.

Eine geschulte Person sollte für diese Tätigkeiten durch Schulungsnachweise qualifiziert sein. Den detaillierten Ablauf zeigt Abbildung 8.47.

Stufe 2: Lokalisierung/Reaktion durch einen Sachkundigen (Bautechnik/Bauphysik/Feuchtigkeit)

Der Schwerpunkt des Sachkundigen liegt in der Lokalisierung des Schimmelschadens mit der Folge einer angemessenen Reaktion durch das Immobilienunternehmen (mit und ohne Durchführung von Maßnahmen). Der Auftragswert als Schwellenwert kann bei rd. 1.000 € liegen.

Aus Sicht eines Immobilienunternehmens ergeben sich nachfolgende Managementaufgaben:
- **Kundenperspektive:** Kundenzufriedenheits-, Qualitätssicherungs-, Krisenmanagementsysteme und Leitfäden für den Umgang sind anzuwenden.
- **Finanzperspektive:** Nach den Ergebnissen des Sachkundigen sind die notwendigen Maßnahmen in der Budget- und Investitionsplanung des Immobilienunternehmens zu berücksichtigen. Bei ungewöhnlicher Häufung der Schadensfälle in einem Objekttyp und/oder einer Altersklasse sind die Objekte im Portfoliomanagement zu kennzeichnen und der Bestand ist strategisch auszurichten.
- **Prozessperspektive:** Hier ist die Instandsetzungsplanung und -durchführung als Massenprozess im Immobilienunternehmen berührt.
- **Potenzialperspektive:** Das ERP-System ist einzubinden. Potenziale liegen in der Methodenanwendung, Prozessstruktur und Verfahrensoptimierung.

Zu der Tätigkeitsbeschreibung gehört:
- Der sachkundigen Person sollten die Ergebnisse aus Stufe 1 bekannt sein. Zu den Aufgaben während der Schadensaufnahme gehören (* Messwerte nur tendenziell verwendbar, ** nur sinnvoll, wenn Erkenntnisse aus vorhergehender Stufe darauf hinweisen): Thermografieaufnahmen, Luftdichtheitsmessung, rechnerische Verfahren (U-Wert) durchführen und Schlagregensicherheit prüfen, Materialfeuchte*, Temperatur und Feuchtigkeit vom Außenklima**, Temperatur und Feuchtigkeit von Bauteiloberflächen* messen. Um die Ursachen klären zu können, ist Einsicht in Ausführungspläne zu nehmen, die konstruktive Situation durch Inaugenscheinnahme zu überprüfen und der Luftaustausch zwischen den Räumen (feucht zu trocken), die Wassereindringtiefe sowie die Raumlufttemperatur und der Raumluftfeuchtegehalt über mindestens eine Woche** zu überprüfen.[101] Gegebenenfalls kann zusätzlich die Feuchtebestimmung durch die gravimetrische Methode (Darr-Methode)** oder die Calciumcarbit-Methode** erfolgen. Die Ergebnisse sind ebenfalls standardisiert (Begehungsprotokoll) zu erfassen und ggf. an Stufe 3 zu übergeben, sofern keine Abhilfe geschafft werden kann. Andernfalls ist auch hier entsprechend den Wertgrenzenregelungen im Immobilienunternehmen der Instandhaltungsauftrag auszulösen oder der Instandsetzungs- und/oder Sanierungsbedarf zu melden.
- Um die Aufgaben durchführen zu können, gehören zur Ausstattung der sachkundigen Person (Checkliste): Staubsauger (Ausstattung gemäß Stufe 1), Wischtuch, Wärmebildkamera, Blower-Door-Testgerät, Rauchpatronen, Spürgas, Karsten'sches Prüfröhrchen.
- Zu den sinnvollen Schulungsmaßnahmen gehört die Vermittlung baukonstruktiver Grundlagen, insbesondere von Besonderheiten der Gebäude ausgewählter Baualtersklassen, Wandaufbauten, Balkonanschlüssen und typischen Problemkonstruktionen (z. B. Nachtspeicherheizungen, Hangbebauungen in den 1970er-Jahren, Weichfaserplatten bei Fußbodenheizungen (FBH)).

101 Vgl. [UBA (2005)], [UBA 2017], S. 68 ff.

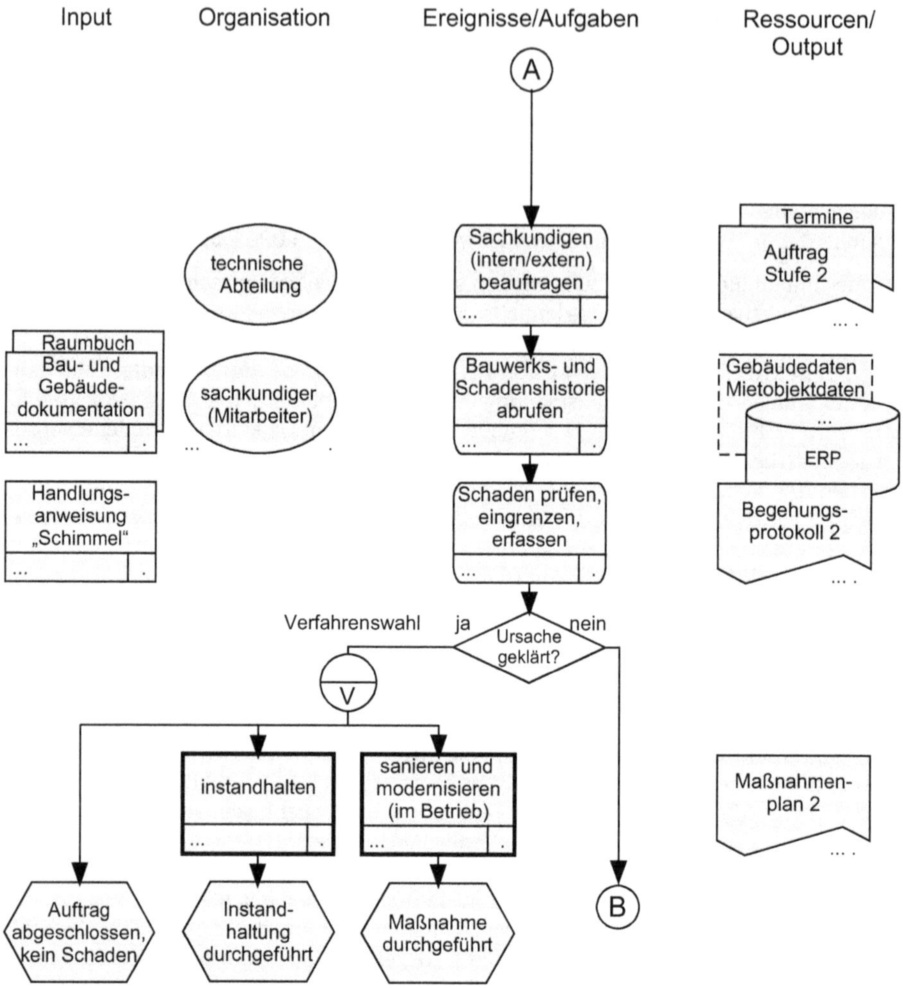

Abb. 8.48: Stufe 2 bei Schimmelproblemen.[102]

Die sachkundige Person sollte in den Schwerpunkten der Bautechnik, der Bauphysik und der Feuchtigkeit ausgebildet sein. Hierzu qualifiziert sind Handwerksmeister mit Schulungsmaßnahmen (z. B. TÜV), Ingenieure aus dem Bauwesen (z. B. der Studiengänge Bau- und Immobilienmanagement/Facility-Management) und Sachkundige für Schäden am Gebäude. Sinnvolle Schulungsmaßnahmen betreffen Messwertverfahren und Auswertungsvarianten. Der detaillierte Regelablauf ist in Abbildung 8.48 dargestellt.

Stufe 3: Prüfung durch einen Sachverständigen (Mikrobiologie/Schimmel)

Der Schwerpunkt dieser Stufe liegt in der weiteren Beurteilung des Schadens, der Auftragswert als Schwellenwert kann bei rd. 6.500 € liegen. In der Regel wird der Schaden von einem extern be-

102 Quelle: eigene Darstellung.

auftragten, unabhängigen Sachverständigen beurteilt. Der Leistungsumfang sollte von der technischen Abteilung im Immobilienunternehmen abgestimmt werden. Dazu gehört auch, gemeinsam mit den Sachverständigen das Verfahren der Probenahme festzulegen. Fachkunde ist bei Auftragsvergabe daher notwendig.

Aus Sicht eines Immobilienunternehmens ergeben sich nachfolgende Managementaufgaben:
- **Kundenperspektive:** Die Managementsysteme gemäß Stufe 2 sind einzusetzen.
- **Finanzperspektive:** Nach den Ergebnissen des Sachverständigen sind die notwendigen (Projekt-)Maßnahmen in der Budget- und Investitionsplanung, im Controlling und in der Hausbewirtschaftung des Immobilienunternehmens zu berücksichtigen. Bei großen Eingriffen ist das Portfoliomanagement entsprechend berührt (vgl. Kap. 8.2.7).
- **Prozessperspektive:** Gegebenenfalls handelt es sich um ein Projekt, das nach Projektmanagementgrundsätzen (Termine, Kosten, Qualitäten) durchzuführen ist.
- **Potenzialperspektive:** Das ERP-System ist in die Projektplanung und -durchführung einzubinden.

Zu der Tätigkeitsbeschreibung gehört:
- Dem Sachverständigen sollten die Ergebnisse aus Stufe 2 bekannt sein. Zu den Aufgaben während der Schadensaufnahme gehören: Die Anknüpfungstatsachen der Stufe 1 und 2 sichten und plausibilisieren sowie eigene Befundtatsachen erheben: Dafür sind die Bauteil- und Probeentnahmestellen aus mikrobiologischen Gesichtspunkten zu prüfen und Schäden zu orten, Materialproben für mikrobiologische Untersuchungen zu entnehmen, Klebefilmproben von Oberflächenverfärbungen zu gewinnen sowie wachstumsfähige Keime und Sporen von Baustoffproben auf Schimmelpilze und Bakterien zu untersuchen (kultivieren und/oder mikroskopieren).
- Um die Aufgaben durchführen zu können, gehören zur Ausstattung des Sachverständigen (Checkliste): Zerstörungsfrei: Impaktionsverfahren zur raumlufthygienischen Messung (Raumluftuntersuchungen), MVOC-Messung. Für spezielle Fragestellungen können Untersuchungen auf Allergene und Mykotoxine oder der Einsatz eines gut geschulten, regelmäßig überprüften und deshalb als zuverlässig eingeschätzten Schimmelspürhunds sinnvoll sein. Die Erkenntnisse aus dem Markierungsverhalten des Schimmelspürhunds und aus weiteren physikalischen Untersuchungsmethoden können neben weiteren Informationsquellen die Entscheidungsgrundlage für die Festlegung von bauteilzerstörenden Probenahmepunkten bilden. Mit dieser Vorgehensweise lässt sich unter wirtschaftlichen Gesichtspunkten die Probenahme optimieren bzw. die Anzahl der Probenahmepunkte minimieren.[103] Zerstörend: Stemmen, Ausschlagen, Ausschneiden (die Produktion von Wärmeenergie beim gewählten Entnahmeverfahren ist stets zu vermeiden).
- Zu den sinnvollen Schulungsmaßnahmen gehört z. B. eine Qualifizierung durch einen Schimmelberater und -beauftragten an der Hochschule Mainz, Hochschulzentrum für Weiterbildung (HZW).

Die Personenzertifizierung für Sachverständige ist nachzuweisen, vgl. die Konformitätsbewertung nach [DIN EN ISO/IEC 17024 2012-11]. Der detaillierte Ablauf ist in Abbildung 8.49 und 8.50 dargestellt.

103 Vgl. und weiterführend [Stahl, S. (2014z)].

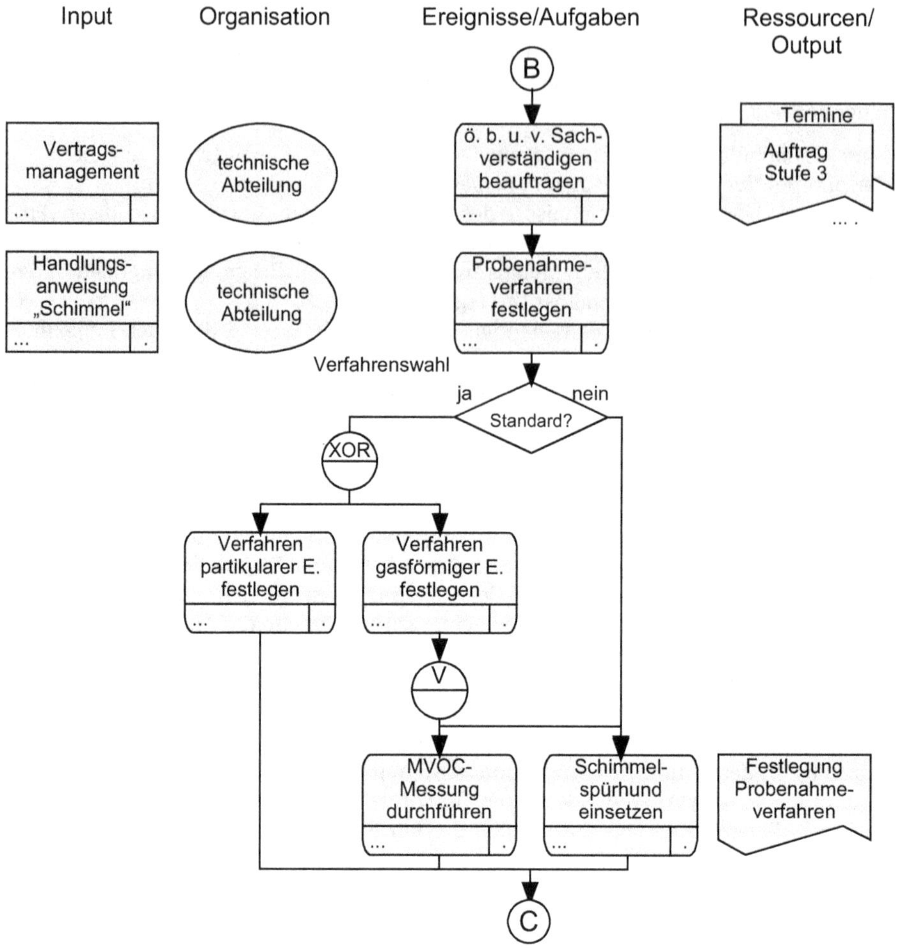

Abb. 8.49: Stufe 3 (Teil 1) bei Schimmelproblemen, Probeverfahren festlegen.[104]

Technische Hilfsmittel

Aus Sicht eines Wohnungsunternehmens sollten die Ergebnisse aus den Stufen 0 bis 3 in einer Datenbank strukturiert abgelegt und zu gegebener Zeit analysiert werden. Technische Hilfsmittel zur Schadensabwicklung gibt es viele. Zur Beurteilung des Schadens können Feuchte- und Wärmemessgeräte ebenso sinnvoll sein wie Sensoren. Zur Abwicklung des Schadens können mobile Geräte wie z. B. Barcodes, RFID-Geräte, Digital Pen, Electric Paper oder Tablet-PCs wertvolle Hilfestellung geben (vgl. Kap. 8.5.6). Drohnen können die Begutachtung von Außenfassaden beschleunigen. Ein Baugerüst aufzustellen benötigt mehr Zeit als eine Befliegung mit einer Drohne. Die einsetzbaren Hilfsmittel unterscheiden sich nicht von denen bei der Instandhaltung.

104 Quelle: eigene Darstellung.

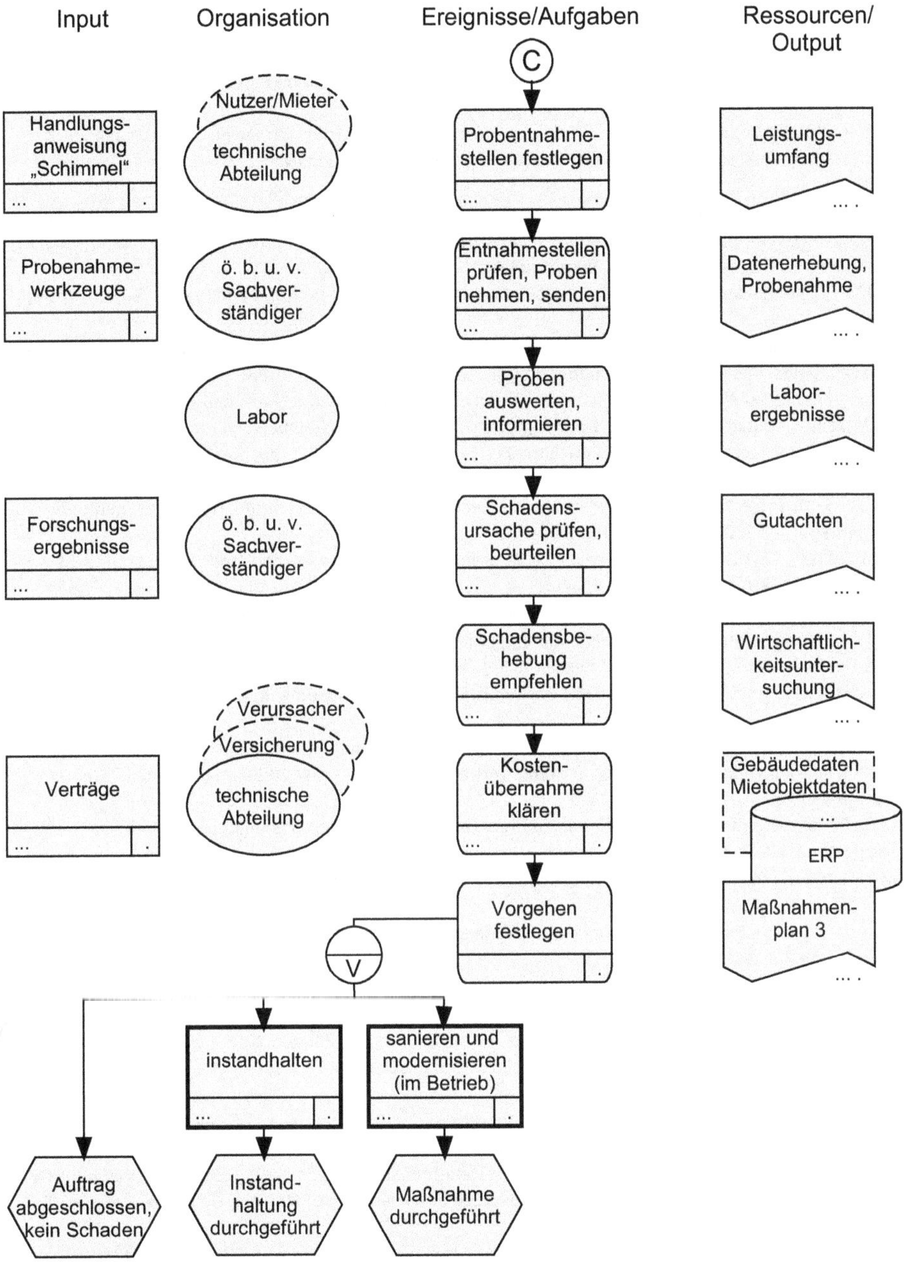

Abb. 8.50: Stufe 3 (Teil 2) bei Schimmelproblemen.[105]

105 Quelle: eigene Darstellung.

Literatur

[Analyse & Konzepte (2008g)] Analyse & Konzepte (Hrsg.): Servicemonitor Wohnen: Ergebnisse 2008; Hamburg 2008.

[Bogenstätter, U. (2008)] Bogenstätter, Ulrich: Property Management und Facility Management; München 2008.

[de Zoeten, R. (2002e)] de Zoeten, Robert: Marktveränderungen in der Wohnungswirtschaft, in: Der Vermieter (2002), Heft 5, S. 27–30.

[DGUV BGI_GUV-I 8700] Deutsche Gesetzliche Unfallversicherung (Hrsg.): Gefährdungs- und Belastungs-Katalog: Beurteilung von Gefährdungen und Belastungen am Arbeitsplatz, 2009, URL: https://www.kuvb.de/fileadmin/daten/dokumente/GBI/Vorschrift_2/i8700.pdf (letzter Aufruf: 04.01.2018).

[DIN 276-1 2008-12] Kosten im Bauwesen: Teil 1: Hochbau, Deutsches Institut für Normung (Hrsg.): Teil 1, DIN 276; Berlin 2008.

[DIN 1946-4 2008-12] Raumlufttechnik: Teil 4: Raumlufttechnische Anlagen in Gebäuden und Räumen des Gesundheitswesens, Deutsches Institut für Normung (Hrsg.): Teil 4, DIN 1946; Berlin 2008.

[DIN 32541 (aufgehoben) 1977-05] Betreiben von Maschinen und vergleichbaren technischen Arbeitsmitteln: Begriffe für Tätigkeiten, Deutsches Institut für Normung (Hrsg.): DIN 32541 (aufgehoben); Berlin 1977.

[DIN 69901-2 2009-01] Projektmanagement: Projektmanagementsysteme: Teil 2: Prozesse, Prozessmodell, Deutsches Institut für Normung (Hrsg.): Teil 2, DIN 69901; Berlin 2009.

[DIN 69901-5 2009-01] Projektmanagement: Projektmanagementsysteme: Teil 5: Begriffe, Deutsches Institut für Normung (Hrsg.): Teil 5, DIN 69901; Berlin 2009.

[DVGW W 1001 2004-04] Sicherheit in der Trinkwasserverordnung: Hinweis, Deutscher Verein des Gas- und Wasserfaches (Hrsg.): DVGW W 1001; Bonn 2004.

[DVGW W 551 2004-04] Trinkwassererwärmungs- und Trinkwasserleitungsanlagen: Technische Maßnahmen zur Verminderung des Legionellenwachstums: Planung, Errichtung, Betrieb und Sanierung von Trinkwasser-Installationen, Deutscher Verein des Gas- und Wasserfaches (Hrsg.): DVGW W 551; Bonn 2004.

[ESW (2003)] Evangelisches Siedlungswerk (ESW) Bayern (Hrsg.): Vermieterleistungen, Partner im Gespräch, Bd. 67; Köln 2003.

[Gallitschke, S. (2008i)] Gallitschke, Siegfried; Bogenstätter, Ulrich: Was nun Aareon?: Ergebnisse der EWOWI-Studie konkretisiert am Vermietungsprozess der LWB: Vortrag am 17. September 2008 anlässlich der WohnData Change in Hamburg.

[GdW (2008k)] Bundesverband deutscher Wohnungsunternehmen (GdW) (Hrsg.): Wohnungswirtschaftliche Daten und Trends 2008/2009: Zahlen und Analysen aus der Jahresstatistik des GdW; Köln u. a 2008.

[GEFMA 100-1 E 2004-07] Facility Management: Grundlagen, GEFMA e. V. Deutscher Verband für Facility Management (Hrsg.): Teil 1, GEFMA 100, 2004.

[GEFMA 190 2004-01] Betreiberverantwortung im Facility Management, GEFMA e. V. Deutscher Verband für Facility Management (Hrsg.): GEFMA 190, 2004.

[GEFMA 190 E 2003-04] Betreiberverantwortung im Facility Management, GEFMA e. V. Deutscher Verband für Facility Management (Hrsg.): GEFMA 190, 2003.

[GEFMA 710 E 2006-03] Systematische Verbesserung der Rechtskonformität, Entwurf 2006-03 von Organisationen im Facility Management: Erfolgsfaktoren und Umsetzungshilfen, GEFMA e. V. Deutscher Verband für Facility Management (Hrsg.): GEFMA 710, 2006.

[GEFMA 720 E 2006-12] Facility Managementsysteme: Grundlagen und Anforderungen, GEFMA e. V. Deutscher Verband für Facility Management (Hrsg.): GEFMA 720, 2006.

[GEFMA 730 2006-03] ipv® – die Qualitätsmarke für die System-Dienstleistungen in der GEFMA-Qualitätsoffensive: Durchführung der Zertifizierung zur Qualifikation als ipv®-Unternehmen, GEFMA e. V. Deutscher Verband für Facility Management (Hrsg.): GEFMA 730, 2006.

[Glauche, U. (2008e)] Glauche, Ulrich: Wegweiser durch den Gesetzesdschungel, in: Facility Manager (2008), Heft 5, S. 44–46.

[HOAI 2013] Verordnung über die Honorare für Architekten- und Ingenieurleistungen (Honorarordnung für Architekten und Ingenieure – HOAI), in: Bundesgesetzblatt; Bd. I, HOAI; 2013, S. 2276.

[HS-MZ (2009F)] Fraß, Patrick: Verkehrssicherungspflicht in der Wohnungswirtschaft; Bachelorarbeit; Mainz 2009.

[HS-MZ Redcher, A. (2017)] Redcher, Alex: SOLL/IST-Analyse des Störmelde- und Bearbeitungsprozesses mit dem Immobilienmanagementsystem (IMS) bei einer Regionalgesellschaft eines Lebensmitteldiscounters; Praxisprojekt; Mainz 2017.

[HS-MZ Wagner, J. (2016)] Wagner, Janis: Störfallmanagement auf Grundlage statistischer Auswertungen der Gebäudewirtschaft Mainz; Masterarbeit; Mainz 2016.

[IfB DL 2468] Damm, Hans-Thomas: Kosten der Überwachungspflichten: Kostenauswirkungen der Überwachungspflichten der Wohnungsunternehmen im Bestand im Rahmen der Verkehrssicherungspflicht; Hannover 2006.

[KGSt 1/1986] Kommunale Gemeinschaftsstelle für Verwaltungsvereinfachung (Hrsg.): Wirtschaftlicher Hausmeisterdienst in Schulen; Bericht, KGSt 1/1986; Köln 1986.

[KGSt B 5-2010] Kommunale Gemeinschaftsstelle für Verwaltungsvereinfachung (Hrsg.): Hausmeisterdienste in Kommunen: (Stand 2009/2010); Köln 2010.

[Kippes, S. (2013)] Kippes, Stephan: Marktmonitor Immobilien 2013: Eine empirische Studie zum Immobilienmarkt mit den Schwerpunkten Wirtschaftskrise, Energieeffizienz, Problemimmobilien und Kundenbindung; Nürtingen-Geislingen 2013.

[Kochendörfer, B. (2005e)] Kochendörfer, Bernd; Riediger, Nicole: Effizienzsteigerung durch prozessorientiertes Planen, in: Bundesbaublatt (2005), Heft 5, S. 28–30.

[Lohse, M. (2008)] Lohse, Moritz; Pfnür, Andreas: EWOWI zwanzig zehn: Erfolgspotenziale der Wohnungswirtschaft 2010: Arbeitspapiere zur Immobilienwirtschaftlichen Forschung und Praxis, Band Nr. 12; Darmstadt 2008.

[Maier, H. (2006g)] Maier, Hartmut; Krzok, Klaus: Vorschläge zur Optimierung der Hausmeisterdienste: Vortrag am 20. Juli 2006 anlässlich des Arbeitskreises Facility Management für Kommunen in der Stadt Ostfildern.

[Müller, N. (2008c)] Müller, Norbert: Praxisbeispiel 2: Steuerungsinstrument bei Instandhaltung und Modernisierung: Fachtagung Instandhaltung/Modernisierung 2008 – Kosteneinsparpotenziale – Prozessoptimierung – Kundenzufriedenheit; Tagungsunterlagen; Bochum 2008.

[Obermann, O. (2002)] Obermann, Oliver; Wilhelm, Thomas: Immo-Media-Research 3: Die große Analyse des Immobilienmarktes im Internet; Wiesbaden 2002.

[Obermann, O. (2007j)] Obermann, Oliver: Das Internet hat gedruckte Tageszeitung bei der Immobilienvermarktung verdrängt, in: Die Wohnungswirtschaft (2007), Heft 10, S. 30–31.

[peridomus (2017)] peridomus Institut Dr. Führer (Hrsg.): Schimmelschäden und Methoden der Prävention: 7. Würzburger Schimmelpilz-Forum; Tagungsunterlagen, 2017.

[rki (2014)] Robert Koch Institut (Hrsg.): Richtlinie für Krankenhaushygiene und Infektionsprävention: Alte Anlagen der Richtlinie für Krankenhaushygiene und Infektionsprävention, rki (2014), URL: http://www.rki.de/DE/Content/Infekt/Krankenhaushygiene/Kommission/Downloads/Altanl_Rili.pdf?__blob=publicationFile (letzter Aufruf: 04.01.2018).

[Schmelzer, H. (2006)] Schmelzer, Hermann J.; Sesselmann, Wolfgang: Geschäftsprozessmanagement in der Praxis: Kunden zufriedenstellen, Produktivität steigern, Wert erhöhen, 5., völlig überarb. Aufl.; München 2006.

[Schneider, B. (2008g)] Schneider, Bernhard: Unfallgefahren systematisch ausschließen, in: Bundesbaublatt (2008), Heft 5, S. 36–37.

[Spieth, A. (2008a)] Spieth, Anke: Antwort auf meine Petition für ein Baden-Württembergisches Spielplatzgesetz für Spielplätze gemäß Landesbauordnung (LBO) aus dem Landtag, 18.01.2008, URL: http://www.thomas-mitsch.de/files/Petitionsausschuss_an_Spieth_mitKurzkommentierung.pdf (letzter Aufruf: 22.08.2008).

[Stadt Nürnberg (2016i)] Stadt Nürnberg (Hrsg.): Schimmel in Wohnräumen: Informationen und Verhaltensregeln, 2016, URL: https://www.nuernberg.de/imperia/md/gesundheitsamt/dokumente/umweltmedizin/folder_schimmel.pdf (letzter Aufruf: 02.04.2017).

[Stahl, S. (2014z)] Stahl, Sonja: Erkennen von verdeckten Schimmelschäden unter Einbezug von Schimmelspürhunden: Vorgehen vor Ort und praktische Erfahrungen, in: peridomus Institut Dr. Führer (Hrsg.): Sanierung der Sanierung: 4. Würzburger Schimmelpilz-Forum; Tagungsunterlagen, 2014.

[Stahlknecht, P. (2002)] Stahlknecht, Peter; Hasenkamp, Ulrich: Einführung in die Wirtschaftsinformatik, 10., überarb. Aufl.; Berlin 2002.

[StBA Fachserie 18 Reihe 1.5 (2016)] Statistisches Bundesamt (Hrsg.): Volkswirtschaftliche Gesamtrechnungen: Inlandsproduktberechnung, Lange Reihen ab 1970, StBA Fachserie 18 Reihe 1.5 (2016); Wiesbaden 2017, URL: https://www.destatis.de/DE/Publikationen/Thematisch/VolkswirtschaftlicheGesamtrechnungen/Inlandsprodukt/InlandsproduktsberechnungLangeReihenPDF_2180150.pdf?__blob=publicationFile (letzter Aufruf: 11.04.2017).

[Tappler, P. (2009d)] Tappler, Peter; Bauer, Barbara; Enzenberger, Gerhard; Jezerniczky, Nina: Wegweiser für eine gesunde Raumluft: Die Chemie des Wohnens: Eine Information des Bundesministeriums für Land- und Forstwirtschaft, Umwelt und Wasserwirtschaft in Kooperation mit dem IBO – Österreichisches Institut für Baubiologie und -ökologie; Wien 2009.

[UBA (2005)] Moriske, Heinz-Jörg; Szewzyk, Regine: Leitfaden zur Ursachensuche und Sanierung bei Schimmelpilzwachstum in Innenräumen: Schimmelpilz-Sanierungsleitfaden, 2005, URL: http://www.nachhaltigesbauen.

de/fileadmin/pdf/PDF_weitere_leitfaeden/schimmelpilzleitfaden-umweltbundesamt-2013.pdf (letzter Aufruf: 20.03.2015).

[UBA (2012l)] Umweltbundesamt (Hrsg.): Empfehlungen für die Durchführung einer Gefährdungsanalyse gemäß Trinkwasserverordnung, 2012, URL: https://www.umweltbundesamt.de/sites/default/files/medien/419/dokumente/empfehlungen_gefaehrdungsanalyse_trinkwv.pdf (letzter Aufruf: 04.01.2018).

[UBA (2017M)] Umweltbundesamt (Hrsg.): Leitfaden zur Vorbeugung, Erfassung und Sanierung von Schimmelbefall in Gebäuden („Schimmelleitfaden"); Dessau/Roßlau 11.2017, URL: https://www.umweltbundesamt.de/sites/default/files/medien/421/publikationen/uba_schimmelleitfaden_final_bf.pdf (letzter Aufruf: 04.01.2018).

[VDI 6023 E 2012-04] Hygiene in Trinkwasser-Installationen: Anforderungen an Planung, Ausführung, Betrieb und Instandhaltung: VDI/DVGW, Verein Deutscher Ingenieure (VDI) (Hrsg.): VDI 6023; Düsseldorf 2012.

[VDI 6200 2010-02] Standsicherheit von Bauwerken: Regelmäßige Überprüfung, Verein Deutscher Ingenieure (VDI) (Hrsg.): VDI 6200; Düsseldorf 2010.

[WBM (2009a)] WBM Wohnungsbaugesellschaft Berlin-Mitte (Hrsg.): WBM reduziert CO_2-Ausstoß in Berlin um mehr als 30.000 t CO2 im Jahr; Pressemitteilung, 13.1.2009, URL: https://www.wbm.de/de/news/presse-details/archiv/2009/january/13/artikel/wbm-reduziert-co2-ausstoss-in-berlin-um-mehr-als-30000-t-co2-im-jahr (letzter Aufruf: 08.01.2018).

8.4 Datensammler: Was fällt ab? Was wird benötigt?

Ulrich Bogenstätter

Oft wird Datenmangel beklagt. Immer wieder wird von Verantwortlichen angeführt, es sei zu wenig Personal vorhanden, um Daten zu erheben. Dennoch: Daten gibt es genug. Zum Beispiel ist auf einer angewiesenen Rechnung vermerkt, wer wann wo an wen für welche Leistung wie viel bezahlt hat. Anders ausgedrückt: Wir wissen, wie viel eine Kirchengemeinde für Instandhaltung ausgegeben hat. Wir wissen auch, ob die Betriebskosten überdurchschnittlich gewesen sind. Leider stehen diese Daten nur unstrukturiert auf dem Papier zur Verfügung oder liegen als ausgedruckte Baupläne in Kellern und U-Bahn-Schächten, müssten ggf. aufwendig mit der Hand erfasst und ausgewertet werden. Was ist zu tun?

8.4.1 Sind genug Daten vorhanden?

In Abbildung 8.51 ist die vorhandene Datentiefe bei einer kommunalen Gebäudewirtschaft in sechs Kategorien beschrieben. Wer glaubt, die Verantwortlichen würden den Gebäudebestand genau kennen, wird enttäuscht werden.

1. Kategorie: Die Brutto-Grundfläche (BGF), die Netto-Grundfläche (NGF) und die Reinigungsfläche (RF) sind aus der CAD-Datei importiert: Grundrisse sind im ERP/FM-System abgebildet, alle Raummerkmale vorhanden.
2. Kategorie: Die NGF und die RF sind aus der CAD-Datei importiert, Grundrisse im ERP/FM-System abgebildet: Es sind keine Raummerkmale[106] eingepflegt.
3. Kategorie: Die BGF ist aus der CAD-Datei importiert, NGF und RF sind nicht vorhanden und die Grundrisse sind nicht abgebildet. Es sind keine Raummerkmale eingepflegt.
4. Kategorie: Die BGF ist geschätzt oder hochgerechnet vorhanden, genaue Daten gibt es nicht. Die NGF und die RF sind nicht vorhanden. Die Grundrisse sind nicht abgebildet. Es sind keine Raummerkmale eingepflegt.

106 Raummerkmale sind: Anzahl der Türen, Anzahl der Fenster, Fensterfläche, Sonnenschutz, Bodenbelag, Wandfläche, Code nach DIN 277, Raumnummer, Raumbezeichnung nach Türschild oder Zeichnung, Nutzer, Abteilung, Umfang Raummaße, Raumhöhe, Netto-Rauminhalt in m^3.

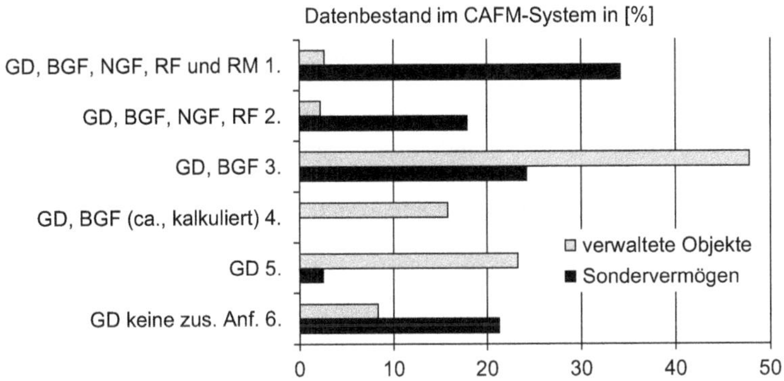

Abb. 8.51: Erhebung von Bestandsdaten im PDCA-Zyklus.[107]

5. Kategorie: Hier wurden nur die Objekte angelegt und die Grunddaten[108] eingetragen, alle anderen Daten sind nicht vorhanden.
6. Kategorie: Dies ist ein Sonderfall: Sportplätze und Außenanlagen sind im ERP/FM-System auch als Objekt angelegt, es gibt aber keine abgebildeten Grundrisse, Flächen und Raummerkmale. Nur die Grunddaten sind eingetragen. Der Datenumfang ist hierfür allerdings ausreichend.

Zuerst ist zu klären, in welcher Rolle welche Daten benötigt werden. Der Bedarf an Daten ist für den Manager eines Immobilienfonds anders gelagert als für den technischen Abteilungsleiter in der Wohnungswirtschaft. Der Datenbedarf ist also vom Geschäftsmodell abhängig (vgl. Kap. 3.3). Es ist zunächst zu klären, welche Datenarten es gibt.

In den klassischen betriebswirtschaftlichen Administrations- und Dispositionssystemen werden Daten nach ihrem Verwendungszweck in Stamm-, Bestands- oder Bewegungsdaten unterschieden.[109] **Stammdaten** beschreiben Informationen, die sich nicht oder nur selten ändern, z. B. die Adresse des Eigentümers. **Bestandsdaten** hingegen beschreiben den Zustand des (Immobilien-)Bestands, z. B. den Heizölvorrat. Die Bestandsdaten werden in (unterschiedlichen) zeitlichen Abständen aktualisiert. **Bewegungsdaten** geben die Veränderung der Bestandsdaten an, z. B. den Heizölverbrauch einer Heizungsanlage im Winter. Gegebenenfalls werden die Daten mit einem Zeitstempel versehen.

Die Bestandsdaten können in technische, kaufmännische und rechtliche Bestandsdaten unterschieden werden (vgl. Kap. 8.4.5). Den technischen Bestandsdaten werden Quantitäten und Qualitäten, den kaufmännischen Bestandsdaten die Kosten eines Objekts zugerechnet. Die rechtlichen Bestandsdaten beschreiben öffentliche und privatrechtliche, aber auch innerbetrieblich vereinbarte Rechtsbeziehungen und Leistungen (innerbetriebliche Leistungsverrechnung) am Objekt.

Beispiele von technischen Bestandsdaten im Vermarktungsprozess werden in Kapitel 8.4.8 anhand der Technical Due Diligence (TDD) dargestellt. Ein typisches Beispiel für technische Bestandsdaten im Vermietungsprozess eines Wohnungsunternehmens ist das Protokoll zur Wohnungsabnahme und -übergabe.

---

107 Quelle: eigene Darstellung, unternehmensspezifische Auswertung [Gauly, Julian (2012)], GD = Grunddaten, BGF = Brutto-Grundfläche, NGF = Netto-Grundfläche, RF = Reinigungsfläche, RM = Raummerkmale.

108 Grunddaten sind: Objekttyp, Objektcode, Name, Liegenschaft, Aktenzeichen aus SAP, Adresse, Gebäudenutzung, Eigentumsverhältnis, Bauunterhaltung, Reinigung, Abgaben, Energie, Wasser/Abwasser, Flur, Flurstück in m^2, Grundbuchblatt, Hauptnutzer, Hausmeister etc.

109 Siehe [Stahlknecht, P. (2002)], S. 141 f.

Unter **Bestandsdatenerfassung** wird die erstmalige oder wiederholte vollständige Erfassung von Bestandsdaten eines realen Objekts verstanden, z. B. nach Übergabe eines Neubaus. Die **Bestandsaufnahme** beinhaltet eine maßliche Aufnahme eines Gebäudes und/oder seiner Umgebung in einem Plan, z. B. zur Vorbereitung einer Baumaßnahme (vgl. Kap. 8.3.2). Die Bestandsdatenerfassung schließt die **Bauaufnahme** ein. „Bauaufnahme ist die Bestands- und Zustandserfassung eines dreidimensionalen Objektes und dessen Wiedergabe in zweidimensionalen Plänen und – soweit nicht darstellbar – durch verbale Beschreibung. Damit läßt sich die Bauaufnahme als die Umkehrung des Prozesses beschreiben, der vom architektonischen Entwurf über die Bauausführung zum fertiggestellten, ggf. im Laufe der Zeit veränderten Bauwerk führt."[110]

Die **Bauuntersuchung** ist der Bestandsaufnahme zuzurechnen. Die Bauuntersuchung umfasst Analysen der Bausubstanz vor Ort sowie Probeentnahmen und Laboruntersuchungen und greift in die Bausubstanz ein. Bei der gutachterlichen Beurteilung, z. B. von Schäden, werden Untersuchungen ggf. nicht zerstörungsfrei durchgeführt und neben den sichtbaren auch alle verdeckten Konstruktionen, Schäden und Mängel am Gebäude erfasst[111], z. B. bei Modernisierungen (vgl. Kap. 8.3.7) oder Sanierungen bei Schimmelschäden (vgl. Kap. 8.3.8).

Im Unterschied zur Bestandsdatenerfassung beinhaltet die **Bestandsdatenpflege** die Aktualisierung bestehender Bestandsdaten. Ereignisse für die Bestandsdatenpflege sind Wohnungsabnahmen, Eigentümerwechsel, Nutzungsänderungen, Instandhaltungsarbeiten oder die Verkehrssicherungspflicht, sofern eine erstmalige Bestandsdatenerfassung bereits durchgeführt war. In der Literatur wird auch in originäre und sekundäre Bestandsdatenerfassung und -pflege unterschieden. Bei der originären Bestandsdatenerfassung und -pflege werden bereits vorhandene Daten vor Ort aufgenommen oder/und anschließend digitalisiert. Die sekundäre Bestandsdatenerfassung und -pflege ist die Aufbereitung vorhandener analoger oder digitaler Daten für die weitere Verwendung.[112] Bestandsdaten, die nicht gepflegt werden können, müssen für eine mittel- oder langfristige Betrachtung nicht erfasst werden. Es ist daher in einem Konzept sicherzustellen, dass eine nachhaltige Bestandspflege erfolgen kann.

Wesentlich für eine (neue) Bestandsaufnahme ist es daher, bereits für die Nutzungsphase Informationsinhalte, Detaillierungsbedarf und Art der Datenbereitstellung festzulegen. Zunächst ist hierfür zu hinterfragen, welche Informationen für den laufenden Betrieb tatsächlich relevant sind, wer welche Informationen im festgelegten Detaillierungsgrad digital liefern muss und wer die digitalen Informationen im Zuge einer Datenmigration weiterverarbeiten wird. Erfolgt die Bestandsdatenerfassung durch ein Dienstleistungsunternehmen, werden sehr selten Wiederholungaufträge zur Aktualisierung erteilt.[113] Andererseits sind wiederholte Bestandsdatenerfassungen anlässlich von Modernisierungs- oder Umbaumaßnahmen zu vermeiden. Stattdessen sollte auf vorhandenes und aktuelles Datenmaterial zurückgegriffen werden können. Ein typisches Medium hierfür ist das Raum- und Gebäudebuch (vgl. Kap. 8.4.5) oder analog die elektronische Haus- und Wohnungsakte, das Liegenschaftsbuch.

Der Prozess der Bestandsdatenpflege lässt sich als wiederkehrender PDCA-Kreislauf[114] wie in Abbildung 8.52 dargestellt beschreiben: Vor Angebotseinholung und Auftragsvergabe sind der Verwendungszweck und der Detaillierungsgrad zu klären. Der tatsächliche Bedarf muss vom Auftraggeber ermittelt, das Budget festgelegt werden, die Erfassung mit dem Dienstleistungsunternehmen konzeptioniert werden, die passenden Erhebungsmethoden müssen gewählt (Plan) und vorbereitet werden (Do). Die Daten müssen vom Dienstleistungsunternehmen vor Ort erhoben, beurteilt und hinsichtlich Vollständigkeit, Aussagekraft und Plausibilität eventuell nachbereitet werden.

---

110 Wagnerin, G., in: [LDA-BW Heft 7], S. 11.

111 Vgl. [Petzold, F. (2001)], S. 18.

112 Vgl. [Schrader, B. (1995)], S. 26.

113 Vgl. [Mehlis, J. (2005e)], S. 157.

114 Vgl. Kapitel 4.4.1.

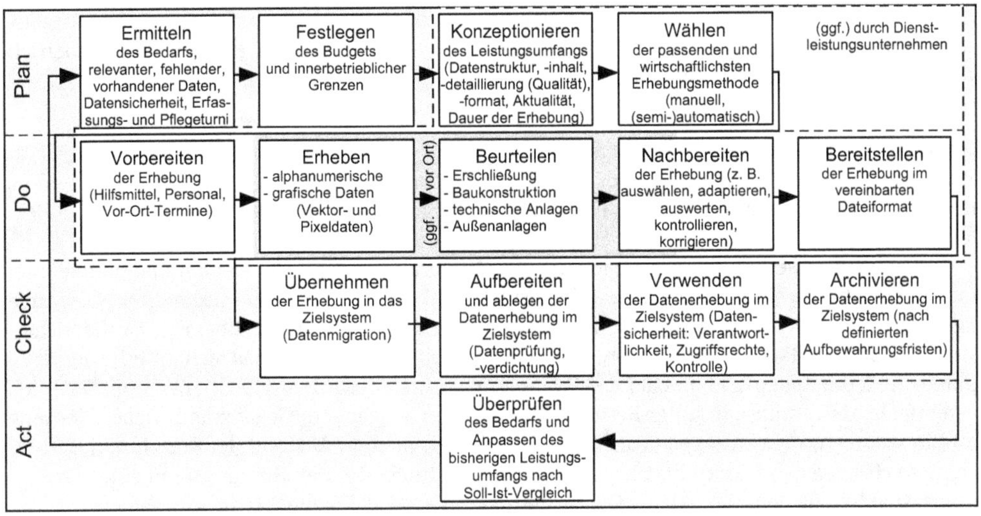

Abb. 8.52: Erhebung von Bestandsdaten im PDCA-Zyklus.[115]

Es stellt die Daten in dem vom Auftraggeber gewünschten Datenformat zur Verfügung. Aufgabe des Auftraggebers ist es, die Daten in das Zielsystem zu übernehmen, dort zu prüfen, aufzubereiten und ggf. die Flächenangaben anschließend für eine Exposé zu verdichten und bei der Erstellung des Mietvertrags bereitzustellen. Die erhobenen und verwendeten Daten sind zu archivieren (Check). Sofern der Bedarf nicht gedeckt wird, ist der bisherige Leistungsumfang anzupassen und im Zweifel die Datenerhebung sofort oder als Bestandsdatenpflege zu einem späteren Zeitpunkt zu wiederholen.

In Anlehnung an Geoinformationssysteme kann auch in **Vektor**-, **Raster**- und **Sachdaten** unterschieden werden. Raster- und Sachdaten sind den Bestandsdaten und Bewegungsdaten zuzuordnen. Bei der maßlichen Bestandsaufnahme liegen die Daten anschließend als Vektordaten vor.

Die größte Herausforderung besteht darin, die Bestandserfassung und -pflege ohne zusätzliche Beauftragung als Teil der bestehenden Prozesse durchzuführen und sicherzustellen – quasi en passant.

8.4.2 Termin- und Zeitplanung

Die Zeitplanung ist ein wesentlicher Faktor für Projekte jeglicher Art. Das sind Projekte zur Bestandserfassung, -aufnahme und Bestandsdatenpflege ebenso wie für Bauprojekte nach Methoden des Projektmanagements. Sie spiegeln sich in mehr oder minder detaillierten Terminplänen wider. Wesentlich für Bauprojekte und -prozesse sind Rahmen-, General-, Steuerungs- und Detailterminpläne zur Koordination der Projektbeteiligten. Vielfach bekannt sind hierfür Balkenpläne zur Darstellung von Zeitdauern und Abhängigkeiten der Projektbeteiligten. Es lohnt sich aber auch, Terminabläufe aufzustellen, wenn nicht nur Projektbeteiligte zu koordinieren sind, sondern auch der langfristige und eigenständige Einsatz von Arbeitsmitteln zu planen ist, z. B. der Einsatz von Energiemessgeräten zum Monitoring von Energieverbräuchen.

Das Vorgehen wird nachfolgend zuerst für (Bau-)Projekte mit der Netzplantechnik und dann für die Zeitaufwandsermittlung der Arbeitsschritte in der (inner-)betrieblichen Arbeitsorganisati-

115 Quelle: eigene Darstellung.

on beschrieben. Arbeitszeit-Richtwerte (ARH) sind nützlich zur Kalkulation der einzelnen Arbeitsschritte und insbesondere im Hoch-, Tief-, Holz- und Trockenbau bekannt. Für den Gebäudebetrieb sind dem Autor keine ARH bekannt.

Terminplanung im Projektmanagement

Projektmanagement (PM) ist die „Gesamtheit von Führungsaufgaben, -organisation, -techniken und -mittel für die Initiierung, Definition, Planung, Steuerung und den Abschluss von Projekten"[116].

Dabei ist es unerheblich, ob es sich um eine Modernisierungs- oder Neubaumaßnahme oder um die Einführung einer IT-Lösung handelt. Nur muss das Projekt in seiner Gesamtheit als einmalig bezeichnet werden können. Wesentlicher Bestandteil von Projektmanagement ist die Sicherstellung von Qualität, Zeit und Kosten. Die Elemente Zeit und Kosten lassen sich mithilfe der Netzplantechnik darstellen und im Lauf des Projektfortschritts überprüfen. Netzplantechnik lässt sich vereinfacht als Terminplan unter Berücksichtigung von Vorgängen (Gegenstand, Dauer, Termine und Ressourcen), Beziehungen (Vorgänger, Nachfolger, Art und Abstand der Beziehung) und Ereignissen (Gegenstand, Zeitpunkt und Wirkung) bezeichnen. Der Detaillierungsgrad eines Terminplans ist abhängig vom Projektziel. Die Terminplanarten sind Tabelle 8.11 zu entnehmen.

Die Aufstellung eines Netzplans wird wesentlich von den W-Fragen für anstehende Aufgaben sowie von deren Beantwortung bestimmt:

- Was? Detaillierte Beschreibung
- Wo? Ort
- Wie viel? Mengenermittlung
- Wer? Verantwortlichkeit
- Woraus? Material
- Womit? Werkzeug
- Wie? Verfahren
- Wie lange? Zeitbedarf

Das Vorgehen zur Erstellung eines Netzplans kann anhand von 15 Schritten beschrieben werden:

1. **Projekt beschreiben:** Das Projekt ist insbesondere hinsichtlich seiner Zielvorgabe und seiner zeitlichen, finanziellen, personellen oder anderen Bedingungen in Abgrenzung zu anderen Vorhaben mit einer projektspezifischen Organisation zu beschreiben.[117]

2. **Planungseinheiten festlegen:** Zeit in Jahren, Monaten, Wochen, Tagen oder Stunden

3. **Betriebskalender aufstellen:** Beispielsweise festlegen, wann Betriebsferien sind

4. **Projektstrukturplan aufstellen:** Das Projekt wird in einem Projektstrukturplan (PSP) gegliedert.[118] Die Gliederung erfolgt nach dem Aufbau (projektspezifische Aufbaustruktur), dem Ablauf (projektspezifische Ablaufstruktur, Netzplan), nach Grundbedingungen (→ Grundstruktur, Wahlstruktur) oder sonstigen Gesichtspunkten (z. B. Mischformen). Dabei ist die Teilaufgabe (TA) ein Teil des Projekts, der im Projektstrukturplan weiter aufgegliedert werden kann, ein Arbeitspaket (AP) ist ein Teil eines Projekts, der im Projektstrukturplan nicht weiter aufgegliedert ist und auf einer beliebigen Gliederungsebene liegen kann. Nachfolgend wird AP als Aufgabe bezeichnet.

5. **Aktivitäten analysieren, Vorgänge (Jobs) definieren:** Die Aufgaben sind zu beschreiben und ggf. mittels Kreativitätstechniken (z. B. Brainstorming oder Mind-Mapping) für ein Projektziel vollständig zu umreißen.

116 [DIN 69901-5 2009-01], S. 14.
117 Vgl. [DIN 69901-5 2009-01], S. 11.
118 Vgl. [DIN 69901-5 2009-01], S. 16.

Tab. 8.11: Arten von Terminplänen.[119]

Terminpläne	Ziele	Aufgaben	Detaillierung	Verantwortlicher
Rahmenterminplan: Informations- und Entscheidungsgrundlage für die erste Entscheidungsebene (kritische Erfolgsfaktoren)	Projektziele in Abhängigkeit von der Projektdauer darstellen, terminlichen Gesamtüberblick geben und verbindliche Gesamttermine vorgeben	Grundstruktur auf der Basis der Projekte bzw. Themenbereiche festlegen	geringe Detaillierungstiefe mit maximal 50 übergeordneten Vorgängen	Projektleiter
Generalterminplan: Grundlage für die oberste Kontroll- und Steuerungsebene	Abhängigkeiten darstellen, Meilensteine festlegen	wesentliche Projektvorgänge in Einzelvorgänge gliedern und zeitlich aufschlüsseln, Einzeltermine als Meilensteine erfassen	mittlere Detaillierungstiefe mit Darstellung der Abhängigkeiten und Meilensteine, Aufsplittung übergeordneter Vorgänge in bis zu 150 Teilaufgaben	Projektleiter
(Steuerungs-) Terminplan: Kontrolle und Steuerung des Projektablaufs				Projektleiter
(Detail-)Terminplan: Planung und Koordination der Durchführung	Integration der Projektbeteiligten in den Terminablauf	wesentliche Veranlassungen durch Projektbeteiligte erfassen und Schnittstellen unter den Projektbeteiligten aufzeigen	hohe Detaillierungstiefe auf der Grundlage von Einzelterminen (Arbeitspakete)	Projektleiter

6. **Verantwortlichkeiten definieren:** Den Aufgaben werden Verantwortliche zugeordnet.

7. **Abhängigkeiten ermitteln und darstellen:** Als grafische Elemente werden Knoten und Pfeile eingesetzt. Der Knoten steht für einen Vorgang, der Pfeil für die Beziehung zu den anderen Vorgängen. Bei der Darstellung der Abhängigkeiten gibt es fünf Arten, die durch eine Beziehung aus Vorgänger, Netzwerkknoten und Nachfolger bestimmt sind (s. Abb. 8.53).

8. **Dauer ermitteln:** Der Zeitbedarf für die Aufgaben ist zu ermitteln, z. B. durch Zeitrichtwerte.[120]

9. **Terminrestriktionen ermitteln:** Soll oder muss die Aufgabe so früh oder so spät wie möglich begonnen bzw. beendet werden? Darf die Aufgabe in Abhängigkeit von anderen Aufgaben nicht früher oder nicht später angefangen bzw. beendet werden? Sind feste Termine (Meilensteine) zu beachten? Sind Ruhezeiten zu berücksichtigen?

119 In Anlehnung an [Preuß, N. (2003)], S. 63.

120 Vgl. [Tarifvertragsparteien der deutschen Bauwirtschaft (2004)].

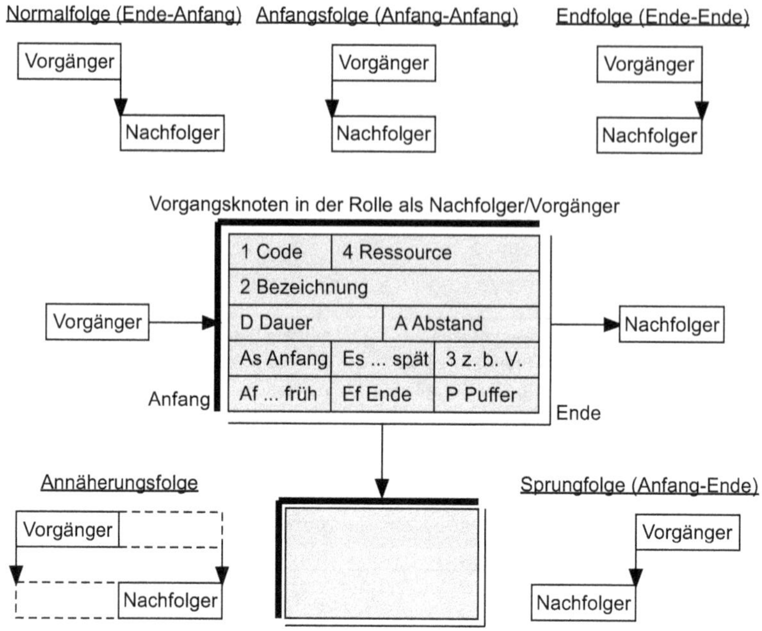

Abb. 8.53: Bestimmung der Abhängigkeiten.[121]

10. **Netzwerk berechnen:** Hierzu bietet sich die Unterstützung durch ein DV-System an. Dabei lassen sich drei Berechnungs- und Darstellungsmethoden unterscheiden: Ereignis-Knoten-Netz: Program Evaluation and Review Technique (PERT), Vorgangs-Pfeil-Netz: Critical Path Method (CPM), Vorgangs-Knoten-Netz: Metra Potential Method (MPM). Die Unterschiede bestehen daran, ob der Vorgang „Heizungskessel montieren" als Pfeil (CPM) oder als Knoten betrachtet wird (MPM). Meist wird das PERT-Netz angewandt: Bei der PERT-Darstellung wird von Ereignissen als Ergebnis eines Vorgangs ausgegangen, bei dem die Ereignisse als Knoten dargestellt und mittels Pfeilen verbunden werden.

11. **Netzwerk darstellen:** Zu den Darstellungstechniken gehören: Balkenplan, vernetzter Balkenplan, Netzplan, Belastungskurve, Mitteleinsatzplan und Fortschrittsplan. Ein Beispiel für einen Detailterminplan als Balkenplan ist in Abbildung 8.54 dargestellt.

12. **Netzwerk analysieren:** Der anspruchsvollste Teil ist es, das Netzwerk zu analysieren. Dafür können nachfolgende Fragen gestellt werden:
- Welcher Zwangstermin ist ausschlaggebend?
- Was sind die Ursachen für den kritischen Weg des gesamten Projekts?
- Was sind die Ursachen für den kritischen Weg einer Teilaufgabe?
- Welche Vorgänge sind kritisch (negativer Puffer)?
- Welche Teilaufgaben sind entscheidend?
- ...

13. **Ergebnis diskutieren:** Nur in wenigen Fällen wird das Ergebnis zur Zufriedenheit ausfallen und stattdessen wird das Projekt zu lange dauern. Es ist daher zu hinterfragen, mit welchen Maß-

121 Quelle: eigene Darstellung.

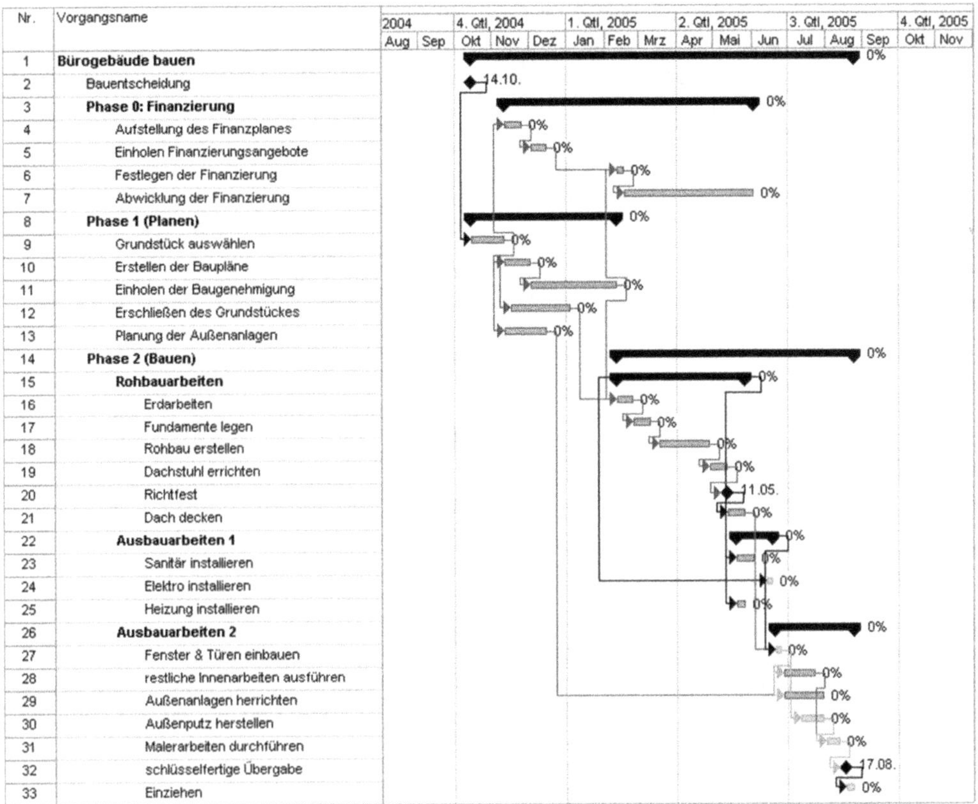

Abb. 8.54: Beispiel für einen (Detail-)Terminplan als vernetzter Balkenplan.[122]

nahmen eine Verkürzung der Projektdauer erreicht werden kann. Als Beispiele für Maßnahmen sind zu nennen: mehr Personal, andere Montagetechniken oder Veränderung der Arbeitsreihenfolge. Besonders zu beachten sind Vorgänge, die bei einer Änderung den Endtermin beeinflussen. Die Verknüpfung dieser Vorgänge wird als „kritischer Pfad" bezeichnet. Wenn die Veränderung eines Vorgangs zu keiner Veränderung des Endtermins führt, ist ein Puffer vorhanden.

Puffer ist die Differenz zwischen frühesten und spätesten Terminen eines Vorgangs. Das Verschieben des Vorgangs innerhalb des Puffers bleibt ohne Auswirkungen auf das Netzwerk.

Kritischer Pfad ist die Folge aller Vorgänge, deren Puffer gleich null ist. Es ist der längste Weg im Netzwerk. Änderungen von Vorgängen auf dem kritischen Pfad wirken sich direkt auf den Endtermin des Netzwerks aus.

---

14. **Netzwerk anpassen:** Durch einen iterativen Prozess ist das Netzwerk so anzupassen, dass das gewünschte Ergebnis sich einstellt.

15. **Ablaufkontrolle:** Das Ergebnis ist während des Projektfortschritts zu prüfen oder weiterhin anzupassen.

---

122 Quelle: eigene Darstellung.

Berechnung der Zeitaufwände in der betrieblichen Arbeitsorganisation
Die betriebliche Arbeitsorganisation ist von Relevanz für die Kosten. Döhren hat untersucht, wie der Prüfpflicht für ortsveränderliche elektrischen Betriebsmittel im kirchlichen Bereich am besten nachzukommen ist (s. Abb. 8.55).

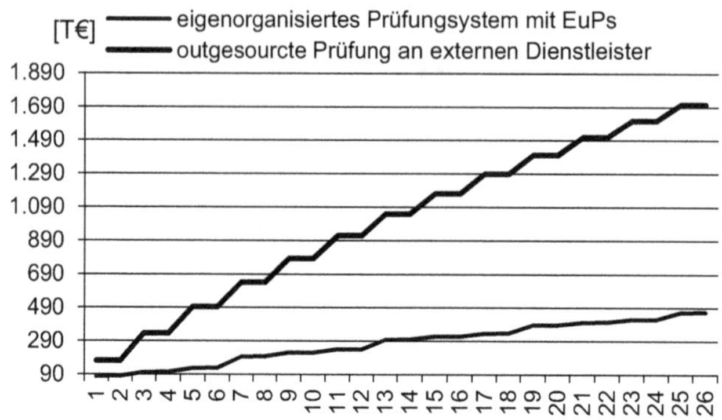

Abb. 8.55: Ortsveränderliche elektrische Betriebsmittel im kirchlichen Bereich.[123]

Er kam zum Schluss, dass es im Vergleich zwischen Eigen- und Fremdleistungserbringung kostengünstiger ist, die Prüfung im eigenorganisierten Prüfsystem mit elektrisch unterwiesenen Personen (EuP, ggf. im Ehrenamt) durchzuführen. Wesentlich ist die Zeitaufwandsbewertung in allen personalintensiven Bereichen wie auch bei der Verkehrssicherungspflicht, z. B. bei der Baumkontrolle. Die Kalkulationsgrundlagen für die Verrechnungsminuten je Baum gestalten sich wie folgt (vgl. Tab. 8.12):[124]

- **Einmalige Dauern** (Baum erstmals erfassen 3 bis 12 [min], Bäume nummerieren, Erfassungsbögen anlegen)
- **Regelmäßige Dauern** (durchschnittliche Verweildauer je Baum: 7,4 [min]), digitale Erst- und Folgekontrolle 3 bis 5 [min]
- **Unregelmäßige Dauern**

Die Vorteile bei diesem Vorgehen liegen darin, dass nach Abschluss der Zeitaufwandsbewertung die Durchlaufzeit und Arbeitszeit sowohl für den Personeneinsatz als auch für die Betriebsmittel bekannt sind. Daraus lassen sich die Auslastung für Mitarbeiter, die Betriebsmittel und die Projektlaufzeiten ableiten.

Um die Effizienz von Prozessen in der Ablauforganisation beurteilen zu können, müssen auch in der Gebäude- und Immobilienwirtschaft die Arbeitsabläufe in ihren Arbeitsschritten (Arbeitspaketen) überprüft werden. Die Methodik hierzu kommt vor allem aus dem industriellen Bereich. Bekannt sind u. a. die Methoden des „REFA“, des 1924 gegründeten Reichsausschusses für Arbeitszeitermittlung. Innerhalb des REFA gibt es die REFA-Branchenorganisation Bauwesen im Arbeitsbereich der Bauindustrie und des Baugewerbes. Wesentliches Kriterium bei der Beurteilung der Effizienz von (Verwaltungs-)Prozessen in der Gebäude- und Immobilienwirtschaft ist der Faktor Zeit der Mitarbeiter.

123 Vgl. [HS-MZ Döhren, C. (2011)], S. 46.

124 Vgl. [1] [HS-MZ Pfeiffer, O. (2011)], S. 23; [2] [Baumgarten, H. (2004)].

Tab. 8.12: Beispiel: Arbeitsschritte Baumbegehung.

Nr.	Ablaufabschnitt	Durchlaufzeit [min]	Ablaufart Mensch	Arbeitszeit [min]	Ablaufart Betriebs-mittel (Auto)	Nutzungszeit [min]	Ablaufart Arbeitsmittel (Baum)
1	Daten des Baumkatasters abrufen	10	MN	10	BL		
2	Anfahrt	60	MN	60	BH	60	
3	tech IT-Störung	1	MZ	1	BA	1	
4	Baumkontrolle durchführen (10 Bäume)	74	MH	74	BA	74	
4.1	– Baum registrieren	1		1			
4.2	– Baum kontrollieren	4		4			AP
4.3	– Baumkontrollbögen ausfüllen	1		1			
4.4	– Baum beurteilen	1		1			
5	Abfahrt	60	MN	60	BH	60	
6	Daten des Baumkatasters synchronisieren	10	MN	10	BL		
	Summe der Zeiten (10 Bäume)	215		215		195	

Die übliche Vorgehensweise bei der Ermittlung und Verwendung von Zeiten sowie deren Bezugsmengen und Einflussgrößen ist in Anlehnung an das REFA-Standardprogramm Datenermittlung zusammengestellt (s. Abb. 8.56). Nachfolgend wird insbesondere auf die Quelle [REFA 1997] Bezug genommen, allerdings wird in zwei Fällen von der REFA-Terminologie abgewichen: Statt „Arbeitssystem“ wird „Arbeitsschritt“, statt „Plan-Zeiten“ „Kennzahlen (Zeit)“ verwendet.[125] Die Beispiele werden insbesondere aus der Gebäude- und Immobilienwirtschaft aufgegriffen.

Um einen Vergleich zu bereits vergangenen oder zukünftigen Untersuchungen herstellen zu können, ist zu beachten, dass die dafür notwendigen Daten reproduzierbar sein müssen.[126] Die Daten selbst lassen sich nach Definition und Datenermittlung der Arbeitsschritte unterscheiden.

Um Prozesse analysieren zu können, sind zunächst die Arbeitsschritte zu definieren. Hierzu ist ein (Kern-)Prozess in Teilprozesse, Teilprozesse sind in Prozessschritte und Prozessschritte in Arbeitsschritte zu zerlegen. Nach dem PDCA-Zyklus und dem strategischen Regelkreis (s. Kap. 4.4.1) lassen sich folgende Teilprozesse bzw. Prozessschritte unterscheiden: „Planen“, „Ausführen“, „Überprüfen“, „Handeln“. Die Detaillierungs- und Beschreibungstiefe ist abhängig davon, welches Ziel erreicht werden soll. Ziel des Teilprozesses „Postzustellung“ kann sein, die Durchlaufzeit eines Briefs vom Sender zum Empfänger und/oder den hierfür notwendigen Personalaufwand, zusammengesetzt aus Zeitaufwand und Stundenverrechnungssatz (Lohnkosten/h), sowie die Auslastung der Betriebsmittel (Kosten des Fuhrparks der Post) zu berechnen.

Hierfür ist der Teilprozess in folgende Prozessschritte zu zerlegen und die Teilziele sind zu definieren:

- **Planen:** Planungs- und Vorbereitungsdauern erkennen
- **Ausführen:** Arbeitszeiten und -dauern des Personals sowie Laufzeiten der Betriebsmittel ermitteln
- **Überprüfen:** Dauern der Überwachung feststellen
- **Handeln:** ggf. wird Post zukünftig elektronisch zugestellt

125 Siehe [REFA 1997], [Bogenstätter, U. (2008)], S. 226.

126 Vgl. [REFA (1997)], S. 12 f.

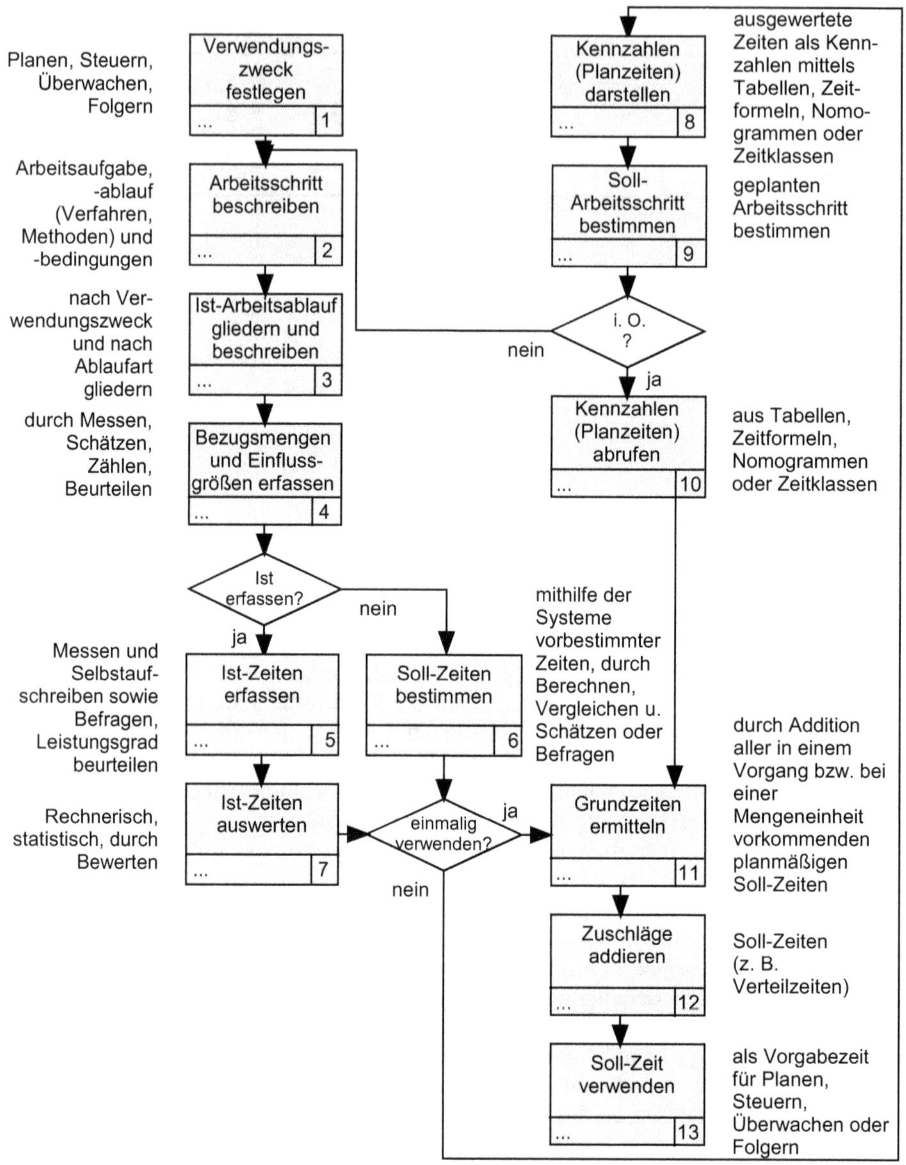

Abb. 8.56: Ablauf analog der REFA-Standardprogramm-Datenermittlung.[127]

Nachdem festgelegt ist, welche Arbeitsschritte zu betrachten sind, sind die einzelnen Arbeitsschritte aufzunehmen und zu untersuchen. Hierzu sind Daten zu ermitteln.

1. **Verwendungszweck festlegen:** Der Verwendungszweck bestimmt weitgehend, welche und wie viele Daten erhoben werden müssen. Priorität ist darauf zu legen, dass der Verwendungszweck der Daten erreicht wird. Der Verwendungszweck kann sich darin unterscheiden, ob die Daten zur Planung, Ausführung, Überwachung oder Folgerung genutzt werden.

127 Vgl. [REFA (1997)], S. 11.

2. **Arbeitsschritt beschreiben:** Hierzu werden Arbeitsaufgabe, Arbeitsablauf (Arbeitsverfahren und -methode) sowie (Arbeits-)Bedingungen beschrieben.

3. **Ist-Arbeitsablauf gliedern und beschreiben:** Zur näheren Beschreibung wird der zu untersuchende Arbeitsschritt in Ablaufabschnitte (z. B. Vorgänge, Teilvorgänge, Vorgangsstufen oder Vorgangselemente) zerlegt und die Ablaufabschnitte werden nach Ablaufarten unterschieden.

„Ablaufarten sind Bezeichnungen für das Zusammenwirken von Mensch und Betriebsmittel mit der Eingabe innerhalb bestimmter Ablaufabschnitte."[128] Dabei können folgende Ablaufarten im Arbeitsstudium unterschieden werden: „im Einsatz", „außer Einsatz" oder „Betriebsruhe". So ist ein Mensch „im Einsatz", wenn er während der festgelegten Arbeitszeit Arbeitsaufgaben ausführt, „außer Einsatz", wenn er zur Ausführung von Arbeitsaufgaben während der festgelegten Arbeitszeit längerfristig nicht zur Verfügung steht oder vom Betrieb längerfristig nicht beschäftigt werden kann. Unter Betriebsruhe fallen die gesetzlich, tariflich oder betrieblich geregelten Arbeitspausen und sonstige Anlässe, während deren im Gesamtbetrieb oder in Teilen des Betriebs nicht gearbeitet wird.[129] Die Unterscheidung der Ablaufarten nach „im Einsatz", „außer Einsatz" oder „Betriebsruhe" gilt analog für die Betriebsmittel, z. B. hinsichtlich eines 24-Stunden-Tags, einer Schicht oder mehrerer Schichten.[130] Eine weitere Unterscheidung der Ablaufarten im Bezug auf den Arbeitsgegenstand wird hier nicht näher beschreiben, da er in der Immobilienwirtschaft selten von Bedeutung ist.

Die Ablaufabschnitte lassen sich z. B. nach „Rüsten" und „Ausführen" an/von Maschinen unterscheiden. Weiterhin lassen sich die Ablaufabschnitte danach unterscheiden, ob die Zeit für Tätigkeiten bzw. Nutzung durch den Menschen beeinflussbar (voll oder teilweise) oder nicht beeinflussbar ist. So ist das Lesen von Zeichnungen voll beeinflussbar, Autofahren bedingt beeinflussbar, zwangsgesteuerte Prozesse sind nicht beeinflussbar.

Des Weiteren lassen sich die Ablaufabschnitte nach Ablaufarten unterscheiden, z. B. ob es sich um eine Haupt-, Neben- oder zusätzliche Tätigkeit handelt. Eine Haupttätigkeit ist eine planmäßige, unmittelbar der Erfüllung der Arbeitsaufgabe dienende Tätigkeit, während die Nebentätigkeit eine ebenfalls planmäßige, jedoch nur mittelbar zur Erfüllung der Arbeitsaufgabe dienende Tätigkeit ist. Wenn das Vorkommen nicht vorausbestimmt werden kann, handelt es sich um eine zusätzliche Tätigkeit. Gründe hierfür können technische und organisatorische Störungen im Arbeitsablauf sein, ein Mangel an Informationen und vieles mehr.[131] Analog hierzu wird im Sinne der Zweckbestimmung bei den Betriebsmitteln zwischen Haupt-, Neben- und zusätzlicher Nutzung[132] unterschieden. Neben dieser Unterscheidung der Tätigkeiten lässt sich das Unterbrechen der Tätigkeit danach unterscheiden, ob es sich um ein ablauf-, störungs-, erholungs- oder persönlich bedingtes Unterbrechen handelt. Die Definitionen der Ablaufarten sind in Abbildung 8.57 aufgeführt. Die Ablaufarten sind dabei durch Kurzbezeichnungen charakterisiert.

4. **Bezugsmengen und Einflussgrößen erfassen:** Bezugsmengen und Einflussgrößen können z. B. durch Messen, Schätzen, Zählen und Beurteilen erfasst werden. Sofern der Arbeitsaufwand der Messung von Verbrauchswerten ermittelt werden soll, könnte dies z. B. über die Anzahl der Messstellen erfolgen. Als Einflussgröße kann die Anzahl der Eingaben in das Messgerät je Messstelle von Bedeutung sein.

5.+6. **Ist- und Soll-Zeiten erfassen:** Bei Prozessen der Gebäude- und Immobilienwirtschaft spielt die Zeit eine entscheidende Rolle. Hierzu stehen verschiedene Erhebungstechniken zur Verfü-

128 [REFA (1997)], S. 20.

129 Siehe [REFA (1997)], S. 24.

130 Siehe [REFA (1997)], S. 28.

131 Siehe [REFA (1997)], S. 26.

132 Siehe [REFA (1997)], S. 30 f.

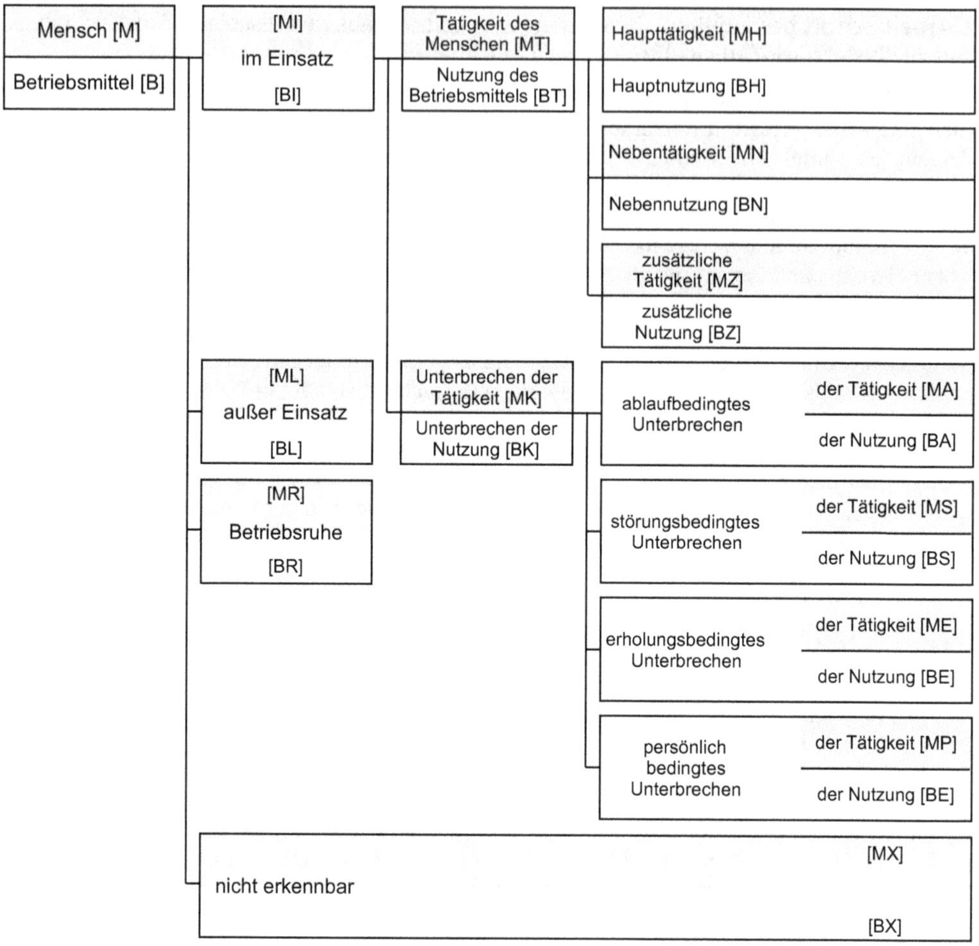

Abb. 8.57: Ablaufgliederung für Mensch und Betriebsmittel.[133]

gung.[134] Die Messung eines Ablaufabschnitts kann z. B. mit einer Stoppuhr oder Schätzung des Anteils am Arbeitsschritt, Prozessschritt bzw. Teilprozess erfolgen. Ebenso sind Selbstaufschreibungen oder Befragungen möglich. Es ist nicht immer sinnvoll, die Ist-Zeiten für bereits bestehende Arbeitsschritte, Prozessschritte oder Teilprozesse zu erfassen. Dies ist der Fall, wenn bereits die Entscheidung gefallen ist, dass die bestehenden Arbeitsschritte, Prozessschritte oder Teilprozesse verändert werden, oder wenn es sich um neue Arbeitsschritte, Prozessschritte oder Teilprozesse handelt. Veränderungen in den Arbeitsschritten, Prozessschritten oder Teilprozessen können dadurch entstehen, dass neue (IT-)Technologien eingesetzt werden. Gänzlich neue Prozesse können dadurch entstehen, dass ein Unternehmen ein neues Geschäftsfeld entwickelt oder eine neue Produktlinie kreiert. Sofern nicht auf Ist-Zeiten zurückgegriffen werden kann, müssen Soll-Zeiten mithilfe der bereits erwähnten Erhebungstechniken erhoben werden.

133 Vgl. [REFA (1997)], S. 23, 25, 29.

134 Vgl. [Bogenstätter, U. (2008)], S. 225.

7. **Ist-Zeiten auswerten:** Erfasste Ist-Zeiten können rechnerisch, statistisch oder mithilfe anderer Bewertungsmethoden ausgewertet werden.

8. **Kennzahlen (Planzeiten) darstellen:** Sofern die Zeiten nicht nur einmalig verwendet werden sollen, sind aus den Ist- oder Sollzeiten Kennzahlen (Zeit) in Form von Tabellen, Zeitformeln, Nomogrammen oder Zeitklassen darzustellen. Mittels dieser Kennzahlen (Planzeiten) können die Einflussgrößen und ihre Wirkungen auf den Arbeitsschritt verdeutlicht werden. Gibt es Veränderungen, wenn in einer Wohnung zwei oder 15 Verbrauchsstellen erfasst werden? Die Mühe der Darstellung von Kennzahlen (Planzeiten) ist jedoch nur dann sinnvoll, wenn die Arbeitsschritte, Prozessschritte oder Teilprozesse zukünftig mehrfach zum Tragen kommen und für die Steigerung der Prozesseffizienz im Unternehmen von Bedeutung sind.

9. **Soll-Arbeitsschritt und Soll-Abschnitte und deren Einflussgrößen bestimmen:** Hierbei sind die einzelnen Arbeitsschritte und Prozessschritte in den Kontext der (Teil-)Prozesse zu stellen und die wesentlichen Einflussgrößen zu berücksichtigen.

10. **Kennzahlen (Planzeiten) abrufen:** Die Kennzahlen (Planzeiten) eines Arbeitsschritts werden in Form von Tabellen, Zeitformeln, Nomogrammen oder Zeitklassen dargestellt.

11. **Grundzeiten ermitteln:** Hier werden alle in einem Arbeitsschritt vorkommenden planmäßigen Soll-Zeiten bei einer vorgegebenen Mengeneinheit (z. B. Verbrauchsstellen) summiert.

12. **Zuschläge addieren:** Hierbei sind zusätzliche Soll-Zeiten (z. B. Postwege) zu berücksichtigen.

13. **Soll-Zeit verwenden:** Die ermittelten Soll-Zeiten werden als Vorgabe für den Controlling-Kreislauf verwendet.

Auf die Ablaufart „Mensch“ [M] bezogen, lassen sich nachfolgende Ablaufarten unterscheiden:

MI **Im Einsatz:** Der Mensch ist im Einsatz, wenn er während der festgelegten Arbeitszeit Arbeitsaufgaben ausführt. Die Tätigkeitbereiche des Menschen [MT] lassen sich grundsätzlich in [MH] Haupt- und Nebentätigkeiten [MN] unterscheiden. Beispiel: Streichen ist eine Haupttätigkeit, Farbe holen eine Nebentätigkeit.

MZ Zusätzliche Tätigkeit: Um eine zusätzliche Tätigkeit handelt es sich, wenn deren Vorkommen oder Ablauf nicht vorausbestimmt werden kann. Beispiele: technische Störungen im Arbeitsablauf beseitigen, freiwillige oder angeordnete Unterstützung anderer Personen, Unklarheiten besprechen, dienstliche Besprechungen aller Art.

MA Ablaufbedingtes Unterbrechen: Das ablaufbedingte Unterbrechen ist ein planmäßiges Warten auf das Ende von Ablaufabschnitten, die beim Betriebsmittel oder Arbeitsgegenstand selbstständig ablaufen. Beispiel: auf die Trocknung des Estrichs warten.

MS Störungsbedingtes Unterbrechen: Das störungsbedingte Unterbrechen der Tätigkeit ist ein zusätzliches Warten infolge von technischen und organisatorischen Störungen sowie eines Mangels an Informationen. Beispiele: auf die Behebung einer Störung durch den Schlosser warten, auf Material warten.

ME Erholungsbedingtes Unterbrechen: Erholen im Sinne des Arbeitsstudiums ist ein Unterbrechen der Tätigkeit, um damit infolge der Tätigkeit auftretende Arbeitsermüdung abzubauen. Beispiel: nach dem Schmieden eines Rohlings wegen der Hitzebelastung am Arbeitsplatz ausruhen.

MP Persönlich bedingtes Unterbrechen: Ein persönlich bedingtes Unterbrechen der Tätigkeit liegt vor, wenn der Mensch seine Tätigkeit unterbricht und die Ursache persönliche Gründe hat. Beispiele: Getränke oder Zigaretten holen, zur Toilette gehen.

ML **Außer Einsatz:** Der Mensch ist außer Einsatz, wenn er zur Ausführung von Arbeitsaufgaben während der festgelegten Arbeitszeit längerfristig nicht zur Verfügung steht oder vom Betrieb längerfristig nicht beschäftigt werden kann. Beispiele: Krankheit, Unfall oder Kur, Teilnahme an Weiterbildungsmaßnahmen, Auftragsmangel.

MR Betriebsruhe: Unter Betriebsruhe fallen die gesetzlich, tariflich oder betrieblich geregelten Arbeitspausen und sonstige Anlässe, während deren im Gesamtbetrieb oder in Teilen des Betriebs nicht gearbeitet wird. Beispiele: festgelegte Betriebspausen, Kurzarbeit, Betriebsversammlungen, Feiertage, Katastrophen.

Nicht erkennbar

MX/Nicht erkennbar: „Nicht erkennbar" liegt vor, wenn der Ablaufabschnitt der Ablaufart nicht eindeutig zuordenbar ist.

Auf die Ablaufart „Betriebsmittel" [B] bezogen lassen sich folgende Ablaufarten unterscheiden:

BI Im Einsatz: Das Betriebsmittel ist im Einsatz, wenn es dem Betrieb zur Ausführung von Arbeitsaufgaben zur Verfügung steht und durch Aufträge belegt ist.

BH Hauptnutzung: Eine Hauptnutzung ist eine planmäßige, unmittelbare Nutzung des Betriebsmittels im Sinne seiner Zweckbestimmung.

BN Nebennutzung: Eine Nebennutzung ist eine mittelbare Nutzung des Betriebsmittels, wobei es planmäßig zur Hauptnutzung notwendig ist.

BZ Zusätzliche Nutzung: Eine zusätzliche Nutzung ist die Haupt- und Nebennutzung des Betriebsmittels, deren Vorkommen oder Ablauf nicht vorausbestimmt werden kann. Beispiel: aufgeschrumpfte Werkstücke mit Spezialwerkzeug entfernen.

BA Ablaufbedingtes Unterbrechen: Beim ablaufbedingten Unterbrechen der Nutzung wartet das Betriebsmittel planmäßig auf eine Tätigkeit des Menschen, auf eine Veränderung von Arbeitsgegenständen oder auf das Ende bestimmter Ablaufabschnitte an anderen Betriebsmitteln. Beispiel: Arbeitsgegenstände werden herangeholt oder weggebracht.

BS Störungsbedingtes Unterbrechen: Das störungsbedingte Unterbrechen der Nutzung ist ein zusätzliches Warten des Betriebsmittels infolge von technischen und organisatorischen Störungen sowie eines Mangels an Informationen. Beispiel: Am Betriebsmittel werden Reparaturen ausgeführt.

BE Erholungsbedingtes Unterbrechen: Hier unterbricht das Erholen des Menschen die Nutzung des Betriebsmittels.

BP Persönlich bedingtes Unterbrechen: Dabei wird das Unterbrechen der Nutzung des Betriebsmittels durch den Menschen verursacht.

BL Außer Einsatz

BR Betriebsruhe

Nicht erkennbar

BX Nicht erkennbar: siehe MX

Auf die Ablaufart „Arbeitsgegenstand" [A] bezogen lassen sich nachfolgende Ablaufarten unterscheiden:

Verändern: Verändern besteht in einer Zustands-, Form-, Lage- oder Ortsveränderung eines Arbeitsgegenstands.

AE Einwirken: Das Einwirken besteht in einer Formveränderung (Be- und Verarbeitung) von Arbeitsgegenständen oder in einer Zustandsveränderung.

AF Fördern: Fördern ist das Verändern von Arbeitsgegenständen nach Lage oder Ort.

AZ Zusätzliches Verändern: Ein zusätzliches Verändern besteht im Einwirken oder Fördern, wobei Vorkommen oder Verlauf nicht vorausbestimmt werden können.

AP Prüfen: Prüfen ist das Kontrollieren von Arbeitsgegenständen im Materialfluss.

AL Liegen: Liegen entsteht, wenn das Verändern und Prüfen der Arbeitsgegenstände ablaufbedingt oder störungsbedingt unterbrochen wird.

AA Ablaufbedingtes Liegen

AS Zusätzliches (sonstiges) Liegen

AL Lagern: Lagern ist das Liegen von Arbeitsgegenständen in Lagerbereichen.

AX Nicht erkennbar: siehe MX und BX

8.4.3 Digitales Planmanagement

Bei jeder größeren Baumaßnahme fallen Pläne in allen Leistungsphasen nach HOAI und in unterschiedlichster Form an (vgl. Tab. 8.13), meist digital. Sie beinhalten bereits kostenpflichtig erbrachte Informationen, die für den laufenden Betrieb von großer Bedeutung sein können. Ihre Verfügbarkeit ist auch nach der Inbetriebnahme eines Gebäudes zu sichern, um zusätzlichen Mehraufwand zu vermeiden. So ist es nicht nur einmal vorgekommen, dass nach der Inbetriebnahme eines Neubaus zunächst die Flächen für ein Reinigungsmanagement aufgemessen wurden.

Was ist also zu tun, damit vorhandene Pläne und digitale Pläne von unterschiedlichsten Personen aus unterschiedlichsten IT-Systemen für den laufenden Betrieb genutzt werden können? Ist eine CD mit abgespeicherten Daten ausreichend? Die Vielfalt der digitalen Dateiformate für Pläne ist enorm. Sie unterscheiden sich wesentlich in der Detaillierungstiefe (Maßstab), die im Planungsprozess zunimmt. Ebenso entscheidend ist die Art der Dokumentation bereits vorhandener Bestandspläne. Können die vorhandenen Pläne zur weiteren Bearbeitung genutzt werden? Die Detaillierungstiefe ist insbesondere dann wesentlich, wenn im Zuge der Bestandsaufnahme beauftragt werden muss.

Bestandserfassung

Es gilt: je größer die Detaillierungstiefe, desto teurer die Bestandsaufnahme. Allerdings ist der Vergleich der Leistungen und Preise schwierig. Honorartabellen, analog zu HOAI, werden hier vermisst. Die alphanumerische Bestandserfassung beinhaltet nicht die maßliche Bauaufnahme, vielmehr allgemeine Gebäudedaten bis zu Vertragsdaten und ist im Vergleich zur maßlichen Bestandsaufnahme wesentlich günstiger zu realisieren (s. Tab. 8.14) Sie ist abhängig von der Anzahl und Art der Merkmale, die erfasst werden sollen. Ursachen für Preisunterscheide könnten auch im methodischen Vorgehen der Dienstleistungsunternehmen begründet sein. Orientierungswerte im Zuge der Verkehrssicherungspflicht sind nachfolgend beispielhaft aufgeführt:[135]

- 6,72 € für eine Mieteinheit und Begehung (Zustandsbewertung)[(1)]
- 11,04 € für eine Mieteinheit und Begehung inklusive Verkehrssicherung[(1)]
- 3–7 € für eine Mieteinheit und Begehung bzw. 0,10–0,30 €/m^2 Wohnfläche[(2)]
- 25–40 € für einen Spielplatz[(2)]
- 4–15 € für einen Baum[(2)]
- 20 € für eine Tür[(2)]
- 150–200 € für ein Rolltor[(2)]
- 50–150 € für eine Tiefgarage[(2)]

Die Kriterien zur Aufnahme grafischer Daten sind in Tabelle 8.15 in Kategorien eingeteilt, die unterschiedlichen Schwerpunkte der Kategorien grau hinterlegt. Die Kosten hierfür sind in Abhängigkeit zur Bauwerksnutzungsart in Tabelle 8.16 dargestellt. Deutlich wird der Kostenunterschied beispielsweise zwischen einer Lagerhalle und einem Krankenhaus. Die Kostenunterschiede zwischen Kategorie I und III belaufen sich auf rd. das Doppelte.

Eine maßliche Bestandsaufnahme in Form einer Bauaufnahme mit hohem Detaillierungsgrad ist das„verformungsgerechte Aufmaß". Es wird insbesondere bei der Aufnahme denkmalgeschützter Gebäude angewandt und bildet die Grundlage für denkmalpflegerische Belange und die spätere Planung. Beispiele für ein verformungsgerechtes Aufmaß mit unterschiedlichen Detaillierungsgraden sind in Abbildung 8.58 dargestellt.

---

135 (1) [wowiconsult (2011)], S. 4: 0,28 €/ME und Monat bei einer Begehung alle 2 Jahre je Objekt bei insgesamt 10 Objekten, 0,46 € inkl. Verkehrssicherungspflicht; (2) Grieseler, G: Verkehrssicherungspflichten, EBZ 12.11.2014.

Tab. 8.13: Planarten.

Nr.	Leistungsphase	Aufgabe	Grundlage	Zuständigkeit/Planart	Maßstab
	übergeordnete Planungen[a]	Entwicklung, Ordnung und Sicherung des Gesamtraums von Deutschland und seiner Teilräume durch Raumordnungspläne	Raumordnungs-gesetz	Bund/Raumordnungsgrundsätze des Bundes	
		Grundsätze und allgemeine Ziele der Raumordnung und Landesplanung für die Gesamtentwicklung des Landes	Landesplanung	Land/Landesentwicklungsprogramm (Gesetz) Landesentwicklungspläne (Beschluss, Ausschuss)	
		regionale Ziele der Raumordnung und Landesplanung für die Entwicklung des Regierungsbezirks und für die raumbedeutsamen Planungen und Maßnahmen		Bezirksregierung/Gebietsentwicklungspläne	
	Bauleitplanung[a]	Regelung der Nutzung der Flächen und Grundstücke der Gemeinde mit dem Ziel einer geordneten städtebaulichen Entwicklung	Baugesetzbuch	Gemeinde/Flächennutzungsplan	
			Baunutzungs-verordnung	Gemeinde/ Bebauungsplan, Vorhaben- und Erschließungsplan	
0.	Planung der Pro-jektentwicklung			Projektentwickler, Bauherr/Skizzen	M 1:500–M 1:1000
1.	Grundlagen-ermittlung			Bestandsplan	M 1:100–M 1:25
2.	Vorentwurfs-planung		HOAI	Ingenieure/Vorentwurfsplan	M 1:200
3.	Entwurfsplanung		HOAI	Ingenieure/Entwurfsplan	M 1:100
4.	Bauantrag[a] Genehmigungs-planung	Regelung zur bauordnungsrechtlichen Genehmigungs-fähigkeit von baulichen Anlagen	Bauordnung des Landes	Bauherr/Bauplan	M 1:100–M 1:200
				Fluchtwegeplan Wohnungsaufteilungsplan	maßstabs-los
			HOAI	Architekt, Fachingenieure/Werkplanung	M 1:50–M 1:1
				Möblierungsplan	
9.	Dokumentation			Bestandsplan	
10.	Betrieb			Belegungsplan, Reinigungsplan, Vermietungsplan, Wartungsplan, CAFM-Plan	maßstabs-los

[a] in Anlehnung an [Volkmann, W. (2003)], S. 221.

Tab. 8.14: Durchschnittspreise zur Bestandserfassung alphanumerischer Daten (2016).[136]

	Dateninhalt/Anzahl der Merkmale	< 10 [€/m^2_{BGF}]	> 10 [€/m^2_{BGF}]
1.	allgemeine Gebäudedaten	0,37	0,50
2.	Daten der Gebäudeausstattung	0,41	0,62
3.	Daten technischer Anlagen	1,00	1,03
4.	infrastrukturelle Daten	0,90	0,84
5.	kaufmännische Daten	0,51	0,64
6.	Vertragsdaten	0,71	0,75

Tab. 8.15: Detaillierungsstufen der grafischen Daten.[137]

	Kriterien	Kategorie I	Kategorie II	Kategorie III
1.	einfache Gebäudestruktur	70,6 %	23,5 %	5,9 %
2.	komplexe Gebäudestruktur	5,6 %	33,3 %	61,1 %
3.	Grundriss mit teilweiser Bemaßung	53,9 %	46,1 %	0,0 %
4.	Grundriss mit vollständiger Bemaßung	22,2 %	38,9 %	38,9 %
5.	Ansichten	11,7 %	47,1 %	41,2 %
6.	Längs- und Querschnitte	14,3 %	47,6 %	38,1 %
7.	Flächenerfassung nach DIN 277/gif	22,2 %	50,0 %	27,8 %
8.	Genauigkeit der Datenaufnahme ±3 cm	20,0 %	33,3 %	46,7 %
9.	Genauigkeit der Datenaufnahme ±5 cm	58,3 %	41,7 %	0,0 %
10.	Höhenangaben/Höhe FFB	16,7 %	50,0 %	33,3 %
11.	Bemaßung Fenster, Türen etc.	25,0 %	37,5 %	37,5 %

Tab. 8.16: Durchschnittspreise zur Bestandsaufnahme.[138]

	Kriterien	Kategorie I [€/m^2_{BGF}]	Kategorie II [€/m^2_{BGF}]	Kategorie III [€/m^2_{BGF}]
1.	Bürogebäude	1,99	3,56	3,65
2.	Krankenhaus	2,67	3,80	5,42
3.	Wohngebäude	2,44	3,35	4,23
4.	Produktion/Lagerhalle	1,40	2,16	2,67

Die Genauigkeitsstufen (vgl. Tab. 8.17 und Abb. 8.59) sind insbesondere im Umgang mit sanierungsbedürftigen und denkmalgeschützten Gebäuden von Bedeutung. Deutlich wird dabei der Kostenunterschied zwischen einer technischen Bestandsaufnahme und einem verformungsgerechten Aufmaß. Für die Erstellung von Reinigungsplänen ist z. B. der Maßstab 1:100 i. d. R. ausreichend. Für die Prüfstatik eines Fachwerkhauses sind ggf. Details zur Bausubstanz im Maßstab 1:1 notwendig.

136 Siehe [Mehlis, J. (2005e)], S. 157, Preisstand 2002, n = 16, nicht repräsentativ, große Streubreite, zur Definition der Dateninhalte s. [Mehlis, J. (2005e)], S. 143 ff, Preise indiziert Stand 2016, Basis [StBA 62421-0001 (2016)] (WZ08-G-02 Dienstleistungsbereich) um Faktor 1,285.

137 Siehe [Mehlis, J. (2005e)], S. 155.

138 Siehe [Mehlis, J. (2005e)], S. 156, Preisstand 2002, n = 16, nicht repräsentativ, große Streubreite, Preise indiziert Stand 2016, auf Basis [StBA 62421-0001 (2016)] (WZ08-G-02 Dienstleistungsbereich) um Faktor 1,285.

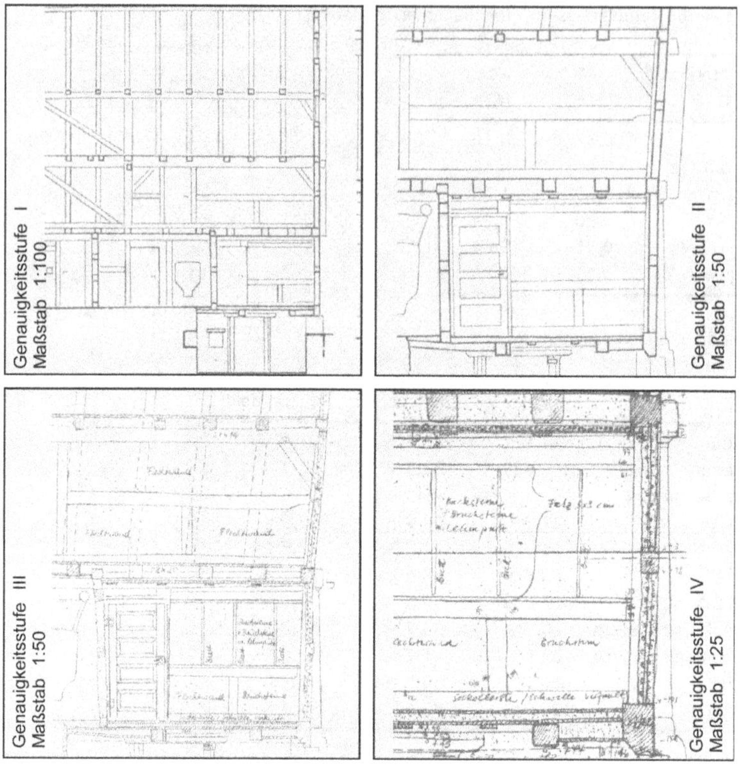

Abb. 8.58: Verformungsgerechtes Aufmaß in Zeichnungen.[139]

Liegen in den Archiven Planunterlagen in Papierform vor, ist zu prüfen, ob eine Digitalisierung der vorhandenen Pläne oder ein Neuaufmaß mit digitaler Ausgabe sinnvoll ist. Bestandspläne können in unterschiedlicher Qualität vorliegen, in Extremfällen vergilbt, gefaltet und geknickt, verblasst und angerissen. Bei der Digitalisierung der vorhandenen Pläne sind folgende Verfahren zu unterscheiden: Scannen des Plans als Bild in Pixelgrafik (Rastergrafik) sowie automatische, semiautomatische oder manuelle Vektorisierung der Pläne. Im Gegensatz zur Pixelgrafik liegen bei Vektorisierungen die Zeichnungsinformationen nicht nur als Bildpunkte, sondern als definierte Punkte, Linien, Flächen oder dreidimensionale Körper in einem Koordinatensystem vor. Die Zeichnungsinformationen lassen sich damit bei geringerem Speicherbedarf bequemer bearbeiten. Ohne manuelle Nachbearbeitung sind automatisch vektorisierte Planunterlagen allerdings selten nutzbar. Üblicherweise sind CAD-Zeichnungen Vektorzeichnungen. Die Wahl in der Vorgehensweise ist nach wirtschaftlichen Gesichtspunkten zu treffen. Das Scannen mit der Ausgabe als Pixelgrafik ist vergleichsweise günstig. Das Verhältnis zwischen Pixelgrafik, automatischer oder manueller Erfassung für einen Plan in DIN-A0-Größe wird vereinzelt mit etwa 1:15:50 angegeben.[140] Orientierungswerte für die Bestandsaufnahme als CAD-Zeichnungen sind nur unter dem Vorbehalt der Besonderheiten von Objekten möglich.

139 Siehe [LDA-BW Heft 7], S. 17.

140 Vgl. [BDB-NRW (2002S)], S. 7.

Tab. 8.17: Orientierungswerte zur Bestandsaufnahme im Wohnungsbau.[141]

	Art Bestandsaufnahme/Schwierigkeitsstufe	Einheit	Einfach	Normal	Schwierig
	Beschreibung der Bausubstanz oder Anzahl der Wohneinheiten		gut, 10 WE	2–10 WE	techn. schwierig, 1–2 WE
	Kurzbegehung zur Bestandsaufnahme	[€/m^2_{BGF}]	1,00	1,50	3,00
I.	maßliche Bestandsaufnahme, Bestandspläne	[€/m^2_{BGF}]	2,50	3,00	5,00
II.	technische Bestandsaufnahme	[€/m^2_{BGF}]	3,00	5,00	10,50
IV.	verformungsgerecht[a]	[€/m^2_{BGF}]	5,00	31,00	52,00
	Stufe I (schematisch)			(100 %)	
	Stufe II (±10 cm, einfach)			(200 %)	
	Stufe III (±2,5 cm, verformungstreu: normal)			(500 %)	
	Stufe IV (±2 cm verformungstreu: detailliert)			(1.000 %)	

[a] Siehe [LDA-BW Heft 7], S. 17.

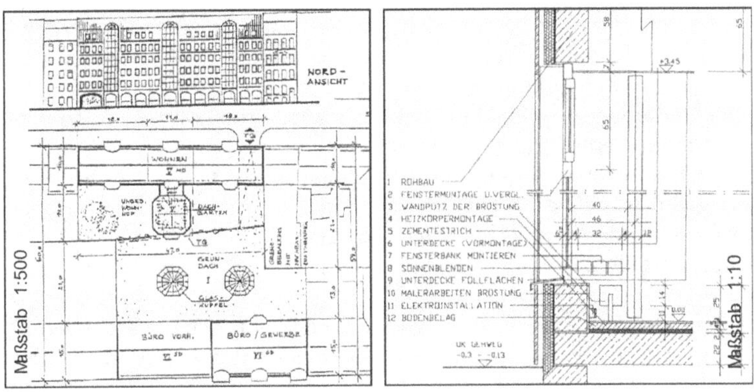

Abb. 8.59: Von der Projektentwicklung bis zu den Details.[142]

Bereits hier werden die Grundlagen für eine Datenmigration in ein ERP/CAFM-Programm gelegt (vgl. Abb. 8.60). Danach ist zu überprüfen, ob dieser Prozess auch in der Betriebsphase zu den gewünschten Endergebnissen führen kann.

Nicht jeder besitzt ein lizenziertes und installiertes CAD- oder CAFM-Programm, passend zum Dateiformat des Anwendungsprogramms (Originaldateiformat) eines Informationslieferanten. Ungeachtet dessen müssen interne Mitarbeiter oder Dienstleistungsunternehmen vorhanden sein, die diese Programme auch bedienen können. Um nicht alle Programme aller Informationslieferanten vorhalten zu müssen, sind daher herstellerunabhängige Austauschdateiformate notwendig. Bei der Erzeugung eines Austauschdateiformats ist allerdings nahezu immer ein Informationsverlust zum Originaldateiformat zu beklagen.

Selbst wenn das Original- oder Austauschdateiformat heute gelesen werden kann, muss sichergestellt werden, dass dies auch noch nach Jahren möglich ist. Dies ist angesichts der rasanten Technologieentwicklung bei Hardware und Updates der Programme nicht selbstverständlich und bedeutet ohne Vorüberlegungen ein finanzielles Risiko.

141 Bei den Angaben in [€/m^2 BGF] vgl. [Schmitz, H. (2015a)], S. 270, Preisstand II/2014 (brutto).

142 Siehe [Volkmann, W. (2003)], S. 25, 138.

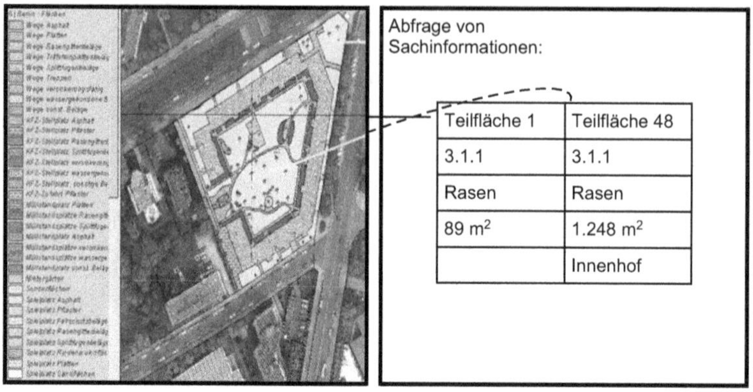

Abb. 8.60: CAFM: Verknüpfung grafischer und alphanumerischer Daten.

Unterstellen wir, dass die Anforderungen an die Hard- und Software auch nach Jahren gegeben sind und Original- oder Austauschdateiformat gelesen werden können. Da Pläne in digitaler Form vorliegen, werden Planschränke überflüssig. Es besteht daher die Anforderung, Pläne reproduzieren zu können. Original- oder Austauschdateiformate beinhalten anwenderspezifische Einstellungen, die in der Reproduktion Veränderungen hervorrufen können:

- Vielfach wird mit der Strichfarbe die Stiftstärke (Stiftbelegung) festgelegt,
- ein fehlender Schriftsatz wird ersetzt und verändert die Textlänge,
- Sonderzeichen werden durch andere Sonderzeichen ersetzt und
- der Maßstab muss definiert werden.

Damit die originalgetreue Reproduktion von Plänen möglich ist, empfiehlt sich die Archivierung neben dem Original- oder Austauschdateiformat auch als allgemeines Druckdateiformat (Plot-Datei oder .pdf-Dokument).

Sollen Änderungen oder Ergänzungen im Original- oder Austauschdateiformat vom Immobilienunternehmen oder anderen Dienstleistungsunternehmen vorgenommen werden, sind weitere Vorkehrungen zu treffen. Bei der Vielzahl der externen Partner liegt die Herausforderung darin, in den Fällen, in denen die digitalen Pläne weiter genutzt werden sollen, einen einheitlichen Standard anzuwenden.

Wer glaubt, dass Darstellungen von unterschiedlichen Dienstleistungsunternehmen gleichartig hergestellt werden, muss sich eines Besseren belehren lassen. Immerhin sollten sich Zeichnungen an den allgemeinen Darstellungstechniken, z. B. Linien gemäß den Zeichnungen des Bauwesens (Bsp. [DIN ISO 128-23 2000-03]), oder an den Grundregeln der Darstellung für Flächen in Schnitten und Schnittansichten orientieren.[143]

Um die stets wiederkehrenden Anforderungen formulieren zu können, sollte ein Unternehmensstandard zum Planmanagement definiert werden und zum Bestandteil der Verträge mit Dienstleistungsunternehmen erklärt werden. Beispielsweise hat das Staatliche Baumanagement Niedersachsen[144] schon frühzeitig ein Pflichtenheft zum CAD-Datenaustausch als Anlage 2 zum FM-Handbuch verfasst und die Stadt Frankfurt a. M. hat eine Dokumentationsrichtlinie veröffentlicht. In der Version 2.0.1 umfasst diese Richtlinie schon 359 Seiten[145], der Dokumentations-

143 Beispiel [DIN ISO 128-50 2002-05], S. 4.

144 Siehe [SBN FM-Handbuch_Anlage_2 3.1], [SBN CAD-Pflichtenheft_Anlage_2a 3.1], [SBN CAD-Pflichtenheft_Anlage_2b 3.1], [SBN CAD-Pflichtenheft_Anlage_2c 3.1].

145 Siehe [Stadt Frankfurt (2006k)].

standard der Stadt Mainz 101 Seiten[146]. Ob die Lektüre von 359 Seiten zur Planung einer Garage hilfreich ist, darf bezweifelt werden. Für ein städtisches Krankenhaus ist es nachvollziehbar. In jedem Fall ist Standardisierung für jeden Bestandshalter Pflicht. Einheitliche Vorgaben vereinfachen die Arbeit in den Planungsbüros, insbesondere dann, wenn für verschiedenen Auftraggeber gearbeitet wird. Auf die notwendige Standardisierung im Zuge der Verbreitung von Building Information Modeling (BIM) ist zu hoffen. Der Standard sollte u. a. folgende Konventionen hinsichtlich der CAD-Pläne umfassen: Dateiformat (e), Dateibezeichnung, Layer-Bezeichnung und -belegung, Verwendung von (Symbol-)Bibliotheken, Darstellungsregeln, Detaillierungsgrad, Stiftbelegung, Schriftsatz, ...

Dateiname

Ein Beispiel für eine Dateinamenskonvention ist in Abbildung 8.61 dargestellt. Diese setzt voraus, dass die Pläne nach Projekten (Ordnern) abgelegt werden, da das Projekt keine Projektnummer aufweist. Wesentliche Elemente des Dateinamens sind der Planinhalt (was), der verantwortliche Planverfasser in seiner Rolle (wer), die Leistungsphase (wann) und das Dateiformat (wie).

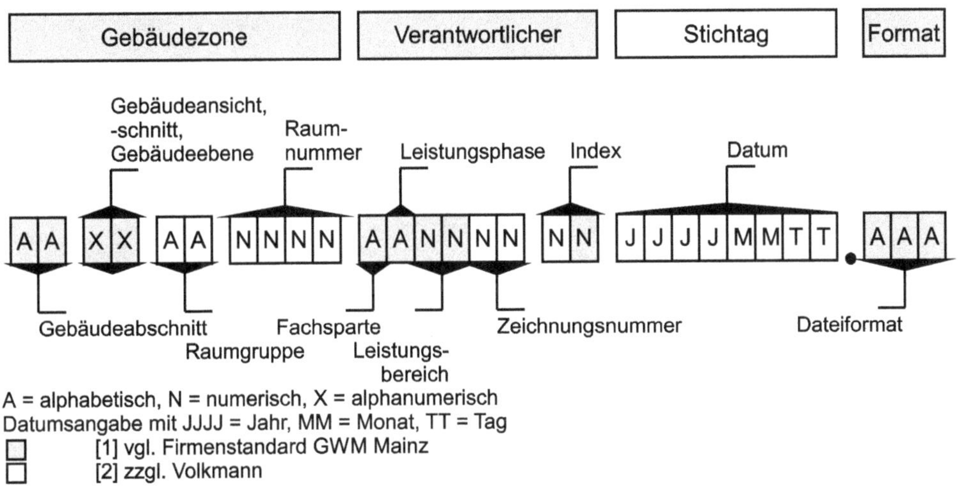

Abb. 8.61: Zwei Beispiele für die Konvention bei Dateinamen.[147]

Dateiformate

Dateiformate gibt es, wie bereits erwähnt, viele. Die Hersteller von CAD-Programmen greifen vielfach auf bestehende Produkte namhafter CAD-Anbieter (s. Tab. 8.18) zurück. In deren Produktfamilien ist eine Kompatibilität der Dateiformate mit Einschränkungen gegeben. Ein Datenaustausch zwischen den Produktfamilien ist nur über proprietäre (herstellerspezifische) oder offene (freie) Dateiaustauschformate möglich. Der damit regelmäßig einhergehende Datenverlust liegt daran, dass Ursprungs- und Zielsystem unterschiedliche Datenbankstrukturen und Besonderheiten besitzen.

146 Siehe [GWM (2009)].

147 Quelle: eigene Darstellung, [1] vgl. Elemente nach [GWM (2009)], S. 20, [2] [Volkmann, W. (2003)], S. 392.

Tab. 8.18: Hersteller von CAD-Modellierkernen und ihre Dateiformate.

Name	Hersteller	Anwendung	Dateiformat
ACIS	Dassault Group		.sab, .sat
Shape M.	Autodesk (aus ACIS) in AutoCAD, Inventor	CAD/CAM/CNC	
CATIA	Dassault Group	CAD	.model, .mdl , .dlv, .dlv3, .exp, .model, .mdl, .session
Pro/E	PTC Creo Parametric (PTC)	CAD	.asm, .g (Granite), .des (DesignWave)
Parasolid	Siemens PLM Software[a]	CAD/CAM/CNC	.x_b, .x_t, .xmt_bin, .xmt_txt

[a] CAFM-Ring: Zu den zertifizierten Nutzern gehören Archibus, Conject, eTASK, Loy & Hutz, KeyLogic, ennovatis, TÜV Süd (Stand 2.2017).

Tab. 8.19: Ausgewählte CAD-Schnittstellen und ihre Dateiaustauschformate.

	Modellierkern/normierte Schnittstellen	Anwendung	Dateiformat	(Export-)Format
EDBS	Einheitliche Datenbankschnittstelle (EDBS)	GIS	.alk, .alb	Liegenschaftskarte
EPS	(Encapsulated) PostScript	Druck	.eps, ps	
CAFM-C	CAFM-Connect[a]			
CDF	AD Distillation Format[b]	CAD	.cdf	basiert auf **X3D**
GTX	CALS Group 4 Format	Grafik (2D)	.G3, G4, CG4	**GTX Group** III, IV
CGM	Computer Graphics Metafile	Grafik (2D)	.CGM[c]	
XNC	Deutscher Stahlbau-Verlag (DSTV)	CNC	.xnc	Produktion
X3D	Extensible 3D	CAD (4D)	.x3d[d]	basiert auf **XML**
XML	Extensible Markup Language	Datenbank	.xml	
HCG	HCSoft Programación, sl		.hcg	Labore
HPGL	Hewlett-Packard Graphics Language	Plot	.plt	
HSF	Hoops 3 D Graphic System[e]	CAD (3D)	.hsf	Industrie
IFC	Industry Foundation Classes[f]	CAD (3D–5D)	.IFC (.sIFC)	Bauwesen (BIM)
IGES	Initial Graphics Exchange Specification	CAD (3D)	.igs, .iges	

[a] Definiert von Web3D Consortium.
[b] Definiert von Web3D Consortium.
[c] Spezifikation nach [ISO /IEC 8632-1 2007-10].
[d] Spezifikation nach [ISO /IEC 19776-1 2015-12].
[e] Eigentümer Tech Soft 3 D.
[f] Spezifikation nach [DIN EN ISO 16739 E 2016-08], unterstützt von BuildingSmart zur Nutzung von BIM.

In Tabelle 8.19 sind ausgewählte CAD-Schnittstellen mit Angabe des Modellierkerns/der normierten Schnittstellen aufgeführt. Die unterschiedlichen Anwendungsbereiche sind ebenso zu berücksichtigen wie das verwendete Dateiformat. Weitere Exportformate für andere IT-Systeme verdeutlichen die Relevanz bei der Durchführung von Projekten. Eine Klärung oder Vorgabe des Datenaustauschs zwischen den Projektbeteiligten ist unerlässlich.

Tab. 8.19: (Fortsetzung)

	Modellierkern/normierte Schnittstellen	Anwendung	Dateiformat	(Export-)Format
JT	Jupiter Tessellation Format[g]	CAD (3D)	.jt[h]	
KML	Keyhole Markup Language (KML)[i]	GIS	.kml	Geodaten
OpenGL	Open Graphics Library	CAD (3D) APP		
BRL-CAD	Open Source	CAD (3D APP) **IGES, STL, VRML**	.brl, .brlcad	div. Exportformate[j]
OpenBIM	OpenBIM[k]	CAD (5D – BIM)	.ifc	s. **IFC**
PDF	Portable Document Format	Text, Archiv, CAD (2D/3D), Druck	**.pdf**[l]**, .pdf/A**[m] **.PDF/E**[n]**,** **.pdf/X**[o]	
PEDES	Product Data Exchange Standard	CAD (3D)	.PDES	s. **IGES**
PHIGS	Progr. Hierarchical Interactive Graphics System	CAD (3D) APP	.phigs[p]	s. **OpenGL**
SVG	Scalable Vector Graphics	Grafik (2D)	.svg[q]	Vektorgrafik, s. **XML**
SHAPE	Shapefile[r]	GIS	.shp, .dbf, shx.	Geodaten
SET	Standard d'Echange et de Transfert	CAD (France)	.set	
STEP	Standard for the Exchange of Product Model Data	CAD/CAM/CAE	.stp, .step[s]	Produktdaten (PDM)
SDNF	Steel Detailing Neutral Format (SDNF)	**CAE**	.sdnf	Stahlbau
STL	Stereo Lithography	CAD (3D)	.stl	
STEP^{2DBS}	STEP-2D-Bau-Subset	CAD (2D)	.STEP2DBS	
VDA-FS	Verband Deutscher Automobilbauer (VDA)	CAD (2D)	.vda[t]	Automobil
VRML	Virtual Reality Modeling Language (VRML)	CAD (3D)	.vrl, .vrml[u]	3D
OBJ	Wavefront Technologies – Autodesk – Esri – Trimble (Tekla) – CityGML (OGC) – Unity VR/AR	CAD (4D) GIS GIS GIS	.obj, .mtl **.dwg**	s. **X3D** 3D Geodaten Geodaten Geodaten

[g] Entwickelt von Hewlett Packard und Engineering Animation Inc.
[h] Spezifikation nach [ISO 14306 2012-12].
[i] Definiert von Open Geospatial Consortium.
[j] Zum Beispiel .dxf, IGES, OBJ, .STL, VRML, X3D; u. a. auch EUCLID-Datenkonverter, JACK Audio Connection Kit.
[k] Spezifikation von GraphiSoft, Nemetschek, Trimble u. a.
[l] Spezifikation nach [ISO 32000 2008-07].
[m] Spezifikation nach [ISO 19005-1 Technical Corrigendium 2011-12].
[n] Spezifikation nach [ISO /DIS 24517-2 E 2017-01].
[o] Spezifikation nach [ISO 15930-7 2010-07].
[p] Spezifikation nach [ISO 9592-1 1997-11].
[q] Definiert von Web3D Consortium.
[r] Ursprünglich für die Software ArcView der Firma ESRI entwickeltes Format für Geodaten.
[s] Spezifikation nach [ISO 10303-1 1994-12].
[t] Zunehmend veraltet, Nachfolger: **STEP, IGES.**
[u] Spezifikation nach [ISO /IEC 14772-1 1997-12], Nachfolger: **OBJ.**

Tab. 8.20: Beliebige Auswahl von 2D-/3D-Programmen und ihrer Dateiaustauschformate.

Hersteller	Dateiaustauschformate	Anwendung	Dateiformat	Produktname
Adobe	**CGM, EPS, PDF**	CAD (2D)	.ai	Illustrator
AED Sicad	**EDBS**	GIS	.sicad	3A, Arc-GIS
Autodesk	ACIS, **HPGL, IGES, STEP**, .dgn, .dwg, .dxf, .dxb, .dwf; ACIS, **IFC**, gb**XML**, .3ds, .dgn, .dwf, .dwg, .dxf, .g, .nx, openInventor	CAD (3D–Bau), CAM, GIS; CAD, CAE, CAM	.cad .rvt .dwg	AutoCAD; Revit; Drafix CAD
	CATIA, **IGES, JT, OBJ, STEP, VDA-FS, VRLM**, .dxf, .nx	Automobil	.blk, .mb, .sdl; .als	Alias
	IGES, OBJ, VRML, .ai,.dwf, .dwg, dxf, u.v. a.	CAD (4D)	.3ds	descreet 3D Studio
	ACIS, **IGES, STEP, STL**, .dwg, .dwf, .dxf	CAD (3D–Auto), CAE, CAM	.iam, .idw, .ipt	Inventor
	Pro/E, **JT**, Dassault, Solidworks, Siemens PLM	CAD (4D)	.mb	Maya
Bentley	**IGES, HPGL, PDF/E, STEP, STL, VDA-FS, VRML**, .3ds, .dwg, .dxf	CAD (3D–Bau), CAE, CAM, GIS	.CIT, .dgn, .RLE	Microstation
CAD Schroer	Pro/E, **HPGL, IGES, PDF, STEP, STL, VDA-FS, VRML**, .dxf, .dwg, COLLADA, MED2SAP, MEDLink, PDMLInk	CAD (3D), CAM	.she	Medusa
Cadwork	ACIS, **IFC, STEP**, .dwg, .dxf, .dth	CAD (2D/3D), CAE, GIS, Infra	.2dr	Cadwork
Cimatron	ACIS, Parasolid, Pro/E, **IGES, STEP, STL, VDA-FS, VRML**, dwg., dxf, Dassault, Solidworks, Unigraphics	CAD (3D), CAM	.pfm, .elt, .ctf	Cimatron
Dassault	**CGM, EPS, IGES, PDF, STEP, STL, SVG, VRLM**, .dwg, .dxf	CAE, CAM (Auto, Flugzeuge)	CATIA	CATIA
	ACIS, Pro/E, **HCG, HSF, IGES, PDF/E, IGES, STEP, STL, VDA-FS, X3D**, .ai, .dxf, .dwg, Unigraphics	CAM (3D)	.sldasm, .asm, .slddrw, .drw, .sldprt, .prt	SolidWork
DataSolid/ ZIEGLER Informatics	ACIS, **IGES, PDF, STEP, STL, VRLM**, .dwg, .dxf **PDF, VRML**, .dwg, .dxf	CAD (3D), CAE, CAM, GIS		Caddy++ Caddy
Graphisoft	**OpenBIM, PDF, HPGL, IFC**, .3ds, .dgn, .dwg, .dxf	CAD (3D–BIM)	.dor, .pln	ArchiCAD
IB&T	**HPGL, PDF, SHAPE**, .alk, .dgn, .dwg, .dxf	CAD (3D–Infra)	.aba, .plt	CARD/1

In Tabelle 8.20 ist eine Auswahl von 2D/3D-Programmen mit ihren Dateiaustauschformaten aufgeführt. Die Dateiaustauschformate sind i. d. R. herstellerspezifisch ausgelegt. Offene Schnittstellen sind fett markiert, proprietäre Dateiaustauschformate sind ebenfalls aufgeführt. Die Anwendungen reichen vom Computer Aided Design (CAD) über Geoinformationssysteme (GIS) und Computer Aided Engineering (CAE) bis zum Computer Aided Manufacturing (CAM).

Tab. 8.20: (Fortsetzung)

Hersteller	Dateiaustauschformate	Anwendung	Dateiformat	Produktname
ICEM	CATIA, Parasolid, Pro/E, **CGM, IGES, STL, VDA-FS, VRML**, CADDS, I-deas, Inventor	CAM (3D–Auto, Flug)	.dtf, .icm	ICEM Surf
Kubotek	ACIS, CATIA, Pro/E, Parasolid, **HSF, IGES, STEP, STL**, .dxf, .dwg, .srf, Dassault, Inventor, Solid Works, Unigrahics	CAD (2D/3D), CAM	.prt	KeyCreator
McNeel	ACIS, Parasolid, **IGES, KML, OBJ, STEP, STL, VDA-FS, VRML**, .3ds, ai, .dwg, .dxf	CAD (2D/3D)	.3dm	Rhino
Megatech	ACIS, CATIA, Parasolid, Pro/E, **HPGL, PDF/E, IGES, STEP, STL, VDA-FS, VRML**, .cdl, dwg, .dxf, Inventor Solid Edge, SolidWorks, Unigraphics	CAD (2D/3D–Metall), CAM	.prt	MegaCAD
Nemetschek	**OpenBIM, PDF/E, HPGL, IFC, STEP, VRLM**, .dgn, .dwg, .dxf, .3ds, Rhino	CAD (2D/3D–BIM)	.cap	Allplan
	ACIS, prarasolid, **EPS, IGES, PDF, KML, SHAPE, STL**, .3ds, .dwg, .dxf	CAD (2D/3D–Bau)	.mcd	VectorWorks
PTC	IGES, **PDF, STEP, VRML**, .dxf, .dwg, .dwf	CAD (2D/3D)	._pd, _fd	CADDS
	ACIS, CATIA, Parasolid, Pro/E, **IGES, PDF/E, STEP, IGES, VRLM**, .dxf, .dwg, .nx	CAD (3D), CAM	.drw, .neu, .prt	Creo
Siemens PLM	HPGL, IGES, STEP, STL, VRML, .3ds, .dxf, .dwg,	CAD/CAM/CAE	.nx, s. Parasolid	NX
	CATIA, Parasolid, Pro/E, **IFC, PDF/E, STEP, STL**, .dwg, .dxf	CAM (2D/3D)	.asm, .dft, .par, .psm, .pwd	Solid Edge
		CAD/CAM/CAE	.arc, .idi, .mf1, .mf2, .pkg, .unv, .xpk	I-DEAS
SOFTTECH	**IFC, VRLM**, .dwg, .dxf, dwf, .skp, COLLADA	CAD (2D/3D–Bau)	.dc6, .ly6, .s12, .spirit ()	Spirit CAD
Spinfire	ACIS, Parasolid, Pro/E, IGES, HPGL, STEP, STL, **VDA-FS, VRML**, .dxf, .dwg, .dwf, Dassault, I-deas (native), SolidWorks, Unigraphics NC-G-Code, 3D Studio, Mechanical Desktop	CAD (2D/3D–Viewer)		Spinfire
Trimble	**OpenBIM, IFC**	CAD (3D)	.skp	SketchUp, Tekla

Layer

Die Layer-Technik soll hier ebenfalls näher erläutert werden. Um Informationen nicht redundant vorhalten zu müssen, werden z. B. Betonstützen jeweils nur einmal angelegt, aber mehrfach verwendet. Dies geschieht nicht nur bei der Rohbauplanung, sondern auch im Möblierungsplan. Layer sind vergleichbar mit durchsichtigen Folien, auf denen Informationen liegen, die bei Bedarf zu- oder weggeschaltet werden (s. Abb. 8.62). Die Kombination von Layern ergibt eine CAD-Zeichnung, die ausgedruckt werden kann (Plot). Es gibt daher i. d. R. keine 1:1-Beziehung zwischen CAD-Datei und ausgedrucktem Plan, vielmehr gibt es vielfache Beziehungen zwischen den Plä-

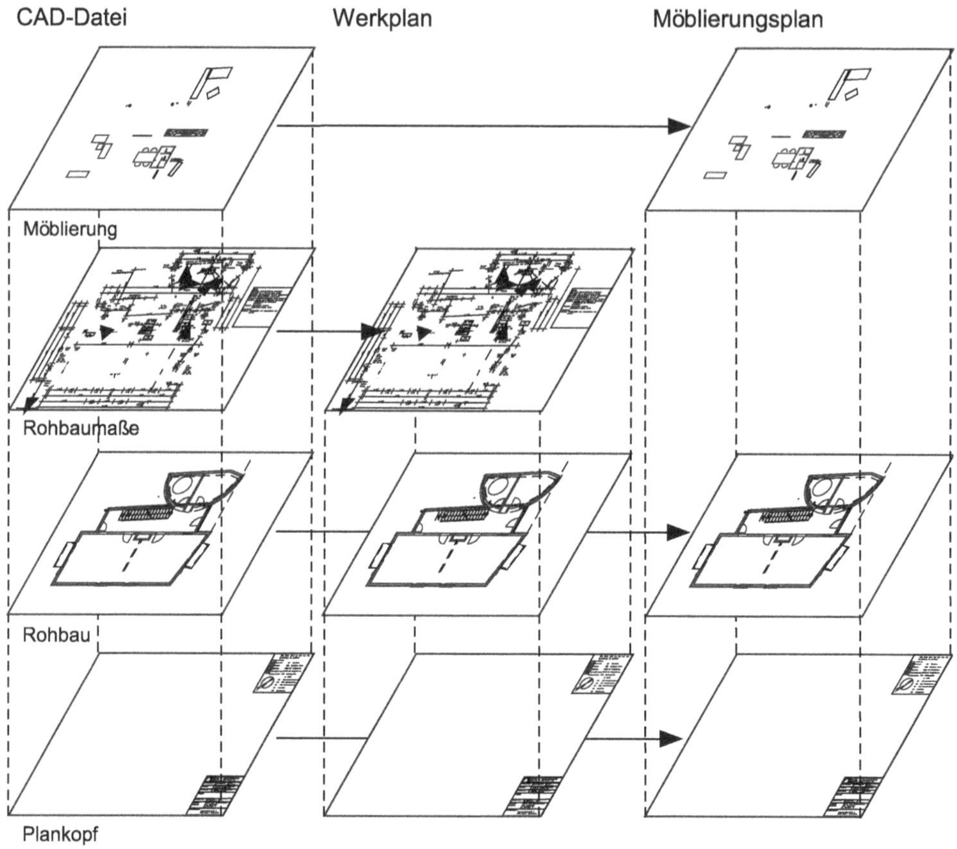

Abb. 8.62: Layer-Struktur als „Folien".[148]

nen, die nicht der Planart folgen, sondern den physikalischen Teilen eines Objekts (CAD-Modell). Um sicherzustellen, dass Änderungen an Elementen, die in vielen CAD-Modellen vorkommen, nicht einzeln nachgezogen werden müssen, werden diese Elemente zentral in einer Referenzdatei abgelegt (z. B. Symbolbibliothek).

Per Definition dienen „Layer zur Steuerung der Übersichtlichkeit, Verwaltung und Übertragung von CAD-Datei-Daten. Die Namen der Layer dienen der Darstellung der Struktur."[149] Ein Layer ist ein „Gliederungsmerkmal von Eintragungen eines CAD-Datenbestandes zur Trennung von Daten, um sie handhaben und übertragen zu können sowie ihre Übersichtlichkeit auf dem Bildschirm und geplotteten Zeichnungen regeln zu können". Ein Layer kann als eine Ebene in einem CAD-Modell bezeichnet werden. Ein CAD-Modell ist ein „strukturierter CAD-Datenbestand, der entsprechend der physischen Teile der dargestellten Objekte gegliedert ist, z. B. ein Gebäude oder ein mechanisches Gerät" (2D, 3D-, 4D- oder 5D-Modell). Eine CAD-Zeichnung stellt daher ausgewählte, auf einem Bildschirm oder Papier festgehaltene Teile eines CAD-Modells dar. Der Plot ersetzt den

148 Quelle: eigene Darstellung.

149 Dieses Zitat sowie die folgenden stammen aus [DIN EN ISO 13567-1 2002-12], S. 3 f.

Drucker und kann als eine per numerisch gesteuerter Zeichenmaschine erzeugte Grafik auf einem Zeichenmedium bezeichnet werden. Für ein konsistentes Datenmodell sind Referenzdateien hilfreich, dabei ist eine Referenzdatei eine „CAD-Datei, die gemeinsam mit Informationen einer anderen Datei angezeigt und gedruckt wird und unabhängig von der ersten Datei gespeichert und aktualisiert werden kann".

Inhalte eines Layers sind organisatorische Vereinbarungen (logische Trennung), Vereinbarungen über Formate und Layer-Namen sowie Vereinbarungen zur Kennung und Anlagenplanung. Der Aufbau eines Layers beinhaltet:
- verantwortliche Stelle
- Gegenstand (Gebäude)
- Darstellung (Ansicht)
- Status (neu, alt)
- Sektor (Gebäudezone)
- Phase (nach HOAI)
- Projektion (Datum)
- Maßstab
- Arbeitsaufgabe (Werkstoffe)
- Benutzerfeld
- Maßstab

Eine CAD-Datei ist zunächst maßstabslos, da jede Zeichnung und jeder Plan beliebig skaliert werden kann. Das trifft jedoch nicht auf den Detaillierungsgrad zu. Darüber sollten die Projektbeteiligten vor Projektbeginn vom Auftraggeber informiert werden, Festlegungen sollten Vertragsbestandteil werden. Ein Beispiel für eine sehr einfache Layer-Struktur zeigt Tabelle 8.21 – für eine Garage oder ein Einfamilienhaus völlig ausreichend.

8.4.4 Ausschreibung, Vergabe und Abrechnung (AVA)

Wie kommt man zu einem günstigen Preis für eine eindeutig beschriebene Leistung? Selbst beim Kauf einer Waschmaschine wird ein potenzieller Käufer sich beraten lassen, mehrere Angebote einholen (Ausschreibung), ggf. mit dem Verkäufer verhandeln und danach bestellen (Vergabe), den erwarteten Preis bezahlen und ein eindeutiges Produkt erhalten (Abrechnung). Waschmaschinen zeichnen sich durch eindeutige Produktbeschreibungen aus. Während dort weitgehende technische Spezifikationen vorhanden sind, fehlen sie bei den Immobilien, obwohl nach dem Ausschreibungs-, Bau- und Abnahmeprozess genaue Angaben und Daten zum Bauwerk mit der Rechnungsstellung für den Objektbetrieb vollständig vorliegen müssen/müssten. Doch selbst bei den Bau- und Leistungsbeschreibungen kann einiges misslingen. Ein wesentlicher Grund besteht in mangelhaften Leistungsbeschreibungen, die vielfach unvollständig, nicht eindeutig oder nicht durchgehend korrekt beschrieben sind (vgl. Tab. 8.22).

Welche Daten beeinflussen den Objektbetrieb und können nach gemäß dem AVA-Prozess für den Objektbetrieb sinnvoll genutzt werden? Da alle möglichen Leistungsinhalte betroffen sind, kann hier auch von einem Beschaffungsprozess gesprochen werden. Dabei ist es zunächst gleichgültig, ob es sich um eine Instandsetzungsmaßnahme, einen Neubau, eine Reinigungsleistung oder um Papier handelt. Der Beschaffungsprozess kann im Rahmen eines Projekts erfolgen, findet aber auch Anwendung in der Objektbewirtschaftung, z. B. bei Rahmenverträgen oder bei Bündelausschreibungen. Einkaufsgesellschaften, z. B. die Handelsgesellschaft für Kirche und Diakonie mbH (HKD), können Preisvorteile durch Bündelung für die Partner generieren. Schließlich gilt i. d. R.: je größer die Menge, desto geringer der Einzelpreis. Auch in der ungeplanten Instandhaltung finden sich Anknüpfungspunkte an das Thema Ausschreibung. Der Besteller muss allerdings

Tab. 8.21: Beispiel einer Layer-Struktur.[150]

Nr.	Leistungsbereich	Nr.	Bezeichnung der Layer
1.	Baukonstruktion	1.	Achsraster und Baufluchten (Grundstücksgrenzen)
		2.	Beschriftungen, Nutzungen
		3.	Raumnummern und Unternummern
		4.	Flächenangaben
		5.	Oberflächen-Kurzangaben (Decke, Wand, Boden)
		6.	Graustufen für öffentliche Flure
		7.	Sondertexte
		8.	Sonderraster (z. B. Serviceräume)
2.	Rohbau	11.	Konstruktion (Stützen, Wände, Festpunkte mit Treppen, Aufzüge)
		12.	Maßketten Rohbau: (Beton), Höhenknoten
		13.	Rohbau: Beschriftungen und Beschreibungen
		14.	Deckenaussparungen und Einbauteile, Schlitze
		15.	Außenhaut mit Fenstern, Balkonen, Wandaufbau
		16.	senkrechte Schächte (mit Nummerierung, Aufzüge eventuell getrennt)
3.	Ausbau	21.	Trockenwände (Knauf, Rigips oder gleichwertig)
		22,	Maßketten Ausbau: Gipskartonwände mit Türöffnungen
		23.	Beschriftungen und Beschreibungen
		24.	Schränke, feste Holzeinbauten
		25.	Möblierung
		26.	Grautöne für Möbelflächen
4.	techn. Anl.: Sanitär	31.	Unterverteilungen, Leitungen, Zapfstellen
		32.	Objekte und Armaturen (Sanitärräume)
		33.	Fliesenraster (Sanitärräume)
		34.	Sprinkler (Auslässe, Verteiler, Unterstationen)
		35.	Feuerlöschsysteme
	techn. Anl.: Elektroanlagen	40.	Schalter, Auslässe, Unterverteilungen
	techn. Anl.: Heizung	50.	Radiatoren, Ventile
	techn. Anl.: Kommunikationsmedien	60.	Telefon, Antenne, Notruf, Tür-Gong, Radio, TV, Netzwerk
	techn. Anl.: Lüftung	70.	Gitter, Auslässe, Regelklappen
	techn. Anl.: Förderanlagen	80.	Aufzugkabinen und -zentralen

Tab. 8.22: Analyse von Leistungsbeschreibungen von Hausanbietern für Ein- und Zweifamilienhäuser.[151]

	Mangelhafte Leistungsbeschreibungen
0 %	keine oder ungenügende Angaben
4 %	Leistungsbeschreibungen mangelhaft, wesentliche Angaben fehlen
42 %	Leistungen unvollständig oder nicht eindeutig beschrieben
53 %	Leistungen im Wesentlichen vollständig, aber nicht durchgehend korrekt beschrieben
1 %	Leistungsbeschreibungen entsprechen durchgängig den Mindestanforderungen.

nicht Loriot in seiner Filmkomödie Pappa ante portas (1991) nacheifern und Schreibmaschinenpapier für die nächsten 40 Jahre einkaufen, um einen günstigen Preis zu erhalten. Ist der Prozess einfach gestaltet, können auch bei niedrigen Auftragswerten Ausschreibungsverfahren durchgeführt werden.

150 In Anlehnung an [Volkmann, W. (2003)], S. 396.

151 Vgl. [RKW ibr 2010-10.2], S. 17 f.

Tab. 8.23: Vergabeverfahren.

	Verfahrensart	Aufforderung zur Beteiligung	Form
1.	offenes Verfahren[a] (öffentliche Ausschreibung)	unbeschränkte Zahl von Bewerbern/Bietern	vorgeschriebenes (förmliches) Verfahren
2.	nicht offenes Verfahren im Teilnahmewettbewerb[a] (ehemals beschränkte Ausschreibung)	unbeschränkte Zahl von Bietern	
3.	Verhandlungsverfahren mit Teilnahmewettbewerb[a]	unbeschränkte Zahl von Bietern	
4.	Verhandlungsverfahren ohne Teilnahmewettbewerb[a] (beschränkte Ausschreibung)	beschränkte Zahl von Bietern	
5.	freihändige Vergabe nach öffentlichem Teilnahmewettbewerb		kein vorgeschriebenes (förmliches) Verfahren
6.	freihändige Vergabe ohne öffentlichen Teilnahmewettbewerb		
7.	wettbewerblicher Dialog mit Teilnahmewettbewerb[a]	unbeschränkte Zahl von Bietern	vorgeschriebenes (förmliches) Verfahren
8.	Innovationspartnerschaft mit Teilnahmewettbewerb[a]	unbeschränkte Zahl von Bietern	

[a] Vgl. bei öffentlichen Aufträgen oder der Ausrichtung von Wettbewerben durch den öffentlichen Auftraggeber nach [VgV 2016] §§ 14 ff.

Vergabeverfahren und mangelhafte Leistungsbeschreibungen

Vor einer Ausschreibung ist das Vergabeverfahren (s. Tab. 8.23) festzulegen, bei öffentlichen Aufträgen in Abhängigkeit von den EU-Schwellenwerten, also den Werten, ab denen das sog. Kartellvergaberecht anzuwenden ist.

Das betrifft Teil 4 des Gesetzes gegen Wettbewerbsbeschränkungen (GWB), die Vergabeverordnung (VgV), die Sektorenverordnung (SektVO), die Konzessionsvergabeverordnung (KonzVgV), die Vergabeverordnung Verteidigung und Sicherheit (VSVgV) und die Vergabe- und Vertragsverordnung für Bauleistungen, Teil A (EU VOB/A). Nach § 106 Abs. 1 GWB gilt Teil 4 des GWB nur für Aufträge, deren geschätzter Auftragswert ohne Umsatzsteuer die jeweils festgelegten Schwellenwerte erreicht oder überschreitet, die in Artikel 4 und Artikel 13 der Richtlinie 2014/24/EU, Artikel 15 der Richtlinie 2014/25/EU sowie Artikel 8 der Richtlinie 2014/23/EU in der jeweils geltenden Fassung festgelegt werden (EU-Schwellenwerte). Durch den Verweis in § 106 Abs. 2 GWB auf die jeweils geltende Fassung der Art. 4, 13, 15 und 8 der genannten Richtlinien ist dort – in Verbindung mit der jeweiligen Änderungsverordnung (EU) der Kommission – nachzulesen, wie hoch die aktuellen Schwellenwerte sind (dynamischer Verweis). Die EU-Schwellenwerte betragen seit dem 01.01.2016 für

- staatliche und kommunale Auftraggeber bzw. Auftraggeber nach §§ 98, 99 GWB für Liefer- und Dienstleistungen 209.0000 € und für Bauleistungen 5.225.000 €,
- oberste oder obere Bundesbehörden sowie vergleichbare Bundeseinrichtungen für Liefer- und Dienstleistungen 135.000 € und für Bauleistungen 5.225.000 €,
- Auftraggeber im Sektoren- bzw. Verteidigungs- und Sicherheitsbereich für Liefer- und Dienstleistungen 418.000 € und für Bauleistungen 5.225.000 €,
- Konzessionsgeber für Dienstleistungskonzessionen 5.225.000 € und für Baukonzessionen 5.225.000 €,
- soziale und andere besondere Dienstleistungen (nach Art. 74 der RL 2014/24/EU) 750.000 €.

Die Anwendungspflicht für öffentliche Vergabeverfahren – unter oder über den Schwellenwerten nach EU-Recht – besteht
- bei (überwiegendem) Einsatz öffentlicher Mittel (s. Bundes- (BHO), Landes- (LHO), Gemeindehaushaltsordnungen (GHO)) sowie Körperschaften, Anstalten und Stiftungen und[152]
- bei Selbstbindung.

Keine Anwendungsverpflichtung besteht unterhalb der Schwellenwerte, sofern kein Einsatz öffentlicher Mittel und keine Selbstbindung vorliegen. Beispiele für den wettbewerblichen Dialog können sein Projekte für ÖPP/PPP, große Infrastrukturprojekte, komplexe integrierte FM-Leistungen, spezifische Software-Konzepte oder Werbe- und Marketing-Konzepte. Bei diesen Vergabeverfahren steht eine funktionale Leistungsbeschreibung im Vordergrund.[153]

Die VOB/A beinhaltet die „Allgemeinen Bestimmungen für die Vergabe von Bauleistungen". „Bauleistungen sind Arbeiten jeder Art, durch die eine bauliche Anlage hergestellt, instand gehalten, geändert oder beseitigt wird" (§ 1 [VOB 2016] Teil A). Anwender sind i. d. R. diejenigen, die die VOB anwenden müssen. Die VOB/B beinhaltet „Allgemeine Vertragsbedingungen für die Ausführung von Bauleistungen", Anwender können „alle" sein, alternativ kann das Vertragsrecht nach BGB herangezogen werden. Die VOB/A beinhaltet die VOB/C „Allgemeine Vertragsbedingungen für die Ausführung von Bauleistungen", Anwender können ebenfalls „alle" sein. Das StLB (Bau) sorgt für eine VOB/A-gerechte Leistungsbeschreibung von Bauleistungen. Anwender sind i. d. R. diejenigen, die die VOB anwenden müssen.

Die in VOB/A vorgeschriebenen Vergabeverfahren sollen gewährleisten, dass der öffentliche Auftraggeber die für eine wirtschaftliche Verwendung seiner Mittel notwendige Marktübersicht erhält. Durch Transparenz soll sie der Kartellbildung entgegenwirken. Sie führt zu einem möglichst großen Bieterkreis und dient dazu, die Chancengleichheit für alle interessierten Unternehmen sicherzustellen.[154] Dies trägt insbesondere zur Vermeidung von Manipulation und Korruption bei.

Für eine Ausschreibung sind Vergabeunterlagen zusammenzustellen. In Tabelle 8.24 sind die Vergabeunterlagen einer Bauleistung dargestellt.

Diskussionen um die Vertragsbedingungen der VOB ergeben sich u. a. hinsichtlich der Ausschreibungsart, der Regelung der Fristen, der Verhandlungsmöglichkeiten und der Wirtschaftlichkeit der Angebote oder der Mängelansprüche. Gute Leistungsbeschreibungen verhindert das nicht.

Funktionale versus leistungsbezogene Ausschreibungen

Zu den ergebnisorientierten Ausschreibungen zählen funktionale Ausschreibungen und leistungsbezogene Ausschreibungen. Der Preis einer Brücke kann nach funktionalen Leistungsmerkmalen (Belastbarkeit, Verkehrsaufkommen, ...) oder nach Vorgabe der Ausführungsart (Stahlbeton, Holz, Glas, ...) abgefragt werden. Die funktionale Ausschreibung ist daher verstärkt ergebnisorientiert und lässt dem Bieter die Wahl der für ihn günstigsten Ausführungsart offen. Als weiteres Beispiel kann das Energieliefercontracting genannt werden. Ob Heizöl, Gas, Strom oder Holz, entscheidend ist die gelieferte Energie in [kWh]. Auch Dienstleistungen (z. B. Reinigung) lassen sich ergebnisorientiert ausschreiben.[155] Sie unterliegen in diesen Fällen dem Werkvertragsrecht.

„Bauleistungen verschiedener Handwerks- oder Gewerbezweige sind i. d. R. nach Fachgebieten oder Gewerbezweigen getrennt zu vergeben (Fachlose). Aus wirtschaftlichen oder technischen Gründen dürfen mehrere Fachlose zusammen vergeben werden."[156] Funktionale Ausschreibungen sind daher nach VOB/A als Ausnahme zu betrachten.

152 Siehe auch Vergabehandbuch (VHB); s. auch [RG-Bau im RKW (1995S)], S. 23.

153 Vgl. [Mutschler-Siebert, A. (2007d)], S. 60 ff.

154 Vgl. auch [RG-Bau im RKW (1995S)], S. 9 f.

155 Vgl. [FIGR Bericht Nr. 9].

156 § 5 Nr. 2 [VOB/A 2016].

Tab. 8.24: Bestandteile der Vergabeunterlagen, Verdingungsunterlagen und Bauvertrag.

	Vergabeunterlagen ([VOB/A – 2006] § 8			Angebot
1.	1. Anschreiben	Vertragsunterlagen		Zuschlag nach VOB/A § 28
2.	(Aufforderung zur Angebotsabgabe)	rechtlicher Inhalt	technischer Inhalt	
3.	2. ggf. Bewerbungsbedingungen	3. allgemeine auftraggeberspezifische Vertragsbedingungen	4. Leistungsbeschreibung	
4.		5. ggf. zusätzliche Vertragsbedingungen (ZVB)	7. ggf. zusätzliche technische Vertragsbedingungen (ZTV)	
5.		6. ggf. besondere Vertragsbedingungen (BVB)	8. allgemeine technische Vertragsbedingungen (VOB/C)	
6.		9. allgemeine Vertragsbedingungen (VOB/B, VOB/L)	10. ggf. erläuternde Skizzen	
7.		11. ggf. Unterlagen zur Beurteilung des Bieters	12. ggf. Änderungsvorschläge und Nebenangebote	
8.		13. ggf. Vertragserfüllungsbürgschaft		
9.		Bauvertrag		

Befürworter sehen in der funktionalen Leistungsbeschreibung folgende Vorteile:
- Es ist nur ein Vertragspartner vorhanden.
- Nur ein Ansprechpartner bei auftretenden Mängeln vereinfacht die Haftungsfrage.
- Koordinationsfehler und -verluste werden vermieden.
- Die Fachkompetenz liegt in einer Hand.
- Der Bieter kann die für ihn bestmögliche Ausführungsvariante wählen und anbieten, was zu einem wirtschaftlicheren Angebotspreis führt.

Gegner sehen insbesondere folgende Nachteile:
- Die Leistungsbeschreibung muss genau und eindeutig sein, um Nachträge zu vermeiden (nicht leistbar).
- Qualitäten und Folgekosten sind schwer zu steuern.

Ein Beispiel für eine nicht eindeutige Leistungsbeschreibung: In einer funktionalen Ausschreibung einer Sportarena wurden Designer-Leuchten für den VIP-Bereich gefordert. Geliefert wurden IKEA-Leuchten mit dem Hinweis, hier sei der Designer ebenfalls benannt.[157]

Im Bereich des Gebäudebetriebs wird vielfach von einer leistungsbezogenen Zahlung gesprochen.[158] Dabei handelt es sich um eine ergebnisorientierte Vergütung. In diesem Fall liegen die Qualitäten in den Leistungsbeschreibungen spezifizierter vor.

Insbesondere bei funktionalen Leistungsbeschreibungen können Qualitäten also nur dann übernommen und für den Objektbetrieb genutzt werden, wenn dies vertraglich eingefordert wird.

157 Vgl. hierzu auch die Empfehlungen der AHO zur Definition und Anwendung der Funktionalausschreibung [AHO Nr. 10 (1998)].

158 Vgl. [DIN EN 15221-2 2007-01], S. 8.

Fristen sind strikt einzuhalten
„Für die Bearbeitung und Einreichung der Angebote ist eine ausreichende Angebotsfrist vorzusehen, auch bei Dringlichkeit nicht unter zehn Kalendertagen."[159]

> Der Auftraggeber bestimmt eine angemessene Frist, innerhalb der die Bieter an ihre Angebote gebunden sind (Bindefrist). Diese soll so kurz wie möglich und nicht länger bemessen werden, als der Auftraggeber für eine zügige Prüfung und Wertung der Angebote (§§ 16 bis 16d) benötigt. Eine längere Bindefrist als 30 Kalendertage soll nur in begründeten Fällen festgelegt werden. Das Ende der Bindefrist ist durch Angabe des Kalendertages zu bezeichnen.[160]

Bei Aufhebung der Ausschreibung oder bei nachgewiesenen Verfahrensfehlern kann/muss das Verfahren wiederholt werden. Dass bei Verfahrensfehlern Schäden von mehreren 100 Mio. € entstehen können, zeigt das Beispiel des Flughafens Berlin-Brandenburg.

Verhandlungsmöglichkeiten fehlen

> Bei Ausschreibungen darf der Auftraggeber nach Öffnung der Angebote bis zur Zuschlagserteilung von einem Bieter nur Aufklärung verlangen, um sich über seine Eignung, insbesondere seine technische und wirtschaftliche Leistungsfähigkeit, das Angebot selbst, etwaige Nebenangebote, die geplante Art der Durchführung, etwaige Ursprungsorte oder Bezugsquellen von Stoffen oder Bauteilen und über die Angemessenheit der Preise, wenn nötig durch Einsicht in die vorzulegenden Preisermittlungen (Kalkulationen), zu unterrichten.[161]

Verhandlungen dürfen aber nicht über den Preis selbst geführt werden: „Verhandlungen, besonders über Änderung der Angebote oder Preise, sind unstatthaft, außer, wenn sie bei Nebenangeboten oder Angeboten aufgrund eines Leistungsprogramms nötig sind, um unumgängliche technische Änderungen geringen Umfangs und daraus sich ergebende Änderungen der Preise zu vereinbaren."[162] Ob die fehlenden Verhandlungsmöglichkeiten preistreibend oder das öffentliche Vergabeverfahren preissenkend wirkt, dies zu entscheiden ist dem jeweiligen Betrachter überlassen. Je genauer die Leistungsbeschreibung ist/sein kann, desto weniger ist die Notwendigkeit zur Verhandlung gegeben.

Wirtschaftlichkeit der Angebote ist nicht sichergestellt: Zuschlag
Teils wird befürchtet, die Vergabepraxis der öffentlichen Hand gehe auf Kosten der Qualität, aber: „Zum Nachweis ihrer Eignung ist die Fachkunde, Leistungsfähigkeit und Zuverlässigkeit der Bewerber oder Bieter zu prüfen"[163] und: „[...] soll der Zuschlag auf das Angebot erteilt werden, das unter Berücksichtigung aller Gesichtspunkte, wie z. B. Qualität, Preis, technischer Wert, Ästhetik, Zweckmäßigkeit, Umwelteigenschaften, Betriebs- und Folgekosten, Rentabilität, Kundendienst und technische Hilfe oder Ausführungsfrist als das wirtschaftlichste erscheint. Der niedrigste Angebotspreis allein ist nicht entscheidend."[164] Um Anfechtungen begegnen zu können, ist das Vergabeverfahren entsprechend zu dokumentieren und die Auswahl sicher zu begründen, auch wenn nicht der Preis das ausschlaggebende Kriterium ist. Die Forderung nach Fachkunde verhindert auch keine gute Leistungsbeschreibung.

---

159 § 10 Abs. 1 [VOB 2016].
160 § 10 Abs. 4 [VOB 2016].
161 § 15 Abs. 1 Nr. 1 [VOB/A 2016].
162 § 15 Abs. 3 [VOB/A 2016].
163 § 6a Abs. 1 [VOB/A 2016].
164 § 16d Nr. 3 [VOB/A 2016].

Mängelansprüche besser nach BGB vereinbaren

Nach § 13 Nr. 4 (1) [VOB/B 2016] bestehen folgende Mängelansprüche: Ist für Mängelansprüche keine Verjährungsfrist im Vertrag vereinbart, so beträgt sie für Bauwerke vier Jahre, für Arbeiten an einem Grundstück und für die vom Feuer berührten Teile von Feuerungsanlagen zwei Jahre. Abweichend von Satz 1 beträgt die Verjährungsfrist für feuerberührte und abgasgedämmte Teile von industriellen Feuerungsanlagen ein Jahr. Vorteilhafter ist daher eine Vereinbarung nach § 634a Abs. 1 Nr. 2 BGB mit Verjährungsfristen von fünf Jahren „bei einem Bauwerk und einem Werk, dessen Erfolg in der Erbringung von Planungs- oder Überwachungsleistungen hierfür besteht". Vielfach werden daher auf der Grundlage der VOB Gewährleistungsfristen nach BGB vereinbart, was durchaus möglich ist.

Mängelansprüche bei gemischten Verträgen ziehen unterschiedliche Mängelrechte nach sich. Gemischte Verträge bestehen aus verschiedenen Vertragsarten: Dienst-, Kauf-, Miet- und Werkvertrag. Ein Mangel kann sich auf eine gesetzliche Leistungspflicht (Gewährleistung) oder eine freiwillige Leistungsverpflichtung (Garantie) gründen.[165]

Nur eine gute Leistungsbeschreibung, Abnahme und Inventarisierung ermöglicht die Übernahme in ein IT-System, um eine effiziente Gewährleistungsverfolgung möglich zu machen und monetären Schaden durch nicht verfolgte Mängel und Gewährleitungsverfolgungen zu vermeiden.

Medienbrüche meiden

Vorteilhaft ist jedoch inzwischen auch, dass ein digitaler Ausschreibungs- und Vergabeprozess zulässig ist. Der Auftraggeber kann künftig digitale Angebote mit elektronischer Signatur zulassen.[166] Leider ist die elektronische Signatur bis heute nicht weit verbreitet. Doch lassen sich effiziente Ausschreibungsprozesse ohne elektronische Signatur auch durch das Mantelbogenverfahren erzielen.[167]

Neben dem Verfahren der Ausschreibung ist Kernelement das Leistungsverzeichnis (LV). Das Leistungsverzeichnis ist immer ein zentraler Inhalt des (Bau-)Vertrags. Es ist die Grundlage aller Kommunikation zwischen den (am Bau) Beteiligten und die Voraussetzung für die Durchführung und Abrechnung der (Bau-)Leistungen. Für die Anforderung an das Leistungsverzeichnis gilt, dass die Darstellung der (Bau-)Aufgabe eindeutig und vollständig als Leistungsbeschreibung (gegliedert in Teilleistungen) oder als Leistungsprogramm (funktionale Beschreibung) erfolgt. Die Struktur eines Leistungsverzeichnisses ist in Tabelle 8.25 dargestellt.

Das Leistungsverzeichnis besteht aus

- der Ordnungszahl (OZ) nach der Struktur eines Leistungsverzeichnisses,
- der Positionsart,
- dem Positionskennzeichen und
- der Beschreibung der Positionen.

Dabei sind OZ und Struktur projektabhängig, die Beschreibungsformen für Positionen können projektunabhängig gepflegt werden. Die OZ ist die genaue Kennzeichnung jeder Teilleistung (Position) im Leistungsverzeichnis. Sie muss eindeutig und aufsteigend sein. Die für das Leistungsverzeichnis gewählte Gliederung bestimmt die Bildung der OZ. Den Positionen des Leistungsverzeichnisses können Positionsarten (s. Tab. 8.26) und Positionskennzeichen (s. Tab. 8.27) zugeordnet werden.

Das Leistungsverzeichnis enthält die Teilleistungen mit Beschreibungsformen (vgl. Tab. 8.28). Es lässt sich als Langtext oder Kurztext mit Übersichten der Ebene 1 und 2 darstellen.

165 Die Unterschiede werden in Kapitel 7.3 und Kapitel 7.4 erläutert.

166 Siehe § 11, 11a [VOB 2016].

167 Vgl. Kapitel 8.6.7.

Tab. 8.25: Struktur eines Leistungsverzeichnisses.

	Ebene	
Z1	Ebene 1	Los, ggf. zur Untergliederung in ähnliche oder gleiche Teilleistungen zur Vergabe an mehrere Anbieter, z. B. Bauabschnitt oder Gebäudeblock
Z2	Ebene 2	Hauptabschnitt, z. B. Abrechnungseinheiten für Rohbauarbeiten
Z3	Ebene 3	Abschnitt, z. B. Angabe der Ebene (nähere Bezeichnung des Gebäudebereichs)
Z4	Ebene 4	Unterabschnitt, z. B. Maurerarbeiten
Z5	Ebene 5	Titel, z. B. Außenwände
	(-Pos)	Positionsnummer, Untergliederung in Einheiten gleichartiger technischer Beschaffenheit, z. B. einer Teilleistung
	(-I)	Index zur Position, Kennzeichnung von Versionen, Platz zum Einschieben von Positionen
	Ebene 1 und 4 können bei der laufenden Instandhaltung entfallen. Die Untergliederung der Gesamtleistung erfolgt nach fachlichen (handwerklichen) Einheiten, z. B. Rohbauarbeiten (LV ...).	

Tab. 8.26: Positionsarten.

Normalposition	
Grundposition und Alternativposition	Die Grundposition ist der Teil einer Leistungsbeschreibung, zu der vom Auftraggeber im Leistungsverzeichnis eine alternative Ausführungsart vorgesehen ist.
Pauschalposition	Bei einer Pauschalposition entfällt die Angabe einer Menge. Die Einheit ist „psch“, „PSCH“ oder „Psch“. Statt des Gesamtbetrags steht hier der Pauschalpreis.
Eventualposition, Preisanfrageposition	In einer Bedarfsposition beschreibt der Auftraggeber eine Leistung, die nur im Bedarfsfall ausgeführt werden soll. Es dürfen nur solche Bauleistungen aufgenommen werden, deren Notwendigkeit beim Aufstellen des LV noch nicht erkennbar waren.
Zuschlagsposition	Die Zuschlagsposition ermöglicht einen prozentualen Zuschlag auf einzelne Positionen, LV-Bereiche oder Teilmengen von Positionen.
Teilleistung mit freier Menge	Wenn vom Auftraggeber gefordert wird, dass der Bieter für eine bestimmte Teilleistung die Menge anbieten soll (z. B.: Stahlmengen beim Spannverfahren), kann die Position mit ***Menge vom Bieter einzutragen*** gekennzeichnet werden.

Tab. 8.27: Positionskennzeichen.

Materialbreitstellung durch Arbeitgeber	
Material-/ Lohnuntergliederung	Diese Untergliederung hat eine besondere Bedeutung bei haushaltsnahen Dienstleistungen nach § 35a EStG.
Schwerpunktposition	
freie Menge	Fehlkalkulationen lassen sich durch korrekte Mengenermittlung nach VOB/C vermeiden: Der Aufbau der VOB/C ist für alle Leistungsbereiche gleich. Hinweise für das Aufstellen der Leistungsbeschreibung: 1. Geltungsbereich, 2. Stoffe, Bauteile, 3. Ausführung, 4. Nebenleistungen, besondere Leistungen, 5. Abrechnung Wesentlich für die Mengenermittlung ist die Kenntnis der Abschnitte 4. hinsichtlich besonderer Leistungen und 5. hinsichtlich der Abrechnung, um Nachträge zu vermeiden.
Bezugseinheit	
Kostengruppe	Bezug zur KGR. Nach DIN 276 ist eine Angabe wünschenswert, um eine Verbindung zwischen Kostengruppen und Leistungsbereich für eine erfolgreiche Kostenkontrolle herstellen zu können.

Tab. 8.28: Beschreibungsformen der Positionen.

Normalbeschreibungen	
Leit- und Unterbeschreibungen	Bei besonders umfangreichen Beschreibungen kann die Teilleistung aus einer Leitbeschreibung und einer oder mehreren Unterbeschreibungen zusammengesetzt sein. Die OZ und alle anderen Merkmale werden nur der Leitbeschreibung zugeordnet.
Bezugs-/ Wiederholungs-beschreibungen	Über dieses Verfahren können Teilleistungen verkürzt beschrieben werden. Die Wiederholungsbeschreibung enthält den eindeutigen Bezug auf die Bezugsbeschreibung, den gegenüber der Bezugsbeschreibung geänderten Wortlaut der Beschreibung dieser Teilleistung und ggf. alle Zeilen für die Bietertextergänzungen.
Ausführungs-beschreibungen	Gleichbleibende, umfangreiche Beschreibungen für eine Reihe von Teilleistungen können unter einer Nummer in einer Ausführungsbeschreibung zusammengefasst werden. Diese müssen den mit einer OZ versehenen Teilleistungen (Positionen) vorangestellt werden. Die Positionen enthalten nur noch den ergänzenden Text für die vollständige Beschreibung der Teilleistung.
Hinweistexte	Hinweistexte sind standardisierte oder frei formulierte Beschreibungen, die bei der Preisbildung beachtet werden müssen. Sie können sich auf das gesamte LV, Teile des LV oder einzelne Positionen beziehen. Hinweistexte erhalten keine OZ. Sie dürfen nicht innerhalb von Teilleistungen angeordnet werden. Ihr Bezug muss eindeutig sein.

Die Material- und Lohnuntergliederung ist insbesondere dann wichtig, wenn die Leistung nicht eindeutig beschrieben werden kann. Die [DIN EN 15221-2 2007-01] unterscheidet neben Einheitspreis und Pauschalpreis auch Zuschlagspositionen (Kosten plus Aufschlag). Bei den Zuschlagspositionen im Sinne der [DIN EN 15221-2 2007-01] werden die tatsächlichen Kosten zzgl. eines festgelegten Service-Aufschlags vergütet. Dabei sind die tatsächlichen Kosten z. B. Material und Lohn (vgl. Tab. 8.27) offenzulegen.

Ausschreibungen lassen sich problemlos Qualitätskriterien unterwerfen. Diese betreffen insbesondere die Formulierung der Leistungsbeschreibungen sowie die Mengenermittlung. Die Qualitätskriterien sind nach Abschluss der Baumaßnahme zu überprüfen.

Geringe Stundenlohnarbeiten

Bei Stundenlohnarbeiten ist schwer nachzuprüfen, in welchem Umfang sie tatsächlich erbracht wurden. So wird aus der ungeplanten Instandhaltung berichtet, dass Handwerker eine Leistung von 9.05 bis 9.25 Uhr zu 50 % mit 30 Minuten, zu 50 % mit 60 Minuten abgerechnet haben.[168]

Geringe Nachträge

Nachträge lassen sich vermeiden:

– **Keine Mengenunter- oder -überschreitungen:** Die Mengenermittlung erfordert Fachkenntnis. Folgendes Beispiel findet sich unter „Allgemeine Technische Vertragsbedingungen" (ATV) für Putz- und Stuckarbeiten nach [DIN 18350 1996-06] (Überarbeitung durch [DIN 18350 2016-09]): Gemäß 4.2.11 ist das „Erstellen von Verlege- und Montageplänen" eine besondere Leistung, die besonders zu vergüten ist. In den Aufmaßvorschriften unter 5.2. wird festgelegt, welche Flächen übermessen oder abgezogen werden. So werden „Öffnungen, Aussparungen und Nischen über 2,5 [m^2] Einzelgröße in Böden über 0,5 [m^2] Einzelgröße" abgezogen. In einem Fall hat die Nichtbeachtung dieser Regel zu berechtigten Mehrkosten von 14.500 € geführt.

168 Vgl. [Dworak, B. (2007c)].

Tab. 8.29: Ursprung einer Positionsbeschreibung.

	Leistungsbereich	Leistungsinhalte/Quelle
1.	Bauleistungen	Leistungsbereiche nach [DIN 276-1 2006-11][a] VOB/C-
		Textgeneratoren, z. B. StLB, DBD-Bau
		Freitexte von Textlieferanten, z. B. sirAdos, Heinze oder Ingenieurbüros
		Freitexte von Firmen
		Freitext (aus Stammleistungsverzeichnissen)
2.	Objektmanagement, Dokumentation und Berichtswesen, Betriebsführung/Objektbetrieb, Wartung, Instandsetzung, Verfolgung von Mängelansprüchen, Energiemanagement, Reinigung, Außenanlagenpflege, Gebäudeservice, Gebäude-/Werkschutz, Bereitstellung von IuK-Komponenten, IT-Dienstleistungen, Entsorgung, Postdienste/Warenannahme/Gebäudelogistik, Konferenzräume und Veranstaltungsservice, Catering, Fahrdienste, kaufmännische Verwaltung und Controlling, Flächenmanagement, Leerstandsmanagement	Mustervertrag Gebäudemanagement [GEFMA 510 v3.0 2014-07] Muster-LV Gebäudemanagement [GEFMA 520 v3.0 2014-07]
	Instandhaltung nach Service-Level: Aufzugs-, Elektro- Heizungs-, Kälte-, Raumluft-, Sanitär-, Sonderlösch-anlagen (CO_2), Sprinklertechnik	[IFMA (2002K)], S. 15
	alle	Freitext (unternehmensindividuelle Beschreibungen)

[a] Die Leistungsbereiche werden in den neueren Ausgaben [DIN 276-1 2006-11] und [DIN 276-1 2008-12] leider nicht mehr aufgeführt.

- **Keine zusätzlichen oder nicht zur Ausführung kommenden Positionen**
- **Textformulierungen meiden, die unberechtigte Risikozuschläge bei den Bietern hervorrufen**
- **Ganzheitliche Betrachtung:** Der anstehende laufende Betrieb wird dahingehend berücksichtigt, dass z. B. Fertigstellungs- und Unterhaltungspflege zusammen ausgeschrieben werden, um keine Übergabeverluste zu provozieren (z. B. Garten- und Grünanlagen).

Vom Unternehmerstandpunkt aus sind die Positionsbeschreibungen von besonderem Wert. Positionsbeschreibungen sind grundsätzlich auf dem Markt erhältlich (s. Tab. 8.29). Die Qualität ergibt sich daraus, einen günstigen Preis angeboten zu bekommen, der für den Bieter einfach zu kalkulieren ist und Streitfälle vermeidet. Verfügt die Person, die das Leistungsverzeichnis aufstellt, nur über eine geringe Fachkenntnis in der praktischen Durchführung der Arbeiten, ist sie geneigt, kostenlose Freitexte von Firmen zu verwenden, die in den Ausführungen auf ein bestimmtes Produkt einer Firma zugeschnitten sind.

Die Art der Formulierungen bestimmt auch den Preis. Es lohnt sich daher, aus den Erfahrungen der Vergangenheit zu lernen und Leistungsbeschreibungen nach Ausführung der Leistung zu pflegen. Es bietet sich dadurch auch an, Standards eines Unternehmens zu definieren und vorzuhalten.

Ein Beispiel einer Positionsbeschreibung ist in Abbildung 8.63 dargestellt.

Aufbau
L e i s t u n g s v e r z e i c h n i s

Seite 2
Datum : 30.07.1998
DV-NR.: GAEBAG13

1. 1 Erdarbeiten

Ordnungszahl (Pos-Nr.)	Menge	Einheit	Einheitspreis in DM	Gesamtbetrag in DM
1. 1. 3	150	m2	________	________

STLB-Bau 04/1999 002
Oberboden DIN 18300 abtragen, seitlich lagern und später auftragen, von Böschungsflächen, Abtragdicke im Mittel 20 cm, Auftragfläche geneigt. Auftragdicke im Mittel 20 cm. Mengenermittlung nach Aufmaß an der Entnahmestelle.

Beschreibung der Teilleistung als Normalbeschreibung

Ordnungszahl (Pos-Nr.)	Menge	Einheit	Einheitspreis in DM	Gesamtbetrag in DM
1. 1. 4	3	m	________	________

STLB-Bau 04/1999 002
Boden für Suchgraben, zur Freilegung von Kabeln, nach Abtrag des Oberbodens, profilgerecht lösen, außerhalb der Baugrube lagern, Aushubtiefe bis 0,8 m, Sohlenbreite über 0,5 bis 0,6 m, Mengenermittlung nach Aufmaß an der Entnahmestelle.
Bodenklasse 4

Beschreibung der Teilleistung als Normalbeschreibung

Ordnungszahl (Pos-Nr.)	Menge	Einheit	Einheitspreis in DM	Gesamtbetrag in DM
1. 1. 5	7	m3	________	________

StL-Nr 93 002/211 51 52 10 02 TA TB
Hinterfüllen
von Arbeitsräumen,
profilgerecht,
mit vom AN zu liefernden Stoffen,
(31) Stoff 'Kies-Sand-Gemisch 0/32'
oder gleichwertiger Art,
(32) Stoff ' ',
verdichten.
Einbauhöhe bis 0,80 m.

Beschreibung der Teilleistung als Normalbeschreibung mit Textergänzung TA und TB

Ordnungszahl (Pos-Nr.)	Menge	Einheit	Einheitspreis in DM	Gesamtbetrag in DM
1. 1. 6	40,650	m3	________	________

StL-Nr 93 002/141 02 02 83 01 TA
Boden für Streifenfundamente
profilgerecht lösen und seitlich lagern,
Aushub nach Abtrag des Oberbodens,
Breite der Fundamentsohle über 0,5 bis 1,0 m,
(41) Aushubtiefe in m '1,00',
Bodenklasse 4.

Beschreibung der Teilleistung als Normalbeschreibung mit Textergänzung

Abb. 8.63: Ein Beispiel für Leistungspositionen nach dem StLB.[169]

169 Siehe [GAEB DA 2000 T3 K1], S. 5.

Tab. 8.30: Gestaltungsfreiheiten bei der Formulierung von Positionsbeschreibungen.

Lieferant	Inventar	Beschreibung
WU02	018.16.25	Tiefspül-WC (wandhängend) einschl. Befestigungen und Anschlussdichtungen komplett liefern und auf vorbereitete Wandbetriebsmontageeinheit (Kombifix) fertig montieren. Fabrikat: Villeroy & Boch, Typ Omnia/Belinda oder Omnia/Nornia 1 St. à ______________
WU03	45.6.20	WC bodenstehend, Keramag – Paris Allia, Tiefsp. als Tiefspülklosett aus weißem Sanitärporzellan, Abgang, waagerecht, inkl. Befestigungssatz, mit WC-Sitz Pagette exklusiv, mit Klosett-Anschlussbogen und Abdeckrosette weiß, Fabrikat: Keramag Typ: Paris ALLIA liefern und montieren 1 St. à ______________
WU04	42.2.210	WC-Anlage bestehend aus: 1 Tiefspül-WC-Becken DIN 1385-6, DIN-EN 37 mit Prüfzeichen, aus Sanitärporzellan, Farbe: weiß, bodenstehend, Abgang horizontal, Größe: Breite: 355 mm; Tiefe: 460 mm Fabrikat: KERAMAG Typ: Renova Nr. 1 1 Satz WC-Befestigung 1 WC-Anschlussbogen mit Lippendichtung inkl. Verfüllen der Fugen zwischen Sanitäreinrichtung und Bodenfliesen mit elastomerem Kitt oder gleichwertig, 1 St. à ______________
D4	ES05.01	Standspülklosett (oder Stand-Flachspülklosett), weiß, komplett Kristallporzellan – DIN 1385 – mit lasiertem Innenspülrand, Abgang waagerecht, Befestigung mit 2 Stockschrauben M12 × 150 mm, mit Spülrohrverbinder, -verlängerung sowie Ablaufverbinder, Stutzen und Anschlussbogen, einschließlich Schallschutzset; einschließlich Versiegelung, Dichtungs- und Kleinmaterial, liefern, montieren und betriebsbereit anschließen, altes Klosett demontieren und fachgerecht entsorgen Fabrikat Klosett: Renova Nr. 1 oder gleichwertig ______________
D5	2212 43	Stand-Flachspülklosett/Tiefspülklosett zugelassen für 6 Liter, Abgang waagerecht, liefern und montieren Fabrikat: Keramag Typ Renova Nr. 1 Einzelpreis ______________

In Tabelle 8.30 ist die Gestaltungsfreiheit einer Instandsetzungsposition anhand von fünf Unternehmen dargestellt, die bei gleichen Bietern zu unterschiedlichen Angebotspreisen führen würden.

Obwohl zu Ausschreibungsbeginn der Tag der Abnahme noch in ferner Zukunft liegt, gilt hier Folgendes zu beachten: Mit zunehmendem Installationsgrad der Gebäude gewinnt die Bedienung und Wartung technischer Anlagen an Bedeutung. In den Verträgen ist die Übergabe der Dokumentationen und die Einweisung einzufordern. Einweisung deshalb, weil die Benutzerführung der Bedienelemente und die Bedienungsanleitungen für den Verantwortlichen unverständlich und daher erklärungsbedürftig sind. Der Verantwortliche für die Bedienung der Anlagen ist daher möglichst früh zu bestimmen. Steht der Betreiber bereits zu Beginn der Aufstellung des Leistungsverzeichnisses fest, ist er schon jetzt mit seinen Anforderungen und seinem Wissen in den laufenden Betrieb einzubinden.

Ebenso ist eine mängelfreie Übergabe der Anlagen zum festgesetzten Zeitpunkt zu vereinbaren und bei Überschreitung ggf. mit Vertragsstrafen zu sanktionieren.

8.4.5 Dokumentation im Raum- und Gebäudebuch

Die Erfassungs- und Dokumentationspflichten greifen an vielen Stellen und die Ablage erfolgt unkoordiniert nach fachlichen Gesichtspunkten. Ein ganzheitliches Gesamtkonzept zur Ablage fehlt. Schon die Begriffe veranschaulichen die Vielfältigkeit:

- Bauwerksbuch (Standsicherheit),[170]
- Raumbedarfsplan,[171]
- Raumbuch in der Bauforschung, Fassadenbuch, Gespärrebuch,
- Erhebungsbögen für die Betriebskosten, den Brandschutz oder die Bestandsdatenpflege,
- ...

Nachfolgend ist das Raum- und Gebäudebuch (vgl. Abb. 8.64) mit wesentlichen Elementen nach [DIN 32835-2 2007-01] dargestellt. Die einzelnen Bücher haben ergänzend sowohl technische als auch kaufmännische und rechtliche Komponenten. Sie zu führen kann sehr nützlich sein, da dann bei jedem Eigentümerwechsel wesentliche Informationen zum Verkauf vorliegen, z. B. bei einer Due Diligence, und nicht mühsam beschafft werden müssen.

Das Pflichtenheft ist eine Sonderform des Raum- und Gebäudebuchs und dokumentiert die Erfahrungen aus der Vergangenheit und die Anforderungen in der Zukunft.

Für die rechtliche Komponente benennt GEFMA[172] das Betriebs- und Objekthandbuch. Das Betriebshandbuch dient zur Darstellung der Betriebsorganisation und der wichtigsten betrieblichen Abläufe bei Normalbetrieb, während technischer Störungen und in besonderen Notfällen. Das Objekthandbuch dient zur Darstellung der objektbezogenen Daten und Dokumente, sein Ausgangspunkt ist die Betreiberverantwortung. Für eine umfassende Betrachtung sind neben den rechtlichen auch technische und kaufmännische Fragestellungen zu unterscheiden. Rechtliche Fragestellungen werden der Aufbauorganisation zugeschlagen. Der ordnungsgemäße Betrieb im Sinne der Betreiberverantwortung wird durch technische Prozesse beschrieben. Für eine wirtschaftliche Betrachtung sind auch kaufmännische Prozesse zu integrieren.

Der Bedarf eines Immobilienunternehmens, die Gebäude mit Merkmalen in diesen drei Dimensionen zu beschreiben, ist unterschiedlich. Gegenstand der Beschreibung sind das Gebäude und die Räume nebst Ausstattungen und Einrichtungen. Die Dokumentation erfolgt analog im Gebäude-, Raum-, Ausstattungs- und Einrichtungsbuch. Ist es notwendig, insbesondere den eigengenutzten Gebäudebestand zu analysieren, sind jedoch gebräuchliche Bauwerksbezeichnungen wie z. B. Bürogebäude unzureichend.

Das Hochschul-Informations-System trägt diesem Umstand Rechnung, indem es Nutzungsbereiche unterscheidet. Unter Nutzungsbereichen (NB) sind Gruppierungen von Raumnutzungen unter dem vorrangigen Gesichtspunkt von Tätigkeits- und Arbeitsplatzarten zu verstehen. HIS geht damit im Wesentlichen von organisatorischen Einheiten aus, die sich durch sog. Nutzungsprofile charakterisieren lassen: „Nutzungsprofile sind die prozentuale, qualitative Aufteilung einer Flächensumme nach Nutzungsbereichen“.[173] Eine weiter gehende Untergliederung nimmt die Informationsstelle Wirtschaftliches Bauen der Staatlichen Hochbauverwaltung Baden-Württemberg (IWB) vor. Hier werden die Nutzungsarten einzelner Räume unterschieden. Die Nutzungsart von Räumen lässt sich in Funktion (Aufgabe) und Raum (Bauvolumen)[174] unterscheiden. Schließlich kann ein Raum im Laufe der Zeit wechselnde Aufgaben übernehmen. Entscheidend hierfür sind

---

170 Vgl. [VDI 6200 2010-02], Anhang B – Muster für Bauwerksbuch Standsicherheit, S. 24.

171 Vgl. [fm.rlp RLBau 2014], Muster 13.1 oder [BMVBS 20051108-KF-A00M.13].

172 Vgl. [GEFMA 190 2004-01], S. 24.

173 Siehe [HIS 123], S. 27.

174 Vgl. [Richter, P. (1996b)], S. 1492–1496.

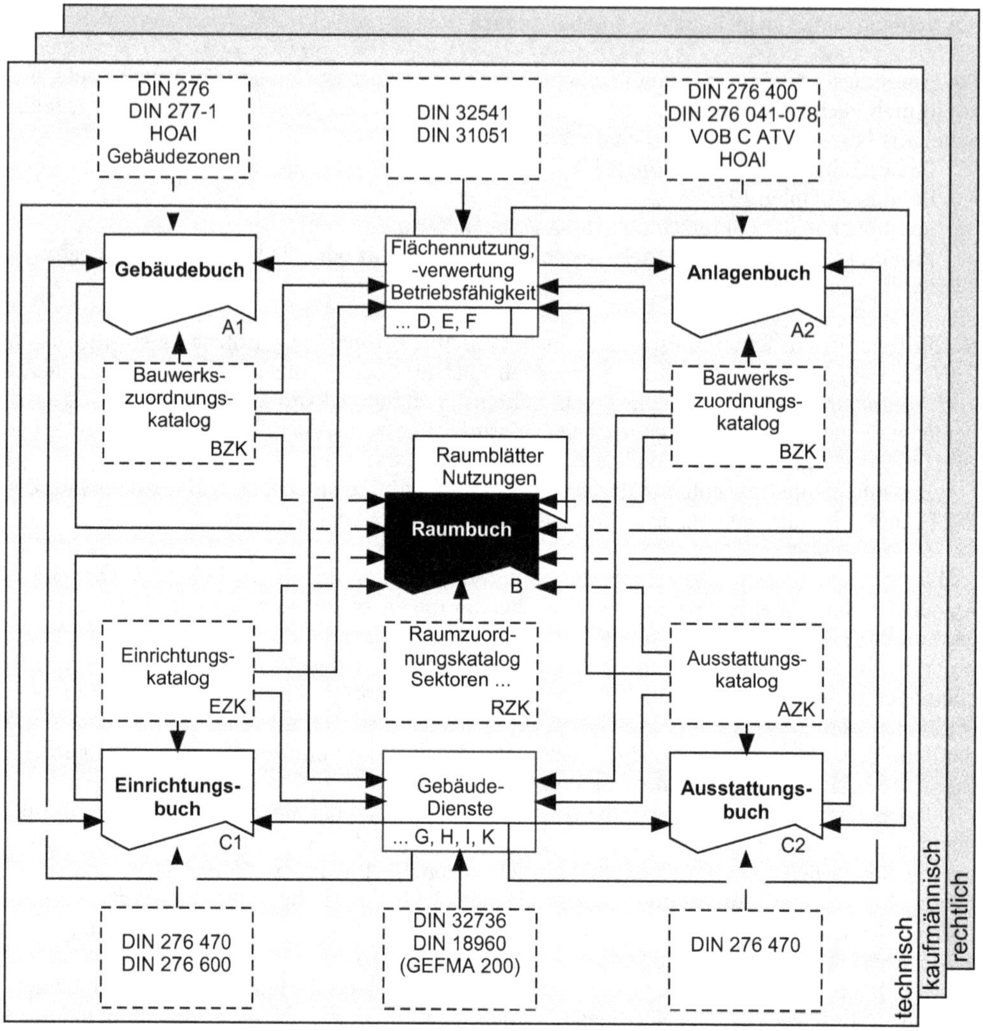

Abb. 8.64: Raum- und Gebäudebuch.[175]

räumliche Merkmale. Ein Raum ohne Fenster wird nur in Ausnahmefällen die Aufgabe des Vorstandsbüros übernehmen können. Allerdings ist es möglich, dass das Vorstandsbüro zur Abstellkammer wird. Es gilt daher:

! Raum U Funktion = Nutzung (U = Verbindung)

Die verschiedenen Aspekte finden sich vereinzelt im Baurecht (Baunutzungsverordnung) und in Regelwerken (DIN-Normen) wieder. Während die [DIN 277-1 2016-01] unter dem Aspekt der Kostenermittlung Flächenarten definiert, hat die [SIA 416 2003][176] nicht nur den funktionalen, sondern

175 Quelle: eigene Darstellung.

176 Vgl. [SIA 416 2003], S. 12.

auch den rechtlichen Aspekt durch Sondernutzung und gemeinschaftlicher Nutzung in Form einer Matrix berücksichtigt. Die Beschreibung einer Raumnutzung hat neben einer geometrischen Ausprägung einen funktionalen Aspekt (funktionale Aufgabe des Raums), einen organisatorischen Aspekt (z. B. alleinige oder gemeinschaftliche Verfügungsgewalt des Nutzers), einen räumlichen (nutzbarer Flächenanteil und räumliche Zuordnung) und einen rechtlichen Aspekt (Vertragsverhältnisse). Der Zusammenhang der verschiedenen Aspekte wird in Abbildung 8.64 (s. o.) verdeutlicht.

Unter Berücksichtigung der Gesamtbelegung sind daher die Merkmale der Nutzer und die Dauer (Zeit) der Nutzung (Organisation) zu ergänzen.

- Bsp.: Ein Schwimmbad hat montags bis freitags von 10.00 bis 17.00 Uhr geöffnet. In der Halle (Raum) befindet sich das mit Wasser gefüllte Becken und ermöglicht das Schwimmen (Funktion), es steht dem Vereinssport (Nutzer) von 11.00 bis 13.00 Uhr (Zeit) zur Verfügung. Das Schwimmtraining kann nicht auf samstags ausgedehnt werden, weil samstags das Schwimmbad gereinigt wird (Organisation).
- Bsp.: Die Kantine (Raum) hat von 11.30 bis 13.00 Uhr (Zeit) zum Mittagessen (Funktion) für die Studierenden (Nutzer) geöffnet. Die Einlasskontrolle (Organisation) achtet darauf, dass ausschließlich Studierende an den Mahlzeiten teilnehmen.
- Bsp.: In einer Hochschule (Raum) beginnt der Hochschulbetrieb mit Seminaren (Funktion) für eingeschriebene Studierende (Nutzer) montags um 10.00 Uhr und endet freitags 15.00 Uhr (Zeit). Die Räume sind angemietet und dürfen gemäß Mietvertrag nicht weitervermietet werden (Organisation).
- Bsp.: Im Verwaltungsgebäude eines Beratungsunternehmens werden für die Büroarbeit (Funktion) der Berater (Nutzer) Räume (Raum) vorgehalten. Die Beratungsleistungen werden hautsächlich bei Kunden erbracht (Organisation). Die Mitarbeiter sind daher nur zu 20 % in ihren eigenen Büroräumen (s. Kap. 6.4). Es gilt daher:[177]

Raum ∪ Funktion ∪ Nutzer ∪ Zeit ∪ Organisation = Aktivität

Erst aus der Angabe dieser Aspekte für die Aktivität lässt sich ein Bedarf ableiten und Optimierungspotenziale lassen sich erkennen. Beispiel Schwimmbad: Warum werden die Öffnungszeiten nicht verlängert, indem der Reinigungsdienst von 5.00 bis 9.00 Uhr reinigt? Beispiel Kantine: Wieso ist sie nur von 11.30 bis 13.00 Uhr geöffnet und steht nicht für andere Veranstaltungen zur Verfügung? Beispiel Hochschule: Warum werden die Seminarräume nicht an die Volkshochschule untervermietet? Beispiel Beratungsunternehmen: Warum wird kein Desk-Sharing-Modell verfolgt?

Flächen- und Ausstattungsmerkmale

Eine Auswahl von Raum- und Flächenmerkmalen zeigt Tabelle 8.31. Hier wird deutlich, dass eine bebaute oder unbebaute Fläche mit unterschiedlichen Merkmalen ausgestattet und verwendet werden kann. Anwendungsfälle sind zu jedem Merkmal angegeben und jedem liegt eine andere Definition zugrunde. Dies wird bei folgender Aussage klar: „Mein Vater besitzt 16 Quadratmeter." Dabei kann es sich um einen Grundstücksanteil (Boden), einen Eigentumsanteil in einer WEG-Anlage, einen architektonischen Raum in einem Asylbewerberwohnheim, einen Flächenanteil im Altenwohnheim, ein Badezimmer, eine Mietfläche, die Größe des Einzelzimmers und für einen Rollstuhlfahrer die benutzbare Fläche handeln. Auf diese Aussage muss sogleich die Frage folgen: „Was meinen Sie damit?"

177 Vgl. [Bogenstätter, U. (2001)], S. 67 ff.

Tab. 8.31: Merkmale der Ressourcen-/Strukturqualität.

	Merkmal	Anwendungsbeispiel
a	Boden (Grundstück): Bauflächenart nach Flächennutzungsplänen s. § 1 Abs. 1 [BauNVO 2013] und Bebauungspläne s. § 1 Abs. 2 [BauNVO 2013]	Wertermittlung, Potenziale zur Grundstücksausnutzung
b	bebaute Fläche: Bauwerksnutzungsart (s. Tab. 8.32)	Zuordnungsmerkmal für Kosten-, Verbrauchs- und sonstige Vergleichskennwerte
c	architektonischer Raum	Flächen- und Mengenberechnung
d	Gebäudebereich (Sektor), s. Abb. 8.68)	Raumnummern, Kontierungsschlüssel, technische Verwaltung
e	Funktionsbereich (Flächenprogramm)	Kostenstellenrechnung, Kostenkennzahlen
f	(energetische) Zonen	Energiebedarfsberechnung, Kostenkennzahlen, Flächenkennzahlen
g	(Nutzungs-)Flächenart (s. Tab. 8.36)	Kostenflächenartenmethode, Kostenkennzahlen, Flächenkennzahlen
h	Mietfläche (s. Tab. 8.37)	Vertragsgrundlagen, Eigentums- und Besitzverhältnisse
i	Verkaufsfläche	Vertragsgrundlagen
j	Arbeitsplatzfläche	Bedarfsmaßstab für Büroimmobilien
k	Exklusivität, Privatheit (öffentliche und Individualflächen) (s. Tab. 8.39)	Flächennachweis nach II. BV, Belegungsdichte, Privatheit nach [HeimMindBauV 2003], Mietfläche nach [gif MF/G 2012-05]
l	Universal Design/Barrierefreiheit (s. Kap. 6.3.2, Tab. 6.8)	Raumbelegungsplanung, Nutzerstruktur
m	Gebäude- und Ausstattungsstandard	Qualitätsmerkmal, Hotels: s. Kap. 6.3.2, Tabelle 6.9 (DEHOGA), s. Kap. 6.3.2, Tabelle 6.11 (VDR), Universal Design, Normalherstellungskosten (NHK)
n	(Qualitäts-)Zertifikate	Finanzierung, Transaktionsgeschäfte

Die Vielfalt und die Abhängigkeiten zwischen den Flächen- und Raummerkmalen sind in Abbildung 8.65 dargestellt. Ausgehend vom Rohbauland und dem Maß der baulichen Nutzung des Grundstücks wird die Grundstücksfläche in bebaute und unbebaute Teile aufgeteilt.

Der bebaute Teil wird charakterisiert durch die Nutzungsart nach DIN 277 und die Zuordnung der Mietfläche nach den Regelwerken gemäß der Wohnflächenverordnung oder den gif-Richtlinien. Dem folgen die funktionale Zuordnung (Funktionseinheiten) und das gemeinschaftliche oder exklusive Nutzungsrecht.

Der unbebaute Teil wird danach differenziert, ob es sich um einen öffentliche Fläche oder um einen direkt/indirekt zugeordneten Freiraum des Gebäudes und seiner Nutzer handelt. Eine Schlüsselrolle nimmt dabei die [DIN 277-1 2016-01] ein (vgl. Abb. 8.66). Mit ihr korrespondieren zahlreiche Richtlinien, Normen und Gesetze. Sie hat Bedeutung in Verordnungen, bei der Kostenermittlung, der Mietflächenberechnung und im Vergabewesen.

Boden (Grundstück)

Die Qualitäten des Bodens werden mit den Merkmalen der Nutzung und der Bauflächenart in Flächennutzungsplänen nach § 1 Abs. 1 [BauNVO 2013] als Wohnbauflächen (W), gemischte Baufla-

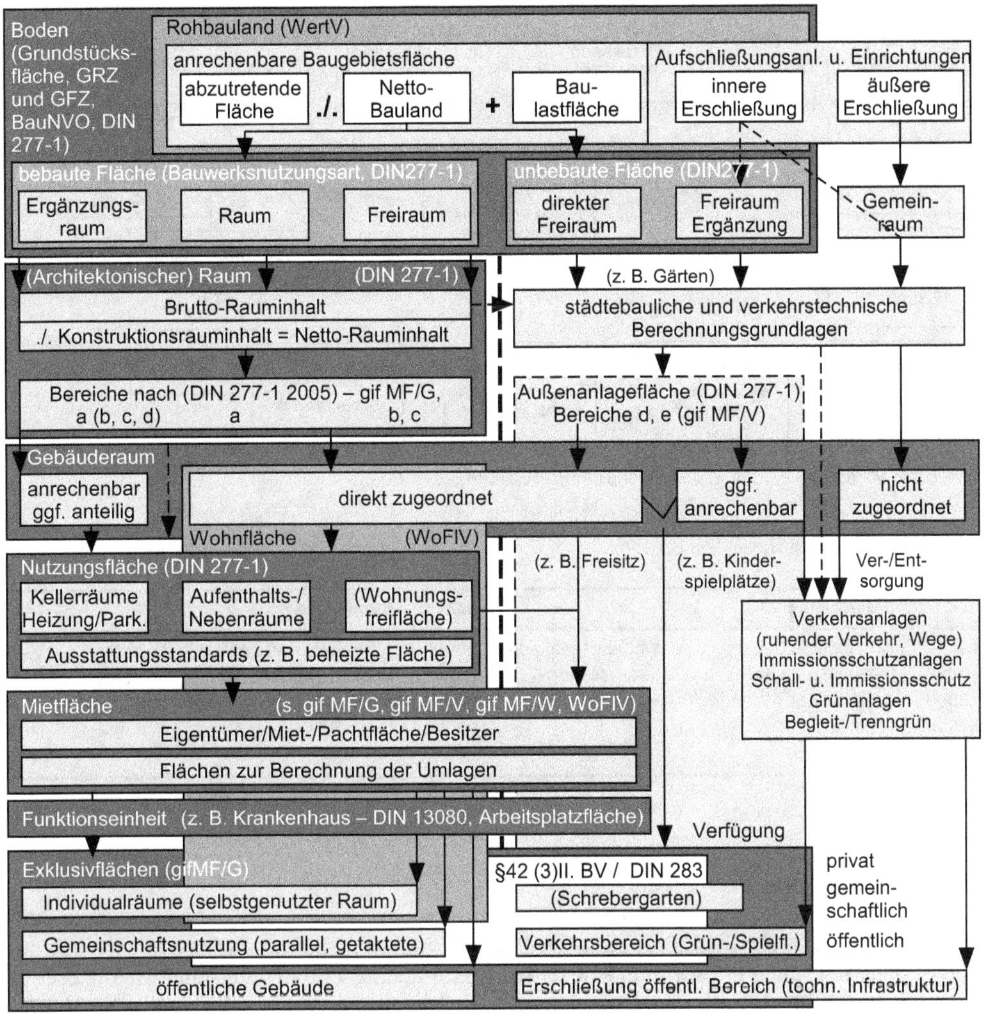

Abb. 8.65: Inhaltliche Zuordnung von Raum- und Flächenmerkmalen.[178]

chen (M), gewerbliche Bauflächen (G) und Sonderbauflächen (S) und in Bebauungsplänen nach § 1 Abs. 2 [BauNVO 2013] z. B. als allgemeine Wohngebiete beschrieben.

Bebaute Fläche – Bauwerksnutzungsarten

Die bebaute Fläche lässt sich nach der Art der Bauwerke näher beschreiben. Die Bauwerksnutzungsarten sind nach dem Bauwerkszuordnungskatalog (BZK) zu systematisieren. Hierbei wird der Begriff Bauwerk zunächst als Überbegriff von Gebäuden und technischen Bauwerken jeglicher Art – auch Bauwerke der Infrastruktur – benutzt. In der Regel werden hier Gebäude behandelt (s. Tab. 8.32). Hintergrundinformationen zu den Bauwerksnutzungsarten sind in Kapitel 4.5.1 zu finden.

178 Quelle: eigene Darstellung.

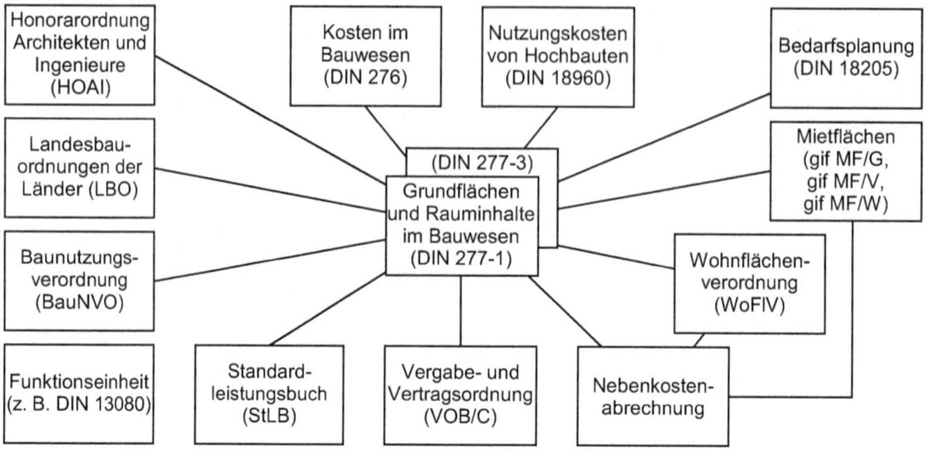

Abb. 8.66: Mit der DIN 277 korrespondierende Regelwerke.[179]

Tab. 8.32: Merkmal Bauwerknutzungsart.[180]

BZK	Bezeichnung	BZK	Bezeichnung
10000	Parlaments-, Gerichts- u. Verwaltungsgebäude	60000	Wohnbauten, Gemeinschaftsstätten
20000	Gebäude für wissenschaftliche Forschung	70000	Gebäude für Produktion, Werkstätten u. Lager
30000	Gebäude des Gesundheitswesens	80000	Bauwerke für technische Zwecke
40000	Schulen	90000	Gebäude anderer Art
50000	Sportbauten		

Architektonischer Raum

Der architektonische Raum wird hinsichtlich der zu bebauenden oder bereits bebauten Grundflächen nach [DIN 277-1 2016-01] „Grundflächen und Rauminhalte im Bauwesen" beschrieben und definiert. Dabei sind die Brutto-Grundfläche und die Netto-Raumfläche zu unterscheiden. Die Brutto-Grundfläche (BGF) wird aus den Außenkanten des Gebäudes berechnet. Die Netto-Raumfläche (NRF) definiert sich als „Summe der nutzbaren, zwischen den Bauteilen befindlichen Grundflächen aller Grundrissebenen eines Bauwerkes", dem Innenraum.

Gebäudebereich (Sektor)

Zur Beschreibung der räumlichen Zuordnung oder Wegebeziehungen zwischen den Flächen ist eine genaue Beschreibung der Lage einer (Teil-)Fläche eines Gebäudes in einem Gebäude (Gebäudebereich) auf einem Grundstück notwendig.

Der Gebäudebereich definiert auch die Lage eines einzelnen Raums innerhalb eines Gebäudes. Räume müssen mithilfe von Nummern einfach und logisch kodiert werden. Wer in einem Krankhaus umhergeirrt ist, weiß, wovon hier die Rede ist. Die Beschreibung der Lage eines Raums

179 In Anlehnung an [Elwert, U. (2006b)], S. 48–50.

180 [BKI (1998a)], S. 8, s. für den vollständigen Bauwerkszuordnungskatalog [Bogenstätter, U. (2001)], Anhang oder [VDI 3807 Bl. 2 2014-11], Anhang Bauwerkszuordnungskatalog, S. 73–100.

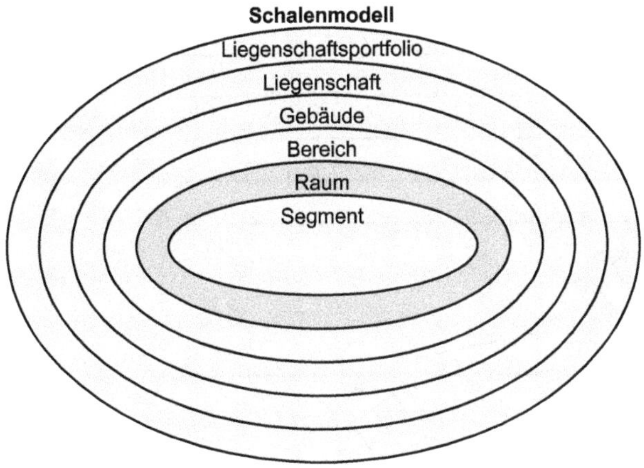

Abb. 8.67: Schalenmodell.[181]

im Gebäude erfolgt nach dem Schalenmodell (s. Abb. 8.67 und zerlegt die räumliche Lage eines Grundstücks und das dazugehörige Gebäude in ein hierarchisches System. Ausgehend vom Liegenschaftsportfolio wird eine Aufteilung in Liegenschaft(en), Gebäude(n), Bereich(e), Raum/Räume und Segment(e) vorgenommen.

Eine differenziertere Betrachtung wird in Abbildung 8.68 vorgenommen. Hier erfolgt eine Zuordnung der Liegenschaft zum Quartier, zur Gemeinde und Region. Das Gebäude selbst wird mit zusätzlichen Schalen differenziert nach Gebäudeabschnitt, Gebäudeebene und Raumgruppe. Die vollständige Ausdifferenzierung ist insbesondere bei komplexen Gebäuden, z. B. Universitätskliniken, unverzichtbar. Bei Garagen ist die Anzahl der Schalen begrenzt. Je nach Größe der Immobilien und Anforderungen des Nutzers wird das Gebäude nach Gebäudezonen, dem Gebäudeabschnitt, der Gebäudeebene, der Raumgruppe, dem Raum und/oder der Raumzone unterteilt.

Die konkrete Raumbezeichnung sollte unabhängig von der geplanten und zukünftigen Raumnutzung und ausschließlich nach den räumlichen Gegebenheiten erfolgen. Schließlich kann das Chefzimmer von heute bereits morgen das Lager für Werbematerialien sein. Die Vergabe erfolgt nach einem hierarchischen Schlüssel.

Oberster Grundsatz bei der Raumnummernvergabe ist: so einfach und verständlich wie möglich. Unterschiedliche Nummernkreise zur Bauausführung und zum laufenden Betrieb sollten vermieden werden, da dies bei der Inbetriebnahme zur allgemeinen Verwirrung führen kann und Pläne nach der Übergabe kostenintensiv geändert werden müssen. Die Bezeichnungen und Nummerierungen sollten daher aus Sicht der zukünftigen Nutzer vorgenommen werden. Ebenfalls vermieden werden sollten unterschiedliche technische und kaufmännische Kontierungen im Rechnungswesen, da dies nur zur Sprachverwirrung in der Zusammenarbeit der Techniker und Kaufleute führt (vgl. Abb. 8.69, hier für die Wohnungswirtschaft). Eine typisch kaufmännische Kontierung ist: Mandant (Unternehmensnummer (UNR)), Buchungskreis, Wirtschaftseinheit (WI), Mieteinheit (ME) sowie die lfd. Nummer der Mieteinheit. Die kaufmännische Sicht ist damit auf die Abrechnungsmodalitäten fokussiert.

Zunächst werden bei der Raumnummernvergabe frei stehende Gebäude unterschieden. Es bietet sich i. d. R. eine alphanumerische Bezeichnung an, z. B. Haus A, B und C.

181 Quelle: eigene Darstellung.

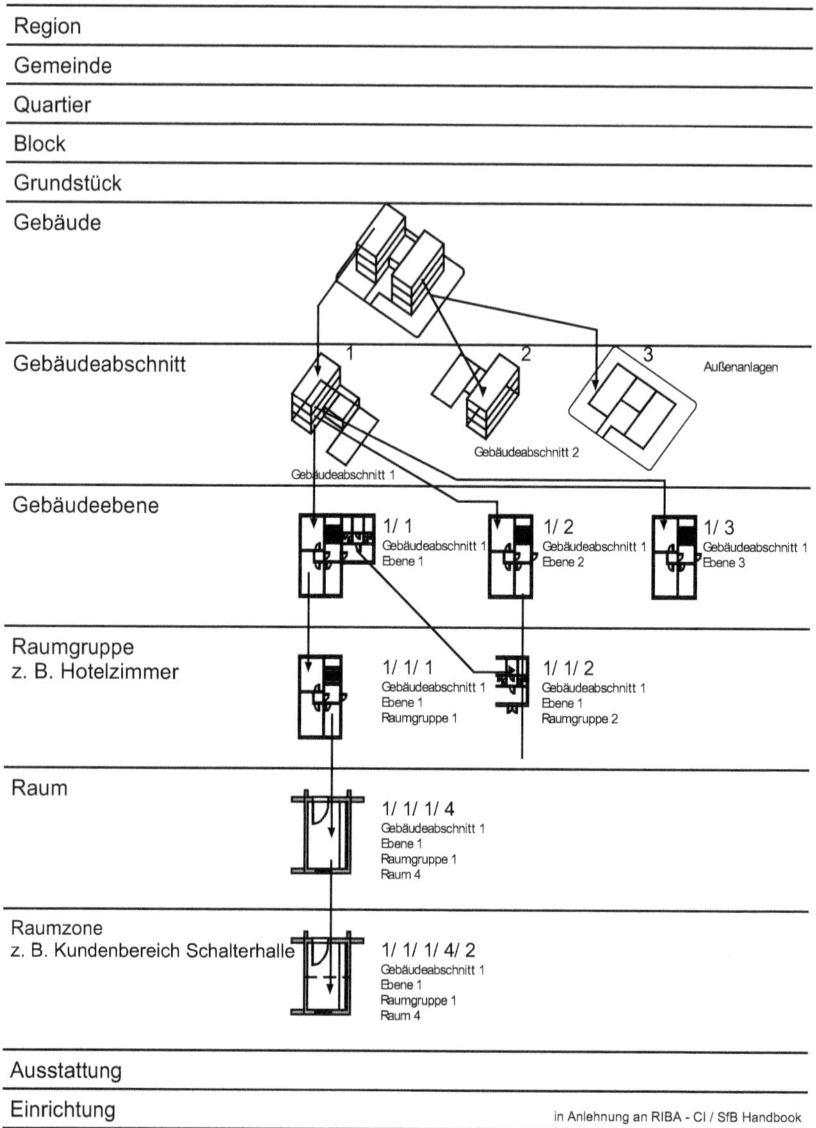

Abb. 8.68: Gliederung nach Gebäudebereichen – Bestimmung der Raumnummer.[182]

Bei der Definition der Abschnitte ist zu berücksichtigen, dass der Statiker geneigt ist, die Abschnitte nach physikalischer Trennung (statischen Fugen) vorzunehmen (s. Abb. 8.70). Für den späteren Nutzer sind allerdings nicht die Dehnungsfugen das primäre Orientierungsmerkmal, sondern die Erschließungsreihenfolge und der wahrnehmbare, optisch abgeschlossene Baukörper. Es bietet sich ggf. ebenfalls eine alphanumerische Bezeichnung an.

182 In Anlehnung an RIBA – CI/SfB Handbook.

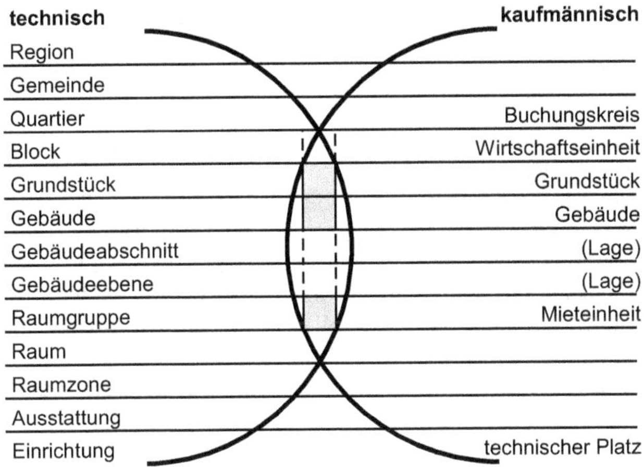

Abb. 8.69: Zusammenhang zwischen technischer und kaufmännischer Kontierung.[183]

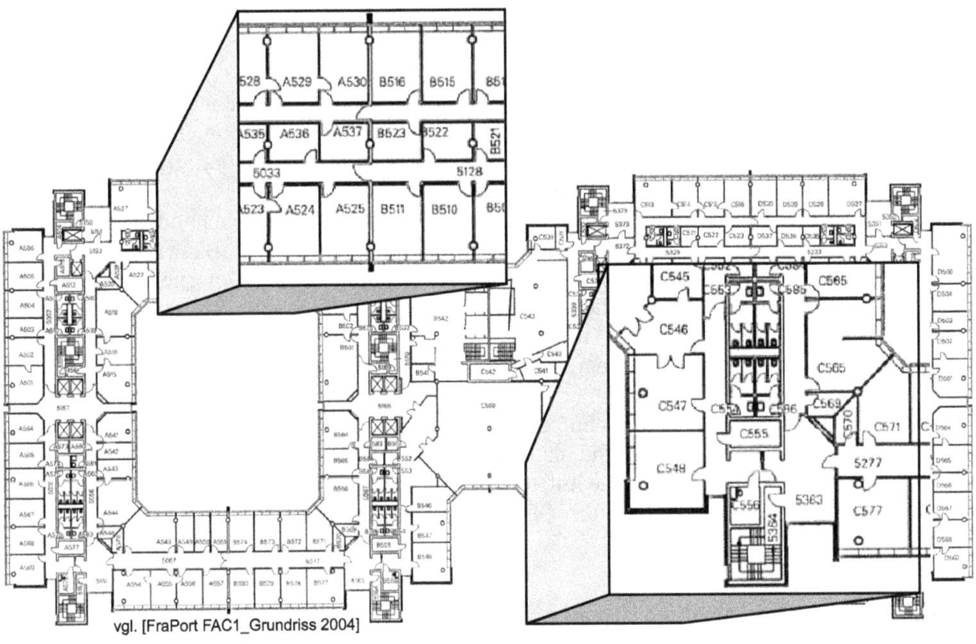

Abb. 8.70: Raumnummern im Frankfurter Flughafen.[184]

Die Raumebene sollte numerisch behandelt werden, üblicherweise wird in Deutschland das Erdgeschoss mit der Ebene 0 bezeichnet, die aufgehenden Geschosse werden durchgezählt, z. B. 1. Obergeschoss. Kellergeschosse erhalten ein negatives Vorzeichen. Bezeichnungen wie EG, KG oder OG sollten vermieden werden, da ansonsten Sortiermöglichkeiten in Datenbanken ohne Übersetzungstabellen nicht sinnvoll genutzt werden können.

183 Quelle: eigene Darstellung.

184 Vgl. [FraPort FAC1_Grundriss 2004].

Auch in Großbritannien wird das Erdgeschoss als „groundfloor“ und das 1. Geschoss als „1st floor“ bezeichnet. In den USA hingegen zählt das Erdgeschoss bereits als „1st floor“. Kellergeschoss(e) werden im angelsächsischen Bereich bei der Angabe der Geschosszahl meist vernachlässigt.

Unveränderliche Raumkombinationen werden sinnvollerweise zu Raumgruppen zusammengefasst, z. B. Hotelzimmer oder Toilettenanlagen.

Bei der Vergabe der Raumnummern wird üblicherweise wie folgt vorgegangen: Die Zählung beginnt mit dem ersten Raum nach Eintritt in den Flur und erfolgt im Uhrzeigersinn. Der Erschließungsflur erhält die höchste laufende Nummer. Das vermeidet das Suchen des Raums Nr. 1.

Raumzonen hingegen werden nur in seltenen Fällen für den Nutzer sichtbar ausgewiesen. Bei Shoppingcentern ist die Unterteilung nach Mietfläche sinnvoll (Mietflächen werden flexibel geschnitten).

Die eindeutige Zuordnung von Raumschlüsseln vereinfacht die Zuordnung von Ausstattungs- und Einrichtungsgegenständen erheblich: Strichcodes ermöglichen den Einsatz von Scannern.

Funktionsbereich (Flächenprogramm)

Die Funktionseinheiten ordnen auch räumlich auseinanderliegende Räume hinsichtlich einer gemeinsamen Bestimmung (Aufgabe) zu: Zur Forschungsabteilung im dritten Stockwerk gehören Lagerräume im Untergeschoss. Funktionsbereiche können verstreut in unterschiedlichen Gebäudebereichen liegen.

Funktionseinheiten sind u. a. die Grundlage der Bedarfsplanung[185] in der Projektentwicklung und sie sind eine Grundlage für die Kostenzuordnung (Kostenstellenrechnung) in der Betriebsphase. Hier hat die [DIN 13080 2016-06] im Krankhauswesen eine lange Tradition. Die Funktionseinheiten sind die Basis für das **Flächenprogramm.**

In § 1 [BauNVO 2013] werden indirekt Aspekte der Funktionsbereiche behandelt: ausschließlich „Wohnen“, „Wohnen und Arbeiten“ sowie „Arbeiten und Produzieren“. Diese Funktionsbereiche lassen sich mithilfe der DIN 277 in Funktionsgruppen untergliedern. Für weitere Funktionsbereiche stehen in verschiedenen Publikationen weitere Aufgliederungen zur Verfügung, wie z. B. die [DIN 13080 2016-06] „Gliederung des Krankenhauses in Funktionsbereiche und Funktionsstellen“ (s. Tab. 8.33), „Wohnbereiche nach dem Wohnungs-Bewertungs-System (WBS)“[186], ergänzt durch die Wohnphysiologie nach Grandjean[187], die Gliederung des Hochschulbetriebs in „Nutzungs- und Kostenflächenarten-Profile im Hochschulbereich“ ([HIS 123]), „Großküchen“ nach Rohatsch u. a. (vgl. Tab. 8.34) oder Funktionsbereiche als Grundlage für die Erstellung von Raumprogrammen wie z. B. die „Orientierungshilfe für die Aufstellung des Raumprogramms beim Bau von Werkstätten für Behinderte“. Einen Überblick über Gliederungen der Funktionseinheiten gibt Tabelle 8.35.

(Nutzungs-)Flächenart

Während der Bauwerkszuordnungskatalog die Nutzungsart eines Bauwerks an sich beschreibt, werden die Flächen nach der Nutzung innerhalb eines Bauwerks in der [DIN 277-1 2016-01] näher beschrieben. Die (Nutzungs-)Flächen sind die Basis für das **Raumprogramm.**

Die [DIN 277-1 2016-01] gliedert die Netto-Raumfläche (NRF) von Räumen gemäß Tabelle 8.36 in einem zweistufigen Schlüssel. Durch die Bildung von Verhältniszahlen wird der Vergleich mit anderen Planungen oder Gebäuden ermöglicht. Der Inhalt beschränkt sich auf reine Flächendefinitionen und Berechnungsregeln.[188] Ziel dieser Norm war und ist es, Maßstäbe für die Ermitt-

---

185 Vgl. [DIN 18205 2016-11].

186 Siehe [BWU (1994W)].

187 Siehe [Grandjean, E. (1973)].

188 Berechnungsregeln finden sich in [BKI DIN 276-277 2016], S. 447.

Tab. 8.33: Funktionsbereiche und -stellen im Krankenhaus.[189]

Schlüsselnummer mit Benennung: Gliederung nach Funktionsbereiche und -stellen	
1.00	**Diagnostik und Therapie**
1.01	Notfallaufnahme
1.02	Klinische Ambulanzen
1.03	Arztdienst
1.04	Funktionsdiagnostik
1.05	Endoskopie
1.06	Laboratoriumsmedizin
1.07	Bildgebende Diagnostik und interventionelle radiologische Verfahren
1.08	Nuklearmedizin
1.09	Operation
1.10	Entbindung
1.11	Strahlentherapie
1.12	Unterstützende Behandlungen
1.13	Prosekur/Pathologie
2.00	**Pflege**
2.01	Allgemeinpflege
2.02	Wöchnerinnen- und Neugeborenpflege
2.03	Intensivmedizin
2.04	Dialyse
2.05	Säuglings-, Kinder- und Jugendkrankenpflege
2.06	Isolationskrankenpflege
2.07	Pflege psychisch Kranker
2.08	Pflege – Nuklearmedizin
2.09	Aufnahmepflege
2.10	Pflege – Geriatrie
2.11	Tagesklinik
2.12	Palliativmedizin
2.13	Rehabilitation
2.14	Komfortstation
3.00	**Allgemeine Dienste**
3.01	Serviceeinrichtungen
3.02	Seelsorge und Sozialdienst
3.03	Personalspeisenversorgung
3.04	Personalumkleiden
3.05	Bereitschaftsdienst
4.00	**Krankenhausmanagement**
4.01	Geschäftsführung/ Krankenhaus-leitung
4.02	Hygiene
4.03	Personal
4.04	Finanzen, Materialwirtschaft, Bau und Technik
4.05	Informationstechnologie
5.00	**Ver- und Entsorgung**
5.01	Logistik
5.02	Arzneimittelversorgung
5.03	Sterilgutversorgung
5.04	Geräteversorgung
5.05	Bettenaufbereitung
5.06	Speisenversorgung
5.07	Wäscheversorgung
5.08	Wartung und Reparatur
5.09	Wertstofftrennung und Abfallentsorgung
5.10	Reinigungsdienst
5.11	Transportdienst
6.00	**Forschung, Lehre u. Ausbildung**
6.01	Forschung
6.02	Lehre
6.03	Ausbildung und Schule
7.00	**Sonstiges**
7.01	Rettungsdienst
7.02	Wohnen – Personal
7.03	Betriebskindergarten
7.04	Patientenhotel
7.05	Hospiz
7.06	Integrierte ambulante Einrichtungen
7.07	Spezielle Flächen an und auf Gebäuden
8.00	**Technische Gebäudeausrüstung**
8.01	Abwasser-, Wasser- und Gasanlagen
8.02	Wärmeversorgungsanlagen
8.03	Lufttechnische Anlagen
8.04	Starkstromanlagen
8.05	Fernmelde- und informationstechnische Anlagen
8.06	Förderanlagen
8.07	Nutzungsspezifische Anlagen
8.08	Gebäudeautomation

lung der Kosten nach DIN 276 zu definieren und damit eine Basis für Vergleichsmöglichkeiten mit Kostenkennzahlen zu schaffen. In der Praxis ist daher die DIN 277 seit Langem eine wesentliche Grundlage für die (Bau-)Kostenplanung. Es gehört zur gängigen Praxis, die Wirtschaftlichkeit eines Gebäudes durch den Vergleich von auf das Gebäude bezogenen Flächen- und Kostenkennzahlen mit analytisch gewonnenen Kennzahlen von Bauwerksgruppen nachzuweisen.

Die [DIN 277-1 2016-01] hat gegenüber der [DIN 277-2 1987-06] einige Veränderungen erfahren. So wurde z. B. die Funktionsfläche (FF) nun in Technikfläche (TF) umbenannt, die getrennte Ermittlung von Grundflächen und Schrägen bis/über 1,50 m wurde ebenso aufgegeben wie die Begriffe Hauptnutzfläche (HNF) und Nebennutzfläche (NNF). Es findet sich auch keine Unterscheidung nach allseitig umschlossenen und überdeckten Flächen (Bereich a), überdeckten, aber nicht all-

189 Vgl. [DIN 13080 2016-06], Tabelle 1: Funktionsbereiche sind fett gedruckt, Funktionsstellen sind mager gedruckt, der Funktionsbereich 8.00 Technische Gebäudeausrüstung ist geordnet nach [DIN 276-1 2008-12].

Tab. 8.34: Funktionsbereiche und -stellen in einer Großküche in Außer-Haus-Wirtschaften.[190]

Funktionsbereich Wirtschaftsbereich = Großküche		
Funktionsgruppe	**Funktionsraumgruppe**	**Funktionszone**
1. An- und Rücklieferung	1.1 Anlieferung 1.2 Rücklieferung	– Annahme; Rampe; Abstellplatz mit Hebebühne – Leergut; Abfall; Müll
2. Lagerung	2.1 gekühlte Lagerung 2.2 ungekühlte Lagerung 2.3 Wirtschaftslager	– Fleisch/Wurst; Obst/Gemüse; Molkereiprodukte; Getränke; Tiefkühlraum (1. pflanzliche, 2. tierische Produkte) – Trockenprodukte; Obst/Gemüse; Konserven; Brot; Getränke – Geschirr, Behälter usw.; Wäsche; Reinigungsmittel
3. Küchenanlage	3.1 Vorbereitung 3.2 Zubereitung 3.3 Nachbereitung	– Fleisch; Gemüse; Geflügel; Fisch – warme Küche; kalte Küche; Patisserie – Ausgabe/Office; Free-Flow-Anlage
4. Spülen		– Geschirrrückgabe; Geschirrspüle; Schwarzspüle

Tab. 8.35: Merkmal Funktionsbereich.

Abk.	Bezeichnung	Quelle
	Hochbauten allgemein	[DIN 277-1 2016-01]
	Hochschulbereich	[HIS 123]
	Krankenhaus	[DIN 13080 2016-06]
	Küchen	[Schwarz, P. (2011)]
	Werkstätten für Behinderte	[ZBWfB 1994.12]
	Wohnbereiche	[BWU (1994W)]
	Wohnstätten	[Bogenstätter, U. (2001)], S. 72

Tab. 8.36: Merkmal (Nutzungs-)Flächenart.

Abk.	Bezeichnung DIN 277-1 2016[a]	Beschreibung	Bezeichnung DIN 277-2 1987[b]
1	Nutzungsfläche (NUF 1–NUF 7)	Wohnen und Aufenthalt	Hauptnutzfläche (HNF1–HNF6)
2		Büroarbeit	
3		Produktion, Hand- und Maschinenarbeit, Forschung und Experimente	
4		Lagern, Verteilen und Verkaufen	
5		Bildung, Unterricht und Kultur	
6		Heilen und Pflegen	
7		sonstige Nutzungen	Nebennutzfläche (NNF)
8	Technikfläche (TF)	technische Anlagen	Funktionsfläche (FF)
9	Verkehrsfläche (VF)	Verkehrserschließung und -sicherung	Verkehrsfläche (VF)

[a] Siehe [DIN 277-1 2016-01], S. 6.
[b] Siehe [DIN 277-2 1987-06], S. 2.

190 Vgl. [Schwarz, P. (2011)], S. 88.

seitig in voller Höhe umschlossenen Flächen (Bereich b) oder nicht überdeckten Flächen (Bereich c). Damit wird keine Differenzierung nach Balkonen oder Loggien vorgenommen. Es ist ebenfalls bedauerlich, dass die in der öffentlichen Hochbaupraxis weiterhin übliche differenzierte Darstellung zwischen Hauptnutzfläche und Nebennutzflächen aufgegeben wurde.

Des Weiteren sind Abgrenzungen bei den Nebennutzflächen (NUF7) nur schwer vorzunehmen: Dem Nebennutzflächenanteil ist z. B. nicht zu entnehmen, ob z. B. Garagen aller Art oder Bunkeranlagen bei der Bildung der Kennzahlen eingeflossen sind und zu überhöhten Kennzahlen führten. Dem Verkehrsflächenanteil (VF) ist nicht zu entnehmen, ob es sich um Verkehrsflächen mit oder ohne Publikumsverkehr handelt (mangelnde Differenzierung). In den Bauwerksdokumentationen finden sich z. B. mehrgeschossige Wohngebäude ohne Verkehrsflächen (mangelnde Kontrolle). Da Flächenkennzahlen nicht als Zeitreihen vorliegen, sind Standardveränderungen nicht berücksichtigt: Im Krankenhausbau folgten z. B. den Drei- und Vierbettzimmern (ohne eigene Nasszelle) die Ein- und Zweibettzimmer (mit Nasszelle). Die zunehmende Anzahl der Nasszellen führt zu einer erheblichen Erhöhung des Nebennutzflächenanteils.

Nutzungsflächencode (NC)

Eine detailliertere Unterscheidung der Nutzungsarten von Einzelräumen lässt der Raumzuordnungskatalog (RZK) zu. Der Raumzuordnungskatalog – Nutzungsflächencode (NC) – wurde von der Fachkommission Baukostenplanung und Baukostenkontrolle des ARGEBAU-Hochbauausschusses (LAG) zusammen mit dem Statistischen Bundesamt erarbeitet. Er ist eine Ergänzung zur [DIN 277-1 2016] und bietet über deren Unterteilung der Räume nach zwei Ziffern eine weitere Differenzierung in drei Ziffern mit dazugehörigen Beispielen an.[191] Damit kann z. B. berücksichtigt werden, ob ein Büroraum ohne Lüftung, mit Lüftung oder mit (Teil-)Klimaanlage ausgestattet ist. Durch den 5-stelligen NC sind sowohl die Flächenermittlung nach [DIN 277-1 2016] als auch eine Kontrolle der Flächenanteile und die Anwendung des Kostenermittlungsverfahren nach Kostenflächenarten (KFA-Methode) möglich (vgl. Kap. 6.6.1). Leider können nicht alle in Normen angesprochenen Nutzungsarten von Räumen dem NC zugeordnet werden, er muss daher entsprechend dem allgemeinen Raumzuordnungskatalog erweitert werden.

Gebäude- und Ausstattungsstandards

Der Gebäude- und Ausstattungsstandard legt weitgehend Qualitäten fest, z. B. welche Nutzungen für welchen Nutzerkreis möglich sind. Ein typisches Ausstattungsmerkmal ist, ob der Raum beheizt wird und somit eine Nutzung als Aufenthaltsraum im Winter ermöglicht. Die Ausstattungsmerkmale sind vielfältig und werden i. d. R. klassifiziert. Beispiel Hotel: Der Gebäude- und Ausstattungsstandard wird gemäß Klassifizierung nach DEHOGA für Hotels festgelegt (vgl. Kap. 6.3.2, Tab. 6.10).

Mietfläche

Während die Wohnfläche i. d. R. der Mietfläche gleichzusetzen ist, fehlen außerhalb der Funktion „Wohnen" Grundlagen zur Berechnung der Mietfläche (z. B. bei Wirtschaftsbetrieben). Angaben zur Mietfläche außerhalb der Wohnungswirtschaft sind nicht definiert und der Gegenstand des Mietvertrags kann frei verhandelt werden. Die Gesellschaft für immobilienwirtschaftliche Forschung (gif) hat daher für ihre Mitglieder eine Richtlinie ohne Norm- oder Rechtscharakter zur Berechnung der Mietflächen für gewerbliche Räume [gif MF/G 2012-05], Verkaufsflächen [gif MF/V 2012-05] und Wohnflächen [gif MF/W 2012-05] herausgegeben. Für eine breite Anwendungsbasis konnten bisher keine Anhaltspunkte gefunden werden.

---

191 Vgl. [LBB 1.12-1990], S. 13 f. und [IWB RBK1-PC], 16.08.1994, 4-stelliger Schlüssel auch in [BMVBS 20051108-KF-A00M.13], Anlage 2.

Tab. 8.37: Merkmale der Mietflächen.

Abk.	Bezeichnung	Quelle
	Gesetze und Verordnungen	
WF	Wohnflächen	[WoFlV 2003]
	Normen	
WF	Wohnungen	[DIN 283 (aufgehoben) 1951-03]
	Richtlinien	
MF-B	Mietflächen für Büroraum (aufgehoben)	[gif MF-B 1996-04] auf der Grundlage der DIN 277
MF-H	Mietflächen für Handelsraum (aufgehoben)	[gif MF-H 1997-07] auf der Grundlage der DIN 277
MF/G	Mietflächen für gewerblichen Raum	[gif MF/G 2012-05], Grundlage der DIN 277
MF/V	Mietflächen für Verkaufsfläche (Einzelhandel)	[gif MF/V 2012-05], Grundlage der DIN 277
MF/W	Mietflächen für Wohnraum	[gif MF/W 2012-05], Grundlage der DIN 277

Bei den Mietflächen überlagern sich die Berechnungsvorschriften. So kann eine Mietfläche nach gif durchaus eine Verkehrsfläche nach [DIN 277-1 2016-01] enthalten. Während es sich bei der [DIN 277-1 2016-01] um eine branchenunabhängige Norm handelt, ist die Mietflächenberechnung nach gif als eine Richtlinie zu verstehen.

Die Mietfläche einer Wohnung wird nach § 2 (1) [WoFlV 2003] wie folgt definiert: „Die Wohnfläche einer Wohnung umfasst die Grundflächen der Räume, die ausschließlich zu dieser Wohnung gehören. Die Wohnfläche eines Wohnheims umfasst die Grundflächen der Räume, die zur alleinigen und gemeinschaftlichen Nutzung durch die Bewohner bestimmt sind.“ In der [WoFlV 2003] wird mit Abschlagsfaktoren gearbeitet, so werden z. B. nach § 4 Balkonflächen i. d. R. zu einem Viertel, höchstens aber zur Hälfte angerechnet. Flächen, bei denen die Höhe unter einem Meter beträgt, zählen nicht zur Wohnfläche, zwischen einem und zwei Metern lichte Raumhöhe zählen sie zur Hälfte zur Wohnfläche. Die Wohnflächen entsprechen daher nicht dem physikalisch gebauten Raum. Verordnungen und Richtlinien zur Definition der Mietfläche sind in Tabelle 8.37 zu finden.

Die vertraglich auszuweisende gewerbliche Mietfläche nach [gif MF/G 2012-05] setzt sich – entsprechend ihrer unterschiedlichen Art der Nutzung – aus zwei Klassen zusammen: Mietfläche 1 (Mietfläche mit exklusivem Nutzungsrecht) und Mietfläche 2 (Mietfläche mit gemeinschaftlichem Nutzungsrecht). Flächen mit einer individuellen Mieteranforderung sind als Mietflächen anzusehen, z. B. Treppen und deren Podeste in einer Mietfläche 1.

Bei der Mietfläche mit gemeinschaftlichem Nutzungsrecht eines Bürogebäudes handelt es sich i. d. R um Verkehrsflächen. In der Regel werden innenliegende Flure und Empfangsbereiche voll, Erschließungsflure, Eingangshalle(n), Aufzugsvorräume anteilig zur Mietfläche angerechnet. Nicht zur Mietfläche angerechnet werden Fluchtbalkone, Notausgänge, Aufzugsschächte, Treppenpodeste, Treppenläufe oder Rampen, Erschließungsflure etc. Die Ermittlung erfolgt nach [DIN 277-1 2016-01]. Technikflächen werden ebenfalls nicht angerechnet, soweit es sich nicht um Räume individueller betriebstechnischer Anlagen des Nutzers handelt. Die Konstruktionsgrundfläche bleibt bis auf ortsungebundene Wände ebenfalls unberücksichtigt.

Wesentliche Unterscheidungsmerkmale in den Messvorschriften finden sich in Abbildung 8.71 und 8.72.

Die Wohnfläche findet Anwendung im Mietvertrag (geförderter Wohnraum), ggf. bei der Betriebskostenabrechnung (§ 556a BGB) und bei Mieterhöhungen nach ortsüblichen Vergleichsmieten (§ 558 BGB).

Eine fehlerhafte Angabe der Wohnfläche bedeutet i. d. R. keinen Sachmangel, soweit die Angabe über die formularmäßige Beschreibung nicht bestätigt worden ist und die Unterschreitung der

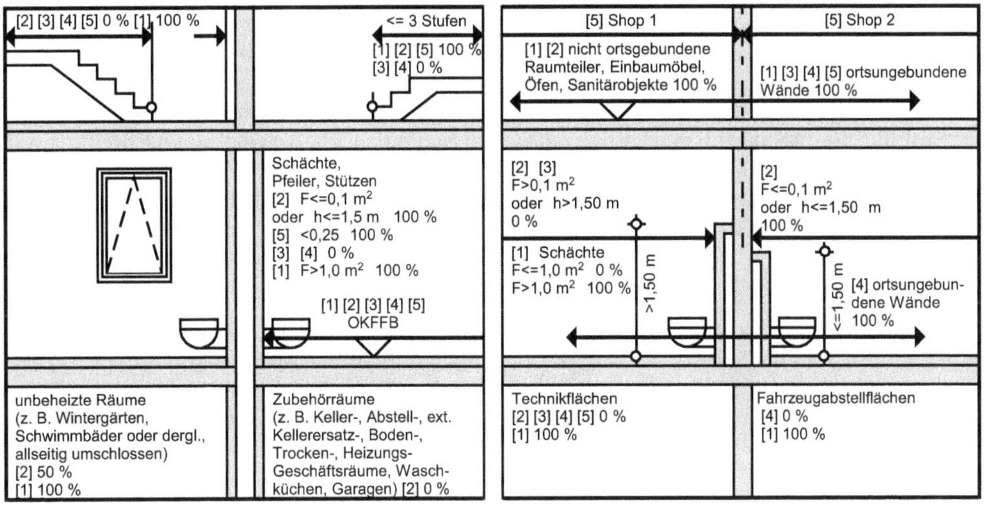

Abb. 8.71: Unterschiede bei der Mietflächenberechnung unter Berücksichtigung der Innenwände.[192]

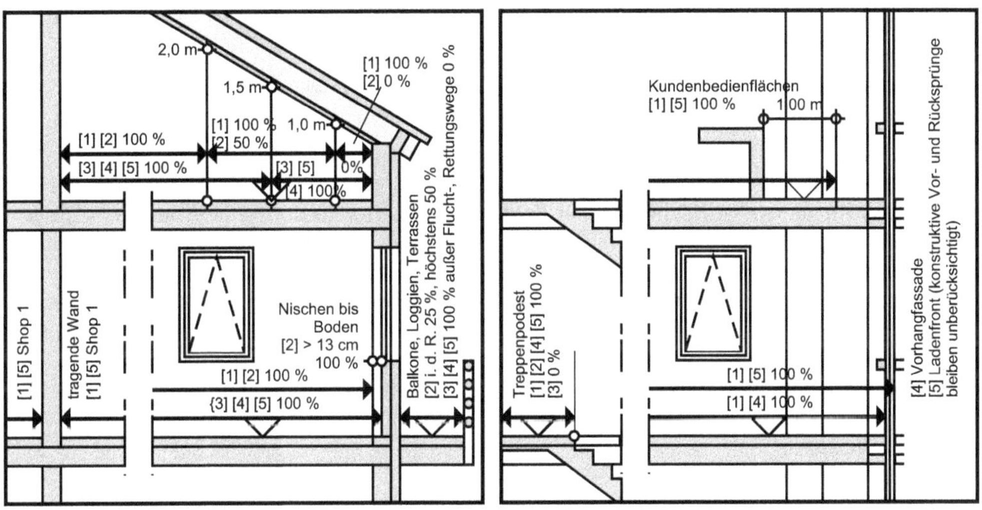

Abb. 8.72: Unterschiede bei der Mietflächenberechnung unter Berücksichtigung der Außenwände.[193]

Mietfläche nicht mehr als 10 % beträgt.[194] Ansonsten kann eine Mietminderung gefordert werden. Bei einer Mieterhöhung bis zur ortsüblichen Vergleichsmiete ist jedoch die tatsächliche Mietfläche anzugeben. Überschreitet die vertraglich vereinbarte Wohnfläche die tatsächliche Wohnfläche um mehr als 20 %, liegt eine Mietpreisüberhöhung vor.[195]

In der Regel werden im preisfreien oder preisgebundenen Wohnraum die Betriebskosten nach dem Verteilungsmaßstab auf der Grundlage der Wohnfläche erstellt, also nach dem Verhältnis der

192 [1] [DIN 277-1 2016-01], [2] [WoFlV 2003], [3] [gif MF-B 1996-04], [4] [gif MF/G 2012-05], [5] [gif MF-H 1997-07].

193 [1] [DIN 277-1 2016-01], [2] [WoFlV 2003], [3] [gif MF-B 1996-04], [4] [gif MF/G 2012-05], [5] [gif MF-H 1997-07].

194 Vgl. [Heix, G. (2004)], S. 14.

195 Vgl. [Heix, G. (2004)], S. 16.

Wohnfläche einer Mieteinheit zur gesamten Wohnfläche einer Abrechnungseinheit (vielfach Wirtschaftseinheit genannt). Dann wird die vertraglich vereinbarte Wohnfläche zugrunde gelegt.

Auch bei der Anwendung des Wohngeldgesetzes und der Wohnraumförderung spielt die Wohnfläche eine Rolle, ebenso beim Bau und Verkauf von Wohnungen, da es sich bei den Angaben zur Wohnfläche um einen für den Vertrag relevanten Faktor handelt. Bei einer Unterschreitung von mehr als 10 % kann der Kaufpreis gemindert werden. Die Wohnfläche findet außerdem Anwendung bei Eigentumswohnungen, bei der Wertermittlung von bebauten Grundstücken sowie im Steuerecht. Es empfiehlt sich daher, die Berechnungsmethode im Mietvertrag anzugeben (s. Tab. 8.38).

Verkaufsfläche

Eine einheitliche Definition gibt es in Deutschland nicht, im internationalen Gebrauch ist der Begriff unüblich. Die gif möchte daher, dass mit einer neuen „Richtlinie zur Berechnung der Verkaufsfläche" (gif-V) für mehr Transparenz gesorgt und der Begriff der Verkaufsfläche in die Mietfläche übergeleitet wird.[196] Daneben sind gesetzliche Regelungen gemäß Rechtsprechung zu beachten.

Energetische Zonen

Das Gebäude lässt sich in energetische Zonen nach [DIN 18599-1 V 2005-07] unterscheiden. Bedauerlicherweise setzt die EnEV das Gebäude als Systemgrenze. Tatsächlich finden sich wesentliche Energieverbräuche nicht nur innerhalb dieser Systemgrenze, sondern auch außerhalb auf dem Grundstück. Für ein ganzheitliches Energiekonzept sind bei Fußballstadien auch die Beheizung des Rasens, bei Freizeitparks oder Hotels das Freizeitangebot auf dem Grundstück, bei Hallen und Freizeitbädern auch die Wasserflächen des Freibads in das Energiekonzept einzubeziehen.

Arbeitsplatz

Die Arbeitsplatzfläche fällt unter das Schutzziel des Arbeits- und Gesundheitsschutzes, ausgeführt im Arbeitsschutzgesetz (ArbSchG), in der Betriebssicherheitsverordnung und der Bildschirmarbeitsverordnung, die durch die berufsgenossenschaftlichen Informationen konkretisiert werden, z. B. [VBG BGI 650]. Danach sollen Flächen je Arbeitsplatz inklusive allgemein üblicher Möblierung und anteiliger Verkehrsflächen im Mittel 8 bis 10 [m^2], in Großraumbüros 12 bis 15 [m^2] nicht unterschreiten.[197] Im Hinblick auf die Atemluft ist ein Mindestluftraum pro Arbeitsplatz von 12 [m^2] empfehlenswert. Exakte Vorgaben sind in der Arbeitsstättenverordnung (ArbStättV) nicht mehr enthalten. Die [DIN 4543-1 1994-09] regelt bei Büroflächen den Flächenbedarf systematisch in Abhängigkeit von der Funktion. Der Flächenbedarf berechnet sich aus

- Arbeitsflächen,
- Stellflächen,
- Wirkflächen, bestehend aus Möbelfunktionsflächen und Benutzerflächen,
- dem persönlich zugewiesenen Arbeitsplatz (Tisch $\geq 160 \times$ i. d. R. ≥ 80 [cm]),
- der freien Bewegungsfläche und
- den Verkehrswegeflächen.

Bei der Berechnung der Wirkflächen ist zu beachten:

- Flächen für den Sicherheitsabstand ≥ 50 [cm]
- Benutzerflächen ≥ 80 [cm], bei persönlich zugewiesenen Arbeitsplätzen ≥ 100 [cm] ($\geq$ (Möbel-)Funktionsflächen + Sicherheitsabstand)
- Wandabstand $\geq$ (Möbel-)Stellflächen + Benutzerflächen
- Verkehrswegeflächen im Raum ≥ 80 [cm], in Abhängigkeit von den regelmäßigen Benutzern bis zu 2,25 [m]

196 Vgl. [Will, J. (2009c)], S. 42.

197 Siehe [VBG BGI 650], S. 75.

Tab. 8.38: Vergleich und Unterschiede in den Berechnungsmethoden.[198]

	[WoFlV 2003]	§ § 42–44 [II. BV 2003] bis 31.12.2003	[DIN 283 (aufgehoben) Bl. 2 1962-02]	[DIN 277-1 2016-01]
1	Wohnfläche, Grundfläche der Räume, die ausschließlich zu einer Wohnung gehören	Wohnfläche, anrechenbare Grundfläche der Räume, die ausschließlich zu der Wohnung gehören	Wohnfläche, anrechenbare Grundfläche der Räume von Wohnungen	keine Regelung zur Wohnfläche
2	zugehörende Räume, mit Teilanrechnung: Wintergärten, Schwimmbäder, nach allen Seiten geschlossene Räume	zugehörende Räume, mit Teilanrechnung: Wintergärten		
3	Anrechnung von Balkonen, Loggien, Dachgärten, Terrassen zu 0,25 bis höchstens 0,50	Anrechnung von Balkonen, Loggien, Dachgärten, Freisitzen zu 0,50	Anrechnung von Balkonen, Loggien, Freisitzen zu 0,25	gesonderte Erfassung nicht überdeckter Grundflächen
4	nicht zur Wohnfläche gehörende Räume: Zubehörräume, Räume, die nicht den Anforderungen des Bauordnungsrechts an ihre Nutzung entsprechen, Geschäftsräume	nicht zur Wohnfläche gehörende Räume: Zubehörräume, Räume, die nicht den Anforderungen des Bauordnungsrechts an ihre Nutzung entsprechen, Geschäftsräume, Wirtschaftsräume	nicht zur Wohnfläche gehörende Räume: Geschäftsräume, Wirtschaftsräume	keine Regelung
5	Ermittlung der Grundflächen: lichte Maße zwischen den Bauteilen von der Vorderkante der Wandbekleidung	Ermittlung der Grundflächen: lichte Maße zwischen den Bauteilen ohne Wandbekleidung oder Rohbaumaße abzüglich 3 %		Netto-Raumfläche: lichte Maße
6	Anzurechnen sind zu 100 % Flächen mit Raumhöhen über 2 m, 50 % Raumhöhe zwischen 1 und 2 m, 0 % unter 1 m			zu 100 %, differenziert ausgewiesen
7	außer Betracht bleibende Flächen: Schornsteine, Mauervorlagen, frei stehende Pfeiler und Säulen mit mehr als 0,10 m² Grundfläche und mehr als 1,5 m hoch	außer Betracht bleibende Flächen: Schornsteine, Mauervorlagen, frei stehende Pfeiler und Säulen mit mehr als 0,10 m² Grundfläche und in der Höhe des Raumes		keine Anrechnung bei Netto-Raumflächen
8	außer Ansatz: Treppen und Treppenabsätze mit mehr als 3 Steigungen			
9	außer Ansatz: Türnischen, Fenster- und Wandnischen, die nicht zum Fußboden reichen oder nicht mehr als 0,13 m tief sind			

Zusätzlich ist zu beachten:
- Kommunikationsflächen ergeben sich zusätzlich nach [DIN 16555 2002-12] (z. B. für Konferenzräume, Schulungsräume),
- Stellflächen dürfen sich überlagern, Möbelfunktionsflächen mehrerer Büromöbel i. d. R. nicht.

198 Vgl. u. a. [Heix, G. (2004)], S. 37.

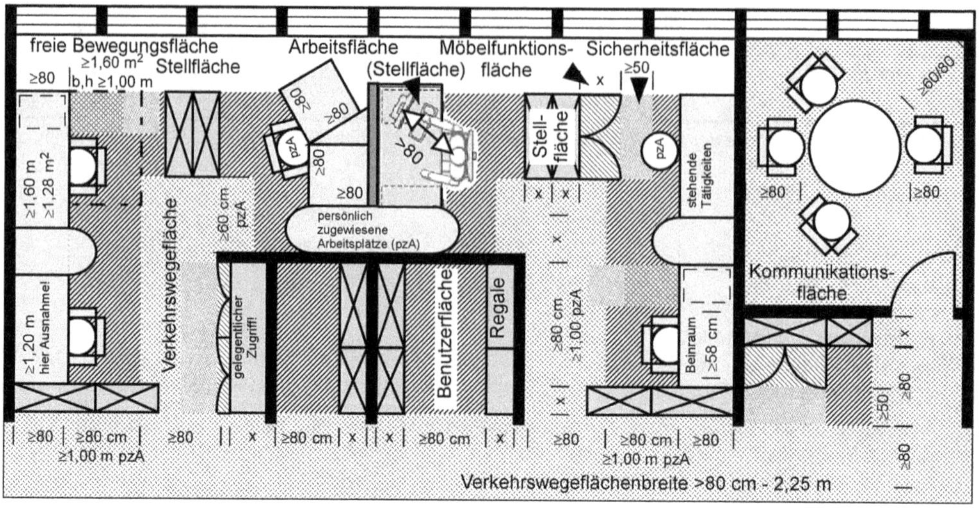

Abb. 8.73: Bestandteile der Arbeitsplatzfläche.[199]

Außerdem findet [VBG BGI 650] neben einschlägigen Vorschriften (Arbeitsstättenverordnung – ArbStättV, Arbeitsstätten-Richtlinie (ASR), [VBG BGI 5050]) Anwendung. Die Unterschiede sind in Abbildung 8.73 dargestellt. Damit lassen sich die Arbeitsplatzflächen für Bürotätigkeiten aufgabenspezifisch ermitteln.

Die Anforderungen an die Ausstattung eines Arbeitsplatzes in Bezug auf Licht sind für Innenräume nach [DIN EN 12464-1 2011-08] und im Freien nach [DIN EN 12464-2 2014-05] geregelt.

Exklusivfläche – öffentliche und individuelle

Weder die DIN 277 noch die DIN 283 oder die II. BV sind für den Betroffenen hinreichend in Bezug auf die Bewertung von Flächen aus Sicht der individuellen Verfügbarkeit. Das Notwendige findet sich exklusiv in der gif MF/G.

Chermayeff[200] differenziert sechs Bereiche:

- städtisch-öffentlicher Bereich
- städtisch-halböffentlicher Bereich
- Bereich öffentlicher Gruppen
- Bereich privater Gruppen (auch Mietergemeinschaften)
- familiär-privater Bereich (auch Mieter)
- individuell-privater Bereich

Die Merkmale der Flächen unterscheiden sich im Wesentlichen darin, wer die Kontrollbefugnisse besitzt und die Zugänglichkeit zum Bereich regelt. Sie können daher Grundlage für einen Schließplan sein. Mit diesen sechs Bereichen verbinden sich daher unterschiedliche Organisationsformen. Liegt die Verfügungsgewalt bei der Öffentlichkeit, so kann es sich um einen öffentlichen Park handeln. Verfügt hingegen eine Privatperson über die gleiche Grünfläche, kann es ein Schrebergarten sein. In der Behinderten- und Altenhilfe wird der Bereich privater Gruppen stärker differenziert und an baulichen Merkmalen gemessen, die aber von Organisationsformen der Wohnstätte abhängen.

199 Quelle: eigene Darstellung.

200 Vgl. [Chermayeff, S. (1971)].

Tab. 8.39: Merkmale nach Grad der Exklusivität.[201]

Abk.	Bezeichnung	Personen	Bauliche Ausprägung als
A	individuell, privat	1	Einzelzimmer, Einzelbüro, Hotelzimmer, „Thinktanks", ...
F	familiär, privat	bis rd. 8[a]	Doppelzimmer, Zellenbüro für mehrere Arbeitsplätze, ... Gruppenräume, Teamräume, ... Wohnungen, kleine Geschäftseinheiten, ...
G	private Gruppen	bis rd. 20[a] bis rd. 50[a]	Station eines Pflegeheims Einrichtungen, Abteilungen, ...
H	halböffentliche Bereiche		Besucherbereiche, Kantine, ...
Ö	öffentliche Bereiche		öffentliche Erschließung, Schwimmbäder, Restaurants

[a] Staffelung in Abhängigkeit zur Bauwerksnutzungsart und den Rahmenbedingungen, Index [t] bei temporärer Nutzung.

Im Grad der Exklusivität drückt sich die Möglichkeit des Nutzers aus, eine Fläche „in Besitz" zu nehmen. Die graduelle Unterscheidung der Privatheit in „individuell-privat", „familiär-privat", als „private Gruppe", „halböffentliche" oder „öffentliche Bereiche" (vgl. Tab. 8.39) findet sich mit gleichen oder ähnlichen Bezeichnungen in der Literatur und in der Gesetzgebung.

Das Kinderzimmer ist für ein Kind als „individuell-privat" einzustufen, die Wohnräume als „familiär-privat", weil sie von mehreren Bewohnern einer Wohngemeinschaft genutzt werden. Der Fahrradabstellraum gehört einer Hausgemeinschaft, der Zugang mit den Briefkästen ist ein „halböffentlicher Bereich", während die öffentliche Erschließung dem „öffentlichen" Bereich zuzuordnen ist. Einige Problemfelder in Wohngebieten haben ihren Ursprung darin, dass die Abstufung der Verfügungsgewalt nicht offensichtlich ist.

Diese Hackordnung in Bezug auf Privatheit findet sich auch in den gesetzlichen Grundlagen für den Betrieb von „Zwangsgemeinschaften" wieder, z. B. in der [HeimMindBauV 2003] für Altenheime, Altenwohnheime und Pflegeheime für Volljährige. Nach § 12 HeimMindBauV ist der Flächenbedarf einer Wohnfläche abhängig von der Anzahl der Bewohner. In § 16 ff. wird der Flächenbedarf von Gemeinschaftsräumen oder gemeinschaftlich genutzten Sanitäranlagen geregelt.

Durch den bewusst gestuften Einsatz der Privatheit lassen sich private, heimliche, hilfsbereit und kollegiale oder wetteifernde Atmosphären schaffen. Diese Erkenntnis wird zunehmend in die Bürogestaltung übernommen, um eine möglichst produktive (Arbeitsablauf-)Atmosphäre innerhalb einer Organisationseinheit zu schaffen. Je nach Bedarf werden „Denkerzellen", Einzelbüros, Kombibüros, Open-Space-Landschaften, Großraumbüros, Recreation Areas, Besucherräume, Bügelräume oder Betreuungsräume für Kinder eingesetzt. Die eigentliche Kunst besteht darin, durch Differenzierung ein ausgewogenes Verhältnis zwischen dem Bedürfnis einer Firma und den Aufgaben einer Geschäftseinheit herzustellen. Entwickler von Geschäftsideen benötigen ggf. ein anderes Arbeitsumfeld als der Produktionsbereich. Transparent darstellen lässt sich der Grad der Privatheit durch Flächenanteile[202] und geeignete Visualisierungswerkzeuge.

Anlagenbuch

Eine technische Anlage lässt sich mit den in Tabelle 8.40 genannten Merkmalen beschreiben. Aus Gründen der Vielfalt werden beispielhaft die Anlagenmerkmale eines Aufzugs aufgeführt. Die rechtlichen Merkmale werden in der Betreiberverantwortung definiert.

201 Vgl. [Bogenstätter, U. (2001)], S. 72.

202 Vgl. [Ng, T. (2006c)].

Tab. 8.40: Technische und kaufmännische Merkmale einer Aufzugsanlage.

	Merkmalbeschreibung	**(Unter-)Gliederung**
technisch	Anlagenbezeichnung	z. B. Personenaufzug
	Eigenschaften	z. B. Traglast: 1.000 kg, Anzahl der Haltestellen: 3, Anzahl der Ausstiege: 2
	Sektor	Standort und Lage im Gebäude
	Funktion	Bereich, Verfahren, Zweck
	Anlagen(teil)	Anlage, Baugruppe, Komponente
	Material	Typ, Bauart, Baugröße Baujahr Hersteller
	Einbauort	z. B. Gefäß
	Anschlüsse	Anschlussart
	Verbindungen	Verbindungen, Medium
	Signale	Statusmeldungen
	Zustandsbeschreibung	Klassifizierung
	Aktivitäten	
kaufmännisch	Verwaltungseinheit	
	Eigentümer	
	Leistungen	vertraglich vereinbarte und erbrachte Leistungen

8.4.6 Technische Verwaltungspläne (TVP)

Der Technische Verwaltungsplan (TVP) beschreibt alle baukonstruktiven und technischen Anlagen in einem Immobilienportfolio und dokumentiert strukturiert alle Tätigkeiten an den baukonstruktiven und technischen Anlagen.

Das drückt sich aus in der kaufmännischen Beschreibung als **technischer Platz**, z. B. in SAP. Der Technische Platz hat i. d. R. einen kaufmännischen Bezug zum Buchungskreis des Unternehmens, zur Wirtschaftseinheit des Immobilienportfolios und/oder zum Mietobjekt. Ein Technischer Platz kann sich aufteilen in Bauteile. Dabei ist das Bauteil im Sinne eines Gebäudeteils (Dach) oder als Raum (Küche) zu verstehen. An dem/auf dem/im/um das Bauteil wird es Inventarpositionen (z. B. Herd) geben. Der Herd steht in der Küche und ist ebenfalls Bestandteil des Technischen Verwaltungsplans. Aus technischer Sicht kann die Zusammenfassung verschiedener Anlagen zu einer Instandhaltungseinheit sinnvoll sein. Eine **Instandhaltungseinheit** kann z. B. ein Nahwärmeversorgungsnetz sein.

Sofern Tätigkeiten an der Inventarposition auszuführen sind, gibt es eine Auftragsmeldung. Der Grund hierfür kann sein:
- eine allgemeine Bedarfsanforderung (Garage muss für Oldtimer geheizt werden),
- eine Beeinträchtigung (Heizleistung ist nicht in vollem Umfang vorhanden),
- eine Funktionsstörung (Heizung schaltet sich nicht ab),
- ein Ausfall (Heizung startet nicht),
- gesetzliche Anforderungen (Anforderungen der Bauaufsicht),
- Bedarfsänderungen (Heizung wird nicht mehr benötigt, Oldtimer wurde verkauft).

Aus der Bedarfsmeldung ergibt sich die passende Leistungsbeschreibung, die in einem Turnus/Intervall von einer für die Tätigkeit qualifizierten Person auszuführen ist. Damit verbunden ist die Übernahme der Kostenträgerschaft. In Abbildung 8.74 sind die wesentlichen Elemente eines TVPs an einem Beispiel dargestellt. Die Systematik der Elemente des TVPs erlaubt es, den Ausfall eines Herds semantisch zu beschreiben: In der Wohnung 2. OG links in der Küche ist der Gasherd ausgefallen und bedarf einer außerplanmäßigen Instandsetzung durch den Gasinstallateur. Die Kosten sind vom Mieter zu tragen, da sich der Herd im Eigentum des Mieters befindet.

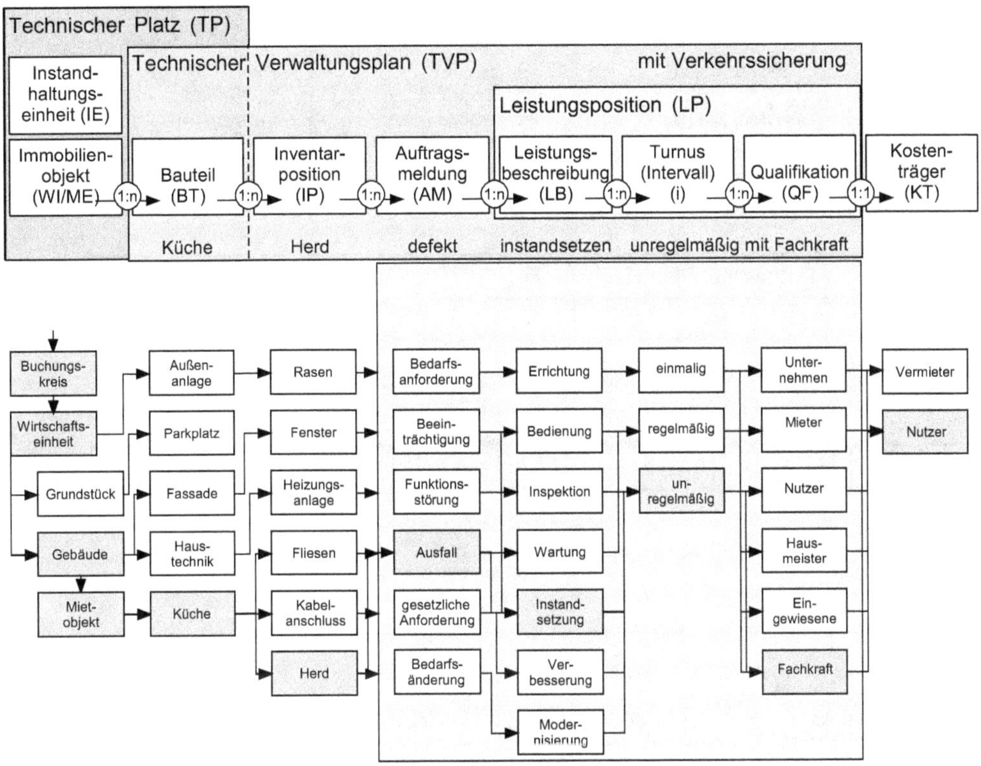

Abb. 8.74: Elemente des Technischen Verwaltungsplans (TVP).[203]

Pragmatisch bedeutet dies, dass die Inventarpositionen eindeutig, identifizierend und zuordenbar mit einem Allgemeinen Kennzeichnungs-System (AKS) beschrieben werden. Auftragsmeldungen, Leistungsbeschreibungen, Turnusse und Qualifikationen werden in einem Katalogsystem abgebildet (vgl. Abb. 8.75 bis 8.79). Die Elemente des TVPs sind durch 1:n-Beziehungen miteinander verbunden.

203 Quelle: eigene Darstellung.

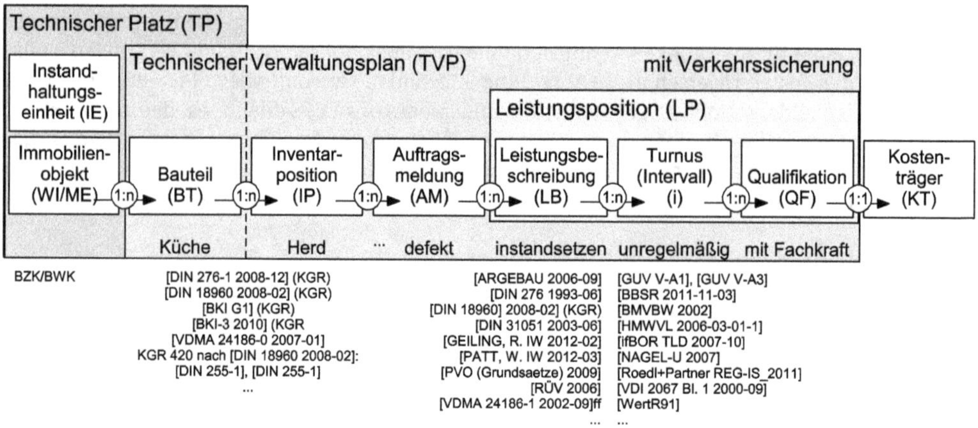

Abb. 8.75: Gliederungsstrukturen des Technischen Verwaltungsplans (TVP).[204]

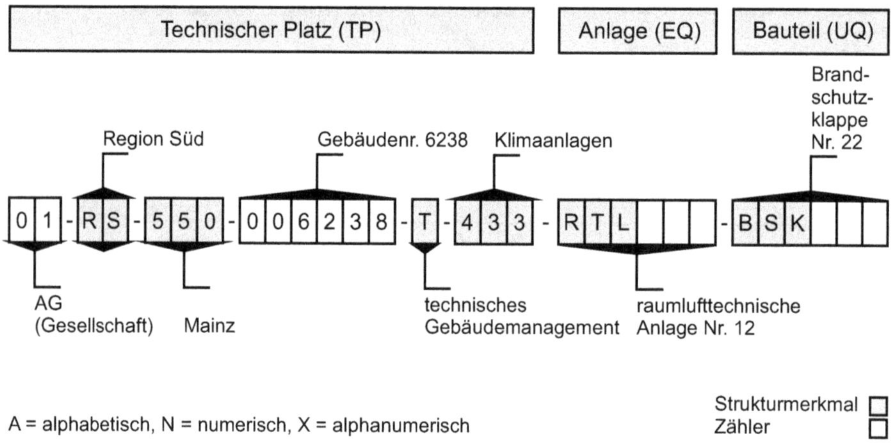

Abb. 8.76: Identifikation von Elementen des Technischen Verwaltungsplans (TVP) I.[205]

204 Quelle: eigene Darstellung.

205 Quelle: eigene Darstellung.

206 Quelle: eigene Darstellung.

207 Quelle: eigene Darstellung.

208 Quelle: eigene Darstellung.

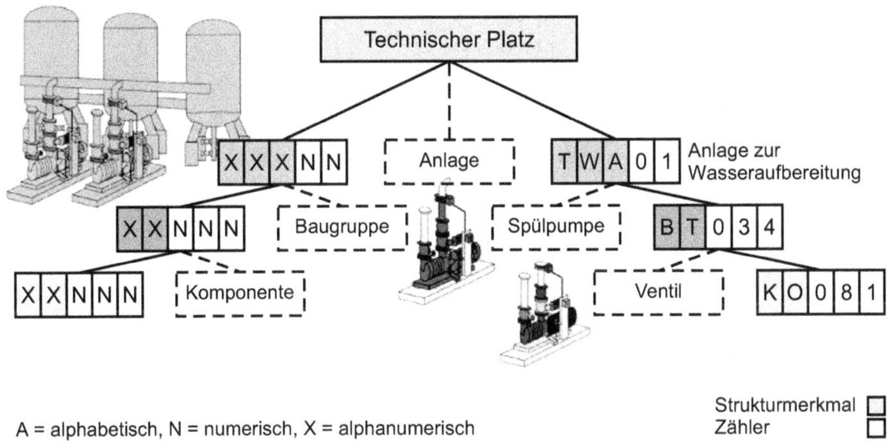

Abb. 8.77: Identifikation von Elementen des Technischen Verwaltungsplans (TVP) II.[206]

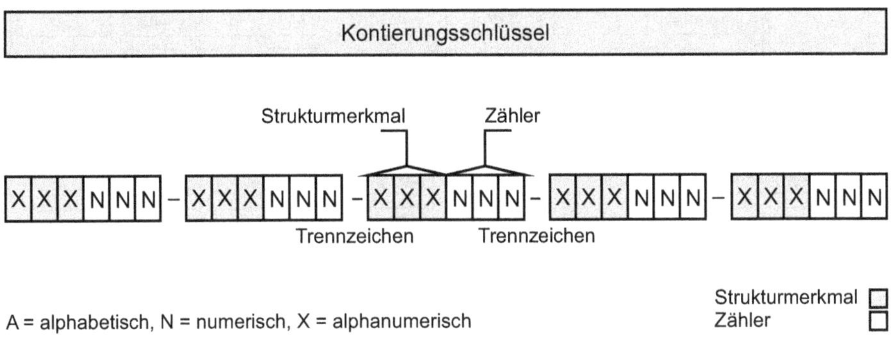

Abb. 8.78: Identifikation von Elementen des Technischen Verwaltungsplans (TVP) III.[207]

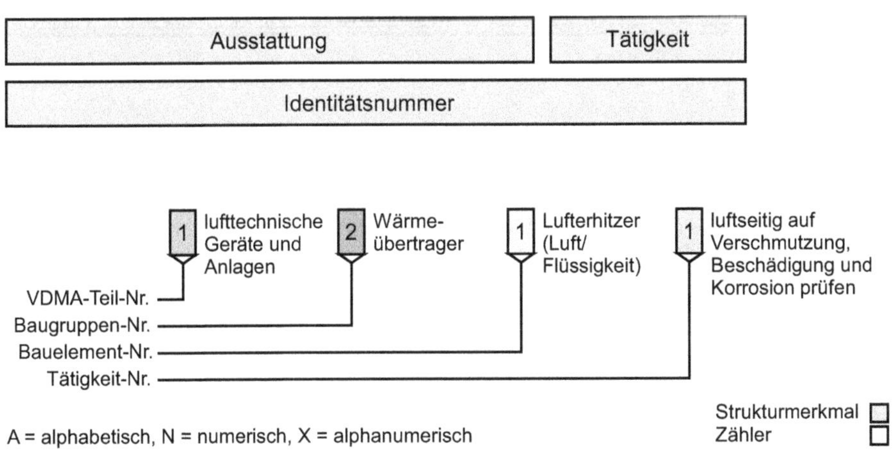

Abb. 8.79: Identifikation von Elementen des Technischen Verwaltungsplans (TVP) IV.[208]

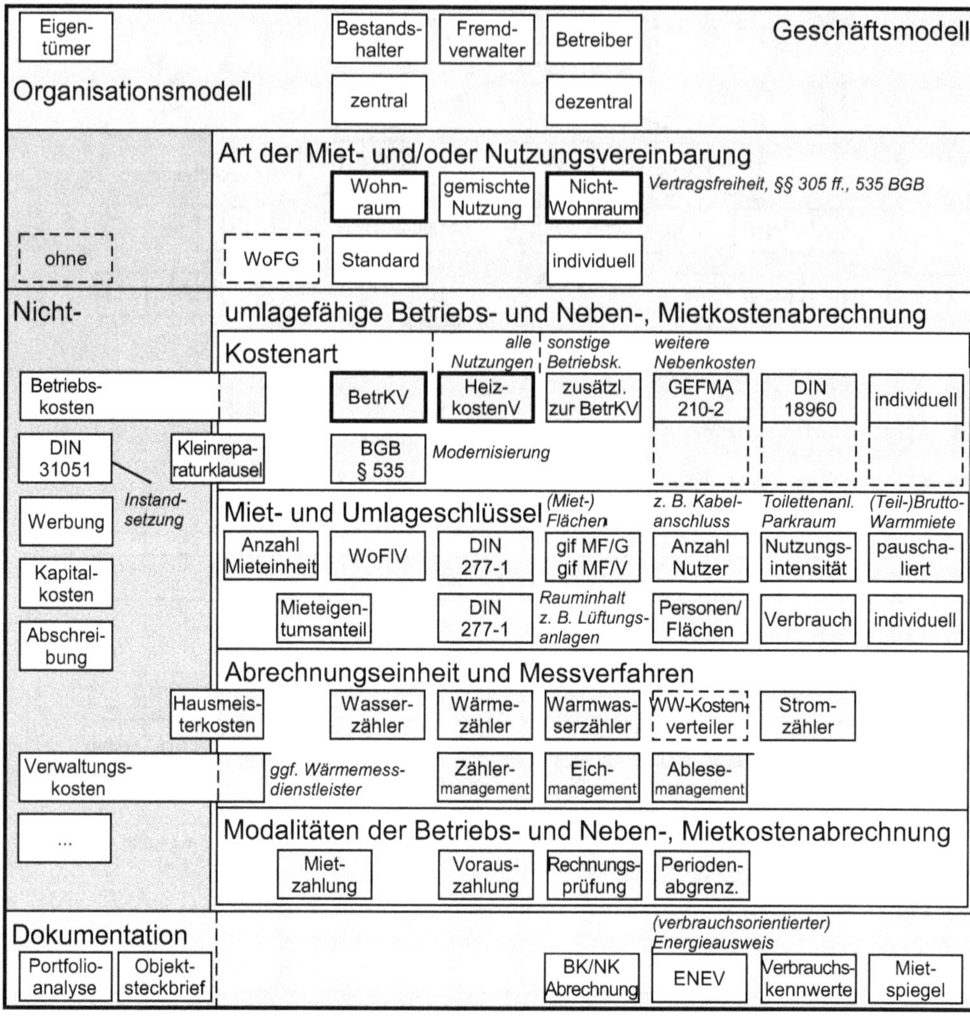

Abb. 8.80: Betriebs- und Neben- bzw. Mietkostenabrechnung.[209]

8.4.7 Messen – Monitoring von Daten

Die Kostenträgerschaft unterscheidet sich je nach Geschäftsmodell (s. Kap. 3.3, Abb. 3.8) und Organisationsmodell (zentral – dezentral). In der Art der Miet- und Nutzungsvereinbarung werden Festlegungen zu den umlagefähigen und nicht umlagefähigen Kosten getroffen. Die Abhängigkeiten sind branchenübergreifend in Abbildung 8.80 dargestellt. Die größte gesetzliche Regelungsdichte ist in der Wohnungswirtschaft vorhanden.

Umlagefähige Betriebs- und Neben- bzw. Mietkostenabrechnung

Ziel ist es, die entstandenen und in unterschiedlichen Kostenartengliederungen erfassten Kosten (s. Kap. 6.5.1) umlagefähig aufzuteilen. Betriebskosten sind in der Wohnungswirtschaft nur

209 Quelle: eigene Darstellung.

Tab. 8.41: Regelungen zur Betriebs- und Nebenkostenabrechnung in der Wohnungswirtschaft.[210]

Nr.	Regelungen	Preisgebunden	Nicht preisgebunden
1.	Definition der Betriebskosten	[BetrKV 2012]	[BetrKV 2012]
2.	Pflicht zur Netto-Kaltmiete	§ 27 Abs. 3 [II. BV 2007]	
3.	Zulässigkeit der Betriebskostenabrechnung	§ 20 Abs. 1 [NMV 1970 (2003)]	§ 556 Abs. 1 BGB
4.	Zulässigkeit der Erhebung der Vorauszahlungen	§ 20 Abs. 3 [NMV 1970 (2003)]	§ 556 Abs. 2 BGB
5.	Verbot der rückwirkenden Erhöhung von Vorauszahlungen	§ 20 Abs. 4 [NMV 1970 (2003)]	
6.	Pflicht zur jährlichen Abrechnung	§ 20 Abs. 3 [NMV 1970 (2003)]	§ 556 Abs. 3 Satz 1 BGB
7.	Abrechnungsfrist spätestens 12 Monate nach Ende des Abrechnungszeitraum (Ausschlussfrist)	§ 20 Abs. 3 [NMV 1970 (2003)]	§ 556 Abs. 3 Satz 2 BGB
8.	Einwendungsfrist des Mieters bis Ablauf des 12. Monats des Abrechnungszugangs		§ 556 Abs. 3 Satz 5 BGB
9.	Wirtschaftlichkeitsgebot	§ 24 Abs. 2 [II.BV 2007]	§ 556 Abs. 3 Satz 1, § 560 Abs. 5 BGB
10.	Umlagemaßstab (Wohnfläche)	§ 20 Abs. 2 [NMV 1970 (2003)]	§ 556a Abs. 1 Satz 1 BGB
11.	Umlagemaßstab (Ausnahmen von Wohnfläche)	§§ 24–25 [NMV 1970 (2003)]	§ 556a Abs. 1 Satz 2 BGB
12.	Umlageausfallwagnis	§ 25a [NMV 1970 (2003)]	
13.	Auskunftsrecht des Mieters	§ 29 [NMV 1970 (2003)]	

dann umlagefähig, wenn sie dem Eigentümer durch das Eigentum am Grundstück erwachsen und durch den bestimmungsgemäßen Gebrauch des Gebäudes, der Nebengebäude, Anlagen und Einrichtungen sowie des Grundstücks verursacht werden, laufend entstehen und den Grundsätzen einer ordentlichen Bewirtschaftung entsprechen. Für preisgebundenen und nicht preisgebundenen Wohnraum gelten unterschiedliche Grundlagen (vgl. Tab. 8.41). Die Vertragsparteien können in einem gewerblichen Mietvertrag Nebenkostenregelungen vereinbaren, die von der [BetrKV 2012] oder [II. BV 2007] gänzlich abweichen oder sie in wesentlichen Punkten ergänzen.

Kosten, die definitionsgemäß als Betriebskosten gelten, deren Umlage aber nicht vertraglich vereinbart ist, sind Betriebskosten, aber keine Nebenkosten. Kosten, die definitionsgemäß nicht als Betriebskosten gelten, deren Umlage aber vertraglich vereinbart ist, sind Nebenkosten, aber keine Betriebskosten. Kosten, die definitionsgemäß als Betriebskosten gelten und vertraglich vereinbart sind, sind Nebenkosten und Betriebskosten.[211] !

Anzuwenden ist die Verordnung über die Heizkostenabrechnung [HeizkostenV 2009] für die Wärme- und Warmwasserlieferung vom Gebäudeeigentümer oder Betreiber an die Nutzer bzw. Mieter. Diese Verordnung gilt für die Verteilung der Kosten

1. des Betriebs zentraler Heizungsanlagen und zentraler Warmwasserversorgungsanlagen,
2. der eigenständigen gewerblichen Lieferung von Wärme und Warmwasser, auch aus Anlagen nach 1.[212]

210 Vgl. hierzu § 556 Abs. 1 BGB, § 27 Abs. 1 II. BV, § 24 Abs. 2 II. BV, § 20 Abs. 1 [NMV 1970 (2003)] und BetrKV.

211 Vgl. [GEFMA 210-1 E 2006-12], Abbildung 2.

212 Siehe § 1 Abs. 1 [HeizkostenV 2009].

In den meisten Bundesländern ist auch die Kaltwasserabrechnung nach Verbrauch vorzunehmen. Ausnahmeregelungen gelten u. a. für Alters- und Pflegeheime, Studenten- und Lehrlingsheime (§ 11 Absatz 1 Nr. 2a HeizkostenV 2009) oder energiesparende Technologien (§ 11 Absatz 1 Nr. 3 HeizkostenV 2009).

> Betriebskosten sind die Kosten, die dem Eigentümer oder Erbbauberechtigten durch das Eigentum oder Erbbaurecht am Grundstück oder durch den bestimmungsmäßigen Gebrauch des Gebäudes, der Nebengebäude, Anlagen, Einrichtungen und des Grundstücks laufend entstehen. Sach- und Arbeitsleistungen des Eigentümers oder Erbbauberechtigten dürfen mit dem Betrag angesetzt werden, der für eine gleichwertige Leistung eines Dritten, insbesondere eines Unternehmers, angesetzt werden könnte; die Umsatzsteuer des Dritten darf nicht angesetzt werden. [...] (§ 1 Abs. 1 BetrKV 2012)

Gemäß § 2 BetrKV dürfen die Betriebskosten bei Wohngebäuden nur nach den Betriebskostenarten (s. Kap. 6.5.4, Tab. 6.18) umgelegt werden.[213]

Umlagefähige Miet- und Umlageschlüssel

Ein Verteilerschlüssel ist in vielen Fällen notwendig, da die Bereitstellung Kosten verursacht. Der **Verteilerschlüssel** teilt sich bei Wohnungen bei den Heiz- und Warmwasserkosten nach Grundkosten und Verbrauchskosten auf. Die Grundkosten sollen insbesondere Rohrleitungsverluste, Bereitstellungsverluste, andere umlagefähige Fixkosten der Heizungsanlage abdecken sowie einen Ausgleich für benachteiligte Wohnungen (z. B. Dachwohnungen) und für leer stehende Wohnungen bieten:[214]

- **50:50** – in den meisten Fällen angebracht. Reduziert Benachteiligungen durch Wohnanlagen und kalte Nachbarwohnungen optimal und verteilt die Wärmeverluste gleichmäßig auf alle Wohnungen. Bei Gebäuden mit Baujahr vor 1980 unbedingt zu empfehlen.
- **40:60** – bei modernisierten Altbauten und Heizanlagen nach dem aktuellen Stand der Technik empfehlenswert. Bietet eine stärkere Gewichtung der verbrauchsabhängigen Komponente, ohne dabei krasse Ungerechtigkeiten zu verursachen.
- **30:70** – nur bei modernen Gebäuden mit optimal eingestellten Heizanlagen und gleichmäßiger Wohnungsnutzung zu empfehlen. Führt bei Anwendung in älteren Gebäuden mit höheren Wärmeverlusten zu Ungerechtigkeiten für manche Bewohner.
- < **30** der Grundkosten – in keinem Fall zu empfehlen, da fachlich nicht vertretbar.

Abrechnungseinheit und Messverfahren

Die entstandenen Kosten müssen abgegrenzt werden. Dazu sind Abrechnungseinheiten zu bilden und geeignete Messverfahren anzuwenden. Hierzu sind je nach Bauwerksnutzungsart unterschiedliche Bezugseinheiten (i. d. R. Flächenbezüge) möglich. Bei den Abrechnungseinheiten für Heiz- und Warmwasserkosten sind die Rahmenbedingungen zu beachten für[215]

- Wärmeerzeuger (differenziert für normale Heizungsanlagen in „bis 2012" und. „ab 2013"; Wärmemessung für Warmwasser ab 2013 mit einem oder mehreren Wärmezählern),
- unterschiedliche Geräteausstattung (z. B. bei Beheizung mit Fußbodenheizung und Heizkörpern mit getrennten Wärmezählern),
- unterschiedliche Nutzergruppen (z. B. bei Nutzergruppentrennung),
- unterschiedliche Gebäude (z. B. gleiche Nutzergruppen in verschiedenen Gebäuden),
- unterschiedliche Rohrsysteme (z. B. horizontale Einrohrheizung, vertikale Zweirohrheizung, vertikale Einrohrheizung mit oberer Verteilung).

213 Siehe [minol (2010P)], S. 52.
214 Vgl. [minol (2010P)], S. 22, 266.
215 Vgl. [minol (2010P)], S. 64.

Modalitäten der Betriebs- und Neben- bzw. Mietkostenabrechnung
Als Modalitäten der Betriebs- und Neben- bzw. Mietkostenabrechnung stehen zur Verfügung:
- Mietzahlung
- Vorauszahlung
- Rechnungsprüfung
- Periodenabgrenzung

Dokumentation
Die Dokumentation der Ergebnisse erfolgt in
- einem Bericht der Portfolioanalyse oder
- einem Objektsteckbrief.

8.4.8 Technical Due Diligence

Die Due Diligence in der Immobilienwirtschaft beschreibt die „gebotene Sorgfalt", mit der beim Kauf bzw. Verkauf von Immobilien geprüft wird. Die Due Diligence ist einfach ausgedrückt eine Prüfung eines Objekts, das zum Verkauf ansteht oder gekauft werden soll. Sie beinhaltet eine technische (technical), marktorientierte (market), rechtliche (legal), steuerliche (tax), umweltorientierte (environmental) und finanzielle (financial) Überprüfung. Im Idealfall stehen die Daten geordnet in einem Raum- und Gebäudebuch zur Verfügung. Die Technical Due Diligence ist damit ein Teil der Due-Diligence-Prüfung.

Die technische Prüfung von Standards erfolgt am Beispiel von bestehenden zum Verkauf angebotenen Büroimmobilien analog PDCA in vier Phasen:
- **Planen:** Hierzu ist ein Projekt zu initialisieren, Ziele sind zu definieren (auch, welches Geschäftsmodell zur Anwendung kommt), Anforderungen (Flächensparkonzepte, Flexibilität, Variabilität etc.) zu beschreiben und Informationen vollständig zu beschaffen
- **Ausführen:** allgemeine technische Prüfung des Gebäudes
- **Überprüfen:** technische und wirtschaftliche Risiken bewerten und analysieren, Aufwendungen schätzen
- **Handeln:** Empfehlung abgeben und Projekt abschließen

Die Informationsbeschaffung erfolgt möglichst anhand einer Checkliste (vgl. Tab. 8.42).
- Die technische Prüfung erfolgt mittels angepasster Erhebungstechniken. Die bauliche Bewertung erfolgt hinsichtlich der Bauteile eines Objekts bzw. des Bauwerks: Baukonstruktion, Bauwerk, technische Anlagen und Umweltanalyse. Methoden der technischen Prüfung sind die Bestandserfassung/-pflege (Objektbegehung) und die formale Prüfung der vorhandenen Unterlagen. Bei der Bestandserfassung/-pflege werden Bauteile und Angaben zur Restnutzungsdauer und zu Mängeln geprüft, Materialproben genommen und Fotos – soweit nicht vorhanden – aufgenommen. Die formale Prüfung beinhaltet die Prüfung der Dokumentations- und Revisionsunterlagen auf Vollständigkeit und Plausibilität sowie Flächenberechnungen, ebenso die Überprüfung auf Nutzungskonzepte, Flächensparkonzepte, Flexibilität und Variabilität.[216]
- Für die Bewertung des Gebäudes allgemein sind folgende Punkte von Bedeutung: Gesamtgröße, Verhältnis Verkehrsfläche zu Brutto-Grundfläche, Gebäudetiefe, Deckenhöhen und Achsraster, Funktionalität der An- und Entsorgung, Platzierung der Verkehrsbauwerke, Zahl und Größe und Bedeutung der Eingänge.

216 Vgl. [Bogenstätter, U. (2008)], S. 43.

Tab. 8.42: Checkliste für Technical Due Diligence.[217]

Nr.	Unterlage	Detaillierung
1.	Unterlagen zum Grundstück	
	– Grundbuch-, Auszug Baulastenverzeichnis, Bodenrichtwertkarte, Liegenschaftskataster	
	– Grundbesitzabgabenbescheid, Einheitswertbescheid/Grundsteuermessbescheid	
	– Flächennutzungs-, Bebauungsplan	
	– (Boden-)Gutachten	
	– Unterlagen zum genehmigten Bauantrag	
2.	Bauantrag	
	– Baugenehmigung einschl. Auflagen	
	– Planunterlagen	
	– allgemeine Baubeschreibung, Detailbeschreibungen	
	– Brand-, Feuchte-, Schallschutz- und Wärmegutachten sowie Statik	
3.	Bestandspläne	
	– Lageplan, Flurkarten	Maßstab 1:x
	– Grundrisse aller Geschosse	Maßstab 1:x
	– Schnitte	Maßstab 1:x
	– Ansichten	Maßstab 1:x
	– technische Anlagen (Ausführungs- und Leitungspläne) einschl. Beschreibungen	Maßstab 1:x
	– Außenanlagen	Maßstab 1:x
4.	Flächenmerkmale	
	– Brutto-Grundfläche und Brutto-Rauminhalt nach DIN 277	
	– Netto-Raumfläche nach gif	
	– Mietflächenberechnung nach gif	
5.	technische Merkmale	
	– Angaben zu den technischen Anlagen	
	– durchgeführte Instandhaltungen	
	– Betriebsunterlagen technischer Anlagen	
	– Gewährleistungen, Sicherheitseinbehalte	
	– Prüfprotokolle des TÜV	
	– Abnahmen (Beweislastumkehr, Gewährleistung)	
	– Bauakten, Referenzen der Planer und Ausführenden	
6.	kaufmännische Daten	
	– Grundstückkaufvertrag	
	– Kaufverträge	

– Die Prüfung des Gebäudes im Detail orientiert sich an den Gewerken Rohbau, Ausbau, technische Anlagen und Außenanlagen sowie an den Anforderungen der Bauphysik (Wärmedämmung, Schallschutz, Brandschutz) und wird nach Nutzungsbereichen vorgenommen (z. B. Büro, Sanitärräume, Küchen, Tiefgarage). Die Überprüfung der technischen Anlagen erfolgt dahingehend, ob die Anlagen den aktuellen technischen Vorschriften und Regelwerken genügen. Als Ergebnis der technischen Prüfung liegen vor:
  – Bestandsliste
  – Zustandsbeschreibung
  – Mängelliste
  – Gebäudebewertung
  – Teilbarkeit des Gebäudes in eigenständige Liegenschaften

217 Vgl. [Blaschkowski, A. (2006B)], S. 14 ff, siehe auch Checkliste S. 95 ff.

- Die Bewertung enthält die Möglichkeiten zur Kaufpreisanpassung sowie eine Kostenschätzung und Priorisierung und einen Zeitplan (kurz-, mittel- oder langfristig) der notwendigen baulichen Maßnahmen einschließlich Neu-, An- und Umbau des vorhandenen Gebäudes.
- Aus all dem wird die Strategie hinsichtlich der Kaufpreis-/Vertragsverhandlungen oder Projektentwicklungschancen abgeleitet.

Literatur

[II. BV 2007] Verordnung über wohnungswirtschaftliche Berechnungen nach dem Zweiten Wohnungsbaugesetz (Zweite Berechnungsverordnung – II. BV), 2007, URL: https://www.gesetze-im-internet.de/bvo_2/BJNR017190957.html (letzter Aufruf: 04.01.2018).

[AHO Nr. 10 (1998)] Ausschuss der Ingenieurverbände und Ingenieurkammern für die Honorarordnung (Hrsg.): Empfehlungen der AHO zur Definition und Anwendung der Funktionalausschreibung, AHO Nr. 10 (1998); Bonn 1998.

[ArbStättV 2016] Verordnung über Arbeitsstätten: Arbeitsstättenverordnung – ArbStättV, überarb. Aufl., Stuttgart 2016, URL: https://www.gesetze-im-internet.de/bundesrecht/arbst_ttv_2004/gesamt.pdf (letzter Aufruf: 16.04.2017).

[Baumgarten, H. (2004)] Baumgarten, Heiner; Dobbe, Gerhard; Dujesiefken, Dirk: Kommunale Baumkontrolle zur Verkehrssicherheit; Braunschweig 2004.

[BauNVO 2013] Verordnung über die bauliche Nutzung der Grundstücke (Baunutzungsverordnung – BauNVO), in: Bundesgesetzblatt; Bd. I, BauNVO, 2013, URL: https://www.gesetze-im-internet.de/bundesrecht/baunvo/gesamt.pdf (letzter Aufruf: 05.04.2017).

[BDB-NRW (2002S)] Schiffner, Michael: „Wie kommt das Facility zum Management?“ oder „Bestand bekannt?“, Nr. 7 (2002), S. 6–10, URL: http://www.bdb-nrw.de/data/bdb_nachrichten/1157562261-1895608.pdf (letzter Aufruf: 17.03.2008).

[BetrKV 2012] Verordnung über die Aufstellung von Betriebskosten: Betriebskostenverordnung, BetrKV 2012, URL: https://www.gesetze-im-internet.de/bundesrecht/betrkv/gesamt.pdf (letzter Aufruf: 18.02.2017).

[BKI (1998a)] Baukosteninformationszentrum Deutscher Architektenkammern (Hrsg.): BKI Objekte: Kosten abgerechneter Bauwerke, Bd. 1; Stuttgart 1998.

[BKI DIN 276-277 2016] Ruf, Hans-Ulrich: BKI Bildkommentar DIN 276 / 277: Kosten im Bauwesen; Grundflächen und Rauminhalte im Bauwesen, Baukosteninformationszentrum Deutscher Architektenkammern: Stuttgart 2016.

[Blaschkowski, A. (2006B)] Blaschkowski, Andreas; Kilb, Sascha: 5. Technical Due Diligence: Technische Aspekte von Fungibilität bis Standard: Schriftlicher Management-Lehrgang in 9 Lektionen; Düsseldorf 2006.

[BMVBS 20051108-KF-A00M.13] Bundesministerium für Verkehr, Bau- und Stadtentwicklung (Hrsg.): Muster 13 – Raumbedarfsplan, 2005, URL: http://www.verwaltungsvorschriften-im-internet.de/pdf/BMVBS-B-20051108-KF-A00M.13.pdf (letzter Aufruf: 04.01.2018).

[Bogenstätter, U. (2001)] Bogenstätter, Ulrich: Interdisziplinäres Modell zur Bewertung von Wohnstätten für [(schwer geistig) behinderte] Menschen in frühen Planungsphasen; Dissertation; Karlsruhe 2001.

[Bogenstätter, U. (2008)] Bogenstätter, Ulrich: Property Management und Facility Management; München 2008.

[Burmeister, J. (1991e)] Burmeister, Jürgen: Büro-Organisation bei der Einführung von CAD; Tagungsunterlagen; Frankfurt a. M. 1991.

[BWU (1994W)] Wiegand, Jürgen; Aellen, Kurt; Keller, Thomas: Wohnungs-Bewertungs-System (WBS): Ausgabe 1986, Schriftenreihe Wohnungswesen, 5., unveränd. Aufl.; Bern 1994.

[Chermayeff, S. (1971)] Chermayeff, Serge; Alexander, Christopher: Gemeinschaft und Privatheit im neuen Bauen: Auf dem Wege zu einer humanen Architektur; Mainz u. a. 1971.

[DIN 276-1 2006-11] Kosten im Bauwesen: Teil 1: Hochbau, Deutsches Institut für Normung (Hrsg.): Teil 1, DIN 276; Berlin 2006.

[DIN 276-1 2008-12] Kosten im Bauwesen: Teil 1: Hochbau, Deutsches Institut für Normung (Hrsg.): Teil 1, DIN 276; Berlin 2008.

[DIN 277-1 2005-02] Grundflächen und Rauminhalte von Bauwerken in Hochbauten: Begriffe, Ermittlungsgrundlagen, Deutsches Institut für Normung (Hrsg.): Teil 1, DIN 277; Berlin 2005.

[DIN 277-1 2016-01] Grundflächen und Rauminhalte im Bauwesen: Teil 1: Hochbau, Deutsches Institut für Normung (Hrsg.): Teil 1, DIN 277; Berlin 2016.

[DIN 277-2 1987-06] Grundflächen und Rauminhalte von Hochbauten: Gliederung der Nutzflächen, Funktionsflächen und Verkehrsflächen (Netto-Grundfläche), Deutsches Institut für Normung (Hrsg.): Teil 2, DIN 277; Berlin 1987.

[DIN 13080 2016-06] Gliederung des Krankenhauses in Funktionsbereiche und Funktionsstellen, Deutsches Institut für Normung (Hrsg.): DIN 13080; Berlin 2016.

[DIN 18205 2016-11] Bedarfsplanung im Bauwesen, Deutsches Institut für Normung (Hrsg.): DIN 18205; Berlin 2016.

[DIN 18350 2016-09] Putz- und Stuckarbeiten, Deutsches Institut für Normung (Hrsg.): DIN 18350; Berlin 2016.

[DIN 25425-1 2016-10] Radionuklidlaboratorien: Teil 1: Regeln für die Auslegung, Deutsches Institut für Normung (Hrsg.): Teil 1, DIN 25425; Berlin 2016.

[DIN 25425-3 2012-02] Radionuklidlaboratorien: Teil 3: Regeln für den vorbeugenden Brandschutz, Deutsches Institut für Normung (Hrsg.): Teil 3, DIN 25425; Berlin 2012.

[DIN 25425-5 2011-04] Radionuklidlaboratorien: Teil 5: Regeln zur Dekontamination von Oberflächen, Deutsches Institut für Normung (Hrsg.): Teil 5, DIN 25425; Berlin 2011.

[DIN 69901-5 2009-01] Projektmanagement: Projektmanagementsysteme: Teil 5: Begriffe, Deutsches Institut für Normung (Hrsg.): Teil 5, DIN 69901; Berlin 2009.

[DIN EN 15221-2 2007-01] Facility Management: Teil 2: Leitfaden zur Ausschreibung von Facility Management-Vereinbarungen, Deutsches Institut für Normung (Hrsg.): Teil 2, DIN EN 15221; Berlin 2007.

[DIN EN 1717 2011-08] Schutz des Trinkwassers vor Verunreinigungen in Trinkwasser-Installationen und allgemeine Anforderungen an Sicherungseinrichtungen zur Verhütung von Trinkwasserverunreinigungen durch Rückfließen: Technische Regel des DVGW, Deutsches Institut für Normung (Hrsg.): DIN EN 1717; Berlin 2011.

[DIN EN ISO 13567-1 2002-12] Gliederung und Benennung von Layern für CAD: Technische Produktdokumentation: Übersicht und Grundlagen, Deutsches Institut für Normung (Hrsg.): Teil 1, DIN EN ISO 13567; Berlin 2002.

[DIN EN ISO 16739 E 2016-08] Industry Foundation Classes (IFC) für den Datenaustausch in der Bauindustrie und im Anlagenmanagement, Deutsches Institut für Normung (Hrsg.): DIN EN ISO 16739, Berlin 2016.

[DIN ISO 128-50 2002-05] Allgemeine Grundlagen der Darstellung: Grundregeln für Flächen in Schnitten und Schnittansichten, Deutsches Institut für Normung (Hrsg.): Teil 50, DIN ISO 128; Berlin 2002.

[Dworak, B. (2007c)] Dworak, Brigitte; Böhm, Ernst: Prozessinnovationen in der Bestandspflege: Kostenreduzierung und Qualitätsverbesserung: Vortrag am 29. März 2007 auf dem 31. Tag der Immobilie an der Hochschule für Wirtschaft und Umwelt Nürtingen-Geislingen.

[Elwert, U. (2006b)] Elwert, Ulrich: Ermittlung von Flächen und Rauminhalten: Novellierte Regelwerke: Teil 2 – Korrespondierende Regelwerke zur DIN 277, in: Deutsches Architektenblatt (2006), Heft 2, S. 48–50.

[FIGR Bericht Nr. 9] Lutz, Walter: Ausschreibungssystem für die Unterhalts- und Glasreinigung von Verwaltungsgebäuden mit ergebnisorientierten Leistungsverzeichnissen, FIGR Bericht Nr. 9; Stuttgart 2004.

[fm.rlp RLBau 2014] Ministerium der Finanzen (Hrsg.): Richtlinien für die Durchführung von Bauaufgaben des Landes Rheinland-Pfalz (RLBau): Ausgabe 2006, Stand Juli 2014, fm.rlp RLBau 2014, Mainz 2014.

[FraPort FAC1_Grundriss 2004] Flughafen Frankfurt (Hrsg.): Frankfurt Airport Center 1; Produktblatt, FraPort FAC1_Grundriss 2004, URL: http://213.61.31.27/online/FrapImmo/xt_downloads/grundriss_fac1.pdf (letzter Aufruf: 07.11.2004).

[GAEB DA 2000 T3 K1] Gemeinsamer Ausschuss Elektronik im Bauwesen (GAEB) (Hrsg.): Regelungen für den Aufbau des Leistungsverzeichnisses, Teil 3, Kap. 1, v1.2. Aufl.; Berlin 2001.

[GEFMA 190 2004-01] Betreiberverantwortung im Facility Management, GEFMA e. V. Deutscher Verband für Facility Management (Hrsg.): GEFMA 190, 2004.

[GEFMA 210-1 E 2006-12] Betriebs- und Nebenkosten bei gewerblichem Raum, GEFMA e. V. Deutscher Verband für Facility Management (Hrsg.): GEFMA 210-1, 2006.

[GenTSV 2015] Gentechnik-Sicherheitsverordnung: Verordnung über die Sicherheitsstufen und Sicherheitsmaßnahmen bei gentechnischen Arbeiten in gentechnischen Anlagen; https://www.gesetze-im-internet.de/gentsv/BJNR023400990.html (letzter Aufruf: 08.01.2018).

[gif MF-B 1996-04] Richtlinie zur Berechnung der Mietflächen für Büroraum (MF-B), Gesellschaft für Immobilienwirtschaftliche Forschung (Hrsg.): gif MF-B; Östrich-Winkel 1996.

[gif MF-H 1997-07] Richtlinie zur Berechnung der Mietflächen für Handelsraum (MF-H), Gesellschaft für Immobilienwirtschaftliche Forschung (Hrsg.): gif MF-H; Östrich-Winkel 1997.

[gif MF/G 2012-05] Richtlinie zur Berechnung der Mietflächen für gewerblichen Raum (MF-G), Gesellschaft für Immobilienwirtschaftliche Forschung (Hrsg.): gif MF/G; Wiesbaden 2012.

[Grandjean, E. (1973)] Grandjean, Etienne: Wohnphysiologie: Grundlagen gesunden Wohnens; Zürich 1973.

[GWM (2009)] GWM – Gebäudewirtschaft Mainz (Hrsg.): Dokumentationsstandard der GWM; Mainz 2009.

[Heix, G. (2004)] Heix, Gerhard: Wohnflächenberechnung: Rechtsfragen und Methoden der Wohnflächenverordnung nach der Wohnflächenberechnung, Zweiten Berechnungsverordnung und den DIN-Normen 283 und 277, 3. Aufl.; Essen 2004.

[HeizkostenV 2009] Verordnung über die verbrauchsabhängige Abrechnung der Heiz- und Warmwasserkosten: Verordnung über Heizkostenabrechnung, 2009, URL: https://www.gesetze-im-internet.de/bundesrecht/heizkostenv/gesamt.pdf (letzter Aufruf: 18.02.2017).

[HIS 123] Gerken, Horst; Lange, Ulrich; Thauer, Thomas; Weidner-Russell, Brigitte: Nutzungs- und Kostenflächenarten-Profile im Hochschulbereich, Hochschulplanung, Bd. 123, HIS 123; Hannover 1997.

[HS-MZ Döhren, C. (2011)] Döhren, Christian: Ortsveränderliche elektrische Betriebsmittel im kirchlichen Bereich: Einsparungspotenziale durch Prozessoptimierungen bei der Prüforganisation; Bachelorarbeit; Mainz 2011.

[HS-MZ Pfeiffer, O. (2011)] Pfeiffer, Oliver: Die Verkehrssicherungspflicht im Technischen Gebäudemanagement am Beispiel der Baumkontrolle; Bachelorarbeit; Mainz 2011.

[ISO/DIS 24517-2 E 2017-01] Dokumenten-Management: PDF Format für das Ingenieurwesen: Teil 2: Anwendung der ISO 32000-2 einschließlich Unterstützung für Langzeitarchivierung (PDF/E-2), International Organization for Standardization (Hrsg.): Teil 2, ISO/DIS 24517; Genf 2017.

[ISO/IEC 14772-1 1997-12] Informationstechnik, Computergraphik und Bildverarbeitung: Virtuelle Realitätsmodellsprache: Teil 1: Funktionelle Spezifikation und UTF-8-Codierung, International Organization for Standardization (Hrsg.): Teil 1, ISO/IEC 14772; Genf 1997.

[ISO/IEC 19776-1 2015-12] Informationstechnik – Computergrafik und Bildverarbeitung: Erweiterbare 3D (X3D) Codierungen: Teil 1: XML-Codierung, International Organization for Standardization (Hrsg.): Teil 1, ISO/IEC 19776; Genf 2015.

[ISO/IEC 8632-1 2007-10] Informationstechnik – Graphische Datenverarbeitung: Bilddatei zur Speicherung und zum Austausch von Bildinformationen: Teil 1: Funktionsbeschreibung; Korrektur 2, International Organization for Standardization (Hrsg.): Teil 1, ISO/IEC 8632; Genf 2007.

[ISO 10303-1 1994-12] Industrielle Automatisierungssysteme und Integration: Produktdatendarstellung und -austausch: Teil 1: Überblick und grundlegende Prinzipien, International Organization for Standardization (Hrsg.): Teil 1, ISO 10303; Genf 1994.

[ISO 14306 2012-12] Industrielle Automatisierungssysteme und Integration: JT-Dateiformat für 3D-Visualisierung, International Organization for Standardization (Hrsg.): ISO 14306; Genf 2012.

[ISO 15930-7 2010-07] Graphische Technik: Digitaler Datenaustausch in der Vorstufe unter Anwendung von PDF: Teil 7: Vollständiger Datenaustausch von Druckdaten (PDF/X-4) und teilweiser Austausch von Druckdaten mit referenziertem externem Profil (PDF/X-4p) mit PDF 1.6, International Organization for Standardization (Hrsg.): Teil 7, ISO 15930; Genf 2010.

[ISO 19005-1 Technical Corrigendium 2011-12] Document management: Electronic document file format for long-term preservation: Part 1: Use of PDF 1.4 (PDF/A-1); Technical Corrigendum 2, International Organization for Standardization (Hrsg.): Teil 1 Technical Corrigendium, ISO 19005; Genf 2011.

[ISO 32000 2008-07] Dokumenten-Management – Portables Dokument-Format: Teil 1: PDF 1.7, International Organization for Standardization (Hrsg.): ISO 32000; Genf 2008.

[ISO 9592-1 1997-11] Informationstechnik: Computer-Grafik und Bildverarbeitung – Hierarchisches interaktives graphisches System (PHIGS): Teil 1: Funktionsbeschreibung, International Organization for Standardization (Hrsg.): Teil 1, ISO 9592; Genf 1997.

[IWB RBK1-PC] Informationsstelle Wirtschaftliches Bauen der Staatlichen Hochbauverwaltung Baden-Württemberg (Hrsg.): Richtlinien für die Baukostenplanung: Nach den Richtlinien für die Baukostenplanung (RBK) der staatlichen Hochbauverwaltung des Landes Baden-Württemberg: NC-Katalog für RBK1-PC-Version 4.0; Stuttgart 1994, S. 1–36.

[LBB 1.12-1990] Ruf, Hans-Ulrich.; Conen, Maria, Dautzenberg, Brigitte): Kosten im Hochbau: Untersuchung über Aufwand und Nutzen von Kostenermittlungsverfahren; Aachen 1990.

[LDA-BW Heft 7] Eckstein, Günter: Empfehlungen für Baudokumentationen: Bauaufnahme – Bauuntersuchung, LDA-BW Heft 7; Stuttgart 1999.

[Mehlis, J. (2005e)] Mehlis, Jörg: Analyse des Datenentstehungsprozesses und Entwicklung eines Entscheidungsmodells für eine wirtschaftliche Vorgehensweise bei der lebenszyklusorientierten Immobiliendatenerfassung und -pflege; Dissertation; Leipzig 2005.

[minol (2010P)] Peters, Frank: Handbuch zur Wärmekostenabrechnung: Fachinformationen für Wohnungsverwalter, Vermieter, Heizungstechniker und -ingenieure; CD, 14. Aufl.; Stuttgart 2010.

[Mutschler-Siebert, A. (2007d)] Mutschler-Siebert, Annette: Alternativen zum offenen Vergabeverfahren, in: Facility Manager (2007), Heft 4, S. 60–63.

[Ng, T. (2006c)] Ng, Tinchuck Agnes; Peiser, Richard: Incubator workspaces: Workspace layout establishes the workplace atmosphere – whether creative, private, secret, cooperative, competitive: But how does design drive business outcomes?, in: Urban Land (2006), Heft 3, S. 76–80.

[NMV 1970 (2003)] Verordnung über die Ermittlung der zulässigen Miete für preisgebundene Wohnungen: Neubaumietenverordnung 1970 – NMV 1970; Stuttgart 2003, URL: https://www.gesetze-im-internet.de/bundesrecht/nmv_1970/gesamt.pdf (letzter Aufruf: 10.04.2017).

[Petzold, F. (2001)] Petzold, Frank: Computergestützte Bauaufnahme als Grundlage für die Planung im Bestand; Weimar 2001.

[Preuß, N. (2003)] Preuß, Norbert; Schöne, Lars Bernhard: Real Estate und Facility Management: Aus Sicht der Consultingpraxis; Heidelberg u. a. 2003.

[REFA (1997)] Verband für Arbeitsgestaltung, Betriebsorganisation und Unternehmensentwicklung (Hrsg.): Methodenlehre der Betriebsorganisation: Datenermittlung; München 1997.

[RG-Bau im RKW (1995S)] Scharf, Turid: Vergaberecht Teil A der VOB, Schriftenreihe Baurecht; Eschborn 1995.

[Richter, P. (1996b)] Richter, Peter: Informationssysteme in der Kostenplanung: Teil 2, in: Deutsches Architektenblatt (1996), Heft 2, S. 243–246.

[RKW ibr 2010-10.2] Rationalisierungs-Kuratorium der Deutschen Wirtschaft (Hrsg.): Analyse von Bau- und Leistungsbeschreibungen von Hausanbietern für Ein- und Zweifamilienhäusern; RKW (2010), Heft 10, S. 17–18.

[SIA 416 2003] Flächen und Volumen von Gebäuden: Definitionen, Schweizerischer Ingenieur und Architektenverein (Hrsg.): SIA 416; Zürich 2003.

[SBN CAD-Pflichtenheft_Anlage_2a 3.1] Staatliches Baumanagement Niedersachsen (Hrsg.): FM-Layerstruktur: Anlage 2a zum CAD-Pflichtenheft, Anlage 1 zum FM-Handbuch; Hannover Version 3.1.

[SBN CAD-Pflichtenheft_Anlage_2b 3.1] Staatliches Baumanagement Niedersachsen (Hrsg.): Datenaustauschformular: Anlage 2b zum CAD-Pflichtenheft; Hannover Version 3.1.

[SBN CAD-Pflichtenheft_Anlage_2c 3.1] Staatliches Baumanagement Niedersachsen (Hrsg.): Testprotokoll zum Pilottest CAD-Datenaustausch: Anlage 2c zum CAD-Pflichtenheft; Hannover Version 3.1.

[SBN FM-Handbuch_Anlage_2 3.1] Staatliches Baumanagement Niedersachsen (Hrsg.): Pflichtenheft zum CAD-Datenaustausch: Anlage 2 zum FM-Handbuch: Vereinbarungen über den elektronischen Datenaustausch für digitale Zeichnungen von Gebäuden und Tragwerksplanung sowie der technischen Gebäudeausrüstung für Bauvorhaben im Zuständigkeitsbereich des Staatlichen Baumanagements Niedersachsen; Hannover. Version 3.1.

[Schmitz, H. (2015a)] Schmitz, Heinz; Krings, Edgar; Dahlhaus, Ulrich J.; Meisel, Ulli: Baukosten 2014/15: Instandsetzung, Sanierung, Modernisierung, Umnutzung: Arbeitshilfen zur Konstruktionswahl und Planung, Kostenschätzung und Kostenberechnung, 22., neu bearb. Aufl.; Essen 2015.

[Schrader, B. (1995)] Schrader, Bodo (Red.): Gebäudeinformationssysteme: Abschlussbericht des DVW-Arbeitskreises 6 „Ingenieurvermessung“ und FIG-Symposium vom 5. bis 7. April 1995 an der Technischen Universität Braunschweig, Institut für Geodäsie und Photogrammetrie: Aufnahme- und Erfassungstechniken raumbezogener Daten zum Aufbau und zur Aktualisierung von Gebäudeinformationssystemen, Schriftenreihe des DVW; Stuttgart 1995.

[Schwarz, P. (2011)] Schwarz, Peter; Lemme, Fritz; Neumann, Peter; Wagner, Frank: Großküchen: Planung – Entwurf – Einrichtung, 5., völlig überarb. Aufl.; München 2011.

[Stadt Frankfurt (2006k)] Magistrat der Stadt Frankfurt am Main, Dezernat Bau, Hochbauamt (Hrsg.): Dokumentationsrichtlinie Hochbauamt der Stadt Frankfurt am Main, 2.0.1. Aufl.; 2006, URL: http://www.stadt-frankfurt.de/energiemanagement/pdf/HBA-Dokumentationsrichtlinie.pdf (letzter Aufruf: 21.06.2009).

[Stahlknecht, P. (2002)] Stahlknecht, Peter; Hasenkamp, Ulrich: Einführung in die Wirtschaftsinformatik, 10., überarb. Aufl.; Berlin 2002.

[Tarifvertragsparteien der deutschen Bauwirtschaft (2004)] Tarifvertragsparteien der deutschen Bauwirtschaft (Hrsg.): Arbeitszeit Richtwerte Hochbau (ARH): Fliesen-, Platten- und Mosaiklegerhandwerk; Neu-Isenburg 2004.

[VDI 6200 2010-02] Standsicherheit von Bauwerken: Regelmäßige Überprüfung, Verein Deutscher Ingenieure (VDI) (Hrsg.): VDI 6200; Düsseldorf 2010.

[VgV 2016] Verordnung über die Vergabe öffentlicher Aufträge: Vergabeverordnung – VgV, 2016, URL: https://www.gesetze-im-internet.de/bundesrecht/vgv_2016/gesamt.pdf (letzter Aufruf: 17.04.2017).

[VOB 2016] Vergabe- und Vertragsordnung für Bauleistungen: Teil A und Teil B, Deutsches Institut für Normung (Hrsg.): Teil AB, DIN VOB; Berlin 2016, URL: https://www.bundesanzeiger.de/ (letzter Aufruf: 17.04.2017).

[Volkmann, W. (2003)] Volkmann, Walter: Projektabwicklung für Architekten und Ingenieure: Handbuch für die planerische und baupraktische Umsetzung: Methoden – Arbeitshilfen – Vordrucke, 2. Aufl.; Essen 2003.

[Will, J. (2009c)] Will, Joachim: Der Verkaufsfläche droht das Aus, in: Immobilienwirtschaft (2009), Nr. 3, S. 42–43.

[WoFlV 2003] Verordnung zur Berechnung der Wohnfläche, über die Aufstellung von Betriebskosten und zur Änderung anderer Verordnungen, in: Bundesgesetzblatt; Bd. I, Nr. 56; Bonn 2003.

[wowiconsult (2011)] wowiconsult (Hrsg.): Immobilienwirtschaft in der Praxis: Sonderausgabe; Mühlhausen im Täle 2011.

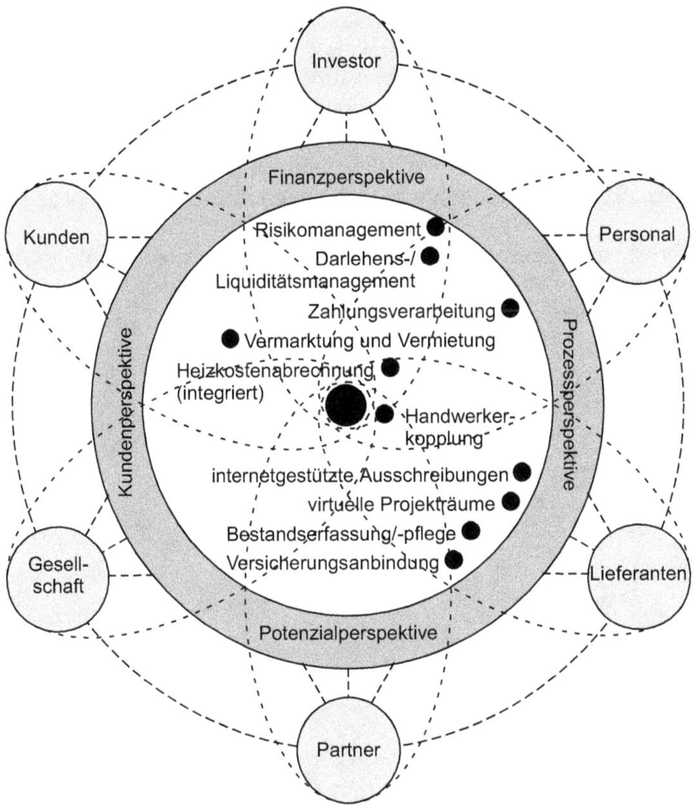

Abb. 8.81: Prozessmodell der Leistungserstellung und -bereitstellung mit Bezug auf die IT-Unterstützung.[218]

8.5 Funktionale Anforderungen an Informationssysteme

Ulrich Bogenstätter

Die IT unterstützt das Immobilienunternehmen in vielen Bereichen. Die Bandbreite der zu unterstützenden Prozesse ist groß. Nachfolgend werden einige herausragende (Kern-)Prozesse der Leistungserstellung in Immobilienunternehmen behandelt (vgl. Abb. 8.81).

8.5.1 IT in der Unternehmensführung

Der Geschäftsführer eines Immobilienunternehmens hat ein Problem. Er fragt den Immobilienspezialisten.

Dessen Antwort lautet: Corporate-Real-Estate-Management, Ecclesiastic-Real-Estate-Management, Facility-Management oder Facilities-Management, Gebäudemanagement, Objektmanagement, Intermediate-Real-Estate-Management, Projektmanagement/Projektentwicklung, Property-Management, Public-Real-Estate-Management, Real-Estate-Asset-Management, Real-Estate-Investment-Management, Real-Estate-Portfoliomanagement, technisches Anlagenmanagement, Transaktionsmanagement, Welfare-Real-Estate-Management, …[219]

218 Vgl. u. a. [Hinterhuber, H. (2004)], S. 41.

219 Vgl. Kapitel 1.3.1.

Die Antwort des IT-Spezialist: lautet: Archiv-System, Computer-Aided-Facilities-Management-System, Customer-Relation-Management-Systeme, Dokumentenmanagementsystem, Einsteigerprogramme für die Immobilienverwaltung, Hausmeistersoftware, Heizkostenabrechnungssoftware, immobilienwirtschaftliche Software-Systeme, Immobilien-Lebenszyklus-Management, Maklersoftware, Mobile Computing, Portfoliomanagementsystem, Risikomanagementsystem, Unternehmungsplanungs-/Controllingsoftware, Wertermittlungssoftware, Wohnungsprivatisierungssoftware, wohnungswirtschaftliche Profiprogramme, Zahlungsverkehr, Zwangsverwaltersoftware, ...

Nicht jeder Geschäftsführer ist ein digitaler Souverän. Wie Menschen zur digitalen Welt stehen, lässt sich anhand der Einordnung in Konsumgruppen gemäß den Sinus-Milieus (s. Abb. 8.82 analog zu Abb. 3.22 in Kap. 3.53) darstellen.

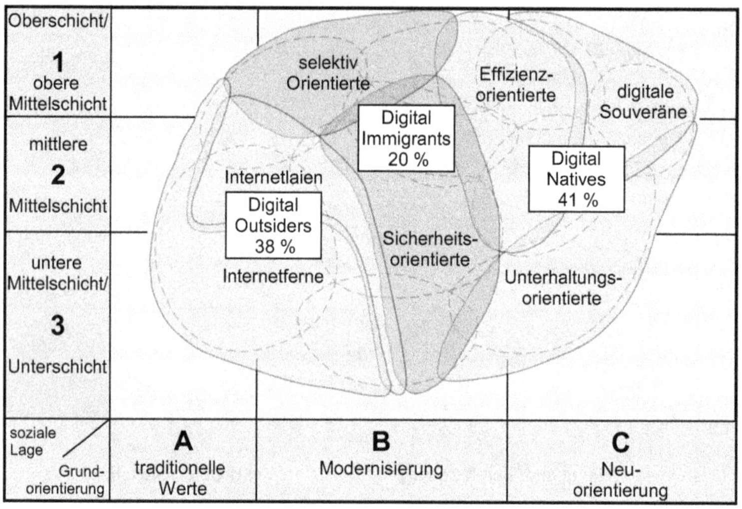

Abb. 8.82: Digitale Sinus-Milieus.[220]

Worauf ist zu achten? Ein Immobilienunternehmen lässt sich mit Familien vergleichen. Kinder wachsen, werden Azubis, Studenten, Paare, junge Familien, Familien, Alleinerziehende, Singles oder gehören zur Generation 50+, der Nachwuchs gedeiht. Immobilienunternehmen wachsen, fusionieren, bilden Holdings, werden zerschlagen, filetiert und liquidiert, Tochtergesellschaften treten das Erbe an. Immobilienunternehmen durchlaufen also Lebensabschnitte wie Familien.

Im Unternehmen muss entschieden werden, ob mit Bananen oder Immobilien gehandelt wird (Portfoliostrategie), Objekte müssen ausgewählt, Transaktionen durchgeführt und/oder Investitionsentscheidungen getroffen werden (Asset-Management), Bestandsoptimierung muss mit Eigen- oder Fremdleistung (Property-Management/Facility-Management) betrieben werden.[221]

Ob Portfoliostrategie, Asset-Management oder Property-Management, Ziel ist es, ein Geschäftsfeld zu besetzen und ein erfolgreiches Geschäftsmodell umzusetzen. Passende IT-Lösungen müssen die Anforderungen des Geschäftsmodells unterstützen und Veränderungsprozesse ermöglichen:

220 Eigene Darstellung, Inhalt übernommen aus [Sinus Sociovision (2014)].

221 Vgl. Kapitel 3.3.

Bleiben wir beim Vergleich Familie – Unternehmen: Je nach Lebenssituation wird der passende Wohnraum gebraucht, ob Kinderzimmer, Studentenbude, Etagenwohnung, Einfamilienhaus oder Betreutes Wohnen. Je nach Lebenssituation wird umgezogen oder angebaut. Die IT muss spezielle Lösungen für das Immobilienunternehmen passgenau und zeitgenau bieten, damit sich das Unternehmen entwickeln kann, auch dann, wenn Geschäftsmodelle hinzukommen oder abgebaut werden oder sich Änderungen in der Unternehmensführung ergeben, sei es im Umfeld, in der unternehmerischen Vision, der Unternehmenspolitik (Leitbild), bei Strategien, Zielen und Rahmenbedingungen, der Organisation, der Umsetzung, der Unternehmenskultur und den Geschäftsprozessen.

Allzu viele wesentliche Geschäftsmodelle sind in der Immobilienwirtschaft nicht vorhanden. Das Immobilienfonds- oder Eigentümermodell ist der Portfoliostrategie zuzuordnen. Zum Asset-Management gehören Projektentwickler-, Bauträger-, Sanierungs- und Privatisierungsmodelle, zum Property-Management/Facility-Management Betreiber-, Fremdverwalter- oder Bestandshaltermodelle, aber auch das Projektgeschäft oder der Auftritt als Lieferant. Kurz: Die Unternehmensführung und die Geschäftsmodelle bestimmen die Anforderung an die IT, nicht die IT das Unternehmen. Was heute gilt, kann morgen anders sein.

Familienplanung tut Not: Innerhalb der Portfoliostrategie, des Asset-Managements oder Property-Managements/Facility-Managements ergeben sich typische Aufgaben, die sich kaskadenförmig in Abhängigkeit zueinander befinden. Es ist unsinnig, über Mieterbindung und Customer-Relation-Management-Systeme nachzudenken, wenn der Verkauf der Immobilien ansteht. Es ist auch nicht unbedingt sinnvoll, Instandhaltungs- und Modernisierungsmaßnahmen im Property-Management/Facility-Management langfristig zu planen und durchzuführen, wenn das Asset-Management kurzfristig den Verkauf beschließt. Ebenso wenig sinnvoll ist es, die Geschäftsprozesse der Instandhaltung innerhalb eines Immobilienunternehmens langfristig zu optimieren, wenn die Leistungen an einen Dienstleister vergeben werden sollen. Notwendigerweise müssen daher die Vorgaben von der Portfoliostrategie bis zum Property-Management/Facility-Management adäquat durchgereicht und zurückgemeldet (Reporting) werden.

Keine Familie gleicht der anderen: Die Portfoliostrategie unterscheidet sich bei Unternehmen der Immobilienwirtschaft wesentlich, je nachdem, ob es sich ausschließlich um ein renditeorientiertes Unternehmen, ein gewerbliches oder industrielles Unternehmen, eine Genossenschaft, einen kommunalen Parkhausbetreiber/-eigentümer oder ein kommunales Wohnungsunternehmen handelt.

Nur wenn die Kaskade von der Portfoliostrategie zum Property-Management/Facility-Management eingehalten wird, ist sichergestellt, dass Fehlinvestitionen vermieden werden. Zur Führung eines Geschäftsfelds wird ein zur Kaskade gegenläufiges Berichtswesen (Reporting) benötigt. Das beinhaltet Themen in zehn Schritten von der Strategieentwicklung und -vermittlung bis hin zur Wirtschaftlichkeitsberechnung von technischen Maßnahmen (vgl. Kap. 3.3.2, Abb. 3.13), die in Abhängigkeit vom Geschäftsmodell unterschiedlich ausgeprägt sind.

Die Berichte sind notwendig für Investoren, Aufsichtsräte, Banken und Führungsgremien, insbesondere für die erste Führungsebene. Gutes Reporting zum Nachweis eines guten Managements führt ggf. zu einem guten Rating bei der Bank und zu niedrigeren Fremdkapitalzinsen. Zumindest wird die Verhandlungsposition gestärkt. Berichte als Entscheidungshilfen und -vorlagen sowie zur Leistungsmessung und -steuerung innerhalb der Unternehmung sind aber auch für die zweite und dritte Führungsebene nötig. Der Informationsfluss ist dabei vom Property-Management/Facility-Management über das Asset-Management und die Portfoliostrategie regelmäßig sicherzustellen. IT hilft dabei. Leider zeigt die Erfahrung auch, dass einige Berichte mit viel Aufwand erstellt werden, aber ihre Leser nicht finden. Deshalb ist in einem Unternehmen vorab zu klären, welche Informationen an welcher Stelle tatsächlich benötigt werden und welche Vorleistungen hierfür erbracht werden müssen. Sinnvollerweise lassen sich drei Bestandteile eines Berichts unterscheiden: Standardinformationen, die z. B. für die Erstellung der Bilanz notwendig sind, Spezialitäten der Geschäftsmodelle und Ad-hoc-Berichte für das operative Geschäft.

Nur wer heute weiß, welche Gebäude er behalten will, kann morgen sinnvoll in die Instandhaltung investieren. In der Wohnungswirtschaft sind Fälle nach dem Prinzip „heute saniert, morgen abgerissen“ bekannt, die auch aufgrund der Unkenntnis der Geschäftsfeldpolitik passiert sind.

Wesentliches Element des Reportings ist der Nachweis der Aufgaben, die zu erfüllen sind. Aufgaben, die zu erfüllen sind, aber keine Handlungsoptionen beinhalten, sind für eine Strategieentwicklung und Planung weitgehend uninteressant: Die Planungsparameter bleiben konstant. Interessanter sind neben den Aufgaben die Ziele, die sich aus den Aufgaben ableiten lassen und zu deren Erfüllung Strategien ergriffen werden können: Wo besteht Leidensdruck, was ist das Ziel? Bekanntlich führen viele Wege nach Rom. Nicht die Strategien und eingeleiteten Maßnahmen zählen, sondern die formulierten Ziele und die Kontrolle des bisher erreichten Zielerfüllungsgrads – kurz: der Erfolg.

Ein Beispiel aus der Wohnungswirtschaft: Aufgabe ist im Geschäftsmodell Bestandshaltermodell eines Eigentümers die Optimierung der bestehenden Verträge mit den Kunden. Das Ziel kann sein, die Mieterhöhungsspielräume auszunutzen, Mietausfälle zu reduzieren und kundenorientiert zu investieren. Der Zielerfüllungsgrad lässt sich als Differenz von realisierten zu möglichen Mieterhöhungsspielräumen, Mietausfallquote und Anteil der kundenorientierten Instandhaltung messen. Sofern keine Zielverfolgung stattfindet oder der Zielerreichungsgrad nicht gemessen und im angemessenen Turnus verfolgt werden kann, ist die Erhebung von Daten, rechtliche Anforderungen einmal ausgeklammert, sinnlos. Aus nachhaltigen und überprüfbaren Zielen werden die Strategien abgeleitet.

Ein Beispiel aus der Parkhausbewirtschaftung: Ziel ist es, die Parkentgelte zu erhöhen und den Aufwand zu senken. Strategien oder Maßnahmenbündel hierzu können sein, die Parkentgelte dadurch zu erhöhen, dass Sonderaktionen zur Steigerung des Belegungsgrads (Stellplatzbelegung × Parkdauer) durchgeführt, Öffnungszeiten verlängert oder Instandhaltungsmaßnahmen ausgesetzt werden.

Strategische Fragestellungen lassen sich jedoch in den seltensten Fällen durch operative DV-Systeme beantworten. Der Einsatz von Auswertungs-, Analyse- und Planungswerkzeugen ist neben professionellen operativen IT-Werkzeugen daher unverzichtbar und nicht trivial. Neben der Abbildung unternehmerischer Abläufe in einem operativen IT-System sind vielfach eigene Berichts-, Planungs- und Kontrollsysteme notwendig, die die Daten aus Mengen- und wertorientierten Systemen in einem Data-Warehouse oder in einem vereinfachten Kennzahlenreporting aggregieren. Langfristige Planungs- und Entscheidungssysteme stehen dabei an der Spitze einer vertikalen IT-Integration und bilden quasi das Sahnehäubchen.

Sofern die Aufgabenstellung auch für die IT-Werkzeuge klar umrissen ist, kann die Auswahl der Funktionalitäten beginnen, Beispiele:

- **Investorenreport:** Die Idee ist, den Bestand zu optimieren und dazu Bestandsdaten aus dem ERP-System auszuwerten. Schwerpunkte der Auswertungen sind Mietausfall, Leerstand, Forderungen und Verbindlichkeiten sowie frei gestaltbare Einzelnachweise.
- **Unternehmensplanung:** Die Idee ist, strategisch in die Zukunft zu führen und die Entwicklung des Immobilienunternehmens marktgerecht und nachhaltig zu planen: Dazu gehören u. a. die Schwerpunkte Zehn-Jahres-Bilanz, Zehn-Jahres-GuV, Cashflow-Betrachtungen zur Liquiditätsbetrachtung, Portfolioanalysen[222], Personal- und Maßnahmenplanung.
- **Wohnungsmarktanalyse:** Die Idee ist, die Grundlage für Portfolioanalysen zu schaffen.[223] Es soll auch möglich sein, Mikromärkte mit externen Daten von Dienstleistungsanbietern darzustellen. Schwerpunkte sind Quartiersteckbriefe.

222 Vgl. Kapitel 1.5.

223 Zu den Grundlagen können Fluktuationsanalysen, Wettbewerbsvergleiche, Zielgruppenanalysen oder Bevölkerungsgruppenanalysen (situationsbedingte oder standardisierte Abrufe) gehören.

- **Controlling:** Die Idee ist, ein umfassendes Immobiliencontrolling aus Sicht der Balanced Scorecard und des Risikomanagements, der Unternehmensführung[224] und des technischen Immobiliencontrollings zu entwickeln.[225] Schwerpunkte hierfür sind Berichte, Analysen, Planungen (Vorgaben/Grenzwerte) und Kennzahlen.

Dabei ist zunächst zweitrangig, ob das IT-System ein sog. Enterprise-Resource-Planning-System (ERP) oder Computer-Aided-Facility-Management-System (CAFM) ist. Entscheidend ist eine IT-Lösung mit einer hohen Integration der notwendigen Anforderungen, um Schnittstellen, insbesondere mit unterschiedlichen Systemlieferanten, zu vermeiden. Voraussetzung ist i. d. R. dabei auch, diverse operative Systeme (Zahlungssysteme, technische Systeme, Systeme des Rechnungswesens) kompatibel zu machen (horizontale Integration).

Mit der Festlegung des Geschäftsfelds, der Aufgaben und Ziele sowie der strategischen Maßnahmen lassen sich die Anforderungen für IT-Werkzeuge festlegen. Ob die Prioritäten richtig gesetzt werden, lässt sich anhand Kapitel 4.5.4 prüfen: Soll- und Ist-Zustand sind zu vergleichen und Ziele anzupassen. Ebenfalls hilfreich: ein Selbsttest.

Die IT muss bei den Arbeitsschritten Vorteile für das Immobilienunternehmen bringen: Wer mit Papier nachweislich erfolgreicher ist, sollte dabei bleiben.

Die IT ist zu vergleichen: Eine Vollkostenrechnung mit Zeitaufwandswerten ermöglicht den Vergleich mit Papier- bzw. anderen IT-Lösungen. Die Auswahl sollte unter Einbezug der Mitarbeiter des Unternehmens stattfinden.

8.5.2 IT-gestützte Vermietung und Vermarktung

Zu ausgewählten Prozessschritten in Abbildung 8.83 werden eine Beschreibung und eine Arbeitsthese sowie Möglichkeiten, den Arbeitsablauf zu optimieren, dargestellt. Die IT unterstützt viele Vorgänge. Eine 1:1-Beziehung zwischen Teilprozess und IT-Lösung ist jedoch selten gegeben.

Erstkontakt

1. Zufriedenheit analysieren

Szenario und Zielsetzung (Arbeitsthese): Mieterwechsel sind vergleichsweise aufwendig. Diese gilt es zu vermeiden. Bedarf und Anforderungen des Mieters werden bereits zum Einzug erfragt. Die Qualität des Vermietungsprozesses wird ebenfalls nach Vertragsabschluss erhoben, z. B.: Wie viele Kontakte waren notwendig, um eine Wohnung zu besichtigen (vgl. auch 6. Vermarktung beenden und Vertrag unterschreiben)?

Während der Laufzeit des Mietvertrags wird alle drei Jahre sowie bei Auszug die Mieter- und Wohnungszufriedenheit abgefragt. Ein Beispiel hierfür findet sich bei Hohm.[226] Die Befragung kann personenbezogen oder anonym erfolgen, für ausgewählte Wohngebiete, ggf. mit Unterstützung des Hauswarts. Dadurch wird die Auswahl von Anpassungsmaßnahmen bei einem Mieterwechsel erleichtert.

Aber auch der Kontakt zu bestehenden Mietern wird verbessert, um aus Kenntnis der Situation des Kunden andere Mietangebote unterbreiten zu können. Ein Grund für den Bedarf einer kleineren Wohnung des Kunden kann sein, dass die Miete nicht mehr gezahlt werden kann, oder es ergibt sich der Bedarf einer größeren Wohnung, weil sich Nachwuchs einstellt. So können potenzielle Binnenwanderer besser erkannt werden.

---

224 Vgl. Kapitel 4.6.

225 Vgl. Kapitel 6.10.

226 Vgl. [Hohm, D. (2002k)], S. 43.

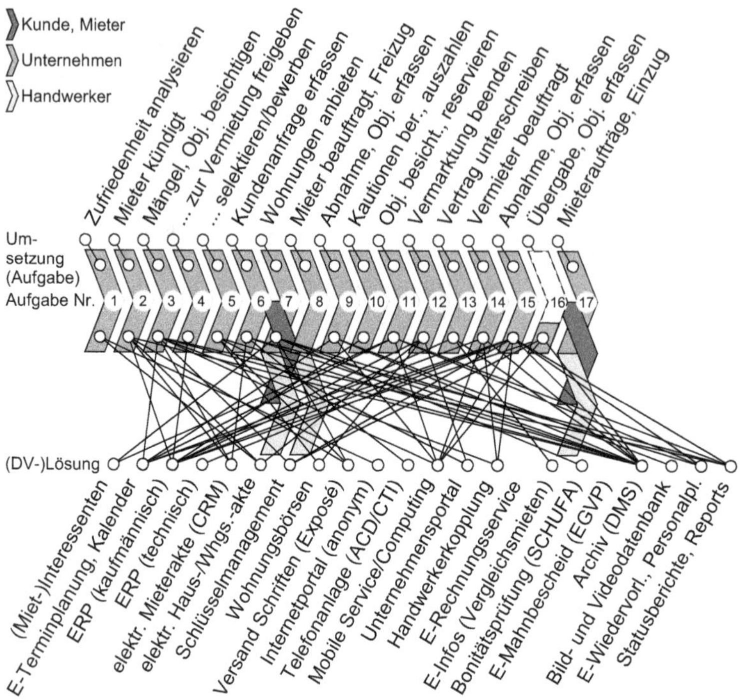

Abb. 8.83: Strategien und IT-Lösungen im Vermietungs- und Vermarktungsprozess.[227]

Die Ergebnisse der Zufriedenheitsanalysen fließen kontinuierlich in die Flächenbewertung und/oder das Portfoliomanagement ein und werden für die Planung der Instandhaltungsmaßnahmen genutzt. Wohngebiete werden hinsichtlich der Wanderungsbewegungen (Daten hinsichtlich Zu- und Abwanderungen) beobachtet. Hierfür werden Daten hinzugekauft.

Vorhandene Hürden: Die externen Dienstleister können die Verbindung zu einer Wohnung/einem Haus nur unzureichend herstellen, da die anonymen Befragungen keine direkten Rückschlüsse zulassen. Ergebnisse werden auf der Ebene eines Wohngebiets dargestellt. Kündigungsgründe sind im ERP-System nur eingeschränkt ausreichend abzubilden.

Mögliche IT-Lösungen: Als IT-Lösungen kommen Internetportale zur anonymen oder Unternehmensportale zur personalisierten Erfassung und Auswertung der Mieter- oder Wohnungszufriedenheit (online) in Betracht. Vielfach werden Mieter- oder Wohnungszufriedenheitsanalysen durch externe Dienstleistungsunternehmen für Unternehmen der Wohnungswirtschaft erbracht. Dokumentenmanagementsysteme stellen diese Informationen (z. B. (Wohnungs-)Zufriedenheit, Kündigungsgründe) in einer elektronischen Haus- und Wohnungsakte für ein Portfoliomanagement zur Verfügung, ggf. anonym aus Gründen des Datenschutzes.

2. Mängel/Objekt besichtigen – Objekt zur Vermietung freigeben

Hierzu gehört, das Objekt zu besichtigen und nach den Regeln des Portfoliomanagements freizugeben, Daten zu ergänzen (z. B. Bildinformationen), einen Mietzins festzulegen und das Objekt zur Vermarktung freizugeben.

---

227 Quelle: eigene Darstellung.

Szenario und Zielsetzung (Arbeitsthese): Während bestehender Mietverhältnisse werden die Mietobjekte regelmäßig begangen. Eine Wiedervorlagefunktion erinnert daran. Im Falle eines Mieterwechsels erfolgt eine Vorbesichtigung vor der eigentlichen Abnahme. Auf dazugehörige Formulare im Unternehmensstandard kann leicht zugegriffen werden. Mängelprotokolle sind abzulegen und einfach in den technischen Stamm zu übernehmen. Die Aktualisierung der Beschreibung der Wohnung und des Zustands erfolgt mit möglichst wenig Aufwand mithilfe von Mobile Computing oder am Schreibtisch über bildliche Darstellungen aus dem Internet. Es muss einfach vollzogen werden können, denn die Mitarbeiter kennen grundsätzlich ihre Objekte. Bereits bei der Abnahme/Übergabe wird an die Vermarktung und das Portfoliomanagement gedacht und fehlende Informationen zur Wohnung gegeben oder Bilder für die Vermarktung sowie fürs Portfoliomanagement gemacht. Grundrisse werden oder wurden bereits für die Vermarktung systematisch aufbereitet.

Je nach Wohnungsunternehmen ist die Wohnung vom Kundenbetreuer von der technischen Bestandsbetreuung abzunehmen. Hierfür sind die Anforderungen im Vorfeld zu formulieren (aktives Portfoliomanagement).

Internetportale werden beim Vertriebserfolg als entscheidend betrachtet und stehen deshalb inzwischen auf Rang 1 (vgl. Tab. 8.43). Als Vertriebserfolg wird hier die Anzahl der Kundenkontakte bezogen auf den Vertragsabschluss gewertet.[228] Es stehen unterschiedliche Internetportale zu Verfügung. Das Preis-Leistungs-Verhältnis spricht ebenfalls für Internetportale (vgl. unten Tab. 8.44), die die eigene Homepage beinhalten: In der Studie nach [LMU-WIM Management Report 1-2008] ist die eigene Homepage mit durchschnittlichen Kosten je Abschluss der Spitzenreiter.

Tab. 8.43: Kommunikationskanäle.[229]

	Kommunikationskanal	Bewertung
1	Fließtextinserat Tageszeitung	2,58
2	individuelle Internetpräsentation	2,76
3	gestaltete Zeitungsanzeige	3,21
4	Bauschild/Vermietungsplane	3,27
5	Standardinserate bei Immobilienbörsen	3,65
6	Mailings (Briefe, Flyer etc.)	3,74
	kombiniertes Online-/Printinserat in der Zeitung	4,32
7	Sonderinserate Börsen (z. B. Objekt der Woche)	5,37
8	reines Online-Inserat bei Tageszeitungen	5,77

Die Daten aus dem technischen Stamm sind zur automatisierten Exposé-Erstellung einfach zu übernehmen, um die Arbeit zu vereinfachen (Zeitersparnis) und den Vertriebserfolg durch ansprechende, aktuelle, individualisierte (z. B. mit Hinweis auf den zuständigen Sachbearbeiter) und hochwertige Informationen zu erhöhen. Wohnungsangebote können in Varianten eingestellt werden (z. B. mit Parkett oder Linoleum als Fußbodenbelag). Die Exposé-Erstellung beinhaltet auch den einfachen Versand per PDF oder in gedruckter Version für einen Mietinteressenten. Sie beinhaltet die Darstellung der eigenen Homepage im Internet durch ein eigenes Programm und/oder das eines externen Portalbetreibers über eine Datenschnittstelle. Übertragen werden dabei auch Informationen, zu welchen Tagen die elektronische Anzeige mit welchen besonderen Funktionen geschaltet (z. B. Top-, Friendly Listing) werden soll. Eine einfache Übersicht zu den Online-Aufträgen ist möglich.

Um das Suchen und Finden zu vereinfachen, wird die Qualität der Suchergebnisse durch georeferenzierte Informationen, z. B. Google Earth oder MapInfo, verbessert.

228 Siehe [Obermann, O. (2007j)], S. 30 f.

229 Siehe [LMU-WIM Management Report 1-2008], S. 16.

Vorhandene Hürden: Das Szenario ist theoretisch gut, aber noch nicht in die Praxis umgesetzt. Datenschnittstellen sind nicht im gewünschten Leistungsumfang vorhanden, auch nicht zu externen Anwendungen. Die Übertragung aus ERP-Systemen in Internetportale erfolgt vielfach manuell und kann optimiert werden. Die Pflege der hierfür notwendigen Daten kann als problematisch betrachtet werden.

Mögliche IT-Lösungen: Als IT-Lösungen kommen Wohnungsbörsen in Betracht. Durch georeferenzierte Informationen findet der Nutzer sein Traumobjekt. Die Aktualität wird durch Schnittstellen zum ERP-System sichergestellt. Die Freigabe zur Wiedervermietung ist ebenfalls im ERP-System hinterlegt.

3. Kundenanfragen erfassen

Die Erfassung der Kundenanfrage beinhaltet bei telefonischer Anfrage die Äußerung des Wohnungswunschs durch den Interessenten sowie die Einschätzung des Kundenwunschs und der Mieterqualität durch den Kundenbetreuer. Kundenanfragen können aber auch via Internet, als E-Mail, Post oder Fax eingehen.

Szenario und Zielsetzung (Arbeitsthese): Die Suche eines potenziellen Kunden via Internet wird durch persönliche Suchprofile unterstützt. Bei Kontakten über das Internet oder per E-Mail werden die Adressdaten in die Mietinteressentendatenbank semiautomatisch übertragen.

Für telefonische Anfragen sind die Kundenbetreuer ausgebildet, kundenorientiert Telefongespräche zu führen. Informationen zu bereits bekannten Personen werden dem Kundenbetreuer während des Telefongesprächs IT-gestützt (Telefonanlage in Verbindung zum Interessenten- und Mieterstamm bzw. ERP-System) dargestellt. Bei dem Kunden kann es sich um eine bisher unbekannte Person, einen bestehenden Kunden mit dem Wunsch nach Veränderung (Binnenwanderer) oder einen ehemaligen Kunden handeln. Bestehende Kontakte zu anderen Kundenbetreuern werden sofort erkannt. Um die Erfassung des Mietinteressenten zu vereinfachen, ist es möglich, Musteranfragen zu verwenden, Doppelerfassungen werden durch automatisierte Kontrollroutinen vermieden. Der Kunde wird eingeschätzt, z. B. ob es sich um einen Selbstzahler oder Hartz-IV-Empfänger handelt. Der Kundenwunsch wird strukturiert nach nachfrageorientierten Angeboten abgefragt, z. B. nach den neuen Wohnkonzepten des GdW[230]: konventionell-situiertes, kommunikativ-dynamisches, häuslich-familiäres, anspruchsvolles, solide-bescheidenes oder einfach-funktionales Wohnkonzept. Die Adressdaten des Mietinteressenten werden automatisch validiert. Die Historie eines Mietinteressenten wird ab dem Erstkontakt aufgezeichnet. Härtefälle oder Mietnomaden werden erkannt. Wünsche nach Veränderung von Mietern in bestehenden Mietverhältnissen werden durch Tauschbörsen unterstützt.

Wird die E-Mail als Kommunikationskanal zur Anfrage genutzt, wird automatisch der Eingang der Anfrage bestätigt (Autoreply-Funktion). Kundenanfragen via Internet, per Post oder Fax werden innerhalb eines Werktags bearbeitet und dokumentiert.

Mögliche IT-Lösungen: Als IT-Lösungen kommen die elektronische Haus- und Wohnungsakte (Integration, (Miet-)Interessenten- und Mieterverwaltung), (Wohnungs-)Tauschbörsen[231], Informationen zum technischen Stamm und die Anbindung an das Dokumentenmanagement zur Auskunftsfähigkeit eines Mitarbeiters zu unterschiedlichen Fragen in Betracht. Eine Telefonanlage mit Verbindung zum Interessenten- und Mieterstamm bzw. ERP-System unterstützt den Kundenbetreuer bei telefonischen Anfragen.

---

230 Siehe [GdW Branchenbericht 3], S. 14.

231 Um die Binnenwanderer zu halten und Sozialstrukturen zu stabilisieren, vgl. [empirica (1999P)], S. 58.

4. Wohnungen anbieten

Das Anbieten von Wohnungen beinhaltet das Nennen und die schnelle Selektion einer passenden Wohnung, die bildliche Darstellung, das Beantworten aller Fragen des Interessenten (z. B. individuelle Besonderheiten, ggf. Mietabsprachen, Miethöhe, Eigenleistungen, ...) durch den Kundenbetreuer. Der Kundenbetreuer kann Alternativen nennen. Ernsthafte Interessenten werden im ERP-System erfasst, ein Besichtigungstermin wird vereinbart. Auf Wunsch erhält der Interessent ein Exposé entweder per Post oder per E-Mail. Der Vorgang wird dokumentiert (wem wurde was geschickt und versprochen), die termingetreue Erledigung nachgehalten und der Mietinteressent aktiv betreut.

Szenario und Zielsetzung (Arbeitsthese): Durch die gezielte Abfrage des Kundenwunschs wird die Einschätzung des passenden Angebots und der Kundenqualität erleichtert. Die Selektion ist einfach und übersichtlich. Angesichts hoher Wiedervermietungskosten sind langfristige Mietverhältnisse und zahlungsfähige Kunden anzustreben. Die richtige Einschätzung vermeidet unnötigen Aufwand im Wohnungsunternehmen. Bonitätsprüfungen sollten im Einzelfall schnell und einfach erfolgen können und sind gängige Praxis. Der Kundenbetreuer kann auf alle Fragen des Mietobjekts Auskunft geben. Durch konsequente Auswahl des passenden Angebots werden unnötige Besichtigungstermine mit hohem Personaleinsatz vermieden. Daher werden Ausschlusskriterien („Must" und „Don't") erfasst und die Angebote in der Reihenfolge der Vorschlagsgüte in den Farben Grün, Gelb oder Rot (Ampelmodell) angezeigt. Sofern mehrere Mietinteressenten ihr Interesse anmelden, kann der bevorzugte (Miet-)Interessent durch ein automatisiertes Rankingverfahren dargestellt werden. Besichtigungstermine werden sofort angeboten und ggf. in Terminkalendern vermerkt (Terminplanung). Weiche Faktoren werden im Gespräch berücksichtigt: Die Möglichkeit einer Vor-Ort-Besichtigung sowie der persönliche Kontakt werden hervorgehoben. Der Versand von Exposés wird auf Wunsch veranlasst. Die Weitergabe der Informationen an Vertretungen ist durch die Historie des Interessenten sichergestellt. Die Bearbeitungsdauer der Kundenanfrage kann jederzeit überprüft werden. Ein Beispiel: Das Gespräch mit (Miet-)Interessenten erfolgt beim Wohnungsunternehmen, freie Wohnungen werden vom Kundenbetreuer selektiert, es erfolgt der Absprung zur bildlichen Darstellung in das Geo-Informationssystem http://www.maps.live.com oder Google Earth.

Mögliche IT-Lösungen: Als IT-Lösung kommt eine ausgeklügelte (Miet-)Interessentenverwaltung in Betracht. Ein Internetzugriff zur Visualisierung der Objekte (z. B. Google Earth) unterstützt den Kundenbetreuer bei persönlichen Anfragen ebenso wie die elektronische Haus- und Wohnungsakte. Die Termin- und Personalplanung wird durch eine Kalenderfunktion ebenfalls unterstützt. Mail-Funktionen erleichtern den Versand von Exposés. Gegebenenfalls kann die Bonitätsprüfung durch Integration von SCHUFA oder Creditreform automatisiert durchgeführt werden.

5. Objekt besichtigen und reservieren (Termin- und Personalplanung)

Besichtigung und Reservierung einer Wohnung beinhalten ggf. die Vereinbarung und Durchführung des Besichtigungstermins sowie die Vorstellung der Wohnung. Der Vorgang wird dokumentiert (mit wem was vereinbart wurde), die termingetreue Erledigung nachgehalten und der Mietinteressent aktiv betreut. Die Reaktion des Interessenten wird nachverfolgt, der Zeitaufwand wird allerdings als hoch eingeschätzt. Bei bestehendem Interesse werden die Mietkonditionen verhandelt und ein Vorvertrag wird abgeschlossen.

Szenario und Zielsetzung (Arbeitsthese): Der Interessent soll zügig zum Vertragsabschluss geführt werden. Der Personalaufwand wird optimiert. Besichtigungen können durch den Mietinteressenten alleine oder mit Begleitung durch das Wohnungsunternehmen (z. B. Kundenbetreuer) durchgeführt werden, jedenfalls ist die Vorgehensweise im Wohnungsunternehmen abgestimmt. Durch ein aktives Schlüsselmanagement wird der Aufwand gering gehalten (vgl. auch 9. Beschwerde- und Anforderungsmanagement). Die Erreichbarkeit der Kundenbetreuer ist bei nachgewiesenem Bedarf auch am Wochenende sichergestellt. Der Kontakt zum Interessenten wird durch den Kundenbetreuer aktiv gehalten. Werden Besichtigungen mit dem Kundenbetreuer durchgeführt, können im Bedarfsfall vor Ort Alternativen angeboten werden (Mobile Computing) und ggf. besichtigt werden. Vier Wochen nach Reservierungsabschluss wird ein Fragebogen verschickt, der eingepflegt und quartalweise ausgewertet wird. Hier können z. B. die Zuzugsgründe abgefragt und ausgewertet werden. Für die Verhandlungen der Mietkonditionen sind dem Kundenbetreuer die Vergleichsmieten und Produktleistungen anderer Anbieter bekannt. Dem Kundenbetreuer steht ein Verhandlungsspielraum für Nachlässe und Zuschläge zur Verfügung. Doppelreservierungen werden durch aktuellen Datenabgleich und automatisierte Reservierungsvereinbarung vermieden.

Der Personalaufwand wird mittels Personalschlüssel für den Vermietungsprozess überwacht.

Vorhandene Hürden: Das vorhandene Personal ist nicht ausreichend auf die Arbeitsweise vorbereitet und muss entsprechend geschult und qualifiziert werden.

Mögliche IT-Lösungen: Als IT-Lösungen kommt eine ausgeklügelte (Miet-)Interessentenverwaltung in Betracht. Die Besichtigungstermine werden durch Termin- und Personalplanung mit Kalenderfunktion unterstützt. Mail-Funktionen erleichtern den Kontakt zum (Miet-)Interessenten. Mobile Computing unterstützt den Vertriebsmitarbeiter vor Ort. Ablehnungen werden im ERP-System erfasst.

6. Vermarktung beenden und Vertrag unterschreiben

Das Beenden der Vermarktung und der Vertragsschluss beinhalten die Bonitätsprüfung des Kunden und den Abschluss des Mietvertrags.

Szenario und Zielsetzung (Arbeitsthese): Ziel ist es, den Kunden zu halten, hinsichtlich seiner Bonität abschließend zu überprüfen, z. B. mit SCHUFA oder Creditreform – für städtische Unternehmen eine große Verpflichtung – und, soweit möglich, eine nachhaltige Vermietung sicherzustellen. Auf die Terminwünsche des Interessenten wird durch angepasste Arbeitszeiten eingegangen. Der Mietzins zum Vertragsschluss kann aktuell nach Marktlage in einer vorgegebenen Spanne (Handlungsrahmen in Abhängigkeit vom Zustand der Wohnung) verhandelt werden. Strategie ist es u. a., bei Vertragsabschluss ein Mietmaximum zu erreichen.

14 Tage nach Vertragsschluss wird automatisch ein Auswertungsschreiben für den Neukunden erstellt, um die Qualität des Vermietungsprozesses abzufragen, z. B.: Wie sind sie auf das Wohnungsunternehmen aufmerksam geworden? Wie viele Kontakte waren zur Vereinbarung eines Besichtigungstermins notwendig?

Mögliche IT-Lösungen: Die Bonitätsprüfung wird durch Integration von SCHUFA oder Creditreform in das ERP-System sichergestellt. Eine allerdings kostspielige Pricing-Software erhebt aktuelle Marktmieten.[232]

7. Vermieter beauftragt Handwerker (Instandsetzungs-/Modernisierungsmanagement)

Szenario und Zielsetzung (Arbeitsthese): Die Modernisierung des Bestands ist eine der herausragenden Herausforderungen in der Wohnungswirtschaft. Anlass zum Nachdenken gibt beispielsweise die Renovierung der in die Jahre gekommenen Küchen und Bäder, denn es gilt, den nachhaltigen Vermietungserfolg zu sichern und Mietausfälle wegen Leerstands, Mietminderung und langer Bauzeiten zu begrenzen. Ziel muss es daher sein, die Modernisierungszeiten zu reduzieren. Um die Qualität der Daten bei einer Neuvermietung zu verbessern, werden Grundrisse ggf. aufgenom-

---

232 Vgl. [Bilstein, F. (2008c)] und [Bilstein, F. (2008d)].

men und vermarktungsgerecht dargestellt. Aktives Schlüsselmanagement sichert den autorisierten Zugriff auf die Wohnungen der Mieter und hält den Aufwand gering (vgl. auch 9. Beschwerde- und Anforderungsmanagement).

Mögliche IT-Lösungen: Dokumentenmanagementsysteme (DMS) helfen bei der Ablage (z. B. Abnahmeprotokolle), Mobile Computing bei der Änderung der Ausstattungsmerkmale im ERP-System. Ein Schlüsselsystem auf der Basis von RFID-Technologie ermöglicht ein einfaches Schlüsselmanagement.

8. Abnahme/Übergabe, Bestand erfassen (lfd. Instandhaltungsmanagement)

Abnahme und Bestandserfassung beinhalten die Abnahme zwischen Mieter und Vermieter (am besten elektronisch vor Ort), die Veranlassung und Durchführung der erforderlichen Instandhaltungsmaßnahmen, die Überprüfung des vertragsmäßigen Zustands der Wohnung sowie die Übergabe an den künftigen Mieter. Die Übergabe beinhaltet die Vereinbarung und Durchführung der Wohnungsübergabe mit dem künftigen Mieter sowie dessen Einzug.

Szenario und Zielsetzung (Arbeitsthese): Um Leerstandskosten zu vermeiden, ist die Wohnung nach den Markterfordernissen kurzfristig dem Markt zuzuführen. Der Personalaufwand ist zu optimieren. Steht der zukünftige Mieter bei Auszug des Vormieters fest, werden seine Wünsche berücksichtigt. Ansonsten sind zur Instandhaltung Standards als Leistungspakete definiert. Standardtexte (standardisierte Leistungsbeschreibungen) und Rahmenverträge beschleunigen die Abwicklung der notwendigen Maßnahmen: Während der Besichtigung werden die Aufträge mit Mobile Computing beschrieben und vergeben. Die Abnahmen und Übergaben werden vor Ort eingegeben und mit dem ERP-System abgeglichen, Mängelprotokolle werden automatisch erfasst.

Vorhandene Hürden: Die technischen Bestandsdaten sind unzureichend gepflegt. Bei IT-Unterstützung muss der Aufwand messbar geringer sein als die Papierlösung.

Mögliche IT-Lösungen: Dokumentenmanagementsysteme helfen bei der Ablage (z. B. Abnahmeprotokolle), Mobile Computing bei der Änderung der Ausstattungsmerkmale im ERP-System, Wiedervorlagen bei der Verfolgung anstehender Termine.

Kundenzufriedenheit

Die Kundenzufriedenheit lässt sich durch eine Reihe von Maßnahmen verbessern, die die Organisation, den Prozessablauf, die IT-Unterstützung und/oder die Qualifikation der Mitarbeiter betreffen (s. Kap. 6.7).

9. Beschwerde- und Anforderungsmanagement

Das Beschwerde- und Anforderungsmanagement beinhaltet die Annahme, Verfolgung und Qualitätssicherung eingehender Beschwerden und Anforderungen im Wohnungsunternehmen.

Zu den Anforderungen gehört es z. B., verlorene Schlüssel zu ersetzen oder weitere Schlüssel auszugeben. Bei Baumaßnahmen werden Bauzylinder eingesetzt, die sich in das vorhandene Schließsystem einfügen.

Szenario und Zielsetzung (Arbeitsthese): Gegenstand der Betrachtung sind u. a. Anfragen, operative Vorgänge (Schadensmeldungen), Genehmigungen von Maßnahmen am Mietgegenstand und Beschwerden jeglicher Art an das (Wohnungs-)Unternehmen. Geschäftsvorgänge sind zu dokumentieren. Wichtig erscheint der direkte persönliche Kontakt. Derzeit überwiegt der Wunsch nach telefonischer oder elektronischer Kontaktaufnahme. Beschwerden von Mitgliedern von Genossenschaften haben beispielsweise einen besonderen Aspekt hinsichtlich der Wiederwahl eines Vorstands.

Die bevorzugten Medien zur Kontaktaufnahme sind das Telefon und die elektronische Form. Beispiele für Formulare und Dokumente im Vertragsverhältnis[233] finden sich ebenso wie Beispiele für Formulare, Mustertexte und Dokumente für Bauprojekte[234].

Mögliche IT-Lösungen: Telefonanlagen mit automatischer Erkennung des Anrufers führen den Anrufer an einen freien Mitarbeiter (Automatic Call Distribution – ACD), der Name des Anrufers wird sofort erkannt (Customer Telephone Identification – CTI) und die elektronische Mieterakte aufgeschlagen. Dokumentenmanagementsysteme (DMS) helfen bei der Ablage (z. B. Beschwerdebriefe, Formularmanagement), die elektronische Mieterakte oder Customer-Relationship-Management-Systeme (CRM) bei der Erfassung, Abwicklung und Auswertung von Anforderungen und Beschwerden.

10. Kunden- und Bewohnerinformation

Die Bewohnerinformation beinhaltet alle Vorgänge, um die Kunden zu informieren, also ein Informationsangebot des Immobilienunternehmens inklusive Übermittlung (monodirektionale Information) an die Kunden oder Bewohner.

Szenario und Zielsetzung (Arbeitsthese): Mietinteressenten sind an das Informationssystem angeschlossen und werden bei nicht erfolgreicher Vermittlung nach etwa einem Jahr befragt, ob sie weiterhin als Mietinteressent geführt werden wollen. Bei vorhandenen Mietern gilt es, mehrere Ziele zu erreichen. Einerseits ist es das Ziel, die Bewohner aktuell zu informieren z. B. über spezifische Angebote für Frauen, Männer, Kinder, Jugendliche, ältere Bewohner, Menschen mit Behinderung, Aussiedler, ausländische Bewohner oder sonstige Gruppen.[235] Spezifische Angebote können sein: Sportangebote, Vereinsangebote, kommerzielle Aktionsangebote, Aktionen der Mieterbeteiligung und -mitwirkung (Sprachkurse), Betreuungs- und Serviceangebote (z. B. Alltags- und Haushaltshilfen für ältere Bewohner), (Wohnungs-)Tauschangebote, Freizeitangebote oder Wettbewerbe. Die Akzeptanz und Nutzung der Angebote wird damit gefördert und Sozialstrukturen werden stabilisiert. Andererseits ist es das Ziel, die Informationsübermittlung und Kommunikation zu vereinfachen und persönliche Anfragen zu reduzieren, soweit dies mit elektronischen Medien möglich ist. Aus den Anfragen sind neue Geschäftsideen und Zusatzservices zu entwickeln, z. B. durch Sozialmanagement den Mietern das Gefühl von Sicherheit und Zuverlässigkeit zu vermitteln. Reservierungen via Internet vereinfachen die Kommunikation (Reservierungsmanagement).

Eine automatisierte Kommunikation ermöglicht die Einflussnahme auf das Nutzerverhalten und die Darstellung der Auswirkungen auf die Betriebskosten, aber auch die übrige Kommunikation wird vereinfacht: Der Schriftverkehr zur Kleinreparaturklausel (Kleinreparaturen bis zu einer definierten Höhe gehen zulasten des Mieters), Anträge oder Betriebskostenabrechnungen werden online (per Internet oder TV) zur Verfügung gestellt. Auch im Hinblick auf die Verwaltungskosten scheint dies wichtig zu sein. Die Vorteile werden an den Mieter durch Bonuszahlung (vergleichbar mit dem Geschäftsmodell einzelner Energieversorger) teilweise weitergegeben.

Mögliche IT-Lösungen: Dokumentenmanagementsysteme helfen bei der Ablage (z. B. Betriebskostenabrechnungen, Unternehmensportale informieren den Mieter, Schreiben jeglicher Art werden ebenfalls hierüber abgewickelt, ebenso Zusatzservices, z. B. die Reservierung von Gästewohnungen.

233 Siehe auch www.mietrechtspraxis.ch (letzter Aufruf: 08.01.2018).

234 Siehe auch https://www.geombh.de (letzter Aufruf: 08.01.2018).

235 Vgl. [empirica (1999P)].

11. (Vorbeugendes) Forderungsmanagement

Szenario und Zielsetzung (Arbeitsthese): Es gilt, angesichts einer Ausfallquote von 3 % der Netto-Kaltmiete entweder vorbeugend oder im Bedarfsfall gegenzusteuern (10.000 WE × 12 Monate × 400 € × 3 % Ausfallquote = 1.440 000 €).[236] Grundsätzlich sind in der Wohnungswirtschaft zwei Arten von Vermietungsprozessen zu unterscheiden: Vermietung des freien Wohnungsmarkts und Vermietung des gebundenen Wohnungsmarkts. Selbst beim anspruchsvollen und solventen Mietinteressenten ist der mögliche Verlust von Mietforderungen höher als beim Hartz-VI-Empfänger, sofern das Wohngeld direkt an das Wohnungsunternehmen gezahlt wird. Die Prüfung der Solvenz spielt dann beim Hartz-VI-Empfänger eine geringere Rolle, während man den solventen Mieter mit der Anforderung, die SCHUFA-Abfrage selbst mitzubringen, vielleicht eher vergrault. Ein Beispiel: Aufgabe ist es, einen Mietvertrag abzuschließen, Ziel, Mietausfälle zu reduzieren, Strategie u. a., zahlungsfähige Mieter auszuwählen. Eine mögliche Lösung besteht darin, eine Bonitätsprüfung, z. B. bei der SCHUFA, durchzuführen. Eine IT-gestützte Lösung ist die in das IT-System des Immobilienunternehmens integrierte Bonitätsabfrage. Dies unterstützt dabei, Schnittstellen und Fehlerhäufigkeit zu reduzieren sowie die Personalkosten zu senken. Eine IT-Unterstützung kann auch darin liegen, die reibungslose Bonitätsprüfung zu ermöglichen, um säumige Mieter zu vermeiden (z. B. durch SCHUFA-Integration). Kommt es dennoch zu Klagen, wird das elektronische Gerichts- und Verwaltungspostfach (EGVP) eingesetzt, um die Kommunikation mit Gerichten und Behörden digital durchzuführen.

Mögliche IT-Lösungen: Ein elektronisches Mahn- und Klagewesen und das elektronische Gerichts- und Verwaltungspostfach (EGVP) helfen bei der Durchführung, Internetportale informieren den Mieter, Schreiben jeglicher Art werden über das Unternehmensportal abgewickelt. Integrierte Bonitätsabfragen helfen, den bestehenden Mieter im Einzelfall einzuschätzen.

12. Controlling

Szenario und Zielsetzung (Arbeitsthese): Die Umsetzung und der Erfolg werden durch ein permanentes Controlling unterstützt. Hierzu gehören Auswertungen der Kosten einer erfolgreichen Vermietung nach Vermarktungskanal (vgl. Tab. 8.44), Vergleichsstatistiken sowie die Abbildung von Marktdaten und Statusberichten.

Mögliche IT-Lösungen: Auswertungs- und Analysewerkzeuge.

Tab. 8.44: Kosten eines Vertragsabschlusses in Abhängigkeit vom Medium.[237]

	Anzahl Vertragsabschlüsse	Monatliche Ausgaben [€]	Kosten pro Vertragsabschluss [€]
Immobilienportale	4,8	557,00	117,00
eigene Homepage	3,5	221,00	64,00
Vermarktungsschilder	2,3	208,00	91,00
Zeitungen	2,4	903,00	372,00
Anzeigenblätter	2,1	318,00	149,00

236 Vgl. [May, A. (2008l)], S. 40–41.

237 Siehe [LMU-WIM Management Report 1-2008], S. 16.

(Unternehmens-)Prozesse		DV-Lösungen																					
		operativ							kommunikativ					kollaborativ						Dok.		analytisch	
		(Miet-)Interessentenverwalt.	E-Terminplanung, Kalender	ERP (kaufmännisch)	ERP (technisch)	elektr. Mieterakte (CRM)	elektr. Haus-/Wohnungsakte	Schlüsselmanagement	Wohnungsbörsen	Versand Schriften (Exposeés)	Internetportal (anonym)	Telefonanlage mit ACD/CTI	Mobile Service/Computing	Unternehmensportal (Kunde)	Handwerkerkoppl. (mareon)	E-Rechnungsservice	ext. Infos (Vergleichsmieten)	Bonitätsprüfung (SCHUFA)	E-Mahnbescheid (EGVP)	Archiv (DMS)	Bild- und Videodatenbank	E-Wiedervorlage, Personalpl.	Statusberichte, Reports
		Maximum load for IT-solutions per anno																					
		Nutzlast für IT-Lösungen in Geschäftsvorfällen pro Jahr																					
Mieteinheiten (W)	10.000	Nutzlast für IT-Lösungen in Geschäftsvorfällen pro Jahr																					
Fluktuationsrate (2007) = f = 10,3% [1a] Kündigungsrate Mieter = k = 9,7% Leerstandsquote (in HBW) = l = 6,3% [1b] Instandsetzung/Modern. = m = 0,8% [1c] Kontakte Mieter zu Vermieter (Dialog) = d = 1* W	Hoch-rechnung	0	24.120	2.970	0	1.120	3.180	24.120	1.030	2.021	1.630	0	24.532	727	206	0	1.030	0	0	2.433	824	0	412
		Ratio of process, i. e.: 2 = 1/2, 3 = 1/3																					
		Anteil an Geschäftsvorfällen, z. B.: 2 = 1/2, 3 = 1/3																					
Prozess = Formel		Anteil an Geschäftsvorfällen, z. B.: 2 = 1/2, 3 = 1/3																					
a 1. Zufriedenheit (Befragungen) analysieren																							
(1.1) Neukunden bei Einzug = 100% * f * W	1.030						1				1												
(1.2) Mieter = 4% * (W - l) * t (=1)	375					5	5				1			5									
Kündigungsmonitoring = 100% * f * W	1.030						1		1								1						
b 2. Mieter kündigt																							
Kündigung bearbeiten = k * W	970			1						1										1			
Kündigungsgründe erfassen = k * W	970			1		1	1																
3. Mängel, Objekt besichtigen																							
Besichtigungen (div. Gründe) = s. Einzelpos.	12.060		1					1					1								#		
Mängelprotokolle = 40% * f * W	412												[illegible]							1			1
4. zur Besichtigung freigeben																							
Freigaben = 100% * f * W	1.030			1																			
c 5. Objekt selektieren, bewerben																							
Nutzung von Geodaten = 10% * f * W	10[illegible]																						
Exposés als ... = s. Einzelpos.																							
...ngs (eigener Versand) = 3% [2a] * f ...																							
...für Zeitungen = 48% [2...																							
...mepage = ...																							

Abb. 8.84: Mengengerüste im Vermietungs- und Vermarktungsprozess.[238]

Wo lohnt sich IT-Einsatz?

Um diese Frage beantworten zu können, muss im Vermietungs- und Vermarktungsprozess ein Mengengerüst der Geschäftsvorfälle entwickelt werden. In Abbildung 8.84 wurden die Geschäftsvorfälle für ein Wohnungsunternehmen mit 10.000 Mieteinheiten (ME) je Prozessschritt hochgerechnet. Hier wurde die Mengengerüste der einzelnen Prozessschritte dem Mengengerüst für eine

238 Quellen: [1a] s. [GdW (2008k)], S. 169; [1b] s. [GdW (2008k)], S. 163; [1c] s. [GdW (2008k)], S. 165; [2a] s. [Obermann, O. (2002)], S. 108; [2b] s. [Obermann, O. (2002)], S. 46; [3] s. [Bogenstätter, U. (2008)], S. 296; [4a] s. [Analyse & Konzepte (2008g)], S. 8; [4b] s. [Analyse & Konzepte (2008g)], S. 15.

IT-Lösung oder einer Funktionalität eines ERP-Systems unter Verwendung eines Faktors zugeordnet und summiert.

Die IT-Lösungen lassen sich in Anlehnung an Customer-Relationship-Management-Systeme in analytische, operative, kommunikative oder kollaborative IT-Lösungen unterscheiden.[239] Dieser Ansatz wird hier auf alle IT-Lösungen übertragen und durch eine dokumentarische Komponente ergänzt, um insbesondere die zunehmende Bedeutung der rechtlichen Aspekte zu berücksichtigen. Daher lassen sich grundsätzlich IT-Lösungen oder deren Komponenten wie folgt unterscheiden:

- **Operativ:** Unterstützung der Geschäftsprozesse eines Immobilienunternehmens, i. d. R. in ERP-Systemen, z. B. Mietvertrags- oder Instandhaltungsmanagement, Buchhaltung, Mahn- und Klagewesen
- **Kommunikativ:** Berücksichtigung aller Informationskanäle (zum Kunden), persönliches Gespräch, Post, Internet, Mail(ings), Telefon oder Fax. Wichtig ist, dass die Kunden mehrere Kanäle nutzen können (Multi-Channeling). Es erscheint daher notwendig, dass alle Informationskanäle zentral IT-gestützt und/oder organisatorisch gebündelt werden (Single Point of Entry, z. B. Callcenter) und während der Kundenbeziehung gepflegt werden.
- **Kollaborativ:** Beziehungsmanagement über die Unternehmensgrenzen hinweg, z. B. mit Lieferanten und Handwerkern. Zu den IT-Lösungen zählen z. B. die Handwerkerkopplung, die Integration von Bonitätsprüfungen der Kunden oder die Anbindung des Immobilienunternehmens an Wärmemessdienstleistungsunternehmen.
- **Dokumentarisch:** rechtssichere Dokumentation der operativen, kommunikativen und kollaborativen Vorgänge, z. B. in einem Dokumentenmanagement- oder Archivsystem.
- **Analytisch:** Auswertung von internen und externen Datenquellen, z. B. hinsichtlich personenbezogener, objektbezogener oder marktbezogener Daten. IT-Lösungen sind Data-Warehouse (Daten sammeln und aggregieren), Datamining (Datenmuster erkennen) oder Online Analytical Processing (OLAP) (Daten analysieren).

Die genauen Berechnungsmodularitäten sind in Kapitel 8.3.3, Tabelle 8.3 dargestellt. Daraus ergibt sich die jährlich zu erwartende Nutzlast für eine IT-Lösung oder die Funktionalität eines ERP-Systems in Abbildung 8.85.

Die Nutzlasten unterscheiden sich je nach Gestaltung der Prozesse in einem Immobilienunternehmen. Je nach strategischer Ausrichtung wird z. B. die Kommunikation mit unterschiedlichen Medien genutzt. Offensichtlich ist der Mehrwert von Mobile Computing. In der Praxis wird Mobile Computing in der Wohnungswirtschaft aber selten genutzt. Es ist daher zwischen einer Ist-Analyse und einem zukünftig anzuwendenden Soll-Konzept in einem Immobilienunternehmen unterscheiden. Die Differenz zwischen Ist-Analyse und Soll-Konzept als Mehrwert einer (DV-)Lösung lässt sich unter dem Gesichtspunkt der Wirtschaftlichkeit berechnen (s. Kap. 8.8.2).

8.5.3 Integrierte Heizkostenabrechnung

Der Ablauf der Betriebskostenberechnung wurde in Kap. 8.3.4 dargestellt. Die einzelnen Tätigkeiten für eine Heizkostenberechnung werden zu Arbeitsschritten zusammengefasst und die Zeitaufwandswerte für die Ist- und Soll-Prozesse ermittelt (s. Abb. 8.86).

Der Aufwand einer Betriebs- und Heizkostenabrechnung wurde mit rd. 29 Stunden je Objekt ermittelt, davon etwa 10 Stunden je Objekt oder 16 Minuten je abzurechnende Wohnung für die

239 Vgl. [Gawlik, T. (2002)], S. 40 ff. und [Schneider, W. (2008)], S. 83.

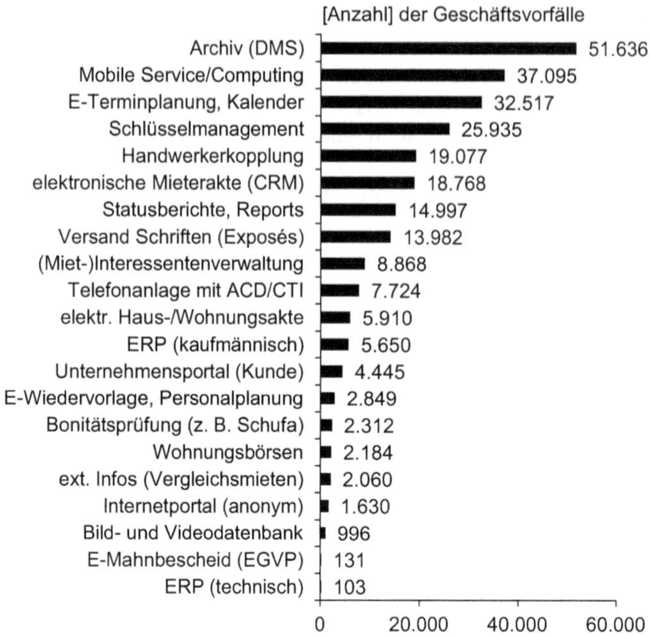

Abb. 8.85: Geschäftsvorfälle und IT-Lösungen.[240]

Heizkostenabrechnung. Wesentlicher Arbeitsaufwand bei dem Ist-Prozess sind folgende Top 5 der Arbeitsschritte:
1. Heizkostenabrechnung der Betriebskostenabrechnung zuordnen, falten, kuvertieren, Briefumschlag zukleben
2. Rechnungspositionen von Versorgungsunternehmen vergleichen, abgrenzen und buchen sowie Unterlagen ablegen
3. Abrechnungsübersichten prüfen, verbrauchte Mengen der Energieträger und Rechnungsbeträge ermitteln, mit dem Wärmemessdienstleistungsunternehmen zusammenarbeiten
4. Gemeldete Daten mit den dargestellten Daten des Wärmemessdienstes vergleichen
5. Verbrauch des Mieters durch Vergleich mit Daten des Vorjahrs auf Plausibilität prüfen, ggf. beim Wärmemessdienst nachfragen und Unterlagen ablegen

Der Arbeitsaufwand lässt sich in Punkt 1 durch gleichzeitigen Ausdruck der Heizkostenabrechnung mit der Betriebskostenabrechnung wesentlich reduzieren (integrierte Heizkostenabrechnung). Der Arbeitsaufwand für die Punkte 3, 4 und 5 kann mittels automatischer Verbrauchserfassung verringert werden.

Im Ergebnis ist festzuhalten, dass durch eine integrierte Heizkostenabrechnung und durch automatisierte Verbrauchserfassung für die Erstellung der Heizkostenabrechnung etwa 60 %, ohne automatisierte Verbrauchserfassung 40 % des Zeitaufwands eingespart werden könnten. Damit könnte sich der Aufwand für die Betriebskostenabrechnung um 14 % bis 20 % reduzieren. Bei einem kalkulatorischen Stundenverrechnungssatz von 36,20 € und einer Einsparung von 9 Minuten entspricht das in etwa 5,80 € je Wohneinheit und Heizkostenabrechnung innerhalb eines Jahres. Tatsächlich sind die Aufwände für die Beschaffung und Einführung der Funktechnologie und der

240 Quelle: eigene Berechnungen.

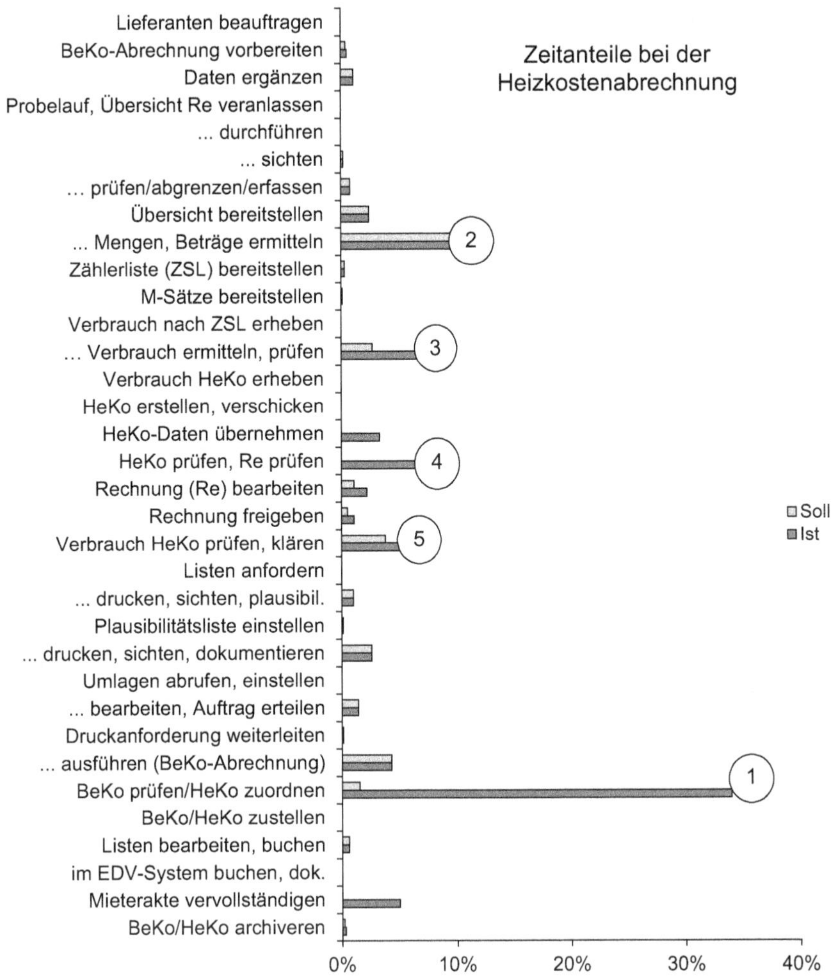

Abb. 8.86: Zeitanteile bei der Heizkostenabrechnung ohne und mit integrierter Heizkostenabrechnung.[241]

integrierten Heizkostenabrechnung zu berücksichtigen. Es wurde davon ausgegangen, dass die Mehrkosten der Einführung und des Betriebs durch die Einsparung des Wärmemessdienstes aufgehoben werden.

Verbrauchserfassung durch Ablesepersonal erscheint antiquiert. Die bereits angesprochene Technik der Funkauslesung ist eine von vielen möglichen Techniken. Durch den immer höher werdenden Kostendruck gehen viele Energieversorgungsunternehmen für die Erfassung von Zählerständen neue Wege. Statt Ablesepersonal wird die Selbstablesung durch den Mieter, die Selbstablesung mit komfortabler Technik (Punktablesung), die Fernauslesung oder die Funkauslesung eingesetzt. Die Weitergabe der Ablesung durch den Mieter kann bei der Selbst- oder Punktablesung mittels Postkarte oder durch Eingabe in einem Unternehmensportal erfolgen. Eine Postkarte wird über ein Texterkennungsverfahren digital erfasst. Alternativ stehen elektronische Verbrauchs-

241 Quelle: eigene Darstellung.

messgeräte zur Verfügung, die die gemessenen Verbräuche über netzgebundene oder drahtlose Datenübertragung an das Immobilienunternehmen weitergeben.

Schließlich eröffnet die Kombination einer integrierten Heizkostenabrechnung mit einer automatisierten Verbrauchserfassung die Option, die Leistungen ohne Wärmemessdienstleistungsunternehmen in Eigenleistung zu erbringen.

Zusammenfassend kann festgestellt werden, dass es einige Handlungsmöglichkeiten gibt, die Betriebskostenabrechnung effizienter und kostengünstiger herzustellen. Eine Wirtschaftlichkeitsberechnung ist in Kapitel 8.8.7, Tabelle 8.58 dargestellt.

8.5.4 IT-gestützte Verkehrssicherungspflicht

Der Ablauf der Verkehrssicherungspflicht wurde in Kapitel 8.3.5 erläutert und ist in Abbildung 8.87 anhand von Nummer 1 bis 17 dargestellt.[242]

Der bereits genannte Anforderungskatalog eines Unternehmens an die IT-Unterstützung und deren Werkzeuge zur Straf- und Haftungsverfolgung kann wie folgt ergänzt werden:

ERP-Systeme unterstützen bei der Pflege des technischen Inventars, der Erstellung der Budgetplanung, der Auftragsplanung und der Auftrags- und Mängelverwaltung. Personaleinsatzplanung kann mit einem Terminplanungstool effizienter gestaltet werden. (Prüf-)Templates in elektronischer oder gedruckter Ausgabe unterstützen die Prüfung vor Ort, durch Standardisierung las-

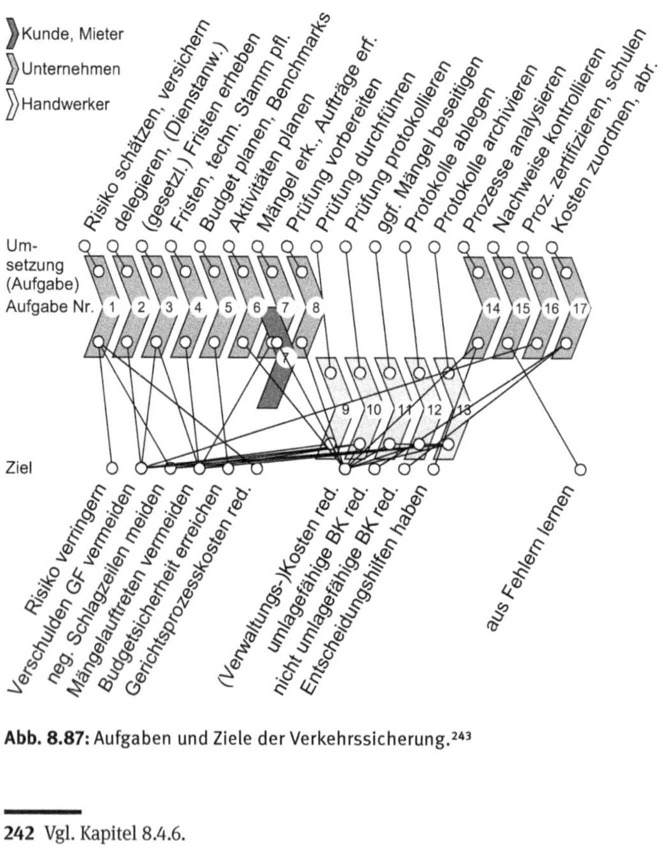

Abb. 8.87: Aufgaben und Ziele der Verkehrssicherung.[243]

242 Vgl. Kapitel 8.4.6.

243 Quelle: eigene Darstellung.

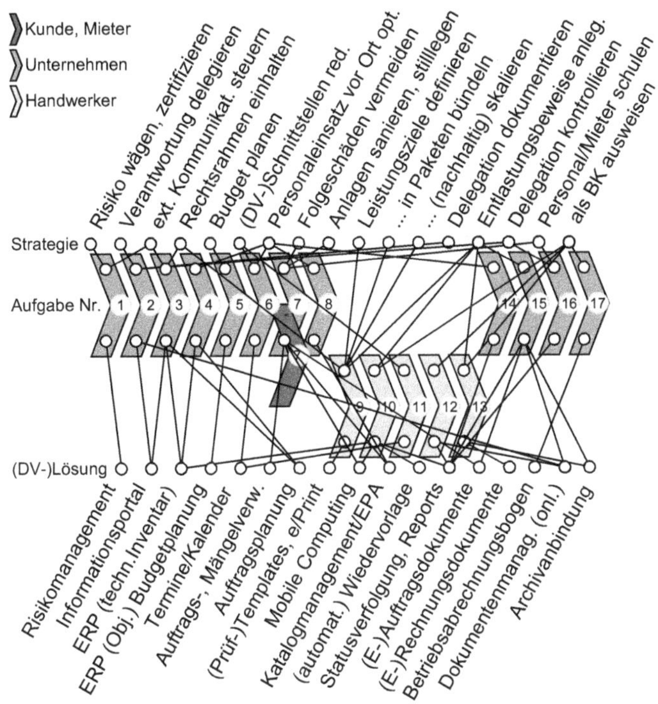

Abb. 8.88: Strategie und IT-Lösung bei der Auftragsvergabe zur Mängelbeseitigung.[244]

sen sich Fehler vermeiden. Mobile Einsatzgeräte vereinfachen die Aufnahme der Prüfergebnisse. Katalogmanagement und/oder Einheitspreisabkommen reduzieren die Arbeitsschritte bei der Auftragsvergabe zur Mängelbeseitigung (vgl. Abb. 8.88). Elektronische Betriebsabrechnungsbögen ermitteln rechtskonform die umlagefähigen Kosten, denn Prüfungen sind nicht generell umlage- oder nicht umlagefähig (s. Kap. 8.2.5). Mit Dokumentenmanagement und Archivlösungen ist es einfacher, der Papierflut Herr zu werden. IT-Lösungen lassen sich nicht 1:1 auf einzelne Aufgaben beziehen. Ein Dokumentenmanagementsystem unterstützt viele Aufgaben im Unternehmen.

Verkehrssicherungspflicht als Ergänzung zu Smart Home

Unter dem Gesichtspunkt demografischer Entwicklungen kann die Verkehrssicherungspflicht als sinnvolle Ergänzung zu anstehenden Aufgaben gesehen werden: In einer alternden Gesellschaft steigen die Unfallgefahren und Risiken. Mittels moderner Technologien (z. B. Gebäudeautomation) lassen sich Unfallgefahren insbesondere für ältere Menschen verringern.

Darstellung der Verkehrssicherungspflicht als IT-gestütztes Soll-Konzept

In einem Soll-Konzept werden die unternehmensspezifischen Anforderungen einer Risiko-Vermeidungsstrategie und optimalen Instandhaltung zusammengeführt. In Kapitel 8.3.5, Abbildung 8.33 sind die Aufgaben, die handelnden Personen in Rollen sowie die Anforderungen an die Werkzeuge in einem Rasterdiagramm dargestellt und können je nach unternehmerischem Schwerpunkt mit IT-Lösungen abgeglichen werden. Bei diversen Anbietern erfolgt die Prüfung mittels Papierproto-

244 Quelle: eigene Darstellung.

koll mit Barcode, das anschließend eingescannt (digitalisiert) wird. Der Barcode sichert die einmalige und korrekte Zuordnung und Auswertung im IT-System. Bei einem anderen Anbieter wird der Prüfvorgang z. B. durch digitale Prüfformulare und Informationsweiterleitung der festgestellten Mängel digital unterstützt. Bei der Wohnbau Mainz erfolgt die Spielplatzkontrolle beispielsweise mit Satellitenunterstützung.[245]

Anforderungen der Praxis

Eine Kurzumfrage anlässlich der Tagung „Versicherungspflichten managen: Technik, Recht, Kosten“ mit rd. 50 Teilnehmern beim BBA-Campus am 28. August 2008 hat bei 16 Rückläufen folgende Schwerpunkte ergeben: Während das Thema im Allgemeinen unter dem Gesichtspunkt der Risikovermeidung betrachtet wird, sahen die Teilnehmer das Thema operativ von den Aufgaben getrieben: Aufgaben (66 %), IT-Werkzeuge (25 %), Anforderungen (9 %):

- Zu den Top-3-Aufgaben (30 % von 66 %) gehörte, die Prüfungen zu protokollieren und zu dokumentieren und die Nachweise zu überprüfen.
- Zu den Top-5-IT-Werkzeugen (44 % von 25 %) zählten Mobile, ERP, Budgetplanung, Reports, Statusverfolgung, Dokumentenmanagement und Archiv.
- Top-1-Anforderung (25 % von 9 %) war „Als Betriebskosten abrechnen“. Spätere Untersuchungen haben die Ergebnisse dieser Kurzumfrage bestätigt.

Verkehrssicherungspflicht praktikabel gemacht

Die Frage, wie die Verkehrssicherungspflicht praxisgerecht mit geringem Aufwand erfüllt werden kann, hat sich auch die LUWOGE, das Wohnungsunternehmen der BASF, gestellt. Die LUWOGE bewirtschaftet rund 7.500 Wohneinheiten im Großraum von Ludwigshafen und 2.500 Wohnungen innerhalb von Eigentümergemeinschaften. Die Aufgabe war es, das eingeführte Verkehrssicherungssystem zu bewerten und den Aufwand gemäß den Anforderungen der LUWOGE möglichst zu reduzieren.

Bei der Untersuchung „Verkehrssicherung in der Wohnungswirtschaft“ wurde deutlich, dass meist große Einsparpotenziale vorhanden sind: Der erfolgreiche Verkehrssicherungsspezialist in einem Wohnungsunternehmen gleicht dabei einem Jongleur mit fünf Bällen:[246]

- **Flexibel bleiben:** Die Herausforderung stellt sich mit jeder Anpassung der Personal- und Organisationsstruktur stets von Neuem, insbesondere dann, wenn sich die Aufgabenverteilung und das Gebäudeportfolio verändern. Bestimmen Sie das notwendige Qualitätsniveau. Tabelle 8.45 verdeutlicht die Beeinflussungsmöglichkeiten, über Service-Level-Agreement (SLA) Qualitätsstandards festzulegen.[247]
- **Wege meiden:** Größter Kostenblock ist die Arbeitszeit. Die Arbeitszeiten werden wesentlich durch die Häufigkeit, den Weg, die Wegeführung, die Eignung der Reisenden und die Abstimmung untereinander bestimmt. Eine begründete Verlängerung der Prüfzyklen reduziert die Häufigkeit. Eine Harmonisierung der Prüfzyklen und Prüfbereiche verhindert zeitversetztes, sternförmiges Ausschwärmen der Reisenden. Begehungen können ggf. von Mitarbeiter aus anderen Abteilungen (bspw. Neuvermietung, Kundenbetreuung etc.) durchgeführt werden.[248]
- **Entspannt schneller arbeiten:** Durch kleine Mikrochips oder Prüfpunkte jeglicher Art können Daten im Vorbeigehen ausgelesen werden (NFC-Technologie). Computer verrichten klaglos eintöniges Massengeschäft, dadurch ist kein manuelles Aufschreiben der Wirtschaftsein-

245 Siehe [IfB DL 2468], S. 90.

246 Vgl. [Hildenbrand, P. (2009l)], [Fraß, P. (2010a)].

247 Vgl. Kapitel 3.7.6.

248 Vgl. Kapitel 5.6.2.

Tab. 8.45: Service-Level-Agreements für Freianlagen (Spielplatzflächen).[249]

Pos.	Objekt/Pflegearbeiten	EH	Stufe 1 (hoch)	Stufe 2 (mittel)	Stufe 3 (niedrig)
500.00	Außenanlagen				
520.00	Befestigte Flächen				
526.00	Spielplatzflächen				
526.05	Inspektionen				
	– Hauptinspektion		1 × im Jahr		
	– operative Inspektion		alle 1–3 Monate		
	– visuelle Routineinspektion		täglich–14-tägig		
526.10	Spielsandflächen	[m^2]			
	– Unrat entfernen		täglich	wöchentlich	14-tägig
	– Laub entfernen		5–6 × im Jahr	3–4 × im Jahr	2 × im Jahr
	– egalisieren, harken		wöchentlich	14-tägig	1 × monatlich
	– Fallschutzmaterial nachfüllen			1 × im Jahr	
526.20	Fallschutzflächen	[m^2]			
	– Unrat entfernen		täglich	wöchentlich	14-tägig
	– Laub entfernen		5–6 × im Jahr	3–4 × im Jahr	2 × im Jahr
	– egalisieren, harken		wöchentlich	14-tägig	1 × monatlich
	– Fallschutzmaterial nachfüllen			auf Anforderung	
526.30	Spiel-Kunststoffflächen	[m^2]			
	– Laub entfernen		5–6 × im Jahr	3–4 × im Jahr	2 × im Jahr
	– Trockenreinigung (kehren, saugen)		6 × im Jahr	4 × im Jahr	2 × im Jahr
	– Nassreinigung (Tiefenreinigung)		1 × im Jahr	alle 2–4 Jahre	alle 5–6 Jahre
550.00	Einbauten in Außenanlagen	[m^2]			
552.20	Spielgeräte	[Anz.]			
	– jährliche Hauptinspektion			1 × im Jahr	
	– operative Inspektion			alle 1–3 Monate	
	– visuelle Routineinspektion			täglich–14-tägig	
552.50	Spielsandkisten	[Anz.]			

heit, der Liegenschaft oder des Prüfpunkts notwendig, die (revisionssichere) Archivierung ist ggf. inklusive. Wenn die Mitarbeiter die Papierform bevorzugen, kann die Wirtschaftseinheit, die Liegenschaft, der Prüfpunkt u. Ä. auf einem Protokoll vorab elektronisch ausgedruckt und später elektronisch in die IT-Lösung eingelesen (eingescannt) werden. Das Verfahren eignet sich für viele Formulare in einem Immobilienunternehmen. Mit der Verkehrssicherungspflicht kann die Geschäftsführung den ersten Schritt gehen.

- **Arbeit vermeiden:** Warum überhaupt eine Begehung? Durch entsprechende technische Ein- und Vorrichtungen lassen sich Gefahrenpotenziale vermeiden.[250] Ein abgeschlossener Kellerrost kann nicht abgehoben werden, ein Türschloss verhindert den Zutritt.
- **Bessere Alternativen finden:** Natürlich ist zu prüfen, ob externe Dienstleister bessere Leistungen bringen können.

249 Vgl. [FLL (2009)], FLL-Objektartenkatalog Freianlagen (OK FREI) 2009 (auf Anf. = auf Anforderung).

250 Vgl. Kapitel 8.3.5.

Es ist sehr anspruchsvoll, mit fünf Bällen erfolgreich zu jonglieren, aber es geht: Bei angenommenen Gesamtkosten eines vollzeitbeschäftigten Mitarbeiters von etwa 80.000 €/Jahr entspricht laut Fraß der eingesparte Aufwand rund 24.000 €/Jahr, d. h., 12 h/Woche stehen für andere Tätigkeitsfelder zur Verfügung.

Verantwortlich ist man nicht nur für das, was man tut, sondern auch für das, was man nicht tut. Gemäß dieser Erkenntnis steht nicht das Ob, sondern das Wie im Mittelpunkt. Im Idealfall gilt, dass alle öffentlich-rechtlichen Vorschriften eingehalten und angemessen dokumentiert werden. Die Relevanz des Themas wurde in der alltäglichen Aufgabenerfüllung erkannt. Es gibt viele unternehmensspezifische Ansätze, der Verkehrssicherungspflicht effizient nachzukommen.

8.5.5 Handwerkerkopplung

Der Beschaffungsprozess in der Instandhaltung ist von vielen Medienbrüchen gekennzeichnet. Er beginnt mit dem Prozessschritt „Schaden erkennen" und endet mit „Vorgang ablegen" (s. Abb. 8.89). Die digitale Handwerkerkopplung hingegen ermöglicht den Austausch von Auftrags- und Rechnungsinformationen ohne Medienbruch.

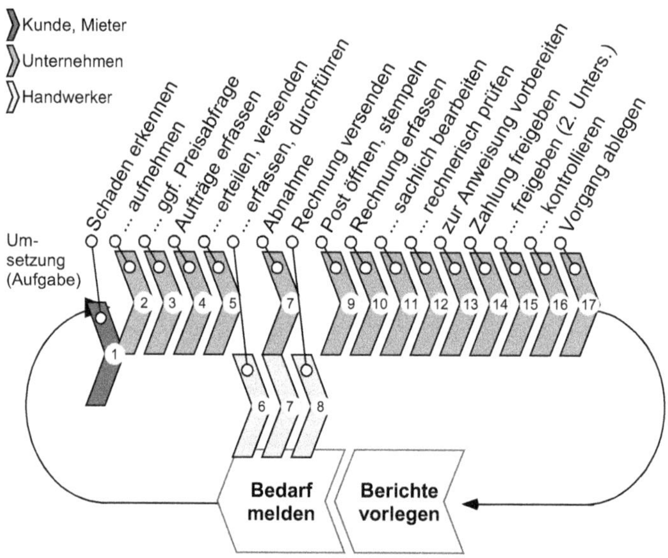

Abb. 8.89: Ist-Prozess Handwerkerkopplung.[251]

Mit der Handwerkerkopplung können die Prozessschritte effektiver durchgeführt werden. Analog zu den Prozessschritten beginnen die Funktionalitäten einer Handwerkerkopplung, ggf. in Kombination mit dem ERP-System, mit „Mieterselbstbestellung" und enden mit einer „Archivanbindung". Die Funktionen können manuelle Aufgaben bei verschiedenen Prozessschritten übernehmen. Der Zufallsgenerator z. B. verkürzt den Arbeitsablauf bei den Prozessschritten „Zahlung freigeben", „... freigeben 2. Unterschrift" und „kontrollieren". Die Füllstände der Pfeile in Abbildung 8.90 geben an, inwieweit die Funktionen den zeitlichen Personalaufwand eines Prozessschritts reduzieren können. Der Zufallsgenerator reduziert quantitativ das Aufkommen der zu prü-

251 Quelle: eigene Darstellung.

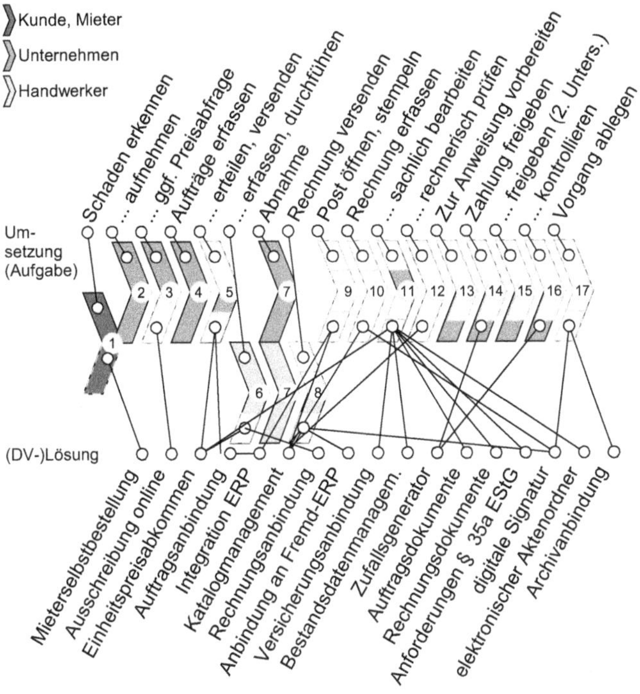

Abb. 8.90: Beeinflussungsmöglichkeiten eines Prozesses durch eine IT-Lösung am Beispiel Handwerkerkopplung.[252]

fenden Rechnungen, kann dies aber i. d. R. nicht vollständig übernehmen. Prüfroutinen für ausgewählte Rechnungen bleiben erhalten, je nach Einstellung in einer Höhe von etwa 15 %.

Immobilienunternehmen ohne IT-Lösung verschwenden daher viele Ressourcen, um Leistungen zur Instandhaltung abzuwickeln. So sind z. B. bei einem Wohnungsunternehmen mit etwa 25.000 Wohnungseinheiten im Prozess mit der laufenden Instandhaltung rd. 15 unterschiedliche Rollen und rd. 110 Mitarbeiter befasst.

In Abbildung 8.36 oben wurden die Prozessschritte im Beschaffungswesen der laufenden Instandhaltung bei einem Wohnungsunternehmen mit etwa 10.000 Wohnungseinheiten vor und nach dem Einsatz einer Handwerkerkopplung aufgezeichnet. Nach einer Überarbeitung der Ablauforganisation konnten viele Prozessschritte und Medienbrüche entfallen.

Den Kinderschuhen entwachsen ist die Handwerkerkopplung schon lange. Ab 2001 bereitete die Aareon den Boden für die breite Einführung in die Wohnwirtschaft. Die digitale Handwerkerkopplung ist bei der Aareon seit 16 Jahren bei nun 464 Wohnungsunternehmen der Wohnungswirtschaft im Einsatz. Insgesamt wurden rd. 23 Mio. Aufträge mit einem durchschnittlichen Rechnungsbetrag von 385 € durch 5.581 aktive Handwerker abgewickelt. Die Anbindung der Fremd-ERP-Systeme („Handwerkersoftware“) erfolgt mittels Webservices oder 58 zertifizierten Schnittstellen (Stand 4/2017). Eine Schnittstelle wird von rd. 900 Handwerkern genutzt. Bei der Handwerkerkopplung handelt es sich also um ein akzeptiertes Verfahren zur Steigerung der Prozesseffizienz. Inzwischen wird sie von unterschiedlichen IT-Lösungsanbietern angeboten. Angeschlossen werden inzwischen je nach Produkt die eigenen oder auch fremde ERP-Systeme eines IT-Lösungsanbieters.

252 Quelle: eigene Darstellung.

Welche Funktionalitäten ein Immobilienunternehmen tatsächlich benötigt, ist in einer Konzeptionsphase zu klären. Der Verbreitungsgrad eines Produkts kann z. B. dann eine Rolle spielen, wenn das Immobilienunternehmen über einen bundesweit verstreuten Immobilienbesitz verfügt. So besaß z. B. die Deutsche Annington – heute Vonovia – einst 230.000 Wohneinheiten an 700 Standorten in Deutschland.[253] Die am Markt verfügbaren Handwerkerkopplungen besitzen zwar unterschiedliche Funktionalitäten[254], doch nicht jede Handwerkerkopplung ist mit einem ERP-System der Immobilienwirtschaft zu kombinieren. Die Auswahl ist daher begrenzt. Wesentlich für eine Handwerkerkopplung ist Folgendes:

1. Die Integration der Handwerkerkopplung in das ERP-System sichert die Schnittstellen, verhindert den Medienbruch und beschleunigt die Schadensabwicklung. Mit den Schnittstellen können auch Funktionen der ERP-Systeme genutzt werden, z. B. der Zufallsgenerator. Eine beschleunigte Schadensabwicklung ist auch für den Kunden/Mieter von Vorteil.
2. Katalogmanagement: Einheitspreisabkommen oder Rahmenverträge, die in IT-Systemen abgebildet werden, erleichtern die Auftragsvergabe und Rechnungsstellung sowie den Auftrags- und Rechnungsvergleich für Immobilienunternehmen und Handwerker gleichermaßen nachhaltig.
3. Die Anbindung an das Fremd-ERP-System des Handwerkers ermöglicht es auch dem Handwerker, Vorteile bei der Auftrags- und Rechnungsbearbeitung ohne Medienbruch zu generieren. Hier stehen nicht die Mieter, sondern eine Vielzahl von Immobilienunternehmen als Kunden im Vordergrund (s. oben Abb. 8.35). Auch der Handwerker hat enge Geschäftsbeziehungen zu seinen Lieferanten. Eine Handwerkerkopplung sollte ihm daher kein IT-System des Immobilienunternehmens aufzwingen, sondern die Anbindung seines Fremd-ERP-Systems ermöglichen.
4. Das Bestandsdatenmanagement ermöglicht die automatische Aktualisierung der Bestandsdaten auf der Grundlage der Rechnungsdaten und der darin enthaltenen Leistungspositionen, z. B. Fabrikat, Erneuerungs- und Gewährleistungsdaten.
5. Eine Versicherungsanbindung ermöglicht die effiziente Abwicklung und Nachverfolgung von Versicherungsfällen.
6. Auftragsdokumente, der Auftrag sowie Zusatzdokumente wie z. B. Zeichnungen oder Protokolle sollen digital beigefügt und als Leistungsnachweis (z. B. Stundenlohnzettel) ausgedruckt werden können.
7. Rechnungsdokumente, die Rechnung und Zusatzdokumente, z. B. Abnahmeprotokolle, können digital beigefügt werden. Die Rechnungsprüfung muss in Klarschrift möglich sein.
8. Die digitale Signatur ermöglicht die rechtssichere beleglose Rechnungsstellung.
9. Anforderungen des § 35a EStG (haushaltsnahe Dienstleistungen) sollen abgebildet werden können.
10. Der automatisierte Zahlungsverkehr im Nachgang entlastet die Mitarbeiter vom Prüfen der Kontenbewegungen durch automatische Zuordnung der Kontenbewegungen für das Rechnungswesen.

Der Nachweis der Kostensenkung ist bei der digitalen Handwerkeranbindung relativ einfach. Im Rahmen eines Qualitätssicherungsprogramms konnten bei einzelnen Immobilienunternehmen die erhofften Einsparpotenziale überprüft und bestätigt werden. Zunächst überraschend ist die Bandbreite der erzielten Einsparpotenziale: Sie bewegt sich zwischen 3 und 15 € je Reparaturfall. Das Entscheidende hierbei ist nicht die alleinige Bereitstellung einer neuen IT-Lösung. Nur durch die Kombination von Funktionalitäten, eingebettet in eine optimierte und abgestimmte Ablauforganisation, lassen sich erhebliche Synergieeffekte erzielen.

253 Vgl. [BBA (2006R)], S. 3.

254 Siehe [de Zoeten, R. (2004)], S. 1 ff., 64 f.

8.5.6 Mobile Bestandsdatenpflege

Wird die Erfassung oder Pflege von Daten mit Computern vor Ort vorgenommen, spricht man von Mobile Computing. Die Verfahren zur Bestandsdatenerfassung oder Bestandsdatenpflege unterscheiden sich hierbei.[255] Verfahren zur Erfassung und Pflege von **Vektordaten** (geometrischer Körper mit Maßen in zwei- oder dreidimensionaler Form) sind Folgende:[256]
- Handaufmaß auf Papier mit Schnur und Metermaß, Lot, Wasserwaage und Laserdistanzmessern zur Messung von Entfernungen oder Höhen vor Ort
- DV-gestütztes Handaufmaß zur Messung von Entfernungen, Höhen, Winkeln oder Neigungen zur sofortigen Erstellung der Geometrie eines Gebäudes vor Ort
- Photogrammetrie zur Messung von (Bau-)Teilen aus Bildern (ein Programmbeispiel ist das Produkt BKI FOTOAUFMASS 1 des Baukosteninformationszentrums Deutscher Architektenkammern GmbH (BKI))
- Theodolit zur Messung von Winkeln von Distanzmessungen
- Tachymeter zur gleichzeitigen Messung von Entfernung, Höhe und Winkeln vor Ort mit Referenzstandorten
- Laserscanning, also das zeilen- oder rasterartige Überstreichen von Oberflächen oder Körpern mit einem Laserstrahl, um sie zu vermessen oder zu bearbeiten oder um ein Bild zu erzeugen; da viele einzelne Messpunkte erzeugt werden, wird vielfach von einer Punktwolke gesprochen (das Verfahren erlaubt es, binnen kurzer Zeit komplexe Strukturen aufzunehmen, die Punktwolke erfordert allerdings umfangreiche Nacharbeiten)
- Vektorisierung von Plänen in Papierform

Die Vorteile der Erfassung und Pflege von Vektordaten liegen in einer Fehlererkennung und -korrektur vor Ort, der Möglichkeit der digitalen Weiterverarbeitung in anderen IT-Lösungen (z. B. bei Vektor- oder Rasterdaten in CAAD, CAD oder CAFM, bei Sachdaten im ERP-System) und der damit verbunden Zeitersparnis.

Der Schwerpunkt bei **Sachdaten** liegt für Dienstleistungsunternehmen in der Bestandserfassung und -pflege (allgemeine Gebäudedaten und Daten zur Gebäudeausstattung) mit insgesamt 52 % der alphanumerischen Daten. Es folgen Daten zu den technischen Anlagen mit rd. 17 %. Die übrigen Daten, rd. 31 %, beinhalten kaufmännische und infrastrukturelle Daten.[257] Die vereinfachte Bestandsdatenerfassung ist auf unterschiedliche Weise möglich:
- Zählerablesungen erfolgen durch den Nutzer und werden dem Unternehmen via Postkarte mitgeteilt.[258] Ein Scanner digitalisiert die Informationen auf der Postkarte im Unternehmen.
- Daten werden in einem Unternehmensportal durch den Nutzer erfasst, z. B. eine Schadensmeldung eines Mieters in einem Mieterportal.
- Lesegeräte, Strichcode (Barcode),
- RFID unterstützen beispielsweise in der Instandhaltung oder der Schlüsselverwaltung.
- Digitale Stifte (Digital Pen), digitale Klemmbretter oder digitale Blöcke ermöglichen die Digitalisierung der Handschrift bei der Aufnahme von Schäden vor Ort, elektronisch lesbare Formulare (Electric Paper) können vor Ort ausgefüllt und im Unternehmen elektronisch weiterverarbeitet werden. Smartphones, Handheld Computer, z. B. Personal Digital Assistants (PDA) oder Laptops ermöglichen die direkte Dateneingabe, z. B. von Zählerständen, Schäden oder Maßen.

---

255 Vgl. Kapitel 8.4.3.

256 Vgl. [Mehlis, J. (2005e)], S. 60 ff.

257 Vgl. [Mehlis, J. (2003d)], S. 31.

258 Vgl. Kapitel 8.6.3.

Abb. 8.91: Anwendungsgebiete von RFID.[259]

- Sensoren im Umfeld der Gebäudeautomation erfassen z. B. Betriebszustände und Verbräuche von technischen Anlagen.
- Drohnen überprüfen technische Anlagen, ersparen den Aufbau des Gerüsts und übernehmen Wartungsarbeiten.

Barcodes finden bereits überall Verwendung, in der Immobilienwirtschaft u. a. als Allgemeines Kennzeichnungssystem (AKS). RFID-Chips können größere Datenmengen abspeichern. Anwendungsfelder für RFID sind beispielsweise der Schlüsselersatz mit integriertem Zutrittsberechtigungssystem oder die Identifizierung (passiv) von technischen Anlagen als AKS oder die Dokumentation von Wartungsleistungen (aktiv).[260] Abbildung 8.91 zeigt die Vielfältigkeit der Anwendungsgebiete in einem Gebäude. RFID wird dort als Zutrittsberechtigungssystem und Bezahlsystem verwendet. Die Unterschiede in der Datenübertragung sind in Tabelle 8.46 einander gegenübergestellt. Daraus ergeben sich gewünschte Vor-, aber auch Nachteile, je nach Verwendungszweck. Berührungsloser Kontakt kann z. B. in Waschsalons verhindern, dass die Münzeinwürfe am Waschautomat mit Kaugummi verklebt werden. Letztendlich ist die Akzeptanz des Mediums mitentscheidend.

In Tabelle 8.47 werden unterschiedliche Systeme (von Kredit-/Debitkarten bis zu Magnetstreifentickets) danach beurteilt, wie lange die Abfertigungszeit dauert und welche Kapazitäten abgewickelt werden können. Chipkartentickets und die Transpondertechnik weisen die höchsten Kapazitäten und kürzesten Ein- und Ausfahrtzeiten auf.

Die Auswahl und Kombination der Verfahren bzw. Funktionalitäten ist abhängig von den Anwendungsbereichen der Immobilienunternehmen, vom Objekt und vom Anwender. So ist beim

259 Quelle: eigene Darstellung.

260 Vgl. Kapitel 8.4.6.

Tab. 8.46: Datenübertragung bei Unternehmensportal, Strichcode, RFID und Gebäudeautomation.

	Merkmal	Unternehmensportal	Strichcode	RFID	Gebäudeautomation
1.	Datenerfassung	berührungslos	direkter Kontakt	berührungslos	(ohne) Kabel
2.	Datenabruf	lesen/schreiben	lesen	lesen/schreiben	lesen/schreiben
3.	Funktions-beeinträchtigung bei Verschmutzung oder Beschädigung	entfällt	lesbar	lesbar/ beschreibbar	entfällt
4.	Investitionskosten	sehr gering	gering	höher	am höchsten

Tab. 8.47: Anwendungsgebiete nach Systemart und Abfertigungszeit.[261]

	Systemart	Durchschnittliche Abfertigungszeit						Zeitdifferenz	
		Einfahrt von [s]	bis	Kapazität [Pkw/h]	Ausfahrt von [s]	bis	Kapazität [Pkw/h]	Einfahrt	Ausfahrt
	Kurzparker								
1.	Kredit-/Debitkarten	22	25	160	16	20	210	181	164
2.	Kundenkarten	16	17	210	22	25	160	127	214
3.	Handkassierung	14	18	240				123	
4.	Chipkartentickets	10	11	340	9	12	360	81	95
5.	Magnetstreifenticket	12	14	290	10	12	340	100	100
	Dauerparker								
1.	Magnetstreifenticket	15	16	235	13	15	270	100	100
2.	Transpondertechnik	9	11	380	9	12	360	65	75

Anwender mit zunehmendem Technikeinsatz die Qualifikation zu hinterfragen und sicherzustellen, z. B. durch Schulungsmaßnahmen.

Nachfolgend werden die Anwendungsfälle in der Wohnungswirtschaft nach einer Umfrage von Fraß priorisiert:[262]

1. Wohnungsabnahmeprotokoll
2. Bestandserfassung
3. Verkehrssicherung
4. Schadensmanagement (Handwerker, Versicherung, Mieter, Gewährleistung)
5. Informationsplattform Gebäudedaten, Mieterservice, betriebswirtschaftliche Informationen

Chancen zu Beurteilung von mobilen Lösungen in der Wohnungswirtschaft:[263]

1. Verbesserung der Prozessqualität, Erhöhung der Prozesstransparenz, Erhöhung der Handlungskompetenz der Mitarbeiter vor Ort, Erhöhung der Flexibilität der Mitarbeiter, Förderung der Mitarbeitermotivation
2. Verbesserung der Informationsversorgung, Verbesserung der Mieter-/Kundenbetreuung

261 Daten nach [FGSV EAR 05], in: [Pech, A. (2005)], S. 243.

262 [Fraß, P. (2011h)], Anwendungsbereiche, die mindestens die Note 2,3 erreicht haben: 1 = sehr sinnvoll, 5 = nicht sinnvoll, abgeschlagen waren die Themen Barcode-Identifikation, Instandhaltungsplanung und Marketing.

263 Vgl. [Fraß, P. (2011h)]: Anwendungsbereiche, die die Note ≤ 2,3 erreicht haben: 1 = sehr sinnvoll, 5 = nicht sinnvoll.

3. automatisierte Archivierung, Reduzierung der Medienbrüche (z. B. Papier → IT)
4. Daten zur Bestandspflege als Sachdatenkataloge für Nutzer mit mobilen Endgeräten (Handheld oder Laptop)

Als hinderlich wurde Folgendes betrachtet:[264]
1. negative Mieter-/Kundenreaktion
2. fehlende Markttransparenz
3. Mitarbeiterakzeptanz fehlt, Mangel an Einsatzbereichen, mangelnde Relevanz des Themas im Unternehmen, notwendige Umstrukturierung der Prozesse, kontinuierlicher Schulungsaufwand (z. B. neue Mitarbeiter, Update etc.)
4. Einführungsaufwand/Investition zu hoch, Unsicherheit über Folgekosten, wirtschaftlicher Nutzen nicht vollständig/abschließend darstellbar, hoher Unterhaltungsaufwand
5. Mangel an Schnittstellen zu vorhandenen Systemen (ERP), geringe Bedienerfreundlichkeit der Anwendungen, unausgereifte Lösungen, mangelnde Datensicherheit, hoher Anpassungsaufwand an individuelle Anforderungen, Mangel an Lösungen am Markt, erforderliche Integration in die Unternehmens-IT, kurze Entwicklungszyklen der Hard- und Software.

In Tabelle 8.48 sind Kriterien der Verfahren nach der Balanced Scorecard gruppiert und beleuchten die Unterschiede aus der Kunden-, Finanz-, Prozess- und Innovationsperspektive.

Wesentliche Kriterien für die Bewertung der Methoden sind Folgende:
- Ortsunabhängigkeit (Ubiquität) bedeutet Echtzeitkommunikation von Informationen und damit unternehmensweite Kommunikation in Real Time – ohne zeitliche Verzögerung.
- Verfügbarkeit (und Flexibilität): Die Endgeräte müssen verfügbar sein, der Zeitraum der Dateneingabe nach Benutzung des Geräts muss nach dem Stand-by-Modus bzw. Boot-Vorgang „Verbindungsvorgänge" gering sein.
- Datenübertragung: Die Art der Datenübertragung hat Folgen für die Robustheit des Systems: Vandalismus, …
- Datenvermittlung: Verfügbarkeit für den Anwender, kein lästiges Booten, keine langsamen Anwendungen (z. B. Arbeitsgeschwindigkeit der Browser), ggf. steht in Kellern oder „auf dem Land" kein Internet zur Verfügung (weiße Flecken im mobilen Datennetz). Bei Internetanwendungen steigt der Stromverbrauch, daher sind vorzugweise Apps zu verwenden.

Wesentliche Kriterien bei Tablet-PCs mit UMTS-Version sind Gewicht, Abmessungen, Laufzeit, Display, Kamera, Fotos/Videos, Geschwindigkeit, Betriebssystem, Robustheit und Datenübertragung. Robustheit ist ein entscheidendes Kriterium für den Einsatz im Feld. Die Robustheit lässt sich nach den IP-Schutzarten klassifizieren (vgl. Tab. 8.49 und 8.50).

Bei der Datenübertragung gilt es zu beachten: Die Datenübertragung in die ERP-Systeme erfolgt dann mittels Funk oder kabelgebunden vom Erfassungsgerät zum IT-System entweder einseitig (monodirektional) oder in beiden Richtungen (bidirektional). Sofern eine sofortige Datenübertragung sinnvoll ist, ist eine Netz- oder Telefonanbindung erforderlich.

DV-Lösungen zur Erfassung und Pflege von Bestandsdaten weisen vielfach neben der operativen Fähigkeit, Daten zu erfassen und zu pflegen, weitere Module auf.

Bei **Customer-Relationship-Management-Systemen** (CRM-Systemen) wird vielfach zwischen einem analytischen, operativen, kommunikativen und kollaborativen CRM-System unterschieden. Abweichend von CRM-Systemen ist bei IT-Lösungen zur Erfassung und Pflege von

264 Vgl. [Fraß, P. (2011h)]: Anwendungsbereiche, die die Note ≥ 2,3 erreicht haben: 1 = sehr hinderlich, 5 = nicht hinderlich.

Tab. 8.48: Vor- und Nachteile von Papier, Unternehmensportal, Strichcode, RFID, Smartphone, (Tablet-)PC und Gebäudeautomation (am Beispiel der Wohnungswirtschaft).

Perspektive/ Merkmal	Papier-dokumente	Internetportal	Strichcode	RFID	TabletPC Smartphone	Gebäude-automation
1. Kundenperspektive						
– Kundenakzeptanz	hoch	mäßig	–	–	(hoch)	–
– Kundenrelevanz	hoch	mäßig			(hoch)	
– Ortsunabhängigkeit (Ubiquität)	Sache/Person	Sache/Person	Sache/Person	Sache	Person	Sache
2. Finanzperspektive						
– Investitionskosten	sehr gering	sehr gering	gering	mäßig	hoch	sehr hoch
– (Automatisierungs-) Potenziale	ja		–	–	–	–
– Universalität	sehr gut	gering	gering	gering	gut	gering
– Robustheit: Funktionsbeeinträchtigung bei Verschmutzung oder Beschädigung	mäßig	gut	mäßig lesbar	sehr gut lesbar/ beschreibbar	gut	./.
– Datensicherung/Datenredundanz	sehr schlecht	gut	mäßig	mäßig	gut	gut
– Investitionssicherheit	sehr hoch	sehr hoch	hoch	hoch	sehr hoch	mäßig
3. Prozessperspektive						
– Bedienungsfreundlichkeit	sehr hoch	hoch	mäßig (Training)	mäßig (Training)	hoch	–
– persönlicher „Ballast“	niedrig	niedrig	mäßig	mäßig	mäßig	mäßig
– Motivation der Mitarbeiter	niedrig	mäßig	mäßig	mäßig	hoch	–
– Übertragungsmedium	direkter Kontakt	berührungslos	direkter Kontakt	berührungslos	berührungslos	(ohne) Kabel
– Verfügbarkeit (Stand-by, Booten, Netz)	mäßig „suchen“	sehr gut Server	gut	gut	mäßig bis sehr gut	sehr gut
– Echtzeitkommunikation v. Informationen	schlecht	sehr gut Internet	mäßig Scanner	mäßig Lesegeräte	gut Apps	sehr gut Netzwerk
– mobile Dateneingabe	sehr schlecht	sehr schlecht	sehr schlecht	mäßig	sehr gut	–
– Ortung d. Mitarbeiter	nein	nein	ja/nein	ja	ja	–
– Detaillierungstiefe	sehr hoch	sehr hoch	mäßig bis	hoch	sehr hoch	hoch
– Automatisierung in der Datenverarbeitung	nein (mit Scanner) lesen/schreiben	ja lesen/schreiben/ (Push-Funktion)	ja lesen	ja lesen/schreiben	ja lesen/schreiben (Push-Funktion)	ja lesen/schreiben/ melden
4. Potenzialperspektive						
– Technikinnovation	hoch (Scanner)	sehr hoch	hoch	hoch	sehr hoch	mäßig

Tab. 8.49: IP-Schutzarten nach DIN EN 60529.[265]

Organisation	Name	Staubschutz	Wasserschutz
IEC	IP54	geschützt gegen Staub	Schutz gegen allseitiges Spritzwasser
	IP57	geschützt gegen Staub	Schutz gegen zeitweiliges Untertauchen
	IP65	staubdicht	Schutz gegen Strahlwasser
	IP67	staubdicht	Schutz gegen zeitweiliges Untertauchen
US	MIL-STD-810F	geschützt gegen Eindringen von Staub und Sand	

Tab. 8.50: IP-Schutzarten nach DIN EN 60529 (1. Ziffer).[266]

IP		1. Ziffer	
1)	2)	Schutz gegen Fremdkörper (Betriebsmittel)	Schutz gegen Berührung (Personen)
0	0	kein Schutz	kein Schutz
1	1	geschützt gegen feste Fremdkörper, Ø ab 50 mm	geschützt gegen den Zugang mit dem Handrücken
2	2	geschützt gegen feste Fremdkörper, Ø ab 12,5 mm	geschützt gegen den Zugang mit einem Finger
3	3	geschützt gegen feste Fremdkörper, Ø ab 2,5 mm	geschützt gegen den Zugang mit einem Werkzeug
4	4	geschützt gegen feste Fremdkörper, Ø ab 1,0 mm	geschützt gegen den Zugang mit einem Draht
5K	5	geschützt gegen Staub in schädigender Menge	vollständiger Schutz gegen Berührung
6K	6	staubdicht	vollständiger Schutz gegen Berührung
1)	2)	Schutz gegen Wasser	
0	0	kein Schutz	
1	1	Schutz gegen senkrecht fallendes Tropfwasser	
2	2	Schutz gegen fallendes Tropfwasser, wenn das Gehäuse bis zu 15° geneigt ist	
3	3	Schutz gegen fallendes Sprühwasser bis 60° gegen die Senkrechte	
4	4	Schutz gegen allseitiges Spritzwasser	
5	5	Schutz gegen Strahlwasser (Düse) aus beliebigem Winkel	
6	6	Schutz gegen starkes Strahlwasser	
6K		Schutz gegen starkes Strahlwasser unter erhöhtem Druck, spezifisch für Straßenfahrzeuge	
7	7	Schutz gegen zeitweiliges Untertauchen	
8	8	Schutz gegen dauerndes Untertauchen	
9K		Schutz gegen Wasser bei Hochdruck-/Dampfstrahlreinigung, spezifisch für Straßenfahrzeug	

Bestandsdaten die Analyse das Ergebnis und nicht der Startpunkt. In Analogie zu CRM-Systemen gilt:

- Im operativen Modul wird die Erfassung und Pflege (digital) vorgenommen, z. B. das Aufmaß der Mietfläche.
- Im kommunikativen Modul werden die Informationen mit unterschiedlichen Kommunikationskanälen weitergegeben, z. B. erkennt ein Vertriebsmitarbeiter einen Schaden bei einer Wohnungsbesichtigung an einem Fenster und informiert die technische Abteilung via E-Mail.
- Im kollaborativen Teil werden die Daten nicht nur von einer Organisationseinheit verwendet, z. B. wird das Ausstattungsmerkmal Etagenheizung in einer Wohnung durch den Vertrieb und die technische Abteilung genutzt.

265 Vgl. 1) [DIN EN 60529 2000-09], Schutzarten durch Gehäuse (IP-Code), Deutsches Institut für Normung (Hrsg.): DIN EN 60529, 2000; 2) [DIN 40050-9 1993-05], Straßenfahrzeuge; IP-Schutzarten: Schutz gegen Fremdkörper, Wasser und Berühren; elektrische Ausrüstung, Deutsches Institut für Normung (Hrsg.): Teil 9, DIN 40050, 1993.

266 Siehe Tabelle 8.49.

- Im analytischen Teil werden operativ erhobene Daten analysiert, z. B.: Welche Bauteile sind schadensträchtig?

Zu Berechnung der Vorteilhaftigkeit von IT-Lösungen wird bei einem Abnahmeprozess von folgenden Zeiten ausgegangen:
- 45 [min] Bestandsaufnahme einer Wohnung (ohne Anfahrtszeiten oder Vorbereitungen) zzgl. 60 [min] Eingabe ins CAD- oder ERP-System für 60 % des Bestands,
- 15–50 [min] Wohnungsabnahme vor Ort (ohne Anfahrtszeiten oder Vorbereitungen) in Abhängigkeit von der lokalen Situation) zzgl. 5–10 [min] Eingabe ins ERP-System,
- 10–15 [min] Schadens- oder Mängelaufnahme zzgl. 2 [min] Eingabe ins ERP-System.

Die Mengen können abgeleitet bzw. hochgerechnet werden: Berechnungsgrundlage sind die Anzahl der Mieteinheiten (W), die Fluktuationsrate (f) = 10,3 %[267], Instandsetzungs- und Modernisierungsrate (m) = 0,82 %[268]. Die Anzahl der Anwendungsfälle und Potenziale für Mobile Computing ergibt sich aus
- Besichtigungen anlässlich des Auszugs des Mieters (2 × f × W),
- jährliche Besichtigung durch Controlling (1 × W),
- Überprüfung von Mängeln (40 % × f × W),
- Abnahmen anlässlich von Instandhaltungsmaßnahmen zulasten des Mieters (1,5 × f × W),
- Besichtigungen durch (Miet-)Interessenten (5,46 × f × W),
- Abnahmeprotokolle anlässlich der Instandsetzung und Modernisierung von Mieteinheiten (m × 8 (beteiligte Gewerke) × W),
- Abnahmeprotokolle anlässlich von Instandhaltung (1,7[269] × f × W): Abnahmeprotokolle der Handwerker (25 % × f × W), Abnahmeprotokolle mit Mieterunterschrift (100 % × f × W), Wartungsprotokolle (10 % × f × W), Mängelprotokolle (25 % × f × W) und sonstige Protokolle (10 % × f × W),
- Bestandsdatenpflege 0,1 je Wechsel, technisch (5 % × f × W), kaufmännisch (5 % × f × W),
- Übergabeprotokolle anlässlich des Einzugs (100 % × f × W).

Das entspricht etwa 2,3 Anwendungsfällen pro Mieteinheit und Jahr, deren Ergebnisse festgehalten werden. Zeitliche Einsparungen ergeben sich z. B. durch Einsatz
- von (Ist) 45 [min] vor Ort zzgl. 60 [min] für die Nachbereitung im Büro auf (Soll) 60 [min] vor Ort zzgl. 15 [min] Nacharbeitung durch digitale Zeichnungserfassung vor Ort, das ergibt eine geschätzte Zeitersparnis von 30 [min],
- zusätzlich von (Ist) 15 [min] um 13 [min] auf (Soll) 2 [min] durch den Einsatz von Digital Pen.

Die weitere Berechnungslogik zur Wirtschaftlichkeit ist in Kapitel 8.8.2 dargestellt. Für die Berechnung der Amortisationszeit ist die Unternehmensgröße wesentlich. Je nach Unternehmensgröße lassen sich Skalierungseffekte generieren. Bedauerlicherweise sind die Angebote unterschiedlicher Hersteller nur schwer oder gar nicht zu vergleichen. Hinzuzuzählen sind Kosten für die Inhalte. Beispielhaft sind die Inhalte für die Verkehrssicherung und/oder Betreiberverantwortung dargestellt, die kostenpflichtig zu erwerben sind (vgl. Tab. 8.51).

267 Siehe [GdW (2008k)], S. 169.

268 Siehe [GdW (2008k)], S. 165.

269 Vgl. [Bogenstätter, U. (2008)], Abschnitt 7.4.6.

Tab. 8.51: REG-IS von Rödl & Partner für die Immobilienwirtschaft.[270]

Nr.	Regelwerkskategorie	Anzahl Regelwerke
1.	EU-Recht	52
2.	Bundesrecht	170
3.	Musterbaurecht (ARGEBAU)	35
4.	Land Baden-Württemberg	44
5.	Land Bayern	54
6.	Land Berlin	37
7.	Land Brandenburg	29
8.	Land Bremen	17
9.	Land Hamburg	25
10.	Land Hessen	39
11.	Land Mecklenburg-Vorpommern	12
12.	Land Niedersachsen	27
13.	Land Nordrhein-Westfalen	42
14.	Land Rheinland-Pfalz	20
15.	Land Saarland	21
16.	Land Sachsen	29
17.	Land Sachsen-Anhalt	24
18.	Land Schleswig-Holstein	34
19.	Land Thüringen	18
20.	DGUV-Regelwerk (BG-Regelwerk)	174
21.	DGUV-Regelwerk (GUV-Regelwerk)	133
22.	techn. Regeln staatl. Ausschüsse	138
23.	AGFW-/DVGW-/DWA-/ATV	16
24.	AGI-Arbeitsblätter	28
25.	AHO-Schriften	15
26.	AMEV-Empfehlungen	42
27.	BMUB-Veröffentlichung	22
28.	DIN/EN/ISO-Normen	453
29.	GEFMA-Regelwerk	98
30.	IFMA-/RealFM-Publikation	11
31.	VDE-Bestimmungen	61
32.	VDI-Richtlinien	268
33.	VDMA-Einheitsblätter	72
34.	VdS-Richtlinien	83
35.	sonstiges Regelwerk	114
	Summen	2.457

Literatur

[Analyse & Konzepte (2008g)] Analyse & Konzepte (Hrsg.): Servicemonitor Wohnen: Ergebnisse 2008; Hamburg 2008.

[BBA (2006R)] Riebel, Volker: IT: extern oder intern?: Strategische Entscheidungskriterien aus der Deutschen Annington Immobilien GmbH: Vortrag am 12. September 2006 anlässlich der ImmoCom in Berlin.

[Bilstein, F. (2008c)] Bilstein, Frank: Glück der Kunden – oft schlecht fürs Geschäft, in: Immobilienwirtschaft (2008), Heft 3, S. 44–45.

[Bilstein, F. (2008d)] Bilstein, Frank: Preisstrategien made in den USA, in: Immobilienwirtschaft (2008), Heft 4, S. 44–45.

[Bogenstätter, U. (2008)] Bogenstätter, Ulrich: Property Management und Facility Management; München 2008.

[DIN 40050-9 1993-05] Straßenfahrzeuge; IP-Schutzarten: Schutz gegen Fremdkörper, Wasser und Berühren; Elektrische Ausrüstung, Deutsches Institut für Normung (Hrsg.): Teil 9, DIN 40050; Berlin 1993.

270 Daten aus [Roedl+Partner 2018].

[DIN EN 60529 2000-09] Schutzarten durch Gehäuse (IP-Code), Deutsches Institut für Normung (Hrsg.): DIN EN 60529; Berlin 2000.

[empirica (1999P)] Pfeiffer, Ulrich; Barden, Sabine; Heckenroth, Meike; Wallraf, Wolfram: Überforderte Nachbarschaften: Problembezogene Maßnahmen zur Bekämpfung und Vermeidung sozialer Erosion in Stadtquartieren: Überblick über Beispiele aus der Praxis; ohne Ort 1999.

[FLL (2009)] Forschungsgesellschaft Landschaftsentwicklung Landschaftsbau (Hrsg.): Empfehlung für die Planung, Vergabe und Durchführung von Leistungen für das Management von Freianlagen – Freiflächenmanagement; Bonn 2009.

[FGSV EAR 05] Göttsche, Schuster: EAR 05 – Empfehlungen für Anlagen des ruhenden Verkehrs; Richtlinie; Köln 2005.

[Fraß, P. (2010a)] Fraß, Patrick: Verkehrssicherungsplanung: Spagat zwischen rechtssicherer Erfüllung der Sorgfaltspflicht und Reduzierung des personellen Aufwands, in: Wohnungswirtschaft_heute (2010), Heft 1, S. 30–33, URL: http://www.wohnungswirtschaft-heute.de/dokumente/EFukoVerkehrssicherungLuwoge.pdf (letzter Aufruf: 04.01.2018).

[Fraß, P. (2011h)] Fraß, Patrick: Entwicklung und Durchführung einer standardisierten Befragung zu den Chancen und Hindernissen mobiler Lösungen in der Wohnungswirtschaft in Kooperation mit der Wohnbau Service Bonn GmbH; Mainz 2011.

[Gawlik, T. (2002)] Gawlik, Tom; Kellner, Joachim; Seifert, Dirk: Effiziente Kundenbindung mit CRM; Bonn 2002.

[GdW (2008k)] Bundesverband deutscher Wohnungsunternehmen (GdW) (Hrsg.): Wohnungswirtschaftliche Daten und Trends 2008/2009: Zahlen und Analysen aus der Jahresstatistik des GdW; Köln u. a. 2008.

[GdW Branchenbericht 3] Bundesverband deutscher Wohnungsunternehmen (GdW) (Hrsg.): Wohntrends 2020, GdW Branchenbericht 3; Hamburg 2008.

[Hildenbrand, P. (2009l)] Hildenbrand, Peter: Verkehrssicherungspflicht praktikabel gemacht: Einführung eines IT-unterstützten Verkehrssicherungssystems bei der „LUWOGE – dem Wohnungsunternehmen der BASF", in: Wohnungswirtschaft_heute (2009), Heft 12, S. 45–49.

[Hinterhuber, H. (2004)] Hinterhuber, Hans H.: Strategische Unternehmensführung: I. Strategisches Denken, 7., grundlegend neu bearb. Aufl.; Stuttgart 2004.

[Hohm, D. (2002k)] Hohm, Dirk; Hoppe, Angela; Jonuschat, Helga; Scharp, Michael; Scheer, Dirk; Scholl, Gerd: Dienstleistungen in der Wohnungswirtschaft: Professionelle Entwicklung neuer Serviceangebote; Dokumentation des Workshops am 14.11.2002, URL https://www.ioew.de/uploads/tx_ukioewdb/Workshopdoku_Dienstleistungen-Wohnungswirtschaft.pdf (letzter Aufruf: 04.01.2018).

[HS-MZ Goletz, M. (2011)] Goletz, Markus: Kosten für IT-Lösungen im Flächenmanagement; Mainz 2011.

[HS-MZ Miller, B. (2010)] Miller, Benjamin: Das kosteneffizienteste Verfahren der Betriebskostenabrechnung; Bachelorarbeit; Mainz 2010.

[IfB DL 2468] Damm, Hans-Thomas: Kosten der Überwachungspflichten: Kostenauswirkungen der Überwachungspflichten der Wohnungsunternehmen im Bestand im Rahmen der Verkehrssicherungspflicht; Hannover 2006.

[LMU-WIM Management Report 1-2008] Hess, Thomas; Mann, Florian: ImmoStudie 2008: Gewerbliche Immobilienvermarktung und die Bedeutung von Immobilienportalen, Nr. 1, LMU-WIM Management Report 1-2008, URL: http://www.immostudie.de/ImmoStudie2008_Ergebnisse.pdf (letzter Aufruf: 04.01.2018).

[Mehlis, J. (2003d)] Mehlis, Jürgen: Bestandsdatenerfassung: Grundlage für ein erfolgreiches Immobilienmanagement, in: Facility Management (2003), Nr. 4, S. 28–31.

[Mehlis, J. (2005e)] Mehlis, Jörg: Analyse des Datenentstehungsprozesses und Entwicklung eines Entscheidungsmodells für eine wirtschaftliche Vorgehensweise bei der lebenszyklusorientierten Immobiliendatenerfassung und -pflege; Dissertation; Leipzig 2005.

[Obermann, O. (2002)] Obermann, Oliver; Wilhelm, Thomas: Immo-Media-Research 3: Die große Analyse des Immobilienmarktes im Internet; Wiesbaden 2002.

[Obermann, O. (2007j)] Obermann, Oliver: Das Internet hat gedruckte Tageszeitung bei der Immobilienvermarktung verdrängt, in: Die Wohnungswirtschaft (2007), Heft 10, S. 30–31.

[Pech, A. (2005)] Pech, Anton; Jens, Klaus; Warmuth, Günter; Zeininger, Johannes: Parkhäuser – Garagen: Grundlagen, Planung, Betrieb; Heidelberg u. a. 2005.

[Roedl+Partner 2018] Rödl & Partner (Hrsg.): Regelwerkskategorien selektieren, URL: www.roedl.de/de-de/de/dienstleistungen/rechtsberatung/facility-management-recht/reg-is/publishingimages/regelwerke_selektieren.jpg (letzter Aufruf: 04.01.2018).

[Schneider, W. (2008)] Schneider, Willy: Profitable Kundenorientierung durch Customer Relationship Management (CRM); München 2008.

[Sinus Sociovision (2014)] Sinus Sociovision (Hrsg.): Digitale Sinus-Milieus; 2014, URL: http://www.sinus-institut.de/sinus-loesungen/digitale-sinus-milieus/ (letzter Aufruf: 27.02.2017).

8.6 Auf dem Weg zum extern integrierten Informationsmanagement

Ulrich Bogenstätter

Die Erfindung des Computers (1938) wird Konrad Zuse (1910–1995) zugerechnet. 60 Jahre danach trat das Internet seinen Siegeszug an. Ende Mai 2009 beschrieb ein Artikel in der WirtschaftsWoche den Niedergang einer langen Tradition, wonach sich das Briefaufkommen durch rechtssicheren E-Mail-Verkehr („De-Mail") mittelfristig um 30 % reduzieren würde.[271] 2017 sprechen die Zahlen eine deutliche Sprache. In Bezug auf Tradition und Wandel stellen sich auch Fragen wie z. B.: Steht die lange Tradition der Kirche nicht im Widerspruch zu den rasanten Veränderungen, die durch IT ausgelöst werden? Hier lautet die Antwort: nein. Neue Strategien müssen auch in der Kirche umgesetzt werden, dazu gehören effiziente Prozesse und nutzenstiftende IT-Werkzeuge.

Nur ist der IT-Markt mit unterschiedlichsten IT-Lösungsanbietern und IT-Lösungen unterwegs. Eine nicht abschließende Darstellung der IT-Anbieter ist in der Landkarte der IT-Systeme (s. Abb. 8.92) dargestellt. Letztlich wird der Gesamtmarkt von einigen wenigen großen IT-Lösungsanbieter bestimmt. Ihre Schwerpunkte und ihre Heimat sind unterschiedlich. Der Branchenbezug wird in dem Schaubild andeutungsweise berücksichtigt (s. Abb. 8.93).

Einerseits gibt es die CAD-Welt (autodesk, Bentley, Emerson, Nemetschek & Co.), die GIS-Welt (trimble & Co.), die Gebäudeautomation-Welt (Johnson Control, Siemens & Co,), Standard-Softwarelieferanten (Microsoft, Oracle & Co.), betriebliche Software (SAP & Co.), die wohnungswirtschaftliche Welt (Aareon & Co.) sowie eine Wärmemessdienstleistungswelt (ista, minol, techem & Co) sowie Bankwelten. Die Schriftgröße entspricht – soweit ermittelbar – der Unternehmensgröße nach Anzahl der Mitarbeiter.

Andererseits gibt es eine Vielzahl von Branchenlösungen. Die Herausforderungen der Immobilienwirtschaft verlangen nach IT-Unterstützung. Der IT-Anbietermarkt ist segmentiert nach Bauträgerlösung, Energiemanagement, FM-Dienstleister, Gebäudeautomation, Geoinformation, Kirchen, Makler, Portfoliomanagement, Liegenschaftsmanagement, Wertermittlung und Wohnungswirtschaft. Überschneidungen sind häufig und deuten die Integrationsfähigkeit vielfältiger Geschäfts- und Verantwortungsfelder an.

Außerdem gibt es Kooperationen zwischen den IT-Unternehmen, z. B in der Building-Smart-Initiative (dick gestrichelt) oder dem CAFM-Ring (dünn gestrichelt).

8.6.1 Horizontale IT-Integration – CAD, CAFM, GIS und ERP

Während das digitale Planmanagement aus dem CAD (vgl. Kap. 8.4.3) vornehmlich Vektordaten, das Raum- und Gebäudebuch (s. Kap. 8.4.5) insbesondere alphanumerische Daten (Sachdaten) eines Objekts verwendet, können Vektordaten und objektbezogene Daten mit Anwendungsprogrammen verknüpft und visualisiert werden. Derartige Anwendungsprogramme werden hier als Computer-Aided-Facility-Management-Systeme (CAFM) bezeichnet. Dies widerspricht der herrschenden Lehrmeinung, die kaufmännische, technische oder infrastrukturelle Funktionen im gewerblichen Immobilienmanagement den CAFM-Anwendungen zuordnet. Da dies zu den unternehmerischen Kernprozessen gehört, wird hierfür der Ausdruck Enterprise-Resource-Planning-System (ERP-System) verwendet. CAFM-Systeme können daher auch ERP-Systeme sein. Das ERP-System ist gegenüber anderen Anwendungen i. d. R. führend. Mithilfe von CAFM hingegen können z. B. Zuordnungen von Flächen zu Kostenstellen, Reinigungsflächen nach Leistungspositionen oder die Verteilung von Brandmeldern und deren Wartungszyklen visualisiert und gepflegt werden. Das CAFM-System wird grafisch, das ERP-System alphanumerisch dargestellt. CAFM dient hier primär der Visualisierung von Sach- und Vektordaten auf der Objektebene.

271 Siehe WirtschaftsWoche Nr. 23 2009, S. 54.

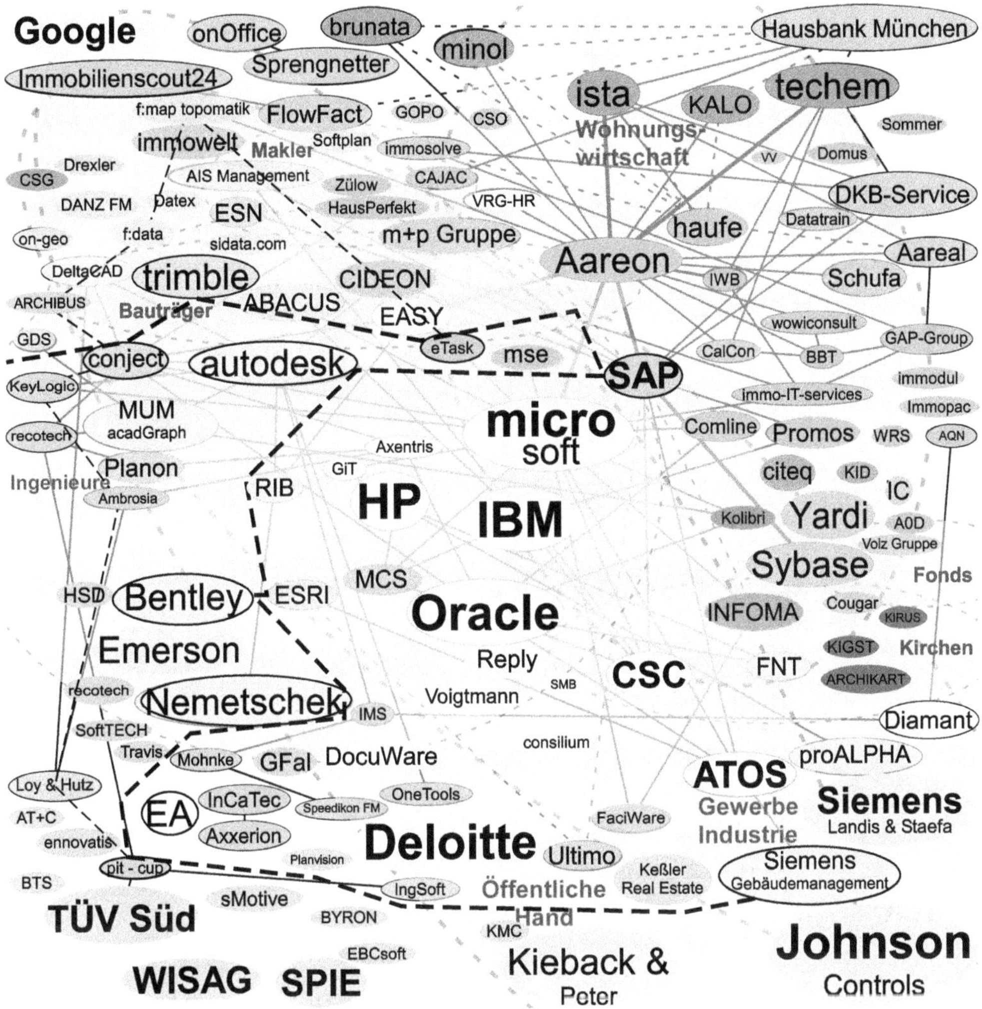

Abb. 8.92: Landkarte der IT-Systeme.[272]

Wird die Verknüpfung und Visualisierung mit Bezug auf das räumliche Umfeld vorgenommen, so sind hier Geoinformationssysteme (GIS) gemeint. Mithilfe eines Geoinformationssystems lassen sich neben den Merkmalen eines Objekts im Raum- und Gebäudebuch die Umgebung und das Gebäude selbst räumlich digital erfassen, reorganisieren, modellieren, analysieren und alphanumerisch und grafisch im Kontext anderer Daten präsentieren. Ein Geoinformationssystem bietet die Visualisierung von Sach- und Vektordaten im Koordinatensystem der Erde. Ihren Ursprung finden GIS-Systeme u. a. im Vermessungswesen. Allgemein bekannte Anwendungsmöglichkeiten sind Navigationsgeräte oder Funktionen von Google Earth. Hierzu werden neben Hard- und Software GIS-Systeme als Anwendungsprogramme und geokodierte, meist käuflich zu erwerbende Da-

272 Vgl. u. a. Bogenstätter, U.: Immobilieninformationssystem für das kirchliche Immobilienmanagement, in: [ES-WiD (2009)], Kapitel 2/VI.

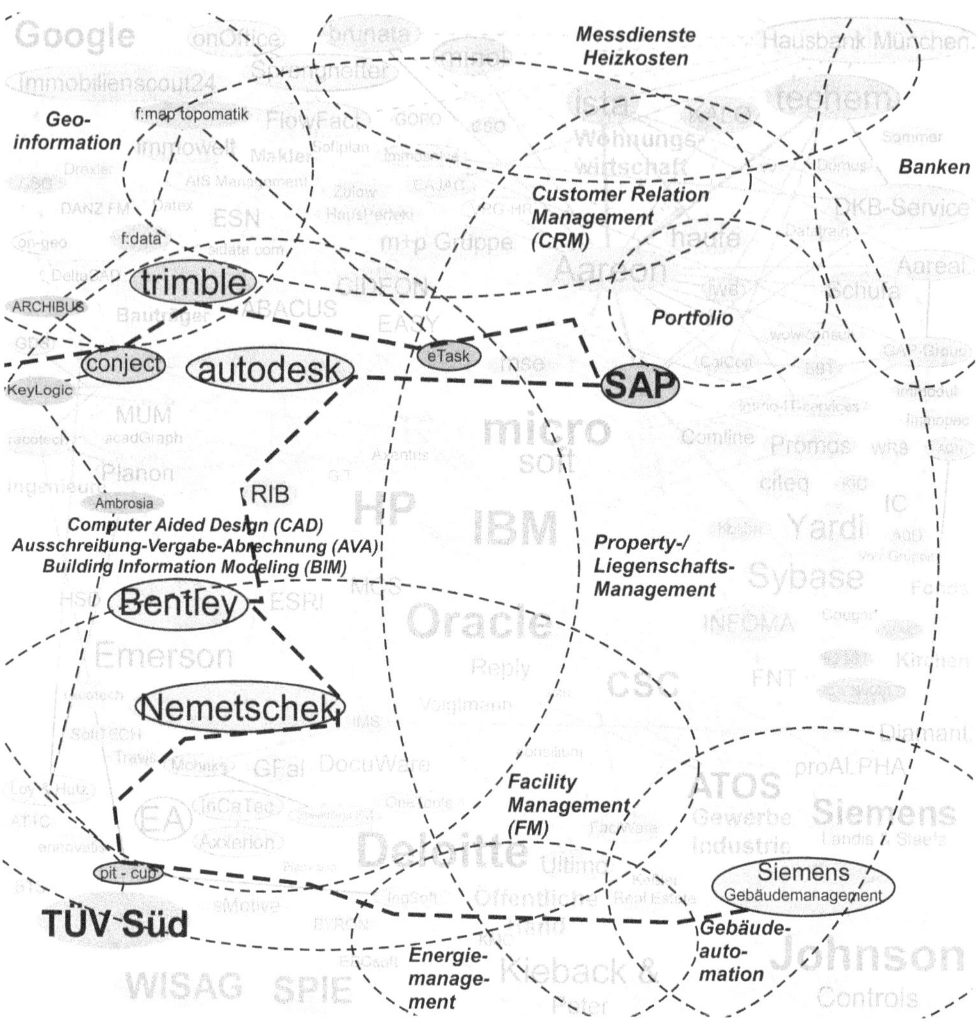

Abb. 8.93: Landkarte der IT-Lösungsanbieter.[273]

ten (Geodaten) eingesetzt. Bei Geodaten werden drei Dateitypen unterschieden: Vektor-[274], Raster- und Sachdaten. Rasterdaten werden i. d. R. durch Aufnahmen aus der Luft gewonnen und dienen insbesondere zur Dokumentation in Form von Bildern oder generell als Multimediadaten.

Zum Kauf werden z. B. topografische Karten als Vektorzeichnungen oder als Rasterdaten angeboten, z. B. die Deutsche Grundkarte (DGK) oder Karten der Landesvermessungsämter. Der Zugang zu öffentlichen Geodaten der öffentlichen Hand ist im Geodatenzugangsgesetz von 2009 geregelt. Das Geodatenzugangsgesetz ist quasi die Antwort auf die europäische INSPIRE-Richtlinie (Infrastructure for Spatial Information in Europe) (2007), die die Schaffung einer europaweiten Geodateninfrastruktur zum Ziel hatte.

273 Vgl. u. a. Bogenstätter, U.: Immobilieninformationssystem für das kirchliche Immobilienmanagement, in: [ESWiD (2009)], Kapitel 2/VI.

274 Vgl. Kapitel 8.4.1.

Vektordaten werden durch geodätische Aufnahmen- und Berechnungsverfahren, Digitalisierung von Karten oder durch Konstruktion am Arbeitsplatz gewonnen. Einsatzgebiete für Vektordaten sind z. B. Bodenrichtwertkarten, Flächennutzungspläne, Bebauungspläne, Liegenschaftskataster, Leitungsdokumentationen u. v. m. Sachdaten werden als thematische Daten oder Attribute bezeichnet. Dazu gehören nicht geometrische Elemente aus Text und/oder Zahlen wie z. B. Messwerte oder Eigenschaften oder auch Daten aus dem ERP-System eines Immobilienunternehmens. GIS-Systeme werden schon lange bereitgestellt, haben sich allerdings bisher nur als Nischenprodukt durchsetzen können. Anwendungen sind in allen Geschäftsbereichen möglich.

Portfoliostrategie

Thematische Zusammenhänge lassen sich großräumlich problemlos darstellen. So können Strukturdaten oder statistische Auswertungen in ihren räumlichen Kontext gestellt werden. Für das kirchliche Immobilienmanagement können z. B. territoriale Grenzen von Landeskirchen oder Kirchengemeinden anschaulich dargestellt werden. Die Routen der Pfarrer und Pastoren können hinsichtlich der Gottesdienste oder die Kirchengebäude nach den Routen der Pfarrer und Pastoren optimiert werden. Die Planung von Routen der Vertriebsmitarbeiter oder Hausmeister ist im gewerblichen Immobilienmanagement durchaus lohnend, kann damit doch die Personalplanung unterstützt werden. Ebenso ist die Verteilung der Kirchenglieder auf der Grundlage des Meldewesens von besonderem Interesse. Denkbar, aber nicht immer gewünscht, ist die Darstellung des Zusammenhangs zwischen den Gebäuden aus dem Liegenschaftswesen, den Kirchenmitgliedern und dem Spendenaufkommen.

Asset-Management

Beispielsweise kann die räumliche Verteilung der Konkurrenz oder die Verteilung des Objektbestands eines Immobilienunternehmens für eine Portfoliobetrachtung des Bestands dargestellt werden. Ebenso können Immobilienbewertungen durch Makro- und Mikroanalyse, Wettbewerbs- und Potenzialanalysen unterstützt werden, z. B. durch eine Analyse der Wohnungsmieten in einem Postleitzahlenbereich. Die Bereitstellung von Bodenrichtwerten für Bauland oder land-/forstwirtschaftlich genutzte sowie sonstige Flächen im Land Nordrhein-Westfalen (Bodenrichtwertinformationssystem – BORIS, s. Abb. 8.94) kann problemlos abgefragt werden. Die Gutachterausschüsse für Grundstückswerte stellen ein Informationssystem zur Verfügung (www.gutachterausschuesse-online.de/).

Ebenso können Objektfotos mit Straßenbezeichnungen ohne viel Aufwand aus dem Internet dargestellt werden. Hierzu eignen sich Internetportale wie z. B. Microsoft Live Search Maps oder Google Earth. Diese Bilder lassen sich bei einer automatisierten (Einfach-)Immobilienbewertung, für Objektsteckbriefe oder Objektbilddatenbanken nutzen.

Property-Management/Facility-Management

Bebaute und versiegelte Flächen können erfasst, dargestellt, berechnet und analysiert werden, um z. B. die Abwassergebühren nach tatsächlich versiegelter Fläche zu fassen und so ggf. zu optimieren. Ebenso kann die Verteilung der Hauswarte im räumlichen Kontext hinsichtlich Wegstrecken und Fahrzeiten optimiert werden. Objektbilder sind in Verbindung mit Themenkarten bei der Vermietung in der Objektbewirtschaftung nützlich. Zustände von Objekten können vereinfacht ermittelt werden und Grunddaten für weitere Fachanwendungen können ohne örtliche Besichtigungen erfasst werden.

Der Zeitaufwand für Objektbesichtigungen oder Recherchen kann damit erheblich reduziert werden. Eine Anbindung an ERP-Systeme ist daher wünschenswert.

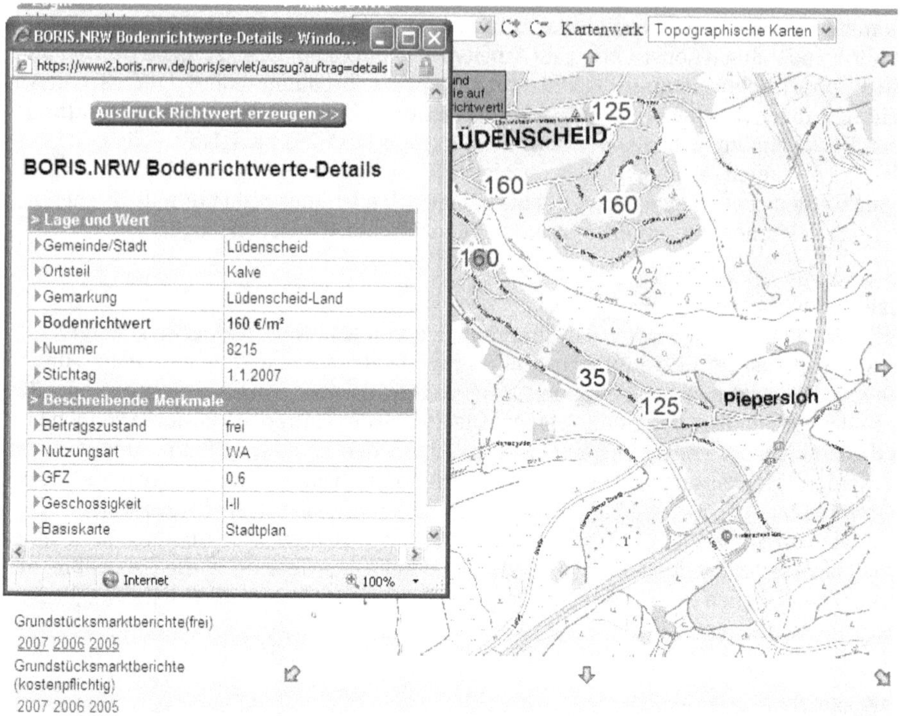

Abb. 8.94: Auszug aus der Bodenrichtwertkarte der Stadt Lüdenscheid.[275]

Gleichwohl gilt es, diese Fachanwendungen sinnvoll operativ zu integrieren (horizontale Integration): Neben dem führenden IT-System – nur ERP, nur CAFM, ERP & CAFM, mit gemeinsamer oder getrennter Buchhaltung oder etwas ganz anderes – gibt es viele kaufmännische, technische, infrastrukturelle oder übergreifende IT-Module, Add-ons – und den Menschen (vgl. Abb. 8.95). Die Herausforderung dabei ist, die Vorteile der jeweiligen Systeme zu integrieren. Betriebliche Anforderungen sind weitgehend über ERP-Systeme (Basissystem) und ggf. durch zusätzliche Module oder Programme abzudecken. Zu den betrieblichen Anforderungen gehören u. a. Finanz- und Rechnungswesen, Personalwirtschaft, Materialwirtschaft, Produktion und Vertrieb. Zu den weltweit führenden ERP-Herstellern mit einem Marktanteil von über 50 % gehören SAP, Oracle und Microsoft. CAFM-Systeme können unterstützend wirken, wenn es sich um Dokumentations-, Flächen-, Instandhaltungs-, Medien-, Reinigungs-, Umzugs-, Vertrags- und Zutrittsmanagement handelt. Es ist allerdings damit zu rechnen, dass die ERP-Hersteller diese Themen weiter adaptieren, soweit sie dies nicht bereits mittels Schnittstellen getan haben.

8.6.2 Vertikale IT-Integration – CRM und Schnittstellen für die Führung

Strategische Fragestellungen lassen sich jedoch in den seltensten Fällen durch operative IT-Systeme beantworten. Der Einsatz von Auswertungs- und Analyse- und Planungswerkzeugen ist daher unverzichtbar. Dabei lassen sich drei Arten von IT-Systemen unterscheiden: mengen- und wertori-

275 Stadt Lüdenscheid (s. [www.boris.nrw.de/bodenrichtwerte/index.php], letzter Aufruf: 17.03.2008).

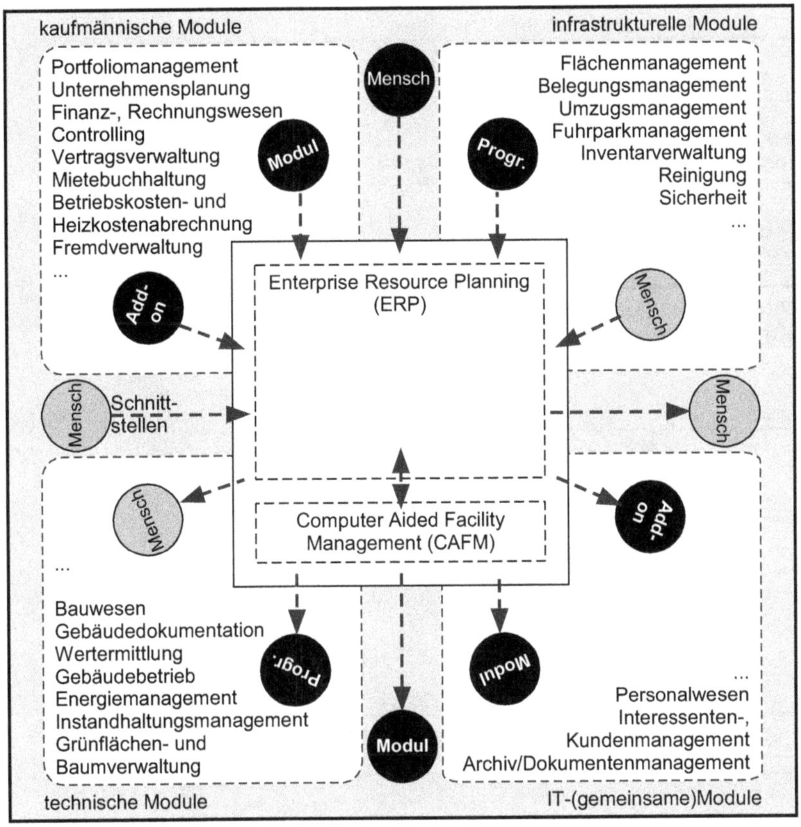

Abb. 8.95: Integration in die IT-Landschaft eines Unternehmens.[276]

entierte IT-Systeme (operative Systeme), Berichts-, Planungs- und Kontrollsysteme sowie langfristige Planungs- und Entscheidungssysteme (vgl. Abb. 8.96). Da hierfür unterschiedlichste IT-Lösungen im Einsatz sind, sind besonders die Schnittstellen zu beachten. Strategische Fragen müssen aus den operativen IT-Systemen ausgewertet, analysiert und die Entwicklung des Immobilienunternehmens und einzelner Immobilien muss geplant werden können. Selten kann eine IT-Lösung alle Fragen vollständig beantworten.

Hierzu ist eine kompatible IT-Landschaft (s. Abb. 8.113) und ein effizientes Reporting aus den vorhandenen Daten bereitzustellen, denn die Grundlagen für Entscheidungen sind Daten und deren Analyse.

Unstrittig sollte daher sein, dass in einem Immobilienunternehmen sowohl eine vertikale als auch eine horizontale und phasenübergreifende (zeitliche) Integration in eine IT-Lösung angestrebt werden muss. Der Schwerpunkt liegt hier zunächst bei den unternehmenseigenen Daten. Externe Daten anderer Unternehmen sind hier (noch) nicht integriert.

276 Quelle: eigene Darstellung.

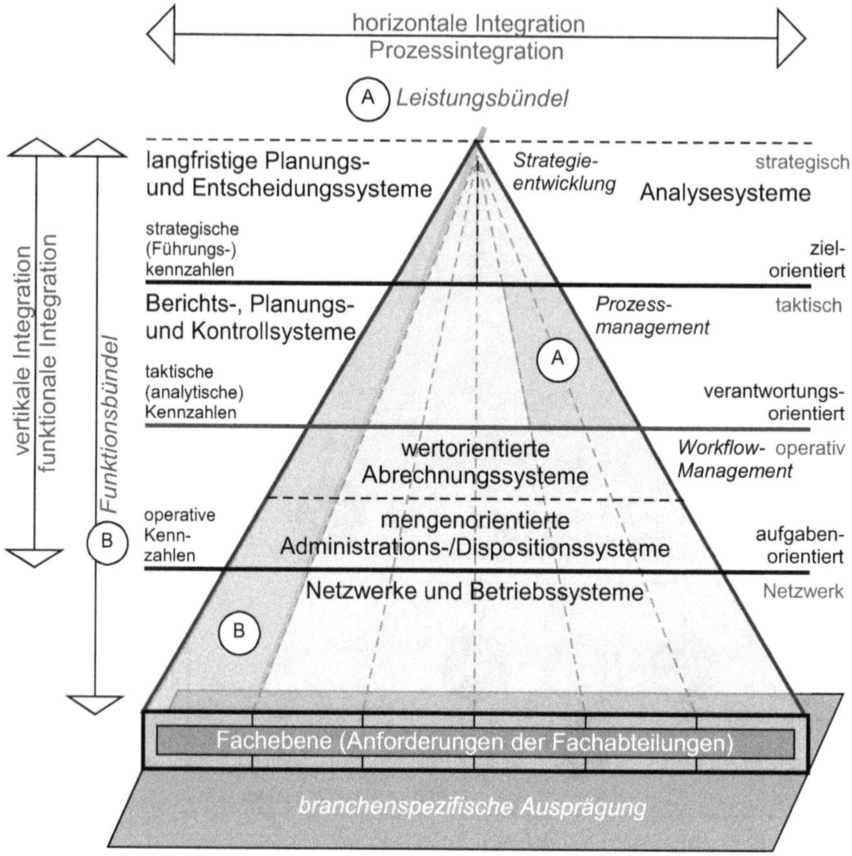

Abb. 8.96: Aufbau eines Unternehmenssystems.[277]

8.6.3 Interne IT-Integration: Daten gibt es genug!

Während der A-bis-Z-Bearbeitung im Lebenszyklus von Immobilien fallen Daten und Informationen in unterschiedlichen Modulen/Programmen/Systemen an. Das betrifft alle Phasen, von der Projektentwicklung (Entwickeln) bis zum Abriss (Beseitigen). Auch die unterschiedlichen Fachabteilungen sind im Lebenszyklus zu berücksichtigen: die Geschäftsführung, die technische und kaufmännische Abteilung und auch die Objektbewirtschaftung. Die Integration der Daten erfolgt daher nicht nur horizontal und vertikal, sondern auch phasenübergreifend. In Abbildung 8.97 sind die Integrationsmöglichkeiten beispielhaft aufgezeigt.

In der Projektentwicklung wird die Projektplanung in CAD-Systemen grafisch angelegt und für weitere Phasen genutzt. Von Beginn an erfolgt die Projektabwicklung auch mit extern am Bau Beteiligten in Projekt-Kommunikation- und -Management-Systemen (PKMS), auch bekannt als virtuelle Projekträume. Während der bzw. nach erfolgter Planung wird mit den CAD-Informationen die Grundlage für die Leistungsbeschreibungen in den Ausschreibung-Vergabe-Abrechnung-Systemen (AVA) gelegt. Der Ausschreibungsprozess wird digital über externe Ausschreibungsplattformen ab-

277 Vgl. [Scheer, A. (1990)], S. 34.

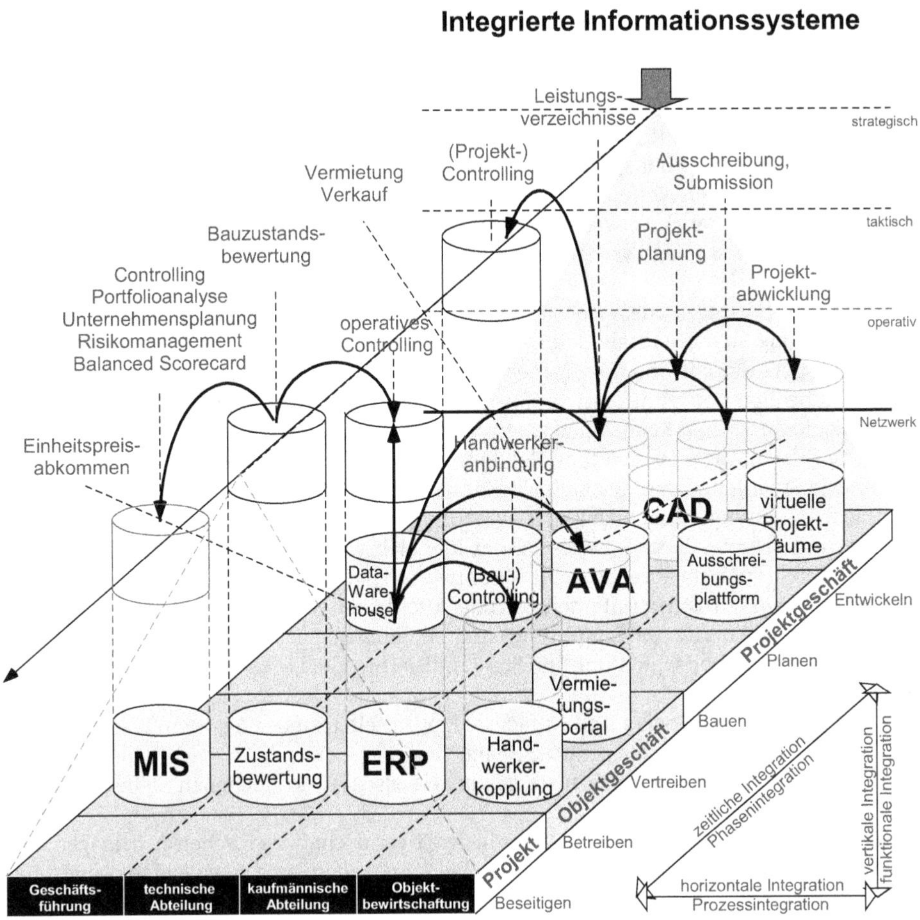

Abb. 8.97: Datenintegration.[278]

gewickelt. Begleitet wird das Projekt intern durch ein operatives (Bau-)Controlling und ein strategisches (Projekt-)Controlling. Die bestehenden Daten werden aus den CAD- und AVA-Systemen in das Enterprise-Resource-Planning-System (ERP) übergeleitet. Flächenmerkmale und Ausstattungsmerkmale stehen u. a. für den Vermarktungsprozess im Vermietungsportal zur Verfügung. Sie werden für Leistungskataloge (Einheitspreisabkommen) zur Abwicklung der Instandhaltungsaufträge mit der Handwerkerkopplung genutzt. Aus dem ERP werden Informationen an das Data-Warehouse übergeleitet und strategische Informationen für ein operatives Controlling durch das Immobilienunternehmen generiert. In das Data-Warehouse fließen Informationen zur Zustandsbewertung ein. Sämtliche Informationen aus dem ERP-System und dem Data-Warehouse sind die Grundlage für das Management-Informations-System (MIS). Dieses steht für Controlling, Portfolioanalyse, Unternehmensplanung, Risikomanagement oder die Balanced Scorecard zur Verfügung.

278 Quelle: eigene Darstellung.

8.6.4 Interne Schnittstellen und Datenfluss im Unternehmen

Neben dem Branchenbezug ist bei einer IT-Lösung auch die Art der Anbindung an das Unternehmen bei räumlicher oder organisatorischer Verteilung zu unterscheiden. Beispiel Kirche: Eine direkte Anbindung an eine zentrale Datenverarbeitung (ERP: z. B. Navision oder SAP) kann sinnvoll sein, um beispielsweise Haushaltspläne den räumlich verteilten Dienststellen (Kirchengemeinden) über (Web-)Services zur Verfügung zu stellen. Programm- oder Modulerweiterungen (Addons) und Mobile Services können erweiterte Funktionalitäten bieten, ohne dabei die Vorteile einer Integration in das ERP-System zu verlieren, z. B. für wohnungswirtschaftliche Betriebskostenabrechnungen.

Davon sind Insellösungen oder eigenständige ERP-Systeme zu unterscheiden, die nicht zwingend eine Anbindung an die zentrale Datenverarbeitung benötigen, z. B. das Belegungsmanagement bei Bildungsstätten mit Unterkunft. Die Darstellung von Belegungsraten ist für solche Bildungsstätten unbedingt notwendig, auf der Ebene einer Sozialeinrichtung oder Landeskirche im Vergleich zu kaufmännischen Kennzahlen aber von geringerem Wert.

Bei einer größeren Anzahl von dezentralen Einrichtungen sind Insellösungen i. d. R. nicht erstrebenswert, da Fragestellungen der Außenstellen ähnlich gelagert sind, z. B. zum Wirtschaftsplan, zur Haushaltplanung, zum Einkauf usw. Das Vorhalten von IT-Lösungen in jeder Außenstelle ist unrentabel und zu teuer. (Web-)Services können hier Mehrwerte für die Immobilienverantwortlichen, insbesondere auch für ehrenamtliche Verantwortungsträger, bieten.

In der Praxis befinden sich in Unternehmen oder kirchlichen Organisationen die unterschiedlichsten IT-Systeme im Einsatz. Die Einführung einer immobilienspezifischen Software bietet eine gute Gelegenheit zur Bestandsaufnahme und Standardisierung der IT-Systeme, was auch aus Kostengründen sinnvoll ist.

Trotz modernster Technologien sind einfachste Fragen selten zu beantworten: Was kostet das IT-System? Wie oft wird es von wem genutzt? Selten sind die gewünschten Daten in direktem Zugriff verfügbar. Sind sie verfügbar, liegen sie möglicherweise an verschiedenen Stellen (verteilte Informationssysteme) nicht digital vor.

Tatsächlich sind vielfach verstreute Systeme in der IT-Landschaft der Kirchen zu beklagen. Daten werden in unterschiedlichen Organisationseinheiten gehalten, sind unvollständig und/oder unzureichend konsolidiert. Transparenz wird meist von anderen gefordert, doch selten für die eigene Organisation gewünscht, weil der Mehrwert selten erkannt wird, nämlich der, eine Grundlage zur Priorisierung von Mitteln und Entscheidungshilfen zu haben. Angesichts der Herausforderungen werden jedoch Daten benötigt, die in zunehmend kürzeren Abständen für komplexer werdende Entscheidungen aktualisiert werden müssen. Das Management, ob Bauausschuss der Kirchengemeinde oder Baudezernent der Landeskirche, benötigt aussagekräftige Informationen durch die IT zur richtigen Zeit.

Theoretisch ist der Datenfluss einfach zu beschreiben. Für die IT-Lösung ist es gleichgültig, wie die verteilten Informationssysteme organisiert werden. Die innerbetrieblichen Datenflüsse verteilter Informationssysteme sind zu definieren und so anzulegen, dass die Verteilung von Informationen in jede Richtung möglich ist.

In der Praxis unterliegt der interne Datenfluss einem regelmäßigen Störfeuer. Bei Störfeuer (1) und (2) in Abbildung 8.98 werden Daten intern nicht weitergeleitet, da der Mehrwert der Informationslieferung von den übergeordneten Organisationseinheiten nicht vermittelt werden kann. Vielmehr kann die Sorge ungewollter Transparenz oder Vergleichsmöglichkeiten bei den nachgeordneten Organisationseinheiten zu einer Abwehrhaltung führen, etwa Transparenz bei der Mittelvergabe oder Priorisierung der Mittel, da es den eigenen Handlungsspielraum einengt. Daneben erschwert Störfeuer (3) den Zugriff, z. B. durch die Datenverteilung in unterschiedlichen Organisationseinheiten, fehlende Schnittstellen zwischen den Datenbanken, die unzureichende Konsolidierung der Daten oder Einschränkungen der Verwendung durch das Datenschutzgesetz. Selbst bei gutem Willen der Beteiligten ist es vielfach nicht möglich, die Daten für die gewünschten Aus-

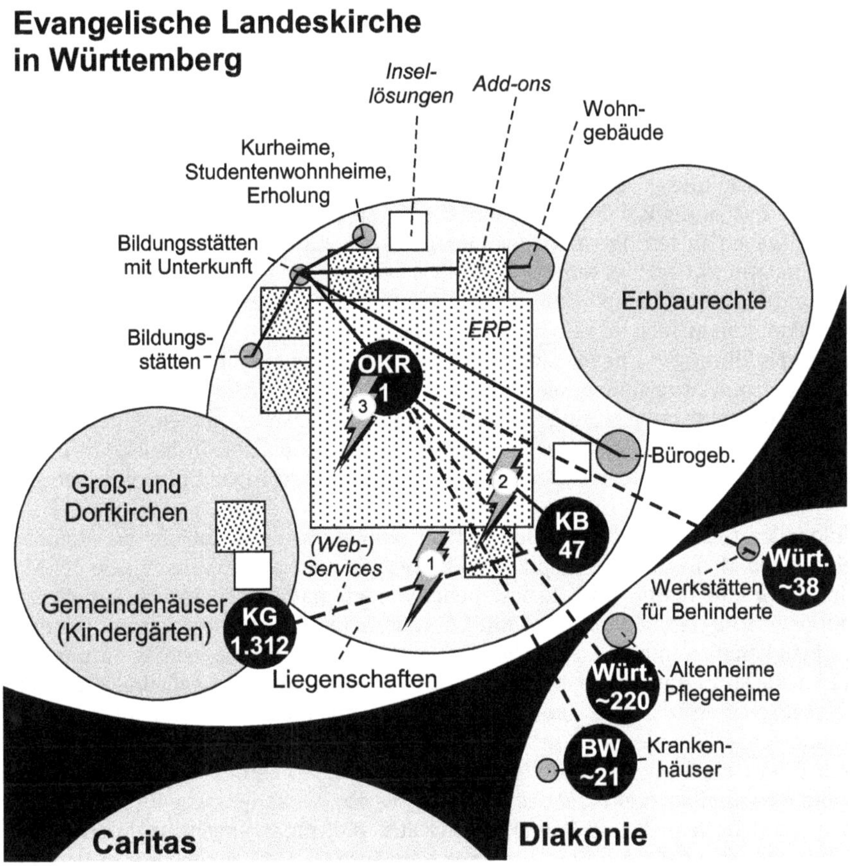

Abb. 8.98: Möglicher Informationsfluss zwischen Ev. Landeskirche, Caritas und Diakonie.[279]

wertungs- und Vergleichsmöglichkeiten einfach, zeitnah und verständlich bereitzustellen. Die Abbildung zeigt aber auch, dass der Gebäude- und Datenpool von der Ev. Landeskirche, Caritas und Diakonie in diesem Beispiel für ein professionelles Immobilienmanagement grundsätzlich groß genug wäre oder zumindest wesentlich erweitert werden könnte.

8.6.5 Schnittstellen und Datenfluss zu externen Unternehmen

Der digitale Datenmangel betrifft auch den Datenaustausch mit externen Unternehmen.[280] Für Entscheidungsgrundlagen werden aggregierte Informationen benötigt, die aus digitalen Prozessen im Zusammenspiel mit externen (Geschäfts-)Partnern abgeleitet werden können, die ihrerseits mit unterschiedlichsten IT-Systemen arbeiten. Die Daten müssen intelligent verknüpft werden, um Informationen automatisch und schnell zu generieren. Online-Abrechnungen von Mobilfunkanbietern und Online-Banking sind Indikatoren, dass es funktioniert.

279 Quelle: eigene Darstellung; Erläuterung der Abkürzungen: Oberkirchenrat (OKR), Kirchenbezirk (KB), Kirchengemeinde (KG), Baden-Württemberg (BW), Württemberg (Württ.).

280 Vgl. [Nefiodow, L. (2001)], S. 3, 133.

Wo ist also der Bedarf an (neuen) ERP-Systemen? Auch die Immobilienwirtschaft leidet unter erheblichem Kostendruck und Zeitmangel. Nach den Ergebnissen der GdW-Studie ist angesichts steigender Leerstandsquoten im Osten und Erlösschmälerungen im Allgemeinen der Kostendruck für die Wohnungswirtschaft keine Streitfrage. Zeitmangel? Selten finden sich in einem Unternehmen die Ressourcen, die benötigt werden, um die Entscheidungsgrundlagen für die strategische Unternehmensführung und (neue) Ziele zu erarbeiten.

Den Unternehmen in allen Branchen der Immobilienwirtschaft bleiben grundsätzlich zwei Strategien, um dem Kostendruck zu begegnen und die Erlöse zu steigern: die Einnahmen zu erhöhen oder die Ausgaben zu verringern. Vielfach wurde bereits hart mit den Zulieferern, Dienstleistungsunternehmen und Handwerkern verhandelt, nicht rentable Unternehmenszweige wurden ausgelagert und das Immobilienportfolio zunehmend auf Vordermann gebracht. Oftmals wird die natürliche Fluktuation genutzt, um Personalkosten zu reduzieren.

Doch auch die Einführung von neuen Methoden kann helfen, die Ausgaben zu reduzieren und die Zeit für neue Aufgaben zu gewinnen. Die arbeitsintensive und händische Erfassung von Daten entfällt, sie können digital verarbeitet und als Informationen ausgewertet werden. Eine Methode ist die Rationalisierung: Aus Sicht der IT stecken Rationalisierungspotenziale insbesondere in sich wiederholenden, gleichen oder leicht variierenden Prozessen im Umgang mit digitalen Informationen.

Den traditionellen Geschäftsprozessen ist vielfach gemein, dass die Abläufe aus Sicht der Datenverarbeitung von Medienbrüchen geprägt sind, die viele manuelle Arbeitsschritte der Mitarbeiter erzwingen. Gründe hierfür sind die bestehende Ablauforganisation eines Unternehmens und die traditionelle Art, Geschäftsprozesse mit internen Mitarbeitern und externen Partnern abzuwickeln. Hinzu kommen interne Zuständigkeiten und Befindlichkeiten. Externe Partner gibt es viele, etwa Dienstleistungsunternehmen und Handwerksunternehmen, Ingenieure, Behörden, Versicherungsgesellschaften und viele andere. Mehrere Fachabteilungen sind fachübergreifend involviert. So unterschiedlich sie erscheinen, bei Baumaßnahmen jeglicher Art sind klassische Abteilungen zur Bewirtschaftung (laufende Instandhaltung) ebenso berührt wie technische Abteilungen (geplante Baumaßnahmen) und das Rechnungswesen. Veränderungen lösen bei vielen Menschen zunächst Betroffenheit und Zurückhaltung aus. Die Anpassungen im Unternehmen sind daher behutsam vorzunehmen. Die Akzeptanz wird in dem Maß zunehmen, in dem die neuen Verfahren den Markt durchdringen.

Derartige Lösungsansätze sind grundsätzlich nicht neu. Die zunehmende Integration auch von externen IT-Systemen in ERP-Systeme der Unternehmen ist das Ergebnis einer langjährigen Entwicklung: Nach ersten Ansätzen der Interaktivität auf den eigenen Internetseiten bieten diese IT-Systeme den Wohnungsunternehmen inzwischen 1:1-Beziehungen zu den externen Partnern, Geschäftspartnern ebenso wie Kunden. Entscheidend ist die Überwindung der Medienbrüche und die digitale Datenübertragung über die eigenen Unternehmensgrenzen hinweg.

Die Integration externer IT-Systeme in das ERP-System des Immobilienunternehmens ist nach wie vor nicht Standard im Immobilienmanagement. Das ist teilweise begründet in der mangelnden Marktdurchdringung und in mangelnden einheitlichen Standards bei unterschiedlichen, stets neuen Partnern. Aus Sicht der Datenverarbeitung handelt es sich meist um „einsame Inseln" ohne Verbindung über die Grenzen des Unternehmens hinweg. Eine anerkannte gemeinsame Plattform ist das Internet. Die bereits genannten Studien zeigen die hohe Verbreitung der technischen Voraussetzungen auch bei den Handwerksunternehmen.

Beispiel Handwerkerkopplung:[281] Dabei wird die Auftrags- und Rechnungsabwicklung zwischen Auftraggeber und Handwerker ausschließlich digital vollzogen. Es ist grundsätzlich gleichgültig, mit welchem IT-System aufseiten des Auftraggebers gearbeitet wird. Die Abwicklung erfolgt

281 Vgl. Kapitel 8.5.5.

über ein Internetportal oder über Web-Services im direkten Kontakt mit dem Handwerksbetrieb. Über die digitale Abwicklung können neben den Handwerksbetrieben auch Regiebetriebe oder Subunternehmer angeschlossen werden, sodass die Daten, einem Staffellauf vergleichbar, digital weitergereicht werden. Der Nutzen der Integration lässt sich quantitativ belegen (vgl. Kap. 8.7.7). Integration rechnet sich. In Abbildung 8.120 ist die Amortisationszeit für ein Wohnungsunternehmen mit 10.000 Mieteinheiten dargestellt. Der Autor kommt bei konservativer Berechnung auf eine Amortisationszeit von 1,5 Jahren. Eine Amortisationszeit von sieben Monaten lässt sich bei einzelnen Wohnungsunternehmen feststellen, und dies nur angesichts der Möglichkeiten, die Daten als Informationen auszuwerten, Fehler zu vermeiden und Entscheidungssicherheit zu schaffen. Gründe für unterschiedliche Amortisationszeiten sind in unterschiedlichen Arbeitsabläufen begründet, ob beispielsweise Rahmenverträge oder Zufallsgeneratoren zur Rechnungsprüfung genutzt werden.

Nach der gleichen Systematik können auch Messergebnisse, Rechnungen der Energieversorgungsunternehmen, Umlagen- und Betriebskostenabrechnungen, (Gebühren-)Bescheide, Rechnungen zu Abfall, (Ab-)Wasser oder Straßenreinigung (z. B. der Stadtwerke) verarbeitet werden. Tatsächlich werden viele Daten (aufbereitete Rohdaten) und Informationen IT-gestützt erzeugt, z. B. als Bescheide, Aufträge oder Rechnungen. Der IT-gestützte Datenfluss wird, wie bereits ausgeführt, aber vielfach durch Medienbrüche (z. B. Postweg, fehlende Schnittstellen oder mangelhafte Kompatibilität) gestört. Die Integrationsmöglichkeiten werden in Abbildung 8.99 beispielhaft als IT-Schnittstellen zu externen Unternehmen dargestellt. Auf diese Weise ist die Nutzung externer Daten möglich und dies wird zunehmend an Bedeutung gewinnen, wenn entsprechende Fallzahlen Effizienzgewinne bei Prozessabläufen auf beiden Seiten erwarten lassen. Beispielhaft werden hier Rechnungen oder Messergebnisse der Energieversorger angeführt, die als Massenprozess sowohl kaufmännische Daten (Rechnungswert) als auch technische Daten (Verbrauch) beinhalten, die für ein Energie-Controlling sinnvoll sein können. Idealerweise führt der automatisierte Datenaustausch zur einer Veredelung im Sinne von angereicherten Informationen.

Der letzte Puzzlestein, was Verträge betrifft, ist die elektronische Signatur, die der händischen Unterschrift gleichzusetzen ist. Zwar hat der Gesetzgeber hierzu die Grundlagen geschaffen, doch nicht jeder externe Partner verfügt über ein (kompatibles) Lesegerät. Und die Preispolitik der Anbieter ist zumindest diskussionswürdig. Durch geeignete Teilprozessschritte lassen sich heute juristische Notwendigkeiten auf dem Papier nachzeichnen und die Prozesseffizienz sichern.

8.6.6 Datenimport und -export – Projekträume im World Wide Web

Internetbasierte Informationssysteme oder virtuelle Projekträume unterstützen das Projektmanagement ebenso wie das Tagesgeschäft. Zu dieser Kategorie gehören auch Projekt-Kommunikations- und -Management-Systeme (PKMS). Aktuelle, schnell verfügbare Dokumente reduzieren Fehler und Risiken. Allerdings erfordern virtuelle Projekträume ein hohes Maß an Strukturierung und Abstimmung der Abläufe zwischen den Beteiligten und die Disziplin der Beteiligten, diese Strukturen einzuhalten. Als Beispiel wird in Abbildung 8.100 gezeigt, wie der idealtypische Prozess zwischen den Planungsbeteiligten (Soll-Konzeption) aussehen könnte.

So loben die Beteiligten die Anwendung internetbasierter Informationssysteme: Bis dato werden Methoden des digitalen Datenaustauschs, der Datenaustauschformate, Datenkonventionen und Abläufe nur selten zu Beginn eines (Bau-)Projekts besprochen. Dies ist für internetbasierte Informationssysteme jedoch unverzichtbar. Insgesamt werden durch den Einsatz solcher Systeme Fehler vermieden, Prozesse beschleunigt und die digitale Dokumentation erheblich erleichtert.

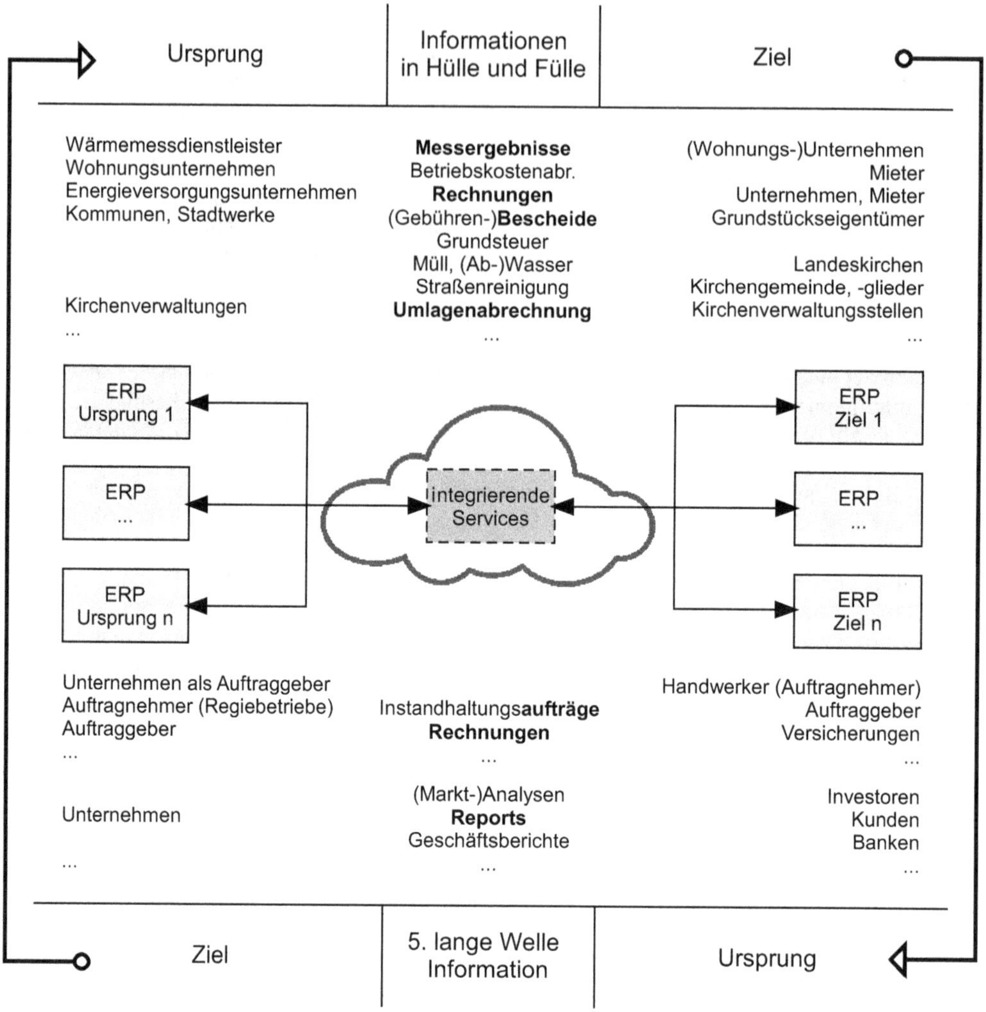

Abb. 8.99: Informationsfluss zwischen externen IT-Systemen.[282]

8.6.7 Multidirektionale Schnittstellen – AVA im World Wide Web

Es gibt eine Vielzahl von geplanten Baumaßnahmen, von denen jede eine beachtliche Zahl von Ausschreibungen nach sich zieht. Mit jeder Ausschreibung ist der Versand von vielen Leistungsverzeichnissen verbunden. In einem Wohnungsunternehmen wurden 2002 insgesamt 2.960 einzeln zu verschickende Leistungsverzeichnisse pro Jahr ermittelt.[283] Die Anzahl der submittierten Ausschreibungen bei der Stadt Frankfurt am Main lag 2002 bei 1.041.[284] Da i. d. R. je Ausschreibung etwa zehn Bieter die Unterlagen erhalten, wurden etwa 10.000 Ausschreibungsunterlagen verschickt

282 Quelle: eigene Darstellung.

283 Siehe [Hardebusch, C. (2002e)].

284 Siehe [Stadt Frankfurt (2004)], S. 16.

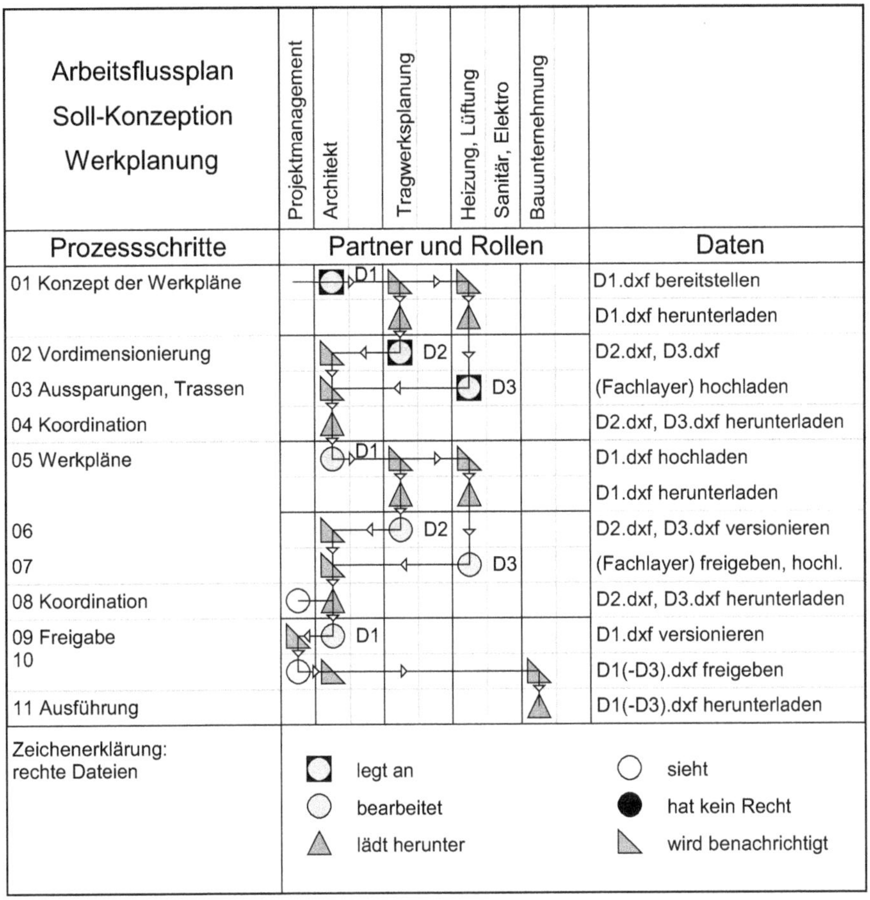

Abb. 8.100: Soll-Konzeption Werkplanung.[285]

und die darauf folgenden Angebote bearbeitet.[286] Dabei handelte es sich um fehleranfällige, stets wiederkehrende Arbeitsschritte, die sich seit Jahrzehnten nahezu glichen. Allein der Ausschreibungsprozess war von bis zu 15 internen Rollen und acht Medienbrüchen begleitet – unabhängig von der Tatsache, dass der Vorgang mehrfach transportiert wurde (vgl. Kap. 8.3.2, Abb. 8.9).

Berge von Papier werden täglich produziert und nicht nur bildlich gewuchtet. Für einen Preisspiegel etwa tippen Studierende tagelang Zahlenkolonnen in bestehende Ausschreibung-Vergabe-Abrechnungs-Systeme (AVA). Dabei geht es auch anders. Im Hinblick auf die laufende Instandhaltung können beispielsweise Ausschreibungen von Bauleistungen als Grundlage für Einheitspreisabkommen oder Rahmenverträge genutzt werden. Dabei geht es i. d. R. um jährlich wiederkehrende Ausschreibungen, die die Marktmechanismen zum Vorteil der Immobilienunternehmen ausnutzen können und Leistungstexte schrittweise verbessern.

Digitale Ausschreibungsverfahren (Ausschreibungsplattformen) wickeln den Ausschreibungsprozess effizienter ab und erleichtern die Abfrage von Marktpreisen. Dabei handelt es sich im

285 Quelle: eigene Darstellung.

286 Zur inhaltlichen Ausgestaltung von Ausschreibungen siehe Kapitel 8.4.4.

Wesentlichen um eine Dateiaustauschbörse zur Abgabe von Leistungsbeschreibungen des Auftraggebers und Angeboten potenzieller Auftragnehmer. Das setzt voraus, dass Auslober und Anbieter gleichermaßen über entsprechende (Zusatz-)Programme verfügen, um die Dateien auf dem lokalen IT-System des Anbieters am gewünschten Ort abzuspeichern, dort im eigenen Kalkulationsprogramm (AVA)-System) zu öffnen und zu bearbeiten, im neutralen Datenaustauschformat als neue Exportdatei abzuspeichern und sie schließlich auf der Dateiaustauschbörse fristgerecht und rechtsverbindlich hochladen zu können. Je nach Vergabeart sind die rechtlichen Rahmenbedingungen hinsichtlich Verbindlichkeit, Fristen und Form einzuhalten (vgl. Kap. 8.4.4).

Die elektronische Signatur hat sich bis heute nicht durchgesetzt, die Unterschrift ist allerdings vielfach wichtig. Einen Auftrag in Höhe von 242 € in der ungeplanten Instandhaltung per Telefon zu erteilen birgt ein wesentlich geringeres unternehmerisches Risiko, als es bei einem verbindlichen Angebot in Höhe von 1.000.000 € der Fall wäre. Bis zum Durchbruch der digitalen Unterschrift kann jedoch das Mantelbogenverfahren genutzt werden, bei dem das Deckblatt und ggf. ein Kurz-Leistungsverzeichnis mit rechtsverbindlicher Unterschrift zur juristischen Sicherheit per Post zugeschickt wird. Die übrigen Vorteile der Effizienzsteigerungen bei Angebotsüberprüfung (Preisspiegel erstellen, analysieren und Vergabevorschlag erarbeiten) bleiben damit erhalten. Liegt kein Ausschreibungsverfahren nach VOB/A vor, kann die rechtsverbindliche Unterschrift zum Angebot bei Abschluss des Bauvertrags eingeholt werden. Die Abwicklung der Ausschreibungen erfolgt somit größtenteils über digitale Medien anstatt mit der Post oder Fax.

Die Regelungen zum Datenaustausch haben eine lange Tradition. Bereits 1995 wurde vom Gemeinsamen Ausschuss Elektronik im Bauwesen (GAEB) die Schnittstelle geregelt.[287] Sie regelte schon damals den bidirektionalen Datenaustausch zwischen

- **Planern:** Architekten und Ingenieure (Fachplaner),
- **Auftraggebern (AG):** Bauherren,
- **(potenziellen) Auftragnehmern:** Bewerber, Bieter und Ausführende, und
- **Lieferanten:** Hersteller und Handel.

Die individuellen Bedarfe zum Datenaustausch wurden mittels unterschiedlicher Dateiformate gelöst. Die Schnittstelle liegt nach Informationen des GAEB als XML-basierte Schnittstelle in der Version 3.2[288] vor.

Die Anforderungen an Beteiligte und Schnittstellen werden in Abbildung 8.101 deutlich. Über das Leistungsverzeichnis hinaus werden bei der umfassenden IT-Lösung die Daten im Hinblick auf

- Mengenermittlung,
- allgemein Kataloge,
- Baukostenkatalog,
- Kalkulation,
- Raumbuch und
- Ablaufplanung

verarbeitet. Das erinnert an die aktuell geführte Diskussion um Building Information Modeling (BIM).[289]

Die Komplexität des bidirektionalen Datenaustauschs mit Schnittstellen wird in Abbildung 8.102 deutlich. Die Abbildung zeigt die einzelnen Schnittstellen für alle Austauschphasen im Planungs- und Bauprozess für ein Leistungsverzeichnis auf. Trotz eines standardisierten bidirektionalen Datenaustauschformats liegen die Daten auf unterschiedlichsten Servern mit unterschiedlichen Programmen. Mit der Anzahl der Leistungsverzeichnisse und Projekte vervielfachen sich

287 Vgl. [GAEB (1995)].

288 Vgl. [GAEB (2013k)], aktuelle Version GAEB DA XML 3.2 (2013).

289 Vgl. Kapitel 8.6.6.

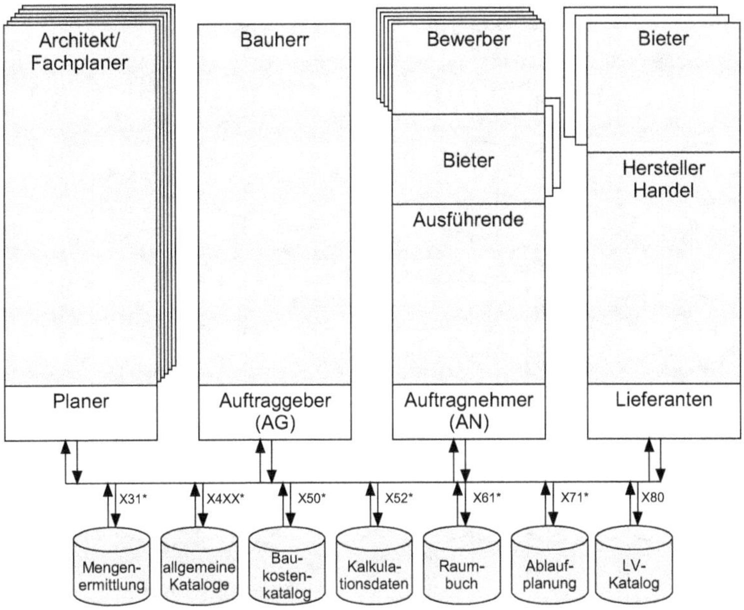

Abb. 8.101: Am Datenaustausch Beteiligte.[290]

die Anzahl und die Kombinationsmöglichkeiten der beteiligten Server. Dies verdeutlicht die Notwendigkeit der Standardisierung in den Methoden und Strukturen. Dabei ist hier noch nicht der Datenaustausch für die Nutzung der Daten im laufenden Betrieb berücksichtigt.

8.6.8 Lifecycle-IT-Integration

Ausgehend vom Bedarf sind Probleme bei Großprojekten zukünftig mit Building Information Modeling (BIM) zu lösen.[291] Die Vergaberichtlinien[292] fördern das Vorhaben. BIM ist zum einen eine Planungsmethode und zum anderen ein IT-Werkzeug. Der Ausgangspunkt ist, das Scheitern von Großprojekten zu verhindern. So hat der Aktionsplan der Reformkommission Bau von Großprojekten zusammengestellt, worauf zukünftig zu achten ist:
- kooperatives Planen im Team
- erst planen, dann bauen
- Risikomanagement und Erfassung von Risiken im Haushalt
- Vergabe an den Wirtschaftlichsten, nicht den Billigsten
- partnerschaftliche Projektzusammenarbeit
- außergerichtliche Streitbeilegung
- verbindliche Wirtschaftlichkeitsuntersuchung
- klare Prozesse und Zuständigkeiten/Kompetenzzentren
- stärkere Transparenz und Kontrolle
- Nutzung digitaler Methoden – Building Information Modeling

290 Quelle: eigene Darstellung, vgl. [GAEB (2013k)], aktuelle Version GAEB DA XML 3.2 (2013).

291 Vgl. [BMVI (2015f)].

292 Vgl. [2014-24-EU], [2014-25-EU].

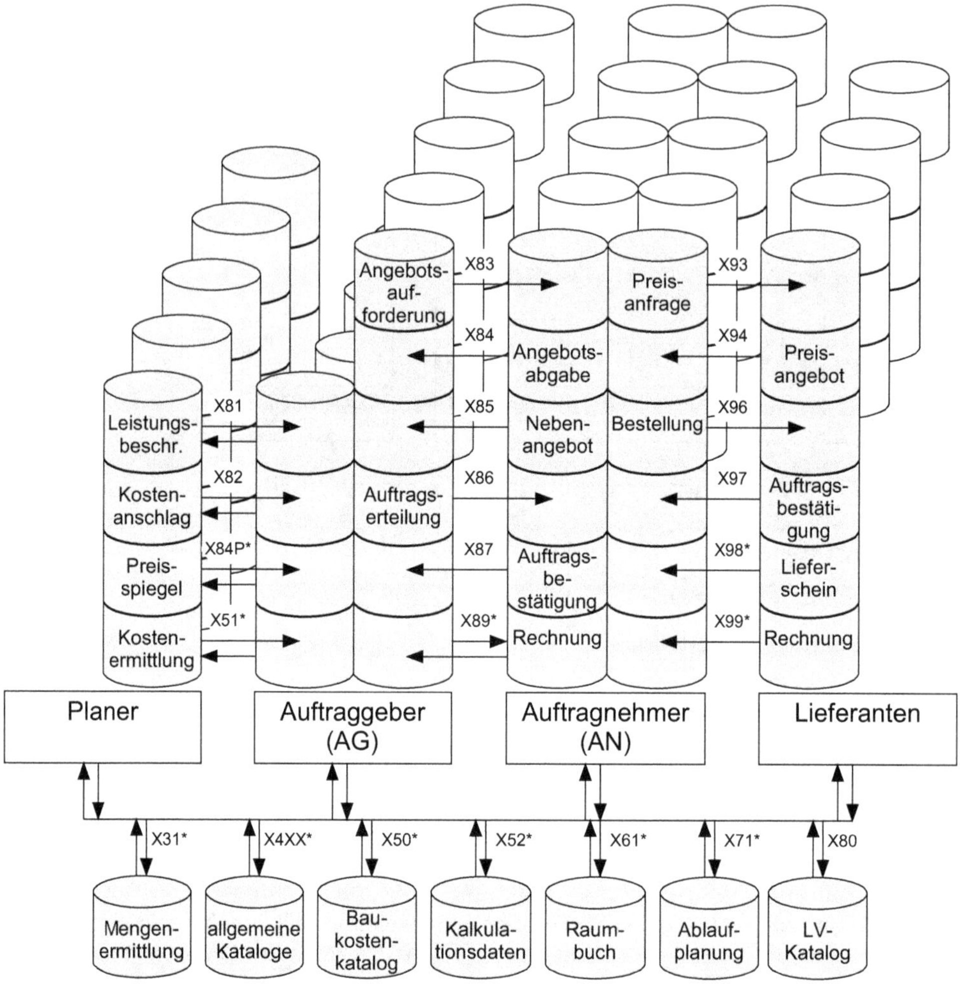

Abb. 8.102: Datenaustausch.[293]

Planungsmethode und IT-Werkzeug gehören zusammen:

- BIM als Methode folgt den Grundsätzen eines Projekts hinsichtlich Quality, Budget, Time und Data Base,
- BIM als IT-Lösung stellt die notwendige Data Base über den Lebenszyklus von Gebäuden zur Verfügung (vgl. Kap. 3.7.3).

Die Diskussion beschränkt sich derzeit auf den Planungs- und Bauprozess. Immerhin ist ein Anfang zur Standardisierung gemacht: Nach den bezahlten Rechnungen müsste jeder Bauherr wissen, was in seinem Gebäude verbaut wurde, und eine lückenlose Dokumentation vorlegen können. Dem ist leider nicht so. Mangels Standardisierung erfolgt nach der Übergabe der jähe Absturz der Informationsintensität zu einem Gebäude. Allerdings ist auch nicht eindeutig beschrieben, was nach der Übergabe des Bauwerks und zu Beginn der Betriebsphase tatsächlich digital vorliegen muss.

293 Quelle: eigene Darstellung.

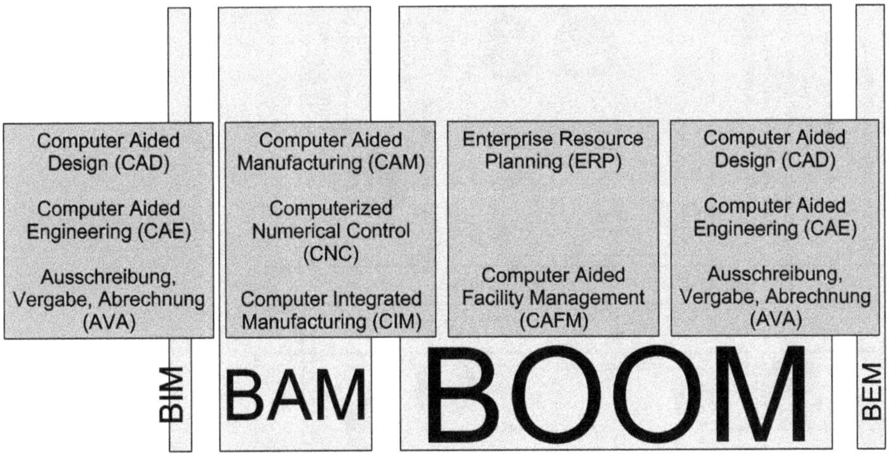

Abb. 8.103: BIM – BAM – BOOM – BEM.[294]

Beteiligte IT-Werkzeuge

Theoretisch liegen zu einem Bauwerk alle Informationen nur in unterschiedlichen IT-Werkzeugen bei unterschiedlichen Nutzern vor (vgl. Abb. 8.103). Analog dem Lebenszyklus von Bauwerken kann von einem Lebenszyklus von Bauwerksdaten gesprochen werden. Der Lebenszyklus beginnt mit BIM und endet mit BEM.

- Building Information Modeling (BIM) fasst alle IT-Werkzeuge der Architekten und Fachingenieure zusammen. Dazu gehören Computer Aided Design (CAD), Computer Aided Engineering (CAE) und die Ausschreibung, Vergabe und Abrechnung (AVA).
- Bei Building Assembly Modeling (BAM) kommen die IT-Werkzeuge der Produkthersteller zum Einsatz. Dazu gehören Computer Aided Manufacturing (CAM), Computerized Numerical Control (CNC) und Computer Integrated Manufacturing (CIM). Das Besondere dabei ist, in einem industrialisierten Produktprozess maßgeschneiderte Produkte möglichst automatisch herstellen zu können (vgl. hierzu die Bestrebungen von Industrie 4.0).
- Beim Building Owner Operator Model(ing) (BOOM) werden u. a. Computer-Aided-Facility-Management- und/oder Enterprise-Resource-Planning-Systeme (CAFM, ERP) eingesetzt. Diese IT-Systeme werden i. d. R. vom Eigentümer oder Betreiber bedient.
- In der letzten Phase des Lebenszyklus wird mit dem Building Elimination Model(ing) (BEM) wieder auf IT-Systeme des BIM zurückgegriffen.

Erstrebenswert ist eine nahtlose und schnelle Übergabe der Daten wie bei einem Staffellauf. Die Übergaben von BIM zu BEM werden von Schnittstellen geprägt, die den **Datenaustausch** sicherstellen sollten. Das ist keinesfalls selbstverständlich. Die Vielfalt von Handarbeit, IT-Systemen, Programmen und Add-ons wird in Abbildung 8.104 deutlich. Bereits in der BIM-Phase sind die unterschiedlichen CAD-Kernel unterschiedlicher Hersteller zu berücksichtigen (vgl. Kap. 8.4.3, Tab. 8.19), die bei Architekten und Fachingenieuren zum Einsatz kommen. Nicht jeder Produkthersteller eines CAD-Systems möchte IT-Systeme anderer Produkthersteller anbinden, wo er doch bereits eine eigene Lösung anbietet. Hier werden gerne proprietäre Schnittstellen (closed BIM) eingesetzt, die eine Marktdominanz, Marktdurchdringung und Marktverdrängung anderer Produkthersteller bringen sollen. Tatsächlich gehen mit Schnittstellen im bidirektionalen Datenaus-

294 Quelle: eigene Darstellung, vgl. MacLeamy, P: BIM-BAM-BOOM, in: [BBSR (2013E)], S. 23.

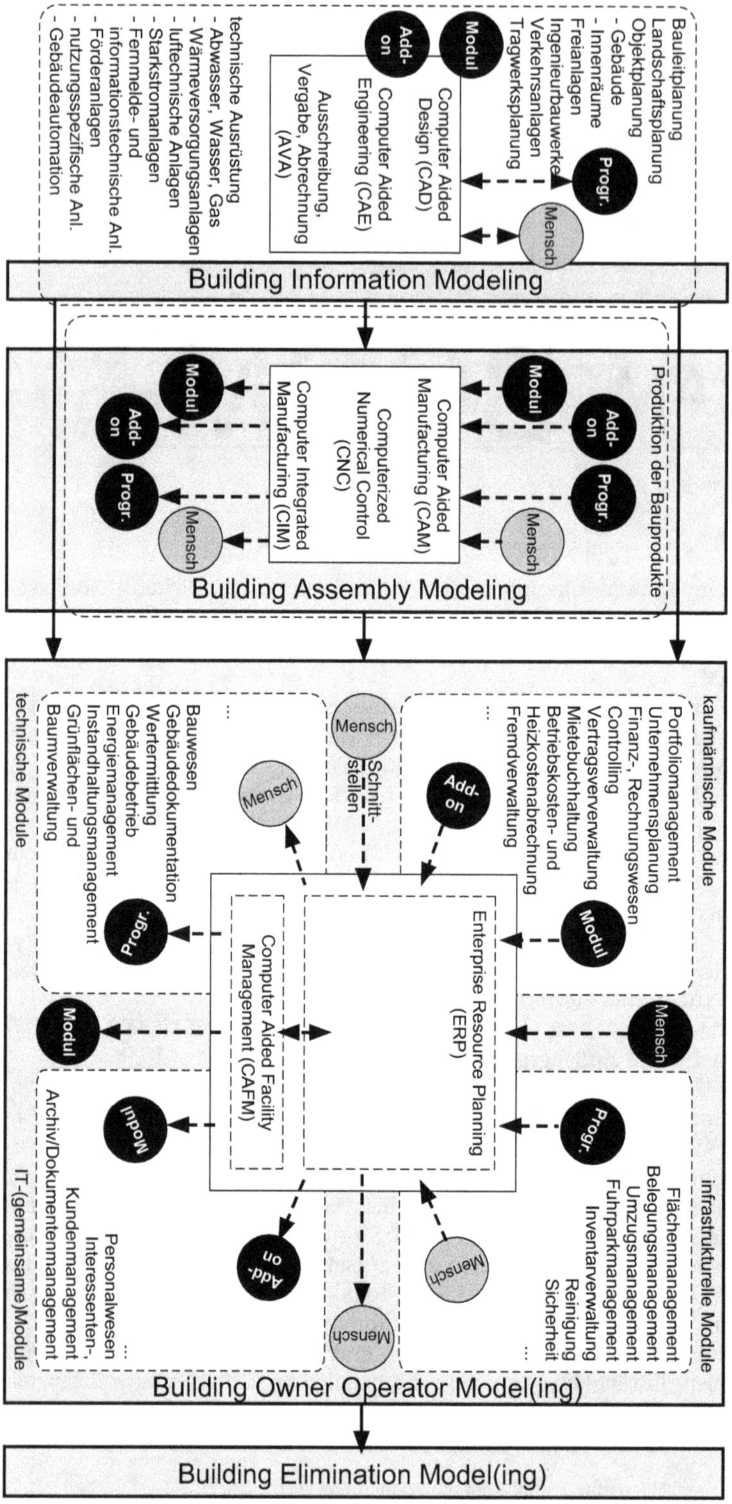

Abb. 8.104: Datenfluss im BIM-BAM-BOOM-BEM-Modell.[295]

tausch Daten verloren. Insbesondere kleinere Produkthersteller sind aber auf den Datenaustausch mit anderen IT-Systemen angewiesen und bieten auch standardisierte Schnittstellen zum Im- und Export an. Im Kontext von BIM bis BEM ist es ein Ziel, die Industry Foundation Class (IFC) als allgemein offen zugängliche Schnittstelle zu etablieren.

Aus Sicht des Eigentümers und Betreibers ist dennoch vor Auftragsvergabe eindeutig zu klären, was als Auftraggeber-Informationsanforderung (AIA) notwendig ist. Dabei handelt es sich um die inhaltliche Definition des Datenaustauschs. Für die Ausschreibung von Bauleistungen mögen 115 Planungsparameter für die Beschreibung einer Türe notwendig sein, für die Immobilienverwaltung sind sie es nicht. Doch welche Auswahl ist zu treffen? Die Mindestanforderungen ergeben sich aus dem technischen Verwaltungsplan eines Unternehmens (vgl. Kap. 8.4.6). Dort ist festgelegt, was für einen operativen Betrieb notwendig ist. So sollte z. B. die Netto-Grundfläche einer Zweizimmerwohnung in einem Mehrfamilienhaus als Mietflächenangabe für das Exposé oder den Mietvertrag automatisch nach BIM und BAM ins BOOM übertragen werden. Was für die Mietfläche gilt, gilt auch für die tatsächlich eingebaute Heizungsanlage. Schon aus Gründen der Gewährleistung und für Inspektions- und Wartungsarbeiten sollten ausreichend Informationen automatisiert eingelesen werden.

Der Mehrwert durch BIM

Der Mehrwert kann sich nur ergeben, wenn ein durchgängiges Datenkonzept vorliegt. Der Mehrwert durch BIM lässt sich wie folgt beschreiben:

- Es entsteht mehr Transparenz und es gibt konsistente Daten in allen (Planungs-)Phasen für alle Beteiligte – von der Bedarfsplanung bis zur Betriebsphase – sowie weniger (Übertragungs-/Planungs-)Fehler zwischen den (Planungs-)Phasen.
- Die Abnahme wird bei der Übergabe durch automatisierte Übernahme im Bestandsdatenmanagement (Technik) und durch systematische Gewährleistungsverfolgung (Technik) vereinfacht, was Kosten spart.
- Weniger Ärger und weniger Arbeit im Betrieb sind durch eine aktuelle Datengrundlage auch bei den technischen Verwaltungsplänen (Investition, Verkauf, Vermietung, Instandhaltung, Controlling) und im Objektmanagement (technisch, kaufmännisch) möglich.
- Die Plausibilitätsprüfungen bei Bauleistungen durch die Innenrevision und die Optimierung des Einkaufs (Skalierungseffekte) verringern ebenfalls die Kosten.

Bei all diesen Vorteilen ergibt sich die Frage, warum BIM und BEM nicht schon früher eingeführt wurde. Andere Industriezweige haben die Integration des Planungs-, Produktions- und Betriebsprozesses in einem Datenmodell bereits vorangetrieben: Die Automobil- und Flugzeugindustrie macht es vor. Dort ist Transparenz auch deshalb gewünscht, weil die Verantwortung für ein Produkt über den gesamten Lebenszyklus hinweg bei einem Unternehmen liegt.

Detaillierungsgrad im Planungsprozess – Level of Details (LOD)

In Abbildung 8.105 sind die Zusammenhänge zwischen Planung (Qualität), Kosten und Dokumentation dargestellt. Das beinhaltet im Lebenszyklus eines Gebäudes die Planungsphasen nach [HOAI 2013].[296] Grundlage der Kosten sind die Kostenermittlungsphasen für Investitionskosten nach [DIN 276-1 2008-12] und Nutzungskosten nach [DIN 18960 2008-02].[297] In den Levels of Details (LOD) drückt sich der dokumentierte Detaillierungsgrad der Gebäudeinformation analog [BSI PAS 1192-2 2013-03] aus. Da die LODs von der British Standards Institution (BSI) definiert wurden, sind sie mit den Phasen in Deutschland nur bedingt vergleichbar:

---

295 Quelle: eigene Darstellung.

296 Vgl. Kapitel 2.5.4.

297 Vgl. Kapitel 6.5.1, Abbildung 6.33.

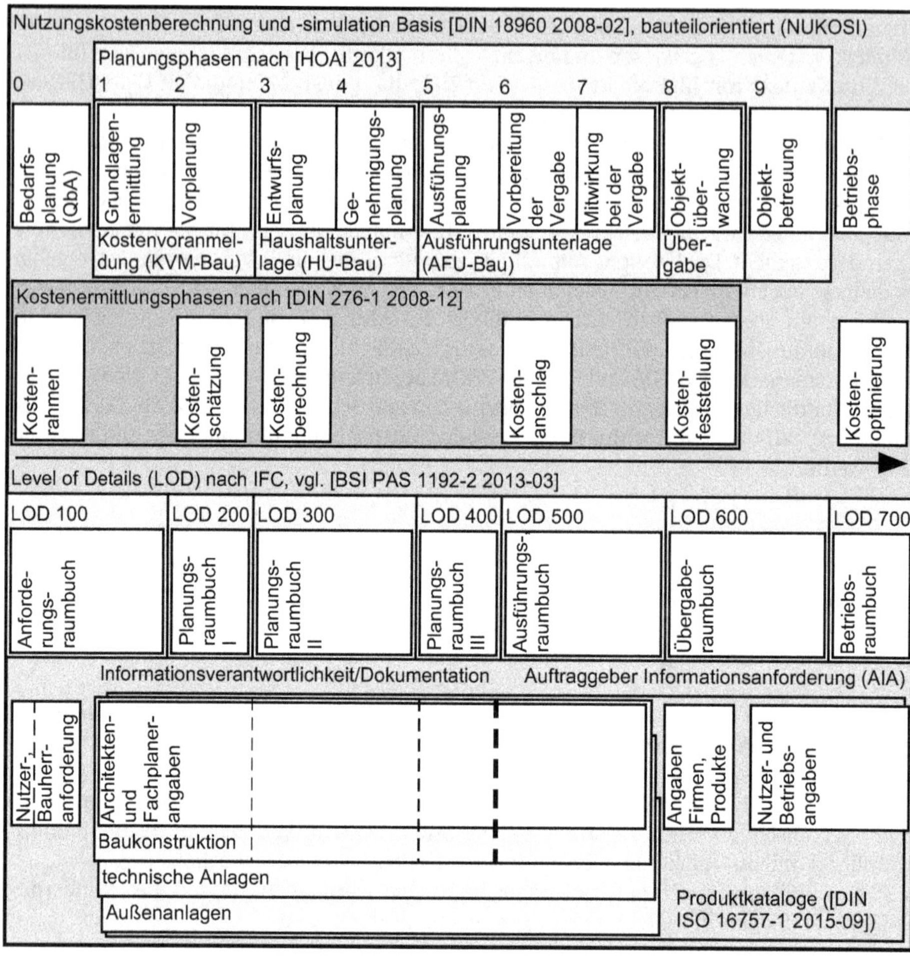

Abb. 8.105: BIM integriert im Projekt.[298]

- LOD 100: **Anforderungsraumbuch:** Initialisierung des Projekts ohne räumliche Darstellung, Ermittlung der Anforderungen, Budgets und Datengrundlagen
- LOD 200: **Planungsraumbuch I:** räumliche Darstellung des Projekts, Kostenschätzung
- LOD 300: **Planungsraumbuch II:** koordiniertes Planungsmodell auf der Basis der Kostenberechnung und von Bauelementen ohne detaillierte Angaben zu den eingesetzten Materialien
- LOD 400: **Planungsraumbuch III:** Berücksichtigung der rechtlichen Anforderungen sowie Angaben für die Ausschreibung und Vergabe (Qualitäten und Mengen), i. d. R. ohne Kenntnis der Lieferanten und Produkte
- LOD 500: **Ausführungsraumbuch:** auf der Basis des Kostenvoranschlags mit Angaben zur Vergabe an die ausführenden Firmen, Lieferanten und zu den eingesetzten Produkten vor und während der Bauphase

298 Quelle: eigene Darstellung, vgl. hierzu [DIN 276-1 2008-12], [DIN 18960 2008-02], [DIN ISO 16757-1 2015-09], [BSI PAS 1192-2 2013-03], S. 35.

- LOD 600: **Übergaberaumbuch:** auf der Basis der Kostenfeststellung mit detaillierten Angaben für den Betrieb
- LOD 700: **Betriebsraumbuch:** Projektabschluss und -review mit allen Angaben zum Betrieb im PDCA-Zyklus

Produktkataloge (u. a. [DIN ISO 16757-1 2015-09]) unterstützen während des Planungsprozesses. Die genauen Inhalte der Informationsbereitstellung bei Übergabe an den Auftraggeber sind frühzeitig mit den Dienstleistern vertraglich zu vereinbaren. In der Folge entsteht eine transparente Bau- und Gebäudedokumentation, was die weitere Dokumentation der Nutzer- und Betriebsangaben ermöglicht. Unverzichtbar sind dabei klare Abgrenzungen zwischen den Leistungsphasen.

Doch welches Interesse hat ein Architekt, ein Fachplaner, Bauträger oder Totalübernehmer, seine eigenen Fehler transparent zu dokumentieren und dem Bauherrn zu übergeben? Vorreiter sind hier (Bau-)Unternehmen, die die ganze Wertschöpfungskette verantwortlich anbieten. Dazu zählen u. a. Fertighaushersteller und Bauwerksanbieter, die teilweise schlüsselfertig anbieten. Sie haben auch in einem standardisierten Produktionsprozess das Interesse, Fehler im PDCA-Zyklus[299] zu identifizieren und die eigenen Fehler auszumerzen. Eine transparente und standardisierte (BIM-)Planung wird zu mehr Kosten- und Terminsicherheit führen. Dem Bauherrn bleibt in den übrigen Fällen lediglich der Weg, die für ihn notwendigen Daten vertraglich einzufordern und die Übereinstimmung zwischen gewollter virtueller und tatsächlicher Welt zu überprüfen. Das wird bei den Planungsbeteiligten auf wenig Gegenliebe stoßen.

Welches Interesse haben die Produzenten von unfertigen Erzeugnissen und Baumaterialien, ihre Produkte in einem gemeinsamen Katalog nach [DIN ISO 16757-1 2015-09] oder VDI 3805 abzubilden? Das Interesse kann nur darin begründet sein, die eigenen Produkte in den Planungsprozess frühzeitig komfortabel einzubinden, insbesondere dann, wenn keine besondere Markentreue und keine herstellerspezifischen Anforderungen existieren.

Standardisierung in den (Normungs-)Ausschüssen

Tatsächlich erfolgt die Definition der inhaltlichen Standards auf nationaler, europäischer und internationaler Ebene. Bereits seit 1995 verfolgt die internationale, nicht profitorientierte Organisation buildingSMART[300] das Ziel, offene Standards für ein durchgängiges Planungs-, Ausführungs- und Bewirtschaftungsdatenmodell zur Verfügung zu stellen. Die Bemühungen schlagen sich u. a. im IFC-Standard nach [DIN EN ISO 16739 E 2016-08] als herstellerunabhängiges Datenformat oder als OpenBIM-Format (vgl. Kap. 8.4.3, Tab. 8.19) nieder. Ebenso steht für die Anforderungen der Datenübergabe ein Informationshandbuch für virtuelle Gebäudemodelle nach [ISO 29481-1 2016-05] zur Verfügung.

Derzeit wird die [DIN ISO 16757-1 2015-09] „Product Data for Building Services System Model" im ISO TC 59 „Buildings and civil engineering works" SC 13 „Organization of information about construction works" erarbeitet. Sie soll den VDI-3805-Standard internationalisieren. Die Ziele des VDI-Fachbereichs Technische Gebäudeausrüstung sind[301]

- die einheitliche Produktauswahl für den Planer (gilt auch für die dem Produkt zugeordneten Artikel-, DATANORM- und StLB-Nummern),
- die automatische Einbindung der Katalogdaten aller Hersteller in jedes beliebige CAD/CAE-System,

299 Vgl. Kapitel 4.4.

300 Gegründet als International Alliance for Interoperability (IAI).

301 Vgl. u. a. hierzu die Homepage des VDI (Hrsg.): Richtlinienausschuss VDI 3805 „Produktdatenaustausch in der Technischen Gebäudeausrüstung"; URL: https://www.vdi.de/technik/fachthemen/bauen-und-gebaeudetechnik/fachbereiche/technische-gebaeudeausruestung/richtlinienarbeit/richtlinienreihe-vdi-3805-produktdatenaustausch-in-der-tga/ (letzter Aufruf: 10.04.2017).

- die automatische Bereitstellung aller erforderlichen technischen Daten und der zum jeweiligen Produkt gehörenden Geometrie zur Auslegung des Produkts und Einbindung in Simulationsprogramme,
- die genormte Darstellung der technischen Daten im Datenaustausch und
- die genormte Darstellung der technischen Daten im Lifecycle-Management.

Außerdem erarbeitet der VDI die [VDI 2552 Bl. 3 E 2017-01] „Building Information Modeling: Mengen und Controlling". Die [DIN ISO 16757-1 2015-09] wird auch bestehende Standards wie Industry Foundation Classes (IFC) und International Framework for Dictionaries (IFD) in [ISO 29481-1 2016-05] nutzen.

Tatsächlich haben die Eigentümer und Betreiber ein nachvollziehbares Interesse, den direkten Kontakt zu den Produktherstellern zu suchen, wenn das Produkt tatsächlich eingebaut wurde. Dies ermöglicht u. a. die automatisierte Abnahme und Gewährleistungsverfolgung sowie Inspektions- und Wartungsarbeiten gemäß Herstellervorschriften. Dazu ist allerdings eine eindeutige Verknüpfung zwischen Gerät und technischem Verwaltungsplan mittels GTIN-Nummer (Global Trade Item Number) notwendig. Durch die eindeutige Zuordnung lassen sich die Daten beim Hersteller abrufen und ins eigene System einpflegen. Die nachhaltige Pflege der Daten übernimmt der Hersteller, was dem Kundenkontakt nachhaltig zugutekommt. Der Vorteil für alle Beteiligte ist einsichtig. Die Technologie steht bereits heute zur Verfügung und benötigt keine standardisierten Kataloge.

Die Folgen der IT-gestützten Datenpflege

Die Folgen der „schönen, neuen Welt" lassen sich wie folgt skizzieren: Tatsächlich erfolgt eine Aufwandsverlagerung der Planungs- und Entscheidungsprozesse in vorgelagerte Planungsphasen. Das schließt Planungssimulationen ein. Die Entscheidungsunlust des Bauherrn oder Nutzers wird BIM nicht lösen.

Bemühungen, den Namen BIM mit bestehenden Vorgehensweisen zu verbinden, sind nicht hilfreich. So wird landläufig ein proprietäres Software-Umfeld einer Fachschale ohne Datenaustausch mit anderen Projektbeteiligten als „little closed BIM" bezeichnet. Das ist jedoch ein bereits seit Jahrzehnten bestehender und unbefriedigender Standard. Interessant wäre es lediglich, wenn sich die Programmhersteller auf ein offenes Dateiformat geeinigt hätten und es unterstützen würden. Den Datenaustausch innerhalb einer einheitlichen und proprietären Software-Umgebung als „big closed BIM" zu bezeichnen, ist lediglich Wortkosmetik. Datenaustausch in proprietären IT-Systemen ist nicht neu. Die Möglichkeit des Datenaustauschs mit einer einheitlichen Schnittstelle ist wünschenswert. Die Bezeichnung „big open BIM" ist überflüssig, BIM reicht. Auch unterschiedliche Reifegrade werden nicht benötigt, wenn bereits Vorhandenes unberücksichtigt bleibt.

Wenn tatsächlich alle Informationen in einem Datenmodell verfügbar sein sollen, dann wird es im Planungs- und Bauprozess eine neue Rolle geben müssen. Die Rolle spiegelt sich in den Begriffen BIM-Koordinator, BIM-Gesamtkoordinator, BIM-Manager oder BIM-Konstrukteur wider. Angesicht von Baunebenkosten für Honorare von bis zu 20 % der Bauwerkskosten möchte vermutlich nur niemand diese Rolle extra bezahlen.

Literatur

[2014-24-EU] Richtlinie 2014/24/EU des Europäischen Parlamentes und des Rates vom 26.04.2014 über die öffentliche Auftragsvergabe und zur Aufhebung der Richtlinie 2004/18/EG, ABl. L 94 vom 28.03.2014, S. 65.

[2014-25-EU] Richtlinie 2014/25/EU des Europäischen Parlamentes und des Rates vom 26.02.2014 über die Vergabe von Aufträgen durch Auftraggeber im Bereich der Wasser-, Energie- und Verkehrsversorgung sowie der Postdienste und zur Aufhebung der Richtlinie 2004/17/EG, ABl. Nr. L 94 vom 28.03.2014 S. 243.

[BBSR (2013E)] Egger, Martin; Hausknecht, Kerstin; Liebich, Thomas; Przybylo, Jakob: BIM-Leitfaden für Deutschland: Information und Ratgeber: Endbericht, 2013, URL: http://www.bbsr.bund.de/BBSR/DE/FP/ZB/Auftragsforschung/3Rahmenbedingungen/2013/BIMLeitfaden/Endbericht.pdf?__blob=publicationFile&v=2 (letzter Aufruf: 02.01.2018).

[BMVI (2015f)] Bundesministerium für Verkehr und digitale Infrastruktur (Hrsg.): Reformkommission Bau von Großprojekten: Komplexität beherrschen – kostengerecht, termintreu und effizient: Endbericht, 2015, URL: https://www.bmvi.de/SharedDocs/DE/Publikationen/G/reformkommission-bau-grossprojekte-endbericht.pdf?__blob=publicationFile (letzter Aufruf: 02.01.2018).

[BSI PAS 1192-2 2013-03] Specification for information management for the capital/delivery phase of construction projects using building information modelling, British Standards Institution (Hrsg.): Teil 2, BSI PAS 1192, 2013, URL: http://shop.bsigroup.com/forms/PASs/PAS-1192-2-2013/Confirmation/ (letzter Aufruf: 24.04.2017).

[DIN 18960 2008-02] Nutzungskosten von Hochbauten, Deutsches Institut für Normung (Hrsg.): DIN 18960; Berlin 2008.

[DIN 276-1 2008-12] Kosten im Bauwesen: Teil 1: Hochbau, Deutsches Institut für Normung (Hrsg.): Teil 1, DIN 276; Berlin 2008.

[DIN EN ISO 16739 E 2016-08] Industry Foundation Classes (IFC) für den Datenaustausch in der Bauindustrie und im Anlagenmanagement, Deutsches Institut für Normung (Hrsg.): DIN EN ISO 16739; Berlin 2016.

[DIN ISO 16757-1 2015-09] Datenstrukturen für elektronische Produktkataloge der Technischen Gebäudeausrüstung: Teil 1: Konzepte, Architektur und Modelle, Deutsches Institut für Normung (Hrsg.): Teil 1, DIN ISO 16757; Berlin 2015.

[ESWiD (2009)] Reiß-Fechter, Dagmar; (Hrsg.): Kirchliches Immobilienmanagement: Der Leitfaden; Berlin 2009.

[GAEB (1995)] Gemeinsamer Ausschuss Elektronik im Bauwesen (GAEB) (Hrsg.): Erläuterungen zu den Regelungen für den Datenaustausch, Leistungsverzeichnis/Weißentwurf, 2. Aufl.; Berlin 1995.

[GAEB (2013k)] Gemeinsamer Ausschuss Elektronik im Bauwesen (GAEB) (Hrsg.): Überblick über die Datenaustauschphasen nach GAEB DA XML: Organisation des Austauschs von Informationen über die Durchführung von Baumaßnahmen, v3.2. Aufl. 2013, URL: http://www.gaeb.de/produkte/gaeb-datenaustausch-alt/gaeb-datenaustausch-xml/ (letzter Aufruf: 02.01.2018).

[Hardebusch, C. (2002e)] Hardebusch, Christof; Reinhold, Michael: Ausschreibungsmanagement in der Wohnungswirtschaft, in: Immobilien Manager (2002), Heft 5, S. 26–29.

[ISO 29481-1 2016-05] Virtuelle Gebäudemodelle (BIM): Informationshandbuch: Teil 1: Methodik und Format, International Organization for Standardization (Hrsg.): Teil 1, ISO 29481; Berlin 2016.

[Nefiodow, L. (2001)] Nefiodow, Leo A.: Der sechste Kondratieff: Wege zur Produktivität und Vollbeschäftigung im Zeitalter der Information, 5., überarb. Aufl.; Sankt Augustin 2001.

[Ng, T. (2006c)] Ng, Tinchuck Agnes; Peiser, Richard: Incubator workspaces: Workspace layout establishes the workplace atmosphere – whether creative, private, secret, cooperative, competitive: But how does design drive business outcomes?, in: Urban Land (2006), Heft 3, S. 76–80.

[Scheer, A. (1990)] Scheer, August-Wilhelm: IT-orientierte Betriebswirtschaftslehre, 4., völlig überarb. Aufl.; Heidelberg u. a. 1990.

[Stadt Frankfurt (2004)] Magistrat der Stadt Frankfurt am Main, Dezernat Bau, Hochbauamt (Hrsg.): Hochbauamt der Stadt Frankfurt am Main: Jahresbericht 2003/2003, 2004.

[VDI 2552 Bl. 3 E 2017-01] Building Information Modeling: Mengen und Controlling, Verein Deutscher Ingenieure (VDI) (Hrsg.): Bl. 3, VDI 2552; Berlin 2017.

8.7 Datenschutz und Datensicherheit – ohne IT geht nichts?!

Marc Schulirsch

Informationen sind in der heutigen Welt von zentraler Bedeutung. Unternehmen und Behörden nutzen die Informationstechnik (IT) sowohl zur Steuerung der Betriebsabläufe als auch zum Kontakt mit den Kunden. Damit steigen auch die Anforderungen an die Verfügbarkeit der Informationstechnik.

8.7.1 Die Bedeutung des Datenschutzes in der heutigen Zeit

Häufig werden Servicelevels vereinbart, die eine bestimmte Verfügbarkeit der Informationstechnik in Quantität und Qualität sicherstellen sollen. Ausfallzeiten in zentralen Informationssystemen können in einer Unternehmung bzw. Behörde schnell exorbitante Kosten verursachen. Dies gilt insbesondere, wenn nicht nur die eigenen Mitarbeiter bei der Arbeit blockiert werden, sondern auch die Geschäftsprozesse stillstehen und größere Schadensersatzleistungen zu befürchten sind.

Da immer größere Datenmengen in der Informationstechnik abgespeichert werden, die für die Geschäftsprozesse eine bedeutende Rolle spielen, steigen auch die Anforderungen an die IT-Sicherheit und den Datenschutz, denn diese elektronischen Informationen sind für Externe und Konkurrenten von großem Interesse.

Zusätzlich werden Steuerungen und Regelungen, die in der Vergangenheit am lokalen System durchgeführt wurden, heute zunehmend durch mobile IT-Geräte und Smartphones bedient. Nicht nur auf Unternehmens- und Behördenebene findet diese Art der Fernsteuerung statt, auch in unserem Alltag nimmt diese Technik einen großen Raum ein. Damit verbunden sind ein reger Informationsaustausch mit den mobilen Geräten und die Nutzung unterschiedlicher Netze, über deren Sicherheitslevel der Nutzer oft nur einen geringen Kenntnisstand hat.

Das Interesse Dritter an diesen ausgetauschten Informationen und die Einflussmöglichkeiten darauf sind unbestritten. Die illegale Informationsbeschaffung bei ungesicherten Systemen kann teilweise sehr einfach erfolgen und die Anzahl an Delikten in diesem Zusammenhang ist in den letzten Jahren erheblich gestiegen. Diese Tatsache hat jedoch zu einem Umdenken bei den IT-Nutzern geführt, sodass der Datenschutz und die IT-Sicherheit nun ein stark steigendes Interesse finden. Auch die Bereitschaft, Investitionen in diesen Bereichen durchzuführen, ist dadurch in den letzten Jahren gestiegen.

Die kriminelle Informationsbeschaffung kann grob in zwei Varianten unterteilt werden. Bei der ersten Variante wird versucht, dem Anwender, der berechtigten Zugang zu sensiblen Daten hat, seine Anmeldedaten bzw. Zugriffsberechtigung zu entlocken. Die zweite Variante ist der direkte Angriff auf die Informationstechnik mit dem widerrechtlichen Eindringen in die IT-Netze, Serversysteme oder IT-Geräte. Da immer mehr Geräte eine Verbindung zum Internet benötigen und die Technik, mit der die Geräte betrieben werden, zunehmend heterogener ist, entstehen so zahlreiche Möglichkeiten der Manipulation am Gerät und für Angriffe aus dem Internet.

8.7.2 Datenschutz und IT-Sicherheit

Die Beschaffung und Nutzung von Daten und Informationen hat für eine Unternehmung oder eine Behörde einen außergewöhnlich hohen Stellenwert. Daher ist der Schutz der Daten gegen widerrechtliche Datenausspähung oder Datenmanipulation von zentralem Interesse. Insbesondere im öffentlichen Umfeld und in den Medien werden widerrechtlich gewonnene Daten eingesetzt, um Einfluss auf die Politik oder politische Entscheidungen zu nehmen. Dies können geheime Dokumente sein, die von ehemaligen Mitarbeitern an öffentliche Portale (z. B. WikiLeaks) übergeben werden, oder auch Abhöraktionen von Geheimdiensten wie das Abhören der elektronischen Kommunikation ausländischer Politiker. Mithilfe solcher Daten kann der Ausgang einer Wahl massiv manipuliert werden. Die Auswirkungen sind noch gravierender, wenn diese Daten mit Fake News oder Mutmaßungen kombiniert werden, um einzelne Personen bewusst zu diskreditieren. Oft reicht bereits das gelungene Ausspähen sensibler Daten aus, um die Öffentlichkeit gegen die Personen aufzubringen, die ihre Daten nicht ausreichend schützen konnten. Selbst die Beziehungen zwischen befreundeten Staaten wurden durch solche Aktionen teilweise schon erheblich belastet.

Aber auch der Datenverlust in einem Unternehmen kann erhebliche Auswirkungen haben, die bis zu dessen Ruin führen können. Der Schutz gegen diesen Datenverlust ist somit ebenfalls von existenzieller Bedeutung.

Für den Datenschutz bedeutsam ist die Art der Daten, die es zu schützen gilt, insbesondere ihre Sensibilität. Daten, die allgemein zugänglich sind, bedürfen keiner besonderen Schutzmaßnahmen, da sie frei verfügbar sind. Anders ist die Situation bei sensiblen Daten, die ausschließlich einem eingeschränkten Kreis von Nutzern zugänglich sind. Diese Daten haben einen hohen bis sehr hohen Schutzbedarf. Sie müssen gegen illegale Datenmanipulation oder gegen illegales Ausspionieren besonders geschützt werden. Die Maßnahmen zur Sicherung der Daten werden i. d. R. durch den Datenschutzbeauftragten und/oder den IT-Sicherheitsbeauftragten eines Unternehmens bzw. einer Behörde gesteuert und überwacht. Hierbei handelt es sich schwerpunktmäßig um eine theoretische Steuerung durch Konzepterstellung für IT-Sicherheitsmaßnahmen und um eine theoretische Überwachung wie die Auswertung der monatlichen Sicherheitsvorfälle. Zur Festlegung der notwendigen Sicherheitsmaßnahmen analysieren die Beauftragten für Datenschutz und/oder IT-Sicherheit die gegebene Situation im Unternehmen und überprüfen, ob die gesetzlichen Anforderungen erfüllt sind. Die praktische Umsetzung der IT-Sicherheitsmaßnahmen findet im normalen Betrieb statt und wird durch das Betriebspersonal sichergestellt. Während sich die IT-Sicherheit schwerpunktmäßig um die Sicherheit der IT-Systeme kümmert, fokussiert der Datenschutzbeauftragte seine Aktivitäten in dem Bereich des Schutzes der sensiblen Daten. Da die Sicherheit der IT-Systeme auch immer Auswirkungen auf den Datenschutz haben, lassen sich die beiden Gebiete nicht solitär betrachten. Aus diesem Grund werden in den meisten Unternehmen und Institutionen sowohl der Beauftragte für den Datenschutz als auch der Beauftragte für IT-Sicherheit in einer Stabstelle bei der obersten Führung verankert und dadurch eine intensive Kommunikation sichergestellt. Da Datenschutzmaßnahmen und IT-Sicherheitsmaßnahmen oft einen Eingriff in persönliche Bereiche der Mitarbeiter darstellen, ist häufig auch eine Beteiligung des Personalrats notwendig.

8.7.3 Institutionen des Datenschutzes

Es gibt fünf unterschiedliche Ansprechpartner und Institutionen, die die Regelungen zum Datenschutz festlegen und überwachen: drei staatliche Behörden, die primär Regelungen und Anforderungen für den Datenschutz festlegen, und, wie oben erwähnt, zwei unternehmensinterne Stabstellen, die die Anwendung der Datenschutzregelungen auf Unternehmensebene umsetzen und überwachen.

Staatliche Institutionen:
- Bundesbeauftragter für Datenschutz und Informationsfreiheit
- Landesdatenschutzbeauftragte in den Bundesländern
- Bundesamt für Sicherheit in der Informationstechnik (BSI)

Unternehmensinterne Beauftragte:
- Datenschutzbeauftragter
- Beauftragter für IT-Sicherheit

Aufgrund der föderalen Struktur gibt es in Deutschland bei den staatlichen Institutionen unterschiedliche Zuständigkeiten auf Bundes- und Landesebene. Auf der Bundesebene gibt es den Bundesbeauftragten für Datenschutz und Informationsfreiheit und auf der Landesebene die Landesdatenschutzbeauftragten. Auf Landesebene gibt es keine Einheitlichkeit und bei den Befugnissen und Zuständigkeiten können landesspezifische Sonderregelungen existieren.

Der Bundesbeauftragte für Datenschutz und Informationsfreiheit hat eine Sonderfunktion, da er übergreifend auf Bundesebene agiert und bei seinen Entscheidungen die Erfordernisse des Datenschutzes mit den Aspekten der Informationsfreiheit abwägen muss. Es handelt sich hierbei um eine Beratungs- und Kontrollinstanz für den Datenschutz bei Bundesbehörden, Bundesinstitutionen und bei Wirtschaftsunternehmen in den Bereichen Telekommunikation und Postdienstleistungen.

Die Landesdatenschutzbeauftragten sind Beratungs- und Kontrollinstanzen für den Datenschutz bei Landesbehörden und öffentlichen Stellen der Länder. Des Weiteren obliegt ihnen die Beratung und Kontrolle bei Wirtschaftsunternehmen, Vereinen, Verbänden etc. Gemeinsam ist den Bundes- und Landesdatenschutzbeauftragten, dass sie in ihrer Entscheidungsfindung und ihrem Handeln unabhängig und weisungsfrei agieren.

Zentrale Aufgaben der Bundes- und Landesdatenschutzbeauftragten sind:
- Beratung der Institutionen innerhalb der Zuständigkeit
- Kontrolle der Institutionen innerhalb der Zuständigkeit
- Durchführung von Sicherheitsüberprüfungen nach dem Sicherheitsüberprüfungsgesetz (SÜG)

Das Bundesdatenschutzgesetz ist die zentrale Grundlage für Entscheidungen des Bundes- und der Landesdatenschutzbeauftragten. Darüber hinaus gibt es landesspezifische Sonderregelungen. Im Bundesdatenschutzgesetz werden schwerpunktmäßig Regelungen zum Schutz der Daten bei der Erfassung, Übermittlung, Speicherung, Verarbeitung, Nutzung, Weitergabe und Löschung (wie z. B. Fristen) behandelt und die Auskunfts-, Benachrichtigungs- und Meldepflicht sowie die Rechte der Betroffenen geregelt.

Das Bundesamt für Sicherheit in der Informationstechnik (BSI) ist eine unabhängige Stelle, die sich der unterschiedlichen Fragestellungen zur IT-Sicherheit annimmt. Das BSI gibt Ratschläge, mit welcher Informationstechnik die Sicherheit der IT-Systeme oder des Datenschutzes erhöht werden können, und prüft, ob die angewandten Sicherheitssysteme seinen Anforderungen entsprechen. Darüber hinaus veröffentlicht das BSI zahlreiche Ratgeber zum Thema IT-Sicherheit und tritt als Beratungsinstanz bei der Erstellung gesetzlicher Vorgaben auf.

8.7.4 Maßnahmen zur Erhöhung des Datenschutzes und der IT-Sicherheit

Der IT-Sicherheitsbeauftragte bewertet die vorhandene Situation in einem Unternehmen und wägt sie mit dem Schutzbedarf in der Unternehmung ab. Dabei kümmert er sich sowohl um die Konzepterstellung für IT-Sicherheitsmaßnahmen als auch um die Umsetzung im Betrieb und die Kontrolle der IT-Sicherheitssysteme. Maßnahmen der IT-Sicherheit sind häufig technisch orientierte Maßnahmen. Bei Systemen, die einen Zugang zum Internet haben, sollten im Hinblick auf die IT-Sicherheit mindestens die folgenden grundlegenden Maßnahmen ergriffen werden (vgl. Abb. 8.106):
- Software für den Virenschutz,
- Schnittstellenkontrolle,
- Firewall,
- Verschlüsselung.

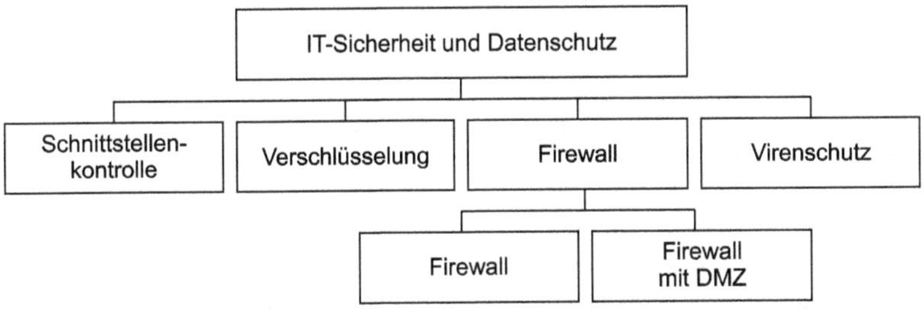

Abb. 8.106: Maßnahmen zur IT-Sicherheit und zum Datenschutz.[302]

Virenschutz

Die Virenschutzsoftware gehört zu den Standardprodukten, die bei keinem internetfähigen IT-System fehlen sollten. Dazu wird ein kommerzielles Produkt eingesetzt, das in regelmäßigen Abständen aktualisiert werden muss. Die Aktualisierung umfasst bei diesem Produkt meistens nur die Virensignatur, die die Beschreibung des Virencodes beinhaltet. Da täglich neue Viren erscheinen, muss auch die Aktualisierung mindestens täglich erfolgen, sollte jedoch, wenn möglich, sogar mehrmals täglich durchgeführt werden. Hierbei ist jedoch zu beachten, dass die Software nur die Viren entdecken kann, deren Virencode bereits in der Virensignaturdatei vorhanden ist. Viren, die in der Virensignatur noch nicht abgelegt sind, können von der Software nicht erkannt werden. Daher handelt es sich bei der Virenschutzsoftware nur um einen ausreichenden Schutz gegen bereits bekannte Viren. Die Aktualisierung der Virensignatur ist also von zentraler Bedeutung für die Funktionsweise dieser Software.

Schnittstellenkontrolle

Ein weiteres Sicherheitsrisiko sind in vielen Unternehmungen die eigenen Mitarbeiter, die oft mit unbedachtem Verhalten ein großes Risiko für die IT-Sicherheit bzw. den Datenschutz darstellen. Insbesondere der Einsatz mobiler Speichermedien an unterschiedlichen IT-Systemen, die teilweise nicht ausreichend geschützt sind, führt zu einem erheblichen Sicherheitsrisiko. Die Einführung einer Schnittstellenkontrolle als Gegenmaßnahme führt in diesen Fällen zu einem erheblichen Sicherheitsgewinn. Die Schnittstellenkontrollsoftware kontrolliert und steuert alle Aktivitäten, die an einer Schnittstelle stattfinden können und dürfen. Sowohl die Nutzung selbst als auch die Nutzungsart der Schnittstelle kann über die Schnittstellenkontrolle geregelt werden. Von einer USB-Schnittstelle (Universal Serial Bus), bei der nur die Nutzungsart als Stromquelle zugelassen wird, geht ein viel geringeres Risiko aus als von einer USB-Schnittstelle, die den Anschluss von Massenspeichermedien zulässt. Innerhalb der Schnittstellenkontrolle können Gerätegruppen angegeben werden, die über die Schnittstelle angeschlossen werden dürfen, oder Gerätegruppen, deren Nutzung an der Schnittstelle gesperrt werden. Da das größte Risiko von Speichermedien ausgeht, erreicht man einen großen Sicherheitsgewinn bereits dadurch, dass der Anschluss von Speichermedien an der Schnittstelle gesperrt oder auf bekannte zugelassene Speichermedien (z. B. unternehmenseigene verschlüsselte USB-Sticks) eingeschränkt und der Anschluss anderer Nichtspeichermedien zugelassen wird. Schnittstellenkontrollmaßnahmen müssen jedoch immer mit dem Bedarf des Nutzers abgewogen werden.

Damit die Schnittstellenaktivitäten zentral gesteuert werden können, werden Schnittstellenkontrollsysteme oft über Serversysteme gesteuert. Dies hat zur Folge, dass Änderungen der Aktivitätenregelungen an der Schnittstelle nur über die Serversysteme durchgeführt werden können und

302 Quelle: eigene Darstellung.

daher auch nur bei einer vorhandenen Internetverbindung. Viele Systeme bieten unterschiedliche Betriebsmodi an, die in Abhängigkeit von einer vorhandenen Internetverbindung zum Zentralserver unterschiedliche Sicherheitslevels vorsehen. In diesen Fällen werden an der Schnittstelle unterschiedliche Aktivitäten zugelassen, je nachdem, ob eine Verbindung zum zentralen Server besteht oder nicht. Ein interessanter Kompromiss besteht auch in der Freigabe einzelner Aktivitäten für eine bestimmte Karenzzeit nach dem letzten Serverkontakt. Ein Vorteil dieser Variante besteht darin, dass das System bei Netzproblemen nicht automatisch zwischen verschiedenen Betriebsmodi wechseln muss. Dies gilt insbesondere, wenn der Nutzer auf bestimmte Schnittstellenregelungen bei der Arbeit angewiesen ist, die bei einer fehlenden Netzverbindung unterbunden werden.

Firewall

Eine weitere Schutzmaßnahme besteht in der Einführung einer Firewall. Die Firewall kontrolliert die Aktivitäten, die zwischen den internen IT-Systemen und dem Internet durchgeführt werden können und dürfen. Dazu können Regeln für unterschiedliche Kommunikationsmöglichkeiten aufgestellt werden. IT-Systeme, die einen Internetzugang benötigen, sollten immer über eine Firewall gesichert werden.

Eine weitergehende Sicherung bietet eine Firewall mit demilitarisierter Zone. Dazu werden zwei Firewall-Systeme hintereinandergeschaltet, zwischen denen eine demilitarisierte Zone eingerichtet wird. Zwischen dem internen Unternehmensnetz und der demilitarisierten Zone wird eine Firewall betrieben, die sehr restriktiv eingestellt wird und häufig nur einen Kontakt in die demilitarisierte Zone ermöglicht. In der demilitarisierten Zone werden Kommunikationsserver für das Internet und Internetapplikationen betrieben. Eine weitere Firewall, die weniger restriktiv eingestellt ist, wird zwischen der demilitarisierten Zone und dem Internet eingerichtet (vgl. Abb. 8.107).

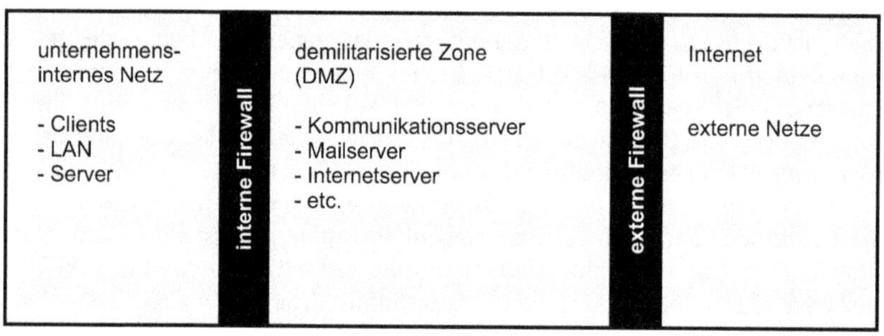

Abb. 8.107: Firewalls mit demilitarisierter Zone.[303]

Ein solches System bietet mehrere Vorteile:

- Die beiden Firewalls können mit unterschiedlichen Regeln betrieben werden.
- In der demilitarisierten Zone können Serversysteme aufgestellt werden, die die Kommunikation mit dem Internet übernehmen, dadurch erscheinen nur diese Systeme und deren IP-Systeme im Internet.
- Potenzielle Angriffe aus dem Internet werden auf die Kommunikationsserversysteme in der demilitarisierten Zone gelenkt, während die datenliefernden IT-Systeme im Unternehmen hinter der zweiten, restriktiveren Firewall stehen.

303 Quelle: eigene Darstellung.

- Wird die externe Firewall auf der Internetseite mit großzügigen Regeln ausgestattet, ermöglicht dies den Einsatz von sicherheitskritischen Features und weitreichende Möglichkeiten der Internetnutzung.
- Die interne Firewall auf der Unternehmensseite kann sehr restriktiv eingestellt werden, um ein hohes Sicherheitslevel für die den Anwendungen zugrunde liegenden Daten zu gewährleisten.
- Weiterhin ist es möglich, bei der internen Firewall auf der Unternehmensseite alle Zugriffe über diese Firewall auf die Systeme in der demilitarisierten Zone zu beschränken. Internetkommunikationen können so ausschließlich über die Kommunikationssysteme in der demilitarisierten Zone stattfinden.
- Direkte Angriffe aus dem Internet auf die unternehmensinternen IT-Systeme können damit verhindert werden. Indirekte Angriffe sind jedoch immer noch möglich.

Verschlüsselung

Bei der Verschlüsselung unterscheidet man zwischen der Verschlüsselung von Speichermedien und der Verschlüsselung bei der Datenübertragung.

Unter der Verschlüsselung von Speichermedien versteht man die Festplattenverschlüsselung oder die USB-Stick-Verschlüsselung. Dabei werden die Daten auf den Speichermedien verschlüsselt abgelegt und mit einem Kennwort gesichert. Hierbei ist jedoch zu berücksichtigen, dass der Zugriff auf die Daten nicht mehr möglich ist, wenn das Kennwort verloren geht. Eine Sicherungsmaßnahme, die den Datenzugriff bei Kennwortverlust dennoch ermöglicht, besteht in der Einführung von speziellen Zugängen, über die ein Administrator die Verschlüsselung aufheben kann. Derartige Administratorzugänge erhöhen allerdings gleichzeitig das Sicherheitsrisiko gegenüber einem solitären Zugang auf die Daten, da der Datenzugang auf einen größeren Personenkreis erweitert wird. Weiterhin ist zu berücksichtigen, dass bei passwortgeschützten Speichermedien, die von mehreren Personen genutzt werden, auch immer die Passwörter allen berechtigten Personen zugänglich sein müssen.

Die Verschlüsselung bei der Datenübertragung stellt sicher, dass beim Datentransfer keine Möglichkeit besteht, die Informationen abzugreifen oder mitzulesen. Da die Datenübermittlung oft über verschiedene Medien wie Kabel und mobile Netze erfolgt, müssen oft mehrere unterschiedliche Sicherungsmaßnahmen eingesetzt werden. Hierbei spielen auch Virtual Private Networks (VPN) eine zentrale Rolle.

8.7.5 Der Datenverarbeitungsprozess

Der Datenschutz begleitet den Datenverarbeitungsprozess und ist in allen Phasen relevant. Die Regelungen des Datenschutzes greifen bereits bei der Datengenerierung und enden erst bei der endgültigen Datenlöschung. Bei kritischen Daten können zusätzlich Regelungen eingerichtet werden, die eine Datenwiederherstellung verhindern sollen.

Datengenerierung und Datenspeicherung

Die Generierung schützenswerter Daten erfolgt heutzutage meistens automatisiert oder prozessorientiert auf unterschiedlichen Wegen. Die heutige geschäftliche Kommunikation, die üblicherweise über IT-Systeme gesteuert wird, benötigt und speichert kritische und personenbezogene Daten in großer Menge. Da die Informationstechnik in immer weiteren Geschäftsbereichen Einzug erhält, wächst die Menge an generierten Daten exponentiell. Erschwerend kommt hinzu, dass viele Systeme individuelle Datenablagen oder Datenbanken nutzen und somit Daten in einem Unternehmen häufig redundant vorliegen.

Eine Alternative zur dezentralen Datenhaltung ist die zentrale Datenablage in zentralen Datenbanken, Redundant Array of Independent Disks (RAID) und Storage Area Networks (SAN). Alle drei Modelle bieten eine Datenablage innerhalb der internen IT-Netze der Unternehmung an. Datenbanken haben den Vorteil, dass der Datenzugriff auf individuelle Daten erfolgt und vom Nutzer individuell angepasst werden kann. Bei RAID- und SAN-Systemen erfolgt die Datenspeicherung meist auf Dateiebene und ein individueller Zugriff auf Einzeldaten ist nicht gegeben. RAID-Systeme gibt es in unterschiedlichen Levels, die entweder eine Erhöhung der Datentransferrate ermöglichen oder eine Sicherung der Daten als prioritäre Aufgabe haben. Meistens werden RAID-Systeme eingesetzt, um eine Sicherung der Datenversorgung zu erreichen. Die meisten RAID-Systeme bieten die Möglichkeit, den ursprünglichen Datensatz während des Betriebs wiederherzustellen, wenn eine Festplatte einen Defekt erleidet. Gleiches gilt auch für einen Festplattenwechsel, der ohne größere Beeinträchtigung der Datennutzer während des Betriebs durchgeführt werden kann.

Eine weitergehende Variante ist die Speicherung von Daten in Cloud-Systemen, die jedoch häufig außerhalb der IT-Netze des Unternehmens liegen, was mit einem erhöhten Risiko für die Daten verbunden ist.

Zentrale Datenhaltung hat den großen Vorteil, dass der Zugriff auf den Datenpool von unterschiedlichen IT-Systemen möglich ist. Außerdem können die zentralen Datenspeicherungssysteme durch zentrale Schutzmaßnahmen einfacher und effektiver geschützt werden. Eine dezentrale Datenablage kann z. B. dadurch verhindert werden, dass dem Nutzer (wie oben unter Schnittstellenkontrolle erläutert) keine Speichermöglichkeit auf der dezentralen IT angeboten wird.

Die zentrale Datenablage ist jedoch auch mit Nachteilen verbunden. Das Management der großen Datenmenge in der zentralen Datenablage ist mit erhöhtem Aufwand verbunden. Man benötigt Informatiker, die die zentralen Speichersysteme administrieren und verwalten. Darüber hinaus müssen die Nutzer mit spezifizierten Rollen und Zugriffsrechten ausgestattet werden. Um eine zentrale Datenablage einführen zu können, müssen alle Applikationen, die auf zentral abgelegte Daten zugreifen, eine Schnittstelle zu dieser zentralen Datenablage besitzen. Dabei muss unterschieden werden, ob es sich um eine einfache Dateiablage oder um einen Datenbankzugriff handelt. Die Möglichkeiten, die der Einsatz einer Datenbank bietet, sind zwar einerseits erheblich größer, andererseits ist, wie schon erwähnt, der Aufwand für das Management einer zentralen Datenbank wesentlich höher. Ein weiterer Nachteil der zentralen Datenspeicherung liegt darin, dass im Betrieb eine starke Abhängigkeit von der Netz- und Serverinfrastruktur besteht und so höhere Kosten in diesen Bereichen entstehen.

Bei der Datenspeicherung ist nicht nur die Frage nach zentraler oder dezentraler Speicherung zu beantworten. Gleichzeitig ist es entscheidend, ob es sich um Daten handelt, die sich im täglichen Zugriff befinden sollen, oder ob es sich um Datensätze handelt, die lediglich als Sicherung abgelegt werden. Daten, die sich im täglichen Zugriff befinden, müssen schnell, direkt und performant angesprochen werden können, Anforderungen, die die Systeme Datenbank, Redundant Array of Independent Disks (RAID) und Storage Area Networks (SAN) erfüllen.

Anders ist die Situation bei Datensätzen, die nur aus Gründen der Datensicherung abgelegt werden und nur bei Datenverlust auf die aktiven Systeme zurückgespielt werden. Auf diese Archivsysteme haben die Nutzer i. d. R. keinen direkten Zugriff, die Rückspielung der Daten erfolgt über den IT-Administrator. Da der Rückspielprozess über eine Serviceanfrage erfolgt, ist die Zeitkomponente bei dieser Datenhaltung von niederer Priorität. Hierbei soll jedoch meist ein großes Datenvolumen archiviert werden, deshalb spielt bei diesen Systemen die Kostenkomponente eine zentrale Rolle. Dies gilt insbesondere für die Betriebskosten, die maßgeblich durch die Kosten für das Speichermedium beeinflusst werden. Daher werden bei diesen Archivsystemen oft Bandspeichersysteme eingesetzt, die über Robotersysteme verwaltet und gesteuert werden. Der zunehmende Preisverfall auf der Speichermedienseite führt jedoch dazu, dass elektronische Festplattensysteme auf der Basis von RAID-Systemen zunehmend Einzug in diese Speicherwelt halten.

Datenübermittlung

Eine weitere Phase im Datenverarbeitungsprozess, in der Datenschutz generell von zentraler Bedeutung ist, stellt die Datenübermittlung dar. In der heutigen Welt werden immer mehr Daten über geschützte oder ungeschützte IT-Netze transferiert. Kritische Daten dürfen jedoch nur über geschützte IT-Netze transportiert werden. Hierbei muss unterschieden werden, ob es sich um drahtgebundene Netze oder Funknetze handelt. Aufgrund der heutigen Anforderungen an das mobile Arbeiten steigt der Anteil der über Funknetze übermittelten Daten erheblich, jedoch ist hier der Schutz der Daten mit deutlich mehr Aufwand verbunden.

Bei drahtgebundenen Netzen bietet sich der Einsatz von Datenverschlüsselungssoftware und das Virtual Private Network (VPN) an. Das VPN ist ein Kommunikationsnetz, das individuell aufgebaut werden kann. Es nutzt physisch zwar das normale IT-Netz, ist dabei aber in sich geschlossen und daher besonders geschützt. Kritischer ist die Situation bei Funknetzen. Bei den Funknetzen bieten sich neben einigen Sondernetzen (Satellitennetze, Schiffnetze) das Global System for Mobile Communications (GSM-Netz – Mobilfunknetz) und das Wireless Local Area Network (WLAN) an. Diese beiden werden am häufigsten eingesetzt. Das GSM-Netz hat den Vorteil, dass der Netzzugang durch eine vom Provider ausgegebene SIM-Karte gesichert ist. Die Kommunikation erfolgt verschlüsselt und die Verwaltung des Netzes erfolgt weitestgehend über den Netzprovider.

Bei einem WLAN ist dieser Schutz nicht gegeben. Jeder Nutzer eines WLAN-fähigen Geräts hat die Möglichkeit, sich in ein ungesichertes WLAN einzuloggen und darüber Zugang zum Internet zu erhalten. Dies wird in vielen Geschäften den Kunden als Werbemaßnahme angeboten. Solche Verbindungen sind mit großem Risiko für den Datenschutz verbunden und sollten nur bei unkritischen Daten eingesetzt werden. Aber auch bei WLAN-Systemen gibt es Möglichkeiten, sie zu sichern. Die einfachste Form der Sicherung von WLAN-Systemen ist der Einsatz einer Verschlüsselung. Wir unterscheiden die alte Form Wired Equivalent Privacy (WEP), die jedoch den heutigen Sicherheitsanforderungen nicht mehr standhält, und Wi-Fi Protected Access (WPA), besser bekannt unter dem Namen WPA-Verschlüsselung. Nur Letztere entspricht den heutigen IT-Sicherheitsanforderungen. WLAN-Nutzer können sich nur dann in einem WPA-verschlüsselten WLAN-Netz anmelden, wenn ihnen das Verschlüsselungspasswort bekannt ist. Ein freier Zugang in ein WPA-verschlüsseltes WLAN-Netz ist damit nicht gegeben. Die Ausgabe des Verschlüsselungspassworts kann sowohl personalisiert als auch nicht personalisiert erfolgen. Kommt jedoch das Verschlüsselungspasswort in unautorisierte Hände, hat auch diese Person die Möglichkeit, mit jedem beliebigen WLAN-fähigen IT-Gerät auf das WLAN-Netz zuzugreifen.

Ein höheres Sicherheitsniveau bietet ein WLAN-Netz, das sowohl mit einer WPA-Verschlüsselung als auch mit einer Media-Access-Control-(MAC-)Adressenfilterung arbeitet. Jedes netzfähige IT-Gerät hat eine Netzzugangskarte, die mit einer individualisierten MAC-Adresse ausgestattet ist. Diese Adresse ist einmalig und direkt mit der Netzzugangskarte verbunden. Über die Nutzung der MAC-Filterung bei den WLAN-Systemen besteht die Möglichkeit, den Zugang zum WLAN nicht nur über das Verschlüsselungspasswort, sondern auch über die MAC-Adresse zu steuern. So kann der Zugang zum WLAN über die Weitergabe des Passworts auf bestimmte Nutzer und über die MAC-Adressenfilterung auf bestimmte IT-Geräte beschränkt werden. Die widerrechtliche Erlangung des Verschlüsselungspassworts reicht in diesen Fällen nicht aus, da ohne eine Eintragung der Zutrittsberechtigung für die MAC-Adresse des genutzten IT-Geräts auch mit Passwort keine Zugangsmöglichkeit besteht. So sind die Zugangsmöglichkeiten eingeschränkt, der administrative Aufwand steigt jedoch erheblich. Die MAC-Adressen der von den autorisierten Nutzern verwendeten IT-Geräte müssen im WLAN-Router administriert werden und jede Geräte- oder Netzkartenänderung muss ebenfalls dort eingetragen werden. Diese sichere Variante von WLAN-Netzen ist nur unter bestimmten Rahmenbedingungen einsetzbar, da der administrative Aufwand schnell zu groß wird.

Datenverarbeitung

Ein weiterer Schwachpunkt beim Schutz der Daten ist die Phase der Datenverarbeitung. Daten werden oft in unterschiedlicher Form generiert und abgespeichert. Meist sind die gespeicherten Daten solitär betrachtet unkritisch, können jedoch in großer Anzahl zu kritischen Daten weiterverarbeitet werden. Dieses Phänomen ist oft bei Sensordaten zu beobachten, die solitär betrachtet unkritisch sind. Werden diese Sensordaten jedoch mit anderen Sensordaten oder mit personalisierten Daten kombiniert, können kritische Datensätzen entstehen. Heutzutage werden oft aus wenigen unkritischen Daten große Mengen an kritischen Daten erzeugt und gespeichert. Häufig sind die Daten auch nur in einer personalisierten oder individualisierten Form nutzbar. Gerade solche Daten stehen im Fokus des Datenschutzes und müssen entsprechend geschützt werden. Hierzu zählen auch die zahlreichen Bilder und Videos, die heute von IT-Geräten erzeugt und gespeichert werden. Dieses besondere Beispiel wird weiter unten noch genauer betrachtet.

Ein weiteres Beispiel, wie aus unkritischen Daten sensible Daten erzeugt werden, ist die Georeferenzierung von Daten, also die Möglichkeit der geografischen Zuordnung. Häufig sind Daten, die georeferenziert sind, als kritisch einzustufen, da der Datensatz über die Georeferenzierung einer bestimmten Person, einem Unternehmen etc. zugewiesen werden kann. Da Geschäftsprozesse häufig kritische Daten zur Prozessumsetzung benötigen und diese Daten teilweise automatisiert über IT-Systeme über das Internet (in Form von E-Mails oder Internetangeboten) weitergeleitet werden, ist hier eine genaue Analyse des Schutzbedarfs notwendig und die einzuleitenden Schutzmaßnahmen müssen in Abstimmung mit dem Datenschutz ermittelt werden.

Datenverarbeitung bei Videos und Bildern

Viele IT-Systeme erzeugen Bild- und Videomaterial und speichern diese Daten in zentralen Speichermedien ab. Oft wird auf diese Speichermedien aus dem Internet zugegriffen. Der Datenschutz unterscheidet bei Video- und Bildmaterial, ob die Daten lediglich angezeigt oder aber gespeichert und weiterverarbeitet werden.

Vor der Installation einer Kamera bzw. vor der Aufzeichnung eines Videos sollten die folgenden Aspekte berücksichtigt werden.

- Grundsätzlich sollten die Personen, die auf dem Video zu sehen sind oder sein könnten, auf die Videoaufzeichnung hingewiesen werden.
- Häufig muss die Zustimmung der aufgenommenen Person oder die Zustimmung des Grundstückseigentümers eingeholt werden.
- Für das Publizieren der Aufzeichnungen im Internet gelten schärfere Regelungen.
- Sollten die Daten für das öffentliche Netz zugänglich sein, müssen entsprechende Schutzmaßnahmen beachtet werden, die eine widerrechtliche Nutzung der Daten verhindern.
- Videoaufnahmen von privaten Bereichen wie Waschräumen oder Toiletten sind grundsätzlich nicht zulässig.
- Für die Analyse der Videoüberwachung ist ausschlaggebend, ob mit der Videoaufzeichnung eine Identifizierung von Personen möglich ist.

Bei einer Videoaufzeichnung ist darüber hinaus zu unterscheiden, ob statische oder mobile Kameras zur Aufnahme verwendet werden. Statische Kameras bieten den Vorteil, dass das Sichtfeld eindeutig ist und somit die datenschutztechnischen Maßnahmen auf diesen Bereich beschränkt werden können. In vielen Fällen ist jedoch die lokale Beschränkung der Aufnahmen nicht möglich. Zudem werden die Aufnahmen oft in Bereichen gemacht, die nicht speziell dafür ausgestattet wurden. Dies gilt insbesondere für Fälle, in denen mit mobilen Videokameras (z. B. auf Drohnen oder anderen Geräten installiert) Aufnahmen für Analysezwecke durchgeführt werden. In der Regel werden solche Aufnahmen nur in einem kurzen Zeitraum durchgeführt.

Videoaufnahmen mit statischen Kameras erfolgen oft zum Schutz vor Einbruch, Sabotage und Vandalismus oder es werden Personen oder technische Systeme kontrolliert bzw. überwacht. Hierbei ist zu unterscheiden, ob es sich um eine Videoüberwachung auf einem eigenen, alleingenutzten Grundstück oder auf einem vermieteten Grundstück mit mehreren Mietern oder um eine Videoüberwachung im öffentlichen Raum handelt.

Videoüberwachungen mit statischen Kameras im öffentlichen Raum sind in erster Linie bestimmten staatlichen Instanzen vorbehalten. Solche Aufnahmen werden i. d. R. aus Gründen der Sicherheitsüberwachung durchgeführt. Die Anforderungen des Datenschutzgesetzes sind hier sehr hoch, sodass sie oft nur von bestimmten staatlichen Instanzen erfüllt werden können.

Anders ist die Situation bei Videoüberwachungen auf eigenen alleingenutzten oder auf einem von mehreren Mietern genutzten Grundstück. Bei Videoüberwachungen auf dem eigenen alleingenutzten Grundstück ist zu beachten, dass die Beobachtungsbefugnis auf den Bereich innerhalb der Grundstücksgrenzen beschränkt ist. Hierbei bietet sich der Aufbau der Kamera an der Grundstücksaußengrenze mit einem Sichtfeld zum Gebäude hin an. Bei der Ausrichtung der Kamera ist darauf zu achten, dass weder das Nachbargrundstück noch öffentlicher Raum im Sichtfeld der Kamera zu sehen sind. Sollte die Beschränkung des Sichtfelds auf das eigene Grundstück nicht mit der Ausrichtung der Kamera zu erreichen sein, kann das Sichtfeld der Kamera auch durch einen Sichtschutz sowohl an der Grundstücksgrenze als auch an der Kamera selbst eingeschränkt werden. Aufgrund des großen Sichtwinkels der Kamera fällt der Sichtschutz in Kameranähe meistens sehr klein aus und lässt sich gut integrieren. Wenn ein Grundstück mit einer Videokamera überwacht wird, sollte an den Grundstücksgrenzen ein Hinweisschild angebracht werden, das potenzielle Besucher darauf hinweist. Jede Person, die das Grundstück betritt, begibt sich in den Beobachtungsbereich der Kamera und es können Videodaten von dieser Person aufgezeichnet werden.

Anders ist die Situation bei Videoaufzeichnungen auf einem von mehreren Mietern genutzten Grundstück. Es gelten dort die gleichen Regeln wie auf dem eigenen alleingenutzten Grundstück, jedoch müssen hier alle Mieter einer solchen Videoüberwachung zustimmen. In bestimmten Ausnahmefällen sind individuelle Sonderregelungen möglich, die Videoaufnahmen auch ohne Zustimmung der Mieter durchzuführen. Diese sind jedoch meistens auf einen kurzen Zeitraum beschränkt und mit besonderen Auflagen verbunden. Die Hürden und Restriktionen für eine solche Videoaufzeichnung sind sehr hoch und sollten im Vorfeld juristisch abgeklärt sein. Oft wird die Genehmigung von Videoaufnahmen mit Vorgaben zur Datenspeicherung, zur Datenverwendung und zur Datenweiterverarbeitung verbunden.

Im Fall der mobilen Videoaufzeichnung können die für statische Kamerasysteme geltenden Regelungen nicht immer umgesetzt werden, sodass zusätzlicher Regelbedarf entsteht.

Darüber hinaus sind Videoaufzeichnungen mit mobilen Kamerasystemen immer zweckgebunden. Die so entstandenen Daten dürfen daher auch nur zweckgebunden ausgewertet werden. Wird ein Gebäude mithilfe einer Kamera untersucht, die auf einer Drohne installiert wurde, werden i. d. R. zusätzlich zu den beabsichtigten Aufnahmen auch Daten erhoben, die für die Gebäudeanalyse nicht benötigt werden. Sollte die Aufnahme im Rahmen einer Dienstleistung auf einem fremden Grundstück durchgeführt werden, muss eine Zustimmung vom Grundstückseigentümer und auch von den aufgenommenen Personen vorhanden sein. Eine Publizierung der Daten bedarf einer gesonderten Genehmigung, da die Zweckbindung der Dienstleistung einer Veröffentlichung häufig entgegensteht. Im Falle einer Publizierung müssen alle datenschutzrechtlichen Anforderungen erfüllt sein. Sollte die Drohne mit der Kamera private Bereiche (Bäder etc.) überfliegen, die einem besonderen Schutz unterliegen, sind Aufnahmen grundsätzlich nicht zulässig.

8.7.6 Smart Technology und Datenschutz

Eine Technologie, die hohe Anforderungen an den Datenschutz stellt, ist die Smart-Technologie. Hierbei ist zwischen Smart Home, Smart Grid und Smart Meter zu unterscheiden (vgl. Tab. 8.52). Allen drei Technologien ist gemeinsam, dass Geräte in ein Kommunikationsnetz eingebunden sind, über das sie Daten senden und empfangen. Unterscheidungskriterium ist hier der Bereich, in dem

Tab. 8.52: Smart Technology.

Smart Meter	Smart Home	Smart Grid
– Messen – Netzzustand	– Zugangskontrolle – Überwachung durch Video – Smart-Home-Geräte	– Zustand des Energienetzes – Steuerung des Energienetzes

diese Technologie eingesetzt wird. Smart Meter ist die Anwendung der Smart-Technologie im Bereich von Zählern und Messgeräten. Die Verbrauchsdaten und Daten über den Netzzustand werden automatisiert abgelesen und an zuständige Stellen weitergeleitet. Anwendung findet diese Technik häufig bei Energieversorgern. Auch die Smart-Grid-Technologie wird oft in dieser Sparte verwendet. Smart Grid bezeichnet ein intelligentes Stromnetz, das Stromerzeuger, Speicher und elektrische Verbraucher kommunikativ verbindet und steuert. Smart Home ist die Anwendung der Smart-Technologie in Wohnräumen und Wohnhäusern. Hier werden fernsteuerbare Geräte mit einem Kommunikationsnetz verbunden.

Viele Aktivitäten, die in früheren Jahren personenbezogen durchgeführt wurden, wie das Ablesen von Zählerständen, werden in der heutigen Zeit häufig automatisiert erledigt. Insbesondere im Energiebereich ist der Einsatz dieser Technik besonders verbreitet. Heutige Strommessgeräte bieten die Möglichkeit, den Stand des Zählers remote zu übermitteln. Außerdem bietet die Smart-Technologie die Möglichkeit, Geräte und Prozesse in Abhängigkeit von Tarifen zu steuern. Da die heutigen Strommesszähler viele Detaildaten aufzeichnen, können Rückschlüsse auf das Nutzerverhalten gezogen werden, insbesondere, wenn weitere Informationen über die genutzten Geräte vorliegen. Somit können harmlose Einzeldaten datenschutzrechtlich zu sensiblen Daten werden.

Ähnliches gilt für den Bereich der Heizungsmessung. Moderne Heizungsverbrauchmesser sind in der Lage, die Daten kontinuierlich in einem zentralen Datenspeicher abzulegen. Dadurch wird eine Datenbasis aufgebaut, mit deren Hilfe die Messwerte auf jeden beliebigen Zeitpunkt zurückgerechnet werden können. Zwischenablesungen und deren Kosten können so eingespart werden. Die Kehrseite einer solchen Datenbasis ist, dass durch die Einzelwerte das Nutzerverhalten leicht nachvollziehbar wird.

Wie man aus diesen Beispielen erkennen kann, führt die zunehmende Automatisierung zu erheblichen datenschutzrechtlichen Problemen und stellt immer höhere Sicherheitsanforderungen an die IT-Systeme. Viele Annehmlichkeiten und Möglichkeiten zur Kosteneinsparung sind mit einer wachsenden Gefahr für die erhobenen und gesammelten Daten verbunden. Dieser Gefahr muss mit entsprechenden Gegenmaßnahmen und Schutzmechanismen begegnet werden.

Gleichwohl ist die Smart-Technologie ein stark wachsender Markt. Insbesondere die Bereiche Sensortechnik, Messwerterfassung und -auswertung, Steuerungs- und Regelungstechnik sind ein stark wachsendes Aufgabenfeld innerhalb dieser Technik. Vor allem in der Gebäudetechnik werden Geräte zunehmend automatisiert gesteuert oder es werden Sensoren eingesetzt, um die Gebäude- und Systemsteuerung zu automatisieren.

Wie bereits oben beschrieben, werden die von der Smart-Technologie gesteuerten Geräte in Kommunikationsnetze eingebunden, um so den Datenaustausch zu ermöglichen. Da die Kommunikation mit Handys, Tablets oder anderen mobilen Geräten in unterschiedlichen Netzen stattfindet, finden auch die Fernsteuerung und der Datentransfer über unterschiedliche IT-Netze mit sehr unterschiedlichen Sicherheitsstandards statt. Smart-Geräte bzw. Smart-Systeme sind häufig dezentral angeordnet, deshalb müssen bei den Steuerungsanlagen lokale und individuelle Netzanschlüsse an das Internet vorhanden sein. Diese befinden sich i. d. R. außerhalb von Rechenzentren und sind wenig gegen Angriffe aus dem Internet geschützt. Sind die Geräte und die Kommunikationswege angreifbar, können nicht nur Daten unberechtigt ausgelesen, sondern auch Steuerungsbefehle manipuliert werden.

Ein weiterer Schwachpunkt besteht bei der eingesetzten Software. Viele Steuerungen sind programmiertechnisch auf einem veralteten Stand, Regelungs- und Steuerungsanlagen werden nicht aktualisiert und auch ein regelmäßiges Software-Update ist oft nicht vorgesehen. So entstehen Schwachstellen, die Einfallstore für einen Angriff aus externen Netzen oder dem Internet darstellen. Zwar ist die Problematik erkannt und wird diskutiert, doch aufgrund des dezentralen Einsatzes der Technik wird es sehr viel Zeit in Anspruch nehmen, bis auch das letzte veraltete Gerät und die letzte nicht aktualisierte Software beseitigt bzw. erneuert ist. Die Sicherheit der Smart-Technologie insgesamt ist nur so hoch wie die Sicherheit beim anfälligsten eingesetzten Teil. Somit entscheidet das schwächste Element über das IT-Sicherheitslevel des gesamten Systems. Darüber hinaus sind auch die Anforderungen an den Datenschutz und an die IT-Sicherheit keine konstanten Größen, sondern wachsen stetig an. Eine Kosten-Nutzen-Analyse muss vor allem die Sensibilität der Bereiche berücksichtigen, in denen die Smart-Technologie eingesetzt wird. Hier ist eine Risikoanalyse notwendig, um den schwerwiegenden Folgen durch Datenmissbrauch und Manipulation gerecht zu werden.

Eine Möglichkeit, Smart-Technologie sicherer zu machen, besteht im Einsatz von Smart Meter Gateways. Diese Kommunikationseinheiten mit integriertem Sicherheitsmodul sind heute ein zentrales Element der Smart-Technologie (vgl. Abb. 8.108). Die Kommunikationsflüsse sind hierbei verschlüsselt und bezüglich Integrität, Authentizität und Vertraulichkeit abgesichert. Zentrale Prozesse, in denen diese Geräte eingreifen, sind die Verbrauchstransparenz, die Messdatenübermittlung, das Ausführen von Steuer- und Regelbefehlen für unterschiedliche Anlagen und das Lastmanagement. Bei der Smart-Meter-Gateway-Technik berücksichtigen wir drei Netzvarianten. Das Lokale Metronomische Netz (LMN) ist ein zentrales Netz, in dem die Messeinrichtungen der Letztverbraucher integriert sind. Das Netz, über das eine Kommunikation mit anderen Marktteilnehmern stattfindet, ist das Weitverkehrsnetz (WAN), es ist auch die zentrale Administrationsinstanz. Weiterhin gibt es noch das Heimnetz (HAN), in dem die intelligenten Hausgeräte, die Energieversorgungsanlagen (Fotovoltaik), die Datenauswertung und das Reporting integriert sind. Das Smart Meter Gateway ist eine Zentralstelle, die diese drei Netze miteinander verbindet. Damit ist es aber gleichzeitig einer der kritischen Punkte in dieser Technik, da von dort aus Zugriffe auf die unterschiedlichen Komponenten möglich sind. Um die Anforderungen des Datenschutzes und der IT-Sicherheit in diesem Umfeld eindeutig festzulegen, wurde vom Bundesamt für Sicherheit in der Informationstechnik (BSI) eine Richtlinie speziell zu dieser Technik erlassen, in der die Anforderungen an Kryptografie, Funktionalität und Sicherheit geregelt sind.

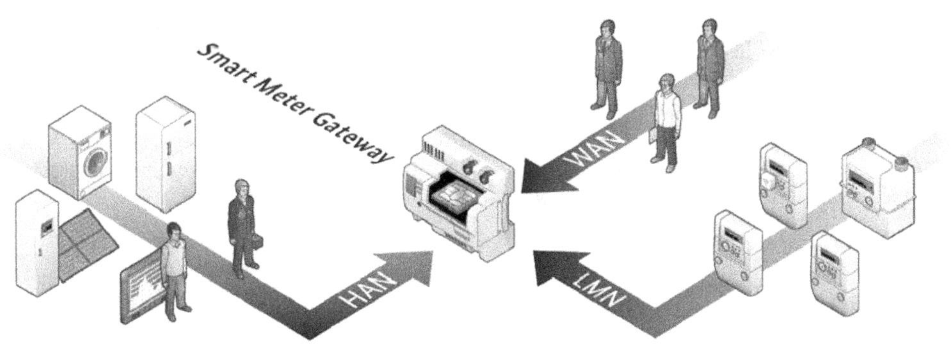

Abb. 8.108: Smart Meter Gateway.[304]

304 [BSI (2016a)], S. 12.

Aus Sicht des Datenschutzes gibt es für diese Technik gewisse Grundregeln, die bei der Minimierung des Risikos hilfreich sind:
- Die Verarbeitung und Nutzung der Smart-Meter-Daten ist nur zulässig, soweit dies unbedingt erforderlich ist.
- Ableseintervalle sollen so gewählt werden, dass Rückschlüsse auf das Verhalten der Nutzer nicht mehr gezogen werden können.
- Smart-Meter-Daten sollen nur anonymisiert oder aggregiert übermittelt werden.
- Hoch aufgelöste Daten sollen lokal beim Letztverbraucher abgerufen und verarbeitet werden können, ohne dass eine Kommunikation mit einer externen Stelle notwendig ist.
- Der Datentransfer soll auf das unbedingt notwendige Maß beschränkt werden.
- Der Datensatz soll durch angemessene Löschfristen auf das unbedingt notwendige Maß beschränkt werden.

8.7.7 Wirtschaftlichkeit des Datenschutzes

Ein Streitpunkt, der immer wieder zu Konflikten führt, sind die Kosten des Datenschutzes und der IT-Sicherheit. Durch den Aufbau von Systemen zur Erhöhung des Datenschutzes und der IT-Sicherheit entstehen zusätzlich zu den Investitionskosten Betriebskosten für die Wartung und das Administrationspersonal. Anders als bei anderen Investitionen stehen diesen zusätzlichen Kosten allerdings keine Einsparpotenziale im herkömmlichen Sinne gegenüber.

Das Einsparpotenzial besteht in der Vermeidung der Kosten, die bei einem gelungenen Angriff auf sensible Daten entstehen würden. Datenmissbrauch oder Datenverlust kann für ein Unternehmen, wie oben ausgeführt, existenzielle Auswirkungen haben. Dazu gehören auch Schäden, die sich monetär nicht oder nur schwer bewerten lassen, z. B. Imageschäden. Der finanzielle Schaden durch verloren gegangene oder missbrauchte Daten ist oft ein geringer; die Folgen für das Unternehmen sind dafür umso gravierender. Die Bewertung des Einsparpotenzials hängt auch von der Risikobereitschaft des Unternehmens ab.

Aufgrund der Schwierigkeit, das Einsparpotenzial genau zu definieren und monetär zu bewerten, kann bei einer Investition in Datenschutz und IT-Sicherheit nicht wie bei anderen Investitionen einer festen Kostengröße eine feste Nutzen- oder Einspargröße gegenübergestellt werden. Eine Wirtschaftlichkeitsbetrachtung ist hier nicht in dem Maß möglich, in dem sie für andere Investitionen machbar ist.

Anders sieht die Situation bei staatlichen Institutionen aus, die Daten mit hohem oder sehr hohem Schutzbedarf generieren, verarbeiten oder nutzen. Diese Institutionen sind verpflichtet, die Anforderungen des Datenschutzes umzusetzen, und stehen in enger Kommunikation mit den Datenschutzbeauftragten von Bund und Ländern. Werden dort neue Anforderungen an den Datenschutz festgelegt, müssen sie von den Behörden umgesetzt werden. Teilweise sind die Anforderungen sogar gesetzlich verankert und für ihre Umsetzung wurde ein Zeitrahmen festgelegt. In diesen Fällen ist eine Wirtschaftlichkeitsbetrachtung überflüssig.

Literatur

[bfid (2015j)] Bundesbeauftragte für den Datenschutz und die Informationsfreiheit (Hrsg.): Datenschutz kompakt: Datenschutz und Smart Metering, 2015, URL: https://www.bfdi.bund.de/SharedDocs/Publikationen/DatenschutzKompaktBlaetter/Smart%20Metering.pdf?__blob=publicationFile&v=1 (letzter Aufruf: 19.03.2017).

[bfid (2016a)] Bundesbeauftragte für den Datenschutz und die Informationsfreiheit (Hrsg.): Datenschutzgerechtes Schutzprofil für Smart Meter, 2016, URL: https://www.bfdi.bund.de/DE/Datenschutz/Themen/Technische_Anwendungen/SmartMeterArtikel/DSGerechtesSchutzprofil.html (letzter Aufruf: 19.03.2017).

[bfid (2016b)] Bundesbeauftragte für den Datenschutz und die Informationsfreiheit (Hrsg.): Intelligente Stromzähler als Basis für das Smart Grid, 2016, URL: https://www.bfdi.bund.de/DE/Datenschutz/Themen/Technische_Anwendungen/SmartMeterArtikel/SmartMetering.html (letzter Aufruf: 19.03.2017).

[bfid (2016c)] Bundesbeauftragte für den Datenschutz und die Informationsfreiheit (Hrsg.): Videoüberwachung, 2016, URL: https://www.bfdi.bund.de/DE/Datenschutz/Themen/Technische_Anwendungen/TechnischeAnwendungenArtikel/Videoueberwachung.html (letzter Aufruf: 19.03.2017).

[bfid (2016d)] Bundesbeauftragte für den Datenschutz und die Informationsfreiheit (Hrsg.): Funknetze (WLAN) im täglichen Einsatz, immer ein Risiko?, 2016, URL: https://www.bfdi.bund.de/DE/Datenschutz/Themen/Technische_Anwendungen/TechnischeAnwendungenArtikel/Funknetze_WLAN.html (letzter Aufruf: 19.03.2017).

[bfid (2016h)] Bundesbeauftragte für den Datenschutz und die Informationsfreiheit (Hrsg.): USB-Sticks am Arbeitsplatz, 2016, URL: https://www.bfdi.bund.de/DE/Datenschutz/Themen/Technische_Anwendungen/TechnischeAnwendungenArtikel/USB-SticksAmArbeitsplatz.html (letzter Aufruf: 19.03.2017).

[BSI (2016a)] Bundesamt für Sicherheit in der Informationstechnik (Hrsg.): Smart Meter Gateway, 2016, URL: https://www.bsi.bund.de/DE/Themen/DigitaleGesellschaft/SmartMeter/SmartMeterGateway/smartmetergateway_node.html (letzter Aufruf: 19.03.2017).

[BSI (2016f)] Bundesamt für Sicherheit in der Informationstechnik (Hrsg.): Technische Richtlinie (TR-03109-1), 2016, URL: https://www.bsi.bund.de/DE/Themen/DigitaleGesellschaft/SmartMeter/SmartMeterGateway/TechnRichtlinie/TR_03109-1_node.html (letzter Aufruf: 19.03.2017).

[BStatG 2016] Gesetz über die Statistik für Bundeszwecke: Bundesstatistikgesetz, Bundesbeauftragte für den Datenschutz und die Informationsfreiheit (Hrsg.): bfid BStatG, 2016, URL: https://www.destatis.de/DE/Methoden/Rechtsgrundlagen/Statistikbereiche/Inhalte/010_BStatG.pdf?__blob=publicationFile (letzter Aufruf: 19.03.2017).

[LfDI (2016a)] Landesbeauftragter für den Datenschutz und die Informationsfreiheit Rheinland-Pfalz (Hrsg.): Datenschutzkontrolle in Bund und Ländern, 2016, URL: https://www.datenschutz.rlp.de/de/themenfelder-themen/datenschutzkontrolle-bundlaender (letzter Aufruf: 19.03.2017).

[StBA Fachserie 15 Reihe 4 (2016)] Statistisches Bundesamt (Hrsg.): Wirtschaftsrechnungen: Private Haushalte in der Informationsgesellschaft – Nutzung von Informations- und Kommunikationstechnologien; Tabelle, StBA Fachserie 15 Reihe 4 (2016); Stuttgart 2016, URL: https://www-genesis.destatis.de/genesis/online/logon (letzter Aufruf: 15.03.2017).

Weiterführende Quellen

[BSI (2004)] Bundesamt für Sicherheit in der Informationstechnik (Hrsg.): IT-Grundschutzhandbuch: Standard-Sicherheitsmaßnahmen; CD-ROM zum Handbuch; Köln 2004.

[BSI Standard 100-1] Bundesamt für Sicherheit in der Informationstechnik (Hrsg.): Managementsysteme für Informationssicherheit (ISMS): Standard-Sicherheitsmaßnahmen, Version 1.5., BSI Standard 100-1, 2008, URL: https://www.bsi.bund.de/SharedDocs/Downloads/DE/BSI/Publikationen/ITGrundschutzstandards/BSI-Standard_1001.pdf?__blob=publicationFile&v=1 (letzter Aufruf: 17.03.2017).

[BSI Standard 100-2] Bundesamt für Sicherheit in der Informationstechnik (Hrsg.): IT-Grundschutz-Vorgehensweise, Version 2.0, 2008, URL: https://www.bsi.bund.de/SharedDocs/Downloads/DE/BSI/Publikationen/ITGrundschutzstandards/BSI-Standard_1002.pdf?__blob=publicationFile&v=1 (letzter Aufruf: 17.03.2017).

[BSI Standard 100-3] Bundesamt für Sicherheit in der Informationstechnik (Hrsg.): Risikoanalyse auf der Basis von IT-Grundschutz, Version 2.5., BSI Standard 100-3, 2008, URL: https://www.bsi.bund.de/DE/Themen/ITGrundschutz/ITGrundschutzStandards/Standard03/ITGStandard03_node.html (letzter Aufruf: 17.03.2017).

8.8 IT-Projekte – nicht nach Geschmack entscheiden!

Ulrich Bogenstätter

Kostendruck und stagnierende Einnahmen zwingen die Geschäftsführer von Immobilienunternehmen oder Führungskräfte von Immobilienabteilungen vielfach zu strategischem Handeln. Die Datenverarbeitung nimmt eine zentrale Rolle in der Informationsbeschaffung ein und wird in Zukunft immer mehr an Bedeutung gewinnen. Dabei die Auffassung zu vertreten, dass Informations- und Datenverarbeitung (IT) funktionieren müssen, weil die Kosten in jedem Fall da sind („Eh-da"-Kosten), wäre fatal.

Mit einem Anteil von etwa 15 % bestimmt die IT wesentlich die Kosten für einen mit IT ausgestatteten Arbeitsplatz einschließlich Personalkosten[305] – Tendenz steigend. IT-Lösungen sind nicht primär eine Frage der Vorlieben oder des Geschmacks, ihre Auswahl berührt alle Geschäftsbereiche. Die Wahrscheinlichkeit, die passende IT-Lösung anhand persönlicher Kriterien zu finden und sich nachhaltig für die Richtige zu entscheiden, ist gering.

Neben dem Hausmeister und der Sekretärin gehören die Spezialisten der IT in einem Unternehmen zu den unverzichtbaren Personen: Kein Weg führt an ihnen vorbei. Trotz Unkenntnis der Materie der anderen genießen IT-Spezialisten daher viel Vertrauen („Die machen das schon") und sie werden oft vom Lehrsatz geleitet: „Never change a running system." Dabei wird übersehen, dass die IT auch nachhaltig bestimmt, ob die Mitarbeiter eines Immobilienunternehmens das Richtige und das Wichtige richtig tun. Schließlich greift die IT maßgeblich in die Geschäftsvorfälle eines Unternehmens ein, soll sie aber unterstützen und nicht zu einem unerkannten Risiko für die Geschäftsführung werden. Die regelmäßige Überprüfung der IT-Ausstattung und -Anwendung muss daher Bestandteil des Risikomanagements eines Unternehmens sein.

8.8.1 Projektziele bestimmen – IT-Projekt aufsetzen

Damit ein Projekt ein Erfolg wird, muss klar sein, was das Projektziel, das Endergebnis des Projekts sein soll und was zur Zielerreichung notwendig ist (Top-down-Ansatz). Je konkreter, desto besser.

Projektziele bestimmen

Die Motivationen für IT-Projekte sind vielfältig. Analog zur Balanced Scorecard (BSC) lassen sich die Ziele zuordnen.

- Aus Sicht der **Kundenperspektive** sind die Kundenbeziehungen mittels Customer-Relationship-Management-System (CRM) zu verbessern,
- aus Sicht der **Finanzperspektive** die Kosten für Fremdkapital durch ein Cash-Management-System zu senken,
- aus Sicht der **Prozessperspektive** die Abläufe für Instandhaltungsaufträge effizienter zu gestalten und
- aus Sicht der **Potenzialperspektive** die Entscheidungsfähigkeit zur Steigerung der Marktattraktivität oder Objektattraktivität der Immobilienprodukte auf der Basis einer aktuellen, konsistenten und relevanten Datengrundlage zu erhöhen.

Ein Beispiel: Das Berichtswesen soll als Informationsplattform für alle Ebenen des Managements und für alle Geschäftsfelder automatisiert bereitstehen. Das Set der Berichte, die bereitstehen sollen, ist in Abbildung 8.109 abgebildet (Qualitäten). Dieses Set mit seinen Kennzahlen wurde aus strategischen Überlegungen im Zuge der Einführung der Balanced Scorecard[306] für das Portfolio-

305 Siehe [KGSt 7/1998].

306 Vgl. Kapitel 1.4.

Berichtsübersicht – Abgleich der Kundenanforderungen									
Kunde XY									
Portfoliomanagement (Unternehmenssicht)			Asset-Management (Objektcluster)			Property-Management (Objektsicht)			
1	2	3	4	5	6	7	8	9	10
Strategie-entwicklung und vermittlung	Prognose, Risiko- und Renditeprofil	Portfolioallokation	Objektbewertung und Investitionen	Objektauswahl	Transaktionen	Bestands-optimierung – Verträge	Objektmanagement – Kunden-orientierung	Kosten-/Ertrags-optimierung	Wirtschaftlichkeits-kontrolle
Unternehmens-scorecard	Erfolgsplan	Balanced Scorecard (Trend)	Geschäfts-bereichs-scorecard	Wohnungsmarkt-analyse	Ertragswert-berechnung	Geschäfts-bereichs-scorecard	Übersicht Fluktuation	Übersicht Mieterträge	Wirtschaftlich-keitsberechnung einz. Maßn.
Portfolio-vergleich	Finanzplan	Leerstands-übersicht	Wirtschaftlichkeits-berechnung	Makromarkt-analyse	Übersicht Zinsen und Tilgung	Deckungs-beitrags-rechnung	Betrachtung der zweiten Miete	Übersicht Mietrückstände	
Benchmark-Bericht	Bilanzplan	Bestands-betrachtungen	Benchmark-Bericht	Mikromarkt-analyse		Bestand inkl. Leerstand	Mieteranalyse	Übersicht Betriebs- und Heizkosten	
Budgetplanung	GuV-Planung unterjährig	Sensitivitäts-analyse				Wirtschaftlichkeit der Verwaltungs-einheit		Übersicht Instand-haltungskosten	
Aggregierte Scorecard	Bestands-verzeichnis	27-Felder-Matrix				Kostenstellen-umrechnung		Wirtschaftlich-keit Verwal-tungseinheit	
Geschäfts-bereichs-scorecard	Bilanz	Strategiebericht zur 27-Felder-Matrix						Heizkosten-analyse	
Initiativen nach Geschäfts-bereichen	GuV (VJ)	Portfolio-vergleich						Übersicht Inst.-Budget (WIE)	
Initiativen nach Perspektiven	Wirtschaftsplan (WIE)	Steckbrief-bericht						Investitions-budget (Kostenträger)	
nicht gepflegte Istwerte	Cashflow	Gegenüber-stellungs-bericht							
Bericht zu der Perspektiven	Übersicht der Verwaltungs-kosten	Übersicht Mieterträge							
Unternehmens-scorecard	Deckungsbeitrag sbericht (WIE)	Übersicht Mietrückstände							
	Wirtschaftlich-keits-/Finanzbe-trachtung	Übersicht Fluktuation							
	Unternehmens-...	Übersicht Betriebs-...							

Abb. 8.109: Welche Berichte sind wichtig?[307]

management, das Asset-Management sowie das Property-Management[308] definiert. Quasi als Abfallprodukt des Projekts sollen auch die Datengrundlagen und die Datenkonsistenz verbessert werden. Als Projektlaufzeit werden zwölf Monate festgelegt (Termine). Für das Projekt werden von der Geschäftsführung 75.000 € angesetzt.

307 Quelle: eigene Darstellung.

308 Vgl. Kapitel 3.3.

Projektphasen

Ein IT-Projekt in seiner Einmaligkeit folgt den üblichen Projektmanagementmethoden. Zur Sicherstellung des Projekterfolgs gilt es, einen festen Rahmen zu setzen: „IKRIA-B“. Die Projektphasen sind wie folgt definiert: Initialisierung, Auswahl der IT-Lösung und Konzeption, Realisierung, Implementierung, Projektabschluss und Sicherstellung des Betriebs. Andere Bezeichnungen im Rahmen der IT-Entwicklung finden sich in Tabelle 8.53.

In der **Initialisierungsphase** werden die Ausgangslage sowie die Chancen und Risiken analysiert und die Projektziele definiert. Die notwendigen organisatorischen Maßnahmen werden ergriffen, um das Projektziel zu erreichen. Die Projektgruppe wird definiert und das Lastenheft erstellt.

Projekt

(User Project) „Vorhaben, das im Wesentlichen durch Einmaligkeit der Bedingungen in ihrer Gesamtheit gekennzeichnet ist“ (Nr. 3.44 [DIN 69901-5 2009-01])

Lastenheft

(User Specification) „<Projektmanagement> vom Auftraggeber festgelegte Gesamtheit der Forderungen an die Lieferungen und Leistungen eines Auftragnehmers innerhalb eines (Projekt-)Auftrags“ (Nr. 3.32 [DIN 69901-5 2009-01])

Pflichtenheft

(Functional Specification) „vom Auftragnehmer erarbeitete Realisierungsvorgaben auf der Basis des vom Auftraggeber vorgegebenen Lastenheftes“ (Nr. 3.40 [DIN 69901-5 2009-01])

Ist-Aufnahme und Soll-Konzept bestimmen im Wesentlichen die Phase der **Konzeption**. Beides wird vielfach unterschätzt, doch nur wer zu Beginn weiß, was die gängige Praxis in seinem Immobilienunternehmen ist (Ist-Analyse), hat die Voraussetzungen dafür, die Schwachstellen zu erkennen. Daraus wird ein schlüssiges, erfolgversprechendes Soll-Konzept entwickelt.

- Bsp. digitale Handwerkeranbindung: Welche Rechnungen werden geprüft? Müssen sie geprüft werden? Wer ist einzubinden? Welche Handwerksunternehmen werden zur Teilnahme an der digitalen Handwerkeranbindung eingeladen? Sind die Rahmenverträge anzupassen? Welche Handwerksunternehmen sind entscheidend?
- Bsp. internetbasierte Informationssysteme: Gibt es für ein internetbasiertes Informationsmanagement eine Kostenübernahme durch die Beteiligten, z. B. nach § 7 der Honorarordnung für Architekten und Ingenieure (HOAI)? Sind die Verträge der Projektbeteiligten anzupassen?

Mögliche Alternativen und Varianten müssen sich einem ersten Wirtschaftlichkeitsvergleich stellen. Dem Lastenheft folgt das Pflichtenheft. Darin festgelegt ist die funktionale und technische Spezifikation der IT-Lösung (IT-Konzept). Sie bildet die Grundlage für die Ausschreibung von IT-Lösungen. Die Rolle des Fachkonzepts stellt Abbildung 8.110 dar. Es vermittelt zwischen den Anforderungen des Anwenders und dem technischen Konzept des DV-Spezialisten, zwischen der funktionalen Spezifikation und der technischen Spezifikation. Die technische Spezifikation liegt im Falle einer Standardlösung vor Vertragsschluss umfangreicher vor, als es bei einer Individuallösung (Individualprogrammierung) der Fall ist.

Es folgt die Beauftragung und damit die **Realisierungsphase**: bei Individualsoftware die Programmierung, bei Standardsoftware das Customizing, soweit erforderlich. In dieser Phase werden die notwendigen Voraussetzungen für eine erfolgreiche Implementierung und den Produktivstart geschaffen. Die Ablauforganisation des Immobilienunternehmens wird angepasst. Die IT-Lösung einschließlich Soft- und Hardware wird für alle Partner bereitgestellt. Das betrifft das Immobilienunternehmen ebenso wie die externen Partner.

---

310 Vgl. [Stahlknecht, P. (2002)], S. 128.

Tab. 8.53: IT-Projektphasen im Vergleich nach Quellen.[310]

	ARIS	Stahlknecht	Systementwicklung	Anwender	IKRIA-B[a]
1.	**Initialisierung des Projekts**	**Projekt-begründung**	Ziel und Problem formulieren, Projektgruppe bilden		**Initialisierung** des Auftraggebers
		Lastenheft	**Anwenderspezifikation**		
2.	**koordiniertes Fachkonzept**		– was zu tun ist, wie etwas zu tun ist		**Konzeption** des Auftraggebers
		Analyse		– Ist-Analyse – Schwachstellenanalyse – Soll-Konzept – Wirtschaftlichkeits-vergleich	
		Fachentwurf	**funktionale Spezifikation (Pflichtenheft)** – Grobentwurf – Detailentwurf		
3.	**DV-Konzeption**	**Entwurf**	**technische Spezifikation (IT-Konzept)** – Systementwurf: Datenmodellierung (Datenstrukturierung), Funktionsentwurf, Prozessabläufe, Programmentwurf (Programmspezifikation)	– Auswahl und Anschaffung von Standardsoftware	
		Realisierung	**Programmierung (Codierung in einer Programmiersprache)** – Programm- und Systemtest, Anpassung von Standardsoftware	– Datenerhebung – Ressourcenbereitstellung – Personalqualifikation – Applikationen – Mengengerüste – Berichtswesen – Konfiguration	Auswahl durch den Auftraggeber und **Realisierung** durch den Auftragnehmer
4.	**Implementierung**	**Einführung**	**technische Implementierung** (Systemfreigabe und -einführung)	**Prozessimplementierung** (Schulungen)	**Implementierung**
5.	**Projektabschluss**	**Übergabe**			**Projektabschluss**
6.	**Begleitung**		**Pflege (Fehlerbehebung)** – Wartung (Anpassung) – Erweiterung	**Coaching** – Einführung – Erhebung der Anforderungen	**Betriebsphase** und Coaching

[a] Vgl. IKRIA-Modell der Aareon AG aus Sicht des Auftragnehmers und [GEFMA 460 2016-05], Angang A aus Sicht des Auftraggebers.

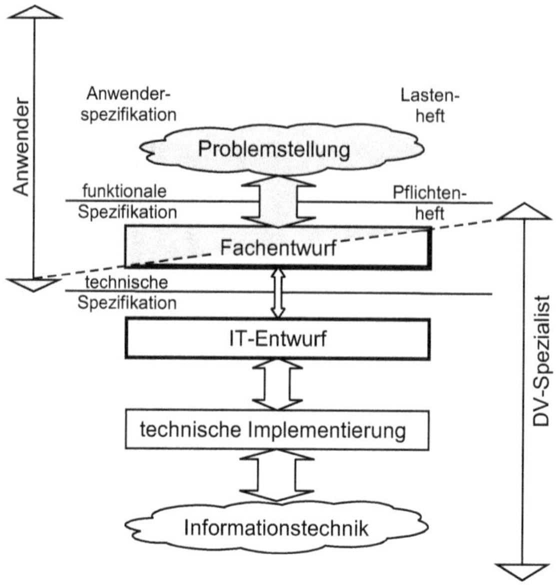

Abb. 8.110: Die Stellung des Fachkonzepts bei IT-Projekten.[311]

Die **Implementierungsphase** ist im Wesentlichen von Schulungsmaßnahmen für alle Anwender geprägt. Im Gegensatz zu klassischen IT-Einführungsprojekten kann durch Verwendung bekannter Systeme, z. B. Internetbrowser, die Einarbeitungszeit reduziert und der Aufwand gesenkt werden.

(Projekt-)Abschluss: Der Echtbetrieb ist vollzogen, Effizienz und Kostenreduktion haben (hoffentlich) Einzug gehalten.

Danach ist die Betreuung und nachhaltige Sicherstellung des Projekterfolgs durch begleitende Maßnahmen in der **Betriebsphase** sicherzustellen. Wenn neue Handwerksunternehmen, Projektbeteiligte oder neue Mitarbeiter hinzukommen, müssen geeignete Qualitätssicherungsmaßnahmen ergriffen werden. Außerdem müssen folgende Fragen beantwortet werden: Wurden die in der Initialisierungsphase definierten Ziele erreicht? Müssen weitergehende Anpassungen in der Ablauforganisation bzw. im Aufbau vorgenommen oder weitere Schulungsmaßnahmen regelmäßig angeboten werden? Was geschieht im Falle eines Release-Wechsels? Angesichts der technologischen Entwicklung ist grundsätzlich davon auszugehen, dass derartige Projekte und Prozesse nicht einmalig sind, sondern stets aufs Neue angestoßen werden müssen.

Die Qual der Wahl – die richtige Software

Der ideale Prozessablauf ist in Abbildung 8.111 dargestellt und enthält folgende wesentliche Elemente:

- Die betroffenen Mitarbeiter müssen frühzeitig eingebunden werden: Derjenige, der adäquat beteiligt ist, kann sich nicht beklagen – aus Betroffenen werden Beteiligte. In einem Lastenheft wird das Wünschenswerte niedergeschrieben (vgl. VDI/VDE Richtlinie Nr. 3694).
- Zur Bestimmung der für das Unternehmen am besten geeigneten (DV)-Lösungen ist ein mehrstufiges Verfahren als Entscheidungstrichter anzuwenden.

311 Quelle: eigene Darstellung.

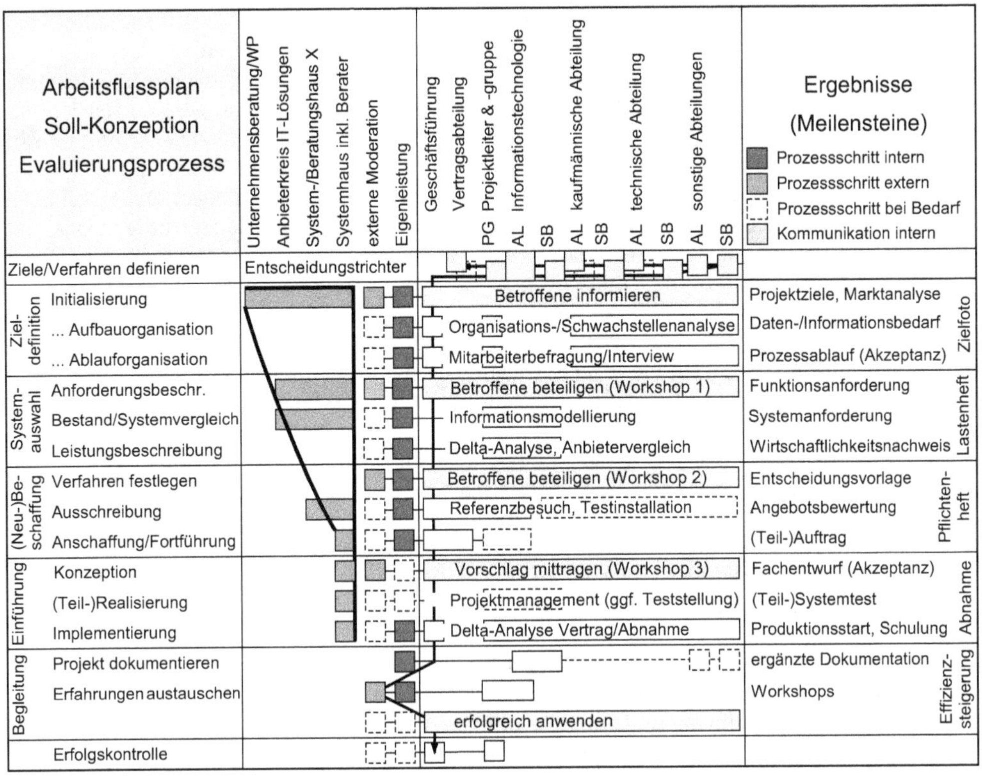

Abb. 8.111: Soll-Prozess Evaluierung von IT-Lösungen.[312]

- Die Leistungsbeschreibung ist eindeutig in einem Pflichtenheft zu beschreiben. Das Pflichtenheft beschreibt das Machbare (vgl. auch hier VDI/VDE Richtlinie Nr. 3694) und erfolgt nach der Beschreibung des Lastenhefts.
- Vorgezogene Teilleistungen werden mit dem Ziel beauftragt, eindeutig beschriebene Leistungspositionen zu erhalten.

Dieser Evaluierungsprozess für eine CAFM-Software wurde durch das Referat „Immobilienwirtschaft und Pfarrgutsverwaltung" der Evangelischen Landeskirche in Württemberg mit einem Gebäudebestand von über 200 Objekten unterschiedlicher Nutzungsarten mit mehreren Tausend Liegenschaften und Erbbaurechtsverträgen sowie der Option, weitere Gebäude in die Immobilienbewirtschaftung zu übernehmen, durchgeführt. Der Anlass hierzu war die Ablösung von bestehenden IT-Systemen und die Integration von Personen mit neuen Fachaufgaben und Werkzeugen in das Referat für eine aktive Immobilienbewirtschaftung. Der Prozess wurde von einer externen, neutralen Person moderiert. Dabei wurde der Moderator im Evaluierungsprozess als Anbieter ausgeschlossen. Der Evaluierungsprozess wurde von der Zieldefinition bis zur Entscheidungsvorlage durchgeführt.

- Die Mitarbeiter wurden über die anstehenden Veränderungsprozesse informiert. Für den Evaluierungsprozess wurde eine Projektgruppe mit sieben Personen und einem externen Mode-

312 Quelle: eigene Darstellung.

rator gegründet. In der Gruppe waren alle Fachabteilungen vertreten. Der Auftrag lautete, ein Pflichtenheft zu erstellen und die Evaluation der Anbieter durchzuführen.
- Die Bedürfnisse der einzelnen Fachabteilungen wurden von der Projektgruppe in einem umfassenden funktionalen Anforderungsprofil abgestimmt, anschließend wurden Gewichtungen vorgenommen. Die Funktionalitäten wurden bei etwa 21 Anbietern über gewichtete Checklisten abgefragt und überprüft. Der mögliche Anbieterkreis reduzierte sich auf acht.
- Die wesentlichen Kernprozesse jeder Fachabteilung wurden beschrieben. Davon bildeten neun Prozessbeschreibungen die Grundlage des ersten Workshops. Hierzu wurden insgesamt acht Anbieter über das Evaluierungsverfahren informiert und jeweils vier Anbieter zu einem eintägigen Workshop in die Landeskirche eingeladen, um die einzelnen Prozesse mit ihren Produkten abzubilden. Sieben Anbieter sagten zu. Um Funktionalitäten und Prozessablauf direkt vergleichen und die Präsenzzeiten der Fachabteilung optimieren zu können, wurde jeder Prozess nacheinander durch die Anbieter dargestellt. Mängel und Vorteile wurden aufgedeckt und von den Fachabteilungen auf Bewertungsbögen mit offenen Punkten direkt dokumentiert.
- Mittels Nutzwertanalyse wurde der Anbieterkreis auf drei reduziert. Nach den Erfahrungen des ersten Workshops wurden die Prozessbeschreibungen überarbeitet.
- Einige der im ersten Workshop herausgearbeiteten Anforderungen bildeten die Anbieter zum Teil im zweiten Workshop als neue Funktionen oder durch ergänzte Prozessabläufe ab.
- Durch Referenzbesuche wurden weitere Fragen insbesondere zur Projektabwicklung geklärt und in das Bewertungsschema aufgenommen.

Wissen und Anforderungen aller betroffenen Anwender sind in die wichtigsten Prozesse eingeflossen. Durch einen definierten Auswahlprozess konnte die Anzahl der möglichen Anbieter von 21 auf drei potenzielle Anbieter und einen Favoriten reduziert werden. Wesentliches Merkmal des Auswahlprozesses war der direkte Vergleich der Anbieter nach definierten Vorgaben in zwei Workshops. Der effektive und effiziente Vergleich wurde durch das für die Anbieter transparente Verfahren ermöglicht und die Entscheidungsfindung erheblich vereinfacht. Die Leistungsbeschreibungen als Vertragsgrundlage einer Beauftragung konnten hierdurch qualitativ gesteigert werden. Wegen der Transparenz des Entscheidungstrichters als neues Verfahren wurde die Vorgehensweise von den Anbietern gewürdigt und mitgetragen. Durch das gewählte Verfahren sind qualitativ hochwertigere Leistungsbeschreibungen entstanden, die zu mehr Qualität, weniger Kosten und mehr Termintreue führen.

Strategisch motivierte Gründe für einen Ein-, Um- oder Ausstieg gibt es viele.
- **Technische Anforderungen:** Geplante, aber nicht zu beeinflussende Gründe sind z. B., wenn ein IT-Anbieter die Systemplattform wechselt.
- **Wechselnde oder steigende Anforderungen der Anwender:** Planbar und zu beeinflussen sind die Anforderungen des eigenen Unternehmens: So erweitern einige Unternehmen ihr Kerngeschäft durch Zusatzleistungen zur Kundenbindung und stellen ergänzende Anforderungen an die IT-Lösungen. Betreutes Wohnen, Hotline, Mieterzeitung, Notrufdienste und verursachergerechte Verbrauchsabrechnungen sind nur einige Schlüsselbegriffe in der Wohnungswirtschaft. Sie sind auch Maßnahmen der Kundenbindung und -orientierung, um Leerstände zu vermeiden.
- **Ineffiziente Prozesse:** Ebenso planbar und zu beeinflussen sind ineffiziente Prozesse. Unter dem Deckmantel der „Eh-da"-Kosten sind sie vielfach unerkannt und eine Überprüfung der Prozesse findet viel zu selten statt. Ein Blick auf Indizien kann helfen: z. B. steigende Fehlerquoten, unverhältnismäßig hohe Bearbeitungs- und Durchlaufzeiten, unzufriedene Kunden und vieles mehr. Diese Indizien stehen einer Kundenbindung und -orientierung entgegen. Werden Defizite durch einen regelmäßigen Managementreport erkannt, sollte es z. B. das Ziel der Verantwortlichen sein, die Prozesse zur Vermietung und Vermarktung messbar zu beschleunigen.

DV-Lösungen können zur Verwirklichung der strategischen Ziele Wesentliches beitragen. Bei sechs- bis achtstelligen Investitionsbeträgen für IT-Lösungen müssen Fehlinvestitionen sowie auf Jahre hinaus frustrierte Mitarbeiter vermieden werden und die erfolgreiche Einführung bei jedem Ein-, Um- oder Ausstieg muss nachgewiesen werden können. Der Erfolg ist messbar: Ziele werden nachhaltig erreicht, ohne Qualitätseinbußen, ohne Budgetüberschreitungen durch Nachträge und Tagewerkarbeiten sowie ohne Zeitverzug. Es gibt also viele Gründe, den Evaluierungsprozess für Software näher zu betrachten.

Der mangelnde Einsatz professioneller Hilfe führt zu einer Reihe vermeidbarer Kosten bei der Beschaffung von IT-Lösungen: So werden Budgets überschritten oder Module und Programme zwar bezahlt, aber nicht genutzt. Die typischen Fehler lassen sich leicht im Spannungsdreieck Qualität–Kosten–Zeit beschreiben.

„Das habe ich nicht so gewollt." Typische Fehler in der Qualitätsbeschreibung:
- Daten aus vorangegangenen Systemen stehen nicht mehr zur Verfügung.
- Bestandssysteme sind nach Produktionsstart nicht angebunden.
- Funktionalitäten des Produkts im operativen Geschäft werden vermisst, sind mit Mängeln behaftet oder überstehen den Praxistest nicht.
- Die Prozesse lassen sich nicht effizient und effektiv abbilden.
- Das Vergabeverfahren ist aus rechtlicher Sicht fragwürdig.

„Es kostet zu viel." Unkenntnis hinsichtlich der Zielstellung führt zu Kostensteigerungen:
- Die Datenmigration und/oder Schnittstellen zu den Bestandssystemen wurden im Budget vernachlässigt. Unzureichende Funktionalitäten müssen kostenpflichtig programmiert werden oder führen zu Einnahmeausfällen (z. B. fehlende automatische Zinsanpassungen), abzulösende Systeme müssen parallel betrieben und bezahlt werden.
- Die Arbeitsproduktivität wird durch ineffiziente/ineffektive Prozesse reduziert.
- Evaluierungs- und Vergabeverfahren führen durch Nachträge und unberücksichtigte Tagewerkarbeiten zu Mehrkosten und Risiken.

„Es dauert zu lange." Verstrichene Termine bergen Risiken:
- Die manuelle Ersterfassung von Stammdaten führt zur Verzögerung des Produktivstarts (periodische Abgrenzungen sind gefährdet).
- Die „Schnittstelle Mensch" zwischen den Anwendungen führt zur zeitlichen Verzögerung der Bearbeitung und Steigerung der Fehlerquote.
- Vorhandene Systeme können nicht abgelöst werden, weil neue IT-Lösungen nicht vollfunktionsfähig und fristgerecht zur Verfügung stehen.
- Ineffiziente oder ineffektive Prozesse führen zu längeren Liege- und Durchlaufzeiten.
- Paradigmenwechsel in den Anforderungen durch wechselnde Vorgaben der Führungskräfte verlängern den Evaluierungsprozess und stören den Veränderungsprozess bei den Mitarbeitern.

Die Gründe für Fehler in heutigen Evaluierungsprozessen sind vielfältig. Oft findet die Leistungsbeschreibung als Vertragsgrundlage in wenigen Arbeitsschritten mit wenigen Fachleuten des eigenen Unternehmens statt. Der operative Bereich ist vielfach nur durch die Leitungsebene vertreten. Die Marktsondierung und der Anbietervergleich fallen kurzerhand aus. Dadurch ist nicht die optimale (DV-)Lösung zu erwarten. In harten Preisverhandlungen lassen sich insbesondere dann Kosten reduzieren, wenn Qualitäten und Termine unzureichend definiert sind. Es zahlt sich unterm Strich allerdings nicht aus, wenn bessere Lösungen hinsichtlich der Qualität aus Unkenntnis verworfen werden.

Was selbstverständlich klingt, stellt sich in der Praxis als schwierig heraus: eine Leistungsbeschreibung, die so präzise ist, dass die zuvor beschriebenen Fehler vermieden werden. Sie setzt voraus, dass alle drei Aspekte (Kosten, Qualität und Zeit) im Dienstleistungs- bzw. Werkvertrag eindeutig und klar definiert sind.[313] Ohne eine detaillierte Leistungsbeschreibung sind Angebote der Anbieter nicht direkt vergleichbar und die Auswahl des Anbieters ist willkürlich. Der Evaluierungsprozess war dann erfolgreich, wenn Mehrkosten gegenüber dem Angebotspreis vermieden wurden und das gewünschte Ergebnis sich tatsächlich einstellt.

„Das haben wir nicht gewusst.“ – „Das haben Sie nicht gefragt.“

- Die Datenmigration (Überleitung von Daten aus Bestandssystemen in Zielsysteme) zur Erstbestückung oder die Schnittstellen werden bis zum Vertragsschluss in unzureichender Detailtiefe behandelt (welche Daten es sein sollen). Lösung: Beides ist daher bis zur Festpreiskalkulation ausreichend zu beschreiben.
- Unzureichende Funktionalitäten sowie ineffektive und ineffiziente Prozessabläufe werden erst nach Produktivstart entdeckt und führen zur Resignation der Mitarbeiter. Lösung: Über eine Projektgruppe sind alle Betroffenen in den Evaluierungsprozess einzubinden, damit sie in Kenntnis ihrer Kernprozesse ihre Anforderungen an Funktionalität und Prozessablauf in einem Pflichtenheft formulieren können. Keiner kennt die Besonderheiten der Aufgabe und des Unternehmens besser als die eigenen Mitarbeiter. Die IT-Fachabteilung übernimmt dabei eine unterstützende, keinesfalls aber dominierende Rolle.
- Das Verfahren ist nicht transparent. Lösung: Eine höhere Akzeptanz und Rechtssicherheit sind bei den Anwendern und Anbietern dann zu erwarten, wenn der Evaluierungsprozess zielgerichtet auf den abschließenden Anbieter führt.

„Das haben wir (nicht) bestellt.“ – „Dafür haben Sie uns keinen Auftrag gegeben.“

- Zusätzliche Anforderungen der Fachabteilungen zur Datenmigration und an Schnittstellen, weitere funktionale Anforderungen oder Prozessabläufe führen zu nicht kalkulierten Mehrkosten. Lösung: Anforderungen sind im Pflichtenheft zu formulieren und nach Vertragsschluss zu vermeiden.
- Unpräzise Leistungsbeschreibungen führen zu Mängeln im Ergebnis. Lösung: Können in einem Vertrag die Leistungen nicht ausreichend beschrieben werden, so sind Teilleistungen einer gesamten Auftragsvergabe vorzuziehen. Ein Beispiel hierfür ist eine Datenmigrations- oder Schnittstellenstudie.

„Sie haben nicht rechtzeitig geliefert.“ – „Das konnten wir nicht vorhersehen.“

- Verzögerungen können das Projektziel erheblich beeinträchtigen. Lösung: Die Termintreue bei einzelnen Teilprojekten wie z. B. Datenmigration, Schnittstellen, Umsetzung funktionaler Anforderungen oder Prozessmodellen lässt sich bei Referenzkunden überprüfen und sollte in einem Terminplan als Vertragsbestandteil festgelegt werden. Vertragsstrafen führen allerdings zu Risikoaufschlägen der Anbieter.

8.8.2 Informations- und Unterstützungsbedarf erkennen – den Markt sondieren

Die Systemauswahl ist nicht einfach: Je nach Branche, Phase im Lebenszyklus eines Gebäudes oder Anwendergruppe steht eine Vielzahl von IT-Programmen zur Verfügung.

Der ISIS-Report[314] wirbt mit einer Übersicht zu 9.000 Software-Produkten und 11.000 IT-Unternehmen. Andere Portale bieten eine Vielzahl von Produktbeschreibungen zu einzelnen Themen: z. B. bei softguide nur zum Thema Bau- und Handwerkersoftware 265 Beschreibungen, zu Ingenieurleistungen 142, zu Facility-Management und Hausverwaltungssoftware 101, zu Architektur

313 Vgl. [Kulartz, H. (2002)].

314 Siehe [isReport (2017)].

94, zu Sanitär, Heizung, Klima, Lüftung 47, zu Immobilienmakler und Maklersoftware 46 und zu GAEB, AVA, Ausschreibungssoftware 42.[315] Das sind insgesamt ca. 170 ernst zu nehmende Programme. GEFMA zeigt eine Übersicht der Anbieter für Computer-Aided-Facility-Management (CAFM).[316] Diese Art der Darstellung erschwert den systematischen Vergleich. Angesichts der Vielfältigkeit von IT-Lösungen und Anforderungen wundert es nicht, dass sich ein professioneller Beratermarkt für die Evaluation von Software-Systemen entwickelt hat, da es selbst für IT-Spezialisten schwierig ist, den Marktüberblick zu behalten. Allerdings finden sich nur wenige Beratungshäuser mit der notwendigen Fachkenntnis zur Immobilienwirtschaft, die den Weg zu einer integrierten Lösung für eine unternehmerische Aufgabenstellung weisen können.

Kriterien für eine Marktabfrage sind:

- **Angaben zum Anbieter:** Dazu zählen der Name des IT-Unternehmens, das Leistungsangebot nach Branche (z. B. Architekten und Ingenieure, Banken und Versicherungen, Bauindustrie, Gewerbe, Industrie, Kirche, öffentliche Hand, Sozialwirtschaft, Wohnungswirtschaft), die Geschäftsentwicklung, die Anzahl der Mitarbeiter, die Kundenstruktur, Kooperationen und Beteiligungen, Referenzen (Namen der Referenzkunden, Anzahl, Unternehmensgröße) und Sicherheiten.
- **Nähere Angaben zur IT-Lösung:** Hierzu gehören der Name der IT-Lösung, die globale Verbreitung, das Jahr der Erscheinung, die aktuelle Versionsnummer, die Anzahl der verkauften Lizenzen (Server-, Clientlizenzen), die Anzahl der Kunden, Zertifizierungen, der Ursprung der Lösung (z. B. CAD, AVA, CAFM, DBMS, ERP, GIS) und das letzte Update.
- **Angaben zu Kosten und Preisen:** Gewünscht sind Angaben zur Beratung (Organisation und Prozesse, Customizing, Testen, Schulungen, Coaching), zu Lizenzkosten/Gebühren/Hardware (für kaufmännische, technische, infrastrukturelle und IT-Module, als Online-Server, Web-Client, User, Netz- oder Mehrplatzversion, Arbeitsplatz, Infrastruktur – einmalig, jährlich wiederkehrend, unregelmäßig), zu Wartung/Update, Support/Hotline, Eigenleistungen und Datenübernahme.
- **Systemvoraussetzungen:** Das beinhaltet Angaben zum Betriebssystem (iOS, Windows, bei mobilen Lösungen Android, iOS, Windows Phone, BlackBerry), Arbeitsspeichergröße, Festplattenspeicher, Betriebsart (Server, Client, Terminal), unterstützte Netzwerksysteme, unterstützte Datenbanken, Betriebsart (Inhouse-Lösung, Hard- und Software Outsourcing (Application Service Providing – ASP), Hardware Outsourcing (Hosting) und Internet/Cloud-Lösung).
- **Prozesse:**[317] Hilfreich ist die Auflistung der Prozesse, Prozess- und Arbeitsschritte, die unterstützt werden (sollen).
- **Daten:**[318] Das betrifft die Daten selbst (was), den Ort/die Orte der Datenspeicherung (wo), die Daten(management)banksysteme (D(B)MS (womit) und die Dateiformate (wie).
- **Funktionen:**[319] Das beinhaltet die Auflistung der funktionalen Eigenschaften der IT-Lösung, die die Prozesse unterstützen, als Programm(teile), Module oder Add-ons.
- **Schnittstellen:**[320] Es wird gefragt nach Standardschnittstellen zu CAD-, AVA-, CAFM-, D(B)MS-, ERP- und GIS-Systemen als proprietäre oder offene Schnittstellen sowie nach uni- oder bidirektionalen Schnittstellen zum Ex- und Import von Daten.
- **Zusätzliche Informationen:**[321] Dazu gehören spezielle Informationen oder Anforderungen, z. B. bezüglich des Datenschutzes.

---

315 Siehe [softguide (2017)].
316 Siehe [GEFMA 940 2016].
317 Vgl. hierzu Kapitel 8.3.
318 Vgl. hierzu Kapitel 8.4.
319 Vgl. hierzu Kapitel 8.5.
320 Vgl. hierzu Kapitel 8.6.
321 Vgl. hierzu Kapitel 8.7.

8.8.3 IT-Prozesse identifizieren und quantifizieren

Jede IT-Lösung muss danach bewertet werden, ob sie sinnvoll ist. Es handelt sich schließlich um eine nachhaltige Investitionsentscheidung, die nachträglich nur mit einem hohen personellen Aufwand zu korrigieren ist. Dafür sind zuvor Varianten im Prozessablauf hinsichtlich der Dauer, der Mengen, der Häufigkeit per anno und der Möglichkeit der Fremdvergabe zu prüfen. (Kern-)Prozesse sind in Kapitel 8.3 dargestellt.

Im Falle eines IT-Projekts zum automatisierten Berichtswesen (vgl. oben Abb. 8.109) sind folgende Fragen in Rahmen einer Prozessanalyse für alle Berichte systematisch zu beantworten:

- **Name des Berichts** – Ist-/Soll-Abgleich
- **Wofür ist der Bericht?** – Hinweis auf Nutzen bzw. Ziel des Informationsbedarfs nach Managementebene (Abteilung/Rolle)
- **Wer will den Bericht halten?** – Hinweis zur Informationsbereitstellung nach Managementebene (Abteilung/Rolle, Ist-/Soll-Abgleich)
- **Wer hat den Bericht bereits?** – Hinweis auf Status des derzeitigen Berichts in den Ampelfarben Rot – Gelb – Grün (Ist-/Soll-Abgleich)
- **Wann und unter welchen Bedingungen soll der Bericht erstellt werden?** – Hinweis darauf, unter welchen Rahmenbedingungen (Datenlage) im Immobilienunternehmen der Bericht im Turnus jährlich, monatlich, wöchentlich, täglich oder stündlich erstellt werden soll (Ist-/Soll-Abgleich)
- **Wie lange dauert die Berichtserstellung?** – Hinweis auf die Dauer des IT-Verfahrens (Buchungsläufe) ergibt Vorlaufzeiten (in Tagen) (Ist-/Soll-Abgleich)
- **Wer ist der Auftraggeber des Berichts?** – Hinweis auf den inhaltlich Verantwortlichen und Veranlasser (Ist-/Soll-Abgleich)
- **Wer erstellt den Bericht?** – Hinweis auf Rechte und Funktionalitäten (IT (automatisch) und Managementebene (Abteilung/Rolle, Ist-/Soll-Abgleich)
- **Wer erhält den Bericht wie?** – Hinweis auf Rechte und Funktionalitäten (IT (automatisch, z. B. per E-Mail) und Managementebene (Abteilung/Rolle, Ist-/Soll-Abgleich)
- **Welche Priorität hat der Bericht?** – Hinweis auf Dringlichkeit: „must“, „nice to have“, „useless“
- **Wo liegen die Daten in welcher Form?** – Hinweis auf die Excel- oder IT-Lösung (CAFM/ERP, ...) und den Datenfluss (Ist-/Soll-Abgleich)

Die entstehenden internen Kosten sind im Sinne einer Vollkostenrechnung zu berechnen und zu vergleichen (s. Abb. 8.112).

Mengengerüst und Zeitaufwand der Auftragserteilung und Rechnungsbearbeitung[322] werden nachfolgend mit und ohne Handwerkerkopplung beschrieben. Kundenrelevanz ist dann gegeben, wenn die Reparatur von Schäden in kürzerer oder längerer Zeit erfolgen kann. Ein kundenrelevanter Qualitätsindikator ist z. B. die Zeit von der Schadensmeldung bis zur Auftragserteilung zur Reparatur. Die Kosten für die Funktionalität Handwerkerkopplung stehen je nach Lizenzmodell in keinem direkten Verhältnis zur Anzahl der Aufträge und Rechnungen. Der Prozess ist dann mengenneutral und wird durch die Anzahl der Aufträge der Instandhaltung bestimmt. Die Leistungen erfolgen regelmäßig. Grundlage der Berechnung für alle Lösungen sind hier 1,71 Aufträge je Wohneinheit und Jahr. Als Arbeitszeiten werden ohne Handwerkerkopplung 8 Minuten für eine Auftrags- und 17 Minuten für die Rechnungsbearbeitung angesetzt.[323] Für den internen Personalaufwand wird ein Stundenverrechnungssatz von 32 € je Stunde herangezogen. Daraus ergeben sich bei einer Lösung ohne Handwerkerkopplung bestimmte jährlich wiederkehrende Personalkosten (s. unten Abb. 8.118).

322 Vgl. den Prozessablauf in Kapitel 8.3.6 und Funktionalitäten in Kapitel 8.5.5.

323 Vgl. zur Zeiterfassung Kapitel 8.4.2.

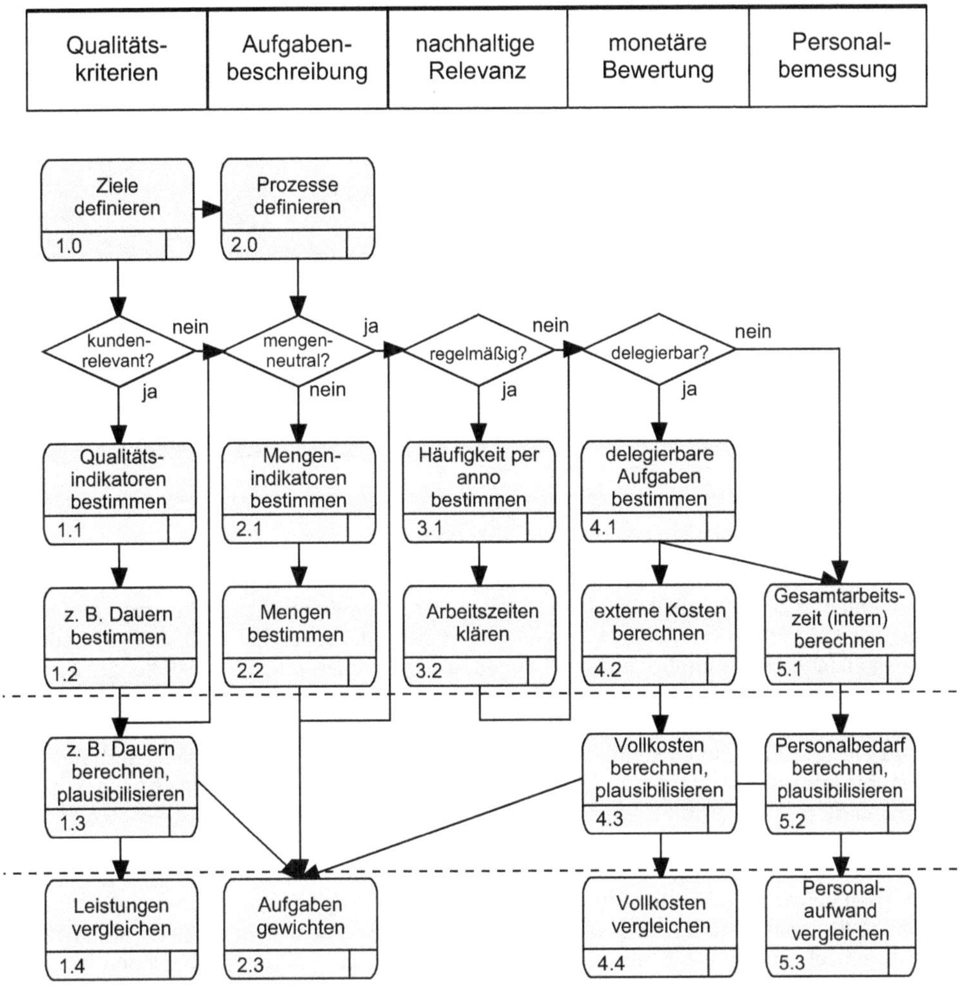

Abb. 8.112: Parameter der Prozesseffizienz.[324]

Die Leistungen sind aber auch delegierbar. Daher können Vergleichsberechnungen anhand vorliegender Angebote für vergleichbare Fallzahlen oder nach dem Bremer Modell[325] erfolgen. Hier gilt eine Rechnung pro Jahr für alle Instandhaltungen des Dienstleisters.

8.8.4 Datenfluss klären und visualisieren

In einem IT-Projekt ist ein Benchmarking-Bericht entsprechend Abbildung 8.109 – Gruppe 4, Asset-Management (Objektcluster) – für das Top-Management und die Vertriebsmitarbeiter zu erstellen. Der Benchmarking-Bericht soll Informationen aus dem eigenen Bestand zur Miethöhe [$€/m^2_{WF}$] beinhalten. In ihm soll die durchschnittliche Miethöhe [$€/m^2_{WF}$] für einzelne Objekte und für ein Ob-

324 Quelle: eigene Darstellung.

325 Vgl. Kapitel 5.3.3, Abbildung 5.6: Bremer Modell.

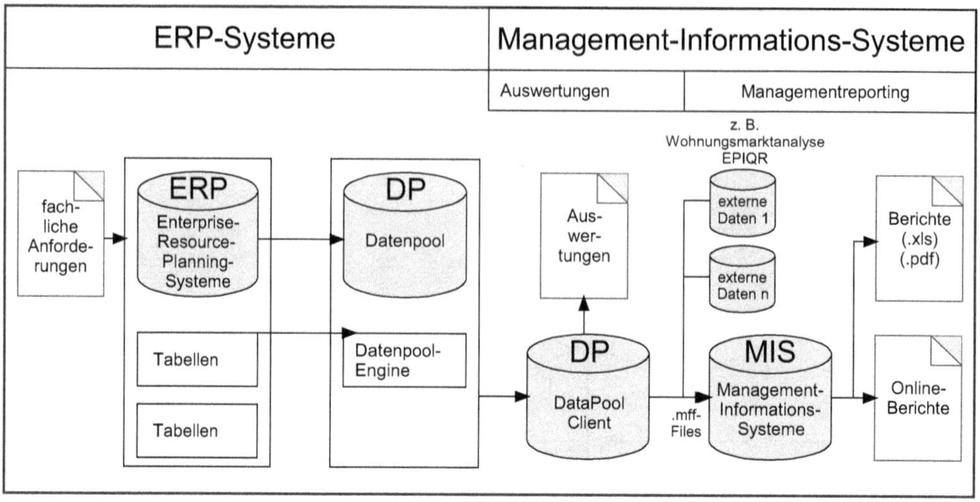

Abb. 8.113: Aufbau eines Unternehmenssystems in der IT-Landschaft.[326]

jektcluster im Jahr 2016 mit vergleichbaren Objekten des freien Wohnungsmarkts (externe Daten) nach aktueller Marktlage verglichen werden. Der Vertriebsmitarbeiter soll die bisherige Miethöhe und die vergleichbare Marktmiete ablesen können, um im Interessentengespräch bei der Neuvermietung eine marktübliche Miete nennen zu können. Dem Top-Management dienen die Informationen des Objektclusters dazu, strategische Entscheidungen zur Mietentwicklung zu fällen. Für das Objektcluster sollen nur Mieteinheiten selektiert werden, deren Mietverträge Mieterhöhungen zulassen. Die Mieterhöhungsspielräume für das Objektcluster sollen nach festgelegten Grenzwerten in einem Ampelsystem (rot: Mieterhöhungsspielräume > 10 %, gelb 5–10 %, grün < 5 %) dargestellt werden.

Der mögliche Datenfluss ist in Abbildung 8.113 erläutert. Die fachliche Anforderung definiert, welche Daten aus dem ERP-System für welchen Zeitraum für welche Objekte eines Objektclusters des eigenen Bestands herangezogen werden sollen. Das ERP-System stellt die geforderten Tabellen für die einzelnen Objekte in einem separaten Datenpool zur Verfügung. Über einen DataPool Client können bereits Auswertungen für einzelne Objekte und zu dem Objektcluster für 2016 vorgenommen, aufbereitetet und abgespeichert werden. Diese Informationen werden zusammen mit vergleichbaren Marktinformationen diverser (Dienstleistungs-)Unternehmen in ein Management-Informations-System (MIS) eingespielt und als Berichte in unterschiedlichen Dateiformaten dem Top-Management oder online dem Vertriebsmitarbeiter zur Verfügung gestellt.

Der Datenfluss klärt daher nicht zwangsläufig die chronologische Abfolge eines Prozesses, sondern klärt, in welchen **Speichermedien** Daten zur Verfügung stehen bzw. mittels uni- oder bidirektionaler Schnittstellen Daten abgerufen oder geschrieben werden und wo Daten angereichert zu Informationen veredelt werden. Datenflüsse unterscheiden sich daher in der Abfolge von Prozessabläufen, dargestellt durch ereignisgesteuerte Prozessketten (EPK).[327] Die Notation ist weitgehend ähnlich bzw. gleich (vgl. Kap. 8.2.1, Abb. 8.4).

Grundsätzlich sollte bei der Modellierung von Arbeitsabläufen (Prozessen) und Datenflüssen die Sicht eines Unternehmens und die der Systementwicklung unterschieden werden. In der

326 Quelle: eigene Darstellung.

327 Vgl. Kapitel 8.3.1.

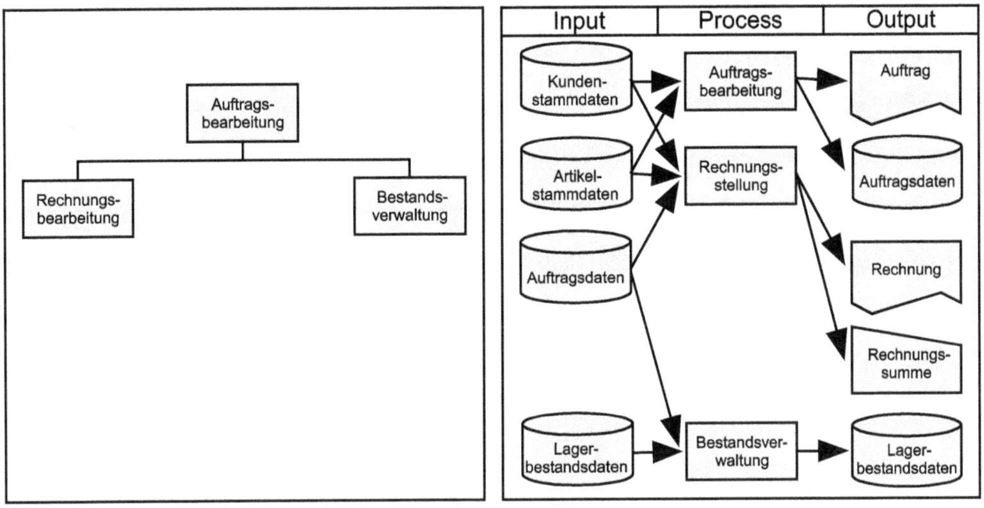

Abb. 8.114: Hierarchiediagramm – HIPO-Diagramm.[328]

Systementwicklung werden grundlegende Darstellungstechniken[329]eingesetzt, die auch in anderen Branchen verwendet werden: Hierarchiediagramme (z. B. Abb. 8.114 links), Balkendiagramme (auch Gantt-Chart) im Projektmanagement (z. B. Kap. 8.3.7, Abb. 8.42, Datenflusspläne), Rasterdiagramme (z. B. Kap. 8.3.7, Abb. 8.33), Entscheidungstabellen oder strukturierter Text (analog der Gliederungsfunktion von Textverarbeitungsprogrammen) und ereignisgesteuerte Prozessketten (EPK).

Eng verbunden mit der Darstellungstechnik ist die strukturierte, relationale und objektorientierte Systementwicklung. Zu den Methoden der strukturierten Systementwicklung gehören traditionell HIPO (Hierarchy plus Input Process Output, s. Abb. 8.114 rechts), SADT (Structured Analysis and Design Technique, s. Abb. 8.115 links), strukturierte Analyse (Structured Analysis, Abb. 8.115 rechts), strukturierter Entwurf (Structured Design) sowie Petri-Netze. Die Methoden sind geprägt von den großen Software-Häusern. Für jede Methode wurde eine eigene Symbolik entwickelt[330], je nach Schwerpunkt: in der Darstellung der Programmfunktionen, des Datenflusses, des Arbeits- und Programmablaufs, der Kombination aus den Programmfunktionen Datenfluss und Arbeits- und Programmablauf sowie der Zustandsübergänge.[331]

Mit Petri-Netzen können insbesondere parallel verlaufende Prozesse abgebildet werden. Zwei Mietinteressenten betreten ein Kundencenter und möchten im Gespräch mit dem Kundenberater unabhängig voneinander jeweils zwei Wohnungen reservieren. In Abbildung 8.116 ist in Fall 3 dargestellt, dass diese zwei Mietinteressenten sich mit der Reservierung von Wohnungen gegenseitig blockieren (Deadlock-Situation). Erst nach der Entscheidung für die eine oder andere Wohnung wird die Situation aufgehoben. Die Darstellung einer Deadlock-Situation ist mit den üblichen Methoden des Projektmanagements nicht darstellbar.

---

328 Vgl. [Stahlknecht, P. (2002)], S. 262.

329 Vgl. [Stahlknecht, P. (2002)], S. 238 ff.

330 Vgl. [Stahlknecht, P. (2002)], S. 238 ff.

331 Vgl. [Stahlknecht, P. (2002)], S. 262.

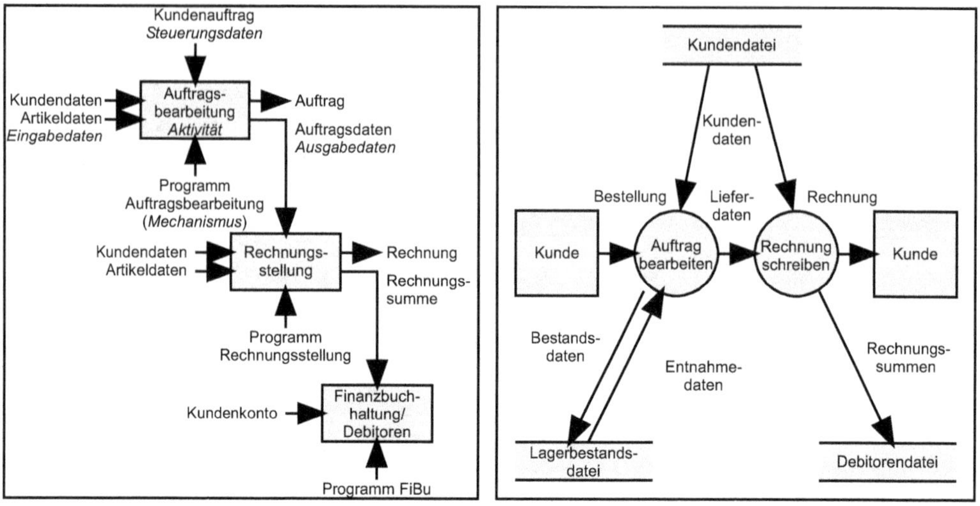

Abb. 8.115: SADT-Aktivitäten-Modell (links), SA-Datenflussdiagramm (rechts).[332]

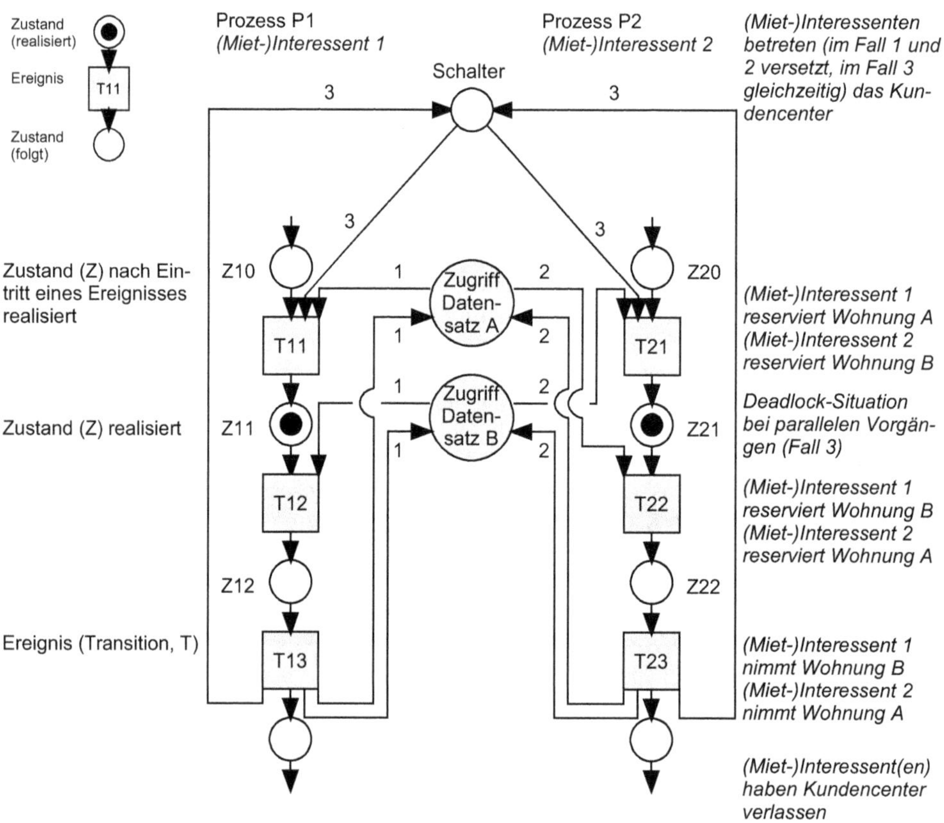

Abb. 8.116: Petri-Netz: Deadlock-Situation bei (Miet-)Interessenten.[333]

332 Vgl. [Stahlknecht, P. (2002)], S. 262.

333 Vgl. [Stahlknecht, P. (2002)], S. 266.

Tab. 8.54: Alternativen der Aufgabenverteilung bei verteilter Verarbeitung.[334]

Nr.		Slave	Dezentrale Präsentation	Verteilte Verarbeitung	Dezentrale Verarbeitung	Verteilte Datenhaltung	Lokale Installation
1.	zentral	Datenhaltung	Datenhaltung	Datenhaltung	Datenhaltung	Datenhaltung	kein Netz
2.						Netz	Datenhaltung
3.		Verarbeitung		Verarbeitung	Netz	Datenhaltung	
4.			Verarbeitung	Netz	Verarbeitung	Verarbeitung	Verarbeitung
5.		Präsentation	Netz	Verarbeitung			
6.		Netz	Präsentation	Präsentation	Präsentation	Präsentation	Präsentation
7.	dezentral	Anzeige	Anzeige	Anzeige	Anzeige	Anzeige	Anzeige

Tatsächlich ist auch zu klären, an welchen **Speicherorten** sich die Daten befinden. In Tabelle 8.54 werden die Möglichkeiten der **Aufgabenverteilung** der Programme und Daten aufgezeigt. Die Datenhaltung kann grundsätzlich zentral (auf eigenen oder fremden Servern) oder dezentral erfolgen. Die Unterscheidung in Aufgabenverteilung und Datenhaltung ist z. B. für Mobile Services wichtig. Eine dezentrale Präsentation ermöglicht die Dokumentation der Verkehrssicherungspflicht mit mobilen Geräten, solange eine Verbindung zum Netzwerk, z. B. mittels UMTS, besteht. Die Dokumentation der Verkehrssicherungspflicht in einem Bergwerksstollen oder Bunker bedarf eines Datenabgleichs vom zentralen Server, die Sperrung der Dateneingabe für andere Benutzer, die lokale Installation der Anwendung zur Bearbeitung durch den Benutzer und die anschließende Synchronisierung mit dem zentralen Server sowie die Freigabe der Daten für andere Benutzer.

8.8.5 Funktionale Anforderungen definieren

Der Erfolg jeglichen IT-Systems hängt von der Akzeptanz der Betroffenen ab. Jeder Partner muss einen Vorteil für sich gewinnen können, das gilt auch für die Mitarbeiter des eigenen Unternehmens.

Bei der Einführung von IT-Systemen über die Grenzen des eigenen Unternehmens hinweg sind die intern und extern Beteiligten in die Unternehmensstrategie einzubeziehen. Das sind z. B. Entscheider, Betroffene in der Aufbauorganisation, Betriebsräte, Planungsbüros, Wirtschaftsprüfer, Juristen, IT-Dienstleister und Handwerksunternehmen.

Im Handwerksunternehmen sind ggf. ähnliche Prozesseffizienzsteigerungen zu generieren. Von einer Überwindung der Medienbrüche profitiert auch der Handwerker. Ein Beispiel: Durch die digitale Handwerkeranbindung wird der Prozessschritt „Rechnung" um durchschnittlich 19 Tage reduziert. Zum einen spart die direkte Anbindung des Handwerkers an die Systeme der Wohnungswirtschaft (z. B. mit dem Serviceportal mareon) Personal, zum anderen führt das zu einer schnelleren Begleichung offener Rechnungsbeträge. Die Liquidität der Handwerksunternehmen wird erhöht, angesichts von Basel II eine durchaus interessante Tatsache.

Um Einstiegshürden zu verhindern, sind Standards zu entwickeln und zu übernehmen. Nicht jedes Immobilienunternehmen sollte seine eigene Lösung entwickeln: Das Handwerksunternehmen ist i. d. R. für mehrere Unternehmen tätig und möchte nicht mit einer Vielzahl verschiedener Lösungen konfrontiert werden. Die Verfügbarkeit via Internet ist eine unverzichtbare Grundbedingung für die Vernetzung. Ebenfalls demotivierend wirkt sich ein Systemwechsel des Auftraggebers aus. Also ist auf die Kontinuität des Systemanbieters zu achten und eine dauerhafte Systempflege

334 Vgl. [Stahlknecht, P. (2002)], S. 128.

sicherzustellen. So erstrebenswert individuelle Lösungen einzelner Unternehmen manchmal auch sein mögen, die Notwendigkeit nachhaltiger Pflege spricht dagegen.

Es versteht sich von selbst, dass Auflagen der Wirtschaftsprüfungsunternehmen einzubinden sind. Doch auch Wirtschaftsunternehmen stehen insbesondere solchen Systemen aufgeschlossen gegenüber, die sie bereits als Branchenstandard kennengelernt haben.

Entscheidend ist aus Sicht der Wohnungsunternehmen das Denken in Prozessen, denn Kosteneinsparungen lassen sich auch in erheblichem Maß durch die Reorganisation der Geschäftsabläufe erreichen. Ein Beispiel: Auf den Rechnungen steht eine Vielzahl an Kürzeln, die möglicherweise nicht alle notwendig sind.

Entscheidend für den Erfolg oder Misserfolg ist jedoch nicht die Verbindung der Geschäftspartner über eine Plattform, sondern die problemlose Verwendung neuer IT-Verfahren in der bisherigen und künftigen IT-Landschaft eines Unternehmens. Daher ist für eine erfolgreiche Unternehmensreorganisation der gesamte Prozess zu betrachten und seine Teilprozesse sind zu hinterfragen. Entscheidend ist auch die Überwindung der klassischen Aufgabenteilung in einem Immobilienunternehmen. Was dem einen unbedeutend erscheint, kann für den anderen von Bedeutung sein: Kleine bauliche Maßnahmen (z. B. das Versetzen von Wänden) können erhebliche Auswirkungen auf Exposés und die Mietvertragsschreibung haben.

Ähnliche Regeln gelten in innerbetrieblichen Prozessen. Ausgangspunkt sollte stets die erwartete und erfüllbare Leistung sein. IT-Systeme haben stets eine unterstützende Rolle. Bevor ein Unternehmen ein Management-Informations-System einführt, sollte es dieses im Selbsttestverfahren prüfen.

Eine konkrete Orientierung bietet die Höring-Studie[335] für Enterprise-Resource-Planning-Systeme (ERP) in der Wohnungswirtschaft. Hier werden 14 Anbieter mit ihren Produkten systematisch, detailliert und funktional verglichen. Ein Standardkatalog der Funktionalitäten hilft aber auf Dauer nicht weiter. Zu vielfältig sind die Sichtweisen der einzelnen Aufgaben der A-bis-Z-Bearbeitung im Lebenszyklus der Immobilien (von der Projektentwicklung bis zum Abriss) und der Unternehmensstruktur (vom Sachbearbeiter bis zum Vorstand).

Bei allem, was Computer können müssen, ist auf Nützliches und Notwendiges bei den funktionalen Anforderungen zu achten.[336] Funktionalitäten von Programmen werden in unterschiedlichen Detailtiefen beschreiben. Programm- und Modulnamen oder Add-ons spiegeln Funktionsbereiche wider. Funktionsbereiche werden hier beispielhaft aufgeführt, Namensbezeichnungen und Abgrenzungen können sowohl hinsichtlich des Produkts als auch des Herstellers unterschiedlich sein.[337]

A Adressen(2), Analysetool, Anlagen, Archiv, Auftragsabwicklung, Ausschreibung
B Balanced Scorecard, Baumkataster, Bauwesen(2), Bauzustandsbewertung, Belegung(1), Betriebskosten-, Heizkostenabrechnung(2), Bewertungstool, Budgetierung (Planung)(1), (2)
C Cash-Management, Controlling(1), (2), Customer-Relationship-Management (CRM)
D Darlehensverwaltung(2), Dokumente
E Einheitspreisabkommen, Energiecontrolling(1), Entsorgung, Erbbaurecht
F Facility-Management(2), Finanz- und Rechnungswesen,(2), Flächen(1), Fremdverwaltung(2), Fuhrpark
G Gebäudeautomation, Gebäudedokumentation, Gewährleistungsverfolgung, Grünflächen
H Handwerkerkopplung, Hausverwaltung, Help- und Service-Desk(1)
I Instandhaltung(1), (2), integrierte Heizkostenabrechnung, Interessentenverwaltung und Neuvermietung(2), Inventar(1)
K Kunden

335 Siehe [VNW (2002C)].
336 Vgl. hierzu Kapitel 8.5.
337 Vgl. (1) [GEFMA 444 2017-02], (2) [VNW (2002C)], Managementbezeichnung gekürzt.

L Lagerverwaltung, Liegenschaften(2), Liquiditätsplanung(2)
M Management-Informations-System (MIS), Mietbuchhaltung/Miethöheberechnung(2), Mitgliederverwaltung und Sparverkehr(2), Mobile Computing
O Objektbewertung
P Parkraum, Personalwesen(2), Planverwaltung, Postdienste, Portfolio(2), Projekt
R Raum- und Asset-Reservierung(1), Regiebetrieb(2), Reinigung(1), Risiko
S Scoring-Tool, Service, Sicherheit und Arbeitsschutz(1), Schließanlagen (Schlüssel)(1), Störfallmanagement
T technische Objektbeschreibung(2), Transaktion
U Umweltschutz(1), Umzug(1), Unternehmensplanung (Businessplan)
V Vermietung(sportal)(1), Verkehrssicherungspflicht/Betreiberverantwortung, Verträge, virtuelle Projekträume
W Wertermittlung, Winterdienste, Workflow und Dokumente(2)
Z Zahlungsverkehr(2)

Die Funktionalitätsbereiche unterschiedlicher Produkte oder Hersteller sind auf dieser Aggregationsstufe nicht vergleichbar. Hierzu müssen die funktionalen Anforderungen umfassend und genau formuliert werden.

Nachfolgend sind die funktionalen Anforderungen für das Reinigungsmanagement (Raum- und Asset-Reservierung) aufgeführt.[338] Der Prozessablauf ist in Kapitel 8.3.4 beschrieben.[339] Die Relevanz ist im IT-Projekt zu klären und priorisieren.

- **Daten erfassen:** Können den Flächen verschiedene Reinigungsintervalle und Qualitätsstandards zugeordnet werden? Können verschiedene Tätigkeitskategorien für Flächen definiert werden?
- **Daten verarbeiten – Reinigung planen:** Können wiederkehrende Aufgaben automatisch zeitlich disponiert werden? Können Arbeitsanweisungen für einzelne Tätigkeiten hinterlegt werden? Können Aufgaben verschiedenen Bezugsebenen zugeordnet werden? Können Aufgaben priorisiert werden? Können Aufgaben internem Personal/externen Partnern zugeordnet werden? Wird die externe Vergabe von Reinigungsleistungen unterstützt?
- **Daten verarbeiten – Reinigung durchführen:** Können Meldungen/Tickets (z. B. zu Mängeln) angelegt und der Objekthierarchie zugeordnet werden? Kann der Bearbeitungsstand/Status zu Meldungen/Tickets verfolgt werden? Können für geplante Aufgaben Arbeitsaufträge angelegt werden? Können für ungeplante Aufgaben (Meldungen) Arbeitsaufträge angelegt werden? Kann der Bearbeitungsstand/Status zu Aufträgen verfolgt werden? Gibt es Kontrollmechanismen bei Abschließen eines Auftrags (alle Aufgaben erledigt)?
- **Daten auswerten:** Ist eine Listenausgabe möglich?

Sofern das Ziel des IT-Projekts ist, die Reinigungskosten zu reduzieren, wird zur Flächeneinsparung auch ein Belegungsmanagement benötigt. Nachfolgend sind die funktionalen Anforderungen für das Belegungsmanagement formuliert.[340] Auch hier gilt: Die Relevanz der Funktionalitäten ist im IT-Projekt zu klären und priorisieren.

- **Daten erfassen:** Können Reservierungsobjekte kategorisiert werden?
- **Daten verarbeiten – Reservierungen planen:** Können Reservierungsobjekte visualisiert werden? Können Objekte nach verschiedenen Kriterien gesucht werden? Können Objekte vorübergehend von der Reservierung ausgeschlossen werden?

338 Fragen übernommen aus [GEFMA 444 2017-02], S. A6.
339 Vgl. auch Kapitel 6.8.4.
340 Fragen übernommen aus [GEFMA 444 2017-02], S. A5.

- **Daten verarbeiten – Reservierungen durchführen:** Ist eine Reservierung mit bestimmten Parametern möglich? Ist die Reservierung für periodisch wiederkehrende Zeiträume möglich? Ist die Dokumentation der Objektrückgabe möglich?
- **Daten auswerten:** Ist eine Listenausgabe möglich? Ist eine Reservierungsbestätigung möglich?

Je nach Priorisierung einzelner Funktionalitäten sind diese weiter zu präzisieren. Für eine IT-Lösung kann es eine Herausforderung sein, die Vertragsbedingungen eines Erbbaurechtsvertrags aus dem 17. Jahrhundert umzusetzen, sofern hier als Erbpachtzins ein Fass Bier vereinbart ist, wenn die Ernte erfolgreich war, und eine klassische Indizierung der Erbpachtzinses über Indexreihen nicht möglich ist.

Nachfolgend sind die funktionalen Anforderungen für den Arbeitsschritt zur Anlage eines Erbbaurechtsvertrags beschrieben:[341]

- Bodenwert bei Abschluss des Vertrags
- aktueller Bodenwert
- Erschließungskosten
- Zinssatz bei Vertragsschluss
- eingetragene Grundschulden/Hypotheken
- die Möglichkeit, Zustimmung- und Rangrücktrittserklärungen maschinell fertigen zu lassen (Bausteine vorhanden, Grundstücksdaten werden maschinell eingesetzt)
- Wert des Erbbauwerks
- Gesamterbbaurecht (zusammen mit …)
- Wohnungs-/Teilerbbaurecht (Art anzeigen)
- vom GB-Eintrag abweichender Erbbauzins
- Grundbucheintragung Erbbaurecht (ja/nein)
- Erhöhungsreallast eingetragen (ja/nein)
- Vorkaufsrecht (ja/nein)
- Hinweise

8.8.6 In die Systemlandschaft integrieren und optimieren

Es ist eben keine Revolution, die etwa bei der Handwerkerkopplung das Beschaffungswesen vorantreibt, sondern die kontinuierliche Entwicklung. Doch es bleibt nicht allein bei der Evolution des Beschaffungswesens. Es geht auch um die Anbindung der Vermarktungs- und Vertriebskanäle, um ein aktives Bestandsdatenmanagement u. v. m. Die Abkehr von einer aufgabenorientierten Denkweise z. B. des klassischen Buchhalters hin zu einer prozessorientierten Denkweise hat schon begonnen.

Der Mieter meldet online einen Schaden an der Gas-Etagenheizung. Der technische Sachbearbeiter beauftragt sein Handwerksunternehmen direkt online mit allen notwendigen Angaben zum Modell des Herstellers und der modellkundige Monteur ist sofort vor Ort. Nach Rücksprache und unter Berücksichtigung des letzten Erneuerungszeitpunkts, der im IT-System des Wohnungsunternehmens hinterlegt ist, wird der Einbau einer neuen Gas-Etagenheizung umgehend beauftragt: Preise und Leistungsumfang wurden zuvor über ein Ausschreibungsverfahren mittels Ausschreibungsplattform festgelegt und sind als Einheitspreisabkommen im IT-System des Auftraggebers zur Auftragsvergabe sowie beim Handwerksunternehmen in dessen IT-System hinterlegt. Die Rechnungsdaten des Handwerksunternehmens beinhalten die notwendigen Angaben und die dazugehörige Gewährleistungsfrist zum neuen Modell des Herstellers. Diese werden via Schnittstelle

341 Vgl. [ELK-WUE (2003e)].

ins IT-System des Auftraggebers eingepflegt und stehen automatisch bei einem neuen Auftrag zur Verfügung. Die Controlling-Abteilung stellt fest, dass das eingebaute Modell besonders wirtschaftlich eingesetzt werden kann. All das ist keine Vision mehr, sondern schon heute verfügbar. Dabei ist es allerdings wichtig, auf die Schnittstellen zu achten.

8.8.7 Wirtschaftlichkeit bewerten

IT-Lösungen zu bewerten ist nicht einfach. Der Ankündigung von Aareon, die wohnungswirtschaftliche Lösung GES durch eine SAP-basierte Lösung (Blue Eagle) abzulösen, ist es zu verdanken, dass bei vielen Wohnungsunternehmen die Suche nach alternativen und vergleichbaren Lösungen begann.[342] 2002 wurden daher die jährlichen Kosten von 16 Anbietern für IT-Lösungen für die Wohnungswirtschaft miteinander verglichen.[343] Als wesentliche Parameter wurden

- der Preis je Wohneinheit (WE) bzw. Arbeitsplatz (AP),
- die Größenklasse des Wohnungsunternehmens (1.500 WE, 5.000 WE oder 10.000 WE) und
- die Betriebsart (Inhouse-Lösung, ASP-Lösung (Application Service Providing) ohne Einführungskosten, ASP-Lösung mit Einführungskosten)

ermittelt.

Die Abweichungen betrugen

- vom durchschnittlichen Preis aller Anbieter rd. ±80 %,
- ausgehend von 5.000 WE durchschnittlich rd. +27 % bei 1.000 WE, durchschnittlich rd. –9 % bei 10.000 WE,
- ausgehend von einer Inhouse-Lösung rd. +7 % bei einer ASP-Lösung ohne Einführungskosten, rd. +22 % bei einer ASP-Lösung mit Einführungskosten.

Es lohnt sich daher, den Vergleich gewissenhaft durchzuführen, um nicht Äpfel mit Birnen oder zumindest Boskop mit Golden Delicious zu vergleichen.

Bezüglich der Definition von Wirtschaftlichkeit stehen, wie in Kapitel 3.9.1 dargelegt, entsprechende Berechnungsverfahren zur Verfügung. In Betracht kommen insbesondere Nutzenkostenuntersuchungen (Nutzwertanalyse, Kosten-Wirksamkeits-Analyse, ordinale Nutzermittlung – paarweiser Vergleich) und Verfahren der Investitionsrechnung. Um IT-Lösungen miteinander zu vergleichen, ist die **Nutzwertanalyse** ein gängiges Instrument (s. Kap. 3.9.2 und Tab. 8.55). Hierbei kann die Beurteilung der IT-Lösung nach definierten Kriterien erfolgen. Dazu zählen Angaben zum Unternehmen, zu Prozessen, Daten, Funktionen, der Anwendung (Qualität) und der Wirtschaftlichkeit. Zu den wichtigsten Kriterien gehört die Unterstützung bei den (Kern-)Prozessen. Die relevanten (Kern-)Prozesse werden in Prozessschritte zerlegt (vgl. Kap. 8.3) und die Kriterien untereinander gewichtet. Es muss jedoch klar sein, was gewünscht wird.

Danach wird jeder IT-Lösungsanbieter danach beurteilt, wie vollständig er jedes Kriterium erfüllt. Der Anbieter mit der größten Punktzahl ist der Gewinner oder kommt in die engere Auswahl. Vielfach unberücksichtigt sind dabei die Kosten. Es ist in diesem Stadium auch nicht sinnvoll, die Kosten als Kriterium einzubeziehen.

Das Bundesamt für Sicherheit in der Informationstechnik (BSI) schlägt grundsätzlich den paarweisen Vergleich oder die Kostenwirksamkeitsanalyse zur Bewertung vor und verzichtet damit auf die Umwandlung monetärer Gesichtspunkte in Punkte oder der Kriterien mit Punkten in monetäre Größen. In Tabelle 8.56 ist der paarweise Vergleich dargestellt. Der Rechenalgorithmus ist einfach. Die Ausführungsvariante A4 steht auf Rang 1.

---

342 Vgl. [Aareon 2003].

343 Vgl. [VNW (2002C)], S. 49 ff.

Tab. 8.55: Nutzwertanalyse bei einem IT-Projekt – reales Beispiel.

Nr.	Kriterien	Gewichtung	Teilgewicht		Anbieter 1 Erfüllung	Anbieter 1 Ergebnis	Anbieter n Erfüllung	Anbieter n Ergebnis
1.	Unternehmen (...)	10 %						
2.	Prozesse (...)	50 %						
2.1	Instandhaltung (...)		15 %					
2.2	Erbbaurechtsanpassung		15 %					
	– Erfassung Grundstück			10 %				
	– Erfassung Erbbaurecht			30 %				
	– Prüfung Erhöhung (autom.)			10 %				
	– Prüfung Erhöhung (manuell)			25 %				
	– Erhöhungsreallast			25 %				
2.3	Mieterhöhung (...)		30 %					
2.4	Nebenkostenabrechnung (...)		20 %					
2.5	Portfolioanalyse (...)		15 %					
2.6	Berichtsgenerator/Customizing		5 %					
	– Customizing Maske User 1			10 %				
	– Customizing Maske User 1			30 %				
	– Kommentartext einfügen			10 %				
	– Liste generieren			25 %				
	– Liste speichern			15 %				
	– Liste exportieren			10 %				
3.	Daten (...)	10 %						
4.	Funktionen/Anwendung (...)	20 %						
5.	Wirtschaftlichkeit (...)	10 %						
	Summe	100 %						

Tab. 8.56: Wirtschaftlichkeit von IT-Lösungen – paarweiser Vergleich).[344]

Nr.	Kriterien	A1	A2	A3	A4	A5
1.	Ausschlusskriterien	erfüllt	nicht erfüllt	erfüllt	erfüllt	erfüllt
2.	Preis in €	120.000	105.000	100.000	98.000	110.000
3.	Rang	4	–	2	**1**	3

Die eigentlich spannenden Fragen sind damit allerdings noch nicht beantwortet.

- **1. Frage:** Was bedeutet „erfüllt“ oder „nicht erfüllt“?
- **2. Frage:** Was beinhaltet der Preis?
- **3. Frage:** Wo wird der Mehrwert der IT-Lösung berücksichtigt?

Die erste Frage lässt sich mittels Nutzwertanalyse beantworten. Die zweite Frage muss umfänglich in Form der Total Cost of Ownership (TCO) beantwortet werden. Das beinhaltet zum Ersten die direkten und zum Zweiten die indirekten Kosten.

344 Vgl. [BMI UfAB_6], S. 157.

Zu den direkten Kosten gehören:
- Investitionen in die IT-Lösung (sowohl Hard- und Software zur Durchführung der (Kern-)Prozesse als auch die der IT-Abteilung),
- Betrieb der IT-Lösung (Operations: technischer Support für Client, Server und Netzwerkinfrastruktur; Planungs- und Prozessmanagement; Datenbankmanagement; Service Desk),
- Verwaltung (Verwaltungs- und Finanzaufgaben; Schulung der Mitarbeiter in der IT-Abteilung; Schulung der Anwender außerhalb der IT-Abteilung).

Zu den indirekten Kosten gehören:
- Betrieb für die Anwender (Schulungsmaßnahmen in jeglicher Form),
- Ausfallzeiten.

Zur dritten Frage: Zu berücksichtigen sind neben den TCO auch die Vorteile, wenn es gilt, die IT-Lösungen abzuwägen. Das ist beim paarweisen Vergleich leider nicht vorgesehen.

Nun gibt es auch die Möglichkeit der einfachen und erweiterten Richtwertmethode. Hierbei wird eine Kennzahl aus dem Verhältnis von Leistungspunkten und Preis gebildet. Die Leistungspunkte werden methodisch nach der Nutzwertanalyse berechnet (vgl. Tab. 8.57). Damit die Kennzahl griffiger ist, wird die Kennzahl mit dem Faktor 1.000 multipliziert. Der Faktor ist dem Grunde nach beliebig und die Rangfolge ohne Belang. Die Ausführungsvariante A3 steht hier auf Rang 1. Die eigentlich spannenden Fragen werden aber auch hier noch nicht beantwortet.

Tab. 8.57: Wirtschaftlichkeit von IT-Lösungen – Kosten-Wirksamkeits-Analyse).[345]

Nr.	Kriterien	A1	A2	A3	A4	A5
1.	Leistungspunkte (L)	9.500	9.200	8.900	8.500	7.400
2.	Preis in € (P)	120.000	105.000	100.000	98.000	110.000
	Kennzahl (Z=L/P)	0,079	0,088	0,089	0,087	0,067
	Skalierung: Multiplikation Z (neu) = Z (alt) × 1000					
	Kennzahl (Z = L/P)	79	88	89	87	67
3.	Rang	4	2	1	3	5

Im Gegensatz zur einfachen Richtwertmethode ist es bei der erweiterten Richtwertmethode auch möglich, ein Entscheidungskriterium festzulegen. Grundlage hierfür ist ein zulässiger Schwankungsbereich bezüglich der Kennzahl des führenden Angebots. Damit lässt sich die Anzahl der potenziellen IT-Lösungsanbieter eingrenzen. Sofern der Schwankungsbereich mit –6 % festgelegt wurde, sind nach Tabelle 8.57 nur Angebote ab einer Kennzahl von 0,084 zu berücksichtigen. Damit scheiden die Angebote der Ausführungsvarianten A1 und A5 aus. Zwischen den verbliebenen Angeboten ist nach dem Entscheidungskriterium auszuwählen. Sofern als Entscheidungskriterium die Leistungspunkte festgelegt wurden, bekommt A2 den Zuschlag, sofern als Entscheidungskriterium der Preis festgelegt wurde, A4. „Mit dieser Möglichkeit einer Stichentscheidung grenzt sich die Erweiterte Richtwertmethode von der Einfachen Richtwertmethode ab. […] Für den Stichentscheid ist ein eigenes Entscheidungskriterium (EK) festzulegen und zu veröffentlichen. Die UfAB empfiehlt, dass dieses Entscheidungskriterium regelmäßig der Preis sein sollte.“[346] Das ist die Sicht der öffentlichen Verwaltung.

345 Vgl. [BMI UfAB_6], S. 158.
346 [BMI UfAB_6], S. 159.

Die Anwendung der erweiterten Richtwertmethode wird empfohlen, wenn es sich um ein Beschaffungsvorhaben handelt, bei dem innerhalb einer Führungsgruppe eng beieinander liegender Angebote ein Stichentscheid zugunsten eines preisgünstigeren oder leistungsstärkeren Angebots getroffen werden soll. Der Autor empfiehlt die Ausrichtung auf das leistungsstärkere Angebot.

Alle drei berechtigten Fragen nach der Vorteilhaftigkeit einer IT-Lösung lassen sich seriös nur durch die dynamische Investitionsrechnung[347] (s. Kap. 3.9.3) auf der Grundlage der (Kern-)Prozesse beantworten. Methodisch besteht kein Unterschied darin, ob die Vorteilhaftigkeit eines Gebäudes oder einer IT-Lösung berechnet wird. Auch sind die Fragen nach Zeitpunkt und Höhe der Zahlungen (Zahlungsströme), Lebensdauer, Zinssatz, Barwertfaktor und Aufrundung zu beantworten. Der wesentliche Unterschied besteht lediglich zwischen der Nutzungsdauer eines Gebäudes und der Nutzungsdauer einer IT-Lösung.

Die AfA für Hard- und Software bemisst sich gemäß § 7 EStG nach der betriebsgewöhnlichen Nutzungsdauer. Die Abschreibungsdauer von Standardsoftware nach dem Steuerrecht muss sich i. d. R. an der Abschreibungsdauer für Hardware orientieren, d. h., sie ist prinzipiell über eine betriebsgewöhnliche Nutzungsdauer von drei Jahren abzuschreiben. Für ERP-Software (Enterprise Resource Planning), z. B. SAP, schreibt die Finanzverwaltung eine betriebsgewöhnliche Nutzungsdauer von fünf Jahren vor.[348] Der Betrachtungszeitraum zur Berechnung sollte dennoch erweitert werden, da nicht die Kosten eines Produkts im Mittelpunkt steht, sondern die Vorteilhaftigkeit einer IT-Lösung: So werden während der (lebenslangen) Nutzungsdauer der Telefonie auch Anbieter und Produkt gewechselt. Daraus folgt, dass die Amortisationszeiten deutlich unter fünf Jahren liegen sollten, der Betrachtungszeitraum sich aber am Produktzyklus der IT-Lösung (z. B. Mobile Service) orientieren sollte.[349] Zugegebenermaßen ist die dynamische Investitionsrechnung für Zeiträume unter fünf Jahren aber nur von geringer Aussagekraft, da die Zinssätze zur Diskontierung sich nicht erheblich auswirken.

Dabei findet sich auch eine IT-Lösung im Spannungsfeld aus Qualität, Kosten und Termin gemäß den Grundprinzipien des Projektmanagements und den Aufgaben der Projektleitung. Hieraus lässt sich für IT-Lösungen ein „magisches Spannungsdreieck" aus Leistungen gemäß Anforderungen, wirtschaftlichem Projektziel und Einhaltung des Zeitrahmens ableiten (vgl. Abb. 8.117). Der Erfolg des Projekts ist im Nachgang zu überprüfen und einem Regelkreis des Controllings zu unterwerfen (vgl. Kap. 4.4), eine Vorgehensweise, die allerdings nicht sehr verbreitet ist.

Die zu erwartenden **Kosten** werden nach dem Projektablauf im IKRIA-Modell (vgl. oben Tab. 8.53) in

- **einmalige Kosten** in der Initialisierungs- und Evaluierungsphase, Konzeptionsphase, Auswahl- und Realisierungsphase, Lieferungs- und Implementierungsphase sowie
- **regelmäßig wiederkehrende Kosten** oder
- **unregelmäßige Kosten** in der Betriebsphase unterschieden.

Zu den einmaligen Investitionskosten und ggf. jährlich wiederkehrenden Kosten (Betriebskosten) zählen

- die **Fremdleistungen** in Form von Vorkosten (Aufwendungen vor der Kaufentscheidung), Beratung während des Projekts (Customizing, Teststellungen und Piloteinsätze, Schulungen, Coaching), Lizenzen/Gebühren/Hardware zur IT-Lösung, ggf. Wartungs- und Support-/Hotline-Gebühren, Datenübernahme (Datenmigration), aber unbedingt auch

347 Die dynamische Investitionsrechnung wird auch in [GEFMA 460 2016-05], S. 1 f. herangezogen, hier allerdings als Amortisationszeit bzw. interner Zinsfuß.

348 Vgl. [BMF (2005)], S. 6.

349 Vgl. Kapitel 2.3.2 und Kapitel 3.4.3.

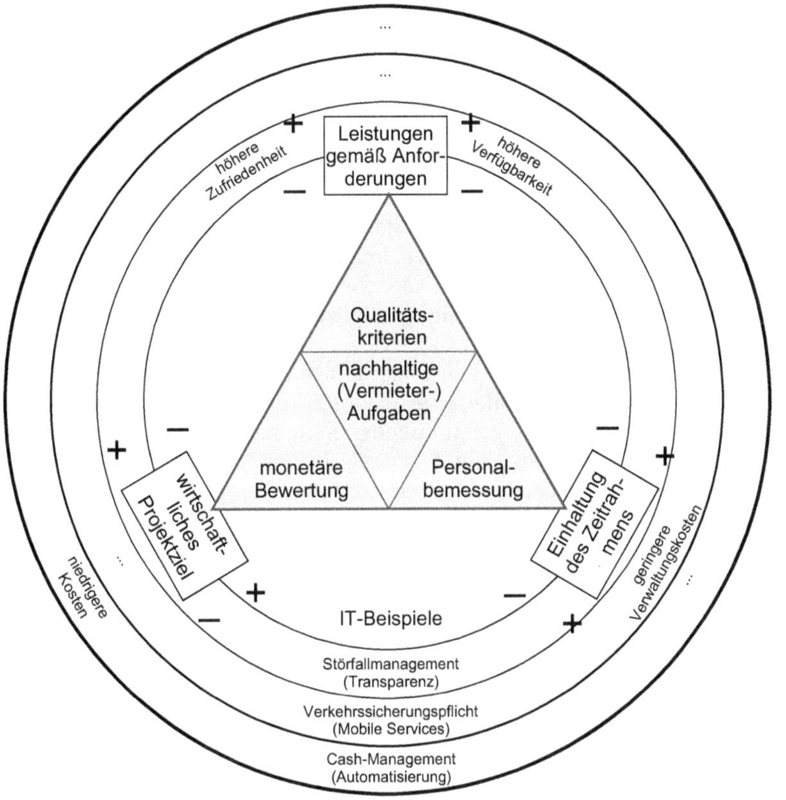

Abb. 8.117: Magisches Dreieck für IT-Aufgaben.[350]

- die **Eigenleistungen** als Personalaufwand in allen Phasen des Projekts einschließlich der Verwaltungskosten, insbesondere auch der Leistungen, die durch Fremdleistungen nicht abgedeckt werden.

Unregelmäßige Investitionskosten berücksichtigen
- die Fremdleistungen für Versionierungen, Produkt- oder Anbieterwechsel und
- die Eigenleistungen,

soweit sie nicht bereits bei den einmaligen oder jährlich wiederkehrenden Kosten berücksichtigt wurden.

Die Vorgehensweise, den Nutzen in Form der Nutzwertanalyse zu ermitteln und in Punkten auszudrücken, ist dann sinnvoll, wenn bereits zuvor grundsätzlich die Entscheidung zur Einführung einer IT-Lösung gefallen ist und die Auswahl der besten IT-Lösung ansteht. Über den Vorteil eines Telefons wird heute keiner mehr nachdenken. Es steht nur die Frage an, welches Telefon angemessen ist. Das trifft auch auf die IT zu und betrifft insbesondere die Bereiche der IT-Lösungen, die die Marktattraktivität der Produkte oder Unternehmensstärken aus strategischen Erwägungen unterstützen sollen.[351]

350 Quelle: eigene Darstellung.

351 Vgl. Kapitel 3.4.2.

Die Frage, **ob** eine IT-Lösung eingeführt werden soll, kann am besten beantwortet werden, wenn der monetäre Nutzen in die dynamische Investitionsberechnung einfließt. Der Nutzen spiegelt sich meist in reduzierten Arbeitszeiten bei Massenprozessen[352] aufgrund von Automatisierung wider. Der Vorteil lässt sich dann aus der Kostenreduktion um die eingesparte Arbeitszeit berechnen. Typische Bespiel hierfür sind die Handwerkerkopplung, die integrierte Heizkostenabrechnung oder jegliche Form der Dokumentation oder des Berichtwesens.

Der größte monetäre Vorteil einer IT-Lösung im Flächenmanagement liegt jedoch nicht primär in der Vereinfachung der Arbeitsabläufe bei Umzügen, sondern in der Steigerung des Belegungsgrads[353] der bisherigen Flächen, in der Vermeidung oder Optimierung zusätzlich anzumietender Flächen oder im Freizug ungenutzter Flächen für eine anderweitige Nutzung. Messgröße für den Nutzen ist die reduzierte und optimierte (Miet-)Fläche, multipliziert mit dem Mietpreis pro Quadratmeter und Jahr.

Der größte monetäre Vorteil einer IT-Lösung im Reinigungsmanagement liegt nicht primär in der Vereinfachung der Arbeitsabläufe bei Ausschreibungen, die ggf. nur alle fünf Jahre stattfinden, sondern in der Abrechnung von bedarfs- und ergebnisorientierten Reinigungsleistungen.[354] So ist über ein zusätzliches Modul Belegungsmanagement die Reinigung nur dort tatsächlich durchzuführen, wo der Bedarf da ist. Die Messgröße für den Nutzen sind hier die eingesparten Reinigungskosten pro Jahr. Das ist insbesondere in Immobilienunternehmen sinnvoll, bei denen eine hohe Anzahl an Mitarbeitern beschäftigt ist und eine hohe Fluktuationsrate beim Personal und in der Nutzung der Büroräume vorliegt.

Der größte monetäre Vorteil einer IT-Lösung für Cash-Management, also für die Erfassung, Durchführung und Optimierung von Bargeld- und Zahlungsverkehrsströmen in einem Immobilienunternehmen, ist z. B. der tägliche Ausgleich zwischen Tagesgeldkonten und Kontokorrentkonten. Der gewinnbringende Teil der IT-Lösung sind die gesparten Dispositionskreditzinsen.

Die IT-Lösung muss das hierzu Notwendige leisten können, um den gewünschten Vorteil überhaupt generieren zu können. Pauschale Erfahrungswerte[355] als Annahmen zur Kostenreduzierung sind stets auf Eindeutigkeit und Nachvollziehbarkeit zu hinterfragen und können eine detaillierte Untersuchung nicht ersetzen.

Handwerkerkopplung

Bei der Handwerkerkopplung sind neben jährlich wiederkehrenden Kosten auch einmalige Investitionen und unregelmäßige Kosten zu berücksichtigen. Zur Berechnung der Kosten für eine Handwerkerkopplung wurde ein einmaliger Einführungsaufwand von 25 Personentagen à 1.200 € und 40 Tage Eigenleistung zu 300 € eingerechnet. Unter Einsatz einer Handwerkerkopplung reduziert sich der Personalaufwand. Es wird von 4 Minuten für eine Auftrags- und 14 Minuten für die Rechnungsbearbeitung ausgegangen. Die Zeiteinsparungen wurden hierbei zurückhaltend angesetzt und mit einem Stundenverrechnungssatz von 32 € monetär bewertet.

In Abbildung 8.118 sind die Kosten für die Auftrags- und Rechnungsschreibung ohne Handwerkerkopplung dargestellt. Dem werden in Abbildung 8.119 die Kosten für die Auftrags- und Rechnungsschreibung mit Handwerkerkopplung gegenübergestellt.

Nach den dargestellten Parametern und unter Berücksichtigung einer Preissteigerungsrate von 2 % und einer Zinsrate von 4,5 % ergibt sich die Vorteilhaftigkeit nach der dynamischen Investitionsrechnung nach 1,5 Jahren (s. Abb. 8.120).

---

352 Vgl. Kapitel 8.3.

353 Vgl. Kapitel 6.4.

354 Vgl. Kapitel 6.8.4 und Kapitel 8.3.4.

355 Vgl. [GEFMA 460 2016-05], Anhang B.

Nutzungskosten einer IT-Lösung				©Prof. Dr. Ulrich Bogenstätter ID34110-x_HWA.xls 06.11.2007: Ohne Gewähr	
Variante	**Beschaffung ohne Handwerkerkopplung**			Variantennummer	1
Objekte	10.000	[Anzahl]	Nutzungsdauer [n] (Jahre) 15	Stichtag	31.01.07

Berechnungsgrundlage					
Verwaltungseinheiten	Eigen-	Fremdbestand	Mitarbeiter		[Anz.]
WE	10.000	[Anz.]	Arbeitsplatz		[Anz.]
Garagen/Stellplätze		[Anz.]	Aufträge	17.100	[Anz.]
Gewerbeeinheiten		[m2]	Aufträge/WE	1,71	[Anz.]
Grundstücke		[m2]			

A.	Einmalige Investitionskosten (einschl. MWSt.)						[€]
		Einheit	Menge	EinheitspreisIndex		Basisjahr	[EUR]
1.	Fremdleistungen						
	Beratung		*		=		
	Lizenzen/Gebühren		*		=		
	Wartung		*		=		
	Support/Hotline		*		=		
2.	Eigenleistungen						
	Personalaufwand		*		=		

B.	Jährlich wiederkehrende Kosten (einschl. MWSt.)						136.800 [€]
		Einheit	Menge	EinheitspreisIndex		Basisjahr	[EUR]
1.	Fremdleistungen						
	Beratung		*		=		
	Lizenzen/Gebühren		*		=		
	Wartung		*		=		
	Support/Hotline		*		=		
2.	Eigenleistungen						
	Prozessaufwand (vgl. Auftrags- und Rechnungsbearbeitung)						
	Zeitaufwand						
	Auftragsbearbeitung	[h]	0,08 *	32,00	=		2,67
	Rechnungsbearbeit	[h]	0,17 *	32,00	=		5,33
	Suchen & Finden		*		=		
	Personalaufwand	[Stk.]	17.100 *	8,00	=		136.800,00
	Sachkosten		*		=		

C.	Unregelmäßige Investitionskosten (einschl. MWSt.)	TLD	50,00	[a]		[€]
		Einheit	Menge	EinheitspreisIndex	Basisjahr	[EUR]
1.	Fremdleistungen					
2.	Eigenleistungen					

Cash - Flow

f/q=	0,98	Barwerte werden nachschüssig berechnet nach der Formel:		(f/q) ^n - 1
f=	1,02	f=1 + 2,00%	/100 (e=Preissteigerungs	Barwert = r * (f/q) * ————
q=	1,05	q=1 + 4,50%	/100 (p=Zinsrate)	(f/q) - 1

	A.	B.	C.		Beschaffung ohne Handwerkerkopplung		
a	[€]	+ [€]	+ [€]	= [€]	* $q^t=1/(1+i)^t$ = RB [€]		
					1,000		[€]
1		136.800		136.800	0,976	133.527	133.527 [€]
2		136.800		136.800	0,953	130.333	263.860 [€]
3		136.800		136.800	0,930	127.215	391.075 [€]
4		136.800		136.800	0,908	124.171	515.246 [€]
5		136.800		136.800	0,886	121.201	636.447 [€]
6		136.800		136.800	0,865	118.301	754.748 [€]
7		136.800		136.800	0,844	115.4[illegible]	870.220 [€]
8		136.800		136.800	0,824		[illegible]928 [€]
9		136.800		136.800			
10		136.800					
		136.800					
		136.800					
		136.800					

Abb. 8.118: Verwaltungskosten zur Auftragserteilung und Rechnungsbearbeitung ohne Handwerkerkopplung.[356]

356 Quelle: eigene Darstellung.

Nutzungskosten einer IT-Lösung

Variante	**Beschaffung mit Handwerkerkopplung**	*Variantennummer*	**2**

Objekte	10.000	*[Anzahl]*	*Nutzungsdauer [n] (Jahre)* 15	*Stichtag*	31.01.07

Berechnungsgrundlage					
Verwaltungseinheiten	*Eigen-*	*Fremdbestand*	*Mitarbeiter*		*[Anz.]*
WE	10.000	*[Anz.]*	*Arbeitsplatz*		*[Anz.]*
Garagen/Stellplätze		*[Anz.]*	*Aufträge*	17.100	*[Anz.]*
Gewerbeeinheiten		*[m2]*	*Aufträge/WE*	1,71	*[Anz.]*
Grundstücke		*[m2]*			

A.	*Einmalige Investitionskosten (einschl. MWSt.)*						42.000 *[€]*
		Einheit	*Menge*		*EinheitspreisIndex*	*Basisjahr*	*[EUR]*
1.	*Fremdleistungen*						
	Beratung	[PT]	25,00	*	1.200,00	=	30.000
	Lizenzen/Gebühren			*		=	
	Wartung			*		=	
	Support/Hotline			*		=	
2.	*Eigenleistungen*						
	Personalaufwand	[PT]	40,00	*	300,00	=	12.000

B.	*Jährlich wiederkehrende Kosten (einschl. MWSt.)*						107.046 *[€]*
		Einheit	*Menge*		*EinheitspreisIndex*	*Basisjahr*	*[EUR]*
1.	*Fremdleistungen*						
	Beratung			*		=	
	Lizenzen/Gebühren	[Stk.]/Auftrag	17.100	*	0,50	=	8.550
	Wartung			*		=	
	Support/Hotline			*		=	
2.	*Eigenleistungen*						
	Prozessaufwand (vgl. Auftrags- und Rechnungsbearbeitung)						
	Zeitaufwand						
	Auftragsbearbeitung	[h]	0,04	*	32,00	=	1,28
	Rechnungsbearbeit	[h]	0,14	*	32,00	=	4,48
	Suchen & Finden						
	Personalaufwand	[Stk.]	17.100	*	5,76	=	98.496,00
	Sachkosten			*		=	

C.	*Unregelmäßige Investitionskosten (einschl. MWSt.)*	*TLD*	10,00	*[a]*			*[€]*
		Einheit	*Menge*		*EinheitspreisIndex*	*Basisjahr*	*[EUR]*
1.	*Fremdleistungen*						
2.	*Eigenleistungen*						

Cash - Flow

f/q=	0,98	*Barwerte werden nachschüssig berechnet nach der Formel:*		
f=	1,02	*f=1 +*	2,00%	*/100 (e=Preissteigerungs*
q=	1,05	q=1+	4,50%	*/100 (p=Zinsrate)*

$$Barwert = r * (f/q) * \frac{(f/q)^{\wedge}n - 1}{(f/q) - 1}$$

	A.	**B.**	**C.**			*Beschaffung mit Handwerkerkopplung*	
a	*[€]*	*+ [€]*	*+ [€]*	*= [€]*	* $q^t=1/(1+i)^t$ =	*RB [€]*	
	42.000			42.000	1,000	42.000	42.000 *[€]*
1		107.046		107.046	0,976	104.485	146.485 *[€]*
2		107.046		107.046	0,953	101.985	248.471 *[€]*
3		107.046		107.046	0,930	99.546	348.016 *[€]*
4		107.046		107.046	0,908	97.164	445.180 *[€]*
5		107.046		107.046	0,886	94.840	540.020 *[€]*
6		107.046		107.046	0,865	92.571	632.591 *[€]*
7		107.046		107.046	0,844	90.3[illegible]	722.947 *[€]*
8		107.046		107.046	0,824	[illegible]	[illegible]41 *[€]*
9		107.046		107.046			
10		107.046		[illegible]			
		107.046					
		107.046					
		107.046					

Abb. 8.119: Verwaltungskosten zur Auftragserteilung und Rechnungsbearbeitung mit Handwerkerkopplung.[357]

357 Quelle: eigene Darstellung.

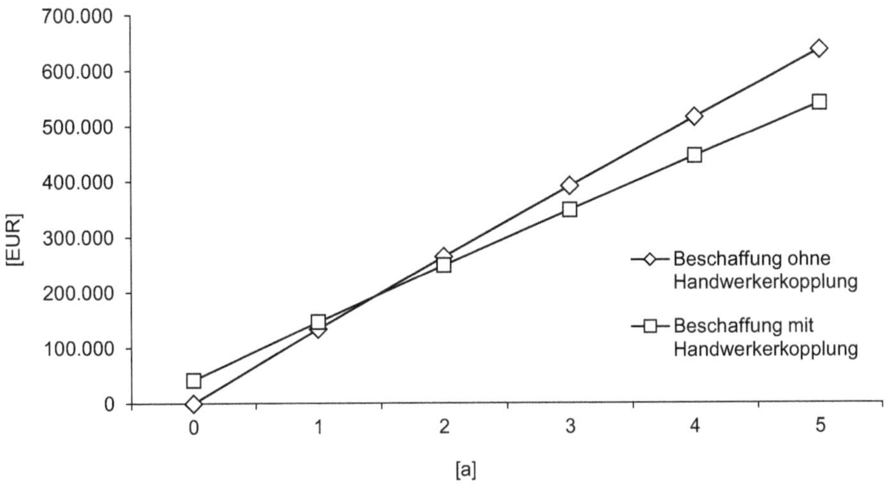

Abb. 8.120: Manuelle Auftrags- und Rechnungsbearbeitung vs. Handwerkerkopplung (10.000 WE).[358]

Integrierte Heizkostenabrechnung

Die Verbrauchswerte zur Betriebs- und Nebenkostenabrechnung können in unterschiedlichen Formen erhoben werden: durch den Immobilieneigentümer/Verwalter, einen Messdienstleister (MDL) oder ein Versorgungsunternehmen. Verantwortlich für die Richtigkeit der Messdaten und für eine rechtssichere Verbrauchsaufteilung ist derjenige, der die Verbrauchswerte erfasst. Sofern ein MDL beauftragt ist, können die Messgeräte gekauft oder gemietet werden. In der Wohnungswirtschaft werden i. d. R. die Messgeräte gemietet, da die Messgeräte zu den umlagefähigen Betriebskosten gehören. Die Kosten der Messgeräte hängen von der Technik ab (konventionelle Erfassung oder Messgeräte zur Direkt-/Fernauslesung). Angesicht von Preisstaffeln nach Anzahl der Geräte unterscheiden sich die Kosten pro Messgerät bei jeder Technik erheblich. Die Preisstaffel kann auch in direkter Beziehung zur Größe des Immobilienunternehmens stehen. Skalierungseffekte können insbesondere von großen Immobilienunternehmen genutzt werden.

Hieraus ergeben sich verschiedene Möglichkeiten der Zusammenarbeit zwischen MDL und Immobilienunternehmen:

- Kooperation: Der MDL erbringt die Messdienstleistungen und das Immobilienunternehmen rechnet im Nachgang selbst ab.
- Modular: Der MDL erbringt die (Teil-)Messdienstleistungen als Subunternehmer, das Immobilienunternehmen rechnet Grund- und Zusatzleistungen gegenüber dem Mieter ab. Dieser Fall ist die Ausnahme, hat jedoch den Vorteil gegenüber der Inhouse-Lösung, dass eine Kenntnis der Geräte im Immobilienunternehmen nicht vorgehalten werden muss.
- Inhouse: Das Immobilienunternehmen erbringt die Messdienstleistungen selbst. Die Messtechnik wird bei Geräteherstellern mit oder ohne Wartungsvertrag gekauft oder gemietet.

Grundsätzlich können die Betriebskosten in drei Verfahren abgerechnet werden:

- als Inhouse-Abrechnung,
- als datenaustauschbasierte Abrechnung und
- als integrierte Abrechnung.

358 Quelle: eigene Darstellung.

Die Inhouse-Abrechnung ist in der Praxis weit verbreitet. Die Immobilienunternehmen halten hierfür selbst IT-Lösungen vor, mit denen sie die Betriebskosten abrechnen. Bei der datenaustauschbasierten Abrechnung werden die verbrauchsabhängigen Betriebs- und Nebenkosten ohne Heizkosten von einem externen Dienstleister übermittelt und durch das Immobilienunternehmen abgerechnet. Entsprechende Datenaustauschstandards wurden gemeinsam von der Arbeitsgemeinschaft Heiz- und Wasserkostenverteilung e. V. und der Fachvereinigung Heizkostenverteiler Wärmekostenabrechnungen e. V. entwickelt. Der Standarddatenaustausch besteht aus sechs verschiedenen Datensätzen, dem A-, L-, M-, B-, K- und D-Satz. Die integrierte Abrechnung optimiert den Prozess der Abrechnungserstellung an der Schnittstelle zwischen Immobilienunternehmen und abrechnendem Dienstleister. Im Gegensatz zur datenaustauschbasierten Abrechnung werden bei diesem Verfahren die Betriebskosten- und die Heizkostenabrechnung zusammengefasst. Dies erfolgt ohne Datenaustauschverfahren, da das Immobilienunternehmen und der abrechnende Dienstleister auf dasselbe IT-System zugreifen. Die IT-Kosten (Hardware- und Software-Kosten) sind bei einem Vergleich der Verfahren zu berücksichtigen, ebenso Preisstaffeln in Abhängigkeit von der Größe des Immobilienunternehmens und gemäß der Betriebsform des ERP-Systems.

Aus der Art der Erhebung der Verbrauchsdaten (Kooperation, Inhouse) und der Wahl des Verfahrens (Inhouse, datenaustauschbasiert, integriert) ergeben sich diverse Kombinationsmöglichkeiten. Bei einem Vergleich ist zu berücksichtigen, dass in jedem Fall die Leistungen abgegrenzt und zugeordnet und die entstehenden Kosten gänzlich erhoben werden. Das betrifft folgende Aufwendungen des Immobilienunternehmens:

- Arbeitskosten in Abhängigkeit von der Arbeitszeit je nach Erfassungsform und Abrechnungsverfahren (vgl. hierzu Kap. 8.3.4),
- Messgerätekosten (als Miet- und Kaufvariante unter Berücksichtigung der Kosten zur Inbetriebnahme und Wartung),
- IT-Kosten,
- Kosten des MDL oder anderer Dienstleitungsunternehmen.

Das Ergebnis der Kostenvergleichsrechnung ist in Abbildung 8.121 abgebildet.

Aus den bisherigen Überlegungen lässt sich je nach Größe eines Wohnungsunternehmens eine Rankingliste für die Form der Datenerhebung und -abrechnung erstellen (vgl. Tab. 8.58).

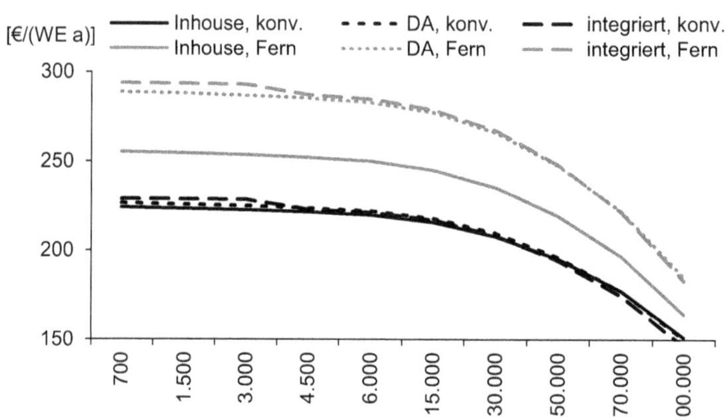

Abb. 8.121: Kostenvergleichsrechnung ohne und mit integrierter Heizkostenabrechnung in Abhängigkeit von der Anzahl der Wohneinheiten.[359]

359 Vgl. [HS-MZ Miller, B. (2010)], S. 49.

Tab. 8.58: Rankingliste ohne und mit integrierter Heizkostenabrechnung.[360]

Rang	700 bis 4.500 WE	4.500 bis 30.000 WE	30.000 bis 100.000 WE
1	Inhouse-Abrechnung mit konventioneller Messtechnik (Inhouse-Modell)	Inhouse-Abrechnung mit konventioneller Messtechnik (Inhouse-Modell)	integrierte Abrechnung mit konventioneller Messtechnik (Kooperationsmodell))
2	datenaustauschbasierte Abrechnung mit konventioneller Messtechnik (Inhouse-Modell)	datenaustauschbasierte Abrechnung mit konventioneller Messtechnik (Inhouse-Modell)	datenaustauschbasierte Abrechnung mit konventioneller Messtechnik (Kooperationsmodell)
3	integrierte Abrechnung mit konventioneller Messtechnik (Inhouse-Modell)	integrierte Abrechnung mit konventioneller Messtechnik (Inhouse-Modell)	Inhouse-Abrechnung mit konventioneller Messtechnik (Kooperationsmodell)
4	Inhouse-Abrechnung mit konventioneller Messtechnik (Kooperationsmodell)	Inhouse-Abrechnung mit konventioneller Messtechnik (Kooperationsmodell)	integrierte Abrechnung mit konventioneller Messtechnik (Inhouse-Modell)
5	datenaustauschbasierte Abrechnung mit konventioneller Messtechnik (Kooperationsmodell)	integrierte Abrechnung mit konventioneller Messtechnik (Kooperationsmodell)	Inhouse-Abrechnung mit konventioneller Messtechnik (Inhouse-Modell)
6	integrierte Abrechnung mit konventioneller Messtechnik (Kooperationsmodell)	datenaustauschbasierte Abrechnung mit konventioneller Messtechnik (Kooperationsmodell)	datenaustauschbasierte Abrechnung mit konventioneller Messtechnik (Inhouse-Modell)
7	Inhouse-Abrechnung mit Direkt- und Fernauslesung (Kooperationsmodell)	Inhouse-Abrechnung mit Direkt- und Fernauslesung (Kooperationsmodell)	Inhouse-Abrechnung mit Direkt- und Fernauslesung (Kooperationsmodell)
8	Inhouse-Abrechnung mit Direkt- und Fernauslesung (Inhouse-Modell)	Inhouse-Abrechnung mit Direkt- und Fernauslesung (Inhouse-Modell)	integrierte Abrechnung mit Direkt- und Fernauslesung (Inhouse-Modell)
9	datenaustauschbasierte Abrechnung mit Direkt- und Fernauslesung (Inhouse-Modell)	datenaustauschbasierte Abrechnung mit Direkt- und Fernauslesung (Inhouse-Modell)	Inhouse-Abrechnung mit Direkt- und Fernauslesung (Inhouse-Modell)
10	datenaustauschbasierte Abrechnung mit Direkt- und Fernauslesung (Kooperationsmodell)	integrierte Abrechnung mit Direkt- und Fernauslesung (Inhouse-Modell)	datenaustauschbasierte Abrechnung mit Direkt- und Fern-auslesung (Inhouse-Modell)
11	integrierte Abrechnung mit Direkt- und Fernauslesung (Inhouse-Modell)	datenaustauschbasierte Abrechnung mit Direkt- und Fernauslesung (Kooperationsmodell)	datenaustauschbasierte Abrechnung mit Direkt- und Fern-auslesung (Kooperationsmodell)
12	integrierte Abrechnung mit Direkt- und Fernauslesung (Kooperationsmodell)	integrierte Abrechnung mit Direkt- und Fernauslesung (Kooperationsmodell)	integrierte Abrechnung mit Direkt- und Fernauslesung (Kooperationsmodell)

360 Vgl. [HS-MZ Miller, B. (2010)], S. 51.

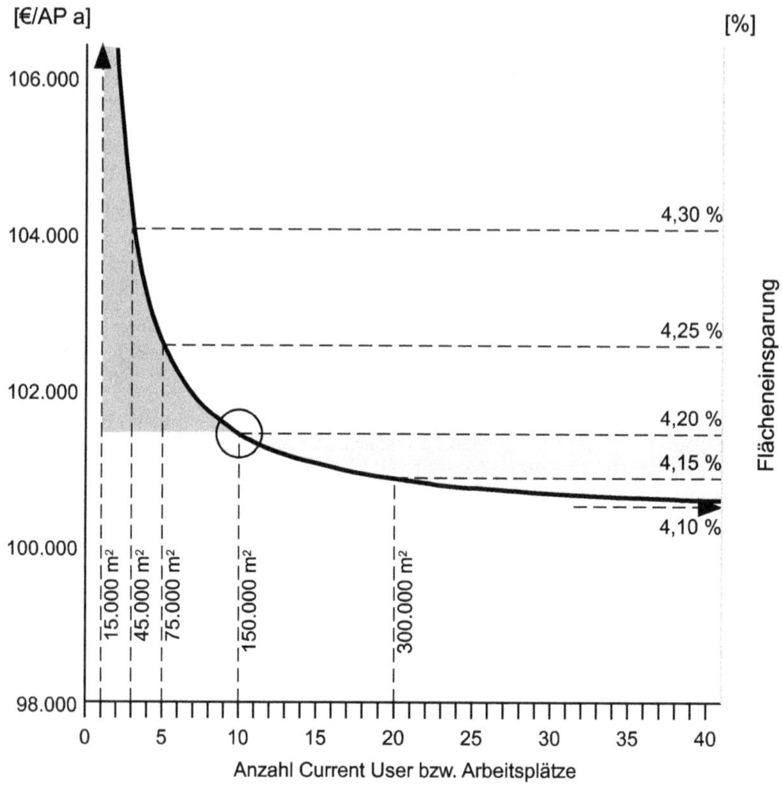

Abb. 8.122: Arbeitsplatzkosten nach Anzahl der IT-Nutzer.[361]

Flächenmanagement

In Abbildung 8.122 wird der Nachweis für die Wirtschaftlichkeit eines IT-gestützten Flächeninformationssystems für ein Industrieunternehmen geführt. In die dynamische Investitionsberechnung eingeflossen sind Nutzen und Kosten. Die Kosten berechnen sich anteilig aus den Kosten für ein CAFM-System sowie aus Arbeitsplatzkosten. Die Arbeitsplatzkosten setzen sich aus Personal-, Sach- und Gemeinkosten zusammen und werden mit 100.000 € festgelegt. Es wird angenommen, dass ein Arbeitsplatz etwa 10.000 m^2_{NGF} verwalten kann. Zur Berechnung der Kosten für ein CAFM-System wurde in Abhängigkeit von der Anzahl der Benutzer ein Current-User-Lizenzmodell zugrunde gelegt. Dabei wird die maximale Anzahl der Benutzer festgelegt, die gleichzeitig auf die IT-Lösung zugreifen darf. Die Anzahl der Current User ist entscheidend für Lizenzkosten. Der Nutzen wurde aus den Einsparungsmöglichkeiten der angemieteten Fläche monetarisiert. Dafür wurden die Einsparung der Miete auf 110,21 [€/m^2_{NGF} a] sowie die durchschnittlichen Betriebskosten auf 51,32 € pro m^2 [€/m^2_{NGF} a] angesetzt. Die Möglichkeiten zur Einsparung wurden daher mit insgesamt 161,53 [€/m^2_{NGF} a] berechnet. Die Abhängigkeiten zwischen Flächeneinsparung, Anzahl der Current User und Kosten eines Arbeitsplatzes werden in Abbildung 8.122 aufgezeigt. Danach ist bei einer insgesamt zu verwaltenden Fläche von 150.000 m^2_{NGF} und einer Flächeneinsparung von 4,2 % bei insgesamt zehn Current User der Break-even-Point zu erreichen. Bei der Betrachtung der Kostenverläufe fällt auf, dass im Bereich von 1 bis 20 Arbeitsplätzen die durchschnittlichen Kosten für einen Arbeitsplatz stark sinken. Da sich diese Größenordnung auf Gesamtflächen

361 Siehe [HS-MZ Goletz, M. (2011)], S. 45.

von 15.000 m^2 bis 300.000 m^2_{NGF} beziehen, kann sich ein IT-geführtes Flächeninformationssystem für Immobilienunternehmen mit Beständen ab 150.000 m^2_{NGF} und einem Flächeneinsparpotenzial von durchschnittlich über 4,2 % pro Jahr lohnen. Sofern IT-Infrastruktur vorhanden ist, haben die Software-Kosten ab 5 Current User kein besonderes Gewicht.

8.8.8 IT-Leistungen ausschreiben und Pflichtenheft beauftragen

Einheitliche Vertragsmuster finden sich bei IT-Lösungen selten. In der Praxis reicht die Bandbreite von Verträgen, die sich mit einer Beschreibung auf einer DIN-A4-Seite begnügen, bis – neuerdings – zu Verträgen, die ganze Regale füllen. Das Kernproblem liegt auch darin, die Abhängigkeit, die Monopolstellung sowie die Zukunftsfähigkeit des Produkts und die des Lieferanten einschätzen zu können. Zweifellos wird die Weiterentwicklung eines Produkts unterstellt, sofern es sich nicht um eine Individuallösung handelt. Als Lektüre werden die ergänzenden Vertragsbedingungen für die Beschaffung von IT-Leistungen (EVB-IT) und die Unterlagen für die Ausschreibung und Bewertung von IT-Leistungen (UfAB) empfohlen.

Hinsichtlich der Leistungsinhalte wird auf den EVB-IT Systemvertrag, die EVB-IT System-AGB und das BMI-IT V-Modell® XT, Version 1.4 hingewiesen.[362] Der EVB-IT umfasst:
- EVB-IT Systemlieferung
- EVB-IT System
- EVB-IT Erstellung
- EVB-IT Service
- EVB-IT Kauf
- EVB-IT Dienstleistung
- EVB-IT Überlassung Typ A
- EVB-IT Überlassung Typ B
- EVB-IT Instandhaltung
- EVB-IT Pflege S

Hierbei werden neben dem Projektmanagement auch Regelungen
- zu Art und Umfang der Leistungen (Verkauf von Hardware, Vermietung von Hardware (während der Mietzeit)),
- zur Überlassung von Standardsoftware gegen Einmalvergütung auf Dauer, Überlassung von Standardsoftware auf Zeit, Erstellung und Überlassung von Individualsoftware (vgl. Abb. 8.123) auf Dauer, Erstellung des Gesamtsystems und Herbeiführung der Betriebsbereitschaft, Schulung, Dokumentation,
- zu Mängelklassifizierungen (betriebsverhindernder, -behindernder und leichter Mangel),
- zum Systemservice nach der Abnahme (Aufrechterhaltung und Wiederherstellung der Betriebsbereitschaft),
- zur Dokumentation (Anwendungsdokumentation, Nutzerhinweise, Anleitungen und Hilfestellungen etc. sowie Nutzungshandbücher für Hard- und Software und Verfahrensbeschreibungen),
- zu Vergütungen (Pauschalfestpreis und/oder nach Aufwand) und
- zum Personal des Auftragnehmers und seiner Subunternehmer, zu Mitteilungs- und Mitwirkungspflichten des Auftraggebers, zu Mängelklassifizierungen, zum Verzug, zur Gewährleistung, zu Schutzrechten Dritter, zu Haftungsbeschränkungen und Angaben zu Laufzeit, zur Kündigung sowie zum Quellcode und seiner Hinterlegung

formuliert.

---

362 [BMI-IT EVB-IT Systemvertrag 20120919], [BMI-IT EVB-IT System-AGB 20120919] und [BMI-IT V-Modell® XT, Version 1.4].

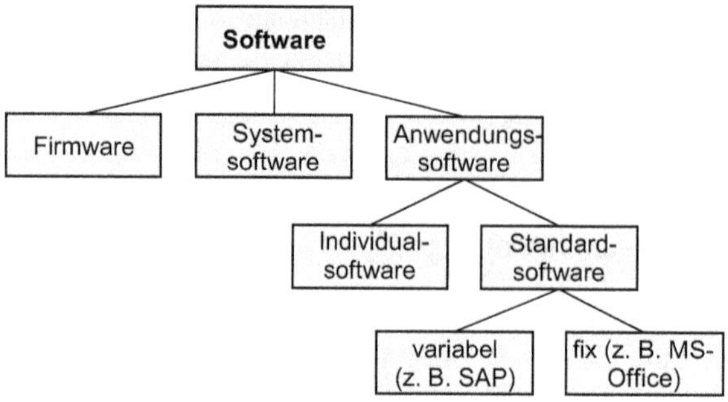

Abb. 8.123: Individual- und Standardsoftware.[363]

Für die Ausschreibung von IT-Leistungen wird auf die UfAB VI in der Version 1.0 verwiesen.[364] In der UfAB VI werden die Themenkomplexe „Verhandlungsverfahren in der Praxis", „Preisgestaltung", „Bewertungsmethoden" und „Bewerber- und Bieterkonstellationen" behandelt. Die UfAB VI soll es ermöglichen, auf der Grundlage der aktuellen Regelungen des nationalen Vergaberechts

- Vergabeunterlagen eindeutig und vollständig zu erstellen sowie
- Vergabeverfahren rechtskonform und zielführend zu gestalten.

Die UfAB kann nicht nur in der Bundesverwaltung, sondern auch bei der Beschaffung anderer Lieferungen und Leistungen mittels Vergabeverfahren gemäß VOL/A oder VOF im Bereich der gesamten öffentlichen Hand angewandt werden.

IT-Outsourcing bedeutet die Vergabe von einzelnen oder allen IT-Funktionen an ein externes Dienstleistungsunternehmen. Auslagerung bedeutet die Vergabe an ein rechtlich unabhängiges Dienstleistungsunternehmen, Ausgliederung die Verlagerung von Aufgaben auf ein rechtlich verbundenes Dienstleistungsunternehmen (Tochterfirma, Gemeinschaftsunternehmen. Beteiligungsgesellschaft). Ziele sind

- eine bessere Steuerbarkeit der IT-Kosten (Übergang von fixen zu variablen Kosten),
- insgesamt niedrigere IT-Kosten (wird oft nicht erreicht),
- die Abwälzung von Risiken auf den Outsourcing-Anbieter,
- die Einsparung eigener IT-Spezialisten,
- die Entlastung des Personalwesens (Beschaffung, Fort- und Weiterbildung von IT-Personal),
- die Konzentration auf das Kerngeschäft des Unternehmens (beliebtes Schlagwort!).

Dabei dürfen folgende Probleme nicht übersehen werden:

- die Abhängigkeit von Fremdfirmen (sowohl bei den Entwicklungs- als auch bei den Service- und Wartungsarbeiten),
- die Gefahr des Missbrauchs schutzwürdiger betrieblicher Daten durch Fremde,
- der Verzicht auf eigene IT-Kompetenz,
- die Verschlechterung der Verständigung zwischen Fachabteilungen und Informationsverarbeitung, die jetzt in fremden Händen liegt, und
- die Schwierigkeit, getroffene Outsourcing-Regelungen kurzfristig rückgängig zu machen.

363 Quelle: eigene Darstellung.
364 [BMI UfAB_6].

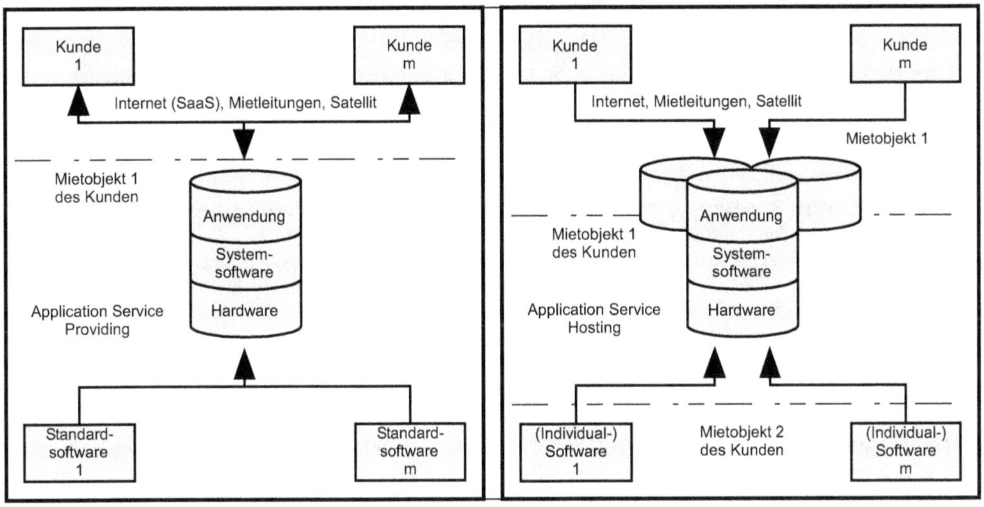

Abb. 8.124: Abgrenzung ASP gegen ASH.[365]

In Abbildung 8.124 werden die unterschiedlichen Möglichkeiten des Outsourcings als Application Service Providing (ASP), als Software as a Service (SaaS) und Application Service Hosting (AP) sowie die Leistungsabgrenzung dargestellt. Bei ASP wird eine Standardsoftware, die Hard- und Systemsoftware, als Anwendung von einem Rechenzentrum als Dienstleistung zur Verfügung gestellt. Im Gegensatz dazu gehört bei AP die Anwendung als Standard- oder Individualsoftware dem Kunden. Hier werden die Hardware und die Systemplattform und -software mit dem Speicherplatz angemietet.

Literatur

[Aareon (2003)] Aareon (Hrsg.): Geschäftsbericht 2002, 2003, URL: https://www.aareon.de/fm/23/060816_Aareon_GB_02.pdf (letzter Aufruf: 04.01.2018).

[AIDA (2000)] Schäfer, Andreas; Friesecke, Frank; Goc, Wojciech; Letang, Birgit; Ludwikowska, Hanna: Marktübersicht Bausoftware 2000, Teil 1, 13. Aufl.; Hannover 2000.

[AIDA (2003)] AIDA – Marktübersicht Bausoftware Institut für Architekturinformatik und Darstellung (Hrsg.): Marktübersicht Bausoftware 2002, 2003, URL: http://www.marktuebersicht.de/mueaus/mue/mue_1.asp?bereich=* (letzter Aufruf: 08.01.2003).

[BMF (2005)] Bundesministerium der Finanzen (Hrsg.): Bilanzsteuerrechtliche Beurteilung von Aufwendungen zur Einführung eines betriebswirtschaftlichen Softwaresystems (ERP-Software): BMF-Schreiben vom 17.10.2005, IV B 2 – S 2172 – 34/05, Schreiben des Ministeriums der Finanzen Rheinland-Pfalz vom 04.11.2005, – S 2172 A – 03-001-30 – 441.

[BMI UfAB_6] Bundesministerium des Innern (Hrsg.): UfAB VI: Unterlage für Ausschreibung und Bewertung von IT-Leistungen: Version 1.0, 2015, URL: http://www.cio.bund.de/SharedDocs/Publikationen/DE/IT-Beschaffung/ufab_vi_download.pdf?__blob=publicationFile (letzter Aufruf: 11.04.2017).

[BMI-IT EVB-IT System-AGB 20120919] Bundesministerium des Innern – IT Stab (Hrsg.): EVB-IT System-AGB, BMI-IT EVB-IT System-AGB 20120919, 2012, URL: https://www.cio.bund.de/SharedDocs/Publikationen/DE/IT-Beschaffung/EVB-IT_Vertragstypen/EVB-IT_System/evb_it_system_agb.pdf?__blob=publicationFile (letzter Aufruf: 04.01.2018).

365 Quelle: eigene Darstellung.

[BMI-IT EVB-IT Systemvertrag 20120919] Bundesministerium des Innern – IT Stab (Hrsg.): EVB-IT Systemvertrag, BMI-IT EVB-IT Systemvertrag 20120919, 2012, URL: http://www.cio.bund.de/SharedDocs/Publikationen/DE/IT-Beschaffung/EVB-IT_Vertragstypen/EVB-IT_System/evb_it_systemvertrag_pdf.pdf?__blob=publicationFile (letzter Aufruf: 04.01.2018).

[BMI-IT V-Modell® XT, Version 1.4] Bundesministerium des Innern – IT Stab (Hrsg.): Grundlagen des V-Modells, BMI-IT V-Modell® XT, Version 1.4, URL: ftp://ftp.tu-clausthal.de/pub/institute/informatik/v-modell-xt/Releases/1.4Bw/V-Modell-XT-Bw-Gesamt.pdf (letzter Aufruf: 04.01.2018).

[DIN 69901-5 2009-01] Projektmanagement: Projektmanagementsysteme: Teil 5: Begriffe, Deutsches Institut für Normung (Hrsg.): Teil 5, DIN 69901; Berlin 2009.

[ELK-WUE (2003e)] Evangelische Landeskirche in Württemberg (Hrsg.): Erhebung bewertungsrelevanter Informationen über das im Bereich der Stadt/Gemeinde ___ liegende Pfarrbesoldungsgrundstück Markung Flurstück ___: (Langfassung); Grafik, Nr. 5; Stuttgart 2003.

[GEFMA 444 2017-02] Zertifizierung von CAFM-Softwareprodukten, GEFMA e. V. Deutscher Verband für Facility Management (Hrsg.): GEFMA 444, 2017.

[GEFMA 460 2016-05] Wirtschaftlichkeit von CAFM-Systemen, GEFMA e. V. Deutscher Verband für Facility Management (Hrsg.): GEFMA 460, 2016.

[GEFMA 940 2005] Marktübersicht CAFM-Systeme, GEFMA e. V. Deutscher Verband für Facility Management (Hrsg.): GEFMA 940, 2005.

[GEFMA 940 2016] Marktübersicht CAFM-Systeme, GEFMA e. V. Deutscher Verband für Facility Management (Hrsg.): GEFMA 940, 2016.

[HS-MZ Goletz, M. (2011)] Goletz, Markus: Kosten für IT-Lösungen im Flächenmanagement; Mainz 2011.

[isReport (2017)] is report Online & Guides (Hrsg.): ISIS IT-Firmenreport: Edition 2012/2013: Unternehmen der Informations- und Kommunikationsindustrie, 2017, URL: http://www.isreport.de/epaper/Files%20FIR/ (letzter Aufruf: 02.04.2017).

[KGSt 7/1998] Kommunale Gemeinschaftsstelle für Verwaltungsvereinfachung (Hrsg.): Kosten eines Arbeitsplatzes: (Stand 1997); KGSt 7/1998; Köln 1998.

[HS-MZ Miller, B. (2010)] Miller, Benjamin; Das kosteneffizienteste Verfahren der Betriebskostenabrechnung; Bachelorarbeit; Mainz 2010.

[Kulartz, H. (2002)] Kulartz, Hans-Peter; Steding, Ralf: IT-Leistungen: Fehlerfreie Ausschreibungen und rechtssichere Vertragsinhalte; Köln 2002.

[Müller, R. (1993)] Müller, Robert; Fuhrberg-Baumann, Jan; Rettich, Heiko Alexander: Marktübersicht IT-Systeme für Auftragsabwicklung und Vertrieb: Vergleich von 173 IT-Systemen; Renningen 1993.

[softguide (2017)] softguide 2017, URL: www.softguide.de (letzter Aufruf: 02.04.2017).

[Stahlknecht, P. (2002)] Stahlknecht, Peter; Hasenkamp, Ulrich: Einführung in die Wirtschaftsinformatik, 10., überarb. Aufl.; Berlin 2002.

[VNW (2002C)] Claßen, Ulrich; Höring, Klaus: Gutachten über die Umstiegsmöglichkeiten der gegenwärtigen Kunden der Aareon AG auf ein neues IT-Verfahren, inklusive myITselect Toolset, Konzept-, Auswahl- und Benchmarking-Programm; Ergebnisbericht; Bergisch Gladbach 2002.

Weiterführende Quellen

[Marktübersicht (2007)] o. V.: Marktübersicht: Portfoliomanagement, in: Immobilienwirtschaft; Software spezial (2007), S. 38 f.

[Marktübersicht (2007f)] o. V.: Marktübersicht: Immobilienwirtschaftliche Softwaresysteme, in: Immobilienwirtschaft; Software spezial (2007), Heft 6.

[Marktübersicht digitale Schl… (2010a)] o. V.: Marktübersicht digitale Schließsysteme, in: Facility Manager (2010), Heft 1, S. 38–47.

8.9 Qualitätssicherung – Monitoring des Vermietungsprozesses

Siegfried Gallitschke

In den letzten Jahren hat in der Wohnungs- und Immobilienwirtschaft ein Wandel und zugleich die Verstetigung der prozessorganisierten Aufbauorganisation deutlich an Dynamik gewonnen. Der Kunde und die damit verbundenen Markterfordernisse verlangen ein schnelles, flexibles und serviceorientiertes Handeln der Marktakteure.

8.9.1 Prozesse in der Wohnungswirtschaft

Der erhöhte Qualitätsanspruch und die zeitlich optimierte Durchlauforganisation sind wesentliche Parameter bei der Bewertung der Leistungsfähigkeit der wohnungswirtschaftlichen Organisation. Die finanzwirtschaftliche Position des Unternehmens wird durch diese kundennahen, dynamisch optimierten Prozesse und die damit verbundenen geringeren Prozesskosten nachhaltig verbessert. Diese Prozesse benötigen jedoch eine permanente Nachjustierung, da Kundenwünsche, Marktgegebenheiten und Konkurrenzverhalten in jüngster Vergangenheit immer wichtiger und unstetiger geworden sind.

Die Prozesse in der Wohnungswirtschaft lassen sich klassisch in drei Kategorien definieren:

- Führungsprozesse,
- Kernprozesse und
- Unterstützungsprozesse.

Zu den Führungsprozessen gehören z. B. die Prozesse der strategischen Unternehmensentwicklung, des Risikomanagements, der Unternehmenssteuerung mit der strategischen Planung und der Analyse und Steuerung, ebenso die normative Steuerung mit Organisation, Compliance und Revision.

Die Kundenbetreuung und die Objekt-/Gebäudebetreuung werden in den Kernprozessen der Wohnungswirtschaft analysiert und beschrieben. Zur Kundenbetreuung gehören u. a. die Prozesse des Betriebskostenmanagements und des Beschwerdemanagements sowie Neuvermietung, Wiedervermietung und Mieterwechsel, zur Objekt-/Gebäudebetreuung gehören die Prozesse der laufenden Instandhaltung, der Wartung, der nicht zu unterschätzende Prozess der Verkehrssicherheit sowie Prozesse der Haus- und Handwerkerdienstleistungen.

In den Unterstützungsprozessen werden alle notwendigen Abläufe beschrieben, die für eine optimale Erfüllung der Führungs- und Kernprozesse notwendig sind. Zudem werden in den Unterstützungsprozessen oft auch Abläufe beschrieben, die keinen unmittelbaren Zusammenhang mit den Führungs- und Kernprozessen haben, jedoch unternehmensbedingt eine wichtige Rolle spielen. Hier seien das Sozialmanagement, der Immobilienvertrieb und der Arbeitsschutz beispielhaft genannt.

Je nach Eigentümerstruktur, Unternehmensgröße, Marktlage, regionalen oder überregionalen Aktivitäten wird das oben beschriebene Geschäftsmodell Spezifikationen und historisch bedingte Besonderheiten aufweisen. Der Prozess der Vermietung wird sehr oft in verschiedensten Ausprägungen definiert. Die Spannweite reicht von einer sehr engen Betrachtungsweise aus Vertriebssicht bis hin zu einer komplexen, fast allumfassenden Prozessdefinition bei Mieterwechsel. Der Vermietungsprozess steht somit beispielhaft für die Detailvielfalt der möglichen Prozessarchitektur.

8.9.2 Die passende Prozessvariante in der Vermietung wählen

In der einschlägigen Fachliteratur findet der Leser sehr wenig Funktionales über den Prozess der Wohnungsvermietung als Kernprozess der Immobilienwirtschaft. Ursache hierfür ist u. U., dass dieser Prozess oberflächlich als sehr einfacher und leicht zu organisierender Ablauf eingeschätzt wird. Bei genauerer Betrachtungsweise ergeben sich jedoch starke Differenzierungen und Kombinationen der einzelnen Differenzierungsstufen, sodass der Prozess der Vermietung als ein sehr heterogener Prozess charakterisiert werden kann. Ohne Anspruch auf Vollständigkeit seien im Folgenden einige Abhängigkeiten des Vermietungsprozesses dargestellt. Dieser kann abhängig sein von dem Objektzustand (Neubau, sanierter Altbau ...), von den Vermietungen entsprechend der Lebenszyklusphase der Wohnung (Erstvermietung nach Neubau, Zweitvermietung nach Sanierung ...), von der Marktlage, von den Eigentümerzielen und letztendlich auch vom Preisniveau der Wohnung.

Der Vermietungsprozess nach Objektzustand kann sich in folgende Kategorien aufsplitten:
- Erstvermietung nach Neubau
- Erstvermietung nach Sanierung
- Zweitvermietung
- Wiedervermietung mit unterschiedlichen Zuständen der Vermietungsobjekte
- Wiedervermietung von teil- oder unsanierten Wohnungen

All diese unterschiedlichen Objektzustände können u. U. unterschiedliche Prozessabläufe notwendig machen. So ist bei einer Erstvermietung nach Neubau keine Instandhaltung oder Elektrorevision notwendig. Bei der Wiedervermietung von teil- oder unsanierten Wohnungen muss der Prozess berücksichtigen, dass bestimmte Mängel am Wohnraum objektzustandsbedingt sind und vom Mieter so akzeptiert werden müssen.

Die Größe des Unternehmens und seine Prozessstruktur bestimmen den Vermietungsprozess häufig in der Definition, wo die Vermietung eigentlich beginnt:
- mit der Kündigung des Vormieters,
- mit der Vorabnahme des Mietobjekts,
- unmittelbar mit der Wohnungsabnahme oder
- mit dem Auszug und der Übergabe der Wohnung.

Entscheidend ist hier in der Prozesslandschaft, wo die Zuständigkeiten des Vermieters beginnen bzw. aufhören. Umfassender wird dieser Prozess des Mieterwechsels in kleineren Unternehmen sein, wo eine Spezialisierung der Aufgaben weniger ausgeprägt ist.

Die Eigentümerstruktur des Unternehmens beeinflusst das Aussehen des Vermietungsprozesses entscheidend. Kommunale Unternehmen haben sehr oft als Gesellschaftszweck soziale Aufgaben zu erfüllen. Daraus resultieren im Vermietungsprozess Schritte, die in einer marktwirtschaftlichen Geschäftstätigkeit nicht standardgemäß vorkommen. Als Beispiel sei hier die Prüfung auf Angemessenheit der Wohnung bei ALG-II-Empfängern genannt.

Die Marktsituation in der Unterscheidung in einen Vermieter- oder Mietermarkt sowie das Preisniveau der Mieten spielen bei der Prozessarchitektur eine durchaus dominante Rolle. Die Determination dieser beiden Faktoren wird im Folgenden beispielhaft für die Vielfältigkeit der Prozessvoraussetzungen gezeigt:
- **Niedriges Preisniveau/Vermietermarkt** (wachsender Markt): Hier gibt es Vermietungsengpässe durch geringe Neubauraten und den Rückgang des sozialen Wohnungsbaus. Der Vermietungsprozess muss sich der Problematik „Wie versorgen wir die sozial schwachen Schichten angemessen mit Wohnraum?" widmen. Wenn der Prozess diesen Hauptschwerpunkt negiert, werden zusätzlich soziale Probleme in der Stadt und in den Anlagen aufgebaut.
- **Niedriges Preisniveau/Mietermarkt** (schrumpfender Markt): Diese Kombination ist gekennzeichnet von wachsenden Leerständen über alle Wohnqualitäten. Sozial Schwache kommen in die für sie positive Lage, bei der Wohnungsanmietung wählerisch sein zu können. Der Vermietungsprozess muss sich hier der Problematik „Wie bewirtschaften und vermieten wir soziale Brennpunkt-/Problemquartiere?" stellen. Es besteht die Gefahr, dass es zu einer zuneh-

menden Konzentration von sozial Schwachen, also zur Segregation kommen kann, wenn der Vermietungsprozess nicht auf diese Problemstellung justiert ist.
- **Mittleres Preisniveau/Vermietermarkt** (wachsender Markt): Durch regionale Lagebedingungen und gesetzliche Vorgaben (Mietenspiegel) bestehen trotz guter Vermietungsquote nur begrenzte Mietsteigerungspotenziale. Der Vermietungsprozess muss der Frage „Was kann eine Neuvermietung zur Stabilisierung der Sozialstruktur und der Wohnqualität beitragen?" gerecht werden. Neben der primären Aufgabe der Wohnungsvermietung muss im Vermietungsprozess zumindest geregelt sein, dass Anstrengungen unternommen werden, um mit der Neu-/Wiedervermietung Zusatzerträge zu generieren.
- **Mittleres Preisniveau/Mietermarkt** (schrumpfender Markt): In dieser Marktsituation kommt es mit wachsendem Anspruchsdenken und zunehmendem Konkurrenzkampf zu unerwünschten Fluktuationen und permanentem Preisdruck. Der Vermietungsprozess sollte insbesondere die Binnenwanderung (Umzug im eigenen Unternehmen) analysieren und reduzieren. Ein sehr gut strukturierter Vermietungsprozess kann in diesen Märkten einen großen Marktvorteil bieten.
- **Hohes Preisniveau/Vermietermarkt** (wachsender Markt): Diese Situation am Markt bietet den Akteuren Raum für Neubau und Experimente. Der Vermietungsprozess kann so organisiert werden, dass die unterschiedlichsten Qualitäten und Innovationen der Nachfrage bedient werden können. Die Flexibilität der Vermietung ist hier insbesondere gefragt, um nicht irgendeinen Mieter, sondern den solventen, langfristig mietenden Mieter zu finden.
- **Hohes Preisniveau/Mietermarkt** (schrumpfender Markt): Dieses Segment beinhaltet das höchste wirtschaftliche Risiko. Die Vermietung sucht für diese Produkte eine Zielgruppe, die in geringer Anzahl einem großen Angebot gegenübersteht. Die Vermietung muss starken Einfluss auf die Produktgestaltung nehmen und die Alleinstellungsmerkmale exakt und ehrlich kommunizieren.

In verschiedenen Übergangsphasen zwischen den Marktsituationen kommt es fast immer zu regionalen Mischmärkten, d. h. Territorien im Stadtgebiet oder der Gemeinde, wo ein Vermietermarkt herrscht, während in Großwohnsiedlungen der Mietermarkt dominiert. Ursächlich sind hierfür gesamtgesellschaftliche Bedingungen, die Miethöhe, Bauzustände und Lagen bestimmend.

8.9.3 Monitoring von Prozessen vorbereiten

Der Physiker William Thompson hat mit folgender These das Monitoring von Prozessen auf den Punkt gebracht: „Kannst du das, worüber du sprichst, messen und in Zahlen erfassen, so weißt du etwas darüber. Kannst du das nicht, ist dein Wissen unbefriedigend und spärlich."

Monitoring wird als Überbegriff für alle Arten der unmittelbaren, systematischen Erfassung oder Protokollierung, Messung, Beobachtung und Überwachung eines Vorgangs mittels technischer Hilfsmittel oder anderer Beobachtungssysteme verstanden. Dabei ist die wiederholte, regelmäßige Durchführung ein zentrales Element der jeweiligen Untersuchungsprogramme, um anhand von Ergebnisvergleichen Schlussfolgerungen ziehen zu können.

Beim Monitoring des Vermietungsprozesses ist es notwendig, die Vermietungsdaten permanent systematisch zu erfassen, da nämlich nur dann ein den Prozess steuerndes Eingreifen möglich ist, wenn bestimmte unternehmsintern zu definierende Schwellwerte unter- bzw. überschritten worden sind.

Langfristiger Vermietungserfolg entsteht nicht durch Zufall, auch wenn bestimmte äußere Bedingungen den Erfolg im Prozess erleichtern bzw. erschweren können. Gezielte Prozesskontrolle, also Führen und Steuern, Loben und Rügen auf der Grundlage von effektiven und effizienten Monitoringsystemen, die vor allem auf die Kundenbedürfnisse ausgerichtet sind, garantieren einen langfristigen Vermietungserfolg.

Um einen Prozess wie den Vermietungsprozess zu kontrollieren, zu monitoren, ist es notwendig, dass die Organisation, das Unternehmen bestimmte Voraussetzungen erfüllt, die im Endeffekt zu einem Monitoring führen.

Das Unternehmen in seiner Gesamtheit muss bestimmen,

- was überwacht und was gemessen werden muss. Messen bedeutet das Erfassen von quantifizierbaren Werten, Überwachung ist die kontinuierliche Ermittlung von Ist-Zuständen mit dem Ziel der Beurteilung gegenüber Soll-Zuständen;
- welche Methoden zur Überwachung, Messung, Analyse und Bewertung angewendet werden sollen, um tragbare Ergebnisse sicherzustellen;
- wann und wie die Überwachung und Messung durchzuführen ist;
- wann und wie die Ergebnisse der Überwachung und Messung zu analysieren, zu bewerten und zu benchmarken sind.

8.9.4 Prozesskennzahlen definieren

Um die Kennzahlen, ihre Ermittlung, Analyse und Schlussfolgerungen praktikabel beschreiben zu können, ist es notwendig, den Vermietungsprozess durch die ihn beschreibenden Bedingungen zu charakterisieren. Der Vermietungsprozess findet in einem Mischmarkt statt, die Preissegmente haben eine Spreizung, die eher zum Minimum als zum Maximum tendiert, der Eigentümer ordnet dem Unternehmen soziale Aufgaben zu und der Objektzustand ist heterogen von unsaniert bis hin zu gerade fertiggestellter Sanierung.

Bei allen nachfolgend genannten Managementanforderungen, Analysen, Bewertungen und Zahlenbeispielen ist es geboten, stets die örtlichen und unternehmerischen Gegebenheiten zu reflektieren und entsprechende Korrekturen vorzunehmen.

Prozesskennzahlen werden oftmals entsprechend ihrer Art differenziert nach

- Ergebniskennzahl – wie viele Vermietungen realisiert wurden und ob das gesteckte Ziel erreicht wurde;
- Effektivitätskennzahl – wie effektiv das Ergebnis ist (dabei steht die Erfüllung der realisierbaren Kundenansprüche im Fokus);
- Effizienzkennzahl – ob die Wirtschaftlichkeit, also das Verhältnis zwischen Nutzen und Aufwand positiv ist (hier sind beispielsweise die Lohn-/Sachkosten für eine Vermietung ausschlaggebend);
- Störungskennzahl – damit werden Einflüsse bewertet, die nicht aktiv gesteuert, aber begrenzt werden können (z. B. sind Kundengespräche über Wohnungen, die eindeutig nicht in das Finanzportfolio des Interessenten passen, im Vermietungsprozess Störungen);
- Steuerungskennzahl – der Prozessverantwortliche muss persönlich diese Kennzahl beeinflussen können, nur dann handelt es sich um eine Steuerungskennzahl. Im Vermietungsprozess ist z. B. die Kennzahl die Zahl der Exposés, die einem Interessenten für ein Wohnungsgesuch zugesandt bzw. übergeben werden.

Die genaue Definition und Beschreibung der einzelnen Kennzahlen sind für das Benchmarking und für eine interne Leistungsbewertung entscheidend. Als Beispiel sei die Kennzahl „Zeitraum der Wiedervermietung“ aufgeführt. Hier kann es gravierende Unterschiede geben, je nachdem, wie diese Kennzahl definiert ist. Ein Unternehmen sagt, die Wiedervermietung beginnt mit der Kündigung des Altmieters, das andere Unternehmen sagt, die Wiedervermietung beginnt ab dem Zeitpunkt, an dem die Wohnung zum sofortigen Einzug zur Verfügung steht. Somit ist allein in diesem Fall ein Time-Leck von mindestens drei Monaten zu registrieren.

Weitere im Vermietungsprozess notwendige Kennzahlen sind:

- **E-Mail-Anfragen bezüglich der Anmietung einer Wohnung** (Anzahl der Anfragen): Um diese Kennzahl optimal zu bestimmen, ist es notwendig, verschiedene E-Mail-Adressen für die verschiedenen Angebote oder Angebotsportale zu verwenden. Unter dieser Voraussetzung sind auch Analysen über die Effizienz der einzelnen Portale möglich.

- **Telefonische Anfragen bezüglich der Anmietung einer Wohnung** (Anzahl der Anfragen): Durch die Schaltung einer zentralen Vermietungshotline oder die Installation einer numerischen Wahl nach zentraler Einwahl sind die telefonischen Anfragen verhältnismäßig leicht zu messen und in der Folge zu analysieren. Bei mehreren existierenden Rufnummern ist eine Zusammenführung notwendig. Mobile Geräte werden nicht mit ihrer Rufnummer veröffentlicht, sodass der Kunde erst nach dem Erstkontakt mit einem Vermieter dessen Mobilfunknummer erhält. Die Fehlermenge, die durch Weitergabe von Mobilfunknummern entsteht, kann vernachlässigt werden.
- **Persönliche Vorsprache** (Anzahl der Nachfragen): Hier gibt es verschiedene technische Möglichkeiten der Zählung. Am weitesten verbreitet ist in Behörden oder anderen Institutionen das Ziehen einer Nummer zum Aufruf oder die Flughafenvariante: „Der nächste Kunde bitte zu Schalter XY." Der Autor hat sich bisher nicht dazu durchringen können, eine dieser Varianten einzuführen. Auch andere Varianten, die am Markt existieren, wurden als nicht kundenfreundlich eingeschätzt. In der gesamten Analyse ist diese Kennzahl durchaus mit einem starken Fehler behaftet, da, wenn notwendig, nur mit geschätzten oder Zahlen, die aus Strichlisten stammen, gearbeitet wird.
- **Interessenten** (Anzahl der Interessenten): Ein Interessent ist nach dieser Definition ein Kunde, der sich für mindestens eine Wohnungsbesichtigung entschieden, einen Besichtigungstermin vereinbart und die Wohnung auch besichtigt hat. Alle anderen Kunden, die zu Beginn des Vermietungsprozesses auftreten, sind sog. Nachfrager.
- **Nachfrager** (Anzahl der Nachfrager): Kunden, die sich per Telefon, E-Mail, Fax oder face-to-face im Unternehmen für eine Wohnung interessieren, jedoch im Prozess sehr frühzeitig aussteigen und keine Wohnung besichtigen.
- **Besichtigungen** (Anzahl der Besichtigungen): Wohnungsbesichtigungen nach vorgeschaltetem Beratungsgespräch oder der Kunde hat die Wohnung vorab bewusst ausgewählt und benötigt keine Beratung. Der Besichtigungstermin ist durch ein Telefonat oder E-Mail-Verkehr zustande gekommen.
- **Arbeitstage** (Anzahl der Arbeitstage): Bei dieser Kennzahl ist es durchaus legitim, verschiedene Definitionen anzuwenden. Die einfachste, aber ungenaueste in der Analyse ist das Arbeiten mit durchschnittlichen jährlichen Arbeitstagen (Finanzamtsrechnung). Eine wesentlich bessere, aber immer noch fehlerbehaftete Zählung sind die Arbeitstage nach Anwesenheit. Hier stellt sich die Frage, inwieweit Arbeitszeitverlagerungen oder Gleitzeitabbau eine Fehlerursache darstellen. In der Praxis hat sich die Zählung der Anwesenheit zuzüglich der freien Tage durch Arbeitszeitverlagerung bzw. Gleitzeitabbau als optimale Variante erwiesen. Die freien Tage durch Gleitzeit oder Arbeitszeitverlagerung sind durch Mehrarbeit an anderen Arbeitstagen erzielt worden. Somit könnten durch geschickte Arbeitszeitverlagerung und verstärkte Inanspruchnahme dieser freien Tage stark fehlerbehaftete Ergebnisse erzielt werden.
- **Vermietungen/Vorverträge** (Anzahl der Vermietungen/Vorverträge): Diese Ergebniskennzahl kann mithilfe der abgeschlossenen Mietverträge ermittelt werden. Es hat sich im Hinblick auf die Qualität der Neuvermietung und der sozialen Struktur im Objekt bzw. in der Anlage bewährt, dass der Vermieter erst einen Vorvertrag abschließt und den endgültigen Abschluss des Mietvertrags dem Bestandsverwalter überlässt. Dadurch ist gewährleistet, dass soziale Brennpunkte in den Häusern weitestgehend vermieden werden können, da der Bestandsverwalter wesentlich bessere Kenntnisse über seine Mieterschaft besitzt als der Vermieter selbst. Auch ist es möglich, einen solchen Vorvertrag zu annullieren, wenn bestimmte Bedingungen, an die der Vorvertrag geknüpft ist, vom Mietinteressenten nicht eingehalten werden. Als Beispiel sei hier das Beibringen von bestimmten zur Vermietung notwendigen Unterlagen wie Vorvermieterbescheinigung, Gehaltsnachweise etc. genannt.

- **Interessenten pro Arbeitstag** (Anzahl der Interessenten): Diese Kennzahl ist eine rechnerisch ermittelte Quantitätskennziffer, die monatlich und jährlich sehr aussagekräftig für das momentane Niveau ist, zugleich lassen sich sehr gut Tendenzen und Veränderungen erkennen.
- **Besichtigungen pro Arbeitstag** (Anzahl der Besichtigungen): Aus den beschriebenen Kennziffern Besichtigung und Arbeitstag kann eine weitere Kennziffer ermittelt werden, die entsprechend der Marktlage und der zu betrachtenden Gebiete sehr volatil ist.
- **Vermietungen oder Vorverträge pro Arbeitstag** (Anzahl der Vermietungen/Vorverträge): Hier werden nur die tatsächlich realisierten Vermietungen, die im ERP-System als angetretene Mietverhältnisse registriert werden, gezählt. Vorverträge, die aus welchen Gründen auch immer nicht zu Mietverträgen führen, fließen in diese Kennzahl nicht ein.
- **Dauer eines abgeschlossenen Neumietverhältnisses** (Anzahl der Monate): Bei der Auswahl der Neumieter muss neben der Bonität und dem Mietbeginn auch die Wahrscheinlichkeit der voraussichtlichen Mietdauer abgeschätzt werden. Diese Kennzahl ist nur sehr schwer in den allgemeinen Pool der Vermietungskennzahlen einzuordnen. Es ist jedoch wichtig, dieses Kriterium der Wirtschaftlichkeit bei der Bewertung der Qualität des Prozesses zu berücksichtigen.

8.9.5 Daten und Prozesskennzahlen erheben

Diese Kennzahlen machen eigentlich für die Bewertung, sprich das Monitoring des Vermietungsprozesses, nur Sinn, wenn sie permanent und elektronisch erfasst werden. Eine Erfassung von Daten und die Ermittlung von Kennzahlen über das gesamte Unternehmen versetzt das Management in die Lage, globalere Aussagen über den Vermietungsprozess zu treffen. Besonders interessant wird es, wenn diese Kennzahlen für ein Unternehmen aus den Kennzahlen der einzelnen Mitarbeiter generiert werden. Vorteil dieses Verfahrens ist es, dass neben der Aussage zum Unternehmen auch Aussagen zur Leistungsfähigkeit des einzelnen Mitarbeiters und – wenn erforderlich – verschiedener Mitarbeitergruppen getroffen werden können. Diese Prozessanalyse, basierend auf den Einzelergebnissen der Prozessbeteiligten, bedarf u. U. einer betriebsverfassungsrechtlichen Würdigung. In vielen kommunalen Unternehmen ist es sehr schwierig, eine leistungsorientierte Vergütung im Vertrieb mit den Regelungen des Tarifvertrags in Einklang zu bringen, sodass die Generierung der Kennzahlen aus den Kennzahlen des einzelnen Mitarbeiters eine sehr gute Grundlage für ein leistungsstimulierendes Prämiensystem ist. Nicht nur Spitzenleistungen sind auf diesem Wege zu identifizieren, sondern auch kleinteilige Verbesserungen in bestimmten Bereichen des Prozesses. Damit ist der Vorgesetzte in der Lage, auch in solchen Fällen einen finanziellen Anreiz zu schaffen.

Über die verschiedenen Verfahren und Techniken, diese Kennzahlen zu generieren, gibt es am Markt sehr viel Literatur und genauso viele Anbieter. Bei allem Perfektionismus der Angebote muss ein Prinzip im Vordergrund stehen: „Der Prozess bestimmt die eingesetzte IT-Technik, nicht der Prozess richtet sich an der IT-Software aus." Zudem ist es in der heutigen Zeit unabdingbar, die Prozesse mobil zu begleiten. Sehr oft ist es schon jetzt so, dass Erfassung und Datenübermittlung nur mobil erfolgen und dass stationäre oder kabelgebundene Übertragungen nur zu Analysezwecken und Datensicherungen eingesetzt werden.

Im Folgenden wird ein Prozess betrachtet, dessen Kennzahlen aus denen der einzelnen Mitarbeiter ermittelt werden. Ausnahmen von diesem Verfahren werden im Text deutlich gemacht. Die E-Mails und die Telefonkontakte sind wichtige Faktoren, um die Anzahl der Nachfrager statistisch zu erfassen. Die E-Mail-Anfragen ergeben sich aus den E-Mails der Internetportale immobilienscout24.de, immonet.de, der Unternehmenshomepage sowie aus E-Mails der unternehmenseigenen Vermietungs-App. Telefonisch werden die Kontakte gezählt, die über die zentrale Einwahl XXXX-0 das Unternehmen erreichen. In der Vergangenheit war auch eine separate Nummer als Vermietungshotline geschaltet, auch hier wurden die eingehenden Anrufe getrackt. Es steht dem

Unternehmen offen, außerhalb der Geschäftszeiten einen Überlauf in einen Callcenter zu organisieren, um somit eine 24-Stunden/7-Tage-die-Woche-Dienstleistung zu imitieren. Wir haben uns seit Kurzem darauf verständigt, diesen Service nicht mehr anzubieten, da die Dienstleister im Callcenterbereich oft nur die Anliegen aufnehmen und weiterleiten und eine Beratung als solche bei dem inhomogenen Produkt „Wohnen" nicht erwartet werden kann. Unberücksichtigt bleibt bei all den Betrachtungen die Anzahl der in der Zentrale und unseren Außenstellen persönlich vorsprechenden Kunden. Deren Verhalten und Nachfrageintensität wird aber nicht wesentlich von denen der Kunden abweichen, die uns auf anderem Weg kontaktieren.

8.9.6 Vermietungsprozess analysieren und interpretieren

Die Abbildungen 8.125 und 8.126 zeigen, dass sich in den Jahren 2005 bis 2011 die Anzahl der eingehenden E-Mails mit Wohnungsgesuchen bei etwa 500 Stück/Monat eingependelt hatte. Auf 700 bis 900 Mails stiegen die Anfragen in den Jahren 2012/13. Dieser Anstieg hat in den Jahren 2014/15,

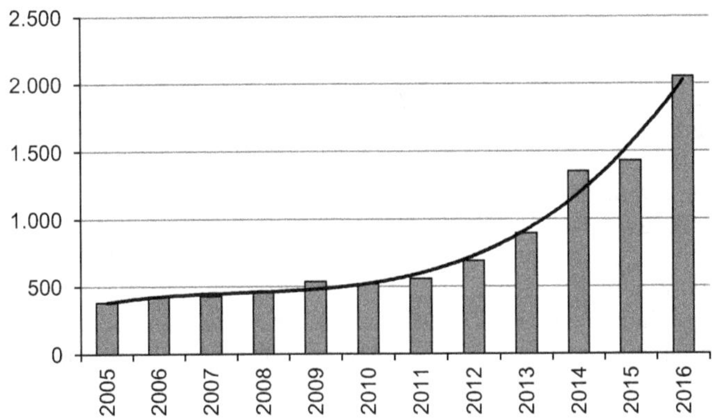

Abb. 8.125: Monatlicher Durchschnitt der E-Mail-Eingänge von Nachfragern (Langfristbetrachtung).[366]

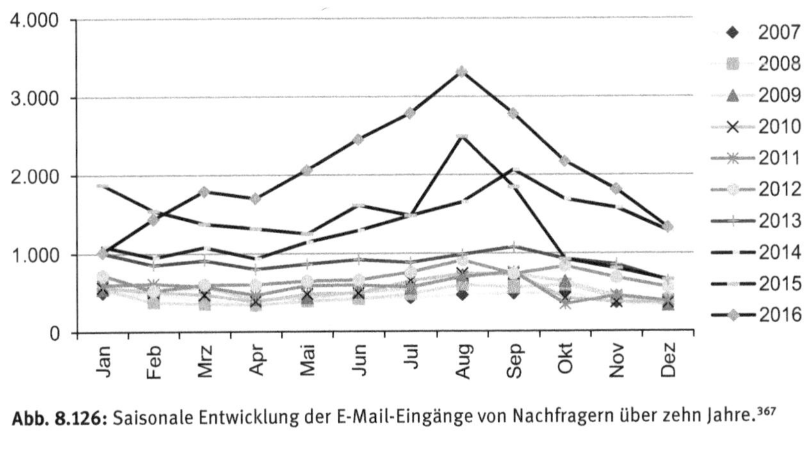

Abb. 8.126: Saisonale Entwicklung der E-Mail-Eingänge von Nachfragern über zehn Jahre.[367]

366 Quelle: eigene Darstellung.
367 Quelle: eigene Darstellung.

aber insbesondere im 1. Halbjahr 2016 enorm an Dynamik zugenommen, sodass wir es 2016 mit monatlich rd. 1.900 Nachfrage-E-Mails zu tun haben werden.

Abbildung 8.126 zeigt deutlich die Entstehung der wohnungswirtschaftlich typischen saisonalen Ausprägung. In den Jahren 2006 bis 2012 sind aufgrund der zurückhaltenden Verwendung von E-Mails noch keine klaren saisonalen Ausprägungen zu erkennen, maximal kann eine Abschwächung zum Jahresende hin wahrgenommen werden. Mit dem Jahr 2014 und dem erheblichen Anstieg des E-Mail-Aufkommens ist auch die saisonale Ausprägung mit einem deutlichen Anstieg über das Frühjahr zum Sommer hin und dem Rückgang bis zum Jahresende zu erkennen.

Es kann jetzt versucht werden, diese Entwicklung und die einzelnen Abweichungen zu interpretieren und allgemein gültige Schlüsse daraus zu ziehen. Jede einzelne Kennzahl kann für sich allein für Schlussfolgerungen herangezogen werden. Eine solche Analyse mit den entsprechenden Schlussfolgerungen ist sehr stark fehlerhaft und von der individuellen Betrachtungsweise abhängig. Die so entstehenden Argumentationen sind wirtschaftlich riskant und oft mit anderen Kennzahlen und Entwicklungen zu widerlegen. Aus diesem Grund ist es angezeigt, für tiefgründige Analysen mindestens zwei oder drei Kennzahlen in Kombination miteinander zu analysieren. Für grobe Trendeinschätzungen sind einzelne Kennzahlen selbstverständlich nützlich.

In den Abbildungen 8.127 und 8.128 werden die monatlichen Telefonkontakte, die uns über immobilienscout24.de und die dazu extra geschaltete Telefonnummer erreichen, analysiert. In Abbildung 8.127 ist wie bei den E-Mails ab 2014 ein deutlich höheres Aufkommen abzulesen. Die saisonalen Schwankungen sind hier fast deckungsgleich mit denen der E-Mail-Eingänge. Somit kann geschlussfolgert werden, dass das Verhalten des Internet-affinen Kunden von demjenigen, der den traditionellen Kommunikationskanal Telefon verwendet, nicht abweicht. Die Erreichbarkeit des Unternehmens für Vermietung und hier speziell über den Kanal immobilienscout24.de wird in Abbildung 8.128 verdeutlicht. Erkennbar ist, dass im Vergleich zu einer 2014 durchschnittlich 90%igen Erreichbarkeit derzeit nur noch eine Erreichbarkeit von 83 % erzielt wird. Der Zusammenhang ist mit dem nicht mehr vorhandenen 24-Stunden-Service zu erklären. Der Kunde, der über immobilienscout24.de außerhalb der Geschäftszeiten anruft, erhält die freundliche Ansage, dass er außerhalb der Geschäftszeiten anruft und sich bitte innerhalb dieser wieder melden möchte. Somit gilt sein Anruf als nicht angenommen.

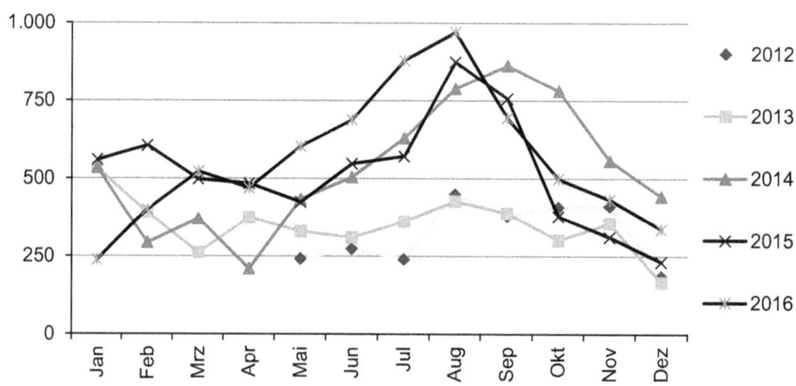

Abb. 8.127: Telefonanrufe von Nachfragern, generiert über Immobilienscout 24 (IS24).[368]

368 Quelle: eigene Darstellung.

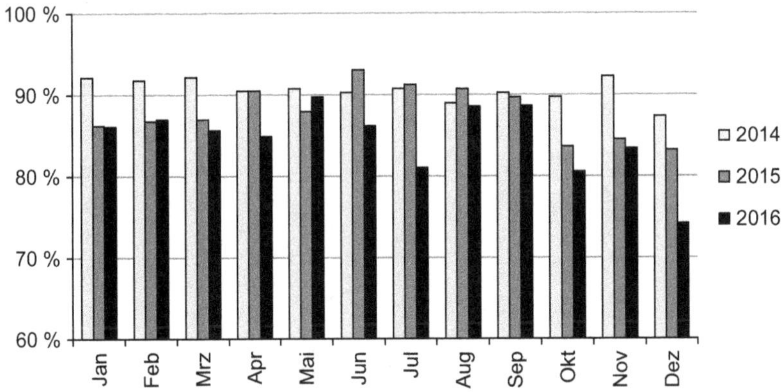

Abb. 8.128: Servicequalität (Erreichbarkeit) der Vermietung, gemessen anhand der Telefonanrufe von Nachfragern, generiert über IS24.[369]

Eine Vermietungs-App, die im Jahr 2014 freigeschaltet wurde, soll insbesondere junge und mobil interessierte Kunden ansprechen. Seit dem Frühjahr 2015 haben wir diesen Kommunikationskanal auch einem Tracking unterworfen. Abbildung 8.129 zeigt den stetigen Zuwachs an Geräten, auf denen unsere App installiert ist. Die Anzahl der iOS-Geräte beträgt nur rd. 50 % der Anzahl der Geräte mit einem Android-Betriebssystem. Kunden, die unsere App nutzen, sind also primär Besitzer eines mobilen Geräts mit dem Betriebssystem Android. Aus dieser Tatsache kann leicht und vielleicht auch mit hohem Wahrheitswertgehalt auf die Einkommensverhältnisse unserer Kunden geschlossen werden.

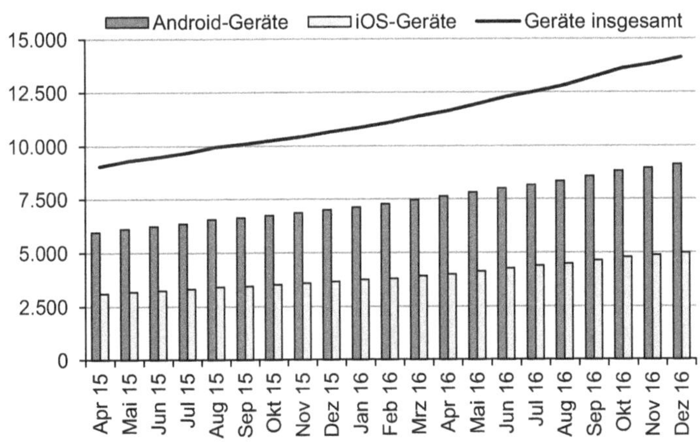

Abb. 8.129: Anzahl der App-Installationen, getrennt nach Betriebssystemen.[370]

369 Quelle: eigene Darstellung.

370 Quelle: eigene Darstellung.

Abbildung 8.130 zeigt, dass die App nicht nur auf den Geräten installiert, sondern auch tatsächlich intensiv genutzt wird. So wurden im Jahr 2016 durchschnittlich im Monat von 300 Geräten rd. 5.000 Exposés aufgerufen. Der deutliche Anstieg im Jahr 2016 lässt sich mit verstärkten Marketingmaßnahmen für die App begründen.

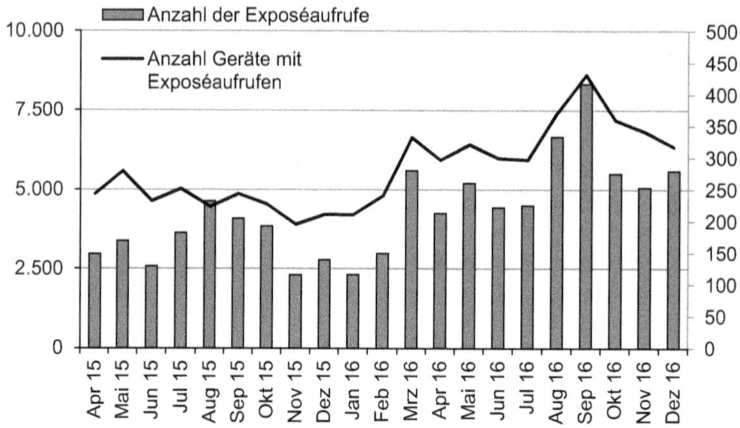

Abb. 8.130: Monatliche Anzahl der aufgerufenen Wohnungsexposés im Vergleich zur Anzahl der benutzten Geräte.[371]

Abbildung 8.131 zeigt den monatlichen Durchschnitt der Interessenten für die Jahre ab 2007. Die Bewegungen bis einschließlich 2014 sind geringfügig und ohne besondere äußere Einwirkung entstanden. Der Rückgang 2015/16 um 200 bis 300 Interessenten/Monat lässt sich auf eine veränderte Marktlage zurückführen. Gekoppelt mit dem deutlichen Anstieg der Anzahl der Nachfrager kann geschlussfolgert werden, dass für viele Nachfrager keine passende Wohnung gefunden wurde, sodass sich eine Besichtigung aus welchem Grund auch immer nicht lohnte.

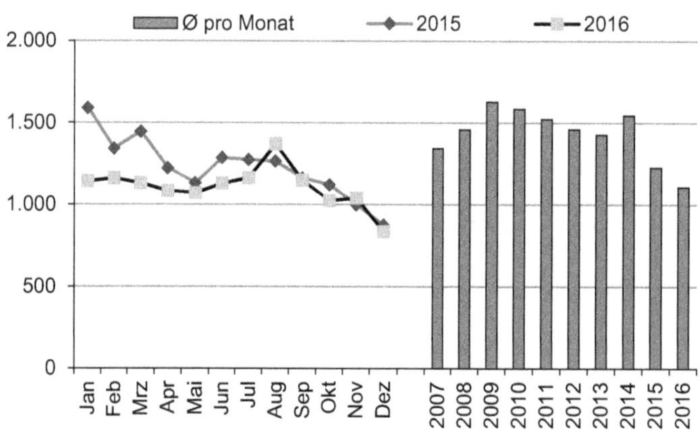

Abb. 8.131: Anzahl der Interessenten bezogen auf das gesamte Angebot des Unternehmens.[372]

371 Quelle: eigene Darstellung.

372 Quelle: eigene Darstellung.

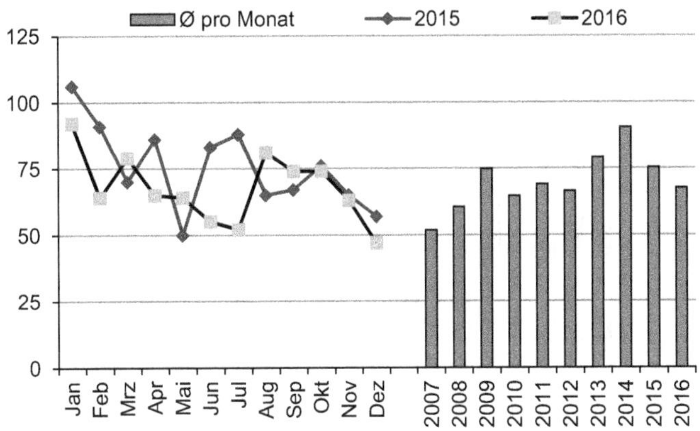

Abb. 8.132: Anzahl der Interessenten für eine Wohnung in einer Großwohnsiedlung.[373]

Ein Blick in verschiedene Wohnanlagen in unterschiedlichen Stadtteilen zeigt, dass das oben beschriebene Bild nicht in jedem Fall zutreffen muss. Das Diagramm in Abbildung 8.132 zeigt die Anzahl der Interessenten in einer Großwohnsiedlung. Hier ist kein Interessentenrückgang zu erkennen, im Gegenteil: Die Anzahl der Interessenten in den letzten zwei Jahren liegt deutlich über denen von 2007, 2008 und 2010 bis 2012. Abbildung 8.133 zeigt die Anzahl der Interessenten in einer Anlage aus der Zeit um 1900. Hier ist in den letzten drei Jahren ein deutlicher, systematischer Interessentenrückgang zu erkennen. Die Ursache hierfür kann verschiedenartig sein. Zum einen ist es möglich, dass wir die Interessenten für diese Art der Wohnung und der entsprechenden Miethöhe nicht zielgerichtet genug ansprechen, und zum anderen, dass der Leerstand so gering geworden ist, dass nur noch bei Fluktuation eine Anschlussvermietung möglich ist und somit Nachfrager nicht zu Interessenten werden, da eine Besichtigung mangels Masse nicht möglich ist.

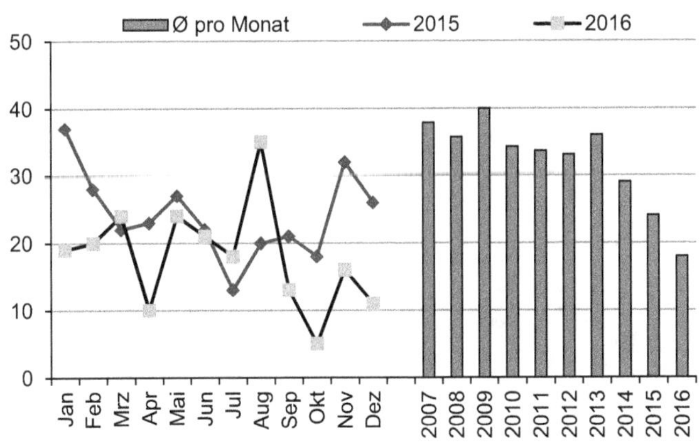

Abb. 8.133: Anzahl der Interessenten für eine Wohnung in einer um 1900 erbauten Anlage.[374]

373 Quelle: eigene Darstellung.

374 Quelle: eigene Darstellung.

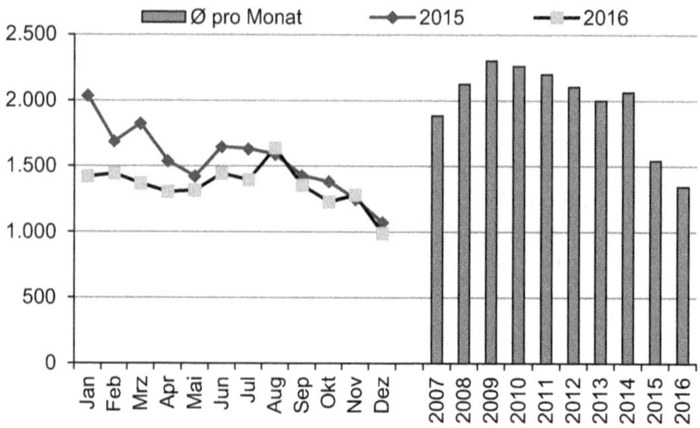

Abb. 8.134: Anzahl der Besichtigungen bezogen auf das gesamte Unternehmen.[375]

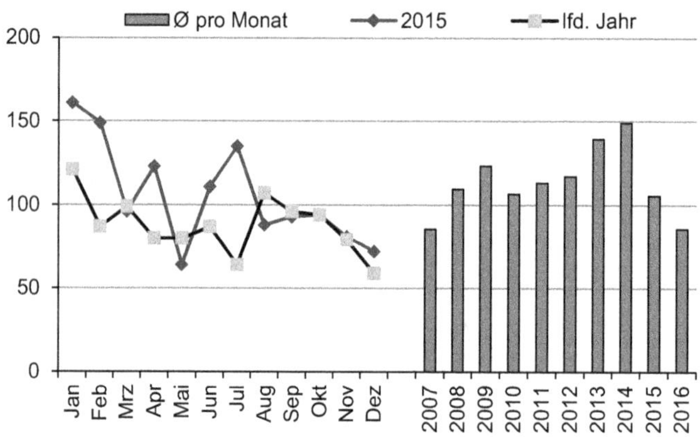

Abb. 8.135: Anzahl der Besichtigungen in einer Großwohnsiedlung.[376]

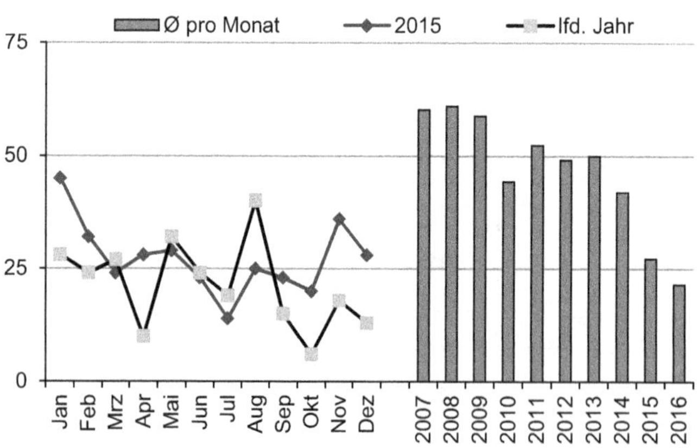

Abb. 8.136: Anzahl der Besichtigungen in einer um 1900 erbauten Anlage.[377]

375 Quelle: eigene Darstellung.

376 Quelle: eigene Darstellung.

377 Quelle: eigene Darstellung.

Die Abbildungen 8.134, 8.135 und 8.136 beziehen sich auf die Anzahl der Besichtigungen. Wie sich leicht vermuten lässt, sind im gesamten Unternehmen durch den Rückgang der Interessenten auch die Besichtigungen rückläufig. Im Bereich der Großwohnsiedlung sind die Besichtigungen wesentlich deutlicher gesunken, als man aus der Interessentenzahl erwarten konnte. Ursächlich hierfür ist, dass dem einzelnen Interessenten nicht mehrere gleichwertige Wohnungen an verschiedenen Stellen der Großwohnsiedlung gezeigt werden können, sondern nur noch wenige freie Wohnungen, oft auch nur eine, für die Vermietung zur Verfügung stehen. Im Gebiet mit höheren Mietpreisen bei Gebäuden aus den Jahren um 1900 gibt es einen sehr deutlichen Rückgang der Besichtigungen. Hier kann tatsächlich jedem Interessent fast nur eine Wohnung angeboten werden. Dieses Verhältnis aus Besichtigung und Interessent wird durch die Kennzahl Besichtigungen pro Interessent beschrieben.

In den Abbildungen 8.137, 8.138 und 8.139 wird die Kennzahl Besichtigungen pro Interessent betrachtet. Bei der Großwohnsiedlung und der Anlage aus den Jahren um 1900 ist jeweils als

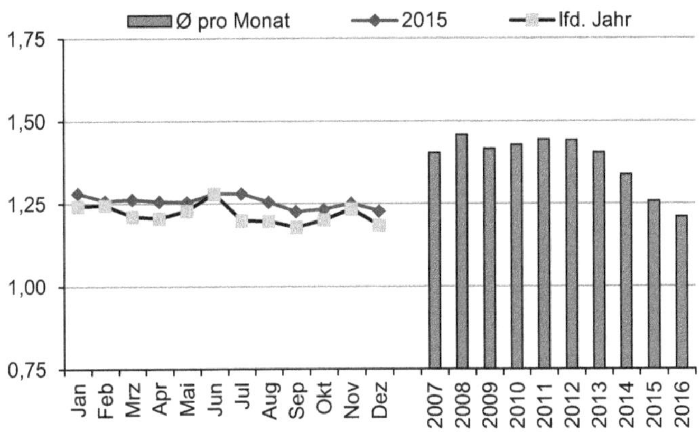

Abb. 8.137: Kennzahl Anzahl der Besichtigungen/Interessenten bezogen auf das gesamte Angebot des Unternehmens.[378]

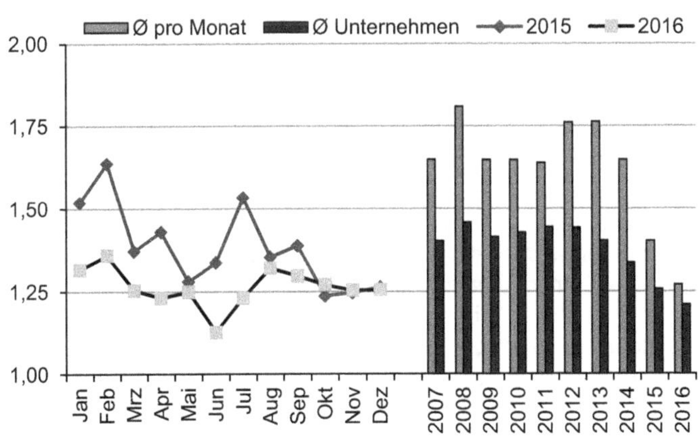

Abb. 8.138: Kennzahl Anzahl der Besichtigungen/Interessenten für eine Wohnung in der Großwohnsiedlung.[379]

378 Quelle: eigene Darstellung.

379 Quelle: eigene Darstellung.

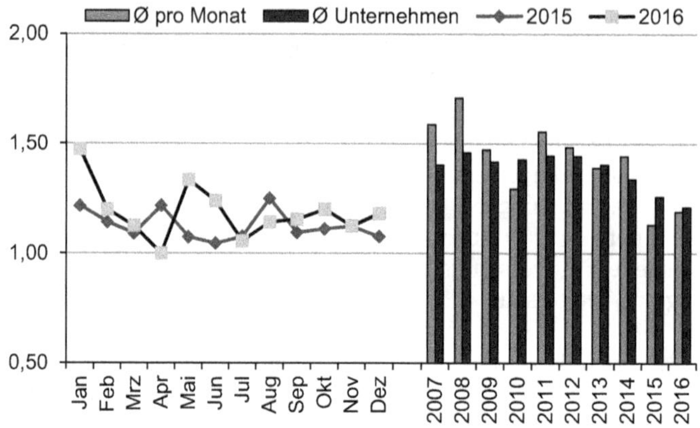

Abb. 8.139: Kennzahl Anzahl der Besichtigungen/Interessenten für eine Wohnung in der um 1900 erbauten Anlage.[380]

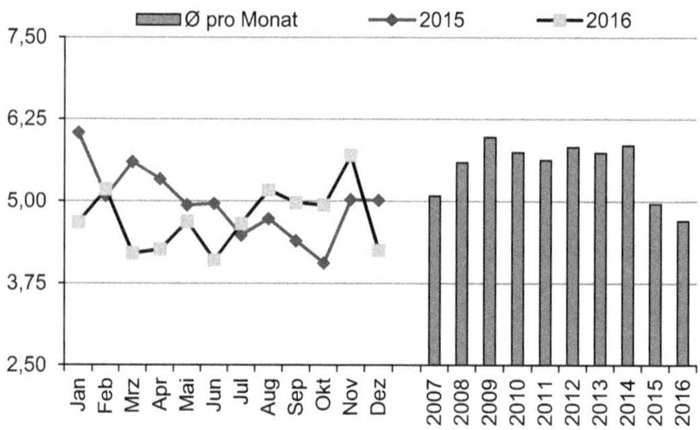

Abb. 8.140: Kennzahl Anzahl der Besichtigungen/geschlossenen Mietverträge bezogen auf das gesamte Unternehmen.[381]

Benchmark die durchschnittliche Kennzahl des Unternehmens dargestellt. In der Großwohnsiedlung sind noch durchschnittlich mehr Besichtigungen pro Interessent möglich, in der anderen Anlage liegt die Kennzahl leicht unter dem Unternehmensdurchschnitt.

Wie aus den vorhergehenden Kennzahlen zu erwarten, sind in den letzten beiden Jahren die Kennzahlen Besichtigung/Vertrag und Interessent/Vertrag rückläufig. Wir benötigen zurzeit rd. 4,5 Besichtigungen und 3,6 Interessenten, um einen Mietvertragsabschluss zu erzielen (s. Abb. 8.140 und Abb. 8.141). In den Liniendiagrammen dieser Abbildungen ist zu erkennen, wie auch hier die saisonalen Schwankungen wirken. Rein statistisch betrachtet ist von März bis Oktober eine stetige Effizienzsteigerung festzustellen, die in den Monaten November bis Februar wieder egalisiert wird. Im Langfristtrend ist offensichtlich, dass durch das Monitoring des Prozesses die Effizienz der Vermietung erheblich verbessert wird. Diese Effizienzverbesserung ist im Durchschnitt aller Mitarbeiter nur schwach ausgeprägt. Die Behauptung, dass sich die Effizienz der Vermietung erheblich

380 Quelle: eigene Darstellung.

381 Quelle: eigene Darstellung.

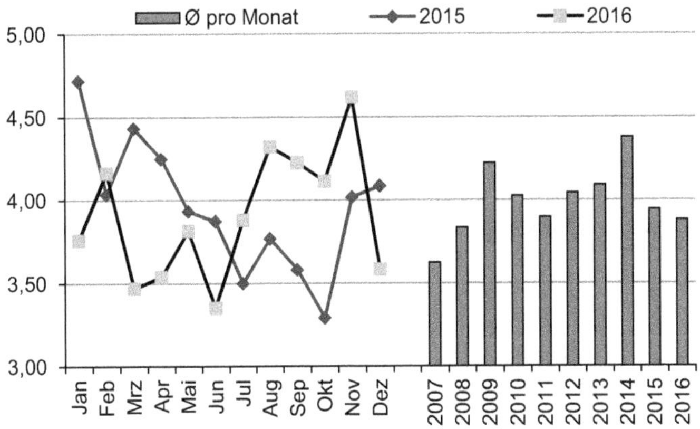

Abb. 8.141: Kennzahl Anzahl der Interessenten/geschlossenen Mietverträge bezogen auf das gesamte Unternehmen.[382]

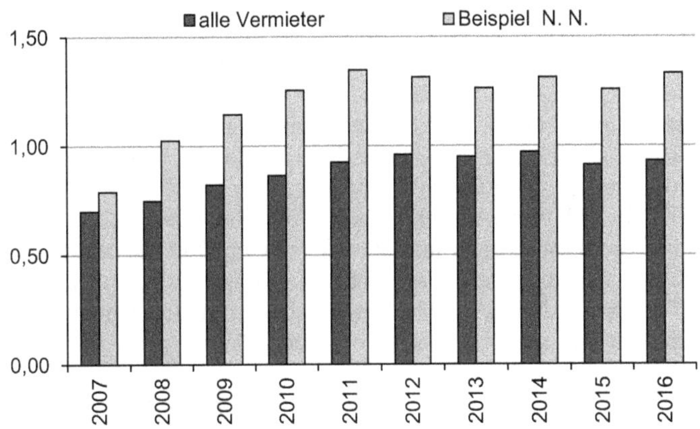

Abb. 8.142: Anzahl der Verträge/Arbeitstag je Mitarbeiter.[383]

verbessert hat, resultiert aus der Maßgabe, dass durch eine Verbesserung (Reduzierung) von 0,1 Besichtigung/Vertrag bei 3.500 Verträgen pro Jahr immerhin 350 Besichtigungen oder mindestens 175 Arbeitsstunden eingespart werden.

Die Unternehmenskennzahlen aus der Vermietung zum Monitoring des Prozesses werden aus kleinteiligen Mitarbeiterdaten gebildet. Abbildung 8.142 zeigt die Leistung eines Beschäftigten über die Zeitdauer von neun Jahren im Vergleich zum Leistungsdurchschnitt aller Vermieter im gleichen Zeitraum. Für das Unternehmen ist zu erkennen, dass es über sechs Jahre hinweg eine stetige Verbesserung der Kennzahl Anzahl der Verträge/Arbeitstag gegeben hat. Mit dem Jahr 2012 und einer Kennzahl von 0,98 Verträgen/Arbeitstag wurde ein Sättigungsbereich erreicht. Eine weitere Steigerung wäre aus Sicht des Managements nur mit einem erheblichen Mehraufwand an Technik, Ausstattung und Manpower u. U. möglich. Diese Vermietungsleistung war ein Ergebnis, welches das Team an seine Leistungs- und Belastungsgrenze getrieben hat. Das Team stand 2012 vor der Aufgabe, bei annähernd gleicher Leistung oder mit einer geringen Minderleistung eine

382 Quelle: eigene Darstellung.

383 Quelle: eigene Darstellung.

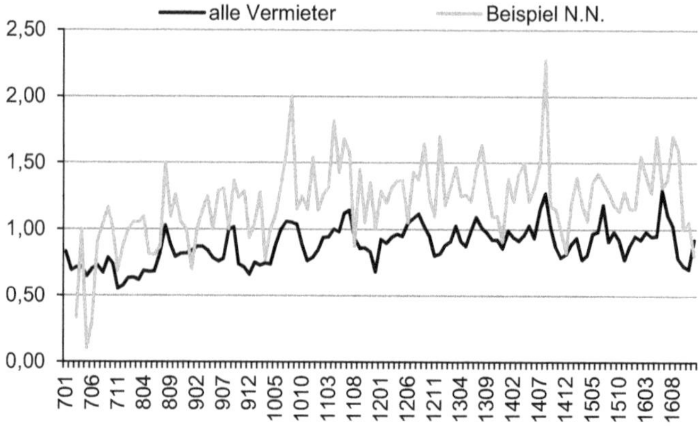

Abb. 8.143: Anzahl der Verträge/Arbeitstag (monatlich).[384]

höhere Qualität in der Vermietung zu erreichen. Als Kennzahl zum Monitoring dieser Qualität der Vermietung kann die Lebensdauer eines Mietverhältnisses herangezogen werden. Diese Kennzahl, darüber muss sich jeder Beteiligte im Klaren sein, hat jedoch viele Facetten, die vom Vermieter bei Abschluss des Mietvertrags nicht berücksichtigt werden können.

Die detaillierte monatliche Aufstellung (s. Abb. 8.143) für den Durchschnitt aller Vermieter der Gesellschaft und das Leistungsabbild eines Beschäftigten macht deutlich, dass es ganz schwierig ist, über einen längeren Zeitraum konstante Ergebnisse im Sinne einer kleinen Range zu liefern. Die oben beschriebenen saisonalen Schwankungen schlagen bis zum einzelnen Vermieter durch, ebenso die Veränderungen am Markt. Im Beispiel sieht man, dass der Beschäftigte bis auf wenige Ausnahmen deutlich über dem Durchschnitt liegt. Diese stetige Leistungsbereitschaft ist bei einem solchen Monitoring nicht allzu oft vorzufinden. Das Leistungsbild wird zudem noch von individuellen Ereignissen und Stimmungslagen geprägt. Werte von über 1,5 Verträgen/Arbeitstag sind selten. In den letzten vier Jahren hat sich der Beschäftigte eine Range zwischen 1,0 und 1,5 Verträgen/Arbeitstag selbst geschaffen. Aber auch bei ihm ist in den Anfangsjahren des Monitorings ein permanenter Leistungsanstieg zu verzeichnen, der in eine Seitwärtsbewegung übergegangen ist.

Die Abbildung 8.144 und 8.145 verdeutlichen die Arbeitsweise des Beschäftigten, der im Ergebnis ein weit überdurchschnittliches Leistungsbild erreicht. Die Anzahl der Besichtigungen/ Arbeitstag liegen deutlich über dem Durchschnitt aller Beschäftigten. Er führt im Schnitt pro Arbeitstag eine Besichtigung mehr durch. Die Anzahl der dafür benötigten Interessenten ist in den letzten Jahren unter den Durchschnitt des Unternehmens gefallen.

Zusammenfassend kann für den Beschäftigten in den Abbildungen 8.146, 8.147 und 8.148 analysiert werden, dass er mit weniger Interessenten/Mietvertrag als der Unternehmensdurchschnitt und weniger Besichtigungen/Vertrag ein deutlich über dem Durchschnitt liegendes Ergebnis erzielt, weil er in der Kennzahl Besichtigung/Interessent über die Jahre hinweg deutlich über dem Durchschnitt seiner Kollegen liegt. Er macht mit jedem zweiten Interessenten eine Besichtigung mehr als der Durchschnitt.

384 Quelle: eigene Darstellung.

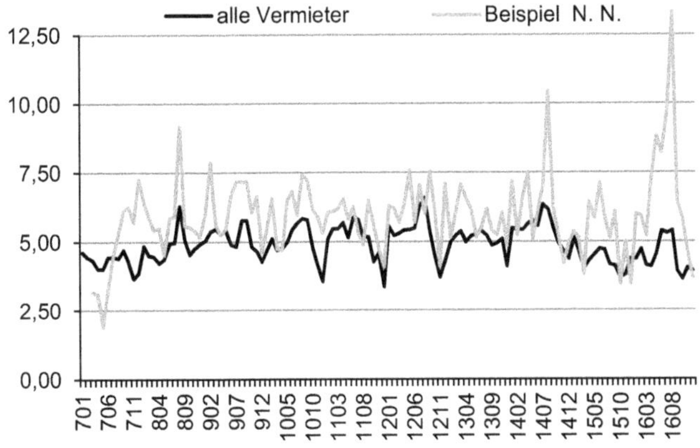

Abb. 8.144: Langfristbetrachtung Anzahl Besichtigungen/Arbeitstag.[385]

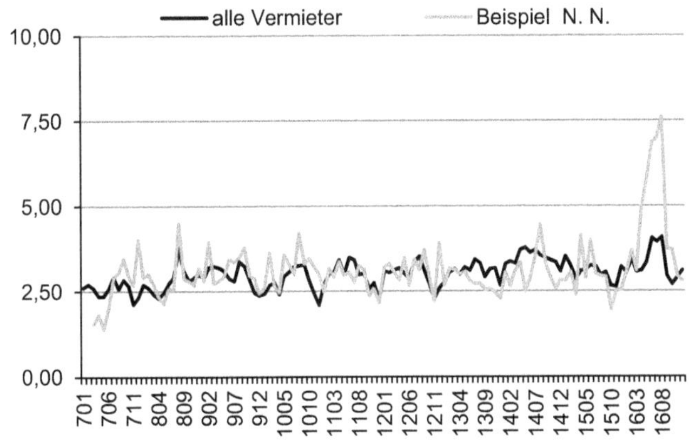

Abb. 8.145: Langfristbetrachtung Anzahl betreuter Interessenten/Arbeitstag.[386]

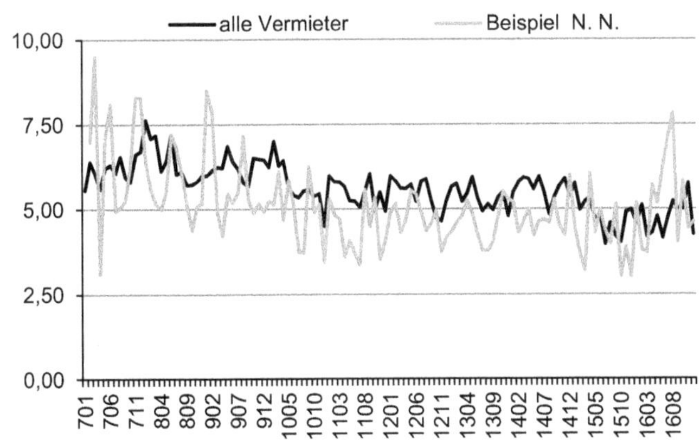

Abb. 8.146: Langfristbetrachtung Anzahl Besichtigungen/Vertrag.[387]

385 Quelle: eigene Darstellung.

386 Quelle: eigene Darstellung.

387 Quelle: eigene Darstellung.

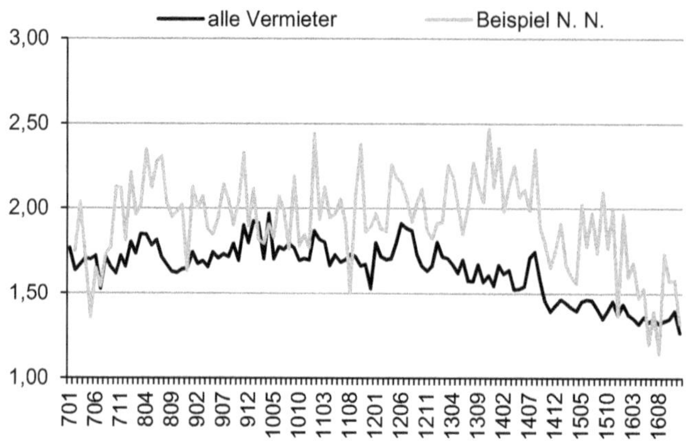

Abb. 8.147: Zu viel? Langfristbetrachtung Anzahl Besichtigungen/betreuter Interessent.[388]

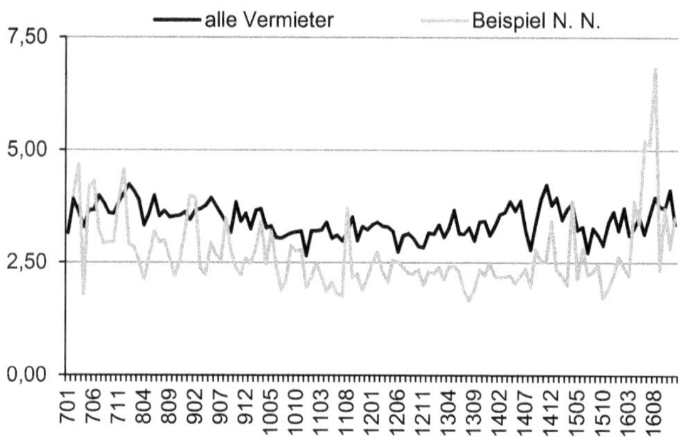

Abb. 8.148: Langfristbetrachtung Anzahl betreuter Interessenten/Vertrag.[389]

8.9.7 Aus dem Monitoring Schlüsse ziehen

Das Monitoring des Vermietungsprozesses erleichtert die Managementaufgaben. Durch die Analyse der Nachfrager, Interessenten und vertragswilligen Kunden können für Stadtteile, Straßenzüge und Wohnanlagen detaillierte Aussagen zur Beliebtheit des Standorts gemacht werden. Bei subjektiv gleicher Lage und verschiedener Anzahl an Nachfragern und Interessenten können Rückschlüsse auf die Bausubstanz oder Ausstattung gezogen werden.

Für das Marketing sind diese Kennzahlen wichtig, um Aussagen zur Werbewirksamkeit seiner Maßnahmen zu treffen. Bei der Analyse von abgeschlossenen Mietverträgen besteht die Schwierigkeit, die zeitliche Verschiebung zwischen Interesse, Besichtigung und Vertragsabschluss exakt in die Analyse einzubeziehen.

Diese Kennzahlen helfen dem Management gleichwohl, Potenziale bei jedem einzelnen Beschäftigten in der Vermietung zu erkennen. So sind folgende Phänomene aus den grafisch dargestellten Kennzahlen sehr leicht zu erkennen:

388 Quelle: eigene Darstellung.

389 Quelle: eigene Darstellung.

- **Zu geringe Beschäftigung mit den Wünschen des Kunden:** Die Anzahl der Besichtigungen ist hoch, die Anzahl der Interessenten durchschnittlich oder unterdurchschnittlich, die Kennzahl Besichtigungen/Interessent liegt deutlich über dem Durchschnitt und die Anzahl der abgeschlossenen Verträge liegt oft unter dem Mittelwert.
- **Einstellung „nächster Kunde, nächstes Glück“:** Die Kennzahl Besichtigung/Interessent liegt nur wenig über 1,0. Der Beschäftigte bemüht sich wenig, für den Kunden eine dessen Wünschen angemessene Wohnung zu finden, sondern er versucht bei Nichterfolg, mit dem nächsten Interessenten einen Vertragsabschluss zu generieren;
- **Das Bemühen um einen Vertrag ist sehr unterschiedlich:** Die Anzahl der Besichtigungen/ Arbeitstag schwankt im Maximum um vier Besichtigungen, was arbeitszeitmäßig zwei bis drei Stunden widerspiegelt.
- **Konzentration auf bestimmte Interessentengruppen:** Der Begriff des „Einraumkönigs“ wurde geboren durch die Tatsache, dass sich diese Wohnungen an Singles und Studenten sehr schnell und mit verhältnismäßig geringem Aufwand vermieten lassen. Aus diesem Grund haben wir 2011 neben der Anzahl der geschlossenen Verträge als Kennzahl die vermieteten Quadratmeter Wohnraumfläche als weitere Kennzahl eingeführt. Seit diesem Zeitpunkt wird auch rückwirkend geschaut, wie viele der Verträge über einen Zeitraum von drei Jahren noch aktiv sind. Drei Jahre deshalb, weil innerhalb dieses Zeitraums eine überproportional hohe Kündigungsrate auftritt.

9 Anhang

9.1 Glossar

Kennzahlen der Instandhaltung

Tab. 9.1: Erläuterung der Kennzahlen zur Instandhaltung.[1]

Kennzahl	Definition	Aussage	Einheit
Anlagen-gewinnquote	Gewinn / (Wertverlust + Modernisierungsaufwand)	drückt den in Geldeinheiten gemessenen Gewinn pro aufgewendeter Geldeinheit der Investition aus	–
Anlagen-verfügbarkeit	Nutzungszeit / (Nutzungszeit + technische Ausfallzeit)	Kennzahl, die den Grad der Nutzungsfähigkeit einer Anlage beschreibt; die Anlagenverfügbarkeit wird als Quotient der verfügbaren Zeit zur Basiszeit ermittelt	%
Änderungsgrad	(Summe Leistungsart Änderung/ Umbau) / IH-Kosten (gesamt)	beurteilt den Anteil an Änderungen und Umbau an den IH-Kosten	%
Arbeitsintensität	WBW der betreuten Anlage / verfahrene IH-Stunden	Kennzahl, die sich zum Vergleich der Arbeitsleistung an gleichartigen Anlagen eignet	€/h
Ausfallgrad	Instandhaltungszeit / Soll-Belegungszeit	stellt die Zeit für IH-Maßnahmen der Soll-Belegungszeit gegenüber	%
Auslastungsgrad 1	genutzte Produktionskapazität / bereitgestellte Produktionskapazität	gibt Auskunft über die IH-Reserven	%
Brutto-Anlagen-effizienz (OEE)	Anlagenverfügbarkeit × Leistungseffizienz × Qualitätsrate	spiegelt die Anlageneffektivität wider, während die Anlage läuft	–
Budget-abweichungsgrad	(Budget Soll – Budget Ist) / Budget Soll	gibt die prozentuale Abweichung vom geplanten Budget an	%
Dezentralisierungs-grad	Summe dezentraler Organisationseinheiten / Summe aller IH-Einheiten	macht Aussagen über die Organisation und Struktur der Instandhaltung	%
Erfassungsgrad Anlagen	Zahl der erfassten Anlagen / Gesamtzahl der betreuten Anlagen	zeigt den Anteil der bereits erfassten Anlagen an	%
Ersatzteil-Servicegrad	Anzahl der Entnahme aus Ersatzteillager / Anzahl der Materialanforderungen der IH	macht Aussagen über die Qualität bzw. Wirtschaftlichkeit der Ersatzteilbevorratung	%

1 Vgl. [VDI 2893 2006-05], A.2 Katalog Kennzahlen.

https://doi.org/10.1515/9783110480863-009

Tab. 9.1: (Fortsetzung)

Kennzahl	Definition	Aussage	Einheit
Fluktuationsrate	Personalabgang / durchschnittlich Beschäftigte	gibt den prozentualen Anteil der Mitarbeiter an, die das Unternehmen verlassen haben, gemessen an der Gesamtheit der durchschnittlich Beschäftigten in einem bestimmten Zeitraum.	%
IH-Fremdleistungs-anteil	Fremdleistungen / IH-Kosten (gesamt)	Anteil der durch Fremdleister ausgeführten Leistungen, bezogen auf die IH-Gesamtkosten	%
Mehrarbeitsquote	verfahrene Mehrarbeit / monatl. Mehrarbeitsbudget	stellt die verfahrene Mehrarbeit dem monatlichen Mehrarbeitsbudget gegenüber	h
Netto-Anlagen-effizienz (NEE)	Zeit der Betriebsbereitschaft × Leistungseffizienz × Qualitätsrate	spiegelt die wirkliche Qualität und Anlageneffektivität wider	–
Kosteneinhaltung Aufträge	(vereinbarter Preis – Ist-Kosten) / vereinbarter Preis	beurteilt die Qualität der Kostenplanung für Aufträge und ihre Abweichung zum vereinbarten Preis	%
Krankenquote	Summe Fehlstunden / Gesamtstunden	krankheitsbedingte Fehlstunden, bezogen auf die Gesamtstunden nach Plan	%
Materialquote	IH-Materialkosten / IH-Kosten (gesamt)	Anteil der Materialkosten an den Gesamtkosten, dient zur Verdeutlichung der Kostenstruktur	%
Mean Time Between Repair (MTBR)	Zeit zw. Instandsetzungen / Anzahl Ausfälle	durchschnittliche Zeit zwischen zwei Instandsetzungen	h
mittlerer Ausfall-abstand (MTBF)	(MTBR + MTBF) / Anzahl Ausfälle	durchschnittliche Laufzeit einer Anlage zwischen den Ausfällen	h
Mean Time To Repair (MTTR)	Ausfallzeit gesamt / Anzahl Ausfälle	durchschnittliche Ausfallzeit zwischen den Ausfällen	h
Planungsgrad	IH-Kosten geplanter Aufträge / IH-Kosten (gesamt)	gibt das Verhältnis der geplanten Aufträge zur Gesamtzahl der IH-Aufträge in Prozent an	%
Prämienanteil Entlohnung	Summe Prämienanteile / Summe Lohn- und Gehaltskosten	gibt den Anteil der Prämien am Gesamtlohn an (Lohnstruktur)	%
Qualitätsrate	IH-Aufträge mit Beanstandungen / IH-Aufträge gesamt	IH-Aufträge mit Beanstandungen, IH-Aufträge gesamt	%

Tab. 9.1: (Fortsetzung)

Kennzahl	**Definition**	**Aussage**	**Einheit**
Reaktionszeit	Zeit vom Störbeginn bis IH-Beginn / Anzahl Störungen	Bewertung der Störungsbeseitigung, gibt die verstrichene Zeit von der Störungsmeldung bis zum Beginn der Störungsbehebung an	Tag
Standardisierungs-grad	Auftragsabrechnung nach Leistungskatalog / Menge aller abgerechneten Aufträge	zeigt den Anteil der bereits standardisierten Aufträge an	%
Störrate	Anzahl Störungen / Aggregat oder Aggregatgruppe	gibt die Anzahl der Störungen pro Aggregat oder Aggregatgruppe an	Stück
Stunden-verrechnungssatz	Summe Ist-Kosten pro abgerechnete Std. / Summe Soll-Kosten pro geplante Std.	beurteilt die Konkurrenzfähigkeit durch einen Vergleich der Stundensätze	–
Termintreue	(Eck-Ende – Endrückmeldung (Ist-Ende)) / Gesamtzahl der Aufträge	beurteilt die Einhaltung von Terminen	d
Umsatzrendite	(Summe vereinbarter Preise – Summe Ist-Kosten) / Summe vereinbarter Preis	gibt prozentual an, wie viel Gewinn mit 1 € Umsatzerlös erzielt wurde	%
Umsetzungsgrad IH-Strategie	Summe aller Anlagen mit def. IH-Strategie / Summe aller Anlagen	zeigt den methodischen Entwicklungsstand einer IH-Abteilung	%
Wertschöpfungs-anteil	Produktivzeit / Ist-Belegungszeit	Kennzahl, die darstellt, wie effektiv unter Einbezug von technischen und qualitätsbedingten Verlusten mit dem Zeitfonds der Ist-Belegungszeit umgegangen wird	%
Wettbewerbs-fähigkeit	Summe der Marktpreise / Summe der Ist-Kosten	Ermöglicht den Vergleich der auf dem Markt üblichen Kosten mit den eigenen Instandhaltungskosten	–
Wirtschaftlichkeit der Störungs-behebung (Anlagen)	Störungskosten / Anzahl der Störungen	durchschnittlich anfallende Kosten einer Störung.	€
Zuwachsrate (Anlagen)	Anteil neuer Anlagen / Summe aller Anlagen	gibt den Anteil neuer Anlagen im Instandhaltungsumfang in definierten Zeiträumen an	%

Kennzahlen in der Immobilienwirtschaft

Tab. 9.2: Erläuterung der Kennzahlen in der Immobilienwirtschaft zu Kapitel 3.7.1.

Kennzahl, Ausprägung	Ziel/Aussage	Definition	Voraussetzung
Abschreibung der Mietforderungen 1. Abschreibungen auf Mietforderungen in € 2. Anteil der Abschreibungen auf Mietforderungen an Jahresmieteinnahmen	Ziel: Darstellung der nicht einzutreibenden Mietforderungen und Qualität der Mieter, Vergleichsmöglichkeit[d] 1. die Darstellung der wahrscheinlich dauerhaft nicht einzutreibenden Mietforderungen (wg. Zahlungsverzug) erlaubt Rückschlüsse auf die Bonität und Qualität der Mieter 2. interne und externe Vergleichsmöglichkeit der Abschreibungen auf Mietforderungen bezogen auf den Jahresmietertrag	1. Summe Abschreibungen auf Mietforderungen der betrachteten Bezugsgröße (lt. Buchhaltung)[a] 2. Division von 1. durch die Jahresmieteinahmen für die betrachtete Bezugsgröße (lt. Buchhaltung)[a] in %	1. Durchführung einer Qualifizierung der dauerhaft nicht einzutreibenden Mietforderungen und Buchung auf das entsprechende Konto nach Möglichkeit auf Ebene der Verwaltungseinheit 2. Erfassung der Jahresmieteinnahmen möglichst auf Ebene der Verwaltungseinheit
Belegungsgrad	siehe Leerstand Verweis: vgl. Kapitel 3.4.4 und Kapitel 6.4	Kehrwert von Leerstandsquote	

Bei Bildung von Kennzahlen, vgl. u. a. [AA (1999i)]:
[a] Bezugsgröße Immobilie ist Fläche, Nutzeinheit oder Immobilie(n) ....
[b] Bezugsgröße Organisation ist Unternehmen, Abteilung, Profitcenter, ...
[c] Bezugsgröße Unternehmen ist das (bilanzierte) Unternehmens(-segment).
[d] Vergleichbarkeit bezieht sich in der Regel auf Vergleichbarkeit im Unternehmen und mit externen Unternehmen.

Tab. 9.2: (Fortsetzung)

Kennzahl, Ausprägung	Ziel/Aussage	Definition	Voraussetzung
Betriebskosten 1. Betriebskosten absolut 2. Betriebskosten pro m^2 3. Betriebskosten je Mieteinheit 4. Summe umlagefähiger Betriebskosten 5. Summe nicht umlagefähiger Betriebskosten 6. Summe umlagefähiger, aber nicht umgelegter Betriebskosten	Ziel: Darstellung der (umlagefähigen) Kosteneffizienz[a]; Herstellung der Vergleichbarkeit[d] 1. die Höhe der Betriebskosten lässt Rückschlüsse auf die Kosteneffizienz hinsichtlich der Betriebskosten der Immobile(n) zu 2. die Bewirtschaftungskosten pro m^2 stellen eine Vergleichbarkeit verschiedener Immobilien hinsichtlich der Kosteneffizienz bezogen auf die Fläche her 3. siehe 2 hinsichtlich einer Mieteinheit (eignet sich nur Portfolios von Wohnimmobilien) 4. siehe 5 aus Sicht der Mieter 5. die Höhe der nicht umlagefähigen Betriebskosten lässt Rückschlüsse auf die Kosteneffizienz hinsichtlich der den Eigentümer unmittelbar betreffenden Betriebskosten der Immobilie(n) zu 6. die Höhe umlagefähiger, aber nicht umgelegter Betriebskosten lässt Rückschlüsse auf die Betriebskosten resultierend aus Leerständen und mangeln der Verhandlungsstärke beim Abschluss von Mietverträgen zu und bedeuten ein Kostensenkungspotenzial Verweis: Abgrenzung von Betriebs-, Instandhaltungs- und Modernisierungskosten in Kapitel 6.5.3, Tabelle 6.21, siehe Betriebskosten (NGR 300) in Kapitel 6.8	1. Summe der Betriebskosten der betrachteten Bezugsgröße (lt. Buchhaltung)[a] 2. Summe aus 1 dividiert durch Gebäudefläche der betrachteten Bezugsgröße[a] 3. siehe 2 im Sinne der Anzahl der Mieteinheiten 4. siehe 2 im Sinne der umlagefähigen Betriebskosten 5. siehe 2 im Sinne der nicht umlagefähigen Betriebskosten 6. siehe 2 im Sinne der umlagefähigen, aber nicht abgerechneten Betriebskosten	1. Erfassung der Bestandteile der Betriebskosten in der Buchhaltung zumindest auf Ebene der Verwaltungseinheit 2. Erfassung der Flächen, die zu den Erfassungsebenen der Betriebskosten korrespondieren 3. siehe 2 im Sinne der Mieteinheiten 4. siehe 2 im Sinne der umlagefähigen Betriebskosten 5. siehe 2 im Sinne der nicht umlagefähigen Betriebskosten 6. siehe 2 im Sinne der umlagefähigen, aber nicht abgerechneten Betriebskosten
Bewirtschaftungskosten 1. Bewirtschaftungskosten absolut 2. Bewirtschaftungskosten pro m^2 3. Bewirtschaftungskosten je Mieteinheit	Ziel: Darstellung der Kosteneffizienz, Herstellung der Vergleichbarkeit[d] 1. die Bewirtschaftungskosten umfassen die gesamten der/den Immobilie(n) direkt zuordenbaren Kosten und lassen Rückschlüsse auf die Kosteneffizienz der Immobilie(n) zu 2. die Bewirtschaftungskosten pro m^2 stellen eine Vergleichbarkeit verschiedener Immobilien hinsichtlich der Kosteneffizienz bezogen auf die Fläche her 3. siehe 2 hinsichtlich einer Mieteinheit Verweis: § 24 [II. BV 2007], vgl. Kapitel 6.5.3, Tabelle 6.17	1. Summe AfA, Verwaltungskoten, Betriebskosten, Instandhaltungskosten der betrachteten Bezugsgröße[a] 2. Summe aus 1 dividiert durch die Gesamtfläche der betrachteten Bezugsgröße[a] 3. Summe aus 1 dividiert durch die Anzahl der Mieteinheiten der betrachteten Bezugsgröße[a]	1. Erfassung der Bestandteile der Bewirtschaftungskosten in der Buchhaltung zumindest auf Ebene der Verwaltungseinheit 2. Erfassung der Flächen, die zu den Erfassungsebenen der Bewirtschaftungskosten korrespondieren 3. siehe 2 im Sinne der Mieteinheiten

Tab. 9.2: (Fortsetzung)

Kennzahl, Ausprägung	Ziel/Aussage	Definition	Voraussetzung
Buchwert-/ Verkehrswertratio 1. Verhältnis Buchwert zu Verkehrswert 2. Differenz aus Buchwert minus Verkehrswert	Ziel: Darstellung der stillen Reserven 1. näherungsweise Bestimmung, in welcher Relation der Buchwert zum tatsächlichen Wert der betrachteten Immobilie steht 2. näherungsweise Bestimmung der stillen Reserven der betrachteten Immobile(n) in dem Maße, in dem der (kumulierte) Verkehrswert den (kumulierten) Buchwert übersteigt	Relation von Buch- und Verkehrswerten 1. Buchwert/Verkehrswert 2. Buchwert – Verkehrswert	1. Vorhandensein von Buch- und Verkehrswerten 2. siehe 1.
Buchwert(-struktur) 1. Buchwert absolut 2. Buchwert pro m^2	Ziel: Darstellung der stillen Reserven 1. die Höhe des Buchwertes kann auf das Vorhandensein von stillen Reserven hinweisen. U. U. ist der Buchwert auch Indikator für Qualität und Alter der Immobilien 2. siehe Nr. 1 Verweis: Kapitel 4.6.3, Tabelle 4.21	1. stichtagsbezogene Wertfortschreibung der Anschaffungs-/ Herstellungskosten reduziert um steuerliche Abschreibungen 2. Buchwert bezogen auf die Bezugsgröße[a]	1. Führung der Buchwerte nach Möglichkeit bis auf Gebäude-/Grundstücksebene 2. Zuordenbarkeit der zu den jeweiligen Buchwerten korrespondierenden Bezugsgrößen

Tab. 9.2: (Fortsetzung)

Kennzahl, Ausprägung	Ziel/Aussage	Definition	Voraussetzung
Cashflow 1. Cashflow 1–5 in €	Ziel: Darstellung der Schuldentilgungskraft und Liquiditätsbeurteilung 1. der Cashflow gibt an, in welchem Maß das Unternehmen aus eigener Kraft durch ihre betriebliche Umsatztätigkeit finanzielle Mittel erwirtschaften kann und über welche Finanzmittel die Unternehmensleitung unternehmerisch disponieren kann (Indiz für die Schuldentilgungskraft und zentrale Größe der Liquiditätsbeurteilung)	Jahresüberschuss[e] + Ausschüttungsbelastung + Summe AfA + Buchwerte bei Verkauf von Anlagevermögen – Auflösung RAP +/– Bestandsveränderungen im Umlaufvermögen +/– eigene Leistungen im Umlaufvermögen – aktivierte Eigenleistung – planmäßige Tilgung für Bauten – Tilgungen Verkäufe/Unternehmensfinanzierung + Zuschüsse + Valutierung von Aufwendungsdarlehen + Sonstige Fremdkapitalaufnahme + Zuführung langfristiger Rückstellungen – Auflösung Rückstellungen – Herstellungskosten aktivierter Maßnahmen – Investitionen in Geschäfts- und Betriebsausstattung – Ausschüttung/Gewinnabführung an Gesellschafter – Gewährung von Darlehen an Gesellschafter	1. buchhalterische Erfassung aller Elemente der Cashflow-Rechnung nach Möglichkeit auf Monatsbasis und auf Ebene des Unternehmens oder Unternehmensbereichen
Durchschnittsalter des Immobilienportfolios	Ziel: Darstellung der Objektattraktivität; Herstellung der Vergleichbarkeit[d], Ableitung des möglichen Anfalls von Instandsetzungs- und Modernisierungsmaßnahmen	Summe des Alters (aktuelles Jahr minus Baujahr) dividiert durch die Anzahl der Immobilie(n) der betrachteten Bezugsgröße[a]	Erfassung der Baujahre aller Gebäude und Bildung eines Durchschnittswertes zumindest auf Ebene der Verwaltungseinheit
Eigenkapitalquote 1. Eigenkapitalquote in %	Ziel: Rückschlüsse auf die Kreditwürdigkeit des Unternehmens 1. Anteil des Eigenkapitals am Gesamtkapital des Unternehmens oder Unternehmensbereiches lässt insbesondere Rückschlüsse auf die Kreditwürdigkeit des Unternehmens zu Verweis: Kapitel 4.6.4, Tabelle 4.25	1. Eigenkapital dividiert durch das Fremdkapital des Unternehmens oder Unternehmensbereiches	1. Ausweis des Eigenkapitals und Fremdkapitals

[e] Rechnungsabgrenzungsposten (RAP), Absetzung für Abnutzung (AfA).

Tab. 9.2: (Fortsetzung)

Kennzahl, Ausprägung	Ziel/Aussage	Definition	Voraussetzung
Eigenkapitalrentabilität 1. Rentabilität des bilanziellen Eigenkapitals in %	Ziel: Angabe, wie viel Prozent Gewinn die Eigenkapitalgeber bezogen auf das Eigenkapital erreicht haben (Verzinsung des Eigenkapitals); Herstellung der Vergleichbarkeit von Investitionsentscheidungen[d] 1. Angabe, wie viel Prozent Gewinn die Eigenkapitalgeber bezogen auf das Eigenkapital erreicht haben (Verzinsung des Eigenkapitals) sowie Lieferung eines Vergleichsmaßstabes, anhand dessen die Vorteilhaftigkeit einer Investition im betrachteten Unternehmen im Vergleich zu anderen Investitionsalternativen beurteilt werden kann Verweis: Kapitel 4.6.4, Tabelle 4.26	1. Jahresabschluss dividiert durch (bilanzielles) Eigenkapital des Unternehmens oder Unternehmensbereiches[c]	1. Ausweis des Jahresüberschusses und bilanziellen Eigenkapitals
Erlösschmälerungen 1. Summe Erlösschmälerungen in € 2. Erlösschmälerung wg. Mietminderungen 3. Erlösschmälerung wg. Eigennutzung 4. Erlösschmälerung wg. Instandhaltung/ Modernisierung 5. Erlösschmälerung wg. Nichtvermietung/Fluktuation 6. Erlösschmälerung wg. Abbruch/Verkauf	Ziel: Darstellung der Ausfälle; Herstellung der Vergleichbarkeit[d] 1. Darstellung der Gesamtsumme der Ausfälle potenzieller Mieterträge 2. siehe 1. wg. Minderung der vertraglich vereinbarten Miethöhe (aufgrund von nicht vertragsgemäßer Bereitstellung des Mietobjektes) 3. siehe 1. wg. Eigennutzung 4. siehe 1. wg. Leerstand, bedingt durch Instandhaltungs- und Modernisierungsmaßnahmen 5. siehe 1. wg. Leerstand, bedingt durch Mieterwechsel und mangelnde bzw. erfolglose Vermarktung 6. siehe 1. wg. Abbruchs- bzw. Verkaufsmaßnahmen	1. Summe Erlösschmälerungen in € der betrachteten Bezugsgröße (lt. Mietbuchhaltung) 2. Addition aller Minderungen der vertraglich vereinbarten Mieten in der Mietbuchhaltung 3. Erhebung und Addition der Marktmietpreise von eigengenutzten, ursprünglich zur Vermietung vorgesehenen Mietflächen 4. siehe 3 im Sinne, die wg. Instandhaltungs- oder Modernisierungsmaßnahmen leerstehen 5. siehe 3 im Sinne, die wg. Mieterwechsel und mangelnder bzw. erfolgloser Vermarktung leerstehen 6. siehe 3 im Sinne, die wg. geplante Abbruchs- bzw. Verkaufsmaßnahmen leerstehen	1. Erfassung und Buchung der Erlösschmälerungen in der Mietbuchhaltung und Bildung einer Gesamtsumme zumindest auf Ebene der Verwaltungseinheit 2. siehe 1. im Sinne von Vertragsmieten 3. siehe 1. im Sinne von Marktmietpreisen 4. siehe 1. im Sinne von Marktmietpreisen 5. siehe 1. im Sinne von Marktmietpreisen 6. siehe 1. im Sinne von Marktmietpreisen

Tab. 9.2: (Fortsetzung)

Kennzahl, Ausprägung	Ziel/Aussage	Definition	Voraussetzung
Fluktuation (Mieter) 1. Fluktuation in %[a] 2. mieterseitige Kündigungen je Vergleichsgröße 3. vermieterseitige Kündigungen je Vergleichsgröße 4. Neuvermietungen je Vergleichsgröße 5. Zwangsräumungen je Vergleichsgröße	Ziel: Darstellung der Objektattraktivität; Herstellung der Vergleichbarkeit[d] 1. Anzahl von Mietern, deren Vertragsverhältnis aufgelöst wurde, ist ein Indikator für die Qualität und Attraktivität der Immobilie(n), die Zufriedenheit der Mieter und die Qualität der Mieterstruktur 2. siehe 1, aus Sicht der Mieter 3. Anzahl von Mietern, deren Vertragsverhältnis aufgelöst wurde, ist ein Indikator für die Qualität der Mieterstruktur 4. Anzahl der neuvermieteten Mieteinheiten ist ein Indikator für die Vermarktungsstärke des Unternehmens und für die Qualität und Attraktivität der Immobilie(n) 5. Anzahl der Zwangsräumungen ist ein Indikator für die Qualität der Mieterstruktur vgl. auch [GdW (2016k)], S. 97	1. Division der Summe der aufgelösten Mietverträge durch die gesamte Anzahl der Mietverträge der betrachteten Bezugröße[a] 2. siehe 1 im Sinne der mieterseitig gekündigten Mietverträge 3. siehe 1 im Sinne der vermieterseitig gekündigten Mietverträge 4. siehe 1 im Sinne der neu abgeschlossenen Mietverträge 5. siehe 1 im Sinne der Anzahl von Zwangsräumungen	1. Erhebung der aufgelösten Mietverträge zumindest auf Ebene der betrachteten Bezugsgröße[a] 2. siehe 1 im Sinne der mieterseitig gekündigten Mietverträge 3. siehe 1 im Sinne der vermieterseitig gekündigten Mietverträge 4. siehe 1 im Sinne der neu abgeschlossenen Mietverträge 5. siehe 1 im Sinne der Anzahl von Zwangsräumungen
Gesamtkapitalrentabilität 1. Rentabilität des eingesetzten Kapitals in %	Ziel: Darstellung der Leistungskraft, Herstellung der Vergleichbarkeit[d] 1. die Gesamtkapitalrentabilität verdeutlicht, wie vorteilhaft das Unternehmen losgelöst von der Kapitalstruktur insgesamt mit dem eingesetzten Kapital gearbeitet hat und lässt somit einen Vergleich mit der Leistungskraft anderer Unternehmen zu	1. Jahresüberschuss plus Zinsaufwand dividiert durch Gesamtkapital des Unternehmens oder Unternehmensbereiches[c]	1. Ausweis des Jahresüberschusses, Zinsaufwand und Gesamtkapital
Herstellungskosten	siehe Investitionskosten (NGR 100) in Kapitel 6.6		

Tab. 9.2: (Fortsetzung)

Kennzahl, Ausprägung	**Ziel/Aussage**	**Definition**	**Voraussetzung**
Instandhaltungskosten (Instandsetzungskosten) 1. Instandhaltungskosten absolut 2. Instandhaltungskosten pro m^2 3. Instandhaltungskosten je Mieteinheit	Ziel: Darstellung der Kosteneffizienz und des baulichen Zustands[a]; Herstellung der Vergleichbarkeit[d], Hinweis auf Strategien 1. die Höhe der Instandhaltungskosten lässt Rückschlüsse auf die Kosteneffizienz der Maßnahmen sowie u. U. den baulichen Zustand der Immobilie(n) zu und gibt ggf. Hinweise auf die strategische Orientierung des Bestandsmanagements/der Instandhaltungsstrategie (z.B: kurzfristige Wertabschöpfung vs. langfristige Werterhaltung der Immobilie(n)) 2. die Instandhaltungskosten pro m^2 stellen eine Vergleichbarkeit verschiedener Immobilien hinsichtlich der Kosteneffizienz im Sinne von 1. bezogen auf die Fläche her 3. siehe 2. hinsichtlich einer Mieteinheit (bezogen auf Wohnungsportfolios) Verweis: vgl. Kapitel 3.4.3, 3.7.4 und 6.5.3	Instandsetzungskosten[a], die laufend eingesetzt werden 1. Summe Instandhaltungskosten der betrachteten Bezugsgröße (lt. Buchhaltung)[a] 2. Summe aus 1 dividiert durch die Gesamtfläche der betrachteten Bezugsgröße[a] 3. Summe aus 1 dividiert durch die Anzahl der Mieteinheiten des betrachteten (Teil-)Portfolios vgl. Nutzungskosten	1. Erfassung der Bestandteile der Instandhaltungskosten in der Buchhaltung zumindest auf Ebene der Verwaltungseinheit 2. Erfassung der Flächen, die zu den Erfassungsebenen der Bewirtschaftungskosten korrespondieren 3. siehe 2 im Sinne der Mieteinheiten
Instandhaltungsniveau (Instandsetzungsniveau)	Verweis: Kapitel 4.6.3, Tabelle 4.22		
Investitionsquote 1. Investitionsquote in % 2. Investitionsaufwand pro m^2 3. Investitionsaufwand pro Mieteinheit	Ziel: Beschreibung der Investitionstätigkeit[b], Herstellung der Vergleichbarkeit[d] 1. der Anteil der Investitionsaufwendungen am Buchwert der betrachteten Immobile(n) beschreibt das Ausmaß der Investitionstätigkeit des Unternehmens(-bereiches) und erlaubt somit Rückschlüsse auf die Bestandspolitik des Unternehmens(-bereiches) und die Werthaltigkeit der Immobilie(n) 2. die Investitionsaufwendungen pro m^2 stellen eine Vergleichbarkeit verschiedener Immobilien hinsichtlich des Ausmaßes der Investitionstätigkeit bezogen auf die Fläche her 3. siehe 2. im Sinne der Mieteinheiten (nur Wohnungsportfolios)	1. Summe Investitionsaufwand dividiert durch Buchwert der betrachteten Bezugsgröße (lt. Buchhaltung)[a] 2. Summe Investitionsaufwand dividiert durch Gebäudeflächen in m^2 der betrachteten Bezugsgröße[a] 3. Summe Investitionsaufwand dividiert durch die Anzahl der Mieteinheiten der betrachteten Bezugsgröße[a]	1. Erfassung der Investitionsaufwendungen in der Buchhaltung zumindest auf Ebene der Verwaltungseinheit 2. Erfassung der Flächen, die zu den Erfassungsebenen der Investitionsaufwendungen korrespondieren 3. siehe 2. im Sinne der Mieteinheiten

Tab. 9.2: (Fortsetzung)

Kennzahl, Ausprägung	Ziel/Aussage	Definition	Voraussetzung
Kapitaldienstdeckung	Verweis: Kapitel 4.6.4, Tabelle 4.27		
Leerstand(-squote) 1. Leerstand absolut 2. Leerstandsrate in %	Ziel: Darstellung des Leerstands, Vergleichbarkeit[d] 1. Angabe, wie viel der Vergleichsgröße (i. d. R. Mietfläche) nicht genutzt bzw. nicht vermietet sind und ggf. als Reserveflächen zur Verfügung stehen 2. regionaler Indikator für die Immobilienmarktlage bzw. interner Indikator für die Höhe der Flächenauslastung relativ zum Immobilienmarkt oder im Vergleich zu anderen Immobilien Verweis: Kapitel 4.6.3, Tabelle 4.24; in der Wohnungswirtschaft werden nur marktbedingte Leerstände von mindestens 3 Monaten gezählt (vgl. [Sailer, E. (2007)], S. 383).	1. Addition der leerstehenden Vergleichsgröße der betrachteten Bezugsgröße[a] 2. Division der leerstehenden Bezugsgröße[a] der (Teil-)Portfolios durch die Summe der Bezugsgröße des (Teil-)Portfolios	1. Erfassung der leerstehenden Bezugsgröße[a] eines (Teil-)Portfolios, vgl. [a] 2. siehe 1.
Liquiditätsreserve	Verweis: Kapitel 4.6.2, Tabelle 4.16		
Maklerfaktor	Verweis: Kapitel 4.6.2, Tabelle 4.17		
Mieterträge 1. Mieterträge absolut 2. Mieterträge pro m^2	Ziel: Darstellung der operativen Ertragskraft[c]; Herstellung der Vergleichbarkeit[d] 1. die Summe stellt die operative Ertragskraft der Immobilie(n) bzw. des Unternehmens(-bereiches) dar 2. die Mieterträge pro m^2 stellen eine Vergleichbarkeit verschiedener Immobilien hinsichtlich ihrer Ertragskraft bezogen auf die Fläche her	1. Summe Mieterträge der betrachteten Bezugsgröße[a] (lt. Mietbuchhaltung) 2. Summe Mieterträge dividiert durch Gebäudeflächen in m^2 des betrachteten (Teil-)Portfolios	1. Erfassung der Mieterträge in der Buchhaltung zumindest auf Ebene der Verwaltungseinheit 2. Erfassung der Flächen, die zu den Erfassungsebenen der Mieterträge korrespondieren

Tab. 9.2: (Fortsetzung)

Kennzahl, Ausprägung	Ziel/Aussage	Definition	Voraussetzung
Mietenmultiplikator	Verweis: Kapitel 4.6.2, Tabelle 4.19		
Mietniveau	Verweis: Kapitel 4.6.3, Tabelle 4.23		
Mietrückstände 1. Mietrückstände absolut in € 2. Mietrückstände in Anzahl durchschnittlicher Monatsmieten 3. Mietrückstandquote	Ziel: Darstellung der Bonität oder Qualität der Mieter sowie Effizienz des Mahnwesens; Herstellung der Vergleichbarkeit[d] 1. die Summe noch offener Mietforderungen erlaubt Rückschlüsse auf die Bonität und Qualität der Mieter sowie die Effizienz des Mahnwesens; hohe Mietrückstände verursachen Kosten durch das in den Forderungen gebundene Kapital 2. zur Herstellung der internen und externen Vergleichbarkeit der Aussage zu 1. können die Mietrückstände als Summe ausstehender Monatsmieten umgerechnet werden 3. siehe 2. als Prozentanteil an den gesamten Mieterträgen Verweis: wohnungswirtschaftliche Kennzahl (vgl. [Sailer, E. (2007)], S. 417)	1. Summe Mietrückstände der betrachteten Bezugsgröße[a] gemäß Mietbuchhaltung 2. Summe Mietrückstände in € dividiert durch den Quotienten aus Summe der Mieterträge und Anzahl der Wohneinheiten des betrachteten (Teil-)Portfolios 3. Summe Mietrückstände dividiert durch die Summe Mieterträge des betrachteten (Teil-)Portfolios	1. Führung des Postens ausstehende/offene Mietforderungen in der Mietbuchhaltung nach Möglichkeit auf der Verwaltungsebene 2. siehe 1. sowie Erfassung einer durchschnittlichen Miete je Mieteinheit 3. siehe 1. sowie Erfassung der Gesamtmieterträge

Tab. 9.2: (Fortsetzung)

Kennzahl, Ausprägung	**Ziel/Aussage**	**Definition**	**Voraussetzung**
Modernisierungskosten 1. Modernisierungskosten absolut 2. Modernisierungskosten pro m^2 3. Modernisierungskosten je Mieteinheit 4. Summe nicht umlagefähiger Modernisierungskosten 5. Summe umlagefähiger, aber nicht umgelegter Modernisierungskosten	Ziel: Darstellung der Objektattraktivität und des baulichen Zustands; Herstellung der Vergleichbarkeit[d] 1. die Höhe der Modernisierungskosten lässt Rückschlüsse auf die Kosteneffizienz der Maßnahmen sowie u. U. den baulichen Zustand der Immobilie(n) zu und gibt ggf. Hinweise auf die strategische Orientierung des Bestandsmanagements/ Instandhaltungsstrategie (z.B: kurzfristige Wertabschöpfung vs. langfristige Werterhaltung der Immobilie(n)) 2. die Modernisierungskosten pro m^2 stellen eine Vergleichbarkeit verschiedener Immobilien hinsichtlich der Kosteneffizienz im Sinne von 1. bezogen auf die Fläche her 3. siehe 2 hinsichtlich einer Mieteinheit (bezogen auf Wohnungsportfolios) 4. die Höhe der nicht umlagefähigen Modernisierungskosten lässt Rückschlüsse auf die Kosteneffizienz hinsichtlich der den Eigentümer unmittelbar betreffenden Modernisierungskosten der Immobilie(n) zu 5. die Höhe umlagefähiger, aber nicht umgelegter Modernisierungskosten lässt Rückschlüsse auf die Betriebskosten resultierend aus Leerständen und mangelnder Verhandlungsstärke beim Abschluss von Mietverträgen zu und bedeuten ein Kostensenkungspotenzial Verweis: vgl. Kapitel 3.4.3, 3.7.4 und 6.5.3, Tabelle 6.21	Modernisierungskosten[a], die laufend eingesetzt werden 1. Summe der Modernisierungskosten der betrachteten Bezugsgröße[a] (lt. Buchhaltung) 2. Summe aus 1 dividiert durch Gebäudefläche des betrachteten (Teil-)Portfolios 3. siehe 2 im Sinne der Anzahl der Mieteinheiten 4. siehe 2 im Sinne der nicht umlagefähigen Modernisierungskosten 5. siehe 2 im Sinne der umlagefähigen, aber nicht abgerechneten Modernisierungskosten vgl. Nutzungskosten	1. Erfassung der Bestandteile der Modernisierungskosten in der Buchhaltung zumindest auf Ebene der Verwaltungseinheit 2. Erfassung der Flächen, die zu den Erfassungsebenen der Modernisierungskosten korrespondieren 3. siehe 2 im Sinne der Mieteinheiten 4. siehe 2 im Sinne der nicht umlagefähigen Modernisierungskosten 5. siehe 2 im Sinne der umlagefähigen, aber nicht abgerechneten Modernisierungskosten
Nutzungsflächengrad	Ziel: Feststellung der Objektattraktivität; Herstellung der Vergleichbarkeit[d] Verweis: vgl. Kapitel 6.3, aber auch Objektqualität in Kapitel 3.4.4		
Nutzungskosten	Verweis: vgl. Kapitel 6.5.3		

Tab. 9.2: (Fortsetzung)

Kennzahl, Ausprägung	Ziel/Aussage	Definition	Voraussetzung
Personalkosten 1. Personalkosten absolut 2. durchschnittliche Personalkosten pro m^2 3. durchschnittliche Personalkosten je Mieteinheit 4. durchschnittliche Personalkosten je Organisationseinheit (z. B. Vertrieb)	Ziel: Darstellung der Kosteneffizienz[b], Hinweis auf das Gehaltsniveau; Herstellung der Vergleichbarkeit[d] 1. interne und externe Vergleichsmöglichkeit der absoluten Personalkosten zum Stichtag (Hinweis auf die Effizienz der Unternehmensleistung und Gehaltsniveau) 2. siehe 1 unter dem Aspekt des monetär bewerteten Personaleinsatzes hinsichtlich einer Vergleichsgröße (z. B. Fläche) 3. siehe 1 hinsichtlich einer Vergleichsgröße (z. B. Anzahl der Mieteinheiten) 4. siehe 1 hinsichtlich des Jahresdurchschnitts und der Organisationseinheit	Personalkosten[a], die laufend erforderlich sind 1. Summe der Verwaltungskosten der betrachteten Bezugsgröße (lt. Buchhaltung)[a] 2. Summe aus 1 dividiert durch die Gesamtfläche des betrachteten (Teil-)Portfolios 3. Summe aus 1 dividiert durch die Anzahl der Mieteinheiten des betrachteten (Teil-)Portfolios 4. Summe der Verwaltungskosten für die betrachtete Organisationsseinheit	1. Erfassung der Personalkosten in der Buchhaltung zumindest auf Ebene der Verwaltungseinheit 2. Erfassung der Flächen, die zu den Erfassungsebenen der Personalkosten korrespondieren 3. siehe 2 im Sinne der Mieteinheiten 4. siehe 1 im Sinne der Organisationseinheit
Personalstand 1. Anzahl der Mitarbeiter zum Stichtag 2. durchschnittliche Anzahl der Mitarbeiter im Geschäftsjahr 3. durchschnittliche Anzahl der Mitarbeiter einer Organisationseinheit (z. B. Vertrieb) im Geschäftsjahr 4. durchschnittliche Anzahl der Mitarbeiter bezogen auf eine Vergleichsgröße (z. B. m^2) im Geschäftsjahr 5. durchschnittliche Anzahl der Mitarbeiter bezogen auf eine Vergleichsgröße (z. B. Mieteinheit) im Geschäftsjahr	Ziel: siehe Personalkosten 1. interne und externe Vergleichsmöglichkeit der Mitarbeiterzahl zum Stichtag (Hinweis auf die Effizienz der Unternehmensleistung) 2. siehe 1 hinsichtlich des Jahresdurchschnitts 3. siehe 1 hinsichtlich des Jahresdurchschnitts und der Organisationseinheit 4. siehe 1 hinsichtlich einer Vergleichsgröße (z. B. Fläche) 5. siehe 1 hinsichtlich einer Vergleichsgröße (z. B. Anzahl der Mieteinheiten)	1. Summe der Mitarbeiter zum Stichtag 2. Summe der Mitarbeiter zum Ende des Vorjahres plus die Summe der Mitarbeiter zum Jahresende dividiert durch zwei 3. siehe 2 hinsichtlich einer Organisationseinheit 4. siehe 2 hinsichtlich einer Vergleichsgröße (z. B. Fläche) 5. siehe 2 hinsichtlich einer Vergleichsgröße (z. B. Anzahl der Mieteinheiten)	1. Führung der Gesamtmitarbeiterzahl zum Stichtag 2. Führung der Gesamtmitarbeiterzahl zum Jahresende 3. Führung der Mitarbeiterzahl nach Organisationseinheiten 4. siehe 2 sowie die Erfassung der Mitarbeiter, die mit der Vergleichsgröße korrespondieren 5. siehe 4.

Tab. 9.2: (Fortsetzung)

Kennzahl, Ausprägung	Ziel/Aussage	Definition	Voraussetzung
Rentabilität (vgl. Rendite) 1. Brutto-Rendite 2. Netto-Rendite 3. Miet-Rendite	Ziel: Ermittlung des Zins: Herstellung der Vergleichbarkeit[d] 1. Zins, der durch Mieterträge der Immobilie(n) bezogen auf den Buchwert erwirtschaftet wird. Die Brutto-Rendite kann als Erfolgsmaßstab für die Roherträge aus Immobilien bezogen auf den Buchwert gesehen werden. 2. Zins, der durch Mieterträge abzüglich der Bewirtschaftungskosten der Immobilie(n) bezogen auf den Buchwert erwirtschaftet wird. Die Netto-Rendite kann als Erfolgsmaßstab für den Reinerträge aus Immobilien bezogen auf den Buchwert gesehen werden 3. Zins, der durch Mieterträge abzüglich der Bewirtschaftungskosten der Immobilie(n) bezogen auf den Verkehrswert erwirtschaftet wird. Die Miet-Rendite kann als Erfolgsmaßstab für den Reinerträge aus Immobilien bezogen auf den Verkehrswert gesehen werden.	1. Summe Mieterträge (Mietroherträge) dividiert durch den Buchwert der betrachteten Bezugsgröße[a] 2. Summe Mieterträge minus Bewirtschaftungskosten (Mietreinerträge) dividiert durch den Buchwert der betrachteten Bezugsgröße[a] 3. Summe Mieterträge minus Bewirtschaftungskosten(Mietreinerträge) dividiert durch den Verkehrswert der betrachteten Bezugsgröße[a]	1. Führung von Mietroherträgen und Buchwerten in der (Miet-)Buchhaltung zumindest auf Ebene der Verwaltungseinheit 2. Führung von Mietroherträgen, kumuliert angefallener Bewirtschaftungskosten und Buchwerten zumindest auf Ebene der Verwaltungseinheit 3. Führung von Mietroherträgen, kumuliert angefallener Bewirtschaftungskosten und Verkehrswerten zumindest auf Ebene der Verwaltungseinheit
Return on Investment (ROI) 1. Rentabilität des investierten Kapitals	Ziel: Angabe, welcher Zins/Nutzen[b] erwirtschaftet wird 1. Angabe, welchen Zins/Nutzen das Unternehmen oder der Unternehmensbereich aus der nachhaltigen betriebsbedingten Tätigkeit erwirtschaftet bzw. wie viel Eigenkapitalzuwachs durch das überlassene Vermögen erwirtschaftet wird (Erfolgsmaßstab der Unternehmensleistung)	1. Betriebsergebnis dividiert durch betriebsbedingtes Gesamtkapital des Unternehmens oder Unternehmensbereiches[c]	1. Ausweis des Betriebsergebnisses sowie des betriebsbedingten Gesamtkapitals nach Möglichkeit auf Quartalsbasis und auf Unternehmensbereichsebene
Umsatzrentabilität 1. Umsatzrentabilität in %	Ziel: Angabe, wie viel betriebsbedingter Gewinn je Umsatzeinheit erwirtschaftet wird 1. Angabe, wie viel betriebsbedingter Gewinn je Umsatzeinheit erwirtschaftet wird (Gewinnspanne des Unternehmens) und wie viel Spielraum besteht, Ertragsrückgänge und Kostensteigerungen auffangen zu können.	1. Betriebsergebnis dividiert durch Umsatz des Unternehmens oder Unternehmensbereiches[c]	1. Ausweis des Betriebsergebnisses und des Umsatzes nach Möglichkeit auf Quartalbasis und Unternehmensbereichsebene
Unternehmensklasse	Verweis: Kapitel 4.6.2, Tabelle 4.19		
Unternehmenswert	Verweis: Kapitel 4.6.2, Tabelle 4.18		

Tab. 9.2: (Fortsetzung)

Kennzahl, Ausprägung	Ziel/Aussage	Definition	Voraussetzung
Verkaufserträge 1. Verkaufserträge absolut 2. durchschnittliche Verkaufserträge pro m^2	Ziel: Darstellung des operativen Ergebnisbeitrags und Herstellung der Vergleichbarkeit[d] 1. die Summe der Verkaufserträge stellt den Ergebnisbeitrag von Bestandsverkäufen für das betrachtete (Teil-)Portfolio dar 2. die Verkaufserträge pro m^2 stellen eine interne und externe Vergleichbarkeit verschiedener Immobilien hinsichtlich der Verkaufspreise bezogen auf die Fläche her	1. Summe Verkaufserträge der betrachteten Bezugsgröße[a] (lt. Buchhaltung) 2. Summe Verkaufserträge dividiert durch Gebäudeflächen in m^2 des betrachteten (Teil-)Portfolios	1. Erfassung der Verkaufserträge in der Buchhaltung zumindest auf Ebene der Verwaltungseinheit 2. Erfassung der Flächen, die zu den Erfassungsebenen der Verkaufserträge korrespondieren
Verkehrswert einschl. Bodenwert 1. Verkehrswert absolut 2. Verkehrswert pro m^2	Ziel: Darstellung des Wertes und Herstellung der Vergleichbarkeit[d] 1. die Höhe des Verkehrswertes gibt Aufschluss über einen objektiven tatsächlichen Wert der Immobilie(n) zum Zeitpunkt, auf den sich die Ermittlung bezieht 2. siehe 1. vgl. Buch-/Verkehrswertratio	1. Verkehrswertgutachten 2. Verkehrswert bezogen auf Vergleichsgröße	1. Vorhandensein von Verkehrswerten nach Möglichkeit bis auf Gebäude-/Grundstücksebene 2. Zuordenbarkeit der zu den jeweiligen Verkehrswerten korrespondierenden Vergleichsgrößen
Verschuldungsgrad 1. dynamischer Verschuldungsgrad	Ziel: Darstellung des Cashflow der betrachteten Periode 1. Angabe, wie oft der Cashflow der betrachteten Periode eingesetzt werden muss, um das gesamte Fremdkapital zurückzahlen zu können. Dies erlaubt Rückschlüsse auf das aus der Kapitalstruktur resultierende finanzwirtschaftliche Unternehmensrisiko.	1. gesamte Verbindlichkeiten dividiert durch den Cashflow des Unternehmens oder Unternehmensbereiches[c]	1. Ausweis der gesamten Verbindlichkeiten und Erhebung des möglichst genauen Cashflows

Tab. 9.2: (Fortsetzung)

Kennzahl, Ausprägung	Ziel/Aussage	Definition	Voraussetzung
Verwaltungseinheiten je Mitarbeiter	Ziel: siehe Personalkosten und Verwaltungskosten	Bezugsgröße[a] in Relation zum Personalstand	
Verwaltungskosten 1. Verwaltungskosten absolut 2. durchschnittliche Verwaltungskosten pro m^2 3. durchschnittliche Verwaltungskosten je Mieteinheit	Ziel: Feststellung der Kosteneffizienz der Verwaltung/des Objektmanagements[b]; Herstellung der Vergleichbarkeit[d] 1. die Verwaltungskosten lassen Rückschlüsse auf die Kosteneffizienz der Bestandsverwaltung zu 2. die Verwaltungskosten pro m^2 stellen eine Vergleichbarkeit verschiedener Immobilien hinsichtlich der Kosteneffizienz hinsichtlich der Verwaltung bezogen auf die Fläche her 3. siehe 2. hinsichtlich einer Mieteinheit (nur Wohnungsportfolios) Verweis: vgl Objektmanagementkosten (NGR 200) in Kapitel 6.7	1. Summe der Verwaltungskosten der betrachteten Bezugsgröße[a] 2. Summe aus 1 dividiert durch die Gesamtfläche der betrachteten Bezugsgröße[a] 3. Summe aus 1 dividiert durch die Anzahl der Mieteinheiten der betrachteten Bezugsgröße[a]	1. Erfassung der Bestandteile der Verwaltungskosten in der Buchhaltung zumindest auf Ebene der Verwaltungseinheit 2. Erfassung der Flächen, die zu den Erfassungsebenen der Verwaltungskosten korrespondieren 3. siehe 2 im Sinne der Mieteinheiten
Working Capital	Das Working Capital gibt an, in welchem Maß die kurzfristigen Verbindlichkeiten durch Vermögensteile abgedeckt sind, die in ungefähr gleicher Zeit zu Geld werden bzw. in welchem Umfang eine liquiditätsmäßige Überdeckung der kurzfristigen Verbindlichkeiten durch Kurzfristvermögen vorliegt.	Umlaufvermögen dividiert durch kurzfristige Verbindlichkeiten des Unternehmens oder Unternehmensbereiche	Ausweis der kurzfristigen Verbindlichkeiten sowie des Umlaufvermögens nach Möglichkeit auf Monatsbasis und auf Unternehmensbereichsebene

9.2 Indexreihen

Tab. 9.3: Indexreihen.

NGR	Bezeichnung	Quelle
	Verbraucherpreise	GENESIS-Tabelle: 61111-0005 (2017), 1991–2016 [Statista 2550 (2017)]
	Kaufwerte für Bauland insgesamt	1992–2005 [StBA 61511-0001 (2007)], 2000–2015 [Statista 70274 (2017)]
	Wohnungsmietindex	[StBA 61111-0003 (2007)], 1995–2016 [Statista 70132 (2017)]
	Diskontsatz	[Deutsche_Bundesbank SU0112. SU0114, SU0115 (2017)]
(200)	Löhne	[StBA 62421-0001 (2016)]
	Nominallohnindex	[Statista 20170310 (2017)]
311	Wasserversorgung	Kosten indiziert mittels Indexreihe: [StBA 61111-0005 (2017)], CC0441
	Trinkwasserentgelt in Deutschland nach Bundesland im Jahr 2013	durchschnittliches Trinkwasserentgelt je Kubikmeter und Grundgebühr pro Jahr in Deutschland nach Bundesland im Jahr 2013, [Statista 200294 (2017)]
312	Heizölpreisindex	[Energieagentur NRW (2017)]
312–5	Energiepreissteigerung (Wärme und Kälte)	[StBA 61111-0005 (2017)], CC045 (Strom, Gas und andere Brennstoffe)
316	Stromkosten	[StBA 61111-0005 (2017)], CC0451 (Strom)
316	jährlicher Haushalts-strompreis nach Bundesland im Jahr 2012	jährlicher Haushaltsstrompreis* nach Bundesland im Jahr 2012 und Prognose für 2013, [Statista 249446 (2017)]
316A	Strom (Haushalt)	[Energieagentur NRW (2017a)]
316B	Strom (Sonderabnehmer)	[Energieagentur NRW (2017a)]
321	Abwasserentsorgung	Kosten indiziert mittels Indexreihe: Abwasserentsorgung (CC0443) [StBA 61111-0005 (2007)] Tabelle 61111-0005, 1995–2015 [Statista 72116 (2017)]
321	Abwasserkosten in Deutschland nach Bundesland im Jahr 2010	durchschnittliche Abwasserkosten* je Kubikmeter und Grundgebühr pro Jahr in Deutschland nach Bundesland im Jahr 2010, [Statista 184313 (2017)]
322	Müllgebühren	1995–2015 [Statista 72118 (2017)].
330	Reinigung und Pflege von Gebäuden	[StBA 61111-0005 (2017)], CC0314 (chemische Reinigung u. a. Dienstleistungen von Bekleidung)
340	Reinigung und Pflege von Außenanlagen	[StBA 62421-0001 (2017)], AKI WZ08-G-03 (Arbeitskostenindizes: Deutschland, Quartale, Wirtschaftsbereiche, Bereinigungsverfahren: BV4.1 kalender- und saisonbereinigt)
350	(Prüfung), Bedienung, Inspektion und Wartung	[StBA 61111-0005 (2017)], CC0432 (Dienstleistungen für Instandhaltung und Reparatur der Wohnung)
371	Versicherung	[StBA 61111-0005 (2017)], CC1252 (Versicherungsdienstleistungen für die Wohnung)
385	Versorgungskosten	[StBA 62421-0001 (2017)], AKI WZ08-I (Arbeitskostenindizes: Deutschland, Quartale, Wirtschaftsbereiche, Bereinigungsverfahren: BV4.1 kalender- und saisonbereinigt: Gastgewerbe)
350/400	Instandhaltungskosten	[StBA 61111-0005 (2017)]
400	Baupreisindizes Bauleistungen mit Umsatzsteuer	1971–1994 Kosten indiziert mittels Indexreihe: Baupreisindizes Bauleistungen mit Umsatzsteuer (BPI mit MwSt.) [StBA 61261-0013 (2017)] Tabelle 61261-0013

9.3 Risiko, Schadensausmaß und Eintrittswahrscheinlichkeit

9.3.1 Risikomatrix

Tab. 9.4: Punktematrix zur Analyse des Risikos.[3]

Risikobeurteilung		S	EwT	EwM	EwN	Punkte
Naturereignisse						
1	Hurrikan					
2	Tornado					
3	ernstes Gewitter					
4	Schneefall					
5	Erdbeben					
6	Überschwemmung (außen)					
7	Großflächenbrand					
8	Bergrutsch					
9	Sonstiges					
Menschliches Handeln						
1	Unfallopfer					
2	Terrorismus					
3	Geiselnahme					
4	Gefahren im Labor					
5	Bombendrohung					
Technisches Ereignisse						
1	elektrische Fehlfunktion					
2	Fehler Stromgenerator					
3	Fehler Wasserversorgung					
4	Fehler Abwasserkanal					
5	Fehler Feueralarmsystem					
6	Fehler Kommunikationssystem					
7	HLSK-Fehler					
8	Feuer (innerhalb)					
9	Überschwemmung (innen)					
10	Explosion (innen)					

9.3.2 Schadensklassen und Sicherheitsanforderungen

Tab. 9.5: Schadensklassen im Facility-Management.[4]

Kl.	Schadensausmaß (ideell)	(monetär)	SI
A	Zahlreiche (> 5) Menschenleben (ggf. mit gleichzeitig hohem Sachschaden und/oder Strafe/Bußgeld)	nicht quantifizierbar	100
B	einzelne (≤ 5) Menschenleben	nicht quantifizierbar	90
C	Freiheitsstrafe bis zu 5 Jahre	nicht quantifizierbar	70

3 Vgl. [TERADYNE (2005)], S. 23.

4 Vgl. [GEFMA 192 2013-03], S. 9, inhaltlich übernommen.

Tab. 9.5: (Fortsetzung)

Kl.	Schadensausmaß (ideell)	(monetär)	SI
D	Freiheitsstrafe bis zu 1 Jahr	nicht quantifizierbar	60
E	erheblicher Sach-/Vermögensschaden (ggf. mit Betriebsunterbrechung)	individuell festzulegen	55
F	erheblicher bleibender Gesundheitsschaden	bedingt quantifizierbar	50
G	erheblicher Umweltschaden	> 1.000.000 €	40
H	Imageschaden in der Öffentlichkeit	individuell festzulegen	30
I	geringer Umweltschaden	≤ 1.000.000 €	25
J	Sach-/Vermögensschaden, Ordnungswidrigkeit	≤ 1.000.000 €	20
K	Sach-/Vermögensschaden, Ordnungswidrigkeit	≤ 500.000 €	15
L	Sach-/Vermögens., Ordnungswidrigkeit, Schadensersatzleistung (versichert)	≤ 100.000 €	10
M	vorübergehender Gesundheitsschaden	≤ 50.000 €	5
N	Verlust des Versicherungsschutzes	je nach Schadenshöhe	55

Tab. 9.6: Klassifizierung der Sicherheitsanforderungen.[5]

Kl.	Konsequenz	Beispiel
1	Lebensgefahr	plötzliches Versagen der Tragstruktur
2	Verletzungsgefahr	lose Trittstufe
3	Gesundheitsgefahr	Dampfeintritt
4	kostenintensive Instandsetzung	teures Gerüst erforderlich
5	wiederholte Instandsetzungsmaßnahme	Fensterbeschläge austauschen
6	Nutzungsunterbrechung	Heizungsausfall
7	beeinträchtigte Sicherheit	defekte Türe
8	keine besonderen Probleme	Ersatz von Leuchtmitteln

9.3.3 Eintrittswahrscheinlichkeiten

Tab. 9.7: Eintrittswahrscheinlichkeiten für technisches Versagen.[6]

Kl.	Beschreibung (Technik)	Eintrittswahrscheinlichkeit	EnT
1	guter bis sehr guter Zustand, laufend überwacht (mittels Gebäudeautomation), erkannte Mängel unverzüglich beseitigt, etwaige Umbauten/wesentliche Änderungen nur mit anschließender Prüfung	gering (0,01–0,10)	
2	befriedigender Zustand, sporadisch überwacht (manuell), erkannte Mängel weitestgehend beseitigt, etwaige Umbauten/wesentliche Änderungen teilweise mit anschließender Prüfung	mittel (0,15–0,25)	
3	mangelhafter Zustand (je nach Art des Mangels) oder unbekannter Zustand, nicht überwacht, erkannte Mängel weitestgehend nicht beseitigt, etwaige Umbauten/wesentliche Änderungen ohne anschließender Prüfung	erhöht (0,35–0,50)	
4	bekanntermaßen mehr oder weniger funktionsuntüchtig	hoch (0,55–01,00)	

5 Vgl. [ISO 15686-1 2011-05], S. 18.

6 Vgl. [GEFMA 192 2013-03], S. 9, inhaltlich übernommen.

Tab. 9.8: Eintrittswahrscheinlichkeiten für menschliches/organisatorisches Versagen.[7]

Kl.	Beschreibung (Mensch/Organisation)	Eintrittswahrscheinlichkeit	EwM
1 a	– Eine hochentwickelte FM-Organisation besteht; Zuständigkeiten sind klar geregelt und – Bedienung und Instandhaltung sind an erwiesenermaßen qualifizierte Mitarbeiter bzw. Fremddienstleister delegiert und – gesetzliche Prüfungen nach Änderungen/Umbauten sowie wiederkehrende Prüfungen an Anlagen werden durchgeführt und – eigene Mitarbeiter werden nach Bedarf geschult bzw. Fremddienstleister werden vor Ort eingewiesen und Beschäftigte werden regelmäßig bezüglich sicherheitsrelevanten Verhaltens unterwiesen und – Aufsicht und Fehlerkorrektur erfolgen.	sehr gering (0,05–0,15)	
1 b	oben genannte Merkmale sind zu etwa 75 % erfüllt	gering (0,20–0,25)	
2	oben genannte Merkmale sind zu etwa 50 % erfüllt	mittel (0,30–0,35)	
3	oben genannte Merkmale sind überwiegend nicht erfüllt	erhöht (0,40–0,50)	
4	grob fahrlässiges oder vorsätzliches falsches Handeln	hoch (0,55–01,00)	

Tab. 9.9: Eintrittswahrscheinlichkeiten für Naturkatastrophen.[8]

Kl.	Beschreibung (Naturkatastrophe)	Eintrittswahrscheinlichkeit	EwN
1	Hurrikan	gering (0,20–0,25)	
2	Tornado	gering (0,20–0,25)	
3	ernstes Gewitter	gering (0,20–0,25)	
4	Schneefall	gering (0,20–0,25)	
5	Erdbeben	hoch (0,55–01,00)	
6	Überschwemmung (außen)	gering (0,20–0,25)	
7	Großflächenbrand	hoch (0,55–01,00)	
8	Bergrutsch	gering (0,20–0,25)	
9	Sonstiges	1,0	

7 Vgl. [GEFMA 192 2013-03], S. 9, inhaltlich übernommen.

8 Vgl. [TERADYNE (2005)], S. 23.

9.4 Service-Level-Agreements (SLAs)

Tab. 9.10: Pflegestufen/Service-Level-Agreements für Freianlagen (Rasen und Ansaaten).[9]

Pos.	Objekt/Pflegearbeiten	EH	Stufe 1 (hoch)	Stufe 2 (mittel)	Stufe 3 (niedrig)
500.00	Außenanlagen				
570.00	Pflanz- und Saatflächen				
575.00	Rasen und Ansaaten				
575.10	Zierrasen	m^2			
	– Unrat entfernen		täglich–wöchentl.	14-tägig	1 × monatlich
	– Laub entfernen		5–6 × im Jahr	3–4 × im Jahr	2 × im Jahr
	– unerwünschten Aufwuchs entfernen		3–4 × im Jahr	2 × im Jahr	1 × im Jahr
	– mähen		50–60 × im Jahr	40–50 × im Jahr	30–40 × im Jahr
	– beregnen		20–25 × im Jahr	15–20 × im Jahr	10–15 × im Jahr
	– düngen		4 × im Jahr	2 × im Jahr	1 × im Jahr
	– aerifizieren		2 × im Jahr	1 × im Jahr	1 × im Jahr
	– vertikutieren		2 × im Jahr	1 × im Jahr	1 × im Jahr
	– nachsäen		auf Anforderung		
575.20	Strapazierrasen	m^2			
	– Unrat entfernen		täglich–wöchentl.	1–2 × monatlich	1 × monatlich
	– Laub entfernen		5–6 × im Jahr	3–4 × im Jahr	2 × im Jahr
	– mähen		40–50 × im Jahr	30–40 × im Jahr	20–30 × im Jahr
	– beregnen		10–20 × im Jahr	5–10 × im Jahr	auf Anf.
	– düngen		4 × im Jahr	2 × im Jahr	1 × im Jahr
	– aerifizieren		2 × im Jahr	1 × im Jahr	auf Anforderung
	– vertikutieren		2 × im Jahr	1 × im Jahr	auf Anforderung
	– nachsäen		auf Anforderung		
575.30	Gebrauchsrasen	m^2			
	– Unrat entfernen		täglich–wöchentl.	14-tägig	1 × monatlich
	– Laub entfernen		5–6 × im Jahr	3–4 × im Jahr	2 × im Jahr
	– mähen		20–30 × im Jahr	15–20 × im Jahr	10–15 × im Jahr
	– beregnen		auf Anforderung	1 × im Jahr	auf Anforderung
	– düngen		2 × im Jahr	auf Anf.	auf Anforderung
	– aerifizieren		1 × im Jahr	auf Anf.	auf Anforderung.
	– vertikutieren		1 × im Jahr		
	– nachsäen		auf Anforderung		
575.40	Wiese (Landschaftsrasen, Blumenwiese)	m^2			
	– Unrat entfernen		wöchentlich	14-tägig	1 × monatlich
	– Laub entfernen		3 × im Jahr	1–2 × im Jahr	auf Anforderung
	– mähen		3 × im Jahr	2 × im Jahr	1 × im Jahr

9 Vgl. [FLL (2009)], FLL-Objektartenkatalog Freianlagen (OK FREI) (auf Anf. = auf Anforderung).

9.5 Nutzungskosten und -simulation

9.5.1 Ausführungsvarianten sowie Zu-/Abschläge

Tab. 9.11: Ausführungsvarianten und Zu-/Abschläge.[10]

BT	Bez.	Ausführungsvariante	NGR	Basis, Faktoren, Zu-/Abschläge
320	Gründung	1. Parkett 2. Textile Beläge 3. Epoxidharzbeschichtung 4. Linoleum 5. Laminat 6. PVC, Polyolefinbeläge 7. Keramikfliese glasiert 8. Estrich/Beton 9. Betonwerkstein (geschliffen)	331	Unterhaltsreinigung: 1. Häufigkeit 2. Überstellung 3. Konstruktion 4. Planungsqualität 5. Porosität 6. Reinigungsklasse
			351	Bedienung und Prüfung (Basis WBW, Faktoren)
			352	Inspektion und Wartung (Basis WBW, Faktoren)
			411	Instandsetzung (Basis WBW, Zyklen)
330	Außenwände	1. Glasfassade 2. Fassade gegen Erdreich 3. Monolithisches Mauerwerk 4. Massivfassade (WDVS) 5. Massivfassade (Naturstein) 6. Holzfassade 7. Metallfassade 8. Metallfassade und Stahlkonstruktion 9. Außentore und -fenster	333	Fassadenreinigung 1. Häufigkeit 2. Konstruktion 3. Zugänglichkeit
			351	Bedienung und Prüfung (Basis WBW, Faktoren) 1. Beanspruchung
			352	Inspektion und Wartung (Basis WBW, Faktoren)
			412	Instandsetzung (Basis WBW, Zyklen)
334	Außenfenster und -türen	1. Ganzglasfenster 2. Kunststofffenster/-türen 3. Holzfenster/-türen 4. Aluminiumfenster/-türen 5. Stahlfenster/-türen 6. Verbundkonstruktionen 7. – 8. Türen 9. Tore	332	Glasreinigung 1. Häufigkeit 2. Konstruktion 3. Zugänglichkeit
			351	Bedienung und Prüfung (Basis WBW, Faktoren)
			352	Inspektion und Wartung (Basis WBW, Faktoren)
			412	Instandsetzung (Basis WBW, Zyklen)
338	Sonnenschutz	1. Textiler Sonnenschutz 2. Markisen 3. Rollladen (Holz) 4. Rollladen (Kunststoff) 5. Rollladen (Aluminium) 6. Lamellen (Kunststoff) 7. Lamellen (Aluminium) 8. Horizontaler Sonnenschutz 9. Ohne besonderen Sonnenschutz	332	Glasreinigung 1. Häufigkeit 2. Konstruktion 3. Zugänglichkeit
			351	Bedienung und Prüfung (Basis WBW, Faktoren)
			352	Inspektion und Wartung (Basis WBW, Faktoren)
			412	Instandsetzung (Basis WBW, Zyklen)

10 BT = Bauteil in Anlehnung an KGR der DIN 276, NKO = Nutzungskostengruppen (Kostengruppen) gemäß [DIN 18960 2008-02].

Tab. 9.11: (Fortsetzung)

BT	Bez.	Ausführungsvariante	NGR	Basis, Faktoren, Zu-/Abschläge
340	Innenwände	1. Glaswände 2. Sichtbetonwände 3. Massivwände (verputzt) 4. Holzwände 5. Gipskartonwände 6. Sonstige Konstruktionen 7. Innentore 8. Innentüren 9. Innenfenster	413	Innenwände (Basis WBW, Zyklen)
350	Decken	– 9 Ausführungsvarianten	331 351 352 414	analog BT320 analog BT320 analog BT320 Instandsetzung (Basis WBW, Zyklen)
360	Dächer	1. Befahrbares Dach 2. Flachdach (ohne Begrünung) 3. Flachdach (extensive Begrünung) 4. Flachdach (intensive Begrünung) 5. Schrägdach (Ziegel, Schiefer) 6. Schrägdach (Platten) 7. Schrägdach (Holz) 8. Schrägdach (Kupfer, Zink) 9. Dachfenster und -kuppeln	332 352 415	Glasreinigung 1. Häufigkeit 2. Konstruktion 3. Zugänglichkeit analog BT320 Instandsetzung (Basis WBW, Zyklen)
410	Abwasser-, Wasser, Gasanlagen	1. Abwasseranlagen 2. Wasseranlagen 3. Gasanlagen	351 353 421	Prüfung und Bedienung (Basis WBW, Faktoren) 1. Wasseraufbereitung Inspektion und Wartung (Basis WBW, Faktoren) 1. Anlagengröße Instandsetzung (Basis WBW, Zyklen)
420	Wärmeversorgungsanlagen	1. Blockheizkraftwerke 2. Biomasse 3. Solarthermie 4. Erdwärme 5. Hackschnitzelanlage/ Pellet 6. Kohleheizung 7. Ölheizung 8. Fernwärme 9. Gasheizung	351 352 422	Prüfung und Bedienung (Basis WBW, Faktoren) 1. Nutzerbedarf 2. Personalaufwand 3. Qualifizierung Inspektion und Wartung (Basis WBW, Faktoren) 1. Anlagengröße 2. Planungsqualität 3. Störanfälligkeit 4. Personalaufwand 5. Leistungserbringungsart Instandsetzung (Basis WBW, Zyklen) 1. Anlagengröße

Tab. 9.11: (Fortsetzung)

BT	Bez.	Ausführungsvariante	NGR	Basis, Faktoren, Zu-/Abschläge
430	Lufttechnische Anlagen	1. Lüftungsanlagen 2. Teilklimaanlagen 3. Klimaanlagen 4. Kälteanlagen 5. Splitgeräte	351 352 423	Prüfung und Bedienung (Basis WBW, Faktoren) 1. Nutzerbedarf 2. Betriebszeiten 3. Personalaufwand Inspektion und Wartung (Basis WBW, Faktoren) 1. Anlagengröße 2. Planungsqualität 3. Störanfälligkeit 4. Leistungserbringungsart Instandsetzung (Basis WBW, Zyklen) 1. Anlagengröße
440	Starkstrom-anlagen	1. Blockheizkraftwerke 2. Biomasse 3. Fotovoltaik 4. Fremdversorgung 5. Notstromversorgungsanlagen	351 353 424	Prüfung und Bedienung (Basis WBW, Faktoren) 1. Anlagengröße Inspektion und Wartung (Basis WBW, Faktoren) 1. Anlagengröße Instandsetzung (Basis WBW, Zyklen)
450	Fernmelde- und informationstech-nische Anlagen	1. Telekommunikationsanlagen 2. Such- und Signalanlagen 3. Zeitdienstansagen 4. Elektroakustische Anlagen 5. Fernseh- und Antennenanlagen 6. Gefahrenmelde- und Alarmanlagen 7. Übertragungsnetze	351 353 425	Prüfung und Bedienung (Basis WBW, Faktoren) 1. Qualifizierung Inspektion und Wartung (Basis WBW, Faktoren) Instandsetzung (Basis WBW, Zyklen)
460	Förderanlagen	1. Aufzugsanlagen 2. Fahrtreppen, Fahrsteige 3. Befahranlagen 4. Transportanlagen 5. Krananlagen	331 351 352 426	Unterhaltsreinigung 1. Beanspruchung Prüfung und Bedienung (Basis WBW, Faktoren) Inspektion und Wartung (Basis WBW, Faktoren) Instandsetzung (Basis WBW, Zyklen)
470	Nutzungsspezifische Anlagen	1. Küchentechnische Anlagen 2. Wäscherei- und Reinigungsanlagen 3. Medienversorgungsanlagen 4. Medizin- und labortechnische Anlagen 5. Feuerlöschanlagen 6. Badetechnische Anlagen 7. Prozesswärme-, kälte- und luftanlagen 8. Entsorgungsanlagen 9. Nutzungsspezifische Anlagen, sonstiges	351 353 425	Prüfung und Bedienung (Basis WBW, Faktoren) Inspektion und Wartung (Basis WBW, Faktoren) 1. Stundensatz (DL) Instandsetzung (Basis WBW, Zyklen)

Tab. 9.11: (Fortsetzung)

BT	Bez.	Ausführungsvariante	NGR	Basis, Faktoren, Zu-/Abschläge
480	Gebäude-automation	1. Low (Komponenten des Herstellers) 2. Semi (Planungsleistungen) 3. Professional (ausgeprägte Gebäudeleittechnik) 4. Pilotmonitoring	351	Prüfung und Bedienung (Basis WBW, Faktoren) 1. Personalaufwand 2. Qualifizierung
			353	Inspektion und Wartung (Basis WBW, Faktoren) 1. Störanfälligkeit 2. Stundensatz (DL)
			425	Instandsetzung (Basis WBW, Zyklen)
500	Außenanlagen	1. Wege 2. Straßen 3. Plätze, Höfe 4. Stellplatzflächen 5. (Wiesen-) und Rasenflächen 6. Pflanzflächen (Beete und Stauden) 7. Gehölzflächen 8. Bäume 9. Wasserflächen	340	Reinigung und Pflege 1. Befestigte Fläche 2. Pflanz- und Grünflächen 3. Wasserflächen 4. Baukonstruktion 5. Technische Anlagen 6. Einbauten
			351	Prüfung und Bedienung (Basis WBW, Faktoren)
			352	Inspektion und Wartung (Basis WBW, Faktoren)
			430	Instandsetzung (Basis WBW, Zyklen) 1. Geländeflächen 2. Befestigte Fläche 3. Baukonstruktion 4. Technische Anlagen 5. Einbauten

9.5.2 Schadstoffe in Innenräumen

Tab. 9.12: Die häufigsten Schadstoffe in Innenräumen und ihre Wirkung auf den Menschen.[11]

Nr.	Wirkung auf Menschen	Schadstoff	Häufige Quellen	Abhilfe
1.	– Schleimhaut- und Bindehautentzündung, Schnupfen, allergisches Asthma	– Allergene	– Hausstaub, Schimmelpilzsporen, Tierepithelien, Baumaterialien, Pflanzen, Latex	– spezielle Staubsauger, keine Haustiere halten, Produkte für Allergiker verwenden, Schimmelbefall entfernen und Ursache bekämpfen
2.	– Asbestose, Rippen- und Bauchfellkrebs	– Asbest*	– Brandschutz- und Dichtungsmaterial, Rückenbeschichtungen älterer PVC-Böden, Nachtspeicheröfen	– Asbest von Fachleuten entfernen lassen

11 Vgl. [Tappler, P. (2009d)], S. 8 f.

Tab. 9.12: (Fortsetzung)

Nr.	Wirkung auf Menschen	Schadstoff	Häufige Quellen	Abhilfe
3.	– Kopfschmerzen, Übelkeit, Schädigung des Nervensystems, bei PCP u. U. auch Leberkrebs	– Biozide (Pcp*, Lindan*, Pyrethroide)	– Holzschutzmittel, Lacke, Teppiche, Schädlingsbekämpfung, Elektroverdampfer („Gelsenstecker“)	– Gegenstände und Materialien, die Schadstoffe abgeben, entfernen oder geeignet abdichten, Fliegengitter
4.	– Indikator für vom Menschen verunreinigte Raumluft	– CO_2 (Kohlenstoffdioxid)	– Menschen, Haustiere, Verbrennungsvorgänge, Autoabgase	– häufiger Lüften, raumlufttechnische Anlagen, zentrale Garderoben in Schulen
5.	– Schädigung der Atemwege und Beeinträchtigungen der Lungenfunktion, Herz-Kreislauferkrankungen, erhöhte Sterblichkeit	– Feinstaub	– Tabakrauch, Kerzen, Räucherstäbchen, Außenluft, Bürogeräte, Tonerdrucker, Staubsauger	– Feinstaubfilter bei raumluft-technischen Anlagen, Rauchen einstellen, Zentralstaubsauganlagen
6.	– Reizung der Augen und der Atemwege, Unwohlsein, Kopfschmerzen, in höheren Konzentrationen krebserregend	– Formaldehyd	– Tabakrauch, Spanplatten und Holzwerkstoffe, Dispersionskleber, Lacke, Parkettversiegelungen, Desinfektionsmittel, offene Gasflammen	– Rauchen einstellen, formaldehydfreie Produkte vorziehen, Schadstoffquelle entfernen oder abdichten
7.	– Belästigung, Befindlichkeitsstörungen möglich, Stressfaktor	– Gerüche	– Möbel und Fußbodenlacke, Naturstoffe, Abflussrohre, undichte Gebäude, Duftöle, menschl. Körpergeruch	– Ursache der Gerüche herausfinden und sanieren
8.	– Herz- und Sehstörungen, Kopfschmerzen, Schwindel, Funktionsstörungen des zentralen Nervensystems, inneres Ersticken	– Kohlenmonoxid, Stickoxide	– undichte Öfen und Kamine, Durchlauferhitzer ohne Abzug, Gasherde, Garagen, Dohlennest in Kaminen	– Geräte regelmäßig überprüfen lassen, alte Geräte erneuern
9.	– Krebs, Geruchsbelästigung	– PAK* (Polyzyklische Aromatische Kohlenwasserstoffe)	– Parkettkleber, Feuchteabdichtungen, Karbolineum	– abdichten oder entfernen
10.	– Schädigung der Leibesfrucht, Beeinträchtigung des Immunsystems, Krebsverdacht	– PCB* (polychlorierte Biphenyle)	– Fugen- und Dichtungsmassen, Kleinkondensatoren in Leuchtstofflampen, alte Wandfarben	– von Fachleuten entfernen lassen

Tab. 9.12: (Fortsetzung)

Nr.	Wirkung auf Menschen	Schadstoff	Häufige Quellen	Abhilfe
11.	– Schädigung des Nervensystems, Reizung der Schleimhäute (v. a. Augen), Kopfschmerzen, Müdigkeit, Atemwegserkrankungen, möglicherweise krebserregend	– PER (Tetrachlorethen)	– chemische Reinigungsbetriebe, chemisch gereinigte Kleidung, Metallentfettung	– PER-freie Reinigungsverfahren, Kleidung wählen, die keine chemische Reinigung erfordert, Gewerbebetrieb sanieren
12.	– Lungenkrebs	– Radon	– Erdreich, Baustoffe, Mineraliensammlungen, Erdgas, Leitungswasser	– abdichten, belüften
13.	– Allergien, Reizungen, Geruchsbelästigung, Infektionen	– Schimmelpilzsporen und -toxine, Bakterien	– Schimmelbildung an Bauteilen, Keimbildung in Klimaanlagen und Luftbefeuchtern	– Ursachen nachhaltig beseitigen: Sanierung von Bauschäden, Luftfeuchte reduzieren, belüften
14.	– Herz-Kreislauf- und Atemwegserkrankungen, Lungenkrebs, Asthma	– Tabakrauch	– Zigaretten, Zigarren, Pfeifen	– Rauchen in Innenräumen einstellen
15.	– Reizung des Atmungstrakts, Beeinträchtigung des Nervensystems, Geruchsbelästigung, Befindlichkeitsstörungen, zum Teil krebserregend	– VOC (flüchtige organische Verbindungen)	– Lösungsmittel, Farben, Lacke, Kleber, Ausgleichsmassen, Gewerbebetriebe (z. B. Putzereien, Lackieranlagen)	– lüften, lösungsmittelfreie Produkte verwenden, Quelle entfernen oderabdichten, Gewerbebetrieb sanieren
16.	– diverse langfristige gesundheitliche Schäden	– Weichmacher, Flammschutzmittel	– PVC-Produkte (z. B. Bodenbeläge, Textilien etc.), diverse Kunststoffe, elektronische Geräte, Wandfarben	– weichmacherfreie Produkte verwenden, Produktdeklarationen beachten

9.6 Schulungsmaßnahmen für Hausmeister

Tab. 9.13: Beispiele für Schulungsmaßnahmen von Hausmeistern.[12]

	Schulungsmaßnahme	Turnus	Anbieter
a.	Außentätigkeiten: Bezeichnung der Schulung, mögliche Anbieter		
	Arbeitssicherheit und Arbeitstechnik im Umgang mit Freischneidern		Unfallkasse, Gartengerätehersteller
	Kettensägenlehrgang, Führen von Maschinen	nach Bedarf	Fremdanbieter, Unfallkasse
	Kraftfahrerschulung		technische Dienste
b.	Reinigung: Bezeichnung der Schulung, mögliche Anbieter		
	Gebäudereinigung, Legionellenbekämpfung, -vermeidung, Schimmelbeseitigung/-vermeidung		privater Anbieter, intern z. B. durch Bereich Gebäudereinigung
	Qualifizierung von Reinigungskräften		Volkshochschule, Gebäudereinigungsschulen
d.	allgemeine Tätigkeiten: Bezeichnung der Schulung, mögliche Anbieter		
	Einweisung in die Hausmeisterdienste		Eigenmaßnahme
	„Als Hausmeister noch erfolgreicher sein"		privater Anbieter
	Grundkurs EDV, Computerkurse		eigene EDV-Abteilung, Unfallkasse
	Information über aktuelle Themen, z. B. sicherheitstechnische Vorschriften, Wartung technischer Anlagen einschließlich Nachweispflichten, Arbeitssicherheitsvorschriften, tarifrechtliche Vorschriften, Angelegenheiten der Innenreinigung usw. im Rahmen der regelmäßigen Dienstbesprechungen		Eigenmaßnahme
	Teamentwicklungsworkshop – nicht lehrendes Personal	freiwillig zur Optimierung der Zusammenarbeit	privater Anbieter
f.	Sonstiges: Bezeichnung der Schulung, mögliche Anbieter		
	sicheres Einschreiten im Umfeld Schule		Studieninstitut
	sachkundige Person in Versammlungsstätten	Versammlungs-stättenverordnung	Unfallkasse, externe Anbieter
	Umgang mit Mitarbeitern, Stressbewältigung etc.		städt. betrieblicher Sozialdienst, Fremddozenten, Städteakademie
	Umgang mit schwierigen Personen		Polizei, intern z. B. betrieblicher Sozialdienst

12 Vgl. [KGSt B 5-2010], S. 63 ff., 73 ff.

Tab. 9.13: (Fortsetzung)

	Schulungsmaßnahme	Turnus	Anbieter
h.	Sicherheit: Bezeichnung der Schulung, mögliche Anbieter		
	Infektionsschutz	Pflicht	Stadt, betriebsärztlicher Dienst
	Sicherheitsbeauftragte	ArbSchG, § 22 SGB VII, ASi	Unfallkasse, Sicherheitsingenieur des Betriebsarztzentrums, eigene Durchführung
	Sportvereine: sicheres und gesundes Bauen und Renovieren	Aufgaben und Leistungen von Landessportbund und VBG	Akademie für Arbeitssicherheit und Gesundheitsschutz
	Umgang mit Schadstoffen und Feinstaub	freiwillig	Eigenmaßnahme
	Brandschutz, vorbeugender	§ 10 ASG	Feuerwehr
	Brandschutz: Feuerlöschübungen bzw. Übungen im Umgang mit Feuerlöschern	§ 4 ArbStättV, Verkehrssicherungspflicht	Feuerwehr
	Brandschutz: Verhalten im Brandfall		Unfallkasse
	brandschutztechnische Unterweisung		Feuerwehr
	Brandschutzverordnung für Schulen		eigene Durchführung
i.	Tätigkeiten Elektro: Bezeichnung der Schulung, mögliche Anbieter Aufzugswärterprüfung		
	Bedienerschulung haustechnischer Anlagen und Gebäudeleittechnik		privater Anbieter (für alle Haustechniker)
	Einweisung in die Prüfung ortsveränderlicher elektrischer Betriebsmittel		Unfallkasse, Anbieter für technische Überwachungen
	elektrisch unterwiesenen Personen (EuP); BGV A3	Unfallverhütungsvorschriften (UVV), neue Grenzwerte der DIN VDE 702	Eigenmaßnahme, privater Anbieter, Berufsschule, Anbieter für technische Überwachungen
	sicherheitstechnische Unterweisung und regelmäßige Prüfungen ortsveränderlicher elektrischer Betriebsmittel		Unfallkasse
	Fotovoltaik-Überwachung	Verkehrssicherungspflicht	Hersteller
j.	Tätigkeiten Wärme: Bezeichnung der Schulung, mögliche Anbieter		
	Energieeinsparung in Gebäuden		private Träger, Energieanbieter, Eigendurchführung, z. B. durch Umweltamt
	Energieüberwachung		Eigendurchführung, z. B. durch Umweltamt
	Regelungstechnik in Gebäuden		Fachfirma vor Ort
	Schwimmbadtechnik		Eigenmaßnahme, Unfallkasse

Tab. 9.13: (Fortsetzung)

	Schulungsmaßnahme	**Turnus**	**Anbieter**
k.	Wartung/Inspektion: Bezeichnung der Schulung, mögliche Anbieter		
	Einweisung Schulhof- und Spielgerätekontrollen		Unfallkasse, Gartenbauamt
	Sicherheitsbeauftragter im äußeren Schulbereich		Unfallkasse, intern über Sicherheitsfachkraft
	Spielgeräte Sichtprüfung	DIN 1176 Teil 1 und DIN 1177, BGB, Verkehrssicherungspflicht	eigene Durchführung durch Umwelt- und Gartenamt
	Spielplatzkontrolle; auch auf Schulhöfen	Unfallverhütungsvorschriften, EN 1176 Teil 1 und Teil 7	privater Anbieter, Gartenbauamt
l.	Personenschutz: Bezeichnung der Schulung, mögliche Anbieter		
	allgemeine Arbeitsschutzbelehrung bzw. Sicherheitsunterweisung (1x/Jahr)		Landkreis (städtische Sicherheitsfachkraft), Unfallkasse
	Defibrillatorschulung		Wohlfahrtsverbände, Rettungsdienste
	Einweisung „Sicherer Umgang mit Leitern"		Sicherheitsingenieur, intern durch Sicherheitsfachkraft, Unfallkasse
	Erste Hilfe	§ 10 ArbSchG und SGB VII	Wohlfahrtsverbände, Rettungsdienste
	Erste Hilfe plus AED- Training FR2	VBG § 68 FEV LK Peine	Wohlfahrtsverbände, Rettungsdienste
	Ersthelfer		Wohlfahrtsverbände, Feuerwehr, Rettungsdienste

Abkürzungsverzeichnis

a	Jahr
AbfG	Abfallgesetz
AbwV	Abwasserverordnung
ABZ	Allgemeinen Baugenossenschaft Zürich
ACD	Automatic Call Distribution
AEntG	Arbeitnehmer-Entsendegesetz
AfA	Absetzung für Abnutzung (Abschreibungssatz im Steuerrecht)
AFU-Bau	Ausführungsunterlage-Bau
AG	Auftraggeber
AGFW	Energieeffizienzverband für Wärme, Kälte und KWK e. V.
AGI	Arbeitsgemeinschaft Industriebau
AHO	Ausschuss der Verbände und Kammern der Ingenieure und Architekten für die Honorarordnung e. V.
AIA	Auftraggeber Informationsanforderung
AIFM	Alternative Investment Funds Managers Directive
AktG	Aktiengesetz
AKS	Allgemeines Kennzeichnungssystem
ALG	Arbeitslosengeld
AMEV	Arbeitskreis Maschinen- und Elektrotechnik staatlicher und kommunaler Verwaltungen
AN	Auftragnehmer
AP	Arbeitsplatz
ArbSchG	Arbeitsschutzgesetz
ArbStättV	Arbeitsstättenverordnung
ARGEBAU	Arbeitsgemeinschaft der für das Bau- und Siedlungswesen zuständigen Minister und Senatoren der Länder
ARH	Arbeitszeitrichtwert
ASP	Application-Service-Providing
Association HQE	Association pour la Haute Qualité Environnementale
ATV	Allgemeine Technische Vertragsbedingungen
AV	Anlagevermögen
AVA	Ausschreibung-Vergabe-Abrechnungs-System
B.I.L.D.	Betreuen – Inganghalten – Liefern – Dokumentieren
B.KWK	Bundesverband Kraft-Wärme-Kopplung e. V.
BA	Betriebsmittel, ablaufbedingtes Unterbrechen
BAB	Betriebsabrechnungsbogen
BaFin	Bundesanstalt für Finanzdienstleistungsaufsicht
BaK	Bundesamt für Konjunkturfragen
BAM	Building Assembly Model(ing)
BASF	Badische Anilin- & Soda-Fabrik
BASTA	BASF-Standortatlas
BauNVO	Baunutzungsverordnung
BBA	Akademie der Immobilienwirtschaft e. V., Berlin
BBodSchG	Bundes-Bodenschutzgesetz
BBSR	Bundesinstitut für Bau-, Stadt- und Raumforschung im Bundesamt für Bauwesen und Raumordnung
BBU	Verband Berlin-Brandenburgischer Wohnungsunternehmen
BDEW	Bundesverband der Energie- und Wasserwirtschaft
BEM	Building Elimination Model(ing)
BetrSichV	Verordnung über Sicherheit und Gesundheitsschutz
BFW	Bundesverband Freier Wohnungsunternehmen
BGB	Bürgerliches Gesetzbuch
BGF	Brutto-Grundfläche
BBG	Behindertengleichstellungsgesetz

https://doi.org/10.1515/9783110480863-010

BGI	Berufsgenossenschaftliche Information für Sicherheit und Gesundheit bei der Arbeit
BGW	Bundesverband der deutschen Gas- und Wasserwirtschaft
BH	Betriebsmittel, Hauptnutzung
BHKW	Blockheizkraftwerk
BHO	Bundeshaushaltsordnung
BI	Betriebsmittel, im Einsatz
BIM	Building Information Model(ing)
BIMA	Bundesanstalt für Immobilienaufgaben
BImSchG	Bundes-Immissionsschutzgesetz
BIP	Bruttoinlandsprodukt
BKI	Baukosteninformationszentrum Deutscher Architektenkammern
BLOT	Build Lease Operate Transfer
BMBau	Bundesministerium für Bauwesen, Städtebau und Regionalwesen
BMI	Bundesministerium des Innern
BMF	Bundesministerium der Finanzen
BMFT	Bundesministerium für Forschung und Technologie
BMVBS	Bundesministerium für Verkehr, Bau und Stadtentwicklung
BN	Betriebsmittel, Nutzung
BOO	Build Own Operate
BOOM	Building Owner Operator Model(ing)
BORIS	Bodenrichtwertinformationssystem des Landes Nordrhein-Westfalen
BOT	Build Operate Transfer
BP	Betriebsmittel, persönlich bedingtes Unterbrechen
BREEAM	Building Research Establishment Environmental Assessment Method
BRI(a)	Brutto-Rauminhalt, Bereich a, b oder c
BS	Betriebsmittel, störungsbedingt
BSC	Balanced Scorecard
BSI	British Standards Institution
BSI	Bundesamt für Sicherheit in der Informationstechnik
Bsp.	Beispiel
BT	Bauteil
BTO	Build Transfer Operate
BV	Berechnungsverordnung
BW	Barwert
BW	Baden-Württemberg
BWK	Bauwerkszuordnungskatalog
BX	Betriebsmittel, nicht erkennbar
BZ	Betriebsmittel, zusätzliche Nutzung
BZK	Bauwerkzuordnungskatalog (erweiterter BWK)
bzw.	beziehungsweise
CAAD	Computer Aided Architectural Design
CAD	Computer Aided Design
CAE	Computer Aided Engineering
CAFM	Computer-Aided-Facilities-Management
CASBEE	Comprehensive Assessment System for Building Environmental Efficiency
CBRE	Commercial Real Estate Services (amerikanisches Unternehmen)
CD	Compact Disc
CDP	Carbon Disclosure Project
CeBIT	Computermesse in Hannover (Centrum für Büroautomation, Informationstechnologie und Telekommunikation, ursprünglich Centrum der Büro- und Informationstechnik)
CEN	Comité Européen de Normalisation, Technical Committee
Co.	Company
CO_2	Kohlenstoffdioxid
CRE	Corporate Real Estate
CREIS	Creis Corporate Real Estate Information System GmbH
CREM	Corporate-Real-Estate-Management

CRM	Customer-Relation-Management-System
CSR	Corporate Social Responsibility
CTI	Computer Telephony Identification
CTO	Chief Technology Officer
DAIG	Deutschen Annington Immobilien GmbH
DBMS	Datenbank-Management-System
DCF	Discounted Cashflow
DDC	Direct Digital Control
DEHOGA	Deutsche Hotel- und Gaststättenverband e. V.
DEKA	Firmenname
d. h.	das heißt
DGK	Deutsche Grundkarte
DGNB	Deutsche Gesellschaft für nachhaltiges Bauen e. V.
DGUV	Deutsche Gesetzliche Unfallversicherung
DGVM	Deutsche Gesellschaft für Verbandsmanagement e. V.
DVGW	Deutscher Verein des Gas- und Wasserfaches
DIA	Deutsches Institut für Altersvorsorge
DIN	Deutsches Institut für Normung
DIX	Deutscher Immobilien Index
DKI	Deutschen Krankenhausmanagements Beratungs- und Forschungsgesellschaft
DM	Deutsche Mark
DMS	Dokumentenmanagementsystem
dpa	Deutsche Presse-Agentur
DTGS	Tochtergesellschaft der DAIG
DTV	Deutscher Tourismusverband
DV	Datenverarbeitung
DVD	Digital Video Disc, Digital Versatile Disc
DVFA	Deutsche Vereinigung für Finanzanalyse und Asset Management / Schmalenbachgesellschaft
DW	Die Wohnungswirtschaft
E-Bike	Elektrisch betriebenes Fahrrad
E-PKW	Elektrofahrzeug
EAI	Enhanced Analytics Initiative
EAR	Empfehlungen für Anlagen des ruhenden Verkehrs
EBITDA	Earnings before interest, taxes, depreciation and amortization
EBZ	Europäisches Bildungszentrum der Wohnungswirtschaft und Immobilienwirtschaft
EC	Eurocheque
EEWärmeG	Erneuerbare-Energien-Wärmegesetz
EFQM	European Foundation for Quality Management
EG	Europäische Gemeinschaft
eG	eingetragene Genossenschaft
EGVP	Elektronisches Gerichts- und Verwaltungspostfach
EIB	European Installation Bus
EK	Eigenkapital
EKD	Evangelische Kirche in Deutschland
EKG	Elektrokardiogramm
ELK-WUE	Evangelische Landeskirche in Württemberg
EM	Energiemanagement
EMAS	Eco-Management and Audit Scheme
EnEV	Energieeinsparverordnung
EnMS	Energiemanagementsystem
EPA	Einheitspreisabkommen
EPD	Environmental Product Declaration
EPIQR	Energy Performance – Indoor Environment Quality – Retrofit
EPK	Ergebnisgesteuerte Prozesskette
EPS	expandiertes Polystyrol
EPSB	Pfarrpfründestiftung Baden der Evangelischen Stiftung Pflege Schönau

EREM	Ecclesiastic-Real-Estate-Management
ERES	Reals Estate Society
ERP	Enterprise Resource Planning
ESCO	Energy Service Companies
ESI	Economic Sustainability Indicator
ESPS	Evangelische Stiftung Pflege Schönau
EStG	Einkommensteuergesetz
ESWiD	Evangelisches Siedlungswerk in Deutschland
EU	Europäische Union
EVA	Eingabe – Verarbeitung – Ausgabe
EVB-IT	ergänzende Vertragsbedingungen für die Beschaffung von IT-Leistungen
EX-RL	Explosionsschutz-Regeln
f.	folgend
F.A.Z.	Frankfurter Allgemeine Zeitung
FBH	Fußbodenheizung
ff.	folgende
FF	Funktionsfläche
FH	Fachhochschule
FIGR	Forschungs- und Prüfinstitut für Facility Management GmbH
FK	Fremdkapital
FM	Facility-Management oder Facilities-Management
FMEA	Fehler-Möglichkeits-Einfluss-Analyse
FTE	Full time equivalent
GA	Gebäudeautomation
GAAP	Generally Accepted Accounting Principles
GAU	größter anzunehmender Unfall
GCB	German Convention Bureau e. V.
GdW	Bundesverband deutscher Wohnungs- und Immobilienunternehmen e. V.
GE	gewerbliche Bauflächen
GEFMA	German Facility Management Association
GenTSV	Gentechnik-Sicherheitsverordnung
GES	Gesamtbuchhaltungssystem
GewO	Gewerbeordnung
GEWOBA	Gemeinnützige Wohnungs-Baugenossenschaft
GEWOGE	Gemeinnützige Wohnungsgenossenschaft
GFZ	Grundflächenzahl
GG	Grundgesetz
ggf.	gegebenenfalls
GGZ	Gebäude- und Grundstücksgesellschaft Zwickau
GHO	Gemeindehaushaltsordnung
gif	Gesellschaft für Immobilienwirtschaftliche Forschung e. V.
GIS	Geografisches Informationssystem
GLT	Gebäudeleittechnik
GM	Gebäudemanagement
GmbH	Gesellschaft mit beschränkter Haftung
GND	Gesamtnutzungsdauer
GrStG	Grundsteuergesetz
GSM	Global System for Mobile Communications
Gt	Gradtagszahl
GTIN	Global Trade Item Number
GuV	Gewinn-und-Verlust-Rechnung
GUV	Gesetzliche Unfallversicherung
GVFG	Gemeindeverkehrsfinanzierungsgesetz
GWB	Gesetz gegen Wettbewerbsbeschränkungen
GWH	Gemeinnützige Wohnungsgesellschaft mbH Hessen
GWM	Gebäudewirtschaft Mainz

HAN	Home network
HAWK	Hochschule Hildesheim/Holzminden/Göttingen
HD	Full High Definition
HeimMindBauV	Heimmindestbauverordnung
HeizkostenV	Verordnung über Heizkostenabrechnung
HEPA	High efficiency particulate air
HES	Home Electronic System
HGB	Handelsgesetzbuch
HIPO	Hierarchy plus Input Process Output
HIS	Hochschul-Informations-System
HKD	Handelsgesellschaft für Kirche und Diakonie mbH
HKL	Heizung–Klima–Lüftung
HNF	Hauptnutzfläche
HOAI	Honorarordnung für Architekten und Ingenieure
HQE	Haute Qualité Environnementale
HU-Bau	Haushaltsunterlage Bau
HZW	Hochschulzentrum für Weiterbildung
i. St.	statistisch indiziert
i. d. R.	in der Regel
IAI	International Alliance for Interoperability
IAS	International Accounting Standards
IBB	Investitionsbank Berlin
IfB	Institut für Bauforschung
ifBOR	Institute for Building Operations Research
IFC	Industry Foundation Classes
IFD	International Framework for Dictionaries
IFMA	International Facility Management Association
IFRS	International Financial Reporting Standard
IfSG	Infektionsschutzgesetz
IH	Instandhaltung
IHA	Hotelverband Deutschland
IIGCC	Institutional Investors Group on Climate Change
IKRIA	Initialisierung, Konzeption, Realisierung, Implementierung und Projektabschluss
INREV	European Association for Investors in Non-Listed Real Estate Vehicles
InsO	Insolvenzordnung
INSPIRE	Infrastructure for Spatial Information in Europe
IPO	Initial Public Offering
IREBS	International Real Estate Business School an der Universität Regensburg
IREM	Investors-Real-Estate-Management
IRIS	Immobilien – Richtwert – Informationssystem der Gutachterausschüsse NRW
IS24	Immobilienscout 24
ISO	International Organization for Standardization
IT	Informationstechnik
ITZ	Informationstechnik Zentrum
IWB	Institut für Wirtschaftliches Bauen
JLL	Jones Lang LaSalle
JNG	Jahresnutzungsgrad
k. A.	keine Angabe
KAG	Kapitalanlagegesellschaft
KAG	Kommunalabgabengesetz
KAGB	Kapitalanlagegesetzbuch
KEV	Kommunales Energiemanagement
KFA	Kostenflächenart
KG	Kommanditgesellschaft
KGR	Kostengruppe
KGSt	Kommunale Gemeinschaftsstelle für Verwaltungsmanagement

KIJ	Kommunale Immobilien Jena
KNX	Konnex
KontraG	Gesetz zur Kontrolle und Transparenz im Unternehmensbereich
KPI	Key-Performance-Indicator
KrW	Kreislaufwirtschafts- und Abfallgesetz
KÜO	Kehr- und Überprüfungsordnung
KVG	Kapitalverwaltungsgesellschaft
KVM-Bau	Kostenvoranmeldung-Bau
KVP	kontinuierlicher Verbesserungsprozess
KWK	Kraft-Wärme-Kopplung
LAG	ARGEBAU – Hochbauausschuss der Länder (LAG)
LAN	Local Area Network
LB	Leistungsbereich
LBauO	Landesbauordnung
LBB	Landesbetrieb für Liegenschafts- und Baubetreuung
LCA	Life Cycle Impact Assessment (Ökobilanz)
LCN	Local Control Network
LED	Light-emitting diode
LEED	Leadership in Energy and Environmental Design
LEGEP	Lebenszyklus-Gebäude-Planung
LG	Leistungsgrad
LHO	Landeshaushaltsordnung
LMN	lokale metrologisches Netz
LUWOGE	BASF Wohnen + Bauen GmbH (Ludwigshafener Wohnungsgesellschaft)
LV	Leistungsverzeichnis
LWB	Leipziger Wohnungs- und Baugesellschaft mbH
LWL	Lichtwellenleiter
m^2	Quadratmeter
MA	Mensch: ablaufbedingtes Unterbrechen
MAC	Media Access Control
MBO	Musterbauordnung
MDL	Messdienstleister
ME	Mieteinheit
MF	Mietfläche
MI	Gemischte Bauflächen
MI	Mensch: im Einsatz
MiLoG	Mindestlohngesetz
Mio.	Millionen
MIS	Management-Informations-System
MIT	Mainzer Immobilientag
MP	Mensch: persönliches Unterbrechen
Mrd.	Milliarden
MS	Mensch: störungsbedingtes Unterbrechen
MuSchG	Mutterschutzgesetz
MVOC	Microbial Volatile Organic Compounds
MX	Mensch: nicht erkennbar
MZ	Mensch: zusätzliche Tätigkeit
NASA	National Aeronautics and Space Administration
NAWI D	Nationaler Wohlstandsindex für Deutschland
NaWoh	Nachhaltigkeit im Wohnungsbau
NB	Nutzungsbereich
NC	Nutzungscode
NCSU	North Carolina State University
NF	Nutzfläche
NG	Nutzgrad
NGF	Netto-Raumfläche

NGR	Nutzungskostengruppe
NHK	Normalherstellungskosten
NNF	Nebennutzfläche
NWV	Neubaumietenverordnung
NRW	Nordrhein-Westfalen
NT	Niedrigtemperatur
NUF	Nutzungsfläche
NUKOSI	Nutzungskostenberechnung und -simulation
OEE	Overall Equipment Efficiency
OG	Obergeschoss
OGIP	Optimierung der Gesamtanforderungen für Energieverbrauch, Umweltbelastung und Baukosten
OHRIS	Occupational Health- and Risk-Managementsystem
OHSAS	Occupational health and safety management systems
OLAP	On-Line Analytical Processing
OLG	Oberlandesgericht
ÖPP	Öffentlich-Private Partnerschaft, siehe auch PPP
OZ	Ordnungszahl
PAX	Passagier
PC	Personal Computer
PDA	Personal Digital Assistant
PDCA	Plan – Do – Check – Act
PDF	Portable Document Format
pH	pH-Wert
PKMS	Projekt-Kommunikations- und -Management-Systeme
Pkw	Personenkraftwagen
POL	Petrol, Oil, Lubricants
PPP	Public Private Partnership
PREM	Public-Real-Estate-Management
PrM	Property-Management
PRO	Projekt
ProdHaftG	Produkthaftungsgesetz
ProdSG	Produktsicherheitsgesetz
PSF	Pharmaceutical Shareowners' Forum
PUR	Polyurethan-Dämmstoffe
PVC	Polyvinylchlorid
QbA	Qualitätsbedarfsanforderung
QG	Qualitätsgrad
RAID	Redundant Array of Independent Disks
RAP	Rechnungsabgrenzungsposten
RBBau	Richtlinien für die Durchführung der Bauaufgaben des Bundes
RCM	Reliability Centered Maintenance
rd.	rund
REAM	Real-Estate-Asset-Management
REFA	Verband für Arbeitsgestaltung, Betriebsorganisation und Unternehmensentwicklung
REIM	Real-Estate-Investment-Management
REM	Real-Estate-Management
REPM	Real-Estate-Portfoliomanagement
RESIS	Real Estate Information System
RF	Reinigungsfläche
RFID	Radio Frequency Identification
RL	Richtlinie
RLBau	Richtlinie für die Durchführung von Bauaufgaben des Landes Rheinland-Pfalz
RLT	Raumlufttechnik
ROCE	Return on Capital Employed
ROI	Return on Investment
ROT	Rehabilitate Operate Transfer

RPZ	Risiko-Prioritäts-Zahl
RTL	raumlufttechnischen Anlagen
RZK	Raumnutzungskatalog
s.	siehe
SADT	Structured Analysis and Design Technique
SAGA	Siedlungs-Aktiengesellschaft Altona
SAN	Storage Area Networks
SAP	Systeme, Anwendungen, Produkte (Firmenname)
SCHUFA	Schutzgemeinschaft für allgemeine Kreditsicherung (Firmenname)
SGB	Sozialgesetzbuch
SIA	Schweizerischer Ingenieur und Architektenverein
SiGeKo	Koordinator für Sicherheit und Gesundheitsschutz
SLA	Service-Level-Agreements
SMART	Spezifisch, Messbar, Akzeptiert, Realistisch und Terminiert
SO	Strengths – Opportunities
SPA	Sanus per aquam
SPS	Speicherprogrammierte Steuerung
ST	Strengths – Threats
StBA	Statistisches Bundesamt
StLB	Standardleistungsbuch
SÜG	Sicherheitsüberprüfungsgesetz
SUREUR	Sustainable Refurbishment Europe
SW-RL	Sachwertrichtlinie
Swiss GAAP FER	Schweizer Rechnungslegungsstandards
SWOT	Strengths (Stärken), Weaknesses (Schwächen), Opportunities (Chancen), Threats (Bedrohungen)
TC	Technical Committee
TCO	Total Cost of Ownership
TDD	Technical Due Diligence
TF	Technikfläche
TGM	Technisches Gebäudemanagement
TH	Technische Hochschule
TLD	Technische Lebensdauer
TOM	Technical-Object-Management
TPF	Third-Party-Financing
TPM	Total Productive Maintenance
TRGS	Technische Regeln für Gefahrstoffe
TSA	Tätigkeitsstrukturanalyse
TU	Technische Universität
TÜV	Technischer Überwachungsverein
TV	Television
TVP	Technischer Verwaltungsplan
u. a.	unter anderem
u. Ä.	und Ähnliche
u. v. m.	und vieles mehr
u. U.	unter Umständen
UfAB	Unterlage für Ausschreibung und Bewertung von IT-Leistungen
UKGBC	United Kingdom Green Building Council
UN-PRI	Principles for Responsible Investment
UNR	Unternehmensnummer
USB	Universal Serial Bus
USGBC	U. S. Green Building Council
USP	Unique selling point/proposition
UVP	Umweltverträglichkeitsprüfung
VBG	Verwaltungs-Berufsgenossenschaft
VBV	Staatliche Vermögens- und Hochbauverwaltung
VDE	Verband Deutscher Elektrotechnik Elektronik Informationstechnik e. V.

VDI	Verein Deutscher Ingenieure
VDMA	Verein Deutscher Maschinen- und Anlagenbauer e. V.
VDR	Verband Deutsches Reisemanagement e. V.
VdS	VdS Schadenverhütung GmbH
VeRA	vereinfachte Reparaturabwicklung
VF	Verkehrsfläche
VfW	Verband für Wärmelieferung e. V.
VgV	Vergabeverordnung
vgl.	vergleiche
VHS	Video Home System
VNW	Verband Norddeutscher Wohnungsunternehmen
VOB	Vergabe- und Vertragsordnung für Bauleistungen
VOF	Vergabeordnung für freiberufliche Leistungen
VOL	Vergabe- und Vertragsordnung für Leistungen
VoWo	Volkswohnung
VPN	Virtuell Privat Network
VTW	Verband Thüringer Wohnungswirtschaft
WACC	Weighted Average Cost of Capital
WAN	Wide Area Network
WärmeLV	Wärmelieferverordnung
WBG	Wohnungsbaugenossenschaft
WBS	Wohnungs-Bewertungs-System
WBW	Wiederbeschaffungswert
WDVS	Wärmedämmverbund-System
WE	Wohneinheit
WEG	Wohnungseigentum
WEP	Wired Equivalent Privacy
WeRE	Welfare Real Estate
WeREM	Welfare-Real-Estate-Management
WertR	Wertermittlungsrichtlinie
WF	Wohnfläche
WGBC	World Green Building Council
WHG	Wasserhaushaltsgesetz
WHO	World Health Organisation
WI	Wirtschaftseinheit
WLAN	Wireless Local Area Network
WO	Weakness – Opportunities
WoBauG	Wohnungsbaugesetz
WoFlV	Wohnflächenverordnung
WPA	Wi-Fi Protected Access
WT	Weakness – Threats
WW	Warmwasser
www	World Wide Web
X-REM	Intermediate-Real-Estate-Management
XPS	Polystyrol-Extruderschaumstoff
z. B.	zum Beispiel
ZIA	Zentraler Immobilien Ausschuss für die deutsche Immobilienwirtschaft
ZiviZ	Zivilgesellschaft in Zahlen
ZVEI	Zentralverband der Elektrotechnik- und Elektronikindustrie

Literatur

[2014-24-EU] Richtlinie 2014/24/EU des Europäischen Parlamentes und des Rates vom 26.04.2014 über die öffentliche Auftragsvergabe und zur Aufhebung der Richtlinie 2004/18/EG, ABl. L 94 vom 28.03.2014, S. 65.

[2014-25-EU] Richtlinie 2014/25/EU des Europäischen Parlamentes und des Rates vom 26.02.2014 über die Vergabe von Aufträgen durch Auftraggeber im Bereich der Wasser-, Energie- und Verkehrsversorgung sowie der Postdienste und zur Aufhebung der Richtlinie 2004/17/EG, ABl. Nr. L 94 vom 28.03.2014 S. 243.

[AA (1999i)] Aareon (Hrsg.): Entwicklung eines Immobilien-Controlling Konzeptes für die DePfa IT Services: Vorstellung ausgewählter Kennzahlen im Rahmen der Entwicklung eines Controlling Konzeptes für die DePfa IT-Services, 21.9.1999.

[Aareon (2003)] Aareon (Hrsg.): Geschäftsbericht 2002, 2003, URL: https://www.aareon.de/fm/23/060816_Aareon_GB_02.pdf (letzter Aufruf: 04.01.2018).

[Abernathy, R. (2008i)] Abernathy, Roy: Go gold and save green, in: fmjonline (2008), Heft 9, S. 82–89.

[ABG (1999E)] vom Endt, Hans Joachim; Fasse, Manfred; Kirchhof Ralf-Rüdiger; Walter, Martin: PERSYS: Leistungsgerechte Pflegesätze für die stationäre Pflege: Modellrechnung für ein Pflegeheim mit 100 Plätzen; Stuttgart 1999.

[ADAC (2013)] ADAC (Hrsg.): Benutzerfreundliche Parkhäuser: Kundenwünsche, Qualitätskriterien, Zertifizierung; Informationsblatt, 2013, URL: https://www.adac.de/_mmm/pdf/fi_benutzerreundliche_parkhauser_0114_238764.pdf (letzter Aufruf: 02.01.2018).

[Advicum (2016)] Advicum (Hrsg.): Beispiel eines KPI-Modells zur Steuerung von Property Management Dienstleistern; Wien 2016.

[ages (1998)] ages (Hrsg.): Verbrauchskennwerte 1996: Energie- und Wasserverbrauchskennwerte von Gebäuden in der Bundesrepublik Deutschland, 3. Aufl.; Münster 1998.

[ages (2005)] ages (Hrsg.): Verbrauchskennwerte 2005: Medien, 3. Aufl.; Münster 2005.

[AGI N3 (1982)] Arbeitsgemeinschaft Industriebau (Hrsg.): Baukostendokumentation, AGI N3 (1982); Hannover 1982.

[AGI W1 (1985)] Arbeitsgemeinschaft Industriebau (Hrsg.): Instandhaltungs- und Betriebskosten von Bauten und Anlagen – Bürogebäude, AGI W1 (1985); Hannover 1985.

[AGI W2 (1988)] Arbeitsgemeinschaft Industriebau (Hrsg.): Instandhaltungs- und Betriebskosten von Bauten und Anlagen – Laborgebäude, AGI W2 (1988); Hannover 1988.

[AGI W5 (1992)] Arbeitsgemeinschaft Industriebau (Hrsg.): Instandhaltungsraten von Bauten, AGI W5 (1992); Hannover 1992.

[AGI W5 (2014)] Arbeitsgemeinschaft Industriebau (Hrsg.): Kennzahlen für Technikkosten während der Nutzungsphase von Büro- und Laborgebäuden, AGI W5 (2014); Hannover 2014.

[Ahlert, E.-2 (1989a)] Ahlert, Elfriede: Haushaltsgerechtes Wohnen: Analyse heutiger Wohnkonzeptionen, in: Deutsche Bauzeitschrift, Teil 2 (1989), Heft 1, S. 67–73.

[AHO Nr. 1 (2014)] Ausschuss der Ingenieurverbände und Ingenieurkammern für die Honorarordnung (Hrsg.): HOAI Planen und Bauen im Bestand: Arbeitshilfen zur Bestimmung der anrechenbaren Kosten aus mitzuverarbeitender Bausubstanz und des Zuschlags für Umbauten und Modernisierungen, AHO Nr. 1 (2014); Bonn 2014.

[AHO Nr. 10 (1998)] Ausschuss der Ingenieurverbände und Ingenieurkammern für die Honorarordnung (Hrsg.): Empfehlungen der AHO zur Definition und Anwendung der Funktionalausschreibung, AHO Nr. 10 (1998); Bonn 1998.

[AHO Nr. 11 (2002)] Ausschuss der Ingenieurverbände und Ingenieurkammern für die Honorarordnung (Hrsg.): HOAI – Leistungsbilder von Anlagen der Technischen Ausrüstung nach Teil IX bei der funktionalen Leistungsvergabe inkl. komplementärem Leistungsbild des Generalunternehmers, 2., ergänzte Aufl., AHO Nr. 11 (2002); Bonn 2002.

[AHO Nr. 15 (2013)] Ausschuss der Ingenieurverbände und Ingenieurkammern für die Honorarordnung (Hrsg.): Leistungen nach der Baustellenverordnung: Korrigierte Fassung 2013, 2., völlig überarb. Aufl., AHO Nr. 15 (2013); Bonn 2013.

[AHO Nr. 16 (2004)] Ausschuss der Ingenieurverbände und Ingenieurkammern für die Honorarordnung (Hrsg.): Untersuchungen zum Leistungsbild und zur Honorierung für das Facility Management Consulting: erarbeitet von der VBI-Fachgruppe Projekt- und Facility Management, 2., vollständig überarb. Aufl., AHO Nr. 16 (2004); Bonn 2004.

[AHO Nr. 16 (2010)] Ausschuss der Ingenieurverbände und Ingenieurkammern für die Honorarordnung (Hrsg.): Facility Management Consulting, 4., vollständig überarb. Aufl., AHO Nr. 16 (2010); Bonn 2010.

[AHO Nr. 17 (2015)] Ausschuss der Ingenieurverbände und Ingenieurkammern für die Honorarordnung (Hrsg.): Leistungsbild und Honorierung Leistungen für Brandschutz, 3., völlig überarb. Aufl., AHO Nr. 17 (2015); Bonn 2015.

https://doi.org/10.1515/9783110480863-011

[AHO Nr. 18 (2014)] Ausschuss der Ingenieurverbände und Ingenieurkammern für die Honorarordnung (Hrsg.): Leistungsbild und Honorierung Planungsbereich, 2., völlig überarb. Aufl., AHO Nr. 18 (2014); Bonn 2014.

[AHO Nr. 19 (2004)] Ausschuss der Ingenieurverbände und Ingenieurkammern für die Honorarordnung (Hrsg.): Neue Leistungsbilder zum Projektmanagement in der Bau- und Immobilienwirtschaft: erarbeitet von der AHO-Fachkommission Projektsteuerung/Projektmanagement, AHO Nr. 19 (2004); Bonn 2004.

[AHO Nr. 2 (2014)] Ausschuss der Ingenieurverbände und Ingenieurkammern für die Honorarordnung (Hrsg.): Örtliche Bauüberwachung bei Ingenieurbauten und Verkehrsanlagen, AHO Nr. 2 (2014); Bonn 2014.

[AHO Nr. 21 (2006)] Ausschuss der Ingenieurverbände und Ingenieurkammern für die Honorarordnung (Hrsg.): Interdisziplinäre Leistungen zur Wertoptimierung von Bestandsimmobilien, AHO Nr. 21 (2006); Bonn 2006.

[AHO Nr. 22 (2006)] Ausschuss der Ingenieurverbände und Ingenieurkammern für die Honorarordnung (Hrsg.): Untersuchungen zum Leistungsbild Interdisziplinäres Projektmanagement für PPP-Hochbauprojekte, AHO Nr. 22 (2006); Bonn 2006.

[AHO Nr. 23 (2015)] Ausschuss der Ingenieurverbände und Ingenieurkammern für die Honorarordnung (Hrsg.): Wärmeschutz und Energiebilanzierung, 2., vollständig überarb. Aufl., AHO Nr. 23 (2015); Bonn 2015.

[AHO Nr. 3 (2010)] Ausschuss der Ingenieurverbände und Ingenieurkammern für die Honorarordnung (Hrsg.): HOAI – Besondere Leistungen bei der Tragwerksplanung, 4., völlig überarb. Aufl., AHO Nr. 3 (2010); Bonn 2010.

[AHO Nr. 33 (2016)] Ausschuss der Ingenieurverbände und Ingenieurkammern für die Honorarordnung (Hrsg.): Leistungen für Nachhaltigkeitszertifizierung Beispielhafte Betrachtung für das Leistungsbild Objektplanung Gebäude und Innenräume, AHO Nr. 33 (2016); Bonn 2016.

[AHO Nr. 4 (2008)] Ausschuss der Ingenieurverbände und Ingenieurkammern für die Honorarordnung (Hrsg.): Zusätzlich zu vergütende Leistungen bei der Planung von Objekten der Wasser- und Abfallwirtschaft, 2., vollständig überarb. Aufl., AHO Nr. 4 (2008); Bonn 2008.

[AHO Nr. 6 (2014)] Aussschuss der Ingenieurverbände und Ingenieurkammern für die Honorarordnung (Hrsg.): Besondere Leistungen bei der Planung von Anlagen der Technischen Ausrüstung nach Teil 4 Abschnitt 2, Anlage 15, Nr. 15.1 HOAI 2013, 3., vollständig überarb. Aufl., AHO Nr. 6 (2014); Bonn 2014.

[AHO Nr. 7 (2015)] Ausschuss der Ingenieurverbände und Ingenieurkammern für die Honorarordnung (Hrsg.): Besondere Leistungen bei der Planung von Ingenieurbauwerken nach Teil 3 Abschnitt 3: § 41 Nr. 6 und Nr. 7 HOAI 2013, 2., vollständig überarb. Aufl., AHO Nr. 7 (2015); Bonn 2015.

[AHO Nr. 8 (2010)] Ausschuss der Ingenieurverbände und Ingenieurkammern für die Honorarordnung (Hrsg.): Planungsbereich Altlasten, 2., vollständig überarb. Aufl., AHO Nr. 8 (2010); Bonn 2010.

[AHO Nr. 9 (2014)] Ausschuss der Ingenieurverbände und Ingenieurkammern für die Honorarordnung (Hrsg.): Projektmanagement-Leistungen in der Bau- und Immobilienwirtschaft, 4., vollständig überarb. Aufl., AHO Nr. 9 (2014); Bonn 2014.

[AIDA (2000)] Schäfer, Andreas; Friesecke, Frank; Goc, Wojciech; Letang, Birgit; Ludwikowska, Hanna: Marktübersicht Bausoftware 2000, 13. Aufl.; Hannover 2000.

[AIDA (2003)] AIDA – Marktübersicht Bausoftware Institut für Architekturinformatik und Darstellung (Hrsg.): Marktübersicht Bausoftware 2002, 2003, URL: http://www.marktuebersicht.de/mueaus/mue/mue_1.asp?bereich=* (letzter Aufruf: 08.01.2003).

[AK NRW (1993R)] Ruf, Hans-Ulrich; Quatuor, Detlef: Handbuch Kosten: Sonderausgabe April 1993, Neue DIN 276; Düsseldorf 1993.

[Altmannshofer, R. (2007d)] Altmannshofer, Robert: Strategisch schlank, in: Facility Manager (2007), Heft 4, S. 48–50.

[AMEV (1993a)] Arbeitskreis Maschinen- und Elektrotechnik staatlicher und kommunaler Verwaltungen (Hrsg.): Ermittlung des Personalbedarfs für die Betriebsführung der technischen Gebäudeausrüstung in Liegenschaften des Bundes; Bonn 1993.

[AMEV Instandhaltung 1990] Arbeitskreis Maschinen- und Elektrotechnik staatlicher und kommunaler Verwaltungen (Hrsg.): Instandhaltung 90: Vertragsmuster für Instandhaltung (Wartung, Inspektion und Instandsetzung) von technischen Anlagen und Einrichtungen in öffentlichen Gebäuden; Bonn 1990.

[AMEV Instandhaltung 2006] Arbeitskreis Maschinen- und Elektrotechnik staatlicher und kommunaler Verwaltungen (Hrsg.): Vertragsmuster für Instandhaltung (Wartung, Inspektion und Instandsetzung) von technischen Anlagen und Einrichtungen in öffentlichen Gebäuden; Berlin 2006.

[AMEV Personalbedarf 2000] Arbeitskreis Maschinen- und Elektrotechnik staatlicher und kommunaler Verwaltungen (Hrsg.): Hinweise zur Ermittlung des Personalbedarfs für das Betrieben der technischen Anlagen in öffentlichen Gebäuden; Berlin 2000.

[AMEV TGA-Kosten Betreiben 2013] Arbeitskreis Maschinen- und Elektrotechnik staatlicher und kommunaler Verwaltungen (Hrsg.): TGA-Kosten Betreiben 2013: Ermittlung der Kosten für das Betreiben von technischen

Anlagen in öffentlichen Gebäuden, AMEV TGA-Kosten Betreiben 2013; Bonn 2013, URL: https://www.amev-online.de/AMEVInhalt/Organisation/TGA-Kosten%20Betreiben/tga2013.pdf (letzter Aufruf: 08.01.2018).

[Analyse & Konzepte (2008g)] Analyse & Konzepte (Hrsg.): Servicemonitor Wohnen: Ergebnisse 2008; Hamburg 2008.

[Appel, C. (2005c)] Appel, Cornelia; Perry, Thomas; Hallenberg, Bernd; Podig, Benjamin: Wohnen in der Sinus-Trendbefragung 2004, in: vhw Forum Wohneigentum (2005), Nr. 3, S. 114–121.

[ArbSchG 2015] Gesetz über die Durchführung von Maßnahmen des Arbeitsschutzes zur Verbesserung der Sicherheit und des Gesundheitsschutzes der Beschäftigten bei der Arbeit: Arbeitsschutzgesetz – ArbSchG, 2015, URL: https://www.gesetze-im-internet.de/bundesrecht/arbschg/gesamt.pdf (letzter Aufruf: 16.04.2017).

[ArbStättV 2016] Verordnung über Arbeitsstätten: Arbeitsstättenverordnung – ArbStättV, 2016, URL: https://www.gesetze-im-internet.de/bundesrecht/arbst_ttv_2004/gesamt.pdf (letzter Aufruf: 16.04.2017).

[Arnold, U. (2014)] Arnold, Ulli; Grunwald, Klaus; Maelicke, Bernd (Hrsg.): Lehrbuch der Sozialwirtschaft, 4., erw. Aufl.; Baden-Baden 2014.

[ASUE 09 05 04] Arbeitsgemeinschaft für sparsamen und umweltfreundlichen Energieverbrauch (Hrsg.): Sanierung und Modernisierung von Heizungsanlagen: Eine Entscheidungshilfe für die Wohnungswirtschaft; Kaiserslautern 2004.

[AtisReal KRO 2005] Atisreal Property Management (Hrsg.): Key Report Office 2005, AtisReal KRO 2005; Frankfurt am Main 2005.

[Außerhäusiger Klogang erlaub… (2012k)] o. V.: Außerhäusiger Klogang erlaubt, in: Allgemeine Zeitung Mainz (2012) Heft 11, S. 9.

[Bachmann, P. (2012)] Bachmann, Peter; Lange, Matthias (Hrsg.): Mit Sicherheit gesund bauen: Fakten, Argumente und Strategien für das gesunde Bauen und Wohnen; Wiesbaden 2012.

[Baedeker, H. (2006)] Baedeker, Harald; Meyer-Renschhausen, Martin: Energiemanagement für kleinere und mittlere Kommunen: Ökonomische Grundlagen, Analyse des Vorgehens, Leitfaden für die Praxis; Stuttgart 2006.

[Bahr, C. (2008)] Bahr, Carolin: Realdatenanalyse zum Instandhaltungsaufwand öffentlicher Hochbauten: Ein Beitrag zur Budgetierung; Stuttgart 2008.

[Bärmann, J. (1991)] Bärmann, Johannes: Wohnungseigentum: Kurzlehrbuch; München 1991.

[Baethge, H. (2006)] Baethge, Henning: Vom Krankenhaus zum schlanken Haus, in: Capital (2006), Nr. 22, S. 50–53.

[BaK (1994)] Bundesamt für Konjunkturfragen (Hrsg.): Alterungsverhalten von Bauteilen und Unterhaltskosten: Grundlagendaten für den Unterhalt und die Erneuerung von Wohnbauten; Bern 1994.

[BaK (1995h)] Bundesamt für Konjunkturfragen (Hrsg.): Grobdiagnose: Zustandserfassung und Kostenschätzung von Gebäuden, Datenblätter Wohnbauten bzw. Wohn-Gewerbebauten: Impulsprogramm IP Bau, 2., stark überarb. Aufl.; Bern 1995, URL: http://www.bbase.ch/fileadmin/PDF/Tipps/431.0_Grodiagnose.pdf (letzter Aufruf: 04.01.2018).

[Balzter, S. (2010j)] Balzter, Sebastian; Budras, Corinna: Im Gespräch Rolf Kienzler, Schulhausmeister, und Thomas Günther, Facility Manager, in: Frankfurter Allgemeine Zeitung; Nr. 241, 16.10.2010, S. C5.

[Barthold, H. (2008a)] Barthold, Hans-Martin: Mit geringen Investitionen lässt sich die Effizienz bestehender Anlagen deutlich verbessern: Tuning der Heizungsanlage spart Energie, in: Immobilienwirtschaft (2008), Heft 1, S. 66–68.

[BASF AG (2004)] BASF (Hrsg.): Zukunft gestalten – Finanzbericht 2004; Ludwigshafen 2004.

[BASF SE (2014)] BASF (Hrsg.): BASF Bericht 2013; Ludwigshafen 2014.

[BASF SE (2015)] BASF (Hrsg.): Zehnjahresübersicht, 2015, URL: https://www.basf.com/de/company/investor-relations/basf-at-a-glance/key-financial-data/ten-year-summary.html (letzter Aufruf: 18.01.2015).

[BASF SE (2016)] BASF (Hrsg.): BASF Bericht 2015; Ludwigshafen 2016.

[BAuA (2002f)] Bundesanstalt für Arbeitsschutz und Arbeitsmedizin (Hrsg.): Leitfaden für Arbeitsschutzmanagementsysteme; Dortmund 2.12.2002, URL: http://www.dguv.de/medien/fb_org/dokumente/nat_leit_ams.pdf (letzter Aufruf: 07.01.2018).

[BAuA (2011)] Bundesanstalt für Arbeitsschutz und Arbeitsmedizin (Hrsg.): Leitbild Koordination nach Baustellenverordnung: Sicherheit, Gesundheitsschutz und Wirtschaftlichkeit beim Planen und Bauen, 3. Aufl.; Dortmund 2011, URL: http://www.baua.de/de/Publikationen/Broschueren/A73.html (letzter Aufruf: 19.02.2017).

[Bauer, A. (2014)] Bauer, Achim: Sachverständigen-Gutachten über die wärmegedämmte Putzfassade des 3-Liter-Hauses im Bestand; Mannheim 2014.

[Baumann, H. (1997)] Baumann, Herbert; Kapmeyer, Eberhard; Muser, Bernd: Energiesparende Gebäudeplanung für Ingenieure: Planungshilfen zur neuen Wärmeschutz-, Heizungsanlagen- und Kleinfeuerungsanlagenverordnung; Loseblattsammlung, 12., akt. Aufl.; Augsburg 1997.

[Baumgarten, H. (2004)] Baumgarten, Heiner; Dobbe, Gerhard; Dujesiefken, Dirk: Kommunale Baumkontrolle zur Verkehrssicherheit; Braunschweig 2004.

[Baumgartner, J. (2015)] Baumgartner, Johannes; Schmiemann, Karl; Schmidt, Adalbert: Impulse für die kirchliche Immobilienwirtschaft, in: Kirche und Recht (2015), Nr. 1, S. 40 ff.

[BauNVO 2013] Verordnung über die bauliche Nutzung der Grundstücke (Baunutzungsverordnung – BauNVO), in: Bundesgesetzblatt; Bd. I, BauNVO, 2013, URL: https://www.gesetze-im-internet.de/bundesrecht/baunvo/gesamt.pdf (letzter Aufruf: 05.04.2017).

[BBA (2006R)] Riebel, Volker: IT: extern oder intern?: Strategische Entscheidungskriterien aus der Deutschen Annington Immobilien GmbH: Vortrag am 12. September 2006 in Berlin anlässlich der ImmoCom in Berlin.

[BBG (1987I)] Die Bauverwaltung + Bauamt & Gemeindebau (Hrsg.): Planungs- und Kostendaten nach DIN 276/277: Informationsblätter über Baumaßnahmen der öffentlichen Hand; Loseblattsammlung; Hannover 1987.

[BBG] , [BKI], [IWB] Bogenstätter, Ulrich: Analysen der Gebäudedokumentationen aus [BBG 1987.12], diverser Publikationen des [BKI, Stuttgart] sowie [IWB RBK 1997.04.01] einschl. der Ergänzungslieferungen 1997.10.01, 1998.04.01 zur Berechnung von Instandhaltungskosten nach [AMEV Personal Betrieb 93], [BAUMANN H. 1997] und [KGSt B 9/1984].

[BBodSchG 2015] Gesetz zum Schutz vor schädlichen Bodenveränderungen und zur Sanierung von Altlasten: Bundes-Bodenschutzgesetz – BBodSchG, 2015, URL: https://www.gesetze-im-internet.de/bbodschg/ (letzter Aufruf: 16.04.2017).

[BBR (2004c)] Bundesamt für Bauwesen und Raumordnung (Hrsg.): Dokumentationsrichtlinie 3.2004, URL: http://www.bbr.bund.de/BBR/DE/BaufachlicherService/Regelungen/Dokurichtlinien/DRL_03-2004/2004_03_Dokumentationsrichtlinie.pdf?__blob=publicationFile&v=4 (letzter Aufruf: 05.04.2017).

[BBR (2007V)] Veser, Jürgen; Thrun, Thomas; Jaedicke, Wolfgang: Veränderung der Anbieterstruktur im deutschen Wohnungsmarkt und wohnungspolitische Implikationen, Forschungen, Nr. 124; Bonn 2007, URL: http://www.bbsr.bund.de/BBSR/DE/Veroeffentlichungen/BMVBS/Forschungen/2007/Heft~124_DL.pdf?__blob=publicationFile&v=2 (letzter Aufruf: 31.12.2017).

[BBR Online-Publikation 01-2008] Spars, Guido: Stadtrendite durch kommunale Wohnungsunternehmen: Handreichung für Kommunen und kommunale Wohnungsunternehmen; Abschlussbericht, BBR Online-Publikation 01-2008, URL: http://www.bbsr.bund.de/BBSR/DE/Veroeffentlichungen/BBSROnline/2008/DL_ON012008.pdf?__blob=publicationFile&v=2 (letzter Aufruf: 01.01.2018).

[BBSR (2009)] Bundesinstitut für Bau-, Stadt- und Raumforschung im Bundesamt für Bauwesen und Raumordnung (Hrsg.): BBSR Raumordnungsprognose 2030; Berlin 2009, URL: http://www.bbsr.bund.de/BBSR/DE/Raumbeobachtung/UeberRaumbeobachtung/Komponenten/Raumordnungsprognose/Download_ROP2030/DL_uebersicht.html (letzter Aufruf: 05.03.2017).

[BBSR (2012)] Bundesinstitut für Bau-, Stadt- und Raumforschung im Bundesamt für Bauwesen und Raumordnung (Hrsg.): BBSR Raumordnungsprognose 2035; Berlin 2012, URL: http://www.bbsr.bund.de/BBSR/DE/Raumbeobachtung/UeberRaumbeobachtung/Komponenten/Raumordnungsprognose/Download_ROP2035/DL_ROP2035_uebersicht.html (letzter Aufruf: 05.03.2017).

[BBSR (2013E)] Egger, Martin; Hausknecht, Kerstin; Liebich, Thomas; Przybylo, Jakob: BIM-Leitfaden für Deutschland: Information und Ratgeber: Endbericht, 2013, URL: http://www.bbsr.bund.de/BBSR/DE/FP/ZB/Auftragsforschung/3Rahmenbedingungen/2013/BIMLeitfaden/Endbericht.pdf?__blob=publicationFile&v=2 (letzter Aufruf: 22.01.2018).

[BBSR Analysen Kompakt 03/2016] Franke, Jonathan; Lorenz-Henning, Karin: Wohnungstransaktionsvolumen 2015 übertrifft Niveau der beiden Vorjahre; BBSR Analysen Kompakt 03/2016; Bonn 2016, URL: http://www.bbsr.bund.de/BBSR/DE/Veroeffentlichungen/AnalysenKompakt/2016/ak-03-2016-dl.pdf?__blob=publicationFile&v=3 (letzter Aufruf: 05.03.2017).

[BBU Materialien 02/15] Verband Berlin-Brandenburgischer Wohnungsunternehmen e. V. (BBU) (Hrsg.): Jahresstatistik 2014, BBU Materialien 02/15, 2015.

[BCG (2007)] The Boston Consulting Group (Hrsg.): Wohnimmobilien in Deutschland – Entkernung erforderlich: Renovierungsmaßnahmen für eine erfolgreiche Erneuerung; Berlin 2007.

[BDB-NRW (2002S)] Schiffner, Michael: „Wie kommt das Facility zum Management?" oder „Bestand bekannt?", Nr. 7 (2002), S. 6–10, URL: http://www.bdb-nrw.de/data/bdb_nachrichten/1157562261-1895608.pdf (letzter Aufruf: 17.03.2008).

[BDGS (2010)] Bundesverband Deutscher Grundstückssachverständiger (Hrsg.): Honorartarif, 2010, URL: http://www.bdgs.de/wp/wp-content/uploads/2012/10/unverbindlicherhonorartarif.pdf (letzter Aufruf: 14.03.2017).

[BdSt (1996L)] Lenk, Reinhard: Der Investitions- und Folgelastenplaner für Kommunen: 70.000 aktuelle Orientierungswerte für alle wichtigen Gemeindeeinrichtungen; Stuttgart 1996.

[Bea, F. (2004a)] Bea, Franz Xaver (Hrsg.); Allgemeine Betriebswirtschaftslehre, Bd. 1; Stuttgart 2004.

[Berg (1981B)] Berg u. a.: Behindertengerechtes Planen: Die Wohnung; Berlin 1981.

[Bergius, S. (2007B)] Bergius, S.: Ökologie lässt Immobilienfirmen kalt, 2007, URL: http://www.handelsblatt.com/finanzen/immobilien/wenig-informationen-oekologie-laesst-immobilienfirmen-kalt/2812946.html (letzter Aufruf: 04.01.2018).

[Bernhold, T. (2015)] Bernhold, Torben; May, Michael; Mehlis, Jörg (Hrsg.): Handbuch Facility Management; Landsberg/Lech 2015.

[Bestmann, U. (2001)] Bestmann, Uwe (Hrsg.): Kompendium der Betriebswirtschaftslehre; München 2001.

[BetrKV 2012] Verordnung über die Aufstellung von Betriebskosten: Betriebskostenverordnung (BetrKV), 2012, URL: https://www.gesetze-im-internet.de/bundesrecht/betrkv/gesamt.pdf (letzter Aufruf: 18.02.2017).

[BetrSichV 2017] Verordnung über Sicherheit und Gesundheitsschutz bei der Verwendung von Arbeitsmitteln: Betriebssicherheitsverordnung – BetrSichV, 2017, URL: https://www.gesetze-im-internet.de/bundesrecht/betrsichv_2015/gesamt.pdf (letzter Aufruf: 16.04.2017).

[Beyerle, T. (2007b)] Beyerle, Thomas: Der psychologische Teil des Aufschwungs: Obwohl Wirtschaftszahlen schon seit Ende 2005 eine positive Entwicklung aufzeigen, wird der Boom erst jetzt wahrgenommen, in: Immobilienwirtschaft (2007), Heft 2, S. 44–45.

[BFE (2010P)] Perincioli, Lorenz: Energiemanagement in der Hotellerie, 3. Aufl.; Bern 2010, URL: https://www.hotelleriesuisse.ch/files/pdf1/Energiemanagement_in_der_Hotellerie.pdf (letzter Aufruf: 03.01.2018).

[bfid (2015j)] Bundesbeauftragte für den Datenschutz und die Informationsfreiheit (Hrsg.): Datenschutz kompakt: Datenschutz und Smart Metering, 2015, URL: https://www.bfdi.bund.de/SharedDocs/Publikationen/DatenschutzKompaktBlaetter/Smart%20Metering.pdf?__blob=publicationFile&v=1 (letzter Aufruf: 19.03.2017).

[bfid (2016a)] Bundesbeauftragte für den Datenschutz und die Informationsfreiheit (Hrsg.): Datenschutzgerechtes Schutzprofil für Smart Meter; 2016, URL: https://www.bfdi.bund.de/DE/Datenschutz/Themen/Technische_Anwendungen/SmartMeterArtikel/DSGerechtesSchutzprofil.html (letzter Aufruf: 19.03.2017).

[bfid (2016b)] Bundesbeauftragte für den Datenschutz und die Informationsfreiheit (Hrsg.): Intelligente Stromzähler als Basis für das Smart Grid; 2016, URL: https://www.bfdi.bund.de/DE/Datenschutz/Themen/Technische_Anwendungen/SmartMeterArtikel/SmartMetering.html (letzter Aufruf: 19.03.2017).

[bfid (2016c)] Bundesbeauftragte für den Datenschutz und die Informationsfreiheit (Hrsg.): Videoüberwachung; 2016, URL: https://www.bfdi.bund.de/DE/Datenschutz/Themen/Technische_Anwendungen/TechnischeAnwendungenArtikel/Videoueberwachung.html (letzter Aufruf: 19.03.2017).

[bfid (2016d)] Bundesbeauftragte für den Datenschutz und die Informationsfreiheit (Hrsg.): Funknetze (WLAN) im täglichen Einsatz, immer ein Risiko?; 2016, URL: https://www.bfdi.bund.de/DE/Datenschutz/Themen/Technische_Anwendungen/TechnischeAnwendungenArtikel/Funknetze_WLAN.html (letzter Aufruf: 19.03.2017).

[bfid (2016h)] Bundesbeauftragte für den Datenschutz und die Informationsfreiheit (Hrsg.): USB-Sticks am Arbeitsplatz; 2016, URL: https://www.bfdi.bund.de/DE/Datenschutz/Themen/Technische_Anwendungen/TechnischeAnwendungenArtikel/USB-SticksAmArbeitsplatz.html (letzter Aufruf: 19.03.2017).

[bfub (2010)] Bundesverband für Umweltberatung (Hrsg.): Schimmelpilze in Innenräumen: Erkennen – Sanieren – Vermeiden: 4. Hamburger Fachtagung; Tagungsbeitrag, 30.09.2010.

[BFW (2004)] Bundesverband Freier Wohnungsunternehmen (Hrsg.): Verwalter-Vergütungen in Deutschland: Studie 2004; Berlin 2004.

[BGFW (2012)] Bundesverband der Freien Wohlfahrtspflege (Hrsg.): Einrichtungen und Dienste der Freien Wohlfahrtspflege: Gesamtstatistik 2012, URL: http://www.bagfw.de/fileadmin/user_upload/Broschuere_Gesamtstatistik_2012_Webversion.pdf (letzter Aufruf: 09.02.2017).

[Bilstein, F. (2008c)] Bilstein, Frank: Glück der Kunden – oft schlecht fürs Geschäft, in: Immobilienwirtschaft (2008), Heft 3, S. 44–45.

[Bilstein, F. (2008d)] Bilstein, Frank: Preisstrategien made in den USA, in: Immobilienwirtschaft (2008), Heft 4, S. 44–45.

[BImSchG 2016] Gesetz zum Schutz vor schädlichen Umwelteinwirkungen durch Luftverunreinigungen, Geräusche, Erschütterungen und ähnliche Vorgänge: Bundes-Immissionsschutzgesetz – BImSchG, 2016, URL: https://www.gesetze-im-internet.de/bundesrecht/bimschg/gesamt.pdf (letzter Aufruf: 16.04.2017).

[BKI (1998a)] Baukosteninformationszentrum Deutscher Architektenkammern (Hrsg.): BKI Objekte: Kosten abgerechneter Bauwerke, Bd. 1; Stuttgart 1998.

[BKI A1] Baukosteninformationszentrum Deutscher Architektenkammern (Hrsg.): BKI Objekte Altbau, BKI A1; Stuttgart 2003.

[BKI A10] Baukosteninformationszentrum Deutscher Architektenkammern (Hrsg.): BKI Objektdaten Altbau: Kosten abgerechneter Bauwerke, BKI A10; Stuttgart 2016.

[BKI A2] Baukosteninformationszentrum Deutscher Architektenkammern (Hrsg.): BKI Objekte Altbau, BKI A2; Stuttgart 2003.

[BKI A3] Baukosteninformationszentrum Deutscher Architektenkammern (Hrsg.): BKI Objektdaten Altbau, BKI A3; Stuttgart 2004.

[BKI A4] Baukosteninformationszentrum Deutscher Architektenkammern (Hrsg.): BKI Objektdaten Altbau, BKI A4; Stuttgart 2005.

[BKI A6] Baukosteninformationszentrum Deutscher Architektenkammern (Hrsg.): BKI Objektdaten Altbau: Kosten abgerechneter Bauwerke, 2. Aufl., BKI A6; Stuttgart 2011.

[BKI A7] Baukosteninformationszentrum Deutscher Architektenkammern (Hrsg.): BKI Objektdaten Altbau: Kosten abgerechneter Bauwerke, BKI A7; Stuttgart 2011.

[BKI A8] Baukosteninformationszentrum Deutscher Architektenkammern (Hrsg.): BKI Objektdaten Altbau: Kosten abgerechneter Bauwerke, BKI A8; Stuttgart 2013.

[BKI A9] Baukosteninformationszentrum Deutscher Architektenkammern (Hrsg.): BKI Objektdaten Altbau: Kosten abgerechneter Bauwerke, BKI A9; Stuttgart 2015.

[BKI DIN 276-277 2016] Ruf, Hans-Ulrich: BKI Bildkommentar DIN 276/277: Kosten im Bauwesen; Grundflächen und Rauminhalte im Bauwesen, Baukosteninformationszentrum Deutscher Architektenkammern: Stuttgart 2016.

[BKI F1] Baukosteninformationszentrum Deutscher Architektenkammern (Hrsg.): BKI Objekte Freianlagen: Kosten abgerechneter Bauwerke, BKI F1; Stuttgart 2001.

[BKI F6] Baukosteninformationszentrum Deutscher Architektenkammern (Hrsg.): BKI Objektdaten Freianlagen: Kosten abgerechneter Freianlagen und statistische Kostenkennwerte, BKI F6; Stuttgart 2014.

[BKI F7] Baukosteninformationszentrum Deutscher Architektenkammern (Hrsg.): BKI Objektdaten Freianlagen: Kosten abgerechneter Freianlagen und statistische Kostenkennwerte, BKI F7; Stuttgart 2016.

[BKI N10] Baukosteninformationszentrum Deutscher Architektenkammern (Hrsg.): BKI Objekte: Kosten abgerechneter Bauwerke: N10 Neubau, BKI N10; Stuttgart 2011.

[BKI N11] Baukosteninformationszentrum Deutscher Architektenkammern (Hrsg.): BKI Objekte: Kosten abgerechneter Bauwerke: N11 Neubau, BKI N11; Stuttgart 2012.

[BKI N13] Baukosteninformationszentrum Deutscher Architektenkammern (Hrsg.): BKI Objekte: Kosten abgerechneter Bauwerke: N13 Neubau, BKI N13; Stuttgart 2015.

[BKI N14] Baukosteninformationszentrum Deutscher Architektenkammern (Hrsg.): BKI Objekte: Kosten abgerechneter Bauwerke: N14 Neubau: Sozialer Wohnungsbau: Referenzobjekte für öffentlich geförderten Wohnungsbau, BKI N14; Stuttgart 2016.

[BKI N2] Baukosteninformationszentrum Deutscher Architektenkammern (Hrsg.): BKI Objekte Neubau, BKI N2; Stuttgart 1999.

[BKI N3] Baukosteninformationszentrum Deutscher Architektenkammern (Hrsg.): BKI Objekte Neubau, BKI N3; Stuttgart 2001.

[BKI N4] Baukosteninformationszentrum Deutscher Architektenkammern (Hrsg.): BKI Objekte Neubau, BKI N4; Stuttgart 2003.

[BKI N5] Baukosteninformationszentrum Deutscher Architektenkammern (Hrsg.): BKI Objekte Neubau, BKI N5; Stuttgart 2003.

[BKI N6] Baukosteninformationszentrum Deutscher Architektenkammern (Hrsg.): BKI Objekte: Kosten abgerechneter Bauwerke: N6 Neubau, BKI N6; Stuttgart 2004.

[BKI N7] Baukosteninformationszentrum Deutscher Architektenkammern (Hrsg.): BKI Objekte: Kosten abgerechneter Bauwerke: N7 Neubau, BKI N7; Stuttgart 2006.

[BKI N8] Baukosteninformationszentrum Deutscher Architektenkammern (Hrsg.): BKI Objekte: Kosten abgerechneter Bauwerke: N8 Neubau, BKI N8; Stuttgart 2007.

[BKI N9] Baukosteninformationszentrum Deutscher Architektenkammern (Hrsg.): BKI Objekte: Kosten abgerechneter Bauwerke: N9 Neubau, BKI N9; Stuttgart 2009.

[BKI NK1] Stoy, Christian: BKI Objektdaten Nutzungskosten: von Bestandsimmobilien, BKI NK1; Stuttgart 2010.

[BKI NK2] Stoy, Christian: BKI Objektdaten Nutzungskoten: von Bestandsimmobilien, BKI NK2; Stuttgart 2011.

[BKI NK2017] Stoy, Christian: BKI Nutzungskosten Gebäude 2017/2018: Statistische Kostenkennwerte für Gebäude, BKI NK2017; Stuttgart 2017.

[BKI NK3] Stoy, Christian: BKI Objektdaten Nutzungskosten: Kosten von Bestandsimmobilien und statistische Kostenkennwerte, BKI NK3; Stuttgart 2012.

[BKI NK4] Stoy, Christian: BKI Objektdaten Nutzungskosten: Kosten von Bestandsimmobilien und statistische Kostenkennwerte, BKI NK4; Stuttgart 2012.

[BKI NK5] Stoy, Christian: BKI Objektdaten Nutzungskosten: Kosten von Bestandsimmobilien und statistische Kostenkennwerte, BKI NK5; Stuttgart 2015.

[BKI-2 (1996N)] Nehm, Arnold; Neubauer, Marianne; Riering, Ewald; Seidel, Wilfried: Gebäudekosten 1997: Baupreistabellen zur überschlägigen Kostenermittlung: Ausführungsorientiert nach Leistungsbereichen, Teil 2; Stuttgart 1996.

[BKPV (2003H)] Hiebel, Mathias: Kosten sparen beim Einsatz von Schulhausmeistern: Geschäftsbericht 2003, URL: http://www.bkpv.de/ver/pdf/gb2003/hiebel_hausmeister.pdf (letzter Aufruf: 04.01.2018.

[Blaschkowski, A. (2006B)] Blaschkowski, Andreas; Kilb, Sascha: 5. Technical Due Diligence: Technische Aspekte von Fungibilität bis Standard: Schriftlicher Management-Lehrgang in 9 Lektionen; Düsseldorf 2006.

[BMAS 2016-12] Arbeitsstättenverordnung, Bundesministerium für Arbeit und Soziales (Hrsg.); Köln 12.2016, URL: http://www.bmas.de/SharedDocs/Downloads/DE/PDF-Publikationen/A225-arbeitsstaettenverordnung.pdf?__blob=publicationFile (letzter Aufruf: 03.01.2018).

[BMBau (1989K)] Kandel, Lutz; Linhardt, Achim; Roth, Jürgen: Vergleichende Betrachtung alternativer technischer Wohngebäudeausstattungen und Analyse ihres Einflusses auf Gebäude- und Betriebskosten: Baukostensenkung und Folgekosten, Schriftenreihe Bau- und Wohnforschung; Stuttgart 1989.

[BMBau (1990M)] Menkhoff, Herbert: Vergleichende Betrachtung alternativer technischer Wohngebäudeausstattungen und Analyse ihres Einflusses auf Gebäude und Betriebskosten, Schriftenreihe Bau- und Wohnforschung; Stuttgart 1990.

[BMBau (1991K)] Klocke, Wilhelm: Leitfaden zur Bauinstandhaltung: Inspektion und Wartung Ihres Hauses – Ratschläge zur Pflege und Werterhaltung, 3. Aufl.; Bonn 1991.

[BMBau (1993M)] Meurer, F. K.: Sozialer Wohnungsbau in den Niederlanden: Vergleichende Untersuchung über Baukosten, Finanzierung, Technische Bedingungen und Wohnqualität beim sozialen Wohnungsbau in den Niederlanden und in der Bundesrepublik Deutschland, Schriftenreihe Forschungsvorhaben des Experimentellen Wohnungs- und Städtebaus; Bonn 1993.

[BMBau (1996c)] Bundesministerium für Bauwesen, Städtebau und Regionalwesen (Hrsg.): Dritter Bericht über Schäden an Gebäuden; Bonn 1996.

[BMBau 01.041] Triebel, Wolfgang; Achterberg, Gerhard; Tesch, Martin: Wirtschaftlichkeit von Studentenwohnheimen und Studentenwohnungen: Untersuchungen an Versuchs- und Vergleichsbauten in Berlin-Dahlem, Schriftenreihe Versuchs- und Vergleichsbauten und Demonstrativmaßnahmen; Bonn 1972.

[BMBau 01.249] Kräntzer, Karl Richard: Beurteilungsmerkmale für Wohnungen als Entscheidungshilfe für die Planung und Bewertung von Wohnbauten, BMBau 01.249; Bonn 1977.

[BMBau 04.094] Drees, Gerhard; Höh, Gerhard: Entwicklung einer Methode für Wirtschaftlichkeitsuntersuchungen bei Baumaßnahmen des Bundes, Schriftenreihe Bau- und Wohnforschung, BMBau 04.094; Bonn 1983.

[BMBau 04.108] Weeber, Rotraut; Weber, H.; Rossbach-Lochmann, H.; Kremp, Chr.: Bereitstellung von Behindertenwohnungen: Bedarfsgerechte und wirtschaftliche Verfahren, Behindertenwohnungen bereitzustellen; Forschungsbericht, BMBau 04.108; Bonn 1985.

[BMBau 04.115] Diederichs, Claus-Jürgen; Hepermann, Heinrich: Kostenermittlung im Hochbau durch Kalkulation von Leitpositionen (Rohbau und Ausbau), Schriftenreihe Bau- und Wohnforschung, BMBau 04.115; Bonn 1986.

[BMBau 474] Deters, Karl: Verfahren zur Kostendämpfung bei der Modernisierung der Sanitärinstallation und der Einfluß auf die Betriebskosten; Forschungsbericht, Schriftenreihe Forschung; Bonn 1989.

[BMBau BI5-800194-4] Deters, Karl; Arlt, Joachim: Leitfaden Kostendämpfung im Geschosswohnungsbau: Weiterentwicklung der Rationalisierungserkenntnisse aufgrund geänderter und neuer Anforderungen für einen kostengünstigen Geschosswohnungsbau; Stuttgart 1998.

[BMBFT (BINE)] Dänekamp, Birgit: Rationelle Energieverwendung in öffentlichen Gebäuden: kommunales Energiemanagement, BMBFT (BINE); Köln 1990.

[BMF (2005a)] Bundesministerium der Finanzen (Hrsg.): Bilanzsteuerrechtliche Beurteilung von Aufwendungen zur Einführung eines betriebswirtschaftlichen Softwaresystems (ERP-Software): BMF-Schreiben vom 17.10.2005, IV B 2 – S 2172 – 34/05, Schreiben des Ministeriums der Finanzen Rheinland-Pfalz vom 04.11.2005, – S 2172 A – 03-001-30 – 441.

[BMF 2012-0520897] Bundesministerium der Finanzen (Hrsg.): 1. Personalkostensätze für Kostenberechnungen/Wirtschaftlichkeitsuntersuchungen, 2. Sachkostenpauschale eines Arbeitsplatzes in der Bundesverwaltung für Kostenberechnungen/Wirtschaftlichkeitsuntersuchungen, 3. Kalkulationszinssätze für Wirtschaftlichkeitsuntersuchungen, BMF-Schreiben vom 02.07.2012.

[BMI UfAB_5] Bundesministerium des Innern (Hrsg.): UfAB V: Unterlage für Ausschreibung und Bewertung von IT-Leistungen: Version 2.0, 2010, URL: http://www.bescha.bund.de/nn_965944/SharedDocs/Downloads/Publikationen/Broschueren/ufab__broschuere,templateId=raw,property=publicationFile.pdf/ufab_broschuere.pdf (letzter Aufruf: 08.12.2010).

[BMI UfAB_6] Bundesministerium des Innern (Hrsg.): UfAB VI: Unterlage für Ausschreibung und Bewertung von IT-Leistungen: Version 1.0, 2015, URL: http://www.cio.bund.de/SharedDocs/Publikationen/DE/IT-Beschaffung/ufab_vi_download.pdf?__blob=publicationFile (letzter Aufruf: 11.04.2017).

[BMI-IT EVB-IT System-AGB 20120919] Bundesministerium des Innern – IT Stab (Hrsg.): EVB-IT System-AGB, BMI-IT EVB-IT System-AGB 20120919, 2012, URL: https://www.cio.bund.de/SharedDocs/Publikationen/DE/IT-Beschaffung/EVB-IT_Vertragstypen/EVB-IT_System/evb_it_system_agb.pdf?__blob=publicationFile (letzter Aufruf: 04.01.2018).

[BMI-IT EVB-IT Systemvertrag 20120919] Bundesministerium des Innern – IT Stab (Hrsg.): EVB-IT Systemvertrag, BMI-IT EVB-IT Systemvertrag 20120919, 2012, URL: http://www.cio.bund.de/SharedDocs/Publikationen/DE/IT-Beschaffung/EVB-IT_Vertragstypen/EVB-IT_System/evb_it_systemvertrag_pdf.pdf?__blob=publicationFile (letzter Aufruf: 04.01.2018).

[BMI-IT V-Modell® XT, Version 1.4] Bundesministerium des Innern – IT Stab (Hrsg.): Grundlagen des V-Modells, BMI-IT V-Modell® XT, Version 1.4, URL: ftp://ftp.tu-clausthal.de/pub/institute/informatik/v-modell-xt/Releases/1.4Bw/V-Modell-XT-Bw-Gesamt.pdf (letzter Aufruf: 04.01.2018).

[BMJ 2015-04] Bundesministerium der Justiz (Hrsg.); Bekanntmachung der Regeln zur Datenaufnahme und Datenverwendung im Wohnungsbestand; Köln 2015, URL: https://www.bundesanzeiger.de/ (letzter Aufruf: 17.03.2017).

[BMU (2014h)] Bundesministerium für Umwelt, Naturschutz und Reaktorsicherheit (Hrsg.): Leitfaden WU Hochbau: Leitfaden Wirtschaftlichkeitsuntersuchungen (WU) bei der Vorbereitung von Hochbaumaßnahmen des Bundes, 3. Aufl., 8.2014, URL: https://www.fib-bund.de/Inhalt/Leitfaden/Wirtschaftlichkeit/2014-08_LFWU_Hochbau_3-Auf"|lage_BMUB_2014.pdf (letzter Aufruf: 07.01.2018).

[BMUB (2016l)] Bundesministerium für Umwelt, Naturschutz, Bau und Reaktorsicherheit (Hrsg.): Leitfaden Barrierefreies Bauen, 4. Aufl., 2016, URL: http://www.http://www.bmub.bund.de/fileadmin/Daten_BMU/Pools/Broschueren/barrierefreies_bauen_leitfaden_bf.pdfnachhaltigesbauen.de/oekobaudat/ (letzter Aufruf: 10.04.2017).

[BMUB (2017)] Bundesministerium für Umwelt, Naturschutz, Bau und Reaktorsicherheit (Hrsg.): Ökobau.dat, 2017, URL: http://www.nachhaltigesbauen.de/oekobaudat/ (letzter Aufruf: 11.02.2017).

[BMUB RBBau 2015] Bundesministerium für Umwelt, Naturschutz, Bau und Reaktorsicherheit (Hrsg.): Richtlinie für die Durchführung von Bauaufgaben des Bundes: RBBau: Grundwerk bis 19. Austauschlieferung mit Aktualisierungen, BMUB RBBau 2015, URL: http://www.abg-plus.de/abg2/ebuecher/acroread/alle/rbbau/RBBauOnlinefassung_12.Januar_15.pdf (letzter Aufruf: 09.02.2017).

[BMVBS (2009)] Bundesministerium für Verkehr, Bau- und Stadtentwicklung (Hrsg.): Leitbild Bau: Zur Zukunft des Planens und Bauens in Deutschland – eine gemeinsame Initiative der deutschen Bauwirtschaft, 2009, URL: http://www.bauindustrie.de/media/attachments/Leitbild_Bau_final.pdf (letzter Aufruf: 19.02.2017).

[BMVBS (2009a)] Bundesministerium für Verkehr, Bau- und Stadtentwicklung (Hrsg.): PPP-Handbuch: Leitfaden für Öffentlich-Private-Partnerschaften, 2. Aufl.; Bad Homburg 2009.

[BMVBS 2009-07] Bekanntmachung der Regeln zur Datenaufnahme und Datenverwendung im Wohnungsbestand, Bundesministerium für Verkehr, Bau- und Stadtentwicklung (Hrsg.), 30.07.2009, URL: http://www.enev-online.org/enev_2009_praxishilfen/enev2009_090730_datenaufnahme_wohnbestand.pdf (letzter Aufruf: 17.03.2017).

[BMVBS (2011F)] Bodelschwingh, Arndt; von Rohr, Götz; Pietschmann, Holger; Rohwedder, Henning: Fortführung der Kompensationsmittel für die Wohnraumförderung; Endbericht; Bonn 2011, URL: http://www.bbsr.bund.de/BBSR/DE/Veroeffentlichungen/BMVBS/Forschungen/2007/Heft~124_DL.pdf?__blob=publicationFile&v=2 (letzter Aufruf: 05.03.2017).

[BMVBS 20051108-KF-A00M.13] Bundesministerium für Verkehr, Bau- und Stadtentwicklung (Hrsg.): Muster 13 – Raumbedarfsplan, 2005, URL: http://www.verwaltungsvorschriften-im-internet.de/pdf/BMVBS-B-20051108-KF-A00M.13.pdf (letzter Aufruf: 04.01.2018).

[BMVBS BNB_AA 2012] Bundesministerium für Verkehr, Bau- und Stadtentwicklung (Hrsg.): Bewertungssystem Nachhaltiges Bauen (BNB): Außenanlagen von Bundesliegenschaften, 2012, URL: https://www.bnb-nachhaltigesbauen.de/fileadmin/pdf/BNB_Steckbriefe-Aussenanlagen/BNB_AA2012-1.zip (letzter Aufruf: 20.01.2016).

[BMVBS BNB_BN 2011_1] Bundesministerium für Verkehr, Bau- und Stadtentwicklung (Hrsg.): Bewertungssystem Nachhaltiges Bauen (BNB): Neubau Büro- und Verwaltungsgebäude, 2011, URL: https://www.bnb-nachhaltigesbauen.de (letzter Aufruf: 04.01.2018).

[BMVBS Heft 124] Veser, Jürgen; Thrun, Thomas; Jaedicke, Wolfgang: Veränderung der Anbieterstruktur im deutschen Wohnungsmarkt und wohnungspolitische Implikationen: Forschungen Heft 124; Endbericht, BMVBS Heft 124; Bonn 2007, URL: http://www.bbsr.bund.de/BBSR/DE/Veroeffentlichungen/BMVBS/Forschungen/2007/Heft~124_DL.pdf?__blob=publicationFile&v=2 (letzter Aufruf: 05.03.2017).

[BMVBS Online-Publikation 16-2011] Bundesministerium für Verkehr, Bau- und Stadtentwicklung (Hrsg.): Typologie und Bestand beheizter Nichtwohngebäude in Deutschland; Endbericht, BMVBS 16-2011, 8.2011, URL: http://www.bbsr.bund.de/BBSR/DE/Veroeffentlichungen/BMVBS/Online/2011/DL_ON162011.pdf;jsessionid=E940F2249F140B33A937A24737D00E8E.live21304?__blob=publicationFile&v=2 (letzter Aufruf: 01.01.2018).

[BMVBS Online-Publikation 27-2013] Bundesministerium für Verkehr, Bau- und Stadtentwicklung (Hrsg.): Systematische Datenanalyse im Bereich der Nichtwohngebäude – Erfassung und Quantifizierung von Energieeinspar- und CO_2-Minderungspotenzialen; Endbericht, BMVBS 27-2013, 8.2011, URL: http://www.bbsr.bund.de/BBSR/DE/Veroeffentlichungen/BMVBS/Online/2013/DL_ON272013.pdf?__blob=publicationFile&v=4 (letzter Aufruf: 01.01.2018).

[BMVI (2015f)] Bundesministerium für Verkehr und digitale Infrastruktur (Hrsg.): Reformkommission Bau von Großprojekten: Komplexität beherrschen – kostengerecht, termintreu und effizient: Endbericht, 2015, URL: https://www.bmvi.de/SharedDocs/DE/Publikationen/G/reformkommission-bau-grossprojekte-endbericht.pdf?__blob=publicationFile (letzter Aufruf: 02.01.2018).

[BMWFJ (2009)] Bundesministerium für Wirtschaft, Familie und Jugend (Hrsg.): Energiemanagement in der Hotellerie und Gastronomie: Ein Leitfaden, 1. Aufl.; Wien 2009, URL: https://www.pfalz.ihk24.de/blob/luihk24/standortpolitik/Tourismus_Gastgewerbe_Weinwirtschaft/downloads/1271640/de8222ac7200abfac5a5a7d77a4764db/leitfaden_energiemanagement_web-data.pdf (letzter Aufruf: 02.01.2018).

[BMWFJ (2015)] Bundesministerium für Wirtschaft, Familie und Jugend (Hrsg.): Energiemanagement in der Hotellerie und Gastronomie: Ein Leitfaden, 3., überarb. Aufl.; Wien 2015, URL: https://www.bmwfw.gv.at/Tourismus/TourismusstudienUndPublikationen/Documents/Energieeffizienz_Leitfaden%20Online-Version.pdf (letzter Aufruf: 02.01.2018).

[BNP Paribas Real Estate (2016)] BNP Paribas Real Estate (Hrsg.): Investmentmarkt Deutschland: Property Report 2016, 2016, URL: https://www.realestate.bnpparibas.de/upload/docs/application/pdf/2016-02/2016_bnppre_pr_investment_deutschland_de.pdf?id=p_1653175 (letzter Aufruf: 08.02.2017).

[Böttcher, O. (2009d)] Böttcher, Olaf: Erfahrungen mit der Energiesparverordnung 2007 für Bundesbaumaßnahmen: Vortrag beim Facility-Management-Kongress am 22. April 2009 in Frankfurt am Main.

[Bogenstätter, U. (2000)] Bogenstätter, Ulrich: Prediction and optimization of life cycle costs in early design, in: British Research & Information; 28 Jg. (2000), Nr. 5–6, S. 376–386.

[Bogenstätter, U. (2001)] Bogenstätter, Ulrich: Interdisziplinäres Modell zur Bewertung von Wohnstätten für [(schwer geistig) behinderte] Menschen in frühen Planungsphasen; Dissertation; Karlsruhe 2001.

[Bogenstätter, U. (2006z)] Bogenstätter, Ulrich: Facility Management – vorteilhaft auch für Parkhäuser, 2006, S. 69–78 in: Gieler-Breßmer, Susanne (Hrsg.): Verkehrsbauten Schwerpunkt Parkhäuser: 2. Kolloquium, 31. Januar und 1. Februar 2006; Ostfildern: Technische Akademie Esslingen 2006.

[Bogenstätter, U. (2008)] Bogenstätter, Ulrich: Property Management und Facility Management; München 2008.

[Bogenstätter, U. (2008y)] Bogenstätter, Ulrich: Informationsbedarf von Immobilienverantwortlichen, in: Evangelisches Siedlungswerk in Deutschland (Hrsg.): Von der Verwaltung der Immobilie zum aktiven Gestalten mit der Immobilie: Kirche im Wandel – den Wandel gestalten: Dokumentation des 2. Berliner Forums 2008; Nürnberg 2008.

[Bogenstätter, U. (2008z)] Bogenstätter, Ulrich: Betriebswirtschaftliche Kennzahlen von Parkbauten, 2008, in: Gieler-Breßmer, Susanne (Hrsg.): Verkehrsbauten Schwerpunkt Parkhäuser/Brücken: 3. Kolloquium, 29. und 30. Januar 2008; Ostfildern: Technische Akademie Esslingen 2008, S. 423–433.

[Bogenstätter, U. (2009c)] Bogenstätter, Ulrich: Die IT-Systeme sind erfunden. Was nun?, in: KVI im Dialog (2009), Nr. 3, S. 38–43.

[Bogenstätter, U. (2009k)] Bogenstätter, Ulrich: Nachhaltigkeit im Umgang mit kirchlichen Immobilien, in: Kunst und Kirche (2009), Nr. 4, S. 34–39.

[Bogenstätter, U. (2016z)] Bogenstätter, Ulrich: Immobilienwirtschaftliche Lösungen, S. 170–187 in: Reiß-Fechter, Dagmar (Hrsg.): Immobilienmanagement in Sozialwirtschaft und Kirche, 3., völlig überarb. u. erg. Aufl.; Baden Baden 2016.

[Boschi, N. (2008)] Boschi, Nadia: Comparison of real estate evaluation systems: a summary of opportunities offered by BREEAM, GBTool and LEED, in: Retail Space Europe (2008), S. 415–421.

[Brasche, S. (2003)] Brasche, Sabine; Heinz Ehrenfried; Hartmann, Thomas; Richter, Wolfgang; Bischof, Wolfgang: Vorkommen, Ursachen und gesundheitliche Aspekte von Feuchteschäden in Wohnungen: Ergebnisse einer repräsentativen Wohnungsstudie in Deutschland, in: Bundesgesundheitsblatt – Gesundheitsforschung – Gesundheitsschutz; 46 Jg. (2003), Nr. 8, S. 683–693.

[Braun, R. (2006a)] Braun, Rainer; Langer, Christian; Pfeiffer, Ulrich: Das KaNaPe-Modell: Integration der Wohnimmobilie in die staatlich geförderte Altersvorsorge, in: Der Immobilienverwalter (2006), Heft 1, S. 5–8.

[Braune, A. (2007c)] Braune, Anna; Sedlbauer, Klaus; Kittelberger, Siegrun; Kreißig, Johannes: Potenziale des Nachhaltigen Bauens in Deutschland: Analyse der internationalen Strukturen; Stuttgart 2007.

[Braune, A. (2008a)] Braune, Anna: Nachhaltigkeit, in: IndustrieBAU (2008), Heft 1, S. 59.

[BSI (2004)] Bundesamt für Sicherheit in der Informationstechnik (Hrsg.): IT-Grundschutzhandbuch: Standard-Sicherheitsmaßnahmen; CD-ROM zum Handbuch; Köln 2004.

[BSI (2016a)] Bundesamt für Sicherheit in der Informationstechnik (Hrsg.): Smart Meter Gateway, 2016, URL: https://www.bsi.bund.de/DE/Themen/DigitaleGesellschaft/SmartMeter/SmartMeterGateway/smartmetergateway_node.html (letzter Aufruf: 19.03.2017).

[BSI (2016f)] Bundesamt für Sicherheit in der Informationstechnik (Hrsg.): Technische Richtlinie (TR-03109-1), 2016, URL: https://www.bsi.bund.de/DE/Themen/DigitaleGesellschaft/SmartMeter/SmartMeterGateway/TechnRichtlinie/TR_03109-1_node.html (letzter Aufruf: 19.03.2017).

[BSI OHSAS 18001 2007-12] Arbeitsschutzmanagementsysteme: Forderungen: Occupational Health And Safety Assessment Series (OHSAS), British Standards Institution (Hrsg.): BSI OHSAS 18001; London 2007.

[BSI OHSAS 18002 2008-11] Occupational health and safety management systems: Guidelines for the implementation of OHSAS 18001:2007, British Standards Institution (Hrsg.): BSI OHSAS 18002; London 2008.

[BSI PAS 1192-2 2013-03] Specification for information management for the capital/delivery phase of construction projects using building information modelling, British Standards Institution (Hrsg.): Teil 2, BSI PAS 1192, 2013, URL: http://shop.bsigroup.com/forms/PASs/PAS-1192-2-2013/Confirmation/ (letzter Aufruf: 24.04.2017).

[BSI Standard 100-1] Bundesamt für Sicherheit in der Informationstechnik (Hrsg.): Managementsysteme für Informationssicherheit (ISMS), Version 1.5, BSI Standard 100-1, 2008, URL: https://www.bsi.bund.de/SharedDocs/Downloads/DE/BSI/Publikationen/ITGrundschutzstandards/BSI-Standard_1001.pdf?__blob=publicationFile&v=1 (letzter Aufruf: 17.03.2017).

[BSI Standard 100-2] Bundesamt für Sicherheit in der Informationstechnik (Hrsg.): IT-Grundschutz-Vorgehensweise, Version 2.0, 2008, URL: https://www.bsi.bund.de/SharedDocs/Downloads/DE/BSI/Publikationen/ITGrundschutzstandards/BSI-Standard_1002.pdf?__blob=publicationFile&v=1 (letzter Aufruf: 17.03.2017).

[BSI Standard 100-3] Bundesamt für Sicherheit in der Informationstechnik (Hrsg.): Risikoanalyse auf der Basis von IT-Grundschutz, Version 2.5, BSI Standard 100-3, 2008, URL: https://www.bsi.bund.de/DE/Themen/ITGrundschutz/ITGrundschutzStandards/Standard03/ITGStandard03_node.html (letzter Aufruf: 17.03.2017).

[BSI Standard 100-4] Bundesamt für Sicherheit in der Informationstechnik (Hrsg.): Notfallmanagement, Version 1.0, BSI Standard 100-4, 2008, URL: https://www.bsi.bund.de/DE/Themen/ITGrundschutz/ITGrundschutzStandards/Standard04/ITGStandard04_node.html (letzter Aufruf: 17.03.2017).

[BStatG 2016] Gesetz über die Statistik für Bundeszwecke: Bundesstatistikgesetz, Bundesbeauftragte für den Datenschutz und die Informationsfreiheit (Hrsg.): bfid BStatG, 2016, URL: https://www.destatis.de/DE/Methoden/Rechtsgrundlagen/Statistikbereiche/Inhalte/010_BStatG.pdf?__blob=publicationFile (letzter Aufruf: 19.03.2017).

[Bündnis Gemeinnützigkeit (2014)] Krimmer, Holger; Weitemeyer, Birgit; Kleinpeter, Saskia; von Schönfeld, Friedrich; Vogt, Benedikt: Bündnis für Gemeinnützigkeit, in: Felser, Daniela (Hrsg.): Transparenz im Dritten Sektor; Stuttgart 2014.

[Büttner, O. (1972B)] Büttner, Otto: Kostenplanung von Gebäuden: Aspekte einer umfassenden Baukostenplanung mit Entwicklung und Anwendung eines Simulationsmodells; Dissertation; Stuttgart 1972.

[BulwienGesa (2010e)] BulwienGesa (Hrsg.): Gewerbe- und Industrieimmobilien in Deutschland 2010: 5.2010, URL: http://www.aurelis-real-estate.de/fileadmin/user_upload/Bilder/News/Studien/Gewerbe_Industrieimmobilien_2010-06-08.pdf (letzter Aufruf: 01.01.2018).

[Burgard, R. (2017d)] Burgard, Roland; Haverkampf, Hans-Eberhard: Wir können gute Architektur durchsetzen: Im Gespräch: Hans-Eberhard Haverkampf, früherer Baudezenent, und Roland Burgard, ehemaliger Leiter des Hochbauamts, in: Frankfurter Allgemeine Zeitung; Nr. 88, 13.4.2017, S. 35.

[Burkert, J. (2006c)] Burkert, Joachim: Erfolgsstory der Stadt Geislingen (Steige): Arbeitspapier zur Vorbereitung des Arbeitskreises Facility Management für Kommunen; Geislingen 2006.

[Burmeister, J. (1991e)] Burmeister, Jürgen: Büro-Organisation bei der Einführung von CAD; Tagungsunterlagen; Frankfurt a. M. 1991.

[BWU (1994W)] Wiegand, Jürgen; Aellen, Kurt; Keller, Thomas: Wohnungs-Bewertungs-System (WBS): Ausgabe 1986, Schriftenreihe Wohnungswesen, 5., unveränd. Aufl.; Bern 1994.

[BWU (2000b)] Bundesamt für Wohnungswesen (Hrsg.): Wohnbauten planen, beurteilen und vergleichen: Wohnungs-Bewertungssystem (WBS): Ausgabe 2000, Schriftenreihe Wohnungswesen; Bern 2000.

[BWU (2015i)] Bundesamt für Wohnungswesen (Hrsg.): Wohnbauten planen, beurteilen und vergleichen: Wohnungs-Bewertungssystem (WBS), Schriftenreihe Wohnungswesen; Bern 2015.

[Camp, R. (1994)] Camp, Robert C.: Benchmarking; München 1994.

[CBRE Research 2016] CBRE (Hrsg.): Spitzenrenditen Büro (netto) & Rendite 10-j. Bund, CBRE Research 2016, URL: http://news.cbre.de/deutschlands-gewerbeimmobilien-investmentmarkt-mit-neuem-zyklischen-rekordwert-transaktionsvolumen-2015-bei-55-milliarden (letzter Aufruf: 08.07.2016).

[CCRS (2007M)] Meins, Erika: Der Nachhaltigkeit von Immobilien einen finanziellen Wert geben: Economic Sustainability Indicator (ESI): Zusammenfassender Bericht: Grundlagen und Mehrfamilienhäuser; Zürich 2007.

[Certified CBH v1.05] Certified GmbH (Hrsg.): Certified Business Hotel: Kriterienkatalog, Certified CBH v1.05, 8.2016.

[Certified CCH v1.06] Certified GmbH (Hrsg.): Certified Conference Hotel: Kriterienkatalog, Certified CCH v1.06, 8.2016.

[Chermayeff, S. (1971)] Chermayeff, Serge; Alexander, Christopher: Gemeinschaft und Privatheit im neuen Bauen: Auf dem Wege zu einer humanen Architektur; Mainz u. a. 1971.

[Chowanetz, K. (2009l)] Chowanetz, Ken: Gigantische Vermehrung im Hause BlueMotion; Zeitungsartikel, in: Allgemeine Zeitung Mainz, 14.11.2009, URL: www.rhein-mainz-presse.de (letzter Aufruf: 14.11.2009).

[DBImmobilien Trend-Research 2005] Deutsche Bank Immobilien (Hrsg.): DB Immobilien Trend-Research 2005: Charts, Trends, Pressetext, DBImmobilien Trend-Research 2005; Frankfurt a. M., URL: http://www.dbimmobilien.de/(h05kpjaumhnvfgygn0hzeaiw)/main.aspx?menu=1,6,31 (letzter Aufruf: 09.09.2005).

[DBV (2007f)] Deutscher Beton- und Bautechnik-Verein (Hrsg.): Bauwerksbuch: Empfehlungen zur Sicherheit und Erhaltung von Gebäuden; Berlin 2007.

[de Zoeten, R. (2002e)] de Zoeten, Robert: Marktveränderungen in der Wohnungswirtschaft, in: Der Vermieter (2002), Heft 5, S. 27–30.

[DEHOGA (2015)] Deutscher Hotel- und Gaststättenverband e. V. (DEHOGA Bundesverband) (Hrsg.): Kriterienkatalog 20015-2020: Deutsche Hotelklassifizierung, 2015, URL: https://www.hotelstars.eu/fileadmin/Dateien/GERMANY/Downloads/Files/Deutsche-Hotelklassifizierung_2015-2020.pdf (letzter Aufruf: 03.01.2018).

[DEKRA Umwelt (2005)] DEKRA Umwelt (Hrsg.): ImmoPass-Leitfaden: Leitfaden zu den Beurteilungskriterien des ImmoPass für Wohngebäude; 2005.

[Deloitte (2011)] Deloitte & Touche (Hrsg.): Benchmarkanalyse 2010: Determinanten eines effizienten Wohnungsunternehmens; Berlin 2011.

[Deloitte Deutsche Baurevision (2005b)] Deloitte & Touche, Deutsche Baurevision AG Wirtschaftsprüfungsgesellschaft (Hrsg.): Kennzahlen für die Wohnungswirtschaft: Ergebnisse einer Erhebung für das Geschäftsjahr 2003, 3. Aufl.; Halle 2005.

[Denkmalschutz (2011c)] Deutsche Stiftung Denkmalschutz (Hrsg.): Vom Flak zum Energiebunker: Hamburg präsentiert die Projekte der Internationalen Bauausstellung, in: Monumente (2011), Heft 3, S. 47–51.

[Denkmalschutz (2011S)] Schillig, Christiane: Von wegen ausgedient!, in: Monumente (2011) Heft 3, S. 8–14.

[DEPI (2017)] Deutsches Pelletinstitut (Hrsg.): Brennstoffkostenentwicklung von Erdgas, Öl und Pellets: Januar 2006–Dezember 2016; Internetadresse, 2017, URL: http://www.depi.de/de/infothek/grafiken/ (letzter Aufruf: 11.03.2017).

[Deutsche Bundesbank (2017)] Deutsche Bundesbank (Hrsg.): Basiszinssatz nach § 247 BGB; 2017, URL: http://www.bundesbank.de/Redaktion/DE/Standardartikel/Bundesbank/Zinssaetze/basiszinssatz.html (letzter Aufruf: 23.03.2017).

[Deutsche_Bundesbank (2013k)] Deutsche Bundesbank (Hrsg.): Tägliche Zinsstruktur am Rentenmarkt – Schätzwerte: Kapitalmarktstatistik: Bundeswertpapiere, 2013, URL: http://www.bundesbank.de/Redaktion/DE/Downloads/Statistiken/Geld_Und_Kapitalmaerkte/Zinssaetze_Renditen/stat_zinsstruktur_BWP.pdf?__blob=publicationFile (letzter Aufruf: 02.11.2013).

[Deutsche_Bundesbank (2017k)] Deutsche Bundesbank (Hrsg.): Tägliche Zinsstruktur am Rentenmarkt – Schätzwerte: Kapitalmarktstatistik: Bundeswertpapiere, 2017, URL: http://www.bundesbank.de/Redaktion/DE/Downloads/Statistiken/Geld_Und_Kapitalmaerkte/Zinssaetze_Renditen/stat_zinsstruktur_BWP.pdf?__blob=publicationFile (letzter Aufruf: 15.04.2017).

[Deutsche_Bundesbank SU0112. SU0114, SU0115 (2017)] Deutsche Bundesbank (Hrsg.): Diskontsatz der Deutschen Bundesbank/Stand am Monatsende 7.1948–12.1998, Basiszinssatz gemäß Diskontsatz-Überleitungs-Gesetz (DÜG)/Stand am Monatsende 1.1999–3.2002, Basiszinssatz gemäß BGB/Stand am Monatsende 1.2002–7.2017; cvs-Datei, Deutsche_Bundesbank SU0112. SU0114, SU0115 (2017).

[DGNB (2009a)] Deutsche Gesellschaft für nachhaltiges Bauen (Hrsg.): Das deutsche Gütesiegel nachhaltiges Bauen: Aufbau – Anwendung – Kriterien, Nr. 1, 2009, URL: http://www.dgnb.de/fileadmin/downloads/DGNB_Systembeschreibung_online_20090112a.pdf (letzter Aufruf: 21.01.2009).

[DGNB (2017d)] Deutsche Gesellschaft für nachhaltiges Bauen (Hrsg.): DGNB angemeldete und zertifizierte Projekte, 2017, URL: http://www.dgnb-system.de/de/projekte/?pk_campaign=evlooprojekte&we_lv_start_0=1010 (letzter Aufruf: 09.04.2017).

[DGUV BGI_GUV-I 8700] Deutsche Gesetzliche Unfallversicherung (Hrsg.): Gefährdungs- und Belastungs-Katalog: Beurteilung von Gefährdungen und Belastungen am Arbeitsplatz, 2009, URL: https://www.kuvb.de/fileadmin/daten/dokumente/GBI/Vorschrift_2/i8700.pdf (letzter Aufruf: 04.01.2018).

[DGUV Information 215-410] Deutsche Gesetzliche Unfallversicherung (Hrsg.): Bildschirm- und Büroarbeitsplätze: Leitfaden für die Gestaltung, DGUV Information 215-410, 2015, URL: http://www.vbg.de/SharedDocs/Medien-Center/DE/Broschuere/Themen/Bildschirm_und_Bueroarbeit/DGUV_Information_215_410_Bildschirm-_und_Bueroarbeitsplaetze.pdf;jsessionid=31D14DEC77537A2B106A6F1A8FDCCA0A.live3?__blob=publicationFile&v=17 (letzter Aufruf: 09.03.2017).

[DGUV R 113-001] Deutsche Gesetzliche Unfallversicherung (Hrsg.): Explosionsschutz-Regeln (EX-RL): Regel 113-001, DGUV R 113-001, 2016, URL: http://www.bgrci.de/exinfode/dokumente/explosionsschutz-regeln-ex-rl-dguv-regel-113-001/ (letzter Aufruf: 09.03.2017).

[DIA (2013B)] Braun, Reiner; Pfeiffer, Ulrich: Wohnimmobilien zur Altersvorsorge: Worauf muss man achten?: LILA-Lagen; Berlin 2013.

[Die Linke (2017L)] Lay, Caren; Ergebnisse der schriftlichen Anfragen an die Bundesregierung zum Sozialwohnungsbestand in Deutschland: 31.07.2012, 07.06.2013, 03.07.2014, 16.07.2015; Berlin 2017.

[Diedrich, K. (2000b)] Diedrich, Klaus: Die intelligente Mülltonne, in: ImTeam (2000), Nr. 2, S. 36–37.

[Diehm, M. (2006c)] Diehm, Michael: Erfolgsstory der Stadt Mühlacker: Arbeitspapier zur Vorbereitung des Arbeitskreises Facility Management für Kommunen; Mühlacker 2006.

[Dietzfelbinger, D. (2014)] Dietzfelbinger, Daniel: Profitmaximierung versus Nächstenliebe – Lässt sich kirchliche Verwaltung ökonomisch managen?, in ESWiD Evangelischer Bundesverband für Immobilienwesen in Wissenschaft und Praxis (Hrsg.): Kirche im Wandel – den Wandel gestalten. Kirchliches Immobilienmanagement zwischen Markt und Verwaltung: 8. Berliner Forum des Evangelischen Bundesverbands für Immobilienwesen in Wissenschaft und Praxis; Berlin 2014.

[DIN 1076 1999-11] Ingenieurbauwerke im Zuge von Straßen und Wegen: Überwachung und Prüfung, Deutsches Institut für Normung (Hrsg.): DIN 1076; Berlin 1999.

[DIN 13080 2016-06] Gliederung des Krankenhauses in Funktionsbereiche und Funktionsstellen, Deutsches Institut für Normung (Hrsg.): DIN 13080; Berlin 2016.

[DIN 18040-1 2010-10] Barrierefreies Bauen: Planungsgrundlagen: Teil 1: Öffentlich zugängliche Gebäude, Deutsches Institut für Normung (Hrsg.): Teil 1, DIN 18040; Berlin 2010.

[DIN 18040-2 2011-09] Barrierefreies Bauen: Planungsgrundlagen: Teil 2: Wohnungen, Deutsches Institut für Normung (Hrsg.): Teil 2, DIN 18040; Berlin 2011.

[DIN 18040-3 2014-12] Barrierefreies Bauen: Planungsgrundlagen: Teil 3: Öffentlicher Verkehrs- und Freiraum, Deutsches Institut für Normung (Hrsg.): Teil 3, DIN 18040; Berlin 2014.

[DIN 18195-5 2011-12] Bauwerksabdichtungen: Teil 5: Abdichtungen gegen nichtdrückendes Wasser auf Deckenflächen und in Nassräumen, Bemessung und Ausführung, Deutsches Institut für Normung (Hrsg.): Teil 5, DIN 18195; Berlin 2011.

[DIN 18205 2016-11] Bedarfsplanung im Bauwesen, Deutsches Institut für Normung (Hrsg.): DIN 18205; Berlin 2016.

[DIN 18350 2016-09] Putz- und Stuckarbeiten, Deutsches Institut für Normung (Hrsg.): DIN 18350; Berlin 2016.

[DIN 18917 2002-08] Vegetationstechnik im Landschaftsbau: Rasen und Saatarbeiten, Deutsches Institut für Normung (Hrsg.): DIN 18917; Berlin 2002.

[DIN 18960 1999-08] Nutzungskosten von Hochbauten: Begriffe, Nutzungskostengliederung, Deutsches Institut für Normung (Hrsg.): DIN 18960; Berlin 1999.

[DIN 18960 2008-02] Nutzungskosten von Hochbauten, Deutsches Institut für Normung (Hrsg.): DIN 18960; Berlin 2008.

[DIN 18960-1 1976-04] Baunutzungskosten von Hochbauten, Deutsches Institut für Normung (Hrsg.): Teil 1, DIN 18960; Berlin 1976.

[DIN 1946-4 2008-12] Raumlufttechnik: Teil 4: Raumlufttechnische Anlagen in Gebäuden und Räumen des Gesundheitswesens, Deutsches Institut für Normung (Hrsg.), Teil 4, DIN 1946; Berlin 2008.

[DIN 1986-100 2008-05] Entwässerungsanlagen für Gebäude und Grundstücke: Teil 100: Bestimmungen in Verbindung mit DIN EN 752 und DIN EN 12056, Deutsches Institut für Normung (Hrsg.): Teil 100, DIN 1986; Berlin 2008.

[DIN 25425-1 2016-10] Radionuklidlaboratorien: Teil 1: Regeln für die Auslegung, Deutsches Institut für Normung (Hrsg.): Teil 1, DIN 25425; Berlin 2016.

[DIN 25425-3 2012-02] Radionuklidlaboratorien: Teil 3: Regeln für den vorbeugenden Brandschutz, Deutsches Institut für Normung (Hrsg.): Teil 3, DIN 25425; Berlin 2012.

[DIN 25425-5 2011-04] Radionuklidlaboratorien: Teil 5: Regeln zur Dekontamination von Oberflächen, Deutsches Institut für Normung (Hrsg.): Teil 5, DIN 25425; Berlin 2011.

[DIN 276 1993-06] Kosten von Hochbauten, Deutsches Institut für Normung (Hrsg.): DIN 276; Berlin 1993.

[DIN 276-1 2006-11] Kosten im Bauwesen: Teil 1: Hochbau, Deutsches Institut für Normung (Hrsg.), Teil 1, DIN 276; Berlin 2006.

[DIN 276-1 2008-12] Kosten im Bauwesen: Teil 1: Hochbau, Deutsches Institut für Normung (Hrsg.): Teil 1, DIN 276; Berlin 2008.

[DIN 277-1 2005-02] Grundflächen und Rauminhalte von Bauwerken in Hochbauten: Begriffe, Ermittlungsgrundlagen, Deutsches Institut für Normung (Hrsg.): Teil 1, DIN 277; Berlin 2005.

[DIN 277-1 2016-01] Grundflächen und Rauminhalte im Bauwesen: Teil 1: Hochbau, Deutsches Institut für Normung (Hrsg.): Teil 1, DIN 277; Berlin 2016.

[DIN 277-2 1987-06] Grundflächen und Rauminhalte von Hochbauten: Gliederung der Nutzflächen, Funktionsflächen und Verkehrsflächen (Netto-Grundfläche), Deutsches Institut für Normung (Hrsg.): Teil 2, DIN 277; Berlin 1987.

[DIN 277-3 2005-04] Grundflächen und Rauminhalte von Bauwerken im Hochbau: Mengen und Bezugseinheiten, Deutsches Institut für Normung (Hrsg.): Teil 3, DIN 277; Berlin 2005.

[DIN 283 (aufgehoben) Bl. 1 1951-03] Wohnungen: Begriffe, Deutsches Institut für Normung (Hrsg.): Bl. 1, DIN 283 (aufgehoben); Berlin 1951.

[DIN 31051 1985-01] Instandhaltung: Begriffe und Maßnahmen, Deutsches Institut für Normung (Hrsg.): DIN 31051; Berlin 1985.

[DIN 31051 2012-09] Grundlagen der Instandhaltung, Deutsches Institut für Normung (Hrsg.): DIN 31051; Berlin 2012.

[DIN 32541 (aufgehoben) 1977-05] Betreiben von Maschinen und vergleichbaren technischen Arbeitsmitteln: Begriffe für Tätigkeiten, Deutsches Institut für Normung (Hrsg.): DIN 32541 (aufgehoben); Berlin 1977.

[DIN 32736 2000-08] Gebäudemanagement: Begriffe und Leistungen, Deutsches Institut für Normung (Hrsg.): DIN 32736; Berlin 2000.

[DIN 40050-9 1993-05] Straßenfahrzeuge; IP-Schutzarten: Schutz gegen Fremdkörper, Wasser und Berühren; Elektrische Ausrüstung, Deutsches Institut für Normung (Hrsg.): Teil 9, DIN 40050; Berlin 1993.

[DIN 4426 2013-12] Einrichtungen der Instandhaltung baulicher Anlagen: Sicherheitstechnische Anforderungen an Arbeitsplätze und Verkehrswege: Planung und Ausführung, Deutsches Institut für Normung (Hrsg.): DIN 4426; Berlin 2013.

[DIN 6779-12 2011-04] Kennzeichnungssystematik für technische Produkte und technische Produktdokumentation: Teil 12: Bauwerke und Technische Gebäudeausrüstung, Deutsches Institut für Normung (Hrsg.): Teil 12, DIN 6779; Berlin 2011.

[DIN 69901-2 2009-01] Projektmanagement: Projektmanagementsysteme: Teil 2: Prozesse, Prozessmodell, Deutsches Institut für Normung (Hrsg.): Teil 2, DIN 69901; Berlin 2009.

[DIN 69901-5 2009-01] Projektmanagement: Projektmanagementsysteme: Teil 5: Begriffe, Deutsches Institut für Normung (Hrsg.): Teil 5, DIN 69901; Berlin 2009.

[DIN 77400 2003-09] Reinigungsdienstleistungen: Schulgebäude: Anforderungen an die Reinigung, Deutsches Institut für Normung (Hrsg.): DIN 77400; Berlin 2003.

[DIN 8930-5 2003-11] Kälteanlagen und Wärmepumpen – Terminologie: Contracting, Deutsches Institut für Normung (Hrsg.): Teil 5, DIN 8930; Berlin 2003.

[DIN 8930-5 E 2003-01] Kälteanlagen und Wärmepumpen – Begriffe und Formelzeichen: Contracting, Deutsches Institut für Normung (Hrsg.): Teil 5, DIN 8930; Berlin 2003.

[DIN EN 13306 2001-09] Begriffe der Instandhaltung, Deutsches Institut für Normung (Hrsg.): DIN EN 13306; Berlin 2001.

[DIN EN 13549 2001-10] Reinigungsdienstleistungen: Grundanforderungen und Empfehlungen für Qualitätsmesssysteme, Deutsches Institut für Normung (Hrsg.): DIN EN 13549; Berlin 2001.

[DIN EN 15221-1 2007-01] Facility Management: Teil 1: Begriffe, Deutsches Institut für Normung (Hrsg.): Teil 1, DIN EN 15221; Berlin 2007.

[DIN EN 15221-2 2007-01] Facility Management: Teil 2: Leitfaden zur Ausschreibung von Facility Management-Vereinbarungen, Deutsches Institut für Normung (Hrsg.): Teil 2, DIN EN 15221; Berlin 2007.

[DIN EN 15232 2012-04] Energieeffizienz von Gebäuden: Einfluss von Gebäudeautomation und Gebäudemanagement, Deutsches Institut für Normung (Hrsg.): DIN EN 15232; Berlin 2012.

[DIN EN 15341 2007-06] Instandhaltung: Wesentliche Leistungskennzahlen für die Instandhaltung, Deutsches Institut für Normung (Hrsg.): DIN EN 15341; Berlin 2007.

[DIN EN 15378 2008-07] Heizsysteme in Gebäuden: Inspektion von Wärmeerzeugern und Heizsystemen, Deutsches Institut für Normung (Hrsg.): DIN EN 15378; Berlin 2008.

[DIN EN 15804 2012-04] Nachhaltigkeit von Bauwerken: Umweltproduktdeklarationen: Grundregeln für die Produktkategorie Bauprodukte, Deutsches Institut für Normung (Hrsg.): DIN EN 15804; Berlin 2012.

[DIN EN 17007 E 2016-07] Instandhaltungsprozess und verbundene Leistungskennzahlen, Deutsches Institut für Normung (Hrsg.): DIN EN 17007; Berlin 2016.

[DIN EN 1717 2011-08] Schutz des Trinkwassers vor Verunreinigungen in Trinkwasser-Installationen und allgemeine Anforderungen an Sicherungseinrichtungen zur Verhütung von Trinkwasserverunreinigungen durch Rückfließen: Technische Regel des DVGW, Deutsches Institut für Normung (Hrsg.): DIN EN 1717; Berlin 2011.

[DIN EN 60529 2000-09] Schutzarten durch Gehäuse (IP-Code), Deutsches Institut für Normung (Hrsg.): DIN EN 60529; Berlin 2000.

[DIN EN ISO 13567-1 2002-12] Gliederung und Benennung von Layern für CAD: Technische Produktdokumentation: Übersicht und Grundlagen, Deutsches Institut für Normung (Hrsg.): Teil 1, DIN EN ISO 13567; Berlin 2002.

[DIN EN ISO 14001 2015-11] Umweltmanagementsysteme: Anforderungen mit Anleitung zur Anwendung, Deutsches Institut für Normung (Hrsg.): DIN EN ISO 14001; Berlin 2015.

[DIN EN ISO 14004 2016-08] Umweltmanagementsysteme: Allgemeine Leitlinien zur Verwirklichung, Deutsches Institut für Normung (Hrsg.): DIN EN ISO 14004; Berlin 2016.

[DIN EN ISO 16739 E 2016-08] Industry Foundation Classes (IFC) für den Datenaustausch in der Bauindustrie und im Anlagenmanagement, Deutsches Institut für Normung (Hrsg.): DIN EN ISO 16739; Berlin 2016.

[DIN EN ISO 19011 2012-12] Leitfaden zur Auditierung von Managementsystemen, Deutsches Institut für Normung (Hrsg.): DIN EN ISO 19011; Berlin 2012.

[DIN EN ISO 50001 2011-12] Energiemanagementsysteme: Anforderungen mit Anleitung zur Anwendung, Deutsches Institut für Normung (Hrsg.): DIN EN ISO 50001; Berlin 2011.

[DIN EN ISO 8402 1994-08] Qualitätsmanagement: Begriffe, Deutsches Institut für Normung (Hrsg.): DIN EN ISO 8402; Berlin 1994.

[DIN EN ISO 9001 2015-11] Qualitätsmanagementsysteme: Anforderungen, Deutsches Institut für Normung (Hrsg.): DIN EN ISO 9001; Berlin 2015.

[DIN EN ISO 9004 2009-12] Leiten und Lenken für den nachhaltigen Erfolg einer Organisation: Ein Qualitätsmanagementansatz, Deutsches Institut für Normung (Hrsg.): DIN EN ISO 9004; Berlin 2009.

[DIN EN ISO/IEC 17024 2012-11] Konformitätsbewertung: Allgemeine Anforderungen an Stellen, die Personen zertifizieren, Deutsches Institut für Normung (Hrsg.): DIN EN ISO/IEC 17024; Berlin 2012.

[DIN IEC 60050-351 2014-09] Internationales Elektrotechnisches Wörterbuch: Teil 351: Leittechnik, Deutsches Institut für Normung (Hrsg.), Teil 351, DIN IEC 60050; Berlin 2014.

[DIN ISO 128-50 2002-05] Allgemeine Grundlagen der Darstellung: Grundregeln für Flächen in Schnitten und Schnittansichten, Deutsches Institut für Normung (Hrsg.): Teil 50, DIN ISO 128; Berlin 2002.

[DIN ISO 16757-1 2015-09] Datenstrukturen für elektronische Produktkataloge der Technischen Gebäudeausrüstung: Teil 1: Konzepte, Architektur und Modelle, Deutsches Institut für Normung (Hrsg.): Teil 1, DIN ISO 16757; Berlin 2015.

[DIN ISO-TS 16952-1 2007-03] Technische Produktdokumentation – Referenzkennzeichensystem: Allgemeine Anwendungsregeln (ISO/TS 16952-1:2006), Deutsches Institut für Normung (Hrsg.): Teil 1, DIN ISO-TS 16952; Berlin 2007.

[DKI (1997W)] Walter, Detlev: Kennen Sie die Sparpotentiale Ihrer Speisenversorgung?, in: Managementbrief, Deutsches Krankenhausmanagement Beratungs- und Forschungsgesellschaft (1997), Nr. 3, S. 6 f.

[DMB (2016)] Deutscher Mieterbund (Hrsg.): Betriebskostenspiegel für Deutschland: Daten 2014, Datenerfassung 2015/216; Pressemitteilung; Köln 2016, URL: https://www.mieterbund.de/service/betriebskostenspiegel.html (letzter Aufruf: 02.01.2018).

[DMB (2018)] Deutscher Mieterbund (Hrsg.): Heizkosten sparen: Tipps zum Sparen von Heizkosten, 2018; URL: http://www.mieterbund.de/heizkosten_sparen.html (letzter Aufruf: 02.01.2018).

[DNK (1997M)] Matzig, Gerhard: Kirchen in Not: Über den profanen Umgang mit sakralen Bauten, Bd. 56; Berlin 1997.

[DSD (2011)] Bek, Katrin (Hrsg.): Kirche leer – was dann? Neue Nutzungskonzepte für alte Kirchen: Berichte zu Forschung und Praxis der Denkmalpflege in Deutschland Band 17; Petersberg 2011.

[DTV (2016j)] Deutscher Tourismusverband (Hrsg.): DTV-Klassifizierung für Ferienhäuser/Ferienwohnungen, 2016, URL: https://www.deutschertourismusverband.de/fileadmin/Mediendatenbank/PDFs/Kriterien_FH_FeWo_2016.pdf (letzter Aufruf: 03.01.2018).

[DTV (2016k)] Deutscher Tourismusverband (Hrsg.): DTV-Klassifizierung für Privatzimmer, 2016, URL: https://www.deutschertourismusverband.de/fileadmin/Mediendatenbank/PDFs/Kriterien_FH_FeWo_2016.pdf (letzter Aufruf: 03.01.2018).

[DVGW W 1001 2004-04] Sicherheit in der Trinkwasserverordnung: Hinweis, Deutscher Verein des Gas- und Wasserfaches (Hrsg.): DVGW W 1001; Bonn 2004.

[DVGW W 551 2004-04] Trinkwassererwärmungs- und Trinkwasserleitungsanlagen: Technische Maßnahmen zur Verminderung des Legionellenwachstums: Planung, Errichtung, Betrieb und Sanierung von Trinkwasser-Installationen, Deutscher Verein des Gas- und Wasserfaches (Hrsg.): Bonn 2004.

[DWA -A 138 2005-04] Deutsche Vereinigung für Wasserwirtschaft, Abwasser und Abfall (Hrsg.): Planung, Bau und Betrieb von Anlagen zur Versickerung von Niederschlagswasser; Hennef 2005.

[Dworak, B. (2007c)] Dworak, Brigitte; Böhm, Ernst: Prozessinnovationen in der Bestandspflege: Kostenreduzierung und Qualitätsverbesserung, Vortrag am 29 März 2007 auf dem 31. Tag der Immobilie an der Hochschule für Wirtschaft und Umwelt Nürtingen-Geislingen.

[Ehrmann, H. (2003)] Ehrmann, Harald: Kompakt-Training Balanced Scorecard, 3., akt. u. erweiterte Aufl.; Ludwigshafen a. Rh. 2003.

[EBZ (2015i)] Grinewitschus, Viktor; Lepper, Katja: Ermittlung von anerkannten Pauschalwerten für den Jahresnutzungsgrad (JNG) von Heizungsanlagen: Institut „Energiefragen der Immobilienwirtschaft" der EBZ Business School; Gutachten; Bochum 2015.

[Einecke, H. (2017d)] Einecke, Helga: Pfusch am Bau: Hauptsache billig, in: Süddeutsche Zeitung, 28.12.2017, URL: http://www.sueddeutsche.de/geld/pfusch-am-bau-hauptsache-billig-1.3805835 (letzter Aufruf: 08.01.2018).

[EKD (2016)] Evangelische Kirche in Deutschland (EKD) (Hrsg.): Evangelische Kirche in Deutschland: Zahlen und Fakten zum kirchlichen Leben; Hannover 2016, URL: https://www.ekd.de/download/zahlen_und_fakten_2016.pdf (letzter Aufruf: 10.02.2017).

[EKD (2016a)] Evangelische Kirche in Deutschland (EKD) (Hrsg.): Kirchen und Gottesdienststätten in der evangelischen Kirche im Jahr 2014; Hannover 2016.

[EKD-KdB (2007b)] Konferenz der Bauamtsleiter der Gliedkirchen der EKD (Hrsg.): Kirchliches Bauhandbuch: Energiesparendes und umweltschonendes Bauen in der Evangelischen Kirche; Ergänzungswerk; Stuttgart 2007.

[ELK-WUE (2003e)] Evangelische Landeskirche in Württemberg (Hrsg.): Erhebung bewertungsrelevanter Informationen über das im Bereich der Stadt/Gemeinde ___ liegende Pfarrbesoldungsgrundstück Markung Flurstück ___: (Langfassung); Grafik, Nr. 5; Stuttgart 2003.

[Elwert, U. (2006b)] Elwert, Ulrich: Ermittlung von Flächen und Rauminhalten: Novellierte Regelwerke: Teil 2 – Korrespondierende Regelwerke zur DIN 277, in: Deutsches Architektenblatt (2006), Heft 2, S. 48–50.

[empirica (1999P)] Pfeiffer, Ulrich; Barden, Sabine; Heckenroth, Meike; Wallraf, Wolfram: Überforderte Nachbarschaften: Problembezogene Maßnahmen zur Bekämpfung und Vermeidung sozialer Erosion in Stadtquartieren: Überblick über Beispiele aus der Praxis; ohne Ort 1999.

[Energieagentur NRW (2017)] Energieagentur NRW (Hrsg.): Inflationsbereinigter Heizölpreis in Deutschland seit 1970 bis 2014: bis 1990 bei Abnahme von 5.000 Litern, ab 1992 von 3.000 Litern. Bundesministerium für Wirtschaft und Energie; 2017, URL: http://infografik.ea-nrw.de/graph/graph_PCD002.jpeg (letzter Aufruf: 07.03.2017).

[Energieagentur NRW (2017a)] Energieagentur NRW (Hrsg.): Strompreise in Deutschland 1970–2014: Haushalte, Sonderabnehmer: Bundesministerium für Wirtschaft und Energie; 2017, URL: https://energietools.ea-nrw.de/infografik/grafik.asp?RubrikID=3165 (letzter Aufruf: 07.03.2017).

[EnEV 2016] Verordnung über energiesparenden Wärmeschutz und energiesparende Anlagentechnik bei Gebäuden: Energieeinsparverordnung – EnEV, 2016, URL: http://www.gesetze-im-internet.de/bundesrecht/enev_2007/gesamt.pdf (letzter Aufruf: 18.02.2017).

[Ertragsschub für die deutsch… (2007d)] o. V.: Ertragsschub für die deutsche Hotellerie, in: Immobilienwirtschaft (2007), Heft 4, S. 32.

[Eschenbruch, K. (2015e)] Eschenbruch, Klaus; Elixmann, Robert: Das Leistungsbild des BIM-Managers, in: Baurecht (2015), Nr. 5, S. 745–753.

[ESPS (2008)] Evangelische Stiftung Pflege Schönau (Hrsg.): Umwelterklärung 2008 für die Standorte Zähringer Straße 18/18a, 69115 Heidelberg, Goethestraße 7, 79100 Freiburg, Oberer Mühlenweg, 74821 Mosbach; 2008.

[ESW (2003)] Evangelisches Siedlungswerk (ESW) Bayern (Hrsg.): Vermieterleistungen, Partner im Gespräch, Bd. 67; Köln 2003.

[ESWiD (2007)] Bogenstätter, Ulrich; Zeilinger, Thomas; Reiß-Fechter, Dagmar: Ergebnisbericht Kirchliches Immobilienmanagement KIM; Nürnberg 2007.

[ESWiD (2007j)] Evangelisches Siedlungswerk in Deutschland (Hrsg.): Die Kirche und ihre Immobilien: Kirche im Wandel – den Wandel gestalten: Dokumentation des 1. Berliner Forums am 1. Oktober 2007; Nürnberg 2007.

[ESWiD (2008j)] Evangelisches Siedlungswerk in Deutschland (Hrsg.): Von der Verwaltung der Immobilie zum aktiven Gestalten mit der Immobilie: Kirche im Wandel – den Wandel gestalten: Dokumentation des 2. Berliner Forums 2008; Nürnberg 2008.

[ESWiD (2009)] Reiß-Fechter, Dagmar; (Hrsg.): Kirchliches Immobilienmanagement: Der Leitfaden; Berlin 2009.

[ESWiD (2014)] ESWiD Evangelischer Bundesverband für Immobilienwesen in Wissenschaft und Praxis (Hrsg.): Kirche im Wandel – den Wandel gestalten. Kirchliches Immobilienmanagement zwischen Markt und Verwaltung: 8. Berliner Forum des Evangelischen Bundesverbands für Immobilienwesen in Wissenschaft und Praxis; 2014.

[ESWiD (2016)] Reiß-Fechter, Dagmar (Hrsg.): Immobilienmanagement in Sozialwirtschaft und Kirche, 3., völlig überarb. u. erg. Aufl.; Baden-Baden 2016.

[evlka (2011)] Landeskirchenamt der Evangelisch-lutherische Landeskirche Hannovers (Hrsg.): Informationsmappe für Baubeauftragte; Hannover 2011, URL: https://www.landeskirche-hannovers.de/damfiles/default/evlka/service/dokumente/baubegehung-da5d50584088ca028cba640aa44a621d.zip (letzter Aufruf: 11.02.2017).

[Facility Management (2006)] o. V.: Facility Management: Messe und Kongress in Frankfurt 07.–09.03.2006: Mesago Messe Frankfurt GmbH; Tagungsband; Berlin 2006.

[facility management (2013)] o. V.: facility management: Messe und Kongress in Frankfurt am Main, 26.–28.02.2013; Tagungsband; Berlin 2013.

[Fechter, N. (2006)] Fechter, Nele: Mietforderungen: Maßnahmen zur Reduzierung der Mietrückstandsquote für gewerbliche und private Mieter; Saarbrücken 2006.

[Feist, W. (2007)] Feist, Wolfgang: Energiespar-Tipps für Haushalte vom Passivhaus Institut: (Folge 1: Sofortmaßnahmen Heizung), 2007, URL: https://passiv.de/former_conferences/Passivhaus_D/Energiespar_Tipps_1.html (letzter Aufruf: 04.01.2018).

[FGSV (2004K)] Krause, M.: Merkblatt über den Finanzbedarf der Straßenerhaltung in den Gemeinden: Kommission Kommunaler Straßenbau; Stuttgart 2004.

[FGSV EAR 05] Göttsche, Schuster: EAR 05 – Empfehlungen für Anlagen des ruhenden Verkehrs; Richtlinie; Köln 2005.

[FIGR (2008L)] Lutz, Martin: Reinigungsgerechte Bauplanung; Tagungsunterlagen; Metzingen 2008.

[FIGR Bericht Nr. 10] Lutz, Walter: Ausschreibungssystem für die Unterhalts- und Glasreinigung von Verwaltungsgebäuden mit tabellarischen Leistungsverzeichnissen, FIGR Bericht Nr. 10; Stuttgart 2004.

[FIGR Bericht Nr. 9] Lutz, Walter: Ausschreibungssystem für die Unterhalts- und Glasreinigung von Verwaltungsgebäuden mit ergebnisorientierten Leistungsverzeichnissen, FIGR Bericht Nr. 9; Stuttgart 2004.

[FIR 000465] Forschungsinstitut für Rationalisierung (FIR) an der RWTH Aachen (Hrsg.): RFID im After Sales und Service; Aachen 2006.

[Fischer, A. (2003)] Fischer, Andreas: Wartungsverträge: Inspektion, Wartung und Instandsetzung technischer Einrichtungen, 2. Aufl.; Berlin 2003.

[Fischer, M. (2017c)] Fischer, Michaela; Inderwies, Wolfgang: Mustervertrag, Leistungsverzeichnis & CO. – Werkzeuge für FM-Ausschreibungen – ein Baukasten (Teil 1), in: Facility Management (2017), Nr. 1, S. 22–24.

[Fischer, M. (2017c)] Fischer, Michaela; Inderwies, Wolfgang: Mustervertrag, Leistungsverzeichnis & CO. – Werkzeuge für FM-Ausschreibungen – ein Baukasten (Teil 2), in: Facility Management (2017), Nr. 2, S. 20–22.

[FKGB (1996f)] Arbeitsgemeinschaft der für das Bau-, Wohnungs- und Siedlungswesen zuständigen Minister und Senatoren der Länder (Hrsg.): Trinkwassereinsparung in öffentlichen Gebäuden; Hannover 1996.

[FLL (2008)] Forschungsgesellschaft Landschaftsentwicklung Landschaftsbau (Hrsg.): Richtlinie für die Planung, Ausführung und Pflege von Dachbegrünungen; Bonn 2008.

[FLL (2009)] Forschungsgesellschaft Landschaftsentwicklung Landschaftsbau (Hrsg.): Empfehlung für die Planung, Vergabe und Durchführung von Leistungen für das Management von Freianlagen – Freiflächenmanagement; Bonn 2009.

[fm-nrw (2004M)] Melching, Peter: Bestandsbeurteilung: Public Private Partnership im Hochbau, 2004, URL: https://broschueren.nordrheinwestfalendirekt.de/herunterladen/der/datei/05-bestandsbeurteilung-pdf/von/leitfaden-der-ppp-initiative-bestandsbeurteilung/vom/staatskanzlei/586 (letzter Aufruf: 04.01.2018).

[fm.bwl-IWB (2016)] Vermögen und Bau Baden-Württemberg (Hrsg.): IWB Produktkatalog 2016, URL: http://www.vermoegenundbau-bw.de/pb/site/pbs-bw-new/get/documents/mfw/Bauverwaltung/Dokumente/KOSTENPLANUNG/Stand%202016/IWB_Produktkatalog_2016.pdf (letzter Aufruf: 14.03.2017).

[fm.rlp RLBau 2014] Ministerium der Finanzen (Hrsg.): Richtlinien für die Durchführung von Bauaufgaben des Landes Rheinland-Pfalz (RLBau): Ausgabe 2006, Stand Juli 2014, fm.rlp RLBau 2014; Mainz 2014.

[Foitzik, E. (2014)] Foitzik, Eva: Risikoanalyse für Schimmel in Neubauten: Sanierungsprävention; Masterarbeit; Krems 2014.

[Forster, K. (2013c)] Forster, Klaus: Wann ein Dienst- oder Werkvertrag vorliegt, in: Bayerische Staatszeitung (2013), Nr. 4, S. 20.

[Fourastié, J. (1952)] Fourastié, Jean: Die große Hoffnung des 20. Jahrhunderts, 3. Aufl.; Paris 1952.

[Franke, D. (2008a)] Franke, Detlef: Energiesparen: „Im Mieterverhalten steckt noch jede Menge Luft", in: Immobilienwirtschaft (2008), Heft 1, S. 69.

[FraPort FAC1_Grundriss 2004] Flughafen Frankfurt (Hrsg.): Frankfurt Airport Center 1; Produktblatt, FraPort FAC1_Grundriss 2004, URL: http://213.61.31.27/online/FrapImmo/xt_downloads/grundriss_fac1.pdf (letzter Aufruf: 07.11.2004).

[Fraß, P. (2010a)] Fraß, Patrick: Verkehrssicherungsplanung: Spagat zwischen rechtssicherer Erfüllung der Sorgfaltspflicht und Reduzierung des personellen Aufwands, in: Wohnungswirtschaft_heute (2010), Heft 1, S. 30–33, URL: http://www.wohnungswirtschaft-heute.de/dokumente/EFukoVerkehrssicherungLuwoge.pdf (letzter Aufruf: 04.01.2018).

[Fraß, P. (2011h)] Fraß, Patrick: Entwicklung und Durchführung einer standardisierten Befragung zu den Chancen und Hindernissen mobiler Lösungen in der Wohnungswirtschaft in Kooperation mit der Wohnbau Service Bonn GmbH; Mainz 2011.

[Freitag, C. (2004a)] Freitag, Christoph: Bischöfliches Generalvikariat, Trier, Vortrag am 27. Januar 2004 an der Ev. Akademie Bad Boll.

[Frerk, C. (2002)] Frerk, Carsten: Finanzen und Vermögen der Kirchen in Deutschland, 1. Aufl.; Aschaffenburg 2002.

[Frey, F. (2007c)] Frey, Franz-Josef: Bauen in Industrieparks: Industriepark Höchst, Frankfurt am Main, in: IndustrieBAU (2007) Heft 3, S. 18–23.

[Friederici, I. (2007)] Friederici, Ingolf: Konformität von Managementsystemen und Produkten; Renningen 2007.

[Führer, G. (2008)] Führer, Gerhard: Versteckte Gefahr, in: GebäudeEnergie-Berater (2008), Nr. 3, S. 36–41.

[Führer, G. (2010)] Führer, Gerhard: Schimmel in Fußbodenkonstruktionen erkennen und richtig sanieren, in: umwelt-medizin-gesellschaft (2010), Heft 3, S. 207–211, URL: http://www.dbu-online.de/fileadmin/redakteur/Publikationen/Schimmel_in_Fussbodenkonstruktionen_Gerhard_Fuehrer-UMG_03_2010.pdf (letzter Aufruf: 04.02.2016).

[Füser, K. (2001)] Füser, Karsten: Modernes Management: Lean Management, Business Reengineering, Benchmarking und viele andere Methoden, 3. Aufl.; München 2001.

[GAEB (1995)] Gemeinsamer Ausschuss Elektronik im Bauwesen (GAEB) (Hrsg.): Erläuterungen zu den Regelungen für den Datenaustausch, Leistungsverzeichnis/Weißentwurf, 2. Aufl.; Berlin 1995.

[GAEB (2013k)] Gemeinsamer Ausschuss Elektronik im Bauwesen (GAEB) (Hrsg.): Überblick über die Datenaustauschphasen nach GAEB DA XML: Organisation des Austauschs von Informationen über die Durchführung von Baumaßnahmen, v3.2. Aufl. 2013, URL: http://www.gaeb.de/produkte/gaeb-datenaustausch-alt/gaeb-datenaustausch-xml/ (letzter Aufruf: 02.01.2018).

[GAEB DA 2000 T3 K1] Gemeinsamer Ausschuss Elektronik im Bauwesen (GAEB) (Hrsg.): Regelungen für den Aufbau des Leistungsverzeichnisses, Teil 3 Kap. 1, v 1.2. Aufl.; Berlin 2001.

[GALK (2012E)] Eschenbruch, Heribert: Kennzahlen für die Erstellung und Unterhaltung von Grünanlagen, 2012, URL: http://www.galk.de/arbeitskreise/ak_orga_betriebswirt/down/kennzahlen_eschenbruch_120529.pdf (letzter Aufruf: 17.04.2016).

[Gallitschke, S. (2008i)] Gallitschke, Siegfried; Bogenstätter, Ulrich: Was nun Aareon?: Ergebnisse der EWOWI-Studie konkretisiert am Vermietungsprozess der LWB: Vortrag am 17. September 2008 anlässlich der WohnData Change in Hamburg.

[Gawlik, T. (2002)] Gawlik, Tom; Kellner, Joachim; Seifert, Dirk: Effiziente Kundenbindung mit CRM; Bonn 2002.

[GdW (2000)] Bundesverband deutscher Wohnungsunternehmen (GdW) (Hrsg.): Risiko-Managementsystem im Wohnungsunternehmen; Hamburg 2000.

[GdW (2004H)] Holm, Dirk; Jonuschat, Helga; Scheer, Dirk; Scholl, Gerd: Innovative Dienstleistungen „rund um das Wohnen" professionell entwickeln: Service Engineering in der Wohnungswirtschaft; Berlin 2004.

[GdW (2004j)] Bundesverband deutscher Wohnungsunternehmen (GdW) (Hrsg.): Wohnungswirtschaftliche Daten und Trends 2004/2005: Zahlen und Analysen aus der Jahresstatistik des GdW; Köln u. a. Bonn 2004.

[GdW (2007k)] Bundesverband deutscher Wohnungsunternehmen (GdW) (Hrsg.): Wohnungswirtschaftliche Daten und Trends 2007/2008: Zahlen und Analysen aus der Jahresstatistik des GdW; Köln u. a. Bonn 2007.

[GdW (2008k)] Bundesverband deutscher Wohnungsunternehmen (GdW) (Hrsg.): Wohnungswirtschaftliche Daten und Trends 2008/2009: Zahlen und Analysen aus der Jahresstatistik des GdW; Köln u. a. Bonn.2008.

[GdW (2010)] Bundesverband deutscher Wohnungsunternehmen (GdW) (Hrsg.): Wohnungswirtschaftliche Daten und Trends 2010/2011: Zahlen und Analysen aus der Jahresstatistik des GdW; Berlin 2010.

[GdW (2012k)] Bundesverband deutscher Wohnungsunternehmen (GdW) (Hrsg.): Wohnungswirtschaftliche Daten und Trends 2012/2013: Zahlen und Analysen aus der Jahresstatistik des GdW; Berlin 2012.

[GdW (2015)] Bundesverband deutscher Wohnungsunternehmen (GdW) (Hrsg.): Wohnungswirtschaftliche Daten und Trends 2015/2016: Zahlen und Analysen aus der Jahresstatistik des GdW; Berlin 2015.

[GdW (2015n)] Bundesverband deutscher Wohnungsunternehmen (GdW) (Hrsg.): Leitfaden zur branchenspezifischen Ergänzung des Deutschen Nachhaltigkeitskodex: Orientierungshilfe für Wohnungsunternehmen, 9. Aufl.; Freiburg i. B. 2015.

[GdW (2016k)] Bundesverband deutscher Wohnungsunternehmen (GdW) (Hrsg.): Wohnungswirtschaftliche Daten und Trends 2016/2017: Zahlen und Analysen aus der Jahresstatistik des GdW; Berlin 2016.

[GdW (2017)] Bundesverband deutscher Wohnungsunternehmen (GdW) (Hrsg.): Kommentar zum Kontenrahmen der Wohnungswirtschaft, 9. Aufl.; Freiburg i. B. 2017.

[GdW Arbeitshilfe 51] Bundesverband deutscher Wohnungsunternehmen (GdW) (Hrsg.): Unternehmensstrategie und Balanced Scorecard: Strategieimplementierung in Wohnungsunternehmen, GdW Arbeitshilfe 51; Hamburg 2006.

[GdW Arbeitshilfe 64] Bundesverband deutscher Wohnungsunternehmen (GdW) (Hrsg.): Energieeffizientes Bauen und Modernisieren: Gesetzliche Grundlagen, EnEV 2009, Wirtschaftlichkeit, 2. Aufl., GdW Arbeitshilfe 64; Berlin 2010.

[GdW Arbeitshilfe 76] Bundesverband deutscher Wohnungsunternehmen (GdW) (Hrsg.): Zukunftsfähigkeit von Wohnungsunternehmen, GdW Arbeitshilfe 76; Berlin 2016.

[GdW Branchenbericht 3] Bundesverband deutscher Wohnungsunternehmen (GdW) (Hrsg.): Wohntrends 2020, GdW Branchenbericht 3; Hamburg 2008.

[GdW Branchenbericht 6] Bundesverband deutscher Wohnungsunternehmen (GdW) (Hrsg.): Wohntrends 2030: GdW Branchenbericht 6; Hamburg 2013.

[GdW Schriften 43] Gesamtverband der Wohnungswirtschaft (Hrsg.): Modernisierung und Entwicklung des Wohnungsbestandes: Ziele, Verfahren, Standards, Techniken, Kosten, Akzeptanz, 2. Aufl., GdW Schriften 43; Hamburg 1995.

[GdW Studie 2015 (empirica)] Gesamtverband der Wohnungswirtschaft (Hrsg.): Schwarmstädte in Deutschland: Ursachen und Nachhaltigkeit der neuen Wanderungsmuster; Endbericht, GdW-Studie 2015 (empirica); Köln/ Bonn 2015, URL: http://web.gdw.de/uploads/pdf/publikationen/GdW_Schwarmstaedte_web.pdf (letzter Aufruf: 07.03.2017).

[Gebaeudereiniger-Hessen (2008H)] Henrich, Marianne; Schmidt, Manfred; Wolf, Michael; Stange, Detlef: Bauplanung und Reinigungstechnik, 3. Aufl.; Frankfurt a. M. 2008.

[GEFMA (2017)] GEFMA e. V. Deutscher Verband für Facility Management (Hrsg.): Facility Management; 2017, URL: http://www.gefma.de/facility-management.html (letzter Aufruf: 15.03.2017).

[GEFMA 100-1 E 2004-07] Facility Management: Grundlagen, GEFMA e. V. Deutscher Verband für Facility Management (Hrsg.): Teil 1, GEFMA 100, 2004.

[GEFMA 110 E 2009-01] Einführung von Facility Management: Vorgehen bei der FM-Einführung in Unternehmen und öffentlichen Verwaltungen, GEFMA e. V. Deutscher Verband für Facility Management (Hrsg.): GEFMA 110, 2009.

[GEFMA 124-2 2013-05] Energiemanagement: Methoden, GEFMA e. V. Deutscher Verband für Facility Management (Hrsg.): Teil 2, GEFMA 124, 2013.

[GEFMA 130 E 1999-06] Flächenmanagement: Leistungsbild, GEFMA e. V. Deutscher Verband für Facility Management (Hrsg.): GEFMA 130, 1999.

[GEFMA 160 2014-10] Nachhaltigkeit im Facility Management: Grundlagen und Konzeption, GEFMA e. V. Deutscher Verband für Facility Management (Hrsg.): GEFMA 160, 2014.

[GEFMA 190 2004-01] Betreiberverantwortung im Facility Management, GEFMA e. V. Deutscher Verband für Facility Management (Hrsg.): GEFMA 190, 2004.

[GEFMA 190 E 2003-04] Betreiberverantwortung im Facility Management, GEFMA e. V. Deutscher Verband für Facility Management (Hrsg.): GEFMA 190, 2003.

[GEFMA 192 2013-03] Risikomanagement im FM: Begriffe, Methoden, Anwendungsbeispiele, GEFMA e. V. Deutscher Verband für Facility Management (Hrsg.): GEFMA 192, 2013.

[GEFMA 198-1 2013-11] Dokumentation im Facility Management: Begriffsabgrenzung, Vorgehensweise, Gliederung und Instrumente, GEFMA e. V. Deutscher Verband für Facility Management (Hrsg.): Teil 1, GEFMA 198, 2013.

[GEFMA 200 E 2004-07] Kosten im Facility Management: Kostengliederungsstruktur zur GEFMA 100, GEFMA e. V. Deutscher Verband für Facility Management (Hrsg.): GEFMA 200, 2004.

[GEFMA 210-1 E 2006-12] Betriebs- und Nebenkosten bei gewerblichen Raum, GEFMA e. V. Deutscher Verband für Facility Management (Hrsg.): GEFMA 210-1, 2006.

[GEFMA 320 2012-03] Mängelansprüche (Gewährleistung) im Facility Management, GEFMA e. V. Deutscher Verband für Facility Management (Hrsg.): GEFMA 320, 2012.

[GEFMA 400 2002-04] EDV-Einsatz im Facility Management: Begriffsbestimmungen, Klassifizierung, GEFMA e. V. Deutscher Verband für Facility Management (Hrsg.): GEFMA 400, 2002.

[GEFMA 400 2013-03] Computer Aided Facility Management CAFM: Begriffsbestimmungen, Klassifizierung, GEFMA e. V. Deutscher Verband für Facility Management (Hrsg.): GEFMA 400, 2013.

[GEFMA 444 2017-02] Zertifizierung von CAFM-Softwareprodukten, GEFMA e. V. Deutscher Verband für Facility Management (Hrsg.): GEFMA 444, 2017.

[GEFMA 460 2016-05] Wirtschaftlichkeit von CAFM-Systemen, GEFMA e. V. Deutscher Verband für Facility Management (Hrsg.): GEFMA 460, 2016.

[GEFMA 500 E 1996-12] Outsourcing im Facility Management: Hinweise für Ausschreibung und Vertragsgestaltung, GEFMA e. V. Deutscher Verband für Facility Management (Hrsg.): GEFMA 500, 1996.

[GEFMA 510 v3.0 2014-07] Mustervertrag Facility Services: Version 3.0, GEFMA e. V. Deutscher Verband für Facility Management (Hrsg.): GEFMA 510, 2014.

[GEFMA 520 v0.1 2005] Muster-LV Gebäudemanagement: Vorabzug, GEFMA e. V. Deutscher Verband für Facility Management (Hrsg.): GEFMA 520, 2005.

[GEFMA 520 v3.0 2014-07] Standardleistungsverzeichnis Facility Services: Version 3.0, GEFMA e. V. Deutscher Verband für Facility Management (Hrsg.): GEFMA 520, 2014.

[GEFMA 710 E 2006-03] Systematische Verbesserung der Rechtskonformität Entwurf 2006-03 von Organisationen im Facility Management: Erfolgsfaktoren und Umsetzungshilfen, GEFMA e. V. Deutscher Verband für Facility Management (Hrsg.): GEFMA 710, 2006.

[GEFMA 720 E 2006-12] Facility Managementsysteme: Grundlagen und Anforderungen, GEFMA e. V. Deutscher Verband für Facility Management (Hrsg.): GEFMA 720, 12.2006.

[GEFMA 730 2006-03] ipv® – die Qualitätsmarke für die System-Dienstleistungen in der GEFMA-Qualitätsoffensive: Durchführung der Zertifizierung zur Qualifikation als ipv®-Unternehmen, GEFMA e. V. Deutscher Verband für Facility Management (Hrsg.): GEFMA 730, 2006.

[GEFMA 940 2005] Marktübersicht CAFM-Systeme, GEFMA e. V. Deutscher Verband für Facility Management (Hrsg.): GEFMA 940, 2005.

[GEFMA 940 2016] Marktübersicht CAFM-Systeme, GEFMA e. V. Deutscher Verband für Facility Management (Hrsg.): GEFMA 940, 2016.

[GEFMA 962 2015] Leitfaden für die Ausschreibung von Systemdienstleistungen als Integrale Prozess Verantwortung ipv®, GEFMA e. V. Deutscher Verband für Facility Management (Hrsg.): GEFMA 962, 2015.

[GEFMA 980 2014] FM-Branchenreport 2014: Die volkswirtschaftliche Bedeutung der Facility Management-Branche, GEFMA e. V. Deutscher Verband für Facility Management (Hrsg.): GEFMA 980, 2014.

[Gefroi, C. (2012c)] Gefroi, Claas: Bürowerkstattwohn-Etagen, in: Deutsches Architektenblatt (2012), Heft 3, S. 28–30.

[GenTSV 2015] Gentechnik-Sicherheitsverordnung: Verordnung über die Sicherheitsstufen und Sicherheitsmaßnahmen bei gentechnischen Arbeiten in gentechnischen Anlagen; https://www.gesetze-im-internet.de/gentsv/BJNR023400990.html (letzter Aufruf: 08.01.2018).

[Gergele, M. (2006e)] Gergele, Marcus: Kostentransparenz bei kommunalen Liegenschaften in Deutschland: Ermittlung von Kennzahlen als Grundlage für das kommunale Immobilienbenchmarking; Diplomarbeit; Leipzig, Jena 2006.

[Gergele, M. (2007d)] Gergele, Marcus: Das erste bundesweite Immobilienbenchmarking, in: Immobilienwirtschaft (2007), Heft 4, S. 64–65.

[GGGR-Merkblatt ER.02] Gütegemeinschaft Gebäudereinigung (Hrsg.): Ergebnisorientierte Reinigung – ein Vorteil?, GGGR-Merkblatt ER.02; Schwäbisch Gemünd 2013, URL: http://www.gggr.de/basics/pdfs/merkblattreihe/RA_13_007_MB_ergeb_Reinigung_web_neu.pdf (letzter Aufruf: 06.03.2017).

[GGW (1979)] Gesamtverband Gemeinnütziger Wohnungsunternehmen (Hrsg.): Instandhaltung und Modernisierung des Wohnungsbestandes: Ziele, Maßnahmen, Kosten und Finanzierung; Hamburg 1979.

[GGZ (2006)] Gebäude- und Grundstücksgesellschaft Zwickau (Hrsg.): Raus zu Haus – Rein Daheim: Der Ratgeber rund um die erste Wohnung, Broschüre; Zwickau 2006.

[ghh (2016)] ghh Consult (Hrsg.): Erstmals mehr als 200 Mio. Übernachtungen in der Hotellerie, 2016, URL: http://www.ghh-consult.de/cms/front_content.php?client=1&lang=1&idcat=82&idart=278&p_displaylimit=4 (letzter Aufruf: 16.09.2011).

[gif (2017)] Just, Tobias; Voigtländer, Michael; Eisfeld, Rupert; Henger, Ralph; Hesse, Markus; Toschka, Alexandra: Wirtschaftsfaktor Immobilien 2017, 6.2017, URL: https://www.zia-deutschland.de/fileadmin/Redaktion/Meta_Service/PDF/Endfassung_Gutachten_Wirtschaftsfaktor_Immobilien_2017.pdf (letzter Aufruf: 01.01.2018).

[gif MF-B 1996-04] Richtlinie zur Berechnung der Mietflächen für Büroraum (MF-B), Gesellschaft für Immobilienwirtschaftliche Forschung (Hrsg.): gif MF-B Östrich-Winkel1996.

[gif MF-H 1997-07] Richtlinie zur Berechnung der Mietflächen für Handelsraum (MF-H), Gesellschaft für Immobilienwirtschaftliche Forschung (Hrsg.): gif MF-H; Östrich-Winkel 1997.

[gif MF/G 2012-05] Richtlinie zur Berechnung der Mietflächen für gewerblichen Raum (MF-G), Gesellschaft für Immobilienwirtschaftliche Forschung (Hrsg.): gif MF/G; Wiesbaden 2012.

[Glatte, T. (2012)] Glatte, Thomas: Betriebsimmobilien im Markttest, in: Immobilienmanager (2012), Nr. 11.

[Glatte, T. (2014)] Glatte, Thomas: Entwicklung betrieblicher Immobilien; Wiesbaden 2014.

[Glatte, T. (2015)] Glatte, Thomas: Steuern oder gesteuert werden – betriebliche Immobilienmanagementsysteme, in: Zeitner, Regina; Peyinghaus, Marion (Hrsg.): Prozessmanagement Real Estate: Methodisches Vorgehen und Best Practice Beispiele aus dem Markt; Heidelberg u. a. 2015.

[Glatte, T. Vol. 12 (2013)] Glatte, Thomas: Corporate Real Estate Management plays an important role in corporate strategies, in: The Leader (2013); Volume 12, Issue 2, S. 44.

[Glauche, U. (2008e)] Glauche, Ulrich: Wegweiser durch den Gesetzesdschungel, in: Facility Manager (2008), Heft 5, S. 44–46.

[Göcke, A. (2017G)] Göcke, Andreas: Die B.I.L.D.-Methode anhand eines Beispiels; 2017, URL: http://ipv-denkfabrik.de/die-b-i-l-d-methode-anhand-eines-beispiels (letzter Aufruf: 15.03.2017).

[Götsch, J. (2017b)] Götsch, Jens-Uwe: Bewertung von Portfoliostrategien anhand des Discounted-Cashflow-Verfahrens: Vorlesung im Modul Portfoliomanagement; Hochschule Mainz; Februar 2017.

[Gondring, H. (2013)] Gondring, Hanspeter: Immobilienwirtschaft: Handbuch für Studium und Praxis, 3. Aufl.; München 2013.

[Gould, R. (1979)] Gould, Roger L.: Lebensstufen: Entwicklung und Veränderung im Erwachsenenleben; Frankfurt a. M. 1979.

[Gräber, M. (2009g)] Gräber, Martin: „Was bringen Gebäudelabel?": Investorensicht, in: Facility Manager (2009), Heft 7, S. 6–7.

[Grandjean, E. (1973)] Grandjean, Etienne: Wohnphysiologie: Grundlagen gesunden Wohnens; Zürich 1973.

[Grüll, G. (2005h)] Grüll, Gerhard: Dauerhafte Holzfassaden durch fachgerechte Ausführung, Wartung und Instandsetzung, in: APPLICA (2005), Nr. 8, S. 4–12.

[Gruner+Jahr (2010g)] o. V.: Kenn-Ziffern: Flinke Finger: Zahl der abkassierten Kunden pro Stunde 14: nach IRI Grundgesamtheiten u. a., in: Capital (2010), Nr. 9, S. 14.

[Grunwald, A. (1998)] Grunwald, Axel: Neuorganisation der Staatsbauverwaltung Rheinland-Pfalz, in: Bundesbaublatt (1998), Nr. 2, S. 13–19.

[Gugerli, H. (1997a)] Gugerli, Heinrich; Gilgen, Daniel; Berti, Heinrich: Gebäudereinigung richtig geplant, in: Haustechnik (1997), Nr. 3, S. 23–27.

[GWB 2017] Gesetz gegen Wettbewerbsbeschränkungen: GWB; Stuttgart 2017, URL: https://www.gesetze-im-internet.de/bundesrecht/gwb/gesamt.pdf (letzter Aufruf: 17.04.2017).

[GWH (2003)] Gemeinnützige Wohnungsgesellschaft mbH Hessen (Hrsg.): Bericht Wohnungsbewirtschaftung; Frankfurt am Main 2003.

[GWH (2004)] Gemeinnützige Wohnungsgesellschaft mbH Hessen (Hrsg.): Bericht Wohnungsbewirtschaftung 2003, 2004.

[GWM (2009)] GWM – Gebäudewirtschaft Mainz (Hrsg.): Dokumentationsstandard der GWM; Mainz 2009.

[Hafkemeyer, A. (1996)] Hafkemeyer, A.: Technische Einrichtungen in Studentenwohnheimen; Dissertation; 1996.

[Hallenberg, B. (2005d)] Hallenberg, Bernd; Podig, Benjamin: Wissen, wer wo wohnt – Das Beratungsangebot WohnWissen, in: vhw Forum Wohneigentum (2005), Nr. 4, S. 212–218.

[Hammer, M. (1995)] Hammer, Michael; Champy, James: Business Reengineering: Die Radikalkur für das Unternehmen, 5. Aufl.; Frankfurt u. a. 1995.

[Hampe, K. (1985j)] Hampe, Karl-Heinz: Bauteile zwischen Investitions- und Bauunterhaltungskosten, in: Deutsche Bauzeitschrift (1985), Nr. 10, S. 1331–1339.

[Handelsblatt (2008e)] Handelsblatt (Hrsg.): 15. Handelsblatt Jahrestagung: Immobilienwirtschaft 2008: 6. und 7. Mai, Berlin; Tagungsordner, 06.05.2008.

[Hankammer, G. (2007)] Hankammer, Gunter; Lorenz, Wolfgang: Schimmelpilze und Bakterien in Gebäuden; Köln 2007.

[Hanke, B. (2010j)] Hanke, Bernd: Die Wirtschaftlichkeit von baulichen und technischen Anlagen unter Beachtung der Nutzungsdauer und der Fehlerhäufigkeit: Vortrag am 29. Oktober 2010 beim 1. Mainzer Immobilientag.

[Hardebusch, C. (2002e)] Hardebusch, Christof; Reinhold, Michael: Ausschreibungsmanagement in der Wohnungswirtschaft, in: Immobilien Manager (2002), Heft 5, S. 26–29.

[Harms, B. (2008g)] Harms, Bettina: Service: Schlechte Noten für Vermieter, in: Modernisierungs-Magazin (2008), Heft 7, S. 58–59.

[Haynes, B. (2010)] Haynes, Barry P.: Corporate Real Estate Asset Management; Burlington, MA, 2010.

[Heck, T. (1996j)] Heck, Thomas: Wie arbeiten andere Bauämter?: Aufbau, Organisation des Bereiches Hochbau der Stadt Oberhausen, in: Bauverwaltung + Bauamt & Gemeindebau (1996), Heft 10, S. 584–587.

[Heidemann, A. (2012)] Heidemann, Achim; Schmidt, Peer: Raumfunktionen, in Seifert, Roland: Den Stromverbrauch optimieren – Anforderungen an weltmarktfähige Produkte; dena Energieeffizienzkongress; Stuttgart 2012, URL: http://archiv.dena-kongress.de/fileadmin/kongress/dateien/content/download/Vortraege_2012/E1_2_Roland_Seifert.pdf (letzter Aufruf: 03.10.2013).

[Heilmaier, E. (1993f)] Heilmaier, E.: Welche Rechtsform sollte eine Stadt wählen?: Die wesentlichen Unterscheide zwischen Regiebetrieb, Eigenbetrieb und GmbH, in: Kommunalpolitische Blätter (1993), Heft 6, S. 435–437.

[Heilmeyer, F. (2007l)] Heilmeyer, Florian: Glück im Bunker: Wie aus innerstädtischen Betonfestungen des Zweiten Weltkrieges Wohnhäuser werden, in: Deutsches Architektenblatt (2007), Heft 12, S. 24–27.

[Heinrich, H. (2004)] Heinrich, Hermann: Wissenschaftliches Messprogramm zur Modernisierung des Prototyps I als 3-Liter-Haus Brunckviertel Ludwigshafen; Endbericht; Kaiserslautern 2004.

[Heix, G. (2004)] Heix, Gerhard: Wohnflächenberechnung: Rechtsfragen und Methoden der Wohnflächenverordnung nach der Wohnflächenberechnung, Zweiten Berechnungsverordnung und den DIN-Normen 283 und 277, 3. Aufl.; Essen 2004.

[Heizen nach Stundenplan (1996f)] o. V.: Heizen nach Stundenplan, in: Bauverwaltung + Bauamt & Gemeindebau (1996), Heft 6, S. 518.

[HeizkostenV 2009] Verordnung über die verbrauchsabhängige Abrechnung der Heiz- und Warmwasserkosten: Verordnung über Heizkostenabrechnung, 2009, URL: https://www.gesetze-im-internet.de/bundesrecht/heizkostenv/gesamt.pdf (letzter Aufruf: 18.02.2017).

[Held, B. (2010d)] Held, Bärbel; Vogelbusch, Friedrich: Operationalisierung und Steuerung der Leuchtfeuer-Handlungsaktivitäten, in: KVI im Dialog (2010), Nr. 4, S. 6–10.

[Heller, U. (2010)] Heller, Uwe: Immobilienmanagement in Nonprofit-Organisationen; Wiesbaden 2010.

[Hellerforth, M. (2004)] Hellerforth, Michaela: Outsourcing in der Immobilienwirtschaft; Heidelberg u. a. 2004.

[Herbst, S. (1996h)] Herbst, Siegfried: Energetische Untersuchung: Gebäude im Alten- und Klinikbereich, in: Bundesbaublatt; 45. Jg. (1996), Nr. 8, S. 626–629.

[Hessische Energiesparaktion (2016)] Hessische Energiesparaktion, HA Hessen Agentur (Hrsg.): Fachinformation, 2016, URL: http://www.energiesparaktion.de/wai3/showcontent.asp?ThemaID=4780 (letzter Aufruf: 11.02.2017).

[HfWU (2001j)] Hochschule für Wirtschaft und Umwelt Nürtingen-Geislingen (Hrsg.): Geislinger Konvention: Betriebskosten-Benchmarking als zentrales Instrument des Betriebskostenmanagements, 2001.

[Hildenbrand, P. (2009l)] Hildenbrand, Peter: Verkehrssicherungspflicht praktikabel gemacht: Einführung eines EDV-unterstützten Verkehrssicherungssystems bei der „LUWOGE – dem Wohnungsunternehmen der BASF“, in: Wohnungswirtschaft_heute (2009), Heft 12, S. 45–49.

[Hille, N. (2007j)] Hille, Nils: Umbau mit Seele, in: Deutsches Architektenblatt (2007), Heft 10, S. 10–15.

[Hines, M. (1990)] Hines, Mary A.: Global Corporate Real Estate Management: A Handbook for Multinational Businesses and Organizations; Westport, CT, 1990.

[Hinterhuber, H. (2004)] Hinterhuber, Hans H.: Strategische Unternehmensführung: I. Strategisches Denken, 7., grundlegend neu bearb. Aufl.; Stuttgart 2004.

[HIS (1988i)] Hochschul-Informations-System (Hrsg.): Planung und Bau von Küchen und Kantinen für 50 bis 1.000 Essenteilnehmer; Hannover 1988.

[HIS 106] Dammann-Doench, Kristiane; Vogel, Bernhard: Materialien zur Mensaplanung: Eine Dokumentation und vergleichende Auswertung von Mensa-Neubauten ab 1985, HIS 106; Hannover 1994.

[HIS 123] Gerken, Horst; Lange, Ulrich; Thauer, Thomas; Weidner-Russell, Brigitte: Nutzungs- und Kostenflächenarten-Profile im Hochschulbereich, Hochschulplanung, Bd. 123, HIS 123; Hannover 1997.

[HIS B1/1989] Hochschul-Informations-System (Hrsg.): Bestandserhaltung von Hochschulgebäuden: Erfahrungsberichte aus Bauverwaltung und Hochschule; Kurzinformationen; Hannover 1989.

[HOAI 2013] Verordnung über die Honorare für Architekten- und Ingenieurleistungen (Honorarordnung für Architekten und Ingenieure – HOAI), in: Bundesgesetzblatt; Bd. I, HOAI, 2013, S. 2276.

[Hohm, D. (2002k)] Hohm, Dirk; Hoppe, Angela; Jonuschat, Helga; Scharp, Michael; Scheer, Dirk; Scholl, Gerd: Dienstleistungen in der Wohnungswirtschaft: Professionelle Entwicklung neuer Serviceangebote; Dokumentation des Workshops am 14.11.2002, URL: https://www.ioew.de/uploads/tx_ukioewdb/Workshopdoku_Dienstleistungen-Wohnungswirtschaft.pdf (letzter Aufruf: 03.01.2018).

[Hossenfelder, J. (2015)] Hossenfelder, Jörg; Lünendonk, Thomas (Hrsg.): Handbuch Facility Management 2015; Freiburg i. B. u. a. 2015.

[HS-MZ Bock, I. (2011)] Bock, Isabelle: Betreiberverantwortung und Verkehrssicherungspflicht an Grundschulen – Erstellung eines allgemein gültigen Handbuchs für Grundschulen; Bachelorarbeit; Mainz 2011.

[HS-MZ Döhren, C. (2011)] Döhren, Christian: Ortsveränderliche elektrische Betriebsmittel im kirchlichen Bereich: Einsparungspotenziale durch Prozessoptimierungen bei der Prüforganisation; Bachelorarbeit; Mainz 2011.

[HS-MZ Fraß, P. (2009)] Fraß, Patrick: Verkehrssicherungspflicht in der Wohnungswirtschaft; Bachelorarbeit; Mainz 2009.

[HS-MZ Goletz, M. (2011)] Goletz, Markus: Kosten für IT-Lösungen im Flächenmanagement; Mainz 2011.

[HS-MZ Miller, B. (2010)] Miller, Benjamin; Das kosteneffizienteste Verfahren der Betriebskostenabrechnung; Bachelorarbeit; Mainz 2010.

[HS-MZ Miller, B. (2012)] Miller, Benjamin: Gesetzliche Sonderleistungen in der Immobilienwirtschaft – eine Methode zur Bemessung und Budgetierung; Masterarbeit; Mainz 2010.

[HS-MZ Pfeiffer, O. (2011)] Pfeiffer, Oliver: Die Verkehrssicherungspflicht im Technischen Gebäudemanagement am Beispiel der Baumkontrolle; Bachelorarbeit; Mainz 2011.

[HS-MZ Redcher, A. (2017)] Redcher, Alex: SOLL/IST-Analyse des Störmelde- und Bearbeitungsprozesses mit dem Immobilienmanagementsystem (IMS) bei einer Regionalgesellschaft eines Lebensmitteldiscounters; Praxisprojekt, Mainz 2017.

[HS-MZ Schmitt, J. (2017)] Schmitt, Julian: Darstellung und Bewertung von Low Cost Terminals nach den Teilleistungen des Gebäudemanagements: Praxispartner FraPort AG; Masterarbeit; Mainz 2017.

[HS-MZ Wagner, J. (2016)] Wagner, Janis: Störfallmanagement auf Grundlage statistischer Auswertungen der Gebäudewirtschaft Mainz; Masterarbeit; Mainz 2016.

[Huber, P. (1997)] Huber, Peter M.: Schaeffers Grundriss des Rechts und der Wirtschaft: Allgemeines Verwaltungsrecht, 2. Aufl.; Heidelberg 1997.

[Hübener, S. (2014g)] Hübener, Simone: Schwimmen am Weinberg, in: Deutsches Architektenblatt (2014), Heft 7, S. 12–16.

[HWS (2006F)] Frische, Ralf; Zeilinger, Thomas: Das Leitbild der HWS: Abschlussbericht zur Leitbildentwicklung: Rückblick, Einsichten und Handlungsempfehlungen; unveröffentlichter Abschlussbericht, 2006.

[HWS (2018)] Von der Lieth, Jörn (Hrsg.); Barkowski, Marlies; Bogenstätter, Ulrich; Haberer Johanna; Kretzschel, Martin; Wolf, Susanna; Zeilinger, Thomas: Handbuch Multimediale Kirche; Berlin 2018.

[IBB (2007a)] Investitionsbank Berlin (Hrsg.): IBB – seniorengerechtes Wohnen: Immobilienförderung – Pilotprogramm; Flyer, 2007.

[IBB (2007b)] Investitionsbank Berlin (Hrsg.): IBB – Energetische Gebäudesanierung: Immobilienförderung – Pilotprogramm; Flyer, 2007.

[IBO (2009Z)] Zelger, Thomas; Mötzl, Hildegund; Scharnhorst, Astrid; Wurm, Markus: Erweiterung des OI3-Index um die Nutzungsdauer von Baustoffen und Bauteilen, 2009, URL: http://www.ibo.at/de/forschung/documents/Nachhaltigmassiv_AP3Nutzungsdauer_Endbericht_20091022-1_pub.pdf (letzter Aufruf: 31.10.2016).

[ibu (2016)] Institut Bauen und Umwelt, 2016, URL: http://ibu-epd.com/ (letzter Aufruf: 11.02.2017).

[IfB (1979)] Institut für Bauforschung (Hrsg.): Baustoffe und Bauunterhaltungskosten; Hannover 1979.

[IfB (1987f)] Hampe, Karl-Heinz: Kriterien zur Auswahl wirtschaftlicher Bauteile im Wohnungsbau: Verfahren und Ergebnisse, in: Bundesbaublatt (1987), Nr. 6, S. 375–378.

[IfB DL 2468] Damm, Hans-Thomas: Kosten der Überwachungspflichten: Kostenauswirkungen der Überwachungspflichten der Wohnungsunternehmen im Bestand im Rahmen der Verkehrssicherungspflicht; Hannover 2006.

[IfB F 1869] Hampe, Karl-Heinz: Bauteile und Bauunterhaltungskosten: Bewertung von Bauteilalternativen im Hinblick auf eine günstige Relation zwischen Investitions- und Bauunterhaltungskosten; Forschungsbericht, Schriftenreihe Bau- und Wohnforschung; Hannover 1982.

[IfB F 2464] Institut für Bauforschung (Hrsg.): Lebensdauer der Baustoffe und Bauteile zur Harmonisierung der wirtschaftlichen Nutzungsdauer im Wohnungsbereich, IfB F 2464; Stuttgart 2005.

[ifBOR TLD 2007-10] Bogenstätter, Ulrich: Technische Lebensdauern, ifBOR TLD 2007-10; www.ifBOR.eu 2007 (letzter Aufruf: 04.01.2018).

[ifBOR TLD 2018-05] Bogenstätter, Ulrich: Technische Lebensdauern, ifBOR TLD 2018-05; www.ifBOR.eu 2018 (letzter Aufruf: 04.07.2018).

[IFMA (2002K)] Kubik, Peter; Otto, Dirk; Stutz, Axel: Instandhaltungsstrategie für nutzer- und praxisorientiertes Facility Management: Leitfaden der IFMA-Deutschland e. V. für Betrieb und Instandhaltung von Liegenschaften; Karlsfeld bei München 2002.

[IFMA (2004)] International Facility Management Association (Hrsg.): Benchmarking Report 2003; Karlsfeld bei München 2004.

[IFMA IHM] International Facility Management Association (Hrsg.): Leitfaden Betrieb & Instandhaltung Liegenschaften; Stuttgart 2006.

[ift (2011H)] von Houwald, Bernhard; Wortner, Patrick; Kreißig, Johannes; Peters, Hans: EPDs für transparente Bauelemente; ift-Abschlussbericht, 2011.

[ift EPD-BGCF-4.0] ift Rosenheim, Institut für Fenstertechnik (Hrsg.): EPD Brandschutzglas (Brandschutzglas Contrflam): Environmental Product Declaration nach DIN ISO 14025 und prEN 15804: Brandschutzglas Contraflam (Firmen-EPD), Vetrotech Saint-Gobain International AG, ift EPD-BGCF-4.0, 2012, URL: https://www.ift-rosenheim.de/documents/10180/1126454/EPD_Vetrotech_Saint_Gobain_Brandschutzglas_Contraflam_gesamt_Langfassung_web.pdf/0795b554-aca5-433d-885f-2b6ffc956a6f (letzter Aufruf: 03.01.2018).

[ift EPD-BGPS-4.0] ift Rosenheim, Institut für Fenstertechnik (Hrsg.): EPD Brandschutzglas (Brandschutzglas Pyroswiss): Environmental Product Declaration nach DIN ISO 14025 und prEN 15804: Brandschutzglas Pyroswiss (Firmen-EPD), Vetrotech Saint-Gobain International AG, ift EPD-BGPS-4.0, 2012, URL: https://www.ift-rosenheim.de/documents/10180/1126454/EPD_Vetrotech_Saint_Gobain_Brandschutzglas_Pyroswiss_gesamt_Langfassung.pdf/b596c5a4-78e9-4212-8c68-5165f3632257 (letzter Aufruf: 03.01.2018).

[ift EPD-BGVF-4.0] ift Rosenheim, Institut für Fenstertechnik (Hrsg.): EPD Brandschutzglas (Brandschutzglas Vetroflam): Environmental Product Declaration nach DIN ISO 14025 und prEN 15804: Brandschutzglas Vetroflam (Firmen-EPD), Vetrotech Saint-Gobain International AG, ift EPD-BGVF-4.0, 2012, URL: https://www.ift-rosenheim.de/documents/10180/1126454/EPD_Vetrotech_Saint_Gobain_Brandschutzglas_Vetroflam_gesamt_Langfassung.pdf/0b24a6c7-4d0b-461b-93dc-60f6182239d6 (letzter Aufruf: 03.01.2018).

[ift EPD-ITZK-0.3] ift Rosenheim, Institut für Fenstertechnik (Hrsg.): EPD Türen (Innentüren aus Stahl): Environmental Product Declaration nach DIN ISO 14025 und prEN 15804: Baureihe ZK und Varianten (Firmen EPD), Hörmann KG Brandis, ift EPD-TZK-0.3, 2013, URL: https://www.ift-rosenheim.de/documents/10180/1126454/EPD_Innent%C3%BCren_Hoermann_Brandis.pdf/65ba050e-9967-455a-a17f-893098c70957 (letzter Aufruf: 03.01.2018).

[ift EPD-MT-5.0] ift Rosenheim, Institut für Fenstertechnik (Hrsg.): EPD Multifunktionstüren: Environmental Product Declaration nach DIN ISO 14025 und prEN 15804: Firma Teckentrup GmbH & Co. KG, ift EPD-MT-5.0, 2011, URL: https://www.ift-rosenheim.de/documents/10180/1126454/EPD_Teckentrup_Multifunktionstueren_Inhalt_gesamt_Langfassung.pdf/e11bb7ea-f79d-4798-9b28-f9748c18c4bc (letzter Aufruf: 03.01.2018).

[ift EPD-STA-0.3.1] ift Rosenheim, Institut für Fenstertechnik (Hrsg.): Industrie-Sectionaltore aus Aluminium: Enviromental Product Declaration nach DIN ISO 14025 und prEN 15804, ift EPD-STA-0.3.1, 25.11.2016, URL: https://www.ift-rosenheim.de/documents/10180/1112461/2016-12-14_HM_EPD_Sectionaltore_alu_final.pdf/7bc84c9a-fee5-5aff-974b-fca1da26ca05 (letzter Aufruf: 03.01.2018).

[ift EPD-STPU-0.3.1] ift Rosenheim, Institut für Fenstertechnik (Hrsg.): ndustrie-Sectionaltore aus Polyurethan ausgeschäumten Stahl-Lamellen: Enviromental Product Declaration nach DIN ISO 14025 und prEN 15804, ift EPD-STPU-0.3.1, 25.11.2016, URL: https://www.ift-rosenheim.dNMV2003e/documents/10180/1112461/2016-12-16_HM_EPD_Sectionaltore_PU_2016_final.pdf/5cd74598-c3bd-c2fd-4ebb-681e86e83c31 (letzter Aufruf: 03.01.2018).

[ift EPD-TMZ-0.3] ift Rosenheim, Institut für Fenstertechnik (Hrsg.): EPD Türen (Mehrzwecktüren/Sondertüren aus Stahl): Environmental Product Declaration nach DIN ISO 14025 und prEN 15804: Baureihe H8 / MZ / Quadro und Varianten (Firmen EPD), Hörmann KG Brandis, ift EPD-TMZ-0.3, 2012, URL: https://www.ift-rosenheim.de/documents/10180/1126454/EPD_Mehrzweckt%C3%BCren_Hoermann_Brandis.pdf/7d20a984-222f-4c6e-8df3-aa2b0a3a556f (letzter Aufruf: 03.01.2018).

[ift EPD-TTP-0.3] ift Rosenheim, Institut für Fenstertechnik (Hrsg.): EPD Türen (Haustüren aus Stahl): Environmental Product Declaration nach DIN ISO 14025 und prEN 15804: Baureihe ThermoPro und Varianten (Firmen EPD), Hörmann KG Brandis, ift EPD-TTP-0.3, 2012, URL: https://www.ift-rosenheim.de/documents/10180/1126454/EPD_Haustueren_Hoermann_Brandis.pdf/c874ea0a-9c10-4fcf-aa33-e6d16e616d7f (letzter Aufruf: 03.01.2018).

[II. BV 2002] Zweite Berechnungsverordnung in der Fassung vom 01.01.2002.

[II. BV 2003] Verordnung über wohnungswirtschaftliche Berechnungen nach dem Zweiten Wohnungsbaugesetz (Zweite Berechnungsverordnung – II. BV), 2003.

[II. BV 2007] Verordnung über wohnungswirtschaftliche Berechnungen nach dem Zweiten Wohnungsbaugesetz Zweite Berechnungsverordnung – II. BV), 2007, URL: https://www.gesetze-im-internet.de/bvo_2/BJNR017190957.html (letzter Aufruf: 03.01.2018).

[Inderwies, W. (2013c)] Inderwies, Wolfgang: Mustervertrag und Leistungsverzeichnis 3.0, in: Der Facility Manager, 20 Jg. (2013), Nr. 10, S. 38–41.

[Instandhaltung (2000i)] o. V.: Instandhaltung: Wie hoch sollte die Rücklage sein?, in: Immobilien Praxis & Recht (2000), Nr. 9, S. 58–59.

[ISO/DIS 24517-2 E 2017-01] Dokumenten-Management: PDF Format für das Ingenieurwesen: Teil 2: Anwendung der ISO 32000-2 einschließlich Unterstützung für Langzeitarchivierung (PDF/E-2), International Organization for Standardization (Hrsg.): Teil 2, ISO /DIS 24517; Genf 1.2017.

[ISO/IEC 8632-1 2007-10] Informationstechnik – Graphische Datenverarbeitung: Bilddatei zur Speicherung und zum Austausch von Bildinformationen: Teil 1: Funktionsbeschreibung; Korrektur 2, International Organization for Standardization (Hrsg.): Teil 1, ISO/IEC 8632; Genf 2007.

[ISO/IEC 14772-1 1997-12] Informationstechnik, Computergraphik und Bildverarbeitung: Virtuelle Realitätsmodellsprache: Teil 1: Funktionelle Spezifikation und UTF-8-Codierung, International Organization for Standardization (Hrsg.): Teil 1, ISO/IEC 14772; Genf 1997.

[ISO/IEC 19776-1 2015-12] Informationstechnik – Computergrafik und Bildverarbeitung: Erweiterbare 3D (X3D) Codierungen: Teil 1: XML-Codierung, International Organization for Standardization (Hrsg.): Teil 1, ISO/IEC 19776; Genf 2015.

[ISO 9592-1 1997-11] Informationstechnik: Computer-Grafik und Bildverarbeitung – Hierarchisches interaktives graphisches System (PHIGS): Teil 1: Funktionsbeschreibung, International Organization for Standardization (Hrsg.): Teil 1, ISO 9592; Genf 1997.

[ISO 10303-1 1994-12] Industrielle Automatisierungssysteme und Integration: Produktdatendarstellung und -austausch: Teil 1: Überblick und grundlegende Prinzipien, International Organization for Standardization (Hrsg.): Teil 1, ISO 10303; Genf 1994.

[ISO 14306 2012-12] Industrielle Automatisierungssysteme und Integration: JT-Dateiformat für 3D-Visualisierung, International Organization for Standardization (Hrsg.): ISO 14306; Genf 2012.

[ISO 15686-1 2011-05] Hochbau und Bauwerke: Planung der Lebensdauer: Teil 1: Allgemeine Grundlagen und Rahmenbedingungen, International Organization for Standardization (Hrsg.): Teil 1, ISO 15686; Berlin 2011.

[ISO 15686-2 2012-06] Hochbau und Bauwerke: Planung der Lebensdauer: Teil 2: Verfahren zur Voraussage der Lebensdauer, International Organization for Standardization (Hrsg.): Teil 2, ISO 15686; Berlin 2012.

[ISO 15686-7 2006-03] Hochbau und Bauwerke: Planung der Lebensdauer: Teil 7: Leistungsbewertung für die Rückmeldung von Daten über die Nutzungsdauer aus der Praxis, International Organization for Standardization (Hrsg.): Teil 7, ISO 15686; Berlin 2006.

[ISO 15686-8 2008-06] Hochbau und Bauwerke: Planung der Lebensdauer: Teil 8: Referenznutzungsdauer und Bestimmung der Nutzungsdauer, International Organization for Standardization (Hrsg.): Teil 8, ISO 15686; Berlin 2008.

[ISO 15930-7 2010-07] Graphische Technik: Digitaler Datenaustausch in der Vorstufe unter Anwendung von PDF: Teil 7: Vollständiger Datenaustausch von Druckdaten (PDF/X-4) und teilweiser Austausch von Druckdaten mit referenziertem externem Profil (PDF/X-4p) mit PDF 1.6, International Organization for Standardization (Hrsg.): Teil 7, ISO 15930; Genf 2010.

[ISO 19005-1 Technical Corrigendum 2011-12] Document management: Electronic document file format for long-term preservation: Part 1: Use of PDF 1.4 (PDF/A-1); Technical Corrigendum 2, International Organization for Standardization (Hrsg.): Teil 1 Technical Corrigendum, ISO 19005; Genf 2011.

[ISO 29481-1 2016-05] Virtuelle Gebäudemodelle (BIM): Informationshandbuch: Teil 1: Methodik und Format, International Organization for Standardization (Hrsg.): Teil 1, ISO 29481; Berlin 2016.

[ISO 32000 2008-07] Dokumenten-Management – Portables Dokument-Format: Teil 1: PDF 1.7, International Organization for Standardization (Hrsg.): ISO 32000; Genf 2008.

[isReport (2017)] is report Online & Guides (Hrsg.): ISIS IT-Firmenreport: Edition 2012/2013: Unternehmen der Informations- und Kommunikationsindustrie, 2017, URL: http://www.isreport.de/epaper/Files%20FIR/ (letzter Aufruf: 02.04.2017).

[IW 2015] Institut der deutschen Wirtschaft Köln (Hrsg.); Voigtländer, Michael: Auswirkungen der erhöhten Zuwanderung auf demographische Prognosen und die Folgen für den Wohnraumbedarf in Deutschland; Gutachten, IW 2015; Köln 2015, URL: http://www.iwkoeln.de/_storage/asset/257363/storage/master/file/8284571/download/Wohnraumbedarf%20Gutachten%20IW%20K%C3%B6ln.pdf (letzter Aufruf: 05.03.2017).

[IWB (1997d)] Informationsstelle Wirtschaftliches Bauen der Staatlichen Hochbauverwaltung Baden-Württemberg (Hrsg.): Kurzinformation LAGDAT-Datenbank; Loseblattsammlung; Freiburg i. B. 1997.

[IWB RBK1-PC] Informationsstelle Wirtschaftliches Bauen der Staatlichen Hochbauverwaltung Baden-Württemberg (Hrsg.): Richtlinien für die Baukostenplanung: Nach den Richtlinien für die Baukostenplanung (RBK) der staatlichen Hochbauverwaltung des Landes Baden-Württemberg: NC-Katalog für RBK1-PC-Version 4.0; Stuttgart 1994, S. 1–36.

[IWU (2005f)] Sautter, Heinz: Auswirkungen des Wegfalls von Sozialbindungen und des Verkaufs öffentlicher Wohnungsbestände auf die Wohnungsversorgung unterstützungsbedürftiger Haushalte; Abschlussbericht; Darmstadt 2005, URL: http://www.iwu.de/fileadmin/user_upload/dateien/energie/klima_altbau/Gebaeudetypologie_Deutschland.pdf (letzter Aufruf: 01.01.2018).

[IWU (2008A)] Alles, Roland; Guder, Renate; Knissel, Jens; von Malottki, Christian: Die ortsüblichen Vergleichsmieten in Darmstadt 2008: Gutachten zur Erstellung eines Mietspiegels nach § 558d BGB; Gutachten: Darmstadt 2008.

[IZT WerkstattBericht Nr. 53] Scharp, Michael; Galonska, Jürgen; Knoll, Michael: Benchmarking für die Wohnungs- und Immobilienwirtschaft: Entwicklung einer balanced scorecard, IZT WerkstattBericht Nr. 53; Berlin 2002.

[Jagnow, K. (2005)] Jagnow, Kati; Wolff, Dieter: Technische Optimierung und Energieeinsparung: OPTIMUS; vorläufiger Kurzbericht; Bremen 2005.

[Jakobiak, R. (2005e)] Jakobiak, Roman: Energiebedarf für die Beleuchtung: Änderung der Berechnungsverfahren durch die neue EU-Richtlinie, in: Deutsches Architektenblatt (2005), Heft 5, S. 64–69.

[Jehle, P. (1989)] Jehle, Peter: Ein Instandhaltungsmodell für Hochbauten; Dissertation; Essen 1989.

[Jencks, C. (1980)] Jencks, Charles: Die Sprache der postmodernen Architektur: Die Entstehung einer alternativen Tradition, 2., erw. Aufl.; Stuttgart 1980.

[JLL Oscar 2005] Jones Lang LaSalle (Hrsg.): Oscar 2005: Büronebenkosten-Analyse: Office Service Charge Analysis Report; Pressemitteilung; Frankfurt am Main 2005.

[Jödicke, A. (2007j)] Jödicke, André: Durch standardisiertes Instandhaltungsmanagement 7 bis 15 Prozent eingespart, in: Die Wohnungswirtschaft (2007), Heft 10, S. 42–44.

[Kaemper, U. (1999)] Kaemper, Udo; Naujoks, Friedhelm: Facility- und Gebäudemanagement in Kommunen: Ein Leitfaden für Konzepte und deren praktische Umsetzung; Stuttgart 1999.

[Kämpf-Dern, A. (2014)] Kämpf-Dern, Annette; Pfnür, Andreas: Best practice, best model, best fit – Strategic configurations for the institutionalization of corporate real estate management in Europe, in: Journal of Corporate Real Estate (2014), Vol. 16 Issue 2, pp. 97–125.

[Kampf um die Vormacht in der … (2017d)] o. V.: Kampf um die Vormacht in der Wohnungspolitik, in: Immobilien Zeitung (2017), Nr. 4, S. 4 f.

[Kasper, B. (2004a)] Kasper, Birgit; Scheiner, Joachim: Wohnmobilität und Standortwahl als Ausdruck lebensstilspezifischer Wohnbedürfnisse: Ergebnisse einer Fallstudie in drei Kölner Stadtquartieren, in: vhw Forum Wohneigentum (2004), Nr. 1, S. 24–29.

[Kaufmann, C. (2003)] Kaufmann, Christian Andreas: Entwicklung und Umsetzung von Strategien für das Management betrieblich genutzter Immobilien; Dissertation; Zürich 2003, URL: https://www.research-collection.ethz.ch/bitstream/handle/20.500.11850/147284/eth-26286-02.pdf (letzter Aufruf: 04.01.2018).

[Kautz, R. (2007d)] Kautz, Roger: Klassisch oder strukturiert?: Energiekosten senken durch optimalen Einkauf und Effizienz, in: IndustrieBAU (2007), Heft 4, S. 59.

[Keller, M. (2008)] Keller, Manfred; Vogel, Kerstin (Hrsg.): Erweiterte Nutzung von Kirchen – Modell mit Zukunft; Hamburg 2008.

[Kern, M. (2007k)] Kern, Michael: Ergebnispräsentation von verursachergerechten Abfallmanagementsystemen im Wohnungsbau am Beispiel Müllschleusen in Erfurt: Praxisforum 20.11.2007.

[KGSt 1/1986] Kommunale Gemeinschaftsstelle für Verwaltungsvereinfachung (Hrsg.): Wirtschaftlicher Hausmeisterdienst in Schulen; Bericht, KGSt 1/1986 Köln 1986.

[KGSt 7/1998] Kommunale Gemeinschaftsstelle für Verwaltungsvereinfachung (Hrsg.): Kosten eines Arbeitsplatzes: (Stand 1997); KGSt 7/1998; Köln 1998.

[KGSt B 11/1994] Kommunale Gemeinschaftsstelle für Verwaltungsvereinfachung (Hrsg.): Gebäudereinigung: Kostensenkungsmaßnahmen; KGSt B 11/1994; Köln 1994.

[KGSt B 5-2010] Kommunale Gemeinschaftsstelle für Verwaltungsvereinfachung (Hrsg.): Hausmeisterdienste in Kommunen: (Stand 2009/2010); KGSt B 5-2010; Köln 2010.

[KGSt B 9/1984] Kommunale Gemeinschaftsstelle für Verwaltungsvereinfachung (Hrsg.): Hochbauunterhaltung: Richtwerte und Gestaltungsvorschläge zur Mittelbemessung, Maßnahmenplanung und Mittelbereitstellung; KGSt B 9/1984; ohne Ort 1984.

[Kippes, S. (2001)] Kippes, Stephan: Professionelles Immobilienmarketing: Marketing-Handbuch für Makler, Bauträger, Projektentwickler und Immobilienverwalter; München 2001.

[Kippes, S. (2005)] Kippes, Stephan; Sailer, Erwin (Hrsg.): Immobilienmanagement: Handbuch für professionelle Immobilienbetreuung und Vermögensverwaltung; München 2005.

[Kippes, S. (2008d)] Kippes, Stephan: Freizeitstress: Wegwerfhäuser: über den rasanten Verschleiß von Gebäuden für Spiel, Sport und Spaß, in: Deutsches Architektenblatt (2008), Heft 4, München, S. 22–23.

[Kippes, S. (2013)] Kippes, Stephan: Marktmonitor Immobilien 2013: Eine empirische Studie zum Immobilienmarkt mit den Schwerpunkten Wirtschaftskrise, Energieeffizienz, Problemimmobilien und Kundenbindung; Nürtingen-Geislingen 2013.

[Kirche und Immobilien (2007)] o. V.: Kirche und Immobilien: Bestand, Verwaltung, Verwertung, Immobilien und Finanzierung, 2. Aufl.; Ricardi 2007.

[Klingele, M. (1999)] Klingele, Martina: Integration von lebenszyklusbezogenen Bewertungsmethoden in den Planungsprozess; Dissertation; Karlsruhe 1999.

[Klinger, F. (2004)] Klinger, Franz; Müller, Michael (Hrsg.): IAS/IFRS & Immobilien; Lexikon; Berlin 2004.

[Kochendörfer, B. (2005e)] Kochendörfer, Bernd; Riediger, Nicole: Effizienzsteigerung durch prozessorientiertes Planen, in: Bundesbaublatt (2005), Heft 5, S. 28–30.

[Kofner, S. (2007d)] Kofner, Stefan: Alternativen zur Privatisierung öffentlicher Wohnungsunternehmen: Die Transformation der deutschen Wohnungswirtschaft: Teil 1, in: Die Wohnungswirtschaft (2007), Heft 4, S. 18–20.

[Kohler, N. (1999)] Kohler, Niklaus; Hassler, Uta; Enquete Kommission „Schutz des Menschen und der Umwelt" des 13. Deutschen Bundestages (Hrsg.): Stoffströme und Kosten in den Bereichen Bauen und Wohnen; Berlin u. a. 1999.

[Kohler, N. (2002l)] Kohler, Niklaus: Nachhaltigkeit von Gebäuden, in: Deutsches Architektenblatt (2002), Heft 12, S. 7–10.

[Kohns, R. (2008a)] Kohns, Rainer: Effizienz-Initiative, in: IndustrieBAU (2008), Heft 1, S. 56–58.

[Kook, H. (2003)] Kook, Heiner; Sydow, Manfred: Strategisches Portfoliomanagement in der Immobilienwirtschaft: Ein Leitfaden für Theorie und Praxis; Hamburg 2003.

[Koppelkamm, S. (2007)] Koppelkamm, Stefan; Derenthal, Ludger: Ortszeit: Local Time; Stuttgart u. a. 2007.

[Kraus, J. (2007l)] Kraus, Josef: Der qualifizierte Hausmeister oder Hauswart – unser Verkehrssicherungsprofi vor Ort, in: Die Wohnungswirtschaft (2007); Heft 12, S. 58–60.

[Krietsch, H. (1969K)] Krietsch, Hans-Joachim; Pratsch, Hellmut; Jokusch, Peter: Bedarfsbemessung von Mensabauten; Arbeitsbericht, Beiträge zur Bedarfsbemessung, Nr. 17; Stuttgart 1969.

[Kröger, H. (2005l)] Kröger, Hans: Bessere Luft für besseres (Betriebs-) Klima, in: Immobilienwirtschaft (2005), Nr. 12, S. 60–61.

[KrWG 2016] Gesetz zur Förderung der Kreislaufwirtschaft und Sicherung der umweltverträglichen Beseitigung von Abfällen: Kreislaufwirtschafts- und Abfallgesetz – KrWG, 2016, URL: https://www.gesetze-im-internet.de/bundesrecht/krwg/gesamt.pdf (letzter Aufruf: 16.04.2017).

[Kulartz, H. (2002)] Kulartz, Hans-Peter; Steding, Ralf: IT-Leistungen: Fehlerfreie Ausschreibungen und rechtssichere Vertragsinhalte; Köln 2002.

[Lange, D. (2007)] Lange, Dagmar: Pauschalierung bringt keine Qualitätseinbußen, in: Die Wohnungswirtschaft (2007), Heft 5, S. 37.

[Lauber, J. (2014)] Lauber, Jürgen; Kranz, Hans; Hanke, Bernd: Bauwesen – BauUnwesen: Warum geht Bauen in Deutschland schief?; Neustadt a. d. Weinstraße 2014.

[LBB (2015)] Landesbetrieb Liegenschafts- und Baubetreuung (Hrsg.): Energiebericht 2015; Mainz 2015.

[LBB 1.12-1990] Ruf, Hans-Ulrich; Conen, Maria, Dautzenberg, Brigitte: Kosten im Hochbau: Untersuchung über Aufwand und Nutzen von Kostenermittlungsverfahren; Aachen 1990.

[LBB.net] Geschäftsbericht 2015 u. a. http://www.lbbnet.de/Presse,-Infos/Publikationen/Geschaeftsbericht/ (letzter Aufruf: 05.01.2018).

[LBB.net] LBB – Information Fotovoltaik http://www.lbbnet.de/icc/LBB/med/357/35770a7f-41f8-1e41-4609-00b607b988f2,11111111-1111-1111-1111-111111111111.pdf

[LBB.net] LBB – Energie-Richtlinien 2009 http://www.lbbnet.de/icc/LBB/med/78e/78e50163-5333-a731-c3c7-f45607b988f2,11111111-1111-1111-1111-111111111111.pdf.

[LBTA (1992G)] Gresens, Fred: Tageslichttechnik: Seminarberichte zur Bauphysik, Nr. 1, 2. Aufl.; Karlsruhe 1992.

[LDA-BW Heft 7] Eckstein, Günter: Empfehlungen für Baudokumentationen: Bauaufnahme – Bauuntersuchung, LDA-BW Heft 7; Stuttgart 1999.

[Lemaitre, C. (2009f)] Lemaitre, Christine: Jetzt geht's an den Bestand: DGNB, in: Facility Manager (2009), Heft 6, S. 14–15.

[Lepper, R. (2005)] Lepper, Rolf: Private Energiewende, in: Capital (2005), Nr. 21, S. 112–116.

[LfDI (2016a)] Landesbeauftragter für den Datenschutz und die Informationsfreiheit Rheinland-Pfalz (Hrsg.): Datenschutzkontrolle in Bund und Ländern, 2016, URL: https://www.datenschutz.rlp.de/de/themenfelder-themen/datenschutzkontrolle-bundlaender (letzter Aufruf: 19.03.2017).

[LGA BWL (2001)] Landesgesundheitsamt Baden-Württemberg (Hrsg.): Schimmelpilze in Innenräumen: Nachweis, Bewertung, Qualitätsmanagement; Stuttgart 2001.

[LGA BWL (2004)] Landesgesundheitsamt Baden-Württemberg (Hrsg.): Handlungsempfehlung für die Sanierung von mit Schimmelpilzen befallenen Innenräumen; Stuttgart 2004.

[LGA BWL-1 (2010R)] Raithel, Kirsten: Musterhygieneplan für Schulen: Infektionsschutz, Teil 1, 3., neu bearb. Aufl.; Stuttgart 2010.

[LMU-WIM Management Report 1-2008] Hess, Thomas; Mann, Florian: ImmoStudie 2008: Gewerbliche Immobilienvermarktung und die Bedeutung von Immobilienportalen, Nr. 1, LMU-WIM Management Report 1-2008, URL: http://www.immostudie.de/ImmoStudie2008_Ergebnisse.pdf (letzter Aufruf: 04.08.2018).

[Lockwood, C. (2006k)] Lockwood, Charles: The Green Juggernaut, in: Urban Land (2006), Heft 11, S. 224.

[Loeschcke, G. (1985)] Loeschcke, Gerhard; Höfs, Jutta: Großküchen: Grundriß und Ausstattungsplanung in Küchen zur Gemeinschaftsverpflegung; Wiesbaden u. a. 1985.

[Lohse, M. (2008)] Lohse, Moritz; Pfnür, Andreas: EWOWI zwanzig zehn: Erfolgspotenziale der Wohnungswirtschaft 2010: Arbeitspapiere zur Immobilienwirtschaftlichen Forschung und Praxis, Band Nr. 12; Darmstadt 2008.

[Loibl, R. (2008a)] Loibl, Roswitha: Mehrheit der Migranten ist an einem gemischten Umfeld interessiert: Wohnwünsche von Migranten, in: Immobilienwirtschaft (2008), Heft 1, S. 38–39.

[Lorenz, W. (2012)] Lorenz, Wolfgang: Praxishandbuch Schimmelpilzschäden; Köln 2012.

[Lotz, B. (2012b)] Lotz, Burkard: Bauunterlagen und Dokumentation, in: Baurecht, 43 Jg. (2012), Nr. 2, S. 157–166.

[Lowe, C. (2009)] Lowe, Clare; Ponco, Alfonso: UNEP-FI / SBIC's financial & sustainabilty metrics report: An international review of sustainable building performance indicators & benchmarks, 2009, URL: http://www.unepfi.org/fileadmin/documents/metrics_report_01.pdf (letzter Aufruf: 03.01.2018).

[Lück, W. (2004)] Lück, Wolfgang (Hrsg.): Lexikon der Betriebswirtschaft, 6., völlig neu bearb. Aufl.; München 2004.

[Lünendonk (2017f)] Lünendonk; (Hrsg.): Führende Facility-Service-Unternehmen in Deutschland 2017: Lünendonk-Liste, 29.5.2017, URL: http://luenendonk-shop.de/out/pictures/0/lue_fs_listepi_2017_f170519_fl.pdf (letzter Aufruf: 07.01.2018).

[Lützkendorf, T. (2002a)] Lützkendorf, Thomas: Die Begriffswelt der EnEV 2002: Klare Begriffe und Systemgrenzen sind Voraussetzung für konkrete Bewertung, in: Deutsches Architektenblatt (2002), Heft 1, S. 10–11.

[Lutz, M. (2014)] Lutz, Martin: Praxisleitfaden Gebäudereinigung, 2. Aufl.; Heidelberg u. a. 2014.

[Lutz, W. (1997)] Lutz, Walter: Facility-Management: Gebäudebewirtschaftung und Dienstleistungen; Loseblattsammlung, 2. Aufl.; Landsberg/Lech 1997.

[lwg.bayern (2007D)] Degenbeck, Martin: Basiswissen Rasenbau: Anlage und Pflege von Rasenflächen; Veitshöchheim 2007.

[M-GarVO 2008] Muster einer Verordnung über den Bau und Betrieb von Garagen (Muster-Garagenverordnung M-GarVO) 2008, URL: http://www.bauordnungen.de/Muster-Garagenverordnung.pdf (letzter Aufruf: 10.04.2017).

[Maier, H. (2006g)] Maier, Hartmut; Krzok, Klaus: Vorschläge zur Optimierung der Hausmeisterdienste: Vortrag anlässlich des Arbeitskreises Facility Management für Kommunen am 20. Juli 2006 in der Stadt Ostfildern.

[Markgraf, H. (1996e)] Markgraf, Hendrik: Schrumpfende Zuschüsse, steigende Kosten: Zehn Theater kämpfen ums Überleben, in: Frankfurter Allgemeine Zeitung (1996), Nr. 125, S. 63.

[Marktübersicht (2007)] o. V.: Marktübersicht: Portfoliomanagement, in: Immobilienwirtschaft; Software spezial (2007), S. 38 f.

[Marktübersicht (2017e)] o.V.: Marktübersicht der Facility Services Anbieter 2017, in: Facility Manager (2017), URL: https://www.facility-manager.de/marktuebersicht/datenbank-facility-services-anbieter/ (letzter Aufruf: 06.01.2018).

[Marktübersicht (2007f)] o. V.: Marktübersicht: Immobilienwirtschaftliche Softwaresysteme, in: Immobilienwirtschaft; Software spezial (2007), Heft 6.

[Marktübersicht (2008d)] o. V.: Marktübersicht: Maklersoftware, in: Immobilienwirtschaft; Software spezial (2008), Heft 3, S. 8–15, URL: https://www.immobilienportale.com/wp-content/uploads/2008/08/immobilienwirtschaft-042008-maklersoftware-1.pdf (letzter Aufruf: 02.04.2017).

[Marktübersicht digitale Schl... (2010a)] o. V.: Marktübersicht digitale Schließsysteme, in: Facility Manager (2010), Heft 1, S. 38–47.

[Massing, B. (2000i)] Massing, Barbara: Erste Ergebnisse beim Pilotprojekt Müllgebührensenkung: Abfälle sortieren – Gebühren minimieren, in: Die Wohnungswirtschaft (2000), Heft 9, S. 40–41.

[Massing, B. (2001g)] Massing, Barbara: In 9 Monaten Müllvolumen um mehr als die Hälfte reduziert: Rhein-Lippe legt erste Bilanz zu Müllentsorgungskonzept vor, in: Die Wohnungswirtschaft (2001), Heft 7, S. 54.

[Mathematisches Calcul und Si... (2000)] o. V.: Mathematisches Calcul und Sinn für Ästhetik: Die preußische Bauverwaltung 1770–1848: Ausstellung des Geheimen Staatsarchivs Preußischer Kulturbesitz; Berlin 2000.

[Matul, C. (1995)] Matul, Christian: Stationäre Einrichtungen der Altenhilfe: Lösungsvorschläge zur Erfolgsbemessung und Qualitätsbeurteilung in Alten- und Pflegeheime; Wien 1995.

[Maurer, P. (2006b)] Maurer, Peter: Heizungsoptimierung: Auf die Einstellung kommt es an, in: Immobilienwirtschaft (2006), Heft 2, S. 56–57.

[Mayer-Marczona, M. (2000k)] Mayer-Marczona, Michael; Tilebaar, Hans-Christoph: Inventarisierung aus der Luft, in: Die Wohnungswirtschaft (2000), Heft 11, Sonderdruck.

[MBeVO 2014] Muster – Verordnung über den Bau und Betrieb von Beherbergungsstätten: Muster-Beherbergungsstättenverordnung – MBeVO), 2014, URL: http://www.bauordnungen.de/Beherberungsstattenverordnung.pdf (letzter Aufruf: 10.04.2017).

[MBO 2016] Musterbauordnung (MBO), 2016, URL: https://www.is-argebau.de/verzeichnis.aspx?id=991&o=991 (letzter Aufruf: 10.04.2017).

[Mehlis, J. (2003d)] Mehlis, Jürgen: Bestandsdatenerfassung: Grundlage für ein erfolgreiches Immobilienmanagement, in: Facility Management (2003), Nr. 4, S. 28–31.

[Mehlis, J. (2005e)] Mehlis, Jörg: Analyse des Datenentstehungsprozesses und Entwicklung eines Entscheidungsmodells für eine wirtschaftliche Vorgehensweise bei der lebenszyklusorientierten Immobiliendatenerfassung und -pflege; Dissertation; Leipzig 2005.

[Merian 8-38] Merian (Hrsg.): Die Bühne der Bürgerlichkeit; Merian, Nr. 8-38, S. 23–24.

[Metzner, S. (2002)] Metzner, Steffen; Pelzl, Wolfgang (Hrsg.): Immobiliencontrolling: Strategische Analyse und Steuerung von Immobilienergebnissen auf Basis von Informationssystemen: Reihe Immobilienmanagement Bd. 1; Leipzig 2002.

[MHHR 2012] Muster-Richtlinie über den Bau und Betrieb von Hochhäusern (Muster-Hochhaus-Richtlinie – MHHR), 2012, URL: http://www.bauordnungen.de/Muster-Hochhaus-Richtlinie.pdf (letzter Aufruf: 10.04.2017).

[MI.BWL (2001)] Innenministerium Baden-Württemberg (Hrsg.): Produkte – Ziele – Kennzahlen: Kommunaler Produktplan Baden-Württemberg; Schriftenreihe des Innenministeriums Baden-Württemberg zum kommunalen Haushalts- und Rechnungswesen, Heft 7; Stuttgart 2001.

[minol (2003P)] Peters, Frank: Handbuch zur Wärmekostenabrechnung: Fachinformationen für Wohnungsverwalter, Vermieter, Heizungstechniker und -ingenieure; CD, 11. Aufl.; Stuttgart 2003.

[minol (2010P)] Peters, Frank: Handbuch zur Wärmekostenabrechnung: Fachinformationen für Wohnungsverwalter, Vermieter, Heizungstechniker und -ingenieure; CD, 14. Aufl.; Stuttgart 2010.

[MinSoz BWL AZ 44-7327] Händel, Siegfried: Vergleich von kleinen Altenpflegeheimen in Hinblick auf Wirtschaftlichkeit, Sparsamkeit und Leistungsfähigkeit; Forschungsbericht; Pforzheim 1993.

[Mittler, G. (1996i)] Mittler, Gernot: Wird die Staatsbauverwaltung Rheinland-Pfalz eine GmbH?, in: Bauverwaltung + Bauamt & Gemeindebau (1996), Heft 9, S. 508.

[Möller, D. (2013)] Möller, Dietrich-Alexander; Kalusche, Wolf-Dietrich: Planungs- und Bauökonomie: Wirtschaftslehre für Bauherren und Architekten, 6., völlig überarb. Aufl.; München 2013.

[Moriske, H. (1998j)] Moriske, Heinz-Jörn; Turowski, Elisabeth: Handbuch für Bioklima und Lufthygiene; Loseblattsammlung; Landsberg/Lech 1998.

[MSCI (2015d)] MSCI Inc. (Hrsg.): DIX Deutscher Immobilien Index: Ergebnisse zum 31.12.2015; 2015.

[Müller, B. (1997)] Müller, Brigitte; Münch, Eckhard; Badura, Bernhard: Gesundheitsförderliche Organisationsgestaltung im Krankenhaus: Entwicklung und Evaluation von Gesundheitszirkeln als Beteiligungs- und Interventionsmodell; Weinheim 1997.

[Müller, H. (2005e)] Müller, Henrik: Hundert Prozent Eigenbetrieb: Alternative zu Service- und Betriebsgesellschaften mit privaten Partnern, in: Facility Manager (2005), Heft 5, S. 46–48.

[Müller, M. (2004e)] Müller, Maija: Pflege von Grünanlagen; Skript; Nürtingen 12.5.2004.

[Müller, N. (2008c)] Müller, Norbert: Praxisbeispiel 2: Steuerungsinstrument bei Instandhaltung und Modernisierung: Fachtagung Instandhaltung/Modernisierung 2008 – Kosteneinsparpotenziale – Prozessoptimierung – Kundenzufriedenheit; Tagungsunterlagen; Bochum 2008.

[Müller, R. (1993)] Müller, Robert; Fuhrberg-Baumann, Jan; Rettich, Heiko Alexander: Marktübersicht EDV-Systeme für Auftragsabwicklung und Vertrieb: Vergleich von 173 EDV-Systemen; Renningen 1993.

[Murfeld, E. (2002)] Murfeld, Egon (Hrsg.): Spezielle Betriebswirtschaftslehre der Grundstücks- und Wohnungswirtschaft, 4. Aufl.; Hamburg 2002.

[Mutschler-Siebert, A. (2007d)] Mutschler-Siebert, Annette: Alternativen zum offenen Vergabeverfahren, in: Facility Manager (2007), Heft 4, S. 60–63.

[MVStättVO 2014] Musterverordnung über den Bau und Betrieb von Versammlungsstätten (Muster-Versammlungsstättenverordnung – MVStättVO), 2014, URL: http://www.bauordnungen.de/Versammlungsstattenverordnung.pdf (letzter Aufruf: 10.04.2017).

[MWEBWV NRW (2011J)] Junker, Rolf; Kühn, Gerd; Pump-Uhlmann, Holger: Zum Umgang mit großen innerstädtischen Einkaufscentern; Arbeitshilfe, 2011, URL: https://www.mhkbg.nrw/stadtentwicklung/_pdf_container/InnerstaedtEinkaufszentren_Leitfaden_02-2011.pdf (letzter Aufruf: 01.01.2018).

[MWKEL (2015)] Ministerium für Wirtschaft, Klimaschutz, Energie und Landesplanung (Hrsg.): 11. Energiebericht Rheinland-Pfalz: Berichtszeitraum der Bilanzen: 2012–2013, 2015, URL: https://mueef.rlp.de/fileadmin/mulewf/Themen/Energie_und_Strahlenschutz/Energie/11._Energiebericht_.pdf (letzter Aufruf: 09.02.2017).

[Nävy, J. (1998)] Nävy, Jens: Facility Management: Grundlagen, Computerunterstützung, Einführungsstrategie, Praxisbeispiel; Heidelberg u. a. 1998.

[Nävy, J. (2013)] Nävy, Jens; Schröter, Matthias: Facility Services: Die operative Ebene des Facility Managements; Heidelberg 2013.

[Nagel, U. (2007)] Nagel, Ulrich: Facility Management: Ein Praxishandbuch für Architekten und Bauingenieure; Architektenhandbuch; Basel u. a. 2007.

[Najork, E. (2009)] Najork, Eike N. (Hrsg.): Rechtshandbuch Facility Management: Rechtliche Aspekte des Facility Managements; Heidelberg u. a. 2009.

[Narten, R. (2007j)] Narten, Renate; Scherzer, Ulrike: Bauliche Maßnahmen der Wohnungsunternehmen stehen im Vordergrund, in: Die Wohnungswirtschaft (2007), Heft 10, S. 9–11.

[Nefiodow, L. (2001)] Nefiodow, Leo A.: Der sechste Kondratieff: Wege zur Produktivität und Vollbeschäftigung im Zeitalter der Information, 5., überarb. Aufl.; Sankt Augustin 2001.

[Nellessen, M. (2009d)] Nellessen, Monika: Zerstörtes Vertrauen und Rückzugsgefechte, in: Allgemeine Zeitung Mainz, 11.04.2009.

[Neumann, H. (2003)] Neumann, Hans-Rudolf (Hrsg.): Fenster im Bestand: Grundlagen der Sanierung in Theorie und Praxis; Renningen 2003.

[Ng, T. (2006c)] Ng, Tinchuck Agnes; Peiser, Richard: Incubator workspaces: Workspace layout establishes the workplace atmosphere – whether creative, private, secret, cooperative, competitive: But how does design drive business outcomes?, in: Urban Land (2006), Heft 3, S. 76–80.

[NHK 1996] Mittag, Martin: Ermittlung von zeitgemäßen Normalherstellungskosten für die Belange der Verkehrswertermittlung; Bonn 1996.

[NHK 2000] Normalherstellungskosten 2000, Bundesministerium für Verkehr, Bau- und Wohnungswesen (Hrsg.): BMVBW NHK 2000, URL: http://www.verkehrswert.com/verkehrswert-downloads/NHK-2000.pdf (letzter Aufruf: 01.01.2018).

[NMV 1970 (2003)] Verordnung über die Ermittlung der zulässigen Miete für preisgebundene Wohnungen: Neubaumietenverordnung 1970 – NMV 1970; Stuttgart 2003, URL: https://www.gesetze-im-internet.de/bundesrecht/nmv_1970/gesamt.pdf (letzter Aufruf: 10.04.2017).

[Norton, D. (1997)] Norton, David; Kaplan, Robert S.: Balanced scorecard: Strategien erfolgreich umsetzen; Stuttgart 1997.

[o. V. (2012c)] o. V.: Büros werden immer häufiger zu Wohnraum, in: Immobilien Zeitung (2012), Nr. 8, S. 20.

[OB will Notfallplan für Rath... (2009j)] o. V.: OB will Notfallplan für Rathaus: Sanierungsstau: Was passiert, wenn Bau nicht mehr benutzbar ist?: Neue Fenster und Dämmung am dringendsten, in: Allgemeine Zeitung Mainz; Nr. 10, 12.10.2009.

[Obermann, O. (2002)] Obermann, Oliver; Wilhelm, Thomas: Immo-Media-Research 3: Die große Analyse des Immobilienmarktes im Internet; Wiesbaden 2002.

[Obermann, O. (2007j)] Obermann, Oliver: Das Internet hat gedruckte Tageszeitung bei der Immobilienvermarktung verdrängt, in: Die Wohnungswirtschaft (2007), Heft 10, S. 30–31.

[OFD -RLB- (1998g)] Energiewirtschaftliche Beratungsstelle der Oberfinanzdirektion (Hrsg.): Orientierungswerte aus dem Abrechnungsjahr 1997 nach BWZ; Schreiben vom 30.07.1998.

[OFD N LB 10-9051] Oberfinanzdirektion Nürnberg (OFD) (Hrsg.): Auswertung von Baunutzungskosten von Gebäuden im Bereich der Länder – Erarbeitung von Richtwerten; OFD-Schreiben N LB 10-9051, Nürnberg 1998, S. k19–123.

[Olfert, K. (1996)] Olfert, Klaus; Rahn, Horst-Joachim: Lexikon der Betriebswirtschaftslehre; Ludwigshafen a. Rh. 1996.

[Opaschowski, H. (2013)] Opaschowski, Horst W.: Deutschland 2030: Wie wir in Zukunft leben, 3., akt. Aufl.; Wiesbaden 2013.

[Overkamp, S. (1996j)] Overkamp, Sabine; Oesterdieckhoff, Klaus: Wie lassen sich kommunale Einrichtungen wirtschaftlich betreiben und unterhalten?: Ein Gemeinschaftsprojekt zeigt neue Wege der Instandhaltung öffentlicher Einrichtungen auf, in: Bauverwaltung + Bauamt & Gemeindebau (1996), Heft 10, S. 593–595.

[Palandt, O. (2017)] Palandt, Otto (Hrsg.): Bürgerliches Gesetzbuch (BGB), 76., neubearb. Aufl. Aufl.; München 2017.

[Parkhausverband (2003l)] Bundesverband der Park- und Garagenhäuser (Hrsg.): Betriebswirtschaftliche Rahmendaten für den Parkhausbetrieb; Köln 2003.

[Paßlack, M. (2007c)] Paßlack, Martin: Strategie zur Qualitätssicherung und Kostensenkung: Erfahrungsbericht 10 Jahre Bremer Modell: Vortrag am 29. März 2007 zum 31. Tag der Immobilie an der Hochschule für Wirtschaft und Umwelt Nürtingen-Geislingen.

[Pech, A. (2005)] Pech, Anton; Jens, Klaus; Warmuth, Günter; Zeininger, Johannes: Parkhäuser – Garagen: Grundlagen, Planung, Betrieb; Heidelberg u. a. 2005.

[Pelczer, M. (2004k)] Pelczer, Max: Vortrag am 4. November 2004 anlässlich des Regionalkreises der IFMA.

[Pelzeter, A. (2006)] Pelzeter, Andrea: Lebenszykluskosten von Immobilien; Dissertation; Köln 2006.

[Pelzl, W. (2003k)] Pelzl, Wolfgang; Amon, Markus: Entscheidungstransparenz statt Renditeoptimierung: Kommunales Immobilienmanagement, Teil 3, in: Immobilien Zeitung (2003), Nr. 23, S. 11.

[peridomus (2013)] peridomus Institut Dr. Führer (Hrsg.): Schimmel: Erkennen, sanieren, vermeiden: 3. Würzburger Schimmelpilz-Forum; Tagungsunterlagen, 2013.

[peridomus (2014)] peridomus Institut Dr. Führer (Hrsg.): Sanierung der Sanierung: 4. Würzburger Schimmelpilz-Forum; Tagungsunterlagen, 2014.

[peridomus (2015)] peridomus Institut Dr. Führer (Hrsg.): Schimmel in Gebäuden: Risiken – Kosten – Vorsorge: 5. Würzburger Schimmelpilz-Forum; Tagungsunterlagen, 2015.

[peridomus (2016)] peridomus Institut Dr. Führer (Hrsg.): Feuchtigkeit in Fußbodenkonstruktionen und dessen Folgen: 6. Würzburger Schimmelpilz-Forums; Tagungsunterlagen, 2016.

[peridomus (2017)] peridomus Institut Dr. Führer (Hrsg.): Schimmelschäden und Methoden der Prävention: 7. Würzburger Schimmelpilz-Forum; Tagungsunterlagen, 2017.

[Petzold, F. (2001)] Petzold, Frank: Computergestützte Bauaufnahme als Grundlage für die Planung im Bestand; Weimar 2001.

[Peyinghaus, M. (2013)] Peyinghaus, Marion; Zeitner, Regina: Prozesse strukturieren, steuern transformieren: Chancen für die Immobilienbranche, in: Zeitner, Regina; Peyinghaus, Marion (Hrsg.): Prozessmanagement Real Estate: Methodisches Vorgehen und Best Practice Beispiele aus dem Markt; Heidelberg u. a. 2013.

[Pfeiffer, W. (1991)] Pfeiffer, Werner; Weiß, Enno: Lean-Management: Zur Übertragbarkeit eines neuen japanischen Erfolgsrezepts auf hiesige Verhältnisse: Forschungs- und Arbeitsbericht Nr. 18 der Forschungsgruppe für Innovation und Technologische Voraussage (FIV); Nürnberg 1991.

[Pfnür, A. (2014)] Pfnür, Andreas: Die volkswirtschaftliche Bedeutung von Corporate Real Estate in Deutschland: Studie eines Herausgeber-Konsortiums bestehend aus Zentralem Immobilienausschuss e. V., CoreNet Global Inc., BASF SE, Eurocres GmbH und Siemens AG; Darmstadt 2014.

[Planconsult F 1394/1-1] Brandenberger, R. B.; Kretschmer, H. R.; Vogelsang, C.; Wiegand, J; Gautschi, G: Maximierung des Nutzwertes von Wohnungen bei vorgegebenen Kostengrenzen: Nutzen; Forschungsbericht, Teil 1, Planconsult F 1394/1-1; Basel 1977.

[pöb (1998R)] Richter, Peter: Grundlagen wirtschaftlicher Planung: Vorlesungsskript; Karlsruhe 1998.

[Pracht, K. (1994)] Pracht, Klaus: Licht + Raumgestaltung: Beleuchtung als Element der Architekturplanung; Heidelberg 1994.

[Preuß, N. (2003)] Preuß, Norbert; Schöne, Lars Bernhard: Real Estate und Facility Management: Aus Sicht der Consultingpraxis; Heidelberg u. a. 2003.

[Raff, H. (2006i)] Raff; Stadt Filderstadt (Hrsg.): Organisationsuntersuchung Hausmeisterinnen/Hausmeister: Vortrag am 28. September 2006 bei der Stadt Ostfildern im Arbeitskreis Facility Management für Kommunen.

[Rau, C. (2007e)] Rau, Cordula: Simulationsgestützte Planung: Innovative Planungswerkzeuge, in: IndustrieBAU (2007), Heft 5, S. 38–41.
[Recknagel, H. (1992)] Recknagel, Hermann; Sprenger, Eberhard; Hönmann, Winfried: Taschenbuch für Heizung und Klimatechnik: einschl. Warmwasser- und Kältetechnik, 66. Aufl.; München u. a. 1992.
[Recknagel, H. (2017)] Recknagel, Hermann; Albers, Karl-Josef (Hrsg.): Taschenbuch für Heizung und Klimatechnik: einschließlich Trinkwasser- und Kältetechnik sowie Energiekonzepte: Ausgabe 2017/2018, 78. Aufl.; München 2017.
[REFA (1997)] Verband für Arbeitsgestaltung, Betriebsorganisation und Unternehmensentwicklung (Hrsg.): Methodenlehre der Betriebsorganisation: Datenermittlung; München 1997.
[Rehberg, S. (2008a)] Rehberg, Siegfried: Neuartiger Nachweis für die Betriebskosten im Bereich der Abfallentsorgung, in: Immobilienwirtschaft (2008), Heft 1, S. 64–65.
[Reimann, N. (2016)] Reimann, Norbert: Die Kunst der Fuge: Richtlinien zur Schimmelpilzsanierung nach Leitungswasserschäden; 2016, URL: http://www.schaden.blog/2017/11/richtlinien-zur-schimmelpilzsanierung.html (letzter Aufruf: 04.01.2018).
[Reisbeck, T. (2006)] Reisbeck, Tilman; Schöne, Lars Bernhard: Immobilien-Benchmarking: Ziele, Nutzen, Methoden und Praxis; Berlin 2006.
[Reiß-Fechter, D. (2014)] Reiß-Fechter, Dagmar: Kirchliche Immobilieneigentümer in ihrer unternehmerischen Verantwortung, in: KVI im Dialog (2014), S. 31 ff.
[RG-Bau im RKW (1995S)] Scharf, Turid: Vergaberecht Teil A der VOB, Schriftenreihe Baurecht; Eschborn 1995.
[rh.rlp 6-P-0052-22-1/2010] Rechnungshof Rheinland-Pfalz (Hrsg.): Querschnittsprüfung: Kommunale Wohnungsbaugesellschaften, rh.rlp 6-P-0052-22-1/2010; Speyer 2012.
[Riccabona, C. (1977R)] Riccabona, Christof; Wachberger, Michael: Wohnqualität: Bewertungsmodell für Wohnungen, Wohnanlagen und Standorte; Wien 1977.
[Richter, P. (1996b)] Richter, Peter: Informationssysteme in der Kostenplanung: Teil 2, in: Deutsches Architektenblatt (1996), Heft 2, S. 243–246.
[Richter, P. (1999)] Richter, Peter: Objekt Management: Vorlesungsskript; Karlsruhe 1999.
[RICS Insight 2011] Royal Institution of Chartered Surveyors (Hrsg.): Grün kommt!: Europäische Nachhaltigkeitsstatistik 2011, RICS Insight 2011, URL: http://www.der-flurfunk.de/wp-content/uploads/2011/06/GrnkommtFINALVERSION.pdf (letzter Aufruf: 03.01.2018).
[RICS Insight 2013] Royal Institution of Chartered Surveyors (Hrsg.): Grün kommt!: Europäische Nachhaltigkeitsstatistik 2013, RICS Insight 2013, URL: http://www.breeam.com/filelibrary/grun_kommt!_2013.pdf (letzter Aufruf: 09.04.2017).
[RICS Insight 2015] Royal Institution of Chartered Surveyors (Hrsg.): Grün kommt!: Europäische Nachhaltigkeitsstatistik 2015, RICS Insight 2015, URL: http://www.breeam.com/filelibrary/BREEAM%20and%20Value/Gr-n-kommt--2015.pdf (letzter Aufruf: 09.04.2017).
[rki (2014)] Robert Koch Institut (Hrsg.): Richtlinie für Krankenhaushygiene und Infektionsprävention: Alte Anlagen der Richtlinie für Krankenhaushygiene und Infektionsprävention, rki (2014), URL: http://www.rki.de/DE/Content/Infekt/Krankenhaushygiene/Kommission/Downloads/Altanl_Rili.pdf?__blob=publicationFile (letzter Aufruf: 04.01.2018).
[RKW ibr 2010-10.2] Rationalisierungs-Kuratorium der Deutschen Wirtschaft (Hrsg.): Analyse von Bau- und Leistungsbeschreibungen von Hausanbietern für Ein- und Zweifamilienhäusern; RKW (2010), Heft 10, S. 17–18.
[Roedl+Partner 2018] Rödl & Partner (Hrsg.): Regelwerkskategorien selektieren, URL: http://www.roedl.de/de-de/de/dienstleistungen/rechtsberatung/facility-management-recht/reg-is/publishingimages/regelwerke_selektieren.jpg (letzter Aufruf: 04.01.2018).
[Roland, E. (1998b)] Roland, Ernst (Hrsg.): Leitfaden zur Beurteilung der Zukunftsfähigkeit von Gebäuden; unveröffentlicht 1998.
[Rosenski, N. (2012)] Rosenski, Natalie: Die wirtschaftliche Bedeutung des Dritten Sektors, Wirtschaft und Statistik; Wiesbaden 2012.
[Rotermund (2015)] Rotermund, Uwe (Hrsg.): fm.benchmarking Bericht 2015: Der FM-Kennzahlenvergleich; Höxter 2015.
[Roth, J. (2003l)] Roth, Jasmin: Entwicklung von Hotelimmobilien aus Sicht der Projektentwicklung, am Beispiel von HOCHTIEF Projektentwicklung; Diplomarbeit; Geislingen 2003.
[Roux (2008i)] Roux Deutschland (Hrsg.): Der Einfluss von Nachhaltigkeitszertifikaten auf den Marktwert von Immobilien: Ergebnisse einer Marktstudie; Frankfurt a. M. 2008.
[Ruge, K. (2007)] Ruge, Kerstin: Die Alternative: Heizen mit Grundwasser: Deutschlands größtes Wärmepumpenprojekt entsteht derzeit in Köln, in: Die Wohnungswirtschaft (2007), Heft 5, S. 68–69.

[Runge, F. (2006e)] Runge, Fritz: Erfolgsfaktoren, in: IndustrieBAU (2006), Heft 5, S. 52–55.
[Rychter, A. (2007h)] Rychter, Alexander: Möglichkeiten der Zusammenarbeit zwischen Wohnungswirtschaft und Anbietern sozialer Dienste: Fachtagung „Zukunftsorientierte Wohn- und Versorgungsformen für pflegebedürftige Menschen und Demenzkranke"; Bonn 24.08.2007.
[Sagebiel, U. (1983)] Sagebiel, Ulrich; Schürmann, Wolfgang: Baunutzungskosten im Schulbau, 2. Aufl.; Berlin 1983.
[Sailer, E. (2007)] Sailer, Erwin; Grabener, Henning J. (Hrsg.): Immobilien-Fachwissen von A-Z: Das Lexikon mit umfassenden Antworten auf Fragen aus der Immobilienwirtschaft, 8. Aufl.; Kiel 2007.
[Sarrazin, T. (2008)] Sarrazin, Thilo: Pullover hilft gegen hohe Heizkosten, URL: http://www.handelsblatt.com/politik/deutschland/berliner-senator-provoziert-mit-empfehlung-sarrazin-pullover-hilft-gegen-hohe-heizkosten/2995804.html (letzter Aufruf: 02.01.2018).
[Sauren, M. (2000)] Sauren, Marcel M.: Das Praxislexikon Wohnungseigentum: über 1000 ausführlich erläuterte Stichwörter zum WEG-Recht; Freiburg i. B. 2000.
[SBN CAD-Pflichtenheft_Anlage_2a 3.1] Staatliches Baumanagement Niedersachsen (Hrsg.): FM-Layerstruktur: Anlage 2a zum CAD-Pflichtenheft, Anlage 1 zum FM-Handbuch; Hannover Version 3.1.
[SBN CAD-Pflichtenheft_Anlage_2b 3.1] Staatliches Baumanagement Niedersachsen (Hrsg.): Datenaustauschformular: Anlage 2b zum CAD-Pflichtenheft; Hannover Version 3.1.
[SBN CAD-Pflichtenheft_Anlage_2c 3.1] Staatliches Baumanagement Niedersachsen (Hrsg.): Testprotokoll zum Pilottest CAD-Datenaustausch: Anlage 2c zum CAD-Pflichtenheft; Hannover Version 3.1.
[SBN FM-Handbuch_Anlage_2 3.1] Staatliches Baumanagement Niedersachsen (Hrsg.): Pflichtenheft zum CAD-Datenaustausch: Anlage 2 zum FM-Handbuch: Vereinbarungen über den elektronischen Datenaustausch für digitale Zeichnungen von Gebäuden und Tragwerksplanung, sowie der technischen Gebäudeausrüstung für Bauvorhaben im Zuständigkeitsbereich des Staatlichen Baumanagements Niedersachsen; Hannover Version 3.1.
[Scheer, A. (1990)] Scheer, August-Wilhelm: EDV-orientierte Betriebswirtschaftslehre, 4., völlig überarb. Aufl.; Heidelberg u. a. 1990.
[Scheewe, H. (2004a)] Scheewe, Hans-Joachim: Elastisch und Textil: Anforderungen an Bodenbeläge nach Europäischen Normen, in: Deutsches Architektenblatt (2004), Heft 1, S. 40–42.
[Schielein, J. (2007j)] Schielein, Jörg: Haftungsfragen zum Organisationsverschulden im Facility Management, in: Facility Management (2007), Nr. 10, S. 8 ff. (Sonderdruck).
[Schmelzer, H. (2006)] Schmelzer, Hermann J.; Sesselmann, Wolfgang: Geschäftsprozessmanagement in der Praxis: Kunden zufrieden stellen, Produktivität steigern, Wert erhöhen, 5., völlig überarb. Aufl.; München 2006.
[Schmidt, A. (2014)] Schmidt, Adalbert: Immobilien der Kirche – eine Übersicht, in: Reiß-Fechter, Dagmar; (Hrsg.): Kirchliches Immobilienmanagement: Der Leitfaden, 2. Aufl.; Berlin 2014, S. 22 ff.
[Schmitz, H. (1989k)] Schmitz, Heinz: Neue Kosten-Richtwerte für das Planen und Bauen im Bestand, in: Deutsches Architektenblatt (1989), Heft 11, S. 1693–1696.
[Schmitz, H. (2015a)] Schmitz, Heinz; Krings, Edgar; Dahlhaus, Ulrich J.; Meisel, Ulli: Baukosten 2014/15: Instandsetzung, Sanierung, Modernisierung, Umnutzung: Arbeitshilfen zur Konstruktionswahl und Planung, Kostenschätzung und Kostenberechnung, 22., neu bearb. Aufl.; Essen 2015.
[Schmoll genannt Eisenwerth, F. (2010)] Schmoll genannt Eisenwerth, Fritz (Hrsg.): Erfolgsfaktoren von Wohnungsunternehmen; Berlin 2010.
[Schmoll genannt Eisenwerth, F. (2015)] Schmoll genannt Eisenwerth, Fritz (Hrsg.): Basiswissen Immobilienwirtschaft, 3. Aufl.; Berlin 2015.
[Schneider, B. (2008g)] Schneider, Bernhard: Unfallgefahren systematisch ausschließen, in: Bundesbaublatt (2008), Nr. 5, S. 36–37.
[Schneider, F. (2004)] Schneider, Friedhelm: Kirchliches Immobilienmanagement: Zukunftsweisender Umgang mit kirchlichen Gebäuden; Darmstadt 2004.
[Schneider, W. (2008)] Schneider, Willy: Profitable Kundenorientierung durch Customer Relationship Management (CRM); München 2008.
[Scholzen, G. (2010)] Scholzen, Georg: Leitungswasserschäden: Probleme ohne Ende, in: Leitungswasser (2010), Nr. 3, S. 8–14.
[Schrader, B. (1995)] Schrader, Bodo (Red.): Gebäudeinformationssysteme: Abschlussbericht des DVW-Arbeitskreises 6 „Ingenieurvermessung" und FIG-Symposium vom 5. bis 7. April 1995 an der Technischen Universität Braunschweig, Institut für Geodäsie und Photogrammetrie: Aufnahme- und Erfassungstechniken raumbezogener Daten zum Aufbau und zur Aktualisierung von Gebäudeinformationssystemen, Schriftenreihe des DVW; Stuttgart 1995.

[Schrader, K. (2008a)] Schrader, Klaus: Kleine und preisgünstige Mietwohnungen haben die besten Vermietungschancen: Wohnungswirtschaftliche Daten und Trends 2007/2008, in: Immobilienwirtschaft (2008), Heft 1, S. 34–35.

[Schrammel, F. (2013)] Schrammel, Florian; Kaiser, Christoph; Nusser, Jens: Facility Management – Recht und Organisation; Köln 2013.

[Schrodt, T. (2000i)] Schrodt, Torsten: Wieviel Hausmeister muss sein?, in: Immobilien Praxis & Recht (2000), Nr. 9, S. 20–21.

[Schröder, M. (2005)] Schröder, Mario (Hrsg.): Der Wartungsvertrag: Vertragsgestaltung der Inspektion – Wartung – Instandsetzung von baulichen Anlagen und Rechtsfolgen; Berlin 2005.

[Schub, A. (1985)] Schub, Adolf; Stark, Karlhans; Schelle, Heinz (Hrsg.): Life Cycle Cost von Bauobjekten: Methoden zur Planung von Erst- und Folgekosten, Schriftenreihe der Gesellschaft für Projektmanagement; Köln 1985.

[Schulte, K. (2000)] Schulte, Karl-Werner (Hrsg.); Pierschke, Barbara (Hrsg.): Facilities Management; Köln 2000.

[Schulte, K. (2000a)] Schulte, Karl-Werner; (Hrsg.): Immobilienökonomie: Betriebswirtschaftliche Grundlagen, Bd. 1; München 2000.

[Schulte, K. (2004)] Schulte, Karl-Werner; Schäfers, Wolfgang (Hrsg.): Handbuch Corporate Real Estate, 2. Aufl.; Köln 2004.

[Schulte, K. (2007c)] Schulte, Karl-Werner; Teichmann, Sven: Was ist was?: Management-Disziplinen in der Immobilienökonomie, in: IndustrieBAU (2007), Nr. 3, S. 51–53.

[Schulte, K. (2008)] Schulte, Karl-Werner; (Hrsg.): Immobilienökonomie: Betriebswirtschaftliche Grundlagen, Bd. 1; München 2008.

[Schwalbach, J. (2006i)] Schwalbach, Joachim; Schwerk, Anja; Smuda, Daniel: Stadtrendite der öffentlichen Wohnungswirtschaft: Formalisierung und Operationalisierung des Begriffs „Stadtrendite" und Anwendung am Fallbeispiel DEGEWO; Endbericht, Berlin 2006.

[Schwarz, M. (2004)] Schwarz, Martin E.: Strategisches Management in der Wohnungswirtschaft: ehemals gemeinnützige Wohnungsunternehmen auf dem Weg zu einem neuen Führungsverständnis; Wiesbaden 2004.

[Schwarz, P. (2011)] Schwarz, Peter; Lemme, Fritz; Neumann, Peter; Wagner, Frank: Großküchen: Planung – Entwurf – Einrichtung, 5., völlig überarb. Aufl.; München 2011.

[Schweitzer, M. (1998)] Schweitzer, Marcell; Küpper, Hans-Ulrich: Systeme der Kosten- und Erlösrechnung; München 1998.

[SEBZ (2005)] Solar- und Energieberatungszentrum Bergstraße (Hrsg.): Förderangebote für Energieeinsparmaßnahmen für Privatpersonen des Kreises Bergstraße; Zeitungsartikel in der Stadt Bensheim, 07.12.2005, S. 4.

[Seifert, J. (2008i)] Seifert, Jörg: Der deutsche Markt verspricht Erfolg: Immobiliensoftware, in: Immobilienwirtschaft (2008), Heft 9, S. 40–41.

[SIA 416 2003] Flächen und Volumen von Gebäuden: Definitionen, Schweizerischer Ingenieur und Architektenverein (Hrsg.): SIA 416; Zürich 2003.

[Siebert, G. (2002)] Siebert, Gunnar; Kempf, Stefan: Benchmarking: Leitfaden für die Praxis, 2. Aufl.; München 2002.

[Siebert, L. (1997i)] Siebert, Lothar: Wie aussagekräftig sind Kennwerte?: Über Schein und Sein von Energieverbrauchs-Kenn-Zahlen, in: Bauverwaltung + Bauamt & Gemeindebau (1997), Heft 9, S. 432–434.

[Siegel, C. (1979)] Siegel, Curt; Wonneberg, Rudolf: Bau- und Betriebskosten von Büro- und Verwaltungsbauten: Eine Auswertung der Daten von 110 ausgeführten und in Betrieb genommenen Gebäuden, 2., durchges. Aufl.; Wiesbaden u. a. 1979.

[Silberberg, U. (2004e)] Silberberg, Ulrike: Studie: Immobilienmanagement der öffentlichen Hand, in: Bundesbaublatt (2004) Heft 5, S. 1.

[Sinus Sociovision (2014)] Sinus Sociovision (Hrsg.): Digitale Sinus-Milieus; 2014, URL: http://www.sinus-institut.de/sinus-loesungen/digitale-sinus-milieus/ (letzter Aufruf: 27.02.2017).

[Sinus Sociovision (2015)] Sinus Sociovision (Hrsg.): Sinus-Milieus; 2015, URL: http://www.sinus-institut.de/veroeffentlichungen/downloads (letzter Aufruf: 17.02.2017).

[softguide (2017)] softguide 2017, URL: www.softguide.de (letzter Aufruf: 02.04.2017).

[Spieth, A. (2008a)] Spieth, Anke: Antwort auf meine Petition für ein Baden-Württembergisches Spielplatzgesetz für Spielplätze gemäß Landesbauordnung (LBO) aus dem Landtag, 18.01.2008, URL: http://www.thomas-mitsch.de/files/Petitionsausschuss_an_Spieth_mitKurzkommentierung.pdf (letzter Aufruf: 22.08.2008).

[Stadt Berlin BFF 1990] Becker, Giseke; Mohren, Richard: Der Bioflächenfaktor als ökologischer Kennwert: Grundlagen zur Ermittlung und Zielgrößenbestimmung: Auszug, Stadt Berlin BFF 1990, URL: http://www.berlin.de/senuvk/umwelt/landschaftsplanung/bff/download/Auszug_BFF_Gutachten_1990.pdf (letzter Aufruf: 04.01.2018).

[Stadt Frankfurt (1988)] Magistrat der Stadt Frankfurt am Main, Dezernat Bau, Hochbauamt (Hrsg.): Bockenheimer Depot Schauspiel Frankfurt am Main; Frankfurt a. M. 1988.

[Stadt Frankfurt (1991)] Magistrat der Stadt Frankfurt am Main, Dezernat Bau, Hochbauamt (Hrsg.): Wiederaufbau Oper Frankfurt am Main; Frankfurt a. M. 1991.

[Stadt Frankfurt (2004)] Magistrat der Stadt Frankfurt am Main, Dezernat Bau, Hochbauamt (Hrsg.): Jahresbericht 2003/2003, 2004.

[Stadt Frankfurt (2006k)] Magistrat der Stadt Frankfurt am Main, Dezernat Bau, Hochbauamt (Hrsg.): Dokumentationsrichtlinie Hochbauamt der Stadt Frankfurt am Main, 2.0.1. Aufl.; 2006, URL: http://www.stadt-frankfurt.de/energiemanagement/pdf/HBA-Dokumentationsrichtlinie.pdf (letzter Aufruf: 21.06.2009).

[Stadt Nürnberg (2016)] Stadt Nürnberg (Hrsg.): Handlungsanweisung mit Bewertungsgrundlagen für den Umgang mit Schimmelschäden in Gebäuden der Stadt Nürnberg: Arbeitsgruppe bau – umwelt – gesundheit (bug), 2016, URL: https://www.nuernberg.de/imperia/md/gesundheitsamt/dokumente/umweltmedizin/folder_schimmel.pdf (letzter Aufruf: 02.04.2017).

[Stadt Nürnberg (2016i)] Stadt Nürnberg (Hrsg.): Schimmel in Wohnräumen: Informationen und Verhaltensregeln, 2016, URL: https://www.nuernberg.de/imperia/md/gesundheitsamt/dokumente/umweltmedizin/folder_schimmel.pdf (letzter Aufruf: 02.04.2017).

[Stadt Stuttgart (2016l)] Landeshauptstadt Stuttgart (Hrsg.): Mietspiegel 2017/18: Stuttgart, 2016, URL: http://www.stuttgart.de/img/mdb/item/148047/121761.pdf (letzter Aufruf: 03.01.2018).

[Stadt Wiesbaden (2007)] Stadt Wiesbaden (Hrsg.): Wiesbaden zieht Bilanz: Geschäftsbericht zur „Vorläufigen Eröffnungsbilanz“ zum 1. Januar 2007, URL: http://www.wiesbaden.de/die_stadt/kaemmerei/download/geschaeftsbericht2007xs.pdf (letzter Aufruf: 09.10.2007).

[Stadt Wiesbaden (2016)] Stadt Wiesbaden (Hrsg.): Jahresabschlussbericht für das Geschäftsjahr 2015, 2016, URL: https://www.wiesbaden.de/medien-zentral/dok/rathaus/Jahresabschluss_2015.PDF (letzter Aufruf: 01.01.2018).

[Stadtverwaltung Ludwigsburg (1998f)] Stadtverwaltung Ludwigsburg (Hrsg.): Handbuch der Stadt Ludwigsburg: Verfügung des Oberbürgermeisters vom 12.01.1978, betr. Dienstanweisung für Schulhausmeister: Erf. Lfg. 06.1998; Loseblattsammlung; Ludwigsburg 1998.

[Stahl, S. (2014z)] Stahl, Sonja: Erkennen von verdeckten Schimmelschäden unter Einbezug von Schimmelspürhunden: Vorgehen vor Ort und praktische Erfahrungen (2014), in: peridomus Institut Dr. Führer (Hrsg.): Sanierung der Sanierung: 4. Würzburger Schimmelpilz-Forum; Tagungsunterlagen, 2014.

[Stahlknecht, P. (2002)] Stahlknecht, Peter; Hasenkamp, Ulrich: Einführung in die Wirtschaftsinformatik, 10., überarb. Aufl.; Berlin 2002.

[Statista (2009i)] Statista (Hrsg.): Wie häufig haben Sie in Ihrem Arbeitsleben schon den Arbeitgeber gewechselt? 2009, URL: https://de.statista.com/statistik/daten/studie/28914/umfrage/haeufigkeit-der-arbeitsplatzwechsel (letzter Aufruf: 05.01.2018).

[Statista 184313 (2017)] Statista (Hrsg.): Durchschnittliche Abwasserkosten je Kubikmeter und Grundgebühr pro Jahr in Deutschland nach Bundesland im Jahr 2010 (2010 = Index 100); Statista 184313 (2017), 2017, URL: https://de.statista.com/statistik/daten/studie/184313/umfrage/verteilung-der-abwasserkosten-in-deutschland-nach-bundeslaendern/ (letzter Aufruf: 14.02.2017).

[Statista 200294 (2017)] Statista (Hrsg.): Durchschnittliches Trinkwasserentgelt je Kubikmeter und Grundgebühr pro Jahr in Deutschland nach Bundesland im Jahr 2013 (2010 = Index 100); Statista 200294 (2017), URL: https://de.statista.com/statistik/daten/studie/200294/umfrage/verteilung-der-trinkwasserkosten-in-deutschland-nach-bundeslaendern (letzter Aufruf: 14.02.2017).

[Statista 20170310 (2017)] Statista (Hrsg.): Entwicklung der Reallöhne, der Nominallöhne und der Verbraucherpreise in Deutschland von 2008 bis 2016 (gegenüber dem Vorjahr) (2010 = Index 100); Statista 20170310 (2017), URL: https://de.statista.com/statistik/daten/studie/205585/umfrage/mischpreis-fuer-die-muellentsorgung-in-deutschen-staedten (letzter Aufruf: 14.02.2017).

[Statista 20170311 (2017)] Statista (Hrsg.): Mischpreis für Fernwärme in ausgewählten deutschen Städten im Jahr 2013 (in Euro je Megawattstunde); Statista 20170311 (2017), URL: https://de.statista.com/statistik/daten/studie/205572/umfrage/mischpreis-fuer-erdgas-in-deutschen-staedten/ (letzter Aufruf: 11.03.2017).

[Statista 20170312 (2017)] Statista (Hrsg.): Mischpreis für Erdgas in ausgewählten deutschen Städten im Jahr 2013 (in Euro je Megawattstunde); Statista 20170312 (2017), 2017, URL: https://de.statista.com/statistik/daten/studie/205572/umfrage/mischpreis-fuer-erdgas-in-deutschen-staedten/ (letzter Aufruf: 11.03.2017).

[Statista 205585 (2017)] Statista (Hrsg.): Mischpreis für die Müllentsorgung in ausgewählten deutschen Städten im Jahr 2011 (in Euro je Kubikmeter) (2010 = Index 100); Statista 205585 (2017), URL: https://de.statista.com/

statistik/daten/studie/205585/umfrage/mischpreis-fuer-die-muellentsorgung-in-deutschen-staedten (letzter Aufruf: 14.02.2017).

[Statista 249446 (2017)] Statista (Hrsg.): Jährlicher Haushaltsstrompreis nach Bundesland im Jahr 2012 und Prognose für 2013 (in Euro) (2010=Index 100); Statista 249446 (2017), URL: https://de.statista.com/statistik/daten/studie/249446/umfrage/prognose-zum-strompreis-nach-bundesland (letzter Aufruf: 14.02.2017).

[Statista 2550 (2017)] Statista (Hrsg.): Verbraucherpreisindex in Deutschland von 1991 bis 2016 (2010 = Index 100); Statista 2550 (2017), URL: https://de.statista.com/statistik/daten/studie/2550/umfrage/entwicklung-des-verbraucherpreisindex (letzter Aufruf: 14.02.2017).

[Statista 70132 (2017)] Statista (Hrsg.): Entwicklung des Mietpreisindex für Deutschland in den Jahren von 1995 bis 2016 (2010 = Index 100); Statista 70132 (2017), URL: https://de.statista.com/statistik/daten/studie/72116/umfrage/abwasserentsorgung---preisindex-in-deutschland-seit-2000 (letzter Aufruf: 14.02.2017).

[Statista 70274 (2017)] Statista (Hrsg.): Kaufwert für Bauland in Deutschland in den Jahren 2000 bis 2015 (in Euro pro Quadratmeter) (2010 = Index 100); Statista 70274 (2017), URL: https://de.statista.com/statistik/daten/studie/70274/umfrage/kaufwerte-von-bauland-in-deutschland (letzter Aufruf: 14.02.2017).

[Statista 70274 (2017)] Statista (Hrsg.): Entwicklung des Baupreisindexes für Bauleistungen an Wohngebäuden in Deutschland in den Jahren 1995 bis 2015 (2010 = Index 100); Statista 70274 (2017), URL: https://de.statista.com/statistik/daten/studie/70134/umfrage/baupreisindex-fuer-wohngebaeude-in-deutschland (letzter Aufruf: 14.02.2017).

[Statista 72113 (2017)] Statista (Hrsg.): Preisindex für die Wasserversorgungsgebühren in Deutschland in den Jahren 1995 bis 2015 (2010 = Index 100); Statista 72113 (2017), URL: https://de.statista.com/statistik/daten/studie/72113/umfrage/entwicklung-des-preisindex-fuer-wasserversorgung-in-deutschland-seit-2000 (letzter Aufruf: 14.02.2017).

[Statista 72116 (2017)] Statista (Hrsg.): Preisindex der Abwasserentsorgung in Deutschland in den Jahren 1995 bis 2015 (2010 = Index 100); Statista 72116 (2017), URL: https://de.statista.com/statistik/daten/studie/72116/umfrage/abwasserentsorgung---preisindex-in-deutschland-seit-2000 (letzter Aufruf: 14.02.2017).

[Statista 72118 (2017)] Statista (Hrsg.): Preisindex für die Müllabfuhrgebühren in Deutschland in den Jahren 1995 bis 2015 (2010 = Index 100); Statista 72118 (2017) URL: https://de.statista.com/statistik/daten/studie/72118/umfrage/muellabfuhr---preisindex-in-deutschland-seit-2000/ (letzter Aufruf: 14.02.2017).

[statistik.bayern Zensus2011] Bayrisches Landesamt für Statistik und Datenverarbeitung (Hrsg.): Zensusdatenbank Zensus 2011 der Statistischen Ämter des Bundes und der Länder: Gebäude- und Wohnraumzählung 2011, statistik.bayern Zensus2011, 2011, URL: https://ergebnisse.zensus2011.de (letzter Aufruf: 05.03.2017).

[Staudt, E. (1999)] Staudt, Erich; Kriegesmann, Bernd; Thomzik, Markus: Facility Management: Der Kampf um Marktanteile beginnt; Frankfurt am Main 1999.

[StBA (1978)] Statistisches Bundesamt (Hrsg.): Systematik der Bauwerke, Systematische Verzeichnisse; Stuttgart u. a. 1978.

[StBA (1978f)] Statistisches Bundesamt (Hrsg.): Signierschlüssel für Nichtwohngebäude; Stuttgart, Mainz 1978.

[StBA (1998)] Statistisches Bundesamt (Hrsg.): Statistisches Jahrbuch 1998 für die Bundesrepublik Deutschland; Stuttgart 1998.

[StBA (2001)] Statistisches Bundesamt (Hrsg.): Statistisches Jahrbuch 2001 für die Bundesrepublik Deutschland; Stuttgart 2001.

[StBA (2015)] Statistisches Bundesamt (Hrsg.): Bevölkerung Deutschlands bis 2060: 13. koordinierte Bevölkerungsvorausberechnung; Wiesbaden 2015.

[StBA (2015a)] Statistisches Bundesamt (Hrsg.): Pflegeheime und verfügbare Plätze in Pflegeheimen, 2015, URL: http://www.gbe-bund.de (letzter Aufruf: 19.08.2015).

[StBA (2017a)] Statistisches Bundesamt (Hrsg.): Haushalte nach Haushaltsgrößen: Deutschland, 2017, URL: https://www.destatis.de/DE/ZahlenFakten/Indikatoren/LangeReihen/Bevoelkerung/lrbev05.html (letzter Aufruf: 05.01.208).

[StBA (2017b)] Statistisches Bundesamt (Hrsg.): Umweltnutzung und Wirtschaft: Tabellen zu den Umweltökonomischen Ge-samtrechnungen; Teil 2: Energie: Ausgabe 2017; Wiesbaden 08.12.2017, URL: https://www.destatis.de/DE/Publikationen/Thematisch/UmweltoekonomischeGesamtrechnungen/Broschuere_UBA_Daten_Zur_Umwelt.pdf?__blob=publicationFile (letzter Aufruf: 01.01.2018).

[StBA (2017c)] Statistisches Bundesamt (Hrsg.): Verbraucherpreisindex für Deutschland: Lange Reihen ab 1948; 2017, URL: https://www.destatis.de/DE/Publikationen/Thematisch/Preise/Verbraucherpreise/VerbraucherpreisindexLangeReihen.html (letzter Aufruf: 23.03.2017).

[StBA 61111-0001 (2007)] Statistisches Bundesamt (Hrsg.): Verbraucherpreisindex; Tabelle, StBA 61111-0001 (2007); Stuttgart 2007, URL: https://www-genesis.destatis.de/genesis/online/logon (letzter Aufruf: 06.07.2007).

[StBA 61111-0003 (2017)] Statistisches Bundesamt (Hrsg.): Verbraucherpreisindex für Deutschland, Jahre, Klassifikation der Verwendungszwecke des Individualkonsums (COICOP 2-4 Steller Hierarchie); Tabelle, StBA 61111-0003 (2017); Stuttgart 2017, URL: https://www-genesis.destatis.de/genesis/online/logon (letzter Aufruf: 14.03.2017).

[StBA 61111-0005 (2017)] Statistisches Bundesamt (Hrsg.): Verbraucherpreisindex für Deutschland, Jahre, Klassifikation der Verwendungszwecke des Individualkonsums (COICOP 3-Steller/4-Steller); Tabelle, StBA 61111-0005 (2017), Stuttgart 2017, URL: https://www-genesis.destatis.de/genesis/online/logon (letzter Aufruf: 23.03.2017).

[StBA 61111-0005 (2016)] Statistisches Bundesamt (Hrsg.): Verbraucherpreisindex für Deutschland, Jahre, Klassifikation der Verwendungszwecke des Individualkonsums (COICOP 2-/3-/4-/10-Steller/Sonderpositionen); Tabelle, StBA 61111-0005 (2017); Stuttgart 2017, URL: https://www-genesis.destatis.de/genesis/online (letzter Aufruf: 14.03.2017).

[StBA 61261-0013 (2007)] Statistisches Bundesamt (Hrsg.): Baupreisindizes Bauleistungen mit Umsatzsteuer; Tabelle, StBA 61261-0013 (2007); Stuttgart 2007, URL: https://www-genesis.destatis.de/genesis/online/logon (letzter Aufruf: 06.07.2007).

[StBA 61261-0013 (2017)] Statistisches Bundesamt (Hrsg.): Baukostenindizes für Wohngebäude: Deutschland, Jahre: Art der Baukosten; Tabelle, StBA 61261-0013 (2017); Stuttgart 2017, URL: https://www-genesis.destatis.de/genesis/online/logon (letzter Aufruf: 14.03.2017).

[StBA 61511-0001 (2007)] Statistisches Bundesamt (Hrsg.): Kaufwerte für Bauland in [EUR/m^2]; Tabelle, StBA 61511-0001 (2007); Stuttgart 2007, URL: https://www-genesis.destatis.de/genesis/online/logon (letzter Aufruf: 06.07.2007).

[StBA 61511-0001 (2016)] Statistisches Bundesamt (Hrsg.): Kaufwerte für Bauland in [EUR/m^2]: Kauffälle, Veräußerte Fläche, Durchschnittlicher Kaufwert für Bauland: Deutschland, Quartale, Baulandarten, Gemeindegrößenklassen; Tabelle, StBA 61511-0001 (2016); Stuttgart 2017, URL: https://www-genesis.destatis.de/genesis/online/logon (letzter Aufruf: 14.03.2017).

[StBA 61511-0006 (2017)] Statistisches Bundesamt (Hrsg.): Kaufwerte für Bauland: in [EUR/m^2]; Tabelle, StBA 61511-0006 (2017); Stuttgart 2017, URL: https://www-genesis.destatis.de/genesis/online/logon (letzter Aufruf: 23.03.2017).

[StBA 62421-0001] Statistisches Bundesamt (Hrsg.): Arbeitskostenindizes: nach Wirtschaftsbereichen: Index der Bruttolöhne und Gehälter: Kalendar- und saisonbereinigt BV4.1: AKI; Tabelle, StBA 62421-0001; Stuttgart 2007, URL: https://www-genesis.destatis.de/genesis/online/logon (letzter Aufruf: 06.07.2007).

[StBA 62421-0001 (2017)] Statistisches Bundesamt (Hrsg.): Arbeitskostenindizes: Deutschland, Quartale, Wirtschaftsbereiche, Bereinigungsverfahren: AKI; StBA 62421-0001 (2017); Stuttgart 2017, URL: https://www-genesis.destatis.de/genesis/online/logon (letzter Aufruf: 15.03.2017).

[StBA EU-SILC 2015] Statistisches Bundesamt (Hrsg.): Wirtschaftlichkeitsrechnungen: Leben in Europa (EU-SILC): Einkommen und Lebensbedingungen in Deutschland und der Europäischen Union, StBA EU-SILC 2015, URL: https://www.destatis.de/DE/Publikationen/Thematisch/EinkommenKonsumLebensbedingungen/LebeninEuropa/EinkommenLebensbedingungen2150300157004.pdf (letzter Aufruf: 31.12.2017).

[StBA Fachserie 15 Reihe 4 (2016)] Statistisches Bundesamt (Hrsg.): Wirtschaftsrechnungen: Private Haushalte in der Informationsgesellschaft – Nutzung von Informations- und Kommunikationstechnologien; Tabelle, StBA Fachserie 15 Reihe 4 (2016); Stuttgart 2016, URL: https://www-genesis.destatis.de/genesis/online/logon (letzter Aufruf: 15.03.2017).

[StBA Fachserie 18 Reihe 1.5 (2016)] Statistisches Bundesamt (Hrsg.): Volkswirtschaftliche Gesamtrechnungen: Inlandsproduktberechnung, Lange Reihen ab 1970, StBA Fachserie 18 Reihe 1.5 (2016); Wiesbaden 2017, URL: https://www.destatis.de/DE/Publikationen/Thematisch/VolkswirtschaftlicheGesamtrechnungen/Inlandsprodukt/InlandsproduktsberechnungLangeReihenPDF_2180150.pdf?__blob=publicationFile (letzter Aufruf: 11.04.2017).

[Stiftung Warentest (2010a)] Stiftung Warentest (Hrsg.): Mülltrennung: Umwelt schonen, Gebühren sparen (2010), Stuttgart, URL: https://www.test.de/Muelltrennung-Umwelt-schonen-Gebuehren-sparen-4113793-4116986/ (letzter Aufruf: 04.01.2018).

[Strecke, R. (2005)] Strecke, Reinhart u. a.: Inventar zur Geschichte der preußischen Bauverwaltung 1723–1848; Berlin 2005.

[Structurae (1997i)] Structurae (Hrsg.): Kleine Hörnbrücke in Kiel, URL: https://structurae.de/bauwerke/hoernbruecke-kiel (letzter Abruf: 05.01.2018)

[Sudhop, C. (1998i)] Sudhop, Christine: „Faire Verhältnisse“: Qualitätsmesssystem in der Gebäudereinigung, in: Gebäudemanagement (1998), Nr. 9, S. 42–43.

[SW-RL 2012] Ermittlung des Sachwerts: Sachwertrichtlinie, Bundesministerium für Verkehr, Bau- und Wohnungswesen (Hrsg.): BMVBW SW-RL, 5.9.2012, URL: https://www.bundesanzeiger-verlag.de/fileadmin/BIV-Portal/Dokumente/PDF/Sachwertrichtlinie.pdf (letzter Aufruf: 02.01.2018).

[Sydow, M. (2010)] Sydow, Manfred; Kook, Heiner: Strategisches Portfoliomanagement in der Immobilienwirtschaft, 2. Aufl.; Hamburg 2010.

[Szczurko, P. (2008)] Szczurko, Peter: Reduzierung der Betriebskosten durch animierte Prozess-Simulation in alternativen Grundrissen am Beispiel eines OP-Traktes, in: o. V.: Facility-Management: Messe und Kongress in Frankfurt 06.–08.03.2008; Tagungsband; Berlin 2008, S. 351–360.

[TAE (2006)] Gieler-Breßmer, Susanne (Hrsg.): Verkehrsbauten Schwerpunkt Parkhäuser: 2. Kolloquium, 31. Januar und 1. Februar 2006; Ostfildern: Technische Akademie Esslingen 2006.

[Tappler, P. (2009d)] Tappler, Peter; Bauer, Barbara; Enzenberger, Gerhard; Jezerniczky, Nina: Wegweiser für eine gesunde Raumluft: Die Chemie des Wohnens: Eine Information des Bundesministeriums für Land- und Forstwirtschaft, Umwelt und Wasserwirtschaft in Kooperation mit dem IBO – Österreichisches Institut für Baubiologie und -ökologie; Wien 2009.

[Tarifvertragsparteien der deutschen Bauwirtschaft (2004)] Tarifvertragsparteien der deutschen Bauwirtschaft (Hrsg.): Arbeitszeit Richtwerte Hochbau (ARH): Fliesen-, Platten- und Mosaiklegerhandwerk; Neu-Isenburg 2004.

[Techem (2003a)] Techem: Heizkostenvergleich der Perioden 1999/00 und 2000/01, in: Der Vermieter (2003), Heft 1, S. 10.

[Techem (2016)] Techem (Hrsg.): Energiekennwerte 2016: Eine Studie von Techem zum Wärme- und Wasserverbrauch in Mehrfamilienhäuser, 2016, URL: https://www.techem.de/fileadmin/user_upload/epaper-EKW-2016_leseversion/#72 (letzter Aufruf: 27.02.2017).

[TERADYNE (2005)] TERADYNE, INC. (Hrsg.): 2005 Annual Report: West Coast Facilities, 2005.

[Thüringen (2009f)] Freistaat Thüringen (Hrsg.): Handbuch der Bauwerksdokumentation: Bearbeitet von der Ingenieurgemeinschaft Setzpfandt Meiningen GmbH; 2009, URL: https://www.thueringen.de/imperia/md/content/tlsb/service/bauwerksdokumentation/handbuch_bauwerksdok_thueringen_stand_29_06_2009.pdf (letzter Aufruf: 06.03.2017).

[Tietz, J. (2007l)] Tietz, Jürgen: Thoraschrein statt Trafo: Vom Umspannwerk zur Synagoge: Die Konversion von Gotteshäusern ist keine Einbahnstraße, in: Deutsches Architektenblatt (2007), Heft 12, S. 22–23.

[TRBS 2111-1 2015] Technische Regeln für Betriebssicherheit (TRBS): Mechanische Gefährdungen: Maßnahmen zum Schutz vor Gefährdungen beim Verwenden von mobilen Arbeitsmitteln, Bundesanstalt für Arbeitsschutz und Arbeitsmedizin (Hrsg.): BAuA TRBS 2111-1; Köln 2015.

[TRBS 2121-1 2009] Technische Regeln für Betriebssicherheit (TRBS): Gefährdungen von Personen durch Absturz: Bereitstellung und Benutzung von Gerüsten, Bundesanstalt für Arbeitsschutz und Arbeitsmedizin (Hrsg.): Teil 1, BAuA TRBS 2121-1; Köln 2009.

[TRBS 2121-2 2010] Technische Regeln für Betriebssicherheit (TRBS): Gefährdungen von Personen durch Absturz: Bereitstellung und Benutzung von Leitern, Bundesanstalt für Arbeitsschutz und Arbeitsmedizin (Hrsg.): Teil 2, BAuA TRBS 2121-2; Köln 2010.

[TRBS 2121-3 2009] Technische Regeln für Betriebssicherheit (TRBS): Gefährdungen von Personen durch Absturz: Bereitstellung und Benutzung von Zugangs- und Positionierungsverfahren unter Zuhilfenahme von Seilen, Bundesanstalt für Arbeitsschutz und Arbeitsmedizin (Hrsg.): Teil 3, BAuA TRBS 2121-3; Köln 2009.

[TRGS 526 2008] Technische Regeln für Gefahrstoffe: Laboratorien, Bundesministerium für Arbeit und Soziales (Hrsg.): BMAS TRGS 526; Berlin 2008.

[UBA (2002)] Umweltbundesamt (Hrsg.): Leitfaden zur Vorbeugung, Untersuchung, Bewertung und Sanierung von Schimmelpilzwachstum in Innenräumen, 2002, URL: http://www.umweltbundesamt.de/sites/default/files/medien/publikation/long/4218.pdf (letzter Aufruf: 04.08.2018).

[UBA (2005)] Moriske, Heinz-Jörg; Szewzyk, Regine: Leitfaden zur Ursachensuche und Sanierung bei Schimmelpilzwachstum in Innenräumen: Schimmelpilz-Sanierungsleitfaden, 2005, URL: http://www.nachhaltigesbauen.de/fileadmin/pdf/PDF_weitere_leitfaeden/schimmelpilzleitfaden-umweltbundesamt-2013.pdf (letzter Aufruf: 04.08.2018).

[UBA (2008)] Umweltbundesamt (Hrsg.): Leitfaden für die Innenraumhygiene in Schulgebäuden: Erarbeitet von der Innenraumlufthygiene-Kommission des Umweltbundesamtes; Berlin 2008, URL: https://www.umweltbundesamt.de/sites/default/files/medien/publikation/long/3689.pdf (letzter Aufruf: 04.01.2018).

[UBA (2009)] Umweltbundesamt (Hrsg.): Schimmelpilze sind nicht die einzigen Übeltäter bei Feuchteschäden in Wohnungen; Information, Nr. 2, 17.02.2009, URL: https://www.umweltbundesamt.de/sites/default/files/medien/pdfs/Ausgabe02-2009.pdf (letzter Aufruf: 09.02.2017).

[UBA (2009a)] Umweltbundesamt (Hrsg.): Schimmelbefall in der Wohnung: Umweltbundesamt empfiehlt: fachgerecht sanieren ohne Desinfektionsmittel!; Pressemitteilung, Nr. 026/09, 2009, URL: https://www.umweltbundesamt.de/presse/pressemitteilungen/schimmelbefall-in-der-wohnung (letzter Aufruf: 09.02.2017).

[UBA (2012l)] Umweltbundesamt (Hrsg.): Empfehlungen für die Durchführung einer Gefährdungsanalyse gemäß Trinkwasserverordnung, 2012, URL: https://www.umweltbundesamt.de/sites/default/files/medien/419/dokumente/empfehlungen_gefaehrdungsanalyse_trinkwv.pdf (letzter Aufruf: 04.01.2018).

[UBA (2013)] Umweltbundesamt (Hrsg.): Handlungsempfehlung zur Beurteilung von Feuchteschäden in Fußböden: Entwurf zur öffentlichen Diskussion; 08.07.2013.

[UBA (2016)] Umweltbundesamt (Hrsg.): Durchschnittliche Wohnfläche pro Einwohner nahm zu; Papier, 1.1.2016, URL: https://www.umweltbundesamt.de/daten/private-haushalte-konsum/wohnen/wohnflaeche#textpart-2 (letzter Aufruf: 01.01.2018).

[UBA (2017g)] Umweltbundesamt (Hrsg.): Endenergieverbrauch nach Anwendungsbeispielen in privaten Haushalten 2015: Arbeitsgemeinschaft Energiebilanzen, 2017, URL: https://www.umweltbundesamt.de/daten/private-haushalte-konsum/energieverbrauch-privater-haushalte (letzter Aufruf: 04.04.2017).

[UBA (2017M)] Umweltbundesamt (Hrsg.): Leitfaden zur Vorbeugung, Erfassung und Sanierung von Schimmelbefall in Gebäuden („Schimmelleitfaden"); Dessau/Roßlau 11.2017, URL: https://www.umweltbundesamt.de/sites/default/files/medien/421/publikationen/uba_schimmelleitfaden_final_bf.pdf (letzter Aufruf: 04.01.2018).

[Umgekehrt sieht man besser (1998e)] o. V.: Umgekehrt sieht man besser: Altenwohnheim in Paris, in: Deutsche Bauzeitschrift (1998), Heft 5, S. 43–46.

[Union (2009d)] Union Asset Management Holding (Hrsg.): Nachhaltiges Vermögensmanagement institutioneller Anleger 2009: Ergebnisse der Studie: Ausgewählte Charts; Frankfurt a. M. 2009.

[Uttich, S. (2011)] Uttich, Steffen: Aufbruch aus dem Schattendasein, in: Frankfurter Allgemeine Zeitung, 09.11.2011, S. 39.

[VBG BGI 629] Verwaltungs-Berufsgenossenschaft (Hrsg.): Ausstattung und organisatorische Maßnahmen: Merkblatt B 002 – Laboratorien: Sichere Biotechnologie, VBG BGI 629; Stuttgart 2010.

[VDI 2050 Bl. 1 2006-12] Anforderungen an Technikzentralen: Technische Grundlagen für Planung und Ausführung, Verein Deutscher Ingenieure (VDI) (Hrsg.): Bl. 1, VDI 2050; Düsseldorf 2006.

[VDI 2067 Bl. 1 1983-10] Betriebstechnische und wirtschaftliche Grundlagen: Berechnung der Kosten von Wärmeversorgungsanlagen, Verein Deutscher Ingenieure (VDI) (Hrsg.): Bl. 1, VDI 2067; Düsseldorf 1983.

[VDI 2067 Bl. 1 2012-09] Wirtschaftlichkeit gebäudetechnischer Anlagen: Grundlagen der Kostenberechnung, Verein Deutscher Ingenieure (VDI) (Hrsg.): Bl. 1, VDI 2067; Düsseldorf 2012.

[VDI 2067 Bl. 2 1993-10] Raumheizung: Berechnung der Kosten von Wärmeversorgungsanlagen, Verein Deutscher Ingenieure (VDI) (Hrsg.): Bl. 2, VDI 2067; Düsseldorf 1993.

[VDI 2067 Bl. 3 1983-10] Raumlufttechnik: Berechnung der Kosten von Wärmeversorgungsanlagen, Verein Deutscher Ingenieure (VDI) (Hrsg.): Bl. 3, VDI 2067; Düsseldorf 1983.

[VDI 2552 Bl. 3 E 2017-01] Building Information Modeling: Mengen und Controlling, Verein Deutscher Ingenieure (VDI) (Hrsg.): Bl. 3, VDI 2552; Berlin 2017.

[VDI 2893 2006-05] Auswahl und Bildung von Kennzahlen für die Instandhaltung, Verein Deutscher Ingenieure (VDI) (Hrsg.): VDI 2893; Düsseldorf 2006.

[VDI 3807 Bl. 1 2013-06] Verbrauchskennwerte für Gebäude: Grundlagen, Verein Deutscher Ingenieure (VDI) (Hrsg.): Bl. 1, VDI 3807; Berlin 2013.

[VDI 3807 Bl. 2 1998-06] Energieverbrauchskennwerte für Gebäude: Heizenergie- und Stromverbrauchswerte, Verein Deutscher Ingenieure (VDI) (Hrsg.): Bl. 2, VDI 3807; Berlin 1998.

[VDI 3807 Bl. 2 2014-11] Verbrauchskennwerte für Gebäude: Verbrauchskennwerte für Heizenergie, Strom und Wasser, Verein Deutscher Ingenieure (VDI) (Hrsg.): Bl. 2, VDI 3807; Berlin 2014.

[VDI 3807 Bl. 2 E 2012-11] Verbrauchskennwerte für Gebäude: Verbrauchskennwerte für Heizenergie- und Stromverbrauchswerte, Verein Deutscher Ingenieure (VDI) (Hrsg.): Bl. 2, VDI 3807; Berlin 2012.

[VDI 3810 Bl. 1 2012-05] Betreiben und Instandhalten von gebäudetechnischen Anlagen: Grundlagen, Verein Deutscher Ingenieure (VDI) (Hrsg.): Bl. 1, VDI 3810; Düsseldorf 2012.

[VDI 4001 Bl. 2 2006-07] Terminologie der Zuverlässigkeit, Verein Deutscher Ingenieure (VDI) (Hrsg.): Bl. 2, VDI 4001; Düsseldorf 2006.

[VDI 6009 Bl. 1 2002-10] Facility Management: Anwendungsbeispiele aus dem Gebäudemanagement, Verein Deutscher Ingenieure (VDI) (Hrsg.): Bl. 1, VDI 6009; Düsseldorf 2002.

[VDI 6009 Bl. 2 2003-12] Facility Management: Einführung von Gebäudemanagement für mehrere Liegenschaften: Anwendungsbeispiele, Verein Deutscher Ingenieure (VDI) (Hrsg.): Bl. 2, VDI 6009; Düsseldorf 2003.

[VDI 6022 Bl. 2 E 2006-04] Hygiene-Anforderungen an Raumlufttechnische Anlagen und Geräte: Messverfahren und Untersuchungen bei Hygienekontrollen und Hygieneinspektionen, Verein Deutscher Ingenieure (VDI) (Hrsg.): Bl. 2, VDI 6022; Düsseldorf 2006.

[VDI 6023 E 2012-04] Hygiene in Trinkwasser-Installationen: Anforderungen an Planung, Ausführung, Betrieb und Instandhaltung: VDI/DVGW, Verein Deutscher Ingenieure (VDI) (Hrsg.): VDI 6023; Düsseldorf 2012.

[VDI 6039 2011-06] Facility-Management: Inbetriebnahmemanagement für Gebäude: Methoden und Vorgehensweisen für gebäudetechnische Anlagen, Verein Deutscher Ingenieure (VDI) (Hrsg.): VDI 6039; Düsseldorf 2011.

[VDI 6200 2010-02] Standsicherheit von Bauwerken: Regelmäßige Überprüfung, Verein Deutscher Ingenieure (VDI) (Hrsg.): VDI 6200; Düsseldorf 2010.

[VDI-GEFMA 3810 Bl. 5 E 2017-01] Betreiben und Instandhalten von gebäudetechnischen Anlagen: Gebäudeautomation: GEFMA – Sonderdruck, Verein Deutscher Ingenieure (VDI) – German Facility Management Assoziation (Hrsg.): Bl. 5, VDI-GEFMA 3810; Düsseldorf 2017.

[VDMA 24176 2007-01] Inspektion von technischen Anlagen und Ausrüstungen in Gebäuden, Verein Deutscher Maschinen- und Anlagenbauer (Hrsg.): VDMA 24176; Berlin 2007.

[VDMA 24186-0 2007-01] Technische Regel: Leistungsprogramm für die Wartung von technischen Anlagen und Ausrüstungen in Gebäuden: Übersicht und Gliederung, Nummernsystem, Allgemeine Anwendungshinweise, Verein Deutscher Maschinen- und Anlagenbauer (Hrsg.): Teil 0, VDMA 24186; Berlin 2007.

[Veith, T. (2006)] , in: Gieler-Breßmer, Susanne (Hrsg.): Verkehrsbauten Schwerpunkt Parkhäuser: 2. Kolloquium, 31. Januar und 1. Februar 2006; Ostfildern: Technische Akademie Esslingen 2006, S. 171 ff. (Nachtrag zu den Kongressunterlagen).

[vermoegenundbau-bw (2018)] Landesbetrieb Vermögen und Bau Baden Württemberg (Hrsg.): IM – Immobilienmanagement, 2018, URL: http://www.vermoegenundbau-bw.de/pb/,Lde/Startseite/Ueber+uns/IM+_+Immobilienmanagement (letzter Aufruf: 05.01.2018).

[VgV 2016] Verordnung über die Vergabe öffentlicher Aufträge: Vergabeverordnung – VgV, 2016, URL: https://www.gesetze-im-internet.de/bundesrecht/vgv_2016/gesamt.pdf (letzter Aufruf: 17.04.2017).

[VNW (2002C)] Claßen, Ulrich; Höring, Klaus: Gutachten über die Umstiegsmöglichkeiten der gegenwärtigen Kunden der Aareon AG auf ein neues IT-Verfahren, inklusive myITselect Toolset, dem Konzept-, Auswahl- und Benchmarking-Programm auf CD; Ergebnisbericht; Bergisch Gladbach 2002.

[VOB 2016] Vergabe- und Vertragsordnung für Bauleistungen: Teil A und Teil B, Deutsches Institut für Normung (Hrsg.): Teil AB, DIN VOB; Berlin 2016, URL: https://www.bundesanzeiger.de/ (letzter Aufruf: 17.04.2017).

[Vogelmann, K. (2007k)] Vogelmann, Karl: Erfolgsstory der Stadt Geislingen (Steige); Vortrag am 29. November 2007 in Geislingen/Steige.

[Volkmann, W. (2003)] Volkmann, Walter: Projektabwicklung für Architekten und Ingenieure: Handbuch für die planerische und baupraktische Umsetzung: Methoden – Arbeitshilfen – Vordrucke, 2. Aufl.; Essen 2003.

[von der Gathen, A. (2014i)] von der Gathen, Andreas: Das große Handbuch der Strategieinstrumente: Werkzeuge für eine erfolgreiche Unternehmensführung; Frankfurt 2014.

[Von der Lieth, J. (2007f)] Von der Lieth, Jörn: Potentiale im Bestandsmanagement, Vortrag am 14. Juni 2007 in Berlin.

[Von der Lieth, J. (2008b)] Von der Lieth, Jörn: Ecclesiastic Real Estate Management (EREM): Ein strategisches Managementkonzept für kirchliche Organisationen mit Immobilienbesitz, in: KVI im Dialog (2008), Nr. 2, S. 44–47.

[Von der Lieth, J. (2010a)] Von der Lieth, Jörn: Immobilienmanagement in der Praxis: Vortrag am 8. Januar 2010 an der Fachhochschule Mainz im Master-Studiengang Technisches Gebäudemanagement.

[Von der Lieth, J. (2015e)] Von der Lieth, Jörn; Schulze, Mandy: Wohnflächenoptimierung – oder: Was ist die ökonomisch richtige Wohnungsgröße?, in: Die Wohnungswirtschaft (2015), Nr. 5, S. 40 ff.

[von Kéler, S. (1953)] von Kéler, Stefan: Staubläuse; Leipzig 1953.

[Walberg, D. (2010i)] Walberg, Dietmar: Passivhaus, KfW40 & Co: Aufwand, Nutzen und Wirtschaftlichkeit: Studie im Auftrag des vnw und BFW, Vortrag am 22. September 2010 beim vnw.

[Walberg, D. (2010k)] Walberg, Dietmar; Gniechwitz, Timo: Passivhaus, KfW40 & Co: Aufwand, Nutzen und Wirtschaftlichkeit; Kiel 2010.

[Wallner, J. (2012)] Wallner, Jasmin; Hanus, Christian; Führer, Gerhard: Das „Messinstrument Schimmelspürhund", in: Gefahrstoffe – Reinhaltung der Luft (2012), Nr. 3, S. 94–98, URL: http://www.donau-uni.ac.at/imperia/md/content/department/bauenumwelt/san/pub_vdi_wallner_f__hrer_hanus_2012.pdf (letzter Aufruf: 17.04.2016).

[Wallner, J. (2013)] Wallner, Jasmin: Schimmelspürhund und Laboranalytik: Eine vergleichende Zuverlässigkeitsuntersuchung; Zürich 2013.

[WBM (2009a)] WBM Wohnungsbaugesellschaft Berlin-Mitte (Hrsg.): WBM reduziert CO_2-Ausstoß in Berlin um mehr als 30.000 t CO2 im Jahr; Pressemitteilung, 13.1.2009, URL: https://www.wbm.de/de/news/presse-details/archiv/2009/january/13/artikel/wbm-reduziert-co2-ausstoss-in-berlin-um-mehr-als-30000-t-co2-im-jahr (letzter Aufruf: 08.01.2018).

[Weeber, R. (2008)] Weeber, Rotraut; Steffen, Gabriele; Baumann, Dorothee; Berger, Jasmin: Weniger Schmutz und Schäden in Wohnanlagen: Was hilft?; Stuttgart 2008.

[Weißert-Horn, M. (1997)] Weißert-Horn, Margit; Landau, Kurt (Hrsg.): Layoutplanung von Altenpflegeabteilungen, REFA-Fachbuchreihe Arbeitsgestaltung; Bad Urach 1997.

[Weltweites Immobilienmanagem... (2008a)] o. V.: Weltweites Immobilienmanagement, in: IndustrieBAU (2008), Heft 1, S. 16–17.

[WertR 2006] Wertermittlungsrichtlinie: WertR 2006, Bundesministerium für Umwelt, Naturschutz, Bau und Reaktorsicherheit (Hrsg.): BMUB WertR 2006, S. 354, URL: http://www.bmub.bund.de/fileadmin/Daten_BMU/Download_PDF/Staedtebaurecht/wertermittlungsrichtlinien_2006_bf.pdf (letzter Aufruf: 14.04.2017).

[WHG 2017] Gesetz zur Ordnung des Wasserhaushalts: Wasserhaushaltsgesetz – WHG, 2017, URL: http://www.gesetze-im-internet.de/bundesrecht/whg_2009/gesamt.pdf (letzter Aufruf: 16.04.2017).

[WHO (2009)] World Health Organisation (Hrsg.): WHO guidelines for indoor air quality: dampness and mould, 2009, URL: http://www.euro.who.int/__data/assets/pdf_file/0017/43325/E92645.pdf?ua=1 (letzter Aufruf: 09.02.2017).

[WHO ICIDH-2] World Health Organisation (Hrsg.): ICIDH-2: International Classification of Functioning and Disability, WHO ICIDH-2; Genf 1999.

[Wieckhorst, T. (1995d)] Wieckhorst, Thomas: Totenturm: Umnutzung und Erhaltung von Wassertürmen, Teil 6, in: Bausubstanz (1995), Heft 4, S. 16–18.

[Wiegand, B. (2005k)] Wiegand, Bodo; Langmaack, Ralf; Baumgarten, Thomas: Lean Maintenance System: Instandhaltungszeit Null – volle Wertschöpfung; Mannheim 2005.

[Will, J. (2009c)] Will, Joachim: Der Verkaufsfläche droht das Aus, in: Immobilienwirtschaft (2009), Nr. 3, S. 42–43.

[Willems, W. (2011W)] Willems, Wolfgang M.; Hellinger, Georg; Schild, Kai: Planungsatlas für den Hochbau: Entwurf – Konstruktion – Ausschreibung; DVD; Erkrath 2011.

[WoFlV 2003] Verordnung zur Berechnung der Wohnfläche, über die Aufstellung von Betriebskosten und zur Änderung anderer Verordnungen, in: Bundesgesetzblatt; Bd. I, Nr. 56; Bonn 2003.

[Wolff, M. (2008)] Wolff, Michael; Staubach, Stefan; Lindstädt, Hagen: Einsatz und Wirksamkeit marktnaher Verrechnungspreissysteme, in: Die Unternehmung; 62. Jg. (2008), Nr. 2, S. 146, 160.

[Woodworth, M. (2011k)] Woodworth, Max: Chinas boomende Geisterstadt: Retortenstadt New Ordos; 2011, URL: http://www.spiegel.de/kultur/gesellschaft/0,1518,737810,00.html (letzter Aufruf: 02.08.2018).

[wowiconsult (2011)] wowiconsult (Hrsg.): Immobilienwirtschaft in der Praxis: Sonderausgabe; Mühlhausen im Täle 2011.

[ZBWB-S.TiB (1993b)] Zentralstelle für Bedarfsbemessung und wirtschaftliches Bauen (Hrsg.): Energiebericht 1991–1992: Landesgebäude ohne Universitäten; Stuttgart 1993.

[ZBWB-S.TiB (1994e)] Zentralstelle für Bedarfsbemessung und wirtschaftliches Bauen (Hrsg.): Betriebskosten von Hochbauten: Orientierungswerte für staatliche Gebäude; Forschungsbericht; Stuttgart 5.1994.

[ZNWB (1991S)] Sagebiel, Ulrich: Baunutzungskosten im Schulbau: Betriebskostendaten; Berlin 1991.

[zoe-ekhn (2010)] Zentrum Ökumene der Evangelischen Kirche in Hessen und Nassau (Hrsg.): Wenn kirchliche Gebäude zum Verkauf anstehen: Kriterien für eine Entscheidung, 2010, URL: http://www.zentrum-oekumene-ekhn.de/fileadmin/content/Materialien/Dokumentationen/Broschueren/Wenn_kirchliche_Gebaeude.pdf (letzter Aufruf: 11.02.2017).

Autor(inn)en

Holger Basten, Architekt und zweites Staatsexamen für den höheren technischen Verwaltungsdienst; verschiedene Funktionen im Landesbauamt Kiel und nachfolgend in der Bauabteilung des Finanzministeriums Schleswig-Holstein (zuletzt leitend); Gründungsgeschäftsführer des Gebäudemanagement Schleswig-Holstein Anstalt des öffentlichen Rechts, seit 2007 Geschäftsführer des Landesbetriebes Liegenschafts- und Baubetreuung in Rheinland-Pfalz; u. a. Prüfungsausschussvorsitzender der Fachrichtung Architektur des Oberprüfungsamtes für den höheren technischen Dienst.

Ulrich Baum, Geschäftsführer der LUWOGE consult GmbH, eines Beratungsunternehmens, das sich auf Energieeffizienz- und Nachhaltigkeitsthemen in der Baubranche spezialisiert hat.

Ulrich Bogenstätter (Herausgeber), Architekt; Sachgebietsleiter beim Hochbauamt der Stadt Frankfurt am Main; Unternehmensberater und Leiter Management-Consulting bei der Aareon, Gründer des Institute for Building Operations Research (ifBOR) (2007), seit 2009 Professor für Technisches Gebäudemanagement, Hochschule Mainz, Leiter des Hochschulzentrums für Weiterbildung (HZW).

Dorit Brauns, seit rund 30 Jahren in der Wohnungswirtschaft tätig und u. a. seit 2015 im Vorstand des ältesten Deutschen Wohnungsunternehmens der ALEXANDRA-STIFUNG (Gründungsjahr 1852); u. a. Mitglied im Arbeitskreis Statistik des Gesamtverbandes der Wohnungswirtschaft (GdW).

Martin Dossmann, Hauptgeschäftsführer des Bauwirtschaftsverbands Rheinland-Pfalz; Honorarprofessor an der Hochschule Mainz.

Emanuel Eckel, Diplom-Geograf; tätig beim Magistrat der Kreisstadt Hofheim am Taunus, bei Cushman & Wakefield sowie bei Colliers; von 2007 bis 2015 Leiter der Research-Abteilung der DeWAG Gruppe; seit 2016 Senior Manager im Portfolio-Management der CORPUS SIREO Asset Management Residential GmbH, Köln.

Peter Forster, seit 1983 in der Immobilienwirtschaft tätig, aktuell als Country Head Germany und Geschäftsführer der PATRIZIA Deutschland GmbH verantwortlich für alle operativen Geschäftsbereiche Development, Property Management, Asset Management, Transaktionen und Privatisierung sowie für die drei KVGen der PATRIZIA GewerbeInvest, PATRIZIA WohnInvest und die PATRIZIA GrundInvest KAG; Lehraufträge an der IREBS, der European Business School und der Hochschule Biberach; aktiv in verschiedenen Gremien und Beiräten der Immobilienwirtschaft.

Gerhard Führer, öffentlich bestellter und vereidigter Sachverständiger für Schadstoffe in Innenräumen, Leiter des Sachverständigen-Instituts peridomus in Himmelstadt bei Würzburg und Ehrenprofessor der Donau-Universität Krems in Österreich; Herausgeber der Loseblattsammlung „Schimmelbildung in Gebäuden" und Inhaber verschiedener patentierter Verfahren zum Erkennen und Beseitigen von Schadfaktoren in Innenräumen.

Siegfried Gallitschke, Leiter Vertrieb/Produktmarketing der Leipziger Wohnungs- und Baugesellschaft mbH (LWB) und insbesondere zuständig für die Bereiche Marketing, Vermietung und Produkt.

Thomas Giel, Chief Technology Officer (CTO) eines Contracting-Unternehmens mit Schwerpunkt regeneratives Energiecontracting; seit 2012 Professor für Technisches Gebäudemanagement, insbesondere Technische Gebäudeausrüstung an der Hochschule in Mainz; Autor des Handbuchs für Betonkernaktivierung.

Thomas Glatte, Director Group Real Estate & Facility Management, seit 2005 für das Immobilienmanagement der BASF-Gruppengesellschaften global zuständig; Lehrbeauftragter für Corporate Real Estate und Projektentwicklung an der TU Dresden, der Universität Stuttgart und der Hochschule Mainz.

Bernd Hanke, in der Zentrale bei der Deutschen Bahn Station & Service AG als Leiter Anlagentechnik/Anlagenmanagement (Technisches Facility-Management) für die rund 5.400 Personenbahnhöfe zuständig; davor Geschäftsfeldverantwortlicher „Technisches Gebäudemanagement und Verfügbarkeit" der Deutschen Telekom Immobilien und Service GmbH und Bereichsleiter für das Technische Facility-Management bei der Fraport AG; Ko-Autor von „Facility Management – Recht und Organisation".

Wolfgang Inderwies, freiberuflich beratend und lehrend tätig, Schwerpunkte: Organisations- und Prozessmanagement sowie Leistungsausschreibung und Vergabe; Leiter der Lounge Bayern des GEFMA Deutscher Verband für Facility-Management e. V.; Mitglied im GEFMA-Arbeitskreis Nachhaltigkeit und zertifizierter Auditor nach GEFMA 160 „Nachhaltigkeit im Facility-Management"; Mitglied des Arbeitskreises Mustervertrag und Standardleistungsverzeichnis Facility Services (GEFMA e. V./RealFM e. V.); ständiger Redaktionsbeirat der Fachzeitschrift „Der Facility Manager".

https://doi.org/10.1515/9783110480863-012

Stefan Korthals, Diplom-Betriebswirt (FH) und Corporate Real Estate Manager (ebs), Geschäftsführer der CORPUS SIREO Asset Management Residential GmbH, Köln; bis 2005 in leitender Position bei DeTelmmoblilien GmbH und der Deutschen Telekom AG tätig, danach Leiter des Bereichs Controlling & Finanzen von CORPUS SIREO.

Johannes Krämer, Architekt, Diözesanbaumeister und Diözesankonservator im Bistum Mainz, seit über 20 Jahren beschäftigt mit liturgischen, kunsthistorischen, architektonischen und wirtschaftlichen Aufgaben des „kirchlichen Bauens".

Dagmar Reiß-Fechter, Rechtsanwältin und Wirtschaftsmediatorin, Grundstücksreferentin und Leiterin der Liegenschaftsabteilung der Evang.-Luth. Kirche in Bayern; kaufmännische Geschäftsführerin des Evangelischen Siedlungswerkes in Bayern GmbH; Wechsel zum hauptamtlichen Geschäftsführenden Vorstand des Evangelischen Bundesverbands für Immobilienwesen in Wissenschaft und Praxis (ESWiD); seit 2016 im Ruhestand und als freiberufliche Rechtsanwältin tätig.

Birgit Schaarschmidt, Fachanwältin für Bau- und Architektenrecht, Mediatorin in Frankfurt a. M.; Lehrtätigkeit der Hochschule Mainz im Bereich Immobilienrecht; Mitautorin bei zwei Kommentaren zur HOAI.

Adalbert Schmidt, Jurist, Oberlandeskirchenrat der Ev.-luth. Landeskirche Hannover; im Landeskirchenamt Leiter der Abteilung für Immobilienwirtschaft (Bau- und Grundstücksangelegenheiten, Friedhofswesen, Umweltschutz) des Landeskirchenamts, seit 2006 Vorsitzender der Baurechts- und Grundstückskommission des Rates der Evangelischen Kirche in Deutschland.

Marc Schulirsch, Referatsleiter im Bereich Client-Technik und dezentrale Technik beim Informationstechnik Zentrum Bund (ITZ Bund) und Lehrbeauftragter an der Hochschule Mainz.

Ingo Strugalla, Wirtschaftswissenschaftler und Kaufmann der Wohnungswirtschaft, verschiedene Stationen in der Wohnungs- und Immobilienwirtschaft als Prokurist und Geschäftsführer, ab 2001 Aufbau des Portfoliomanagements für die Deutsche Wohnen AG mit Schwerpunkt auf der erstmaligen Ermittlung des Net Asset Value über eine Teil- und Massenbewertung der Wohnungsbestände; seit August 2003 geschäftsführender Vorstand der Evangelischen Stiftung Pflege Schönau (ESPS).

Jörn von der Lieth, seit über 30 Jahren in der Wohnungswirtschaft tätig, seit 2002 Geschäftsführer der Hilfswerk-Siedlung GmbH mit rd. 4.500 eigenen und 2.700 Wohnungen zur Fremdverwaltung sowie rd. 3.200 sonstige Einheiten; Mitglied im Verbandsausschusses des Verbands der Berlin-Brandenburgischer Wohnungsunternehmen (BBU) e. V.; Lehrbeauftragter für Immobilienmanagement an der Hochschule Mainz; wissenschaftliche Veröffentlichungen insbesondere zum Ecclesiastic Real Estate Management und zur Unternehmensführung in der Immobilienwirtschaft.

Gerd Warda, Wirtschaftsjournalist, Marketingexperte und Mitgründer der Initiative Schadenprävention; langjähriger Chefredakteur der Zeitschrift Die Wohnungswirtschaft (DW); 2008 Gründer der ersten deutschsprachigen Fachzeitschrift der Wohnungs- und Immobilienwirtschaft im Internet mit mehr als 12.000 Abonnenten (http://www.wohnungswirtschaft-heute.de).

Thomas Weiler, Rechtsanwalt in Koblenz und Geschäftsführer des Bauwirtschaftsverbands Rheinland-Pfalz.

Stichwortverzeichnis

4F, 74
4-Felder-Portfoliomatrix, 160
4P, 175
9-Felder-Portfoliomatrix, 158
27-Felder-Matrix, 35

A
ABC-Methode, 463
Abfall, 502
Abfallanteil, 504
Abfertigungszeit, 867
Abflussbeiwert, 483
Ablauforganisation, 697ff
Abnutzungsgrad, 559
Abrechnungseinheit, 834
Abwasser, 502
Abwasserkosten, 503
Acquisition, 127
Aggressivität, 60
Aktivität, 811
Allgemeines Kennzeichnungs-System (AKS), 829, 866
Altersstruktur, 168
Alterungsverhalten, 560
Amortisation, 656
Amortisationsberechnung, dynamische, 239
Amortisationsrechnung, statische, 239
Anforderung, funktionale, 927
Angebotsstrategie, 175
Anlagenbuch, 827
Anlagenverfügbarkeit, *siehe* Verfügbarkeit
Anlagestrategie, 106
Annuitätenmethode, 239
Anreizsystem, 448, 495
Arbeitslosenquote, 111
Arbeitsplatz, 824
Arbeitsproduktivität, 697
Arbeitsschritt, 700
Arbeitsschutz, 355
Arbeitszeit-Richtwert (ARH), 774
Asset-Management, 127, 144, 149, 877
Association pour la Haute Qualité Environnementale (Association HQE), 224
Aufbauorganisation, 272, 348ff
Aufmaß, verformungsgerechtes, 785
Aufrundung, 254
Ausfallrisiko, 205
Ausfallstrategie, 196
Ausfallvermeidungsstrategie, 196
Ausfallverzögerungsstrategie, 196
Ausführungsniveau, 264
Ausführungsunterlage-Bau, 417
Ausschreibung, 800
Ausschreibung, Vergabe und Abrechnung (AVA), 797
Außenanlagen, 518
Außeneinfluss, 264
Ausstattungsmerkmal, 811
Ausstattungsstandard, 434
Automatisierung, 759

B
Balanced Scorecard, 10, 14, 230, 566
Balkenplan, vernetzter, 777
Barcode, 865
Barrierefreiheit, 434
Barwertfaktor, 253
Basisinnovation, 59
Basiszahl, 25
Basiszinssatz, 186
Bauaufnahme, 772
Baubetrieb, 424
Bauelementmethode, 463
Bauen, 93
Bauherr, 360, 583
Bauherr Kirche, 3
Baukosten, 114, 461ff
Bauland, 186
Baunutzungskosten, 414, 451
Baupreis, 187
Bauprojekt, 580
Bauteilzyklus, 192
Bauträger, 193
Bauträgermodell, 144
Bauuntersuchung, 772
Bauverwaltung, 4, 273
Bauwerksbuch, 687
Bauwerksnutzungsart, 303, 813
Becherkurve, 266
Bedarfsanmeldung, 415
Bedienung, 521
Bedienungsfreundlichkeit, 68
Bedienungskosten, 525
Belegungsgrad, 161, 440f
Benchmarking, 10, 569
Berechnungsmethode, 825
Bereitschaftszeit, 383
Berichtswesen, 597
Beschädigung, 563
Beschäftigte, sozialversicherungspflichtig, 111
Beschleunigung, 66
Beseitigen, 93
Bestandsaufnahme, 634, 772, 789
Bestandsdaten, 771
Bestandsdatenerfassung, 772
Bestandsdatenpflege, 772
Bestandsdatenpflege, mobile, 865
Bestandserfassung, 785, 867

https://doi.org/10.1515/9783110480863-013

Bestandserhaltung, 182, 453
Bestandsimmobilie, 631
Bestandsmanagement, 339
Bestandsveränderung, 182
Betreiben, 93, 722
Betreiber, 689
Betreibermodell, 193
Betreiberpflicht, 354
Betreiberverantwortung, 352, 730
Betriebsimmobilie, 389
Betriebskosten, 419, 457, 477, 971
Betriebskostenabrechnung, 727, 832
Betriebskostenart, 453
Betriebskostenmanagement, 305
Betriebsmittel, 782
Betriebsphase, 916
Beurteilungskriterium, 242
Bevölkerung, 170
Bevölkerungsprognose, 107, 110
Bevölkerungsveränderung, 108
Bewegungsdaten, 771
Beziehungszahl, 25
Big Player, 104
Bilanz, 324
Bild, 906
BIP-Wachstum, 103, 121
Bonität, 466
Branchentrend, 107, 112
Bremer Modell, 356
Brunckviertel, 643
Buchwertstruktur, 331
Budget, 202
Build Lease Operate Transfer, 193
Build Own Operate, 193
Build Transfer Operate, 193
Building Assembly Modeling, 891
Building Elimination Modeling, 891
Building Information Modeling, XXXV, 891
Building Owner Operator Modeling, 891
Building Research Establishment Environmental Assessment (BREEAM), 224
Bundesamt für Sicherheit in der Informationstechnik (BSI), 899
Bundesbeauftragter für Datenschutz und Informationsfreiheit, 899
Bundesschatzbrief, 253
Bürobereich, 428
Business-Reengineering, 10, 295

C

CAD-Modellierkern, 792
CAD-Schnittstelle, 792
Carbon Footprint, 645, 662
Cashflow, 189
Cash-Management, 936
Checkliste, Inspektion, 727
Commissioning, 64
Comprehensive Assessment System for Building Environmental Efficiency (CASBEE), 224
Computer Aided Facility Management (CAFM), 874
Continuous Commissioning, 64
Contracting, 422, 614, 619
Controlling, 31, 37, 230, 293, 423, 565
Controlling-Systeme, 20
Corporate Real Estate, 387
Corporate Social Responsibility (CSR), 228
Corporate-Real-Estate-Management, 8
Customer Relationship Management (CRM), 855, 868

D

Dateiaustauschformat, 794
Dateiformat, 791
Dateiname, 791
Datenaustausch, 891
Datenexport, 885
Datenfluss, 882, 923
Datengenerierung, 903
Datenintegration, 881
Datenmessung, 832
Datensammler, 770
Datenschutz, 898
Datenschutz, Wirtschaftlichkeit, 910
Datenschutzbeauftragter, 899
Datensicherheit, 898
Datenspeicherung, 903
Datenübermittlung, 905
Datenübertragung, 867
Datenverarbeitung, 906
Desk-Sharing, 446
Detektion, 761
Deutsche Gesellschaft für nachhaltiges Bauen (DGNB), 224, 242
Dienstberechtigter, 604
Dienstleister, 129
Dienstleistungsgesellschaft, 66
Dienstverpflichteter, 604
Dienstvertrag, 590, 602
Digital Pen, 865
Discounted Cash Flow, 136
Diskontierungssatz, 252
Diversifikation, 138
DMAIC-Zyklus, 295
Dokumentation, 597, 686, 725, 809
Dokumentationspflicht, 693
Drohne, 866
Due Diligence, 53
DuPont, 292
Durchführungspflicht, 354

E

Ecclesiastic-Real-Estate-Management, 8
Eco-Management and Audit Scheme, 83

Effizienz, 54
EFQM-Modell, 16
Ehrenamt, 281, 778
Eigenbetrieb, 365
Eigenkapitalquote, 333
Eigenleistung, 215, 356, 369
Eigenmittelrentabilität, 334
Eigentümer, 689
Eigentümerstruktur, 98
Eigentumsform, 87, 90
Eingriffstiefe, 262, 559
Einheitspreisabkommen, 472
Einkommen, 112
Einliniensystem, 348, 383
Einrichtungsstandard, 434
Einzelhandel, 156
Emissionsvergleich, 663
Endenergiebedarf, 651
Endenergieverbrauch, 615
Energie, 355, 484
Energie, regenerative, 422, 666
Energiecontrolling, 424, 493
Energieeffizienz, 619
Energieeffizienzkonzept, 648
Energieeinsparung, 521
Energiekosten, 63, 486
Energieträger, 489
Enterprise Resource Planning (ERP), 874
Entsorgung, 502
Entstehungsphase, 156
Entwickeln, 93
Entwicklung, sozioökonomische, 111
Environmental Product Declaration (EPD), 258
Erbbau, 137
Erdgaskosten, 487
Ergebnisqualität, 166
Erlebnisorientierung, 66
Erlös, 183
Ersatzzeitpunkt, 557, 560
Erschließungsbereich, 434
Erstkontakt, 845
Evaluation, funktionale, 666
Evaluation, ökologische, 662
Evaluation, ökonomische, 654
Evangelische Kirche in Deutschland (EKD), 338
Evangelische Stiftung Pflege Schönau (ESPS), 134
Exklusivfläche, 826
Exklusivitätsgrad, 827

F

Facility-Management, 8, 10, 12, 144, 149, 877
Fassadenreinigung, 510
Fensterreinigung, 510
Fernsehen, 683
Fernwärmekosten, 487
Fertigungstiefe, 356
Festpreisabkommen, 472
Feuchtigkeitsschaden, 761
Finanzperspektive, 18, 571
Firewall, 902
Fläche, individuelle, 826
Fläche, öffentliche, 826
Flächenkennzahl, 426
Flächenmanagement, 942
Flächenmerkmal, 811
Flächensparkonzept, 180
Flächenstandard, 821
Flächenwirtschaftlichkeit, 426
Flexibilisierung, 66
Flexibilität, 70, 180
Fonds, 51
Fondsmanager, 56
Forst, 136
Fremdkapitalzinssatz, 466
Fremdleistung, 215, 356
Fremdvergabe, 586
Frühindikator, 27
Führungspflicht, 354
Führungsprozess, 947
Funktionsbereich, 378, 427, 818
Funktionsfähigkeit, 203
Funktionsplanung, mangelhafte, 236

G

Gebäude, betriebsnotwendige, 147
Gebäude, nicht betriebsnotwendige, 147
Gebäudeautomation, 866
Gebäudebereich, 814
Gebäudebestand, 76
Gebäudebuch, 809
Gebäudemanagement, 8
Gebäudeportfolio, 91
Gebäudestandard, 821
Gebrauchswert, 242
Gefahr, 731
Gefährdung, 731
Gefährdungsart, 735
Gefährdungsbeurteilung, 731
Gefährdungsermittlung, 731
Gefährdungsort, 734
Gefährdungspotenzial, 353
Gemeinschaftsverpflegung, 535
Genehmigungsbehörde, kommunale, 360
Generalplaner, 193
Generalplanermodell, 363
Generalübernehmer, 193
Generalübernehmermodell, 364
Generalunternehmer, 193
Generalunternehmermodell, 364
Geoinformationssystem (GIS), 875
Gesamtbelegungsgrad, 445
Gesamtnutzungsdauer, 251

Gesamtwirtschaftlichkeit, 238
Geschäftsbereich, 379
Geschäftsfeldkaskade, 144
Geschäftsmodelle, 144
Geschäftsverteilungsplan, 371
Geschäftsvorfall, 720
Gesundheitsvorsorge, 60
Gewalt, 60
Gewinn- und Verlustrechnung (GuV), 326
Gewinnvergleichsberechnung, 239
Gliederungszahl, 26
GmbH, 365
Gradtagszahl, 485
Grenzwert, 296
Grobdiagnose, 557
Großküche, 820
Grundzahl, 25
Grüner Gockel, 83

H

Habitat & Environnement, 224
Haftung, 688
Haftungsrisiko, 200
Handelsgesetzbuch (HGB), 292
Handwerkerkopplung, 747, 862, 936
Hauptleistungspflicht, 606
Haushaltprognose, 108
Haushaltsgröße, 70
Haushaltsprognose, 107
Haushaltsstrompreis, 499
Haushaltsunterlage-Bau, 416
Hausmeister, 383, 521, 528, 586
Hausmeisterkosten, 529
Hedging, 56
Heizenergieverbrauchswert, 491
Heizkosten, 488
Heizkostenabrechnung, integrierte, 855, 939
Heizölpreisindex, 187
Höchstflächen, 412
Hotel, 436

I

Immobilienbereitstellung, 286
Immobilienbestand, 338
Immobilienbewirtschaftung, 288
Immobiliencontrolling, technisches, 405
Immobilienfonds, 47, 135
Immobilienmanagement, 76, 85, 279
Immobilienmanagement, betriebliches, 387
Immobilienmanagement, institutionelles, 387
Immobilienmarkt, 47
Immobilienorganisation, 289
Immobilienportfolio, 405
Immobilienvermögen, 76
Immobilienverwertung, 288
Implementierungsphase, 916
Indexzahl, 26
Individualsoftware, 944
Informationsmanagement, extern integriertes, 874
Informationsplattform, 867
Informationssystem, 841
Infrastructure for Spatial Information in Europe, 876
Ingenieurleistung, 349
Initialisierungsphase, 914
Inneneinfluss, 264
Innenreinigung, 509
Innovation, 71
Insourcing, 10, 217
Inspektion, 457f, 521, 524
Inspektionskosten, nicht umlagefähige, 745
Inspektionskosten, umlagefähige, 745
Inspizieren, 746
Installationsgrad, 194, 547
Instandhaltbarkeit, 204
Instandhalten, 746
Instandhaltung, 27, 561
Instandhaltung, periodisch vorbeugende, 209
Instandhaltung, risikobasierte, 208
Instandhaltung, störungsbedingte, 209
Instandhaltung, zustandsabhängige, 209
Instandhaltungsbereitschaft, 205
Instandhaltungseinheit, 828
Instandhaltungskosten, 457, 971
Instandhaltungsmaßnahme, 201
Instandhaltungsniveau, 264, 332
Instandhaltungsplan, 524
Instandhaltungsrücklage, 554
Instandhaltungsstrategie, 196, 202, 262
Instandsetzen, 746
Instandsetzung, laufende, 457f
Instandsetzungsklasse, 202
Instandsetzungskosten, 420, 543, 549
Instandsetzungsplan, 261
Interdisziplinarität, XXXIV
Intermediate-Real-Estate-Management, 8
International Financial Reporting Standard (IFRS), 292
Internationalisierung, 48, 98
Investitionsattraktivität, 162
Investitionsbedarf, 283
Investitionskosten, 450, 461
Investitionsrechnung, statische, 239
Investitionsstrategie, 35
Investitionsvolumen, 283
Investmentgesellschaft, 51
Investmentstrategie, 124
Investor, 129
Investor, privater, 105
Investor, professioneller, 103, 134
Istituto per l'Innovazione e Trasparenza degli Appalti e la compatibilita Ambientale, 224
Ist-Wert, 296

IT, 29
IT-Integration, horizontale, 874
IT-Integration, interne, 880
IT-Integration, vertikale, 878
IT-Landschaft, 924
IT-Markt, 920
IT-Projektphase, 915
IT-Sicherheitsbeauftragter, 899
IT-Systemlandschaft, 930
IT-Werkzeug, 152

J
Jahresenergiebericht, 423
Jahresnutzungsgrad, 615
Japan Green Building Consortium, 224

K
Kalkulationsverfahren, 546
Kameralistik, 135, 274
Kapazität, 203
Kapitaldienstdeckung, 335
Kapitalkosten, 465
Kapitalkostenersatz, gewichteter durchschnittlicher, 253
Kapitalmarkt, 103
Kapitalwert, 35
Kapitalwertmethode, 239
Kaufpreis, 118f, 121
Kaufvertrag, 610
Kaufvolumen, 100
Kennzahl, 25, 292, 303, 335
Kennzahlensystem, 25
Kernprozess, 947
Key-Performance-Indicator (KPI), 54
Kirche, 1
Kommunikation, 177
Kommunikationskanal, 847
Komponentenqualität, 264
Konsumgruppe, 170
Kontaktaufnahme, 471
Kontierung, 817
kontinuierlicher Verbesserungsprozess (KVP), 10, 294
Konzeptionsphase, 914
Kooperation, 584
Kostenartenschlüssel, 454
Kostendaten, 411
Kostenermittlungsverfahren, 450
Kostenflächenartenmethode, 462
Kostenführerschaft, 17
Kostenkennzahlen, 185
Kosten-Nutzen-Analyse, 239
Kostenrichtwert, 412
Kostenträger, 147
Kostenüberschreitung, 581
Kostenvergleichsrechnung, 239
Kostenverteilungsplan, 261
Kostenvoranmeldung-Bau, 416
Kosten-Wirksamkeits-Analyse, 239, 933
Krankenhaus, 819
Kriminalität, 60
Küchenbereich, gewerblicher, 429
Kundenorientierung, 718
Kundenperspektive, 18, 571
Kundenwunsch, 55, 173
Kundenzufriedenheit, 165, 851
Kundenzufriedenheitsanalyse, 167
Kurzzeit-Monitoring, 650

L
Labor, 438
Landesdatenschutzbeauftragter, 899
Langzeit-Monitoring, 654
Lastenheft, 914
Layer, 795
Layer-Struktur, 798
LBB-Richtlinie, 422
Lean-Management, 10
Lebensdauer, 248
Lebensdauer, funktionale, 248
Lebensdauer, rechtliche, 249, 251
Lebensdauer, technische, 248
Lebensdauer, wirtschaftliche, 248
Lebensmittel, 536
Lebensphase, 168
Lebensstandard, 60
Lebenszyklus, 156, 192, 284
Lebenszykluskosten, 412
LEED-Zertifizierungsverfahren, 243
Leerstand, 116, 161, 440
Leerstandsquote, 117, 332, 408, 441
Leistung, erwartete, 168
Leistung, obligatorische, 170
Leistung, wahrgenommene, 168
Leistungsausschreibung, 585
Leistungsbereich, 350
Leistungsbeschreibung, 588, 798
Leistungsbeschreibung, mangelhafte, 799
Leistungsführerschaft, 17
Leistungskennzahlen, 185, 565f
Leistungsmodell, 392
Leistungsqualität, 591
Leistungsverzeichnis, 804
Leitbild, 14
Leitposition, 463
Level of Details (LOD), 893
Lieferant, 144
Liegenschaftsbetrieb, 424
Lifecycle Costing, 189
Lifecycle-IT-Integration, 889
Liquiditätsreserve, 326, 976ff, 981
Lohn, 112
Lokalisierung, 761

Low-Cost-Terminal, 164
Lower-Management, 20
Luftdichtigkeitsmessung, 635
Lüftungsanlage, 630

M
Magisches Dreieck, 935
Makler, 193
Maklerfaktor, 328
Management, operatives, 20
Management, strategisches, 20
Managementmethode, 10
Managementsystem, 80
Mängelanspruch, 803
Mangelverwaltung, 197
Marketing-Mix, 175
Markt, internationaler, 47
Marktallokation, 144
Marktanalyse, 31, 38
Marktanteil, 158
Marktattraktivität, 158, 162
Marktkonsolidierung, 104
Marktwachstum, 158
Matrixorganisation, 348
Mediatisierung, 66
Medienbruch, 803
Medienverbrauch, 419
Megatrend, 59
Mehrjahresplanung, 230
Mehrlinienorganisation, 384
Mehrliniensystem, 348
Mensa, 428
Merkmal, kaufmännisches, 828
Merkmal, technisches, 828
Messzahl, 26
Middle-Management, 20
Miet- und Entgeltplanung, 261
Miete, 118, 120
Mietenmultiplikator, 329
Mietermodell, 261
Mieterzufriedenheit, 55
Mietfläche, 821
Mietkostenabrechnung, 832
Mietnebenkosten, 420
Mietniveau, 332
Mietrückstand, 530
Mikrobiologie, 764
Milieu, 170
Mischmodell, 367
Mitarbeitermotivation, 4
Mitarbeiterperspektive, 575
Mobilisierung, 66
Mobilität, 434
Modernisierung, 457f
Modernisierungskosten, 457
Modernisierungsmaßnahme, 631
Modernisierungsplan, 261
Modernisierungsstrategie, 198
Monitoring, 267, 759, 832
Monitoringkonzept, 649
Müllentsorgung, 504
Multifunktionalität, 180
Mustervertrag, 592

N
Nachfragestrategie, 175
Nachhaltigkeit, 43, 76f, 230, 240
Nachhaltigkeit DGNB, 244
Nachhaltigkeit im Wohnungsbau (NaWoh), 224
Nachhaltigkeit, kirchliche, 147
Nachhaltigkeit, ökologische, 81f, 147
Nachhaltigkeit, ökonomische, 81f, 147
Nachhaltigkeit, soziale/kulturelle, 81f
Nachhaltigkeitsanalyse, 160
NC-Code, 462, 511, 821
Nebenkosten, 488
Nebenkostenabrechnung, 832
Neubaukosten, 114
Neubauvolumen, 113
Nominallohnindex, 186
Non-Property-Company, 387
Normstrategie, 158, 161
Nutzeinheit, 461
Nutzen-Kosten-Untersuchung, 239
Nutzer, 689
Nutzererfahrung, 68
Nutzermittlung, ordinale, 239
Nutzerverhalten, 626
Nutzerverständnis, mangelhaftes, 236
Nutzerzufriedenheit, 55
Nutzungsbedingung, 264
Nutzungscode, 265
Nutzungsflächenart, 818
Nutzungsflächencode (NC), 821
Nutzungsflächengrad, 440
Nutzungsgrad, 442
Nutzungskosten, 161, 183, 248, 267, 414, 417, 448, 451, 454
Nutzungskostenberechnung, 260, 462
Nutzungskostensimulation (NUKOSI), 260, 462
Nutzungsstrategie, 195
Nutzwertanalyse, 239f, 932

O
Objektattraktivität, 162
Objektgeschäft, 368
Objektkennzahlen, 185
Objektmanagement, 8
Objektmanagementkosten, 417, 468
Objektqualität, 161
Objektsicht, 88

Öffentlichkeitsarbeit, 672
öffentlich-private Partnerschaft, 193, 271
Ökobilanzierung, 664
Open Space, 446
Operationsbereich, 430
Organigramm, 372
Organisation, dezentrale, 377
Organisation, zentrale, 377
Organisationsentwicklung, 392
Organisationslösung, 378
Organisationspflicht, 354
Organisationsprinzip, 348
Outsourcing, 217

P
Pacht, 136
Paradoxien-Management, 42
PDCA-Zyklus, 293
Person, geschulte, 761
Personal Digital Assistant, 865
Personalbedarf, 547
Personalschlüssel, 536
Petri-Netz, 926
Pflegewirtschaft, 166
Pflichtenheft, 914, 943
Planart, 786
Planen, 93
Planmanagement, digitales, 785
Planungsdaten, 411
Planungsniveau, 264
Planwert, 296
Platz, technischer, 828
Portfolioanalyse, 156, 158, 230, 288
Portfoliomanagement, 10, 31, 34, 128, 261
Portfoliostrategie, 144, 877
Positionsart, 804
Positionsbeschreibung, 805
Positionskennzeichen, 804
Potenzialperspektive, 18
Prävention, 759
Preisanstieg, 60
Preissteigerungsrate, 186, 188
Priorisierung, 201
Priorität, 318
Privatisierungsmodell, 144
Produktivitätssteigerung, 697
Produktportfolio, 158
Professionalisierung, XXXIV, 10, 51, 291
Projekt, 914
Projektbeteiligter, 351
Projektentwicklermodell, 144
Projektgeschäft, 359
Projektleitermodell, 362
Projektleitung, 362
Projektmanagement, 8
Projektsteuerer, 362
Property-Management, 8, 11, 54, 144, 149, 877
Prozess, 92
Prozessaufnahme, 698
Prozesskennzahl, 950
Prozesskette, ereignisgesteuerte, 698
Prozessmodell, 699
Prozessmonitoring, 949
Prozessperspektive, 18, 574
Prozessqualität, 166
Prozessstruktur, 700
Prozessvariante, 947
Prüfobjekt, 743
Prüfung, 521
Prüfung, gesetzlich vorgeschriebene, 726
Public Private Partnership, 193
Public-Private-Partnership-Modell (PPP), 144
Public-Real-Estate-Management, 8

Q
Qualifizierung, 52
Qualitätsanforderung, 436
Qualitätsbedarfsanforderung (QbA), 434
Qualitätskonzept, 165
Qualitätsmanagement, 10
Qualitätssicherung, 947
Quartierskonzept, 643
Quartiersmodernisierung, 643
Querschnittsdisziplin, XXXV

R
Rasterdaten, 773
Raum, 814
Raumbuch, 809
Raumnummer, 817
Raumtemperatur, mittlere, 654
Reaktionszeit, 207
Real-Estate-Asset-Management, 8
Real-Estate-Investment-Management, 8
Real-Estate-Portfoliomanagement, 8
Realisierungsphase, 914
Re-Commissioning, 64
Redundanzverwaltung, 198
Regelkreis, 293
Regelkreis, strategischer, 297
Regelung, 294
Regelwerk, 814
Regelwerk, technisches, 694
Regiebetrieb, 365
Rehabilitate Operate Transfer, 193
Reifephase, 156
Reinigen, 726
Reinigung, 506, 519
Reinigungsergebnis, 516
Reinigungskennzahl, 508, 512
Reinigungskosten, 255, 509

Reinigungsleistung, 507, 512, 514
Reinigungsniveau, 513
Reinigungsplan, 261
Reinigungsumfang, 514
Reinigungsziel, 506
Rendite, 112, 120, 145, 161
Rentabilität, 440
Rentabilitätsrechnung, 239
Ressourcenqualität, 166, 812
Restnutzungsdauer, 248
Retro-Commissioning, 64
Return on Investment (ROI), 292
Revitalisierungskonzept, 644
RFID, 865
Risiken einschätzen, 730
Risiko, 202, 583
Risikoanalyse, 200
Risikobewertung, 41
Risikofrüherkennung, 40
Risikofrühwarnsystem, 31
Risikogruppe, 737
Risikomanagement, 10, 27, 230
Risikozuschlag, 585
Rolls-Royce-Prinzip, 196
Rückgangsphase, 156
Rufbereitschaft, 383
Rundfunk, 683

S
Sachdaten, 773, 865
Sachkundiger, 763
Sachverständiger, 764
SA-Datenflussdiagramm, 926
SADT-Aktivitäten-Modell, 926
Sale-and-lease-back, 193, 271
Sales-Management, 127
Sanieren und modernisieren, 748
Sanierermodell, 144
Sanierungsmaßnahme, 631
Sanitärbereich, 431
Satellit, 380
Sättigungsphase, 156
Scanner, 865
Schadensfall, 631
Schadensmanagement, 867
Schalenmodell, 815
Schimmel, 624, 764
Schimmelschaden, 625
Schimmeluntersuchungsmethode, 633
Schnittstelle, 882
Schnittstelle, multidirektionale, 886
Schnittstellenkontrolle, 901
Schutzart, 870
Schutzziel, 731
Selbstverpflegung, 535
Selfmade-Modell, 359
Service-Level-Agreement (SLA), 12, 205, 861
Sharing ratio, 446
Sicherheits- und Gesundheitsschutz, 355
SMART, 348
Smart Grid, 907
Smart Home, 859, 907
Smart Meter, 907
Smart Technology, 907
SMART-Regel, 27
Sociovision, 170
Soll-Wert, 296
Sozialbereich, 431
Sozialwirtschaft, 279
Sozialwohnungsbestand, 117
Soziodemografie, 107
Spannungsdreieck, magisches, 163
Spätindikator, 27
Staatsanleihe, 112
Stablinienorganisation, 348
Stabsfunktion, 379
Stadtrendite, 146
Stammdaten, 771
Standardisierung, 895
Standardsoftware, 944
Stärken-Schwächen-Analyse, 154
Steuern, 534
Steuerungskennzahl, 566
Störfall, 724
Strategy Map, 25
Streitlösung, 584
Strom, 496
Stromkosten, 498
Stromverbrauch, 500
Stromverbrauchskennwert, 501
Strukturqualität, 166, 812
Subjektsicht, 86
SWOT-Analyse, 15, 38, 154
Systemdienstleistung, 598
Szenario, 267

T
Tagesganglinie, 442
Tagesnutzungsgrad, 619
Tageszeitung, 683
Technical Due Diligence, 835
Technikbereich, 433
Technischer Verwaltungsplan (TVP), 828
Technisches Anlagenmanagement, 8
Terminplanart, 775
Terminplanung, 773
Terminüberschreitung, 581
The Green Council of Australia, 224
Thermografie, 635
Top-Management, 20
Total-Quality-Management, 10
Totalunternehmer, 193

Totalunternehmermodell, 364
Transaktion, 77, 99
Transaktionsmanagement, 8, 127, 144
Transaktionsmarkt, 122
Trend, 60
Trinkwasserentgelt, 480

U
Überalterung, 66
Umlageschlüssel, 834
Umnutzung, 182
Umweltschutz, 355
Umweltverschmutzung, 60
Universal Design, 434
Unterhaltsreinigung, 588
Unterhaltungsarbeiten, 519
Unternehmensführung, Merkmale, 31
Unternehmensführung, Roadmap, 32
Unternehmensführung, strategische, 30
Unternehmenskennzahlen, 185
Unternehmensklasse, 330
Unternehmensorganisation, 29
Unternehmensplanung, 230
Unternehmensportal, 865
Unternehmenswert, 327
Unternehmensziel, 33
Unterstützungsprozess, 947
Ursache-Wirkungs-Kette, 22

V
Variabilität, 70, 180
Vektordaten, 773
Verantwortlichkeit, 355
Verbesserung, 457f
Verbesserungsstrategie, 198
Verbraucherpreisindex, 186
Verbrauchswert, 653
Vereinzelung, 66
Verfahren, dynamisches, 239
Verfahren, modernes, 239
Verfügbarkeit, 204
Vergabe, 583
Vergabeunterlagen, 801
Vergabeverfahren, 799
Vergleich, paarweiser, 239, 932
Vergleichskennwert, 296
Verhältniszahl, 26
Verkaufsfläche, 824
Verkaufsvolumen, 100
Verkehrssicherung, 867
Verkehrssicherungspflicht, 739
Verkehrssicherungspflicht, IT-gestützte, 858
Vermarktungsdauer, 714
Vermarktungsprozess, 714
Vermieter-Mieter-Modell, 146
Vermietermodell, 261
Vermietung und Vermarktung, IT-gestützte, 845
Vermietungserfolg, 717
Vermietungsprozess, 714
Vermietungsprozess, Monitoring, 947
Vermögensendwert, 239
Verpflegungskosten, 535, 537
Verschleißfunktion, 213
Verschlüsselung, 903
Versicherung, 534
Versicherungskosten, 535
Vertrag, gemischt, 610
Vertragsabschlusskosten, 853
Vertragsform, 603, 607
Vertragsinhalt, 604, 607
Vertragsmanagement, 423
Vertreiben, 93
Vertrieb, 27
Verwerten, 93
Video, 906
Virenschutz, 901
Vision, 14
VOFI-Amortisationsdauer, 239
VOFI-Rentabilität, 239

W
Wachstumsmarkt, 282
Wachstumsphase, 156
Wachstumsregion, 110
Wärmelieferungsvertrag, 614
Wärmelieferverordnung, 614
Wärmeverbrauch, 490
Warten, 746
Wartung, 457f, 521, 524
Wasser, 477
Wasserkosten, 479
Wasserschaden, 761
Wasserverbrauch, 481
Wegwerfstrategie, 196
Weighted Average Cost of Capital (WACC), 253
Welfare-Real-Estate-Management, 8, 285
Werklieferungsvertrag, 609
Werkvertrag, 590f, 602, 607
Werkvertragsrecht, 580
Werterhöhungsstrategie, 198
Wertermittlung, 249, 251
Wertgrenzenregelung, 372
Wettbewerbsstärke, 158
Wettbewerbsstrategie, 17
Wiederbeschaffungswert, 265, 547
Wirkungszusammenhang, 185
Wirtschaftlichkeit, 236, 931
Wirtschaftlichkeit, technische, 238
Wirtschaftlichkeitsberechnung, 239, 261
Wirtschaftlichkeitsuntersuchung, 411
Wirtschaftsstandort, 60

Wirtschaftszweig, 88
Witterungsbereinigung, 485
Witterungskorrektur, 492
Wochenblatt, 683
Wohlfahrtsverband, Freier, 282
Wohlstand, 74
Wohlstandsindex, Nationaler, 74
Wohnimmobilienmarkt, deutscher, 101, 113
Wohnkosten, 115
Wohnnebenkosten, 114
Wohnungsabnahmeprotokoll, 867
Wohnungsbauleistung, 92
Wohnungsbedarf, 116
Wohnungsbestand, 101, 109, 113
Wohnungsbestand, börsennotierter, 105
Wohnungsbestandshalter, 104
Wohnungs-Bewertungs-System (WBS), 242
Wohnungsdefizit, 116
Wohnungseigentümer, 553
Wohnungshandel, 98
Wohnungsmarkt, deutscher, 97
Wohnungsmietindex, 187
Wohnungsneubau, 115
Wohnungstransaktionsvolumen, 122
Wohnungswirtschaft, 30
World Green Building Council (WGBC), 225

Z

Zeitplanung, 773
Zellenbüro, 446
Zerstörung, 563
Zertifikat, 223
Zertifizierung, 55, 230
Zielwert, 296
Zinsdeckung, 335
Zinsfußmethode, interne, 239
Zinssatz, 251
Zinsstruktur, 253
Zone, energetische, 824
Zu- und Abschlag, 263
Zufallsgenerator, 474
Zukunftstrend, 66
Zusatzleistung, komplementäre, 170
Zusatzleistungen, periphere, 170
Zuschlag, 802
Zustandsbeschreibung, 558
Zustandsbewertung, 230
Zuverlässigkeit, 203
Zuwanderung, 66
Zweite Berechnungsverordnung, 453
Zyklus, 262

www.ingramcontent.com/pod-product-compliance
Lightning Source LLC
LaVergne TN
LVHW082053011026
849162LV00020B/1787